U0784423

海门市志

（上册）

海门市地方志编纂委员会办公室

HAIMEN SHIZHI

方志出版社

海门市政区图

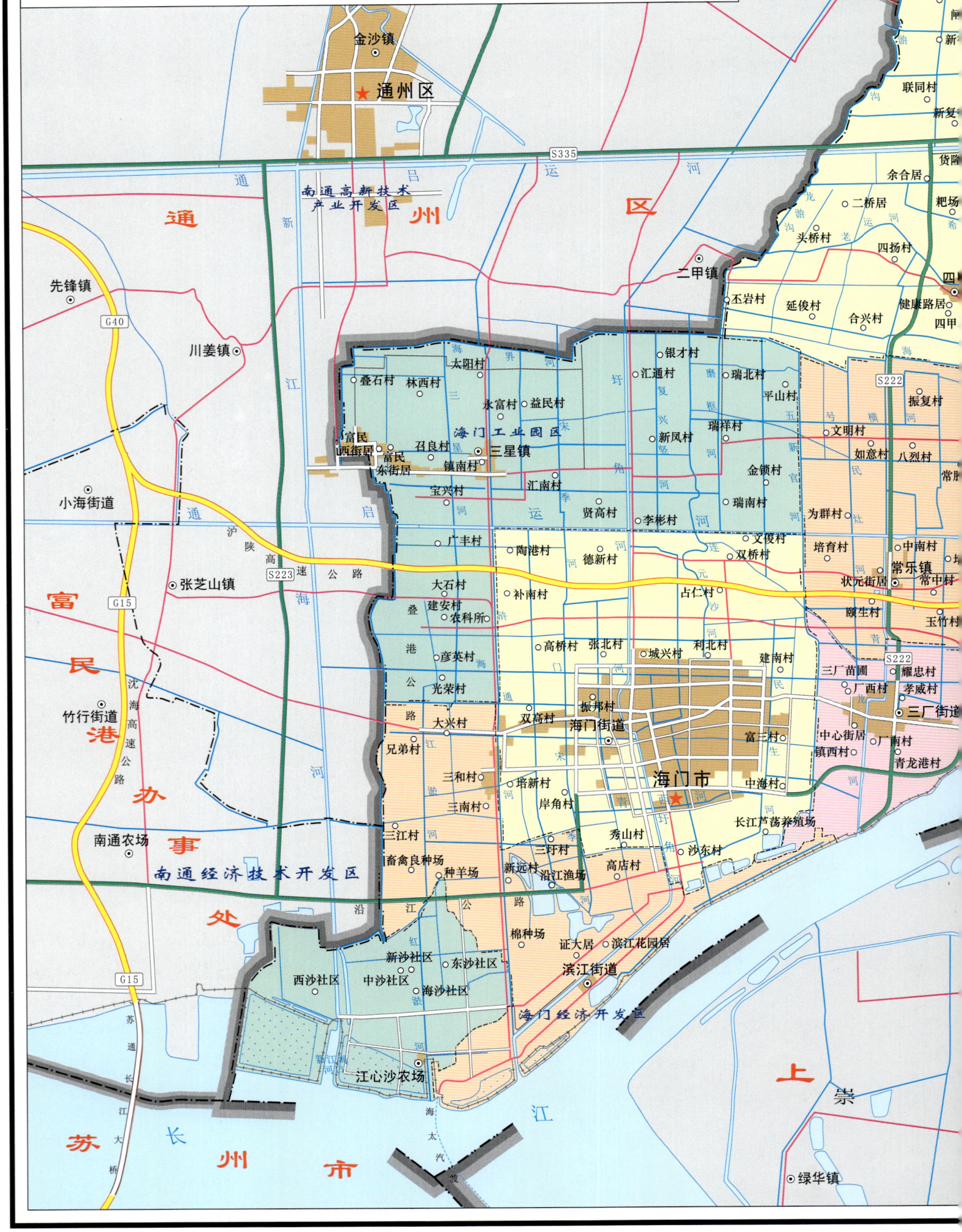

金沙镇
通州区
S335
南通高新技术产业开发区
通
州
区
通吕运河
先锋镇
G40
川姜镇
二甲镇
小海街道
沪陕高速公路
S223
张芝山镇
G15
富民港办事处
竹行街道
沈海高速公路
南通农场
南通经济技术开发区
G15
苏通长江大桥
苏
长
州
市
江
海太汽渡
上
崇
绿华镇
南
联义村
联同村
余合居
二桥居
头桥村
四扬村
丕岩村
延俊村
合兴村
健康路居
S222
振复村
文明村
如意村
八烈村
为群村
培育村
中南村
常乐镇
状元街居
常中村
颐生村
玉竹村
三厂苗圃
厂西村
耀忠村
孝威村
三厂街道
中心街居
镇西村
厂南村
青龙港村
海门工业园区
叠石村
林西村
太阳村
永富村
益民村
银才村
汇通村
瑞北村
平山村
瑞祥村
新凤村
富民西街居
富民东街居
召良村
三星镇
镇南村
汇南村
金锁村
宝兴村
贤高村
李彬村
瑞南村
广丰村
陶港村
德新村
文俊村
双桥村
大石村
建安村
农科所
补南村
占仁村
彦英村
高桥村
张北村
城兴村
利北村
建南村
光荣村
振邦村
双高村
海门街道
大兴村
兄弟村
富三村
三和村
培新村
岸角村
海门市
中海村
三南村
三江村
秀山村
长江芦荡养殖场
畜禽良种场
种羊场
三圩村
新远村
沿江渔场
高店村
沙东村
棉种场
证大居
滨江花园居
滨江街道
新沙社区
东沙社区
西沙社区
中沙社区
海沙社区
海门经济开发区
江心沙农场

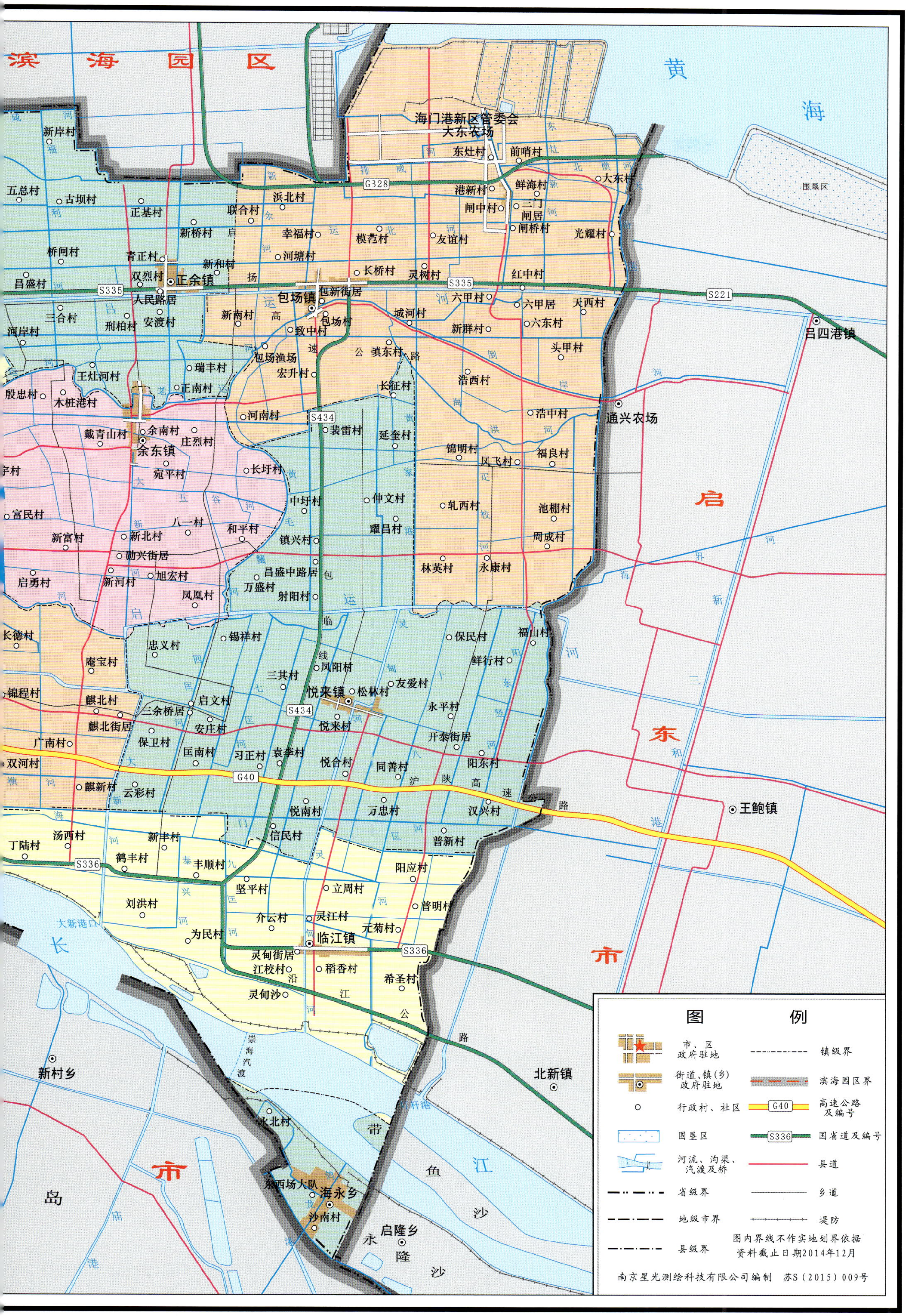

滨 海 园 区
黄
海
围垦区
海门港新区管委会
大东农场
东灶村
前哨村
大东村
鲜海村
港新村
闸中村
三门闸居
闸桥村
光耀村
友谊村
模范村
幸福村
浜北村
联合村
新桥村
正基村
古坝村
五总村
新岸村
桥闸村
青正村
新和村
河塘村
长桥村
灵树村
红中村
双烈村
正余镇
昌盛村
人民路居
安渡村
刑柏村
三合村
河岸村
包场镇
包新街居
包场村
致中村
新南村
城河村
六甲村
六甲居
天西村
六东村
新群村
头甲村
吕四港镇
包场渔场
宏升村
瑞丰村
正南村
王灶河村
殷忠村
木桩港村
镇东村
长征村
浩西村
浩中村
通兴农场
河南村
裴雷村
延奎村
余南村
戴青山村
余东镇
庄烈村
宛平村
长圩村
锦明村
凤飞村
福良村
富民村
中圩村
仲文村
轧西村
池棚村
八一村
和平村
新北村
新富村
耀昌村
镇兴村
周成村
勋兴街居
林英村
永康村
启勇村
新河村
旭宏村
昌盛中路居
万盛村
射阳村
凤凰村
启
长德村
忠义村
锡祥村
保民村
福山村
凤阳村
鲜行村
庵宝村
三其村
锦程村
友爱村
麒北村
启文村
悦来镇
松林村
三余桥居
永平村
麒北街居
安庄村
悦来村
开泰街居
广南村
保卫村
匡南村
习正村
袁李村
东
悦合村
同善村
阳东村
双河村
麒新村
云彩村
悦南村
万忠村
汉兴村
王鲍镇
汤西村
新丰村
信民村
普新村
丁陆村
鹤丰村
丰顺村
阳应村
竖平村
立周村
刘洪村
普明村
介云村
灵江村
元菊村
为民村
临江镇
大新港口
长
灵甸街居
江校村
稻香村
希圣村
市
灵甸沙
新村乡
北新镇
永北村
东西场大队
海永乡
沙南村
启隆乡
带
鱼
江
沙
永
隆
沙
市
岛
G328
S335
S221
S434
G40
S336
图 例
市、区政府驻地
镇级界
街道、镇(乡)政府驻地
滨海园区界
行政村、社区
高速公路及编号
围垦区
国省道及编号
河流、沟渠、汽渡及桥
县道
省级界
乡道
地级市界
堤防
县级界
图内界线不作实地划界依据
资料截止日期2014年12月
南京星光测绘科技有限公司编制 苏S(2015)009号

海门市城区图

城管局
城市照明管理处
宏日阳光水岸
运杰•龙馨园
海西花苑
江星家园
城北新村
市政公司
锦绣幼儿园
丝绸大桥
总工会
欣和家园
海西居委会
金色维也纳
复三新村
狮山新村
富民新村
卫生职工中专
富江一品花园
市实验小学
海门中学
海影新村
实验幼儿园
烈士陵园
复兴新村
大同新村
邮政局
国税局
张北村二组
海兴新村
解放正大桥
能仁中学
眼科医院
体育局
文化馆
育才小学
中医院
东洲公园
人民医院
东洲市场
人民路桥
供电公司
疾病预防控制中心
海门汽车站
锦绣广场
静海新村
江海路桥
远东大厦
机关幼儿园
海门街道
海秀花园
秀山大桥
海南市场
海事处
秀山新村
同慧嘉苑
海南小学
张南二十五组
五港新村
海南中学
光华国际大酒店
世纪光华苑
光华大厦
万和家园
南海大桥
世纪锦城
江城•逸品
云起苑
日新小区
美墅金水湾
张南新村
东恒盛国际公馆
翠湖天地花园
圩角河桥
民政局
景瑞望府
东恒盛国际华府
张南一组
月亮湾
新闻中心
城南派出所
欣月佳苑
南京路桥
青西河三号桥
秀山村三十七组
秀山初级中学
秀山村四十一组
丝绸路
新海路
十一号横河
解放西路
人民西路
人民路
工贸路
十二号横河
秀山路
黄海中路
南海路
十三号横河
富江路
富江南路
通江路
新秀路
北京中路
江海路
海兴路
海兴南路
江海南路
张謇大道
海门河
圩角河
镇中路
健康路
光明路
解放路
梨园路
沿河路
静海路
五一新村
海南新村
拥军路
春华路
狮山路
海西路
青年路
友谊路
秀山路
黄海路
北京路
南京路

利北村三十二组
卫生监督所
银燕电子
全景高科技创业园
铭家纺织品
利北村十三组
建南村十六组
绿茵水岸
东洲大桥
民生路桥
江路桥
嘉源花苑
妇幼保健所
利北村三组
建南村六组
建南村四组
通源新村
海上名门
世纪雅苑
开发区中心派出所
中南•世纪城
荣盛花园
荣祥纺织集团
开发区医院
江滨桥
海港城
东洲中学
通源市场
民珠家具广场
北上海国际装饰城
江滨商场
江滨邮政支局
文化广场
中山医院
广电网络中心
富三村二十四组
金三角花园
东洲小学
财富广场
东方雁大酒店
绿茵家园
金牛广场
天协工业园
巨星构件
展阳纤维
友好医院
金荣机械
同济医院
气象局
威迪机械
富三村三组
泰格动力机械
富三村委会
富三村七组
御庭尚城
恒丰花园
富三村十七组
检察院
法院
理想城
永泓花园
国际商务花园
富皇家具
民生桥
馨家园
海客汇科技创业园
国际汽车城
盛华豪庭
东江嘉园
民生新村
党校
嘉北小区
民主小学
中海村十八组
浦欣小区
龙信大厦
浦江南苑
嘉南花苑
国土局
东洲国际学校
地税局
浦民小区
浦瑞小区
市场监督管理局
沙东村十三组
中海村四十二组
人民东路
民生河
建设河
丝绸东路
解放东路
秀山东路
黄海东路
南海东路
珠海东路
东海路
北海东路
瑞江路
南瑞江南路
中南路
青南路
西河路
图例
市政府驻地
街道驻地
学校
医院
汽车站
企事业单位
主要街道
次要街道
一般街巷
河流、沟渠、桥
建成区
绿化地
南京星光测绘科技有限公司编制 苏S（2015）009号

长江日出

长江滩涂集聚白鹭群（2008年摄）

东灶渔港（2008 年摄）

长江滩涂（2008 年摄）

黄海滩涂（2008 年摄）

位于市区解放路瑞江路口的“海之门“雕塑（2000 年摄）

落潮后的东灶港蛎岈山（2008年摄）

黄海滩涂养殖场（2013 年摄）

东灶中心渔港外围大堤（2008 年摄）

新通海沙中部长江大堤（2007 年摄）

春天，海门的田园风光（2010年摄）

2008年10月竣工通车的市区张謇大道（2008年摄）

2004 年 10 月通车的宁启高速公路海门段（2005 年摄）

2000 年改造后的市区人民西路（2000 年摄）

正在建造的滨海新区东灶港5万吨级通用码头引桥（2012年摄）

2012年4月7日，“中星201”海轮停泊在东灶港5万吨级通用码头（2012年摄）

1995年12月通航的海门至太仓长江汽渡渡口（1995年摄）

1995年12月22日，市委、市政府举行海太汽渡通航仪式（1995年摄）

位于海门经济开发区的长江水厂（2006 年摄）

220 千伏海门变电所（2008 年摄）

位于浒通河出长江口的海门港闸（1996 年摄）

市区电信大楼（2002 年摄）

市区鸟瞰（2010年摄）

市区东恒盛国际公馆（2014摄）

2010 年落成的市级机关办公大楼（2010 年摄）

海门河边亲水家园（2009 年摄）

东方巴黎住宅小区（2008年摄）

拓宽改造后的市区解放路（2008年摄）

市区海门中南世纪城（2012 年摄）

位于市人民东路南侧的北上海国际装饰城（2005 年摄）

市区商业步行街（2008 年摄）

市区道路绿化(2008 年摄)

市区道路绿化(2008 年摄)

天补郁家店竹木市场（1996 年摄）

市区夜景（2010年摄）

锦绣花园住宅小区（2012 年摄）

市区解放路商业街夜景（2008 年摄）

海门港新区（原东灶港镇）灵树村居民住宅区（2013 年摄）

叠石桥家纺精品馆（2005 年摄）

市海创基地工厂化育苗（2013 年摄）

市京海禽业规模化养殖（2010 年摄）

三厂镇山羊规模化养殖（2010 年摄）

正余镇大棚种植基地（2013 年摄）

江心沙农场机械化收割（2010 年摄）

常乐镇官公岛现代农业园区（2010 年摄）

海蜜甜瓜

三星葡萄

三和猕猴桃

常乐草莓

货隆小南瓜

万年芋艿

四色宝豆（大红袍赤豆、大白皮蚕豆、关青豆、白扁豆）

梭子蟹

鲳　鱼

文　蛤

海　蜇

黄　鱼

牡　蛎

对　虾

2012 年 4 月，市委、市政府举办第十七届中国海门金花节（2012 年摄）

2013年落成的海门经济开发区江海大厦（2013年摄）

海门经济开发区中心商务区（2010年摄）

2010年6月8日，南通市委、市政府在海门滨海新区举行南通沿海开发亿元以上项目集中开工典礼（2010年摄）

2010年1月8日，市委、市政府在北京人民大会堂召开沿海开发·东灶港建设汇报会（2010年摄）

位于海门港新区（原滨海新区）的泰森食品有限公司生产车间（2014年摄）

中远重工码头上的大型龙门吊（2014年摄）

2011 年 9 月，通光电子线缆股份有限公司在深圳交易所上市（2011 年摄）

通光工业园（2010 年摄）

2012 年 6 月 16 日，中国·海门首届科技节开幕（2012 年摄）

位于三厂镇的中兴能源装备股份有限公司生产车间(2008 年摄)

中兴能源装备股份有限公司大口径无缝不锈钢管生产车间(2013 年摄)

位于包场镇的南通回力橡胶有限公司（2008 年摄）

南通回力橡胶有限公司生产车间（2008 年摄）

叠石桥市场销售的家纺产品（2008年摄）

位于市区的凯盛家纺公司（2008年摄）

南通三建集团有限公司承建的上海闸北区文化馆(2012年摄)

南通三建集团有限公司承建的天津鑫银大厦
(2013年摄)

南通三建集团有限公司承建的山东胶州喜来登大酒店
(2013年摄)

中南控股集团有限公司承建的南通体育会展中心（2008 年摄）

中南控股集团有限公司总部（2008年摄）

中南控股集团有限公司承建的济南中润项目（2013年摄）

位于市区的龙信建设集团有限公司总部（2014 年摄）

龙信建设集团有限公司承建的上海仁恒河滨城二期 A 工程（2009 年摄）

常乐镇张謇纪念馆（2012 年摄）

常乐镇张謇故里牌坊（2012 年摄）

民国 9 年(1920)张謇建造的大生三厂钟楼
(1996 年摄)

位于海门经济开发区的江海风情园五谷塔
(2008 年摄)

叠石桥家纺城广场(2008 年摄)

位于海门经济开发区的海宁寺大雄宝殿（2008 年摄）

余东法光寺（1992 年摄）

江海风情园（2008 年摄）

游客在东灶港蛎岈山捡贝壳（2008 年摄）

东灶港龙桥（2008 年摄）

江苏省海门中学学生广播操表演方队（2012 年摄）

江苏省海门中学(2012年摄)

江苏海门实验学校（2008 年摄）

东洲国际学校（2010 年摄）

市证大中学（2012 年摄）

市少年宫（2008 年摄）

2008 年，奥运火炬传递到海门

位于海门经济开发区（长江边）的自行车训练基地（2005 年摄）

2012年，市在常乐镇官公岛举办首届冬季捕鱼节

市人民医院（2008 年摄）

市中医院（2008年摄）

市文化广场（2005 年摄）

市人民大剧院（2005 年摄

2009 年 10 月 1 日，市委、市政府在东洲公园举办灯展（2009 年摄）

海门山歌会唱(2010 年摄)

海门画院（2012 年摄）

2011 年，市举办首届民间艺术节（2011 年摄）

2008 年，市委、市政府举办“改革之声”歌咏比赛（2008 年摄）

2010 年，上海世博会城市文化广场海门市专场在上海东方明珠广场举行

芦工艺品（2008 年摄）

海门传统产品兰印花布（2008年摄）

四甲民间舞龙表演（2008年摄）

2010年，海门工业园区送上海世博会参展的绣品《金玉满
（2009

2010年，海门工业园区送上海世博会参展的绣品《广玉兰》（2009年摄）

张謇书法作品选（2008 年摄）

王个簃国画作品选（2008 年摄）

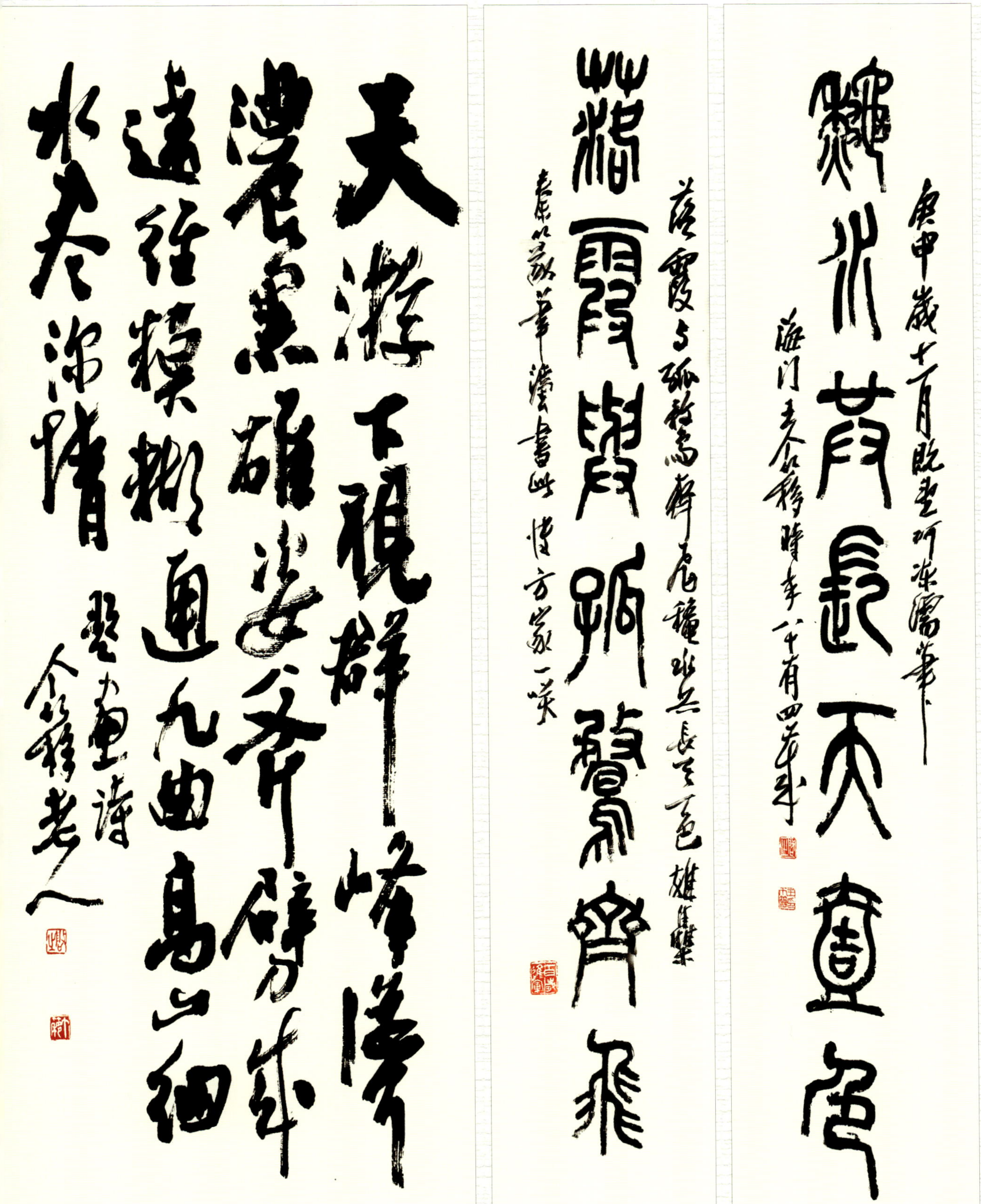

王个簃书法作品选（2008 年摄）

2007年9月15日，中央党校社会发展研究所，中央党校《科学社会主义》杂志社，中共海门市委、海门市人民政府联合在北京举办构建社会主义和谐社会暨“海门实践”高层研讨会（2007年摄）

三厂镇厂南村社区公共服务中心（2013摄）

市民在东洲公园做健身操（2012 年摄）

社区市民观看文艺演出（2010 年摄）

海永乡建设的居民安置小区（2013摄）

市民在市区滨河广场晨练（2008 年摄）

市民在东洲公园跳扇子舞（2008 年摄）

东洲公园鸟瞰图（2008 年摄）

1949 年 3 月 6 日，海门举行庆祝胜利（解放）大会

民国 37 年（1948）1 月，华中九分区 7 团连以上干部合影

1949 年 6 月，参加渡江战役的海门籍战士合影
（后排右一为张冲）

民国 32 年（1943），东南警卫团主要领导成员合影
左一政委鲍志椿、左二政治部主任姚力、右三团长王澄、右一参谋长梅永熙

民国 31 年（1942）6 月 3 日斜桥伏击战遗址

民国 35 年（1946）5 月，东南货管局第一分局干部合影

20世纪40年代，季方（右一）与家人合影

1978年春，曾任新四军苏中四分区司令员，时任全国政协副主席、中国农工民主党主席的季方（中）回家乡视察，与南通地区及县领导合影

左起 中共海门县委书记王新、南通地区行署副专员陶瑜、江苏省政法委员会秘书长赵一德、季方、季方夫人钱讷仁、南通地区行署副专员顾克英、中共海门县委副书记樊发祥

位于海门烈士陵园内的中共海门县委首任书记沈惠农雕像（2010年摄）

位于三和镇双高村的海门县第一个中共支部旧址（1988年摄）

20世纪80年代的海门烈士陵园

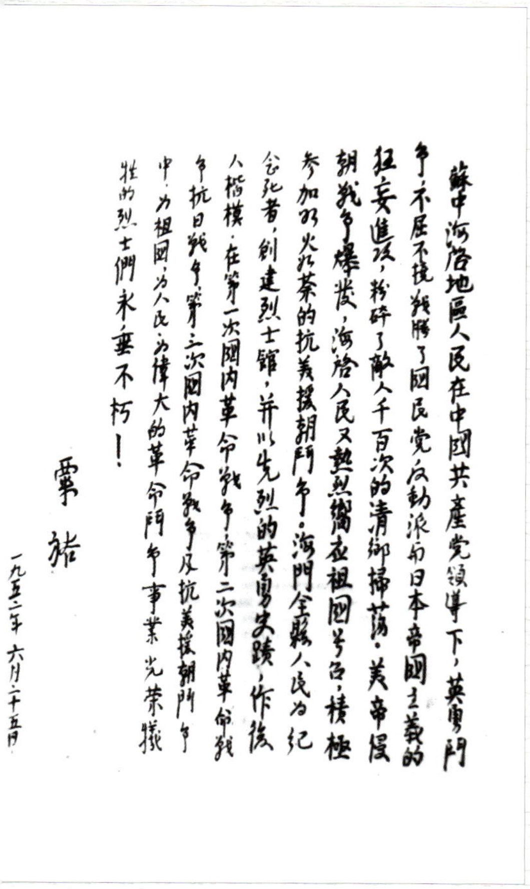

蘇中海啓地區人民在中國共產党領導下，英勇鬥爭，不屈不撓，戰勝了國民党反動派和日本帝國主義的狂妄進攻，粉碎了敵人千百次的清鄉掃蕩。美帝侵朝戰爭爆發，海啓人民又熱烈響應祖國号召，積極參加了火熱的抗美援朝鬥爭。海門全縣人民為紀念死者，創建烈士館，並以先烈的英勇史蹟，作後人楷模。在第一次國內革命戰爭、第二次國內革命戰爭、抗日戰爭、第三次國內革命戰爭及抗美援朝鬥爭中，為祖國為人民為偉大的革命鬥爭事業光榮犧牲的烈士們永垂不朽！

粟裕

一九五二年六月二十五日

粟裕为海门烈士馆题词

郭沫若为海门烈士馆题写对联

1983 年 11 月，曾参加抗日反“清乡”斗争的老同志在海门合影

前排　左三无锡市委顾问郁谦、左四解放军南京外国语学院离休干部茅琛、左五河南省军区顾问梅永熙、左六上海市会科学院党委书记洪泽、左七江苏省科委主任石坚、左八江苏省委政法委秘书长赵一德、左九南通地区行署副专员顾克英、十南通地区行署离休干部赵一平

位于东洲公园内的中美友谊亭（2008 年摄）

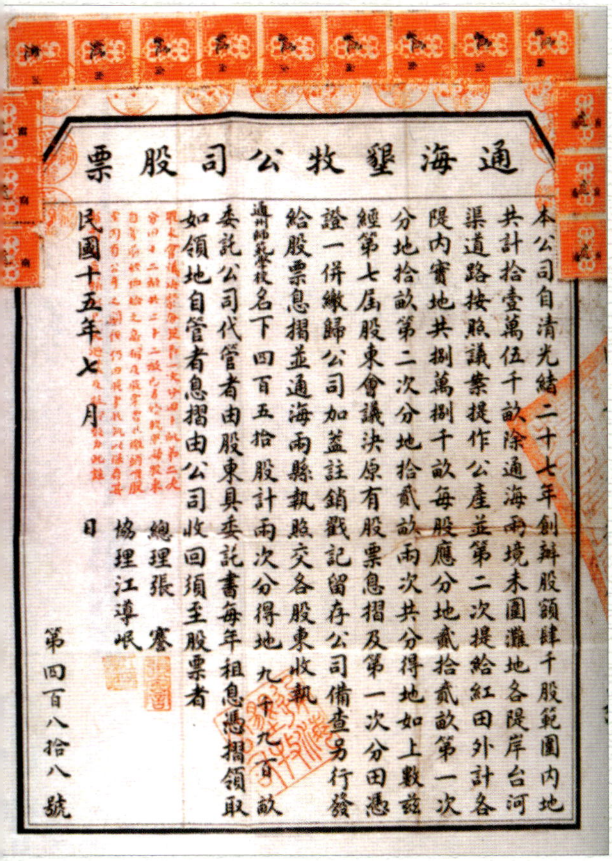

通海墾牧公司股票

本公司自清光緒二十七年創辦股額肆千股範圍內地共計拾壹萬伍千畝除通海兩境未圍灘地各隄岸台河渠道路按照議案提作公產並第二次提給紅田外計各隄內實地共捌萬捌千畝每股應分地貳拾貳畝第一次分地拾畝第二次分地拾貳畝兩次共分得地如上數茲經第七屆股東會議決原有股票息摺及第一次分田憑證一併繳歸公司加蓋註銷戳記留存公司備查另行發給股票息摺並通海兩縣執照交各股東收執

通州師範學校名下四百五拾股計兩次分得地九千九百畝

委託公司代管者由股東具委託書每年租息憑摺領取

如領地自管者息摺由公司收回須至股票者

民國十五年七月 日

總理張謇

協理江導岷

第四百八拾八號

民国十五年(1926),通海垦牧公司发行的股票

光绪二十七年(1901),张謇创办的通海垦牧公司

光绪二十七年(1901),张謇创办通海垦牧公司,图为垦区棉农在拣棉

民国时期的常乐镇颐生酿造厂厂房

颐生酿造厂生产车间（2008 年摄）

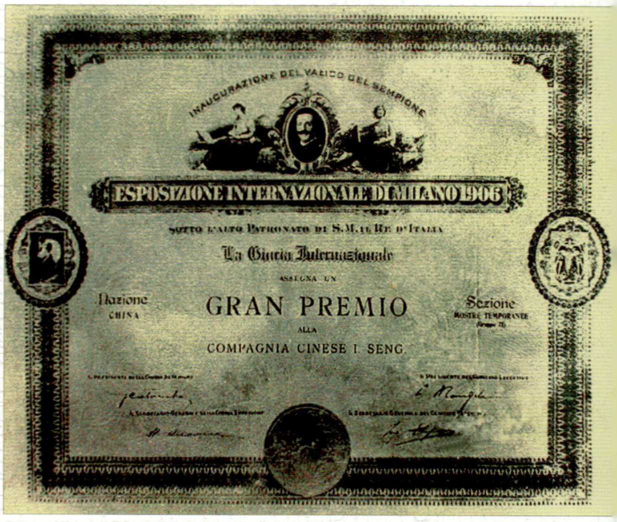

光绪三十二年(1906),颐生茵陈酒荣获意大利万国博览会金奖,图为金奖奖牌

民国 10 年（1921）12 月，张謇创办的大生第三纺织厂投产

民国 8 年（1919），张謇在三厂建办老老院

民国 10 年(1921),张謇建造的青(龙港)三(厂)铁路试通车

1994 年 6 月，海门撤县设市前位于解放中路的县委、县人大、县政府、县纪委机关

1994 年 6 月，海门撤县设市前位于育才路的县政协机关

民国时期的海门县公署

民国时期的海门县公共体育场

民国时期的海门海关遗址

20 世纪 90 年代初的县城区一角

20 世纪 90 年代初的海门镇朱协和弄

20 世纪 90 年代初的海门镇大同街

20 世纪 70 年代建成的青龙港轮船码头（1999 年摄）

被列为国家历史文化名镇的余东老街（2008 年摄）

20 世纪 70 年代建成的青龙港汽车站（1985 年摄）

1978 年，万年公社农民在搞农田基本建设

1992 年，东灶港筑堤围垦现场

光绪年间建造的连元镇见龙桥（1980 年摄）

民国 4 年(1915)建造的东灶港三门闸

1987 年,水电部在海门召开农田水利施工机械化现场会

海门手帕厂印花车间（1985年摄）

海门拖拉机厂生产的拖拉机（1985年摄）

位于正余公社的海门县客车厂（1975年摄）

海师小教短训班师生在实验小学操场合影（1959 年摄）

1991 年，中国南通第二届国际风筝会暨第三届南通“紫琅杯”全国风筝邀请赛在秀山乡长江边举行

民国 22 年（1933），位于西一区（今三星镇）赵师鼎宅的海门中学上校旧址

《海门县志》《海门市志》编审人员

1993 年 12 月，参加《海门县志》评审会的人员合影

2014 年 9 月，《海门市志》编审人员合影

左起：前排　薛卫菊、陶建明、张凤斌、季春、俞茂林、施裕岩、陆杰、夏友财

后排　张华杰、黄跃进、陈平、梁启余、李元冲、徐思善、徐东潮、姚江、范本模、李文标、张静、李瑞金

市志编纂审定机构及人员

海门市地方志编纂委员会

（2006 年 11 月）

主　　任　姜　龙

副 主 任　葛志华　黄汉忠　张建华　吴佳虹　黄伯新

委　　员　俞兆堃　席尚俭　张　松　郁国强　沈　序　俞志平

顾炳辉　郁　飞　龚见新　张凤斌　江建茹　沈祖龙

许　超　陈　飞　邵成礼　施惠东　何　新　张炳荣

曹思平　季祥康　黄学新　张建新　梁　辉　马立新

李志标　李洪飞　李　翔　陆　新　曹振新　李冠斌

杨秉法　朱韩新　陈　斌　张惠仁　成锦如　宋建平

海门市地方志编纂委员会

（2012 年 8 月）

主　　任　杨曹明

副 主 任　陆一飞　张建华　王兰平　王拥军　郁　斌　蔡建新

委　　员　祁中伟　施　俊　李冠斌　张　松　吴　辉　冯　彪

沈健生　周洪斌　龚见新　江建茹　施介安　张志强

王泽民　沈　序　许新海　许栋新　江　华　施渠平

陈　平　曹　冲　左　军　陈忠新　王　平　郭宏伟

陈伟东　成锦如　宋建平

编 审 人 员

主　　编　张凤斌

主　　审　沈健生　季　春　陆　杰

副 主 编　张　静

副 主 审　陶建明　夏友财

顾　　问　俞茂林　施裕岩

责任编辑及分工(按姓氏笔画排序)

李元冲　经济总貌、经济体制改革、交通运输、人民生活篇

李文标　自然环境、水利、农业、镇乡场篇

陈　平　人口、环境保护、工业、叠石桥家纺业篇

范本模　商贸服务业、邮电信息化建设、金融业、党派社团、人事劳动篇

俞茂林　风俗宗教、著作诗文篇、丛录篇

施裕岩　大事记、建置区划、人物篇

徐东潮　建筑业、政权政协、教育、科学技术、精神文明建设篇

徐思善　城乡建设、开放开发、经济综合管理、政法、文化篇

高广丰　方言篇(特约)

梁启余　财政税务、军事、民政、卫生、体育篇

市地方志办公室审稿人员　陆志祥　陈鼎元　顾良生　黄耀进　薛卫菊　张华杰　陆伶俐　姚　江

特邀审稿(按姓氏笔画排序)　王　飞　卢建汶　邓永定　刘扣林　何晓宁　陆　新　陈　华　陈　红　周　磊　郁　斌　姜连生　黄　静　储建华　董玉龙　虞建宣　缪小咏

保密专审　黄海江

编　　务　李瑞金

数据核对　包惠康

索引编制　张　静

图片提供单位　中共海门市委宣传部、政协海门市学习文史委员会等

行政区图审核　海门市民政局

终审验收单位　南通市地方志编纂委员会办公室

审核备案单位　江苏省地方志编纂委员会办公室

批准出版单位　海门市人民政府

撰稿人员

（按姓氏笔画排序）

丁秀发	丁凯华	卫春华	马国新	马荣范	王　卫	王　玮	王　琴
王小菊	王友胜	王玉娟	王步方	王和平	王茂勋	王春生	王炳华
王晓辉	王晓喻	王敏明	王裕华	王睿华	方振亚	尹朝祥	厉永亮
包卫星	包惠康	冯国清	冯浩平	冯晓华	成晓霞	毕月生	毕兆章
朱　冲	朱冬英	朱和长	朱学远	朱国斌	朱春笋	江　宁	江　鹤
江建茹	汤卫忠	许卫忠	许宁海	许春艳	许祥生	杨永华	杨建新
杨祖兴	杨益生	杨晓健	杨培新	严水平	李　凯	李　秋	李　锋
李元冲	李丹华	李文标	李茂华	李建英	李剑飞	李振新	李锦玉
李德龙	李德忠	吴卫东	吴利民	吴建冲	吴培祥	沙选明	沈文昌
沈丽华	沈剑飞	沈津涛	沈海丰	沈鼎明	沈慕平	张　立	张　娟
张　辉	张　璟	张乃兵	张卫冲	张士康	张中元	张华杰	张佐元
张志安	张美芳	张海升	张鹤新	陆　弛	陆　凯	陆圣宇	陆向东
陆纯坚	陆国庆	陆茂荣	陆炳生	陆赛飞	陈　平	陈　刚	陈　健
陈水平	陈天胜	陈永欣	陈亚谷	陈孝平	陈伯家	陈宝庆	陈治环
陈忠浩	陈海炎	陈葛亮	陈锦林	陈慕华	陈黎明	林炳堂	范　庆
范本模	范伟平	范仲平	范灵燕	茅水花	茅建华	茅俊杰	茅胜斌
茅舒群	郁　斌	郁海鸿	郁耀健	季旭东	季耀祥	周　敏	周世友
周裕忠	郑祖权	政耀华	赵　勇	赵立忠	赵汉林	柳永红	俞仲明
俞茂林	俞春华	施　侨	施　波	施友明	施友新	施玉石	施仲生
施军新	施建平	施建忠	施建忠	施建新	施勇石	施善达	施雄杰
施裕岩	施蓓蓓	姜汉标	姜汉超	姜兰新	姜志龙	姜志斌	姜连生
姜建忠	姜桂明	洪　波	费学石	姚建国	姚艳池	秦建忠	秦菊兰
秦耀成	袁文斌	袁凯娟	袁海生	袁继红	袁锡能	袁蕴豪	耿　超
顾才杰	顾小健	顾华平	顾鸣凤	顾佩华	顾定斐	顾荣荣	顾悦成
顾朝平	钱　怡	钱　超	钱　强	钱凤波	钱宇亮	钱柳湄	钱晓松

钱晓慧　徐　咏　徐　强　徐卫平　徐东潮　徐志相　徐丽莉　徐思善
徐炳华　徐晓石　徐凌莹　奚东浩　翁星辉　高广丰　高云祥　高晓友
郭同庆　郭建雷　唐　强　唐舟海　陶志华　黄　飞　黄　慧　黄汉兴
黄永进　黄可追　黄平高　黄志良　黄建栋　黄胜男　黄晓庆　黄晓霞
黄颂禹　黄振辉　黄樱璐　梅俊慧　曹汉忠　曹宝林　曹国模　盛锦石
崔立民　崔志冲　崔丽娟　崔国新　崔晓丽　梁启余　梁振中　董士飞
董春华　蒋德琰　韩芒雄　鲁承娟　鲁健辉　谢福余　虞树林　虞晶晶
蔡卫东　蔡玉新　蔡向忠　蔡惠敏　裴祝新　薛　忠　魏永军　瞿振宇

图片提供人员

（按姓氏笔画排序）

万顷波　李　彬　李元冲　李文标　吴利民　吴培祥　沈海峰　张　静
张乃兵　张正忠　张海升　陆　杰　陆　健　陆治平　陆凯华　陈新龙
茅忠东　茅建华　林　琳　郁祖槩　赵蓓莉　俞　华　施仲生　施建忠
施善达　洪宝成　耿云峰　钱晓慧　徐思善　高晓友　黄晓庆　曹　健
曹宝林　盛卫国　崔立民　崔丽娟　梁启余　梁学江　戴跃华

序

盛世修志是中华民族的优秀文化传统，是一项代代传承、生生不息的文化事业。海门自明嘉靖年间邑人崔桐主修《海门县志》始，至民国时期编纂成书的《海门县志》，前后共8部。新中国成立后，编修的第一部社会主义新方志——《海门县志》于1996年正式出版。并相继印刷出版一批乡镇志、部门志和《海门年鉴》。这些志鉴积累了海门珍贵的历史资料，诚为可贵。2006年12月，启动《海门市志》编修工作，经编修人员近7年时间的辛勤劳动，将付梓问世，为海门地方文献宝库增添了一部经世致用的“地情百科全书”。

海门历史悠久，一代代海门人在这片热土上，以勤劳的双手和杰出的智慧，推进经济社会发展。新中国成立特别是中共十一届三中全会以后，海门百万人民解放思想，勇于实践，推进各项改革，从而取得了经济和社会事业的巨大成就，经济实力大提升，城乡面貌大改观，社会事业大发展，人民生活大改善。2008年，地区生产总值和财政收入比1949年分别增长1226倍和2532倍，城镇居民人均可支配收入和农民人均纯收入均比1978年增长59倍。三度入选美国“福布斯”中国大陆最佳商业城市百强县（市），九度蝉联全国综合实力百强（县）市，2007年率先建成苏中苏北第一个全面小康达标市。

修志问道，以启未来。《海门市志》以翔实的资料，科学的体例，全面系统地记载了1000多年来海门自然、政治、经济、文化、社会的历史变化，客观真实地反映了海门人民强毅力行、顽强拼搏、自强不息、求实创新的精神风貌，浓墨重彩地记述了海门在毛泽东思想、邓小平理论、“三个代表”重要思想和科学发展观指导下，坚持以经济建设为中心，坚持改革开放，坚持走中国特色社会主义道路的辉煌历程，为我们鉴往知来，把握现在，提供了弥足珍贵的历史资料，是海门长远发展的宝贵精神财富。全市各级干部特别是领导同志，要认真读好用好这部志书。在工作实践中，借鉴历史经验，探索客观规律，提高科学决策水平，为海门经济社会发展做出更大贡献。同时，应以市志为教材，对广大群众特别是青少年进行国情、市情教育。

修志是一项系统而繁杂的文化工程。《海门市志》的编纂出版，是海门文化建设的一件大事，凝聚了全市各级党政领导和全体专兼职修志工作者的智慧和心血，得到省、南通市地方志办公室领导、专家和兄弟县（市、区）修志同行的悉心指导，也得到了社会各界的关心和支持。为此，我们谨向所有参与、帮助修志工作的单位和个人致以诚挚的感谢。

千年历史，沧桑巨变。海门的昨天已载入史册，如今站在新的历史起点上。海门人民将在中共十八大精神指引下，继续解放思想，坚持改革开放，推动科学发展，奋力谱写更加灿烂辉煌的篇章。

中共海门市委书记 

海门市人民政府市长 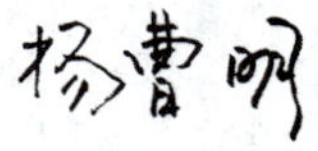

2013 年 10 月

凡　例

一、本志以马克思列宁主义、毛泽东思想、邓小平理论、“三个代表”重要思想和科学发展观为指导，坚持辩证唯物主义和历史唯物主义的立场、观点和方法，坚持实事求是、质量第一原则，全面客观地记述海门自然、经济、政治、文化和社会的历史与现状。

二、记述时间，上限力求追溯事物发端，下限截至 2008 年 12 月 31 日。大事记、人物篇延伸至 2010 年 12 月 31 日，志首图、照延伸至 2014 年 6 月 30 日。

三、记述范围，以现海门市境为界，为保持事物的完整性，发生在市外与本市有关联的事物亦予适当记述。

四、记述体裁，以志为主，述、记、传、图、照、表、录诸体并用；结构体式以篇、章、节、目四个层次为主，部分事项设子目、孙目；地图、彩色照片及部分黑白照片集于志首，并根据内容需要随文设置黑白照片。

五、遵循横排纵写的编纂原则。篇目设置按事物性质进行归类，力求做到科学分类和社会分工的有机统一。以时间顺序记述事物发生、发展和现状。

六、坚持生不立传原则。凡立传人物均为有较大社会影响的已故人士，以卒年先后为序，如卒年相同则以生年先后排序。人物简介，载录具有省军级以上职务、两院院士及各行业中业绩卓著的人士，以生年先后为序。人物表，收录具有县团级职务和正高级专业技术职称以上的人士，省部级以上先进工作者和劳动模范及连职以上革命烈士。人物传、人物简介、人物表收录以在市（县）境活动的海门籍人士为主，兼顾在市（县）境活动的客籍人士和海门籍（含祖籍在海门）在外地活动的人士。

七、历史纪年，新中国成立以前，采用朝代或民国年号，新中国成立以后采用公元纪年。朝代年号均括注公元纪年，民国年号在各节中首次出现时，括注公元纪年，其后不再括注。记述中的“解放前后”“新中国成立前后”分别以1949年1月31日、1949年10月1日为界。20世纪的年代，一般在各节首次出现时加“20世纪”字样，其后只记具体年代，并均用阿拉伯数字表述。明清年代、民国年代分别用汉字、阿拉伯数字书写。用月、日记时时，农历用汉字书写，公历用阿拉伯数字书写。

八、各个历史时期的地名、机构、区划、党派、官职，均使用当时名称；行业用语使用简称的，首次出现时括注全称或加页末注。

九、所用数据，以海门市（县）统计部门的资料为准；统计部门未作统计的，参照市有关部门及乡镇提供的数据。

十、计量单位，新中国成立前，以各个历史时期的计量单位为准；以后，使用1984年3月国务院颁布的中华人民共和国法定计量单位。

十一、资料主要来自档案、文献、报刊、专著、历代志书，部分由市级机关部门、乡镇提供；少数以口碑形式，直接采访知情者，因限于篇幅，均不注明出处。

十二、本志索引按章、节、目分析编制，以便检索。

目　录

上　册

第三篇　人　口

第四篇　环境保护

第五篇　城乡建设

第六篇　水　　利

第七篇　经济总貌

第八篇 开放开发

第九篇 经济体制改革

第十篇　农　业

第十一篇 工 业

第十二篇 叠石桥家纺业

第十三篇　建筑业

第十四篇　商贸服务业

第十五篇　交通运输

第十六篇 邮电 信息化建设

第十七篇　金 融 业

第十八篇　财政　税务

第十九篇　经济综合管理

第二十篇 党派社团

下　　册

第二十一篇　政权　政协

第二十二篇　军　　事

第二十三篇　政　　法

第二十四篇　民　　政

第二十五篇　人事　劳动

第二十六篇　教　　育

第二十七篇　科学技术

第二十八篇 文 化

第二十九篇 卫 生

第三十篇 体 育

第三十一篇　精神文明建设

第三十二篇 人民生活

第三十三篇 风俗 宗教

第三十四篇　方　言

第三十五篇　人　物

第三十六篇　著作　诗文

第三十七篇　镇　乡　场

第三十八篇 丛 录

综　　述

一

海门地处长江入海口北翼，五代后周显德五年(958)建县。清康熙十一年(1672)，裁县为乡，归并通州。乾隆三十三年(1768)，设海门直隶厅。民国元年(1912)，复建海门县。1994年，经国务院批准撤县设市，隶属江苏省南通市。

海门市位于北纬31°46′－32°15′，东经121°02′－122°11′。南倚长江，北揽黄海，东、西分别与启东市、通州市毗邻，素有“江海门户”之称和“金三角上小浦东”的美誉。全境地势平坦，西北向东南略有倾斜，海拔平均4.96米。气候温和，四季分明，属北亚热带季风气候区。年平均气温15.6℃，日照2013.7小时，降雨量1040.4毫米，无霜期223天。土地肥沃，物产丰富，地理条件优越。2008年，全市总面积1148.77平方公里，其中陆地面积803.9平方公里，水域面积344.9平方公里。海岸线长11.73公里，江岸线长47.3公里。全市总人口100.13万人，其中非农业人口47.68万人，占总人口47.62%。居民多数为汉族，有少数民族29个1722人。全市设1个省级开发区、一个省级工业园区(建江苏海门工业园区后，保留三星镇)、2个新区(建滨海、临江新区后，保留东灶港镇和临江镇)、18个镇、1个乡。有场圃7个，其中省农垦局直管农场1个。境内方言分为沙地话、通东话两种，说沙地话者占总人口的三分之二。全市有佛教、道教、天主教和基督教等，教徒近万人。

二

悠悠岁月，沧海桑田。海门系长江冲积平原，成陆历史久远，但涨坍不定。始因大量泥沙沉积于长江口，形成几十个大小沙洲。唐代，出现东洲和布洲两个较大的沙洲。由于长江主泓道向北移位，加上海潮、江水和台风侵袭，江边土地时涨时坍。元朝末至明朝中叶，境内大片土地坍没；元至正十年(1350)前后至清康熙十一年(1672)的300余年间，县境除吕四、余东、四甲一线外均坍没。清康熙、雍正年间(1662－1735)，江流主泓南倾，长江北岸又开始涨积，先后涨出40个新沙，绵亘百余里。新中国成立前后，沿江一带又显坍塌之势。党和政府十分重视江岸护坡治坍工程，采用石块加筑丁坝、并港建闸等措施，初步遏止了江坍。20世纪90年代起，实施江海堤防防洪工程建设，江坍危害得到根治。

历史潮流，浩浩荡荡。海门人民勤劳勇敢，不屈不挠，具有光荣的革命斗争传统。明洪武、永乐、嘉靖年间(1368－1566)，人民奋起抗击倭寇，令“倭子”闻风丧胆。近代，广大农民、渔民、盐民进行争取生存的反压迫、反剥削斗争。民国16年(1927)，旅沪共产党员张冠今回到海门，在三和镇小学，以教师身份为掩护，发展中共党员，筹建中国共产党海门基层组织，是年初夏，海门县第一个中共支部在县境西部建立。同年10月，成立中共海门县委。党领导工人、农民、学生开展反帝、反封建的爱国运动，海门人民的革命斗争风起云涌。民国19年2月，中国工农红军江苏第1大队成立，随后改编为红十四军2师，多次袭击四甲坝、余东镇等地的国民党地方武装，发动群众，开仓济贫、斗争恶霸，分配土地，威震敌胆，在土地革命战争史上写下光辉的一页。其间,沈惠农、俞海清、仇建忠、陆克、秦超等革命烈士,义无反顾地投身革命,英雄气概,可歌可泣。

抗日战争时期,在中国共产党领导下,海门人民与日伪进行针锋相对的斗争,有力地粉碎了日伪的“清剿”“扫荡”“清乡”,创造了苏中平原游击战的范例,取得了抗日战争的胜利。在艰苦卓绝的3年人民解放战争中,海门人民密切配合地方武装和人民解放军主力部队,粉碎国民党军队的疯狂进攻,摧毁了国民党政权,1949年1月31日,海门全境解放。在此期间,瞿犊、王进、陈国权、王澄、鲍志椿、陆飞鹭、张平山、宋声扬、季瑞祥、朱立周等与日伪军、国民党军队展开殊死斗争,将一腔热血洒在海门这块土地上。涌现出一把“斧头起家”,后受到毛泽东、周恩来、朱德等党和国家领导人接见的华东军区民兵英雄顾国民;参加苏中四分区群英会的一等民兵英雄何凤生;被苏中四分区评为一等神枪手的王祥等海门优秀儿女,他们用自己的鲜血和生命谱写了一曲曲壮丽凯歌,浩气长存,永垂青史。

新中国成立后,县委领导全县人民实行新区土地改革,结束老区土地改革,解放农村生产力,开展生产自救,恢复国民经济,镇压反革命、稳定社会秩序,基本完成对农业、手工业、资本主义工商业的社会主义改造,并经历了“大跃进”和“文化大革命”运动的考验,社会主义建设取得较大成绩。中共十一届三中全会后,县委带领全县人民将工作重心转移到以经济建设为中心的轨道,不断解放思想,深入进行政治、经济和各项社会事业改革,大力发展民营经济和外向型经济,全力推进小康社会建设,经济和社会事业取得巨大成就。1991年,海门首次进入全国百强县(市)行列,并九度蝉联。三度入选美国“福布斯”中国大陆最佳商业城市百强县(市)。2007年12月,海门总体达到全面小康标准,成为苏中苏北第一个全面小康达标市。

钟灵毓秀,人文荟萃。海门一代代杰出人物,为祖国的繁荣昌盛,为家乡的富裕发达做出了不可磨灭的贡献。明代进士、翰林院编修崔桐,编就海门第一部县志——明嘉靖《海门县志》;人称海门田祖的陈朝玉,开创拓荒垦殖业绩,近代文学家龚自珍专门为陈氏祠堂撰写碑文,颂其精神;“田状元”刘旦旦潜心农耕,培育许多优质高产品种,“大红袍”赤豆至今仍为出口的土特产品。近、现代,海门的专家学者、知名人士灿若群星。有清末状元、教育家、实业家张謇;全国政协原副主席、中国农工民主党原主席季方;为孙中山演奏乐曲的琵琶大师沈肇州;吴昌硕的得意门生、全国著名金石书画家王个簃;被鲁迅称赞过的古典文学家陆侃如;20世纪30年代的电影评论家王尘无;得到周恩来总理设宴招待过的中国第一位国宾馆女当家、上海锦江饭店首任董事长兼总经理董竹君;中国著名诗人、杰出的翻译家卞之琳;被称为中国“铝材之父”的中国工程院院士邱竹贤等,这些社会贤达贡献卓著,光耀乡梓,是海门人民的骄傲。

三

海门历史上素以农业为主,工业经济十分薄弱。新中国成立后,经过60年的艰苦努力,造就了一个发展率先跨越、经济攀高跃升的新海门,传统农业逐步迈向现代农业,工业经济快速发展,第三产业由小到大,综合实力不断增强。2008年,地区生产总值376.1亿元,比1949年的3066万元和1978年的2.74亿元,分别增长1225.67倍和136.4倍;财政收入41.03亿元,比1949年的162万元和1978年的4633万元,分别增长2531.59倍和87.56倍;第一、第二、第三产业占比分别为7.41%、60.47%和32.12%,第二、第三产业占比92.59%。

传统农业迈向现代农业。海门农业生产历来以种植粮食、棉花为主,兼种少量薄荷、黄麻、药材等作物,副业生产仅有禽畜饲养、海洋捕捞业。由于旧的生产关系和落后的生产技术,加之自然灾害的影响,农业生产水平较低。1949年,全县农业总产值9505万元。海门人民经大力兴修水利,加强农田基本建设,改良土壤,推广良种,农业生产条件得到明显改善。1978 年,农业总产值 5.97 亿元,比 1949 年增长 5.28 倍。1979 年后,推行和完善家庭联产承包责任制,减轻农民负担,免征农业税等,农民生产积极性空前释放。实施"科技兴农"战略,推进农村水利建设,以海门特色产业为基础,农业结构进一步优化,高效农业、设施农业、质量农业、特色农业和规模养殖业不断发展,形成"四青"作物、特色果蔬、优质水产品等优势产业,逐步实现农业产业化经营。2008 年,全市每公顷产值 4.5 万元以上的中高效田块近 3.65 万公顷,占总耕地面积 60.64%。建立国家、省和南通市农业标准化示范园区 12 个,培育南通市级以上农业品牌 12 个,认证无公害农产品 142 个、"绿色食品"50 个、"有机食品"13 个,注册产品商标 112 个。建成农业特色村 30 个,示范基地 50 个。培育万头生猪养殖基地 6 个,3 万羽以上家禽养殖基地 8 个,千头海门山羊养殖基地 4 个,万亩现代高效渔业基地 3 个,特色养殖小区 13 个。实现农业生产总值 43.43 亿元,比 1978 年增长 6.27 倍。

海门的"四色宝豆"(大红袍赤豆、青皮蚕豆、绿皮绿仁大青豆、白扁豆),色泽鲜艳,营养丰富,被列为中华粮油名特品种。海门薄荷品种纯、产量高、脑分足,出口量曾占全国 4% 以上,享有"亚洲之香"称号。小辣椒、文蛤、牡蛎等产品是传统的出口商品。20 世纪 80 年代,海门山羊经过提纯复壮,品质得到提升。2000 年,运用海门传统烹调工艺生产的"三方"牌红烧山羊肉,获中国国际农业博览会名牌产品称号。进入 21 世纪,注册的"万余"牌芋艿、"三兴"牌河蟹、"欲得"牌猕猴桃、"常乐"牌西瓜等,种养面积不断扩大、产量大幅提升,产品闻名遐迩。2008 年,市种羊场被农业部确定为海门山羊(笔料毛型)保种场。

工业经济跨越发展。民国初年,境内仅有张謇创办的颐生酒厂、大生三厂等少数工厂,工业基础十分薄弱。1949 年,全县工业总产值 391 万元。50 年代,遵循农业为基础、工业为主导的国民经济发展方针,重视工业的基础建设,一批工业项目开始起步。1957 年,工业总产值 1499 万元,比 1949 年增长 2.83 倍。1978 年,贯彻"改革、开放、搞活"的方针,实行各种形式的承包责任制,调整产业结构,深入挖掘潜力,进行技术改造,提高产品质量。随着乡镇企业的异军突起,工业经济快速发展,2004 年,工业总产值突破 1000 亿元。工业企业深化改革,民营工业、外向型经济如雨后春笋快速成长,工业经济规模迅速扩大。2006 年,成功打造承载大项目的江苏海门工业园区、滨江工贸园区、滨海工业新区和灵甸工业集中区,引进一批总投资超 10 亿元人民币或超 1 亿美元的重大项目,工业经济实现由量的扩展向质的提升转变。2008 年,实现工业生产总值 193.93 亿元,比 1949 年增长 4958.85 倍,比 1978 年的 6700 万元增长 288.45 倍。

工业门类齐全,八九十年代,有纺织服装、机械冶金、化学医药、电子通信设备、轻工制造等 10 多个。低碳、超低碳大口径无缝不锈钢管,填补国内空白;铜棒、铜带及水箱带等产品居江苏之首;"白鹤"牌缝纫机针、"江山"牌消防水带涂型软管等为省部优产品。进入 21 世纪后,生物医药及新材料、船舶工程及钢结构、新能源装备及电力设备、汽车零部件等成为主导产业。2006－2007 年,通光信息光缆、中兴无缝不锈钢管获国家名牌产品称号。至 2008 年,有省级名牌产品 32 个、南通市级名牌产品 30 个。

开放型经济快速发展,70 年代末,开始接轨上海,依托上海技术、人才优势,加强横向经济联系,工业经济长足发展。1986 年,加速发展开放型经济,外资企业从无到有,外经外贸从弱到强。90 年代,出台多项政策措施,改善投资环境,提升招商服务水平。1992 年,海门经济开发区成为招商引资主阵地。1996 年,采取组团招商、小分队招商、举办金花节招商等举措,成效明显。2005 年,新批外商投资项目 190 个,注册外资 7.11 亿美元,实际利用外资 2.54 亿美元,实绩名列苏中第一、全省第八。2008 年,累计批准外商投资企业 1657 个,新批注册外资 46.36 亿美元,注册外资实际到账 20.53 亿美元。出口商品结构逐步优化,贸易环境日益改善,出口潜力明显增强。先后开拓新加坡、科威特等 40 多个国家和地区的劳务市场,累计外派劳务人员 2 万多人。

家纺产业名片靓丽,起步于五六十年代的叠石桥家纺业,通过干部群众的艰苦努力,80 年代初具规模。90 年代后,通过政策扶持、市场培育、建立工业园区等举措,家纺产业得到快速发展。2008 年,有家纺企业 1300 多个,个体加工户 9000 多个,从业人员 30 多万人(包括周边 20 多个乡镇)。市场建筑面积

50多万平方米,门面3000多个,摊位9000多个,实现销售收入251亿元。注册各类商标600多个,产品畅销全国200多个大中城市,远销南非、罗马尼亚等30多个国家和地区,在境外创办300多个企业。被誉为"中华之最""中国家纺绣品名镇",成为全国家纺产业最大的生产基地和世界家纺产品集散中心。

建筑业成为支柱产业。清末民初,海门建筑业随着上海城市营造厂的发展应运而生。50年代后,县、公社相继建立建筑管理机构,吸收、组织建筑从业人员在县内外开展施工作业。1980年,有建筑从业人员1.83万人,建安产值8160万元。随着改革开放的深入,建筑业迅猛发展,经营业务由土建、水电安装延伸到工业设备安装、装饰装潢、市政建设等多个领域,建筑市场由内地拓展到境外。1990年,建筑从业人员发展到4.34万人,建安产值提升至7.59亿元。被省政府授予"建筑之乡"称号。1996年,市建筑安装工程公司获得海门首个国家最高建筑奖"鲁班奖"。进入21世纪,通过抓改革、拓市场、创名牌、强队伍、增效益,将创优夺杯和培育规模企业作为提升市场竞争力的突破口,工程质量和综合实力不断提升。2008年,全市有建筑企业175个,其中具有特级资质企业3个、一级资质企业13个、二级资质企业34个,建筑从业人员16.23万人。施工队伍分布在全国30多个省、区、市和40多个国家和地区,实现建安产值360.31亿元,经济收入82.92亿元,经济总量占全市六分之一,成为海门的支柱产业、优势产业、致富产业、品牌产业,海门市被评为省首批建筑强市。

第三产业越做越强。改革开放前,第三产业发展较为滞后。1978年,全县第三产业总值5693万元,占地区生产总值20.8%。随着改革开放的深入,县域经济的搞活,人民群众消费需求日益增长。党和政府积极倡导,把发展第三产业提上主要位置,强化组织,强力推进,呈现提速跨越的态势。2008年,全市第三产业总额120.8亿元,占地区生产总值32.12%。

商业贸易逐步繁荣。宋代,县境始有商业活动,规模很小。明正德元年(1506)后,受海潮影响,土地冲坍,居民转移,商贸活动渐歇。清代中期,商业渐兴。清末,有大小商户7000多个。抗日战争时期,由中国共产党领导的抗日民主根据地永平乡创办第一个供销合作社。新中国成立后,逐步建立以国营商业为主、集体商业为辅、私营商业为补充的流通体系。1979年,商业体制进行改革,商品流通打破计划经济体制束缚,呈现多种经济成分、多种流通渠道、多种经营方式并存格局,经营品种和价格逐步放开,市场逐步活跃。1992年,进一步放开搞活,发展民营商业,大批农民进城经商。超市大卖场、集贸市场、专业物资市场不断涌现,个体商业遍布城乡,商品琳琅满目,商业贸易空前繁荣。商业运输由传统的寄送、托运向现代物流一体化转变。随着经济的快速发展,现代物流业发展迅猛。2008年,全市有商业零售网点1.65万个,餐饮服务网点3866个,各类市场54个,社会消费品零售总额126.81亿元,比1949年的1055万元、1978年的1.07亿,分别增长1200.99倍和117.51倍。服务行业门类不断增多,中介、广告、租赁、家政服务等新行业兴起。餐饮娱乐由低档向高档发展,高档次宾馆、饭店、会所相继开张。国际知名品牌"肯德基"等快餐落户海门。服务特色顺应时代潮流,迎合各层次消费需求,理发业增设美容美体、瘦身理疗等项目。沐浴业开设桑拿、冲浪浴、足部按摩等,使沐浴成为一种享受。音乐茶座、咖啡吧等开设,丰富了人们的业余生活。

信息传媒方兴未艾。民国前,县治有驿站、烟墩、急递铺、邮局等机构传递信息。1957年,扩大邮政营业网点,全县有邮电支局(所)17个、代办所40多个,业务收入22万元。电话实现半自动化,电报由人工机改为电传机。1978年,实现市内电话自动化。1989年,开通无线寻呼业务。1991年,安装6000门数字程控电话交换机,开通国内、国际长途直拨电话,实现由模拟通信到数字通信的飞跃。1993年,开通移动通信、国际互联网。1997年,建立海门政府网站,机关、企事业单位运用信息网络进行电子政务、商务活动。进入21世纪,市乡实现光纤宽带全覆盖,局域网、虚拟网相继建成,逐步实现办公、商务活动、企业管理数字化。信息网络的大量使用,使人们日常生活融入全球化、信息化时代,有力地推动海门经济社会的快速发展。2008年,全市有固定电话用户36.98万户,"小灵通"用户6.94万户,移动电话用户44.89万户,国际互联网用户5.64万户,业务总收入6.44亿元。

旅游观光快速起步。90年代,充分挖掘海门区域优势和人文资源,鼓励各类资本投资沿海、沿江旅游产业，加大古镇开发力度，拓展购物、度假休闲等旅游项目。开发建设沿江风情带、沿海蛎岈山生态风景区、张謇纪念馆、叠石桥国际家纺城等旅游景点。2008年，海门有旅游景点13个，实现旅游服务收入超亿元。

金融产业越做越大。海门金融业起步于清代，设有钱庄、典当、银楼等。民国5年(1916)创办银行。50年代，建立健全金融体制，各类信贷和储蓄业务日益扩大。1990年，人民币净投放1.11亿元，贷款余额8.18亿元，存款余额10.69亿元。2008年，有银行9个、信用合作社1个、保险公司11个、证券服务部2个。全年投放23.32亿元，贷款余额156.69亿元，存款余额329.52亿元，证券交易额194亿元，保险费收入4.85亿元，为海门经济发展提供了资金支撑。

四

解放前，海门基础设施落后，人民收入水平低下，生活艰苦。新中国成立后，特别是改革开放后，城乡面貌发生了翻天覆地的变化，社会事业欣欣向荣，人民生活蒸蒸日上，实现了从贫困到温饱、到率先全面小康的历史性跨越。社会事业与经济同步发展。海门以大文化建设理念，着力营造先进文化的浓烈氛围，促进科、教、文、体联动共进，不断提升经济发展的文化软实力和区域核心竞争力。

科技事业发展迅速。光绪三十二年(1906)，张謇创办的颐生酒厂用优质高粱酿造的茵陈酒在意大利万国博览会上获金奖。民国初年，纺织技术有革新。20世纪80年代，有6个科研成果获省部级科技成果奖。90年代，依托上海等地科研院所，借脑生智，推进企业技术进步。进入21世纪后，科技(教)兴市力度加大，科技成果累累。至2008年，全市实施国家、省科技计划项目271项，取得省科技项目、高技术研究项目、科技成果转化项目21项，国家、省"火炬计划"项目115项，"星火计划"项目65项，开发国家重点新产品55个，省高新技术产品160个。获得省(部)级科技成果32项，南通市级283项，获取授权专利2015项。科学技术对经济的贡献额不断增大，技术创新日益成为经济发展战略坚强支撑。科技专业人才由70年代的千余人增至2008年的5万余人。海门被评为全国科普示范市、全国科技进步先进市等。

教育传统发扬光大。宋代，境内乡间有私塾，县有县学。清代，建办师山、东渐书院。清末民初兴办学校。1949年，全县有公、私立学校300余所。解放后，坚持贯彻党的教育方针，加大教育投入，改善办学条件，优化配置教育资源，加快发展教育事业。1992年，全县普及六年制义务教育。1994年，普及九年制义务教育。1996－2008年，投入20亿元，实施农村学校"改造危房"和布局调整工程。投入近2亿元，进行学校装备建设，在苏中地区率先完成省区域教育现代化建设工程。学校数从2000年的432所调整为143所。深化教学改革，实施素质教育，教育质量明显提升，全市高考成绩名列全省前茅，中小学生在全国、省获奖人次逐年增多，海门中学学生夺得2008年亚洲物理赛金牌。实施"名师工程"，提升教师队伍素质，涌现出专业技术拔尖人才15人，省特级教师14人，海门市级以上学科带头人、骨干教师423人。幼儿入学率98.6%，小学适龄儿童入学率100%，初中入学率、巩固率、毕业率分别为100%、99.88%和99.8%，初中毕业生升学率98.68%，高中阶段教育毛入学率98%，特殊教育普及率95%。先后获得全国"两基"工作先进县(市)、省教育先进市、省义务教育均衡发展先进市、省职业教育先进集体等荣誉，"海门教育现象"享誉全国。

文化发展彰显特色。明清以后，县境内大量诗词、文学、戏曲、书画作品问世。新中国成立后，传承海门优秀传统文化，发展江海地域特色文化。陆续兴建东洲公园、文化广场、江海风情园、滨河广场等一批文化设施。群众文化活动丰富多彩，涌现出一大批特色文化乡、村、家庭。文艺创作日益繁荣，许多诗歌、小说、戏剧作品在省级以上报刊发表。千年余东古镇非物质文化遗存特色鲜明，盐民文化、通东文化沉淀较深，2008年，获国家历史文化名镇称号。海门山歌是海门文艺一朵奇葩，是海门人民创造积淀的重要文化资源和精神财富，与江南吴歌一脉相承。其语言纯朴自然、形象生动，音乐清纯甜美、悠扬婉转，《淘米记》《小阿姐看中摇船郎》等剧目，曾在京、沪、宁等地演出获得好评，海门山歌被列入国家非物质文化遗产名录。全市20个乡镇被评为省群众文化先进乡镇，海门获得全国文化先进市、中国民间文化艺术之乡称号。报纸、广播、电视越办越好，出新出彩报道、栏目越来越多。全市馆藏档案6万多卷。新编《海门县志》出版发行，一年一卷的《海门年鉴》连续出版9卷。

卫生事业快速发展。旧时，人民群众缺医少药，有病无钱治的状况较为普遍。解放以后，积极贯彻"预防为主，以农村为重点，中西医并重"的卫生工作方针，先后建立公费医疗、合作医疗、统筹医疗等制度。严重危害人民身体健康的血吸虫、天花、霍乱、丝虫等病症得到根除。八九十年代，城乡初步形成县、乡镇、村三级医疗卫生保健网络，疫病防治取得显著成效，肺结核、疟疾等传染病得到有效控制。2000年，从人民群众日益增长的医疗需求出发，加大投入，改善医疗环境和医疗装备；培养人才，不断提升医疗服务水平；深化改革，全面推行新型农村合作医疗制度，人民群众的健康水平得到明显提升。2008年，有各级各类医疗机构448个，卫生技术人员近4000人，病床3060张。全市人口平均期望寿命由1949年的40岁左右增加到77.53岁。

计划生育成绩斐然。60年代，开始实施计划生育，通过宣传教育、政策激励等措施，人口数量得到有效控制。2008年，人口自然增长率－1.63‰，人口出生率5.76‰，30多年少生人口55万人。

体育运动广泛开展。海门民间有跳绳、踢毽子、放风筝、踩高跷等竞技项目。清末民初，学校开展体操、田径、球类等现代体育活动。解放后，乒乓球、游泳、太极拳操等体育运动盛兴。50年代起，兴建人民体育场、体育馆、游泳馆、室外田径场、沿江自行车训练场等体育设施。至2008年，全市有全民健身活动点104个，覆盖城乡22个乡镇、45个社区，有体育社会指导员1600多人，体育人口占比52.08%。海门向南通市级以上输送运动员累计近400人，在各级各类体育竞赛中，打破世界纪录2人，被评为运动健将20人。全市22个乡镇均建成省体育强镇，海门荣获省体育强市称号。

城乡面貌日新月异。随着经济的快速发展，特别是1994年撤县设市后，城市建设、农村基础设施建设的步伐不断加快，城乡面貌发生了翻天覆地的变化。解放初，县治茅家镇（1965年改名海门镇），是一个1平方公里左右的小镇。80年代，开始编制县城总体发展规划，加强基础设施建设，县城范围逐步扩大。1995年，海门实施大规模旧城改造，拆旧城建新城，城区面积扩大至17.86平方公里，常住人口由1万多人增至9.51万人。1996年，开展全国卫生城市创建工作，获全国卫生城市荣誉。2000年，获国家卫生城市称号。2006年，实施提升改造老城区、加快建设新城区、规划启动滨江新城的"三步走"战略，连续3年开展城市建设年活动。2008年，城区面积20.76平方公里，常住人口18.36万人，城市化水平提高到45%。随着解放路、人民西路、江海路、长江路的改造和张謇大道、行政中心等一批重大项目的建成，一个现代气息浓郁，流光溢彩，魅力无限的新海门崛起在长江之滨、黄海之畔。同时，实施"以城带乡、以工促农、城乡互动"战略，推进城乡协调发展，农民增收基础更加扎实，生活条件不断改善，农村环境显著改善，农村面貌欣欣向荣。

交通运输四通八达。民国9年（1920），近代实业家张謇修筑南干线。新中国成立时，全县有公路里程117.7公里，均为土路面，"雨天一身泥，晴天一身灰"是当时海门公路的真实写照。90年代起，"要致富，先修路"逐步成为人们的共识，公路建设步伐加快。1995年，公路里程294.96公里，其中沥青路面233.63公里、混凝土路面2.4公里、砂石路面58.93公里。是年，海太汽渡通行，拉近了海门和上海的距离。进入21世纪，进一步加大交通建设力度，投入30多亿元，实施提档升级、扩容增量建设工程。2003年，实现农村公路村村通。2008年，九横十二纵的干线公路基本建成，形成高速公路、高等级公路和农村公路四通八达的公路网络，公路总里程2586公里。随着苏通长江公路大桥建成通车，一桥飞架南北，天堑变通途，海门"苏通大桥第一门户"和"接轨上海第一桥头堡"的独特优势日益彰显，极大地拓展了海门与上海及苏南发达地区产业融合、要素流动、资源共享的广阔空间。

人民生活显著提高。执政为民，强国富民，是历届市（县）委、政府始终如一的宗旨。在推进改革，加快发展的同时,突出关注民生,扩大公共服务,让人民群众共享发展成果。2008 年,农民年人均纯收入 9008 元,比 1980 年的 206 元增长 42.7 倍。城镇居民人均可支配收入 20109 元,比 1987 年的 1019 元增长 18.73 倍。随着城乡居民的收入增加,生活品质逐步提高,从以吃饱为主要消费追求,到吃饭讲究营养,穿衣讲究档次,出行讲究方便快捷,住房讲究舒适宽敞。城市居民人均住房面积由 1987 年的 7.3 平方米增加到 2008 年的 38.06 平方米;农村居民人均住房面积由 1987 年的 20.29 平方米增加到 2008 年的 48.92 平方米。

社会保障体系逐步完善。养老保险制度始于 50 年代,仅限于国营企业职工。80 年代起,以人人享受社会保障为目标,逐步建立覆盖城乡的保障体系,为人民群众带来更多实惠。2008 年,全市城镇养老保险、医疗保险、失业保险、工伤保险和生育保险参保人数分别达到 10 万人、12.09 万人、7.7 万人、8.75 万人和 6.5 万人,养老、医疗、失业三项保险覆盖率分别达到 92.5%、97.86% 和 97.6%。企业退休人员月人均养老金水平突破千元,有 3.1 万多名退休人员按月享受养老金,实现社会化发放。农村养老保险参保 13 万人,并建立城乡低保自然增长机制,实现应保尽保。通过税费减免、财政补贴、托底安置等措施,吸收大量下岗、失业职工就业,基本实现人人就业、充分就业。不断完善惠民价廉的医疗卫生体系,群众"看病难、看病贵"问题正在逐步得到解决。开展"爱洒人间"慈善募捐活动,向需要救助家庭提供资金支持。

生活环境不断改善。70 年代,随着经济的发展,城乡环境受到污染威胁。80 年代起,从保证和维护人民健康出发,加大环境建设投入,开展企业污染源和重点污染区域治理,实施"三同时""限期管理""排污收费"等制度。进入 21 世纪,扎实开展农村水环境综合整治,实施农村沟河疏浚,推进农村生活垃圾规范化管理。2002－2003 年,海门先后被评为全国环境保护模范城市、国家级生态示范区。2008 年,集中式饮用水源地水质达标率 84.6%,环境空气良好天数达标率 94.5%,城市环境噪声达标区覆盖率 92.2%,蓝天碧水重现海门城乡。

市民素质全面提升。60 年代,开展学雷锋、以"五讲四美"为主要内容的全民文明礼貌月活动,提升市民文明素质。80 年代,开展文明单位、文明社区、文明村镇创建活动,不断推进海门城乡精神文明建设。助人为乐、见义勇为、舍己救人、敬老爱幼、拾金不昧、敬业奉献等美德新风彰显了海门人民良好的精神风貌。1999 年,开展文明城市创建活动,评选十佳精神文明标兵,树立"江海孝子"洪谟、"草莓书记"叶剑生、"爱心大使"万倾波、"一心为民的好支书"曹玉峰等 100 多位精神文明典型,首创"海门市公民文明素质提升定量测评体系",市民文明意识得到增强、精神境界不断升华、文明素质进一步提升,塑造了良好的城市文明形象。在文明创建的同时,深入开展和谐社区、和谐新农村、和谐校园等系列创建工程,从而使社会更加和谐。1999 年起,海门连续四届蝉联江苏省文明城市称号。加强民主法制,深入推进"平安海门""法治海门"建设,着力构建综合治理平安工作"大基础"格局,人民群众对社会治安的满意率 99.5%。

五

抚今追昔,志在登高望远;知往鉴今,重在开创未来。在海门千年文明史中,新中国成立至 2008 年的近 60 年,是一个璀璨夺目、影响深远的时期。以历史的眼光审视这一时期的伟大历程,可得出以下几点结论。

解放思想、开拓创新,是推进各项事业前进的重要法宝。新中国成立后特别是中共十一届三中全会后,海门经济社会发生了重大而深刻的变化,基本实现由农业社会向工业社会、由计划经济向市场经济、由农村为主体向城镇化为主体、由贫困向温饱向小康生活的历史性跨越。这些成就的取得,主要得益于海门党政领导带领百万人民以解放思想为先导,紧跟时代潮流,把握前进脉搏,以一往无前的冲劲、百折不挠的闯劲、永不言败的拼劲,放开手脚开辟新路,在开拓创新中攻坚克难,把许多以为不可能做成的事变成现实。无论是20世纪六七十年代的“农业学大寨”运动,七八十年代的乡镇工业的异军突起,90年代民营经济的发展壮大,进入新世纪的江海开发的全新突破、全面小康的率先达标、和谐构建的创新实践,无不烙上思想解放的印记。正是因为思想解放,放开手脚,敞开大门,“江海门户”才真正得以“通天下”,海门的发展才持续创造新业绩,跃上新台阶。实践证明,只有不断增强解放思想的主动性,顺应发展变化的新形势,谋求发展的新举措,才能使发展更具活力,推动事业的健康发展。

加强党建,永葆先进,是推进各项事业前进的根本保证。加快发展,决策在党;社会进步,关键在党。海门各级党组织始终围绕各个阶段的战略任务,不断加强党员干部的思想建设、组织建设、作风建设、制度建设和反腐倡廉建设,努力加强和改善党的领导,充分发挥工、青、妇等社团组织作用,不断提高党的领导水平和执政能力,坚持用马克思主义中国化的最新理论成果武装头脑,指导实践,推进发展,为海门的跨越发展造就一批“上下满意、百姓拥护、坚强有力”的领导班子,培育一支“奋发有为、善谋善为、敢作敢为”的干部团队。各级领导干部内提素质,外树形象,积极进取、勇挑重担、默默奉献、忘我劳作,有效地激发了全市上下的发展热情。以自身的模范行动当表率、作示范,为全市现代化建设提供坚强的组织保证。实践证明,只有按照先进性的要求,充分发挥各级党组织的战斗堡垒作用和共产党员的先锋模范作用,才能凝聚人心、凝聚智慧、凝聚力量,团结和带领全市人民,把改革开放的伟大事业不断推向前进。

与时俱进,科学发展,是推进各项事业前进的关键所在。始终将经济建设放在首位,一段时间尽管受“左”的思想影响,但抓经济工作从未停止过。1978年后,更将经济发展作为执政兴市(县)的第一要务,作为主旋律、最强音,一切立足于发展,一切致力于发展。做到“能快则快,加快发展不停步”,在重要历史节点上,以跨越崛起的标杆引领发展,先后提出“富民强市、跨越奋进”“崛起苏中、跨江争雄”“率先达小康、建设新海门”等一系列奋斗目标,确定产业提升、富民优先、城市带动、协调统筹等一系列发展方略,以率先发展的志气凝聚人心,以跨越发展的豪情激励斗志,以科学发展的理念指导实践,不断推进工业化、国际化、城市化进程,彰显“滨江生态、宜居宜业”的城市特色,推动经济社会持续发展,走出一条具有海门特色的科学发展新路。实践证明,思路决定出路,正是由于领导班子的与时俱进、科学决策,从而使海门经济社会各项事业得以持续、健康发展。

坚持改革,扩大开放,是推进各项事业前进的强大动力。中共十一届三中全会后,坚持用改革激发活力,开放增强实力,不断建立和完善与生产力发展相适应的体制机制,实施以家庭联产承包责任制为主的农村经济体制改革,以产权制度改革为主的工业企业体制改革。同时,在商贸流通、宏观调控、干部人事制度和各项社会事业领域全面进行改革,让一切劳动、知识、技术、管理、资本的活力竞相迸发,一切创造社会财富的源泉充分涌流,有效地释放了人民群众创新、创业、创优的内在力量。紧紧抓住国家确定的沿海14个城市对外开放的历史机遇,大力实施招商引资,积极引进各类人才,使海门的产业优势、资源优势得到充分发挥,海门的发展和综合实力加快提升。实践证明,改革则兴,开放则活,只有坚持改革开放,才能给海门经济社会持续快速发展增添强劲动力。

以人为本,惠民富民,是推进各项事业前进的价值取向。发展为了人民,发展依靠人民,发展成果由人民共享,是中国共产党执政理念的根本体现,也是为之奋斗的不懈追求。坚持把富民、惠民、安民作为根本追求,想问题、作决策、办事情着眼于大多数,着力解决人民群众最关心、最直接、最现实的利益问题,不遗余力地关注民生。随着增收机制的逐步健全,人民群众的家底日渐殷实;随着帮扶活动的深入开展,困难群体的基本生活明显改善;随着大调解、大防控、大稳定体系的不断完善,人民群众的合法权益得到有效保障,公平正义、安居乐业、政通人和的政治环境进一步巩固。实践证明,只有坚持发展经济与造福人民相统一,经济社会的发展成果才能得到广大群众的支持和认可,人民群众的幸福感和满意度才能不断提升。

回眸历史，海门经济社会变化巨大，成就令人瞩目。但在发展过程中还存在一些困难和问题：产业核心竞争力、企业自主创新能力还不强，新兴产业带动、大项目支撑的力度不足；城乡二元体结构仍然存在，农民持续增收的难度较大；民生保障的力度还需要进一步加大等。所有这些，市委、市政府都十分重视，切实提上议事日程，正在采取更加有力的措施加以解决。

雄关漫道真如铁，而今迈步从头越。站在新的历史起点上，海门将以科学发展观为统领，围绕“争先崛起长三角、抢先跨江争八强、率先基本现代化”的奋斗目标，引领全市上下，同心同德、再接再厉、开拓创新、争先攀高，在跨越发展上一路领跑，在科学发展上奋勇争先。一个经济更加发达、政治更加民主、文化更加繁荣、人民生活更加富裕的新海门将展现于世人面前。海门的明天一定会更加美好。

大 事 记

唐朝

唐代，在长江与黄海交汇处北侧出现东洲和布洲。10世纪中叶，涨接为东布洲，其周围有若干沙洲环绕。

五代十国

后梁开平元年（907）

东布洲延伸成东西长约150里、南北宽约40里的通吕（从南通唐闸附近到吕四）水脊。

后梁开平元年至后唐同光元年（907—923）

吴姚存制据海陵东二洲（胡逗洲和东洲），设东洲静海都镇，姚制任东洲都镇使；姚制卒后，由其子姚廷珪任东洲静海军使；吴越钱镠派军进攻东洲、静海，廷珪被俘，姚彦洪任静海都镇遏使，姚氏的统治直至后周攻克静海。

后梁开平元年至后周显德七年（907—960）

东洲属常州，隶浙西道。

南唐升元元年（937）

南唐主徐浩派沿江巡检卢峰招募人员，操练水战，迎战吴越军于海门，俘获舰船百余艘，盐数万石。

南唐保大初年（约943）

建静海都镇制置院，辖丰乐（东洲）、静海两镇。

后周显德三年（956）

后周柴荣与南唐李璟争战，后周殿前都虞侯慕容延钊在东布洲大破唐兵。

后周显德五年（958）

设海门县，置县治东洲镇，隶于通州。

宋朝

北宋建隆元年（960）

海门县隶属通州。

北宋初年

海门县为长江口设有120个里的大县。

崇明镇为海门县的一个属镇，海门县的范围包括崇明镇等各沙。

天圣元年至六年（1023—1028）

兴化县令范仲淹、泰州知州张纶先后集泰、通等州的兵夫4万人，用石头筑堤，历时6年，修复捍海堰，长143里136丈，东至海门县治西北的通州石港，人称“范公堤”。

明道元年（1032）

大旱，饥荒。次年复荒。

庆历年间（1041—1048）

知州狄遵礼于古横江南筑西起石港，东至余西的捍海堰，名为“狄堤”，亦称“范公堤”。

庆历、皇祐年间(1041－1054)

东布洲逐渐与陆地涨接。

至和年间(1054－1056)

知县沈起(兴宗)筑海堤,由范公堤向东南延伸70里(余西至吕四场东南廖角嘴),称"沈公堤",统称"范公堤",以挡咸潮。王安石作《海门县沈兴宗兴水利记》记其事。

元丰四年(1081)

七月 甲午夜,大风雨,沿江官私庐舍漂没2736间;损庄稼,无法计数。

南宋绍兴元年(1131)

设海门水师。水师统制邵青由常熟移驻海门。

宋时,海门岛在县治北海中,设屯兵使者守护,犯罪者多配于此。后没于海。

元朝

大德二年(1298)

江水暴溢,高四五丈,漂没房屋、百姓无数。

泰定二年(1325)

大风海溢,翌年十一二月复溢,没民庐。

至正年间(1341－1368)

长江口区主流由北支入海,引起县境大坍。

县治徙礼安乡(今下三和、江家镇之间),不久毁于兵火。

海门县并成73个里。

至正十年(1350)

海潮侵袭江岸,长江主泓道北移,江岸从原大安镇一线坍至礼安乡南一线。

至正十二年(1352)

元将方国珍再次叛元,其海军突破海门防线,占领通州港及沿江马鞍山等处。

元末(1367)

县境坍塌严重,仅剩东部吕四盐场,西部智正都、嘉会都地。

明朝

洪武三年(1370)

设吴陵、张港、廖角嘴、大河口、徐哨巡检司,各有巡检1人,吏1人,弓兵50人,以防倭寇进犯。

洪武二十二年(1389)

大风、海溢破堤,溺死吕四等场盐丁3万余人。

洪武二十三年(1390)

江潮大作,人死几半,县治又被风潮摧毁,县丞李选改建县衙。

修崇明、海门决堤2.39万丈,役夫25万人。

永乐初(1403－1407)

设立大河口、廖角嘴两营寨,以防倭寇入侵,计有兵员250人。

永乐十年(1412)

海溢堤圮,自海门至盐城 130 里,漕运总督陈瑄以 40 万卒修筑捍海堤 1.8 万余丈。

成化二年(1466)

海潮冲决捍海堰 69 处,溺死吕四等场盐丁 274 人。

成化七年(1471)

九月　江水复溢,计缺口 72 处,1180 余丈。

成化十三年(1477)

巡盐御史雍泰、李裕,集中沿海各场民夫 4000 余人修捍海堤 133 里 99 丈。

成化二十年(1484)

巡盐御史李晊浚吕四河,在县城西建西清闸。

邑人尹玺(寿昌)创修《海门县志》,未毕。

弘治三年(1490)

知县徐英在县城西北建咸水闸。

正德七年(1512)

七月二十一日　大风雨,海潮泛滥,溺死千余人,官舍民房全被摧毁。巡按御史江良贵到海门察看,提出迁县治于余中场。

正德九年(1514)

县治迁至余中场南通州境内(今四甲镇境内)。

嘉靖元年(1522)

七月二十五日　雷震,大风雨,海溢,死数千人。

嘉靖十年(1531)

知县赵九思主持疏浚运盐河,约 50 里。

嘉靖十一年(1532)

知县陈锭主修便民仓,以救民急。

嘉靖十五年(1536)

崔桐据尹玺成化《海门县志》残稿,修明嘉靖《海门县志》。

嘉靖十七年(1538)

海飓涛大作,伤人以万计。

嘉靖十八年(1539)

闰七月　海水骤溢,高 2 丈余,溺死万余人,漂没官民房屋、牲畜不可胜计。

嘉靖二十四年(1545)

海门县境除吕四场一角外,几乎全被江海吞没,并成 14 个里,割借通州境清干乡 6 个里,金沙场 1 个里,为海门县境。全县有土地 43624 亩 2 分。县治迁金沙场南通州境内(今通州区袁灶港、海坝桥以西),知县张廷器指挥筑城事。

嘉靖二十九年(1550)

巡盐御史杨选主修捍海堤 2.08 万多丈,称老岸。崔桐为修堤事作记。

嘉靖三十三年(1554)

八月十六日　倭寇侵犯江家便仓,占据李秀才宅。九月六日,淮扬兵备张景贤至,率兵民以火攻,一举歼灭。

嘉靖三十五年(1556)

四月 倭寇3000余人复犯江家便仓,杀人越货,无恶不作。知州喻南岳率兵民围剿,毙倭寇400多人。

嘉靖三十八年(1559)

四月初一 倭寇大举入侵,80余艘船停泊杨树港城外,击败明军后登陆,劫掠5日。

隆庆三年(1569)

海溢,高2丈余,城内可以行船,百姓淹死无数。

万历十年(1582)

七月 淮南北各盐场遭海啸袭击,淹死2600余人。接着大风拔木,海潮泛滥,漂溺庐舍人畜甚多。

万历十五年(1587)

海门知县姜天麒发动民众,在沈公堤北约6里筑20里长海堤,人称"姜公堤",亦称新岸。

万历二十二年(1594)

张先登纂修明万历《海门县志》,已散佚。

万历三十六年(1608)

知县黄奎壁建见龙坝,自城南运盐河直东至利和镇、余西场等处,迂回水势。

天启元年至崇祯十六年(1621—1643)

长江口区主流又从南支入海,北支又开始复涨。

天启四年(1624)

知县严尔珪督建兴贤闸,南通长江。

清朝

顺治十一年(1654)

六月 通州、海门飓风涌潮,死者以万计。

顺治十三年(1656)

李兆星修顺治《海门县志》。

康熙元年(1662)

设海门营,有守备1员,兵500人。

康熙九年(1670)

江潮内蚀海门县城,庐舍尽圮。

康熙十一年(1672)

海门县大半坍入江中。县治金沙场又圮于江,迁永安镇(今通州区东沙、三圩头一带)。是时,裁县为乡,归并通州,称海门乡。道光十二年(1832),为避免与海门厅地名混淆,改名静海乡。

康熙三十年(1691)

六月 海潮暴溢。
长江主泓南移,北岸开始涨积。

康熙四十四年(1705)

崇明人陈朝玉携妻到海门垦殖。嗣后,沿江新垦地渐成村落。

康熙五十八年(1719)

永安镇湮没,徐洞(今通州区兴仁镇)为海门乡驻地。

乾隆三十三年(1768)

划通州安庆、南安等19沙,崇明半洋、富民等11沙及通、崇之间新涨的天南等10沙,计40沙,设江苏省海门直隶厅。厅治裙带沙通源镇,人口1万多。

乾隆三十三年至六十年(1768－1795)

海门厅署南,特设考场基,供考核武秀才用,占地24亩,辟有赛马跑道和射箭靶子。

乾隆三十六年(1771)

七月 潮灾。

乾隆三十九年(1774)

同知徐文灿建厅署于裙带沙茅家镇(今海门烈士陵园址)。

乾隆四十年(1775)

同知徐文灿在天补沙与川港西沙间截流筑江堤,长2180丈,宽1.4－4丈不等,称“徐公堤”。

乾隆四十一年(1776)

十二月 始建文庙(今江苏省海门中学址),历时3年零5个月。

乾隆四十六年(1781)

闰六月十八日 飓风陡作,江潮泛滥,漂没民居房屋,毁禾棉无数,倒塌墙垣,居民溺死万余,禽畜皆亡。

乾隆五十四年(1789)

大旱。

乾隆五十七年(1792)

天主教法国籍华裔神父姚若望,由崇明到海门传教,在长圈镇建成立名堂。

乾隆六十年(1795)

旱灾。

嘉庆二年(1797)

七月 大风雨,海溢,伤居民。

嘉庆四年(1799)

七月初三 猝起飓风暴雨,厅境天南、安庆、三角、吕寿等沙圩岸被冲缺,致损禾棉。

嘉庆十年(1805)

雨水失调,继以虫害,棉花大歉收。

董曰申主修嘉庆《海门厅志》,嘉庆十二年(1807)刊印。

嘉庆十四年(1809)

建师山书院。

嘉庆十七年(1812)

设厅堂,改崇明县训导为海门厅训导,管理学政。

道光三年(1823)

水灾。

道光十一年(1831)

七月 潮灾。

道光十二年(1832)

据顺治《海门县志》,邑人丁苹野(鹿寿)修成道光《海门厅志》。

道光十三年(1833)

十月 潮溢,暴雨兼旬,岁歉成灾。

是年 丁苹野为反映海门移民对故土的怀念之情,修《静海乡志》。

道光十七年(1837)

在海门设海关。

道光二十八年(1848)

六月 东北飓风大作,拔木毁屋,江海潮水暴溢,平地水深数尺。

咸丰四年(1854)

天主教会在厅署西建耶稣圣心堂。

咸丰五年(1855)

英国戴德生与包约翰牧师到崇明、海门、通州传道(基督教)。

咸丰十一年(1861)

潮灾。

同治七年(1868)

建东渐书院。

同治十年(1871)

在聚星镇建水龙局。

光绪元年(1875)

厅境始有钱庄,庄主孙广源。

光绪三年(1877)

五月 蝗灾。

光绪十年(1884)

三阳镇建水龙局,有房屋15间。天补、余东等镇设水龙。

光绪十一年(1885)

水灾。

光绪十四年(1888)

英商祥茂公司的客运木壳小轮船首开上海至青龙港。

光绪十五年(1889)

张謇禀请海门厅同知,推进种桑养蚕。嗣后,海门蚕桑业日盛。

光绪十八年(1892)

民间织土布日盛,在茅家镇出现不少布庄。

光绪二十年(1894)

张謇赴京应考,殿试大魁天下,取甲午恩科第一甲第一名(状元)。

光绪二十三年(1897)

勘定海门、崇明沙界,两县间开凿界河,西起庙桥,经南阳村东流入海,界南为崇明外沙,界北为海门县。

又开通海界河，东起蒿枝港，经民灶界河、斜八里河至倒岸河止，东部以黑水河为界，界东为通地，界西为海地；通海界河以北为通州，以南为海门。

光绪二十四年（1898）

设立商会。

改崇明巡检司为崇海巡检司，移至厅县交界处久隆镇，兼营厅境三阳镇以东田土水利。

张詧、张謇兄弟创办社仓（慈善事业）。

光绪二十五年（1899）

由俞麟年主纂，蔡清臣总纂，王汝骐、周家禄分撰的《海门厅图志》刊印。

光绪二十六年（1900）

七月　张謇兴办大生轮船公司，开通通州、海门、常熟、上海间航线。

是年　蝗灾。张謇致函海门厅同知，厅告示捕蝗。

光绪二十七年（1901）

五月　通海垦牧公司于海复镇成立，招佃垦荒植棉。规划垦区跨通州、海门两县，总面积232平方市里，内有可耕地11.5万余亩。

是年　水灾。

改师山书院为师山中西中学堂。

光绪二十八年（1902）

张謇在海复镇垦牧区创办颐生酿造公司。光绪三十一年（1905）下半年，通海垦区遭特大台风和潮汛袭击，堤岸多处被冲击，颐生酿造公司厂房被冲毁，张謇在家乡常乐镇重建颐生酿造厂。

光绪二十九年（1903）

建厅水龙局。

光绪三十年（1904）

五月　于通州城南设立通海五属（通州、崇明、如皋、泰兴、海门）学务公所。光绪三十三年（1907）正月，改学务公所为教育会及劝学所。

八月　于通州城柳家巷成立通（州）崇（明）海（门）纱布总商会，通、崇、海三地设分会。光绪三十二年（1906），改称通崇海商务总会。宣统二年（1910），改为通崇海泰总商会。

是年　创建厅立高等小学，入学者大多为年过三十的童生或秀才。

建立纱业公会。

设县巡警总局。

光绪三十一年（1905）

八月初三　夜潮骤涨，溢水丈余。厅境东部海堤溃决，死数千人，浮尸数步一见，数十人合埋一坑，庐舍家具席卷一空。后得“八月初三潮没鬼”之称。

是年　改中西中学堂为中学预备科。

光绪三十二年（1906）

颐生茵陈酒在意大利召开的万国博览会上获金奖。

设检察局。

由赵师鼎邀集学界，成立教育会。

建厅立师范传习所。

沈书升、顾名义等于厅署西新开河沿创办宝兴织布厂，有布机120张，工人170余人。

日本留学生姜青照创办姜安女学，为海门最早女校。

光绪年间（1875－1908）

在东天补沙的连元沙河上建有见龙桥，为海门迄今最古老、保存最完好的一座石桥。

宣统元年（1909）

邑人茅茹禀在茅家镇会馆街开办泰记信局（又

称民信局),收投平信、挂号信。

宣统二年(1910)

成立城镇乡议事会、董事会,实行地方自治。

宣统三年(1911)

六七月 江潮猛涨,漂没人畜庐舍。

中华民国

民国元年(1912)

1月 废海门厅,复设海门县。县治仍为茅家镇。由地方自治会选举龚世清为民政长。改衙署为行政公署。县下设市、乡。设地方审判厅和检察厅。改巡警总局为警察局。

5月 县临时议事会成立,议长张树典。组成县参事会,会长由民政长龚世清兼任。

7月 陈燮钧、薛荫田等合资修葺师山西龙王庙天后宫,辟河外荒地1200步,始建公园。6年后,于狮山东建丁巳桥,改称西园。

秋 县治文庙东侧儒学署创设单轨4年制师山中学,赵师鼎为董事长兼校长。民国2年,师山中学更名为私立海门中学,设初、高中部。

10月 召开国民党海门县分部成立大会,选举赵师鼎为会长。各区相继成立分所。全县党员1300余人。时共和党亦成立支部,部长张树典,党员较少。大同党由杨樵等组织,刘雄、张培祥为临时理事长,党员多于共和党。

11月 成立县教育会,推举沈钟仁为会长。

12月 发起成立县农会,借徐公祠为会所,推举龚世清为会长。

是年 《公言报》出版。郭义泉等集资创办阅报所。

民国2年(1913)

2月 海门首次于同善堂放映电影,前后达10天之久。

3月 县行政公署改称县知事公署,民政长改称县知事。

于县署东福德祠改建平房14间,建立游民习艺所。

5月1日 设立在茅家镇东洪家宅的海门电报局开业。

冬 驻沪探员密报江苏都督张勋,告发国民党员赵师鼎等人私通乱党,向陈其美请兵谋反。赵师鼎、施揆之、谢鸣谦等36人先后被捕,党员远遁,国民党分部遂告解散。共和党、大同党亦停止活动。

是年起 为创办大有晋盐垦公司,张詧、张謇兄弟集股50万元,筑一条30.9公里的长堤,人称“张公堤”。民国3年,张詧建办大有晋盐垦公司。

是年 废地方审判厅和检察厅,改设审检所。翌年7月,裁并审检所,县知事兼理司法,设承审员1人佐理。

县议事会创办《海门报》,曹亚雄主编。至民国5年,因经济窘困而停刊。

徐纯借茅家镇溥善堂设立海门医馆。

民国3年(1914)

8月22日 夜间,灵甸港洪潮骤起,未几,圩堤冲刷殆尽,桑田成泽国。6天后水始退。9月20日夜,又骤起洪潮,房屋淹没倒塌十有八九,妇孺淹死者不计其数。

是年 海门县划隶沪海道尹。

废除市、乡,统称区,设区董事会。全县辖10个区。

大生资本集团在常乐镇南陈苍球湾(今三厂镇)兴建厂房。民国10年10月10日开工生产。第二年张謇书名大生第三纺织公司三厂。

民国4年(1915)

6月27日 夜,暴雨倾盆,数日不止,全县都成泽国。7月,全县再遭水灾、风灾。

是年 划考武场(旧称考场基)地14亩,筹建县立公共体育场。民国10年,体育场建成。

县治西南长江海门段出现江中沙洲,称江心沙。

民国5年(1916)

张謇在茅家镇创办县内通海实业银行。

张贤信等在茅家镇西北创办振兴织布工场,设布机20张,招收工人40余人。

海门建通俗图书馆。

民国6年(1917)

5月25日　海门启秀、三益等学校学生运动员30多人,在上海举行的12县联合运动会上,获金牌4枚、银牌1枚,奖状5张。

民国7年(1918)

6月29日　海门法律研究会成立,会员30多人。

11月　省派赵委员协同县知事赵占元实地查勘陆械人、王象山荡沙地争夺案,查明王侵吞土地6000亩,由王归偿6万元。至此,自民国初年经省、县两级缠讼数载的全县闻名沙案告一段落。

民国8年(1919)

5月25日　茅家镇10所学校学生组织联合会,并集中700余名学生游行演讲,声援"五四"运动。

5月　县立小学等校始创童子军,全县4个团。

是年　大生资本集团出银4.23万两,由荷兰专家特来克设计,于青龙港口北4里的中兴镇南青龙河上修筑会云闸。次年建成。闸为3孔,通航孔净宽6米,叠梁式木闸门,闸首上下均采用钢筋混凝土结构。

张謇于三厂镇北建房五进,设"老老院"(今三厂中学所在地),收养老人男50人、女40人。

民国9年(1920)

2月　西起西海坝海神庙,东至东兴镇(今属启东市)的海门第一条穿越全境的南干公路筑成,全长69.5公里,修筑时间长达5年10个月。

3月15日　由茅家镇商人陈伯葵发起筹集资金创办的海明电灯公司开机供电。

9月　陈伯葵又在茅家镇开办海聪电话公司,电话上通唐闸,下达崇明。至10月,县城有48个机关、商号装上电话。

是年　复兴肥皂公司在茅家镇南市开办,生产"三星""丹凤""蝴蝶"等牌号肥皂。

通吕公路全线告竣,经余西、余东等地。

民国10年(1921)

6月　大生资本集团铺筑的青龙港至三厂的轻便铁路竣工,全长6.5公里。

7月17日　狂风暴雨连日不止,潮水内溢,县城北部淹没。

9月　于县署西新开河沿设立沪海银行海门分行。

12月　头匡桥(木结构)重建完工。桥位于二匡镇西、头匡河南段,长16.7米,宽6.7米,桥面可容两辆汽车并驶。

是年　陆冲鹏等从上海买回旧汽车14辆,开设私营汽车行。至此,海门始有营运汽车行驶。

文教界名人捐款办《新海门报》。民国12年底停刊。

民国12年(1923)

3月　县市绅商各界集资创办《海门报》,龚颂墀、王石荪主编。由三益印刷社石印出版。11月停刊。

是年　裁区,恢复市、乡建制。

张謇出资建造东灶港套闸,为海门唯一的船舶出海闸,时称"东渐二闸"。

在县署西设立基督教堂,隶属上海中华基督教监理会。

县小学附设幼稚班。此后,各小学、改良私塾普遍附设幼稚班。

民国13年(1924)

6月　平民教育促进会成立。

7月　出版《海星报》(周刊),内容偏重于文艺研究。

9月 重新创刊《新海门报》，日刊。10月11日，改名《新海门》，周刊。

海门县商团成立。有团员32人。设团长1人、教练1人。次年，雇用团丁18人。

民国14年(1925)

4月 张孝若、陈伯葵创办的淮海银行海门分行开业。民国15年底歇业。

8月 组织海门柳社，创办《柳浪文刊》，每旬1刊，发行海门、崇明两县。

9月 旅沪共产党员徐玮回家乡，以举办农民识字班名义，宣传马列主义，宣传五卅惨案真相。其间，应海门中学学生会之邀，在海门中学演讲。

是年 吴家镇合资创办丰亨弹花厂，有资本9000元，风车、脚踏车各1部，钢丝车3部，工人90余人。

民国15年(1926)

5月19日 茅家镇关帝庙僧志恒等发起筹建海门佛教会，次年成立。

5月 由董体仁筹款5000余元，在凤凰桥海界河上重建的凤凰大石桥竣工。

夏 霍乱病流行，天补海神庙附近死亡百余人。头匡镇南一个村落，半月内染疫而死者27人。某宅7天内死16人。

8月11日 罗马教廷指定成立海门天主教区，名为"宗座代牧区"，辖海门、崇明、南通、如皋、泰兴、靖江6县。

8月24日 张謇逝世。同年11月1日葬于南通陆洪闸南袁保圩，后人称其墓地为啬公墓。

民国16年(1927)

2月 国民党海门县第一次代表大会召开，选举产生执监委员会。国民党海门县党部成立。县党部辖区分部41个。全县有党员481人。

4月 北伐军某部进驻崇明、海门等地。北洋军阀闽浙苏皖赣五省联军总指挥孙传芳部所属李宝璋旅，从崇明、海门向北撤退。

红十字会海门分会成立，主要办理资助并遣返伤兵回籍、难民轮渡免费等事宜。

初夏 中共海门三条桥支部成立，系中国共产党在海门最早建立的支部，张冠今任支部书记。

5月 国民政府县公署改称国民政府县政府，县知事改称县长，直隶于国民政府江苏省政府。

7月 海门县总工会于徐公祠成立。此后，还成立海门县妇女联合会和海门县学生联合会。

9月中旬 沈惠农以中共江苏省委特派员身份到海门，发动农民斗争沙家仓地主，成立海启第一个由中共组织的农民协会。沈惠农为农民协会会长。

10月11日 海门中学暨海师、能仁、锡类、女中等10所中小学学生，在共产党员张冠今、黄家骏领导下，联合举行游行，冲击国民党县党部。县党部常务委员吴公辕仓皇逃走，省党部特派员陈石泉被拉出游街。

10月底 中共海门县委成立，沈惠农任书记。县委辖海门和崇明外沙的党组织。机关设在曹家镇(今启东市境内)附近农村。

张言强、潘百型、陆彦瑜等又发起建立县农民协会。

11月9日 中共海门县委书记沈惠农在海门曹家镇组织千余农民集体游行。12日，农会骨干集中于杨秀兰小店，突遭反动警察镇压，死伤多人。沈惠农率领民众与反动警察殊死搏斗，因足部负伤被捕，次日凌晨牺牲于茅家镇。

是年 国民政府县政府设区，废市、乡。

民国17年(1928)

3月1日 建立启东县，海门悦和港、普济镇以东，崇海界河以南划归启东。

4月 俞海清、仇恒忠、汤慰宗、仇建忠、汤林宗等5人，在通东廿五总(今王浩镇五总村)建立通东地区第一个中国共产党支部。

春 国民政府县政府成立保卫团，设总团长，全团3720人。次年改称保卫队，隶属南通行政督察区保安司令部。

7月15日 县一、二区沿江一带，蝗蝻弥漫旷野，自西而东，田中庄稼被食无遗。

秋 中共南通特区委员会成立，中共海门县委为其所属。

海门县救济院成立，内分育婴、养老、残废、施医、贷款、孤儿6所。县内育婴堂、涸甦堂、因利局等慈善事业统归该院管理。

12月上旬 国民革命军陆军第5师师长方鼎英派遣第1团，分驻南通、如皋、海门、启东4县。

12月 中共南通特委在海门茅家镇北张言强宅召开南通、如皋、海门、启东、泰兴、靖江6县县委书记联席会议。

是年 国民政府县政府设区行政局，下隶村、间、镇。

国民党海门县党部创办《新海门日报》，民国29年停刊。民国35年2月复刊，民国38年1月停刊。

民国18年(1929)

2月 南通东区(今海门境内)仇建忠率领的游击小队攻入八索镇国民政府县政府警察局，缴获长短枪11支，俘敌10多人，首战告捷。

南通东乡5000余群众在三益乡仇家园(今四甲镇境内)召开大会，成立南通第一个工农兵苏维埃政府。

春 辟茅家镇奎光阁(即六角亭)住房3间，创办县立公共图书馆，馆藏图书数万册。次年，在阁四周建房，设立图书室。

5月 垦牧公司克扣开河民工工资。中共海门县委书记陆克和委员张冠今，赴海复镇指挥数百民工斗争，公司照发每人开河工资8元。

县立农民教育馆在三阳镇东竹林寺建立，占地18亩，馆舍17间。

8月 国民政府县政府改区行政局为区公所，村、间改为乡，街市称镇。

10月17日 大生三厂工人在中共海门县委领导下，举行全厂性罢工，要求增加工资，改善劳动条件，反对无理开除工人朱有喜(中共党员)。罢工持续月余，逼使资本家让步。

10月26日 红军游击队和农民5000余人，首攻汤家苴(今王浩镇三合村)，烧毁地主契约、借据，没收其部分粮食和衣物。

是年 海门县立农场于县治东9公里处建办，占地75亩，以培育蚕桑和改良果树为主，兼养家禽。日本侵略军侵占海门后停办。

海门电报局兼营长途电话。

民国19年(1930)

1月16日夜 三益区游击队负责人仇建忠等人集合余东、余中、三益武装，二打汤家苴。击毙国民党军7人，缴枪1支。

2月6日 中共通海特委在草蓬镇(今货隆镇货隆村)召开大会，宣布中国工农红军江苏第1大队成立。俞金秀、仇建忠先后任大队长。

3月 中国工农红军江苏第1大队改编为红十四军第1支队，刘廷杰任支队长，俞金秀任政委。5月，1支队改编为2师，师长秦超，政委兼参谋长黄火青。

5月18日 红十四军1支队和赤卫队千余人奇袭余东镇，缴获步枪及子弹等物。

5月20日 红十四军2师1大队、赤卫队和群众1.4万余人，第三次攻打地主老巢汤家苴，师长秦超负伤后牺牲。

上半年 私立海门中学成立中国共产主义青年团支部。

8月20日 国民政府江苏省政府召开通、海、启、如、泰、靖6县县长联席会议，商讨“协剿”红十四军计划。会后，省警察总队3团2营余世梅部驻二甲镇，南通县警察队李汉清部驻四杨坝，省警4营胡祥藻部驻凤凰桥，以镇压革命武装。

11月1日 民营《江海日报》创办。每期印数800－1000份。日本侵略军侵占海门后停刊。民国35年4月1日复刊，次年9月又停刊。民国37年5月又复刊，民国38年1月停刊。

是年 青(龙港)四(杨坝)公路全线竣工。该公路自四杨坝永安桥至青龙港，全长16.26公里。

民国20年(1931)

3月5日 中共江苏省委作出《对于启东工作的决议》，决定海门党的工作暂归启东县委管。

6月 海门、启东两县县委合并建中共启海县委，周趾麟为书记。同时成立中国共产主义青年团启海县委。

10月初 国民政府海军部调派“湖鹏号”雷艇到海门长江段巡弋。19日，又增派“湖鹰号”雷艇，两艇均驻青龙港。

冬 中共启海县委召开委员会议，决定增设军事委员，成立红十四军1支队2大队，恢复开展武装斗争。

民国21年(1932)

5月19日 叛徒顾朝献供出中共启海县委联络地点，当夜，启海县委领导人周趾麟等8人在瘸巴镇被捕。启海县委遭破坏。

5月 民灶沙划归海门县管辖，通海两县会同树立界石。

8月 中共江苏省委军委书记刘瑞龙在沪召集启海干部研究工作，决定派姜彬、蒋志轩(未到职)到启海工作，由姜彬负责。

是年 海门县隶属江苏省南通区。

省农矿厅划海门县为第一棉作推广区。

民国22年(1933)

3月26日 余东镇商人在民众教育馆举办土布展销商场，抵制日货，大卖“雪耻布”，历时3个多月。

3月 海门县改属江苏省第七区。

6月 海启地区的早期党组织停止活动。

9月 大潮，毁田亩圩堤，平地水深数尺。

是年 兴亚香烟厂于海门三阳镇开办，生产“狮山”“夜星”牌等卷烟。民国24年关闭。

民国23年(1934)

3月 海门编组保甲，把原有的10个区并为6个区。5月8日，挨户编号。全县设114乡、6镇，1256保，12634甲。六七月间，各区保甲长办事处成立。

9月1日 海门县禁烟委员会成立，县长兼任委员长。10月中旬，对吸食鸦片的烟民进行登记，其中领取甲种照者331人、乙种照者3156人。规定年轻烟民于次年2月起开始戒烟，每半月一批，每批80人。

12月上旬 全县各地灾民自发组织“共吃团”，到附近地主家中吃饭、分粮。

是年 海聪电话公司包揽县内电话业务。

天主教海门教区主教朱开敏在上海募集12万元经费，在锡类中学建造一幢钢筋水泥结构4层楼竣工，增办锡类高中农科。次年，改为高中土木科职业学校。

海门县又改属江苏省南通区。

民国24年(1935)

县立海门医院创办于茅家镇中山堂后。

民国25年(1936)

海门县改属江苏省第四区。

民国26年(1937)

9月 各界群众认购救国公债，自动捐献抗日经费。

民国27年(1938)

年初 海门县抗日游击总队成立，县长魏湛元兼任总队长，下辖5个大队。

3月21日 日本侵略军侵占县治茅家镇及三厂、青龙港、四甲坝等地。国民政府县政府、县党部退驻江家镇。4月24日，日本侵略军撤离海门。9月21日，日本侵略军二次侵占海门茅家镇、三厂、青龙港。

3月底 日本侵略军侵占常乐镇，向境内最大的刘和济典当发射硫黄弹，典当毁于大火。境内所有典当均告闭歇。

4月初 在南通余西地区召开的通崇海启县长联席会议上，成立通崇海启抗敌指挥部。是年底，撤销番号，编为保安团。

4月9日 瞿犊领导的抗日游击队在石硊港(今启东志良镇)伏击由茅家镇开往汇龙镇的两艘日本侵略军运输给养船，毙伤日本侵略军多人，缴获不少物资。此战是海启人民向日军打响的第一枪。

4月 共产党员茅理任通崇海启抗敌指挥部政训主任。

5 月 崇明县沦陷后,国民政府崇明县政府迁至海门县倪家镇。

民国 28 年(1939)

1 月中旬 受中共江北特委派遣,由共产党员洪泽、廖绪忠率领的江苏省民众抗日自卫队独立 2 支队(简称抗战支队)政工队进驻江家镇。在江家镇、聚星镇等地开展多种形式的抗日宣传活动,并发展共产党员。10 月,政工队撤离海门。

4 月 16 日 汪伪海门县公署成立。县公署设于茅家镇,县知事施仁心。在其统治区内设区、乡、保组织。

民国 29 年(1940)

1 月 中共三阳地区支部在永平乡建立。为海启地区党组织在民国 22 年遭受破坏后建立起来的第一个党支部。

6 月 国民政府江苏省政府主席韩德勤委任季强成(字刚)接替郑枢俊国民政府海门县政府县长之职。不久,任国民政府江苏省第四行政专员公署专员兼海门县县长。民国 29 年 11 月,新四军东进海启后,海门县抗日民主政府成立,季继任江苏省第四行政督察专员公署专员兼海门县县长。专员公署辖南通、如皋、海门、启东 4 县。翌年,日本侵略军"八一三"大"扫荡"后,季弃职。

7 月 国民政府县政府于江家镇三益初级中学举办海门东部地区小学校长、教导主任参加的暑假训练班。翌年 5 月,成立海门县教师抗日协会。

9 月 6 日 陈国权、韩念龙、茅理等率领崇明民众抗日自卫队转移至南通地区,改称通崇海启人民抗日自卫总队,在川港、姜灶、三星镇一带开展抗日游击活动。10 月,改编为崇启海常备旅,旅长茅理,政委李干辉。

11 月初 王澄、彭德清率新四军三纵 5 团东进海启,在江家镇与茅理领导的崇启海常备旅会师。

中共崇启海县委成立,陈国权任书记。翌年 3 月,改名为中共海启县委,书记朱溪东。

11 月中旬 苏四区抗日游击指挥部在掘港镇召开通、如、海、启地区各阶层代表会议,决定按"三三制"原则,改组建立各县抗日民主政府。海门县抗日民主政府驻地江家镇,属中共苏中临时委员会领导。县抗日民主政府接管国民政府县政府及区公所,保留乡、保甲组织。民国 30 年 3 月,属苏中第四行政区。

12 月 31 日 陶勇率新四军三纵 7 团,攻打驻余东镇进行抗日统一战线内部摩擦的国民党游击六纵队徐承德残部。午后,驻四甲、三厂日本侵略军出动包抄余东,新四军狙击部队一个排 39 名战士与敌激战,全部壮烈牺牲。这是新四军东进海启后与日本侵略军进行的第一次正面战斗。

民国 30 年(1941)

3 月 海门警卫团成立,团长顾尔钥,政委罗桂华。

8 月 13 日 日本侵略军南浦旅团及伪军数千人,由南通出发,分多路对苏中四分区开始秋季大"扫荡",先后侵占久隆、余东、四甲等地,并在三阳、麒麟、凤凰桥等镇建立日伪军据点。

9 月 13 日 新四军 1 师 3 旅 7 团 2 营和南通警卫团 2 营组成江海挺进支队,由司令员梅嘉生、政委陈同生率领,从石港出发,分两路星夜奔袭通海地区,先后击溃盘踞在张芝山、通海镇、坝头镇、长兴镇、常乐镇等地的伪军邱冠生部。

9 月 海门、启东两县合并,建立海东行署,主任顾尔钥兼海门县县长。

海启警卫团建立,团长罗桂华,政委陈国权。同时,成立海启人民抗日自卫总队部,总队长由海门县县长顾尔钥兼任。

10 月 建立中共通海工委、通海行署,属苏中四地委和苏中第四行政区。陈同生任工委书记、行署主任。

中共通海工委创办《江涛报》。民国 32 年 3 月停刊。

11 月 成立中共通东分县委和通东行署,属中共南通县委、县民主政府领导。姚鲁任分县委书记,赵琅任行署主任。

海启县农民抗敌救国协会(简称农抗会)成立,中共海启县委民运部部长石坚兼主任。

12 月 海东行署改称海启行署,属苏中第四行政区。主任陈同生兼海门县县长。下设海四、海五、海六、海七、海八及启一、启二 7 个区。

民国31年(1942)

年初 通海地区组建通海自卫团,受苏中四分区及中共通海工委、通海行署双重领导。团长汤景延。

1月4日 崇启海县委书记陈国权在二厂(今启东市境内)附近牺牲。

1月 中共海门中心县委成立,书记王野翔。

2月 粟裕率新四军1师进驻海门县海复镇(今启东市境内),在通师侨校内创办抗大九分校,宣传抗日救国,动员大批青年学生走上革命道路。6月,新四军1师师部移驻通中地区。

海启首届国民参政会议召开,选举陆措宜为议长。

4月11日夜 新四军1师3旅7团1营、3营和海启警卫团1营,向盘踞悦来镇的伪军32师徐承德部(民国30年春,徐承德率部投靠汪伪)200余人发起总攻,击毙师长徐承德及毙俘伪军官兵80余人。

5月1日 日本侵略军分三路"扫荡":一路从南部沿江一带公路至启东汇龙镇;一路从茅家镇到三阳镇一带至汇龙镇;一路沿通吕公路至吕四。余东、包场、六甲等集镇相继被侵占。

6月3日 新四军1师3旅7团1营与海启警卫团、区队一起,在三阳镇东斜桥伏击从三阳镇出动修路的日本侵略军,激战1小时,歼灭日本侵略军指挥官新野以下26人,活捉日本侵略军2人,击毙和俘虏伪军130余人,缴获九二炮1门及其他枪支弹药。此战,是反"扫荡"斗争中新四军主力在海启地区最著名一仗。

6月28日 南通警卫团4个连在团长梁灵光指挥下,奇袭海门县城茅家镇,毙伪军近百人,俘伪军警70余人,缴获轻重机枪各1挺、步枪63支。这次战斗是苏中四分区地方武装首次攻打县城。

7月 崇明划归海启行署,海启行署改称海启崇行署。主任陈同生兼海门县县长。

8月21-23日 新四军3旅8团和海启警卫团一部发起灵甸港战斗,击毙伪军128团3营营长刘占元所部70余人,俘伪军官兵50余人。

9月 并南通县的通东行署、海门县的东部地区及启东县,建东南行署,对外仍保留县名。主任陈同生兼海门县县长。原属南通县领导的中共通东分县委和通东行署分别划归中共海门中心县委和东南行署领导。海启警卫团改称东南警卫团。

11月1日 东南行署代理苏中行政公署发行江淮银行纸币(江淮币,又称抗币),面额贰角、伍角、壹元、伍元和拾元5种。

12月 海门中心县委在聚星镇召开由各区区委委员参加的扩大会议,布置冬防、冬学、冬耕工作,全面开展"三冬"运动,进行反"清乡"动员。

民国32年(1943)

1月 中共海门中心县委撤销,建立中共海启县委,洪泽任县委书记。

3月 通海行署停止活动,7月建通海办事处,属南通县抗日民主政府领导。

4月11日 汪伪在南通设立"苏北清乡特区公署",委任陆超为海门清乡特区公署主任。并把东南地区作为"清乡"实验区的重点。

4月15日夜 驻通海地区的崇明警卫团和通海自卫团合编为一个团(又名"汤团"),在团长汤景延率领下,于姜灶港打入敌伪内部。至9月29日夜,奉命全部撤离,胜利返回抗日根据地。

4月 中共海启县委机关报——《东南报》创刊。为八开两版双面油印小报,不定期刊。

5月 中共苏中四地委秘密工作部部长谢克东在二甲镇东丁坎坝(今四甲镇境内)陆丕文宅设立秘密机关,一度迁往茅家镇,秋迁回二甲镇。

7月1日 东南地区抗日军民参加苏中四地委组织的全民性突击战,火烧竹篱笆,把日本侵略军苦心经营3个月的封锁、限制抗日军民活动的竹篱笆毁坏殆尽,破公路14处,计22公里。

11月 恢复通海行署,原辖区和隶属关系不变。

是年 抗日根据地改保、甲制为乡、村组织。

民国33年(1944)

1月 日伪军采用"武装特务化,特务武装化"手段,实行"三光"政策,对东南地区开始"高度强化清乡"。

6月 县委书记洪泽调苏中四地委,鲍志椿接任县委书记兼警卫团政委。

8月 东南警卫团一部在朱家饭店(今包场镇境内)歼灭日本侵略军11人,击毙击伤伪军各1人,俘伪军7人,缴获九六式机枪1挺,长短枪4支。

东南地区开始实行新乡制,至民国34年7月,有10多个乡民主选举乡长。

10月 中共海启县委召开东南地区武装工作会议,总结反日伪据点斗争战果。1年零7个月的反日伪"清乡"斗争,取得决定性胜利。

11月9日 通海自卫总队与汇通区队配合,在管家木行头(今德胜镇境内)设伏,击毙日本侵略军宪兵队长屯元以下11人及伪军政人员10余人。

12月26日 东南行署主任、警卫团团长王澄和海启县委书记、警卫团政委鲍志椿在巴掌镇(今启东市境内)附近,遭日本侵略军突然袭击,不幸牺牲。

民国34年(1945)

1月 中共海启县委改名为东南县委,书记朱溪东。

中共通海工委和通海行署撤销,通海地区划归南通县。

3月10日 在苏中四分区召开的群英会上,海启地区的黄士奇、王祥、何凤生分别被授予一等战斗英雄、一等神枪手、一等民兵英雄称号。

6月12日 凌晨,美国空军一架B-24型轰炸机在对长江口侵华日本侵略军舰船俯冲轰炸时,因机身失去平衡,坠毁于宋季港南江滩上。11名机组人员中,8名当场遇难,3人受伤,被汇通区民兵和群众救起,辗转送往新四军军部,后移交美方。

8月15日 日本宣布无条件投降。9月2日签订投降书。

8月25日 驻吕四日本侵略军撤退至四甲坝。29日,驻汇龙镇日本侵略军撤至三厂、茅家镇。

8月下旬 在抗日根据地聚星镇成立华中银行东南办事处,发行华中币,清除汪伪政府储备票。

9月1日 下午,东南县委、东南行署、东南警卫团负责人朱溪东、贾鸿钧率千余人进驻茅家镇。3日夜,日本侵略军重新返回茅家镇。县委、行署、警卫团机关撤出。后日本侵略军又占领三厂、青龙港。

10月16日 国民党海门县县长潘燕率领军警由南通入境,暂驻大生三厂办公。11月12日迁至茅家镇。国民党海门县党部派季方千接管汪伪县党部。

11月7日 东南行署召开各界代表人士会议,纪念十月革命节,庆祝国共双十协定签订,坚决拥护中共中央为实现和平、民主而作出的努力。

11月 东南反内战动员会成立,主任委员张士明(国民党员),副主任委员赵琅(共产党员)。

12月 东南行署隶属苏皖边区第一行政区。

民国35年(1946)

1月1日 自零时始,县境内汽车一律靠右边行驶。

2月 驻海门的日本侵略军接受国民党驻南通军队指令,在海门投降,随即日俘由青龙港转遣上海。

江苏省保安第六纵队和海门县保安团占领茅家镇、三厂、青龙港,并向解放区进犯。

东南公营总店改为东南江海公司,收购、推销农副产品,向国民党统治区采购商品、医疗器材、黄金等民用物资和军需品。

2-3月 中共东南县委、东南行署撤销,分别成立中共海门、启东县委和海门、启东县政府。海门县委书记朱溪东、县长赵琅。机关设于聚星镇。隶属苏皖边区第一行政区。8月,属苏皖边区第九行政区。下辖聚星、海东、吕四、海西、海南、海中、富余、四甲、六甲9个区。

6月29日至7月10日 中共海门县委在曹家镇召开土改工作扩大会议,县、区、乡干部千余人参加。九分区司令、副专员梁灵光作关于土地改革的报告。会后,县境解放区开展土地改革运动,8月底基本结束。民国36年8月开始土改复查,时间1年。

7月16-17日 国民党县政府县长刘道平杀害共产党员、干部35人,制造"茅家镇惨案"。

7月 海门、启东两县分设后,原《东南报》改为《海启大众》。民国37年8月停刊。

9月底 全县解放区掀起保田保家乡大参军运动,有1404名翻身青年农民报名参军。

12月 海启两县重新合并,建立中共东南县委、东南行署、东南警卫团,实行党政军一元化领导。属苏皖边区第九行政区。县委书记顾尔钥,行署主任干仲儒,警卫团长曹持衡。

建立中共通海工作委员会,由东南县委代管,不久,又由南通县委领导。次年8月撤销。

是年 国民党统治区重新划区编定保甲,恢复区、乡建制,全县设6个区,96个乡、镇。

民国36年(1947)

1月1日 国民党军49师79旅105团进犯海启地区,以茅家镇为中心进行驻剿。原驻海门的55团(徐容部队)调驻汇龙镇。

1月21日晚 国民党军队集中兵力,分南北两路向海启解放区进犯:南路从三厂镇到汇龙镇,北路从四甲到吕四。一夜之间,占领公路和运河沿线的集镇,随即延伸各处构筑据点。

2月14日 上午9时,国民党政府国防部长白崇禧到海门视察,以强化反共反人民的内战。

5月29日 解放军华中九分区7团和东南警卫团攻克灵甸镇敌据点,并打垮前去增援的徐容等部,歼敌520多人,缴获轻重机枪37挺以及其他战利品。此战扭转了华中九分区的局势,迫使国民党军队停止对九分区的"进剿"。

5月 国民党当局每天征调二三千民夫,在茅家镇四周构筑土城墙。至8月,勉强筑成,计8.4万立方米,占用土地200亩,周长约5公里。海门解放后被平毁。

夏 风潮成灾,解放区沿江40公里长堤决口3次,江岸坍削,295户农民失去土地。

8月21日 华中九分区7团,在东南警卫团配合下,攻打三阳镇敌据点。经两天激战获胜,俘敌450多人,毙敌40多人,缴获轻重机枪10挺,卡宾枪7支,长短枪200余支,掷弹筒3个,子弹5万发,其他战利品甚多。

11月 国民党政府交通警察总局副局长徐志道,击败竞选对手交通大学教授蒋汝舟,当选海门县参加国民代表大会代表。

东南中学各分部集中海复镇,与通师侨校合并,校名仍为东南中学。

12月 东南警卫团及海中区区队与国民党省保六纵在万盛桥激战获胜,毙伤敌人70多人,俘敌240多人,缴获轻重机枪14挺,八二炮2门,步枪200余支,子弹1万余发,以及其他战利品,受到华中军区表扬。

民国37年(1948)

1月13日 解放区恢复华中银行东南办事处,排除国民党政府银行的金圆券。

3月19日 县国民党与三民主义青年团合并,姚江、施铁千、陈嘉言担任国民党海门县党部党团统一委员会委员。

4月7日 中共东南县委决定,自4月15日起,在海东、海复、二效、王鲍、吕四、六甲等7个区内,禁止使用国民党政府发行的货币。

5月21日 华中九分区8团、9团和东南警卫团、富余区游击营合力攻打余东敌据点,至次日下午4时获胜,打死打伤敌人百余人,俘敌540余人,缴获小炮2门,机枪26挺,掷弹筒4个,长短枪353支,子弹3.5万余发,卡车4辆及其他战利品。5月22日,余东镇解放。

夏 东南行署在中央镇花家仓举办教师轮训班,300余名教师参加,历时1个月。

6月6—8日 县选拔参加省运动会选手的运动大会在茅家镇举行,历时3天,参加选拔的运动员138人。

6月 国民党县政府将6个区并为3个区36个乡镇。

7月10日 海启地区遇大雨大潮,全境7个区、35个乡、185个村受灾。17日,又下大雨,江堤60公里缺口79处,16个乡、273个村农田被淹。东南行署发放急救粮食11万公斤。

7月16日 东南地区第一期常备民工大队453人,担架90副,随华东野战军十一纵队33旅向宿迁进发,参加沭河阻击战。11月7日复员回乡。至民国38年夏,海门组织4期常备民工5.3万人,担负运送粮草、弹药等支前任务。

8月14日 解放军华中九分区主力部队攻克麒麟镇国民党军据点,歼灭敌军300多人。次日,国民党江苏省保安队重占麒麟镇。9月16日,分区主力8团,由如东、东南警卫团配合,再次攻打麒麟镇据点,打死和俘获守敌360多人,麒麟镇解放。

民国38年(1949)

1月25日 撤销东南行署,恢复海门县建制,属苏皖边区第九行政区。成立中共海门县委、县政府、海门警卫团,驻地海南区彭家仓(即狮子镇沈宅,今麒麟镇庵宝村址)。县委书记郁谦,县长赵一平。原东南行署所辖的海南、海西、海中、王鲍、富余、六甲区及吕四区的头补、二补乡与南通县所辖的旧海门县一、二区划归海门县。5月,海门县属苏北南通行政区。

1月29日 海门县城茅家镇解放。中国人民解放军海门县军事管制委员会成立,徐建楼任主任。晚上,茅家镇工商界及居民代表200余人集会,徐建楼、副县长沈计达到会作报告。31日,龟缩在青龙港的国民党军残部被围歼一部分后仓皇撤逃。至此,海门全境解放。3月6日,县委、县政府举行庆祝解放大会。

东南印刷厂接收益海、江海、益群3个印刷所,建立海门新华印刷厂。

2月1日 在共产党的政策威力感召下,国民党县党政军警特人员纷纷向公安机关登记自首。至3日,登记109人。

2月6日 海门县政府划建汇通、茅三、新南、海南、海中、王鲍、六甲、四甲、富余9个区,辖127个乡,茅家镇、三厂镇、青龙港镇为县属镇。

海门县委、县政府机关从海南区彭家仓迁至茅家镇。

2月27日 一部分隐藏的特务、反革命分子在通东及东部地区胁迫群众,组织反革命暴动,破坏民工支前运动。至3月7日,反革命暴动被平息。

2月 东南中学校长成子祥率领接收小组及东南中学师生员工70余人,接收县立海门中学,合并私立海门中学,建立南通区海门中学。

3月20日 解放区废除原保甲制度,相继建立乡村级人民政权。

4月6日 长江复堤工程开工,出动民工1.3万人,完成土建50万立方米。

4月25日 县政府通令,禁止银圆在市场流通,由人民银行按牌价收兑。

全县动员支前民工1.36万人,用担架、小车、船只运送军粮167.5万公斤、柴草17.1万公斤,支援人民解放军渡江。

5月21－31日 海门县新民主主义青年团训练班开学,青年学生、工人、农民70多人参加学习。其间,59名学员首批被批准入团。

5月下旬 连日大雨,汇通、茅三等区沿江大部分稻田遭水淹没。29日,沿江区乡干部群众万余人投入开坝、抢割麦子。

5月31日 海门警卫团从青龙港渡江,配合友军解放崇明县。青龙港部分搬运工人随船过江支前。

7月 创建海门县人民医院。

7－8月 连续下雨20多天,全县受涝面积30多万亩。7月24日,又遭6号强台风及暴雨袭击,风力11级,持续3天,江堤缺口117处,海堤被冲破300米,被淹农田62.4万亩,死45人。全县21万人投入抗灾斗争。驻海门华东警备区第9旅及海门警卫团2000多名指战员积极参加抢险斗争。

9月3日 县公安局在上海市公安局配合下,破获反革命组织“东南反共救国军苏浙皖支队”一案,依法逮捕首恶分子陆人信等11人。

9月22日 海门县人民法院成立,赵一平兼任院长。

9月 县委书记郁谦调往崇明,赵一平接任县委书记。

中华人民共和国

1949年

10月1日 中华人民共和国成立。全县人民放假3天,欢庆10天。11日,县城各界6000多人集会庆祝。

10月 海门县仍属苏北南通行政区。

海门县设9个区,126个乡,3个县属镇。

建立中国新民主主义青年团海门县工作委员会。

1950年

1月6日 筹建县人民体育场。次年10月1

日落成。

1月 建立海门县人民武装部。

2月22日 县第一届妇女代表大会召开。成立海门县民主妇女联合会。

2月23日 县第一届工人代表大会召开。成立海门县总工会。

4月25日 长江复堤工程竣工,计完成土(石)方44万立方米任务,沿江7466.67公顷农田基本免除江潮侵袭。

5月2－7日 县首届各界人民代表会议召开。会议号召干部群众战胜灾荒,搞好生产,肃清残余匪特,准备新区土地改革。

6月12日 县人民教育馆成立。1952年4月1日,更名为海门县文化馆。

6月16日 县人民医院改称县卫生院。1952年6月29日,与广济医院合并,定名海门人民医院。

6月 全县行政区划有较大变动,设10区,134乡,723村。

8月10日 海门县政府改称海门县人民政府。

8月 海门县属南通区。

9月15日 全县于1946年土改过的老区81个乡的土改工作结束,开始填发土地所有证。次年11月5日,新区69个乡土改结束。县人民政府颁发土地所有证。

9月15－19日 县第二届各界人民代表会议召开,听取《政府工作报告》。

9月23日 民兵英雄顾国民赴京,出席全国战斗英雄代表会议和全国工农兵劳动模范代表会议,受到毛泽东等党和国家领导人的接见。

9月25日 县收音站建立。1952年3月24日,刊出《收音消息》。

11月15日 县成立抗美援朝分会。

11月 县委书记、县长赵一平调离。张惠和任县委书记。12月,沈计达为海门县代理县长,1951年8月任县长。

1951年

1月8日 县公安局在王鲍区破获以沙瑞芝为首的反动组织"一贯道",随即展开取缔反动会道门工作。

1月13日 县文学艺术界代表大会召开。成立县文学艺术界协会。

2月3日 镇压反革命运动在全县开展,首批罪大恶极的反革命分子被逮捕法办。

2月9日 县首届供销合作社社员代表大会召开,成立苏北区海门县合作社联合社,选举产生理事会和监事会。

3月31日至4月4日 县第三届各界人民代表会议召开。听取《政府工作报告》,通过兴建海门烈士祠堂和建办四甲初中两个草案。

4月4日 县各界人民创建烈士馆委员会成立,选定原厅署旧址为烈士馆址。次年7月1日,海门烈士馆建筑工程破土动工。1953年5月15日,烈士馆落成。郭沫若题写馆名,粟裕题词。

5月1日 全县各地26.1万人集会游行,抗美援朝、反对美帝国主义重新武装日本和要求五大国缔结和平公约、制止战争的签名投票运动掀起高潮,17.16万人签名,9.3万人投票。

6月27日 县召开抗美援朝代表会议,决定捐献"海门号"飞机1架。至次年2月28日,捐献人民币16.93万元,可购战斗机1架有余。

7月 筹建县人民检察署,10月10日成立,张惠和兼任署长。

8月20－21日 台风、暴雨、大潮袭击,沿江缺口116处,外小圩堤缺口42处,6666.67公顷农田受淹,倒房13间,伤3人。

8月21－25日 县第四届各界人民代表会议召开。听取《政府工作报告》等,讨论开展抗美援朝、镇压反革命和民主建政工作。

8月24日 海门县初级师范学校创办,设于县城能仁初级中学旧址。

10月1日 县首届人民体育运动大会召开,594名运动员参加比赛。

11月29日 县长兼法院院长沈计达在县委扩大会议上作贯彻《中华人民共和国婚姻法》报告,提倡男女平等、婚姻自由,禁止童养媳、等郎媳和缠脚等摧残妇女的非法行为。

12月24日 县直机关开展反贪污、反浪费、反官僚主义的"三反"运动。次年6月30日结束。

1952年

1月29日至2月1日 沈计达分别在茅家镇

工商界和工人、店员集会上作“五反”动员报告。会后，运动全面展开。

3月14日 县成立细菌战防御委员会，粉碎美帝国主义的细菌战，预防病菌蔓延，注射霍乱、鼠疫等疫苗的工作在全县展开。

3月26日至4月8日 疏浚海门十八匡河、九匡河、大新河、青龙河、通沙河、圩角河、浒通河、闸河、运盐河9条大河，投入民工5.83万人，完成土方113.51万立方米，受益面积2.36万公顷。

4月9－12日 县第一届互助合作代表会议召开，出席代表316人。

5月1日 经政府批准，私营大生三厂改为公私合营企业。

6月28日至7月1日 县第五届各界人民代表会议召开。听取《政府工作报告》，讨论开展爱国丰产运动等工作。

7月 全县行政区划全面调整，原10个区改划为茅家镇、三星、三和、横沙、连元、三厂、常乐、新南、海南、三阳、海中、王鲍、四甲、富余、余东、新安、包场、六甲18个区，辖206个乡。三厂、青龙港镇为县直属镇。11月，调整为18个区、149个乡、2个镇、2个县属镇。

8月5日至9月17日 连续阴雨，降雨量630毫米，全县2.04万公顷农田受淹。

10月19日 县首届民族形式体育运动大会开幕，表演项目有刀、枪、拳术、妇女龙灯舞、负重竞走等。

10月20日 海南区好北乡施步成农业生产合作小组由8户扩大到36户，成立悦宏农业生产合作社。为南通专区最早建成的4个初级社之一。

10月 朱士达任海门县代县长。

11月8－12日 海门首届中国新民主主义青年团团员代表大会召开。大会选举产生中国新民主主义青年团海门县委员会。

11月 县召开首届民兵代表大会，出席代表720人。

12月30日至1953年1月4日 县第六届各界人民代表会议召开。会议听取《政府工作报告》及关于加强民主建政、进一步贯彻婚姻法等专题报告。

1953年

1月 海门县属江苏省南通区。

2月3日 崔金鳌任海门县县长。

3月 县爱国卫生运动委员会成立。

4月 海门县属江苏省南通专区。

5月12－15日 县第七届各界人民代表会议召开。会议听取《政府工作报告》和《关于互助合作的专题报告》等。

5月 根据选举法规定，开始普选人民代表工作。经登记，全县有选民411023人，被剥夺选举权的有7102人。分两批进行，实际参加普选339957人，选出乡、镇人民代表6670人。

6月19－27日 常乐、新南、四甲、六甲等10个区先后遭到狂风暴雨袭击，受灾农田2000多公顷，吹坏吹倒房屋700多间，轻重灾户400多户，受伤9人。

9月3日 强龙卷风经过横沙、四甲等地区，吹倒吹坏房屋600多间，受灾农户273户。县政府发放救济金2249元，银行贷款1766元，解决灾民生产、生活困难。

12月4日 县委召开扩大会议，学习贯彻党在过渡时期的总路线、总任务和统购统销政策，1177名区乡干部出席。

是年 经周恩来总理批示，国家投资99.99万元，实施青龙港两侧沉排护岸试点工程。

1954年

2月28日 海门第一个农村信用合作社在三星区桃源乡建立。

3月1日 全县开始实行粮油计划供应。

3月18日 海门青龙港护岸治坍工程施工。工程分5期进行，至1956年7月20日结束。工程护岸长3.07公里，财政投入经费420万元。

4月 唐如浴任中共海门县委代理书记。6月任第一书记。

5月1日 中国人民银行海门县支行开始收兑抗日战争期间流散在民间的“江淮币”“江南币”“溧阳流通券”等地方货币。

5月中旬 连续阴雨，全县3387公顷农田受淹。7月2日，县境东北部地区下暴雨，1566.67公顷农田受淹。

6月22日 省政府批复：海门县王鲍区划归启东县管辖。9月15日，两县办理移交手续，王鲍区和三阳区的聚南乡划归启东县。1955年3月，海门县通兴农场划给启东县。

7月2－5日 县首届人民代表大会第一次会议在海门烈士馆举行。会议讨论《中华人民共和国宪法（草案）》，审议通过县政府工作报告，选举秦素萍等5人为省人民代表大会代表。

7月15日 江苏省海门中学选送留学苏联学生4人，留学捷克斯洛伐克学生1人。

7月18日 县行政区调整，建立三星、连元、横沙、三厂、新南、海南、三阳、海中、六甲、包场、余东、富安、四甲13个行政区，辖136个乡，2个区属镇，茅家镇、三厂镇为县属镇，青龙港镇并入三厂镇。撤销常乐、新安、三和、茅家镇4个区建制。

8月16日 全县首次手工业劳动者代表会议召开，到会代表100多人。听取并讨论县长崔金鳌所作的《中国革命两个阶段的任务和手工业实行社会主义改造》的报告。

8月 省政府副主席管文蔚到海门视察。

9月15日 全县开始实行棉布计划供应。

10月28日至11月9日 中共海门县第一次党员代表会议召开。进一步贯彻党的过渡时期总路线、总任务和中共七届四中全会决议，讨论和确定今后的工作任务。

10月 农业互助合作运动全面展开。

县人武部改称县兵役局。

1955年

2月21－24日 浒通、竖积洪、九匡、宽心等大河疏浚工程动工。发动39个乡的民工3.37万多人，动用土方56.92万立方米，竣工后受益面积2.43万公顷。

3月1日 新人民币开始在全县范围内发行流通。

7月7日 降雨78.6毫米，受淹农田2140公顷；13日，降雨127.5毫米，受淹农田4220公顷；21日，降雨211.4毫米，受淹农田8120公顷。

9月28日 海门县天主教友代表会议召开，声讨披着宗教外衣的龚品梅反革命集团和暗藏在海门教区内的反革命分子的罪行。成立海门县天主教爱国会筹备委员会。

11月25日至12月20日 南接长江、北至海界长15公里的青龙河疏浚拓宽工程开工，投入民工2.5万余人，动用土方71万立方米，建造木桥5座、石桥1座，受益面积8266.67公顷。

12月5－7日 县首届人民代表大会第二次会议召开，选举茅锡堂为县长。海门县人民政府改称海门县人民委员会。

1956年

1月15日 海门第一个高级农业生产合作社——好北乡悦宏社建立。

1月17日 茅家镇私营工商业全部实行公私合营和合作化。2月28日，全县基本完成对私营工商业和手工业的社会主义改造。

1月18－24日 中共海门县第二次党员代表会议召开，选举产生中共海门县监察委员会。

2月29日 中国人民政治协商会议海门县第一届委员会第一次全体会议暨县政协成立大会召开，县委副书记秦素萍（女）当选县政协主席。

4月17日 海门县区、乡行政区划调整，原13个区、141个乡、2个县属镇合并建天补、茅镇、麒麟、三阳、余东、四甲、包场7个区，75个乡、3个县属镇（青龙港镇又改为县属镇）。

4月26日至5月1日 中共海门县第一届代表大会第一次会议召开，选举产生中共海门县第一届委员会。唐如浴为县委书记。

5月1日 中共海门县委机关报《海门报》创刊，为8开版周二刊。1958年1月1日，改为8开二版周三刊。4月9日，改为日刊。1960年12月停刊。共印1016期，每期发行近万份。

海门县有线广播站建立，并向茅家镇播音。11月1日，向全县播音。

5月7日 县第一次扫盲积极分子代表大会召开。成立海门县扫除文盲协会。

6月23日 县召开科学技术普及协会第一次代表大会，选举产生县科协第一届委员会。成立县科学技术普及协会。

7月29日 县第一次青年代表大会召开。成立海门县民主青年联合会。

8月3日 台风、暴雨侵袭县境,连续34个小时。全县吹倒房屋464间,损坏房屋2.31万间,受灾2.03万户,5933.33公顷农田被淹。县财政拨款6.5万元,妥善安置受灾群众。

8月4日 海门县初级师范学校发展为海门县中等师范学校,并设立海门师范附属小学。

9月4日 遭台风大潮袭击,沿江40%小圩堤和港支堤受损。

9月24日 江滨、厂洪、麒麟等地遭龙卷风袭击,风力12级。吹倒房屋150间,吹坏350间,死1人,伤9人。

12月15日 海门山歌剧《淘米记》参加江苏省农村业余文艺会演,获节目奖、优秀演员奖、音乐奖。次年4月1日,该剧参加全国民间文艺会演。

1957年

1月20日 青龙港趸船码头建成。国家投资15万元。

2月17－20日 县第二届人民代表大会第一次会议召开,选举茅锡堂为县长。

3月17日 海门县召开首届工商联会员代表大会。成立海门县工商业联合会。

8月13日 南通天生港至海门三厂的高压输电线架设工程竣工。天生港发电厂向大生三厂输电。

11月29日 全县67个乡、3个县属镇合并为34个乡、2个县属镇。撤销7个行政区。

1958年

1月 县直机关及文教、卫生系统全体工作人员,从1月起,前后3批集中进行整风鸣放,贴大字报7000多张,提意见21万多条。2月后,各单位先后进行“反右派”斗争,680人错定为“右派分子”。20世纪60年代开始“摘帽”,1978年4月后全部改正。

2月 钱岗任中共海门县委第一书记。

3月28日 全县第一所农业中学——飞鹭乡农业中学建立。

3月 全县行政区划再作调整,撤销二匡、兴隆、兴贤、富安4个乡。

一台容量560千伏安、电压35千伏的变压器在海门变电所建成投运。

4月1日 全县除“四害”总指挥部成立,发出向“四害”(苍蝇、蚊子、麻雀、老鼠,后麻雀改为臭虫)大进军,为实现“四无”县而奋斗的动员令和布告。

4月8日、7月7日 秀山等8个乡两次遭龙卷风袭击,吹倒房屋219间,吹坏713间,死1人,伤4人。

5月19－21日 县第三届人民代表大会第一次会议召开,选举唐如浴为县长。

6月4日 全县电力灌溉站架线工程和渠道修筑工程竣工,计架设到各车口的高压电线和通电线20.5公里,用电杆木2320根,送水渠道计总渠长70公里,支渠长310公里,分渠长620公里,灌溉稻田4666.67公顷。

6月12日 中共海门县委党训班改为中共海门县委党校。

7月18日 县委召开大炼钢铁动员大会。茅家镇、三厂镇全民动手,日夜赶制小高炉。7月21日,流出第一炉铁水。后因炼出的钢铁质量低劣、成本过高、技术不过关而停办。

7月31日 海门县图书馆重建。接收原文化馆、工人俱乐部图书近万册。

8月5日 海门山歌剧团成立。

9月15日 宏伟(厂洪)人民公社成立。至10月1日,全县29个人民公社先后成立,撤销乡的建制,实行政社合一。下设生产大队、生产队。

9月27日 海启(通启寅)晴雨公路通车。

10月1日 海门县民兵师成立,建有35个团,2个独立营。男女民兵约20万人。

10月11日 江家人民公社办起全县第一个敬老院。

10月 全县以公社为单位组织深翻兵团。公社与公社之间进行劳动力大调动,深翻土地。各地以生产队为单位办起公共食堂,一度实行吃饭不要钱,搞“一平二调”,影响生产发展。

在沿海围垦滩地729.83公顷,建海门县盐场,12月竣工。

11月28日 厂洪公社按规划在四大队兴建居民点。

1959年

1月 三厂镇与厂洪公社合并，成立三厂人民公社。

2月 成立中共海门县委书记处，钱岗为第一书记。

4月3－4日 中共海门县第二届代表大会召开，选举产生中共海门县第二届委员会。钱岗为县委第一书记。

7月4日 天补公社部分地区遭龙卷风袭击，吹倒房屋6间，吹坏170多间，伤6人。

7月15－16日 县第三届人民代表大会第二次会议召开，选举赵洪程为县长。

7月 政协海门县第二届委员会第一次全体会议召开，选举赵洪程为县政协主席。

撤销县兵役局，恢复县人武部。

从三厂人民公社中分出集镇范围，重建三厂镇。1960年8月，三厂镇成立人民公社。三厂人民公社又改为厂洪人民公社。

夏 连续45天未下雨，全县5.73万公顷农田受干旱影响。

8月26日 县委召开扩大会议，传达中共八届八中全会精神。在全县开展"反右倾"运动。

12月 海门镇医院改为中医院。

是年 县成立档案馆。

1960年

4月15日 县人委颁发《贯彻衡器制度改革，保证全县计量制度统一》布告。7月13日起，停止使用16两制市秤，改用10两制新秤。

4月23日 县委召开四级党员干部大会，强调发展农业生产，必须坚持以粮为纲、粮棉并举的方针。

4月 任命赵洪程为中共海门县委第一书记。

5月27日、7月13日 东兴、刘浩等8个公社遭龙卷风、冰雹袭击，吹倒房屋144间，吹坏214间，伤2人，1133.33公顷农作物叶子被冰雹打碎。

7月25日 在六匡镇北通启公路上，海门第一座砖拱桥——六匡桥，经过4个月的施工，竣工通车。

7月 县委部署全县开展"三反"运动。

8月2－4日 遭7号台风、暴雨袭击，34小时内全县平均降雨量331.9毫米，1.96万公顷农田受淹，吹倒房屋1355间，吹坏4276间，死3人，伤7人，四杨坝倒塌，圩角闸排水下游冲深，出现险情。县及时组织民力，县委书记赵洪程亲临四杨坝现场抢险、救灾。

8月 县委决定，农村每个社员可借土地1分，种植胡萝卜度荒。

茅家镇与飞鹭人民公社并建茅镇人民公社。

10月20日 县成立江心沙围垦指挥部。11月15日至1961年4月，由1.2万名民工施工，围垦1708.2公顷土地。

11月7日 县人委发出布告，重申彻底取缔一切反动会道门。

是年 常乐农业中学获省教育和文化等方面社会主义建设先进单位称号。农业部副部长刘瑞龙，省委第一书记江渭清、书记陈光考察该校，题词勉励。

1961年

1月 全县开展整风整社运动，反"五风"、清经济，纠正"一平二调"错误。有错误的干部主动向群众检讨，经济上彻底退赔。

3月 市场商品供应紧张，商业部门奉命对部分商品实行高价供应。自行车最高价格每辆650元。

4月 按照中共中央关于《农村人民公社工作条例(草案)》(简称农业60条)的有关规定，全县生产队集体食堂停办。

5月6日 东兴、刘浩、包场等15个公社先后遭龙卷风和暴雨侵袭，吹倒房屋1223间，吹坏2万间，伤亡59人，县内93%的农田受到不同程度的损失。

5月下旬至7月底 县境连续干旱，农作物生长受到严重影响。

5月 全县设天补、三厂、悦来、四甲、包场5个区，下辖31个公社，2个县属镇。

成立国营江心沙农场。

9月30日至10月4日 县第四届人民代表大会第一次会议召开，选举陈伯陶为县长。

9月 改公社、生产大队核算为生产队核算，贯彻按劳分配原则，对社员自留地重新进行调整。

10月9日 26号台风过境，吹倒房屋357间，死1人，伤3人。

是年 按照中共中央提出的"调整、巩固、充实、提高"八字方针，县开始对工交、文卫、商业等行业进行调整。海门卫生学校、海门师范学校停止招生。次年4月停办。

1962年

3月29－31日 政协海门县第三届委员会第一次全体会议召开，选举赵洪程为县政协主席。

6－9月 连遭4次台风、2次大暴雨袭击，最大风力12级，全县4.62万公顷农田受淹，倒塌房屋853间，损坏1.36万间，死11人，伤45人。受5次龙卷风袭击，瑞祥、王浩等10多个公社受灾，倒塌房屋494间，吹坏1892间，伤8人。县抽调干部1000多人，到灾情严重的公社帮助排涝。

7月20日 全县按敞开、定量、特需、高价、凭证、凭购货券6种方式供应商品。对粮、棉、油、蔬菜、水产品、肥皂、煤油、棉线、食盐等生活必需品，实行按人定量供应。农副产品综合换购的38种商品，实行凭购货券供应。

8月31日 县第一所民办高中——三厂镇民办高级中学创建。

10月 撤销中共海门县委书记处。赵洪程为中共海门县委书记。

1963年

1月5－15日 中共海门县第三届代表大会召开，选举产生中共海门县第三届委员会。赵洪程为县委书记。

2月 顾泽民任海门县县长。

恢复茅家镇（从茅镇公社分出集镇范围）、四甲镇、余东镇建制。

4月27日至6月3日 连续降雨123－160毫米，全县2466.67公顷农田受淹。

5月31日 海门县麻风病院在王浩公社14生产大队（七佛楼旧址）建立。1967年4月，迁至东兴公社大东生产大队12生产队。1985年撤销。

6月29日至7月27日 连续干旱。

7月 海门县第一座钢筋混凝土平板桥——茅家镇复海桥建成，替代木板桥。

1964年

2月20－25日 县第五届人民代表大会第一次会议召开，选举顾泽民为县长。

2月 开始在德胜、厂洪、六匡、平山、刘浩公社进行社会主义教育运动，有些基层干部挨整。

春 全县改变耕作制度，将两熟制改为三熟制（也称水三熟，即夏熟种三麦，秋熟种玉米，玉米收后种水稻）。以后又改为旱三熟（即在玉米收后种山芋）。不久，秋熟又改为粮（玉米）棉夹种。

1965年

2月 江海渔业人民公社改名为海洋渔业人民公社。

撤销四甲镇、余东镇，分别并归四甲公社、余东公社。

2－4月 贯彻中共中央《农村社会主义教育运动中目前提出的一些问题》（简称23条），深入开展社会主义教育运动。

6月30日、7月21日 县境东北部遭龙卷风及暴雨袭击，吹倒房屋372间，吹坏692间，伤47人。

6月 县治茅家镇改名为海门镇，茅镇人民公社改名为新海人民公社，江家人民公社改名为海洪人民公社，汤家人民公社改名为大新人民公社，麒麟人民公社改名为其林人民公社。

7月29日 10号台风影响县境，小圩堤破堤14处，受淹面积26.6公顷。

8月 1台容量1800千伏安、电压35千伏的变压器在海门化肥厂安装投运。

1966年

1月8－15日 政协海门县第四届委员会第一次全体会议召开，选举赵洪程为县政协主席。

1月9－13日 县第六届人民代表大会第一次

会议召开,选举倪汉明为县长。

1 月 任命顾泽民为中共海门县委书记。

海门县盐场的大部与南通县盐场合并为南通盐场通海分场,属南通地区、淮北盐务局双重领导。

2 月 1 - 14 日 中共海门县第四届代表大会召开,选举产生中共海门县第四届委员会。顾泽民为县委书记。

5 月 全县各地分别召开干部群众大会,宣读中共中央通知(简称《“五一六”通知》),“文化大革命”开始。

6 月 17 日 海门中学部分学生及个别教师起来“造反”,贴大字报,揭发学校领导、教师的“问题”。不日,学生“造反”风潮波及全县。

7 月 县委派出工作组,进驻海门中学及三厂、四甲、包场、悦来、麒麟 5 所完全中学,协助领导“文化大革命”运动。不久撤出。

四甲中学学生率先走向社会“破四旧”(旧思想、旧文化、旧风俗、旧习惯),全县各中等学校陷入“停课闹革命”混乱状态。许多珍贵典籍、文物、古迹等被统称为“四旧”遭毁。

批判“三家村”,上挂下联,县文教局副局长管剑阁首遭迫害,被诬为反党、反社会主义、反革命的“三反”分子,在全县范围内受批判。

8 月 红卫兵运动在全县掀起,各种“造反”组织遍及学校、工厂、农村、商店等各行各业。县直 40 个部门建立 41 个“造反”组织,学校、公社等 39 个单位建立 101 个造反组织。

9 月 30 日 海门、三厂两地邮电局开办国际电报、电话业务。1976 年 6 月,县内各邮电支局、所,均开办国际报话业务。

9 月 三厂、其林、悦来、四甲、包场 5 所完全中学,分别更名为“红旗”“东方红”“红卫”“东风”“卫东”中学。接着,全县一度出现更换校名、厂名、店名、社队名、姓名热。

10 月中旬 县委在余东公社联合大队召开学习毛泽东著作先进单位和“大寨式”农业先进单位现场会议,要求在全县各地掀起学习毛主席著作热潮,开展创大寨式农业先进单位运动。

10 月下旬 大批红卫兵赴全国各地进行“革命大串联”。

11 月 县境各地掀起“踢开党委闹革命”的浪潮,各级党委陷于瘫痪状态,基层党组织被迫停止活动。以后许多领导干部“靠边站”,受到“批判、审查”。同时,各地批判“资产阶级反动路线”达到高潮。

12 月 南通地区第一座公路双曲拱桥——海门镇西桥建成。桥为 1 孔 15 米跨度,全长 23 米。

1967 年

2 月 1 日 在上海“一月风暴”影响下,“海门县红色造反联合委员会”夺取县委、县人委的全部权力。并于 13 日成立“海门县革命生产筹备委员会”。

3 月 4 日 县人武部成立生产办公室,隶属南通军分区生产办公室。各区、公社由人武部长“拿总”(全面负责)。

4 月 23 日 江苏省军事管制委员会决定对海门县实行军事管制,张萍任海门县军管会主任。

6 月 20 日 县军管会向全县中、小学师生发出“复课闹革命”动员令。

6 - 7 月 降雨量偏少,通吕河货隆站水位为 2.13 米,全县受旱面积 3.11 万公顷,重灾面积 6466.67 公顷。

8 月 26 日 县军管会发出《坚决执行中央“六六”通令,提倡文斗,反对武斗,禁止挑动农民进城武斗》的通告。

1968 年

3 月 14 日 经中共第 60 军委员会批准,建立海门县革命委员会,张萍任县革委会主任。3 月 16 日,召开海门县革命委员会成立大会。各区先后建立革命领导小组。各级革命委员会相继成立。

4 月 县革委会成立清理阶级队伍领导小组,展开“清理阶级队伍”运动。

5 月 28 日 三阳、海洪、万年等公社遭受大风、暴雨和冰雹袭击,受损农田 1120 公顷,吹倒房屋 13 间,吹坏 72 间,伤 2 人。

5 月 县成立“群众专政指挥部”,在成立大会上点名批判 24 人。会后,各地随意游斗批判有关人士,制造不少冤假错案。

8 月 继 1966 年 8 月初中招生开始实行“推荐与选拔”制度后,高中亦废止升学考试,实行“推荐与选拔”制度。

9月 由工人、贫下中农、解放军战士组成的“毛泽东思想宣传队”，陆续进驻全县各级各类学校，领导学校“斗、批、改”。1972年5月，宣传队相继撤出。1974年7月，又派工宣队、贫宣队进驻学校。1977年10月，全部撤出。

10月 全县城镇大批知识青年下乡插队落户，“接受贫下中农再教育”。

三和公社南端小沙围垦。1969年1月，定名为海门县五七农场。1980年4月，改名为海门县棉花原种场。

11月 袁绍宾任海门县革命委员会主任。

12月 南通专区革委会组织海门、启东两县代表到永隆沙实地查勘，划定海、启两县界址：永隆沙以启东已围垦的西大堤中心线为界，堤西未围垦部分归海门，堤东已围垦部分归启东。

1969年

1月6日 县建立整党建党领导小组，袁绍宾任组长。

1月 大搞“三忠于”“四无限”“早请示”“晚汇报”等。9月，各地开展“忠字化”“红海洋”运动，设宝书台，做语录牌，跳忠字舞，把个人崇拜推向高潮。

4月1－21日 县革委会副主任、大新公社中兴大队党支部书记董仁亲出席中国共产党第九次全国代表大会。

5月5日 县革委会决定撤销大东农场，建立海门县“五七”干校，大批机关干部被安排去干校劳动。12月，部分干部分4批下放农村劳动。

7月 全县整党工作基本结束，党的组织生活普遍恢复。

9月12日 中共海门县革命委员会核心小组成立，袁绍宾任组长。

9月 大新公社中兴大队农民王九元赴京参加国庆20周年观礼。

10月 撤销国营江心沙农场，成立南京军区江苏生产建设兵团第4师第25团。1975年8月，复名江心沙农场，隶属省农垦局。

新建县内第一座内河套闸——四甲套闸。1970年6月竣工。

11－12月 在永隆沙首次进行围垦，面积148公顷。

12月 海门县武装民兵独立团成立。

1970年

1月1日 迁至青龙港河口东侧的青龙港长航客运新码头竣工，交付使用。

7月12－13日 连降暴雨，货隆水文站降雨236.1毫米，青龙水文站116.2毫米，2－3天后水退。全县受灾面积4.33万公顷，倒塌房屋128间，部分损坏155间。

7月26－27日 三阳、海洪、万年等10个公社62个生产大队遭龙卷风袭击。吹倒房屋222间，吹坏956间，死1人，伤13人。

7月 全县各公社、生产大队推广“大寨式”评工记分。

是年 建立永隆沙良种场。

1971年

2月24－27日 中共海门县第五次代表大会召开，选举产生中共海门县第五届委员会。花友仁为县委书记。

2月 县成立清查“五一六”领导小组，清查所谓“五一六”分子。全县被审查108人，前后达半年左右，全属错案。

4月 海门县属江苏省南通地区。

5月 花友仁任海门县革命委员会主任。

6月21日至9月17日 89天下雨量少，海门旱象严重，受旱面积3.11万公顷。全县掀起4次抗旱高潮。省防汛防旱指挥部派抗旱队到海门支援抗旱。

10月 “九一三”事件发生后，全县普遍开展批判林彪反革命集团罪行的活动。

1972年

2月1日 新建的位于青龙港河口东侧的青龙港汽车站竣工，并交付使用。

2月 南通地区海门师范学校复办。

3月22日 位于海门县境的南通地区盐场通海分场部分划归海门县，并恢复海门县盐场。

11－12 月 在江滨沙进行第一次围垦，面积 201.12 公顷。

1973 年

1 月 29 日 天补良种场改建为海门县农业科学研究所。

3 月 各地全面进行“两清理”“挖三支”运动，一些干部破产退赔。

5 月 王飞岳任中共海门县委书记、海门县革命委员会主任。

12 月 在 1971 年商业改革中被下放的合作商店店员全部上调，分别安排工作，落实政策。

1974 年

4 月 26 日 海门县直机关召开“批林批孔”大会。此后，各地相继开展“批林批孔”运动。

7 月 24－28 日 东北部 19 个公社遭龙卷风袭击，吹倒民房 264 间。

8 月 18－20 日 受 13 号台风和特大潮水影响，青龙港潮位 5.98 米，永隆沙堤缺口 6 处，秀山、三和公社小圩堤缺口 5 处，灵东涵洞被冲毁，沿江 580 公顷农田受淹，倒塌房屋 182.5 间，受损 403 间。县委主要领导坐镇指挥，抢堵灵东大坝成功。

9 月 创办海门县聋哑学校。

11 月 对在 1958 年“改造三类社”中被错划为地主、富农成分的，按政策进行甄别、平反。

1975 年

1 月 13－17 日 大新公社中兴大队农民徐友兰（女）出席第四届全国人民代表大会。

1 月 王新任中共海门县委书记、县革命委员会主任。

5 月 4 日 县首届上山下乡知识青年代表会议召开。

9 月起 全县开展农业学大寨，大搞样板片运动。先从大新公社开始，后发展到沿江和通吕运河沿岸，建立两个样板片，拆迁大批民房。

1976 年

1 月 9 日起 全县人民沉痛悼念党和国家的主要领导人之一、中国人民解放军的主要创建人之一的周恩来总理逝世。14 日，县召开各机关企事业单位紧急会议，部署悼念活动。

2 月 23、26 日 海门、崇明两县负责人，对海永沙（崇明称新开沙）、永隆沙南沿的滩地归属问题进行协商，并到实地明确界址。

6 月 国务院计划生育办公室负责人林佳楣视察大新公社中兴大队。

8 月 25 日 省委第一书记彭冲到海门考察。

8 月 县人民医院收治唐山、丰南等地震灾区伤员 92 人。不久，治愈返回原籍。

全县防震抗震工作全面展开。8 月 15 日晚起，组织民兵值班巡逻。17 日开始，机关工作人员、企事业单位职工、市镇居民、农村社员大多住进防震棚。21 日 13 时许，县委发出地震紧急警报。至 9 月底，解除警报，恢复正常工作。

9 月 9 日 中国共产党、中国人民解放军、中华人民共和国的主要缔造者，中国各族人民的伟大领袖毛泽东主席逝世。全县人民沉浸在悲痛之中，各地设置灵堂吊唁。

10 月 粉碎江青反革命集团消息传来，全县人民纷纷集会庆祝，并愤怒声讨江青反革命集团的滔天罪行。

12 月 在第二次全国农业学大寨会议上，海门县被宣布为基本建成大寨县。

开挖新江海河、海门河。1977 年 1 月竣工。

1977 年

4－5 月 全县平均降雨量 357 毫米，受涝面积 2920 公顷。

7 月 26－27 日 遭 4 号台风袭击，长江护岸工程险情严重。

7 月 国家恢复高校招生考试制度，采取文化考试择优录取办法。海门有 1935 人参加高考，录取 282 人。

8 月 12－18 日 南通地委副书记、大新公社中兴大队党支部书记董仁亲，出席中国共产党第十一次全国代表大会。

9月9－12日 遭8号台风袭击,风力10级,吹倒民房1.52万间,吹坏3.17万间,死21人,伤1137人。县委组织干部到灾情严重地区,发动群众抗灾。

1978年

3月 各公社对生产队的经营管理作重大改革,取消大寨式评工记分法,贯彻按劳取酬原则,确定生产队自主权。

5月中旬至6月底 全县1.87万公顷玉米、棉花遭旱灾,干部群众奋力抗旱。

6月4日 全国政协副主席、中国农工民主党主席季方回乡视察。

7月 任文彬代理中共海门县委书记。

7－8月 发生伏旱,受旱4万公顷,全县22万人抗旱。

9月 李川兼任中共海门县委书记、海门县革命委员会主任。

12月23日 县邮电局开通1000门准电子自动交换机,实现海门县城电话自动化。

是年 普种牛痘74万人次,县内消灭天花。

1979年

1月9日 中共海门县委纪律检查委员会建立。

1月30日 受黄海海啸影响,大洋港潮位6.44米,东兴海堤护坡700米受损坏,其中两段计100米冲塌至堤顶。

3月 遵照中共中央关于地富分子"摘帽"问题的决定,全县摘去地富分子"帽子"。

8月中旬 遭9号、10号台风袭击,吹倒民房224间,吹坏449间。

10月中旬至12月中旬 连续干旱,全县组织20万人抗旱保苗。

10月 因"文化大革命"停止活动的政协海门县委员会,恢复正常工作。

下乡知识青年按照党的政策全部调回城镇,逐步分配工作。

12月 县委决定调整社员自留地。根据生产大队、生产队土地总面积提取自留地,按人口平均分配,独生子女享受双份自留地待遇,改变过去社员家庭人口变化自留地不变的状况。

1980年

4月 沙秀高任中共海门县委书记、海门县革命委员会主任。

7－9月 县境遭5次龙卷风、台风袭击,吹倒民房671间,吹坏1438间。

8月 全县有68个生产队试行各种形式的联产承包责任制。

11月20日 由海门交通机械厂、公路管理站技术人员设计,交通机械厂承建的全省第一座钢桁架横拉式电动开启船闸桥在青龙港建成,并交付使用。

12月3－7日 中共海门县第六次代表大会召开,选举产生中共海门县第六届委员会。沙秀高为县委书记。

12月10－17日 政协海门县第五届委员会第一次全体会议召开,选举崔金鳌为县政协主席。

12月11－16日 县第八届人民代表大会第一次会议召开,设立县人大常委会,撤销县革命委员会,建立县人民政府,选举樊发祥为县人大常委会主任,陈冠球为县人民政府县长。

是年 白喉病在全县绝迹。

1981年

4月6日 县委、县政府作出关于编史修志的决定。

5月30日 县政府决定对全县389个生产大队予以命名、更名。

6月 海洋渔业人民公社更名为东灶渔业人民公社,大新人民公社恢复为汤家人民公社。

8月31日至9月2日 14号强台风过境,青龙港潮位6.14米,为历史最高纪录。东兴海堤被冲破800米,吹倒民房631间,吹坏1238间。县组织军民4000人抢险。

9月28日 县城最大的贸易场所——县百货五金大楼开门营业,营业面积1500平方米。1982年1月1日,改为海门人民商场。

10月1日 县文化馆新大楼在解放中路落成，并对外开放。

10月 撤销公社、镇革命委员会，重建人民公社管理委员会和镇人民政府。

是年 全省组织丝虫病普查，海门被定为非丝虫病县。

1982年

1月 其林人民公社恢复为麒麟人民公社。

7月31日 县政府举行聘任工程师、农艺师大会。1人被聘为高级工程师，90人被聘为工程师、农艺师、畜牧兽医师。

8月9－12日 11号台风过境，吹倒民房137间，吹坏海堤1公里。抢做江堤土方5000立方米，抛石3000立方米。

9月1－11日 县委委员、副县长陈秀萍（女）出席中国共产党第十二次全国代表大会。

9月 全县所有生产队实行联产承包责任制。

1983年

1月 海门县属南通市。

3月13日 常乐公社改革政社合一体制，建立乡人民政府。此为南通市实行政社分设的第一个乡。

4月3日 县境遭受严重风灾，刮倒房屋86间，损坏4664间，死亡1人，重伤11人。

4月28日、8月9日 临江、常乐等地分别遭龙卷风和冰雹袭击，吹倒民房456间，吹坏3629间，死1人，伤25人。

4月 港胞黄裕春、朱小妹夫妇向江滨公社富北大队捐赠港币4.77万元，资助建造幼儿园，取名裕春幼儿园。

5月 撤销各人民公社管理委员会，建立乡人民政府。生产大队复改为村，生产队改称村民小组。

县人民政府行文设置县属镇居民委员会，是时，海门、三厂两镇各有4个居民委员会。

10月20日 县交通（纺织）机械厂与山西电子研究所合作研制成功ZD电子提花人造毛皮机通过鉴定，填补国内空白。

11月 县委、县政府决定进行县级党政机关机构改革。全县各乡镇分别召开人代会，进行体制改革，党政分开。

12月22日 南京军区、江苏省人民政府授予四甲乡德安村军民共建精神文明先进集体称号。

是年 取消布票，棉布敞开供应。

1984年

1月17日 傍晚起，县境内下近60年来罕见大雪。次日晨，全县公路积雪深厚，客运中断。

1月 各区革命领导小组改称区公所。

3月2－7日 政协海门县第六届委员会第一次全体会议召开，选举胡海涛为县政协主席。

3月3－7日 县第九届人民代表大会第一次会议召开，选举沙秀高为县人大常委会主任，秦志明为县人民政府县长。

3月 成立县烟草专卖局，实施烟草专卖管理。

4月6日 南通市（含海门县）被国家列为沿海14个对外开放城市之一。

4月19－23日 中国著名金石书画家、上海中国画院副院长王个簃回家乡海门探亲。

5月21日 深夜23点38分，距县城东北约110公里的黄海勿南沙地区发生6.2级地震，全县大部分地区有震感。

6月21－24日 中共海门县第七次代表大会召开，选举产生中共海门县第七届委员会和中共海门县纪律检查委员会。沙秀高为县委书记。

7月31日 6号台风在如东登陆，海门县沿海风力10－11级，内地8－9级，冲坏堤防61处，计2.65公里，吹倒民房425间，吹坏914间。

7月 海门手帕厂首创军人家庭服务中心，为现役军人家属在住房、子女入托入学、照料老人、保护合法权益等方面解除后顾之忧。9月，受到省政府、省军区高度评价。次年6月，南通市召开现场会。1985年12月，中共中央办公厅、国务院办公厅、中央军委办公厅联合发文，推广全国。

青龙港镇为县属镇。

8月22日 民国34年（1945）在海门被救的美国空军飞行员雷特蒙偕夫人到海门访问，并捐款5000美元，建造象征中美友好的“友谊亭”（东洲公园内）。

10月19日 县归侨、侨眷代表大会举行，成立县归国华侨联合会。

10月25日 县政府办公室总务股在海门镇寿丰桥街耶稣堂旧址翻建房屋时,发现一方罕见的大端砚,长31.5厘米,宽23厘米,厚6.5厘米,重10.75公斤。经考证,此端砚为纪念隋唐名人殷开山而制,藏于县档案馆。

1985年

3月12日 天主教海门教区举办婴德会修女班,在县天主教堂举行开学典礼。

7月31日至8月1日 6号台风过境,大风伴随暴雨。两天雨量225毫米,吹损海堤土方4万立方米,石方750立方米,1.93万公顷农田受淹,吹倒吹坏房屋172间。

8月18日 遭9号台风袭击,全县1.53万公顷棉花倒伏落铃,江海堤防损坏1280立方米,吹倒房屋560间,吹坏741间,死1人,伤7人。

9月3日 县首届技术市场开张,内容为招标投标、信息传递、科技咨询、成果转让、资料出售、良种介绍、市场预测、技术讲座等。

9月 中国第一台特大型食品保鲜速冻机在海门动力机械厂试制成功。

10月 清末状元、实业家张謇出生地的常乐镇建常乐园,重立张公祠碑,并征集其遗物、遗著。

是年 海门农药厂生产的氧化乐果获省和化工部优质奖。1990年,再次获化工部优质产品奖。

海门第一个外商投资企业——南通悦泰有限公司登记注册。

1986年

1月21日 县建立疑难病中医函诊中心。

2月1日 国务院宣布,海门县以及南通市其他所属县为甲级对外开放地区。

3月1日 海门镇、三厂镇、海门手帕厂、海门人民医院妇产科被国家计划生育委员会授予计划生育先进集体称号。

4月10日 汤家乡中兴村5104号渔船失踪,15名船员不知下落,经济损失58万多元。

4月 陈惠仁任中共海门县委书记。

5月13日 实行教育管理体制改革,农村中小学归乡教育委员会统一管理。

5月下旬至6月上旬 连续干旱,全县受灾面积4.67万公顷。

6月29日 县首届退休职工代表大会召开,160名退休职工代表参加会议,通过《海门县退休职工管理委员会章程》,选举产生退休职工管理委员会。

6月 县人武部改为地方建制。

7月11日、24日 两次雨涝,时间短,雨量大,东灶港降雨150毫米,四甲闸降雨103.7毫米,全县受涝面积1.33万公顷,5533.33公顷土地被淹。

8月27日 15号强台风影响县境,刮倒房屋70间,损坏306间,轻伤1人。

10月9日 省长顾秀莲考察三星乡。

10月17日 四甲、余东、包场、悦来、三阳5个乡撤乡建镇,实行镇管村体制。

10月20日 县政府决定,东岳庙、涸甦堂牌坊、徽州会馆厅堂、大生三厂钟楼、张謇故里祠堂遗址,列为第一批县级文物保护单位。

10月 海门县船用烟火信号厂研制的船用火箭抛绳枪投产,结束中国出海船只人工抛绳的落后状况。

1987年

1月8日 110千伏一级防腐海底电缆在海门青龙港和崇明牛棚港之间江底铺缆成功。该电缆全长2.6公里,直径134毫米。

2月 撤销天补、三厂、悦来、四甲、包场区建制,建巡视组。

3月4－9日 政协海门县第七届委员会第一次全体会议召开,选举胡海涛为县政协主席。

3月5－9日 县第十届人民代表大会第一次会议举行,选举秦志明为县人大常委会主任,陆兴达为县人民政府县长。

4月4日 海门县广播站改名为海门人民广播电台。

5月5－6日 副省长陈克天等察看汤家公社地段江堤。

5月9日 驻徐州空军某师向海门赠送退役歼击机1架,在东洲公园展出。

7月28日 7号台风袭击县境,3.28万公顷玉米,1.33万公顷棉花受淹倒伏,吹倒(坏)房屋1131.5间,1人死亡,2人受伤,经济损失5000万元以上。

8月22日 海门县消费者协会成立。为省内第一个县级消费者协会。

11月20－23日 水电部在海门召开经济发达的9省(市)农田水利施工机械化座谈会。县水利局在会上介绍经验。

12月16－20日 中共海门县第八次代表大会召开,选举产生中共海门县委员会和中共海门县纪律检查委员会。陈惠仁为县委书记。会上首次提出,到1990年,海门人民生活达到小康水平。

12月25日 海门热电厂一期工程建成投产,年发电4000万千瓦时,全县增加电量1/5,创产值近2亿元。

是年 全县财政收入超亿元,成为省第17个财政收入超亿元县。

汤家乡中兴村建特种钢厂。

赴科威特、约旦等国家的海门730名建筑工人归来。1983年起,4年间,完成15万平方米的居民住宅楼建设任务,为国家创汇290万美元。

1988年

1月15日 经广电部批准,海门电视台建立,2月12日开播。

1月 海门在南通6县中率先建立红十字会,并召开第一届理事会。

2月1日 县通用机械厂与上海纺织科学研究院共同研制的YZ－855双滚筒预针刺机通过鉴定,填补中国非织造布技术空白。

3月15－16日 全县普降大雪,折降水量22毫米,地面积雪厚170毫米以上,2.1万公顷三麦和1.47万公顷蚕豆受灾,受损房屋2265间。

3月29日 中国第一台焊接汽车刹车零件专用焊机——凸焊机在县江滨电焊机厂研制成功。

4月27日 海门县首次台胞、台属代表大会召开,成立海门县台胞、台属联谊会。

5月4日 凌晨5时30分至6时,县境遭飑线袭击,死1人,伤47人,倒塌房屋993间,吹坏2369间,吹倒高压电杆100多根,780多家工厂企业停产1天,夏熟作物受灾面积1.73万公顷,直接经济损失2300万元。

7月 海门首座容量12万千伏安、电压220千伏常乐变电所竣工运行。

全县干旱,受旱面积3万公顷。

农村全面推行"人划口粮田""劳划经济田"两田生产责任制。

8月9日 由厂洪乡驻沪建筑工程队承建的中国最大的马赛克壁画(总面积864.14平方米),在新疆驻沪丝绸之路大酒家主楼竣工。

8月15日 海门县三阳羊毛衫厂生产的山羊牌羊毛衫,经国际羊毛局批准,使用国际纯羊毛标志。

10月 县委党史办公室编撰的《海门人民革命史》(中共海门地方史一卷本),由上海社会科学院出版社出版发行。

11月24日 县举行军队离休干部授勋仪式,6名离休干部被中央军委授予独立勋章,8名被中央军委授予胜利勋章。

11月 县货隆桥竹木市场被国家工商行政管理总局命名为1988年度全国文明集贸市场。

全国人大常委会副委员长谷牧,由省长顾秀莲陪同,途经海门由青龙港赴崇明。

12月21日 全县少数民族代表会议在海门镇天主教堂召开,全县9个乡镇的17名少数民族代表出席。成立海门县少数民族联谊会。

12月 海门全县完成10千伏线路"两改三"(两线制改为三线制)工程。

是年 县颐生酒厂生产的55度茵陈酒,获全国首届食品博览会金质奖。

1989年

1月1日 海门籍台胞姜兴周携女独资兴建的培根酒店,在东洲市场东侧奠基。

1月4日 三和乡新沙村青年农民黄志康,创年养猪402头纪录。

1月15日 县投资230万元建设的海门镇东洲市场开业。

1月16日 宋家新任中共海门县委书记。

2月16日 江滨电焊机厂与上海交通大学焊接技术研究所联合研制成功的全自动多头点焊机和不锈钢钢卷对焊机,填补国内空白。

3月18日 海门化肥厂被化工部授予全国小氮肥行业先进单位称号。

3月29日 县净化设备厂在江苏纺织研究所支持下,研制成功国产灭菌导电丝防静电无尘衣,达到国际同类产品水平.

香港同胞顾永高、朱耀美夫妇捐赠1万元修缮的凤凰桥竣工。

5月2日 全省第一个县级寻呼系统(BP机)在县邮电局开通使用。2005年,无线寻呼关闭。

5月4日 东灶乡渔业六公司在吕四渔场155海区捕获1只大甲鱼(海鳖),重200公斤。

5月9日 中国版画协会会员、县农民画家张正忠举办个人书画展,展出作品42件,并将获文化部二等奖的《春雨急》《披霞归》赠给县委、县政府。

5月26日 英国理工学院棉花害虫管理中心两名专家,由全国植保站专家陪同,到江滨乡考察棉花栽培和病虫害防治技术。

5月29－31日 全国电力设计总院召开除灰设计专业技术小组成立暨第一次工作会议,从浙江宁波市移至海门县正余乡电力机械厂,厂长张雪峰应邀参加会议。

6月3日 天补陶瓷黏合剂厂试制成功陶瓷黏合剂,填补国内空白。

中央电视台、江苏电视台记者到海门,拍摄山歌剧《淘米记》。

6月14日 海洪乡林英村收到泰国华侨、林英烈士遗孀林赛琴寄来的1万元捐赠款,用于该村福利事业。

6月15日 东兴乡红中村私营企业主汤永恒,在1988年销往苏联1500条羽绒被后,又与苏联外贸部门签订合同,将一批500条羽绒被运往苏联,开创县私营业主外贸先例。

6月27日 南通市助剂总厂批量生产国内首创染料增深剂PD－901。

7月26日 中共海门县党员代表会议召开,选举产生出席中共南通市第七次代表大会代表。县委副书记曹能新作《廉政肃贪,清除腐败,立本立信》的报告。

7月 全县27处革命纪念地统一树碑立标。

在全国民用产品精英大赛中,三厂童车厂生产的安乐椅、余东春芽童鞋厂生产的工艺鞋获精英大奖,三厂童车厂生产的童车、三厂玻璃厂生产的高白瓷化妆品瓶获精英奖,余东春芽童鞋厂生产的"春芽"牌童皮鞋获最佳新产品奖,东灶罐头食品厂生产的美味罐头系列获最佳风味食品奖。

8月23日 县电焊机厂研制成功三相次级整流铜铝管对焊机,填补国内空白。

海门县被国家教委评为全国幼儿教育工作先进县(市)。

8月底 历时1年10个月的通启寅公路海门镇区段拓宽改造工程竣工。

9月15－16日 县境部分地区遭受特大暴雨袭击,平均降雨量100毫米以上,临江、德胜等乡分别达到130.7毫米和146毫米。次日7时20分,王浩、正余、三阳、悦来、万年、余东、刘浩等乡镇,遭龙卷风袭击,伤255人,死2人,倒塌房屋1294间,严重损坏房屋2188间,2万多公顷农田积水,直接经济损失200多万元。

10月4日 由县人武部、教育局联合在海门狮山职业中学创办的全省第一所预备役学校举行开学典礼。

10月16日中午 东灶乡遭罕见的怪潮袭击,海面出现10级偏北大风,6米以上大浪冲破外围2.8公里防潮堤岸,两座排水闸被毁,3.33公顷养殖面积的对虾流失,43.33公顷农田被淹,正在筑堤的两个民工遇难(1人死亡,1人失踪)。

11月2日 大连组合机床研究所设计、海门液压件厂试制的直径20毫米通径叠加阀在大连通过部级鉴定。该产品为国家"七五"攻关项目。

11月8日 《海门县民间故事集》收录民间故事200则,由中国民间文艺出版社出版。

11月12日 县颐生酒厂采用茅台酒生产工艺和配方酿制的酱香型"謇翁酒",通过省级鉴定。

11月28日 江滨乡永久村8组建筑个体户杨国兴,向乡人民教育基金会捐款13.6万元,建造小学一所,命名为国兴小学。

12月15日 东灶港沿海灌砌护坡工程动工,全长935米,工程总量土(石)方1.05万立方米,投资99万元。

12月16日 东灶乡渔业公司1408号渔船,在162海区捕获一条罕见的鲨鱼,长7米,重3吨。

12月22日 县自行车专用训练场在长江滩涂(今海门镇境内)建成使用,总面积3.33公顷。

12月26日 海门新汽车站落成启用。该工程于1987年兴建,总投资299.5万元,建筑面积3500平方米,为原站面积的10倍。

1990年

1月12日 东灶乡渔业三公司1310号渔船船员,在156海区发现海面上漂着韩国渔民4人及2具尸体,迅速将渔民救护并打捞尸体上船。韩国渔船因火灾而沉没。

1月20日 江苏省海门中学高二学生沈炜获1989年度全国高中数学竞赛特等奖后,又获全国第五届冬令营数学选拔赛江苏第一名,并参加7月举行的国际奥林匹克数学竞赛。清华、北大、中国科大、复旦4所高校接受他免考入学。

2月6日 县液化气供应站建成,年灌装气360－400吨。

2月17日 副省长凌启鸿考察国强乡200公顷旱粮改水稻种植现场。

3月13日 省委常委、组织部长顾浩到海门,调查研究党的建设工作。

3月14－19日 政协海门县第八届委员会第一次全体会议召开,选举高其兴为县政协主席。

3月15－19日 县十一届人民代表大会第一次会议召开,选举秦志明为县人大常委会主任,陆兴达为县人民政府县长。

3月28日 圩角中沙促淤坝工程动工。工程范围在长江边圩角沙与立新闸之间,前期工程投资10万元。1993年有666.67公顷土地可围垦种植。

3月31日 坐落在海门烈士陵园西侧的海门烈士纪念碑奠基,9月落成。姬鹏飞题写碑名。

3月 县消防水带总厂出口橡胶水带28万米,出口额230万元。该厂系省消防水带定点生产企业,年产量居国内同行业之首,在新西兰举办的国际消防器材展览会上展出。

5月16日 副省长季允石、省政协副主席罗运来到海门考察。

6月11日 海门罐头厂近年来开发的草莓系列产品通过鉴定。草莓食品技术开发是1987年1月中国食品工业协会给海门罐头厂下达的任务,被列为国家计经委重点食品技术开发项目。

6月底 县民主评议党员工作结束,通过南通市委检查验收。

7月1日 在1990年度全国初中数学竞赛中,江苏省海门中学初中生中有5人获优胜奖;省初中数学竞赛中,获一等奖2人、二等奖3人。

7月 县委召开清理回收个人拖欠公款总结表彰大会,三星、天补等11个乡镇获奖。该工作从4月下旬起,历时3个月,收回欠款1945万元,回收率86.2%。

8月16日 万年乡皮鞋厂生产的2000双“登云”牌皮鞋和悦来3516联营厂生产的5000双“凯歌”牌皮鞋及时启运北京,专供在北京召开的亚洲运动会使用。

8月27日 因海湾战争爆发,正在科威特劳动的187名海门建筑工人安全返回。

8月30日 15号台风影响县境,死亡2人,重伤3人,轻伤3人,吹倒房屋180户228间,严重损坏396户425间,轻度损坏480户560间。3.2万公顷农田积水,其中1万公顷田禾被淹。

9月5－6日 县境内连遭历史罕见的特大暴雨和17号台风袭击。东部、东北部地区降雨量316毫米,倒塌民房445间,严重损坏691间,2万多户民房进水。受淹农田3万公顷。200多个工厂企业因水淹停产。直接经济损失3000万元左右。

9月20日 全县27.19万户农民用上省柴节煤灶,普及率94.1%,平均热效率26.6%,省柴节煤灶达标率98%。经农业部验收,超过国家规定标准。

9月 新型除灰设备——GN型高效灰浆浓缩机在县电力机械厂研制成功,通过能源部科技司技术鉴定,填补国内除灰系统设备空白。

10月15日 国家统计局农调总队依据1989年油料产量排出全国百强县。海门以油料总产量3.13万吨列全国第57位。

10月 海门籍解放军某部副连职排长于永生,在辽宁为抢救朝鲜族老大娘而英勇牺牲。部队为其追记一等功,追认为烈士。

11月5日 海门县抗日民主政府成立50周年纪念会暨纪念碑奠基仪式在海洪乡政府举行。县领导及曾在海门工作过的顾尔钥、石坚、郁谦等老同志参加。

11月10日 国营江心沙农场第二次被农业部评为全国农垦系统农机标准化管理优秀单位,在全省26个国营农场中名列前茅。

11月24日 省委常委、省军区司令员章昭薰到海门,考察民兵和预备役工作。

12月4日 中共中央顾问委员会常委姬鹏飞到海门考察。

省政府命名海门县为建筑之乡。

12月19日 县政府举办海门籍金石书画家王个簃遗作展,展出精品40件。位于三星乡境内的王个簃故居,被列为县级文物保护单位。

12月 首届中国鞋文化博览会、1990年中国鞋饰展评会在上海评比揭晓,县中亚胶鞋厂生产的"申力"牌女胶鞋获银质奖。

撤销天补、常乐、新建乡,建立天补、常乐、货隆镇。

县印刷厂被新闻出版署批准为书刊印刷国家定点企业。是全省15个定点企业中的唯一县级企业。

是年 县物资局首次进入全国县级物资系统百强县行列,销售额实现1.77亿元,列第88位;人均销售额32.37万元,列第81位;费用率4.7%,列第69位。

海门县内无脊髓灰质炎病例发生。

1991年

1月15日 县十一届人大常委会第七次会议决定任命曹能新为县人民政府代县长。

1月 江苏省海门中学被评为省首批合格重点中学。

2月1-5日 全省民主评议党员工作座谈会在海门举行。县委副书记曹能新作专题介绍。

2月6-9日 中共海门县第九次代表大会召开,选举产生中共海门县第九届委员会和中共海门县纪律检查委员会。宋家新为县委书记。

2月25日 交通部推广青龙港港务站(青浏航线)创优质服务、争最佳效益的经验。仅有30名员工的青龙港港务站,1990年创利润突破30万元,人均逾万元。经济效益名列全国水运企业中小港之首。

3月4日 卫生部、联合国儿童基金会和世界卫生组织,对海门实现儿童免疫接种率达85%的目标进行审评。

3月19-22日 县十一届人民代表大会第二次会议召开,选举曹能新为县人民政府县长。

3月23日 中国南通第二届国际风筝会暨第三届南通紫琅杯全国风筝邀请赛在秀山乡举行。日本等国和中国香港地区的200多名宾客及6500多名国内各界人士参加盛会,观众近5万人。

4月4日 县对具有中级以上职称的知识分子进行体检,历时半个月。

4月20日 县蜂乳品厂生产的"天王"牌天然蜂皇浆,经国家中医药管理局专家评审和北京市公证处公证,获评中国优质保健品银质奖。

4月27日 南通电子铝材厂生产的电解电容铝箔,在电子工业部举办的全国电子材料、印刷电路生产设备工艺技术交流展览会上,获优秀奖。

4月30日 县64路电报自动交换机割接开通。在省内县级邮电局中属首家。

4月 由农业部,省、市以及县有关部门联合投资160万元的海门种羊场沿江滩涂草地开发项目,通过省级技术论证。

县建筑安装总公司获城乡建设部颁发的施工企业对外承包资格证书。成为继启东、金坛之后的省第三个国际建筑劳务基地。

5月16日 省冶金工业厅对南通市特种钢厂生产的直径159毫米以下3种大口径不锈钢冷拔(轧)无缝管进行技术鉴定,达到国家标准。

5月18日至7月 县境连续几天遭到大风暴雨袭击。全县90%以上农作物被淹,其中有1.33万公顷被淹时间长达40小时以上,积水70厘米。1.2万公顷玉米倒伏,6666.67公顷黄豆、赤豆重新播种。民房倒塌584间,"三棚"被吹倒5040间。直接经济损失2亿元。县领导亲临第一线指导抗灾。

6月 《中国共产党江苏省海门县组织史资料(1927-1987)》历时6年编纂完成,由中共党史出版社出版。

8月8日 海门县与陕西省白河县结为友好县。

9月20-21日 县残疾人第一次代表大会在县供销职工学校举行,选举产生县首届残疾人联合会主席团和执行理事会。

10月13日 总投资2000万元的由瑞典引进的6000门程控电话交换机,经136天施工,正式开通。

10 月 14 日 海门县以乡镇企业 20.04 亿元的总产值列入全国百强县。

10 月 15 日 县图书馆大楼落成启用。大楼于 1989 年 12 月动工兴建，历时 1 年半，投资 67 万元，建筑面积 1800 多平方米，藏书 10 万册。是全县投资最大的文化设施。

10 月 31 日 冶金部副部长、宝钢总指挥黎明等一行，到南通市特种钢厂和县特种冷轧钢厂考察。

10 月 海门首次被省评为双拥模范城(县)。

位于通吕河北侧、跨两县一市 11 个乡镇的新通吕公路全线竣工通车。全长 50.5 公里，县境内 28.88 公里。动土 160 万立方米，新建桥梁 16 座，涵洞 212 个，拆迁民房 1638 间。

11 月 4 日 县南海包装机械厂生产的直线式粉剂计量分装机和旋转式液体灌装机，在 1991 年全国首届制药新产品博览会获金奖。

11 月 7 日 县蜂乳品厂花粉系列产品，获“七五”全国“星火计划”成果博览会金奖。

11 月 9－11 日 省政府在海门召开全省小氮肥节能改造现场会，总结推广海门化肥厂“两煤改一煤”节能先进经验。副省长戴顺智到会讲话，参观化肥厂，并到海门烈士馆凭吊烈士。

11 月下旬 全县开展农村社会主义教育活动，历时 4 个月。

11 月 县印刷机械厂开发的 ZBSY615A 半自动液体感光树脂版制版设备，获国家重大技术装备一等奖。

12 月 9 日 创办于光绪三十二年(1906)的县实验小学，通过省级验收，成为南通市首批合格实验小学。

12 月 22 日 全县有“三资”企业 108 个，是年兴办 93 个，是历年总数的 6 倍多，为南通市率先突破百家“三资”企业县。

12 月 26 日 在南通市召开的全省国防教育现场会议全体与会人员，参观海门军人家庭服务中心、海门手帕厂、海门预备役学校等单位。

12 月 28 日 张永祥奇根艺术珍藏馆在东洲公园内开馆，陈列有 80 多件作品。

12 月 亚洲第一高塔——上海东方明珠电视塔，由海门三建六分公司 306 工程处为主土建施工，塔高 460 米，仅次于加拿大多伦多电视塔和俄罗斯莫斯科电视塔，总建筑面积 8.1 万平方米，造价 7 亿元。1993 年 12 月 25 日，提前 106 天完成主体结构封顶。

是年 国家统计局首次对全国 2180 个县和县级市进行综合评价，海门县以 5505 分进入全国第一届百强县第 94 位行列。

1992 年

1 月 16 日 副省长凌启鸿视察海门长江滩涂。

2 月 24 日 全县千余民工会集东灶港，开始实施围垦黄海滩涂改建扩建工程。3 年后，建成东灶港北闸。

3 月 19 日 江苏省海门中学庆祝建校 80 周年。次日，县委、县政府召开海门中学校友座谈会。

3 月 26 日 上海至青龙港高速客轮试航成功，单程仅 75 分钟。

3 月 全县对农村居民宅基地进行清丈核实。

5 月 15 日 县颐生酒厂获 1992 中国友好观光年组织委员会证书，颐生茵陈酒被定为 1992 中国友好观光年标志产品。获此殊荣的省内只有 3 个，南通市唯一。

5 月 17 日 县邮电局在“世界电信日”首次拍卖电话号码 21 个，其中“219888”号码以 2000 元被中外合资企业海门手帕厂拍得。

5 月 27 日 三厂区长江建筑施工队与上海市建筑公司合作承建的上海市杨浦大桥东西主塔封顶，主塔高 208 米。

6 月 10 日 位于通棉三厂厂区东北角、自 1990 年 7 月开始由省地矿局第一水文地质工程地质大队南通分队开挖的 335 米深井，井水中偏硅酸和锶离子含量均达到国家饮用天然矿泉水标准，通过国家级矿泉水评审委员会鉴定。

6 月 11 日 由香港谢氏电子有限公司与海门县童车厂合作兴办的南通华雄电子材料有限公司成立，总投资 550 万美元，可年产优质 CP 线 600 吨。

6 月 12 日 县光色玻璃厂研制成直径 650 毫米的氮化炉烧出第二炉氮化硅，单炉烧结产量 61.82 公斤，炉产值 1.76 万元。是国内唯一的大口径氮化炉，达到国内最高水平。

6 月 20 日 东灶港海区发现经济贝类——金蚶，汁多味美，是与银蚶具有同样营养物质的贝类海洋生物。

6月 设立海门经济技术开发区。7月11日，县经济技术开发区第一期工程开工，省领导季允石、陈必亭等参加开工典礼。1993年11月11日，省政府批准，海门经济技术开发区升格为江苏省海门经济开发区（省级开发区），1994年1月18日举行揭牌仪式。1995年11月，经南通市委批准，江苏省海门经济开发区定为副处级单位。

经交通部批准，南通长江海事监督局青龙港站成立，结束该水域70多年来无专人管理的状况。

7月12日 由美国加州州立大学圣克鲁斯分校环境系教授、农业生态项目主任格恩斯曼博士，副主任伦迪博士，生态试验专家杰菲女士3人组成的农业生态项目访问团到海门参观访问。

县毛巾厂继1989年与美国太平洋建筑发展有限公司合资兴办海洋巾被有限公司后，又与日本福冈株式会社合资兴办丰荣巾被有限公司，总投资400万美元，产品95%外销。

7月22日 余东东岳庙改名为法光寺。

9月3日 江滨化工二厂经上百次试验，还原红F3B试制成功。

9月10日 原中共中央顾问委员会委员、冶金部原部长李东冶，原副部长李非平、林华，到南通市特种钢厂和电子铝材厂考察。

9月16日 新华社国外记者团一行15人到海门考察采访。

10月7日 海启崇（海门、启东、崇明）经济发展协调座谈会在海门召开，专家们估算建造崇海大桥所需经费3亿元，建桥前期工作经费10万元，由3县（市）分担。

10月12－18日 县委书记宋家新，出席中国共产党第十四次全国代表大会。23日，宋家新通过电台、电视台向全县人民传达大会概况和主要精神。

10月 国务院副总理吴学谦为海门经济技术开发区题词"金三角上小浦东"。

11月2日 1台容量12万千伏安、电压220千伏的主变压器在常乐变电所定位，由海启崇3县（市）共同投资，总额超过1000万元，主体自重102吨。

11月 建立海永乡。

三和乡离休教师徐静安书法作品《沁园春》，被中国书画爱好者联谊会选入"华风书画精品赴日展"，并获"金龙"奖，在日本展出后被日本姬路市作为珍品收藏。

12月6日 由县委副书记宋飞、副县长高顺昌带队一行14人，赴深圳进行第一次招商活动。

12月 县行政区划作较大调整。撤销秀山乡、新海乡，并入海门镇；撤销青龙港镇、厂洪乡，并入三厂镇；撤销新余乡，并入包场镇，实行镇管村体制。

三星乡撤乡建镇。

县人民医院外科医师沈天振发明的包皮环切器，在北京国际发明展览会上获铜奖。

是年 海门进入第二届全国综合实力百强县第72位。

海门被国家统计局列为全国社会商品零售总额百强县第71位。

1993年

1月10－12日 在全国纪念双拥活动50周年大会上，海门县被总政治部、民政部命名为全国双拥模范县。为江苏省第一个全国双拥模范县。2月27日，"双拥模范城"铜匾挂牌仪式在海门举行。

2月3日 县邮电局移动电话开通。10个"大哥大"优选号码委托拍卖商行公开拍卖，以16.88万元成交。其中"907888"号码以5万元的最高价，被江滨化工二厂购买。

2月11－17日 政协海门县第九届委员会第一次全体会议召开，选举高其兴为县政协主席。

2月12－16日 县造纸机械厂生产的IIRJQ14－6－23HP两级平衡杆件抽油机，经机电部、能源部等的专家检测，达到国际领先水平。

2月12－17日 县十二届人民代表大会第一次会议召开，选举秦志明为县人大常委会主任，曹能新为县人民政府县长。

2月15日 副省长俞兴德等到海门考察圩角西沙。

2月16日 天补羊毛衫厂独资兴办的莫斯科莫天羊毛衫有限责任公司开业。成为海门县第一个境外独资公司。

4月1日 粮油价格放开，不再使用粮食、食油票证。

4月10日 南通科通力鞋业有限公司成立。是县内首个外商独资企业。

4月27日 县过滤设备厂研制成功DU系列带

式真空过滤机。经省级科研单位专家鉴定,各项技术参数达到80年代国际同类产品指标,填补国内空白。

5月2日　全国人大常委会副委员长、著名社会学家费孝通到海门,视察南通市特种钢厂、青龙港码头、海门经济开发区和海门手帕厂等单位。

5月19日　余东法光寺捐款2万元,支持当地修筑黑色公路。该寺自1987年3月开放起,累计捐资5.55万元,支持县、镇发展社会公益事业。

5月20日　县委、县政府在北京和平饭店举行海门县经济发展汇报会。中共中央书记处原书记、全国人大常委会原副委员长陈丕显,全国人大常委会副委员长李沛瑶,国务院副秘书长徐志坚,化工部部长顾秀莲,财政部副部长张佑才及各界人士130多人参加。

5月26日　曹能新任中共海门县委书记。

海门镇以95.8分,名列南通市第6届创"三优"达标竞赛榜首,获"六连冠"。

5月28日　东灶港挡潮围堤第一期工程通过验收,质量达到标准。全长1.35公里,投资200余万元,于1992年11月27日开工。

海门县被列为全国乡镇企业百强县,排名第60位。

6月3日　台湾远东纺织有限公司董事长徐有庠捐资的教育基金会成立。

6月5日　县供销大厦被列为全国供销大中型商场百强企业,列全国第24位,江苏省第5位,苏北第1位。全国县级商场第3位。

6月17日　国家科委牵头组成的"海门、崇明长江口越江通道工程课题研究组"专家30多人,在考察上海浦东、崇明之后,考察海门青龙港的客渡、汽渡、越江大桥桥址,并展开讨论,为长江口越江通道工程前期研究提供依据。

7月2日　副省长张怀西等到海门,考察教育、卫生、文化等工作。

7月9日　省科委、省农科院及苏、锡、常、通等市农业系统专家和领导到江滨、麒麟等乡镇,考察旱粮三熟制、高效种植茬口技术。

7月14日　县委、县政府在张謇故里常乐镇召开张謇诞辰140周年座谈会,张謇后裔等30余人参加。16日,参加南通市纪念张謇诞辰140周年学术研讨会的国内外专家、学者等60余人,赴张謇诞生地常乐镇参观。

7月22日　江苏省海门中学女排乙组,在江苏省中学生少年排球比赛中,获身体素质第一、比赛第一和总分第一。

7月　叠石桥绣品城建成,冠名"三星绣品城",全国政协副主席吴学谦为其题名。

江苏省海门中学学生陆廷、陈奇,在1993年的高等学校招生考试中,分别获得文科类和外语类总分全省第一;孙烨、施玲华名列理科类总分全省第二、第三。该校273名参考生本科上线率84%,大专上线率90.5%,录取率99.6%,在海中高考史上属首次。

8月2日　悦来中心小学女子排球队在全省小学生女子排球赛中获冠军。该队在省、市比赛中第16次夺冠。

8月7日　中外合资南通怡和天然矿泉水有限公司投产。总投资150万美元,年产1.2万吨优质天然矿泉水,成为全省最大的矿泉水饮料生产企业。

8月17日　海门县京海肉用鸡联合公司投资100余万元建外贸祖代鸡场,通过省农林厅畜牧局验收。为全省最大的AA肉种鸡、迪卡蛋种鸡生产繁育基地。

8月27日　台北市海门同乡会常务理事顾保安受同乡会委托到海门,为县内该年度高考和中考成绩优异者35位学生发奖学金,每人500元。县有关部门举行颁奖典礼。

8月　《金光普照七年路——1949－1956年海门发展简史》,由县委书记宋家新作序,中共海门县委党史办公室编纂,江苏古籍出版社出版发行。

9月15日　省农林厅在海门召开秋熟考察流动现场会,省属各市农业局、作物栽培站的负责人参加,考察县农科所、麒麟乡庵宝村、树勋乡新富村等地。

全国总工会副主席章瑞英到海门考察,参观三星叠石桥绣品城、三星羊毛衫厂、海门手帕厂等单位。

9月16日　国家土地管理局副局长马克伟到海门,考察土地管理工作。

9月21日　江苏省海门中学学生龚春泉获全国奥林匹克初中化学竞赛一等奖,三阳初级中学学生施雪松获江苏赛区一等奖。指导老师袁凤兰与朱玉英分别获国家和省教委颁发的园丁奖。

9月 南通海门钢厂被国家统计局列为全国500个最大机械工业企业之一，名列453名，同行业综合经济效益名列第二。

10月11－13日 副县长高顺昌率团出席在上海虹桥宾馆由国家科委、计委、外国专家局、上海市政府、江苏省政府5家联合召开的长江越江通道工程国际研讨会，对长江口越江通道工程进行前期研究。

10月12日 县委、县政府决定拨款60万元，为驻海部队某连兴建1幢809平方米营房大楼。中共中央政治局常委、中央军委副主席刘华清题写“海门拥军楼”。

南海股份有限集团公司发行企业内部股票500万元。为县内第一家发行股票的企业。

10月21－26日 参加南通市纪念苏中四分区抗日反“清乡”斗争胜利50周年活动，曾在海启地区工作过的老同志梁灵光、韩念龙、姚力、肖卡、林德明、赵一德、顾尔钥、徐智、贾鸿钧等，分别到海门参观考察。

10月26日 副县长宋飞、汤仲飞在北京会见日本国驻华大使国光道彦。双方就海门县政府为城市建设向日本国政府申请贷款一事进行洽谈。参加会谈的有南通市市长徐燕。

10月 三阳化工厂生产的免洗助焊剂获机械电子工业部颁发的合格证书，其质量达到一级免洗助焊剂指标和国际公认的免洗标准，填补国内空白。

11月6日 外交部组织70余位驻外使节，到三星叠石桥绣品市场参观考察。

11月9日 南通电子铝材厂被国家统计局认定为中国500个最大电子及通信设备制造企业，名列455位。

11月20日 县委、县政府召开海门港建设新闻发布会。投入600余万元开发的海门港，围垦土地433.33公顷，筑防洪大堤5.18公里，挖南北匡河3.2公里，中心横河2.6公里，修筑码头至外环线公路，初步完成水、电、路等基础设施。

11月25日 县十二届人大常委会第七次会议决定任命宋飞为县人民政府代县长。

11月30日至12月2日 《海门县志》评审会在师山宾馆举行，20余位省、市地方志专家参加评审。

11月 陆锦华获第十六届亚洲自行车锦标争先赛冠军。

12月10日 全县30个乡、镇全部实现电话通讯交换程控化、传输数字化。在南通市率先结束延续70多年使用“摇把子”通讯的历史。

12月11日 在1993年中国新技术新产品博览会上，海门参展的15个产品中，大口径不锈钢管、工业用氮化硅、树脂版制版机获金奖，叠加阀、束管式光缆、玻璃钢屋顶风机、两极平衡抽油机获银奖，电解电容器铝铂、固定金属针布置板获优秀奖。

12月28日 县举行有线电视和调频广播开播仪式。

12月31日 经省政府批准，三阳镇友爱联合企业成立南通友爱集团股份有限公司，成为定向募集的股份制试点企业。

1994年

1月4日 县委作出《关于〈海门报〉复刊的决定》。4月29日，经省新闻出版局批准，休刊34年后的《海门日报》复刊。

1月13日 冶金工业部党组副书记、常务副部长徐大铨考察南通特种钢厂。

1月18日 县供销合作总社被列入全国县级百强供销社。

1月23日 海门县被国家统计局、中国信息报社、中国农村社会经济发展评价中心评为第三届全国综合实力百强县第106位。

2月16日 县委、县政府召开县属工业企业产权制度改革工作会议。全县107个县属企业中34个推行股份合作制，共吸纳私人股金1200多万元。全县有3个企业被省体改委批准设立定向募集股份有限公司。

2月22日 在县第十二届人民代表大会第二次会议上，宋飞当选县人民政府县长。

3月7日 县委、县政府召开新闻发布会，宣布海门县成为南通市第一个全面实施九年制义务教育县。1995年，海门通过省普及九年制义务教育验收。

3月8日 江滨中学被省教委列为全省素质教育试点学校。是南通市唯一一所试点学校。

3月上旬 农村养老保险工作取得突破性进展。全县10余万农民参加，缴纳保险基金1059

万元。

3月14日 六匡印刷机械厂生产的液体感光树脂版印刷机，在全国高新技术博览会上获金奖。

3月 县委、县政府领导向16名优秀科技人员颁发荣誉证书，表彰他们为全县工农业总产值超百亿元做出的贡献。1993年，全县开发新产品230个，获科研成果128项，其中国家级5项，省级9项。产品出口新加坡、日本、美国等10多个国家和地区，取得经济效益6000多万元。

4月15－19日 美国费城癌症研究中心主任，英国教授、博士艾文斯，上海医科大学教授沈福民，就中美有关合作研究课题到海门，进行科研访问和学术交流。

4月19－20日 海门新材料工业“星火技术”密集区规划论证、专家咨询会，由省科委主办，在海门召开。北京、南京、上海、洛阳等地的40多位专家参加。5月30日，省科委批准海门建立省级“星火技术”密集区。

4月23日 县委、县政府在海门港举行第二次新闻发布会，海门港被列入南通市经济发展重点工程，并被省有关部门列入长江沿线国际港口群体规划上报国务院。

4月23－30日 县长宋飞率领4人小型招商团，在香港进行招商，洽谈成功一批中外合资、外商独资项目。

4月26日 民政部批复：经国务院批准，同意撤销海门县，设立海门市（县级），以原海门县的行政区域为海门市的行政区域。5月21日，江苏省人民政府通知，海门撤县设市后，仍由南通市管辖，实行计划单列。

4月28日 省妇联在三星镇召开“双学双比”巾帼建功交流会，全省各县、市妇联的领导及有关部门负责人参加。

5月6日 驻海部队官兵和县中小学师生代表集会，在该部队驻地举行“海门县中小学德育教育基地”揭牌仪式。

5月13日 全县科技工作会议传出信息，1991－1993年，海门被列入国家级、省级“星火”“火炬”项目18个。新材料工业产值占全县工业总产值20%左右。全县初级以上科技人员15476人。

5月23日 美国生物制品公司副总裁吴润铎、高级工程师李世昌到麒麟乡庵宝村，参观考察旱三熟套种模式。

5月24日 在第十次全国民政工作会议上，三星镇被授予全国民政工作全优乡镇称号。

5月 海门氨基酸公司生产的蛋白糖（APM）甜味剂，在北京民族文化宫举行的全国优质保健品展销会上获金奖。6月5日，在北京亚运村会议中心召开的由美国、英国、法国、日本等28个国家和地区参加的国际饮品博览会上，再次获金奖。

6月3日 江苏省海门中学学生沈宇的小发明——安全插座，在江苏省第七届发明比赛中获二等奖，中国专利局授予实用新型类专利，成为海门县第一个获专利权的中学生。

海门申海无纺布厂的产品在首届中国金榜技术与产品博览会评比中获金奖。

6月9日 南通怡和天然矿泉水有限公司生产的怡和天然矿泉水，在1994年中国金陵健康保健品研评会推荐评比中，被授予保健食品金杯奖。

6月18日 中共中央政治局委员、国务委员兼国家体改委主任李铁映为海门撤县设市题词“改县建市建立新体制，兴市富民继往而开来”。

6月27日 海门举行撤县设市庆典活动。9时30分，海门市成立大会在人民大剧院举行。民政部特派代表朱孝庆，省委常委、南京市委书记顾浩，省委常委、常务副省长季允石等领导，各地有关企业、高等院校、科研单位代表，新闻文艺等各界朋友，港澳台同胞和美国、英国、日本、韩国、新加坡等国的友人，海门市各界代表1200余人参加。会后举行挂牌仪式。庆典活动结束后，与会领导与来宾参加江苏省“星火技术”密集区暨高新技术试验区揭牌仪式与市重点项目、开发区进区项目开工典礼。下午和28日，举行招商引资经贸洽谈，与台商合资兴建皮鞋城等20余个项目，海门棉纺厂与韩国合资等5个项目达成意向。

7月14日 南通市纪念军人家庭服务中心创办10周年大会在海门召开，700多名代表参观海门手帕厂、三星镇军人家庭服务中心展览室。

9月9日 市委、市政府决定，从1995年起扶持500个植棉大户，每户植棉面积在1公顷以上，每户扶持资金1200元。

9月 进行税制改革，设市国家税务局、市地方税务局。

10月21日 市委、市政府召开创建全国卫生城市动员大会,建立创建卫生城市指挥部。

10月 三和、万年乡撤乡建镇。

11月22日 德胜、瑞祥、六匡、国强乡撤乡建镇。至此,全市30个乡镇中有17个实行镇管村体制。

宋飞任中共海门市委书记。

11月30日 市第十二届人大常委会第十五次会议决定任命施亚民为海门市人民政府代市长。

12月9日 海门市与上海市徐汇区缔结友好市区。

12月22－23日 市委召开九届七次全委(扩大)会议,确定"团结拼搏,求实开拓,抢挑重担,争创一流"为海门精神;提出1995年三大任务:经济上规模,环境换新貌,队伍创新风。

12月 中共中央原副主席李德生为绣品城题词"三星绣品名天下"。

1995年

1月8日 经省体改委批准,江苏白兔纺织股份有限公司成立。

1月 电力工业部授予海门市农村电气化县(市)称号。

2月16日 市政府在海门镇召开加快市区旧城改造动员大会,大规模旧城改造拉开序幕。9月15日,市区旧城改造竣工。其间,城区拆除旧房19.8万平方米,建成223幢办公楼、商业楼和商住楼,累计建筑面积50.3万平方米。拆、建、改总量超过新中国成立后45年总和。市区增加12条商业街,127条后街后巷,新建、扩建14个大中型商场、2100个商业门面、4个农贸市场和综合市场。新建、扩建10处街心公园,绿化覆盖率达30.19%。9月底,市区2755户拆迁户均领到新居钥匙。

2月22－25日 市第十二届人民代表大会第三次会议召开,选举施亚民为市人民政府市长。

2月27日 交通部部长黄镇东到海门,考察建设中的海门港和圩角沙的综合开发。

2月 市委对全市766个行政村村级经济状况进行考核。全市144个村村级经济总量在100万元以下,农民人均纯收入在1000元以下的贫困村,在实施"富民兴村"工程中全部脱贫。

3月上旬 海门建筑队伍参与建设亚洲最高大厦——上海浦东新区陆家嘴金融贸易区的金茂大厦。

3月14日 省委常委、宣传部部长王霞林到海门,调查考察南通特种钢厂的企业管理、职工思想工作和企业生产经营情况。

3月30日 台湾著名实业家姜体臣(四甲镇人)回海门考察。

3月 海门被国家教委、民政部、中国残联评为全国特殊教育先进县(市)。

3、4月 全市撤销合并95个村,新设立48个村,实际减少47个村。

4月1日 由日本友人矢崎又次郎捐资5000万日元建造的中日青年友好会馆,在海门东市区奠基开工。

4月7日 范钦孟、范恒(范钦孟,三和乡人,其子范恒在美国、中国台湾等地经商)纪念奖学金设立典礼在江苏省海门中学举行。

4月上旬 由海门籍人士徐有庠为总裁的台湾远东纺织股份有限公司捐赠300万元新台币建造的"元智科学楼",在江苏省海门中学落成。

4月11日 悦来镇被建设部列为小城镇建设试点单位。

4月20－22日 中共南通市委召开的"以经济建设为中心,两个文明一起抓"经验交流现场会在海门举行。海门市委书记宋飞以《总揽全局,真抓实干,实现经济社会全面协调发展》为题作经验介绍。

5月12日 副市长陈如喜在接受《新华日报》副总编黄生甫采访时宣布:1995年,海门除特钢、特铜、特陶、玻璃钢复合材料、电子材料等产品的延伸开发外,还新发展了CP线、UPVC水管等10多个新材料工业项目,其中有7个国家"火炬"项目,5个"星火"项目,特钢、陶瓷等产品的生产工艺在国际上处于领先地位。

5月29日 市委、市政府作出创建全国卫生城市决定。

6月20－21日 遭大风暴雨袭击,海门降水量160毫米,最大风力9级,1.33万公顷农田积水,大片农作物倒伏。市领导深入各乡镇了解灾情,落实抗灾措施。各地全力抗灾排涝。

6月25日 省长郑斯林、副省长姜永荣等考察海门港、圩角沙综合开发、叠石桥绣品城、南通特种钢厂、旧城改造现场。

6月28日 秀山大桥比预定时间提前35天建成。该桥长90米,宽13米,圩角河通航高度在正常水位4.5米以上。

6月 经国家科委批准,建立海门市“火炬计划”新材料产业基地。系国内首家。11月26－27日,市委、市政府举行“火炬计划”新材料产业基地揭牌仪式。国家科委火炬办主任王瑞明宣读批文,并向市领导宋飞、施亚民授牌。

7月19日 市委、市政府批转市委农工部《关于减轻净农户负担的报告》,对特困户,农业税、水利工程水费、“三提五统”和以金代劳义务工款全免;对贫困户,只交农业税和水利工程水费,免除“三提五统”和以金代劳义务工款;对低于全村人均纯收入的净农户,其“三提五统”费用实行减半负担;对无外来收入、子女无赡养能力和不能自食其力的老年人,免除农业税、水利工程水费和“三提五统”负担。

8月1日 海门市第二次被省政府、省军区命名为省“双拥模范城(县)”。

8月10日 市委、市政府邀请上海同济大学用一年时间,编制跨世纪《海门市城市总体规划》。

8月12日 纪念中国抗日战争胜利50周年,市委组织市级机关1000多名干部听取南通市抗日英雄事迹报告团报告。是日,市委召开纪念抗战胜利50周年座谈会。

8月15日 市委对641名副科级以上干部进行考察后,决定对227名干部进行调整,其中:提拔102人,个别谈话32人,13名干部被降职,2名干部调离审查。16日,调整后的干部全部上岗到位。

8月 由市棉纺厂与韩国甲乙纺织株式会社共同投资举办的甲乙南通纺织有限公司投产,总投资745万美元,外方投资占90%,生产规模3.62万纱锭,年生产能力4000吨棉纱、1000万米棉布,产品70%外销。

9月3－4日 美国休斯敦市市长特别助理谭家瑜女士考察海门经济开发区、海门港及旧城改造现场。

9月24－26日 全国城市卫生江苏省检查团对海门城市卫生和环境整治情况全面检查。

9月28日 韩国全罗道金堤市副市长林星泽率领友好访华团7人到海门访问。

10月3－4日 美国得州亚裔共和党主席、巨鹏(财团)企业公司张建义博士,考察海门港绿色食品公司等企业。

10月6日 海门港、江苏省海门中学、南通景新时装有限公司、三星羊毛衫总厂、海门手帕厂等单位,获省委、省政府1993－1994年度省级文明单位称号。

10月18日 省委书记陈焕友考察海门港、圩角沙综合开发、绿色食品有限公司、南通特种钢厂。

10月21日 农业部专家组12人,对市滩涂草地开发示范项目进行考察验收。

10月25日 南通市政府在悦来镇召开小城镇建设试点现场会。

10月27日 市政府在师山宾馆举行海门与四川巴塘县建立友好对口支援市县签字仪式。

10月 2.7万门程控交换机首期工程投入试运行。

11月7日 经国家计委批准,海门长江滩涂农业综合开发区启动。20－26日,中国国际工程咨询公司11名专家,对市境长江滩涂农业综合开发区项目进行调查论证。

11月13日 全国政协副主席钱正英视察三星绣品城、南通凯利绣品有限公司、三星羊毛衫总厂。

11月14日 省委常委、省军区司令员郑炳清考察海门,市委书记宋飞及市人武部领导汇报海门两个文明建设和当年冬季征兵工作情况。

11月30日 市长施亚民在师山宾馆会见美国休斯敦市亚洲商会会长、吴氏企业公司董事长吴华昌,双方就加强海门与休斯敦两市经济、文化等方面的合作与交流进行会谈。吴华昌向施亚民赠送休斯敦市纪念牌。

12月12日 上海市闸北区委书记姚明宝率10多名区领导干部到海门参观考察。

12月15日 国务委员兼国家科委主任宋健到海门考察,并察看圩角沙的综合开发。

全市779个行政村全部通上程控电话,比省定目标提前3年。

12月22日 市政府举行海太汽渡通航仪式。渡轮从海门港航行至太仓璜泾港只需45分钟。从海门市区至上海新客站只需两个半小时左右。

12月 市领导接待到海门考察的安徽省墙改办专家和领导。在此之前,上海市召开的墙改工作会议中途把会议地点移到海门。海门墙改起步于1988年,确定混凝土空心砌块为墙改主导产品。1995年,全市城镇新墙材应用面积80万平方米,占建筑总面积的50%。专家称“海门墙改,全国领先”。

是年 海门获全国科技综合实力百强县(市)、全国科技工作先进县(市)称号。

市委、市政府开展科技兴市功臣评比活动。

建成“163”网和“169”网接入平台,开通国际互联网(窄带)。海门经济开发区为首家用户。

1996年

1月11日 省爱国卫生运动委员会宣布,海门市被评为全国卫生城市。

1月14日 1993－1995年度全国文明市场评选揭晓,货隆竹木市场、三星叠石桥绣品市场和东洲农贸市场榜上有名。海门市获评全国文明市场总数列全省各县(市)之首。

1月16－17日 省委副书记顾浩考察货隆农民街,正余申海公司、海峰公司、余东亚泰公司和南通特种钢厂。

1月22－25日 中共海门市第十次代表大会召开,选举产生中共海门市第十届委员会和海门市纪律检查委员会。宋飞为市委书记。

1月28日 省政府批准海门建立江苏包罗铜材集团股份有限公司。为海门市第一个省级企业集团股份公司。

2月7－10日 市第十二届人民代表大会第四次会议召开,选举朱玉兰为市人大常委会主任。

2月26日 《新华日报》以头版整版篇幅集中对海门市1995年实施“经济上规模,环境换新貌,队伍创新风”三大任务及旧城改造作重点报道,被视作全省学习张家港的典型。

3月4日 海门港围垦工程通过省和南通市专家组评审。该工程始于1991年,总投资1.6亿元,围堤长17.9公里,面积2000公顷,其中可开垦耕地1300公顷。

3月8日 国务院发展研究中心授予三星镇叠石桥绣品城“中华之最”铜牌。

由省委常委、宣传部部长王霞林,文化部办公厅副主任陈琪林等组成的中央赴江苏调研组到海门,调研两个文明建设情况。

3月15日 市狮山职业高级中学被认定为国家级重点职业高级中学。

3月20日 市企业改制工作全面推开。组建1500人的工作团,设立指挥部及其工作机构,建立派驻各乡镇、部门的47个改制工作组。

3月25日 市人武部收归军队建制交接仪式在师山宾馆举行。4月1日起,市人民武装部为军队建制。

3月28日 《海门县志》由江苏科技出版社出版发行。

3月31日 全国人大常委会副委员长费孝通到海门,视察文明建设情况。

省委常委、常务副省长季允石到海门考察。

4月7日 市委、市政府召开企业改制动员大会。市委书记、市企业改制指挥部总指挥宋飞作题为《全党动员,全民参与,全力以赴,坚定不移地推进企业改制工作》动员报告。

4月15－17日 市委、市政府举办首届中国海门金花节,国内外客商、港澳台胞等1300多人出席15日上午的开幕式。省委副书记顾浩,上海市委常委、纪委书记张惠新,江苏省省长助理张长胜,美国全美亚裔共和党主席谭家瑜等参加。15日下午,金花节经贸洽谈及签约活动在师山宾馆举行。同时,分别举行建筑业、海门港暨三产新闻发布会。16日上午,举行产学研信息发布会,全国10多所高校、科研机构20多位中高级技术人员及其他宾客400多人参加。其间,签约外资项目42个,总投资7571万美元,合同利用外资3474.8万美元;内资项目50个,总投资1.65亿元,合同利用内资5313万元。

4月18－20日 南通市在海门召开发展第三产业暨民营经济经验交流现场会。海门市市长施亚民就海门市加快发展第三产业、大力发展民营经济作专题介绍。

4月22－23日 中央电视台和海门电视台联合拍摄的《江海门户》,分别于22日17时中央电视台一套《华夏掠影》节目和23日19时32分中央电视台二套《神州风采》节目中播出。

4月27日 省委副书记顾浩陪同中共中央政治局原常委宋平到海门考察,听取市长施亚民关于全市两个文明建设情况汇报。

5月10日 在副省长张怀西带领下,参加省妇女、儿童工作会议的40多名代表到海门参观。

5月20日 23时50分,中央电视台二套《外国人看中国》节目中,播出《今日海门》。

6月12日 海门市和河南省陕县结为友好县(市)。

6月14日 市委书记宋飞在省委召开的精神文明建设座谈会上,作《坚持"两手抓"方针,推进两个文明建设协调发展》的经验交流。

6月28日 市委、市政府在海门港举行海门港兴建海门港闸、开挖港东河和围垦土地竣工典礼。

7月1日 由市委常委、副市长高顺昌率领的市双拥工作领导组成员,参加首都"七一"升国旗仪式,并前往天安门国旗护卫队驻地看望全体官兵,向他们赠送"祖国的卫士,人民的后盾"铜牌和慰问品。

在城区解放路珠江路口建设的200米高的电视塔投入使用。

7月2－3日 市委副书记、市长施亚民在省委、省政府召开的加快发展第三产业会议上作《精心组织,积极引导,促进农村第三产业发展》的经验介绍。

7月11日 海门经济开发区举行建区4周年庆祝大会。4年中,有299个项目进区,总投资17.35亿元,完成工作量8.67亿元。其中兴办"三资"企业38个,总投资8214万美元,合同利用外资4514万美元。用于基础设施配套建设的投资1.5亿元。在已开发的3.16平方公里内,基本实现"五通一平"。三条商业街初步形成。通源居住小区开发商业用房和商品房面积40万平方米,新增居民2.5万人。

7月18日晚 龙卷风、暴雨袭击海门,受灾严重的三和镇洪北村有50多间房屋倒塌。

7月26日 正余乡撤乡建镇。

海门市国防动员委员会成立。

7月30日至8月2日 8号强台风过境,青龙港潮位6.31米,长江3.11公里主江堤不同程度出现险情,其中1.9公里受损极为严重,近三分之一堤身崩坍。市四套班子领导带领9200多人抗台抢险。

8月3日 省政协主席孙颔到海门,调研考察企业产权制度改革和各项配套改革情况。

8月15日 市属企业完成三项制度改革:精简行政管理人员783人,二三线人员1266人;全市93.6%的职工与企业签订劳动合同,安置富余人员865人;改制后职工人均月工资461.56元,其中固定工资123.56元,浮动工资338元。

8月19－20日 中共海门市十届二次全委(扩大)会议召开。市委书记宋飞作《抢抓机遇,抢占市场,抢先发展,争创效益,全面掀起经济发展新高潮》的报告。

8月24日 海门市最大的种植业中外合作项目无公害蔬菜种植工程在海门港春江度假村签约。该项目由上海东方国际集团日中时装株式会社、海门港绿色食品有限责任公司、日本株式会社田村总业三方合作。

8月24－26日 全国农村基层组织建设情况检查组到海门,检查农村创"五好",实施富民兴村工程,整顿转化后进村、经济薄弱村党支部和加强村级班子建设情况。

8月26日 在1995年度全国县(市)财政收入综合实力评比中,海门市列第63位。

8月28日 海门市安装工程公司承建的上海浦东新区仁恒广场2号楼工程,夺得全国独立双包建筑工程质量最高奖"鲁班奖",实现海门在外建筑工程"鲁班奖"零的突破。

9月6日 全国总工会副主席腾一龙到海门,考察企业改制工作情况,认为海门经验可在全国推广。

9月11－13日 以省人大常委会副主任凌启鸿为组长的省人大执法检查组到海门检查工作。

9月17－19日 由省委组织部、江苏电视台联合摄制,全面展示海门1995年实施一大战略、三大任务风采的电视报告剧《巨澜》,于周二、三、四晚上10时在江苏电视台第一套节目中播出。

9月24－26日 中央电视台摄制组到江滨乡富山村,拍摄反映该村党总支书记张士新先进事迹专题片。10月中旬在中央电视台播映。中央电视台宣传的20名党支部书记中,张士新是江苏省唯一被选中的村党支部书记。

10月4日 海门市第一条高等级公路——大港公路(大兴镇至海门港)竣工通车。全长13.7公里,总投资3000多万元。

10月6日 副省长陈必亭到海门,对企业改制后的资金管理、股东利益、董事会运作和企业主管部门服务等方面进行详细了解。

10月16－18日 由市长罗伯特·库珀率领的美国海沃特市友好代表团到海门访问。

10月29日 国家科委党组书记、常务副主任朱丽兰考察海门市特种陶瓷厂等单位。肯定海门市发展高新技术产业，走“产学研”联合滚动开发之路。

10月 全市企业改制工作结束。对988个市属、乡镇和村办工业、流通企业，根据原有净资产的不同情况，经改制，将净资产转让给企业干部职工的3.05亿元，继续在企业控股或参股的2.28亿元，租赁给改制企业使用的4亿元。组建成股份有限公司10个，有限责任公司42个，股份合作制公司895个，转为个体私营41个。对74个建筑企业、23个房地产企业、180个机关事业单位办企业和东灶乡渔业企业也分别进行改制。在产权制度改革的同时，改制企业着重进行劳动用工、干部人事和工资分配等配套制度改革。

11月5日 市委、市政府召开党政机构改革动员大会。全市设置37个工作机构，其中市委机构由9个调整为6个，市政府机构由42个调整为31个。机构精简27.6%，市级机关人员编制精简11%。

11月9日 21时56分，南黄海发生6.1级地震，海门范围烈度近4度，悬物摇晃，脚下有移动感。

12月6日 海门市获全国墙体改革先进集体称号。为全国唯一获此荣誉的县级市。

12月7－8日 上海市政协主席陈铁迪率领上海市政协代表团，参观考察海门。

12月8日 麒麟乡撤乡建镇。

是年 海门被命名为全国体育先进县（市）。

1997年

1月 投入355万元建设的海门港266.67公顷大型现代化农业灌区硬件设施基本完工。

2月19日 中国社会主义改革开放和现代化建设的总设计师邓小平同志逝世。海门市广大人民群众怀着无限悲痛的心情，运用各种形式悼念。

3月8日 海门市被国家教委评为全国“两基”工作先进县（市）。

3月10日 海门市被林业部表彰为全国沿海防护林体系建设先进县（市）。

3月20日 中共中央组织部派员对海门市乡镇企业党建工作进行调研。

3月底 崇海大桥可行性研究报告通过上海市级专家评审。规划中的崇海大桥，南端位于崇明牛棚港以东1.6公里，北端位于青龙港闸以西0.6公里。大桥包括引桥、引道，全长9公里，主桥长2.9公里。

4月10日 由市长乌韦·格尔纳率领的德国托斯道夫市友好代表团访问海门市。

4月15－17日 市委、市政府举办第二届中国海门金花节。13个国家和地区的客商及驻沪外交官100多人参加。其间，还举行农业产学研，机械冶金、建材等信息发布会暨项目洽谈会。签约外资项目29个，总投资6000万美元，协议利用外资5300万美元，合同利用外资4000万美元；内资项目21个，内贸项目19个，贸易总额4.1亿元人民币。

4月17－18日 省长郑斯林考察海门。对海门工作充分肯定。

4月18日 韩国独资企业甲乙南通纺织有限公司（驻地海门镇）举行竣工典礼。省长郑斯林等到场祝贺。

江苏海门建工集团公司成立。

4月24日 经省体改委批准，组建江苏爱东集团。至此，海门市组建企业集团6个，其中省级5个，南通市级1个。

5月11日 海门市与陕西省长武县签订结对帮扶协议。

市政府机关干部转为国家公务员，党群、人大、司法等机关干部参照执行。市委组织部和市人事局组织第一批公务员过渡考试，参加考试的有2000多名国家机关工作人员。

5月12日 市人民医院和美国威斯康星大学合作的“乳腺癌切除荷尔蒙辅助疗法”学术援助服务协议在海门签订。

5月19日 省军区司令员蒋文郁等到海门检查民兵工作。

5月21日 希腊经贸代表团到海门考察访问。

6月13日 全国政协副主席、全国工商联名誉主席孙孚凌等到海门，考察民营经济。

6月19日 副省长姜永荣率出席省发展海洋经济领导组第二次会议全体人员到海门参观考察。

6月20日 海门港经济开发总公司和香港建华开发有限公司签订合资兴办海门港石油中转码

头协议。

6月 全市实施农村最低生活保障制度。2008年7月1日,低保标准提高到月人均170元。

7月10日 由日本枚方市商业联盟副理事长中谷信吉率领的友好访问团到海门,进行商务考察。

7月12日 由农业部乡镇企业局和中国乡镇企业协会联合主办的全国乡镇企业综合实力1000强排名榜揭晓,海门市包罗铜材集团列全国最大乡镇经营规模企业第333名,凤城制衣公司列全国最大乡镇出口创汇企业第281名。

7月20日 参加中共南通市八届八次全委(扩大)会议近200名代表到海门,参观南通特种钢厂、申海公司、金轮公司。

7月23日 民政部和总政治部授予三星镇拥军优属先进单位称号。为全省唯一受到表彰的乡镇。

8月5日 宁启高速公路海门段工程立项。按双向四车道全封闭汽车专用公路标准设计,全长40.02公里,建三个道口,总投资40亿元。2001年7月动工新建。2004年10月通车。

8月18－20日 受11号强台风影响,海门市沿江沿海风力9至11级,陆地风力8至10级。大暴雨,12小时降雨量超过100毫米。长江最高潮位6.61米,黄海潮位5.3米,均为历史最高纪录。被毁江海堤岸土方22.02万立方米,石方5000立方米,鱼池133.33公顷,死亡3人,伤36人。1.07万公顷棉花、1800公顷玉米、1.33万公顷黄豆倒伏。倒坍损坏房屋4100间。直接经济损失2.3亿元。市委、市政府组织军民抗台抢险,奋战48小时,守住江海堤防。

8月24日 市委转发农工部《关于做好延长农村集体土地承包期工作的意见》,海门市农村集体土地第一轮承包期满15年,确定再延长30年。

9月5日 市环境监测站被国家环境保护局评为全国环保系统先进监测站。全省独此一家。

9月11日 海门市被文化部命名为全国文化先进县(市)。

海门市政府网站"haimen. gov. cn"批准注册。

9月12－18日 市委书记宋飞,出席中国共产党第十五次全国代表大会。16日,《人民日报》第5版"党的十五大代表发言摘编"刊登宋飞的发言摘要《改革是发展的动力》。24日,市委召开党员干部大会,宋飞传达中共十五大精神。

9月23日 市委常委、副市长高顺昌出席在海门举行的全国乡镇冶金企业第四次研讨会,全国各地60多位代表参观南通特种钢厂。

9月28日 市文化广场竣工,并对外开放。广场位于市区解放东路、人民东路和钱塘江路交会处,占地1.82公顷。

10月14日 《新华日报》头版头条位置刊登长篇通讯《企业改革在海门的成功实践》,介绍海门企业改制经验。

10月24日 中共中央政治局委员、上海市委书记黄菊到参与建设上海浦东金茂大厦的海门市余东建筑工程队工地,向正在做封顶扫尾工作的200多名职工致意。

10月29日 副省长张连珍率省创建文明村镇工作会议代表,参观海门市货隆、正余、三阳镇和海门高校及市区文化广场。

10月30日 "海门之窗"在国际互联网上开通,为国内县级市第一家。

11月4日 省委副书记许仲林、副省长姜永荣率省水利工作会议人员,参观海门港江堤达标示范现场,听取市领导对水利工程的情况汇报。省领导肯定海门市的水利建设成就,特别是江堤达标工程。

11月10日 海门派员赴香港参加1997江苏省对外经济贸易洽谈会,签约合资合作项目3个,总投资2.16亿美元,协议利用外资1.05亿美元。其中最大的一项是台商独资的包装工业用塑料项目,总投资2亿美元,注册资金1亿美元。

12月 《中国共产党江苏省海门市(县)组织史资料(第二卷)》由中共党史出版社出版。

是年 南通回力橡胶集团有限公司再生胶产量、产值、销售、利税、利润五项经济指标列全国同行第一。该公司已连续三年在全国夺冠。

1998年

1月2－7日 政协海门市第十届委员会第一次全体会议召开,选举徐永兵为市政协主席。

1月3－7日 市十三届人民代表大会第一次会议召开,选举朱玉兰为市人大常委会主任,施亚民为市人民政府市长。

1月16日 海门市钻石渔需物资批发站在三

厂镇开张营业。为华东地区最大的渔需物资批发站,占地660平方米,专业经营各种规格的渔用器具及柴油机、起锚机等渔需物资。

1月 市建立城市居民最低生活保障制度。2008年7月1日,标准提高到每人每月335元。

2月13日 徐永兵任中共海门市委书记。

全省农民公平负担现场会在海门召开。省委农工部副部长翁振进要求全省各级农工部门学习和推广海门经验。

2月17日 市召开住房制度改革工作会议,宣布建立健全住房公积金制度,取消住房实物福利分配,建立新的住房供应体系。

2月18－20日 北京市宣武区党政代表团10人到海门参观访问。

2月24日 海门旅游开发总公司与泰国新嘉诚国际集团公司合资创办的新宝安养休闲度假中心,在静海路南端长江边奠基。

2月27－28日 天津市副市长朱连康率领的乡镇企业考察团35人考察海门。

2月28日 长江水厂奠基。

3月14日 南通华雄电子材料公司生产的镀锡铜包线(CP线),获国家经贸委颁发的国家级新产品证书。

3月16日 海门烈士馆重建工程竣工后,向社会各界开放。重建的烈士馆建筑面积2038平方米,总造价294万元。

3月中旬 出现强寒潮加降雪,造成农作物冻害,夏粮减产。

3月22日 国务院农业产业化经营调研组到海门调研。

4月3日 市总工会为88名特困职工办理特困职工医疗卡。持卡特困职工及其家属在海门各医院就诊,享受免缴挂号费、注射费、手术费、推拿费、针灸费、理疗费等待遇。

4月9日 海门中学校友、美籍华人、知名建筑大师杨裕球向母校捐资人民币25万元,设立教师奖励基金。

4月13日 中国工程院院士、国家模具CAD工程研究中心主任阮雪榆,担任三星镇新镇村私营企业主汤炳生的高级顾问。汤炳生聘用高级科技人才,开发一系列高科技产品。

4月14日 市高新技术产业开发园区举行揭牌仪式。

4月14－17日 以哈萨克斯坦共和国政府顾问M. E. 库尔马诺夫为首的经贸代表团到海门访问、参观,并与市政府签署经贸合作备忘录。

4月15－17日 市委、市政府举办第三届中国海门金花节暨经贸洽谈会。签约22个项目,合同利用外资700多万美元,内资4490万元。

4月18日 中纪委研究室主任林广肯到海门,调研反腐败工作情况。

4月24日 国家统计局发布1996－1997年全国建设系统综合经营业绩前100位企业信息,海门建工集团名列第4位。

中行海门支行营业部获全国青年文明号称号。

4月25－28日 国家级示范高中验收组对江苏省海门中学检查验收。认为该校已达到国家级示范普通高中要求。1999年5月,被确认为首批国家级示范性普通高中。

5月5－7日 省教委评估组对海门教师进修学校争创省级示范进修学校进行评估验收,获通过。

5月6日 市毛巾厂3台SA504旧精纺细纱机运往南通再生物资交易市场。标志着海门11080枚落后棉纱锭全部拆除,提前完成棉纺压锭任务。

5月10日 省军区副司令员许志龙到海门市人武部,调研民兵预备役工作。

5月15日 市见义勇为基金会成立,19个单位捐资32万元。

5月17－19日 长江三角洲12县(市、区)政协工作研讨会在海门召开。

5月21日 沪、浙、苏16县(市、区)第32次治安联防协作会议在海门召开。

在全国初中化学素质和实验能力竞赛中,海南中学学生黄宁海、姜杰分别获一等奖。

5月27－29日 江苏、浙江、安徽3省部分市、县第13次税务稽查协作会议在海门召开。海门国税局在会上作经验交流。

5月29日 江滨乡富山村被省委、省政府命名为第一批省级农村现代化试验区先行示范村。

5月 市政府举行5个非劳动部门职业介绍所授牌仪式暨下岗、失业职工劳务交流活动。99个单位,790个岗位,近2000名下岗、失业职工进场交流,436名下岗、失业职工与用人单位达成上岗意向。

6月2日　市邮电局实施的全市农村集镇安装IC卡电话工程启动。总投资80万元,在全市各乡镇邮电支局、所共安装40部IC卡电话和35部投币电话。

6月5日　瑞祥镇累计开通电话1720部,成为海门第一个电话镇。

6月6日　副省长姜永荣到海门,考察指导江海堤防达标工程。

6月9日　海师附小举行中央教科所实验学校挂牌仪式。实验学校在全国仅有6所。

6月10日　市政府举行见义勇为表彰大会。唐为东等14名见义勇为先进分子受表彰。

6月23日　海门籍解放军某部排长王陈在河北省平山县东王坡村执行任务时,为抢救一名落水儿童献身。7月2日,王陈被所在某集团军党委追记为一等功臣,追认为烈士。

6月29日　在全国农村基层组织建设经验交流暨表彰大会上,中共海门市委组织部获全国农村基层组织建设工作先进单位称号。

6月30日　副省长金忠青到海门,检查文化经济政策落实情况。

7月1日　市建工集团南通三建海外分公司挂牌。这是海门唯一具有对外经营权的建筑外经专业公司。

7月13日　海门市与启东市边界协议书签字仪式在师山宾馆举行。两市代表在《海门市政府和启东市政府联合勘定的行政区域界线协议书》上签字后报省。2001年9月30日,省政府批复生效。

7月19日　国家长江沿线防汛工作检查组到海门检查防汛工作。

7月20日　《新华日报》公布1997年度省科技进步奖获奖名单,南通市恒荣机泵厂开发生产的3L22、3L32、3L42WD三叶型罗茨鼓风机获一等奖。

7月22日　市公安局破获一起特大凶杀案,持斧顽抗的麒麟镇北星村凶手陈某被当场击毙。

7月27日　省委、省政府召开省双拥模范城(县、市、区)命名表彰会。海门市第三次被命名为省"双拥模范城(县)"。

7月29日　海门建工系统在国外的第一个双包工程——新加坡警察训练营地工程,通过新加坡公共工程部全面验收,交付使用。该工程1996年12月动工,建筑面积2.2万平方米,总造价折合人民币1.3亿元。

8月6日　市总工会主席冯德轩被选为中国工会第十三次代表大会代表。10月16日,冯德轩赴北京出席中国工会十三次代表大会。

8月8日　全国"火炬计划"10周年成就暨高新技术产品博览会在北京召开。海门有南通特种钢厂的不锈钢无缝管、申海公司的蒸发式空调器、通光集团的通信用带状光缆、南通华利康公司的医用可吸收缝合线、申海氮化物公司的氮化硅工程陶瓷等57项国家级"火炬项目"参展。

8月11日　海门在大庆的2000多名建筑工人与大庆军民一起,投入抗洪抢险大决战。

8月13日　省委副书记顾浩考察海门防汛工作。

9月2日　省农科院院长王荣率科技咨询服务团到海门,洽谈农业科技协作项目。

9月9日　海门市赴厦门招商团在厦门市庐山大酒店举行1998中国海门投资说明会。

9月10日　海门市级机关希望学校在陕西长武县落成使用,该校是由海门市级机关全体干部职工捐资建造。

市东洲小学被教育部命名为全国中小学现代教育技术实验学校。

9月12日　海门市赴南方招商团举办1998中国海门·东莞客商联谊会。

9月19日　全国人大常委会原副委员长费孝通到海门视察。

9月23日　第十二届运动会在市人民体育场开幕。12月25日闭幕。

国家粮食储备库建设考察团到海门,就国家粮食储备库选址进行考察。12月28日,总投资1818万元的国家粮食储备库开工。

9月24－25日　国际耐蚀耐热合金材料技术交流会在海门召开。

9月26日　水利部水利规划设计院,长江水利委员会,省水利厅、水利勘察设计院等部门数十名水利专家到海门,考察堤防达标建设。

9月28－29日　南通市第十一届人大常委会第二次城建环保工作座谈会在海门师山宾馆召开。海门市人大常委会作《关于海门港口等基础设施开发建设、长江沿线资源利用情况的调查报告》。

10月10日　省人大常委会原主任沈达人到海

门,考察经济发展和企业改制情况。

10月11日　1998中国江苏名品、精品、新品交易会在南京落幕,海门参加交易会的11个流通企业和工业企业,实现成交额3.5亿元。

10月15日　副省长王珉到海门,考察依靠社会力量办学情况。

10月22日　海门首批发放102个城镇企业1.5万名职工的基本养老保险个人账户清单。

10月22－23日　由市委组织部、市卫生局组织,对全市新中国成立前入党的1600多名农村老党员免费体检。

10月29日　列为市政府实事工程之一的灵甸新闸建设工程通过省级验收,并移交市水利部门管理使用。

10月　市委党史办编纂的《中国共产党海门市大事记》由方志出版社出版。

11月3日　省委副书记许仲林、副省长姜永荣率参加省水利工作会议人员,参观海门港江堤达标工程。

11月5－7日　福建省漳州市台商投资企业协会代表团到海门考察,与海门签订3700万美元的投资意向书。

11月7日　美国奋特国际有限公司与海门港经济发展总公司签约无公害绿色食品合作项目,总投资300万美元。

11月13日　市长施亚民会见美国预防医学专家托马斯·伦敦博士,就与海门市卫生局、卫生防疫站继续合作开展肝癌防治研究的有关问题进行商谈。

11月14－16日　南京大学——美国霍普金斯大学中美文化研究中心访问团到海门考察访问。

11月18日　海门电信新大楼结顶。该楼位于海门经济开发区,总建筑面积2.3万平方米,主楼地上19层,地下1层,地上总高度78.9米。为海门市最高楼。

11月19日　南通市委书记周福元、市长程亚民,率参加南通市水利建设现场会人员到海门参观水利建设,周福元等赞赏海门机械化疏浚。

11月20日　意大利FLMF公司董事长法斯柯到海门经济开发区考察。

11月20－21日　中国材料研究学会青年委员会8名专家到海门,参加1998新材料基地项目咨询合作洽谈会。

11月21日　海门市2800名国家公务员,参加由省人事厅、法制局、司法局统一出卷的国家公务员普法考试。这是实行国家公务员制度后举行的第一次普法考试。

11月26日　由市文化局、民政局、汤家乡联合兴建的王尘无纪念碑在汤家乡鹤丰村破土动工。王尘无是中国早期著名电影评论家,革命烈士。12月8日,海门举行纪念王尘无烈士活动,北京、上海、南京等地的10多位电影界人士参加。

11月28日　经过大修后的青龙港船闸通过省交通厅航道局质量验收,正式通航。

11月31日　省军区司令员蒋文郁到海门,检查指导人民武装工作。

12月8－10日　全省初中教育工作会议在海门召开。副省长王珉到会讲话。

12月16－18日　省民政厅副厅长程韶韵等8人对海门创建省村民自治模范市工作进行检查验收,认为海门已达到省的标准要求。

12月28日　海门长江水厂竣工投产,水质达到国家生活饮用水卫生标准。

1999年

1月4－7日　市委召开十届七次全委(扩大)会议,研究确定经济社会跨世纪发展战略方向。市委书记徐永兵作题为《肩负历史使命,锐意开拓进取,把海门改革开放和现代化建设事业全面推向二十一世纪》的报告。

1月5日　省委副书记顾浩、副省长刘坚、省政协副主席沙人麟带领省人大代表20人到海门,考察两个文明建设情况。

1月18日　投资400万元、建筑面积3700平方米的海门市第一所民办东洲实验初中教学大楼竣工。

1月21日　海门市"见义勇为纪念碑"在市公安局防暴指挥中心大楼前落成。

1月29日　参加全省水利局长会议的代表到海门,参观江海堤防达标工程建设现场。海门市江海堤防建设三年工作两年完成,是省内该项工作完成得最好的县(市)之一。

1月底　南通三建集团公司在全省对外开放工

作会议上获奖。

2月2日 市委、市政府命名表彰21位市专业技术拔尖人才。

3月21日 省委常委、政法委员会书记,省公安厅厅长李明朝,考察海门政法工作。

3月27日 省劳动模范、东灶渔业乡9村村委会主任孙大根,带领所在的苏海渔0190号船全体船员,在南黄海救起4名通州籍渔民。

3－4月 全市撤销95个村,新设立48个村。

3月下旬至4月初 市长施亚民率市政府招商组赴粤招商。

4月4日 省长季允石回家乡拜访他的老师顾志轩。

4月5日 由于青龙港外口长江淤积,青申客运线停航。

4月6日 在全国初中物理竞赛中,海南中学囊括初二、初三两个年级全国一等奖。

4月9－10日 南通市经济形势分析会在海门召开。与会代表参观海门市农科所优质甜瓜示范园、净海暖通设备厂、白兔集团、天龙印染公司、东海工艺公司、海林公司、申海集团、通光集团、兴旺猪场等单位。

4月14日 南通三建集团公司以总产值23.23亿元、建设工程优良率56.2%的经营成绩列全国建设系统企业第6位。该公司连续两年跨入全国建设系统百强企业前10名。

4月15－17日 市委、市政府举办第四届中国海门金花节暨经贸洽谈会。共签约项目16个,其中外资项目7个,总投资457.5万美元,协议外资410万美元;内资项目3个,总投资5470万元,协议融资4845万元;贸易项目5个,贸易合同额1250万元;建筑承包项目1个,总投资4500万元。

5月7日 海门市在上海神州大厦举行农副产品推介会。上海市各大批发市场、超市及有关集团公司领导参观海门市陈列的各种农副产品,表示将与海门进一步交流与合作。

5月10日 市级机关单位纷纷召开座谈会,坚决拥护中国政府严正立场,严厉谴责以美国为首的北约轰炸中国驻南斯拉夫大使馆,造成人员伤亡,馆舍严重毁坏的野蛮暴行。

5月10－15日 市领导徐永兵、李兰标等就海门开拓西北、西南建筑市场,赴西安、重庆两地考察。

5月22－30日 市委举办乡镇、部门主要领导干部培训班。市委书记徐永兵、市长施亚民分别作题为《加强自我修养,提高自身素质》和《抓落实,是领导工作的核心》的报告。

5月底 东洲市场获江苏省十大样板市场称号。为南通市唯一获此殊荣的市场。

6月8－9日 海门市在上海举行1999江苏海门农副产品展示暨经贸洽谈会。有关乡镇、部门和单位与上海客户签订农副产品产销合同或协议80多个,标的总额2.3亿元。

6月15日 由省政协副主席胡序建带领的省、南通市政协委员10余人,视察海门工程建设专项治理工作。

6月下旬 经省住房制度改革领导小组批准,《海门市进一步深化城镇住房制度改革实施方案》公布,1999年1月起实施。

6月24日 民政部副部长杨衍银到海门考察,肯定海门的殡葬改革和优抚工作。

6月29日 市委、市政府召开预备役营组建工作会议。明确从军队转业复员干部、专职武装干部、优秀民兵干部和退伍军人中挑选一部分人员组建预备役营。9月19日,海门市预备役营成立。

7月2日 海门市首届美术节开幕。

7月4日 市政府与深圳市海川实业股份有限公司经济技术合作备忘录在师山宾馆签订。

7月8日 海门市与通州市边界协议书签字仪式在师山宾馆举行,两市代表在《海门市政府和通州市政府联合勘定的行政区域界线协议书》上签字后报省。2001年9月30日,省政府批复生效。

参加南通市农村基层党组织建设工作会议的代表,到国强、树勋、常乐3个乡镇参观推行政务公开现场。

7月9－11日 1999中国海门市投资说明会分别在广州远洋宾馆和深圳富临大酒店举行。

7月26－28日 国家卫生城市省级考核专家组在海门全面考核。宣布海门市通过国家卫生城市省级考核。建议全国爱卫会对海门市创建国家卫生城市工作调研考核。

8月5日 副省长王荣炳等考察货隆镇小城镇建设。

8月20－23日 市委、市政府在大连、青岛举行1999中国海门投资说明会,日本、韩国等中外客商200多人参加。

9月6－7日　上海农科院专家组11人到海门考察。

9月12日　内蒙古自治区政协副主席夏日率考察团8人，对海门进行5天的参观访问。

9月15日　海门市与内蒙古自治区扎赉特旗举行结成友好市旗协议签字仪式。明确两地将在建筑、建材、粮食、旅游等10多个方面进行合作。

9月16日　在中央精神文明建设指导委员会召开的电视电话会议上，海门市获全国创建文明村镇工作先进县（市）称号。

9月17日　省精神文明建设指导委员会在南京召开文明创建工作表彰大会。海门市首次被省委、省政府命名为江苏省文明城市。2002年、2005年、2008年，蝉联江苏省文明城市称号。

9月21日　著名经济学家、中宣部原部长朱厚泽考察叠石桥绣品市场和海门港。

9月29日　由市委、市政府主办的题为“祖国万岁”的庆祝中华人民共和国成立50周年大型文艺晚会在海门体育馆举行。总政歌舞团副团长、著名歌唱家程桂兰专程到海门献艺。

10月21日　以城乡发展部部长杰拉尔为首的毛里求斯共和国友好代表团到海门访问，并同南通三建集团达成合作意向。

11月5日　无锡、南通组的16名全国人大代表到海门视察。

11月7日　由张謇后人发起并提供10万元的张謇教育基金会在常乐镇建立。全国工商联常务副主席张绪武等为36位首次获奖师生颁奖。

11月8－9日　省委副书记许仲林到海门调研。肯定海门市经济和社会事业的发展。

11月10－11日　省政协副主席朱兆章率省政协部分南通籍委员到海门，就减轻农民负担进行专题调研。

12月16－17日　省社会治安综合治理工作检查组对海门综治工作进行检查。

12月17日　南京军区副政委李继松、省军区副政委陆殿义等到海门，考察部队和民兵基地建设工作。

是年　市图书馆被文化部授予一级县（市）图书馆称号。

2000年

1月22日　市委、市政府在上海陆家嘴金融贸易区举行“海门之友”新春联谊会。日本、韩国、德国、瑞士、意大利等国和中国香港、台湾等地区的驻沪机构及《解放日报》《文汇报》《新民晚报》等媒体代表50多人出席。

2月15日　海门国家储备粮库启用装粮。

2月中旬　海门市被评为全国“爱心献功臣行动”先进县（市）。

3月2－6日　农业部畜牧兽医总站站长郭式健等到海门，调研山羊生产情况。

3月12－13日　省人大常委会副主任王霞林到海门，视察依法治市、村民自治情况。

4月1日　市委、市政府举办第五届中国海门金花节暨招商月系列活动。先后举办旅游协作恳谈会、出口商品网上交易会、宾馆客房用品交易会、食品饮料交易会、文体教育用品交易会、投资贸易洽谈会和新材料展示暨产学研合作恳谈会7项活动，历时1个月。新材料展示暨产学研恳谈会在师山宾馆举行。其间，签约项目32个，合同利用外资525万美元，利用市外内资4435万元，合同贸易额200万美元。

4月10日　全省第二家企业博士后技术创新中心——江苏申海集团“博士后技术创新中心”成立。

4月13日　全国妇联副主席、书记处书记华福周等到海门考察妇女工作。

4月19日　台湾大华金属工业股份有限公司与海门经济开发区签订合作建设华镁（南通）精密合金有限公司的意向协议书。该项目总投资2500万美元，首期注册1000万美元，占地6.67公顷，主要生产高科技镁合金材料。

4月20日　撤销江滨乡，并入海门镇；撤销瑞祥镇，并入德胜镇；撤销汤家乡，并入三厂镇；撤销平山乡，并入常乐镇；撤销六匡镇，并入悦来镇；撤销国强镇，并入四甲镇；撤销刘浩、海洪乡，以两乡所辖区域设立刘浩镇；撤销东兴、东灶乡，以两乡所辖区域设立东灶港镇。全市30个乡镇调整合并为22个乡镇。

5月9日　江泽民总书记在南京主持召开新时

期乡镇企业党建工作座谈会。海门市委常委、组织部部长施彦敏应邀出席。

5月18日　市委、市政府在上海技贸宾馆举行农副产品展示暨供货洽谈会。会前，上海市领导张惠新、冯国勤与南通市领导曹能新，海门市领导徐永兵、施亚民等，就推进农业产业化等问题进行商谈。会上，海门市农业产业化办公室、三和多种经营公司和京海肉鸡集团分别与上海卫生系统后勤管理协会、宝钢饮食供应公司、三角里总公司、同泰食品厂签订合作协议。

5月24日　国家墙体材料革新建筑节能办公室主任陈福广到海门调研墙改工作。海门市继获"八五"全国墙改工作先进县(市)称号后，再次获全国墙改工作先进县(市)称号。

5月28日　省委书记回良玉到海门调研考察，肯定海门经济社会的发展。

5月30日　市举行海门市助学中心成立大会。124名学生成为首批扶助对象。

6月7日　省政协副主席李仁率省工商联基层组织工作经验交流会代表参观叠石桥市场。

6月16－25日　应泰国空銮县县长邀请，市委常委、常务副市长汤仲飞率政府代表团访问，并签署建立友好市县意向书。

6月20日　市委、市政府在上海虹桥宾馆举行产学研合作恳谈会，邀请上海市有关部门和部分高等院校、科研院所的领导、专家，共谋海门发展大计。

6月27－28日　中共海门市十届十次全委(扩大)会议召开，作出"实施科教兴市战略，大力推进技术创新"决定。

7月4日　南京军区在福州召开江苏、上海等省市国防动员大会，海门市国防动员委员会受到表彰。

7月7日　杭州市党政代表团30多人，参观考察叠石桥绣品城。

7月10日　全市市级领导班子和领导干部以"讲学习、讲政治、讲正气"为主要内容的"三讲"教育活动开始，历时两个月。上午，市委在人民大剧院举行动员大会。南通市委副书记、市长程亚民到会讲话。市委书记徐永兵作动员报告。省巡视组组长黄生甫对海门"三讲"教育提出要求。

7月11日　市委、市政府在绿茵度假村举行海门经济开发区建区8周年经贸洽谈会，与美国、日本、韩国等国和中国香港、台湾地区的客商进行经贸洽谈。

7月14日　农业部原副部长相重阳到海门，调研农村合作经济组织情况。

7月16日　交通部副部长、国家海事局局长洪善祥等，到海太汽渡检查渡口安全生产。

7月下旬　建设部公布第三批全国城市环境综合整治先进市名单，海门市榜上有名。为南通6县(市)唯一获此殊荣的城市。

8月5日　国务院办公厅调研组到海门，就乡镇区域规划调整进行专题调研，了解群众在乡镇合并后的生产、经营、生活情况。

8月25日　市委、市政府农业招商联谊会在上海西郊宾馆举行。

8月28日　海门首次国有土地使用权拍卖活动在市国土局举行。共拍卖6宗国有土地使用权，面积9000平方米，成交额1000多万元。

8月30日　省军区检查组对海门民兵调整改革工作进行检查验收。

9月6日　由台湾慧聚医药化学公司总裁杨登贵等合资的海门慧聚英力医药化学有限责任公司，在海门经济开发区竣工投产。

9月7－10日　海门通过国家卫生城市国家调研组的调研指导，成为苏北第一个通过国家卫生城市国家级调研的城市。

9月中旬　海门市以固定电话用户总数超过17万户，普及率每百人16.71号线，所有乡镇均为电话乡镇，在南通地区率先建成电话市。

9月19－23日　市委、市政府组团参加2000年中国南京金秋经贸洽谈会。3个项目在洽谈会上签约，百花集团、申海集团等10个企业参展，贸易成交额105万美元。

9月26日　省农民负担调研组到海门，调研增加农民收入、减轻农民负担情况。

9月29日　江苏陆军预备役步兵师基层建设观摩会在海门市三星镇召开。

10月17－18日　曾在南通地区从事革命斗争的老领导、广东省原省长梁灵光到海门参观访问。

10月21－29日　市委书记徐永兵等先后赴上海、武汉、北京、天津等地开展建筑业调研，对海门驻外地办事处及施工队伍提出工作要求。

10月22日　海门市34位私营企业董事长前

往中央党校接受为期8天的培训,聆听专家讲课,提高综合素质。

10月26日　市委书记徐永兵在中纪委等五部委召开的全国经济责任审计工作会议上,作题为《加大经济责任审计力度,强化领导干部监督管理》的介绍。参加会议的县(市)仅2个。

10月27日　中纪委委员、外经贸部原副部长乌兰木伦考察海门外经工作。

中信证券公司如皋营业部在海门市区镇中路设点,经营证券代理买卖业务。

11月2日　国家人口普查工作组成员到海门,检查人口普查工作情况。

11月9日　省委副书记、省长季允石,副省长姜永荣率出席省发展海洋经济联席会议的代表,参观申海集团自行研制开发的海水产品长途保活运输和存养装置及生产现场。

11月10－11日　季允石察看海门港国家粮库、长江堤防、长江水厂、青龙陵园、污水处理中心、海门慧聚英力医药化学公司、侨星氨纶项目建设工地及市容市貌。

11月12日　公安部、建设部等有关部门组成专家组到海门,全面考评城市交通"畅通工程"。

11月17日　出席政协江苏省八届委员会34次主席会议的胡福明等领导到海门视察。

11月18－19日　市政府召开2000年海门产学研合作暨科技项目洽谈会。参加洽谈会的大专院校、科研院所与市部分企业、有关单位、乡镇签约技术项目76项。

11月18－20日　全国爱卫办专家组考核鉴定市创建国家卫生城市工作,确认海门各项创建指标达到国家卫生城市基本标准,建议国家爱卫会命名海门市为"国家卫生城市"。12月15日,国家爱卫会命名海门市为国家卫生城市。2001年1月4日,海门市的国家卫生城市奖牌,施亚民的国家卫生城市市长奖杯送抵海门。海门在苏北率先建成国家卫生城市。

11月20日　国防部征兵调研组张汝涛等到海门调研。

11月21日　锡类中学举行恢复校名揭牌仪式,省长季允石为母校题词"世纪交替,老校喜展新姿;千年更迭,锡类再创辉煌"。

11月27日　省委副书记李源潮到海门考察指导工作。

11月30日　中共海门市第十届委员会第十一次全体会议在师山宾馆举行,通过《中共海门市委关于制定海门市国民经济和社会发展第十个五年计划的建议》。

11月　海门首个面积1200平方米的白天鹅地下人防工程竣工。

12月3日　中央党校调研组到海门,专题调研指导农村基层党组织建设。

12月4日　总参谋部检查组到海门,检查民兵武器装备管理情况。2001年4月上旬,市民兵武器仓库被总参谋部表彰为民兵武器装备管理工作先进单位。

12月5日　市领导徐永兵、施亚民等分头就"三讲"教育回头看,深入到常乐、海门、三和镇等农村,广泛听取干部群众对"三讲"教育的评价、有关问题整改情况以及社情民意。

12月7日　省委副书记顾浩率省直机关省人大代表7人到海门,视察指导农民增收减负工作、江堤达标工程。

12月24日　大庆市政府赴江苏慰问团到海门慰问,感谢海门铁军23年来为大庆城市建设做出的贡献。

12月27－28日　市十三届人大常委会第二十五次会议决定任命汤仲飞为海门市代市长。

是年　海门市获第四届全国综合实力百强县(市)第78名。

2001年

1月1日　货隆镇荣隆工艺品厂制作的中华第一鼓——龙华皋鼓在上海龙华旅游城展出。这是海门能工巧匠成功创造的一项世界之最,在世界同类工艺品中绝无仅有。

1月6－7日　台湾客商何希淳、何希炯、单志成到海门进行投资考察,就在海门合作建立高新技术园区举行签字仪式。

1月9－12日　中共海门市第十一次代表大会召开,选举产生中共海门市第十一届委员会和中共海门市纪律检查委员会。徐永兵为市委书记。

1月15－18日　市第十三届人民代表大会第四次会议召开,选举施亚民为市人大常委会主任,汤仲飞为市人民政府市长。

1月19日 海门广电接口宽带数据网开通。

2月2日 省新闻出版局转发新闻出版总署文件，批准《海门日报》等江苏10种县级市党报编入国内统一刊号。3月1日起，《海门日报》启用国内统一刊号（CN32－0125）。

海门市“畅通工程”通过国家验收，达三等管理水平以上的县（市）。江苏仅2个。

2月13－14日 全省爱卫办主任会议在海门召开。

2月下旬 海门市获省初级卫生保健先进县（市）称号。

3月1日 海门市公安局被评为全国先进公安局。

3月5日 海门市获省渔业先进县（市）称号。

3月19－20日 南通市卫生防病工作会议在海门举行。副市长施德威在会上介绍海门市卫生防病工作。

3月19－21日 市委书记徐永兵、市长汤仲飞等赴香港参加招商活动。

3月26日 全省深化文明创建工作会议在泰州市召开。市委常委、宣传部部长顾华作题为《以文明集镇创建为龙头，大力推进农村精神文明建设》的经验交流发言。

3月27日 市委、市政府召开全市村行政区划调整工作会议。3－4月，海门727个村合并为239个村。

3月28日 市政府聘请倪云、施振祥、姚健、黄新江、陶元超、陆凤兴、张和忠7名法律工作者，担任首批常年法律顾问。

海门电信接口千兆宽带网开通。

3月31日 上海市委常委、纪委书记张惠新参观考察海门港和市区新景。

4月1日 市委、市政府举办第六届中国海门金花节暨招商月系列活动。该届金花节有产学研合作洽谈会、投资贸易洽谈会、旅游协作交流会3项主要活动，历时1个月。其间，共签约项目31个，其中外资项目23个，外贸项目2个，外经项目4个，技术合作项目1个，新办境外项目1个。投资均超过2000万美元。签订外经合同额867万美元，外贸合同额240万美元。

环保总局副局长王心芳到海门，考察指导创建国家环境保护模范城市工作。

4月2日 中共中央委员、济南军区司令员陈炳德到海门考察。

4月4日 北京清华同方副总裁王锡清等到海门经济开发区，进行投资考察。

4月11日 中共中央政治局常委、书记处书记，中央纪委书记，中华全国总工会主席尉健行，在省委副书记、纪委书记曹克明陪同下考察海门。

4月16日 副省长王荣炳等到海门港、海门经济开发区考察。

由香港理工大学、药物研究院投资3亿美元兴建的香港药物研究院（海门）医药研究产业基地，在海门经济开发区举行揭牌仪式。副省长王荣炳等参加。

总投资3.6亿元、占地40公顷的通光科技产业园在开发区奠基。副省长王荣炳等到场祝贺。

4月20－22日 国务院参事室主任徐志坚偕夫人季明（季方之女）回海门考察。

4月23日 省委常委、省军区司令员蒋文郁率参加省军区民兵装备修理所正规化建设座谈会的各军分区司令员到海门考察。

4月24日 祖籍刘浩镇的国内著名演讲家蔡朝东回故乡，作《科学万岁》《创业万岁》等专场演讲。

4月28日 南通市开放型经济学习考察总结会在海门举行。海门市市长汤仲飞汇报海门市“三外”工作发展目标和一季度外向型经济取得的成绩。

5月1日 取消市镇居民粮食供应转移证明。各地办理的农村粮食供应转移证一并取消。

5月11日 省人大常委会副主任俞兴德到海门视察。

5月12日 省人大常委会内务司法工作座谈会代表参观海门。

5月14－21日 由市委书记徐永兵、市长汤仲飞带领的海门市招商团，分别赴广州、深圳、东莞、宁波、青岛、烟台、威海、大连等8个城市，开展招商活动。

5月30－31日 以工商界知名人士吴光诚为首的台商考察团30人到海门参观考察，并在海门港签署建设台商科技工业园区的意向。

6月8日 省委常委、省军区司令员蒋文郁到海门,调研民兵预备役工作。

农业部专家王希华6人到海门,调研农产品加工业情况。

6月15日 省委、省政府表彰22个"九五"期间发展乡镇企业先进县(市、区),海门市名列其中。

6月18－19日 海门农村税费改革取得阶段性成果,各项工作居南通市各县(市)前茅。南通市检查验收组进行检查验收。

6月22－25日 受2号台风(飞燕)袭击,最大风力10级,并遭受自1960年有气象记录以来未有的连续暴雨,雨量298.1毫米,5.53万公顷农田受灾,居民家中严重进水,吹倒房屋227间,严重损坏1664间,紧急转移安置4469人。直接经济损失3.36亿元。市紧急部署抗灾,领导深入抗灾第一线。

6月30日 副省长姜永荣到海门考察灾情。

6月 海门市被教育部、民政部、国家计委评为全国"两基"工作先进地区。

7月3日 海门市与辽宁省丹东曙光车桥总厂、北京中泽创业投资管理有限公司,就创办海门港高科技开发园区,在金天宾馆举行签约仪式。

7月11日 出席省环保厅局长会议的50多位代表到海门,考察指导创模工作。

7月19－24日 市委书记徐永兵带领开发区、海门港有关人员,赴广东深圳进行招商考察。

7月21日 省委组织部在海门举行党员发展座谈会,就新形势下个体户、私营企业等6种社会阶层中优秀分子的党员发展工作进行讨论。海门市委常委、组织部部长王亚雄作专题发言。

7月25日 海门市与新疆伊宁市缔结为友好城市。

7月28日 省政协副主席段绪申对海门农村税费改革工作进行专题调研。

8月2日 全省公安机关金盾工程建设暨信息通信工作会议在海门召开。

8月21日 历时2个月的海门市第六届村委会选举工作结束。全市239个行政村中,有214个村党支部书记被选为村民委员会主任。

8月24日 市委副书记、政法委书记姜龙代表市委出席在北京举行的全国社会治安综合治理工作会议。海门市被评为全国社会治安综合治理先进县(市)。

8月 南通市、苏州市代表在《南通市政府和苏州市政府联合勘定行政区域界线协议书》上签字报省,2001年9月26日,省政府批复生效。明确在海门市与常熟、太仓市间设0506002号界点同号双立双面型界桩。

江苏省政府和上海市政府代表在《江苏省政府和上海市政府联合勘定的行政区域界线协议书》第2号上签字生效。明确在海门市海永乡与崇明县行政界线段设3个界桩点。

9月6日 省2000年度城市环境综合整治质量考核结果公布,海门市在全省28个县级市中名列第二。

9月11－12日 南通市加快第三产业发展现场推进会在海门市召开,海门市副市长柏云冲在会上作经验介绍。

9月19日 全省农机为农民增收工作座谈会在海门召开,海门市农机局作经验介绍。

9月19－20日 南通市在海门召开深化文明村镇创建工作会议,海门市委副书记朱玉兰作经验介绍。

9月中旬 市纪委通报供销大厦重大经济窝案串案情况。该案查处涉案人员31人,其中移送司法机关处理14人,市纪委、监察局党纪、政纪立案9人,追缴违法违纪钱物计人民币140多万元。

9月22日 临江、王浩乡撤乡建镇。

9月22－23日 与海门市缔结友好城市的内蒙古扎赉特旗委书记刘景毓率党政领导6人到海门考察。

9月23－28日 市首届光彩周暨民间投资经贸洽谈会开幕。其间,签订投资项目69个,总投资3.76亿元。

10月11日 由省审计厅、省内部审计协会主办的全省乡镇审计理论研讨暨经验交流会议在海门举行。市长汤仲飞在会上介绍经验。

10月13日 省政协主席孙颔,原副主席沙人麟等到海门,考察农村经济。

10月19日 交通部部长黄镇东由省委副书记、常务副省长梁保华等陪同,考察宁启高速公路海门段建设工程。

10月20日 市委、市政府决定,海门港并入开发区,由开发区统一管理。

10月24日 市委书记徐永兵率招商团抵达澳

大利亚进行招商活动，在通信、建筑和化工医药等方面达成多项合作意向。

10月30日 省委常委、政法委书记孙安华到海门调研。

全国政协副主席万国权率全国政协视察团，在省政协副主席李仁陪同下，到海门视察私营个体经济。

11月8日 海门市、崇明县政府联合在海门召开崇海长江公路大桥河势及河床演变评审会。特邀中科院南京地理与湖泊研究所施雅风院士、华东师范大学陈吉余院士、河海大学薛鸿超教授及长江水利委员会，省计经委、水利厅等有关部门的领导和专家50多人与会评审。

11月9－10日 环保总局副局长汪纪戎率专家调研组，对海门市环保创模工作进行调研指导。

11月10日 交通部长江航务管理局在海门召开崇海长江公路大桥通航净空尺度和技术要求（中间成果）评审会。初步确定建桥规模。

11月11－22日 市长汤仲飞率招商人员，赴新加坡和中国香港，开展系列招商活动。

11月25－30日 海门市举办首届农民科技节。签订49项农业科技合作项目。

11月26日 江西省副省长孙用和率江西农业代表团20人到海门，考察农业产业化进程。

11月29－30日 南通市人大工作研究会第六次理事会议在海门市召开。海门市委书记徐永兵、市长汤仲飞分别就海门经济总体发展情况、今后发展目标、文明创建、党建等方面工作作介绍，市人大常委会副主任顾飞天作专题发言。

11月 海门红烧山羊肉、海蜜甜瓜，获2001年中国国际农业博览会名牌产品称号。

12月1－4日 被誉为江苏“教育奥运”的省2001年“阳光杯·教海探航”征文颁奖活动在海门市实验小学举行。副市长施德威介绍海门教育改革和发展取得的成果及远景目标。

12月6日 农业部部长杜青林在副省长姜永荣陪同下，考察海门农业与农村工作。

12月10日 由公安部、建设部联合组成的专家考评组，对海门城市交通“畅通工程”进行考核评估。

12月18日 省土地执法监察动态巡查责任制现场会在海门召开。副市长肖振时介绍海门实施情况。是月，海门市被国土资源部评为全国土地执法模范市。

12月25－26日 水利部总工程师高安泽、长江水利委员会主任蔡其华率领水利部长江水利委员会以及上海市、江苏省的50多名水利专家到海门，查勘长江口岸情况。

12月30日 占地面积66.67公顷，一期总投资9300万元的三星工贸园区奠基。

是年 海门市获第五届全国综合实力百强县（市）第80位；第一届全国县域经济百强县（市）第51位，全省排名第10位。

市委、市政府在液压件厂等单位进行产权（股权）置换试点。

2002年

1月3日 南通三建集团公司和新加坡三达利建设私人有限公司，在师山宾馆签订中国、新加坡及第三国承包工程和劳务合作协议。

1月5日 在全国乡镇审计经验交流及理论研讨会上，海门市乡镇审计工作经验受到国家审计署及与会人员高度评价。

1月11日 南通市领导程亚民等20多位在南通的全国、省人大代表到海门，视察农村税费改革和承包土地流转工作。

1月12－14日 南通市委副书记曹能新，海门市委书记徐永兵、市长汤仲飞赴沈阳，考察欧亚集团公司，检查南通三建荷兰村工地。

1月17日 海门市第十三届人大常委会第三十六次会议听取和审议副市长肖振时作的《市人民政府关于提请批准海门市中心城区总体规划调整方案》报告，决定批准《海门市中心城区总体规划调整方案》。

1月20日 省政府宣布海门市为“双拥模范城（县）”。海门市连续四次获得该项殊荣。

1月22日 市农村大病医疗保险首次结报展开。市长汤仲飞等先后到三厂、常乐、海门等镇，将一笔笔大额补偿金送到参保人手中。

1月 国家统计局发布中国县市经济社会综合发展指数测算结果，海门市社会经济综合发展指数列全国第78位，跻身全国“最发达100县”行列。其中发展水平指数列全国第47位。

2月24日 外经贸部副部长周可仁考察海门市外资、外贸、外经工作。

2月 在春节期间举行的中国(杭州)“城隍阁杯”民间戏曲折子戏邀请赛中,海门山歌剧团选送的《淘米记》获银奖,《俩媳妇》获优秀奖,山歌剧团同时获优秀组织奖。

树勋乡撤乡建镇。

3月13日 在北京参加全国“两会”的江苏代表和委员,由省长季允石带领,到南通三建在京施工工地视察。

3月19日 全国各地800多名海门中学校友欢聚一堂,共庆母校90华诞。省长季允石、副省长王珉及北京大学、清华大学等多所高校发来贺电、贺信。

山西省运城市党政考察团35人到海门,考察城市建设工作。

3月20－24日 市长汤仲飞随南通市党政代表团到广东省深圳市、东莞市等地考察。

3月27日 国务院发展研究中心调研组7人到海门,就劳动力转移情况进行调研。

3月 市成立慈善会。

4月1日 三和、汤家、麒麟、东灶港4个卫生院产权制度改革先行试点。至9月,全市25个乡镇卫生院全部由集体改制为民营。

4月2日 7时20分,临江镇普民、阳应等村遭受特大冰雹袭击,冰雹最大的有3厘米左右,15分钟内场地积雹10余厘米厚。受灾面积1933.33公顷,其中失收面积366公顷。

4月4日 南通军分区党委机关百余名军官参观常乐镇培育村农业产业化示范区,听取村党支部书记叶剑生事迹汇报。

4月10日 市委、市政府举办的第七届中国海门金花节暨绣品博览会在三星叠石桥绣品市场开幕。4月28日闭幕。金花节举办绣品博览会、韩国投资贸易洽谈会、日本投资贸易洽谈会等活动。签约41个项目,总投资2亿美元,其中外商投资项目28个,投资1.73亿美元;内资项目13个,投资1.45亿元。

计划投资1亿美元的海门经济开发区台湾高科技园区奠基。

市委书记徐永兵接受新华社、《人民日报》社、中央电视台等20多家新闻媒体记者采访。

4月11日 上海市政协副主席刘海椽率上海市崇明岛发展定位课题调研组到海门调研考察。

4月14－29日 应美国洛杉矶中国商联、加拿大多伦多和温哥华台商协会,以及日本大阪和座间市政府邀请,市长汤仲飞等5人赴美国、加拿大、日本开展招商引资活动。

4月17日 来自基层的樊启平、陈淼、张佩英、张裕丰等4位市人大代表,作为特邀代表,首次列席市人大常委会会议。

4月24日 华东6省1市农机局领导到海门,考察微型节能保鲜库推广使用情况。

4月27日 省委组织部在海门召开干部监督工作联系点座谈会。市委副书记朱玉兰介绍海门经济社会发展情况,市委常委、组织部部长王亚雄作专题发言。

5月10日 全省优质油菜观摩会在海门市举行。省人大常委会副主任俞敬忠等出席。

5月16日 国务委员司马义·艾买提与民政部副部长罗平飞到海门考察。

5月27日 海门市被命名为全国民政工作先进县(市)。为南通市获此殊荣的唯一县(市)。

5月29日 出席南通市委工作会议的全体代表到海门,参观考察经济发展、结构调整、猛攻投入、扩大开放以及优化环境等工作。

5月31日至6月1日 市委举办乡镇、市直部门党政“一把手”培训班。邀请省委党校教授谈镇、祖强作入世后市场经济运行机制、政府职能转变专题讲座。

6月1－2日 环保总局专家组到海门,考核环保模范城市创建工作。

6月7日 省长季允石在香港国际会展中心接见海门市参加江苏省贸易洽谈会代表。

6月8－9日 海门市新材料产学研项目对接会在师山宾馆举行。国家、省和南通市科技教育主管部门,部分知名高校和研究所领导、专家应邀参加,签约科技合作项目21个。

6月13日 北京市市长刘淇到南通三建集团北京公司总承包的天桥危改A－2号楼工地考察。

6月18日 南通市委作出决定,号召全体党员干部向叶剑生学习。学习他一心带领村民致富。

6月20日 12位普通市民代表,首次旁听市政府第47次常务会议。

6月24日 国家发展和改革委员会调研组到海门，调研农民增收等情况。

6月26日至7月8日 市委副书记姜龙率市外贸商务考察团，对南非及中国香港外贸市场进行考察，达成出口合同成交额26万美元、出口业务意向成交额735万美元。

6月28日 南通三建集团公司获列2001年度省建筑业综合实力20强企业榜首。

6月29－30日 以西北大学副校长杨春德为首的考察组到海门，就兴办西北大学海门分校进行实地考察。

6月30日 市委常委集体赴常乐镇培育村调研，专题研究培育村近年来发展、变化缘由，共商加快发展农村经济、富民强市步伐大计。

6月 市党政信息网试运行。

中信证券股份有限公司如皋营业部海门服务部成立。

7月4－5日 第5号台风“威马逊”影响海门，全市出现9－10级东北大风，普遍降雨量20毫米以上，给工农业生产造成重大损失。据统计，倒塌民房561户739间，损坏房屋1200余间，直接经济损失2.74亿元，其中农作物、养殖业损失2.13亿元。

7月15日 市国防教育培训学校成立。

7月24日 以省人大常委会副主任方之焯为组长的省人大环保执法检查组14人到海门，检查环境保护工作。

7月26日 上海外贸学院副院长、WTO教育学院院长、博士生导师刘光溪教授应邀到海门，作题为《入世后政府管理体制改革与现代企业制度建立》知识讲座。

7月29日 由副省长吴瑞林、省政协副主席胡序建率领的省政府“八一”慰问团和南通市慰问团，慰问驻海门某部官兵以及部分转复军人。

8月8日 省委副书记任彦申等到海门调研。

广东省惠州市人大常委会副主任张汝荣、副市长吴石牛率团考察海门市污水处理工作。

8月10日 关铝集团海门电子铝材公司1200毫米冷轧机试轧成功，同时该公司电子铝箔技改项目竣工。全省最大的电子铝箔冷轧生产线在海门市建成。

8月12日 日本座间市日中友好协会访华团10多人，在议长飞田昭率领下到海门访问。

8月13日 韩国全罗北道农业协会代表团20多人，在议长金用浩带领下到海门考察。

8月20日 由市委副书记高顺昌、副市长陈水平带领的国家“火炬计划”海门新材料产业基地代表团，参加在贵阳召开的中国西部新材料产业发展研讨会。高顺昌作《加快新材料基地建设，促进海门经济发展》专题发言。

8月29－31日 国家环保模范城市考核验收组对海门市创模工作进行考核验收。

8月30日 市委、市政府在沪举办第二届“光彩周”暨农民科技节（上海）民间投资说明会，邀请海门籍在沪能人共商投资兴业、反哺家乡大计。现场签订合同或合作意向15项，投资额5000万元。

9月8日 农业部常务副部长韩长赋到海门，考察农业和农村工作。

9月10－15日 市领导汤仲飞等先后到山西运城关铝集团、西北大学、陕西长武县等地，考察并洽谈有关项目。

9月20日 《南通日报》《江海晚报》驻海门记者站恢复。

9月29－30日 市第二届“光彩周”、农民科技节暨民间投资经贸洽谈会在人民大剧院开幕。“光彩周”经贸洽谈活动共签约工业、服务业投资项目82个，总投资4.57亿元。农民科技节，签约农业科技合作和投资项目66个，总投资1.08亿元。

10月8－9日 日本全国铁（钢）筋工事业协会会长岩田正道等9人到海门考察。

10月10－11日 省委调研组就苏中地区沿江开发到海门调研。

10月19－27日 市委书记徐永兵、市长汤仲飞率有关部门领导，赴广州、东莞、漳州、厦门、福州、温州等地，开展招商引资活动。

10月28日 由香港协鑫公司投资的海门鑫源环保热电项目在海门经济开发区签约。该项目开创外商投资海门市基础设施建设先河。

10月30日 受省委、省政府委托，由省社会科学院院长宋林飞带队的调研组到海门，对苏中沿江地区的经济发展和市场需求进行实地考察。

11月3日 位于长江边的江海风情园举行开园仪式。

中国国情调研中心主任、国务院稽查特派员、著名演讲家刘吉，应邀到海门常乐镇演讲。

11月4日 全省公安队伍管理长效机制建设座谈会在海门举行。

11月6日 海门市被环保总局授予国家环境保护模范城市称号。12月28日，环保总局在海门市举行国家环保模范城市授牌仪式，环保总局副局长汪纪戎等出席。

11月8－9日 全国政协委员，曾任中国驻卢森堡、罗马尼亚、德国的特命全权大使卢秋田到海门考察。

11月8－14日 中共十六大代表、海门市委书记徐永兵，出席中国共产党第十六次全国代表大会。18日，市委召开大会，徐永兵向全市干部传达中共十六大基本情况和主要精神。

11月18－19日 全国政协委员、香港海润集团公司董事长周安达源到海门考察。

11月28日 台湾元山股份有限公司独资兴办的海门元山创业园项目在经济开发区签约。首期投资5000万美元。

11月 总投资6500万元的海门市人民医院新病房大楼建成启用。

12月1日 应海门市读书节组委会之邀，张海迪到海门签名售书。

12月4日 海门市被确认为国家"星火技术"密集区。

12月13日 市委、市政府在北京民族文化宫举行两个文明建设成果汇报会。全国人大常委会副委员长王光英，全国政协副主席白立忱，中央和国家机关有关方面负责人，海门籍在京知名人士120多人出席。

12月16日 海门山歌剧《献给妈妈的歌》赴京演出，受到观众好评，首都艺术界人士称其为"中国式音乐剧"。

12月19日 由公安部、交通部组织的专家组到海门，考核"畅通工程"实施工作。

12月25－26日 中共海门市十一届五次全委（扩大）会议在人民大剧院召开。市委书记徐永兵作《深入学习贯彻党的十六大精神，为率先全面建成小康社会、率先基本实现现代化而努力奋斗》的工作报告。

市与省农垦集团有限公司合作开发建设海门市美国高科技工业园区协议在师山宾馆签订。

12月 市委书记徐永兵、副市长尹建勇率团赴台湾省台北、台中、高雄等地，进行8天的招商活动。

是年 海门获第六届全国综合实力百强县（市）第81位；第二届全国县域经济县（市）评选揭晓，海门市列第43位，全省排名第10位。

海门市建筑业营业额、增加值、利税总额三项主要经济指标，在全省64个县（市）中名列第一。

市农林局与日本福冈县树艺组合联合会协商，确定营造中日合作海门市长江生态防护林示范项目。

2003年

1月4－8日 政协海门市十一届委员会第一次全体会议在市人民大剧院召开，选举高顺昌为市政协主席。

1月5－9日 市十四届人民代表大会第一次会议在市人民大剧院召开，选举施亚民为市人大常委会主任，汤仲飞为市人民政府市长。

1月14日 市在上海锦江大酒店举办"海门融入上海发展论坛"。邀请上海市有关领导、知名专家学者、商家名流、新闻媒体代表，就海门如何融入上海，积极参与大上海建设，在充分接受大上海辐射中赢得自身更大更快发展等问题，出谋划策。上海市政协副主席黄关从出席并讲话。

2月13日 海门经济开发区列入全省重点建设的沿江15个大园区。

2月17日 海门市被公安部、建设部评为城市道路交通二等管理水平城市，为苏中、苏北唯一获此殊荣的城市。

2月24－26日 中华台商协会经贸考察团8人到海门考察。

2月25日 市人大常委会听取和审议南通市海门药监局关于贯彻实施《中华人民共和国药品管理法》情况报告。这是市人大常委会首次对垂直管理部门进行评议。

3月2日 以市长琼·伯顿肖女士为团长的英国斯旺西市友好代表团到海门考察访问。

3月3日 马来西亚布匹百货制衣商会联合总会9人到海门考察。

3月3－11日 市招商考察团在市长汤仲飞带领下，赴韩国釜山和汉城进行招商活动。

3月9日 以副市长吕金宝为首的安徽省马鞍

山市政府代表团22人到海门考察。

3月13日 国家级农业综合开发项目区在货隆镇挂牌。该项目占地23.33公顷，总投资120万元。

3月18－24日 海门作为全国第一个“火炬计划”新材料产业基地，应邀参加在上海举办的2003国际新材料产业发展研讨会。会后，国家新材料产业发展战略咨询委员会副秘书长李义春、德国维克德集团技术顾问杰瑞·约翰逊等中外新材料产业专家到海门考察。

3月23日 日本福冈县树艺组合联合会30人到海门青龙港至灵甸沙江堤旁植树6.76万株，建成40.5公顷防护林。

3月28日 市长汤仲飞作客新浪网“市长在线”，就“打造海门‘北上海’大概念”等话题，同关心海门发展的网友进行交流。

4月1日 市召开市属企业深化改革动员会明确，实行公有资产置换、职工身份置换。

4月初 从北京回海门的钱女士被疑为“非典”病，随即转南通市第三人民医院诊治，确诊为南通市首例“非典”患者，治愈后回海门。

4月3－15日 市委副书记、市长汤仲飞随南通市友好经济访问团赴英国、瑞士、奥地利、丹麦等国访问，举行系列招商活动，签订和达成多项合作投资协议和意向。

4月5日 全国人大代表、省人大常委会原主任陈焕友到海门调研。

4月7日 国家统计局农调总队发布2001年全国最发达100县(市)名单，海门综合位次在全国排名第80位。海门市又一次位居全国百强县(市)行列。经33个指标测算，海门发展水平排名第49位，发展活力排名第98位，发展潜力排名第14位。海门市地区生产总值、人均地区生产总值、社会消费品零售总额和农村居民人均纯收入4项指标在苏中14个县(市)中位居第一。地区生产总值、社会消费品零售总额和农村居民人均纯收入3项指标跻身全省10强行列。

4月8日 市委、市政府举办的第八届中国海门金花节开幕式暨中国叠石桥国际家纺城落成典礼在三星镇举行。中华全国归国华侨联合会副主席林丽韫，全国台联原副会长、全国政协委员、香港海润集团董事长周安达源等为叠石桥国际家纺城落成剪彩。其间，签约合同利用外资1810万美元，实际利用外资1141万美元。

4月12－13日 参加中国海门金花节产学研合作项目洽谈会的科技部和省科技厅、教育厅有关领导，以及国内10多所大专院校、科研院所的专家学者，实地考察海门市11个高新技术企业。

4月22日 市委召开常委扩大会议，专题研究部署非典型肺炎防治工作。

4月23日 市委书记徐永兵、市长汤仲飞等到市人民医院防治“非典”医疗中心、疾病预防控制中心、公交汽车站、文峰大世界、海门中学、东方雁大饭店检查“非典”预防措施落实情况，要求全力以赴打好“非典”预防硬仗。

5月20日 副省长黄莉新到海门考察，要求海门当好全省发展现代农业的排头兵。

6月6日 海门市首家中外合资建筑企业——江苏汇通建设工程有限公司正式签约。

6月19日 台北市薛氏文化基金会首次在海门颁发助学金。

6月26日 市政府召开纪念张謇诞辰150周年暨市张謇研究会成立大会。

6月27日 中行南通分行与海门市签订15亿元建设资金授信业务合作协议。

6月28日 经省政府批准，8时开始，222省道海门收费站征收车辆通行费。

7月2日 奥地利国旅奥青田同乡会会长、奥华总会副会长蒋东明到海门，洽谈江苏天成置业公司开工建设事宜，并考察海门的投资环境。

7月12日 省委副书记冯敏刚等到海门检查防汛工作。

7月16日 江苏金侨置业有限公司以2028万元价格收购市医药集团公司整体产权。

7月17日 6时30－55分，海门市遭受飑线袭击，最大风力10级以上，并伴随暴雨，倒塌房屋1000多间，伤12人，直接损失4000多万元。

市政府举行集中开展“三项整治”工作会议。对乱建庙宇、假僧假道乱做佛事道场、私设传教聚会点等进一步加大整治力度。

8月1日 市委书记徐永兵接受《人民日报》《新华日报》社等8家新闻媒体记者集体采访。

8月3日 美国环球通讯有限公司与海门经济开发区就兴建总投资3000万美元、注册资金1000

万美元的江苏环球光通讯有限公司项目签订协议。

8月8－14日 市委书记徐永兵、市长汤仲飞率队赴香港,举办2003年中国海门(香港)经贸交流会。香港政界、工商界、文化界等知名人士120多人参加,达成涉及家居、纺织、机械、木业、医药、基础设施、物流等产业一批重大项目合作投资意向。

8月9－17日 市政协主席高顺昌率团赴马来西亚招商,签约注册资本100万美元的瑞泰海门工业有限公司项目,达成服装、针织、床上用品等一批项目意向。

8月11－12日 市委、市政府组团部分乡镇和部门,携30多个农业项目,赴上海参加农业利用外资项目合作洽谈会。

8月14日 海门16个农产品生产基地被省农林厅认定为无公害生产基地。至此,海门有省级无公害农产品基地26个。

8月15－18日 市党政代表团赴深圳学习考察,并赴东莞举办中国海门(东莞)投资说明会,与韩商及中国台商、港商达成海永乡开发网球生产等9个意向项目,总投资6000万美元。

8月19－24日 市委书记徐永兵、市长汤仲飞率市党政代表团,对浙江萧山、温岭、乐清、慈溪民营经济和特色农业进行考察学习。在浙江的乐清、绍兴和上海等地举办三项大型项目签约活动,签约项目75个,总投资8.86亿元。

8月27日 市女企业家协会成立。

9月2－7日 市委副书记姜龙、副市长陈水平率有关部门、乡镇负责人和部分企业家,参加乌鲁木齐投资贸易洽谈会,初步达成床上用品、不锈钢、木材加工等21个意向项目。

9月5日 2003中国海门(新浪)网上投资洽谈会在海门开幕。

9月19日 市投资推介会在浙江宁波举行。

9月26日 省委副书记、省长梁保华,省委副书记张连珍等迎候途经海太汽渡的重庆市委书记黄镇东,并察看海太汽渡运营状况。

10月8日 全国政协常委张绪武到海门考察。

10月12－13日 创建全国生态示范市国家考核验收组对海门市创建工作考核验收。通过国家级考核验收。

10月下旬初 市委副书记姜龙率经贸考察团赴英国达诺姆市,参加第二届国际生物、化工技术贸易投资交易大会,并赴欧洲招商,与3个跨国公司达成到海门投资考察意向。

10月23日 副市长柏云冲率团参加2003年江苏农业国际合作洽谈会,签约农业项目4个,总投资2055万美元。海门市挑选海苔、红烧羊肉、甜瓜等22种农产品参展。农业部副部长刘坚、副省长黄莉新专程到海门展区考察。

10月26－27日 由新加坡前国会议员、KTS董事局主席张永祥和印尼佳通集团董事主席谢瀚贤率领的新加坡、印尼著名实业家投资考察团39人到海门考察。签约项目7个,总投资额超1亿美元。

10月29日 国务院三峡办外迁司司长赵耕田率调研组,对海门接收移民准备工作进行调研。

10月30日 市政府特邀16位市民代表,参观市政府部分重点工程建设,并进行评议。

11月5日 海门市被民政部命名为全国村民自治模范县(市)。

11月6日 马来西亚吉隆坡暨雪兰莪中华百货商会和吉隆坡中马洋货布匹服装出入口商会代表团18人到海门考察。

11月7日 市政府举行2003年中国海门农业推介会。副市长柏云冲向爱尔兰、美国、埃及、日本、马来西亚等5国驻沪领事介绍海门农业取得的成绩、发展特色和发展趋势。11月8日,5国驻沪领事到海门考察。

11月13日 副省长吴瑞林率省政府调研组到南通,调研就业、收入分配和劳动保障工作,在海门召开调研汇报会。

11月14日 全国政协原副主席钱伟长到海门视察。

11月21日 部分省直机关省人大代表到海门,视察民营经济发展情况。省政协原副主席顾浩参加视察活动。

12月11日 海门市与上海猎商公司签署合作协议,成立全国首家网上招商局。

12月18日 海门商业步行街暨新上海休闲广场奠基。上海市政协原副主席朱达人率上海市政协之友社、上海华夏文化经济促进会20多人出席奠基仪式。朱达人还考察三星叠石桥家纺城。

12月25－28日 市委、市政府在上海西郊宾馆举办海门农业接轨上海发展论坛,听取专家、学者建议和意见。并与上海3个单位签订3400万元农副产品购销合同。

是年 海门获第七届全国综合实力百强县(市)第75位;第三届全国县域经济百强县(市)第33位,全省排名第9位。

2004年

1月6日 海门市被省委、省政府命名为2003年度社会治安安全县(市、区)。全省首批获此殊荣的18个县(市、区)中,海门名列前茅。

1月9日 新闻出版总署《关于江苏〈仪征日报〉等30种报纸注销登记和变更事项的批复》中明确:《海门日报》由海门市委主管、主办变更为新华日报报业集团主管、海门日报社主办。4月27日,新华日报报业集团海门日报社揭牌。

由金天和师山两个出租公司统一更新、购置并安装GPS全球卫星定位系统的100辆上海大众桑塔纳2000型专用出租车,投放海门市出租客运市场。

1月22日 位于东灶港镇、建筑面积240多平方米的董竹君纪念馆开馆迎客。董竹君祖籍东灶港镇闸桥村,1900年生于上海,系上海锦江饭店首任董事长兼总经理,连任7届全国政协委员。

2月12－13日 全国政协常委、香港英惠有限公司董事长赵展岳到海门考察,就投资开发海永乡签订意向协议书。

2月13日 四川省乐山市党政代表团10多人到海门,考察专业经济合作组织。

2月18日 市委常委会在三星镇举行现场办公会议。市委书记徐永兵要求放大三星效应,形成全市推进民营经济发展的创业大潮。

2月中旬 省社科院按照江苏省全面建设小康社会主要指标体系,对全省54个县市全面建设小康情况进行科学评估,排出"座次",海门市排名11位,列苏中苏北第一。

2月21－27日 市委书记徐永兵,市委常委、常务副市长黄汉忠带领以通光集团为主的海门市通信类企业负责人,参加在美国洛杉矶会议中心举行的全球最大的光通信技术学会及展览会。

2月22日至3月5日 市领导徐永兵、黄汉忠率团赴美洲及厄瓜多尔、哥伦比亚和秘鲁等国招商。

2月25－28日 重庆市万州区外迁移民安置工作考察团,在重庆万州区政协副主席周伯安带领下,到海门考察。

2月29日 省军区司令员陈一远等到海门,调研人民武装工作。

3月8日 江苏金雪集团38万吨熔体直纺涤纶纤维项目首期工程奠基。2005年5月建成投产。

3月11日 全省地税征管工作会议在海门市召开。

3月16－30日 市委副书记、市长汤仲飞率经贸考察团,赴南非、纳米比亚、毛里求斯3国考察招商,签订投资合作项目6000多万美元。

3月19－20日 日本福冈县树艺组合联合会31人到海门,在海门港自来水厂东江堤青坎和灵甸沙江滩植树7.4万株,建成80公顷防护林。

3月中旬 海门市再获全国"畅通工程"优秀(二等)管理水平城市称号。成为苏中、苏北地区唯一蝉联此殊荣的县级市。

3月22－23日 美国加州经贸合作与市政管理代表团到海门考察。

3月24日 市邀请南京大学、同济大学等高校和设计院的7名专家、教授,对海门滨江新市区规划进行评审。

3月30日 南通市在沪举办接轨上海恳谈会,海门市签约项目7亿多元。

4月8日 中国国电华东公司、华东电网有限公司、华东电力设计院等联合在海门光华大酒店举行国电江苏海门电厂2×900MW机组工程可研总报告现场踏勘会。

4月20日 全国科普示范市创建工作检查组对海门创建全国科普示范市工作进行检查。

参加在南京召开的全国农业和农村档案工作会议代表,到海门京海肉鸡集团公司参观。

4月23日 参加在南通召开的全省社会矛盾纠纷调解工作会议的200多名代表,在中央政法委副秘书长、中央综治办主任陈冀平,省委副书记、纪委书记王寿亭带领下,专程到海门德胜镇社会矛盾调处中心参观。

4月下旬 市委、市政府举办第九届中国海门金花节暨国际经贸洽谈会。其间,签约项目145个,其中外资项目86个,协议利用外资4.2亿美元;内资项目59个,协议利用市外资金3.6亿元。

5月5－6日 美国华侨进出口商会会长吕家

骧、副会长周建华率经贸投资考察团9人到海门考察。

5月9日 应山西省永济市委、市政府及山西关铝集团邀请,市领导徐永兵、汤仲飞等前往考察,并与山西永济市签约缔结为友好城市。

5月13日 2004年第17届中国电子元件百强排名揭晓,通光集团有限公司名列第六。

5月14日 纺织工业部原部长吴文英到海门叠石桥考察。

5月15－16日 由国家发展和改革委员会中小企业司和海门市政府联合主办、中国纺织产品开发中心和三星镇人民政府承办的"中国叠石桥家纺产业发展高层论坛"在三星镇举行。

5月18日 海门市获团中央颁发的全国乡村青年文化活动先进县(市)称号。

5月25日至6月4日 市委书记徐永兵率经贸考察团赴日本、韩国等地,进行商务考察和招商活动。

6月4日 省国土资源厅专家组到海门,对市地面沉降监测站进行验收。专家组认为,该工程达到项目设计书的技术指标和要求,总体质量为优秀级。市地面沉降监测站于2004年1月动土兴建,是长江三角洲地区最大的地面沉降监测站。

6月23日 南通市基层党建工作座谈会在海门召开。海门市委书记徐永兵作《以提升干部素质为核心,推进基层党建工作上新台阶》的介绍。

6月24日 市党建研究会成立。

6月26日 市政府在师山大酒店举行仪式,欢迎重庆市万州区的59户231位移民成为海门市新市民。新市民们安置在三阳、悦来、麒麟、临江镇四个点。

6月28日 省委常委、常务副省长蒋定之到海门,考察宁启高速公路海门段建设情况。

6月29日 海门市被省委授予党建工作先进县(市)称号。

6月30日 为期两年的农村危房改造结束,完成草危房改造3085户、6160间。

6月 海门文化馆被文化部命名为国家一级县(市)文化馆。

7月6日 省委副书记张连珍到海门,考察农业和农村工作。

7月9日 叠石桥绣品市场在全国百亿元市场排名,由46位上升为15位。

7月27日 南通市纪念军人家庭服务中心创办20周年暨双拥工作表彰大会在海门举行。市委书记徐永兵介绍海门双拥工作经验。

7月29日 南通市在海门召开形势教育"十百千"(十场现场研讨会、百场发展座谈会、千场形势任务报告会)工程推进会。海门市委常委、宣传部部长顾华在会上介绍经验。

7月30日 第十三届全国工业品批发市场联络会理事会在海门举行。

8月3日 副省长黄莉新到海门考察农业、农村经济、海洋渔业发展工作和东灶港套闸加固改造工程。

8月8日 南通市基本农田保护工作会议在海门召开。海门动态监测基本农田保护的做法被推广。

8月11日 国家土地勘测规划院常务副院长朱留华率国家基本农田保护督察组到海门,检查基本农田保护工作。

8月20日 副省长吴瑞林到海门调研。

8月21日 由南通8县(市、区)1169人参加的南通市民兵应急分队军事训练考核在海门江海风情园举行。省军区副司令员刘长意等到现场观摩。

8月25日至9月8日 市长汤仲飞率团赴南美智利、阿根廷进行商务考察和招商活动。

9月1日 正余镇邢柏村获全国民主法治示范村称号。

9月10日 下午3时46分,一辆载客三轮摩托车沿苏222线由北向南行至三厂镇孝威村地段时,侧翻后起火,车内4人烧死、4人烧伤。

9月10－12日 市委书记徐永兵率市招商团赴厦门、深圳招商,签约项目27个,总投资8.3亿元。

9月15日 南京大学、海门市新材料成果转化与科教实习基地签约、揭牌仪式在南京大学科技馆举行。中国科学院院士、全国政协常委、九三学社全国副主席闵乃本,南京大学副校长张大良等与会。

9月22－23日 全省各市公安局金盾办主任和信息通信处处长会议在海门召开。省公安厅领导和与会代表肯定海门市公安数字化工作。

9月27－28日 全国政协委员、外事委员会副主任周可仁到海门考察。

10月9－10日 江苏省军区加强基层建设座谈会在驻通海防某部召开。南京军区政治部副主任嵇绍莹,省军区司令员陈一远等参加。

10月14日 海门市投资环境说明会在上海兰生大酒店举行。上海市政协副主席黄关从讲话。会上签约项目31个,其中外资项目20个,总投资7520万美元。

10月16日 南通市在海门经济开发区举行南通市海门自行车训练基地落成典礼。

10月19－21日 市农业代表团在市委副书记葛志华、副市长柏云冲带领下,赴苏北、山东考察项目农业,并参加22日在连云港召开的第六届江苏农业国际协作洽谈会。海门有6个农业项目在省农洽会签约,其中4个外资项目,总投资2000万美元。

10月21日 泰州市委书记、市人大常委会主任朱龙生,市委副书记、市长毛伟明率党政代表团到海门考察。

10月28日 海门市被科技部命名为全国科技进步示范县(市)。

10月 中国科协公布全国第二批科普示范县(市)名单,海门名列其中。为南通市首家。

11月2日 南通市在海门召开项目农业暨水利工作推进会。海门市市长汤仲飞在会上介绍经验。

11月5日 海门市在第八届全国综合实力百强县(市)评比中名列第73位,比上年上升2位;获第四届全国县域经济百强县第33位,位列江苏前10强。

11月8日 北上海国际装饰城落成。

11月9－11日 长江三角洲13县(市、区)政协工作研讨会第二十次会议在海门召开。

11月15日 公安部消防局考核组到海门检查工作,认为海门的消防工作和农村消防建设走在全省乃至全国前列。

11月18日 省人大常委会副主任洪锦炘带领执法检查组到海门,检查《中华人民共和国劳动法》和《江苏省劳动合同条例》执行情况。

以海门商人为主体的南非南通商会,在南非最大的城市约翰内斯堡成立,海门市商人陆启明当选会长。

11月21－22日 国家卫生城市复查组对海门创建国家卫生城市进行复查。认为海门市的国家卫生城市创建工作继续保持先进水平。

11月22日 中共中央政治局常委、国家副主席曾庆红考察海门。中共中央组织部常务副部长赵洪祝,中央政策研究室副主任何毅亭,省委书记李源潮、省长梁保华等陪同。

11月30日 在中纪委、中组部等5部委召开的全国经济责任审计工作会上,海门市受到表彰。

12月初 在全国纺织集群产业创新现场会上,海门市被纺织工业协会授予中国纺织产业基地称号。

12月3日 中共海门市十一届七次全委(扩大)会议召开。市委书记徐永兵作《坚持科学发展,提高执政能力,努力建设全面协调可持续发展的新海门》工作报告。

12月7日 省政协原副主席顾浩率省直机关省人大代表到海门调研。

12月31日 市经济普查工作开始。

12月 海门市被环保总局命名为国家级生态示范区。

是年 海门市被国家审计署评为全国经济责任审计工作先进地区。

海门市被评为全国青年中心建设试点工作先进县(市)。

2005年

1月13日 江苏通光集团有限公司被中国工商业联合会、中国民营科技实业家协会联合评选为中国优秀民营科技企业。

1月15日 海门女企业家陆亚萍获2004中国十大经济女性年度人物称号,在中央社会主义学院作《企业家素质与企业核心竞争力》演讲。

1月22日 全国劳动模范、上海西部集团徐虎物业公司总监徐虎到海门,考察房地产和物业管理市场,与海门的全国劳动模范座谈交流。

1月23日 葡萄牙华侨华人协会9人到海门考察。

1月24日 市委召开保持共产党员先进性教育活动工作会议,对海门全面推进保持共产党员先进性教育活动作动员和部署。

1月25日 南通工商局在海门举行江苏省标

兵局授牌仪式,并作出向海门工商局学习的决定。

1月 包场中学被评为省四星级普通高中。

2月7日 世界上唯一注明“释迦牟尼”的佛祖真身舍利以及一批佛教文物珍品,在海门市复建的海宁寺展出。

2月17日 国家统计局发布的全国小城镇综合发展指数测评结果中,海门镇、包场镇、三星镇、三厂镇、德胜镇位列前1000位。其中海门镇248位,这是苏中地区排名最靠前的位次,包场、三星、三厂、德胜镇,分别为654位、676位、862位、936位。

2月22－24日 西班牙企业考察团到海门考察。

2月25日 市政府组织收看省农村消防工作电视电话会议。市长汤仲飞在会上作经验介绍。

3月7日 市政府召开农村计生家庭奖励扶助新闻发布会,按规定确定当年5460人为首批获得奖励扶助金的受惠者。

3月18日 海门市中南控股集团以每平方米土地面积1910元、总价19.04亿元,竞得南通市中央商务区及体育会展中心1平方公里土地使用权和项目建设权。

3月28日 教育部副部长陈小娅到海门调研。

4月1日 2004年起,市检察院《关于预防机关事业单位侵财型职务犯罪的几点建议》《关于在建筑市场和政府采购活动中推行“廉政准入”制度的意见》等实施后,有效预防职务犯罪。省检察院在全省推广海门经验。

4月9日 日本福冈县树艺组合联合会的35位友人和市通源小学学生等在海门港东江滩及江堤青坎植树6.6万株,建成80公顷防护林。

4月28－29日 市委、市政府举行第十届中国海门金花节暨世界海门人大会。其间,共签约项目84个,总投资折合外资超8亿美元。其中外资项目80个,总投资7.76亿美元,注册资金4.44亿美元;内资项目4个,总投资3.36亿元,注册资金3.01亿元。

首届世界海门人论坛在海门经济开发区国际会议中心举行。

4月29日 市委书记徐永兵会见厄瓜多尔客商巴士哥内斯一行,双方签订为期5年的“友好城市协定”。

5月1日 中国天主教爱国会副主席、主教团秘书长马英林等到海门,考察天主教工作。

5月6日 由省科学技术协会、教育厅、知识产权局、青少年技术基金会主办,江苏省海门中学、江苏省青少年科技中心承办的省第十六届青少年科技创新大赛、“海门中学杯”机器人大赛在海门圆满结束。海门市少年宫和海门中学分获小学、高中组团体冠军。

5月7日 海宁寺举行山门、天王殿落成暨观音像开光庆典仪式。

5月11日 省政协副主席、致公党省委主委黄因慧等到海门,考察“致福工程”实施情况。

5月15－28日 市委书记徐永兵随南通市党政代表团赴南非、纳米比亚招商,签订注册资金9500万美元的两个项目。

5月16日 省人大常委会原副主任俞敬忠等到海门,考察新品油菜丰产方。

5月25日 海门国际家居商务港项目汇报座谈会召开。中共中央统战部副部长、全国工商联党组书记、副主席胡德平等出席。

5月28日 以宿迁市委书记仇和为首的党政代表团40人,到叠石桥国际家纺城考察。

5月30日 市首届残疾人运动会在市特殊教育学校举行。

5月下旬 市下发《关于做好2005年控减农民负担工作的意见》中明确,是年起,海门对农民承包的土地一律免征农业税。

5－6月 严重干旱,受灾面积3.51万公顷。

6月12日 海门市获省教育工作先进县(市)称号。南通市仅海门1个。

6月26日至7月10日 以市长汤仲飞、副市长陈水平组成的招商考察团,赴罗马尼亚、塞尔维亚、黑山、俄罗斯等国进行商务考察和招商洽谈,达成1000多万美元3个投资项目意向。

6月28日 副省长黄莉新到海门调研农业和农村工作。

7月1－2日 以美国加州沙巴士多市市长来瑞·罗宾申为团长的加州经济文化考察团到海门访问考察。

7月2日 马来西亚驻沪领事齐大德到海门考察,并举行马来西亚中国商城(国际采购中心)推介会。

7月10日 山东省供销社主任白志刚等10人到海门,参观考察农村社区服务。

7月12日 俄罗斯彼尔姆州议会副主席费检基米尔·巴波维奇,率商务考察团7人到海门考察。

7月中旬 市委副书记姜龙、副市长陈水平率团赴新疆推介海门投资环境,签约5个意向项目,总投资近亿元。

7月26日 市三夹沙一宗54.8公顷海域10年使用权,成功拍卖出让给东灶港蛎岈山投资开发有限公司,每年每公顷600元。对县级海域使用权进行拍卖,在全国尚属首家。

8月2－4日 市委、市政府在广东东莞举办投资推介会,现场签约5个项目,总投资3.9亿元,注册资金2.6亿元。

8月16日 副省长王湛等到海门调研社会事业工作。

8月18日 在国务院法制办召开的规范性文件备案审查工作座谈会上,海门市为唯一的县级市作经验交流。

8月22日 市委举行纪念中国抗日战争暨世界反法西斯战争胜利60周年座谈会。

8月24日 南通三建集团以38.19亿元的营业收入,入选2005年度中国企业500强第410位。

8月25日 市委、市政府在上海国际会议中心举行中国海门(上海)投资环境说明会。现场签约项目55个,总投资26亿多元。

8月26日 由省军区副司令员刘长意带领的考核组,在海门市实验学校现场考核海门、启东、崇川和南通开发区的7支专业分队参点民兵。

《福布斯》中文版公布“2005年度中国大陆最佳商业城市排行榜”,海门市为苏中、苏北唯一的县级市上榜,位居第88位。

8月29－30日 “花布大王”陆亚萍应全国妇联邀请,参加纪念北京世界妇女大会召开10周年活动,受到胡锦涛等党和国家领导人接见。

8月 在省县级中学生田径运动会上,海门中学生代表队获金牌数第一、总分第二好成绩。

9月13日 在省第四届特殊奥林匹克运动会上,海门残疾人运动员周玉丹和朱伟,获2金、3银、1铜佳绩。

9月15日 中共中央党史研究室副主任李忠杰到海门调研。

9月20日 海门京海禽业集团被农业部、发改委、财政部等8部委授予全国农业产业化优秀龙头企业称号。

9月20日至10月2日 市委书记徐永兵率团赴欧洲的丹麦、法国、西班牙招商,达成多个到海门投资意向。

9月26日 海门港至太仓市的汽渡码头,从璜泾镇迁至鹿河镇后,新航线通航从45分钟缩短到25分钟。

9月 撤销市棉花原种场,划归海门经济开发区。

市皮肤病防治所青年医生万顷波,为一名白血病患者无偿捐献造血干细胞,成功抢救患者生命。为海门首例。

10月9日 香港肇丰针织纺织有限公司董事长方铿、香岛中学校长杨耀忠,率领香港南通同乡会访问团到海门考察。

10月12日 市国家级“四青”作物和省级海蜜甜瓜标准化示范区项目,通过省专家组考核验收。

10月15－16日 上海市企业联合会、企业家协会会长张林俭带领近50位上海知名企业家到海门,考察投资环境。

10月21日 南通三建集团和常乐建工集团入选全省民营企业50强。南通三建集团以58.19亿元营业收入列第20位。常乐建工集团以25.4亿元营业收入列第48位。

10月22日 建设部部长汪光焘等到海门考察城市建设。

由市涉农部门负责人和部分乡镇领导25人组成的代表团,参加在连云港举行的江苏农业国际合作洽谈会。海门签约3个农业项目,总投资1532万美元;2个农产品贸易项目,贸易额500万美元。

国家统计局公布第九届全国综合实力百强县(市)名单,海门名列80位。还获第五届全国县域经济百强县(市)第36名,江苏排名第9位,苏中、苏北地区名列前茅。

10月26日 市委、市政府在浙江台州举行海门——温台地区民营经济洽谈会,签约项目44个,总投资近17亿元。

南通市社区矫正工作现场推进会在海门举行。海门市委副书记、政法委书记张林在会上发言。

10月27日 历时6天的首届全国航空运动会

在海门国际车城闭幕。

海门市被南京军区表彰为征兵工作先进单位。至此,海门连续22年被省军区以上机关评为征兵工作先进单位。

10月30日 海门山歌剧获中国民族文化优秀品牌。

11月2日 副省长张桃林到海门调研科技工作。

11月3日 市委组织81个单位100余名机关事业单位干部,用一年时间扶持帮助民营企业。

11月16日 中央文明办未成年人思想道德建设工作组组长李伟到海门,调研未成年人思想道德建设情况。

省委巡视组到海门调研城乡建设。

11月18日 海门市获全国海域使用管理百强县(市)称号。

11月23日 南通三建集团和南通建筑工程总承包公司,获国家建设部的房屋建筑工程施工总承包特级资质。次年,龙信公司获特级资质。

11月25日 2005年海门农业项目推介会在上海举行。上海市人大常委会副主任陈豪,副省长黄莉新等出席。海门20个农业项目集中签约,其中外资项目10个,协议总投资1370万美元,协议注册资金1050万美元;内资项目10个,协议总投资3.97亿元,协议注册资金1.91亿元。

11月26日 中国家纺协会会长杨东辉考察叠石桥国际家纺城。

11月29日 全国政协常委、社会与法制委员会副主任张绪武到海门,对《中华人民共和国个人独资企业法》《中华人民共和国合伙企业法》实施情况进行调研。

12月18日 北京大学全球领导力项目两周年庆典暨2005年毕业典礼在海门举行。

12月中旬 中国中小城市网公布"2005年度全国中小城市综合实力100强"测评结果,海门市榜上有名,列第56位。

12月20日 张謇纪念馆被批准为国家AA级旅游区(点)。

12月29日 市教育局、三厂职高与南通职业大学就江海风情园整体转让签约,南通职业大学分校区落户海门。

是年 海门获评全国科技进步先进县(市)。

2006年

1月4日 首批89个家庭获准购买经济适用房。

1月8日 海门市第三次获得江苏省文明城市称号。

1月12日 曹斌任中共海门市委书记。

1月14日 海门市三度蝉联全省社会治安安全县(市)称号。

1月22日 中共海门市十一届八次全委(扩大)会议在人民大剧院召开。市委书记曹斌作《解放思想,奋勇争先,不断开创海门三个文明建设新局面》的报告,提出海门在苏中、苏北率先实现"小康"。会议还审议通过市委《关于海门市国民经济和社会发展第十一个五年规划》的建议。

2月12日 日本福冈县树艺组合联合会成员到海门港江滩植树,建成45公顷防护林。

2月14日 苏海门渔01905号船在黄海渔区捕捞作业时遇险沉没,船上10名渔民全部失踪。

2月15-18日 市十四届人民代表大会第四次会议在市人民大剧院召开,审查批准《海门市国民经济和社会发展第十一个五年规划》,选举朱玉兰为市人大常委会主任。

2月17日 《海门市城市总体规划(2005-2020年)》,通过省级论证。

2月28日 市委、市政府召开城市建设动员大会,提出将海门建成具有江风海韵特色、适宜人居创业的现代化中等城市的建设目标。

3月7日 总投资3000万美元的丰笙家具(海门)有限公司新区开工建设。

3月8日 市委、市政府决定成立新通海沙综合整治工程指挥部,施亚民任总指挥。

3月10日 副省长何权到海门考察城市和村镇建设。

3月15-19日 市委书记曹斌率队赴苏州、上海、西安招商。

3月20日 海门市五度蝉联省"双拥模范城(县)"称号。

3月22日 市政府部署长江禁渔工作。禁渔期间,长江专业渔民最低生活保障标准上调到每月220元。

3月25日 市第十四届全民运动会开幕。

3月31日 审计署审计长李金华到海门考察。

省人大常委会原主任陈焕友到海门视察新农村建设。

4月5日 省委副书记张连珍到海门调研新农村建设。

4月6日 市政府提高义务兵家属优待金标准:农村义务兵家属优待金标准提高到每年4100元,资金由乡镇筹集;城镇义务兵家属优待金标准提高到每年2668元,资金由市财政统一拨付。

4月7日 国家发改委副主任欧新黔到叠石桥家纺市场调研。

4月12日 中国银行股份有限公司海门支行获全国精神文明建设工作先进单位称号。

4月20日 海门工商局获外商投资企业核准登记权,省工商局在海门举行授权仪式。

4月23日 市委、市政府举办第十一届中国海门金花节暨叠石桥·中国国际家纺博览会。其间,举办10个主题活动,签约174个项目,总投资12.53亿美元,其中外资项目115个,投资9.49亿美元,注册资金4.79亿美元;内资项目59个,协议投资24.38亿元,注册资金9.01亿元。

4月25－27日 省县级行政审批(服务)中心主任联席会第四次全体会议在海门召开。

4月27日 海门村庄河道整治工作达到标准,通过省级验收。

4月 市委决定建立灵甸工业集中区。

5月6日 江苏省纺织产品监督检测中心家纺分中心在叠石桥国际家纺城正式揭牌。

5月8日 市委决定成立崇海大桥建设指挥部,高顺昌任总指挥。

5月9日 新西兰投资考察团11人,在代表团团长罗本女士率领下到海门考察。

5月10日 省军区司令员陈一远到海门,检查预备役高炮第2师第3团训练情况。

5月12日 副省长黄莉新到海门调研新农村建设工作。

5月19日 海军装备部副部长赵登平到通光集团考察。

省政协副主席吴瑞林到海门,视察省"十六运"海门赛区筹备情况和体育进社区工作。

5月23日 崇海大桥列入省"十一五"规划。

5月27日 省委常委、常务副省长赵克志到海门,考察叠石桥国际家纺城。

市委书记曹斌会见到海门考察的纳米比亚共和国矿产能源部副部长卡斯塔·史亚。

5月28日 19:30在央视三套首播《欢乐中国行·魅力海门》大型文艺晚会。

5月29－30日 国家统计局到海门调研基层统计工作。

6月9日 市慈善超市开业。

6月13日 上海市企业发展促进研究会名誉会长、上海市政协副主席赵定玉到海门考察。

6月16日 市人大常委会第二十四次会议决定任命姜龙为市人民政府代市长。

6月23日 市政府召开农村"新五件"实事工程动员大会。"十一五"期间,投入15.2亿元,解决农村上学难、看病难、出行难、环境差、文化生活贫乏等困难。

6月26－28日 中共海门市第十二次代表大会在市人民大剧院召开,选举产生中共海门市第十二届委员会和中共海门市纪律检查委员会。曹斌为市委书记。

6月 常乐镇党委被评为全国先进基层党组织,受到中共中央组织部表彰。

7月1日起 全市退休、退职人员基本养老金人均月增100元。

7月8日 市委、市政府举行投资环境推介会,150多位台商出席。

7月11日 省人大常委会副主任叶坚率省直机关、南通组省人大代表到海门,专题调研农村人居环境建设情况。

7月18日 东灶港申报国家中心渔港获农业部批准。总投资4961万元。

7月20日 市委书记曹斌率市经贸代表团,前往纳米比亚、南非等国考察访问。

7月27日 省委常委、政法委书记林祥国到海门,调研政法工作。

致公党中央常务副主席、全国人大常委会委员、全国人大财经委员会副主任杜宜瑾到海门,视察"致福工程"实施情况。

8月5日 苏州市人大常委会主任周福元到海门,考察海太汽渡改扩建工程。

8月7日 海门经济开发区被评为中国江苏企

业投资最佳开发区。

8月16日 副省长仇和到海门,实地考察崇海大桥和沪通铁路过江通道入口选址。

8月20日 中共中央政策研究室副主任郑新立到海门调研。

海太汽渡新扩建泊位通航,泊位增至6个。

8月23日 市直部门及乡镇领导190余人赴苏州,参观全省反腐倡廉成果展览。

8月24日 在状元故里张公祠举行"张謇出生地碑亭"揭碑仪式。全国政协原常委、社会和法制委员会原副主任、张謇嫡孙张绪武及其亲属30多人参加。

8月25日 市委、市政府举行活动,纪念张謇先生逝世80周年。张绪武应邀出席。

"弘謇园"在张謇母校海门中学落成。市委书记曹斌和张绪武共同为园内张謇铜像揭幕。

8月28日 市委召开政协工作会议暨海门政协成立50周年纪念大会。

8月29日 经商务部核准,海门市被确定为全国2006年"万村千乡"市场工程试点县(市)。

8月30日 市委、市政府在浙江温州华侨饭店举办2006年江苏海门(温州)投资环境推介会,并举行赴浙江招商项目集中签约仪式。150余名温州、台州客商参加,签约项目80个,总投资22.27亿元。

8月 省政府同意设立江苏海门工业园区。11月,南通市政府批复,江苏海门工业园区管理委员会为海门市政府派出机构,副处级建制。保留三星镇。2007年1月,升格为省级开发区。

市委决定建立滨海工业新区。

9月1日 市在上海金茂君悦大酒店举行2006中国海门(上海)投资环境推介会暨项目集中签约仪式。会上签约61个项目,总投资3.98亿美元。

从秋季新学期起,全市所有义务教育阶段学生免收学杂费。

9月2日 新闻出版总署署长龙新民到海门,调研考察三星镇版权管理工作。

9月4日 海门中学体育教师姜劲松获2008北京奥运会田径裁判资格。

9月5日 省十六届运动会自行车赛在海门开赛。9月16日,省十六届运动会篮球赛在海门开赛。9月,在省十六届运动会上,海门获22块金牌、9块银牌、21块铜牌,金牌榜排名第七;总积分554分,排名第六,创历史最好成绩。

9月6日 江苏通光集团通光牌通信光缆获2006年度中国名牌产品称号。市政府奖励人民币60万元。

国土资源部调研组就当前农村地权利益冲突问题到海门调研。

9月15日 全省县域人才工作现场会在海门召开。

9月17日 市政府在南通博物苑举行颐生酒获意大利世博会金奖百年庆典活动。

9月19日 市社会矛盾纠纷调处中心揭牌成立。

9月20日 海门城市环境综合整治定量考核获全省第一名。

9月22日 市国家农业综合开发项目通过国家验收。海门这一项目在全国实施的12个项目中处于领先地位,达到国家标准。

世界500强企业之一的沃尔玛百货公司全球高级副总裁、亚洲区总裁兼首席执行官钟浩威,深圳国际投资公司董事长李南峰到海门,作投资考察。

9月26日 海门首批农家书屋开放,省新闻出版局有关领导等为王浩镇8个村的农家书屋揭牌。

9月30日 市委召开海门精神发布会暨专场文艺晚会。海门精神表述语为"海纳百川,强毅力行"。

10月7日 中欧高级管理人才MBA太湖同乡会到海门考察。

10月9日 《福布斯》2006年中国大陆最佳商业城市排行榜出炉,海门再次榜上有名,名列第98位。

10月14日 国家版权局副局长阎晓宏等到叠石桥市场,调研家纺产品版权保护工作。

10月17日 法治南通建设现场推进会在海门召开。

海门市与德国巴登澳普市签订结为友好合作城市协议书。

10月18日 国家海洋渔业局同意建立江苏海门市蛎岈山牡蛎礁海洋特别保护区。这是江苏省首个国家级海洋特别保护区。11月22日,海门蛎岈山牡蛎礁国家级海洋特别保护区揭牌仪式在东灶港海堤举行。国家海洋局局长孙志辉、江苏省副省长黄莉新为保护区揭牌。

10月20日 国家统计局公布2005年中国最大500个企业集团排名,南通三建集团以年营业额52.84亿元名列第463位。

10月中旬 2006全国小城镇综合发展水平1000强名单公布。海门有7个镇跻身千强:三星镇列第319位、海门镇445位、德胜镇574位、包场镇705位、三厂镇730位、正余镇844位、常乐镇938位。

10月25日 省民政厅副厅长段福德前往四甲镇敬老院,慰问年已九旬的失散老红军战士吴小昌。

11月3－4日 第十五届全国工业品批发市场联络会在叠石桥国际家纺城举行。

11月9日 在省党代会期间,省委书记李源潮,省委常委、常务副省长赵克志专门听取市委书记曹斌关于加快建设崇海大桥工作汇报。

11月11日 快活林山庄举行晋升国家AAA级旅游景区揭牌庆典。

11月14－15日 省农林厅、环保厅、水利厅、建设厅联合组织对海门创建生态农业市工作进行验收。海门18项验收指标综合考评全部达标,通过省级验收。

11月16日 苏、浙、沪16县(市、区)第48次警务合作会议在海门召开。

11月17日 经济开发区与上海宝闽钢铁集团有限公司,就拟建江苏省上钢三厂股份有限公司举行签约仪式。该项目总投资6.5亿元,注册资本1亿元。

11月18日 2006年国家级科技计划项目名单中,海门有16项产品名列其中,其中国家级"火炬计划"10项、国家级"星火计划"3项、国家级重点新产品计划3项。

11月23日 民政部对254个全国民政工作先进县进行命名表彰,海门榜上有名,蝉联全国民政工作先进县(市)称号。

11月24日 海门市与上海城建集团签署合作框架协议,上海城建集团将投资17亿元参与海门基础设施建设。

12月2日 全国妇联书记处书记甄砚到海门,调研常乐镇中南村创建全国"巾帼示范村"情况。

12月6日 市召开地方志工作会议,部署二轮修志工作。

12月11－12日 中共海门市十二届二次全委(扩大)会议召开。市委书记曹斌作《加快小康进程,构建和谐社会,为推进海门经济社会全面腾飞而努力奋斗》的报告。会议提出"率先全面达小康,构建和谐新海门"的奋斗目标,确定城市南进发展战略,打造以海门港滨江工贸区、海门工业园区、灵甸工业集中区、滨海工业新区为平台的"四大增长极"。此后,一大批重特大项目落户海门,成为海门新一轮经济发展中最具活力的产业集聚地。

中南房地产业有限公司通过拍卖,竞得位于瑞江路东、人民路北面积为42.3公顷的国有土地使用权。该地为住宅用地,出让年限70年,成交总额6.78亿元。是海门成功拍卖最大一宗土地使用权出让交易。

12月25日 第六届全国县域经济百强县(市)评价结果揭晓,海门位列第42位。

美国布莱克资本集团有限公司中国地区首席执行官Erez Gissin等到海门考察。

是年 海门山歌被列入第一批省级非物质文化遗产名录。

2007年

1月15日 南通市"江海卫士"命名表彰暨消防工作会议在海门召开。

1月16日 省军区司令员陈一远到海门考察人民武装工作。

1月16－19日 市十四届人民代表大会第五次会议在人民大剧院召开,选举姜龙为市人民政府市长。

1月22－30日 市委副书记、市长姜龙率海门经贸考察团赴台湾考察。

1月30日 鉴于海门多年来在双拥工作中做出的贡献,海军司令部将一艘新型艇命名为"海门艇"。

2月8日 海门市被省政府授予江苏建筑强县(市)称号。

3月17日 省军区副司令员刘长意到海门检查人民武装工作。

3月26日 副省长仇和、张九汉等考察南通三建天津工地。

3月29日 常乐镇土地整理项目通过国土资

源部核查。

国家质检总局特种设备安全监察司负责人到海门，就推行特种设备使用单位安全责任告知书进行调研，在全国推广海门经验。

4月7日 日本福冈县树艺组合联合会30多位日本友人到海门，在三厂新围垦江堤内外植树，建成60公顷江滩防护林。

4月15日 市委、市政府举办的第十二届中国海门金花节暨江海经济合作开发洽谈会在滨海工业新区开幕。其间，签约外资项目95个，投资13.78亿美元，注册资金6.5亿美元；市外民资项目102个，注册资金31.2亿元。

4月16日 作为“城市建设年”的重要工程，解放路和人民西路综合改造工程正式开工，12月底竣工。

4月17日 铁道部副部长胡亚东到海门考察沪通铁路过江方案。

全国政协人口资源环境委员会副主任郑斯林等到海门调研。

4月20日 海门市重大项目建设指挥部成立，市委书记曹斌任总指挥。

长江海门港水域发生一起重大翻船事故，9名船员下落不明。

4月25日 中共中央委员、全国供销合作总社党组书记周声涛到海门，调研供销合作工作。

4月28日 首届东灶港蛎岈山旅游节暨经济合作开发洽谈会开幕。

4月30日 美国商务部官员及美国汉氏高管商务考察团到海门，洽谈水处理项目。

5月9日 美国多福公司总裁到海门，洽谈收购力神机械公司事宜。

5月10日 市委、市政府举行大会，表彰60位海门市劳动模范。

5月12日 副省长黄莉新到海门，调研新农村建设情况。

上海潮汕商会会长姚文琛、新加坡驻上海总领事馆商务领事林瑞光率团到海门考察。

5月16日 在南通召开的全国版权产业发展先进经验交流会与会人员到海门参观。世界版权组织助理总干事王彬颖、国家版权局副局长阎晓宏、副省长张桃林参加。

5月20－21日 台湾工业协会会长、东和钢铁实业股份有限公司董事长侯贞雄，中兴电工集团有限公司董事长江义福，宏大拉链股份有限公司董事长洪宝刚到海门考察。

5月22日 省人大常委会副主任王湛率部分省人大常委会委员到海门，视察蛎岈山牡蛎礁海洋特别保护区。

5月24－25日 美籍华人、深圳高清投资有限公司董事长赵佐到海门考察。

5月31日 市委作出向正余镇邢柏村党支书曹玉峰学习的决定。学习他忘我工作，把一个经济薄弱村建设成为南通市级新农村建设小康示范村、江苏省文明村的先进事迹。

6月5日 市委、市政府举行中国家纺流行趋势推广基地、江苏海门工业园区揭牌仪式暨中国叠石桥——欧盟家纺经贸洽谈会。

6月11日 南通各县(市、区)国防动员信息化建设推进会在海门召开。

6月19日 市委书记曹斌会见纳米比亚驻华大使罗纳德·纳穆巴胡。6月21日，纳米比亚矿产能源部部长恩吉姆蒂纳到海门考察。

6月29日 省关工委名誉主任储江和主任曹鸿鸣带领出席省关工委工作座谈会的代表，参观德胜镇瑞祥村校外辅导站。

6月 市委、市政府召开“达小康、促和谐”万人动员大会，力争年内在苏中、苏北建成第一个全面小康达标县(市)。

7月4日 市委举行海门市被评为江苏省工会工作模范县(市)授牌大会。省人大常委会副主任、省总工会主席张艳向海门市授牌。

7月7－10日 两次暴雨，总雨量159.3毫米，农作物受灾，倒塌房屋12间，直接经济损失7014万元。

7月10日 王浩铁矿Ⅰ矿段通过省矿产资源储量升级核查。7月11日，有色金属华东地质勘查局局长邵毅到海门考察，洽谈开采王浩铁矿事宜。

7月17日 南通三建集团入选江苏省民营企业百强。

7月18日 《农民日报》采访团到海门，采访新农村建设及城乡统筹工作。

7月20日 市委、市政府举办“爱洒人间”慈善募捐文艺晚会，现场捐款62.3万元。省慈善总会会长俞兴德等出席。

7月26日 省供销合作社"三社"建设现场观摩会在海门举行。

7月28日 海门叠石桥国际家纺城被省文明委和省工商局授予2005－2006年度五星级文明诚信市场，并作为省唯一的市场代表在表彰会上交流经验。

7月30日 工商总局副局长刘凡到海门，调研叠石桥国际家纺城。

8月2日 新加坡吉宝船厂的40多名客商到海门考察。

8月7日 省人大代表省直机关、南通代表小组的代表到海门，视察现代农业发展情况。省政协原副主席、省文联主席顾浩等参加视察活动。

8月7－18日 南通市委常委、纪委书记王正宇，海门市委书记曹斌率海门市经贸代表团，赴澳大利亚和新西兰招商。

8月26日至9月8日 市委副书记、市长姜龙率经贸考察团赴美国、加拿大招商。

8月28日 南通市海门飞碟射击训练基地在快活林山庄揭牌。

9月2日 海门市名列中国商标发展百强县(市)第49位。

9月7日 海门市又登《福布斯》中国大陆最佳商业城市百强，名列第86位。

9月10日 市委、市政府在香港君悦大酒店举行2007年中国海门·香港经贸合作洽谈会。签约外资项目8个，总投资9.4亿美元。

9月11日 市中兴能源装备股份有限公司"AST"牌无缝不锈钢钢管，被国家质检总局和中国名牌产品推进委员会联合评定为中国名牌产品。

9月13日 市委、市政府在广州亚洲国际大酒店举行2007中国海门·广州投资环境推介会暨项目签约仪式。集中签约项目40个，总投资8.4亿美元。

9月15日 中央党校社会发展研究所、《科学社会主义》杂志社和海门市委、市政府在中央党校举办构建社会主义和谐社会暨"海门实践"高层研讨会。中央党校副校长李君如、中央政策研究室副主任郑新立等出席。南通市委常委、宣传部部长张小平介绍海门市成功经验。海门市委书记曹斌汇报海门构建和谐社会建设情况。

9月16日 中华两岸少数民族文化经贸交流协会理事长巴湃·拉拉格狮和基隆市议会议员陈明建带领30多名台湾乡镇里长参访团到海门交流访问。

9月18－19日 强台风"韦帕"影响市境，倒坍民房15间，紧急转移安置人口3071人，直接经济损失610万元。市组织干部群众抗灾。

9月22日 加拿大巴杰克斯环球公司总裁、北美亚洲贸易公司董事克劳德率经贸访华代表团到海门考察。

9月26日 海门市名列第七届全国县域经济百强县(市)第41位，江苏排名第10位。

9月28日 驻海部队举行作战指挥中心大楼落成典礼。

10月5日 人事部副部长季允石到海门考察沿海开发。

中残联理事长汤小泉到海门考察。

10月6日 省军区司令员陈一远到海门考察。

10月9日 第二届中国民族家纺设计大赛在叠石桥国际家纺城开幕。

10月13日 省委宣传部、省文明办组织《新华日报》社、江苏卫视等8家省级媒体，集体采访海门校外辅导站建设成果。

10月18日 海门工业园区与浙江东圣家纺有限公司签约10亿元家纺产业园项目。这是工业园区签约的首个大项目。

10月20日 中国光大控股有限公司执行董事、行政总裁陈爽和中国人保资产管理公司总裁周立群到海门，就相关投资项目进行考察和洽谈。

澳大利亚新南威尔士州教育培训部官员史双元、澳中文化教育交流中心董事长蒋凡和华诚国际实业控股有限公司董事长劳伦斯·徐等到海门，洽谈教育合作事宜。

10月30日 美国泰森食品有限公司首席执行官邦德率团到海门考察。

10月31日 铁道部副部长陆东福到海门，考察沪通铁路有关情况。

11月6日 马来西亚运利泰集团董事长刘世航等到海门考察。

11月8日 马来西亚驻华大使达图·赛义德·诺鲁尔扎曼、国会议员刘贤镇到海门访问。

省农业机械化示范工作会议在海门召开。

11月13日 海门市获省知识产权工作示范县

(市)称号。

中国佛教协会副会长、上海佛教协会会长、上海玉佛禅寺觉醒住持等到海门考察。

11月13－14日　由中科院院士赵其国带领的江苏现代农业发展研究课题专家组到海门考察。

11月15日　市委、市政府在上海东郊宾馆举行投资环境推介会暨项目集中签约仪式。签约项目79个,总投资90亿元。

11月23日　省第三届"名师之路"大型教育科研活动在海门举行。

11月24日　中国关工委副主任闵振环到海门,专题调研校外辅导站工作。

11月25日　叠石桥物流中心获全国物流行业先进集体称号。

11月27日　全国人大内务司法委员会主任委员何椿霖到海门考察。

11月30日　省军区政委李笃信到海门,调研人民武装和征兵工作。

12月7日　中国家纺协会会长杨东辉及全国各地的家纺产业集群基地负责人到海门,考察海门市家纺产业发展情况。

12月8日　全国政协副主席、全国工商联主席黄孟复到海门考察。

12月11日　全国"巾帼示范村"揭牌仪式暨南通市"巾帼示范村"建设经验交流会在常乐镇中南村举行。

12月12日　市政府召开农村危房改造工作会议,要求确保春节前让全市农村低保对象、分散供养五保户、无劳动能力残疾人、因灾因病无力自救的贫困户告别危陋房。

12月13日　全省水利工作会议在海门召开。副省长黄莉新出席会议并讲话。市委副书记、市长姜龙作农村沟河疏浚整治经验介绍。

12月22－26日　政协海门市第十二届委员会第一次全体会议在人民大剧院召开,选举曹斌为市政协主席。

12月23－27日　市十五届人民代表大会第一次会议在人民大剧院召开,选举朱玉兰为市人大常委会主任,姜龙为市人民政府市长。

12月30日　余东镇新宇村、三和镇三圩村、刘浩镇天西村被命名为省级"民主法制示范村"。

是年　海门经济开发区发展速度列全省同级园区第9位,建设水平列第15位,综合经济实力列第15位。

海门获全国家庭教育先进县(市)。

海门市234个村建设农村社区公共服务中心,并列为全国农村建设实验县(市)。

全市22个乡镇全部建成省体育强镇。

2008年

1月15日　海门市三度蝉联全国科技进步先进县(市)称号,并跻身科技发展综合水平全省县(市、区)前10强。

1月15－16日　上海市政协主席蒋以任、副主席左焕琛率团到海门考察。

1月20日　海门市入围中国民营经济最具活力城市。全国有10个县(市、区)入围,海门位列第五。

1月25－28日　下大雪、暴雪,降雪总量38.7毫米,最大积雪深度23厘米。受灾农作物2.33万公顷,倒塌民房17间、企业房屋5.5万平方米,转移安置565人,直接经济损失1.2亿元。

1月　海门工业园区晋升为省级特色产业园区。

2月15日　海门市成为江苏省首批农产品质量安全示范县(市)。

3月1日　余东古镇通过国家级历史文化名镇省级评审。4月,被列为省历史文化名镇。并推荐上报,参与国家级历史文化名镇评审。10月14日,被住房和城乡建设部和国家文物局定为国家级历史文化名镇。

3月5日　亚萍集团董事长陆亚萍出席十一届全国人民代表大会。

3月8日　中国老年学会常务副会长赵宝华到海门考察老龄工作。

3月9日　中国纺织工业协会副会长张延恺等10人到海门叠石桥国际家纺城考察。

3月11日　全省食品药品监督系统文明行业创建工作座谈会在海门召开。海门作为创建示范点作经验介绍。

3月12日　中央农村工作领导小组办公室副组长赵阳率队到海门,就建立和完善农村土地流转市场问题进行专题调研。

3月27日 副省长张卫国到海门，调研外向型经济和考察新通海沙整治工程。

3月29日 中国关工委和省关工委60多人到海门调研关心下一代工作。

4月2日 全国政协常委高俊良到海门调研。

4月9日 新加坡吉宝集团高级执行董事、首席执行官朱昭明等到海门考察。

4月10日 张謇珍贵史料陈列室在常乐镇奠基。全国政协原常委张绪武等出席奠基仪式。

4月12日 由日本福冈县树艺组合联合会佐藤诚良率领的代表团到海门，在灵甸沙植树4万株，建成60公顷江堤防护林。是年，在灵甸沙江堤还建造中日合作造林竣工纪念碑。

4月22日 国土资源部副部长王世元到海门，调研耕地保护工作。

4月25日 南通大学产学研基地揭牌仪式在海门工业园区举行。

4月25－26日 市委、市政府举办的第十三届中国海门金花节暨江海经济投资合作洽谈会在滨江工贸区开幕。600多位中外嘉宾、专家学者和新闻记者出席。金花节签约外资项目74个，总投资15.91亿美元，注册资金6.8亿美元；民资项目94个，注册资金31.61亿元。

4月27日 法国飞机制造企业国外合作项目谈判代表詹致远到海门考察。

4月28－29日 江苏省政策性农业保险工作会议在海门召开。

5月7日 由加拿大天骄国际教育集团、素里市商会、三市商会组成的加拿大商务代表团到海门考察。

5月10日 国务院扶贫领导小组副组长刘坚携美国国际电子工程学会院士叶祖尧到海门调研考察。

5月16日 “512”汶川大地震后，海门市首批救灾物资驰援四川。

5月19日 省统计局、发改委和省委研究室共同发布小康进程监测报告，宣布海门于2007年总体达到全面小康标准，成为苏中、苏北首个全面小康达标县(市)。

5月23日 南通三建援建队伍率先抵达绵竹，开建灾民过渡安置房。

5月28日 由昆明市委常委、副市长杨宁率领的农业部门考察团50多人到海门，考察农业产业化。

6月2日 市委常委、宣传部部长王一鸣在四川绵竹与绵竹市委常委、宣传部部长罗应光，就海门援建1所卫生院和1所学校签署协议，并举行捐赠100万元仪式。

6月3－4日 国务院安全生产督查组到海门，检查指导安全生产百日督查专项行动。

6月13日 全省渔业科技入户工程海水养殖示范县工作会议在海门召开。

6月14日 海门山歌被国务院批准列入第二批国家级非物质文化遗产保护名录。

6月27日 市委、市政府在北京举行江苏海门招商恳谈会。第九届全国工商联副主席、科瑞集团董事长郑跃文，国务院发展研究中心原副主任、中国国际金融股份有限公司董事长李剑阁，中国航空第一集团副总经理顾惠忠等一批“中”字头企业、世界500强企业和全国百强民营企业负责人应邀参加。

6月30日 海门市军事指挥中心在市区开工奠基。

6月 海门市再次被命名为全国科普示范县(市)。

7月8日 海门市被省委、省政府授予法治县(市)创建工作先进单位称号。

7月13日 第八届全国县域经济百强县(市)名单公布，海门排名32位，上升9位。在江苏排名第9位。

7月30日 中国纺织工业协会会长杜钰洲，中国纺织工业协会副会长、中国家用纺织协会会长杨东辉到海门考察。

7月31日 扬州市副市长王玉新等40多人到海门，参观考察民营经济。

8月12－13日 省委副书记、省长罗志军到海门，调研沿江沿海开发工作。

8月13日 斐济群岛共和国总理乔塞亚·白尼马拉马及夫人到海门访问。

8月 市委决定，滨海工业新区和东灶港镇合并建立海门市滨海新区，保留东灶港镇党委、政府建制；灵甸工业集中区与临江镇合并建立海门市临江新区，保留临江镇党委、政府建制。

9月6日 海门市在厦门长升大酒店举办投资

环境推介会，大陆及台湾地区的40多位客商应邀参加。

9月7日　美国国际资产投资公司总裁到海门考察。

9月12日　海门赴川援建的建筑铁军被住房和城乡建设部授予抗震救灾先进集体称号。

9月22日　市委、市政府在上海茂悦大酒店举行中国海门（上海）投资环境推介会暨项目集中签约活动。现场签约项目40个，总投资超过110亿元。

9月26日　100多名参加2008年海外江苏之友——南通之旅活动的侨商到海门考察。

9月27日　海门市与江苏工业学院签订全面科技合作协议。

10月6日　台湾基隆市议会参访团到海门考察。

10月11日　美国泰森食品公司董事局主席约翰·泰森到海门考察。

10月19日　新疆昭苏县委书记谭培斌率党政代表团到海门考察，并和海门市缔结互惠互利友好协作关系。

10月20日　张謇大道竣工通车。该工程北起秀山路口，南至长江堤顶公路，全长5.58公里，主车道31米，容纳8辆汽车双向运输，总投资3.5亿元。

10月22日　以“引领时尚、世博争雄”为主题的首届叠石桥中国家纺节举行。

10月26日　全国政协常委、上海市政协副主席蔡威到海门考察。

10月31日　全省检察机关岗位练兵现场观摩暨交流推进会在海门召开。

11月5日　中国侨联副主席、上海市侨联主席杨玉环率领香港客商到海门考察。

海门市被文化部命名为中国民间文化艺术之乡。

11月7日　台湾新高能源科技有限公司董事长陈铭国、台湾广运机械有限公司董事长谢清福到海门考察。

11月19日　海门以高分通过省质量兴市工作组督查验收，成为省质量兴市先进市。

11月22－30日　市委书记曹斌率经贸考察团赴智利、巴西两国访问考察。

11月28日　国土资源部调研小组到海门，专题调研集体建设用地出让和转让税费设置情况。

12月2日　广西梧州市政府考察团到海门考察。

12月3日　由民政部基层政权和社区建设司主办，省民政厅，南通市民政局，海门市委、市政府承办的全国农村社区建设实验工作经验交流会在海门召开。

12月4日　德国舒瓦诚贝克市市长法朗克·鲁贝特率代表团到海门访问。

12月9日　市委十二届四次全体会议召开。2009年全力推进科学发展，加快跻身全省10强。

12月16日　经省经贸委、省电力公司等组成的考评组考核验收，海门市在南通6县（市）中率先成为新农村电气化县（市）。

12月18－19日　南通市国土资源执法监察工作座谈会在海门举行，推广海门市“片警式”土地监管经验。

12月20－21日　国务院发展研究中心中国发展观察课题组，在海永乡举办城乡一体化暨新农村建设发展论坛。国务院研究室副主任李炳坤等参加。

农业部研究组到海门，对京海禽业集团的“京海黄鸡”新品种进行审定。

12月21日　市委、市政府召开纪念改革开放30周年大会。

12月22日　省委常委、副省长黄莉新等到海门，调研高效农业。

12月29日　市委、市政府在苏州举行2008年中国海门（苏州）投资环境推介会。

12月　中兴能源装备股份有限公司入库税金超亿元，成为海门首个纳税超亿元企业。

是年　市申报的世界银行贷款英国赠款100万美元，支持中国农村卫生改革项目（简称“卫十一”项目），获卫生部、世界银行等审核通过。

海门市获评全国计划生育优质服务先进单位。

2009年

1月5－7日　市十五届人民代表大会第二次会议召开，通过关于加速城市南进、建设滨江新城的决议

1月7日　美国GALE国际代表团到海门

考察。

1月8日　宁启高速公路叠石桥互通开通。

海门获中国最具投资价值城市称号。

1月15日　副省长张卫国等慰问驻海门部队官兵。

1月16日　海门(上海)人才服务工作站建站暨人才智力合作签约仪式在沪举行。

1月19日　中央“扩内需、促增长”政策落实检查组组长吴忠泽等到海门,检查项目落实情况。

2月17日　新通海沙上段岸线综合整治工程第一年度采砂可行性论证报告举行专家评审,由长江水利委员会、省水利厅、上海市水务局、南京水利水电科学研究院11位专家组成的评审委员会一致通过。

2月22日　先进钢铁材料技术国家工程研究中心中兴能源装备分中心成立。

2月25日　省委书记梁保华就经济“保增长、促发展”情况到海门调研。

海门镇被中央文明委评为全国文明镇。

3月3日　省政府在海门市召开全省发展高效设施农业现场会。省委常委、副省长黄莉新等出席。

3月9日　海门市获评省体育强县(市)。

3月16日　市成立物业服务行业协会,苏中、苏北县(市)首家。

3月30日　世界知识产权组织高级官员根切夫到海门,考察知识产权示范保护情况。

4月10日　市委、市政府举办的第十四届中国海门金花节暨江海经济投资合作洽谈会在滨海新区开幕。并举行投资环境推介会及项目集中签约仪式。各园区、乡镇与客商集中签约40个项目,其中外资项目23个,总投资4.8亿美元;内资项目17个,总投资31亿元。

4月17日　副省长曹卫星到海门,调研沿江开发和城市建设。

国家知识产权局批准海门为首批实施国家知识产权强县工程县(市)。

4月18日　省委常委、常务副省长赵克志等到海门,调研江海联动开发、大交通建设和新通海沙整治工程。

中国新材料领域成立的第三个地方工作站——中国产学研合作促进会新材料专业委员会海门工作站揭牌。

4月18－19日　由中国史学会、南京大学和海门市人民政府共同主办的第五届张謇国际学术研讨会在海门市举行。全国政协原常委张绪武、副省长曹卫星,张謇研究国内外专家等出席。

4月23－24日　全国沿海部分区、县(市)第26届统计信息交流年会在海门市召开。

5月7日　全国关工委主任、全国人大常委会原副委员长顾秀莲到海门,调研关心下一代工作。

5月22日　省委学习实践活动领导小组办公室,组织《新华日报》社、江苏广播电台、江苏电视台等省级主流媒体记者到海门专题采访。

5月25日　在苏州国际博览中心举行的第四届中国国际中小企业交易会上,海门获“苏商投资中最具投资价值城市”称号。

5月27日　由海门捐建的绵竹市青少年活动中心奠基。

5月30日　在杭州举行的浙商大会上,市委副书记、市长姜龙作海门投资环境推介。

中残联副主席、中国残疾人福利基金会理事长汤小泉到海门,考察助残工作。

6月8日　海门经济开发区与上海复旦远达科技发展有限公司、上海复舒置业有限公司在上海复旦大学签订协议,建立复旦远达科技创业园(海门)有限公司,总投资4.5亿元。

6月16日　民政部基层政权和社区建设司副司长王金华等到海门,评估海门市农村社区建设实现全覆盖工作。8月18日,海门市获首批全国农村社区建设实现全覆盖示范单位称号。

6月23日　市召开第一届海门市人民政府行政复议委员会成立大会暨行政复议委员会第一次全体会议。

6月23日至7月2日　市委常委、副市长沈峻峰率团赴新加坡、中国香港招商,签约2个项目,总投资4.5亿美元。

6月24日　中南控股集团在深交所成功挂牌上市,成为海门市首家上市企业。

7月2日　国土资源部部长徐绍史到海门,调研基本农田保护工作。副省长李小敏等参加。

7月5日　市委书记曹斌等前往四川绵竹市,慰问援建绵竹的南通三建建筑铁军。

7月8日　省人大常委会副主任柏苏宁到海门,调研基层人大代表工作。

7 月 10－12 日　全国新教育实验第九届研讨会在海门举行。全国人大常委会委员、民进中央副主席、中国教育学会副会长、新教育实验发起人朱永新等参加。

7 月 12 日　市委、市政府在北京钓鱼台国宾馆举行“海门沿海开发·江海联动”汇报会。中纪委副书记张惠新、人力资源和社会保障部副部长季允石等出席。

7 月 15－16 日　南京军区副参谋长许纪文到海门，调研市人武部的民兵整组工作。

7 月 21 日　四川省绵竹市党政代表团，在德阳市委常委、绵竹市委书记兰开驰率领下到海门考察。

7 月 27 日　第九届全国县域经济百强县（市）名单揭晓，海门位列第 31 位，位次比 2008 年前移 1 位。在全省位列第 9 位。

8 月 7 日　南通市人大常委会在海门举行一号议案办理情况汇报会。

省军区副政委杨森到海门，为海门市获首届全国维护国防利益和军人军属合法权益工作先进单位称号，颁发荣誉标牌、证书。

8 月 8 日　中共中央政治局常委、国务院总理温家宝考察叠石桥国际家纺城。国家发改委主任张平，工业和信息化部部长李毅中，水利部部长陈雷，国务院政研室主任谢伏瞻，国务院副秘书长、总理办公室主任丘小雄，国务院副秘书长项兆伦，财政部副部长廖晓军，环境保护部副部长张力军，商务部副部长高虎城，中央人民银行副行长胡晓炼，国务院政研室副主任田学斌等参加。省委书记梁保华，省长罗志军，省委常委、常务副省长赵克志，省委常委、秘书长李云峰等陪同。

8 月 17－18 日　台湾桃园县大陆访问团到海门考察。

8 月 26 日　省人大常委会副主任丁解民带领执法检查组到海门，检查《中华人民共和国农村土地承包法》和《江苏省农村土地承包经营权保护条例》贯彻落实情况。

全国沿海地区地方科技工作联谊会第七次会议在海门市举行。

8 月 28 日　海门市在深圳举行 2009 年中国海门（深圳）投资环境推介会。

9 月 3 日　海门市被中国残疾人联合会确定为全国第二批基层残疾人组织规范化建设达标县（市）。

9 月 6－15 日　市委书记曹斌率经贸代表团赴俄罗斯、阿联酋两国进行经贸考察。

9 月 8 日　海门市在浙江宁波举办土地招商推介会。

9 月 21－30 日　市委副书记、市长姜龙率经贸团赴德国、瑞士进行专题招商，签约总投资 3 亿美元项目，并与德国施瓦岑贝克市缔结友好城市。

9 月 24 日　全国人大常委会副委员长周铁农到海门视察。

以“辉煌 60 年·海门不夜城”为主题的国庆灯会在东洲公园启动。

10 月 3 日　住房与城乡建设部副部长郭允冲到海门，调研建筑企业运行情况。

10 月 6 日　纳米比亚前总统、纳米比亚人组党前主席萨姆·努乔马到海门访问。

10 月 25 日　市委、市人大、市政府、市政协举行纪念海门厅同知王宾逝世 100 周年暨张謇与王宾学术研讨会。

11 月 5 日　首家服务外包企业、上海易方客户服务中心签约入驻海门科技创业园。

11 月 7－13 日　市委书记曹斌率经贸考察团赴台湾参加台湾江苏周活动，签约 3 个投资额均超亿美元项目。

11 月 8 日　中华全国供销合作总社党组书记、理事会主任李成玉到海门调研。

11 月 12－13 日　全省农村土地承包管理工作会议在海门召开。

11 月 17 日　中纪委副书记张惠新到海门考察。

省军区副司令员胡树杰到海门视察。

11 月 22 日　2009 年手机内容产业（海门）高峰论坛在光华大酒店举行。全国人大常委会委员吴启迪、中国工程院院士何新贵等出席。

11 月 24 日　水利部副部长鄂竟平到海门，考察农村饮水安全工程建设情况。

11 月 27 日　海门市成立新的社会阶层人士联谊会，简称“新联会”。

12 月 2 日　2009 年度中国城市化进程十大活力县级城市评选揭晓，海门市首次入选。

12 月 3 日　全国政协副秘书长、农工党中央副主席刘晓峰到海门三阳镇，瞻仰季方纪念馆。

12月10日　新通海沙西部整治工程举行开工仪式。

12月11日　海门市在上海浦东新区举行对德产业介绍会。

在浙江省嘉兴市召开的长江三角洲城市市场信息协作网第九次联席会议上，海门市被授予2008年长三角地区县(市)商业十强称号。

12月21日　东灶中心渔港西侧航道疏浚暨吹填工程开工建设。

12月22日　省人大代表、省政协委员30人到海门，视察农村饮水安全工程建设。

三星镇入选上海世博会中国馆小城镇展区。

12月25日　省水利厅向海门市颁发新通海沙上段岸线综合整治工程第一年度采砂项目许可证，并召开新通海沙上段岸线综合整治工程采砂监管准备会。

2010年

1月1日　海门市策划的“东海之门——张謇故里”，被纳入2010年上海世博会“长三角世博主题体验之旅”，与其他95条旅游线路一起在世博会期间向全世界推介。

1月8日　市委、市政府在北京人民大会堂召开海门沿海开发·东灶港建设汇报会。全国人大常委会副委员长周铁农、全国政协副主席阿不来提·阿不都热西提、中国关心下一代工作委员会主任顾秀莲、人力资源和社会保障部副部长季允石、交通部副部长翁孟勇、住房与建设部副部长郭允冲、全国政协原常委张绪武、中国国际金融有限公司董事长李剑阁等和世界500强企业美国泰森公司、央企中国建材集团、中国中船重工等代表及专家学者计300人参加。

1月11－14日　政协海门市第十二届委员会第三次全体会议召开，选举黄汉忠为市政协主席。

1月17日　法中友好协会会长雅克·温明登等到海门考察，参观城市规划展示馆及滨海新区，听取滨海新区情况介绍。

1月19日　几内亚矿业部长穆罕默德·斯雅姆到海门，考察南通三建集团工程总承包公司。

1月20日　市委、市政府机关从海门镇解放中路889号(1995年为14号，2008年为39号)南迁至海门镇北京中路600号海门市行政中心。

1月20－21日　英国柯罗默基金会中国现代艺术部首席执行官柯罗默伯爵夫人等到海门考察。

1月22日　市第六次全国人口普查工作启动。

1月25日　海门市获评江苏省社会治安综合治理先进县(市)。为南通唯一获此殊荣的县(市)。同时，七度蝉联全省社会治安安全县(市)称号。

1月30日　市委宣传部与云南民族电影制片厂共同拍摄的电影《爱的延续》，获首个省“五个一”工程奖。

2月23日　东灶港区总体规划获交通运输部、省政府批准。标志着东灶深水大港建设取得重大进展。

3月5－10日　德国施瓦岑贝克市市长助理安德烈亚斯·梯德率友好代表团到海门访问。

3月16日　滨海新区举行东灶港旅游产业发展初步规划征求意见会。标志着东灶港旅游产业规划正式启动。

3月18日　新疆维吾尔自治区人大常委会副主任张国梁到海门参观考察。

3月22日　海门开发区与上海复旦复华科技股份有限公司，举行国家级上海复华高新技术园区海门项目签约仪式。

3月23日至4月2日　市委书记曹斌率经贸考察团赴法国、瑞士等国考察访问，推介海门沿江沿海开发的良好环境，与相关商会、企业深入洽谈，并签订合作协议。

4月8日　市委、市政府举办的第十五届中国海门金花节举行沿海开发高层论坛暨项目集中签约仪式。各园区、乡镇与客商签约项目170个，总投资315.65亿元，其中外资项目67个，总投资15.5亿美元；内资项目103个，总投资211.8亿元。

市委、市政府举办的第十五届中国海门金花节举行重大项目集中开工仪式，开发区和工业园区7个项目奠基、开工，总投资超35亿元。

4月10日　第十五届中国海门金花节举行产学研合作洽谈会。签约项目126个，研发投入9.2亿元。

4月17日　中国·叠石桥家纺指数编制方案通过专家论证，成为全国家用纺织品行业首次推出的行业指数。

4月21－22日　全省市妇联主席工作会议在

海门召开。

4月24日　全国人大常委会原委员、全国生产力学会会长王茂林到海门考察。

4月26日　印度旁遮普邦教育代表团到海门考察。

4月28日　市在苏州工业园区举办对韩专题投资环境推介会。

5月2日　中国工程院院士吴常信到海门考察京海禽业集团。

5月4日　法中协会主席雅克·温明登率团到海门参观访问。

5月6日　市举行应急救援大队成立暨消防指挥中心落成仪式。

5月13日　美国美中工商协会会长栗亚率协会成员60多人到海门考察。

5月23日　深港投资促进中心秘书长罗剑率10多家会员企业到海门考察工业园区。

5月26日　由宝钢集团有限公司投资兴办的海宝金属工业园项目签约。

5月27日　农村改厕和农村饮用水卫生监督监测工作省级督导活动在海门举行。

6月3日　市成立全省首家社会救助事务服务中心，同时挂海门市低收入家庭认定中心牌子。

6月4日　《2010年江苏城市发展报告》发布，海门市在全省27个县级市可持续发展综合评价中排名第6位，比2007年首次排序前移11位。

6月4－6日　深圳市商业联合会投资考察团到海门考察。

6月8日　南通市沿海开发亿元以上项目集中开工典礼在海门市滨海新区举行。省委常委、常务副省长赵克志等出席，并调研海门市沿海开发。

6月9日　《新华日报》总编辑周跃敏到海门，就海门市高起点推进产业转型升级采访市委书记曹斌。

6月11日　深圳市南通商会代表团到海门，考察企业投资环境。

6月16日　海门经济开发区在全省开发区建设发展综合评价中排名第8位。

6月18日　市首届全民读书节暨“激情江海风”乡镇联动文艺巡演启动。

6月23日　省委副书记、省长罗志军到海门，调研沿海开发。

6月29日　市召开庆功大会，观摩新通海沙西部工程现场，表彰有功之臣。

6月30日至7月8日　市委副书记、市长姜龙率部分乡镇、园区和企业负责人赴台，开展经贸交流活动，签约项目总投资超过1亿美元。

7月7日　世界版权组织干事一行到海门叠石桥版权管理办公室考察。

印度国会议员桑贾博士到海门参观新农村建设。

7月8日　市首家农村合作经济联合会(农合会)在余东镇成立。

7月16日　第三届中国童诗年会暨全国小诗人夏令营活动在海门举行。

7月23日　新疆伊犁州党委书记李湘林率党政代表团到海门考察。

7月26日　全省农村改厕工作会议在海门召开。

7月28日　省军区规范化建设现场观摩会在海门举行。

7月30日　全国人大常委会委员范徐丽泰率香港的全国人大代表团到海门考察。

省人大常委会副主任朱龙生率省人大代表视察组到海门，视察沿海开发和港口建设工作。

8月5日　常乐镇被确定为中共中央组织部创先争优活动联系点。

8月5－6日　市委、市政府组织慰问团赴浙江岱山，慰问“海门艇”官兵。

8月13日　季方史料陈列馆开馆仪式在三阳镇举行。农工党中央副主席、全国政协副秘书长刘晓峰，农工党中央副主席、南京邮电大学校长杨震等到场祝贺。

民建江苏省委主委、省人大常委会副主任赵龙到海门调研。

第十届全国县域经济百强县(市)名单揭晓，海门市名列第31位。继续保持苏中、苏北第一，名列全省第9位。

8月16日　海门山羊肉成为海门市第一个被国家质检总局命名为地理标志保护产品。

8月18－19日　国家级生态乡镇省级考核组到海门，考核首批国家级生态乡镇创建工作，天补、德胜、三厂、麒麟、临江、万年6个乡镇通过考核验收。

8月19日 厄瓜多尔地区经济发展委员会主席伽罗率团到海门考察。

8月22日 海门市被定为全国农村土地承包经营权流转和农业社会化服务试点县(市)。

8月31日 东灶港东区围填海围堤项目通过验收。

8月 《边学边记——学习〈英语语法〉笔记》一书内部出版,后由内蒙古人民出版社出版。作者史秉谦(曾任县委常委、常务副县长),初中肄业学历,在20世纪80年代就开始自学英语,1991年3月离休后继续自学,并上老年大学英语班学习,从未间断。

9月2日 市在深圳举行投资环境推介会,14个项目集中签约,总投资超35亿元。

9月6日 全市有江苏南通三建集团有限公司、中南控股集团有限公司、南通建筑工程总承包有限公司、江苏通光集团有限公司4个企业入围2010年中国民营企业500强。

9月15日 海宝工业园规划汇报暨宝钢钢构(江苏)项目签约仪式在海门经济开发区举行。

贵州省委政策研究室副主任阮晶率考察团到海门考察农业工作。

9月16日 张謇杯·2010年中国国际家用纺织品设计大奖赛举行颁奖仪式,叠石桥标志同时揭牌。

9月17日 澳中工商会会长沈天馨到海门,考察轻纺产业投资环境。

第二届福布斯县级城市投资与发展论坛启动暨2010福布斯中国大陆最佳县级城市25强揭晓,海门名列第24位。成为苏中、苏北唯一上榜城市。

9月18日 香港南通同乡会名誉会长方铿、会长杨耀忠带领香港南通同乡会和香港国际贸易合作协会代表团到滨海新区考察。

9月25日 由市政府主办,中南集团、澳大利亚康诺克公司承办的全预制装配式楼宇产业化推介会暨新闻发布会在海门市举行。住建部原副部长、中国建筑金属结构协会会长姚岳等出席。

9月30日 崇海汽渡经营的临(江)(海)永航线开通。

10月6日 省交通公路局通报全省县道公路管理养护质量检查情况,海门市名列全省抽查的36个县(市、区)第一。

10月8日 市委决定,在全市党员干部中开展"讲党性、重品行、树正气、创一流"主题教育活动。

10月15－16日 德国石荷州州长彼得·哈瑞·卡斯滕森、施瓦岑贝克市市长法朗克·鲁贝特等率代表团到海门参观考察。

10月16日 工商总局副局长付双建等到海门考察商标品牌建设。

10月26日 海门市名列2010年"中国中小城市科学发展百强县(市)"第51位。

10月28日 世界500强企业、全球零售业巨头法国欧尚投资的欧尚超市海门店开业。

10月28－31日 市政府举办"海门科技合作成都行"活动,签订产学研合作协议15项。

10月31日 海门市第十五届运动会开幕。

海门中学再获北京大学2011年度中学校长实名推荐制资格。

11月8日 改扩建后的张謇纪念馆开馆。张謇嫡孙张绪武、全国工商联副主席谢伯阳等出席开馆仪式。

11月11日 南通港吕四港区东灶港作业区通用码头工程获省发改委核准。

11月22日 海门获评全国平安畅通县(市)。为南通地区唯一入围县(市),列全省8个上榜县(市、区)之首。

11月23日 省落实惠民政策,深化殡葬改革工作推进会在海门召开。

参加"长安南通"建设现场会的南通市、各县(市、区)政法系统领导到海门,参观大调解工作。

11月26日 海永乡与崇明县签订旅游合作协议,与森林公园、前卫生态村构筑生态旅游循环带。

11月29日 市实诚农副产品批发市场被确定为省级重点农产品批发市场。

12月1日 海门市温州商会在海门工业园区成立。

12月3日 中国叠石桥2010年聚酯涤纶创新论坛、中国叠石桥2010年功能性家纺论坛开幕。

12月3－4日 美国加州投资发展合作考察团到海门,考察教育项目投资环境。

12月7日 全省人民法庭工作会议在海门召开。

12月9日 国家国资委监事会主任吕品到海门,调研沿江沿海开发。

12月11日 中共海门市十二届六次全体会议召开,会议确定2011年的工作主题为“奋力开启‘十二五’,阔步迈向现代化”。

12月17日 海门市被全国普法办公室评为全国法治县(市、区)创建活动先进单位。

12月24日 在南通举行的全国农村土地承包管理工作会与会人员到海门参观,农业部有关负责人等参加活动。

12月28日 市创建省优秀管理城市工作通过省考核组实地验收。江海路通过省级市容管理示范路验收。

12月29日 市召开深化医药卫生体制改革动员会,每乡镇都将建1所公立医院。

是年 上海世博会城市文化广场海门市专场在上海东方明珠广场举行。海门工业园区的绣品《金玉满堂》《广玉兰》送上海世博会参展。

第一篇

建置　区划

海门市地处长江北岸,距入海口70公里。东北濒临黄海,海岸线11.73公里;东与启东市接壤,边界线40.39公里;东南长江北支南的海永乡,东接启东市启隆乡,南连上海市崇明县新海镇,西靠庙镇、新村乡,海崇边界线12.3公里;南靠长江,江岸线47.3公里,东段与崇明县一衣带水,西段与太仓、常熟市隔江相望;西、北与通州市毗邻,边界线81.45公里。2008年,全市总面积1148.77平方公里,人口100.13万人。

五代后周显德五年(958)始置县,因地处江海门户而得名海门。县地由东布洲、顾俊沙等沙洲组成。海门滨江临海,屡遭风潮灾害,县境涨坍无常,至清康熙十一年(1672)裁县,归并通州。乾隆三十三年(1768),设江苏省海门直隶厅。民国元年(1912),改厅为县。

民国29年11月,新四军东进海门后,建立海门县抗日民主政府。民国30年9月,海门县与启东县合并建海东行署。10月,并南通县东南部、海门县西部地区建通海行署。11月,建立通东行署。12月,海东行署改为海启行署。民国31年7月,崇明划归海启行署,称海启崇行署。9月,并南通县的通东行署、海门县东部地区及启东县建东南行署。民国34年1月,撤销通海行署。民国35年3月,撤销东南行署,复建海门县。是年12月,又撤销海门县,再建东南行署。1949年1月,撤销东南行署,还设海门县。1994年6月,撤销海门县,设立海门市。

海门始置县时,设县治于东洲镇。元至正年间(1341－1368),县治迁礼安乡。明正德九年(1514),县治迁余中场。嘉靖二十四年(1545),县治迁金沙场。清康熙十一年(1672),县治迁永安镇,即裁县为乡。乾隆三十九年(1774),建厅署于茅家镇。民国元年,县署仍为茅家镇。新中国成立后,海门还以茅家镇为县治。1965年6月,茅家镇改为海门镇。

海门始置县时,县下设里。清道光年间(1821－1850),废里建保甲。宣统二年(1910),厅下为城、镇、乡。民国年间,先设市、乡,后设行政局、村闾、镇,再改局为区,村、闾为乡,街市设镇,编制保甲。抗日民主政府和解放区建区、乡、村。1949年1月,海门全境解放后,设区、乡、镇,废保甲建村,镇设街道。1949年10月,全县设9个区,3个县属镇,126个乡,675个村。1954年9月,王鲍区及三阳区聚南乡划归启东。1957年11月,撤销区建制,小乡并大乡,全县34个乡、2个县属镇。1958年3月,行政区划再作调整。10月,成立人民公社,撤销乡的建制,实行政社合一,村改为生产大队。1961年5月,全县设5个区。1969年,建立县五七农场。1970年,建立永隆沙良种场。1980年,五七农场改为县棉花原种场。1983年5月,撤销人民公社,恢复乡的建制。1986年开始,撤乡设立建制镇。1987年,撤销区建制。1992年6月,设立海门经济技术开发区。同年11月,建立海永乡。1994年12月,全市设1个开发区,2个市属镇、15个建制镇、13个乡、1个农场,779个村,30个街路(新村)居民委员会。1996年11月,海门镇设3个副乡级街道办事处。2000年4月,海门30个乡镇合并为22个乡镇。2005年9月,市棉花原种场划归海门经济开发区。2006年8月,设立江苏海门工业园区。2008年8月,建立滨海新区和临江新区。2008年,增设海门镇城南办事处和开发区民生街道办事处。是年12月,海门市有1个省级开发区、1个省级工业园区(建江苏海门工业园区后,保留三星镇)、2个新区(建滨海、临江新区后,保留东灶港镇和临江镇)、18个镇、1个乡,5个街道办事处,234个村,56个社区(街路)居民委员会。

第一章　建　　置

第一节　沿　　革

长江与黄海交汇区江口海域，夏、商、周时为扬州之域；东周春秋时属吴；战国时先后属越、楚；秦代属九江郡；西汉为海陵县东境，属临淮郡；东汉改属广陵郡；三国时属魏，后归吴；西晋属广陵郡；东晋，南朝宋、齐皆属海陵郡；隋属江都郡。

唐代，在南布洲东出现东洲、布洲等沙洲后，设盐亭场，其周围有若干沙洲环绕，属扬州广陵郡。唐末属吴，为东洲镇，系浙江西道节度使控制。后梁开平元年(907)，吴姚存制据海陵东二洲(胡逗洲和东洲)，设东洲静海都镇。吴武义元年(919)，改东洲为丰乐镇，顾俊沙为崇明镇，布洲为大安镇。南唐保大初年(约943)，建静海都镇制置院，丰乐镇为其所辖。10世纪中叶，东洲和布洲涨接为东布洲。

五代后周显德五年(958)正月，周攻克南唐静海，改静海都镇制置院为静海军。是年，在静海军地东部始置海门县，裁废丰乐镇，称东洲镇，为县治，因地处江海门户而得县名，等级为"望"(人口4000户以上)，上属通州。后周显德年间(954－960)，还裁撤崇明、大安镇。北宋建隆元年(960)，海门县还属通州。天圣元年(1023)，通州改名崇州，又名崇川，海门属崇川。明道二年(1033)，崇川复称通州，海门仍属通州。政和七年(1117)，通州改为静海郡，海门属静海郡；不久，复名通州，海门随属之。元世祖起，通州升为通州路，海门属通州路；至元二十一年(1284)，复为通州，海门复属之。明朝，海门还属通州。清康熙十一年(1672)，海门大部分土地坍没，裁县为乡，称海门乡。道光十二年(1832)，因海门厅与海门乡名相混，改为静海乡，归并通州。

康熙中期后，沙洲渐次涨出，计百数十里，由通州及崇明县人垦种，设太通巡道统辖。不久裁巡道，于崇明添设半洋司巡检，通州添设州同，专司沙务。乾隆三十三年(1768)，古海门县(建海门厅之前的县)地都已涨复，割通州安庆、南安等19沙，崇明半洋、富民等11沙及通、崇之间新涨的天南等10沙，计40沙，设江苏省海门直隶厅，属江苏布政使司，后直属江宁布政使司。

民国元年(1912)，复称海门县。民国3年，划属沪海道尹。民国16年，直属江苏省。民国21年，属江苏省南通区。民国22年3月，属江苏省第七区。民国23年，又改属江苏省南通区。民国25年，属江苏省第四区。

民国29年11月，新四军东进后建立海门县抗日民主政府，属中共苏中临时委员会。民国30年3月，属苏中第四行政区。9月，海门、启东两县合并，设海东行署(保留海门县建制至民国32年1月)。10月，建立通海行署，属苏中第四行政区。11月，建立通东行署。12月，改海东行署为海启行署，属苏中第四行政区。民国31年7月，崇明划归海启行署，称海启崇行署。同年9月，隶属南通县的通东行署并入，建东南行署。民国32年3月，通海行署停止活动，7月设通海办事处，属南通县抗日民主政府领导。同年11月，复建通海行署，原辖区和隶属关系不变。民国34年1月，撤销通海行署，通海地区划归南通县。民国34年12月，东南行署隶属苏皖边区第一行政区。民国35年3月，撤销东南行署，恢复海门县建制，隶属苏皖边区第一行政区；8月，属苏皖边区第九行政区。民国35年12月，海启两县重新合并，再建东南行署，属苏皖边区第九行政区；1949年1月，海启地区全境解放，撤销东南行署，恢复海门县建制，属苏皖边区第九行政区；同年5月，属苏北南通行政区。

图 1-1 1994 年 6 月，海门县撤县设市挂牌仪式

1949 年 10 月，新中国成立后，海门县仍属苏北南通行政区；1950 年 8 月，属南通区；1953 年 1 月，属江苏省南通区；4 月，属江苏省南通专区；1971 年 4 月，属江苏省南通地区。1983 年 1 月，江苏省南通地区撤销，实行市管县体制，海门县隶属南通市。1994 年 4 月 26 日，经国务院批准，民政部行文，撤销海门县，设立海门市（县级）。5 月 21 日，江苏省人民政府明确，海门市仍由南通市管辖，实行计划单列。6 月 27 日，海门宣布撤县设市。2008 年，海门市仍属江苏省南通市。

第二节 境 域

一、陆域

陆域变迁 海门始置县时，是置有 120 个里（建县之初行政区划的建制单位，100 户为一个里）的大县，在通州东南，隔海 200 余里。县域为东布洲、崇明镇等江口海域沙洲群。县南包崇明，北达吕四，在宋初未连接大陆前，西境距通州 145 里，县界在吕四以西的曹严窪。宋代中期，县西境距通州 40 里，布洲夹是通州、海门间的夹江。

北宋，崇明镇为海门县的属镇，海门县的范围包括崇明镇等各沙。南宋嘉定十年（1217），崇明沙洲属淮南东路通州海门县。嘉定十五年（1222），在三沙置天赐盐场，属海门县。元至元十四年（1277），崇明建州之前，地处长江口的西沙崇明镇，续涨的姚刘沙、三沙及所置的天赐盐场，均属通州海门县。后天赐盐场直隶通州。

北宋天圣年间（1023－1032），吕四场隶属海门县。元明两代皇朝仍因之。吕四场，东北濒海，南临江，西与余东接壤，东西相距 30 里，南北 30 里。清康熙十一年（1672），吕四场改隶通州。

宋时，海门岛在县治北海中，设屯兵使者守护，犯罪者多发配于此，后没于海。

宋元丰年间（1078－1085），海门县有 3 个乡及崇明 1 个镇。宋代末期，吕四场南、布洲夹以东没江的老运河南岸大片土地，为古海门县位置。

元至正年间（1341－1368），由于海潮侵袭崩坍，海门县并成 73 个里。元末，海门县坍得仅剩东部吕四场，西部智正都、嘉会都地。

明正统、景泰年间（1436－1457），坍田 126254 亩。弘治十二年（1499），全县有土地 100564 亩 9 分。嘉靖元年（1522），县境以县治余中场为中心，东至廖角嘴 80 里，南至长江 3 里，西至通州界 10 里，北至黄海 20 里。

嘉靖二十四年（1545），海门县境除吕四场一角外，几乎全被江海吞没，并为 14 个里，割借通州清干乡 6 里、金沙场 1 里，计 21 个里，为海门县境。县治迁金沙场，在扬州东南 460 里，东至海 2 里，南至江 2 里，西北至通州 4 里，北到海 33 里，东北至海 70 里。

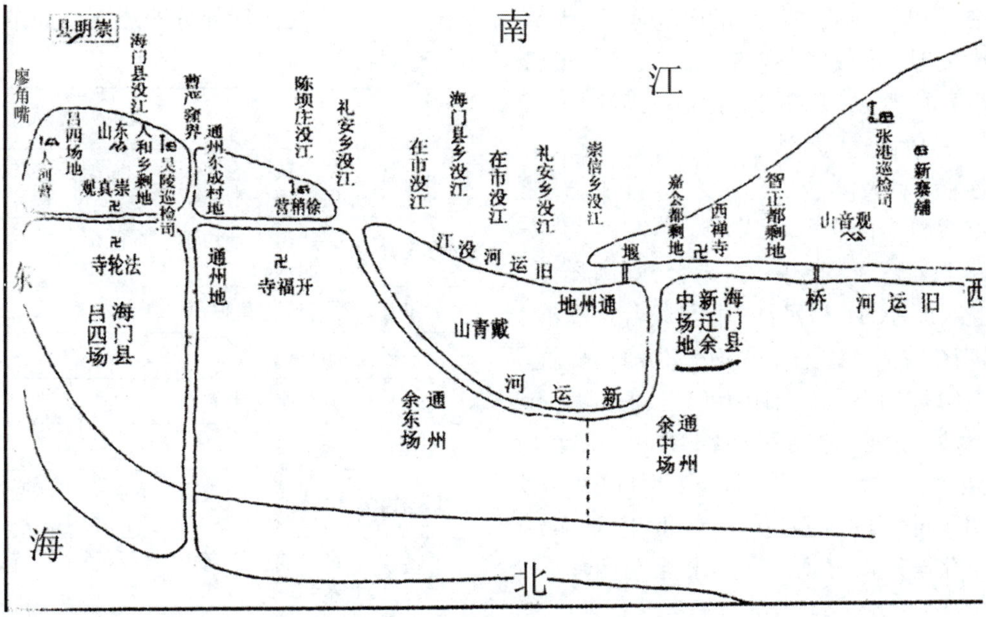

图1－2　明嘉靖《海门县志》海门县总图

清顺治三年(1646),县治东至黄海2里,南到长江2里,西到通州33里,北至黄海33里,东北至黄海70里。康熙十一年(1672),海门大部坍入江中,县境仅有土地3955亩,被裁县为乡,归并通州,称海门乡。

明清海门县坍地情况

表1－1　　**单位:亩**

时　　间	增加田地	除豁坍田	剩余田地
明洪武九年(1376)	–	–	155617.40
弘治十六年(1503)	–	126257.80	29359.60
嘉靖二十四年(1545)	借14264.60	–	43624.20
万历二十年(1592)	–	20506.80	23117.40
万历四十三年(1615)	–	6607.50	16509.90
崇祯六年(1633)	–	1718.00	14791.90
崇祯十六年(1643)	–	1624.40	13167.50
清顺治三年(1646)	–	4882.50	8285.00
顺治八年(1651)	–	1639.00	6646.00
康熙十一年(1672)	–	2691.00	3955.00

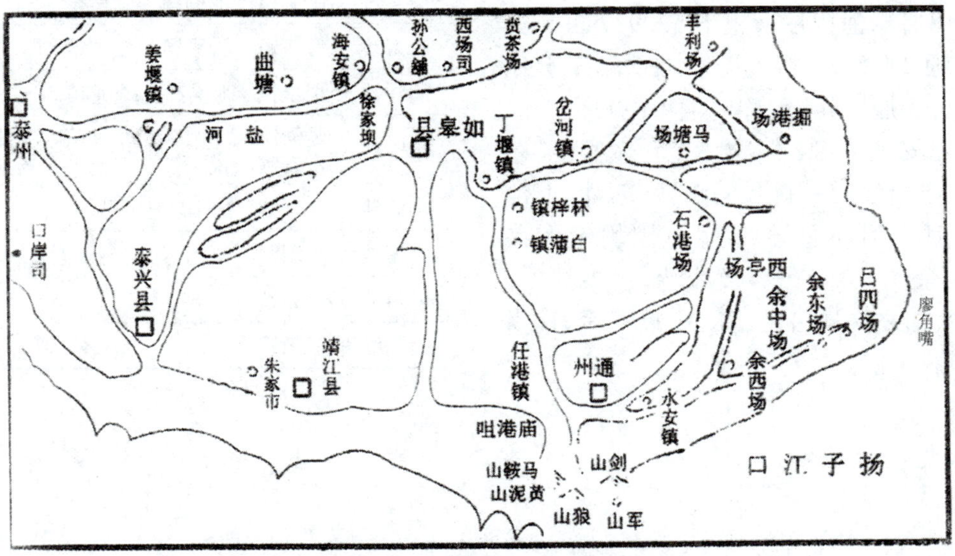

图1－3　清康熙《内府图》海门撤县后海门乡示意图

乾隆三十三年(1768),划通州川港西沙、大兴沙、安庆沙、南安沙、小浅沙、裙带沙、玉心沙、玉带沙、通兴沙、西天补沙、东天补沙、柴宝东洪沙、万盛沙、大小年沙、三角沙、丁角沙、藤盘沙、吕寿沙、日照沙,计19沙;崇明大洪沙、复兴沙、日盛沙、五桂沙、太平沙、富民沙、半洋沙、永阜沙、小安沙、大安沙、戏台沙,计11沙;新涨天南沙、天余沙、满洋沙、吕复沙、民灶沙、新小沙、利民沙、小安戏台接涨沙、永兴外沙、裙带余沙,计10沙,共40沙为海门厅境。乾隆三十九年(1774),厅东西距140里,南北距36里。厅治裙带沙,东北至文庙公地115里,东至海108里,东南至大有港50里,至新沙东界118里,南至圩角港18里,西南至南安沙大安港28里,西至通州界32里,西北至通海界河25里,北至余西场、六甲坝18里。

乾隆四十年(1775),海门、崇明两县商定,对长江口新涨的永旺沙老坝起至海门所辖之半洋沙庙港老岸之间计31里9分地,以劈中为界,各辖15里9分地。嘉庆年间(1796－1820),海门厅东西长180里,南北宽50里,东北至通州界,东至黄海,东南隔江与崇明相望,南至长江,西南隔江至昭文县(今常熟市东境)界70里,西至通州府80里,北至通州界。嘉庆七年(1802),永泰沙与海门厅的天南沙之间涨出利民沙,利民沙隔泓与海门天南沙相望,成为海门、崇明互争之地,经与苏松太道、常镇道会勘商定:除补足永泰沙原来征粮田额外,分为三段,南为崇明,北归海门,中归苏州的普济、老妇、育婴三堂公田,这片土地计1000亩。嘉庆二十年(1815),海门厅境土地529937亩5分1厘,新涨土地1115526亩6分4厘,合计土地1645464亩1分5厘。光绪二十六年(1900),新涨出的汤家沙、北安沙、龙腹沙、裙玉沙、永盛沙、东小沙、小荫沙、小塘沙、鲈鱼沙、馒头沙、新沙11沙划归海门厅,时海门厅总辖51沙。因坍圮大兴沙、戏台沙、天余沙、小安戏台接涨沙、永兴外沙、裙带余沙6沙,加之文庙公地,苏营、狼营兵田,岁修田占地,实辖43沙。

海门厅部分沙洲及镇分布

表1－2

沙　名	镇　　名
裙带沙	茅家镇　通源镇　大兴镇　三和镇　坝头镇(聚星镇)　连元镇　朝阳镇
复兴沙	横沙镇　圩角镇　木棚镇　宋季镇　史家镇　浒通镇
大洪沙	大连镇(黄狼镇)
安庆沙	津桥镇
南安沙	大成镇　大安镇
川港西沙	天星镇
西天补沙	搭连镇　湾头镇　天补镇　汇通镇　三星镇　新口镇
富民沙	富民镇　中兴镇　倪家镇　下浒通镇　汤家镇　太兴镇
日盛沙	大桥镇　大脚镇
永阜沙	协隆镇　长圈镇
半洋沙	兴隆镇　虹桥镇　崇海镇　灵甸镇
利民沙	普济镇
东天补沙	张家镇　汇安镇　长乐镇　长兴镇　大洪镇　二匡镇　常来镇　长春镇
东小沙	麒麟镇
新小沙	师子镇
天南沙	凤凰桥镇　头匡镇　六匡镇　十匡镇　十二匡镇　悦来镇　三阳镇　汲滨镇
小年沙	下三和镇
三角沙	义兴镇
丁角沙	江家镇
藤盘沙	闸头镇　池棚镇　骑岸镇　三兴镇　南星镇
吕寿沙	拳头镇　脚跟镇　巴掌镇
满洋沙	聚星镇　和合镇　蟠龙镇
小安沙	竖河镇　二潋镇　曹家镇　老虎镇　中央镇　富安镇　悦兴镇　东昌镇　杨家桥镇
小荫沙	富兴镇(俗名老虎尾巴)
小塘沙	新阳镇　叙阳镇
鲈鱼沙	挂刀镇
馒头沙	汇阳镇

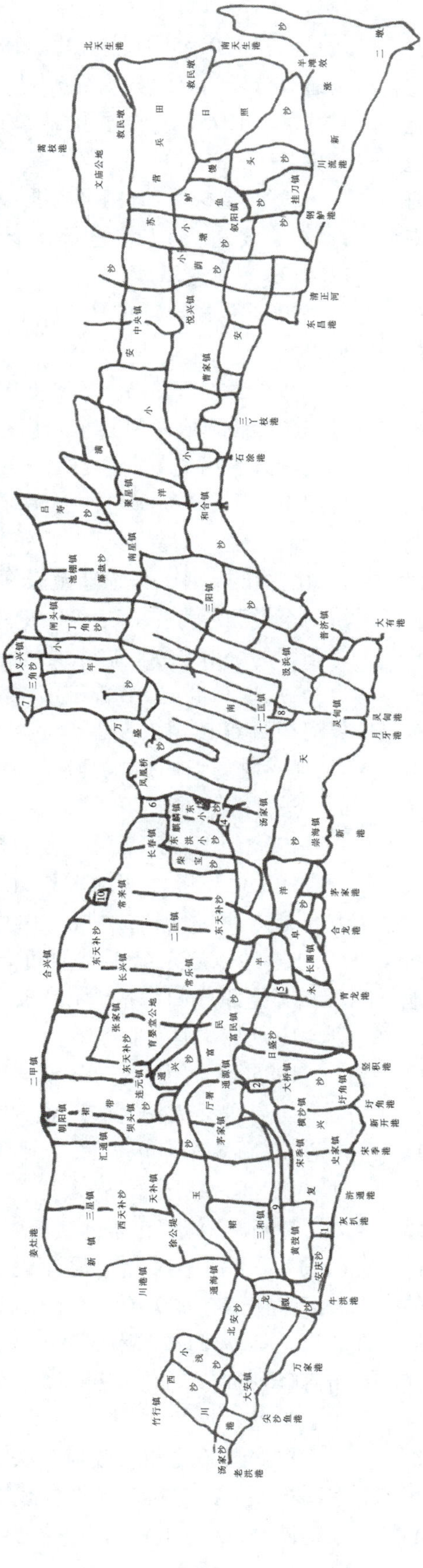

图 1-4　清光绪二十六年(1900)海门厅境总图

宣统元年(1909),四甲坝、余东、新河镇、包场、六甲、吕四均属通州。

民国元年(1912)1月,废海门厅,复设海门县,县境面积3204平方公里。民国4年前后,长江海门段西南出现江中沙洲,习惯称江心沙。民国8年,全县有土地3252平方公里。民国18年,全县有土地3179.48平方公里。民国21年5月,民灶沙划归海门县管辖。民国24年,海门县东北濒临黄海,东南与启东县接壤,南靠长江,西和北与南通县毗连。

民国29年11月,建立海门县抗日民主政府。民国30年9月,海门、启东两县合并,设海东行署。10月,建立通海行署,东至掘青公路,南至长江,西至狼山,北至通吕老运河。12月,海东行署改为海启行署。民国31年7月,崇明划归海启行署,称海启崇行署。9月,通东行署(包括吕四、六甲、余东、富安4个区)并入,建立东南行署。其辖地为青(龙港)掘(港)公路以东,东余镇歇御港以南地区。民国32年3月,通海行署停止活动。7月设通海办事处。11月,恢复通海行署,原辖区和隶属关系不变。民国34年1月,撤销通海行署,通海地区划归南通县。民国35年3月,撤销东南行署,成立海门、启东县。民国35年12月,海启两县重新合并,再建东南行署。

1949年1月,海启地区全部解放,撤销东南行署,恢复海门、启东两县建制,原东南行署所辖的海南、海西、海中、富余、王鲍、六甲区及吕四区的头补、二补乡与南通县所辖的旧海门县一、二区划归海门县。原属大有晋盐垦公司12.47平方公里土地划入海门县。

1949年2月,将原南通县管辖的四甲区的余中乡划归海门县四甲区。

1949年,全县土地总面积1276.85平方公里。1954年9月,海门县王鲍区和三阳区的聚南乡划归启东县。1955年3月,通兴农场划归启东。1955年,全县土地总面积1219平方公里。1961年5月,成立国营江心沙农场。1966年1月,海门县盐场的大部与南通县盐场合并为南通地区盐场通海分场,划归南通地区和淮北盐务局双重领导。海门县盐场的东南部已建成未投产的10份盐滩改建成苗圃(大东农场前身),划归海门县管辖。1969年10月,撤销国营江心沙农场,成立中国人民解放军南京军区江苏生产建设兵团第4师第25团,后又复名江心沙农场,隶属省农垦局(省农垦总公司),地域属海门县。1970年建立永隆沙良种场。1971年,全县土地总面积1205.55平方公里。1972年,南通地区盐场通海分场的海门县境部分划归海门,并恢复海门县盐场。1975年,全县土地总面积1217.02平方公里。

1994年6月,海门县撤县设市,以原海门县的行政区域为海门市的行政区域。土地总面积1244.35平方公里。

2008年,海门市土地总面积1148.77平方公里。

边界线 *海门与启东市(县)界* 民国17年3月,建立启东县,海门县东与启东县以悦和港、普济镇至崇海界河为界,南与启东县以崇海界河为界。1949年1月,恢复海门、启东两县建制,海门与启东以九锹深经公司界河至头甲镇折东沿倒岸河至牛桥,由牛桥折南经石砣港至崇海界河,再折南经普济河至悦和港为界。1954年9月,海门县王鲍区和三阳区的聚南乡划归启东县,海门县与启东县的分界为:从悦和港起,沿普济河至庙桥,经宽心河、节界河至脚跟镇,接公司界河至九锹深。1955年3月,通兴农场划归启东县后,原节界河至公司河段的凹进部分基本调直。

1968年12月,南通专区革委会组织海门、启东两县代表赴永隆沙实地考察,征求群众意见,经双方充分协商讨论达成协议,由南通专区革委会批复,永隆沙以启东已围垦的西大堤中心线为界,堤西未围垦部分归海门管;堤东已围垦部分归启东管。1969年1月1日生效。

1985年,海门县东兴、刘浩、海洪、三阳、临江5个乡与启东县天汾、西宁、通兴、王鲍、聚南、久隆、决心、北新8个乡以九锹深、天汾河、灯杆港、节界河、悦和港为界,全长33公里。

1995年,海门市东部与启东市的边界以九锹深(河)、天汾河、灯杆港(河)、悦和港(河)接界。黄海海岸往南有600米大堤一段以堤东侧堤脚为界。

是年,海门市东南部海永乡(永隆沙)东与启东市启隆乡(启东农业良种繁育场)交界,以堤(已平)中心为界。

根据国务院和省政府有关通知精神,海门、启东两市联合勘定行政区域界线工作于1997年5月下旬展开,11月上旬两市就勘界中的遗留问题进行协商。对九锹深地段存在的边界争议,由南通市勘界工作领导小组裁定:九锹深河地段的界址,以河西岸为界,西为海门市,东归启东市;堤岸界址以东堤脚线为界,西为海门市,东归启东市(从3号界桩起向南沿界河中心线为界)。1998年7月13日,海门市、启东市代表在《海门市政府和启东市政府联合勘定的行政区域界线协议书》上签字报省。2001年9月30日,省政府批复生效。海门市与启东市的行政区域分界线走向,北始黄海一道堤海门市原东兴乡与启东市天汾镇海堤接壤处,往南至长江边后,穿过长江入海口北支,进入永隆沙,再向南至友谊河中心海门市海永乡与启东市启隆乡交界处。边界走向呈曲线形,交界处主要以小河、田埂、小路等接壤,涉及两市15个乡镇,设立12号(12个)界桩,全线长40.391公里(其中永隆沙地段长度为2.425公里)。

2001年9月海门市与启东市界桩位置和边界线走向

表1-3

桩　　号	界桩位置	边界线走向
1号界桩单立双面	海启交界头道海堤堤顶南边缘	从1号界桩起,界线沿东堤脚向南偏西南640米为2号界桩。1号界桩至2号界桩之间长度为0.64公里
2号界桩单立双面	海门东兴乡大东村与启东天汾镇大直村之间,九锹深河西侧	从2号界桩起,界线沿启东九锹深河西侧向南偏西南1050米处转向东南方向70米,再转向南偏西南260米,又转向西偏西南48米,再转向南偏西南265米,又转向西偏西南100米,再转向南沿两市界河中心线向南2064米,又转向东20米,再转向南85米,再转向南偏东南141米,又转向南偏西南450米到3号界桩。2号界桩至3号界桩之间长度4.553公里
3号界桩单立双面	海门东兴乡红中村与启东天汾镇闸河村之间通吕公路(苏318线)南侧	从3号界桩起沿界河中心线向南偏西南4553米后转向南2135米,再转向西偏西南45米,又转向南4927米至通海界河,沿通海界河中心线向西南方向1025米,再转向南偏西南220米,又转向东南80米,再转向西南1042米,又转向西北104米,再转向南偏西南115米,又转向南121米至4号界桩。3号界桩至4号界桩之间长度13.367公里(注:3、4号界桩间长度少计算1公里,应为14.367公里)
4号界桩单立双面	海门三阳镇南星村与启东王鲍乡春平村之间,通启河北侧	从4号界桩起向南穿过通启河至5号界桩。从4号界桩至5号界桩之间长度0.192公里
5号界桩单立双面	海门三阳镇福海村与启东王鲍乡灯明村之间沟头的启东一侧	自5号界桩起顺小沟中心线向南208米后转向南偏东南210米,又转向东偏东南73米,再转向东南123米,又转向南219米,再转向东南105米,又转向南251米,再转向西南97米,又转向南520米,又转向东南100米,再转向南250米,又转向南偏西南160米,再转向西50米,又转向南105米,再转向西南118米,又转向东南250米,再转向东100米进入灯杆港后转向西南方向3901米,又折向东25米至6号界桩。5号至6号界桩之间长度6.865公里
6号界桩单立双面	海门三阳镇刘东村与启东聚南乡刘周村之间田埂上	自6号界桩向南40米,转向东沿小沟中心线320米,再转向北偏东北49米,又转向东偏东北452米,再转向东南55米,又转向南偏西南460米至7号界桩。6号界桩至7号界桩之间长度1.376公里
7号界桩单立双面	海门三阳镇刘东村与启东久隆镇、聚南乡相邻交界的三乡会交处沟头海门一侧	由7号界桩向南顺小沟中心线44米后折向西偏西南方向的沟2238米,再转向南偏西南方向的沟1167米,又转向西南方向的沟695米,再转向西偏西北方向100米,又顺沟向南偏西南1320米,再转向西74米,又转向南偏西南1320米,再转向西286米至8号界桩。7号界桩至8号界桩之间长度7.244公里
8号界桩单立双面	海门临江乡普西村与启东决心乡远兴村之间的一横河坝南头启东一侧	由8号界桩西侧沿机耕路中心线向南1800米至9号界桩。8号界桩至9号界桩之间长度1.8公里

续表 1－3

桩　　号	界桩位置	边界线走向
9 号界桩单立双面	海门临江乡希圣村与启东北新镇悦和村之间机耕路东侧排水沟沟东启东一侧	由 9 号界桩向南偏东南方向 338 米，转向南偏西南方向 90 米，接到悦和港中心线继续向南 419 米到长江二道堤，顺南北纵隔堤西堤脚继续向西南方向 82 米至长江头道堤 10 号界桩。9 号界桩至 10 号界桩之间长度 0.929 公里
10 号界桩单立双面	海门临江乡希圣村与启东北新镇悦和村之间纵隔堤西堤脚延长线上长江头道堤顶上	由 10 号界桩向南即为长江水域。穿过长江入海口北支水面后，进入永隆沙后接上 11 号界桩
11 号界桩单立双面	海门海永乡与启东启隆乡之间的二道堤北侧，南北小道启东一侧	从 11 号界桩向北偏东北方向 315 米至头道堤上海启分界点；从 11 号界桩向南偏西南沿机耕路西侧 1062 米至 12 号界桩，从永隆沙北头道堤至 12 号界桩之间长度 1.377 公里
12 号界桩单立双面	海门海永乡与启东启隆乡之间机耕路西侧	由 12 号界桩顺路西边向南偏西南方向 1048 米到达江苏省与上海市交界的友谊河中心，接上江苏省与上海市的分界线。这段长度 1.048 公里
		这次海门市与启东市共同勘定的界线总长度 39.391 公里。因 3、4 号界柱间少算 1 公里，故改为 40.391 公里

海门与通州（南通）市（县）界　宋至和年间（1954－1956）起，以沈公堤“旧岸”为界，堤北属通州，堤南属海门。明初，在吕四场以西有一条曹严窪，为海门和通州分界处。明成化二十年（1484），县城西建西清闸；弘治三年（1490），县城西北建咸水闸，县西智正都有通江的张港、湖港等，均属明朝时的通海交界。清光绪二十三年（1897），开通海界河，东起蒿枝港，经民灶界河、斜八里河至倒岸河为止，东部以黑水河为界，界西为海地，界东为通地；通海界河以南为海门，以北为通州。光绪三十二年（1906），经通州、海门厅最后勘定，以苏狼两镇兵团之北一河定为海门厅与通州界，此河定名海界河，流经上、中、下三沙地带，横贯海门全境。

民国元年，复设海门县时，西和北自老洪港向北而东，沿界河抵海 85 余公里，为海门与南通县界。即西自汤家沙西界河老洪港东起，沿南官墩界河东北向，经川港西沙北官墩东折至万安桥、保障桥、朱家豆腐店（中间一段犬牙相错接壤，并无河形）。自曹家桥（西）朱家豆腐店向东南循戴莘臣案北界河至通海镇，向北沿牛洪港河经徐公堤，循桃源竖河至三星镇横河，再沿犬齿交错的横河向西至叠石桥西，循黄鹤圃案西界河至新镇界河。又自新镇北海界桥东折经狮子桥、杨瘸子店、横板桥向东而北至水流（楼）镇，再东经朝阳镇、定兴桥、汇源镇至三圩角，北折而东经永安桥、中兴桥，迂回东南经通济桥、历高桥、保泰桥、义兴桥、凤凰桥，东至丁头港，再自丁头港北折经西万盛桥、东万盛桥、三星桥而北至郁家大坝、五福殿，东折循民灶河，经太平桥、王家桥、大兴桥东北折至骆驼桥，东南向经七甲庙、六甲桥至观音寺（脚搭庙），南折再循民灶河，经巴掌镇至杨宝山店汇海界河，东沿陈太案北界到通兴镇南折至杨彰案东折施林案而汇蒿枝港。再东经龚家镇抵通海垦牧公司，沿二堤西界而南，南界而东，经三堤、四堤南界入海。整条通海界河由西向东，南属海门，北属南通；凡折向处，右边为海门，左边为南通。民国 21 年 5 月，民灶沙划归海门县管辖，通、海两县会同树立界石。民国 22 年，海门县全图调查核对资料记载，海门县与南通县东部吕四地区的历史分界线：石砣港以东，以蒿枝港分界；石砣港以西，以民灶河分界；通济河以西，以斜八里河分界；巴掌竖河（原民灶河）以西，以倒岸分界，界南为海门，界北为南通。而在东部蒿枝港以南，通海界河以北，又以黑水河分界，界西为海门，界东为南通（即垦牧二、三、四堤）。20 世纪 40 年代，海门县与南通县在调整行政区划时，确定海滩划界以歃御港为界。

1949 年 1 月，海门、南通县行政界调整时，两县分界线，以南北向歃御港西侧老海堤一线为界，堤东属海门，堤西为南通。1958 年，两县在围垦和办盐场时以此划定界线。

1966 年 12 月 4 日,海门与南通两县代表在金沙协商并签订协议书,海门、南通两县滩地以歙御港为界,以东属海门,以西属南通,南通县还同意歙御港以西一片滩地由海门县围垦使用。

1984 年,海门和南通两县通过协商,对围垦地段取得一致意见:从牛洪镇坝南两县交界为河中心线至大明分场北横河,改为沿河东侧河边为界;向南至三和乡沿江村北横河向南 16 米处,沿排水沟向东,然后以老堤东堤脚线为界至大明分场与南兴乡积南村界河,改为老堤中心线为界至种猪场南堤。

三和乡江淤村与川港垦区以明沟中心线为界;南头江心沙农场十四连与川港垦区以路北侧排水沟为界;江心沙农场十四连与川港垦区南北向老堤以堤东侧堤脚线为界;十四连与川港、姜灶、先锋垦区以匡河北侧河口线为界至新江海河。

江心沙农场十五连与南兴乡立新坝村以路北侧排水沟为界至立新坝,立新坝坝址上以其西侧电杆向东 5 米处为界;江心沙农场十五连、十八连与南通农场以江心沙农场北横河北侧河口线为界;江心沙农场十八连与南兴乡立新坝村南北向界线为明沟西侧沟口;江心沙农场十七连与南兴乡立新坝村以十七连北侧丰产沟为界至江堤。

1985 年,海门与南通县界,西:江心沙农场和三和、天补、三星等乡与南通县通海垦区、南通农场和南兴、川港、姜灶等乡以牛洪港、通海界河、桃源镇竖河为界,全长 25.5 公里。西北:三星、德胜、国强、新建等乡,与南通县金乐、袁灶、二甲、余西、忠义等乡以海界河、龙游沟为界,全长 28 公里。北:新建、王浩、正余、新余、东兴等乡和海门盐场与南通县三余、东余乡以北余河、新岸河、歙御港口为界,全长 20 公里。

1995 年 9 月 21 日,南通市政府办公室《关于明确三夹沙东侧滩涂界址的通知》指出:"海门市水产公司东灶水产站在三夹沙东侧滩涂,拥有开发使用权 66.67 公顷,为东西长 1120 米,南北宽 600 米的长方形,其长方形四角的经纬度分别为:西南角东经 121°29′31.4″、北纬 32°08′43.4″,西北角东经 121°29′31.4″、北纬 32°08′56.5″,东北角东经 121°30′12.4″、北纬 32°09′04.1″,东南角东经 121°30′15″、北纬 32°08′45.4″。上述界址以外的三夹沙东侧滩涂,其开发使用权归通州市。"

同年 11 月,海门市民政局向南通市民政局作出《关于海门市行政区域界线勘查报告》中陈述:

海门北部临黄海与通州市,主要以歙御港、新岸河、北圩河为界。正余、王浩乡北部与通州市相接处,以纵、横河沟等为界。

海门西北部与通州市,主要以龙游沟、海界河为界。通州市二甲镇至海门市定兴桥以海二公路西侧河沟为界。

海门西部与通州市(含南通农场),主要以通海河(通海界河)为界。三和镇斜洪村的牛洪港镇以南,分别以堤岸中心或河沟中心等为界。

1998 年 7 月,海门、通州两市联合勘定行政区域界线工作展开,11 月 30 日,两市对勘界工作遗留问题进行协商。1999 年 7 月 8 日,海门市、通州市代表在《海门市政府和通州市政府联合勘定的行政区域界线协议书》上签字报省。2001 年 9 月 30 日,省政府批复生效。海门市与通州市的边界线涉及 24 个乡镇,由南向北向东从海门市域的江心沙农场与通州市的江边成鱼养殖场江堤接壤处起,至海门市海门盐场与通州市南通盐场海堤接壤处止,设 14 号(18 个)桩界,全线陆上长 81.447 公里。

2001 年 9 月海门市与通州市界桩位置和边界线走向

表 1－4

桩　　号	界桩位置	边 界 线 走 向
001 单立双面型	海门市域江心沙农场十四大队(通州市东南部第一道江堤与海门市西南部第一道江堤结合部北堤脚,南北支堤的西堤脚)	从 1 号界桩起界线沿海门市域江心沙农场与通州市南兴乡江边成渔场之间的隔堤的西堤脚向北延伸 280 米后,再从以江心沙农场十七大队西匡河的西水脚向东北延伸 930 米,后折向北以江心沙副业场和江心沙十五大队西边第 1 条小沟的西水脚线延伸 1163 米,再折向东南以江心沙农场北匡河北岸延伸 465 米,再折向东延伸 943 米至 002 号界桩。这段界线长度 3.781 公里

续表 1－4

桩　　号	界桩位置	边界线走向
002 单立双面型	江心沙农场十四大队(通州南兴乡立新坝村的西南部与江心沙农场东北角的接壤处)	从 002 号界桩起,界线以立新坝(现已改公路)中心线以东 10 米向南延伸 640 米,后折向东,以道路北侧排水沟中心线延伸 480 米至新江海河,穿河心岛北端后以江心沙农场十四大队北匡河北岸向东偏北延伸 1130 米后,再折向东北延伸 460 米,再折向南偏东以江心沙农场十四大队与通州市川港镇新沙村之间岸堤的东坡脚线延伸 460 米,后折向东偏北以田间排水沟为界延伸 45 米,又折向北偏西以通州川港镇新沙村与海门三和镇江淤村之间的排水沟中心线延伸 110 米,再折向北延伸 310 米,再折向西 75 米,又折向北偏西 120 米至海门市良种繁殖场与通州市川港镇新沙村 3 组之间的老堤,以东堤脚线为界向北延伸 3050 米至通州市南兴乡竖积洪村 1 组东南角后折向北偏西延伸 260 米至 3 号界桩。这段界线长度 7.15 公里
003 单立双面型	海门三和镇牛洪村 1 组(通州南兴乡竖积洪村 3 组与海门三和镇牛洪村 1 组的接壤处)	从 003 号界桩起,界线以牛洪港中心线为界向北延伸 670 米,又折向东以田间排水沟中心延伸 80 米,又向北 80 米,又向东北 50 米,再向北 80 米,又向北偏东 70 米,再向西北 100 米,又向北 25 米,再向西北 170 米至通海河中心,又以通海河中心线再向北延伸 180 米,再折向西 50 米到通海河西岸,以田间排水沟中心向西、向西北、向北、向东北又延伸至通海河中心线,其间界线长 1150 米,再以通海河中心线向北延伸 405 米后又至通海河东岸,再以田间排水沟向东北、向北、向西北 1600 米又至通海河中心,再以通海河中心线向北延伸 320 米至海门河,界线穿越海门河,以通州川港镇荣兴村 6 组与海门天补镇新安村 5 组之间以田间排水沟中心向西北延伸 40 米至通海河,又以通海河中心线向北、向西北、向北、向西、向北、向东北延伸 2480 米至通启公路南侧横河中心,再折向东 530 米,又折向北 50 米至 004 号界桩。这段界线长度 8.13 公里
004 同号双立单面型	海门天补镇通海坝村 7 组(通州川港镇盐行村 6 组与海门天补镇通海坝村 7 组之间通海河东西两岸)。004A 号界桩位于通州川港镇盐行村 6 组,004B 号界桩位于海门天补镇通海坝村 7 组	从 004 号界桩起,界线以通海河中心线向北延伸 2200 米,至通启河,再穿越通启河沿一小沟中心向北 360 米,又向西延伸 100 米,再沿小河中心向北延伸 740 米,又向西延伸 200 米,再沿小河中心向北延伸 260 米,又向西延伸 320 米,再向北偏西延伸 940 米至 5 号界桩。这段界线长度 5.12 公里
005 单立双面型	海门三星镇召良村 11 组(通州川港镇志浩村 6 组与海门三星镇召良村 11 组之间的北端)	从 005 号界桩起,界线向北延伸 5 米至三星横河中心后折向西以河中心线为界延伸 320 米至叠石桥市场金三角饭店西墙,又向南延伸 15 米至街道中心线,再折向西延伸 50 米至 18 号门面处折向南 15 米至河道中心线折向西延伸 500 米至张良茂桥又折向北,以通海河中心线向北偏西延伸 560 米,再向东延伸 80 米,向北偏西延伸 230 米,向东北延伸 110 米,向北延伸 1890 米,向东延伸 410 米,向北延伸 340 米,向北偏西延伸 260 米至海界河,再以海界河中心线向东延伸 1930 米,折向东偏北延伸 980 米,折向东偏南延伸 4130 米,折向北延伸 540 米,折向东北延伸 810 米,折向东延伸 1040 米至 006 号界桩。这段界线长度 14.215 公里
006 同号双立单面型	海门德胜镇复圩村 9 组(通州二甲镇木行头村 9 组西南角与海门德胜镇复圩村西北角的海界河南北两岸)。006A 号界桩位于通州二甲镇木行头村 9 组,006B 号界桩位于海门德胜镇复圩村	从 006 号界桩起,界线以海界河中心线向东延伸 2890 米至龙游沟再转向北以龙游沟中心线向北延伸 1850 米至 007 号界桩。这段界线长度 4.74 公里

续表 1－4

桩　　号	界桩位置	边界线走向
007 同号双立单面型	海门国强镇丕北村 7 组（通州二甲镇定兴桥村 13 组与海门国强镇丕北村 7 组之间的龙游沟东西两岸）。007A 号界桩位于通州二甲镇定兴桥村 13 组，007B 号界桩位于海门国强镇丕北村 7 组	从 007 号界桩起，界线以龙游沟中心线向北延伸 232 米至赵家柏树坟沟（海门周耀春房西北角）折向东延伸 40 米，折向南 2 米，折向东沿通州市严振华家围墙外边线向东偏北延伸 30 米至公路中心线后折向北延伸 15 米，折向东延伸 35 米至通州市江卫林房东南角处折向北延伸 14.5 米至海门市蔡成锦房西北角处折向东以河沟中心线向东延伸 49.5 米至通州市蔡成新房东南角处折向北以田间邻沟中心延伸 25 米折向西以田间邻沟为界延伸 21.5 米至通州市肖云程家围墙东侧折向北以田间邻沟为界延伸 66.5 米至龙游沟中心线后折向东北九曲十八弯地延伸 6450 米至 8 号界桩。这段界线长度 6.981 公里
008 单立双面型	海门国强镇宏伟村 7 组（通州余西乡周家湾村 1 组与海门国强镇宏伟村 7 组之间的田间邻沟上）	从 008 号界桩起，界线以田间邻沟中心向东北延伸 20 米至横路中心线后折向东延伸 10 米至宏伟废窑与周家湾窑场之间的邻沟折向北延伸 145 米至通吕河中心线，又折向东延伸 270 米，再折向北以通吕河北侧的高沙土坎坝为界向北延伸 75 米，折向东 15 米，折向北以稻田埂岸为界向北延伸 125 米，折向西 5 米，折向北 5 米至通吕公路南侧沟向东 5 米的向东北斜穿通吕公路 30 米至 009 号界桩。这段界线长度 0.705 公里
009 单立双面型	海门货隆镇新龙村 4 组（通州忠义乡东平村 7 组与海门货隆镇新龙村 4 组之间的田埂上）	从 009 号界桩起，界线向东北延伸至新龙村西边第一条沟（国新路沟）后折向北延伸至龙游沟后以龙游沟中心线为界向东北弯弯曲曲地延伸至通州三余镇新南村 12 组与海门货隆镇联宏村 9 组之间的竖沟后折向南延伸 420 米至北圩河北岸的 010 号界桩。这段界线长度 9.07 公里
010 单立双面型	海门货隆镇联宏村 9 组（通州三余镇新南村 12 组与海门货隆镇联宏村 9 组间竖沟南头的金三公路南侧的北圩河河北）	从 010 号界桩起，界线以北圩河北岸向东延伸 2070 米至三余竖河中心线后折向北延伸 180 米，又折向东以排咸河北岸向东延伸 4520 米至 011 号界桩。这段界线长度 6.770 公里
011 单立双面型	海门王浩乡永前村 1 组（通州永兴桥西桥墩南侧的排咸河北岸）	从 011 号界桩起，界线向东延伸 7 米至河道中心再折向南延伸 1410 米，又折向东以横河中心线向东延伸 645 米，再折向南以明沟中心线向南延伸 850 米，又折向东以排水沟向东延伸 350 米至明沟，再折向南以明沟中心为界向南延伸 280 米至排咸河北岸折向东延伸 4490 米，又折向北以河西岸向北延伸 500 米，再折向东以河北岸向东延伸 50 米至 012 号界桩。这段界线长度 8.582 公里
012 单立双面型	海门包场镇联合村 9 组（通州东余乡节制三闸西南方的排咸河北岸）	从 012 号界桩起，界线从排咸河北岸向东延伸 1020 米，又折向东偏南延伸 1320 米，再折向东南延伸 40 米，又折向东延伸 180 米，再折向南延伸 320 米，又折向东延伸 1060 米至 013 号界桩。这段界线长度 3.94 公里
013 同号双立单面型	海门包场镇鲜圩村 4 组（通州东余乡茂芳村 1 组与海门包场镇鲜圩村 4 组之间的鲜圩港南头的东西两岸）。013A 号界桩位于通州东余乡茂芳村 1 组，013B 号界桩位于海门包场镇鲜圩村 4 组	从 013 号界桩起，界线以鲜圩港中心线向北延伸 2270 米，其间经海门盐场西大门外侧直至 014 号界桩。这段界线长度 2.27 公里
014 单立双面型	海门市海门盐场（通州黄海海堤与海门黄海海堤结合部的南堤坡脚）	从 014 号界桩起，向外为黄海滩涂，未作划界
		海门市与通州市行政边界线总长度 81.454 公里。因 11 至 12 界桩间多算 0.007 公里，故总长度应改为 81.447 公里

说明：004B、006B、007B、013B 在海门市一侧；004A、006A、007A、013A 桩在通州市一侧

2002 年 1 月 9 日,南通市政府《关于海门市三星镇与通州市川港镇边界地区有关问题协调会议纪要》明确,通州市志浩市场界桩向西约 40 米新建的店面房已过界址。为减少损失,对通州市川港镇志浩市场在界址地上已建的房屋,暂维持现状。有关争议双方不得在界址中心线两侧的空地上再新建任何构建筑物。

2002 年 10 月,海门市对海二线德胜段道路进行拓宽改造。原立于通州市二甲镇木行头村 9 组与海门市德胜镇复圩村西北角海界河南北两岸同号双立的 006A、B 号界桩因桥面拓宽而受影响。经南通市、海门市、通州市三方勘界办公室人员到现场勘察后决定:2002 年 10 月 24 日将 006A 号界桩向东平移 74 米,006B 号界桩向东平移 74 米。通州、海门两市勘界办对此均无异议。此次界桩的平移不影响原来界线的走向。海门市与通州市的边界线仍以原来双方签订的协议书为准。

海门与常熟、太仓市界　海门市与常熟、太仓市隔江相望。1997 年 7 月,南通、苏州两市联合勘定行政区域界线工作展开。两市商定以长江水域中心线作为通苏线划界的统一标准。通苏线的行政界线走向为:以通苏泰三市交会点为起点,沿长江两岸水域习惯线到长江口北支苏沪线为终点,共布设 50 个坐标点,其中涉及海门市的有 45 - 50 的 6 个坐标点。

2001 年海门市与常熟市、太仓市分界线坐标点

表 1 - 5

点号	中央子午线 123°		经纬度（° ′ ″）		中央子午线 120°	
	X	Y	B	L	X	Y
45	3519872.000	21312000.000	31°47′08.6543″	121°00′54.9040″	3518605.186	596160.561
46	3519789.000	21314520.000	31°47′07.4437″	121°02′30.6874″	3518591.730	598681.103
47	3519751.000	21315572.000	31°47′06.8237″	121°03′10.6755″	3518582.763	599733.435
48	3519253.000	21317188.000	31°46′51.5996″	121°04′12.3987″	3518129.655	601362.081
49	3517800.000	21319170.000	31°45′05.5877″	121°05′28.6554″	3516732.248	603382.830
50	3517425.000	21319524.000	31°45′53.6778″	121°05′46.1481″	3516370.003	603846.870

2001 年 8 月,南通市、苏州市代表在《南通市政府和苏州市政府联合勘定行政区域界线协议书》上签字后报省。2001 年 9 月 26 日,省政府批复生效。《协议书》明确,在海门市与常熟、太仓市间设 0506002 号界点同号双立双面型界桩,2 号界点位于海门市海门港和常熟市东张镇交界处的长江水域中,2B 号界桩位于海门市海门港海螺水泥厂码头东边,2A 号界桩位于常熟市东张镇长虹村。

海门市(县)与崇明县界　清乾隆三十三年(1768),设江苏省海门直隶厅时,海门与崇明的边界南起悦和港,向北经普济河到庙桥镇,沿崇海界河,自庙桥镇向东北至天兴镇、久隆镇北侧,向东经袁和镇到东昌镇,沿清正河至南阳镇折向东入海。乾隆四十年(1775)十一月二十九日,海门厅同知徐文灿、崇明县知县范国泰一起勘定,崇明县所辖之永旺沙老坎起,至海门厅所辖之半洋沙庙港老岸之间 31 里 9 分地,以劈中为界,崇海各辖 15 里 9 分。嘉庆七年(1802),确定海门厅股利民沙、崇明县股利民沙界。光绪二十年(1894),惠安、永泰等沙与海门厅境之间的泓道完全淤塞,原先宽阔的塘芦港只剩下一条小港东出大海,且成为海门、崇明间的界河。光绪二十三年(1897),勘定海门、崇明沙界,两县间开凿界河,西起庙桥,经南阳村东流入海,界北为海门县,界南为崇明外沙。民国元年,海门与崇明两县以崇海界河为界。民国 17 年 3 月建立启东县后,崇海界河即为海启界河。

1976 年 2 月 23 日、26 日,海门、崇明县关于海永沙(崇明县称新开沙)、永隆沙范围问题的协议,双方认为,海永沙是崇明县的滩地,海门、启东县的永隆沙与崇明县的合隆沙是以现有港槽为界;对

1975 年海门在海永沙围垦的 133.33 公顷左右土地,已进行开沟平整,并建造了 100 多间房屋,崇明作了谅解。已围的面积归属海门县所管;1976 年春,崇明的新村和合作两个公社在两岸之间也搞围垦,将堤岸接上海门的大堤包括港槽以南的土地,全归崇明所管。

双方还对未来的界线明确统一两点:一是永隆沙南沿港槽以北的滩地除崇明合作公社已围的大堤,向东港槽以北的均是海、启所管,港槽以南的全属崇明。二是海永沙问题,对海门已围的西堤岸为界限,即对现有滩地和未来的发展滩地,凡是西坚堤脚以西及坚堤线向北以外属崇明;北横堤西北角以东向北以外的属海门。以后为了抢险度汛安全,解决海门挖土来源,议定为西岸脚向外在 50 米宽内取泥加堤。

1985 年 2 月 16 日,由海门、崇明两县领导和有关部门负责人参加,海门县永隆沙良种场和崇明县合作乡政府达成协议:双方以大堤为界,为防汛、培修大堤取土,在大堤的崇明一侧留 15 米宽的平台,但在白港以东段维持现状,保持现有转河。白港以西段在 15 米内平台外,由合作乡组织新开转河一条,白港东西两段转河归合作乡管理使用。内平台可由海门县永隆沙良种场永西大队群众种植浅根经济作物,但不得建造房屋等固定建筑物。

1993 年 8 月 16 日,海门县海永乡与上海市长征农场签署界址河划分协议:(1)以鸽龙港东侧到启东市良种繁育场界址,横河北侧河口线为界河线,该段界河属长征农场;(2)以鸽龙港西侧到永北村排水沟,以河中心为界址线,南北的排水沟西侧为界址线;(3)因开鸽龙港大河,双方协商调换土地 6.67 公顷,划在永北村西侧,以排水沟为界址,南以北大堤岸边线向北 8 米为界址线。

1995 年,海门市南部(除永隆沙地域外),靠长江北支,与崇明县隔江相邻,传统以长江北支主水道中心线为界。海门市海永乡南与崇明县交界,主要以海崇界河、水沟和西堤西侧河沟内侧水线为界。

1996 年,海门市、崇明县双方认可的界线:西自 X:3523621 米,Y:40631131 米,H:5.9 米(原岸顶高径)。向东南方向沿岸南小匡河中心沿伸展至 X:3520473 米,Y:40633605 米,H:2 米处折向西偏南方向沿岸东坡底边线伸展 815 米,转向东南方向延伸 274 米,再折向东偏东北方向延伸 254 米后,折向东南方向沿小河中心伸展至长隆公路界址桥后,再沿小河北边线伸展到海门、启东、崇明三县市三叉点,其 X:3517296 米,Y:40635215 米,H:2 米。全长计 8.81 公里。

海门市海永乡南与崇明县新海镇(原长征农场)接壤,西与崇明县庙镇、新村乡毗邻。江苏省与上海市的行政区域界线于 1996 年开始联合勘界。2001 年 3 月和 5 月,苏沪双方勘界办就长江北支段的有关问题两次进行协商,取得一致意见,完成长江北支永隆沙段的界桩埋设和测绘。2001 年 8 月,江苏省政府和上海市政府代表在《江苏省政府和上海市政府联合勘定的行政区域界线协议书》第 2 号上签字生效。协议书明确,在海门市海永乡与崇明县行政界线段设 3 个界桩点:(1) 36 号界桩为同号双立单面花岗岩界桩,位于 P8 点东南侧,36A 号界桩位于海门市海永乡沿江村,36B 号界桩位于崇明县新村乡第一副业场,从 36 号界桩起,界线向东偏东南 1600 米,向东偏东南 575 米,向东南 1050 米至 37 号界桩,这段界线长 3.225 公里;(2) 37 号界桩为同号双立单面花岗岩界桩,37A 号界桩位于海门市海永乡沿江村,37B 号界桩位于上海市崇明县合作镇副业养鸡场东北侧,从 37 号界桩起,界线向西南 600 米至友谊河西北向延长线与围堤中心线交叉点 P9,转向东南 2225 米至 38 号界桩,这段界线长 2.825 公里;(3) 38 号界桩为同号双立单面花岗岩界桩,38A 号界桩位于海门市海永乡王陈村,38B 号界桩位于上海市崇明县长征农场阔叶林东侧与鸽龙港和友谊河交叉处西南侧,从 38 号界桩起,界线向东南 1200 米,向东偏东南 1650 米,向南偏东南 350 米,向东偏东南 1350 米,向东 200 米,向东偏东南 1500 米至 39 号界桩,这段界线长 6.25 公里。海永乡与崇明县的海崇边界线 12.3 公里。

二、海域

海域界定 2007 年 7 月 23 日,南通市政府印发通知,划定海门市和启东市海域行政区域界线,以陆域勘界向海域一侧最终点 1 号界桩为起点(编号为 320681 - 0684 - 01,坐标为 32°06′19.40″N,121°32′00.00″E),以等距离法所作的调查中间线距起点 3 公里处的点为第一拐点(编号为 320681 - 0684 - 02,坐标为 32°07′48.97″N,121°32′45.43″E);再以国家级蛎岈山牡蛎礁海洋特别保护区东南侧顶点为第二拐点(编号为320681－0684－03,坐标为32°08′10.39″N,121°33′46.49″E);以南通共管区在小庙洪水道蛎岈山附近的深槽点为第三拐点(编号为320681－0684－04,坐标为32°09′01.62″N,121°34′19.24″E)。

以垂直该岸段主体岸线走向的北偏东60.5°线与南通共管海域东侧外缘线〔(2)－(3)连线〕的交点为第四拐点(编号为320681－0684－05,坐标为32°12′16.72″N,121°44′02.39″E);以第四拐点沿纬线方向延伸与领海基线相交为第五拐点(编号为320681－0684－06,坐标为32°12′16.72″N,121°56′55.53″E);继续沿纬线方向延伸与领海线相交为第六拐点(编号为320681－0684－07,坐标为32°12′16.72″N,122°11′49.82″E),亦为"启海线"的终点。

2007年7月海门市与启东市海域行政区域界线登记

表1－6

省(自治区、直辖市)名称	江苏省	界线名称	江苏省南通市启东市和海门市际间海域行政区域界线	
界线编码	320681－0684			
起始点、拐点、终点编号	经纬度(° ′ ″)		坐标(1954年北京坐标系)	
	北纬	东经	X	Y
320681－0684－01	32°06′19.40″	121°32′00.00″	3554543.73	21361559.83
320681－0684－02	32°07′48.97″	121°32′45.43″	3557287.05	21362785.91
320681－0684－03	32°08′10.39″	121°33′46.49″	3557925.42	21364397.94
320681－0684－04	32°09′01.62″	121°34′19.24″	3559492.12	21365277.18
320681－0684－05	32°12′16.72″	121°44′02.39″	3565311.26	21380631.53
320681－0684－06	32°12′16.72″	121°56′55.53″	3565093.09	21400882.05
320681－0684－07	32°12′16.72″	122°11′49.82″	3564891.10	21424304.93

2007年7月23日,南通市政府印发通知,划定海门市和通州市海域行政区域界线,以陆域勘界向海域一侧最终点14号界桩为起点(编号为320683－0684－01,坐标为32°06′49.20″N,121°25′32.80″E),以鲜圩港基本走向(北偏东25.5°)3.269公里处为第一拐点(编号为320683－0684－02,坐标为32°08′24.72″N,121°26′26.59″E);向东以落石港与团结港闸下潮沟中泓的交点为第二拐点(编号为320683－0684－03,坐标为32°08′24.72″N,121°28′14.99″E);沿潮沟走向向东北延伸至岸外连陆滩涂的0m等深线连线的中点为第三拐点(编号为320683－0684－04,坐标为32°09′06.64″N,121°31′34.90″E);第三拐点自然延伸与南通共管海域西南侧外缘线[(320681－0684－04)－(5)连线]的交点为第四拐点(编号为320683－0684－05,坐标为32°10′04.03″N,121°32′54.68″E)。

海通线在南通共管海域东侧外缘线(320623－0683－04)—(320681－0684－05)之间的第五拐点(编号为320683－0684－06,坐标为32°14′16.81″N,121°44′01.12″E),在领海基线(320623－0683－05)—(320681－0684－06)之间的第六拐点(编号为320683－0684－07,坐标为32°15′18.30″N,121°55′46.29″E),根据通州市和海门市海岸线长度比例确定,第六拐点沿纬线方向向东延伸至领海线为第七拐点(即终点,编号为320683－0684－08,坐标为32°15′18.30″N,122°10′41.60″E)。

海门市的海域面积187.28平方公里。

2007 年 7 月海门市与通州市海域行政区域界线登记

表 1－7

省(自治区、直辖市)名称	江苏省	界线名称	江苏省南通市通州市和海门市际间海域行政区域界线	
界线编码	320683－0684			
起始点、拐点、终点编号	经　纬　度(°　′　″)		坐标(1954 年北京坐标系)	
	北纬	东经	X	Y
320683－0684－01	32°06′49.20″	121°25′32.80″	3555605.08	21351419.94
320683－0684－02	32°08′24.72″	121°26′26.59″	3558527.31	21352872.93
320683－0684－03	32°08′24.72″	121°28′14.99″	3558486.58	21355714.30
320683－0684－04	32°09′06.64″	121°31′34.90″	3559704.95	21360972.11
320683－0684－05	32°10′04.03″	121°32′54.68″	3561444.69	21363087.04
320683－0684－06	32°14′16.81″	121°44′01.12″	3569011.46	21380641.93
320683－0684－07	32°15′18.30″	121°55′46.29″	3570704.85	21399124.16
320683－0684－08	32°15′18.30″	121°10′41.60″	3570498.16	21422561.04

海启线第三拐点、海通线第四拐点外侧的冷家沙和腰沙海域为南通共管海域。具体范围是:(1)－(2)－(3)－(4)－(320681－0684－04)－(5)连线之内。各点坐标为:1:32°17′45.50″N,121°31′48.53″E;2:32°17′54.07″N,121°43′58.77″E;3:32°10′28.13″N,121°44′3.53″E;4:32°08′9.66″N,121°38′39.18″E;320681－0684－04:32°9′1.62″N,121°34′19.24″E;5:32°10′56.92″N,121°31′42.99″E。总面积 307.4 平方公里。

海堤海岸线　北宋至和年间(1054－1056),海门知县沈起,号召当地百姓修筑吕四场东南廖角嘴至余西海堤 70 里,称"沈公堤",统称"范公堤",延接从石港到余西的狄堤,使海门县与通州接壤。沈公堤至解放后才平整掉,今王浩镇岸头镇南 2 里处尚有遗址,群众称"旧岸"。北宋中期,东布洲涨接大陆后,海岸线向东延伸,由余西向东经吕四折向东南,到达宋代海门县城以东,廖角嘴移至海门县城东南。南宋绍兴二十七年(1157)十月,筑通、泰、楚三州捍海堰。宋代以后,历次修筑的捍海堰勾画出这个海湾的岸线:东北起掘港东侧,向西南到石港,然后折向东南,经西亭、金沙场北部,径直向东,经余西、余中、余东三场北部而抵吕四。元至正十五年(1355)前后,历经 16 个月,修筑捍海堤 300 里。元末以后,海门县境陆续坍没,吕四东南的海岸线也向北退缩。明永乐十年(1412)十月,漕运总督陈瑄以 40 万民力筑捍海堤 1.8 万余丈,在今王浩、正余、包场、刘浩镇一线尚有遗址——"老岸"。成化十三年(1477),巡盐御史雍泰、李裕主持,集中沿海各场民夫 4000 余人,补修吕四、余东等场被海潮冲坏的捍海堤 133 里 99 丈。嘉靖年间,黄海在县东 70 里,北 20 里,廖角嘴在吕四东南大河营外不远处。嘉靖二十九年(1550),巡盐御史杨选主修捍海堤,崔桐为修堤事作记,记有吕四、余东、余中、余西、金沙等场筑堤 2.08 万多丈,即"老岸"基本形成。万历十五年(1587),海门知县姜天麒发动民力,在"沈公堤"北约 6 里又筑 20 里长海堤,人称"姜公堤",堤外有港口,当地群众称"新岸",堤从今正余镇正基村起,东至东灶港镇东,直至 1956 年开挖新岸河时才被平整掉。以上这些海堤基本上就是宋、明当年的海岸线。

清中叶以后,通州东南新沙再度涨起,廖角嘴重新南移到塘芦港以东。光绪二十七年(1901),张謇在通州东境与海门厅交界处兴办通海垦牧公司,接沈公堤折而南至二补大圩北河,从二补、三补界河至蒿枝港,折而复南,犬牙鳞次至小安沙川流港止,筑有牧场堤、一至七堤,以挡海潮。清末民初,吕四以南各沙洲发育连陆,海门东部海岸逐渐连接形成。

民国 2 年起,张詧、张謇兄弟为办大有晋盐垦公司,集股 50 万元,筑起一条南自余(东场)、吕(四场）分界（今启东天汾境内），北至遥望港（今通州和如东县交界处）的30.9公里长堤，人称“张公堤”。

1949年，海门境内海堤长13.5公里，其中一道堤10.25公里，港支堤3.25公里。1959年，海堤长14.55公里，其中一道堤9.6公里，港支堤4.95公里。二道堤5.13公里。1969年，包场区在“张公堤”北侧筑5公里海堤，使海门东北部海岸线向北推移。1970年，海堤15.55公里，其中一道堤10.6公里，港支堤4.95公里。二道堤9.15公里。1987年，海门的海岸线长度9.5公里。1990年，海门县的海岸线12.58公里。1993－1995年，海门市（县）政府组织民力，从1969年包场区筑的海堤向西，在东灶港北闸两侧筑海堤1.27公里。1994年，海堤长13.77公里，其中一道堤11.12公里，港支堤2.65公里。二道堤6.1公里。2000－2006年，包场镇滩涂养殖户在鲜圩港东侧筑港支堤3.5公里。2006－2008年，市政府在东灶港西筑堤8.58公里。

2006年12月30日，南通市政府《关于划定海岸线位置的通知》明确，海陆分界线总体上以一线达标海堤为界，以堤的外边缘线为海岸线。海岸线向海一侧为海域，向陆一侧为陆域。海门海岸线的具体位置，从南通盐场与海门盐场间海门、通州两市海域行政区域界线起点始，经海门盐场、东灶港对虾场一线达标海堤到东灶港北闸，向东南至东灶港镇港新村与启东天汾牧场间海门、启东两市海域行政区域界线终点止。此海岸线划定方案适用5年，至2010年。

2008年，全市有海堤19.33公里，其中一道堤10.96公里，港支堤8.37公里。二道堤8.77公里。

三、江域

南北支水域 南支水域 以新江海河闸东港支堤南端作为第1点，向北到新江海河闸为第2点，江心沙农场与南通市经济技术开发区相交处001号界桩为第3点，从001号界桩向南的拟围西南角堤线为第4点，向南延伸到苏通线45至46点相交处为第5点，苏通线46至50的5个坐标点分别为第6至10点，苏通线50点与沪崇线P1连线中在海门港闸外侧为第11点，海门港闸东侧港支堤最南端为第12点，量算得水域面积22.87平方公里。

2008年海门市长江口南支水域坐标点

表1－8

点号	X	Y	点号	X	Y
1	3520460.7961	21316531.2537	7	3519751.0000	21315572.0000
2	3522055.7365	21316801.3692	8	3519253.0000	21317188.0000
3	3523450.4500	21313750.0000	9	3517800.0000	21319170.0000
4	3520889.9650	21313289.0405	10	3517425.0000	21319524.0000
5	3519835.2775	21313114.9472	11	3520434.1771	21323705.3425
6	3519789.0000	21314520.0000	12	3520649.5757	21322515.5819

北支水域 以南支水域12、11点为起点计算坐标，沪苏线P1－P7点为13－19点，海门与崇明36号界桩为20点，海门市海永乡与启东市启隆乡头道江堤交界处为21点，海门市临江新区与启东市北新镇以2000年所筑东西向主江堤与南北向隔堤（该堤为海门市所筑）东侧底边线为市界作为第22点，量算得水域面积50.49平方公里。

2008 年海门市长江口北支水域坐标点

表 1－9

点号	X	Y	点号	X	Y
12	3520434.1771	21323705.3425	17	3529025.0000	21338200.0000
11	3520649.5757	21322515.5819	18	3529000.000	21339175.0000
13	3521150.0000	21324700.0000	19	3526325.000	21345675.0000
14	3523350.0000	21326750.0000	20	3523951.5767	21347103.3563
15	3526400.0000	21331400.0000	21	3520055.5115	21352225.0771
16	3528750.0000	21337100.0000	22	3523670.7874	21353646.4466

说明：北支水域坐标点从 12 点号开始

江堤江岸线　东布洲最初为沙洲时，通州东江岸自狼山东北经利和、余庆等场以南到曹严窪西，隔窪与东布洲相望。宋中叶后，东布洲向西涨接，利和、余庆等场的江岸线也向东南扩展。

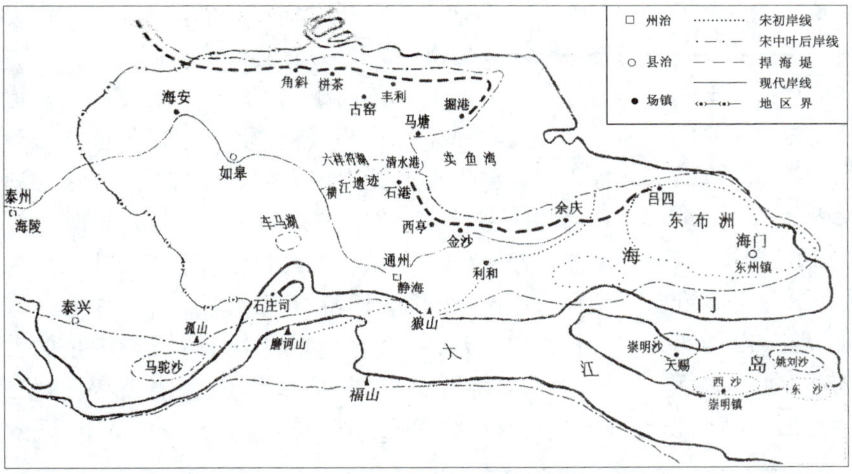

图 1－5　宋代长江口北岸线示意图

元至正十年（1350），海潮侵袭江岸，长江主泓道北移，沿江土地逐渐坍入江中，江岸从原大安镇一线坍至礼安乡南一线。明洪武三年（1370），江岸又“圮于风潮”。洪武二十三年（1390），修筑崇明、海门决堤 2.39 万余丈。永乐二年（1404），海门奏请朝廷，由淮安、苏、常民力协修张墩港、东明港百余里溃堤。皇朝批谕：“三群民方苦水患，不可重劳。”遣官行视，以扬州民力协筑之。弘治十一年（1498），知县萧绪率民筑堤挡江潮。正德九年（1514），县东境坍得特别厉害，余东场以东的江岸向北凹入，形成一弧形弯曲，县西南 15 里张港巡司以南就是西部江岸所在。嘉靖坍岸之前的江岸，自狼山起由西向东为夹港、天港、新港、杨树港、黄泾河、旧河口、黄河港、李灶港、竖河口、七星港、大河口、东洲河而抵廖角嘴。因风潮多次侵袭，嘉靖二十四年（1545），海门的江岸再次北退，东部吕四、余东之间的江岸在今老通吕公路所经的倒岸沿线；西部江岸距县治（金沙场南）南 3 里，《江防考》记，“江岸东起廖角嘴大河口及吕四、芦家等场，治于杨树港海门县里河（利和）镇以达通州。此海门县之南路也”。当时的江岸就在这一线上。

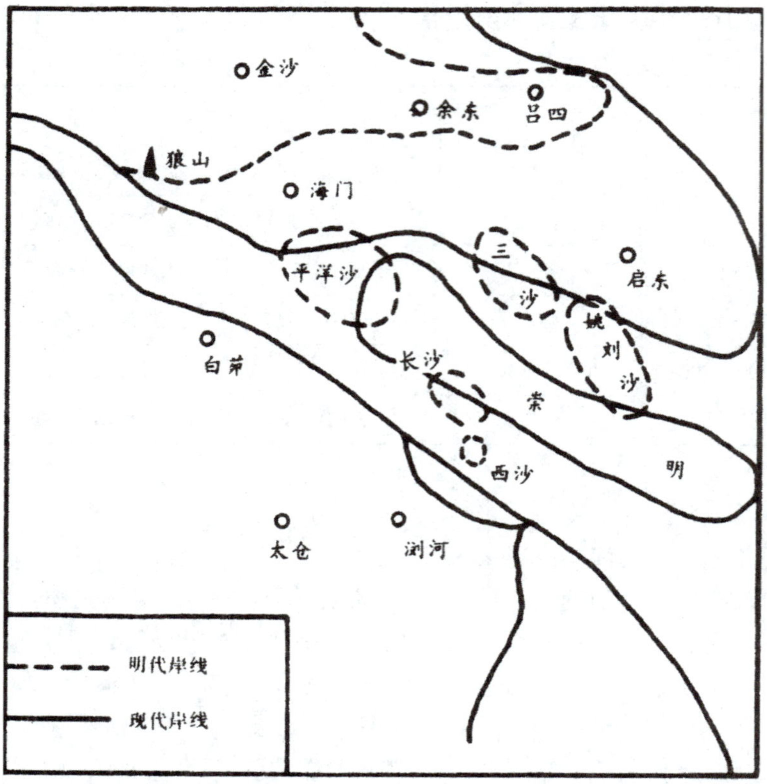

图1-6 明代长江口北岸线示意图

清康熙十一年(1672),海门东部江岸在江流海涛侵袭下,除吕四场、余东场、余中场外,其余全部坍没,此时长江北岸在今吕四、包场、余东、四甲、袁灶、姜灶、观音山、狼山一线。这段线上至今仍有许多坝头和港口残存,如六甲坝、曹家坝、新开港和木桩港等。坝北地势明显高于坝南,亦称坝北为江北、老土或岸北。康熙五十年(1711)前后,长江江岸向西坍到狼山脚下,江岸向东到余东场成一弧形,江岸和今老通吕公路大致吻合。乾隆三十三年(1768),设海门厅后,江岸大致在西起汤家沙的老洪港,东经大安、牛洪、浒通、竖积洪、青龙港,由大甲港折向东北至石硊港以西,再转向东南,经三丫支镇到塘芦港,再东至廖角嘴。

乾隆四十年(1775),海门厅同知徐文灿兴建海门天补沙至通州川港西沙江堤,长2180丈,宽1.4-4丈不等,名"徐公堤",堵塞了海门天补沙和通州之间的夹漕。

光绪二十六年(1900)前后,江岸大致西起老洪港,东经大安、浒通、青龙港、大洪,由悦和港折向东北,至石硊港以西转向东南,经三丫支镇、塘芦港至廖角嘴。

新中国成立前后,长江口北支江岸线普遍坍蚀,干堤(又称一道堤)坍入江中,必须退建,一般退建段距老堤500米,严重地段离老堤800米左右。1950年,江堤129.09公里,其中一道堤44.59公里,港支堤84.5公里。1951-1957年,退建干堤41段次,计43.01公里。1954年,头道江堤38.84公里。以后并港建闸,港支堤特减。1958年,江堤58.17公里,其中一道堤39.08公里,港支堤19.09公里。二道堤41.75公里。1958-1963年,退建31段次,计28公里。1961年,江心沙洲堤15.15公里。1964-1967年,退建江堤3段次,计3.61公里。

1965年,江堤52.96公里,其中一道堤38.18公里,港支堤14.78公里。二道堤41.49公里。洲堤18.02公里。1970年,筑立新坝后,江心沙与江北陆地连成一片,其堤防改为江堤。1973年,最后一次退建江堤为三和公社三圩大队段,计0.8公里。1974年潮灾后,沿江基本完成沉排护岸工程,将原干堤外的小圩堤或新围垦的大堤培修加高为干堤,使原大堤成为二道堤。1975年,江堤72.27公里,其中一道堤57.49公里,港支

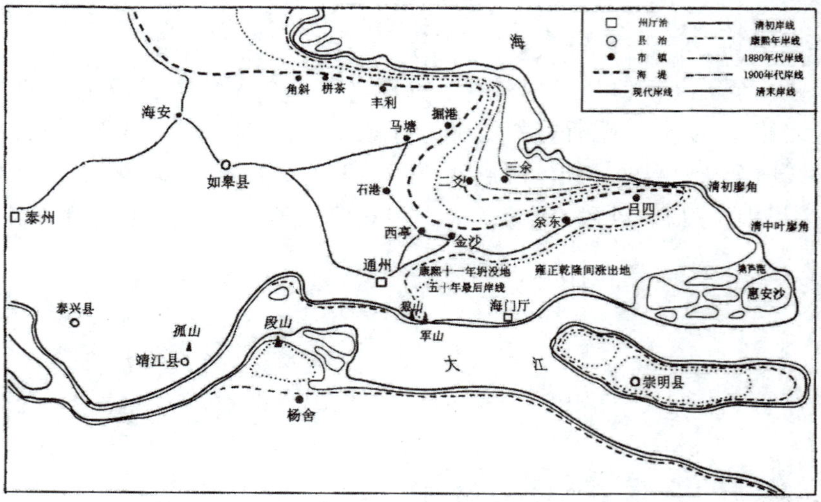

图1-7 清代长江口北岸线变迁示意图

堤14.78公里。二道堤38.6公里。是年冬,永隆沙与崇明连接,但崇明是岛,故永隆沙周边堤岸仍为洲堤,洲堤19.1公里。1980年,江堤61.9公里,其中一道堤48.35公里,港支堤13.55公里。二道堤39.94公里。洲堤8.5公里,其中一道堤8.22公里,港支堤0.28公里。1983年,长江流经海门40公里。

1994年,江堤59.73公里,其中一道堤46.42公里,港支堤13.31公里。二道堤47.44公里。洲堤6.61公里,其中一道堤6.33公里,港支堤0.28公里。2001年,江堤51.68公里,其中一道堤47.67公里,港支堤4.01公里。二道堤36.98公里。

2008年,江堤54.3公里,其中干堤45.73公里,港支堤8.57公里(其中新江海河闸1.9公里,立新闸2.44公里,海门港闸1.22公里,青龙港船闸0.2公里,大洪港新闸0.36公里,汤家新闸0.6公里,灵甸港新闸0.45公里,十八匡河闸1.4公里),二道堤38.98公里(表1-9)。是年,长江流经海门市的长度,南支9.3公里、北支38公里,计47.3公里。

1954—2008年海门县长江干堤兴筑一览

表1-10

兴筑年份	干堤地段与长度	桩　号	备　　注
1954-1956	青龙港两侧3.56公里	27+530—30+890	青龙港沉排护岸工程中筑
1960	立新闸两侧0.4公里	8+940—9+340	江心沙农场第一次围垦时筑 1972年建立新闸形成港支堤
1963年后 陆续兴筑	青龙港以东至大新港以东段10.4公里 十八匡河西侧有0.4公里	30+890—41+290 51+200—51+600	1974年冬,由小圩堤培修加固成干堤
1972	江心沙农场与南通开发区交界处向 东至新江海河东侧3.25公里 (其中0.3公里为1977年建新江河闸时改线)	0+000—3+250	江心沙农场第十一次围垦时筑
1992	立新闸东侧港支堤0.65公里	9+340—9+990	圩角沙第一次围垦时筑
1994	海太汽渡两侧0.54公里 江海风情园前面0.6公里	9+990—10+530 18+530—19+130	圩角沙第二次围垦时筑
1996	海门港闸两侧0.45公里 江海风情园至江堤达标纪念碑2.85公里	13+860—14+310 19+130—21+980	圩角沙第三次围垦时筑
1998	临江乡九匡河口至十八匡河口6.81公里	44+390—51+200	灵甸沙第一次围垦时筑
1999	江堤达标纪念碑至青龙港西冷冻厂段5.55公里	21+980—27+530	圩角沙第四次围垦时筑
2000	十八匡河东侧至海门、启东交界处2.7公里	51+600—54+300	灵甸沙第二次围垦时亨利制针公司筑
2002	海门港闸东侧1.83公里	16+700—18+530	圩角沙第五次围垦时筑
2005	大新港东至临江镇九匡河口段3.1公里	41+290—44+390	灵甸沙第三次围垦时筑
2006-2007	海太汽渡东侧至海门港西侧3.33公里	10+530—13+860	圩角沙第六次围垦时筑
2007	海门港闸东段2.39公里	14+310—16+700	圩角沙第六次围垦时筑
2008	新江海河东侧至立新闸西侧5.69公里	3+250—8+940	新通海沙下段围垦时筑

1958－1979 年海门县长江二道堤兴筑一览

表 1－11

兴筑年份	二道堤地段与长度	桩 号	备 注
1958－1959	圩角河两侧 0.95 公里 青龙港西侧 0.45 公里 三厂涵洞两侧 1.21 公里 大洪河至界牌河 3.96 公里 大新河至泰兴河 2.82 公里 灵甸河至十八匡河 2.18 公里	12＋120－13＋070 18＋860－19＋310 19＋310－20＋520 20＋520－24＋480 27＋040－29＋860 34＋930－37＋110	
1960	新江海河东侧至立新闸西侧 2.92 公里 立新闸东侧至浒通河西侧 3.65 公里	0＋000－2＋920 2＋920－6＋570	江心沙农场第一次围垦时筑
1963	界牌河至大新河 2.56 公里 泰兴河至九匡河 2.31 公里	24＋480－27＋040 29＋860－32＋170	
1966	九匡河至灵甸河 2.76 公里 十八匡河至悦和港 1.87 公里	32＋170－34＋930 37＋110－38＋980	
1968	浒通河东侧(五七农场)1.35 公里	6＋570－7＋870	
1972	青龙港西冷冻厂西侧 1.09 公里	17＋770－18＋860	江滨沙第一次围垦时筑
1973	圩角河东侧 0.75 公里	13＋070－13＋820	江滨沙第二次围垦建奶牛场时筑
1975	日新河涵洞西侧向东 3.95 公里	13＋820－17＋770	江滨沙第三次围垦时筑
1979	五七农场以东种羊场、沿江渔场 4.25 公里	7＋870－12＋120	江心沙第十七次围垦时筑

1975－1994 年海门市(县)海永乡(永隆沙良种场)洲堤兴筑一览

表 1－12

兴筑年份	洲堤地段与长度
1975	永西村北侧大堤 1.61 公里
1977－1980	白港涵洞东侧经鸽龙港北闸到鸽东涵洞段 2.39 公里
1984	永西村西北角大堤 1.16 公里
1994	鸽东涵洞至启东启隆乡交界处 1.45 公里

第三节 治 所

五代后周显德五年(958)，建海门县时设县治于东洲镇(今吕四东南 20 公里、汇龙镇东北一带黄海中)。元至正年间(1341－1368)，因海潮江水泛滥，陆地坍没，县治迁礼安乡(今下三和、江家镇之间)。其时，正值张士诚拥兵浙西，遣其部将张左丞扼守，不久县治毁于兵火。明洪武元年(1368)，知县徐伯善重建。洪武二十三年(1390)，县治圮于风潮，县丞李选改建。不久又溃，知县齐福东、龚鉴、萧绪，县丞郭德等多次修建。正德七年(1512)，飓涛滥作，溺民漂屋，官民之居荡然一墟。正德九年(1514)，县治被迫西迁通州境内的余中场南(现四甲镇境内)。嘉靖十七年(1538)后，风潮多次侵袭，以致境土“日蹙”。嘉靖二十四年(1545)，县治西迁金沙场之南通州境内的瞿灶、进鲜两港之间(今通州市袁灶港、海坝桥以西之地)。时海门知县耗资 17920 两银督造城池。清康熙十一年(1672)，县治又被风潮所没，半圮于江，迁至永安镇(今通州区东沙、三圩头一带)。是时，居民所剩无几，不成县，于是裁县为乡，称海门乡[道光十二年

(1832),改名为静海乡],归并通州。康熙五十八年,永安镇又圮于江,乡治迁至徐涧(今通州市兴仁镇)。其后数十年间,江水回向南泓,海门故土又逐渐复涨,计百余里。

乾隆三十三年(1768),建江苏省海门直隶厅。首任海门厅同知解韬在裙带沙通源镇建立厅署,无城。乾隆三十九年(1774),同知徐文灿建厅署于裙带沙茅家镇(又称茅镇,今海门烈士陵园址)。民国元年(1912),县治仍设于原厅署。民国27年,日本侵略军侵占海门,厅署被日本侵略军所毁,国民政府海门县政府机关东迁江家镇。民国28年4月,汪伪海门县公署设于茅家镇新典当房(今海门镇解放中路39号市政府所在地),直至民国34年七八月。民国34年10月16日,国民党县政府县长潘焘率领军警由南通入境,先驻大生三厂,11月12日迁至茅家镇原汪伪海门县公署驻地。

民国29年11月,建立海门县抗日民主政府,接管国民政府海门县政府,驻地江家镇,后移至江家镇附近乡间。此后的海东、海启、海启崇、东南行署、海门县政府一直在聚星镇附近乡间流动。1949年1月,海门全境解放,重建海门、启东两县,海门县委、县政府机关先设在海南区彭家仓(即狮子镇沈宅,今麒麟镇庵宝村)。同年2月6日,迁到今海门镇解放中路39号市政府驻地。1950年年底,县委机关西迁茅家镇复兴街天主教耶稣圣心堂口字形房子(今海门人民医院住院部大楼址地)。1954年年底,县委机关迁至海门县初级中学南二层楼。1955年6月,县委机关迁回县政府机关驻地新建的两埭楼房内办公。

新中国成立后,海门仍以茅家镇为县治。1965年6月,茅家镇改称海门镇。1994年6月,海门县撤县设市,海门市治仍设在海门镇原址。

第二章　区　划

第一节　民国以前

五代后周显德五年(958)建县后,县下建制为乡,乡下共设120里。元至正年间(1341－1368),编有73里。明嘉靖元年至二十三年(1522－1544),置37里,其中在市4里,仁和乡4里,礼安乡5里,崇信乡4里,陈霸庄2里,嘉会都4里,智正都11里,吕四场3里。嘉靖二十四年(1545),并成14里,其中在市2里,礼安乡1里,嘉会都2里,崇信乡1里,智正都5里,仁和乡1里,吕四场1里,陈霸庄1里;割借通州清干乡6里,金沙1里,计21里。清顺治元年至康熙十年(1644－1671),复并14里,具体无考。道光初年,废里建保,保下设甲。宣统二年(1910),厅署下建制为城、镇、乡。

第二节　民国时期

一、市乡区村闾镇

民国元年(1912),改厅为县,县下设市、乡,有6市5乡。民国3年,废市、乡,设11区。民国12年,裁区,恢复市、乡建制,又为6市5乡。民国16年,废市、乡,重设11区。

民国17年,设行政局,下设村、闾、镇。民国18年,改局为区,设11区,村、闾改为乡,街市设镇。

民国元年至23年海门县辖各市区乡一览

表1－13

民国元年	民国3年	民国12年	民国16年	民国18年	民国23年
西二乡	西二区	西二乡	西二区	第一区	第一区
西一市	西一区	西一市	西一区	第二区	
县治市	县治区	县治市	县治区	第三区	第二区
东一市	东一区	东一市	东一区	第四区	第三区
东二市	东二区	东二市	东二区	第五区	
东三市	东三区	东三市	东三区	第六区	第四区
东四乡	东四区	东四乡	东四区	第七区	
东五乡	东五区	东五乡	东五区	第八区	第五区
东六乡	东六区	东六乡	东六区	第九区	
东七市	东七区	东七市	东七区	第十区	第六区
通海垦牧乡	垦牧区	垦牧乡	垦牧区	垦牧区	

民国23年，编制保甲。设6区，114乡、6镇，1256保，12634甲。

民国23年海门县区乡镇一览

表1－14

区	乡　　镇
一	胜利、日升、寻源、芳春、泗安、江澄、滨江、无敌、边靖、光明、景德、一心、时化、新丰、文成、武成
二	万安、平安、桃源、民治、天补、清华、通洪、醒民、善同、移风、培德、明诚、震蒙、大安、崇仁、积洪、通季
三	文林、大众、麒麟、新昌、大洪、大有、种玉、思源、光烈、三民、安乐、日新、太平、永乐、长安、惟英、长兴、中兴、苗圃、大生、三厂、帆影、会云、常乐、永安、孝威、卧龙
四	洽康、表东、三合、协进、博爱、富中、同仁、习正、方霖、悦来、永平、南星、合霖、刘周、同善、普济、汲浜、自新、西美、好施、启善、印乔、庙港、月牙、梅思、海桥、三阳、灵甸
五	平北、全成、屏南、正平、合群、安东、谦义、建安、维久、党民、务本、建中、无畏、友南、北固、里仁、乐丰、聚星
六	均权、富荫、锦成、博仁、兴民、乐耕、南阳、五堤、祝平、利民、汇阳、忠义、垦南、日观

民国27年3月，日本侵略军侵占海门，县境西部主要集镇沦陷，国民政府海门县政府迁到江家镇，仅能统治东部几个偏僻乡镇。民国28年4月，汪伪海门县公署成立，在县统治区内设区、乡、保组织。民国35年，国民党县政府在其统治区重新划区编定保甲，恢复区、乡建制，全县设6个区，96个乡、镇。

民国35年海门县区乡镇一览

表1－15

区	乡　　镇
一	文武示范、一心、明德、利德、敌靖、日升、寻源、泗芳、江澄、时新
二	天补示范、清风、积德、洪风、震蒙、桃源、崇民、通民、大安、平城、善民
三	云影示范、三厂、卧英、乐圃、大兴、洪有、三乐、青玉、永乐、民光、新平、林公、麟昌、永安、思安
四	会英、协进、三合、洽康、博爱、好施、富中、南星、表东、同仁、合霖、永平、普济、同善、方霖、三阳、帆影、刘周、习正、灵甸、庙港、启善、同乐、梅思、印乔、海桥、自新、汲浜
五	屏南、全成、正平、合群、聚星、平北、建安、谦义、安东、务本、维久、友南、无畏、建中、党民、北固、里仁、乐丰
六	垦南、南阳、忠义、日观、汇阳、利民、均权、五堤、兴民、乐耕、祝平、锦成、博仁、富荫

民国37年5月，海门县设6区，63乡、镇。

民国37年5月海门县区乡镇一览

表1－16

区	乡　　镇
一	文武示范镇、一心、明德、敌靖、日升、寻源、泗芳、江澄、时新
二	天补镇、清风、积德、洪风、震蒙、桃源、崇民、通民、大安、平城、善民
三	三厂镇、云影、卧英、乐圃、大兴、洪有、三乐、孝玉、永乐、民光、新平、长安、思安
四	三阳镇、协同、富中、东仁、合美、霖南、刘周、正分、悦善、月庙、灵甸、乔新、博爱
五	聚星镇、建议、合屏、成平、安平、北仁、左本、务党、乐丰、久界
六	建忠、建仁、建处、建义、建和、建平、建信

民国37年6月，国民党县政府将6个区并为3个区36个乡镇：原一、二区称师山区，划11个乡镇；三、四区称中柱区，划15个乡镇；五、六区称靖海区，划10个乡镇。

民国37年6月海门县区乡镇一览

表1－17

区	乡 镇
师山	茅家镇、陶民、玉成、一德、添旺、升平、民生、清和、大成、天补、桃源
中柱	长兴、常乐、中兴、长来、麒麟、大洪、太平、三阳镇、汲浜、灵甸、悦来、庙港、三和、三益、池棚
靖海	聚星、和合、久安、毓秀、乐丰、海复、聚阳、日新、滨海、垦牧

二、区乡保甲村

民国29年11月(1940)，新四军东进海门后，海门县抗日民主政府成立，接管国民政府海门县政府及区公所，保留乡、保、甲建制。次年9月，海门县与启东县合建海东行署。10月，划南通县东南部、海门西部地区建通海行署，下设5个区，其中在现海门辖区设海一区、海二区、海三区。11月，建立通东行署，辖富安、余东、六甲、吕四4个区，属南通县。12月，改海东行署为海启行署，设海四、海五、海六、海七、海八区及启一、启二区。民国31年7月，崇明划归海启行署，海启行署改称海启崇行署。9月，并南通县的通东行署、海门东部地区及启东县建东南行署，下辖通东行署(是年12月撤销)和海门县政府(次年1月撤销)，海门县境分划海三、海四、海五、海六、海七、海八6区。民国32年1月，海七、海八区并称海东区，海五、海六区合并称海中区，原属通东行署的余东、富安区合并称富余区。3月，通海行署停止活动。7月设通海办事处。11月，复建通海行署，设立东区。民国32年，改保、甲为乡、村。民国33年4月，海三、海四区并称海南区，撤销海二区和东区，建立汇通区。同年8月，东南地区开始实行新乡制。民国34年1月，撤销通海行署，下辖各区划归南通县。民国35年3月，撤销东南行署，复建海门县政府，下辖聚星、海东、吕四、海南、海西、海中、富余、四甲、六甲9区。12月，撤销海门县政府，再建东南行署，辖海门、启东两县及南通县一部，海门境内辖六甲、富余、海中、海南、金汇(有一部分今属通州区)、海西6区。1949年1月，苏皖第九行政区专员公署令，撤销东南行署，建立海门县，县域为海南、海西、海中、富余、王鲍、六甲区及吕四区的头补乡、二补乡与南通县所辖旧海门县一、二区。2月，辖海中、海南、新南、王鲍、富余、四甲、六甲、茅三、汇通9个区及茅家镇、三厂镇、青龙港镇3个县属镇，区下设乡村，隶127个乡。是时，原南通县四甲区属余中乡划还海门县四甲区。

第三节 新中国成立后

一、区乡(公社)镇场

1949年10月，全县设9个区，126个乡，3个县属镇。

1949年10月海门县区乡镇一览

表1－18

区	乡 镇
六甲	新余、同合、场北、互助、友爱、镇北、合作、河南、团结、新民、同兴、头甲、东刘、刘浩、包南、公平
海中	三星、万年、新民、义兴、耀昌、凤阳、民主、聚中、福元、启珍、占先、义南
王鲍	同仁、江东、南阳、平东、正平、聚西、头补、二补、聚北、安南、聚东、聚南、建群
海南	唐袁、平港、好善、灵西、兴贤、灵东、同济、唐南、好北
富余	余中、王浩、正浩、河岸、余北、正余、河东、袁戴、殷忠、宝山、富北、树勋、乐平、新河、凤北
四甲	新民、合兴、新华、新复、翻身、胜利、同兴、保田、德华、国华、新生、德安、克定、富南
新南	常胜、秦李、翻身、胜利、坚决、种玉、孝威、永东、光烈、大新、帆影、友洪、民友、袁扬、永南、锦明
茅三	德胜、瑞祥、瑞南、平山、长安、新民、龙英、时新、中心、江澄、会英、新南、江东、瑞北、新东
汇通	震蒙、民治、日升、桃源、天补、善同、飞鹫、崇华、民仁、三和、三民、泗芳、新港、海西、滨海、路南
县属镇	茅家镇、三厂镇、青龙港镇

1950年6月，茅三区划为茅镇区、三厂区，全县10个区，134个乡。

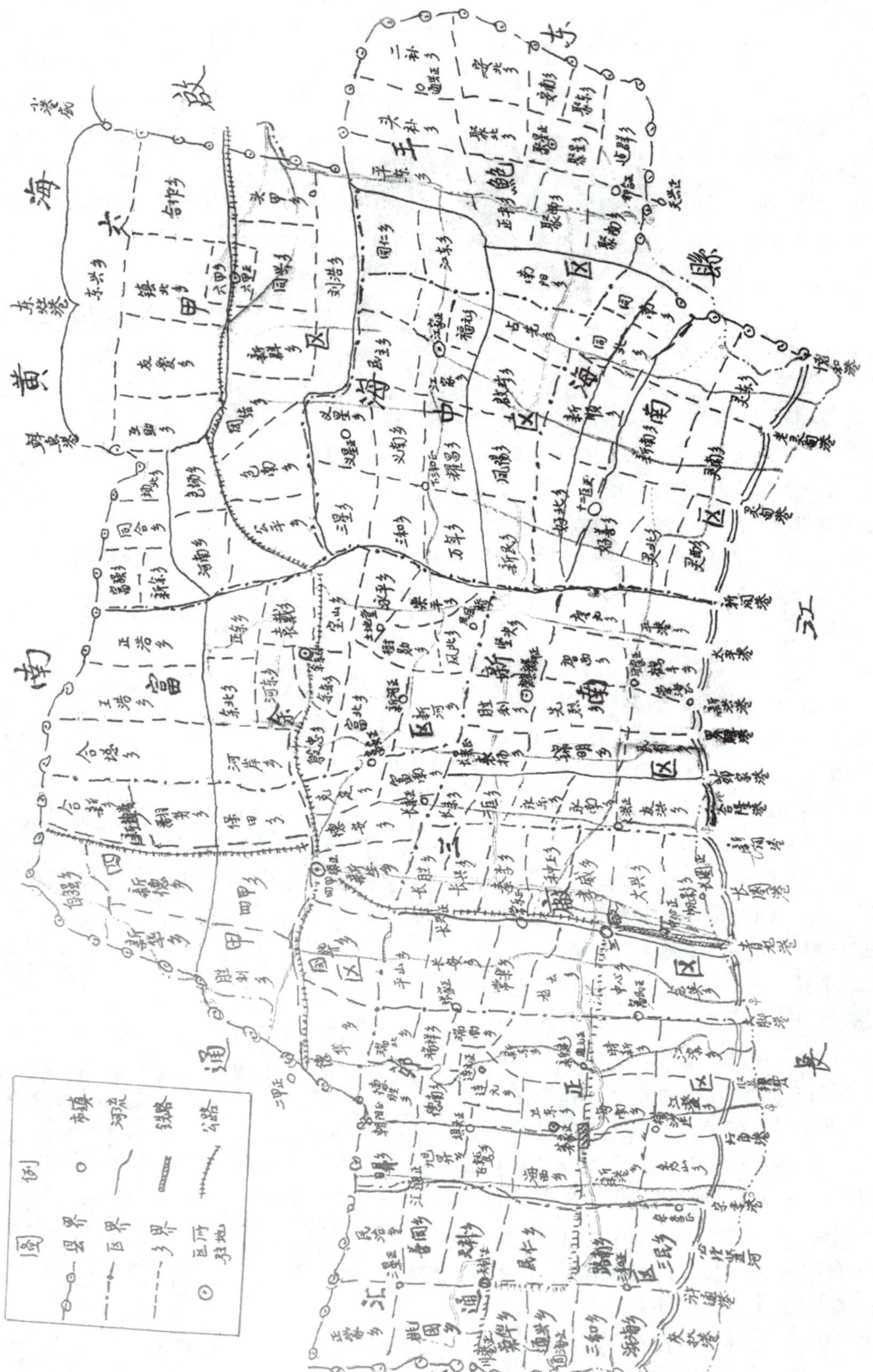

图 1-8　解放初期海门县区乡示意图

1952年7月，全县10个区改划为三星、三和、横沙、连元、三厂、常乐、新南、海南、三阳、海中、王鲍、四甲、富安、余东、新安、包场、六甲、茅家镇18个区，三厂、青龙港2个县属镇，134个乡扩为206个乡，撤销茅镇、汇通、富余区。11月，调整为18个区，149个乡、2个镇、2个县属镇。

1952年11月海门县区乡镇一览

表1－19

区	乡镇街
王鲍	正平、安南、聚西、二补、聚东、平东、头补、建群、聚北、安北、聚星
海中	江东、同仁、聚中、福元、耀昌、民主、三和、三星、义南、义兴、万年乡，江家镇
三阳	占先、启珍、南阳、聚南、同济、同南、同北、灵东乡，三阳镇
新南	唐袁、鹤丰、民友、光烈、坚决、胜利、锦明、袁扬、唐西、麒麟、平港
海南	好善、好北、灵海、灵西、灵北、兴南、兴贤、新民、凤阳
六甲	刘浩、头甲、同心、新群、互助、友爱、镇北、合作、东兴、六甲
包场	包南、团结、公平、新余、河南、富强、同合、场北、包场
四甲	自强、同一、保田、德安、新生、国华、德华
余东	宝山、殷忠、余东、袁戴、河东、河岸、余北、正余
新安	建新、合兴、翻身、新复、新华、正浩、余总、王浩
富安	富南、克定、新河、富北、凤北、乐平、树勋、永平
常乐	长来、永乐、二匡、平山、长安、常乐、长胜、长兴、秦李、种玉
三厂	孝威、龙英、大兴、中心、会英、帆影、永南、友洪
连元	飞鹭、日升、旭升、连元、德南、德胜、瑞南、瑞祥、瑞北
横沙	秀山、江澄、江滨、新港、海南、时新、海西、卫东、新建、新东
三星	震蒙、民治、桃源、善同、天补
三和	通兴、三和、路南、滨海、三民、崇华、民仁
茅家镇	大同、复兴北、复兴南、羊元角、菜市街
县属镇	三厂镇、青龙港镇

1953年6月，孝威乡改称厂洪乡。是年8月，建立三阳乡。

1954年6月，省政府批复，海门县王鲍区和三阳区的聚南乡划归启东县。7月，全县设三星、连元、横沙、三厂、新南、海南、三阳、海中、六甲、包场、余东、富安、四甲13个区，136个乡，2个区属镇，茅家镇、三厂镇为县属镇。撤销常乐、新安、三和、茅家镇4个区。青龙港镇并入三厂镇。

1954年7月海门县区乡镇一览

表1－20

区	乡镇
三星	震蒙、民治、桃源、善同、天补、崇华、民仁、通兴
连元	日升、德胜、瑞北、瑞祥、瑞南、新东、连元、德南、旭升、飞鹭、新建、卫东、海西
横沙	新港、秀山、海南、江澄、时新、江滨、三和、滨海、路南、三民
三厂	常胜、长兴、秦李、种玉、厂洪、大兴、平山、长安、常乐、龙英、中心乡
新南	胜利、麒麟、光烈、民友、长来、二匡、永乐、永南、友洪、袁扬、镜明
海南	凤阳、新民、好北、好善、灵北、灵西、坚决、唐元、唐西、平港、鹤丰
三阳	启珍、占先、南阳、三阳、同济、同北、同南、灵东、兴贤、兴南、灵海
海中	江东、同仁、齐中、福元、民主、江家、义兴、义南、三星、三河、万年、耀昌
六甲	东兴、合作、镇北、六甲、友爱、头甲、同心、刘浩、新群
包场	团结、场北、包南、包场、公平、同合、河南、富强、新余、互助
余东	正浩、王浩、余总、正余、余北、河岸、袁戴、河东、宝山、殷忠乡，余东镇
富安	永平、乐平、凤北、树勋、新河、富北、富南、克定、德安
四甲	保田、同一、自强、运南、国华、新胜、合兴、翻身、建新、新复、新华乡，四甲镇
县属镇	茅家镇、三厂镇（青龙港镇并入）

1954年9月，办理王鲍区和三阳区的聚南乡划归启东县的移交手续。1955年3月，海门县通兴农场（场址：六甲区头甲海）划归启东县。同年12月，海南区改名为悦来区，新南区改名为麒麟区，海中区改名为江家区，三星区改名为天补区。1956年1月起，全县建立高级农业生产合作社。4月，全县划为7个区，75个乡，3个县属镇（青龙港镇又改为县

属镇)。同年10月,天补区的秀山、飞鹭、旭昇3个乡,麒麟区的大兴、厂洪、秦李3个乡与茅镇区原来的德胜、连元、海南、瑞祥、瑞北、新建、江滨、平山、常乐、中心10个乡合并建成德胜、飞鹭、秀山、瑞祥、江滨、平山、常乐、厂洪8个乡。

1956年4月海门县区乡镇一览

表1-21

区	乡镇
天补	震蒙、天补、三和、飞鹭、民治、通兴、路南、秀山、桃源、民仁、旭升
茅镇	德胜、平山、常乐、中心、瑞祥、连元、海南、瑞北、新建、江滨
麒麟	秦李、二匡、锦明、唐袁、厂洪、永南、民友、大兴、袁扬、坚决、鹤丰
包场	新余、公平、团结、六甲、场北、互助、刘浩、合作、河南、友爱、同兴
余东	王浩、正余、乐平、永胜、正浩、宝山、树勋、河东、富北、富南
四甲	建新、翻身、同一、德安、新华、自强、国华、保田
三阳	义兴、福元、灵北、同济、万年、江东、占先、灵海、耀昌、凤阳、三阳、民主、好北、兴贤
县属镇	茅家镇、三厂镇、青龙港镇

1957年11月,撤销区建制,小乡并大乡,全县分设34个乡,2个县属镇,即:三星、天补、兴隆、三和、德胜、飞鹭、秀山、瑞祥、江滨、平山、常乐、厂洪、二匡、麒麟、六匡、汤家、万年、悦来、临江、江家、三阳、兴贤、国强、新建、四甲、王浩、余东、富安、正余、树勋、场北、包场、六甲、刘浩乡和茅家镇、三厂镇。1958年3月,全县行政区划再作调整,撤销兴隆、二匡、兴贤、富安4个乡。

1957年11月、1958年3月海门县行政区划调整一览

表1-22

序号	乡镇	管辖范围		乡人委驻地
		1957年11月	1958年3月	
1	茅家镇	不变动	不变动	茅家镇
2	飞鹭	原飞鹭大乡	不变动	搭连镇
3	秀山	原秀山大乡	不变动	横沙镇
4	江滨	原江滨大乡	不变动	黄利生店
5	兴隆	通兴乡,民仁乡(除去第八、九、十社)	撤销	兴隆镇
	三和	路南、三和乡	原三和乡,并划入兴隆乡的兄弟、兴隆、路北、高南四个社	三和镇
6	天补	桃源、天补乡和民仁乡的第八、九、十社	原天补乡(内划出广丰一、二、九社和齐心二、六社)和兴隆乡(内划出兄弟、兴隆、路北、高南等4个社)	天补镇
7	三星	震蒙、民治乡	原三星乡,并划入天补乡的广丰一、二、九社和齐心二、六社	三星镇
8	德胜	原德胜大乡	不变动	坝头镇
9	瑞祥	原瑞祥大乡	不变动	磨框镇
10	三厂镇	不变动	不变动	三厂镇
11	二匡	二匡、永南乡和民友乡的第一、二、三、中心社	撤销	二匡镇
12	厂洪	原厂洪大乡	原厂洪乡,并划入二匡乡的建宏六、七、八社和友洪二社	三厂镇

续表1－22

序号	乡镇	管辖范围		乡人委驻地
		1957年11月	1958年3月	
13	汤家	鹤丰乡,民友乡(除去第一、三、九、中心社)和镜明乡的第十二社	原汤家乡,并划入二匡乡的建宏五社和友洪中心、一、九社	汤家镇
14	常乐	原常乐大乡	原常乐乡,并划入二匡乡的兴光二、三社和建宏九、十、十一社	常乐镇
15	平山	原平山大乡	原平山乡,并划入二匡乡的四、五、六、八4个社	长兴镇
16	麒麟	袁扬乡,镜明乡(除去第十二社)	原麒麟乡,并划入二匡乡的兴光一、七社和建宏一、二、三、四社	麒麟镇
17	兴贤	同济乡,兴贤乡(除去第六、七、八社)	撤销	汲浜镇
18	悦来	凤阳、好北乡	原悦来乡,并划入兴贤乡的悦来、合作、友爱、顺祥、万忠5个社	悦来镇
19	六匡	唐元、坚决乡	不变动	六匡镇
20	三阳	占先、三阳乡	原三阳乡,并划入兴贤乡的同善、阳南、合兴、合东、龙祥、刘东、汉兴、刘西、普新等9个社	三阳镇
21	临江	灵北、灵海乡和兴贤乡的第六、七、八社	原临江乡,并划入兴贤乡的杨应、普民、元中、习西、召民等5个社	灵甸镇
22	四甲	德安、仝一、保田乡	不变动	四甲镇
23	国强	国华、自强乡	不变动	二桥镇
	新建	建新、新华、翻身乡	不变动	新街
24	王浩	王浩乡,河东乡(除去第一、二社)和余北乡的第九、十、十一社以及正浩乡的第二社	原王浩乡,并划入余东乡的十五社	岸头镇
25	富安	富南、永胜乡和富北乡的第四、五社	撤销	富安镇
26	余东	宝山乡,富北乡(除一、四、五社)和河东乡的第一、二社	原余东乡(划出八至十五社),并划入富安乡的十二、十三、十四、十五、十六、十七、十八等7个社和树勋乡的十一、十二、十三、十七等4个社	余东镇
27	树勋	乐平乡、树勋乡和富北乡的第一社	原树勋乡(划出11、12、13、17等4个社),并划入富安的一至十一社	新河镇
28	包场	河南、公平乡和团结乡的第五社	不变动	包场镇
29	场北	场北、互助乡和新余乡的第三、四、五社	不变动	包场镇
30	正余	正浩乡(除去第二社)、余北乡(除去第九、十、十一社)和原属包场区的新余乡(除去第三、四、五社)	原正余乡,并划入余东乡的八、九、十、十一、十二、十三、十四等7个社	大岸桥
31	万年	万年、义星、耀昌乡	不变动	下三和镇
32	刘浩	刘浩、仝心乡,团结乡(除去第五社)	不变动	六甲镇
33	六甲	友爱、合作、六甲乡	不变动	六甲镇
34	江家	江东、民主、福元乡	不变动	江家镇

1958年9月15日,宏伟(厂洪)人民公社成立,至10月1日,全县29个人民公社先后成立。撤销乡的建制,实行政社合一。六甲乡范公堤以南划入刘浩乡,成立刘浩人民公社;六甲乡范公堤以北与场北乡

合并，成立东兴人民公社。1959年1月，三厂镇与厂洪公社合并，成立三厂人民公社。同年7月，从三厂人民公社中分出集镇范围重建三厂镇。1960年8月，茅家镇与飞鹭公社并建茅镇人民公社，三厂镇成立人民公社，三厂人民公社又改为厂洪人民公社。

1961年5月，全县设天补、三厂、悦来、四甲、包场5个区，下辖31个公社，2个县属镇。1963年2月，恢复茅家镇（从茅镇公社中分出集镇范围）、四甲镇、余东镇建制，建立新余人民公社。1965年2月，撤销四甲、余东镇，分别并归四甲公社和余东公社。1965年2月，撤销江海渔业人民公社，建立海洋渔业人民公社。1965年6月，茅家镇改名为海门镇，茅镇人民公社改名新海人民公社，江家人民公社改为海洪人民公社，汤家人民公社改为大新人民公社，麒麟人民公社改为其林人民公社。1968年10月，三和公社南端小沙围垦，1969年1月定名为海门县五七农场。1970年，建立永隆沙良种场。1980年4月，县五七农场改名为海门县棉花原种场。

1981年6月，海洋渔业人民公社更名为东灶渔业人民公社，大新人民公社恢复为汤家人民公社。1982年1月，其林人民公社恢复为麒麟人民公社。1983年5月，撤销人民公社，恢复乡的建制。1984年7月，青龙港镇为县属镇。1986年10月，四甲、余东、包场、悦来、三阳5个乡撤乡建镇，实行镇管村体制。1987年2月，撤销天补、三厂、悦来、四甲、包场区。1990年，撤销天补、常乐、新建乡，建立天补、常乐、货隆镇。1990年，全县设23个乡，11个镇（其中3个县属镇），2个农场。

1992年6月，设立海门经济技术开发区。同年11月，建立海永乡。是年12月，撤销新海、秀山乡，两乡所辖区域并入海门镇，设立海门镇秀山办事处、新海办事处；撤销青龙港镇、厂洪乡，并入三厂镇，设立三厂镇青龙港办事处。3个办事处均为镇的派出机构（1年后撤销）。撤销新余乡，并入包场镇。三星乡撤乡建镇。1993年11月，海门经济技术开发区升格为江苏省海门经济开发区。

1994年4月26日，经国务院批准，民政部批复，同意海门县撤县设市，以原海门县的行政区域为海门市的行政区域。是年6月27日，海门宣布撤县设市。市以下区划没有变化。

1994年10月，三和、万年乡撤乡建镇。同年11月，德胜、瑞祥、六匡、国强乡撤乡建镇。1994年12月，全市设1个开发区，2个市属镇、15个建制镇、13个乡、1个农场。

1996年7月，正余乡撤乡建镇。12月，麒麟乡撤乡建镇。

2000年4月，撤销江滨乡，并入海门镇；撤销瑞祥镇，并入德胜镇；撤销汤家乡，并入三厂镇；撤销平山乡，并入常乐镇；撤销六匡镇，并入悦来镇；撤销国强镇，并入四甲镇；撤销刘浩、海洪乡，以两乡所辖区域设立刘浩镇；撤销东兴、东灶乡，以两乡所辖区域设立东灶港镇，全市乡镇由30个减为22个。2000年12月，全市有1个省级开发区，18个镇，4个乡，1个农场。

2001年9月，临江、王浩乡撤乡建镇。2002年2月，树勋乡撤乡建镇。2005年9月，撤销国营海门市棉花原种场，划归海门经济开发区。2006年4月，建立灵甸工业集中区。同年8月，建立滨海工业新区。是时，省政府同意设立江苏海门工业园区。是年11月，南通市政府批复，江苏海门工业园区管理委员会为海门市政府派出机构，保留三星镇。2007年1月，升格为省级开发区。6月5日，举行揭牌仪式。

2008年8月，滨海工业新区和东灶港镇合并，建立海门市滨海新区，保留东灶港镇；灵甸工业集中区与临江镇合并，建立海门市临江新区，隶属江苏省海门经济开发区，保留临江镇。

2008年12月，全市有1个省级开发区，1个省级工业园区（建江苏海门工业园区后，保留三星镇），2个新区（滨海、临江新区，保留东灶港镇、临江镇），18个镇、1个乡。共有21个镇、1个乡。

二、村（生产大队）

1949年10月，海门县乡以下设675个村。1950年6月为723个村。1954年785个村。1956年642个村。1958年10月，村改为生产大队，全县有666个生产大队，下设2729个生产队。1959年9月，三厂公社的三、十四两个大队划属三厂镇，飞鹭公社的六、七大队和秀山公社的十一、十六大队划给茅家镇。

1961年，有745个大队，7225个生产队。1963年2－3月，东兴公社立志大队划为翻身、立志大队；新建公社联宏大队划为齐心、联宏大队，联合大队划为同心、联合大队，河南大队划为河南、货隆大队，有余大队划为骑岸、有余大队，灯塔大队划为灯塔、永乐大队；国强公社胜利大队划为胜利、宏卫大队，大兴大队划为兴东、大兴大队，召元大队划为海界、召元大队，路北大队划为四杨、路北大队，陈丕大队划为陈丕、国强大队，汝恒大队划为红星、汝恒大队；树勋公社旭光大队划为旭光、尧令大队，旭东大队划为旭东、锦明大队，富强大队划为富强、小川大队；刘浩公社二十一大队划为红中、二十一大队；六匡公社凤凰大队划为凤凰、正明大队。1964 年 5 月，三厂镇的宏兴、红旗大队划属厂洪公社。1965 年 2 月，撤销东兴公社东灶大队。是年 3 月，汤家公社虹桥、福才大队划属中心、友洪、丁陆大队。同年 9 月，海门镇新圩渔业大队划属海洋渔业公社。1968 年，全县有 759 个大队，8139 个生产队。

1971 年 9 月，撤销东兴公社朝阳大队、常乐公社四大队。1975 年 6 月，四甲公社惠才、永安大队合并为惠才大队。是年 10 月，新建公社增设中心、跃进、新生 3 个大队。1976 年，永隆沙良种场建立永北、永西、沙南、向华 4 个大队。是年 3 月，万年公社朝阳大队以通启河为界，划为朝阳（河北）、向阳（河南）大队；东兴公社建新垦大队；三和公社建江淤大队。同月，在围垦的长江涨滩新建新圩、创业、星沙、远征、江边、创新大队，分属三和、天补、德胜、厂洪、三星、新海公社，1977 年 9 月，将这 6 个大队统一划归三和公社。1980 年 4 月，县棉花原种场辖 7 个大队。

1981 年 5 月，县政府决定，对 389 个大队予以命名、更名。

1981 年海门县生产大队命名、更名一览

表 1－23

镇、公社	原　名	命、更名
海门镇	红旗大队	狮山大队
	镇西大队	复三大队
新海公社	中心大队	搭南大队
	联合大队	导亭大队
	建设大队	新窑大队
	民主大队	张北大队
	新北大队	新元大队
	新民大队	新德大队
	新南大队	海北大队
	东风大队	通源大队
秀山公社	一大队	张南大队
	二大队	海新大队
	三大队	季东大队
	四大队	双村大队
	五大队	季港大队
	东方红大队	高店大队
	六大队	圩西大队
	七大队	崇实大队
	八大队	秀山大队
	九大队	横西大队
	十大队	棉场大队
	十一大队	培民大队
	十二大队	沙东大队
	十三大队	日东大队
	十四大队	圩角大队
	大桥大队	牡丹大队
	新垦大队	新围大队
	新沙大队	新创大队
	新圩大队	圩江大队
江滨公社	联东大队	连沙大队
	解放大队	占仁大队
	八桥大队	双桥大队
	建设大队	建西大队
	合兴大队	源北大队
	联合大队	源东大队
	中心大队	利北大队
	时新大队	江滨大队
	民主大队	民生大队
	中北大队	中海大队
	新沙大队	江沙大队
	十四大队	柿南大队
	十五大队	大桥大队
三和公社	镇北大队	工农大队
	镇西大队	和宏大队
	永兴大队	志气大队
	新垦大队	江边大队

续表 1－23

镇、公社	原　名	命、更名
三和公社	河南大队	社南大队
	三中大队	牛洪大队
	跃进大队	培新大队
	路北大队	向民大队
	兴东大队	向荣大队
	大兴大队	大兴镇大队
天补公社	抗美大队	高桥大队
	新生大队	唐湾大队
	三角大队	陶港大队
	利民大队	联民大队
	合兴大队	广丰大队
	补北大队	天补大队
	通海大队	通海坝大队
	解放大队	崇华大队
	建新大队	建荣大队
	兴隆大队	新华大队
三星公社	太平大队	太阳大队
	镇北大队	双校大队
	合兴大队	震蒙大队
	星东大队	星火大队
	齐心大队	心齐大队
	中心大队	安南大队
	东兴大队	东进大队
	大桥大队	金桥大队
	永安大队	永富大队
	团结大队	安定大队
	永兴大队	永和大队
	镇西大队	福利大队
	联合大队	叠石大队
	胜利大队	全胜大队
德胜公社	一大队	连元大队
	二大队	李彬大队
	三大队	新玉大队
	五大队	育新大队
	六大队	银才大队
	翻身大队	双南大队
德胜公社	八大队	复圩大队
	九大队	坝西大队
	十大队	祖平大队
	十一大队	贤高大队
	十二大队	双窑大队
	十三大队	朝阳大队
	十四大队	吴店大队
	十五大队	通河大队
	十六大队	通南大队
	十七大队	汇通大队
	十八大队	水南大队
	十九大队	坝南大队
	二十大队	果园大队
	廿二大队	德新大队
	廿四大队	新西大队
	坚决大队	双北大队
瑞祥公社	友谊大队	瑞友大队
	路西大队	瑞西大队
	中心大队	磨框大队
	新光大队	烈士大队
	安乐大队	旺南大队
	红光大队	添东大队
	和平大队	定西大队
	联民大队	民主大队
永隆沙良种场	一大队	东场大队
	二大队	西场大队
	新垦一大队	永北大队
	新垦二大队	沙南大队
	新垦三大队	永西大队
厂洪公社	中心大队	厂西大队
	一大队	龙英大队
	二大队	厂北大队
	三大队	青三大队
	四大队	富东大队
	五大队	青西大队
	六大队	龙西大队
	七大队	青龙大队

续表 1-23

镇、公社	原　名	命、更名
厂洪公社	八大队	青北大队
	九大队	青东大队
	十大队	海星大队
	十二大队	新港大队
	十三大队	洪西大队
	十四大队	海化大队
	十五大队	凉北大队
	十六大队	孝威大队
	十七大队	凉东大队
	十八大队	洪利大队
	十九大队	耀忠大队
	二十大队	洪南大队
	廿一大队	大洪大队
	廿二大队	向洪大队
	廿三大队	三洪大队
	廿四大队	孝汉大队
	洪新大队	洪江大队
	新开大队	长江渔业大队
汤家公社	前进大队	东平大队
	富民大队	闸北大队
	大新大队	汤西大队
	新洪大队	洪桥大队
	永安大队	永顺大队
	通南大队	新通大队
常乐公社	中心大队	民灶大队
	一大队	培育大队
	二大队	中桥大队
	三大队	颐南大队
	五大队	颐生大队
	六大队	官公大队
	七大队	盐行桥大队
	八大队	玉竹大队
	九大队	常中大队
	十大队	平东大队
	十一大队	秦李大队
常乐公社	十二大队	三烈大队
	十三大队	中南大队
	十四大队	匡北大队
	十五大队	苗圃大队
	十六大队	匡乐大队
	十七大队	培才大队
	十八大队	头匡大队
	十九大队	进南大队
	二十大队	平港大队
	廿一大队	二匡大队
	中北大队	双闸大队
平山公社	一大队	官洪大队
	二大队	为群大队
	三大队	窑业大队
	四大队	新楼大队
	五大队	文明大队
	六大队	汇源大队
	七大队	顺荣大队
	八大队	洪民大队
	九大队	渔兴大队
	十一大队	川平大队
	十二大队	摆渡大队
	十三大队	振复大队
	十四大队	中秋大队
	十五大队	港东大队
	十六大队	永南大队
	十七大队	常来大队
	十八大队	通济大队
	十九大队	孝林大队
	二十大队	桑树桥大队
	兴东大队	长东大队
	永红大队	永洪大队
	中心大队	如意大队
麒麟公社	长安大队	长南大队
	镜明大队	锦连大队
	福林大队	狮南大队

续表 1－23

镇、公社	原 名	命、更名
麒麟公社	新民大队	麟桥大队
	富强大队	繁西大队
	曙光大队	春西大队
	红光大队	洋桥大队
	永安大队	三匡大队
	利民大队	利安大队
	立新大队	临河大队
	同心大队	西南大队
	红星大队	棚西大队
悦来公社	团结大队	兴北大队
	友爱大队	锉南大队
	新建大队	悦合大队
	学东大队	悦东大队
	中心大队	悦北大队
	兴隆大队	雁行大队
	合作大队	锉西大队
	友兴大队	友新大队
六匡公社	新建大队	新卫大队
	新丰大队	新庄大队
	胜利大队	湾西大队
	反修大队	安丰大队
	跃进大队	自由大队
	民主大队	匡南大队
	幸福大队	安庄大队
	红星大队	凤东大队
	红旗大队	凤桥大队
	红卫大队	凤西大队
三阳公社	合兴大队	龙北大队
临江公社	江滨大队	江校大队
	新民大队	灵西大队
	打刘大队	灵北大队
	桥西大队	海桥大队
四甲公社	河南大队	八索镇大队
	新生大队	五谷大队
	新建大队	靶场大队
四甲公社	胜利大队	四桥大队
	镇南大队	运南大队
	新南大队	窑港大队
	东风大队	仇家园大队
	复兴大队	范南大队
	齐心大队	牧童山大队
	公民大队	苍头渡大队
	同心大队	同德大队
	河北大队	胜宏大队
国强公社	海界大队	玉桥大队
	中心大队	兴中大队
	同心大队	望鲜大队
	大兴大队	定北大队
	红旗大队	校东大队
	新民大队	高山大队
	跃进大队	渡北大队
	红星大队	汝南大队
	团结大队	龙游大队
	新河大队	头桥大队
	齐心大队	沿港大队
新建公社	中心大队	新街大队
	闸西大队	套闸大队
	齐心大队	圩南大队
	胜利大队	新义大队
	解放大队	新解大队
	复林大队	新复大队
	联合大队	建合大队
	同心大队	联同大队
	斗争大队	新龙大队
	协力大队	新协大队
	旭宏大队	永合大队
	闸东大队	街东大队
	跃进大队	虎跃大队
	新生大队	双渡大队
	卫东大队	金陵大队

续表 1－23

镇、公社	原　名	命、更名
王浩公社	一大队	小闸大队
	二大队	新岸大队
	三大队	古坝大队
	四大队	富裕大队
	五大队	圩荡大队
	六大队	得利大队
	七大队	昌盛大队
	八大队	陈窑大队
	九大队	四总大队
	十大队	五总大队
	十一大队	俞庄大队
	十二大队	河岸大队
	十三大队	冯梁大队
	十四大队	三合大队
	十五大队	双沟大队
	十六大队	桥闸大队
	十七大队	王灶河大队
	十八大队	新联大队
	十九大队	六园大队
	二十大队	永前大队
	中心大队	竹林大队
余东公社	新生大队	港南大队
	永丰大队	余平大队
	大新大队	大圩大队
	胜利大队	长圩大队
	红光大队	东海大队
	联合大队	宝山大队
	中心大队	龙水口大队
	团结大队	戴青山大队
	富民大队	富群大队
	河南大队	殷忠大队
	旭东大队	宛平大队
树勋公社	光明大队	南音大队
	红光大队	乐平大队
	锦明大队	树东大队
	旭东大队	六圩大队

镇、公社	原　名	命、更名
树勋公社	新建大队	建园大队
	新南大队	小沙大队
包场公社	解放大队	包场大队
	立新大队	包东大队
	胜利大队	头圩大队
	红卫大队	二圩大队
	合作大队	包南大队
	忠心大队	宏升大队
	前进大队	十里大队
	路北大队	桥路大队
	东风大队	扇子大队
	红旗大队	大王大队
	红星大队	大胜大队
	新生大队	钱渡大队
	新民大队	包西大队
新余公社	合作大队	宝新大队
	新生大队	兴余大队
	翻身大队	长桥大队
	公平大队	新运大队
	永生大队	新永大队
正余公社	一大队	沈灶大队
	二大队	正新大队
	三大队	和合大队
	四大队	新高大队
	五大队	正余大队
	六大队	青墩大队
	七大队	邢崔大队
	八大队	正通大队
	九大队	冯王大队
	十大队	三元大队
	十一大队	邢柏大队
	十二大队	袁陶大队
	十三大队	志龙大队
	十四大队	河渡大队
	十五大队	岸桥大队
	十六大队	大安大队

续表 1－23

镇、公社	原　名	命、更名
正余公社	十七大队	安庆大队
	十八大队	金塘大队
	十九大队	拥政大队
	二十大队	朱益大队
	廿一大队	瑞丰大队
	廿二大队	余北大队
	廿三大队	盐河大队
	廿四大队	袁桥大队
	廿五大队	爱民大队
	廿六大队	双烈大队
	廿七大队	盘基墩大队
万年公社	兴宏大队	镇兴大队
	朝阳大队	射阳大队
	三南大队	三联大队
	镇西大队	欣新大队
	跃进大队	协进大队
刘浩公社	一大队	浩东大队
	二大队	头甲大队
	三大队	二甲大队
	四大队	天西大队
	五大队	二北大队
	六大队	新开大队
	七大队	六东大队
	八大队	五甲大队
	九大队	猛虎大队
	十大队	蔡村大队
	十一大队	良村大队
	十二大队	新群大队
	十三大队	城河大队
	十四大队	竖河大队
	十五大队	港中大队
	十六大队	英雄大队
	十七大队	浩西大队
	十八大队	浩南大队
	十九大队	浅水大队
	二十大队	浩中大队
	廿二大队	六甲大队
	廿四大队	堤南大队
	中心大队	三甲大队
海洪公社	新宏大队	徐窑大队
	新建大队	杨圩大队
	合兴大队	太浩大队
	胜利大队	胜徐大队
	合兴大队	农场大队
东兴公社	廿一大队	吕河大队
	廿三大队	中闸大队
	光明大队	光耀大队
	新民大队	三桥大队
	新建大队	建村大队
	红旗大队	闸桥大队
	翻身大队	志南大队
	东风大队	前哨大队
	勇敢大队	东灶大队
	中心大队	港西大队
	友爱大队	友好大队
	东方红大队	闸河大队
	团结大队	灵树大队

1982 年 11 月，新海公社建海兴大队。是年，海门有 783 个生产大队，8339 个生产队。1983 年 5 月，生产大队复改为村，生产队改称村民组。是年有 783 个村，8375 个村民组。1984 年 7 月，青龙港村隶属青龙港镇。同年 8 月，正余乡邢柏村、袁陶村合并为邢柏村，志龙村、河渡村合并为河渡村，安庆村、金塘村合并为安庆村；三和乡江边村、创新村合并为创新村；秀山乡新创村、季港村合并为季港村，日东村、新围村合并为日东村；汤家乡新通村分设为新通村、新胜村，云丰村分设为云丰村、元祥村；东兴乡友好村分设为友好村、新沟村；三和乡新圩村并入创业村。1986 年 10 月，撤销海门镇狮山、复三村。1990 年 11 月，四甲镇窑港村、货隆村、运南村划归货隆镇。同年 12 月，天补镇宝兴村划分为宝兴村、桃北村；万年乡万盛村划分为万盛村、绣花

村;海洪乡胜徐村更名为徐圩村。是年,全县有775个村,8360个村民组。

1990年12月海门县乡镇场村一览

表1－24

乡镇场	村(大队)
海门镇	狮山、复三、圩江、长江渔业
新海乡	新窑、连西、连东、新元、新德、振邦、搭南、海北、导亭、城兴、通北、城北、张北、海西、通源、五港、海南、海兴
秀山乡	沙东、张南、海新、棉场、培民、季东、横西、先进、日新、双村、秀山、牡丹、日东、季港、高店、崇实、圩角、圩西
江滨乡	江滨、连沙、占仁、八南、双桥、建西、建东、源北、新东、利北、建南、源东、富北、柿树、富三、为民、柿南、民生、永久、大桥、富南、中海、民东、江沙
三和乡	向荣、高北、兴隆、向民、高南、兄弟、柏生、大兴镇、岸角、洪北、自新、工农、培新、斜洪、和宏、太平、三和、社南、斗争、快乐、牛洪、近江、三南、横桥、沿江、创业、三民、志气、三圩、新沙、远征、创新、江淤
天补镇	宝兴、桃北、联民、合理、桃源、广丰、石利、陶港、同心、通海坝、大石、天补、补北、唐湾、永新、建安、崇华、补南、湾南、新安、建荣、彦英、石桥、高桥、安乐、光荣、新华
三星乡	新镇、麟西、全胜、心齐、金桥、同乐、永和、安定、太阳、中和、益民、民乐、叠石、震蒙、福利、双校、星火、永富、汇西、召良、三星、镇南、安南、汇南、西星、东进
德胜乡	水南、朝阳、复圩、汇通、双窑、双北、银才、通南、贤高、双南、育新、通河、祖平、新凤、新桥、吴店、坝西、新玉、坝南、李彬、果园、德新、连元、新西
瑞祥乡	定西、定兴、海界、瑞北、平安、曙光、添东、平山、旺南、烈士、磨框、瑞祥、金贵、路西、路东、瑞南、连锁、民主、文俊、瑞友、八桥
永隆沙良种场	永北、永西、沙南、向华大队
棉花原种场	一、二、三、四、五、六、七大队
三厂镇	镇西、厂南
青龙港镇	青龙
厂洪乡	厂东、龙英、凉北、凉东、耀忠、三洪、厂西、厂北、海化、孝威、洪利、向洪、孝汉、青三、大洪、东风、洪西、洪南、富东、海星、新港、青北、青西、青东、龙西、洪江
汤家乡	汤西、洪桥、安北、民友、闸北、新通、宏丰、云丰、中兴、友洪、丁陆、鹤丰、元明、永顺、崇海、刘洪、东平、李朱、泰西、泰东、友相、新胜、元祥
常乐镇	中南、匡北、双闸、苗圃、三烈、官公、颐生、秦李、二匡、盐行桥、民灶、平东、头匡、颐南、玉竹、常中、培才、培育、中桥、平港、匡乐、进南
平山乡	汇源、顺荣、文明、摆渡、振复、中秋、洪民、通济、新楼、渔兴、八烈、道良、港东、常来、桑树桥、窑业、如意、长东、常胜、孝林、川平、永南、为群、永洪、德高、官洪
麒麟乡	长南、春西、友德、窑桥、庵宝、洋桥、八匡、长西、长北、界南、麟桥、新光、云程、锦成、狮南、麒北、永东、锦连、路南、北星、志康、永乐、棚西、广中、临河、繁西、长乐、利安、繁荣、麒南、西南、中汉、通西、三匡
悦来镇	雁行、三其、小香、凤阳、悦北、习南、凤南、林才、松林、武阳、悦宏、悦来、悦东、袁李、悦南、顺北、顺祥、习正、革新、悦和、友新、匡校、永安、锉西、万忠、木行、信明、锉南、兴北、陈店
六匡乡	凤西、凤桥、凤东、锡祥、卫星、忠义、红东、启文、志尚、广阳、坚决、自由、安庄、保卫、新卫、匡南、云彩、建设、新庄、湾西、成功、安丰
三阳镇	周九、凤山、南星、福海、保民、鲜行、复兴、介山、陈圩、永平、新丰、友爱、合顺、群阳、志家、六三、同善、阳东、桥西、桥东、阳南、合东、刘西、刘东、龙北、龙祥、普新、汉兴
临江乡	灵北、天南、召明、汲西、坚平、立周、陈东、北阳、元中、其祥、介云、灵江、怀义、东圩、阳应、普明、玉丰、灵西、江校、悦兴、灵东、稻香、元菊、普济、灵海、海桥、普西、元南、希圣
四甲镇	士希、协力、路西、牧童山、合意、仇家园、范南、四桥、同益、保田、苍头渡、靶场、同德、胜宏、林场、镇北、八索镇、大余、合兴、五谷、光明、德安、惠才、四甲、光辉、东南
国强乡	宏伟、合作、余合、高山、渡北、沿民、龙游、胜利、汝恒、校东、二桥、头桥、汝南、路北、四杨、丕东、丕北、兴中、望鲜、沿港、志奎、廷俊、丕南、余中、国强、陈沛、定北、兴东、新历、召元、玉桥
货隆镇	联宏、圩南、双渡、金陵、新义、套闸、有余、骑岸、新解、新街、街东、虎跃、新协、桥南、团结、新复、闸林、海山、新龙、联同、建合、永合、灯塔、货隆、窑港、运南
王浩乡	新岸、小闸、永前、五总、陈窑、圩荡、古坝、四总、新联、得利、富裕、昌盛、桥闸、俞庄、冯梁、三合、双沟、河岸、六园、王灶河、竹林

续表 1－24

乡镇场	村（大队）
余东镇	余东、殷忠、富群、启秀、建新、圩北、戴青山、庄烈、余南、龙水口、宝山、木桩、东海、志宇、永胜、港南、正中、旭升、宛平、余平、大圩、长圩
树勋乡	新河、尧令、新北、富民、翻身、旭光、新中、五一、八一、南音、乐平、树东、六圩、小川、富强、启勇、新富、利民、建园、东方、和平、云龙、国范、新海、俊千、小沙、旭宏、利群、凤北、红星、红旗、凤凰
包场镇	包场、兴无、大王、新南、大胜、钱渡、包西、包东、镇东、大路、头圩、扇子、二圩、包南、桥路、公平、致中、十里、宏升、大兴、勇敢、河南
新余乡	长兴、鲜圩、联合、同合、双合、新永、浜北、新立、前勇、新运、幸福、模范、宝新、互助、河塘、新合、马岸、长桥、岸北、河北、兴余
正余乡	正余、正通、盘基墩、青墩、新高、和合、正新、冯王、邢崔、双烈、岸桥、沈灶、三元、邢柏、河渡、大安、安庆、余北、瑞丰、朱益、拥政、盐河、袁桥、爱民
万年乡	长征、通海、天齐、八字、裴蕾、廷奎、中圩、小圩、协进、红庄、仲文、安林、优胜、红胜、廷秀、欣新、耀昌、镇兴、百荣、万盛、绣花、三中、文涛、射阳、裕富、三联、向阳
刘浩乡	六甲、英雄、港中、竖河、堤南、新群、良村、六东、新开、二北、天西、城河、蔡村、猛虎、五甲、浩西、二甲、三甲、浅水、浩北、浩中、头甲、浩南、浩东
海洪乡	锦明、志向、轧东、农场、太浩、祥谦、福良、三勇、轧西、咸康、徐圩、凤飞、新生、池棚、太山、咸南、杨圩、固中、窑东、林英、徐窑、永康、周成、新闸
东兴乡	新垦、东港、前哨、大东、齐心、东灶、港西、立志、鲜海、渔民、闸西、闸东、志南、友谊、友好、闸宏、灵树、堤北、闸河、闸桥、建村、三桥、光华、光耀、中闸、吕河、红中、东灶
东灶渔业乡	一、二、三、四、五、六、七大队

1992 年 11 月，在海永乡设沙南、向华、永西、永北 4 个村。12 月，新海、秀山乡所属村随乡并入海门镇，青龙港镇、厂洪乡所属村随乡镇并入三厂镇，新余乡所属村随乡并入包场镇。

1995 年 4 月，撤销海门镇海兴村、通源村。1999 年 3－4 月，全市撤销 95 个村，新设立 48 个村，实际减少 47 个村。

1999 年 3－4 月海门市部分乡镇撤村设村一览

表 1－25

乡镇	撤销村	新设村
三和镇（撤 6 设 3）	高南村　高北村	双高村
	新沙村　远征村	新远村
	工农村　自新村	工新村
德胜镇（撤 6 设 3）	祖平村　贤高村	贤高村
	通河村　通南村	通南村
	吴店村　坝西村	坝西村
瑞祥镇（撤 9 设 5）	瑞祥村　磨框村	瑞祥村
	文俊村　民主村（3－7 组）	文俊村
	瑞西村　民主村（1－2 组）	瑞西村
	瑞北村　定兴村	瑞北村
	平安村　定西村	平安村
三厂镇（撤 6 设 3）	青东村　青龙村	巨龙村
	凉北村　凉东村	双凉村
	大洪村　洪南村	大洪村
平山乡（撤 6 设 3）	长东村　川平村	长东村
	通济村　孝林村	通林村
	永南村　德高村	德高村
麒麟镇（撤 2 设 1）	西南村　长乐村	乐南村
悦来镇（撤 6 设 3）	凤南村　林才村	林才村
	顺北村　顺祥村	顺祥村
	革新村　悦南村	悦南村
六匡镇（撤 4 设 2）	湾西村　新庄村	新西村
	成功村　安丰村	成丰村
三阳镇（撤 4 设 2）	介山村　福海村	福山村
	龙北村　合东村	合龙村
国强镇（撤 18 设 9）	兴东村　定北村	定北村
	路北村　四杨村	四杨村
	兴中村　二桥村	二桥村

续表 1－25

乡镇	撤销村	新设村
国强镇	召元村　玉桥村	召元村
	渡北村　高山村	高山村
	汝南村　汝恒村	汝南村
	余中村　廷俊村	廷俊村
	国强村　陈沛村	陈沛村
	合作村　宏伟村	合作村
万年镇(撤 14 设 7)	耀昌村　廷秀村	耀昌村
	红胜村　红庄村	红胜村
	长征村　八字村	长征村
	向阳村　射阳村	射阳村
	绣花村　万盛村	万盛村
	三联村　三中村	三中村
	欣新村　安林村	安林村
海洪乡(撤 2 设 1)	农场村　新生村	新生村
东兴乡(撤 10 设 5)	三桥村　建　村	建桥村
	新沟村　闸宏村	新闸村
	闸西村　友好村	闸西村
	立志村　志南村	立志村
	港西村　东灶村	港西村

2000 年 4 月,海门镇长江渔业村划归三厂镇。是年 6 月,海门镇源东、柿树、源北、江滨、建西、富北、富三、新东、建南、建东、利北 11 个村划归开发区,海南村的 17、18 村民组,民生村的第 1 村民组所在地的土地和建设规划由开发区管委会管理。2000 年 12 月,全市有 726 个村,8316 个村民组。

2001 年 3－4 月,全市完成村行政区划调整,由 727 个村合并为 239 个村。万年镇成盛村第 20 村民组划归悦来镇。

2001 年 3－4 月海门市村行政区划调整一览

表 1－26

区乡镇	调整前村(大队)	合并后村(居委会、大队)
开发区	利北　建西　源北	利北
	富三　富北	富三
	建南　建东　新东	建南
	柿树　江滨	海东居委会
	源东	源东居委会
海门镇	连沙　八南　双桥	双桥
	新元　占仁　通北	占仁
	新德　城兴　海北	城兴
	搭南　新窑　导亭　张北	张北
	连西　连东　振邦	振邦
	张南　海新　季东	张南
	双村　季港　高店	高店
	五港　横西　先进	五港
	秀山　崇实　圩西	秀山
	棉场　日新　培民	日新
	沙东　圩角　牡丹　日东	沙东
	江沙　中海　永久　富南　民东	中海
	柿南　大桥　民生	民生
	海南	海南居委会
	海西	海西居委会
	城北	城北居委会
三和镇	三圩　三民　志气	三圩
	快乐　太平　岸角	岸角
	横桥　斗争　培新	培新
	双高　向荣　向民	双高
	兴隆　大兴　柏生	大兴
	工新　三和　和宏	三和
	兄弟　洪北　斜洪	兄弟
	社南　三南　牛洪	三南
	沿江　近江　江淤	三江
	创业　新远　创新	新远
天补镇	合理　陶港　同心	陶港
	补北　唐湾　补南	补南
	湾南　高桥　石桥	高桥
	永新　建安　崇华	建安
	新安　建荣　彦英	彦英
	安乐　光荣　新华	光荣

续表 1 – 26

区乡镇	调整前村（大队）	合并后村（居委会、大队）
天补镇	桃北　宝兴　联民	宝兴
	桃源　广丰　石利	广丰
	大石　天补　通海坝	大石
三星镇	东进　汇南　安南	汇南
	汇西　益民　金桥	益民
	永富　中和　心齐	永富
	全胜　太阳　安定	太阳
	星火　双校　镇南　西星	镇南
	三星　召良　震蒙　福利	召良
	民乐　叠石　同乐	叠石
	林西　永和　新镇	林西
德胜镇	八桥　瑞友　文俊	文俊
	烈士　金贵　联锁	金锁
	平山　曙光　海界	平山
	瑞西　路东　瑞南	瑞南
	旺南　瑞祥	瑞祥
	平安　瑞北　添东	瑞北
	新玉　李彬　连元　新西	李彬
	双南　育新　新凤　新桥	新凤
	复圩　双北　银才	银才
	坝南　果园　德新	德新
	通南　贤高　坝西	贤高
	水南　朝阳　汇通　双窑	汇通
海永乡	沙南　问华	沙南
	永西　永北	永北
棉花原种场	二、三大队	场南大队
	一、四、五大队	场北大队
三厂镇	厂西　龙英　厂北	厂西
	镇西　青三　富东　东风	镇西
	青西　龙西　洪江　长江渔业	龙江
	巨龙　海星　新港	青龙港
	青北　厂南　厂东	厂南
	海化　孝威　洪利	孝威
	双凉　耀忠	耀忠

区乡镇	调整前村（大队）	合并后村（居委会、大队）
三厂镇	大洪　洪西	大洪
	向洪　三洪　孝汉	孝汉
	中兴　洪桥	兴洪
	安北　友洪　丁陆　民友	丁陆
	新通　新胜　宏丰	新丰
	崇海　汤西　闸北	汤西
	鹤丰　元明	鹤丰
	刘洪　东平　泰西	刘洪
	泰东　友相　李朱	为民
	永顺　云丰　元祥	丰顺
常乐镇	培育　民灶　盐行桥　官公	培育
	中桥　颐南　颐生	颐生
	玉竹　平港　进南	玉竹
	常中　平东　秦李	常中
	匡乐　头匡　培才　二匡	培才
	匡北　三烈　苗圃	匡北
	桑树桥　常来　通林	常来
	港东　常胜　德高	常胜
	八烈　长东　道良　双闸	八烈
	振复　中秋　摆渡	振复
	顺荣　洪民　渔兴　如意	如意
	汇源　文明　新楼　窑业	文明
	官洪　永洪　为群	为群
	中南	中南
麒麟镇	通西　中汉　繁荣　繁西	麒新
	广中　麒南　北星　路南	广南
	麟北　狮南　界南　志康	麒北
	麟桥　庵宝　长北　锦成	庵宝
	利安　临河　棚西	双河
	乐南　永乐　三匡	双乐
	永东　锦连　云程	锦程
	洋桥　春西　长南　新光	长春
	长西　八匡　窑桥　友德	长德
悦来镇	兴北　万忠　顺祥	万忠
	悦合　铧西　铧南	悦合

续表 1－26

区乡镇	调整前村(大队)	合并后村(居委会、大队)
悦来镇	木行 信民 陈店	信民
	悦南 永安	悦南
	袁李 匡校	袁李
	悦东 悦来 悦宏	悦来
	武阳 习正 友新	习正
	习南 三其	三其
	林才 凤阳 小香	凤阳
	悦北 松林 雁行	松林
	云彩 新西	云彩
	坚决 保卫 新卫	保卫
	匡南 成丰	匡南
	自由 建设 安庄	安庄
	广阳 启文 志尚	启文
	凤桥 凤东 锡祥 红东	锡祥
	凤西 忠义 卫星	忠义
三阳镇	周九 陈圩 友爱	友爱
	保民 凤山 复兴	保民
	永平 新丰 志家	永平
	南星 鲜行 合盛	鲜行
	福山 群阳 六三	福山
	桥东 汉兴 刘东	汉兴
	同善 阳南 合龙	同善
	刘西 普新 龙祥	普新
	阳东 桥西	阳东
临江乡	坚平 其祥 天南	坚平
	介云 怀义 灵西 玉丰	介云
	悦新 江校	江校
	稻香 灵东 灵海 海桥	稻香
	灵北 灵江 东圩	灵江
	立周 陈东 召明	立周
	元南 元菊	元菊
	普西 希圣 普济	希圣
	元中 普明	普明
	汲西 阳应 北阳	阳应
四甲镇	东南 光辉	东南
	德安 八索 光明	八索
	大余 四甲 五谷 镇北	四甲
	林场 惠才 合兴	合兴
	路西 四桥 同益 协力 靶场	靶场
	牧童山 合意 范南 仇家园	范南
	同德 苍头渡 胜宏 保田	胜宏
	新历 定北 廷俊	廷俊
	丕南 丕北 丕东 志奎	丕岩
	召元 陈沛	陈沛
	原兴中 沿港 望鲜 四杨	四杨
	沿民 余合 高山 士希	余合
	校东 原二桥 合作	二桥
	汝南 胜利 龙游 头桥	头桥
货隆镇	灯塔 海山 闸林	海山
	骑岸 虎跃 金陵	金跃
	双渡 有余 街东	有余
	窑港 货隆 运南	货隆
	建合 桥南 联同 新协 新龙	联同
	新解 新街	新街
	新义 联宏	联义
	套闸 圩南	闸南
	永合 新复 团结 南京路(居)	新复居委会
王浩乡	新岸 小闸	新岸
	五总 陈窑	五总
	古坝 圩荡 永前	古坝
	昌盛 新联 四总	昌盛
	桥闸 富裕 得利	桥闸
	三合 冯梁 双沟	三合
	王灶河 竹林	王灶河

续表 1－26

区乡镇	调整前村(大队)	合并后村(居委会、大队)
余东镇	大圩 长圩	长圩
	余平 宛平	宛平
	东海 庄烈 宝山	庄烈
	余南 龙水口 旭升	余南
	殷忠 启秀 富群	殷忠
	戴青山 正中	戴青山
	圩北 木桩 港南	木桩港
	建新 永胜 志宇	新宇
	余东 启风街(居)	启风街居委会
树勋乡	六圩 和平 树东 乐平	和平
	八一 南音 东方 建园	八一
	利民 旭宏 红星	旭宏
	利群 凤凰 凤北 红旗	凤凰
	五一 新中 新北	新北
	俊千 新河 小沙	新河
	新富 尧令 翻身 旭光	新富
	新海 启勇 国范	启勇
	富民 小川 富强 云龙	富民
包场镇	大兴 包南 头圩 镇东	镇东
	宏升 十里 大路 二圩	宏升
	河南 勇敢 桥路	河南
	扇子 致中 公平	致中
	包东 包场 包西	包场
	钱渡 大胜 新南 大王 兴无	新南
	兴余 河北 长桥 岸北	长桥
	长兴 幸福 鲜圩 新立	幸福
	模范 宝新 互助	模范
	新永 浜北 前勇 新运	浜北
	联合 同合 双合	联合
	河塘 新合 马岸	河塘
正余镇	沈灶 正新 和合	新和
	新高 岸桥	新桥
	青墩 正余	青正
	邢崔 冯王 双烈	双烈

区乡镇	调整前村(大队)	合并后村(居委会、大队)
正余镇	正通 盘基墩	正基
	三元 邢柏 余北	邢柏
	河渡 大安 安庆	安渡
	拥政 朱益 瑞丰	瑞丰
	盐河 袁桥 爱民	正南
万年镇	耀昌 文涛	耀昌
	仲文 红胜	仲文
	廷奎 协进	廷奎
	长征 天齐	长征
	射阳 裕富	射阳
	镇兴 优胜 百荣	镇兴
	万盛 三中	万盛
	中圩 安林	中圩
	裴蕾 通海 小圩	裴蕾
刘浩镇	头甲 二甲 三甲	头甲
	天西 二北 新开	天西
	六东 五甲	六东
	六甲 猛虎 堤南	六甲
	蔡村 良村 新群	新群
	城河 竖河 港中 英雄	城河
	浩西 浩南 浅水	浩西
	浩中 浩东 浩北	浩中
	三勇 福良 祥谦	福良
	池鹏 太山	池鹏
	窑东 周成 新闸	周成
	永康 固中 徐窑	永康
	新生 凤飞 太浩	凤飞
	林英 杨圩 咸南	林英
	轧西 咸康 徐圩	轧西
	轧东 志相 锦明	锦明
东灶港镇	红中 吕河 中闸	红中
	堤北 灵树 闸河	灵树
	齐心 友谊	友谊
	港西 新垦	港新

续表 1－26

区乡镇	调整前村(大队)	合并后村(居委会、大队)
东灶港镇	新闸 闸桥	闸桥
	闸西 闸东	闸中
	建桥 光耀 光华	光耀
	东港 前哨	前哨
	立志 鲜海	鲜海
	大东 渔民	大东
	渔业一、四、七	临海
	渔业二、六	港闸
	渔业三、五、九	东灶

2001年11月,东灶港镇临海、港闸、东灶村又改为临海、港闸、东灶渔业村。2004年10月,天补镇宝兴村划归三星镇管辖。2005年9月前,棉花原种场的场南、场北大队合并建立苏通开发公司。2005年9月,海门镇日新、民生、五港、张南村改为社区居民委员会。2007年11月,三厂镇龙江村、镇西村合并为镇西村。2008年12月,全市有234个村,8295个村民组。

2008年12月海门市区乡镇村一览

表 1－27

区乡镇	村
开发区	利北、富三、建南
海门镇	双桥、占仁、城兴、张北、振邦、高店、秀山、沙东、中海
三和镇	三圩、岸角、培新、双高、大兴、三和、兄弟、三南、三江、新远
天补镇	陶港、补南、高桥、建安、彦英、光荣、广丰、大石
工业园区(三星镇)	汇南、益民、永富、太阳、镇南、召良、叠石、林西、宝兴
德胜镇	文俊、金锁、平山、瑞南、瑞祥、瑞北、李彬、新凤、银才、德新、贤高、汇通
海永乡	沙南、永北
三厂镇	厂西、镇西、青龙港、厂南、孝威、耀忠、大洪、孝汉、兴洪、丁陆、新丰、汤西、鹤丰、刘洪、为民、丰顺
常乐镇	培育、颐生、玉竹、常中、培才、匡北、常来、常胜、八烈、振复、如意、文明、为群、中南
麒麟镇	麒新、广南、麒北、庵宝、双河、双乐、锦程、长春、长德
悦来镇	万忠、悦合、信民、悦南、袁李、悦来、习正、三其、凤阳、松林、云彩、保卫、匡南、安庄、启文、锡祥、忠义
三阳镇	友爱、保民、永平、鲜行、福山、汉兴、同善、普新、阳东
临江新区(临江镇)	坚平、介云、江校、稻香、灵江、立周、元菊、希圣、普明、阳应
四甲镇	东南、八索、四甲、合兴、靶场、范南、胜宏、廷俊、丕岩、陈沛、四杨、余合、二桥、头桥
货隆镇	海山、金跃、有余、货隆、联同、新街、联义、闸南
王浩镇	新岸、五总、古坝、昌盛、桥闸、河岸、三合、王灶河
余东镇	长圩、宛平、庄烈、余南、殷忠、戴青山、木桩港、新宇
树勋镇	和平、八一、旭宏、凤凰、新北、新河、新富、启勇、富民
包场镇	镇东、宏升、河南、致中、包场、新南、长桥、幸福、模范、浜北、联合、河塘
正余镇	新和、新桥、青正、双烈、正基、邢柏、安渡、瑞丰、正南
万年镇	耀昌、仲文、廷奎、长征、射阳、镇兴、万盛、中圩、裴蕾
刘浩镇	头甲、天西、六东、六甲、新群、城河、浩西、浩中、福良、池鹏、周成、永康、凤飞、林英、轧西、锦明
滨海新区(东灶港镇)	红中、灵树、友谊、港新、闸桥、闸中、光耀、前哨、鲜海、大东、临海、港闸、东灶

三、街道办事处与居民委员会

1949年10月,茅家镇有大同街和复兴街。1952年7月,茅家镇设区,辖大同、复兴北、复兴南、羊元角、菜市街。1954年7月,茅家镇、三厂镇有9个居民组织。1965年2月,设四甲、余东镇居民委员会。是年,海门镇有4个街道居民委员会,三厂镇有5个街道居民委员会。"文化大革命"期间,海门镇大同街改称反帝街,复兴街改称反修街。1978年,海门镇有反帝、反修、解放、建国街4个居民委员会,三厂镇有新东、中心、工房、花园、青龙街5个居民委员会。

1983年5月,县政府行文设置县属镇居民委员会(简称居委会),海门镇建解放路、大同街(由反帝街复名)、复兴街(由反修街复名)、建国街4个居委会,三厂镇建新东、中心、花园、工房、青龙街5个居委会。1984年7月,青龙街居委会隶于青龙港镇。1986年10月,设四甲镇健康、新艺街居委会,余东镇启凤街居委会,包场镇包新街居委会,悦来镇新悦街居委会,三阳镇开泰街居委会。是年11月,海门镇设建国街、大同街、复兴街、解放路、拥军路、西郊路、城中路、实小路、狮山街、复三街居委会。1988年6月,麒麟、临江乡分别设麒北街、灵甸街居委会。1990年12月,三厂镇工房街居委会分设南工房街、北工房街居委会,增设海化路、镇南新村居委会。是年,三厂镇辖7个居委会和通棉三厂果园新村、工人新村两个家属委员会。

1991年4月,三厂镇果园新村、工人新村2个通棉三厂家属委员会分别改为果园新村、工人新村居民委员会。是年,设立天补镇振兴路居委会,常乐镇状元街居委会。1992年11月,三星镇建富民街居委会。12月,青龙街居委会划属三厂镇。是年,三厂镇辖10个居委会。1993年12月,全县有30个居民委员会。

1993年海门市街路新村居民委员会一览

表1-28

镇乡	街路新村居民委员会	镇乡	街路新村居民委员会	镇乡	街路居民委员会
海门镇	建国街	三厂镇	新东街	天补镇	振兴路
	大同街		中心街	常乐镇	状元街
	复兴街		花园街	麒麟乡	麒北街
	狮山街		南工房街	悦来镇	新悦街
	复三街		北工房街	三阳镇	开泰街
	解放路		海化路	临江乡	灵甸街
	拥军路		镇南新村	四甲镇	健康街
	西郊路		果园新村		新艺街
	城中路		工人新村	余东镇	启凤街
	实小路		青龙街	包场镇	包新街

1995年4月,设海门镇海兴、通源街居民委员会,三和镇和谊街、德胜镇德富街、万年镇盛昌街、六匡镇三条桥街、瑞祥镇磨框街、国强镇二桥街居民委员会。1996年11月,设海门镇通源、东洲、复兴3个街道办事处,副科级建制,分工管理4-6个居委会。1997年3月,复兴街道办事处更名为茅镇街道办事处。8月,根据《中华人民共和国城市居民委员会组织法》要求,设海门镇青海东路、通源路、东风新村、海兴路、解放西路、大同新村、向民路、解放中路、狮山路、育才路、拥军路、人民西路12个居民委员会,三和镇和谊街、德胜镇德兴街、三星镇叠石桥、江滨乡滨顺路、汤家乡大新路、海永乡通江路、六匡镇三条桥路、万年镇盛昌中路、海洪乡海欣路、悦来镇人民路、临江乡灵甸街、麒麟镇麒北街、正余镇人民路、国强镇二桥路、平山乡长兴路、王浩乡浩盛路、树勋乡勋兴路、瑞祥镇镇南路、刘浩乡六甲街、东兴乡三门闸街、东灶乡渔港路居民委员会。撤销海门镇复兴街、大同街、实小街、解放路、狮山街、建国街、复三街、城中街、西郊街居民委员会,悦来镇新悦街,临江乡原灵甸街居民委员会。1999年,建立三星镇富民东街、富民西街居委会,撤销叠石桥居委会。2000年4月,汤家乡大新路居委会随乡并入三厂镇,三厂镇辖11个居委会。江滨乡滨顺街居委会划归海门镇。6月,海门镇滨顺街居委会划归海门经济开发区后撤销。

2001年3-4月,海门镇海南村改为海南居委会,城北村改为城北居委会,海西村改为海西居委会,海门镇居委会增至15个;货隆镇永合村、新复村、团结村、南京路居委会合并为新复居委会;余东镇余东村并入启凤街居委会;开发区柿树村、江滨村并建海东社区居委会，源东村改建为源东社区居委会。11月，三厂镇新东街、海化路等11个居民委员会合并更名为新东、中心街等6个社区居民委员会。12月，海门镇青海、通源路等15个居民委员会改成社区居民委员会。

2001年海门、三厂镇社区居民委员会调整情况一览表1－29

镇	隶属街道办事处	调整合并前的居民委员会	新建的社区居民委员会
海门镇	通源街道办事处	青海东路	青海路
		通源路	通源路
		东风新村	东风新村
		城北	城北
	东洲街道办事处	拥军路	拥军路
		海南	海南
		育才路	育才路
		狮山路	狮山路
		人民西路	人民西路
	茅镇街道办事处	海兴路	海兴路
		解放西路	解放西路
		向民路	向民路
		大同新村	大同新村
		解放中路	解放中路
		海西	海西
三厂镇		新东街、海化路	新东街
		花园、中心街、镇南新村	中心街
		南工房街、北工房街、工人新村	工房街
		果园新村	果园新村
		青龙街	青龙街
		大新路	大兴街

2005年9月，海门镇日新、民生、五港、张南村分别改为日新、民生、五港新村、张南社区居民委员会。2006年12月，海门镇张南社区居委会改为张南新村社区居委会。2007年11月，三厂镇果园新村、工房街社区居委会调整合并为工房街社区居委会，青龙港社区居委会并入青龙港村，大兴街社区居委会并入汤西村。此后，三厂镇有新东、中心、工房街3个社区居委会。

2008年，海门镇向民路社区居委会分设为向民路、长江新村社区居委会，狮山路社区居委会分设为狮山路、海影新村社区居委会，增设城南办事处，月亮湾社区居委会。海门镇的通源街道办事处，东风新村、青海路、通源路社区居委会，民生路社区居委会的17个村民小组、海南社区居委会的8个村民小组划归开发区。是年10月，建立开发区民生街道办事处和民生社区居委会。2008年底，全市有5个街道办事处，28个社区居民委员会，28个街路居民委员会。

2008年海门市街办，社区、街路居民委员会一览表1－30

区镇	街道办事处	社区居委会
开发区	通源街道办事处	青海路
		通源路
		东风新村
	民生街道办事处	海东
		源东
		民生
海门镇	茅镇街道办事处	大同新村
		解放中路
		解放西路
		长江新村
		向民路
		城北
		海兴路
		海西
	东洲街道办事处	狮山路
		海影新村
		育才路
		人民西路
		拥军路
		海南

续表 1－30

区镇	街道办事处	社区居委会
海门镇	城南办事处	五港新村
		张南新村
		月亮湾
		日新新村
		民生新村
三厂镇		新东街
		中心街
		工房街
三和镇		和谊街
天补镇		振兴街
工业园区(三星镇)		富民东街
		富民西街
德胜镇		德兴街
		镇南路
海永乡		通江路
常乐镇		状元街
		长兴路
麒麟镇		麒北街
悦来镇		人民路
		三条桥路
三阳镇		开泰街
临工新区(临江镇)		灵甸街
四甲镇		健康街
		新艺街
		二桥路
货隆镇		新复
王浩镇		浩盛路
余东镇		启凤街
树勋镇		勋兴路
包场镇		包新街
正余镇		人民路
万年镇		盛昌中路
刘浩镇		六甲街
		海欣路
滨海新区(东灶港镇)		三门闸街
		渔港路

附:1949 年之前通东地区的行政区划

明万历年间(1573－1620),称余中镇,属通州,后改称余东场、余中场。清宣统元年(1909)为四十余,包括四甲坝、余东、新河镇、包场、六甲。后改为余东第三市区,辖六甲、包场;三益第四分区,辖新河镇、富安镇、八索镇(即四五总);余东第五分区,辖四甲,增余东的新五总。宣统二年到民国初期,余西镇区辖三益乡区、余中乡区。民国 9 年(1920),分余东市、余西市(辖三益乡、余中乡)。民国 18 年,分益余区(又称十二区)和余东区(又称十三区)。民国 23 年,益余区改为十区、余东区改为十一区。

民国 27 年 3 月 17 日,日本侵略军侵占南通城,建立汪伪政权,通东地区行政区划有余中、余东两区。民国 32 年 4 月,日伪清乡开始,划为十三区,即三益区、余东区。同年 11 月,为"强化清乡",东部的三益、余东、吕四、三余、余西 5 区设通东办事处。

民国 29 年 11 月,南通县民主政府于北兴桥成立,接管国民政府南通县政府,形成与汪伪对抗并存政权。通东地区分:余东区,原为十一区;富安区,原为第十区;六甲区,原为十一区的六甲等地,以上 3 区均于民国 30 年 3 月设,民国 31 年 9 月划归东南行署;余中区,民国 31 年成立,民国 35 年划归东南行署。

民国 30 年 9 月建通东行署,辖吕四、六甲、余东、富安 4 个区,后余东、富安合并为富余区,隶属南通县。民国 31 年 9 月,东南行署建立后,辖通东行署。民国 31 年 12 月,通东行署撤销,划属东南行署。

民国 36 年,国民党南通县政府划第十、十一两区。第十区辖 1 镇,8 乡,175 保,1710 甲。1 镇即四甲镇(原四甲坝通源乡),8 乡即牧童乡(原牧童乡、坝北乡)、新富乡(原新河乡、平安乡)、新华乡(原光华乡、振兴乡)、余中乡(原古余乡、团结乡)、头桥乡(原四杨乡、博爱乡)、平定乡(原平振乡、克定乡)、德安乡、年丰乡。十一区辖 1 镇,14 乡,257 保,2569 甲。1 镇即余东镇(原余东镇、竹林乡),14 乡即六甲乡(原六甲乡、张苴乡)、东宁乡(原头甲乡、施家乡)、清凉乡(原清凉乡、白术乡)、永定乡(原永新乡、海泓乡、十甲乡)、扇圩乡(原扇子乡、三圩乡)、包场乡(原包场乡、场北乡)、岸头乡(原五总乡、汤丁乡、接余乡)、镇南乡(原殷忠乡、宝山乡)、王灶乡(原王灶乡、亲仁乡)、大安乡(原大安乡、安北乡)、五里乡(原袁戴乡)、沈灶乡、通兴乡(原清平乡、乐群乡)、茂春乡(原茂春乡、凤仪乡)。

第二篇

自 然 环 境

海门市南靠长江,东邻启东市,东北濒临黄海,有海岸线11.73公里,长江岸线47.3公里,西、北部与通州市接壤。市境位于北纬31°46′—32°15′,东经121°02′—122°11′。

唐代,长江入海口北侧出现东洲和布洲,至唐朝末年,涨接为东布洲。后梁开平元年(907),东布洲延伸成东西长约150里、南北宽约40里的通吕水脊,称江北陆地。后几经沧桑,时坍时涨。清雍正六年(1728)始,江中各沙渐与江北陆地连接,形成平原。成陆最早处千余年,最晚处不足百年。

境内地势平坦。2008年,土地总面积1148.77平方公里。土壤属浅色草甸土系列。野生动植物、海涂、江滩、潮汐和风力等资源较为丰富,海水可煮盐。地表径流比较充裕,属径流多水带地区。境内沟河纵横,成网络状,与江海相通,地下水蕴藏量丰富。

海门属北亚热带湿润季风气候区,夏季受太平洋上的暖高压影响,盛行东南风;冬季盛吹来自大陆内地的西北风。年平均温度15.6℃,日照2013.6小时,降水量1040.4毫米,无霜期223天。

海门历史上自然灾害多台风、暴雨。新中国建立后,特别是改革开放后,海门在自然资源的可持续利用等方面取得明显成效。

第一章 地质 地貌

第一节 成 陆

海门地处长江入海口,江水自上、中游夹带大量泥沙至入海口流速缓慢,加上海潮的顶托作用,泥沙大量沉积,年长日久,至唐代,此处有东洲和布洲两沙,史称东布洲。

后梁开平元年(907),东布洲延伸成东西长约150里,南北宽约40里(即从南通唐闸附近到吕四)的"通吕水脊"。

五代后周显德五年(958),始置海门县。宋朝初年,海门境地仍是沙洲,北宋庆历、皇祐年间(1041－1054),东布洲逐渐与陆地连接。元至正十年(1350),海潮侵袭江岸,长江主泓北移,沿江土地逐渐坍入江中,江岸从原来大安镇一线坍至礼安乡(江家镇、下三和镇交界处)南一线。元朝末年至明朝中叶,海门境内土地开始大片坍塌。明洪

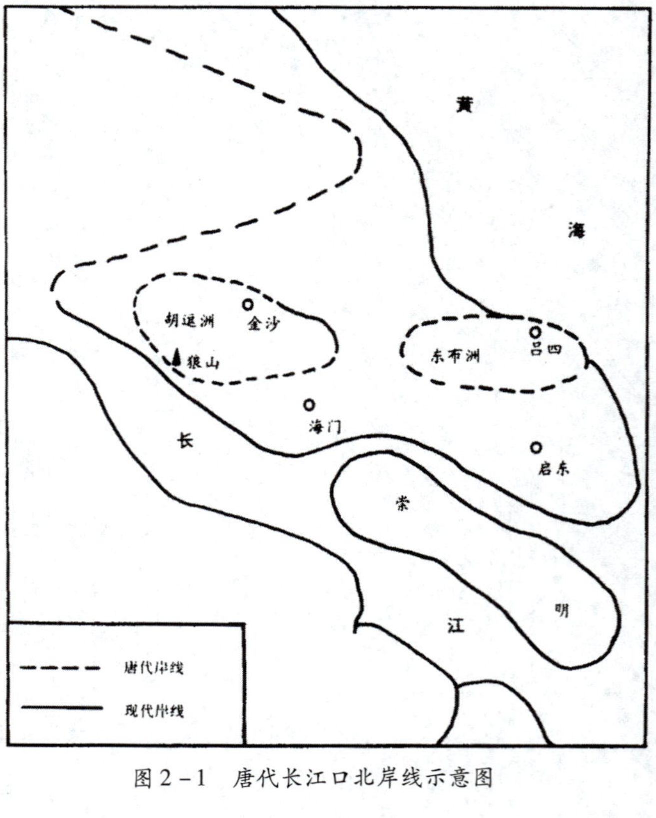

图2－1 唐代长江口北岸线示意图

武三年(1370),江岸又“圮于风潮”。明正德七年(1512),“飓涛骤作,溺民漂庐”,礼安乡大部坍入江中。清康熙十一年(1672),海门东部江岸在江流海涛的侵袭下,除吕四场、余东场、余中场外,其余全部坍没。此时,长江北岸在今吕四、余东、四甲一线。康熙五十年前后,长江北岸狼山至余东场成一弧形,江岸和今老通吕公路大致吻合。这段岸线上至今仍有许多坝头和港口残存,如六甲坝、十甲坝、曹家坝和新开港、木桩港等。坝北地势明显高于坝南,亦称坝北为江北、老土或岸北,是海门成陆最早的地方。

清康熙后期至雍正年间,长江主泓南倾,北岸边又开始淤积。从观音山、川港(今通州市)一带开始向东南伸展,通州东部余西到余东以南一带江中,出现不少沙洲。雍正六年(1728),余中场南江中扁担沙首先接近陆地,余东场以南旧满洋沙等,也开始露出水面。通州、崇明两地移民前往围垦,常发生争沙纠纷。乾隆三十三年(1768),割通州的川港以东19沙,崇明的大洪等11沙和新涨出的天南、满洋等10沙,归海门直隶厅管辖。这些最初均为独立的沙洲,相互并不连接,中间有较阔的夹江。由于长江主泓的摆动,仍时有坍塌,大兴、大安、小安等7个沙复坍于江中。此时的江岸大致在西起老洪港,东经大安、牛洪、浒通、竖积洪、青龙港,由大甲港折向东北至石涂港以西转向东南,经三丫支镇、塘芦港至廖角嘴。至此,海门陆地基本形成。光绪二十年(1894)前后,整个江海平原大体形成。坝南由新涨沙洲成陆,故称“沙地”。沙地成陆时间距今早则300余年,迟则不足百年。

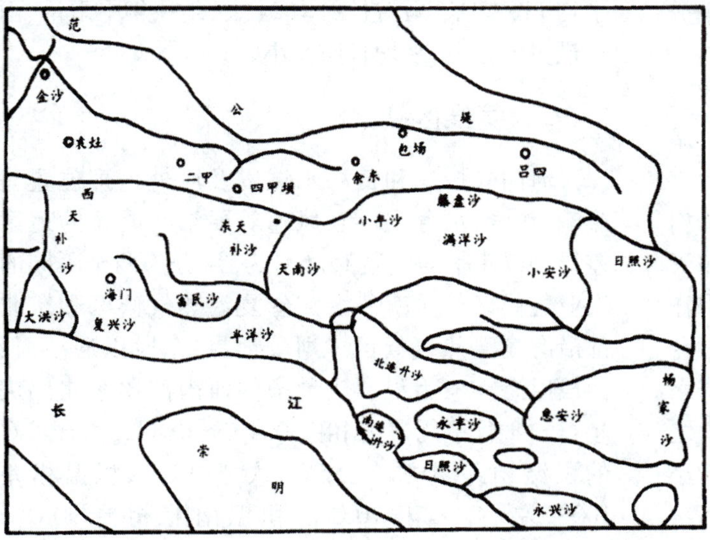

图2-2　19世纪末海门厅成陆示意图

第二节　地　　质

一、地层

结晶基底一般埋深4－5公里。地层上部由元古界变质岩系、绿片岩系、震旦系碳酸盐岩类组成。寒武、奥陶系主要为碳酸盐岩层。二迭系主要为该系中段的长石石英细砂岩、页岩、细砂岩,隐伏于三阳、悦来、临江一带。三迭系在南通狼山钻孔中发现,其下、中统为青龙灰岩,厚度不超过600米;上统为黄马青组,褐红色粉细砂岩、夹页岩,厚度约700米,隐伏于四甲、德胜等镇交界处和包场、余东、万年、刘浩等镇交界处。侏罗、白垩系为建德群,主要为白石灰含钙质致密凝灰岩、石英安山岩及角砾岩,厚度200－1500米,隐伏于万年、悦来、刘浩、三阳、临江、三厂、海门、三和等镇一线。白垩系上统浦口组广泛隐伏于海门镇和万年镇以北地区,为暗红色泥质粉砂岩、紫红色细砂岩夹灰白色砾岩、钙质粗砂岩,厚度400米左右。市境新第三系与第四系往往连续沉积。第四系底部厚约50米,为浅灰泥质粉沙层及沙质黏土层;中部厚约50－70米,为灰色泥质粉沙层;上部70－110米,为浅灰色沙砾岩层。

二、构造

市境主要断裂有3条:第一条是由靖江经南通市和海门市境的货隆、王浩至东灶港、启东吕四入黄海的东西向主干断裂;第二条是由苏州光福镇至市境万年镇北东向断裂;第三条是由太仓沙溪镇过市境至吕四港入南黄海北东向主干断裂。岩浆活动主要沿着构造破碎带分布,有石英安山岩、玄武岩等喷发岩类和花岗闪长斑岩侵入,在时代上属燕山期。市境及邻区主要受新华夏构造体系所控制,是燕山运动的产物。

第三节 地 貌

一、特征

境内地形低而平坦，沟河纵横。平均海拔4.96米（以废黄河为基准）。由于成陆时间不同，海门全境地形略有差异，大致分通东沿海高平地、西部高平地、东部平地、沿江低平地4类。

地势呈西北略高，东南偏低。西部最高处海拔5.2米，东部最低处海拔2.5米。南北横截面呈弧形，两头低，中间高。

二、分布

通东沿海高平地 位于老通吕公路以北的沿海地区，地面高程3.74－4.74米，土地占全市总面积25%，地势中间高，两边稍低。

西部高平地 主要分布市境中西部，地面高程3.24－4.24米，土地占全市总面积25.3%，地势由西北向东南渐低。

东部平地 主要分布通启河两侧、市境中东部地区，地面高程2.74－3.74米，沟河较多，土地占全市总面积33.9%。

沿江低平地 主要分布沿长江一线，东西长38公里，地面高程2.24－3.24米，土地占全市总面积15.8%。

第二章 气候 物候

第一节 气 候

一、气候特征

海门属北亚热带温暖湿润季风气候区，四季分明，雨水充沛，光照较足，无霜期长。

春季（3－5月），是冬夏季风转换季节，冷暖空气相互争雄，天气多变，气温回升缓慢且不稳定，呈跳跃性，常出现低温连阴雨和春霜冻。

夏季（6－8月），每年6月下旬至7月上旬为梅雨季节，平均约20天左右，有长时间的阴雨寡照天气，降水集中，气温偏低。梅雨结束后，受西太平洋副热带高压脊控制，天气晴热，进入盛夏。梅雨、台风及局部地域性雷雨是夏季的主要降水原因，降水量的年际变化较大，常出现伏旱或雨涝。在夏秋之交，每年受台风的影响有1－2次。平均日照7.6小时，是一年中日照最多的季节。

秋季（9－11月），是冬季风取代夏季风的过渡季节，冷空气来得快，降温比春季升温快。10月以后，天气稳定少变，多秋高气爽天气。平均日照5.9小时，月平均雨日9.2天。

冬季（12月至次年2月），受冬季风影响，盛行来自高纬度大陆内部的西北风，多干冷天气，雨雪较少。平均每年有2－3次寒潮袭击，带来西北大风和剧烈降温天气，有时有雨雪出现。冬季降水量平均116毫米，雨雪日平均24天，是一年中雨量、雨日最少的季节，平均日照5小时。

二、气候区划

海门受长江和黄海水域以及所处地理位置等影响，热量、水分、日照、风速等要素有明显的地区差异。以年平均气温15.6℃为界，分为两个不同的农业气候区。西南部沿江春夏温热气候区和东北部沿海夏温热气候区。划分地界，东段以通沙河、西段以海界河为界。热量条件西南部比东北部优越，3－8月平均气温相差0.4℃－0.8℃，大于0℃的积温相差70℃－155℃，大于3℃的积温相差100℃左右，大于10℃的积温南北相差90℃－158℃。降水量，总趋势是东北部伏旱比西南部重。光照条件西南部比东北部要好些。风速，东北部比西南部大，东北部风灾出现的概率多且灾害重。

三、气温

市境年平均气温15.6℃。1月为全年最冷月，极端最冷月为1963年1月，月平均气温0℃；7月为全年最热月，极端最热月为1971年7月，月平均气温29.9℃。自1959年有气象记录后，海门极端最低气温为-9.3℃，出现在1977年1月31日；极端最高气温为38℃，出现在1966年8月7日和1992年7月31日。稳定通过0℃的活动积温为5508.9℃，初日为1月23日，持续期为340.4天，稳定通过10℃的活动积温为4829.7℃，初日为4月3日，持续期为230.5天。≥20℃的积温为3048.8℃，初日为5月28日，终日为9月26日，持续期为121.4天。

四、降水

海门年平均降水量1040.4毫米，年最大降水量1500.7毫米(1975年)，年最小降水量654.6毫米(1978年)，年降水量小于700毫米和大于1300毫米的频率分别为2.2%、15.2%，年降水量在850毫米以上的年份占78%。

1960－2008年海门市(县)不同量级降水量频率一览表2－1

年降水量(毫米)	49年中出现年数	出现频率
<700	1	2.04%
700－849	9	18.37%
850－999	12	24.49%
1000－1149	11	22.45%
1150－1300	9	18.37%
>1300	7	14.28%

降水量的季节变化比较明显，夏季降水量较多，约占全年降水量44%，冬季降水量较少，仅占全年降水量11%，春、秋季分别占全年降水量24%和21%。一年中降水量最多为6月，平均184.3毫米，12月最少，仅为31.1毫米，降水50毫米以上有8个月，100毫米以上有4个月。降水量最多月份为2001年6月(482.8毫米)，最少月份为1987年12月(没有降水)。年平均降水日121天，最多的年降水日151天(1987年)，最少的年降水日90天(1995年)。降水日数最多的为6月，平均13.7天，最少的为12月，平均7.2天。各月雨日的年际变化大，最多的25天(1987年7月)，最少的没有雨日(1987年12月)。最长连续降水日16天(1992年3月13－28日)。

海门年平均蒸发量1380.2毫米，年最大蒸发量1521.4毫米(2004年)，年最小蒸发量1127.2毫米(1987年)，其中以7月、8月最大，1月最小。

五、日照

海门太阳辐射年均总量为4941.76兆焦/平方米。其中，冬季太阳高度最低且白昼时间短，辐射总量小。夏季太阳高度为一年中最高，白昼时间最长，辐射总量大。年均日照2013.6小时，季节分布为冬少夏多，其中以7月、8月最多，2月最少。

六、风向　风速

境内11月至次年4月盛行西北风。5－10月，以东南风为主，全年以东南偏东和东南风出现频率最高，为8%。春季主导风向东南偏东和东南风，频率均为11%。夏季主导风向东南风，频率为14%。秋季主导风向东北偏北和东北风，频率10%。冬季主导风向西北风，频率为12%。

境内平均风速2.9米/秒，各月中3月平均风速最大，为3.4米/秒。10月、11月最小，为2.5米/秒。春夏秋冬各季平均风速分别为3.3米/秒、3.1米/秒、2.6米/秒和2.9米/秒。自有气象记录后，最大风速为18.3米/秒(1990年6月24日、1997年8月19日)。瞬时极大风速为34米/秒(1962年8月7日实测)。

1961－2008 年海门市（县）各月气象要素值一览

表 2－2

项目＼月	1	2	3	4	5	6	7	8	9	10	11	12	全年
日照（小时）	130.60	134.70	178.30	165.50	181.30	150.90	196.00	222.50	180.50	180.10	154.60	138.70	2013.70
日照百分率（%）	41.00	43.00	48.00	43.00	43.00	35.00	45.00	54.00	49.00	51.00	49.00	44.00	45.42
气温（℃）	3.10	4.60	8.70	14.20	19.40	23.60	27.70	27.20	23.10	17.80	11.90	5.50	15.57
极端最高气温（℃）	19.30	25.50	27.60	32.80	34.50	36.80	38.00	37.50	37.10	32.60	28.80	21.90	38.00
极端最低气温（℃）	-9.30	-7.10	-3.80	-1.00	5.50	11.10	15.50	16.10	9.60	2.70	-4.00	-8.50	-9.30
降水（毫米）	71.10	48.80	55.50	73.70	89.90	185.40	167.60	134.40	79.50	42.50	50.20	41.80	1040.40
雨日数（天）	9.40	10.20	9.50	12.30	10.30	12.40	12.70	11.80	9.80	6.30	7.20	9.10	121.00
相对湿度（%）	78.00	79.00	75.00	78.00	78.00	82.00	83.00	84.00	83.00	79.00	78.00	77.00	79.50
蒸发（毫米）	42.20	54.40	101.60	122.60	156.10	150.20	192.30	181.20	138.20	116.90	74.80	49.70	1380.20
平均风速（米/秒）	2.80	3.00	3.40	3.20	3.20	3.10	3.00	3.10	2.70	2.50	2.50	2.80	2.94
太阳辐射（兆焦/平方米）	330.20	313.80	340.70	412.40	463.50	388.90	517.70	548.80	460.60	426.90	382.70	379.40	4965.60

说明：太阳辐射的资料统计年限为 1971－2000 年

1961－2008 年海门市（县）各季节气象要素值一览

表 2－3

项　目	冬　季	春　季	夏　季	秋　季	全　年
太阳辐射（兆焦/平方米）	1023.40	1216.60	1455.40	1270.20	4965.60
日照（小时）	404.00	525.10	569.40	515.10	2013.60
平均气温（℃）	4.40	14.10	26.20	17.60	15.58
降水（毫米）	161.70	219.10	487.40	172.20	1040.40
平均风速（米/秒）	2.90	3.30	3.10	2.60	2.98
季节始日（月·日）	11 月 20 日	3 月 26 日	5 月 26 日	9 月 21 日	-
季节日数（天）	126	61	118	60	365

说明：太阳辐射、季节始日、季节天数资料年限为 1971－2000 年

七、霜

境内全年无霜期平均为 223 天，各年稍有差异。最早初霜出现在 10 月 22 日（1979 年），最迟初霜出现在 12 月 6 日（1994 年），平均初霜日为 11 月 11 日。最早终霜出现在 3 月 5 日（1977 年），最迟终霜出现在 4 月 18 日（1962 年），平均终霜日为 4 月 2 日。

八、雾

境内一年四季均可能出现雾，但以春夏、秋冬之交出现频率最高。累年平均雾日 28.9 天，最多 53 天（1997 年），最少 11 天（1973 年）。各月中雾日最多的是春季 4 月，其次是秋末冬初的 11 月和 12 月。

九、雷暴

海门一年四季均可发生雷暴。累年平均雷暴日29天。最多53天(1963年)。雷暴多集中于夏季,春、秋、冬三季较少。最早雷暴初日1月1日(1997年),最迟5月10日(1989年)。最早终日8月12日(1980年),最迟终日12月21日(1979年)。

十、雪

海门累年平均降雪日7.2天,平均积雪日3.5天。冬季最多降雪日17天(1976－1977年),最多积雪日14天(1968－1969年),累年平均降雪初日1月4日,最早初日11月27日,最迟初日3月18日;累年平均降雪终日3月2日,最早终日1月5日,最迟终日4月2日;累年平均积雪初日1月21日,最早初日11月27日,最晚初日3月20日,最早终日1月1日,最晚终日4月3日。

第二节　物　　候

一、植物候

桃花盛开4月上旬,雨花露桃果成熟6月中旬,白凤桃果成熟7月中旬,桃树落叶12月上旬。巨峰葡萄花开5月下旬,果熟8月上旬,落叶12月中旬。枇杷花期从10月到翌年2月,果熟6月中旬。银杏3月中旬展叶,雄花盛开4月上中旬,雌花盛开4月中旬,12月上旬落叶。燕竹、淡竹笋期4－5月,桂竹笋期5月中下旬。元大麦10月下旬播种,12月上旬分蘖,翌年2月上旬返青,3月中旬拔节,5月中下旬成熟。小麦11月上旬播种,12月上旬分蘖,翌年2月上旬返青,3月中旬拔节,6月上旬成熟。玉米春分至清明播种,5月下旬拔节,6月下旬摆果,7月底至8月中旬成熟。移栽中稻5月上旬落谷,6月上旬移栽,6月中旬返青,6月底至7月20日分蘖,8月上旬拔节,8月底孕穗,9月上旬抽穗,10月中旬成熟。棉花3月底4月初播种,4月上旬出苗,6月上旬现蕾,7月中下旬开花成铃,8月下旬至11月吐絮收获。浙贝母9月下旬至10月上旬播种,春节前后出苗,2月下旬拔节,3月中旬开花,5月中旬,茎叶开始枯萎。

海门十二个月(农历)花开民谚:

正月梅花开/二月杏花开/三月桃花开/四月蔷薇花开/五月石榴花开/六月荷花开/七月凤仙花开/八月桂花开/九月菊花开/十月海棠花开/十一月水仙花开/十二月蜡梅花开。

二、动物候

鸟候　立春前春鸟鸣,春分燕至筑巢,5月布谷声声,8月鸿雁来,11月大雁南飞。

动物反常测天候　预示风雨:蜻蜓成群低飞,蚊虫四处乱撞,路上蚂蚁结队搬迁,燕雀低飞,鸡晚进窝,蛙声不绝,鱼跃水面。预示天晴:蜘蛛吐丝结网。预示天热:蝉鼓噪不休,白昼"鸪"叫。

第三章　水系　水文

第一节　水　　系

一、区域性水系

境内河沟纵横,成网络状分布。东西走向主要有通吕运河海门段、通启运河海门段,南北走向主要有新江海河海门段。

通吕运河海门段,1958年起开挖形成,段长28.3公里,流域面积158.13平方公里。境内汇入通吕运河水系的二级河3条,三级河9条,四级河1335条。

通启运河海门段,1958年起逐步开挖形成,段长42.2公里,流域面积386.87平方公里。境内汇入通启运河水系的有二级河7条,三级河26条,四级河565条。

新江海河海门段,20世纪70年代开挖形成,段长2.3公里,担负海门180.59平方公里的排涝任务。境内通启运河、海门河及江心沙农场的1条四级河与新江海河贯通。

二、沿海水系

主要有运盐河海门段、三余竖河海门段、排咸河、东灶河。

运盐河海门段,明嘉靖十六年(1537)通州同知舒继开凿,段长25.18公里,流域面积47.92平方公里。境内4条二、三级河和82条四级河与之贯通。

三余竖河海门段,原称新街闸河,清代形成,长11.36公里,流域面积49.25平方公里,境内10条一、二、三级河与之贯通。

排咸河,西起三余竖河,东至东灶港,1954－1966年陆续开挖形成,全长23.57公里,流域面积30.5平方公里。九总河、福利河、新高河、新余河4条三级河和95条四级河与之贯通。

东灶河,北起东灶港北闸,南至通吕运河,清代形成,全长6.2公里,流域面积36.2平方公里。排咸河、新岸河、运北河、新东河4条二、三级河及4条四级河与之贯通。

三、沿江水系

主要有海门河海门段、浒通河等10条二级河。

海门河海门段,1976年后开挖形成,段长39.02公里,流域面积141.8平方公里,6条二级河、18条三级河及9条四级河与之贯通。

浒通河,又名三尖嘴港河,清代形成。北起海界河,南至长江边,全长22.1公里,流域面积87.5平方公里。通启运河、海门河、圩角河和22条四级河与之贯通。

圩角河,清代形成。北起海界河,原南至长江边,1996年延伸到浒通河、青西河,全长25.18公里,流域面积102.67平方公里。通启运河、海门河、通沙河、青西河及38条四级河与之贯通。

青龙河,清代形成。北起运盐河,南至长江边。全长18.79公里,流域面积62.36平方公里。五谷河、海界河、青西河、通启运河、海门河、青化河和12条四级河与之贯通。

大洪河,清代形成。北起四甲套闸,南至长江边,全长14.55公里,流域面积69.66平方公里。海界河、通启运河、通沙河、海门河和25条四级河与之贯通。

大新河,南段清代形成,北段1974年冬开挖。北起余东镇,南至长江边,全长15.3公里,流域面积146.27平方公里。五谷河、树北河、树南河、通启运河、海界河、通沙河、海门河、青东河和23条四级河与之贯通。

灵甸河,清代形成。北起通启运河,南至长江边,全长14.75公里,流域面积151.47平方公里。通沙河、海门河、青东河和41条四级河与之贯通。

黄家港河,清代形成。北起通吕运河,南至通启运河,1970年拓宽形成的二级河,全长10.43公里,流域面积89.52平方公里。有运南、五谷2条三级河和16条四级河与之贯通。

鸽龙港河海门段,1977年开挖,段长2.07公里,流域面积8平方公里。境内白港河及2条四级河与之贯通。

灯杆港河,清代形成。北起通启运河,南至长江边,全长12.3公里,与海门交界段长5.1公里,流经三阳镇960米,流域面积4公顷。

第二节 水 文

一、海水

市境东北部面临黄海,有海岸线11.73公里。海洋近岸水平线、水温受陆地影响明显,因长江及内河大量淡水排入近海,咸淡水交混,含盐度较低。冬季,2月份水温最低,近岸水域(水深小于15米)呈低温低盐型,水温4℃左右,含盐度30‰左右;水深大于15米的外海区,水温5℃－6℃,含盐度31‰－32‰。冬季温度、盐度的垂直分布较均匀。春季,在陆地增温影响下,4月份起近岸水温迅速回升,5月份,海面表层温度可达19℃,远岸水温15℃左右。随着长江入海水量增加,含盐度降低至27‰－29‰,有时出现小于24‰的低值区。夏季,8月,水温分布较复杂,近岸海域最高水温27℃－28℃,远岸区表层水温在26℃左右,底层水温25℃－

28℃。含盐度，长江口附近最低24‰－26‰，远岸海区在31‰以上。秋季，11月，近岸海区水温低于远岸海区水温，近岸海区12℃－14℃，远岸海区14℃以上；表层水温与底层水温的垂直变化平缓。含盐度分布较均匀，介于30‰－31‰之间。

海流有两种环流。沿北纬32°25′以北，辐射状沙洲沟漕流出逆时针环流，属受黄海环流控制的沿岸流，主流方向从北、北西流向东南；另一种环流是长江口向北海流，沿冷家沙顺时针方向流动，由东南向西北。海水流动水量主要来自北部沿岸流、长江口向北海洋和河流径流。潮流流速的最大值出现在中潮位。深泓一般涨潮历时大于落潮历时，浅滩地区落潮历时略长于涨潮历时；潮流流速不一致，深泓内涨潮流速一般大于落潮流速，浅滩地区落潮流速大于涨潮流速。2005年6月水文测验表明：东灶港外侧航道测点最大涨潮流速为0.8米/秒，落潮为0.84－0.98米/秒。

海门近海区海浪受南黄海传播的涌浪影响，并受风浪作用，波浪随季节变异较大。春季气旋、反气旋活动频繁，风向不稳，浪向东为主。夏季盛东南风，又受台风影响，主浪向东南。秋季浪向东北。冬季西北风强而久，主浪向西北。波浪波高10年平均值，9月份为2米，6月份1.4米。东灶港东南附近海面是波浪辐射区，波高增大，加上该处海岸与东北风正交，海浪对海岸线的侵蚀强烈。如遇天文高潮，强热带风暴过境，风向又与海岸垂直时，可在沿海发生风暴潮。

市境沿海海底的组成物质，主要为古长江三角洲遗留物，沙脊为细沙组成，深槽为粉沙质和泥质粉沙。海水含沙量大潮含量大于小潮含量。据1981年8月和1982年3月测量：大、中、小各潮汛所测的平均含沙量为0.26克/升。在水浅、水下地形复杂处，含沙量更高，最大可达6.5克/升。近岸涨落潮，泥沙向海岸运动，然有沙脊作屏障，海浪作用减弱，港湾内环境较静，泥沙沉积多，向外淤涨快。腰沙一带滩涂20公里宽。蒿枝港以南，因长江主泓南移，老鼠沙、乌龙沙向南伸展，海浪和潮流缓和，侵蚀与沉积大致平衡，岸线基本稳定。

海门境内的潮汐每日涨落两次，有时因受季节影响，来潮时间也常有提前。最高潮位往往出现在9月，为6.14米，最低潮位－0.2米；最大涨潮潮差4.81米，最小0.33米，平均潮位2.7米；最大落潮潮差4.81米，最小0.05米，平均潮位2.7米；平均涨潮历时3小时24分，落潮9小时1分。

二、江水

长江流经海门市长47.3公里。据长江下游大通径流控制水文站1950－2008年统计，平均径流量9000亿立方米，年平均流量283万立方米/秒。日测最大洪峰流量9.26万立方米/秒(1954年8月1日)，最小枯水流量4620立方米/秒(1979年1月31日)，平均年输沙量3.98亿吨。

径流、潮流为河口段主要水动力因素。潮汐为非正规半日浅海潮，一般每日有两涨、两落。日潮不等现象比较明显，有时受风力、风向影响，来潮时间常有提前或推迟。最高潮位一般发生在8－10月，最低潮位出现在12月至次年2月。南支河段潮位站有徐六泾，北支河段有崇头、青龙港、三条港、连兴港。

海门市(县)长江潮汐特征一览

(长江水利委员会吴淞基面)

表2－4

项　目	单位	徐六泾	青龙港	三条港
历年最高潮位	米	6.78	6.61	6.52
出现日期	－	1997.8.19	1997.8.18	1997.8.18
历年最低潮位	米	0.36	－0.20	－0.43
出现日期	－	1956.2.29	1961.5.4	1999.12.23
平均高潮位	米	3.81	3.81	3.82
平均低潮位	米	1.80	1.14	0.72
最大涨潮潮差	米	4.01	5.05	5.63
最小涨潮潮差	米	0.02	0.33	0.21
平均涨潮潮差	米	2.02	2.70	3.06
最大落潮潮差	米	－	5.38	5.95
最小落潮潮差	米	－	0.05	0.10
平均落潮潮差	米	－	2.68	3.06
平均涨潮历时	时/分	4:17	3:07	4:54
平均落潮历时	时/分	8:06	9:16	7:30
资料年限	－	1956－2008	1950－2008	1969－2008

长江青龙港断面，1971－1995年(1996－2008年未统计)平均涨潮量960.6亿立方米，平均落潮量

1335.5 亿立方米，净泄量 394.9 亿立方米，年平均径流量 1252 立方米/秒，其余径流通过南支入海。青龙港断面年平均涨潮含沙量 1.85 亿吨，落潮含沙量 1.69 亿吨，有 0.16 亿吨的泥沙向南支倒灌。

1954－1981 年海门县青龙港不同水文年情况统计

表 2－5

项目			单位	特大洪水 1954.7.31－8.8	特大潮汛 1981.8.30－9.7	汛前平水期 1981.6.3－6.11	汛后平水期 1981.10.14－10.22	枯水期 1979.3.15－3.23
大潮	落潮	潮　量	亿立方米	7.00	6.63	4.70	5.07	3.46
		沙　量	万吨	124.30	179.30	106.80	119.80	69.70
		含沙量	公斤/立方米	1.78	2.71	2.27	2.35	2.02
	涨潮	潮　量	亿立方米	3.82	6.56	4.86	5.05	4.78
		沙　量	万吨	70.80	226.30	143.70	153.70	142.70
		含沙量	公斤/立方米	1.85	3.45	2.96	3.04	2.99
	净泄	潮　量	亿立方米	3.18	0.07	－0.16	0.02	－1.32
		沙　量	万吨	53.60	－46.40	－36.90	－34.50	－73.00
中潮	落潮	潮　量	亿立方米	6.27	5.87	4.43	4.73	3.36
		沙　量	万吨	90.10	116.90	67.00	82.90	52.40
		含沙量	公斤/立方米	1.44	1.99	1.51	1.75	1.56
	涨潮	潮　量	亿立方米	2.59	4.56	3.57	4.40	3.92
		沙　量	万吨	37.20	109.60	70.90	98.20	87.80
		含沙量	公斤/立方米	1.44	2.40	1.99	2.23	2.24
	净泄	潮　量	亿立方米	3.68	1.31	0.86	0.33	－0.56
		沙　量	万吨	52.90	7.30	－3.90	－15.30	－35.40
小潮	落潮	潮　量	亿立方米	4.88	4.38	3.54	3.45	2.69
		沙　量	万吨	49.60	40.40	30.40	30.50	24.80
		含沙量	公斤/立方米	1.02	0.92	0.86	0.88	0.92
	涨潮	潮　量	亿立方米	1.27	2.11	2.48	2.98	3.05
		沙　量	万吨	10.80	22.60	24.80	32.00	36.80
		含沙量	公斤/立方米	0.85	1.07	1.00	1.07	1.21
	净泄	潮　量	亿立方米	3.61	2.27	1.06	0.47	－0.36
		沙　量	万吨	38.80	17.80	5.60	－1.50	－12.00

说明：统计时间为 24 小时

长江口北支含盐度随季节变化而变化。枯期大潮期间，连兴港至灵甸港涨、落潮平均含盐度 23‰－36‰。1971 年 7－9 月，北支的咸水影响到圩角港附近，仅有浒通港闸可引到长江淡水。1973 年 2 月 19 日，江心沙附近水质含盐度 23.61‰；1974 年 2 月 9 日达 41.15‰。1984 年 3 月，青龙港水质含盐度 24.51‰；2000 年 2 月，大、中、小潮的含盐度 20‰－30‰。5 月，长江水厂的海门港东涵最高含盐度达 1.6‰，临江乡的江滩上捉到原生长在海滩上的泥螺。2001 年 5 月起，海门港有水质氯离子化验记载，其含量小于 400 毫克/升时可作为灌溉水源。

2001－2008 年海门港水质氯离子含量统计

表 2－6　　单位:毫克/升

年份		1月	2月	3月	4月	5月	6月	7月	8月	9月	10月	11月	12月
2001	最高	–	–	–	–	3369	4199	292	5127	2881	1074	3418	6592
	最低	–	–	–	–	390	385	49	96	195	195	192	244
	平均	–	–	–	–	1879	2292	185	703	664	426	780	1178
2002	最高	1318	927	634	439	520	244	244	244	244	244	244	391
	最低	341	391	244	260	244	244	244	244	244	244	244	244
	平均	622	700	481	341	253	244	244	244	244	244	244	256
2003	最高	–	–	–	244	244	244	296	244	244	244	197	197
	最低	–	–	–	244	147	195	161	174	176	196	160	160
	平均	–	–	–	244	236	210	208	210	197	198	191	168
2004	最高	197	197	198	197	300	289	195	335	480	250	280	605
	最低	160	174	40	66	60	80	76	37	25	10	85	60
	平均	190	195	114	108	115	125	107	132	145	111	135	213
2005	最高	550	390	640	1125	875	115	100	135	225	165	160	175
	最低	100	75	160	90	90	10	10	35	15	30	60	50
	平均	271	200	300	418	257	45	45	70	84	100	107	87
2006	最高	275	245	290	1000	255	180	190	150	280	1900	1000	500
	最低	35	45	125	60	40	25	70	40	55	180	150	150
	平均	100	105	185	307	144	111	134	86	161	607	420	298
2007	最高	1225	600	1500	900	800	125	250	160	130	120	110	95
	最低	110	170	210	60	30	40	50	60	60	65	40	20
	平均	313	429	680	482	252	81	94	90	93	82	77	62
2008	最高	80	90	320	430	190	125	110	80	80	70	70	150
	最低	25	30	35	70	25	40	20	10	10	30	20	30
	平均	49	60	70	171	71	88	66	46	49	49	47	52

三、内河

境内水面积占总面积的比值通过人类活动有减少的趋势,1959 年占 20.45%,1987 年占 18.16%。2008 年,通东片内河正常水位 3.96 米,中西片 3.6 米,中东片 3.2 米,沿江片 3 米。各片最高水位比正常水位高 0.4 米,枯水位比正常水位低 0.4 米。

2008 年海门市河网蓄水量一览

表 2－7

河道级别	条数	长度（公里）	枯水位（万立方米）	正常水位（万立方米）	最高水位（万立方米）
合　计	21393	11798.19	4266.10	6710.90	9899.50
一级河	3	72.80	719.10	877.60	1046.70
二级河	14	233.60	906.00	1146.80	1413.00
三级河	64	650.91	687.30	975.00	1304.20
四级河	2134	2233.92	568.50	1107.50	1835.90
明　沟	19178	8597.13	1385.20	2604.00	4299.70

在灌溉需水期间，开闸引进长江水，内河水位可抬高 0.3 －0.5 米，遇到台风暴雨开闸向长江、黄海排水，将内河水位预降 0.2 －0.3 米。

1962 －2008 年海门市（县）内河主要水文站水位特征值一览

表 2 -8　　单位：米

片名	河名	站名	资料年限	多年平均水位		最高水位		最低水位	
				全年	汛期	水位	发生日期	水位	发生日期
通东	通吕运河	货隆站	1962 －2008	3.74	3.90	5.30	1962.9.6	2.71	1971.8.27
中西	通启运河	常乐站	1972.5 －2008	3.55	3.66	4.68	1991.7.2	2.63	1977.1.16
中东	灵甸河	悦来站	1967.5 －2008	3.51	3.61	3.86	1970.9.13	3.01	1970.7.28
中东	通启运河	通启河闸站	1972.5 －2008	3.21	3.31	4.56	2001.6.25	2.44	1991.5.6

第四章　土壤　植被

第一节　土　　壤

一、类型

市境土壤属浅色草甸土系列，有潮土、盐土两大类，分 6 个土属 23 个土种。其中，潮土类下分 3 个土属，17 个土种；盐土类下分 3 个土属，6 个土种。

海门市土壤类型统计

表 2 -9

土类	亚类	土属	土　　种	代号
潮土	灰潮土	沙泥土	沙泥土	11
		夹沙土	沙夹黄	21
			沙底沙夹黄	22
			黏心沙夹黄	23
			黏底沙夹黄	24
			沙底黏心沙夹黄	25
			灰心沙夹黄	26
			黄夹沙	27
			沙心黄夹沙	28
			沙底黄夹沙	29
			黏心黄夹沙	210
			黏底黄夹沙	211
			沙底黏心黄夹沙	212
		黄泥土	黄泥土	31
			沙底黄泥土	32
			罩黄泥	33
			竖头黄泥	34
盐土	潮盐土	沙性潮盐土	沙性脱盐土	41
			沙性轻盐土	42
			沙性中盐土	43
		壤性潮盐土	壤性脱盐土	51
			壤性重盐土	52
		黏性潮盐土	黏性脱盐土	61

二、分布

盐土类土壤,面积1.64万公顷。其中,壤性潮盐土1.15万公顷,分布在运盐河、新岸河以北的四甲、货隆、王浩、正余、包场、东灶港、刘浩及沿江的三和、海门、三厂等镇;黏性潮盐土3000公顷,分布在沿江的临江、三厂等镇及海永乡;沙性潮盐土,面积1900公顷,分布在通东的王浩、正余、包场、东灶港及沿江的三和、三厂等镇。盐土类分布,由海岸向南,呈现出中盐土—轻盐土—脱盐土的规律。

潮土类土壤,系江河水流夹带泥沙沉积而成,土壤质地分布呈西沙东黏,北沙南黏,土属土种分布,从西到东为沙泥土—夹沙土—黄泥土,面积4.36万公顷。其中,沙泥土属500公顷,分布在市境西部的三星、三和、天补等镇;夹沙土属面积2.54万公顷,分布在三星、天补、三和、德胜、海门、三厂、常乐、四甲、麒麟、悦来等镇;黄泥土属面积1.77万公顷,分布在树勋、万年、刘浩、悦来、三阳、包场、余东等镇南部和三和、麒麟、三厂等镇局部区域。

三、养分

1982年,对7758个地块样品和926个地片样品分析,化验结果,全县土地有机质含量1.4%,平均含氮量0.104%,含磷量0.163%,速效磷的浓度为5.33/百万,速效钾的浓度为116.8/百万,缓效钾为625.5/百万。

1982年海门县土壤有机质统计

表2-10

含量(%)	2.00	1.50-2.00	1.20-1.50	1.00-1.20	0.60-1.00	0.60以下	平均1.40
占耕地(%)	0.44	34.49	46.11	14.63	4.16	0.17	100

1982年海门县土壤全氮含量统计

表2-11

级别	一	二	三	四	五	六
含量(%)	-	0.12-0.15	0.10-0.12	0.075-0.10	0.05-0.075	<0.05
占样本数(%)	-	4.20	62.30	30.20	3.20	0.10

1982年海门县土壤速效磷含量统计

表2-12

含量(百万分之)	<3	3-5	5-10	10-20	20-40	>40	平均5.33
占耕地(%)	19.36	38.92	35.38	6.02	0.32	-	100

1982年海门县土壤速效钾含量统计

表2-13

含量(百万分之)	30-50	50-100	100-150	150-200	>200	平均116.8
占耕地(%)	0.38	44.75	42.44	9.34	3.09	100

2008年,对2698个土壤采样点分析,全市耕地土壤肥力水平总体略有上升,但各养分指标间升降有差异。随着测土配方施肥技术的推广,复混肥、专用肥用量的增加,全市土壤缺磷少钾现象有了较

大缓解,但有机肥使用面不广,用量没有明显增加, 造成土壤有机质含量停滞不前。

2008年海门市土壤养分分级统计

表2-14

评级项目	单位	等级				总量(平均)
		一	二	三	四	
有机质	%	>1.80	1.50-1.80	1.20-1.50	<1.20	1.38
	样本数	112	717	1343	526	2698
	占比(%)	4.15	26.58	49.78	19.49	100
有效磷	ppm(百万分之)	>15	10-15	5-10	<5	12.1
	样本数	555	608	1292	243	2698
	占比(%)	20.57	22.54	47.89	9.00	100
速效钾	ppm(百万分之)	>150	100-150	60-100	<60	94.5
	样本数	185	563	1438	512	2698
	占比(%)	6.86	20.87	53.00	18.98	100

四、环境质量

2004年,采集168个土壤监测点土样进行分析,测定汞、砷、铅、镉、铬等重金属成分和六六六、滴滴涕两种农药残留量,其中,重金属(砷)含量超标1个,占0.6%,农药残留量(滴滴涕)超标4个,占2.38%,综合指标合格率97.02%。

2004年海门市土壤环境质量分析统计

表2-15

指标项	标准值(毫克/千克)	范围	平均	超标样本数(个)	占总样本(%)
汞	1	未检出-0.445	0.169	0	-
砷	25	0.136-29.77	7.90	1	0.60
铅	150	3.403-31.329	18.90	0	-
镉	0.6	0.053-0.189	0.097	0	-
铬	250	6.061-55.55	32.30	0	-
六六六	0.5	未检出-0.066	0.009	0	-
滴滴涕	0.5	未检出-3.627	0.135	4	2.38

第二节　植　　被

一、野生植被

野生植被主要是杂草，有31科126种。

旱田　发生期11月至翌年4月，主要草相有猪殃殃、卷耳、繁缕、看麦娘、早熟禾、棒头草、荠菜。发生期5－10月，主要草相有马唐、乌蔹莓、狗尾草、千金子、马齿苋、铁苋菜、泽漆、牛筋草、旱稗、鲤肠、刺儿菜、刺苋、香附子、打碗花、小飞蓬等。

水生田　发生期6－11月，主要草相有稗草、千金子、眼子菜、莎草、球花碱草、牛毛草、野荸荠、鲤肠、矮慈姑、节节菜、旱稗、蓼草、结缕草、水花生、水藻、浮萍等。

荒田　发生期4－11月。主要草相有加拿大一枝黄花、葎草、水花生、一年蓬、小飞蓬、乌蔹莓、小根蒜、芦苇、蓼、牛膝、车前草、扁蓄、白茅、酸模叶蓼、臭荠、刺果毛茛、狗尾草、藜、萝藦、苦蘵、半夏、龙葵等。

滩涂湿地　江滩有蒲草、蔺草、野菊花、蒲公英、野芹菜、白茅、天鹅绒藤、野苜蓿、野山药、江芦、荻、野刀豆、繁缕、乌蔹莓、苦苣菜、青苔、苔藓等。海滩有獐毛、雀麦、拂子茅、白茅、荻、束尾草、狗尾草、金狗尾草、大米草、互花米草、大穗结缕草、水烛、糙叶、苔草、咸水草、牛毛毡、丝草、海三棱藨草、水葱、菹草、川蔓藻、光蒿、茵蔯蒿、艾蒿、刺儿菜、葡茎苦菜、碱菀、苍耳、灰绿藜、盐角草、碱蒿子、盐蒿子、罗布麻、野胡萝卜、窃衣、飞束鹤、萝摩、独行菜、中华补血草、狐尾藻、金鱼藻等。

二、人工植被

人工植被包括农作物、树（用材林、经济林、防护林、果园）、竹、药材、花卉等。

清末民初，农民引进板蓝根、红花、玉竹等药材人工栽培。民国21年（1932），县境西部一些乡镇开始引种薄荷，逐步发展到全县。同时，留兰香从欧洲引进栽培。1953－1973年，从外地引进当归、黄连、丹参、空心莲、浙贝母等60多种药材种植。人工植被量随种植经济效益变化而变化。

2008年，全市粮食作物播种面积4.32万公顷，其中小麦3500公顷，大、元麦300公顷、蚕豆1.49万公顷、稻谷1600公顷、玉米1.23万公顷，其他粮食作物面积1.06万公顷。经济作物播种面积6.47万公顷，其中棉花1.07万公顷、油料作物3.04万公顷、糖料作物800公顷、药材1100公顷。蔬菜播种面积1.83万公顷，瓜果播种面积3400公顷。是年，全市完成成片造林4300公顷。农田林网1.13万公顷。

第五章　自然资源

第一节　土　　地

一、土地面积

明嘉靖十一年（1532），境内有官民地、草场等1556顷17亩4分。

清乾隆三十三年（1768），建海门直隶厅时，从通州界划19沙归厅计官田、民地、荡涂共2055顷；从崇明界划11沙归厅计3180顷，两部分共有30沙，土地5235顷。通崇间新涨沙洲10沙的土地未计入。光绪二十年（1894），厅境原有土地5235顷，沿江新涨土地11160顷，合计土地16395顷。

民国元年(1912),全县实测土地面积480.65万亩。至民国8年,全县土地487.8万亩。时沿江坍塌,土地面积很难测定。至民国19年,全县土地476.92万亩。民国38年1月,土地总面积142.73万亩,其中耕地面积108.62万亩。

1952年8月,全县进行查田定产,土地总面积8.1万公顷,其中耕地7.2万公顷。1959年8月,全县第一次土地普查。土地总面积9.06万公顷,耕地面积6.4万公顷。1985年,全县土地总面积11.47万公顷,耕地面积6.33万公顷。1987年,全县土地总面积10.01万公顷,耕地面积5.95万公顷。1992年,全县土地总面积10.01万公顷。2005年,全市土地总面积11.49万公顷。2008年,全市土地总面积11.49万公顷。

二、土地等级

1990年,对境内土地评级,大部分属二、三、四等级。

二级田 即上等田。1万公顷,占18.1%,肥力较高,基本平整,四沟基本配套,灌排条件较好,土壤有机质在1.5%以上,耕作层厚度12－15厘米,土地质地轻壤——中壤,主要土种沙夹黄、黄夹沙、黄泥土等。

三级田 即中等田。3.61万公顷,占65.6%,肥力中等,有机质含量1.2%－1.5%,有一定的限制因素,主要是农田基本建设水平不高,排灌不畅,土壤中水、肥、气不够协调,耕作层12厘米左右,有相当一部分土壤中含有一定盐分。这类土壤主要是沙夹黄、黄夹沙、黄泥土、壤性脱盐土等。

四级田 即下等田。8800公顷,占16%,肥力较低,有机质含量1%－1.2%,土壤物理性质差,易板结,土层有障碍层次,出现沙质土层或黏质土层,主要土壤类型有沙泥、沙底沙夹黄、黏心黄夹沙、犟黄泥、竖头黄泥、壤性脱盐土等。

五级田 即低等田。160公顷,占0.3%,主要是土体中含有盐分,分布在沿海和沿江地区。

三、土地利用

1987年,耕地面积5.95万公顷,占总面积59.44%。园地、林地、牧草地等1740公顷,占总面积1.69%。居民点及工厂企业用地1.17万公顷,占总面积11.68%。交通用地2800公顷,占总面积2.8%。盐田等特殊用地3800公顷,占总面积3.8%。水域2.04万公顷,占总面积20.37%。未利用地155.47公顷,占总面积0.16%。

1992年,耕地面积5.92万公顷,占总面积59.14%。园地、林地、牧草地1800公顷,占总面积1.8%。居民点及工厂企业用地1.26万公顷,占总面积12.59%。交通用地2900公顷,占总面积2.9%。盐田等特殊用地3100公顷,占总面积3.09%。水域2.04万公顷,占总面积20.37%。未利用地146.67公顷,占总面积0.14%。

2005年,农用地面积7.12万公顷,占总面积61.97%。其中,耕地面积5.59万公顷;园地、林地、牧草地等其他用地1.53万公顷。建设用地面积2.56万公顷,占总面积22.3%。其中,居民点、工厂企业用地2.34万公顷,交通运输用地1800公顷,水利设施用地386公顷。其他用地1.8万公顷,占总面积15.7%。未利用地66.67公顷,占总面积0.06%。

2008年,农用地面积7.05万公顷,占总面积61.36%,其中耕地面积5.54万公顷,园地、林地、牧草地等其他用地1.5万公顷。建设用地面积2.69万公顷,占总面积23.41%,其中,居民点、工厂企业用地2.45万公顷,交通运输用地2100公顷,水利设施用地380公顷。其他用地1.67万公顷,占总面积14.53%。未利用地800公顷,占总面积0.7%。

境内土地利用率高,但后备资源不足。新中国成立后,围垦海涂、江滩,向江海争得一些土地。20世纪80年代后,由于建设用地增加和农业结构调整等原因,人均耕地由1949年1133.34平方米降至1990年的580平方米。2008年,人均耕地553.34平方米。

第二节 港 泓

市境海域有蛎岈山外侧深泓和冷家沙水域两条深泓,都具备建设深水港码头条件。

蛎岈山外侧深泓与启东水域深泓连在一起,称小庙洪水道,全长39.6公里。北侧有腰沙掩护,风浪小,水道稳定。其口门有横沙等沙洲将其分为北、中、南3条水道。南水道为主航道,水深－5.2

米以上有19.8公里。口门宽15公里，中段宽4.5公里，海门段宽1.2公里，经大弯洪水道（全长36.7公里）到外海深水区。

腰沙北侧为冷家沙水域。冷家沙尾距东灶港北闸的直线距离为45公里，其开敞海域已脱离辐射沙洲滩槽动态变化的影响。海域中间是三沙洪水道，-17米水线距沙尾5公里，有稳定的-8米深线与外海相通，具备建设10万至30万吨深水港码头的条件。

第三节　滩　　涂

一、海涂

据1985年调查，境内海涂2米以上高程的有1000公顷，2－0米高程的有1500公顷。至1989年，共围垦开发733公顷。

1990年8－9月调查，境内海涂面积3653公顷，其中，高程在3.76米以上有733公顷，3.76－1.76米的有1220公顷，1.76－-1.24米的有1700公顷。2006年调查，海涂面积为4180公顷，其中高程在3.76米以上有513公顷，3.76－1.76米的有987公顷，1.76－1.24米2680公顷。2007年，县际海域行政区域勘界，海门市的海域面积187.28平方公里。其中，潮间带、滩涂面积44平方公里。潮间带适宜海水养殖，滩涂可以围垦造地。2007－2008年，在东灶港西围垦867公顷。

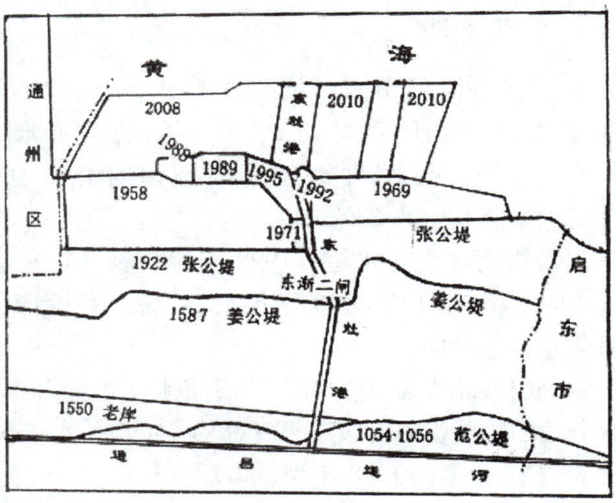

图2－3　沿海滩涂海门垦区围垦年份示意图

二、江滩

江心沙　位于市境西南部，原是江中沙洲。民国4年（1915）形成，东西长8.7公里，南北宽2.1公里，离北岸最近的距离1100米。1958年，种植芦苇约1070公顷。1960年，围垦。1970年，在其北岸筑成立新坝，促使江心沙与北岸接壤。至1979年，共围垦17次，总面积4437.21公顷。2008年，总面积4387公顷。

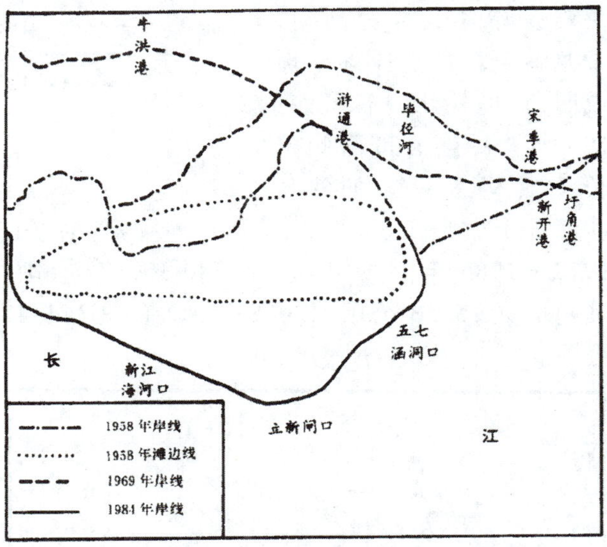

图2－4　江心沙演变示意图

永隆沙　位于市境东南部长江中。南临崇明长征农场和新村乡。光绪二十六年（1900）露出水面，沙长1.8公里，宽0.5公里，面积70公顷。以后向下游和崇明岛移动。1958年，沙头下移4.2公

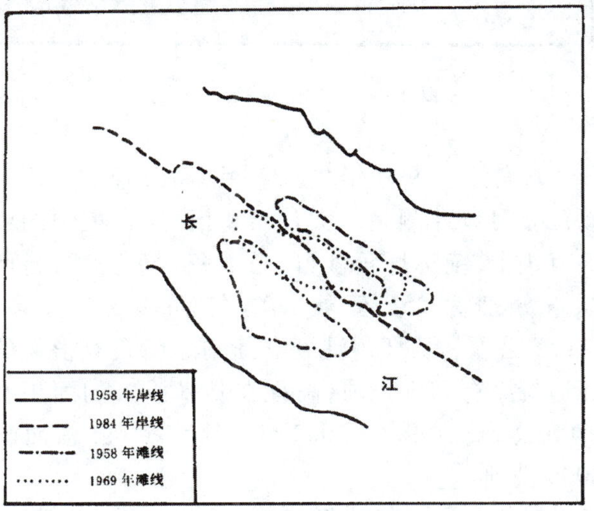

图2－5　永隆沙演变示意图

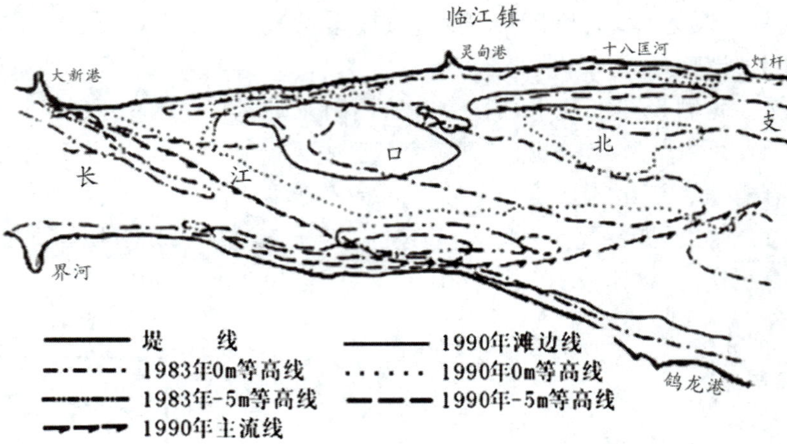

图2－7　1983－1990年灵甸沙演变示意图

里，面积增加12倍。1969－1977年，围垦8次，面积901.11公顷。1977－1984年，坍失101.11公顷。2008年，总面积800公顷。

江滨沙　在市治东南3.5公里长江边。20世纪60年代末系坍塌严重区段。1954年，青龙港两侧块石护岸使其成为凸角，青龙港至圩角港段逐渐坍成凹角，堤外江中有暗沙。1969年，民生河口西侧筑长丁坝，坝头一直伸到暗沙沙脊上，坝长680米，促使丁坝两侧淤积。1972－1985年，围垦4次，总面积369.75公顷，其间坍失25.33公顷。2008年，总面积344.42公顷。

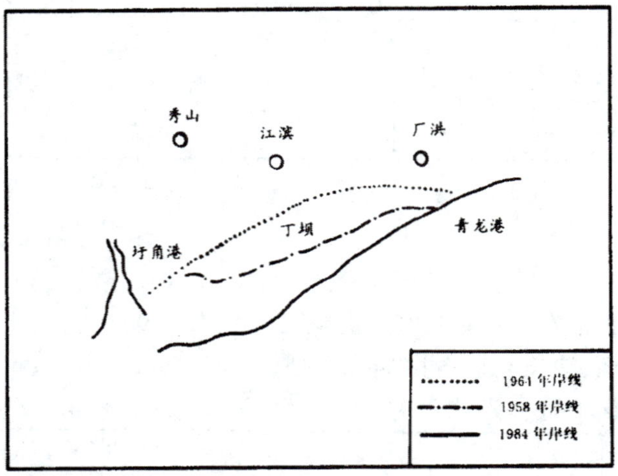

图2－6　江滨沙演变示意图

圩角沙　1990年8－12月调查，青龙港西至新江海河口外侧是一大片淤积区，生长植物的沙岛有4个，统称圩角沙群，总面积687公顷，自西向东分别为253公顷、207公顷、113.5公顷、113.5公顷。从圩角港到立新闸之间长有植物的江边滩涂有233公顷，高程在0米以上的面积有1700公顷。1992－2002年，围垦5次，总面积2000公顷。

灵甸沙　60年代形成灵甸沙群。1983年后，这一带河段淤涨迅速。据1990年8－12月调查，大新港至悦和港之间有一片淤积区，生长植物的沙岛有3个，总面积513公顷，0米以上面积有2000公顷。1998－2005年，围垦3次，总面积920.94公顷。

新通海沙　1978年，东方红农场南侧出现3个小沙包。1984年，1米高程以上面积为140公顷。1995年，面积为253公顷。根据水利部长江水利委员会2004年修订的《长江口综合整治开发规划要点报告》，2006－2008年进行一期围垦，面积546.67公顷。

第四节　水资源

一、地表水

长江是海门引水灌溉的主要水源。1972－2008年，沿江诸闸年均引长江水3664万立方米。经南通市节制闸、营船港闸、新江海河闸引水，进入海门的年均水量8亿－10亿立方米。长江又是海门人饮用水重要水源。1998年建成长江水厂，供水量5万吨/日。2006年年底，二期工程投产，日供水10万吨。

海门东北部临接黄海。黄海咸水是制盐和海水养殖的物质资源。1972－2008年，年均引水330万立方米，最多的1978年为540万立方米。

海门地表径流量较充裕，属径流多水带地区。1956－2008年平均径流量2.32亿立方米，折合平均径流深231.9毫米,变化于19.9－492毫米之间。径流的年内分配和降雨量相似,76.7%的径流集中于汛期。

境内除集蓄地表水外,还通过沿江诸闸引蓄长江水。通吕运河海门段集水面积158.13平方公里,水面面积217.2公顷,最大蓄水量628.6万立方米。通启运河海门段集水面积386.87平方公里,水面面积170公顷,最大蓄水量352.5万立方米。这两条运河是全市引江水的主动脉,分别沟通全市三、四级河道,形成纵横交错的平原河网水库。

长江、内河地表水虽充足,但年际水位变化比较大。汛期水位大幅度上升。一是长江水位抬高,从1954年5.77米上升到1997年8月18日6.61米,比内陆地面平均高程高2.07米,会对江堤造成冲刷,需加高加厚堤防。二是暴雨过后,地表径流汇入河网,水位往往上升到3.86－5.3米,河网库容达1.03亿－1.5亿立方米。旱季枯水期,水位低落。1－2月,水位降到2.63－3.01米,河网库容相应降为0.37亿－0.53亿立方米,境内不少明沟干涸。

二、地下水

境内地下水按其埋深条件及水力性质可分为4个含水层,即潜水层和3个承压含水层。潜水层埋深2－20米,一般上部为淡水可供民用,下部为咸水或半咸水。第一、第二承压含水层埋深一般为60－170米。除局部地区有一薄层浅水外,一般以含咸水为主。第三承压含水层在西部埋深200－250米,含水层厚度约40米,水质为淡水;东部及东北部第三承压含水层分上、下两层,埋深250－300米,其中上层为咸水,下层为淡水,厚度20－30米。

全市可供开采的地下水是西部的第三承压含水层、东部和东北部的第三承压含水层下层,含水量较丰富。西部长兴镇第三承压含水层为淡水,其矿化度0.58克/升,涌水量45.72吨/时,水头深度2.6米,顶板深度210.83米;东部三阳镇第三承压含水层下层为淡水,矿化度1.65克/升,涌水量49.14吨/时,水头深度1.75米,顶板深度266.6米。

第五节　野生动植物

一、野生动物

哺乳类　黄鼬、刺猬、豹猫、蝙蝠、田鼠、麝鼠。

鸟类　麻雀、乌鸦、喜鹊、灰喜鹊、大杜鹃、四声杜鹃、鱼狗、翠鸟、家燕、云雀、白头鹎、白脸山雀、寿带、伯劳、绿头鸭、暗绿绣眼鸟、翡翠、环颈雉、啄木鸟、猫头鹰。

爬行类　乌龟、水赤链蛇、火赤链蛇、乌梢蛇、蝮蛇、壁虎、草蜥。

两栖类　青蛙(黑斑蛙、金线蛙、雨蛙、树蛙)、蟾蜍、牛蛙。

鱼类　刀鲚、鲥鱼、凤鲚、间银鱼(面鱼)、鳜鱼、黄颡鱼、鰕虎鱼、鲫鱼、鳗鲡、黄鳝、白鲦、鲈鱼、鳑鲏郎、泥鳅、塘鳢、鳢、大黄鱼、小黄鱼、梅童鱼、鲳鱼、带鱼、鳓鱼、马鲛鱼、海鳗、鲻、鲽、鳎、河豚。

节肢动物　蜈蚣、蝉、沙蚕、梭子蟹、招潮蟹、蟛蜞、青蟹、米虾、葛氏长臂虾、脊尾白虾、哈氏仿对虾、螯虾、中国毛虾、虾蛄。

软体动物　河蚌、螺蛳、文蛤、四角蛤、青蛤、竹蛏、毛蚶、金蚶、银蚶、泥螺、乌贼、蜗牛、牡蛎。

腔肠动物　海蜇、蚯蚓。

二、野生植物

野菱、荆三棱、桑、鸡儿肠、枳、蓼、牛膝、鲤肠、旋复花、胜红蓟、牛筋草、车前草、小根蒜、莎草、藜、天名精、艾、青蒿、黄花蒿、牡蒿、凤尾蕨、刺儿菜、蒲公英、紫花地丁、野菊、鼠麴草、蔊菜、酢浆草、酸浆、苦蘵、红花、玉竹、半夏、臭梧桐、萝藦、鸡矢藤、猪殃殃、苍耳、蒺藜、毛莨、石龙芮、石胡荽、天胡荽、棉毛酸模叶蓼、水蓼、地锦草、铁苋菜、乌蔹莓、葎草、曼陀罗、益母草、鱼腥草、金钱草、苘麻、金荞麦、野胡萝卜、篇蓄、香蒲、野跖草、薏苡、沿阶草、爵床、点地梅、婆婆纳、瓜蒌、盒子草、白茅、瓦松、水浮莲、水花生、水葫芦、绿萍、狐尾藻、苹、槐叶萍、荇菜、竹叶眼子菜、菹草、狗牙根、薤草、蔗草、金银花、佩兰、女菀、牛蒡。

第六节 矿 产

境内矿产资源有磁铁矿、石英砂、砖瓦用黏土。

磁铁矿位于中北部地区的王浩镇境内，矿石含铁量高，矿床位置相对集中，埋藏深度厚，储量约2565 万吨，具有较高的开采价值。2007 年 7 月，王浩磁铁矿一矿段通过省矿产资源储量升级核查。

石英砂主要为长江上游冲积沉淀而成，是生产混凝土砌块砖的主要原材料。

砖瓦用黏土遍布于市域全境，作为烧砖用的原材料，年开采量为百万吨左右。

另有海盐。

附 1. 沼气

民国 30 年(1941)前后，广东沼气推广中心在余东镇北门，建造两口 8 立方米水压式沼气池，未能推广运用。

1958 年，在沟河污泥中捕捉天然沼气，用玻璃管一端插入污泥中，另一端连接金属管，金属管放入锅底下点火，能短时间燃烧，实际使用价值不大。

20 世纪 70 年代初，开始人工制沼气，1975 年获得成功，当年建沼气池 50 口。池为圆筒形，砖结构、全封闭(无活动盖)，出料、维修困难，容易造成施工人员中毒伤亡事故。年底，改成活动盖，产气效果不佳。1977 年，引进海安县干打垒全二合土沼气池，采用瓶塞式活动盖。是年，建池 1605 口，造价较低，质量差，启封不便，易造成漏气。1979 — 1981 年，由泥土建池改为泥土、砖头混用建池，产气效果仍然不佳。

1982 — 1985 年，利用砖和混凝土建成球形薄壳沼气池，效果较好。

1990 年，全县农村建沼气池 3206 口，年产气 66. 06 万立方米。90 年代中期，随着农村劳动力转移、人们生活方式转变，户用沼气逐年萎缩。1995 年，推广沼气池厌氧发酵工艺，对各类污物进行无害化处理，建设小型沼气工程。

2003 年，包场兴旺猪场建成小型沼气工程 1 处。2005 年，刘浩、三厂、德胜、天补等乡镇结合省设施农业项目，建成户用沼气池 31 口。2006 年，麒麟中海牧业公司、三和天天乳业公司建成小型沼气工程 2 处。2007 年，三和羚杰牧业公司建成大型沼气发电工程，平均日发电 10 小时以上，发电机容量 100 千瓦。是年，刘浩镇天西村建成户用沼气池 100 口。2008 年，南海种猪场建成大型沼气发电工程。是年，全市有沼气池 1921 口，有效容积 5. 36 万立方米。其中，户用沼气池 697 口。

附 2. 太阳能热水器

1989 — 1990 年，全县引进“四季沐歌”等家用太阳能热水器 51 台，其吸热效果差、外表不美观，后逐渐淘汰。

1993 年，开始引进真空管式太阳能热水器。2008 年，全市太阳能热水器 3. 99 万台。

附 3. 太阳能温室

1980 — 1996 年，一些蔬菜种植户使用大棚温室，生产反季节蔬菜。1996 年，全市大棚温室栽培约 103 公顷。1997 年，推广山东等地设施栽培技术，全市大棚温室栽培面积不断增多。1999 年，全市大棚温室栽培面积 373. 4 公顷。

2000 年起，市政府将发展设施栽培生产列入乡镇考核内容，大棚温室栽培生产快速发展。至 2008 年底，全市形成 3. 33 公顷以上生产基地 100 多个，6. 66 公顷以上科技示范园 32 个，33. 33 公顷以上的生产基地 7 个，设施栽培面积 1. 12 万公顷。

第六章　自然灾害

第一节　气象灾害

一、风灾

热带气旋大风　发生在热带洋面上的强烈风暴,称热带气旋大风,又称台风。平均每年有2.37个影响海门地区,最多的年份有7个,最少为1个。影响时间从5月下旬到11月上旬。7月上旬到9月中旬相对集中,8月为台风影响最多的月份。

1949年7月,遭强台风袭击,房屋倒塌甚多。1961年10月9日,26号台风过境,吹倒房屋357间,死1人,伤3人。1962年8月上旬,遭8号强台风袭击,最大风力12级,全县吹倒房屋781间,重伤45人。1977年7月,遭4号台风袭击,长江护岸工程险情严重。同年9月上旬,受8号台风袭击,陆上风力10级,吹倒房屋1.52万间,吹坏3.17万间,死伤1158人。1979年8月中旬,遭9号、10号台风袭击,吹倒民房224间,吹坏449间。

1981年8月31日至9月2日,14号强台风过境,青龙港潮位6.14米,为历史最高纪录。东兴海堤被冲破800米,吹倒民房631间,吹坏1238间。1982年8月9－12日,11号台风过境,吹倒民房137间。1983年4月3日,县境遭受严重风灾,刮倒房屋86间,损坏4664间,死亡1人,重伤11人。1985年8月18日,遭9号台风袭击,吹倒房屋560间,死1人,伤7人,1.53万公顷棉花倒伏落铃。1986年8月27日,15号台风影响县境,刮倒房屋70间,损坏306间,轻伤1人。1987年7月28日,遭7号台风袭击,吹倒房屋1131.5间,死伤3人,江海堤防损失土方2万立方米、块石1.2万吨。

1990年8月30日,受15号台风袭击,最大风力9级,吹倒房屋228间,死亡2人,重伤3人,轻伤3人。1996年7月30日至8月2日,8号强台风过境,青龙港潮位6.31米,长江3.11公里主江堤不同程度出现险情,其中,1.9公里堤身崩坍,受损三分之一。市领导带领9200多人抗台抢险。1997年8月18－20日,受11号台风影响,陆上风力8－10级,江、海面风力9－11级,持续时间40小时,倒塌房屋650间,损坏房屋3450间,死亡3人,伤36人,农作物倒伏2.58万公顷。

2000年8月底,受12号台风(派比尔)外围影响,风力9级,吹倒房屋320间,受灾作物1.67万公顷,直接经济损失3000万元。2001年6月,受2号台风(飞燕)袭击,最大风力10级,吹倒房屋227间,严重损坏1664间,紧急转移安置4469人。2002年7月4－5日,5号台风(威马逊)影响海门,吹倒民房739间,损坏房屋1200余间。2005年8月5－7日,受9号台风(麦莎)影响,最大风力9级,受灾农作物1.76万公顷。倒塌房屋152间,伤3人,紧急转移1292人。直接经济损失9600万元。2007年9月18－19日,受第13号台风(韦帕)影响,最大风速16.8米/秒,受灾农作物1.84万公顷,倒塌房屋15间,转移3071人,直接经济损失610万元。

寒潮大风　影响海门的寒潮大风,秋季10－11月、冬季12月至次年2月、春季3月至4月均有。平均每年3次左右,最多的年份(1961－1962年,1965－1966年)有7次。1995年11月7日,平均风速14米/秒,极大风速大于17米/秒,东灶乡4条渔船沉没,失踪1人,经济损失400万元;市航运公司所属一个船队13艘船在张家港附近长江江面沉没,死亡1人,失踪1人,经济损失150万元。

江淮气旋　1995年5月19日,受江淮气旋影响,境内出现长时间8级大风。万年砖瓦厂窑顶被掀翻,东灶港渔船上摔死1人,渔网全被打坏,直接经济损失300万元。

二、水灾

宋元丰四年(1081)七月甲午夜,大风雨漂没沿江庐舍2736间,损庄稼。

元大德二年(1298),江水大溢,高四五丈,淹没庐舍,人亡无法计。大德五年七月暴风雨,江水大溢。大德七年七月二十一日大风雨海潮泛滥,溺死千余人。

明洪武二十二年(1389),海溢堤破,溺死吕四等场盐丁3万余人。正德七年(1512)七月二十一日,大风雨,海潮泛滥,溺死千余人。嘉靖元年(1522)七月二十五日,震雷,大风雨,江海暴溢,居民荡折,死者数千人。嘉靖十八年(1539)闰七月,海门各盐场海水骤溢,高2丈余,溺死2万余人。隆庆三年(1569)大水,海溢高2丈余,集镇可行舟,淹死人口无法计算。

清顺治十一年(1654)六月,飓风涌潮,死者以万计。乾隆四十六年(1781)闰六月十八日,飓风陡作,海潮泛滥,淹没庐舍、禾棉,居民溺死万余,禽畜皆亡。道光十三年(1833)十月,潮溢,暴雨兼旬,岁歉成灾。道光二十八年(1848)六月,江海潮暴溢,平地水深数尺。光绪三十一年(1905)八月初三日,夜潮骤涨,溢水丈余,海堤溃决,淹死数千人,庐舍家具席卷一空。

民国3年8月22日,江潮骤涨,灵甸港东堤岸全被江水冲塌,平地水深3-4尺,6天才退,青苗出水后,一经烈日,便枯死。9月20日夜间,又起洪潮,潮过岸顶2-3尺,水由堤上灌入圩内,居民防御乏术,圩堤冲刷殆尽。其中十圩受灾最大,水深3-6尺不等,房屋淹没十居八九,妇孺淹死者不计其数。民国4年6月27日夜,暴雨倾盆,数日不止,全县成泽国。民国10年7月17日,狂飓霪霖,连日不止,怒潮内溢,县治北十八圩全被淹没。两日后,风催月涌,雨助潮威,方圆数十里,皆被水淹没,沿岸群众溺死无数,甚有全家覆没者。大明港口有船1艘,为怒潮掀过屋顶落地摔碎。灵甸港西北4里内,漂没庐舍,淹没人口、牲畜。协安等沙浮死尸百余具。民国14年5月15日夜起,暴雨倾盆,连日滂沱。至23日,海门境内汪洋一片,舟楫横行。民国17年7月,大雨倾盆,西至张家镇,东至通源镇,平地水深尺许,乡民上市均乘舟往来。民国20年6月,伏汛,沿江堤岸均被冲坍,通东汪泽一片,陆地行舟。民国37年7月,受大雨大潮袭击,江堤缺口79处,16个乡、273个村被淹。1949年5-8月,海门连遭阴雨、台风袭击,江堤缺口117处,海堤被冲破300米,受淹农田62.4万亩,死45人。

1951年8月,受暴雨、大潮袭击,沿江岸堤缺口116处,6700公顷农田受淹。1952年8月5日至9月17日,降雨量630毫米,2.04万公顷农田被淹。1953年6月19-27日,遭狂风暴雨袭击,2000多公顷农田被淹。1954年5月中旬,连续阴雨,3387公顷农田受淹。8月17-18日,青龙港潮位5.77米,港支堤出缺15处,17个村受淹。1956年8月3日,暴雨成灾,5933.33公顷农田被淹,受灾2.03万户。1960年8月2-4日,普降暴雨,全县1.96万公顷农田受淹,倒房1355间,毁房4276间,死3人,伤7人;四杨坝倒塌,圩角闸排水下游冲深,出现险情。1962年9月5-7日,暴雨成灾,县内降雨量平均206.1毫米,3533公顷农田受淹。1963年4月27日至6月3日,38天连阴雨,过程雨量257毫米,严重影响夏收和秋熟作物的生长。1970年7月12-13日,海门北部降雨量236.1毫米,南部116.2毫米,受涝面积4.33万公顷,受淹面积6347公顷,倒塌房屋128间。1977年9月9-12日,受8号台风影响,县内平均降雨123.5毫米,2920公顷农田受涝。1985年7月底8月初,6号台风过境,平均降雨225毫米,全县1.93万公顷农田受淹。1986年7月11日、24日,两次雨涝,受涝面积1.33万公顷,0.56万公顷农田被淹。1989年8月3日,受大风暴雨袭击,江海堤防损失土方3000立方米,石方3500立方米,倒塌房屋187间。

1990年8-9月,全县连降暴雨,积水成灾,死亡2人,伤6人,倒塌民房673间,沿江地区大片农田受淹,悦来、包场等9个乡(镇)一片汪洋,平均积水0.3米,最深0.7米。江海堤防出现险段13处,长1350米,损失块石1.36万吨。1991年5月26日至6月20日,25天连阴雨,过程雨量382毫米,严重影响秋熟作物早培早发。是年5月18日至7月,县境连续遭大风暴雨袭击,全县90%以上农作物被淹,其中1.33万公顷被淹40多小时。1995年6月20-21日,遭暴雨袭击,1.33万公顷农田积水,大片农作物倒伏。1999年6月梅雨期间,累计雨日18天,累计降雨量415.7毫米,造成农业经济损失8100万元。2001年6月22-25日,全市普降特大暴雨,雨量298.1毫米,农田普遍受淹,直接经济损失3.36亿元。2004年7月3日,受大风暴雨袭击,受灾面积1.2万公顷,倒塌房屋28间,直接经济损失1.1亿元。2007年7月7－10日,出现2次暴雨,总雨量159.3毫米,农作物等受灾,倒塌房屋12间,直接经济损失7014万元。

三、旱灾

宋明道元年(1032),大旱,二年复旱。

明成化六年(1470),大旱,运河竭。崇祯六年(1633),大旱,河皆龟拆。

清康熙二年(1663),大旱,五月至七月未雨,禾苗尽枯。乾隆五十四年(1789),海门大旱。清代境内前后发生大旱31次。

民国18年,大旱持续数月,甲沟干枯,农田龟裂,禾苗枯焦,人畜吃水困难。民国22年夏,海门大旱有蝗。

1957年8月上旬至9月中旬,连续干旱。1958年5月11日至6月20日,干旱41天。1959年夏,连续45天未下雨,5.73万公顷农田受干旱影响。1961年5月下旬至7月底,2个多月未下雨。1963年6月29日至7月27日,旱情严重。1967年6－7月,通吕运河货隆站最低水位为2.13米,全县受旱面积3.11万公顷,重灾面积0.65万公顷。1971年,县境发生春旱22天至30天,伏旱33天至46天,秋旱32天至33天,严重影响夏、秋作物的生长与成熟。1978年5月中旬至6月底,初夏旱,1.87万公顷玉米、棉花受灾。7－8月发生严重伏旱,受灾面积4万公顷。1979年10月中旬至12月中旬,连续干旱,20万人投入抗旱。1986年5月下旬至6月上旬,干旱,受灾面积4.67万公顷。1988年7月,干旱,受灾面积3万公顷。1994年7月,干旱,受灾面积2.67万公顷。2005年5－6月,严重旱灾,受灾面积3.51万公顷。

四、低温冻害

寒潮　寒潮活动期为每年10月下旬到翌年4月,其中11月、12月,2月、3月是寒潮活动盛期,最多的为3月。寒潮侵袭后,常出现霜冻或冰冻,影响人们正常活动,给农业造成灾害性损失。1959－1990年,境内平均每年出现2.5次。寒潮最多的1962年、1966年,每年7次。1977年1月25－26日,24小时降温10℃,1月31日出现负9.3℃的低温,三麦受冻害严重。1998年3月中旬,出现强寒潮,造成农作物冻坏,夏粮减产。

春寒和倒春寒　境内常常在4－5月出现持续春寒或倒春寒天气,影响春播作物的播种出苗和早苗早发,推迟夏熟作物的生长过程和成熟。1959－1978年,春寒在境内平均十年一遇,倒春寒五年一遇。

1995年春,先后有3次春寒和倒春寒危害。1998年3月中旬末,出现强寒潮加降雪,造成作物冻害,夏粮减产。1999－2008年,虽有春寒出现,但影响不大。

秋季低温冷害　境内出现秋季低温,即寒露风,平均出现日期是9月27日,最早出现在1966年9月15日,最迟出现在1975年10月21日。出现越早危害越大,造成晚稻翘穗空瘪粒增多而减产,未吐絮的棉桃棉绒变黄、烂桃,产量下降。晚茬蔬菜受害。1987年出现的严重秋季低温冷害,在田作物遭受不同程度冻害,秋玉米几乎失收。90年代起,由于耕作制度的变化,适应和避过寒露冷害,未产生低温冷害造成的损失。

五、雾灾

大雾也造成灾害。1996年12月27－31日,境内连续5天大雾,海太汽渡停航,南北渡口汽车排列达2公里以上,江面上千艘渔船抛锚,境内撞车事故5起。

六、雪灾

1984年1月17日,境内普降暴雪,积雪厚度13厘米,造成客运班车停开,中、小学校停课,部分供电、通信线路断裂。

1988年3月15－16日,全县普降大雪,地面积雪厚17厘米以上,2.1万公顷农作物受灾,受损房屋2265间。

2008年1月25日夜降雪,26日大雪,27－28日暴雪,最大积雪深度23厘米。受灾农作物2.33万公顷,倒塌民房17间、企业房屋5.5万平方米,转移人口565人。直接经济损失1.2亿元。

七、强对流天气

雷暴　雷暴伤害人畜、毁坏建筑物等。1968年

5月28日,万年等地出现雷暴,重伤2人。1974年4月24日,雷击死亡1人,另造成房屋倒塌压伤22人。1983年4月28日,三阳、临江等地出现雷暴,重伤30多人,死亡1人。1987年4月24日,德胜乡雷击死亡1人。1999年8月17日,市人民医院遭雷击,供电系统和计算机网络损坏,经济损失30万元。同日,全市雷击死亡3人,另造成房屋倒塌压死1人。2007年6月23日17点17分,大港公路和沿江公路路口西侧200米处,一骑自行车人被雷击中,当场死亡。2008年8月14日16时许,常乐镇平山村11组一妇女遭雷击身亡。同日,临江镇介云村7组一农宅遭雷击,墙头裂缝2米多,无人员伤亡。

龙卷风 1953年9月3日,强龙卷风经过四甲等部分地区,吹倒吹坏房屋620多间,受灾农户273户。1958年4月8日、7月7日,秀山等8个乡遭两次龙卷风袭击,吹倒房屋219间,吹坏713间,死1人,伤4人。1960年5月27日,东兴、刘浩等公社发生龙卷风,吹倒房屋144间。1961年5月6日,县境遭龙卷风袭击,包场、刘浩等15个公社吹倒房屋1223间,吹坏2万间,伤亡59人,县内93%的农田受到不同程度损失。1962年8月8日,汤家公社鹤丰等大队发生龙卷风,吹倒房屋72间,伤1人。1965年6月30日、7月21日,县境东北部遭龙卷风袭击,吹倒房屋372间,吹坏692间,伤47人。1966年5月30日,海界河以北、通吕河以南6个公社的17个大队45个生产队受龙卷风袭击,吹倒房屋455.5间,伤43人,死亡1人。

1970年7月26－27日,万年等10个公社发生龙卷风,吹倒房屋222间,死1人,伤13人。1974年7月24－28日,东北部19个公社遭龙卷风袭击,吹倒民房264间。1981年5月10日,新建公社联宏、齐心、新生、卫东等大队发生龙卷风,吹倒房屋16.5间,重伤5人。是年8月10日,正余、新余、东兴、刘浩等公社发生龙卷风,吹倒房屋86间,6人受伤,农作物受灾严重,经济损失55万元。1983年4月28日、8月9日,临江、常乐等地分别遭龙卷风袭击,吹倒民房465间,吹坏3629间,死1人,伤25人。1989年9月16日,三阳、悦来、万年、余东、包场、正余、王浩等乡镇部分村遭龙卷风袭击,倒塌房屋1294间,受伤255人,死亡2人,经济损失200万元。1996年7月18日晚,遭龙卷风袭击,三和镇50多间民房倒塌。

飑线 1988年5月4日5时30分－6时,飑线从县境天补进入,经三和、新海、海门镇、秀山、江滨、厂洪等乡镇,最后由青龙港向崇明方向移去。飑带约2－3公里。飑线影响时,狂风大作,雷声隆隆,暴雨倾盆,死1人,重伤18人,倒塌房屋993间,吹坏房屋2369间,吹倒烟囱3838个,鸡棚、羊棚、猪棚4521间,直接经济损失2300万元。2003年7月17日,遭飑线袭击,房屋倒塌1000多间。

冰雹 1968年5月28日晚,万年、海洪、三阳等公社出现冰雹,最大的冰雹有鸡蛋大,下了约20分钟,地面积起1－1.5厘米厚的冰雹块,受灾农田1120公顷。2002年4月2日,临江镇普民、阳应等村遭特大冰雹袭击,冰雹最大的约3厘米,15分钟内地面积雹厚10厘米,大片作物被打断,受灾面积1933公顷,其中失收面积367公顷。

第二节 地质灾害

一、地震

海门属弱地震地区。地震的频率低,强度一般在3级以下,且多受邻近地区地震波的影响。民国12年(1923)10月21日20时,施仓(今启东市境内)发生3级地震。1969年7月14日6时29分,在三阳、临江境内发生3.2级地震,均无重大损失。

受外地地震影响的震例。清康熙七年(1668)六月十七日,山东莒县发生8.5级大地震,上海、崇明、海门等地房屋摇动、地面崩裂,自西北而东南,隆隆有声,窗廊皆鸣,河水腾跃。民国16年正月初二,在盐城东边黄海发生6.3级地震(北纬33°5′,东经121°0′)。正月二十二日,又发生强余震5.5级,海门有强烈震感。

1975年9月2日,南黄海冷家沙发生5.3级地震,海门有震感。1979年7月9日,溧阳发生6级地震,1982年东台弶港发生4.6级地震,海门均有震感。1984年5月21日23点38分,南黄海勿南沙发生6.2级地震,海门震感最为强烈,房屋家具有声,人们大多从睡梦中惊醒,纷纷奔向室外,但没有生命财产损失。1986年5月23日3时25分,南黄海冷家沙发生4.7级地震,1987年2月17日11时,射阳县海洋乡东南滩涂发生5.1级地震,海门均有不同程度的震感。1988 年 5 月 15 日 6 时 20 分 33.4 秒，在黄海（北纬 32°51′，东经 120°53′）发生 3.4 级地震。

1990 年 1 月 4 日 5 时 52 分 40.1 秒，在南黄海发生 3.4 级地震，2 月 10 日 1 时 57 分 27.2 秒，在常熟、太仓之间（北纬 31°41′，东经 121°0′）发生 5.1 级地震，海门均有不同程度的震感。1991 年 1 月 13 日黄海 5.3 级地震，1994 年 7 月 26 日黄海 5.3 级地震，1996 年 11 月 9 日南黄海 6.1 级地震，1997 年 7 月 28 日南黄海 5.8 级地震，海门均有震感。

二、江坍

元至正十年（1350），长江主泓北移，江岸从原大安镇一线坍至礼安乡南一线。元朝末年（1367），县境坍剩东部吕四场，西部智正都、嘉会都。至明洪武九年（1376），全县坍存土地 1.04 万公顷。嘉靖二十四年（1545），全县坍存土地 2908 公顷，县治迁金沙场南。清康熙十一年（1672），县境大半坍入江中，县治金沙场圮于江，迁永安镇，坍存土地 263 公顷。是年裁县为乡（称海门乡）归并通州。

清康熙后期至雍正年间，长江主泓南倾，北岸边又开始淤积。乾隆三十三年（1768），建海门厅。光绪二十年（1894），厅境土地 10.92 万公顷（含新涨沙地）。由于长江主泓摆动，仍时有坍塌，大兴、大安、小安等 7 沙坍于江中。之后，时坍时涨。

1949 年 5 月至 1954 年 8 月，县境坍失土地 5477.13 公顷；1954 年 9 月至 1958 年 1 月，坍田 2556 公顷。1958 年 2 月至 1959 年 4 月，坍田 469.33 公顷。1959 年 5 月至 1961 年 8 月，坍田 996.67 公顷。1961 年 9 月至 1962 年 8 月，坍田 656 公顷。1962 年 9 月至 1963 年 10 月，坍田 758.8 公顷。

1973 年，三和公社三圩大队，坍失土地 7 公顷。1974 年，江滨沙坍失土地 25.33 公顷。1977 － 1984 年，永隆沙坍失土地 101.11 公顷。

1949 － 1963 年海门县江坍情况一览

表 2 – 16

江坍地段	1949.5 － 1954.8		1954.9 － 1958.1		1958.2 － 1959.4		1959.5 － 1961.8		1961.9 － 1962.8		1962.9 － 1963.10	
	坍段长（米）	坍田（公顷）	坍段长（米）	坍田（公顷）	坍段长（米）	坍田（公顷）	坍段长（米）	坍田（公顷）	坍段长（米）	坍田（公顷）	坍段长（米）	坍田（公顷）
总　计	–	5477.13	–	2556.00	–	469.33	–	996.67	–	656	–	758.80
牛洪—灰扒	480	74.40	560	70.27	208	21.20	600	39.53	210	21.33	100	6.53
灰扒—浒通	810	153.20	1200	152.67	144	15.00	460	63.67	180	12.00	95	4.93
浒通—毕进	1000	137.07	980	158.40	136	11.20	360	31.27	140	8.33	–	–
毕进—宋季	350	54.93	–	–	–	–	–	–	–	–	–	–
新开—圩角	560	77.13	444	60.73	192	23.87	780	15.12	394	25.33	370	44.67
圩角—实心	635	81.27	1170	62.40	220	36.60	700	38.53	365	41.33	390	50.00
实心—竖积	800	69.93	1500	126.20	175	30.67	600	27.60	330	38.67	350	70.67
竖积—民生	1010	333.33	1460	100.13	165	22.40	580	20.80	290	30.67	320	80.67
民生—大脚	1550	163.47	1460	143.07	165	19.00	510	12.60	255	20.67	250	31.33
大脚—青龙	2950	518.00	–	–	–	–	–	–	–	–	–	–
青龙—长圈	3350	755.73	440	112.87	–	–	–	–	–	–	–	–
长圈—大洪	3650	614.07	800	137.60	200	12.13	540	13.80	270	15.33	200	14.67
大洪—合龙	3700	531.67	720	89.27	200	31.20	570	46.40	280	39.33	200	24.00
合龙—茅家	3370	671.33	640	145.80	190	50.53	540	120.47	270	58.00	260	46.67
茅家—界牌	2430	353.33	880	189.53	288	53.27	520	121.87	260	58.67	270	60.67

续表 2－16

江坍地段	1949.5－1954.8		1954.9－1958.1		1958.2－1959.4		1959.5－1961.8		1961.9－1962.8		1962.9－1963.10	
	坍段长（米）	坍田（公顷）	坍段长（米）	坍田（公顷）	坍段长（米）	坍田（公顷）	坍段长（米）	坍田（公顷）	坍段长（米）	坍田（公顷）	坍段长（米）	坍田（公顷）
界牌—大新	1410	177.40	1260	178.40	175	13.73	560	20.07	280	23.33	280	58.67
大新—太平	1200	279.73	950	26.93	165	27.93	540	77.07	270	44.67	300	52.67
太平—新开	980	163.20	900	176.67	220	40.93	500	77.73	250	46.67	290	45.33
新开—灵甸	840	171.40	900	226.40	220	29.13	544	124.20	270	56.67	300	60.67
灵甸—十八匡	400	94.33	1240	256.33	220	17.93	500	79.87	260	55.33	270	54.67
十八匡—悦和	200	2.20	800	142.33	192	12.60	540	66.07	270	59.67	280	52.00

第三节 蝗 灾

清咸丰六年（1856），通海大旱蝗灾，蝗自北至，作风雨声，辄蔽天日，落地积厚二三寸，户外皆满，禾食光。光绪三年（1877）五月十日，飞蝗蔽天东行。次年四月，江北蝗虫再现。光绪二十六年（1900），蝗灾。海门厅告示捕蝗。

民国 17 年（1928）7 月 15 日，沿江一带，蝗蝻弥漫旷野，自西而东，田中庄稼被食无遗。民国 22 年夏，大旱有蝗。

第三篇

人　口

海门人口在历史上有较大变动,随土地开垦和生产发展等原因而增加;受风潮影响、土体坍塌、连年战乱等原因而减少,多则90余万人,少则数千人。清康熙四十四年(1705)前后,境域坍后复涨,遂有崇明陈朝玉携妻率先到海门垦殖。此后数十年间,长江南北毗邻百姓纷纷移居县境开荒种地。20世纪二三十年代,随着淮南沿海开发,近20万海门人先后北迁苏北沿海各地垦荒。至40年代,全县人口60万人左右。新中国成立后,随着工农业生产日益增长、人民生活不断改善、全民医疗保障事业逐步发展,多数年份人口逐年增加,出现出生率高、死亡率低、自然增长率高的趋势。1956年,开始提倡计划生育。60年代中后期至70年代,计划生育工作具体措施陆续出台,控制人口盲目增长,人口自然增长率由1963年29.7‰降至1985年的2.82‰。1990年,全县年末人口102.41万人。2000年全国第五次人口普查登记统计,65周岁及以上人口9.51万人,占登记总数的9.55%,超过国际通用人口年龄类型标准2.55个百分点,标志海门进入老龄化社会,人口自然增长率呈逐步下降趋势。是年,百岁以上老人74人。2003年,全市年末人口102.33万人,当年出生人口7480人,死亡人口7724人,死亡人口超过出生人口244人,负增长0.24‰。2008年,全市年末人口100.13万人,自然增长率-1.62‰,百岁以上老人98人。

第一章 人口规模

第一节 总 量

海门人口总量在明朝前无考。明洪武九年(1376),全县9021户,41550人。嘉靖四年(1525),5897户,22834人。嘉靖三十一年(1552),2766户,12215人。万历四十二年(1614),3590户,13583人。崇祯六年(1633),3215户,12980人。清朝时变化较大。清顺治十年(1653),2256户,9836人。康熙十一年(1672),2200人。乾隆六十年(1795),359210人。咸丰三年(1853),801766人。光绪十七年(1891),949593人。民国元年(1912),75374户,620392人。民国36年,155214户,598928人。

新中国成立后,多数年份人口逐年增长。1949年,185105户,648220人。1990年,351488户,1024068人。2000年,366841户,1035655人。2008年,382377户,1001276人。

明朝至民国若干年份海门户数、人口一览

表3-1

年 份	户数(户)	人口(人)
明洪武九年(1376)	9021	41550
成化八年(1472)	6866	29242
正德七年(1512)	7061	21923
嘉靖四年(1525)	5897	22834
嘉靖十一年(1532)	2108	10322
嘉靖二十一年(1542)	1540	3788
嘉靖二十四年(1545)	1226	4959
嘉靖三十一年(1552)	2766	12215
万历二十年(1592)	3540	12215
万历四十二年(1614)	3590	13583
天启三年(1623)	3581	13518
崇祯六年(1633)	3215	12980
清顺治三年(1646)	3215	8760

续表 3－1

年　　份	户数(户)	人口(人)
顺治十年(1653)	2256	9836
康熙十一年(1672)	–	2200
乾隆三十三年(1768)	–	10483
乾隆三十五年(1770)	–	50659
乾隆三十九年(1774)	–	162827
乾隆六十年(1795)	–	359210
嘉庆六年(1801)	–	412148
嘉庆十二年(1807)	–	447930
道光元年(1821)	–	538830
道光十二年(1832)	–	684390
道光二十年(1840)	–	746628
道光二十七年(1847)	–	783340
咸丰三年(1853)	–	801766
同治八年(1869)	–	846719
光绪元年(1875)	–	865279
光绪十年(1884)	–	932157
光绪十七年(1891)	–	949593
民国元年(1912)	75374	620392
民国 8 年	73729	563453
民国 18 年	67285	630141
民国 19 年	71724	608227
民国 21 年	–	608167
民国 23 年	129373	628000
民国 24 年	130190	644186
民国 29 年	–	630000
民国 36 年	155214	598928

1949－2008 年海门市(县)人口总量一览

表 3－2

年份	总户数(户)	总人口(人)	总人口中		
			男	女	非农业人口
1949	185105	648220	304008	344212	60991
1950	188978	655999	307898	348101	57612
1951	189235	663871	311734	352137	54114
1952	189553	673908	315749	358159	52565
1953	189560	683366	322449	360917	53128
1954	189536	696140	331307	364833	53928
1955	192462	713614	341181	372433	52094
1956	197807	725638	346787	378851	53587
1957	199845	736318	351183	385135	55080
1958	198856	742721	353073	389648	57816
1959	200846	742951	360092	382859	57178
1960	202381	732421	350612	381809	58920
1961	208282	734858	352815	382043	46475
1962	211850	760637	367418	393219	41378
1963	215821	784845	380334	404511	44344
1964	216487	805336	393238	412098	42516
1965	218521	825715	402657	423058	42960
1966	219599	845634	413207	432427	42675
1967	220850	857142	419358	437784	42801
1968	223247	878299	427941	450358	45327
1969	229898	894917	437974	456943	36196
1970	235052	912181	445130	467051	35978
1971	239566	922639	450543	472096	36849
1972	242502	934032	455843	478189	38035
1973	245272	942092	460711	481381	44127
1974	247083	947965	462894	485071	44210
1975	252179	955270	467216	488054	42185
1976	255946	960061	469518	490543	43135
1977	260417	966208	473757	492451	43938
1978	265484	969790	475537	494253	45845
1979	270012	972573	478509	494064	56310
1980	278700	975572	480405	495167	57670
1981	285233	980887	483894	496993	59298
1982	291664	987233	487550	499683	69252
1983	298691	989894	489238	500656	73850
1984	305049	992743	490903	501840	168320
1985	308407	994444	492534	501910	187664
1986	315289	997023	494795	502228	202009
1987	315699	1002969	498494	504475	196874
1988	332332	1010136	502361	507775	215806

续表 3－2

年份	总户数（户）	总人口（人）	总人口中		
			男	女	非农业人口
1989	344236	1017153	506713	510440	221523
1990	351488	1024068	509497	514571	230365
1991	355338	1028053	512780	515273	242179
1992	358209	1029680	514366	515314	260607
1993	364286	1029536	513335	516201	329152
1994	359617	1030923	514257	516666	339821
1995	362312	1034292	515158	519134	346384
1996	367805	1034573	514644	519929	343024
1997	358483	1032487	511288	521199	349147
1998	362501	1037857	515295	522562	355232
1999	364230	1036933	514139	522794	355299
2000	366841	1035655	512847	522808	364535
2001	367352	1031259	510387	520872	368408
2002	372132	1027528	508390	519138	365648
2003	372225	1023283	506383	516900	380903
2004	374650	1018238	503808	514430	422761
2005	376731	1013646	501296	512350	434043
2006	378532	1010560	499718	510842	444343
2007	38033	1006475	497341	509134	460865
2008	382377	1001276	494638	506638	476808

说明：表中数据是指年末户籍人数

第二节　分布与密度

一、分布

区域　民国37年（1948）5月，海门分为6个区。据国民党县政府10月户口统计，全县人口597167人。第一区9乡、1镇、138保、1560甲，20720户、93158人。第二区10乡、1镇、130保、1549甲，21670户、97990人。第三区14乡、1镇、186保、2173甲，25754户、124004人。第四区114959人，第五区96559人，第六区70497人。

1949年，全县人口648220人，分布于9个区、3个镇。县属镇人口仅21188人。以后，随着行政区划变化，区、乡镇的人口也有增减。1985年，全县人口994444人，分布于5个区、35个乡镇、2个农场。1990年，全县人口1024068人，分布于36个乡镇场。海门镇人口最多，40678人；青龙港镇人口最少，3651人。2000年，全市人口1035655人，分布于24个乡镇场。海门镇人口最多，144157人；棉花原种场最少，2535人。2005年，全市人口1013646人，分布于23个乡镇场。海门镇人口最多，169222人；海永乡最少，4955人。2008年，全市人口1001276人，分布于20个镇乡场、2个新区（临江、滨海）、1个工业园区。海门镇人口最多，183634人；海永乡最少，5000人。

户籍　农业、非农业人口变化受政策的影响较大。1949年，全县农业人口587229人，占总人口90.59%；非农业人口60991人，占总人口9.41%。20世纪60－70年代，在国民经济调整中，部分城镇居民和知识青年下乡，出现农业人口增加、非农业人口减少的状况。1963年，全县农业人口740501人，占总人口94.35%；非农业人口44344人，占总人口5.65%。1970年，全县农业人口876203人，占总人口96.06%；非农业人口35978人，占总人口3.94%。

1978年后，落实城镇居民、知识青年和下放干部回城政策以及小城镇的发展，非农业人口比例迅速上升。1984年，全县农业人口824423人，占总人口83.04%；非农业人口168320人，占16.96%。1990年，全县农业人口793703人，占总人口77.5%；非农业人口230365人，占总人口22.5%，其中海门、三厂两镇非农业人口61162人，占全县非农业人口的26.55%。

90年代后，城镇化进程加快，大量农村人口陆续迁居城镇，农业、非农业人口发生更大变化。2000年，全市农业人口671120人，占总人口64.8%；非农业人口364535人，占35.2%。2005年，全市农业人口579603人，占总人口57.18%；非农业人口434043人，占42.82%。2008年，全市农业人口524468人，占总人口52.38%；非农业人口476808人，占47.62%。是年，全市非农业人口海门镇最多，160781人；三厂镇次之，39086人。两镇非农业人口占全市非农业人口41.92%。

二、密度

市(县)境人口密度,1949 年每平方公里 508 人,1953 年 551 人,1964 年 675 人,1982 年 801 人,1990 年 831 人,2000 年 902 人,2005 年 882 人,2008 年 872 人。

第二章　人口变动

第一节　自然变动

海门人口在历史上有大的变动,主要是随土地开垦和生产发展等而增加,受风潮影响、土体坍塌、连年战乱等而减少,多则 90 余万人,少则数千人。明洪武九年(1376),全县 9021 户,41550 人。洪武二十二年(1389),大风海溢,破堤,溺死 3 万余人。次年,又"江潮大作,死人几半"。明中叶以后,江海为患更甚。正德七年(1512),溺死千余人。嘉靖元年(1522),雷震、大风雨、海溢,死数千人。嘉靖四年(1525),全县 5897 户,22834 人。嘉靖十八年(1539),海水骤溢,高 2 丈余,溺死万余人。嘉靖三十一年(1552),2766 户,12215 人。与潮灾同时,倭寇入侵频繁。嘉靖三十五年(1556),倭寇 3000 余人进犯,杀人越货,无恶不作。隆庆三年(1569),海溢,高 2 丈余,城内可以行船,百姓淹死无数。万历十年(1582)七月,淮南北各盐场遭海啸袭击,淹死 2600 余人,接着大风拔木,海潮泛滥,漂溺庐舍人畜甚多。万历二十年(1592),全县 3540 户,12215 人。万历四十二年(1614),3590 户,13583 人。崇祯六年(1633),3215 户,12980 人。清初,潮灾更烈。顺治三年(1646),海门人口 3215 户,8760 人。康熙十一年(1672),在册人口 4246 人,除溺死逃亡外,实存 2200 余人,田地也坍剩不足 40 顷,遂裁县为乡,余民迁至永安镇(今通州市东沙、三圩头一带)。康熙三十年(1691)后,长江主泓南移,北岸沙洲逐渐涨出,绵亘百余里。康熙四十四(1705)年,崇明人陈朝玉携妻率先到海门垦殖。此后数十年间,长江南北毗邻百姓不断移居县境开荒种地。乾隆三十三年(1768),设江苏省海门直隶厅,遂有通州划入 7525 人,崇明划入 2958 人,全厅人口 10483 人。乾隆三十九年(1774)后,从崇明及江南一带到海门定居的人逐年增加。咸丰年间(1851－1861),太平天国运动兴起,江南战事频繁,众多百姓逃至海门避居。至同治八年(1869),人口骤增至 846719 人,光绪十七年(1891),海门人口 949593 人。光绪三十一年(1905)八月初三,夜潮骤涨,溢水丈余。厅境东部海堤溃决,死数千人,浮尸数步一见,数十人合埋一坑,庐舍家具席卷一空。光绪三十四年(1908),海门因连年遭灾,田禾无收,饿死者众多,有的纷纷外逃,人口锐减。

民国元年(1912),全县 75374 户,620392 人。民国 3 年 8 月 22 日夜和 9 月 20 日夜,灵甸港洪潮骤起,冲坍圩堤,桑田成泽国,房屋淹没倒塌者十有八九,妇孺淹死者不计其数。民国 8 年,全县 73729 户,563453 人。20 世纪 40 年代,因连年战乱,全县人口 60 万人左右。

新中国成立后,由于区划变动,1949 年全县人口 648220 人。此后,随着工农业生产日益增长,人民生活水平不断改善,全民医疗保障事业逐步发展,多数年份人口逐年增加,出现人口出生率高、死亡率低、自然增长率高的趋势。1949－1955 年,全县年自然增长人数,均在万人左右,1954 年,自然增长率高达 22.99‰。1956 年,开始提倡计划生育。60 年代中后期至 70 年代,计划生育工作进入具体实施阶段,节制人口盲目发展,人口自然增长率由 1963 年的 29.7‰降至 1985 年的 2.82‰。80 年代后期至90年代初,海门又一次出现人口生育高峰,1989年、1990年,自然增长率又分别上升至8.2‰、8.01‰,县加大计划生育工作力度。1995年,全市人口1034292人,自然增长率2.32‰。2000年,全市人口1035655人,自然增长率5.14‰。2002年,全市人口1027528人,自然增长率0.66‰。2003年起,全市人口负增长。是年,全市人口1023283人,自然增长率-0.24‰。2008年,全县人口1001276人,自然增长率-1.62‰。

1949-2008年若干年份
海门市(县)人口自然变动情况一览

表3-3

年份	出生人数	死亡人数	自然增长	
			人数	增长率(‰)
1949	20095	9734	10361	15.98
1955	22185	8738	13447	19.08
1960	13628	10544	3084	4.18
1965	33130	9999	23131	28.36
1970	25617	8154	17463	19.33
1975	14746	6995	7751	8.15
1980	10663	6571	4092	4.20
1985	9446	6643	2803	2.82
1990	15491	7317	8174	8.01
1995	9840	7442	2398	2.32
2000	11259	5934	5325	5.14
2005	7280	7353	-73	-0.07
2008	5771	7399	-1628	-1.62

说明:人口自然增长率按年平均人口计算

第二节 机械变动

海门先民大部分是从崇明、太仓、溧水、句容等地移入。明清时期,县境屡次塌坍、复涨,迁移频繁。

20世纪二三十年代,大批海门人沿海北移垦荒,垦民4万户,近20万人。海门移民分布于苏北沿海南通、如东、大丰、东台、射阳、阜宁等县(市),其中以大丰、射阳境内为多。民国35年(1946),海门移民至射阳县,约有1.5万户,近8万人。

1949年起,主要是上学、参军、招工、工作调动、投亲、知识青年下乡、出境等原因,户口迁进、迁出或注销。1949年,海门人口因机械变动净增38931人。1956年,迁入37644人,迁出39620人。1959年、1960年,有组织地进行支边(新疆)、支盐(盐城地区),迁出人口1.37万人。嗣后,全境年迁进、迁出人口各1万人上下。1981年,迁入16091人,迁出17333人。1990年,迁入12840人,迁出13800人。1994年,迁入12070人,迁出13775人。2000年,迁入10997人,迁出13948人。2003年,迁入5515人,迁出9161人。

2004年6月,由三峡重庆库区迁入海门的移民59户,231人,分迁到临江镇18户59人、三阳镇14户55人、悦来镇16户71人、麒麟镇11户46人,市为迁移户造新房、分承包地,使之安居乐业。2005年,全市迁入人口4832人,迁出9351人。2008年,迁入6158人,迁出8177人。

第三节 流动人口

1978年以前,海门人口流动性不大,以短期公差和走亲访友为主。改革开放后,随着社会主义市场经济体制逐步建立,大量农村剩余劳动力从土地的束缚中解放出来,走出去务工、经商等,以从事建筑业者居多,几乎遍布全国各地,走出国门的也越来越多。随着海门经济的发展,外地到海门经商、务工的人不断增多,尤其是三星叠石桥家纺业的崛起,吸引全国各地乃至世界许多国家和地区的生意人、打工者。

1986年,对流入县境的人口实行登记发证及管理。是年,全县登记流入人口6462人,其中从事工业生产6000人、经商服务173人、建筑安装50人、其他239人。发暂住证(拟住超过1个月的流动人口)1840人。1990年,登记流入县境的人口18495人,其中务工9781人、经商1355人、服务业1249人、建筑业977人、其他5133人。发暂住证5978人。1994年,加强市境内流动人口的计划生育工作,对流入的已婚育龄妇女专门登记管理。1996

年,采用函件、电话、电报或者传真等方式与流动人口户籍地派出所联系协查,加强对流动人口的治安管理。1997 年 12 月－1998 年 11 月,市境内登记流入人口 38190 人,发暂住证 15791 人。1999 年,市境内登记流入人口 33688 人,其中务工 16441 人、务农 1098 人、经商 2938 人、服务业 2352 人、其他 10859 人。发暂住证 22417 人。

2005 年,全市登记流入人口 69472 人,其中务工 38352 人、务农 4391 人、经商 7978 人、服务业 4987 人、其他 13764 人。是年,全市建成外来人口集中居住点 68 个,对外来人口试行集中居住、集中管理。建立旅馆业治安管理信息系统,加强对中小旅馆的管控,20 张床位以上旅馆安装率 100%,10 － 20 张床位旅馆安装率 80%,暂住人口信息入网 63236 人。

2008 年 3 月,加强奥运会期间安保工作,开展为期 1 个月的流动人口管控工作,新签治安责任书 3621 份。是年,登记流入人口 86415 人,录入流动人口信息 9414 条。

第三章　人口结构

第一节　年龄构成

一、结构

19 岁及以下　全国人口普查统计,1953 年海门境内 19 岁及以下占总人口 46.56%,1964 年上升到 48.83%,1982 年下降至 37.1%,1990 年占 26.26%,2000 年占 23.33%。

20 － 59 岁　1953 年,20 － 59 岁占总人口 43.76%。1964 年,由于人口的自然增长,该年龄组人口比例有所下降,占 42.46%。以后随着全县人口出生率的下降,该年龄组人口占比相应增加,1982 年占 51.36%,1990 年猛升到 60.16%,2000 年占 58.85%。

60 岁及以上　1953 年,60 岁及以上人口 65687 人,占总人口 9.68%。1964 年,该年龄组人口 69106 人,占总人口 8.71%。1982 年为 112845 人,占总人口 11.54%。1990 年为 135298 人,占总人口 13.58%。2000 年为 168159 人,占总人口 17.82%。

二、平均寿命

1949 年前,社会落后,缺医少药,加之战乱,全县人口平均寿命 40 岁上下。新中国成立后,随着社会稳定、经济发展、医疗条件改善和计划生育实施,人们的健康水平不断提高,人口寿命亦不断延长,平均寿命相应增长。1968 年,男 62.8 岁,女 68.9 岁。1975 年,男 65.8 岁,女 72 岁。1979 年,男 68.1 岁,女 74.3 岁。1984 年,男 70.8 岁,女 75.5 岁。1989 年、1990 年,海门处于生育高峰,故平均寿命下降,两年均为男 61.5 岁,女 68.5 岁。

2000 年,据全国第五次人口普查统计,全县 65 周岁及以上人口 95115 人,占总人口 9.55%,超过国际通用人口年龄类型标准 2.55 个百分点,标志海门进入老龄化社会。是年,男 72.87 岁,女 78.44 岁。2003 年,男 73.92 岁,女 80.66 岁。2005 年,男 74.18 岁,女 80.39 岁。2008 年,男 74.31 岁,女 80.66 岁。

第二节　性别构成

据人口普查统计,1953 年,全县男性 348691 人,占总人口 47.24%,女性 389448 人,占总人口 52.76%,性别为 100:89.34(以女为 100,下同)。1964 年,男性 387333 人,占总人口 48.89%,女性

404862人,占总人口51.11%,性别为100:95.67,男性比1953年上升6.33个百分点。1982年,男性483021人,占总人口49.4%,女性494728人,占总人口50.6%,性别为100:97.63,男性比1964年上升1.96个百分点。1990年,男性490808人,占总人口49.27%,女性505333人,占总人口50.73%,性别为100:97.13,男性比1982年减少0.5个百分点。

进入20世纪90年代后,人们外出务工、经商等逐渐增多。2000年,离开户籍所在乡镇的人口有176855人,其中男性121611人,占68.76%,女性55244人,占31.24%,外出人口男性比女性多66367人。是年,男性431066人,占总人口45.71%,女性511886人,占总人口54.29%,性别100:84.21,男性比1990年减少12.92个百分点。

历次人口普查海门市(县)各年龄组人口比重一览

表3-4

年龄组		1953年		1964年		1982年		1990年		2000年	
		男	女	男	女	男	女	男	女	男	女
总计(人)		348691	389448	387333	404862	483021	494728	490808	505333	431066	511886
占比(%)		47.24	52.76	48.89	51.11	49.40	50.60	49.27	50.73	45.71	54.29
其中	0-4岁	8.17	7.61	6.76	6.37	3.33	3.10	3.49	3.35	2.24	2.18
	5-9岁	6.24	5.70	7.19	6.63	3.55	3.35	2.90	2.71	3.16	3.12
	10-14岁	5.67	5.03	6.35	5.96	5.53	5.21	3.42	3.16	3.79	3.68
	15-19岁	3.82	4.32	4.94	4.63	6.52	6.51	3.67	3.56	2.48	2.68
	20-24岁	2.81	4.18	3.65	3.63	3.88	4.10	5.11	5.25	1.95	2.95
	25-29岁	2.59	3.67	3.08	3.14	5.05	4.89	4.79	5.05	2.55	3.65
	30-34岁	2.60	3.56	2.92	3.27	4.27	4.10	4.54	4.55	3.81	5.30
	35-39岁	2.42	2.97	2.53	2.94	3.34	3.00	4.63	4.49	3.91	5.30
	40-44岁	2.39	2.84	2.42	2.80	2.84	2.71	3.61	3.51	3.60	4.55
	45-49岁	2.45	2.72	1.96	2.27	2.26	2.44	2.84	2.65	4.05	4.68
	50-54岁	2.06	2.21	1.86	2.23	2.13	2.43	2.30	2.31	3.40	3.65
	55-59岁	2.06	2.23	1.72	2.04	1.85	2.07	2.18	2.35	2.79	2.71
	60-64岁	1.55	1.82	1.34	1.60	1.74	2.02	1.89	2.14	2.37	2.35
	65-69岁	1.06	1.42	1.09	1.46	1.18	1.45	1.56	1.87	2.10	2.27
	70-74岁	0.74	1.11	0.65	1.06	0.92	1.31	1.12	1.49	1.59	1.99
	75-79岁	0.39	0.76	0.30	0.63	0.61	0.97	0.69	1.10	1.08	1.54
	80-84岁	0.18	0.43	0.11	0.33	0.28	0.58	0.37	0.74	0.58	1.03
	85-89岁	0.04	0.16	0.02	0.10	0.10	0.29	0.13	0.33	0.20	0.48
	90-94岁	–	0.02	–	0.02	0.02	0.07	0.03	0.10	0.05	0.17
	95-99岁	–	–	–	–	–	–	–	0.02	0.01	0.01
	100岁及以上	–	–	–	–	–	–	–	–	–	–

说明:(1)表中数据以人口普查时确定的某个时间点所采集的数据为准,与年末数有一定区别

(2)表中“100岁及以上”人口占比不到0.01%,故未列数

第三节　民族构成

海门居民绝大多数是汉族人，随着经济、社会发展，因婚姻、经商、务工到海门定居的少数民族人口也逐渐增多。1953 年，有少数民族 2 个，共 3 人。1964 年，有少数民族 4 个，9 人。1982 年，有少数民族 7 个，43 人。1990 年，有少数民族 14 个，未识别 1 个，共 128 人。2000 年，有少数民族 29 个，未识别 1 个，共 1722 人，占第五次人口普查登记总人口 0.18%。

历次人口普查海门市（县）少数民族人口一览

表 3－5　　　　**单位：人**

少数民族	1953 年	1964 年	1982 年	1990 年	2000 年
合计	3	9	43	128	1722
回族	2	6	31	40	87
苗族	–	–	2	25	326
壮族	–	–	2	12	69
满族	–	1	4	11	22
侗族	–	1	1	11	156
瑶族	–	–	–	5	31
土家族	–	–	–	5	145
畲族	–	–	–	4	16
藏族	–	–	–	2	35
布依族	–	–	–	2	277
朝鲜族	1	–	–	2	31
白族	–	–	–	2	21
黎族	–	–	2	2	9
维吾尔族	–	–	–	–	26
蒙古族	–	1	–	–	174
彝族	–	–	–	1	54
哈尼族	–	–	–	–	6
傣族	–	–	–	–	177
傈僳族	–	–	–	–	12
拉祜族	–	–	–	–	1
水族	–	–	–	–	2
纳西族	–	–	–	–	1
景颇族	–	–	–	–	14
土族	–	–	–	–	4
羌族	–	–	–	–	6
毛南族	–	–	–	–	1
仡佬族	–	–	–	–	7
锡伯族	–	–	–	–	3
阿昌族	–	–	–	–	5
高山族	–	–	1	–	–
其他未识别	–	–	–	4	4

第四节　文化构成

1949 年前，县境人口中，具有初中及以上文化程度的人数极少，且多数为经济富裕家庭的子女。在受教育人口中，99%以上为男性。新中国成立后，全县人口文化程度逐年提高，但男性仍高于女性。

1964 年，全县小学及以上文化程度 257015 人，占当年普查人口 32.45%。其中大专及以上 1013 人，每千人拥有 1.3 人；高中（含中专）8622 人，每千人拥有 10.9 人；初中 42620 人，每千人拥有 53.8 人；小学 204760 人，每千人拥有 258.5 人；文盲或半文盲（12 岁及以上）283441 人，占当年普查人口 35.78%，每千人拥有 357.8 人。

2000 年，全市小学及以上文化程度 781563 人，占当年普查人口 82.88%，比 1964 年上升 50.43%。其中大专及以上 16466 人（男 10451、女 6015），每千人拥有 17.46 人，比 1964 年增加 16.16 人；高中（含中专）97126 人（男 50223、女 46903），每千人拥有 103 人，比 1964 年增加 92.1 人；初中 346851 人（男 165777、女 181074），每千人拥有 367.82 人，比 1964 年增加 314.02 人；小学 321120 人（男 156098、女 165022），每千人拥有 340.53 人，比 1964 年增加 82.03 人；文盲或半文盲（12 岁及以上）人口 89421 人（男 16349、女 73072），占当年普查人口 9.48%，比 1964 年下降 26.3%，每千人拥有 94.83 人，比 1964 年减少 262.97 人。

第二至第五次人口普查海门市(县)人口文化程度一览

表 3-6

文化程度	1964 年			1982 年			1990 年			2000 年		
	人数	占比(%)	每千人拥有(人)	人数	占比(%)	每千人拥有(人)	人数	占比(%)	每千人拥有(人)	人数	占比(%)	每千人拥有(人)
大专及以上	1013	0.13	1.30	2195	0.22	2.24	5641	0.57	5.66	16466	1.75	17.46
高中(包括中专)	8622	1.09	10.90	64436	6.59	65.89	78916	7.92	79.23	97126	10.30	103.00
初中	42620	5.38	53.80	247096	25.27	252.65	314321	31.55	315.58	346851	36.78	367.82
小学	204760	25.85	258.50	352461	36.05	360.39	342794	34.41	344.17	321120	34.05	340.53
文盲或半文盲	283441	35.78	357.80	218088	22.31	222.99	176217	17.69	176.92	89421	9.48	94.83

说明:学龄前儿童未作统计

第五节 婚姻构成

一、未婚人数

1982 年,全国第三次人口普查,始列婚姻内容。15 岁及以上人口未结婚人数:1982 年,男性 123143 人,占总人口 34.05%;女性 87899 人,占总人口 25.71%。1990 年,男性 96149 人,占总人口 24.43%;女性 71420 人,占总人口 17.28%。2000 年,男性 46630 人,占总人口 14.1%;女性 37210 人,占总人口 8.88%。男女未婚人数均呈渐减状态,未婚人口比例男性一直高于女性。

二、有配偶人数

15 岁及以上人口有配偶人数:1982 年,男性 222998 人,占总人口 61.66%;女性 239566 人,占总人口 62.92%。1990 年,男性 281646 人,占总人口 71.55%;女性 29744 人,占总人口 71.95%。2000 年,男性 267040 人,占总人口 80.77%;女性 335200 人,占总人口 79.99%。有配偶人数,男女均呈渐增态势,其比例较为接近。

三、丧偶状况

15 岁及以上人口中丧偶人数:1982 年,男性 13683 人,占总人口 3.78%;女性 42758 人,占总人口 11.2%。1990 年,男性 14000 人,占总人口 3.56%;女性 43887 人,占总人口 10.6%。2000 年,男性 14310 人,占总人口 4.33%;女性 45210 人,占总人口 10.79%。在婚姻状态中,男女丧偶人数比例为 1:3左右,一直处于稳定态势。

四、离婚人数

已婚人口中离婚人数:1982 年,男性 1823 人,女性 519 人。1990 年,男性 1838 人,女性 672 人。2000 年,男性 2640 人,女性 1430 人。在离婚人群中男性多于女性,从动态变化来看,特别是 1990 年以后,男女离婚人数都在大幅度增加。

第六节 家庭构成

明洪武九年(1376),全县 9021 户,平均每户 4.6 人。清顺治三年(1646),全县 3215 户,平均每户 2.72 人。民国元年(1912),全县 75374 户,平均每户 8.23 人。民国 24 年,全县 130190 户,平均每户 4.94 人。

1949 年,全县 185105 户,户均 3.5 人。其中,农业户 169214 户、户均 3.47 人,非农业户 15891 户、户均 3.83 人;县属镇户 4526 户,户均 4.68 人。1953 年,全县 189560 户,户均 3.61 人。其中,农业户 177477 户、户均 3.55 人,非农业户 12083 户、户均 4.4 人;县属镇户 4916 户、户均 5.03 人,农村户 184644 户、户均 3.57 人。1964 年,全县 216487 户,

户均3.72人。其中,农业户209815户、户均3.64人,非农业户6672户、户均6.37人;县属镇户5516户、户均3.79人,农村户210971户、户均3.68人。

20世纪70年代起,大家庭的模式开始分化,子女成婚后另立户口,户均人数缩小。1982年,全县291664户,户均3.38人。其中,农业户269833户、户均3.4人,非农业户21831户、户均3.17人;县属镇户10703户、户均3.21人,农村户280961户、户均3.38人。

1990年,全县351488户,户均2.91人。其中,一代户占26.16%,二代户占67.59%,三代户占6.08%,四代户占0.17%。2000年,全市366841户,户均2.82人。其中,一代户占37.83%,二代户占49.2%,三代户占12.3%,四代户占0.67%。二代户占绝对比重,但与1990年相比呈下降之势,其他均呈上升之势。2008年,全市382377户,户均2.62人。

第七节　姓氏构成

海门人姓氏大多承父姓,少数随母姓,也有认亲随姓。进入20世纪80年代,出现以谐音为姓现象。如吴改为湖。

1990年7月,第四次人口普查统计,有姓氏353个。其中,万人以上姓氏26个,5000－10000人姓氏20个,1000－5000人姓氏40个,100－1000人姓氏63个,100人以下姓氏204个。

2008年,有姓氏573个。其中,万人以上姓氏26个,5000－10000人姓氏19个,1000－5000人姓氏41个,100－1000人姓氏67个,100人以下姓氏420个。

2008年海门市百人以上姓氏一览

表3－7

姓氏	人数	姓氏	人数	姓氏	人数	姓氏	人数	姓氏	人数	姓氏	人数
张	80298	俞	13932	冯	5967	董	2609	苏	1418	凌	614
陈	62464	赵	13476	丁	5701	杜	2545	瞿	1379	卫	603
黄	58143	刘	11926	成	5454	葛	2478	于	1377	费	601
陆	56188	季	11242	戴	5436	卞	2477	岑	1271	郑	586
施	46864	钱	10928	仇	5213	石	2447	肖	1186	单	572
王	40460	龚	10661	姚	4991	金	2405	程	1005	田	561
沈	32180	范	9238	蒋	4445	包	2404	柏	931	浦	523
顾	30029	汤	9168	盛	4301	林	2375	奚	880	邹	473
朱	29991	郁	9142	潘	4218	谢	2329	史	879	罗	453
徐	28416	宋	9038	薛	4132	殷	2261	洪	840	梅	449
李	26808	许	8330	马	3976	方	1962	钮	786	项	449
姜	24752	茅	7286	胡	3758	翟	1919	任	782	鲁	441
周	22716	高	7100	毛	3729	尹	1843	耿	780	从	397
杨	22160	崔	6988	郭	3530	庄	1749	韩	746	屈	354
江	22084	樊	6366	邱	3519	彭	1748	印	727	曾	352
蔡	20614	唐	6350	严	3257	叶	1653	夏	700	熊	339
吴	19691	梁	6261	陶	3121	东	1640	祁	686	卢	335
袁	17086	何	6224	邢	2695	万	1621	花	668	滕	318
倪	15107	秦	6201	邵	2691	管	1619	侯	643	魏	313
曹	14140	孙	6058	沙	2626	虞	1475	仲	633	庞	303

续表 3－7

姓氏	人数	姓氏	人数	姓氏	人数	姓氏	人数	姓氏	人数	姓氏	人数
景	289	祝	220	殳	168	钟	149	贾	134	舒	106
余	274	缪	209	杭	163	查	144	傅	131	卜	101
汪	258	咎	200	闻	161	解	141	芦	126	刁	101
孟	252	邓	198	喻	161	谭	141	纪	122		
濮	230	吕	182	阙	153	童	139	裴	117		
席	222	易	175	吉	149	章	135	闵	109		

2008年，百人以下姓氏有：韦、应、郜、楚、粟、庙、南、大哑子、力、仙、宣、镇、欧、惠、线、沐、怕、丹、利、响、甘、敖、蒲、尚、鄢、排、泮、但、励、孝、白、鲍、曲、郗、阎、儒、澎、邸、良、晓、丛、鄄、腾、贝、阳、侍、普、冬、疗、星、柳、支、代、崇、卓、释、漆、栋、逯、雄、武、康、凡、弗、边、双、亓、堵、迈、秀、时、常、居、蒙、谌、尉、潜、多、闷、须、颜、刀、乌、党、习、卿、俄、敏、玄、廖、政、赖、杏、古、先、渠、鄂、母、荀、於、游、娄、幸、官、鲜、慎、佴、牧、扬、芮、卑、戎、晏、桂、萧、生、放、铙、野、庄、储、覃、诸、皇甫、刑、斯、斐、年、耀、巫、丰、邢、狄、昝、伊、忻、奉、纽、业、向、桑、靳、霍、克、苑、修、盖、攀、夷、褚、文、阚、计、朗、太、旋、弓、平、宜、华、岳、苗、隽、木、郏、雪、勾、其、奕、端木、端、羌、楼、朴、颛孙、炎、苟、琦、益、尤、黎、房、弁、强、阿尔、尧、观、硗、阴、段、龙、栾、甫、寿、艾、衣、过、谯、盈、保、戚、阮、贡、索、佰、裔、闭、丘、雍、干、兰、闫、嵇、檀、伯、银、恒、求、勇、晃、蓝、言、鞠、邬、薄、湛、呼、仁、悠、付、申、安、欧阳、辛、晨、征、扈、容、由、孔、宗、焦、皮、羊、承、智、环、上官、犹、詹、左、屠、裘、诸葛、寸、阿火、桓、稍、盂、乔、骆、贲、商、壮、淡、百、汲、圣、鱼、贺、伍、竺、徒、步、都、板、彐、莳、瑜、匡、冷、窦、喜、昌、洑、邦、记、书、宇、穆、祖、历、胥、车、巩、才、蹇、堂、禹、关、海、冉、占、池、和、采、介、汆、吁、谈、乐、冀、苗、达、衡、仓、戒、团、負、翁、冒、简、班、符、宦、藏、荆、拓、远、毕、莫、柯、宫、戈、姬、茶、晶、宛、战、茆、牛、思、湖、哏、郏、钞、敬、旺、召、郝、温、尚、会、辜、寇、巢、矍、巍、中、路、密、谷、米、冠、况、朝、君、伟、种、明、柴、连、宁、晋、郦、迟、亢、位、竹、糜、封、饶、全、蒯、蔺、初、邝、西村、禚、雷、佘、司、权、栗、流、传、来、西、子、藏、郜、涂、荣、练、仑、棰、劳、溪、訾、聂、齐、元、東、麻、妙、慈、理、郗、综。

第四章　劳动人口

第一节　构　　成

据人口普查统计，1953年，全县20－59周岁的主要劳动年龄人口323009人，占总人口43.76%，其中男性143051人、女性179958人，女性多于男性36907人。1964年，劳动年龄人口336365人，占总人口42.46%，其中男性159548人、女性176817人，女性多于男性17269人。

1970年起，随着计划生育工作开展，劳动年龄人口占比呈明显增长之势。1982年,劳动年龄人口502171人,占总人口51.36%,其中男性250499人、女性251672人,女性多于男性1173人。1990年,劳动年龄人口为599278人,占总人口60.16%,其中男性298842人、女性300436人,女性多于男性1594人。2000年,劳动年龄人口554927人,占总人口58.85%,其中男性245733人、女性309194人,女性多于男性63461人。

第二节　在业状况

海门滨江临海,人们长期以农林牧渔为主业。1949年,全县劳动力29.65万人。其中,从事农林牧渔业24.16万人,占81.48%;从事其他行业5.49万人,占18.52%。

20世纪六七十年代,工业、建筑业、交通运输业等逐步发展。1972年,劳动力49.57万人。其中,从事农林牧渔业47.86万人,占96.55%;从事其他行业1.71万人,占3.45%。1979年,劳动力52.96万人。其中,从事农林牧渔业45.07万人,占85.1%;从事工业4.69万人,占8.86%;从事其他行业3.2万人,占6.04%。

进入80年代以后,随着改革开放逐步深入,鼓励、支持发展非农经济,从业人员也随之发生变化,从事农林牧渔业人口逐渐减少,从事工业、建筑业、服务业人口不断增加。1982年,劳动力65.75万人。其中,从事农林牧渔业46.63万人,占70.92%;从事工业11.59万人,占17.63%;从事建筑业3.69万人,占5.61%;从事服务业1.15万人,占1.74%;从事其他行业2.69万人,占4.1%。1990年,劳动力71.3万人。其中,从事农林牧渔业48.51万人,占68.04%;从事工业13.6万人,占19.07%;从事建筑业3.96万人,占5.55%;从事服务业1.82万人,占2.55%;从事其他行业3.41万人,占4.79%。

2000年,劳动力61.43万人。从事农林牧渔业36.62万人,占59.62%;从事工业12.19万人,占19.85%;从事建筑业4.29万人,占6.99%;从事服务业3.33万人,占5.41%;从事其他行业5万人,占8.13%。

2005年,劳动力53.72万人。其中,从事农林牧渔业20.66万人,占38.46%;从事工业9.29万人,占17.29%;从事建筑业10.81万人,占20.12%;从事服务业5.6万人,占10.42%;从事其他行业7.36万人,占13.71%。

2008年,劳动力63.19万人。其中,从事农林牧渔业14.24万人,占22.53%;从事工业16.72万人,占26.46%;从事建筑业11.29万人,占17.87%;从事服务业20.94万人,占33.14%。

第三至第五次人口普查海门市(县)劳动人口在业状况一览

表3-8　　单位:人

行业类别	1982年		1990年		2000年	
	就业人数	占比(%)	就业人数	占比(%)	就业人数	占比(%)
总计	657515	-	713032	-	614280	-
农林牧渔水利业	466277	70.92	485052	68.04	366220	59.62
工业	115885	17.63	136038	19.07	121970	19.85
地质普查和勘探业	29	-	31	-	230	0.04
建筑业	36860	5.61	39599	5.55	42920	6.99
交通通讯运输邮电	7187	1.09	10573	1.48	10820	1.76
商业饮食供销	11452	1.74	18197	2.55	33260	5.41
房地产管理、公用事业及居民服务咨询业	1482	0.23	3631	0.51	10670	1.74
卫生、体育、社会福利	2265	0.34	3124	0.44	5210	0.85

续表 3－8

行业类别	1982 年		1990 年		2000 年	
	就业人数	占比(%)	就业人数	占比(%)	就业人数	占比(%)
教育文化广电业	11003	1.67	9482	1.33	10910	1.78
科学研究、综合技术业	45	–	140	0.02	230	0.04
金融保险业	846	0.13	1336	0.19	1910	0.31
国家党政机关、社会团体	3920	0.60	5825	0.82	9050	1.47
其他	264	0.04	4	–	880	0.14

第五章　人口控制

第一节　宣传教育

1950 年,《中华人民共和国婚姻法》颁布实施,全县开展大规模的宣传教育活动,积极倡导婚姻自由、一夫一妻、男女平等的婚姻制度,破除男尊女卑、重男轻女等封建思想。

20 世纪 50 年代,人口发展较快,呈逐年增长趋势。过快的人口增长引起党和政府关注,开始提出节制生育。1956 年,重点在城镇开展计划生育工作。开设避孕指导门诊,介绍避孕节育知识,宣传节制生育。1958 年 4 月,县卫生部门制定节制生育计划草案,成立县节制生育委员会办公室,负责节育工作的组织、宣传活动,区、社均建立节育机构。

1962 年开始,海门进入第二次生育高峰。为控制人口过快增长,1963 年全县提倡计划生育,全面开展计划生育宣传教育。各医药、商业、供销部门做好避孕药品、用具的供应,医疗单位加强避孕节育的技术指导。是年,先后召开各种类型座谈会 586 次,受教育 2.43 万人次;举办各种讲座 1318 次,听众 2.48 万人次;广播宣传讲话 6 次;印发宣传资料 400 多份;巡回展出避孕知识图片,观众 2.76 万人次。

1972 年,编写晚婚晚育专题报告,在县、公社、大队干部会议上宣传。通过广播、文艺宣传队等形式,进队入户宣传,把宣传资料送到广大育龄妇女手中,使"一个不少、两个正好、三个多了"的生育新观念,家喻户晓,人人皆知。1979 年,广泛深入宣传国务院关于计划生育的文件精神。各公社、镇召开三级干部会议,办专题广播节目。三星、新建等公社还组织宣传小分队深入队、户,并进驻重点大队,做好一人一事思想工作。余东公社以片为单位,由妇女主任、赤脚医生组成小分队,对该年度婚育对象逐个调查,并由各大队党、团书记负责措施落实工作;联合、新生两个大队原拟生第二胎的人,有三分之一自觉推迟生育。树勋公社旭光大队生产队干部全部落实节育措施。厂洪公社在厂东大队搞点,选择 8 个先进典型,向社、队干部现身说法;利用墙头标语、图片、讲座等形式,广泛持久地对"一对夫妇只生一个孩子"进行宣传,使之深入人心。

1980 年,《中共中央关于控制我国人口增长问题致全体共产党员、共青团员的公开信》(公开信)发表,县据此开展计划生育宣传月活动。通过街头宣传、印发小册子、广播等形式,号召广大党员、团员带头学习、宣传并模范执行计划生育基本国策,为群众做出榜样。1983 年元旦春节期间,开展计划生育宣传月活动。全县广播宣传 613 次,文艺演出 754 场次,电影放映 250 场次,幻灯放映 380 场次,图片展览 501 期。1985 年,开展纪念公开信发表五周年活动,县领导向全县人民发表广播讲话,各乡分别召开广播大会、党团员座谈会,重温公开信内容。

80 年代末至 90 年代初,为海门第三次人口生育高峰,县加大计划生育工作力度。1992 年,各乡镇场配备计划生育专职干部,层层签订人口目标责任状,把计划生育工作列为各级党委、政府和领导干部政绩考核的重要内容。1994 年,从群众对"生少、生好"强烈的求知愿望出发,向广大群众宣传优生、优育、优教和避孕节育、妇幼保健等生命科学知识。江滨、正余等乡办好人口学校,开办青春期、孕育期、常规避孕等知识教育培训班。同时,全市聘请 15 名新闻工作者作为宣传计划生育的特约记者,全年共撰稿 101 篇。1997 年,创办计划生育工作简讯,每月一期,发至村和机关各部门。同时,县电视台开辟计划生育栏目。在科普宣传周中印发《计划生育科学在我身边》宣传品,以通俗易懂的内容向广大群众宣传。海门山歌剧团排演《传孙楼》文艺节目,到各乡镇巡回演出 61 场,有 7.8 万人次观看。

1998 年,开展"婚育新风进万家"系列活动,通过知识竞赛、文艺巡回演出等,广泛宣传晚婚晚育、少生优生等科学、文明、进步的婚育观。1999 年 10 月,在世界 60 亿人口日期间,开展计划生育宣传周活动。市领导作广播电视讲话;电台、电视台、报社作专题报道;在海门镇中心街头设立宣传鼓动站,回答群众咨询,发放宣传资料;各地出动宣传车 18 辆走街串村,深入田间地头广泛宣传;拉横幅 120 条,张贴宣传标语 3619 条,制作固定标语牌 1200 余块,图片板报(15 种)51 次,发放各种宣传资料 9.8 万余份。2002 年春节前后,采用电视、广播、会议等形式,在全市范围内开展学习、宣传、贯彻《中华人民共和国人口与计划生育法》宣传月活动。市、镇乡两级共举办乡镇、村干部参加的培训班 95 期,参训近 5000 人次,帮助基层干部和计划生育干部增强法制意识,提高执法水平;印发单行本、宣传资料 5 万余份,张贴到乡镇、村、社区,传播到广大育龄群众。

2003 年,宣传"关爱女孩行动",通过慰问计划生育女儿户、"春蕾行动"(帮助辍学女孩重回校园)、为计划生育女儿户提供就业岗位、打击"两非"(非医学需要的胎儿性别鉴定、非医学需要选择性别的人工终止妊娠)等活动,保护妇女儿童合法权益,消除性别歧视,倡导男女平等,从根本上解决出生婴儿男性性别比升高的问题。是年,有 80 多位热心人士自愿担当"社会妈妈",资助百余位女童继续学业。2004 年,建成以人口学校为主体,党校、干校、团校积极参与,电台、报纸广泛合作的宣传教育网络。同时,积极参与农村大文化建设,将"婚育新风进万家"活动与科技、文化、卫生三下乡融为一体。

2006 年,着力建设新型生育文化,在全市开展争创新型生育文化先进镇活动。2007 年,全市 60% 的乡镇建有生育文化一条街。2008 年,在村"农家书屋"开辟婚育文化专栏,全市所有村建成生育文化图书角。同时,建立生育文化中心户,使广大育龄群众在家门口能接受到科学、文明、进步的婚育文化。

图 3-1　货隆镇人口计生宣传专栏　(2008 年摄)

第二节　计划生育

1963 年,确定县城茅家镇作为节育工作试点地区,以机关、工厂、学校、企事业单位为节育工作重点。1964 年,县卫生部门开展计划生育业务骨干培训,举办放置节育环技术操作的短期训练班,县、区、社医院助产人员 39 人参加。1965 年 3 月,每区抽调妇幼保健人员4－5人，到常乐公社参加试点单位工作45天，通过现场实际操作，掌握技术知识，总结经验教训，而后全面推广。10月，抽调12名外科医师和助产士参加南通举办的训练班，提高计划生育手术质量。同月，抽调县人民医院、区卫生所和区、社医院助产人员14人，分成两组到悦来、四甲地区开展巡回手术，实施计划生育手术2122人，戴子宫帽22人。

1972年，贯彻晚（晚婚）、稀（延长生育间隔期）、少（少生）的生育原则，提倡一对夫妇最好只生一个孩子、最多两个，生育间隔3年以上。对已有两个孩子和不到间隔期的一孩夫妇，落实避孕措施，免费提供避孕药具。对多子女育龄夫妇和无计划怀孕妇女，采取绝育手术和终止妊娠的补救措施。凡施行节育手术的，按规定给予休假时间，并凭医院证明，休假期工资照发、工分照记，其住院、医药、手术费等均由国家或集体负担。1977年，县计划生育率78.02%，出生13352人，独生子女率75.31%。1979年6月30日起，大力提倡"一对夫妇只生一个孩子"，并对一孩夫妇实行鼓励政策，发给独生子女光荣证。凡领证的独生子女从领证之日起，每年发给独生子女保健费40元，发至14周岁；城镇住房和农村自留地等分配优先照顾独生子女户。是年年底，已婚育龄夫妇避孕措施落实率89.1%，27969对夫妇领取独生子女光荣证，领证率占一孩夫妇91%。同年，县人民医院妇产科探索"利帆诺"引产技术，并获得成功，此经验被选送全国计划生育技术经验交流会。

1984年，县计划生育宣传指导站加强技术培训，推行以男子黏堵法为主的绝育手术。是年，计划生育率99.79%。1986年3月，海门镇、三厂镇、海门手帕厂、海门人民医院妇产科被国家计划生育委员会授予计划生育先进集体称号。1989年5月，组织315个突击工作组，有重点地落实节育措施。全县669名计划外怀孕妇女落实终止妊娠补救措施，1294名已婚育龄妇女落实避孕措施。

1990年，推广期内上环，即在生育后90天内上环，并试行推广皮下埋植法避孕。是年，全县节育率90%。1993年，完成宫内节育器的更新换代工作，停止使用脱落率高的"O"形环，扩大新一代节育器宫型、T型和荷兰环的使用面，"产后42天上环"开始普及。由于节育技术的不断改进，有效地控制计划外生育。1999年一胎率89.64%，计划生育率99.19%，全年出生人数从90年代初的13832人降至6209人。

2000年，推出吉妮宫内节育器、母体乐、三相片等系列新节育措施。2001年，开展计划生育集中服务活动，组织计划生育技术人员为育龄妇女开展B超服务近5万人次，妇女病查治近2万人，落实补救措施97例。2002年，贯彻省计划生育条例，坚持以人为本，倡导公民以避孕为主实行计划生育，享有对避孕方法的知情权、选择权。2006年，免费服务经费全面落实，全市计划生育系统服务机构各种计划生育手术10578例，比2005年增长321.94%，占全市计划生育手术总量的52%。全年计划生育率99.83%，期内综合避孕率99.85%。2008年，全面推进妇女健康促进工程，全市计划生育系统实行计划生育手术7426例，避孕节育知情率98%以上，随访服务16.52万人，占应随访人数99%以上。是年，海门市被国家人口计生委评为全国计划生育优质服务先进单位。

第三节　晚婚晚育

旧时，群众长期早婚早育，男性十七八岁、女性十五六岁即进入婚龄，"十八岁的爸爸十六岁的娘，四十岁的爷爷孙满堂"现象习以为常。

1950年颁布的《中华人民共和国婚姻法》规定最低法定婚龄：男满20周岁，女满18周岁。经过广泛宣传教育，早婚早育现象逐步减少。

20世纪70年代初，提倡晚婚晚育。1974年，全县初婚人数5448人，其中晚婚4416人，晚婚率81.1%。1979年，县印发《关于计划生育若干问题的规定》，明确晚婚年龄：农村男25周岁，女23周岁；市镇男26周岁，女24周岁。并把实行晚婚晚育作为入党、入团、招工、转正、调资、提干等考核条件之一。是年，初婚8587人，其中晚婚8221人，晚婚率95.7%。

1980年，新修订的《中华人民共和国婚姻法》颁布，县贯彻"男不得早于22周岁，女不得早于20周岁"婚龄规定。是年，初婚9463人，其中晚婚9214人，晚婚率97.4%。1982年9月，县规定按法定婚龄推迟3年以上结婚为晚婚，妇女24周岁以后生育为晚育。双方均系晚婚者，可增加婚假7天。新婚住房分配优先照顾晚婚夫妇。妇女晚育，并在产假期间领取独生子女证者，可增加产假1个月；增加的婚假、产假期间，工资照发，不影响全勤评奖。农村晚婚假给予记7天工分，产假记30天工分。是年，初婚9368人，其中晚婚9205人，晚婚率98.3%。1988年，制定实施《海门县计划生育工作实施细则》，继续强调晚婚、晚育，重申晚婚晚育奖励办法。是年，初婚10605人，其中晚婚9201人，晚婚率86.8%。

1990年，全县初婚11296人，其中晚婚9656人，晚婚率85.5%。90年代，沿用既定的晚婚晚育政策，晚婚率一直维持在80%以上。

2002年12月后，执行《江苏省人口与计划生育条例》。对晚婚者，延长婚假10天。夫妻双方晚婚的，双方享受；一方晚婚的，一方享受。对晚育者，延长女方产假30天，给予男方护理假10天。婚假和产假视为出勤，不影响工资、奖金及福利待遇。农村居民及城镇无业人员晚婚晚育的，由户籍所在地人民政府给予表扬和奖励。2008年，女性初婚3774人，其中晚婚2448人，晚婚率64.9%。

第四节　优生优育

一、婚前保健

新中国建立后，严格禁止近亲结婚和影响后代的遗传性疾病患者之间婚配。20世纪50年代初，实行男女青年婚前健康检查制度，仅局限于县城。在农村，不经婚检而结婚的现象较为普遍。六七十年代，婚前健康检查率较低。80年代，全面开展婚前检查工作，但婚检项目不够规范，近似一般的健康检查。1986年强制婚检，出生人口素质明显提高。

1995年，贯彻《中华人民共和国母婴保健法》，逐步规范母婴保健工作，由市妇幼保健站承担婚前保健工作，对准备结婚的男女双方进行婚前体检，重点检查可能患影响结婚和生育的疾病，进行关于性卫生知识、生育知识和遗传病知识的教育，禁止近亲结婚，并开展婚前卫生咨询活动。对婚检中检出乙肝传染病者，劝其暂缓结婚；对检出梅毒等传染病者，要求患者治愈后再结婚；对诊断患医学上认为不宜生育的严重遗传性疾病者，提出科学的指导意见。1996年6月，市卫生部门下发《关于加强婚前检查工作的意见》，要求各乡镇场从10月1日起（海门镇从7月1日起），凡申请结婚的男女双方，均须到医疗保健机构接受婚前医学检查，在领取医疗保健机构发给的婚前体检证明后，方可到乡镇场人民政府办理结婚登记手续。1999年5月，全市婚前保健和婚姻登记集中办理。至年底，共婚检2759对，有疾病和异常情况的1375人，占24.92%，影响婚育的201人，占3.64%。

2003年，国务院颁布的新婚姻登记条例取消强制婚检以后，婚检率有所下降。2008年，婚检率48.29%。

二、孕产妇与婴幼儿保健

1952年9月，各区、乡建立接生站，实行新法接生，旧法接生逐渐淘汰。1956年，各地建立妇幼保健队伍，普及科学接生技术，同时培养新型接生员。70年代初，县、区、公社三级妇幼保健网基本形成，产妇住院分娩率逐步上升。至80年代中期，在家分娩的旧法接生基本绝迹。

1984年，全县有计划、有步骤地开展计划免疫接种工作，严格实施儿童计划免疫，保障少生、优生、优育，巩固一胎率。1986年，县组织科学育儿教育，开办家长学校217所，参学3.41万人，培训教学骨干124期6014人次。县建立科学育儿知识理论研究组，不定期地开展科学育儿咨询活动49次，受教育1.56万人次。80年代后期，孕妇产前检查基本普及。1990年，孕妇产前受检查者占应检查者91.9%。

2000年开始，为降低出生人口缺陷，启动出生缺陷干预三级体系，即分别在孕前、孕期、产后三个时期进行检查，及时发现缺陷儿。2004年，接受孕期保健和遗传优生咨询2.01万人次，与出生人数之比为4.2∶1；服用小剂量叶酸、福施福等营养素的孕早期妇女3350人，服用率67.7%。2005年，开展产前诊断、出生筛查以及优生检测。是年，开展孕前TORCH检测和外周血染色体核形分析326人次；开展优生检测2401例，其中阳性56例。对检出呈阳性的对象逐一建立档案，并跟踪随访。

2008年，市划计育生宣传指导站、三厂镇计划生育中心服务站成为“孕前保健国际项目”试点单位，从科普教育、全面筛查、专业保健等方面着手，为准备怀孕的夫妇提供系统、准确的保健指导服务。同时为具有不同风险的育龄妇女制定孕前—围孕保健计划，让他们了解孕期不同阶段影响怀孕和胎儿发育的因素，树立从产前—围产保健向孕前—围孕保健方向转变的优生观念，从而提高出生人口素质、降低出生缺陷风险、改善孕妇生殖健康水平，全市的新生儿出生缺陷率显著降低，发生率5.06‰左右，出生人口素质得到较大提高。

第四篇

环境保护

海门经济以农业为主时期，人们生产、生活所排放的污染物被环境自然净化，环境质量良好。伴随着人口增加和经济社会发展，环境污染渐趋严重。

20世纪70年代，以水污染为主的环境污染影响着人们的生产、工作和生活，人民群众普遍要求解决环境污染问题。1980年10月，县在计划委员会内设立环境保护办公室。1981年9月，设县环境保护局，环境保护成为政府常态工作。80年代，利用各种会议，通过赠阅环境保护报刊等多种形式，向社会各界广泛宣传环境保护的意义，普及环境科学知识，以提高人们环境意识、环境保护管理人员业务水平。同时，重点贯彻“三同时”“限期治理”“排污收费”等制度。

1990年开始，实行县长环保责任制。加强队伍规范化建设，开启点源治理与区域环境整治相结合，整治三厂东南片沟河、海门镇七案竖河等3条河流污染和启动城区污水排江工程。在此期间，省推广海门向个体私营企业依法开征排污费的做法；位于三和乡江圩村的全省首个农村环保试验基地建设和国强乡龙游村的环境综合整治扎实推进，被联合国教科文组织关注。

1996年11月，市作出《关于进一步加强环境保护工作的决定》，印发《海门市绿色工程计划》，融环境保护于大规模旧城改造、创建全国和国家卫生城市活动中，着重推进“引清挤污、科学排江”“无动力地埋式生活污水净化装置”“日处理1万吨的生活污水处理厂”等城市生活污水整治。2000年，海门城市生活污水处理率50.06%。

2001年起，创建国家环保模范城市，组织实施环境建设、综合整治、生态示范、环境管理、宣传教育等创模工程。扎实完成86项环保任务。2002年11月，海门获国家环境保护模范城市称号。2003年，着力开展创建全国生态示范区活动，并把创建重点向农村延伸，组织实施生态农业、生态工业、生态旅游、生态文化、生态基层、城乡绿化美化、生物多样性及江海岸带生态环境保护、环境质量控制等工作，达到全国生态示范区（市）创建的26项指标一类区域考核标准。是年10月，通过国家级考核验收。2004年，组织开展“绿色基层”创建活动。2006年，提出创建生态市目标。2008年，全市涌现一批环境优美乡镇、生态村、“绿色学校”“绿色医院”“绿色社区”和“绿色家庭”，通过清洁生产审计，取得ISO 14000绿色通行证的企业逐渐增多，“两横一纵”污水处理工程即将竣工投运，污染减排工作初见成效，生态市创建工作稳步推进。

第一章　环境监测

第一节　大气环境监测

一、大气环境

1983年4月，县环境保护局设立环境监测站。1985年，建成环境监测办公、实验楼，添置环境监测设备。1986年起，在海门镇师山新村、县粮食局、厂洪乡渔场设监测点位，分别作为居民区、混合区和城区外清洁区点，于每年的1月、4月、7月、10月中的连续5日，每日7－8点、10－11点、13－14点、18－19点，对大气环境中的二氧化硫、氮氧化物、总悬浮颗粒物指标进行监测，监测分析方法分别为盐酸副玫瑰苯胺分光光度法、盐酸萘乙二胺分光光度法和重量法。是年,城区大气环境中污染物浓度年日平均值为二氧化硫0.018毫克/立方米、氮氧化物0.020毫克/立方米,达国家大气环境质量一级标准;总悬浮颗粒物0.16毫克/立方米,达二级标准。1988－1990年,总悬浮颗粒物分别为0.30毫克/立方米、0.27毫克/立方米、0.25毫克/立方米,超过国家二级标准,污染负荷占55.55%;二氧化硫和氮氧化物处于一级与二级标准之间。

1991年起,城区大气环境质量有所好转,污染物年日平均浓度略有下降。1995年,海门旧城改造,污染物浓度有小幅上升。总悬浮颗粒物0.26毫克/立方米,超过二级标准;二氧化硫浓度年日平均值0.009毫克/立方米,达一级标准;氮氧化物浓度为0.024毫克/立方米,达二级标准。1996年起,大气环境中二氧化硫和氮氧化物浓度缓慢上升,总悬浮颗粒物浓度逐步下降。2000年年末,城区大气环境中污染物浓度年日平均值为二氧化硫0.018毫克/立方米、氮氧化物0.028毫克/立方米、总悬浮颗粒物0.10毫克/立方米。总悬浮颗粒物污染负荷占44.35%。

2001年,撤销原有大气环境监测点位,建立环境空气自动监测站,24小时连续自动监测,监测项目调整为二氧化硫、二氧化氮、可吸入颗粒物,监测分析方法分别为紫外荧光法、化学发光法和β射线法,同时测定气压、气温、风向、风速、相对湿度等气象参数。是年6月5日起,通过《海门日报》和海门电视台向全市发布环境空气质量日报。2002年8月,在市蓓蕾幼儿园增设空气自动监测系统子站,更全面、客观地反映城区空气环境质量。2008年,城区大气环境中污染物浓度年日平均值为二氧化硫0.036毫克/立方米、二氧化氮0.028毫克/立方米,达一级标准;可吸入颗粒物0.095毫克/立方米,达二级标准。环境空气质量优良天数330天,优良占比90.4%。

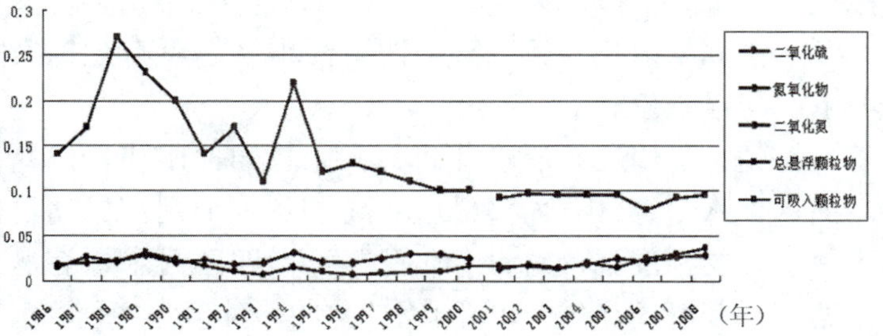

图4－1　1986－2008年海门市(县)环境空气质量变化趋势

二、降水

1986年起,县环境监测站内设点对降水酸度(pH值)进行监测,逢降水必测。是年,降水酸度年平均值5.84,酸雨发生频率12%。1987－1991年,酸度年平均值在4.7－5.52之间,酸雨发生的频率在31%－55%。1992－1998年,酸度年平均值均在5.6以上。1999年为5.49。2000年为6.31,酸雨发生频率7.3%。

2001年起,对降水的酸度值、电导率及钾、钠等阴阳离子进行全面分析。酸雨污染现象有所抬头。2005年,酸度年平均值降到5.39,酸雨发生频率上升到30.9%。2008年,收集分析降水样品70个,酸度年平均值4.34,酸雨发生频率92.9%,主要集中在冬、春两季。

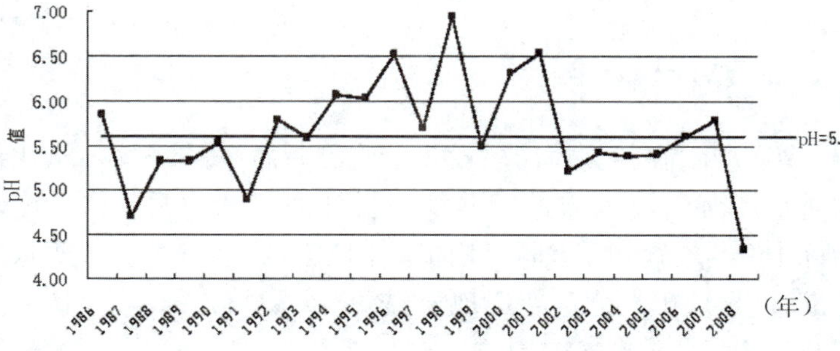

图4－2　1986－2008年海门市(县)降水pH值变化

三、降尘

1986年起,设居民区海门镇师山新村、混合区县粮食局、商业区县环境监测站、清洁区厂洪乡渔场降尘测点,采用重量法于每月月初对上月降尘量进行监测分析。1986－1990年、1991－1995年,5年降尘量平均值分别为8.18吨/平方公里·月、10.8吨/平方公里·月,分别超过南通市规定的8吨/平方公里·月降尘量地方标准的2.25%和35%,城区扬尘污染较严重。1996年,降尘测点调整为市卫生局(混合区)、东风新村8排7号楼(居民区)、海润橡塑公司(工业区)、市气象局(对照点)。1996－2000年,降尘量平均值6.8吨/平方公里·月。2001－2005年，降尘量平均值5吨/平方公里·月。2006－2008年，降尘量年平均值分别为5.2吨/平方公里·月、5.5吨/平方公里·月、5.4吨/平方公里·月，均达南通市地方标准。

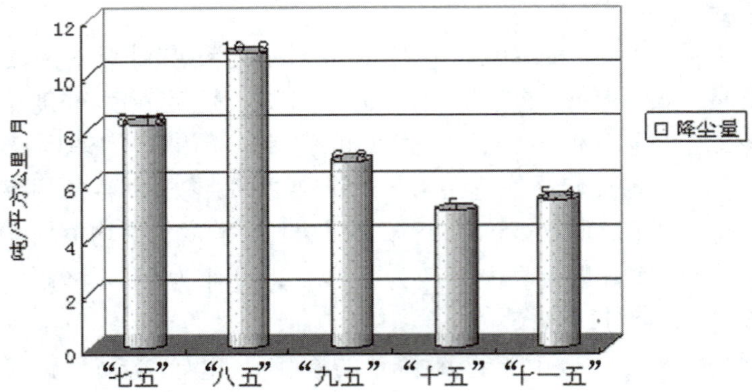

图4－3 “七五”至“十一五”期间海门市(县)降尘量年平均值变化

第二节 水质环境监测

一、长江海门段水

2000年，在长江海门段设4个监测断面，每年1次对长江海门段水质进行监测。长江海门段水质指标中总铁、粪大肠菌群年均值达国家地表水三类标准，但出现单次测定超标现象，超标率33.3%；高锰酸盐指数、溶解氧年均值达到二类标准；其余指标均达到或优于一类标准。2003年，加测苯系物和卤代烃，除总氮超二类外，其余指标均达二类标准。

2005年，长江海门段水中氯化物指标受海水侵袭超标，超标率33%。2005－2008年，选取高锰酸盐指数、生化需氧量等16项主要污染指标，对长江海门段水质进行综合评价，综合污染指数分别为14.74、14.80、14.93、14.85，水质总体变化较小，污染程度略有上升。2008年，长江海门段主流道水质达二类标准，近岸水质达三类标准，有毒物质均在最低检出限内，重金属偶有检出。

二、主要内河水

1986年，对流经县境通吕运河、通启运河设点监测。1988年，增设底质监测点。至1990年，水质状况除1986年的化学需氧量、五日生化需氧量及汞和1990年的氨氮外，其余各项指标均符合地面水环境质量标准(GB3838－88)三类标准；氨氮等标污染负荷上升较为显著，有机类污染物呈逐年上升趋势；各水期的水质以有机污染为主，总体平水期优于枯水期，枯水期优于丰水期。

1991－1995年，两河水质化学需氧量、五日生化需氧量、氨氮等指标多次出现超标现象，有机污染物占比上升较快。各水期水质状况，枯水期好于平水期，平水期好于丰水期。丰水期水质较差的原因主要是溶解氧偏低。1996－2000年，两河多数监测指标基本符合三类标准。水体中非离子氨、高锰酸盐指数、生化需氧量3种污染物相对挥发酚及重金属等指标的受污染程度要大，因此，仍以有机污染为主，毒物污染为次。总体水质通吕运河优于通启运河。

2001－2005年，两河溶解氧、氨氮、高锰酸盐指数等指标，每年均有不同程度超标现象，通吕运河水质基本达到地面水环境质量标准(GB3535－2002)三类标准；通启运河水质介于三类和四类之间，主要与农村面源污染、城镇居民生活污水、海门境外客水污染有关；通启运河常乐闸南桥断面水质氟化物超标，与常乐闸断面上游相关玻璃企业的磨砂废水超标排放有关。2006－2008年，通吕运河主要水质指标污染指数分别为3.18、4.12、3.46，通启运河为3.13、3.01、3.60。其中，通吕运河2007年溶解氧和生化需氧量、2008年氨氮，超标现象较为严重；通启运河经过综合治理后，水质有所好转。

三、城乡地表水

1986年起，选取海门河、圩角河、青龙河、十三匡河、十四匡河对城乡地表水进行监测。至1990年，5条河流水质基本符合(GB3838－88)四类标准，以有机污染物为主，主要污染物为化学需氧量和氨氮，十三匡河、十四匡河中溶解氧有超四类标准现象。

1991－1995年，海门河、圩角河水质仍以四类水为主，化学需氧量、非离子氨等个别指标超过四类标准。青龙河、十三匡河、十四匡河水质有恶化趋势，溶解氧、非离子氨2项指标超五类标准，水质出现黑臭现象。1996年起，通过实施城乡水环境综合整治，城镇地表水环境质量有所好转。至2005

年，海门河、圩角河主要污染指标高锰酸盐指数分别为5.2毫克/升、5.5毫克/升，生化需氧量分别为3.5毫克/升、3.6毫克/升，水质逐步恢复到(GB3838－2002)三类标准。青龙河高锰酸盐指数、生化需氧量和石油类超三类标准。十三匡河、十四匡河化学需氧量、生化需氧量超三类标准。青龙河、十三匡河、十四匡河水质恢复到四类标准。2006年，东部印染集中地区建设排污管网，收集印染废水，以改善十三匡河、十四匡河水质。2008年，城乡地表水总体水质达到四类标准，以有机污染为主，综合污染指数为青龙河4.46、圩角河4.35、海门河4.28、十三匡河4.27、十四匡河3.78。

四、饮用水源

城区　20世纪八九十年代，海门城区生活饮用水以自来水为主，取水水源为第三承压层水。1986年起，设测点于海门河，对海门地面水厂吸水口水质进行监测。至1990年，海门河水质受到不同程度污染，有机指标超标现象较为普遍，溶解氧超标率20%－50%，化学需氧量超标率33%－100%。1991－1993年，海门河除高锰酸盐指数、非离子氨继续超标，大肠菌群的超标率100%。1994年，通过加强对城区水环境综合整治，将污水集中排放长江，海门河污染情况有所好转，但非离子氨、大肠菌群等指标仍出现单次测定超标现象。1998年，海门河上游水质污染，地面水厂水质不能满足生活饮用水源水要求。是年11月，建成市长江水厂，直接取用长江水。至2008年，除个别年份氯化物因海水咸潮入侵出现单次测定超标外，水质各项指标年均值符合(GB3838－2002)三类标准。

乡村　八九十年代，海门乡村普遍饮用浅井水、沟河水。1986年，三阳镇地面水厂取水于黑沙泓。1990年，黑沙泓水质以有机污染为主，溶解氧、五日生化需氧量分别超标0.3倍和0.01倍，其余指标达标。1995年，水中高锰酸盐指数、非离子氨2个指标有超标现象。其后污染程度有所增加，但年均值基本满足标准要求。2008年，三阳水厂水质主要污染物为高锰酸盐指数和氟化物，在所有污染物中的分担率为24.38%和16.2%，仍以有机污染为主，属轻度污染。是年，对取地下水为饮用水源的乡村水厂近70口深井水进行普查监测，除个别深井总大肠菌群、氯化物超标外，其余均符合生活饮用水卫生标准。

五、地下水

1987年起，对第三承压含水层水质进行监测，测点为海门一号泵、三厂自来水厂、悦来自来水厂、包场自来水厂、四甲自来水厂深井，监测项目为大肠菌群、细菌总数、总硬度等23项。至1990年，除铁、总硬度、氯化物、矿化度、化学需氧量等指标超标外，其余指标达到生活饮用水三类标准。

1991－1995年，氨氮、亚硝酸盐浓度最高值为0.7毫克/升和0.236毫克/升，分别超过地下水质量三类标准2.5倍和10.8倍。1996年，测点调整为海门自来水厂深井、三厂自来水厂深井、江滨富北村季士昌家浅井，增加对潜水层水质监测。至1998年，各项指标符合地下水质量三类标准。1999年，由于地下水过量开采，水位持续下降，水质受到地表水污染明显。2002年，第三承压含水层中氨氮、总硬度，潜水层中总大肠菌群、氨氮等指标超过三类标准。2003年，潜水层中的总硬度等指标超过三类标准。2005年，第三承压含水层氨氮0.14毫克/升、亚硝酸盐0.004毫克/升、总硬度156.9毫克/升、细菌总数76个/升，潜水层总硬度277.7毫克/升、总大肠菌群21个/升，地下水质量比前四年总体略有好转。2008年，潜水层、第三承压含水层水质为四类标准，主要污染物为氨氮和总硬度。

六、河流底泥

1988年起，设通吕运河货隆大桥和包场大桥、通启运河常乐闸南桥和海洪大桥4个测点，于每年11月对河流底泥进行监测，监测项目有砷、汞、总铬等6项。是年，这两条河流主要污染物含量均值为砷3.7毫克/千克、总铬55.6毫克/千克、铅18.4毫克/千克、镉0.35毫克/千克、铜52.8毫克/千克、汞0.02毫克/千克。

1991－1995年，铅、镉、汞年际变化不大，仅小范围波动，铜、总铬的含量呈明显下降趋势，两河底泥中各项污染物均能满足农用污泥污染物控制标准(GB4284－84)中酸性、中性、碱性土壤的标准要求。

2000年，撤通吕运河包场大桥测点，新设海门河东洲大桥、圩角河秀山大桥2个测点，项目调整为总砷、总汞、总铬、总铅等9项，监测时间调整为每年

3 月 1 次。是年,各测点底泥质量符合标准要求。至 2008 年,4 条河流底泥污染物深度范围为总砷 8.85－9.95 毫克/千克、总汞 0.09－0.1 毫克/千克、总铬 39.2－46.3 毫克/千克、总镉 0.42－0.73 毫克/千克、总铅 27.4－36.1 毫克/千克、总铜 25.9－30.9 毫克/千克,砷、镉、汞浓度明显上升。各断面底泥污染指数为常乐闸南桥 12.1、货隆大桥 6、海洪大桥 6.3、东洲大桥 5.4、秀山大桥 12.9。

七、近海水

1997 年,对海门黄海滩涂海水水质进行监测。重金属汞 0.00002 毫克/升、铅 0.107－0.149 毫克/升、铜 0.003－0.048 毫克/升、镉 0.013－0.024 毫克/升,除铅外,其余均达海水水质标准(GB3097－1997)中三类标准。

2000 年,沿海滩涂海水以重金属污染为主,铅、镉、铜浓度分别为 0.275 毫克/升、0.044 毫克/升和 0.062 毫克/升,均超过四类标准,汞等其余指标符合三类标准。2005 年,海水水质恢复到三类标准,铅、镉、铜最低浓度分别下降到 0.005 毫克/升、0.0002 毫克/升、0.003 毫克/升。2008 年,总镉 0.0003 毫克/升,总铜、总铅未检出,海门黄海滩涂水质总体达二类标准。

第三节 噪声监测

一、功能区噪声

1987 年,设居住区海门镇师山新村、商业区海门镇集市贸易中心、工业区海门钢厂厂界外、交通干线海门制药厂北门口和海门师范南校门口西侧测点,对海门镇功能区噪声进行每年 2 次、每次一昼夜 24 小时连续监测。同时在三厂镇设 5 个测点对功能区噪声进行 10 分钟定时监测。1990 年,居住区、商业区、工业区昼夜噪声值符合标准要求,交通干线两侧昼间噪声值 75 分贝,夜间 62.4 分贝,超过四类区昼间 70 分贝、夜间 55 分贝的标准。1991－1993 年,商业区昼间噪声值超过二类区标准。1991－1995 年,居住区昼夜噪声平均值 53.2 分贝,达到一类区 55 分贝标准。工业区昼夜噪声值除 1994 年超标外,其余均达到三类标准;交通干线两侧除 1995 年昼间噪声值达标外,其余均超过四类标准。1996－2000 年,居住区昼夜噪声平均值 55.6 分贝,超过一类标准,仅 2000 年昼间噪声达标;商业区昼夜噪声值达二类标准;工业区昼夜噪声值除 1997 年、1998 年超标外,其余达到三类标准;交通干线两侧昼夜噪声平均值均达到四类标准。2001－2005 年,居住区昼间 53.1 分贝、夜间 41.3 分贝,商业区昼间 56.6 分贝、夜间 46.5 分贝,工业区昼间 59.1 分贝、夜间 51.2 分贝,交通干线两侧昼间 62.5 分贝、夜间 51.1 分贝。2006－2008 年,居住区昼间 52.7 分贝、夜间 42.3 分贝,商业区昼间 57.4 分贝、夜间 48.1 分贝,工业区昼间 61.4 分贝、夜间 49.3 分贝,交通干线两侧昼间 66.7 分贝、夜间 51.4 分贝,各功能区昼夜噪声平均值达到相应类别的标准要求。

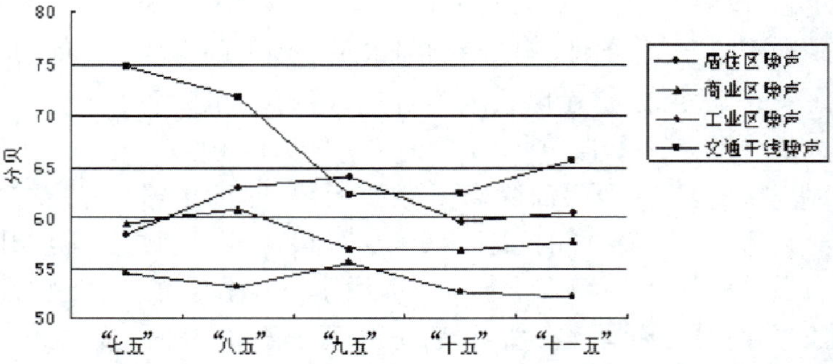

图 4－4 "七五"至"十一五"期间海门市(县)功能区噪声变化趋势

二、区域噪声

1992 年,在县城建成区内,以 200 米×200 米监测网格设测点 116 个,进行区域噪声监测。至 1995 年,城区噪声上下波动较大,最高的 1994 年 65.7 分贝,最低的 1995 年 55.3 分贝,平均 60.2 分贝。1996 年,监测网格调整为 240 米×240 米,测点 108 个,至 2000 年,噪声值稳定在 55.8－55.9 分贝,平均 55.9 分贝。2003 年,建成区面积扩大到 10.36 平方公里,监测网格调整为 300 米×300 米,优化布点 105 个。至 2005 年,城区噪声平均值 55.1 分贝。2007 年,区域噪声监测覆盖到 33.31 平方公里,涉及海门镇、开发区周边部分区域,监测网格调整为 550 米×550 米,测点 106 个。2007 年、2008 年,城区噪声值分别为 54.5 分贝和 54.6 分贝。

三、道路交通噪声

1986年,在解放路、人民路、江海路、静海路上设8个测点,对海门镇交通干线噪声进行监测。至1990年,交通干线噪声值在74.6－76.7分贝,平均值75.4分贝,超过城市区域环境噪声四类70分贝标准。

1991－1995年,交通噪声从79.3分贝下降至67.3分贝。1995年,达四类标准。1996年,监测范围扩大到秀山路、瑞江路、长江路和丝绸路,测点增加到16个。至2000年,在68.9－69.4分贝,平均值69.1分贝,符合四类标准。2003年,增测南海路、富江路路段,测点调整为18个。至2005年,平均值68.2分贝。2007年,增测民生路、海兴路、北海路、南环路、北环路,设测点31个。2007年、2008年,交通噪声分别为67.9分贝和67.6分贝。

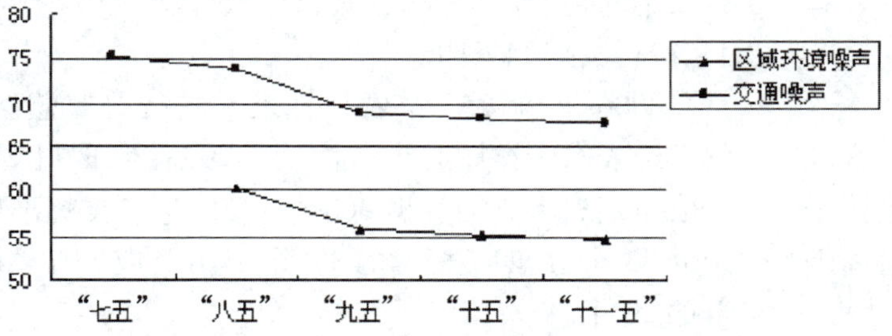

图4－5　“七五”至“十一五”期间海门市(县)区域环境和交通噪声变化趋势

第四节　污染源监测

一、废气污染源

1986年,采用烟气静压平衡法,对全县100多台工业炉窑的燃料燃烧废气进行监督监测,主要测试项目为烟尘、二氧化硫,年监测1次,其中20吨以上锅炉年监测不少于2次。是年,采用重量法对县水泥厂等金属铸造、水泥制品行业近10个企业产生的工业粉尘进行监测,年监测1次。1990年,全县监测锅炉193台。购置工艺废气采样设备,采用甲醛缓冲溶液吸收——盐酸副玫瑰苯胺分光光度法和亚甲基蓝分光光度法,对全县橡胶企业产生的硫化氢、二氧化硫等工艺废气进行监测。开展对机动车尾气监测。1995年,为解决砖瓦窑、玻璃炉窑排放的氟化物对桑蚕养殖、植物生长的影响,对桑叶和玉米叶中的氟含量进行5次监测,植物中的氟全部超标。2001年,对海门市宝龙化工有限公司、南通龙翔化工有限公司等企业产生的工艺废气进行监测,监测项目主要有氯化氢、氨、苯系物等。2005年,投入100多万元购置、更新废气采样仪、气体流速仪、现场大气应急监测仪等设备。重点对化工、医药、电镀、橡胶、电子管行业排放的氯化氢、苯系物、二氧化硫、硫化氢等工艺废气监测。至2008年,共监测炉窑3929台次、工艺废气486项次、工业粉尘310项次,获数据4.2万个。对19个化工企业、2个电子企业和2个橡胶企业的有组织排放废气进行24厂次监测,22厂次达标,达标率91.7%;对铸造等行业的无组织排放废气进行38厂次监测,32厂次达标,达标率84.2%。

二、废水污染源

1986年,配置常规水质监测设备,对全县水污染源进行定期监督监测,135个重点水污染源每年监测4次,一般水污染源每年监测2次,根据监测情况建立污染源动态档案。同时,对引起纠纷的废水排放进行仲裁监测。监测项目主要由行业特点决定,化工行业主要监测化学需氧量、氨氮、硫化物、挥发酚、苯胺等项目,印染行业主要监测悬浮物、化学需氧量、色度、氨氮等项目,电镀、机针行业主要监测铜、锌、镍、六价铬、氰化物等项目,机械行业主要监测酸碱度、悬浮物、化学需氧量、石油类等项目。

2000年,对40多个重点水污染源和120多个一般水污染源进行400多厂次废水监测。2003年,监测项目逐步趋向于直接影响人们身体健康和生活质量的污染因子,如重金属离子和有机污染因子。2004年,投入200多万元添置安捷伦6820、6890气相色谱仪、吹扫捕集仪、紫外可见分光光度计等仪器,提高有机污染物监测分析能力。2008年,对70多个重点水污染源单位实施每年4次监督监测,对150多个一般水污染源单位实施每年2次监测,共计实施监测500多厂次。至2008年,取得监测数据13.4万个,建立污染源档案8000多份。

三、噪声污染源

1986年,对工业企业的主要噪声源及厂界外1米处噪声值进行每年1次的监督监测,当年取得噪声污染源监测数据641个。

1991年,对蓝舞池等26个歌舞厅噪声进行监测,了解社会生活噪声对城市环境的影响。至1995年,取得各类监测数据2065个。1996－2000年,取得数据3989个。

2001－2005年,取得116个工业固定噪声源监测数据6735个。2008年,对市区77个工业、生活点源噪声和4个建筑噪声进行监测,边界噪声超标率70.4%。

第五节　专项监测

一、污染源周围水环境质量

1997年,对20多个重点水污染源周围的水环境进行采样监测,将重点水污染源排放的污染因子作为水环境监测分析因子,以掌握污染排放对周围水环境所造成的影响程度。

2000年,监测范围逐步扩大。2003年,对流经包场、三星等乡镇工业集中区的主要河流进出口水质进行监测,当年取得监测数据816个。2008年,全市重点水污染源增加到70多个,水环境监测范围覆盖通吕运河、通启运河、海门河、灵甸河等15条主要河流及其他河流,共取得数据2900个。

二、出江出海口水质

1996－2000年,每年两次对市境立新河闸、浒通河海门港闸、灵甸河临江闸、东灶港闸等8个出江、出海闸口水质进行监测,监测项目为高锰酸盐指数、生化需氧量、六价铬、挥发酚等23个指标,当年取得数据184个。

2005年,撤销立新河闸测点,于6月和10月中旬对其余7个闸口水质进行监测。2008年,取得监测数据161个。

三、农村地表与地下水质

2005年,为保障农村饮用水、灌溉用水、畜禽养殖用水等水体安全,设101个测点对农村地表水水质进行调查监测。范围为流经乡镇镇区河流、跨越两个以上行政村河流、两个行政村交界河流,以及随机抽取10%的村级河流。监测项目主要有化学需氧量、氨氮、溶解氧等。是年,取得数据808个。同年,对乡镇居民的70口饮用第三承压层深井水进行监测,全面了解乡镇地下饮用水源水质量,监测项目为高锰酸盐指数、氨氮、总大肠菌群等17个项目,取得数据1190个。

2006年,对255个农村地表水进行普查监测,符合地表水三类标准的仅78个。2008年,取得150个农村地表水监测数据300个,其中达三类标准以上的33个,达四类标准的89个,达五类或劣五类标准的28个。

四、无公害蔬菜基地环境质量

2004年9月,对常乐镇培育村无公害蔬菜基地环境质量进行监测,设5个测点,测定土壤总砷、总汞、总铅等含量;测定地表水总磷、挥发酚、粪大肠菌群、氨氮等含量;测定地下水六价铬、氨氮、硝酸盐氮、汞、砷等含量,为培育村申报国家级农业示范区项目提供环境质量基础数据155个。

至2008年,共进行无公害农产品基地环境质量监测22批次,获得各类监测数据594个。

第二章 环境污染

第一节 大气污染物

一、燃料燃烧废气

清末民初至20世纪五六十年代，海门境内燃料除少数作坊、工厂用煤与焦炭外，多数民用燃料都是农作物秸秆和木柴，燃烧排放的废气二氧化碳及少数其他气体，量不大，每年稍有变化。七八十年代，随着经济发展，工业用煤、焦炭的耗用量上升，燃烧产生的二氧化硫、氮氧化物、一氧化碳、碳氢化合物和烟尘等污染物质增加。1986－1990年，污染物排放总量7万余吨，后两年稍有下降。1991－1995年，加强控制，排放总量4.21万吨。1996－2000年，又有下降。2001－2005年，随着经济的高速发展，煤耗量不断增加，排放总量5.22万余吨。其中，海门鑫源环保热电有限公司2004年启用，是排放量推高的重要因素。2008年，工业煤炭消费总量41.7万吨，排放烟尘3369吨、二氧化硫3573吨。排放大户是海门鑫源环保热电有限公司和市大千热电有限公司两个热电企业，其次为印染、化工、非金属制造等行业。

二、工业生产废气

70年代，境内工业逐步发展，工业生产废气随之产生，对环境污染速度加快，且少防护与治理。90年代初期，海门镇部分地区总悬浮微粒和二氧化硫，年日均值达480微克/标准立方米和43微克/标准立方米，远超规定标准。大气污染严重的县水泥厂周围1.5公里范围内，植物叶子上有一层水泥，附近居民室内蚊帐顶上积有水泥粉尘；南通海门钢厂周围两个村民小组深受其烟尘之害。1995年，排放各种工业生产废气污染物7149.33吨。其中，粉尘2118吨，占排放总量的29.63%；二氧化硫2081吨，占29.11%。

2000年，排放各种工业生产废气污染物2899.8吨。其中，粉尘903.6吨，占总排放量31.16%；二氧化硫821.4吨，占28.33%。2005年，排放各种工业生产废气污染物5565吨。其中，粉尘1714吨，占总排放量30.8%；二氧化硫1564.3吨，占28.11%。2008年，排放各种工业生产废气污染物2143.2吨。其中，粉尘753.4吨，占总排放量35.15%；二氧化硫538.7吨，占25.14%。

三、机动车尾气

60年代，县境机动车尚少。1966年，只有客货汽车11辆、摩托车1辆。1976年，有各种机动车824辆，尾气对空气环境污染较小。1986年，有机动车4142辆，尾气中污染物排放量2085.79吨。以后总体呈逐年上升趋势。1990年，县境有各类机动车8742辆，尾气中污染物排放量3244.64吨。1995年，全市有各种机动车1万多辆，尾气中污染物排放量接近4000吨。2000年，各种机动车13.66万辆。2008年，有各类机动车20.56万辆，尾气中污染物排放量7.63万吨。流动污染源加剧，特别是城区和三厂镇区内汽车尾气污染日趋严重，成为环境污染的重要组成部分。

第二节 水污染物

一、工业废水

20世纪70年代，工业生产向外排放水污染物，范围小、程度轻，不为人们重视。80年代，危害逐渐显现，引起政府和群众的重视。1980年，海门、三厂两镇分别排放工业废水27.1万吨、48万吨。1985

年，全县排放总量1719万吨，主要来自化工、印染、造纸、电镀等行业。1988年，工业废水排放总量1522万吨。

1991－1995年，全市（县）工业废水排放4442.95万吨，年均排放量888.59万吨。对18种环境污染物进行监测，排放水污染物6.84万吨，年均排放1.37万吨，排放量呈逐年下降趋势。主要污染物为氨氮、硫化物、化学需氧量，占每年市（县）污染负荷的60%－90%。污染源行业依次为化工、纺织印染、造纸、食品、有色金属和机械行业，这些行业等标污染负荷在全市（县）负荷量的占比分别是75%、9%、4.29%、4.14%、3.89%、0.55%。

1996－2000年，全市排放工业废水总量3631.49万吨，年均726.3万吨，排放总量和年均量与上个五年相比，分别下降861.46万吨和162.3万吨。全市水污染物排放总量2.53万吨，年均5058.6吨，并呈逐年下降趋势。排放的主要污染物为化学需氧量、悬浮物、氨氮、硫化物。污染源主要分布在化工、纺织印染、铜材、电镀、造纸行业，这些行业等标污染负荷占全市全年负荷依次是66.1%、15.5%、6.08%、5.35%、6.92%。2000年，全市共排放工业废水636.18万吨，水污染物主要集中在市农药厂等45个企业中，占全市水污染负荷总量的81.48%。

2001－2005年，全市排放工业废水总量3896.55万吨，年均量779.31万吨。水污染物排放总量1.4万吨，年均2802.8吨，与上一个五年期相比，有大幅下降。排放的污染物主要有化学需氧量、石油类、挥发酚、氰化物、硫化物、六价铬、铜、砷、悬浮物，其中主要是化学需氧量和悬浮物，分别是1.06万吨和2965吨。污染物主要集中分布在纺织印染业、化工原料与化学制品业、橡胶制品业等行业。2005年，纺织印染业和化工原料与化学制品业两个行业，分别排放化学需氧量1273吨和826吨，占排放总量2206吨的57.71%和37.44%。是年，市王氏染整有限公司等35个工业企业，水污染物排放负荷占总污染负荷量的45.04%。2006年后，随着全市经济的迅猛发展，工业废水排放量年均递增9.7%，排放的污染物等标污染负荷反而年均递减3.1%。

2008年，工业废水排放量1192.91万吨，达标排放量1188.71万吨，排放达标率99.65%，排放大户集中在印染、化工、电镀等行业。

1991－2008年海门市（县）工业废水排放和处理一览

表4－1

年份	总量（万吨）	处理量（万吨）	处理率（%）	达标排放量（万吨）	达标率（%）
1991	1023.93	346.31	33.82	535.11	52.26
1992	906.23	382.74	42.23	439.00	48.44
1993	847.84	360.22	42.49	563.34	66.44
1994	839.10	375.92	44.80	266.63	31.78
1995	825.85	390.06	47.23	658.37	79.72
五年平均量（率）	888.59	371.05	41.76	492.49	55.42
1996	400.85	337.92	84.30	313.74	78.27
1997	870.44	552.73	63.50	653.12	75.03
1998	982.25	659.09	67.10	767.09	78.10
1999	741.77	553.36	74.60	632.48	85.27
2000	636.18	636.18	100.00	636.18	100.00
五年平均量（率）	726.30	547.86	75.43	600.52	82.68
2001	697.93	697.93	100.00	697.93	100.00
2002	595.64	595.64	100.00	562.18	94.38

续表 4-1

年份	总量(万吨)	处理量(万吨)	处理率(%)	达标排放量(万吨)	达标率(%)
2003	669.68	669.68	100.00	624.13	93.20
2004	923.95	923.95	100.00	895.66	96.94
2005	1009.35	1009.35	100.00	996.88	98.76
五年平均量(率)	779.31	779.31	100.00	755.36	96.93
2006	1269.09	1101.09	86.76	1082.69	85.31
2007	1301.96	1092.76	83.93	1291.50	99.20
2008	1192.91	1057.81	88.67	1188.71	99.65
三年平均量(率)	1254.65	1083.89	86.39	1187.63	94.66

二、生活废水

60 年代前，海门居民生活用水，取自就近沟河中的地面水，生活废水弃之附近，因居住分散，基本能自身净化。70 年代，海门、三厂镇及其他人口集居地区，因生活废水的大量排放，造成附近河、沟、塘的水体污染。80 年代，居住区夹杂工厂，工业、生活废水相混合，污染日趋严重。1986 年、1990 年，海门、三厂两镇居民生活废水分别为 300.4 万吨和 381.88 万吨。1995 年，平均上升至 410.34 万吨，占当年全县年废水排放总量 28.07%。随着城镇人口增加，居民生活废水排放量相应上升。1996－2000 年，全市生活废水年均排放量 641 万吨，是 1991－1995 年年平均值的 184.85%。2001－2005 年，城市的快速发展和不断扩容，生活废水的产生量逐年增加。海门城区生活废水排放量由 2000 年的 545.28 万吨增加到 2005 年的 674.4 万吨，增长 23.7%。2008 年，生活废水排放量 732.29 万吨，比 2005 年增加 8.6%。大量废水经河道向长江排放，海门的整体水质(包括地下水)受到不同程度的污染。

表 4-2　1998－2008 年海门市城市生活废水产生、处理一览

年份	生活废水产生量(万吨)	生活废水处理量(万吨)	生活废水处理率(%)
1998	539.68	148.39	27.50
1999	563.20	216.81	38.50
2000	545.28	272.99	50.06
2001	558.56	329.78	59.04
2002	567.44	347.84	61.30
2003	610.24	474.00	77.67
2004	662.40	549.00	82.88
2005	674.40	562.00	83.33
2006	695.76	574.00	82.50
2007	693.36	571.54	82.43
2008	732.29	606.41	82.81

说明：1998 年、1999 年，生活废水处理率，指地埋式无动力生活污水处理装置处理的。2000 年起，只统计经市污水处理中心集中处理后的处理率

第三节　环境噪声

一、流动噪声源

海门流动噪声源以机动车辆的行驶机械噪声和鸣号噪声为主。20 世纪七八十年代，机动车辆较少，流动噪声源对环境噪声的影响较小。90 年代后，机动车辆拥有量大幅度上升。

2000 年，海门机动车拥有量近 14 万辆，集中在较大的城镇，加之机动车辆中以大型机动车辆和农用运输车居多，城区交通噪声普遍较高。2008 年，

随着城区外环公路的开通，大型车辆和外地车辆绕道过城，城区设立禁鸣区，市区交通噪声得到一定控制。

二、固定噪声源

工业生产噪声源 七八十年代，海门工业噪声影响较小。1995－2000年，城市工业迅猛发展，以引风机、鼓风机和空压机等为主的气流噪声源占固定噪声源的34.4%。2001－2005年，共监测气流噪声源147个，厂界噪声超标的47个，超标率32%；机械噪声源共监测77个，厂界噪声超标的53个，超标率68.8%。

建筑施工噪声源 主要来源于打桩机、搅拌机等。90年代前，基本没有大的城建施工，建筑施工噪声污染鲜有发生。其后，海门开展旧城改造工程，建设项目大量上马，建筑施工噪声较为严重。2000年后，加强建筑施工噪声源治理，严格执行夜间建筑施工必须申领许可证制度等环保措施，遏制建筑施工噪声对周围群众的影响。

社会生活噪声源 主要来源于城区歌舞厅和商家拉生意的音响等。90年代，随着人民生活水平不断提高，城区歌舞厅发展到40多个，夜间音响噪声较严重。1995年后，市民休闲娱乐方式多样化，城区商家音响和歌舞厅数量有所减少。2008年年末，城区歌舞厅有20多个，且多数采取有效的隔音、降噪措施；偶有商家清仓拍卖之类叫卖声，亦常被群众举报，城管出面限制，社会生活噪声源对环境的不良影响明显降低。

第四节 固体废弃物

一、工业废弃物

20世纪80年代前，海门工业基础较薄弱，产生的工业固体废弃物相对较少。同时，工业资源相对缺乏，凡可利用的工业固体废弃物，尽可能地被利用。1985年，全县工业固体废弃物排放3.38万吨，综合利用率26.3%。1991－1995年，工业固体废弃物猛增到96.1万吨，年均产生19.22万吨，综合利用率91.28%。1996－2000年，产生工业固体废弃物40.66万吨，年均产生8.13万吨，主要为炉渣，其次为粉煤灰和冶炼废渣。产生的工业废渣大部分用于制砖和修建公路，仅有少量化工废渣经初级处理后填埋于长江边。

2004年，海门鑫源环保热电有限公司投产，全市用煤量比2003年翻了一番，工业固体废弃物产生量12.13万吨。2008年，产生工业固体废弃物15.47万吨，其中炉渣9.28万吨、粉煤灰2.31万吨、冶炼废渣0.64万吨、危险废物0.29万吨、其他废物2.95万吨。综合利用15.01万吨，处置0.46万吨，综合利用率97%。

二、生活废弃物

主要为生活垃圾和粪便两大类。80年代前，农村的生活废弃物一般制成农家肥进入农田，城镇产生的粪便大多运送下乡作肥料。80年代中期后，城镇化速度加快，人口聚居程度加大，生活废弃物数量逐年增多。1986－1990年，共产生和处理生活垃圾4.72万吨、粪便5700万吨。生活垃圾基本上被用作填塘和筑路；粪便部分作农田肥料或鱼塘饲料，部分经化粪池由下水道排入河沟，造成水体污染。1995年，随着城市规划的日渐完善，卫生城市的创建，生活垃圾和粪便的处理趋于合理，建成生活垃圾无害化填埋场，海门城区生活垃圾逐步实现无害化填埋处理，部分粪便用作农田肥料，部分经化粪池或地埋式无动力处理装置处理后由下水道进入市污水处理中心集中处理，仍有极少部分因集污管网未全部铺设到位而排入河沟。1996－2000年，产生生活垃圾18.84万吨。2001－2005年，产生24.2万吨。2008年，处理生活垃圾5.15万吨，无害化处理率100%。

三、医疗废弃物

七八十年代，医疗废弃物产生量较少。90年代，随着海门医疗卫生事业的发展，医疗废弃物产生量逐步增加，由各医院收集后集中到市人民医院焚烧炉统一焚烧处置。2000年，委托市殡仪馆焚烧处置。2002年，全市医疗废弃物委托南通清源工业固体废弃物处置有限公司焚烧处置，年处置医疗废弃物15.82吨。2003年，非典型性肺炎爆发期间，加强对医疗废弃物的收集、消毒、转运、处置等各个环节监督管理。2005年，制定《海门市医疗废物管理暂行办法》，健全规章制度，加强对全市医疗废物的管理。2008 年,全市安全处置医疗废弃物 44.09 吨。

第五节　核与辐射

一、密封源

2002 年 8 月,环保、卫生、公安部门对全市放射源安全管理开展专项调研。

至 2008 年,市探伤设备联营厂生产工业探伤机使用二类放射源,外购放射源 150 个。市肿瘤医院有钴 60 放疗设备 1 台,使用一类放射源。华通联合(南通)有限公司有 3 台放射性同位素氪 85 测厚仪(四类放射源),南通诚峰铜业有限公司有 6 台放射性同位素镅 241 测厚仪(五类放射源),市环境监测站和市农产品控制中心的气相色谱仪各使用 1 枚镍 63 放射源(五类)。按照国务院《放射性同位素与射线装置安全和防护条例》,对有一、二类放射源的两个单位由国家环保总局委托省环保厅管理;对有四、五类放射源的 4 个单位属南通市环保局管理。

二、非密封源

20 世纪 70 年代后期,县上海纱罩有限公司、县临江纱罩厂、县照明配件厂使用非密封源钍 232,属乙级非密封工作场所,由省环保厅管理,产生的放射性下脚料由供货单位回收处理。2004 年,市照明配件厂停产关闭。

三、射线应用装置

民国 37 年(1948),海门天主教区建立的广济医院有 1 台 30 毫米 X 光机。1952 年,海门人民医院设有透视室。嗣后,医院 X 光透视机不断发展。至 80 年代,得到普遍使用。90 年代,使用摄片机、CT 机等射线应用装置。至 2008 年,全市有射线装置 59 套,其中属三类射线装置 57 套,分在全市 36 个医疗单位;另有 2 套工业探伤机属二类射线装置。是年,市环保局投入 20 多万元添置辐射监测设备,组织辐射事故应急预案演练,加强辐射安全管理。

第六节　其他污染

一、农药污染

20 世纪 50 年代中期起,海门农田开始普遍使用农药,二二三(二氯二苯基三氯乙烷)和六六六(六氯环己烷)用量不断增加,大量农药残留在环境中,或沉降聚集在土壤或流入水体,污染农畜渔果产品,并通过食物链的富集作用转移到人体,对人体产生危害。八九十年代,全县每年施用化学农药有三四百吨。2000 年,农药施用量超千吨。2008 年,农药折纯施用量 0.5 吨,其中用量较大的毒死蜱 0.23 吨、丁草胺 0.14 吨、吡虫啉 0.07 吨。

二、化肥污染

1950 年,县内农田开始施用化肥硫酸铵。1954 年,施用过磷酸钙,后又施用钾肥、复合肥等。由于施肥不尽科学,部分化肥被植物吸收,部分化肥随雨淋或渗透进入沟河中,引起水体富营养化,使水质恶化。80 年代初,全县施用化肥五六万吨。80 年代后期至 90 年代中期,全县年施化肥 7 万－10 万吨。2000 年,约 4.5 万吨。2008 年,化肥折纯施用量 4200 吨。

三、"白色"污染

70 年代,塑料包装物逐渐进入人们日常生活。80 年代,家用电器等逐渐普及,其包装填充料塑料发泡物大量增加。90 年代,塑料快餐盒流行于市,农民普遍使用透明塑料薄膜,形成大量废弃物。2000 年后,全市每年使用农用塑料薄膜千吨以上。另有日常购物的塑料包装袋,全市年近 2 亿个。这些"白色"污染物,残留在农田中,难于消解,长期影响农作物对水分、养分的吸收,抑制农作物生长;被牲畜和鱼虾误食,引起牲畜的消化道疾病,甚至死亡;直接进行焚烧处理,造成环境严重二次污染。

四、装潢污染

90 年代,城市、农村居民房屋建筑竣工面积大增。2000年,竣工21.27万平方米,2008年100多万平方米。这些成品房交付使用,大多进行或简易或豪华的装潢,所用合成板材、黏合剂、油漆、涂料等装修材料,均会释放苯、二甲苯、甲醛等对人体有害的气体;岩石、瓷砖等材料的放射性也对人有危害。另外装修时的噪声、粉尘等污染,也影响周边邻居的日常生活。

五、光污染

80年代后期,日夜商店、灯箱广告兴起,灯光污染显现。90年代,一些高楼采用玻璃幕墙,其对阳光、灯光的反射,强烈刺激人眼,伤害视力。2000年后,商场、银行等单位安装霓虹灯、游动字幕盛行,光污染日趋严重;城市美化过程中,五光十色的亮化,既浪费能源,亦加重光污染。

第三章 环境治理

第一节 污染源治理

一、总量控制

1999年,市长环保目标责任状中明确全市工业主要污染物排放"总量控制"①在南通市政府规定的排放总量指标内,对全市重点污染企业下达污染物排放总量控制任务。至年底,14项主要污染物排放量2.27万吨,比1998年减少7.8%以上,完成预期目标。

2000年,全市有10个项目列入限期治理并实现达标排放,连同前3年共有607个工业企业实现达标排放,每年约削减化学需氧量3387吨、悬浮物1116吨、烟尘1548吨。2002年,实施重点污染源排放污染物总量监测报告制度,具体规定排污总量监测的频次等。2008年,全市排放化学需氧量7498.6吨、氨氮657.2吨、二氧化硫3591吨、烟尘4352吨,分别在南通市下达的总量控制指标内。

二、排污申报与许可证核发

20世纪80年代末,执行排污申报和许可证核发制度。1990年,为22个企业颁发锅炉消烟除尘合格证,为9个企业环保升级、4种创优产品办理环保许可证。1991年,对35个锅炉房进行环境检查,核发28台锅炉运行许可证;完成14个企业水污染申报登记工作。1993年,检查乡镇排污申报制度执行情况。1995年,全面实施排放污染物申报登记,举办主管部门环保工作人员、排污单位的分管领导和乡镇环保员培训班。1996年,受理1699个排污单位申报登记、核发注册证。1998年,查处一批未申报的单位,并追缴欠缴排污费,确保排污申报及许可证制度的实行。1999年,建立申报登记月报制度和许可证年审制度,强化现场监理。是年,全市排污许可证监理52次,排污申报监理12次,完成排污申报年审企业1420个。2002年起,着重加强排污许可证的核发与管理。至2008年,新核发排污许可证264张,换证226张。是年,重污染企业、限期治理企业、"三同时"②项目排污申报年审率100%,乡镇企业和个体私营企业、三产服务单位年审率

① 总量控制:即某一区域作为一个完整系统,采取措施将排入这一区域内的污染物总量控制在一定数量之内,以满足该区域的环境质量要求。

② 三同时:防治污染及其他公害的设施与主体工程同时设计、同时施工、同时投产使用。

85%以上。

三、排污口规范化建设

1998年，投入资金48万元，组织70个企业的排污口规范化整治，建立废水、废气标志牌105块，安装污水流量测试仪26台、治理设施运转监控仪2台。1999年，投入资金50万元，整治110个单位的废水排放口49个、废气排放口110个；建立废水、废气排放口标志牌159块；安装污水流量计4台、环保自动监控仪（黑匣子）41个。2000年，整治170个企业的排污口，全市排污口集中整治工作基本完成。2002年，在市磷肥厂等10个沿江工业企业的排污口设置加盖的废水汇集池，留有采样口；在南通顾艺印染有限公司废水管道的适当部位和排到厂区外沟河之前的适当地段，首创设置排水匣门，当企业超标排放废水时，群众监督员可关闭匣门，阻止废水排放。2003年，重污染企业在厂区外的废水排放口逐步设立"公众监督口"。2005年，重点对青龙化工园区和海门港工业区内所有企业的雨水管道和污水管道逐一清理，所有接管企业只允许设立1个污水排放口和1个雨水排放口，在相邻企业之间的交界处增设窨井，并完善"公众监督口"。2008年，投资200多万元对沿江化工企业实施一厂一管工程，并对排污口实施视频监控，24小时监控污水排放情况。

四、限期治理

80年代中期，对企业超标排放执行污染限期治理。1985年，对全县污染严重的工厂（车间），关闭13个，撤并、迁移9个，限期治理9个。至1990年，完成南通电子铝材厂、青龙冷冻厂等62个限期治理项目。1993年，对城区200台炉、窑、灶进行限期治理，总达标率84%，建成烟控区3.53平方公里，在海门镇区实现无烟尘控制区；完成5个超标排放废水、烟尘的企业限期治理；检查海门、三厂镇18个水污染重点企业，对3个未完成限期治理任务的企业进行处罚。1996年，治理27个污染点源，31个严重污染环境的企业（车间）予以关停或取缔。至2000年，共投资7000多万元，治理污染项目278个，削减污染物6420吨。其中，化学需氧量3387吨，悬浮物116吨，烟尘1548吨，其他污染物1369吨。基本实现国家"到2000年所有工业污染源达标排放"的目标任务。

2001年，除对14个工业企业污染源实行限期治理外，对城区19个规模较大或群众反响强烈的餐饮业进行油烟污染限期治理。2002年，在城区和各乡镇全面开展餐饮业油烟污染限期治理工作。2006年，结合污染减排工作，通过治理设施提标升级、陈旧设施改造等手段，重点对化工、印染、电镀等行业的废水、废气污染实施限期治理。2008年，8个印染企业开展中水回用工程，实现环境效益和经济效益双赢。

五、污染减排

2006年，加强污染减排工作，通过严把新项目审批关，狠抓老污染源治理，削减化学需氧量352.05吨，超额完成119.83吨。2007年，削减化学需氧量413.5吨，超额完成14.52吨。2008年，重点推进"两纵一横"①区域污水处理工程建设，开展产业结构调整，强化环境执法监管，削减化学需氧量407.6吨，超额完成8.6吨。市境二氧化硫排放量在总量控制指标内。

六、在线监测与远程监控

1998年起，结合排污口规范化建设，逐步开展污染源在线监测与远程监控建设工作。1999年，对41个企业安装自动监控仪。2001年，对监控企业中的5个增加化学需氧量在线监测仪，实时连续监测出水水质。其后两年，逐步加快化学需氧量在线监测仪的安装和对原监控设备的升级换代。2004年，投入150多万元，建设污染源远程监控网络系统。至2005年，有44个企业进入联网监控。2007年，由江苏太仓创造电子有限公司和江苏三鑫生态环境工程有限公司对自动监控系统实施"第三方运行"②管理。至2008年，进入自动联网监控的企业增至60个。

---

①　两纵一横："两纵"即规划建设四甲、常乐、三厂、城区沿线的市第二污水处理工程和悦来、三阳、临江沿线的灵甸污水处理工程；"一横"即规划建设货隆、王浩、正余、包场、东灶港沿线的滨海污水处理工程。

②　第三方运行：自动监控系统由企业投资建设、中介服务机构负责运行维护、环保部门进行监管的运行管理模式。

七、清洁生产

1994年，在老污染企业治理中，引进先进生产工艺和“三废”①治理技术；组织企业到外地考察，帮助企业治理“三废”；与企业签订进度计划，加强检查督促，实行清洁生产。1995年，指导企业进行技术改造，调整产品结构，与企业签订责任书，严格监督管理污染治理设施的质量，从源头上防治和控制工业污染。1997－1998年，对化工、轻工和建材3个行业进行调研，确定在市江滨化工二厂进行清洁生产试点。经过8个多月努力，该厂减排废水1.44万吨、固体废弃物6647吨、化学需氧量432吨，产生经济效益74.66万元。1998年年底，先后通过南通市、省级考核验收。1999年，市颜料化工厂投入300万元开展清洁生产，经过9个月技术改造，全年减排废水7200吨。是年，市被评为南通市清洁生产审计工作先进集体。2003年12月，南通海迪化工有限公司、市正章染整有限责任公司通过南通市清洁生产考核验收。2005年，江苏雄风科技有限公司投入1525.4万元对钴生产废水进行回收利用，每年取得经济效益1694万元，削减废水7256吨、固体废弃物2110吨。2006年起，从市级污染防治资金中拿出部分资金，对清洁生产达标企业进行奖励，促进清洁生产开展。至2008年，以节能、降耗、减污、增效为目标，有32个企业通过清洁生产达标验收。

八、ISO 14000认证

2001年，海门ISO 14000环境管理体系认证工作起步。组织50多名企业人员进行专题培训，分管副市长参加。是年，江苏通光集团、江苏包罗铜材集团股份有限公司等企业通过认证，提高企业环境管理水平，从源头上减少污染的排放，为企业取得国际市场绿色通行证。其后，每年有3－5个企业通过认证。2007年，市环保局系统建立环境管理体系并通过认证，提高环保执法水平，有利于推动全市ISO 14000认证工作。至2008年，全市有37个企业通过认证。

九、循环经济

2003年8月，省环保厅将市循环经济规划研究列入研究课题。9月，省社会科学院组织有关人员对海门进行实地调研考察。2004年7月，市循环经济规划通过省级评审。规划海门到2020年，基本建成以科技含量高、经济效益好、资源消耗低、环境污染少、人力资源得到充分发挥为特征的循环经济体系，发展循环型农业、工业、服务业和社会。同年，率先在畜禽养殖业中开展循环经济试点，市兴旺肉制品厂、江苏京海禽业集团有限公司以畜禽粪便产生的污染物为基础原料，通过加工制成高效优质有机肥，进而发展蔬菜花卉生产及水产养殖，取得良好的经济效益和社会效益。是年，市兴旺肉制品厂实施沼气工程，使用沼气照明、沼液养鱼，年经济效益13.4万元，减少排放废水1.1万吨、化学需氧量6吨。南通回力橡胶集团有限公司、市江滨化工二厂开展循环经济试点。南通回力橡胶集团有限公司对废旧合成橡胶进行开发利用并形成产业化，年回收废旧轮胎4万吨，实现利税2000万元，取得较好的经济、社会、环境效益。至2008年，共有24个企业通过循环经济试点验收。

第二节　综合整治

一、创建国家环保模范城市

1998年年初，创建国家环境保护模范城市（以下简称“创模”）列入市政府与南通市政府签订的第三轮环保目标责任状，确定5年内把海门建成“社会文明昌盛、经济快速发展、环境质量良好、资源合理利用、生态良性循环、城市优美洁净、基础设施健全、生活舒适便捷、居民健康长寿”城市。10月，成立市“创模”领导组，各乡镇、各部门成立领导小组。至2000年，投入环境保护资金7.38亿元，完成5大工程。实施环境基础建设，建成城区生活污水科学排江，推广无动力地埋式生活污水净化装置440座，建设城市污水处理厂（一期、二期），形成日处理能力2万吨，完成垃圾无害化填埋场扩容，建成沿江生态防护林带43.65公里。开展以饮用水源整治、城区餐饮噪声、油烟污染整治和城乡环境综合整治为重点的综合防治。实施以“绿色食品”基地建设为

① 三废：废气、废水、固体废弃物。

重点的生态农业和“绿色基层”创建为载体的生态示范。强化以长效管理、多部门协调管理为特色的环境管理，促进污染源达标排放。开展形式多样的宣传活动，使“创模”之风深入基层、群众。

2001年10月，向环保总局提交海门创建国家环保模范城市申请书，同时报送市1998－2000年“创模”考核指标完成情况。环保总局领导先后4次听取海门“创模”工作汇报。2002年8月，国家环保模范城市考核组对海门“创模”工作进行考核验收，并一致通过。11月6日，环保总局下发《关于授予海门市国家环境保护模范城市称号的决定》，海门成为苏中苏北第一个国家环境保护模范城市。11月25日，市对47个有功集体、57个先进集体和69个有功之臣、151个先进个人予以表彰奖励。12月28日，环保总局副局长汪纪戎，代表环保总局授予海门市国家环境保护模范城市奖牌。国家、省和南通市近20家新闻媒体报道海门“创模”经验。之后，继续高标准、严要求，实施城区污水截流工程、城市集中供热工程、城镇污水处理厂工程，推进全国生态示范市创建活动。

二、创建国家生态市

2001年年初，海门确定创建全国生态示范市工作目标。6月，环保总局批准海门为全国第三批生态示范区建设试点地区。是年起，狠抓环境综合整治等创建工作。投入300多万元，对城区日新河、宏伟河、通沙河进行清淤疏浚。2003年，投入1300多万元，实施“三河”4.3公里河道截污工程；投入5000万元，对镇村河道进行整治、实施改水改厕。2003－2004年，投入约4000万元，开发建设常乐、德胜两个国家级农业综合开发示范园；建成农业科技示范园区39个、农业示范项目387个，发展无公害农产品基地1.71万公顷、无公害农产品23个、“绿色食品”2个；全力打造“四青”作物、“四色豆”、特种经济作物、优质果品、特色蔬菜、海门山羊、肉蛋鸡、提水养殖等八大主导产业，形成3333.33公顷“四青”作物带、3333.33公顷“四色豆”产业带、333.33公顷提水养殖产业带、60万头海门山羊养殖带等；全市21个农产品获得注册商标；推广百项农业标准，实现农业标准化生产，制定《海门山羊饲养技术规程》等26个无公害农产品标准。在沿江，吸引民资3000万元，建成融江海风情和民俗文化为一体的江海风情园；投资1800万元，兴建沿江渔村、快活林山庄、维园等休闲娱乐项目。在沿海，建设湿地观光带；建成以垂钓、踩文蛤和蛎蚜山休闲娱乐为主要项目的东灶港生态旅游基地。恢复常乐镇张謇故居、余东镇法光寺等一批人文古迹和风景名胜。

至2004年，城区植树造林176.7万株，新增绿化面积近26万平方米，公路绿化120公里，建成公路两侧绿化带1800多万平方米，新增苗木基地400公顷。建成省和南通市级新型小城镇14个、省和南通市级卫生镇5个、省环境与经济协调发展示范镇1个，各乡镇均有1个以上生态村，货隆、树勋等乡镇基本达到环境优美乡镇指标。建成“绿色学校”14所、“绿色医院”8个、“绿色社区”2个。全市环境质量得到持续改善，生态效应显著。是年12月，海门市被环保总局命名为国家级生态示范区。

2005年5月，委托南京大学环境科学研究所组织编制《海门生态市建设规划》，筹划生态市创建工作。2006年初，成立生态市创建领导小组，启动生态创建工程。2007年5月，灵甸工业集中区污水处理厂、滨海工业集中区污水处理厂相继开工建设。年底，青龙化工园区污水处理厂一期工程开工，配套管网工程同时启动。是年，完成灵甸工业集中区和滨海工业集中区的区域环境影响评价，青龙化工园区启动生态园区建设。全市关停规模以下小化工企业19个，搬迁沿江化工企业4个。市、乡两级财政投入2200多万元用于农村生活垃圾突击整治和农村河道清淤疏浚，建成南通市环境优美乡镇6个、省级生态村95个、南通市级生态村50个、市级生态村24个、省级“绿色社区”1个、南通市级“绿色社区”1个、市级“绿色社区”2个。对184个集中式饮用水源地采取保护措施，申报无公害农产品26个、“绿色食品”16个、有机食品2个。新建畜禽养殖场沼气池6个，125个养殖场利用畜禽粪便开展水产养殖。

2008年，按照新调整的国家生态市考核指标，重点开展生态工业、生态农业、废水治理、大气整治、危险废物处置、农村生态环境、自然生态保护、生态文化建设八大工程43项工作。实施农村环境综合整治试点村省、市、县三级以奖代补办法，推行乡镇保洁服务中心，强化污染治理、村庄绿化、沟河疏浚、农村改厕等工作，农村环境面貌较大改观。是年10月，灵甸工业集中区每日2万吨处理能力的污水处理厂投入试运行，滨海工业集中区污水处理厂和青龙化工园区污水处理厂工程完成序时进度，树勋镇和万年镇分别建成小型湿地污水处理工程。德胜镇瑞北村等5个村建成苏中农村百户小型污水处理示范试点工程，开始农村污水治理技术探索。至年末，除森林覆盖率、工业用水重复率、城镇生活垃圾无害化处理率、城镇生活污水集中处理率、城镇人均公共绿地面积、农村卫生厕所普及率等指标外，其余指标均达到考核要求，为建成国家生态市打下坚实基础。

三、基层创建

环境优美乡镇 2004年，启动环境优美乡镇创建工作。货隆镇、树勋镇、常乐镇创建成南通市级环境优美乡镇。2005年，正余镇、三星镇创建成南通市级环境优美乡镇。2006年起，市政府与各乡镇场、工业园区行政负责人签订责任状，全面推进创建工作。至2008年年末，全市建成南通市级环境优美乡镇18个，11个乡镇开始为创建全国环境优美乡镇作准备，其中树勋镇、万年镇建成小型湿地污水处理工程，解决镇区生活污水问题，基本具备创建全国环境优美乡镇条件。

生态村 1993年，省环境保护委员会确定国强乡龙游村为全省“611”工程①中生态环境综合整治村之一。是年7月，发布《海门县农村环境综合整治实施方案》，生态村建设起步。龙游村在完成环境和经济现状调查的基础上，制定整治规划和实施方案。该村利用村里的禽蛋资源，开发在上海的零售业务，发展经济。全村尽量不用少用农药，采用人工捕捉害虫、栽种诱虫草、田头张灯灭蛾等方法，实行综合防治病虫害，减少农业污染。并实施秸秆还田和大力积造农家肥。10月，联合国教科文组织宣传员实地考察，对龙游村的一系列生态举措充分肯定。1996年起，以疏浚沟河改善水环境为重点，继续开展农村生态环境综合整治。

2001年7月，天补镇陶港村和三厂镇鹤丰村被省环保厅、农林厅授予百佳生态村称号。生态村建设融入全市的“创模”和生态示范区创建中。2004年，海门镇中海村、常乐镇中南村、德胜镇贤高村等11个村被命名为南通市级生态村。2005年，常乐镇培育村等11个村被命名为南通市级生态村，海门镇民生村等13个村被命名为市级生态村。原南通市级生态村——德胜镇贤高村等11个村被提升命名为省级生态村。至2007年，全市建成市级生态村65个、南通市级81个、省级16个。2008年，三阳镇友爱村等3个村建成省级生态村。

四、区域污染整治

20世纪80年代末，环境综合治理纳入国民经济和社会发展计划，根据定量考核，抓薄弱环节，实行综合整治。1987－1988年，投资95万元实施厂洪乡东南片的“引清挤污”治理工程，引海门河清水，排青龙河、厂洪乡东南片沟河污水入长江。疏浚河道2条，建涵闸4座，当地6个村20平方公里的闭塞水系基本得到疏通，受益人口3.5万人。建成海门镇东片2.7平方公里和包场镇0.65平方公里基本无黑烟控制区。

1990年，疏浚十四匡河。1991年，治理县殡仪馆烟尘、县水泥厂粉尘、海门颐生酒厂废水3个环境污染热点，取得明显效果。建成城区2.36平方公里烟控区，每年减少烟尘排放8吨。1992年，启动农村“611”工程。1993年，对县境200台炉窑灶进行治理，各种炉窑灶达标率84%，建成烟尘控制区3.53平方公里。建设县城污水综合治理工程，将工业污水和生活污水经日新河排入长江。1995年，创建国家卫生城市，推进环境综合治理。海门城区环境噪声达标区覆盖率64%，5.1平方公里建成区范围内，绿化覆盖率31%，全部建成烟尘控制区，通过省和南通市检查验收；完成生活垃圾场处理建设项目；发展管道液化气，推广太阳能热水器；完成城区污水排江工程省级认证。1998年，重点巩固烟尘控制区建设成果。针对噪声扰民突出，抓日常监管检查，遏制城区声环境恶化趋势。在天补等10个乡镇开展烟尘控制区和噪声达标区（“两区”）建设。1999年，全市32个乡镇场开展“两区”建设。

2001－2002年，整治全市各乡镇集中饮用水源，保护饮用水水质。各乡镇的“两区”建设通过验收。整治城区餐饮业油烟污染源、居民区商业和金属加工等噪声污染源1800个。2003－2004年，集

① “611”工程：为600个重污染乡村企业的污染治理、100个小城镇综合整治和100个生态村环境综合整治。

中整治全市化工、印染行业，解决环境污染突出问题。2005年，实施环境综合整治。建成总长25公里的东西部地区治污管网，实现该区域印染企业废水深度处理；实施沿江化工园区专项整治，建设废水排放公众监督口；全面推进农村生活垃圾规范化管理，基本实现定点堆放、集中清运、统一填埋，农村面源污染有所好转；水环境质量继续改善。2006年，成立农村环境综合整治领导小组，采取"市督查指导、乡镇场及工业园区组织实施、村参与管理"的运行模式，建立具备法人资格、实行独立经济核算的保洁服务中心，负责镇区保洁及农村生活垃圾处理、沟河及农村道路保洁等工作。是年，开展以工业污染整治、生活垃圾治理、农业面源污染整治和沟河水利建设为主要内容的农村水环境综合整治。2008年，制定《海门市农村环境综合整治实施办法》，挑选70个村作为农村环境综合整治试点村，出台《海门市农村环境综合整治试点村奖励办法》。

图4－6　2005年，市开展环境治理活动

第四章　环境管理

第一节　宣传　教育

一、宣传

1981年3月，利用县有线广播进行环境保护知识宣讲；制作3套幻灯片，由城镇电影院、农村放映队作映前宣传，共播出54场次，受教育群众3.5万人次。1984年，在海门、三厂、青龙港镇的主要交通干线、街道悬挂标语牌，利用县人民剧场宣传橱窗进行环境知识图片宣传。1985年起，每年为县乡级领导、中小学校、企业等订阅《中国环境报》《环境导报》《环境工作通讯》，全县各级有组织地逐步开展纪念"6·5"世界环境日宣传活动。1987年始，每月编发《海门环保》简报，上报县领导，下发基层单位。1989－1990年，通过环保知识广播讲座，宣传环境保护法。

1990年，编发《环境信息》14期。1992年，在《南通日报》出海门环保专版；聘请各乡镇（场）新闻干事为县环境保护通讯员；专题片《碧水绿地一片情》，获省广播环保好新闻好节目二等奖。1995年，实现环境宣传工作同创建全国和国家卫生城市工作有机结合，全年6次邀请媒体参加集中性环保执法检查，作宣传报道，以弘扬正气，遏制破坏环境违法行为，在全市引起很大反响。1998年起，电视台每月最少有1条环保新闻；电台设《环境广角》栏目，每月逢"8"播出5分钟；《海门日报》每月1期环保专版。海门广播电台的《情注三叶》、电视台的《小窑烟害何时了》，分别获省广播电视环保好新闻好节目二、三等奖。1999年2月，《环境信息》复刊，全年编发22期。

2001年,突出“创模”主题宣传。省多家媒体联合采访市委、市政府主要领导,在江苏电视台专题播出;在《江苏环境》上刊登海门“创模”系列报道。市环保局自编、自导、自演的摇滚快板《绿色警察》在市庆祝建党80周年活动演出中被评为二等奖,并被选送省环保厅调演,获二等奖。“创模”之歌《绿色的家园》大合唱,在电视台、电台广为播放。组织乡镇开展“环保标语上墙”竞赛活动,每个乡镇制作环保标语10条以上。是年3月,《环境信息》同时作为“创模”专刊,将上报范围扩大到环保总局和省环保厅处以上领导。

2003年,《海门日报》环保专版增为每月两期,同时开辟生态示范区创建专栏。在海门电视台组织每月1期的环保专题报道。《来自“北上海”的绿色诗篇——海门市创建国家环境保护模范城市纪实》,先后载于《中国环境报》《绿叶》《解放日报》《新民晚报》等报刊。在城乡主要街道布置环保标语300条(块),在800多辆公交车、出租车上张贴标语1000条。2004年,在大港公路、静海路、宁启高速公路海门入口处,制作“国家环境保护模范城市海门欢迎您!”跨路广告牌。2005年5月,《环境信息》更名《环境保护工作简报》。11月,组织宣传展板,参加国家环保模范城市摄影展。2006年6月5日,举办市首届环保知识电视大奖赛。2008年“6·5”世界环境日期间,组织街头环保现场咨询活动,向群众发放环保购物袋1000多只,环保宣传手册800多份,接受群众咨询20多起。

图4-7 2006年,市举办首届环保知识电视大奖赛,图为获奖人员合影

二、教育

1989年,在部分学校试行环保渗透教育。1991年,县复兴中学3个教师获市教育系统环保先进奖,厂洪中心小学《灰尘的旅行》、新海初中《起重机的应用》,被市教育局评为优秀环保教案。1992年,举办中学生环境保护演讲比赛、“环境与人类”征文竞赛、“蓝天与大地”百名少儿百米书画赛,复兴中学开展为期10天的环保夏令营活动。1994年,各学校加强环境保护渗透教育,在校、班报上出环保知识专版,在物理、化学、生物、地理等课程中渗透环保科普知识。是年4月,在各乡镇(场)开展“四个一”[①]教育活动。1998年,开展创建“绿色学校”活动,临江中心小学、市东洲小学取得省级“绿色学校”称号。1999年,市教师进修学校附属小学在市环境监测站建立环保教育基地。

2000年,要求全市所有学校将环保列入日常教学计划,积极开展环保渗透教育。市东洲中学、临江中心小学等学校开设专题环保课程,举行环保教育公开课,开展环保教案设计评选活动,营造环保文化氛围。市教师进修学校组织教师培训、轮训中,增加环保教育辅导内容,提高教师的环保意识和环保教育能力。市东洲小学成立环保科学实验园地,在暑假进行“地球村”三日行活动。是年,全市88%的学校、幼儿园开展环保渗透教育。2001年,江苏省海门中学、市育才小学、东洲幼儿园、树勋中学、树勋中心小学被评为海门市“绿色学校”。2002年,海门师范获国家级“绿色学校”称号。2003年,开展“珍爱家园,收集废旧电池”活动。全市100多所中小学近3万学生积极参与,收集废旧电池3吨,送交南通清源固废中心处置。

2004年,加大学校环保教育力度,普遍开展创建“绿色学校”“绿色园丁”“绿色小卫士”活动,共建成省级“绿色学校”2所、南通市级“绿色学校”3所、市级“绿色学校”9所。2005

① “四个一”教育活动:组织一批宣传稿件或一次宣传活动,组织企业法定代表人开展一次环境教育活动,抓好一个企业的环境污染治理或提出一个清洁生产方案,解决一批环境污染纠纷或走访一部分受环境污染危害的群众。

年，各中小学校围绕教育部颁发的《中小学环保教育实施指南》开展环保教育。2006年，市育才小学建成省级“绿色学校”。全市建成南通市级“绿色学校”4所、市级10所，28名学生被评为“绿色小卫士”，4名教师被评为“绿色园丁”。2008年5月，在全市中小学开展评选“环保小卫士”活动，共评出“环保小卫士”80人。6月，全市中小学组织学生到快活林山庄开展环保实践活动10万人次。是年，全市创建成各级“绿色学校”55所。

第二节 建设项目环境管理

一、环境影响审批

20世纪80年代初，全县建设项目开始实施环境影响审批制度。1989年年末，《中华人民共和国环境保护法》正式颁布施行，环保审批制度进一步规范。1990年，把好建设项目选址、工艺技术关，推行“三同时”保证金制度，发现未申报项目及时补办手续。1993年，建设项目审批执行行政公示承诺制度，加快审批时效，优质高效为企业服务。当年，批准333个建设项目，303个当天办结，9个两天内办结，21个因存在一定污染，在10－15天内办结。1996年，重申环保第一审批权制度，环保申报率显著提高。1996－2000年，共审批新、改、扩建项目1298个，同意1271个，否决27个，环保预审率和环评率均100%。

2001年，凡申报餐饮等三产项目，须提交不得少于周围20户居民的意见表，经实地察看后方可审批。是年，共审批各类建设项目287个，被否决的污染严重项目12个，36个项目进行环评。2002年，对不符合环保要求的企业，不准进入海门港工业区，相关部门不予注册登记和通过年检年审；在城区和海门港工业区，以及十三匡河、十四匡河，城区西郊新开河两侧，不再审批新建化工、医药、电镀、印染等项目，原有企业发展必须坚持污染物排放以新带旧政策，确保增产不增污。2003年3月，对市开发区和海门镇等12个乡镇工业区，开展区域环境影响评价和编制环境保护规划，促进各工业区健康持续发展。在通启、通吕运河两岸1公里范围内不得新上化工、印染、钢丝绳等重污染项目。

2004－2005年，强化建设项目分类管理，对环境无影响或影响较小的建设项目，按程序批复并登记备案；对化工、农药、印染、纸浆造纸、电镀等污染较重的项目，备齐预审材料及时报上级部门审批；对国家和省明令禁止的工艺设备落后、浪费资源、严重污染环境和破坏生态的建设项目以及不符合国家和省产业政策的建设项目，坚决予以否决。两年共审查批准的建设项目2092个，否决污染项目23个。2006－2007年，坚持环保优先，认真落实第一审批制度。对高技术、高效益、低污染、低能耗产业和国家鼓励类项目，减少审批环节，加速审批过程；对国家明令淘汰和禁止发展的能耗物耗高、环境污染严重、不符合产业政策和市场准入条件的建设项目，以及国家限制类项目，一律不予审批；对全市3000万元以上新申报项目进行清理和核查。2006－2008年，预审和审批新、改、扩建项目3910个，否决11个。2008年，建立重大项目跟踪服务工作制度，为江苏泰森食品有限公司、南通鑫海绿色制冷有限公司、江苏联海生物科技有限公司等项目提供直通车服务，确保重点项目落户和实施。

二、环保“三同时”和竣工验收

1981年，县科技环保工作会议首次提出执行“三同时”制度，严格控制新污染，同时按权限执行建设项目污染治理设施竣工验收制度。1984年，对新、改、扩建的工程项目执行环境影响报告书（表）制度，落实治理方案。是年，东兴罐头厂、临江日用纸厂等企业的建设实现“三同时”。1985年，对产生污染的企业，只发筹建执照，待“三同时”验收合格后再换正式营业执照。1986－1989年，“三同时”平均执行率62%。1995年，加强对新污染源的控制和管理，对有污染的新、扩、迁建的小型建设项目严格执行“三同时”要求。1996－2000年，共审批项目1281个，应执行“三同时”35个，执行率100%。

2001－2005年，围绕创建国家环保模范城市、全国生态示范市（区）目标，严格控制新污染源的产生，5年中审批项目3687个，完成“三同时”项目142个。2006年，加大对环境违法行为的查处力度，逐一核查2003年以来“三同时”项目的建设进展及执行情况，重点核查海门港、青龙化工园区内的建设项目，同时有效地抓好当年的项目管理，要求更注重项目长效管理，污染较重项目，每半月最少检查1次，污染较轻项目，每月检查不少于1次。

2007年，加强对“三同时”项目的组织协调和监督管理，全年组织现场督查1230多次，对不按审批要求违法建设或擅自扩大建设规模的项目，及时提出整改意见，督促整改到位。2008年，帮助江苏英力科技发展有限公司等企业健全落实规章制度，完善事故应急预案和验收资料，保证重点项目顺利通过验收。督促江苏联海生物科技有限公司、灵甸污水处理厂等企业按照试生产要求，完善各项污染防治措施，建立健全相关台账资料，确保重大项目按时投入试生产。对未批先建、擅自改扩建或未经同意擅自组织试生产等违法行为行政处罚，查处环境违法行为10起，发出限期整改通知书10份，发出行政处罚决定书5份，处罚金额50多万元。是年6月，首次在市环保网站公示项目审批验收情况。

第三节 行政执法

一、环境法制

20世纪90年代初，工业经济加快发展，县内未批先建、超标排污、环境污染及纠纷日渐增多，环保部门逐渐通过行政处罚手段管理环境。1995年，制定海门镇区域环境噪声适用标准。1996年，《中华人民共和国行政处罚法》颁布实施，市制定《关于进一步加强环境保护工作的决定》，对全市环保工作的“三个一”①制度、法制建设、基本队伍建设等作出规定。1997年，制定《海门市环境监理规范化建设若干问题的规定》，规范环境监理执法队伍建设和执法行为。1998年，市环保部门制定行政执法岗位责任制度等行政执法制度，保证环保行政执法的公开、公正、公平。

2000年，制定行政处罚具体工作的暂行规定，明确对环境违法行为是否立案及立案期限；对调查终结的案件，必须做到违法事实清楚，证据确凿充分；对违法事实确凿，根据有关法律规定的行政处罚权限可实行简易程序，当场作出行政处罚决定。发出《关于进一步加强建设项目环境保护管理的通知》，要求海门境内所有可能危害环境的基本建设项目、技术改造项目、区域开发建设项目等，均须执行建设项目环境保护预审制度。2001－2005年，制定《海门市城区区域环境噪声适用标准》《海门市乡镇生活垃圾卫生填埋标准(试行)》《海门市医疗废物管理暂行办法》等，加强各类环境管理。2005年，印发《海门市重点污染企业环境行为综合考核办法(试行)》，对化工、印染、电镀等重污染企业的环境行为进行百分制考核。是年，规范行政处罚程序，提高环境行政执法水平。

2006年起，实施规范性文件备案审查制度，凡出台涉及民生及当事人权利的规范性文件，须经政府法制办公室审核通过、发布通告后，方可实施。2008年，在建项目环评审批、排污许可证申请、建筑施工夜间连续作业等环保行政许可，统一编印申请、受理、核查、审批等格式文书，规范各部门行政许可工作流程，提高行政许可质量。

二、执法检查

90年代，通过日常检查和专项检查相结合、正常工作日检查和夜间、休息日突击检查相结合等方式，逐步加大执法力度。1990年，对日常检查中发现的环境违法行为，以教育劝导或口头警告为主，对20起严重违法行为实施行政处罚。1993年5月，对海门、三厂两镇20个企业检查，其中有严重环境污染问题的企业4个。9月，县人大常委会组织人大代表和有关职能部门对县颜料化工厂等5个化工企业视察，检查企业污染物的产生过程、数量、浓度和对周围人群环境的影响，以及“三同时”、排污收费、环境影响评价等环保法律、法规的执行情况。检查结束后，县环保局举办企业环保培训班，并指导企业开展污染治理。1995年3月，组织市人民法院、计委、经委、法制局、广电局、环保局等单位，对市区企业的污染治理设施运行情况、执行水污染物排放许可证情况进行专项检查，3个企业的污染治理设施基本正常运行，但部分污染物超过国家规定排放标准或排放许可证核定的排放范围，5个单位存在较多环境污染问题；5月，组成环保执法小组，对全市各乡镇场、有关排污单位贯彻落实省《关于进一步加强环境保护工作的决定》情况进行检查，发现部分乡镇新、改、扩、迁及技改项目

① “三个一”制度：建设项目环境保护第一审批权，党政“一把手”亲自抓环境保护，评优创先环保一票否决权。

的环保审批率较低,有的乡镇重视经济建设、轻视环境保护,少数企业污染物排放不达标。对检查发现的问题,实施限期治理。1996 年,取缔、关停 31 个严重污染环境的小化工、小电镀等企业(车间)。1996－1998 年,连续对新、改、扩建项目的环保审批和污染源限期治理情况作专项检查,对检查中发现的环保审批率偏低、废水治理设施不正常运行、废水超标排放等问题,要求相关单位整改。2000 年 8 月,对城区污染企业排污情况逐一检查;9 月,对全市 43 个重点污染企业治理设施运行情况进行检查。提出整改意见 25 条,发出限期整改通知书 15 份。2002 年 5 月,组织环保、法制、监察等部门对造纸、水泥、化工、印染 4 个行业 52 个企业的污染源治理达标情况进行检查,4 个违反规定超标排放污染物的企业受到行政处罚。7 月,省人大常委会环保执法检查组到海门视察检查,肯定海门首创的在污染企业设置"公众监督口"的做法。11 月,对城区机械加工噪声污染检查,取缔无证经营且群众反响强烈的 6 个机械加工单位,对 10 个占道经营户分别实施暂扣物品、警告、罚款。2001－2005 年,共实施行政处罚 195 件,其中 61 个单位被依法责令停产、停业或停止环境违法行为。

2005 年 3 月,市人大常委会组织环保、建设等部门对全市生活垃圾规范化管理试点乡镇、村专项检查,市人大常委会常委和部分乡镇人大负责人视察全市水污染防治情况。对检查中发现的污染防治主要问题,要求市环保职能部门加强对重污染企业的监管力度。11 月,省环保专项行动检查组到海门检查开展整治违法排污企业、保障群众健康环保专项行动和集中式饮用水水源地专项整治工作。检查组要求市环保职能部门全面掌握全市饮用水源情况,高标准落实长江水厂水源保护区建设,加快三阳镇地区改水工程进展。

2006 年,投入 20 万元购置地下管线探测仪,对污染企业地下管道进行勘探,个别私设暗管的企业受到严肃处理。是年,立案查处环境违法行为 86 件,实施行政处罚 61 起,罚款 121.7 万元。2007 年,全面排查 2 个地面饮用水源保护区上下游 3000 米、182 个乡镇饮用水源地周围 1000 米范围内的工业污染源、农业面源、生活污染源和流动污染源,对梳理出的 25 个环境安全隐患及时落实整改。查处环境违法行为 143 件,实施行政处罚 121 起,罚款 250 万元。2008 年,采取突击检查、交叉检查的方式,对全市 37 个规模较大化工企业、饮用水源地周边污染源及 7 个放射性同位素使用企业开展环境安全隐患排查,整改 110 多项。制作重点企业危险源平面位置图和应急预案,完善风险源数据库。举行突发环境事故应急演练。通过联合督办、驻厂督办,按期完成南通市纪检监察挂牌督办项目 1 个,市督办项目 10 个。是年,以零点行动、专项行动、夜查和日常环境执法等形式,加强对全市印染、化工、电镀、造纸、畜禽养殖等行业监督检查,对检查中发现的污染物超标排放、污染治理设施不正常运行、私设暗管偷排废水等问题,实施行政处罚,遏止各类环境违法行为。结合开展整治违法排污、保障群众健康环保专项行动,查处环境违法案件 78 起,实施行政处罚 65 起,罚款 304.8 万元。按照省环保厅的统一部署,关停年产 3 万吨以下的造纸企业 5 个。

图 4－8　2008 年,市开展突发环境污染、危险化学品事故应急预案联合演练

1994－2008 年海门市环境行政处罚情况一览
表 4－3

年　份	行政处罚(件)	罚款(万元)
合计	573	876.48
1994	7	0.95
1995	3	1.50

续表 4－3

年　份	行政处罚(件)	罚款(万元)
1996	34	9.10
1997	50	14.35
1998	26	7.73
1999	6	2.85
2000	5	3.10
2001	21	4.20
2002	24	12.60
2003	51	37.50
2004	51	45.20
2005	48	60.90
2006	61	121.70
2007	121	250.00
2008	65	304.80

三、环境信访

80 年代前，环境保护的信访工作均由县、公社有关部门处理。1980 年 10 月起，县环境保护部门负责环保信访工作。1984 年，受理群众来信来访 122 件，除转出 12 件外，其余均实地查处。1985 年，处理群众来信来访 120 件，8 个单位赔款 1.7 万元。1986－1990 年，共接待群众来访 339 次，处理群众来信 376 件，办理人大议案、政协提案 76 件。年结案率 96%－100%，年均处理污染事故 30 多起。1993 年，建立完善环境信访制度。1994 年，制定环境信访操作规程。1997 年，制定《关于突发性污染事故处理制度》，规范信访工作程序。

1998 年 7 月，市环保局与公安"110"建立联动服务体系，接受环境信访举报，处理突发性环境污染事故及纠纷。1996－2000 年，共处理环境污染问题 1588 起，其中水、气、噪声污染分别为 265 起、560 起和 558 起，其他方面 205 起。2000 年，发函征求信访处理对象的意见，发现处理不满意的及时整改。2001 年，在信访工作中形成回头看制度，对群众不满意的环境信访作进一步处理，直至群众认可。2002 年，建立"信访接待日"制度，规定每周一由领导直接处理环境信访。是年，受理各类环境信访 825 件。

2003 年，制定《关于处理环境信访问题来信来访的规定》《关于减少和避免重复环境信访的规定》等 5 个信访文件，为环境信访工作提供明确的操作依据。是年，受理各类环境信访 954 件。2005 年，重点处理青龙河北段、浒通河、十三匡河、德胜镇李彬村、沿江化工企业以及树勋镇等地区的区域性水环境污染等信访 936 件，均及时有效调处。2006 年，建立环境信访月度分析制度，强化信访预警，并推出环境信访接待、登记、回复一站式服务，提升环境信访调处效率和水平。是年，调处各类环境信访 678 起，比 2005 年下降 27.6%。2007 年，建立完善信访工作目标责任制、信访受理首问制、重大信访领导包案制、年终季度考核制和纪检督办制，聘任乡镇环保助理为环境信访信息员，形成畅通的市乡两级信访管理网络，开通局长信箱，接受网上信访投诉。是年，接受环境信访 581 件，办理人大代表建议、政协委员提案 9 件。2008 年，建立环保有奖举报制度，对经查实的环境违法行为给予举报人一定奖励，激励公众监督，打击环保违法行为。是年，受理群众投诉 571 起，办理上级转办件 61 起、局长信箱信访 26 起，接受群众环境政策法规等咨询 400 人次。

四、典型案件

海门化肥厂排污案件　1990 年 10 月 17 日，厂洪乡厂洪村养鸭户徐某向县环保局举报称：因海门化肥厂排污造成海门河水污染，造成其蛋鸭死亡和产蛋量下降，要求给予经济赔偿。

县环保部门随即派员赶赴现场，在徐某养鸭的水域采集水样，经县环境监测站对采集的水样测试后表明：水中溶解氯、高锰酸盐指数、氨氮、硫化物超标。为弄清死鸭与养鸭水域水质的关系，县环保部门走访同水域批量养鸭户，发现没有出现死鸭情况，同时对海门化肥厂的排污情况进行检查和审核。确认海门化肥厂排污与徐某所养鸭子死亡和产蛋量下降没有直接因果关系。但考虑到养鸭户的辛劳，经与海门化肥厂商量，厂方愿意出资二三千元资助徐某。徐某不同意协调意见，其后半年连续上访。县环保部门于次年 5 月 17 日，提请南通市环境科学学会有关技术人员进行分析论证，并走访省淡水养殖专家，确认原告鸭子死亡和产蛋量下降与海门河水质状况无因果关系。5 月 25 日，县环保部门将结果函复徐某。

徐某对复函不服,于6月4日向县人民法院提起诉讼,要求县环保部门撤销处理复函,并重新作出处理决定。

经县人民法院开庭审理,法院认为:被告在接到原告的举报后,立即到现场采样,并做了大量的调查取证和研究工作。在此基础上,作出徐某的鸭子死亡和产蛋量下降与海门河水质状况无因果关系的结论是成立的。原告提供的县畜牧兽医站的证明材料,未能证实鸭子慢性中毒与海门河水质的直接因果关系,法院难以认定。根据《中华人民共和国行政诉讼法》第54条第(一)款之规定,于1991年7月18日判决维持被告1991年5月25日作出的处理结论。

原告接到县人民法院判决后,在法定的时限内,以原判认定事实与实际情况不符为由,向南通市中级人民法院提起上诉。中院依法组成合议庭审理此案。中院认为:上诉人(一审原告)所提鸭子死亡、产蛋量下降是海门河水质污染所致缺乏事实依据;被上诉人(一审被告)所作的处理在实体上并无不当;原审法院所作的判决是正确的。上诉理由因缺乏事实依据,中院难以支持。根据《中华人民共和国行政诉讼法》第61条第(一)项的规定,南通市中院于1991年11月26日作出"驳回上诉,维持原判"的终审判决。至此,轰动一时的海门"鸭案"以县环保部门胜诉而终结。

市青龙化工园区排放污水案件 2005年12月16日,市环保部门例行检查市青龙化工园区污水处理有限公司,发现水污染处理设施停运、拆除情况,造成园区部分管道废水溢出。执法人员当即收集违法证据,对溢出废水采样、现场拍照取证。12月23日,市环保部门向该公司发出行政处罚事先告知书,该公司在限期内未提出陈述申辩。12月27日,市环保部门依法作出"限接到本处罚决定书起两日内重新安装使用水污染处理设施、罚款人民币肆万捌仟元整"的处罚决定,并于当日送达。该公司不服,于2006年1月11日向市人民法院起诉市环保局。市人民法院于1月17日受理该案,并于1月18日向被告送达起诉状副本及应诉通知书。为避免给社会公共利益和他人合法权益造成损失,市环保局于同日向市人民法院提交先予执行"重新安装使用水污染处理设施"申请书。市人民法院当日裁定予以支持。2月14日,市人民法院依法组成合议庭,开庭审理该案。原告诉称,因青龙化工园区的排污单位超标排放污水,且不按照合同约定给付污水处理费,决定停止经营,并已告知有关单位;原告是污水处理单位,并非污水排放单位,被告认定原告擅自停运、拆除水污染处理设施与事实不符;被告将原告作为排污单位,依照相关法律规定予以处罚,适用法律错误。被告市环保局辩称,直接或间接向环境排放污染物的企事业单位就是排污单位,原告也是排污单位,受环境保护部门监督管理,停运、拆除水污染处理设施,依法应报被告批准;原告擅自停运、拆除水污染处理设施的行为,有被告现场所作的调查询问笔录、检查勘验笔录、勘验示意图、现场监理记录等为证;被告依据相关法律规定,对原告作出行政处罚,适用法律正确。至于原告与他人的合同纠纷不属于被告的管理范围,应当由合同当事人或其他部门解决。

市人民法院经审理查明,2002年10月18日,江苏鹏鹞集团有限公司与市经济开发区管委会就市青龙化工园区污水处理项目签订特许经营权合同,设立具有独立法人资格的市青龙化工园区污水处理有限公司,负责市青龙化工园区污水集中处理业务。法院认为,排污单位是指直接或者间接向环境排放污染物的企事业单位,是否排污单位并不依单位性质而定。原告是污水集中处理单位,直接向长江排放尾水,故原告在设立和经营过程中,是作为排污单位受环境保护部门监督管理。根据相关法律规定,任何单位不得擅自停运、拆除污染物处理设施,拆除或者闲置污染物处理设施,必须申报环境保护部门同意。原告于2004年8月水污染处理设施开始运行,在未经监督管理部门批准的情况下,停运、拆除处理设施,致使污水外溢,向环境排放,其行为显然违反法律规定。被告对原告作出的行政处罚,事实清楚、证据充分,适用法律正确,程序合法。经合议庭评议,审判委员会讨论,2006年3月15日,市人民法院依法判决维持市环保局行政处罚。收到判决书后,市青龙化工园区污水处理有限公司未提起上诉,及时履行了行政处罚内容。

第四节　事故处理

1983年9月,县磷肥厂二氧化硫污染环境,厂洪乡56.67公顷棉花受损。责令该厂赔偿棉农损失3.24万元。

1984年6月,三厂镇镇区工业废水与生活污水污染青龙河,河水受潮力驱动,造成厂洪乡7.73公顷水面死鱼。造成事故的海门化肥厂等10多个单位赔款1.5万元。

1988年4月2日,通吕运河上游污水自西向东流至县境四甲镇、王浩乡、包场镇等地,使通吕运河及其支流的沟河水质严重恶化,造成沟河水异色、异味和鱼虾等水生物浮头、死亡,同时影响人畜饮水,直接经济损失5.3万元。县环保部门立即向南通市环境保护部门报告污染事故发生情况,请求采取措施,减少污染影响。南通市环保部门立即行动,严肃查处通吕运河上游污染企业,责令有关肇事单位赔偿群众经济损失。

1990年,海洪乡固中砖瓦厂利用焦油沥青作为烧砖燃料,在燃烧和贮藏过程中污染周边环境。责令该厂立即停止使用,并对该厂罚款1000元,具体责任人罚款100元。

1995年4月,余东镇运盐河从东向西存在不同程度的污染,污染主体为工业性污染,水质呈黄褐色,主要是余东铜管厂酸性废水和余东轮胎翻制厂冷却水等排放造成;同时存在生活污染,主要是一些生活垃圾,各种漂浮物较多。市环保部门责令厂方加强内部管理,废水经有效处理后达标排放,同时对沿河单位和居民进行宣传教育,提高群众环保意识,不乱倒垃圾。

1998年,市环宇化工厂没有按时完成市政府规定的限期治理任务,企业的生产废水直排大新港河,严重污染水环境。7月22日,市环境监测站对该河水采样测定,其色度、化学需氧量、悬浮物、硫化物、挥发酚等水污染物严重超标。8月,依法对该厂罚款1万元,并责令9月底前完成限期治理任务。后经检查,基本落实到位。

2001年3月25日上午7时半,环保"110"接群众举报,反映通启运河、浒通河、圩角河等河流遭受严重污染,发生大面积死鱼。市环保部门监察、监测人员于半小时后赶到现场查看,并会同南通市环境监察支队认定南通盛达印染有限公司(属通州市)超标排放污水,经新江海河向北流入海门境内通启运河,导致海门西部、中部7个乡镇大面积水域遭受严重污染。市环保部门对此次水污染事件于次日零点紧急传真报告南通市环保部门和海门市政府,建议立即采取措施,制止污染事态的继续发展。南通市环境监察支队责令该公司停止超标排放,以减轻海门境内河流水污染。

2002年8月9日凌晨,启东市一化工厂运载苯胺的车辆在三厂镇十字路口泄漏苯胺4－5吨。市环保部门于当日8时10分获悉后,当即由部门领导带领监察、监测等人员前往事发地与当地干部一起处理善后。监测人员连续1个多月对周边水环境采样分析,随时向当地政府通报水质情况,确保水质安全。

2005年5月1日上午9时,环保"110"接群众反映,刘浩镇东园橡胶厂生产过程中产生的橡胶臭气严重影响北侧30多户村民的生活。环境监察人员察看现场后,责令该厂立即停产。5月5日晚10时,该厂再次擅自生产,引起厂群冲突。环境监察人员深夜迅速赶赴现场,立即制止生产,并责令企业将生产原料立刻搬出厂区,使该厂不可能再组织生产,同时耐心做好群众工作。次日,帮助该厂转卖掉2万吨剩余原料,既为该厂减少损失,也让群众彻底放心,该厂大气污染问题圆满解决。

2006年四五月份,余东镇戴青山村群众反映种植的桑树受公路施工队扬尘污染影响生长。接举报后,环保部门及市农林部门植保站、蚕桑站的专家赶赴现场进行鉴定,专家们一致确认扬尘确对桑树生长有一定影响,经协调,对村民作出相应补偿。

2007年9月15日晚,悦来镇某化工厂在拆除陈旧化工设备时,发生残氯泄漏事故。市环保部门迅速启动处置突发性环境污染应急预案,并向南通市环保部门和海门市政府紧急报告。在安监、消防、公安和卫生等部门的协调下,安全拆除原设备,控制事态发展。同时为预防同类事故的发生,随后组织全市环境安全大检查。

第五节　排污费征收与使用

一、征收

1980年11月，对海门手帕厂、县磷肥厂、四甲肉联厂废水和县铸钢厂黑烟超标排放依省排污收费相关规定，试收排污费2.37万元。1981年，开征排污费，并逐步扩大征收范围。至1985年，共征收173.39万元。1986－1990年，共征收超标排污费及补偿性罚款等其他收费471.9万元，被征收单位173个，其中乡镇、村办企业占72%，起征点30元。1990年，收费额111.9万元，占全县工业总产值的0.46%。通过征收排污费，扩大环保宣传面。

1991年，向全县超标准排放污染物的个体工商户、私营企业征收超标排污费，全年征收超标排污费206万元。1992年，在银行配合下，采用委托收款的办法结算排污费，并完善县、乡两级收费网络，加强乡镇个体户收费管理。1993年，对锅炉、窑炉烟尘排放污染物超过标准的排污单位开征超标排污费。是年，征收322个单位超标排污费270.03万元。1994年，开征超标噪声排污费，同时把征收排污费列入执法检查内容。1995年，使用统一的省排污费收据，加强和完善排污收费管理。是年，建立环境监察机构，加大收费工作的力度。收费时严格核实企业监测数据、收费测算结果、票据无误。1998年，开征二氧化硫排污费、建筑施工噪声超标排污费和生猪屠宰污水超标排污费，对拖欠排污费超过3个月的28个企业发出行政处罚告知书，并对其中7个企业实施经济处罚。

2000年，将全市所有排污单位的污染物种类、数量、浓度等数据资料输入电脑，实现排污收费微机管理。先后开征畜牧业、酿酒业排污费和医疗机构废水超标排污费，强化饮食娱乐服务业排污费征收，全年征收排污费632.05万元。2001年，排污费征收实行目标管理，每月召开收费例会，定期检查排污费到账情况，做到当月票当月清；实施单位开票、银行代收、财政统管的征管方式，建立严格的开票、解缴、使用制度。是年，收费761.3万元。2003年，对印染、化工、电镀等重污染企业进行收费调研和测算，加大对重污染企业的收费力度。是年，征收排污费1042万元。2006年，省环保部门稽查市大千热电有限公司拖欠排污费，收缴其排污费63万元，追缴2005年排污费54万元。是年，征收排污费1363万元。2008年，开征污水处理厂排污费，市污水处理中心和市达源水务有限公司共计缴纳排污费300余万元。

二、使用

1980年，海门手帕厂等企业缴纳的排污费列入专用账户，由县环保部门、财政部门管理。80%资金补助给企业治理污染。1982年，排污费纳入预算内管理，80%用于污染治理，20%用于县环保部门建设。1989年，建立污染源治理专项贷款基金，变环保补助资金的无偿使用为有偿使用，提高资金使用效益，为重点污染源的治理提供可靠的资金来源。是年，环保补助资金和贷款93.1万元，用于添置、维护治理设施，促进污染治理。

1993年，排污费实行收支两条线管理，收入按月或季解缴国库，支出按先收后支、量入为出、专款专用原则；排污费纳入预算管理，作为环境保护补助资金，由市环保部门会同财政部门统筹安排使用。1995年，对排污费情况进行分析，制定资金管理各项规范化制度，建立资金使用台账和排污费动态档案。同时，各乡镇代征的个体、三产排污费，按征收额70%返还。1996年，从排污费中贷给市农药厂、磷肥厂、海门化肥厂23万元用于污染治理，按规定予以豁免。

2004年，排污费除上交中央10%、上交省财政10%－20%外，其余全部纳入污染防治专项资金，环保系统人员经费、业务经费全部列入部门预算，不再从排污费中列支。同时，资金拨付方式由原环保部门转拨改为财政部门直接拨付给各污染治理单位。是年，共补助污染治理和环境综合治理项目20个，拨付污染防治专项资金502万元。2005年，制定《海门市污染防治资金管理办法》，加强市级污染防治资金的使用管理。是年，补助污染治理和生态建设项目32个905万元，其中150万元用于市东部三阳镇和悦来镇地区、西部天补镇和三和镇地区的印染废水集中治理管网工程建设，改善当地环境质量；同时对创建南通市级环境优美乡镇和生态村、“绿色社区”的单位进行资金补助。同年，组织南通龙翔化工有限公司对异丙基苯胺清洁生产项目、江滨化工二厂硫代硫酸钠技改项目分别申报省环保科技项目资金和省污染防治基金，分别取得补助资金60万元。2006年，市级污染防治资金补助项目41个753万元，东部地区印染废水集中治理提标工程取得省级资金补助70万元。2007年，对市大千热电有限公司废气脱硫工程等62个工业污染治理、环境整治项目补助1165万元。是年，西部地区废水集中治理提标工程取得省级资金补助300万元；中海牧业公司的野猪场废弃物综合利用及污染防治示范项目，取得中央资金补助200万元。2008年，对51个项目补助资金1152万元。另对6个环境优美乡镇、46个南通市生态村、22个海门市生态村、1个省级“绿色社区”、1个南通市“绿色社区”的污染防治和生态建设补助52.7万元。正余镇邢柏村等5个村建设苏中农村百户小型污水处理示范试点工程，各获补助20万元；德胜镇李彬村等3个村作为省农村环境综合整治试点村，各获补助20万元；南通新锦江印染有限公司3000吨/日生产废水提标治理工程获得省级污染减排类防治资金90万元。

1980－2008年海门市(县)排污费收支一览

表4－4 **单位:万元**

年份	排污费征收	污染防治资金补助
1980	2.37	-
1981	21.45	4.89
1982	64.35	26.22
1983	26.75	46.50
1984	26.52	4.70
1985	34.32	1.37
1986	49.52	28.29
1987	96.11	41.46
1988	104.76	63.15
1989	111.54	50.73
1990	111.90	35.46
1991	206.00	149.00
1992	251.29	115.65
1993	270.03	87.04
1994	300.64	191.20
1995	381.29	210.40
1996	450.38	140.40
1997	471.89	141.20
1998	527.03	256.17
1999	568.75	315.06
2000	632.05	332.82
2001	761.30	539.99
2002	806.52	545.62
2003	1042.00	644.70
2004	1057.00	650.00
2005	1151.00	1072.20
2006	1363.00	962.60
2007	2029.00	1765.00
2008	2336.00	1902.00

第五篇

城乡建设

宋代，随着人口的增长和商贸活动的出现，海门境内逐渐形成了一些小集镇。余东等县集镇有千余年历史。乾隆三十三年(1768)，设海门直隶厅治于裙带沙茅家镇，相继建衙署、文庙、学宫、城隍庙、关帝庙等。民国元年(1912)，境内有集镇97个。民国3年，张謇创办大生第三纺织公司。民国9年，创办电灯公司，同年建公路。民国27年，日本侵略军入境，县城名园、亭榭、会馆等古建筑屡遭破坏。解放前夕，县城街狭道窄，路面坎坷，阴沟不畅，河道淤塞。城区商店临街，建筑以粉墙黛瓦平房为主。农村少数人家住有瓦房，多数农民栖身于草舍茅屋。

新中国成立后，城乡建设逐年发展。20世纪50年代，县城茅家镇(1965年改名海门镇)以及三厂、四甲、余东、包场等集镇进行整治和建设。70年代，县城建设加快，拓宽道路，增设公用设施、商业店面。公社所在地集镇建设开始向工业、商业、教育、卫生等多功能新型集镇发展，农民普遍翻建瓦房。80年代后，开展城乡规划建设，城区面积由50年代初不足1平方公里扩大至1994年的7.59平方公里。海门镇、三厂镇商业一条街形成规模，街道两旁高楼林立，商业、邮电、金融、文化、绿化环卫等公用设施配套发展。农村兴起建房热，“七架头”平房和二三层楼房成为主流。农村公共设施逐步完善，道路、桥梁、供电、供水及文化、教育、卫生等建设日新月异。1995年，市区实施旧城改造。200多天时间完成建筑面积50.3万平方米，建房超过前45年的建设总量，提升了海门城市形象，《中国市容报》作专题报道。是年，城市管理有序展开，通过全国卫生城市考核。1997年，货隆镇获省级新型示范小城镇称号。是年，取消住房实物分配，实行货币补贴，完善住房公积金制度，形成国家、单位、个人三者合理负担的城镇住房新体制。2001年，编制高标准市区成片改造详细规划及、青龙化工园区、海门镇工业园区规划。2003年，确定加快城市化进程，规划用5－7年向长江边南移，城市面貌迅速改观。2004年，编制市区多类详细规划，城镇建设投资超过15亿元，城区建成区面积扩展至13.54平方公里。

2008年，围绕“城市建设年”目标，编制《海门市城市远景规划》等多项规划，城区面积扩大至20.76平方公里。实施长江路、江海路综合改造，完成全长5.58公里的张謇大道建设，有序推进城市南进步伐。实施张謇大道、沿江公路、苏336线等11项总面积145万平方米的绿化工程，完成336线、江海路等10条线路及城区景观灯安装，铺设管线90公里，安装、改造路灯2370组，市区建成主要小区40个，占地811.38公顷，住房1934幢。编制43个三类村庄建设规划，全市234个村的农村建设规划通过省验收组抽查。22个乡镇启动60个聚居区建设，建成各类式样住房2294套。

第一章　城乡规划

第一节　城市规划

一、总体规划

旧时,海门境内屡遭江海潮台风袭击,涨坍无常。乾隆三十三年(1768),设省海门直隶厅。乾隆三十九年,海门厅同知徐文灿对所辖沙洲实地勘察,选定位于偏西北的裙带沙高地茅家镇建厅署、筑文庙,并陆续修建孔庙、孔林、奎光阁等建筑。嘉庆十四年(1809),建师山书院。道光二十八年(1848),同知连山对厅署右侧隙地进行规划,建押房、厅堂、平台等。光绪二十一年(1895),同知王宾在厅治后面规划拓西园。民国27年(1938)后,逐步形成丁字形主街道,七案竖河河西形成600米的南北向竖街及河东约有1000米长的东西向横街,街中有日杂百货、银楼等店铺。街面石条石块铺砌,路宽约2－3米,镇区东部置有公园、寺庙,中部后街有会馆等建筑。城区总面积0.7平方公里。民国36年,国民党政府在茅家镇四周构筑土城墙。规划筑计8.4万立方米、占地200亩、周长约4000多米的城墙。海门解放后被平毁。

1950年,县政府组织测量茅家镇地形,拟拆除七案竖河河西竖街朝西门面,拓宽圩角河,由于财力不足,计划未能实施。1958年,制定绕道西街拓宽圩角河,开挖宏伟河,填平新开河(现解放中路)修建公路的县城发展规划。"文化大革命"期间,县城规划处于停止状态。1972年,规划拓展解放中路,形成一条商业主街道。

1980年,对北至海门河以北400米、南至新海公社海南大队、东至江滨公社雷锋桥、西至秀山公社新开河、面积约8平方公里县城范围地形进行测量。1981年,编制县城总体规划。1984年,县人大常委会审议通过。1985年7月,南通市政府批准第一期海门县城总体规划(1981－2000年),确定海门镇为全县政治、经济和文化中心、以轻纺工业为主的县城镇。近期人口控制在3.2万人,行政辖区面积3.09平方公里,建成区面积2.17平方公里。远期人口控制在5.8万人,行政辖区面积7.79平方公里,城区面积3.11平方公里。城镇用地以旧城镇为基础,向西、向北发展为主,适当向东发展,控制向南发展,圩角河西为工业生产基地,控制发展城南工业区。通启公路穿越城区地段采用向南改道方案,住宅一律建造在规划区内。道路、绿化、给排水、供电、邮电、广播、环境保护等设施进行专项规划,逐步实施。

1988年,对县城道路、街道、河道进行规划调整。1989年,南通市政府批准县城性质为全县政治、经济、文化和科技信息中心,以发展轻纺、电子、冶金和机械工业为主导的多功能、开放型现代化城镇。在方格网式道路的基础上,规划内、中、外三环的市内交通网络,并建成内环路;结合旧城改造,加快商业网点建设;整治城区沟河,加快城镇基础设施建设。

1994年6月,委托同济大学城市规划与建筑研究所编制海门城市(1994－2010年)总体规划。1995年7月经省政府批准,城市性质确定为长江下游江北交通门户、新兴的外向型工业城市。城市规模:近期(2000年)中心城区人口为10万人,城市建设用地控制在10平方公里以内;远期(2010年)中心城区人口为20万人,城市建设用地控制在20平方公里之内。确定城市规划范围,西至三和镇以西500米,东至三厂镇望江路(苏202线)以东500米,北至宁启铁路线以北200米,南至长江北岸线和海门港区,面积约90平方公里。

2001年1月17日,海门市第十三届人大常委会第三十六次会议决定批准《海门市总体规划调整方案》报告。是年4月,省城乡规划设计研究院对海门城市总体规划(1994－2010年)进行局部调整。2002年1月,市人大常委会审查通过。

2004年12月,仍由省城乡规划设计研究院修编海门市城市总体规划。总体规划确定城市性质为长江三角洲北翼新兴工贸城市,现代化滨江宜居城市。城市规模:近期(至2010年)城市人口为30万人,城市建设用地为33.24平方公里;远期(至2020年)城市人口43万人,城市建设用地规模为50.66平方公里。城市规划区包括海门、三厂、三和、临江镇,江心沙农场和棉花原种场等6个行政单位的全部范围及天补镇宁启高速以南部分区域,总面积377.16平方公里,其中陆域面积314平方公里。城市发展目标将海门建设成为布局合理、功能完善、环境优美、设施先进、现代开放的滨江宜居城市。

2006年,完成《海门市城市总体规划(2005－2020)》《海门城市新区中心区控制性详细规划》的编制和论证。2007年,在论证稿的基础上,完成证大国际城控制性详细规划(调整)、海门市南部新区控制性规划、海门市滨江工贸区概念性控制规划。2008年,聘请40多名国内著名规划专家,完成24项远景规划、概念性和修建性详规,城市规划体系不断完善,规划质量明显提高。

二、专项规划

海门经济开发区 1992年6月,县委、县政府决定建立海门经济开发区。规划选址在县城东侧,西起海门镇长江路,东至三厂镇新马路,北至北环路,南至南环路,总面积15平方公里,计划分三期开发。规划确定开发区性质为以发展中、小型加工业为主的经济开发区。近期(1995年)规划以劳动密集型产业为主,远期(2000年)规划由技术密集型渐向高科技产业转化。一期工程位于县城东侧,西起长江路,东至浦江路(瑞江路东500米),北至海门河,南至十二号横河,东西长约1.76公里,南北长约2.02公里,规划面积3.55平方公里。

开发区一期工程主干道规划为四纵五横。纵向主干道自西向东分别为长江路、珠江路、瑞江路、浦江路;横向主干道自北向南分别为北海路、黄海路、通海路、东海路、南海路。

开发区分为工业、仓储、居住、公共设施、道路、广场和绿地等区域。工业区分布在东部、南部和西北部,仓储区安排在北部,居住区分布在西部,公共设施和绿地、广场等分布在中部。其中工业用地44.23公顷,仓储用地10.4公顷,居住用地42.05公顷,公共设施用地44.23公顷,河流占地11.31公顷。

配套设施详细规划。依托海门城区供水系统,重建长江水厂,水源取自长江;实行雨污水合流(排)处理,污水经处理后排入长江,雨水直接排入长江;拟建35千伏变电站1座;拟建邮电综合大楼1座,与县邮电局中继线连接,根据区内负荷分布,铺设6－18孔管道;拟建热电厂1座,工业生产采用集中供热方式;规划拟建广播电视中心,中心内建成140－150米高的电视塔及铺设有线架空广播电视线。

大型公益建设区域规划。以开发区大楼为主体建筑,两侧分别是管理中心、科技中心、培训中心、写字楼、商业大厦、大型文化广场和广播电视大楼等建筑,南侧以金融贸易中心、展览中心为主,邮电大楼、高级宾馆、娱乐中心、专业市场、综合大楼等毗连排列。建筑高度控制在18层以下,2－4层裙房安排大型商业服务用房。

2007年,开发区规划总面积100平方公里,下辖中心商务区、滨江新城区、海门港工贸区3个功能区域。

中心商务区毗邻海门老城区和南部新区,是海门主城区的重要组成部分,建成区面积近20平方公里,重点布局新材料、电子通信、精密机械等高新技术产业,规划建成上海周边高新技术产品制造、加工、配套基地。

滨江新城区位于海门老城区南侧3公里,北临沿江公路,南至长江,西起浒通河,东至岷江路,规划面积25平方公里。

海门港工贸区位于海门老城区西南5公里,东至浒通河、南靠长江、西接苏通产业园、北到金雪工业城北界,规划面积46.6平方公里。其中,装备制造产业园规划面积16平方公里,东起大港路,西至新江海河,南靠长江,北至大庆路,形成装备制造产业集聚发展格局;现代物流园总规划10平方公里,东起新江海河,西至苏通科技产业园,南至长江,北到金雪工业城北界,重点吸引大型物流企业,着力打造长江北岸一流的现代化物流基地;高新技术产业园总规划面积6平方公里，位于叠港公路以东、沿江公路以南、吉斯达公司以北，重点招引科技型企业入驻。

海门港区　1993年，编制海门港区总体规划。海门港区一期规划范围：东起浒通河，南靠长江，西毗江淤河，北至江心沙农场南大堤，面积约5.7平方公里。港区以客货运输为主，是规划发展规模较大的工业园区，人口规模1.5万人，用地3平方公里。港区以瑞祥路为主要商业街道，并逐步向东发展。特种水产品和名优种植基地规划在港中河以北、江心沙大堤以南。国营电厂和二类工业区规划在西北部。利用现有水上运输设施，开辟海门港至吴淞口的高速客轮航线、海门港至太仓汽渡航线。规划建设万吨级货远码头。逐步疏通内河水道为6级航道。港区道路规划建设，主干道麒麟路、江滨路、浒通路、货隆路、悦来路、临江路；次干道瑞祥路、三和路、常来路、国强路、万年路、富安路、义兴路、长兴路、普济路、常乐路。仓储用地规划在货隆路北侧，拟在北部规划危险品仓库1座。居民住宅建筑总量18万平方米。行政办公楼建筑设置在悦来路两侧。商业服务建筑沿瑞祥路排列。科教设施规划在港区东南部，建中学、小学、幼儿园，浒通河西侧设置医疗机构，体育场馆设置于区中心偏东地段。逐步形成点、线、面相结合的园林绿化系统，预期绿化覆盖率达到35%。

2007年，将海门港纳入开发区规划。

燃气工程与给水工程　2008年，依照《中华人民共和国城乡规划法》，编制《海门市城市燃气工程规划（2008－2020）》《海门市城市市政工程专业规划—给水工程规划（2008－2020）》，规划范围东至上海路（沿江一级公路）与336省道连接线，西至海门市西界，南抵长江，北宁启高速公路，总面积为215.32平方公里。

第二节　集镇规划

20世纪80年代前，集镇布局呈自然状态，无规划。

1981年，县设立集镇规划办公室，始进行集镇规划建设。是年，先后组织人员去南京学习集镇规划专业技术理论，对新配备的集镇建设助理员和水利员进行规划业务培训，掌握测量、绘图、规划等基本技能。同年，在悦来镇规划试点基础上，全县集镇规划工作全面展开。1984年，完成各乡镇总体规划编制。

1990年，完善调整乡镇规划。1995年，各乡镇重新编制区域总体规划，撤并一些区位优势差、基础设施落后、规模较小的集镇和居民点，优先扩大中心镇片区范围。规划年限为1995－2020年。每个集镇规划区面积1－2平方公里，人口占乡镇总人口的三分之一以上，初步形成以市区为依托，小城镇为网络的城镇化体系。以兴工建镇为目标，工、商、住结合，建设农民街。引导乡镇企业连片发展，选址靠近水源、交通方便地段。商业、集贸设施选择在集镇中心街道附近。

2000年，分批对重点中心镇、合并建制镇及一般集镇进行规划修编，大部分乡镇规划修编初步完成。2001年，对包场、货隆、悦来、三星4个省级重点中心镇总体规划进行修编，完成镇区地形测绘和总体规划方案的编制。至2002年，包场、悦来、三星3镇总体规划通过南通市专家评审；货隆镇总体规划修编工作基本完成，报请省建设厅组织评审。是年，东灶港、正余、四甲3镇总体规划形成初步方案；刘浩、树勋、余东3镇完成地形测绘。2003年，德胜、常乐、余东、刘浩、万年、树勋、四甲、正余、东灶港9个镇完成集镇总体规划编制。包场、天补、三厂、三阳、悦来、三和、东灶港、正余、德胜、海门10个镇完成工业园区规划编制并通过评审。2004年，完成常乐、三厂、海永3个乡镇的集镇总体规划编制和评审。至2005年，除天补、三和镇纳入市总体规划编制范围及王浩、三阳尚未完成规划编制外，全市18个乡镇完成总体规划编制。2006年，东灶港镇创建南通市级新型示范小集镇，开展规划编制工作。2007年，完成王浩、三阳总体规划编制任务。2008年，编制余东历史文化名镇保护规划，申报并获省历史文化名镇称号。是年12月，被国家住房和城乡建设部定为中国历史文化名镇。

第三节 村庄规划

1970年,围绕农田水利建设开展村庄规划。因忽视农民的经济承受能力,过分强调"一条线、笔笔直"等整齐划一的不切实际的要求,规划未能实施。

1983年,县基本建设部门抽调技术人员,分插至各区、乡进行规划指导。各乡组建工作小组,以点带面开展乡村住宅规划。1984年,全县完成村庄规划755宗,并建立农房建设规划审批制度,减少乱占滥用耕地现象。1990年,乡村住宅规划和基本农田保护区规划并轨,编制成755个行政村的住宅规划。

1995年,开展新一轮乡村规划和基本农田保护区规划编制。规划年限为1995－2020年。乡村规划合并零散的自然村落,建组块式村庄,规划将4个村交界处或2个村交界处的几个村民小组,整合为一个组块,逐步形成农保区、建房区、工业区、商贸服务区一体格局,电、水、沟、渠、路配套,改变农民住宅"满天星"和"独宅独院"的状态,提升农民居住环境质量。制定基本农田保护区规划,合理布局农民建房用地,最大限度保护土地,节约耕地,为实现农业机械化、连片种植、规模经营打下基础。全市受保护一级基本农田5.91万公顷,二级基本农田1.06万公顷。1999年,局部调整货隆、三和等乡镇部分村的"两区"①规划,满足居民建房需求。同时加快聚居化进程,编制东兴乡友谊村现代化试点村建设规划、正余镇邢柏村农民别墅区等规划。

2001年,调整常乐、树勋、四甲等6个乡镇"两区"规划,缓解农村建房矛盾。2005年,编制村庄建设规划527宗,规划农民住宅建设用地4500公顷。至2008年,全市共编制43个三类村庄建设规划和450个一般村庄建设规划,基本实现村宅规划全覆盖。

第二章 城市建设

第一节 城区扩容

清康熙四十四年(1705)前后,海门复涨成陆,崇明人陈朝玉携妻到海门垦殖。嗣后沿江新垦沙地渐成村落。乡民在县境西南部裙带沙七案竖河旁一茅姓人家房子的"山墙边"交易荤、素菜,生活日常用品。天长日久渐次形成集镇,乡民称茅家镇,其范围在七案竖河(今江海路)一带。乾隆三十三年(1768),置省海门直隶厅。乾隆三十九年(1774),海门同知徐文灿经实地勘察,建厅署于茅家镇。并在厅署后面建造狮山,意镇水患。继之在老镇区东建有孔庙、书院等,形成行政教育区(新中国成立后为建国街)。至嘉庆年间(1796－1820),沿老河(今健康路)逐渐形成一条新的大街。道光二十八年(1848),同知连山于厅署右侧隙地建押房、厅堂。光绪二十一年(1895),同知王宾在厅治后拓西园。此后,茅镇以新弄为界分成东大街、西大街。

民国元年(1912),海门废厅设县,县署仍为茅家镇。民国10年,建茅家镇上往南通、下至海复等镇的晴通雨阻的通启公路,茅家镇段向西称通海路,镇区建有静海公路。民国23年后,茅家镇一度以引线弄(今健康路镇中路相交处之西)为界,因东

① 两区:基本农田保护区和居民建房规划区。

有文庙(清乾隆四十二年(1777),在今烈士馆之东、海门中学址建孔庙)称文成镇,西有武庙(清嘉庆九年(1805),建成的关帝庙)称武成镇。民国35年,国民县政府合并二镇,称文武示范镇。民国36年,县政府构筑土城,东至日新河,南至通沙河,西至泥坝泾(圩角河西约30米),北至居民点,东西长1500米,南北阔800多米,环绕全镇,周长4000多米,辟6个城门,解放后被平毁。民国37年,复称茅家镇。1949年1月,海门县城解放时的范围:东起先农坛,南至大储栈,西起泥坝泾,北至电灯公司。主要有大同街和复兴街一横一竖两条街道,大同街在七案竖河东,东西长约1公里,较大的商店集中于此;复兴街在七案竖河西,南北长约0.6公里,形成丁字形主街道。全镇总面积0.7平方公里,居民5000人左右。

新中国成立后,县政府重视县城基本建设,解放路新街道逐渐形成,并向周边延伸扩大。1958年,绕道河西复兴街拓宽圩角河,开挖城中宏伟河,填平县政府南门口的新开河,新辟东西向商业大街,成为解放中路。是年,延伸静海南路。20世纪60年代,建成城区解放路和通海路两条主干道。填平县政府后面的老河(今健康路)。1963年2月,茅家镇人口14358人(其中农业人口1358人)。1964年7月,精减城镇人口后,茅家镇有人口10950人(其中非农业人口9467人),总面积2.15平方公里(含镇郊菜园地66.8公顷)。1965年,海门镇有大同街、复兴街、建国街和解放街4个居民委员会。1970年,解放东路筑晴雨路,从七一桥延伸至东风桥,商业街从宏伟河向东延伸至日新河。1972年,解放中路逐渐建成集行政、商业、邮电、金融为一体的东西向新大街。成为海门城区的主轴线。

1978年,海门城区东起消防队,西至加油站,约3公里;南起水泥厂,北至百货公司批发站,亦3公里。1980年,城区面积2.46平方公里,建成区(指城市行政区内实际成片开发建设、市政公用和公共设施基本具备的地区)面积1.84平方公里。80年代初,建成解放东路,与解放中路相连,总长1.5公里,横贯县城。修筑南北向的通源、长江、宏伟、拥军、镇中等路。1984年后,按县人大常委会通过的《海门县城总体规划》要求,城区主要向西、向北发展,适当向东延伸,控制向南发展。1985年,县城建成区面积扩至2.42平方公里,人口2.57万人。筑有包括通启寅线、海(门)二(甲)线县城段等主要道路。1986年,拓宽通启寅公路县城段路面。是年11月,县城增设狮山、复三街,城中、西郊、实小、拥军路6个居委会,共有10个居委会。1987年,新建秀山路、城北路(后改为丝绸路)等。1988年,城区建设突破东至江滨公社雷锋桥、南至新海公社海南大队、西至秀山公社新开港的《海门县城总体规划》控制范围,建成区面积2.76平方公里,人口33992人。1990年,城区面积扩至5.5平方公里,建成区面积3.63平方公里,人口38735人。1991－1992年,形成北海路土路面,完成瑞江路、珠江路、长江路混凝土路面的铺设。

1994年6月,市区东至瑞江路,南至人民路(原通海路更名),西至海兴路,北至丝绸路。是年,城区面积扩至7.59平方公里,人口94122人。1994年后,海门城区以向东发展为主,同时辅以向西向南发展。1994－1998年,拓宽、改造秀山路,青海路全线通车,街北路拓宽更名为新海路,拓宽丝绸路,实施狮山路、静海路、江海路、海兴路的修筑、拓宽、改造及沥青路面铺设。1995年年初,海门主城区的范围:东至瑞江路,南至秀山路,西至新开河,北至海门河。

1995年3月,在市区东至日新河,南起人民路,西至海兴路,北至丝绸路总面积为4平方公里范围内实施旧城改造。7月,省政府在《海门市城市规划》的批复中指出,城市建设用地主要向东、向南发展,适当向西发展。旧城改造中,建成223幢办公楼、商业楼、住宅楼和商住两用楼,累计建筑面积

图5－1　1995年旧城改造场景

50.3万平方米，增加12条商业街、14个大中型商场、2100个商业店面、4个农贸市场，新建改造12条主干道和127条后街弄巷，建设改造总量超过新中国建立后45年的总和，城区范围东至瑞江路、文化广场，南至南海路、气象站、污水处理站，西至富江路、大千商贸城，北至北海路、石油液化气站，建成区面积5.1平方公里，城区人口95050人。1998年，市区有瑞江、珠江、长江、静海、镇中、江海、海兴路7纵；秀山、人民、解放、青海（西接新海）、丝绸路5横主道。建成区面积6平方公里，城区人口增至106167人。

2001年，市委、市政府调整市区总体规划，新辟南海路，以南海路一期工程竣工为标志的新城区建设全面启动。是年，还改造拓宽海兴路，新建民生路。建成区面积扩至7.2平方公里。社区居民委员会增加到18个（其中开发区3个），城区人口130715人。2002－2005年，实施南海路二期工程、长江路南延工程和北海路工程；南海、长江、富江等路铺设混凝土路面，新建瓯江路；南海路东延，海兴、瑞江路南延工程；黄海路西延，海兴路、狮山路北延以及狮山北路跨海门河桥等“三路一桥”工程全面竣工。2005年，城市建成区面积扩展到14.39平方公里，社区居民委员会增加到22个（其中开发区3个），人口169222人。

2006年，开展“城市建设年”活动，拆迁房屋69.2万平方米，是前5年的总和。重点实施黄海路混凝土面层工程（日新河至静海路），城区道路慢车道摊铺工程（南海路、长江路、瑞江南路、海兴路、富江南路等），打通断头路工程（城区相关道路与沿江公路相接），富江路拓宽（人民路至丝绸路北），丝绸路西延（海兴路至富江路），北海路东延，以及人民中路改造工程（静海路至通源路），进一步拉开城市框架。全年城市建设总投资超过40亿元，城市建成区面积扩为16.21平方公里。是年12月，市委、市政府作出城市南进发展规划。

至2008年，按照“打造新城，提升老城，启动滨江”的总体思路，高起点、大力度推进城市建设，城市南进步伐加快，发展格局实现历史性转变。在新城区，城市南进框架基本拉开，南进主轴张謇大道竣工通车；上海路、政法中心配套道路等工程竣工通车；长江路、浦江路南延等工程开工建设。市行政中心、市委党校、政法大楼、军事指挥中心等重大公共建筑项目全面推进，新城区建设初具雏形。老城区，解放路、人民西路综合改造工程基本竣工。实施东入口、西入口、北入口和育才路等路段改造，丝绸路、海兴北路的配套建设，推进江海路、长江路综合改造。海门市主城区的范围东至民生路，南至北京路，西至富江路，北至北海路。有民生、瑞江、珠江、嘉陵江、长江、师山、静海（南接张謇大道）、镇中、江海、海兴、富江路11纵；北京、南海、秀山、人民、解放、青海（西接新海）、丝绸、北海路8横主要道路。城区面积20.76平方公里，建成区面积17.47平方公里，人口18.36万人。

图5－2 坐落在海门市区西郊的城市雕塑——扬帆载月 （2008年摄）

第二节 市政建设

一、道路

民国27年（1938），茅家镇初步形成丁字形街道，七案竖河河西有600米的南北竖街（复兴街），河东1000米的东西横街（大同街），街面用石条石块铺砌，路宽约3－4米。民国36年，县城茅家镇除过境的通启公路为晴通雨阻的泥路可通汽车外，其余为狭街窄道，交通极不方便。

图 5－3　城区解放中路　（1991 年摄）

新中国成立后，结合沟河整治工程，加强城区道路建设，道路质量和通行能力不断提高。1958 年，填平城区新开河，城区主干道修筑沙石道路。1974 年，解放中路铺设沥青路面，路宽 32 米、长 650 米，两边人行道均铺设混凝土道板。

1986 年 3 月，拓宽通启寅公路县城段路面，工程历时 3 年半，征地 2.21 公顷，改造桥梁 6 座，河沿筑石驳 640 米，铺设砼路面 1.16 万平方米、沥青路面 4.16 万平方米。1991 年，修建解放东路（珠江至民生路），总长 1.91 公里；小街里弄，大都改为卵石或碎石晴雨路面。1996 年，完成丝绸路拓宽、静海路改造工程，开通青海西路长江路至狮山路段。

2002 年，实施南海路二期工程、长江路南延工程、嘉陵江路南延工程和北海路工程。2004 年，市区重点实施黄海路西延（海兴路至富江路）、海兴路北延（新海路延至丝绸路）、狮山北路（丝绸路至北海路）工程。2008 年，实施江海路、长江路综合改造。至年底，江海路改造工程全面竣工，长江路综合改造工程基本完成。重点实施张謇大道建设，全长 5.58 公里，路基宽 100 米，面宽 70 米，成为城区第一大道。是年，城区有干道及主要支路 53 条，总长 120.73 公里。

2008 年海门市城区干道及主要支路一览

表 5－1

序号	路名	起	讫	建设（改扩建）年份	长度（公里）	宽度（米）			备　注
						小计	车行道	人行道	
1	北海路	江海路	瑞江路	2002	3.30	16	16	0	－
2	丝绸路	江海路	瑞江路	1995－1997	1.70	32	22	10	－
		浦江路	民生路	2003	0.60	32	22	10	－
		江海路	富江路	2006	1.12	37	29	8	－
3	向民路	江海路	宏伟路	1996	0.60	12	7	5	－
4	青海路	宏伟路	日新河	1996	0.96	13	7	6	－
		日新河	瑞江路	1996	1.70	18	12	6	－
5	新海路	海兴路	宏伟路	1995－2003	1.40	20	11	9	－
		海兴路	富江路	2003	1.09	20	11	9	－
6	健康路	江海路	宏伟路	1995	0.70	16	9	7	－
7	友谊路	宏伟路	育才路	1997	0.48	7	4	3	－
8	解放西路	海兴路	江海路	2001	0.65	24	16	8	－
9	解放中路	江海路	日新河	2007	1.70	34	24	10	－
10	解放东路	日新河	珠江路	2007	1.00	20	16	4	－
		珠江路	民生路	1991	1.91	32	22	10	－
11	东洲路	静海路	育才路	1993	0.55	14	9	5	－

续表 5-1

序号	路名	起	迄	建设(改扩建)年份	长度(公里)	宽度(米)			备　注
						小计	车行道	人行道	
12	人民西路	富江路	静海路	1987	1.10	29	23	6	-
	人民中路	静海路	日新河	1987	0.94	18	14	4	-
		日新河	珠江路	2006	1.21	20	14	6	
13	人民东路	珠江路	民生河	2006	2.32	28	25	3	-
14	锦绣东路	静海路	光明路	2008	0.50	15	9	6	-
15	渤海路	珠江路	民生路	2001	1.49	8	8	0	-
16	秀山路	毕经竖河	富江路	2003	1.25	29	15	14	-
		富江路	日新河	1997	3.32	28	18	10	-
		日新河	长江路	1997	0.70	30	25	5	-
		长江路	民生河	1992	2.80	25	15	10	-
17	淀海路	嘉陵江路	瑞江路	2000-2002	0.83	12	12	0	-
18	黄海路	富江路	海兴路	2004	1.37	24	16	8	-
		静海路	瑞江路	2002-2004	2.38	22	16	6	-
		瑞江路	民生路	2002-2004	1.10	16	12	4	-
19	东海路	张謇大道	瑞江路	2004	2.38	16	16	0	-
		瑞江路	民生河	2004	1.10	16	16	0	-
20	南海路	富江路	民生河	2002-2004	4.93	38	38	0	-
21	北京路	富江路	民生河	2005	6.40	30	30	0	-
22	南京路	张謇大道	瑞江路	2008	1.93	40	32	8	-
23	上海路	富江路	日新河桥	2005	3.40	31	31	0	-
24	富江路	上海路	北京路	2004	3.04	46	22	24	-
		北京路	人民路	2004	2.31	37	25	12	
		人民路	海门河	2003	1.29	30	21	9	
25	新秀路	人民路	秀山路	2004	0.82	7	4	3	-
26	海兴路	新海路	南海路	2001	2.55	26	20	6	-
		南海路	南环路	2004	2.18	27	20	7	
		新海路	丝绸路	2005	0.43	27	20	7	
27	静安路	秀山路	人民路	1994	0.90	15	11	4	-
28	江海路	人民路	解放路	2008	0.34	45	40	5	-
		解放路	海门河	2008	1.14	37	33	4	-
		海门河	北海路	1993	0.64	29	22	7	-
29	光明路	解放路	引清闸	2008	0.62	24	15	9	-
30	镇中路	解放路	丝绸路	1995	0.80	20	11	9	-
31	复三路	解放路	丝绸路	1996	0.50	11	9	2	-
32	静海路	解放路	秀山路	2008	1.12	26	18	8	-

续表 5－1

序号	路名	起	讫	建设(改扩建)时间	长度(公里)	宽度(米)			备 注
						小计	车行道	人行道	
33	张謇大道	秀山路	南海路	2008	0.71	28	25	3	–
		南海路	海港路	2008	4.45	64	54	10	–
		海港路	长江边	2008	0.42	67	31	36	–
34	宏伟路	解放路	海门河	1996	1.10	18	9	9	–
35	沿河路	解放路	东洲路	1994	0.20	11	7	4	–
36	梨园路	解放路	人民路	2001	0.46	10	6	4	–
37	五一路	人民路	秀山路	1998	0.40	8	6	2	–
38	拥军路	人民路	黄海路	2002	0.71	11	7	4	–
39	春华路	人民路	秀山路	1999	0.40	11	9	2	–
40	狮山路	北海路	东洲路	1995	1.57	15	9	6	2005年丝绸路至北海路段改造
41	育才路	人民路	友谊路	1999	0.60	20	6	14	改扩建，2008年人民路至解放路段改造
42	越秀路	人民路	南海路	2003	1.15	18	12	6	–
		南海路	东海路	2004	0.45	17	13	4	–
43	日新路	解放路	丝绸路	1995	0.70	12	9	3	–
44	长江路	北海路	南海路	2003	2.95	22	15	7	改扩建，2008年丝绸路至秀山路段改造
		南海路	北京路	2004	1.30	28	25	3	
		北京路	上海路	2008	2.26	29	23	6	
45	通源路	秀山路	丝绸路	1993	1.30	18	15	3	–
46	嘉陵江路	南海路	人民路	1992	1.54	16	8	8	–
		解放路	丝绸路	1993	0.80	12	6	6	–
		南海路	北京路	2004	0.92	16	16	–	–
		北京路	南京路	2008	0.45	19	14	5	–
47	松花江路	解放路	丝绸路	1994	0.80	12	6	6	–
48	黑龙江路	解放路	丝绸路	1995	0.80	14	9	5	–
49	珠江路	丝绸路	黄海路	1996	1.79	25	22	3	–
		黄海路	南京路	2008	1.66	22	15	7	
50	钱塘江路	青海路	定海路	1998	1.18	14	8	6	–
51	瑞江路	北海路	南海路	1997	2.82	31	25	6	–
		南海路	北京路	2004	0.90	31	31	0	
		北京路	南京路	2008	0.36	39	30	9	
52	浦江路	丝绸路	南海路	2003	2.30	27	24	3	–
		东海路	北京路	2008	0.47	22	15	7	–

续表 5－1

序号	路名	起	迄	建设(改扩建)时间	长度(公里)	宽度(米)			备注
						小计	车行道	人行道	
53	民生路	丝绸路北	丝绸路	2004	0.50	36	26	10	–
		丝绸路	人民路	2004	0.42	29	23	6	–
		人民路	东海路	2004	2.30	31	25	6	–

二、桥梁

20 世纪 50 年代前，县城有通济桥、武定桥、永平桥、众安桥、玉成桥、丁巳桥、海明桥、寿丰桥、海新桥等石桥，大都短而窄。除宣统三年(1911)建的通济桥、武定桥现存有遗迹外，其余桥梁不复存在。

1949－1990 年，县城先后修建、改建永久性桥梁 32 座，新中国成立前的木桥和石桥大多改造或废弃。

1963 年 7 月，重建复海桥(育才路人民路交会处)，长 18 米，宽 1.6 米，为县第一座钢筋混凝土平板桥。1966 年 12 月，改建海门镇西桥，为全县第一座双曲拱公路桥(人民医院西南侧)。1971 年，改建圩角河桥，桥长 65.1 米，是县内跨度最大的钢筋混凝土桥。

70 年代末至 80 年代初，配合通启公路海门段拓宽工程，建设、改造圩角河桥、健康桥、海门南桥、日新河桥、11 号河桥。

1987 年，新建拥军桥、城北桥。改建复海桥，修成长 16 米、净宽 11 米的钢筋混凝土公路桥。1988 年，兴建、扩建的通源桥、雏燕桥、复海桥、宏伟桥、城北桥竣工通行。1989 年，扩建七一桥(宏伟河解放路)，桥面宽 20 米，时为县境内最宽的桥。兴建城新桥，桥长 20 米、宽 10.5 米；兴建三孔梁式东洲大桥，桥长 50 米、宽 9.6 米。

1996 年，兴建青海桥和海门职教中心天桥；扩建东风桥及七一桥。1998 年，拓宽日新河桥，兴建丹心桥及长江路桥。1999 年，兴建向民桥、为民桥及友爱桥。

2000 年，建海门中学跨青海路天桥。2001 年，建文峰大世界西侧圩角河正大桥，长 69.5 米，宽 24 米，工程总投资 485 万元。该桥在海门桥梁史上创造性地采用后张法施工、中承式钢管混凝土系杆拱结构，钻孔灌注深度 60.39 米、桥桩直径 1.5 米，采用大应变方法检测桥桩质量。2002－2005 年，建长江路 12 号横河大桥、北海路日新河桥、南海大桥、西郊大桥及狮山北路跨海门河桥。2007 年，在实施解放路综合改造工程中，拆除旧桥，原址并重建七一桥、东风桥、复海桥；在人民西路改造工程中，拆除重建海春桥、拓宽改造张南桥。2007 年建日新河桥，2008 年建青西河桥。是年，城区有主要桥梁 38 座。

2008 年海门城区主要桥梁一览

表 5－2　　单位：米

序号	桥名	建设(改扩建)时间	坐落位置	桥长	桥宽	备注
1	拥军桥	1987	东洲市场南大门通沙河	17	7	–
2	东洲桥	1994	东洲路段宏伟河	21	12	–
3	银海桥	1995	静海路段通沙河	34	19	原名南洋桥、海门南桥
4	狮山桥	1996	青海路段宏伟河	21	8	–
5	青海桥	1996	青海路段日新河	22	9	–
6	丹心桥	1998	友谊路段宏伟河	18	10	–
7	长江路桥	1998	长江路段海门河	42	14	–
8	向民桥	1999	向民路段宏伟河	21	7	–

续表 5－2

序号	桥　名	建设(改扩建)时间	坐落位置	桥长	桥宽	备　注
9	梨园路桥	2000	梨园路段通沙河	17	9	－
10	秀山路桥	2000	秀山路段日新河	16	30	原名海南桥
11	秀山大桥	2000	秀山路段圩角河	90	29	－
12	南海路桥	2001	南海路段日新河	23	45	－
13	正大桥	2001	解放路段圩角河	69	24	－
14	海易大桥	2001	江海路段海门河	46	30	原名城北桥、海门北桥
15	拥军二桥	2002	东洲市场西南侧通沙河	17	8	－
16	北海路桥	2002	北海路段日新河	24	24	－
17	江滨桥	2003	S336 线江滨段民生河	40	29	－
18	黄海路桥	2003	黄海路段日新河	19	24	－
19	新海西路桥	2003	新海路段新开河	18	20	－
20	东海路桥	2003	东海路段日新河	16	34	－
21	西郊大桥	2008	新海路段圩角河	52	20	－
22	南海大桥	2003	南海路段圩角河	69	44	－
23	东洲大桥	2003	瑞江路段海门河	48	32	－
24	海兴路桥	2004	海兴路段十三号横河	16	30	－
25	狮山路北桥	2006	狮山路段海门河	86	18	－
26	丝绸西路桥	2007	丝绸路段新开河	14	50	－
27	北京路桥	2007	北京路段新开河	20	39	－
28	东风桥	2007	解放路段日新河	18	27	－
29	人民路桥	2007	人民路段圩角河	53	21	原名圩角河桥、海春桥
30	圩角河桥	2007	北京路段圩角河	101	40	－
31	日新河桥	2007	北京路段日新河	16	51	－
32	七一桥	2007	解放路段宏伟河	16	30	原名宏伟桥
33	复海桥	2007	育才路(前复海路)段通沙河	16	22	－
34	丝绸大桥	2008	丝绸路段圩角河	97	40	－
35	海兴北路桥	2008	海兴路段海门河	130	36	－
36	通富桥	2008	东洲市场东南侧通沙河	16	9	－
37	民生路桥	2008	民生路段海门河	48	32	－
38	青西河桥	2008	张謇大道路段青西河	70	55	－

三、公交

明清时期，民间以木质独轮车为交通工具，官员乡绅常以轿子代步。民国时，有自行车(脚踏车)、黄包车(东洋车)。嗣后，自行车日趋普遍，有的将载重自行车载客运货(俗称二等车)，与木质独轮车并存为普遍的交通工具。

民国 10 年，通海如汽车公司经营，开通南通城区至常乐镇的汽车客运路线，后此客运线路调至南通到海门。是年 12 月，第一届国会议员陆冲鹏等从上海买回美国"福特"牌旧客车14辆，经营公路客运业务。以后，有人开设汽车行，客运车辆增多。民国24年，有车行12个，大客车6辆、小客车69辆、自备客车10辆。大客车有固定班次、线路、站点，亦沿路停靠，招呼上下旅客。富安镇、启东县海复镇、久隆镇等均有与茅家镇的上下午班车对开，茅家镇与南通有小客车往返。海门汽车站设在解放路、静海路口(今海门日报社址)，日本侵略军入境后停业。抗战胜利后，只有私营小汽车复业，零星营运。

解放前夕，茅家镇有客车行2个，中小客车12辆。1949年5月，建立公利汽车联运站，有11辆小客车在茅家镇至南通、启东等地载客行驶，另有2辆小客车在茅家镇至朝阳镇一线载客营运。1954年，公利汽车联运站的客运车辆由南通汽车公司统一调度。是年，县内始有至主要集镇的班车，班次稀少。在公利汽车联运站闲置的两间房子建海门汽车站，为南通汽车运输公司的下属站。1958年，选址人民西路北侧圩角河畔，重建海门汽车站，候车室面积200平方米。1966年，南通汽车运输公司调给海门汽车站客车一辆，试运营于海门城区至常乐镇，车上售票，沿路停靠江滨、秦家桥、三厂西洋桥、三厂、中桥。为方便百姓，车辆营运时，招手即停，任意上下车。是年，还开设海门至三厂、常乐的公交车，运行多年。1987年，汽车站西迁，选址人民西路36号，总投资299.5万元。1989年12月启用，建筑面积3500平方米，为原站面积的10倍。

1994年，开通海门城区公交线路。1995年5月，成立东洲公交公司，投入营运线路有:2路，经人民路至三厂;4路(后改5路)，经解放路至三厂;6路，至四甲镇;7路，至海太汽渡。沿线设立招呼站51个。以后，又开通1路，经新海路、青海路至三厂。90年代初，城区零星出现出租车，从事客运和出租业务。出租车无营运线路，车随客便，招手上车。1998年1月，建立市交通服务有限公司，250辆出租客车在市区经营，全天候24小时服务。1999年，公司有"桑塔纳""捷达"等品牌出租车25辆，挂靠公司的个体出租车560辆。至2005年，全市共投放2000型"桑塔纳"出租轿车100辆。2006年，更新中级以上大客车12辆，新增全空调班车4辆，新增3000型"桑塔纳"出租车30辆，2000型"桑塔纳"以上出租车占总量50%以上。2007年，完成4个四级客运站改造，设立客运招呼牌538个。城乡公交一体化改造，实行集约化经营、规范化管理、程序化服务。2008年，城区共有6条公交线路，总里程101公里。

四、路灯

民国8年，商人陈伯葵筹资创办海明电灯公司，翌年3月15日发电，大同街部分地段和复兴街首次安装路灯40余盏，为15瓦螺口式白炽灯泡，配用风雨式瓷盆灯罩。电灯置在沿街屋檐或木柱上，半夜后熄灯，线路总长950米。民国11年，更名为海明电气公司，日本侵略军入侵时被毁。

1958年3月，建成海门变电所，大同街和复兴街更新增加路灯，用60瓦白炽灯，瓷盆式灯罩，间距30－50米，仍置于屋檐或木柱上，通宵照明。全镇路灯总数约200盏，人工控制闸刀开关。路灯有半球式和敞开式两种，由海门变电所委托通用电机厂负责控制开关。1974年，改由海门镇政府委托海门喇叭厂管理。

1980年，由高压汞灯和高压钠灯取代白炽灯，路灯线路从主要街道进入居民集中的新村和一些街巷。路灯开关主要采用时钟定时控制。1982年，解放中路、解放东路、通海路、街北路和人民路等主要街道安装路灯。1983年，镇中路、城北路和居民新村的路灯相继配置。1985年，试用光控，后因过往车辆灯光照射，易造成路灯熄灭而停用。

1990年，添置4台配电装置，完成宏伟路、海中南路、海中北路、狮山新村、长江新村的路灯安装。1991年3月，县路灯管理所成立。是年，完成解放中路、解放东路34盏路灯改造和东风新村南侧、东洲路、狮山路、公园路61盏路灯安装工程。

1995年，旧城改造后，市区更换、新装路灯2375盏，主要道路安装过街弓形彩灯，城区高大建筑安装轮廓灯357组、大型反射灯57组、大型霓虹灯灯箱109组。解放路人行道树上装有星灯。1997年，新增路灯线路5.5公里，安装路灯500盏，基本实现路灯安装与市政建设同步发展。1998年，完成秀山路、宏伟路、黑龙江路、闸东路等道路的路灯安装，铺设路灯线路11公里。采用的灯型有枇杷式、半球式、玉兰式，灯架结构从原有的悬吊式、钢管单臂式、钢筋桁架式，改为镀锌管单臂式和双臂式。是年，市区有路灯3124盏，彩灯、倒映灯、草坪灯3159

盏。线路总长 79.56 公里,其中地下线路 63.52 公里。2000 年,新增线路 15 公里,市区路灯总数 6689 盏。

2002 年,实施解放路沿街彩灯工程,安装大型跨架路灯 10 组,小型跨架路灯 44 组,完成东洲公园、育才路、日新河、通沙河、正大桥、锦绣广场等 9 个地段亮化工程,安装路灯 336 组,景观灯 112 组。2004 年,实施解放路、静海路等管线整合和路灯配套建设,新增路灯管线 20 公里,新安装路灯 516 组。2005 年,城区路灯安装监控装置,实现遥控、遥测,全市路灯基本实现现代化管理。2006 年,维修损坏灯具,确保路灯亮灯率不低于 98%。2008 年,完成老城区镇中路、新海路、宏伟路、瑞江路等 10 条道路 480 组路灯的改造安装,老小区安装路灯 500 组。完成丝绸西路、沿江公路、张謇大道、政法中心等新建道路 1390 组路灯安装,全年完成路灯安装 2370 组,线管敷设 90 公里,总投资 2000 万元。是年,海门市区共有路灯 1.39 万组盏,线路总长 400 公里。

五、园林　广场

东洲公园　始建于 1985 年,征地 2.67 公顷,建成北大门(主入口)及管理附房、温室花房、益寿苑、儿童乐园、友谊亭等功能设施和景点,免费对外开放。1994 年,征地 6700 平方米,扩大苗木繁育基地,堆砌西假山。1995 年,征地 2 公顷,向东西两边扩建。开挖翠湖,建知春楼、得月榭、敬荷亭、九曲桥、音控喷泉及多组雕塑。另建西大门、南大门入口,绿地扩至 3.34 公顷。1996 年,北大门外侧建 2 幢办公、服务综合楼。2002 年,投资 180 万元,改儿童乐园,建面积 1.2 公顷的公园广场;修建 0.95 公顷的水上舞台。2008 年,投资 1600 万元,拆除育峰果品市场地段,扩大公园范围,进行综合改造,完善公园休闲娱乐功能。

文化广场　位于海门经济开发区的解放东路、人民东路、钱塘江路交会处。东邻绿茵度假村,西靠海门电视塔,占地 3.61 公顷。2004 年,投资 890 万元进行改造,功能趋于合理,设施日臻完善,环境更加优美。广场中心是一组日月相辉、水溢瀑垂的景点,拟有弧形港湾、白色沙滩和帆船图案,蕴意大海之门博大气势。月形花坛最高处设立体现海门精神的主雕塑一座。广场四周,绿草茵茵,西侧置有花坛,一片绿地向东舒展。中间,置有舞台及可容纳万人的广场。

图 5－4　文化广场　（2008 年摄）

锦绣广场　位于通沙河西段海门手帕厂、印机厂之间,填平通沙河改造而成。东起静海路海门南桥,西至光明路、圩角路交界,全长 420 米,宽 20 米。2000 年,将通沙河西段埋涵改造,建成锦绣广场。建设时埋设涵管 420 米,填土 5 万立方米。种植桂花、红枫、紫荆、蔷薇、雪松等 30 多个品种数万株景观花木,新增绿地 0.84 公顷。设置双亭、单亭、罗马柱、雕塑、艺术花架、栏杆、巨型观赏石,铺设鹅卵石健身场地 400 平方米。整个工程投资 399 万元。2008 年 8 月,因市政建设需要,广场拆除改造。

滨河广场　东邻复兴新村,西临圩角河、腾达花园小区。2002 年 4 月开工,8 月建成。占地 1.57 公顷,工程总投资 1400 万元。广场花木配置合理,给排水设施完善,夜景灯光靓丽,富有时代城市休闲气息。

第三节　供水　供气　排水

一、供水

民国 20 年(1931),海门天主教堂建 40 吨级水塔,主要供应天主教堂和锡类小学 300 多人的生活用水。

1965 年 6 月,海门镇投资 7.24 万元,在宏伟河畔建自来水厂。翌年6月，水厂投产使用，以宏伟河为水源，采用净化流程，水质未达到国家生活饮用水卫生标准。输水主干管道全长1.5公里，实际供水能力每小时30吨。水厂定时供水，每天分早、中、晚3次，每次2－3小时，供水区设置公用接水站24个，居民到就近给水站取水。

1973年，水厂进行一、二级泵改造，输水主管道延伸1.4公里。1975年，建成高30米、容量100吨的水塔，打直径0.3米、深250米的取水井2口，改取地下水，水质稳定。同年10月，实行昼夜24小时供水。1976年，延伸城区南部主干管道1.5公里。1979年，增加1口水井，解决铸钢厂制氧车间及人民医院用水。

1980年，铺设县城西主管道1公里，从此，海门城镇居民全部用上自来水。1982年，扩建师山新村、海南新村主干管道2公里，形成管道环状网络。1985年，兴建2口直径0.3米、深250米水井，解决新海乡南部地区村民饮用水，同时缓解城区供水压力不足的状况。1986年，全镇铺设主干管道12.9公里，其中直径100毫米以上主干管道2.75公里。1987年，自来水公司建水质检验室，在市区定点取样检验，及时采取更换陈旧锈管、排除管网末梢供水不足措施，确保水质达到国家规定标准，日供水能力2.5万吨。1989年，兴建县地面水厂，同时在东风新村南侧建成容积1000吨的调节水池，新增总管16.7公里，确保城区用水。20世纪80年代，地下水开采量猛增，水量明显减少，水位埋深从1975年的6米，下深到1990年的27－29米，最深30米，局部地区由于工业废水的排入，水质变劣。

1990年，建成东风新村二级泵站，缓解用水高峰供水压力。至此，县自来水公司有深井10口，给水管道总长148.8公里，形成以环状为主、树枝状为辅的管网系统，日供水能力2.1万吨，受益人口6.12万人，用水普及率97%。1991年，县地面水厂完工，铺设供水管道5.29公里，安装总表75只，发展用户680户，全年用水量730万吨。1992年5月，县城地面水厂投入使用，新增日供水能力2.5万吨。1995年，结合旧城改造，市区新增深井12口，铺设供水主干管道网3公里，日增供水能力2万吨。确保市民在地面水厂停产时正常用水。1997年，市区铺设总管15公里，更换小口径管网3公里。是年，桶装矿泉水推广使用。1998年11月，投资3000万元，建成投产日供水能力20万吨的海门港长江水厂一期工程。市区日供水13.8万吨，城区及海门港区用水全部由长江水厂供应，受益人口10.9万人，自来水普及率、水质合格率均100%。

2000年，市区实施供水管网扩建增压工程，秀山路至丝绸路间沿宏伟河和日新河分别埋设两条直径500毫米、300毫米的供水干管，与原有供水干管接通，日传输流量3.5万立方米，市区供水管网分布趋于合理，市区居民新村供水压力达到0.25兆帕以上，七层以下楼房用水不再依靠楼顶水箱二次供水。2002年，实施自来水水质改良工程，扩建长江水厂蓄水库，增容40万立方米；增设堤外取水口，提高水质标准。2004年，新增供水管道21公里，发展用户3500户。2005年，投资50多万元建成“双电源”工程，确保用水区域停电不停水。2006年，实施长江水厂二期工程，供水区域扩大到天补、三星两镇。2008年，发展用水户3432户，全年供水量1460万立方米；扩建水库18.27公顷；增设滨江新城给水管10公里，解决枯水期水源紧缺问题。

二、供气

瓶装液化气　1987年12月，在新海乡城北村五组筹建液化石油气供应站，总投资119.6万元，占地0.45公顷。1989年12月营业。液化石油气主要以专用槽罐车从南京、淄博、张家港等地采购。1990年，有用户1000余户，供应液化石油气164.5吨。

1994年，投资400万元扩建海门液化气站，供气能力由原来的1万用户扩大到3万用户，日平均供气量15吨。以后放开经营。

管道液化气　1994年，市自来水公司在新华园小区试点，向小区居民提供管道液化气。1995年，在城北新村、长江新村、复三新村、大同新村等小区铺设供气管道。同时建立管道液化气营业所，负责管道液化气用户的申请、安装、抄表和收费工作。是年，管道液化气初装费每户2000元，有3000户居民申请安装使用。

1996年，发展东风新村、通源小区和海南新村用户1万户。是年，管道液化气初装费上调至每户2500元。1997年，铺设供气主干管道10公里，发展用户5000户。1999年，铺设液化气管道15公里，发展用户1700多户。2004年，液化气站增添2台调压设备，新增1万户的供气能力。2005年8月，成立燃气管理处，加强供气设施维修和对用户安全指导。2008年，新铺设管道31公里，发展用户3530户，销售液化气1880.3吨。是年，市区累计铺设液化气管道17公里，用户2.35万户。

三、排水

解放前，城区街道阴沟为条石筑成，下水道经常因堵塞而污水外溢。城区排水河道主要有新开河、通沙河、七案竖河等。

新中国成立后，城区排水设施逐步改善。1958年，拓宽圩角河，填平新开河，开挖宏伟河，南接通沙河。1974年，疏浚七案竖河。1976年，开挖海门河。1978年，疏浚宏伟河。至此，城区建成北有海门河，南有通沙河，西有圩角河，东有日新河，城中有纵向穿越的七案竖河、宏伟河水网系统。在治理沟河同时铺设下水道，城区暗管与河道相通，雨水就近排入河道。1985年，县城铺设下水道总长7.4公里，其中直径300毫米以上的水泥涵管2.88公里，石砌的1.13公里，有窨井401口。1989年，下水道总长22.5公里，日排水量4.1万吨。

1991年，完成友谊河填土埋涵工程、瑞江路通沙河段填土埋涵工程，以及东洲路、狮山路和东风小区的排水配套工程。1994年，实施日新河、宏伟河、老农坛河、通沙河疏浚工程及通沙河拆坝及码头搬迁等污水治理工程。1997年，治理通沙河、宏伟河、日新河，清理淤泥10万立方米，修筑护岸石驳1800米。1998年，完成宏伟河、日新河1.5公里石驳护岸工程；铺设9号横河西段、海秀小区、宏伟小区排污管道1.9公里；新修宏伟河排污涵闸。1999年，铺设排水总管道3公里。兴建的污水处理厂9月底竣工，排出的废水经处理后，达到二级污水处理厂的一级排放标准，城区生活污水处理率从38.5%提高到50%。

2000年，有排水管道72公里，污水处理率84.57%。小区建设地埋式污水处理装置29个，污水无害化处理率100%。2003年10月，城区污水截流工程竣工，全长4.1公里。宏伟河、通沙河、日新河水质得到改善。2004年，实施日新河、宏伟河段延长2.7公里石驳工程，有效保障城区河道畅通。实施西郊污水处理工程，在西郊新开河地段建泵房，铺设截流管道9公里，西郊污水排放问题得到解决。2005年，实施城区强排水工程。在宏伟闸北侧和农坛闸南各设泵站，确保市区在短时间内排除雨水。2007年，启动实施第二污水处理厂工程建设，同时实施北京路、大港路、越秀路污水管网铺设工程。2008年，完成第二污水处理厂主体工程建设，投入试运行。

第四节 住宅小区

新中国成立初，县城住房大多是砖木结构的平房和草屋，设置简陋，室内阴暗潮湿；砖木结构的二层楼房仅有三四幢。居民住房以自建为主，少数政府机关人员住剩余办公用房。1956年，县城居民住房总数5656间，其中公有出租住房740间，私有出租房2235间。

1961年，县财政拨款翻建、修理公有危房、旧房。至1974年，新建住房面积1.8万平方米，公有出租住房、部分私有住房得到翻新改造。

1975－1979年，县政府投资200万元，兴建海门新村住户楼房近3万平方米，成为县城第一个居民新村。20世纪70年代末，实行全民、集体、个人和“公办民助”“民建公助”等多渠道集资建房办法，加快住房建设速度，平均年增新住房4.58万平方米。

1984年5月，县商品住宅公司成立。是年，征地1.94公顷，完成县政府确定的工程师大楼建设项目，竣工面积1719平方米。1985年，县商品住宅公司组织专业维修队伍，对16个单位的平房屋面进行维修。1987年，建造商品楼14幢2.11万平方米，共382套。1988年，竣工商品房25幢3.06万平方米，共527套。

1990年，县城的师山、城北、海南、长江、复三、东风新村楼群逐渐建成。东风新村占地18.86公顷，河流及小区道路占地3.49公顷，公共绿地4.31公顷，其他辅助设施占地1.06公顷，建住宅楼58幢，为4－6层楼，有1500多住户，住宅布局合理，设施比较齐全。是年，县城公有住房使用面积41.7万平方米，其中财政直管公房5.4万平方米，全民、集体单位自管公房36.3万平方米，成套住房占公有住房55%。全镇常住人口人均住房使用面积11.5平方米。1995年，建成新楼223幢，计50.3万平方米。

图 5－5　海门名人苑住宅小区　(2008 年摄)

1998－2002 年,城市开发规模年均 22 万平方米。拆迁各类房屋 42 万平方米,市区居民住房成套率 98% 以上,人均建筑面积约 30 平方米。2004 年,列入政府实事工程的北海、日新、民生等安置小区低价位商品房建设顺利推进,定向安置拆迁户 1500 多户。上海证大、东波、航星等外地开发公司进入海门房地产市场,新建住宅小区的环境质量、工程质量不断提高。2005 年,房地产开发项目施工面积 119.1 万平方米,竣工面积 50.6 万平方米。列入政府实事工程的民生佳苑、城东花园、荣泰花园等安置小区低价位商品房顺利推进,定向安置拆迁户 1600 多户。一批高品位住宅小区不断涌现,市区首个高层住宅小区东方巴黎被评为省康居示范工程,证大东洲府被评为省优秀住宅小区,海门名人苑一期工程被评为省明星楼盘。至 2008 年,城区有主要小区 40 个,占地 811.38 公顷,住房 1934 幢 6.3 万套。

2008 年海门市市区主要小区一览

表 5－3

序号	小区名称	地理位置	占地面积（公顷）	房屋幢数（幢）	房屋套数（套）
1	东风新村	东至珠江路,西至日新河,南至人民中路,北至解放路	36.00	202	3555
2	通源新村	东到珠江路,西至长江路,南至解放东路,北至丝绸路	56.60	149	4624
3	城北新村	东至日新河,西至江海路,南至丝绸路,北至海门河	20.00	87	1968
4	复三新村	东至宏伟河,西至镇中路,南至新海路,北至丝绸路	20.00	70	1931
5	长江新村	东至镇中路,西至江海路,南至新海路,北至丝绸路	20.00	58	1832
6	大同新村	东至宏伟河,西至江海路,南至解放中路,北至新海路	25.00	62	2072
7	海兴新村	东至海兴路,西至新开港河,南至人民西路,北至福利院南横河	19.00	34	1012
8	海南新村	东至日新河,西至静海路,南至秀山路,北至人民中路	30.00	93	2630
9	秀山新村	东至日新河,西至静海路,南至海南中学南横河,北至秀山路	70.00	63	2094
10	静海新村	东至静海路,西至圩角河,北至通沙河,南至净海暖通设备厂北横河	20.00	56	2030
11	狮山新村	东至狮山路,西至宏伟河,南至烈士馆北河,北至丝绸路	35.00	94	2092
12	富民新村	东至日新河,西至狮山路,南至青海西路,北至丝绸路	34.00	47	873
13	公园新村	东至日新河,西至育才路,南至通沙河,北至解放中路	18.00	19	500
14	海影新村	东至日新河,西至狮山路,南至解放东路,北至青海西路	29.00	59	1290
15	青海新村	西至日新河,东至长江路,南起甲乙南通棉纺厂北侧,北至丝绸路	20.00	62	1769
16	复兴新村	南起人民西路,北至海门河,西起圩角河,东至江海路	28.00	62	1941
17	五港新村	东起圩角河,西至岷江中路,北起秀山路,南至南海路	4.60	28	960
18	日新新村	东起日新河,西至静海路,北起南海路,南至东海路	12.60	24	703
19	民生新村	东起民生南路,西至瑞江南路,北起南海东路,南至东海路	20.00	56	1802
20	南海新村	东起日新河,西至静海路,北起黄海路,南至南海路	4.00	28	780

续表 5－3

序号	小区名称	地　理　位　置	占地面积（公顷）	房屋幢数（幢）	房屋套数（套）
21	海景苑	东起长江路，西至日新河，北起人民中路，南至黄海路	10.00	10	279
22	腾达花园	东起圩角河，西至海兴路，北起新海路，南至人民西路	38.00	61	2232
23	城东花园	东起民生路，西至万众路，北起人民东路，南至解放东路	9.08	20	721
24	东方巴黎公寓	东起瑞江路，西至钱塘江路，北起青海东路，南到人民中路	2.00	11	324
25	通源北村	东起钢丝绳厂，西至长江路，北起北海路，南至海门河	5.20	18	873
26	海门名人苑	东起圩角河，西至海兴路，北起丝绸路，南至新海路	15.00	25	2352
27	世纪光华苑	东起静海路，西至圩角河，北起秀山路，南至南海路（缩小静海新村范围）	70.00	65	2575
28	一心苑	东起海东居委会，西至钱塘江路，南起渤海路，北至南通市建八分公司	2.60	28	40
29	荣盛花园	东起民生路，西至瑞江路，南起人民东路，北至丝绸东路	6.00	27	690
30	海上名门	东起东方家具广场，西至珠江路，南起青海东路，北至丝绸路	8.60	31	880
31	张南新村	东起江南路，西至汉江南路，南起南环路，北至东海中路	0.40	3	120
32	宏日·阳光水岸	西起城北新村13排，东至狮山路，北起海门河，南至丝绸路（缩小城北新村范围）	15.00	11	1050
33	海门中南世纪城	东起民生路，西至瑞江路，南起人民东路，北至海门河（缩小荣盛花园范围）	42.30	114	8627
34	永泓花园	南东南海东路，北至南通凯富莱纺织公司围墙，东起民生3组，西起浦江路	5.60	17	700
35	运杰龙馨园	南起丝绸路，北至海门河，东起日新河，西至市邮政仓库围墙	16.00	13	1060
36	理想城	东起浦江路，西至瑞江路，南起南海路，北至新嘉澎围墙	10.60	17	1700
37	月亮湾小区	东起海兴路，西至五港村13组，南起五港村10组，北至南环路	6.00	33	680
38	地纬东洲半岛	东起长江路，西至日新河，南起海门河，北至北海路	17.00	10	522
39	国际商务花园	东起民生路，西至永泓花园，南起南海路，北至原海门农机站	9.20	54	735
40	解放东路农贸城	东起民生河，西至民生路，南起解放东路，北至人民东路	1.00	13	405

第五节　城区绿化

旧时，海门人素有种树养花的习性，在校园、人行道和公共场合及住宅四周植有花木果树。民国21年（1932），植树节之际，县城种植洋槐、梧桐、柏树等数百株。民国37年，制定县城绿化计划，植树3000多株。

新中国成立后，机关、学校、工厂重视环境绿化，开辟专用绿地。20世纪70年代初，解放中路两侧移栽悬铃木。1980年，在公园、街道两侧花坛种植月季、桂花、广玉兰等花木。1982年起，开展全民义务植树，新村住宅小区开辟绿化地带，县城绿化面积迅速扩大。1986年，城区植树1.26万株，成活率78%。园林绿化14.3公顷，公共绿地4.8公顷，绿化覆盖率11.1%，人均占有公共绿地1.55平方米。1987年，海门手帕厂在厂区屋顶试栽盆景绿化，获得成功。1988年，对县城各机关、企事业单位绿化实施目标考核，加速绿化建设。

1990年，投资21万元，开辟县城绿化地带，植树1.46万株，成活率98%。县城绿化面积近30公顷，公共绿地6公顷，绿化覆盖率13.2%，人均占有公共绿地 2.14 平方米。1995 年，结合市区旧城改造，投入 850 多万元扩大绿化面积，建成街心花园 10 处，街心景点 9 处，主次干道两侧栽种行道树，各单位大院实施绿化，公共地带见缝插绿。1996 年，调整道路及公共绿地的绿化布局，种植垂柳、梧桐、栀子花等绿化树木 4.76 万株；配合海门金花节，培育盆花 30 万盆。1997 年，扩建市区绿地。增建“春歌秋韵”“金花迎宾”等 10 个景点，补植 10 条道路两侧行道树，小区新植草坪 1 万平方米，日新河、宏伟河、通沙河沿河绿化到位，绿化覆盖率 31.2%，人均公共绿地 6.1 平方米。

2000 年，市区绿化投入 300 万元，新增绿化面积 16.21 公顷，绿化覆盖率 35.77%。2004 年，实施路桥绿化配套和滨江生态园林景观带工程，种植各类乔木 1.92 万株、开花灌木 1.2 万株，新增绿地约 10 公顷。2005 年，完成市政道路绿化配套工程 11 条，种植各种乔木、灌木 90 多万株，种植花草 24 万盆，建成园林小景点 3 处。市区新增绿地面积 26.1 公顷。2007 年，投入 2.11 亿元，实施黄海路、南海路、北京路等道路绿化等工程 13 处，施工面积 131.71 公顷。2008 年，投入 6000 万元，完成张謇大道及辅道绿化工程，施工面积 27.52 公顷。人均绿化面积 6.63 平方米，绿化覆盖率 40.07%。

图 5－6　市区通沙河沿河绿化　（2008 年摄）

第六节　工程管理

一、招投标

1996 年 5 月，成立市招投标办公室，隶属市城乡建设委员会。业务由建筑工程延伸到市政、道路、装饰装潢、基础工程等领域。招投标面由市区扩展至乡镇、场。是年，在市人民医院召开病房大楼建设工程开标、评标、决标现场会，建设工程招投标面向社会公开进行。当年实现公开招投标项目 64 个，招投标率占应公开招标的 42%，工程造价降低 4.9%。1999 年，制定《海门市建设工程招投标标底编审办法》等文件，规范招投标工作，公开投标率 100%。

2003 年，建设工程交易中心，与招投标办公室脱钩。招投标办的工作由过去的审批调整为过程监督、备案管理、违法查处。2005 年，1100 个工程通过招投标，减少工程造价 2.51 亿元，工程造价降低 5.49%。2008 年，办理 145 个招投标建设项目，降低工程造价 2.96 亿元，工程造价降低率 12.42%。

二、工程造价管理

1998 年 4 月，成立市建设工程造价管理处，隶属市建设局。翌年，成立市工程造价管理协会。制定《海门市工程造价编审专业人员执业章使用暂行规定》，核发执业章 197 枚，其中土建专业 123 枚，安装专业 50 枚，市政专业 3 枚，装饰专业 21 枚。通过年检的企业 86 个，在市内承接工程的施工企业持证取费率 100%。全年办理工程类别造价核定 81 份。

2000 年，对全市工程造价编审专业人员资格证书进行验证，273 人通过验证。是年，核定建筑工程类别 153 项。2001 年，举办安装定额学习班，调整建筑工程临时设施费用标准，开展质量检查工程造价咨询业务，核定建筑安装工程类别暂定单 48 项。2002 年，举办土建、市政定额学习班，发布八五多孔砖补充定额标准，组织省工程造价编审专业人员资格考试报名和考前培训，全市有 79 人通过。核定建筑安装工程类别暂定单 56 项、工程类别 105 项、建筑工程临时设施增加费 16 项。

2004 年，随着私营企业投资项目的增多，工程计价争议矛盾突出，全年受理来访来电咨询 30 多次，调解步行街、人民医院急诊楼等项目工程造价纠纷 9 起，批准一次性补充定额 2 项。

2005 年，执行《江苏省建设工程现场安全文明施工措施费计价管理办法》《关于工程量清单计价施工合同价款确定与调整的指导意见》等工程造价的管理规定。指导和帮助有条件的施工企业编制与该企业管理水平和技术水平相适应的消耗量定额标准,提高建筑企业的市场竞争力。每2个月发布一次《海门市建设工程造价信息》,是年,发布材料价格信息1300多种。2007年,实现《海门建设工程造价信息》编辑工作的规范化、制度化,充分发挥政府管理部门宏观调控指导作用,扩大价格信息来源,提高建设工程材料价格信息的发布质量和水平。2008年,及时解决工程计价中存在的诸多难点和热点问题,并对两个单位,抽检建设项目30余项。会同市安监局对全市建设工程进行现场安全文明施工措施计价考评,全年共考评建设项目140项。

三、施工图审查

2002年6月,成立市建设工程施工图审查办公室,隶属市建设局。12月,经省建设厅批准取得施工图审查丙级资质。在施工图设计审查同时,进行抗震设防审查。2003年,更名为市建设工程施工图审图中心。2005年3月,与市建设工程抗震设防管理办公室合署办公。11月,审图资质由丙级升至二级。2008年,组织审查工程项目198项,面积239万平方米,发现违反强制性条文828条,违反强制性标准2208条。发现6套施工图有重大安全隐患,及时采取改进措施,消除质量事故隐患。施工图设计审查覆盖率100%。

四、工程质量监督

1977年前,建筑工程质量由建设主管部门、建设单位、施工企业共同负责。1977年8月,成立县建筑管理总站,负责工程质量管理。

1984年6月,县建筑工程质量监督站成立,隶属县城乡建设环境保护局,与县规划建筑设计室合署办公。监督站负责工程开工前核查、施工中工程质量抽检和工程竣工验评,重点监督建筑构件生产单位的质量保证体系。是年年底,在天补、三厂、悦来、四甲、包场五区分设质量监督组。

1990年3月,全县受监工程144个17.04万平方米,发现和处理质量问题36起,参与仲裁质量事故6起。是年,县质量监督站被评为省先进。1991年5月,贯彻落实县“质量、品种、效益年”和“建设工程质量年”精神,检查全县在建工程质量,对管理混乱、工程质量尚未达标的施工企业,发出口头和书面停工通知10项次。刘浩邮电支局建设工程存在严重质量问题,被通报并停工整顿。是年,全县受监工程216项计27.83万平方米,工程受监覆盖率85%。1992年,对扩建的南通国棉三厂、县丝绸厂等重点建筑工程进行跟踪监督,确保工程质量。是年,全县受监工程330个计48万平方米,受理质量事故仲裁4起、混凝土构件质量问题仲裁3起。1995年,对全市所有建筑安装工程实行“五个统一管理”①。市内所有建设工程实行报批制度,由市审计部门进行开工前审计,经建筑管理处、项目审批机关、质量监督站和建行等部门审批同意后,按规定组织开工。1997年3月,开展检查劣质工程专项活动,发现工程质量问题,及时采取通报批评、责令停工、经济处罚等措施,工程质量得到提升。1999年,受监工程1048个、建筑面积210.4万平方米,发现和查处质量问题288起,责令停工43次,通报批评12次。同时查处一些无证设计、无证施工的建筑工程,受监覆盖率90%。创省优质工程7项、南通市优质工程21项。

2004年,监督项目335项,总面积116.4万平方米。发挥投诉站作用,完善投诉受理制度,做到件件有落实。全年接待投诉和处理18起。举办质检员、见证员、取样员、资料员培训班各1期,培训476人次;组织3批次6人到省质量监督总站培训。采用质量巡查和监督抽查等手段,保证工程质量。对现场监理员进行理论知识考核,提高工程质量管理水平,对部分业务水平低的监理员作出停岗处理。2006年,举办各类人员培训班5期,培训670人次。组织监理企业现场监理员2批次220人进行理论知识考试,取消9名成绩不合格监理人员的现场监理资格。组织4批次30人到省质监站、南通市质监站培训。是年,参与接待投诉27起,处理率100%。

2008年,全年监督项目619个,总面积273.7万平方米,发出整改通知85份。坚持每季度组织1次全市工程质量巡查,并对巡查情况进行通报。全年巡查150个项目,108万平方米。针对全市商品

① 五个统一管理:统一队伍管理、统一合同管理、统一质量管理、统一安全管理、统一工程结算管理。

混凝土质量不稳定的局面,3次组织对混凝土生产企业产品巡查,开出整改通知单,提高混凝土生产企业质量意识。印发夏季、冬季工程质量管理通知,对季节性的施工质量管理、技术措施提出具体要求,促进工程质量达到“精品、精致、精细”的要求。

五、城建档案

1983年前,城乡建设档案先后由县政府生产建设科、计划委员会、基本建设委员会、民政科、交通科等部门分头负责收集保管。因保管分散,资料存放无序,查询档案很不方便。1984年6月,建立县城乡建设档案馆。1985年,县财政拨款10万元建办公楼,用于档案库房和办公用房,库房面积增至200多平方米。城建档案包括工程建设过程、工程竣工验收等完整、准确、系统的技术文件材料。凡资料不齐全,工程质量监督部门不予验收。报送的建设档案材料必须图样清晰,字迹清楚,书写工整,附有合格的竣工图。是年,档案室立卷归档489卷,底图268张(卷)。1986年,县城建档案馆牵头成立建委系统城建档案协作组和南通市建设档案学会海门中心组,形成县、乡镇两级城乡建设档案网络。

1990年,馆藏档案3244卷,参加工程项目竣工验收36次,培训乡镇兼职档案人员163人次。1995年1月,县城建档案馆迁至城建大厦五楼,库房面积扩大到500多平方米,馆内设施改善,增添计算机检索系统。是年,市城建档案馆为旧城改造提供档案600余份。1998年,制定《海门市村镇建设档案分类大纲》。6月,市城乡建设档案馆增挂市城乡建设档案管理办公室牌子。1999年1月,取消城建档案报送保证金,建设单位在办理建设工程规划许可证前,与城建档案馆签订市工程建设档案报送责任书。工程竣工验收前,由城建档案管理机构对工程档案进行预验。档案预验合格后,方可组织竣工验收。是年,城建档案馆与建设单位签订报送责任书85份,参加工程档案竣工验收61次。

2001年,市城建档案馆晋升为国家二级城建档案馆,馆藏档案1.12万卷。2005年,城建档案馆应用多媒体数字管理系统,城建档案实行信息化管理。2008年,馆藏有城市规划、城市建设管理、市政工程、公用设施等14个大类档案3.13万卷,底图5247张,照片2662帧,光盘151张,图书资料1890册。案卷数量列南通6县(市)之首。

第三章 城市管理

第一节 环境卫生

一、街道保洁

20世纪60－70年代,城区道路日清扫面积5万平方米,有清扫人员8人,每天上午清扫1次,无明确质量标准。80－90年代,城区日清扫面积65万平方米,清扫人员有80人。城区主次干道每日两次清扫,全天保洁,以无暴露垃圾为标准。1996年,市城管部门与街道店面分别签订门前“三包”①门内达标卫生责任状。城区内12条主次干道,950个店面推行垃圾袋装化。

2000年,市城管部门与工商、公安等部门联合

① 三包:包门前卫生、包门前秩序、包门前面貌。

发出整治“三乱”①通告，要全体市民共同维护环境整洁。2002年，重点对东风商城、宠物市场、东洲市场、育峰市场周边环境卫生进行专项治理，明确管理标准，落实经费来源，增添环卫设施。对城区156幢未办理有关卫生保洁移交手续的新开发房屋专门进行清理。对城区东、南、西、北入口沿线环境集中整治，落实经费，专人全天候保洁。

2008年，城区日清扫面积228万平方米，城区主次干道分别实行16小时、18小时工作制，推行滚动式保洁，路面垃圾滞留时间不超过15－30分钟。城区道路清扫以手工作业为主，机械清扫为辅。

二、垃圾清运

20世纪80年代，垃圾由清扫人自行倒入砖砌的垃圾堆放点，清运工每隔3天集中运至城郊临时垃圾堆放处，作自行发酵腐烂处理。90年代初期，露天垃圾堆放点改为砖混垃圾箱，并在城区西郊建立垃圾转运站，集中运至长江芦荡固定垃圾填埋场。清运工每天将箱内垃圾用人力板车拖运至垃圾转运站，由机动车运往垃圾处理场盖土填埋，日运垃圾100吨左右。嗣后，使用玻璃钢移动式垃圾房、景点式垃圾房。1995年，在长江大堤北侧建造具有全国先进水平的无害化垃圾处理场。1996年，在城区师山新村及部分街面率先推行垃圾袋装化，提高垃圾清运能力。1998年，在城区南郊设面积0.33公顷的建筑垃圾固定堆放点。2006年，因建设张謇大道，该堆放点撤除，建筑垃圾送往垃圾处理场填埋。2008年，城区有机械化垃圾转运站6座及无害化垃圾处理场1个，垃圾无害化处理率100%。有景点式垃圾房383间，垃圾箱441个，垃圾桶642个。居民生活垃圾推行袋装化处理，垃圾清运日产日清。专业队伍全天候将垃圾入箱保洁、药液消毒。

三、公厕冲洗

60年代，城区无公厕，私厕由环卫部门统一清扫消毒，粪便靠人力运往农村肥田。七八十年代，逐步建造公厕。80年代末，城区有公用旱厕45座。此时，环卫部门淘汰人力板车，用储罐车将粪便运往市郊储粪库。90年代初，始在八一桥北侧建造水冲式公厕。后将旱厕拆除改造，逐渐普及水冲式厕所。1995年旧城改造时，公厕全部建成水冲式。至2008年，城区有水冲式公厕72座。

四、河道排污

1996年2月，城区设排污工程管理所，负责城区污水排放和引进清水的管理，保养城区河道涵闸。

2000年，将富民小区、师山新村居民生活污水的排污河道填平后进行绿化建设，建有地下排污设施，确保原排污功能不受影响。

2005年3月，将原属于市建设局的城区排污工程管理所由市城管执法局管理，更名为市城区河道管理所。

2008年，投资1000多万元，实施城区截污工程，对宏伟河、日新河、通沙河的水环境进行改造。取消河道上穿河管道11条，新建倒虹吸过河管道2条，连通河道两侧的截污管道。锦绣广场改造时，连接圩角河和通沙河之间的通道，将宏伟河、日新河、通沙河打造成三条景观河。投入300多万元进行出江闸改造，完成污水处理系统建设和改造工程。城区水环境面貌得到改善，生活污水集中无害化处理率80%。

第二节　市容市貌

一、拆除违章搭建

1993－1994年，对规划区内兴建的集体企业建筑物办理“一书两证”②情况进行清查，查处违章建筑20多起，面积2000多平方米。1994年前，城区没有市容管理机构，违章搭建无人过问，影响市容市貌。1994年，成立市城建监察管理大队，各建制镇成立监察管理中队，整治市、镇区违章搭建。是年，查处违章建筑1.2万平方米。2001年，对秀山新村、春华小区成片违章建筑进行整治。2002年，组建市区违章建筑清理工作领导小组，全年查处违章建筑104起，拆除违章建筑4000多平方米。2003年，组建拆除违章搭建专业队伍，建立节假日信息

① 三乱：乱写、乱画、乱张贴。

② 一书两证：建设项目选址意见书，建设用地规划许可证、建设工程规划许可证。

员报告制度,发现一起查处一起。全年查处218起,拆除违章搭建6000多平方米。2004－2007年,查处违章建筑560多起,拆除违章建筑1万多平方米,违章建筑查处率98%以上。2008年,对违规搭建的建筑物,做到一案一卷、一户一档,按法律程序办理。全年拆除违章建筑46起,计500多平方米。

二、摊位整治

海门撤县建市前,沿街路口地摊较多,任意设摊经营较为普遍,市容杂乱无章。

1994年,开展城区摊位整治,取缔乱设摊位218起。1995年,市容环境通过全国卫生城市考核。1998年,由城管、巡警、工商等部门联合组成执法队伍,加强对流动摊、店外摊管理,全年取缔乱设摊位180余起。1999年,成立市容监察大队,实施错时执法,填补上班前、下班后的空白点,流动摊得到有效控制。不定期开展夜排档整治,处罚41起,取缔摊外摊、店外店150起,暂扣违章物品98件。

2000年,在东风商城和宏伟市场西侧及北侧地段,专设小商品摊位,经营者定位经营。投入50多万元,兴建东风美食城,将狮山南路等4个马路市场搬迁于此。2001年,城管部门对"店外店、骑门摊、摊外摊、流动摊"开展专项治理,清理流动摊点150多个,纠正占道经营260人次。2002年4月,在市区时代超市东侧、文峰大世界广场、东风商城南侧广场,健康路两侧道板4个地段实施夜市定点经营。对外地少数民族人员到海门经营土特产的,在解放西路北侧道板,农工商超市至文峰大世界地段相对固定区域挂牌经营。对摊点经营时间作统一规定:早点摊在7时40分前收摊,夜市摊在下午6时后经营。不按时间经营者,经过劝告不成的一律取缔。8月,对城区主要街道两侧店面要求全部入室经营;对解放路、人民路主干道两侧清摊让路拓道,摊位从弄口后退15－20米。2003年,纠查店外摊3200多起,主街道店面管理全面达标。将定点经营区域的道板使用权进行竞拍,经营区域画线标界,明确摊位卫生责任。审批次干道占道193户,为社会提供近620个就业岗位。2004年,严禁城区主街道设流动摊和店外摊,严格审批非主街道路占道经营、车辆清洗项目。对时代超市、万丰商城等烧烤、大排档定点经营户规范管理,统一棚帐、统一台凳、统一时间、统一服饰。

2005年,开展联合执法,处罚20多起违章设摊。对超市、学校、市场周围等重点地段实行驻守式管理,确保道路畅通。2006年,3次集中整治违章设摊,查处市区占道洗车22起,教育整改30多起。全年取缔流动摊1000多起,警示教育500多起,立案查处130多起。2007年,在人民路、步行街设置16个"爱心亭";在海兴路建成风味小吃一条街,定向提供下岗职工和其他弱势群体从事小商品经营。在东洲、宏伟等市场附近辟出地域,供自产农民出售瓜果、甘蔗等时令蔬果。2008年,在人民路、育才路、步行街等处设置52个"爱心亭"和便民摊点,限时开放东洲、宏伟、通源等市场附近定点区域。市容管理由突击整治向长效管理转变,实行定人、定岗、定责任的网格化管理。是年,取缔流动摊点2000多起,教育1000多起,立案查处300多起。

图5－7 城管执法现场 (2008年摄)

三、规范车辆停放

90年代,随着县城人口增加,各种车辆增多,普遍随意停放,影响道路交通和市容市貌。1995年,整顿市区交通秩序,实行自行车、摩托车有序停放。1998年起,市区非机动车整齐停放列入"门前三包"内容。1999年,联合开展"零点工程"(深夜时分进行执法检查),清查违章停放小区绿化带和人行道上的各类汽车276辆。

2001年,从下岗职工中招聘30多人,组成市容协管队伍,加强街道两侧、市场、商场等公共场所周边的自行车、摩托车停放管理,确保车辆整齐停放。2002年,在市区设立14个人力三轮车停放点。新建秀山西路停车场,新辟停车点8个,在各居民小区划出小车泊位22个,在市区主街道刷划自行车停放线53处。2003年,5次联合开展机动车乱停放集中清理,累计查纠违停机动车181辆次。2005年,在市区新辟14个机动车停泊点,投入50万元购置机动清障车和30把锁车器,在市区主街道检查机动车辆是否任意停放,处罚乱停放2000多人次,教育警示3000多人次。2007年,解放路沿线实行16小时不间断清理整治,全年纠正违章停车2000多起,上锁处罚车辆近1400辆次,清障350多辆次。2008年,对汽车停放进行贴单处罚,全年教育整治违停车辆3000多人次,处罚800多起。

四、户外广告治理

90年代,随着市区的繁荣,城区户外广告逐渐增多,随意张贴十分普遍。1998年,在创建国家卫生城市期间,6次组织居委会开展清理乱贴乱涂。为便利广告张贴,每个居委会在小区路旁设立方便张贴小广告的宣传栏。1999年,加强市区楼道、电线杆、树干等处的乱张贴的整治,清理500起,查处60人次,罚款2000多元。

2000年,坚持堵疏结合,在各小区设置服务信息栏,引导广告规范张贴。2001年,成立户外广告清理办公室,全年查处非法广告牌320起,清理小广告478份,查处乱张贴人员17人。建立户外广告审批档案,登记灯箱广告400多个,大型广告牌20多幅,门头招牌广告90多个,其他各类广告200多幅,征收广告牌空间有偿使用费8万多元。2002年,整治人民路、解放路、秀山路、江海路等城区主干道的店面招牌、户外广告,拆除不规范广告牌650多幅,灯箱312个。清理小广告5000多份。投入4万多元,增设张贴栏。2003年,查纠违规广告505件,在南通地区率先启用恶意通讯号码语音追呼系统,对200多个违章号码进行追呼。亮化主干道户外广告,提升户外广告档次,市场化运作市区35对横幅挂杆使用权。

2005年,清理乱涂写、乱张贴,修补、粉刷涂鸦墙面1.5万平方米,铲除各类小广告1.4万起。对市区新设大型户外广告,实行前置审批手续,执行率100%,店招店牌审批率98%。2006年,出动1000多人次,对市区街道两侧各类线杆、墙面等处小广告进行地毯式清理2000多平方米,全年抓获乱写乱贴广告12人,收缴违章作业工具100多件,50多个通讯号码被输入语言呼叫系统追呼。拆除不规范广告1000多块,灯箱800多个。2007年,制定《海门市户外广告设置管理办法》《海门市户外广告设置标准》,对店面招牌、墙体广告的设置实行统一规划、统一审批、统一管理。2008年,清理"小广告"1.6万余处,拆除不规范户外灯箱、条幅、广告牌等198处、雨篷81个,立案查处擅自设置广告40起。

五、渣土管理

1998年,强化渣土管理,查处乱倒渣土50起。1999年,建立市容监察管理大队,履行市容、绿化、环卫、市政检查等职能,渣土运输处置纳入常效管理。

2001年,市物价部门制定文件,规定建筑垃圾、渣土处置费每平方米0.75元,建筑垃圾、渣土有偿使用费每吨1.5元。2004年,明确对建筑垃圾、工程渣土的管理及处罚规定。2005年,城管执法部门全面负责市规划区内建筑垃圾的倾倒、运输、中转、回填、利用等管理工作。2006年7月,发文规范市内各施工、建筑、拆迁公司(单位)建筑垃圾按规定处理,并开展较大规模的城市建筑垃圾整治活动。至2008年,查处渣土案件150多起。

第三节　创建国家卫生城市

1995年5月,市委、市政府提出在巩固创"三优"成果基础上,将创建全国卫生城市作为1995年工作重点。成立以市长为总指挥的创建卫生城市指挥部。指挥部下设宣传、绿化、市容美化、公厕建设、公共设施、城市秩序管理6个指挥组。1995年3月28日,召开环境卫生现场会,要求各部门、各单位提高认识,并由主要负责人负总责。4月8日,市创建指挥部下达106条污水沟治理任务,92个机关、企事业单位的干部职工共同参与,出动2.2万人次,投入8.8万元,清理各类垃圾、杂物3.4万吨。历时4天,于12日前完成。其间,创建办组织开展多次卫生检查活动。对商场等重点场所的卫生、沟河保洁、渣土管理等集中检查，推动创建工作深入开展。5月29日，市委、市政府作出创建全国卫生城市的决定。全年投入6090万元，完善城市基础设施，其中用于修筑后街新村道路127条；投入350万元，用于改厕、新铺和翻修人行道板12.8公里，计7万平方米；投资4200万元，完善城区各项配套设施建设，新建农贸市场3个，改建小商品市场1个；投资300万元，设垃圾中转站3个和垃圾填埋场及粪便无害化处理厂。9月24－26日，全国卫生城市省检查团对海门城市卫生和环境整治情况全面进行检查。是年，通过全国卫生城市考核组检查验收。

1996年1月11日，省爱国卫生运动委员会宣布，海门市被评为全国卫生城市。是年8月，市委、市政府作出争创国家卫生城市和开展创建省级卫生镇活动的决定。10月，全国卫生城市复查组对海门市创建工作进行复查，肯定海门市卫生创建工作，并提出抓好城乡接合部卫生环卫设施、增加绿化率和提高绿化档次等建议。11月，市创建卫生城市指挥部召开会议，明确目标任务，加强工作措施。1997年8月，通过国家卫生城市南通市级调研。11月，召开创建工作会议，切实加大力度，强化管理。重点抓生活污水、垃圾袋装化、城郊接合部整治、禁鸣区交通管理、市政环卫设施建设、市区绿化、健康教育和重点行业卫生治理8项工作。

1998年，先后召开3次创建工作会议，动员全市迎接全国卫生城市检查评比和创建国家卫生城市。是年，通过国家卫生城市省级调研。1999年6月，召开创建国家卫生城市再动员誓师大会，组织11个专业部门进行模拟检查。是月，第四次省级城市卫生和环境综合考核检查团对海门市卫生创建工作进行复查，高度评价海门市的创建工作。7月，召开迎接创建国家卫生城市省级考核动员大会。是月，国家卫生城市省级考核组分成10个小组，对海门卫生创建工作进行检查，考核组高度评价创建工作成效。海门通过国家卫生城市省级考核，名列江苏省县级卫生先进城市第三名。

2000年，经过6年的艰苦创建，海门城市面貌、社会秩序和环境卫生发生巨大变化，卫生习惯和文明意识逐渐提升，优美、整洁、文明的城市形象基本形成。是年4－6月，全国爱国卫生运动委员会办公室专家组两次到海门指导卫生创建巩固工作。12月15日，海门市被全国爱国卫生运动委员会办公室命名为国家卫生城市。

2001年，进入长效管理阶段，卫生城市创建办公室变更为市国家卫生城市长效管理领导组，领导组下设办公室、10个专业组。卫生城市长效管理办公室每年开展城区和城区主要出入口卫生秩序检查、市容环卫秩序检查、城区环境综合整治、沟河整治等各类环境卫生整治活动，巩固和维护创卫成果。

2004年5月，全国卫生运动委员会办公室会同省爱国卫生运动委员会办公室对海门市创卫工作进行明察暗访。10月，市政府召开迎接国家卫生城市复查动员大会。11月，省爱国卫生运动委员会办公室组织卫生、建设、环保3个部门专家对海门市国家卫生城市进行复查，肯定长效管理成绩的同时，提出中肯意见。2006年5－6月，省爱国卫生运动委员会办公室对海门市进行复查。在肯定成绩，提出限期整改意见。2008年，海门市以高分通过国家卫生城市复查验收。

图5－8 城管女子中队 （2000年摄）

第四章　村镇建设

第一节　集镇建设

一、基础设施建设

宋代，县境常有商贾行等高人歇脚停留，茶摊、饭馆、店铺生意渐次兴隆，逐步形成集镇。也有远道客商到此租房设店买卖，渐次造屋扩大经营，集镇逐步繁荣。

民国元年（1912），海门境内有集镇97个。日本侵略军侵占海门前夕，四甲、余东、包场、六甲、三阳、麒麟、常乐等集镇，有商行、典当、酒楼、茶馆、客籍商人会馆等，亦有合股公司及一些小型作坊。抗日战争、解放战争时期，日伪军、国民党军占据境内重要集镇，市容镇貌被严重破坏，人口锐减，市面萧条。各集镇的基础设施极其落后，房屋多为茅草房顶土坯墙，砖木结构很少；道路多为泥土路，只有少数几个镇的街道用碎砖或少量石块、石条铺筑。

20世纪五六十年代，社会环境安定，交通、通讯等事业逐步发展，城乡交流日益频繁，市场贸易活跃，集镇建设亦随之发展，但速度缓慢。

1978年后，乡镇工业蓬勃兴起，市场经济开始活跃，集镇建设速度加快。1981年，规划兴建或改造集镇道路、自来水厂、市场、影剧院、卫生院、学校、车站、码头、邮电所等公共设施。集镇建设规模逐渐扩大，成为区域内政治、经济、文化中心及物资交流集散地。1987年，三厂镇更新改造路灯，建设绿化带。青龙港镇建设汽渡广场、码头西路。三阳、包场等镇开展道路和市场建设。海门、三厂、青龙港3个县属镇和四甲、悦来、三阳、余东、包场5个建制镇，共修筑道路面积10.14万平方米，河岸石驳880米，兴建桥梁11座，铺设给水管道23.5公里，新增日供水能力5785吨，铺设下水道3.57公里，更新改造路灯212盏，植树70余万株，改造公共厕所11座。1988年，3个县属镇和5个建制镇共修筑镇区道路面积9.8万平方米，埋设下水道4.4公里，更新改造路灯100盏，新建桥梁9座，改造公共厕所30多座，新增日供水能力1.44万吨。1989年，8个镇修筑道路总长5.5公里、面积6万平方米。三阳镇拓宽公路，铺筑沥青路面。包场镇穿越镇区1公里的通吕公路铺设沥青路面。是年，8个镇新增供水管道7.5公里，新增日供水能力4000吨，延伸和改造排水管道73公里，新安装路灯70盏。按规划形成道路、供水、排水网络格局。

1990年，8个建制镇共修筑镇区道路1.2万平方米，铺设路面10万平方米。新开凿深井14口，新增供水管道20公里，新增日供水能力5500吨，供水普及率80%。1992年，海门、三厂、青龙港3镇实行环卫有偿服务，年增加收入11万元。四甲、余东、包场、悦来等镇通过多方集资，加强城镇基础设施建设。1993－1995年，集镇建设总投入5.54亿元。其中1995年农民进镇4128户，投入小集镇建设资金3.46亿元，新建房屋面积41.2万平方米。1998年，三星镇扩建叠石桥绣品城市场，带动周围农民经商致富。1999年，37个乡镇自来水厂日供水能力5.8万立方米，自来水普及率100%。乡村道路基本形成网络，镇区道路总长195公里，并实施道路硬质化，配有路灯。建制镇人均公共绿地5.78平方米。

2000年，加快集镇的道路、桥梁、路灯、绿化、环卫等基础配套设施建设和社会公用事业建设。新增路灯741盏，植树13万株，镇区绿地覆盖面积314公顷，用于公共设施建设投资1286.4万元。2002年，投资8789万元，兴建集镇住宅12.48万平方米；投资1.93亿元，新增产业性建筑23.6万平方米；投资4695万元，新增镇区道路18公里，全部实现硬质化。2003年，村镇建设总投资4.79亿元。投资3785万元，新增公共建筑6.22万平方米；投资

3.1亿元,新增产业性建筑26.43万平方米;投资5569万元,用于道路、自来水、绿化等公共设施建设。2005年,三星镇投入4亿多元改造叠石桥市场,硬化建造天袁线及叠三线镇区部分道路,铺设镇区下水道2.2公里,安装60盏路灯。2008年,加强乡镇镇区开发建设,万年、正余、货隆、东灶港等镇的镇区开发、商业街改造和居住小区建设,形成规模。

二、创建新型小城镇

1997年,开展创建新型小城镇活动。确定小城镇建设"布局合理、设施配套、交通方便、功能齐全、环境优美、具有地方特色"目标,做到统一组织、综合开发、配套建设。是年,货隆镇获省级新型小城镇称号。三阳、悦来、正余、三和、三星获南通市新型小城镇称号。1998年5月29日,江滨乡富山村被省委、省政府命名为第一批省级农村现代化试验区先进示范村。1999年,刘浩、树勋、天补等乡镇加大创建力度,12月,通过南通市考核验收。

2000年,德胜、四甲、包场等镇开展创建卫生镇、文明乡镇活动,并分别申报省级和南通市级新型小城镇。2001年10月,南通市政府授予包场镇、德胜镇社会主义新型示范小城镇称号。2002年,正余镇通过省级新型小城镇验收,四甲镇通过南通市级新型小城镇验收。2003年,常乐镇通过南通市级新型示范小城镇验收。2004年,货隆、正余镇获省新型示范小城镇称号。天补、三星、德胜、三和、悦来、三阳、包场、四甲、刘浩、树勋、常乐、货隆、正余13镇,分别获南通市级新型示范小城镇称号。2008年,余东镇被命名为国家级历史文化名镇。

第二节 村庄建设

一、公用设施建设

新中国成立前,农民生活极为困苦,农村没有公共设施。新中国成立后,农民生活逐步改善,但农民住房以修补为主,富裕农民开始建瓦房。1958年,全县乡村普遍安装广播喇叭,邮件电报进村到户,富裕的乡村开始拓宽或铺设砖石道路。

20世纪60年代,各大队结合农田水利建设,将乡村骨干道路拓宽至3米,大队(村)至生产队的机耕道拓宽至2米。

"文化大革命"时期,农村基础设施建设处于停顿状态。1978年后,经济稳步发展,农村道路、桥梁得到修整改造。至1980年,通启河上建造机耕桥16座,通吕河段建造机耕桥2座。

80年代,乡村道路进行改造,拓宽取直。德胜、秀山等地的农村骨干路以碎砖作基础,用煤渣或沙石铺成晴雨路,小型拖拉机、客货车均可通行。村与村交界河段的农桥逐步建成水泥板桥。

1990年,县内有交通部门管理的农桥391座,总长10.3公里。可通汽车的农村大道总长450公里。公共建筑面积60.31万平方米。全县724个村庄中,通电村庄721个,自来水受益人口22.86万人。1996年,农村90多万人用上自来水,获省自来水普及市称号。全市村庄建设投入10.53亿元。1997年,实施村民聚居化工程,改造低电压村206个,80%的村达到农村电气化、用电标准化。完成乡村公路沥青路面114公里;实现村村通电话;疏浚二、三、四级河道716条、明沟5400多条,大部分村实现沟河通活水目标。60%农户使用液化气。是年,累计建设公共建筑面积75.02万平方米,村庄道路2040.6公里,农桥2039座,防洪堤64.95公里。1999年,自来水普及率100%;乡村道路基本形成网络。

2000年,村庄建设投资6.87亿元,其中用于公共设施建设投资985.35万元。2003年,投资5569万元用于道路、自来水、绿化等公共设施建设。2006年,重点对15个村的建设进行整治。正余镇邢柏村等3个省级建设整治示范村,投资1980.7万元用于村级道路建设、沟河治理、绿化、亮化及环境整治。建设硬质道路12.38公里,疏浚河道52条,完成土方63.37万立方米,建设机耕桥7座、石驳护岸2公里,建成硬质渠道5.3公里,安装路灯159盏,种植绿化面积5.03公顷,改造露天厕所1172座,建设公共厕所2座,添置垃圾箱125个,铺设下水道15.38公里。2008年,三厂镇中兴村、万年镇裴蕾村、德胜镇瑞北村列为省级整治示范村。3个村全年投入472.56万元,用于村级道路建设、绿化、亮化、生活垃圾处理及排水等环境整治,建设硬质道路11.92公里,修建8.47公里村内排水管线,新增垃圾箱207个,添置生活垃圾收运环卫设备3套,新增村庄绿化0.19公顷，改造露天厕所1013座，修缮社区服务中心，提升村民生活质量。

二、住宅建设

解放前，海门境内村宅呈自然分布状态，瓦房少，茅舍草屋居多，高低大小不一。南部沙地普遍为同族人聚居的院宅，正屋坐北朝南，东西两侧为厢房，豪门富户建有四汀宅沟吊桥。北部通东地区沿河（夹沟）两边建房，形成“非”字形村宅。多数农民住草屋和“环洞舍”①，地主及富裕人家建瓦房。

50年代初，农民零星建房，以芦壁瓦绊稻草盖顶居多。1958年，厂洪乡富东、东风、青西3个村始有规划建设居民点，房屋坐北朝南一字排开。

60年代，农民建房普遍以“五架头”砖瓦房为主，多为单墙泥缝，石灰粉刷。少数富户亦有青砖白缝，但外墙仍用石灰粉刷。

70年代，进行填沟造田，平整土地，建设农田“样板片”。许多宅沟被填平，传统的农村住宅格局逐渐打破，新建住宅都为平房，仍旧以传统的坐北朝南出向。一般沿二、三级河东西成排或沿明沟南北成排。

1980年后，农民住房条件逐步改善，新建房屋以“七架头”瓦房为主。1982年，开始建造楼房，但式样结构单调，设施简陋。是年，全县农村人均住房面积15.99平方米。1983年，县统一规划农村建房用地，新建楼房前后间距不超过17米，平房前后间距不超过15米。1985年，明确民房建设规划，合理布局，鼓励向楼房发展，节约耕地。新建楼房，以二层楼居多，少数人家建三层楼。1987年，兴起建房热，成排楼房拔地而起，许多人家请人设计图纸，按图施工讲究用材色彩和造型。1990年，全县1.75万农户建房，年底竣工建筑面积160.47万平方米。平均造价每平方米105元。西部地区农民住楼率28%，中部地区为12%。

1995年，实施组团式村庄规划，但农民对新规划不太适应。1996年，局部调整农房规划，对房屋样式、面积等进行具体设计规划。是年，全市1.49万农户建房，占总户数的5%，年底竣工面积269.17万平方米。1998年，全市村宅建设沿河、沿路以楼房为主体，“非”字形成为现代村宅建设的主要格局。未改造的住宅平房不足20%。是年，1.13万农户建房，占总户数的3.44%，竣工面积188.56万平方米，人均居住面积23.85平方米。

2000年后，农村住宅质量普遍提高，新建楼房住宅都为砖混结构，楼层较高，底层在3.4米以上，二、三层不低于3.2米。门窗宽畅，施工有图纸，风格多样，房顶有尖顶和平顶，少数楼宇顶部置有亭子之类的装饰物，尖顶盖有小瓦、洋瓦及多彩琉璃瓦，外墙大多数以瓷砖贴面，极少有石灰粉饰。楼房大部置有阳台，且用玻璃排窗封住，外加纱窗。随着建房户增加，各种建房矛盾也随之增多。2001年，调解处理100多件次农村建房来信来访。对建房中的热点、难点和焦点，形成《当前农村建房中几个急需解决的问题》调查报告，提出相应解决办法和措施。2005年6月起，实施新农村建设，对全市未完成村规划编制工作的，除草危房改造和受灾户外，原则上暂停批建新房。2006年，经专家、部门、乡镇、村民代表的多层次论证，优选4个系列16套住宅方案作为农民住宅施工通用图。2008年6月，检查各乡镇新农村聚居区建设情况并形成调查报告。是年，22个乡镇启动60个聚居区建设，建设各类房型的住房2294套。海门城乡建房的质量和外形装潢，在苏北、苏中城乡中首屈一指。

图5－9　常乐镇农村居民住宅　（2005年摄）

① 环洞舍：以稻草、芦苇、竹竿和烂泥垒砌而成高1米左右、长2－3米的环洞形房舍。

第五章 住房管理

第一节 住房制度改革

一、公房出售

1995年,制定公有住房出售实施细则,公房出售有章可循。自住职工每户可在户口所在城镇按规定购买公有住房,购房面积标准:一般干部职工75平方米,科级干部90平方米,处级干部110平方米,厅局级干部135平方米。职工以成本价购买公有住房,购房面积标准每户享受1次,超过面积标准10平方米以上部分执行市场价。是年,购房面积标准内平均成本价为每平方米571元。超过面积标准10平方米(含10平方米)以下部分按成本价购买,但不享受住房和工龄待遇。每户实际售价根据住房所处地段、结构、层次、朝向、设施和装修标准等因素进行增减。购买旧住房,成新折扣按住房折扣年限50年计算,每使用1年折扣2%,使用年限超过30年的按30年计算。经过大修或设备更新的旧住房,按规定经评估确定。购房时,由承租人或其配偶任选1人工龄计算,每1年工龄折扣率为成本价基价1.2%。职工购买现住房,适当给予折扣。规定:现住房折扣率为成本价基价的5%,自1996年起每年递减1个百分点,至2000年全部取消。

1996年,成立住房制度改革办公室,实施全县住房制度改革工作。

1997年,公房标准面积内砖混一级平均成本价为每平方米646元,一次性付款折扣为应付房价的14%。现住房折扣为平均成本价3%,从1998年起,每年递减1个百分点,2000年全部取消。1997年年底,共有1.38万户家庭申请购买现住公有住房,建筑面积92.83万平方米,回收售房资金1.29亿元,其中职工集(借)资建房款6398万元,实际回收现款6472万元。1999年,公房标准面积内砖混一级平均成本价为每平方米665元;一次性付款折扣调整为8%。

2000年,公房标准砖混一级平均成本价为每平方米690元,并逐步与经济适用住房价格接轨,取消现住房及一次性付款折扣。2002年,公房标准面积砖混一级平均成本价为每平方米715元,职工家庭购房年工龄折扣率1.2%。2005年,共审批出售住房83套,面积3554.04平方米,售房款261.96万元。至2008年,共有2.13万户申请购买现住公有住房,计2.59万套,建筑面积140.79万平方米,占可出售公房97.7%,户均住房面积72平方米,回收售房资金4.79亿元。

二、住房补贴

1997年9月,在城镇住房制度改革基础上,取消住房实物补贴,实行货币补贴,建立国家、单位、个人三者合理负担的城镇住房新体制。职工解决住房,主要由个人出资购买,国家在税收、规费等方面给予政策优惠,单位给予部分补贴。对在1998年11月30日前参加工作的无房老职工和住房面积未达到购房面积标准的,购房时,有条件的单位给予一次性住房补贴。住房补贴由购房补贴和工龄补贴两部分组成,购房补贴标准为每平方米100元,职工工龄补贴标准每年每平方米5.14元。1998年12月1日以后参加工作的新职工,按职工个人月平均工资(在法定的劳动时间内)的一定比例逐月计发住房补贴,并以增加单位缴存公积金的形式落实。至1998年年底,全市落实购房补贴金额740万元。

至2005年年底,有237个单位发放一次性住房补贴,累计补贴3784人,计3151.3万元。2006年,审核住房补贴发放单位60个,补贴120人,金额73.3万元，其中行政事业单位45家96人，财政拨款金额59.6万元；企业单位15个24人，单位自筹资金用于住房补贴发放137.1万元。2007年，审核住房补贴发放单位46个，补贴312人，计226.45万元，其中行政事业单位33个55人，31.92万元；企业单位、自筹事业单位10个257人，194.53万元。2008年，审核住房补贴发放单位25家，补贴170人，140.7万元，其中行政事业单位14个23人，6.9万元；企业单位、自筹事业单位11个147人，133.81万元。至2008年年底，共审核住房补贴发放单位368个，补贴人数4386人，补贴金额3591.75万元。

三、住房保障

廉租住房 1999年，根据不同家庭收入实行不同的办法，开始向符合城镇居民最低生活保障标准且住房有困难的家庭提供社会保障性质的住房。2005年9月，明确廉租住房租金补贴和实物配租的住房使用面积控制标准：单人家庭20平方米，2人家庭人均16平方米，3人家庭人均14平方米，4人及其以上家庭人均12平方米。按控制标准补贴租赁住房租金，市属镇为每平方米月补贴租金5元，乡镇每平方米月补贴租金3.5元。实物配租廉租住房的家庭，按使用面积每平方米缴纳0.5元租金，超出安置面积按每平方米0.8元租金计费。至2005年，共动用住房“解困解危”基金76万元，购置13套住房，为13户家庭提供廉租住房。

2007年，向30户家庭提供租金补贴1.88万元，落实廉租房源1套，7户享受廉租住房实物配租。2008年，在市区民生小区集中落实廉租房房源30套，总面积2321.72平方米。是年，有30户享受廉租住房补贴，36户享受廉租住房实物配租。

经济适用房 1997年9月，取消单位集资建房政策，兴建经济适用房，解决无房户和住房困难户住房。1998年，三厂镇建设经济适用房3000多平方米。

2001年，在市区青海路北侧、日新河西侧地段建设经济适用房213套，建筑面积1.6万平方米。2005年，出台经济适用房住房管理实施办法。7月起，受理购买经济适用住房的申请，经房改办初审，建设局、纪委等单位复核抽查后，在《海门日报》公示，对符合要求的家庭，在公证处及市纪委、建设局等部门监督下，以抓阄方式获取分房顺序号，确保公正、公平、公开。2006年1月，首批89个家庭获准购买经济适用房。6月，开工建设民生小区2.28万平方米经济适用房，2007年8月交房，平均价格每平方米1400元，超过面积控制标准的，按核定的商品住房价格购买，平均每平方米2050元。共有318户家庭申请购买经济适用住房，262户符合条件者签订购房合同。2008年，确定分两期建设张南小区4.07万平方米经济适用房，至年底，完成一期的规划红线、地籍调查、项目立项和工程招投标。

图5-10 民生小区经济适用房 (2007年摄)

军队转业干部安置住房 1992年前，军队转业干部住房问题，由县组织人事部门会同有关部门协商解决。单位有住房的，优先解决军转干部住房；单位住房紧张，通过调剂解决；单位没有住房，筹集资金，帮助租房或买房。

1993年，县政府规划统一建设军转干部住宅新村。是年，兴建40套3280平方米的第一栋军转干部住宅楼。至1996年，连续4年在静海路建4幢1万多平方米军转干部住宅楼。

2000年始，连续3年在丝绸路建3幢1.1万平方米军转干部统建楼。2001年，对1997－1999年度军队转业干部发放一次性住房补贴。有187人按规定面积补贴每平方米380元，补贴金额637万元。

2002年度后转业的军转干部住房，由国家统一实行货币补贴，地方政府不再负担。

第二节　住房公积金

一、归集

1993 年,建县住房基金管理中心,负责县级住房基金的使用与管理。1995 年,全面建立公积金制度,全市所有党政机关、群众团体和企事业单位,按照"个人存储,单位资助,统一管理,专项使用"原则,缴存住房公积金。单位和职工缴存的住房公积金归职工个人所有,存入个人住房公积金账户,用于职工本人购房、建房、大修理自有住房和政策性住房抵押贷款。是年,单位和个人住房公积金的缴存比例分别为 5%,缴存基数按职工本人上年度月平均工资计算,低于 200 元的按 200 元计算。是年,全市归集住房公积金 216 万元。1997 年,公积金缴存比例提高到 6%。有条件的企业相应提高缴存比例。1998 年,进一步完善住房公积金制度,全市 729 个单位建立住房公积金制度,有 6.18 万人缴存住房公积金,累计归集住房公积金 6736.86 万元,归集额居南通 6 县(市)之首。

2000 年,全市住房公积金单位和职工个人缴存比例调整为 7%。2002 年 1 月起,对 1998 年 11 月 30 日前参加工作的在职职工,其单位和个人的缴存比例均由 7% 调整为 8%;1998 年 12 月 1 日以后参加工作的职工,单位的缴存比例由 15% 调整为 16%。2003 年,住房基金管理部更名为南通市住房公积金管理中心海门管理部。2005 年,国家机关、事业单位住房公积金单位和职工个人缴存比例分别由原来 8% 调整为 10%;企业住房公积金单位和职工个人缴存比例根据承受能力和条件,在 8% - 12% 的幅度内确定。至 2008 年,全市累计归集住房公积金 10.61 亿元,余额 5.92 亿元。

1995 - 2008 年海门市住房公积金归集余额一览

表 5 - 4　　单位:万元

年　份	归集额	余额
1995	216.00	216.00
1996	2007.93	1989.46
1997	2332.20	4383.87
1998	2180.73	6275.89
1999	2215.34	7958.71
2000	3324.30	10099.65
2001	4304.76	12998.27
2002	5028.37	15806.32
2003	5886.32	19384.00
2004	8857.35	24032.33
2005	13392.65	32152.05
2006	14829.91	38753.85
2007	18778.42	46208.27
2008	22722.08	59228.45

二、贷款

2000 年,为解决职工住房困难,制定《海门市职工住房公积金贷款实施细则》,明确贷款对象、条件和办理程序。公积金贷款最高限额 10 万元,最长年限 10 年,利率按国家有关规定执行。若遇法定利率调整,按新的利率标准执行。2001 年,共放贷 35 户 134 万元。2003 年,增加公积金放贷额度,将限额提高至 24 万元,年限延长至 30 年。2005 年,贷款限额提高至 30 万元。至 2008 年年底,累计发放住房公积金个人贷款 6775 户 9.28 亿元。

2001 - 2008 年海门市

住房公积金个人贷款发放情况一览

表 5 - 5

年　份	发放数(户)	发放金额(万元)
合　计	6775	92799
2001	35	134
2002	367	2109
2003	700	6076
2004	1170	13400
2005	983	12300
2006	1295	18181

续表 5－5

年　份	发放数(户)	发放金额(万元)
2007	1449	24905
2008	776	15694

第三节　房地产交易

旧时，房地产买卖一般由经纪人介绍，买卖双方协商，自由交易。有的经律师作证缴纳契税，并到行政机关办理产权转移手续，取得法律认可。

20 世纪 50－70 年代，房屋买卖不允许自由交易。1984 年后，实行政府指导性价格。

1988 年，成立县房地产交易所。县政府对城镇非居住用房租赁实行管理，将公私房买卖纳入交易管理，并建立房产交易市场。是年，办理发放租赁许可证 172 户，房屋交易 169 户，420.5 间(套)1.82 万平方米，成交额 672.26 万元。办理私房公房互换 4 户。

1997 年 1 月，制定《海门市商品房销售管理暂行办法》。是年，海门房地产经纪业首家成立公司，从事房地产买卖、交换、租赁和中介咨询服务。

1999 年，开展城镇所有权旧证更换工作，收回手写的房产证，发放全国统一产权证。在宏伟路设立房地产交易市场，实行购房咨询、看房、签订合同、登记发证“一条龙”服务，有 25 个开发商在交易市场设摊。是年，所有在册登记的产权房屋 6454 套。2000 年，因政策调整及房地产业的逐步完善，部分小型房地产企业在竞争中退出，大部分房地产企业停业或另谋发展，交易市场关闭。

2003 年，规范房地产交易合同格式文本，供经纪行业使用。2003－2004 年，房地产交易所会同公安、工商、劳动等部门，对全市房地产中介机构进行两次清理整顿，对不申领工商营业执照也无房地产经纪人资格证的中介机构予以取缔。2005 年 7 月，开通市房产信息网，各房地产开发公司逐步在网上签订合同，实现商品房预(销)售合同网上备案。同年，制定《市政府关于进一步加强住宅商品房交易管理的若干意见》，加强全市商品房交易管理，规范商品房交易行为，抑制商品房投机炒作所引起的房价过快上涨势头，确保房地产业平稳健康有序发展。是年 10 月，海门举办首届房地产交易展示会，参展企业 9 个，参展楼盘 12 个，销售房屋 16 万多平方米，总建筑面积 53 万多平方米，其中商业楼盘建筑面积 36 万平方米。

2006 年，房地产中介(经纪)企业数量随着房地产业的发展迅速增加，房地产二级市场幸运而生，成交量不断增加。房屋交易管理部门全面清查房地产中介机构，对中介公司备案管理、从业人员业务培训，从业人员全部取得南通市房管局颁发的房地产经纪人资格证书。是年，二手房成交量 3020 套 10.15 亿元，占成交总量 44.81%。是年 12 月至 2007 年 1 月，举办房地产交易展示会暨建材家居博览会。以“康居生活、和谐房产”为主题，开展楼盘交易展示、优秀楼盘评选、房地产发展论坛、购房摇奖、市场问卷调查等活动。16 个房地产企业汇聚 17 个精品楼盘，面市房屋 2098 套 23 万多平方米；展示楼盘总面积 210 多万平方米。房交会成交 305 套，建筑面积 3.6 万平方米，交易金额 1.4 亿元。2007 年 2－3 月，举办新春房地产交易展示会。以“诚信、惠民、繁荣”为主题，开展楼盘交易展示、老百姓满意的开发企业评选、市场问卷调查等活动。18 个房地产企业汇聚 19 个精品楼盘，面市房屋 1700 多套 20 万多平方米，展示楼盘总面积 300 多万平方米。房交会成交 370 套，建筑面积 4 万多平方米，交易金额 1.5 亿元。11 月，举办秋季房地产交易展示会，以“诚信、和谐、发展”为主题，15 个开发企业 17 个精品楼盘参展，展示面积 180 万平方米，可销售楼盘 13 个，面积近 30 万平方米，1900 套。房交会成交 252 套，建筑面积 3.19 万平方米，交易金额 1.16 亿元。是年，二手房成交量稍有回落，全年成交 2402 套 10.99 亿元，占成交总量 40.28%。

2008 年 2 月，举办新春房地产交易展示会。以“和谐社会、责任地产”为主题，15 个开发企业 17 个精品楼盘参展。房交会成交 457 套，建筑面积 3.99 万平方米，交易金额 2.06 亿元。11 月，举办房地产交易展示会。以“小康生活、和谐人居”为主题，16 个开发企业 18 个楼盘参展。房交会成交 281 套，建筑面积 3.38 万平方米，交易金额 1.59 亿元。是年，受国际金融危机影响，二手房房价下跌，成交 1323 套 5.9 亿元，占成交总量 35.69%。2008 年年底，市房屋交易管理部门备案的房产中介机构有46个。

2005－2008年海门市房地产市场交易情况一览

表5－6

年份	商品房销售合同备案套数（套）	商品房销售合同备案面积（万平方米）	二手房成交量（套）	二手房成交金额（亿元）
2005	1766	15.10	2446	5.23
2006	4382	49.11	3020	10.15
2007	4996	65.35	2402	10.99
2008	8538	100.25	1323	5.90

第四节 产权产籍

1988年，成立县房地产监理所、房地产交易所，实施房屋产权产籍管理。1990年，海门镇等8镇有私房7903户，登记7710户，确权发证7201户；单位自管房总面积210.92万平方米，登记率99%，确权发证194.05万平方米；国有公房15.21万平方米，登记和发证率100%。县发证办公室、县房地产监理所接收、整理房产档案8200份，存入城乡建设档案馆。

1996年，根据国家和省有关房改优惠出售的政策，对房改房登记发证。1997年，发放全市所有乡镇农民街的城镇产权证。是年，房屋抵押职能由工商部门转入监理所。1998年4－10月，颁发村镇房屋所有权证24万份，所有产权档案由乡镇规划办移交市城乡建设档案馆保存。1999年，开展产权所有权旧证更换工作，收回手写房产证，输入电脑登记，审核发放全国统一的产权证，启用房屋所有权权证辅助管理系统，档案查询由手工转为手工和电脑查询相结合的办法。是年，交易监理所设立档案室，档案由交易监理所自行保管。

2002年，对房产进行信息管理，城区房产设立地号，档案存放由按流水号排列改为按地号排列。2005年7月，开通市房产信息网，实现商品房预（销）售合同网上备案。2007年10月，《中华人民共和国物权法》颁布后，监理所组织学习房屋登记相关条例，提高业务人员操作技能。2008年，根据新制定的房屋登记办法，调整工作流程，提高工作效率。

2003－2008年海门市商品房登记发证情况一览

表5－7　　单位：宗

年份	商品房登记	抵押登记	各类权属登记	各类发证
2003	6064	2592	9214	2499
2004	6464	2886	9392	2694
2005	6166	2707	9848	2446
2006	6740	3613	10405	3220
2007	5963	5092	14040	2402
2008	3707	4049	11878	1323

第五节 公房管理

一、房源

海门解放时，县政府接管国民党政府机关所属公房403.5间，由财政科下设的资财清理组（处）管理。1951－1954年，全面没收地主、反革命分子、民族资本家去除基本生活外的集镇房屋，全县公房增至3014.5间，代管房323间，分布在全县50多个大小集镇，其中茅家镇占总数55%。1958－1959年，茅家镇、三厂镇实行私有出租房屋的社会主义改造。1960年，全县公房增至4250间。

1962年，成立茅镇房管所。1964年，建国营饭店共13间888平方米。1966年，成立三厂镇房管所。“文化大革命”期间，非法没收地主、资本家、反革命75户198间计3960平方米的房产作为公房。1969年，建中百公司营业楼972平方米。1971年，建七一桥东风楼2幢50间1576平方米。1972年，建链条厂及煤球厂宿舍50间950平方米。1973年，建银行财政楼等共1582平方米。

1975年，集中建居住公房，缓解居民住房紧张矛盾。1975－1980年，新建海门新村、长江新村、复兴新村等居民楼8795平方米。1982年，建师山新村宿舍楼3765平方米。是年，财政公房管理由财政局移交基本建设局。

1984年,成立县房地产公司、商品住宅开发公司,负责公房的开发经营、管理、修缮。是年,新建公房2386平方米,出售公房81间5465平方米,回笼资金19.7万元。1985年,全县集镇凡有200间以上财政公房的均设房地产管理组。是年,海门镇新建公房1.42万平方米,分布于海门新村、城北新村、东风新村、狮山新村、复三新村和长江新村。三厂镇新建公房1.98万平方米,分布于花园弄、袁家宅弄、光明弄、少先弄和中华东路等。同年,出售部分零星旧住房,回笼资金用于扩建营业用房。1987年,建海门商厦、三厂综合服务楼、中心楼等商住两用楼,改善部分居民居住条件和城镇市容面貌。至1988年,各乡的公房大幅增加,三厂镇公房面积3.1万平方米,常乐乡及平山乡合计1.34万平方米,三阳镇和悦来镇合计6741平方米,其余各乡镇合计面积3.26万平方米,海门镇公房面积扩展7.77万平方米,共计公房面积16.14万平方米。同年,县房地产公司更名为房地产管理处,管理全县财政公房。

1990年,实有公房7786间,计15.29万平方米,其中生产(营业)用房2140间,计5.72万平方米,居民生活用房5646.5间计9.57万平方米。是年,对8个镇房屋进行登记发证。直管公房登记率100%,单位房屋登记率99.5%,发证率92%。

1995年,在旧城改造中拆除直管公房近6万平方米。至年底,实有公房面积9.31万平方米。1996年,实行住房制度改革,出售直管公有住房。至1999年,有直管公房2352间6.2万平方米。

随着海门旧城改造,公房拆除或出售,公房面积锐减。2004年,公房面积2.92万平方米。是年,撤销房地产管理处,成立市中天房产管理有限责任公司,负责接管公房。2008年,全市有直管公房面积2.62万平方米,其中住宅面积4128平方米。

二、租赁

1950年下半年,征收城镇公房租金。房租以自然间为计算单位,分甲、乙、丙、丁、戊五级。甲等房屋每间每月收房租(折大米)大米15公斤,乙等12.5公斤,丙等10公斤,丁等7.5公斤,戊等5公斤。年底,全县共租出公房403.5间,租金年收入折大米4.29万公斤。各区派员到集镇逐户收取租金,按月向县结报。海门镇街道有财助(街道会计)负责征收。

1954年下半年,房租按中粮公司中等大米牌价折成人民币征收。房租最高的甲等房屋每间3万元(折合1955年新版人民币3元),最低的戊等房屋为1万元。对没有职业、无法支付房租的,由个人申请,房客评议,乡镇审查,县批准后可以减免房租。

1955年10月,党政机关干部实行薪金制,海门房屋租金改为按平方米计算,分等交租:特等房屋每月每平方米0.11元,一等为0.09元,二等为0.08元,三等为0.07元,四等为0.06元,五等为0.05元,家具租金按其总值2%征收。1958年,由公社财粮委员到集镇公房用户逐家征收。20世纪60年代,各集镇陆续设房地产管理所,租金征收由房管所负责;未设房管所的乡镇,委托所在地财政所征收租金。

1970年6月,房租调整为5个等级:1－3等房月租比50年代有所提高,4－5等房略有降低。工业、商业等非居住用房的租金,则按其房屋所处位置、用途等不同情况,分别加征50%－100%的房租。调整后,全县公房年租金收入13万元。1978年11月,对非居住用房的租金标准进行调整,按征收房产税与免征房产税两类及房屋的不同质量,制定不同等级的租金标准,对特殊用途和特殊结构的房屋加成征收。

1986年10月,对直管公房中的非居住用房租金进行调整,每月每平方米钢混一级的标准为1.3元,砖混一级1.2元,砖混二级1.1元,砖木一级0.9元,砖木二级0.8元,砖木三级0.7元,简易一级0.7元。全年直管公房年租金收入80余万元。1988年,县房地产公司将代管公房收为自管,实行公房经营管理经济承包责任制。

1993年,实有公房面积15.78万平方米,收取房租196万元。1995年10月,租金按房屋结构、等级、层次、地段、朝向等因素适当调整。是年,实有公房面积9.31万平方米,收取租金190万元。1996年9月,提高租金标准,砖混一级房屋从每平方米使用面积0.65元提高到0.85元。是年,实有公房面积7.28万平方米,租金收入192万元。1997年,提高租金标准,砖混一级每平方米从0.85元提高到2.3元。是年,实有公房面积7.18万平方米,租金收入210万元。1999年,加大公房租金收缴力度,将租金收缴与个人利益相挂钩。至年底,租金收入

220 万元。

2000－2005 年,年租金收入约 120 万元。2008 年,实有公房面积 2.62 万平方米,逐步实行市场化管理,租金收入约 200 万元。

三、维修

50 年代,公房质量较差,租金收入少,加之地方财政困难,公房维修只能确保雨不漏、墙不倒。对必须修理的危房,在不改变原结构前提下,进行适当维修。

1961 年后,县财政每年斥资 10 万元,作为公房维修资金。

70－80 年代初,提高公房租金标准,租金收入增加,公房维修养护正常,每年分批对旧房改造维修。

1984 年,维修费用 27 万元,维修房屋面积 5270 平方米,修缮危房 4549 平方米。1985 年 6 月,县拨款 170 万元用于农村集镇直管公房维护。1987 年,对全县 32 个大小集镇的 15 万平方米直管公房进行普查,危房面积 1.5 万平方米,房屋完好率仅 50%。以后,每年以 5% 的速度维修。由于租金太低,物价上涨等因素,公房维修经费奇缺,多数危房未能及时修理。1989 年,公房管理推行经费包干负责制,维修定指标、定责任。组织房屋质量全面普查和房屋鉴定,筹集资金 117 万元,改造修缮房屋 3.28 万平方米,提高公房质量。

1996 年,实施住房制度改革,出售公有住房,维修面积逐年减少。是年,投入 108 万元,改造危房 2 万平方米。2004 年,全市公房面积缩至 2.92 万平方米。以后每年维修面积维持在 2000 平方米。2008 年,全市公房面积 2.62 万平方米,维修经费约 20 万元,维修面积近 1000 平方米。

第六节　白蚁防治

1984 年 12 月,成立县白蚁防治所,受理客户白蚁防治申请和咨询、开展白蚁鉴定、白蚁灭治、白蚁预防及回访调查等工作。贯彻“以防为主,防治结合,综合治理”方针,做到无蚁早防,有蚁必治。通过各种方法,加强对白蚁防治的宣传力度,使大多数建设单位主动配合做好白蚁防治工作。同时,根据工程进度,严格按照规定操作,确保施药质量,实现经预防的新建工程 15 年内不发生白蚁危害。如发现蚁情,在规定时间内到现场勘查,根据实际情况制定施工方案,有效地控制白蚁危害。年白蚁防治率 80% 以上,白蚁防治合同履约率 100%。

2000－2008 年,共签订白蚁防治合同 1058 份,施工面积 767.88 万平方米,灭治白蚁 2.39 万平方米。

第七节　物业管理

一、业务

1997 年 6 月,市在东风新村成立新兴物业管理有限公司,实施东风新村物业管理。由于缺乏物业管理经验,经营亏损,于 1998 年 11 月歇业。

1998 年,市建委和市卫生创建指挥部对市区环境进行管理,组织人员督促居民搞好家庭卫生,清除楼道堆积物,维护新村绿化,6 次组织居民小区环境卫生专项检查。

2000 年,制定《市政府关于市区房屋实施物业管理的通知》,规定物业管理的实施范围、对象,明确市建委对物业管理工作业务指导、资质审查及监督检查的管理职能。6 月,成立东风、东洲、宏伟 3 个物业公司,分别选择东风、海影、复兴 3 个新村进行试点,管理居民住房 279 幢。当年帮助居民解决环境卫生、房屋维修等问题 180 多个。2001 年,投入 100 多万元,解决东风、海影、复兴 3 个试点小区屋面渗漏、配套不全等问题。共治理屋顶渗漏房屋 174 幢 2.37 万平方米,破损房屋 57 幢,落水管损坏房屋 70 幢,楼梯走道和共用部位存在门窗框破损房屋 63 幢,外墙面渗水 29 幢。是年,新建小区均实施物业管理。2002 年,物业管理范围扩大至通源、青海等 9 个小区。

2003 年,市住房制度改革办公室接管城区范围内物业管理职能。成立南通万众物业管理有限公司。是年 3 月,物业公司会同居委会对富民新村、狮山新村、秀山新村等 12 个居民小区中损绿种菜、乱堆放、乱张贴、乱拉挂等突出问题进行专项整治,铲除擅自占用绿地种菜面积 5000 多平方米,清理房前屋后及楼道里乱堆放150多起，乱拉挂100多起，乱张贴120多起。4月，制定《海门市住宅室内装饰装修管理方法》，规范小区住宅室内装饰管理，全年查处违章装修案件52起。6月，联合治理1385间改变用途的车库，取缔33个严重污染扰民的经营户，督促85个经营户改善硬件环境，并与住户、物业公司、居委会签订卫生责任状。是年，投入80多万元，修理小区房屋。

2005年5月，市城市管理行政执法局行使物业管理职能。2006年，市区有13个物业管理公司，从业人员450人，物业管理住宅小区40个。是年，投入300万元，加强老小区公共设施维修和绿化养护管理；对部分居民楼外墙进行刷新和设置围栏。物业公司参与新建小区配套设施竣工验收，确保工程质量。

2008年，投入1100多万元，对城区24个居民小区实施亮化、绿化、硬化、智能化配套总体改造，小区的环境质量和安全保障得到提升。是年，市区有19个物业公司，管理居住小区45个，房屋建筑面积344万平方米，从业人员500多人。各小区建立业主委员会，加强物业管理。

二、收费

1997年，出台居住小区物业管理实施细则，明确实行物业管理的小区居民须按户向物业管理公司交纳物业管理费，确定按单套建筑面积的大小交6－25元不等的费用。

2000年，市区各开发、建设单位征收物业管理基金，用于共用部位的设施设备维修，全年征收维修基金393.6万元。2002年6月，市区已实施物业管理的东风、海影等9个住宅小区，执行每月每平方米建筑面积0.12元物业管理服务收费标准。

2003年4月，按照“优质优价、质价相符”原则，对住宅区物业管理公共服务费实行平方等级收费管理，分别按五级0.5元、四级0.4元、三级0.35元、二级0.25元、一级0.15元、等外级0.12元标准收取；2003年之前建成的住宅区实行等外级物业管理。7月起，新竣工的商品房和房改出售的公有住房在销售时，购房者应按多层住宅每平方米12元、高层住宅每平方米20元、多层非住宅每平方米20元、高层非住宅每平方米30元的标准，向售房单位缴纳维修基金。全年征收物业维修基金305万元。2004年，制定《市政府关于调整市区房屋共用部位、共用设施设备维修基金征缴标准的通知》，将维修基金征收标准调整为：多层普通住宅每平方米18元、中层住宅（7－9层）每平方米30元、高层住宅每平方米40元、别墅每平方米30元的标准缴存；多层非住宅每平方米30元、中高层和高层非住宅每平方米40元的标准缴存。全年征收物业基金203.4万元。

2006年，物业管理公司改变以往收缴方式，实行日常收费制。是年，共征收物业维修基金427.5万元。2008年2月起，执行建设部的《住宅专项维修资金管理办法》相关规定，保障住宅共用部位、共用设施设备的维修和正常使用，维护住宅专项维修资金所有者的合法权益。

第六章 房地产开发

第一节 房屋建设

一、拆迁

新中国成立后,海门城镇房屋拆迁,由建设单位会同相关单位与拆迁户代表协商解决,根据拆多少补偿多少的原则,协助拆迁户修建住宅。20世纪70年代后,全民或集体单位拆迁房屋,一般由建设主管部门与拆迁户协商解决,并办理征地手续。

1991年,县成立房屋拆迁办公室,负责城镇房屋拆迁的审批、补偿安置,调解拆迁纠纷。制定《海门县贯彻江苏省城市房屋拆迁管理条例具体规定》,管理和指导乡镇房屋拆迁工作。对违反房屋拆迁管理法规的行为实施行政处罚。是年,在镇中路等路段拓宽改造中,充分调动拆迁户的积极性,按照“先拆除先安置”原则,较短时间内完成全部拆迁任务,共拆迁71户5592平方米。

1992年,房屋拆迁工作实行统一管理,建立健全拆迁管理程序,共拆迁552户2万平方米。1994年,实施江海路西侧、师山宾馆、小商品市场、金苑公司商城等地段的拆迁改造工程,改造面积6万多平方米,拆迁1100多户。全年完成50多项拆迁工程,保障城镇建设顺利进行。1995年,实施旧城改造,市出台城镇房屋拆迁安置管理实施细则。拆除旧房19.8万平方米,动迁居民2755户8870余人。1998－1999年,完成100个地段23.91万平方米的拆迁任务,动迁居民1964户5856人。

2001－2003年,拆迁面积38万平方米,动迁居民3565户。2004年,市制定城市房屋拆迁补偿安置实施细则,全面推行拆迁安置定销房,实行拆迁户子女可按新老房屋所在地选择就近上学等优惠措施,保护拆迁户的合法权益。2004－2005年,累计拆迁项目66个,拆迁户数2204户,拆迁面积22.4万平方米。2006年起,启动新一轮城市建设,拆迁总量大幅提升。2006－2008年,完成东风新村、果品市场、链条厂、宏日小区、张謇大道、海西小区、理想城等74个地段的拆迁改造工程,动迁住户7023户,企业68个,拆迁面积139.6万平方米。

二、开发

1984年,县商品住宅公司成立。是年,征地1.95公顷,完成工程师大楼建设项目1719平方米。1987年,县商品住宅公司更名为县房屋建设开发公司,自筹资金开发房地产项目。是年,建造商品房14幢2.11万平方米。公司除开发商品住宅外,承接海门商厦、长江浴室、邮电大楼等建造工程。1990年,新建商品房两幢4930平方米,为部门、乡镇代建11幢2.12万平方米,全年完成建筑、安装产值787.7万元。

1992年,发展房地产业,鼓励房屋开发企业参与城镇建设和新区开发。至年底,海门有县房地产开发公司、中海房地产开发公司、地产开发公司、房产开发公司等房地产开发企业。1993年,成立金苑地产开发有限公司、沪海房地产发展公司等9个房地产公司。至1996年,全市有22个房地产开发企业。

1997年,为规范房地产市场秩序,属建委管理的7个房地产开发企业组建成市房地产开发集团公司。1998年,在海秀小区进行住宅产业现代化建设试点。综合开发市区14个地段,建成商住楼22万平方米。是年,新成立江建房地产开发有限公司等5个企业。

2000年,结合房地产开发企业资质年检,对开发行为不规范、质量问题较多、社会信誉较差的开发企业,依法降低或吊销开发资质,杜绝无资质开发和挂靠开发。通过清理整顿,全市31个开发企业，17个定为正式等级，12个定为暂定等级，2个被吊销开发资质。2004年，房地产开发项目在建面积126.7万平方米，比2003年增长153%；实际投资规模13亿元，比2003年增长160%；全市竣工面积57.2万平方米，比1993年增长63.4%。房地产开发市场继续做大，各路资金涌入海门，尤其是上海证大、东波、航星等公司进驻房地产市场，对提升房地产开发理念，提高房屋档次和品位起到积极推动作用。东方巴黎公寓成为南通市范围第一个省级康居示范工程项目，证大东洲府被评为省优秀住宅小区，海门名人苑一期工程被评为省明星楼盘。2008年，市区住宅、商贸等房地产开发项目施工面积293万平方米，竣工面积72万平方米，在建项目总投资65亿元。是年底，在海门登记注册的房地产开发企业71个，其中二级10个，暂定二级18个，三级13个，暂定三级29个，四级1个。企业注册资金，内资10.29亿元，外资1.22亿美元。

2005－2008年海门市城区房屋开发情况一览

表5－8

年份	年计划开发量（万平方米）	实开发面积（万平方米）	商品房销售量（套数）	施工竣工面积（万平方米）
2005	119	47	–	54
2006	175	107	3927	58
2007	232	115	4393	79
2008	293	142	3414	72

第二节　房地产企业选介

一、南通市三星房地产开发有限公司

1998年，南通市三星房地产开发有限公司成立。注册资金7364.83万元，具有房地产开发企业二级资质，从事房地产开发与城市综合开发。公司工程技术人员34人，本科学历管理人员14人。

公司注重以市场为导向，立足南通地区，综合开发、拓展房地产。先后在海门市开发复兴新村、静海新村、城北新村、南海新村、五港新村、临江园丁苑、民生佳苑等计40万平方米的多个住宅项目。2002年始，先后投资3亿元开发建设中国叠石桥国际家纺城，项目总建筑面积约10万平方米，将叠石桥家纺市场建设成为大型现代化市场。2003－2005年，先后开发民生佳苑小区一期、二期工程，五港小区二期工程，总建筑面积约12.8万平方米。2006年，开发金色阳光花苑项目，总建筑面积约6.7万平方米。2008年，在市中心解放路开发银座娱乐城商务大厦，总建筑面积约1万平方米。

公司在不断开发海门市场同时，开拓外地市场。至2008年，在徐州开发建设三星花苑商住项目，总建筑面积15万平方米。

公司除商业投资外，积极回报社会，先后投入3000万元，完成建设市蓓蕾幼儿园、老年服务中心等社会公益工程。

2008年，总销售收入1.68亿元，交纳税金2738万元。

公司先后被评为省AAA“重合同守信用”企业、资信等级AAA级、省质量第一信誉先进单位，2005年度南通市百强民营企业、南通市AAA级“重合同守信用”企业，市开拓经营先进集体、市地方税收百强大户。2006年起，每年被评为市服务业金牌企业、市纳税大户。

二、江苏天成置业有限责任公司

2003年，由市建工房地产开发有限公司与香港天成国际投资有限公司共同投资，成立江苏天成置业有限责任公司。同年，天成置业投资1.5亿元，在海门城区开发总建筑面积6万平方米的19层高档住宅小区——东方巴黎。该小区成为海门首个高层住宅小区，在南通市范围内首家列入省康居示范工程。2004年，建成北上海国际装饰城。2005年6月，城东花园开盘，以独到的地域优势和品牌价值赢得市场青睐。是年，开发建设海门万众工业发展集中区，占地面积近20公顷，总建筑面积20万平方米，总投资3000多万美元，建有33幢工业标准厂房。2006年，“宜居社区”样板工程——金色维也纳开盘销售。2007年，天成置业投资开发北上海经典广场和万众新世界广场项目，总开发面积超15万平方米。2008年，天成置业实现产值2.8亿元。连续多年被评为市服务业金牌企业和纳税大户。

三、海门证大滨江置业有限公司

2003年12月，海门证大滨江置业有限公司成立。注册资金5000万美元，属中外合资企业，隶属上海证大房产有限公司。为上海证大投资集团三大产业（房地产、能源、金融证券）中的支柱产业，连续3年获上海市房地产开发50强企业称号，“证大”标识为上海市著名企业品牌。公司开发建设海门市副城区——滨江新城。是年，跻身市百万税收50强，成为海门房地产著名企业。

2005年，在市滨江新城购得土地140公顷，投资13.5亿元规划建设生态休闲风景社区证大国际城。是年，开发建设一期低密度的现代中式园林独立别墅东洲府，总面积1.73万平方米，共52套。2006年10月起，开发建设低密度的地中海风情别墅区满庭芳，共3期15万平方米。是年，开发建设证大东洲府一期会所1万平方米。2008年，开发建设水清木华园一期15幢6.63万平方米。同年，投入1.5亿元开发建设市证大中学。完成产值1亿元，上缴税金4200万元。

第六篇

水　　利

海门滨江临海，常遭江海潮、台风袭击，时坍时涨，水患严重。宋至和年间（1054－1056），海门知县沈起在县境黄海边始筑海堤，“以障卤潮”。明清时期，开凿运盐、浒通、川洪、大洪、灵甸等河道，引水排涝、抵御水患。旧政权无力根治江海灾害，至县境解放前夕，沿江半数以上岸线严重崩坍；东北部沿海地段，海堤高程6.5米，宽1.5－2.5米，时常崩坍，严重危及百姓生命财产；沿江沿海25条河道中，23条没有挡潮闸，向江海敞开，任凭潮汐往返，大片土地盐碱化；中部地区沟河中的坝头、坝埂不计其数，引排无路，成为大面积的“望天田”。

新中国成立后，县政府抓紧江海堤防培修加固工程，治理洪灾。1950年，制定并河建涵规划。1951年5月至1952年5月，在灵甸镇和三厂镇东部建涵洞61座。1953年，经周恩来总理批示，国家投资99.99万元，实施青龙港两侧沉排护岸试点工程。1955－1958年，实施并港建闸规划和河网化工程。组建县电力灌溉筹备委员会，架设输变电线路，修筑干支渠道，设置灌溉车口。1963年，实施海堤块石护坡工程，根据水情变化采取土石方培修加固江海堤防。1964年起，拓宽疏浚沟河，引淡淋咸，铺生盖草，治理盐碱土，平整土地，填沟造田。20世纪70年代，全县分类划片进行“样板片”农田水利基本建设，开挖疏浚河道，构成格状河网水系，内与邻县（市）干河衔接，外与长江、黄海相通。1987年11月20－23日，水电部在海门召开经济发达的9省（市）农田水利施工机械化座谈会，海门在会上介绍机械施工替代以前千军万马上水利工地的经验。1990年，全县农田水利完成土方1023万立方米，机械疏浚骨干河道40.2公里，新筑灌溉渠道114公里，沿海增筑混凝土护坡935米，整修江堤护坡860米。

1995年6月，市人大通过《加强小型农田水利建设增加农业抗旱排涝能力》的议案决议，把河沟疏浚作为农村建设的重要内容。1998年起，实施江海堤防达标建设和江海滩涂围垦。完成江海堤防达标建设工程78.45公里，主海堤堤顶高程10.36－10米，江堤堤顶高程9米，达到50年一遇防洪标准。江海滩涂先后围垦47次，围垦总面积1.1万公顷，占全市陆域面积9.5%。至2008年，形成以81.95公里的江、海、洲、港堤为主的防洪体系；以23座沿江沿海涵闸、14条二级河、64条三级河、2000多条四级河为主的防涝体系；以新江海河闸、海门港闸、南通港节制闸，3条（段）一级河，近3万座机电灌溉站构成的防旱工程体系；以明沟、涵闸、田间一套沟为基础的防渍体系。全市47.2%耕地达到百日无雨保灌溉，72.9%耕地能控制地下水位在1米以下，建成高产稳产、旱涝保收农田3.65万公顷，占总耕地面积64.3%。

第一章 围垦治坍

第一节 围 垦

清康熙四十四年（1705）后，经多年围垦种植，沧海逐渐变成万顷良田。光绪二十七年（1901），张謇建立通海垦牧公司，围筑圩堤，发展农牧业生产。

新中国成立后，对江海滩涂进行大规模围垦。至2008年，先后围垦47次，围垦总面积1.1万公顷，占全市陆地面积9.5%。

一、江滩

江心沙 1960年初，县人委和省农林厅决定围垦江心沙。7月，确定围堤基线。10月，县成立围垦指挥部，组织23个公社1.2万民工实施围垦。1961年4月底，围垦工程告竣，筑大堤1.52万米，完成土方76.42万立方米；堤内河沟开挖工程5月底完工，开挖土方12.58万立方米。投资67.37万元建江心沙北闸、桥涵配套。至1979年，江心沙围垦17次，成陆面积4437.21公顷。其中，县组织7次，围垦面积2898.27公顷；江心沙农场组织5次，面积805.9公顷；人民公社组织5次，面积733.04公顷。

1960－1979年江心沙围垦情况一览

表6-1

垦　区	年份	总面积(公顷)	堤长(米)	土方(万立方米)	经费(万元)	围垦单位	淤积特征
总　计	-	4437.21	61132	309.98	177.70	-	-
江心沙农场	1960－1961	1708.20	15150	89.00	67.37	县人委	江中沙岛
三和公社沿江大队	1960	91.33	2750	6.02	-	三和公社	边滩
江心沙农场	1964	192.33	4672	20.66	-	农场	沙岛
江心沙农场	1965	138.07	2714	6.25	-	农场	沙岛
棉种场	1968	345.73	6630	33.44	14.70	县革委会	沙岛
种猪场	1970	14.73	900	1.85	0.65	县商业局	边滩
沿江大队	1970	55.76	800	1.75	-	三和公社	边滩
江心沙农场	1971	102.67	650	1.56	-	农场	边滩
种猪场	1971	67.81	1850	9.72	4.33	县商业局	边滩
棉种场	1972	159.17	4416	24.90	11.65	县革委会	沙岛
江心沙农场	1972	273.6	6400	16.80	-	农场	沙岛
三和公社垦区	1973	144.04	900	3.80	-	三和公社	边滩
三和、秀山公社垦区	1973	97.26	4400	18.30	-	三和公社	边滩
种羊分场	1974	72.37	400	1.51	6.00	县政府	夹江淤积
三和公社垦区	1975	344.65	3450	41.00	-	6个公社组织	夹江淤积
江心沙农场	1976	99.23	800	4.10	-	农场	夹江淤积
种羊场沿江渔场	1979	530.26	4250	29.32	73.00	县革委会	夹江淤积

永隆沙 1969－1977年，围垦8次，总面积901.11公顷。1977－1984年，坍失101.11公顷，实有面积800公顷。其中，县组织1次，面积148公顷；农场组织5次，面积288公顷；县指定大新、临江、六匡、悦来、万年等14个公社前往围垦2次，面积465.11公顷。

1969－1977年永隆沙围垦情况一览

表6-2

垦区名称	年份	总面积(公顷)	堤长(米)	土方(万立方米)	经费(万元)	围垦单位	淤积特征
总计	-	901.11	27996	204.24	11.10	-	-
永隆沙农场	1969	148.00	4040	32.08	3.37	县革委会	沙岛

续表 6-2

垦区名称	年份	总面积(公顷)	堤长(米)	土方(万立方米)	经费(万元)	围垦单位	淤积特征
农场扩垦	1970	64.40	3570	2.00	2.64	农场	沙岛
农场扩垦	1971	12.00	1150	8.50	5.09	农场	沙岛
农场扩垦	1972	76.20	4020	15.20	-	农场	沙岛
农场扩垦	1973	109.40	3156	5.70	-	农场	沙岛
永北、永西大队	1975	330.65	11160	135.06	-	大新、临江等 14 个公社	沙岛
向华、沙南大队	1976	134.46	500	3.40	-	大新、临江 2 个公社	夹江淤积
永北大队	1977	26.00	400	2.30	-	农场	边滩

江滨沙 1972－1985 年,围垦 4 次,总面积 369.75 公顷。1974 年,坍失 25.33 公顷,实有面积 344.42 公顷。其中县组织 1 次,面积 201.12 公顷;秀山公社(乡)2 次,面积 34.95 公顷;秀山、江滨、厂洪 3 个公社 1 次,面积 133.68 公顷。

1972－1985 年江滨沙围垦情况一览

表 6-3

垦区名称	年份	总面积(公顷)	堤长(米)	土方(万立方米)	经费(万元)	围垦单位
总　计	-	369.75	10810	62.48	14.65	-
长江芦荡养殖场	1972	201.12	4470	23.40	14.65	县革委会
奶牛场	1973	12.95	930	4.18	-	秀山公社
日东、江沙、洪江大队	1975	133.68	4780	29.66	-	秀山、江滨、厂洪 3 个公社
秀山垦区	1985	22.00	630	5.24	-	秀山乡

圩角沙 1992－2002 年,围垦 5 次,总面积 2000 多公顷,由县(市)组织实施。

1992－2002 年圩角沙围垦情况一览

表 6-4

工期	年　份	总面积(公顷)	堤长(米)	土方(万立方米)		石方(万立方米)	
				数量	经费(万元)	数量	经费(万元)
总计	-	2000.46	25612	332.86	1313.74	13.16	2014.66
一期	1992	433.33	5187	55.00	198.28	1.86	188.83
二期	1994	753.33	8212	99.20	448.20	4.50	212.30
三期	1996	488.00	3762	69.04	187.00	2.01	120.10
四期	1999	205.87	5551	79.00	288.56	3.40	950.01
五期	2002	119.93	2900	30.62	191.70	1.39	543.42

灵甸沙 1998－2005 年,围垦 3 次,总面积 920.94 公顷。其中市政府组织 2 次,面积 728.94 公顷。临江镇政府组织 1 次,面积 192 公顷。

1998－2005年灵甸沙围垦情况一览

表6－5

工期	年份	总面积（公顷）	堤长（米）	土方（万立方米）		石方（万立方米）		围垦单位
				数量	经费（万元）	数量	经费（万元）	
总计	-	920.94	13576	177.37	1847.75	8.38	3066.98	-
一期	1998	622.27	7771	122.40	734.80	6.51	1867.36	市政府
二期	2000	192.00	2702	27.10	156.00	0.43	230.00	临江镇
三期	2005	106.67	3103	27.87	956.95	1.44	969.62	市政府

新通海沙　2006年3月，市委、市政府组织实施新通海沙综合整治工程。由市人大常委会原主任（市政府原市长）施亚民任总指挥、党组书记。新通海沙综合整治工程是国务院批准的《长江口综合整治开发规划要点报告（2004年修订）》中提出的徐六泾节点整治工程的一项分工程，也是海门沿江开发建设的龙头工程。指挥部发扬强毅力行精神，项目报批环环紧扣，工程防洪评价、采沙论证、航道影响分析、通航安全评估、环境影响报告先后通过水利部长江水利委员会、交通部长江航道局、江苏海事局、省水利工程厅和省环保厅等部门专家评审。工程涉河建设方案、采沙施工、水上水下作业等均获得行政许可。指挥部主要领导亲临施工一线，带领施工队伍快节奏、高效率、超负荷地昼夜奋战，克服大风、大潮、大雾、高温、寒冬等对施工造成的困难。坚持施工工艺创新，狠抓工作质量，注重施工安全，取得质量好、速度快、造价低的良好业绩。至2008年年底，完成新通海沙东部、中部围垦任务，围垦面积546.67公顷，围堤长1.58万米，动用土方211.78万立方米，石方33.85万立方米，使用经费2.83亿元，堤内吹填土方1485.84万立方米。

二、海涂

清光绪二十六年（1900），张謇等人将创办通海垦牧公司及开垦范围呈报两江总督。光绪二十七年（1901），获准。是年5月，成立垦牧公司，张謇任公司总理，发行通海垦牧公司股票。垦区分成八堤，其中一堤为牧场。光绪二十七年（1901）至三十一年（1905），逐步筑成大堤（濒海）42.5公里，里堤（濒通潮大港）71.3公里，格堤（堤内分格）28.7公里。外堤设计底宽13.33米、顶宽5米、高4米，里堤底宽8米、顶宽2.7米、高2.7米，堤岸用土方堆积而成。光绪三十一年（1905）八月，遭海潮袭击，堤岸被冲坏多处。后公司在最险处，将堤身加高、加厚。光绪三十四年（1908），在堤外侧筑中国最早钢筋混凝土挡浪墙和墩木插板挡浪墙，分别长280米和760米。该垦区地跨通州、海门两县，1949年1月，划归启东县。

民国3年（1914），张謇之兄张詧创办大有晋盐垦公司，南起“新岸”、北至遥望港、西与石港接壤、东南接吕四场，面积约2.24万公顷，分三余、晋东、大东等12个垦殖区。晋东区北留一灶区，共计13个区。民国10年，围垦晋东、大东区，围堤长14.85公里、底宽22米、顶宽1.5－2.5米、高3.2米。1949年1月，原属大有晋盐垦公司1273.33公顷土地划入海门县，形成现包场镇幸福村，东灶港镇友谊、港新、前哨、大东4个村。

图6－1　新通海沙工程吹填作业　（2006年摄）

1958年10月，实施沿海滩涂围垦。东兴公社组织5500民工，在东灶港西围垦滩地726.67公顷，围堤长5850米。1959年春，县组织四甲、包场区10多个公社民工在新围滩地上开沟整地，建成盐田427.47公顷。土方工程所需资金和劳力均由相关公社负责，省财政投资120万元，开挖纳潮、排淡河，建纳潮、排淡闸各1座，人行桥5座，建成海门盐场。

1966年，在海门盐场东南部建成大东农场，土地133.79公顷。1969年10月，包场区组织6个公社民工在东灶港东围垦滩地275.59公顷，围堤长5000米。建引淡闸、排咸涵洞、电灌车口各1座，桥梁6座。1970年，结合建东灶港套闸，在港西围垦8.3公顷，围堤长770米。1988－1989年，东灶渔业乡两次在东灶港西围垦滩地105.73公顷，围堤长2380米，建纳潮闸、排涝涵洞、电灌车口各1座，人行桥2座，开挖对虾池20口，占地41.27公顷，总投资285万元，其中省、市投资20万元，县配套费支出80万元，利用世界银行贷款185万元。东灶港套闸建成后，闸外又涨出大片滩地。

1992年2月24日，500多民工在东灶港海滩上围堰施工。半个月后，当围堰即将筑成时，遭受突发性怪潮袭击，功亏一篑。11月28日晨，正余、东兴、王浩、国强4个民工团3000多民工围堰施工。12月10日，又遭怪潮袭击，干部民工奋不顾身跳入海中，筑成一道道人墙，终于用血肉之躯保住围堰。12月27日起，东灶港围堤工程采用水力冲挖机组施工，至1993年5月完成1293米围堤任务，围垦面积13.33公顷。1993年8月至1994年7月，建成东灶港北闸。1995年，组织东兴、包场、刘浩、正余、余东等乡镇3000民工，实施东灶港西围垦工程。3月5日开工，3月13日围堰成功。7月，大堤及块石护坡全面完工，围堤长1130米，面积98.93公顷。

2006年11月3日，省政府颁发海域使用权证书。是年，结合国家级东灶中心渔港建设，再次组织围垦。2008年8月15日竣工，筑堤8584米，其中，主海堤3714米、港支堤4870米，面积866.67公顷。

附：沙案

沙案在海门历史上影响颇大，自清代至民国，延及200余年。

元末明初，长江主泓流入北支，海门境开始坍没，至清初坍势更加厉害。康熙十一年（1672），仅坍存田地39顷54亩，遂废县，归并通州。时隔不久，长江主泓又由北支转入南支，海门旧域开始涨积。至康熙四十四年（1705），已绵亘百余里。涨出的沙地，皆系无主，谁先垦就归谁。由于垦者多，以致发生未经围垦而先报科的事——江中出现无主沙洲时，垦者首先向官府申报，交纳轻微的水粮（折银）。官府只管收钱，往往不加核准，但到沙洲可围时，报科之数大大超出涨出之数，到后期，报科竟至“帆船出没之所”，为争田夺地，引起争讼，史称“沙案”。

最早的沙案，在设海门厅之前，当时围垦者大多系涉江而来的崇明人。崇明人垦沙后向崇邑报科，这就影响到通州的“财政收入”，且沙地辖属不明，地方官又各子其民，引起争讼。有的说要断归崇明，有的说要断归通州，还有的主张两邑分垦。清政府只好采取息事宁人办法，在乾隆三十三年（1768），划通州19沙、崇明11沙及通崇间新涨10沙，设海门直隶厅。

设厅后，又发生厅与通州、厅与崇明县之争。

设厅时，按部议，以后通州、崇明凡新涨沙洲均归海门厅。但事实上，这条规定未能得到贯彻。

乾隆四十年（1775），商人孙荣泰船只被海匪所劫，在谁承缉凶犯问题上，厅、崇明县发生争议。农历十一月二十九日，双方会勘商定，以后厅、县各辖江面15里9分，并据此规定，今后在谁所辖境内涨沙就归谁。但事情是复杂的，一般在涨新沙之时，老沙必削，中间出流洪，新沙涨出后，老沙的流洪亦被淤满，与新沙连成一片，原界混乱。在厅、县协议后不几年，就出现协旺沙、利民沙之争，把新涨沙洲，或称是接涨沙，或称是突涨沙，各取所需，各执一词。乾隆四十九年前后，上级屡次前来会勘，不得解决，又讼至常镇、松太两道，再讼，最后竟讼至苏州府督，结果也不了了之，彼此平分而已。

厅州之争自乾隆四十年海门厅同知徐文灿在西天补沙作堤始。

通州与海门厅原隔有一条泓，阔处10－20余里，狭处8－9里不等，朝潮夕汐，涨坍不定。徐文灿召集民力，下大功夫筑堤。不下几年，使“南北水滩悉成良田”，益地数万亩，州境与厅境由此接壤。这样，设厅时规定的厅州之境“以泓为界”就不复存在,争沙之事起矣。为解决厅州之民争沙事,乾隆四十九年至五十一年,先后由地方官进行会勘,但丈量的结果每次都不同。厅民、州民都不服,复讼。直至嘉庆十年(1805),海门同知章廷枫会同通州通分司会勘,传集两境民灶人等,当众丈量宣布,开掘界河并植树立碑以垂永久,厅州之争寝息。

在厅与县、厅与州争沙的同时,厅民之间也在相互争沙,据《陈氏家谱》及传说,陈朝玉有一次与人争沙斗殴被捕入狱。除夕夜贿赂狱卒,准回家探亲,陈出狱后径奔沙地,移界碑百余丈后仍回狱中,对方讼其移碑侵地,陈驳以"身在狱中,安能移碑",讼胜。

清同治年间(1862－1874),麒麟镇东的王象山靠沙田起家,他报科竟至"帆船出没之所",报了就卖,不少买主受骗。其孙子王佛生变本加厉,也靠争沙发了大财。富安镇的陆漱霞,亦靠争沙起家,其子陆棫人与王佛生争沙,双方各养一批打手,常常引起械斗,打死了人,怕发臭,就用盐腌起来(为后交换)。结果,王氏吃了败仗,成为负债累累的破落户。民国时,海门为争沙上讼的,每天都联袂而至,肥了一大批讼师。相传,那时在衙前就有100多人,民间称他们是"荡空饭烧箕"。

争沙的结果,最后肥的是官府和一些讼师,讼者往往两败俱伤。正如清嘉庆《海门县志》云:"因争而讼,奔走上下,连年不决,竭斧资,饱吏胥,势不得不为未定之滩荡而割既热之膏腴,剜肉补疮,得不偿失,害莫大焉。"海门人也因沙案在外留了个"善讼"的名声。

第二节　堤　　防

一、江堤

明洪武二十三年(1390),修崇明、海门决堤2.39万丈,役夫25万人。永乐二年(1404),海门奏请朝廷,由淮安、苏常民众协修张墩港、东明港百余里溃堤。皇朝批谕:"三群民方苦水患,不可重劳。"遣官行视,以扬州民众协筑之。弘治十一年(1498),知县萧绪率民筑堤抵挡江潮。

清乾隆四十年(1775),海门同知徐文灿主持在厅治西(现天补镇)至通州川港镇东筑截流江堤,长2180丈,名"徐公堤",堵塞海门天补沙和通州之间的夹槽。此后近200年间,虽经民众数次维修加固,堤身仍显单薄矮小,标准很低。

1949年4月,实施长江复堤工程,出动民工1.3万人,完成土建50万立方米。1950年冬,动员10万民工参加恢复加固江堤工程,使江堤普遍达到高程5.5米左右,宽2米,外坡1:2.5,内坡1:1.5。

受长江风浪侵蚀,长江口区北支北侧江岸坍蚀严重,干堤被坍入江中必须退建。1951－1957年,先后退建干堤41段次,计长4.3万米。1958－1963年,退建31段次,计长2.8万米。最后一次退建在1973年,为三和公社三圩大队段。堤防堤顶标准高程,青龙河以东7.3米,以西7米,顶宽3米,外坡1:3,内坡1:2。

1974年潮灾后,县内江堤全面培修加高,除青龙港区段外,其余均将原大堤外的小圩堤或新围垦的大堤加高,使原大堤成为二道堤,堤顶高程,青龙河以东8米,以西7.5米,顶宽4米,外坡1:3,内坡1:2.5。1981年潮灾后,又将堤防加修,堤顶高程,青龙港以东8.5米,以西8米,顶宽5米,外坡1:3,内坡1:2.5。

1989年,南通市水利局制定"八五"防洪规划,堤顶高程为9米,顶宽5米,外坡1:3,内坡1:2.5。1990－1991年,县内大新港至悦和港段长11.5公里及海门港新围大堤17.07公里按此标准修筑。1997年12月11日,省政府发出通知,决定从1998年起,用3－5年时间基本完成全省江堤和海堤重点地段达标建设任务。按照省政府通知精神,市内江堤达标工程采用原堤土方加固、淤涨边滩结合围垦调整堤线和原堤上加筑挡浪墙等3种方法进行培修加固。兴建灵甸、大洪、汤家等新闸,将港支堤从8.8公里缩短为2.24公里。到2001年底,全市主江堤和港支堤全线达标,有滩面的在滩面以下筑成深0.8米、宽0.5米的齿坎,无滩面的在原护岸工程中的高程为4－4.5米处筑成齿坎,以土工布和厚0.08米的碎石作为垫层,护坡采用厚0.35米的灌砌块石,并散布消浪石;高程8米向上至9米筑浆砌块石挡浪墙,顶宽0.5米,底宽1米。青龙港区1.31公里地段因取土困难,采用在原堤顶上筑200号混凝土挡浪墙加高堤顶,挡浪墙高1米,顶宽0.4米,底宽1.5米。江堤达标工程土方27.13万立方米,石方36.13万立方米,使用块石51.6万吨,水泥2.64万吨,耗资1亿元,国家补助4281.65万元,其

图6-2　长江防护大堤　(2000年摄)

余自筹。

二、海堤

宋天圣元年至六年(1023－1028),兴化县令范仲淹上书朝廷获准,与泰州知州张纶先后集泰、通等州兵夫4万人,用石头筑堤,历时5年,修复捍海堰143里136丈,延至县治西北,惠及海门,人称“范公堤”。至和年间(1054－1056),海门知县沈起修筑海堤,东起吕四,西接余西狄堤,筑堤70里,使海门与通州相连,当地人称旧岸,又称“沈公堤”。之后范公堤、狄堤、沈公堤统称“范公堤”。南宋绍兴二十七年(1157)十月,筑通、泰、楚三州捍海堰。元至正十五年(1355)前后,历经16个月,修筑捍海堤300里。明永乐十年(1412),海门至盐城130里,海溢堤坍,是年十月,陈瑄以40万民工筑捍海堤1.8万余丈。今王浩、正余、包场、刘浩镇一线尚有遗迹。成化十三年(1477),巡盐御史雍泰、李裕,集中沿海各场民夫4000余人,修捍海堤133里99丈。嘉靖二十九年(1550),巡盐御史杨选修捍海堤2.08万丈,称老岸。万历十五年(1587),由海门知县姜天麒在“旧岸”北6里筑“姜公堤”约20里,堤外有港口,当地群众称新岸。民国2年(1913),张謇兄弟俩筑海堤30.9公里,人称张公堤。民国10年,大有晋盐垦公司的晋东、大东区,又兴筑海堤14.85公里。

1949－1952年,县政府发动民力对海堤加高培厚,顶宽3米,顶高8.6米。并在堤坡植被,海堤初具规模。1958－1969年,新围海堤顶宽6米,顶高程9.3米,外坡1:4,内坡1:2.5－1:3。原先11.5公里的海堤中有5.3公里变成二道堤,5公里变成三道堤。境内海岸段物质组成和沿海潮流带来的泥沙不同,东灶港以西段为淤涨的淤泥质平原海岸。东灶港以东为蚀退的粉沙质平原海岸。1981年冬,培修海堤时,港西按原标准培修,港东标准增大,顶高程10米,顶宽8－18米,外坡1:4,内坡1:3。1995年起,港西亦按照港东标准逐步进行培修。1998－2008年,按省政府要求,结合海涂围垦实施海堤达标建设。2008年,主海堤长10.96公里,堤顶高程9.16米,面宽8米,外坡1:3,内坡1:2.5,全部达标。港支堤长8.37公里,其中,港西支堤2.54公里标准与主海堤一样。港东支堤2.33公里,堤顶高层10.36米,面宽8米。鲜圩港东侧港支堤3.5公里尚在围垦中。完成土方961.44万立方米,使用经费9090.29万元,其中国家补助104.03万元、自筹8986.26万元。

第三节　治　坍

一、长江治坍

青龙港沉排护岸工程　民国29年(1940),长江北支海潮作用增强,水头直指北岸,青龙港一带开始迎溜顶冲。1949年,长江深泓由崇明西沿流入北支,涨落潮流路合二为一,造成青龙港附近江岸大坍。1950年4月,坍进2.05公里,而崇明北沿不断向北延伸。深泓逼近青龙港,最深处-24米(吴淞基面)。

1953年8月,县政府向省政府暨长江水利委员会汇报青龙港塌势,并报国务院和水利部。周恩来总理指示水利部,根据海门县青龙港坍江情况,在水利部批办投资额权力范围内先行试验性设计施工。是年底,水利部拨款99.99亿元(折新人民币99.99万元),试办青龙港两侧长江护岸工程,由长江下游局设计,派员参加施工。

1954年3月,成立长江下游工程局青龙港护岸工程指挥所。第一期工程于3月18日开工,6月30

日竣工，护坡长度969米，投资99.99万元。工程采取在坡脚负5米高程处丁向沉排，排脚伸至深水平坦江床处为度，排长按设计排脚处江床刷深至-14米时，仍能维持岸坡1:5而定，排头至岸边采用抛石掩护。4月23日，江面刮起5级东南风，在4.53米高潮影响下，一夜间岸坎猛坍20－40米，已沉7块柴排脱离江岸20米，岸和柴排之间江床刷深至-8米。后采用沉排与抛石护岸相衔接施工办法，对已冲离江岸的7块柴排，在排岸之间采用抛石衔接，利用两个大汛间完成沉排抛石护岸一个单元的方法，获得成功。

1954年10月25日至12月9日，进行第二期工程。1955年春、夏，进行第三期工程。两期工程沉排56块，排体有16米×24米、16米×30米、16米×32米、20米×36米、20米×50米5种，计4.64万平方米，抛石10.81万立方米，沉辊518个，护岸长2027米，投资189万元。1955年7－12月，进行第四期工程，沉排14块，排体增大为30米×50米，计2.1万平方米。1956年2－7月，进行第五期工程，沉排25块，排体最大增至40米×50米，计4.4万平方米。第四、第五期工程共抛石7.17万立方米，护岸长1045米，投资经费141.82万元。每期工程施工结束，由专人观察工程稳固和两端坍蚀情况。1957－1962年，对已建工程进行维修、养护、加固。青龙港两侧沉排护岸工程长4.15公里，沉排95块，计11万平方米，抛石26.69万立方米，使用块石45.37万吨。

丁坝挑流治坍　1963年春，在汤家公社试筑盘头丁坝，作挑流治坍尝试。先沉放轻型排为坝底，坝前、坝侧留有富裕排体，上抛叠块石成坝埂。坝根顶高程为4.5米，迎水坝头高程2米，面宽2－3米，坝长60米左右，间距为丁坝长度的6－8倍，视岸线态势和水流状况布设。丁坝群挑流逼泓，使深泓外移，坝间落淤，达到护岸目的。

1969年，治坍试用土芯丁坝方法，沉排护底后，以草包装泥代替块石抛在排上向前伸展，两侧草包露出水面后，中间再挑散泥填实，最后在草包两侧抛石护坝坡。经测算，土芯丁坝的块石用量减少50%，造价降低30%。

至1997年，先后筑丁坝97座，其中土芯丁坝56座。因深泓变迁冲毁和滩涂围垦失去作用的81座，尚起作用的16座。

2002－2008年，在海螺水泥厂码头至青龙港西、灵甸港两侧筑长25米左右短丁坝142座。

二、海堤护坡

1963年，海堤护坡工程在与启东县交界的九锹深河进行。1963－1970年，采用干砌块石护坡。1971－1973年，底部采用干砌块石，坡面采用混凝土预制板。1974年8月，台风高潮袭击期间，混凝土预制板护坡全部被摧毁，改用干砌块石护坡。1981年8月30日至9月1日，14号台风和高潮袭击时，干砌块石护坡遭严重损毁。1981－1983年，恢复原有干砌块石护岸。1984年，使用1:3的坡比，滩面以下深1米用块石作为齿槛，警戒水位线设浆砌块石腰坎和二平台，护坡采取混凝土灌砌块石，并设置消浪石，高程8.5－9米向上采用浆砌块石立墙1－1.5米，顶高程10米。1989年起，倒滤层由沙石料改为土工布。2007－2008年，港西围垦时修筑主海堤用灌砌块护坡，坡面安装消浪墩，高程6.72米处设5米宽灌砌块石平台，迎水面大堤9.16米以上设1.2米高的挡浪墙，厚0.4米。

第二章 河 网

第一节 水系改造

一、通东片

地处运盐河（五里墩以西）、老通吕公路（五里墩以东）以北，总面积2.48万公顷。地貌为海相河相成陆型，有1000多年历史，称通吕水脊平原。该片地形高、水位低、水系不畅，旱、涝、渍害严重，土壤肥力低，理化性状差，盐碱化威胁大，水土保持较差。1949年后，进行治水改土综合治理。1956－1960年，开挖新岸河、新东河，建造新岸河闸、新东河闸。1962－1967年，治理盐碱土，建福利河北闸、新西闸、排咸闸、运北河闸、东兴桥闸。1971－1975年，建王浩、新余、新建、14车口等提水站，建造北圩河闸、新西竖河中闸，新开希沟河、运南河、新东河。1975－1978年，在新东河至运南河之间实施“北样板片”建设，涉及76个大队、4733.33公顷耕地，占通东片总耕地面积33.5%。用水力平冲通吕运河两岸积土866万立方米，平整土地1813.33公顷，新开运南河、新东河和运北河东灶港以东地段，开挖四级河225条，长168.33公里，开河和平整土地完成土方1627万立方米。1979年起，疏通“样板片”期间形成的半拉子河沟，搞好桥涵配套和田间水利工程；建运北河东闸，新东河东、西闸，在四级河与三级河相交处建竖井拍门式涵洞450座。1987年起，加强河沟疏通，进行“吨粮田”①建设。1995年，建东灶港北闸，延伸东灶港河1.2公里。之后，洪、涝、旱、渍、碱等灾害得到控制。

二、中西片

青龙河以西，三和镇横河（浒通河西）和通启公路（浒通河东）以北，及青龙河以东，大洪河以西，通启公路以北地区，总面积2.25万公顷。地貌为河相海相成陆型。该地区河沟稠密而浅小，耕地田块大的几亩，小的几分。旱涝灾害较通东片轻，是引进长江水的主要地区，水位暴涨暴落，河道淤积快。1949－1963年，以拓浚河沟为主。1964－1975年，平整土地，搞好桥涵配套。其间，三星公社因地形较高，自筹资金49.3万元疏浚河道，建造配套桥涵102座，建成三星提水站，形成独立水系。1975－1978年，实施“南样板片”建设，涉及37个大队、2606.67公顷耕地，占该片总耕地面积19.1%，新开海门河、海南河以及13条四级河，全长25.18公里；开挖明沟168条，平整土地1040公顷，完成土方1154万立方米。1979－1989年，疏浚海门河及9号、10号等三四级横河。1990－2008年，村自为战，轮番疏浚明沟，桥涵配套。

三、中东片

青龙河以东、通启公路（八匡河以西）、海门河（八匡河以东）以北地区，总面积3.5万公顷。地貌为河相海相成陆型，水利面貌与中西片相似，河网较多，其中，包场、刘浩公社南部地势较低，开挖的明沟间距10－25米，树勋公社东部水系较紊乱。治理过程与中西片相似。1968－1975年，悦来公社大力调整四级河布局，形成新水系。1973－1975年，包场和刘浩公社南部地区建排涝站，形成独立水系。1975－1978

① 吨粮田：即1亩地产1吨粮食。

年，搞“南样板片”建设，涉及15个大队，耕地面积1180公顷，占该片总耕地的5.5%，新开四级河6条，长10.79公里，明沟98条，平整土地406.67公顷，完成土方479万立方米。1979－2008年，进行正常的农田水利建设、疏浚沟河和桥涵配套。

四、沿江片

地处通启公路以南的沿江地区，总面积2.17万公顷。地貌为河相海相成陆型，水利面貌与中西片相似。其中8520公顷是1960年后新围垦土地。其明沟间距100米左右，四级河间距500－700米。该片受洪潮灾害的威胁大，旱涝灾情比中东片略重，主要采取水利综合治理措施。1949－1951年，退建、修建江堤。1952－1960年，并河建涵及并港建闸，拓浚灵甸河等6条二级竖河，开挖青西、青东河，调度各闸水源，实施引淡淋咸改土，初建沿江独立水系，开展农田水利基本建设。其间，汤家公社中兴大队率先进行大面积平整土地。1964年，中兴大队做法在全县推广，汤家、江滨等公社见效显著。1969－1971年，因长江北支水质变咸，实施沿江独立控制水系建设。建挡潮闸2座、节制闸3座、套闸6座、通江涵洞12座、内河涵洞3座，分9个小片控制，调度水源。1975－1978年，实施南“样板片”建设，涉及41个大队、3293.33公顷耕地，新开四级河15条，长23.57公里，明沟302条，平整土地1673.33公顷，完成土方997万立方米。1979－1993年，实施农田水利基本建设，耕地占总面积66.8%，是市内农业高产区。1995－2000年，结合围垦和迁建挡潮闸，该片二级河延伸地段长14.64公里。2001－2008年，轮番疏浚沟河，确保水系畅、水体活、水质清。

第二节 河道开疏

一、一级河

通吕运河 西起南通市长江边，东至启东市大洋港。明嘉靖十六年(1537)，通州同知舒缨开凿运河，西起利和镇，经余西、五福桥、四甲、余东、包场、六甲，至吕四。清康熙四十三年(1704)，因老河坍失，海门同知夏申书等新开余东经包场、六甲至吕四段，但此河道弯曲，河床狭窄。1958年11月，南通专署另行规划，分三期开凿灌、排、航相结合的通吕运河，全长78.85公里，海门段长28.3公里。底宽40－45米，底高程－1.24米，坡比1:3，面宽70－90米。经四甲、货隆、王浩、正余、包场、刘浩、东灶港7个镇。1964年5月竣工。1975年，拓浚通扬河口至吕四节制闸段73.24公里。由海门、启东、南通、如东、如皋5县投入民工57.6万人，完成土方4691.3万立方米。其中海门县出动民工13.9万人，完成土方1338.76万立方米。

通启运河 西起入江口的通州市营船港，东至启东市塘芦港出海，全长93.39公里。海门段长42.2公里，河道底宽15米，底高程－0.74米，坡比1:2.5，面宽43－48米。流经市境天补、三星、德胜、常乐、麒麟、树勋、悦来、万年、刘浩、三阳10个镇。1958年2月1日，第一期工程开工。从营船港至长春镇，长36.54公里，由南通、海门两县承担。海门投入民工2.26万人，完成土方146万立方米。1959年2月，因劳力、财力紧张停工。1971年11月至1972年1月，第二期工程拓浚长春镇以西地段，开挖长春镇至启东三和港段。1978年2－4月，第三期工程开挖启东三和港至塘芦港出海口地段。三期工程先后由南通、海门、启东3县投入民工29.6万人，完成土方2078.9万立方米，其中海门县出动9.3万人，完成土方642.1万立方米。2005年10月至2006年6月，疏浚浒通河至磨框大桥段8.5公里，用3艘绞吸式挖泥船施工，完成土方66.16万立方米。

新江海河 南起江心沙农场长江边，北至通吕运河，全长26.91公里。海门段长2.3公里，河道底宽60米，底高程－1.24米，坡比1:3，面宽97.2米。1976年11月至1977年1月，由海门、启东、南通、如皋、如东5个县22万民工施工。完成土方1458.6万立方米，其中海门出动民工4万人，完成土方387.78万立方米。1996年7月，对境内闸下游长340米的港道采用斗容为1立方米的抓斗式挖泥船进行疏浚，完成土方1.2万立方米。

二、二级河

老运河 又名运盐河。明代开凿，后经延伸拓宽，全长25.18公里。流经四甲、王浩、余东、正余、包场5个镇，河道底宽10米，底高程－0.76米，坡比1∶25。2008年5－11月，四甲、余东段疏浚6.02公里，完成土方17.85万立方米。

三余竖河 原名新街闸河，形成于清末。北起遥望港，南至四甲套闸，全长21.36公里。海门段长11.36公里，流经货隆、四甲两镇，河道底宽8－10米，底高程-0.76－-0.26米，坡比1∶2.5。1957－1987年，分段疏浚4次，完成土方68.58万立方米。1995年10－11月，疏浚通吕运河以南段，完成土方21万立方米。

排咸河 清末开凿。西起三余竖河货隆段，东至排咸闸，全长23.57公里，流经货隆、王浩、正余、包场、东灶港5个镇及大东农场。河道底宽4－6米，底高程1.26－1.76米，坡比1∶2－1∶2.5。1954－1956年，拓浚鲜圩港以西段。1965年10－11月，鲜圩港至东灶港新开挖6.3公里，由7个公社7000多民工施工，完成土方36.79万立方米。1974年冬，疏浚北圩河东段，完成土方14万立方米。1987年，排咸河向西延伸至三余竖河，将原北圩河东段、八段河南段、王浩正余两乡交界的四级河、新岸河连接起来，形成西起三余竖河、东至排咸闸、长23.57公里的排咸河。2002年、2004年，正余段疏浚3.5公里，完成土方7.28万立方米。

东灶河 清末开凿。北起东灶港北闸，南至通吕运河，全长6.2公里，流经东灶港镇。1972年、1974年、1984年，进行疏浚，完成土方63.93万立方米。1995年4－10月，开挖东灶港北闸至东灶港套闸段，完成土方25.2万立方米。2001年，由东灶港镇水利站疏浚北闸以南1.2公里，完成土方6.8万立方米。2004年，疏浚北闸以南1.8公里，闸外第一大弯道裁直，护岸工程长780米，完成土方22.04万立方米，混凝土方653立方米。

海门河 西起新江海河，东至启东市三和港，全长45.7公里。海门段长39.02公里，流经天补、三和、海门、三厂、麒麟、悦来、三阳7个镇和市经济开发区，河道底宽8米，底高程0米，坡比1∶2.5。1976年10月至1977年1月、1984年12月至1985年1月和1985年冬，由海门、启东分段开挖而成，7.3万人施工，完成土方488.6万立方米。海门先后出动民工5.8万人，完成土方430.98万立方米。1988年1月、10－12月、1990年12月，疏浚浒通河至青龙河段11.95公里，用40台（套）水力冲挖机组施工，完成土方67.13万立方米。1993年5月，疏浚市经济开发区段1.36公里，用20台（套）水力冲挖机组施工，完成土方6.54万立方米。2001年11－12月，疏浚大洪河至大新河段长6.5公里，完成土方21.85万立方米。2002年11－12月，疏浚大新河以东段12.7公里，完成土方40.2万立方米。2003年4－5月，疏浚瑞江路至民生河段1.38公里，完成土方7.4万立方米。2004年1－4月，疏浚圩角河至长江路桥段1.9公里，完成土方8.4万立方米。2005年8－10月，疏浚青龙河至大洪河段2.6公里，完成土方7.46万立方米。2007年4－12月，拓浚浒通河至圩角河段长4.28公里，完成土方50.2万立方米。

浒通河 原名三尖嘴港河，形成于清代。民国13年（1924），疏浚局部地段。后因经过浒通镇更名浒通河。1949－1988年，分段疏浚9次，完成土方254.55万立方米。1994年11－12月，采用24台（套）水力冲挖机组，疏浚通启运河至浒通港闸段8.8公里，完成土方33万立方米。1995年12月至1996年6月，采用12台（套）水力冲挖机组开挖老江堤至海门港闸段1.8公里，完成土方36.3万立方米。2003年9－12月，疏浚闸下港道，完成土方35.6万立方米。2004年11－12月，疏浚三星镇渔场至圩角河段19.75公里，完成土方40.17万立方米。2007年4－12月，疏浚海门河至圩角河段11.09公里，完成土方110.2万立方米。2008年，浒通河北起海界河、南至长江边，全长22.1公里，流经三星、天补、三和3个镇及市经济开发区和江心沙农场，河道底宽5－10米，底高程0.5米至0米，坡比1∶2.5－1∶3。

圩角河 形成于清末。北起海界河，南至长江边，海界河至海门镇段原称七案竖河。民国9年、民国13年，疏浚圩角河局部地段。1949－1987年，6次疏浚，完成土方342.98万立方米。1993年3－4月，疏浚海界河至通启运河段，完成土方19.8万立方米。1995年，用水力冲挖机组疏浚闸外港槽，完成土方5.5万立方米。1996年3－6月，开挖圩角港闸至浒通河段，从圩角港闸向南延伸1.6公里，再向西南接上浒通河，用20台（套）水力冲挖机组分两期施工，完成土方180.2万立方米。1996年10－11月，疏浚通沙河南侧至圩角闸段，用24台（套）水力冲机组施工，完成土方16万立方米。2008年，圩角河全长25.18公里，穿越德胜、海门镇、市经济开发区，河道底宽8－24米，底高程0.5－0米，坡比1∶2.5至1∶3。

青龙河　形成于清代。北段原称川洪河。民国9－19年（1920－1930），疏浚局部地段。民国25年，全长15.25公里。解放后，青龙河北起四杨坝，南至长江边，全长18.79公里，流经四甲、常乐、三厂3个镇。河道底宽5－10米，底高程0.5－0米，坡比1∶2－1∶2.5。1952－1985年，分段疏浚4次，完成土方200.21万立方米。1992年11－12月，疏浚四杨坝至通启运河段，使用20台（套）水力冲挖机组施工，完成土方20.5万立方米。

大洪河　北段原称西头匡河，形成于清代。民国23年，经省核准开凿入江，南起长江边，北至海界河。1969年，延伸至四甲套闸。1949－1982年，分段疏浚7次，完成土方155.24万立方米。1991年10－12月，疏浚四甲套闸至大洪港闸段，使用20台（套）水力冲挖机组施工，完成土方45.84万立方米。1999年7－10月，用挖泥船疏浚通启公路至大洪港新闸段，长0.76公里，完成土方2.33万立方米。2008年，大洪河北起四甲套闸，南至长江边，全长14.55公里，流经四甲、常乐、三厂3个镇。河道底宽5－10米，底高程0.5－0米，坡比1∶2.5。

大新河　南段原名新港，中段原名东头匡河，清代形成。民国25年，自海界河至长江边，长9.5公里，流经余东、树勋、麒麟、悦来、三厂5个镇。河道底宽5－10米，底高程0.5－0米，坡比1∶2.5。1949－1979年，分段开挖和疏浚8次，完成土方278.29万立方米，全长增至15.3公里，北延至余东镇。1992年1－2月，疏浚通启运河至大新港闸段，使用16台（套）水力冲挖机组施工，完成土方26.1万立方米。1999年10月至2000年2月，用挖泥船疏浚树北河至通启运河段3公里，完成土方4.95万立方米。2000年3月至2001年1月，疏浚海门河以南3240米，完成土方21.8万立方米。2008年11－12月用12台（套）水利冲挖机组疏浚树北河至通启运河段3公里，完成土方12万立方米。河道底宽8－24米，底高程0.5－0米，坡比1∶2.3－1∶3。

灵甸河　南段原称灵甸港河，牌位镇以北段称十三匡河，东折经通沙河向北至海界河称十四匡河。形成于清代。民国25年，全长12.05公里。1949－1989年，分段开挖和疏浚6次，共完成土方305.52万立方米，全长增至14.75公里。1993年11－12月，疏浚灵甸港闸北1.55公里段，用12台（套）水力冲挖机组施工，完成土方19.1万立方米。1995年3－4月，疏浚灵甸港闸南2.5公里，用10台（套）水力冲挖机组施工，完成土方20.1万立方米。1998年5－6月，在新围垦的680米江滩地段使用6台（套）水力冲挖机组施工，完成土方11.39万立方米。1998年10月至1999年10月，用挖泥船施工，疏浚青东河以南段2.55公里，完成土方21.17万立方米。2008年，灵甸河流经悦来、三阳、临江3个镇。河道底宽12－24米，底高程0米，坡比1∶3。

黄家港河　形成于清代。流经刘浩、包场、万年3个镇。民国25年，长6公里。1956－1987年，开挖疏浚4次，共完成土方138.13万立方米，河道北起通吕运河，南至通启运河，全长增至10.43公里。河道底宽8米，底高程0米，坡比1∶2.5。

鸽龙港河　贯穿崇明岛的主要河道之一。南起崇明长江南泓，北至长江北泓永隆沙。1977年，从崇明长征农场场部向北延伸，途经海门县永隆沙农场，上海市投资15.2万元，海门县组织6个公社8000民工，开挖河道2.07公里，完成土方38.4万立方米，当年竣工。至此，鸽龙港河全长18.5公里，流经永隆沙农场2.07公里。2008年9－12月，用8台（套）水力冲挖机组对该段进行疏浚，完成土方10.6万立方米。河道底宽15米，底高程1.5米，坡比1∶3。

灯杆港河　北起通启运河，南至长江边，全长12.3公里，与海门交界段长5.1公里。流经三阳镇960米。1977－1986年，分3段进行疏浚。2004年，启东、海门联合疏浚全河段，海门市完成土方7.1万立方米。

三、三级与四级河

新中国建立后，在治理主要通江河道基础上，逐渐规划治理小型内河。20世纪60年代，主要疏浚淤塞老河，以利引排水畅通。1970年起，全县分类划片，建设新河网，改造老河网，将三、四级河与通江、通海干河沟通，将明沟与三、四级河沟通。至2004年，开挖三级河64条，总长度650.91公里。河道底高程0－1.76米，底宽2－10米，坡比1∶1.5－1∶2.5。开挖四级河2134条，总长度2233.92公里，河道底高程1－2.5米，底宽2－6米，坡比1∶1.5－1∶2.0。2005－2008年，在新农村建设中疏浚三级河52条（段），长277.82公里；四级河1085条，长1146.54公里。

第三章　涵　　闸

第一节　沿江涵闸

一、闸

兴贤闸　明天启四年（1624），知县严尔珪督建，南通长江。清顺治十年（1653），知县庄泰宏重建。

会云闸　位于青龙港。民国8年（1919），大生第三纺织公司出资4.23万银两兴建，荷兰专家特来克设计，宋希尚施工，翌年建成。闸分3孔，中孔净宽6米，两边孔各宽1.5米，闸底高程0.5米，闸室长108米，叠梁式木闸门，绞关启闭。上下闸首均为钢筋混凝土结构，锅底形钢筋混凝土消力池，浆砌块石立式结构闸室，后称青龙港船闸。

灵甸港闸　位于灵甸河与通启公路交会处，距灵甸河入江口1.5公里。1956年2－7月，国家投资52.26万元建成。中孔通航孔宽6米，两边孔各宽3米，闸底高程0米，闸顶高程7.6米，闸门中孔角铁框架铁面板整块门，边孔木结构叠梁式木闸门。1964年，中孔装配预备闸门。1974年，拓建闸顶公路桥，桥面净宽5.3米。1982年，修理中孔闸门，改成钢结构一字门，喷锌保护，1999年拆除。

大新港闸　位于大新河与通启公路交会处南100米，距出江口2.5公里。1956年3－12月，投资32万元建成。闸3孔，中孔宽6米可通航，两边孔宽各3米，闸底高程0米，闸顶高程7.6米。3孔闸门均为叠梁式木闸门，用绞关滑轮启闭，1964年，改装闸门，中孔采用上扉木质，下扉钢架木面闸门，电动卷扬机启闭。边孔为一字形钢筋混凝土闸门，电动齿杆机启闭。1974－1997年，5次局部修理，将中孔改为钢结构上下扉平面闸门，控制排水面积175.4平方公里。2000年4月，拆除。

大洪港闸　位于大洪河与通启公路交会处。1957年2－7月，国家投资11.75万元建成。单孔钢筋混凝土结构，净宽5米，闸底高程0米，闸顶高程7.6米，闸门初为叠梁式人力绞关启闭，闸顶公路桥净宽4.5米。最大排涝流量每秒65立方米。1962－1974年，3次修理该闸，闸门改为钢架混凝土面板，电动启闭。1990年，整修闸槽，改成钢板闸门，闸顶公路桥拓宽为6.8米。1999年11月，拆除。

青龙港船闸　原称会云闸。1957年4月，国家投资6.65万元，改闸室为鱼肚式浆砌块石，闸门改为手摇车启闭，更名为青龙港船闸。1962年1月，船闸由省交通厅接管。1964年，改为电动桁车启闭。1966年，由县交通局接管。1975年2月，上闸首移至港区公路中心，上下闸首均采用浆砌块石及钢筋混凝土混合结构，单孔净宽8米，闸底高程0.5米，闸室为浆砌块石结构，闸室全长170米，闸门采用钢筋混凝土三角门，电控油压启闭，耗资54万元。

图6－3　青龙港船闸　（2008年摄）

1980年11月,上闸首顶部架设横拉式钢桁架电动开启桥,荷载汽车10吨,桥面净宽3.8米。1985年3-5月,增建下闸首钢筋混凝土消力池,浆砌块石海漫及防冲槽,上闸首闸门改为钢质三角门。1998年11月,对闸门、启闭机及开启桥进行修理,耗资230万元。该闸以通航为主,遇较大洪涝灾害排涝。

圩角港闸 位于海门镇沙东村圩角河上,距主江堤1.5公里。1958年1-6月,国家投资76万元建成。3孔,钢筋混凝土框架结构,中孔宽8米可通航,两边孔宽各4米。闸底高程0米,闸顶高程7.6米,闸上游水位设计最高4.5米,最低2.8米;闸下游水位设计最低0米,最高6米,涌高6.6米。最大排涝流量每秒126立方米,中孔闸门采用角铁框架铁板上下扉门,边孔钢筋混凝土结构一字门,绳鼓式卷扬机启闭。1960年,在左边闸孔上安装水轮发电设备,1964年拆除。1965-1988年,3次修理。1990年,对闸门及启闭桁架进行油漆防腐,闸墩空箱清淤。2003年1月,拆除。

浒通港闸 位于三和镇三南村。1965年11月至1966年6月,县投资15.34万元建成。单孔净宽6米,钢筋混凝土框架结构,闸底高程0米,闸顶高程7.6米,闸门为钢木结构,绳鼓式电动启闭,最大流量每秒91.5立方米。2002年5月拆除。

立新闸 位于江淤河南侧入江口。1972年,江心沙农场投资18万元兴建。单孔净宽6米,闸底高程0米,闸顶高程7.5米,绳鼓式卷扬机电动启闭。最大排涝流量每秒46立方米。2005年,投资441.57万元原址重建新闸,孔径改为8米,设计水位组合,闸上游汛期正常水位3.16米,闸下游水位最高6.92米,闸上游非汛期正常水位3.36米,闸下游最低0.09米,闸顶高8米,公路桥设计标准为汽车20吨,桥面净宽6米,用QPQ2160卷扬机启闭。由江心沙农场管理。

十八匡河闸 位于十八匡河与二道江堤交会处。1974年,投资7.5万元兴建。闸净宽4米,闸底高程0.5米,闸顶高程7.5米。闸上游设计水位最高4.4米,最低2.6米,闸下游设计水位最高6米,最低0米。最大排涝流量每秒47.8立方米。1988年,投资7.5万元大修。1997年,闸外淤涨成陆,失去作用。

新江海河闸 位于江心沙农场副业队。1977年,国家投资137.94万元兴建。7孔,每孔6米。闸底高程-0.74米,闸顶高程7米。闸上游水位设计最高6.42米,最低-1.57米;闸下游水位设计最低1.5米,最高3.96米。平均引水流量每秒40立方米,平均排水流量每秒370立方米,最大排涝流量每秒667立方米。1988年,西边孔改建为通航孔。1990年,投资9.5万元更换、添置钢质闸门和钢结构检修闸门。1991年,沉软体排护闸塘,改造闸门。2002年8月至2004年10月,投资3224万元在原闸北侧160米处建新闸。闸底板三孔整体式,长37.2米,宽18米,底板顶高程-1.24米,厚1.7米,使用升卧式平面钢闸门,液压式启闭,设有自动化监控系统。其间,老闸进行维修加固,西侧两孔中间闸墩拆除,改装为孔径12米的通航孔,变成船闸。设计最大排涝流量每秒313立方米,引水流量每秒410立方米。2006年11月6日,通过竣工验收。

鸽龙港北闸 位于海永乡,崇明县兴建。1977年10月至1978年6月,投资70.52万元建成。闸单孔净宽10米,闸底高程-0.5米,闸顶高程8.5米,桥宽5米。钢筋混凝土结构,钢结构卧倒式平板闸门。1980年,闸下游东北角岸墙外倾,平台防浪墙沉没,拆除重建。1981年,闸下港口外沙内泓江岸崩坍剧烈。上海市水利局投资50万元,在港口两侧兴建保坍丁坝各3条,闸下引河堤坡加做块石防护。1997年,投资21.6万元加固闸外护坡。2002年,投资21.4万元维修闸门。2006年,投资18万元更新机房设备。2008年,投资15万元统修闸外侧翼墙。崇明县水利局管理。

海门港闸 位于浒通河出口处。1996年2-7月,投资1193万元(其中省400万元、南通市140万元、海门自筹653万元)建成。闸3孔,每孔净宽12米,均为通航孔。闸底高程-1.24米,闸顶高程9米,中间为工作桥,两侧各设宽10.5米公路桥,设计荷载为汽-20挂100。闸身采用分离式V型钢筋混凝土结构,设缝墩;上、下游翼墙壁分别采用扶垛、重力式挡土墙,护底、护坡均为浆砌块石。闸门采用上卧式钢闸门电动启闭。2003年,投资6.41万元修理启闭设备。

灵甸港新闸 位于灵甸河入江口北支。1998年,投资494.95万元兴建。设3孔,中孔净宽8米为通航孔,两侧边孔3米。闸底板高程-0.5米,闸顶高程8米。闸顶公路桥设计标准为汽-10级,桥面净宽6米。设计水位组合:正向设计,长江侧

6.86米，内河侧3.2米，反向设计，长江侧-0.2米，内河侧3.2米；正向校核，长江侧7.1米，内河侧3.2米，反向长江侧-0.29米，内河侧3.2米。最大排涝流量每秒167立方米。闸底板为整体平底板，长13米，宽18.2米，厚1.25米。上、下游翼墙为钢筋混凝土悬臂式聚丙烯土工织物包裹式挡土墙，下游填土5米，上设2米高挡浪板，上游填土4.5米。中孔为上卧式钢闸门，采用QPQ2×20吨绳鼓筒启闭机启闭，边孔采用手电两用齿杆启闭机启闭。

大洪港新闸 1999年，投资311.46万元兴建。单孔净宽6米，闸底高程0米，闸顶高程8米，闸顶公路桥设计为汽-10级，净宽5米。设计水位组合参照灵甸港新闸，闸室为平底板，闸室两侧设空箱式岸墙，采用露顶式圆弧形闸门，用QH2×150卷扬机启闭。

汤家新闸 1999年12月至2000年5月，投资631.73万元建成。闸3孔，中孔8米为通航孔，两侧边孔各为4米。闸底高程0米，中孔通航顶高程8.5米。闸顶公路桥设计标准为汽-10级，桥面净宽6米。设计水位组合和灵甸港新闸相同，设计最大排泄流量每秒173.5立方米。闸底板为整体平底板，长14米，宽20.2米，厚1.4米。上下游翼墙为钢筋混凝土挡土墙，下游翼墙堆土至6.5米，以上设高1.5米的钢筋混凝土挡浪墙。上游堆土至4.7米。中孔为上卧式钢闸门，采用2×10吨弧形式启闭机，边孔设钢筋混凝土胸墙，简支在闸墩上，胸墙底高程4米，下设平面直升钢闸门，配10吨卷扬式启闭机。

二、涵洞

1958－2008年，共建沿江涵洞39座。其中，坍失2座，危涵拆除3座，滩涂淤涨改变作用16座，仍使用18座。

1958－2008年海门市(县)通江涵洞一览

表6-6 **单位:米**

工程名称	兴建年份	所在河流	地 点	规格		底高程	长度	堤顶高程	完好程度	管理单位	备 注
				宽度	高度						
洪南涵洞	1958	岸中河	三厂镇大洪村	2.50	1.00	1.50	16.00	8.00	需要加固	大洪村	变为内河涵洞
圩西涵洞	1962	崇实北河	海门镇秀山村	0.90	0.90	1.00	20.60	6.80	需要加固	秀山村	变为内河涵洞
圩东涵洞	1962	圩角北河	海门镇沙东村	0.90	0.90	1.00	20.60	6.80	需要加固	沙东村	变为内河涵洞
汤东涵洞	1963	汤东河	三厂镇鹤丰村	1.40	3.00	0.70	15.00	8.00	需要加固	鹤丰村	变为内河涵洞
江校涵洞	1964	江校河	临江镇江校村	1.70	1.20	1.20	14.00	8.00	需要加固	江校村	变为内河涵洞
悦兴涵洞	1964	悦兴河	临江镇江校村	1.20	1.60	1.20	14.00	8.00	需要加固	江校村	变为内河涵洞
灵东涵洞	1964	灵东河	临江镇灵东村	1.40	1.20	1.20	14.00	8.00	-	灵东村	1974年冲塌
灰扒港涵洞	1965	灰扒港	三和镇三南村	1.40	1.40	1.30	10.00	6.00	需要加固	三南村	变为内河涵洞
汤西涵洞	1965	汤西河	三厂镇汤西村	1.00	1.80	1.50	12.00	8.00	基本完好	汤西村	变为内河涵洞
浒通港东涵	1966	横桥河	三和镇培新村	1.40	1.40	0.70	10.00	6.50	需要加固	培新村	变为内河涵洞
五七农场涵洞	1970	棉种四号河	棉种场	1.00	1.00	2.00	18.00	6.80	需要加固	棉种场	变为内河涵洞
永隆沙涵洞	1970	场东竖河	海永乡	1.20	1.20	1.00	16.00	8.00	需要加固	海永乡	变为内河涵洞
崇海涵	1971	崇海匡河	三厂镇汤西村	0.80	1.00	0.50	25.00	9.00	基本完好	汤西村	正在使用
中兴涵	1973	中心匡河	三厂镇中兴村	0.80	1.20	1.50	24.00	9.00	基本完好	中兴村	正在使用
友洪涵	1974	友洪匡河	三厂镇丁陆村	0.60	1.00	1.50	25.00	9.00	基本完好	丁陆村	正在使用
新开港涵洞	1976	新开港	海门镇秀山村	0.90	3.00	2.30	18.00	6.80	需要加固	秀山村	变为内河涵洞
九匡河涵洞	1976	九匡河	三厂镇为民村	2.50	2.60	1.50	18.00	8.50	基本完好	为民村	变为内河涵洞
永西涵洞	1976	永西北河	海永乡沿江村	1.50	2.00	1.00	15.00	8.00	-	海永乡	1977年冲塌

续表 6-6

工程名称	兴建年份	所在河流	地 点	规 格		底高程	长度	堤顶高程	完好程度	管理单位	备 注
				宽度	高度						
五七涵洞	1977	浒通河	棉种场四工区	2.20	3.00	0.00	18.00	8.00	-	水利局	1996 年拆除
三分场涵	1978	南排灌河	江心沙三分场	1.40	1.40	0.00	16.00	9.00	基本完好	三分场	正在使用
沿江涵洞	1978	沿江南河	沿江渔场	0.60	0.60	1.50	18.00	8.00	基本完好	沿江渔场	变为内河涵洞
白港涵洞	1982	白港河	海永乡	1.50	1.50	1.00	18.00	8.00	-	海永乡	1999 年拆除
三厂镇涵	1987	新港河	三厂镇青龙港村	1.20	1.20	0.00	22.00	9.00	完好	三厂镇水利站	正在使用
海门港西涵	1993	大港河	经济开发区	2.20	3.00	0.50	18.00	9.00	完好	经济开发区	正在使用
鸽东北涵	1994	场东横河	海永乡东西场大队	1.00	-	1.50	15.00	8.00	完好	海永乡水利站	正在使用
日新河一涵	1994	日新河	海门镇沙东村	1.00	2.50	0.00	22.00	8.00	基本完好	城区河道管理所	变为内河涵洞
海门港东涵	1995	宋季河	经济开发区	2.20	3.00	6.50	18.00	9.00	完好	经济开发区	变为内河涵洞
白港涵	1999	白港河	海永乡沿江村	1.50	1.50	1.00	18.00	9.00	完好	海永乡水利站	正在使用
日新河二涵	1999	日新河	经济开发区	2.50	2.50	0.00	22.00	9.00	-	城区河道管理所	2008 年拆除
港东引水涵	2001	宋季河	经济开发区	2.20	3.00	0.50	18.00	9.00	完好	经济开发区	正在使用
亨利涵	2001	亨利匡河	临江垦区	0.60	1.00	0.50	18.00	8.00	完好	-	正在使用
泰兴南涵	2005	泰兴匡河	灵甸垦区	2.50	2.50	0.50	28.00	9.00	完好	水利局	正在使用
永江水涵	2006	永江竖河	经济开发区	直径 0.80		3.00	20.00	7.50	完好	经济开发区	正在使用
港西涵洞	2006	港西匡河	经济开发区	直径 1.50		1.00	46.00	7.50	完好	经济开发区	正在使用
河东 2 号涵洞	2007	河东 2 号竖河	经济开发区	直径 1.50		3.00	18.00	8.15	完好	经济开发区	正在使用
河东 1 号涵洞	2007	河东 1 号竖河	经济开发区	直径 1.50		3.00	18.00	8.15	完好	经济开发区	正在使用
汽渡涵洞	2008	汽渡河	经济开发区	直径 0.60		5.00	10.00	7.50	完好	经济开发区	正在使用
港东涵洞	2008	港东匡河	经济开发区	直径 1.50		0.00	30.00	7.50	完好	经济开发区	正在使用
日新河三涵	2008	日新河	经济开发区	2.50	2.50	0.00	28.00	9.00	完好	城区河道管理所	正在使用

第二节 沿海涵闸

一、闸

西清闸 位于县城西。明成化二十年(1484),巡盐御史李睦建。

咸水闸 位于县城西北。明弘治三年(1490),知县徐英建。

东渐二闸 位于东灶河与新岸河交汇处。民国 12 年(1923),张謇筹资建成。后改称东灶港套闸。

纳潮闸 位于海门盐场北匡河头、东灶河西侧。1959 年兴建,闸净宽 3 米,底高程 1.76 米,闸顶高程 8.26 米,闸门用齿杆启闭。

排淡闸 位于海门盐场南匡河头。1959 年兴建。闸双孔,孔直径 1.1 米。闸底高程 1.76 米,闸顶高程 8.26 米,闸门用齿杆启闭。

排咸闸 位于排咸河与东灶港相交处。1966 年,县筹资 15.65 万元建闸。单孔,净宽 6 米。闸底高程 0.76 米,闸顶高程 8.06 米。重力式浆砌块石立墙结构,设计最大排涝流量每秒 64 立方米,木质闸门电动启闭。1986 年、1996 年,两次修理闸门。2008 年,拆除。

东灶港套闸 位于东灶河与二道海堤相交处。为海门唯一的船舶出海闸,原称东渐二闸。1972

年,县投资22万元重建,更名东灶港套闸。闸单孔,净宽7米。闸底高程0.76米,闸顶高程8.76米,闸室长600米,最大排涝流量每秒76立方米。1973年,将原下闸首闸门木结构人字门改成叠梁式。1980年,改为水泥钢丝面板、钢筋混凝土大梁直升式门。1985年,改为钢质一字门,喷锌保护。2005年,拆除。

对虾场纳潮闸　位于海门盐场北匡河头对虾场西北角。1989年兴建,闸净宽3米,闸底高程负1.26米,闸顶高程6.76米,绳鼓式卷扬机电动启闭。1999年12月至2000年4月,县投资82.06万元在原址东侧重建。闸底高程0.5米,闸顶高程8.3米,钢筋混凝土现浇方涵,闸身宽2.5米,高3米,长33米。2008年,由滨海新区管委会管理。

东灶港北闸　位于东灶港入海口的主海堤上。1993年8月至1994年7月,县投资395万元建成。闸孔径8米,闸底高程-1.24米。闸身为钢筋混凝土框架结构,安装钢质三角闸门,油压启闭,闸顶设活动公路桥,宽4米,长22.3米,由电动卷扬机启闭,可通航动力为294.1千瓦的中型渔轮。2002年、2003年,护坡修理。2004年10月至2005年8月,投资1752万元按二级水工建筑物加固改造下闸首,在距下闸首南160米处按三级水工建筑物配套新建上闸首和160米长的钢筋混凝土坞式结构闸室,上游新建翼墙、护底,上下闸首闸门均采用提升式水上横拉平面钢闸门,油压启闭机启闭,下闸首废除原卷扬机横拉式闸上公路桥,改为液压启闭机控制的单侧翻转式活动钢桥。设计排涝流量每秒64立方米,排涝面积35.2平方公里。工程按50年一遇防洪标准设计、100年一遇校核,按潮位6.96米、10级风浪爬高2.1米、安全超高1米、挡潮高程10.36米设计。

二、涵洞

排咸涵洞　位于东灶港镇港新村新垦1号河。1970年兴建,高1.2米,宽1.2米,底高程1.26米,堤顶高程10米,涵洞长21米。1994年为内河涵洞。

对虾场涵洞　位于对虾场东匡河。1990年兴建,高1.4米,宽1.4米,底高程1米,堤顶高程8米,涵洞长15米。1994年为内河涵洞。

港西西涵　位于滨海新区。2008年兴建,高2米,宽2米,底高程-1.4米,堤顶高程9.2米,涵洞长38米。滨海新区管理。

港西东涵　位于滨海新区。2008年兴建,高2米,宽2米,底高程-1.4米,堤顶高程9.2米,涵洞长38米。滨海新区管理。

第三节　内河涵闸

自民国11年(1922)建常乐镇闸(位于今常乐镇)、民国23年建新街闸(位于今货隆镇)起,至2008年境内共兴建内河控制涵闸74座,其中,报废拆除6座、基本失去作用10座、现有58座。三、四级河上建涵洞1546座,一般为内径0.6－1.5米左右的圆涵或方涵,通东片有450座竖井拍门式涵洞。明沟上建涵洞1.93万座,大多为0.2－0.6米的敞口圆涵。

2008年海门市内河控制涵闸一览

表6－7　　单位:米

片区	闸　名	地　点	兴建年份	工程规模			功　能
				净宽	底高	顶高	
通吕、通启沿线	四甲套闸	三余竖河与老通吕公路相交处	1969	7.00	0.26	5.56	最高通航水位4.76米,最低通航水位3米,通100吨级船舶
	戴青山八号河涵	余东镇戴青山村	1992	1.50	1.60	6.26	控制水位
	余新闸	余东镇戴青山村	1965	3.20	1.26	6.26	控制水位
	余新河涵	余东镇正中村	1968	1.00	1.30	6.26	控制水位
	余南五号河涵	余东镇余南村	1998	1.00	1.40	6.26	控制水位
	宝山四号河涵	余东镇庄烈村	1996	1.00	1.60	6.26	控制水位
	包场第一排涝站	包场河与老通吕公路相交处	1965	1.40×1.30 1.40×1.40	1.56	6.26	控制水位
	卫东套闸	黄家港河与老通吕公路相交处	1971	6.00	1.26	5.76	通航水位与四甲套闸相同,通60吨级船舶
	五甲排涝站	池棚河与老通吕公路相交处	1965	1.40×1.40	1.56	6.26	控制水位
青龙河沿线	二号横河涵洞	苏202线与二号横河交汇处	1978	直径1.00	1.17	5.96	控制水位
	铁板洋桥闸	海界河与青龙河交汇处	1956	6.00	1.20	5.50	最大流量每秒50立方米
	常乐节制闸	通启运河与青龙河交汇处	1972	中孔7米,两边孔各2.5米	中孔－0.74米,边孔－0.24米	6.00	最大流量每秒95立方米
	常乐套闸	通启运河与青龙河交汇处	1976	8.00	上闸首1.00米 下闸首0.50米	6.00	最高通航水位4米,最低通航水位2.8米,通100吨级船舶
	海门河西闸	海门河与青龙河交汇处	1985	8.00	0.00	6.75	最大流量每秒64立方米
灯杆港河沿线	新闸涵洞	刘浩镇周成村	1974	直径1.00	2.00	4.80	洞身长6米
	通启河闸	刘浩镇周成村	1972	中孔7米,两边孔各2.5米	中孔－0.74米,边孔－0.24米	5.56	控制水位
	桥东闸	桥东横河与灯杆港交汇处	1976	3.20	1.30	5.30	控制水位
	海门河东闸	海门河与灯杆港交汇处	1985	8.00	0.00	4.50	最大流量每秒61立方米
沿江片	洪南北涵	三厂镇大洪村	1980	直径0.60	1.00	5.00	控制水位
	中兴北涵	三厂镇中兴村	1977	直径0.80	1.00	5.00	控制水位
	民友闸	三厂镇丁陆村	1969	3.50	1.00	5.00	最大流量每秒17立方米
	袁家河头闸	三厂镇新丰村	1971	3.00	1.00	5.00	最大流量每秒15立方米
	立周涵闸	临江镇立周村	1977	1.00	1.00	4.50	控制水位
	灵西套闸	临江镇介云村	1974	4.00	0.50	5.00	控制水位
	灵东套闸	临江镇灵江村	1973	5.00	0.50	5.00	控制水位
	灵东新涵	临江镇灵江村	2000	2.00	0.50	6.00	控制水位

续表 6－7

片区	闸　名	地　点	兴建年份	工程规模			功　能
				净宽	底高	顶高	
沿江片	鸽西涵洞	白港河与鸽龙港交汇处	1982	直径 1.00	0.90	4.75	控制水位
	鸽东涵洞	东场北河与鸽龙港交汇处	1982	直径 1.00	0.90	4.75	控制水位
	灵甸垦区西涵	灵甸垦区	1999	2.00	1.00	4.50	控制水位
	灵甸垦区东涵	灵甸垦区	1999	直径 1.50	1.50	4.50	控制水位
	老十八匡河闸	临江镇稻香村	1962	3.00	1.00	6.00	控制水位
	棉种场三涵	棉种场三号河与浒通河相交处	1976	1.50	2.00	4.00	控制水位
	棉种场四涵	棉种场四号河与浒通河相交处	1977	直径 0.60	3.00	4.00	控制水位
	棉种场七涵	棉种场七号河与浒通河相交处	2001	直径 0.60	2.00	4.00	控制水位
	种羊场涵洞	种羊场匡河	1982	直径 1.00	1.50	4.00	控制水位
	沿江渔场涵洞	沿江南河与二道堤交汇处	1979	直径 1.00	1.50	8.00	排涝
	远征涵洞	远征中心河与浒通河相交处	1977	直径 0.40	2.20	4.50	控制水位
通东地区	新西竖河南闸	货隆镇南京路居委会	2001	4.00	1.76	6.56	控制水位
	新西竖河中闸	货隆镇新街村	1976	3.00	1.76	5.76	控制水位
	新西竖河北闸	货隆镇闸南村	1964	3.00	1.76	5.76	控制水位
	北圩河闸	货隆镇闸南村	1974	3.00	1.26	6.26	控制水位
	新西闸	货隆镇闸南村	1965	3.00	2.26	6.26	控制水位
	三余套闸	货隆镇闸南村	1966	6.00	1.60		通航兼控制水位
	新岸河西闸	货隆镇有余村	1970	5.00	1.76	5.76	控制水位
	北圩河涵	货隆镇有余村	1978	1.00	1.00	6.26	控制水位
	福利河北闸	王浩镇新岸村	1965	3.00	1.76	5.76	控制水位
	套闸西涵	东灶港镇	2004	2.50	3.26	5.26	控制水位
	引淡闸	东灶港港新村	1982	3.00	2.26	9.80	控制水位
	六甲闸	刘浩镇六甲村	1963	4.00	1.00	6.56	控制水位
城区	引清涵洞	通沙河与圩角河交汇处	1995	直径 1.50	1.30	6.60	控制水位
	宏伟涵洞	宏伟河与海门河交汇处	1995	直径 1.50	1.50	6.60	2005 年改建
	农坛涵洞	农坛河与海门河相交处	1995	直径 1.50	1.50	6.60	控制水位
	青西河倒虹吸	日新河与青西河交汇处	1995	直径 1.50	0.50	4.00	控制水位
	城南闸	日新河	1998	3.30	1.00	9.10	控制水位
其他小片	三星节制闸	三星镇召良村	1976	4.00	1.50	5.60	控制水位
	江滨节制闸	海门镇中海村	1973	4.00	1.50	6.50	控制水位
	江心沙北闸	江心沙农场五大队	1960	4.00	0.00	7.00	控制水位
	江心沙西闸	江心沙农场十大队	1978	6.00	0.50	9.50	控制水位

第四章 农田水利

第一节 田间工程

宋至和年间(1054－1056),通东地区建成“甲田”。间距30－60丈为一甲,开有“总河”“甲河”。清康熙三十年(1691)后,县境老通吕公路以南51个沙洲先后淤涨成陆,垦殖者先后建成匡田,开有匡河。

1949年,新中国成立时,县境龟背地、亢田、沟塘随处可见。20世纪50年代起,全县掀起以平整土地为中心的条田建设热潮。冬、春季节,每个生产队每年铲平一二处龟背地,填掉一二段小沟塘。50年代末至60年代,大新公社中兴大队平整土地,投入100多万个劳动日,完成土方200多万立方米。把原来沟塘密布、高低不平的900多块土地改造为整齐划一的22块农田,平均每公顷做土方1.79万立方米。增加耕地面积近30公顷,在江海平原上树起一面农田基本建设的先进红旗,农业连年高产稳产。60年代中后期,全县推广中兴大队经验,共平整土地7370公顷,完成土方350万立方米。涌现出大新公社、江滨公社、三星公社汇南大队、德胜公社通河大队、悦来公社悦宏大队、树勋公社旭宏大队、包场公社宏升大队等先进典型。但因施工方法不科学,颠乱土层,使平整后的土地1－3年内农业单产下降。1970年,国务院召开北方地区农业会议后,海门再次推进以平整土地为中心的墩田建设,施工中采取“蛇脱壳”“锹锹盘”办法,避免颠乱土层。同时,搞好铺生盖草改良土壤,达到当年工程当年受益。1976年,县境通吕运河沿线社队利用两岸积土866万立方米,开挖运南河、运北河、新东河东段积土466万立方米,填沟造田140公顷。麒麟公社利民大队把原有1000多块零星土地平整为36块平整农田,增加耕地35.5公顷左右。

1973年,悦来公社悦宏大队率先开挖田间一套沟,当年每公顷产粮食8400公斤、皮棉1012.5公斤。1974年秋,县革命委员会推广悦宏大队开挖田间一套沟经验。丰产沟开在墩宽80米以上的田块中间,深1－1.5米,面宽3－5米;横沟间距20－30米,深0.5－0.6米;纵沟间距10－15米,深0.3米。“三沟”[①]沟底平滑,边坡不塌,流水通畅。田间一套沟的推广实施,为抗灾夺丰收创造条件,粮棉连年丰收。1983年,农村实行家庭联产承包责任制,统一开挖一套沟存在一定困难。1986年起,每年秋播时全县农村统一组织开挖田间一套沟。

90年代中期,根据平原地区水面积占总面积8%－10%的原则,在稳定三、四级河布局基础上,实施明沟并墩拓宽工程,每两墩中拓宽加深1条,填掉1条,并将其他废沟塘填平。1995年冬起,三和、

图6－4 疏浚沟河 (2008年摄)

① 三沟:丰产沟、横沟、纵沟。

德胜、海门、麒麟、万年、树勋等乡镇的10多个村进行并垅开沟,一次规划,分年实施。树勋乡旭宏、凤凰村原有明沟59条,横宅沟83条,占地30.39公顷。施工后,明沟并为49条,填平全部横、宅沟后,增加耕地13.53公顷。两村完成土方28.1万立方米,使用经费90多万元,平均每公顷造地成本6.75万元。明沟水面扩大后,增加蓄水量,促进水产养殖。

2005－2008年,在新农村建设中加大河沟疏浚力度,全市疏浚明沟1.08万条,长4521.64公里,完成土方4207.76万立方米。结合疏浚河沟填沟造田,增加耕地280多公顷,新增水产养殖面积1560公顷。常乐镇常胜村填塞沟塘60条,造田8.67公顷;麒麟镇锦成村填塞沟塘137条,造田9.87公顷。

第二节　农田排灌

一、非机动灌溉

海门地区农田灌溉一向以人力、牛力或风力提水灌溉为主。人力浇灌一般每人每天浇地700平方米左右;使用龙骨水车,由2－4人踏水车,日灌田1300－2700平方米。牛拉水车视牛力大小,风力水车视设备好差,灌溉能力大小不一。民国时期及解放初期,沿江河道敞开,江水直进直出,农民在港支堤下埋设木质涵洞,利用高潮期抢水灌溉,即半自流灌溉,省力又省钱。小汛时,人力水车灌溉。实施并港建闸工程后,不再采用半自流灌溉。1967年,全县大部分地区实现农田机械灌溉,龙骨水车逐步停用,人力浇灌一直沿袭。至2008年,机电灌溉不及的零星地块,仍使用人力灌溉。

二、机械灌溉

1955年,县内第一个高级农业社——悦宏高级农业社购买抽水机船,用1230型煤气机(22.07千瓦)带12英寸离心泵,进行农田灌溉。1959年,南通专员公署水利局调配县29台柴油机、煤气机及配套水泵,在23个公社开展机械灌溉试点。机灌工程小型灵活,效果明显,深受农民欢迎。1965年,全县有机灌设备335台(套),总动力2407.3千瓦。1973年,发展到1958台(套),总动力1.32万千瓦,灌溉面积1.33万余公顷。2008年年底,全市有机械泵站830座,7038千瓦。

三、电力灌溉

1957年,县内大面积种植水稻,着手筹建电灌站。1958年,投资94.64万元,建茅镇、常乐、合兴、四甲4个电灌站、14个车口,涉及12个公社;架设35千伏输电线路41公里,装机39台(套),1096千瓦,流量每秒14.1立方米,灌溉面积4853.33公顷。农民投工120万工日,建总渠14条70公里、支渠114条310公里、分渠496条620公里。因县境南部地区沙质土多,沟河多,漏水严重,逐步停种水稻。1964年,茅镇、常乐车口拆除,合兴、四甲电灌站保留。同年,北部地区推广三熟制水稻,建成新建、王浩、正余电灌站。至此,全县共有电灌车口206个。1968年,建成五一电灌站等5个车口。1978年,全县建成电灌车口917个,基本实现每个大队有变压器。

1979年后,水稻种植面积减少,电灌车口相应减少。1987年后,全县因地制宜推广"旱改水",电力灌溉又有新发展。1995年冬季,投资1477.83万元建造固定泵站14座,维修泵站3座;筑防渗混凝土支渠15.33公里,农渠13.09公里;架设输电线路7.6公里,建配套建筑物2266座。

2008年,全市有固定泵站124座,电动机138台2440千瓦。流动泵站3.06万座3.69万千瓦。

四、其他

喷灌　1977年,引进泰州8Y80型喷灌机50台。1978年,引进全国定型产品4CPZ－Py140型喷灌机2415台。1979年,引进启东产12CP－Py150型喷灌机2988台。配套使用S159柴油机。喷灌机与柴油机安装在拖车上,移动方便,每小时能出水40立方米。喷射半径15－20米,主要用于棉花、薄荷、玉米等作物灌溉。1983年,喷灌机械5746台(套),灌溉面积3.02万公顷。以后因生产经营体制变化,逐年回落。1993年143台(套)。2008年17台套,主要用于大棚蔬菜灌溉。

窨灌　1959年,进行棉花窨灌试验,结果表明:窨灌具有省水、省地、调节地温、灌水方便、质量好,不误田间作业、便于机耕、提高产量等优点。1978年,在大新公社中兴大队搞棉田窨灌,棉花同比增产19.5%。1979年,扩大试验区面积,增加观测内容,结果在单株结铃和百铃重表现出优势,皮棉每公顷产量窨灌区为1314公斤,对照区为1056公斤,增产24.4%。1985年后,无窨灌。

第五章 防汛抗灾

第一节 防 汛

夏秋之际,风、雨、潮并作,境内容易形成灾害。历代虽有治水活动,但仅在江海堤岸上作些汛期保护措施,可用财力、物力寥寥无几。

县境解放后,县委、县政府对防汛工作十分重视。1949年6月,建立县防汛指挥部,由县长任主任,县委书记为政委,下设办公室,负责全县防汛工作。沿江沿海的区、乡成立相应机构,分工包干各自所辖地段的防汛治坍。1954年,改称防汛防旱总队部。1965年,改称县防汛防旱指挥部,每年5月1日起恢复办公,至9月底结束。

1979年1月30日(农历正月初三),出现“拜年潮”(高潮位),沿海出现决堤。此后,县防汛防旱指挥部改为常设机构,全年办公。4－5月,组织水利工程技术人员和涵闸管理人员对江海堤防全面检查,制定堤防除险加固和涵闸维修计划。5－6月,组织防汛人员到责任地段检查、熟悉情况,存储防汛物资。水利部门制定所需防汛物资计划,计划部门负责防汛物资调度,供销部门负责木材、铁丝、草包、照明等物资储备供应,交通部门负责防汛物资运输所需车辆船只。防汛物资保管有专门制度,调运有审批手续。沿江沿海有关乡、镇、场以基干民兵为骨干组成防汛队伍,根据离堤远近,劳力强弱,分成巡汛、抢险和预备3个梯队,有组织地上堤防守。遇有特大洪潮灾害,内地各乡(镇)抽调民工参加防汛抢险。

1990年,全县沿江沿海堤岸分成14个地段,组成4个联防机构,设立123个巡汛班930人、160个抢险班4439人、346个预备班7755人。1997年,全市沿江沿海堤岸分成12个地段,组成7个联防机构,设立126个巡汛班926人、抢险班155个3750人、预备班325个7215人。

2002年,沿江沿海堤岸分成13个地段,组成7个联防机构,设立巡汛班89个526人、抢险班136个2933人、预备班135个2305人。2008年,全市沿江沿海堤岸分成9个地段,组成9个联防机构,设立巡汛班86个575人、抢险班100个2592人、预备班217个3000人。

第二节 抗 灾

一、抗台抢险

海门濒江临海,夏秋季节常遭强台风袭击,造成严重灾情。明清两代受灾之年,酌减灾民当年田赋、税收,聊以救灾。民国时期,受灾之民迁徙他乡,为数甚多。

县境解放后,县委、县政府十分重视抗台抢险,确保人民生命财产安全。民国38年(1949)7月,6号台风袭击县境,全县21万干部群众和驻海门的2000多官兵投入抗台抢险,修复和加固江海堤防73.5公里,完成土方14.37万立方米,清除河道内障碍物100多处,拆坝29条。

1960年8月,7号台风影响海门,老运河水位6.2米,四杨坝坍塌,高水位南压,县境南部1.96万公顷农田被淹。县委书记赵洪程到现场,发动干部、工人、学生、驻军投入抗台抢险,使受灾损失降到最低限度。

1974年8月,13号台风过境,伴随天文大潮,青龙港潮位5.98米。8月19日,县主要负责人带领200余名机关干部到沿江沿海地区,组织抢险;内地5万多民工奔赴沿江沿海险段修筑堤岸;卫生部门派出小分队到一线参加救护工作;各轧花厂组织职工连夜赶制12万只麻袋,紧急送往出险地段;东海舰队和驻海部队派出军舰、汽车及400多指战员支援抢险。临东涵洞处大坝决堤,县委书记王飞岳、副书记王新等坐镇指挥,连续5天5夜,抢堵大坝4次,都因潮高、浪大,封堵冲决。第五次动用桁料木90多支打排桩,沉20吨木船1艘,抢堵大坝取得成功。

1981年8月31日至9月2日,14号强台风过境,青龙港潮位6.14米,为历史最高纪录;东兴海堤冲破800米。县组织4000军民奋力抗台、抗灾抢险,损失降至最低程度。

1996年7月底,8号强台风过境,青龙港潮位6.31米。7月31日19时30分,市四套班子领导带领9200余人投入抗台抢险。8月1日,储存的土工布全部用完,市银兔公司组织职工日夜缝制土工布,夺得抢险胜利。

1997年8月18日,11号台风影响海门,青龙港潮位6.61米,创历史最高纪录。晚8点,东灶港北闸两侧海堤告急,现场总指挥柏云冲等指挥400多民工,用编织袋灌土加固海堤,然后用土工布保护,在暴风雨中奋战5小时,保住海堤。晚11点,汤家乡中兴村特种钢厂江堤和汤西涵洞两处出现险情,抗台组使用7000只编织袋灌土堵口、加高港支堤,奋战2小时,保住堤防。19日凌晨1时,海太汽渡东侧堤岸被风浪削去一半,局部三分之二。市长施亚民坐镇指挥,组成4路大军投入抢险。6时30分,驻海部队、武警、公安等单位340名官兵赶到支援。14时30分,市委书记宋飞又发动江滨、德胜、天补、种羊场、沿江渔场等地干部群众参加抢险,奋战48小时,终于守住江堤。

2001年6月,受2号台风(飞燕)袭击,最大风力10级,吹倒房屋227间,严重损坏1664间,全市各级紧急行动,转移安置4469人。

2007年9月18-19日,受13号台风(韦帕)影响,最大风速16.8米/秒,吹倒房15间,紧急转移3071人,1.84万公顷受灾农作物及时得到扶理,施好补伤肥。

图6-5 东灶港边防派出所官兵帮助渔船靠岸,抵御台风(1997年摄)

二、排涝降渍

历代,严重的雨涝灾害常有发生,威胁百姓生命财产安全和农作物生长,旧政权很少顾及。

县境解放后,县委、县政府把化解雨涝灾害纳入重要议事日程。1949年7月,台风过境暴雨成灾。县委、县政府在组织抗灾抢险确保人民生命财产安全的同时,发动灾区群众排涝降渍,抗灾夺丰收。其间,发动龙骨水车4092部,戽水54万工日,排除积水。贷储种子409吨,使灾年农业生产少受损失。

1962年9月5-7日,暴雨成灾,县内降雨量平均206.1毫米,3533.33公顷低洼地受淹,县抽调干部1234人到灾情严重的公社帮助排涝,开通坝头4149个,缓解涝灾。同时,发动群众清沟理墒,整修农田一套沟,消除渍害。通过改种、补种,加强田间培管,灾年夺得农业丰收。

1977年9月10-12日,8号台风在长江口登陆,县境普降暴雨,内河水位增高0.47-0.55米,2920公顷作物受涝。县委组织县、区、公社干部到沿江沿海和灾情严重地区发动群众抗灾,经过7-13天排涝,内河水位降至正常。

1985年7月底、8月初,6号台风过境,降雨225毫米,内河水位增高0.37-0.44米,全县1.93万公顷农田受淹,县组织受灾地区群众1.26万人,拆除坝头,坝埂,疏通河道,经过10天奋战,水位降到正常状况。

1991年6-7月,县境连续暴雨,货隆站为758.5毫米,青龙站为715.4毫米。各级领导亲临第一线,指导抗灾。涵闸超前预排,雨后抢排。青龙港船闸平时不排涝,这次服从调度,在1.8米水头差的情况下竭尽全力,开足闸门排水。7月4日,赴启东市商议借道排水，得到启东市支持。县发动15万民工，疏通坝头坝埂1.5万多个，整修田间一套沟4.67万公顷，堵塞江海堤防天洞雨淋沟804个，清除阻水网簖143个，完成土方3.4万立方米。

2001年6月22－25日，海门遭受连续暴雨。县水利部门根据气象预报，在暴雨到来前对全市内河水位采取预降措施，排水4个潮次，排水量4200万立方米。灾情发生后，发动3万人突击清障，拆除坝头坝埂1.2万多个，沿江沿海各闸抢排7天，排涝1.54亿立方米，使灾害损失降到最低限度。

2007年7月7－10日，出现两次暴雨，总雨量159.3毫米，农作物普遍受淹。市组织干部群众及时疏通田间一套沟，排涝降渍，夺得秋熟丰收。

三、抗旱保墒

从垦殖起，县境旱灾时有发生，虽然农民及时抗旱保墒，但因势微力弱，造成农作物减产，甚至失收。新中国成立后，各级政府把抗旱保墒纳入重要议事日程。

1958年5月11日至6月20日，连日干旱，41天无雨。县委、县政府组织机关干部、企事业单位干部职工下农村支援抗旱，全县54台机电灌溉设备全部投入提水灌溉，把旱灾造成的损失降到最低限度。

1971年4－5月，全县连续30天降雨量小于20毫米。7－8月，连续46天降雨量小于30毫米。9－10月，连续30天降雨量小于15毫米。旱情发生后，县政府先后召开4次抗灾会议，派出210名干部到各公社投入抗旱工作，各区、公社派出5758名干部插到大队，打坝翻水、疏通河道引水，机灌和人力提水浇灌相结合，经过艰苦努力，灾情缓解，全年粮食单产比上年增长24%。

1978年，全年降雨量为1956年后最少1年。5月11日至6月30日，连续50天降雨量小于50毫米。7－8月，连续51天无雨，县境4个区发生干旱。全县借助新江海河、海门河、新东河、运南河等河道，引蓄长江水灌溉农田。县抽调280名机关干部到灾情严重的公社协助，组织22万人抗灾，大旱之年夺得农业丰收。

1994年6月29日至8月8日，全市降水量33.6毫米，旱情严重。投入14.8万人次抗旱，开通坝头坝埂7321个，改埋涵洞5300处，投入电动机5096台、3.66万千瓦，柴油机800台、0.52万千瓦。抗旱用电240万千瓦时，用柴油150吨，明沟翻水1022条，抗旱面积3.2万公顷，其中1.33万公顷棉花普遍抗旱施肥2－3次。

2005年6－7月，全市旱情严重，8万多人进行抗旱，动用机械设备2175台套，疏通坝头坝埂8849条，沟河翻水2930条，抗旱面积2.37万公顷。市气象部门密切关注天气变化，把握时机，进行人工增雨作业，缓解旱情。

第六章　水政管理

第一节　堤防管理

清雍正十二年（1734），江南河道总督将县境内范公堤管理之事列入议程，择其紧要之处，每里设堡夫1人，每人挑积土修补残缺。县境各沙洲的围垦堤防由业主负责维修。民国时期，江海堤防由省建设厅主管，县长具体负责，但重灾之年往往束手无策。

新中国成立后，江海堤防日常管理由当地乡、村负责，县水政部门负责检查督促。

1950年1月，县政府发出布告，要求各地群众保护堤岸,禁种农作物,以巩固河堤岸。1954 年,成立长江下游工程局青龙港护岸工程指挥所。1957 年 9 月,成立县人民委员会青龙港工程管理处,负责江堤日常维修管理工作。1958 年,黄海第一道海堤鲜圩港至排咸闸段,由海门盐场负责管理和维修。排咸闸以东地段由当地社、队管理。

1962 年 6 月,县成立海门县保坍指挥部。1965 年 2 月,县人民委员会印发《关于切实做好护林工作的布告》,明确江海堤岸上的树木,经交通、水利部门批准后方可砍伐。同年,县人民委员会批转水利科《关于江海堤防建窑情况的调查报告》,制止在江海堤防附近挖掘泥土。

1971 年 11 月,实行江海堤岸的地权、树林产权由县、社、队分级管理。是年,共建护林站 5 个,护林哨 11 个,管理江堤。1975 年,成立黄海护堤哨管理海堤。

1982 年 4 月,县政府发出布告,禁止在堤防管理范围内开缺、取土、削土筑路、撬石、打靶、打桩、建窑、盖房搭棚、放牧、堆放杂物、乱伐树木,不准在堤防内外坡种农作物,不准挪用、翻动水利工程石料、器材、工程设施等。

1990 年,县境海堤有护堤哨 4 个,管理人员 5 人。江堤有护堤哨 9 个,管理人员 29 人。1999 年年底,江海护堤哨撤销,其职能由市堤防管理所负责。堤防管理所实施日常巡查、汛期大检查制度。日常巡查每月 1 次,查堤防完好状况。汛期大检查分汛前、汛中、汛后 3 次。汛前查堤防承受能力,汛中查堤防出险情况,汛后查堤防修复措施,确保安全。

2002－2008 年,按照省江海堤防达标建设标准,经常性地开展专项检查,不断提高堤防抗灾能力。2008 年,市堤防管理所有管理人员 36 人,负责堤防经常性维修养护,消除隐患。

第二节　河闸管理

一、河道管理

解放初,县水政部门专司骨干河道管理,各乡设有兼管水利的行政和技术人员。1962 年,各公社设专职水利员,对主要河道加强管理养护。1973 年,通过水利检查,发现因管理不善影响河道工程效益问题,县采取不准向河道中倾倒垃圾杂物、在河坡上挖土烧砖,不准扒泥填河、缩小河床,不准在河道里筑坝代桥、断流断航等措施。1987－1989 年,对水利设施进行普查、建档、定权、发证,划定河道级别,明确管理体制。一级河由南通市水利局统一管理,县水利局具体管理;二级河由县水利局派员管理,乡水利站配合;三级河由所在乡、镇、场管理。县与邻县、乡与乡交界河以及乡、镇骨干河道,县适当补助维修费用。四级河及其他沟河由所在村负责管理。村与村交界河由乡(镇)协调管理维护。全县充实水利工程管理力量,各乡、镇、场成立水利管委会,由分管水利的副乡(镇)长任管委会主任,有成员 242 人。各村成立水利管理组,由村民委员会主任等组成,有成员 1654 人。

1999 年 5 月,市政府为加强全市沟河环境管理,改善沟河环境质量,保护人民群众身体健康,促进生态平衡,制定《海门市沟河环境质量管理暂行办法》,明确水利、环境保护、农林、建设委员会等部门具体监督执行。至 2008 年年底,仍沿用此办法。

二、涵闸管理

民国时期,建造沿江、沿海涵闸 4 座,由投资单位管理。解放初,全县所存河闸除青龙港会云闸外,均由县水政部门管理。1956 年 6 月,大生三厂将会云闸(后称青龙港船闸)移交县水政部门管理。是年,沿江、沿海并港建闸,所建涵闸由县水政部门管理;内地涵闸,根据受益情况,由县或所在乡管理。1966 年三余套闸建成后,归南通县水利局管理。1978 年鸽龙港北闸建成后,归崇明县水利局管理。1973 年 3 月,县水电局制定《海门县涵闸管理制度(试行)》,分总则、考勤制、岗位责任制、安全操作制、设备管理维修制 5 个方面 31 条,明确闸管工作必须做到点、线、面相结合,合理控制利用水源。1990 年 5 月,新江海河闸和通启河闸由南通市水利局移交县水利局管理。2000 年,新江海河闸移交通州市水利局管理。2004 年 8 月,市水利局修订《海门市涵闸管理实施办法》,分总则、工程保护、任务与职责、控制运用、检查观测、养护修理、安全技术、经营管理、奖励和惩罚 9 章 58 条,进一步明确涵闸管理任务,充分发挥工程效益。

2008 年,市水政部门管理的涵闸分设 5 个管理单位。海门港闸管理所管理海门港闸,人员14人。灵甸港新闸管理所管理大洪港新闸、汤家新闸、灵甸港新闸、海门河东闸,人员18人。常乐闸管理所管理常乐套闸、常乐节制闸、海门河西闸,人员5人。四甲闸管理所管理四甲套闸和14车口提水站,人员5人。东灶港闸管理所管理东灶港北闸、卫东套闸、通启河闸,人员10人。委托专人管理的涵闸有新高河闸、新岸河西闸、东兴桥闸、运北河西闸、运北河东闸、新东河西闸、新东河东闸、铁板洋桥闸、包场第一排涝站、五甲排涝站10个,其余涵闸均由受益的镇、村管理。

第三节　水资源管理

海门水资源管理始于20世纪80年代。1985年,全县开始征收水费,其中农业水费由乡镇办工业负担。1991年起,农业水费由农民负担。

1994年,按照《江苏省水资源综合规划技术细则》要求,审批全市地下水和地表水的开发利用,发放取水许可证,收取水资源费。1995年,在通吕运河货隆镇段、通启运河常乐闸上游段、廿匡河口段、圩角河海门镇区段、青龙河三厂镇段、灵甸河临江镇区段、长江水厂取水口下游段设立固定断面进行监测,发现有不达标水质的河段,通过增加引进长江二类水质的水源,排出污水,促使地表水达标。

2003年,按省水利厅规定,对全市地下水开采严格执行一证(取水许可证)、一表(计量设施)、一牌(深井编号牌)、一卡(日开采台账)、一档(档案)制度,并对地下水实行网络监测,随时掌握全市地下水动态和水质变化,对擅自开凿深井的单位进行调查处理。2006年,南通三和印染有限公司擅自将打井深度从80米增加到230米。经调查取证后,作出补办深井报批手续、罚款2万元的处分决定。2007年,南通市区洪港水厂开始供应海门用水,市境分期分批封填质量差的开采井,妥善保管质量较好的深井,作为备用井。

2008年,进一步调整和完善水功能区划,设置水源保护区,加强水质监测,实施水域纳污总量控制,实现水资源和水生态系统良性循环。是年,全市核发取水许可证307份,其中工业用水101份,生活用水206份。

第四节　经费管理

清代,如有开河筑堤,衙门只发布告,无款项下拨,商家集资支出戽水拦坝费用,农民出工义务负担。民国初期,兴办水利主要依靠田赋带征“田捐”,标准随年而定。此外,依靠商业、作坊、粮行、船舶运输、屠宰等其他行业,带征“特捐”和“年捐”。民国23年(1934),浚河动土每立方米发放民夫口粮银钱2分,疏浚17条多年失修河道,竣工土方126余万立方米,发出口粮费2.51万元,筑坝戽水等费8300余元。

新中国成立后,水利建设投资除上级和县财政拨款外,采取多层次、多渠道集资办法解决。1949－1952年,县办河道疏浚和江海堤防加固,政府拨给测量设计费用,开挖土方按救灾粮款数,采用以工代赈补偿,戽水拦坝折成土方任务,按工程受益土地面积分配到乡负担。同时,按每立方米土方1公斤粮食拨给承担乡,由乡根据出勤民工生活困难情况,多困难多补偿,少困难少补偿,不困难不补偿,民主评定,出榜公布,发给困难群众。以此办法,既完成水利工程,又救灾度荒。乡村办的小型水利工程按受益田亩多少负担建设费;县办建涵工程按受益田亩分担费用,银行贷款,或受益田亩的群众自愿集资。这些工程均实行对鳏寡孤独、烈军属照顾减免出资,减免数控制在总数5%－15%,并出榜公布。

1953－1957年,江海干堤退建,国家按标准定额发放土方定额补贴及挖压废土地费、青苗赔偿费、拆迁费,土方任务按工程受益乡人口数摊派。青龙港长江护岸工程全部由国家投资,招雇的民工,根据工种情况,分别发给计工工资、计件工资或定额工资。并港建灵甸、大洪两闸全由国家投资。大新闸和全县各闸河拓浚均属民办公助工程,国家负担部分投资,受益地区按田亩分担部分经费,土方任务按农业劳动力派工,以完成的土方定额发放工资。农业合作化后,工资归集体,出工社员记工分。

1958年、1959年，圩角闸兴建和江堤退建，仍按国家投资，就近乡按劳动力派工，发给土方定额工资、挖压废土地费、青苗赔偿费。土方定额工资归大队集体，出工记工分。其他河道拓浚工程，不论直接受益与否，均由各公社组织施工队义务负担，或给少量补偿。1961年，退赔水利工程施工平调款601万元。

1965－1980年，全县向农民统筹水利资金1782.6万元，重点用于长江治坍和黄海堤岸加固工程，部分用于水工建筑物和河道整治工程。集体耕地每公顷每年收取15－30元，同时对净收入人均在60元以下的生产队实行免筹。土方任务按受益地区的田亩和劳动力各半负担原则，分配到有关公社。出工记工分，参加当年生产队分配。工程量较大的从非直接受益地区动员民工对等支持，报酬支出采取借工还工、一年记账、二年还工、三年结算的办法支付。属县的土方工程，县给予施工单位补贴少量土方费。

1985年，根据国务院《水利工程水费核计、计收和管理办法》，开始征收水费，其中农业水费由乡镇办工业负担。1986年起，农村大批劳动力转向第二、第三产业。县水利统筹资金采取以金代劳征收，每个劳动力每年负担10个工日。县下达到乡按劳动力征收。其中三分之一由村使用，三分之一由乡镇使用，三分之一由县使用，用于河道疏浚和农村改善农民饮水条件，普及深井等工程。1989年起，征收农业发展基金，所收基金部分用于水利建设。1991年，农业水费由农民负担。1992年起，征收防洪保安基金，主要用于江海堤防护坡工程。1993年，将部分水利工程和滩涂开发项目，通过承包、转让、租赁、出租等形式，收取水利建设资金。

2001年起，农村进行税费制度改革，逐年减少收费额。乡镇疏浚三级河，每方土补助从0.25元提高到1元。2004年，停止征收劳动积累工和义务工资金，村办水利工程改为一事一议向农民收费。2005年起，疏浚三级河每方土补助从1元提高到3.5元。村级沟河疏浚，每村补助20万元。

1949－2008年，全市水利建设总投资16.49亿元。其中，国家、省、南通市投资2.28亿元，市（县）财政统筹9.45亿元，乡村自筹4.76亿元。农民投工1.02亿个，折算劳动积累4749万元。

第七篇

经济总貌

解放前，海门经济以农业为主，工业无几，市廛寥落，基本上是自给自足的单一农业经济，人民生活处于温饱无着的状态。1949 年，全县地区生产总值 3066 万元，其中第一产业占 74.5%。

新中国成立后，经过三年国民经济恢复，1952 年全县地区生产总值 5655 万元，比 1949 年增长 84.44%。1953 年，进入有计划的经济建设时期。1956 年，对农业、手工业和资本主义工商业的社会主义改造基本完成，在发展农业的同时建立全民、集体的工商企业和金融业。1957 年，地区生产总值 7084 万元，超额完成第一个五年计划指标。第二个五年计划期间，由于 1958 年开始的“大跃进”和人民公社化运动，违背客观经济规律，加上自然灾害的影响，出现三年经济困难时期，在经过调整后，加强计划指导，经济迅速回升。1965 年，全县地区生产总值 1.51 亿元，比 1952 年增长 164.91%。“文化大革命”期间，受“左”的思想影响，1970 年的地区生产总值比 1965 年下降 4.65%。中共十一届三中全会后，全面进行经济体制改革，实行指令性计划和指导性计划相结合的方针，逐步扩大指导性计划，全县经济出现蓬勃生机。1985 年，全县地区生产总值 7.78 亿元，比 1978 年增长 183.94%。“七五”期间，随着改革开放的深入，城乡经济稳定增长。1990 年，虽然遭受自然灾害影响，但仍完成地区生产总值 15.23 亿元，比 1985 年增长 95.76%。“八五”期间，全市改革开放步伐加快，1991 年首次进入全国百强县（第 94 位）。1995 年地区生产总值 65.45 亿元，比计划增长 206.8%，比 1990 年增长 329.74%。“九五”期间，全市农村土地完成第二轮承包，工业企业实行全面改制。2000 年，全市地区生产总值 107.51 亿元，首次突破百亿元大关，比 1995 年增长 59.18%。“十五”期间，全市紧紧抓住经济体制改革和经济增长方式两个根本性转变，国民经济和社会发展取得显著成效。2005 年，地区生产总值 212.61 亿元，突破 200 亿元大关，综合实力在全国百强县中排名第 80 位，列苏中苏北第一。“十一五”期间的 2007 年地区生产总值突破 300 亿元大关，成为苏中、苏北首个小康达标县（市）。2008 年地区生产总值 376.1 亿元，财政收入突破 40 亿元大关，初步形成较为合理的产业结构，在全国综合实力百强县中排名第 32 位，在江苏排名第 9 位。

第一章 经济发展

第一节 地区生产总值

一、总量

解放前海门经济落后，地区生产总值低下。1949 年，全县地区生产总值 3066 万元，人均仅 47 元。经过国民经济恢复期后，1952 年地区生产总值 5655 万元，比 1949 年增长 84.44%，年均递增 22.64%；人均地区生产总值 85 元，比 1949 年增长 80.85%。

“一五”计划（1953－1957 年）期末（1957 年），地区生产总值 7084 万元，比基期①（1952 年）增长 25.27%，年均递增 4.61%；人均地区生产总值 97 元，比基期增长 14.12%。

① 基期：指报告期（年）前一期（年）的期（年）末数。

“二五”(1958－1962年)期间，由于“大跃进”、人民公社化运动，加上自然灾害影响，“二五”期末地区生产总值6843万元，比基期(1957年)减少3.4%，年均递减0.69%；人均地区生产总值92元，比基期减少5.15%。

1962年后，贯彻“调整、巩固、充实、提高”八字方针，社会经济有了恢复性发展。1965年，地区生产总值1.51亿元，比1962年增长120.08%，年均递增30.07%；人均地区生产总值185元，比1962年增长101.09%。

“三五”(1966－1970年)期间，受“文化大革命”影响，经济发展滞缓，期末地区生产总值1.44亿元，比基期(1965)减少4.65%，年均递减0.95%；人均地区生产总值159元，比基期减少14.05%。

“四五”(1971－1975年)期间，社队工业起步，经济发展加快，期末地区生产总值2.33亿元，比基期(1970)增长62.04%，年均递增10.13%；人均地区生产总值245元，比基期增长54.09%。

“五五”计划(1976－1980年)头两年，由于“左”的思想影响，经济建设受到影响，1977年地区生产总值降至2.2亿元。1978年后，从农村开始进行一系列经济体制改革，经济发展加快。“五五”期末地区生产总值3.49亿元，比基期(1975)增长49.8%，年均递增8.42%；人均地区生产总值358元，比基期增长46.12%。

“六五”(1981－1985年)期末，地区生产总值7.78亿元，比基期(1980)增长123.15%，年均递增17.41%；人均地区生产总值783元，比基期增长118.72%。

“七五”(1986－1990年)期末，地区生产总值15.23亿元，比基期(1985)增长95.84%，年均递增14.39%；人均地区生产总值1493元，比基期增长90.68%。

“八五”(1991－1995年)期间，在部分企业中启动股份制经营模式，推动经济发展。“八五”期末地区生产总值65.45亿元，比基期(1990)增长329.67%，年均递增33.85%；人均地区生产总值6339元，比基期增长324.58%。

其中：1991年在第一届“全国综合实力百强县(市)”评比中列第94位，1992年第二届评比中列第72位，1994第三届评比中列第106位。

“九五”(1996－2000年)期间，企业转制，民营企业发展加快，期末地区生产总值107.51亿元，首次突破100亿元，比基期(1995)增长64.25%，年均递增10.43%；人均地区生产总值1.04万元，比基期增长63.65%。

2000年，再次进行的第四届“全国综合实力百强县(市)”评比中列第78位。

“十五”(2001－2005年)期间，企业全面改制，经济发展进一步加快，地区生产总值212.61亿元，突破200亿元，比基期(2000)增长97.77%，年均递增14.61%；人均地区生产总值2.09万元；比基期增长101.74%。

其中：2001年列第五届“全国综合实力百强县(市)”第80位，2002年第六届列第81位，2003年第七届列第75位，2004年第八届列第73位，2005年第九届列第80位。

“十一五”(2006－2010年)期间，民营经济和股份制经济成为海门经济的主流，2008年地区生产总值376.1亿元，比基期(2005)增长76.89%，年均递增20.94%；人均地区生产总值3.75万元，比基期增长79.02%。

其中：2006年列第十届“全国综合实力百强县(市)”第42位，2007年第十一届列第41位，2008年第十二届列第32位。

1949－2008年海门市(县)

地区生产总值及人均占有一览

表7－1

年份	地区生产总值		人均地区生产总值	
	绝对数(万元)	比上年(±%)	绝对数(元)	比上年(±%)
1949	3066	－	47	－
1950	4074	32.88	62	31.91
1951	4441	9.01	67	8.06
1952	5655	27.34	85	26.87
1953	6012	6.31	89	4.71
1954	5741	－4.51	83	－6.74
1955	7488	30.43	106	27.71
1956	6924	－7.53	96	－9.43
1957	7084	2.31	97	1.04
1958	8393	18.48	113	16.49

续表 7-1

年份	地区生产总值		人均地区生产总值	
	绝对数（万元）	比上年（±%）	绝对数（元）	比上年（±%）
1959	7581	-9.67	102	-9.73
1960	7003	-7.62	95	-6.86
1961	6839	-2.34	93	-2.11
1962	6843	0.06	92	-1.08
1963	8589	25.52	111	20.65
1964	11179	30.15	141	27.03
1965	15060	34.72	185	31.21
1966	16455	9.26	197	6.49
1967	14155	-13.98	166	-15.74
1968	15365	8.55	177	6.63
1969	14598	-4.99	165	-6.78
1970	14360	-1.63	159	-3.64
1971	16591	15.54	181	13.84
1972	21752	31.11	234	29.28
1973	20040	-7.87	214	-8.55
1974	22415	11.85	237	10.75
1975	23269	3.81	245	3.38
1976	21968	-5.59	229	-6.53
1977	22019	0.23	229	0.00
1978	27372	24.31	283	23.58
1979	29780	8.80	307	8.48
1980	34857	17.05	358	16.61
1981	41708	19.65	426	18.99
1982	43275	3.76	440	3.29
1983	49748	14.96	503	14.32
1984	63778	28.20	643	27.83
1985	77785	21.96	783	21.77
1986	87593	12.61	880	12.39
1987	101923	16.36	1019	15.80
1988	139250	36.62	1383	35.72
1989	140182	0.67	1383	0.00
1990	152333	8.67	1493	7.95
1991	158113	3.79	1541	3.22
1992	199978	26.48	1944	26.15
1993	286509	43.27	2783	43.16
1994	420778	46.86	4084	46.75
1995	654534	55.55	6339	55.22
1996	758815	15.93	7336	15.73
1997	831323	9.56	8044	9.65
1998	907798	9.20	8770	9.03
1999	976756	7.60	9415	7.35
2000	1075073	10.07	10374	10.19
2001	1172650	9.08	11347	9.38
2002	1276995	8.90	12405	9.32
2003	1429704	11.96	13943	12.40
2004	1719000	20.23	16840	20.78
2005	2126142	23.68	20928	24.28
2006	2610786	22.79	25796	23.26
2007	3107364	19.02	30811	19.44
2008	3760981	21.03	37465	21.60

二、第二和第三产业比重

解放前，海门以农业为主，第二、第三产业薄弱。解放后第二、第三产业逐步得到发展。1949－1952年，全县第二、第三产业占地区生产总值（GDP）的平均比重为28.18%，其中第一产业平均比重71.82%，农业仍是当时全县的主要产业。1953－1957年，通过对农业、手工业和资本主义工商业的社会主义改造，第二、第三产业的占比有所上升，5年平均占比33.72%（其中1957年第二、第三产业占比达38.03%），第二、第三产业比重逐步趋于合理。

“二五”期间，第二、第三产业占GDP比重平均为39.05%，比“一五”期间提高了5.33个百分点。“三年调整时期”（1963－1965年）以农、轻、重为序，恢复和发展生产，第二、第三产业的占比有所下降，3年平均占比32.26%，比“二五”期间下降6.79个百分点。

“三五”和“四五”期间，为“文化大革命”时期，国民经济处于停滞状态，第二、第三产业占GDP的平均比重为38.1%，比“二五”期间的平均比重下降了0.95个百分点。

“五五”期间，通过拨乱反正和实行改革开放，第二、第三产业占GDP的平均比重为49.61%，首次与第一产业基本持平。其中前三年（1976－1978年）平均比重46.07%，后两年（1979－1980年）平均比重好于前三年，为53.51%。

“六五”期间，是改革开放后的快速发展期，第二、第三产业占GDP的平均比重为57.95%，第二、第三产业的比重在五年期内首次超过了第一产业，其中1985年的第二、第三产业比重达63.25%。

“七五”期间，全县第二、第三产业发展速度明显加快，五年占GDP的平均比重为64.42%，第一产业占GDP的比重由“五五”时期的二分之一降为三分之一。

“八五”“九五”期间，全市第二、第三产业呈跳跃式发展趋势，10年占GDP的平均比重为84.09%，第一产业占15.91%。

“十五”初期至2008年，全市第二、第三产业的发展进一步加快，8年占GDP的平均比重为89.78%，并自2006年始已超过90%，第一产业的比重不足10%，海门已成为以第二、第三产业为主要经济的相对发达地区。

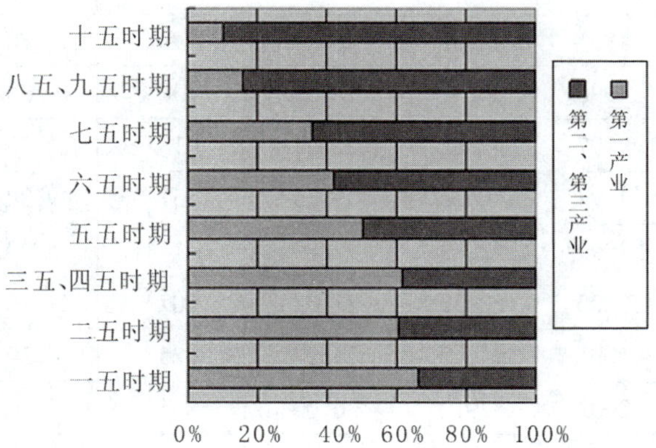

图7－1　“一五”至“十五”时期，第二、第三产业占地区生产总值比重示意图

第二节　财政收入

解放前，财政收入主要是人口税、田赋、厘捐、地漕、芦课等。解放后，财政收入除税收外，还有国有和集体企业上缴的利润，国有资产的经营和各种预算外收入等。1949年，全县财政收入162万元，人均2元；1952年1007万元，是1949年的6.22倍，人均15元，是1949年的7.5倍。

“一五”计划期末，财政收入1928万元，比基期增长91.46%，年均递增13.87%；人均26元，比基期增长73.33%。

“二五”期间，正处于自然灾害和经济困难时期，财政收入锐减。“二五”期末财政收入939万元，比基期减少51.3%，年均递减13.4%；人均13元，比基期减少13元，减50%。

1963－1965年为国民经济调整时期，财政收入增长较快，期末（1965年）比基期（1962年）增长81.9%，年均递增22.07%。

“三五”和“四五”期间，处于“文化大革命”时期，国民经济受到严重影响。“三五”期初财政收入1708万元，“四五”期末为3298万元，10年增长不足1倍，年均递增6.8%；人均财政收入“三五”初期为21元，“四五”期末为35元，10年只增加14元。

“五五”期间，国民经济进入恢复期，“五五”期末财政收入4855万元，比基期增长47.21%，年均递增8.04%；人均50元，比基期增加15元，增长42.86%。

1978年，中共十一届三中全会以后，实行经济体制改革和对外开放，国民经济迅速发展。“六五”期末，财政收入8911万元，比基期增长83.54%，年均递增12.91%；人均90元，比基期增加40元，增长80%。

“七五”期末，财政收入1.33亿元，比基期增长48.7%，年均递增8.26%；人均130元，比基期增加40元，增长44.44%。

“八五”期末，财政收入2.89亿元，比基期增长118.11%，年均递增16.88%；人均280元，比基期增加150元，增长115.38%。

“九五”期末，财政收入5.2亿元，比基期增长80.02%，年均递增12.48%；人均502元，比基期增加222元，增长79.29%。

“十五”期末，财政收入17.55亿元，比基期增长237.21%，年均递增27.52%；人均1727元，比基期增加1225元，增长244.02%。

“十一五”期间的2008年，财政收入41.03亿元,3 年增速 233.84%,年均递增 32.73%;人均 4087 元,比基期增加 2360 元,增长 136.65%。

1949－2008 年海门市(县)财政收入
及人均占有一览

表 7－2

年份	财政收入		人均财政收入	
	绝对数(万元)	比上年(±%)	绝对数(元)	比上年(±%)
1949	162	－	2	－
1950	429	164.81	7	250.00
1951	598	39.39	9	28.57
1952	1007	68.39	15	66.67
1953	1372	36.25	20	33.33
1954	2002	45.92	29	45.00
1955	1716	－14.29	24	－17.24
1956	2209	28.73	31	29.17
1957	1928	－12.72	26	－16.13
1958	2748	42.53	37	42.31
1959	3147	14.52	42	13.51
1960	2538	－19.35	34	－19.05
1961	1021	－59.77	14	－58.82
1962	939	－8.03	13	－7.14
1963	1005	7.03	13	0.00
1964	1396	38.91	18	38.46
1965	1708	22.35	21	16.67
1966	1906	11.59	23	9.52
1967	1567	－17.79	18	－21.74
1968	1500	－4.28	17	－5.56
1969	1823	21.53	21	23.53
1970	1862	2.14	21	0.00
1971	1954	4.94	21	0.00
1972	2403	22.98	26	23.81
1973	2848	18.52	30	15.38
1974	2875	0.95	30	0.00
1975	3298	14.71	35	16.67
1976	3521	6.76	37	5.71
1977	3253	－7.61	34	－8.11
1978	4633	42.42	48	41.18
1979	5188	11.98	53	10.42
1980	4855	－6.42	50	－5.66
1981	5344	10.07	55	10.00
1982	5419	1.40	55	0.00
1983	6687	23.40	68	23.64
1984	7341	9.78	74	8.82
1985	8911	21.39	90	21.62
1986	9553	7.20	96	6.67
1987	10460	9.49	105	9.38
1988	11566	10.57	115	9.52
1989	12806	10.72	126	9.57
1990	13251	3.47	130	3.17
1991	13181	－0.53	128	－1.54
1992	15041	14.11	146	14.06
1993	19112	27.07	186	27.40
1994	22805	19.32	221	18.82
1995	28902	26.74	280	26.70
1996	34841	20.55	337	20.36
1997	42685	22.51	413	22.55
1998	46666	9.33	451	9.20
1999	42983	－7.89	414	－8.20
2000	52030	21.05	502	21.26
2001	64642	24.24	625	24.50
2002	87912	36.00	854	36.64
2003	115419	31.29	1256	47.07
2004	145579	26.13	1426	13.54
2005	175450	20.52	1727	21.11
2006	224455	27.93	2209	27.91
2007	318787	42.03	3161	43.10
2008	410279	28.70	4087	29.29

第三节　社会消费品零售额

解放前，海门在自给自足自然经济的模式下，社会消费品零售额极少。1949 年，全县社会消费品零售额 1055 万元，人均仅 16 元。1950 年国民经济进入恢复期，商业得到较快发展。1952 年全县实现社会消费品零售额 2792 万元，比 1949 年增长 164.64%，年均递增 38.32%；人均 42 元，比 1949 年增加 26 元，增长 162.5%，年均递增 37.95%。

“一五”期末（1957），社会商品零售额 3982 万元，比基期增长 42.62%，年均递增 7.36%；人均 55 元，比基期增加 13 元，增长 30.95%，年均递增 5.54%。

“二五”期末，社会消费品零售额为 4215 万元，比基期增长 5.85%，年均递增 1.14%；人均 56 元，比基期增加 1 元，增长 1.82%，年均递增 0.36%。

“三年调整时期”期末，社会消费品零售额 6555 万元，比基期增长 55.52%，年均递增 15.86%；人均 80 元，比基期增加 24 元，增长 42.86%，年均递增 12.63%。

“三五”时期，由于“文化大革命”影响，商品销售出现下降，期末社会消费品零售额为 5979 万元，比基期下降 8.79%，年均递减 1.82%；人均 66 元，比基期减少 14 元，减 17.5%，年均递减 3.77%。

“四五”期末，社会消费品零售额 9260 万元，比基期增长 54.88%，年均递增 9.14%；人均 97 元，比基期增加 31 元，增长 46.97%，年均递增 8.01%。

“五五”期末，社会消费品零售额 1.82 亿元，比基期增长 96.37%，年均递增 14.45%；人均 187 元，比基期增加 90 元，增长 92.78%，年均递增 14.03%。

“六五”期末，社会消费品零售额 3.14 亿元，比基期增长 72.43%，年均递增 11.51%；人均 316 元，比基期增加 129 元，增长 68.98%，年均递增 11.06%。

“七五”期末，社会消费品零售额 6.37 亿元，比基期增长 103.1%，年均递增 15.22%；人均 624 元，比基期增加 308 元，增长 97.47%，年均递增 14.58%。

“八五”期末，社会消费品零售额 22.83 亿元，比基期增长 258.44%，年均递增 29.09%；人均 2210 元，比基期增加 1586 元，增长 254.17%，年均递增 28.78%，

“九五”期末，社会消费品零售额 38.62 亿元，比基期增长 69.18%，年均递增 11.09%；人均 3727 元，比基期增加 1517 元，增长 68.64%，年均递增 11.02%。

“十五”期末，社会消费品零售额 75.22 亿元，比基期增长 94.78%，年均递增 14.26%；人均 7404 元，比基期增加 3677 元，增长 98.66%，年均递增 14.72%。

“十一五”期间的 2008 年，社会消费品零售额 126.81 亿元，比基期增长 68.59%，年均递增 19.02%；人均 12632 元，比基期增加 5228 元，增长 70.61%，年均递增 19.49%。

1949－2008 年海门市（县）社会消费品零售额及人均消费一览

表 7－3

年份	社会消费品零售额		人均消费零售额	
	绝对数（万元）	比上年（±%）	绝对数（元）	比上年（±%）
1949	1055	－	16	－
1950	1277	21.04	19	18.75
1951	1813	41.97	27	42.11
1952	2792	54.00	42	55.56
1953	3456	23.78	51	21.43
1954	3137	－9.23	45	－11.76
1955	3782	20.56	54	20.00
1956	4540	20.04	63	16.67
1957	3982	－12.29	55	－12.70
1958	4332	8.79	59	7.27
1959	4705	8.61	63	6.78
1960	4606	－2.10	62	－1.59
1961	3921	－14.87	53	－14.52
1962	4215	7.50	56	5.66
1963	4513	7.07	58	3.57
1964	5434	20.41	68	17.24

续表 7－3

年份	社会消费品零售额		人均消费零售额	
	绝对数（万元）	比上年（±%）	绝对数（元）	比上年（±%）
1965	6555	20.63	80	17.65
1966	6676	1.85	80	0.00
1967	6718	0.63	79	－1.25
1968	5742	－14.53	66	－16.46
1969	4618	－19.58	52	－21.21
1970	5979	29.47	66	26.92
1971	5343	－10.64	58	－12.12
1972	6612	23.75	71	22.41
1973	7152	8.17	76	7.04
1974	7577	5.94	80	5.26
1975	9260	22.21	97	21.25
1976	9523	2.84	99	2.06
1977	9268	－2.68	96	－3.03
1978	10682	15.26	110	14.58
1979	16001	49.79	165	50.00
1980	18184	13.64	187	13.33
1981	18723	2.96	191	2.14
1982	19646	4.93	199	4.19
1983	22856	16.34	231	16.08
1984	28468	24.55	287	24.24
1985	31355	10.14	316	10.10
1986	37945	21.02	381	20.57
1987	44056	16.10	441	15.75
1988	58767	33.39	584	32.43
1989	61414	4.50	606	3.77
1990	63681	3.69	624	2.97
1991	70715	11.05	689	10.42
1992	86031	21.66	836	21.34
1993	108353	25.95	1052	25.84
1994	142942	31.92	1387	31.84
1995	228258	59.69	2210	59.34
1996	275541	20.71	2664	20.54
1997	310096	12.54	3000	12.61
1998	330887	6.70	3196	6.53
1999	356722	7.81	3438	7.57
2000	386178	8.26	3727	8.41
2001	423182	9.58	4095	9.87
2002	470620	11.21	4572	11.65
2003	523054	11.14	5101	11.57
2004	610247	16.67	5978	17.19
2005	752200	23.26	7404	23.85
2006	871077	15.80	8607	16.25
2007	1024542	17.62	10159	18.03
2008	1268145	23.78	12632	24.34

第四节 固定资产投资

解放前海门工业无几，固定资产投资极少。1949年，全县固定资产投资4万元，全部用于城镇集体的建筑安装工程投资，人均0.06元。此后国家逐步加大投入。1951年，固定资产投资33万元，其中30万元用于建筑安装工程，3万元用于设备工具购置，人均0.5元。1952年47万元，人均0.71元。1956年380万元，人均5.3元。1958年，“大跃进”后继续增长，1959年571万元，人均7.7元。

1962年，贯彻“调整、巩固、充实、提高”的方针，基建投资大幅度减少，当年固定资产投资减至49万元，人均0.65元。1964年减少至42万元，人均0.53元。

1965年经济开始恢复，投资开始回升，当年固定资产投资272万元，人均3元。1970年593万元，比1965年增长118.01%，年均递增16.87%，人均6元。

1975年，固定资产投资648万元，比1970年增长9.27%，年均递增1.79%；人均6元。1978年后，以经济建设为中心，固定资产投资开始大幅增加。1979年，固定资产投资由县财政全额拨款逐步改由财政拨款、企业筹资、银行贷款相结合的投资办法。1980年，固定资产投资1189万元，比1975年增长

83.49%，年均递增12.91%，人均12元，比1975年增加1倍。

20世纪80年代中后期，固定资产由国家、集体、个人共同投资，增长较快。1985年1.29亿元，为1980年10.82倍，年均递增61.02%。其中，城镇集体以上投资2977万元，农村集体投资4889万元，个人投资4882万元；人均129元，是5年前的10.75倍。

1990年，固定资产投资1.99亿元，比1985年增长54.68%，年均递增9.12%。其中，城镇集体以上投资4418万元，农村集体投资1967万元，个人投资1.34亿元；人均195元，比1985年增加66元，增长51.16%。

1995年，固定资产投资31.92亿元，是1990年的16.04倍，年均递增74.19%。其中城镇集体以上投资12.08亿元，农村集体投资9.15亿元，个人投资10.7亿元；人均3090元，比1990年增加2895元，是1990年的14.85倍。

2000年，固定资产投资33.7亿元，比1995年增长5.58%，年均递增1.09%。其中城镇集体以上投资9.57亿元，农村集体投资7.82亿元，私营经济及个人投资16.31亿元；人均3252元，比1995年增加162元，增长5.24%。

2005年，固定资产投资118.87亿元，比2000年增长252.7%，年均递增28.67%。其中城镇集体以上投资35.66亿元，农村集体投资2.54亿元，外商及港澳台商投资22.39亿元，私营及个人投资58.28亿元；人均1.17万元，比2000年增加8448元，增长259.78%。

2008年固定资产投资200.74亿元，比2005年增长68.87%，年均递增19.08%。其中城镇集体以上投资45.16亿元，农村集体投资6650万元，外商及港澳台商投资29.08亿元，私营及个人投资125.83亿元；人均2万元，比2005年增加8296元，增长70.91%。

1949—2008年若干年份海门市(县)全社会固定资产投资一览

表7-4　　**单位：万元**

年份	投资总额	其中						
		城镇集体以上	城镇私营经济投资	城镇私人建房投资	农村集体单位投资	农村私营经济投资	农村个体经济投资	农村个人投资
1949	4	4	–	–	–	–	–	–
1950	7	7	–	–	–	–	–	–
1951	33	33	–	–	–	–	–	–
1952	47	47	–	–	–	–	–	–
1956	380	380	–	–	–	–	–	–
1957	158	158	–	–	–	–	–	–
1959	571	571	–	–	–	–	–	–
1962	49	49	–	–	–	–	–	–
1964	42	42	–	–	–	–	–	–
1965	272	272	–	–	–	–	–	–
1970	593	593	–	–	–	–	–	–
1975	648	648	–	–	–	–	–	–
1980	1189	1189	–	–	–	–	–	–
1985	12869	2977	–	121	4889	–	–	4882
1990	19906	4418	–	157	1967	–	–	13364
1991	31819	8804	–	149	8460	–	–	14406
1992	58612	18542	–	315	18801	–	–	

续表 7－4

年份	投资总额	其中						
		城镇集体以上	城镇私营经济投资	城镇私人建房投资	农村集体单位投资	农村私营经济投资	农村个体经济投资	农村个人投资
1993	102853	39184	－	316	31360	－	－	31993
1994	173962	44759	－	80	59800	－	－	69323
1995	319228	120798	－	－	91461	－	－	106969
1996	275186	56852	－	585	82839	－	－	134910
1997	274111	65958	－	226	90787	－	－	117140
1998	313280	78817	－	27	90949	－	－	143487
1999	300781	78439	230	68	77356	13132	7536	124020
2000	337039	95664	1400	－	78231	21135	9498	131111
2001	321300	124017	970	－	79489	29431	13724	73669
2002	436568	159045	6241	－	97814	72555	31202	69711
2003	665247	251533	6170	－	121852	196035	38897	50760
2004	807568	215563	4261	－	181712	343470	37059	6564
2005	1188738	356621	82995	－	25441	424190	75635	－
2006	1475077	387878	127938	－	4595	521632	91797	－
2007	1710595	381803	247347	－	3498	551147	102042	－
2008	2007422	451580	418230	－	6650	714285	125832	－

说明:2004－2008 年,投资总额与其中数的差数为外商及港澳台商的投资额

第五节 居民储蓄

1949 年,中国人民银行海门县办事处建立后,开办城乡个人储蓄业务,年末各项存款余额 5 万元,其中个人储蓄 2 万元,人均 0.03 元。1950 年夏,对公有企业、机关、部队实行现金管理,核定其库存现金限额及业务垫支限额,控制对私转账,现金收入当日存银行。同时广泛吸存单位资金,各银行存款逐年增加,1952 年年末,各项存款余额 199 万元,其中个人储蓄存款 45 万元,人均 0.7 元。

“一五”期末,各项存款余额 761 万元,比基期增长 282.41%,年均递增 30.77%。其中个人储蓄 220 万元,是基期的 4.9 倍;人均 3 元,是基期的 4.3 倍,年均递增 33.78%。

“二五”期末,各项存款余额 1368 万元,比基期增长 79.76%,年均递增 12.44%。其中个人储蓄 393 万元,增长 78.64%;人均 5 元,比基期增加 2 元,增长 66.67%,年均递增 10.76%。

三年调整时期期末,各项存款余额 5051 万元,比基期增长 269.23%,年均递增 54.56%。其中个人储蓄 880 万元,增长 123.92%;人均 11 元,比 1962 年增加 6 元,增长 120%,年均递增 30.06%。

“三五”期末,各项存款余额 5054 万元,与基期基本持平。其中个人储蓄 1008 万元,增长 14.55%;人均 11 元,与基期相同。

“四五”期末,各项存款余额 9122 万元,比基期增长 80.49%,年均递增 12.54%。其中个人储蓄 1779 万元,增长 76.49%;人均 19 元,比基期增加 8 元,增长 72.73%,年均递增 11.55%。

“五五”期末,各项存款余额 9669 万元,比基期增长 6%,年均递增 1.17%。其中个人储蓄 4076 万元,增长 129.12%;人均 42 元,比基期增加 23 元,增长 121.05%,年均递增 17.19%。

"六五"时期,人民生活水平迅速提高,各银行储蓄存款高速增长。期末各项储蓄存款余额3.1亿元,比基期增长220.95%,年均递增26.27%。其中个人储蓄1.76亿元,首次超过集体储蓄额,增长332.31%;人均177元,比基期增加135元,增长321.43%,年均递增33.34%。

"七五"期末,各项存款余额10.69亿元,比基期增长244.45%,年均递增28.06%。其中个人储蓄8.19亿元,增长364.76%;人均802元,比基期增加625元,增长353.11%,年均递增35.28%。

"八五"期末,各项存款余额41.24亿元,比基期增长285.8%,年均递增31%。其中个人储蓄34.01亿元,增长315.33%;人均3293元,比基期增加2491元,增长310.6%,年均递增32.64%。

"九五"期末,各项存款余额97.67亿元,比基期增长136.84%,年均递增18.82%。其中个人储蓄79.37亿元,比基期增加45.36亿元,增长133.35%,占存款总额81.26%;人均7659元,比基期增加4366元,增长132.58%,年均递增18.39%。

"十五"期末,各项存款余额215.9亿元,比基期增长121.04%,年均递增17.19%。其中个人储蓄167.4亿元,比基期增加88.03亿元,增长110.9%;人均1.65万元,比基期增加8818元,增长115.13%,年均递增16.56%。

"十一五"时期的2008年末,各项存款余额332.62亿元,比基期净增116.72亿元,增长54.06%,年均递增15.5%。其中个人储蓄255.07亿元,比基期增加87.67亿元,增长52.37%;人均2.54万元,比基期增加8931元,增长54.2%,年均递增15.53%。

1949－2008年海门市(县)
居民个人储蓄及人均存款一览

表7－5

年份	居民个人储蓄存款余额		人均储蓄	
	绝对数(万元)	比上年(±%)	绝对数(元)	比上年(±%)
1949	2	–	0.03	–
1950	3	50.00	0.05	66.67
1951	31	933.33	0.5	900.00
1952	45	45.16	0.7	40.00
1953	60	33.33	0.9	28.57
1954	89	48.33	2	122.22
1955	117	31.46	2	0.00
1956	185	58.12	3	50.00
1957	220	18.92	3	0.00
1958	350	59.09	5	66.67
1959	412	17.71	6	20.00
1960	698	69.42	9	50.00
1961	820	17.48	11	22.22
1962	393	－52.07	5	－54.55
1963	426	8.40	6	20.00
1964	746	75.12	9	50.00
1965	880	17.96	11	22.22
1966	1250	42.05	15	36.36
1967	1381	10.48	16	6.67
1968	1345	－2.61	16	0.00
1969	1348	0.22	15	－6.25
1970	1008	－25.22	11	－26.67
1971	1053	4.46	11	0.00
1972	1208	14.72	13	18.18
1973	1731	43.29	18	38.46
1974	1798	3.87	19	5.56
1975	1779	－1.06	19	0.00
1976	1980	11.30	21	10.53
1977	1824	－7.88	19	－9.52
1978	2842	55.81	29	52.63
1979	3352	17.95	35	20.69
1980	4076	21.60	42	20.00
1981	5554	36.26	57	35.71
1982	7252	30.57	74	29.82
1983	10644	46.77	108	45.95
1984	13306	25.01	134	24.07
1985	17621	32.43	177	32.09
1986	26230	48.86	263	48.59

续表 7－5

年份	居民个人储蓄存款余额		人均储蓄	
	绝对数（万元）	比上年（±%）	绝对数（元）	比上年（±%）
1987	35778	36.40	358	36.12
1988	36264	1.36	360	0.56
1989	57655	58.99	507	40.83
1990	81895	42.04	802	58.19
1991	108432	32.40	1057	31.80
1992	133476	23.10	1297	22.71
1993	173415	29.92	1684	29.84
1994	238842	37.73	2318	37.65
1995	340133	42.41	3293	42.06
1996	452220	32.95	4372	32.77
1997	548262	21.24	5305	21.34
1998	647568	18.11	6256	17.93
1999	728287	12.46	7020	12.21
2000	793705	8.98	7659	9.10
2001	941379	18.61	9109	18.93
2002	1090805	15.87	10597	16.34
2003	1275346	16.92	12437	17.36
2004	1443393	13.18	14140	13.69
2005	1673955	15.97	16477	16.53
2006	1924835	14.99	19018	15.42
2007	2026049	5.26	25291	32.98
2008	2550688	25.89	25408	0.46

第二章　经济结构

第一节　所有制结构

解放前，海门仅有少量私营工业且大多规模很小。新中国初，大力发展国营经济和公私合营经济，全民和集体经济不断壮大。1949 年，全县工业总产值中，全民所有制占 1.47%，个体所有制占 98.53%。通过对农业、手工业、资本主义工商业的社会主义改造，全民所有制成分不断增加，集体所有制取代个体所有制而占主导地位。1957 年全县工业总产值中，全民所有制占 30.43%，比 1949 年增加 28.96 个百分点；集体所有制占 69.54%；个体所有制占 0.03%，比 1949 年减少 98.5 个百分点。1958 年，各地响应中共中央关于大办工业的号召，本着“就地取材、就地加工、就地销售”的方针，因地制宜地新建和扩建小工厂，主要生产铁、木、竹等产品。是年 7 月，原属县手工业联社领导的一部分手工业合作社下放给所在乡镇。10 月，普遍建立人民公社，集体经济继续发展。

20 世纪 60 年代初，强调以农业生产为主，压缩社队工业。1962 年 5 月，恢复手工业生产体制，将原属公社领导的铁、木、竹等 14 个行业范围内的手工业生产合作社重新归还县手工业联社。是年，全民所有制经济占 78%，比 1957 年增加 47.57 个百分点；集体所有制经济占 22%，比 1957 年减少 47.57 个百分点。1965 年，全民所有制经济占 85.54%，比 1962 年增加 7.54 个百分点，集体所有制经济占 14.46%，比 1962 年减少 7.54 个百分点。

中共十一届三中全会后，农村逐步实行各种形式的农业生产责任制，社队（乡镇）工业在国家优惠税收、发放贷款等方面的积极扶持下迅速发展。1985 年起，全县个体和私营经济开始回升，当年，全民所有制经济占 13.06%，集体所有制经济占 81.86%，个体所有制经济占 5.08%。

1990 年，股份制企业开始发展，是年全民所有制经济占 13.04%，集体所有制经济占 74.39%，股份合作制经济占 0.17%，个体所有制经济占 12.4%。

90 年代后，深化经济体制改革，股份制经济和私营经济迅速发展，同时鼓励引进外资，所有制结构迅速发生变化。1995 年，全民所有制经济占 8.38%，集体所有制经济占 54.74%，股份制经济占 5.49%，外商及港澳台经济占 10.28%，个体私营经济占 21.11%。

1996 年，企业改制后，个体私营经济逐步成为海门经济的主角。2000 年国有经济占 0.69%，集体经济占 4.8%，股份制经济占 33.06%，外商及港澳台经济占 9.19%，个体私营经济占 52.26%。2005 年，国有经济占 0.02%，集体所有制经济占 1.44%，股份制经济占 10.31%，外商及港澳台经济占 13.16%，个体私营经济占 75.07%。

2008 年，国有经济占 0.01%，集体经济占 3.36%，股份制经济占 6.45%，外商及港澳台经济占 22.67%，个体私营经济占 67.51%。

1949－2008 年海门市(县)若干年份工业总产值分类统计一览

表 7－6　　　　**单位:万元**

年份	工业总产值	其中											
		国有企业		集体企业		其他企业		外商及港澳台企业		私营企业		个体户	
		产值	占比(%)	产值	占比(%)	产值	占比(%)	产值	占比(%)	产值	占比(%)	产值	占比(%)
1949	1628	24	1.47	–	–	–	–	–	–	1604	98.53	–	–
1950	2413	48	1.99	–	–	–	–	–	–	2365	98.01	–	–
1952	3995	344	8.61	5	0.13	–	–	–	–	3646	91.26	–	–
1957	6034	1836	30.43	4196	69.54	–	–	–	–	2	0.03	–	–
1962	3809	2971	78.00	838	22.00	–	–	–	–	–	–	–	–
1965	10418	8912	85.54	1506	14.46	–	–	–	–	–	–	–	–
1970	12098	9789	80.91	2309	19.09	–	–	–	–	–	–	–	–
1975	18967	11873	62.60	7094	37.40	–	–	–	–	–	–	–	–
1980	45844	13292	28.99	32552	71.01	–	–	–	–	–	–	–	–
1985	92813	12118	13.06	75978	81.86	–	–	–	–	4717	5.08	–	–
1990	242306	31602	13.04	180249	74.39	420	0.17	–	–	30035	12.40	–	–
1995	1518914	127262	8.38	831484	54.74	83407	5.49	156059	10.28	320702	21.11	–	–
2000	2126657	14594	0.69	102120	4.80	703123	33.06	195368	9.19	297718	14.00	813734	38.26
2005	9909366	1141	0.02	142871	1.44	1022035	10.31	1303961	13.16	2480483	25.03	4958875	50.04
2006	12813090	737	–	230447	1.80	1660087	12.96	1870678	14.60	3161787	24.68	5889354	45.96
2007	14205395	871	–	331801	2.35	1115546	7.85	2838492	19.98	4780845	33.65	5137840	36.17
2008	15422488	2835	0.01	517893	3.36	994009	6.45	3496213	22.67	2989356	19.38	7422182	48.13

第二节　产业结构

解放前，海门以农业为主，第二、第三产业占比很小。1949 年全县地区生产总值中，第一产业占 74.5%，第二产业占 12.75%，第三产业占 12.75%。

通过对农业、手工业和资本主义工商业的社会主义改造，逐步建立县属工业，第二产业得以长足发展。1957 年地区生产总值中，第一产业占 61.97%，比 1949 年减少 12.53 个百分点；第二产业占21.16%，比1949年增加8.41个百分点；第三产业占16.87%，比1949年增加4.12个百分点。

1958年，新建和扩建一批小工厂。至1959年，第二产业占比为21.74%，比1958年增加3.49个百分点。

1960年后，第二和第三产业未有明显发展。1965年，全市地区生产总值中，第一产业占63.6%，第二产业占20.39%，比1957年还低0.77个百分点。

1968年后，在围绕农业办工业、办好工业支援农业的思想指导下，社队工业、建筑业、邮电运输业、商业等一度发展较快。但受“文化大革命”的影响，生产停滞不前，产业结构基本没有变化。1970年地区生产总值比1966年下降12.73%。1974年全县地区生产总值中，第一产业占62.12%，第二产业占20.11%，第三产业占17.77%。

1979年起，随着改革开放和经济体制的改革，在经济快速发展的同时，第二产业逐步成为全县的领军产业。是年地区生产总值中，第一产业占48.14%，比重首次开始低于50%。1980年地区生产总值中，第一产业占45.09%；第二产业占33.91%，比1975年增加9.34个百分点；第三产业占21%。

1985年地区生产总值中，第一产业占36.75%；第二产业占42.95%，占比首次超过第一产业，比1980年增加9.04个百分点；第三产业占20.3%。

1990年地区生产总值中，第一产业占34.71%，第二产业占43.62%，第三产业占21.67%。随着第二产业的发展，第三产业发展速度也加快。

1995年地区生产总值中，第一产业占18.03%，占比首次低于20%，降为三次产业的第三位；第二产业占57.41%；第三产业占24.56%，首次超过第一产业。

2000年地区生产总值中，第一产业占15.33%；第二产业占53.41%，比1995年减少4个百分点；第三产业占31.26%，比1995年增加6.7个百分点。

2005年后，港澳台及外商企业增多，推动全市经济快速发展。是年，地区生产总值中，第一产业占10.42%；第二产业占58.69%，比2000年增加5.28个百分点，第二产业中的建筑业总值超过20亿元，占第二产业的16.94%，占地区生产总值的9.94%；第三产业占30.89%。

2008年地区生产总值中，第一产业占7.41%，连续3年低于10%；第二产业占60.47%，比2005年增加1.78个百分点，其中建筑业超过30亿元，占第二产业的14.73%，占地区生产总值的8.91%；第三产业占32.12%。

1949－2008年海门市(县)一、二、三产业结构比重一览

表7－7　　　　单位：万元

年份	地区生产总值	比上年(±%)	其中									
			第一产业		第二产业		其中				第三产业	
							工业		建筑业			
			总额	占比(%)	总额	占比(%)	总额	占比(%)	总额	占比(%)	总额	占比(%)
1949	3066	100	2284	74.50	391	12.75	391	100	－	－	391	12.75
1950	4074	32.88	3113	76.41	554	13.60	554	100	－	－	407	9.99
1951	4441	9.01	3223	72.57	684	15.40	684	100	－	－	534	12.03
1952	5655	27.34	3759	66.47	1142	20.19	1142	100	－	－	754	13.34
1953	6012	6.31	4141	68.88	1019	16.95	1019	100	－	－	852	14.17
1954	5741	-4.51	3816	66.47	990	17.24	990	100	－	－	935	16.29
1955	7488	30.43	5160	68.91	1315	17.56	1315	100	－	－	1013	13.53
1956	6924	-7.53	4532	65.45	1284	18.55	1284	100	－	－	1108	16.00
1957	7084	2.31	4390	61.97	1499	21.16	1499	100	－	－	1195	16.87
1958	8393	18.48	5290	63.03	1532	18.25	1532	100	－	－	1571	18.72

续表 7－7

年份	地区生产总值	比上年（±%）	其中									
			第一产业		第二产业		其中				第三产业	
							工业		建筑业			
			总额	占比（%）	总额	占比（%）	总额	占比（%）	总额	占比（%）	总额	占比（%）
1959	7581	－9.67	4352	57.41	1648	21.74	1648	100	–	–	1581	20.85
1960	7003	－7.62	4089	58.39	1392	19.88	1392	100	–	–	1522	21.73
1961	6839	－2.34	4291	62.74	1145	16.74	1145	100	–	–	1403	20.52
1962	6843	0.06	4319	63.12	1093	15.97	1093	100	–	–	1431	20.91
1963	8589	25.52	6152	71.63	1209	14.08	1209	100	–	–	1228	14.29
1964	11179	30.15	7728	69.13	1649	14.75	1649	100	–	–	1802	16.12
1965	15060	34.72	9578	63.60	3071	20.39	3071	100	–	–	2411	16.01
1966	16455	9.26	10552	64.13	3485	21.18	3485	100	–	–	2418	14.69
1967	14155	－13.98	8402	59.36	3314	23.41	3314	100	–	–	2439	17.23
1968	15365	8.55	9894	64.39	3334	21.70	3334	100	–	–	2137	13.91
1969	14598	－4.99	8796	60.25	3381	23.16	3381	100	–	–	2421	16.59
1970	14360	－1.63	8481	59.06	3258	22.69	3258	100	–	–	2621	18.25
1971	16591	15.54	9802	59.08	4066	24.51	4066	100	–	–	2723	16.41
1972	21752	31.11	15051	69.19	3971	18.26	3971	–	–	–	2730	12.55
1973	20040	－7.87	12667	63.21	4567	22.79	4567	–	–	–	2806	14.00
1974	22415	11.85	13925	62.12	4508	20.11	4508	–	–	–	3982	17.77
1975	23269	3.81	13501	58.02	5717	24.57	5717	–	–	–	4051	17.41
1976	21968	－5.59	13057	59.44	4474	20.37	4474	–	–	–	4437	20.19
1977	22019	0.23	11241	51.05	6147	27.92	6147	–	–	–	4631	21.03
1978	27372	24.31	14184	51.82	7495	27.38	6700	89.39	795	10.61	5693	20.80
1979	29780	8.80	14335	48.14	9459	31.76	8517	90.04	942	9.96	5986	20.10
1980	34857	17.05	15717	45.09	11820	33.91	10653	90.13	1167	9.87	7320	21.00
1981	41708	19.65	19667	47.15	13908	33.35	12531	90.10	1377	9.90	8133	19.50
1982	43275	3.76	19541	45.16	14776	34.14	12937	87.55	1839	12.45	8958	20.70
1983	49748	14.96	22016	44.26	17782	35.74	14437	81.19	3345	18.81	9950	20.00
1984	63778	28.20	26367	41.34	24464	38.36	22082	90.26	2382	9.74	12947	20.30
1985	77785	21.96	28590	36.75	33405	42.95	30976	92.73	2429	7.27	15790	20.30
1986	87593	12.61	30332	34.63	40005	45.67	35575	88.93	4430	11.07	17256	19.70
1987	101923	16.36	33694	33.06	46294	45.42	40655	87.82	5639	12.18	21935	21.52
1988	139250	36.62	49037	35.22	63139	45.34	57316	90.78	5823	9.22	27074	19.44
1989	140182	0.67	55104	39.31	57322	40.89	51435	89.73	5887	10.27	27756	19.80
1990	152333	8.67	52873	34.71	66454	43.62	59316	89.26	7138	10.74	33006	21.67
1991	158113	3.79	44612	28.22	74939	47.39	64475	86.04	10464	13.96	38562	24.39
1992	199978	26.48	47753	23.88	106494	53.25	95999	90.14	10495	9.86	45731	22.87
1993	286509	43.27	70723	24.68	154054	53.77	136104	88.35	17950	11.65	61732	21.55

续表 7－7

年份	地区生产总值	比上年(±%)	其　中									
			第一产业		第二产业		其　中				第三产业	
							工业		建筑业			
			总额	占比(%)	总额	占比(%)	总额	占比(%)	总额	占比(%)	总额	占比(%)
1994	420778	46.86	103522	24.60	226774	53.90	197839	87.24	28935	12.76	90482	21.50
1995	654534	55.55	118005	18.03	375771	57.41	305411	81.28	70360	18.72	160758	24.56
1996	758815	15.93	135683	17.88	383246	50.51	314552	82.08	68694	17.92	239886	31.61
1997	831323	9.56	146971	17.68	416327	50.08	354813	85.22	61514	14.78	268025	32.24
1998	907798	9.20	156658	17.26	458543	50.51	386930	84.38	71613	15.62	292597	32.23
1999	976756	7.60	160190	16.40	506363	51.84	423503	83.64	82860	16.36	310203	31.76
2000	1075073	10.07	164834	15.33	574244	53.41	476458	82.97	97786	17.03	335995	31.26
2001	1172650	9.08	178985	15.26	629162	53.65	542025	86.15	87137	13.85	364503	31.09
2002	1276995	8.90	190504	14.92	695463	54.46	593560	85.35	101903	14.65	391028	30.62
2003	1429704	11.96	199406	13.95	815866	57.06	675121	82.75	140745	17.25	414432	28.99
2004	1719000	20.23	212409	12.36	1028900	59.85	845700	82.19	183200	17.81	477691	27.79
2005	2126142	23.68	221573	10.42	1247926	58.69	1036522	83.06	211404	16.94	656643	30.89
2006	2610786	22.79	236441	9.06	1533559	58.74	1289359	84.08	244200	15.92	840786	32.20
2007	3107364	19.02	239986	7.73	1851467	59.58	1577951	85.23	273516	14.77	1015911	32.69
2008	3760981	21.03	278681	7.41	2274300	60.47	1939300	85.27	335000	14.73	1208000	32.12

第三章　小康建设

第一节　历　　程

1980年，县第六次党代会确立“生产稳定发展、生活逐步改善，使全县人民尽快富裕起来”的民生指导思想。

1984年6月，县第七次党代会上确定以“1980年为基数，到1987年实现人均纯收入翻一番”的目标。1987年，县第八次党代会提出三年经济建设任务时，首次在海门使用“小康”概念，提出“到1990年人民生活达到小康水平”。

1995年12月，在市委九届十次全会上提出1996年全市的奋斗目标是“国内生产总值争百亿，乡乡镇镇达小康”。2000年11月，市委十届十一次全会，一致通过把“全面建设富裕小康社会”写进“十五”规划的建议。

2002年12月，市委十一届五次全会上提出“到2007年海门人均GDP超过3000美元，提前3年实现小康”的目标。2003年1月，在十四届人大一次会议上提出，要以“‘两个率先’总揽全局，全面建设小康社会”。2004年，省发展和改革委、省委研究室、省统计局和省社科院联合研制小康建设的规范化指标体系，分四大类18项25个指标。同时对全省54个县市按此指标体系进行评估（海门列第11位），此后要求各县市按此指标体系进行统计。市委、市政府随即下发通知，决定翌年起执行。

2005年年底，市统计部门根据省小康规范化指标体系，对海门进行第一次小康进程监测。有11个指标未达标，其中经济发展类4个指标中未达标3个；生活水平类10个指标中未达标5个；社会发展类8个指标中未达标1个；生态环境类3个指标中未达标2个。

2006年1月，在市委十一届八次全会上，提出在苏中苏北率先实现小康的“三先”[①]目标。4月，成立市全面建设小康社会进程监测工作领导小组。

2007年1月，市小康社会进程监测工作领导小组办公室公布和上报2006年小康进程监察结果，其中城镇居民人均可支配收入、农村居民人均纯收入和家庭电脑拥有量等7个指标未达标。2月，市委下发全市三个文明考核实施细则，把乡镇达小康列入考核范围。4月，各有关部门，为改善环境质量多措并举，重点抓了以下几项工作：加大大气污染防治措施，城区实行集中供热、餐饮业开展油烟排放专项整治等活动；加强水源地保护，确保饮水安全，实施长江水厂二期工程，增加供水能力，对乡镇水源地采取保护措施，并纳入监察范围；整治农村沟河；加强噪声污染控制等。6月，市委、市政府召开“达小康、促和谐”万人动员大会，号召努力形成“同建小康社会、共创和谐海门”的浓烈氛围，力争年内在苏中苏北建成第一个全面小康达标市。7月，公布上半年小康进程监察情况，有4个指标未达标：百户家庭电脑拥有量；居民文教娱乐服务支出占家庭消费支出的比重；城市绿化覆盖率和森林覆盖率。11月，为确保城市绿化覆盖率和森林覆盖率达标，市积极推进秋季绿化工程，当年全市四旁植树累计5933公顷，营造有林地累计3893公顷。通过引导企业建立合理的薪酬增长机制逐步提高居民收入，积极增加文化娱乐场所，推进有线电视和宽带网入户进村工程，在各社区和乡镇建立健身中心，增设健身场所等有效措施，提高居民文化娱乐支出。12月，各乡镇开展各种形式的奔小康措施和活动：树勋镇大力发展高效农业，刘浩镇将民生问题放在首位，德胜镇开展“全面小康在德胜”的宣讲，三阳镇开展生态村创建等，以确保小康评比顺利通过。是年年底，市统计部门公布全面建设小康进程情况，全市尚有2个指标未达标，即百户家庭电脑拥有量，目标值为40台/百户，实绩为32.9台/百户；森林覆盖率目标值为占土地总面积的20%，实绩为13.9%。

2008年1月，市委召开全面达小康专题工作会议，会后就落实市委会议精神召开有关部门工作会议，对各项指标进行分析评估，要求找准薄弱环节，

新华日报
Xinhua Daily
高度 贴近 开放
星期二 2008年6月3
农历戊子年四月三十
地处江北的海门市全面小康指标总体达标
苏中苏北交出首份『小康答卷』
市县看点
省人大党组举行开
科学发展观活动调
推动科学发展 建设美好
学习实践科学发展观活动特

图7－2　2008年6月3日《新华日报》对海门达小康的报道

采取有力措施，并强调各项指标数据必须准确、科学和一致。市农林、交通等部门对购苗植树、绿化造林等进行切实部署，以确保森林覆盖率达标。市电信部门为确保家庭电脑拥有量达标，全心致力“信息小康”，开展“十百千”[②]活动。2月，市政府修改《海门市大病医疗救助实施办法》，扩大救助对象范围、降低自付标准、提高救助比例等，以切实解决群众困难，提升小康水平。3月5－6日，海门小康

① 三先：全面领先苏中，抢先跨过长江，率先实现小康。

② “十百千”活动：十佳窗口、百进社区、千家联谊。

建设通过省小康调研组评审验收,成为苏中苏北全面小康第一达标市。5月19日,省统计局、发改委和省委研究室共同发布小康进程监测报告,宣布海门于2007年总体达到小康标准。是月,市委、市政府对海门的小康建设提出“倾力民心工程,提升小康新水平”的更高要求:一是继续推进以人力资源市场为核心的就业和再就业工作;二是继续扩大社会保险覆盖面,促进社会保险全覆盖;三是完善机制,努力促进城镇居民收入增长;四是积极发展农村经济,努力实现农民增收;五是加强社会综合治理,创建良好社会发展环境;六是加快推进信息化工程。6月2日,省统计局、省发改委、省委研究室联合发布《2007年江苏省县级全面建设小康社会进程监测统计报告》:溧阳、金坛、海门、丹阳、江宁5个县级市(区)总体达到省定全面小康标准。6月3日,《新华日报》以《地处江北的海门市全面小康指标总体达标,苏中苏北交出首份“小康答卷”》为题对海门进行专题报道,并配发记者调查《海门小康的样本解读》。7月,小康建设作为一项常态工作,由市统计部门负责监测考评。12月,由市政协牵头成立协商课题组,将小康建设提升和转化为“实现基本现代化”的命题,课题组研究和收集国内专家学者和各地区的现代化指标体系,在小康建设指标的基础上拟设四大类24项30个指标,作为“基本现代化”的考核指标,与小康建设指标相比,增加“社会进步”“社会平安”“科技进步贡献率”“人均预期寿命”等反映社会科技化水平以及反映与人民群众生活质量密切相关的指标体系。

第二节 实 绩

根据省小康建设的规范化指标体系,海门于2005年开始执行。在25个单一指标中,达标指标14个,未达标指标11个。未达标的11个指标是:人均地区生产总值,距目标值相差3077元;二、三产业增加值占GDP比重,距目标值相差2.7个百分点;城市化水平,距目标值相差2.2个百分点;城镇居民人均可支配收入,距目标值相差3797元;农村居民人均纯收入距目标值相差1442元;百户家庭电脑拥有量距目标值相差23台;居民文教娱乐服务支出占家庭消费支出比重距目标值相差7.4个百分点;恩格尔系数距目标值相差0.4个百分点;用于研究与试验发展活动(R&D)经费支出占GDP比重,距目标值相差0.15个百分点;城市绿化覆盖率距目标值相差11.7个百分点;森林覆盖率距目标值相差3.7个百分点。

2006年,25个单一指标中,达标指标16个,未达标指标9个。未达标的9个指标分别是:二、三产业增加值占GDP比重,距目标值相差1.1个百分点;城市化水平,距目标值相差1个百分点;城镇居民人均可支配收入,距目标值相差2299元;农村居民人均纯收入距目标值相差810元;百户家庭电脑拥有量距目标值相差14.6台;居民文教娱乐服务支出占家庭消费支出比重距目标值相差5.2个百分点;用于研究与试验发展活动(R&D)经费支出占GDP比重,距目标值相差0.08个百分点;城市绿化覆盖率距目标值相差10.8个百分点;森林覆盖率距目标值相差7.5个百分点。

2007年,25个单一指标中,达标指标23个,未达标指标2个。未达标的2个指标分别是:百户家庭电脑拥有量,距目标值相差7.1台,但比上年增加7.5台;森林覆盖率距目标值相差6.1个百分点,但比上年缩小1.4个百分点。

2008年,25个单一指标中,达标指标24个,未达标指标1个。未达标的一个指标是森林覆盖率,目标值为20%,实绩为16.7%,距目标值相差3.3个百分点,比2007年又缩小2.8个百分点。

2005－2008年海门市全面建设小康社会进程情况一览

表7－8

指标名称	单位	目标值	实绩			
			2005年	2006年	2007年	2008年
一、经济发展						

续表 7－8

指标名称	单位	目标值	实绩			
			2005 年	2006 年	2007 年	2008 年
1. 人均地区生产总值	元	≥24000	20928	25796	30811	37465
2. 二、三产业增加值占 GDP 比重	%	≥92	89.3	90.9	92.3	92.6
3. 城市化水平	%	45	42.80	44	45.80	47.60
4. 城镇登记失业率	%	<5	2.80	2.50	2.40	2.50
二、生活水平						
5. 居民收入						
(1)城镇居民人均可支配收入	元	≥16000	12203	13701	16062	18558
(2)农村居民人均纯收入	元	≥8000	6558	7190	8050	9008
6. 居民住房						
(1)城镇人均住房建筑面积	平方米	30	34.80	38.20	38.30	38.10
(2)农村人均钢筋、砖木结构住房面积	平方米	40	45.90	45.90	47.30	48.90
7. 居民出行						
(1)农村行政村通灰黑公路(或航道)比重	%	100	100	100	100	100
(2)城镇人均拥有道路面积	平方米	12	15	17.60	15.70	16
8. 居民信息化普及程度						
(1)百户家庭电话拥有量	部	200	228	245.50	255	253.50
(2)百户家庭电脑拥有量	台	40	17	25.40	32.90	46.20
9. 居民文教娱乐服务支出占家庭消费支出比重	%	18	10.60	12.80	18.20	18
10. 恩格尔系数	%	<40	40.40	38.70	38.30	39.50
三、社会发展						
11. R&D 经费支出占 GDP 比重	%	≥1	0.85	0.92	1.10	1.13
12. 初中毕业生升学率	%	≥90	90.30	97.90	100	98.70
13. 卫生服务体系健全率	%	≥90	96	98.70	100	100
14. 社会保障						
(1)城镇劳动保障三大保险各自覆盖面	%	≥95	99.60	96.10	95.90	97.60
(2)新型农村合作医疗覆盖面	%	≥85	91.50	88.40	95	97.20
15. 人民群众对社会治安的满意率	%	90	100	97.80	98.70	98.90
16. 城乡村(居)民依法自治						
(1)城镇社区居委会依法自治达标率	%	90	100	100	100	100
(2)农村村委会依法自治达标率	%	95	100	100	100	100
四、生态环境						
17. 绿化水平						
(1)城市绿化覆盖率	%	40	28.30	29.20	40	40.10
(2)森林覆盖率	%	20	16.30	12.50	13.90	16.70
18. 环境质量综合指数	分	80	96	97.60	83.90	83.40

说明:(1)恩格尔系数:指居民用于食品消费的支出占生活消费支出的比重

(2)R&D 经费支出占 GDP 比重:指用于研究与试验发展活动的经费占地区生产总值(GDP)的比重

附1. 地处江北的海门市全面小康指标总体达标,苏中苏北交出首份“小康答卷”

省统计局、省发改委、省委研究室昨天联合发布《2007年江苏省县级全面建设小康社会进程监测统计报告》:溧阳、金坛、海门、丹阳、江宁等5个县级市(区)总体达到省定全面小康标准。令人瞩目的是,海门地处江北,“小康”两个字第一次跨过长江,写在我省苏中苏北大地上。

翻看海门交出的苏中苏北首份“小康答卷”,包括核心指标在内的23个指标达到或超出了省定全面小康目标值。其中反映经济发展的4个指标全部达标,反映居民生活水平的指标9个达标,反映社会发展的8个指标全部达标,反映生态环境的2个指标达标。

海门小康,百姓看得见、摸得着。三和镇58岁的沈菊香对记者盘点2007年收入:“儿子一年挣2.5万元,媳妇1.5万元,3亩地租金2400元,一间房出租一年1000元,还有种菜的收入,一家全年收入过5万元,比上年多了1万多。”2007年,海门人均GDP 30811元。海门人腰包也越来越鼓,去年城镇居民人均可支配收入16062元,农民人均纯收入8050元,连续3年增幅均超10%。记者在海门采访时看到,等级公路实现了村村通,村村建有集商贸、健身、娱乐、医疗等功能于一体的公共服务中心;建制镇镇区都完成了无害化卫生厕所改造。目前,该市城镇职工基本养老、医疗、失业三大保险覆盖面均超过95%。

小康不含水分,更要百姓认可。省统计局民意调查中心主任王思彤说:“省统计局随机抽取海门市城乡500个电话调查,结果是,百姓对小康的整体满意率高达91.2%!”

海门小康,在我省发展史上意义重大。“统计报告”明确指出:“地处长江以北的海门市提前达到省定小康标准,全面小康达标县(市)开始向苏中地区延伸,这是我省全面建设小康社会取得的重要突破。”省县级小康调研检查组组长、省统计局副局长夏心旻说:“海门全面达小康,对江苏实现更高水平的全面小康,是一个有力的推动,其影响力堪比昆山。这会有力推进苏中苏北全面小康的建设,对苏中苏北各县区是一个极大的鼓舞和激励。”

(原载《新华日报》2008年6月3日A1版,记者:许建军 郑焱 陈明 杭春燕)

附2. 海门小康的样本解读

苏中、苏北第一个小康县(市)的验收刚刚结束,本报记者第一时间赴海门采访,从政府大院到农家小院,从热闹的企业到宁静的医院,马不停蹄。

虽然,记者捕捉到的仅仅是小康海门的“几朵小花”,可是,这几朵小花却能映射出海门小康的样本意义,能给苏中、苏北地区全面小康提供一些启迪。

500个随机电话,91.2%的满意率
小康写在每个百姓的心里

500个随机电话调查结果显示,海门百姓对小康的整体满意率高达91.2%!刚拿到这个统计数据,省统计局民意调查中心的王思彤主任有点不敢相信自己的眼睛:“从做县级小康民意调查以来,最高满意率还没有超过75%的,海门怎么会这么高?”

为保证调查的真实性、科学性,省统计局采用了先进的CATI系统(计算机辅助电话调查系统),只需将所在地电信局端号前4位输进系统,电脑系统即可进行随机拨号。

91.2%的群众满意率,无疑将小康建设的成就写在了老百姓的脸上。近日,根据省统计局提供的电话,记者来到海门,采访了两户普通人家。

[樊水标,德胜镇李彬村]“跟富人比嘛,还差汽车没有买。”

省统计局民意调查中心随机拨通的电话,被樊水标接到了。

那是个周六,樊水标正在隔壁的螺钉作坊里忙活。“我小孩喊我接的,来电显示是南京,说是小康调查。一个女的问了我一些问题,有教育方面的,有医疗保险的,有住房情况的,我都如实回答了。她最后问我,对海门小康认不认可,我说满意!确实满意,呵呵!”

樊水标的家,是一栋漂亮的3层楼房。“我家,在村里算是中上等吧。我们村是远近闻名的螺钉村、药材村、服装村,富的人家多了。”8年前,退伍回家的樊水标利用自家的侧院办起了螺钉作坊,为本村七八家大的螺钉厂代做“铣口”加工。10台车床,夫妇俩忙不过来,又请了一名帮工。

至于年收入,樊水标笑而不谈。前年,他家在

海门城里又买了一套90平方米的商品房。“要说跟富人比嘛，还差汽车没有买！”

[沈菊香，三和镇三和村]“年收入超过1万元的，在村里多的是。”

58岁的沈菊香，至今还清楚地记得和小康调查员的对话——

“你家有几间房？”“四上四下，一栋旧楼，1985年建的；西边一栋新楼，4年前砌的。冰箱、彩电、微波炉都有的，摩托车儿子、媳妇都有一辆，手机换过好几个了。”

“村里的道路交通怎么样？”“马路就在我家前边。”

“环境卫生呢？”“门口就有垃圾箱，有专门的保洁员来清理。”

沈菊香家里四个人，儿子在外打工，媳妇在叠石桥市场做缝纫，一个孙子在上小学。儿子一年可挣2.5万元，媳妇1.5万元，家里3亩地的年租金有2400元，一间房出租一年也有将近1000元，还有种菜的收入。“像我家这样人均年收入超过1万元的，村里多的是。”

8073个版本的“扶贫实践”

“小康路上不能拉下一个穷兄弟，要让小康阳光普照每一个海门人！”市委书记曹斌说。

3年前，海门市按照“横向到边、纵向到底、不漏一户”的原则，统计出了所有处于贫困线以下的家庭，共计8073户。随即，一项“万人帮万户”的扶贫实践在海门城乡悄然启动：选择8073名机关及镇、村干部与之一一结对，按照“一户一策”的原则进行帮扶，直至脱贫为止。海门提出了“扶智、扶资、扶志”，8073户贫困户，有了8073个扶贫版本。

[袁建华，李彬村31组]残疾家庭，一份工作脱了贫

李彬村31组的袁建华，曾经是远近闻名的困难户。在结对帮扶中，村里的副书记龚学平和他结上了“对子”。袁建华耳朵不太灵，老婆智力有问题，而且体弱多病，多年来一直是村里的救济对象，春天靠救济粮、过年过节靠扶贫款。

龚学平发现，袁建华虽然听力有点障碍，但是人很勤劳，就想能不能给他介绍个合适的工作呢？这一用心，还真给他找着了：本村的新华标准件厂正需要工人，龚学平就推荐了袁建华去包装车间做“打包”工作，一个月900元。由于工作单位就在本村，工作之余，袁建华还种着一亩半的贝母，去年也挣了1万多块，一下就甩掉了贫困户的帽子。

[范洪生，三和镇兄弟村]因病致贫，一份贷款走进小康

“对不起，让你们久等了，刚给嘉和塑料厂送菜去的。”三和镇兄弟村的范洪生一进家门，就给等候多时的记者连声打招呼。

其时，坐在二层小楼里的记者正在疑惑：他家真的曾经是贫困户吗？55岁的范洪生笑着给记者揭开了谜底：几年前一次肿瘤手术花去七八万元，掏尽全家积蓄，还欠下一笔债，“猪圈里的猪还没长大，也全都捉去卖掉了。”

出院后，看着家徒四壁，儿子尚待成家，范洪生坐不住了。他想赶紧再把猪养起来，可是此时，他连买猪苗的钱也没有。恰在此时，市农办的龚见新主任来到他家，和他结成了帮扶对子，主动和镇信用社联系，帮他贷了1万元。

“真没想到，信用社主动把单子送上门，利息还是优惠的。我拿到钱后，就捉了几十头猪苗，当年我就把信用社的钱还了。”

现在生活怎样？“我带你们去看看我的菜地和猪圈吧！”范洪生大步走在前面，一路做着“导游”：“这里是蚕豆，这里是油菜，玉米刚刚采掉，山药地盘好了，马上要种……我家的菜全部都给嘉和塑料厂包了，一年至少两万元，喏，这一畦，就卖了100元！”

“再说养猪，我一年也可以赚个两三万元，小康是没问题啦！”

不唯“指标”创小康 15万字“和谐评价体系”全国独创

采访中，记者发现，在向小康社会挺进的道路上，海门“不唯指标创小康”。他们创造性地将“小康指标”拓展和延伸到社会生活的各个层面，把百姓的利益作为工作的出发点和落脚点，把群众的满意度作为衡量实绩的唯一标尺。

该市在全国独创的“和谐评价体系”引起广泛关注。去年9月15日，中央党校首次破例为一个县级市举行专题研讨会。中央党校副校长李君如评价说，以“和谐医患、和谐生态”等十大工程为载体的“和谐社会建设的海门实践”堪称全国样本，具有

推广意义。

在这份长达15万字的《和谐海门综合评价指标体系》里,海门把和谐评价体系细分成“社会发展、社会公平、社会保障、社会关爱、社会安全和可持续发展”六大类33项指标,每项指标都以群众的幸福满意度为核心。

[金星宇,海门中医院护士长]24项指标只为规范一名护士行为

记者注意到,为了规范一名护士的行为,和谐体系中就细化了24项要求:包括加强科学合理用血、严格消毒、及时主动向病人及患者家属提供相关情况和资料等等。

地处市中心的海门中医院,宁静而祥和。在2病区的护士站里,一则友情提醒的标示格外引人注目,“动作轻柔一点、说话声低一点……”护士长金星宇解释说,在和谐医患创建中,这里的医护人员把对医护的满意评价权交给病员。

记者随护士沈鎏燕走进妇产病房,躺在26病床的镇国珍刚当妈妈没几天,她动情地告诉记者,“当初就是冲着这里的一级护理来的,住在这里,每天都有医护人员像亲人一样伺候,原本一个月出院的,现在因为恢复得好,可提前一个星期出院了。”

[宋世学,河南打工者]外来工幸福度,也是和谐重要内容

记者来到三星镇金美罗家纺时,正是中午时分,不少员工正在食堂吃饭。记者看到,当天的菜谱包括红烧鱼、炒三鲜、豆芽等。“食堂是公司贴钱的,一条鲫鱼成本都要4元,我们只卖2元。”企业行政部经理曹强介绍说。

在海门,被称作“新海门人”的外来工,在构建和谐奔小康的进程中不可或缺。

在员工宿舍106室,记者碰到了来自河南的打工夫妇宋世学、雷厚荣。他们是前年来到“金美罗”的,企业给他们安排了专门的“夫妻房”,里面空调、衣柜、床铺,包括床上用品都是免费提供的。“我们俩都是车工,一个人平均每月能挣1500元。老板对我们挺好的,春节回家老板还给我们400元车费呢。这不,两个儿子去年也跟着他俩来到了厂里。我们每个员工都签劳动合同;双职工安排夫妻房;上夜班提供免费夜餐。”

权威评点

“海门小康,影响力堪比昆山”

夏心旻(江苏省县级小康调研验收组组长、省统计局副局长)

海门在苏中、苏北第一家实现省定全面小康标准,这个意义相当大。从某种意义上讲,堪比昆山实现小康的意义。当年昆山率先达小康的时候,我们想,苏中、苏北可能离小康还远着呢。但是经过几年的实践,现在苏中、苏北也出现了全面小康的领跑者,它这种影响力应该说是相当大的。

海门达小康,会有力推进苏中、苏北全面小康的建设,对苏中、苏北各个县区,是一个极大的鼓舞和激励,同时也是一个有力的推动。经济学上讲鲶鱼效应,海门实际上就是一条鲶鱼啊,推动了整个苏中、苏北全面建设小康的热潮,事实上,现在苏中、苏北已经形成了你追我赶的这样一种非常好的态势。

江苏区域共同发展的一大突破

宋林飞(省社科院院长)

海门市在长江以北地区率先达到了江苏省全面小康标准,是江苏区域共同发展的一大突破。其中,不少特色与亮点值得总结。

一是着力建设园区,打造经济增长平台。引导产业聚集,不搞“村村点火、队队冒烟”。二是着力引进高新技术项目,高起点招商选资。把住环境门槛,防止“先污染后治理”。三是着力提升专业市场,拉动中小企业发展。促进创业富民,避免“只长骨头不长肉”。四是着力统筹城乡发展,营造最佳人居环境。

海门已经站到了新的历史起点上。如何谋划新发展?我提三个建议:第一、发展桥港通道经济,建设“沪苏通”金三角。苏通大桥建成以后,海门迎来前所未有的发展机遇。这个机遇就是拓宽江海门户,进一步融入上海都市圈,成为“沪苏通”金三角与“北上海”的重要成员。第二、立足自主创新,建设“品牌大市”。着力培育具有自主知识产权的“规模经济”、具有较强市场影响力的“品牌经济”。第三、推进生态现代化,建设优美城市与乡村。追求经济有效、社会公正和环境友好的发展。形成人口、经济、资源环境相协调的空间开发格局。

(原载《新华日报》2008年6月3日A7版,记者:许建军 郑焱 陈明 杭春燕)

第八篇

开放开发

海门先民精于耕织，具有开发意识。清代，海门土布远销关外。新中国成立前后，有薄荷油、小辣椒和禽畜皮毛等农副产品出口创汇，享有盛誉。

中共十一届三中全会后，实行改革开放。接轨上海，引进技术、人才，乡镇企业在海门迅速崛起。外贸产品加工和制造，成为海门经济的重要产业。1984年，南通市被国务院批准为14个沿海开放城市之一，海门开放开发的步伐得以加快。招商引资工作全面展开，县委、县政府先后出台外商投资优惠政策，组团赴几十个国家和地区引进独资、合资项目。1991年，成立县外向型经济领导组，与上海和全国各地开展多种经济合作。1992年，建立海门经济技术开发区。1996年，举办首届中国海门金花节，签约项目217个，总投资7571万美元。1997年，组团赴国(境)外招商65批232人次，签订项目100多个，利用外资1.3亿美元。

2001年，海门港并入开发区。2004年，建海门港工贸区。2005年，棉花原种场划归开发区。2007年1月，海门工业园区被确定为省级开发区。同年，滨海工业新区、灵甸工业集中区相继建立。2008年，滨海工业新区与东灶港镇合并，建立滨海新区；灵甸工业集中区与临江镇合并，建立临江新区。是年年底，全市累计批准外商投资企业1657个，对外贸易出口创汇企业265个，进口总额8.25亿美元，出口总额33.83亿美元。年末外出劳务人员5079人，签订对外承包合同1.35亿美元。至2008年，举办13届次金花节，招商签约项目930个。其中外资项目485个，投资额58.04亿美元；内资项目445个，投资总额93.78亿元。2008年，海门经济开发区工业总产值37亿元，建设水平综合评价列江苏112个省级开发区第10位。

第一章 招商引资

第一节 管 理

一、招商组织

1956年9月，成立县贸易公司。1960年4月，县商业局设外贸股。1974年1月，商业局设外贸组。1978年5月，建立县对外贸易公司。

1987年12月，国务院批准南通为14个沿海对外开放城市之一，海门对外开放的步发加快。1986年3月，县成立外事办公室，主管对外开放事务。

1988年2月，建立县对外经济贸易委员会，负责全县外贸、外资、外经(简称三外)工作的协调和管理。是年，为适应开放搞活需要，县乡镇企业管理局及轻工、机械、纺织、建材、化工、电子工业公司设置外经股。1989年，在临江乡试点基础上，各乡相继成立外经贸服务公司，后改名为对外经贸办公室。

1991年5月，加强外向型经济工作，成立县外向型经济领导组，对外贸、外资、外经、外事和对外开放工作实施领导、管理。1993年3月，调整、建立县外向型经济等7个领导组。

2001年9月，市对外经济贸易委员会更名为市对外贸易经济合作局，挂市招商局牌子。2003年6月，成立市招商局，下设东莞、厦门、昆山、温州、北京等招商分局。2004年11月，市招商局与对外贸易经济合作局合并，招商分局调整为厦门、宁波、上海、广州和温州5个。

2006年3月，市成立项目建设推进领导组。市发改委、外经贸局等27个部门负责人为领导组成员。下设办公室及5个项目组，各乡镇和开发区成立相应的领导组和工作班子。

二、招商措施

招商宣传　1988年，县外经委将海门的人文地理、经济优势、产业门类汇编成《投资指南》，作为招商宣传资料。1990年，编印外商投资优惠政策及对外经济合作意向项目简介等小册子，为出访、来访等外事活动提供宣传资料。1993年，拍摄介绍海门电视专题片，在国内大中城市播映宣传，谋求合作。2003年，《人民日报》《新华日报》等媒体对海门金花节进行报道。2005年，央视国际频道连续半个月播映海门城市形象广告片。中央人民广播电台、《人民日报》、香港《文汇报》等媒体对海门金花节进行系列报道。2005－2008年，先后制作《张謇与海门》《世纪海门》《跨越长江·聚焦海门》等系列宣传片，在招商活动中播放，提升海门知名度。

优惠政策　20世纪80年代，对外商投资企业税收实行"二免三减半"①政策。1988年，县制定一系列鼓励发展外向型经济优惠政策、奖励措施，包括信贷优惠、税收优惠、出口奖励等。是年，县政府发文明确，出口创汇产品生产所需信贷资金，银行优先发放，统一调度，保证重点；对外贸结算所需流动资金，必须在计划上报3天内解决；规定各银行优先解决外贸出口、生产产品出口所需流动资金，其贷款利率不得上浮。县外经委会同外贸公司设立出口创汇奖励基金，生产企业每年实现创汇1美元，奖励人民币5分，不计入企业资金总额，不交资金税。1989年，县设立出口创汇补贴基金，生产企业每创汇1美元，外贸部门奖励人民币5分，超额部分，每超1美元奖励2角。

1991年，县政府规定凡出口额占总销售额50%的外贸企业，如纳税确有困难，可向税务部门申请报批减免所得税；生产出口商品的全民企业技改贷款，经财政部门同意可税前还贷；乡镇企业的技术改造贷款在归还贷款后，纳税有困难的，经县税务部门批准给予适当减免所得税。1993年3月，国家外经贸部赋予县外贸公司进出口经营权，海门手帕厂获得自营进出口经营权。是年，县政府发文明确，外贸额比上年增加500万美元以上，且增长速度在该系统平均水平以上的全民、集体和乡镇企业的厂长，可上浮1级工资，连续保持3年的，晋升工资1级。对出口产品交货额3000万元以上的企业，定为相当于副科级单位，厂长有权安排1名符合招工条件的大集体合同制工人，如厂长不是国家干部的，在吸收国家干部时优先推荐；对出口商品交货额5000万美元以上企业，定为相当于正科级单位，给厂长或其亲属安排1个农转非户口指标。收购额高的企业，可出国（境）参加商务活动，费用由外贸扶助基金和外贸公司各承担25%，其余由所在单位报销。

1994年，县政府先后制定《关于进一步加快发展外向型经济的若干意见》《关于外商投资海门经济技术开发区的若干规定》《关于鼓励台商投资的优惠政策》等文件，明确在税收规费、土地占用、信用贷款、物资供应等方面优惠政策。

2000年，全市完成进出口总额1.1亿美元，初步形成"三资"②企业、自营出口企业和外贸流通企业多元化出口格局。全市"三资"企业出口额6085万美元，占全市出口总额74%，其中甲乙（南通）纺织有限公司出口882.7万美元，列全市出口榜首。2001年，市委、市政府制定《优化发展环境的若干规定》，对外商利用沿海滩涂开发，兴办种植业、养殖业、休闲农业等方面明确优惠政策。对外资有功人员提高奖励力度。2004年6月，企业的进出口经营权实行备案登记制，海门外贸企业由南通市外经贸局办理备案登记手续。至2008年年底，全市有进出口经营权的企业81个，其中流通型企业12个、生产型自营企业69个。

优化服务　1985年，海门第一个外商投资企业南通悦泰有限公司建成。1992年前，审批"三资"项目由县外经委、计委、经委等主管部门分头论证，程序多、时间长。1992年，改为"三资"企业部门首批制，企业提出申请，由首批部门召集相关单位论证、办结。审批时限缩短半个月时间。1997年9月，市外经委设立市外商投诉中心，对外商投资企业自身不易解决的矛盾，投诉中心接诉后及时疏通调处，结案率94%。2001年7月，市委、市政府为简化审批环节，成立行政审批服务中心，实行一条龙服务。

① 二免三减半："三资"企业从获利第一年起两年之内免征所得税，第三至第五年减半征收。

② "三资"企业：外商独资、中外合资、中外合作企业。

2008年,为优化服务效能,制定《海门市审批流程再优化工程实施方案》,对项目申报实行“四减少、一简化”[①]办法;对重点项目实行跟踪服务,上门服务,缩短办件时限;服务窗口履行承诺制,有诺必践,违诺必究,加快审批项目进度和提高质量。

第二节 招商活动

一、组团招商

1985－1990年,接待到海门的国(境)外人士1566人次,其间接待英国驻沪领事、苏联官方代表及加拿大驻沪领事馆等商务访问团体。县内组织出国(境)组团29批57人次分赴美国、加拿大等18个国家和中国香港地区进行市场考察、推销产品、参展洽谈。达成海门染料化工与香港龙翔化工有限公司合资的南通海翔染料化工有限公司项目,总投资396.42万美元,注册资金227.28万美元;南通东海工艺有限公司举办红木家具及工艺品展销,并签订年销售30万美元的红木家具代理销售协议书。

1991年,组团出访13批17人次,分赴日本、苏联、印尼、美国等20多个国家和地区,在日本洽谈外资、外经项目7个。是年,海门东海工艺有限公司在美国纽约与艺门艺术公司签订镜框条生产销售合作意向,总投资25万美元。海门轻工机械厂与印尼合资兴办华亚橡胶机械有限公司,组装生产和经营橡胶机械,首期年生产能力100台,合资期限20年。1993年,组团出访37批98人次,分赴美国、日本、泰国等10多个国家和中国台湾,引进合资、独资项目10多个,合同利用外资300多万美元。同时,在广东、深圳、上海、北京等大中城市举办经济汇报会,与广东番禺、福建龙海等县市建立友好关系,并委派干部前往蹲点招商。1995年,组团赴国(境)外招商47批139人次,分赴日本、美国、韩国、法国等28个国家,达成合作项目24个,贸易成交额1678万美元。全年接待外商300多人次,加深与日本松下、韩国大宇等大型财团的联系,引进一批经贸项目。1997年,组织国(境)外招商团组62批232人次,分赴俄罗斯、美国等21个国家和地区,与外商签订100多个项目,利用外资1.3亿美元,其中1000万美元以上项目4个。合同外资6000万美元,协议成交贸易额1200万美元。全年接待外商到海门考察、经贸洽谈30多批200多人次。签订总投资1100万美元的海能石化和投资420万美元的荔园游乐场等意向项目。1998年10月11日,中国江苏名品、精品、新品交易会,海门11个企业参加,实现成交额3.5亿元。1999年6月8－9日,在上海举行海门农副产品展示暨经贸洽谈会,相关部门与上海客户签订农副产品产销合同或协议80项,总额2.3亿元。

2000年,赴中国香港、台湾地区和日本、韩国招商,达成一批意向项目;赴上海、浙江、东莞等地招商签订一批投资项目。在上海举办“上海·海门之友”联谊会海门籍知名人士团拜会、海门农业招商会,推出16个招商项目,供客商选择。参加厦门投资洽谈会、南京金秋洽谈会。海门经济开发区邀请国内外客商到海门商务考察,达成海门慧聚、达康科技材料增资项目2个,增资190万美元。2001年,市领导组团赴韩国、日本等国家和中国香港地区进行商务活动。邀请日本、中国台湾等10多个国家和地区客商到海门考察、洽谈。引进总投资1500万美元的丰笙家具、2000万美元的华美木业、1000万美元的林泰纺织机械和皇汉环保等项目。组织乡镇企业在上海、厦门等城市举办招商恳谈会,获得大批项目信息。2003年,组团境外招商20多批100多人次,主要分赴美国、日本、智利、西欧等国家和地区。参加南京金秋洽谈会、江苏农业恳谈会、南通港口经济洽谈会、广州经济贸易交易会等国内招商活动。是年9月2－7日,市委副书记姜龙、副市长陈水平率有关部门和乡镇企业家赴乌鲁木齐参加贸易投资洽谈会,签订床上用品、不锈钢制品、木材加工等20个意向合同。2003年8月15－18日,市党政代表团赴深圳学习考察,后在东莞举办中国海门(东莞)投资说明会,与韩商、台商、港商达成海永乡开发网球生产9个项目,中国总投资6000

① 四减少、一简化:减少部门自行设计而无法定依据的申报材料,减少无存档要求的申报材料,减少由部门内部流转的申报材料,减少重复提交的申报材料;简化申请表栏目。

万美元。会上，海门市签约项目7亿多元。5月，市委书记徐永兵随南通党政代表团赴南非、纳米比亚招商，签订注册总资金9500万美元的两个项目。

图8－1　2007年中国海门·广州投资环境推介会

2005年，组团赴澳大利亚、新西兰、南非等国家和中国香港、台湾地区进行商务考察，签约项目8个，总投资8000万美元。是年，在浙江、东莞、汕头、上海等地举办招商活动，签订项目55个，总投资10多亿美元；在昆明、广州、宁波、上海招商，签订项目61个，总投资3.98亿美元。2006年5月，在昆明举行海门籍企业家座谈会。签约项目4个，总投资8500万元。8月30日，市委、市政府在浙江温州华侨饭店举办2006年江苏海门（温州）投资洽谈会。150名客商参加，签约项目80个，总投资22.27亿元。2007年，赴美国、澳大利亚、新西兰等10多个国家和地区进行商务考察，签约项目3个，总投资7000万美元。组织中国海门·香港投资说明会，签约外资项目8个，总投资9.4亿美元，其中超亿美元项目3个。组织中国海门·广州投资推介会，签约项目40个，其中外资项目25个，总投资6.4亿美元。同年签订民资项目15个，总投资16亿元。组织上海招商活动，签约项目53个，总投资7.6亿美元。2008年，出访智利、西班牙、南非、韩国、日本等10多个国家和中国香港地区。在日本东京举行2008中国南通—东京投资环境说明会，参观日立、三菱等30多个知名企业，与韩国乐天集团签约海门韩国城项目，总投资6亿美元。与香港绿源风电投资有限公司签订框架投资协议，总投资2.8亿美元。在无锡、厦门、浙江等大中城市举办投资洽谈会、投资环境推介会等多项招商活动，达成一批意向项目。在上海举办中国海门投资环境推介会暨项目集中签约仪式，签约项目40个，总投资114亿元。

二、金花节招商

1996年起，海门市委、市政府在每年4月油菜花盛开季节，举办金花节招商活动。15－17日，举办首届中国海门金花节。上海市和省领导张惠新、沙人麟、顾浩以及各国驻沪领事馆官员等1300多名中外宾客参加。其间，分别举办开发区暨民营三产、海门港暨滩涂农业、社会事业、产学信息、建筑业等新闻发布会和经贸洽谈会。其间，举办走向辉煌为题的民族音乐歌舞晚会、海内外书画展等文体活动。来自美国、日本等国家和中国香港、上海、南京等地客商签约项目217个，其中外贸项目42个，总投资7571万美元，合同利用外资3474.8万美元；内资项目50个，总投资1.65亿美元，合同利用内资5313万元。

1997年4月15－17日，举办第二届中国海门金花节。13个国家和地区的客商以及驻沪外交官100多人参加。其中外贸项目29个，总投资6000万美元，协议利用外资5300万美元；内资项目21个，内贸项目19个。贸易总额4.1亿元，合同利用外资4000万美元。金花节期间，还举行农业产学研、机械冶金、建材等信息发布暨项目洽谈会。与同济大学、东南大学等院校对口洽谈，达成一批合

图8－2　1996年首届中国海门金花节开幕

作意向项目。

1998 年 4 月 15 － 17 日，举行以开放、发展、友谊、合作为题的第三届中国海门金花节暨经贸洽谈会。有来自美国、日本等国家和中国香港、台湾地区来宾 171 人。哈萨克斯坦共和国派政府经贸代表团与海门签订合作备忘录。市委、市政府安排 44 个项目供中外客商选择投资，并提供 8000 公顷沿江滩涂和一批闲置厂房、设备供开发商租赁。该届金花节共签约项目 22 个，合同利用外资 700 多万美元，内资 4490 万元。

1999 年 4 月 15 － 17 日，举办第四届中国海门金花节暨经贸洽谈会，接待中外来宾 148 人，其中来自韩国、德国、泰国等国家和中国台湾地区客商 74 人。提供 56 个项目和 140 多个外贸产品供客商选择，签约项目 16 个，其中外资项目 7 个，总投资 457.5 万美元，协议外资 410 万美元，内资项目 3 个，协议总投资 547 万元，协议融资 4845 万元，贸易项目 5 个，贸易合同额 1250 万元。建筑承包项目 1 个，总投资 4500 万元。

2000 年 4 月 1 日，第五届中国海门金花节举行旅游协作恳谈会、出口商品网上交易会、宾馆客房用品交易会、食品饮料交易会、文体教育用品交易会、投资贸易洽谈会、新材料展示会暨产学研恳谈合作会七大系列活动，历时 1 个月，分别举行投资信息发布会、开发区投资说明会、海门港经贸洽谈会等大型招商活动。市有关部门、乡镇与 200 多名中外客商进行对口洽谈，签约项目 32 个，合同利用外资 525 万美元，合同利用内资 4435 万元，合同贸易额 200 万美元。与江、浙、沪旅游单位代表签订 33 项旅游合作协议。

2001 年 4 月 1 日，举办第六届中国海门金花节。来自日本、法国、英国等 10 多个国家以及中国香港、台湾、上海等地的 300 多名客商与会，副省长王荣炳、南通市市长罗一民等到会祝贺。开幕式上，海门市政府向一批海内外知名人士颁发高级顾问聘书和荣誉市民证书。主要活动有投资贸易洽谈会、产学研合作洽谈会和旅游协作恳谈会。历时一个月签约项目 31 个，其中外资项目 23 个，外贸项目 2 个，外经项目 4 个，技术合作项目 1 个，新办境外项目 1 个，投资均超过 2000 万美元。签订外经合同额 867 万美元，外贸合同额 240 万美元。

2002 年 4 月 10 － 28 日，举办第七届中国海门金花节，由绣品博览会、韩国客商投资贸易洽谈会、日本客商投资贸易洽谈会 3 个系列活动组成。韩国、日本等 14 个国家和中国台湾地区 298 名宾客参加，其中台湾客商占 70% 以上。签约投资项目 41 个，总投资近 2 亿美元，其中外商投资项目 28 个，总投资 1.73 亿美元；内资项目 13 个，总投资 1.45 亿元。市委书记徐永兵接受新华社、中央电视台等 20 多家媒体记者采访。

2003 年 4 月 8 日，第八届中国海门金花节由开幕式，暨中国叠石桥国际家纺城落成典礼。该届金花节由赴韩国、日本、中国台湾专题招商会，产学研技术合作恳谈会，闭幕式暨招商成果汇报会四大部分组成。中华全国归国华侨联合会副主席林丽韫，全国台联原副会长、全国政协委员、香港海润集团董事长周安达源等为家纺城落成剪彩。来自法国、新加坡、马来西亚等 10 多个国家和中国台湾、香港客商 200 多人参加，其中多数是大集团、财团的董事长或总经理及国际上有较大影响力的知名人士。金花节期间，达成注册外商投资企业 20 个，增资转股项目 6 个，实际利用外资 1141 万美元。《人民日报》《新华日报》等媒体对金花节活动报道。

2004 年 4 月下旬，举办第九届中国海门金花节暨国际经贸洽谈会。海内外客商、专家、学者 485 人赴会，签约项目 145 个，其中外资项目 86 个，内资项目 59 个，协议利用外资 4.2 亿美元，协议利用市外资金 3.6 亿元。

2005 年 4 月 28 － 29 日，举办第十届中国海门金花节暨世界海门人大会。由产学研合作项目对口洽谈会、开发区项目集中开工典礼、世界海门人大会等七大主题活动组成。美国、英国、瑞典等 20 多个国家和中国台湾、香港及北京、上海、深圳等地 400 多位客商与会。金花节前夕，央视国际频道连续半个月定时播映海门城市形象片《张謇与海门》。5 月 8 日，央视国际频道播报《相聚海门》晚会盛况及 5 分钟的海门风光、10 分钟的访谈节目。中央人民广播电台对金花节的主要活动进行播报。《人民日报》、香港《商报》、香港《文汇报》等重要报刊对金花节作系列报道。其间签约项目 84 个，其中外资项目 80 个，总投资 7.76 亿美元，注册资金 4.44 亿美元；内资项目 4 个，总投资 3.36 亿元，注册资金 3.01 亿元。

2006 年 4 月 23 日，举办第十一届中国海门金花节暨叠石桥中国国际家纺博览会。由城市建设项目推介会、叠石桥家纺城二期落成庆典、家纺博览会等10项主题活动组成。美国、英国、法国等21个国家和中国台湾及上海、广东、深圳等地的700多位客商到会。《人民日报》《商报》、中央电视台、新浪网等媒体相继报道金花节盛况,介绍海门社会经济发展状况。该届金花节签约各类项目174个,总投资12.53亿美元,其中外资项目115个,总投资9.49亿美元,注册资金4.79亿美元,其中超亿美元项目1个,超千万美元项目29个;内资项目59个,协议总投资24.38亿元,注册资金9.01亿元,其中超亿元项目4个。

2007年4月15日,举办第十二届中国海门金花节暨江海经济合作开发洽谈会,22个国家和地区及国内20个省市的700多名嘉宾赴会。全国政协常委、中国市场学会会长俞晓松,中国市场协会理事长高铁生等参加开幕式。该届金花节有产学研合作项目洽谈会、城市建设项目推介会、开幕式暨滨海工业新区项目集中开工奠基典礼等7项主题活动。与会人员参观海门城市规划展示馆、滨江工贸区及新通海沙围垦等现场。观看《走进海门》电视宣传片。有15家院校、科研所院的专家、教授及省市科技管理部门70多人参加产学研合作洽谈会,签订协议项目76项,投资总额2.39亿元。金花节期间,签约外资项目95个,总投资13.78亿美元,注册资金6.5亿美元,其中超千万美元项目28个,签约民资项目102个,注册资金31.2亿元。

2008年4月25－26日,举办第十三届中国海门金花节暨江海经济投资合作洽谈会。由产学研合作洽谈会、城市建设项目推介会、通道经济与海门发展论坛暨投资环境推介会等七大系列活动组成。其间与会人员观看具有海门地方特色的"花开盛世"文艺晚会。海门电视台推出8集《跨越长江,聚焦海门》、10集《金花节:谋变大桥时代》系列片。该届金花节签约外资项目74个,总投资15.91亿美元,注册资金6.8亿美元,其中超亿美元项目3个,5000万美元至1亿美元项目4个;签约民资项目94个,注册资金31.61亿元,其中总投资10亿元以上项目3个,超亿元项目20个。

1985－2008年海门市(县)利用外资实绩一览表8－1

年份	新批外资企业数(个)	合同利用外资(万美元)	同比(%)	实际利用外资(万美元)	同比(%)
合计	1657	865471	–	203596	–
1985	1	30	–	30	–
1986	–	–	–	–	–
1987	1	60	–	27	–
1988	1	2	–	–	–
1989	2	32	–	52	–
1990	2	156	387.50	111	113.46
1991	9	90	－42.31	85	－23.42
1992	92	2744	2948.88	380	347.01
1993	141	3914	9.09	995	161.84
1994	70	2111	－13.89	1572	57.99
1995	86	10495	386.25	2266	113.29
1996	31	3759	－66.62	2229	32.24
1997	13	5244	39.84	3174	40.07
1998	12	8122	39.88	962	－69.69
1999	16	3436	－57.7	472	－65.61
2000	28	5792	68.57	1299	204.22
2001	31	4590	－20.75	2510	93.23
2002	61	6179	34.62	2650	5.58
2003	228	34782	462.91	10996	314.94
2004	224	56150	61.43	14819	34.77
2005	190	71133	26.68	25390	71.33
2006	216	94541	32.91	48707	91.84
2007	130	84629	－10.48	55600	18.77
2008	72	467570	－17.77	29770	－24.76

第二章 对外贸易

第一节 进口贸易

1984年10月,县无纺布厂以111.26万美元从德国、奥地利引进无纺布生产流水线1条,年增加产值1440万元,利税365万元。1987年5月,海门红木工艺品厂引进香港远东家具有限公司木工机械4台,计价1.32万美元,以出口红木家具抵偿,由省工艺品进出口分公司代理。1990年,县内共有19个企业21次从国(境)外引进设备237套,其中生产流水线7条,每年增加产值9542万元,利税2869.3万元。1991年,县邮电局70万美元引进1万门程控电话交换设备,中兴特钢厂250万美元引进设备进行技术改造。1995年,南通阔雅皮革制品有限公司进口皮鞋生产设备15台,价值17.2万美元。2000－2002年,海门市慧聚药业和巴塞利亚药业中国有限公司分别进口检测仪器,中兴爱尔思公司进口精密机械设备。

1999年,全市进口总额2612万美元,包括二十大类72个品种,有服装、鞋帽、金属制品、家具、化工、机械、文化用品、家电等。2003年,全市进口总额3534万美元。2005年,全市进口总额6664万美元。2008年,全市进口总额1.82亿美元。

1992－2008年,全市(县)企业自营进口贸易额8.25亿美元。其中原料进口总额6.87亿美元,设备进口总额1.38亿美元。进口的商品有机械电子及零配件、仪器、棉纱布、涤纶棉、化工原料、塑料原料、冶金原料等。进口产品主要来自美国、日本等国家及欧盟。

1992－2008年海门市(县)进口贸易额一览

表8－2 单位:万美元

年份	原料进口额	设备进口额	进口总额
合计	68721	13817	82538
1992	489	128	617
1993	777	159	936
1994	933	204	1137
1995	1167	263	1430
1996	2835	457	3292
1997	3287	483	3770
1998	2499	397	2896
1999	2173	439	2612
2000	2384	476	2860
2001	3513	583	4096
2002	3585	632	4217
2003	2943	591	3534
2004	4313	685	4998
2005	5792	872	6664
2006	7968	2047	10015
2007	8840	2463	11303
2008	15223	2938	18161

第二节 出口贸易

清代末期,境内有大豆、花纱布、南北货、木材、银楼等近百个行业,大小商户7000余个,遍布茅家镇及天补、麒麟、常乐、包场等大小集镇,并始有出口商品。张謇创办颐生酒厂生产的茵陈酒,率先进入国际市场。民国元年(1912),出口蓝印花布4.45万匹。解放初无外贸机构,外贸产品由当地小商小贩为外地商人收购转手出口。1956年,由供销社、商业、粮食部门进行计划收购产品出口。

1968年,全县出口辣椒干343.65吨。海门出产的小辣椒,皮厚肉多,营养丰富,主要销往美国、日本、新加坡、马来西亚等国家。

1977年,收购黄鼠狼皮1.64万张,出口日本、意大利、法国等国家。

1979年,海门被农林部、外贸部、国家供销合作总社列为全国山羊板皮生产基地。1980年,出口山羊板皮11.6万张,同时出口山羊笔料毛及扎把毛。海门山羊毛光泽洁白,弹性好,是全国6大笔料毛生产基地之一,年产量3.5万公斤左右,产品销往日本、东南亚等国家。

薄荷油是海门传统外贸出口产品,素有"薄荷王国"之称。1984年,薄荷油外贸收购626.94吨,远销日本、西欧、东南亚等地区。海门薄荷油是提炼"白熊"牌薄荷脑的主要原料,多次获国家优质产品金奖。1985年,海门出口兔毛,销往日本等国家。是年,出口水貂皮2.49万张,销往西欧、北美、澳大利亚等国家。出口手帕563.04万打,占全国出口量十分之一,产品销往50多个国家和地区,连续多年保持免检信誉。

20世纪80年代末,开始出口红木制品、芦笋罐头、棉麻混纺纱、长毛绒玩具、消防水带、氧化乐果、载玻片、活文蛤等产品,销往日本、美国、德国、韩国及东南亚国家。1989年,全县外贸出口额1.14亿元。

90年代,出口高档时装、染料中间体、液压件、发电机、游艇、家具、家纺等产品。1993年3月,外经贸部赋予海门外经贸公司进出口经营权,海门手帕厂获得自营进出口经营权。

2001年,全市自营出口交易额9686万美元。2003年,全市出口贸易额1.77亿美元,其中经济开发区出口交易额6356万美元。2004年6月,企业进出口经营权实行备案登记制,海门外贸企业由南通市外经贸局登记。2005年,全市自营出口额3.28亿美元,其中内资企业出口4835万美元。全市出口创汇企业169个,其中超百万美元74个,超500万美元24个。2007年,全市出口额6.16亿美元,其中外资企业出口额4.89亿美元,内资企业出口额1.28亿美元;全市出口创汇企业239个,其中超500万美元企业39个,超千万美元企业18个。2008年,全市自营出口贸易额7.14亿美元,其中外资企业出口额5.39亿美元,内资企业出口额1.75亿美元;全市出口创汇企业265个,产品销往144个国家和地区,有超500万美元企业38个、超千万美元企业17个,出口产品有14大类近百个品种,主要有服装、家具、染料中间体、棉麻混纺纱、长毛绒玩具、机针、液压件等产品。

1991－2008年海门市(县)自营出口额一览

表8－3　　**单位:万美元**

年份	内资企业出口额	外资企业出口额	出口总额
合计	66278	265907	338302
1991	–	13	13
1992	–	282	1144
1993	605	813	1517
1994	1006	2550	3524
1995	2353	4917	7232
1996	1528	6892	8558
1997	1339	7947	9279
1998	1658	4811	11517
1999	1412	4989	6400
2000	2096	6085	8181
2001	2225	7461	9686
2002	2581	10057	12638
2003	2563	15112	17675
2004	3991	23138	27130
2005	4835	27970	32805
2006	7799	40108	47907
2007	12787	48862	61649
2008	17500	53900	71447

第三章 经济技术合作

第一节 承包工程

1983年,海门对外劳务合作,参与科威特、约旦、阿联酋、利比亚、美国、德国、马里、塞内加尔、扎伊尔等国家的建筑项目。

1995年9月,南通三建被外经贸部授予对外工程的签约权,可独立承包签约,输出劳务人员。1996年8月,江苏南通三建集团在新加坡注册登记新通海建筑发展有限公司,享受当地企业同等待遇。同年,签约新加坡警察训练营二期工程,建筑面积2.2万平方米,合同额1550万美元。

1999年,江苏龙信建设集团有限公司被国家外经贸部批准有对外工程签约权的公司,当年签约新加坡大巴车库工程,合同额160万美元。是年,全市签订对外承包合同额4754万美元,新派劳务人员1490人,年末在外人数2889人,各项指标均居南通6县(市)之首。市外经委被评为南通外经合作先进单位。南通三建全年外签合同额2844.89万美元,完成营业额2895万美元,新派劳务804人,三项指标均占全市总数50%以上,跻身中国外经企业50强。

2001年,全市新签对外承包合同额4928万美元,实现营业额4737万美元,出国劳务1177人,其中南通三建签有102个承包劳务项目,分布在32个国家和地区,拓展的市场有斐济、塞拉利昂、意大利等国家。2003年,全市新签对外劳务合同额7622万美元,实现外经营业额8729万美元,新派出国劳务人员1789人。2005年,全市新签对外劳务合同额8068万美元,实现外经营业额1.1亿美元,出国劳务人员2070人。其中南通三建公司全年新签劳务合同额、营业额、劳务人员占全市总数81.37%、59.25%和42.46%。2006年,南通三建公司被中国对外承包工程商会授予对外承包工程“新星奖”。

2008年,全市新签对外承包劳务合同额1.35亿美元,实现外经营业额1.67亿美元,年末在外务工5059人。其中南通三建公司全年新签劳务合同额、营业额、人员分别占全市总数68.07%、56.39%、50%。行业以建筑业、纺织服装业为主,其他有远洋捕捞、商业服务、船员、肉类加工、电子机械等行业。是年,南通三建公司被中国对外承包商会评定为对外承包工程信用等级评价AAA信用企业。

第二节 境外投资

1992年,天补羊毛衫厂在俄罗斯莫斯科独资兴办莫天经济有限公司,为海门在境外投资的第一个公司。注册资金20万美元,利用莫斯科闲置厂房及电力等配套设施,使用中国原辅材料和技术人员,生产和销售羊毛衫、服装、绣品及其他轻工产品。是年3月,县金属家具制品总厂在莫斯科建立公司,5月在罗马尼亚布加勒斯特独资建立公司,利用中国原料和技术人员,设计生产和销售绣品、鞋帽、针织、服装及铝合金制品。1993年,三星镇郁建祥在莫斯科创办奥珍电脑绣品公司,当年实现销售1000余万元。1994年6月,市三星群联童装绣品厂投资20万美元在罗马尼亚建立经营公司,利用当地闲置店房及其配套设施,销售中国服装、绣品、床上用品。至1996年,以经营销售绣品的公司在罗马尼亚就有近50个。1998年,三星镇赵飞将绣品经营扩展至南非。至2000年,三星镇个体户在南非共创办130多个工厂、公司。

2007年,南通森力达化纤有限公司出资263万美元，在南非成立南非森力达投资有限公司，生产和销售三维中空短纤产品。2008 年，南通市交通钢丝绳有限责任公司出资 5 万美元，在越南胡志明市成立南通市交通钢丝绳有限责任公司，经营钢丝绳销售业务。

第三节　劳务输出

1983 年，县建筑安装总公司遵循服务全国、走向世界的经营策略，首次外派建筑施工队赴科威特，承接阿尔迪亚五区 518 住宅工程建设。随着开放开发，县内出国劳务人数不断增加。至 1990 年，派出国劳务人员 1178 人，分布在科威特、约旦、阿联酋、利比亚、美国、德国、马里、塞内加尔、扎伊尔 9 个国家，从事建筑、轻工等 10 多个项目，实现劳务收入 800 余万美元，出国劳务人员人均年收入人民币 1.2 万元。

1992 年 4 月，县成立对外经济技术合作公司。随后几年，相继成立市（县）新兴江建海外劳务合作有限公司、晨阳国际劳务有限公司等 10 个外派劳务中介公司，主要从事建筑、服装、针织业等劳动服务，进入科威特、新加坡、俄罗斯等 30 多个国家和地区。2007 年外派劳务 2678 人，2008 年外派劳务 2750 人。

第四章　海门经济开发区

第一节　区域概况

一、概述

1992 年 6 月，县委、县政府决定建立海门经济技术开发区，7 月举行奠基典礼。

开发区建立后，着力营造投资环境，陆续制定土地开发、税收、拆迁安置等一系列优惠政策，吸引国内外客商进区投资兴业。1992 年年底，开发区第一个外资企业南通联兴不锈钢有限公司开工投产，投资 50 万美元，主要生产经营不锈钢餐具。1993 年 11 月，开发区被省政府批准为省级开发区（定名江苏省海门经济开发区）。1993 年，民营企业南通市冠东车灯有限公司进区，当年竣工投产，主要生产各种交通用车灯。1994 年 4 月，第一个台资企业永井食品（海门）有限公司进区，总投资 800 万美元，主要生产海苔。随后，中国台湾独资华通联合（南通）塑胶工业有限公司、韩国甲乙南通纺织有限公司等企业相继进区。1992 至 1996 年，进区项目 299 个，总投资 17.35 亿元。其中“三资”企业 38 个，投资 8214 万美元，合同利用外资 4514 万美元。

2000 年，开发区通过进一步完善招商引资政策，推行全员招商，为投资者提供优质服务，加快推进硬环境建设等措施，逐步实现从依靠政策优惠推动发展向改善投资环境、加强招商服务促进健康发展转变。是年，开发区实际利用外资 1033 万美元。2003 年 2 月 13 日，海门经济开发区被省政府列为省重点建设沿江 15 个大园区之一。2004 年，实际利用外资 1.05 亿美元。2005 年，在南通市同类开发区中蝉联四连冠，协议外资实际到账动态指标列全省第九名。

2006 年后，开发区注重产业规划和集约开发，委托上海同济大学对海门港工贸区进行产业规划，确定海门港工贸区为先进制造业发展的工业新城；注重招商选资，由单纯抓外资向产业招商、集约招商转变，成立项目决策组，对引进项目进行评审，凡不符合产业发展规划的项目，投资规模再大也不要；注重项目落实，由重招商轻建设向招商、建设并举转变，成立海门港工贸区项目推进领导组。规模企业、财政收入等各项主要指标增幅超历史纪录。

项目建设呈现外资结构优、项目质量好、集约开发度高三大特点,注册外资实际到账创造南通市同类开发区五连冠纪录。

2008年,海门经济开发区拥有中心区、海门港工贸区和滨江新城区3个园区,总面积84.4平方公里,开发面积23平方公里。实现地区生产总值32.12亿元,第一产业增加值0.37亿元,第二产业增加值20.97亿元,第三产业增加值10.78亿元,第一、第二、第三产业占地区生产总值的比重分别为1.15%、65.29%、33.56%。完成财政收入6.97亿元,其中地方一般预算收入3.15亿元;农民年人均纯收入10265元。至2008年,全区有工商企业347个,个体工商户2478个,实现增加值6.52亿元。开发区建设水平综合评价列省112个省级开发区第10位。

图8-3 海门经济开发区 (2008年摄)

二、沿革

1992年6月,县委、县政府决定,在县城东侧建海门经济技术开发区,同时成立海门经济技术开发区总指挥部、中共海门经济技术开发区工作委员会、海门经济技术开发区管理委员会。管委会内设一办三部(办公室、项目部、建设部和财务部),借用县蚕茧总站办公室开展建区筹备工作。7月,南通市政府批准,同意海门经济技术开发区第一期规划面积3.55平方公里,东至瑞江路东500米,西至海门镇长江路,南至12号横河,北至海门河。其中启动区1.6平方公里。由天津城乡规划设计院编制规划,全面启动,延伸开发。7月11日,开发区举行奠基典礼。10月,国务院副总理吴学谦为开发区题词"金三角上小浦东"。

1993年11月,省政府批准开发区为省级开发区,定名为江苏省海门经济开发区。明确开发区规划面积4.88平方公里,东起民生河,南至12号横河,西起长江路,北到海门河北200米处,其中起步区面积1.6平方公里。

1995年4月,开发区管委会办公楼在解放东路北侧、钱塘江路东侧破土动工,建筑面积5000平方米。11月,开发区确定为副处级单位。12月,国务委员、国家科委主任宋健到开发区视察、调研。

2000年6月,海门镇源东、柿树、源北、江滨、建西、富北、富三、新东、建南、建东、利北11个建制村(含村办企业)、滨顺街居委会,划入开发区。明确海门镇通源街道、海南村第17、18村民组、民生村第1村民组地块和建设规划由开发区管理。至此,开发区辖区东起秦家桥与三厂镇为邻,西至日新河,南至十二号横河,北至海门河北1600米处。

2001年3月,规划拓展开发区青龙化工园区,界址为东至三化河东端(五七河),南至长江堤岸,西至青龙河,北至12号横河,规划面积2平方公里。4月,全市行政村合并,由海门镇划入开发区的建东、建南、新东村合并为建南村,富北、富三村合并为富三村,利北、建西、源北村合并为利北村,江滨和柿树村合并为海东居民社区,源东村改为源东居民社区。

1992－1998年,经4次较大规模围垦,建成达标江堤13公里,围垦土地23.5平方公里。是年10月,海门港围垦区域划入开发区管辖。界址为东连青龙港,南至长江堤岸,西接南通农场,北至老江堤。

2003年8月,规划拓建开发区临江化工园区。界址为东至十八匡河,南至长江堤岸,西至九匡河,北至苏336线公路,面积为14.5平方公里。

2004年建立海门港工贸区,面积46.6平方公里,界址为东至浒通河,南至长江堤岸,西至江心沙农场交界,北至棉花原种场。

2005年9月8日,撤销棉花原种场,所辖区域划入开发区管理。12月,经南通市政府批准,海门青龙化工集中区确定为危险化学品生产储存区域。

开发区形成各具特色、功能互补的“一区三港”[①]投资环境。

2006年4月，临江化工园区和青龙化工园区合并为海门灵甸工业集中区。2008年8月，灵甸工业集中区与临江镇合并，建立市临江新区，冠海门经济开发区名，独立行使管理职能。海门镇的通源街道办事处，东风新村、青海路、通源路社区、民生社区17个村民组、海南社区8个村民组及行政区域划入开发区管辖。至2008年10月，辖区内有行政村3个、社区居委会6个、村民组130个，辖区常住人口49453人，其中农村居民11126人、城镇居民38327人，从业人员50976人，其中外来从业人员28900人。

三、社会事业

教育　1992年，建开发区时，有东洲中学、东洲小学两所学校。1994年，兴建海门高等专科学校，后海门电视大学、海门职业学校并入，成为海门成人和职业教育中心。1996年，建成市少年宫和少年宫幼儿园。1997年，建通源小学和通源幼儿园。2000年，因行政区划调整，将原江滨乡的4所学校、幼儿园划入开发区，分别更名为开发区中学、开发区小学、开发区建东小学(2002年撤并)、开发区裕春幼儿园。2006年，开发区中学并入东洲中学，更名为东洲中学开发区校区；开发区小学并入东洲小学，更名为东洲小学开发区校区。2007年9月，上海证大集团投资1亿多元建设市证大中学。是年，南通职业大学收购江海风情园，并开工建设南通职业大学海门校区，翌年建成招生。

2008年，全区拥有各级各类学校(校区)10所，其中高等教育学校(校区)2所，教师386人，学生5500人；中学2所(3个校区)、小学4所(5个校区)，教师1070人，学生1.35万人；幼儿园4所，幼师64人，在园幼儿1513人。

文化　1995年，由日本友人矢崎又次郎先生捐赠5000万日元，建中日青年友好会馆。会馆占地3900平方米，建筑面积750平方米。会馆曾举办矢崎又次郎先生藏品、海门经济发展成就、书画艺术等展览。1996年7月，在解放东路、珠江路口建成高200米的钢结构广播电视塔，成为海门地标。是年12月，香港远东集团投资200万美元，独资创办荔园游乐场，共接待游客40万人次。1997年建文化广场，占地1.7万平方米，当年国庆节竣工开放。

2000年起，文化广场每年夏季举办“开发区之夏”文艺晚会。2002年，荔园游乐场因经济萧条停业。2004年，文化广场改造重建。2005年，“开发区之夏”文艺晚会更名为“海门之夏”，由市委宣传部、文化局等部门联合举办。每年20场次左右，观众10万多人次。至2008年，“海门之夏”文娱晚会作为开发区的文化品牌，每年必办。同时，每年举办1次电影周活动，放映10部影片以上，观众数万人之多。

其他　1996年，市室外游泳馆开工建设，当年建成投用。2000年，建成居民健身点3个，购置体育健身器具30多套；建成中日青年友好会馆网球场2个。是年，江滨卫生院划入开发区，更名为开发区医院。

2008年，全区有网球场2个，综合性健身场1个，企业自建篮球场3个、卫生所1个、卫生服务中心3个，卫生技术人员298人，床位130张。村村(居)通自来水，建起垃圾填埋场和化粪池。全区参加农村养老保险4194人，享受最低生活保障492人，参加农村新型合作医疗1.69万人，村(居)民大病医保参保率100%。有公办、民办敬老院各1个。

第二节　基础设施

一、道路

1992年7月，总投资870万元，拓宽海门开发区第一条道路瑞江路。瑞江路北起省道336线，南至秀山东路，混凝土路面，路宽40米，全长1450米，于当年竣工。是年，兴建西起长江路、东至瑞江路的秀山路，次年竣工。1993年，投入资金108.8万元，用于瑞江路西侧种植花木，绿化面积1.8万平方米。1994年，投入199万元对秀山路道路绿化，面积3.99万平方米。1993－1995年，投入近亿元兴建珠江路、长江路、青海东路等10条道路。1996年，通源小区通源路、嘉陵江路、松花江路两侧种植香樟树。1997－2000年，每年对区内竣工的主次干

① 一区三港：指开发区中心区、海门港区、青龙化工园区、临江化工园区。

道进行绿化。

2001年，投入182万元用于民生路绿化，绿化面积3.04万平方米；投入130万元，用于开发区南海路段绿化。2003年，建成海门港工贸区和滨江新城区的大达路、大通路和长山路。2005年起，投入近2亿元兴建长法路、长治路、大安路等8条骨干道路。是年，投入432万元实施大达路绿化工程，绿化面积14.4万平方米。2006年，投入76万元在新港河两侧各20米种植各类苗木，绿化面积2.5万平方米。2007年，投入264万元用于大港路道路绿化，面积为75.6万平方米。2008年，投入448.8万元用于大生路绿化，面积为8.72万平方米；投入178万元用于长德路绿化，面积7.2万平方米，投入108万元，用于长治路绿化，面积3.6万平方米。

至2008年年底，开发区先后投入道路建设资金4亿元，兴建道路33条，总长134公里。其中，中心区建成10纵10横，海门港建成7纵7横道路。投入1776万元，安装路灯2858盏。投入2125.8万元用于道路绿化，面积125.17万平方米。

二、供电

1992年，开发区有10千伏东风(社区)输电线路1条，长4公里。1993年，建35千伏东郊变电所，全区有10千伏输电线路2条，计10公里。1994－1996年，投入187万元新增35千伏输电线路4.9公里。

2000－2003年，投入1500多万元新增10千伏输电线路71.7公里。2003年，将原35千伏东郊变电所扩容至110千伏。是年，由江苏电力公司与香港协鑫(集团)控股有限公司、南通苏源实业有限公司等合资的海门鑫源环保热电有限公司开工兴建，总投资2.29亿元，当年投产，发电量19万兆瓦，供热能每小时100吨。供热范围为开发区中心区和海门港东部工业区，翌年并入华东电网运营。2004－2005年，投入9000万元新增10千伏输电线路7条37.3公里、35千伏电线路11.6公里、110千伏输电线路2条24.5公里、220千伏输电线路2条34.5公里，建110千伏海螺水泥专用变电所。2006－2007年，投入6000万元新增35千伏输电线路3条计13.9公里，10千伏输电线路6条计65.4公里，建110千伏滨江变电所和圩角变电所。2008年，投入3700多万元新增110千伏输电线路3条计42.9公里、10千伏输电线路11条计60.7公里，建35千伏上钢船板专用变电所。

至2008年，全区架设10千伏输电线路27条238公里、35千伏输电线路10条36公里、110千伏输电线路5条67.5公里、220千伏输电线路2条34.5公里，建变电所5座。

三、给排水

自1992年建区起，在道路施工时，按照设计图纸进行排水管网施工，确保雨停路干，道路畅通。2000年，江滨自来水厂供应区内部分居民生活用水。至2008年，共投入资金7800万元，全区铺设自来水管道109公里，下水道260公里。

四、桥梁

2002年，投资400万元在海门港长山路大港河上建造公路桥1座，长85.5米、宽29.2米，当年竣工。2003年，在大达路的圩角河、宋季河、浒通河、立新河分别建造公路桥。其中圩角河桥长85.3米、宽64.3米，总投资1100万元；宋季河桥长18米、宽36米，总投资140万元；浒通河桥长48米、宽36米，总投资360万元；立新河桥长16米、宽36.3米，总投资100万元。

2004年，总投资800万元，在民生路海门河上建造公路桥1座，长48米、宽36米，翌年竣工。2005年，在大通路和大安路经过的立新河上，建造公路桥2座，均当年竣工。大通路立新河桥长20米、宽17米，总投资150万元；大安路立新河桥长16米、宽24.8米，总投资150万元。至2008年，全区新建公路桥8座，总长336.8米，总投资3190万元。并投资150万元，新建农村桥梁8座。

五、码头

1993年，建造长江路至瑞江路段海门河石驳码头，码头全长1250米。1994年6月，市海太汽渡有限公司成立，建造3个专用泊位码头，12月22日通航。2002年，延伸建造瑞江路至民生河海门河石驳码头，长1200米，可停泊500－1000吨货船。2003年，海门港第一座栈桥式长江货运码头开工建设，栈桥长888米、宽9米，码头长146米、宽20米，2004年竣工使用，可停泊5万吨货船。2006年，海太汽渡扩建2个专用泊位码头。

第三节　经济发展

一、工业

项目建设　*政策措施*　1992 年，根据《江苏省经济技术开发区管理条例》，制定出台系列政策文件，明确优惠措施，鼓励国内投资者参与海门经济技术开发区建设。海门经济技术开发区对土地管理作出规定，合理利用土地资源，促进项目开发建设。制定海外华侨、港澳台同胞及外商在华苑新村建造住宅的暂行办法，为投资者参与海门改善居住环境创造条件。制定鼓励外商投资海门经济技术开发区若干规定，吸引外资项目。是年，区内第一个外资工业企业南通联兴不锈钢有限公司开工投产。

1994 年，制定《关于海门经济开发区土地开发和项目开发的若干奖励规定》《关于鼓励台商投资的优惠政策》《在海门县兴建外商投资企业享受的优惠政策》等文件。1995 年，制定《关于加快发展外向型经济的若干规定》。

1996 年，在国家宏观调控力度继续加强，整体经济运行环境趋紧，诸多优惠政策取消和竞争日趋激烈的背景下，开发区强化招商宣传，制作海门投资环境的宣传画册，在《人民日报》海外版、《新华每日电讯》《东方城乡报》《江苏开放》等报刊上宣传报道。同时，将海门和开发区的资料制作成多媒体光盘对外宣传，扩大海门知名度。

1997 年，全年有 7 个项目增资扩股或投资新建，总投资 7900 万美元。

2002 年，下达部门和专业人员招商目标任务，积极发动机关人员全员招商，将招商引资作为考核部门和个人业绩的重要标准。区领导班子将主要精力用于招商工作。同时，把政治素质好、文化程度高、懂项目、善交际、熟悉引资技巧、能吃苦耐劳的骨干充实到招商第一线。2003 年，制定《关于机关招商引资奖励试行办法》，将招商实绩与年终考核挂钩。

2006 年，市委确定为项目建设年。全区围绕服务、支持项目建设主题，全面展开招商竞赛。实行单月公布、双月推进、季度讲评、半年小结、全年总结的制度及招商引资一票否决制度。

2007 年，面对土地和资金瓶颈制约，确定打造工业新城，科学规划，强势拓展的工作思路。同时，根据开发区的发展现状，努力压缩银行贷款，增强自身造血功能。全年压缩债务贷款 2 亿元，确保当年新引进的 6 个重大项目顺利进展。

2008 年，在日益严峻的宏观形势和日趋激烈的竞争中，积极寻找对策。严格实行目标管理、包干责任制、督查考核和奖优罚劣制度，工作效率明显提高。上钢船板、赐宝薄板、希能重工等一批重大项目仅用 1 年左右建设时间竣工投产。

投资环境　1993 年，为吸引项目进区，制定《海门县人民政府关于鼓励个体、私营经济参与开发区建设的若干规定》，在开发区内建立私营企业投资区和个体商业一条街。同时进行基础设施及配套工程建设。投资 500 万元兴建 1230 米长的海门河码头；投资 1300 万元建造 1.1 万平方米的打工楼；投资 980 万元兴建 3 座 5 千伏变电所，基本实现水通、电通、路通。

1994 年，成立由工商、税务等人员组成的综合办公室，为进区投资项目提供全方位一条龙服务，提高工作效率，赢得国内外客商好评。1997 年，开展进区项目优质服务活动。对项目可行性研究报告、工商税收登记、银行开户、海关商检等各个环节，加强跟踪服务。1999 年，扶持私营企业发展，在区内划出 10 公顷土地作为私营经济区，并为进区投资者提供道路、水电等一流硬件设施。编印《海门经济开发区私营经济投资指南》，明确收费项目标准、厂房租购及土地使用办法等一系列政策措施，并从企业申请进区到登记验照、开工验收等提供配套服务，为私营企业进区经营提供畅通环境。2005 年，全年有 80 多个项目签订协议，72 个项目办理报批手续，20 多个项目投产，部分项目实现当年进区、当年建设、当年投产。2008 年，对一批连续投资乏力、运行不良的项目进行清理，盘活闲置厂房和存量土地，清理百盛纺织、包罗铜材、天星汽配等 16 个项目，回收土地 46.67 公顷，为急需用地项目储备土地。

招商引资　1992－1993 年，开发区接待美国、德国、日本、韩国、新加坡等国家和中国台湾、香港地区的客商 380 多人次，签订项目意向书 36 份，合同 8 份。同时在香港、深圳、广州、上海、北京等

地举办招商会，扩大知名度。至1993年，进区项目39个，总投资2.51亿元，其中“三资”项目6个，总投资1084万美元，吸纳外资408.8万美元。39个进区项目中当年竣工投产9个，总投资2798万元，占11.16%；20个在建项目，总投资9970万元，占39.77%；规划筹建项目20个，总投资1.23亿元，占49.07%。1994年，招商实行小分队与专业队伍结合、国内与国外结合、自办与招商嫁接相结合等多种模式，拓宽招商面，取得显著成效。4月，区内第一个台资企业永井食品（海门）有限公司进区投产，总投资100万美元。7月，香港远东集团到海门考察，签订合资经营江苏缤缤制衣有限公司，该项目总投资504.4万美元，注册资金355万美元。是年，新进区项目37个，总投资4.33亿元，占进区项目总投资72.7%。其中工业项目28个，总投资3.67亿元，引进外资项目11个，签订合同外资1931万美元，实际利用外资189.3万美元。1995年，采取盯大户、以外引外、包片开发的招商方式，新批“三资”企业15个，投资总额1382万美元，合同利用外资2642万美元，外资实际到账1154万美元。1996年4月，首届中国海门金花节，邀请2000多名中外客商莅临海门。开发区策划新闻发布暨土地批租、项目洽谈会。其间，签约项目7个，总投资2529万美元，合同利用外资1318万美元，出让土地（使用权）2.7公顷，总金额560万元。是年在上海设立办事处，吸引8批外商、4批上海客商到海门考察洽谈项目。进区项目58个，总投资6.4亿元。

1997年，开发区派出专业招商队伍分赴全国各地招商，与上海市合资企业协会达成联合开发海门开发区协议；与市外贸局、计经委、乡镇局等部门合作招商引资；聘请日本永井食品公司总经理谭晓翔等20多人为招商顾问，合力招商。是年，新进区项目19个，总投资6.64亿元，其中“三资”企业3个，总投资7150万美元，合同利用外资5244万美元。

1998年，全区共引进项目30个，总投资5.68亿元，其中“三资”项目4个，总投资5170万美元，合同利用外资4844.5万美元，实际利用外资462.75万美元。内资项目26个，总投资1.45亿元，内资企业成为开发区发展新的增长点。

2000年，举行建区8周年经贸洽谈会。7月11日，日本、韩国等国家和中国香港、台湾地区的120多位中外客商到区进行经贸洽谈。是年，引进项目48个，总投资2.5亿元，其中外资企业7个，合同利用外资2721万美元，比1999年增长124%，实际利用外资1033万美元，比1999年增长1023%，首次突破当年新到账外资超千万美元的实绩。慧聚英力、华通二期等外资项目和荣鑫针织、通光集团等大项目进区落户，开发区项目开发向高科技、大投入、全方位发展。

2001年，开发区确定侨星染织、慧聚英力等企业作为利用外资的重点项目，由管委会、招商局专人跟踪联络，做到一周一电话，一月一传真，保持联系，提供服务，解决实际问题。金花节期间签约项目9个，总投资1.7亿美元。其中慧聚药业（海门）有限公司等5个项目总投资均超千万美元。与张家港兆丰染料助剂厂签订2000万元医药中间体项目协议，与市东方印染有限公司签订投资1000万元印染项目的协议。以日本、韩国及渤海湾、长江三角洲、珠江三角洲地区为招商基地，储备项目31个，其中达成意向21个，注册7个。是年，引进项目67个，总投资4.02亿元，其中外商投资企业5个，合同利用外资3636万美元，实际到账外资2010万美元，分别比2000年增长33.62%、94.58%。

2003年，批准进区企业106个，总投资22亿元，其中外商投资企业51个，合同利用外资2.3亿美元，超过前5年总和。实际利用外资1.97亿美元，超过前3年总和，增幅分别比2002年增长420%和184%。新批超千万美元的外资大项目10个，同比增长150%；超500万美元的外资项目5个，同比增长400%。合同利用外资与实际利用外资两项指标在南通市开发区中名列第一。

2004年，第一个超亿元内资企业海门海螺水泥有限公司在海门港工贸区落户，总投资2亿元，3月开工，12月投产。是年，全区新批项目122个，其中，外商投资项目63个，新批增资项目14个，新批注册外资3.35亿美元。实际利用外资在南通市同类开发区中名列第一，在全省55个开发区中位居第13名。新批进区的外资项目，单体投资规模超1000万美元项目有11个。2005年，全区新批外商投资企业60个，外资企业增资20个，新批注册外资4.16亿美元，注册外资实际到账1.26亿美元，增幅均超过35%。协议注册外资和实际到账外资在南通市开发区中蝉联“四连冠”，分别占海门市利用外资总量58%和54.3%。7月，协议注册外资动态指标列全省第16名；10月，升至第9名，实现历史性突破。在引进的外资项目中，单体项目的平均投资额近600万美元，超千万美元项目的注册外资占全部注册外资的60%。

2006年，发挥区位载体优势，接轨上海，开展定向招商、主题招商。全区新批企业142个，其中，外商投资企业80个，新批协议注册外资6.06亿美元，同比增长46%，占全市总额64%，列南通市开发区第一位；注册外资实际到账超2亿美元，同比增长46%，占全市总额41.3%，列全省同级开发区第七位，列南通市同类开发区第一位，创造五连冠。是年，引进超亿美元的项目1个，超千万美元的项目15个。同时，新办项目由原来的轻纺服装类项目逐步向机械、能源、材料、农业等方向拓展。

2007年，开发区完成工商注册外资2.84亿美元，注册外资实际到账2.2亿美元。新引进项目质量呈现单体规模大的特征。外资项目总投资超过1000万美元，内资项目超过5亿元。总投资超20亿元的江南船舶、海新船务等一批大体量、大产出项目落户进区。外资项目每公顷平均投资在300万美元以上，内资项目每公顷平均3000万元以上。项目质量好，新引进的项目都符合国家环保要求。以造船、港机为特色的临港产业群正加速形成，为打造千亿吨港区夯实基础。

2008年，全区新批进区项目69个，其中外商企业14个，总投资1.61亿美元，合同利用外资1.64亿美元，实际到账外资4037万美元。至年底，全区累计有企业503个，其中外资企业208个，内资企业295个。累计注册外资14.3亿美元，实际到账外资12.8亿美元。

2002－2008年海门经济开发区经济发展主要指标一览

表8－4　　**单位：万元**

年份	总收入	地区生产总值	利税总额	财政收入	工业总产值	固定资产投资额	自营出口额（万美元）
2002	385000	80019	26130	34360	220000	43800	3900
2003	473210	114110	32000	40402	275416	80168	4751
2004	632863	140352	38103	47338	371809	120344	9917
2005	1420000	173968	49078	49462	851876	132418	13859
2006	1850000	227584	56967	81178	1158455	194907	25258
2007	1990000	276778	77174	96160	1253555	204972	38220
2008	2588910	321151	103565	111145	1682793	362165	49406

高新技术产业　1992－1999年，有海门三鑫电子有限公司等5个高新技术企业进区。2000年，台湾大学教授杨登贵与清华大学合作，在开发区建立新药研发基地——海门慧聚英力药业化学有限公司，拥有硕士、博士28人，学士50多人，并建有院士工作站，主要从事高科技、高附加值的原料药与中间体的研发与生产。以该企业为龙头，成立高新技术产业区，制定高科技人才引进可购一套廉价房等奖励措施。2001年，有4个高新技术企业进区落户。2002年，世界500强瑞士罗氏公司在中国大陆首家投资的巴塞利亚药业（中国）有限公司，落户海门开发区，总投资700万美元。2007年，世界500强美国多福公司投资兴建路特利举升机（海门）有限公司，总投资800万美元。这两个企业的进驻，扩大高新技术产业区的规模，有效提升高新技术企业的质量，基本实现高端化、高质化、高新化的发展战略目标。至2008年，被国家和省科技部门批准为高新技术企业的电子通信、精密机械、精细化工等企业28个，占全市高新技术企业数的90%，实现高新技术产业总值45.2亿元，占全区规模工业企业产值35.6%。

2008年海门经济开发区高新技术企业一览

表8－5　　单位:万元

企业名称	进区时间	主要产品	经营状况	
			销售收入	入库税收
海门富凯电子科技有限公司	1992	乙二酸铵	1670.00	121.10
海门市金瑞塑胶有限公司	1992	塑料粒子	774.00	19.40
海门三鑫电子有限公司	1995	电容器	17442.00	676.00
海门市东洲通信设备有限公司	1995	馈线卡、接地卡	8967.00	639.00
海门赛博通信有限公司	1999	光缆	6122.70	424.50
海门慧聚药业有限公司	2000	盐酸贝那普利、马波沙星	7590.70	1157.70
江苏通光光电子有限公司	2000	通信用室内软光缆	1541.00	105.80
海门市宝龙化工有限公司	2001	二氨基蒽醌	26240.90	1368.10
海门市争妍颜料化工有限公司	2001	溶剂染料、颜料	11717.10	985.90
南通龙鼎化工有限公司	2001	有机化学原料	15500.00	1097.00
海门市新港化工有限公司	2001	医药、农药中间体	13789.00	530.00
巴塞利亚药业(中国)有限公司	2002	医药中间体	2491.20	513.40
南通泰格动力机械有限公司	2002	发电机	25692.00	530.30
江苏通光电子线缆有限公司	2003	电子线缆	6626.00	849.50
南通亚光电子有限公司	2003	铝电解电容器	999.50	37.80
三鑫天尼电子有限公司	2003	电容器	4688.60	102.90
江苏万高药业有限公司	2003	独一味软胶囊	1617.50	190.20
江苏亨通金天线缆有限公司	2004	汽车线缆	28500.00	451.20
南通天禾机械科技有限公司	2004	老化机、座板机	3505.40	492.40
海门市凯雅光学玻璃有限公司	2004	眼镜片	1891.00	82.30
友德汽车电器(海门)有限公司	2004	冲压件、注塑件	2695.30	196.90
海门市银燕电子有限公司	2005	薄膜电容器	10415.00	843.40
南通和泰通讯器材有限公司	2005	FRP加强芯	1369.00	63.60
江苏永和医药化工有限公司	2005	医药中间体	1926.00	31.00
南通金琪化工有限公司	2005	氧化锌	11369.00	281.80
海门市华滨机电有限公司	2006	分马力电机、Y系列电机	3749.50	92.60
美奥迪电机(海门)有限公司	2006	交流发电机	2530.00	35.80
海门市万盟铝线有限公司	2007	铝包钢线	4700.70	25.20

二、服务业

交通运输　1994年,创办海太汽渡有限公司,建造3个专用泊位码头,购买4艘28车位全回转渡船,建造同类型渡船1艘,日最大渡运车辆能力(双向)1万辆次,是年12月通航。2002年11月,崇海汽渡由青龙港迁至海门港,租用海太汽渡东侧1个码头,继续运营崇海航线,有渡轮2艘。2006年,海太汽渡扩建2个专用泊位码头。至2008年,海太汽渡累计渡运车辆903万辆次,运营收入5.47亿元;

崇海汽渡累计渡送车辆33.9万辆次，运营收入4716万元。

餐饮宾馆　1995年，开发区投资的绿茵度假村开工，1996年竣工开业，同时可容纳250人就餐、60人住宿。用于管委会公务接待，同时也对外经营服务。1998年，宝龙化工有限公司投资的海门大酒店建成开业。1999年，德兴置业有限公司投资建设的德兴大酒店开业。2000年，东方雁大饭店租赁海门电信大楼开业，经营面积2000多平方米，可容纳600人就餐、100人住宿。2003年，龙杰宾馆租用黄金海岸大厦开业。2008年，全区有饭店、宾馆10个。

金融保险　1996年，中国银行海门支行在开发区设立黄金海岸分理处。嗣后，工商银行、建设银行等商业银行陆续进区布设网点。1999年，海门人寿保险公司大楼在区内开工建设，次年竣工并对外营业。2008年，全区有各类银行及金融办事机构10个，各种保险机构11个。银行存款余额74.7亿元，贷款余额47.93亿元；各险种承保额311.8亿元，保费收入2.97亿元。

商贸服务　1993年，南通昆仑房地产公司投资开发通源农贸市场和昆仑家具城，家具城营业面积1万平方米。1994年，南通市鹏腾建筑安装工程公司在解放路北侧、通源路西侧，投资建造鹏腾大厦写字楼，楼高60米21层，建筑面积1.7万平方米，为全市首幢高层建筑。1997年，江苏时代超市入驻开发区，市茧丝绸总公司在解放路长江路口开工建设商务大厦，翌年竣工。

2000年，营业面积2万平方米的东方家居广场开张。2002年，营业面积近1万平方米的民珠家具广场营业。2003年，管委会投资1800万元建造海门国际会议中心，建筑面积3305平方米，两年后投入使用。中心拥有400人会议厅1个，20－100人会议室、接待室9个，是全市会议、会展、培训等功能最完备、档次最高的场所。2003年12月，由上海航星集团投资建设的商业步行街开工建设，占地17公顷，分两期开发，总投资6亿元。2004年，由江苏天成置业有限公司投资开发建设北上海国际装饰城，占地8.3公顷，建筑面积8万平方米。11月竣工开张营业。

2004年，南通永兴国际车城有限公司投资开发海门国际车城，占地12.5公顷，规划建设车城商铺、外商公寓和综合商贸设施，分三期开发。是年，三厂职业中学在滨江新城区投资建设的江海风情园对外开放。景区总投资8000万元，占地25公顷，设有游猎、古文化陈列等游览项目。同年，位于滨江新城区的快活林山庄旅游项目开业。占地50公顷，设有垂钓、射击、划船等各种游乐项目，是集休闲游乐、佛教文化、会议培训于一体的国家AAA级旅游景区。2005年4月，商业步行街建筑面积8万平方米的一期商铺竣工开业，有店面360间，世纪联华超市和众多名品服装、休闲娱乐、美食餐饮等商家进驻营业。2007年，南通职业大学收购江海风情园；是年，由南通三建集团与荣泰置业公司合作开发的荣盛室内菜场，占地2公顷，商铺店面280个，室内摊位800个，翌年竣工开市。2008年，海门国际装饰城两幢外商公寓竣工，对外销售。

三、其他产业

农业　1992－2000年，开发区不辖行政村。2001年，海门镇部分村划入开发区。所辖区域以种植业为主，一年两熟，夏熟以小麦、蚕豆为主，秋熟以玉米、棉花为主，兼种蔬菜、果树、其他油料作物等。2005年，市棉花原种场划入开发区。该场原为江滩围垦之地，地势平坦，宜于机耕作业，适种棉花、水稻、小麦、玉米等作物，并扩种糯玉米、西瓜、果树等经济作物。养殖业在散户少量饲养鸡、鸭、鹅、羊、猪的基础上，规模逐步扩大，拥有各类养殖场30多个，有饲养家畜和养鱼等专业户近百个。2008年，全区实现农林牧渔业总产值5034万元。

建筑业　1994年，有海门市开达建筑安装公司。1995年，开发区自办市政工程公司。2004年，企业改制，国有资产陆续全部退出。2008年，注册在区内的资质建筑企业41个，实现营业收入18亿元，增加值4亿元。

第四节　企业选介

一、海门海螺水泥有限责任公司

2003年12月，安徽海螺水泥股份有限公司在开发区的海太汽渡东侧投资建成大型水泥粉磨生产项目。一期工程占地面积16.2公顷，2004年12

月28日第一台磨机投产，2005年4月全面投产，建有4条直径4.2米×14.5米水泥粉磨生产线，年产水泥340万吨，主要生产“海螺”牌PO 42.5、PI 52.5及PII 52.5等高标号水泥和部分PC 32.5水泥。

公司设有专用码头，可常年停泊5000吨级货船。是海螺集团首次使用国内先进的水泥磨机，即第三代高效选粉机组成闭路循环粉磨系统，主要工序全部采用微机控制，自动化程度高，流水线布局合理，产品性能稳定，品质优良，产品受到广大用户好评。流程设计采用先进可靠的环保除尘装备脉冲袋式收尘器，对增加过滤面积，降低过滤风速，确保排出气体含尘量低于国家规定的排放标准，属于新一代环保型水泥粉磨企业。公司注重绿化，生产环境优美，绿化面积35%以上。

2008年，公司实现销售收入6.43亿元，入库税金3014.6万元，为市金牌企业。

图8-4　海门海螺水泥有限责任公司专用码头　（2008年摄）

二、江苏金雪集团有限公司

是一家专门从事化纤、喷胶棉、绿色环保制冷剂等产品生产的综合型民营高科技企业，创建于1993年。总资产5亿多元，员工1000多人，有各类专业技术人员200多人，中高级专业技术人员60多人，有硕士、学士学位50多人。形成年产多孔三维卷曲涤纶短纤维、功能性棉型纤维18万吨。

2000年起，投资上千万元，成立科技研发部，从事新产品研制、开发。先后开发九孔、十孔、十三孔三维、中空卷曲涤纶短纤维等多项新产品，其中九孔以上多孔纤维获9项国家专利的自主知识产权。新产品的销售收入占销售总量的30%以上。2001年通过ISO 9001质量管理体系认证，2002年被认定为省高科技民营企业。九孔、十孔、十三孔三维中空卷曲涤纶短纤维分别列为市科技项目，超高弹性PET絮填充材料列为2004年省“火炬计划”项目。

2005年，投入巨资成立环保制冷剂研发中心，聘请国内多位高级制冷剂专家，形成从研发设计、生产管理到国际市场拓展销售的营运体系。2006年2月投产，年产5万吨绿色高效环保制冷剂产品。

2008年，实现销售收入12.79亿元，入库税金714.2万元，为市铜牌企业。

三、通光集团有限公司

前身是江苏通光电子线缆有限公司，成立于2002年，主要经营通信用高频电缆、航空航天用耐高温电缆等产品。子公司通光光缆公司，成立于2003年11月，注册资本6500万元。主要经营光缆、铝钢塑复合材料、电缆及食品包装专用复合材料、电缆及辅助材料、邮电工程材料，光缆产品主要为OPGW、ADSS、OPPC等电力光缆。2005年1月，江苏通光集团有限公司被中国工商业联合会、中国农业科技实业家协会联合评为中国民营优秀科技企业。2006年被评为省高新技术企业。是年9月6日，通信光缆产品获2006年度中国名牌产品称号。

控股子公司通光强能公司，成立于2007年6月12日，注册资本5000万元。主要从事节能扩容导线、输电线及地线、电线电缆、铝合金杆线、输电线配件、有色金属制品的研究、开发、制造、销售。节能型系列导线填补国内空白，并获5项专利。

2008年，公司实现入库税收3968.6万元，为市金牌企业。

四、海门慧聚药业有限公司

2000年，成立海门慧聚英力药业化学有限公司。2002年10月，更名为海门慧聚药业有限公司。公司占地14公顷，拥有近300名员工，各类科技人员占总数60%以上，具有现代化的研究设施和GMP生产线。主要从事高科技含量的特色原料药与高阶中间体的工艺研究，放大产业化生产，为全球制药和生物技术公司提供完整的服务平台，包括药物研发工艺开发、中试放大和商业化生产。公司积极利用政府优惠政策，改善员工生活待遇，吸纳更多高层次人才，不断扩大生产规模，逐步从研发基地发展为生产基地，提高企业效益。

2008 年，公司拥有 80 万升的生产能力，10 条完全独立的 GMP 洁净生产线；14 个生产车间，20－8000 升 11 个规格的反应设备。实现年销售收入 7591 万元，入库税收 1157.9 万元，为市银牌企业。

五、巴塞利亚药业（中国）有限公司

成立于 2002 年 5 月，为瑞士巴塞利亚药业公司在中国投资的子公司，是一个以药物化学合成和结构分析鉴定为专长，从事国际一类新药研发的专业型公司。主要业务有有机合成、结构分析和鉴定、先导化合物的发现以及提供药物临床前研究等。

公司拥有雄厚的研发资金和国际尖端医药研究技术，有占地 6000 多平方米的化学实验室，高速通风、预冷、预热系统及合成工作所需的各类先进仪器。公司开通快速资料查询通道，定期邀请国内知名高校教授进行学术讲座。公司团队由 60 多名在国际一类新药和生物科技研发项目中拥有丰富经验科研人员组成。

2008 年，实现销售收入 2491.2 万元，入库税收 513.4 万元，为市铜牌企业。

六、南通市冠东车灯有限公司

1993 年，建县汽车电器塑料厂。1995 年 11 月，更名为市冠东车灯有限公司，在开发区投资 100 万元建造厂房 600 平方米，生产各种车灯，成为园区内第一个民营企业。1999 年 11 月，通过国家 ISO 9002 质量体系认证和 TS16949 论证。2007 年，在开发区海门港工贸区新建生产车间 5000 多平方米，扩大生产规模。

公司拥有标准厂房 3 万平方米，固定资产总值 7000 万元，年生产能力 1.5 亿元，是国内一流的汽车零部件制造企业，以生产高档次的端子、弹性件、线束总成、塑料件及模具、检具等，为上海大众、上海通用、天津丰田、济南铃木等各大汽车、摩托车集团车灯配套产品。

注重技术创新，投资 2000 万元建立模具制造中心，拥有 IBM 图形工作站，CATIA CAD/CAM 软件，三坐标测量仪，慢走丝线切割，加工中心组群等一流硬件设施，具备强大的制模实力，实现端子级进模、精密注塑模完全自制，具有产品精度的加工能力。

2008 年，实现销售收入 2.66 亿元，入库税收 2180.3 万元，为市金牌企业。

七、江苏赐宝薄板有限公司

由香港赐宝国际集团投资的技术密集型、资本密集型钢材加工企业，主要产品为优质冷轧镀锌卷板和彩镀卷板。项目占地 18.4 公顷，总投资 10 亿元，全部建成后，年产各类金属薄板 120 万吨，年销售收入 70 亿元。分三期实施，一期 2.5 万平方米的 1 号、2 号车间于 2008 年初竣工，热镀锌机组流水线于 5 月投产；二期工程的主体建筑已开工建设。

2008 年，公司实现销售收入 1.96 亿元，入库税收 90 万元，为市骨干企业。

八、海门市金天企业集团有限公司

成立于 1997 年，是集汽车维修、配件经营、汽车销售、化工生产、旅游服务、汽车出租、电线电缆生产于一体的综合性股份制集团企业，占地 7.2 公顷，经营面积 4.99 万平方米。总资产 1 亿元，员工 300 多人。主要子公司有上海大众汽车海门销售服务有限公司、江苏亨通金天电子线缆有限公司、一汽大众汽车海门特约服务站、南通和信化学品有限公司、海门市金天出租有限公司、上海金琛汽车配件有限公司、海门市金天旅行社、海门市金天汽车维修有限公司、海门市金天汽车城。2005 年，被市委、市政府评为十强民营企业，连续多年被评为市文明单位和重点骨干企业。

2008 年，公司实现销售收入 4.22 亿元，入库税收 702.4 万元，为市铜牌企业。

九、华通联合（南通）塑胶工业有限公司

成立于 1998 年，由台湾大华金属有限公司投资兴建，专业生产销售 2 米内各类包装用缠绕膜，牧草青贮缠绕膜及保鲜膜的企业。至 2000 年，2 条三层共挤流延膜生产线，年产量 1.4 万吨。2002 年，引进日本专利技术，国内首创无纸管缠绕膜。2005 年，引进第三条生产线，年生产能力 2 万吨。

华通公司按 ISO 9002 标准要求建立质量管理体系，确保华通缠绕膜各项技术指标标准要求。公司注重新产品和新技术的研发，缠绕膜具有高强度、透明、回缩性好等优越性能，在同行中一直保持领先地位。产品满足国内市场外，还外销欧美、日本、韩国等地，深受海内外用户好评。2008 年，实现销售收入 1.96 亿元，入库税收 514 万元，为市铜牌企业。

十、江苏包罗铜材集团股份有限公司

前身为县铜材厂。1976 年，江滨乡富三大队筹集 4000 元建厂，10 月投产。1977 年，钢棒试产成功。1980 年，进行技术改造，添置更新设备，提高生产能力。1988 年，获中国有色金属总公司全国工业产品生产许可证书，主要产品有“包罗”牌铜及铜合金管材、棒材、线材及铜管件。1991 年，黄铜针座棒产品获省优质产品称号。1997 年、2000 年，“包罗”牌 T2 后制铜管获省名牌产品。2001 年，“包罗”获省著名商标。

该公司是国家“火炬计划”新材料产业基地、国家高新技术密集区特种铜材基地。2008 年，公司占地 50 公顷，总资产超 3.9 亿元。拥有职工近千人，各类专业技术人员 270 多人，实现销售收入 2.25 亿元，入库税金 221 万元。

第五章　海门工业园区

第一节　区域概况

1995 年，三星镇在叠石桥市场东侧开辟占地 11.07 公顷的民营经济区。2001 年，成立三星工贸园区，12 月 30 日，占地面积 5.5 平方公里、一期总投资 9300 万元的三星工贸园区奠基。2006 年 8 月，经省政府同意，设立江苏海门工业园区，为省级开发区。11 月，南通市政府批复，海门工业园区管委会为海门市政府派出机构，副处级建制，保留三星镇。2007 年 1 月，升格为省级开发区。园区位于市西北部，距市区 15 公里，东与德胜镇为邻，南接天补镇，西、北与通州市交界。全区总面积 34.19 平方公里，耕地面积 1536 公顷，辖 9 个行政村、1 个居委会。2007 年 6 月，海门工业园区挂牌成立。7 月，撤销三星镇原有事业机构，设一部、一办、六局（即党群工作部，办公室，财政分局、规划建设管理局、招商局、企业发展局、市场发展局、农村工作局）。园区规划建设面积 50 平方公里。至 2008 年，建成 12 平方公里，拥有工业企业 1300 多个，其中规模以上企业 250 多个，年销售收入超亿元企业 20 多个，总投资 30 亿元。2008 年，全区实现地区生产总值 50 亿元，财政收入 2.25 亿元，工业总产值 250 亿元，销售收入 249 亿元，三产增加值 14 亿元，入库税金 1.51 亿元，农民

图 8－5　海门工业园区　（2008 年摄）

人均纯收入1.38万元。是年，荣获中国乡镇综合实力500强，综合实力为江苏省长江以北乡镇第一。

第二节　基础设施

一、道路

1995年，成立三星镇民营经济区，其中，叠三公路路面狭窄，车辆、人流骤增。1996年5月，投资460多万元将三星横河民诚校至叠石桥绣品城入口处的1000米河段填平筑路，路面拓宽至25米，中间设置隔离带，车辆分流运行，1997年竣工。

2002年，镇投资2000多万元，在区内修建东起汇通河、西至绣女路，长5.6公里、宽50米的三星南大道和南起星海路、北至叠三路，长600米、宽45米的震蒙大道。2003年，修筑绣女路，南起星海路、北至叠三路，长550米、宽16米，混凝土路面，总投资130万元。是年，修建良福路，南起星海路、北至叠三路，长550米、宽16米，混凝土路面，总投资150万元。现代大道西起叠林路，年末筑至民诚竖河，次年又延伸至叠港路，全长4.55公里、宽16米，混凝土路面，总投资658万元。

2004年，修筑叠林路，南起被城北路、北至叠港路，长2.95公里、宽5米，混凝土路面，总投资100万元，年末竣工。是年又筑益南路、太林路、宝兴路、富民路、太益路5条公路。

2005年，修筑个簃路，南起星海路、北至叠三路，长550米、宽6米，混凝土路面。2006年，修筑汇通路，自毕径河向东，经益民村，至汇通河，长1.17公里、宽4.5米，混凝土路面，总投资48万元。是年又筑益民中路、永富中路、秀竹路、叠通路。

2008年，修建贯通全西路，长2.7公里、宽4.5米，混凝土路面，总投资116万元。纺都大道，自通州市川港镇界河向东，横穿宝兴村，至浒通河与天三路交会，全长3.15公里、宽24米，该路按城市A级公路标准设计兴筑，总投资2600万元，混凝土路面。大岛路、叠三路与叠港路交汇处至绣女路，并按城市次干路级公路标准拓宽改造，建成景观大道，长900米，宽27米，混凝土路面，总投资1300万元。是年，还修建竖河西路、花晨路、竖河东路、圣绣路、镇中路等7条道路，初步形成园区道路网络。

二、供电

输电线路　2000年，三星工贸园区成立时，全区拥有10千伏输电线路3条，全长64公里。2003年，增10千伏输电线路2条，其中工业线路为三星镇至召良村，长3.6公里；绣城线路为三星镇至叠石桥市场，长5.6公里，总投资160万元。400伏以下线路增至185公里。2005年，10千伏输电线路增加2条，其中星东线，三星镇至汇南村，长4.2公里；三星线，三星镇至三星镇区，长2.5公里，总投资428元。2007年，增加三星镇至叠石桥的10千伏输电线路1条，长6.2公里。至2008年，全区拥有10千伏输电线路8条，全长88.5公里，400伏及以下线路258.68公里。

用电　1995年，三星民营经济区成立，天马、兴旺、凯帝等公司相继进区兴业，镇用电站专门架设供电线路，添置专用变压器，确保用电。同时，为农村使用电脑绣花机、电脑多针绗缝机等机械设备及加工家纺产品的个私企业、个体工商户安装三相电路。2000年，三星工贸园区成立，进区企业增多。是年，在区内安装8台专用变压器，全镇变压器增至20台，三相电路增至634户。全年供电量2156.96万千瓦时，其中工业用电1718万千瓦时。2003年，全镇进区企业、个体工商户分别发展到917个计4946户，用电量骤增。镇供电所在召良、叠石等村增加40台综合变压器，在园区内增加38台专用变压器，合计增容1.23万千伏安，三相电用户增至1295户，全年供电量3614.06万千瓦时，比2000年增长67.6%。2007年8月，设立海门工业园区后，区内电力基础设施进一步完善，拥有变压器241台，合计容量3.01万千伏安。输出10千伏线路7条，计97.3公里；400伏线路203.3公里。三相电用户2337户，全年供电量8293.17万千瓦时。2008年，全区拥有工业企业1300多个，个体工商户9000多户，27个企业进入规模企业行列，规模以上企业增至250个，新实施工业技改项目182个，三相电用户增至2578户，年供电量增至9548.29万千瓦时。

三、给排水

给水　1996年11月，三星镇288个村民小组全部用上自来水，受益人口3.07万人。全镇建有中和、民乐等5个泵站。2000年，实施自来水管道改造工程。当年，竣工益民至汇西的环乡东路地段，全长2.2公里，益民、汇西、中和等村5000人受益。年供水量增至70万吨，其中生活用水50万吨、工业用水20万吨。2001－2002年，改造太阳村至胜利村环乡中路地段、胜利至林西环乡西路地段的供水管道，全长4公里。2002年供水为83万吨，其中生活用水56万吨、工业用水27万吨。2003年，叠石桥国际家纺城一期工程竣工，在市场周围改造管道2公里，受益人口6000人，年供水量95万吨，其中生活用水64万吨、工业用水31万吨。2004年，为解决三星工贸园区进区企业的用水，镇政府投资200多万元，在三星南大道南侧建新泵站1个，日供水1920吨。同年，太益路筑成后，在公路沿线埋设水管2公里，供水条件明显改善，年供水量增至105万吨，其中生活用水70万吨、工业用水35万吨。2007年，镇政府投资1200万元，铺设海门镇至三星大口径自来水管道，全长12公里。年末，东起太阳村，西至叠港路的花城路管道改造竣工，全长3公里。全年供水总量为135万吨。其中生活用水85万吨、工业用水50万吨。2008年，在城北路埋设管道3公里，确保召良、叠石等村8000人正常用水。全年供水量150万吨，其中生活用水93万吨、工业用水57万吨。是年，对所有泵站进行维修改造，落实密封、安全措施。经市水利、卫生等部门检验，指标全部合格。

排水 2002年，三星镇投资15万元，建造西起绣品城东至叠港路下水道100米，确保该地段雨停路干。2003年，投资60万元，分别在绣女路、良福路埋设北起叠三路、南至三星南大道排水管道1.5公里，排除道路下雨天积水。2004－2005年，投入80万元，在震蒙大道、个簃路修建下水道1.5公里。2006年投入15万元，在大岛路家纺城广场地段埋设排水管道0.5公里。2007年投资250万元，在现代大道埋设西起叠港路东至天三路排水管道5公里。2008年，投资20万元分别在三星竖河东路、镇南路埋设南起三星南大道，北至叠三路排水管道1公里。同时，新区大道下水道向东延伸2公里，园区的排水条件得到改善。

四、绿化

境内农户素有“四旁”植树的民风习俗。树种有榆、梧桐、冬青、水杉、杨柳等。1995年，三星民营经济区建成后，镇党委、政府重视绿化。1998年，近千名干部群众在叠三、德三公路两侧新建林带52条，栽银杏7000多株，在镇中路路旁栽蜀桂500株，农户家前屋后植树1万株。2000年起，采取植树节集中植树与常年植树相结合的做法，开展植树造林活动。是年投资3.79万元，增加绿化面积16.4公顷。2003年，三星南大道、震蒙大道竣工后，在道路两侧建绿化带，种植花草树木，总投入10.11万元，绿化面积22.1公顷。2006年，投资78.03万元，在新筑成的福林路、叠通路、镇南路、全中路等道路两旁绿化，种植香樟、紫薇等名贵苗木，植树9.78万株，绿化面积47.07公顷。2008年，大岛路改造工程竣工，园区出资从外地购进香樟等名贵大树种植道路两侧，建成景观大道。

五、桥梁

2000年，境内有大小桥梁108座。2001年，投资40万元在浒通河上建造安南桥。2002年，总投资101万元，分别在浒通河、汇通河、三星竖河上建桥3座。2004年，在浒通河上的中和、太阳村交界处及宝兴村地段建造桥梁，总投资55万元。2005年，在三星横河上建成汇南桥；在三星竖河上建成宝兴桥、安定桥；在永富横河上建成季家桥；在跃进河上建成双校桥，总投资36万元。2006年，三星初中扩建工程竣工，在学校附近的跃进河上建桥，命名育才桥，桥长15米，投资8万元。是年，在三星竖河上建造召良桥；在海门工业园区机关门前的三星横河上建造星镇桥，投资总额22万元。2007年，在七号河上建桥2座，分别为三星桥、个簃桥，投资总额16万元。同年，建造福林桥、镇中路桥、星河东桥，投资总额50万元。2008年，在三星竖河上建造纺都大桥，桥长15米，投资300万元。

六、市场建设

1982年12月，三星乡党委、政府始对叠石桥自由市场进行扶持，投入资金，设置竹棚摊位，方便群众集中进行交易活动。1985年，建造砖木结构的营业用棚，市场逐渐扩大，至1991年，市场占地2.11公顷，棚户建筑面积1.62万平方米。1993年，建成集商贸、仓储、办公于一体的三层楼结构的商业用房，建筑面积近3万平方米。形成叠石桥绣品城。1995年被国务院经济研究中心列为“中华之最”。1997年，实施绣品城东扩工程，建造建筑面积为6080平方米的精品楼及占地1.13公顷的托运城。1999年，建成名品广场，面积2500平方米。2001

年，实施中国叠石桥国际家纺城一期工程，建成营业用房418间，大型家纺展示厅4个，建筑面积3.67万平方米。2002年10月，成立三星镇版权管理办公室，具体负责叠石桥市场及周边地区家纺经营户的花型版权登记、受理侵权投诉、对侵权种类进行界定，制止侵权行为，保护经营者合法权益。同年，兴建占地13.33公顷的叠石桥物流园区，成立省叠石桥物流有限公司和信息中心。2004年，实施叠石桥国际家纺城二期工程，建筑面积8万平方米，家纺市场营业面积扩大到35万平方米，拥有3000多个商铺门面，9000多个经营摊位。2006年，建成全省首家物流信息平台，列为南通市中小企业信息化工程应用试点。同年，组建家纺产品检测中心，并通过国家实验室认证考核。至2008年，园区内质检、银行、工商、税务、医院等机构设施完备。

第三节　项目建设

一、招商引资

1995年，建立三星民营经济区，吸引个私企业进区兴业。三星镇党委、政府对进驻项目实施用地优先安排、水电优先接通、贷款优先办理等优惠措施。叠石村9组赵飞与他人合伙投资1080万元，创办天马纺织装饰品公司，镇有关部门跟踪服务，落实土地6700平方米。同年，退伍军人刘志远征地4000平方米，办起兴旺卧室用品有限公司。林西村陈宏础、陈巍兄弟俩征地2700平方米，兴办市凯帝卧室用品有限公司。至1998年，进区企业8个，其中4个固定资产超千万元、4个超500万元，形成4.5亿元产值的民营企业园。1999年3月，民乐村顾伯平与南非康发国际贸易公司共同投资12.5万美元，创办南通泰发纺织品有限公司。2001年，园区范围扩大至66.67公顷。2002年，三星镇将2.1亿元招商任务分解落实到农业、三产、党务、城建、工商财税、政法文教等7条线，包干招商责任，限期完成；采取市内招商与市外招商相结合，委派招商人员前往浙江义乌、温州等地招商。招商引资完成实绩和个人工资报酬直接挂钩。对招商引资有特殊贡献的给予重奖。至年底，引进项目20个，征用土地30公顷，投资总额2.44亿元。2003年，镇对土地使用采取分等分级定价，用地2公顷以上投资者给予重奖激励措施，吸引个私业主入驻工贸园区。对引荐资金有功人员，分内资、外资给予不同奖励，有效激发干部群众招商引资热情。是年7月5日，镇政府在浙江温州召开三星投资说明会，浙江大田集团、川耕集团、温州南方寝饰用品有限公司等13个业主与会。2005年，新批外商投资企业8个，全镇合同利用外资3500万美元，实际利用外资1508万美元，外贸出口额5500万美元，比2004年分别增长35%、50%和20%。2006年，全年新批外商投资项目21个，增资项目2个。合同利用外资3400万美元，实际利用外资2250万美元，外贸出口额9000万美元，分别比上年增长26%、82%和42%，蝉联市外向型经济先进乡镇称号。2007年，园区累计进区项目250个，投入50亿元，产值超百亿元。2008年，新批外商投资项目7个，增资项目1个，合同利用外资8770万美元，实际利用外资1164万美元，外贸出口额1亿美元。

二、项目开发

2001年12月，三星工贸园区奠基，大岛、巨丰、天发等10个项目举行签约仪式。2002年，87个企业进区落户，至年底竣工投产41个，在建14个，另有32个办妥征地手续，总投入5.2亿元。2003年进区项目58个，占地50.17公顷，总投入7.34亿元，开工建设项目29个。2005年，实施技改项目164个，其中500万元以上项目51个、1000万元以上项目32个、3000万元以上项目11个、5000万元以上项目3个。2006年，湖南梦洁外贸出口加工基地项目落户园区，总投资1亿元，占地6.67公顷，填补园区家纺生产无全国驰名品牌空白。是年，引进项目34个，其中超千万元项目28个、超5000万元以上项目4个、亿元项目2个，投资总额12亿元。至年底，累计进区企业240个，用地173.33公顷，总投资26亿元。2007年，国家级农业综合开发项目南通花晨现代农业有限公司落户园区太阳村，该项目集生产、科研、加工、贸易、观光、休闲于一体，规划占地83.33公顷，总投资3985万元，分两期建设。是年，启动叠石桥家纺市场三期工程规划建设。该工程东至震蒙大道、南至星海公路、北至大岛路、西至通州市交界，规划建设风情休闲区、商务办公区、核心交易区、高档商业区、布艺广场五大功能区域，占地面积40.4公顷，建筑面积70万平方米，总投资35亿元。是年，实施工业技改区项目

192个,其中超亿元项目2个、超5000万元项目5个、超千万元项目58个,农业项目15个,总投资1亿元。是年10月,海门工业园与浙江东圣家纺有限公司签订建设家纺产业园项目,总投资10亿元。是年4月,广亿家纺产业园项目开工建设;5月,完成叠石桥家纺市场三期工程绣女路西侧步行街详细规划编制工作。至年底,广亿家纺产业园占地1.4公顷、建筑面积2.8万平方米的一期工程竣工。家纺市场三期工程、叠石桥客运中心及五星级宾馆项目进入农房拆迁、工程设计和招、投标阶段。是年,实施工业技改项目111个,其中超千万元项目41个、5000万－1亿元项目6个、10亿元项目1个。

第四节 企业选介

一、海门市大岛电脑刺绣机有限公司

1993年,三星镇叠石村施潜新经多次攻关,开发生产电脑绣花机。1994年初,第一台电脑绣花机研制成功。是年,成立海门大岛电脑刺绣机有限公司,批量生产电脑绣花机40台。1997年,投资800万元建造厂房,扩大生产规模,形成年产200台电脑绣花机的生产能力。翌年,单头大幅面电脑绗缝机研制成功。2003年,多头电脑绗缝一体机问世,并获国家专利。2005年,高速电脑绗绣一体机研制成功。2006年,多头电脑绗绣一体机研制开发列入市科技项目,并通过省级技术鉴定,被评为省级高新技术产品,公司被授予省高新技术企业称号。2007年,公司研发的GDD－2多头电脑高速绗绣一体机获南通市科技进步一等奖。至2008年,大岛电脑刺绣机有限公司共开发生产GDD－1－A系列多头电脑绣花机、GDD－2－E系列高速多头电脑绗绣一体机等九大绣、绗、缝设备系列产品,总量7000台,产值8亿多元。其中,GDD－2－E多头电脑高速绗绣一体机被列入国家重点新产品计划项目。

二、海门市天发经贸有限公司

1997年,由新镇村吴仲新投资150多万元,购置叠石桥托运城1000平方米房屋创办海门市天发经贸有限公司,主要生产各类被子。是年,投资200多万元引进多台日本和韩国产的万能多针机、电脑多针绗缝机和两条全自动生产流水线。1999年10月,投资300多万元新建厂房4000多平方米,年产被子30多万条。2000年,推出耐寒被、寒中宝被、活套多用被等新款式。2003年,在三星工贸园区获批用地2.53公顷,建造厂房。2005年,研制成功大豆纤维被,并获国家专利。2008年,有从业人员128人、各类技术人员10人,固定资产2068.74万元。有驼毛被、羊毛被、PP棉被等五个系列30多个产品款式,在全国20多个大中城市设立100多个销售网点,实现销售收入7158万元,利税586万元。

第六章 其他工业园区

第一节 滨海新区

一、沿革

2006年,海门盐场完成企业改制,573公顷土地由市国土储备中心回收。8月,成立市滨海工业新区,设党工委、管委会,下设办公室等8个职能机构,履行各项管理职能。新区规划总面积20平方公里,其中一期规划5.73平方公里,二期规划3平方公里,三期规划11.27平方公里。是年12月,市通过省规划设计院设计的新区一期控制性详细规划方案,确定新区以先进制造业和现代服务业为产业发

展方向，一期重点发展新材料、新能源、船舶配件、家电制造、装备制造等高新技术产业。

2008年8月，东灶港镇与滨海工业新区合并，成立市滨海新区。新区沿海开发的目标定位为建设“一城四中心”①，发展海洋经济。

二、基础设施

道路　2006年7月，连接滨海工业新区与省道335线的港西大道，按照一级公路标准开工建设。2007年6月，全长6.2公里双向四车道的港西大道建成通车。年底，区内横贯东西、纵穿南北的13条总长27.5公里的骨干道路基本建成，新区南北成排、东西成片框架形成。

图8－6　滨海新区港西大道　(2008年摄)

供电　2007年9月，新区110千伏变电工程项目通过省发改委立项审批。该项目建设用地4554.8平方米，总投资1.17亿元，2008年4月竣工并投入运行。区内输电线路沿发展大道、浙江路、福建路、港西大道4条主干线进行建设。至2008年底，港西大道、发展大道等区内13条骨干道路两侧全线设置路灯，长27.5公里，投资2亿元。

供水　新区工业水厂选址灵树村通吕河畔，占地2.84公顷，建筑面积3882平方米，设15座蓄水池，取通吕河水作为工业水源，日供水2万吨。工业用水管网铺设西安路、西宁路、武汉路、发展大道和福建路等路段。生活用水厂建于新区武汉路东、浙江路北，占地6700平方米，取地下水作水源，日供水1万吨。生活用水管网沿区内12条骨干道路铺设，2008年12月竣工。

排水　新区对原有匡河、纳潮河、排咸河进行全面疏浚改造。其中河道石驳工程10公里，架桥13座，埋设涵管18处，横穿园区的排咸河改造成景观河道，2008年全部竣工，总投资1.2亿元。是年9月，市第四污水处理厂开工建设。项目选址在新区纳潮河南、西安路东，计划用地3.5公顷，能日处理污水3万吨，总投资1亿元。一期投资1985.67万元，预计2009年6月竣工。完成配套的雨水管道20.95公里，污水管道9.31公里。

通讯　2007年11月，联通、移动两大通讯公司信号塔在滨海新区建成，并正式运行，新区13条骨干道路均设置6－8孔弱电通讯管道。

三、项目建设

2007年，新区注册项目13个，其中外资企业5个、民资企业8个，12个项目办理进区注册手续，其中，外资6690万美元、民资2.63亿元。世界500强企业美国泰森食品有限公司与市京海禽业集团有限公司，合资经营商品鸡养殖与加工，组建江苏泰森食品集团，于2007年8月落户滨海工业新区。该项目占地133.33公顷，总投资8500万美元，注册资本3000万美元。

2008年，新区新注册和开工项目14个，其中工业项目9个、基础设施项目3个、房地产项目2个。总投入30亿元，其中工业项目13亿元、城建投入17亿元。全年合同利用外资突破1亿美元，实际利用外资1768万美元，实际利用民资3.22亿元人民币。

是年4月，第十三届中国海门金花节期间，江苏泰森食品有限公司、南通合钣热处理有限公司、海门景鹏塑料科技有限公司、海门滨海文化用品有限公司、江苏喜汉环保节能设备有限公司、江苏嘉汉环保锡焊有限公司、江苏嘉汉金属科技有限公司等10个项目同时奠基开工，总投资10亿多元。

10月，南通纺织职业技术学院与市政府签约建滨海新校区，占地66.67公顷，建筑面积30万平方米，总投资约10亿元。

11月，省边防总队海警二大队营区及码头工程

① 一城四中心：滨海新城、深水海港中心、工贸中心、渔货集散中心、生态旅游中心。

正式启动。该项目位于发展大道北侧、港西大道西侧，总投资1.2亿元，总建筑面积8500平方米。其中营房5000平方米、船材仓库和船舶修理用房1100平方米、封闭式游泳训练池1200平方米、军官公寓住房1200平方米。同月，总投资1.3亿元的滨海新区中心商务区重点工程之一的港池两侧景观改造工程开工；滨海风情街一期海边泛舟、滨海亲水广场、海鲜城、董竹君纪念馆、海洋文化博物馆以及海湾假日花园一期度假酒店、商业步行街等项目同时启动。

2008年末，区内15平方公里的建设用地规划及港口建设规划成功报批；中心渔港100万平方米港池清淤和码头建设规划论证工作顺利完成；渔港码头区临港修造船产业发展规划的设计初步论证结束；港西大道北延至海堤，广东路东延、南京路等工程的实施，有效拓展园区发展空间，实现港区、城区、工贸区贯通。

第二节　临江新区

一、沿革

临江新区位于市东南部，距市区20公里，南倚长江，北接宁启高速公路，东部紧靠刘普公路，西部与包临公路相连，新建的沿江公路横穿全区。总面积58.3平方公里。2003年8月，海门经济开发区规划兴建临江化工园区。2006年4月，临江化工园区与青龙化工园区合并为海门灵甸工业集中区。2008年8月，灵甸工业集中区与临江镇合并，建立临江新区，隶属海门经济开发区（保留临江镇），新区内设办公室、党群工作部、招商局、规划建设管理局、农村工作局、企业发展局、财政分局，辖区有10个行政村、1个居委会，包括灵甸工业集中区和青龙化工园区两个园区。灵甸工业集中区规划面积14.5平方公里，青龙化工园区1.8平方公里。

二、基础设施

2008年，新区投入4000多万元用于园区道路建设，建成滨江大道和创业路两条主干道，长5000米、宽24米，总投资2500万元。投入1200万元完成青龙供电1万千瓦扩建工程。投入1800万元完成农药厂宿舍区、青龙港船厂等地段拆迁任务，为慧聚药业、常海苯内胺酸等项目落户提供用地保障。投入5000万元完成青龙污水二期扩建改造工程，启动灵甸污水处理工程。投入800万元完成青龙和灵甸部分道路绿化工程，青龙路灯建设工程、青龙服务中心建设工程。

三、项目建设

2007年，灵甸工业集中区西区引进企业44个、投资35亿元，其中19个企业投产、在建项目16个、在批项目9个。园区占地106.67公顷，规划两大一小产业园，形成钢材深加工、新材料和中小企业科技创业园三个新基地。

2008年，新区引进的15个项目中超亿元项目10个，其中外资项目8个，平均单体投资规模1350万美元。开工建设的项目10个，投资总额3亿美元；办理注册项目3个，投资总额8000万美元。是年，联海生物科技项目一期投产，总投入8亿元，入库税金5000万元。该项目二、三期工程9月开工建设，可形成年产60万吨的丙丁溶剂生产基地。是年，新区实现新批工商登记注册外资1.09亿美元，注册外资实际到账2451万美元，实现应税销售11.18亿元，工业入库税金6400万元，固定资产投入15.5亿元。

图8－7　临江新区联海生物公司　（2008年摄）

第九篇

经济体制改革

1978 年中共十一届三中全会以后,海门开始进行经济体制改革,计划经济的局面逐渐打破,农村“三级所有,队为基础”的经营管理模式瓦解,取而代之的是土地实行联产到组、联产到劳和以大包干为主要形式的家庭联产承包责任制;农村集体资产则实行出售、抵押、承包、合股等形式,农村集体资金在所有权不变的前提下,先后实行“村核算、乡管理”“村账乡镇代理”等形式,确保农村集体资产和资金的安全运作和保值升值。

20 世纪 80 年代开始的工业企业体制改革,先后经历扩大企业自主权、厂长(经理)负责制和承包经营责任制等过程;工业企业内部实行干部人事制度改革、劳动用工制度改革和分配制度的改革,但效果都不理想。经过 1996 年的企业转制和 2000 年的企业改制,公有资产从企业中退出,企业和经营者可根据市场情况,决定企业的生存和走向,多种经济成分并存,生产力得到迅速发展。

80 年代初开始的流通体制改革,打破计划一统的局面,改变了传统的经营模式和经营机制,先后实行定额包干、承包经营、股份合作制经营等形式。2000 年,全面实施企业改制,根据企业实际情况实行出售、出租、破产等形式,企业脱壳重组为股份制企业,实现了存量资产的利用开发和资产的保值增值。

第一章　农村经济体制改革

第一节　家庭联产承包责任制

1978 年,随着党对农村政策的调整与放宽,逐步推进生产责任制改革。是年,全县农村 9 个生产队自发实行联产到作业组的生产责任制。1979 年,在中共中央《关于加快农业发展若干问题的决议(草案)》鼓舞下,联产到组的生产队发展到 2000 多个。1980 年,各地改革力度不断加大,全县有 68 个生产队试行不同形式的联产承包责任制。1981 年,全县 8507 个生产队中,实行联产到劳的生产队 5762 个,占 67.7%;实行联产到作业组的生产队 678 个,占 8%;实行小段包工的生产队 1929 个,占 22.7%;实行大包干的生产队 138 个,占 1.6%。

1983 年,全面实行以大包干为主要形式的家庭联产承包责任制,以分户经营为主,有分有统、统分结合的双层经营体制,有效消除“大锅饭”的弊端,促进生产发展。是年,土地按人平均承包的有 288 个生产队,占 3.5%;按务农劳力承包的有 6213 个生产队,占 74.8%;按人劳比例承包的有 1806 个生产队,占 21.7%。

1984 年,开展延长土地承包期、发放土地使用证工作,贯彻落实耕地承包经营 15 年不变的政策。同时,支持专业户、重点户的发展。1986 年,全县有专业村 80 多个,专业户、重点户 8034 户,农民人均纯收入 551 元,比 1978 年的 92 元增长 5 倍。

1988 年,针对农户承包土地中出现的过于零碎、分散和人口、劳力变化等情况,推行“人划口粮田,劳划经济田”的“两田制”。秋播前夕,全县 90% 以上农户的承包土地均作适当调整,其中 4100 多个村民组、14 万户农户的约 3 万公顷承包土地由集体统一收回后重新发包,有效解决承包地过于零散、田劳矛盾、茬口不合理布局等家庭联产承包责任制中的问题。

1991 年上半年,总结包场镇兴无村等 8 个单位工作经验，县委制定《农业承包合同管理暂行规定》《农村承包土地管理暂行规定》等，规范和完善家庭联产承包责任制，以形成相关配套政策措施。1992年，农村经济规范化管理列入乡镇村干部岗位责任制考核，并与报酬和奖金挂钩。

1993年秋播前夕，针对1988年实行"两田制"后新的人地矛盾，坚持"大稳定、小调整"原则，分别采取"以出定进"[①]或"以进定出"[②]的办法，对农户承包地进行余缺调剂，1957个村民小组2120公顷承包耕地进行适当调整。通过调整，兴办村级农场7个、家庭农场3个，促进土地规模经营。同时，针对果、桑、竹园承包合同指标偏低、可养水面管理不善、大面积荒芜等现状，修订完善"三园一水（水面）"的承包合同。对可养殖水面推广树勋乡尧令村水面专业（或联户）承包经验，促进农村水面资源合理开发利用。

1994年，经过调查，全市有弃耕和放田农户3.08万户，占承包总农户9.1%；放田面积3727公顷，占承包总面积6.8%。1.74万户农户已自发通过各种形式流转土地使用权，流转面积1927公顷。

1995年，全市开展"稳定土地承包关系，建立土地流转机制，稳步推进农业适度规模经营"的活动，适当调整农户承包土地，允许以出租、出让等方式调整土地并重新签订合同。是年，调整承包土地的村民组4791个，占57.4%，调整承包土地9280公顷，占总承包土地16.9%。1996年，调整承包土地的村民小组2352个，占28.4%，其中大调整的331个村民小组，调整承包土地2020公顷，占总承包土地3.68%；全市创办各种形式小农场75个，总面积327公顷；土地规模经营面积1253公顷；水面承包面积1153公顷，占可养水面86%，较好地解决土地经营中的各种矛盾。

1997年，第一轮15年承包期陆续到期，根据中央关于"在原定的耕地承包期到期后，再延长30年不变"的政策精神，以"大稳定，小调整"为原则，延长土地承包期。至9月底，基本完成土地二轮承包。全市8322个村民组中，进行大调整的942个，占11.32%；小调整的2677个，占32.17%；直接延长承包期的4703个，占56.51%。1999年，市政府为全市30万户农户颁发农村集体土地经营权证书。

2000年，坚持农户承包耕地"增人不增田、减人不减田"的原则，并通过转包等形式实现经营权流转。2002年，土地流转形式已出现转包、转让、互换、租赁、联营、委托经营、继承等多种形式，流转面积5580公顷，约占总耕地面积10%。是年，市委、市政府办公室下发《关于做好公路和工贸园区等建设征地后承包土地调整工作的指导意见》，对高速公路和工贸园区等地征用土地后，造成农户之间承包土地严重不均问题提出解决办法。年末，全市涉及的62个村、515个村民组的农户承包地全部调整结束。2003年，贯彻《中华人民共和国农村土地承包法》，农村土地承包管理步入规范化、法制化管理轨道。

2004年，市政府出台《海门市农村土地承包经营权流转实施办法》，完善和规范土地流转程序、文书格式和具体操作办法。明确土地流转的供求登记、发布信息、项目推介、中介协调、指导签证、跟踪服务等均由镇、村负责。

2005－2006年，针对1997年进行的二轮土地承包期间农户承包地变化较大、农村集体土地经营权证书条款滞后、承包合同与该证书合二为一等问题，对农户承包地进行全面清查、清丈核实，并换发土地承包经营权证书和补签承包合同。全市完成承包土地清查清丈核实的村民组7979个，占96.4%，其中清查核实的村民组1975个，清丈核实的6004个。

2006年，在天补镇彦英村以及常乐、三厂、正余、德胜、三和等乡镇开展农村土地股份制改革试点，土地可入股分红。是年，建立市农村土地承包纠纷仲裁庭，专门仲裁土地纠纷案件。同时继续稳步推进农村土地承包经营权流转工作。2008年，全市累计流转面积9467公顷，占总承包面积20.7%，发展百亩以上的规模经营面积139块，计462.2公顷。

---

① 以出定进：对农户需田多的村组，根据放田的数量，调整给需田户。

② 以进定出：对农户放田多的村组，根据需田的数量，从放田户中调整给需田户。

第二节　集体资产管理体制改革

1983年前，农村集体资产为“三级所有，队为基础”的统一核算管理模式。

1983年，随着集体土地划分给农户承包，生产队集体所有的财产（仓库、场地、农机具等）相继退出集体统一经营舞台。是年起，对集体资产进行处理：公有小型生产资料，如实用农机具等作价给承包农户（即从实物形态裂变成货币形态），其资金成为生产队集体积累资金的一部分；公有大型生产资料，如拖拉机、脱粒机等大中型农机具，由集体委托专人保养或租赁给专业户；对生产队集体房屋、仓库拆除，将材料出售，空置地还耕发包。至1994年，第一阶段工作基本结束，全市由集体资产裂变成的货币资金计600多万元（包括原部分账面资金），但裂变成货币形态的资产仅是集体资产的一小部分，大部分集体资产（金额在2亿元以上）仍未出售、出租，有些长期搁置或被侵占、蚕食。1995年，为进一步加强对这部分集体资产的管理，市委在瑞祥镇试点后明确3点：资产为村、镇集体所有；实行分级监督、自主管理经营；资产所有者的村、镇可实行风险抵押、承包、租赁、转让、合股等多种形式经营，但应确保集体资产的保值、增值。是年12月，市农村集体资产管理试点经验在全省农经工作会议上介绍。

1996－1997年，市建立农村集体资产管理领导小组办公室，乡镇也建立相应机构，对农村集体资产进行规范化管理。各乡镇相继建立农村集体资产台账和会计报表制度等。

1998年，开展农村集体资产清产核资工作。全市772个村、337个村办企业、8210个村民小组完成集体资产清产核资工作，建立健全资产负债权益台账、收益台账、挂账资产登记簿和产权登记表，建立会计核算体系和较为完整的管理制度。当年村集体资产收益的收缴率平均为70.5%。1999年，全市回收集体资产转让金及集体资产收益150多万元。

2000年，由财政局管理的乡镇级集体资产改由农工部管理，同时成立农村集体资产管理办公室。是年，对农机、水利设施进行产权制度改革，涉及23个乡镇410个村。当年完成改制项目186个，完成率99.5%，其中实行承包的127个，租赁的24个，整体拍卖的23个，其他12个。应改制资金37.13万元，当年实际到账资金35.26万元。

2001年，农村集体资产通过强化台账管理、合同管理和收益收缴管理等，全市集体资产收益收缴率在85%以上，集体资产增值率1%－2%。

2004年，对村级集体资产进行财物清理、合同管理、债权债务核对、在建工程清理等清产核资工作，将游离在账外的捐赠资产482.01万元全部纳入账内核算。同时，规范合同管理，共归档租赁、承包等各种合同（协议）9988份，补订、续订合同62份，收缴到账收益金额709.82万元。对全市8618笔计264.95万元无效债权进行逐笔审核，办妥报批核销手续；对57984笔计4518.69万元有效债权办妥核对手续。是年经清产核资，全市共有村级集体资产2.87亿元。

2005年，先后在四甲镇头桥村、三厂镇青龙港村、天补镇建安村、三阳镇太阳村、正余镇双烈村、海门镇海南村等15个村（社区）开展农村集体资产股份制改革试点，将集体资产折股量化后分成集体股和个人股，个人股再分为人口股和劳动贡献股进行分配（人口股系数为1，劳动贡献股根据劳动工龄计算系数）。15个试点村（社区）社区应量化股总额1623.79万元，其中集体股84.52万元，个人股1539.27万元。2008年，通过经营、租赁等形式，收益843.9万元，其中809.46万元用于股金分红，其余留作公积金和公益金等公益事业经费。在试点成功的基础上，股份制改革推广到全市。至2008年年底，全市村、组集体资产积累2.66亿元，基本实现保值、增值。

第三节　农村财务改革

一、规范核算体系

1983年推行家庭联产承包责任制后，以“队为基础”的会计核算制终结，普遍实行联队会计制。此后实行村组并账，由乡镇统一管理，村统一会计核算；村组资金所有权不变。是年4月起，县级农村财务管理与会计辅导工作由县农业银行移交给县委农工部主管。至1989年，县农村财务基本健全相关制度，建立会计档案，形成农村会计队伍“一条龙”管理网络，每年对新任村会计进行业务培训。

1992年，在六匡乡进行村账乡镇代理试点，建立首家农业会计服务站，统一代理各村财务。村账乡镇代理精简了人员，该乡当年节约专业会计和辅导会计等报酬支出1.5万元；强化农村财务规范化管理，有效抑制拉借挪用、公款吃喝等不合理开支。1993年，扩大村账乡镇代理试点范围，每区选择1个乡镇进行试点。1994年，有10个乡镇建立农业会计服务站。1995年，所有乡镇建立农业会计服务站。1996年，全面推行村账乡镇代理，并建立、健全村账乡镇代理和村有资金乡镇代管制度，主要有财务收支预决算制度、财务收支审批制度、财务审计制度、民主理财监督制度、财务公开制度、物资管理制度等。财务基础管理实现统一账本、统一会计凭证、统一会计科目、统一记账方法、统一会计报表。

2001年，在三厂镇进行农村财务电算化试点。9月，22个乡镇村级财务全部实行会计电算化记账核算管理。10月，南通市在海门召开农村财务管理暨会计电算化现场会，推广海门经验。2003年，规范会计电算化管理制度，村账乡镇代理水平进一步提高。是年年底，全市镇村会计电算化推广合格率和资料、报表网络传输率均100%。2004－2008年，村账乡镇代理步入经常化、规范化轨道。

二、清理债权和债务

1987年，在三阳镇合东村试点清理农村财务历史遗留问题，主要包括1958年人民公社化、“一平二调”、1976年大搞样板片、1977年大办工业、大办农业等几个时期造成的经济损失。

1988年，对全县农村财务历史遗留问题进行全面清查。清理回收集体资金76.6万元，重新立据两项往来款710万元，落实债权328万元，经批准因故豁免、销账19.05万元。1989年，129个村进行扫尾工作。

1990年，回收陈欠透支款和清理两项往来款。因农户每年都有应上交的积累工、义务工等合同内承担的费用，部分农户旧的陈欠款刚结清，新的陈欠款又产生，村级两项往来欠款处于边清边增状态。县委把债权清收作为农村工作重要任务，每年下达收缴指标，确保年清收率30%以上。

2004年，开展清产核资工作，并将此列入乡镇政府年度考核内容。通过清产核资，摸清全市村级应收债款为1.22亿元，应付债款9374.49万元。2008年年底，村级应收债款1.3亿元，应付债款3456.85万元。

第二章　工业企业体制改革

第一节　转换经营管理机制

一、扩大企业自主权

20世纪80年代前，县属国有、集体企业实行计划经济管理模式。企业按政府指令性计划生产，原材料由国家调拨，产品由商业部门收购包销，企业干部由组织人事部门任免，工人由劳动部门招收调配。80年代初，开始扩大企业自主权的探索。1984年8月，确定县棉纺厂、颐生酒厂为企业扩权改革的试点单位。从生产经营、机构设置、干部任免、劳动用工、奖金分配等方面逐步扩大企业自主权。财政、税务、劳动、工商等部门根据各自职能，制定放权实施细则；计委、经委简化基本建设审批程序，放宽技术改造项目审批权限，改进产品和物资管理；组织人事部门从干部管理、人员调配、人才交流、干部来源等方面简政放权。企业的生产经营开始逐步走上以市场为导向的轨道。政府以全民财产所有者代表的身份，只管理企业经营者、承包（或租赁）经营合同、工资控制比例等；企业则逐步向拥有人、财、物的管理使用权和产、供、销的自主经营决策权方向迈进。

二、厂长（经理）负责制

1984 年，在企业扩大自主权基础上，县棉纺织厂、链条厂、印刷机械厂、制药厂等 7 个工业企业试行厂长负责制，即厂长行使行政权力，职工进行民主管理，党委（支部）起监督保证作用的管理体制。1985 年，县棉纺厂实行厂长、总工程师、总经济师、总会计师组成的“一长三师”管理体制。1987 年，县属国有、集体工业企业全面实行厂长（经理）负责制，各企业相继召开职工（代表）大会，选举产生职工代表和工会主席，企业的行政指挥体系、监督保证体系和民主管理体系得到加强，改变过去党政不分、职责不清的状况。绝大多数企业确立厂长（经理）在企业中的中心地位，建立起一整套决策程序和职工参与企业决策的管理制度。海门链条厂实行新的管理体制后，企业有了新发展，1985 － 1988 年，08B 等 5 种规格的滚子链条获部优产品称号，1987 年被评为省级先进企业。1988 －1995 年，推行厂长（经理）负责制同时，引入竞争机制，企业实行厂长（经理）招标聘任制、任期目标制、离任审计制。

1996 年起，工业企业转换经营管理机制（简称转制），原市属国有、集体、乡镇企业转为股份制或股份合作制企业，实行董事长或执行董事负责制，一部分企业实行董事会领导下的厂长（经理）负责制。

2000 －2005 年，国有、集体、乡镇企业大部分完成产权制度改革（改制），成为民营企业，原有意义上的厂长负责制自行消亡。

三、承包经营责任制

1983 年 3 月，县轻纺工业系统 13 个小型微利、亏损企业进行承包经营责任制的探索，取得明显效果。1984 年，对小、难、亏企业相继实施承包经营。是年，全县乡镇工业企业全面推广无锡堰桥乡镇工业经验，实行承包经营责任制，形式有：利润包干、超额分成；利润包干、全奖全赔；个人承包、包干上交；费用包干、自负盈亏等。1986 年，根据企业所有权与经营权分离的原则，对颐生酒厂等 24 个县属工业企业进行承包经营责任制试点。其中全民企业采取上缴利润基数包干或递增包干，超利分成；微利、亏损企业采取上缴利润定额包干或减亏包干，超利分成；集体企业实行计税利润基数包干或递增包干，超基数部分减征 50% 以内所得税；海门盐场实行超计划产盐与工资总额挂钩的办法。

1987 年，全面推行承包经营责任制，承包经营者与主管部门签订承包合同，期限一般为 3 年，合同明确承、发包双方的职责、权利和义务，促使企业自主经营、自负盈亏。在推行承包经营责任制过程中，针对暴露出来的问题，采取改进措施，及时总结推广全员风险抵押承包、滚动承包等行之有效的经验，承包经营得以稳定和完善。1988 年，全县 76 个县属工业企业（其中全民 25 个、集体 51 个）实行承包经营责任制。1990 年，1421 个乡镇工业企业中，1364 个企业实行承包经营责任制；天补镇、德胜乡的 35 个乡镇企业试行租赁制。

1990 年，进行第二轮承包，在坚持“大稳定、小调整、为国家多做贡献”的原则下，实行滚动承包或延长承包期的办法。是年，76 个县属工业企业签订新一轮承包合同。同时，在承包企业中全面推行共保合同制，强化企业民主管理。即在签订新一轮承包合同时，由厂长（经理）代表经营层、工会主席代表职工，签订内部共保合同书，实现“外包”与“内包”相结合。1991 年，全县 70% 企业落实共保合同制，第二轮承包于 1995 年年底结束。

1996 年，工业企业进行转制，对转制后的股份制和股份合作制企业的经营管理模式不再统一要求，各企业自主运作。

四、企业内部经济责任制

1983 年，在推行承包经营责任制基础上，工业企业因厂制宜进行配套改革，落实内部经济责任制。通过健全各项管理制度，建立指标分解体系，实行纵向到底、横向到边的内部经济责任制：一是产供销一条龙承包，定额上交；二是目标成本承包，节约分成；三是费用和工作标准承包；四是定额计件，消耗包干；五是独立经营、自负盈亏。机械工业系统的企业实行以“责”为核心，以“包”为主体，将责任指标和权利分解到车间、班组、科室和个人。海门印刷厂采取大承包套小承包，小承包保大承包的办法，按产量、质量、安全、销售 4 项指标进行分包。颐生酒厂实行以创优夺牌为重点，以提高经济效益为目标的内部承包经营责任制。

1996年，工业企业转制后，企业内部的经济责任制进一步完善，部分企业实行分块租赁经营形式。企业通过分块公开招投标，择优确定承租者，由承租者注册组建新企业，并租赁老企业部分厂房、设备等资产，实行独立经营、按章纳税、交纳租金、盈亏自负。租赁企业按合同规定安排使用老企业职工，其工资、养老保险等福利待遇均由租赁企业承担。老企业按租赁合同收取租金，用于支付待岗职工养老保险费和生活费等。

2000年，进行产权制度改革后，原来实行的承包经营、租赁经营等内部经济责任制自行终止。

第二节　三项制度改革

一、干部人事制度改革

20世纪80年代前，县属国有、集体企业的领导干部由县组织、人事部门考察，按干部管理权限，分别由县委、县政府和组织人事部门任免，企业的中层干部由主管部门考察任免。

1988年，县轻工业公司所属11个企业在推行承包经营责任制过程中，对传统的企业干部人事制度进行改革。通过招投标、民主评议等程序，公开、公正、公平地择优竞选企业的厂长（经理），再按干部管理权限，分别由县委、县政府和组织人事部门或主管部门任命。三星羊毛衫厂等乡镇企业则采取更加灵活的办法，面向社会直接招聘企业经营者，使干部人事制度改革迈出坚实一步。

1996年企业转制后，由股东民主选举企业的董事会、监事会，董事长由董事会选举产生，厂长（经理）由董事会聘任，改变以往企业干部由组织人事部门考察任命的做法。是年，海门电镀厂、海门仪器厂等工业企业按精简、高效的原则，设置企业内部管理机构，制定岗位责任制，在全厂范围内实行公开竞争，择优聘任中层干部和科室工作人员。科室比原来减少20%，科室人员比原来精简20.67%。企业干部不再享受原来与国家行政机关干部同等的级别和工资福利待遇，与工人一样实行合同制，享受工人的工资福利待遇。落选、落聘的干部到工人岗位上工作。

2000年，在企业改制置换职工劳动关系后，干部与工人一样被解除劳动关系，进入再就业。

二、劳动用工制度改革

80年代前，县属工业企业的用工制度由单一的固定工（正式工）制度，逐渐过渡到经劳动部门批准陆续招收一部分临时工和因征用土地而安置的土地工，其性质均作为计划内合同工，工资福利等与固定工基本相同。

1982年12月，根据省劳动部门的部署，将颐生酒厂1981年招收的计划内合同工改为劳动合同制工。其后，县属工业企业对顶替招收的退休职工子女实行劳动合同制。1985年9月，征用土地安排的农民工，实行劳动合同制。1995年，市属工业企业取消固定工制度，实行全员劳动合同制。1996年企业转制后，推行厂内劳务市场和厂内待岗制度。

2000年5月，市委、市政府出台《关于市属工业企业劳动关系若干问题的处理意见》，明确用人单位裁减人员的程序和对被裁减人员的经济补偿办法。2001－2002年，海门钢厂、印刷厂、磷肥厂、阀门厂、纬编针织厂等单位相继歇业或破产，解除所有职工的劳动关系，并对职工进行经济补偿。

2003年3月，市出台《关于深化市属工业企业改革的意见》和《关于市属工业企业置换职工劳动关系的实施办法》，进一步明确企业在产权置换同时，规范有序地置换职工劳动关系。并明确军队转业干部、工伤职工、内退职工（距法定退休年龄不足5年的职工）、协保职工（连续工龄满30年的职工）的安置及解除劳动关系职工的经济补偿办法。至2005年，全市9887名市属工业企业职工的身份予以置换，支付经济补偿金7535万元；军转干部、工伤、“土劳保”（失地后享受补贴的人员）、60年代精减下放人员等特殊群体职工得到妥善安置，共支付安置费4929万元；为8721名退休、内退、协保人员办理医疗保险，支付医保费用8721万元；支付陈欠职工应付工资、医药费等内债906万元；市财政采取挂账处理的办法，为特困企业支付陈欠养老保险费、内退协保人员生活费和社会保险费3800万元。被置换身份的原市属企业职工，大部分由改制后的新企业重新录用，一部分进入劳动力市场再就业。

2005年后，企业通过劳动力市场双向择优录取的用工模式基本形成。

三、分配制度改革

80年代初，部分企业从实际出发，打破长期实行的八级工资制度，进行分配制度的改革尝试。1980年，五一服装厂采取基本工资与超额计件工资相结合的形式。各砖瓦厂、农具厂等根据手工业生产的特点，在沿用计件工资的同时采用拆账分成的办法进行工资制度改革。

1983年，县轻纺工业系统各企业打破固定工资制度，分别采取固定工资加浮动工资、计件工资、超额计件工资、拆账分成工资等多种分配形式。1986年起，劳动部门对部分企业实行工效挂钩。

1995年，政府对企业职工不再实行统一的工资调整政策，改为工资总额控制，企业内部的分配由企业自主确定。

1996年，企业转换经营机制后，绝大多数市属企业将职工的实际工资与级别工资脱钩（仅作档案工资），依据职工的劳动技术等级、劳动强度轻重、责任大小、条件好差和贡献多少，对一线工人和二、三线人员分别实行固定工资加岗位浮动工资的分配形式，同岗同酬，易岗易薪。部分股份合作制企业采取按劳分配与按股分红相结合的办法，部分企业对厂长经理实行年薪制，年薪一般不超过职工平均收入的2－3倍。

2000－2008年，政府对企业实行工资指导线管理的办法，即每年7月1日前由劳动和社会保障部门确定并公布下一个工资年度企业用工的最低工资标准（月工资、日工资）和职工缴纳养老保险的最低保证基数，由企业根据实际情况，在确保不低于当年最低工资标准的前提下，自主确定职工的工资水平，并以职工的实发工资为基数和统一的缴费比例，为职工缴纳基本养老保险费和医疗保险费等五项社会保险费用。

第三节　产权制度改革

一、公有产权置换

20世纪80年代开始，部分工业企业进行股份制改革探索。1982年，汤家乡中兴村组建飞宇股份有限公司，时为县内首先实行股份制的企业。1986年，三和毛条厂对濒临倒闭的三和食品厂实行兼并，三和食品厂成为县内第一批被兼并收购的企业。1989年，正余客车厂、县客车厂、县汽车二厂、县特种车辆改装厂联合组建南京汽车工业联合公司海门汽车工业股份有限公司，时为海门第一批联营企业。90年代，县委、县政府选择部分市（县）属工业企业进行股份制改革的试点。至1994年，全市有股份制企业34个，其中乡办工业企业2个，村办工业企业4个，股本金超过1000万元。

1996年2月，市委、市政府出台《关于国有、集体企业转换机制的意见及若干规定》。3月，召开全市企业转制万人动员大会，成立市企业转制指挥部，抽调1500人组成9个工作团、47个工作组，协调指导各乡镇、部门的企业转制工作。同时成立由294人组成的47个资产评估组，负责对转制资产评估。市企业转制指挥部借鉴山东诸城市转制经验，针对企业资产规模和经营状况，采取4种产权制度转制形式。一是对净资产数额较大的海门棉纺厂、海门制药厂、海门光色玻璃厂等利税大户和有发展前途的优势企业，采取有限公司的形式转制，由政府控股或参股经营；二是对颐生酒厂等规模虽较大但效益一般的工业企业，实行“先售后股”的办法，即企业资产经评估后，将净资产出售给企业全体职工，然后由职工出资后作为股金参股，企业则转制成股份合作制企业；三是对小型企业实行租赁和出让相结合的形式，即将企业的房屋、土地、电力设施等按实计租，设备、流动资产一次性出让，原企业转制为民营企业；四是对小、难、亏企业实行资产转让（拍卖）的形式，退出经营市场。企业转制中，为确保公有资产不流失，股东权益不受损，制定清产核资和资产评估责任制度、审批制度、验收制度和工作质量回访制度，对出租的公用资产严格办理租赁手续，明确产权和租赁关系，明确出让金、租金、利息收入必须用于企业滚动发展。3月20日至8月20日，全市1010个企业（包括乡镇工业企业）全面完成转制。其中实行股、售、租相结合的企业161个，出售与租赁相结合的企业322个，先售后股的企业361个，资产转让（拍卖）的企业65个（其中60个转为民营企业），实行兼并的企业19个，另有82个企业因企制宜，采取租赁等形式进行转制。市属工业12个系统121个企业进行转制，转制总资产12.12亿元，净资产2.5亿元，剥离资产2.07亿元。

转制后，创立股份有限公司和有限责任公司5个，股份合作制企业105个，拍卖1个，转民营企业6个，外商独立租赁2个，破产3个。转制后的企业重新进行工商注册登记，注册资金9927万元。1996年年底，全市市属工业企业尚有5300多万元国有集体股本金在企业中运行。省委、省政府对海门的转制给予肯定，1997年10月14日，《新华日报》头版头条刊登长篇通讯《企业改革在海门的成功实践》，介绍海门的转制经验。

2000－2001年，在物资系统和市液压件厂等单位进行产权(股权)制度改革(亦称公有产权置换)试点。2003年3月，市委、市政府出台《关于深化市属工业企业改革的意见》。4月市召开市属企业深化改革动员会，依照"公有资产从企业退出，劣势企业从市场退出"的改制原则，深化市属工业企业改革。晨牌药业有限公司、南回集团、白兔集团等经营状况较好，公有股权占比较小，经营层(者)能力较强，产品市场潜力大，前景好，这些企业采取公有资产(股份)向现有经营层转让的方式。市医药公司、雅光集团等净资产质量高、公有股权占比较大的企业，采取公开拍卖的方式将公有资产退出。颐生酒厂、海门电机厂等净资产较少(甚至资不抵债)、资产质量较差的企业，采取破产、歇业等方式，将存量资产有效变现(金)后，作为用于置换职工劳动关系的费用。在实施过程中，坚持"公开、公正、公平"的原则，阳光操作，面向社会公开拍卖，竞价转让。少数骨干企业实行定向转让的，多方征求意见，经改制领导小组讨论后上报确定。2005年，105家企业的产权(股权)置换基本完成，有效资产变现9000多万元。经过产权(股权)置换，公有资产全部从企业退出。改制后的产权模式大多为经营层控股、经营者持大股、业务骨干共同参股的格局。

2006年，处理企业改制遗留问题，市有关部门指导和配合百花集团、白兔集团、银燕电子、轻工供销公司等10多个企业完善相关法律变更登记手续，为企业例行工商年检、资产过户等提供合法依据；妥善解决校办合成塑料厂、春华塑料厂等10多个改制企业原陈欠税费问题；归类整理50多个市属企业的改制档案；完成近1.4万名退休、内退、协保等职工二类医保参保接续等有关手续。2007年，进一步完善原市属改制企业的法律行为，落实城镇职工的医疗保障政策，党员组织关系转移等相关工作。2008年，妥善处理中宝公司等改制企业的不良资产和原农药厂等改制企业职工因拆迁、经济补偿、医保等方面的遗留问题。

二、多种经济成分共同发展

1978年前，海门的工业企业以国营和集体企业为主。1978年，私营经济作为集体经济的补充，在乡镇企业大力发展的同时逐步发展。是年，三阳镇个人投资5万元的正章印染厂(注册为大队办企业，由个人经营)，成为海门最大的个人投资企业。1979年，平山公社个人投资的海门消防水带厂(注册为公社办企业，由个人经营)，拥有从挪威和德国引进的先进设备，成为海门乃至全国的水龙带先进技术生产企业。

进入80年代，在乡镇企业占半壁江山的情况下，私营、个体、合资和股份制等企业得到较快发展。1984年，私营海门红星日用塑料厂注册8000元，成为海门第一批以私营名称注册的企业。1986年，成立三星绣品加工厂，成为叠石桥第一批由家庭加工发展成为工厂式加工的私营企业。1987年，海门凯盛家纺公司在海门镇创办生产基地，在上海设立销售总部，这是海门首批依托上海为销售基地

图9－1　凯盛家纺连锁销售店　(2008年摄)

的私营家纺企业。与此同时,中外合资企业也迅速发展。1987 年,由国强乡与港商合资的南通金轮针布公司(后更名为金轮针布江苏有限公司)创办,成为国内规模最大、产品规格最全的专业生产纺织梳理元件企业。至 80 年代末,全县私营工业企业的总产值占全市工业总产值 11%,国营和集体(含乡办)占 74%,个体及村办企业占 15%。

90 年代,随着工业企业改革的深入,私营经济发展步伐进一步加快。1992 年,私营万年羽绒服厂成为海门生产羽绒服的最大厂家。1994 年,江苏天发家纺公司成为海门首家具有省质量达标放心品牌("华伦天奴·露迪")的私营生产企业。1995 年,海门三鑫电子有限公司(后更名为三鑫电子集团)成为海门首家为国际知名商标("富士通""三洋""尼吉康")配套生产的企业。与此同时,中外合资企业也迅速发展。1992 年,余东成立中日合资海门凤城服装厂,拥有固定资产近千万元,成为当时海门最大的服装专业生产企业。1995 年,原国有企业海门棉纺厂由韩资占 90% 股份获得经营权,成为海门第一个由外商经营的企业(甲乙南通纺织有限公司)。

在私营和合资企业发展的同时,一批集体企业也转制为私营企业。1996 年初,原棉花原种场场办企业南通金雪树脂公司以 1200 万元的资产转制为私营股份制企业,成为海门当年转制金额最高的企业。1996 年年底,原市属大集体企业海门无线电一厂转制为民营股份制企业,成为海门首批转制的市属企业之一。

至 90 年代末,私营企业经济占工业总产值的比重为 53%,股份制企业经济占 25%,外商投资企业经济占 8%,国有和集体经济仅占 14%。

进入 21 世纪,民营企业进入新的发展阶段。通过产权制度改革,公有资产完全退出,不再以股份的形式参与企业运行。2002 年,拥有固定资产 2 亿多元的南通市属老牌企业通棉三厂由香港华润集团收购,改名为南通华润大生纺织有限公司。同年,瑞士商人投资 3800 多万元的巴塞利亚药业(中国)有限公司在开发区投产,成为海门第一个外商独资的新药研发企业。2004 年,韩商经营原海门棉纺厂后选址重建的白兔棉纺厂改制为自然人出资的企业,改名为江苏白兔集团股份有限公司,主产品由纱发展为纱、线、丝,比韩资的甲乙棉纺厂产品更具竞争力。2007 年,原村办企业海门中兴特钢厂(后更名为南通特钢有限公司)以总股金 1.5 亿元改制成民营股份制企业,成为海门改制股金最多的企业。2008 年,民营企业和股份制企业成为海门工业经济的主体,在全市规模以上工业企业的 800 亿元工业总产值中,私营和股份制企业经济为 398 亿元,占 49.75%,外商及港澳台投资企业经济为 350 亿元,占 43.75%,国有和集体企业经济为 52 亿元,占 6.5%。

第三章 流通体制改革

第一节 商 业

1982 年前,商业系统实行计划管理体制,主要在海门、三厂等城镇经营日用工业品的批发和零售业务。

1983 年,国营和合作商业一统天下局面被打破,出现百业经商的状况。是年,为适应商业利改税体制,商业企业内部实行"定额包干、超利分成"的经营责任制,通过划小核算单位、建立部门和岗位责任制,实行责、权、利相结合,打破以企业为单位的大锅饭核算体制。同年,国家取消布票,棉布敞开供应。

1984 年,部分企业试行租赁经营,将企业或门店转让给团体或个人经营。长江小吃部为第一个租赁给职工经营的国有商业门店。1985 年,商业系统实行经营结构调整,县百货公司、五金公司、糖酒公司等由经营批发改为批零兼营,人民商场改作上述 3 个公司的零售窗口。商业系统下属其他国营站点改组为批零兼营,将集体商业管委会改组为集体商业公司,由管理型改为核算型。是年,商业企业实行简政放权,政企分开。主管局下放给企业业务经营、财务管理、干部管理和劳动工资管理等权限,企业内部则实行党政分工的经理负责制。

1986 年,全县批发企业打破按级批发渠道,发展横向经济联系,实现与全国 50 多个市、县的批发、生产企业直接业务往来。1987 年,企业承包经营责任制在商业系统推行。分一级承包和三级承包两种:一级承包,由原企业经理(厂长)为第一承包人向商业局承包;三级承包,即企业向商业局承包,部门(条线)向企业承包、柜组向部门(条线)承包,并对指标进行层层分解,层层考核,落实责、权、利。1988 年,商业系统各专业公司试行打破行业界限、发展与本行业有连带性的附营业务。是年,百货公司经营针纺织品(原纺织品公司专营)销售额 386 万元。

1990 年,实行大市场、大流通,打破行业经营界限。糖酒公司等单位发展由原物资局专营的生产资料、原建材公司专营的建筑材料等经营项目。1993 年,进一步扩大经营范围,组建海达房地产公司。食品公司开设装潢门店,有些单位还兼营农副产品收购等。

1994 年商业系统进行大投入,兴建林海大酒店、金苑商城,扩建人民商场、三厂新风商场,翻建海门饭店等。1995 年,除海门饭店转让外,上述工程全部竣工开门营业,销售额大幅上升。但大投入使商业系统下属公司背负巨额债务,埋下商业企业巨额亏损的隐患。是年,悦来商业批发公司高投入后,资不抵债,首先破产,人员在全县商业系统内分流。

1996 年,商业系统所属 28 个企业在转制中全面实施股份合作制,形成人人持股的局面。由于国有、集体资金在企业的股权中仍占大头,企业的经营权仍掌握在由主管局聘任的领导手中,与转制前的经营方式变化不大,经营亏损局面难以扭转。1997 年,商业部门组建正大超市,借鉴外地先进的管理经验和经营模式,在市内开辟多家连锁店。1998 年,百货公司、五交化公司因高投入造成企业流动资金短缺而停止自营,大部分职工下岗。南通文峰大世界取得海门五交化公司经营权,海门文峰大世界开业。是年,多家资不抵债企业停止自营,商业系统采取出售企业资产、出让企业土地等办法筹集资金、偿还欠债、安置职工(给付补偿金、解除劳动合同)。玻璃钢船厂成为商业系统第一家实行“双置换”[①]改制的企业。

1999 年,上海农工商超市取得海门百货公司经营权,上海农工商超市海门店开业,原百货公司职工置换劳动和工资关系。

图 9-2　农工商超市海门店　(2008 年摄)

2001 年,商业企业进行全面产权制度改革,企业除出让经营权外,还可整体出让(出售)、整体出租和部分出租。江心沙国营商店、正大超市(联华超市)进行整体出让;三厂钟楼商厦整体出租,原企

① 双置换:企业实行资产和所属关系置换,职工实行劳动和工资关系置换。

业和职工进行"双置换"改制。

2003年,商业系统全面进行资产和人员"双置换"改制。2004年,商业系统"双置换"改制结束,共计支付改制资金2200多万元,解除职工劳动合同1180多人,资产全部出让(出售)或租赁。除留少数留守人员负责管理剩余资产外,其他人员全部置换劳动关系。

2004年,流通企业商会成立,私营企业南通佳美超市、南通百佳惠超市、海门金盛经贸发展有限公司成为会长、副会长企业。2005年,公开拍卖三厂钟楼商厦、海门百货公司和五交化公司的仓库,变现资金1197万元。2006年,大力实施"万城千乡市场工程",各商会企业发展直营店和加盟店。佳美超市在海门发展25个直营店和加盟店,其中19个在乡镇,5个在城区新村。2007年,私营海门金盛贸易发展有限公司在三厂镇扩建4000多平方米的大型商场,其经营规模、商品品种、管理和服务等可与农工商超市海门店、海门文峰大世界等媲美。是年,南通百佳惠超市在发展50多个加盟连锁店的同时,把经营的触角伸向外地市场,在昆山、常熟、常州等地开设16个大型药品超市,其药品经营销售部列全国百强药品超市第88位。

2008年,全市消费品零售总额126.81亿元,为改制前1999年的3.5倍,为改革开放前的87倍。其中个体商业零售额占零售总额70%。是年,规模较大的上海农工商超市海门店、海门文峰大世界、上海世纪联华超市海门店、金盛贸易公司(三厂镇)等均为股份制企业或私营企业。

第二节 供 销

一、商品流通体制

1982年前,供销合作社实行计划管理体制,以农村销售为主,主要经营农业生产资料、农副土特产品、日用杂品、废旧物资回收和生活资料零售等业务。

1984年,突破商品分工、城乡分工的界限,供销社还可直接为业主进行代购、代销、代储、代运等业务。1985年,突破日用工业品采购向商业批发部门单一进货的渠道,可直接向邻县、产地和二级站进货,产销直接见面。农资则由县供销社和乡镇农业公司实行双轨制经营。1986年,基层供销社生活资料销售逐步转向以批为主(主要对象为合作商店、个体户),批零兼营。

1987年,国家陆续取消废旧物资划地管理办法,改为市场调节。是年,县日杂废旧公司开展废钢串换业务,到上海、崇明等地增设收购窗口等,扩大废旧物资收购数量。1989年,县内化肥、农药、薄膜不再实行双轨制经营,由供销社专营并管理,县农资公司统一进货,按计划调拨。

1990年,扩大经营范围,可经营粮油。是年,组织购销赤豆、黄豆、大米、蚕豆、油菜籽等2300多吨,约占全县购销总量10%。1992年,开发钢材、木材、建材、纺织原料、化工原料、金属材料、燃料等经营项目,增设黄金首饰销售点,扩大副食品经营业务。同时,把经营的触角伸向外地市场,设立边境贸易等9个经营窗口,开展外购外销业务。

1994年,进销渠道进一步拓展,与全国20多个省市,200多家大工厂、大商场建立商务关系。名、优、特、新商品增加到1000多个,总代理、总经销品种200多个,其中广东的美的空调、上海三阳食品系列、百事可乐饮料等不仅可以在海门进销,也可以在外地进销。1995年,废旧物资回收全面放开,其他行业介入废旧物资收购,市废旧物资回收利用公司在乡镇增设收购网点,减少中间环节,增加竞争力。1996年,由于商品流通渠道多、竞争激烈,供销系统销售额下降。市总社对农资商品、日用工业品实行联购分销、扎口管理,各专业公司统一进货,各基层社统一到专业公司批发。1999年2月,国家取消化肥生产和收购的指令性计划,供销社农资专营局面被打破。是年,国家放开棉花收购价格,但收购和销售业务仍由供销社专营。2000年,深化商品流通体制改革,供销系统除保留农资、棉花、废旧物资回收、烟花爆竹专营等传统经营业务外,生活资料批零业务实行市场化运作。

2001年8月,国家取消供销社棉花专营业务,实行市场运作。县棉麻公司与轧花厂联合,实行收购、加工、销售一体化,增强竞争力。2002年,供销社转变职能,改变经营模式,将农资、日用工业品从乡镇延伸到农村,建办为农综合服务社,开设农资供应点、便民超市及农副产品收购等经营项目。2004年,充分利用现有经营项目,组建市嘉原农资、大生棉业、烟花爆竹、东方物资回收利用4个有限公司,发挥供销社在农村商品流通中的带头作用。

2005年6月,农资供应由分散经营改为由市嘉原农资公司连锁配送。是年底,连锁配送网点发展到194个。2006年,棉花收购在农村设立固定点或流动点,聘用150个社会个体户代购棉花。2007年,创办专业合作社。是年,创办了生猪、蔬菜、葡萄、蚕桑等专业合作社19个。

2008年,为化解贷款难、担保难的矛盾,组建嘉信信用担保有限责任公司,为涉农中小企业、为农服务社和农民经纪人等提供担保。是年,全市为农服务社147个,覆盖全市66%的行政村;农资供应网点318个,覆盖全市80%以上行政村,农资供应量占市场份额近70%;专业合作社27个,入社社员753户。

二、经营承包责任制

1980年,供销社在所属流通企业中推行以考核利润为重点,以纯销售、纯购进、费用、资金周转天数、经营品种为考核内容的经营责任制。1981年10月,天补供销社与天补集体商业饮食服务业试点推行基本工资加提成工资(奖金)的工资模式。将基本工资的80%作为固定工资,20%作为浮动工资,并入提成工资后,根据利润完成情况和考核评分决定所得工资。翌年2月,在全市供销系统全面推开。

1983年,基层单位实行定额包干、超额分成的经营形式。即完成指标(销售、购进、利润、费用等)的按工资额12%提取奖金,超额(超过指标)部分按不同的指标采用对半、四六、三七、二八分成。承包期3年。

1986－1992年,基层企业划小核算单位,实行“三级承包①、四级考核”②。主要以下达指标核定费用等为考核内容。1988年下半年起,领导干部、中层干部、柜组负责人实行抵押风险金上岗制度。1993年,实行企业集体承包,即公司、基层社向县社承包。公司、基层社再对商场、柜组、门店考核,考核以综合经济效益百元毛利含量工资和百元销售含量工资为主要内容。

1996年,基层社扩大条线经营自主权,生活资料供应线、生产资料供应线、棉花收购线实行不同的办法进行定额承包。1997年10月至2000年,柜组、门店实行抽资承包,共抽资金额1385.83万元,收缴承包金500多万元。2001年,供销社实行改制,商场、门店出售或转为租赁经营。企业对职工的经营责任制考核自行消亡。

2004－2008年,供销社对改制后返聘的104名行政管理人员的工资制度进行改革,打破原档案工资制度,实行同岗同酬、异岗异薪、基本工资加考核奖金的收入分配办法。

三、产权制度

1996年4－9月,按照市委关于国有集体企业转换经营机制的要求,供销社系统50个流通企业转为股份合作制,其中36个增量扩股、14个先售后股,共4200多名职工募股2578.3万元,折2.58万股。2000年8月,东洲食府因长期亏损解体,底楼门面和二楼部分仓库出售给亚萍布业公司,以偿还企业职工的融资款和集资款。这是供销系统首家实行出售的企业。

2001－2003年,企业全面改制,对企业资产实行出售、出租、以资抵债、破产等形式,共出售商场、门店89个,出租商场、门店120个,售租总收入1.02亿元。2004－2005年,以市供销(集团)总公司投股、经营者参股的形式,将农资公司、烟花爆竹公司、废旧物资回收公司脱壳重组,改造为股份制企业。2005－2007年,利用开发存量资产,有效实现资产保值增值。并继续以竞拍方式出售、出租存量资产,3年间售租总收入2200万元。

2008年,对投资改造和新建的为农综合服务社明晰产权关系:供销社独资建办的,产权归供销社所有;联合投资建办的,按投资比例划分产权;借资创办的,产权归供销社,投资者可获一定年限的经营权。

---

①　三级承包:企业向县供销社承包、条线向企业承包、门店向条线承包。

②　四级考核:县供销社考核企业、企业考核条线、条线考核门店、门店考核职工。

第三节　粮　食

1982年前，粮油实行计划收购和供应，由粮食部门独家经营。1983年，国务院允许粮食部门在完成统购、超购任务后，粮油经营向市场开放。1984年，余东镇旭升粮油商行（个体）首先开张营业，自此多渠道经营粮油的局面逐步兴起。同年，县国有粮食企业搞综合经营，除承担粮食统购和计划销售的任务外，还搞食品加工、养殖等产业。年底，全县6个粮管所均建立前店后坊的粮油食品商店，所属粮库、粮站办起兼营食品等业务的门市部。是年，全系统创综合经营利润20多万元。

1985年4月1日起，取消粮食统购，实行合同定购。粮食合同定购是指令性计划，价格为比例价，即30%按原统购价，70%按原超购价。是年，县合同定购任务为玉米750万公斤，实际完成775.5万公斤，占任务103.4%。同时，油脂实行计划收购，收购价格也为比例价，县油脂收购计划为213万公斤，实际完成125万公斤，占计划58.69%。同年4月1日起，对农村粮食销售价格进行调整，除按省政府规定的7种照顾对象继续供应平价粮外，其余均实行比例价。全年农村粮食平价销售1400万公斤，比例价销售4547万公斤；农村油脂平价销售和比例价销售各4万公斤。

1988年，全县6个粮油食品商店推行经营承包责任制，除粮食合同定购外，其他综合经营走向市场。各粮管所（库、站）在完成粮食合同定购任务的基础上搞综合经营。1990年，建立国家专项储备粮制度，全县代收购、储存国家专项储备粮1350万公斤。

1993年4月1日，粮油购销价格全面放开，取消粮食合同定购，玉米、粳稻等大宗粮食品种改为合同订购，作为指导性计划并实行政府指导价。是年，全县订购任务1000万公斤，实际完成1084万公斤，超额8.4%。同时，放开定量、定（统）销供应的粮油价格，不再使用粮油票券。至此运行40年的粮油统购统销政策画上句号，城镇居民结束吃平价粮的历史，粮证、粮票成为历史的见证。粮价放开后，国家在3年内给予一定补贴扶持国有粮食企业走向市场。粮管所由原来单纯的管理职能，转变为自主经营、独立核算、自负盈亏的经济实体，实行经营承包责任制，开展外购外销、外购内销、内购外销等业务。是年，组建县粮食（集团）总公司，建立地方储备粮制度。县代省储存储备粮350万公斤，县收储储备粮800万公斤。

1994年，为稳定粮食供应，取消大宗粮食品种合同订购，恢复合同定购，仍为指令性计划，首次实行行政首长负责制，价格由国家确定。是年，市合同定购任务为玉米1000万公斤、小麦250万公斤、稻谷750万公斤，全部完成任务。下达油菜籽指导性收购计划320万公斤，实行政府指导价，实际完成327万公斤。为鼓励农民积极完成定购任务，将平价化肥与交售的定购粮食数量挂钩，按5%标准兑现给农民。

1996年，市代国家储存专项储备菜油50万公斤，收储地方储备菜油30万公斤。1998年，根据国务院关于进一步深化粮食流通体制改革的决定和《粮食收购条例》精神，贯彻实行“三项政策，一项改革”①措施。是年，按保护价收购小麦330万公斤，实现综合经营利润98万元。

2000年，国家储备粮库在海门港建成并使用，当年储存专项储备粮2500万公斤。2001年，货隆粮食中转站更名为货隆粮食储备库（包括四甲粮库），作为市地方储备粮库。

2001年，根据省政府《全面推行粮食购销市场化改革的实施意见》，粮食市场全面放开，实行合同定购的小麦、玉米、粳稻及指导价油菜籽收购的计划全部取消。是年，市粮食部门撤回派驻各乡镇粮管员；撤销市粮食（集团）总公司，组建粮食购销公司。2002年，全市多渠道经营粮油的企业发展到360多个。2002年，实行国有粮食购销企业直接与粮食生产者签订粮食购销协议的方式收购粮食。是年，市粮食部门对下属单位进行以“置换职工劳

① 三项政策：按保护价敞开收购农民余粮，粮食收储企业实行顺价销售，农业发展银行收购资金实行封闭运行；一项改革：加快粮食企业自身改革。

图9－3　海门港粮库　（2000年摄）

动关系”和“置换国有资产产权”为重点的国有粮食企业“双置换”改制，共置换职工劳动关系1298人。改制后尚存16个国有粮食购销企业，留岗208人，继续实行经营承包责任制。粮食工业企业全部实行破产、拍卖；粮食商业企业实行拍卖、出让、租赁等方式。所得资金用于支付企业改制成本以及兑付原国营油厂欠农民的代农加工菜油（部分作价还款，部分还油）。

2004年5月，组建粮食管理执法队伍，市粮食局增设市场监管科；制定粮食安全应急事件预案，有效应对突发事件。同年，成立市粮食协会。2005年，市审批服务中心增设粮食收购许可证审批窗口，对粮食收购全面实行许可证制度，是年办理粮食收购许可证38份。市粮食局履行全社会粮油流通统计职能，开展全社会粮油供需平衡调查统计工作。

2006年，取消玉米收购保护价，保留小麦、稻谷的收购保护价。全市5个延伸收购点收购保护价小麦1430万公斤，创历史之最，在南通市第一家顺利通过中央储备粮总公司江苏省分公司验收。是年，市政府成立粮食流通监督检查领导小组，开展粮食流通监督检查10次，检查粮食经营户163户，发出限期整改通知书8份，查处违法经营行为2起，会同工商等相关部门开展专项检查2次。实施放心粮油工程，4个单位获南通市放心粮油经营单位称号，3个单位获南通市放心粮油品种称号。市合兴油脂有限责任公司生产的“群益”牌菜油被评为全国放心油，海门粮管所、四甲粮管所分别荣获国家级放心粮店称号。

2006年，地方储备粮达到创历史的2375万公斤，轮换首次实行网上公示，公开竞拍小麦1290万公斤。2006－2007年，审核发放粮食收购许可证27份。同时在督察中，对不符合条件的7个企业的收购许可证予以注销。

至2008年年底，全市粮油销售企业为471个。其中，国有粮食购销企业11个。2006－2008年，年均议销粮食6400万公斤。另外460个多渠道粮油销售企业中，市成贤粮食批发部的服务范围覆盖海门中西部地区，年批发量800万公斤，为全市大米销售骨干企业。南通市耀洲农副产品有限公司在境内率先通过ISO 9001:2000质量管理体系认证，并取得国家出口食品生产企业卫生登记证书，成为全市小杂粮收购与出口骨干企业。

第四节　物　　资

1980年，随着改革开放和市场经济的逐步建立，生产资料可作为商品进入市场，改变计划经济体制下“物资是计划产品而不是商品”的错误观念。县物资部门坚持以搞活物资流通为重点，广开门路，扩大经营，在抓好计划内物资调拨和分配的同时，抓好计划外物资的组织和销售。

1983年，国有物资企业经营生产资料的垄断局面被打破，各行各业都可以经营物资，出现多渠道竞争态势。是年，新建、天补、三厂、包场等集镇相继出现木材、水泥、黄沙等个体经营户，凭借其灵活的经营方式，规模日益扩大。物资企业积极应对竞争日益激烈的物资市场，加强物资销售网点建设，在四甲、新建、包场、悦来、三厂和海门镇建立10个门市和13个代销点。

1985年6月，对计划外组织的物资可实行随行就市、自行定价的原则挂牌销售。1987年4月，对物资企业实行承包经营责任制试点。是年，县物资部门与下属公司签订4年的承包经营责任制合同书。1988年，浙江商人杨锦桃、郑立波到海门开办机电设备和工量具的销售公司，外地物资私企的进入，催生海门物资私企发展，加速海门物资企业改革步伐。1990年1月，取消计划定价，物资价格全面放开，对外销售价格实行随行就市，由市场决定价格，物资计划定价画上句号。

1992年1月，取消对燃料公司的市场煤价格补贴。所有物资实行自行进货、自行定价销售、自负盈亏的经营方式。8月，对燃料公司和木材公司实行经营、价格、用工、分配“四放开”试点，扩大企业的自主权，增强企业活力。1993年，物资销售和经济效益出现回升态势，物资销售收入超7亿元，利润总额537万元，均创历史之最。

1994年，国家宏观调控和各项改革措施相继出台，市场竞争越来越激烈，国有、集体物资企业经营大幅度下滑。是年，物资销售只完成1993年的50%，亏损255万元。非物资系统的国有、集体和私营物资企业，得到迅速发展。货隆竹木市场、天补木材市场的经营规模和销售数量，占县内竹木材销售的50%左右。围绕在物资大楼周边新开设的私营、个体经营的机电设备、化轻原料等门市也日益增加，私营和个体企业上升势头旺盛。同时，物资局所属企业各项经济指标继续下滑。1995年，物资销售收入比上年减少1.74亿元，亏损额高达657万元，少数企业严重资不抵债。

1996年4－6月，物资系统所属14个企业在转制中进行股份合作制改革，但基本维持原班领导，只是实行职工持股，对旧体制未更多触及，大部分物资企业继续亏损。9月，市煤饼厂破产关闭。这个曾经为保障海门镇及周边地区城镇居民生活用煤做出不可磨灭贡献的40多年的企业，成为历史。11月，撤销市物资局，成立市物资集团总公司和市物资总会，实行两块牌子一套班子。职能由过去对企业的直接管理逐步转向行业的宏观管理和协调。

2000年8月，物资企业中的公有资产一次性全部退出，企业重组成新的股份合作制或有限责任公司。职工与企业终止或解除劳动关系，实施经济补偿；继续聘用的职工与改制后的新企业重新签订劳动合同。

2001年3月，撤销市物资总会，成立市物资办公室，保留原物资总会职能，隶属于市发展计划委员会。2003年，15个物资企业完成改制。其中实行产权制度和劳动关系双置换的企业有物资贸易中心、物资工业供销公司、机电设备公司等8个，职工买断工龄后企业注销的有燃料公司、金属公司等5个，实行破产的有生产资料服务公司1个，改制后仍实行特种行业经营的有金属回收公司1个。境内生产资料全部进入市场化运作，由私营、个体及股份制企业经营。

2003年，安徽海螺水泥公司等两家投资公司在海门设立海门海螺水泥有限责任公司，实行生产、销售一条龙服务，逐渐垄断海门及周边县市的水泥市场。

2004年2月，撤销市物资办公室，并入市发展和改革委员会，内设商贸科，继续对改制后的国有、集体资产进行管理及处理改制后的遗留问题。同年，私营北上海国际装饰城注册成立，成为市内最大的室内装饰装潢材料市场。一批私营公司逐渐成为海门物资市场主体：经营金属材料的海门物资贸易有限公司，发展成营业面积2000多平方米、仓

图9－4　20世纪90年代初建造的物资大楼　（1999年摄）

储面积1.6万平方米、年销售额4000多万元的金属材料供应企业；经营机电设备、五金交电、电线电缆的市正泰电器设备公司，发展成年销售额1000多万元的机电设备供应企业；经营化工原料、橡胶原料和化学试剂的市华泰化工发展有限公司，发展成年销售额1000多万元的化工原料供应企业；经营煤炭、焦炭的市双龙电力物资有限公司，发展成年销售2000多万元的煤炭销售企业。

至2008年，全市从事物资经营的个私企业（经营户）有1200多个，其中经营煤炭销售的18个，经营钢材的51个，经营机电设备的570多个，经营化轻原料的6个，经营木材的203个，经营装饰装潢材料的152个，经营水泥的海门海螺水泥有限公司在自产自销的同时，在市内发展个体推销商211个。

第五节　外　　贸

1978年5月，建立县对外贸易公司，执行国家下达的外贸收购计划，承担出口商品的收购、结算和储运业务。1982年2月，建立县对外贸易局，与县对外贸易公司合署办公，增加管理县内外贸货源及下达外贸计划等行政职能。是年，全县完成外贸收购总值3622.96万元。

1984年，改革海门外贸经济管理体制，在保证向江苏口岸提供足够货源基础上，可以向外口岸出口；外贸供货计划体制由单一的指令性改为指令性、指导性和市场调节相结合的方式；在保证正常贸易的前提下，采取“三来一补”①等灵活多样的贸易方式。是年，县内工业出口产品由单一的纺织品发展到丝绸、工艺、医药、机械、设备等七大类。

1985年，薄荷作为当时最大的外贸出口产品，积极扶持发展，调整种植计划，是年，县外贸公司收购薄荷油672.08吨，创历史最好水平。1988年，省、市政府为鼓励多出口、多创汇，实行给外贸供货企业留成12.5%的外汇额度，和每创汇1美元奖励人民币5分的优惠政策。外贸政策的调整调动了供货企业积极性。是年，实现外贸收购额8180万元。

1990年，根据省政府《关于加强出口商品货源管理的意见》精神，县对出口商品生产企业实行“六优先”②政策；对适应外销的计划外产品，由外贸公司积极组织推销，扩大供货。是年，外贸收购额1.27亿元。1992年，县委下发《关于进一步加快发展外向型经济的若干意见》，明确外贸出口创汇企业可申请减免所得税等优惠政策，以及对企业主要负责人的奖励措施等。是年，全县实现外贸收购额11.53亿元，完成年计划的355.12%，比1991年同期增加272.79%，增幅和绝对值列南通市各县（市）第一。

1993年3月，对外经贸部同意赋予县外贸公司享有外贸进出口经营权。外贸公司拥有直接进出口权后，为海门及外地企业的商品进出口提供方便，节省成本，提高效益。是年，全县外贸供货额实现18.83亿元。

1996年，在保留外贸公司前提下，外贸所属企业进行转换经营机制改革。市外贸公司所属企业：土畜产品、粮油食品、化工等分公司，分别成立由全体职工持股的股份制企业。1997年4月，江苏水龙江山集团等内资企业组建成立大任公司等企业，作为外贸公司的分公司，享有外贸代理经营权。是年，海门有10个内资企业获得进出口代理经营权。

1999年，外贸公司所属分公司和下属实体单位实行产权和职工劳动关系“双置换”改制。市外贸公司停业整顿。市政府委托海门手帕厂成立国际贸易公司，行使已停业整顿的外贸公司部分职能。2002年8月，市外贸公司注销，成立市国际贸易公司，专门从事进出口经营业务。其他企业的进出口贸易可由国际贸易公司代理经营。

2004年6月，对外贸易经营由审批制度向登记备案制度转变。宽松的对外贸易环境推动外贸经营的发展，当年完成自营出口额2.71亿美元，同比增长53.49%。2005年，全市登记出口备案企业186个，其中有出口实绩企业169个。完成自营出口额3.28亿美元，同比增长21%，其中24个企业超500万美元、4个企业超1000万美元。凯捷（海

① 三来一补：来料加工、来样生产、来件装配，补偿贸易。

② 六优先：优先安排出口商品的计划生产、优先供应原材料、优先提供资金、优先供应包装物料、优先提供燃料动力、优先安排运输。

门)时装有限公司出口 1545 万美元,为当年海门出口额最高企业。2007 年,出口商品的结构明显优化,高新技术产品和机电产品出口增幅加快。出口高新技术和机电产品 1.61 万美元,占出口总额 26.09%,同比增长 60.16%。

2008 年,在国际金融危机的大背景下,海门外贸企业出口普遍困难,出口总额比上年下降 2.2%。但一些传统家纺企业因注重新品开发,出现新的转机。新嘉澍纺织品公司全年出口 1041 万美元,同比增长 35.5%;凯捷(海门)时装有限公司订单从日本扩大到欧美,出口量不断扩大,出口额 3398 万美元,成为海门出口大户。

第十篇

农　业

海门农业始于成陆垦荒时,明代起有垦殖记载。境内土壤肥沃,光照、雨水等自然条件较好,宜种植的农作物种类繁多。农民在长期的生产实践中,逐步总结出间套轮作、精培细管经验。

旧时,县内农业生产条件落后,生产水平较低。民国年间,正常年景粮食每公顷600多公斤,皮棉每公顷120公斤左右,油菜籽450公斤上下。新中国成立后,实行土地改革、农业合作化和家庭联产承包责任制,促进生产力发展,粮食每公顷产量由1949年的630公斤提高到1990年的4080公斤,增长5.48倍。1990年,玉米每公顷产量6780公斤,列全省榜首。皮棉每公顷产量由1949年的120公斤提高到1990年的660公斤,增长4.5倍,成为全国产棉大县和优质棉主要产地之一。油菜籽每公顷产量由1949年的525公斤提高到1990年的3585公斤,增长5.83倍。薄荷油每公顷产量由1949年的60公斤提高到1990年的165公斤,成为全国薄荷油主要产区之一。1990年,全县农、林、牧、渔业总产值8.68亿元,比1949年0.95亿元增长8.14倍。猪、羊、家禽、淡水鱼、海产品、果品、蚕茧、蔬菜8项主要产品综合商品率70%以上。

20世纪90年代起,调整农业内部结构,实施科技兴农战略。种植业进行扩优压劣,积极推广新品种、新技术,努力实现主体品种纯良化,栽培技术模式化,病虫防治综合化,种植业产量又上新台阶。小麦每公顷产量由1990年的3676.65公斤上升到2000年的4386公斤,增长19.29%。玉米每公顷产量由1990年的6780公斤上升到2000年9337.05公斤,增长37.71%。水稻每公顷产量由1990年的7073.85公斤上升到2000年的8458.35公斤,增长19.57%。皮棉每公顷产量由1990年的660公斤上升到2000年的1113.75公斤,增长68.75%。在稳定粮棉生产的同时,大力发展林、牧、渔业,实现水产养殖、畜禽饲养两突破。淡水养殖面积由1990年的5293公顷上升到2000年的5393公顷,虽然只增长1.02%,但淡水产品量由1990年的4852.5吨上升到2000年的1.44万吨,增长196.75%。山羊饲养量由1990年的71.41万只上升到2000年119.31万只,增长67.08%。禽饲养量由1990年的243.89万羽上升到2000年的1119.13万羽,增长3.59倍。

2000年后,扩大"四青"作物①、"四色"宝豆②、特色蔬菜、优质瓜果、花卉苗木、名贵药材等特种经济作物种植,茬口推行立体高效栽培模式,技术上推广设施栽培、反季节栽培、无公害栽培、标准化栽培。2008年,全市中高效农田面积3.65万公顷,占总耕地面积的60.64%。经济作物每公顷产值超7.5万元的药材及甘蔗种植面积0.41万公顷,"四青"作物2.35万公顷次,蔬菜瓜果2.53万公顷次,其中大棚面积4020公顷。土地复种指数2.56。是年,粮食总产量18.71万吨,皮棉总产量1.31万吨,油料总产量8.85万吨。种植业产值21.6亿元,占农业总产值的49.73%;林业产值0.43亿元,占1%;养殖业产值8.22亿元,占18.93%;渔业产值9.98亿元,占22.98%;农林牧渔服务业产值3.2亿元,占7.37%。农、林、牧、渔业总产值43.43亿元,比1990年的8.68亿元增长4倍。

① "四青"作物:青蚕豆、青豌豆、青玉米、青大豆。

② "四色"宝豆:绿皮绿仁大豆、大青皮蚕豆、白皮扁豆、大红袍赤豆。

第一章　农业区划

第一节　划分农业区划

新中国成立初期，依据不同地区的耕作制度、农业经济状况、农业生产条件、作物种植种类、自然地理环境以及农民种植习惯，第一次划分农业区。东部的麒麟、六匡、悦来、万年、海洪、三阳、树勋等乡镇以及临江、余东、包场、刘浩等乡镇的部分村，土壤条件基本一致，大多为黄泥土，气候条件相似，种植的作物以玉米、棉花等旱作物为主，划为东部旱粮棉农业区。沿江的汤家、江滨、三厂、临江、秀山、三和、海门等乡镇的部分村及小型农场紧靠长江，种植水稻、棉花、薄荷等特种经济作物，划为沿江农业区。西部的三星、天补、德胜、瑞祥、平山、常乐等乡镇和三和、新海、江滨、厂洪、国强、四甲等乡镇的部分村，土壤沙粘适中，适宜发展药材等特种经济作物，且经济作物的商品率高，划为西部特种经济作物农业区。老通吕公路以北的货隆、王浩、新余、余东、东兴、东灶等乡镇及国强、四甲、余东、包场、刘浩等乡镇的部分村及大东农场、包场水产养殖场等，土壤盐碱较重，土质较差，主要种植稻麦、棉花等，划为通东沿海农业区。此划分一直沿用到1990年。

第二节　调整农业区划

一、中东部农业区

该区东接启东，西至三匡河，北沿老通吕公路，南沿海门河和老青东河。包括麒麟、悦来、三阳、万年、树勋、余东6个镇全部村和老通吕公路以南包场镇4个村，刘浩镇11个村。土地总面积310.84平方公里，占全市总面积32.1%，人口26.92万人，占全市总人口31.68%，从业人员17.35万人，占全市从业人员的32.08%。该区地势平坦，地面高程（废黄河基点）2.74－3.74米，大多为黄泥土。生产条件优裕，是县内的粮仓、棉仓。闻名遐迩的“四色”宝豆产于该区。20世纪90年代后，随着农业结构调整，形成榨菜、山药、香芋、香沙芋艿、西瓜、甜瓜、鲜切花等多种名特优瓜蔬、花卉生产基地。区内水域，水质肥甘，适宜淡水养殖。树勋镇尧令村养殖模式在县内外推广，闻名县（市）内外的“三兴”牌河蟹产于该区。

二、沿江及西部农业区

该区南临长江，西与通州市接壤。包括三星、天补、三和、德胜、常乐、三厂、临江、海门（含开发区）、海永等9个乡镇和四甲镇南部8个村。土地总面积440.57平方公里，占全市总面积45.4%；人口37.98万人，占全市总人口44.2%，从业人员24.47万人，占全市从业人员45.24%。该区成陆较晚，既宜粮棉，也宜特种经济作物，但地势低，受长江水体影响，涝渍年分机率高。西部土壤沙粉粒比例适中，适宜发展特种经济作物。80年代前，有薄荷、留兰香、黄麻、红麻、小辣椒、中药材、甘蔗等特种经济作物20多个品种。90年代后，农业结构不断优化，该区成为刀豆、大蒜、洋扁豆、肉豇、猕猴桃、葡萄、青皮甘蔗、西瓜、甜瓜、浙贝母、西红花等名特优瓜蔬和特种经济作物生产基地。

三、通东沿海农业区

该区位于老通吕公路以北，包括货隆、王浩、正余、东灶港4个镇全部村和四甲镇北部6个村、包场镇北部8个村、刘浩镇北部5个村。土地总面积218.34平方公里，占全市总面积的22.5%；人口20.47万人，占全市总人口24.12%，从业人员

12.27万人,占全市从业人员22.68%。该区东北濒临黄海,土壤含盐量偏高。1964年起改良盐碱地,560多处阔田开排咸沟,2670条咸水甲沟全面疏浚,拆坝1200余个,建桥涵850座,动土170万立方米,800公顷盐碱地得到改良。该区受海洋性气候影响,有利秋季作物生长。90年代后,农业结构调整,该区形成"四青"作物、水生蔬菜、优质西瓜、无公害稻米、海水养殖等多个万亩生产基地。

第二章 种植业

第一节 耕作制度

海门自明代起就有垦殖记载,耕作历史较长。地势相对较低的沿江地区种植谷类植物,通常为一年两熟制,夏熟三麦、蚕豆,秋熟水稻、山芋、黄穄、粟穄,少量棉花;中部地区麦棉两熟制,夏熟三麦、蚕豆,秋熟棉花,有少量玉米或高粱间作大豆、山芋,少量种植薄荷、麻类等特种经济作物。通东地区西南部盐碱轻,脱盐早,壤性好,耕作制度与中部地区相似。东部近海一带土咸地瘠,长期以种草为主。1949年,全县基本形成以一年两熟为主体的耕作制度。夏熟作物,元麦占6成,小麦、蚕豆、豌豆占2成,另有油菜、薄荷、绿肥等。秋熟作物,玉米、大豆各占2成,少量种植高粱、山芋、水稻、粟稷、旱稻、赤豆等,棉花占2成,另有薄荷、麻类等经济作物。作物之间常轮作换茬,复种指数1.9。

1958年,实行旱改水,水稻面积扩大到8760公顷。是年后,形成以蚕豆绿肥间作－玉米间作黄赤豆－元麦、绿肥间作－宽窄行净棉花为主体的两年四熟粮棉轮、间、套耕作制度。夏熟用养结合,扩大蚕豆与绿肥面积,形成半麦半豆;秋熟扩大棉花面积,形成半粮半棉。秋粮中玉米、黄豆或赤豆间作占80%以上。

1964年春,全县改变耕作制度,将两熟制改为三熟制,即夏熟种三麦,秋熟种玉米,玉米收后种水稻。

1969年,扩大三熟制水稻面积,由两年四熟、旱粮与棉花轮作制改为两年五熟水旱粮棉轮作制,即以元麦、绿肥间作—棉花—蚕豆绿肥间作—春玉米—后季稻。复种指数2.3。夏熟蚕豆面积缩小,粮食作物结构中,水稻比例逐渐超过50%。1971年,两旱一水和一旱二水三熟制面积扩大到1.33万公顷,占秋粮总面积47.3%;传统的玉米、黄赤豆面积仅剩6667公顷。由此引起粮棉生产在劳力、肥料等方面矛盾,以后三熟制水稻逐渐减少。1972－1974年,部分地区出现蚕豆—玉米—高粱(山芋)或蚕豆—玉米间作高粱—荞麦等旱三熟。后期又扩大玉米、棉花间作面积,形成以麦(豆)、绿肥间作—玉米、棉花间作—麦(豆)、绿肥间作—玉米、黄豆或赤豆、(玉米、山芋)为主的两年四、五熟粮棉套作制,玉米、棉花间作面积多的年份3.23万公顷,复种指数2.31,土地负荷重。1974年后,玉米、棉花间作面积逐年减少,但复种指数在2.3以上,土地负荷仍然很重。

1979年,恢复和发展以慈溪式阔幅麦或乌坨麦—移栽棉花—豆(麦)绿肥间作—玉米为主体的两年四熟轮作制。农作物布局出现"三扩三缩",即扩粮缩棉,扩桑缩棉,扩油菜、薄荷缩夏粮。棉花种植面积减少50%左右。栽培上改粮棉夹种为净棉种植,棉花改直播为移栽。1990年,推广移栽地膜棉花,改常规棉品种为抗病棉品种。耕作主体有慈溪式阔幅麦或乌坨麦、油菜—移栽棉花,乌坨麦(油菜)—稻(包括水、旱直播和移栽),豆(麦)绿肥间作—玉米—晚秋作物(包括黄豆、赤豆、山芋、花生、旱稻、抛秧晚稻等)，油菜—薄荷—抛秧晚稻(或二刀薄荷)等。土地复种指数2.18。

1998年，发展"四青"作物、"四色"宝豆、特色蔬菜、优质瓜果、花卉苗木等，茬口推行立体高效栽培模式，技术上推广设施栽培、反季节栽培、无公害栽培、标准化栽培，把每公顷产值达4.5万元、7.5万元的田块分别确定为中、高效田块。

2008年，全市中高效农田面积3.65万公顷，占总耕地面积60.64%。经济作物每公顷产值超7.5万元的甘蔗、药材种植面积4133公顷，"四青"作物2.35万公顷次，蔬菜瓜果2.53万公顷次，其中大棚面积4020公顷。土地复种指数2.56。

第二节　作物栽培

一、粮油作物

三麦　*播种*　元麦、大麦一般霜降播种，小麦立冬播种。20世纪60年代前，西部地区播种行距80－100厘米，麦幅20厘米左右；通东地区行距33厘米，麦幅10厘米左右。60年代初，推广宽幅条播麦，120－133厘米一个组合。70年代初，麦田推广三沟配套、台田式播种。1986年，推行免耕条播机播种，90年代以后，推广旋耕条播机播种，或撒播后机开沟覆土。

施肥　民国38年(1949)前，三麦播种时很少下肥，整个生长期仅施少量人畜粪肥。1956年，提出无灰不下种，消灭白耕白种的要求，一般每公顷下灰杂肥6000－7500公斤。1965年，每公顷施过磷酸钙300－450公斤，中部地区有冬季罱泥盖麦苗习惯，逐渐推广全县。70年代，施腊肥打塘穴施碳酸氢铵，立春后返青肥每公顷施尿素120－150公斤。80年代，要求施足基肥、早施腊肥，在倒二叶露尖时，每公顷施尿素75－112.5公斤。90年代以后，推广测土配方施肥，肥料运筹上，变重基肥、腊肥为重视中后期施肥，提高拔节孕穗肥的比重，每公顷施尿素150－225公斤。

培管　60年代前后，农历年内倒耥松土2次左右，立春小壅根培土1次。70年代，对年内旺长麦苗进行脚踏式镇地压苗，控上促下、防止倒伏。80年代中期，根据品种特点，推广叶龄模式栽培。90年代以后，推广精量半精量播种，实行高产群体质量栽培。

蚕豆　寒露至霜降期间播种，作为绿肥的早半个月左右下种。铁锹开穴播种，穴距33厘米，每穴下种3－4粒，每公顷施草木灰750公斤左右。50年代，提倡用大锄头开行播种，每公顷用375公斤过磷酸钙作基肥。70年代，农历年前松土壅根，春分前后整枝，清明前后施花荚肥，每公顷用尿素75－90公斤。80年代，谷雨至立夏间喷药防治赤斑病。90年代，蚕豆改收枯为收青，收青蚕豆，依托冷冻企业，速冻保鲜后销往周边大中城市。2002年，制定《海门市无公害青蚕豆生产技术规程》，各乡镇建立无公害生产基地，注册"中宝""东绿""雪海"等商标，2008年，形成生产、加工、销售一条龙的产业化格局。

玉米　*播种*　春玉米立夏前后播种，50年代后期，播种期提早到清明与谷雨之间，1960年，提早到春分至清明时播种。夏玉米在夏至到小暑时播种。60年代，改单行单株为单行双株，行距1.33米，每公顷6万株左右。70年代，每公顷密度7.5万株左右，每穴下籽由原来的4粒增加到6粒。80年代，推广大小粒分级播种，每穴双株间距16－20厘米，以改善株间光照条件。1988年，推广地膜覆盖栽培，玉米提早10天播种，每公顷产量比露地直播增产15%左右。90年代，推广包衣种子，减轻地下害虫危害。90年代以后，运用大棚、小拱棚等设施栽培收青鲜食玉米，最早播期提早到1月中旬，晚秋收青鲜食玉米最晚播期延迟到8月10日。出现一批双季收青玉米、三季收青玉米的田块与示范基地。

施肥　50年代前后，玉米以绿肥、灰肥、饼肥作基肥，苗期和拔节期浇施人畜粪。60年代，基肥用量增多，苗肥、拔节肥增施碳酸氢铵。70年代，施足基肥，早施苗肥，巧施拔节肥，施足摆果肥。80年代后期，玉米在6－7叶展开时施拔节肥，11－12叶展开时施穗肥，吐丝时施粒肥。90年代，提倡氮、磷、钾平衡施肥，多施有机肥，补充锌肥。收青玉米施足基肥，早施重施穗肥，一般在7－8叶展开时穴施，每公顷用尿素300公斤左右。2001年后，推广玉米专用肥，测土配方施肥。2008年，平均每公顷施纯氮252公斤，磷肥799.5公斤，钾肥67.5公斤。

培管　50年代前期，前茬收获离田后突击培管。1959年，重视玉米苗期培管，及时防治地下害

虫、查苗补缺、间苗施肥、扶理前茬和松土。70年代初,推广玉米去雄及人工授粉,每公顷产量提高10%左右。80年代,推广叶龄模式栽培,按叶龄进程培管。80年代后期,推广使用玉米健壮素,控制株高,防止倒伏。90年代以后,推广矮秆抗倒伏玉米品种,化控面积减少。

稻 明代,有旱稻和水稻两种。解放前,旱稻间作于棉田行间。50－70年代,旱稻少量种植,单季和双季水稻发展很快。80年代后期,提倡春玉米行间间作旱稻,主要品种有"农林12号""旱稻3号""南通陆稻""IRAT－109"等,1990年种植面积667公顷。90年代推广旱改水,水稻面积最多时5333公顷,主要品种有"盐粳2号""盐粳3号""81－6922""武育粳3号""优辐粳""紫金糯""太湖糯"等。2008年,水稻面积1593公顷。

播种 有直播和育秧两种。播种前用泥水或盐水选种、药剂浸种、催芽。50－70年代,有水田育秧、旱田育秧、小苗带土育秧、二段育秧(前段秧龄10天,二叶一心期单株摆寄,寄秧龄30－35天)。80年代,推广通气式秧田育秧(半旱秧田育秧,秧板灌水耥平,泥浆落谷,扎根前不灌水上秧板,保持湿润状态)。1988年,用塑料软盘育秧。90年代以后,机插秧也用塑料软盘育秧。大棵稀植移栽,每公顷15万穴,每穴7－9株,每公顷基本苗120万株左右。

施肥 50年代,一般只施基肥,以绿肥、塘泥、作物秸秆等为主,脱力落黄时浇些人畜粪。60年代,化肥作追肥。70年代,双季早稻施好基肥、活棵肥、分蘖肥和穗肥。80年代,推广叶龄模式施肥技术,增施复合肥。2008年,每公顷施纯氮375公斤,磷肥799.5公斤,钾肥130.5公斤。

管理 一般施行薄水插秧、寸水活棵、浅水分蘖、足水抽穗的水浆管理方法。适时搁田、干湿交替、湿润至水稻成熟。

赤豆 赤豆主要与玉米间作,以玉米秆为支架攀悬。新中国成立前后,以海门农家品种为主。基本上不施肥、不治虫,产量较低。70年代后,种植海门选育的大红袍赤豆新品种。株行距配置从原来的无规律改为与1.33－1.5米组合玉米间作,或者1.7－2米组合玉米间作,穴距0.4－0.5米,每穴播5粒种子,当3－4张复叶时,每穴定苗留2－3株,玉米收获前7天左右施尿素,初花期再施肥,在天气干旱情况下用药防治红蜘蛛等害虫。玉米收获后,将玉米秆每5－6株进行绕头结扎,防止荫蔽,利于赤豆攀悬。2001年,制定《新选大红袍赤豆间作栽培技术规程》,沿用至今。

绿豆 种植绿豆年代久远,但面积不多。2001年,推广"苏绿1号"良种。播种时采取点播或条播,行距33厘米,穴距13－16厘米,每穴2－3粒种子,2－3叶期间定苗,每公顷留苗22.5万株左右,10月中旬多数荚壳变黑时收获,每公顷产量1800－2250公斤。2008年,全市种植绿豆50公顷。

高粱 种植高粱历史较长。1964年前,大多数年份种植面积667公顷以上,后逐渐降至133公顷。1972－1974年,恢复到667公顷左右,以后又减少。90年代初,三阳镇农技站推广糯高粱种植。1993年,该镇种糯高粱100公顷。后因市场影响,面积减少。夏高粱于5月中旬育秧,6月20日前移栽,大、小行种植,平均行距30厘米,穴距15－16厘米。秋高粱6月15－20日育秧,7月10－15日移栽,穴距13－15厘米。2008年,全市高粱面积87公顷,每公顷产量4200公斤。

荞麦 种植荞麦历史悠久,面积不多。90年代初,引进日本信州四倍体荞麦。荞麦8月20日前后下种,开行条播,行距40厘米,每公顷播量60公斤,每公顷留苗以45万株,基肥用些灰杂肥或复合肥。2008年,荞麦面积67公顷,每公顷产量3000公斤。

甘薯 俗称山芋。一般清明节前后露地育苗,采用直插或钩插移栽,每公顷平均3万株左右,种植面积3333.33公顷以上,为人们秋、冬季节主要食物之一。1958年,种植面积6000公顷。是年起,推广水平栽。60年代,推广温床育苗和窝叶水平栽插。每公顷插株数由原来的3万株增加到3.75万－6.75万株。用肥上,改原来多数不施肥为有机肥作追肥,施肥量逐年增加,甘薯产量不断提高。70年代,全县甘薯面积2667－3333公顷。80年代,甘薯作为烘烤型山芋销往大中城市,成为特种经济作物,种植面积保持在1333－2000公顷。2008年,种植甘薯2000公顷,每公顷产量4.5万多公斤。

大豆 60年代前,大豆面积1万公顷左右,以春播为主,每公顷产量不足1500公斤。70年代,推广夏大豆,提倡早播、配方施肥,每公顷产量3000公斤左右。80－90年代,推广免耕少耕栽培技术,重视磷、钾肥的施用和防治草害。90年代,除夏大豆外，推广秋毛豆种植；以优良品种，合理密植，配方施肥，防治好病虫害，喷施微量元素叶面肥等夺取高产。2000年，以“海门小寒王”为主的收青大豆（青毛豆）每公顷产量7500－9000公斤。2005年，种植收青毛豆5667公顷。2008年，种植收青毛豆6000公顷。

芝麻 明代就有芝麻种植。民国时期芝麻种植较多。50年代中期，品种主要有双壳黑芝麻（俗称百脚黑芝麻）和千头黑芝麻。每公顷播种6－7.5千克，播种深度2－3厘米，每公顷密度单杆型品种18万株左右，分枝型品种9万－12万株。有单种、套种、间种和利用十边隙地种植等。4月20日至5月初播种，多为条播。80年代，芝麻与山芋、花生、玉米等作物间作，也有套种在麦田、蚕豆田中，还有利用桑园、幼林果园和林园隙地种植。芝麻播种推广春改夏，夏芝麻5月20日至6月10日播种。1999年，面积1333公顷。2008年，近666公顷。

花生 *播种* 50年代前，习惯于穴播，春播为主，每公顷密度45万株左右。50－80年代，穴播改为条播，6月份播种，每公顷密度30万株左右。90年代，收青花生在油菜收获后播种，每公顷密度27万－30万株。2000－2008年，花生每公顷密度24万株至27万株。

面积 50年代初667公顷左右。50年代末至70年代很少种植花生。80年代660公顷左右。2000年发展收青花生3333公顷。之后，花生面积逐年扩大。2008年，面积8667公顷，其中收青花生4667公顷。

施肥 50年代前基本不施肥。50年代至70年代以草木灰为基肥。80年代至90年代增施磷肥。2000年以后，推广复合肥和花生专用肥。

油菜 *播种* 50年代前，习惯直播，10月中旬播种，3叶期定苗。50年代，推广育苗移栽，9月中旬播种，10月中下旬移栽。宽行密植，每公顷15万株以上。70－80年代，推广育苗等行距移栽。90年代起，推广拓行降密群体质量栽培技术，行穴距逐年扩大。行距60厘米以上，穴距16－18厘米，每公顷移栽密度9.75万株左右。

施肥 以灰肥、粪肥作为基、苗肥。腊肥和春肥，以人畜粪肥为主。60年代，加施过磷酸钙。七八十年代起，推广复合肥。

二、经济作物

棉花 *种植* 清嘉庆年间（1796－1820），就有“沿江种稻、内地皆棉”的记载。民国19－24年（1930－1935），年均植棉3.3万多公顷，立夏至小满播种，撒播或点播。1955年，改撒播、点播为条播，播种提前到谷雨至立夏间。60年代，以谷雨为中心，抓冷尾暖头播种，争“四月苗”。1972－1976年，采用河泥方格育苗。1978年，推广薄膜育苗移栽，3月底至4月上旬制钵下籽育苗，5月中上旬钻麦园套栽，或在麦子、油菜收获离田后移栽。1983年，推广地膜覆盖栽培，4月15－23日播种（穴播）。1990年，全县薄膜育苗移栽棉花面积1.29万公顷，其中麦垄套栽7507公顷，麦子、油菜收割后移栽4686公顷，地膜棉花713公顷。1991－1998年，棉花面积年均超过1万公顷。其间推广“双膜”棉花（后称移栽地膜棉）。1996年，“双膜”棉花占棉田总面积三分之一以上。是年，皮棉每公顷产量1185公斤。1998年后，随着棉花市场放开和农业产业结构调整，棉花面积开始下降。2000年，降至2653公顷。2004年后，略有回升。2008年，植棉6667公顷。

密度 1954年前，中棉（小花）每公顷密度10.5万－12万株，陆地棉（德字531）每公顷5.25万株左右。1955年种植“岱字棉15”后，每公顷密度6万株左右，1965年每公顷密度10.05万株。1982－1993年，薄膜育苗移栽和地膜覆盖播种面积扩大，棉花每公顷密度6.75万株左右。1994年品种更新，种植密度有所下降。2002年每公顷密度4.68万株，组合由1.33米“慈溪式”改为1.6米以上“慈溪式”或1－1.2米大等行种植。2003年，棉花品种多为杂交棉、抗虫棉，每公顷密度在4.5万株以下。2005年每公顷密度3.24万株，2008年每公顷密度2.94万株。

施肥 50年代前，基肥用生泥、绿肥，苗期浇人畜肥，盛蕾期施灰肥、棉饼等。50年代，棉田夹种绿肥面积占25%左右。60年代占40%左右。1978年，每公顷用纯氮182.85公斤、磷肥42.6公斤、钾肥61.35公斤。80年代，绿肥面积减少到20%左右，其他肥料的投入也大为减少，棉花早衰现象明显，红叶茎枯病普遍发生，产量下降。80年代末，又重视棉田肥料投入，特别是氮肥。90年代至2008

年,棉田施肥量总体增加,每公顷平均施纯氮300公斤、磷肥60公斤、钾肥120公斤。施肥方法:施足基肥,基肥主要为棉花专用肥及磷、钾肥。6月底7月初,施好以有机肥、钾肥为主的第一次花铃肥。7月下旬,用尿素作为第二次花铃肥。8月10日左右,施好盖顶肥。棉花生长的各个时期喷施叶面肥,以补充棉花生长需要的营养,防止棉花早衰。

培管　60年代,直播棉花苗期推广"前后五抢"①。70年代末,推广薄膜育苗移栽。育苗苗床做到土肥、熟,制钵器直径一般6.5厘米以上,调控好苗床内温湿度,苗龄长的搞好搬钵蹲苗。移栽时硬板打洞,浇足水。蕾铃期除施肥治虫外,及时中耕松土,整枝打顶,排涝抗旱,扶理抗风。80年代,推行蕾期喷矮壮素、助壮素。1990年,以营养钵育苗移栽为主,有少量地膜直播和露地直播。由于移栽种植密度不断下降,苗床长度由每公顷300米减少到150米左右,棉花用种量由每公顷15公斤减少至5.25公斤。

薄荷　明代,海门境内有薄荷种植记载。民国23年,作为专业外贸商品生产。民国27年,县境西部种植薄荷8000公顷。后因日本侵略军进犯,种植面积逐年减少。抗日战争胜利后恢复种植。50年代,成为全国薄荷主要产区之一。

薄荷一年收两熟,立冬至小雪间播种,前茬作物收获后,开3.3厘米深播种沟,均匀摆上种根,再覆盖泥土,称为过坨播种。用肥前控后促。1974年,薄荷种植基本上为头刀扩二刀缩,头刀可间作油菜,在油菜收获后抢施一次重肥。头刀在大暑初收割,离田后随土面刨根,刨去杂草等,天旱时浇水抗旱,10天左右二刀薄荷齐苗,8月底前施一次重肥,霜降前后收割。1985年推广二刀薄荷化学除草,大大节省劳力。薄荷吊油采取水上蒸汽蒸馏,经油肠在水中冷却,流出时温度不高于45℃,以防薄荷油挥发减少产量。

药材　清末民初,农民始种药材,有苏州鲜生地、安徽板蓝根、江苏红花、安庆玉竹等品种引进海门,大部分在西部地区种植,产品销于上海、苏州等地。人称"田状元"的刘旦旦派儿子赴安庆考察玉竹栽培技术,引进部分种苗,潜心研究,提纯复壮,使玉竹产量倍增。新中国成立后,玉竹种植由常乐乡扩至厂洪乡,产品销于海内外,成为有名的"海玉竹"。1957年,对玉竹、红花等10多个品种实行计划种植,面积83.53公顷。1958年,从外地引进当归、黄连、紫苏、杜仲、生地、参三七、麦冬、黄檗、丹参、穿心莲、北沙参等60多个品种,种植面积108.53公顷。1961年,县将部分中药材种植列入奖励范围,种植227.67公顷。1962年,药材择优留植,从60多个品种中选出适宜于县内种植的白术、贝母、元胡、川芎、黄芪、麦冬、百合、红花、板蓝根、玉竹、元参、太子参、穿心莲、冬花、知母等20多个品种,种植150公顷。1963年,除生产队集体种植外,有些社员在自留地上种植药材,全县种植面积276公顷。1964－1972年,调整农作物种植计划,缩减药材种植面积,中药材年均种植130公顷。德胜公社利用药材种植时间长的特点,加强贝母生产技术指导,把无性繁殖转为有性繁殖,每公顷产量超过4500公斤。1973年,药材面积恢复到242公顷。1974年,药材生产布局经过多次调整,集中成片,全县种植267公顷。1978－1986年,全县药材种植面积和药材产值逐年递增。1986年,种植479.4公顷,产值220多万元。是年,海门被国家医药管理局列为贝母、元胡重点生产基地。1987年,药材价格下降。1990年,种植药材102.3公顷。90年代,以种植浙贝母、西红花为主,浙贝母年均种植133公顷。2002年5月,浙贝母每公斤价格170元。2003年,每公顷产值超150万元,德胜镇李彬村种植67公顷,成为浙贝母产值亿元村。2004年,价格猛降,每公斤价格6－10元。种植农户采用硫黄熏蒸,每2.5－3公斤加工成半成品1公斤,每公斤价格30－40元。2008年,全市种植浙贝母533公顷。

三、蔬菜　瓜果

蔬菜　明代,种植的蔬菜品种有黄瓜、冬瓜、菜瓜、瓠、茄、韭、葱、蒜、苋、莴苣、白菜、芥、胡荽、菠菜、胡萝卜、牛踏扁毛豆、蚕豆、豌豆等。清代,增加青菜、甜菜、白萝卜、葫芦、芹菜、梢瓜、丝瓜、西洋瓜、南瓜、生瓜、香芋、毛芋、落花生、慈姑、百合、茭

① 前后五抢:前五抢,麦园内抢松土、抢间苗和移苗补缺、抢施黄芽肥、抢扶理前茬、抢防治病虫;后五抢,出麦园后抢施苗肥、抢定苗、抢松土中耕灭茬、抢治虫、抢开沟理墒。

白、荸荠、山药等。香芋、芋艿、黄芽菜、小辣椒、白扁豆、盘香豇豆、小菠菜、雪里蕻、牛角瓜、六叶头冬瓜、青皮长茄逐渐成为海门大宗蔬菜。民国初期，荸荠逐渐淘汰，新增刀豆、豇豆、红扁豆、番茄、马铃薯、菊芋等品种。1949年后，新引进品种有花菜、牛心包菜、夏光甘蓝、粉红番茄、夏生菜、塌棵菜、弥陀芥、实心菜、空心菜、青苋菜、西洋芹、紫角叶、上海青、矮杭青、红明青、张塘豇豆、不搭棚豇豆、半长丝瓜、茄门甜椒、红皮洋葱、金瓜、芦笋、荷兰豆、二白皮生菜、玻璃生菜、大青豆、五月拔大豆、六月拔大豆、花皮豌豆等。1979年，种菜面积4067公顷。1990年前后，海门、三厂等地的菜园村搭建大棚种植蔬菜，为城镇居民服务，面积不多。1998年，大棚应用范围越来越广，春季提前保温栽培，越夏降温防虫避雨栽培，秋延后栽培及越冬栽培等技术应用广泛。2000年，电热丝育苗、多层覆盖、立体栽培、微喷滴管灌水等技术普遍应用。2005年，种植蔬菜面积1.95万公顷次，其中大棚3000公顷，露地蔬菜年均每公顷产值6万元以上，大棚蔬菜年均每公顷产值12万元以上。2008年，蔬菜种植面积2.09万公顷次，其中大棚蔬菜3613公顷，总产量53.1万吨。

瓜果 西瓜 古称寒瓜。海门自垦殖时起种植，主要品种有浜瓜、黑皮西瓜。70年代，引进“解放”“台黑”“苏蜜”“新澄”等品种。80年代，引进“早佳8424”“京欣一号”“抗病京欣”“红铃”“美抗”等适合露地栽培的优质品种。90年代后期，从国外引进“万福来”“早春红玉”等适合大棚栽培的小西瓜品种，这些品种皮薄、糖度高、口感好、效益高，逐渐成为种植的主要品种。2005－2008年，设施栽培与露地栽培面积4667公顷，总产量15万吨至16万吨。

甜瓜 境内农民将薄皮甜瓜称作香瓜。民国初年，六匡镇农民自选自育成糖加甜头，种植延续至今。传统的十棱瓜、青肉青瓤瓜、黄金瓜、牛角瓜、黑皮瓜等种植较普遍。80年代，引进日本“甜宝”“白雪公主”等薄皮品种。90年代，推广“海蜜”系列甜瓜及“西薄洛托”“金甜”“玉菇”等厚皮甜瓜，生产中应用多层覆盖、电热丝育苗、立架栽培、双季栽培等技术。2005－2008年，薄皮、厚皮甜瓜年播种面积933公顷左右，总产量2.5万－2.8万吨。

草莓 70年代已有零星种植。1981年10月，日本八木通商株式会社食品课长福三荣山、明治屋食品工场资料部次长前进勉、东洋食品工业短期大学附属农场科长到海门农科所作草莓栽培技术指导，赠送草莓苗2万株，品种为“阿美利卡”。1982年9月，县棉花原种场栽植“阿美利卡”草莓3.33公顷。此后，全县推开。1987年，引进“硕露”“硕蜜”“硕丰”“宝交”品种，推广种植。1990年，全县栽植草莓33.33公顷。90年代末，常乐镇培育村党支书叶剑生引导村民大面积种植大棚草莓，品种为“丰香”，成为闻名的草莓专业村。2008年，全市草莓面积200公顷。

四、食用菌

蘑菇 1959年，常乐农业中学试栽培蘑菇，菌种从省农科部门购进。1960－1970年，因菌种不能自给，销售渠道不畅通，生产陆续停止。1972年，三厂建立菌种场，生产蘑菇原种，母种由上海嘉定县提供。麒麟、常乐、江滨、大新等公社在室内种植2.2万平方米，收蘑菇9.96万公斤。1979－1980年，县多管局和供销社进行地棚栽培蘑菇试验。1981年，栽培16.5万平方米，产蘑菇90.59万公斤。1982年，在地棚种植基础上，以新建乡为点，进行蘑菇简易大棚栽培试验获成功。1984年，在全县推广。1985年，全县栽培蘑菇37.55万平方米，产蘑菇166.05万公斤，由南通食品厂收购，制成罐头外销。90年代后，外销受到影响，栽培面积大幅度下降。1996年，改种“棕秀1号”，产品在市、乡镇农贸市场畅销。1999年，改种大肥菇，每公顷产1.2万公斤左右。2002年，大棚栽培改为棚式多层栽培。2008年，每公顷产3.3万公斤。

香菇 1977年，大新公社聘请技术指导老师在宏丰大队试种香菇成功。主要培养料为木屑和麦麸。1978年，三厂菌种厂、大新菌种场少量种植。1980年，农民自制菌种，进行栽培。1982－1984年，年栽培面积1550平方米，年产菇1.3万多公斤，产品烘干后销县外贸公司。1985年，受杂菌感染，停止栽培。1989年，县食用菌协会和多管局合作，利用粉碎后的桑树枝条，进行香菇栽培试验获得成功。1990年，县多管局成立课题组具体负责推广试验的指导工作。当年，栽培面积1000平方米，产菇1.13万公斤。2001年，临江镇立周村张卫达将桑枝条粉碎后,加入麸皮、棉籽壳、石膏等原料,生产香菇菌包1万只,发菌成功率82%,每只产菇0.5公斤。2002年,市蚕桑指导站以桑枝条粉碎后的木屑、麸皮、棉籽壳为原料加工生产香菇菌包10万只,发菌成功率82%,种植面积6700平方米,产菇5万多公斤。2003年,香菇每公顷产值37.5万元,比常规的农作物高8－10倍。2008年,海门镇种植面积增加到5.67公顷。

平菇 1972年,三厂菌种厂栽培平菇成功,菌种从上海嘉定县引进,培养料为棉籽壳。1973年,全县推广,年栽培面积3000平方米左右。1984－1990年,栽培面积发展到2万平方米,产品销于县内农贸市场。1996年,种植平菇以海门镇为主。2008年,海门镇种植平菇6.33公顷。

银耳 1976年,由三厂菌种厂试种,段木棒栽,使用树枝5000公斤,收干银耳60公斤。1981年,改为代料瓶栽,后发展为袋栽。1985年,三厂菌种厂代料栽培3000袋,收取干银耳300公斤。1983年,有20多户栽种,主要分布在悦来地区,每户年产干银耳50－100公斤。1990年,三阳镇一户产干银耳435公斤。1990年后停产。

猴头菌 1973年,三厂菌种厂以木屑为培养料进行栽培。1988年,新建菌种厂批量栽培,培养料为甘蔗渣,主要收取菌丝体,12万瓶收干菌丝体7600公斤。1989年、1990年,栽培15万瓶(袋),收干菌丝体1.15万公斤。2006年,悦来一农户种植2万袋,收干菌丝体2000公斤。

草菇 1983年,汤家乡菌种场以稻草为培养料进行栽培,面积6平方米,菌种从广州引进。1990年,该场以棉籽壳为培养料栽培草菇,面积60平方米,每平方米用料18公斤,每平方米收菇6.8公斤。2005年,临江镇张卫达种植5000平方米,每平方米用料19公斤,每平方米收菇8公斤。2008年,张卫达种植1.5万平方米,每平方米用料由19公斤增加到22公斤,每平方米收菇10.5公斤。

金针菇 1985年,三厂菌种厂以棉籽壳为培养料进行栽培,数量500瓶。1988年,栽培8000袋,产菇1400公斤。1989年,发展到1.2万袋,产菇2200公斤。1990年,栽培2.5万袋,产菇4380公斤。2003年,浙江人在海门种植金针菇3万袋,产量7000公斤。2006年,种植4万袋,产量1万公斤,2008年种植5万袋,产菇1.3万公斤。

木耳 70年代,县内进行人工栽培试验,效果不佳。1985年,三厂菌种厂以棉籽壳为培养料进行试验,数量600瓶,成功率40%。1987年,新建菌种厂栽培3.7万袋,因杂菌感染失败。

姬菇 2007年,临江张卫达种植姬菇菌包2万只,每只产姬菇0.5公斤。2008年,种植3万只菌包,每只产量0.6公斤。

第三节 品种改良

一、品种

粮油作物 元麦 解放前,有“黑谷硬头”“六柱软头”“白六柱”“黑六柱”“桑椹六柱”等品种。20世纪50年代后期,引进白筋“萧山三月黄”“红筋萧山三月黄”。60年代,引进“矮脚早”“757”“628”“通麦1号”“通麦2号”“通麦4号”“通麦5号”“山农205”,以推广“矮脚早”“通麦”为主。70年代,引进“立新1号”“立新2号”“早熟43”“浙114”“605矮秆早”等,以“立新1号”“立新2号”种植面积为最大。80年代,以“海75－12”为主,有少量“如东4号”。90年代前、中期,元麦仍以“海75－12”为主,少量种植“浙114”“通麦5号”。90年代末至2008年,元麦种植面积较少。

小麦 60年代,以“扬麦1号”为主。70年代,以“扬麦2号”“扬麦3号”为主。80年代,以“扬麦5号”为主。逐步引进“南大2419”“华东6号”“吉利”“碧玛1号”“宜麦1号”“矮秆红”“山东205”“大黑芒”“平安”“新农1号”“矮粒多”“矮秆早”“阿夫”“徐州14号”“万年2号”等。90年代,以“扬麦158”“宁麦8号”品种为主,少量种植“宁麦9号”。2000年,推广种植“扬麦11号”“扬麦13号”“宁麦13号”等。

大麦 原有二棱麦(俗名蜈蚣大麦)、“茨菰青”、红大麦。70－80年代,引进“矮白洋”“尺八矮秆”“浙农光芒”“F13－104”“春大麦”“齐芒”“早熟3号”“早熟5号”等,以“早熟3号”为主。90年代,以“单2”“沪麦16”“苏麦1号”“苏麦2号”“苏麦3号”为主。

蚕豆 50－60年代中期,以海门大白皮、大青皮蚕豆为主。1965年,引进“启豆1号”“70－59”

"70－111"等品种。90年代,以日本大阪豆、海门大白皮、大青皮为主,并引进"启豆2号""启豆5号"等。2000年后,以日本大阪豆、海门大青皮、海门大白皮蚕豆为主。

绿豆　原以农家品种为主。2001年,引进推广"苏绿1号"良种。

玉米　50年代,以"老人牙""阔板大金黄""青鱼牙"等品种当家。60年代中期,以"八叶头""百日早""小金黄"为主。1973年,引进"烟三6号""烟三10号""烟单1号""烟三31号""烟三33号""单交36""中单2号",以"单交36""烟三10号""中单2号"当家。70年代后期,引进"沪杂1号""新双1号"。1980年,引进"丹玉6号""丹玉13号""皋单2号""沪单3号""苏玉1号""沪单5号""丹玉6号"。80年代,主要推广种植"皋单2号""丹玉6号""沪单5号"。90年代,先后推广"苏玉3号""掖单13号""苏玉9号"。2000年后,推广种植"苏玉19号""金海5号""中江玉1号""苏玉10号"。糯玉米引进种植"苏玉糯1号""苏玉糯2号""沪玉糯1号""京科糯120号""中糯2号"。

高粱　原有"猪抬头"等农家品种,90年代初,引进糯高粱等。

荞麦　原以农家品种为主,90年代初引进日本信州"四倍体"荞麦。

甘薯　原以农家品种为主,60－80年代引进推广"胜利百号"等,90年代后,引进推广"苏薯8号"等良种。

水稻　清代,有"赤谷""青芒粳""黄粳灿""茄花糯""马鬃糯""白赤谷""燕子糯""堆子糯""红芒晚稻"等品种。民国时期,有"白玉"(又名"脱壳白")、"鸭嘴黄"。50年代,引进"早沙粳""黄壳早""南通稻"。60年代,引进中粳"农垦56""农垦57""农垦58","矮脚南""珍珠矮""矮南早1号""武农早""苏稻1号""有芒早粳""853""412""公字17号""桂花黄""双跃3号""双跃80号"。70年代,引进"京引15""京引88""嘉选66""京引103""南优2号""南粳33"。80年代末,引进粳稻品种"8169－22""嘉33－5""嘉21",糯稻品种"678"。90年代后,粳稻品种以"优辐粳"为主,少量种植"武香99－15";糯稻品种以"太湖糯"为主,少量种植"大华香糯"。

大豆　夏秋以海门"小寒王"为主,少量种植"五月拔""六月拔""骨里青"等。2000年后,早春毛豆种植"辽鲜1号""台湾292""沈鲜3号",夏秋以海门"小寒王"为主。

花生　50年代,以小粒、红皮品种为主。1963年,引进"伏花生"。1973年,引进"徐系1号"。80年代,引进"海花1号"小果型花生。90年代初期至2008年,品种主要以"海花1号"为主,鲜食花生以"鲁花8130""鲁花13"等大果型品种为主。

芝麻　主要有双壳黑芝麻(俗称百脚黑芝麻)、千头黑芝麻等。

油菜　50年代前后,为白菜型品种。60年代,种植甘蓝型品种,以"胜利"油菜为主。70年代,引进"军农1号""新华1号""立夏黄"等。80年代初,引进"中油821"。80年代末,引进、推广杂交油菜"秦油2号"。90年代初,引进"蓉油4号"。90年代中期,引进双低油菜品种"秦油2号""油研8号"。2000年种子市场放开后,推广种植"史力丰""秦油10号"等。

经济作物　棉花　1954年前,主要是中棉(即"鸡脚棉")、"脱字棉"与"德字531"。1955年,推广"岱字棉15号"。1963年,引进"徐州1818""徐州209""洞庭1号""通棉2号""通棉3号""新岱棉""宁棉22号""通棉408""通棉556""中棉所2号""湘棉2号",其中推广的有"通棉2号""通棉3号"。70年代引进"登恩119""岱棉45A""浙棉3号""徐州1214""华棉3号""沪棉204""陕棉4号""通棉5号""通棉11号""泗棉2号""苏棉1号""沪棉4号"等品种,推广种植的有"通棉5号""通棉11号"。80年代,有"3563""通棉5号""76－399""崇抗55""盐棉48"。80年代末,以"盐棉48"为主,引进"苏棉3号""太87－5"。1993－1996年推广"苏棉4号"。1997年,推广"泗棉3号"。2000年后,引进种植转基因杂交抗虫棉"国抗22""国抗14""南抗3号"。2002－2008年,棉花品种基本实现抗虫化、杂交化,品种主要有"中棉所29""鲁棉研15""鲁棉研23""科棉3号""南农6号""南农8号"等。

薄荷　50年代前后,主要是"小黄""柴茎"薄荷。60年代,引进"119""409"品种。1976年,县农科所育成"海香1号"。1977年,引进"73－8"。1984年,县农科所育成"海选1号"。1987年,县农科所育成“80－A－53”薄荷。

瓜果蔬菜 *番茄* 民国时期开始种植,面积较小。80年代,从辽宁引进“L－402”“合作906”和“合作908”等杂交品种。90年代后,从浙江农科院引进“浙粉202”。2000年后,引进“金棚一号”“生产L－402”“合作906”“合作908”。

茄子 清代普遍栽培,品种以青皮长茄子为主,一直延续至今。90年代后期,引进适宜上海等地消费的紫皮茄子。

辣椒 清代后普遍种植。80年代,主要种植海门小辣椒。90年代,引进大果微辣型“湘研”系列、“卞椒”系列、“苏椒”系列,“硕丰9号”和“加配5号”等甜椒品种。

莴苣 明嘉靖年间(1522－1566)就有种植,以农家品种为主。90年代,引进“科兴1号”“科兴2号”和“大青叶”等品种,从意大利引进耐抽薹叶用莴苣。2000年,从四川引进青皮青肉、高产的“正兴”系列。2003年,从宜兴引进“三青皮”。

大白菜 明嘉靖年间,农户宅院零星种植,以农家品种为主。90年代,从山东引进“87－114”“丰抗70”“丰抗80”等,从日本引进适宜春季栽培“春大将”和适宜夏季栽培的“夏阳302”“夏阳303”等。

青菜 清嘉庆年间(1796－1820)开始栽培。经农户长期选育和改良,形成“肉菜”品种。80年代,引进“苏州青”“上海青”。90年代,引进“四月慢”和“五月慢”。2000－2008年,引进“新场青1号”“新场青2号”“新场青3号”肉菜等。

芹菜 清嘉庆年间开始种植。90年代,引进“津南”系列、“津南1号”、耐寒的“津南2号”和耐热的“津南3号”。2000年后,引进种植黄心实芹、西洋芹。

刀豆 民国期间开始种植,以无限生长型架刀豆为主。90年代,引进“直立81－6”和美国地刀豆。

豇豆 清代,盘香豇豆成为大宗蔬菜。民国年间,开始种植架豇豆。经长期选育改良育成新品——肉豇(又称“筷头豇”)。90年代,引进“之豇28－2”、早熟的“扬豇12”和中熟的“扬豇40”。2000年,从香港引进“王中王”豇豆。2001年,从泰国引进泰国“豆角王”。

豌豆 明嘉靖年间就有种植,以蔓生白花豌豆为主。1997年,引进“中豌4号”“中豌6号”。

结球甘蓝 1949年,引进夏光甘蓝、牛心菜。80年代,从上海引进鸡心结球甘蓝。90年代,引进杂交一代“京丰1号”。2003年,引进“力宝”甘蓝。

花椰菜 1949年后开始种植,以县境品种为主。90年代,引进四川“瑞雪”“东海明珠”“白马王子”和“龙峰特大”“一代金光”等系列品种。2000年,引进上海“申花”系列白花菜和“2号”“3号”青花菜。

马铃薯 民国年间开始种植,品种以海门境内品种为主。80年代,从东北引进产量高、块茎大、脱病毒的“克新1号”。2000年,引进早熟白皮白肉“早大白”和黄皮黄肉“紫花一号”。

山药 清嘉庆年间开始种植。经过改良,形成肉细、质粘、风味独特的海门山药地方品种。2002年,引进矮生的双胞山药。

萝卜 明嘉靖年间开始种植,以海门品种为主。80年代,引进浙江长萝卜和扬州“大头红”。90年代,从北京引进满膛红萝卜。2000年,从韩国农友BIO株式会社引进“白玉春”萝卜。

黄瓜 明嘉靖年间就有种植,以海门品种为主。80年代,引进“津研”系列。90年代,引进“津春”系列和“津优”系列。2002年,引进“硕丰6号”。2004年,引进翠玉水果型新品种。

西瓜 原有浜瓜、黑皮西瓜等农家品种。20世纪70年代,引进“解放”“台黑”“苏蜜”“新澄”等品种。80年代,引进“早佳8424”“京欣1号”“抗病京欣”“红铃”“美抗”等品种。90年代后,从国外引进“万福来”“早春红玉”等适合大棚栽培的小西瓜品种。

甜瓜 原有十棱瓜、青肉青瓤瓜、黄金瓜、牛角瓜、黑皮瓜、糖加甜头等品种。80年代,引进日本“甜宝”“白雪公主”等薄皮品种。90年代后,推广“海蜜”系列甜瓜和“西薄洛托”“金甜”“玉菇”等厚皮甜瓜。

草莓 1981年有“阿美利卡”。1987年引进“硕露”“硕蜜”“硕丰”“宝交”品种。1998年引进“丰香”等品种。2005年引进“千禧”新品种。

莲藕 80年代开始种植,品种以深水藕为主。90年代,引进飘花藕品种。2004年,从武汉水生蔬菜研究所引进高产易采挖、浅水栽培、品质糯性“鄂莲”系列品种。

药材 境内野生杂草中可供药用的有半夏、野

白头、天花粉、益母草、墨旱莲、蒲公英、旋复花、黑苏子、地肤皮、蛇床子、车前子、夜交藤、枸杞子、柏子仁、艾叶、青蒿、蒲黄、芦根、紫苏、甘菊、香附等。种植的作物中可供药用的有丝瓜络、葫芦壳、扁豆花、月季花、玫瑰花、冬瓜子、石榴皮、生姜衣、荷叶、桃仁、杏仁、藕节等。引进种植的药材有苏州鲜生地、安徽板蓝根、江苏红花、安庆玉竹、当归、黄连、杜仲、生地、参三七、麦冬、黄檗、丹参、穿心莲、北沙参、白术、贝母、元胡、川芎、黄芪、百合、元参、太子参、冬花、知母等。

二、良种繁育基地

农业推广所　民国17年(1928),成立县棉作场,设试验田1.6公顷。民国18年,建县立农场。民国20年,改名农业改良场。民国23年6月,改为农业推广所。于吴家镇东北(今三厂镇北郊)租地3.47公顷,设第一推广区;垦牧公司五堤(今启东市境内)设第二推广区。推广、改良鸡脚棉400公顷,脱字棉140公顷。

海门农科所　建于50年代末。1960－1996年,负责薄荷新品种选育和繁殖,先后育成"海香1号""海选1号"等薄荷新品种。1999－2002年,从事海蜜甜瓜系列新品种的选育和繁殖。2003年,育成"海蜜5号"和"海育1号"小西瓜。

县棉场　1950年3月,建立县棉场。头甲乡建立头甲棉场(通兴棉场),秀山大桥镇建良种繁育场大桥分场。1955年3月,头甲棉场划入启东县。1955年9月,建立县种子场。1956年2月,东兴乡大东村建东兴棉场。1959年2月,大桥分场撤销。

棉花原种场　1969年,建立县五七农场,承担稻、麦良种繁育。1980年4月,县五七农场改名为棉花原种场。进行棉花三圃和原种的提纯复壮,以及玉米制种。1989－2000年,参与全县(市)棉花良种繁殖。2005年,并入开发区。

永隆沙良种场　1970年,建立县永隆沙农场,进行"通棉8号""通棉11号"提纯复壮。1977年,改名永隆沙良种场。常年玉米制种面积187公顷。1988年,进行稻麦良种繁育。1989－2000年,参与全县(市)棉花良种繁殖。

棉花繁殖区　1989－2000年,在货隆、万年、麒麟3乡镇建棉花繁殖区,年安排面积667－800公顷,实行全市(县)棉花统一供种。

第四节　作物保护

一、植保网络

20世纪50年代,农作物病虫害防治首先在县属农场及各区农技站示范推广。1960年,县建立病虫害测报站。组成县、区、公社植保干部、大队植保员(农技员兼)、生产队植保员(生产队长兼)五级植保网络。1983年,实行治虫专业承包责任制的村民组占63%。随着农村联产承包责任制的完善,逐渐形成专业队防治、机动药械代治、统分结合防治等多种责任制。1987年,三阳镇组织机动弥雾机治虫专业队,全镇80%以上的村实现植保专业承包。1990年,江滨乡农技站成立植物医院后,全县30个乡镇先后成立植物医院。1999年,防病治虫形成由市统一要求、统一指导、土地承包户负责的格局。2004年4月开始,海门电视台《金色大地》栏目7点25分播出预报病虫害信息,每次2－3分钟,每周重播6次。农民收视率90%以上。

二、病虫害防治

虫害防治　粘虫　属迁飞性害虫,危害的作物有三麦、玉米等。年际间发生量变化较大,主要与气候及外地迁入虫量有关。1980年,随着广东等地发生量下降,境内绿肥面积减少,粘虫危害减轻。20世纪90年代,针对其幼虫有暴食习性的特点,在低龄幼虫期用药防治取得良好效果。

蜗牛　以同型巴蜗牛为主。危害的作物多,对大豆、棉苗、玉米苗、豌豆苗和十字花科蔬菜的危害最为严重。通常是绿肥、蚕豆田重于麦田,玉米、黄豆、赤豆田重于棉田。用茶籽饼、灭蜗灵等药剂在蜗牛产卵前喷杀,有一定效果。90年代,杀蜗药剂改用"密达"等品种,并采取水旱轮作、中耕曝卵、堆草诱杀和人工诱捕等综合防治措施,蜗牛危害减轻。2000年以后,免耕面积增加,蜗牛呈加重趋势,采取综合防治措施,灾情减轻。

盲蝽象　境内主要有中黑盲蝽象和绿盲蝽象两种,危害棉花、薄荷、蚕豆等作物。1970年前发生较轻,1985年后发生量逐渐上升。其间,组织专业队对蚕豆、苜蓿等虫源田进行防治,效果较好。90

年代减轻，2003年后，发生量又上升。绿盲蝽象对棉花的危害有加重趋势。盲蝽象一代成、幼虫对棉苗造成危害，三代起集中危害顶芽和幼蕾，使用有机磷农药进行防治。2006年后，绿盲蝽象偏重发生，每年棉花产量损失10%－15%。

棉蚜虫　危害期在6月份，随着棉花育苗移栽和地膜棉苗的推广，危害时间略有提前。麦（豆）、棉套作，有利减轻棉苗三叶期前的棉蚜危害。不少年份，伏蚜、秋蚜造成一定危害。2000年起，播种时，通过种衣剂处理种子，保护棉花安全度过三叶期；5月下旬，使用药剂挑治多虫株或龙头株；对伏蚜和秋蚜通过保护和利用天敌加以控制，辅以高效低毒药剂防治，效果明显。

红蜘蛛　系常发性害虫，对棉花危害较大。70年代前发生量较轻。70年代初，创造的巡回查治形式，省工、省药、效果好。1984年，百株虫量1650头。1986年后，以村民组或村为单位组织专业队防治。2000年后，夏季出现高温干旱天气，常常大面积暴发，治虫专业队及时巡回查治。

红铃虫　60年代中期前，单铃虫道在3左右。1965－1967年，大面积开展越冬防治后，单铃虫道降到1.3－1.64。70年代后期，田间进行敌敌畏毒土熏蒸与喷药防治相结合，使单铃虫道下降到1以下。80年代，三代单铃虫道又大幅度上升。其间，采取治好越冬幼虫，狠治二代、巧治三代，9月上旬，加强对青铃的喷药，效果较好。90年代后，应用菊酯类农药防治，有效控制虫重生率。

棉铃虫　属间歇暴发性害虫。1978年，全县棉铃虫大发，铃害率31.5%。国强公社沿民大队1公顷棉田，平均铃害93.4%。1979年、1982年，为中等发生年份。随着菊酯类农药大面积应用，防治效果明显提高。1991年，因连年使用菊酯类农药，棉铃虫抗药性增强，发生呈上升趋势。1994－1996年发生严重，主要靠双波灯诱蛾及喷药加以控制。2000年后发生较轻。

玉米螟　一、二代主要危害玉米，三代集中危害棉花。随着棉花生育期提早，二代也开始危害棉花。1977年前后，玉米花叶株率最高达100%，棉花铃害率16.4%，以后有所减轻。1989年，玉米螟危害加重。防治措施主要是搞好春玉米心叶末期灌心，在棉田挑治好三代玉米螟。

烟粉虱　2002年前很少见。后随着设施栽培面积扩大、越冬场所增加，发生程度逐渐加重。2005年后烟粉虱为蔬菜、棉花主要害虫。该虫抗药性强，善于跳飞，较难防治。主要采取化学防治。

稻纵卷叶螟　一年发生四代。1966年前危害较轻，1973年后，多数年份发生较重，造成水稻成片白叶。主要防治第二、第三代。

稻飞虱　为水稻危害最重害虫。70年代至1982年，灰飞虱发生严重。1985年，四代褐飞虱大发生。1987年、1989年，褐飞虱发生较严重。主要采取“治三代压四代”措施，控制其危害。

病害防治　赤霉病　属气候性病害，麦子扬花灌浆期遇高湿高温天气，利于赤霉病发生。1954年、1958年、1973年、1978年、1989年、2003年，赤霉病大流行，病穗率均在50%以上。防治措施，在麦子扬花期喷多菌灵或防霉宝农药1－2次，并采取主动出击、总体防治、药肥混用、保粒增重防治方法。

麦类锈病和白粉病　小麦秆锈病，50－60年代前期流行。叶锈病经常发生，但危害较轻。小麦条锈病，1975年前后危害迟熟元麦，造成明显减产。白粉病，70年代前期，因引进“立新”系列元麦，常有轻度危害。80年代，“扬麦”系列和“泰山1号”等小麦发病较普遍，“如东4号”元麦发病较重。80年代后，引进抗锈病品种，锈病明显减轻。90年代后，在小麦抽穗期遇持续高湿闷热天气，白粉病加重。2001年，遇高温高湿气候，白粉病病株率58.4%，病叶率49.1%。主要靠农药防治，更新抗菌品种，减轻田间湿度控制。

赤斑病　蚕豆的主要病害。春季与初夏的低温阴雨气候极利于赤斑病流行。重茬、缺钾、地势低洼的田块发病较重。1964年、1975年、1977年、1982年、1983年、1989年、1994年，发生严重，病情指数80%，严重田块几乎失收。防治赤斑病，除更换抗病品种外，应增施钾肥及在初花期喷药1－2次。

油菜菌核病　油菜的主要病害。年度间发病差异较大，重的年份油菜减产4－5成。发病的主要原因是土壤中的菌量多，品种感病性强。80年代末，种植的“秦油2号”易感病。90年代末，引进“双低油菜”，抗病性差。轮作换茬，选用抗（耐）病品种，合理密植，花期喷药是防病的有效途径。2000－2008年，年病株率15%－65%。在油菜初花期喷多硼合剂，效果较好。

棉花苗病　主要有炭疽病和立枯病。春季常有低温阴雨天气，棉苗病发生较为普遍。60年代，直播棉花发病株率50%左右，死苗株率5%－10%。70年代，因营养钵育苗移栽技术及“401”和多菌灵胶悬剂种子处理技术的推广，苗病大大减轻。80年代末，灵福合剂的大面积应用，棉花苗病得到控制。2000年后，发病株率降至4%以下。

棉花枯萎病　黄萎病　1974年前，棉花枯萎病发病很少。1975年起，直线上升。1982年，病田面积占83.3%，死苗10%以上的重病田折实面积0.78万公顷。是年，三阳、新建、东兴、临江等公社和大东农场，有27公顷棉田发生黄萎病。1983年，全面更换抗病棉种，枯萎病、黄萎病得到控制。2006年后，黄萎病有少量发生。

稻瘟病　间歇流行性病害。1972年，穗颈瘟病大流行，病穗率50%以上，重病田亩产50－100公斤。1982年、1989年、2004年为中等流行，病穗率分别为10.1%、9.5%、10.4%。2006－2008年，轻度发生。由于稻瘟病为典型的气候性病害，给预报带来难度。一般在水稻破口期喷药保护，对控制病害有一定作用。

三、杂草防除

杂草　据1982－1986年全县农田杂草调查，农田常见杂草有28科94种。其中双子叶杂草有25科69种，单子叶杂草有3科25种。棉田常见草有21科62种，其中马唐、千金子、狗尾草、牛筋草、铁苋菜、鲤肠等20种杂草为恶性杂草；麦田常见草有19科49种，其中看麦娘、繁缕、猪殃殃、婆婆纳、苍耳等为主要恶性杂草；稻田常见草有23科40多种，主要有千金子、稗草、水沙草、球花碱草、扁杆藨草、萤蔺、鲤肠等。全年田间有3－4个出草高峰．由于复种指数高，杂草与作物的共生期长，且密度大，一般年份，每平方米有杂草540－1323株，造成农作物减产一至两成。草害严重的年份，每平方米有杂草1800株以上。90年代，农田杂草以小麦、水稻田发生较重，每平方米有草96.3－393.3株，平均201.6株。2002年，加拿大一枝黄花在海门沿江地区沟边、路边发生。2004年，16个乡镇、两个农场及开发区549个点发生，面积114公顷。2005年冬季，境内均有发生，面积907公顷，其中成片面积415公顷，扩散速度惊人。2008年，成片面积538公顷。

化学除草　1982年春，县农科所开始棉花化学除草示范。1984年，在全县推广化学除草试验。1986年，普遍推行化学除草技术。2000年后，全年化学除草面积稳定在3.67万公顷至4.33万公顷次。2004年、2005年，市下拨专款购买除草剂，防除加拿大一枝黄花。是年10月中下旬，突击进行人工割除花穗或拔除植株。2006－2008年，每年5月上中旬、9月上中旬对加拿大一枝黄花进行化学除草。

除草地膜应用　1989年，从山东引进除草地膜。1990年，全县推广使用面积520公顷，其中江滨乡267公顷。年使用量200吨左右。是年6月，县派出代表出席全国除草地膜应用经验交流会并作书面发言。90年代，除草地膜广泛应用于西瓜、收青玉米、棉花、马铃薯等作物。2000年后，每年应用面积2333公顷次。

第五节　肥　　料

一、有机肥

人畜禽粪肥　主要有人粪、猪粪、羊粪、鸡粪等。1949年，全县人畜粪肥约114万吨，平均每公顷15.75吨。此后，随着人口增加和畜禽养殖业的发展而增多，1985年，总量200多万吨。羊棚灰等灰肥用作基肥，人畜粪肥用作追肥。20世纪90年代，人畜禽粪肥总量150万－160万吨。2008年，人畜禽粪肥总量160万吨。

饼肥　有菜籽饼、棉饼、豆饼。民国年间，用饼肥下田，以豆饼为主。50年代，全县每年用饼肥1000吨左右，平均每公顷19.5公斤。60－70年代，棉花种植面积扩大，棉饼逐步取代豆饼，每年使用棉饼1万吨。1979年，使用1.49万吨，每公顷平均274.5公斤。80年代，棉田减少，油菜面积增加，菜籽饼增多。1989年，全县菜籽饼3万多吨。2000年后，每年饼肥总量5万吨至6万吨，其中菜籽饼近4万吨。由于饼粕较多用于饲料，实际用作肥料5000吨至8000吨，施用面积6660公顷。2008年，全市使用总量6000吨，主要用作农作物基肥。

绿肥　主要品种为蚕豆苗、苜蓿等。1949年冬，绿肥折实面积1847公顷，1959年6133公顷。60年代中期，引进苕子、黑豌豆、箭舌豌豆、田菁、柽等高产绿肥品种。1964年,全县冬绿肥折实面积5973公顷。60年代末,全县推广“三水一绿”①水生绿肥。1974年,放养水面5333公顷,水生绿肥经沤制或堆腐后作基肥用。后因保种难、用工多、投资大,作肥料和饲料的价值不高,逐步停止放养。70年代,旱改水面积扩大,绿肥面积相应发展。1979年,折实面积1.17万公顷。80年代,绿肥种植面积减少。1990年,仅种4667公顷。90年代,绿肥品种主要是蚕豆、榨菜秸秆和部分豌豆秸秆。种植面积1万公顷至1.33万公顷。2008年,面积1.49万公顷,每公顷产绿肥1.95万公斤,使用面积1.53万公顷,每公顷用绿肥1.89万公斤。

草塘泥 1965年,试种三熟制晚稻,学习苏南沤制草塘泥,掘一个直径10－20米左右的塘,分层填入青草、水草、农作物秸秆、河泥等,面上封河泥发酵沤制。草塘泥是70年代县内水稻、三麦的主要基肥,每公顷不少于1500担。90年代后,不再沤制草塘泥。

河泥 俗称“生泥”。自垦殖始就有用河泥作肥料的传统。1954年,全县有罱泥船3048只,铺生泥面积占耕地10%左右。1962年,有罱泥船9797只。除用船罱河泥外,每年秋播结束后,各生产队出动劳力,戽干沟、塘,大挖河泥铺生。1984年,全县罱泥船增加到1.45万只,加上沟河挖泥,作物铺生泥面积85%以上。此后,罱泥减少,人工挖泥铺生很难见到。

商品有机肥 2000年后,以鸡粪为原料制成商品有机肥。2005年,市京海生物有机肥有限公司年生产商品有机肥2000－3000吨。2007年、2008年,分别成立海门兴农生物科技有限公司、市哈迪生物有机肥有限公司,年生产商品有机肥6000多吨。

二、生物细菌肥

1958年“大跃进”运动中,各地用田螺、黄蚬、河蚌壳等磨碎后加入化肥制成生物肥。1970－1974年,推广“5406”细菌肥料,建有40余个小菌肥厂,每厂月生产75－100公斤,后因成本高停办。1990年,引进硅酸盐菌肥(生物钾肥)15吨,用于棉花当家肥,每公顷用量7.5－15公斤。

三、无机肥

氮肥 群众称为“肥田粉”“粪精”。1950年,全县使用硫酸铵氮肥10吨,1959年使用5122吨。1964年,海门化肥厂批量生产碳酸氢铵,并进口尿素,氮素化肥用量上升较快。1969年,全县用量1.41万吨,平均每公顷施232.5公斤。80年代初,每年用量5万吨左右,平均每公顷施825公斤。1985年,出现“绿的(绿肥)不种、黑的(河泥)不搞,黄的(大粪)不要,白的(化肥)飘飘”现象,氮素化肥用量进一步上升。1990年,用量5.3万吨,平均每公顷施900公斤左右。县境内主要氮肥有碳酸氢铵、尿素、硝酸铵、硫酸铵、氯化铵、氨水等。90年代,碳铵年用量3万－3.5万吨,尿素1万吨至1.5万吨。2000年后,尿素使用量增长较快,逐渐超过碳铵。2005年,尿素用量2.44万吨,碳铵减少到1.84万吨。2008年,使用氮肥1.94万吨,平均每公顷施159公斤。

磷肥 即过磷酸钙,也称“普钙”。1954年开始,先在蚕豆和绿肥上施用,逐渐扩大到其他作物。是年用量176吨,1961年上升到2475吨,1972年突破1万吨,1979年超过2万吨,1990年2.88万吨。此后,随着复合(混)肥用量上升,磷肥用量下降。90年代末,年用量稳定在1.5万－2万吨。2000年后,年用量在1万－1.5万吨。2008年,用量1.23万吨。磷肥一般作为基肥,豆科作物及玉米、油菜、花生、蔬菜等使用较多,蚕豆施用量占总量52.6%。

钾肥 主要是氯化钾,也有少量硫酸钾。1973年,购进2吨在棉花上试用。1974年用量676吨,1979年增加到1839.4吨。1982年后,逐渐减少,土壤速效钾亏损严重,棉、稻、麦等作物缺钾症显现。90年代后,棉花全面使用氯化钾。2008年,用量1000吨左右。钾素投入的增加,使土壤速效钾含量从最低时的每千克82毫克回升到90毫克。

复混肥 1973年始用,有磷酸二铵、磷酸二氢钾等,每年用量很少。1982年用量86吨。80年代后期,复合肥以氮磷钾三元复混肥为主,作为农作物基肥。1990年用量6636吨,2008年用量4.21万吨,每公顷用量超过750公斤。油菜、玉米、棉花等作物广泛应用。

---

① 三水一绿:即水花生、水葫芦、水浮莲和细绿萍。

第六节　专业村选介

一、浙贝母专业村

1973年，德胜公社李彬大队开始引植浙贝母，面积1.33公顷，每公顷产1.05万公斤，产值1.05万元。1980年，增至26.67公顷，价格每公斤鲜贝母1.8元，每公顷平均产值1.95万元。1986年，每公斤16元，每公顷产值18万元。1990年前后，价格走低，种植面积有所减少。1997年，价格走高，面积增至53.33公顷。2000年，推广摘花等新技术，产量提高。2003年，贝母每公顷产1.88万公斤，高产田块2.25万－2.63万公斤。是年，种植66.67公顷，因人为炒作，价格每公斤100－200元，每公顷产值180万－225万元，成为浙贝母产值超亿元村。2004年价格暴跌，每公斤价格6－10元。种植户用硫黄熏蒸，每2.5－3公斤加工成半成品1公斤。2005年，加工成半成品5吨，每公斤30－40元。2008年，种植200公顷，每公顷产值15万元左右。加上间套作的葡萄、青毛豆、西瓜、玉米等作物，每公顷产值30万元以上。

二、青毛豆专业村

1990年，临江乡希圣村种植“小寒王”收青毛豆，面积6.67公顷。1994年，发展到33.34公顷，涉及800多农户，产品在县内外农贸市场畅销。2002年，希圣村一年生产两季青毛豆，春季早毛豆每公顷产6000多公斤，收入1.5万多元；秋毛豆每公顷产1.13万公斤，收入1.2万多元。2005年，与南通市鸿基食品有限公司合作，加工速冻青毛豆，产品销往苏南、上海等大中城市。2008年，希圣村青毛豆除供应市内外农贸市场外，年产速冻青毛豆700多吨，每公顷产值3.75万多元。

三、无公害小青菜专业村

1996年，三和镇双高村播种露地小青菜0.33公顷。1999年，在市蔬菜站指导下，农民施建新试用防虫网覆盖栽培夏季小青菜取得成功，在全村推广，栽培面积0.3公顷。该技术采用小环棚覆盖防虫网栽培，小青菜生长期不喷农药，实现无公害栽培。2004年11月，被省农林厅认定为无公害生产基地。2005年，全村播种67公顷。2006年，引进小型耕作机翻地、整地，采用五孔喷管灌水，提高生产效率，面积增加。2008年，播种80公顷。

四、草莓专业村

1989年9月，常乐镇培育村试种0.33公顷毛竹大棚草莓，冬季产果，单果重25克，最大果80多克，上市后每公斤价格20多元，深受消费者欢迎。2000年，建成钢架大棚3.33公顷，草莓生产条件改善。2005年，从上海市青浦、浙江等地引进“千禧”等草莓新品种，种植67公顷。棚内采用滴管灌溉、蜜蜂授粉、深沟高畦种植。11月下旬草莓上市，冬春季连续产果，每公顷产草莓2.25万多公斤。2006年，注册“常乐”牌商标。产品销往上海、南通、南京、扬州、盐城、连云港等地，每公顷产值超15万元。2008年，全村草莓大棚面积120公顷。

五、刀豆专业村

1983年，汤家乡刘洪村试种刀豆成功。1984年，种植3.33公顷。1996年34公顷。春秋两季，春季4月上旬播种，6月上旬至7月上旬采收；秋季7月底至8月初播种，9月下旬至10月底采收，单季每公顷产1.8万公斤，两季产值4.5万元。1997年，在净种同时，利用玉米采收后的玉米秸秆作为棚架种植秋刀豆，每公顷产7500公斤。2002年，从省农科院引进“78－209”“81－6”“绿珠”等新品种。2003年，注册“刘洪”牌商标，成立刀豆生产合作社，发展农民经纪人10余人。刀豆除销往青龙港冷冻厂外，还销往山东、安徽、上海、浙江、苏南等地。2005－2008年，年播种刀豆80公顷左右，每公顷平均产值约5.25万元。

六、水生蔬菜专业村

1996年，刘浩乡六甲村种藕0.66公顷。2000年，栽藕6.67公顷，2002年发展茭白1.33公顷。2005年，水生蔬菜栽培面积33.4公顷，藕每公顷产量3万公斤，每公顷净收入约6万元；茭白每公顷产量4.5万公斤，每公顷收入6万元。2006年，在藕田四周加设防逃设施养殖中华鳖，每公顷产值超15万元。2008年，水生蔬菜面积40公顷，每公顷平均产值7.5万元以上。

七、大棚蔬菜专业村

2000年,正余镇新桥村建立大棚蔬菜生产示范区3.33公顷。2003年发展到13.33公顷,主要种植番茄、茄子、菜椒、莴苣、大白菜、芹菜、小白瓜等,由农户分散承包经营。2005年,引进南通正欣农业发展有限公司,承包经营蔬菜20公顷,建造水泥路、硬质渠道、钢架大棚、冷库,安装水泵、滴管设施。蔬菜品种增加球生菜、紫甘蓝、芥蓝、菠菜、荠菜等30余个,实施规模化生产。产品销往上海、苏州、无锡、常州、南通等地。年销售量500万公斤,产值1500多万元。2005年,被认定为省无公害蔬菜生产基地。2006年,配备保鲜运输车,产品分级包装后销往各地农贸市场及超市。2008年,销售额1800万元。

八、山药专业村

1990年,四甲镇东南村种植海门山药3.33公顷。山药糯性好,受消费者欢迎,外地营销人员常到该村收购。2000年,种植20公顷,每公顷产4.5万公斤,每公顷收入9万－10.5万元。2003年,通过省无公害农产品认定。2004年,注册“海玉”牌山药商标。2008年,全村种植山药30公顷,年产山药1200多吨,主要销往上海及省内城市。

九、葡萄专业村

1970年,三星公社新镇大队吴宇民利用住房前后及道路旁栽植玫瑰香葡萄。1973年,产果750公斤,收入4000多元。附近村民纷纷效仿,利用四旁栽植葡萄20多公顷。后引进“北醇”“白香蕉”等葡萄品种。1982年,在栽种葡萄的同时,培育葡萄苗销售。1987年,全村产葡萄300多吨、繁育葡萄苗200多万株,总收入120余万元。是年,有葡萄专业户60多个,其中20户户均收入超万元,成为葡萄专业村。1988－1992年,该村葡萄苗畅销全国20多个省、市、区。2001年,引进美国“皇家秋天”,日本“果罗比”“红高”,巴西“翠峰”等名优葡萄。2002年,产鲜果80吨,名优葡萄苗10万株,种条1000万株,产值120万元。2005年,熊其仁、熊杰父子投资300万元创办海门科创现代农业园区,摸索出露地栽培、T型避雨栽培、平门架式栽培、连栋大棚栽培等4种葡萄栽培模式。是年,在省第二届“神园”杯优质水果大赛中,“宇园”牌葡萄获得3个金奖、1个银奖;葡萄新品种“比昂扣”列入市农业成果推广类科技计划项目,葡萄小棚避雨T型架栽培配套技术获南通市科技进步三等奖。2006年,“宇园”牌葡萄被国家农业部评为绿色食品。2007年,“神爽”牌葡萄获首届中国南方葡萄新品展示金奖。

第三章 养殖业

第一节 畜 禽

一、畜

猪 海门养猪历史长,新中国成立前品种单一,饲养数量少。1950年,全县饲养生猪3.2万头。1952年,增至5万头。1953年,实行粮食统购统销,农民手中余粮减少,生猪生产一度回落,年末存栏1.61万头。1954年,明确谁养猪谁得益的政策,政府拨出饲料粮,每头猪供应饲料50公斤,生猪生产逐渐恢复。1955年,县下达养猪计划,合理调整生猪收购价格(提高10%左右),结合粮食定产、定购、定销,确定生猪派购任务,生猪生产得到发展。1956年,发展集体养猪,全县饲养6.18万头(集体养猪占90%),出栏3.5万头。1957年,贯彻私有、私养、公助方针和社员养猪划给饲料田的政策,饲养生猪

8.85万头，出栏5.4万头。1959年，贯彻集体养猪方针，发动县、公社、大队、生产队4级办集体养猪场。年底，建集体猪场3590个，养猪4.72万头，占总数66.9%。1960年6月，集体养猪6.5万头。由于搞“一平二调”①，加上自然灾害，秋粮歉收，饲料不足，入冬后，存栏猪大量死亡。1962年，生猪饲养量降至3.75万头，存栏2.71万头。1964年，落实饲料粮、奖售粮、投肥兑现等政策，饲养量首超17万头。1966年，增至44.63万头。1967－1969年，受“文化大革命”影响，饲养量年均降至28万头，1970年，贯彻积极发展集体养猪，继续鼓励社员养猪方针，生猪生产再次恢复，存栏24.02万头，饲养量37.8万头。1975年，贯彻中共中央《关于大力发展养猪业的通知》，生猪饲养量回升。1978年，放宽农民自主经营，提高生猪收购价格，减免屠宰税和购销工商税。1979－1981年，饲养量增至年50万头。1984年，生猪产销放开，多渠道经营。1985年，随着养猪效益降低和畜牧业结构调整，生猪饲养量回落。1990年6月，筹建家畜改良站。1991年5月，正式实行全市猪、羊统一供精。是年，生猪饲养量10.1万头，存栏5.6万头。1993年，商品猪由二元杂交演变为三元杂交，瘦肉率提高至55%以上。1999年，实行“四改一添加”②办法，饲养周期由原来10－12个月缩短到5－6个月出栏。2008年，生猪出栏率200%以上。

羊　养羊为海门农户传统养殖业。1949年，全县养羊15.16万只。1962年，30万只。1979年，有18个公社养羊超万只。1990年，年末存栏43.77万只，上市30.64万只，饲养量74.41万只。1998年，年末存栏55.23万只，上市38.66万只，饲养量93.89万只。是年，部分农户开始种草养羊，推广高架养羊。2000年，年末存栏65.95万只，上市46.17万只，饲养量112.12万只。是年，农业部将长江三角洲白山羊（笔料毛型）列入国家级畜禽品种资源保护名录。2003年，种植优质牧草1367公顷，涌现百只规模羊场16个。是年，年末存栏73.13万只，上市71.16万只，饲养量144.29万只。2006年，继续推广种草养羊、秸秆养羊，规模养殖场增多。2008年，饲养山羊173万只。

县境内饲养绵羊较少。20世纪50－60年代，由于纺织品紧缺，群众自发从苏南、浙江引进饲养。1956年栏存200只，1966年栏存6600只。1968－1980年，绵羊毛逐渐走俏，年饲养量4万多只，存栏3万多只。1981年后，绵羊饲养量逐渐减少。1990年存栏1800只，2003年年底基本绝迹。

兔　解放前，农户养兔甚少，少数生活条件较好的农户，养些小白兔供玩赏。1949年，全县家兔笼存量100余只。1951年，一些农户饲养肉用兔，年末存栏3000只。1954年，兔存栏量1万只。1955年，引进安哥拉毛兔，全县饲养1万余只。1959－1961年，国际市场兔肉行情看好，国家大量收购肉兔，县内出现养兔热潮。1961年底，笼存兔17.26万只，其中90%为肉用兔和皮肉兼用兔。1962年，行情转疲。1965年，跌入低谷，笼存量4200只。1966年，行情好转，笼存恢复到3万只。1981年，国际市场兔毛抢手，又掀起养兔热潮。1985年，笼存量18.75万只，90%是毛兔，品种为德国长毛兔的杂交后代兔。1987年，兔毛行情下滑，毛兔养殖减少。1990年，笼存1.19万只。1992－2002年，全县零星饲养少量菜兔。2003年，笼存5446只，出栏2004只。2004年，国际市场兔皮走俏，海门专业户以养殖皮肉兼用兔为主。2005年，笼存2.11万只，出栏2.74万只，其中肉兔2.62万只，年饲养量4.85万只。2008年，笼存1.22万只，出栏2.64万只。

牛、马、驴、骡　役畜以耕牛为主，马、驴较少。民国年间，全县有驴千余头。1949年，存栏耕牛1602头，其中水牛795头，黄牛807头。1950年，县政府发出保护耕牛严禁宰杀和贩运出境的训令。1952年，农民自发增养耕牛，存栏量上升到1968头。1954年，存栏耕牛2468头。1956年，县供销社从徐州购进黄牛730头，分到各农业社，这些黄牛是

---

①　一平二调：指实行分配上的平均主义，无偿调动、占有社员的土地、房屋、资金等。全县从县至生产队共平调884万元，其中县级平调328万元，公社级平调360万元，大队级平调163万元，生产队级平调33万元。平调实物有土地4133公顷，价值196万元；房屋2.66万间、价值236万元；农具30.48万件、价值241万元；家具25.15万件、价值102万元。1961年10月，全县纠正退赔863.28万元。

②　四改一添加：熟料改生料、湿料改干料、单一饲料改配混饲料、吊架子养猪改一条龙养猪，适当使用添加剂。

非役用牛,1957年大部分淘汰。1959年,从新疆哈密和黑龙江齐齐哈尔购进蒙古马和苏联马各70匹,因饲养不善淘汰。1960年,贯彻养、用、管合一的负责制和繁殖奖励政策,牛、马、驴回升到2056头。1964年,存栏量降到1051头。1967－1972年,保持在2000头左右。1973年,农业机械增多,耕牛逐渐淘汰。1979年,全县有黄牛34头,水牛206头,奶牛52头。80年代中期,通东地区引进驴子充当运输役畜。1990年,存栏1032头,其中黄牛22头、水牛374头、奶牛125头、驴511头。2003年,存栏453头,其中黄牛2头、水牛174头、奶牛27头、驴250头。2005年,存栏594头,其中奶牛67头,水牛301头、黄牛2头、驴骡224头。2006年,奶牛规模养殖场增加。2008年,奶牛存栏1424头。

二、禽

鸡 民国37年(1948),一、二、三区4422户养鸡4835羽,户均1.08羽。1949年,全县存栏鸡22.72万羽,户均养鸡1.23羽。1957年,存栏33.35万羽。1958年,存栏17.79万羽。1963年,存栏6.48万羽。1972年,县食品公司四甲良种场带动周边11个生产队饲养肉用鸡,逐渐辐射发展,遍及全县大部分乡镇。1972－1979年,年存栏量保持在30万－40万羽。80年代,饲养良种鸡使用配方饲料,肉用鸡从90天缩短为50天上市,料肉比从2.8∶1－3.0∶1下降到2.2∶1－2.4∶1;蛋鸡年产蛋量从140－150枚增加到260－280枚,蛋重从50－52克增加到60－62克。1985年,全县饲养量456.86万羽。1986年,万年乡伯荣村姜振辉、天补乡崇华村蔡统平年饲养3万－4万羽。1989年,京海肉用鸡联合公司、县第二种鸡场、天补乡多种经营服务公司和20个主要孵坊,肉用鸡生产、加工、销售一条龙。1990年,养鸡574.23万羽,其中肉用鸡423万羽,上市365.25万羽,蛋鸡产蛋1.27万吨。2003年,出栏鸡983.37万羽,年末存栏361.27万羽,饲养量1344.64万羽,产蛋2.96万吨。2004年,受外地禽流感影响,养鸡量一度下降。2005年恢复,年出栏1002.46万羽,年末存栏308.99万羽,年饲养量1311.45万羽。2008年,出栏1236.66万羽,年末存栏453.44万羽,年饲养量1690.1万羽。

鸭 海门习惯分散饲养,户养一两羽。70年代,浙江人到海门部分社队、场圃承包饲养商品鸭。80年代出现饲养蛋鸭或肉鸭专业户。1985年,平山乡八烈村办6000羽种鸭场,为养鸭户提供苗鸭。1990年,全县栏存30万羽。2003年,存栏61.47万羽,出栏108.37万羽,产鸭蛋0.78万吨。2005年,存栏63.72万羽,其中蛋鸭57.22万羽,肉鸭6.5万羽。2008年,存栏54.55万羽,上市肉鸭47.21万羽。

鹅 50－80年代,全县养鹅年末存栏数千羽。1990年,栏存1.83万羽。2000年出现养鹅专业户。2003年,肉鹅存栏8.75万羽,出栏12.57万羽,饲养量21.32万羽。2005年,养鹅专业户减少,存栏2.11万羽,出栏2.74万羽,饲养量4.85万羽,其中肉鹅2.62万羽。2008年,存栏6.5万羽,出栏4.47万羽。

第二节 蚕 桑

一、栽桑

品种 县境成陆始有本桑。清光绪十二年(1886),引进湖桑。1952年,引进推广“荷叶白”“桐乡青”等湖桑品种。1960年,引进中晚生品种“湖桑32号”和“湖桑179号”。1977年,桑园以“湖桑32号”为主。1982－1985年,通东地区大面积推广“湖桑32号”。20世纪90年代初,引进新品种“育71－1”“农桑8号”“农桑12号”等。90年代后期,新品种“育71－1”发芽早、发芽率高、产叶量高,种植面积逐年增加。2000年,全市拓植新桑园和更新老桑园时选用“育71－1”品种。2006年新拓桑园400公顷,2008年桑园1667公顷。

栽培 本桑散植于农村家前屋后,任其生长,树型高大,叶小质差,采摘困难。50年代,提倡建桑园,每公顷3000－6000株,树型为中高干。60年代,栽植中密度中干式,密度较稀,桑叶产量不高。70年代,逐步以低干密植为主,每公顷1.2万－1.5万株。80年代,发展速成丰产桑园,每公顷1.8万－2.25万株。1981－1985年,栽密植桑1073公顷,其中速成丰产桑园66.67公顷。1988年,省丝绸总公司开展村级高产优质桑园竞赛活动,包场镇包南村在竞赛中获奖。90年代,桑树培管技术较为完善,除草、灌溉、排水,桑树养型、桑园护理等得到推广,桑园产叶量明显提高。2005年,悦来镇率先示范桑园养鸡立体模式,每公顷增加产值3万－4.5万元。

2006年,桑园夹种、立体种养等模式面积增加。2008年,全市桑园夹种面积800公顷,立体种养面积33.33公顷。

防病灭虫 桑树病害主要有桑萎缩病、细菌性黑枯病、赤锈病、褐斑病、干枯病和芽枯病。虫害主要有桑象虫、桑毛虫、桑尺蠖、野蚕、桑蝗、桑螟、桑蓟马、红蜘蛛、桑蛀虫、桑天牛等。50－70年代,桑树病虫害防治,主要用50%杀螟松乳油100倍液,50%甲胺磷乳油1000倍液等对桑树进行喷治。80年代,对入境桑苗检疫,防止带入病害。1990年,建立桑病虫测报站,每年发布桑病虫情报6期,做到先知先报早预防。2000－2008年,桑树病害采用多菌灵、农用土霉素、农用链霉素等常用药剂喷施防治。桑园虫害采用丰田灵乳油、敌敌畏、护桑乳油等农药在桑树发芽前、桑树夏伐后及冬季进行喷治。

二、养蚕

沿革 海门养蚕业起始较早。南唐东海徐夫人墓志铭载,静海、东洲既"煮海积盐"又"务耕桑"。宋代,丝被列为海门朝贡土产之一。明代,滨江一带坍塌,养蚕业一度衰退。清光绪年间恢复发展。光绪十五年(1889),张謇倡导设茧行,立茧灶,养蚕业大兴。民国初期,文昌宫正祠设立女子蚕业实业所,传授养蚕技术。民国21年(1932),从镇江引进良种,替代传统的自留土种。民国26年,全县蚕茧总产500吨。日本侵略军入侵后,养蚕业每况愈下。新中国成立后,县政府对养蚕业实行扶助政策,养蚕在三星、连元、三和、常乐、三厂等西部地区得以恢复发展。1982年,县政府调整通吕河两岸产业结构,发展养蚕业,养蚕转向四甲、国强、新建、王浩、余东、正余、新余、包场、刘浩、东兴等通东蚕区,沿江蚕区和中东部蚕区。1986年,对养蚕布局进行改革,形成养足春蚕、适养夏蚕、养好中秋蚕、养足晚秋蚕的一年四期养蚕格局。90年代起,因夏蚕饲养环境差,蚕茧产量低,逐渐取消。2001年始,余东、万年等乡镇试养二春蚕成功,经济效益不错。2005年,饲养二春蚕在面上推广。2008年,全市形成春蚕、二春蚕、一秋蚕、二秋蚕一年四期养蚕格局。

蚕种催青 50年代,县内无催青室,与南通县合作催青。60年代末,县内自行催青。1974年,海门镇建成100平方米催青室,配有电热丝加温的恒温控制设备。1986年,江滨乡源东村建成催青楼,配有空调装置和补湿器。1992年,在海门镇建造催青楼,1994年启用。2002年4月,催青楼划归茧丝绸公司。

稚蚕共育 1952年,推广稚蚕共育。1953年,建成天补、德华、平山、日升4个共育室,共育春季蚕种156张,占全年蚕种的44.3%。1956年起,春、秋两季蚕种全部实行稚蚕共育。1976年,有共育室22个。1984年8月,共育室转为联户经营和专业户承包。1990年,有共育室294个,其中235个为专业户承包。90年代中期后,共育室均为专业户承包。2006年有共育室257个,2008年有共育室248个。

大蚕饲养 50－60年代,采用普通育,每日给桑5－6次。70年代,每日给桑3－4次。1983年,推广条桑育。1985－1986年,推广蚕台育和地蚕育,蚕儿稀放饱食。1989年,普及方格蔟营茧技术。1995年,推广五龄新稍斜面育技术,具有喂蚕方便、食叶快、省工节本和减少蚕病发生的优点。1996年,推广室外预上蔟技术,提高蚕入孔率,减少室内湿度,保证蚕茧质量。2004年,推广大蚕漏空透气育技术,它具有省力、病蚕少,发育齐,桑叶利用率高的特点。2008年,大蚕饲养省力化养蚕技术推广率80%以上。

蚕病防治 境内常见蚕病有病毒病(包括血液型脓病、中肠型脓病和病毒性脓病)、真菌病(包括白僵病、曲霉病,绿僵病)、细菌病(包括细菌性败血病、细菌性胃肠病、细菌性中毒病)、寄生虫病(包括蝇蛆病、壁虱病)等。50－60年代,中肠型脓病和白僵病发生较多。70年代,多发生脓病和细菌病。80年代,消毒药物品种增多,消毒工作纳入正规,蚕病发生率下降。90年代,贯彻预防为主综合防治方针,消毒防治贯穿整个养蚕过程,蚕期前对蚕室、蚕具清洗、曝晒和药物消毒,蚕期中对蚕体、蚕座和室内空间用药物消毒,蚕期结束,回山消毒。2003年晚秋蚕,王浩镇504张蚕种发生大面积中肠型脓病,全镇蚕茧平均张产不到14公斤,直接经济损失30余万元。蚕病发生后组织群众对养蚕大环境和蚕室蚕具用石灰水、漂白粉等消毒,掩埋病死蚕、堆埋蚕沙沤肥,确保翌年春蚕安全。2004年,三和镇新远村300张中秋蚕受到附近化工厂废气污染造成不结茧,损失较大。2007年晚秋蚕,暴发白僵病,蚕农损失惨重。

表 10－1 1952－2008 年若干年份海门市(县)养蚕情况统计

年份	蚕种饲养量(张)	蚕茧产量(吨)	产值(万元)
1952	200	4	－
1957	490	13	－
1962	250	2	－
1965	376	10	－
1970	1637	32	－
1975	1304	33	－
1980	2440	70	24
1985	17019	599	246
1990	41500	1388	1579
1995	81270	2600	4161
2000	52000	1768	5400
2005	70806	2778	6972
2008	54800	2070	3987

第三节 特种养殖

一、貂

1980 年，县外贸公司从山东文登县引进水貂 608 只，分给 9 个养貂场和 60 户农民饲养。1981 年，引进水貂 4165 只。1982 年，全县笼存 4942 只。1983－1985 年，笼存 7530 只。1986 年，受市场价格影响，笼存 1000 只左右。1990－2005 年，笼存 300 只左右。2008 年很少有人饲养。

二、鸽

海门养鸽历史较长，品种有肉鸽、信鸽。20 世纪 50 年代，麒麟区锦明乡繁荣村 16 个农户养鸽 60 多羽。1984 年，成立县信鸽协会，会员 300 余人，7 至 10 天聚集 1 次，切磋技术，组织交易，放飞竞赛。1990 年，养鸽 4000 多羽。1994 年，货隆申海鸽场引进美国陆地王种鸽，兴起肉鸽饲养热。2005 年，全市有规模化父母代种鸽场 9 个，栏存 21.6 万羽，分布在海门、麒麟、货隆等乡镇，商品代肉鸽饲养量 11.8 万羽。2008 年，栏存 14.8 万羽。

三、獭兔

獭兔饲养始于 20 世纪 70 年代初期，90 年代獭兔饲养达到高峰，笼存 2.78 万只。90 年代末，受国内外市场影响跌入低谷，年笼存 1100 只左右。2002 年，麒麟镇麒新村伟良牧业引种养殖。次年，栏存 8000 余只，上市商品兔 20 万只。2005－2008 年，全市年均种兔存栏 9700 只，上市商品兔 22 万只。

四、梅花鹿

1998 年，三星镇蓝天特种养殖场引种梅花鹿饲养。2005 年，全市有梅花鹿 205 只，分布在三星、德胜、常乐、刘浩等镇。2008 年 220 只。

五、鹌鹑

1980 年，三和公社高南大队引进鹌鹑饲养，此后逐年发展。1990 年存栏 1.5 万羽，2000 年存栏 3.3 万羽。2008 年，存栏 3.8 万羽，集中在海门、三厂、德胜等镇。

六、野猪

2005 年，麒麟镇广南村建立野猪养殖基地，从长白山引进野猪种猪 228 头，建成猪舍 8000 平方米。2008 年，又引进种猪 250 头，配备高位产床等中高档设施，年产商品猪 1 万头，经济收入 2500 万元。

七、蜂

明代，境内有人养蜂，数量不多。1949－1951 年，全县有蜜蜂 100 箱左右。1954 年，增至 400 箱。1955 年 3 月，三和、路南、天补、连元等乡 7 个蜂农组成花友养蜂合作小组，当年收蜜 1.88 万公斤，产值 7150.7 元。1956 年 3 月，改名为花友养蜂合作社，人员 12 人，养蜂 400 箱，收蜂蜜 3.47 万公斤。1958 年，花友养蜂合作社更名为花友养蜂场，隶属三和公社。是年，江滨、厂洪、德胜、瑞祥公社和三和供销社办起 5 个养蜂场。1961－1971 年，建办天补、三星、悦来、新海等养蜂场。至 1973 年，全县有 26 个养蜂场。1975 年，花友养蜂场设 40 多个分场，职工 200 多人，养蜂 2500 箱，成为全国四大养蜂基地之一。是年，全县养蜂 7000 箱，产商品蜜 28.05 万公斤，产值 78 万元。1979 年，江滨养蜂场平均每箱蜂产值180元，居全县之首。1982年，集体养蜂承包到个人，集体养蜂场解体。1990年，全县养蜂5146箱。90年代后，养蜂效益下降，养蜂逐年减少。2008年，全市养蜂2000箱，以生产蜂皇浆为主。

八、地鳖虫

70年代初，德胜公社一农民自学昆虫学，观察研究地鳖虫习性，进行人工试养。1977年，获得成功。1982年，出售干虫750公斤。此外，境内还有饲养虫蝎等，但规模不大。

第四节　疫病防治与检疫

一、疫病防治

猪病　猪瘟　俗称“烂肠瘟”。1955年11月，三和等乡发现36头猪瘟，死亡28头，后蔓延，几百头猪发病死亡。1956年，从外地购进苗猪近2万头，不少养猪场发生猪瘟病，使用猪瘟防疫结晶载体疫苗，效果不理想，瘟猪死亡较多。1959年春，厂洪公社从外地购回1345头苗猪中，发病死亡886头，原有的200多头肉猪感染发病。20世纪60年代，防疫改用兔化猪瘟弱毒疫苗，收到一定效果。1969年秋至1970年春，全县猪发病2700多头，死亡2200多头。80年代，提高防疫密度和防疫质量，猪瘟病得到有效控制。1990年，全县无猪瘟疫情。1991年，受洪涝灾害影响，全县11个点发生疫情，133头猪发病，死亡31头，扑杀84头。1996年，发病84头，死亡24头，扑杀60头。2002年，猪瘟被列为省强制免疫动物疫病病种名录，免疫工作不断规范，疫情日趋平稳。2003－2008年，市内未发生猪瘟病情。

猪丹毒　有两种病型：疹块型，俗称“鬼打印”；败血型，俗称“大红袍”。前者较缓，后者发病很急。民国25年（1936）聚星镇（今属启东市）、民国35年长兴镇曾见过疹块型猪丹毒病例。1952年，发病死亡猪3000多头，其中，义兴乡（今万年镇境内）发病死亡百头以上。1965年夏，海洪公社10个大队发生猪丹毒，病猪500多头。1966年后，每年给猪接种猪丹毒疫苗，疫情渐趋缓和。1977－1981年，年发病500头左右。1982－1989年，年均30头左右。1996年，发病1例。至2008年，未有病例发生。

猪喘气病（猪支原体肺炎）　1958年，刘浩公社从外地引进的苗猪中混有喘气病猪，发生疫情。两个多月，全公社100多头猪发病死亡。此后，沿通吕公路线向西部各公社蔓延。1959－1961年春，除瑞祥、三星两公社外，疫情遍及全县，感染发病的大小猪5000多头，死亡率40%以上。县主管部门采取普防措施，派出防治小组到四甲畜牧场试点，指导面上工作。1962年后，疫情渐趋缓和。1982年，发病1000多头，死亡率10%－20%。1983－1990年，每年发病200头左右。1996年，发病1例，死亡1头。2002年，隐性猪喘气病造成猪生长速度降慢，但无死亡现象。2008年，猪喘气病成为规模猪场重点防疫的生猪疫病之一。

猪红皮病　又称“无名高热”。60年代中期零星发生。70年代流行，特征是全身皮肤发红和高热稽留（40.5℃－41.5℃），一般呈良性经过，如无并发症，死亡率不高，但季节性特强，每年爆发于6月1日至7月5日。1972－1980年，全县发病40.2万头，发病率16.9%。1980年梅雨期长，发病率29%。后采取接种防疫疫苗，疫情渐趋缓和。1981－1990年，每年发病二三千头，发病率约5%。90年代，该病被视为“猪附红细胞体病”进行预防和治疗。至2008年，此病常有发生，且以混合感染为主。

猪高热病　2005年7月中旬，部分乡镇养猪场生猪出现持续高热、皮肤发红、呼吸急促等特征的生猪“高热病”疫情，药物疗效不明显，病因由病毒、原虫、细菌混合感染引起，病毒为猪圆环病毒，原虫为附红细胞体和弓形虫，细菌以链球菌、猪副嗜血杆菌及大肠杆菌为主。7月29日起，执行生猪疫病防治情况日报告制度。至9月5日，全市21个乡镇场，81个村有疫情发生，发病生猪1111头，死亡534头。病死猪实行无害化处理。2006－2008年未发生。

牛病　主要是牛炭疽。1955年8月3日，海南区平港乡友香村突然死亡耕牛3头，并感染山羊。其后，疫情蔓延到灵西、灵海两乡及沿江一带，死亡耕牛6头、山羊22只，另有十几个人感染发病。平港乡李朱村屠夫直接宰杀病畜，染病后不治身亡。发病原因是从崇明县三星、长江等疫区传入病源。针对炭疽疫情，给所有耕牛接种炭疽疫苗，连续接种10年,此后无疫情发生。

禽病 禽流感 是由A型禽流感病毒的高致病力毒株引起的一种急性、高度传染性疾病。2004年2月,市建立高致病性禽流感防治工作指挥部,在海门港和三和、天补、货隆3个查报站设临时检查消毒站,严禁禽流感疫情进入。2004年2月,市政府出台动物高致病性禽流感控制应急预案,拨50万元防控经费建立防治禽流感应急物资贮备库。至2008年,此病市内未有发生。

鸡新城疫 俗称“鸡瘟”。1971年、1980年,在永隆沙农场两次爆发流行,发病死亡肉鸡数千羽。1983年,天补乡同心村养鸡户饲养500羽肉鸡,发病200多羽,死亡150羽。1984年,海门镇镇西村一养鸡户200羽肉鸡,大部发病死亡。80年代中期,对农村散养鸡接种鸡新城疫疫苗,防疫密度90%。1988年,青龙港食品转运站饲养的1.2万羽蛋鸡,发病4000多羽,死亡近千羽。1991年,全县鸡免疫89.42万羽,免疫密度89.3%。1998年,免疫600.75万羽,免疫密度95%。2004－2008年,市畜牧兽医站为农户提供免费疫苗,应免密度常年保持100%。

鸡马立克氏病 1981年,刘浩乡发现可疑病例。1982年,县畜牧兽医站检测3个养鸡场的403份外来品种鸡血清,阳性率45.7%。1983年,鸡防疫使用鸡马立克氏病疫苗,提高防疫密度。1987年,树勋乡小沙村一养鸡户饲养500羽肉鸡,300羽发病,死亡260多羽。针对疫情,采取打防疫针、扑杀疫鸡封点等方法,疫情缓和。至2008年,种鸡、蛋鸡马立克氏病疫苗免疫密度常年保持100%,鸡马立克氏病疫情减少。

鸡传染性法氏囊病 又称鸡传染性腔上囊病,大都发生于35－55日龄雏鸡,发病最早的16日龄,最迟的110日龄。1985年,检测1092份血清,阳性率52.3%。1986年,开始接种鸡法氏囊病疫苗,进行兔魏氏菌病防疫,效果尚好。1990年,发病率仍较高。2002年,万年镇一养殖户的2000羽肉鸡发生此病,死亡200余羽。2003－2008年,很少发病。

二、畜禽检疫

1979年,贯彻国务院《家畜家禽防疫条例》,检疫工作逐渐形成制度。80年代初,实施畜禽产地检疫、宰后检疫、市场检疫、运输检疫。1984年4月,县建立青龙港畜禽检疫站,对出入港口活畜禽和畜禽产品检疫。1990年,该站被评为省先进集体。1996年,海太汽渡设立海门港畜禽检疫办事处。2002年,成立市港口检疫站,负责畜禽、畜禽产品检疫及其运输车辆消毒。至2005年,共实施生猪产地检疫104.43万头,生猪屠宰检疫270.03万头,出市境活畜禽检疫1.21亿头(羽),出市境畜禽肉类检疫2843.5吨。2008年,实施生猪产地检疫13.4万头,生猪屠宰检疫22万头,出市境活禽检疫1244.81万羽、禽类产品59.06万羽。

第五节 畜牧兽医管理

新中国成立前,无专门畜牧兽医机构。1952年,成立县畜牧兽医站。1953年,县畜牧兽医站撤销。1956年,成立茅镇、麒麟镇两个兽医联合诊所,各小乡设畜牧兽医组,年底解散。1957年,成立县畜牧兽医协会,培训兽医100多人。1958年2月,全县各乡建畜牧兽医站。人民公社成立后,改称公社畜牧兽医站,实行县、公社双重领导。1962年7月,公社畜牧兽医站撤销,由县农林局指定公社1名主管兽医。全县6名专业兽医,其余人员回队亦农亦医。1963年,建立区畜牧兽医组,实行全区核算分配。1965年3月,区畜牧兽医组改为站,分配形式为定额上交业务收入,基本工资加定额提成奖励。1966年,设立5个区站,25个公社站,20个小集镇畜牧兽医组,县培训80名青年兽医充实兽医队伍。同年10月,撤销区站,增建5个公社站,1个县兽医门诊室。分配形式改为固定工资加奖励。耕牛实行保健制,每头耕牛收取3元保健费,除药费外,服务不收费。“文化大革命”初期,公社站瘫痪,部分人员自行离站。1969年,各公社畜牧兽医站恢复。1972年5月,恢复县畜牧兽医站,公社畜牧兽医站正常活动。1973年,贯彻牲畜保健制,按不同家畜向畜主收取定额保健费。1975年,公社畜牧兽医站为公社事业单位,实行社办公助,建立退休保养制度。1977年,改为畜病合作防治制。将保健费的25%－30%返还大队,用于赤脚兽医误工补贴。1983年,推行技术经济承包责任制,统一评定工资待遇。1990年,天补、三和、三阳等9个乡镇畜牧兽医站，被授予县文明站称号。1993年，全县畜牧兽医156人。1995－1996年，分三批吸收聘用干部。1997年，各站实行自负盈亏核算，市财政按工资总额的30%给予定额补助。1999年6月，全市30个乡镇畜牧兽医站合并为22个，9月，招收大中专毕业生31人，充实乡镇站。2003年2月，在职的28名集体人员，享受城镇企业职工养老保险待遇。2008年，全市在职兽医75人，所有退养集体人员纳入职工养老保险体系。

第六节 养殖基地选介

一、海门市兴旺肉制品有限公司

2003年6月，包场镇长桥村村民唐慧娟创办，公司占地1.67公顷，设种猪场、商品猪场、屠宰加工厂和无公害猪肉专卖店。固定资产300万元，流动资金200万元，是一个集种猪、无公害瘦肉型商品猪生产与屠宰加工、无公害猪肉专卖与连锁配送经营为一体的民营企业。是年，生产的"海盛"牌猪肉通过无公害农产品认证。2005年，栏存种母猪400头，种公猪10头；年出栏商品猪5000头。2008年，栏存商品猪6200头，出栏商品猪9500头。

图10－1 市兴旺肉制品公司规模化养猪场 (2008年摄)

二、海门市南海种猪场

2004年，由上海人龚国强投资创办，位于海门经济开发区。2005年，拥有固定资产2000多万元，占地5.33公顷，建有标准化种猪舍8幢1.5万平方米，配有适宜的产仔房、保育房、兽医室、饲料库等，总建筑面积3万平方米。年饲养美系"杜洛克"、法系"大约克"、丹麦"长白"等种猪2000头。年产种用苗猪、三元杂交苗猪及商品肉猪4万头，年产值4000万元，利润600多万元。产品销往上海、江苏、浙江等地。2008年，养殖场新扩面积2公顷，新增种猪2200头。

三、江苏京海禽业集团有限公司

1986年7月，建县种鸡场，位于江滨乡。总投资220万元，饲养父母代种鸡1.5万套。1987年，县种鸡场与县饲料厂、德胜肉鸡场、包场肉鸡场和青龙港冷冻厂组建成县京海肉用鸡联合公司。1988年年底，联合公司解体，县种鸡场收购德胜肉鸡场和包场肉鸡场，改养父母代种鸡。1993年，兴建6个祖代种鸡场，成立县外贸肉鸡集团公司。是年8月17日，外贸祖代鸡场通过省农林厅畜牧局验收，为全省最大的AA肉种鸡、迪卡蛋种鸡生产繁育基地。1996年6月，更名为市京海肉鸡集团公司。1997年7月，公司下属的祖代种鸡场，与美国爱拔益加家禽育种有限公司合资组建成江苏爱拔益加家禽育种有限公司，京海方出资1000万元，占75%股份，美方占25%股份。1999年，京海集团在青龙港西侧的长江滩涂上购置16.67公顷土地，建起2个父母代种鸡场，对原有的种鸡场、饲料厂、孵化厂进行设施、设备改造。2005年，拥有1.32亿元总资产，占地50公顷。下设3个AA祖代种鸡场，祖代鸡5.5万套；7个父母代种鸡场，父母代鸡14万套；1个地方优质鸡繁育场，4个孵化场，1个饲料厂；1个有机肥加工厂。成为省内规模最大的白羽肉鸡生产基地，跻身于全国同行"四强"之列。9月20日，被农业部、发改委、财政部等8部委授予全国农业产业化优秀龙头企业称号。是年，实现产值3亿元。2006年6月12日，京海肉鸡集团公司改名为江苏京海禽业集团有限公司。2008年，培育的京海黄鸡通过国家畜禽遗传资源

图 10-2 江苏京海禽业集团公司的规模化养鸡场 （2008 年摄）

委员会的畜禽新品种审定，成为全国第一个通过国家审定、具有自主知识产权的黄鸡新品种。

四、海门市盈泰种鸡场

1994 年 3 月创办，位于三厂镇兴虹村 8 组，投资 18 万元，饲养种鸡 1000 套。1995－1996 年，增加投资 62 万元，饲养种鸡 5000 套。1999 年，种鸡规模发展到 2.5 万套。2003 年，存栏种鸡 5 万套。2008 年，种鸡场占地 3.33 公顷，标准鸡舍 1.4 万平方米，自动喂料、喂水线各 20 条，模拟电脑孵化机 18 台，风机 48 台，湿帘 6 条，以及与其配套的市供配电设备 100 千瓦，自备发电设备 180 千瓦。年孵化苗鸡 580 万羽。苗鸡销往山东、徐州、如东及市内各地。销售收入 700 万元，利润 65 万元。

五、海门市九色鹿野生动物养殖场

2001 年创办，位于常乐镇培育村。总投资 300 多万元。占地 3.33 公顷，饲养梅花鹿 107 只，生产鹿茸、鹿血等，并加工成鹿茸酒、鹿血酒，在上海、江苏等地销售。2005 年，产值 120 万元，利税 50 多万元。2008 年，产值 150 万元，利税 60 多万元。

第四章 林 业

第一节 植树造林

一、成片造林

民国 21 年（1932）植树节，茅家镇种植洋槐、梧桐、柏树数百株。1953 年春，六甲、三和、海南 3 个区造林 13.18 公顷。1958 年，正余公社新东河两岸，西接王浩，东接新余，全长 5 公里，营造一排刺槐、两排乌桕。通启公路郁家镇至天补段、江滨至三厂段建造竹林带，宽 15 米。当年县内成片造林 144.33 公顷。1960 年，全县大搞植树造林活动，新育苗木 121.33 公顷，造林 996.13 公顷。1970 年，掀起第二轮植树造林热潮，全县育苗 226.67 公顷，造林 366.67 公顷。1975－1979 年，在江堤、通吕河青坎以及大东农场、永隆沙农场、芦荡养殖场营造用材林 95.27 公顷。1991 年，在境内通启河两侧营造意杨（意大利杨树）共青林。1992－1993 年，开展兴林灭螺工程，在海门港江滩上营造意杨林。2000 年，海门港至青龙港江堤内坡及青坎营造柳树、夹竹桃等绿化带 18 公里。2002 年，临江镇二道江堤营造意杨成片林 26.67 公顷。2005 年，全市成片造林 666.67 公顷。2006－2008 年，年均成片造林 1000 公顷左右。

二、“四旁”①植树

县内农户素有在家前屋后栽植树木习惯，树种有榆、苦楝、乌桕、冬青、合欢、杨柳、竹类等。民国37年，海一区时新乡植树4600株，江澄乡植树2700株，一心乡植树960株，泗芳乡植树3500株。1953年春，全县植桑树11.44万株、乌桕3.25万株、苦楝4596株。1958－1974年，“四旁”植树品种增多，有枫杨、紫穗槐、苦楝、白杨、悬铃木、冬青、胡桃、垂柳、柏树、银杏、刺槐、白榆、泡桐等。1975年，“四旁”植树160万株。后因一些地方搞“样板片”（70年代中后期，境内通启公路沿线200米和通吕河两侧各200米，实行平整土地、并沟造田连片种植），大量树木被砍。1982年起，开展全民义务植树运动，每年“四旁”植树100万株以上。1986年，全县有“四旁”树木628万株，其中苦楝占40%，水杉占27.7%，乔木桑占15.9%，其他树木占16.4%。1990年，有“四旁”树木1300多万株。1991－1996年，“四旁”植树主要以果树、水杉为主。1997年，开展百万银杏工程，“四旁”植树以银杏和果树为主。2002年，“四旁”植树向香樟、女贞、紫薇、海桐球等绿化、美化树种发展。2008年，有“四旁”树木1500多万株，其中果树、观赏树木占40%左右。

三、公路植树

民国9年（1920），境内通吕公路两旁种植柳树。民国37年，县政府拨款216万元（法币），用于县境公路植树。是年，通启线茅镇至郁家镇段，植树2100株，通吕线海门段植树2200株，常（乐）青（龙）路植树2900株，茅（家镇）朝（阳镇）路植树2400株。1952年，县交通部门在通海、通吕、掘（港）青（龙）3条公路境内段的134公里路旁植树，因护林机构不健全，存活率不高。1957年，在境内5条长90公里的公路两旁植树。1958年，通启公路沿线建造竹林带。1964－1990年，累计公路两旁植树64.15万株。1991－2000年，公路管理站按照路成绿化成的要求，每年在新造公路两侧各营造1排行道树。2001－2008年，海港路、苏335新线、市西入口、市北入口、苏336线、星海公路、苏222线、新常久公路、高速公路、沿江公路、汤正公路、瑞江路、张謇大道两侧都种植多排树木，建成绿色通道。

四、平原绿化

1986年，德胜、常乐等12个乡镇开展以农田林网为主体的平原绿化达标活动试点。1990年，正余、汤家、常乐等13个乡镇平原绿化达标。1992年，其余17个乡镇完成平原绿化达标建设任务。林网控制率87.1%，覆盖率11.9%，沟、河、路、堤绿化率90%，村庄绿化覆盖率48.62%。1993年，海门县被林业部评为全国平原绿化达标县。2008年，平原绿化面积1.13万公顷，其中新建8000公顷，完善提高2700公顷，更新600公顷。

五、沿海防护林

1987年，实施沿海防护林体系建设一期工程。至1996年，共植树800多万株。1997年，海门被林业部授予全国沿海防护林体系先进县（市）称号。2001－2003年，实施海堤一道堤绿化工程、东灶港西海堤绿化工程、通吕运河河坡防护林工程等，建成防护林1600公顷。2004年，实施国债项目，在东灶港二道堤南侧、海防公路、大东农场、排咸河等地造林700公顷。2008年，申报“海门沿海防护林建设工程”国债项目，建成沿海防护林1000公顷。

六、中日合作造林

2002年，市农林局通过省农林厅与日本福冈县树艺组合联合会协商，确定营造中日合作海门市长江生态防护林示范项目。2003年，在青龙港至灵甸沙段一道江堤和二道江堤种植水杉、意杨、大叶黄杨球、海桐球、夹竹桃、香樟、金丝垂柳、女贞等6.76万株，建成40.5公顷防护林。2004年，在灵甸沙江滩及海门港自来水厂东江堤青坎种植意杨、金丝垂柳、落羽杉等7.4万株，建成80公顷防护林。2005年，在海门港东江滩及江堤青坎种树6.6万株，建成面积80公顷。2006年，在海门港江滩建成45公顷江滩防浪林。2007年，在三厂新围垦江堤内外建成60公顷江滩防浪林。2008年，在灵甸沙种植意杨、金丝垂柳、夹竹桃、香樟等4万株，建成60公顷江堤防护林。是年，在灵甸沙江堤建造中日合作造林竣工纪念碑。

---

①　四旁：路旁、沟旁、渠旁、宅旁。

表 10－2 1949－2008 年若干年份海门市(县)植树造林统计一览

年份	育苗面积(公顷)	造林面积(公顷)	“四旁”植树(万株)
1949	－	－	9
1952	2.00	8.00	40
1956	15.20	12.93	73
1960	121.33	996.13	350
1965	51.53	142.67	371
1970	226.67	366.67	2564
1975	27.33	60.87	160
1980	32.27	21.60	120
1985	－	13.33	219
1990	35.00	26.00	196
1995	46.67	33.33	100
2000	63.33	38.00	80
2005	333.33	666.67	84
2008	67.00	1000.00	80

附:竹子

海门种竹和竹器编织历史悠久,明代就有以竹器盛着贝类地方名特产为贡品的记载。清代,种竹和竹编盛行。民国初年,有燕竹、黄古竹、蔑竹(亦称淡竹)、护居竹、紫竹、凤尾竹、慈姥竹(亦称慈孝竹)、天竹、毛竹等。蔑竹是境内竹编的主要原料,种植面积最大。建国初期,竹园分布于县境西中部的天补、三星、国强、瑞祥、平山、麒麟等地,家前屋后栽植。

境内种竹尤以“天补淡竹”闻名,1984 年,天补乡有淡竹面积 46.67 公顷。1988 年,全县种竹面积近 133 公顷,竹子品种有燕竹、蔑竹、黄古蔑竹、毛竹、三大头竹、时花竹。1990 年,全县有竹面积 200 公顷。90 年代后,境内种竹面积逐年减少。

第二节 果 树

一、桃

明代,海门栽有桃树。清代,有时桃、白桃、秧桃、毛桃等品种。清道光末年,天补镇西北窑头镇,因周围农民广种桃树而改称桃园镇。民国时期,又添蟠桃、桂圆毛桃、奉化桃、龙华桃、上海水蜜桃等。民国 19 年(1930),上三和镇东南顾志道种植 0.53 公顷 480 株龙华蟠桃。民国 21 年,县内有桃树 200 公顷,产量 3350 吨左右。后因战乱,桃树面积减少。1949 年产桃 255 吨,1956 年产桃 294.8 吨。1962 年,面积 214 公顷,产量 300 吨左右。1982 年,品种有“早花露”“春蕾”“杭州早水蜜”“钟山早露”“冈山早生”“朝霞”“芒夏”“上海水蜜”“白凤”“白花”“玉露”(晚)、“红桃”“阳桃”系列等。是年,红桃面积 43.38 公顷,占桃树面积 51%。1985 年后,渐被水蜜桃代替。1990 年,173 公顷,产量 2021 吨。1999 年,建设优质桃基地,在德胜、三厂、包场、悦来、棉种场种植“安农水蜜”“雨花露”“仲秋蜜”“颐红水蜜”“早雪香”和“早露蟠桃”等 67 公顷。2000 年,三厂镇种植“中华圣桃”3.4 公顷。2002 年,王浩、正余、三厂、常乐等地种植 67 公顷。2008 年,面积 267 公顷。

二、柿

明代海门有柿。清道光三十年(1850)嫁接成的三株合盘柿,100 多年后仍能长果。20 世纪 80 年代前,农户多散生栽植,此后成片园发展较多。1985 年,树勋乡尧令村农民利用家前屋后的十边隙地、河塘沟渠边栽柿树 7.47 公顷,散生果树 1.43 万株,年产柿果 1.5 万公斤。1988 年,成片柿树 57 公顷。1990 年 48.5 公顷,品种有“小方柿”“大方柿”“朱砂红”“锣底朱砂红”“蟹壳青”“翁柿”“铜盆柿”“合盘柿”“树头红”。“小方柿”树自我更新能力强,坐果率高,稳产高产,农户尤为喜栽。1991 年,王浩镇种植 2 万株柿树林带。1995 年后,柿子经济效益较低,柿树逐年减少。2001 年,棉种场种植日本甜柿“西村早生”1.34 公顷。2003 年,市种羊场种植日本甜柿“滕八”“富有”“次郎”“西村早生”等品种。2008 年,柿树面积 77 公顷。

三、枇杷

清代,海门有枇杷。民国时期,有“白沙”“黄沙”枇杷等品系,有成片栽植。1965 年,德胜胜利果园有枇杷树 0.47 公顷。1980 年,有“红沙”“黄沙”“白沙”3 个品系。1982 年,三星公社民乐大队 3 小队 667 平方米枇杷园产果 1.25 吨。1986 年起,海门连续3年参加省枇杷果实品评会。是年,选送的海门"8601号"果实获第四名。1987年春,县花木公司果树良种繁育基地,定植1.33公顷嫁接枇杷树。1988年,选送的样品获省"红沙"品系第二名。1990年,成片枇杷树45.07公顷。1991－1995年,选出3个系列10多个优质枇杷品种参加省优质水果品评会,3个品种在省品评会上获奖。其间,县花木公司每年育枇杷苗数千株,刘浩等乡镇建成枇杷林带。1995年,外地水果涌入,枇杷市场价格下跌,加上桑天牛危害,枇杷树数量逐年减少。2008年,全市枇杷树面积66.6公顷,产量1384吨。

四、梨

清代,梨散种于农户家前屋后。1959年,悦来苗圃栽植梨苗2.67公顷。1966年,三和公社河南大队从上海南汇引进梨苗,栽植13.5公顷。1967年,东兴公社大东大队从启东三八果园购进梨苗,栽植20.3公顷;厂洪公社和三厂镇菜园栽植27公顷,全县梨树85.2公顷。1978年,产量超50吨的有海门镇红旗大队、镇西大队和三和公社河南大队,其中河南大队产量超100吨。品种有"开菲""菊水""博多青"等20多个。80年代,梨园逐渐减少。1997年、1998年,平山乡、四甲镇、三阳镇种植"黄花""杭青""翠冠"梨2万多株,建成成片梨园34公顷。2000年,三厂镇从山东引进"黄金"梨,种植1.4公顷。2001年,常乐、开发区、三和等地从安徽、启东引进新品种,种植成片梨园107公顷。2002年,三厂、临江、树勋等地公路沿线种植梨树280公顷。2008年,梨园467公顷,产量2737吨。

五、葡萄

清光绪年间(1875－1908),境内葡萄品种多数为青色,少数为紫色。农户零星种植。1970年,三星公社新镇大队吴宇民,利用住房前后栽植葡萄,1973年产果。品种有"玫瑰香""北醇""白香蕉"等。1982年,推广抗病性较好、果实大、商品性好的"巨峰"品种。1987年,三星乡产果300多吨、产葡萄苗200多万株,收入120余万元,占全乡农业总产值12.51%。1988年,因梅雨时间长,病害严重,葡萄"热"降温。1990年,省葡萄果实品评会上,海门选送的"藤稔"和"66号"葡萄获省优质水果奖。2001年,三星镇熊其仁、蔡伟在镇南村建设避雨葡萄园8公顷。2002年,货隆镇新复村种植葡萄6.67公顷。2004年,通州人曹海忠在德胜镇贤高村种植葡萄1.4公顷,并注册"奇园"商标。2005年,德胜、常乐两镇种植葡萄13.4公顷。2008年,全市葡萄233.4公顷。

六、柑橘

清代,县境内有柑橘、金柑、香橼、枳壳等品种。民国年间,有橙子。1980年,品种有"宫川""兴津""尾张""金柑""枸橘""橙子"。1985年、1986年,树勋、王浩两乡栽橘苗10万株。1988年,全县成片面积49公顷。1990年24.5公顷,总产415吨。1998年,包场镇种植柑橘4公顷。2005年,正余镇种植柑橘6.7公顷。2008年,柑橘129.6公顷,产量1637吨。

七、苹果

清光绪年间,县境内始栽苹果。1974年,县五七农场从泗阳引进苹果苗,栽植9公顷。品种有"金帅""元帅""红星""国光""祝光""红玉""花红"等。后因果实硬、品质差,形成花芽困难、病虫害多等原因,1984年挖除。1997年,天补镇从安徽省引进"巨森"苹果种植获得成功。1998年,天补、万年等乡镇种植"巨森"苹果3.5万株,面积23.4公顷。2003年后,由于"巨森"苹果不便贮运,品质欠佳,苹果树逐渐挖除。

八、猕猴桃

1975年,三和公社兄弟大队张洪池从河南西峡县引进"华光"系猕猴桃,利用500平方米土地栽植,数年后植株挂果。又经三四年品种更换,生产出大果型的"庐山79－2""秦美"和"徐香"等优良品种。其后,一些农户开始种猕猴桃。1989年,三星、三和、新海、麒麟、六匡等乡17个村37个农户栽植1.4公顷,其中三和乡13个村的18个农户栽种659株,面积3600平方米,产猕猴桃1.08万公斤。1990年,县花木公司和果树良种繁育基地等成片栽植3.69公顷。品种有"徐香""徐冠""秦美""华光"系列、"金丰""洛阳"系列、"江西红心""通山5号""海沃特"等。1990年,全县栽植10公顷。1992年,从江西奉新引进"庐山79－1""庐山79－2"猕猴桃苗。1993年,从陕西周至、江苏徐州引进猕猴桃新品种，在三阳苗圃、正余苗圃、悦来苗圃栽种。当年，县成立猕猴桃发展公司，在海门港建立26.7公顷猕猴桃生产基地，进行育苗。1995年后，种植面积逐年减少。1997年，三和镇兄弟村、自新村发展猕猴桃果园，种植面积26.7公顷。2008年，全市猕猴桃面积39.4公顷，产量646吨。

九、梅　李　杏

明代，县境内始种梅、李、杏树。清光绪年间，李子有"嘉庆子"等品种。民国13年(1924)，德胜坝头镇陈少波种植槜李。1965年，德胜胜利果园有李树0.13公顷，杏树0.07公顷。1982年，有梅、李704株，杏507株。1984年，县种羊场种梅0.53公顷，槜李0.33公顷。以后又将0.53公顷梅嫁接为李。80年代，有"红果李""黄果李""槜李""嘉庆子"等品种；杏有"桃杏""李杏""桂圆杏"等品种。2003年，市种羊场、沿江渔场引种李树，从安徽引进"金太阳""凯特杏"等杏苗种植。2008年，以零星种植为主。

十、枣

清代，县境内有枣。1982年，有枣树222株。1999年，四甲镇从河南省引进冬枣种植，常乐镇从山东引进大雪枣种植。2005年，王浩镇、市种羊场种植冬枣6.7公顷。2008年，市内枣树以家前屋后零星种植为主。

十一、银杏

南宋淳熙年间(1174－1189)，县内种植银杏树。民国期间，全县年产银杏75吨。1956年，从泰县引进银杏种子750公斤育种。1989年，常乐镇种植300株银杏林带。1990年，县内50年生以上的银杏树33株，常乐镇有株270余年的银杏树，生长旺盛。1990年，天补、三阳、三和等乡镇培育银杏苗。1994年，从东台购进100公斤银杏种子育苗。1996年，从泰兴市购进400公斤银杏种子育苗。1997年，全市开展百万银杏工程，从邳州等地购进3000多公斤银杏种子育苗，从山东等地购进5万多株银杏苗建立采叶园、产果园和银杏林带。1998－2001年，每年从山东、邳州等地购进10多万株银杏苗建造林带和产果园。2008年，全市种植银杏苗5万多株。

十二、无花果

清代，县境内始种无花果树。1959年，余东"五四"青年果园成片栽植无花果。1982年，县内多地栽有无花果。1991年，三星镇熊其仁育4公顷无花果苗销往外地，品种为"布兰瑞克"。2003年，市沿江渔场、种羊场从安徽引进"玛斯义陶芬""布兰瑞克"无花果品种进行种植。2008年，无花果多在家前屋后种植。

十三、板栗

2000年，从安徽引种大红袍板栗品种。2008年，板栗仅存零星树木。

十四、核桃

1982年，县内多地栽有核桃。1999年，市种羊场从河南省购进美国黑核桃品种，种植6.7公顷。2008年，有美国黑核桃、薄壳山核桃等，数量不多。

1949－2008年若干年份海门市(县)水果产量一览

表10－3　　　　**单位：吨**

年份	总产	其中						
		梨	桃	枇杷	柿子	葡萄	柑橘	其他
1949	1169.40	–	255.00	10.00	763.40	–	–	141.00
1952	1548.60	–	421.20	118.40	763.40	–	–	245.60
1956	802.50	–	294.80	17.50	197.50	–	–	292.70
1960	784.00	–	600.00	90.00	80.00	–	–	14.00
1965	459.40	–	304.60	70.00	75.00	–	6.00	3.80
1970	1250.00	1.40	239.10	33.50	32.20	–	–	943.80

续表 10－3

年份	总产	其　中						
		梨	桃	枇杷	柿子	葡萄	柑橘	其他
1975	688.70	328.50	263.70	4.10	5.80	–	–	86.60
1980	1287.70	282.90	988.10	6.10	3.90	–	–	6.70
1985	3570.10	1092.40	1798.00	119.00	476.90	71.60	12.20	–
1990	5350.00	182.00	2021.00	735.00	1452.00	503.00	415.00	42.00
1995	11221.00	226.00	2951.00	2258.00	2637.00	766.00	359.00	2024.00
2000	12840.00	936.00	2779.00	1743.00	4122.00	1042.00	1509.00	709.00
2005	15100.00	3360.00	2235.00	1330.50	2199.00	1901.00	1499.00	2575.50
2008	18649.00	2737.00	2230.00	1384.00	1532.00	3561.00	1637.00	5568.00

第三节　苗木培育

民国22年(1933)6月，县农业推广所开设苗圃。1950年10月，成立县苗圃。1951－1952年，县苗圃育林苗5.07公顷28.85万株，出圃13.98万株，移植9.5万株。县内果园育苗1.13公顷。1956年3月，以乌桕、桑、苦楝、白杨、法国梧桐为主，育苗2.2公顷50.13万株；育桑苗15.2公顷。是年，从南京等地引进枫杨、棠梨、银杏种子进行育种。1958年9月，兴建17个乡、村苗圃。1960年，培育苗木120多公顷，又从山东日照县引进刺槐树苗。1967年，从河南兰考县引进泡桐种根1000公斤，繁育泡桐树苗。1970年，全县育苗226.67公顷。1972年，从仪征县引进水杉栽种。1987年，市内苗圃培育水杉、苦楝、葡萄苗，并繁育雪松、黄杨、蜀桧等常绿树及梨、桃、柿、猕猴桃、银杏等果苗。三星镇培育的葡萄苗畅销全国20多个省市，年销量几十万株。1993年后，乡镇苗圃逐渐萎缩，育苗渐少。县花木公司等苗圃重点繁育城市绿化苗木。1997－2000年，市内苗木面积稳定在53.33公顷左右，德胜、天补等地培育花卉苗木。2003年，全市育苗200公顷，常乐镇中南村新建苗圃6.67公顷，提供优质苗木50万株。2005－2008年，年均育苗333.33公顷。

第四节　病虫害防治

一、病害

竹秆锈病　在三星、天补一带农户竹园中普遍发生，危害淡竹、刚竹、毛竹、哺鸡竹、苦竹等。通过人工清除病株，或在10月份喷洒3次0.5－1度石硫合剂防治。

桃缩叶病　危害桃、李、樱花等。3月中旬用70%甲基托布津1000倍液喷洒效果较好。

桧柏梨锈病　寄生在龙柏、蜀桧等桧柏上，侵染梨、海棠等树木新芽嫩叶。3月下旬对桧柏及时喷1次3－5度石硫合剂，3月底4月初对梨、海棠每隔3天喷1次20%粉锈宁乳油1000倍液防治。

白粉病　主要危害紫薇、丁香、法桐、大叶黄杨、枫杨、月季等园林树木的新梢和嫩叶。4月上旬用70%的甲基托布津1000倍液或粉锈宁1000倍液喷雾防治。

葡萄黑痘病　危害葡萄绿色幼嫩部分，如果实、果梗、叶片、叶柄、新梢、卷须等。5月初选用70%的甲基托布津1000倍液或20%世高1500倍液喷雾防治。

柑橘疮痂病　危害柑橘生长。5月上旬采用70%甲基托布津1000倍液或50%多菌灵800倍液喷雾防治。

黄花病 危害香樟、栀子花、广玉兰、火棘、黄杨、柑橘等树木。2002－2003年，市内一些地方发生严重，使用硫酸亚铁喷雾防治。

二、虫害

大袋蛾 危害刺槐、泡桐、榆、柳等树木。20世纪70年代，海堤刺槐林中普遍发生。海堤护林站用人工摘除越冬虫囊及在7月上旬用90%敌百虫800倍液喷洒，防治效果良好。

蚜虫 春秋两季园林树木上普遍发生，危害黄山栾树、海桐、珊瑚树、红叶李、红叶石楠、月季、桃、柳、重阳木等。用25%的蚜虱一次净可湿性粉剂或10%的蚜虱一次净喷雾防治。

大叶黄杨长毛斑蛾 危害大叶黄杨、丝绵木、冬青卫矛等树木。3月底、4月初用20%毒氯乳油或52.2%农地乐喷雾防治。

黄杨绢野螟 危害瓜子黄杨、雀舌黄杨等树种。3月底4月初用25%灭幼脲3号1000倍液喷雾防治。

梨茎蜂 危害梨树春梢。梨树开花前和落花后，选用2.5%的溴氰菊酯1500倍液或80%的敌敌畏1000倍液喷雾防治。

紫薇绒蚧 危害紫薇。5月上旬选用10%吡虫啉可湿性粉剂2000倍液或20%毒氯乳油1000倍液喷雾防治。

梨圆盾蚧 危害女贞、红叶李、柑橘、梨、杨、柳等树木。5月上、中旬选用48%乐斯本乳油1500倍液或0.3波美度石硫合剂喷雾防治。

樟巢螟 樟树主要食叶害虫。2004年，市内骨干道路两侧大面积发生，6月下旬一代樟巢螟二叶虫苞期和8月下旬二代樟巢螟二叶虫苞期，用25%灭幼脲1000－1500倍液喷雾防治。

樗蚕 樟树食叶害虫。6月下旬用25%灭幼脲1000－1500倍液喷雾防治。

杨舟蛾 有杨小舟蛾、杨二尾舟蛾、杨扇舟蛾。是杨树主要害虫。2004年，在意杨林中大面积发生，严重时意杨叶全被吃光。5月中下旬用灭幼脲2000倍液或4.5%高效氯氰菊酯喷雾防治。

金龟子 危害杨、桑、柳、榆、乌桕等苗木和幼年梨树。采用“毒土”撒入土中防治蛴螬危害，或在苗木、幼林喷洒有恶臭味的杀虫药防治成虫食叶。2001年，幼年梨园普遍发生，许多幼树梨叶被吃光。利用成虫趋光性，6月初至7月底安装双波灯诱杀成虫或于6月上旬至7月中旬间，用20%毒氯乳油或48%乐斯本，兑水，9－10天喷洒全株叶片一次或利用成虫假死性，突然摇震果树，捕捉假死落地的成虫。

刺蛾 危害苦楝、杨、柳、红叶李、乌桕等，在公路两旁杨树、苦楝林木上常发生。7月上、中旬幼虫期喷洒90%敌百虫800倍液，80%敌敌畏100倍液或20%毒氯乳油防治。

桃蛀螟 桃树的主要害虫。5月下旬用4.5%高效氯氰菊酯或48%乐斯本乳油喷雾防治。

梨冠网蝽 危害海棠、樱花、月季、杜鹃、火棘等树木。用40%氧化乐果或10%吡虫啉喷雾防治。

梨木虱 危害梨树新梢、叶片，5月下旬用10%蚜虱一次净喷雾防治。

竹笋夜蛾 危害毛竹、刚竹、淡竹等竹笋，三星、天补一带竹园经常发生。在出笋前喷洒1.5%1605与3%666混合粉，直至出笋盛期，每星期1次，共2－3次防治。

吉丁虫 危害悬铃木等。在树干基部涂刷白涂剂，防治成虫产卵。

红蜘蛛 集中于叶背，使桑叶硬化，夏、秋季多发。用20%三氯杀螨醇2000倍液、40%乐果乳剂500倍液喷叶背。

桑天牛 危害杨、柳、桑等树木，被害树木伤孔累累，树体生长衰退，严重的树木坏死。防治方法捕杀成虫，用50%杀螟松500倍液或80%敌敌畏30倍液涂刷树干或注入虫孔毒杀。

第五节 林政管理

民国36年（1947），县公布《植树护林细则》，保护树木。1958年2月，县人委发出布告，严禁行人攀折树木。1960－1961年，建立海堤护林站、江堤护林哨，管护林木。1972年，海堤东、西林带护林站扩充到6个，护林员14人。是年，护林站侦破14起盗伐树木案，进行公开处罚。1974年，建立12个江堤护林哨，有25名护林员。1977年，县革委会发出植树护林布告，要求各地制定护林公约，严禁滥伐。1979年2月，包场公社新生大队少数社员滥伐公路林木350株，县有关部门派员制止，涉案人员作公开检讨，补栽3倍同类树苗。1980年3月，县革委会发出《关于保护树木严禁破坏绿化的布告》，实施毁林者罚、护林有功者奖措施，加强树木管理。

1981年7月，县推行林木定权发证试点工作，在汤家公社宏丰、鹤丰、泰东3个大队进行林木定权发证试点。1982年7月，全县发林权证书1115份，查清全县成片林总面积664.11公顷，其中竹园65.24公顷。1989年春，正余乡会同县有关部门，对该乡新高村6组两户农民互砍对方林木作出处理。1990年3月，瑞祥乡添东村20多农户偷伐公路树木100余株，县有关部门对参与偷伐林木农户作出处罚。1997－1999年，市加强林政执法力度，对滥砍滥伐林木、破坏森林资源案件进行查处，每年处罚案件百余起。2004年11月，市开展林木定权发证工作，对林木进行确权发证，发放林木所有权证、使用权证320多份。2008年，重点绿化工程由责任建设单位统一管护；村庄绿化和农田林网由镇、村分级管护；主要道路、河道上的林木分别由交通、水利部门负责管护。严禁乱砍滥伐林木，对毁坏幼树、偷盗树苗、焚烧秸秆导致树木死亡等案件，依法严处。

第五章　渔　　业

第一节　捕　　捞

一、海洋捕捞

产品　海门濒临黄海，海洋捕捞产品有大黄鱼、小黄鱼、鳓鱼、马鲛鱼、鲈鱼、鲻鱼、真鲷鱼、银鱼、带鱼、乌贼鱼、鲳鱼、鲐鱼、鲹鱼、海鳗、马面鲀、黄鲫、海蜇等，其中以大黄鱼、小黄鱼为主。海洋捕捞产品还有青条虾、麻虾、文蛤、蛤蜊、牡蛎、泥蚶等。

产量　1949年，全县海洋捕捞产量459吨。1952年，940吨。1956年小黄鱼718.4吨，大黄鱼28.3吨，鳓鱼387.2吨。1957年，捕捞小黄鱼509.4吨，大黄鱼65.1吨，鳓鱼277吨。是年，海洋捕捞总产3424吨。1958年，受“大跃进”影响产量下降，小黄鱼总产200吨，1962年捕捞总产105吨。1966年，产量缓慢回升，捕捞大黄鱼逐步替代捕捞小黄鱼。1972年，海洋捕捞总产5768.9吨，被评为省先进。1974年，银鲳逐步代替大黄鱼，冬汛带鱼生产规模逐步扩大。1976年，开拓外海渔场。1979年，海洋捕捞9291吨，其中黄海捕捞5200吨，东海4091吨。80年代，近海渔业资源萎缩，对大小黄鱼实行定期禁捕，捕捞产量有所影响。1985年，海洋捕捞总产8485吨。1988年，海洋捕捞总产9591吨，其中，鱼类3605吨，虾类3267吨，蟹类509吨，贝类2110吨，藻类100吨。1991年，1.65万吨，其中鱼类8700吨，虾类3000吨，蟹类2500吨，贝类2300吨（乌贼鱼285吨），海蜇35吨。1995年，2.89万吨，其中鱼类2.01万吨，虾类3500吨，蟹类4259吨，贝类905吨（乌贼鱼280吨），海蜇70吨。2000年，3.72万吨，其中鱼类3.07万吨，虾类1900吨，蟹类3240吨，贝类56吨（乌贼鱼10吨），海蜇1293吨。2005年，3.3万吨，其中鱼类2.63万吨，虾类2800吨，蟹类2000吨，贝类40吨，头足类1283吨，海蜇625吨。2008年，2.96万吨，其中鱼类1.95万吨，虾类3100吨，蟹类4000吨，贝类745吨，藻类730吨，头足类1185吨，海蜇340吨。

网具　20世纪40年代前，以黄花鱼张网为主。1959年，增添大洋网、带鱼网、挑网、密网、过网、搪网、秧网等10余种。60年代后期，渔具改为张网、拖网、钩团网等。1966年，依靠电讯渔探器探找鱼群，少开空网，旺发时便于抓住大网头，减少网具损失。1974年，发展流刺网生产。80年代初，网具实现化纤化。1984年，改革大洋网，推广单船桁拖网，试用黄鲫流网，延绳钓钩及软张网，开发海洋中上层鱼类、青虾资源。1985年，使用机帆灯光围网，朝鲜式软口张网。1990年，全县有底拖网70条、桁拖网150条、流网3万条、大洋网30条、帆张网250条。1993年，全县235艘44千瓦以上渔船使用多本桁拖网，作业产量占全县捕捞产量50%。1995年，东灶乡引进远洋拖网渔具。2000年，开发利用外海鱿鱼、上层鱼等资源，引进、试验示范光诱敷网，捕捞鱿鱼、舵鲣鱼、大眼鲷、马面鱼等。之后，网具无大变化。

船只 解放前，渔船多为木帆船，载重量小，抗风力差。1949年后，逐步发展机帆船。1957年，有海洋渔船194艘、1970吨，主要分布于东灶、东兴、刘浩、新余、包场等乡镇。1959年，省拨机帆船两艘，县造木帆船4艘，改造机帆船壳两艘、鱼舢板3对。1960年，增添机帆船6艘。1963年，海洋渔业公社建立机帆船队，有4对机帆船、1艘木帆船、352.8千瓦。是年，置办起网机。1964年，船只使用报话电讯联络和渔探器。1972年，渔船装备收音机、垂直探鱼器、无线电台。1980年，有海洋机动渔船221艘、9571吨、1.13万千瓦，海洋捕捞基本实现动力机械化。配有无线电台6台，对讲机83架。1986年10月，县船用烟火信号厂研制的船用火箭抛绳枪投产，结束中国出海船只人工抛绳的落后状况。1990年，海洋机动渔船476艘、1.23万吨、1.82万千瓦。2000年，海洋捕捞渔船595艘、2.61万吨、4.61万千瓦。2003年，国家实行减船转产政策，捕捞渔船减少为450艘、2.15万吨、3.98万千瓦。2005年，捕捞渔船298艘、1.62万吨、2.77万千瓦。2008年，渔船数量与2005年持平。

区域 80年代至90年代初，海门海洋捕捞以吕四渔场为主，有时赴渤海湾、舟山渔场、闽东渔场、济州岛捕捞作业。1994年起，海门渔船赴南太平洋贝劳海域捕捞作业。1995年4月，南通海光集团有限公司购置一对441千瓦、270吨位大型钢质远洋渔轮，远赴印度尼西亚海域从事捕捞生产。1996年，海光集团公司与福建升德海开放公司合作购买一对970千瓦、724吨位远洋渔轮，初步形成远洋渔业规模。2000年，远洋捕捞产量5580吨。2002年，东灶港扬帆远洋捕捞公司成立。2004年，远洋捕捞产量7740吨。2005年，有远洋渔轮8艘，远洋捕捞产量7600吨。2007年，捕捞产量3350吨。2008年，远洋捕捞停止。

二、淡水捕捞

长江捕捞 *产品* 有鳗鲡、鲥鱼、刀鱼、鲚鱼、银鱼、白鲟、鲈鱼、河豚、青鲀、鲢、鳙、鲫、鳊、鲻、鳝等鱼类，还有青虾、白虾、蟹、螺蚬等。

鱼汛期 鲚鱼立夏至小暑，刀鱼惊蛰至谷雨，银鱼惊蛰至谷雨，鲥鱼谷雨至夏至，鳗鲡立秋至秋分，河蟹寒露至下年惊蛰，河蟹苗夏至期间，鳗鲡苗立春至小满。

网具 祖传用流刺网。1962年，增用钓钩、湖网、牵网、银鱼网、挑网。1985年，有流刺网2200条，湖网350条，挑网50条，钓钩160篮。1990年，有湖网350条，挑网50条，流刺网1200条，流网1000条，钓钩160篮。2000年，有挑网250条，流刺网700条，钓钩80篮。2008年，挑网150条，流刺网1200条，钓钩70篮。

船只 1949年前，长江捕捞渔船为木帆船。后逐步发展水泥船、钢质船、机帆船等。1963年，有渔船91艘。1967年，有渔船90艘、675吨。1990年，有渔船96艘、850吨。1995年，有渔船95艘、1740千瓦。是年，船舶改制，船只略有减少。2001年，有渔船74艘、1840千瓦。至2008年，无变化。

产量 1952年，长江捕捞136吨。1957年176.5吨。"大跃进"期间，渔船参加运输，捕捞产量下降。1963年后捕捞产量回升。1969年长江捕捞200吨。1975年，捕捞234吨，其中刀鱼3.5吨，银鱼和鲚鱼230.5吨。1985年，捕捞104.5吨，其中刀鱼15吨，银鱼和鲚鱼89.5吨。1990年，捕捞85吨，其中刀鱼7吨，银鱼和鲚鱼78吨。1995年，捕捞549吨，其中刀鱼10吨，银鱼和鲚鱼452吨，河豚1吨，虾86吨。1996－2008年，捕捞产量略有下降，基本维持在300吨－400吨水平，捕捞品种主要以鲚鱼、虾为主，少量刀鱼。

内河捕捞 传统工具有爻网、排网、簖网、罟网，卡子、钓钩、扣笼、鱼枪和鱼鸦等。1957年，有36户100多人专门从事内河捕捞作业，2万多人兼业捕捞。是年，捕捞产量1725吨，其中鱼类677吨，贝类786吨，虾蟹类262吨。1958年，捕捞3039吨，其中鱼类855吨，贝类1567吨，虾蟹617吨。1967年，有捕捞渔船60艘。随着内河养殖业兴起，内河捕捞主要为养殖捕捞。1984年，全县发放内河网簖许可证1250份。当年网簖捕捞量751吨。1990年，全县水域面积1.83万公顷，发放内河网簖许可证1522份，捕捞量1336吨。1994年，随着河沟优质高效养殖技术推广，非人工养殖河道捕捞呈下降趋势。1994－2000年，一、二级河道为排涝需要禁止设立网簖，内河捕捞年均500吨左右。2008年，捕捞500多吨。

第二节 养 殖

一、海水养殖

虾类 1959年，县浅海养殖试验场放养青虾和条虾，成效不大。1984年，东灶养殖场投资6.5万元，建对虾池5公顷，从东台县购进种苗108万尾，每公顷产对虾600公斤。1984年后，对虾场累计投资243.23万元，添置技术装备。1986年，东灶养殖场利用8000平方米对虾池，试养青虾与鲻鱼，获得成功。是年，县多种经营管理局与东灶对虾养殖场进行对虾精养试验，1.74公顷虾池，投放虾苗65万尾，每公顷产2158.2公斤。1990年，对虾场养殖面积41.6公顷。9月连续下大暴雨，虾池水质淡化，仅产对虾10吨。1993年，对虾养殖爆发流行性病毒病，损失惨重。1994年、1995年，所有海水池塘停止养殖。1996年，引进推广对虾健康养殖技术，利用塑料大棚培育早苗，通过早放苗、早收捕、争主动，趋利避害，80公顷对虾池恢复生产。养殖品种除中国对虾外，还引进斑节对虾、南美白对虾。1999年，发展高涂蓄水养殖，建成简易蓄水池塘53.4公顷，养殖缢蛏和青蛤，混养脊尾白虾。2002年，混养面积33.33公顷。2003年，养殖238公顷。2004年，南美白对虾单养面积15公顷，产量78吨；脊尾白虾285公顷，产量210吨。2006年，脊尾白虾养殖方式改为以脊尾白虾为主混养梭子蟹。是年，脊尾白虾产量695吨。2008年，虾类养殖434公顷，总产1550吨，其中脊尾白虾1150吨。是年6月，省渔业科技入户工程海水养殖示范县工作会议在海门召开。

蟹类 1959年，县浅海养殖试验场试养梭子蟹300平方米，因效果不佳停养。1988年，东灶水产站试养锯缘青蟹，因效果不佳和种苗缺乏停养。2000年，包场镇高涂蓄水池塘养殖三疣梭子蟹。2003年，包场镇高涂蓄水池塘、海门盐场退盐转养池塘共467公顷，进行梭子蟹与脊尾白虾、缢蛏、青蛤混养。每公顷产梭子蟹450公斤、脊尾白虾375公斤、青蛤3000公斤，每公顷产值7.88万元，每公顷利润4.2万元。2004年，建成梭子蟹育苗繁育基地67公顷，养殖面积667公顷，产量300吨。2005年，梭子蟹养殖面积833公顷，产量450吨。2007年，梭子蟹养殖467公顷，总产525吨。2008年，梭子蟹养殖200公顷，总产226吨。

贝类 1959－1961年，县浅海养殖试验场移养文蛤67公顷、缢蛏13.4公顷、蛤蜊33公顷。1962年停养。1979年，海洋渔业公社5大队围养27公顷文蛤未成功。1983－1984年，东灶养殖场利用5000平方米近海滩涂养殖牡蛎，效果不佳。1984年，新余乡创办文蛤养殖场13.4公顷，次年产文蛤40吨。1988年，东兴、正余两乡围养文蛤167公顷，产量500吨。1993年，滩涂养殖文蛤大面积死亡，正余镇在滩涂上小面积试养青蛤获成功。1995年，正余镇从响水县引进青蛤苗种15吨，投放面积20公顷。1996年收获青蛤90吨，经济效益显著。1997年，海门把发展缢蛏养殖作为海水养殖的重点，当年养殖20公顷，产量29.7吨。1998年，养殖160公顷，产量995吨。2002年，建缢蛏苗种繁育基地33公顷，当年养殖667公顷，产量3000吨。2003年，青蛤养殖800公顷左右。2004年8－9月，青蛤发生死亡面积168公顷，死亡率30%。2005年，青蛤养殖533公顷，比上年减少30%。2008年，养殖233公顷，产量6500吨。

海藻 1959年，县浅海养殖试验场在东灶港外口养殖海带6700平方米。1961年春汛期间，养殖设施遭大风损坏，海带大量流失，停止养殖。1972年，养殖海带2000平方米，产460公斤。1974年，海洋渔业公社浅海养殖场，从黄海水产研究所引进条斑紫菜试养成功。1976年，养殖4公顷，产干紫菜2.28吨。1984年，东兴乡养殖7.14公顷，产干菜10吨。1987－1990年，全县累计投资243.71万元，发展紫菜养殖业。1990年，养殖紫菜72公顷，产干紫菜40.04吨。1993年，永康公司派员赴连云港学习紫菜养殖技术。2007年，盛洋渔业发展有限公司投入30万元，试养插竿紫菜成功。2008年，养殖400公顷，干紫菜产量170吨。

二、淡水养殖

鱼 面积 1949年,淡水养鱼仅限于小沟塘,面积1073公顷。1957年,发展到4000公顷。20世纪60年代至70年代中期,填沟造田2733公顷,养鱼水面减少。1977年,利用沟塘水面,恢复发展淡水养殖业。1980年,养殖4667公顷。1984年,利用低洼地,改造废沟塘,全县建成精养鱼塘167公顷。1985年,全县养鱼水面5233公顷,占可养水面90%。精养面积增至667公顷,每公顷产量超7500公斤的高产塘34公顷。1990年,全县养鱼承包户3.12万户,承包水面4873公顷,有精养水面460公顷。1995年,稻田养鱼17公顷。1999年,海门港滩涂、灵甸沙滩涂建成养殖水面867公顷。2001年,全市改造低洼土地,提水养殖增加499公顷。2008年,全市提水养殖1720公顷,淡水养鱼总水面5667公顷。

品种 主要有青、草、鲢、鳙四大家鱼。50年代后,增养鲤鱼、鲫鱼、鳊鱼。1976年,引进莫桑比克罗非鱼、团头鲂、细鳞斜颌鲴等新品种。70年代末,始养河鳗、黄鳝、金鱼(观赏鱼)等。1980年,从沿海捕获近百万尾鲻鱼苗放养。1981年,引进尼罗罗非鱼、大阪鲫、福寿鱼等品种。1982年,繁殖白鲫(大阪鲫)11万尾。因大阪鲫品质差,后逐步淘汰。1995－2008年,引进革胡子鲶,淡水白鲳、胭脂鱼、加州鲈、斑点叉尾鮰、鳜鱼、丁鱼岁、中华倒刺鲃等新品种。

鱼苗 俗称鱼秧。1958年,人工繁育鲤、鲫鱼苗7万尾。1959年,鲤、鲫杂交成功,孵出鱼苗275万尾。1963年,鲢、鳙人工繁殖成功,产鱼苗78.2万尾。1966年,繁育鱼苗2000多万尾。1974年,繁育鲢、鳙、草、青鱼苗7236.8万尾,自给有余。1984年,繁育鱼苗1.34亿尾。1990年,繁育鱼苗5846万尾。2003年,繁育鱼苗1.1亿尾。2008年,繁殖鱼苗1.15亿尾。鱼苗繁殖基地主要有海门市(县)水产养殖场、长江芦荡养殖场、平山鱼秧池等。

产量 1949年,全县淡水养鱼产量592吨。1957年2353吨。1958－1976年,年产量徘徊在1000吨左右。1978年,淡水养殖业恢复发展。1979年产量2642吨,1988年5442吨,1991年4000吨。1996－2000年,年产量1万吨左右。2005年产量1.44万吨,2008年产量1.95万吨。

虾 海门淡水虾养殖主要为自繁自育的青虾,年产量15吨左右。1997年,王浩、瑞祥等地引进罗氏沼虾试养成功。1998年,罗氏沼虾养殖30公顷,产量33.4吨。1999年,海门水产站从太湖引进青虾苗种,青虾养殖普及。2001年,大东农场引进南美白对虾,养殖获得成功。临江、海门港沿江一线南美白对虾养殖面积扩大。是年,全市养殖28公顷。2005年,养殖100公顷。单茬养殖每公顷产3750－7500公斤。海门镇陈亮试养南美白对虾双茬获得成功,每公顷产量7500公斤至1.05万公斤。同年,人工养殖克氏螯虾5.4公顷,产量2吨。2008年,全市南美白对虾养殖面积433公顷,产量2750吨;克氏螯虾养殖400公顷,产量1180吨。

河蚌 1969年,麒麟、常乐两公社从江西、安徽等地采购150万只皱纹冠蚌试养育珠,获得成功。1971年采珠。1974年,全县28个养殖单位产珍珠805公斤,手术蚌40.7万只。1980年,自繁三角帆蚌成功,15个公社、38个大队、56个单位养蚌育珠,接种河蚌25万只,产珠414.5公斤,产值71.71万元。1982年,产珠786公斤。1984年,珍珠市场价格下跌,生产下降,产珠512公斤。1987年,产量320公斤。1990年,全县珍珠产量907公斤。1993年,珍珠生产开始下滑。2000年,基本消失。

河蟹 1974－1976年,长江芦荡养殖场放养蟹苗取得成功。1983年6－7月,刘浩乡天西村徐荣书利用住宅附近26平方米空地挖两口圆池,饲养幼蟹。第二年产蟹200多公斤,获利1200多元。1985年,全县有养蟹户55户,蟹池7411.5平方米。1986年,县组织养蟹技术培训,养蟹户迅速发展,有蟹池1.64万平方米,产蟹6530公斤。1987年,实行鱼蟹混养,面积106公顷,产蟹1.13万公斤,成鱼200多万公斤。1990年,鱼蟹混养面积308公顷,产蟹5.31万公斤。90年代,长江天然蟹苗旺发,河蟹产量增加。1996年,建成长江水系中华绒螯蟹繁殖场,年产优质蟹种500公斤,河蟹养殖2733公顷,蟹产量53.5万公斤。2003年,万年镇农技站注册“三兴”牌河蟹商标。2005年,河蟹养殖3453公顷,产量158.6万公斤。2008年,沿江一带建成连片河蟹生产示范基地80公顷。是年,河蟹养殖3553公顷,产量178万公斤,产值8900万元。

鳖 1985年,江滨乡渔场引进幼鳖200只与鱼混养,因管理失误未见效果。1988年,三阳、天补、秀山等乡镇农户建池养鳖2536只。1996年，市特种水产养殖基地建2.7公顷良种繁殖中心，饲养亲鳖4000只，年产优质鳖种12万只，商品鳖50吨。后因市场行情下滑，人工养鳖逐年减少。2008年，刘浩镇六甲村藕鳖种养14公顷。

龟　1973年，长江芦荡养殖场从外地购进幼龟700只，养殖3300平方米，效果不佳。1990年，厂洪乡一些农户引进特种龟，进行庭院养殖。90年代初，三厂镇张云养殖绿毛龟。2005年，张云投资550万元建成综合楼和驯繁楼各1幢，引进和繁殖鹰嘴龙尾龟等珍稀龟种2000余只。2008年，三厂镇有珍稀龟种2000多只。

牛蛙　50年代前无牛蛙养殖。60年代，县水产养殖场引进种牛蛙试养成功，因销路不畅未推广。1989年，麒麟乡洋桥村一农户从太仓带回种牛蛙10只，自繁自养，效果较好。90年代后停养。

美国青蛙　1997年，树勋王茆忠引进美国青蛙试养成功，因销路不畅未推广。

福寿螺　1985年，正余乡多种经营服务公司和三和乡一些农户引进福寿螺试养成功，后因无销路停养。

第三节　渔政管理

1958年7月，县人委下发通知，教育渔民和农民自觉保护水产资源，严格遵守禁止捕捞幼鱼苗的规定，境内水产资源一度得到保护。20世纪60年代后期，狂捕滥捞鳗鱼苗，影响其繁殖生长。1971年，实行禁捕。由于受鳗苗价格不断上涨的利益驱动，长江捕捞鳗苗禁而不止。

1980年，实行江海捕捞许可证制度，禁止无证捕捞。为保护内河养殖，严禁药鱼、炸鱼、电力捕鱼、鱼鸦捉鱼。对破坏性较大的偷鱼者，给予法律和经济制裁。1981年，捕办严重狂捕滥捕鳗苗犯罪者两人，罚款处理200多人。1984年3月，县多管局发出内河簖网管理实施细则。7月，各乡、镇、场配备渔政员1人，并由乡镇分管多种经营的领导及渔技、公安、司法、市场管理等部门人员组成渔政管理组，配合做好渔政管理工作。1985年，县成立鳗苗管理小组，对鳗苗实行凭证捕捞、收购运输。1986年2月，县多管局印发鳗苗资源管理实施细则，进一步加强管理。1987年7月，县建立渔政、渔港监督管理站，配备渔政艇1艘，渔政车、摩托车各1辆。1989年6－7月，进行两次江海渔船检查和清理，查获无证渔船160艘，其中，海洋渔船90艘，长江渔船70艘。10月，县政府贯彻《中华人民共和国渔业法》，对保护水产资源作出规定：文蛤禁捕期为6月1日至7月31日，河蟹禁捕期1月1日至9月15日，长江鲥鱼幼苗保护期7月20日至10月25日，江海洄游性鱼类禁捕期4月15日至6月15日。每年鱼汛期，县渔政部门派员进驻东灶港、青龙港，配合公安、交通、工商等部门，加强检查管理。

1990年，县组织200多人次进行内河网簖检查，取缔一、二级河道拦河渔网500条，查处违纪案件16起。1991年、1992年，查处外籍船只700多艘，没收网具1500余条，收取资源赔偿费55万元，没收鳗苗120公斤，在港口、车站等场所查获走私鳗苗77起，查处无证运输蟹苗违法案件92起。1995年4月，根据国家清理“三无①”渔船的通知精神，对沿江、沿海“三无”渔船清理造册，核发符合出海、出江捕捞渔船有效证件，培训155艘“三无”渔船的船主、司机，核发职务船员证书445本。1996年，开展优秀休渔工作达标竞赛活动，并与每艘渔船签订责任状，7月1日前，准时离开渔场进港，做到人上岸、网入库、证集中。9月15日开捕后，严格执行幼检制度。1997年，海门市首次获省伏季休渔先进。1999年12月，开展打击电力捕鱼行动，缴获电力捕鱼设备220套。

2003年3月，为减轻渔民负担，不再收取渔港建设资金。2004年，市政府办公室下发《关于切实抓好禁渔工作的通知》，规定长江下游春季禁渔时间为4月1日－6月30日。禁渔期间，除凤鲚和刀鲚实行专项特许管理外，禁止其他捕捞作业。是年6月，长江幼蟹苗旺发，捕捞蟹苗船只有700－800艘，市渔政渔港监督管理站驱赶无证捕捞船只215艘，处罚非法捕捞船只34艘，没收蟹苗115公斤，罚款2万多元。至2005年，渔政渔港监督管理部门举办培训班6期，参训渔民1300多人，均取得技能证书。2008年，140多渔民参加安全生产培训，参加人

① 三无：无捕捞许可证、无检验证、无登记证。

身财产保险。市财政补贴50万元更新124台捕捞渔船通信设施,渔业安全生产得到有效保障。

附:事故　事件

1950年3月16日晨,新余乡渔民在东灶港外采捕贝类时,有99人被国民党军队抓去台湾。

1963年4月13日,江海渔业公社2大队“丝瓜汤”渔船,在黑鱼沙捕捞鳓鱼时,遇大风倾覆,死亡渔民3人。

1974年11月29日,海洋渔业公社3大队租借大东1号渔船,在嵊山渔场捕捞带鱼,停泊在勾奇山边,因无人值班,晚上12点多发生移锚撞山沉船事故,死亡9人。

1983年12月22日,东灶港2大队1202号渔船,在嵊山渔场带鱼捕捞中,机舱起火酿成重大火灾,直接经济损失9万多元。

1984年8月22日,青龙港水产站海水5号渔船,违章操作,造成翻船事故,经济损失2.5万余元。

1986年4月10日,汤家乡中兴村渔船,从温州渔场返航途中,在夜间重雾中航行,渔船下落不明,15名渔民失踪。

1986年11月18日,东兴乡闸西村苏海门渔6030号渔船,从上海苏州河出发,与进入吴淞口的江申107号客轮相撞,导致6030号渔船翻船,6人落水,其中2人死亡。

1990年1月12日6时,东灶1310号渔船发扬国际人道主义精神,勇救韩国沉船渔民4人,受到省和南通市政府表扬。

1990年2月,悦来交警查获以福建人林某为首的走私团伙,截获鳗鱼苗11公斤,案值40多万元。

1991年,三厂交警查获崇明人蔡某走私扣蟹960公斤,案值5万元。

1992年,苏海门渔3041号渔船同烟台救捞局9号船队发生碰撞,7人遇难,渔船沉没。

1996年,苏海门渔7038号生产返航途中遇大风大浪,渔船被掀翻,6人遇难。

1998年11月,市渔政站在永隆沙滩涂上发现国家二级保护动物大海龟1只,125公斤重,经鉴定死亡后,做标本陈列。

2006年,苏海门渔1905号渔船与巴拿马籍外轮,因大雾发生碰撞,造成渔船沉没,10人下落不明,后在有关部门干预下,渔船、死亡渔民得到赔偿,理赔损失300多万元。

1949－2008年若干年份海门市(县)主要农副产品产量一览

表10－4

年份	年末实有耕地面积(万公顷)	主要农产品产量			水产品产量(万吨)	年末生猪存栏数(万头)	年末羊存栏数(万只)
		粮食(万吨)	棉花(万吨)	油料(万吨)			
1949	7.24	6.74	0.15	0.24	0.10	0.63	12.96
1952	7.20	11.05	0.56	0.38	0.18	2.16	14.30
1957	7.06	11.13	0.86	0.19	0.67	3.45	19.29
1962	6.22	14.21	0.50	0.11	0.95	2.71	26.25
1965	6.14	22.07	2.28	0.29	1.26	16.94	20.64
1970	6.01	21.90	1.68	0.21	0.72	24.02	21.45
1975	5.91	24.29	2.75	0.33	1.62	23.88	31.92
1978	5.45	26.74	2.60	0.58	1.21	24.90	33.76
1980	5.90	26.98	1.63	0.50	1.30	20.03	26.97
1985	5.94	22.52	0.72	2.13	1.47	14.80	27.74
1990	5.93	28.90	0.98	4.01	2.01	5.88	43.77
1991	5.93	25.09	1.05	4.35	2.25	5.63	44.27

续表 10－4

年份	年末实有耕地面积（万公顷）	主要农产品产量			水产品产量（万吨）	年末生猪存栏数（万头）	年末羊存栏数（万只）
		粮食（万吨）	棉花（万吨）	油料（万吨）			
1992	5.92	28.82	1.21	4.60	2.40	5.90	41.82
1993	5.90	26.57	0.75	4.63	3.03	3.62	46.36
1994	5.89	25.70	0.81	5.42	4.01	3.91	48.84
1995	5.85	28.25	1.13	5.84	4.76	3.82	54.40
1996	5.83	28.17	1.30	6.10	4.00	3.35	61.25
1997	5.69	31.46	1.09	5.71	6.30	5.30	51.26
1998	5.68	27.82	1.00	4.27	6.42	5.56	55.23
1999	5.68	28.46	0.36	8.10	6.16	5.79	60.32
2000	5.67	26.22	0.30	10.17	6.20	6.20	65.95
2001	6.08	23.80	0.53	8.69	6.49	6.24	69.45
2002	6.08	21.01	0.49	9.14	6.53	6.32	70.67
2003	6.07	20.88	0.59	9.67	6.78	6.48	73.13
2004	6.00	21.35	0.80	9.62	6.85	6.66	74.03
2005	6.00	17.72	0.90	9.40	7.00	6.84	76.35
2006	6.02	18.78	0.96	9.42	7.16	7.11	36.00
2007	6.02	19.14	1.00	9.29	7.50	8.10	32.70
2008	6.02	18.71	1.31	8.85	7.77	8.91	35.00

1949－2008 年若干年份海门市（县）农业总产值一览

表 10－5　　单位：万元

年份	农　　业					
	总产值	种植业	养殖业	林业	渔业	农林牧渔服务业
1949	9505	8697	648	17	143	－
1952	15170	13752	1160	27	231	－
1957	19691	17168	1252	50	1221	－
1962	19827	17636	711	23	1457	－
1965	41784	36631	2749	240	2164	－
1970	36981	31073	4355	250	1303	－
1975	58994	43200	8533	108	7153	－
1978	59723	51878	5616	99	2130	－
1980	51720	42717	6601	322	2080	－
1985	71931	57351	11936	314	2330	－
1990	86804	61960	14619	267	9958	－

续表 10－5

年份	农业					
	总产值	种植业	养殖业	林业	渔业	农林牧渔服务业
1991	74175	46833	16546	313	10483	–
1992	83419	52801	19157	495	10966	–
1993	89289	48071	23006	144	18068	–
1994	102410	50600	30303	180	21327	–
1995	144441	85452	30946	406	27637	–
1996	165984	108915	24830	426	31813	–
1997	190540	122139	27184	509	40708	–
1998	192520	127639	26637	566	37678	–
1999	200437	140250	26615	567	33005	–
2000	212115	148368	27642	576	35529	–
2001	224692	154272	29024	656	40740	–
2002	234763	161055	34375	605	38728	–
2003	159606	72909	36252	756	40434	9255
2004	170040	77149	36848	1065	44520	10458
2005	176176	77120	38673	1189	48318	10876
2006	183396	81504	40286	1125	49279	11202
2007	183616	80167	39324	1211	51234	11680
2008	434315	215990	82212	4328	99773	32012

说明：表中2006年、2007年农业总产值等数据为第二次农业普查接轨数据，2008年农业总产值为可比价

第六章 名优特产

第一节 海门山羊

唐朝末年，通体洁白、体型较小的长江三角洲白山羊随移民落户东洲沙地。移民在种草煮盐之余，放牧少量山羊。羊肉食用，羊皮缝制冬衣。海门建县后，人称白山羊为海门山羊。清康熙年间(1662－1722)，海门山羊成为生产高档笔料毛的山羊品种。其毛，挺直有锋，富有弹性，在国内外享有盛誉。其肉，味道鲜美，为消费者青睐。民国时期，上海、南京一些菜馆，常以"海门提汤羊肉"招徕食客。山羊肠衣成为医用羊肠线原料。羊小肠和山羊绒成为出口创汇物资。

新中国成立后，政府对海门山羊的选育十分重

视。1974年,建立县种羊场,承担海门山羊的保种和选育任务。1981年,经过提纯复壮的海门山羊,体型、外貌、羔羊成活率、初生重、断奶重和生长发育等均提高到新水平。1985年,天补、三厂、悦来、四甲、包场5个区分别举行海门山羊赛羊盛会。1991年,"海门山羊人工授精综合技术标准化的研究"获南通市科学技术进步二等奖。1992年,"培育海门山羊优质笔料毛群体的研究"获南通市科学技术进步三等奖。1993年,县种羊场被农业部确定为首批国家级重点种畜场。1995年,"海门山羊早期育肥配套技术"获全国农、牧、渔业"丰收杯"二等奖。1999年,推广种草养羊、秸秆养羊技术,涌现百只规模羊场12个。是年10月,建立市三方食品厂,运用海门山羊肉传统加工、烹调工艺,将海门山羊肉小包装推向市场,获"三方"牌注册商标。2000年,海门山羊列入国家级畜禽品种资源保护名录。2001年11月,"三方"牌红烧海门山羊肉获中国国际农业博览会名牌产品称号。2002年9月,通过中国绿色食品发展中心认证,获A级绿色食品称号。2003年,海门山羊标准化生产作为南通市第一批农业标准化示范区项目。2008年,全市出栏山羊173万只。培育一级公羊29只,二级公羊67只,三级公羊26只,确保海门山羊良种纯度。是年,市种羊场被农业部确定为国家级长江三角洲白山羊(笔料毛型)保种场。

图10－3 海门山羊 (2008年摄)

第二节 薄 荷

海门种植薄荷历史悠久。民国19年(1930)10月,三星镇农民张渭宾从外地引进薄荷苗,试种300多平方米获得成功。民国23年,扩大到7公顷,产品作为外贸商品出口创汇。民国27年,县境西部地区种植薄荷8000公顷,产薄荷油360吨。民国30年,太平洋战争爆发,薄荷油无法出口,价格惨跌,种植面积锐减。抗日战争胜利后恢复生产。新中国建立后,海门成为全国薄荷主要产区之一。

20世纪60年代,海门推广"水晶""409""68－7""73－8"等薄荷良种。"73－8"一度成为薄荷当家品种。1976年,县农科所育成"海香1号"薄荷品种,香气纯,品质好,含脑量80%以上。1984年,县农科所育成"海选1号"薄荷,抗逆性强,含脑量85%以上。1985年,种植2.47万公顷次,产薄荷油3488吨。1987年,县农科所育成"80－A－53"薄荷新品种,产量、质量均优于"73－8"。

随着薄荷新品种推广,薄荷油产量、质量不断提高。其中"海香1号"含醇量头刀、二刀分别为85%、88%,旋光度一般为－38°—－40°,左旋薄荷醇头刀、二刀均在83%以上,而影响原油品质的苎烯、胡椒酮、异薄荷酮含量低。原油香气纯正,各项质量指标均超过薄荷油出口的标准要求,经提炼的薄荷脑、薄荷素油等化工原料远销日本、东南亚及欧美等国家和地区。2000年后,由于化学合成产品投放市场,国内外市场竞争激烈,海门薄荷生产日趋疲软,面积急剧下降。2008年,薄荷种植面积不足67公顷。

第三节 其他农产品

一、绿皮绿仁大豆(又名骨里青大豆)

海门农民自育而成。清嘉庆《海门厅志》和民国《海门图志》载:"粗骨里青大豆为诸地方良种之首。”1982年，海门粗骨里青大豆被农牧渔业部列为中华粮油名特品种。骨里青大豆性糯味美，百克籽粒含蛋白质41.05克，脂肪17.72克，淀粉及糖分25.19克，磷500毫克，钙440毫克，以及多种维生素成分。每公斤骨里青大豆里的蛋白质相当于2.5公斤瘦肉或2.8公斤鸡蛋或12公斤牛奶。青豆和干豆，都是优良的食用蔬菜，色泽碧绿，汁液鲜美，味道独特。海门常年种植骨里青大豆666公顷左右，总产量1500吨，除当地居民食用外，大量外销东南亚各地。2000－2008年，每年出口50吨左右。

二、大青皮蚕豆

海门种植大青皮蚕豆有百余年。大青皮蚕豆籽粒大、皮薄，百粒重120克以上。百克籽含粗蛋白质30.12克，粗脂肪1.98克，淀粉及糖分55.3克，磷0.21克，钙0.37克，均高于普通品种的含量，还含有多种氨基酸及核黄素等。海门常年种植大青皮蚕豆1万公顷左右，产量2.2万吨，是海门主要商品特粮，其食性糯、适口性好，加工成的兰花豆、五香豆、速冻青蚕豆、粉丝等产品远销海内外，速冻青蚕豆尤受日本消费者欢迎。2000－2008年，大青皮蚕豆外销出口年均1万吨。

三、白皮扁豆

白皮扁豆在海门种植有200多年。海门白皮扁豆产量高，籽粒饱满粗壮，皮薄肉厚，色白形美。1982年，被农牧渔业部列为中华粮油名特品种。白扁豆营养丰富，多种元素含量在蔬菜中领先。每百克重青鲜白扁豆含蛋白质3克，脂肪0.2克，碳水化合物5.6克，钙123毫克，磷77毫克，铁0.9毫克，胡萝卜素0.58毫克，抗坏血酸13毫克，还有硫胺素、核黄素、尼克酸等。白扁豆可食用，又是重要药物，可制成“香苏正胃丸”等多种丸药。海门常年种植白扁豆666公顷左右。2000年后，种植面积不断扩大。2008年，种植733公顷，总产量3000吨。青鲜白扁豆是优质菜豆，干豆则是滋补佳品，治病良药，产品畅销国内各大城市，远销日本、韩国、新加坡等国家。

四、大红袍赤豆

清光绪年间（1875－1908），常乐镇“田状元”刘旦旦自选自育成海门大红袍赤豆。其粒粗饱满，色泽鲜艳，皮薄肉厚，质地细腻，营养丰富，是食用价值很高的副食品和治病良药。大红袍赤豆，每百克含粗蛋白质22.3克，粗脂肪0.37克，可溶性糖2.67克，全介酸0.842克，还有丰富的钙、铁、硫胺、核黄素、尼克酸等。粗蛋白含量接近蚕豆和大豆，比一般赤豆高7.7%，全介磷高于任何豆类，比一般赤豆高1.11倍。大红袍赤豆可制成饮料、糕点等多种副食品，又是汤圆、月饼的上佳内馅。海门常年种植（间作铺地）5333公顷左右，总产量5500吨，是传统的出口产品之一，常年外销量700吨以上。2008年，种植3334公顷（铺地），总产量2800吨，外销920吨。

五、香芋

海门种植香芋历史悠久，在清嘉庆《海门厅志》和民国《海门图志》中有记载。香芋的食用部分为球状块根，外观似小土豆，直径一般2－4厘米，表皮黄褐色，其肉似薯类，味道好似板栗，甘而芳香，食后余味不尽，被誉为“蔬菜之王”。香芋的烹煮荤素皆宜，用其炖鸡、烧肉、炒茶干（豆腐干）均香而不腻，味美可口，为喜庆筵席的上乘佳品。

香芋喜温，不耐湿，宜种在排水条件好的沙质壤土中，采用小至中等的块根（俗称香芋筋）作无性繁殖。3月播种，4月出苗，9月中下旬，地上部分逐渐枯萎，地下块根入冬后挖取食用。香芋出土后堆置室内，只要保持一定湿度，久藏不烂，风味始终不变。1999年后，香芋栽培面积扩大。三厂、万年等镇先后成为省香芋无公害生产基地，万年镇注册“万余”牌香芋商标。2008年，种植香芋467公顷，总产1.13万吨，产品销往上海、苏州、无锡、常州等大中城市。

六、香沙芋芋艿

海门种植芋艿历史悠久，品种较多。香沙芋芋艿是海门农民精心选育而成的优良品种，曾载入清嘉庆《海门厅志》和民国《海门图志》。香沙芋芋艿以营养丰富、质地细腻、干香可口、易酥不烂闻名于大江南北。

香沙芋芋艿性喜高温多湿。地上部分的生长要求25℃－35℃高温和长日照；地下茎在27℃－30℃的气候条件下发育良好，生长盛期球茎膨大时需水量最多。以肥沃深厚、保水性强的壤土或粘壤土为宜，肥料以氮肥、钾肥为主。万年香沙芋芋艿口味好，为消

图10－4　香沙芋芋艿　（2008年摄）

费者首选。2002年，万年镇建起连片种植基地。2008年，全市种植香沙芋芋艿534公顷，总产5.96万吨，产品销市境及上海、南通等大中城市。

七、西瓜

海门西瓜种植历史久远。原种植大果型西瓜。20世纪90年代，采用地膜或小棚种植，常年种植面积4000多公顷，每公顷产量4.5万公斤以上。1998年起，从国外引进“万福来”“早春红玉”等高品质小型西瓜品种。注册“常乐”“万家盼”等商标。2008年，全市种植4667公顷，其中大棚667公顷，产西瓜22万多吨。产品除供应市内外，由专业合作社或营销组织分级包装，销往上海、无锡、苏州、南通等城市。

八、甜瓜

俗称香瓜。明嘉靖《海门县志》、清嘉庆《海门厅志》均列甜瓜为土特产之一。“糖加甜头”是海门农民自选自繁的优良甜瓜品种，清脆鲜嫩，香甜可口，色、香、味俱佳，远甜于普通甜瓜，曾载入民国《海门图志》。1998年，常乐镇从日本引进厚皮甜瓜，进行大棚种植。1999－2003年，海门农科所先后育成“海蜜1号”“海蜜2号”“海蜜3号”“海蜜4号”厚皮甜瓜。2008年，种植甜瓜1000公顷。产品分级包装，销往大中城市。

薄皮甜瓜一般3月下旬小棚育苗，4月中旬移栽到大田，7月中下旬成熟。厚皮甜瓜春、秋两季种植，春季采用棚内电热丝增温育苗。生长过程中做好整枝和人工授粉，产品在“五一”节前后上市。秋季7月底8月初播种，采用大棚避雨栽培，国庆节前后上市。

九、猕猴桃

猕猴桃以其特殊风味和营养价值高成为世界上的热门水果，被誉为“果中珍品”“VC之王”，是一种独特的营养保健果品。

1975年，三和公社兄弟大队张洪池引种。80年代，猕猴桃有“徐香”“徐冠”“庐山香”“秦美”“海沃特”等10多个品种。其中“徐香”“庐山香”两个品种在全省猕猴桃品质评比中名列前茅。90年代，张洪池从野生猕猴桃株系中优选出特早熟、高产、质优、抗逆性强的“海艳”猕猴桃新品种，2008年，在西安召开的中国园艺学会猕猴桃分会第三届学术研讨会上展出，得到与会专家赞赏。经检测，其干物质含量18.2%，高于国内任何品种，可与世界名种16A、金桃等的干物质指标比美。

2008年，全市猕猴桃面积39.3公顷，散生栽植4.8万株，产优质果600多吨。

十、葡萄

县境内种植葡萄有200多年历史。1980年，引进“巨峰”“藤稔”“夏黑”等50多个葡萄品种。1990年，省葡萄果品评比会上，海门的“藤稔”和“66号”葡萄获省优质水果奖，培育的葡萄苗木远销全国20多个省、市、自治区。2005年，省首届“葡萄协会杯”江苏优质葡萄评比会上，海门的葡萄精品获得3个金奖、1个银奖。2008年，成片巨峰葡萄园34公顷，散生葡萄树20多万株，年产量700多吨。产品供应海门市场及销往上海、南通等地。

第四节　水产品

一、河蟹

在树勋、余东、万年3乡镇交界处有一条天然形成的三汛河。河泥呈土黄色，坚硬。产出的河蟹，脚、毛、壳均呈黄褐色，白肚，蟹黄丰厚，肉多脂厚，蒸烹皆宜,食之鲜而不腥,肥而不腻。清乾隆年间(1736-1795),通州状元胡长龄选购该河蟹进贡朝廷,从此,蜚声京城。1990年,规模养殖。2003年,注册“三兴”牌商标,被评为部级无公害产品。2008年,产“三兴”牌河蟹950吨,产值4750万元。

二、牡蛎

牡蛎,俗称蚝,别名蛎蚜、蛎黄、蚝白、海蛎子。海门东北部有10.96公里长的平坦海涂,盛产牡蛎。

1959年,县浅海养殖试验场移养牡蛎0.07公顷。1962年停养。1983年、1984年,东灶养殖场利用0.47公顷近海滩涂养殖牡蛎,效果不佳,后不再养殖。2008年,海涂产牡蛎62吨。

三、文蛤

海门自垦殖始,沿海渔民就采捕食用文蛤。食用方法较多,炒、酱醉、炖汤、腌制、制干品或罐头,被誉为天下第一鲜,曾作为皇宫海珍贡品。

1987-1990年,与日商签订出口2256吨文蛤合同,创汇2176万美元。2008年,产文蛤800吨。

第七章 农业综合开发

第一节 土地综合治理

一、土壤培肥

改革耕作制度 20世纪50年代,进行耕作制度改革。推行夏熟半麦半蚕豆、秋熟半粮半棉两年四熟耕作制度,使土壤肥力稳定提高。1969-1975年,推行两年五熟水旱轮作制。通过种植水稻洗盐、柴草还田,改善盐碱土质。1976-1981年,推广玉米棉花夹种连作制,土壤生态严重恶化。1982年,恢复两年四熟轮作、净作和旱改水,土壤培肥得以恢复。90年代起,调整种植业结构,蔬菜、瓜果种植面积扩大,有机肥投入增加,土壤肥力稳定提高。

增施有机肥 从垦殖起,县境内以铺生盖草(取沟河肥泥铺田,用麦秸、草木灰等盖田)和施用人畜粪肥,提高土壤肥力。1958年,用草塘泥(青草、藤蔓与沟河肥泥沤制)肥田。60-80年代,通过种植田青、紫云英、苜蓿、苕籽、蚕豆等绿肥增加有机肥源。90年代至2008年,家禽家畜等畜牧业发展较快,年产禽畜粪肥等有机肥料150万吨至160万吨,其中作为肥料施用的100万吨以上,每公顷耕地18吨至22.5吨。

合理耕翻 1958年,三分之一的耕地深翻。70年代大搞平整土地。80年代中期,推广少耕、免耕机播等耕作法,对熟化土壤起到较好作用。

二、农田一套沟

50年代,农田沟系紊乱,港漕港汊、坝头坝埂交错,农田排水不畅。60年代初,在“样板田”建设推动下,农田沟系开始好转,但标准不一,沟少沟浅,沟系疏通不及时,遇大暴雨时排水不畅,田间明涝暗渍现象较为普遍,在持续降雨多的年份,湿渍危害较重。70年代,沿江、中部、通东地区根据不同地理条件,建立农田排水沟系,起到较好的降渍排涝作用。80年代初,制定符合海门实际的农田一套沟标准:横沟间距25米,竖沟间距7-15米,丰产沟间距60-80米。横沟深度40-50厘米,竖沟深度33-40厘米,丰产沟深度80-100厘米。农田一套沟在作物播种时开挖整修好,作物生长期间,随时清沟理墒。80年代中期至2008年,根据联产承包到户,劳力外出多的情况,各村民组建立农田一套沟专业队,做到年年开挖,确保排水通畅,最大限度地减轻湿渍危害,确保丰产丰收。

三、中低产田改造

平整土地　境内地势总体平坦，但微观地形复杂，亢田、沟塘随处可见，河、沟、路、宅星罗棋布，对农田引水灌溉、机械耕作和田间运输带来极大不便，制约农业生产发展。农业集体化后，很多社队注意土地平整，每年冬春季节，生产队开展平沟造田，施工时保留表土层25厘米左右。50年代末至60年代，汤家公社（1965年改称大新公社）中兴大队花10多年时间，投入100多万个劳动日，动土200多万立方米，将原来沟塘密布、高低不平的900多块土地改造成整齐划一的22块高产稳产良田，在江海平原上树起一面农田基本建设的旗帜。

1964年，全县掀起平整土地热潮，涌现汤家公社、江滨公社、三星公社汇南大队、德胜公社通河大队、悦来公社悦宏大队、树勋公社旭宏大队、包场公社宏升大队等先进典型，但在施工时不同程度地颠乱土层，土地平整后的1－3年内，农业单产降低。1968年，掀起又一次平整土地热潮。全县平整土地7333公顷，完成土方350万立方米。1969－1975年，各地制订河、沟、田、林、路、宅的改造调整规划和分年实施计划，以冬春为主，其他季节见缝插针，大搞土地平整。1976年10月，建设北部和南部两个样板片。北部通吕河两侧的样板片，北至新东河，南到运南河，东西长28.3公里，总面积4733公顷。南部样板片为海门河两旁各500米，东至灯杆港，西至牛洪港，东西长40公里；青龙港向北经三厂向西至南通交界的沿公路两旁各500米，总面积7080公顷。两个样板片涉及21个公社、175个大队。入冬后每天有15万人奋战在样板片上。至1977年7月，两个样板片填塞废沟塘1850条，平整土地5273公顷，增加耕地面积641公顷，动土4950万立方米，拆建房屋1万多间。

据统计，1949－1990年，全县累计平整土地4.38万公顷，占耕地总面积73.7%。1990年后，平整土地主要依靠泥浆泵进行沟河清淤，填平一些废沟塘、低洼地。进入21世纪，国土资源局利用各级土地整理项目，启动农田基本设施建设，提高抗御各种自然灾害能力。

秸秆还田　60年代，通东和沿江地区农田返盐现象比较严重，通东盐碱地有6667公顷，秸秆还田抑制盐碱成为当地农民自觉行动。70年代，农村人口集中，农村生活能源单一，加上农田返盐现象减少，大量农作物秸秆都作薪柴使用，秸秆还田逐年减少。1982年，王浩公社古坝大队实行秸秆还田，使土壤肥力提高，粮棉产量跻身全公社先进行列。

90年代，秸秆还田有新发展。三和镇三南村实行麦稻两熟全程机械化耕作，前茬麦子采用留高桩耕翻播种水稻，稻茬留25－30厘米高桩套种麦子，机开沟覆土，全年两种秸秆还田量每公顷9000公斤以上，经田间观察和采土分析，10年中土壤有机质从1.44%上升到1.68%，耕作层厚度增加5.5厘米，土层疏松，水稻田肥料每公顷投入比5年前减少405元（以当时价算），麦稻产量逐年上升。1999年，三南村经验在沿江乡镇推广。是年，农业部实施“秸秆还田及综合利用技术”丰收计划项目，海门作为全省13个实施县（市）之一。通过禁烧秸秆宣传，剩余秸秆还田量不断增加，2008年，还田秸秆20多万吨，面积4.67万公顷。

配方施肥　90年代，通过两次土壤肥力调查，有针对性地开展测土配方施肥，合理施用氮磷钾复混肥料，土壤养分不平衡状况得到扭转，土壤有效磷、速效钾等逐年回升。至2008年，土壤有效磷从每千克7.2毫克上升到每千克9毫克；速效钾从每千克82毫克，上升到每千克94.5毫克。

四、综合治理项目

1994年，海门被列为国家农业综合开发项目县，实施国家农业综合开发项目。至1996年，投入土地治理项目资金434.5万元，在海门港东部沿江新围垦区疏浚沟渠25公里，建硬质渠道4.7公里，桥、涵53座，排水站5座，输电线路16公里，机耕路18公里，平整土地934公顷，营造防护林53公顷。

1997－1999年，实施海门港、沿江新围垦区西部及中部3个土地治理项目。累计投资1152.52万元，开垦宜农荒地467公顷，改造中低产田2000公顷。建排灌站5座，输电线路21.2公里，出江排水涵2座，水位控制涵3座，路涵11座，机耕桥2座，硬质渠道8.9公里，机耕路23.3公里，平整土地1467公顷，营造防护林160公顷，建成267公顷连片优质粮油生产基地，133公顷连片种子基地，67公顷连片蔬菜和经济林果基地。

2000－2002年，投入资金1480.11万元，实施德胜、常乐、四甲、包场、种羊场5个镇场2687公顷中低产田改造和万年、王浩、麒麟3个乡镇933公顷重点示范基地建设。修建排灌站13座,架设输电线路22.05公里,建机耕桥14座、路下涵15座、渡槽13座,硬质渠道29.32公里,微喷滴灌470座,机耕路62.73公里,仓库600平方米,晒场1000平方米,田间小沟建筑物470座,平整土地2480公顷,营造防护林227公顷,购置农机182台套。累计新增灌溉1640公顷,改善灌溉1280公顷,新增除涝1347公顷,新增节水灌溉1360公顷,增加农田林网1613公顷,扩大良种种植1713公顷。新增种植业产值2850万元,养殖业产值680万元。项目区农民人均年纯收入增加500元。

2003－2005年,投入1144万元实施土地治理项目。王浩、常乐、德胜、刘浩、三阳5个镇,兴建防渗渠8.8公里、电灌站1座,架设输变电路线9.3公里,建设机耕桥19座、机耕路54.4公里,搭建单体钢架大棚100公顷、连栋钢架大棚1.2万平方米,增添喷、滴、微灌设施120公顷,建设配套建筑物164座,购置农业机械24台套,营造农田防护林网133公顷。单体大棚每公顷产值9万元以上,常乐镇反季节草莓每公顷产值超过15万元。王浩镇五总、新岸村利用低洼地和低产农田发展提水养殖133公顷,每公顷产值由几千元提高到4.5万元。

2006－2008年,投入资金3525.7万元,在正余、包场、三星、东灶港、三和、万年6个镇,兴建防渗渠10.29公里、电灌站16座,架设输变电线路13.1公里,建造机耕桥25座、机耕路108.5公里;建设钢架大棚100公顷,增添喷、滴、微灌设施30公顷,建造各类配套建筑物681座,购置农业机械4台套,营造农田防护林网107公顷。正余、东灶港、三和、万年等镇建成6个优质蔬菜产业园。三星、三和等镇建成多个优质葡萄产业园区和猕猴桃产业园,每公顷平均产值超过7.5万元。

第二节　扶持龙头企业

1994－1996年,投入569万元扶持市特种水产试验场建成227公顷淡水养殖基地,年均收入1924万元。1997－1999年,投入532万元,扶持江滩开发有限公司实施河蟹早期育苗、长江水系河蟹纯种基地、河蟹苗种中期培育3个项目,解决海门及周边地区养殖河蟹用苗需求。

2000年,投入260万元扶持京海肉鸡集团实施优质黄羽鸡繁育项目,2000多养殖户户均增收800多元。2005年,投入376.2万元扶持东兴冷冻厂实施优质蔬菜冷冻保鲜项目,刘浩、包场、东灶港3个镇4000多农户发展"四青"作物,户均增收400多元。2007年,投入820万元扶持京海肉鸡集团实施1.6万吨安全型肉鸡产品加工扩建项目,使2000多养鸡户受益。2008年,投入220万元扶持中海牧业公司从事野猪和瘦肉型商品猪规模化生产,周边200多个养殖户在公司带动下饲养野猪1万头,取得良好经济效益。

第三节　科技示范项目

2002年10月,建设市国家农业综合开发现代化示范项目,为期3年。地点在常乐镇中南村、常中村、培育村。是年11月,投入408.57万元,建成硬质水渠、机耕桥、机耕路、输电线路、路下涵洞等标准化基础设施,整合、改良设施栽培土地67公顷。

2003年4月,投入1263.07万元,在中南村、常中村建成优质蔬菜示范基地313公顷,在常中村建成西、甜瓜示范基地73公顷,在培育村建成草莓示范基地80公顷。引进、推广果蔬新品种20个,先进生产技术12项。投入1181.08万元建成标准化、无公害化肉鸡规模饲养示范基地,当年出栏肉鸡70万羽。投入123.16万元建成有机肥料加工厂,解决鸡粪无害化处理、果蔬苗木有机肥料来源等问题。引进南京大学生物科技公司,在中南村建成优质苗木繁育基地,新建苗圃6.7公顷,配有育苗大棚、炼苗场等,年提供优质苗木50万株。

2004年,投入1602.42万元在常乐镇中南村建成珍稀蝴蝶兰盆景生产基地,年产蝴蝶兰盆景50万盆。建成温控大棚6000平方米,年提供新品苗木4000万株。建成农产品后处理加工厂,利用外资企业的市场优势,进行设施、工艺、管理等方面的农产品后处理,并与基地、农户相配套,年处理农产品1万多吨。产品直接进入上海等大城市超市和国际快餐连锁店。大棚设施栽培每公顷平均产值12万元,蔬菜基地每公顷平均产值7.5万元,西瓜、甜瓜和反季节草莓每公顷平均产值15万多元。是年11月22日,中共中央政治局常委、国家副主席曾庆红在视察珍稀蝴蝶兰等示范项目后说:"这就叫高科技、高投入、高产出、高利润,就是真正的高效农业。"

2005年,项目区瓜果蔬菜良种覆盖率100%,新技术、新措施应用率95%。西瓜、甜瓜、草莓、大白菜等被国家认定为无公害产品。"安捷"牌肉鸡系列被国家认定为绿色食品,并选育出具有自主知识产权的京海系列黄鸡新品种。是年,项目区农民人均净收入9803元,比2001年的4996.8元增长近1倍。

2008年,项目区形成草莓、西瓜、甜瓜、特色蔬菜3个主导产业,建成无公害瓜蔬、珍稀花卉苗木、九色鹿等7个种养示范基地。是年,以全国同类项目综合考评第一名通过国家农业资源开发局考核验收。

第四节　农产品质量管理

一、检测体系

2000年4月,成立无公害蔬菜监测中心,负责市区东洲市场无公害蔬菜检测。2003年3月,成立市农产品质量检测中心,投入100多万元购置气相色谱仪、液相色谱仪等检测设备36台(套)。

2004年,按照有人员、有场所、有制度、有设备、有试剂要求,统一持证上岗、统一专人检测、统一记录台账、统一检测试剂,统一扎口管理的"五有五统一"办法,22个乡镇农技站,指定有一定业务技能,会电脑、能运用速测仪器的农技员作为专职农产品质量检测员,负责基地培训与抽检。40个省级无公害蔬菜生产基地所在村配备基地检测员,负责生产过程、基地产品的抽检、采样及检测技术推广。34个农贸市场、4个超市配备60名检测员,负责市场农产品抽检。检测中心取得农产品、产地环境等20个项目48个不重复参数省级计量认证资格,成为苏中苏北县级市中首家具有法定资质的农业综合检测单位,也是全省第一个取得综合农产品(农、畜、水)进行检测的县级检测单位。由检测中心完成的《县级农产品质量检测体系建设的研究与应用》课题,获2004年度南通市农业科学技术推广三等奖。

2005年9月,成立市农产品质量检测学会,首批吸纳个人会员126人,团体会员73个。2006年12月,检测中心取得扩项认证,扩项至79个项目101个不重复参数。2008年,有检测人员171人,基层检测室68个。基本形成以市农产品质量检测中心为龙头,各市场速测点为骨干,各基地速测室为基础的市(县)级农产品质量检测体系。是年2月,成为省首批农产品质量安全示范市。

二、市场准入

2001年5月,市区东洲市场开设无公害基地蔬菜销售摊,菜农凭无公害蔬菜销售胸卡售菜,农技人员每天抽检。2004年,市区东洲、宏伟、通源、海南、西郊等农贸市场,市农副产品批发市场及时代、农工商等超市实行市场准入制。对进场销售的各类蔬菜进行有机磷快速测检,检测样品数量每天不少于100个样,经检测,不符合安全要求的不准进入市场销售。至2008年,全市22个乡镇所在地的34个农贸市场全面实施市场准入制。

三、产地准出

2002年5月,三厂镇刘洪村刀豆生产基地、三和天鸿豆业生产基地试行产地准出制,对两基地销往上海的产品,由市无公害蔬菜监测中心检测,对合格农产品出具检测合格证。2004年7月,扩大到常乐、德胜、天补、三和、三厂、海门6个乡镇8个省级无公害农产品基地。每个基地制定岗位职责制和检测流程等,对合格无公害农产品发放绿色准出卡。10月,产地准出制度推广到全市所有无公害农产品基地。2005年,各乡镇无公害农产品生产基地建立检测室。2006年,创建农产品瓜蔬质量安全示范点,9个基层检测室成为南通市级和海门市级瓜蔬质量安全示范点。

四、全程监控

2003年5月,编印《农产品质量检测简报》,实行月通报制;海门农业信息网开辟"农产品检测"专栏,实行周公告制;每个蔬菜基地、农贸市场开辟公告栏,实行周公告制和日公示制;《海门日报》、海门电台、电视台分别开辟专栏,实行月通报制。2004年,对农药、重金属、瘦肉精等安全指标进行定期抽检,发布《海门市主要农产品及农业环境质量报告书》,实行定期监测报告。是年,实行高毒、高残留农药定点销售和以户为单位的专用卡购买制,做好销售台账记录,从源头上加强农业投入品监测、蔬菜农药残留例行监测、农产品和产地环境质量定期监测报告等管理。2006

年9月，在农业部召开的农产品质量溯源专题会议上，海门市作专题发言。2007－2008年，瓜果、蔬菜质量合格率分别为97.83%、98.23%，产地环境质量合格率分别为96.13%、94.71%。

第八章 农机具

第一节 传统农具

一、耕作农具

翻耙、钉耙、铁铬、锄头 广泛应用于翻地、整地、播种、中耕、除草等农活，至今仍有使用。

牛拉步犁 犁身木制，犁头铁制。使用时，一人一牛一犁，耕者在后面掌犁，驱牛拉犁前进，使犁头入土耕翻，一日能耕0.2公顷。1958年，犁身改为铁制，工效略有提高。以后，逐年减少。20世纪80年代后很少使用。

二、排灌农具

粪桶、粪勺、浇桶 原为木制，70年代起逐步改为塑料制成。用于施肥、浇水，现仍有使用。

龙骨水车 木制，由车架、龙骨、斗板、车壳、车轴等部件组成，主要用于引水灌溉。其结构采用齿轮原理，依靠人力、牛力或风力旋转车轴，带动龙骨，由装在龙骨上的斗板将水刮入车壳，然后提升到高处流入田间。80年代后很少使用。

图10－5 龙骨水车 （1970年摄）

三、收获农具

镰刀 铁制，柄木制，成7字形，用于收割成熟的庄稼和杂草，至今仍有使用。

稻床 竹、木制成，使用时用手抓捧作物根部，在稻床上掼打穗头，达到脱粒目的。70年代后很少使用。

连枷 竹制，用于五谷杂粮脱粒，现很少使用。

筛、藤盘 竹、藤制作，用于筛选、扬谷，现很少使用。

四、加工农具

石磨 有牛拉、人推两种，用于磨粉，80年代后很少使用。

图10－6 石磨 （2008年摄）

石臼、木臼　用于碾米、杂粮脱壳,70年代后很少使用。

粉筛、米筛、簸箕　竹制,用于过筛,今很少使用。

五、其他农具

铁锹、扁担、泥络子　用于开沟挑泥,围垦造田和田间管理,今仍在使用。

斜刀、铲子　铁制,用于除草、平地等田间管理,今很少使用。

第二节　农业机械

一、耕作机械

民国初年,邑人邢广世研制成耕田切草机,由生铁制成,牛拉,开垦荡田极灵。后制成翻土播种机,试用于垦殖区。1955－1957年,推广畜力牵引双轮双铧犁300台,犁头铁制,犁身较重,用牛力或人力拉,耕地深、负荷大,生产效率低,后废弃。

1958年"大跃进"时,搞绞关犁,在犁上系绳索,用四五个人推动绞盘收放绳索使犁行走耕翻土壤。此法费力、速度慢,不久废弃。同年,引进捷克产热特－25型拖拉机和苏联产德特－14型拖拉机。1959年,购进苏联产德特－28型和莫特兹－35型拖拉机。是年,成立海门拖拉机站,有拖拉机7台,为农代耕、抽水、运输。1961年,江心沙农场使用东方红－54型拖拉机。1963年,使用罗马尼亚产尤特兹－45型拖拉机。1965年3月,引进常州产工农－7型手扶拖拉机5台。1967年,购买上海产工农－11型手扶拖拉机。1969年,使用常州产东风－12型手扶拖拉机。同年10月,县拖拉机厂制造东风－12型手扶拖拉机,配套700－1型旋耕机、68－1型双铧犁和拖箱等,使用灵活,耕作效果好。1970年,购买上海制造的丰收－35型拖拉机和靖江制造的东风－50型拖拉机,配套ILXS6－20滚六铧犁、ILXS3－30翻三铧犁、IGN－175旋耕机、ILB－520立式耕耙犁等,机耕深、质量好、速度快,颇受农民欢迎。

1976－1980年,国家拨款124.7万元发展农业机械。1980年,有东风－50型拖拉机50台,丰收－35型拖拉机57台。农村实行家庭联产承包责任制后,中型拖拉机下田作业逐年减少,部分用于运输,大部分闲置。1988年,县农机服务总站、棉花原种场、厂洪乡、江滨乡等购进江苏504型拖拉机,牵引力大,适应水旱田作业。1990年,有江苏504型拖拉机24台。1994年,棉花原种场购进天津－654型拖拉机。2002年,常乐镇购进东方红－804型拖拉机。是年起,随着国家购机补贴的实施,大中拖发展较快。2008年,有大中型拖拉机268台,小型拖拉机4517台。

二、播种机械

1958年,使用单行播种机,由人推拉,不久废弃。1973年,江心沙农场使用机引播种机。1975年,推广上海－1型机动插秧机(由县四甲农机厂仿制),由于制造质量差,大部分不能使用。1978年,推广棉花制钵移载,县农机研究所和农机厂研制生产制钵机,因个别零部件质量不过关,未能普及。1986年10月,引进丹阳产2BG－6A型稻麦条播机和1KQ－35型开沟机并逐步推广。1990年,永隆沙良种场试制成木制地膜覆盖器,后经县农机总站和研究所重新研制定型,获得国家专利并向全县推广,该机器比人工铺膜提高工效10－15倍。1992年,购进与中拖配套的免耕条播机及锤击式秸秆粉碎还田机。2001年,市农机推广站研制成功2C－2型山药种植(打洞)机。2002年,购进东洋PF455S手扶式插秧机。2004年,由2BG－6A型三麦播机改造的油菜直播机,试种油菜成功。2005年,引进洋马PP6高速插秧机,日插秧2.67公顷至4公顷。2008年,有高速插秧机5台。

三、收获机械

1957年,试用人工脱粒机。1962年,试用机动脱粒机。1965年,引进扬州TW－2型、南－352型、青岛TT－1500型脱粒机。1967年,余东农机厂制造南－352型脱粒机并推广使用。1968年,有脱粒机893台,基本实现脱粒机械化。1979年,引进镇江产TDG－400型半喂入稻麦脱粒机,适合一家一户脱粒,脱净率98%,颇受农民欢迎。1980年,引进太谷5TD－70型脱粒机,生产效率高,脱粒干净,因机型较大,搬移不方便,未能推广。1987年,引进100－12型联合收割机,因使用时故障较多,未能推广。永隆沙良种场引进桂林-Ⅱ号中型联合收割机,与上海50拖拉机配套,收割小麦、黄豆获得成功。1990年,货隆、王浩等乡镇引进镇江产100型轴流式脱粒机。1996年,引进新疆Ⅱ联合收割机,较适应三麦水稻收获。2003年,引进南通五山牌油菜收割机进行试验,由于油菜成熟度不一,收割损失较大,农民难以接受。2008年,有联合收割机90台,机动割晒机4台,机动脱粒机510台。

四、排灌机械

1955年,悦宏高级农业生产合作社购买抽水机船,灌溉农田。1958年,建成茅镇、常乐、合兴、四甲4个国营电灌站,14个车口,装机35台(套),动力1096千瓦。1966年,试用上海产5IN-33混流农排泵。1967年,试用TQB-4-31潜水泵。全县大部分地区实现排灌机械化,替代龙骨水车。1968年,建成五一电灌站5个车口。1977年,购进泰州8Y80型喷灌机50台。1978年,引进金坛产4CPZ-PY40型喷灌机2415台。1979年,引进启东产12CP-PY50型喷灌机2988台。

1980年,撤销电灌站,试用小型潜水泵,使用方便,逐渐普及。20世纪80年代末,全县机电排灌保有量5863台,3.5万千瓦。能用量3192台,1.85万千瓦,完好率54.4%。

2001年,微滴灌技术与设备在温室大棚内普遍应用。2008年,有各种水泵3.16万台,4.64万千瓦,其中小型水泵占90%以上。

五、植保机械

1953年,使用工农(WD)-055型单管喷雾器,防治农作物病虫害。1961年,使用552丙型压缩喷雾器。1966年,使用丰产14、丰产16型喷雾器和支农8型喷粉器(背负式)。1971年,试用WT-24和解放-22机动喷雾器。1976年,三阳初级中学、厂洪胶玻厂等单位,利用昆虫趋光特性研制成功黑光灯。每1.3-2公顷设灯1盏,诱蛾捕杀效果显著。1977年,使用风雷-1型机动弥雾机,该机体积小,弥雾覆盖面大而均匀,对防治棉花后期虫害和水稻病虫害效果较好。1987年,三阳镇复兴村植保专业队,使用机动弥雾机防治棉花病虫害,工效快、治虫质量好。1988年,推广泰山-18型机动弥雾机706台,风雷-2型机动弥雾机299台,大部分乡村实现植保机械化。1997年,市农机总站生产双波灯1000多台用于棉田除蛾。2001年,引进XL-2A高压自动喷雾器,次年推广100多台。2002年,购进苏州生产3WZ-70型便携式喷雾机。2008年,有机动喷雾机3540台。

六、农业运输机械

1958年,发动群众制造土轴承四轮平车,木制小车改装胶轮等,用于水利建设和田间运输,因制造粗糙,未能推广。是年,海门拖拉机站用拖拉机挂旧汽车车厢运输。1960年,推广使用胶轮手推车,有350型、650型两种。1965年,用工农-7型手拖配0.75吨拖斗车运输。1973年,部分公社使用丰收-35型拖拉机配3吨双轴挂车,东风-50型拖拉机配5吨双轴挂车运输。1977年,用东风-12型手扶拖拉机挂东风-1型挂车运输。1982年,使用7C-1型挂车,装有钢板弹簧,满载时性能好,普及全县。1990年,购进DF12YH自卸运输拖拉机,适用农村运输。2008年,有三轮、四轮农用运输车2206辆。

七、农副产品加工机械

粮食饲料加工机械　民国8年(1919),茅镇米厂使用动力机械加工粮食。1957年,使用柴油机带动石磨加工玉米、元麦等。1964年,使用MN-135

图10-7　毛豆剥壳机　(2002年摄)

型碾米机、MF－260 型磨粉机(小钢磨)、MF－125 型对辊式磨粉机。1992 年,江心沙农场购进 MNF－16 组合式碾米机及粮食烘干设备。1998 年,购进高效粉碎机,加工鸡、猪饲料。2002 年,临江等地引进青毛豆剥壳机 22 台。2003 年,货隆镇购进秸秆揉丝机、打捆机,用于青饲料加工。是年,南通中宝食品有限公司购进甜玉米剥粒机。2008 年,全市拥有粮食、饲料加工机械 3636 套。

图 10－8　市农机总站使用联合收割机在棉花原种场收割水稻（1996 年摄）

油料加工机械　民国 9 年(1920),茅镇、三阳、合兴、麒麟、包场等地油坊以柴油机为动力榨油。60 年代初,使用 58A 型螺旋榨油机,生产效率有所提高。1972 年,三厂、四甲、包场等国营油厂使用 200 型自动榨油机。90 年代,使用 6YL 系列全自动榨油机。2008 年,全市拥有各种榨油设备 289 台套。

棉花加工机械　民国 14 年(1925),吴家镇(现三厂镇厂西村)的黄戊寅、黄冠军合资兴办丰亨弹花厂,使用风车、脚踏车、钢丝车加工棉花。1958 年,各公社农机站办起棉种保种加工场,添置轧花车。是年,县供销社兴办三厂、悦来、麒麟、四甲、包场 5 个轧花厂,使用 DH460 型轧花车加工。90 年代,农户购置 GH710 型轧花车加工棉花。2008 年,有轧花车 452 台套。

第三节　农机管理

一、体制

国有　20 世纪 50 年代后期,建县国营拖拉机站和电力灌溉站为公社代耕、代运、代灌溉,按国家规定收取作业费用。1965 年,撤销县国营拖拉机站。1981 年,撤销国营电灌站。1988 年,财政拨款 200 多万元,建成县农机化服务总站,为农业适度规模经营点代耕、代种、代收。2000 年,江心沙农场实行农机产权制度改革,大中型农机具均出让给职工。2003 年 8 月,市农机总站拍卖转让给金侨房产。国有国营的农机仅限于公路管理站、环卫所等少数单位,数量不足百台。

集体　1966 年,公社成立机管站。1976 年起,大队成立农机组,为生产队代耕,为农户加工粮食饲料。1981 年后,实行集体所有,个人或联户承包经营。1990 年,乡、村集体拥有中型拖拉机 41 台,手扶拖拉机 371 台,其中乡有 15 台。90 年代,随着农村土地二、三轮承包落实,集体经营的农机减少,仅剩部分乡镇农机管理服务站的中拖及收割机。2008 年,海门、三厂等乡镇集体所有的农机由个人承包经营。

户有　1982 年后,集体所有的拖拉机大部分折价归户,不少农户自购农机,出现一批农机专业户,农闲时从事运输,农忙时为农户机耕、脱粒。1990 年,独户或联户经营的中型拖拉机 3 台,小型拖拉机 3055 台,占拖拉机保有量 88.7%。2004 年起,实施农机购机补贴办法,鼓励农民购买农业机械,农民购机热情高涨。2008 年,农户拥有的拖拉机占保有量 98%以上。

二、安全管理

1959 年后,县 5 次选派 115 人赴南通、如皋、金沙、常州等地学习农机驾驶、修理技术,培训第一批农机安全操作与管理人员。1965 年起,县农机、水利等部门举办农机培训班 49 期,为基层普及农机培训 3.6 万人次。

70 年代中期起,按照推广发展的农机类型,采取县训师资、基层办班的形式,培训农机手 2.5 万人次。其间,县农机部门派专人负责安全管理和考核发证,对农机立档,统一编号,纠正重使用、轻保养倾向,消除事故隐患。1978 年,成立县农业机械监

图 10-9　市农机监理所监理员检查拼装车辆　(2005 年摄)

理所，加强农机安全生产教育，农机检验和农机事故处理。

1982 年，核发手扶拖拉机驾驶证 3830 张，大中型拖拉机驾驶证 427 张，内燃机操作证 225 张。1983 年 11 月，对拖拉机驾驶人员实行考试和年度检审制度。1989 年起，对农用拖拉机、脱粒机及农副产品加工机械实行全面监督管理。

1990 年，检验手扶拖拉机 2148 台，审验驾驶员 2221 人，检验脱粒机 4505 台、加工机械 2286 台，审验操作手 2435 人。2003 年起，开展平安农机乡镇创建活动。2008 年，建成南通市级平安农机示范乡镇 5 个，省级平安农机示范乡镇 6 个，县级平安农机示范村 192 个。

三、经营管理

1959－1981 年，农业机械归公社、大队、生产队三级集体所有，实行分级管理，分级经营。推行“三定”①、“五定一奖一赔”②和“大包干”等 3 种形式。

1985 年，实行农机经营体制改革，村、组等集体所有的农机折价归户经营，农民自办、联办的农机服务队、农副产品加工场试行市场化经营。2000 年，农户经营的农机占全市保有量 95% 以上。

2003 年，组建农机专业生产合作组织，农机作业服务进入市场化经营模式。2008 年，全市有 5 个农机专业合作社、3 个农机专业合作协会。

① 三定：定机、定人、定报酬。

② 五定一奖一赔：定任务、定燃料费、定修理费、定其他直接费、定机工报酬，三项费用节支奖，超支赔。

第十一篇

工　　业

海门工业源于先民海涂制盐和围垦造田所需工具及生活用品的手工制作。明清时期,制作铁木器具、酒酱食品等生产、生活用品的工场作坊相继出现。清末,近代工业问世。光绪三十一年(1905),实业家张謇在常乐镇重建颐生酿造厂(颐生酒厂),其颐生茵陈酒于次年获意大利万国博览会金奖。光绪三十二年(1906),沈书升等人在茅家镇合资兴建宝兴织布厂。

民国3年(1914),张謇以发行股票筹资建大生第三纺织公司三厂(大生三厂),引进英国纺织机械。民国8年,海门商界人士陈伯葵购置25马力柴油发电机发电,用于茅家镇部分居民照明。民国10年,大生三厂投产时,以英制1000马力双缸卧式蒸汽机拖动75千瓦发电机发电,供厂生产、照明。民国27年,日本侵略军侵占海门,县境工业被严重摧残。抗日战争胜利后,纺织、食品、印刷等行业得到恢复性发展。民国35年,国民党统治区通货膨胀,工业凋零。

新中国成立后,人民政府努力恢复和发展国民经济。合兴油坊、颐生酒厂恢复生产;大生三厂实行公私合营;茅家镇、余东乡等地组建手工业生产合作社;主要集镇的油、酒、酱坊等给予加工、订货业务。1955年,全县有国营、集体企业62个,工业产值5633万元。1956年,对跨越45种行业的241个私营工业、手工业企业进行社会主义改造,先后组建131个公有制企业。是年11月,35千伏天海线放线,开启海门电网建设。1958年,响应中共中央号召,大办工业,大办钢铁。年末,有企业469个,产值5201万元。1960年,有企业223个,产值5838万元。1961年3月起,贯彻中央"调整、巩固、充实、提高"方针。1964年,有企业100个,产值6756万元。1966－1970年,年工业产值1.01亿元至1.21亿元。1971年始,接受大城市粗放型产品脱壳和换代设备转移,扩大县境工业尤其是社队工业发展空间。1976年,有企业631个,产值1.91亿元。

1978年后改革开放,扩大企业自主权。1980年,有企业1370个,产值4.58亿元。1981－1985年,实行厂长负责制,引进国外先进设备和技术,推进横向联合,发展民营经济,基本形成冶金机电、化工医药、轻纺建材、粮油食品等29个行业。1985年,工业产值超过农业产值。1986年起,开展企业素质升级活动。1990年,有企业8893个,产值24.23亿元。1992年6月,建省级海门经济技术开发区。1993年,推进产学研合作。1995年,有企业1.38万个,产值151.89亿元。1996年,开始产权制度改革。举办首届中国海门金花节,开展招商引资。2000年,建立市级技术创新和成果转让基金,推动技术进步。是年,企业2.07万个,产值212.67亿元。2003年,推行循环经济,重点扶持电子信息、机电轻纺、化工医药行业的产品开发。2005年,105个公有制企业改制重组股份制公司或转向私营。工业园区建设基本形成1个省级经济开发区、20个乡镇工业集中区,占地3866.67公顷。是年,有企业2.87万个,产值990.94亿元。2006年,实施要素集中、产业集群、企业集聚,方便高新技术和较大型企业投资建厂、治理环境。2007年,世界500强中的美国多福公司、泰森食品有限公司和国内最大船用钢板基地——江苏上钢船板有限公司,先后投资和落户海门经济开发区、滨海工业新区。2008年,固定资产投入在建项目完成量169.76亿元。有企业1.88万个,产值1542.25亿元。年销售收入500万元以上企业679个,固定资产109.99亿元,产值800.03亿元。其中,股份制企业产值62.99亿元,占7.87%;私营企业产值298.94亿元,占37.37%;市境外投资企业产值349.62亿元,占43.7%。基本形成经济多元化、企业市场化新格局。

第一章 工业经济结构

第一节 全民所有制

民国38年(1949),县人民政权接管茅家镇益海等3个私营印刷所,苏皖边区第九行政区接收合兴镇乾元吉油坊,并先后组建全民所有制的新华印刷厂和合兴油坊,有职工50多人,固定资产39万元,产值24万元,占全县工业产值1628万元的1.47%。

1956年,在对资本主义工商业的社会主义改造(简称对私改造)中,完成私营企业公私合营或升级为全民所有制。全县国营企业22个,职工1107人,固定资产34万元,产值1875万元,利润41万元。

1958－1960年,新建县通用机械厂、海门化肥厂、县农药厂、县针织厂等国营企业,县机床厂、五四染织厂、砖瓦厂等由大集体企业升级为国营企业。1960年,有国营企业81个,职工3485人,固定资产530万元,产值4587万元,利润59万元。1961年3月,开始进行3年调整。1964年,企业减至21个,产值5609万元。1966年,有企业23个,产值9663万元。至1976年,新建县制药厂、无线电一厂、链条厂和四甲农机厂等,企业增至36个,年均产值亿元,产值最高的1971年1.38亿元。

1978年后,企业在改革开放中逐步走向市场,生产效率提高,经济效益明显。1982年,产值1.68亿元,利税903.2万元。1983年,产值2.03亿元。因国家实施宏观调控,1984－1986年的产值回落到1.5亿元左右,1987年开始回升。1988年,固定资产7122万元,产值2.35亿元,利税3393万元。分别占全县工业固定资产、产值、利税的26.43%、15.43%、26.41%。1990年,有企业41个,产值3.16亿元、利税2486万元。县棉纺厂、海门手帕厂、县印刷机械厂、县链条厂、海门化肥厂和海门颐生酒厂产值超千万元。1995年,有企业65个,固定资产4.51亿元,产值1.27亿元。

1996年,国有企业推行产权制度改革,企业减至48个。2000年,国有企业8个,产值1.46亿元,占全市工业产值6.86%。至2006年2月,国有企业全部改制为非公有制企业,并重组股份制公司或转向私营。

第二节 集体所有制

一、市(县)办企业

1952年,在茅家镇试点,由5个私营铁店、店主和店员12人组建全县第一个集体所有制(俗称“大集体”)的铁业生产合作社,后在三阳、三厂、余东等集镇组建铁木竹、缝纫、砖瓦和织布等生产合作社。年末,有职工240人,固定资产4万元,产值5万元,利税3万元。1956年,全县基本实现手工业合作化,有企业109个,职工2097人,固定资产33万元,产值3017万元,利税7万元。1958年,有企业379个。

1960年,有企业98个,产值742万元。经3年调整,1964年,有企业48个,产值915万元,利税92万元,占全县工业产值、利税13.54%和28.66%。1967－1976年,年均产值2774.8万元,利税35.4万元;新建县铸钢厂、晶体管厂、交通机械厂、矿山机械厂、水泥厂和悦来、余东、天补农机厂等。

1976年后,南通地区纬编针织厂、县毛巾厂、纺织机械厂、海门手帕二厂等企业相继建成投产,文教、民政、交通、流通、农水系统等部门也创办大集体企业。1980年,有企业43个,固定资产1278万元,产值2.21亿元,利税670万元。1990年,有企业107个,固定资产1.46亿元,产值3.7亿元,利税

1940万元。

1991年,企业改制起步。1995年,固定资产1780万元,产值12.68亿元,利税3694.6万元。1996年,企业通过改制,进行拍卖、合并、重组。1999年,有企业26个,产值2.81亿元,利税890万元,占全市工业产值、利税1.53%和2.38%。

2003年底,市微型电机厂经评估,以406.66万元净资产整体转让给私营企业。至此,大集体企业在改制中终结。

二、乡镇办企业

1957年,由个体手工业组织起来的23个铁木社,实行县手工业联社和属地乡镇双重领导。其产品以支农为主,兼顾生活用品,产值264万元,占全县工业产值4.4%。1958年,有企业39个,产值534万元,占全县工业产值10.3%。其产品涉及农具修造、饲料加工、棉纺针织、服装鞋帽、建材造纸和小五金等行业。随后3年,社(镇)办企业稳定在44个,年产值由509万元降至200多万元。1964年,有企业31个,产值232万元,占全县工业产值4.14%。1967－1970年,年均产值561万元、利税54.5万元。1972年,有企业57个,产值937万元,利税104万元,占全县工业产值、利税6.64%和15.12%。产品除农机具外,有小机电、小化工等。

1978年3月,全县28个农具厂、手工业综合社及1622名职工划归所在公社(镇)统一领导和管理。是年,社(镇)企业331个,产值1853万元。1980年,有企业635个,产值5048万元,占全县工业产值11%。产品转向为上海等城市加工名牌服饰、皮鞋、羊毛衫等,并涉及出口产品加工。1981年起,社镇企业在"三来一补",特别是行业重组、横向联合、城市商贸企业挂钩联营中,实现扩大市场,解决技术落后、资金不足等一系列问题。1983年,有企业629个,产值3344万元。1985年后,乡镇培育骨干企业,主要有江滨铜材厂、王浩铜材厂、三厂无纺布厂、三星羊毛衫厂、麒麟东海工艺有限公司、余东亚兴化工厂、三阳正章染厂等。1990年,有企业652个,固定资产2.5亿元,产值10.94亿元,利税9304万元,分别占全市工业固定资产、产值、利税的53.6%、45.14%、67.75%。

1993年7月,乡镇集体企业试行股份合作制,并逐步向私营企业转变。1995年,乡镇企业固定资产4.92亿元,产值52.29亿元,利税1.43亿元。1996年,全面推进产权制度改革,根据资产归属组建股份制公司或资产整体转让为私营企业。改制后的总股金4.38亿元。1999年,有企业72个,产值3.88亿元,利税2076万元,分别占全市工业产值、利税2.11%、5.55%。

21世纪初,乡镇集体所有制企业改制结束。

三、村办企业

1958年,按照"社社队队办工业"要求,各公社兴办326个队级集体所有制企业,产品涉及土化肥、土农药等。1961年,在调整中关停。1966年,队办工业又兴起,办厂39个,产值252万元。以小农具、薄荷锅、农机具维修等涉农产品和竹藤器等手工业小商品生产为主。队办企业有工做工,无工务农,较长时间维持在80个左右。1976年,有队办企业368个,产值1203万元。

20世纪80年代,队办工业跳出"农门",面向市场。1985年,村办企业1068个,产值1.93亿元。此后,在横向联合和行业重组中,企业个数缩减,规模扩大。1990年,有企业769个,产值3.39亿元,比1985年增长75.65%;产品涉及多个门类。

1991年,村办企业向私营和规模效益方向发展。1995年,有企业625个,产值18.19亿元。1997年,有企业344个,产值13.7亿元,占全市工业产值9.5%。1998年,村集体所有制企业全部转为私营、个体企业、股份制或中外合资企业。

第三节 股份合作制

光绪三十二年(1906),沈书升、顾名义等合资在茅家镇兴办宝兴织布厂。民国3年(1914),张謇以发行股票向社会募集资金创办大生第三纺织公司三厂(大生三厂)。此类企业为县境早期股份合作制企业,并延续至新中国成立初期,在党的"利用、限制、改造"政策引导下,发挥积极作用。

1952年,大生三厂实行公私合营,是公有制主导下的新型股份合作制企业,并成为1956年对私改造的主要组建模式。

1982年4月,汤家公社长虹工业公司组建股份合作制企业,中兴大队集股金700万元用于开发金属压延等产品,1984年7月更名为县飞宇股份公司。1989年,海门客车厂(正余乡)与南京汽车工业公司组建股份制企业,资本为等额股份,县投资公司投资10万元,其产品以采购轻型客车部件进行组装生产和修理为主。1993年12月,三阳镇友爱联合企业获省批准成立南通友爱集团股份有限公司,成为定向募集的股份制试点企业。1995年1月,经省批准,江苏白兔纺织股份有限公司成立。1996年1月,经省批准,江苏包罗铜材集团股份有限公司成立。

20世纪90年代后期,除乡镇企业全面推行股份制外,县属全民、集体所有制企业由点到面推行股份制,一般由该企业员工认购股份,其股份可在企业内部自由流动。

2000年,全市有股份制企业705个,固定资产15.14亿元,产值74.37亿元,纳税1.93亿元。2005年,有股份制企业308个,固定资产97.17亿元,产值132.58亿元,纳税27.63亿元。是年,由原国有企业改制的江苏白兔纺织集团股份有限公司,销售收入3.65亿元,利润781万元,纳税1380万元。2008年,全市有股份合作制(股份制)企业176个,其中规模以上企业(年销售收入500万元以上)77个,固定资产42.05亿元,产值151.44亿元,纳税22.77亿元。市中兴能源装备股份有限公司纳税1.2亿元,居全市之首。

第四节　外资及港资澳资　台资

一、外商独资企业

1993年4月,三厂镇引进外国资金(外资),组建南通科通力有限公司,从业人员280人。2000年,全市有外商独资企业8个,固定资产1321万元,产值8502万元,纳税633万元。2004年,有企业85个,产值19.35亿元,其中规模以上企业42个,产值14.75亿元。规模最大的凯捷(海门)时装有限公司,从业人员1200人,产值1.25亿元。2005年,有规模以上企业44个,固定资产2.9亿元,产值31.44亿元,纳税1.02亿元。

二、中外合资企业

1993年2月,悦来净化设备厂引进外资,组建中外合资南通艺海净化制品有限公司,生产净化工作服。是年年末,全县引进外资组建悦来缝纫机针厂等5个合资企业,从业人员1150人。其中南通宝石服装有限公司从业人员692人,生产出口服装。1995年6月,江苏白兔纺织股份有限公司引进韩国资金681万美元、海门方投资64万美元,组建甲乙南通纺织有限公司,从业人员1012人,生产出口纱、线、布。2000年,全市有中外合资企业25个,固定资产2.57亿元,产值9.6亿元,纳税633万元。2004年,有企业57个,产值18.48亿元。其中规模以上企业32个,产值18.35亿元。2005年,规模以上企业30个,固定资产4.86亿元,产值26.93亿元,纳税1.17亿元。

三、中外合作企业

1990年7月,刘浩乡引进外资,合作组建海门红商事皮塑工艺制品有限公司,生产出口皮革手套。是年,产值2119万元。2004年,全市有中外合作企业3个,产值1.3亿元。2005年,规模以上企业4个,固定资产2292万元,产值3.26亿元,纳税1190万元。

2008年,全市有外商独资、中外合资、中外合作规模以上企业170个,固定资产186.62亿元,产值216.35亿元。其中南非独资企业南通新锦江印染有限公司,从业人员805人,固定资产9481万元,产值1.44亿元,纳税796万元。

四、港资　澳资　台资企业

1985年6月,县轻工业公司和悦来乡工业公司引进香港资金(港资),组建南通悦泰有限合资公司,合资总额164万元,港资占30%,年产220吨聚酯单丝拉链等产品,产品返销35%。1990年12月,汤家乡染料化工厂与香港龙翔化工有限公司合资组建县钢翔化工有限公司,资本总额396万元,海门方占51%为控股方。公司年产染料及其中间体370吨,协议返销70%。是年,全县有与港商合资企业7个,注册资金总额1572万元,海门方占66.7%,港方占33.3%。

1992年5月,青龙港镇海门多佳环保设备厂引进澳门富城企业公司资金(澳资),合资组建南通雪龙水处理设备药剂有限公司,合资额22万元,主要产品为水处理药剂;海洪乡海门皮鞋厂引进台湾资金(台资),组建南通培根鞋业有限公司,投资71万元,生产多种类型的出口皮鞋。8月,麒麟特种钢制品厂与台商合资,组建南通海亚特种钢有限公司,注册资金110万元,生产石油机械配件。

2000年,港、澳、台商与市内合资企业51个,固定资产2.58亿元,产值9.09亿元。2005年,有规模以上企业64个,固定资产8.86亿元,产值59.25亿元,纳税2.08亿元。2008年,规模以上企业123个,固定资产16.16亿元,产值133.27亿元。其中港资南通华润大生纺织有限公司固定资产2.88亿元,产值2.75亿元,纳税1431万元。

第五节 民 营

建县之初,各种民间工匠以个体手工业的形式存在。随着农副业生产的发展和人民生活需求的提高,手工业相应发展。新中国成立初,全县有私营或个体企业239个。1956年,对私改造后,仅存私有制企业1个。翌年,公有制一统天下,但农村的个体泥匠、木匠和有修补技术的手工业者,在农闲时仍从事一些手工业劳动。

1978年后改革开放,个体专业户和家庭工业联合体应运而生。1984年,全县有私营、个体企业870个。1990年,有企业7323个,产值3亿元。1995年,有企业1.24万个,产值32.07亿元,占全市工业产值21.11%。

1997年1月,市出台私营工业所得税(地方税)1－3年50%或全部返还、优先获得生产用地50年期限使用权等政策,个体私营工业快速发展。2000年,有企业1.97万个,产值106.35亿元,占全市工业产值50.01%。2005年,有企业2.78万个,产值718.56亿元,占全市工业产值的72.51%。其中规模以上企业163个,产值133.13亿元,分别占市规模以上企业的42.12%和39.55%。2008年,有企业1.86万个,规模以上企业309个,产值298.94亿元,纳税22.73亿元。其中江苏金雪集团有限公司产值16.35亿元,纳税694.53万元,产品出口关税1.8亿元。

第二章 工业管理

第一节 管理组织

县境工业起始于制盐、酿酒、纺织、烧砖、印刷等。明清时期,官府以征赋税管之。清光绪二十四年、三十年(1898、1904)出现商会、行业商会。民国时期,除征税还成立多个行业商会,负责工商企业交流和联络。

1949年9月,县政府建立工商科,统一管理工业、商业。1952年,全县有9个国营工厂,其中海门颐生酒厂由南通专署管理,其余由县主管。1955年,县手工业生产合作联社、手工业管理科、县人委工业科先后建立,分别管理集体、全民工业企业。1958年1月,手工业管理科与手工业生产合作联社合署办公。5月,成立经济委员会(1960年撤销),作为政府综合职能部门,负责工业生产的协调、组织、指挥。8月,工业科与手工业管理科、手工业生产合作联社合并成立工业局,主管全县工业企业;县粮食局、商业局、供销社负责对所属工厂的人、财、物管理。1959年,各公社设置工副业办公室,管理公社、生产大队所办的工副企业。1960年6月，建立手工业管理局。工业局与手工业管理局分别负责全民工业和集体工业的生产经营管理。1962年5月，手工业管理局与工业局合并。1963年12月，工业局改称工业科。1966年5月，重建手工业管理局。

1968年3月，成立县革命委员会，下设工交组，分管工交企业。9月，工交组改为生产指挥组，对全县工农业生产实行组织指挥。是年，工业科与手工业管理局、农机公司合并，建立工业口革命委员会，负责工业生产监督管理。1969年7月，工业口革委会与交通局革命领导小组合并，建立工交管理站革委会。1971年9月，建立工业局革委会。1975年3月，工业局革委会改称县革委会工业局。1976年5月，工业局分离部分职能组建县革委会第二工业局，工业局负责管理国营工业企业，第二工业局负责管理集体工业企业。

1978年3月，全县各农具厂划归所在地公社管理，隶属第二工业局。7月，成立工业交通办公室，统一负责工业生产组织指挥。8月，撤销第二工业局，成立轻纺工业局、社队工业局，合署办公。下设天补、三厂、悦来、四甲、包场5个区工业办公室，为县主管部门派出机构，履行对公社、镇、队办工业企业的财务、统计、安全生产、职工教育、企业管理和整顿、环保监察、合同管理、产品质量及行业活动等工作的组织、检查和指导的职能。公社、镇、场管理委员会相应建立工业办公室，形成县、区、公社（镇）三级管理体系。1979年7月，撤销工业交通办公室，成立经济委员会。1981年4月，社队工业局与轻纺工业局分开。1984年1月，撤销工业局、轻纺工业局、社队工业局，建立机械、电子、纺织、化学医药、轻工、建材、服装鞋帽7个公司，主管各行业生产。9月，撤销服装鞋帽公司和经委社队工业政策研究股，成立乡镇企业管理局。1985年，乡、镇、场工业办公室改称工业公司。1993年，改称企管站。是年，县茧丝绸总公司成立，对茧站、丝厂、绸厂实行收购、生产、销售全过程管理。1994年12月，成立市民营经济领导小组，并在经委设立办公室，负责对民营工业的协调、指导、服务。1996年11月，市经委改称工业管理局，乡镇企业管理局与之合并，两块牌子、一套班子。1998年12月，工业管理局复称经济委员会。

2001年9月，市机械、电子、化学医药、轻工、纺织公司改组为机械电子、化轻、纺织工业办公室，隶属经委；建材公司改称建材工业办公室，隶属建工局。2002年8月，市成立安全生产监督管理局，负责工业生产安全监督管理。2004年2月，机械电子、化轻、纺织工业办公室撤销并入经委。2005年2月，经济委员会改称经济贸易委员会，全面负责对工业企业监督管理。2007年3月，市发展改革委员会与经济贸易委员会合并，成立发展改革与经济贸易委员会（同时挂乡镇企业管理局和中小企业管理局牌子），负责全市工业管理。

第二节　管理体制

清末民初，县境私营工业和手工业以个人经营、自产自销为主。民国3年（1914），张謇创办大生三厂，民国8年通过发行股票建立股份制，成立董事会。董事会隶属大生总理，董事长对企业负责。

1953－1956年，工厂实行厂长负责制。1957年后，为加强党对企业的领导，推行党委领导下的厂长负责制。1967年2月，受“文化大革命”影响，工厂领导班子瘫痪，生产处于停产、半停产状态。1968年3月起，工厂相继建立革命委员会，生产管理实行一元化领导。1969年，工厂实行党委（支部）书记负责制。1978年，恢复党委领导下的厂长负责制。

1982年4月，汤家公社长虹工业公司始行股份制。1984年，在县棉纺厂、链条厂、印刷机械厂、制药厂等7个工厂企业中试行厂长负责制，厂长行使行政权力，职工实行民主管理，党委（支部）起监督保证作用。1985年11月，全民、大集体企业实行厂长（经理）负责制，24个县属工业企业同时进行任期目标和承包责任制试点。1986年，工厂实行“一长三师”制度，厂长、总工程师、总经济师、总会计师各司其职，各负其责。1987年，县属工业企业全面推行承包经营责任制，承包者负责企业的生产、经营、管理。海门手帕厂同外贸部门结成工贸联合体；县光色玻璃厂与上海硅酸盐研究所实行科研与生产联合。是年12月30日，县领导与7个乡镇企业法定代表人签订租赁经营责任制合同。1988年后，组建申海、百花、白兔、包罗、三星绣品、通光、爱东、金呢等20个省级企业集团公司和南回、金轮等9个南通市级企业集团公司,集团公司负责下属公司的人事安排、财务审计和监督经营管理。

1993年7月起,乡村集体企业试行股份制。1994年2月,推行股份合作制、股份制、公有民营。1996年,121个市属工业企业、717个乡镇工业企业完成产权改制和“三项制度配套改革”①。改制企业由厂长负责制改为经理负责制、中层以下干部由任命制改为聘用制。1997年,推进“双置换”工作。至2005年年底,105个市属企业和所有乡镇工业企业实现“双置换”。企业产权归股东所有,职工由企业聘用。企业建立董事会、监事会、股东大会制度,制定股份有限公司或有限责任公司章程,实行董事会领导下的经理负责制。2006－2008年,重点规范改制企业运作行为,形成经营层控股、经营者持大股、产权明晰的产权结构。

第三节　企业管理

解放前,县境工业基础薄弱,除张謇创办的大生三厂、颐生酿造厂有一些资本主义管理方法外,多数企业实行小生产的管理方式。

解放初,工厂开展民主改革,取消搜身制等凌辱职工的旧制度,进行复工复产,实行8小时工作制。1953年,企业实行计划管理,推行生产作业计划和工艺流程,制定技术标准和劳动定额,建立责任制和规章制度。1958年,实施干部参加劳动,工人参加管理,改革不合理的规章制度。1960年,贯彻国务院《国营工业企业工作条例》(草案),加强企业管理。1964年,开展“工业学大庆”活动,掀起争当“五好”职工②和争创“五好”企业③比学赶帮竞赛热潮。1966年后,一度受“文化大革命”影响,先前的管理制度被否定批判,企业管理混乱。1975年,按大庆式企业标准整顿验收,海门手帕厂和县棉纺织厂、链条厂、拖拉机厂等8个企业被省革命委员会命名为大庆式企业;海门颐生酒厂和县印刷厂、电机厂等7个企业被南通地区革命委员会命名为大庆式企业。

1982年,贯彻中共中央、国务院《关于国营企业进行全面整顿的决定》,经过3年努力,列入整顿规划的县属企业100个、乡镇企业477个,验收合格分别为96个、215个。1983年始,推行“现代化管理18法”,400多名企业中层以上干部参加南通市组织的现代化管理知识统考,取得合格证书。县成立现代化管理成果评审委员会,每年组织现代化管理成果评审,并择优推荐参加南通市和省组织的评审。先后有9项成果获省一等奖、10项成果获省二等奖、48项成果获南通市优秀成果奖。1986年7月,根据国务院《关于加强工业企业管理若干问题的决定》精神,开展“抓管理、上等级、全面提高企业素质”企业升级工作。是年,评出一级合格企业187个,二级合格企业224个,三级合格企业413个。1987年,开展企业管理先进企业升级活动,海门手帕厂等5个企业被评为省级企业管理先进企业,县冷却塔厂等11个企业被评为南通市级企业管理先进企业,43个企业评为县级企业管理先进企业。同时,乡镇企业开展评选乡镇明星企业和明星企业家活动。1988年,县冷却塔厂、三厂无纺布厂、三星羊毛衫厂、县消防水带总厂被省评为首批乡镇明星企业;瞿光宝、施茂桐、刘天生、蒋瑞祥被评为省首批乡镇明星企业家,受到省长顾秀莲接见。

1991年,开展生产现场管理达标活动,从企业生产现场的环境、物件、设备、纪律、工艺技术等方面,实行千分制考核。全县853个企业生产现场管理通过达标验收,其中被评为优秀企业135个,合格企业718个。1994年7月,在市属15个重点企业中推行目标成本、营销、生产现场管理,总结推广江苏白兔纺织股份有限公司目标成本管理的经验,市制药厂、光色玻璃厂营销管理的经验,市液压件厂、微型电机厂生产现场管理的经验。60%以上企业建立成本管理网络,实行严格的成本核算和考核。市丝厂被评为省目标成本管理先进企业。1996－1998年,开展学邯钢管理经验活动。推行产品联销、销售买卖、采购招标制和成本倒推法、产品营销策划,企业降本增效明显。江苏白兔纺织集团股份有限

① 三项制度配套改革:指干部人事制度改革、劳动用工制度改革、分配制度改革。

② “五好”职工:政治思想好、完成任务好、学习文化技术好、遵守劳动纪律好、团结互助好。

③ “五好”企业:政治工作好、计划完成好、企业管理好、生活安排好、干部作风好。

公司推行成本倒推法，分解落实8600个指标，按月考核，兑现奖惩，1998年节支降本430万元；江苏通光集团推行“定额定量包产品销售、定时定额包货款回笼、定额限量包销售费用”责任制，1998年销售和利润分别比上年增长31%和41%。

2000年，推行比价采购，实行采购招标公开、价格公开、数量质量公开、审核公开，企业采购成本节约4100万元。2003－2005年，以清洁生产为载体，推行循环经济。排查污染排放量大的化工、印染企业，确定清洁生产审计重点企业7个、省重点清洁生产实施企业2个。联合审核南通回力橡胶集团有限公司废旧橡胶再生技术开发、江苏雄风科技有限公司钴产品废水回收利用、江苏包罗铜材集团股份有限公司铜材三辊斜轧冷穿孔节能环保技术、海门海螺水泥有限责任公司企业间循环经济等9个项目。其中，江苏雄风科技有限公司等3个企业通过南通市审计验收，海门亚兴化工总厂等4个企业通过市审计验收，4个项目被列为南通市循环经济典型。2005年，通过能源、水的梯级利用和废弃物的循环利用，全市节约标煤10万吨，减少电耗1050万千瓦时，削减化学需氧量100吨、废水20万吨、废气1000吨，取得清洁生产效益2000万元。2008年，对11个示范企业实施清洁生产审计，对12个示范企业实施循环经济审计。组织实施重点节能项目15个。其中，上报国家级节能备选项目3个，上报省级节能备选项目8个。全市节能和循环经济（清洁生产）项目累计投入1.35亿元。其中，节能项目投入6912万元，年节约标煤2.4万吨，产生直接经济效益2938.2万元；循环经济项目投入6588万元，年节约电392.72万千瓦时、水260.9万吨、煤4288吨、原材料2272.6吨、蒸汽1750吨，减排废水115.5万吨、废气22吨、固体废弃物8.28万吨、化学需氧量1308吨、二氧化硫85吨、烟尘251.4吨，产生直接经济效益3500万元。

第三章　电　　力

第一节　发　　电

一、地方公用电厂

民国8年(1919)，海门商界人士陈伯葵筹办海明电灯公司，购置安装18千瓦(25马力)柴油发电机组1台，翌年3月15日发电。民国11年，添置110千瓦(150马力)柴油机组1台，改名海明电气公司。

民国20年，茅家镇商人汪跃南集资3000余元，在三阳镇办阳明电气公司，购10千瓦柴油发电机组发电，年余后被鲜行村富户徐碧成买下。民国24年，因业主迁居上海停业。

民国27年，海明电气公司厂房在日本侵略军侵占海门时被炸。民国28年2月，恢复发电，改名海光电气厂，后因市井萧条歇业。

民国31年，日伪军侵占三阳镇，阳明电气公司发电机组被掠。抗日战争胜利后，海光电气厂机组修复发电，不久因机器老化弃用。是时，茅家镇电气爱好者孙祖俊，曾用脚踏轧花车拖带汽车用直流电机给蓄电池充电，后自买1台1.5千瓦汽油发电机，开展发电和充电业务。新中国成立初，孙祖俊添置1台7.5千瓦汽油发电机，在开展充电业务的同时供县人民医院X光机用电。1954年，又购16.7千瓦柴油发电机1台，供茅镇初中及其附近少量居民照明。因其所具电气技能和拥有25.7千瓦3台发电机，经县工业科备案，呈报省工业厅地方电业管理局批准，挂牌孙祖俊电气号。1958年，海门变电所通电后停止发电。

1986年3月，海门化肥厂、南通市四甲肉联厂和南通市电力开发公司联办海门热电厂，占地2.1

公顷,投资2067万元,分两期建成。1987年12月,一期工程投产,装有6000千瓦N6－35型非调整抽气冷凝式汽轮机组1台、QF－2－6型发电机1台、UG－35/39－M型锅炉2台。1993年10月,二期工程运转,装有3000千瓦CB3－35/17/15－1型汽轮机、QF－3－2型发电机和UG－35/39－M型锅炉各1台。所发电量与华东电网并网运行,有供蒸汽管网4.5公里(直径325毫米、273毫米两种),蒸汽供应三厂镇用汽户。

1995年,市电力实业总公司与香港协宝国际集团股份有限公司(香港协宝公司)合资,创办海协电力有限公司。1996年10月,柴油机组发电,装机容量8500千瓦,当年发电444万千瓦时。12月,因香港协宝公司资金不到账,海门方另与香港南恩敦国际船舶有限公司合作,更名南通海宁电力有限公司,总投资300万美元,注册资本210万美元,海门方和香港方分别出资157.5万美元和52.5万美元。

2001年12月,海门热电厂因严重亏损停产。从二期投产至2001年,海门热电厂发电3.66亿千瓦时,供汽43.27万吨。2002年8月,热电厂改制。

2003年4月,江苏协鑫环保能源投资有限公司与英属维京群岛协鑫能源(海门)有限公司、省电力发展股份有限公司、南通苏源实业有限公司合建海门鑫源环保热电有限公司,总投资2.29亿元,占地12.53公顷。2003年11月至2004年1月,一号、二号机组先后投运,装备2×1.5万千瓦抽汽凝汽式汽轮发电机组和2×75吨/时循环流化床锅炉及相关辅助设备,年发电量1.9亿千瓦时,供蒸汽能力100吨/时,电量输出通过35千伏鑫东线双母线上网,由省电力公司全额收购,并为海门经济开发区和部分城区及长江沿岸的海门港工业区供蒸汽。

2004年1月,海门热电厂因产权整体转让港商,更名市大千热电有限公司,并进行设备改造,着重提高供蒸汽压力,确保三厂地区和青龙化工园区的用汽户需求。2005年,该公司发电量3808.4万千瓦时,供汽量24.85万吨,利润592万元,纳税110.5万元,跨入市重点企业行列。是年,南通海宁电力有限公司发电56.11万千瓦时,因柴油机发电成本高,于下半年停止发电;海门鑫源环保热电有限公司上网电量1.87亿千瓦时,售汽量30.83万吨,销售收入1.09亿元,纳税710.3万元。

2006年,有热电企业2个,销售收入1.49亿元,纳税1133万元。其中,市大千热电有限公司发电量3153万千瓦时、供汽量23.09万吨,海门鑫源环保热电有限公司发电量1.97亿千瓦时、供汽量38.09万吨。

2007年4月,市大千热电有限公司对1号机组技术改造,总投资7881万元,将原有6000千瓦N6－35型非调整抽气冷凝式汽轮机组和2台35吨/小时中温中压链条锅炉淘汰,主体装置2台75吨/小时次高温次高压循环流化床锅炉和1台次高温次高压6000千瓦背压式供热汽轮发电机组,于翌年5月运行。2008年,全市热电企业2个,发电量1.76亿千瓦时、供汽量70.68万吨,销售收入1.68亿元,纳税801万元。其中海门鑫源环保热电有限公司发电量1.54亿千瓦时,供汽量34.98万吨。

二、自备热电站

1989年,海门手帕厂建自备热电站,投入300万元购进10吨锅炉1台及配套的750千瓦发电机组,年发电量540万千瓦时,年产汽7.2万吨。1991年,投入600万元购置20吨锅炉1台及配套的1500千瓦发电机组,年发电量1080万千瓦时,年产汽量11.52万吨。发电量除企业自用外,剩余部分并入电网。2005年2月,停止发电。4月,市王氏染整有限公司自备热电站投产,总投资近1000万元,设备有20吨锅炉1台、131.5－24/3汽轮发电机1台、QF1.5－2汽轮发电机1台。日发电量1万千瓦时左右,产汽250－300吨。2006－2008年,热电站运行正常。

三、自备机组

民国10年10月,张謇创办的大生三厂投产,动力设备为英国制造的735千瓦(1000马力)双缸卧式蒸汽机、75千瓦发电机。民国17年,颐生酿造厂购置18千瓦(25马力)柴油机、10千瓦发电机动力设备。民国23年,大生三厂为扩大生产,安装英国制551千瓦(750马力)8缸卧式煤气发动机,配瑞士产500千瓦发电机发电。民国37年,安装美国制阿脱拉斯441千瓦(600马力)柴油机和400千瓦发电机发电。

1952年9月,海门电影队成立后,携带发电机随队发电放电影。1977年,许多工业企业自购发电机组,在供电紧张或停电时自发电保证企业正常生产。1979年,全县有发电机249台,装机容量7100千瓦。

1982年10月,南通地区四甲肉联厂自备120

千瓦柴油发电机组投运。1985年5月，该厂增添500千瓦和50千瓦发电机各1台，当年发电量23万千瓦时。是年，全县有发电机组338台套，装机容量1.35万千瓦。县供电部门与自备发电机组用户签订协议，加强自发电的安全生产管理。1987年5月，县建材厂自备500千瓦、75千瓦和50千瓦发电机组投运。1988年，全县自发电468户，装机容量1.92万千瓦，发电量3450万千瓦时。

1990年，全县有柴油发电机组471套，装机容量1.93万千瓦，年发电76万千瓦时。随着供用电渐趋平衡，企业自备发电机组逐渐停止自发电，只在因故停电时，临时发电以确保连续、安全生产。

2008年，全市自备柴油发电机组174户，装机容量1.8万千瓦。装机容量200千瓦以上的企业32户，其中南通美迪金属制品有限公司发电机装机容量500千瓦。

第二节　电网建设

一、输电网络

1956年11月，35千伏天海线（南通天生港至大生第三纺织公司降压站）放线，用95平方毫米钢芯铝绞线，投资102.6万元。1957年8月投运。县境线路长9.98公里。

1968年6月，110千伏天青线（南通天生港至青龙港）投运，总投资120万元。全长54.3公里，用70平方毫米钢芯铝绞线，架空避雷线用35平方毫米钢绞线。1977年7月，天青线在南通市北郊变电所开断环入，向东线路更名110千伏青北线，长度47.36公里。

1985年，海门电网以110千伏青北线为主电源、110千伏青龙港变电所为枢纽点向全县辐射。通过35千伏青三线送城区海门变电所，并以35千伏张海线（南通县张芝山变电所至海门变电所）与南通县电网联络，西部的天补变电所则从35千伏张海线T接。35千伏青四线送北部四甲变电所，35千伏平山变电所T接于青四线，35千伏四甲变电所环出35千伏四包线送东北部包场变电所，并通过35千伏包吕线与启东电网的35千伏吕四变电所联络，35千伏青悦线送东部悦来变电所，35千伏青崇线与崇明电网联网，初步形成海门电网的35千伏主网架。

1986年，建设220千伏常乐输变电工程。1988年7月，220千伏天常线（南通天生港电厂至常乐变电所）投运，全长53公里，用400平方毫米轻型钢芯铝绞线，架空避雷线用50平方毫米钢绞线。

1991－1995年，建设110千伏输电网络，完善35千伏输电网络结构。新建35千伏常悦线、常四线、包东线、青东线和110千伏崇海线等。

1996－2002年，建成220千伏输电网络和110千伏环网。推进35千伏网络建设，双电源双主变变电所大量增加。

2002年9月，以220千伏常乐变电所为枢纽，110千伏常城线供110千伏城兴变电所，110千伏常青线供110千伏青龙港变电所，110千伏常包线供110千伏包场变电所，110千伏常启线（常乐至悦来段）供110千伏悦来变电所，东部以35千伏包万线、悦万线为联络线，东西部以35千伏青汤线、悦汤线为联络线，西部以110千伏城青线、35千伏城东、青东线为联络线，实现全市110千伏变电所联络互供的网架。

2008年，海门电网有220千伏、110千伏、35千伏变电所27座，主变压器48台，容量149.49万千伏安，线路52条，总长576.85公里。另有用户变电所21座，主变压器65台，容量18.77万千伏安。全年供电量20.63亿千瓦时。供电半径逐渐减小，电

图11－1　电网工程建设　（2008年摄）

源布点合理，供电网架坚强，适度超前于地方经济发展的联合型环网全面建成。

1957－2008 年若干年份海门市（县）输电线路长度一览

表 11－1 单位：公里

年份	线路				电力电缆		
	合计	35 千伏	110 千伏	220 千伏	合计	35 千伏	110 千伏
1957	23.36	23.36	–	–	–	–	–
1958	43.12	43.12	–	–	–	–	–
1968	90.89	46.75	44.14	–	–	–	–
1970	114.14	70.00	44.14	–	–	–	–
1973	128.22	84.08	44.14	–	–	–	–
1986	140.36	96.24	44.12	–	–	–	–
1987	150.60	99.76	50.84	–	–	–	–
1988	232.04	108.08	70.65	53.31	–	–	–
1989	260.01	135.38	71.32	53.31	–	–	–
1990	223.60	98.88	71.41	53.31	–	–	–
1991	221.42	96.70	71.41	53.31	–	–	–
1992	232.67	107.95	71.41	53.31	–	–	–
1993	249.31	118.00	78.00	53.31	–	–	–
1994	253.29	122.10	77.88	53.31	0.80	0.80	–
1995	282.20	121.99	106.90	53.31	0.80	0.80	–
1996	302.98	148.76	100.91	53.31	0.80	0.80	–
1997	319.80	165.58	100.91	53.31	1.07	1.07	–
1998	357.18	165.58	100.91	90.69	1.07	1.07	–
1999	328.16	174.48	62.99	90.69	1.07	1.07	–
2000	352.84	180.60	81.19	91.05	1.07	1.07	–
2001	353.76	181.52	81.19	91.05	1.07	1.07	–
2002	381.33	206.32	83.96	91.05	1.39	1.39	–
2003	383.10	208.09	83.96	91.05	5.77	5.77	–
2004	433.50	171.25	118.23	144.02	6.89	6.89	–
2005	518.16	186.05	155.86	176.25	6.89	6.89	–
2006	539.75	199.91	164.59	175.25	1.32	1.32	–
2007	535.81	195.82	164.59	175.40	1.65	1.65	–
2008	576.85	205.83	195.68	175.34	2.86	2.20	0.66

二、配电网

高压配网 1958 年 3 月，海门变电所建成，投运 1 条 6.6 千伏出线，南至圩角闸，北至北车口（原新海乡）及海门镇大同、复兴街等。1966 年 5 月，该出线及配电变压器升压改造为 10 千伏。是年，从海化变电所增加 1 回 10 千伏青龙港线。

1969 年，建设新海门变电所同时，施工 10 千伏配电线路和农村电灌车口（粮食加工场），在三和、三星、秀山等公社架设三相二线一地制 10 千伏线路。1970 年 8 月，厂洪、大新及常乐等公社部分 10 千伏高压线架设施工。1971 年，加强农村用电建设，成立县水电局负责筹集资金、材料，主管 10 千伏线路、配变的设计、施工。是年 5 月，基本完成悦来、海洪等公社 10 千伏线路施工。1972 年，新建、四甲、刘浩等公社 10 千伏主干线路及配变安装工程施工。

1973 年起，10 千伏线路及配变增加、调整，线路增加 230 公里。至 1976 年，奠定 10 千伏高压配电系统网络格局，90% 生产大队用上电。是年，县水电局撤销，分设水利局、供电局，后者主管电业。1977－1985 年，年均增加 10 千伏线路 33.9 公里、配变 53 台、容量 7600 千伏安，10 千伏线路增至 33 条，总长度为 979.5 公里。

1986 年，建设 110 千伏、220 千伏输电网络和改造完善 35 千伏输电网络同时，配套完善 10 千伏高压配电网。1988 年 12 月，完成 10 千伏线路“二改三”①工程。1989 年，海门电网 10 千伏线路增至 43 条 1105.51 公里。1995 年，增至 52 条 1184.76 公里。1997 年，增至 68 条 1253.99 公里。

1998－2002 年，国家投资 2.36 亿元分两次改造海门电网 10 千伏及以下配网。新增 10 千伏线路 27 条 685.69 公里，10 千伏主干线的导线截面全部更换为 95 平方毫米以上，支线的导线截面更换为 50－70 平方毫米，高耗能配电变压器全部调换为 S7、S9 型低耗能配电变压器，增大配变容量，增加配变密度，并相应换粗、升高电杆，提升配网

① 二改三工程：10 千伏配网架空线路由三相两线一地制改为三相三线制。

供电能力和电压质量，10千伏线损率降至6.25%。

2001－2002年，省电力公司投资5217万元改造海门城区10千伏配电网，累计新增和改造10千伏线路57.77公里，主干导线截面全部更换为240平方毫米，10千伏线路由10条增加到24条，全部具备手拉手环网供电条件，实现10千伏环网互供，城区供电可靠性提高。

2003－2004年，投资2209.81万元进行10千伏及以下县城网建设与改造。新建10千伏线路17.6公里，改造10千伏线路48公里，新建和更换负荷开关48台。

2008年年底，海门电网拥有10千伏线路162条2016公里，其中电缆线路96.74公里。

1966－2008年海门市（县）配电设备一览

表11－2

年份	10千伏线路		配电变压器	
	架空线路（公里）	电力电缆（公里）	公用（万千伏安）	民户（万千伏安）
1966	67.00	–	–	–
1967	83.00	–	–	–
1968	99.70	–	–	–
1969	160.00	–	–	–
1970	201.20	–	–	–
1971	294.90	–	–	–
1972	374.90	–	–	–
1973	481.10	–	–	–
1974	532.00	–	–	–
1975	640.10	–	–	–
1976	727.30	–	–	–
1977	806.00	–	–	–
1978	865.60	–	–	–
1979	897.70	–	–	–
1980	899.30	–	–	–
1981	912.70	–	–	–
1982	924.30	–	–	–
1983	931.70	–	–	–
1984	936.30	–	–	–
1985	979.50	–	–	–
1986	993.15	–	8.06	8.17
1987	1032.06	–	7.17	8.44
1988	1061.76	–	7.19	9.55
1989	1105.51	3.05	7.23	9.94
1990	1074.44	3.05	7.70	10.00
1991	1085.21	3.05	15.95	1.49
1992	1095.34	3.05	17.70	1.85
1993	1100.00	3.05	16.72	1.30
1994	1142.01	3.97	16.98	4.37
1995	1184.76	4.17	23.15	4.53
1996	1230.27	4.29	26.90	2.43
1997	1253.99	4.37	11.71	18.21
1998	1259.68	4.77	12.74	18.41
1999	1336.03	4.77	18.61	14.20
2000	1894.19	5.17	24.21	13.90
2001	1907.37	5.17	28.61	1.02
2002	1939.68	6.70	29.61	14.00
2003	1989.72	5.56	32.29	17.31
2004	1948.88	6.91	36.35	21.68
2005	1952.70	7.83	38.56	22.36
2006	1957.94	25.00	40.52	23.14
2007	2025.10	37.27	34.09	48.59
2008	2016.00	96.74	40.76	56.44

说明：1966－1985年，配电变压器容量无统计

低压配网　民国9年（1920），茅家镇接通电灯500余盏，翌年增至1500余盏。民国20年，三阳镇商店及海霞女子初级中学接通电灯150盏。民国23年，大生三厂电力除供应本厂外，还供三厂镇的商店和工房区照明。民国26年，茅家镇电灯发展到5000余盏，装表200多户。新中国成立初，县内只有三厂镇、茅家镇有部分电灯照明。

1957年8月，35千伏天海线投运，海门低压配网进入新的发展阶段。1958年，实行农田旱改水，设大型电灌车口21个，部分车口兼营电力加工粮食、饲料。

1969年，县农水部门负责农村电灌车口（粮食

加工场)建设,海门供电所在三和、三星、秀山等公社架设低压线路。1970年,架设厂洪、大新及常乐等公社部分低压配电线路。此后,在悦来、六匡、海洪等公社施工低压线路。1972年,对新建、四甲、刘浩等公社安装低压配电线路。1976年,公社、镇均通电,全县90%农村普及用电。

20世纪90年代初,加强城乡低压配电网的更新改造,及时变更公用配电变压器容量,换粗接户导线,基本保证城乡居民生活用电。通过"供电局承担一点,乡政府支持一点,乡镇农改资金解决一点,受益农户适当负担一点"的资金筹措办法,加快农村电气化和用电标准化,低压电网发展日新月异。1994年11月,被省电力工业局命名为农村用电标准化县。1995年1月,被电力部评为农村电气化县。是年,低压配电线路总长8225公里。

1998－2002年,农网和城网改造全面推进,配电网的供电可靠性及电压质量提高。400伏配电线路主干线线径在50平方毫米及以上,支线线径在25平方毫米及以上,接户线线径在10平方毫米及以上,低压供电半径不大于500米,400伏线路末端供电电压最低360伏,220伏线路末端供电电压最低205伏,400伏线路线损率降至8.09%。农网改造中,新建与改造400伏、220伏配电线路及接户线8436.73公里;城网改造中,新建和改造城区400伏线路61.51公里。

2003－2004年,10千伏及以下县城网建设与改造中,新建400伏线路7.78公里,改造400伏线路6.02公里;新增和更换10千伏配变75台计2.09万千伏安,更换10千伏配变9台计2500千伏安;进行一户一表改造4584户,调换159.54公里低压接户线。

2008年,海门电网低压配电网有400伏线路6532条,400伏及以下配电线路总长2.03万公里,配电网络基本适应地方经济发展和城乡居民生活需要。

三、变电所

35千伏变电所 1958年3月,县工业科筹资兴建县城北侧的海门变电所投运,占地1300平方米,主变压器1台560千伏安,电压35/6.6千伏,35千伏侧用熔丝保护、隔离开关控制。1966年5月,主变压器调成1000千伏安,电压35/10.5千伏,出线及配电变压器全部升压改造。1969年8月,迁址扩建于海门食品厂南,占地200平方米,主变2台1800千伏安。1979年10月,调成5600千伏安。1988年9月,新建35千伏城海线投运,城兴变电所成为海门变电所主供电源,35千伏青三线为备用电源。

1994年10月,建成余东变电所,主变2台5000千伏安,35千伏线路从常包线T接。1995年8月,电网结构变化,110千伏城兴变电所和35千伏东郊、西郊变电所呈三角形向海门城区供电,35千伏海门变电所退运。12月,余东变电所与新投运的110千伏包场变电所联络互供。

1997年12月,位于海门港的港口变电所投运,主变1台6300千伏安,受电于110千伏城兴变电所35千伏城海线。

1999年8月,三星变电所一期工程投运,安装35/10千伏主变1台5000千伏安,35千伏为单母线,主变侧采用熔断器和负荷隔离开关,10千伏为单母线分段接线,采用自动重合器,并配置相应的保护、无功补偿及通信远动设施,满足无人值班要求。2002年,继续实施二期工程,增设35/10千伏有载调压变压器1台6300千伏安,以及相应的间隔设备。是年12月,在海门镇建成张南变电所,安装35/10千伏主变1台1.6万千伏安。2004年8月,三星变电所再增主变1台6300千伏安。

2005年12月,建成货隆变电所,1台主变为SZ9－10000/35有载调压变压器,10千伏设备采用环网柜方式。2006年6月,张南变电所增主变1台1.6万千伏安。

2008年,海门电网有35千伏变电所14座,主变27台24.69万千伏安,线路29条205.83公里。另有35千伏用户变电所19座,主变62台11.27万千伏安。

110千伏变电所 1970年8月,在厂洪公社建成青龙变电所。1987年5月,为缓和南通市供用电矛盾,争取上海崇明县多余的电力,青龙变电所经南通市批准扩建竣工。设主变2台,电压等级110/35/10千伏,容量2×3.15万千伏安,有载调压和无载调压各1台,受电于220千伏常乐变电所、天生港电厂、崇明电厂。

1988年10月,在海门镇建成城兴变电所,主变1台3.15万千伏安,电源由110千伏青北线T接。1989年9月,改由常城线主供。1993年3月,再增2

号主变3.15万千伏安和配套项目。

1995年12月，建成包场变电所，SFS27－31500/110主变1台3.15万千伏安，主供电源来自220千伏常乐变，110千伏双回路线路由110千伏常吕线开断环入。

2000年12月，悦来变电所建成，SFSZ8－31500/110主变1台3.15千伏安，110千伏线路从110千伏常启线66号杆T接。2001年6月，青龙变电所更新改造结束，更换2号主变1台3.15万千伏安；室外35千伏配电装置一次设备及其支架和基础；主控制室110千伏、35千伏、10千伏保护及自动化装置。

2002年11月，在海门镇建成师山变电所，是南通地区县级供电公司中第一个采用GIS组合电器的无人值班室内变电所，各项考核指标均达一流县供电企业水平。一期工程安装110/10千伏有载调压主变1台4万千伏安，110千伏间隔1回，六氟化硫组合电器以及相应的保护装置、直流系统、交流系统、电容补偿成套装置、消弧所用变成套装置等。

图11－2　海门市第一座全室内变电所——110千伏师山变电所（2002年摄）

2005年8月，在江心沙农场建成滨江变电所，主变1×4万千伏安，电压等级110/35/10.5千伏，有载调压。110千伏、35千伏、10千伏单母线接线，在1号主变低压侧安装2组电容器，容量分别为3000千伏安、1500千伏安，主变压器及110千伏配电装置屋外布置，35千伏、10千伏高压开关柜、并联电容器组等电气设备和二次设备均布置在配电楼内，110千伏主供电源来自220千伏海门变，35千伏电源来自35千伏港口变。

2006年12月，在海门镇建成秀山变电所，主变1×4万千伏安，电压等级110/35/10.5千伏，10千伏单母线分段接线，110千伏为内桥接线，全户内布置，110千伏电源来自220千伏海门变。

2008年11月，在滨海工业区建成东灶变电所，是南通地区第一座采用20千伏供电的试点变电所，主变2×6.3万千伏安，电压等级110/20千伏，20千伏单母线双分段接线，全屋内布置。年底，包场变电所、滨江变电所2号主变都增容为5万千伏安。是年，海门电网有110千伏变电所11座，主变17台70.8万千伏安，线路17条195.68公里。另有110千伏用户变电所1座，主变1台2.5万千伏安。

220千伏变电所　1988年7月，建成常乐变电所，受电于南通天生港电厂。规模为220/110/35千伏无载调压主变压器1台，容量12万千伏安，自耦变，电气主线形式为220千伏单母线带旁路，1回进线，预留3回；110千伏双母线带旁路，3回出线，预留3回；35千伏室内布置，双母线带旁路，6回出线，预留2回，并配套建设220千伏天常线工程。1993年4月，二期工程投运，新增主变1台（2号变），容量12万千伏安，电压等级220/110/35千伏，以及三侧间隔和相应配套设施（继保、通讯、无功补偿装置），增建常乐变电所至青龙港电缆头处110千伏线路，LGJ－240导线，110千伏相应增建出线间隔1个，220千伏主接线改为双母线带旁路，220千伏开关增至4台，110千伏开关9台，35千伏开关11台。1994年10月，三期工程完成1台220千伏开关调换及相应的配套工作。1998年7月，四期工程投运，扩建220千伏间隔3个，更换1号主变220千伏侧断路器，改造220千伏正、副、旁路母线，配套建设220千伏常银线与通州银河变电所联络、常中线与崇明联网。常乐变电所成为枢纽变电所，也使南通地区电网更加坚强。

2004年4月，在三和镇建成海门变电所。主变为国产OSFS10－120000/220型三相自耦风冷变压器1台。220千伏、110千伏系统采用双（正、副）母线接线方式，35千伏系统采用单母线分（Ⅰ、Ⅱ）段接线方式。6月，220千伏海（门）中（双港）1号、2号线投运，220千伏海门变电所取代220千伏常乐变电所成为枢纽变电所,负责和崇明电网联网。2005年6月,220千伏海门变电所2号主变扩建工程、220千伏三海线同时投运,220千伏网架更加坚强。

2008年5月,常乐变电所2号主变增容为18万千伏安,同时110千伏海崇线间隔和线路通过改造投运,常乐变至上海崇明的供电能力大幅提高,供电可靠性增强。是年,海门电网有220千伏变电所2座,主变4台54万千伏安,线路6条175.34公里。另有220千伏用户变电所1座,主变2台5万千伏安。

2008年海门电网110千伏变电所一览

表11-3

管辖单位	名称	占地(平方米)	地址	主变压器		进出线回路数		
				编号	容量(万千伏安)	110千伏	35千伏	10千伏
市供电公司	城兴变电所	9007.00	海门镇	1号	3.15	3	7	7
				2号	3.15			
	青龙变电所	10080.00	三厂镇	1号	3.15	3	8	12
				2号	3.15			
	师山变电所	3100.00	海门镇	1号	4.00	2	0	14
				2号	4.00			
	悦来变电所	5453.30	悦来镇	1号	3.15	1	4	5
	包场变电所	5507.00	包场镇	1号	3.15	2	3	8
				2号	5.00			
	四甲变电所	4713.00	四甲镇	1号	4.00	1	2	10
	滨江变电所	5152.00	江心沙	1号	4.00	3	1	10
	东郊变电所	9149.20	海门镇	1号	4.00	2	6	9
				2号	6.30			
	秀山变电所	5447.00	海门镇	1号	4.00	2	4	8
	星桥变电所	4300.00	三星镇	1号	4.00	2	3	8
	东灶变电所	4555.00	东灶港镇	1号	6.30	2	16	-
				2号	6.30			

2008年海门电网220千伏变电所一览

表11-4

管辖单位	名称	占地(平方米)	地址	主变压器		进出线回路数		
				编号	容量(万千伏安)	220千伏	110千伏	35千伏
市供电公司	常乐变电所	20913	常乐镇	1号	12	3	6	6
				2号	18			
	海门变电所	23559	三和镇双高村	1号	12	7	8	8
				2号	12			

第三节　供　电

一、电力调度

1957－1972 年初，南通供电工区负责调度输送海门的电力。1972 年 4 月，县供电所设专职调度员，从事停送电联系。1978 年 5 月，县供电局设电力调度组。1980 年，建县电力调度室，负责海门境内 10 千伏电力设备调度管理。1988 年，成立调度班、通信班，负责 35 千伏及以下电力调度、通信设备管理。1990 年，管辖范围扩大到 110 千伏及以下电力设备，管理专业增加运方管理和继电保护管理。1998 年，全面开展调度自动化管理。电力紧缺时，调度室通过削峰填谷、外购电力等措施应对。极端情况下，由调度下达拉路限电（俗称拉电）指令。

1998 年 10 月，海门电网安装负荷管理系统（自动切除负荷系统）。2003 年，由于高峰时段不能满足用电负荷的快速增长需求，对部分线路和用户采取避峰用电措施。2004 年夏季用电高峰期间，电力最大缺口 5 万千瓦，通过合理安排运行方式，加强供电设备运行维护，充分发挥负荷管理装置的作用，将负荷缺损造成的损失降到最低，确保电网安全稳定运行。

2005 年，出台电力平衡分级预警机制，将有序用电方案细分为节电错峰方案、夏季农灌采取夜灌方案、部分化工企业夏季设备检修方案、企业轮休避高峰方案、可转移负荷方案、部分大企业避峰让电方案、负荷管理系统紧急控制限电方案实施。是年，供电紧张形势基本缓解，实现错峰限电时间短影响小、限电不拉路。

2008 年，按照《电网调度管理条例》，与海门境内 1 个 220 千伏用户、1 个 110 千伏用户、17 个 35 千伏用户、11 个 10 千伏用户签订并网和调度协议。是年 1 月，在遭受严重冰灾影响，外围电网出现大面积停电情况下，海门电网凭借可靠的电网构架和得当的用电方案，经受住严峻考验，仅短时出现企业避峰情况。

二、主要供电指标

供电量　“七五”（1986－1990）期间，海门处于缺电状态，特别是 1988 年、1989 年，煤炭供应不足，供电量仅分别增长 1.06% 和 3.87%，地方政府积极组织煤、油加工发电。1989 年，华能南通电厂 2 台机组投产，海门供电量迅速回升。1990 年，增长 12.43%。

“八五”（1991－1995）期间，供电量除 1995 年增长为 8.64% 外，其余 4 年增长均在 10% 以上，年供电量从 1990 年的 3.43 亿千瓦时增长到 1995 年的 6.24 亿千瓦时。

1996 年国民经济调整，供电量下降 1.91%。1997 年，仅增长 0.43%。1998 年、1999 年，分别下降 1.02%、0.91%。2000 年经济开始复苏，供电需求快速增加。2005 年，供电量 14.57 亿千瓦时。

2006 年、2007 年，经济快速发展，年供电量需求逐步攀升，增长率分别为 18.82%、11.77%。2008 年，全球金融危机，经济下滑。电力需求增速放缓，供电量增幅降为 6.63%。

1985－2008 年海门市（县）供电量一览

表 11－5　　单位：万千瓦时

年份	供电量	电量增长（%）	售电量	全社会用电量									
				合计	农林牧业	工业	建筑业	交通邮电业	商业、餐饮、金融等	其他事业	居民生活		
											合计	乡村	城市
1985	21342	5.03	19533	21365	1015	18413	27	39	106	326	1439	1270	169
1986	24425	14.45	22331	24430	1074	21148	33	65	175	437	1498	1333	165
1987	29080	19.06	26567	29099	1487	24990	26	92	207	575	1722	1530	192
1988	29388	1.06	27222	29688	1218	24874	29	97	252	687	2531	2294	237

续表 11－5

年份	供电量	电量增长（%）	售电量	全社会用电量								
				合计	农林牧业	工业	建筑业	交通邮电业	商业、餐饮、金融等	其他事业	居民生活		
											合计	乡村	城市
1989	30526	3.87	28151	30895	1766	25378	31	105	270	724	2621	2326	295
1990	34320	12.43	31732	34569	2874	27128	47	117	385	988	3030	2373	657
1991	38271	11.51	35600	38644	3308	28577	57	130	441	1190	4941	3922	1019
1992	44655	16.68	41333	45091	3991	33947	67	125	436	1158	5367	3833	1534
1993	51663	15.69	48014	52259	6571	34561	76	198	467	2629	7757	5249	2508
1994	57432	11.17	53300	58099	7949	34758	72	236	458	3715	10911	7260	3651
1995	62395	8.64	58058	63128	9284	37164	101	217	461	3868	12033	7873	4160
1996	61203	－1.91	57040	61914	11044	33002	64	279	773	4847	11905	7925	3980
1997	61467	0.43	57508	62305	8623	33153	83	324	670	5324	14128	11528	2600
1998	60840	－1.02	56416	61748	6964	33303	79	377	675	4171	16179	13186	2993
1999	60284	－0.91	55911	61123	6737	33983	285	440	1172	3545	14961	11692	3269
2000	66378	10.11	61486	67591	6642	40082	301	494	1824	3224	15384	11666	3718
2001	72513	9.24	64380	73229	6874	45181	382	469	2102	2628	15593	11154	4439
2002	82813	14.20	72458	83168	2243	57775	627	541	2602	2839	16541	12103	4438
2003	100072	20.84	87566	100650	2990	70929	878	573	3235	2886	19159	12015	7144
2004	118607	18.52	103782	121449	3212	90035	1151	598	3930	3517	19006	13218	5788
2005	145672	22.82	127611	148355	4197	112376	1700	218	4052	5169	20643	13586	7057
2006	173090	18.82	157166	175700	5070	134468	2139	299	4509	6135	23080	15339	7741
2007	193458	11.77	177990	196168	4897	149927	2973	433	5318	7915	24705	16520	8185
2008	206280	6.63	189774	208728	4909	155003	4072	492	6255	9279	28718	19092	9626

电压 1957年起，海门电网电压由南通电网负责管理。1989年，县供电部门将110千伏系统中新建的变电所全部采用有载调压主变压器，逐步将老变电所的无载调压主变压器更换为有载调压主变压器，并在35千伏系统中稳步推广。1991年，在35千伏西郊变电所、南通电子铝材厂、海门手帕厂、长江服装总厂、海星纸箱厂设立电压监测点。2005年，公用变电所全部采用有载调压主变压器。

2008年，海门城区设存各类电压监测点12个，综合电压合格率99.67%。其中，A类99.74%、B类99.67%、C类99.5%、D类99.63%。在农村设存电压监测点93个，全年综合电压合格率98.9%。其中，A类99.1%、B类98.82%、C类99.05%、D类98.21%。

第四节　用电管理

一、用电水平

电量与负荷 1980年前，电网建设缓慢，用电负荷计划值2万千瓦左右。20世纪80年代，用电负荷计划值3万千瓦左右，占实际需求的50%。90年代，国家大力发展电力工业。90年代中期，仅季节性缺电。至90年代末，电力供需基本平衡。“八五”（1991－1995）期间，用电量年均增长12.84%。“九五”（1996－2000）期间，前四年全市经济增长不快，年社会用电量几乎没有增长。2000年始，海门加快工业化和城镇化进程。2000 年,用电量比 1999 年增长 10.58%。2003 年,突破 10 亿千瓦时。2008 年,突破 20 亿千瓦时,用电最高负荷为 35.54 万千瓦,是 1976 年的 29.62 倍。

用电构成　*农业用电*　1958 年,农田“旱改水”,围绕 35 千伏四甲线建电力灌溉站。1970 年,农村电网初步形成,粮饲加工用电逐渐普及。1981 年,农田电灌容量 1.56 万千瓦。1986－1990 年,农业用电量 8419 万千瓦时。1991－1995 年,3.11 亿千瓦时。1996－2000 年,4 亿千瓦时。2002 年,一户一表改造完成,抄表到户,统计口径变化,电量基数变小。2008 年,农业用电占全社会用电量 3.29%。

工业用电　县境工业用电起始以轻纺行业为主。民国 10 年(1921),大生三厂自备发电机组发电,供生产、照明。民国 17 年,颐生酿造厂(颐生酒厂)购置发电机组发电,用于轧料和照明。民国 23 年,大生三厂又购 1 台发电机组发电,供生产、照明。民国 37 年,再增加 1 台发电机组发电,供纺织动力用电。1949 年,大生三厂发电量 432 万千瓦时。大生三厂的 3 台发电机组沿用到 1957 年三厂降压站投运;颐生酒厂发电机用到 1958 年接通南通天生港电厂电源。

1965 年,海门化肥厂成用电大户。1970 年,县铸钢厂改用 500 公斤电炉生产,用电负荷增加。是年,全县工业用电 1153 万千瓦时。1980 年,8006 万千瓦时。

“七五”(1986－1990)期间,全县工业用电总量 12.35 亿千瓦时,占全社会用电量 83.07%。“八五”(1991－1995)期间,16.9 亿千瓦时,占 65.09%。“九五”(1996－2000)期间,17.35 亿千瓦时,占 55.08%。“十五”(2001－2005)期间,37.63 亿千瓦时,占 71.42%。2006－2008 年,43.94 亿千瓦时,占 75.68%。

城乡居民生活用电　1976 年前,农村住宅大多没有通电,城镇居民家用电器很少,城乡居民生活用电占全社会用电的比重很小。“七五”期间,城乡居民生活用电量 1.14 亿千瓦时,占全社会用电量 7.67%。“八五”期间,4.1 亿千瓦时,占 15.96%。“九五”期间,7.26 亿千瓦时,占 23%。进入 21 世纪后,居民生活用电量一路攀升。2008 年,2.87 亿千瓦时,占 13.76%。

二、电力营销

电价　民国 9 年(1920),海明电灯公司实行包灯制,按灯头收费。至民国 15 年,三次提价,由每盏灯头每月 0.8 元增至 1.4 元。

1957 年天海线投运后,执行南通地区所颁(或国家、省相关文件规定)的电力价格。

1965 年,执行国家颁发的热电价格。1976 年,执行水利电力部颁发的热电价格。1983 年,执行水利电力部、国家物价局颁发的《功率因数调整电费办法》。

1993－1999 年,多种电价并存。多种电价由目录电价、三峡工程建设基金、省扶贫通电资金、省电力建设基金、城市建设附加费、城镇城网改造费、新安江移民差价、地方综合差价组成。

1999 年 10 月,执行省计经委、物价局、电力局的电价规定,对化工、机械、冶金、纺织、建材、医药六大行业,受电容量在 315 千伏安及以上的工业用户及电热锅炉(含蓄冰制冷)用电实施分时电价。其中每日 7－11 时、17－21 时为峰段;11－17 时、21－23 时为平段;23 时至次日 7 时为谷段;峰谷比为 3:1,即峰价在平价的基础上上浮 50%,谷价在平价的基础上下浮 50%。

2003 年 2 月 20 日起,海门城乡用电实现同网同价。

2003 年 8 月,按照省物价局调整企业用电峰谷分时电价政策,峰谷比由 3:1 扩大到 5:1。同时居民用电试行峰谷分时电价:8－21 时为峰时,电价为每千瓦时 0.55 元;21 时至次日 8 时为谷时,电价为每千瓦时 0.3 元。

2004 年 1 月,执行省物价局要求,调整电网销售电价。6 月,按照省物价局要求,进一步规范电价管理,调整厂网电价,销售侧峰谷电价执行范围扩大到 100 千伏安(千瓦)及以上大工业、普通工业用户,峰谷时段划分及比价仍按照国家发改委 2003 年的 643 号文件执行。2005 年 4 月,按照省物价局实施煤电价格联动的通知执行。2006 年 6 月和 2008 年 6 月,执行省物价局两次调整电价的通知精神。

2008年江苏电网统一销售电价一览

表11－6

电价类别	电度电价(元/千瓦时)						基本电价	
	不满1千伏	1－10千伏	20－35千伏以下	35－110千伏以下	110千伏	220千伏以上	最大需量(元/千瓦·月)	变压器容量(元/千伏安·月)
一、城镇居民生活	0.5283	0.5183	–	–	–	–	–	–
二、一般工商业及其他用电	0.813	0.798	0.792	0.783	–	–	–	–
其中:1. 中小化肥	0.370	0.355	0.349	0.340	–	–	–	–
2. 限制类高耗能	0.863	0.848	0.842	0.833	–	–	–	–
3. 淘汰类高耗能	1.013	0.998	0.992	0.983	–	–	–	–
三、大工业用电	–	0.602	0.596	0.587	0.572	0.557	38	28
其中:1. 离子膜法氯碱	–	0.584	0.578	0.569	0.554	0.539	38	28
2. 中小化肥	–	0.232	0.226	0.217	0.202	–	30	21
3. 限制类高耗能	–	0.652	0.646	0.637	0.622	0.607	38	28
4. 淘汰类高耗能	–	0.802	0.796	0.787	0.772	0.757	38	28
四、农业生产	0.440	0.430	0.424	0.415	–	–	–	–
其中:贫困县农业排灌	0.294	0.292	0.290	0.288	–	–	–	–

2008年江苏省电网峰谷分时电价一览

表11－7　　单位:元/千瓦时

类别			高峰	平段	低谷
大工业	非优待	1－10千伏	1.003	0.602	0.281
		20－35千伏以下	0.993	0.596	0.279
		35－110千伏以下	0.978	0.587	0.276
		110千伏	0.953	0.572	0.271
		220千伏及以上	0.928	0.557	0.266
	离子膜法工艺氯碱	1－10千伏	0.973	0.584	0.275
		20－35千伏以下	0.963	0.578	0.273
		35－110千伏以下	0.948	0.569	0.270
		110千伏	0.923	0.554	0.265
		220千伏及以上	0.898	0.539	0.260
	中小化肥	1－10千伏	0.387	0.232	0.157
		20－35千伏以下	0.377	0.226	0.155
		35－110千伏以下	0.362	0.217	0.152
		110千伏	0.337	0.202	0.147
	限制类高耗能	1－10千伏	1.053	0.652	0.331
		20－35千伏以下	1.043	0.646	0.329

续表 11-7

类别			高峰	平段	低谷
大工业	限制类高耗能	35-110 千伏以下	1.028	0.637	0.326
		110 千伏	1.003	0.622	0.321
		220 千伏及以上	0.978	0.607	0.316
	淘汰类高耗能	1-10 千伏	1.203	0.802	0.481
		20-35 千伏以下	1.193	0.796	0.479
		35-110 千伏以下	1.178	0.787	0.476
		110 千伏	1.153	0.772	0.471
		220 千伏及以上	1.128	0.757	0.466
100 千伏安(千瓦)及以上普通工业	非优待	不满 1 千伏	1.355	0.813	0.351
		1-10 千伏	1.330	0.798	0.346
		20-35 千伏以下	1.320	0.792	0.344
		35-110 千伏以下	1.305	0.783	0.341
	中小化肥	不满 1 千伏	0.617	0.370	0.203
		1-10 千伏	0.592	0.355	0.198
		20-35 千伏以下	0.582	0.349	0.196
		35-110 千伏以下	0.567	0.340	0.193
	限制类高耗能	不满 1 千伏	1.405	0.863	0.401
		1-10 千伏	1.380	0.848	0.396
		20-35 千伏以下	1.370	0.842	0.394
		35-110 千伏以下	1.355	0.833	0.391
	淘汰类高耗能	不满 1 千伏	1.555	1.013	0.551
		1-10 千伏	1.530	0.998	0.546
		20-35 千伏以下	1.520	0.992	0.544
		35-110 千伏以下	1.505	0.983	0.541

电能计量　1957-1972 年,南通供电工区负责电能计量管理。1973 年,县供电所成立校表室,承接县内用户电度表的校验工作。

80 年代,定期对计量管理人员法律法规教育及专业技术培训,取得省计量鉴定员证后持证上岗。1982 年,对大工业用户用电计费的 17 套无功电表安装止逆元件。1984 年 10 月,制定《电度计量装置管理制度》,规定计费表的现场校验及轮换周期、现场校验允许误差等。

1997 年,使用省统一下发的瑞士 ZB210 型分时电能表。1998 年,彻底盘点计量资产,并实行计算机计量管理。以瑞士 ZB410 型多功能电能表替换 ZB210 型分时电能表;逐步用多功能电能表取代有功电能表与无功电能表联合接线的计量方式。

1999-2002 年,进行城镇居民一户一表改造,改变住宅楼多户合表用电、装置标准低、私拉乱接等现象。2003 年,海门镇 8 个居民小区安装居民分时表 1.5 万只。2004 年,购置条形码打印机、扫描枪、周转箱等设备,计量器具配送管理系统投运,实现计量器具集中检定和统一配送管理。2005 年,规范城镇住宅小区电能计量控制箱的选用和安装,确保居民用电安全。

2007 年,更换运行中的感应式表和 2000 年前安装的普通电子式电能表以及表箱、进户线,提高计量精度,降低线损。2008 年,对 2003 年 12 月 31 日前供电部门安装的、资产属性为用户所有的及运行中某些型号和批次质量较差的单相电能表进行置换。

三、有序用电

民国时期至新中国成立初期，地方公用电厂、工厂自备发电机组，一般视燃料储备、发电机组功率计算发电时间，确定供生产和照明的用电量、用电时限。

1957 年 8 月天海线投运后，根据省、南通电业局每年下达的电量和负荷计划用电。1973－1976 年，县水电部门预测用电负荷和用电量，拟定计划用电办法，采取工厂调整班次避峰，解决用电供需矛盾。在农村灌溉用电高峰季节，除限电拉路外，对违反计划用电者罚款或封停设备。1976 年县供电局成立后，以限电拉路为主要措施调整负荷。

1981 年，“三电”①办公室成立，根据实际情况，遵照国家产业政策，以统筹兼顾、保证重点、择优供应为原则，实行定负荷、定电量、定单耗、定用电时间的电力分配方案和供电办法。1983－1984 年，对 72 个 315 千伏安以上用户安装用电定时计量器，可控制早峰负荷 680 千瓦、晚峰 1.09 万千瓦。1985－1993 年，海门全天候 24 小时缺电，日平均缺口 2 万千瓦左右，拉路限电频繁。1994－1997 年，主要是晚峰时段缺负荷，采取工业企业错开晚峰用电高峰，保证居民生活照明用电，拉路限电明显减少。

1998 年 8 月，电力负荷管理系统主站开通。9 月投运负荷管理终端 60 台。2003－2008 年，在夏、冬季用电高峰季节到来前制定有序用电管理实施方案，应对电力供应缺口。以大企业避峰让电、负荷管理系统紧急限电、企业轮休等主要手段，基本实现限电不拉路。

四、节约用电

1975 年，海门手帕厂进行用电技术改造，将高压汞灯烘干时间从每匹手帕坯布需 5 分 40 秒减至 2 分 4 秒，每台织布机月节电 19.7 千瓦时。县农业机械修理制造厂、链条厂改盐浴炉为红远外线加热技术，节省用电。1976 年，主要工业企业实行用电单耗考核。1981 年起，对 18 个工厂、27 个产品产量单耗指标进行考核，按月、季、年编报。

1985 年，采取经济贴补办法，将节能灯、电子镇流器按原价 60% 卖给用户使用，推广节能产品。

1986 年，加强对农村用电管理，对农村配网进行整顿、改造、治理，电力资源浪费现象逐步得到制止。1996 年，市筹集节电资金，贴补企业实施节电项目，鼓励企业搞好节电降耗工作。

进入 21 世纪，重点宣传和推广节能型家电。用户购买家用电器时，以节能环保型产品为首选，绿色环保节能产品逐步推广。

第四章 纺织工业

第一节 棉花加工

县境种棉之初，用手将棉絮与棉籽剥离。元代中叶，传入手摇滚轧车加工籽棉，几乎家家都有。用两根铁木棍装在木架上，一根用手摇动，传动另一根反向运转，一手把籽棉喂在两根铁棍对转间，轧出来的花衣（皮棉）落在中间的隔板外面，棉籽掉在夹板的后面。清末民初，日本制造的铁质人力小轧车（俗称“洋轧车”）输入，全县有 3000 余部。

① 三电：安全用电、计划用电、节约用电

民国14年(1925),海门吴家镇合资创办丰亨弹花厂,有资本9000元,风车、脚踏车各1部,钢丝车3部,工人90余人。

1950年,县供销合作社建麒麟棉花加工厂,1951年,用1台18千瓦(25匹马力)柴油机带动15台老式皮辊车轧花。至1956年,加工籽棉2271万公斤。1956年,县供销合作社投资24万元建三厂棉花加工厂。两轧花厂年接收籽棉975.5万公斤,加工皮棉320万公斤。皮辊轧花车发展到108台,其中新增28寸皮辊车71台。添置5台柴油机、1台发电机,与皮辊车组合传动生产,台时由15公斤增加到40公斤。购置单台集绒剥绒机9台,剥绒5000公斤。1957－1959年,三厂棉花加工厂改进下刀双冲规格间距,成功仿制小锯齿轧花机,台时300公斤。1960－1963年,三厂、麒麟棉花加工厂拆除皮辊车,安装毛刷刷"5571"型锯齿轧花车8台、"141"型剥绒机11台,加上原有9台,与锯齿轧花车配套,改建20型剥绒车间,改单台集绒为共同集绒。

1964年4月,建四甲轧花厂,有锯齿轧花机3台,锯齿剥绒机7台。1965年1月,建悦来轧花厂,有锯齿轧花机2台,锯齿剥绒机5台。1969年9月,建包场轧花厂。至此,全县有轧花厂5个,年接收籽棉5510万公斤,加工皮棉1965万公斤,剥绒225万公斤。轧花剥绒工艺设备通过技术改造,由皮带输送改为管道气流输送籽棉、皮棉,单台共同集绒改为管道气流集绒,直升绞龙替代畚斗式提升机输送棉籽,绞车双箱打包机替代人力木箱打包机,形成清花—轧花—打包和清籽—分道剥绒—打包成件一条龙自动生产线。1973－1978年,全县年均加工籽棉5000万公斤左右,最高的1975年为6552.5万公斤,总产值6730万元。1979年,推广短绒二次清理和小齿锯片剥头道,大齿锯清剥二道、三道工艺,加工籽棉8277万公斤,产短绒310.5万公斤,总产值6578万元。

1980年,全县种植结构调整,棉花产量减少,轧花人员、设备过剩。轧花传动除麒麟棉花加工厂仍沿用柴油机外,其余工厂全部改为电力。1984年,包场轧花厂转产。1985年、1986年,全县分别加工籽棉2000万公斤、1000万公斤。1987年降到812万公斤。1988年,棉花收购量增加,全县加工籽棉1998.5万公斤。1990年加工籽棉2841万公斤,皮棉930万公斤,剥绒196万公斤。1993年,棉花种植面积减少,加工籽棉1750万公斤。各轧花厂发展新工艺,配备7台皮棉清理机,提高棉花加工品质,升级率同比提高30%,年均增加效益40万－60万元,质量符合省优、部优标准。1995年后,棉花市场行情多变,棉加工数量不稳。1996年3385万公斤,2000年1020万公斤。2001年,全县棉田面积锐减,棉花加工资源不足。三厂棉花加工厂停止接收加工棉花;悦来轧花厂、麒麟棉花加工厂与市棉麻公司联合经营,租赁26个基层供销社和29个收花站、点,直接收购棉花,实行收购、加工、销售一体化;四甲轧花厂自行收购,自主经营。全市加工籽棉725万公斤。

2002年前后,棉花加工企业改制。悦来、四甲轧花厂整体转让出售;三厂棉花加工厂破产重组大生棉业股份有限公司;麒麟棉花加工厂破产由私企老板购买后改行他业。国有资产退出,轧花工业转为私营。

2008年,全市棉花加工企业有四甲、悦来轧花厂和大生棉业股份有限公司,接收籽棉1190万公斤,加工皮棉550万公斤,剥绒210万公斤,销售总额7450万元,加工设备有锯齿轧花车11台、剥绒机32台、各类打包机6台。个体棉花加工户110个,皮辊车170台,加工籽棉280万公斤。

第二节 棉纺织

一、手工纺织

明嘉靖年间(1522－1567),县境农家用自产棉花,手工纺织(民间称土纺土织),自用为主,世代相传,农妇中有许多一瓤棉花做到头的能人。清同治年间(1862－1874),中心镇、常乐镇一带织户自给有余,开始出售土布。纺纱用手摇车,每工日2－3两;织布用木制手拉梭织机,日织1.5－2丈。限于腕力,投梭不远,只能织1.5尺左右的狭幅布。光绪三十二年(1906),沈书升、顾名义合资在茅家镇办宝兴织布厂,工人170余人,布机120台,生产条纹颜色布。民国初年,茅家镇及周围乡间有钜成工场、立豫布厂、利生工场、振兴工场、康惠工场等,分别有织机10－70台不等。民国20

年(1931),全县土布产量45万匹,一般每匹宽1.25尺,长50尺,销价1.5银圆。海门土布厚实、耐穿、御寒,热销东北、湖南、湖北等地,农村几乎家家户户自纺自织。民国27年,日本侵略军侵占海门前夕,县境有土布厂(工场)7个。海门沦陷,布厂关闭,农村手工纺织增多,产有坯布、被单,花色有条子、格子、斜纹、芦菲花布等。抗日根据地民主政府以发放原料、收购成品、以工代赈,支持农家土布生产。

1953年,实行计划经济后,农村人均留存皮棉1.5公斤,仅够自织自用。1956年,少数高级合作社创办土布纺织厂(工场),不久关闭。20世纪70年代起,随着公社创办机械棉纺织厂,县境手工纺织渐次淘汰。

图11-3　纺纱　(1975年摄)

二、机械纺织

民国3年,张謇在常乐镇南陈苍球湾筹建大生三厂,从英国订购纱锭、布机及辅助设备。由于英商交货迟缓,民国10年春,机件才陆续运到。英国工程师不愿安装,改由南通纺织专门学校毕业生为技术骨干,配合大生一厂、二厂机工设计、安装。10月投产,工人2000人,资本280余万银两(1银两折合0.73银圆),纱锭3.03万枚,布机300台。翌年,生产“三星”“彩魁老人桃”牌棉纱2.7万吨,“双龙”“团龙”“云龙”“万年青”“狮子”等牌号棉布17.8万匹。县境其余3个棉纺织厂,工人170人,资本5500银圆,布机724台。民国20年,位于茅家镇的利生工场添置铁木布机20台。民国24年,茅家镇建土布改进所,有布机88台,其中铁木布机居多,能织门幅4尺左右的被单布、2尺左右的条格细纱布。是时,海门的织布工场、作坊,均直接向大生三厂进纱,生产条纹、格子棉布和府绸等产品,销往海启及上海、东北等地。民国27年,大生三厂被日本钟渊株式会社侵吞,其他布厂、工场被迫歇业。抗日战争胜利前夕,日本钟渊株式会社与汉奸陈葆初勾结,劫走大生三厂大部分机件、棉花、纱、布及账册,生产处于停顿状态。民国34年8月,抗日战争胜利,国民党政府派官股代表接收大生三厂厂务。12月25日,恢复开工5000纱锭。民国35年,设备陆续开齐。1949年,全县棉布产量30.6万米,棉纺织工业总值63万元。

1956年,茅家镇、三厂、厂洪、麒麟等乡镇,先后办起木纱团厂、织厂、纺织厂,全县总产值30万元。1958年,在茅家镇土布供销合作社基础上,建地方国营五四染织厂,生产府绸布。1961年,并入海门手帕厂。

1969年7月,建县属海门副纺厂,职工250人,利用省内大纺织厂淘汰的旧设备,建纱锭3000多枚,固定资产44.9万元。1971年3月投产,年产副牌10支、专纺16支纱500吨。是年,全县产棉纱2514吨、棉布25.63万米,产值772万元。1974年4月,县棉纺厂建A512系列细纱机纱锭1万枚,旧设备淘汰。1976年,包场公社办纺织厂,置布机70台,纱锭960枚。嗣后,三厂、万年、临江等地社队,先后办起纱厂8个、纺织厂3个,各厂一般有纱锭1500枚、织机近百台,产品主要为21支、40支纱和白坯布。1977年,县棉纺厂新厂投产,固定资产326.3万元,生产中支20支、21支、32支纱和32支双股线,上等一级品率98%以上。是年,全县产棉纱332.4吨、棉布201万米,产值3165万元。1980年,县棉纺厂有2万纱锭,并配2套精梳设备,固定资产531.29万元,年产棉纱3287吨,产品从中支纱发展到高支纱,生产30支、36支、42支纱等,高支精纺系列产品有J32支、J60支、涤棉混纺精梳40支纱和J60支双股线。是年,全县生产棉纱562.46

吨、棉布312万米,产值1.09亿元。

80年代初期,天补、树勋、余东等地社队建棉纺厂、纺织厂。1986年4月,县棉纺厂第三期扩建工程投产,有A513和FA502细纱机3.2万锭及A201C、A201D精梳机等4套设备,固定资产1332万元。生产高支涤棉混纺纱,开发生产精梳80支和纯棉纱、涤纶长短包蕊纱、T/R60支、中长5050涤棉纱等新品种,年产棉纱5754吨。县纺织三厂(镇办企业)有纱锭万余枚、线锭2000枚。乡镇企业主要生产棉纱、坯布、府绸等产品。1987年,乡镇企业有纱锭4.48万枚、织机118台,产纱1.37万吨、布1342万米,产值4.9亿元。1989年6月,县棉纺厂新增2万纱锭投产,年产棉纱9500吨,开发苎麻、亚麻与棉混纺纱以及兔毛、涤纶、棉三合一混纺纱。1990年,全县产纱1.18万吨,产布1687万米。

1992年,中国台湾远东纺织有限公司董事长徐有庠赠海门2.2万纱锭,在临江乡建县徐海棉纺厂,形成年产3000吨棉纱的生产能力。1994年6月,通棉三厂投资6200万元的一纺技术改造竣工。1995年8月,甲乙南通纺织有限公司投产,有纱锭3万枚、喷气织机170余台。是年,有棉纺织工业企业16个,职工6600多人,纱锭10.8万枚,布机1456台,其中剑杆织机20余台,固定资产2.58亿元,年产纱2.16万吨、布5400多万米,产值8.79亿元,销售8.75亿元,利税2668万元。

1998年,按照国务院对棉纺行业限产压锭的部署,海门在江苏白兔纺织集团股份有限公司(白兔集团)等3个企业中压缩落后纱锭1万枚。2000年,有企业22个,职工8100多人,固定资产2.58亿元,纱锭18.62万枚,布机1570台,年产纱2.46万吨、布5200多万米,年产值10.66亿元、销售收入10.43亿元、利税3515万元。白兔集团进入全市工业销售超5000万元、50强和先进企业行列。

2002年,白兔集团被中国纺织总会评为纺织行业销售50强及人均利税50强企业。2003年,南通荣祥纺织有限公司建环形细纱锭3万枚,其设备国内属一流,固定资产6000万元,形成年产5000吨棉纱的生产能力。是年4月,南通华润大生纺织有限公司运营,资产2.4亿元,工人2227人,纱锭8万多枚,织机900余台,形成年产棉纱1.8万吨、坯布2700万米的生产能力。2004年9月,白兔集团深化产权制度改革,国有资产全部退出,国有企业职工身份置换,重组成股份制民营企业。该企业棉纺扩建工程投产,增纱锭2万枚,形成5万枚纱锭生产规模。是年,甲乙南通纺织有限公司整体转让给香港大明公司,更名为大明南通纺织有限公司。2005年初,江苏荣祥纺织有限公司(原名南通荣祥纺织有限公司、后改为江苏荣祥集团)投资1.4亿元,易地扩建10万纱锭。5月,大明南通纺织有限公司整体出让给江苏荣祥纺织有限公司,1300余名职工解除劳动合同,企业关闭。是年,白兔集团、南通华润大生纺织有限公司、江苏生命集团有限公司、紫琅衬布(南通)有限公司进入市重点骨干企业行列;江苏生命集团有限公司列入省级高新技术企业;白兔集团再次被中国纺织总会评为纺织行业销售和人均利税50强企业。

2008年,全市有棉纺织企业近60个,从业人员6000多人,固定资产7.43亿元,纱锭38.5万枚,其中气流纺3200枚,梭织机2458台,无梭织机544台,年产纱6.63万多吨、布1.2亿米。产品有纯棉纱、棉腈混纺纱、涤棉混纺纱、浆纱和白坯布、提花布、纱布、净化布及医用纱布等。全年产值14.67亿元、销售收入14.55亿元、纳税1亿元,规模以上企业34个。南通华润大生纺织有限公司、白兔集团和江苏荣祥集团分别被评为市金、银、铜牌企业,白兔集团技术研发中心成为南通市级技术中心。

第三节 化纤制造

20世纪70年代,临江、德胜(公社)等地建化纤织造、编织厂3个,三厂镇创办无纺布厂。80年代初,余东、树勋公社等地建化纤丝编织厂。至此,全县有社(镇)办厂2个、大队办厂4个,生产无纺布、聚丙烯编织袋、化纤纱等3个大类数十个花色品种。1983年,无纺布生产设备有国产黏合流水线20条,具备年产2000万平方米无纺布的生产能力。1985年,引进国外热轧、针刺生产线各1条,生产黏合、热轧、针刺、涂层无纺布4大系列30多个产品。是年,全县生产纯化纤布97万米。1989年,生产化纤织物1053吨。1990年,有乡镇办化纤生产企业3个,村办企业4个,固定资产1145.95万元,纯化纤纱产量1252吨,全行业产值2590.77万元。

1993年，创办江苏金雪集团有限公司（金雪集团）。1994年6月，海门申海无纺布厂的产品在首届中国金榜技术与产品博览会评比中获金奖。1995年，金雪集团固定资产1000万元，喷胶棉生产线3条，反应釜68台，精馏塔1台。是年，全市有化纤生产企业6个，从业人员523人，固定资产1450多万元。年生产化纤布526万米、喷胶棉3000吨、环氧树脂1000吨、甘氨酸3000吨、无纺布浆2000吨、无纺布700万米，产值1.38亿元、销售收入1.26亿元、纳税1600万元。

2000年，全市有化纤生产企业10个，从业人员969人，固定资产1451.2万元，增浆点涂层机3台、中空生产线1条、短纤维生产线1条、涤纶纱锭6000枚、布机200台，年产涤纶纱500吨、化纤布678万米、喷胶棉7150吨、涤纶三维中空5000吨、涤纶短纤维3000吨、化纤衬布2800万米、无纺布800万米，产值4.86亿元，销售收入4.62亿元，纳税1500万元。金雪集团跨入全市50强企业行列。

2001－2003年，金雪集团投资3000万元，形成年产三维中空纤维4万吨的能力，开发9孔、10孔、13孔多孔纤维及三维卷曲填充料，其中9孔以上多孔纤维获9项国家专利。2005年，有企业30多个。新增粉点涂层机、开松机、轧光机、聚合和纺丝等设备，涤纶纱锭增加到1.6万枚，布机414台，增自动发泡线2条。金雪集团列入省级高新技术企业、市综合实力百强企业。2008年，全市有化纤生产企业41个，从业人员2100余人，固定资产5.46亿元，生产涤纶线1290吨、涤纶纤维15.02万吨、海绵3975吨、喷胶棉1241吨、无胶棉959吨、涤纶棉5034吨、化纤短绒9200吨、涂层布4.73亿米、化纤布247万米、无纺布105万米、涤纶纱1.04万吨，产值20.7亿元，销售收入20.07亿元，纳税3300万元，规模以上企业26个。

第四节　针织复制

一、针织

棉针织　旧时，县境乡村、集镇有个体户用圆盘手摇针织机加工手套、袜子。民国时，维新公司有工人20多人，织袜机10余台，生产纱线袜。新中国成立初仍有延续。1953年，茅家镇针织社织袜，1958年改为地方国营海门针织厂，1961年停办。1964年，建县袜厂，生产针织袜子、手套。20世纪70年代，建社办棉针织厂9个，生产纱布手套、弹力袜、毛布袜、旅游袜、长短统化纤袜等。1979年，南通地区行政公署与县五一服装厂在县针织厂的基础上，组建南通地区纬编针织厂，主要生产涤纶针织面料、涤盖棉针织布和棉毛衫裤等，职工300人，年产值200万元。南通地市合并后，该厂更名为南通市第二纬编针织厂，1986年与上海针织品进出口公司合办上海针织品进出口公司海门通达针织厂，生产针织涤纶布100万吨、棉毛衫裤200万件，产品出口欧美等地。

80年代，乡镇、村棉针织企业发展较快。至1987年，全县有袜机333台、横机114台、手套横机37台，固定资产361.72万元，产值1080.6万元。1990年，乡镇、村办企业发展到31个，固定资产424.56万元，新增腈纶衫、健美衫裤、针织内衣等产品，年产值近1000万元。是年，南通市第二纬编针织厂职工500多人，年产值和销售收入均为2000万元，利税80万元，综合经济指标列全县工业企业第12名。1995年，有棉针织企业7个，职工800余人，固定资产402万元，设备有针织圆机30台、圆机16台、大圆机13台、横机430台及缝纫机、染色机、针织小圆机、纬编织机等，产品有针织坯布、针织品和针织内衣等，产值1838万元，销售收入1804万元，利税70万元。

2000年，有棉针织企业10个，职工1506人，固定资产3965万元，产针织坯布291吨和707.5万米、织带120万米，产值8150万元，销售收入8058万元，纳税500万元。南通市第二纬编针织厂进入全市工业销售超5000万元、50强和先进企业行列。2002年8月该厂破产。2005年，有企业13个，从业人员1400多人，固定资产7395.2万元，年产针织坯布785吨和1000万米、织带2237万米、经编面料等，年产值、销售收入、纳税分别为2.42亿元、2.31亿元和400万元。2008年，有棉针织企业24个，从业人员1600多人，固定资产1.44亿元，产针织布7887.7吨、针织服装1169.5万件、针织帽41.3万顶、经编面料375万米，产值2.86亿元，销售收入2.71亿元，纳税4200万元，规模以上企业15个。

毛针织　旧时，富人由女佣代织毛线衣。五六十年代，心灵手巧的妇女手工针织多种花式的毛线衣自穿。70年代，麒麟等公社兴办9个毛针织厂。80年代初，发展到17个，分布于三星、三阳、新建等10多个公社，生产各色兔毛衫、精纺羊毛衫、雪兰毛衫等4大类300多个品种。1987年，全县有毛针织职工2913人，固定资产404.77万元，有横机924台、电脑绣花机2台等设备及印染、动力等辅助设备，产值3747.91万元。1989年，三阳羊毛衫厂成为南通市羊毛衫行业第一个采用国际标准生产的企业。1990年，有毛针织企业25个，职工2975人，固定资产820.57万元，产值8674.29万元。骨干企业有三星、四甲、德胜、三星第二羊毛衫厂，产值约占全县毛针织总产值69%。1995年，有企业4个，职工1040人，固定资产1077万元，生产羊毛衫等产品，主销国内市场，部分销往日本，产值1.28亿元，销售收入1.15亿元，纳税300万元。三星羊毛衫总厂、四甲羊毛衫厂进入全市利税100万元以上、销售超千万元企业行列。2000年，有企业7个，从业人员957人，固定资产1925万元，产值9910万元，销售收入9650万元，纳税570万元。2005年，有企业30余个，从业人员1000多人，固定资产3000万元，产值2亿元，销售收入1.9亿元，纳税1600多万元。2008年，有毛针织企业32个，从业人员1600多人，固定资产4947.3万元，主要设备有普通横机和电脑横机等，产羊毛衫裤421.8万件(条)，产值2.22亿元，销售收入2.1亿元，纳税1200多万元，规模以上企业7个。

二、复制

家纺　明嘉靖年间(1522－1567)，县境农家用自产的棉花手工弹制被絮自用。新中国成立初，集镇上的缝纫店铺和个体缝纫户代客加工窗帘等家用纺织品(简称家纺)。70年代初，三星公社等地农民将自产的手工家纺品拿到叠石桥出售。1973年，新海公社建棉絮厂，职工38人，固定资产10.35万元，梳棉机4台，主要生产棉胎。80年代初，有企业兼带生产窗帘、被套等，天补、厂洪、悦来等公社建被絮生产企业。1982年，地处海门县三星公社和南通县川港公社交界处的叠石桥建立市场，带动附近家纺工业迅速发展，并向周边地区辐射。1987年，国内最早专业从事家纺研发、设计、生产、销售的大型企业——南通市凯盛家用纺织品有限公司的生产基地落户海门。1995年，家纺企业使用工业缝纫机和电脑绣花机等先进设备。2000年，有企业21个，主要分布于三星镇及周边地区，有固定资产7900万元，产被160万多条、床罩100余万条、四件套(2个单人枕套、1个被套、1条床单)38万余套、多件套40多万套，产值6.73亿元，销售收入6.57亿元，纳税1400万元。2005年，有企业230个，分布于三星、天补、三和、海门、德胜等乡镇和经济开发区，三星镇占80%左右，固定资产11.83亿元，有梳棉机50余台、缝纫机3000余台、梳拉机10余台、电脑绣花机数百台及平缝车、电脑行车、多针行缝车百余台，产被1564万条、四件套863万套、多件套837万套、窗帘162万幅、床罩(被套)390万条，产品发展到12个系列、400多个品种，产值58.28亿元，销售收入58.31亿元，纳税1.8元。南通泰发纺织品有限公司、南通市凯盛家用纺织品有限公司、市盛源卧室用品有限公司、市美罗寝具有限责任公司、市天发家用纺织品有限公司进入市重点骨干企业行列。2006－2008年，新增企业159个，关闭5个。2008年，有固定资产148.03亿元，生产床上用品(被单、床单、多件套、床罩)等17.5亿件(套)、垫子12万个、沙发套24万件、窗帘和绣花布及台布3750万块、被3亿条，产值166.61亿元，销售收入166.46亿元，纳税7.8亿元，规模以上企业59个。南通市凯盛家用纺织品有限公司评为市银牌企

图11－4　南通市凯盛家用纺织品有限公司生产的床上用品（2008年摄）

业,其工程技术研究中心成为南通市级工程技术研究中心。

巾帕 旧时,民间织妇利用织布尾料,自织洗脸布等。1960年,上海苏锡手帕厂及10个小型附属厂迁至海门,与茅家镇手帕厂合并,在常乐公社创办国营海门手帕厂。时有铁木布机60台及卷纬、整经、手帕缝边车等前后道设备。职工180人,技术人员2人。主要生产缎条和织条手帕,年产量754万条。1965－1966年,海门手帕厂迁至海门镇,有固定资产24.24万元,新置1511－44布机96台、分条整经机1台、卷纬机120锭,自制煮纱、浆纱、打浆等设备,开发印花手帕等新品。年产手帕669.4万条,其中157万条销往美国、联邦德国等国家。1971年,县属巾帕行业有布机236台及卷纬机、整经机、丝光车等设备,年产缎条、织条、印花、大提花手帕112.2万条,70%出口。70年代末期,在海门染织厂的基础上建县毛巾厂,生产家用毛巾为主,年产毛巾91.4万条。

1980年,在永隆沙建海门手帕二厂,为海门手帕厂加工手帕坯布。是年,全县巾帕类企业有布机336台、国产自动印花机1台、平洗机5台、染色机2台和轧光机、拉幅机各1台,职工1000余人,产品发展到茶巾、尿布等,产手帕2535.4万条,出口1749.6万条。1983年,全县巾帕类企业布机发展到450台,新增烧毛、氯漂、氧漂、轧光、洗涤、染色、国产毛巾自动印花机等设备。产各种手帕2057.7万条,出口1344万条;尿布、茶巾5566.33万条,出口1837.4万条;毛巾237万条。1986年,更新设备,开发涤棉长丝巾、浴巾、小方巾等产品,产手帕3225.82万条、尿布159.01万米、毛巾662.8万条,70%销往美国、日本、加拿大、联邦德国等50多个国家和地区。

1990年,有巾帕类企业5个,职工2500余人,固定资产约3000万元。年生产手帕4795.61万条,出口3168.74万条;尿布366.07万条,出口235.22万条;毛巾228.08万条。产品销往美国、英国、法国等10多个国家和中国香港地区。年销售收入5221万元,利税330万元。1991年,海门手帕厂的暗花缎条手帕获纺工部花型设计三等奖,县毛巾厂的彩条割绒毛巾获经贸部出口新产品“出运奖”和省优质产品奖。1992年,县毛巾厂继1989年与美国太平洋建筑发展有限公司合资兴办海洋巾被有限公司后,又与日本福冈株式会社合资兴办丰荣巾被有限公司。1993年,县毛巾厂与日商合资组建中瀛巾被有限公司,产品大部分返销日本。是年,由县毛巾厂和海洋、丰荣、中瀛巾被有限公司等企业组建南通明大集团有限责任公司。1994年,以海门手帕厂为主体,海门手帕四厂、市城北手帕加工厂共同出资设立江苏百花家用纺织品股份有限公司,1996年组建江苏百花实业集团股份有限公司。

图11－5 20世纪90年代江苏百花实业集团有限公司织造车间

2000年,有巾帕类企业4个,职工3000余人,固定资产4500万元,年产值2.7亿元,销售收入2亿元,利税1300多万元。江苏百花实业集团股份有限公司进入市销售超5000万元、50强和先进企业行列。2003年3月,江苏明大集团股份有限公司(原名南通明大集团有限责任公司)所有职工与企业解除劳动关系,只生产少量小方巾等产品。2005年,江苏百花实业集团股份有限公司改制为私营企业,从业人员500人,生产规模缩小,经营项目由巾帕类发展到药品、生化、医疗器械、路桥工程等,销售收入4.8亿元,纳税298万元,进入市重点骨干企业行列。2008年,有巾帕类企业3个,销售收入187万元,纳税8万元。

其他 自先人入主海门故土,就有用手工将若干股纱搓合成线,供缝制衣服和布鞋用,绵延至50年代末。

1958年,在三厂镇西首建县木纱团厂,年产腊线6.3万打,产值37万元,利润8.5万元。1966年,产丝光线1220件、棉线4.5万打。1971年，更名海门染织厂，增72英寸布机10台，生产帆布。1974年，江滨公社建篷帆布厂。1979年，此类社队企业7个。80年代，江滨、新建等乡镇建雨衣、劳保用品、围巾、花边、地毯厂，临江、德胜等乡镇建棉鞋、童鞋厂，王浩、余东、国强等地建11个线带制品企业。生产消防水带、农用水带、腰带、锭带、鞋带、打包带、商标、护膝布等。1986年，县消防水带厂首次出口消防水带，价值16.2万元。1990年，企业17个，产值974.59万元。1991年，县消防水带总厂成为公安部定点生产消防水带企业。1993年，该企业进入中型企业行列。1995年，有企业10个，职工1200余人，固定资产974万元，产值1.54亿元，销售1.61亿元，利税865.4万元。江苏水龙江山集团公司进入市产值亿元、利税大户、百强企业等行列，并被省评为"重合同、守信用"企业和高新技术企业。2000年，有企业14个，从业人员1800余人，固定资产1.2亿元，产值1.79亿元，销售收入1.86亿元，纳税881.8万元。江苏水龙江山集团公司进入全市销售超5000万元和50强工业企业行列。2001年、2003年，江苏水龙江山消防发展有限公司入选全国消防产业30强。

2005年，有企业20多个，从业人员2000多人，固定资产近1亿元，产值、销售收入、纳税分别为5.44亿元、5.3亿元和1200多万元。3个企业进入全市重点骨干企业行列。2008年，有企业近30个，从业人员1600多人，固定资产1.5亿元，产值7.24亿元，销售收入6.99亿元，纳税2300万元，规模以上企业13个。江苏水龙江山消防发展有限公司被评为市铜牌企业。

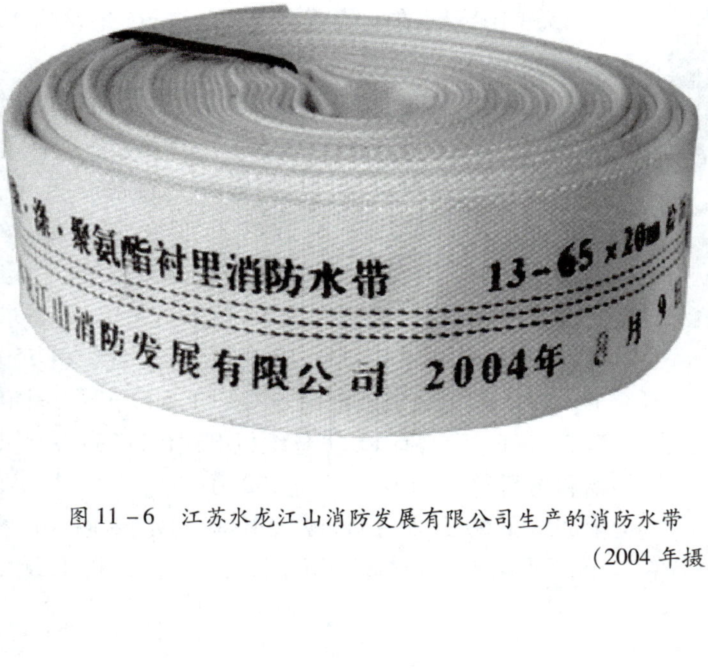

图11-6　江苏水龙江山消防发展有限公司生产的消防水带（2004年摄）

第五节　印　　染

清末民初，海门染业渐兴，集镇染店、乡村染担日益增多。民国11年（1922），成立染业公会。民国17年，全县染坊126个。民国25年，茅家镇杭德仁染坊最大，在坝头镇设分店。新中国成立初，全县有染店近百个，其中茅家镇4个。生产的印蓝花布是海门传统土特产。1956年，全县染业并入当地手工业生产合作社。麒麟、三阳、王浩等乡建起印染社。1958年，茅家镇大同商店开设染坊。1968年，全县有印染职工300多人。20世纪70年代，三阳、悦来、临江等地社（镇）队建印染厂，每厂职工10—20人，产值几万元到10多万元。1977年，在大同商店染坊基础上建立海门印染厂。80年代，六匡、悦来、包场等乡镇开办印染厂。1986年，产印染布771万米。1987年，全县有乡（镇）村印染厂13个，其中11个以来料加工为主，生产漂染棉纱、布、印花巾、真丝绸缎、染色涤纶、涤丝纺等高中档产品。设备有常温常压、高温高压卷染机、309方箱染色机、O型高温高压热流染色机、M751热定型机等，印染布产量229万米。

1990年，全县印染类企业产值3064万元，海门手帕厂、县毛巾厂、三星羊毛衫厂、南通市第二纬编针织厂等企业的印染作为前道工艺，为生产成品配套服务，并承接少量对外加工业务。此类企业的印染设备有往复式自动染纱机、国产自动印花机、染色机、溢流染色机、纳夫妥染色生产线、意大利造SX圆平网印花机等。1995年，有企业3个，职工300余人，固定资产858.3万元，设备是染色锅和锅炉，产印染布4726万米、染色纱730吨，产值1290万元，销售收入1088万元，利税275万元。三阳正章染厂进入全市利税100万元以上和销售超千万元企业行列，海门印染厂进入全市销售超千万元企业行列。

2000年，企业17个，从业人员939人，固定资产5399万元,有染色锅16台及印花台板流水线、国产印花机等设备,产印染布1.3亿米、染色纱650吨,产值2.88亿元,销售收入2.7亿元,利税2717.5万元。三阳正章染厂进入全市销售超5000万元、50强和年度先进企业行列。2005年,市王氏染整有限公司有从业人员650人、固定资产5000万元,有5条染整生产流水线,为各类纺织品和服装面料漂白染色及后整理,年生产能力1.2亿米,成为江浙两省最大的染整服装面料出口基地。是年,全市有印染企业20余个,从业人员2400多人,固定资产2.1亿元,主要设备发展到国产圆网印花机、德国斯托克圆网印花机、奥地利齐玛印花机、德国门富士预缩机、德国奎斯特压光机和化布机等。市王氏染整有限公司、南通新锦江印染有限公司、南通东盛之花印染有限公司为市重点骨干企业。2008年,有企业20多个,从业人员3200多人,固定资产3.4亿元,产漂染布4400万米、漂白衬布360万米、水洗服装1130万件、染色线426吨、印花染色布56697万米、印染全棉针织布3000吨,产值19.1亿元,销售收入13.7亿元,纳税约3000万元。规模以上企业18个,南通新锦江印染有限公司和市王氏染整有限公司被评为市铜牌企业。

图11-7　市王氏染整有限公司印染生产车间（2008年摄）

第六节　丝　　绸

一、丝

海门缫丝业不甚发达,但历史悠久。宋朝,丝作为海门朝贡土产之一。明朝,有海门赋税“丝796两,绢16匹,零丝8.4两”的记载。民国8年(1919),顾旭雏改文昌阁后殿为缫丝厂,设有烘灶、选茧室、抽丝机等器具,缫丝主要以手工为主。由于缫丝技术落后,质量较低,逐渐淘汰。

1986年2月,建国营海门县丝厂。翌年,部分设备投产,年产白丝60吨。1988年,该厂二期工程投产,有立缫车180台,形成年产白丝110吨的生产能力。1990年,该厂三期工程投产,新增自动缫车4台,形成年生产150吨白丝的能力。是年,全县产丝97吨。1995年,市丝厂有职工1000余人,有立缫车240台、自动缫车96台,年产白丝165吨。1999年,停产。2000年12月,市丝厂资产由市茧丝绸总公司接管。2002年,市丝厂破产。

图11-8　缫丝作业（1995年摄）

二、绸

海门织绸业在明代就有向朝廷进贡“生丝绸22匹、生丝绢54匹”的记载。

1980年,瑞祥、包场公社办丝织厂。1984年,悦来、新海乡等地办丝织厂3个。1987年,全县有丝织厂7个,有丝织机89台,固定资产137.77万元。产品有线绨、丝绸被面、化纤绸、特丽纶、涤纶布,丝织品产量120万米。1990年,有丝织厂7个,固定资产148.85万元,产丝织品51万米。是年,筹建东洲丝绸厂,首期工程投入1200万元,安装织机150台。1995年,东洲丝绸厂投产,职工500多人,固定资产2000万元,有K611丝织机120台,产品为丝织物和仿真丝,有年生产绸布100万米的能力。是年,生产绸布60万米,销售收入1000万元,利税40万元。同年,市丝厂建丝织车间,有喷气丝织机40台、梭织机120台,年产绸布100万米。是年,全市产丝织品310.2万米。1996年10月,东洲丝绸厂破产。2001—2003年,悦来悦达防静电绸厂和三剑制线厂等3个企业投产,生产丝绸被面和防静电绸布。2005年,有企业3个,从业人员60余人,产值、销售收入均为1061.8万元。2008年,有企业1个,从业人员20人,固定资产120万元,产防静电绸布87.5万米,产值608.85万元,销售收入637.5万元,纳税47万余元。

三、丝线

民国后期,海门境内较多集镇有丝线作坊。主要从养蚕农户处收购蚕茧,经手工缫丝、制线、染色、晾干后,以批发与零售结合的方式,在东至吕四,西至南通一带销售。茅家镇陶万元丝线店规模最大,生产的丝线有粗细5个等级。1955年4月关闭。是年,其他丝线作坊亦关闭或外迁。

第七节　毛麻纺织

一、毛纺织

1974年,麒麟毛纺织厂建成,有毛纺锭1840枚。此后,各地办起5个毛纺织、毛条厂,大都利用上海等地棉纺厂淘汰的生产设备改装而成。20世纪80年代,全县新办乡镇、村办毛纺织企业6个。1986年,全县生产各种毛线296吨,呢绒31万米。是年,六匡建海门造纸毛毯厂,第一条年生产能力100吨的造纸毛毯生产线投产。1987年,全县毛纺织固定资产2015.49万元,设备有梳毛机14台、毛纺锭3800枚、毛织机84台,其中自动织机20台、剑杆织机10台,主要生产羊毛衫纱、化纤毛、驼色羊毛绒、毛线、绒毯、毛毯、腈纶毯、造纸毛毯、大衣呢、毛哔叽等200多个品种,产值5497万元。

1990年,全县有固定资产2239.22万元,精梳毛条生产线1条、半精梳毛条流水生产线5条、造纸毛毯生产流水线8条,形成初纺、精纺、毛条、印染全套生产,产出毛线393吨、呢绒35万米。1995年,有企业4个,职工700余人,固定资产1800多万元,生产腈纶毛条、毡呢、纯毛毯、造纸毛毯等,产值和销售收入均为3500多万元,利税420多万元。1997年,海门造纸毛毯厂改制为江苏金呢集团有限公司,两年后研制开发出多层底网毛毯。

2000年,全市毛纺织行业固定资产2200余万元,销售收入8500多万元,纳税430余万元。2005年,有企业9个,从业人员800余人,固定资产1.2亿元,设备有毛条机、毛纺车、毛织机和造纸毛毯生产流水线等,产呢绒285万米、造纸毛毯800多吨、成形网18万平方米,产值、销售收入均为2.2亿元,纳税1900万元。江苏金呢集团有限公司成为市重点骨干企业。2008年,有企业4个,从业人员500多人,固定资产9664万元,产呢绒30万米、造纸毛毯423吨、成型网15万平方米,产值1.8亿元,销售收入1.7亿元,纳税2000余万元,规模以上企业3个。江苏金呢集团有限公司被评为市银牌企业,其技术研发中心成为南通市级技术中心。

二、麻纺织

明朝,县境内有"荥丝"作贡品和"麻布、麻帨"出售。60年代,县粮食局创办麻袋厂,生产分装粮食的麻袋。1974年,建东兴麻织厂。80年代初,建树勋八一麻纺织厂及县苎麻纺织厂,生产麻线、麻绳、麻匹、麻袋、纯麻纱等30个产品。1985年,县苎麻纺织厂的1条年产精干麻900吨生产线投产,1989年开发纯麻线。1990年,该厂有固定资产617.65万元,占全县同行业91%,年产精干麻2700吨、麻球450吨、麻纱350吨。是年,全县产麻布103万米、麻袋16万条,产值3070.54万元。2000年,有企业2个,固定资产250余万元,设备有麻纱锭和麻织布机及少量缝纫机,年产麻布80万米,产值1009万元,销售收入970万元,纳税45万元。2005年,有企业4个,从业人员380余人,固定资产4000余万元,销售收入1亿余元,纳税800多万元。2008年年初,有企业4个,其中2个分别于1月下旬和7月关闭。是年年底,从业人员由年初的300多人减至80人,固定资产149.2万元,比2007年减少1805.8万元,产值752万元,销售收入771万元,纳税45万元。

第八节　企业选介

一、南通华润大生纺织有限公司

南通华润大生纺织有限公司位于三厂镇中华中路 269 号，前身为近代实业家张謇于民国 3 年(1914)创办的大生第三纺织公司三厂(大生三厂)。民国 10 年 10 月投产，纺出的“三星”牌 16 支棉纱在大生通沪事务所首次“鸿盘”。1952 年 5 月，为公私合营大生第三纺织公司。1966 年 8 月，改为国营南通第三棉纺织厂(通棉三厂)。1977 年起，先后投资 572 万元扩大生产规模，引进国外先进纺织设备。1981 年 9 月，“新星”牌 2020 大鹏细布获国家创优夺牌颁奖大会银质奖章。20 世纪 80 年代末、90 年代初，该厂处鼎盛时期，有职工 6700 人。1991 年，列全国工业企业 500 强、行业 50 强和最佳经济效益排名第 16 位。1998 年，获国家技术进步三等奖。2000 年，产值 3.53 亿元，利税 3813 万元。2002 年，成为南通市国企改制试点单位，由香港华润集团下属华润纺织集团收购，更名南通华润大生纺织有限公司。2008 年，占地 21 公顷，从业人员 1496 人，固定资产 2.88 亿元，纱锭 8.5 万枚，织机 602 台，产棉纱 1.08 万吨、坯布 2140 万米，销售收入 2.8 亿元，纳税 1431 万元，被评为市金牌企业。

二、江苏白兔纺织集团股份有限公司

江苏白兔纺织集团股份有限公司前身是 1969 年 7 月建于青龙港的国营海门副纺厂。1973 年 12 月，更名为县棉纺厂。翌年 4 月，迁至海门镇东首。1994 年 5 月，更名为江苏白兔纺织股份有限公司。1995 年 6 月，与韩国甲乙纺织株式会社合资，原厂区及其中 1000 多名职工移交甲乙南通纺织有限公司，江苏白兔纺织股份有限公司易地重建(海门镇秀山东路 677 号)。9 月，改称江苏白兔纺织集团股份有限公司。2004 年 9 月，改制为股份制私营企业，下辖南通永新纱线有限公司、江苏新丽化纤有限公司等 6 个子公司。2008 年，从业人员 786 人，有纱锭 5 万枚、线锭 3 万枚及倍捻机、进口韩国和瑞士的并纱机、加弹机等主要设备，固定资产 9900 多万元，产纱 2596 吨、线 1000 吨，其“白兔”牌纱线为省名牌产品，“白兔”商标为省著名商标。销售收入 5.38 亿元，纳税 1351 万元，被评为市银牌企业。

三、江苏水龙江山消防发展有限公司

1974 年，平山公社建化纤厂。1978 年，因产品转型，更名县平山水带厂。1981 年，更名县消防水带厂。1984 年 6 月，从挪威引进 604 大圆盘织机 2 台，达到同行业先进水平。1986 年，首次出口消防水带，价值 16.2 万元。1988 年，改称县消防水带总厂。1994 年，组建江苏水龙江山集团公司。1997 年，获 ISO 9002 质量管理体系认证证书。2000 年起，连续投资 2000 万元增添设备，扩大生产规模。从德国、意大利引进聚氨酯挤出机和 PVC 螺旋管生产线，开发聚氨酯橡胶等衬里水带和多功能、多种压力、多种内径水带。2001 年，企业改制，称江苏水龙江山消防发展有限公司。2001 年、2003 年，入选全国消防产业 30 强。2003 年，通过 ISO 9001:2000 质量管理体系认证。2005 年，列市综合实力百强、省级高新技术企业。2006 年，投资 550 多万元增二次硫化微波硫化线、圆织机和 PU 硫化线，可提升产量 200 万米。2008 年，占地 9 公顷，从业人员 390 多人，拥有各种设备 200 多台(套)，固定资产 3348 万元，产各种消防水带 860 多万米，销售收入 9560 多万元，纳税 600 多万元。被评为市铜牌企业。

四、海门市王氏染整有限公司

海门市王氏染整有限公司位于三阳镇友爱村，前身是 1978 年建立的大队办集体企业友爱洗涤用品厂。1990 年 11 月，与上海正章洗涤公司联营，更名三阳正章染厂。90 年代初，投入 2500 万元更新设备和产品，发展成为能接外贸业务的企业。2001 年，更名市正章染整有限责任公司。2002 年 8 月，通过 ISO 9001 质量管理体系认证。2005 年，改制后更名市王氏染整有限公司。2008 年，从业人员 650 人，其中技术人员 78 人。有染整生产流水线、自备热电站及全自动染色机、定型机、长车轧染生产线等设备，固定资产 4580 万元，为各类纺织品和服装面料漂白染色及后整理，年染整布能力 2 亿米。销售收入 4.41 亿元，纳税 603 万元。评为市铜牌企业。

附：

2008年海门市纺织工业部分企业情况一览

表11－8

类　别	企业名称	主要产品	主要经济指标(万元)		
			产　值	销售收入	纳　税
棉针织	海门市兴旺针织厂	针织布	200	200	12
	海门市针织三厂	针织布	1466	1466	41
	海门市汇丰纺织品有限公司	针织布	1910	1855	85
	南通宾尼织造有限公司	经编面料	2289	1956	97
	海门市麒隆针织内衣厂	针织内衣	2140	1560	41
毛针织	海门市新隆针织制衣有限公司	羊毛裤	6800	6738	280
	南通市新星羊毛衫有限公司	羊毛衫(裤)	469	417	32
	海门九阳服饰有限公司	羊毛衫	6436	5346	188
	南通金瑞开针织有限公司	羊毛裤	2053	1983	140
	海门市东大制衣有限公司	羊毛衫	1292	1292	142
家纺	海门市小鸭卧室用品有限公司	床上用品	544	544	23
	南通远东卧室用品有限公司	家用纺织品	21310	21300	660
	海门市盛源卧室用品有限公司	家用纺织品	7594	7594	350
	南通天宝纺织品有限公司	床上用品	1809	1809	45
	江苏天马纺织品有限公司	床上用品	5000	5000	200
巾帕	江苏百花实业集团股份有限公司	手帕等	27104	27104	2486
	南通中瀛巾服有限公司	毛巾等	17	17	1
	海门市冠宁手帕厂	手帕等	170	170	7
毛纺织	海门市三峰毛纺织有限责任公司	毛条	377	308	17
	南通大顺毛纺织有限公司	呢绒	1152	985	49
	江苏金呢集团有限公司	造纸毛毯	15787	14935	1377
	海门市琦玮毛衫织造有限公司	毛织品	869	791	32

说明：江苏百花实业集团股份有限公司的主要经济指标含非手帕类

第五章 建材工业

第一节 砖 瓦

一、市(县)内生产

清嘉庆年间(1796－1820),坝头镇、磨框镇、三和镇等地有小土窑生产砖瓦。民国初期,小土窑集中在海界河以南,西起三和镇、三星镇,东至悦来镇地区。20世纪30年代,仅坝头镇、长乐镇一带就有近20座小土窑,海界河以北的新河镇、余东镇、四甲坝、包场镇等地也有数十座,全县有百余座。土窑生产砖瓦一般为半个月1个周期,月产1－2次成品。生产砖瓦的原料是黄黏土,通过窑工脚踏、牛踩和泥,木盒甩坯,日晒风干,然后装窑,用柴草焙烧。达到一定火候时,通过洇水后出窑的为青色砖瓦,未洇水出窑者为红色砖瓦。小土窑焙烧的小瓦产品单一为圆弧形。出窑的砖块规格不一,传统砖块的长、宽、厚:“八五砖”为216毫米、105毫米、43毫米,小条砖为216毫米、84毫米、42毫米,薄型条砖为216毫米、84毫米、30毫米,大方砖为216毫米、216毫米、42毫米,长大方砖为376毫米、216毫米、126毫米,望砖为216毫米、105毫米、21毫米。出窑砖瓦质量达到“八角齐全、六面光平、叮当响音”。

1950年,长安、瑞祥、德胜、震蒙等乡成立窑业协会。1954年,全县有22座小土窑联合成立张家镇(德胜乡境内)砖瓦合作社。是年,全县产砖113万块、瓦48万片。1956年,相继建立6个砖瓦生产合作社,在震蒙、鹤丰、二匡乡等地新建、扩建一批小土窑。全县生产“八五砖”1559万块、瓦1842万片。1958年,大搞技术革新,常乐砖瓦生产合作社用小型制砖机和平瓦压摸机制砖瓦坯,德胜砖瓦合作社用手转轮压瓦机制平瓦坯。窑容量由原来的50－80吨小土窑改建成120－150吨山西窑、150吨焖顶窑、400吨新生窑。三星、汤家等公社相继建成22个砖瓦厂。是年,全县产砖3204万块、产瓦1883万片。1959年,常乐砖瓦厂建成18门轮窑。1960年春,临江、德胜砖瓦厂筹建轮窑。是年,大批窑工回队劳动,轮窑停建。1962年,全县砖瓦生产恢复,德胜、临江砖瓦厂轮窑建成投产。1963年,秀山、余东、临江公社等地新建土窑6座。1965年,有县、公社(镇)砖瓦厂26个,其他类型的土窑56座。是年,全县产砖1.12亿块、瓦3497万片。

“文化大革命”初,煤炭供不应求,临江、常乐、德胜等县属砖瓦厂处于半停产状态。1967年,常乐砖瓦厂试制煤屑砖,利用劣质煤、煤渣、煤矸石,粉碎后掺入砖坯,经焙烧获得成功,后在德胜、临江砖瓦厂推广,产品经质检部门测试,各项技术指标均符合标准。1968年,全县大批量生产煤屑内燃黏土砖。悦来、万年、海洪砖瓦生产社和临江平瓦生产社合并组建悦来砖瓦厂,新建22门轮窑,用手转轮压瓦机专业生产平瓦坯。1970年,江滨、万年、四甲、包场、新余等公社先后兴建轮窑,常乐、德胜砖瓦厂将原来18门轮窑翻建成28门和26门,两把火焙烧,产量提高50%。是年,全县产砖1.39亿块、瓦408万片。1978年,全县产砖3.36亿块、瓦7314万片。1980年,所有公社(镇)均建轮窑,全县产砖3.75亿块、瓦6790万片。1984年11月,德胜、常乐、悦来、临江砖瓦厂分别更名为县建材二厂、三厂、四厂、五厂,建材三厂改建为32门轮窑。是年,全县产砖5.26亿块、瓦5650万片,基本满足全县农房改造和城镇建设需要。

1987年,县建材三厂、四厂应用双级真空技术设备制砖,克服泥料塑性指数低、砖坯不易成型和易断裂等难关;建材二厂、五厂用400型制砖机生产砖坯。1988年,新建轮窑12座,村(组)、个体建办土窑183座,全县产砖7.39亿块、瓦6037万片。1989年,基建投资压缩,砖瓦滞销,全县47座轮窑部分停产或限产,201座土窑大部分关闭。1990年,常乐二匡砖瓦厂试产长240毫米、宽115毫米、厚90毫米的承重黏土空心砖成功,质量符合国家标准。

1991年,全县有轮窑47座,小土窑158座。因耗土量逐年增多,砖瓦生产能耗高、污染重,县属建材厂及部分乡镇轮窑推进墙体材料改革,逐年减少黏土砖生产,增加砌块、粉煤烧结砖、江河淤泥砖、砼加气砌块和矩形节能砖等生产。90年代末,在企业改制和墙体材料改革的逐步深入中,市建材五厂关闭。2001年,市建材二厂、三厂、四厂相继租赁、出让或转化为私营企业。是年,以黏土为原料生产砖瓦的16门以下轮窑13座、小土窑25座。2003年,分别下降为4座、9座。是年3月,市砖瓦行业协会成立,对砖瓦品种进行研发和质量监督。2005年,16门以下轮窑和小土窑铲平恢复为农田。2007年,有轮窑41座,产非黏土砖6.87亿块。2008年,有轮窑37座,年产砖6.04亿块。是年年底,市宝乐新型建材有限公司(原市属建材三厂)投入1100万元,引进先进设备与技术,成功试产蒸压灰沙砖和蒸压灰沙空心砖,年产3600万块。

二、市(县)外生产

1979年初,县基本建设局组织窑业技术职工赴黑龙江大庆市、新疆克拉玛依市承接标准红砖生产任务。四甲、包场等公社791人赴大庆,机械设备和临时设施由大庆提供,产品生产工艺流程由海门驻大庆办事处负责,6个半月产砖2920万块。悦来、王浩等公社459人赴克拉玛依市,该市提供场地、供应燃料,海门方负责建窑设施、机械设备,生产经营独立核算、自负盈亏,广大窑工克服各种困难,6个月产砖1500万块,基本满足海门队伍在克拉玛依市承建工程用砖需要。此举持续15年之久。80年代中期,条件好的砖瓦厂到外省市承包办窑。21世纪初,一些从事砖瓦生产的民营企业去工业发达的苏州、无锡等地租赁或自建轮窑,生产砖瓦。

第二节　石灰　水泥

一、石灰

1958年7月青龙港东风石灰厂投产,1963年4月停产,累计生产石灰1.31万吨。1970年9月,常乐砖瓦厂兴建立式吸风石灰窑1座,当年11月投产。翌年6月,兴建立式自然风石灰窑1座,生产石灰6150吨。1978年,县包场石灰厂投产。1980年初,新余、大新公社先后办起石灰窑。1981年,全县生产3.66万吨。1986年,外地石灰涌入。1988年,全县生产石灰3.23万吨。1989年6月,县建材三厂石灰窑、新余石灰厂关闭。1990年,包场石灰厂关闭。是年,全县生产石灰1.14万吨。此后,县境无石灰生产企业。

二、水泥

1958年6月,常乐砖瓦生产合作社土法建立小立窑1座,以贝壳为原料生产水泥。1959年6月,因凝结度低、用户不欢迎而停产。1970年10月,筹建县水泥厂,抽调人员到上海宝山水泥厂学习烧窑、球磨技术。1971年,用旧甩管改制成直径90×100厘米的小齿轮固定卸料球磨机试生产,后用直径90×200厘米的空心轴球磨机改制成平面皮带传动、人工投料、自动卸料球磨机,日产水泥4吨,全年生产无熟料水泥318吨。1972年,购置直径180×610厘米球磨机,当年产水泥1226吨,经南通市质量检验部门检测,达400标号(新标325)。1974年10月,投资14万余元建成土立窑生产熟料。1975年,添置直径150×570厘米球磨机和直径250×400厘米破碎机各1台,建立化验室,年产水泥5824吨。1979年,建成直径190×160×3960厘米中空干法回转窑,建300吨级囤放水泥和原料的圆库5座,自制提升机5台及其他配套设备,购置75千瓦柴油发电机组,基本形成机械化工艺流程,年生产能力4万吨。

20世纪70年代末80年代初,东兴、大新、三阳等公社各建水泥厂1个,主要设备有土立窑3座、球磨机7台、破碎机7台。1981年,生产325标号矿渣硅酸盐水泥5000吨。是年,全县生产水泥1.87万吨。1985年,县建筑材料厂新建年产4.4万吨级机立窑,购置直径120×450厘米、150×570厘米、183×700厘米球磨机各1台。1986年4月投产,年产矿渣硅酸盐水泥9700吨。是年,全县生产水泥3.34万吨。1988年,县水泥厂、县建筑材料厂、三阳水泥厂、东兴水泥厂均通过国家级生产许可证验证,当年全县生产水泥10.1万吨。1990年,县水泥厂和北京联想集团合作,对水泥原料进行微机配料,购置大型鳄式破碎机,水泥生产基本形成机械化、自动化,产品以“振翔”为商标。1992 年,生产水泥 4.2 万吨,扭亏为盈,利润 30 万元,列县百强企业第 50 位。1997 年上半年,月产量 1 万吨,之后连年亏本。

2000 年 12 月,南通市锡宜水泥有限公司在三厂镇建水泥厂,年生产能力 10 万吨。2002 年,市水泥厂破产。2003 年,安徽海螺水泥股份有限公司在海门经济开发区筹办海门海螺水泥有限责任公司(大型水泥粉磨生产企业),一期工程占地 16.2 公顷,建设 4 条直径 4.2×14.5 米水泥粉磨生产线,年生产能力 320 万吨。2005 年投产,年产 340 万吨。2008 年产 252.69 万吨。产品除供应海门外,销往国内其他省、市及俄罗斯、南非等 20 多个国家和地区。

第三节 水泥制品

1960 年,国强公社办水泥制品工场,生产农用涵洞、门窗框架、方型电杆、吊薄荷水桶、棺材等。1963 年,茅家镇建筑站水泥制品工场生产非预应力桁料、楼板和实心电杆。1966 年更名县建筑公司水泥制品工场,生产蒸气养护离心电杆、7.5 米通用电杆、10 米轻型电杆、10 米和 12 米重型电杆。1970 年,自制冷拔钢丝机械设备,生产 1 吨养殖工作船、4.5 吨和 7.8 吨农用机动挂桨船、20 吨内河运输船、40 吨长江拖轮驳船、60 吨长江运输机动船等。是年,工场征地建砼预应力先张法锚固平台 3 座,专业生产 3－4.8 米预应力水泥桁料、3.2－4.8 米预应力砼小孔楼板、5 米以上大孔楼板等。1971 年,产品列入省、地、县计划,原材料由省、地、县下拨,产品按计划分配到用户。

1974 年,公社、镇、场建筑站纷纷建立水泥制品工场,生产非预应力水泥桁料、小孔砼楼板等。1978 年,由县建筑管理总站统一业务技术管理,全县生产砼构件 6443 立方米。

1982 年,县建筑公司水泥制品工场改为县水泥制品厂。1983－1986 年,全县有水泥制品厂、工场 115 个。随着钢材、木材供应逐步充裕,水泥船、水泥桁料产品逐年淘汰,水泥电杆、钢筋砼排水管成为主产品。1986 年,县水泥制品厂新建小型空心混凝土砌块砖生产车间。随后,一些乡、镇、村、个体户亦办起小型混凝土砌块砖厂。1987 年,县水泥制品厂由国家水泥制品研究院提供技术与资料,并派两名工程师指导,在苏北第一家开发悬辊式钢筋混凝土排水管,产品获南通市优秀新产品奖、省新产品金鹰奖。1990 年,全县有水泥制品厂 195 个,生产水泥构件 6.79 万立方米、水泥电杆 1188 根 1327 吨、钢筋混凝土排水管 4 公里 1659 吨。有砌块砖生产厂 28 个,县建筑砌块厂、县房屋开发公司预制场、三阳友爱水泥制品厂、瑞祥水泥制品厂等单位的产品外观、尺寸、质量标号均达国家标准。1991 年,因国家指令关闭小水泥制品厂,砌块生产大部分停产或转产。县水泥制品厂主要生产农房构件、电杆、排水管。2003 年,改为民营企业昌飞水泥制品有限公司。

2006 年 5 月,市水泥制品协会成立,对全市水泥制品“升级、改革创新、质量”进行行业协调。2008 年,全市水泥制品企业 58 个。其中位于三厂镇汤西村的海安鑫华特种构件制造有限公司海门分公司生产大型屋面板,年产 3 万平方米,除满足市内需求外,还销往外地。临江水泥制品厂、正余荣平水泥制品厂等 39 个企业,专业生产农村民用各种规格混凝土小孔楼板,年产 13 万立方米,满足市内需求。市经济开发区东方水泥制品厂等 13 个企业,生产混凝土砌块砖,年产 2000 万标砖,用于市内厂房及公共设施建筑。昌飞水泥制品有限公司(三和镇)、树勋建国水泥制品厂(海门港区)专门生产大型涵管、电杆,年产 20 万米,主要用于水利、城建、电力、通信等,畅销市内外。

第四节 其他建材

一、石棉瓦

20 世纪 80 年代,六匡乡三条桥预制场生产石棉瓦。以菱苦土、水泥、石棉丝为主要原料,混合后通过瓦槽模型,手工压制成瓦。1996 年,浙江人在海门镇秀山大桥东侧生产石棉瓦与欧式廊柱(代替墙面护栏),经营达两年多。因强度不高、耐用时间短,石棉瓦在彩钢瓦出现后淘汰;欧式廊柱被广泛用于楼宇装饰。

二、彩钢瓦

2002年,外地人在海门镇秀山西路6号地段经营彩钢瓦,年产1.5万平方米。2007年,外地人在海门镇五港村26组经营彩钢瓦,年产1万平方米。2008年4月,市通源金属制品有限公司经营彩钢瓦,当年产值6.78万元。彩钢瓦轻巧、美观耐用,规格可根据用户需求轧制。

三、保温建筑材料

2007年,市天地保温建筑材料公司年产保温材料0.18吨,2008年产0.2吨。

四、建筑涂料

1984年,海门镇建涂料厂,生产"108""109"内外墙涂料及"107"胶水,年产150吨。

1985年,县建材二厂办建筑涂料、胶水车间,生产"803"内墙涂料88吨。1990年,涂料品种有"803""106"内墙涂料和"107"胶水,共计120吨。

五、屋面防水材料

1984年,常乐乡玉竹村生产PPC防水油膏,并通过省防水协会引进SBS高分子卷材,后生产聚氨酯防水涂模等产品,年产150吨。1988年,江滨乡创办建筑拒水粉厂,1989年投产,年产221吨。1990年,生产拒水粉372吨,产品通过省级鉴定。1995－2008年,市经济开发区宏鸣防水材料厂专业生产PPC油膏,年产量80吨。

六、玻纤玻钢制品

1972年,三厂镇办冷却设备厂,应用手糊工艺,生产多种型号玻璃钢冷却塔及水处理设备,年产量20吨。1974年,县商业局和余东、正余公社先后建玻璃钢企业,生产坐垫、油箱、踏脚板、电瓶箱等,全县年产量50吨左右。1975年,悦来公社建净化设备厂,生产玻璃钢冷却塔、净化服。1977年,秀山公社建玻璃纤维布厂,生产玻璃纤维布。1988年,正余乡建环保设备厂,生产玻璃钢冷却塔、工业用通风管道、屋顶风机及环保设备。1989年,常乐镇建大生水处理设备厂,生产玻钢冷却塔及水处理设备。是年,全县有企业9个,工艺由手糊发展为机械加工。主要产品有玻纤布冷却塔、屋顶风机、装配式风机、组合式工业用空调机(器)、水处理设备、环保设备、通风管道、船艇等34个系列256种产品。2006年,全市玻纤玻钢产值4561万元。2008年,产值6403万元。

七、塑料钢窗

1990年,县百乐门窗有限公司建塑料钢窗厂,年产量为2万－3万平方米,产值300万－450万元。1996年12月,市经济开发区投资1000万元,建市乾鑫铝合金门窗有限公司,年产塑料门窗4万平方米,产值600万元。公司从外地购入塑料异型材料,加工各种规格的塑钢门窗。该产品洁白、量轻、不易生锈、安装方便,被广泛用于城镇、乡村房屋装修。

八、砼外加剂

2005年12月,南通金盛建筑材料有限公司办砼外加剂厂。2006年,生产750吨,产值130万元。2007年,生产3950吨,产值670万元。2008年,生产5450吨,产值950万元。

九、马赛克

2007年,南通金顿新型建材有限公司兴办马赛克厂,年产值43万元。2008年,产值461万元。

十、钢结构框架

2003年,市龙鑫钢制品有限公司、铭威水利建设工程有限公司、青龙船务工程有限公司生产钢结构框架。2006年生产1640吨,产值1110万元。2007年,4815吨,2125万元。2008年,5700吨,2470万元。

十一、商品混凝土

2006年,市帕源道路工程材料有限公司、海门弘汇混凝土有限公司、南通三瑛混凝土有限公司等企业建商品混凝土公司,生产的商品混凝土环保、卫生、省工。是年,产量7.97万立方米,产值2172.7万元。2007年,产量29.54万立方米,产值8314万元。2008年,产量42.89万立方米,产值1.3亿元。

第五节 墙体材料改革

清康熙四十四年(1705),崇明县人陈朝玉与妻刘氏涉江到三角沙(今万年镇西北)、天补沙(今天补镇)开荒种植时,就地割取芦苇等材料搭建“环洞舍”简陋住房。此后半个多世纪,沙洲扩大,移民1万余人,住居以“环洞舍”为主。

乾隆六十年(1795),厅境农舍以芦苇、竹篾扎成笆块墙体,竹木为梁柱支搁架,竹木椽子,芦笆望帐,稻草盖顶,木门窗,搭盖成三架、五架一字形芦芭墙体草屋。

嘉庆年间(1796－1820),海门海界河南北区域的坝头镇、磨框镇等民间人士筹资办土窑生产黏土砖。少数富裕农户及集镇工商户建房时,山墙与前后墙采用木支柱分格,砌筑半砖填空墙体,内外墙面用纸筋石灰浆粉刷,也有用芦笆片防护墙壁,屋顶盖草或黏土小瓦。

道光元年至光绪十七年间(1821－1891),一些富户兴建空斗墙包柱包檐、无支柱不包檐两种砖砌墙体房屋。为省砖块,砌筑一眼一斗、一眼四斗、无眼等空斗墙体,按实心墙体计量,分别省砖22.2%、26%、28%。但穷人仍住芦笆墙体草屋。民国年间,砖墙体瓦房占总量15%左右。

20世纪50年代初,砖瓦生产数量少,仅供农户砌筑柴灶、猪圈用。1955年,砖瓦行业组建合作社,年产砖1145万块,更替2300间芦笆墙体。1959年,常乐砖瓦厂建成18门循环烧砖瓦的轮窑,年产量1000多万块。全县产砖3544万块,基本满足民房半砖体改建需要。60年代初,因受自然灾害影响,砖瓦生产和民房改造基本停止。1962年砖瓦生产恢复。1965年,产砖1.12亿块、瓦3497万片,民众用砖瓦按计划供应。1970年,全县产砖1.39亿块,用砖供需矛盾突出。70年代中期,一些公社利用开挖、疏浚河道堆积的泥土,扩大砖瓦生产,砖瓦紧缺的状况得到缓解。1979年,全县产砖3.78亿块,70%的芦笆墙体草屋改造成砖墙体瓦房。80年代始,富裕起来的群众掀起乡村小楼别墅和城镇多层住宅建设热潮。海门砖瓦企业加大生产力度。1982年,全县产砖5.13亿块。六七十年代开挖河道堆积的2800万立方米泥沙土被砖瓦企业用光,部分砖瓦企业租用砖厂周边农田,取土0.5米至1米深度,造成低洼地,不能种植农作物,村民反响强烈,引起各级领导重视。

1989年9月,成立县墙体材料改革领导组,设办公室,开展以节约土地、保护耕地、节约能源、保护环境为宗旨的黏土砖墙体材料改革。1990年,加大墙体改革宣传,推广六七十年代常乐砖瓦厂研制的煤屑内燃黏土砖生产。是年,产砖5.62亿块,比1988年少产1.77亿块,经测算少耗土98.07万立方米,以取土深度1米计算,少毁坏农田98.07公顷。

1992年起,每年与各建材企业签订墙改目标责任状,实行目标管理。是年,常乐镇二匡砖瓦厂将“八五砖”两块并为一块造型,并在砖平面留制直径20毫米11个小孔洞,可节约泥料13.4%,后改为17个孔洞,节约泥料21.74%。经测试,完全达到承重墙的荷载要求,取名黏土多孔砖,这一革新可节省泥料30%,每1亿块砖可节约黏土5.09万立方米,少挖1米深农田5.09公顷。县建筑砌块厂投入40万元增加1条砌块生产线,形成年产250万块的生产能力,产品经国家硅酸盐研究所检测为优等品。

1994年,将砌块砖运用到多层楼房承重墙体。海南新村6600平方米住宅、东风新村1.4万平方米住宅等都采用混凝土砌块砖,起到示范作用。1995年,海门镇旧城改造53万平方米住宅和设施工程,其中45万平方米使用砌块砖。全市城镇新墙材应用面积80万平方米,占建筑面积50%,专家称海门墙改,全国领先。是年,海门混凝土砌块厂增加到28个,市机床厂为砌块厂试制生产一批自动化机械生产线。1996年12月,海门市获全国墙体改革先进集体称号。1997年,海洪砖瓦厂研发矩形节能砖,获省墙改技术补贴奖励10万元。市华威新型建材厂开发生产加气砼砌块砖,获省、南通市墙改办各拨30万元补贴。后混凝土大孔砌块砖墙体不便住户装修,退出住宅墙体建筑,少量用于工业厂房混凝土框架填充墙体、公共设施等墙体建筑。

1999年,海门墙体材料主要推行黏土多孔砖、新型轻质墙体材料。至2001年,分期分批关闭轮窑5座,铲除全土窑158座,节约土地288.67公顷,盘活土地33.33公顷,复耕还田30.8公顷,为新工业项目提供400公顷用地指标,同时节约标准煤12万吨,利用工业废渣11万吨。2002年,市成立清窑领导组，开展清窑限产行动。是年，平窑47座，复耕土地21.47公顷，村民燃放鞭炮庆祝。2003年，多部门联合执法限期关闭小轮窑、小土窑，规定已转产多孔砖的窑主利用河道泥、滩涂泥和其他淤泥生产，并制定具体的利用河道淤泥制砖优惠政策。

2004年，全市产砖3.32亿块，其中新型墙体砖2.56亿块，占总量77.11%。是年，拆除简易轮窑、小土窑19座，补偿拆窑经费4.5万元，复耕土地26.67公顷。包场、海洪、二匡等砖瓦厂在生产黏土多孔砖时，均掺入7%－10%比例的内燃煤屑，获南通市减免税优惠。德胜、江滨、货隆等砖瓦厂试制河道淤泥多孔砖；海洪、三和砖瓦厂在制砖坯中掺入造纸污泥试制成功，并在全市砖瓦行业推广利用。2005年10月，中央电视台经济频道作“海门水中取泥制砖，不毁农田”的报道。是年，海门华威新型建筑材料公司（市华威新型建材厂）试生产蒸压加气砼砌块砖成功，年生产能力10万立方米，产品供不应求，受到建筑施工方的认可。2008年，全市产多孔砖4.04亿块。

第六章　化学工业

第一节　化　　肥

一、氮肥

1958年初，县选址三厂镇北，筹建年产800吨合成氨的海门化肥厂，边设计、边基建。翌年，因设计、设备、工艺和资金等不到位停建。1960年2月启动复建，1961年因工业调整又停建。1964年9月，再次复建投产，当年生产合成氨132吨。1966年，生产合成氨2119吨，折氮肥碳酸氢铵8549吨。1969年，添置压缩机和合成塔等设备，建立3000吨新系统。1970年，生产合成氨2505吨。1974年，形成800吨、3000吨双系统串并生产。1975年，生产合成氨3446吨。

1977年，海门化肥厂建年产5000吨合成氨新系统，固定资产增至420万元。1979年，工程结束并串并原双系统运行。1980年，800吨系统停用。1981年6月，3000吨系统停用。1982年，在5000吨新装置的瓶颈工段，通过增加造气炉和压缩机等填平补齐。1983－1990年，年均生产合成氨7316.5吨，比原设计能力提高46.33%。其产品碳酸氢铵注册“海丰”商标，质量符合国际GB3559－83标准。其间（1989年3月），该厂被化工部授予全国小氮肥行业30年来做出重要贡献的先进单位称号。1990年，学习山东寿光县化肥厂经验，进行“两煤改一煤”（动力烟煤与白烟煤改用白烟煤）技术改造，合成氨年产量稳定在万吨左右，固定资产增至920万元。1991－1998年，生产合成氨年均9573吨。由于农村种植结构变化，海门自用碳酸氢铵2万吨，剩余2万吨市外销售。价格放开后，市财政只补贴自用肥差价。1999年，因企业自身消化市外销售差价困难而停产。2003年，海门化肥厂破产。

二、磷肥

1958年，县商业局建县农药厂，以耐酸缸、木棍，露天人工搅拌，土法生产过磷酸钙。其原料为进口摩洛哥矿粉和地产硫酸。至1962年，共产磷肥173吨。是年秋，县农药厂在调整中关闭。

1969年，厂洪、江滨、麒麟等6个公社集资建大洪磷肥厂，仍以缸、棒、人工搅拌，土法生产。1970年，三阳公社集资建三阳磷肥厂，机械搅拌，设计年生产能力5000吨。1971年，大洪磷肥厂技术改造，改用机械搅拌生产。至1974年，全县生产磷肥3115吨。1975年，建海洪、东兴磷肥厂。是年，大洪磷肥厂更名县磷肥厂，迁址青龙港化工区，按年产3

万吨磷肥和1.5万吨硫酸机械化生产的设计要求，建厂房、车间，增添机械设备和仓储设施。1982年，流水线投产。至2002年，共产7.93万吨，除满足海门农业生产需要外，远销山东、安徽等地。是年6月，市磷肥厂改制为民营企业。2003－2008年，生产6.36万吨。

三、钾肥

1958年，县第一油厂利用棉壳灰生产钾肥。至1964年，合兴、麒麟油厂生产钾肥约50吨。1970年，三阳磷肥厂以钾长石为原料生产钾肥，因成本高而停产。

四、复合肥

1975年，王浩公社建复合肥厂，将氮肥、磷肥和钾肥按比例人工拌和生产复合肥。1986年，县磷肥厂建复合肥车间。20世纪80年代后期，海门化肥厂、县磷肥厂添置颗粒机生产颗粒状复合肥4500吨。1990年，全县生产复合肥5763砘。2001年，刘浩镇建绿宝复合肥厂，机械化生产。2006年，绿宝复合肥厂更名为南通市鑫农肥料有限公司，固定资产60万元。2008年，有复合肥厂2个，产量8124吨。

第二节 农 药

一、棉油皂

1956年，县第一油厂利用油下脚料经烧碱皂化制成块状物（俗称棉油皂），作为治棉蚜虫的农药，由农资公司统销，年产量20吨左右。1972年，棉油皂淘汰。

二、“六六六” 多硫化钡

1958年，县农药厂土法生产“六六六”农药。1959年，试制、生产多硫化钡和硫黄农药。至1961年，共生产“六六六”300吨、多硫化钡50吨、硫黄2.9吨。

三、亚铵硫磷

1970年8月，县商业局在三厂镇北重建县农药厂，试制、生产亚铵硫磷农药。因甲苯等剧毒原料在产品合成过程中产生有害气体，严重污染空气和水源，三厂镇居民反响强烈。1972年，迁址大东农场。至1978年，生产亚铵硫磷1968吨，后被新农药取代。

四、氧化乐果

1978年，县农药厂南迁青龙港化工区。1979年，试制新农药氧化乐果，至1982年共产40%氧化乐果1482吨。是年，海门化肥厂建氧化乐果车间，生产40%氧化乐果28.7吨。因原料供应紧张，1983年停产。1984年，县农药厂生产1178吨。至2002年，共生产1.46万吨。该产品除由农资公司统销外，增产部分的氧化乐果原油，企业自销东南亚国家和地区。2003年改制后，市农药厂更名市江乐农药化工有限公司。是年，氧化乐果原油由自产转向外购，经乳剂复配成40%氧化乐果，年均复配1000吨，直销市场。2006－2008年，复配1720吨。

五、其他农药及中间体

1981－1983年，县农药厂试制、生产氧化乐果的主要原料——氯乙酸钾酯，自产自用；研制40%氧敌乳油复配剂，并小批量生产；与省农科院合作研制、生产40%虫螨净乳油复配剂1275吨。1989年，研制氧氯菊酯农药，因成本高未批量生产。1990年，试制粉锈宁农药。至2000年，生产粉锈宁等1600吨、农药乳剂1750吨。2005年，有企业3个，固定资产3111万元。江苏英力科技发展有限公司生产农药中间体——氯乙酸钾酯2140砘，市兆丰化工有限公司试制、生产治软体蜗牛农药——四聚乙醛150吨，市江乐农药化工有限公司试制新农药虫酰辛。2006－2008年，企业2个，生产农药中间体IHT－70计953吨、四聚乙醛520吨；农药虫酰辛30吨。

第三节 染料与颜料化工

一、染料

1976年，县染料化工厂、染料化工二厂、染料化工三厂相继建立。20世纪80年代，县染料化工厂纳税760万元，为集体积累资金600万元，上交支农基金4万元。该厂在1983年开发生产化工原料永固紫时，所采用的RL捏合法工艺，属国内首创。1990年，全县有染料化工企业4个，固定资产388.6万元，产值1589万元，纳税62.6万元。2000年，有企业7个，固定资产9547万元，生产永固紫、蒽醌、还原红等染料3841吨，产值3.08亿元，纳税3370.6万元。2005年，南通龙翔化工有限公司、市环宇化工厂、市宝龙化工有限公司等8个企业进入市规模以上企业行列。2008年，有企业8个，固定资产1.04亿元，生产染料5.04万吨，产值3.75亿元，纳税1565万元。其中南通海迪化工有限公司固定资产3500万元，销售收入4.53亿元，纳税2354万元，被评为市金牌企业。

二、颜料

1976年，万年、六匡、国强等公社兴办颜料化工厂。1978年，全县有颜料化工企业4个，产值100万元。1986年，县农药厂与上海颜料化工厂合作，试制、生产阳离子RL－艳蓝颜料。至1989年，生产“艳蓝”61.65吨。1992年9月，江滨化工二厂经上百次试验，试制成功还原红F3B。1995年，有企业5个，固定资产2581万元，产值1.65亿元，纳税187.4万元。2000年，有企业6个，固定资产4052万元，产量417吨，产值2.64亿元，纳税591万元。2008年，有企业8个，全部进入规模以上企业行列，固定资产1.85亿元，生产颜料2764.17吨，产值5.3亿元，纳税2516万元。其中南通市争妍颜料化工有限公司销售收入1.33亿元，纳税1197.73亿元，被评为市银牌企业。

第四节 橡胶制品

一、再生胶

1978年，包场中学校办厂转产再生胶，更名县再生胶厂，年产普通再生胶300吨。1980年，建县再生胶二厂和县轮胎翻制厂等4个再生胶企业。1990年，全县再生胶企业固定资产207万元，产量2954吨，产值692万元，品种由普通胶发展到轮胎胶、雨鞋胶和染胶等。2000年，有企业7个，固定资产4702万元，产值1.38亿元，纳税561万元。至2005年，开发新产品丁基、三元乙丙、丁腈再生胶、彩色再生胶等。是年，南通回力橡胶集团有限公司生产多种再生胶11.28万吨，产品远销欧美、亚太、非洲等地国家和地区，出口创汇连续12年在全国同行业名列第一，与科研单位合作开发的丁基再生胶填补国内空白。2008年，有企业15个，固定资产1.41亿元，生产橡胶7.85万吨，产值10.99亿元，纳税6006.9万元。

二、橡胶零件

1975年，刘浩橡胶制品厂生产橡胶零件。1980年，刘浩橡胶厂、厂洪氟塑橡胶厂投产。1990年，全县有橡胶零件生产企业6个，产值361.69万元，纳税26.33万元。1995－1996年，南通市海林汽车橡塑制品有限公司、市沪新橡胶制品厂投产。2000年，有此类企业4个，固定资产1358万元，产值4057万元，纳税212.6万元。其产品有多种规格的嵌条、垫片、胶管等。2005年，有企业6个，固定资产3371万元，产值2.26亿元。其中，南通市海林汽车橡塑制品有限公司产值2.08亿元，纳税1688.7万元，是生产多种类型汽车、货车用嵌条、垫圈、密封件和进气连接管等橡胶管件专业厂；市华宝胶辊有限公司（包场镇）生产的胶辊，用于造纸、印染、印刷、机械、轻工等行业。2008年，有企业11个，固定资产4495万元，产值5.5亿元，纳税1073.22万元。

三、橡胶鞋底

1974年，余东公社联合大队办橡胶厂，生产橡胶鞋底。1978年，全县有橡胶鞋底生产企业6个，产值78.3万元，利润18.5万元，纳税26.6万元。1990年，有企业15个，产值552万元，行业亏损24.43万元，纳税40.1万元。1991年后，部分企业转产或歇业。2000年，有企业4个，产值1807万元，纳税165.4万元。其中南通市健达橡塑制品有限公司年产49万双，产值550万元，盈利39万元。2005年，有企业5个，产值6221万元，纳税443.16万元。2008年，有企业9个，固定资产1197万元，生产胶鞋底1698万双，产值1.02亿元，纳税544万元。

第五节 塑料制品

一、塑料薄膜

1990年,江滨乡建塑料制品厂,购置4台注塑机生产工业用膜,产值24万元,纳税1.98万元。是年,建县解放塑料厂,生产农用除草保温膜。1997年,台商在市经济开发区建华通联合(南通)塑胶工业有限公司,生产包装用膜,产值3670万元。2000年,全市有塑料薄膜生产企业4个,生产薄膜3100多吨。2005年,有企业4个,生产薄膜9374吨,产值1.43亿元,其中华通联合(南通)塑胶工业有限公司生产7900吨。2008年,该公司生产塑料薄膜增至1.3万吨,60%销往国外。是年,全市有企业6个,固定资产9831万元,产值3.75亿元,纳税422万元。

二、塑料粒子

1995年,市富华塑料制品有限公司转产塑料粒子,产量450吨,产值354万元,纳税15.2万元。2005年,该公司产量970吨,产值770万元,纳税80.7万元。是年,全市有塑料粒子生产企业3个,产值1585万元,纳税129万元。2008年,有企业4个,固定资产1065万元,产量6342吨,产值3171万元,纳税117万元。

三、塑料包装物

2004年,市连元塑料制品厂、三厂洪西塑料制品厂转产塑料袋为主产品。2008年,有企业6个,固定资产773万元,生产编织袋453万条,产值2838万元,纳税111万元。

四、其他塑料制品

1995年,南通嘉禾塑料五金制品公司转产塑料制品,当年产值591万元,纳税8.9万元。2000年,有企业16个,产值8799万元。市宏美塑料厂生产塑料软管,用于灌装牙膏、鞋油等。2005年,有企业44个,产值1.3亿元。产品涉及消防用具、生活用具、农业用具和灯具等。2008年,有企业21个,产值1.35亿元,纳税851万元。

第六节 日用化工

一、卫生用品

2000年8月,常乐镇引进外资建南通家信日化有限公司,后更名江苏黑鹰化学工业有限公司,固定资产909万元,生产流水线3条。当年生产气雾杀虫剂和蚊香12万箱,产值909万元,纳税26万元。2005年,该厂固定资产2274万元,生产气雾杀虫剂和蚊香36万箱,产值2274万元,纳税65.5万元。2008年,该厂固定资产1301万元,生产37.02万箱,产值2555万元,纳税130万元。

二、洗涤用品

民国9年(1920),复兴肥皂公司在茅家镇南市开办,生产"三星""丹凤""蝴蝶"等牌号肥皂。1958年6月,县第一油厂利用棉油下脚料经脱脂生产肥皂。1960－1962年,棉油皂一度成为肥皂代用品。1968年,三厂油厂建肥皂车间,利用油下脚料生产肥皂,1979年产164吨。1990年11月,友爱洗涤用品厂与上海正章洗涤公司联营,生产高级羊毛衫洗涤剂和皮革清洁光亮剂、皮鞋去污膏等。1998年10月,大新洗涤剂厂生产柔软剂。2005年,有洗涤用品生产企业4个,产值871万元,纳税49.15万元。2008年,生产洗涤剂517吨,鞋油294吨,光亮剂110吨。

三、化妆品

1976年后,余东公社大新日用化工厂、麒麟公社繁荣化工厂、德胜公社朝阳化工厂生产雪花膏、花露水、洗发精、蛤蜊油等化妆用品。1990年,产值127.5万元、利税3.7万元。1991年先后转产或歇业。

第七节 其 他

一、碱 酸

碱 1958年5月,海门化肥厂建年产300吨烧碱装置,土法生产液体烧碱100吨。1959年,烧碱生产并入县农药厂,采用西门子式石槽24条,电解法生产。至1961年,该厂生产烧碱100吨。1971年,海门化肥厂试制、生产纯碱2吨。1972－1978年,该厂生产纯碱1867吨,后停产。

酸　1959年,县农药厂利用电解法生产烧碱过程中放空的氢气,经水吸收装置对流法生产盐酸约200吨。1960年,海门化肥厂利用停建期间的厂房和部分通用设施,另购置陶瓷硫酸塔,土法生产硫酸300吨。1978－1987年,县磷肥厂生产硫酸10.01万吨。1987年,投资344万元,对硫酸生产系统进行技术改造,通过提高二氧化硫转化率提高产量。1988年,生产硫酸1.63万吨。1989－2002年,生产硫酸16.54万吨。年均产量比技术改造前提高18%。2003年,因硫酸生产设备严重腐蚀无法确保生产安全而停产。

二、树脂类

1986年,县农药厂试制、生产玻璃钢树脂10余吨,次年停产。2000年前后,王浩镇建新型高分子材料厂和市力德化工新材料有限公司,生产高密度聚乙烯树脂。2003年11月,港商独资建佳惠树脂(南通)有限公司。2005年,有企业5个,生产树脂7600吨,产值6104万元。新增有机硅树脂和合成树脂等品种。高密度聚乙烯树脂产值1.69亿元。2008年,佳惠树脂(南通)有限公司生产树脂2900吨,产值3400万元,纳税151万元。

三、锌类

1992年,余东公社亚兴化工厂建年产1500吨间接法氧化锌生产基地。1995年,生产氧化锌3260吨,2000年6080吨。2005年,该厂进行技术改造,生产流水线增至6条,工艺及规模居国内同行业领先水平。2006年12月,该厂转让港商,更名为江苏天力锌业有限公司。2008年,全市有企业3个,固定资产3020万元,生产氧化锌2.24万吨,产值2.92亿元,纳税624万元。

四、剂类

1977年起,悦来助剂厂、三阳公社陈圩助剂厂、新余助剂厂和大新黏合剂厂相继建成,生产各种助剂200吨,产值252万元。1985年,县磷肥厂与沈阳化工研究院合作开发DX催化剂,县农药厂试制生产黏合剂。1989年6月,天补陶瓷黏合剂厂试制成功陶瓷黏合剂,填补国内空白;南通市助剂总厂批量生产国内首创染料增深剂PD－901。1990年,全县有剂类生产企业11个,固定资产209万元,产值1047万元。1993年10月,三阳化工厂生产的免洗助焊剂获机械电子工业部颁发的合格证书,质量达到一级免洗助焊剂指标和国际公认的免洗标准,填补国内空白。2000年,全市有企业14个,产值1297万元。2005年,有企业30个,产值8403万元,纳税285.3万元。2008年,有企业18个,固定资产1603万元,生产助剂9367吨,产值7484万元,纳税603万元。

五、其他化工产品

1958年8月,县第一油厂利用棉壳、玉米秸以常温硫酸水解,土法生产化工原料糠醛;另以棉油下脚料为原料,经氧化钙高温裂解生产生物石油。1959年,县农药厂收集烧碱生产过程中释放的氯气,经加压让消石灰吸收,生产漂白粉。1962年秋,青龙港东风石灰厂以自产石灰为原料,利用生产石灰过程中放空的二氧化碳气体生产轻质碳酸钙。1968年,麒麟油厂利用棉籽壳灰生产三钾盐。1977年,海门油米厂利用脱脂米糠生产肌醇,合兴油厂利用棉油下脚料生产脂肪酸。是年后,王浩化工厂等企业先后生产三氯化磷、氯化钙、氟化钾、磷酸三钠、香蕉水、白炭黑等产品。1979年,新建县化工六厂(后更名为江滨化工二厂),生产大苏打(硫代硫酸钠);县王浩化工厂转产硫酸铜为主产品。1986年6月,海门化肥厂筹建年产1500吨的双氧水车间,生产双氧水。2000年,全市有此类企业7个,固定资产2601万元,产值1.18亿元,纳税359.6万元。增加油酸酰胺、草酰氯、甲酸铵、苯甲酸、乙二酸铵、二氯烟酸、酰丙、己二酸、硼酸等产品。2005年,有企业17个,固定资产1.44亿元,产值10.04亿元,纳税3570万元。增加芥酸酰胺、叔丁基二甲氯硅烷、二氨苯酚、二酸铵、甲醚、草酸钴、氯丁烷等产品。2008年,有企业32个,固定资产3.85亿元,产值13.84亿元,纳税6985.5万元,增加氯化钴、硫酸钴、硝基苯、乙酰乙酸钾酯、液体聚合氯化铝、氢氧化铝、硫酸锂、硝酰胺酯噻唑、微粉碳酸锂、溴乙烷等产品。

第八节 企业选介

一、江苏英力科技发展有限公司

1999年5月,北京清华紫光英力化工技术有限责任公司与市农药厂合资组建市清华紫光英力化工有限公司,注册资本100万元,租赁原市农药厂部分资产进行生产、经营,生产氯乙酸甲酯产品。

2002年,经二次增资,注册资本300万元。9月,获自营进出口权。12月,购买毗邻市农药厂的5.57公顷土地。2003年12月,将股权转让给北京英力科技发展有限公司,收购已破产的原市农药厂2.23公顷土地及一半其他资产。2004年6月,注册资本增至1100万元。是年,通过英国SGS公司的ISO 9001:2000质量管理体系认证。2005年9月,更名江苏英力科技发展有限公司。2008年,占地8公顷,建筑面积3万平方米,从业人员250多人,其中科技人员50人,固定资产8000万元,年产各类化工产品600吨,主要销往欧美市场。全年销售收入8033万元,纳税681万元。被评为市铜牌企业,南通市十佳创业基地。

二、南通海迪化工有限公司

1976年,大新公社建县染料化工厂。1983年,开发生产化工原料永固紫,其RL捏合法工艺属国内首创。1985年,选址汤家乡丁陆村建分厂,更名县化工原料厂。1995年,研发1.8－二氨基萘新产品。1998年,被评为国家级重点新产品,技术经济指标达到国际先进水平。2000年12月,与日本油墨化学工业株式会社组建中外合作企业,更名南通海迪化工有限公司。生产染料、有机颜料及中间体等20多个产品,是世界上最大的永固紫RL生产基地,市场占有率60%;生产的1.8－二氨基萘70%销往日本、美国、德国等国家。是年,通过ISO 9001质量管理体系认证。2008年,公司占地6.6公顷,建筑面积3.5万平方米,从业人员750多人,其中科技人员70多人。固定资产3500万元,销售收入4.53亿元,纳税2354万元。被评为市金牌企业。

三、南通市争妍颜料化工有限公司

1976年,万年公社在综合厂化工车间建万年化工厂,生产葵二酸、硫化锌等低档化工产品。1979年,转产华兰、品绿、孔雀蓝等低档颜料。1980年。更名县颜料化工厂,与上海有关部门共同开发醇溶火红B和GR黄中档颜料,替代进口,属国内独家生产。1982－1983年,开发4－硝基－2－氨基－6磺酸等颜料中间体,解决该产品进口困难和成本高难题。1993年注册“争妍”商标,创立企业品牌。2000年4月,通过ISO 9002质量管理体系认证。

1997－2002年,开发生产颜料红GL、3BL、HL和溶剂红KL等产品,填补国内空白。颜料红GL列为国家级重点新产品,颜料红HL列入国家“火炬计划”项目,溶剂红KL列入省“星火计划”项目,溶剂红KL、颜料红3BL、HL列为省高新技术产品。

2002年7月,企业改制后更名南通市争妍颜料化工有限公司。2003年7月,整体搬迁海门港工业区,占地4.66公顷,从业人员269人,其中技术人员38人,总资产6178万元,产品有中高档有机颜料4大系列30个品种。2005年9月,通过ISO 14001环境管理体系认证。是年,生产有机颜料855吨,产值8368万元,纳税238万元。产品销售全国各地,50%产量远销欧洲、北美、东南亚地区,年创外汇500万美元。2008年,销售收入1.33亿元,纳税1197.73万元。被评为市银牌企业。

四、南通回力橡胶集团有限公司

1975年,包场中学建校办厂,生产玻璃器皿产品。1978年,转产再生胶,改为县再生胶厂。1994年,更名南通回力橡胶集团有限公司。1995年,成为全国最大的再生胶生产企业。至1997年,连续3年在全国同行中夺冠。是年,再生胶产量、产值、销售、利税、利润五项经济指标列全国第一。1999年,通过ISO 9001质量管理体系认证,研制的废丁基胶再生技术列为国家重大产业技术开发项目,被评为国家鼓励发展的资源节约综合利用和环境保护技术。2005年,生产再生胶11.28万吨,产值7.75亿元。产品远销欧美、亚太、非洲等地区,出口创汇连续12年名列国内同行第一。先后被评为全国资源综合利用先进企业、全国橡胶行业科技进步先进企业、全国化工环保先进单位,是中国橡胶工业协会副会长单位和中国废橡胶综合利用分会理事长单位，省高新技术企业和省循环经济示范单位。2008年，公司占地8.4公顷，总资产1.8亿元，从业人员1000多人，其中技术人员百余人，销售收入10.09亿元，纳税4046万元。评为市金牌企业。

附：

2008年海门市化学工业部分企业情况一览

表11-9

类别	企业名称	主要产品	主要经济指标（万元）		
			产值	销售收入	纳税
染料颜料	南通海迪化工有限公司	染料	9332	9200	207
	海门市宝龙化工有限公司	染料	7031	6684	120
	海门市环宇化工厂	染料	3512	3865	109
	南通龙塑化工有限公司	染料、颜料	16531	14115	1290
橡胶制品	金轮橡胶（海门）有限公司	再生橡胶	8704	10525	878
	南通大华橡胶有限公司	再生橡胶	2210	2160	130
	南通市江海橡胶有限公司	再生橡胶	1581	1451	60
	南通市鑫峰橡胶有限公司	再生橡胶	1352	1296	96
	南通海林汽车橡塑制品有限公司	橡胶零件	5995	5978	826
	索翠鑫（南通）橡塑制品厂	橡胶零件	1653	1653	55
	南通市黄海机械密封件厂	橡胶密封件	861	826	101
	南通市奥斯特鞋业有限公司	橡胶鞋底	3900	4038	283
	南通市健达橡塑制品有限公司	橡胶鞋底	490	480	26
塑料制品	华通联合（南通）塑胶有限公司	薄膜	19022	18930	259
	南通纵横塑胶有限公司	薄膜	4150	4030	44
	海门市新龙翔特种塑料有限公司	塑料粒子	1200	1200	38
	海门市金瑞塑料有限公司	塑料粒子	1280	1125	37
其他化工	江苏天力锌业有限公司	氧化锌	14279	14011	327
	海门市力德化工材料有限公司	塑料助剂	2300	2199	73
	南通市新盈化工有限公司	颜料助剂	6106	5202	320
	海门市助剂有限公司	催化剂	1200	1184	60
	海门市贝斯特精细化工厂	草酰氯等	5000	4833	547
	南通新玮镍钴科技发展有限公司	氯化钴	27000	25000	766
	海门新港化工有限公司	硝酰胺酯噻唑	8372	8372	514
	江苏雄风科技有限公司	氯化钴系列产品	27179	27628	2470

第七章 医药工业

第一节 中成药

先民患病，贫者就地采集野生动植物，土法加工，尝试医治。明清时期，发现海门境内可供药用的动植物或其肢（枝）体果实入药品种800多个。药农世代相传，采集药材售往当地药铺。民国时期，上三和镇一带群众采集药材常销往上海、苏州等地药行。药铺（药行）对药材作晾晒、切碎等简单加工后上柜销售。

新中国成立后，重视药材采集和深加工以及中成药生产。遍布集镇的中药店均可加工中药材。1959年，县医药公司在茅家镇创办制药厂，职工20余人，主要生产艾罗补汁、人造补血药，1962年停办。1965年，县医药公司在海门镇建饮片加工场，除中药材切片加工外，还生产中成药益母膏、枇杷叶膏、二妙丸、三妙丸等十几个品种。1970年，工场利用县境中草药生产消炎清毒片、养血安神糖浆、补肾强身片、蒲公英糖浆等。

1975年4月，建县制药厂，厂房面积约800平方米，固定资产10万元，职工31人。1976年，职工63人，生产消炎清毒片58.68万瓶、冠脉康3000瓶、补肾强身片2700瓶、瓜蒌片1900瓶，产值51.8万元。1980年，县制药厂搬迁扩建。1983年，有职工126人，固定资产70万元，主要设备有半吨手操炉、切片机、粉碎机、压片机、糖衣机、消毒柜等30多台件。1985年，生产中成药267吨，产值224万元。1990年，中成药产量142吨，产值260万元。主要产品有复方丹参片、三七片、肝安干糖浆、复方垂盆草糖浆等，产品销往北京、上海、山东、浙江等省市。

1996年，市制药厂改制为江苏晨牌药业有限公司。2000年后，中成药生产增加片剂、胶囊剂、颗粒剂等近百个品种，主要产品有中臣康闭舒片、骨刺宁片、天麻头风片、左金片、风湿定胶囊、百通娇宫宁胶囊、惠尔康金龟胶囊、恤立丁断血流胶囊、产妇安颗粒、世汇康血府逐瘀颗粒、金钱胆通颗粒、妮能归芪颗粒、正力颗粒、消渴灵颗粒、鼻炎宁颗粒、清脑降压颗粒等。2004年，江苏晨牌药业有限公司以控股形式先后成立江苏万高药业有限公司、江苏汉晨药业有限公司、南通中晨伟业医药科技有限公司、南通致晨生物工程有限公司、南通中晨伟业网络科技有限公司，从业人员近600人，科技人员100人，固定资产5000万元。2005年，中草药切片加工增加到根茎类、果实类、叶类、花类、藤类、全草类、动物类等10多个类别、200多个品种，主要有黄芪、甘草、贝母、丹参、芍药、陈皮、地黄、天麻、地龙等，切片加工销售收入300万元。

2006年起，江苏晨牌药业有限公司开发独一味软胶囊、桂枝茯苓颗粒、金乔麦咀嚼片、冠脉宁胶囊、护肝宁胶囊、调经养颜片、食积颗粒、利胆隆颗粒等新产品。2008年，中成药销售收入7500万元，跻身全国中药销售收入百强企业行列。

第二节 化学药制剂

1976年，县制药厂生产注射液、外用溶液等化学药制剂，年产盐水20万瓶，酒精、碘酒等酊剂2万瓶。1977年，合成类辅助药土温80试制成功。1984年，县制药厂产品由中成药逐步转变为西药为主，品种扩大到20多种。除主产品大输液外，新研制生产儿童退热片、安乃近片、盐酸胺碘酮片、利福平片、利福啶胶囊、复方新诺明片、氯霉素片等产品。至1990年，产值560万元，占企业总产值68%。1996年，品种40多个，主要产品有大输液、科林、云芝多糖片等，全厂产值突破1亿元，西药占50%。

2000年12月至2003年2月，江苏晨牌药业有限公司先后通过大容量注射剂、外用溶液剂、片剂、胶囊剂、颗粒剂GMP认证，化学药制剂产品涵盖五大类60多个品种。其中，片剂有银杏叶片、恤克甲矾霉素肠溶片、科林贝诺脂片，胶囊剂主要有云芝胞内糖肽胶囊、久能复方氯作唑沙宗胶囊，颗粒剂有思强复方亮氨酸颗粒、星浦依托红霉素颗粒，大容量注射液有氯化钠注射液、葡萄糖注射液，外用溶液剂有复方酮康唑发用洗剂、含漱液。银杏叶片是主导产品，年销售占企业全部销售额的七分之一，国内市场占有率30%。2005年，企业入围中国医药工业企业创新能力百强。2006年，开发生产的银杏叶分散片被认定为省高新技术产品。2008年，银杏叶分散片入选中国银杏叶制剂十大畅销产品；伏格列糖分散片为国内治疗糖尿病的首个分散片剂型，引领口服降糖药的更新换代。是年，销售收入7700万元。

第三节　原料药和医药中间体

一、原料药

2000年9月，海门经济开发区成立与台商合资的海门慧聚英力医药化学有限公司，从业人员180人，固定资产5382万元，有100L－5000L搪瓷、不锈钢反应釜及各类反应器100多台，主要生产治疗心血管疾病的原料药盐酸贝那普利。2005年，产量303吨，产值5417.7万元，销售收入5299.7万元。2008年，产量676吨，产值1.21亿元，销售收入1.11亿元。

二、医药中间体

1992年，县药物化工厂生产医药中间体对氨基苯酚。1998年，南通四海植物精华有限公司从中草药金银花、五味子、灵芝中提取医药中间体产品。2000年，市宏顺化工厂研制生产氟系列药品的医药中间体产品氟化钾。2002年，市永和医药化工有限公司生产头孢他定二盐酸盐、头孢克肟等头孢类药品中间体。市新港化工有限公司生产治疗心血管疾病药物的中间体产品对羟基丙乙基甲醚，瑞士巴塞利亚药业（中国）有限公司生产治疗细菌感染、真菌感染和皮肤疾病的药物中间体。2004年，江苏英力科技发展有限公司生产医药中间体α－溴代苯并己内酰胺。

2008年，有企业7个，从业人员663人，固定资产1.63亿元，产值1.98亿元，销售收入1.84亿元。

第四节　兽　　药

1976年10月，建县兽药厂，职工18人，产品有安乃近、安痛啶、安基匹林、磺啶嘧啶、磺啶噻唑、链霉素等。1977年，生产水针222万支。1982年7月，被列为省兽药生产定点厂，职工49人，生产兽药品种16个。1986－1988年，生产车间由单一的水针扩展至粉针、片剂，增加氯霉素、硫酸庆大霉素、氨溴、复方庆大霉素、猪喘平、硫酸黄连素、硫酸卡那霉素、复方磺啶五甲氧嘧啶、青霉素G钾、0.3克敌菌净、0.25克土霉素、0.25克氯霉素等30多个品种。1988年，生产水针432.62万支、粉针36.97万支、片剂311万片。1989年，新增散剂车间和无味氯霉素车间，生产多种维生素和鸡宝20、无味氯霉素。1990年，4个车间投产，生产56个兽药品种。生产水针398万支、粉针106万支、片剂1598万片、散剂多种维生素1万包、鸡宝0.3万包，产品销往全国18个省及省内一些医药公司和县乡畜牧兽医站。1996年，企业改制为个人经营，设1个车间，从业人员20人。2004年，生产水针250万支、粉针80万支、片剂600万片。2005年停业。

第五节　医疗用品

1995年，成立南通华利康医疗用品有限公司。1996年，公司与上海医科大学、中国纺织大学等大专院校、科研单位合作开发高分子医用吸收合成缝合线，项目列入国家“火炬计划”，1997年投产。1999年，江苏生命集团有限公司生产医疗支具，用于各种骨折固定。2004年12月，该项目转让海门时代纺织科技有限公司。2005年，产3万副，销售收入500万元。是年,南通华利康医疗用品有限公司生产高分子医用吸收合成缝合线200多万根。产品规格从用于眼外科微型手术到用于胸腔外科等手术共数千种,其优点是张力强劲、吸收可靠、安全性好,可达到伤口愈合与缝合手术线溶解同步,填补国内空白。2006年,成立南通华尔康医疗用品有限公司。2008年,全市生产医用缝合线40万根,产值625万元,销售收入606万元。

第八章 机械冶金船舶工业

第一节 机械制造

一、农业机械

1958年,各公社相继兴办农机(具)厂或铁工厂,生产运输、排灌、脱粒、加工等小型农机具。1959年,县内燃机厂生产1120柴油机5台。1960年,县通用机械厂生产玉米脱粒机81台、饲料粉碎机6台。1962年5月,农业部到海门拍摄玉米脱粒机使用的新闻纪录片。1965年,县农业机械修配厂生产大、中、小3种规格饲料粉碎机135台、135型碾米机215台。至1968年,共生产饲料粉碎机1076台、碾米机1041台。

1969年,县农业机械修配厂与南通地区其他5县农机厂协作,生产东风12型手扶拖拉机,该厂生产底盘和负责总装,当年生产30台。1976年,生产2800台。1977年,全县生产脱粒机261台、饲料粉碎机66台、碾米机150台。20世纪70年代,县拖拉机厂生产东风12型拖拉机1.83万台,由南通地区农机公司统购包销;余东农机厂生产碾米机3311台、脱粒机1383台;四甲农机厂生产播秧机575台;四甲农机厂、天补动力机械厂生产农用水泵4791台、切草机857台。80年代后,县境农业机械及配件生产企业转产,只有少数企业生产农用柴油机配件,沿袭至2008年,仍有少数企业生产。

二、纺织机械

1958年,县内有简单的纺织机械配件生产。1970年,建县纺织机械厂,主要生产罗纹机。1981年,县拖拉机厂生产62型针织横机213台。1981年、1982年,全县生产1515织布机300台。1982年,县纺织机械厂生产人造毛皮机300台。1983年10月,县交通(纺织)机械厂与山西电子研究所合作,研制成功2D电子提花人造毛皮机,并通过鉴定,填补国内空白。1984年,县纺织机械二厂生产梳毛机。1986年,县通用机械厂(前余东农机厂)与上海纺科院联合研制无纺布机,生产YZ-855双滚筒预针刺机2台;县纺织机械厂生产梳棉机150台。1988年,YZ-855双滚筒预针刺机通过鉴定,填补中国非织造布技术空白,并批量生产。1995年,市纺织机械二厂生产梳理机100台。是年,建市中南机械厂,生产针织圆盘机80台。2000年,有企业10个,产品有梳理机、针织圆盘机、电脑绣花机、金属针布、盖板针布、纺机配件、缝纫机配件等。2005年,市新亚绗缝机械厂、江苏大岛集团公司等生产多针绗缝机900多台,南通金轮针布有限公司生产金属针布3914吨、盖板针布5095套。2008年,有企业11个,从业人员1401人,固定资产1.84亿元,产值2.86亿元,销售收入2.77亿元,纳税3013万元。主要产品有金属针布、梳理机、电脑绣花机、电脑绗缝机及纺织机械配件。

三、通用机械

1958年,县机床厂生产4.5英尺皮带车床。

1959年,县通用机械厂生产B665型牛头刨床11、12毫米钻床35台、电动钻床2台、4.5英尺皮带车床13台。1962年,县农业机械修配厂生产滚齿机。1966年,县农业机械修配厂生产简易专用镗床2台,四甲农机厂生产落地大车床10台,平山铁工厂生产12英尺车床30台、6136车床20台。1968－1969年,县农业机械修配厂生产B2010型龙门刨床1台、12英尺车床4台、C6136车床7台。1970年,县农业机械修理制造厂生产X502立式铣床16台、M120W型外圆磨床1台、M6025工具磨床2台、Y3150滚齿机2台。全县生产金属切削机床177台。1973年,天补铁木竹合作社生产C618D车床39台。1975年,更名为县动力机械厂,生产JCZ型开式可倾压力机(冲床)16台。1977年,余东农机厂生产C630车床12台。

1985年,县矿山机械厂开发生产W67Y－40/2000扳料折弯机12台。1986年,县动力机械厂生产SXK25型数控砂线切割机床10台。1987年8月,县矿山机械厂生产的W67Y－40/2000扳料折弯机通过省级鉴定。1990年,该厂开发生产W67Y－80/3200扳料折弯机,年产量150台左右。1995年产量降至20台左右,1998年停产。1999年,县动力机械厂改制更名市天元锻压机床有限公司,年产16吨冲床200台。2000年,天补机械厂(后改称市机械厂)生产35吨冲床250台。2004年12月,建西马特电机有限公司,生产各类钻床。2008年,全市通用机械生产从业人员225人,固定资产1602万元,生产压力机械(冲床)272台、钻床2252台,产值4557万元,销售收入4396万元,纳税233万元。其中南通西马特机器制造有限公司(西马特电机有限公司)生产钻床1999台,产值3053万元,销售收入2766万元,纳税136万元。

四、印刷机械

1959年,县农机厂生产4开印刷机2台,翌年停产。1980年,县拖拉机厂与上海第三印刷厂联合生产TR801A型印刷机5台,后改产490立式停回转凸版印刷机,企业增挂县印刷机械厂牌子。1983年,生产CZ801A衬纸机22台。1985年11月,研制成功TYPB200平压烫印机。1986年,生产TBL2640双色四开薄凸版轮转印刷机4台。1987年,试制成功TYYB280圆压烫印机,与机电部北京印刷机械研究所联合开发、生产ZBSY615半自动液体感光树脂版制版设备。1988年1月,开发生产TYBB800平压烫印机,获省优秀新产品“金牛奖”。1989年,开发生产TYPB400平压烫印机,年产30台。1990年,生产四开胶印机,ZBSY615半自动液体感光树脂版制版设备通过部级产品鉴定,填补国内空白,1991年11月获国家重大技术装备成果一等奖。

1992年,建海门兴马机械厂,生产烫印机30台。1994年3月,六匡印刷机械厂生产的液体感光树脂版印刷机,在全国高新技术博览会上获金奖。1995年,有企业2个,生产印刷机械291台、烫印机55台。2000年,生产印刷机械80台、烫印机72台。2005年,生产印刷机械85台、烫印机60台。2008年,有企业4个,从业人员273人,固定资产3473万元,生产印刷机械62台、烫金机械106台、印机配件688吨,产值3484万元,销售收入3214万元,纳税61万元。

五、矿山机械

1971年,县机械厂生产反击式矿山破碎机20台。1972年,生产双齿辊破碎机系列12台。1973年,县农业机械修理制造厂生产52K1000×800外向型锤式破碎机2台。1974年,县电机厂生产ZHP－1转盘式混凝土喷射机73台。1975年,又生产颚式破碎机138台。1978年,余东农机厂生产破碎机86台,县电机厂生产ZHP－2楼盘式混凝土喷射机239台。1979年10月,县矿山机械厂(县机械厂)生产的ZPGC－900A双击辊破碎机通过部级鉴定。

1986年10月,刘浩农机修造厂与上海冶金矿山机械厂联营,建上海冶金矿山机械海门分厂,生产磨粉机部件。1987年,县矿山机械厂生产4R3216摆式磨粉机10台,通过省级鉴定;县通用机械厂生产颚式破碎机22台及部分矿机配件。1990年,县矿山机械厂开发生产4PGC－400/380×630四齿辊破碎机,矿山机械产品发展到5个系列24种品种,生产各种破碎机156台。

1993年,建南通保利达矿山机械设备有限公司,生产矿山机械设备铸铁件、高锰钢件。县造纸机械厂生产的IIRJQ14－6－23HP两级平衡杆件抽油机,经机电部、能源部等部的专家检测,达到国际领先水平。1999年,县矿山机械厂实行分块承包经营,企业内部70多名职工组建海门重型矿山机械厂。2000年,海门重型矿山机械厂生产矿山破碎机20台,上海冶金矿山机械海门分厂生产矿山磨粉机30台及磨粉机部件,南通保利达矿山机械设备有限公司生产矿山机械设备铸铁件和高锰钢件。2005年,有企业4个,从业人员173人,固定资产1557万元,生产矿山破碎机150台、矿山磨粉机52台。

2007年1月,建南通就阳机械有限公司,生产反击式矿山破碎机23台。2008年,有企业4个,从业人员324人,固定资产6912万元,生产矿山破碎机27台、磨粉机及配件610吨,产值1.5亿元,销售收入1.47亿元,纳税1145万元。

六、轻工机械

1960年,县农机厂生产胶木机10台。1965年,县农业机械修配厂生产榨油机121台、卷烟刀头40台、卷烟机零件1.08万件。1975年,办县新建机械制造厂,年产制鞋机30台。1978年,县轻工机械厂生产平板硫化机80台。1983年,建县橡胶机械厂,生产炼胶机、挤出机、平板硫化机等产品。1983－1984年,县动力机械厂试制SD1型蔬菜速冻机1台、SD2型对虾速冻机2台。1985年9月,试制成功中国第一台特大型食品保鲜速冻机。1986年,县机床厂(前悦来农机厂)生产Z94－106自动制钉机,年产量160台。

1993年4月,县过滤设备厂研制成功DU系列带式真空过滤机,经省级科研单位专家鉴定,各项技术参数达到80年代国际同类产品指标,填补国内空白。1995年,三厂节能设备厂生产热水炉60台,海龙灌装设备有限公司生产灌装机械设备25台,新建机械制造有限公司生产制鞋机80台。2004年,建骏马(南通)橡塑机械有限公司,生产平板硫化机70台。2005年,全市生产平板硫化机865台、热水炉50台、罐装机械设备26台、制鞋机100台。市华荣乳品机械制造有限公司生产直冷式乳灌机30台。2008年,有企业6个,从业人员141人,固定资产1201万元,主要产品有橡胶机械、橡塑发泡机、平板硫化机、炼胶机、灌装机等,产值3600万元,销售收入3541万元,纳税322万元。

七、建筑机械

1983年,县机床厂(前悦来农机厂)生产MB130、90A、MB104A单面木工压刨机90台、MJ347A细木工带锯机65台、MK372A立式木工榫槽机2台,县通用机械厂(前余东农机厂)生产MR204、MR206木工刨刀刃磨机80台。1988年,县机床厂试制生产QTJ3－35B砌块成型机(制砖机),通过部级鉴定,当年生产5台。1990年,县机床厂开发生产QTJ4－30砌块成型机,获省优秀新产品称号,生产砌块成型机70台、砌块模82台、GS800M胶带输运机6台、PGS2－5型胶带输运机3台。

1992年,县东方建筑机械厂生产混凝土搅拌机10台。1996年,又增加生产砌块成型机。2000年,市夏友砌块机械有限公司生产砌块成型机50台,市东方建筑机械有限公司生产混凝土搅拌机20台、砌块成型机10台。2006年,有企业3个,从业人员84人,生产砌块成型机73台、搅拌机5台、皮带机3台、钢带机26台,产值680万元。2008年,有企业4个,从业人员230人,固定资产840万元,产品有砌块成型机、搅拌机、叠板机、皮带机、钢带机、插料机、砂浆机等,产值3583万元,销售收入3411万元,纳税142万元。

八、电力机械

1986年,建县电力机械厂,主要生产电站除灰、输煤系统设备。1990年9月,研制生产的新型除灰设备GN型高效灰浆浓缩机,通过能源部科技司技术鉴定,填补国内空白。90年代,产品发展到36个系列128个品种,干灰湿式搅拌机、灰渣脱水仓、高效浓缩机、刨板捞渣机、电动锁气器等12项产品,分别通过部、省级鉴定,列为国家级新产品。

2000年,江苏海峰电力机械集团股份有限公司实现产值1.3亿元。2001年,建市江海电力暖通设备有限公司,生产除尘器、气压机;建南通爱尔思轻合金精密成型有限公司,开发生产高压电气行业铝合金铸件。2004年,建江苏中兴精密机械有限公司,生产高压输变电设备。2006年2月,建港商独资江苏中心创元高压电气有限公司,生产高压电气部件。4月,建南通市明骅电力机械有限公司,生产火力发电站灰库设备4套。2007年11月,建南通维尔新电工机械有限公司,生产笼式绞线机。2008年,建中韩合资南通韩诚遮断器有限公司,生产输变电设备高压开关用操作结构。是年,有企业10个,从业人员1190人,固定资产2.9亿元,生产干式排渣机、湿式捞渣机、电力输送系统设备、电站除灰渣及输煤设备、输变电设备高压开关用操作结构、高压电气部件等产品，产值4.9亿元，销售收入4.2亿元，纳税1796万元。

九、石油机械

1976年，建县石油机械厂，为中国天然气总公司定点生产石油钻机起动元件企业。1987年，由江汉机械研究所设计，县石油机械厂试制生产的石油钻机MK型气控箱、MK32－1司钻气控箱等4个产品，经江汉油田、胜利油田试用，性能良好。1990年8月，通过部级鉴定。是年，QE6系列气动元件和MK型气控箱，获石油部科技装备进步二等奖、南通市优秀新产品“金鹰奖”。2006年，建海门伟业石化机电有限公司，生产石油机械配件。2008年，有企业5个，从业人员219人，固定资产3451万元，产值和销售收入均为1.1亿元，纳税580万元。

十、制药机械

1982年，县棉花原种场与新加坡客商合资建南通新德包装机械有限公司，生产医药包装机械。1996年3月，建市永和机械有限公司，生产粉针和液体医药灌装系列生产线设备。2002年，建市南虹精密机械有限公司。2004年，建海门凤龙不锈钢制造有限公司。2005年，市永和机械有限公司生产液体灌装机22台、清洗机18台、轧盖机18台，产品50%出口。2008年，建市楠文制药机械公司，生产灌装机、洗瓶机。是年，全市有企业2个，从业人员106人，产值3351万元，销售收入3007万元。

十一、电子机械

2004年7月，建南通天禾机械科技有限公司，生产电容器生产专用设备。2008年，从业人员130人，生产捺印机2台、座板机8台、老化机20台以及阻力机、套管机、封口机、包装机等电子产品专用设备30台，产值3477万元。

第二节　通用设备

一、通用配套设备

电动机（发电机）　1958年，建县电机厂，生产和维修17千瓦以下小型电动机。1959年，试制成功1.7千瓦JO系列电动机。1966－1967年，产电动机1178台。1969年，海门镇喇叭厂电机车间生产分马力电机配件。1971年，从喇叭厂划出电机车间建县微型电机厂，生产0.6千瓦和370千瓦分马力电动机751台。1993年，南通市微特电机厂一分厂生产“120”“90”系列印刷电动机20万台。2000－2001年，建市统一电机公司、市东方电机制造有限公司、海门恒通电机有限公司，年产电动机近2万台。2002年8月，建南通泰格动力机械有限公司，生产小型汽油发电机组。2004年，市天盛电机有限公司生产Y系列电机。2005年，霹雳机电（南通）有限公司生产组装柴油发电机组8台。南通泰格动力机械有限公司生产小型汽油发电机43.83万台，产品外销50多个国家和地区。2006年4月，建外商独资美奥迪电机（海门）有限公司。2008年，全市有企业10个，从业人员831人，固定资产1.35亿元，生产Y系列电动机3.6万台、交流电动机1.21万台、特种电机600台、柴油发电机组20台、游艇发电机2.21万台、小型汽油发电机47.47万台、空气压缩机12万台，产值7.2亿元，销售收入4.4亿元。

液压元件　1976年，县液压件厂（后更名市液压件厂有限责任公司）生产液压元件693件，产值40.5万元。1980年，与大连组合机床研究所合作开发叠加式液压阀。1982年，开发生产QCA.JCA行程调速阀（组合阀），获机电部科技进步成果三等奖。1983年，开发生产直径6、10、16（毫米）通径叠加阀，年产7416台（套）。1985年，被机电部列为A类产品，获部优新产品“春燕奖”。1986年，与上海机电设计院研制成功浇铸流通高压换向阀。1988年8月，试制大连组合机床研究所设计的国家“七五”攻关项目直径20（毫米）通径叠加阀。1989年11月，通过部级鉴定，填补国内空白，获省优秀新产品“金牛奖”。1992年，建县油威力液压工业有限公司，生产液压元件、液压阀和液压系统及装置。2005年，市油威力液压工业有限公司产品销往国内20多个省、市、自治区，还配套出口意大利、俄罗斯、阿联酋、沙特等20多个国家。2008年1月，建港商独资和瑞液压（南通）有限公司，生产液压系统100台套。是年，有企业12个，从业人员685人，固定资产4577万元，生产液压元件55.55万件，产值3.17亿元，销售收入3亿元。其中，市油威力液压工业有限公司完成销售2.13亿元，占全市液压件产销总量的67.5%。

泵　1959年，县农机厂生产6英寸、8英寸农用水泵。1969年，四甲农机厂生产农用水泵2台。1971年，建县真空泵厂，生产工业泵（真空泵）10台。全县生产泵768台。20世纪70年代，全县以生产农用泵为主。80年代后，逐渐转向生产工业泵。至1990年，生产各类泵2.32万台。2000年后，德胜、海门、三厂等乡镇建真空泵企业。2006年12月，建市金鑫真空泵业有限公司。2007年5月，建市呈龙真空设备有限公司。11月，建市朝阳真空泵有限公司。2008年，有企业33个，从业人员600余人，产值1.3亿元。

电焊机　1983年7月，建县电焊机厂，生产电焊机及配件。1988年3月，县江滨电焊机厂研制成功中国第一台焊接汽车刹车零件专用焊机——凸焊机。1989年2月，该厂与上海交通大学焊接技术研究所联合研制成功全自动多头点焊机和不锈钢钢卷对焊机，填补国内空白。8月，县电焊机厂研制成功三相次级整流铜铝管对焊机，填补国内空白。1994年10月，县电焊机厂与澳大利亚客商合资，更名为南通奥斯派克电焊机有限公司。1995年，生产缝焊机52台、点焊机56台、对焊机10台。1996年，南通振康有限公司生产SB－10系列送丝机、MZ－ZK自动埋弧小车及电焊机零部件，是具有年产各种型号焊接送丝机20多万台能力的专业生产厂家。2000年4月，建市南翔焊接设备有限公司。2003年3月，建市丽佳焊接设备厂，生产加工缝焊机及电焊机配件。2005年4月，南通振康焊接机电有限公司生产的焊接送丝机获中国焊接博览会“星光奖”，销往美国、韩国、马来西亚等国家和中国台湾地区。2008年，有企业6个，从业人员480余人，固定资产1800万余元，主要产品有焊接送丝机、电焊机、缝焊机、焊割机及焊机配件，产值1.75亿元。

风机　1992年12月，建南通市静海暖通设备厂，主要生产屋顶风机、通风管道等产品。1993年11月，建南通市恒荣机泵厂。1994年，建江苏申海股份有限公司，生产空调机组及风机。1995年，南通市恒荣机泵厂生产的“恒荣”牌三叶型系列罗茨鼓风机产品核心部件——叶轮型线，获国家专利。1997年度，该厂生产的3L22、3L32、3L42WD三叶型罗茨鼓风机，获省科技进步一等奖。2000年后，建南通华泰精密机械制造公司、南通吉腾鼓风机有限公司、市莱克风机有限公司，生产罗茨风机。2005年，全市生产各类风机1.14万台，其中南通市恒荣机泵厂有限公司产三叶罗茨鼓风机2000台，位居全国同类企业产、销量第二名。2006年，新增江苏中联风机机械有限公司、南通莱克风机制造有限公司等企业5个。2008年1月，建南通奥圣风机工程公司。是年，有企业24个，从业人员1252人，固定资产8642万元，生产风机8264台、制冷空调设备260台（套），产值4.25亿元，销售收入3.7亿元，纳税3338万元。其中南通恒荣机泵厂有限公司生产2368台，居全市风机生产企业之首。

图11－9　南通市恒荣机泵厂生产的“恒荣”牌罗茨鼓风机（2008年摄）

电动工具　1990年8月，刘浩乡红梅电动工具配件厂加工电动工具配件。1995年，建市黄海电机有限公司，生产电动工具配件。2000年后，刘浩、东灶港两镇受启东天汾科技五金园区电动工具产业辐射，先后建厂。2005年，年产值100万元以上企业19个，生产各类电动工具5.79万台。南通黄海电机有限公司（市黄海电机有限公司）从业人员160人，年生产各类电动工具1.3万台。2007年8月，建江苏铁锚电动工具有限公司，从业人员96人。2008年，有企业28个，从业人员980人，固定资产

7000余万元，产值1.17亿元，销售收入1.11亿元，纳税563万元。

图11－10　电动工具系列　(2008年摄)

模具　工夹具　80年代前，县内有小规模模具加工企业。1980年，建瑞祥机模厂。1990年后，建余东沪星电器配件厂、万年五金切块模具厂、海通模具厂等，加工模具、冲件等产品。1999年，建市江海机床附件厂，生产机床工夹具。2004年5月，建市通海模具厂。2008年，全市有模具、工夹具企业40余个，从业人员214人，固定资产2504万元，产值、销售收入均超亿元，纳税641万元。

二、通用零部件

链条　1969年9月，建县链条厂，生产4英寸(OBB)、6英寸(12A)双排滚子链条。1974年，建德胜自行车链条厂，生产"红星"牌、"三角"牌、"雄心"牌自行车链条。1980年，县链条厂生产链条9.78万米，首次出口链条3万米，销往美国、加拿大等国家。1985－1990年，县链条厂6个品种链条获部、省优质产品称号。1995年，县链条厂生产链条100万米，销售收入2177万元，有30%产品出口。1996年2月，建海门远东链条厂。1998年3月，建市发达特种链条厂，均生产市链条厂的同类产品。1999年3月，市链条厂由3名职工租赁部分厂房、设备，建海门链传动有限公司，当年生产链条15万米。2004年11月，市链条厂破产，生产设备由力神(海门)液压设备有限公司和海门链传动有限公司收购。2008年，有企业4个，从业人员172人，固定资产841万元，生产链条35万米，产值1815万元，销售收入1892万元，纳税135万元。

标准件(紧固件)　1970年，建县标准件厂，生产螺丝、螺帽。1976年，建江滨标准件厂。1979年，建厂洪螺丝厂。1990年后，德胜、三和、天补等乡镇办起标准件生产企业。1995年，有企业20个，从业人员200余人，生产各种螺丝、紧固件2400余吨，产值2500万元。2000年，有企业61个，从业人员800余人，生产各种螺丝、紧固件2万吨，产值2.1亿元。2005年，德胜镇有螺丝生产企业41个，螺丝产量1万余吨，占全市三分之一，称为"螺丝之乡"。南通市亨达电子元件有限公司标准件产量2000多吨，销售收入2208万元，利润501万元，纳税269万元，成为市重点骨干企业。2008年，有企业151个，从业人员2230余人，固定资产1.44亿元，产值7.06亿元，销售收入6.88亿元，纳税5341万元，产、销超千万元的企业13个。其中，海门正大电子有限公司生产标准件7500吨，产值6000万元；市海四达电子有限公司生产标准件5400吨，产值5600万元；南通华夏电子科技有限公司生产标准件3500余吨，产值3700万元。

齿轮　轴承　阀门　1971年，四甲农机厂更名县汽车齿轮厂。1974年，生产汽车齿轮及轴210套。1975年，产5100套。1985年，生产BT212、BJ130汽车变速箱。1990年，生产汽车齿轮及轴8.7万套，BJ212汽车变速箱160台、BJ130汽车变速箱100台。1991年，建县轴承钢球厂，生产各种轴承钢球200余吨。1993年12月，建南通深隆轴承有限公司(深隆公司)。1992－1995年，县汽车齿轮厂年产齿轮及轴2万余套、汽车变速箱300台以上。2000年，建市金侨机电制造有限公司(金侨公司)，生产机床齿轮及变速箱齿轮5万只。2003年，深隆公司产电动机轴承50万套。2005年，有轴承及轴承钢球生产企业4个，轴承钢球产量600余吨，产值超千万元。阀门生产企业3个，主要生产中央空调阀门、水箱阀门等。是年，金侨公司生产齿轮15万套。2008年，有企业7个，从业人员198人，固定资产2346万元，生产齿轮7300套，轴承及配件千余吨，轴承盖7000件，产值3190万元。

电碳石墨制品　1969年，包场公社公平大队办包场电器电碳厂,职工60人,生产电碳3吨多。70年代,包场、正余、刘浩等公社有少数队办小型电碳制品企业。1984年7月,包场电器电碳厂异地扩建,更名为县电碳厂,年产碳制品5吨。1986年6月,建县电动工具厂,生产电刷、电碳。此后,县境东北部乡镇陆续办起电碳、电刷等石墨制品企业。1995年,有企业16个,职工181人,年产石墨制品150余吨,产值1737万元。2000年,有企业27个,从业人员450余人,产值5693万元。2005年,市宏达电碳有限公司生产石墨制品221吨,产值2961万元,销售收入1752万元。市华祥电碳厂、市通用碳业公司、市家诚金属材料厂、市三动碳业公司等企业年销售收入均超千万元。2008年4月,建金利达碳制品有限公司,当年生产电刷及石墨制品65吨。是年,全市有企业56个,其中产销在500万元以上的16个、超千万元的4个,从业人员1234人,固定资产7254万元,产值2.06亿元,销售收入1.95亿元,纳税1558万元。

图11-11 电刷、电碳 (2008年摄)

第三节 汽车装配

一、改装汽车

1974年,正余公社建县客车厂,为南京汽车制造厂配套生产131型汽车驾驶室部件。1980年,组装成第一辆微型汽车。1983年,组装130型客货两用车10辆。是年,新余乡办县第二客车厂,组装“上海”牌轿车。1985年,全县改装汽车172辆。1987年,县客车厂组装“新华”牌622型旅行车、134型货车;县第二客车厂改装“跃进”牌131型货车。是年,全县改装汽车211辆。1988年,改装普通客车、公交车、厢式运输车377辆。1990年,组装“华新”牌6603型旅行车、131型双排货车等200辆。1992－1994年,改装各式客车、厢式运输车1655辆。1995年,江苏华新汽车股份有限公司(县客车厂)组装HM6600、HM6700、HM6800汽车、HM5041专用车、厢式运输车等819辆;市第二客车厂组装厢式运输车37辆。1998年,江苏华新汽车股份有限公司被评为省明星企业。2002年,该公司进入南通市工业企业50强。2005年,全市改装制造汽车1008辆。江苏华新汽车股份有限公司采用跃进、江淮、一汽、东风等性能可靠的底盘,组装13个系列90多个品种的轻型客车、豪华空调客车、无人售票公交车和医疗车、采血车、殡仪服务车、厢式运输车。2006年8月,市第二客车厂停产。2007年,江苏华新汽车股份有限公司从业人员280人,组装各类汽车3028辆,产值6224万元。是年12月,江苏华新汽车股份有限公司关闭。2008年,汽车改装产业停业。

二、汽(摩托)车配件

1993年,建县汽车电器塑料厂,生产汽车、摩托车车灯塑料件。1995年11月,更名为市冠东车灯有限公司,产品增加摩托车车灯总成、线束总成和线束端子。2000年,有企业9个,从业人员580人,产品有汽车车灯配件、摩托车配件、机车配件、密封罩等。市冠东车灯有限公司生产车灯配件45万套,广通摩托车配件有限公司生产摩托车配件40万个,力神(海门)液压设备有限公司生产液压升降机2400台。2003年11月,市冠东车灯有限公司与港商合资建南通市冠东车灯有限公司,增添精密注塑机、全自动压接机、机器人布胶系统等生产设备。2007年7月,建美国多福公司子公司VSG(汽车服务集团)独资路特利举升机(海门)有限公司,当年产液压举升机2.2万台。2008年,有企业17个,从业人员2260余人,固定资产2.14亿元,产值7.5亿元,销售收入7.3亿元,纳税3500余万元。其中,南通市冠东车灯有限公司从业人员549人,生产车灯配件25万套,产值2.3亿元;南通忠联精密锻造有限公司从业人员175人,生产汽车转向灯等产品,产值8750万元;路特利举升机(海门)有限公司从业人员484人,生产液压举升机4.2万台,产值2.13亿元。

三、汽车修理

1994年,建南通汽运实业集团公司海门汽车修理厂,年修理收入70万元。1995年,建市进口汽车修理厂,年修理收入500万元。1998年,建一汽大众海门特约服务站,年修理收入500万元。2003年,建市金天汽车维修有限公司、市安达车业有限公司、南通市曙辉汽车修理有限公司,年修理收入200万—500万元。2008年,有企业13个,从业人员368人,固定资产2368万元,汽车维修收入3700多万元。

第四节　船舶修造

一、修造

旧时,县境船户利用作业淡季,常在港口附近海滩、河滩上,将所使用的船舶"上埠"进行整修。偶有大船户请工匠就地建造用船,以木质为主。1958年,县航运公司在青龙港船舶修理工场基础上组建青龙船厂。其后,从修理木质船舶发展到修理各种钢质船舶。1970年,县建筑公司水泥制品工场自制冷拔钢丝机械设备,制造1吨至60吨位的多种用途水泥船。1976年,建县玻璃钢船厂,职工30余人。1979年起,主要生产玻璃钢救生艇、游艇。1996年,青龙船厂改制后注册为南通市海门船厂。1998年,市玻璃钢船厂破产。2002年,南通市海门船厂更名市青龙船务工程有限公司,从船舶修造转向钢结构制作安装。是年起,东灶港镇先后建船舶修造企业8个。规模较大的有2004年7月建的市新鑫船舶修理有限公司,从业人员300余人,固定资产560万元,2006年修造船舶5艘,产值3266万元;2006年6月建的市振泰船舶工程有限公司,当年修造船舶8艘,产值1621万元。2008年,有企业2个,从业人员1831人,修造船舶68艘,产值1.45亿元。

二、船用配套设备

1981年9月,建县船用烟火信号厂,生产船用降落伞、抛绳器等救生信号设备。1986年10月,研制的船用火箭抛绳枪投产,结束中国出海船只人工抛绳的落后状况。1995年5月,建市江海船用救生设备有限责任公司,生产烟火信号。2005－2007年,建企业3个。2008年,有企业5个,从业人员230余人,固定资产850余万元,主要产品为船用救生、消防设备和船舶配件,产值4602万元。

第五节　金属冶炼压延

一、黑色金属

冶炼　1958年7月,贯彻中共中央"发展工业以钢为纲"方针,县工业局首建土高炉,机关学校、社会团体纷纷仿效,共建土高炉169座,产铁420.45吨、钢27.98吨。由于土法冶炼成本高、质量差,年底全部停产。同年11月,建县翻砂厂(后并入县农机厂)。1960年,县建年产1000吨的钢铁厂,次年停建。1974年,县铸钢厂由500公斤电炉扩建到1吨电炉,年产钢锭500吨。1987年,建县中兴特种钢厂,用5吨电炉生产高等级钢锭,年产高等级不锈钢锭500多吨。1988年1月,县铸钢厂与上海第三钢铁厂联营,建南通海门钢厂,用5吨电炉生产钢锭进行轧钢,年产钢锭1万多吨。1993年,南通海门钢厂生产20铝硅低合金钢锭5万吨。20世纪90年代后期,市中兴特种钢厂扩建为20吨电炉,钢产量不断提高。2005年,市中兴特种钢厂生产高等级不锈钢钢锭1.5万吨。2006年,市中兴特种钢厂加大技改投入,扩大生产能力。2008年,中兴能源装备股份有限公司生产高等级不锈钢及合金钢锭2万吨。

铸件　1964年,县手工业联社办铸钢车间,生产普通铸铁件。1967年,改建为县铸钢厂,用200公斤电炉熔炼并浇注铸件。是年,全县生产各种铸钢、铸铁件2511吨。1970年,县铸钢厂改用500公斤电炉。1971年,全县生产各种铸钢、铸铁件5074吨。1974年,县铸钢厂改用1吨电炉生产多种铸钢件457吨。80年代,天补等乡镇先后办铸造厂,年产铸铁件2000多吨。90年代,四甲、余东、王浩等地铸钢、铸铁生产发展较快。1993－1995年,县铸钢厂生产多种精铸件1600余吨。2005年,有企业41个,从业人员1270人,固定资产1.2亿元,生产铸钢、铸铁件3.73万吨,产值3.4亿元。2006年,三阳镇建南通佳欣铸造有限公司,生产铸件1629吨;刘浩镇六甲村建台商独资南通市豪盛铸业有限公司,生产高铬铸铁件200吨。2007年,三厂镇大港村建市柳祥铸件有限公司,三和镇建南通恒兴亚铸造有限公司。2008年,有企业40个,从业人员1241人,固定资产1.46亿元,生产各种铸钢、铸铁件4.02万吨,产值3亿元,纳税1775万元。其中年产值、销售收入超千万元的企业7个。

钢绳 1976年12月,建县钢丝绳厂,生产钢丝绳45吨。80年代,年产200吨左右。1994年,生产钢丝绳262吨。2001年,企业改制,年产钢绳150吨。2002年5月,由南通钢绳集团收购,更名南通大力神钢绳有限公司。2005年,该公司生产钢丝绳3500吨,产值1746万元。2006年,全市生产各种钢丝绳、钢丝2.7万吨。南通大力神钢绳有限公司生产钢丝绳2.5万余吨,产值1.6亿元。2008年,有企业5个,从业人员649人,固定资产4668万元,生产钢丝绳3.65万吨和钢丝、铁丝2000余吨,产值3亿元,纳税900万元。

管材 1987年4月,县中兴特种钢厂开发研制生产低碳、超低碳冷轧(拔)大口径不锈钢无缝管。1990年,试制成功直径108－195毫米不锈钢无缝管,形成从EF－AOD炉双联精炼—开坯—穿孔—冷轧(拔)到成品的一条龙生产线,生产钢管146吨。1991年5月,生产的直径159毫米以下3种大口径不锈钢冷轧(拔)无缝管,经省冶金工业厅技术鉴定,达到国家标准。1995年,生产钢管700吨,产值7000万元。1999年4月,建市兴盛钢管厂,生产不锈钢无缝管。2000年,有企业3个,生产钢管1055吨。是年,建市国强钢管厂,生产不锈钢管15吨。2003年12月,建南通南特钢管有限公司,生产无缝不锈钢管。2005年,有企业4个,生产钢管1.07万吨。其中市中兴特种钢厂生产钢管9443吨。2006年,建市凯翔不锈钢制品有限公司,生产不锈钢无缝管15吨。2007年,建南通通特钢管有限公司,生产不锈钢管123吨。是年6月,建南通海隆钢管有限公司,生产合金结构钢管。2008年,有企业6个,从业人员948人,固定资产3.68亿元,生产各类不锈钢管1.88万余吨,产值7.16亿元,销售收入7亿元,纳税1.23亿元。其中中兴能源装备股份有限公司生产无缝不锈钢管6666吨,产值、销售收入均为6.5亿元,纳税1.21亿元。

其他型材 1973年,县铸钢厂添置轧机设备,轧钢41吨。1977年,建县常乐冷拉型钢厂,生产加工异塑型钢材200吨。1978年,轧钢2307吨。80年代初,建瑞祥、树勋轧钢厂。1984年,轧钢5094吨。1988年,南通海门钢厂生产砼用变形钢筋、圆钢、弹簧扁钢、标准件用棒材等产品。是年,全县生产、加工钢材1.01万吨。1990年,南通海门钢厂生的20锰硅带肋钢筋,获南通市优秀新产品“金鹰奖”。1994年12月,建南通市交通钢绳股份有限公司,生产PC钢棒。1995年,该公司产PC钢棒1060吨。2003年9月,建南通申博金属制品有限公司,生产CP钢棒。2006年12月,由上海钢宇实业集团投资6.78亿元,筹建国内最大船用钢板基地江苏上钢船板有限公司。2008年投产,生产中厚板15.66万吨,产值6.65亿元。是年,有企业5个,生产各种钢材40.78万吨。其中,CP钢棒20.08万吨、中原板材15.7万吨、其他型材5万余吨。

二、有色金属

铜材 1975年,余东公社志宇大队建县余东志宇铜材厂,职工75人,生产各种规格铜带板材80多吨。至80年代初,余东、包场、江滨、货隆等公社兴办铜管、铜带、铜棒、铜板、稀土合金、铬酸铜生产厂。1985年,全县生产铜材4727吨。1990年,有企业13个,职工1996人,固定资产1864.3万元,生产铜材4482吨,产值4194.6万元。1995年,生产加工各类铜材3.2万吨。2005年,有企业35个,产各种铜材5.22万吨。骨干企业有江苏包罗铜材集团股份有限公司、南通金秀铜材有限公司、江苏浩大铜业股份有限公司、市包场铜材厂、市佳星铜业有限公司等。2008年,有企业27个,从业人员1379人,固定资产1.5亿元,生产各种铜材5.2万吨。

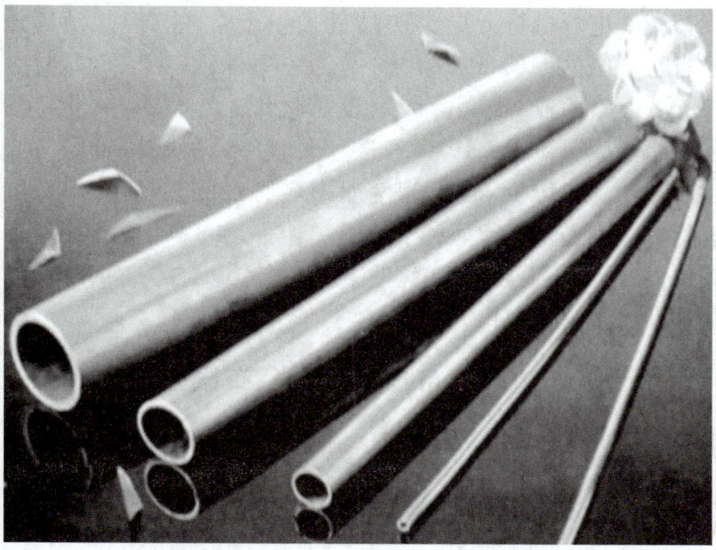

图11-12 江苏包罗铜材集团股份有限公司生产的“包罗”牌铜管 (2001年摄)

铝材 1976年8月,海门镇电器厂建电子铝箔车间。1977年10月,试产民用铝箔成功,列入省计划。1979年,从电器厂分出,建县铝材厂。1980年,产铝材254吨,产值391万元。1981年3月,试制的低合金铝带通过技术鉴定。翌年,获南通地区科技成果奖。1987年,县铝材厂异地扩建,更名为南通电子铝材厂。1989年,生产电子铝箔、电缆用铝箔2400吨。1991年,包场镇建县铝箔复合材料厂。是年4月,南通电子铝材厂生产的电解电容铝箔,在电子工业部举办的全国电子材料、印刷电路生产设备工艺技术交流展览会上获优秀奖。1994年,海门镇建市复合铝材厂。1995年,全市生产铝材3318吨。1997年4月,南通电子铝材厂由山西关铝集团控股,更名为山西关铝海门电子铝材有限责任公司。2000－2002年,山西关铝集团投资5500万元,添置120轧机生产线1条,增加空调箔产品生产。2000－2005年,先后建市东亚铝业有限公司、南通天杰电子有限公司、市新安铝箔制品厂等7个铝材生产加工企业。2006年3月,建南通恒秀铝热传输材料有限公司。2007年下半年,公司投产,生产铝箔599吨,产值2096万元。2008年,有企业11个,从业人员776人,固定资产2.33亿元,生产铝材3.97万吨,产值6亿元。主要产品有空调箔、电子箔、铝管、铝带。

第六节 企业选介

一、海门北人富士印刷机械有限公司

1958年9月,建国营海门县通用机械厂。20世纪50年代末60年代初,县机床厂、农机厂等单位并入。1962年改称县农业机械修配厂,职工303人,主要生产钻床、脱粒机、轧花机等。1969年,与南通地区其他5县农机厂协作,生产东风12型手扶拖拉机。1970年改称县农业机械修理制造厂。1976年,更名县拖拉机厂。1980年11月,增挂县印刷机械厂牌子,生产490立式停回转凸版印刷机。1983年4月,县拖拉机厂撤销。1987年,与机电部北京印刷研究所联合开发生产ZBSY615半自动液体感光树脂版制版设备。1989年,产品490立式停回转凸版印刷机被评为省优质产品。1990年,生产四开胶印机500台;ZBSY615半自动液体感光树脂版制版设备通过部级产品鉴定,填补国内空白。1991年11月,获国家重大技术装备成果一等奖。1996年,与北京北人印刷机械股份有限公司合资建立海门北人印刷机械有限责任公司。2003年9月,海门股权全部转让给北京北人富士印刷机械有限公司,更名为海门北人富士印刷机械有限公司。2004年,迁至海门镇人民西路1011号,占地4.69公顷,注册资金5100万元,从业人员198人,主要产品有四开单式胶印机、四开双色胶印机、四开四式胶印机系列,畅销全国,并出口国际市场。2005年,获国家监督抽查胶印机产品质量信得过企业称号。2008年,生产胶印机系列产品62台,产值2313万元。

二、金轮科创股份有限公司

1987年,国强乡建南通金轮针布有限公司。2004年,与港商合资经营。2007年12月,更名金轮科创股份有限公司。2008年,从业人员1000多人,其中技术人员70多人。有金属针布冲淬线220条、盖板针布植针机120台、国内领先的第二代植针机48台和多磨头针机5台等设备,固定资产1.2亿元。生产各种金属针布5477吨,产品先后获国家实用新型专利4项、国家外观设计专利1项、国家发明专利1项,“金轮”牌高速高产梳棉机用齿条为省名牌产品,“金轮”商标为省著名商标。销售收入2.75亿元,纳税3521万元。被评为市金牌企业、江苏省高新技术企业。

三、南通爱尔思轻合金精密成型有限公司

南通爱尔思轻合金精密成型有限公司位于货隆镇工业集中区。2001年6月,由市沪海有色铸造厂和上海交通大学有关科技人员共同出资创立,从事高压电气行业铝合金铸件开发生产。2002年,通过ISO 9001质量管理体系认证。

2004年6月,企业与台湾中兴电工机械有限公司合资,购置大量生产设备扩张产能。产品重量从几十克至650公斤,壁厚从3毫米至80毫米,最大的外形尺寸直径1060×2300毫米,壳体类铸件经1.0－1.6Mpa水压检测和0.5－0.8Mpa气密性检测,均达A类。2005年起,参展产品均获中国国际铸件博览会金奖。2006－2007年,中高压SF6互感器壳体项目分别被省和国家立为“火炬计划”项目,500千伏薄壁耐压电力互感器壳体被认定为省高新技术产品,企业被认定为省高新技术企业。

2008年,公司占地4.7公顷,建筑面积2万平方米,固定资产3000多万元,从业人员260人,其中技术人员25人。生产的高压、超高压电器用铝合金铸件和高压电气设备零部件,销往国内20多个企业及美国、日本等10多个国家。销售收入1.14亿元,纳税1165万元。被评为市银牌企业,获得德国TUV的OHSAS18001职业健康安全管理体系证书和ISO 14000环境管理体系证书。

四、南通振康焊接机电有限公司

1992年1月,正余乡建南通市微特电机厂。1995年1月,与台湾商人徐振亚合资创办南通振康有限公司,2002年8月,与台湾达佑电机股份有限公司合资创办南通振康焊接机电有限公司,占地2.66公顷,厂房面积1.2万平方米,从业人员240人,总资产3280万元。生产设备有新型数控车床、仪表车床、数控线切割机床、高精度万能外圆磨床、立式数控铣床、钻床、高精度卧式滚齿机、压力机、压缩机近80台,有国内最先进的高精度检测仪1台。主要产品有SB－10系列送丝机、MZ－ZK自动埋弧焊小车、印刷电动机(120、90系列)、76ZY送丝机总成等。有年产焊接送丝机20万台能力,是全国电焊机行业同类产品最大生产企业。产品销售占国内市场80%以上,并远销海外,在美国、韩国、马来西亚、印度等国家设总代理。2005年4月,“振康”牌SB－10系列送丝机获中国焊接博览会星光奖。10月,被评为南通市名牌产品。是年,成为国家送丝机行业标准起草单位。2008年,生产送丝装置13.1万台,销售收入1.32亿元,纳税1088万元。被评为市银牌企业。

五、南通市恒荣机泵厂有限公司

1993年,四甲中学与曹氏兄弟合股建校办南通市恒荣机泵厂,主产品“恒荣”牌三叶型系列罗茨鼓风机核心部件叶轮型线,1995年获国家专利,填补国内空白。1996年起,先后被评为国家级新产品、国家第十八批节能机电推广项目、国家重点实用技术、国家环保总局认定产品,在中国国际环保展上连获三届金奖,被列为国家级“火炬计划”项目。产品应用于化工、冶金、污水处理等。

1997年,该厂买断三厂镇春辉拉链厂的土地、厂房、电力设施,搬迁于此。1999年改制,四甲中学股本退出。2002年企业通过ISO 9001:2000质量管理体系认证。2004年,更名南通市恒荣机泵厂有限公司,通过ISO 14001:2000环境管理体系认证。2005年,“恒荣”商标成为省著名商标。2008年,公司占地2.1公顷,建筑面积8000平方米,总资产2200万元,从业人员120人,其中科技人员28人。生产三叶罗茨鼓风机2368台,产值4501万元,纳税668万元。被评为市铜牌企业。

六、中兴能源装备股份有限公司

1987年,汤家乡中兴村建县中兴特种钢厂。1990年,试产成功不锈钢无缝管146吨。嗣后,多年注重技术改造、新品开发、产能扩大,并与美国、德国科技机构及国家钢铁研究总院建立紧密技术合作关系,具备国际一流的不锈钢冶炼设备及不锈钢无缝管、棒材、锻件制造技术。主要产品是石油化工用耐高温、耐高压、抗腐蚀不锈钢无缝管以及核电站核级不锈钢无缝管。GB13296锅炉热交换器用不锈钢管、GB135310高压锅炉用不锈钢管、GB9948石油裂化用钢管等,取得国家高端产品生产

许可证、国家级新产品证书。产品填补国内空白，1995年获省名牌称号，2000年获中国冶金产品实物质量金奖。是全国唯一具备核承压设备以及核一级产品生产许可证资格的企业、首届全国高新技术百强企业、冶金部产品质量十佳企业。

2006年起，连续3年投资2.7亿元进行扩大生产能力的技术改造。2007年，企业更名中兴能源装备股份有限公司，生产的“AST”牌无缝不锈钢管获国家名牌产品称号。2008年，占地30公顷，总资产9亿元，从业人员710人，生产不锈钢无缝管6666吨，销售收入6.28亿元，纳税1.2亿元。被评为市金牌企业。

图11－13 中兴能源装备股份有限公司生产车间 （2008年摄）

七、南通市交通钢绳有限责任公司

1994年，南通汽车实业集团有限公司、市交通建设开发公司、市电力实业总公司合股，在市经济开发区建南通市交通钢绳股份有限公司。生产预应力混凝土用钢棒，年产1.2万吨。1998年，企业改制，更名南通市交通钢绳有限责任公司。2003年，建子公司南通申博金属制品有限公司。

2008年，公司占地10.23公顷，建筑面积4.23万平方米，固定资产5740万元，从业人员240余人，有14条PC钢棒生产流水线，生产、检测设备水平国内领先。主产直径7.1－12.6毫米各种规格PC钢棒，年产25万吨，产值9.3亿元，除畅销国内市场外，还出口日本、韩国、印度尼西亚等国家。销售收入10亿元，纳税2538万元。被评为市金牌企业。

八、南通金秀铜材有限公司

1995年，建南通金秀铜材有限公司。生产的铜板、带、箔系列产品用于汽车散热器、电子电器、建筑装潢等。2005年，销售收入2亿元，成为市有色金属行业重点骨干企业。2006年，投资590万美元在海门镇高新技术区创办南通恒秀铝热传输材料有限公司，生产的铝合金复合材料及普通铝合金用于汽车热交换器、电站、家电等。与一汽、二汽、上汽等国内大客户建立紧密型合作关系。产品销往国内30个省市，并远销欧美、中东、东南亚等地。2007年，产品通过ISO 9001:2000、GB/T 19001－2008质量管理体系认证。2008年，通过ISO/TS 16949－2000质量管理体系认证。从业人员260人，固定资产5293.1万元，销售收入3.17亿元，纳税607万元。

附：

2008年海门市机械冶金船舶工业部分企业情况一览

表11－10

类别	企业名称	主要产品	主要经济指标（万元）		
			产值	销售收入	纳税
纺织机械	其新纺织机械有限公司	梳理机	821	730	35
	江苏大岛集团公司	电脑绣花机	5000	5000	500
通用机械	南通西马特机器制造有限公司	钻床	3053	2766	136
	南通三川机械制造有限公司	钻床	297	297	26
	海门市机械厂	压力机	1007	1143	63
	海门市天元锻压机床有限公司	压力机	200	190	8

续表 11－10

类别	企业名称	主要产品	主要经济指标(万元)		
			产值	销售收入	纳税
印刷机械	海门北人富士印刷机械有限公司	印刷机	2313	2124	0.2
	海门兴马机械厂	烫金机	785	702	35
矿山机械	海门重型矿山机械厂	破碎机	1141	1141	69
	海门市其龙机械制造有限公司	破碎机配件	12350	12188	1000
	上海冶金矿山机械海门分厂	破碎机及配件	990	902	57
轻工机械	南通新科橡塑机械有限公司	橡塑发泡机、炼胶机等	1659	1668	201
	骏马(南通)橡塑机械有限公司	硫化机、炼胶机	843	843	42
	海门市橡胶机械厂	橡胶机械	590	544	41
建筑机械	南通神宇建筑机械有限公司	搅拌机、成型机	1500	1437	70
	海门市厦友砌块机械有限公司	砌块机	153	164	11
电力机械	江苏海峰电力机械集团股份有限公司	排渣机输送系统设备	7980	5745	566
	南通圣亿精密机械有限公司	高压电气部件	2133	2133	264
	江苏中兴精密机械有限公司	高压电气部件	16885	12885	214
石油机械	海门市石油机械厂	石油机械配件	9800	9800	490
	南通东亚石油机械有限公司	石油机械配件	1000	958	67
制药机械	海门市永和机械有限公司	灌装机、洗瓶机	3329	2985	87
电子机械	南通天禾机械科技有限公司	898一体机	3477	3477	195
通用配套设备	海门市天盛电机有限公司	Y系列电动机	1900	1878	79
	美奥迪电机(海门)有限公司	交流电动机	3635	2963	36
	南通泰格动力机械有限公司	汽油发电机	55066	26991	外商独资企业免税
	江苏泰格游艇制造有限公司	游艇发电机	2905	4203	
	威璐仕(南通)机械有限公司	空气压缩机	7236	7236	
	海门市油威力液压工业有限公司	液压元件及系统	21360	21306	1020
	海门市液压件厂有限责任公司	液压元件及系统	3668	3139	230
	海门神威液压件厂	液压元件	258	248	1
	海门市东大液压机械有限公司	液压元件	622	622	21
	和瑞液压(南通)有限公司	液压系统	1100	1000	40
	海门阿托斯液压工业有限公司	液压阀	1300	1191	75
	南通市威士真空设备有限公司	真空泵	2350	1900	207
	海门市海真真空设备有限公司	真空泵	3216	3170	472
	南通奥斯派克电焊机有限公司	电焊机	500	519	16
	南通市恒荣机泵厂有限公司	三叶罗茨鼓风机	4501	4166	668
	南通市静海暖通设备有限公司	屋顶风机	9794	7943	498
	南通克莱克空气处理设备有限公司	通风设备	7544	4878	512

续表 11－10

类别	企业名称	主要产品	主要经济指标(万元)		
			产值	销售收入	纳税
通用配套设备	江苏中联风能机械有限公司	风机	5392	5300	319
	南通亚非过滤设备有限公司	排屑及冷却液净化系统	2450	2408	304
	海门市申海环保设备厂	风机	1970	1696	141
	江苏苏日电动工具有限公司	电动工具	1050	980	80
	江苏铁锚电动工具有限公司	电动工具	2211	2108	81
	南通市黄海电机有限公司	电动工具	951	830	77
	南通旺鑫新材料有限公司	电动工具及配件	827	750	69
	海门市江海机床附件厂	工夹具	160	160	8
	海门市通海模具厂	模具	575	492	55
通用零部件	海门通宇链条有限公司	链条	1333	1410	98
	海门链传动有限公司	链条	350	350	20
	海门市发达特种链条厂	链条	100	100	12
	海门金侨机电制造有限公司	齿轮	405	392	29
	南通良友机电设备有限公司	轴承盖	1100	1053	66
	海门市明珠钢球有限公司	轴承及配件	1270	1270	236
	江苏华宇碳素有限公司	电刷	1530	1520	180
	南通市杰利达碳业有限公司	电碳石墨	1216	986	80
	海门永成金属材料厂	石墨制品	1180	1085	69
	南通凯迪碳业有限公司	碳刷制品	1500	1418	58
汽车配件	南通市冠东车灯有限公司	车灯配件	22848	22848	1624
	海门市冠东车灯有限公司	车灯配件	2683	2683	386
	东辰塑胶(南通)有限公司	汽车零件	3500	3365	350
	友德汽车电器(海门)有限公司	汽配件	2107	2622	219
	南通三鑫车灯配件有限公司	汽配件	1900	1750	145
	南通忠联精密锻造有限公司	汽配件	8750	8750	225
	力神(海门)液压设备有限公司	液压举升机	1800	1681	81
船舶修造、配件	海门市新鑫船舶修理有限公司	船舶修造	4850	4850	801
	海门市振泰船舶工程有限公司	船舶修造	2486	2486	368
	海门市洪泰船舶修造有限公司	船舶修造、配件	1803	1803	183
	海门市华熠船舶工程有限公司	船舶修造、配件	1901	1901	301
	海门市锦春船舶劳务有限公司	船舶修造、配件	1204	1204	47
	海门市协力船舶工程有限公司	船舶修造、配件	1350	1350	245
	海门市海神船舶配套设备有限公司	船舶配件	1600	1370	82

续表 11－10

类别	企业名称	主要产品	主要经济指标(万元)		
			产值	销售收入	纳税
黑色金属冶炼	海门市鑫茂铸造有限公司	铸铁件	3320	2859	496
	海门市凤祥铸件厂	铸铁件	2900	2884	123
	南通恒兴亚铸造有限公司	铸铁件	2046	2016	106
	南通市凯利矿山机械设备有限公司	铸铁件	2100	2084	78
黑色金属压延加工	南通南特钢管有限公司	不锈钢无缝管	2558	2558	61
	海门市兴盛钢管厂	不锈钢无缝管	1201	1121	57
	南通申博金属制品有限公司	罗纹钢筋	47704	47704	831
	江苏上钢船板有限公司	钢板	66521	66521	250
	海门市长乐冷拉型钢厂	型钢	1146	1146	48
	南通大力神钢绳有限公司	钢丝绳	29120	28579	869
有色金属加工	江苏包罗铜材集团股份有限公司	铜管、棒	22252	19772	254
	江苏浩大铜业股份有限公司	铜带、箔	10850	10742	420
	南通新琛铜材有限公司	铜棒	4160	4196	162
	山西关铝海门电子铝材有限责任公司	电子铝箔	18863	8193	517
	南通恒秀铝热传输材料有限公司	铝箔	13931	13557	18
	南通三瑛电子有限公司	正负极箔	5246	5020	189
	海门三鑫天尼电子有限公司	化成铝箔	7730	4575	100
	南通鑫隆金属铸造公司	铣锌阳极	5800	5724	275

第九章　电子工业

第一节　电子元器件

一、晶体管

1972 年,江苏省海门中学与县印刷厂联办晶体管厂,试制 3A×31 晶体管。1977 年,海门电机厂建晶体管车间。翌年 8 月,车间生产 3DC、3DK 系列产品,列入省计划。1979 年,该车间对外称南通地区半导体器件厂,试制硅二极管,产半导体器件 30 万个。1982 年,半导体器件厂从电机厂分出,年产 43 万个。1983 年,更名南通市晶体管四厂,生产发光二极管,年产 87 万个。1988 年,产 54 万个。1990 年,并入海门电子设备厂。嗣后,县境停止生产晶体管。

二、电容器

1975 年,平山铁工厂成立电子工业车间,派人到上海中亚无线电元件厂学习 CJ11 金属化纸介电容器生产工艺。翌年,并入县印刷厂电容器车间,称县无线电一厂,生产电容器 3000 个。1978 年,与县印刷厂分列。1980 年,投资 6.5 万元建电容器车间,年产电容器 81 万个。是年,江滨公社源东大队建县无线电六厂,主要产 CD11、CD71、CD117 铝电解电容器。1984 年,县无线电一厂从日本引进涤纶电容器生产线,1986 年 9 月试生产;1988 年,引进 18 台自动卷线机,年设计生产电容器 7200 万个;1990 年,形成成套彩电电容器生产能力。是年,县无线电六厂引进自动化生产设备,年产电容器 5000 万个。1991 年,县无线电一厂生产的 CL11 电容器获机械电子工业部优等品证书。1995 年 1 月,建市三鑫电子有限责任公司,产少量电容器。是年,全市有企业 3 个,职工 370 余人,设备有卷片机、检测机、钉卷机等,固定资产 1268.3 万元,生产 CL11、CL21 薄膜电容器 9000 万个、铝电解电容器 4000 万个,产值 830 余万元,销售收入 808 万元,利税 10 万余元。1998 年起,市银燕电子有限公司从日本、韩国和中国台湾引进箔式卷绕机等关键设备。2000 年,有企业 7 个,从业人员 718 人,固定资产 1949 万多元,产电容器 3.64 亿个,产值 4300 多万元,销售收入 4100 多万元,纳税 230 多万元。是年,市三鑫电子有限责任公司建年产能力 4 亿个电容器车间。2002 年,该公司生产能力增至 15 亿个。2005 年,市三鑫电子有限责任公司高分子固态电容器设备被列为科技部科技创新基金项目,并获资助。2008 年,有企业 10 个,从业人员 1599 人,固定资产 9960 万元,产各种电容器 27.03 亿个,产值 5.56 亿元,销售收入 5.3 亿元,纳税 2000 多万元,规模以上企业 6 个,被评为市银牌、铜牌企业各 1 个。

三、印刷线路板

20 世纪 70 年代,建县无线电器材厂、临江电子元件厂、刘浩无线电器材厂、常乐常中电子厂,生产印刷线路板。1981 年,天补公社建县无线电器材一厂,生产 14 英寸、17 英寸电视机和收录机用印刷电路板。1986 年 5 月,成立县电视系统工程研究所,生产印刷线路板。1987 年,印刷线路板获省质量评比二等奖。1992 年,建三厂无线电器材厂。1995 年,有企业 2 个,产印刷线路板 2.65 万平方米,产值、销售收入均为 425 万元,纳税 32 万元。2005 年,有企业 3 个,从业人员 80 人,固定资产 465 万元,生产印刷线路板 5.6 万平方米,产值、销售收入均为 741 万元,纳税 70 万元。2008 年,有企业 2 个,从业人员 33 人,固定资产 140 万元,产印刷线路板 4.5 万平方米,产值、销售收入均为 450 万元,纳税 35 万元。

四、光纤光缆

1991 年 7 月,建县铝箔复合材料厂。1992 年更名县光缆厂,建成第一条光缆生产线。1995 年,成立江苏通光集团,职工 110 多人,有二次套型绞式机等设备,固定资产 859.8 万元,生产 GYTAI、GYTS、GYTA53 20 万芯公里,产值 1.46 亿元,销售收入 1.26 亿元,纳税 260 万元。2001－2003 年,建南通和泰通讯器材有限公司、江苏通光光电子有限公司、江苏通光电子线缆有限公司、江苏通光信息有限公司、市通光光缆厂。2005 年,有企业 6 个,从业人员 597 人,设备有二次套型层绞式扩套 90 机、焊接机、推挤机、编织机、绕丝机等,固定资产 2.65 亿元,产 GITA53 等光缆 150 万芯公里、OPGW 通信光缆 6000 公里、FRP 加强芯 1.5 万公里、软光缆 7700 公里、电子线缆 9300 公里,产值 24.02 亿元,销售收入 23.84 亿元,纳税 4000 万元。江苏通光信息有限公司进入省级高新技术企业和市综合实力百强企业行列。2008 年,有企业 15 个,从业人员 2604 人,固定资产 2.28 亿元,产各种光缆 77 万公里、电子线缆 1.13 万公里,产值和销售收入 31 亿多元,纳税近 7000 万元,规模以上企业 6 个。江苏通光信息有限公司被评为市金牌企业,江苏通光集团技术研发中心成为省级技术中心。

五、电线电缆

1976 年,建三和无线电厂,生产电线电缆。1992 年 6 月,海门童车厂与香港谢氏电子有限公司共同投资 550 万美元,建南通华雄电子材料有限公司,可年产优质 CP 线 600 吨。1995 年,有企业 3 个,职工 30 多人,主要设备有挤塑机和拉丝机等,固定资产 250 万元,生产电线电缆 1.26 万公里,产值 680 万元,销售收入 635 万元,纳税 15 万元。1997 年,建日兴(南通)电子有限公司,生产 CP 线。1998 年,南通华雄电子材料公司生产的镀锡铜包 CP 线,获国家级新产品证书。2000 年,有企业 6 个,从业人员 180 多人,CP 线流水生产线 10 条,固定资产 892 多万元,生产电线电缆 3 万公里、CP 线 1000 吨,产值4194万元,销售收入3837万元,纳税50万元。2005年,有企业13个,从业人员420多人,增绝缘挤出生产线等设备,固定资产2205万元,产电线电缆37万多公里、CP线1300吨,产值1.67亿元,销售收入1.46亿元,纳税410万元。江苏亨通金天电子线缆有限公司从瑞士、奥地利引进3条生产线,生产汽车用低压电线26.73公里。2008年,有企业16个,从业人员1662人,固定资产7268万元,产铝包钢线6779.4吨、汽车线缆75.5公里、CP线795吨、GT线12吨、DT线160吨、其他电线1517.6吨,产值8.31亿元,销售收入8.03亿元,纳税1465万元。

六、其他

1986年,县电视系统工程研究所生产各种型号电视接收天线。1989年,县无线电一厂试制电子计算机元件,海门镇建传感器开关厂。1990年,县无线电厂批量生产高精密度称重传感器2000个,传感器开关厂生产固态继电器2000个、传感器5106个。

1997年,建江苏东洲通信设备有限公司。2000年,该公司从业人员83人,固定资产1922万元,生产直放站150台(套)、活动房300台(套)及天馈线系列,产值4200万元,销售收入3788万元,纳税590余万元。

2002年,建南通市振浩电器设备有限公司,生产电器电子类配套线圈。2005年,该公司从业人员80余人,固定资产70多万元,生产电器电子类线圈100万个,产值、销售收入均为300万元,纳税10万元。是年,江苏东洲通信设备有限公司进入国家重点高新技术企业和市综合实力百强企业行列。

2008年,江苏东洲通信设备有限公司从业人员118人,固定资产2400万元,生产直放站200台(套)、活动房1536台(套)及天馈线系列产品,产值3.8亿元,销售收入3.7亿元,纳税605万元,被评为市铜牌企业,其技术研发中心成为南通市级技术中心。

第二节 家电产品

一、收音机 录音机

1976年,海门镇兴办电子仪器厂,生产晶体管收音机。产品初名“莺歌”,后经国家注册,定名“仙乐”。1977年,列入省生产计划,年产2300台。1978年,兴建无线电三厂等收音机生产企业11个。1979年,全县生产收音机10万台,“仙乐”牌收音机获全国质量评比三等奖。1981年,县无线电一厂收音机车间并入电子仪器厂,更名为县无线电厂,通过电子工业部验收列为国家收音机定点生产厂。县境其余生产厂全部关停并转。1983年,增加生产流水线1条,生产调幅收音机22万台、收录机3270台。1986年,产收音机11.3万台、收录机2.86万台。1990年,产收音机3294台、收录机6.86万台,所产收录机在省行业评比中获二等奖。1993年,因销路不畅停止生产收音机和收录机。

二、电唱机 小家电

1977年,建新海唱针厂、余东电讯厂、临江唱机厂,生产电唱机、唱针、唱头等,临江唱机厂的电唱机列入省计划。1981年,临江唱机厂、余东电讯厂关闭。1989年,县无线电厂生产电子液体蚊香驱蚊器,县教师进修学校校办厂生产微型吊扇,国强乡家用电器厂生产台灯。

三、灯丝

1996年,建市海飞奇电光源材料有限公司、市宏新灯丝有限公司,从业人员30多人,生产灯丝。2003－2005年,有企业5个,从业人员90余人,固定资产300多万元,生产普通灯丝和钨丝3亿组,产值810万元,销售收入758.7万元,纳税33万元。其中华泰照明电器有限公司产普通灯丝2亿组,产值550万元。2008年,有企业3个,从业人员114人,固定资产333.8万元,产灯丝7.7亿组,产值829.8万元,销售收入803.5万元,纳税27万元,规模以上企业1个。

第三节 仪器仪表

一、仪器

1983年,县电子设备厂与上海市第一人民医院合作研制成功DYB－1200－1型电脑输液泵,研制的CD－A红外安全保护器通过南通市科学技术委员会鉴定。1987年,完成研I型输液泵,被国家科委评为全国优质机电产品,列入国家指导性计划。

1990年，电脑输液泵首次出口巴基斯坦。1993年，县无线电厂改组为铁路配件厂和宸隆仪器厂。1995年，宸隆仪器厂产载波片20万盒。1997年，建国电电力研究所海门探伤设备联营厂，生产探伤机和探头。2000年，有企业2个，从业人员130余人，固定资产185万元，产载玻片100万盒、探伤机85台、探头1432个。2005年，有企业2个，固定资产238万元，产载玻片200多万盒、探伤机138台、探头2100只，产值1121万元，销售收入1079万元，纳税53万元。2008年，有企业7个，从业人员612人，固定资产1732万元，产载玻片2136.5万盒、盖玻片65.7万盒、探伤机155台、臭氧发生器55台、玻璃测温器10万支，产值1.2亿元，销售收入1.27亿元，纳税600多万元，规模以上企业1个。

二、仪表

1976年，海门镇五金厂挂牌县无线电元件厂，生产超声波治疗仪60台。1978年，大新无线电器材厂生产静电表面电位测试仪29台；六匡电子仪器厂生产高频高Q软磁参数测试仪14台，通过省级鉴定；县电子设备厂试制红外测温仪，并通过鉴定投入批量生产。1979年，海门三星电子仪器厂生产ZDC－201型在线电阻测试仪。1980年，ZDC－201运用于国家南太平洋海域发射运载火箭调试，各项性能指标符合要求，得到中共中央、国务院、中央军委表扬，七机部发来感谢信。是年，县电子设备厂研制数字式红外测温仪系列产品。1982年，该厂与上钢五厂联合研制成功WH－6A型红外测温仪。1984年，其生产的手枪式测温仪通过省科学技术委员会鉴定。1985年，接受上海自动化研究所成果转让，生产比色红外测温仪。1987年，与国家电子研究所合作完成国家“六五”重点项目——HBW－A玻璃表面温度红外测温仪，填补国内空白。1990年，研制生产电脑测温仪、DT2半导体测温仪、WH－11型微电脑红外测温仪，成为全国测温仪生产的主要基地之一。1995年，全市有仪表生产企业2个，职工95人，主要设备有黑体炉、车床、铣床、钻床、磨床和生产流水线，固定资产85万元，生产WH－11型微电脑红外测温仪100台，红外分析仪37台，产值175万元、销售收入160万元。2000年，有企业2个，从业人员35人，固定资产144万元，产HDIR系列红外测温仪125台、红外分析仪54台，产值262万元，销售收入252万元，纳税34万元。2005年，有企业2个，固定资产263万元，生产HDIR系列红外测温仪和数字调节仪各150台、红外分析仪260台，产值691万元，销售收入681万元，纳税65万元。2008年，有企业2个，从业人员100多人，固定资产150多万元，产温度表和自动化仪表8万支，产值、销售收入都为800多万元，纳税20多万元，规模以上企业1个。

第四节　电子专用设备

一、线缆器件

2002－2003年，建南通泛亚锂钴材料有限公司、南通赛亚电子有限公司等生产线缆器件企业3个，从业人员170余人。2005年，产品有光纤光缆填充膏、光纤光缆接线盒等线缆器件，产值1056万元，销售收入1000万元。2008年，有企业7个，从业人员238人，固定资产962.5万元，产品为光纤光缆接线盒、馈线卡具、光缆用配件及插座、开关、船用电器箱、断路器等，产值1.55亿元，销售收入1.55亿元，纳税800多万元，规模以上企业2个。

二、通信器材

1992年1月，建海门通信器材有限公司，生产通信器材。1997年10月，建市华通电子电信器材有限公司，生产电信器材。2001年，建市海天通信器材厂，生产通信器材。是年，全市有企业3个，从业人员50多人，产值1600余万元，销售收入1570万元，纳税250余万元。2005年，有企业5个，从业人员80多人，产品有通信天元器件、FRP成型机和其他通信器材，产值、销售收入均为2896万元，纳税370万元。2008年，有企业3个，从业人员55人，固定资产553万元，产通信设备配件8.3万套，产值820万元，销售收入635万元，纳税42万元。

三、电子材料

1990年，建南通三瑛电子有限公司，生产阴极箔等电子材料。1995年，全市生产阴极箔200吨及其他电极箔等产品，产值、销售收入均为4900万元，纳税210万元。2000年，有企业3个，固定资产2800万元，产电极箔950吨、阴极箔500吨，产值8900万元，销售收入8100万元，纳税330万元。

2005年,有企业7个,从业人员500人,主要设备有制箔生产线、化成生产线、腐蚀生产线、挤丝机和阻水机等,固定资产7000万元,产电极箔600吨、阴极箔500吨、阳极箔20吨、高压化成箔57.73万平方米、光缆锂5.29万套等,产值2.4亿元,销售收入2.11亿元,纳税800多万元。2008年,有企业10个,从业人员271人,固定资产4211.9万元,产电子铝箔5030吨、正负极箔1126吨、化成箔118.2万平方米,产值1.47亿元,销售收入1.12亿元,纳税320万元,规模以上企业9个。

第五节 企业选介

一、海门市银燕电子有限公司

1976年,成立国营海门县无线电一厂。1978年,易地重建于海门镇通海东路21号。1984－1986年,从日本引进CL11生产流水线和生产工艺。1990年,形成成套彩电电容器生产能力。1996年企业改制后,更名市银燕电子有限公司。1998年起,技改投入1300万元,从日本、韩国和中国台湾引进箔式卷绕机和金属化卷绕机等关键设备,新开发的CBB28、CBB81、CBB18、MKPX2型等电容系列,通过省电子信息产品质量监督检验研究院检测。2005年,搬迁至海门镇北海路9号。

2008年,公司占地4公顷,建筑面积2万平方米,固定资产5226万元,从业人员1100人。生产多种电容器16.39亿个(其中CL11、CL21和CH11获省高新技术产品认定证书),销售1.77亿元,纳税860万元。被评为市铜牌企业。

二、海门市三鑫电子有限责任公司

1995年1月,建于海门镇秀山东路698号,生产电容器,后租赁一条电极箔生产线,生产电极箔。2000年,投资850万元建成电容器和电极箔车间,年产电容器4亿个、电极箔250吨。2002年,投资2000万元,形成年产15亿个电容器和电极箔500吨的生产能力,通过ISO 9001质量管理体系认证。2004年,与台湾建实公司合资建立南通天禾机械科技有限公司,开发固体铝电解电容器及贴片式电容器专用成套设备,填补国内空白,领先国际先进水平。2005年,建技术开发中心和试验中心,开发具有国际先进水平的低、中、高压电极箔产品。

2008年,公司占地3.22公顷,建筑面积2.55万平方米,固定资产3271万元,从业人员400人,产电容器5.5亿个,销售收入1.93亿元,纳税1255万元。被评为市银牌企业。

附:

2008年海门市电子工业部分企业情况一览

表11－11

类别	企业名称	主要产品	主要经济指标(万元)		
			产值	销售收入	纳税
电容器	海门市三鑫电子有限责任公司	电容器等	17555	19307	1255
	海门市银燕电子有限公司	电容器等	17730	17730	860
	海门市南洋电子有限公司	电容器等	2132	1914	62
	海门市三鑫捷威电子有限公司	电容器等	10884	8488	0.5
	海门市亚光电子有限公司	电容器等	4021	3806	58
光纤光缆	江苏通光信息有限公司	光缆	70000	68000	3968
	江苏通光光缆有限公司	光缆	20381	20381	1194
	南通和泰通讯器材有限公司	光缆	1415	1415	62
	江苏通光光电子有限公司	软光缆	2600	2502	105
	江苏通光电子线缆有限公司	光缆	8292	7103	744

续表 11－11

类别	企业名称	主要产品	主要经济指标(万元)		
			产值	销售收入	纳税
印刷线路板	海门市大成电子器材厂	印刷线路板	200	200	15
	海门市无线电器材一厂	印刷线路板	250	250	20
电线电缆	海门市万盟铝线有限公司	铝包钢线	4855	4831	63
	日兴(南通)电子有限公司	镀锡铜包钢线	1501	1311	48
	江苏亨通金天电子线缆有限公司	汽车线缆等	61538	61535	748
	江苏三通科技有限公司	CP 线等	1405	1359	29
	海门市汤家电线厂	电线	38	38	1.2
仪表	南通斯沃特自动仪表有限公司	自动化仪表	764	764	16
	海门市国艳仪表有限公司	温度表	42	40	4.5
仪器	国电电力研究所海门探伤设备联营厂	探伤设备	2881	2611	204
	海门伽马星探伤设备有限公司	探伤设备	2188	2178	167
	江苏世泰实验器材有限公司	载玻片	5749	6748	225
	海门昌隆仪器有限公司	载玻片	529	493	25
	海门市汇丰臭氧设备有限公司	臭氧发生器	30	28	3
线缆器件	海门市爱诺通信器材有限公司	馈线卡具	60	60	5
	南通赛博通信有限公司	光缆配件	9005	5392	395
	南通市哈默船舶设备有限公司	船用电器箱	2115	2065	200
	溯高美电器(江苏)有限公司	断路器	1075	1075	25
	友德汽车电器(海门)有限公司	汽车线缆接插件	3222	2940	259

第十章　粮油食品饲料工业

第一节　制　　盐

北宋年间(960－1127),海门东北部沿海地区有盐场,盐丁大多为囚犯和流民。清中叶,内地破产农民陆续迁居盐区。清嘉庆年间(1796－1820),盐区称余东场,为淮南10大盐场之一,建有大东灶、小东灶、余东灶、晋南灶(新中国成立后划归南通市)、埭烊灶(新中国成立后划归启东县)。繁盛时盐区有墩100多个,镴200多口,盐丁600多人。咸丰年间(1851－1861),余东场界东至吕四场界、西至余西场界、南至通州民地、北至包场老皇岸处8里抵海,东西全长约23.5公里,沿海建有大东灶、小东灶、御东灶、八甲灶、御西灶、余灶、沈灶、李灶、王灶。光绪二十九年(1903),张謇筹集规银15万两,在吕四镇创立同仁泰盐业公司,场地为吕四、余东合并之地,承包专卖食盐,并对原盐进行精制。光绪三十二年(1906),精制盐赴意大利万国博览会展出,获优胜奖牌。民国时期,包场、六甲镇驻有武装缉私营,管理盐税和负责缉私。民国10年(1921),盐区有灶户4473户,盐丁1.72万人,年产原盐500吨左右。民国27年,日本侵略军侵占海门,官方盐务机构解体。民国29年11月,新四军东进盐区,苏中四分区财政经济委员会设盐务处,下设分局、所。海门盐区属余中盐务所(驻地现东灶港镇友谊村)管辖。盐务所将原盐灶合并为晋南、御东、小东、大东、旦洋5灶,组织盐业生产。民国31－37年,每伏火(昼夜24小时计)产盐450公斤左右,仅御东灶有72盐户192人,盐墩30个,鏾32口,全年烧750伏火。盐区全年产量350吨左右,均为煮盐。

新中国成立后,海门盐区属淮南盐务管理局通如分局余中盐务所管辖。盐务所工作人员深入盐灶,发放贷款,调剂柴草,征收盐税,关心盐民生活,恢复和发展盐业生产。1952年,国家对食盐实行公收专卖。1953年,组织互助合作,将妇女儿童转入农业,专事盐业生产的有300多人,生产仍沿用锅煎,因柴草紧缺,全年仅产盐500吨左右。为节约柴草,降低成本,一度推行刨泥淋卤、板晒结晶的方法制盐。因木材紧缺,面积较小,人均年产量仅3吨左右,含氯化钠成分约80%,产量低、质量差,未能形成发展势头。

1957年9月,省确定沿海盐区扩大生产。1958年,国家投资120万元新建盐场,由淮北盐务管理局设计,县人民委员会组织施工。是年,东兴公社单独负担围堤任务,完成土方计150多万立方米。1959年春耕大忙之际,县人民委员会统筹安排劳动力,组织县东部12个公社出动1万多民工,建成43份"对口滩"(盐滩),总面积约760公顷,定名国营海门县盐场。1960年,盐场部分盐田投产,盐区全年产原盐2609吨。1964年,原大东灶盐区停产。1965年,基本形成"滩晒制卤、干晒结晶"生产工艺,全年产原盐2898吨。1966年1月,海门县盐场与南通县盐场合并,更名为通海分场,隶属淮北盐务管理局建立的南通总场。根据上级缩小规模的要求,将盐场东南部已建成未投产的10份盐滩改建苗圃(大东农场前身),归海门县管辖,盐场面积缩小为624公顷。1966－1971年,南通总场加强对盐场生产技术指导,"制、保、排"系统逐步改善,平均年产原盐上升到5000吨。1972年,通海分场撤销,盐场以原面积划归海门,恢复海门县盐场。

1973－1975年,借鉴淮北盐场经验,加强电力和机械建设,进行科技革新。各滩安装调试5.5千瓦、1.5千瓦电动机组,购置、自制机械压格机,淘汰风力水车设备,基本实现出卤、压格机械化和电气化。1978年,在结晶池上使用塑布苫盖方法,加上气候干旱少雨,生产原盐1.72万吨,创海门县盐场历史纪录。

1980年,国家实行盐业产销合一体制,海门县盐场划归南通市盐业公司领导。人、财、物、产、供、销均由其管辖,党务、行政与海门县双重领导,税收、利润归县财政。是年,投资25万元,添置离心机1台及其他辅助设备,建成年产8000吨粉洗盐的车间。1983年,更名省盐业公司南通分公司海门盐场。1984年,推行在结晶池下加垫层的方法,既防止下雨时卤水被冲淡,又能减少卤水的渗漏,盐工称为"双保险"。1986年,将散装粉洗盐改装为彩印塑袋小包装,计量准确、方便携带、卫生清洁,赢得群众喜爱。1988－1992年,利用国家盐税减免201万元资金,先后在咸区平面池板下用塑模垫层46.2公顷,建造塑池、卤台、卤站212块21公顷和高标准"双保险"沟塘1.88公顷,购置发电机组8台共554千瓦,安装变压器7台计840千伏安,架设高、低压线1.9万米,更新扬水泵9台计152英寸,实现产盐机电配套。1994－1996年,进行冬季大维修,改造盐田结构,动土1.75万立方米,将盐田各块合二为一,扩大制卤面积,减轻盐工劳动强度,减少辅助材料投入成本。2000年,投资150万元在盐场北侧新建纳潮闸2座,解决原盐生产原料水不足、水库淡化等制约。全年生产原盐1.13万吨,加工粉洗盐5234吨。

2000年开始,盐场从以盐为主、盐养结合向退盐转养转变,逐年缩小产盐区域,年底1份滩停止产盐。2001年,生产原盐9536吨,加工生产粉洗盐5363吨。年底停止粉洗盐生产,11份滩的蒸发区域停止制卤。2002年,国家下拨200万元实施电网改造。是年,产原盐8000吨,年底10份滩的产盐区域及10份滩的结晶产盐区域停产。2003年,产原盐3468吨,5份滩的制盐面积停产。2004年,产原盐

2400吨。是年,海门盐场改制,281名职工中,40人办理托管,241人置换劳动关系,企业更名南通盐润水产有限公司。2005年,产原盐2388吨,盐场结构调整基本结束。2006年,停止制盐。

第二节　酿　　酒

县境民间自古有酿酒传统。宋代,有酿酒记载。清代,大多集镇开办前店后作坊的糟坊,以糯米为原料酿制销售甜水酒(米白酒)和黄酒,少数作坊还以高粱为原料制售白酒(烧酒)。每年酿季一般从10月到次年4月,手工操作生产。

光绪二十七年(1901),张謇创通海垦牧公司,初垦地宜种高粱。光绪二十八年(1902),垦区设立颐生酿造公司,以高粱为原料酿造白酒,并以茵陈、红花、佛手等10多味中药材浸泡的药汁,勾兑成具有养身保健功效的颐生茵陈酒。光绪三十一年(1905),受特大台风和潮汛袭击,公司厂房、生产设备和库存原料被毁。灾后,张謇在常乐镇西市梢重建颐生酿造厂,派员至江苏洋河、高沟酒厂及山东的名酒厂取经,并聘山西曲酒名师到厂指导。酒厂仍以高粱为原料,自行配方制曲酿造白酒,商标为“地球”牌。产品有原泡酒、茵陈酒、玫瑰酒、紫葡萄酒、五茄皮酒、虎骨木瓜酒、金波玉液、史国公酒等10多个。时有工人23人,石磨4部,以10余头水牛牵引,全部手工操作。光绪三十二年(1906),颐生茵陈酒获意大利万国博览会金奖。随后,以奖章制作标贴,加“帆船”牌图案为商标副牌。宣统二年(1910),获杭州全国博览会奖状。民国17年(1928),颐生酿造厂购进18千瓦(25匹)柴油机1台,用以发电、粉碎,工人增至36人,实行两班制生产。因当地原料不足,从大连、上海等地购进大批高粱。所产颐生酒除在当地销售外,还销往通海、里下河和徐淮一带,一度运销江西九江、南昌等地。民国27年,日本侵略军侵占颐生酿造厂。民国33年,工厂停产。

解放初,县政府以300石元麦租赁颐生酿造厂并整修。1951年1月,第一副蒸灶投产,更名地方国营海门颐生酒厂(颐生酒厂)。是年,《华东地区酒类专卖暂行办法》施行,全县白酒、甜水酒、黄酒的生产经营逐步转为替酒类专卖公司加工和由其统购统销,原料由国家计划调拨供应。1952年,颐生酒厂开工蒸灶3副,职工32人。加上其他糟坊,全县总计产酒1511吨,其中白酒497吨。1957年,颐生酒厂有蒸灶7副,职工263人。海门食品厂、余东食品厂先后建米酒工场,生产甜水酒和黄酒。1950－1957年,全县产白酒5610吨(颐生酒厂占61%),饮料酒8714吨。1959－1961年,因粮食紧张,酒厂利用野生植物橡子、楝树果作原料酿制白酒(乙种酒)。1964年,海门、余东食品厂的米酒工场划归颐生酒厂。1972年,江心沙农场办南通江心沙酿酒厂,用农场自产高粱、大米作原料,生产白酒及米白酒,年产白酒10吨左右、米白酒60余吨,主要供应农场内部职工。是年上半年起,颐生酒厂因原料紧缺而停产。1974年,恢复生产。1976－1977年,部分社队创办酿酒厂,主要生产甜水酒,个别酒厂亦产黄酒;海门油米厂和三厂油厂先后利用米粞、米糠、稗子、山芋干、菲汀渣等酿制白酒;颐生酒厂以粳米代糯米,酿造甜水酒和黄酒,以板框式气膜压滤机取代劳动强度大的传统木榨。1978－1984年,颐生酒厂完成国家下达计划后,从东北等地购进高粱,增加白酒生产。每年从山东购进数百万斤瓜干(山芋干),生产普通白酒(瓜干酒,亦称乙种酒)。

1982年,颐生酒厂投资240万元建成年产1000吨大曲酒机械化酿造车间,劳动生产率提高72%,出酒率提高3%。1985年,颐生酒厂相继投产36度、38度、39度、42度、46度等白酒,并从茅台酒厂引进酱香型大曲酒生产工艺和技术。翌年,酱香型45度、53度謇翁大曲酒问世。1989年,謇翁酒通过省级鉴定,被誉为“江苏茅台”,获南通市新产品“金鹰奖”。1990年,三阳、德胜、麒麟等乡镇有乡办酒厂7个、村办酒厂5个。颐生酒厂职工699人,固定资产700万元,产值5800万元,销售5000万元。全县产饮料酒8992吨、白酒1829吨。

1991－1995年,颐生酒厂先后开发52度酱香型仿茅台口味的大曲酒茅镇酒、38度浓香型大曲酒张公酒、张公特曲等高、中档白酒,以及38度醉蟹酒等供农村市场的低档酒,形成高、中、低档结合的浓香型、酱香型两大系列白酒。1995年,有企业3个、个体私营户10多个,产白酒5700吨、其他饮料酒1.45万吨。

1996年,颐生酒厂常乐米酒工场率先应用控制大缸发酵新技术,在夏季酿造黄酒、甜水酒获成功,开始常年生产,并推广应用软包装。1999 年,国家对白酒酿造企业实行生产许可证制度。8 月,颐生酒厂、麒麟中汉酒厂通过省轻工业厅考核验收,获白酒生产许可证。2000 年,全市产白酒 5909 吨、其他饮料酒 5100 吨。

2003 年 7 月,颐生酒厂因严重资不抵债破产,经公开拍卖,被南通市交通钢绳股份有限公司以 1052 万元拍得,591 名职工按规定得到妥善安置或经济补偿。翌年 1 月,成立南通颐生酒业有限公司,继续使用原有颐生"帆船"牌商标。当年投入近 200 万元改造老厂,从外地引进科技人员进行中、高档颐生大曲酒的新品研发和市场开发。2005 年,形成金波玉液廿年陈酿、颐生金花酒、颐生金波玉液、状元家宴等四个系列中高档白酒,产酒 1500 吨,销售 4245 万元。是年,全市酿酒行业进行规范化整顿,重新颁发生产许可证。有企业 8 个,从业人员 152 人,产白酒 2600 吨、黄酒 5000 吨、甜水酒 1800 吨,销售收入 5000 多万元。2006 年 9 月,南通颐生酒业有限公司新开发金奖 100、金奖 100 贡品及佳品酒系列高档白酒。

2008 年,有白酒企业 2 个和黄酒、米白酒企业 6 个,从业人员 128 人。此外还有米白酒个体私营户 20 多个。全市生产白酒 3100 多吨、其他饮料酒 5000 多吨。其中南通颐生酒业有限公司生产白酒 3070 吨。

第三节 粮油加工

一、粮食

杂粮 海门先民长期以小麦、元麦和玉米等杂粮为主粮,其他粮食辅之。加工由人拉石磨碾磨(俗称"牵磨"),亦有少量大户开办磨坊,用牛拉磨。清末民初,机器加工面粉逐渐兴起。

1956 年,公私合营县油米厂用机器加工面粉,全县产量 100 吨。20 世纪 60 年代起,农村小麦、玉米等杂粮加工主要以生产大队的粮食加工场用小型碾粉机(小钢磨)加工为主。1970 年,国营合兴油厂建成年生产能力 9000 吨的面粉车间,有磨粉机 10 台。1971 年,国营海门油米厂建成年生产能力 3000 吨的面粉车间,有磨粉机 3 台。此后 10 年,两厂年生产面粉 3600 吨。1981 年,面粉产量 8200 吨。1985 年 10 月,国强面粉厂投产,有磨粉机 12 台、高方筛 3 台、去杂机 3 台、打麦机 2 台,年面粉生产能力 6000 吨,实际年产 5000 吨。90 年代,膳食以大米为主,小麦等杂粮加工量减少,农村粮食加工场基本消失。1992 年 4 月,建良秀面粉厂,年生产能力 5 万吨,为南通地区首屈一指的现代化面粉生产企业。1993－1998 年,年均产面粉 1.02 万吨。1999 年 8 月,加工量锐减,亏损破产。

2003 年 6 月,国强面粉厂获国家质监部门颁发的生产许可证,生产"金花"牌面粉,产品畅销省内外。2008 年,面粉加工企业仅此 1 家。

稻谷 县境稻谷加工成米,自古以家用石臼、木臼舂之。民国时期,机器碾米逐渐兴起。

1950 年,有私营油米坊 187 个,其中机器油米坊 69 个,有碾米机 40 台。1953 年,加工大米 910 吨。1956 年,国营和公私合营油米厂有柴油机 16 台、砻谷机 2 台、碾米机 16 台等生产设备,加工大米 1700 吨、糙米 4700 吨。1958 年,建立地方国营三厂米厂。1960 年,公私合营茅家镇碾米厂并入地方国营海门粮食加工厂。1963 年,三厂米厂并入三厂油厂成为碾米车间,年生产能力 1.13 万吨。1964 年,国营江心沙粮油加工厂投产。1965 年,海门粮食加工厂改称海门油米厂。60 年代末,有企业 3 个,加工大米 7000 吨。70 年代,推广种植三熟制水稻,稻谷产量大增,农村粮食加工场普遍添置电动或机械碾米机。国营油米厂年均碾米 1.5 万吨。1973 年 1.82 万吨。1981 年,有国营企业 3 个,加工大米 1.2 万吨。80 年代,年均加工大米 5000 吨左右。1990 年,加工大米 2000 吨。1991 年 9 月,建国营三厂油厂天山油米分厂。2001 年 3 月,天山油米分厂独立,改称国营天三油米厂。2003 年 12 月,获省技监局颁发的生产许可证,生产"天庆"牌大米。同时,江心沙粮油加工厂获国家质监部门颁发的生产许可证,生产"皓明"牌大米。2003－2004 年,江心沙粮油加工厂增添大米抛光机和色选机等设备,提高大米产量和质量,年生产能力增至 1 万吨。2004 年 9 月,"皓明"牌大米被农业部认证为"无公害农产品"。2007 年,海发粮食加工厂投产,配备色选机、抛光机、灌装机等大米加工设备,年加工大米能力 1 万吨,其生产设备领先省内同行。2008 年,有江心沙粮油加工厂、天三油米厂和海发粮食加工厂3个企业，主要设备有砻谷机2台、碾米机3台、色选机3台、抛光机3台、灌装机2台，年生产能力2.2万吨，实产7000吨。

二、油脂

明清时期，较大的集镇有榨油作坊。民国后期，县境有私营油坊220多个。解放初，苏皖边区第九行政区接收合兴镇乾元吉油坊，改名公营合兴油坊。1951年，改为县供销社第一油厂。是年，没收信成油坊，改为地方国营新生油厂。1952年，接收邢家油坊、丁坎坝油坊、顺成油坊、赵家油坊。此外，县境尚有私营油坊183个。公、私营油坊（厂）职工1217人，木榨油箱1067台，年产油脂3289吨。1954年，将136个农村小油坊调整为4个，有职工28人；将54个机器油坊调整为23个，职工173人。

1956年1月，将15个私营油坊改造为公私合营茅家镇碾米厂、茅家镇油厂、三厂油厂、麒北油厂、头甲镇油厂，1个私营油坊并入地方国营三阳油厂，其余并入地方国营海门颐生酒厂、县印刷厂。3月，县供销社经营的第一油厂、第二油厂、三阳油厂、包场油厂、丁坎坝油厂改为地方国营。是年，职工467人，有柴油机16台、煤气机6台、木榨油箱226台、发电机3台等设备，年产油脂2005吨。1957－1963年，将全县大小油厂调整为海门、三厂、三阳、合兴、麒麟、包场6个油厂。1964年，瑞祥、余东、江心沙等9个公社（场）办油厂。1966年起，设备更新，普遍使用200型和95型榨油机榨油。1972年，合兴油厂建成日处理饼35吨的灌组式浸出车间。1977年，海门油米厂利用脱脂米糠生产米糠油。1978－1979年，三厂油厂、包场油厂先后被省命名为大庆式企业。1980年，三厂油厂建成油脂浸出车间。1981年，合兴油厂建成日处理80吨饼的平转浸出车间。是年，国营油厂生产油脂7000吨。1987－1990年，年均生产油脂9700吨左右。1991年起，村办鹤丰油厂、合资企业海霞油脂有限公司等先后投产。2001年，有国营油厂8个、私营油厂2个，主要生产设备有200型榨油机28台、95型榨油机5台、202型预榨机5台、平转浸出器5台、锅炉10台、炼油锅35台、蒸锅14台、清杂机10台、轧胚机17台、剥壳机4台，油脂年生产能力6.2万吨，年实际生产2万吨。

2002年起，国营油米厂进行产权制度改革，其中合兴油厂、包场油厂、海门油米厂、三厂油厂拍卖，麒麟油厂、三阳油厂破产。2003－2004年，建立合兴油脂有限责任公司、包场油脂有限责任公司、正章油脂有限责任公司、麒麟食用油有限公司。2004年，市油脂行业协会成立。2005年，全市生产油脂2.5万吨，为年生产能力的50%。是年，麒麟食用油有限公司（品牌“蝴蝶花”）、包场油脂有限责任公司生产的菜籽油获国家质监部门颁发的生产许可证，合兴油脂有限责任公司被评为市农业产业化龙头企业。2006年，合兴油脂有限责任公司（品牌“群益”）、天三油米厂、沿江油厂生产的菜籽油取得省质监局颁发的生产许可证。是年，正章油脂有限责任公司停产。2007年，新龙油脂有限公司、鹤丰油厂相继停产。

2008年，有企业6个，生产设备有200型榨油机13台、95型榨油机5台、202型预榨机5台、锅炉6台、炼油锅16台、蒸锅8台、平转浸出器4台、轧胚机10台、剥壳机3台、清杂机5台、油菜籽自动烘干设备1套（日处理油菜籽500吨）、全自动炼油生产线1条（日精炼油30吨），全市油脂年生产能力3.5万吨，实际年产量8000吨。麒麟食用油有限公司的油脂现代化生产技术领先省内同行。

第四节　肉禽加工

一、生猪

清宣统二年（1910），四甲坝业主胡锦桃开设永安泰猪行，有猪舍3间，从如皋、海安及盐城、兴化等地收购生猪，自宰自卖。民国初期，茅家镇蔡源泰、徐锦成、和丰等猪行，亦从县境收购生猪，自宰销售和兼营批发。解放前夕，县境大小50多个集镇均有肉铺，县城茅家镇有16个，日加工生猪4－5头，节日期间，加工量略增。

新中国成立初，私营肉铺仍延续。1950年，全县有铺156个，年加工猪肉126.1万公斤，农户自宰生猪1.96万头。1951年，全县产猪肉134.8万公斤。1954年，全县私营肉铺132个。1956年，县食品公司成立。是年，其及下属食品站加工生猪1.01万头，集体和个人自宰2.72万头。1964年6月，县食品公司设四甲、包场、三阳收购站，全县年加工生猪3.82万头。1965年8月，增设海门、悦来购销站，全县年加工生猪7.67万头。1971年9月，县食品公司设悦来、三厂、天补、四甲、包场食品中心站和31个公社食品站，承担全县生猪加工。当年加工8.21万头，集体和社员自宰1.71万头。1973年，南通地区所属四甲肉联厂(位于新建公社)投产，职工1100人，固定资产746.5万元，宰猪采用自动轨道流水线、分割肉流水线、冷库操作自动装置等。1978年，全县加工外贸商品猪肠衣7.93万条。1981年，海门国强肉松厂投产，职工190人，固定资产15万元，年生产肉松40吨，产值177万元。1984年，南通市四甲肉联厂加工生猪34.1万头，产值5536万元，利润467.1万元。同年，海门三厂肉制品厂生产香肠18吨，产值7万元；常乐畜产品加工厂加工肠衣，产值10万元。1985年，为县外贸部门加工出口冻猪肉1065吨、猪副产品44.88吨、猪肠衣10.32万条、干猪肠衣0.72万条、猪膀胱28.2万个、猪大肠头13.12万个。是年，白条肉进行剔骨分部位标价出售，亦有加工成肉丝、肉馅等出售；可食脏器脑、舌、心、腰子、肚、肠加工成熟肉制品出售。是年，生猪购销价格放开，多渠道经营，个体屠宰户、食品站均加工生猪，全县个体肉贩500多个，一般自购、自宰、自销。1990年，全县加工生猪11.54万头，县食品公司加工生猪3.3万头。1995年4月，南通市四甲肉联厂破产重组，成立江苏中宝食品有限公司，不再生产肉制品。

1996年，生猪加工实行定点屠宰、集中检疫、统一纳税、分散经营，全市30个乡镇设生猪定点屠宰场，建有与屠宰量相适应的生猪待宰间、病猪隔离舍和病、死猪肉类无害化处理以及达到排放标准的污水物处理设施，地面墙裙使用不渗水便于冲刷消毒的材料，屠宰场还配备麻电设备、屠宰机械、自动轨道流水线、浸烫和打毛机、冷藏运输工具等设施。做到未经检疫检验或检疫检验不合格的生猪产品不出场，确保城乡居民吃上放心肉。1997年，生猪进点屠宰18.6万头。2001年，市种羊场所属万头养猪场加工生猪2150头。2003年，全市有个体经营户935户。是年8月，包场镇农户唐慧娟投资200万元建市兴旺肉制品厂，养殖商品瘦肉型猪，建设无公害生猪屠宰场，设立无公害猪肉销售点。2005年，市兴旺肉制品厂加工鲜肉180吨，产值864万元。是年，全市有生猪屠宰工146人，检疫人员61人，肉品检验人员38人。2008年，有机械化屠宰场1个、半机械化屠宰场26个，屠宰生猪20.72万头。其中市兴旺肉制品厂加工鲜肉302吨，产值980万元，其“海盛”牌肉产品获南通市和省名牌称号。

二、山羊

清末民初，一些集镇上的菜馆、酒家盛行加工提汤羊肉，亦有烹饪红烧羊肉。民国时期，县境年养羊约10万只，除就地加工食用，也运销外地。每逢冬令时节，羊贩串乡走户收购，羊市加工销售活跃，主要集镇都有羊肉摊贩，亦有农户自宰食用。1949年，农户养羊15.16万只，产羊肉16.52万公斤。1957年，饲养22.34万只，产羊肉22.86万公斤。1958年，县食品公司加工销售山羊1200只。1966年，全县山羊毛产量10.62万公斤。1972年，社会加工山羊皮8.61万张、山羊毛2.63万公斤。1975年，经加工的海门山羊板皮开始出口国外。1976年，为外贸部门加工出口山羊肠衣5.2万条。1982年，县食品公司加工销售山羊8500只。1984年，社会加工山羊毛5.7万公斤。1985年，全县产羊肉156.9万公斤，集体和个人自宰1.5万只。1988年，为外贸加工山羊笔料毛11.27吨。至1990年，加工出口海门山羊板皮96.98万张，远销澳大利亚、加拿大、日本、美国、荷兰、意大利、西班牙等国家和中国香港地区。1991年，全县产羊肉252.5万公斤，农户自宰2.01万只。1994年，四甲肉联厂加工山羊肉77吨。

20世纪90年代中、后期，人们生活水平提高，餐饮业日趋发达，红烧山羊肉声名鹊起，渐成海门人待客的品牌菜肴，几乎家家酒楼、饭馆竞相以此媲美。2000年，市种羊场创办市三方食品厂，投资30万元购置真空包装、灭菌等设备，工厂化生产红烧山羊肉。其产品选料考究，制作精良，具有独特的海门风味。2001年，被国家绿色食品发展中心认定为绿色食品。2006年，获南通市名牌产品称号，产品进入北京、上海、南京、苏州等地超市。2008年，市三方食品厂羊肉销售300万元。是年，市三方食品厂的“三方”牌、东方雁大饭店的“东方雁”牌、开泰食品公司的“海亮”牌红烧山羊肉亮相南通名品展。

三、其他畜禽

60年代，时兴饲养家兔，以辅肉食，剪毛出售。是时，县境尚无禽类专门加工企业。

1972年7月，青龙冷冻厂投产，职工322人，固定资产338万元，日冷藏能力300吨、急冻能力25吨、制冰能力15吨、储冰能力150吨。后又投入宰鸡生产流水线、肉制品生产流水线等，产品有分割鸡、净膛鸡、半净膛鸡。1974年，生产冻鸡、冻兔172吨，主销日本等国家。1977年，民间为外贸部门加工出口黄鼠狼皮1.64万张。1978年，全县加工外贸商品冻鸡714.11吨、冻兔肉176.86吨、羽毛2300公斤、牛皮100张、家兔皮13.73万张、狗皮1200张。80年代，集镇有专业杀禽户代客加工。1985年，青龙冷冻厂生产冻鸡、兔1680吨，产品获外贸部优质奖。自投产至1987年，青龙冷冻厂共出口冻鸡7755吨，产值5428.5万元。1988年，良种鸡饲养户快速发展，年供加工肉用鸡500羽以上专业户1368户。90年代初，集贸市场个体鸡贩将肉用鸡按部位分割出售，方便消费者选择。1994年，南通市四甲肉联厂生产鸡肉764吨。2000年，青龙冷冻厂转营加工牛肉80吨，产值400万元，销售收入450万元。2005年，该厂又转加工烤鸡、烤鸭180吨，产值380万元，销售收入460万元。是年，悦来镇国良禽业有限公司投产，从业人员20人，年加工肉鸡100万羽，产值420万元。2007年，美国泰森有限公司独资在滨海工业新区，成立整合养殖和加工于一体的大型鸡肉生产企业——江苏泰森食品有限公司。2008年，国良禽业有限公司加工肉鸡150万羽，产值610万元。市内集贸市场均有代客加工鸡、鸭、鸽经营户，做到宰活卖鲜。

四、水产品

腌制　50年代前，县境水产品以销售鲜、活为主，剩余部分采用腌制方法保存。腌制品有大小黄鱼、鳓鱼、青交鱼、鲳鱼、梭子蟹、虾酱等。腌制的咸鳓鱼加工精细、条板硬直、大小一致，畅销上海、山东、安徽、浙江等地。60－70年代，每年调出咸鳓鱼12.5吨左右。80年代初，包场公社新南大队20个社员合伙建厂房100平方米，经营腌制品，年产100吨左右。90年代中期，成立南通市包场镇腌制品股份有限公司，厂房300多平方米，年产腌制品250吨。2003年，正余镇瑞丰村成立腌制品有限公司，年加工海产腌制品50吨。2005年，全市生产各类海产腌制品5200吨。2008年，产5500吨。

干制　县境渔民采用曝晒等脱水方法加工水产干制品，以延长保存时间。通常分淡干和咸干两种，大小黄鱼、鳓鱼、带鱼、鲚鱼、赤鱼、乌贼鱼、河豚、海鳗、虾等都有干制品。60年代，全县年收购干咸鱼150吨左右，除供应县内，还销往上海、江西、浙江、云南、贵州等地。70年代，水产干制渐衰，仅有渔家自制少些鱼干，以调节口味。80年代，加工紫菜干制品。1985年，中外合资南通永康水产品有限公司成立，专业干制紫菜，年生产出口紫菜3000万张，销售收入800万元。1996年4月，永井食品（海门）有限公司成立，有日本全新烤海苔生产流水线3条，年生产烤紫菜能力1亿张，产品大部分出口美国、欧洲、东南亚、澳洲等国家和地区。2005年，全市水产干制品产量295吨。其中，干紫菜80吨，鱼、虾干215吨。2008年，全市水产干制品产量320吨。

冷冻　1981年，东灶港投资60万元建一座冷库，速冻海产品，速冻能力每次（12小时）10吨。1982年，海门中兴冷冻制品厂投产，年速冻水产品126吨。嗣后，东兴乡和东灶乡的6个渔业村相继建立冷库。1988年，有冷库9座，水产品保鲜逐渐以冷藏为主。1990年，全县冷冻水产品2973吨。1996年10月，南通海旺水产集团生产“阿海”牌海鲜鱼丸等产品。2000年，产鱼丸250吨。2005年，全市有冷库28座，冷冻水产品1.53万吨。2006年，东灶港镇建立由20余家大小企业组成的水产加工企业群体，冷库总容量1万多吨，年加工鱼、虾、蛰、贝3万多吨。2008年，冷冻水产品1.56万吨。

第五节　蔬菜加工

海门先民有自种蔬菜加工成腌菜、酱菜、豆芽、乳腐等习惯。集镇形成后，前店后作坊酱菜店、豆芽摊应运而生。民国时期，茅家镇王远大酒酱店经营蔬菜制品。解放初，县境腌菜品种有萝卜干、卤酸菜等，也有农户将大头菜切成丝、割取青苜蓿头晒半干后拌盐封入坛中制成干咸菜；酱菜品种有酱

图 11－14 常乐海创农产品开发有限公司生产车间

（2008 年摄）

瓜、酱黄瓜、什锦小菜等；豆芽品种有黄豆芽、绿豆芽等。

1956 年起，县商业部门陆续投资 118 万元，先后建成三厂、麒麟、余东食品厂，工厂化生产酱菜。1962 年，生产各种酱菜 137 吨、乳腐 46 吨，品种有包瓜、酱瓜、酱萝卜丝、萝卜条、什锦菜、大蒜头等十几种。1972 年，生产酱菜 519 吨、乳腐 373 吨。产品质量不断提高，生产的包瓜纹似蜜枣色似琥珀，咸甜可口；五香大头菜香味浓郁；乳黄瓜鲜、甜、脆、嫩；乳腐风味独特，深受消费者青睐。

1977 年起，青龙冷冻厂生产速冻青蚕豆、蒜苗、青刀豆、荷兰豆等出口。1983 年，江滨脱水厂建成，生产脱水大蒜片、洋葱片、胡萝卜粒，年产量 200 吨，产值 76 万元。1985 年，刘浩乡陈和酱厂生产酱菜、酱瓜，年产值 200 万元。

20 世纪 90 年代，外地酱制品不断流入，县内制酱业逐渐萎缩。1998 年，麒麟食品厂关闭，三厂食品厂改制后停止酱菜生产。

2000 年，江苏中宝食品有限公司转产速冻蔬菜，有从业人员 218 人，10 余条生产流水线，冷库储量 2 万多吨，速冻青蚕豆、青毛豆、青豌豆、青花生等，当年速冻蔬菜 2500 吨，产值 1203 万元。2001 年，东灶港冷冻厂扩大农副产品加工，新建 2 座 500 吨“四青”作物储藏库，添置 1 条日产 14 吨蔬菜速冻流水线，加工农产品 1000 吨，并注册“东绿”天然无公害蔬菜商标。2002 年，悦来镇培育千亩榨菜示范区，种植榨菜 333 公顷，加工成海门土榨菜上市销售，当年全镇农民增加收入 540 万元。是年 10 月，树勋镇建康嘉农产品公司，从业人员 22 人，年产速冻青蚕豆 620 吨、青毛豆 280 吨、青豌豆 340 吨。2004 年，常乐镇建海创农产品开发有限公司，从业人员 80 人，年加工蔬菜 2000 吨，产值 2100 万元。2005 年，常乐镇办保丰食品（南通）有限公司，从业人员 28 人，年产盐渍蘑菇 600 吨，产值 338 万元。2006 年，树勋镇投资 220 万元建勋隆园农产品公司，从业人员 23 人，年加工“四色豆”1200 吨。2008 年，有酱菜生产企业 2 个，10 人以上速冻蔬菜加工企业 8 个，年生产速冻蔬菜 6.55 万吨，产值 2.77 亿元。另外，集镇菜市场尚有个体摊位自产自销咸菜。

第六节 副食品加工

一、茶食糕点

海门民间逢年过节、待客、祝寿有蒸糕、馒头、包子，裹粽子、馄饨，擀面条，包圆子，做团圆、寿桃的习惯。传统茶食有方脆饼、大小油面、云片糕、苏式月饼等。晚清，厅内集镇都有茶食作坊，一般雇佣伙计 1－2 人，手工操作。茅家镇朱姓师徒俩创办“协和”茶食摊，由于注重茶食质量，经营得法，逐步扩张成前店后作坊。民国时期到解放初，号称百年老店，顾客买海门茶食，首选“朱协和”，其生产的云片糕、嵌桃麻糕、印糕、月饼、脆饼，享有盛名。其制糕所用米粉均隔年磨好，糕内用糖都要溶化浓缩四五天，做云片糕尤为这家店的绝活，其做成的云片糕，不但香甜可口，而且每片糕有绕指不断的韧性，成为海门茶食的一张名片。

1950 年，全县有个体茶食作坊 76 个。1956 年，多数集镇的茶食加工户入股供销社或合作商店，全县建茶食糕点工场 25 个，每个工场职工最多 14 人，最少 2 人，固定资产 2000 元至 1 万元。是年，随着三厂、余东、麒麟食品厂相继建成，当地茶食户以公私合营方式分别并入。1958 年，茅家镇食品厂建立。至此，县内茶食糕点计划生产、供应大部分集中于这 4 个县商业部门所办食品厂（商办厂）。是年，有职工 136 人，电动机 4 台和烤炉、和面机、蒸料机、糕点成型机等设备，当年产值54万元，利润11万元。1968年，有职工312人，有电动机29台、氨压缩机2台、工业锅炉等设备，生产茶食糕点287吨，产值311万元，利润29万元。1974年，海门食品厂（茅家镇食品厂）增加饼干生产项目，品名有草莓、香草、益智等16种。1979年，4个商办厂生产糕点2187吨。20世纪80年代，海门食品厂引进蛋糕生产设备，聘请上海师傅，在海门首家生产西式裱花奶油蛋糕。蛋糕造型优美别致，蛋香浓郁，奶味纯正，润滑爽口，松软而富有弹性。1981年，余东食品厂设计制造长脆饼生产机、海门食品厂制造云片糕擦粉机，提高效率，节约资金。这时期，仍按计划供应，以产定销，县境茶食业较为兴旺。海门食品厂生产的长脆饼酥、松、香、甜，层次清晰；嵌桃麻糕酥、脆、香；焦切片、寸金糖、酥糖、细沙月饼等是地方名特产品，节日期间凭票供应。产品包装由散装、简装改进为袋装、盒装、精装。1986年，县侨联食品厂投产，职工380人，固定资产179万元，生产夹心、裱花、苏打、薄脆、儿童营养等饼干15种。其中钙奶、橘汁夹心、巧克力华夫饼干获1988年度、1990年度省优质食品称号。

90年代，受外地产品冲击影响，加之企业自身设备更新慢，中、高档食品开发少，效益日下，经营萎缩。1991年，商办厂茶食产量1418吨。1995年，仅723吨。2000年，私营海门镇鸿祥食品厂开张，系个私经营性质。2002年，海门食品厂因经营亏损关闭，三厂、余东食品厂改为股份制企业，不再生产茶食糕点。同时，基层供销社、合作商店茶食店均改制为个私经营。

2008年，市境茶食工场、蛋糕房、面包房、脆饼店、油面店有几十个，多数是小规模个私经营。一些大型商场、超市内设有烘焙区，生产蛋糕、面包、糕点系列，现做现卖。

图11－15　海门镇鸿祥食品厂生产的茶食糕点　（2008年摄）

二、糖果

旧时，海门民间常有人挑着货郎担，以自制的烂斩糖、明糖块走村串户以摇糖鼓叫卖或与破铜烂铁、废纸、旧布进行交换。

50年代，有些集镇出现饴糖生产。1960年，生产饴糖147吨。1965年，海门食品厂生产糖果、冰糖，生产糖果277吨。70年代初，海门食品厂投入软、硬糖生产线各1条和糖果包装机10台，年生产能力700吨，品种有什锦糖、水果糖、夹心糖、奶白糖等。1979年，生产糖果360吨。1980年，刘浩公社六甲糖果厂投产，职工14人，固定资产1万元，年产糖果65吨，产值14万元。1982年，三和公社三和食品厂投产，职工126人，固定资产29万元，年产糖果197吨，产值65万元。1984年，正余乡正余糖果厂投产，职工93人，固定资产7.5万元，年产糖果25吨，产值6万元。1987年，海门食品厂产糖果402吨。1991年，海门食品厂生产18个品种。1992年起，外地低热量、低脂肪、多口味等糖果不断涌入，县内糖果厂产品更新换代慢，市场渐失，先后停产。1994年5月，海门氨基酸公司生产的蛋白糖（APM）甜味剂，在北京民族文化宫举行的全国优质保健品展销会上获金奖。6月，在北京亚运村会议中心召开的由美国、英国、日本等28个国家和地区参加的国际饮品博览会上再次获金奖。1996年，海门食品厂产糖果48吨，翌年停产。1998年起，海门新生食品厂、市欣园工贸有限公司、海门康鑫食品公司生产冬瓜糖、冬瓜蓉，2005年产值325万元。2008年，市欣园工贸有限公司有从业人员15人，生产冬瓜蓉，产值35万元，其余糖果生产企业关闭。

三、酱　醋

民国时期，县境集镇开办酱园。茅家镇王远大酒酱店曾有资产10万余银圆，全年制酱及酱油用黄豆800石之多。至解放前夕，县境内只有城镇部分居民和农村少数富户食用酱油。1950年，全县酒酱业有118户，分布于各集镇，多为规模小、人员少、设备简陋的作坊。

1956年，余东食品厂等3个企业兼营制酱，原有的小作坊或合作或退出生产。1962年，三厂食品厂产食醋406吨。1963年，茅家镇食品厂划出制酱业务，组建王远大、胡万顺酱园(后改建为海门制酱厂)。1966年，全县生产酱油2349吨，醋1485吨。酱油多为坛装，每坛25公斤，称散装酱油。后逐渐改为瓶装、软包装。1975年，生产酱油4368吨、酱类1215吨(甜面酱、麸酱等)、食醋283吨。1980年，4个商办厂职工383人，固定资产118万元，年产酱油4828吨、酱类1252吨、食醋421吨。1984年，海洪调味品厂投产，年产辣酱12吨。1989年，全县产酱油6359吨、酱类1229吨。1993年，受外地酱制品冲击，县内制酱开始萎缩。是年，产酱油4074吨、酱类1366吨。1998年，产酱油2926吨、酱类892吨。2002年，产酱油677吨、酱类206吨。

2005年，海门制酱厂生产的特红酱油、特鲜酱油、海门抽油、特级酱油，分别获南通市制酱行业质量信得过产品称号。2008年，仅有海门酱醋厂、余东酱醋食品厂生产酱油、酱、食醋。是年，余东酱醋食品厂采用传统酿造工艺和先进的现代生产设备，生产的皇家酱油、余东抽油、老抽豉油、原油，经过质监部门多次检验，均符合国家产品质量标准。

四、豆制品

旧时，县境集镇有豆制品作坊，设备简陋，手工操作，人畜牵磨，生产效率不高。1956年，公私合营后，全县供销社、合作商店系统有豆制工场21个，以生产茶干(豆腐干)、豆腐、百叶、豆腐叶为主。是年10月，海门豆制品厂、三厂豆制工场建立，使用动力小钢磨等设备，品种增加香茶干(豆腐干)、卤汁豆腐干、油豆腐、素鸡以及粉丝、粉皮、面筋、淀粉等，年产量419吨。70年代，海门豆制品厂增添磨浆机、气流粉碎机、锤片式粉碎机、工业锅炉等机械设备。计划经济时期，此一厂一场负责海门、三厂两镇居民的平价豆制品额定生产，年产350吨左右。1982年产450吨。嗣后，私营豆制品作坊应运而生，发展迅速，以微利为宗旨的海门豆制品厂和三厂豆制工场无力投资技改，生产萎缩。1999年关闭。2002年，海门顺昌豆制品公司投产，引进先进豆制品生产线，采用现代化生产方式，增加花色品种，开发小包装产品，其“隔灶香”牌豆制品被列为南通市名牌产品、放心豆制品、菜篮子工程定点产品。2008年，市内各乡镇均有2－3个个私豆制品作坊，其中部分业主来自外地，多数采用机械化生产。

五、罐头

1973年，在海门豆制品厂基础上建海门罐头食品厂，职工154人，固定资产45万元，设备有罐头食品生产线、圆罐封罐机、玻璃罐自动封罐机等。1979年，生产硬包装罐头215.6吨，有肉类、禽类、水产类、水果类、蔬菜类等品种。1982年，加工罐头664吨。1983年，东灶罐头食品厂投产，职工80人，固定资产23万元，年加工水产罐头66吨。1984年，东兴罐头厂投产，职工100人，固定资产22万元，年加工水产罐头163吨；三阳罐头厂生产盐水蘑菇153吨。1986年，全县加工罐头846吨。1987年，海门罐头食品厂从豆制品厂分出，成立县罐头厂，生产的芦笋、蘑菇罐头出口国外。是年，中国食品工业协会给厂下达开发草莓食品任务，被列为国家计经委重点食品技术开发项目。1988年，全县加工罐头2202吨。1990年6月，县罐头厂开发的草莓系列产品通过中国食品工业协会组织的鉴定。1993年，海产品罐头国外滞销，产量下降，全县仅产罐头100吨。2002年6月，市冠东食品有限公司投产，从

图11－16 市冠东食品有限公司生产的罐头产品(2008年摄)

业人员120人,固定资产936万元,从事海、淡水产品的保鲜与加工,产品有黄花鱼、凤尾鱼罐头等10多个品种,主要销往上海、广州、东北等大型超市,年销售2100万元。2008年,全市加工水产罐头520吨。

六、冷饮 饮料

海门民间早有自制酸醋冷水等清凉饮料,以降暑热。1965年,海门食品厂建冷饮车间,添置制冷机、冷藏库等设备,年生产牛奶、赤豆棒冰130万支。70年代,海门、麒麟食品厂生产瓶装汽水。1976年,县新海汽水厂投产,产品有柠檬汽水、浓缩鲜橘原汁、软管饮料等。80年代初,麒麟、余东、海门食品厂添置碳酸饮料设备。1985年,此3个厂生产饮料861吨、冷冻饮品489吨。1986年,新海汽水厂生产的柠檬汽水获南通市评比第一名。1990年,全县生产饮料785吨。1993年8月,投资150万美元的中外合资南通怡和天然矿泉水有限公司投产,年产1.2万吨优质天然矿泉水,时为全省最大矿泉水饮料企业。1994年6月,怡和天然矿泉水在1994年中国金陵健康保健品研评会推荐评比中,被授予保健食品"金杯奖"。1998年,外地饮料逐步进入海门市场,市内饮料生产逐年减少。2008年,大型商场、超市内加工销售冰淇淋、橙汁、奶茶、咖啡等。

第七节 饲料加工

旧时,海门农家饲养家禽家畜,以杂粮、糠麸、杂草等作饲料。

20世纪50年代,进行粒实类饲料和作物秸秆的粉碎加工,年产饲料150吨。1965年,全县6个国营油米厂建立饲料加工车间,有饲料粉碎机11台,生产草糠、统糠、混合糠等机制粗饲料2860吨。1966年加工6180吨。1967年,海门油米厂生产发酵剂—酒曲。1971年,又生产糖化发酵饲料。1975年,进行棉籽饼、菜籽饼去毒喂猪试点,在100多个生产队推广。70年代,有饲料粉碎机700多台,分布在各油米厂、机灌站和大部分社、队,为农加工。至1980年,年产饲料2600吨。

1981年,三厂油厂建年产2400吨的配方饲料车间。1982年,试产肉猪配方饲料1020吨。是年,建三和良种场,年猪饲料加工(消耗)1000吨。1983年,三厂油厂饲料车间改建成县饲料厂,生产肉鸡、种鸡、肉猪、种猪4种配方饲料。1985年,县饲料厂从美国引进1套电脑控制自动化饲料生产设备,年生产能力5000吨。1986年3月,投资220万元建京海肉鸡集团公司,年生产(消耗)饲料1万吨。1987年,全县饲料厂(场)发展到26个,年生产能力4万吨。1989年,县饲料厂和包场油厂饲料车间研制成功适用于生猪、肉鸡、蛋鸡、鸭、兔、奶牛及对虾生长的配方饲料8种,投放市场;县饲料厂生产的"海雁"牌肉用鸡饲料获省优质产品称号。

1990年,小型饲料厂(场)增至60多个,具有一定规模的有四甲镇多种经营服务公司颗粒饲料厂、县种鸡场、县第二种鸡场、天补镇副业场饲料加工场、江滨羽毛粉厂、东兴贝壳粉厂等。1992年11月,建年产饲料2万吨规模的南通嘉海预混合饲料有限公司(嘉海公司),注册"苏海"牌,除供应县内用户外,还销往苏州、南通、盐城、淮阴、宿迁等地,年产值超千万元。1998年,嘉海公司被评为市百强企业。1999年,建南通兴德饲料厂,年产"兴德"牌饲料3500吨。

2001年12月,市饲料厂停产拍卖。2003年3月,嘉海公司破产。2004年,建中海牧业有限公司,年猪饲料加工(消耗)量3000吨。2005年,建欣隆肉鸡专业生产合作社,年鸡饲料加工(消耗)量2万吨;建南通春辉饲料有限公司,年产"崇海"牌饲料7000吨。2008年,全市有南通春辉饲料有限公司等饲料加工企业3个,年产饲料1.2万吨。江苏京海禽业集团有限公司(前京海肉鸡集团公司)等养殖场年自行加工消耗饲料5万吨。

第八节 企业选介

一、南通颐生酒业有限公司

光绪二十八年(1902),清末状元张謇在通海垦牧公司创办颐生酿造公司。光绪三十一年(1905),在常乐镇西首重建颐生酿造厂(颐生酒厂),占地2700平方米,厂房34间,手工生产。所产酒有原泡茵陈、玫瑰、岱岱、紫葡萄、五茄皮、虎骨木瓜、金波玉液、史国公等品名。光绪三十二年(1906),颐生茵陈酒在意大利召开的万国博览会上获金质奖章。民国17年(1928),茵陈酒使用“帆船”和“地球”两个商标。民国27年,日本侵略军侵占海门,生产设备受到严重破坏,民国33年停产。

1951年1月,酒厂恢复生产,改名国营海门颐生酒厂。1982年,建年产1000吨茵陈酒机械化酿造车间。1986年,开发生产酱香型45度、56度謇翁大曲酒。1988年,55度、38度茵陈酒分别获全国首届博览会金牌奖、铜牌奖。1989年,謇翁大曲酒经省级鉴定,被誉为“江苏茅台”,获南通市新产品“金鹰奖”。1991年,53度謇翁大曲酒被评为省优质产品。

2003年7月,颐生酒厂破产。翌年1月,成立南通颐生酒业有限公司,对老厂进行改造,占地约5公顷,建筑面积3万多平方米。从外地引进科技人员,开发颐生金波玉液、颐生金花酒、状元家宴、金波玉液廿年陈酿4个系列中高档酒,沿用颐生“帆船”商标。年产颐生酒1000多吨,酱香型酒100多吨,米黄酒2万多吨。2005年,生产的“颐生”牌白酒被评为南通市名牌产品。2006年,开发金奖100、金奖100贡品及佳品酒系列高档白酒投入市场。2008年,生产白酒3070吨、黄酒431吨。

二、海门市合兴油脂有限责任公司

前身为合兴镇乾元吉油坊,1949年2月由苏皖边区第九行政区生产委员会接收,改为公营合兴油坊。1951年移交县供销社,改称县社第一油厂。1956年划归县工业科领导,改为地方国营海门县第一油厂。1960年划归县粮食局领导,改为国营合兴油厂。

1964年将人力木榨油箱改为电动拉榨油箱。1966年起,采用200型榨油机替代电动拉榨油箱,劳动生产率提高10倍以上,该厂菜籽油加工成本处于全县最低水平。

1967年,该厂整体从合兴镇迁至四甲大余桥北堍。1970年,增建面粉和挂面车间。面粉年生产能力9000吨,挂面年生产能力1500吨。1972年,建成日处理35吨饼粕的灌组式浸出车间。1977年,增建脂肪酸车间,利用棉油下脚料生产脂肪酸,年生产能力600吨。1981年,建成日处理80吨饼粕的平转浸出车间,替代灌组式浸出器,饼粕年浸出能力1.3万吨,油脂年生产能力2万吨。

粮油计划供应时期,该厂生产的棉清油不仅内销海门城乡居民、食品饮食行业,外销上海、南京、苏州、南通等肥皂厂,还由省粮食局统一调拨供出口。

1994－2000年,该厂除承担国家指导性计划收购的油菜籽生产油脂外,还自行组织议价收购油菜籽及棉籽生产油脂,年平均生产油脂5500吨。

2002年,国营合兴油厂在产权制度改革中公开拍卖。2003年4月,由买主建立民营企业海门市合兴油脂有限责任公司。2005年,公司被评为市农业产业化龙头企业。2006年,公司生产的“群益”牌菜籽油,获省质量技术监督局颁发的生产许可证。是年起,该公司是市内唯一既生产菜籽油又生产棉籽油的企业。

2008年,公司占地2.83公顷,总资产1100万元,从业人员88人,产油脂4500吨,销售收入2500万元,纳税30万元。

三、南通市江心沙粮油加工厂

1964年,建于省农垦局所属国营江心沙农场,用拉榨油箱生产棉油、小钢磨生产大米,生产规模较小。1981年,增建厂房,购置碾米机和砻谷机各1台,大米年生产能力2000吨。1994年,购置碾米机1台,大米年生产能力3000吨,形成以大米生产为主,油脂生产为辅的生产格局。

2003年起,技术更新、改造大米生产设备,增添大米抛光机和色选机,大米品质和产量大幅提高,年生产能力增至1万吨。2003年12月,获国家质量技术监督检验检疫总局颁发的大米生产许可证。2004年9月,生产的“皓明”牌大米被农业部农产品质量安全中心认证为“无公害农产品”。2003－2004年度,该厂被评为市文明单位。

2008年,工厂占地4公顷,总资产320万元,从业人员14人,年产大米2600吨,菜籽油100吨,年销售收入870万元。

第十一章 轻工业

第一节 服 装

民国时期,县境集镇普遍设有成衣店铺代客加工。1955年,四甲镇组建缝纫生产合作社;茅家镇针织厂抽出10多人组成缝纫小组,代客加工和制衣零售。1956年,全县有缝纫社5个,职工288人,其中茅家镇缝纫社50多人,自带30台缝纫机入股。是年,产值2万元,盈利1000元。1958年,茅家镇缝纫社改为茅家镇五一服装合作社,职工130人,为上海、南京服装进出口公司加工出口苏联、民主德国服装4万件,年产彩格绒衬衫、卡其服装6万件。随后,各公社普遍建立缝纫合作社,代客加工服装。1959年,全县缝纫业产值229万元。1961年,茅家镇五一服装合作社改为地方国营海门县五一服装厂,代上海加工服装,产量42.5万件,加工出口服装6.63万件。1966－1970年,公社缝纫社的生产规模一般为家用缝纫机10余台,职工20余人,以代客加工为主。1970年,县五一服装厂新置96台高速缝纫机,替换一批家用缝纫机,通过上海口岸向西方国家出口服装7.38万件。是年,全县总产值300万元。

1976年,刘浩、新建、江滨等公社建起19个服装厂,由职工自带缝纫机,企业配工业缝纫机、打眼车等设备。刘浩服装厂主产童装。20世纪70年代末,全县公社(镇)办童装专业厂发展到5个。1981年,县五一服装厂开发出口绣衣产品,组织19个绣衣生产点,年产14万件,出口服装37.74万件。是年,全县服装产值2074万元。1984年后,德胜、汤家、六匡乡和海门镇服装厂与上海、南通等地服装厂联营,对方派出技术人员指导。上海曙光童装厂分别与德胜服装厂、汤家服装厂联营建海门分厂、海门二分厂,生产的童装销往日本、美国、加拿大等国家和中国香港地区。余东凤城服装厂、上海光明服装厂六匡分厂、海门镇长江服装总厂等有多种高速工业缝纫机、蒸汽整烫锅炉、高温高压黏合机等生产设备。余东凤城服装厂生产“彩星”牌全毛华达呢、全毛花呢、全毛麦尔登中山装等60多个品种,畅销全国20多个大中城市;睡衣、睡袍、呢制学生装等产品,销往利比亚、美国、加拿大、日本等10多个国家和中国香港、澳门地区。长江服装总厂生产的“白鲫”牌男女衬衫,成为县外贸主要产品。1990年,全县服装厂83个,固定资产1905万元,销售收入8151万元。

1992年5月,万年乡建县三兴制衣有限公司。12月,余东凤城服装厂与日本三轮株式会社合资建南通三轮时装有限公司。1994年8月,在经济开发区筹建与香港合资的江苏缤缤西尔克制衣有限公司。1995年,有企业10个,职工1282人,各种缝纫机近千台,固定资产2887.5万元,年生产各类服装2476.9万件(套),其中约50%销往国际市场,年产值1.23亿元,销售收入1.1亿元,纳税2337万元。南通景新时装有限公司、六匡光明服装厂进入全市工业利税超100万元和销售超千万元企业行列,三星工艺服装厂、麒麟针织内衣厂、市五一服装厂进入全市工业销售超千万元企业行列。

1996年3月,江苏缤缤西尔克制衣有限公司投产,有缝纫机150台、染色机7台以及针织圆机等配套设备。2000年,增缝纫机50台,固定资产3229万元,年产针织内衣403万件,产值4000万元。是年,全市企业34个,从业人员3400多人,各种缝纫机近2000台,固定资产1.09亿元,年产各类服装1699.68万件(套),其中梭织服装515.3万件、衬衫108.5万件、针织服装1040.88万件、羽绒服35万件,年产值2.88亿元,销售收入2.53亿元,纳税1000万元。南通景新时装有限公司、南通荣祥制衣有限公司进入全市工业销售超5000万元和50强企业行列,江苏缤缤西尔克制衣有限公司、市五一服装厂、南通宝石服装有限公司、凯捷(海门)时装有限公司进入全市工业50强企业行列。

2003年10月,市五一服装厂破产。2005年,市三兴制衣有限公司从业人员1300人,配置进口重机1000台、各种专用设备200台和服装CAD、CAM自动化设计裁剪系统,并投资2000多万元收购海门湾湾家纺,创立海门东隆三兴制衣有限公司。南通三轮时装有限公司从业人员560人,有美国产电脑制版机和各种进口服装专门设备生产流水线30条,年生产能力60万件(套)。是年,有企业70个,从业人员7000多人,各种缝纫机7000余台,固定资产2.38亿元,产各类服装4000多万件,产值7.8亿元,销售收入7.4亿元,纳税3300多万元。凯捷(海门)时装有限公司等9个企业进入市重点骨干企业行列。2008年,有企业近100个,从业人员7100多人,固定资产2.99亿元,产值8.17亿元,销售收入8.11亿元,纳税4700万元。产品有时装、西装、防静电服、保安服装、劳保服装等。其中规模以上企业28个,凯捷(海门)时装有限公司被评为市银牌企业,正邦时装(南通)有限公司等3个企业被评为市铜牌企业。

图11-17 海门东隆三兴制衣有限公司生产的"三思"牌羽绒服 (2008年摄)

第二节 鞋 帽

一、鞋

布鞋 海门民女自始做布鞋供家人穿,世代相习。集镇形成后,逐渐出现个体鞋匠摆摊设铺,专门替人做鞋、补鞋,延续至20世纪五六十年代。1975年,刘浩公社天西大队建童鞋厂。1977年,国强公社建鞋厂3个。1980年,全县生产布鞋1500双。1985年,生产2900双。1987年,县春芽童鞋厂、县健身鞋厂先后投产。1990年,有企业7个,职工1052人,固定资产442.5万元,产值2263万元,纳税71.5万元。1995年,有企业5个,固定资产3058万元,产值3398万元,纳税112万元。其中市健身鞋厂固定资产218万元,产值2070万元,纳税62.6万元。

2001年,有企业5个,产值2126万元,纳税67.9万元。市春芽童鞋厂的布鞋款式新颖,深受顾客青睐。2005年,有企业6个,固定资产474万元,产值9526万元,纳税173.8万元。其中市通达鞋业有限公司为出口运动鞋企业配套生产鞋帮195万双,产值7800万元。2008年,有企业3个,固定资产2533万元,产布鞋865.2万双,产值1.04亿元,纳税230.4万元。乾钟(海门)有限公司生产室内拖鞋790万双,产值7994万元。

皮鞋 解放前,海门就有生产皮鞋的个体企业。1956年,县建制鞋合作社2个。1959年,制鞋合作社与茅家镇五一服装合作社的制鞋车间合并,易地建县七一鞋帽厂,以制鞋为主。两年后,一部分人并入县五一服装厂,一部分人下放到镇办企业。1968年,海门镇建县皮件工艺品厂。1973-1974年,德胜、悦来、余东等公社建皮鞋厂。1978年,有企业13个,职工999人,固定资产34.3万元,产皮鞋33.03万双,产值257.4万元,利税37万元。

1984年10月,新海皮鞋厂与上海宝屐皮鞋厂联营,更名为上海宝屐海门新海联营皮鞋厂。1985-1990年,有11个规模较大的皮鞋厂与上海皮鞋企业联营,分别组建上海亚洲皮鞋厂六匡分厂和德胜联营厂、上海皮鞋厂悦来分厂等。此外,悦来皮鞋厂与军工企业组建中国人民解放军3516工厂海门合营厂。联营厂生产的“牛头”牌、“金鹤”牌、“登云”牌、“飞机”牌、“美申”牌、“亚洲”牌等名牌皮鞋，远销日本、美国、欧洲等国家和地区。皮鞋生产的快速发展，带动与其配套相关的制帮、包装等加工企业的发展。1990 年，有企业 49 个，职工 9619 人，固定资产 1846 万元，生产皮鞋 488 万双，产值 1.86 亿元，利税 1073 万元。此外，私营、个体户生产皮鞋 60 万双，时称海门为“皮鞋之乡”。上海亚洲皮鞋厂六匡分厂生产的“美申”牌女式皮鞋获轻工业部金奖。万年乡皮鞋厂生产的 2000 双“登云”牌皮鞋和悦来 3516 联营厂生产的 5000 双“凯歌”牌皮鞋，专供在北京召开的亚洲运动会使用。1992 年，建海门申风特种皮鞋厂、正余河渡皮鞋厂，生产皮制劳动保护鞋。1995 年，经整合、联营，皮鞋企业减至 13 个，职工 1329 人，固定资产 3774 万元，生产皮鞋 673.9 万双，产值 5.39 亿元，纳税 2032 万元。2000 年，有企业 21 个，生产皮鞋 226.7 万双，产值 2.09 亿元，纳税 619.78 万元。2004 年，中美合资南通健林鞋业有限公司引进以意大利主机为主体的皮鞋生产流水线 3 条，皮鞋产量由原先 40 万双提高到 145 万双。2008 年，有企业 21 个，固定资产 9223.5 万元，生产皮鞋 1158.27 万双，产值 4.22 亿元，纳税 2104.1 万元。

胶鞋　1986 年，建县中亚胶鞋厂，生产“申力”牌系列彩色童靴、男女雨鞋和田径鞋等胶鞋。1987 年，建包场胶鞋厂，生产矿工靴、防滑靴等。1989 年，建环球鞋厂，生产解放鞋。1990 年，有企业 3 个，生产 381 万双。是年 12 月，县中亚胶鞋厂生产的“申力”牌女胶鞋，在上海举行的首届中国鞋文化博览会、1990 年中国鞋饰展评会上获银质奖。1995 年，有企业 4 个，固定资产 2030 万元，生产 1746 万双，产值 2.05 亿元，纳税 286 万元。其中包场胶鞋厂产 1100 万双，产值 8803 万元，纳税 152.69 万元。2000 年，有企业 2 个，产量 270 万双，产值 2750 万元，纳税 32.77 万元。2005 年，有企业 4 个，固定资产 2969 万元，产值 9471 万元，纳税 510.29 万元。其中市双钱鞋业有限公司生产胶鞋 277 万双，产值 2771 万元，纳税 234.17 万元。2008 年，有企业 2 个，生产胶鞋 167 万双，产值 3275 万元，纳税 250 万元。

二、帽

旧时，海门民间自制布棉帽御寒。20 世纪五六十年代，时兴手织纱帽子，老年妇女戴的为多。七八十年代，多种款式新颖的手织毛线帽盛行。1998 年，三厂镇建林家劳动保护用品有限公司。2000 年，该厂生产安全帽 10 万打。2008 年，全市有安全帽生产企业 3 个，固定资产 221 万元，产安全帽 3.23 万打，产值 311.7 万元，纳税 14.5 万元。

第三节　皮　革

一、皮制品

1968 年，海门镇建皮件工艺品厂，职工 100 多人，固定资产 30 万元，主产外贸皮手套，产值 300 万元。1978 年，全县社队办皮件厂 10 个，职工 381 人，固定资产 42 万元，产值 234 万元。1991 年，海门镇皮件厂职工 607 人，固定资产 158 万元，年生产皮手套 8 万打，产值超千万元，主产品车缝手套获南通市优质产品称号。是年，另有其他乡镇村皮件厂 15 个，职工 981 人，固定资产 259 万元，生产机用皮件、包装皮件和日用皮件三大类产品 200 多个花色品种，产值 1870 万元。

1995－2003 年，余东、四甲等乡镇建体育用品厂 16 个，主产足球、排球、篮球和球胆。2005 年，产量 1000 万只，产值 1.5 亿元。是年，全市其他皮制品企业 7 个，从业人员 412 人，固定资产 492 万元，产值 9785 万元。其中，海门红商事皮塑制品有限公司生产皮手套 10.8 万打，产值 3908 万元，销售收入 2861 万元；南通金盛箱包有限公司生产箱包 3.3 万只，产值 1567 万元，销售收入 980 万元。2008 年，有企业 22 个，从业人员 2067 人，固定资产 8858 万元，产值 2.87 亿元，销售收入 2.82 亿元。

二、制革

1977－1978 年，国强、厂洪、四甲等公社建人造毛皮厂、人造革厂、皮革厂，职工 479 人，固定资产 60.5 万元。1978 年，产值 178 万元。1991 年，全县有企业 2 个，职工 39 人，固定资产 38 万元，产值 18 万元。

2000 年，建市大生源合成皮革有限公司，从业人员219人,固定资产1800万元,引进意大利PU革生产线2条、干法PU生产线2条、8TDMF回收系统1套及喷涂、印刷、压花、磨皮等后处理配套设备,主要生产高中档PU合成革,产值、销售收入均为8434万元。2008年,生产合成革2931吨,产值、销售收入均为8500万元。

第四节 家 具

海门先民使用的家具,依靠个体木匠、竹匠制作。1952年,县内组建铁木生产联合体,生产铁木制家具。1956年,各乡兴办铁木业社、组,家具产量有所增加。20世纪70年代初,天补、三星等公社办家具厂。1979年,有家具厂10个,职工125人,固定资产5.98万元,产值24万元。1982年,产各种家具4万件。此后,家具种类由单一的木制家具发展到全钢家具、钢木家具、藤条组合家具等,产品销往上海、南京、济南等大中城市。

1985年,县家具厂为上海船厂制造万吨轮配套船用家具,继而与上海的江南、沪东造船厂建立业务联系。1986年,全县产家具44万件。其中县折叠家具厂生产的4个系列、12种款式的钢折椅连续5年被评为南通市优质产品。该厂"福星"牌钢折椅产品赴北京展览获荣誉证书,同时在上海市中百一店评比中获第一名。1988年,县工艺厂与香港远东有限公司合资,建南通东海工艺有限公司,生产多种红木工艺品,从业人员290人,产品销往非洲、欧美和中国港澳地区。1989年,麒麟红木雕刻厂为扎伊尔总统蒙博托定做红木家具1套,价值60万美元。1990年,集体性质的家具厂34个,产家具34万件,产值3612万元。1995年,有企业21个,产家具30万件。1996年,南通东海工艺有限公司增加白木家具生产,产品全部出口美国。1998年该厂在美国设代理销售公司,创汇700万美元。2000年,全市产家具59万件,产值1.33亿元。2005年,有企业43个,产值2.51亿元。其中木制家具企业31个,主要生产红木家具、白木家具、沙发和木制工艺品;金属家具企业11个,主要生产钢木床、工作台、货架等;竹藤制品企业1个,主要生产藤椅、茶几等。南通郁氏家具有限公司产值1.44亿元,销售1.28亿元,纳税229万元,创汇1000万美元,成为全市综合实力百强企业之一;丰笙家具(海门)有限公司生产中高档家具6.48万件,产值4877万元。2008年,受世界金融危机影响,外贸出口减少,生产下降。全市有企业18个,产值6180万元,销售收入6306万元。

第五节 印 刷

海门印刷业起源于宋代,时有零星家刻和坊刻。清光绪年间(1875－1908),西方近代印刷术石印、铅印传入海门。民国3年(1914),茅家镇私营印刷厂同新茂号开业,资本3000元,有机件4套,以人力引动,采用石印、铅印。20世纪30年代,茅家镇先后开办益海、江海、益群印刷所,主要承印报纸及账册、簿本、表格等。民国29年11月,县境新四军抗日根据地开办印刷厂,有工人5人,四开机、圆盘机各1台及一些铅字,印刷抗日报刊《江海报》及宣传品。民国34年8月,抗日民主政权接收汇龙镇协兴印刷厂,增添石印机、对开机、圆盘机等设备,工人增至9人,主要印刷《海启大众》等共产党党报党刊及解放区的扫盲教科书。1949年1月,由老解放区东南印刷厂厂长何纪刚一行4人,带着圆盘机2台及一部分铅字,接管茅家镇3个印刷所,建公营海门新华印刷厂,有工人9人和平房2间、圆盘机3台、四开机1台、铅字2000余公斤,主要承接印刷零件。1952年6月,改为县合作社联合印刷厂,职工33人。是年,产值6.6万元,利润3000多元。

1956年1月,全县合并7个私营印刷所,建公私合营海门县印刷厂,职工60人,产值68.35万元,利润4.89万元,承印《海门报》,每期4.2万份。之后,改为地方国营。1958年7月,改脚踏印刷为机器传动印刷。1960年,职工127人,固定资产3.54万元,产值超百万元,利润12.75万元。1963年,厂区4845平方米,厂房建筑面积1755平方米,设备有印刷机、对开平台机、四开平台机、圆盘机等。产品合格率99.9%。1965年,由从事印刷零件向印刷书刊发展。1967年,被列为省印刷毛泽东著作重点单位之一。

1974年,办树勋印刷厂。1976年,办海洪杨圩印刷厂,主要承印表格等。1977年,县印刷厂印制的《毛泽东选集》(第五卷)获得省印刷质量第一名。1978年,县印刷厂被列为省印刷中小学课本定点厂之一。是年,有社队办印刷厂13个,职工275人,固定资产16.95万元,年产值52.88万元,利税7.28万元。1979年,县印刷厂建彩印车间。1980年,建采用照相排版工艺车间。1985年,添置单色胶印机、双色胶印机,采用平板纸和卷筒纸多色胶印印刷书刊。在1981－1987年全国中小学课本印刷质量评比中,先后有10种课本被评为部优质产品。1990年6月,县印刷厂获省图书期刊印刷许可证。12月,被新闻出版总署定为书刊印刷国家定点企业,是全省15个定点企业中唯一县级企业。是年,乡镇村办印刷厂发展到46个,校办印刷厂6个。校办印刷厂主要承印学生簿本等文化用品,信封信笺类由省邮政局定点的瑞祥印刷厂印刷,发票类由市税务局下属的印刷厂印刷,报表类由市统计局下属的统计印刷厂印刷。全县印刷行业职工1150人,固定资产410万元,产值2122万元。承印能力除单色外,逐步扩展到双色彩印、多色电脑照排彩印、印刷制版。

1991年后,县印刷厂为江苏出版总社、上海教育出版社及上海、南京的大专院校等20多家承印中小学课本、图书、期刊等。1995年,印刷中小学课本1000万册。全市乡镇、村办印刷厂承印量24.8万印令。

1996年,市印刷厂改制为股份合作制企业。1999年,该厂4名职工租赁经营成立解放印刷厂,生产1年多时间后停产,2002年1月关闭。2002年10月,建南通先锋印刷有限公司,利用原市印刷厂设备进行生产,后增添4色胶印机等设备。2005年,南通先锋印刷有限公司印制书刊800万册。是年,全市有企业49个,印刷产品有书刊、彩色包装装潢等数十种,产值7222.5万元。2008年,有企业34个,固定资产1亿多元,产值9582万元,销售收入9441万元。

第六节　造纸及纸制品

一、造纸

1975年,临江公社建县造纸厂。1977年,平山公社建县黄版纸厂。1978年,大新公社建县汤家仲海造纸厂。是年,3个厂职工126人,固定资产26.6万元,产值24.6万元。1981年,刘浩公社建头甲造纸厂。1991年,新海乡建海兴照相纸板厂。全县有企业4个,职工403人,固定资产387.75万元,产值547.46万元。1995年,有企业2个,职工63人,固定资产125万元,产值1850万元。2004年,开发区建市永源纸业有限公司,固定资产710万元,主要生产瓦楞纸。2005年该厂产量3600吨,产值770万元。是年,有企业4个,从业人员98人,固定资产920万元,产值3520万元。2008年,市永源纸业有限公司生产规模扩大,固定资产1250万元,产量1.44万吨,产值3554万元,销售收入3296万元。

二、纸制品

1970年,建德胜纸箱厂。1974年,建海星纸箱厂。1978年,有企业19个,职工890人,固定资产38万元,产值205万元。1985年,德胜纸箱厂与上海纸箱二十五厂联营,产值248万元,盈利18万元。1988年,德胜纸箱厂建彩印包装车间,生产的出口学生文具盒纸箱在南通市包装协会组织的评比中名列第二,被评为优秀产品;胶鞋纸箱被上海市第一百货公司一级站列为定点生产厂。1992年,建县复写纸厂,为上海复写纸厂加工生产普通复写纸。1994年,该厂自行研发的干式复写纸具有国内首创的三合一防伪措施,字迹可存档20年,广泛应用于财政、银行、工商、邮电、交通等领域,达国际先进水平,填补国内空白,取得发明专利。该产品于1996年被税务总局等5部委定为国家级新产品,被环保总局认定为无污染产品。1997年,市复写纸厂被国家税务总局指定为税务部门普通发票专用复写纸定点生产厂。2000年,形成批量生产,年产干式复写纸4000吨,产值7350万元。2003年,建市盛顺鑫隆包装纸箱厂,从业人员131人,固定资产1700万元,生产各种规格、型号纸箱。2005年,该厂产量600吨,产值、销售收入均为2240万元。是年,全市有企业36个,从业人员1452人,固定资产8551万元,产值2.83亿元。2008年,上海复写纸厂搬迁到市海天纸业有限公司(原市复写纸厂),首条生产线安装完毕。是年,全市有企业25个,产值3.29亿元,销售收入3.18亿元。

图11－18 市海天纸业有限公司生产车间 （2008年摄）

元，被评为市金牌企业。

二、制针

1975年，临江公社建缝纫机针厂。1980年，三阳公社建织针厂。1987年，悦来镇建机针厂。1988年，办县制针厂、悦来林才针厂。是年，临江缝纫机针厂与上海机针一厂联营，定点生产“白鹤”牌机针，产量800万包，产值490万元。1990年，临江缝纫机针厂更名南通市缝纫机针一厂，职工470人，固定资产377万元，年产机针1640万包，产值998万元。

1995年，有企业7个，职工890人，固定资产1370万元，产值6176万元。2000年，有企业12个，职工1058人，固定资产1728万元，产量1.3亿包，产值7935万元。产品发展为工业用缝纫机针、家用缝纫机针、特种机针、横机织针、缝衣针等多个品种，并出口印度、菲律宾、土耳其、巴基斯坦等10多个国家。2005年，有企业35个，从业人员2637人，固定资产5276万元，产量4.85亿包，产值3.24亿元。2008年，有企业32个，从业人员1534人，固定资产6712万元，产量2.07亿包，产值9192万元，销售收入8044万元。

三、金属门窗

70年代中期，瑞祥、德胜、新海、海门等社镇建钢窗厂、钣金厂。1978年，全县有企业4个，职工346人，固定资产44万元，产值116万元。80年代初期，刘浩、秀山、江滨等公社建铝合金门窗厂。1991年，有企业12个，职工410人，固定资产577万元，生产金属门窗8万平方米，产值972万元。1993年，县钢窗厂职工189人，固定资产394万元，生产钢窗3.3万平方米，产值1050万元。

1995年，有企业12个，职工315人，固定资产743万元，产值7569万元。产品有钢门窗、铝合金门窗、卷闸门、防火门等，主要销往南京、苏州、上海等地。其中天补卷闸门厂产值2544万元，销售收入2162万元。2000年，有企业16个，职工493人，固定资产1530万元，产值8705万元。德胜镇圣杰建筑铝合金门窗有限公司从德国进口ELVMATEC门窗生产线，专业生产安装高层建筑用铝合金门窗，产量5万平方米，产值2480万元。2005年，有企业18个，从业人员554人，固定资产2116万元，产值

第七节 金属制品

一、不锈钢

20世纪70年代末，新建公社粮食加工厂转产不锈钢制品，更名南通华艺不锈钢制品厂。1983年，新建乡创办不锈钢制品二厂、三厂。1988年，南通华艺不锈钢制品厂生产的10种不锈钢制品在上海市首届室内装饰产品升档升级展评会上获奖，成为上海宾馆、饭店首选产品。1990年，南通华艺不锈钢制品厂为北京亚运村制作300万元的不锈钢产品。是年，货隆镇有不锈钢企业13个，职工536人，固定资产208.7万元，生产不锈钢厨房设备及室内装饰三大系列100多种产品，产值1244万元，占全镇工业产值51%。

1995年，有企业27个，职工713人，固定资产1119万元，产量3729吨，产值9756万元。其中货隆镇有企业16个，产值6782万元，占69.5%。2000年，全市有企业20个，产量4901吨，产值9827万元。2005年，市森达装饰材料有限公司产量6000吨，产值、销售收入均为1.94亿元，纳税326万元，生产的抗指纹不锈钢拉丝板具有抗腐蚀、易清洗、耐摩擦等特点，获国家专利。2008年，有企业32个，从业人员1366人，固定资产1.24亿元，产值8.91亿元，销售收入8.82亿元。其中市森达装饰材料有限公司生产不锈钢装饰板2.06万吨，产值4.46亿元，销售收入4.45亿元，纳税2114.02万

1.23 亿元。2008 年,有企业 18 个,从业人员 2514 人,固定资产 2018 万元,产值 1.17 亿元,销售收入 1.16 亿元。

四、其他金属制品

1971 年,三厂中学建县刀片厂,主要生产分切上下刀、多刃刀圈。1977 年,三和公社通过上海退休老职工穿针引线建锁厂,生产"山河"牌弹子门锁 2.1 万把,产值 7.7 万元。1979 年,平山公社农机修配厂转建锁体铸造厂,主要为上海求精锁厂生产生铁锁壳。后改名为县第一锁厂,生产"沪江"牌弹子门锁。1984 年 10 月,三和锁厂和上海求精锁厂联营建上海求精锁厂海门分厂,生产"牛头"牌弹子门锁。1985 年,"牛头"牌门锁被评为南通市优质产品。是年,厂洪乡办县锁厂。1989 年,全县生产门锁 136 万把。1990 年,产门锁 606 万把。

1995 年,有企业 26 个,职工 1788 人,固定资产 2207 万元,产值 1.82 亿元,销售收入 1.17 亿元。其中余东铜管厂自行研制开发的铜质贮液器系列产品填补国内空白,获省科技成果三等奖。2000 年,有企业 29 个,职工 1834 人,产值 2.8 亿元。2005 年,有企业 58 个,从业人员 2429 人,产值 6.65 亿元。是年,悦来特种金属粉末材料厂国内首家生产微碳铬铁粉系列产品,被评为国家级新产品,填补国内空白,年产微碳铬铁粉 3000 吨,产值 5497 万元,销售收入 3846 万元,利税 182 万元,产品销往美国、西班牙、墨西哥、土耳其、波兰、新西兰、巴西等 10 多个国家。2008 年,有企业 60 个,产值 7.03 亿元,销售收入 6.66 亿元。南通美迪金属制品有限公司(原余东铜管厂)生产贮液器 542 万个、铜管 1002 万件,产值 9567 万元,销售 9299 万元。

第八节　玻璃陶瓷

一、玻璃

平面玻璃　1958 年,县商业局于南洋桥北堍杨家宅建县玻璃厂,生产平面玻璃。1961 年,工业调整时关停。

光色玻璃　1977 年,海门中学校办厂引进上海硅酸盐研究所光色玻璃技术,试制成功光色玻璃镜片,并小批量生产。1980 年,轻工业部直拨科技经费 30 万元支持生产。1983 年,省轻工厅直拨 50 万元支持新产品开发和易地扩建,更名县光色玻璃厂。1984 年,改造高温熔炉,由白泡石坩埚改为全省第一条联熔铂金坩埚生产流水线,由滚压式成型改为滴料压制成型,年产量由 30 万副(毛坯,下同)提高到 300 万副,成品率由 45%提高到 90%。1987 年,增添高速研磨设备,年产成品镜片 50 万副。1988 年,与上海硅酸盐研究所合作开发 GZ、CB 系列超薄型镜片。经 3 次增资扩建形成 4 条铂金坩埚流水线。1990 年,生产成品眼镜 258.06 万副。1991－2000 年,固定资产 1678.7 万元,年均生产白色镜片 300 万副、变色镜片 2000 万副,产值 3500 万元。2003 年企业改制,更名市凯雅光学玻璃有限公司,保留 2 条铂金联熔生产线,年产变色镜片 700 万副。2005 年,生产镜片 710 万副,产值 1200 万元。2008 年,全市有光色玻璃企业 2 个,固定资产 2276 万元,生产光色玻璃制品和变色镜片 615 万副,产值 2818 万元,纳税 104 万元。

玻璃制品　1965 年,建余东灯泡厂。1966 年,建县玻璃厂。1974 年,建县天补光学仪器厂。1978 年,全县有玻璃制品企业 38 个,固定资产 104.44 万元,生产玻璃制品 4700 吨、灯泡 194 万只,产值 476.4 万元,利税 90.9 万元。1979 年,港商在秀山公社建微型灯泡厂。1985 年,全县生产玻璃制品 1.09 万吨、灯泡 883 万只。1990 年,有企业 42 个,固定资产 1022 万元,生产玻璃制品 9090 吨、灯泡 422 万只,产值 4583 万元,纳税 222.9 万元。其中县玻璃厂为生产化妆品瓶的专业厂。1995 年,有企业 30 个,固定资产 1590 万元,生产玻璃制品 1.68 万吨、灯泡 1714 万只,产值 9971 万元,纳税 400 万元。2000 年,有企业 37 个,从业人员 1852 人,固定资产 3831 万元,生产玻璃制品 1.47 万吨、保温瓶胆 868 万个,产值 2.8 亿元,纳税 877.1 万元。2005 年,有企业 43 个,从业人员 3230 人,固定资产 1.35 亿元,生产玻璃制品 2 万吨、灯泡 609 万只,产值 7.96 亿元,纳税 2843 万元。2008 年,有企业 28 个,固定资产 1.03 亿元,生产玻璃制品 2.88 万吨、灯泡 392 万只,产值 2.08 亿元,纳税 1322.4 万元。

二、陶瓷

1976 年,建县天补高频瓷厂。1983 年,县光色玻璃厂引进上海硅酸盐研究所特种陶瓷技术，试制、生产特种陶瓷产品。同年，建县特种陶瓷厂。1992年6月，县光色玻璃厂研究成直径650毫米的氮化炉烧出第二炉氮化硅，单炉烧结产量61.82公斤，炉产值1.76万元，是国内唯一大口径氮化炉。1994年，市特种陶瓷厂产品列入科技部"火炬项目"，易地扩建，更名南通市申海氮化物有限公司，生产氮化硅系列特种陶瓷产品。2003年，该企业改制，更名南通市精工新材料有限公司。同年，建南通市金锐高技术陶瓷有限公司。2005年2月，建市货隆瓷器厂。2008年，有企业5个，产值1154万元，纳税122.9万元。

第九节 工艺制品

一、白木花板

1949年前，海门花板雕刻有很大市场，工艺精湛的周泽艺、周泰贤、施才富等是一代名师。白木花板主要装饰木制床类、梳妆台、八仙桌、太师椅等家具。图案有神仙类的八仙过海、七仙女下凡、天女散花、嫦娥奔月、老寿星和《西游记》段子等；禽兽类的狮子抢绣球、松鼠采葡萄、龙虎鸟凤、鸡鸭鱼虾等；植物类的花卉草木和柳竹等；以及历史名人之类等。此类传统风格，解放后仍流行一时。1956年，白木花板工匠大多加入乡镇铁木竹生产合作社，在保留传统工艺风格外，也创作出代表时代精神的作品。"文化大革命"初期，花板上刻的古人、仙女、龙凤被视为"四旧"而销毁。20世纪70年代后期，花板雕刻复苏，并保持传统工艺风格。80年代后期，家具式样、风格改变，雕刻花板使用减少，仅有少数工匠从事花板雕刻业。

二、红木制品

1974年，树勋公社建红木雕刻厂，生产简易红木小件制品。1978年，建余东雕刻厂。1979年，麒麟、厂洪公社建红木雕刻厂。1983年，有企业7个。1985年，红木制品由佛像、笔筒等小件转向桌椅、橱柜、花架、茶几和屏风等大件，80%以上产品销往日本、泰国、新加坡等国家和中国香港、台湾地区。1986－1987年，麒麟乡中汉红木雕刻厂、永成红木雕刻厂相继开业。1990年，有企业100多个。2000年，有企业130多个，从业人员3000人，产值4500多万元。2005年，有企业200个，从业人员4000多人，产值9620万元。其中规模较大的华隆红木有限公司，产值423万元。2008年，红木制品销售有所减少，生产萎缩。有企业150个，从业人员3500多人，产值近8000万元。其中300万元以上的企业5个，产值6057万元。

三、贝壳工艺品

70年代初，境内有贝雕工艺品生产。1979年，县红木雕刻厂设贝雕工场，其蚌壳精雕制品用于年历片、灯座、匾额等装饰。1984年，常乐乡三烈村生产贝雕工艺品，有山水、古塔、松柏、龙凤、熊猫等品种，用于床匾和镜框的装饰。1988年，因缺少工艺技术力量，影响产品质量，销售困难而停产。

四、小葫芦工艺品

小葫芦原是农村零星种植的小孩玩具。1977年，天补公社陈宝龙在上海农贸市场销售小葫芦，一日本客商一次购买100个。受此启发，1984年，陈宝龙发挥绘画特长，在表面磨滑打光的小葫芦上绘山水、十二生肖动物和百福图、百寿图等图案，经加色、上油等工序制成小葫芦工艺品，行销上海、桂林、广州等大中城市的旅游商店、宾馆饭店。1988－1990年，国内外多家媒体报道。1993年，其作品在日本、美国等国家展出。1995年，获联合国教科文组织的民间工艺美术证书。1998年，获加拿大国际金奖。之后，陈宝龙利用畸形小葫芦制成酒盏、花瓶等30多种仿古器皿，为小葫芦工艺品开创新的发展空间。2005年3月，陈宝龙被联合国教科文组织接收为专家组成员。至2008年，小葫芦工艺品生产仍维持传统工艺。

五、刺绣

清末民初，海门东部地区农妇在鞋帽、枕套、服装上刺绣装饰图案美化物品。1954年，三阳乡有6户7人专业从事手工刺绣，年产值6000多元。1956年，全县有12人专业手工刺绣。同年，手工业合作化组建缝纫社后，一些手工刺绣为缝纫机绣取代。1978年，三星公社新镇、叠石桥等地家庭刺绣专业户不断增多。翌年，一部分绣花专业户从常州等地购买机动绣花机，扩大批量生产。受之影响，麒麟、新余、德胜等公社也先后建绣花厂。1981年，绣花产品扩大到电视机、电风扇罩等多种物品，三星公社绣花专业户1971户2344人，产值346万元。

1988年，海门手帕厂抓住国际市场流行电脑绣花商机，投资50万美元从日本引进自动电脑绣花机11台，在手帕上用电脑绣花。1989年，三星乡沈汉贤等人购买电脑绣花机，从事床上用品绣花。1990年，三星乡有7200多户9700多人从事绣花，分别占该乡农户的70%和劳动力的60%。2000年，天补、三和、德胜等乡镇的纺织品企业装备电脑绣花机。2005年，全市有电脑绣花机540多台，其绣花产品远销南非、智利等国家。2008年，有电脑绣花机近6000多台，其中海门工业园区5000多台。

图11－19　电脑绣花　（2008年摄）

六、长毛绒玩具

1985年，县裕达玩具厂生产长毛绒玩具。1993年，县塑料玩具厂转产长毛绒玩具，职工20人，产值245万元。1994年，有企业3个，职工85人，产值1020万元。

2000年，有企业14个，从业人员762人，固定资产864万元，产值1.08亿元，纳税280.5万元。其中市常瑞玩具厂生产长毛绒玩具304万个，产值842万元。2005年，有企业31个，从业人员1624人，固定资产2461万元，产值2.73亿元，纳税583.8万元，产品70%销往国外市场。2008年，有企业25个，产值1.5亿元。

第十节　电　　镀

1956年，海门镇个体电镀户组建电镀工场。1970年，海门中学建校办电镀厂，从事特种镀饰，电镀金笔笔壳、金属零件、塑料制品和汽车部件等。1974年，瑞祥公社建连锁电镀厂，电镀工场更名县电镀厂。1978年，有企业7个，职工250人，固定资产48.62万元，产值240万元，利税24.8万元。1990年，有企业9个，职工481人，固定资产450万元，产值2690万元，利税287万元。1995年，企业12个，职工576人，产值3093万元，利税371万元。2000年，有企业14个，从业人员641人，产值7850万元，纳税408万元。2002年，南通市申海特种镀饰有限责任公司易地扩建于海门港工业园区。至2005年，经3次技术改造，形成国内领先的全自动生产线20条，固定资产3370万元，成为全国电镀行业规模最大、镀种最全企业之一，年产值6020万元、纳税599.4万元。是年，全市有企业16个，从业人员1561人，固定资产4605万元，产值1.19亿元，纳税882.7万元。2007年，建赐宝新型薄板（江苏）有限公司。2008年，该公司加工镀锌板1万吨，产值1.99亿元。是年，全市有企业10个，固定资产1.21亿元，产值3.2亿元，纳税1288.4万元。

第十一节　日用杂品

一、竹器

海门先民利用土产淡竹编制箩筐、篮、筛、席、笼等日常生活、生产用的竹器，后又从浙江等产地采购混竹制作椅、榻和锄、耙等农具竹柄，逐步发展到各集镇编制、经营竹器。

抗日战争和解放战争期间，日本侵略军、国民党军队建据点筑工事，到处伐竹，竹园遭受严重破坏，用竹靠外地供给。1956年，从业人员大多加入铁木竹手工业合作社。20世纪70年代末，天补、三星等公社形成竹器生产集散地，编制凉席、箩筐、盘篮、筛子和淘米箩、热水瓶壳等日用品，遍销全县城镇集市，并多次提供广州进出口商品交易会展览。1986年，天补乡广丰村做筛子50多万只，远销新疆、辽宁等地。至1988年，三星竹器厂和专业户除自产自销外，向三星供销社出售竹器318.21万件，价值365万元。1989年，生产竹篮35万只，竹柄15万根。1990年，除各乡镇农具厂外，各地自产自销的竹器专业户976户1137人，产值171万元。随着以塑代竹的市场变化，家用竹器市场逐渐萎缩。2008年，仅存零星摊铺自产自销少量竹器制品和无法替代的小农具竹柄。

二、藤器

解放前后，县境工匠用藤皮制藤椅、藤榻，原料从外地购进。70年代初，以塑代藤渐兴。1976年，全县有200多人从事以塑代藤编制椅、榻等家具。三星公社安南、金桥等大队有藤器编制传统，其自产自销以塑代藤器具约2000件。80年代，藤器以塑代藤为主。随着市场上藤源恢复，1990年，三星乡建县藤器社，生产植物藤器，编制椅、榻、沙发、茶几、书橱、花架等。其中，高档藤器制品20万件，普通藤器制品300万套，销往大城市的宾馆、饭店和经销店。2008年，全市藤制品产值百万元左右。

三、芦器具

海门先民利用芦苇制作笆篱外（修筑住房用），还编制畚箕、芦菲（席）、栈条、帘子等芦器具。民国时期（1912－1949），长兴镇南部有10多个农户编制芦菲、栈条专供大生三厂和商家，室内外围囤存储货物。50年代初，县沿江芦荡管理处提供芦苇，供应各地组织生产芦苇制品，增加农民收入。1956年，全县从事芦器生产315人，产值6343元。1957－1968年，公社供销社收购芦菲138.8万张。1990年，余东镇启秀村有三分之一农户从事芦苇器具编制，出售芦菲4.2万张、畚箕38万只和栈条数千公斤，价值84.3万元，供粮站、油厂、轧花厂囤储之用。90年代，塑料制品盛行，芦制品减少。2008年，有少许农户编制畚箕等芦器具自用或送人。

四、草编制品

草鞋 先民用稻草、埂草、茅草等编制草鞋自用或上市交易。冬天农闲季节，以芦花、稻草编制的芦花靴在集市销售。清同治年间（1862－1874），大洪沙袁氏宗族有36户编制草鞋等制品，年产草鞋、蒲鞋、芦花靴6000多双。民国时期，有的村多数农户从事草鞋、蒲鞋的编制而形成草鞋埭、蒲鞋院。民国29年，新四军东进，活动在县境的东南警卫团等部队指战员，自编草鞋或用布条筋编制草鞋式的布条筋鞋用于行军时穿。1976年，三和公社三南大队（前大洪沙）仍有年产万双草鞋的纪录。1979年后，随着百姓生活富裕和胶鞋的替代，草类制鞋渐成稀罕之物。2008年，农村仍有人采集芦苇穗等，编织芦花靴等自用，少许上市交易。

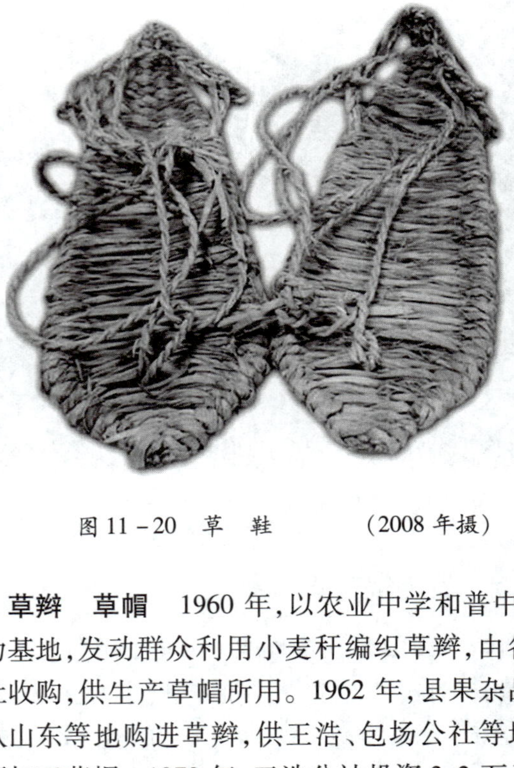

图11－20 草 鞋 （2008年摄）

草辫 草帽 1960年，以农业中学和普中、小学为基地，发动群众利用小麦秆编织草辫，由各供销社收购，供生产草帽所用。1962年，县果杂品公司从山东等地购进草辫，供王浩、包场公社等地定点厂加工草帽。1979年，王浩公社投资3.2万元兴建公社草帽厂，生产6000只，产值20万元。后逐步消失。

草席 旧时，海门城乡所用草席由商户从苏州、浙江、安徽等产地采购供应。1960年，从苏州吴县引进草种，安排四甲、余东、秀山、江滨等公社和江心沙农场种植席草，聘产地老农指导种植、培育。翌年，因土质不宜不再种植。1962年，瑞祥草席编织厂因无原材料而歇业。

扫帚　海门农户以自产高粱穗、稻草秆、小麦秆和竹枝扎成扫帚，一般自产自用，也有农户扎扫帚入市交易，聊补不敷之用。1956年，农户利用芦稷穗弥补扎扫帚原材料的不足。1972－1978年，农户出售给供销社的扫帚145万把，收入10多万元。1978年后，东兴公社红中大队靠扎扫帚致富，是远近闻名的"扫帚村"。1986年，全村从事扎扫帚有110户360人，制作扫帚120万把，产值136万元，获利80万元。1990年，全村有180户640人扎扫帚，产值261万元，产品销售国内20多个省市。之后，塑料扫帚逐渐占领市场，草类扫帚减少。2008年，仍从事扎扫帚的约50户70多人，产值30万元左右，产品自销。

五、柳编

70年代后期，工业包装推行以柳代木，县安排部分地区种植杞柳，发展柳编加工业。1980年，汤家公社友洪大队办厂编制柳筐，出售给县农药厂等企业，年产值11万元。1983年，农村实行联产承包责任制后，友洪大队队办厂停办，农户自产自销柳编制品，全村柳编收入2.8万元。1990年，汤家、正余等乡镇种植杞柳5.19公顷，产柳21万公斤，柳编收入17.54万元。随着工业包装改用硬纸质盒，柳编筐随之减少。

六、电池

1994年10月，余东镇建南通金鑫电池有限公司。翌年，生产铁壳干电池2611万节，产值3251万元，纳税129.4万元。2000年，从业人员180人，电池生产流水线3条，生产电池3394万节，产值4226万元，纳税135万元。2003－2004年，市王牌蓄电池有限公司、南通硬派电池有限公司、市蓄电池厂等相继投产。2005年，有企业5个，从业人员169人，固定资产2425万元，生产电池9418.9万节，产值8577万元，纳税204.6万元。其中南通金鑫电池有限公司有电池生产流水线5条，生产铁壳干电池4413万节，产值5495万元，纳税186.2万元。2008年，有企业5个，产值2598万元，纳税43.8万元。其中南通金鑫电池有限公司生产R20干电池2188万节，出口东南亚地区。

七、结网

渔网　海门农家捕鱼虾、蟹使用的网具，多自编自用。出海渔民所用网具也由渔民自行编织。1960年，海洋渔业公社建结网厂，为各渔业大队来料加工渔网，职工30多人，季节性生产，年收入20多万元。90年代，随着尼龙线（绳）等新型结网材料问世和机械化生产渔网，手工结网逐渐淘汰。

安全网　50－70年代，一些农户业余手搓稻草绳、茅草绳结成网络，卖给粮站、粮库，作室外粮囤防风护网。1980年，江滨公社江滨大队建绳网厂，生产建筑安全保护网具。1987－1990年，江滨乡先后建6个结网工场，职工百人，产值70万元左右，获利6.7万元。1992年后，随着塑料安全网兴起，手工结网厂（工场）逐步歇业。

第十二节　企业选介

一、南通健林鞋业有限公司

1984年10月，悦来乡与上海亚洲皮鞋厂联营建厂，生产皮鞋。1997年，联营终止，与美商合资重组，更名南通健林鞋业有限公司，以高档高质皮鞋出口日本市场。2000年，创汇220万美元。2004年，引进以意大利主机为主体的3条生产流水线，生产多种款式的中高档男女皮鞋，采用日本的5S管理及CQC认证等管理理念，全过程品质监督，所有数据资料、信息传递实现电脑化管理，为广大客户和合作伙伴及时提供最新信息。

2008年，公司占地2.5公顷，建筑面积1.2万平方米，固定资产1800万元，从业人员800多人，其中技术人员80多人。生产皮鞋145万双，销售收入1.11亿元，纳税950万元。被评为市铜牌企业。

二、海门市森达装饰材料有限公司

1999年3月，天补镇工业园区兴建市森达装饰材料有限公司，专业生产高品质不锈钢装饰板。2001年，引进国际先进技术，生产油性不锈钢发纹板。2003年，研制、生产SB表面不锈钢板材。2004年，开发400号表面不锈钢装饰板，品质领先国内外市场。2005年，引进德国技术开发不锈钢抗指纹装饰板,产品受到国内外客商青睐,获国家专利。2007年,“SDZS”产品获省著名商标。

2008年,公司占地4.5公顷,建筑面积2.1万平方米,固定资产2271万元,从业人员150人,是省高新技术企业,“森达”牌不锈钢装饰板为省名牌产品。生产各种不锈钢装饰板2.06万吨,产值4.46亿元,销售4.45亿元,纳税2114万元。被评为市金牌企业。

三、南通市申海特种镀饰有限责任公司

1970年,海门中学建校办厂,承接特种镀饰业务。1996年改制,更名南通市申海特种镀饰有限责任公司。2002年,迁至海门港工业园区。2003年7月,通过ISO 9001:2000质量管理体系和ISO 14001:1996环境管理体系认证。至2005年,经3次技术改造,形成国内领先的全自动生产线20条,有各类进口检测设备100多台,成为国内规模最大、镀种最全的电镀企业之一。先后获得全国勤工俭学先进单位,国家教育委员会、南通市政府、海门市政府先进集体和海门市重点骨干企业等荣誉。是年12月,通过由德国DQS公司主持的ISO/TS16949:2002的汽车零部件的质量管理体系认证。公司采用高频电凝加硅藻土吸附装置治理污水,确保所排污水达到国家一级排放标准。

2007年,通过AS9100航天航空质量管理体系认证,业务进入数码、IT、汽车等高新技术领域。是年,“国际热核聚变实验堆”项目(ITER)专用的尼丝超导材料电镀业务由该公司完成。

2008年,公司占地5公顷,建筑面积3.5万平方米,固定资产6200万元,从业人员近1000人,其中科技人员200人。主要客户有摩托罗拉、三星、美国PLAM公司、通用GM、大众VW、西德克STUKEN等。销售收入1.23亿元,纳税1062万元。被评为市银牌企业。

附:

2008年海门市轻工业部分企业情况一览

表11-12

类别	企业名称	主要产品	主要经济指标(万元)		
			产值	销售收入	纳税
鞋	南通市昌威鞋业有限公司	布鞋	1121	1121	17
	南通健林鞋业有限公司	皮鞋	11250	11135	950
	南通维达鞋业有限公司	皮鞋	9847	9742	520
	南通玉灿鞋业有限公司	皮鞋	5684	5684	2
	海门骥风鞋业有限公司	胶鞋	555	555	40
造纸及纸制品	海门市海天纸业有限公司	复写纸	8266	8266	745
	海门市永源纸业有限公司	瓦楞纸	3554	3296	197
	南通传人印务包装有限公司	包装纸箱	7500	6495	312
	海门市盛顺鑫隆包装纸箱厂	包装纸箱	5120	5040	205
	海门市申德纸箱包装有限公司	包装纸箱	708	793	16
金属制品	海门市建筑铝合金门窗厂	金属门窗	3514	3272	172
	海门市乾鑫铝合金门窗有限公司	金属门窗	1600	1581	82
	海门市兴达门窗有限公司	金属门窗	990	966	63
	海门市东洲门窗制造公司	金属门窗	855	855	43
	海门市飞帆门窗有限公司	金属门窗	448	404	39
	海门市圣达铝合金门窗有限公司	金属门窗	3272	3272	209
玻璃制品	海门市利用玻璃制品有限公司	玻璃瓶	7732	7641	580

续表 11－12

类别	企业名称	主要产品	主要经济指标(万元)		
			产值	销售收入	纳税
玻璃制品	海门三龙玻璃制品有限公司	化妆品瓶	2027	2007	168
	海门市瑞祥玻璃制品有限公司	玻璃瓶	1600	1604	164
陶瓷	海门市天补高频瓷厂	高频陶瓷	127	127	17

第十二章　技术创新

第一节　技术进步

民国3－9年(1914－1920),大生三厂先后两次从英国购进纺纱机、捻线机、织布机和辅助设备。民国17年,颐生酿造厂购进25匹柴油机1台,用以发电,代替水牛牵引石磨。民国24年,茅家镇建立土布改进所,引进布机88台,能织门幅4尺左右的被单布。民国29年,县境抗日根据地开办印刷厂,有四开机、圆盘机各1台和一些铅字。

1956年,茅家镇铁木竹生产合作社添置4.5尺布带车床、28厘米钻床和木锯板机等设备,其他铁木业生产合作社也陆续增添机械设备,形成机械工厂。1958－1960年,县大办机械工业。县机床厂利用简陋厂房和陈旧设备,生产4.5英尺皮带车床1台;县电机厂生产1.7千伏电动机;县通用机械厂组织技术力量攻关,生产B665型牛头刨床、12毫米钻床、12英尺龙门刨床、8英尺明镜齿轮车床等机械设备;砖瓦厂由牛踏搅泥改为机器搅泥,柴草烧砖改为煤炭烧砖,人力搬运改为拖车运输,小土窑改为山西窑、焖顶窑,常乐砖瓦厂率先建造18门轮窑,推广全县。1964年9月,复建海门化肥厂,建成年生产能力800吨合成氨车间,成为南通地区第一个小氮肥厂,也是全省首先建成的7个小氮肥厂之一。1965年,海门手帕厂添置1511－44布机和分条整经机等新设备,淘汰旧设备,提高企业生产能力。1973年12月起,县棉纺厂更新生产设备,细纱机为国产A系列和FA系列,建纱锭1万锭。1977年投产后,产品质量迅速提高,上等一级品率98%以上。1980年,瑞祥钢窗厂从上钢三厂引进一套国产250轧机,投产后成为全县乡镇工业首家产值超千万元工厂。1984年6月,县消防水带厂从挪威引进604大圆盘织机2台,全电脑控制,达到国内同行业先进水平。

1989年6月,县召开科技兴县大会,提出走科技进步、外向开拓之路。建立技术改造经济责任制,明确考核标准和奖励办法,调动企业投入技术改造积极性。是年,在建技改项目36个,完成工作量2910万元,竣工项目27个,项目竣工率75%,新增产值1.32亿元、利税1247万元。1991年,技改项目255个,总投资1.4亿元,实际完成技改工作量8900万元。竣工项目202个,为南通市考核指标的2.16倍。项目总量和增长幅度列南通6县(市)第一。海门化肥厂“两煤改一煤”技改项目通过省计经委、化工厅考核验收,吨氨耗煤下降532公斤、耗电下降328千瓦时,年节约标煤9400吨、节电590万千瓦时,吨氨成本降低23.5%。

1992年,技改项目412项,总投资5.47亿元,其中100万元以上技改项目84项,总投资3.98亿元,实际完成2.6亿元。1995－1998年,全市以综合实力百强骨干企业为主体，围绕产品结构调整，老企业“嫁接”改造，节能降耗、安全生产、环境保护、改善生产条件，重点抓好84个科技含量高、市场容量大、经济效益好的千万元以上项目。其中，列入国家和省“星火计划”“火炬计划”项目28个，列入国家产学研项目1个，填补国内空白项目17个，填补省内空白项目15个。市中兴特种钢厂投入2亿元，从俄罗斯引进安装直径450毫米冷轧机组，中国成为世界上第四个拥有该设备的国家。同时从美国引进直读式光谱分析仪，实现元素配比、温度控制、氩氧气装置的自动分机控制，产品达低碳、超低碳水平，质量处于全国同行业领先地位，被定为“九五”期间国内大口径不锈钢管生产基地。

2000年6月，市制定促进技术创新的若干政策规定，对技术改造、投资环境、招商引资、银企合作等提出要求和奖励办法。是年起，市每年投入200万元，建立企业技术创新和技术成果转让基金，重点支持高新技术成果转让项目的实施。

2003年，全市实施千万元以上重点技改项目155个，年末竣工88个，其中超亿元项目5个，总投资8.9亿元。南通龙翔化工有限公司的国产反应锅技改项目，白兔集团更新倍捻机项目，江苏通光集团的海底光缆项目，南通金轮针布有限公司的金属针布与弹性盖板针布生产设备技改项目，江苏金呢集团有限公司的高档造纸技改项目，帕源公司的抑汗活性盐生产线技术改造项目等，被列入省重点技改项目。南通龙翔化工有限公司、江苏金呢集团有限公司获省、国家财政贴息扶持资金175万元。是年，市用于技术改造贴息扶持资金185万元。2004年，海门海螺水泥有限责任公司投入5亿元的年产320万吨新型班干法水泥生产线项目，完成主体厂房和主要设备安装；金雪集团投入2.63亿元的涤纶长丝溶体直纺项目，形成相当生产能力；江苏雄风科技有限公司投入1.1亿元的氯化钴项目投入试生产。

2005年，以政府投入为引导、企业投入为主体、社会投入和外资投入为重点，建立多层次科技投入机制，促进技改投入快速增长。全年实施工业技改项目1400多个，完成工业技改工作量100.03亿元。5个项目被列入国家“火炬计划”“星火计划”；5个项目列入省“火炬计划”“星火计划”；4个项目列入国家创新基金项目，获拨款270万元。2007年，赐宝新型薄板（江苏）有限公司投资2亿元的新型薄板、南通三瑛电子有限公司投资1.4亿元的中高压电子铝箔、市中兴特种钢厂投资3亿元的石油开采用159毫米限动芯棒热连轧机组和投资1亿元的800毫米热轧管生产线，代表国内国际前沿水平，提升产业发展的层次和水平。2008年，实施的498个超千万元工业项目中，138个项目属高科技项目，占27.7%；在建40个亿元工业项目中，19个为高科技项目，占比47.5%。

第二节 新品开发

1979年，县经委专人分管新产品开发，制定新产品开发计划，确定新产品开发项目，申报组织新产品鉴定。1980年，海门三星电子仪器厂开发生产的在线电阻测试仪，被用在中国向太平洋海域发射的运载火箭上，受到中共中央、国务院、中央军委表扬。

1983年，全年开发新产品74个，产值1636.3万元，利润182.2万元。ZD261电子提花毛皮机、WH－7手枪式红外测温仪、乳胶消防水带、无油真空泵等8个产品，为国内首次试制成功，填补国内空白。县电机厂的“双狮”牌吊扇、县矿山机械厂的瓜子片破碎机、县铝材厂的防锈铝、海门手帕厂的仿缎条印花手帕等新产品试制投产后，畅销市场。县消防水带厂试制成功有衬里乳胶消防水带和有衬里橡胶消防水带，使消防水带更新换代。

1985年，全县开发新产品67个，经省市确认的新产品16个，16个新产品投入批量生产，产值2515.5万元，占全县工业产值的3.6%，利税474万元，占全县工业利税的6.77%。

1987年，开发新产品102个，通过鉴定61个，被确认的19个，其中部省级确认8个。县印刷机械厂研制开发的TYYB280圆压烫印机和TYPB－8000型交叉给箔烫印机，县电子设备厂与国家电子研究所联合开发的HBW－A玻璃表面温度红外测温仪，冷却设备厂研制的CT－1、CT－2系列低噪音节能逆流式玻璃钢冷却塔和GT－3系列工业逆流式玻璃钢冷却塔，铸造黏结剂厂的JD－2型复交型黏合剂，县光色玻璃厂研制的有基色光致变色玻璃眼镜片等产品填补国内空白。通过鉴定的61个产品中,8个产品的技术指标达到国际先进水平,30个产品的技术指标达到国内先进水平。无纺布厂生产的无纺涂塑贴墙布、浆点法衬布、主跟革产品获纺织工业部开发奖。变色镜片、双保险压力锅等5个产品被省轻工厅评为1987年度优秀新产品。200半自动平压烫印机、电脑输液泵、1500吨横向逆流式玻璃钢冷却塔产品获省优秀新产品"金牛奖"。1989年3月,县净化设备厂在江苏纺织研究所支持下,研制成功国产灭菌导电丝防静电无尘衣,达到国际同类产品水平。

1993年12月,中国新技术新产品博览会上,海门参展的15个产品中,大口径不锈钢管、工业用氮化硅、树脂版制版机获金奖;叠加阀、束管式光缆、玻璃钢屋顶风机、两级平衡抽油机获银奖;电解电容器铝铂、固定金属针布置板获优秀奖。是年,全县开发新产品230个,获科研成果128项,其中国家级5项、省级9项。

1995年6月,海门被国家科委批准为"火炬计划"新材料产业基地。至1999年,全市累计开发新产品571个,被部、省级以上鉴定的71个,其中新材料产品65个,被国家经贸委和省计经委列为"八五"期间优秀开发项目的新产品10个。新材料工业企业25个,生产能力30亿元。全市50强骨干企业中有28个有省级以上新产品,销售额超过1000万元的新产品25个,新产品销售率24.8%,新产品附加值28%。形成特种钢材、特种铜材、特种工程陶瓷、高性能橡胶制品、环保节能、电子信息、新型着色材料及中间体、高分子医疗保健八大新材料产品系列。其中带状光缆、冷轧不锈钢无缝管、大型风机、医用可吸收高分子缝合线、干式复写纸、高导电无氧铜材、阔幅造纸底网毛毯、还原红F3B、永固紫、精细胎面再生胶、远红外保健系列产品、氮化硅、高性能复合屏蔽金属丝、三叶罗茨风机等新产品,在省内处于领先水平。南通华利康医疗用品有限公司开发成功的高分子医用可吸收缝合线,填补国内空白,成为世界上为数不多能生产该类产品的企业。南通华雄电子材料有限公司采用国际上先进的氟硼酸电镀工艺,生产超细CP线,质量达到日本松下公司技术水平,被电子工业部采用为电子元器材用镀锡铜包钢线行业标准。

2000年,市发出《关于加强技术创新,推进高新技术产业化的意见》,建立科技创新责任制,把新品开发列入各乡镇、部门年度目标考核。是年,58个企业开发新产品81个,其中50%新产品试产成功,投入批量生产。4个产品获国家专利,43个新产品处于国内领先水平,5个新产品取得省和南通市科技成果奖,2个新产品获国家财政拨款60万元。

2004－2005年,重点支持电子信息、机电一体化、轻纺机械、精细化工等高新技术新产品的开发投产工作,培育一批高新技术产品群。开发新产品144个,其中被确认为专利产品和高新技术产品58个,占40%,获省和南通市科技成果奖的新产品24个,通过省新产品投产鉴定10个,列入国家重点新产品计划5个。南通回力橡胶集团有限公司开发的丁基再生胶是国家级重点新产品,公司扩大生产,成为世界上最大的生产丁基再生胶企业。江苏金呢集团有限公司开发的YT－2B562208A无网痕聚酯二层半成形网和YT－2B563516A聚酯二层半成形网等多个品种,通过省经贸委、省科技厅联合鉴定,开发的能适应高速纸机抄造卷烟纸和低克重薄型纸的三层聚酯网,填补国内空白,该集团成为国内第一家网毯结合的生产企业,产销居全国同行业前列。

2005年,江苏通光集团开发的海底光缆列入国家"火炬计划"和科技成果重点推广计划,实现市国家级成果零的突破,企业跻身全国十大光缆生产基地之列。是年,全市培育省级以上高新技术企业28个,其中国家重点高新技术企业6个。46个产品被确认为国家重点新产品,87个产品被认定为省高新技术产品。和大专院校、科研单位联合建成300多个产学研联合体,借助"外脑"进行技术攻关和产品开发,新产品开发成功率70%以上。申海集团与上海大学、同济大学、上海理工研究所等大专院校、科研院所联合,聚集200多名专家、教授参与新产品研制开发,有8个产品获国家专利,4个新产品被评为国家级重点新产品,5个新产品列入国家"火炬计划""星火计划"。

2006－2008年,全市开发并被省以上鉴定的新产品34个,获南通市以上科技进步奖65个。11个产品列为国家重点新产品计划,67个产品被认定为省高新技术产品,8个产品列入国家创新基金项目,并获科技拨款440万元。

第三节 名优产品

光绪三十二年(1906),颐生酿造厂的颐生茵陈酒和同仁泰盐业公司的精制盐,在意大利万国博览会上获金质奖章和优胜奖牌。1981年,南通第三棉纺织厂织造的“新星”牌2020大鹏绸布获国家银质奖。1988年,海门颐生酒厂酿造的55度茵陈酒获首届中国食品博览会金质奖。1989年,县光色玻璃厂生产的“雅光”牌光致变色眼镜镜片毛坯获国家银质奖。至1991年,全市有2个产品获国家银质奖,46个产品获国家部(委)优质产品称号,74个产品获省优质产品称号。1995－2005年,全市共有34个产品被评为省名牌产品(其中省乡镇企业名牌产品20个),有53个产品被评为南通市名牌产品。2006年,江苏通光信息有限公司的通光信息光缆获中国名牌产品称号,实现国家级名牌产品零的突破。2007年,市中兴能源装备股份有限公司的“AST”牌无缝不锈钢管获得中国名牌产品称号。2008年,全市在有效期内有中国名牌产品2个、省名牌产品32个、市名牌产品30个。

1981－1991年海门县获国家金、银质奖和部(委)、省优质产品奖一览

表11－13

获奖级别	产品名称	生产企业	获奖年份
国家银质奖	新星牌2020大鹏绸布	南通第三棉纺织厂	1981
省优	高白瓷化妆品包装瓶	县玻璃厂	1982
省优	缎条手帕	海门手帕厂	1984
省优	高白瓷化妆品包装瓶	县玻璃厂	1984
部(委)优	08B滚子链条	县链条厂	1985
部(委)优	12B滚子链条	县链条厂	1985
部(委)优	40%氧化乐果	县农药厂	1985
省优	08B滚子链条	县链条厂	1985
省优	12B滚子链条	县链条厂	1985
省优	三位五通电磁换向阀	县液压件厂	1985
省优	变色镜片	县光色玻璃厂	1985
省优	帆船牌茵陈酒	海门颐生酒厂	1985
部(委)优	百花牌大提花手帕	海门手帕厂	1986
省优	百花牌14S全棉印花手帕	海门手帕厂	1986
部(委)优	百花牌40X40纯棉精梳高密色织府绸	海门手帕厂	1987
部(委)优	白兔牌涤棉立领长袖衬衫	长江服装总厂	1987
省优	银燕牌ct11型涤纶电容器	县无线电一厂	1987
省优	6X37 13毫米钢丝绳	县钢丝绳厂	1987
省优	6X37 15毫米钢丝绳	县钢丝绳厂	1987
省优	双马牌QLB－Q350X350X2型平板硫化机	县轻工机械厂	1987
省优	双马牌QLB－D350X350X2型平板硫化机	县轻工机械厂	1987
省优	新星牌涤棉(40T/60t)J13ttx纱	南通第三棉纺织厂	1987
省优	新星牌涤棉低比例(40/60)45S110764绸布	南通第三棉纺织厂	1987

续表 11－13

获奖级别	产 品 名 称	生产企业	获奖年份
省优	百花牌大提花手帕	海门手帕厂	1987
省优	铁锚江牌显微镜用载玻片系列	县无线电厂	1987
省优	海明牌 OT－I－100 型低噪声玻璃钢冷却塔	县冷却设备厂	1987
省优	江山牌 13 型有衬里橡胶乳胶消防水带	县消防水带厂	1987
省优	侨丰牌橘汁夹心饼干	县侨联食品厂	1987
部(委)优	新星牌 48tex 纯棉气流纺纱	南通第三棉纺织厂	1988
部(委)优	新星牌 42tex 纯棉气流纺纱	南通第三棉纺织厂	1988
部(委)优	新星牌 20SX20S 中平布	南通第三棉纺织厂	1988
部(委)优	雅光牌变色镜片	县光色玻璃厂	1988
部(委)优	侨丰牌橘汁夹心饼干	县侨联食品厂	1988
部(委)优	天王牌蜂王浆、蜜	县蜂乳品厂	1988
部(委)优	树勋牌毛呢中山装	县树勋服装厂	1988
部(委)优	彩星牌毛呢中山装	余东凤城服装厂	1988
省优	新星牌 30SX30S 人棉布	南通第三棉纺织厂	1988
省优	海门牌 06B、10A、12A、16A 滚子链条	县链条厂	1988
省优	白莲牌 CD11 电解电容器	县无线电六厂	1988
省优	银免牌针刺毛毯	海门造纸毛毯厂	1988
省优	白鹤牌工业缝纫机针	临江缝纫机针厂	1988
省优	狮山牌印花面巾	县毛巾厂	1988
省优	白鲫牌女毛呢大衣	县长江服装总厂	1988
省优	江乐牌氧化乐果乳油	县农药厂	1988
省优	海明牌 CT 系列冷却塔	县冷却设备厂	1988
省优	海林牌芦笋罐头	县罐头厂	1988
省优	侨丰牌钙奶饼干	县侨联食品厂	1988
省优	新星牌 4545　110X76 涤棉布	南通第三棉纺织厂	1988
省优	新星牌 C60/T40 涤棉	南通第三棉纺织厂	1988
首届中国食品博览会金牌	55 度茵陈酒	海门颐生酒厂	1988
首届中国食品博览会银牌	橘汁夹心饼干	县侨联食品厂	1988
首届中国食品博览会铜牌	38 度茵陈酒	海门颐生酒厂	1988
国家银质奖	雅光牌光致变色眼镜片毛坯	县光色玻璃厂	1989
部(委)优	银燕牌 CL11 涤纶电容器	县无线电一厂	1989
部(委)优	帆船牌载玻片	县无线电厂	1989
部(委)优	江山牌 13 型有衬里橡胶消防水带	县消防水带总厂	1989
部(委)优	新星牌 42TEX 纯棉纱	南通第三棉纺织厂	1989
部(委)优	新星牌 48TEX 纯棉纱	南通第三棉纺织厂	1989
省优	海矿牌 W67Y－40/2000 板料折弯机	县矿山机械厂	1989

续表 11－13

获奖级别	产　品　名　称	生产企业	获奖年份
省优	立式停回转凸版平合印刷机	县印刷机械厂	1989
省优	海玻牌高白瓷化妆品瓶	县玻璃厂	1989
省优	海丰牌碳酸氢铵	海门化肥厂	1989
省优	金鹅牌 32S 全棉棉毛衫裤	南通市第二纬编针织厂	1989
省优	美灵牌 02 苎麻球	县苎麻纺织厂	1989
省优	百花牌 42S 单面缎条手帕	海门手帕厂	1989
省优	青龙牌消防吸水胶管	县消防水带总厂	1989
省优	金铃牌 48－I 型钢管脚手架扣件	县马铁厂	1989
省优	海雁牌肉用仔鸡配合饲料	县饲料厂	1989
省优	精炼棉籽油	三厂油厂	1989
省优	新星牌 3030 人棉布	南通第三棉纺织厂	1989
省优	新星牌 OE27.8TEX 纯棉纱	南通第三棉纺织厂	1989
省优	新星牌 63"303068X64 人棉布	南通第三棉纺织厂	1989
省优	山羊牌 32NM 纯至四平空转男套衫	南通市第二羊毛衫厂	1990
部(委)优	40% 氧化乐果	县农药厂	1990
部(委)优	白兔牌 18tex 纯棉普梳纱	县棉纺厂	1990
部(委)优	白兔牌 29tex 纯棉普梳纱	县棉纺厂	1990
部(委)优	金鹅牌 18tex 全棉棉毛衫裤	南通市第二纬编针织厂	1990
部(委)优	百花牌 42s/42s 单面缎条手帕	海门手帕厂	1990
部(委)优	百花牌 42s/42s 大提花手帕	海门手帕厂	1990
部(委)优	百花牌 60s/60s 绣花手帕	海门手帕厂	1990
部(委)优	百花牌 42s/42s 印花手帕	海门手帕厂	1990
部(委)优	白鹤牌工业缝纫机针	南通市缝纫机针一厂	1990
部(委)优	山羊牌四平空转男开衫	南通市第二羊毛衫厂	1990
部(委)优	新叶牌兔羊毛夹锦丝女套衫	县三星羊毛衫厂	1990
部(委)优	新叶牌兔羊毛绣花连袖女开衫	县三星羊毛衫厂	1990
部(委)优	新叶牌精纺纯毛四平空转男开衫	县三星羊毛衫厂	1990
部(委)优	新叶牌精纺纯毛四平空转男背心	县三星羊毛衫厂	1990
部(委)优	新叶牌锡兰毛虚线提花女开衫	县三星羊毛衫厂	1990
部(委)优	雅光牌变色镜片	县光色玻璃厂	1990
部(委)优	新星牌 JC60/T40 涤棉精梳纱	南通第三棉纺织厂	1990
部(委)优	新星牌 13TEX 涤棉精梳纱	南通第三棉纺织厂	1990
部(委)优	新星牌 JC60/T40 精梳涤棉纱比例布	南通第三棉纺织厂	1990
部(委)优	新星牌 13/13 精梳涤棉纱比例布	南通第三棉纺织厂	1990
部(委)优	新星牌 14.5、18、19.5、27.8、29TEX 纯棉普梳纱	南通第三棉纺织厂	1990
省优	海门牌 08B 滚子链条	县链条厂	1990

续表 11－13

获奖级别	产品名称	生产企业	获奖年份
省优	海门牌 12B 滚子链条	县链条厂	1990
省优	白鹤牌家用缝纫机针	南通市缝纫机针一厂	1990
省优	雅光牌光致变色眼镜片	县光色玻璃厂	1990
省优	亚风牌 H62 散热器专用黄铜带	县包场铜材厂	1990
省优	三海牌Ⅱ级 20 锰硅变形钢筋	南通海门钢厂	1990
省优	晶钻牌 5JZD－200 型玻璃钢冷却塔	县玻璃钢厂	1990
省优	山羊牌 32Nm 纯毛四平空转男套衫	南通市第二羊毛衫厂	1990
省优	天使牌 14.5/14.5 色织精梳府绸	海门手帕厂	1990
省优	江山牌 50TSo4 涂塑软套	县消防水带总厂	1990
省优	江山牌 65TSo4 涂塑软套	县消防水带总厂	1990
省优	侨丰牌巧克力华夫饼干	县侨联食品厂	1990
省优	新星牌 C18TEX 纯棉纱	南通第三棉纺织厂	1990
省优	新星牌 C19.5TEX 纯棉纱	南通第三棉纺织厂	1990
省优	新星牌 T65/C35 45SX45S11076 涤棉细布	南通第三棉纺织厂	1990
省优	新星牌 C27.8TEX 纯棉纱	南通第三棉纺织厂	1990
省优	新星牌 T65/JC3513TEX	南通第三棉纺织厂	1990
省优	新星牌 C29TEX 纯棉纱	南通第三棉纺织厂	1990
省优	新星牌靛蓝坚固呢	南通第三棉纺织厂	1990
部(委)优	碳酸氢铵	海门化肥厂	1991
部(委)优	32S 全棉汗布 T 恤衫	南通市第二纬编针织厂	1991
部(委)优	精梳府绸	海门手帕厂	1991
部(委)优	女式皮鞋	县天补皮鞋厂	1991
部(委)优	平板硫化机	县轻工机械厂	1991
部(委)优	J239 型电流实验盒	县天补教育仪器厂	1991
省优	散热片专用黄铜带	上海沪江铜厂海门分厂	1991
省优	铅黄铜针座棒	县铜材厂	1991
省优	复方丹参片	县制药厂	1991
省优	切纸上、下圆刀	县刀片厂	1991
省优	777 型双保险弹子门锁	上海求精锁厂海门分厂	1991
省优	割绒印花毛巾	县毛巾厂	1991
省优	53 度謇翁酒	海门颐生酒厂	1991
国际、全国博览会金奖	60S 缎条棉手帕	海门手帕厂	1991
国际、全国博览会金奖	高白瓷瓶	县玻璃厂	1991
国际、全国博览会金奖	蜂皇浆	县蜂乳品厂	1991
国际、全国博览会金奖	花粉蜂皇浆	县蜂乳品厂	1991
国际、全国博览会金奖	紫云英蜂蜜	县蜂乳品厂	1991

续表 11－13

获奖级别	产品名称	生产企业	获奖年份
国际、全国博览会金奖	花粉系列产品	县蜂乳品厂	1991
国际、全国博览会金奖	直线式计量分装机	县南海包装机械厂	1991
国际、全国博览会金奖	旋转式液体灌装机	县南海包装机械厂	1991

1995－2008 年海门市获江苏省名牌产品一览

表 11－14

产品名称	生产企业	认定年份	备注
包罗牌 T2 后制铜管	江苏包罗铜材集团股份有限公司	1997	–
晶钻牌 ZKA 蒸发式空气处理机组	江苏申海股份有限公司	1997	–
飞奔牌低碳、超低碳不锈钢无缝管	市中兴特种钢厂	1998	–
通光牌 CY 型通信光缆	市光缆厂	1998	–
江山牌有衬里消防水带	江苏水龙江山集团公司	1998	–
华雄牌 CP 线	南通华雄电子材料有限公司	1998	–
银兔牌造纸毛毯	市造纸毛毯厂	1998	–
诚鸽牌羊毛裤	南通市新星羊毛衫有限公司	1999	–
申浩牌散热器散热片专用铜带	上海沪江铜厂海门分厂	1999	–
风达牌 Φ18.85－Φ80mm 贮液器	市余东铜管厂	2000	–
千河牌 HP3LN 系列轴流风机	江苏申海集团股份有限公司	2000	–
千河牌 QK 蒸发式空调机组	江苏申海集团股份有限公司	2000	–
包罗牌 T2 拉制铜管	江苏包罗铜材集团股份有限公司	2000	–
双马牌 XLB 型橡胶平板硫化机	南通市海门轻工机械有限公司	2000	–
银兔牌造纸毛毯	市造纸毛毯厂	2001	–
通光牌通信光缆	江苏通光集团	2002	–
黑鹰牌蚊香	南通家信日化有限公司	2003	–
包罗牌拉制铜管	江苏包罗铜材集团股份有限公司	2003	–
天马牌绗缝制品	市天马纺织装饰品有限公司	2003	–
天发牌绗缝制品	市天发家用纺织品有限公司	2003	–
大岛牌电脑刺绣机	江苏大岛集团公司	2003	–
千河牌轴流风机	江苏申海集团股份有限公司	2003	–
千河牌组合空调机组	江苏申海集团股份有限公司	2003	–
风达牌贮液器	市余东铜管厂	2003	–
三羊牌横机织针	南通三阳制针有限公司	2003	–
南回牌再生胶	南通回力橡胶集团有限公司	2004	–
三思牌羽绒服	市三兴制衣有限公司	2004	–
包罗牌拉制铜管	江苏包罗铜材集团股份有限公司	2004	–

续表 11－14

产　品　名　称	生　产　企　业	认定年份	备　注
凯盛牌床上用品	南通市凯盛家用纺织品有限公司	2004	–
百花牌手帕	江苏百花实业集团股份有限公司	2004	–
中宝牌速冻蔬菜	江苏中宝食品有限公司	2004	–
通光牌通信光缆	江苏通光集团	2005	复评
黑鹰牌蚊香	南通家信日化有限公司	2005	复评
大利牌工业缝纫机针	市大利机针有限公司	2005	–
天发牌床上用品	市天发家用纺织品有限公司	2006	–
凯盛牌床上用品	南通市凯盛家用纺织品有限公司	2006	复评
南回牌再生橡胶	南通回力橡胶集团有限公司	2006	复评
晨牌银杏叶片	江苏晨牌药业有限公司	2006	–
三思牌羽绒服	市三兴制衣有限公司	2006	复评
包罗牌拉制铜管	江苏包罗铜材集团股份有限公司	2006	复评
百花牌手帕	江苏百花实业集团股份有限公司	2006	复评
大岛牌多头电脑绗绣一体机	江苏大岛集团公司	2006	–
白兔牌纱线	江苏白兔纺织集团股份有限公司	2006	–
恒荣牌三叶型罗茨鼓风机	南通市恒荣机泵厂有限公司	2006	–
中宝牌速冻蔬菜	江苏中宝食品有限公司	2006	复评
今有缘牌羽绒被	市三兴制衣有限公司	2007	–
黑鹰牌蚊香	南通家信日化有限公司	2007	复评
大利牌工业缝纫机针	市大利机针有限公司	2007	复评
心愿牌床上用品	心愿家纺(南通)有限公司	2007	–
美罗牌床上用品	江苏美罗家用纺织品有限公司	2007	–
三联牌床上用品	江苏三联家用纺织品有限公司	2007	–
泰格牌汽油发电机组	南通泰格动力机械有限公司	2007	–
东洲牌移动通信直放站及工程安装配件	江苏东洲通信设备有限公司	2007	–
亚萍牌床上用品	南通亚萍家纺有限公司	2007	–
绿叶牌家禽	江苏京海禽业集团有限公司	2007	–
银燕牌薄膜电容器	市银燕电子有限公司	2008	–
舒恋牌床上用品	南通舒恋家用纺织品有限公司	2008	–
伊人岛牌床上用品	南通大岛纺织品有限公司	2008	–
银兔牌多层压榨造纸毛毯	江苏金呢集团有限公司	2008	–
争妍牌颜料红 3BL	南通市争妍颜料化工有限公司	2008	–
油威力牌中高压液压元件	海门市油威力液压工业有限公司	2008	–
金轮牌高速高产梳棉机用齿条	金轮科创股份有限公司	2008	–
SDZS 牌不锈钢装饰板	市森达装饰材料有限公司	2008	–
晨牌银杏叶分散片	江苏晨牌药业有限公司	2008	–

续表 11－14

产品名称	生产企业	认定年份	备注
振康牌 SB－10 系列送丝机	南通振康焊接机电有限公司	2008	–
亚萍牌床上用品	南通亚萍家纺有限公司	2008	复评

1995－2008 年海门市获南通市名牌产品一览

表 11－15

产品名称	生产企业	认定年份	备注
回力牌精细胎面胶	南通回力橡胶集团有限公司	1995	–
白兔牌纯涤纱线系列产品	江苏白兔纺织集团股份有限公司	1996	–
包罗牌拉制铜管	江苏包罗铜材集团股份有限公司	1996	–
诚鸽牌羊毛衫、裤	南通市新星羊毛衫有限公司	1996	–
白兔牌涤纶纱线	江苏白兔纺织集团股份有限公司	1999	–
百花牌手帕	江苏百花实业集团股份有限公司	1999	–
回力牌精细再生胶	南通回力橡胶集团有限公司	1999	–
恒荣牌三叶罗茨鼓风机	南通市恒荣机泵厂	2000	–
三思牌羽绒服	市三兴制衣有限公司	2000	–
浩发牌光缆护套料	市王浩化工厂	2001	–
凯盛牌床上用品	南通市凯盛家用纺织品有限公司	2002	–
天发牌床上用品	市天发家用纺织品有限公司	2002	–
春雨牌床上用品	市天马纺织装饰品有限公司	2002	–
南回牌再生胶	南通回力橡胶集团有限公司	2002	–
黑鹰牌蚊香气雾杀虫剂	南通家信日化有限公司	2002	–
申浩牌低铜稀土合金波浪带	江苏浩大铜业股份有限公司	2003	–
三思牌羽绒服	市三兴制衣有限公司	2003	–
舒恋牌床上用品	南通舒恋家用纺织品有限公司	2003	–
奥丽娜床上用品	南通奥丽娜绣品有限公司	2003	–
包罗牌拉制铜管	江苏包罗铜材集团股份有限公司	2003	–
振康牌焊接送丝机	南通振康焊接机电有限公司	2003	–
浩海牌烤麸干、淀粉	市大利淀粉制品有限公司	2003	–
中宝牌速冻青蚕豆、青毛豆、青小豆、甜玉米粒	江苏中宝食品有限公司	2003	–
金天电线电缆	市金天线缆有限公司	2004	–
大利牌工业缝纫机针	市大利机针有限公司	2004	–
三羊牌横机织针	南通三阳制针有限公司	2004	–
海天牌干式复写纸	市复写纸厂	2004	–
凯盛牌床上用品	南通市凯盛家用纺织品有限公司	2004	–
佳丰牌床上用品	市巨丰卧室用品有限责任公司	2004	–

续表 11－15

产　品　名　称	生　产　企　业	认定年份	备注
今有缘牌羽绒被	市三兴制衣有限公司	2004	－
森达牌装饰不锈钢发丝板	市森达装饰材料有限公司	2004	－
天发牌床上用品	市天发家用纺织品有限公司	2004	－
生命之光牌医用红外绷腿绷臂支具	江苏生命集团有限公司	2004	－
银兔牌多层压榨造纸毛毯	江苏金呢集团有限公司	2004	－
东绿牌速冻青蚕豆、青毛豆、青豌豆、青玉米	市东兴冷冻厂	2004	－
永井牌海苔	永井食品(海门)有限公司	2004	－
申浩牌低铜稀土合金波浪带	江苏浩大铜业股份有限公司	2005	复评
恒荣牌三叶罗茨鼓风机	南通市恒荣机泵厂有限公司	2005	复评
振康牌 SB－10 系列送丝机	南通振康焊接机电有限公司	2005	复评
舒恋牌床上用品	南通舒恋家用纺织品有限公司	2005	复评
奥丽娜床上用品	南通奥丽娜绣品有限公司	2005	复评
浩海牌烤麸干、淀粉	市大利淀粉制品有限公司	2005	复评
东洲牌移动通信直放站	江苏东洲通信设备有限公司	2005	－
晨牌银杏叶片	江苏晨牌药业有限公司	2005	－
颐生牌白酒	南通颐生酒业有限公司	2005	－
江山牌有衬里消防水带	江苏水龙江山消防发展有限公司	2005	－
海液牌液压元件及液压系统	市液压件厂有限责任公司	2005	－
黄海牌复合式密封垫圈、金属衬套	市黄海金属衬套有限责任公司	2005	－
亨利牌缝纫机针	南通嘉慧机械有限公司	2005	－
心愿牌床上用品	心愿家纺(南通)有限公司	2005	－
美罗牌床上用品	市美罗寝具有限责任公司	2005	－
金恒牌装饰用不锈钢管材	南通金恒不锈钢制管有限公司	2005	－
海雪牌速冻蚕豆、豌豆、玉米	市康嘉农产品有限公司	2005	－
凯帝床上用品	市凯帝卧室用品有限公司	2006	－
凯申牌床上用品	市星晨家用纺织品有限公司	2006	－
布莱克牌石墨电刷	南通市香海碳制品有限公司	2006	－
锦江牌不锈钢自助餐盘	锦江酒店设备器具制造有限公司	2006	－
三方牌海门山羊肉	市三方食品有限公司	2006	－
大岛牌多头电脑绗一体机	江苏大岛集团公司	2006	－
三联牌床上用品	江苏三联家用纺织品有限公司	2006	－
NIS 牌铝合金铸件	南通爱尔思轻合金精密成型有限公司	2006	－
荣祥牌羊毛(羊绒)衫	南通荣祥制衣有限公司	2006	－
今有缘牌羽绒被	市三兴制衣有限公司	2006	－
龙翔牌永固紫 RL	南通龙翔化工有限公司	2006	－
Tiger 泰格牌汽油发电机组	南通泰格动力机械有限公司	2006	－

续表 11－15

产品名称	生产企业	认定年份	备注
三阳牌横机制针	南通三阳制针有限公司	2006	–
银兔牌多层压榨造纸毛毯	江苏金呢集团有限公司	2006	–
安捷牌光鸡	江苏京海禽业集团有限公司	2006	–
争妍牌颜料红 3BL	南通市争妍颜料化工有限公司	2006	–
小提琴牌缝纫机针	南通市胜意制针有限公司	2006	–
SDZS 牌油性不锈钢长丝板、短丝板	市森达装饰材料有限公司	2006	–
YC 牌铝电解电容器	南通亚光电子有限公司	2006	–
天发牌床上用品	市天发家用纺织品有限公司	2006	–
春雨牌床上用品	市天马纺织装饰品有限公司	2006	–
永井牌烤紫菜、调味紫菜	永井食品(海门)有限公司	2006	–
鑫叶牌速冻蔬菜	江苏省粮油食品进出集团股份有限公司青龙港冷冻厂	2006	–
东绿牌速冻蔬菜	海门东兴冷冻厂(东绿公司)	2006	–
一品宏床上用品系列	南通市一品宏家用纺织品有限公司	2007	–
巴克来斯床上用品	南通梦恋卧室用品有限公司	2007	–
申浩牌纸铜稀土合金波浪带	南通浩大精密合金带材厂	2007	–
海真牌真空泵	市海真真空设备有限公司	2007	–
华海永固紫 RL	南通海迪化工有限公司	2007	–
麦斯牌工业用机针	江苏麦斯针业有限公司	2007	–
通光牌电子线缆	江苏通光电子线缆有限公司	2007	–
伊人岛牌床上用品	江苏凡人居纺织品有限公司	2007	–
常乐镇草莓	市常乐培育村草莓经济合作社	2007	–
888 牌不锈钢合页	南通市五金机电有限公司	2007	–
海腾牌生物有机肥料	江苏京海禽业集团有限公司	2007	–
绿叶牌父母代种鸡商品代苗鸡	江苏京海禽业集团有限公司	2007	复评
美罗牌床上用品	市美罗寝具有限责任公司	2007	复评
海液牌液压元件及液压系统	市液压件厂有限责任公司	2007	复评
黄海牌复合式密封垫圈	市黄海金属衬套有限责任公司	2007	复评
颐生牌白酒	南通颐生酒业有限公司	2007	复评
心愿牌床上用品	心愿家纺(南通)有限公司	2007	复评
东洲牌移动通信直放站	江苏东洲通信设备有限公司	2007	复评
金恒牌装饰用不锈钢管材	南通金恒不锈钢制管有限公司	2007	复评
振康牌 SB－10 系列送丝机	南通振康焊接机电有限公司	2007	复评
凡人居牌床上用品	江苏凡人居纺织品有限公司	2007	–
江山牌有衬里消防水带	江苏水龙江山消防发展有限公司	2007	复评
海盛牌猪肉	市兴旺肉制品有限公司	2007	复评

续表 11－15

产品名称	生产企业	认定年份	备注
海雪牌速冻蚕豆、豌豆、玉米	市康嘉农产品有限公司	2007	复评
金轮牌梳棉机用齿条	金轮科创股份有限公司	2008	－
凤达牌贮液器	南通美迪金属制品有限公司	2008	－
晨牌银杏叶分散片	江苏晨牌药业有限公司	2008	－
世泰牌载玻片、盖玻片	江苏世泰实验器材有限公司	2008	－
白鸽牌缝纫机针	南通瑞泰针业有限公司	2008	－
苏日牌电动工具	江苏苏日电动工具有限公司	2008	－
梦迪妮牌床上用品	市祥发卧室用品有限责任公司	2008	－
兴达贝妮梦牌床上用品	南通兴达贝妮梦家用纺织品有限公司	2008	－
美凯珑牌床上用品	南通金美罗家用纺织品有限公司	2008	－
瑞开牌羊毛衫	南通金瑞开针织制衣有限公司	2008	－
欧开牌床上用品	海门欧凯家用纺织品有限公司	2008	－
迪尼诗牌床上用品	江苏迪尼诗家用纺织品有限公司	2008	－
梦天姿牌床上用品	江苏明超国际贸易有限公司	2008	－
舒恋牌床上用品	南通舒恋家用纺织品有限公司	2008	－
紫琅牌服装衬布	紫琅衬布（南通）有限公司	2008	－
金君牌铜带	南通金秀铜材有限公司	2008	－
海腾牌生物有机肥料	江苏京海禽业集团有限公司	2008	－
欲得牌中华猕猴桃	市羚杰牧业有限公司	2008	－
鲜吉安牌草莓	市秀山多种经营公司	2008	－
争妍牌颜料红 3BL	南通市争妍颜料化工有限公司	2008	复评
龙翔牌永固紫 RL	南通龙翔化工有限公司	2008	复评
布莱克牌电刷、石墨环	南通市香海碳制品有限公司	2008	复评
小提琴牌缝纫机针	南通市胜意制针有限公司	2008	复评
锦江牌不锈钢自助餐盘	锦江酒店设备器具制造有限公司	2008	复评
银兔牌多层压榨造纸毛毯	江苏金呢集团有限公司	2008	复评
荣祥牌羊毛、羊毛衫（裤）	南通荣祥制衣有限公司	2008	复评
NLS 牌铝合金铸件	南通爱尔思轻合金精密成型有限公司	2008	复评
三方牌红烧海门山羊肉	市三方食品有限公司	2008	复评
东绿牌速冻蔬菜	市东绿蔬菜有限公司	2008	复评
鑫叶牌速冻蚕豆、毛豆、玉米	江苏省粮油食品进出口集团股份有限公司青龙港冷冻厂	2008	复评

第四节 知名与著名商标

一、南通市知名商标

2001年7月,全市有10个产品商标被认定为南通市知名商标。2002年11月,全市有7个产品商标被认定为南通市知名商标。2003年12月,全市有13个产品商标被认定为南通市知名商标。2004年12月和2005年12月,分别有7个和8个产品商标被认定为南通市知名商标。2001－2005年,全市共有南通市知名商标45个。2006－2008年,全市被认定南通市知名商标24个。至2008年,全市共有南通市知名商标68个。

二、省著名商标

2001年1月,江苏包罗铜材集团股份有限公司"包罗"商标首获省著名商标称号。2002年8月,江苏百花实业集团股份有限公司的"百花"商标和江苏通光集团的"通光"商标被认定为省著名商标。2003－2005年全市有9个商标被认定为省著名商标。2006－2008年,全市被认定为省著名商标10个。至2008年,全市共有江苏省著名商标22个。

2001－2008年海门市知名、著名商标一览

表11－16

商标名称	注册企业	知名商标认定时间	著名商标认证时间
包罗	江苏包罗铜材集团股份有限公司	2001.7	2001.1和2004.1
百花	江苏百花实业集团股份有限公司	2001.7	2002.8和2005.8
通光	江苏通光集团	2001.7	2002.8和2005.8
白鹤	南通白鹤机针有限公司	2001.7	2003.12
金轮	金轮针布(江苏)有限公司	2001.7	2003.12
荣祥	南通荣祥制衣有限公司	2001.7	–
三思	市三思制衣有限公司	2001.7	2005.12
凤达	市余东铜管厂	2001.7	–
情叶	市佳成制衣有限公司	2001.7	–
海天	市复写纸厂	2001.7	–
凯盛	南通市凯盛家用纺织品有限公司	2002.11	2003.12
恒荣	南通市恒荣机泵厂(有限公司)	2002.11	2005.12
诚鸽	南通新星羊毛衫有限公司	2002.11	–
黑鹰	江苏黑鹰化学工业有限公司	2002.11	2004.12
今有缘	市三兴制衣有限公司	2002.11	2006.12
凯帝	市凯帝卧室用品有限公司	2002.11	2005.12
天琪	市笃赢羊毛衫有限责任公司	2002.11	–
舒恋	南通舒恋家用纺织品有限公司	2003.12	2004.12
春雨	市天马纺织装饰品有限公司	2003.12	2006.12
图形	江苏大岛集团公司	2003.12	2008.12
双马	南通市新科机械有限公司	2003.12	–
瑞开	南通金瑞开针织制衣有限公司	2003.12	–
海蜜	市农业科技开发有限公司	2003.12	–

续表 11－16

商标名称	注 册 企 业	知名商标认定时间	著名商标认证时间
澳蕾	市申蕾羊毛衫有限公司	2003.12	－
雪盾	市雪盾冷冻设备有限公司	2003.12	－
紫琅	紫琅衬布(南通)有限公司	2003.12	－
太格	南通泰格动力机械设备有限公司	2003.12	2004.12
东洲	江苏东洲通讯设备有限公司	2003.12	－
江山	江苏水龙江山消防发展有限公司	2003.12	－
天发	市天发家用纺织品有限公司	2003.12	2008.12
SDZS	市森达装饰材料有限公司	2004.12	2006.12
图形	南通(江苏)三联家用纺织品有限公司	2004.12	2007.12
图形	市大利机针有限公司	2004.12	－
颐生	南通颐生酒业有限公司	2004.12	－
晨	江苏晨牌药业有限公司	2004.12	－
佳丰	市巨丰卧室用品有限公司	2004.12	－
永和	市永和机械有限公司	2004.12	－
SANCON	市三鑫电子有限责任公司	2005.12	－
海雪	市康嘉农产品有限公司	2005.12	－
心愿	心愿家纺(南通)有限公司	2005.12	－
PIANO	南通白鹤机针有限公司	2005.12	－
江帆	市宸隆仪器有限公司	2005.12	－
春芽	市春芽集团有限责任公司	2005.12	－
奥丽娜	南通奥丽娜绣品有限公司	2005.12	－
白兔	江苏白兔纺织集团股份有限公司	2005.12	2006.12
图形	市华祥电碳厂	2006.12	－
升海	市升海空调设备有限公司	2006.12	－
南回	南通回力橡胶集团有限公司	2006.12	2007.12
梦迪妮	市祥发卧室用品有限责任公司	2006.12	－
欧凯	市欧凯家用纺织品有限公司	2006.12	－
冠芬	市冠芬帽业有限公司	2006.12	－
图形	南通市胜意制针有限公司	2006.12	－
VIOLIN	南通市胜意制针有限公司	2006.12	2007.12
图形	江苏中宝食品有限公司	2006.12	2008.12
金恒	南通金恒不锈钢制管有限公司	2007.12	－
圣路易丝	南通圣路易丝家用纺织品有限责任公司	2007.12	－
凡人居	江苏凡人居纺织品有限公司	2007.12	－
银燕	市银燕电子有限公司	2007.12	－
通福	市通用碳业有限公司	2007.12	－

续表 11－16

商标名称	注 册 企 业	知名商标认定时间	著名商标认证时间
黄海	市黄海金属衬套有限公司	2007. 12	－
申浩	南通浩大精密合金带材厂	2007. 12	－
卡西鳄	南通日岛工具有限公司	2007. 12	－
AST	中兴能源装备股份有限公司	2008. 12	－
至尊	南通至尊家用纺织品有限公司	2008. 12	－
迪尼诗	江苏迪尼诗纺织品有限公司	2008. 12	－
辉旺	市大地辉旺食品有限公司	2008. 12	－
兴达贝妮梦	南通兴达贝妮梦家用纺织品有限公司	2008. 12	－
布不克	南通市香海碳制品有限公司	2008. 12	－
美罗	江苏美罗家用纺织品有限公司	2008. 12	－

第十二篇

叠石桥家纺业

清道光初年(1821－1823),杨姓窑主募款在三星横河西段拐弯处造一座石桥,冠名“募春桥”,桥墩用石条井字型叠起,当地人称“叠石桥”。

20世纪五六十年代,位处海门县三星公社与南通县川港公社交界处的叠石桥地区,距集镇较远,少数农户将蔬菜等农副产品拿到叠石桥销售,逐渐形成农副产品集市。70年代初,三星公社兴修水利,拆桥打坝,叠石桥作为地名沿用。是时,家庭绣品业兴起,附近农民将悄悄生产的服装、绣品及原辅材料拿到叠石桥销售。因受“左”的思想影响,两县政府有关部门奉命取缔,上市群众看到海门县干部来,就溜到南通县地界上交易;看到南通县干部来,就跑到海门县地界上交易。市场在夹缝中生存。

1978年后改革开放,随着党的政策调整,三星公社能工巧匠和善于经营的人逐步消除疑虑,发展家纺业。当地党委、政府审时度势,积极扶持个体家纺业发展。1982年12月,开辟叠石桥市场。1984年,海门工商局批准成立叠石桥集市贸易服务所。1985年,三星乡工农业总产值9079万元,其中家纺业占47%。1986年,三星乡工农业总产值1.14亿元,成为全县第一个亿元乡,南通市委、市政府发文《推广三星经验,加快经济发展》。1988年,三星乡79.9%农户、65%劳动力从事家纺业。1989年,出台《三星乡关于私营企业的管理暂行办法》,个体企业向联户规模经营发展,并逐步挂靠集体企业户头经营。三星乡成人教育中心为之举办技术、经营业务、外贸知识培训班。1994年,三星镇农民郁建祥等把绣品销往俄罗斯、新加坡、澳大利亚等国家。是年,叠石桥市场成交额6亿元。1995年,开辟占地11.07公顷的民营经济区。是年10月,叠石桥市场被国务院发展研究中心市场研究所列为“中华之最”,后又多次被工商总局评为全国文明市场。1996年,海门实施“西火东延”战略,叠石桥“火种”自西向东延伸。是年,叠石桥市场成交额25亿元。2001年,民营经济区扩大至66.67公顷,经市政府同意,成立三星工贸园区。2002年,三星镇被中国纺织工业协会、中国家用纺织品行业协会命名为中国家纺绣品名镇。2003－2005年,总投资3.8亿元的中国叠石桥国际家纺城一期、二期工程竣工。2005年,市场成交额130亿元。2006年8月,经省政府同意,设立江苏海门工业园区。2007年,叠石桥市场被中国家纺协会确定为中国家纺流行趋势推广基地。至2008年,李德生、回良玉、李源潮等党和国家领导人先后到叠石桥市场视察。《人民日报》、中央电视台等全国近百家媒体对叠石桥作报道。

2008年,江苏海门工业园区有家纺企业1300多个、个体加工户9000多个,销售收入500万元以上企业250多个、产值超亿元企业20多个,注册各类商标600多个。200多个家纺企业主带领近千农民先后在东欧、南美、南非等地区创办300多个境外企业,外贸供货额1亿美元。叠石桥市场建筑面积50万平方米,营业面积35万平方米,门面3000多间,摊位9000多个,经营200多个家纺系列品种,产品畅销全国200多个大中城市,并远销南非、罗马尼亚、阿根廷等30多个国家和地区,市场成交额251亿元,位居全国家纺专业市场之首。叠石桥家纺业已覆盖周边20个乡镇,从业人员30多万人,成为全国家纺产业最大的生产基地和世界家纺产品集散中心。

第一章　生　　产

第一节　生产模式

一、散户　家庭作坊

清末和民国时期，叠石桥地区妇女用针刺绣花装饰鞋帽、服装、床衣①、帐眼②等。1965 年，三星公社新镇大队施锦美用缝纫机绣花，群众纷纷仿效。1978 年，叠石、同乐、林西、民乐等大队每户都有缝纫机。1981 年，全公社缝纫机绣花普及，计 1971 户，缝纫机 2254 台。每人日均加工枕套 20 对，获利 5 元。1982 年，民乐大队林学苏购原料后分给散户加工，工序间流水作业，产品由其统销。随后 50 多个经营户起而效仿，为业主加工人员 2500 多人，缝纫机 1800 多台。1985 年，林学苏购置 20 多台工业缝纫机，利用 6 间住房，雇工 20 多人，办起家庭作坊。1986 年，该作坊产值 25 万元，纳税 1.25 万元，个人盈利 7.5 万元，工人月工资二三百元。三星乡经营大户竞相仿效。1988 年，全乡有散户 4918 户，缝纫机 5925 台。

1993 年，贯彻邓小平南方谈话精神，解放思想，批准家纺业主租地建造临时厂房，扩大生产规模。三星村祁兴首获批租 250 平方米土地建车间，当年 20 个个体户批租土地建车间。嗣后，家庭作坊越办越多，个体散户日渐减少。1995 年，35 个个体户建临时用房，用地 2400 平方米，三星全镇办家庭作坊 80 多个，购置电脑绣花机 162 台，用工 1350 多人。2005 年，建临时用房农户增至 2150 户。2008 年，累计 2505 户建临时用房办家庭作坊，面积 52.53 万平方米。散户加工零星存在。

二、产业园区

随着家纺生产规模扩大，尽管在住房周围搭满了屋，仍不足以安放生产设备、安排雇工食宿之用。1995 年，为满足家纺业主“生产上规模、产品上档次、管理上水平”的需要，三星镇政府在叠石桥绣品城东侧开辟占地 11.07 公顷的民营经济区。叠石村赵飞进区获批用地 6700 平方米，与人合资 1080 万元创办市天马纺织装饰品有限公司（天马公司），生产喷胶棉、云丝被、窗帘、枕芯等十大系列 120 多个品种，年生产能力 120 万件。震蒙村刘志远进区获批用地 4000 平方米，投资 400 多万元建兴旺卧室用品有限公司（兴旺公司），引进 2 条喷胶棉生产流水线。

1997 年，林西村陈宏础、陈巍兄弟进区获批用地 3700 平方米，投资 450 万元创办市凯帝卧室用品有限公司（凯帝公司），购置 3 台价值 75 万元的电脑绗缝车、1 条价值 30 多万元被子生产流水线。

为吸引更多家纺企业主进区办厂，三星镇政府出台优惠措施，优先安排进区项目的用地、水电、贷款。党政主要负责人现场办公，帮助企业解决问题。1998 年年底，进区企业 8 个，总产值 4.5 亿元，其中固定资产超千万元企业 4 个、超 500 万元 4 个。

2001 年，民营经济区扩大至 66.67 公顷。是年年底，在此基础上成立三星工贸园区，邀请上海同济大学对园区建设制定中长期发展规划。园区规划建设面积 12 平方公里，分商贸示范区、工业密集区、居民聚居区、行政管理区 4 个区域。2003 年，园区引进项目 101 个，总投资 11 亿元。2005 年，园区有企业 194 个，用地 148 公顷，总投资 35 亿元，年产

① 床衣：挂于床槛到踏板间的横幅饰物。
② 帐眼：挂于蚊帐帐门上方的横幅饰物。

值超百亿元,被命名为省级示范工贸园区。

2006 年 8 月,在三星工贸园区基础上,经省政府同意,设立江苏海门工业园区。2007 年 1 月为省级开发区。2008 年,有家纺企业 1300 多个、个体加工户 9000 多个,销售收入 500 万元以上企业 250 多个、产值超亿元企业 20 多个。园区工业产值 250 亿元,销售收入 249 亿元,入库税金 1.51 亿元。

第二节　产　　品

一、服装鞋帽

1977 年 4 月,三星服装厂建立,主要生产男女各式服装、童装等。1978 年,大桥、镇西、林西等大队办服装厂。1980 年 3 月,三星第二服装厂建成。5 月,林西大队童鞋厂建成。是年,镇北大队 28 户生产鞋子,成为制鞋专业大队。1981 年,全公社服装行业有职工 1200 多人,产值 20 多万元,利润 2 万多元。

1983 年,三星乡个体服装业兴起。是年,召良村陈永生引进新技术生产的“定型衫”十分畅销。该产品生产工艺简单,很快传遍全乡。每户日产 100 多件,生产旺季 2－3 个月,年销售量 600 万件。1984 年,召良村顾祝平、张益周设计开发绣有足、排球运动员图案的“大将衫”童装,带动全乡 100 多户个体户生产,年产量 50 多万件,产值 500 多万元。同年,震蒙村吴菊贞指导该村 250 多人编织各式帽子,热销市场。1998 年,天马公司和上海一大型企业合作开发高科技复合保暖内衣。该产品具有轻、暖、薄、舒适等特点,被中国消费者协会评为信得过产品。

2000 年,服装鞋帽行业逐渐转向床上用品生产。2008 年,专业生产服装鞋帽的企业虽不多,但仍为叠石桥家纺业组成部分。

二、床上用品

饰有花草龙凤等图案的床衣、帐眼、枕套,是叠石桥地区最初的床上用品,由针刺手绣而成,多自产自用。20 世纪 60 年代中期,开始用缝纫机刺绣制作,自产自销,数量不多。质料以的确良、春秋丁、特丽纶为主。

1978 年后,家纺经营大户扩大生产规模,购原料后分散加工,产量增加,质料升级为缎子等。1984 年,安南村薛思平引进南京大同被单厂床罩生产技术,用涤麻呢、涤纶、春秋丁作面料生产床罩。1986 年,家纺经营户改用电动绣花机,产量增加,质量提高。1989 年,电脑绣花机进入农村散户,床罩款式有双人床罩、单人床罩,面料由化纤发展到涤棉、全棉等。

1997 年,新镇村吴仲新率先生产被子,开发 PP 棉被、驼毛(绒)被、羊毛(绒)被等五大系列 30 多个品种。是年,天马公司生产太阳绒恒温被、七孔云丝被、生态保健被等,年产各类被子 50 万条。2003 年,推出蚕丝被。2008 年,全园区生产被子企业 600 多个,年产被子 1 亿多条。

三、家居饰物

80 年代初,电风扇用户增多,家用电风扇套应运而生,既防尘又美观。试投叠石桥市场,受到客户欢迎。1986 年,推出电视机套、洗衣机套。1990 年,开发窗帘。1992 年,推出沙发坐垫。2000 年,富有创新精神的经营户顺应结婚购置装饰橱的趋势,开发生产情侣小熊、苹果熊、玩具牛等毛绒玩具。2005 年,相继推出汽车坐垫、沙发靠垫。靠垫以绒面为基底,烫金花、流苏,配有大红、橘红、绿、棕等颜色。2008 年,开发一体式沙发座、靠垫,可坐可靠,赢得用户青睐。

四、工艺品

1982 年,三星公社工艺品厂成立,生产猫盆工艺品(玻璃圆盆内嵌贴绒猫,盖上罩而成)。1983 年,猫盆生产向农户拓展,形成中和、金桥、永富等猫盆生产专业村,从业人员 600 多人。1984 年,乡成人教育中心学校和乡工艺品厂合办工艺服装绣品厂,开发猫匾、猫钟等新产品。是年,永富村蒋祝平联合 10 家农户组成猫盆生产联合体,产品畅销上海、南京、北京、天津等大中城市。1986 年 4 月,乡工艺服装绣品厂生产的猫盆,销往美国纽约汉金顿公司。1988 年,猫盆、猫匾生产形成高潮,一些商贩直接到中和、金桥、永富等村上门批购。1990 年起,猫盆积压,生产逐渐萎缩。1995 年,基本绝迹,猫盆生产企业(户)转产床上用品。

2001 年,永富村张冠生、张健辉父子开发铜版画，成立三星铜版画厂。翌年，推出“冬日闲情”“春游图”作品，获南通市首届社区艺术节综艺展一等奖。2003 年，开发长 2.45 米、宽 1.45 米的迎客松铜版画及长 2 米、宽 1 米的大屏风。2004 年，蒙娜丽莎画像、圣母画像、八骏图、清明上河图等铜版画作品问世。2006 年，张健辉在义乌成立三星版画专卖店。2008 年，推出图案清晰、画面生动的黑白铜版画。

五、产品包装

70 年代初，农户生产的枕套无包装。1975 年，家纺经营户用聚乙烯塑料薄膜包装后出售，以保持绣花枕套图案色彩鲜艳和面料的光泽度。后有农户专业加工塑料包装袋，印“绣花枕套”等字样出售给家纺经营户使用。80 年代中期，绣品用聚乙烯薄膜袋包装后，以 10 件为单位用塑料编织袋外包装，方便装车托运，又不易损坏。

90 年代，各类被子产品体积较大，箱式包装应运而生。2000 年后，三件套、四件套、七件套、九件套款式陆续推出，包装生产企业依产品生产纸质包装盒，印有产品图案、使用说明、厂名厂址及广告，绣品盒装后再放入标有商标、品名、数量、等级等内容的大型包装箱，便于长途运输，避免损坏和折皱。2002 年，20 多个温州客商在叠石桥市场承接彩印包装加工业务，根据客户要求承制彩色包装盒和立体纸箱。2004 年，浙江客商在园区建办包装厂。2008 年，叠石桥周围有 100 多个包装企业。

第三节 设 备

一、手工

旧时，叠石桥周边农家自产棉花土纺织，以自用为主。设备有土制纺车、绕线车、织布机等。

20 世纪 70 年代初，叠石桥地区家纺业兴起，女社员生产、出售枕套。生产设备比较简陋，有脚踏缝纫机、竹片做成的绣花绑子、土制绕线车以及印刷花形图案用的蜡纸、黑板擦、白粉、火油等。

1980 年，出现将小电动机装在缝纫机上，替代人力脚踏。1986 年，引进电动绣花机，但仍使用土制绕线车和土法刷花方式。1989 年起，电脑绣花机投入使用，手工设备渐次淘汰。

图 12－1 土制绕线车 （1985 年摄）

二、半自动

1986 年，新镇村吴仲新从武汉购回 6 台电动绣花机，速度和质量显著提高，周围村民群起效仿。1988 年，自制绗车问世。随后，购置的打裥车、蜈蚣边车、超声波压边车、拷边车、工业缝纫机相继投入使用。

1990 年，全乡有电动拷边车 402 台，打裥车 3 台，绗车、普通拷边机 426 台，电动绣花机 2700 台。1992 年起，电动绣花机逐渐被电脑绣花机替代。2008 年，打裥车、拷边车、压边车、工业缝纫机仍在使用。

三、全自动

1989 年，星火村沈汉贤从苏州购进 1 台一杠五头电脑绣花机，花形图案输入电脑后自动刺绣，断线自动报警。后又从上海购进 3 台六头电脑绣花机、多台九头电脑绣花机，工效显著提高。消息传开，个体大户争相购置电脑绣花机。至 1993 年，全镇有多头电脑绣花机 48 台。是年 4 月，台湾客商曾崇尧和三星折叠家具厂联合投资 80 万美元，创办南通福星不织布有限公司。从台湾引进 1 条拥有开松、梳理、铺网、喷胶、定型、成卷等全套生产设备的喷胶棉生产流水线，日产喷胶棉 1000 卷，供应家纺经营户制作床罩、被子等床上用品，产品供不应求。同年，叠石村赵飞抢抓电脑绣花机需求量大的商机,从青岛批购300台投放市场,并成立电脑绣花机维修服务中心。

1994年,叠石村施潜新租用镇南村村部,成立海门大岛电脑刺绣机有限公司(大岛公司),批量生产电脑绣花机,当年生产40台。1995年,三星村祁兴从苏州引进电脑多针绗缝机,生产夏被和床罩。天马公司引进1条拥有开棉机、落棉机、梳棉机、铺网机、电器箱、自动装套机等全套设备的云丝被生产流水线,每36秒钟可生产1条被子,日产被子2000多条。1996年,江苏金雪集团有限公司(金雪集团)在三星办喷胶棉厂,购进1条喷胶棉生产流水线。1997年,大岛公司投资800万元扩大生产规模,形成年产200台电脑绣花机的生产能力。翌年,单头大幅面2500毫米×2200毫米电脑绗缝机投入使用。兴旺公司投资150万元增添1条喷胶棉生产流水线。天发、凯帝等公司引进被子生产流水线。

2000年,电脑绗绣一体机投入使用,绣花、绗缝一次完成,速度快,质量高。2001年,10个企业进三星工贸园区,其中8个拥有被子生产流水线。2002年后,兴泰、海星、天锡、腾达、恒发、旺盛、天一、天发等喷胶棉厂相继成立。2003年,大岛公司生产的多头电脑绗缝一体机投入使用。2004年,多色匹布植绒联合机投入使用。2005年,大岛公司生产的高速电脑绗绣一体机投入使用。至2008年,该公司生产GDD－1－A系列多头电脑绣花机、GDD－4－A型单头电脑高速绗缝机、GDD－1－D系列多头多针电脑绗绣一体机等9个绣、绗、缝设备系列产品7000台。是年,全镇拥有电脑绣花机5000多台、电脑多针绗缝机2000多台、电脑绗绣一体机900多台、喷胶棉生产流水线30多条、被子生产流水线600多条。

第四节 队 伍

一、操作人员

本地 20世纪70年代初,叠石桥家纺业起步,新镇、叠石、同乐、林西、民乐等大队500多个农民自发小规模地生产、销售,品种较单一。1978年后,家纺生产普及全公社。1981年,绣花工2344人。1986年,除枕套、家用电器套外,开始生产床罩、被套等床上用品,劳动力迅速从农业向家纺业转移。1988年,家纺业从业人员发展到9535人。90年代起,家纺业从原料采购、生产、加工到产品销售形成专业分工,家纺产品的绣花、定型、拷蜈蚣边、拼装等工序一户只做一道,流水作业,从业人员急剧增加,1993年发展到1.1万人。1995年,民营经济区建立后,吸收农村劳动力1000多人。2000年,20多个个私企业进区办厂,吸聚农村劳动力2500多人。2008年,家纺业从业人员1.4万多人,占全镇劳动力90%以上。

外地 1986年,个体业主开始雇用外地女工绣花,来自如东县兵房镇的务工者较多。1989年,全乡有外地务工者5000多人。1990年,随着家纺业的发展,安徽、山东、贵州、河南、四川省等地的务工者大量涌入。1994年,全镇外来务工者8000多人。1995年后,个私企业主在三星镇获批用地办厂,用工数量骤增。每年农历正月初八至正月二十,每天有成百上千的外来人员聚集在叠石桥市场绣花女雕塑周围,与雇主洽谈用工事宜;平时有人在那里等待雇主招聘,人称"露天人才市场"。2000年,有外地务工者3万多人。2001年,三星工贸园区成立后,用工更为紧张。天马公司170名从业人员中外地务工者120人,占70%。2008年,有外地务工者4.2万人。

二、管理人员

家族式 70年代初,叠石桥家纺经营户规模较小,一般夫妻经营,男对外销售,女在家生产。1985年,起步较早的经营户销路拓宽,开始雇工生产,业主子女参与管理。1990年,家庭式管理人员5000多人。1993年,家庭作坊兴盛,从业人员增多,管理工作由业主请亲戚帮忙。1995年成立的天马公司,董事长的舅子做门卫,外甥当司机,其他亲戚分别担任车间主任、销售部经理等。是年,全镇家族式管理人员6000多人。2000年后,因企业主家族人员缺乏专业管理知识,个私企业开始招聘管理人员,家族式管理人员逐渐减少。2008年,园区1300个家纺企业只有少数单位由亲族管理,9000多户个体工商户仍由自己管理。

委聘式 90年代后期,针对个私企业管理家族化、财会人员素质不高、管理混乱的状况,镇对个私企业实行会计委派制。1997年6月,由工商、税务、审计、统计等部门组成的三星会计管理站成立，公开招聘财会人员，先后给天马公司和三星工贸公司等11个企业委派会计，加大财务监督力度，防止违纪、违法现象发生。是年，一些家纺经营户向有关单位聘用设计、会计等管理人才，被聘人员无须每天到公司上班，只需随叫随到。进入21世纪后，家纺企业均到人才市场招聘管理人员。至2008年，园区共招聘各类管理人员2500多人。

三、技术人员

自学 70年代，经营户边学边干，自己摸索技术、设计产品、维修机器。1982年，叠石大队施林龙自学机械生产技术，后进厂工作。1984年，被派往武汉江汉石油研究所学习，回厂后先后任技术部负责人、技术厂长。1994年，辞职与他人合资兴办海门大岛电脑刺绣机有限公司后，仿制成功第一台电脑绣花机。

2000年，镇南村沈汉贤钻研多色植绒机生产技术。2002年，半自动多色植绒机问世。2004年，多色匹布植绒联合机研制成功。是年12月，该机获国家专利。2007年6月，德国国际应用技术科学研究院称其“开辟了一项新的技术领域，投产后有望成为行业发展方向”。至2008年，园区有自学成才的技术人员500多人。

招聘 1993年，叠石村施潜新招聘2名高级工程师和多名大中专毕业生，进行技术攻关，开发生产电脑绣花机。1994年，全镇招聘技术人员50多人。1995年起，个私企业主在叠石桥露天人才市场招聘技术人员。1999年，全镇招聘技术人员200多人。2000年后，个私企业通过新闻媒体及人才主管部门发布人才需求信息，在人才市场上设摊招聘。至2008年，园区共聘技术人员5000多人。

培训 70年代初，采取带徒学艺方式传授绣花技术。1980年，林西大队秦士荣、吴德辉上门辅导农民绣花。吴德辉在家办绣花技术培训班，教人刷花、绣花，周围500多户掌握绣花技术，三星公社党委作出《关于向吴德辉同志学习的决定》。

1984年4月，乡成人教育中心学校成立，聘请农、副、工三公司的经理、绣花能人共30多人担任兼职教师，采取多种形式，加强对家纺生产者、经营者的业务技术培训。在使用专业教科书的同时，自编乡土教材，做到专业性、科学性、实用性相结合。采取教师讲授与学员自学相结合、理论与实践相结合、请进来与走出去相结合，收到良好效果。1986年，乡成人教育中心学校投资2300元购置10多台缝纫机，供参训的贫困学员使用。至1990年，共培训10多批次400多人。1991年，投资10万多元购置电视机、录像机等设备，播放各类科教片38部，受培训6653人次。1994年3月，组织40多个个体大户参加外贸出口知识培训班。1996－1997年，与三星羊毛衫厂、南通凯利绣品有限公司联合举办两个职高班，培训羊毛衫制作和电脑绣花技术人才100多人。1999年，邀请南京航空航天大学教授、讲师，对企业会计作计算机运用和发展及提高资金运行质量的业务讲座。至2000年，镇成人教育中心学校共开办机械、工艺美术、车辆维修、羊毛衫编织、电脑绣花等5个专业职高班，累计举办各类短训班90多期，培训人员5000多人次。

2003年3月，邀请市经委、质监局有关人员，对全镇300多个家纺企业主就产品标识、标志、质量、技术监管及纺织品质量标准和加入世贸组织后对家纺企业的影响等问题作业务辅导。2004年，叠石桥家纺协会牵头组织心愿、卓泰、巨丰、盛源等企业的设计人员，前往德国、法国、意大利等多个国家参观考察，开阔眼界，提高设计水平。是年5月，三星镇承办中国叠石桥家纺产业发展高层论坛，邀请中国纺织工业协会副会长、中国家纺协会会长杨东辉等专家，就国内家纺产业基地建设、发展家纺产业集群的关键问题、提高产业集群的产品创新能力、家纺企业如何做大做强，向全镇家纺企业主作讲座；中国美术学院教授、著名服装设计大师吴海燕作专题培训。2006年，举办叠石桥中国国际家纺博览会暨叠石桥家纺产业集群及家纺名品发展战略论坛。2008年10月，工业园区承办叠石桥首届中国家纺节，全国知名设计院校教授应邀对家纺企业的设计人员进行业务培训。

第五节 原辅材料

一、面料

20世纪70年代末，商贩从湖州、苏州、吴县等地采购特丽纶、锦丽纶等纺织品，作为绣品面料在叠石桥市场出售。1984 年,叠石桥地区出现小型印染厂,为家纺经营户印染坯布。1990 年,400 多个个体户从事面料经营,年出售面料 100 多万米。1993 年起,家纺经营户所需面料多从南通县川港镇志浩市场购买。

二、花线

70 年代末,民乐大队顾伯明从上海城隍庙、百货公司等地买绣花线到叠石桥贩卖,后到上海制线三厂批购。1985 年,该厂在叠石桥设销售部,聘顾伯明为总经销,年销各式花线 1 万多盒,销售额 3 万多元,顾伯明成远近闻名的"花线大王"。1986 年起,经营花线的个体户增多。至 1990 年,叠石桥市场 200 多户经营花线。

1991 年,永富村倪炳元自办制线厂生产坯线,外出加工染色。1993 年,线厂增至 10 个。2004 年,倪炳元增添印染设备,从浙江高薪聘请打样师傅,选用上海环保型颜料、助剂生产七色线,产品质量能与全国制线大企业媲美,畅销叠石桥市场,并远销新加坡及中东地区。2008 年,园区有绣花线、涤纶线厂各 20 多个。

三、真空棉

1993 年,南通福星不织布有限公司生产真空棉(喷胶棉),供应家纺经营户生产床罩、被子等床上用品。1996 年,金雪集团在三星民营经济区兴办金雪热熔公司,生产喷胶棉。1998 年,震蒙村刘志远投资 150 万元引进 1 条喷胶棉生产流水线。至 2008 年,园区真空棉生产企业 19 个,有流水线 30 多条,年产喷胶棉 7200 万米。

第六节 管 理

一、行政管理

叠石桥家纺业起始时,处在强调发展全民、集体经济时期,农户只能私下生产。1978 年后,三星公社对农户搞个体家纺不加干预。1983 年,政府积极扶持发展,当年为家庭工业户提供贷款 98 万元。1984 年,三星乡成立家庭工业服装绣品供销经理部,为个体工业户代立账户、代办资金汇划、采购原辅材料、解决经营活动中发生的矛盾纠纷等。是年,经理部从天补税务所购买 100 本发票,为个体工业户代开发票,改变以往经营户到企业里借开发票的状况。1985 年,以服装绣品为主的个体家纺业发展迅速,极大冲击集体工业。三星乡从实际出发,确定"大力发展乡村工业,积极扶持家庭工业"的发展思路,凡想搞家庭工业的干部、职工,经个人申请、乡政府批准,可回家发展家庭工业。乡党委、乡政府实行挂钩帮扶措施,要求乡村两级干部每人联系 3－5 个加工户,上门宣传党的方针政策,帮助排忧解难。乡工业公司分工 1 名副经理专门负责家庭工业。是年,向家庭工业户发放贷款 70 万元。建三星水陆托运站,方便产品发向全国各地。召良村服装专业户顾祝平承接的服装业务来不及加工,乡办服装厂及时代加工,使其按时交货。乡召开家庭工业总结大会,表彰 20 个工业大户。

1986 年,乡投资 40 多万元修筑叠三公路,建造桥梁;建三星汽车站,每天有 7 班车开往南通、海门。是年,全乡家庭工业户发展到 7300 多户,占总农户 70%。1989 年,乡家庭工业服装绣品供销经理部更名为县工艺服装绣品总厂,26 个村建立工艺服装绣品分厂,以村建厂,厂户挂钩,以户经营。乡政府制定私营企业管理暂行办法,将个体经济纳入正规化管理,分散独户的个体业主逐渐向联户和规模经营发展。总厂和分厂配备管理人员,内、外勤分工明确。是年,三星乡被省政府命名为对外开放重点工业卫星镇。1991 年,县工艺服装绣品总厂为全乡 1500 多个家纺户开具业务介绍信 6000 多份,代开销售发票 2.5 万份,购销金额 9000 万元,帮助采购生产所需原材料计 1100 万元,为国家代扣税款和工商管理费 720 万元,帮助贷款互借资金 110 多万元,解决家庭工业户资金短、技术缺、信息少、购销难等许多实际困难。1995 年,镇政府分工一名副镇长负责个体私营经济。镇成立民营经济办公室,负责民营经济的协调、服务和管理。

1996 年,海门实施"西火东延"战略,在星海公路沿线连续召开 4 个发展个体私营经济现场会,叠石桥"火种"自西向东延伸。瑞祥镇路东村购进近百台织布机,成为织布专业村。是年,三星镇编印刊有国家、省、市发展个私经济政策法规的《服务导读》7500 多份,分发给个私企业主,鼓励他们放手大干、守法经营。同时,广泛搜集市场信息,及时向企业主发布。

1998 年,国内部分地区遭受特大洪灾,镇政府了解到灾区将需大量御寒被子，并将信息及时传递给个私企业主，被子生产企业由原来的200多个增加到600多个，收到良好的经济和社会效益。2001年，镇成立出国经营者协会，为出国农民和出口货物实行全程服务。是年，组建的三星绣品集团有限公司获自营进出口经营权。

2002年，重点建设三星工贸园区，镇成立工贸园区管理委员会，抽调40多位机关干部组成4个工作小组，分别负责土地调整、农户拆迁、宣传报道等工作。并制定优惠政策，给予进区企业土地使用、税费优惠，按投资额进行奖励。向进区企业提供一条龙服务，指派专人报批申办项目，跟踪服务用地、基础设施建设。编发园区建设简报，公布进度，介绍经验，推动园区建设健康发展。2004年5月，举办中国叠石桥家纺产业发展高层论坛。2006年8月，举办叠石桥中国国际家纺博览会暨叠石桥家纺产业集群及家纺名品发展战略论坛。2007年，举办叠石桥欧盟纺织品经贸洽谈会。至2008年，推动和组织100多个企业通过ISO 9000质量管理体系认证和ISO 14000环境管理体系认证。是年，举办叠石桥首届中国家纺节。

图12-2　2004年，中国叠石桥家纺产业发展高层论坛会场

二、安全管理

1976年，三星公社工业办公室成立，指派专人负责安全生产。1983年，乡组建工业公司，配备安全检查员。1993年，镇、村办厂配备安全员，定期或不定期进行安全生产检查。1998年，成立安全生产办公室。2002年，成立由镇长为主任的安全生产委员会，各村、各企事业单位配备专兼职安全员，形成周密、健全的安全生产管理网络。先后出台安全生产检查制度、安全生产事故行政责任追究制、安全生产事故应急处理预案等12项规章制度，分发到各村、各企事业单位。是年8月，叠石桥绣品城投资670万元完善消防设施，安装1200个喷淋头、7400平方米的防火卷帘、600多个感烟器、114个扬声警报器，添置2个容量为36吨的水箱和3台消防泵，更换60套陈旧的消火栓，并在绣品城外围增设10套地藏式消火栓。2004年，建立南通市首家镇级消防队。

2005年起，镇每年与各村、各单位法定代表人签订《安全生产管理责任保证书》，各企业与下属职能部门及车间班组相应签订责任状，将安全生产的目标任务层层分解落实。镇安委会每月进行1次例会，镇党委、政府每季度召开1次安全生产专题会议，听取汇报，分析安全生产形势，研究部署安全工作。是年，举办3期安全生产业务培训班，传授安全生产业务知识，提高企事业单位负责人和专职安全员的素质。利用广播、黑板报、宣传橱窗等阵地，宣传安全生产知识。各企事业单位召开从业人员大会，加强安全生产宣传教育，营造安全生产舆论氛围。开展“安全生产月”和“119”消防日宣传活动，进行现场灭火演练。组织企业法定代表人和专职安全员安全知识考试和安全知识竞赛，提高广大干部职工的安全意识和安全素质。组织安全生产大检查10次，检查家纺企业、家庭作坊300多个，发出整改通知书60多份，提出整改意见130多条。2006－2008年，每年进行7－10次安全生产大检查，叠石桥市场及全园区家纺生产企业未发生重大安全事故。

三、行业管理

叠石桥家用纺织品协会　2002年8月，市叠石桥家用纺织品协会成立。坚持以自愿入会、自选领导、自聘人员、自筹经费、自理会务原则，进行家纺产品贸易研究、新品开发、协调会员有关问题，促进生产。协会登记会员企业60个，设置理事23个、常务理事13个。

2003年，组织60多个会员企业法定代表人前往浙江、广东考察学习，谋求更大发展。2004年，组织巨丰、盛源、心愿、卓泰等家纺企业参加春秋两季广交会，拓宽产品销路。2006年，组织会员企业参加首届“叠石桥杯”中国民族家纺设计大赛，心愿家纺（南通）有限公司（心愿公司）生产的“永恒”床品获产品设计金奖，凯盛公司生产的“弄花影”产品获银奖。2007年，分别组团参加德国法兰克福家纺展、美国家纺展、俄罗斯家纺展。是年12月，7名会员企业法定代表人担任市政协委员，5名会员企业法定代表人当选市人大代表。至2008年，协会每年组织会员企业捐款、捐物慰问镇敬老院“五保”老人，资助发展教育事业。当年1月，南方遭受特大雪灾后，组织天发、凯盛、美罗公司等3个会员企业捐赠棉被600条。“5·12”四川汶川大地震发生后，组织81个会员企业捐赠棉被、毛毯1万多条，价值200多万元。会长吴仲新带头捐冬被500条，价值10万元。是年，组织会员企业参加“张謇杯”中国民族家纺设计大赛，获金奖、银奖、铜奖各1个，优秀奖4个。

三星家纺包装业商会（浙江商会） 2002年，浙江客商陆续在叠石桥市场开设门面，销售包装盒、包装袋、立体纸箱等包装产品，后在叠石桥地区办厂。至2004年，包装企业发展到数百个。2005年7月，上海明超床上用品有限公司、海门金盾家纺有限公司、南通奥丽娜绣品有限公司等6个企业发起组建家纺包装业商会，有会员企业51个。是年年底，浙江客商吴明亮获批用地4.33公顷，投资1.1亿元建设浙商工业园区。2007年，会员企业发展到200个。2008年，有会员企业230个。

第七节 企业选介

一、江苏大岛集团公司

1994年建于三星镇镇南村，时名海门大岛电脑刺绣机有限公司，主要生产电脑刺绣机。1996年注册“大岛”商标。1999年9月，出资286万元买断海门石油机械厂股权，组建江苏大岛集团公司，除继续生产石油钻系设备气动元件外，扩大电脑刺绣机的生产规模，形成年产200台电脑刺绣机的生产能力。2002年，在三星工贸园区成立第一个子公司——南通大岛纺织品有限公司，占地4公顷，厂房2.2万平方米，生产“大岛”牌多件套系列、四件套系列、单件系列、被子系列、枕套系列、儿童用品系列等数百种产品。2003年，在家纺城东侧成立第二个子公司——海门大岛国际大酒店，占地1.2公顷，建筑面积1.55万平方米，设施按照三星级标准配置，有客房96间（套），为三星地区功能较全、规格较高的商务型酒店。同年，在三星工贸园区成立第三个子公司——上海伊人岛纺织品有限公司，主要生产品牌床上用品。2004年，通过ISO 9001质量管理体系认证。2005年11月，注册“伊人岛”商标。是年，第四个子公司——南通大岛轻纺设备有限公司成立，主要生产电脑绣花机和绗绣一体机，自主研制的多头可视高速电脑绗绣一体机获国家专利。2007年1月，在叠石桥商贸城东侧成立第五个子公司——大岛港湾大酒店，占地7600平方米，有不同档次的客房60多间（套），餐饮部设有各式豪华包厢11间，设立现代化高档会议室、商务中心等。2008年，江苏大岛集团有5个子公司，从业人员1100多人，高级工程师11人，工程师23人，各类技术人员156人，固定资产2.2亿元，产品畅销全国，远销国际市场，年生产能力2.5亿元，纳税500万元，跻身市铜牌企业、南通市民营企业500强行列。

图12-3 江苏大岛集团公司生产的四件套产品（2008年摄）

二、海门市天马纺织装饰品有限公司

1995年成立于三星镇民营经济区，是一家集科研开发、生产、贸易于一体的省级科技企业。有价值2000万元的先进家纺生产设备，主要生产宾馆纺织装饰配套用品、卧室用品等10个系列120多种产品。年生产能力120万件，产品远销欧美、中东、东南亚等60多个国家和地区。1995年，被南通市评为户户讲道德、店店无假货先进私企，获南通市十佳明星企业称号。1997年，和中科院深圳宽飞太阳绒有限公司联合开发太阳绒恒温被。1998年，研制仿生绒超保温恒温内衣，被中国消费者基金会评为信得过产品。同年，被省命名为重合同、守信用企业，被南通市评为外向型先进企业，被市评为十佳标兵企业。1999年，被中国企业形象认定委员会评为中国企业最佳形象AAA级。2001年，企业通过ISO 9002质量管理体系认证，“春雨”牌保健枕芯、波型蓬松高弹保暖复合棉、复合被3个产品获国家专利，成为叠石桥家纺业申请专利第一个企业。2002年，“春雨”牌床品被认定为南通市名牌产品。2003年，“春雨”商标被南通市认定为知名商标。是年，被评为省民营科技企业。2004年，获国家标准化管理委员会“采用国际标准产品标志”证书，并获国家纤维质量监督中心“产品证明商标准用证”。2005年，被江苏远东国际评估公司评定资信等级AAA级。2007年，“春雨”商标被认定为省著名商标。公司董事长赵飞出任市第一家民间金融担保公司——海门中叠贷款担保有限公司董事长。2008年，公司占地6700平方米，建筑面积6500平方米，从业人员126人，技术人员8人，固定资产1000万元，产值5000万元，销售收入4000万元，纳税280万元。

第二章　销　　售

第一节　国　　内

一、叫卖

20世纪70年代初，叠石桥家纺业起步时，经营户大多手拎肩扛绣品（枕套、床衣、帐眼）外出销售。1970年，胜利大队几名妇女带着枕套到崇明农村串乡叫卖。1976年秋，民乐大队顾文明带着枕套到上海市金山县销售。1978年后，一些有闯劲、头脑灵活的农民把目光盯上大中城市，经常往返于叠石桥与南京、上海、厦门、天津、石家庄、成都等地推销绣品。1985年，外出销售品种由枕套发展到童装，数量从七八套增加到上百套。1986年，从叠石桥到国内大中城市走街串巷叫卖推销的有800多人。1988年，家纺经营户普遍使用电动绣花机绣花，且雇工不受限制，产量大幅增加，外出销售人数增至2000多人。1989年以后，随着叠石桥市场规模的不断扩大，沿街叫卖方式逐渐淘汰。

二、代销

1973年，联合大队赵飞经人牵线，请湖南省南县供销社代销枕套，双方签订协议，每月销售100－150对。后通过邮寄、送货等方式，源源不断地将绣品运往南县。1978年，赵飞委托辽宁鞍山百货大楼代销产品。至1980年，发展代销店10多个。1981年，林西大队陈宏初在北京、黑龙江、内蒙古、贵州等地设立代销店。1983年，叠石桥家纺户有在外代销点300多个，年销售额3000多万元。1988年后，逐渐为租赁柜台方式替代。

三、租柜

1980年，林西大队陆冠冲在黑龙江等地租赁柜

台出售绣品,后发展到上海、南京、北京、沈阳等地,取得显著经济效益。1986年,叠石村赵飞在西安十大商场租有柜台。1987年,三星村祁兴在上海百汇商场租柜组,专卖绣品。召良村陈永生、永富村徐成分别在广州南方大厦、天津工艺品旅游品联合展销公司租赁柜台出售绣品。1988年,有150多个绣品经营户带领400多人在全国三四十个大中城市的一流商场租赁柜台,租赁时间1-3年不等,出售的商品统一由乡家庭工业服装绣品供销经理部代开发票,货款由商场汇到供销经理部,由货主领取。1990年后,叠石桥市场知名度不断提高,外地客商大量涌入叠石桥市场批售绣品,租赁柜台销售方式逐渐萎缩。

四、批发

1982年,叠石桥市场成立,经营枕套等床上用品零售兼批发业务,外地客商批发绣品后运往全国各地销售。是年,成交额300多万元。随着市场发展,批发渐成销售主体。1985年,日客流量2000人次,年成交额1800多万元。1987年,市场交易品种以枕套和床罩为主,日客流量6000人次,年成交额增3000多万元。1990年,日客流量1万多人次,年成交额5000万元。1991年,经营品种有床罩、被套、童装和电视机、电风扇等家用电器套等各种绣品以及与此有关的面料、花线、包装袋等原辅材料,全年有100多万条床罩、300多万条被套畅销全国各地,年成交额9000万元,成为全国最大的绣品专业批发市场。1992-1993年,叠石桥绣品城建成,成交额迅速增加,1995年15亿元。1997年、1999年,精品楼、名品广场相继建成,年成交额40多亿元。2001年起,实施中国叠石桥国际家纺城一期工程建设。2002年,年成交额增至53亿元。2005年,家纺城二期工程投入使用。2007年,绣品城、精品楼、家纺城统一经营。2008年,叠石桥市场经营200多个系列品种,产品畅销全国200多个大中城市,并远销南非、罗马尼亚、阿根廷等几十个国家和地区,实现成交额251亿元。

五、展销

1990年,汇南村黄晓标跟随上海客商在内蒙古呼和浩特市等地举办展销会推销绣品。1993年,黄晓标在吉林省延边市展销近1个月获利2万多元。在其影响下,同村张卫平、沈初及永富村黄雪丰在广东省佛山市、汕头市和福建省等地举办展销会。1995年9月,汇南村黄德康在新疆哈密市租用体育馆自办展销会,利用当地新闻媒体扩大宣传,雇用保安维持秩序。展销会持续28天,销出床罩500多条、枕套800多对、被套1000多条,销售收入10万多元,获利2万多元。1997-2000年,展销活动形成高潮,全镇有400多人先后外出举办展销会180多场次,遍及除青海、西藏、台湾外的全国众多中小城市及部分乡村。

进入21世纪,尝试邀请客商到叠石桥市场参观,推介展销家纺产品。2000年4月,镇政府在绣品城主办长江三角洲宾馆客房用品交易会,有关领导和56名客商参加。其间,客商们听取信息发布、考察绣品城、参观天发公司等企业的生产现场、分别与各大绣品企业进行交易洽谈,成交额8000万元,80%以上为高档床上用品。2002年4月,在绣品城举办首届绣品博览会,台湾、上海、东莞、深圳、漳州等地及日本、韩国、美国等国家的230多位人员与会,听取叠石桥绣品业发展情况介绍,参观绣品城交易厅、精品楼及名品广场,一些客商当即和生产企业签订销售合同。其后,随着家纺城一、二期工程建设,叠石桥市场声名远播,举办展销会推销绣品的方式逐渐减少。

第二节 国 外

一、租赁柜台

1993年,林西村郁建祥前往俄罗斯首都莫斯科,以每月900美元租一个190平方米的临街门面出售绣品。1994年,又到罗马尼亚首都布加勒斯特销售绣品。因人地生疏、语言不通,货物被骗,身无分文。郁建祥将随身手表、戒指等物作抵押,向中国同行批货练摊,借用计算器进行交易,不仅赚足回家路费,还摸清当地市场行情。1995年,郁建祥四哥郁建元到罗马尼亚批发出售绣品,后在布加勒斯特以每月1200美元租用2间各75平方米的店面房,雇人销售绣品。后出资4.5万美元买下门面房,半年盈利10万多元。依托这一销售阵地,郁建元请100多名村民为其长年加工床上用品,每年通过外贸公司,将七八个集装箱绣品运输出境销售。1996

年，郁建祥小弟郁建华在南斯拉夫的贝尔格莱德租34个商店，雇佣19人，从单一的绣品经营扩大到塑料制品、不锈钢制品，年销售额1000多万元，产品获南联盟免检证书。1998年后，叠石村赵飞等30多人，在南非约翰内斯堡租赁柜台出售绣品。1999年，郁建祥侄子郁鑫，在喀麦隆杜阿拉布市租赁柜台出售绣品。2000年，中和村朱仲辉、林西村郁建良、安南村薛卫民等先后在匈牙利、智利、阿联酋、阿根廷租赁柜台出售绣品。2007年，叠石村林勇等在泰国租赁柜台出售绣品。至2008年，三星镇共有536人在20多个国家和地区租赁柜台500多个，年销售额8亿多元。

二、开办公司

1993年4月，郁建祥在俄罗斯首都莫斯科创办奥珍电脑绣品公司，当年销售1000多万元。1994年，与其兄弟、侄子在罗马尼亚首都布加勒斯特联合组建奥珍绣品集团公司。1995年，他又在罗马尼亚注册成立可以经营其他商品的海通国际贸易公司，当年经营额1600万元。1996年，郁氏家族以及同村30多人在罗马尼亚开办48个公司。是年，郁建华到南斯拉夫贝尔格莱德以7000美元注册公司。1997年销售400万元。是年年底，又注册1个公司，下设4个商店、2个批发部，聘用10名中国雇员、19名外国雇员。贝尔格莱德数十家商店到他公司进货，且将绣品批发到南斯拉夫全国十几个城市。1998年，成交额1000万元。是年10月，赵飞会同市外贸公司有关人员前往南非参观考察后，在约翰内斯堡注册成立天马国际贸易公司。1999年，林西村郁平在南非雇工40多人，创办被子、拖鞋工厂，同时兼营家乡的绣品，半年销售额突破1000万元。至2000年，三星镇在南非共设130多个工厂、公司，在匈牙利、喀麦隆、阿联酋、智利、美国等国家开办多个营销公司，利用当地劳动力就地生产、销售，形成前店后工场格局。经营方式从商品输出发展到资本、设备、技术、原材料、人才输出，提高经济效益。2008年，共有境外公司300多个，实现外贸供货额1亿美元。

第三章　技术创新

第一节　研发机构

1993年，叠石村施潜新聘请科技人才，组建技术攻关班子开发新品。1996年，小鸭公司成立研发办公室，开发4种花型款式，申请版权登记，取得较好经济效益。1998年，凯盛、天马、天发、凯帝、巨丰等公司相继建立研发科室。

2003年，召良村张冲投资100多万元创办南通卓泰家纺研发中心有限公司，招收一批美术学院毕业生及家纺设计人员，组建48人的工作班子，并以20多万元年薪聘用中国家纺设计师隋岩主持研发工作。2004年，公司在首届中国国际家用纺织品设计大赛中获奖。2005年春，凯盛公司研发营销总部迁址上海，与国内外领先品牌同台竞技。至2008年，全镇销售收入500万元以上的250多个企业全都建有研发机构。

第二节　产品开发

叠石桥地区的家纺产品，开始只是传统的时令服装、童装和床衣、帐眼、枕套等床上用品。20世纪70年代初，农妇用缝纫机绣以的确良、春秋丁、特丽纶为面料的产品。1983年，召良村陈永生引进技术,开发生产“定型衫”,其生产方法是木板上垫海绵后用帆布包上,将面料摊在上面,推动紧贴钩条的熨斗制成蝴蝶等花型,剪成条状拼装在童装的腰部及领子上。1984年,召良村顾祝平、张益周设计开发背面绣有足球、排球运动员图案的“大将衫”童装;安南村薛思平引进南京大同被单厂新技术,以喇叭花为花型,经绣花、绗缝、定形、拼装等多道工序做成床罩。1986年10月,召良村吴建荣设计开发“书包衫”。翌年,吴建荣开发生产新工艺塑料印花。1989年起,新的床罩款式纷纷推出,有双人床罩、单人床罩,面料由化纤发展到涤棉、全棉等。

1993年,电脑绣花机在叠石桥地区热销,叠石村施潜新组建攻关班子,搜集资料,以“上海”牌电脑绣花机为样机开发生产。1994年初,成功仿制1台,随即兴建海门大岛电脑刺绣机有限公司,当年生产40台。1995年起,绣品户陆续引进电脑多针绗缝机,生产夏被和床罩。全棉夏被、绣花夏被、磨毛绣花夏被、印花春秋夏被、斜纹绣花夏被、平纹夏被等新品相继推出。1997年,新镇村吴仲新开发PP棉被、驼毛(绒)被、羊毛(绒)被、多功能活套被、双胞胎“二合一”多用被等5个系列30多个品种。1998年起,开发四件套(短枕套2件,被套、床罩或床单1件)、五件套(短枕套2件,被套、床罩式床单、被芯各1件)、六件套(5件套加床罩护垫1件)、九件套(短枕套2件,长枕套、被套、床罩、被芯、床罩护垫、抱枕套、抱枕芯各1件)等多个品种。是年,天马公司和上海一家大型企业合作,开发两极棉高科技复合保暖内衣。该产品具有轻、暖、薄、舒适等特点,被中国消费者协会评为信得过产品。同年,大岛公司研制成功单头2500毫米×2200毫米电脑绗缝机。

2000年,江苏大岛集团公司研制开发新型剑杆织布机。2003年,上海缔绣纺织品有限公司在叠石桥市场推出蚕丝被和蚕丝被芯。江苏大岛集团公司开发生产的多头电脑绗缝一体机获国家专利。2004年,沈汉贤研发成功多色匹布植绒联合机,能生产色泽鲜艳、多色的植绒产品,1台植绒联合机的经济效益与150台电脑绣花机相当。2005年,河南鲁山县人马进峰到叠石桥成立鸿运发蚕丝店,以轻柔、暖和、实用的长丝化纤制作被芯,推出仿蚕丝被。天发公司研制成功大豆纤维被,并获国家专利。翌年,仿蚕丝被芯店发展到10个。2006年7月,南通华正纺织品有限公司董事长黄耀权将公司生产的“大羚羊”牌蚕丝被送给纳米比亚总统波汉巴夫人。

至2008年,全镇累计开发新品6000多个,其中有“一江春水”“艺间风情”“经典王都”“花绽如梦”等5000多个花型。江苏大岛集团公司开发GDD－1－A系列多头电脑绣花机、GDD－4－A型单头电脑高速绗缝机、GDD－1－D系列多头针电脑绗绣一体机等9个绣、绗、缝设备系列产品7000台,价值8亿多元。其中GDD－2－E多头电脑高速绗绣一体机被列入国家重点新产品计划项目。

第三节 商 标

叠石桥家纺业起步后很长一段时期,个体企业生产的绣品没有商标。1986年,三星服装绣品总厂注册“舒恋”商标,供挂靠该厂的个体户使用,家纺产品畅销全国20多个大中城市。1987年,林西村秦瑞岗等5人挂靠海门镇工艺服装绣品总厂生产绣品,注册“旭佳”商标,产品销往辽宁、沈阳等地。1988年,“舒恋”商标转让给林西村陆冠冲创办南通舒恋家用纺织品有限公司。1991年,国家允许私企注册商标。当年1月,秦瑞岗注册“凯盛”商标。1997年8月,天马公司注册“春雨”商标。1998年起,天马、天发、凯帝、小鸭、美罗、奥丽娜、大岛、银舸等公司均注册商标。2001年,“凯盛”商标被评为南通市知名商标。

2003年,“凯盛”牌床上用品被评为南通市名牌产品,“凯盛”商标被评为省著名商标,凯盛公司在中央电视台《同一首歌》《幸运52》栏目、湖南卫视《快乐大本营》栏目等媒体,推出系列产品广告,高薪聘请知名影星为产品形象代言人,品牌的知名度和美誉度大大增加,取得显著的经济效益。公司在全国29个省、自治区有400多个专卖店及商场专柜,年销售额超亿元。2005年,“舒恋”“奥丽娜”“心愿”“美罗”牌等床上用品被评为南通市名牌产品,“凯帝”商标被评为省著名商标。2006年,“春雨”商标被评为省著名商标,“凯盛”商标获中国驰名商标。2008年,江苏明超国际贸易有限公司的“梦天姿”商标获中国驰名商标。是年,叠石桥家纺企业累计注册商标600多件，其中中国驰名商标2个、省著名商标5个、南通市知名商标50多个、南通市级以上名牌产品70多个。

第四节　版权保护

2002年10月，三星镇在叠石桥绣品城建立版权保护办公室，配备工作人员7人，负责叠石桥市场及周边地区家纺经营户的花形版权登记，受理侵权投诉，依法处理侵权案件，保护经营户的合法权益，推动花型的研发、设计，促进家纺业的发展。版权保护办公室与叠石桥绣品城管理委员会紧密配合，利用经营区有线广播和精品楼电子显示屏，宣传《中华人民共和国著作权法》，编印版权知识问答宣传资料1600多份分发给经营户，召开经营业主、镇村干部会议，宣传著作权法，增强版权保护意识。叠石村杨华出资3000多元，一举登记"一江春水""艺间风情""经典王都""花绽如梦"4款花型的版权。是年，受理8件花型注册登记版权。

2003年，受理167件花型注册登记版权。2004年，邀请南通市新闻出版局、南通市中级人民法院在叠石桥举办版权保护知识讲座。是年，受理811件花型注册登记版权。2005年10月，版权保护办公室以两例影响较大的侵权案为素材，编印1000多份简报分发给经营户。是年，1333件花型注册登记版权。2006年，版权登记1126件，受理侵权纠纷案208件，调解赔偿金额93万元。是年，新闻出版总署署长龙新民到市场考察版权保护工作，称赞叠石桥是"全国版权保护的一个亮点，经验值得在全国推广"。翌年，被省新闻出版局评为版权保护先进单位。

至2008年，版权保护办公室共受理5179件花型注册登记版权，受理侵权投诉600多起，调解赔偿权利方损失费300多万元。《纺织信息周刊》《家纺时代》等新闻媒体报道版权保护的先进事迹。

第四章　市场建设

第一节　市场发展

一、摊铺

20世纪五六十年代，少数农户将自产蔬菜等农副产品拿到叠石桥销售，在河边、路旁、田头随地摆摊。以后不断增多，渐成农副产品集市。1978年，随着绣品业的兴起，民乐大队黄冠香第一个在市场地摊出售花线，一些小贩在叠石桥边田埂兜售的确良、特丽纶等家纺产品原料。民乐大队陈伯祥在市场上出售枕套，获得较好经济效益，不少经营户仿效。

1982年，叠石桥所在地民乐大队第一生产队集体出资，建占地1200平方米、可安置四五十个摊位的3排竹棚，为交易者挡风遮雨，适当收些摊位费。1984年，叠石桥集市贸易服务所成立。

图12－4　20世纪80年代的叠（迭）石桥家纺市场　（1985年摄）

1985 年 9 月，原简易竹棚改造 3 排 40 米 ×4 米砖木结构平瓦营业用棚，棚内垒起砖头，铺上楼板(或木板)搭成简易柜台进行交易。市场占地 1300 多平方米，摊位 160 多个，固定资产 3.1 万元。1986 年，利用河面建房 24 间，接通电源，安上有线广播。

1987 年，市场更名为南通市三星叠石桥绣品市场。三星乡政府加强管理，加快建设，扩大规模。当年，迁走叠石小学，增建 7 排 36 米 ×6 米钢木结构、水泥地面、排水畅通的海鸥式石棉瓦售货亭，另在河沿搭建 1 排 130 米 ×6 米的简易棚子，市场面积扩至 8000 平方米，摊位增至 1000 个，固定资产 27.8 万元。1988 年，市场增至 1.78 万平方米，摊位 1500 个，固定资产 44.24 万元。1991 年，市场增至 2.11 万平方米，棚顶建筑面积 1.62 万平方米，摊位 2670 个。

二、绣品城

1992 年，三星镇与海门工商局联合投资 2400 多万元，在民乐村 1 组征地 3.47 公顷兴建叠石桥绣品城，1993 年 7 月竣工，建筑面积近 3 万平方米，设置 6 个经营区，可安排摊位 4000 多个，集商贸、仓储、办公于一体，冠名"三星绣品城"。每天 4000 多个摊位的架绳和柜台上堆、挂着各种绣品，色彩纷呈的床罩、枕套，小巧玲珑的靠背、坐垫，图案别致的门帘、窗帘，做工考究的各种家电套子，令人目不暇接。1994 年 12 月，中共中央原副主席李德生到三星绣品城视察并题词"三星绣品名天下"。1995 年，绣品城被国务院发展研究中心市场经济研究所列为"中华之最"。

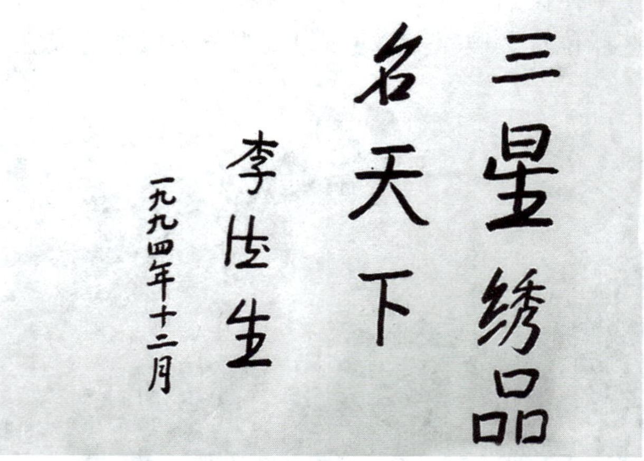

图 12－5　1994 年 12 月，中共中央原副主席李德生为绣品城题词——"三星绣品名天下"

1997 年，投资 750 万元在绣品城东建精品楼，建筑面积 6080 平方米。底层为精品屋，共 113 间；二楼为经营摊位；三楼为辅助性用房。1999 年，建成建筑面积 2500 平方米的名品广场，设有"小鸭""紫罗兰""凯帝"等 8 个较高档次的大型寝具展示厅。

2000 年，绣品城被评为省样板市场。2003－2004 年度，被评为省文明市场。2005 年 12 月，叠石桥市场电子商务中心成立，为经营户网上交易搭建平台。2007 年，叠石桥市场被中国家纺协会确定为中国家纺流行趋势推广基地。至 2008 年，意大利"华伦天奴"和"老人头"、法国"鳄鱼"、英国"登喜路"、美国"阿迪达斯"等国外著名品牌先后加盟叠石桥市场。

图 12－6　1995 年，国务院发展研究中心市场经济研究所颁发的"中华之最"奖牌

三、家纺城

2001年起，三星镇在叠石村2组、3组征用土地6.67公顷，投资1.1亿元实施中国叠石桥国际家纺城一期工程建设。建成营业门面房418间、大型家纺展示厅4个，总建筑面积3.67万平方米。2005年，总投资2.7亿元、建筑面积8万平方米的家纺城二期工程投入使用，叠石桥市场营业面积扩大到30万平方米，有效提升叠石桥市场的规模档次、市场容量和辐射能力。2007年，家纺城、绣品城、精品楼实行统一经营。

图12-7　叠石桥国际家纺城　（2008年摄）

2008年10月，举行以“引领时尚，世博争雄”为主题的首届叠石桥中国家纺节。是年，叠石桥市场营业面积35万平方米，有3000多个商铺门面、9000多个经营摊位，成交额251亿元，位居全国专业市场之首和全国布料及纺织品市场第四位，跻身全国综合市场八强行列。同年，总投资25亿元、占地40.4万平方米的家纺城三期工程启动建设。

第二节　物　　流

一、随带

20世纪70年代初，农民以集体务农为主，禁止个体外出销售农副产品。叠石桥地区经营户大都随身携带绣花枕套外出销售，少则十几对、多则几十对。1976年，联合大队顾文明随带17对枕套到上海市金山县农村出售，不到1小时全部卖完，赚了50元。1978年，又去大连出售枕套赚400元。是时，每大队有4－5人随带绣品销售，足迹遍及上海、南京、广州、厦门、天津、石家庄等地。

1978年后，经营户可公开携带枕套外出销售。1982年后，家纺业发展高潮迭起，到各大中城市设摊销售或串乡推销的人员越来越多，各村有数十人。1983－1985年，从事家纺业的人员遍及当地乡村，销售人员800多人。随着家纺产品的种类、数量迅速增加，随身携带外出销售远不能满足外地市场需求，逐步采取邮寄方式销售产品。

二、邮寄

1985年，金桥村陆超通过三星邮局向黑龙江等东北三省邮寄枕套、电风扇套、电视机套、坐垫等家纺产品，后邮局每天向外发出3－8件绣品邮包。根据生意状况，经营户快的一星期寄1次，慢的半个月寄1次。邮包分普通包裹、快递包裹、特快专递3种，快递比普通邮寄快一倍，邮费稍高。特快专递按公里计算，800公里、1000公里、1500公里以内每500克的邮费分别为6元、9元和15元。特快专递72个小时之内送达收件地点。经营户起初为节省邮费以邮寄普通包裹为主，后竞争激烈，快递、特快专递随之增多。

1989－1991年，邮寄物流方式形成高潮，邮寄绣品的经营户发展到100多个，每天装运绣品的邮车增至10辆，产品寄往除西藏、台湾之外的全国所有省份，三星邮局每年邮费收入50多万元。1991年后，邮寄方式逐渐减少。

三、托运

1985年5月，三星乡和海门联运公司联办的三星托运站营业。托运站借用三星运输站一间闲置房作仓库，租用卡车装运。可应客户要求，将家纺产品运至指定地点。3吨卡车每天发货1－2车，主要快件发往上海，慢件发南京。1986年后，每天用3辆5吨卡车不够，向海门联运公司和南通农场汽运公司租用11辆5－10吨的卡车专运后仍有积压。后又向三星粮站租用500平方米的房屋作仓库，职工加班加点，每天发车5－7辆。1988年，每天托运10辆以上。

1990年上半年，三星托运站迁至叠石桥。三星乡与海门联运公司联合投资40万元，成立叠石桥联运总站，建造房屋600平方米，内设办公室、会议室、顾客休息室、招待所。1990－1991年，每天托运绣品30卡车以上。此后，联运总站牵头组建个体户经营的托运站，增加运输线路。叠石桥至上海火车新客站托运站，叠石桥至南京铁路货运站，叠石桥至石家庄、太原托运站，叠石桥直达长春、吉林、哈尔滨托运站等个体户经营的托运站相继建立；联运总站开辟至西安、沈阳、广州运输线路，以最快的速度将家纺产品运往全国各地。至1995年，叠石桥联运总站下辖32个托运站。

1997年，三星镇投资1080多万元，在叠石桥绣品城东侧建造占地1.13公顷的托运城，设34个托运站、59个托运门面、780平方米停车场地。1999年，有运输线路54条。

2004年，三星镇和市交通局联合投资3500万元，兴建占地13.33公顷的江苏叠石桥物流园区，成立江苏叠石桥物流有限公司和信息中心。园区内有53个发送站点，运输网络覆盖全国300多个大中城市。2005年，物流园区货物吞吐量超200万件，价值75亿元，实现经济效益600万元，成为苏中县级市一流的物流园区。2006年，货物吞吐量250万件，价值80亿元，成为全省首批12家重点物流基地之一。2007年，被中国物流与采购联合会评为全国物流行业先进单位。2008年，运输家纺产品400万件，价值90多亿元，实现营业收入2.75亿元，利税2000多万元，晋升为全国AAAA级物流企业。

图12－8　叠石桥物流园区　（2004年摄）

第三节　餐饮　旅馆

一、餐饮

20世纪70年代前期，叠石桥市场周围没有饭店、旅馆。外地客商到市场从事经营活动须到海门镇、三星镇食宿，或在与其接洽生意的个体户家中吃住，十分不便。1977年，三星商业总店在叠石桥西侧建造3个门面房的饭店，为客商提供饮食服务。随着外地客商增多，饭店、旅馆随之增多。1980年，叠石桥附近有6户农民办起早餐店，3户办起小吃店。1993年，叠石桥绣品城落成，客流量迅速增加，1995年，叠石桥市场周边有大小饭店19个。1998年，三星托运城军瑾、海燕饭店开张，档次较高，经营户在此招待客户。

2000年后，家纺业迅猛发展，一些农户兴办早餐摊、午餐摊、夜排档、流动快餐车等，满足各类人员饮食需要。2003年，海门大岛国际大酒店营业，设施按三星级配置，酒店包厢92间，餐厅可容纳300人同时用餐。2004年，一些外来人员开办兰州拉面、川味火锅、新疆烤羊肉串等特色小吃店。2005年，赛城阳光大酒店开张。2007年，叠石桥商贸城东侧的大岛港湾大酒店开张。2008年，叠石桥地区有大小饭店80多个、早餐店面26个、流动快餐摊31处。

二、旅馆

1983年，退休干部袁士林利用自家一间闲置房，创办民乐家庭旅馆。开始统铺，客满后打地铺；后增加房间，分男女统铺，并供应茶水洗漱。1984年，家庭旅馆发展到20多个。1985年，袁士林新建十几间平房作客房，天天客满，最多一晚客人达几十人，分别来自上海、南京、北京、浙江等12个省市。1993年，绣品城建成后，外地客商大量涌入，旅馆业再次发展。至1995年，新增伊丽梦宾馆等12个，均辟有卫生间，电话机、电视机、电风扇，设施完备，档次较高。2000年，有8

个旅馆开张。2003 年,江苏大岛集团公司投资 500 多万元兴建海门大岛国际大酒店。后又陆续有 18 个旅馆建成。至 2008 年,叠石桥地区共有各类旅馆 50 多个。

第四节　配套服务

一、文明市场创建

1984 年 12 月,县叠石桥集市贸易服务所成立。1987 年,更名为三星叠石桥绣品市场管理所。1993 年 7 月,成立三星绣品城董事会和三星绣品城管理委员会。

1995 年,绣品城管委会切实抓紧文明市场创建工作,提高经营人员整体素质。在经营户中挑选 50 名柜组长,协助管理人员工作;通过落实责任制,完善卫生基础设施,强化内部管理等多种途径,抓好环境整治;组织经营人员学习《公民基本道德规范》《市民守则》《市民八不行为规范》《十字文明用语》等规范、守则,促使人人自觉参与;开展文明柜组、文明经营户评比活动,使叠石桥文明市场创建落到实处。是年,叠石桥市场被评为全国文明市场。

2001 年,被评为 1999－2000 年度省样板市场。2005 年,被评为 2003－2004 年度省文明市场。是年,还被评为省打假维权无投诉规范企业。2007 年 7 月,成立江苏叠石桥市场管理委员会,隶属海门工业园区。是年,被评为省五星级文明市场。

二、工商行政服务

20 世纪 70 年代初,个体工副业生产受限制,工商部门不予办理营业执照。1984 年起,三星乡家庭工业服装绣品供销经理部负责为个体经营户代办营业执照、收取管理费等工商管理事务。至 1987 年,为家庭工商户办理营业执照 1482 份,收取工商管理费 15 万元。

1991 年 9 月,成立叠石桥工商所。工商所向个私企业主和工商户宣传工商政策、法律法规,使之增强法制意识,诚信交易、守法经营。1993 年,工商所迁至绣品城三楼办公。1996 年,向下岗后从事家纺经营的 23 名下岗职工发放优惠证,3 年内免收各类费用;对 58 名持证残疾人员减半或免收费用。

2002 年 8 月,海门工商局三星分局成立。至 2008 年,分局注册登记家纺内资企业 148 个(公司法人 8 个、股份制法人 32 个、其他法人 108 个),私营公司 1344 个,个体工商户 9235 个。取缔无照经营户 1.35 万个,查处违章违法案件 2675 件,征收管理费 1691 万元,查处违法合同 2018 件,鉴证合同 5213 份,办理商标申请注册 816 件,个体工商户的验照率和私营企业的年检率均为 100%。

三、税收服务

70 年代初,叠石桥家纺经营户生产、销售较隐蔽,税务人员采取"查""捉"的方式收税。1984 年,通过三星乡家庭工业服装绣品供销经理部为经营户代开销售发票、结算货款时代扣税款。至 1985 年,共代扣税款 100 多万元。1986 年起,对叠石桥市场经营户采取定额征收方式收取税款。1989 年,县工艺服装绣品总厂继续代扣经营户税款。至 1991 年,代扣税款 600 多万元。至 1996 年,叠石桥市场共解税款 2500 多万元。

1997 年 4 月,成立叠石桥税务所,加强税法宣传,增强经营户纳税意识。继续实行摊位费和税费一并收取、分开解交方法,入库税金持续攀升。1997 年 190 万元,1999 年 400 万元,2005 年 1000 万元,2007 年 6300 万元,2008 年 7268 万元。

四、劳动力管理

70 年代,叠石桥家纺经营户以家庭为单位生产,自产自销。1986 年起,随着电动绣花机、打裥车、绗车等设备的应用和生产规模扩大,个体大户雇用外地劳动力。雇主用工先告知村里,并到乡派出所登记,办理暂住证等手续。

1995 年后,家纺业迅猛发展,用工量骤增,外地打工者大量涌入叠石桥。每年春节后,每天均有成百上千外来人员聚集"露天人才市场",与雇主洽谈用工事宜。1999 年,成立海门职业介绍所三星分所。

2005 年,三星镇成立劳动就业服务站,组织家纺企业设摊招工,并签订用工协议,劳动力管理逐步走上正轨。2006 年,成立三星镇外来人员服务中心,为外来人员介绍工作、传递信息、排忧解难。"中心"设置招聘大厅,以电子显示屏滚动播出招工、求职信息,方便企业招工和务工人员求职。至 2008 年,有 560

多个企业在“中心”设摊招聘1.33万多人。“中心”设立法制学校和维权办公室，处理和调解外来人员劳资纠纷96件、工伤事故及其他纠纷2件，维护外来务工人员的合法权益。先后介绍8730个外来务工人员加入工会组织，免费代发会员证5500份。联系有关学校，解决1328个外来人员子女入学。

五、金融服务

70年代，叠石桥家纺经营户利用自有资金周转，不足部分向亲戚、朋友商借。1984年，规模较大的个体户向三星信用合作社借贷，当年贷款金额98万元。1985年，由乡农经站主管的三星合作基金会成立，集中各村集体积累资金，借贷给家纺经营户。1990年，合作基金会将各村收缴的义务工款、有关单位的集体资金统一融资放贷。1992年，中国农业银行海门支行、海门信用合作社分别在叠石桥设立办事处。1999年，三星合作基金会撤销。2002年11月，中国工商银行海门支行在叠石桥建立办事机构，2003年存款余额8000万元、贷款8000万元，2004年存款余额增至1.5亿元、贷款6000万元。2004年9月，中国银行海门叠石桥支行建立，当年吸收存款8700万元。2005年，中国农业银行海门支行叠石桥办事处、叠石桥信用合作社、中国工商银行海门支行叠石桥办事处、中国银行海门叠石桥支行的贷款额分别为4380万元、3.1亿元、1.2亿元、2700万元，存款额分别为8636万元、1.3亿元、9000万元、1.2亿元。2008年，中国农业银行海门支行叠石桥办事处各项存款7.35亿元，增量市场份额60%，各项贷款2.45亿元，业务收入95万元，外汇结算2300万美元。

第十三篇

建 筑 业

旧时,建筑工匠以师带徒传授技术,人员分散或自由组合建造房屋。19世纪中叶,不少海门工匠进入城市营造厂,从事建筑业。随后,钢筋混凝土技术兴起,从事钢筋工的建筑工匠足迹遍布上海、北京、天津、沈阳、哈尔滨、广州、澳门、香港等城市及南洋(今东南亚)各地。民国时期,海门被誉为"钢筋工之乡"。

1949年后,建筑队伍随经济发展而不断壮大。县政府建立生产建设科兼管建筑业。1958年,县建筑工程公司成立。1973－1974年,各公社相继建立建筑站,吸收个体泥瓦工、木工、油漆工外出从事建筑业务。1978年初,建筑工人支援大庆建设。1979年,赴新疆克拉玛依油田承接工程。同年2月,县革命委员会设基本建设局,对县建筑公司和各公社建筑站实行归口管理,建筑业开始进入健康有序的快速发展时期。

20世纪80年代,建筑业务逐渐拓展到全国各地,经营范围由土建、建筑设计、水电安装延伸到工业设备及电气安装、装饰装潢、市政建设等领域。1983年,开始进入国外建筑市场。80年代后期,国家实施宏观调控政策,建筑企业贯彻以质量求生存的宗旨,引进人才,提高施工科技含量,涌现一大批全优、优质工程,使社会效益与经济效益不断提升,走在全省前列。1990年,全县建筑从业人员4.3万人,完成总产值7.59亿元,竣工面积185万平方米,被省政府授予建筑之乡称号。

90年代,建筑业主管部门适时调整经营策略,扩大经营业务,提高人员素质和企业管理水平,加大科技投入,名优、精品工程不断增多。建筑业逐步成为富民强市的支柱产业之一。1996年,市建筑安装工程公司获得海门首个国家最高建筑奖"鲁班奖"。是年起,建筑企业转制,企业活力增强,市场适应能力大幅提升。2000年,建筑业从业人员6.5万人,完成总产值70.57亿元,竣工面积584万平方米。

进入21世纪,改制后的各建筑企业强化管理,提高人员素质,加速科技创新,提升企业资质,拓展国内外市场,优化建筑业经营结构,施工能力更强,承接高、大、难工程量不断增加。2007年,海门获省首批建筑强市称号。至2008年,全市建筑企业先后获得"鲁班奖"等国优工程奖37项,省部级优质工程奖600多项。2008年,全市建筑业从业人员16.23万人,施工队伍分布在全国30多个省、市、自治区和全球40多个国家和地区,完成建筑业产值360.31亿元,承接施工面积5099万平方米,竣工面积2377万平方米,全员劳动生产率23.1万元/人,实现建筑业增加值82.92亿元,占地区生产总值22.05%,当年产值超亿元施工企业48个,超10亿元企业5个。

第一章　建筑队伍

第一节　施工人员

一、工人

旧时,海门建筑工匠依靠师傅带徒或以亲友搭伙形式从事建筑业。19世纪末至20世纪初,沿江一带乡村农民从事钢筋工。民国3年(1914),原江滨乡16岁的刘林彪在上海做绑扎工,后当钢筋工翻样、小包筑头,带领一批工匠承建钢筋混凝土工程。20－30年代,三厂陶咪狗、张老五、张财富等分别带领建筑工人参与承建上海国际饭店、上海大厦等建筑工程。民国33年前后,全县约有四五百人在广州、香港承建工程,后一些工匠到南洋(今东南亚)从事建筑业务。由于钢筋工人数多、影响大,海门曾获钢筋工之乡称号。

新中国成立后,第一个五年计划建设急需大量钢筋工,国家除抽调华东建筑公司一部分海门籍钢筋工外,还在县内招收数千名合同制钢筋工人,参加内地建设。1958年,县成立建筑工程公司。至1960年秋,有职工520多人。1961年公司歇业,多数人员回乡务农。同时,在外地的建筑工人因国家基建任务压缩返乡务农。1966年年初,公司重建,除原有人员回公司外,还从外地返乡的建筑技工中挑选一批进入公司,其中一部分后来成为县建筑工程公司的管理人员和技术骨干。1974年,各乡、镇、场建立建筑站31个,从业人员约700人。

70年代,县建筑公司除正式工外,还使用亦工亦农的合同工(俗称临时工),合同工经生产队、生产大队、公社政审同意并报县劳动部门批准后使用。建筑站用工以退伍军人、烈军属子女和地少人多地区的农民为主,由公社审查批准。同时,农村有少量泥瓦工、木工等建筑工匠从事当地房屋修补。1977年,有建筑业从业人员1466人。1978年、1979年,海门建筑工人参与大庆、新疆等地建筑工程,从业人员增至8880人。

70年代后期,建筑系统安排一批县城与集镇附近被征用土地的农民,名为土地工,其使用条件放宽,用工方不得无故解雇,土地工退休后享受固定职工退休同等待遇。

80年代,随着施工业务逐年扩大,建筑工人需要量急速增加,建筑企业招收工人的条件不断放宽,一般青壮年男劳力均可从事建筑业。80年代中期起,职业高中建筑专业毕业生陆续进入建筑企业。

80年代后期至90年代初,国家基本建设规模压缩,建筑主管部门正确决策,措施得当,建筑队伍未受多大影响。1989－1991年,维持在4.5万人左右。1992年,恢复到5万人。其间,企业用工采取双向选择办法。在南京、北京、上海等地的部分施工队,因海门籍技术工与辅助工不足,开始聘用客籍建筑工人。其后,社会就业门类增多,部分海门建筑工人转行,同时海门籍工人工价较高,企业逐渐增加外地建筑工人数量,工人主要来自中、西部地区,尤以安徽、四川为多。有的施工队还将部分小项工程分包给外地劳务人员,工程完工验收合格结清价款。1995年,全市20个建筑企业使用外地工1.6万余人,其中部分企业外地工占70%。

21世纪起,海门建筑业从业人员不断增加。南通建筑工程总承包有限公司、龙信建设集团有限公司、南通市德胜建安筑安装有限公司等,在北京、上海、山东等地,由单纯劳务型逐渐转变为管理型企业。2008年,全市建筑企业从业人员16.23万人,其中客籍工人约占50%。

二、管理技术人员

70年代后期,县建筑公司干部分为国家、集体两类性质,国家干部由县组织人事部门管理和调配,包括外地调入干部、军队转业干部等;集体干部大多是来自集体所有制企业的管理人员。公社、镇建筑站的行政负责人由公社、镇任命,后因对外承接工程需要,改由乡镇提名、县建筑主管部门任命。1979年后,引进土建、暖通、给排水、测量、地质、财务、经济、电器等专业技术人员,并招聘退休专业技术人员分配到办事处、施工队担任技术工程师,工程完成后解聘。

1982年,被评为助理职称以上的技术人员家属,户口可"农转非"①,并由企业安排工作。1984年,被借用的县属集体企业管理人员调入建筑主管部门,被借用的乡镇企业管理人员大多数转为合同制工人。县建筑企业驻外办事处主要负责人由各区借调2名副科级干部担任;工程技术与经济管理人员在企业中挑选借调,特殊工程技术人员向社会公开招聘录用,驻外施工管理人员由各乡镇选派,并经短期培训后任用。同年,一批60年代下放农村的工程技术人员落实政策,部分军队转业人员充实建工部门。80年代中期,建工系统开始从委托培养的大、中专毕业生中选拔担任建筑企业行政或技术干部。

90年代中期,企业管理层的知识、年龄结构发生较大变化,一批年富力强、有专业技术知识者走上领导岗位。经过2000年企业改制以及2004年建筑工程管理局与江苏南通三建集团有限公司(简称南通三建)分离后,一批技术、行政干部转换身份,由公务员改为企业人员。2006年起,企业内部人员的调配,包括引进外地人才等,均由企业自主进行。

第二节 文化水平

旧时,泥工、木工学徒一般在15岁左右,只有少数人读过小学,多数是文盲。徒工学手艺主要靠心灵手巧,对文化程度要求不高。

新中国成立后,原有的建筑工匠通过扫盲,大部分脱盲;新学手艺的人,大多有小学文化程度。1954年后,部分初中毕业生和从城镇到农村的知识青年当泥木工匠。20世纪六七十年代,回乡和下乡的初、高中毕业生也有从事泥木工,成为从业者中较有文化者。80年代,文化程度较低的老建筑工人逐渐退出,新进入的年轻一代具有初中以上文化。同时,职业高中建筑专业的毕业生有相应专业知识和实际操作能力,很快成为合格的从业人员,由国家培养及企业委托培养的大、中专建筑专业的毕业生陆续加入建筑队伍,部分优秀者还被单位聘用担任行政或技术干部,原有的部分建筑职工通过自学考试,文化程度均有提高。从业人员中,初中以上文化程度占比超过半数。90年代,初中以上文化程度者占比超过七成。

21世纪,各建筑企业从业人员中,初中以上文化程度占比超过八成。同时,更加重视吸收非海门籍大中专毕业生,从业人员文化水平进一步提高。

1965－2008年若干年份海门市(县)龙信集团(建筑公司)员工文化状况一览

表13－1 **单位:人**

年份	员工总数	研究生	本科	大专	中专	高中	初中	小学	文盲	其中管理层							
										研究生	本科	大专	中专	高中	初中	小学	文盲
1966	426	–	–	1	2	5	85	183	150	–	–	–	1	–	2	–	–
1975	526	–	2	2	4	15	93	270	140	–	–	–	–	–	3	–	–
1985	977	–	–	6	21	64	466	285	135	–	–	–	1	1	3	–	–
1996	1622	–	8	25	58	84	1044	274	129	–	–	–	1	2	5	–	–
2001	1448	1	37	81	80	125	910	139	75	1	–	2	2	2	–	–	–
2005	1291	–	118	129	61	223	760	–	–	–	7	6	5	3	–	–	–
2008	1863	2	184	224	85	367	1001	–	–	2	8	9	3	6	–	–	–

说明:表中数字为公司固定职工数

① 农转非:农业户口转为非农业户口。

第三节 技术素质

20世纪上半叶，县内建筑施工要求不高，技术由师傅带徒传授，一些工匠通过自学实践，掌握较高建筑技艺。天补镇工匠蔡良选在古典园林建筑中技术独到，做到修旧如旧和“三不变”①。60－70年代，全县建筑队伍中一线从业人员是传统的工匠，仅有少量建筑专业技术人员，技术参差不齐。1980年，有中级职称2人、初级职称24人。

80年代，建筑工程队大量走向外地，面对全新的工程与技术要求，从业人员主动边干边学，逐渐提高技术水平；建筑管理部门通过培训等办法，提高从业人员业务水平；县劳动部门、职业中学、成人教育中心、农业干部学校等开办不同类型的培训班，使技术工人获得相应岗位资格证书。1981－1984年，有中级职称的不足20人、初级职称不足30人。海门建筑业务扩展至北京、上海、天津、辽宁、广东等地，建筑工人技术有较大提高，承接的工程由多层转向高层。1983年，县建筑安装工程联合公司第八工程承建的北京国际广播中心项目竣工，该工程共16层，建筑面积4.18万平方米。1984年，万年、三阳施工队在上海长白小区独立承建12至15层高层住宅，其中万年施工队承建的12层1.7万平方米住宅楼，被评为上海优良工程。

90年代后，年轻从业人员增多，文化程度较高，能较快掌握建筑业的新技术、新材料、新工艺，整体技术素质有较大提高。1995年，有高级专业技术职称17人、中级349人、初级3636人，占职工总数7.33%。2000年，有高级专业技术职称111人、中级800人、初级5038人，占职工总数的9.15%。2008年，各类专业技术职称人员1.72万人，占职工总数10.58%。其中高级499人，中级2672人，初级1.4万人。

1980－2008年海门市（县）建筑专业技术人员一览

表13－2 单位：人

年份	职工总数	管理人员	专业技术人员									专业技术人员占职工总数（%）
			总计	工程技术人员				其他专业人员				
				合计	高级	中级	初级	合计	高级	中级	初级	
1980	18308	673	26	23	－	2	21	3	－	－	3	0.14
1981	18320	707	34	27	－	6	21	7	－	－	7	0.19
1982	27818	1025	39	32	－	10	22	7	－	－	7	0.14
1983	34548	2419	49	45	－	17	28	4	－	1	3	0.14
1984	38263	2868	44	40	－	14	26	4	－	1	3	0.11
1985	45802	3303	281	235	－	14	221	46	－	1	45	0.61
1986	54418	3884	460	406	－	12	394	54	－	1	53	0.85
1987	56307	3904	521	453	－	13	440	68	－	3	65	0.93
1988	52098	3480	536	462	－	12	450	74	－	3	71	1.03
1989	45066	3278	2407	1870	8	72	1790	537	－	30	507	5.34
1990	43381	3421	2435	1896	8	75	1813	539	1	30	508	5.61
1991	45626	4226	2275	1740	8	78	1654	535	1	31	503	4.99
1992	49986	4770	2581	2014	11	118	1885	567	1	40	526	5.16
1993	48541	3912	2697	2097	16	130	1951	600	1	47	552	5.56

① 三不变：外形、结构、用料不变。

续表 13－2

年份	职工总数	管理人员	专业技术人员									专业技术人员占职工总数（%）
			总计	工程技术人员				其他专业人员				
				合计	高级	中级	初级	合计	高级	中级	初级	
1994	49490	4846	2982	2334	9	180	2145	648	3	63	582	6.03
1995	54575	5588	4002	3317	12	281	3024	685	5	68	612	7.33
1996	54452	5909	4313	3595	37	295	3263	718	7	71	640	7.92
1997	53046	5725	4762	4010	38	358	3614	752	7	80	665	8.98
1998	50207	5686	4792	4031	40	374	3617	761	8	83	670	9.54
1999	61005	6255	5425	4389	61	597	3731	1036	16	171	849	8.89
2000	65040	6459	5949	4800	84	612	4104	1149	27	188	934	9.15
2001	67509	7472	6355	5139	98	732	4309	1216	28	207	981	9.41
2002	65372	7074	14881	1769	98	461	1210	13112	342	1520	11250	22.76
2003	81129	8606	15265	1969	103	506	1360	13296	346	1580	11370	18.82
2004	102696	9070	15605	2144	106	548	1490	13461	351	1630	11480	15.20
2005	127101	10054	16052	2325	111	594	1620	13727	357	1760	11610	12.63
2006	157170	9840	16419	2487	115	632	1740	13932	362	1840	11730	10.45
2007	152387	11480	16813	2664	119	675	1860	14149	369	1910	11870	11.03
2008	162288	12312	17171	2826	124	702	2000	14345	375	1970	12000	10.58

说明:2002 年后按新统计口径统计数据

第二章 建筑企业

第一节 沿革

1955 年初,成立茅家镇营造合作社。1958 年 11 月,更名为县建筑工程公司,是海门最早的建筑企业。

1973 年起,各公社、镇、场相继建立建筑站,主要承担当地房屋建造及维修,同时生产一些建筑材料。

1981 年,成立县建筑安装工程联合公司,是各公社、镇、场工程队的联合体。1984 年 2 月,成立县建筑安装工程总公司。1985 年 10 月,为对外承接工程需要,撤销联合公司,组建南通市第三建筑安装工程公司(南通三建)。同时,建立县第一建筑安装工程公司(海门一建)。南通三建和海门一建均是各施工企业的联合体,与县建筑安装工程总公司合署办公(三块牌子一套班子)。1985 年 11 月,建立县安装工程公司。1986 年,秀山、厂洪、麒麟、万年、王浩、余东、刘浩 7 个乡镇建筑企业,为南通三建下属工程处。包场、悦来等 25 个乡、镇、场、区建筑站编入海门一建,改称工程队。此后,南通三建、海门一建根据下属工程处、工程队工作业绩每年实行择优淘汰制。

1988 年 6 月,县建筑工程公司改称为县建筑安装工程公司,同年 10 月,建立县电力建设工程公司,12 月更名为县电力建设配套工程公司。1989 年,县建筑安装工程公司的国强工程队为第二工程处,新海队为第六工程处,三阳队为第八工程处。县安装工程公司与县电力配套工程公司合并,称南通市电力建设配套工程公司,王浩队为下属第一工程处,三和队为第二工程处,常乐队为第三工程处,江滨队为第四工程处。是年,全县有建筑企业 42 个。

1996 年,南通三建、海门一建、市建筑安装工程公司下属分公司、工程处、工程队稍有变动,电力建设配套工程公司改名为市设备安装工程公司。是年,全县建筑企业 86 个,包括机关事业单位挂靠企业 11 个。

2002 年,注册建筑施工企业 140 个,原市建筑安装工程公司、海门第一建筑安装工程公司、市设备安装工程公司的挂靠企业独立注册,四级资质企业通过改制升级或合并取消,另外新增加路桥、水利电力、市政电信、装饰装潢、钢结构等企业。

2008 年,属市建筑工程管理局统一管理的建筑企业 175 个,其中特级资质企业 3 个,一级资质企业 13 个(总承包企业 9 个,专业承包企业 4 个),二级资质企业 34 个(总承包企业 26 个,专业承包企业 8 个),三级资质企业 70 个(总承包企业 35 个,专业承包企业 35 个),劳务企业 55 个。另外划归建管局统计管理的 29 个。

2008 年海门市特级、一级资质建筑企业一览

表 13 – 3

企业名称	资质等级	法人代表	地　址
江苏南通三建集团有限公司	总承包特级	徐竹林	海门镇狮山路 131 号
龙信建设集团有限公司	总承包特级	陈祖新	海门镇江海路 301 号
南通建筑工程总承包有限公司	总承包特级	陈锦石	常乐镇
南通市德胜建筑安装工程有限公司	总承包一级	钱　达	德胜镇
南通万众建设集团有限公司	总承包一级	万学平	海门镇丝绸路 889 号
南通三和建筑有限公司	总承包一级	朱荣国	三和镇
中联世纪建设集团有限公司	总承包一级	花世华	正余镇
南通华鼎建设工程有限公司	总承包一级	张建新	四甲镇
南通兴江建集团	总承包一级	陈　洲	海门镇人民东路 278 号
江苏南通三建总承包公司	总承包一级	蔡国新	海门镇狮山路 131 号
南通三建第三建筑公司	总承包一级	徐　忠	刘浩镇
南通市金磊建设工程有限公司	总承包一级	顾云石	海门镇南海路 1081 号
海门市设备安装工程有限公司	专业一级	王凤林	海门镇人民西路 989 号
江苏紫琅装饰装潢有限公司	专业一级	唐爱东	海门镇南海路 965 号
南通市欣乐建筑装饰有限公司	专业一级	顾峻峰	海门镇南海路 1079 号
南通三箭烟塔工程有限公司	专业一级	蔡建新	海门镇北海路 933 号

第二节　改　　制

20 世纪 50 年代,县建筑工程公司属地方国营性质企业。1981 年后,新建立的建筑企业属县、乡(公社)集体所有制企业。各建筑企业实行党委领导、经理(主任)负责、职工民主管理体制。

1993 年,县建筑安装工程公司推行股份合作制。对企业固定资产按购置和使用年限进行评估,流动资产按市场价值评估,债权、债务按有关规定处理;鼓励职工投股,以股金为纽带聚集职工,起到“乘上集体的船,装上个人的货,人人关心潮涨潮落”的作用。制定和修改规章制度,选举产生董事会、监事会,聘任经理、副经理、经理助理。通过改制,理顺企业的经营管理体制,企业发展的活力增强,整体实力和社会信誉逐步提高,职工主人翁意识不断提升。

1996年,建筑企业全面推行股份合作制。全市86个建筑企业总资产29.25亿元,其中乡镇建筑企业24.15亿元,市属企业3.38亿元,机关事业单位挂靠企业1.72亿元。经严格评估,有公有净资产2.07亿元,其中一部分由企业控股或参股,一部分租赁给改制企业使用,一部分有偿转让给企业干部职工持股,其中职工股1.03亿元。在摸清家底、明晰产权基础上,所有改制企业按照现代企业要求创立新机制,为企业走向市场创造条件。

1998年7月,市成立建筑企业深化改革领导小组,出台企业改革方案。年底,19个挂靠建筑企业启动改制工作,其中12个由市建管局管理,7个继续作为主管部门的自办企业。

2002年,进行股权重组,建立规范的公司制。乡镇企业实行股、租两种形式;市属企业公有资产从企业中退出,通过公有资产和内部股权的转让及量化配股,实现企业经营层控股,主要经营者持大股,形成产权明晰、投资主体多元化的企业组织形式和运行机制。南通三建按照政企分开、全面走向市场的模式改制,母公司与子公司以资产为纽带,以经营层持股形式改制成规范的公司制。年底,全市22个乡镇建筑企业中13个进行改制,改制主要实行私营、股份制租赁和租股结合等形式。

2004年,继续深化和完善建筑企业改制。德胜建筑安装工程公司将人人持股的分散股权通过流转向管理层集中,原70多个股东转为14个,同时建立和完善法人治理结构,形成决策机构、监督机构和经营班子各尽其责的运行机制。同年2月,南通三建开展重组,市建管局与南通三建净资产1.31亿元,其中投资师山宾馆2134万元,坏账损失1100万元,担保贷款2000万元,人员分流费用1500万元。余额6370万元进行分割,其中建管局1590万元,南通三建4780万元。南通宸裕昆投资有限公司及18个自然人(企业法人)组成南通三建集团有限公司,注册资本(总股本)3亿元,其中政府持股6000万元无形资产,股权以年回报值的形式兑现(每年800万元),法人股东出资额不少于200万元,股东在公司中按股权大小享有权利和承担义务。企业改制后,人员分正常退休、提前离岗退养、到企业工作3条途径分流,其中自愿选择进入建管局48人、南通三建84人。改制后,南通三建的董事会、监事会和经营管理人员,按公司章程选举或聘任,并对改制前的南通三建公司董事长进行离任审计。11月,新的南通三建公司正式成立。

2005年,全市90%以上乡镇建筑企业完成公司制改革。2008年,所有建筑企业完成公司制改革。

第三节　企业选介

一、江苏南通三建集团有限公司

位于海门镇狮山路131号,董事长徐竹林。前身是1958年建立的县建筑工程公司。20世纪70年代末和80年代初,先后与县建筑民兵团、县建筑安装工程联合公司合并、分开。1984年2月,成立县建筑安装工程总公司,又名南通市建筑安装工程总公司第三公司。1996年12月,改为南通市第三建筑安装工程集团公司。2001年3月,改称江苏南通三建集团有限公司。2004年,改制重组为股份制企业。

公司拥有房屋建筑工程施工总承包特级资质,业务涉及房地产开发、建筑施工、机电设备安装、建筑装修装饰、钢结构工程、市政公用工程、机电安装工程、地基与基础、高耸构筑物工程施工等。具有对外经济技术合作签约权,对外劳务合作范围扩大到建筑、纺织、电子、制造、炊事、服装、服务等多个领域。集团公司有房地产开发公司、工程总承包公司、设备安装公司、装饰装潢公司、材料租赁实业公司等子公司。在北京、上海、天津、山东、南京、辽宁、石家庄、合肥、重庆、西南、西安、大庆、苏州等地设立分公司,在新加坡设立境外公司,经营区域延伸到全国28个省、区、市的100多个大中城市及30多个国家和地区。

2005年,公司资质升级为房屋总承包特级资质,名列中国承包商60强企业第15位,首次跻入中国企业500强行列。2006年,蝉联中国承包商60强、中国企业500强、全国优秀施工企业等荣誉,并一举跨入世界知名承包商225强行列。2008年年底,公司有职工2.6万人,其中大专以上学历2900人,一级建造师163人,二级建造师408人,人均装备率1.2万元。是年完成施工产值118.85亿元,占全市总量的32.99%,施工面积1422万平方米。至2008年,公司获"鲁班奖"14项(含参建工程)、国优工程4项、"全国用户满意工程奖"1项、省以上优质工程400多项。

图13-1 2007年,南通三建集团承建的大庆铁人王进喜纪念馆获"鲁班奖" (2007年摄)

二、南通建筑工程总承包有限公司

位于常乐镇,董事长陈锦石。公司前身是1974年建立的常乐公社建筑站。1992年,进入市场树品牌、经营求规模的发展阶段。1997年,组建江苏常乐建工集团有限公司。2003年起,通过自我发展与收购兼并,产业结构更为合理。2005年,成为跨行业、跨地区、多元化的企业集团。业务涉及房地产开发、建筑施工、安装、装潢、设计、监理、机械制造、物业管理、生物医药、服装加工等行业,业务遍及北京、天津、上海、江苏、山东、海南、辽宁等省市,涉足美国、欧洲、东亚等国家和地区。2005年,晋升为建筑工程施工总承包特级资质企业。

2008年,公司成为拥有4个产业集团、1个产业公司和26个子公司的控股集团。有员工2万多人,管理人员2800多人,其中博士4人、硕士34人、大专以上学历1000多人,各类经济技术专业人员1000余人,高中级职称人员216人,一、二级建造师79人,一、二级项目经理189人,人均装备率1.4万元,年施工能力500多万平方米,当年完成施工产值55.19亿元。

公司先后获(含参建)"鲁班奖"14项、"詹天佑奖"1项、省市级优质工程100多项,连续多年被各级政府、主管部门评为明星企业、优秀企业,先后被评为中国质量服务信誉AAA级企业、全国"重合同守信用"企业、江苏建筑业最佳企业,集团工会被全国总工会评为"模范职工之家"。董事长陈锦石获2003年全国"五一"劳动勋章、2008年中国年度责任地产人物等荣誉称号。

三、龙信建设集团有限公司

位于海门镇江海路301号,董事长陈祖新。公司源于1955年初成立的茅家镇营造合作社,1958年11月,更名为国营海门县建筑工程公司。1961年6月歇业,人员分流。1963年4月,组织分流人员筹建茅家镇建筑合作社。1966年,改称县建筑公司,大集体性质。1972年5月,称县建筑工程公司。1988年6月,改称县建筑安装工程公司。1996年7月,改制为股份合作企业。2003年7月,改制为有限责任公司。2005年,组建集团公司。是年11月,更名为龙信建设集团有限公司。

公司业务涉及房地产开发、建筑施工、机电设备安装、装修装饰、起重设备安装工程以及市政工程、消防设施、建筑幕墙、地基与基础工程施工等,公司下属10个控股子公司。业务分布在上海、南京、北京等国内大中城市以及新加坡、也门、日本、土库曼斯坦、吉布提等国家和地区。

2005年,公司被评为省建筑业科技进步和技术创新先进单位。2005年、2007年两次被评为全国优秀施工企业,屡获省建筑业最佳企业、省建筑业综合实力30强、上海市进沪施工企业30强等荣誉。2006年,龙信公司资质升级为房屋总承包特级资质企业。2008年,有施工总人数1.4万人,其中各类管理人员6000多人,大专以上学历410人,各类经济技术职称608人,高中级职称133人,一、二级建造师123人。公司注册资本金3.14亿元,技术装备总额1.45亿元,人均装备率1万元。当年完成施工产值34.38亿元,施工面积520.4万平方米。

至2008年,公司有多个QC成果获国家、省、市优秀奖,并有多个工法被列为国家、省(市)级工法,先后独立创建国家“鲁班奖”工程4项、国优工程2项、“全国用户满意住宅工程奖”2项、省(市)级优质工程100多项。董事长陈祖新多次被评为省建筑业优秀企业家,4次被评为全国优秀施工企业家。

第三章　建筑工程

第一节　勘探设计

一、勘探　勘察

1987年7月,县建筑设计院是县内首家丁级勘探单位。1990年,由省定为丙级勘察单位。至是年,连续4年被评为南通市勘探设计质量第一名。完成勘探报告1600多份,钻探进尺1.5万米,其中工业建筑钻探3400米,民用建筑钻探1.16万米;完成测量项目10项,静荷载试验5项,动力触操检测15项。县汽车站建筑勘察项目被南通市评为三等奖。2003年,建筑设计院获省建设厅颁发的岩土工程勘察2级证书。此后,也有外地勘察单位到海门参与勘察,形成多家自由竞争的局面。1991－2008年,建筑设计院完成勘察项目2700个,钻探进尺25万米,岩土工程勘察总收入3200万元,勘察设计合同履约率96%以上。先后获省优秀勘察奖2项,市优秀勘察奖6项。

二、设计

1976年,县建筑公司组建4人设计小组,自行设计海门饭店2层楼砖木结构建筑。1979年6月,县基本建设局组建建筑设计室,从事县内一些基本建筑项目设计。1984年7月,县城乡建设环境保护局组建规划建筑设计室。1987年2月,将建筑设计室与规划建筑设计室合并,组建县建筑设计院。至1990年,实际完成建筑工程设计1600多项,设计建筑面积约160万平方米,其中,工业建筑33万平方米,民用建筑127万平方米。代表性项目有济南石化经济学校教学楼、海门师山宾馆餐厅、海门电视台常乐主机楼、东洲幼儿园、海门师范附属小学教学楼等。1990年3月,获省建委颁发的乙级建筑工程设计证书。同年,收取设计、图纸审核费51万元,利润24万元。2000年5月,获建设部颁发的乙级建筑工程设计证书。2003年9月,中南集团收购兼并市建筑设计院,更名为市建筑设计院有限公司,中南集团占股60.5%,自然人占股39.5%。年设计产值473万元。

1991－2008年,共完成各类工业与民用建筑设计2500多项,设计建筑面积约875万平方米,其中工业建筑170万平方米,民用建筑705万平方米,建筑工程设计总收入9625万元。先后获南通市优秀设计奖8项,省优秀设计奖3项。2008年,公司拥有员工50人,其中硕士研究生4人,本科毕业生28人;高级职称3人,中级职称25人。年设计产值1140万元,人均产值由2003年的10.5万元上升到22.8万元。

第二节　土建工程

一、基础工程

20世纪初,海门大多为平房,农村中草房占较大比例,建造时对地基要求不高,少量砖木结构平房和二层楼房基础是挖出墙沟,加入碎砖夯实。70年代后,海门多层楼房基础是开挖墙沟,加沙石砌筑。

1978年,海门建筑队伍进入大庆地区施工,该地区地表水位高,有数米深的活性流沙层,冻土层厚一般1.8－2.2米，建筑物的工程量不管大小，基础层的埋深度要在2米以上。天寒地冻，工人们用十字镐在冰冻的水泡子里挖基槽，一镐下去一个白点，工人们硬是在40天里刨冻土6.5万立方米，在开冻季节前完成地基槽开挖及浇灌混凝土任务。

1979年，在新疆克拉玛依地区施工，由于山石表面长久风化，形成沙石层，在大风吹刮下引起沙石子流动，填满了高低不平的小坡。建筑物基础工程深度须埋到沙石层的底部板石上。工人们用十字镐挖，用钢钎凿，保证施工质量与进度。同年，万年施工队承建新疆石油局机修厂2000平方米锻压车间，基础工程的基柱方坑要深挖到5－7米的岩石层，由于岩石层的沙石僵硬板结，工人们经过一个多月的艰苦努力，终于完成挖坑及浇灌混凝土工程。同年，在上海施工时，因上海地区地表水高，10层以上的建筑物基础工程采用混凝土预制桩打入施工法，或采用混凝土灌注桩施工法。大型建筑物工程地下设1－3层的设备层或车库，施工队采取大开挖施工，在开挖前采用井点排水，如深度在8米以上，采取二节梯式排水，也有采取混凝土灌注防护施工。

1982年，海门施工队进入北京地区施工。北京地区地质承受能力高，地表水位低，对大型建筑物可采取大开挖施工，以混凝土板块条型基础为主，少数采用混凝土板箱型基础，开挖基槽放坡在20%左右。1986年，南通三建二分公司（麒麟）组建打桩队，投资1000万元购置打桩机，在上海、大庆等地承接数十万平方米房屋基础混凝土预制打桩工程。

20世纪90年代中期，海门建筑企业年施工总面积1000余万平方米，是80年代的四五倍，承接的工程地质条件千差万别，技术要求高、工期紧，靠人工挖掘已无法适应生产要求，企业开始添置打桩机等机械设备。至90年代末，海门建筑企业有适应多种地质条件的基础施工工程机械。

至2008年，各建筑企业根据基础工程建筑需要，逐渐建立多个基础工程专业队，有南通三建上海分公司直属混凝土支柱基础专业队、海门麒麟混凝土预制打桩队、海门岩土混凝土灌注桩专业队、龙信建设集团有限公司灌注桩专业队等。施工机械有挖土机、装载车等，生产效率大大提高。

二、主体结构工程

民国9年（1920），三厂吴朝相等参与当时中国最高建筑——上海国际饭店的建造。民国21年，坝头镇宋志祥在南京参与国民政府交通部办公楼、警官学校营房、新街口大陆银行等工程施工。二三十年代，海门建筑工匠在上海、广州、香港、天津、沈阳等地承建钢筋混凝土骨架结构工程，主要有天津津钢大桥、回力球场，沈阳张作霖住宅，上海汇丰银行、海关大楼、先施公司、永安公司等。

50年代后，参与建设上海中苏友好大厦、北京人民大会堂、军事博物馆、武汉大桥、南京长江大桥等。一度由于国家钢材紧缺，主体结构工程以木代钢、以砖代钢。第一个五年计划建设期间，小型混凝土骨架的钢筋绑扎副筋以毛竹层替代，小跨度的仓库车间采用弧形砖弓顶屋面结构。1977年，在南京、徐州等承接多层住宅楼，开始承建较大主体结构工程。1979年，在大庆承建38幢多层和配套项目住宅群。

80年代，海门建筑工人开始承建部分高、大、难的构筑物工程。1982年，江滨工程队建造竣工的山东黄台电厂冷却水塔，淋水400平方米，高100米。1984年，在南京承建30余幢多层住宅楼，并由多层转向高层。1991年，南通三建六分公司参建的上海东方明珠电视塔，高460米。2001年，南通三建九分公司和东洲建安公司合建上海磁悬浮主线砼梁工程，长2500米。至2008年，承建的高层建筑物有5169幢。

1987－2008年若干年份海门市（县）建筑企业承建部分高层建筑物一览

表13－4

工程名称	承建单位	层高	建筑面积（万平方米）	竣工时间
上海展览中心主楼	三厂区工程队	50	5.60	1987
上海峻林大厦	振华建安公司	41	3.70	1995

续表 13－4

工程名称	承建单位	层高	建筑面积(万平方米)	竣工时间
上海实业大厦	南通三建上海队	40	6.20	1995
济南商业大厦	南通三建七分公司	54	11.80	1996
南宁国际贸易中宁大厦	海门货隆公司	51	12.04	1996
上海无锡大厦	海门一建三处	42	4.50	1996
济南电力科技大厦	海门一建一处	40	3.50	1996
青岛双星花园住宅	海门安装公司五处	40	5.55	1996
大连远洋大厦	皮尔禄公司	51	9.00	1997
上海金茂大厦	南通三建六分公司	88	2.90	1998
大连世贸大厦	南通三建七分公司	56	9.80	1998
青岛百盛大厦	南通三建七分公司	53	12.40	1998
大连联合大厦	南通三建七分公司	52	7.70	1998
南宁防城港国贸中心	海门货隆公司	42	8.00	1998
石家庄邮电大厦	海门七建公司	40	6.20	1998
上海浦东信息港大厦	海门安厦公司	66	9.50	1999
大连金座大厦	海门市建公司	49	15.18	1999
上海菊园住宅区	南通三建四分公司	34	35.00	1999
石家庄河北省电信大厦	海门市建公司	43	6.20	2000
重庆国院大厦	海门鹏腾公司	60	8.40	2001
上海外滩金融大厦	海门一建一处	55	9.60	2001
上海世贸滨江园大厦	南通三建上海队	53	10.00	2002
上海莱福士广场大厦	南通三建四分公司	50	16.00	2002
大连云山大厦	南通三建七分公司	47	8.74	2002
上海滨江园住宅区	海门市建安公司	34	26.00	2003
上海世贸国际大厦	南通三建十六分公司	60	13.00	2004
上海华夏金融大厦	南通三建上海队	45	9.00	2004
济南明珠大厦	德胜建安公司	43	5.00	2005
南京银河大厦	南通三建南京队	47	10.80	2005
北京怡海花园 A1 号、A2 号	南通三建集团有限公司	30	6.24	2006
吉林建设大厦工程	南通三建集团有限公司	37	5.80	2006
淮安财富广场	南通建筑工程总承包有限公司	29	5.43	2006
南京海德景苑 4－6 号楼	南通建筑工程总承包有限公司	29	6.50	2006
北京嘉铭园 F 区	南通建筑工程总承包有限公司	30	8.63	2006
南京四季仁恒 A 楼、地下车库工程	龙信建设集团有限公司	44	6.48	2007
山东华海嘉园 1 号、2 号楼工程	南通三建集团有限公司	32	5.43	2007
天津富顿大厦	南通三建集团有限公司	30	5.05	2007
上海兴力达广场	南通建筑工程总承包有限公司	30	42.00	2007

续表 13－4

工程名称	承建单位	层高	建筑面积(万平方米)	竣工时间
山东临沂御苑金顶大厦	南通建筑工程总承包有限公司	29	9.50	2007
北京弘泽湖畔国际广场	南通建筑工程总承包有限公司	38	9.60	2008
上海信业广场	江苏南通三建集团有限公司	33	10.15	2008
山东南山世纪城2号、3号楼	南通建筑工程总承包有限公司	33	6.70	2008
重庆欧鹏·华侨新城	江苏南通三建集团有限公司	32	9.50	2008
重庆鲁能星城五期八街区5、6、7号楼	南通市德胜建筑安装工程有限公司	32	6.00	2008

第三节　安装工程

20世纪60年代初，县建筑工程公司配备水电班，从事简单的民用设备安装，主要是照明、给排水、卫生设备、水箱安装等。70年代起，各乡镇建筑站配备水电安装技工。

80年代起，农村出现二层楼民房，房内安装上下水、电、电视天线、电风扇等；城镇出现楼房安装沐浴器、空调等。1986年，县建筑安装工程总公司组建专业安装队承接建筑物给排水、卫生、电力设备安装业务。1989年，开始承包中型工业项目的设备、电器仪表及生产辅助装置的安装。是年，安装工程施工产值1355万元，自有机械设备原值42万元。主要施工工程有大庆油田泵油厂10吨热水锅炉、新疆克拉玛依炼油厂30吨门式起重机、上海锦明公寓消防工程、山东邹县电厂输送系统及水循环设备等。

90年代起，农村民房安装沐浴器、空调，城镇公共建筑安装中央空调。海门建筑企业承接采暖通风、中央空调、工艺管道、电梯等大型成套设备安装。1991年，施工安装新疆克拉玛依炼油厂15公里输油管道、3000立方米贮油罐。1995年，市设备安装工程公司承接国家税务总局科技业务楼安装工程的施工业务，该工程设备先进，功能齐全，有与全国各税务部门联网的电脑控制中心、全套消防报警系统等现代化装置。同年，市建筑安装工程公司安装分公司在大连市188米高的电信枢纽大楼顶部安装塔顶标志杆。

21世纪起，海门房屋增添安装闭路电视、电脑信息网的宽带等现代信息化设施。2001年后，海门建筑企业承接安装采暖管线、消防设备、空调设备、起重设备、电厂设备、电力输变设备、通信管线等业务。有中南公司承建的山东省人民检察院检察官培训中心、青岛东海国际大厦、上海中医药大学教学楼、南通体育会展中心体育场，市设备安装工程公司承建的青岛奥帆中心、青岛海悦广场高层、青岛汇丰广场、济宁医学院门诊病房综合楼，南通三建承建的大庆铁人王进喜纪念馆、山东检验检疫局综合办公楼、西宁电信大楼、大连北方金融中心、上海都市总部大楼、常州九洲广场，龙信集团承建的海南三亚凯宾斯基酒店等数十项工程。至2008年，设备安装企业中有一级资质专业企业1个、二级资质专业企业1个、三级资质专业企业10个。

图13－2　2008年，市设备安装工程公司参建的青岛奥帆中心获“鲁班奖”（2008年摄）

第四节 装潢工程

解放前,海门的农房大多为草木建筑,城乡少量的砖木结构房屋,墙面一般用纸筋石灰罩抹。有些房屋山墙及前屋檐下有一段绘画的条带装饰,用黑墨或彩色墨绘就,内容或富贵吉祥或历史典故。也有木结构门、窗等雕花的。普通民房在灶台上方绘有图案,一般也是花开富贵、年年有余等吉祥内容。20 世纪 50 - 70 年代,房屋多为砖木建筑。80 年代,农村楼房开始兴建,农房外墙用水刷石工艺装饰彩色石子,室内有水磨石地面,厨、卫墙面贴瓷砖。1988 年,县成立装饰装潢公司。是年,厂洪乡驻沪建筑工程队承建的新疆驻沪丝绸之路大酒家主楼马赛克壁画竣工,总面积 864.14 平方米,这是中国最大的马赛克壁画。1989 年,装饰装潢产值 1321 万元,有机械设备原值 64.93 万元。

90 年代后,城乡民房室内地面有铺地砖或木地板,墙的下部有木护墙板,上部及天花板贴墙纸,也有墙及天花板施用喷塑工艺的,农村房屋装潢出现外墙贴有墙砖,屋顶盖有琉璃瓦。各建筑企业也逐渐重视装饰装潢工程。1996 年,市建筑工程公司组建装潢分公司,在北京、上海承接房屋装潢、幕墙玻璃安装等工程。21 世纪,民房装潢更具个性化。龙信集团总承包公司等成立技术过硬的装饰装潢施工队伍,施工质量高,深受用户欢迎。装修装潢工程经济效益高,人工工资一般比土建工高 25%。因此其他企业纷纷组建装潢队伍,到上海、北京等大中城市从事房屋“美容包装”业务。2002 年,企业内部组成的装修装潢队和独立注册的装潢企业 11 个。是年,海门建筑装潢 1000 万元以上工程有 2 项,2004 年 6 项,2005 年 11 项,2006 年 14 项,2007 年 27 项,2008 年 60 项,最大单项工程为海门二建北京队施工的小红门新村高层装修,工程价为 7520 万元。

2008 年,全年完成施工产值 11.17 亿元,占全市建筑业施工总产值 3.1%。全市有装潢企业 15 个,其中一级资质企业 2 个。江苏紫琅装饰装潢有限公司是中国装饰业协会理事单位,建筑装饰一级企业,有工人 1000 多人,各类技术人员 140 多人,年施工产值近 2 亿元,队伍涉足北京、上海、山东等 8 个省市。先后获省建筑业质量安全效益型百强企业和十佳企业、重质量守信誉诚信施工单位、中国家居装饰业南通地区综合实力十强企业、省优秀装饰企业等荣誉,代表工程有上海仁恒运杰河滨园,北京松下彩色显像管有限公司、嘉轩城市花园、空中花园娱乐城,青岛鲁信长春花园等。施工的海南三亚凯宾斯基度假酒店获国家“鲁班奖”。

第四章 建筑市场

第一节 市场开拓

一、国内市场

上海市场 1980 年,海门建筑工程队进驻上海,与上海建筑施工企业建立业务关系,成立上海工程处。1984 年,万年、三阳施工队在上海长白小区承建双包工程,建筑面积 5 万平方米,施工质量和进度符合要求,受到上海市建委表扬,拓宽了上海建筑市场。1985 年,将驻上海施工队划分为一、二、三类,一类施工队承接双包工程和联合独立项目,二类施工队承担独立清包工程和分包工程,三类施工队参与项目分包,确定三分之一点工、三分之一清包、三分之一双包经营策略。20 世纪 90 年代,双包工程量略有扩大。2001 年,上海工程处完成建筑产值 127.74 亿元,经济收入 40.01 亿元。2006 -

2008年,年从业人员1.91万人,累计完成施工产值133.95亿元,承建施工面积1205万平方米,竣工面积432.14万平方米。至2008年,累计竣工建筑面积1839.16万平方米。

北京市场 1984年,国强、三阳工程队114人赴北京承接建筑工程,并成立县建筑安装工程联合公司驻北京工程处,后改为北京分公司。工程处组建初期,北京市对外省建筑队伍承接工程有所限制,只准插班劳务注册。工程处采取"借船过河"办法,先插班,以清包、联包、双包等形式承接北京市大公司合作工程。1986年,施工队伍发展到14支2563人。是年12月,海门被北京市定为建筑劳务基地。1987年,县建安总公司北京工程处委派3支施工队900余人联营承建燕山石化公司工程,取得良好经济效益,并赢得较好声誉。1990年,施工队伍发展到25支5422人,实现经济收入4288万元。90年代起,队伍调整为50%双包、30%产业结构延伸、20%清包。经营范围从北京发展到周边省、市,所建工程优良品率持续稳定在76%以上。2001年,完成建筑安装产值113.6亿元,经济收入31.64亿元。2001－2008年,海门在京建筑工人数每年在1.4万至2.7万人之间。至2008年,累计竣工建筑面积1677.22万平方米。

天津市场 1986年,三和建筑站施工队150人与铁道部第十八工程局联营进入天津塘沽开发区。1988年,常乐建筑站289人与中建八局一公司天津分公司联营。1990年9月,南通三建成立天津工程处,后更名为天津公司。公司采取"借资生财蓄力量""借船出海闯市场""大胆开发壮规模""多元开发扩领域"等措施站稳天津建筑市场,加强和规范施工管理,工程质量不断提升,获得多项天津市优质工程和国优工程奖。1999年,进驻天津建筑企业19个,组建项目部33个,职工6356人,承建工程60.96万平方米,当年竣工41.93万平方米,其中优质工程率80.13%。至2001年,累计完成建筑安装产值47.58亿元,经济收入14.53亿元。2001年,天津建筑市场压缩,但仍保持4712人。2006－2008年,年均1.44万人。至2008年,累计竣工建筑面积723.9万平方米。

大连市场 1986年,南通三建进入大连建筑市场。是年,在大连承建的4.39万平方米24层四星级九州饭店,创6天一层的"大连速度"。1990年,这个工程获国家银质奖。1995年,建立辽宁公司,以环渤海经济圈开发为经营重点,以"发挥优势、扬长避短、优化结构、提高效益"的精神和"多接双包、稳住联包、择优清包"的经营方针,承建多幢名优建筑。至2008年,累计竣工建筑面积327.71万平方米,完成建筑安装产值64.06亿元。

青岛市场 1988年,南通三建302处作为海门首支建筑队伍以清包方式进入青岛建筑市场,此后坚持质量与创新,赢得市场与信誉。2005年起,在青岛的海门各建筑企业成为当地最具有竞争能力的名牌施工企业。至2008年,累计竣工建筑面积1539.16万平方米,完成建筑安装产值295.6亿元。

海口、南宁市场 1989年,刘浩工程队484人赴海南海口市承建工程。1990年11月,南通三建成立海南分公司,并以海口市建筑市场为基础,逐步向广东、福建、广西等地扩展。1992年,刘浩工程队承建海口市24层金融大厦,主体结构工程120天封顶,被海南省政府誉为"海南速度"。1993年,万年队参建广西北海市5.82万平方米20层五星级香格里拉大酒店,获"鲁班奖"。1994年,刘浩工程队承建的海口市龙昆小区1幢22层大楼,4个月竣工,江泽民莅临海口时,特地视察这一工程。是年,货隆建筑队参建的广西南宁51层12.84万平方米国贸大厦,被中国建筑工程总公司评为银质工程。1995年,海南建筑市场降温,许多项目停、缓建。2000年,海南分公司撤销,累计竣工建筑面积56.27万平方米,完成建筑安装产值9.62亿元,经济收入3.25亿元。

其他市场 1978年,山西、河北、湖北、江苏等地电力建设公司及安徽淮北、徐州煤矿的建筑企业到海门招收木工和钢筋工为主的建筑技术人员。海门建筑企业也由"三服务一支持"①,转为重点开拓能源建筑市场。是年,全县组织建筑工人500人,参加大庆油田建设。1979年,建筑工人1600人赴新疆克拉玛依油田承接工程,经过7个月的昼夜施工,完成52个项目6.8万平方米建筑

---

① 三服务一支持:立足本地面向农业,为农田基本建设服务,为社队企业服务,为建设新农村服务,有条件的单位可支持国家基本建设。

工程任务。80年代,海门建筑企业开拓中国东部沿海城市和南方建筑市场。90年代,全方位多渠道发展国内市场,守好省内,巩固大庆、新疆、山东建筑市场。建筑企业技术力量增强,能承建高难度大型建、构筑物,并拓展到市政工程、装饰装潢、水电安装等方面。2003年,建筑企业以郑州、武汉、重庆为中部重点市场,以西安、西宁、新疆为西部重点市场。以多种形式承接建筑工程,工程量不断增加。至2008年,海门建筑业务先后延伸到全国33个省、市、自治区,其中地(市)县级城市240个,竣工项目2.51万幢,总面积1.41亿平方米。其中江苏2180.34万平方米,山东2007.69万平方米,黑龙江561.1万平方米,新疆213.9万平方米,湖北129.9万平方米,其他省、市、自治区和地区的竣工面积不超过100万平方米。

二、国外市场

20世纪初,海门钢筋工队伍中有一部分人涉足南洋(今东南亚)地区。江滨乡王祥元,在马来亚(今马来西亚)创办王祥元建筑有限公司。80年代,随着对外开放的不断深入,海门建筑企业拓展国外工程业务。1983年9月,由海门、如东两县组建的南通建筑工程队,参与由中国建筑工程总公司中东分公司承建的科威特阿尔迪亚五区518住宅工程,海门有107人参与工程施工。继后南通三建通过与国家部级和省市级大公司以及新加坡长城、三利达等公司牵线搭桥,逐步提高在国际市场上的占有份额。至1995年,每年有500余人出国施工。1995年,对外经济贸易部给南通三建签发国外承包工程劳务合作许可证。1996年,南通三建成立海外分公司。1998年7月,海门建工系统在国外的第一个双包工程——新加坡警察训练营地工程通过验收,交付使用。该工程2.2万平方米,历时一年半,造价折人民币1.3亿元。1999年,龙信集团取得对外签约权。2003年4月,中南公司获对外签约权。在对外承接工程过程中,形成多种承包方式的经营格局,主要有境外工程承包、劳务分包、各自投资联营承包、单位工程包工包料、分部项目包工包料等形式。至2008年,有4.22万人次在全球53个国家承建工程,竣工项目2000余个,其中百万美元以上规模工程125个、500万美元以上工程38个,累计完成工程营业额8.47亿美元。

第二节 经营方式

一、点工

20世纪70年代,各公社、镇、场建筑站在当地承接工程,以计时点工计算报酬。外地建筑企业到海门招工,与各建筑站签订合同,主要是计时定额点工,建筑站收取人工费总额3%－5%的管理费。1978年,包场、四甲区建筑工人赴苏州、无锡施工,点工工资,标准根据省、市编制的《建筑安装工程费用定额人工费标准》执行,建筑站收取人工费总额10%的管理费。1985年后,点工逐渐由清包取代。

二、联合组织生产

1964年,取消工地甲乙方,改由联合指挥部组织生产,取消企业提取2.5%利润的规定。80年代初,国家和地方的基本建设任务,在计划经济指令下,承包工程以行政命令的方式下达施工单位计划指标,方法是打歼灭战或大会战。1983年后转向招投标。

三、劳务(清包)

1979年,海门赴大庆、新疆油田承建工程,大多采用包工不包料、包定额消耗的承包方式,按工程结算直接收取管理费和各项费用。同样是清包工程,因收取管理费的基数不同,所产生的经济效益有高低。在南京、徐州、上海、苏州等地所承建的工程,以清包工程为主。是年,清包工程总量32.3万平方米,占总工程量70.22%。1989年169万平方米,占48.15%。21世纪起,清包改名为劳务。2003年,清包工程260万平方米,占15.05%。2004年起,清包工程不统计面积,只统计劳务收入。2008年,全市建筑劳务收入1.06亿元。

四、双包　总承包

1958年,建筑企业承接工程实行包工包料,国家按定额将材料拨给建筑施工企业,由建筑企业组织供应和调剂使用,盈亏自负。70年代,根据企业资质等级,以双包形式承接部分工程。1983年,海门建工局南京办事处以双包方式承建工程。1985年,徐州、新疆、上海、北京办事处转向双包工程。1990年,承建双包工程106万平方米，占总工程量30.55%。2004年，双包发展为总承包。2008年，总承包施工面积4510万平方米，占施工总面积88.45%；完成总承包产值307.45亿元，占总产值的85.33%。

五、分包（联包）

1979年，海门建筑工人赴大庆、新疆联营承包工程项目。80年代后期，三和驻天津建筑队与中铁十八局、厂洪建筑站驻上海队与交通部三航局、树勋建筑站驻上海建筑队与上海七建公司等单位联营承建工程项目，甲方或乙方承接的工程一律以甲方企业名称签订合同，由乙方承包施工。1986年，南通三建与中建八局四公司联营承建大连九州饭店，获得较好经济效益。此后，海门建筑队伍与中建总公司所属公司的业务往来逐渐扩大，联营承包发展到铁路、交通、冶金、煤炭、化工、水利、石油、电力等部级施工企业。海门工程队还与中国土木公司、中国水利电力工程公司、中国港湾工程公司、中国江苏国际工程公司、国际承包公司等承接国外工程，联营承包方式有新的发展。2000年起，联营承包改称为分包。2005年，分包建筑总面积490万平方米，占总工程量18.37%。2008年，分包建筑总面积589万平方米，占总工程量11.55%；实现施工产值55.34亿元，占总产值15.36%。

1978－2008年若干年份海门市（县）建筑承包类型统计一览

表13－5　单位：万平方米

年份	施工总面积	双包（总承包）工程		分包工程		清包工程	
		面积	占总面积（%）	面积	占总面积（%）	面积	占总面积（%）
1978	27	6.41	23.74	2.09	7.74	18.50	68.52
1980	73	25.37	34.75	15.33	21.00	32.30	44.25
1985	238	85.30	35.84	30.60	12.86	122.10	51.30
1990	347	106.00	30.55	99.00	28.53	142.00	40.92
1995	1034	291.00	28.15	540.00	52.22	203.00	19.63
2000	1248	329.00	26.36	586.00	46.96	333.00	26.68
2003	1727	864.00	50.03	603.00	34.92	260.00	15.05
2008	5099	4510.00	88.45	589.00	11.55	-	-

第五章　建筑管理

第一节　行业管理

一、归口管理

明、清时期，海门建筑业未有管理机构记载。民国16年（1927）至1949年，设立海门建设科，另有时建时撤的海门建设局。解放初至1960年，先后有生产建设科、手工业生产合作联社、计委、工业局、基本建设委员会等部门兼管建筑业。

20世纪六七十年代，建筑企业分别由县有关部门管理。1977年8月，县革委会将工业局下属的建筑公司划归县计委管理。9月，组建县建筑管理总站，统管各公社、镇、场建筑站的业务及技术指导，总站组建对外办事处，拓展建筑市场，协调对外施工事宜。1979 年 1 月，组建县建筑民兵团。2 月，总站撤销，成立基本建设局，主管市政建设、工程设计、建筑企业、建材工业和房产等。

1981 年，撤销民兵团建制，组建县建筑安装工程联合公司，公司是各公社、镇、场工程队的联合体，县基本建设局与之合署。撤销公社、镇建筑站名称，改称工程队。至 1983 年，常乐、德胜、悦来、临江砖瓦厂，海门水泥厂以及财政局所管的出租公房，海门、三厂房管所，海门镇自来水厂及各公社、镇、场的所有建筑材料生产企业均由县基本建设局管理。1984 年 1 月，撤销县基本建设局，成立县建筑安装工程总公司（对外称县建筑工程局，简称建工局），管理全县建筑施工企业，并统一管理各乡、镇、场建筑业务。同年，自来水厂、房管所、规划、设计等部门由城乡建设环境保护局管理，砖瓦厂、水泥制品厂、水泥厂由县建筑材料工业公司管理，各乡、镇、场建筑站的水泥制品工场划给乡、镇、场工业公司管理。1988 年 5 月，建立各乡、镇、场建筑管理站，村建立建筑管理组，分别负责所在地农房建筑管理。1996 年 11 月，建立市建筑工程管理局。90 年代后期，县级机关一些部门及企业单位筹办建筑工程队。1998 年，全市建筑企业增至 121 个，建筑市场混乱。1999 年，所有建筑企业统一由市建筑工程管理部门管理。

21 世纪初，市建筑材料工业公司撤销，建材工业划归市建管局管理。但尚有部分行政、事业、企业单位下属专业施工队仍由各主管单位管理，统计科目不一，有重复报送或漏报现象。2003 － 2008 年，凡建设局、水利局、供电局、电信局、交通局、房地产公司、开发区等下属施工企业所承建的专业工程（市政、路桥、线路迭变、通信线路、水利建设、水电安装、空气净化等）业务，仍属原主管部门统一安排，其工程科目与数据报表统一报送市建管部门。

二、资质管理

1977 年，县建筑管理总站组建驻南京、徐州办事处，并在当地注册，与用人单位签订合同，按县级资质结算工程款。1978 年，以县建筑总公司的名称与资质，派出 23 支施工队 8000 余人，在南京、徐州、大庆、山西、兰州等地施工，取得较好经济效益。1980 年，新疆建设单位要求按乡级资质结算工程款，海门建筑企业将减少收入近百万元。后经南通地区有关部门派人赴疆说明情况，才予变更，按县建筑总公司资质结算工程款。1981 年，组建县建筑安装工程联合公司，对外承接工程以联合公司名义登记注册。

1986 年，对 2 个县级公司和 41 个乡镇场公司、工程队，进行创品牌优化排队。南通三建公司列一类资质企业，挑选 7 个乡、镇工程队组成紧密体；组建海门第一建筑安装工程公司，为二类资质企业，25 个工程队列为其下属企业；7 个区、乡、镇工程队为三类资质企业。对建筑企业每年考核 1 次，资质实行优升劣降。11 月，建工局利用专项资金购置高层建筑施工大中型设备，帮助企业提高资质。

1988 年 5 月后，各乡、镇、场建筑管理站每年对农村建筑个体工匠进行经营资格审查。

1989 年，全县建筑企业进行优化组合，组建县电力配套工程公司，吸纳部分乡镇建筑企业，扩大规模。县一建公司与 10 个乡镇建筑企业组成结合体，其余区乡镇场建筑企业作为独立企业。1991 年，县建筑安装总公司获城乡建设部颁发的施工企业对外承包资格证书，成为省内第三个国际建筑劳务基地。1993 年，办理各建筑施工企业等级资质申报，经省建委批准，南通三建为一级资质企业，县建安公司、县一建公司、县电力配套公司晋升为二级资质企业。1994 年，对 76 个建筑企业制定达标时间表及资质达标责任书。1996 年，经审核，南通三建仍为一级资质企业，海门市建、海门设备安装、海门一建等 14 个企业为二级资质企业，另有三级资质企业 10 个，四级资质企业 21 个。

1999 年，由市检察院、人事局、开发区、农业局、统战部、建委等部门单独申报资质的建筑企业，统一由市建管部门办理申报事宜。2000 年后，此类企业逐步与主管部门脱钩。

2002 年，经省、国家有关部门审核，南通三建、南通德胜公司、南通总承包公司为总承包一级资质企业，另有总承包二级资质企业 6 个，总承包工程专业二级资质企业 3 个，总承包三级资质企业 28 个，总承包工程专业三级资质企业 3 个，建筑劳务分包一级资质企业 13 个。

2005 －2008 年，先后有南通三建、中南集团和龙信公司由总承包一级资质企业晋升为总承包特级资质企业，南通万众集团、南通三和置业、中联世纪、南通华鼎、兴江建集团、南通三建第三建筑公司和南通三建总承包公司由总承包二级资质企业晋升为一级资质企业,竑成、德兴、华晨、弘峰等8个总承包三级资质企业晋升为总承包二级资质企业,江苏紫琅、欣乐建筑、市设备安装公司、三箭烟塔公司由专业承包二级资质企业晋升为一级资质企业。

三、企业整顿

1978年、1979年,组建海门建筑队伍赴大庆、新疆施工。两支队伍均为集体所有制,新手多,技术工与普通工比例失调;施工技术素质较差;建筑施工队领导班子人员年老体弱,懂行的不多;有些从业人员只关心薪酬;有些社、队随意将工人从工地上抽回生产队参加“四夏”①“三抢”②冬季农田水利劳动;有的公社将建筑工程队的历年积累平调办工厂,不给添置必要的机械设备。针对上述情况,1981年,整顿建筑企业领导班子,选拔一批年富力强、懂行人员充实建筑队领导班子;整顿从业人员,加强思想政治工作,清理违规违纪人员,清退未成年人员及少数不劳而获人员;加强工人技术培训,提高技术水平。对年终分配作出规定:建筑工人劳动所得的工资,除在定额人工费中上缴15%－20%给生产队作积累外,其余部分为职工个人所得,社队不得提高交积累的比例或拉平分配;施工津贴、加班工资、奖金、副食品补贴等,不作上缴积累的计算因素;工程队的净利润50%缴社队支援农业,其余作企业流动资金,用于扩大再生产。通过整顿,领导班子得到加强,施工队伍稳定发展,人员技术水平有所提高。1982年,建筑企业经济收入比上年上升46%。

80年代后期,随着多元经济和民营经济的发展,跨行业、跨系统的建筑队伍骤然增加,建筑主管部门无法实行统一归口管理,造成管理混乱,对企业职工队伍稳定带来影响。1991年,实行“统一队伍管理、统一市场管理、统一质量管理、统一账号管理、统一分配政策”的整顿。制定相关规定,通过资审、复审,使建筑业管理趋于规范。

90年代中后期,海门建筑企业业务发展较快,但建设方的工程拖欠款逐年增多,1995年欠款2.66亿元,1999年12.5亿元,占工程结算额的三四成,造成施工方拖欠材料款和人工工资,形成“三角债”。各施工企业组建催款组,登门收款;对个别久拖不还的单位,通过司法程序促其还款,使“三角债”得到有效清理。1999年3月,各建筑企业贯彻《中华人民共和国建筑法》,整顿和规范建筑市场,狠抓工程质量,强化工程管理力度,使海门建筑业在激烈的市场竞争中求得生存、发展。此后,随着建筑企业改制推进,建筑主管部门不再对企业经营进行干预。

第二节　质量管理

20世纪60年代,县建筑工程公司承建的厂房、学校教学用房及其他公共设施,均按国家建设部颁发的《施工验收规范》及《建筑工程质量检验标准》组织验收。

70年代初,县内建筑工程由计委牵头,建设方上级主管部门等对工程进行合格、优良两个类型的评定。70年代末,县基本建设局对工程技术、质量实行管理,在建筑企业开展“质量月”活动。

80年代初,开展创全优(工程质量、安全生产、经济效益、文明管理)工程活动。组织施工单位负责人到全优标准的建筑工程现场参观学习;建筑工程出现重大质量事故,及时召开现场会,分析事故原因,吸取教训。1983年,县建筑工程公司出台质量管理制度,明确质量管理的职责、质量检查组的权限、质量检查综合分的计算办法及奖惩等措施。1985年,开展质量互查评比活动,促进建筑企业提高质量管理水平。1987年,建立和健全质量保证体系,实行严格的质量责任制:凡发现影响工程结构安全隐患、原材料低劣等现象,立即停止施工,待条件具备后才允许复工;凡造成万元以上损失的质量事故和房屋坍塌事故,除赔偿经济损失外,对主要负责人和直接责任人给予经济和行政处罚,情节严重的追究法律责任;强化质量指标在分配中的作用,奖优罚劣;建立竣工项目的回访包修制度,对用户负责到底。

1991年,县建工部门制定《农村民房建筑施工

---

① 四夏:夏收、夏种、夏培、夏分(生产队夏熟分配)。

② 三抢:抢收、抢种、抢培。

质量管理办法》，规定农村建房的技术要求、建筑材料的质量标准和检查验收、责任追究等有关事项，杜绝因工程质量造成农房倒塌事故，使农房工程质量明显提高。1993 年，各工程队制定创优计划，争创双包工程“鲁班奖”。1996 年，市建筑安装工程公司独立双包承建的上海仁恒广场 2 号楼获“鲁班奖”。1997 年，贯彻ISO 9000标准，促进质量管理向科学化、程序化、规范化、标准化发展。1998 年，南通三建集团公司、市建筑安装工程公司、德兴置业集团等通过ISO 9000质量体系认证。

自 20 世纪末起，建筑工程实行建筑监理制度。

2001 年，贯彻建设部《建设工程质量管理条例》，强化创优意识，做到“干一项工程，立一块丰碑，树一方信誉，拓一方市场”，不断提高质量档次。全年承建工程一次竣工合格率 100%，优良品率 64% 以上。通过ISO 9002标准体系认证的建筑企业有 6 个。2004 年，各建筑企业由原质量管理体系认证，发展为质量管理、环境管理、职业健康安全“三合一”体系认证。南通三建获得中国建筑业协会认证中心颁发的“三合一”体系认证证书。2005 － 2008 年，多数一、二级企业通过质量管理、环境管理、职业健康安全“三合一”体系认证。

1978 －2001 年海门市（县）建筑业质量情况一览

表 13 －6

年份	施工面积（万平方米）	竣工项目		优良工程		全优优质工程	
		面积（万平方米）	幢数	面积（万平方米）	占竣工面积（%）	面积（万平方米）	幢数
1978	27	24	209	–	–	–	–
1979	46	40	349	21	52. 50	–	–
1980	73	64	565	36	56. 25	11	57
1981	72	64	291	28	43. 75	16	86
1982	118	85	889	58	68. 24	40	228
1983	134	98	897	78	79. 59	57	258
1984	166	99	1059	78	78. 79	61	331
1985	238	149	986	132	88. 59	106	469
1986	306	204	1071	108	52. 94	70	292
1987	359	207	1094	158	76. 33	43	180
1988	404	194	976	72	37. 11	61	182
1989	351	191	782	78	40. 84	31	80
1990	347	185	667	85	45. 95	37	73
1991	349	152	670	79	51. 97	45	116
1992	436	207	810	102	49. 28	55	113
1993	575	183	644	88	48. 09	72	107
1994	756	231	536	118	51. 08	47	77
1995	1034	290	589	129	44. 48	47	35
1996	1084	346	560	161	46. 53	53	38
1997	1182	450	484	179	39. 78	28	16
1998	993	399	499	235	58. 90	101	95
1999	1153	537	713	153	28. 49	68	37
2000	1248	584	491	244	41. 78	43	25
2001	1217	458	955	294	64. 19	55	23

2002－2008 年海门市建筑业质量情况一览

表 13－7

年份	施工面积（万平方米）	竣工项目		一次验收合格率		省以上优质工程	
		面积（万平方米）	幢数	面积（万平方米）	占竣工面积（%）	面积（万平方米）	幢数
2002	1390	583.63	968	583.63	100	69.00	23
2003	1727	511.88	685	511.88	100	186.28	46
2004	2071	637.93	738	637.93	100	233.86	76
2005	2668	945.89	969	955.23	100	182.91	75
2006	3396	823.96	1277	1017	100	380.13	62
2007	4232	1884.12	1792	1036	100	281.90	59
2008	5099	2376.88	1899	1339	100	202.61	54

第三节　设备管理

一、施工机具

20 世纪 50 年代初，个体工匠施工以泥刀、斧头等手工工具为主，混凝土搅拌、锯板、砖瓦搬运均靠人力。

1958 年，县建筑工程公司土法上马自制圆盘锯、打眼机、刨板车、钢筋加工机械、砂浆机、吊重大构件的独立缆绳把杆、水平运输用的拖车、垂直运输用的井字架等。购置的施工机械有混凝土搅拌机、卷扬机、振动机等。其后，建立施工机具修造车间，自制卷扬机、砂浆机、机动翻斗车、井字架、离心电杆生产机具、混凝土构件生产机具、钢筋网水泥船生产机具等。

70 年代，海门、三厂、四甲、悦来等公社、镇建筑站购置部分混凝土施工机械，施工紧张时，向建设单位租借机械设备。施工企业在承建工程总造价中提取技术装备费，往往被公社主管部门征用，使企业无法更新装备。1981 年，县建筑主管部门采用分层使用技术装备费，其中 70% 给施工企业，30% 给总公司调剂使用，按扶贫救急、奖励先进、保证重点的原则施行，保证实力较强的企业增添急需的施工设备。

1984 年，高层建筑施工机具向大、中型发展，企业增添相应设备。1990 年，有机械设备 9275 台，原值 4327 万元，净值 2926 万元，总功率 4.92 万千瓦，其中机械设备净值比 1980 年增长 11.3 倍。1995 年，技术装备费由企业自主安排。施工企业添置混凝土泵车、施工电梯、80－120 吨米塔吊、装载车、挖掘机、打桩机、推土机、卡车等大型机械设备和钢管、钢模等周转设备，垂直运输和水平运输实现机械化。21 世纪初，各施工企业均加大机械装备投入。2008 年，全市有各类建筑机械装备 4.42 万台，装备净值 12.5 亿元，总功率 75.52 万千瓦，人均技术装备率 7701 元。

1978－2008 年海门市（县）建筑施工机械装备情况一览

表 13－8

年份	机械装备		年末自有机械数（台）	技术装备率（元/人）	动力装备总功率（万千瓦）	动力人均率（千瓦/人）
	原值（万元）	净值（万元）				
1978	35	30	–	32	0.07	0.08
1979	40	35	–	21	0.85	0.05
1980	350	260	276	142	0.99	0.57

续表 13－8

年份	机械装备		年末自有机械数(台)	技术装备率(元/人)	动力装备总功率(万千瓦)	动力人均率(千瓦/人)
	原值(万元)	净值(万元)				
1981	390	300	1285	164	1. 25	0. 68
1982	530	400	1919	144	1. 51	0. 54
1983	700	550	2349	159	1. 77	0. 51
1984	1030	850	3319	222	2. 11	0. 55
1985	1487	1264	4905	276	2. 47	0. 54
1986	2241	1797	6898	330	3. 79	0. 70
1987	3046	2392	8101	425	4. 44	0. 79
1988	3469	2693	9370	514	5. 03	0. 96
1989	3801	2767	9408	614	4. 82	1. 07
1990	4327	2926	9275	674	4. 92	1. 13
1991	4812	3052	9766	669	5. 99	1. 31
1992	6588	3923	9529	785	6. 25	1. 25
1993	8825	6128	8787	1262	7. 33	1. 51
1994	16736	11938	9423	2412	9. 77	1. 97
1995	22071	14857	9996	2722	10. 50	1. 92
1996	31730	20042	11244	3681	17. 79	3. 27
1997	34645	22630	12145	4266	13. 48	2. 54
1998	37652	21155	11129	3514	11. 84	1. 97
1999	43984	26699	10653	4377	11. 97	1. 96
2000	47963	30336	13594	4664	12. 40	1. 91
2001	58984	36388	13823	5390	14. 23	2. 11
2002	85586	53406	19006	8170	24. 44	3. 74
2003	90520	53743	19407	6624	23. 00	2. 84
2004	99028	67018	19957	6526	26. 48	2. 58
2005	–	77334	24728	6084	34. 09	2. 68
2006	–	89445	42324	5691	41. 49	2. 67
2007	–	105104	43176	6897	64. 69	4. 25
2008	–	124986	44156	7701	75. 52	4. 65

二、管理制度

60年代，县建筑公司的设备采取登记入账领用制度，工程结束，设备进库保存。70年代前期，乡镇建筑站只有少量小型机具，只需少数人员管理，维修保养较简单。

70年代中后期，县建筑工程公司制定机械设备管理办法，配备技术和管理人员；工程队配备专职机械管理人员，明确机械设备的使用与保养制度，对中小型机械设备实行机组(班组)负责制。制定操作证制度，严禁无证操作。乡镇建筑企业建立固定资产账卡，评估机械使用年限，按期提成折旧。工程队履行领退手续，按定额收取机械使用费。

1987年，县建工部门制定机械设备管理的基本制度，各企业购置机械设备，编制计划上报主管部门，按照统一编号分类建立账卡。加强机械操作人员的培训、考试、审验管理，健全机械操作责任制。1995年，细化机械设备管理制度，进一步明确各级管理机构及管理人员的职责。

90年代末，转换企业内部经营管理机制，实行机械设备管理与承包经营相结合，推行机械设备租赁制。产权单位向项目工地收取租金，项目工地实行定机、定人、定岗位经济承包责任制。2005年后，施工机械管理转化为市场化管理。

第四节　安全管理

20世纪60年代，县属集体所有制建筑企业的安全管理由生产部门负责。70年代初，公社、镇建筑企业自行负责安全生产管理。

1978年，建筑企业制定各项安全生产指标，确保安全生产。县建筑工程公司成立安全生产管理委员会，设安全股(科)，专职负责安全生产。

1980年，县建筑管理部门、施工企业、施工现场建立专职安全员管理网络，开展文明施工评比，每年评出1－2个安全生产先进集体。80年代末，针对一些乡镇建筑队伤亡事故屡有发生的情况，组织学习国家颁发的安全操作规程，开展安全大检查，表扬安全生产工作搞得好的单位和个人，查处忽视安全生产、片面追求产值的单位，遏制事故发生。建筑企业坚持在制定计划、布置任务、检查工作时，注重检查安全生产。安全设施费按管理费总额7.8%提取，由各办事处统一管理，专款专用。“安全三宝”[①]不齐的，办事处有权责令其停止施工，违者停发生活费。特殊工种的人员，必须进行严格考核，持证上岗。不符合条件的老弱病残人员，不准上岗操作。对屡次发生重大伤亡事故的单位，坚决实行停产整顿。安全生产作为企业考核指标，与年终分配直接挂钩。

90年代初，推行安全生产目标管理责任制，研究分析安全生产管理中出现的新情况、新问题，及时采取对策措施，加强施工人员的安全生产意识教育，提高职工自我防护能力。

2000年，进一步落实安全生产责任制，加大安全生产管理力度，开展创建“文明工地”活动。2001年，全行业创省级以上文明工地113个，其中1个总承包项目获国家级安全文明工地称号。2002年，在14个建筑市场创89个省、地(市)级安全文明工地。2003年，进行安全生产大检查，组织相关人员培训、考试，提高安全管理人员素质。2004年，全行业创省、地(市)级文明工地170多个。2006－2008年，创建地(市)级以上文明安全工地549个，其中国家级文明安全工地9个，省(市)级文明安全工地256个。其间，事故发生率由万分之二下降至万分之一，控制在国家规定范围之内。

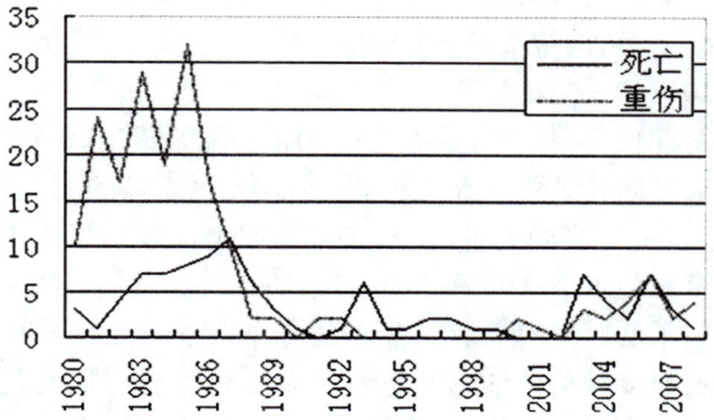

图13－3　1980－2008年海门市(县)建筑企业施工死亡、重伤人员统计示意图

第五节　工资管理

1977年前，县建筑工程公司工人薪酬实行计件定额制，公社(镇场)则实行工分制。1978年，人工费实施工资分配。建筑施工企业实行基本工资加年终一次性综合奖分配办法。援助外省市的建筑工人的工资分配，按人工费总额70%－80%分配，另加地区性施工流动津贴及补贴。在大庆施工的建筑工人年终人均年工资546元，南京331元。1979年，实行劳动定额计件日历工资制。编制《施工劳动定额手册》，废除施工队长口头下定额做法。

1980年，实行外出建筑工人在企业分配、向生

① 安全三宝：安全帽、安全带、安全网。

产队交积累的办法。评定每人每个出勤日 7－13 个工分。施工队管理人员的工资分配，固定工资人员，实行基础工资加生活补贴、加班工资和地区津贴的办法；无固定工资级别的管理人员，按平均工资分配；技术工种人员实行级别套工分，按人工费总额分配，并与工程质量挂钩。人工代替机械收入部分按 70% 分配，有部分机械的，按收取机械费的 25% 分配，材料节约部分按总额 40% 分配。是年，人均年工资为新疆 1741 元，大庆 1311 元，上海 936 元，宜昌 934 元，南京 932 元，徐州 896 元，苏州 882 元，无锡 842 元。

1983 年，推行技术级别套工分的分配制度。根据每人的技术水平、劳动态度、贡献大小，评定每人每天出勤日历分，上下浮动 3 分。一级工（学徒）5－7分，二级工 7－9 分，三级工 9－11 分，四级工 10－12 分，五级工 11－13 分，壮工套二级工 7－9 分评日历分，按人工费总额 90% 分配。施工队负责人按同等级别日历工分加 1－2 分，效率差的扣 1－2 分。办事处人员工资，按驻地职工同级别平均工资总额 80%－90% 分配。施工队工程决算时，从大包干费总额中提取 50% 分配给职工。施工队提取材料节约奖的 40%，全优工程奖和提前工期奖的 90% 进行再分配，其中施工队 90%、办事处 5.5%、后方企业人员 4.5%。

1984 年，实行“死级别活工分制”。施工队长技术级别上升为六级，日历工分为 12－14 分，有特殊贡献者可奖日历工分 1－2 分。职工人工费比上年升 3－4 个百分点。办事处国家干部本人工资加驻地全员平均工资额的 60%－90%。

1985－1986 年，施工队承建工程竣工后被评为优质工程的，实行补充分配。被评为省级全优工程的奖工资额 5%－10%，地市级的奖 3%－6%，县级的奖 2%－4%。工人人均年工资：大庆 2445 元，上海 2345 元，山东 2331 元，新疆 2311 元，南京 2289 元，北京 2210 元，徐州 2152 元，苏州 1999 元，无锡 1780 元，淮南 1572 元，县内 1262 元。

1987 年，对施工队管理人员实行工资宏观控制，以防施工队擅自降低工人分配额，提高管理人员分配额。清包工程的管理人员，按职工工资总额 6%－8% 分配；双包工程按 9%－11% 进行分配；经济效益特好，可增加 1%，特差的降低 1%。施工管理人员分 4 个档次，每档内上下浮动 3 分。后方管理人员，按前方施工队相同或相似职务人员的平均工资 60%－70% 提取总额，按评定档次分配。1988 年，按边疆高于内地、外地高于本地、前方高于后方、生产一线职工高于一般管理人员的原则进行分配。企业推行多种形式的经费承包责任制，企业与行政主管部门之间，外出施工队与企业之间签订承包合同，在财务审计后分配兑现。

1989 年，提高施工队管理人员的分配水平。队长、指导员一般为工人平均报酬的 2.5 倍，有特殊成绩者可提高到 3 倍；一般管理人员控制在工人平均报酬的 2 倍；勤杂人员低于工人平均水平。驻外办事处人员的分配，采取基本工资加补贴的办法，补贴标准按地区类别的不同有所区别。

1991 年，施工队管理人员工资分配，最高限额不超过 10 万元封顶线，有特殊贡献者另定，但工人工资比往年有大幅度提高，工人人均年工资：广东 5772 元，北京 5623 元，天津 5412 元，新疆 5252 元，大庆 5060 元，河南 5000 元，无锡 4939 元，山东 4925 元，上海 4791 元，南京 4582 元，县内 4209 元。

1993 年，实行宏观控制、微观搞活，收支相抵的净额综合分配和工程款到账的分配原则。分配前做好收入和支出两个“轧底”工作。具体为：单包工程，将收入总额减去支出总额的余额数的 87%－91% 分配，经济收入特高的工程队，为控制管理人员的分配过高而适当下浮，控制在 70%－80% 分配，施工队管理人员占工人分配总额 6%－8%；双包工程，要经审计核准后的经济收入减去审计后的支出净额，按 85%－89% 分配，经济收入高的施工队控制在 70%－80%，施工队管理人员占职工分配总额 8%－10%。

1996 年，部分建筑企业进行体制改革，实行按劳分配和按股分配相结合原则，未实行股份制改革企业，仍按原分配方法进行。

1997 年，实行定额人工费：包工包料每日 24 元，包工不包料每日 32 元（含管理费），员工每日 27 元（含管理费），因市场经济发展和物价指数提高，实行随行就市。

2000 年，改制后的企业集体资产全部退出，转为民营企业，职工的经济分配由企业承包人向职工支付日历工资，技术工人在 40 元左右，杂工在 22 元左右，施工管理人员在 45－120 元之间。

2001年，随着物价生活指数上涨，职工工资以10%的幅度逐年上升。2005年，项目经理年薪10万－20万元，项目技术负责人、预决算人员年薪5万－10万元，其他管理人员年薪3万－5万元。技术工人大都采用计件定额记工制，以9－10个小时为1个工日，技术组长每日70元左右，技术操作工每日55－65元，普通工人每日30－45元。2008年，管理人员工资维持在2005年水平，技术组长提升到每日100元左右，技术操作工提高到每日80－90元，普通工人提高到每日50－60元。

第六节　后勤管理

一、建筑队伍调运

1979年起，海门建筑队伍少则五六千人，多则万余人，赴东北、西北等地施工，县建筑主管部门指派一名副局长、副经理负责，后勤科具体负责中途转运、联络等工作，并在南京、郑州、兰州、乌鲁木齐、天津、哈尔滨等地设立中转站。相关物品用汽车运往南京后，再由火车转运，一般都先期到达目的地。建筑队伍在农历正月十五左右启程，分批用汽车将工人直接送至南京，再用火车运往目的地。1980年，铁道部批准春冬两次赴东北的调迁由专列运输。

在东北、西北地区的施工队伍，每年10月底至11月上旬返回海门。驻地办事处的后勤专职人员，制定撤离方案，将撤离工人编成班组，指派专人带队，交代途中纪律，确保全员安全返回。在沪宁线及南方的建筑工人回海门时间稍晚些，在春节前10天左右。

1985年后，每年工人往返调运，逐渐转由办事处或施工企业自行组织。

二、职工生活管理

20世纪70年代末，在大庆、新疆等地施工的职工生活条件艰苦，气候变化剧烈，春季蔬菜供应短缺，口粮凭粮票购买粗粮，后勤部门设法办好食堂，尽力使职工吃好。1979年起，队伍出发前，县建筑主管部门通过县委、县革委会（政府）协调有关单位，解决购置施工机具、粮油、副食品及生活用品等问题。粮食部门负责将工人自带的杂粮兑换全国粮票，商业部门帮助购买咸肉、咸鱼、肥皂、洗衣粉等副食品和生活用品。每个工人还可自带不超过25公斤的咸菜、蚕豆、大米等。职工住的帐篷卫生条件差，施工队领导和后勤人员督促职工搞好环境卫生。夜间还组织管理人员查铺，给工人盖被子，确保职工休息。

1985年，粮食供应计划逐步取消，粮油、副食品、生活用品可在当地购买，建筑工人生活条件有所改善。80年代中期，建筑企业重视后勤服务管理。施工紧张时，后勤部门把馒头等小点心送到工地。规模大的施工地设立医务室。条件好的队增设图书馆、电视室、招待所。职工食堂配置电风扇、冰柜、空调以及冰箱、液化气灶等设备。

90年代，建筑施工企业实行标准化后勤管理。工地饭菜注重营养卫生。宿舍区域卫生工作做到制度化、经常化。开展创建文明食堂、文明宿舍竞赛活动，制定实施细则，一月一查，一年一评，奖罚分明，推动工地文明后勤建设。

2002年，南通三建北京五分公司获北京市委宣传部、市建委颁发的“职工业余文化站”铜牌。改制后的民营企业对下属工程项目部采用经济总承包，职工生活管理由各项目部具体负责。

第六章　建筑科技与成果

第一节　技术革新

1973年，县建筑工程公司承建的县化肥厂1000立方米气柜，直径12米，高12.13米，粉刷面积600平方米。为解决钢材奇缺和钢板易腐蚀生锈、需经常维修的问题，在省建筑科研所技术人员指导下，采用混凝土预应力骨架，钢丝网水泥砂浆粉刷，内部另涂防渗漏涂料。84名粉刷技工、45名辅助工在9个小时内一次性粉刷完成，质量符合设计要求。

1981年，余东工程队承建大庆污水提升站工程，系直径6米、高9米、壁厚0.6米，圆井式造型的钢筋混凝土结构，深埋地下9米，采用人工挖土沉降施工，因地表层水位高、流沙多，无法沉降。机修工花新龙经反复试验，采取混凝土井内壁围管高压水冲、泵排泥浆快速沉降法，原需20天的施工期，结果2天完成。此方法后在大庆工地推广应用。

1983年，余东施工队吴克新自制集石子过筛与冲洗为一体的筛洗机，该机由2人操作，每小时可洗8－10吨石子，比人工操作提高工效5倍。瑞祥建筑站大庆施工队装饰地面，采用彩色水磨石的工艺并配以嵌条，做成各种图案，成品地面色彩鲜艳，分色清晰，赏心悦目，得到推广使用。

1985年，国强建筑站驻大庆一队队长姜国彬在装饰工程施工中，合理安排工艺流程，减少重复劳动，使工程省时、省料，又保证质量。同年，秀山第二施工队顾新平在外墙镶贴中，总结出一套外墙玻璃马赛克施工工艺，四周侧边呈现斜面，铺贴时吃水深，与基层黏结牢固，造价便宜。是年9月，厂洪施工一队承建的大庆体校网球屋架，长45米，宽37米，网架自重70吨，由317个空心钢球、1266根不同规格的钢管与1290块形状各异的钢板焊接而成，总拼后网架尺寸误差不超过1.8－2.2厘米。该队根据不同钢管壁厚，准确计算收缩率，掌握温度、风向的变化，随时变换焊接方法和位置，利用砂浆机上的变速箱研制成功破口机，解决钢管与钢球焊接难题。通过40天施工，2012个焊接口合格率99%以上，工程质量符合设计要求。

1990年5月，南通三建九分公司在承建上海锦江大酒店地下室时，采用复合式深基坑结构，即围护、墙板、支撑三作用型，造价降低，工期缩短，工程整体性强，获上海市科技博览会金奖。

1991年，东兴施工队承建山东菏泽华瑞面粉厂8个混凝土筒库工程，筒高31.4米，直径8米，筒壁与顶部的厚度分别为18厘米和24厘米，筒库顶部有操作房。工程队采用滑模施工技术，解决筒顶承受30多吨重量的难题。该工程获南通市科技革新奖。

1994年，德胜施工队承建的1.6万平方米济南火车站地下室工程，采用固定模板连接拉片模板新工艺，从开工到主体封顶，模板无一跑模，混凝土无一处渗漏，当地质监部门给予肯定和推广。

1995年，南通三建七分公司在海南南方大厦施工中，首次采用无黏结钢筋预应力平板、扁梁楼层和碳素钢丝挤压涂塑施工工艺，耗材减少，造价降低，保证进度。

1996年3月，南通三建山东威海项目部施工的威海大厦，地下室二层箱形基础最大埋深7.2米，应用基础围护技术，水平方向上中下设二道钢管支撑，中间设钢支柱。是年，南通三建六分公司在上海金茂大厦主体混凝土结构施工中，进行40米高空主体钢平台组装。平台自重300多吨，最大构件8吨，在确保绝对安全前提下，利用混凝土壁，16号槽钢作为固定搁支点。由26个钢件焊接后成为钢平台整体，其中最难的一块是在吊车下部无法起吊，施工人员采用吊车与人工协调配合方法，将其就位。

20 世纪 90 年代，在北京、上海等地高层建筑中，推行新技术。在混凝土骨架制作中，采用电渣压力焊接、锥螺纹连接、整管冷挤压连接钢筋，替代绑扎连接技术，节约钢材，保证连接质量。在大型混凝土构件中，采用钢管替代钢筋，为增强混凝土构件强度、采用钢筋预应力先张法。在钢筋混凝土大型预制构件中，采用预应力后强法压力灌浆技术。在混凝土模板施工中，采用钢制大模、滑模、飞模、机械安装与拆模技术。混凝土浇灌采用高压泵管道输送工艺及对称振捣技术。在狭窄建筑工地施工时，使用商品混凝土减少混凝土搅拌占用场地。应用大体积混凝土浇筑设备及温控技术，防止因混凝土水化热引起内外温差过大而产生的温度裂缝，确保工程质量。同时，大量应用新材料。采用 JCAT 系列黏合剂，防止高层建筑外墙面砖空鼓；应用新型防水材料，如 851 涂膜防水胶，SBS 防水材料；在室内外用 PVC 和 UPVC 管材，替代铸铁管和镀锌管；外墙面装饰采用仿真喷漆材料，使颜色新颖且牢固；非承重墙用多孔砖及混凝土小型砌块，节约资源，降低能耗；应用胶合木模板，节约钢模投资，加快施工进度，减轻劳动强度，提高工程质量。

2000 年后，根据节材节能、提高质量、增进效益的原则，运用新技术，其中有针对工程实际的地质状况和地形、地貌，采用不同的深基支护方案，做到既保证施工，又降低工程成本；以及采用新型模板和脚手架应用、墙体节能技术、新型钢结构技术应用、工程计算机技术应用、推行新型材料施工法等新技术。

2002 年，市建筑安装工程公司总经理陈祖新与上海浦东新区质量监督总局的专家们共同编写出版《陈祖新施工操作法》，总结自己 10 余年的工作经验与钻研成果，此后又编写出版《陈祖新施工操作法（二）》和《建筑装饰施工》两本书，附有演示施工操作法的录像，受到同行欢迎。陈祖新还编写出版《建设工程施工现场安全生产保证体系管理资料》（上、下册），还与住房建设部撰写《中国住宅工程质量》一书，以指导国内住房建设。

2003 年 10 月，中南集团启用现代信息管理系统，构建网络办公、视频电话会议、远程监控、远程培训、一卡通等子系统，实现企业管理信息数据化、数据自动化和信息智能化。2004 年，中南集团承建的南通体育会展中心钢结构开合屋顶关键技术的研究与应用填补多项国内空白，总体上达到国际先进水平，其中台车的自适应变形调控技术达到国际领先水平。2007 年 12 月通过专家委员会验收，并于2008 年 1 月入选上海大世界吉尼斯总部的“大世界吉尼斯之最”，同时被住建部评为全国建筑行业内唯一的信息系统示范工程。

第二节　建筑成果

一、业绩

20 世纪 70 年代初，海门建筑企业逐渐发展，承建普通建筑、构筑物。1978 －1980 年，共承建竣工面积 129 万平方米，产值 16181 万元，利润 751 万元，建筑业从业人员收益 2181. 18 万元。80 年代，承建一些高、大、难的建（构）筑物。1982 年，江滨工程队承建竣工的山东黄台电厂冷却水塔，高 100 米，淋水 4 万平方米。1987 年，三厂区工程队承建竣工的上海市展览中心主楼，50 层、5. 6 万平方米，是当时海门建筑工人承建的最高、面积最大的工程。至 1990 年，共竣工高、大、难工程 50 项 1473 万平方米，产值 42. 9 亿元，利润 7607 万元，建筑业从业人员收益 6. 37 亿元。

90 年代后，建筑企业技术有新的提升。1995 年，南通三建六公司承建竣工的上海东方明珠电视塔高 460 米。2000 年，华盛公司承建竣工的上海嘉富花园建筑面积最大，14 万平方米；建安公司承建竣工的河北省电信大楼高 43 层。至 2000 年，竣工高、大、难建（构）筑物 261 项 3379 万平方米。2004 年，南通三建 316 处上海队承建竣工的上海世贸国际广场楼最高，60 层。2007 年，南通建筑工程承包有限公司承建竣工的上海兴力达广场建筑面积最大，42 万平方米。2001 －2008 年，竣工高、大、难建（构）筑物 741 项，3472 万平方米。海门建筑企业的资质、管理、技术等方面都有进一步提升，能承建更高、更大、更难的工程。产值、利润和建筑业从业人员收益都超过了 90 年代。

1978 －2008 年海门市(县)
建筑安装主要经济指标一览

表 13 －9　　　　单位:万元

年　份	建安产值	经济收入	其中职工分配占比(%)	利　润
1978	2948	668	58. 70	110
1979	5273	1139	60. 50	256
1980	8199	1528	57. 20	385
1981	10867	2062	54. 00	406
1982	14635	3133	50. 00	632
1983	18695	3828	49. 60	760
1984	22065	5431	54. 30	631
1985	33137	8618	55. 80	1098
1986	45712	12132	56. 20	1175
1987	60611	16325	60. 60	1121
1988	66294	18221	63. 20	882
1989	70681	17765	62. 00	580
1990	75986	18982	60. 00	322
1991	90801	22697	61. 30	585
1992	133413	33353	59. 50	800
1993	217166	54291	53. 30	2460
1994	353703	86649	57. 00	2687
1995	498505	128953	59. 30	2477
1996	572951	140951	54. 90	3538
1997	601444	131680	50. 90	3741
1998	622511	123729	48. 00	3341
1999	657036	153737	75. 70	3861
2000	705672	127687	57. 60	6674
2001	768420	151128	52. 60	7652
2002	912490	186926	46. 50	12773
2003	1090852	224929	63. 80	20375
2004	1636484	277092	62. 90	39666
2005	1747836	424425	63. 60	64112
2006	2290773	618631	67. 18	99497
2007	3035673	782644	69. 21	116524
2008	3603101	829176	67. 99	222731

说明:2004 年起,经济收入改为增加值

二、国家级工程奖

1986 年,南通三建 307 处在大连联营分包九州饭店土建项目,1990 年竣工。该工程获中国建筑施工企业协会颁发的优质工程银质奖。1993 年 3 月,海门一建十处(三阳)与平山队参建双包大庆府民小区工程项目,当年竣工。1994 年,因为参建也获“鲁班奖”。这是海门建筑企业第一次获参建的国家建筑质量最高奖。1995 年,海门建筑安装工程公司陈祖新项目经理部以独立双包形式承建上海仁恒广场 2 号楼,1996 年获“鲁班奖”。这是海门建筑企业独立承建的建筑,第一次获得完整的中国建筑质量最高奖。此后,企业注重建筑工程质量,创立品牌,至 2008 年,以参建、双包、分包等方式承建工程获得国家级建筑工程奖 37 项,其中“鲁班奖”30 项,国家优质工程银奖 5 项,质量一等奖与优质样板工程奖各 1 项。

图 13 －4　2002 年,德胜建筑队参建的青岛海悦广场公寓楼获“鲁班奖”　(2002 年摄)

1986－2008 年若干年份海门市(县)建筑企业承建工程获国家级工程奖一览

表 13－10　单位:平方米

承建时间	工程名称	建筑面积	施工形式	获奖名称	颁奖单位	获奖时间
1986	大连九州饭店	43850	参建	国家优质工程银奖	中国施工企业协会	1990
1990	上海宝林七村 701 号楼	3400	双包	质量一等奖	国家建设部	1991
1992	海口龙珠大厦	33040	参建	优质样板工程	国家建设部	1993
1993	大庆府民小区	20000	参建	鲁班奖	中国建筑业协会	1994
1994	大庆悦园小区	47675	参建	鲁班奖	中国建筑业协会	1995
1994	石家庄联盟小区	25000	参建	鲁班奖	中国建筑业协会	1995
1992	青岛海关业务技术楼	26700	参建	鲁班奖	中国建筑业协会	1995
1995	上海仁恒广场 2 号楼	15968	独立双包	鲁班奖	中国建筑业协会	1996
1995	北京国家税务总局科研业务楼	26800	总承包	鲁班奖	中国建筑业协会	1997
1993	广西北海市香格里拉大酒店	58152	参建	鲁班奖	中国建筑业协会	1997
1995	青岛卷烟厂厂房	40000	分包	鲁班奖	中国建筑业协会	1997
1995	济南轻骑集团发动机厂房	50000	参建	鲁班奖	中国建筑业协会	1998
1997	山东省广电厅高层住宅楼 B 座	23800	参建	鲁班奖	中国建筑业协会	1999
1994	天津万科城小区	126500	承建	国家优质工程银奖	中国施工企业协会	1999
1996	北京新侨饭店	27584	参建	国家优质工程银奖	中国施工企业协会	2000
1996	上海建工锦江大酒店	20000	联营双包	鲁班奖	中国建筑业协会	2000
1997	青岛天泰广场 A 座	31000	参建	鲁班奖	中国建筑业协会	2000
1998	南京 50 万立方米/日轻油制气工程	–	参建	鲁班奖	中国建筑业协会	2000
1998	济南市泉城广场	52000	承建	鲁班奖	中国建筑业协会	2000
1997	济南舜玉花园 Y9 号楼	56000	参建	鲁班奖	中国建筑业协会	2000
1998	南京秦虹综合楼	26553	参建	鲁班奖	中国建筑业协会	2001
1999	新疆巴音郭楞州电力调度大楼	23000	联营双包	鲁班奖	中国建筑业协会	2001
1999	北京盛世大厦	68425	参建	鲁班奖	中国建筑业协会	2001
1999	北京市第二中级人民法院审判楼	22766	参建	鲁班奖	中国建筑业协会	2002
2001	青岛海悦广场公寓楼	45000	参建	鲁班奖	中国建筑业协会	2002
1998	南京广电大厦	41000	参建	鲁班奖	中国建筑业协会	2003
1997	上海仁恒滨江园一、二期	212024	承建	鲁班奖	中国建筑业协会	2003
2003	大连北方金融中心	43000	参建	国家优质工程银奖	中国施工企业协会	2006
2003	上海都市总部大楼	48500	参建	鲁班奖	中国建筑业协会	2006
2004	西宁电信大楼	18000	承建	鲁班奖	中国建筑业协会	2006
2004	大庆铁人王进喜纪念馆	20011	承建	鲁班奖	中国建筑业协会	2007
2004	山东检验检疫局综合办公设施	44000	承建	鲁班奖	中国建筑业协会	2007
2004	南通体育会展中心	157654	承建	鲁班奖	中国建筑业协会	2007
2004	龙湖水晶丽城二期 K27 号商业综合楼	82000	承建	鲁班奖	中国建筑业协会	2007
2005	三亚凯宾斯基度假酒店	59177	承建	鲁班奖	中国建筑业协会	2008
2004	常州九洲广场	85000	承建	国家优质工程银奖	中国施工企业协会	2008
2005	青岛奥帆中心	12000	参建	鲁班奖	中国建筑业协会	2008

三、省(市、区)级工程奖

80年代,全国省(市、区)级建筑工程奖获奖名称为样板、全优、优质工程。80年代后期,有些省、市将省级工程奖分别冠以专门名称,如江苏"扬子杯"奖,上海"白玉兰"奖、"浦江杯"奖,北京"长城杯"奖,天津"海河杯"奖,山东"泰山杯"奖,重庆"巴渝杯"奖,一些省、市称省金、银质奖,用户满意奖等。

1980－1990年,海门建筑企业获省(市、区)级工程奖82项。1991－2000年,获省(市、区)级工程奖224项。2001－2008年,获省(市、区)级工程奖316项。

1980－2008年海门市(县)建筑企业承建工程获省(市、区)级工程奖一览

表13－11　　单位:项

年　份	获奖数	年　份	获奖数	年　份	获奖数
总计	622	1989	19	1999	37
1980	1	1990	30	2000	20
1981	1	1991	29	2001	16
1982	8	1992	22	2002	16
1983	2	1993	21	2003	28
1984	10	1994	12	2004	40
1985	1	1995	22	2005	42
1986	1	1996	29	2006	60
1987	6	1997	19	2007	59
1988	3	1998	13	2008	55

1980－2008年海门市(县)建筑企业承建工程在各地获省(市、区)级工程奖一览

表13－12　　单位:项

时　间	合计	获　奖　地													
		上海	北京	山东	天津	黑龙江	江苏	辽宁	新疆	重庆	河北	青海	安徽	海南	内蒙古
合　计	–	221	108	85	61	42	42	18	10	8	3	3	2	1	1
1980－1990	82	25	1	13	1	16	18	–	6	–	2	–	–	–	–
1991－2000	224	99	41	20	31	19	9	4	1	–	–	–	–	–	–
2001－2008	316	98	66	53	32	7	27	14	3	8	1	3	2	1	1

第十四篇

商贸服务业

宋代，通东一带海涂辟有盐场，大批移民落户于此，从事制盐、渔业和种植业。外地客商纷至沓来经商，逐步形成商贸市场。明正德元年(1506)后，海门境内受海潮影响，土地冲坍，居民转移，商贸活动渐歇。

清代中期，商业渐兴。末期，境内有大小商户7000余个，经营大豆、花纱布、木材、南北货、杂货、食品、客栈等业，遍及茅家镇和天补、麒麟、三阳、包场、四甲等大小集镇。民国21年(1932)，国民政府提倡兴办供销合作社，当年办社12个。日本侵略军侵占海门后，商业遭破坏，各大商户携资避难南通、上海等地，部分小商小贩被迫歇业，市场凋敝。

民国28年，县境抗日根据地永平乡(今三阳镇永平村)创办第一个供销合作社。随后，东南收布办事处和东南滨海商店相继建立，新生的商贸机构组织收购和供应抗日前线所需军粮、军棉等物资，及解放区军民的生产生活必需品。抗日战争胜利后，商业一度复兴，国统区后因通货膨胀，导致再度衰落。

1949年，县政府在重点发展国营、合作商业的同时，积极扶持个私商贸服务业。全县有零售网点5680个，餐饮业网点1137个，社会消费品零售总额1055万元。1953年4月，国营、供销合作社商业实行城乡分工，批零分开，商品分工经营。年底，粮、棉、油等商品实行统购统销，商品流通步入计划经济轨道。1956年，对全县私营商业进行社会主义改造，有3829户个私商户走上合作化道路。1958年，在"大跃进"、人民公社化运动期间，县商业局与县供销社合并，基层供销社划归公社管理，合营合作商业转为大集体企业，商业网点明显减少。1959－1961年三年困难时期，多种商品凭票供应，城乡居民口粮紧缺，集贸市场萧条。1962年，贯彻"调整、巩固、充实、提高"八字方针，流通市场得以复苏。

1966－1976年"文化大革命"期间，商贸机构和管理体制变动频繁，一批集体商业人员下放务农，传统的为民服务项目遭批判，粮油等农副产品市场被关闭。

1978年后，商品流通打破计划经济体制，多种经济成分、多种流通渠道、多种经营方式并存，商业网点不断增加，经营品种和价格逐步放开，市场逐步开放，粮、油、棉、钢材、木材、石油等商品敞开供应。1990年，全县有商业零售网点1.5万个，集贸市场41个，社会消费品零售总额6.37亿元。

1992年，市场进一步开放，农民大批进城经商，发展民营商业。国营、集体商业举债投入，建大型商场，参与市场竞争。同年，海门被国家统计局列为全国商品零售总额百强县(市)第71位。1997－2000年，商业、粮食、物资、供销等系统国营、集体商业企业连年亏损。为盘活资产，将商场、门面出租变卖。与此同时，外地客商陆续进驻海门，与市内个私商户一起承租商业阵地，开办大型商场、超市、连锁店，使全市各地尤其是市区商贸服务业面貌一新。2005年，海门被美国《福布斯》杂志列为中国最佳商业城市，排行第88位。2008年，有商业零售网点1.65万个，餐饮服务业网点3866个，各类市场54个，社会消费品零售总额126.81亿元。

第一章 商贸经济结构

第一节 国 营

抗日战争时期，县境抗日根据地建立东南收布办事处和东南滨海商店。民国34年(1945)，收布办事处和滨海商店合并为东南公营公司，驻地三阳镇。是年11月，公司迁至聚星镇，成立东南公营总店，原址三阳改为支店，另设吕四、海复、汇龙支店。民国35年2月，东南公营总店改称东南江海公司，收购及推销粮食、棉花、油料、土布等农副产品，到国民党统治区采购日用商品、医药器材等军民用物资。后因战争形势严峻，江海公司转移到农村，坚持流动经营。民国36年5月，江海公司奉命撤销。次年3月，在聚星镇成立大东商店。民国38年1月，海门全境解放，大东商店一部迁至茅家镇，改名江海贸易公司。

1950年5月，江海贸易公司撤销，分别建立中国百货公司海门办事处和中国粮食公司海门办事处，后设花纱布、烟酒专卖、土产等专业公司，从事商品批发；设三厂、茅镇粮油供应站，负责城镇居民粮油供应。1952年，国营商业有专业公司6个，零售网点11个，职工229人，零售额449万元，占社会消费品零售总额16%。1953年，各集镇设粮站，开展粮油统购统销。1956年，私营商业的社会主义改造完成后，有百货、专卖、纺织品、煤炭、药材、食品、油脂、贸易等10个公司，下设18个批发站，增设5个零售商店，7个收购单位。是年6月，成立县商业局，统一管理全县国营商业。8月，百货公司设石油批发部。1958年4月，县商业局下设工业生产资料、农业生产资料、棉百杂货、副食品、农副产品采购经理部，公私合营商业归商业局管理。1961年2月，成立县物资管理局。原商业局系统经营的五金、机械、化工、木材、石油、毛竹、煤炭由物资管理局综合经理部经营，下设青龙港、四杨2个物资站。1962年1月，建立县纺织百货公司(后改称百货公司)、县副食品公司(后改称糖业烟酒公司)、县水产供销公司、茅镇国营商店和县纺织百货公司茅镇、包场、悦来批发商店，县副食品公司茅镇食品转运站。同年12月，增设县五金交电化工公司、县食品公司。1964年1月，撤销物资局综合经理部，建县物资综合公司和县煤炭石油公司。1965年9月，撤销物资局，县物资综合公司属县计划委员会领导，煤炭、石油经营业务由商业局管理。

“文化大革命”期间，商业机构及管理体制多次变动。1966年，公私合营商业全部转为国营商业。1968年10月，煤炭、石油公司与物资综合公司合并成立县物资供应站。1969年，国营商业有生活资料供应公司和煤炭石油、五金机械、饮食服务、三厂、麒麟、青龙港、包场、四甲8个国营商店。县物资供应站与县农机供销站合并成立生产资料供应公司。1971年7月，重建县物资局。9月，重建县商业局，下设农业生产资料公司、农副产品公司、日用杂品果品公司、药材公司、糖业烟酒公司、食品水产公司、五金百货公司。1975年，重建县煤炭石油公司(同年更名为燃料公司)、生产资料服务公司、木材建材公司、金属机电设备化轻公司。1978年10月，石油公司从燃料公司析出，划归商业局领导。

1979年1月，县商业局与县供销合作社分开，商业局下辖百货公司、五交化公司、糖业烟酒公司、医药公司、食品公司、蔬菜公司、饮食服务公司。1980年，国营商业系统有网点66个，干部职工1470人，固定资产原值140.08万元，商品零售额7419万元。占社会消费品零售额40.8%。

1981年1月，县石油公司与燃料公司再次合并为煤炭石油公司，划归物资局。同年，建立粮油议购议销经理部，开展议价收购和销售粮油。全县有粮库、站、店49个。1983年6月,建县金属回收公司。1984年1月,医药公司划归县经济委员会。同年,烟草经营批发业务从县糖业烟酒公司划出,由县烟草专卖公司经营。1985年,县百货公司经营的纺织品类批发业务划出,成立县纺织品公司,归县纺织公司管理。是年,国营商业有职工1359人,商品零售总额1.01亿元。1986年,县石油公司从燃料公司划出,归县计委。撤销县金属机电化轻公司,建金属材料、机电设备、化工轻工公司。1988年1月,县木材建材公司分建为木材和建筑材料公司。1989年4月,建生产资料交易市场(物贸中心)。1990年,商业局系统下辖公司8个,网点58个,干部职工1788人,零售额7176万元,占社会商品零售额的9.9%。是年,县物资局系统下辖公司6个,物资供应站6个,物资加工厂4个,有职工884人,物资销售额1.77亿元,进入全国县级物资系统百强行列。

1993年4月,粮油价格放开后,县建粮食集团公司,组织粮油经营,粮商企业由计划经营转向市场调节。同年,建立县物资集团公司,与物资局合署办公。撤销县蔬菜公司。1994年,县商业局系统下属各单位对网点设施进行改、扩建。市五交化公司负债投资4800万元,兴建华联商厦,1995年9月竣工开张。市百货公司负债投资3600万元,扩建百货大楼,1995年10月竣工开张。1995年年底,市商业局系统有干部职工2504人,公司10个,网点63个,零售额2.15亿元,占社会消费品零售额的9.42%,固定资产原值4187万元,实现利税366.4万元。

1996年11月,市商业局更名为市贸易局,撤销市物资局,建市物资总会。同年,国营商业企业由于盲目投资扩建商场,负债经营,大量占用流动资金,使企业无力运转,出现全行业亏损,亏损额1850万元,跌入历史低谷。全市物资销售额由1994年的4亿多元降至2亿多元,效益严重下降。

1997年10月,市五交化公司歇业,在册职工460人待岗,负债4199万元。1998年,市百货有限责任公司停业,在册职工483人待岗,负债6000万元。三厂钟楼有限公司、四甲商业公司、市糖酒公司、饮服公司处于半停业状态,企业职工拿不到工资,集融资款无法偿还。是年,全系统实现社会商品零售额9481万元,比上年下降43%。当年亏损1006万元,累计亏损4024万元。同年10月,华联商厦出租给南通文峰大世界,租赁期10年。1999年,百货大楼出租给上海农工商超市集团公司,租赁期15年。2001年,对商业、物资、粮食系统企业全面改制,12个国营商业流通企业先后买断工龄、置换劳动关系的干部职工1208人。15个物资流通企业中,实行资产和职工身份"双置换"的8个,企业注销、职工买断工龄的5个,实行破产1个,转让重组企业1个,置换终止职工劳动合同527人。16个粮食流通企业置换劳动关系1298人,留岗208人。同年,撤销市贸易局、市物资总会,成立市贸易办公室、物资办公室,隶属市发展计划委员会。

2005年,全市国营流通企业体制改革基本结束,所剩行政留守人员负责企业剩余资产和各类人员管理,处理遗留问题。国营商业企业除专卖专管行业外,仅有食品公司仍正常运转,有职工318人,固定资产原值626万元。2008年,该公司有职工240人,销售收入2726万元,企业呈亏损状态。

第二节　集　　体

1955年7月,在茅家镇进行私营商业改造试点,13家百货商店在自愿基础上,组成茅家镇百货合作商店,为县内第一个集体性质的合作商店。1956年2月,多数私营商业户参加合作商店(组)和供销商业下属经销代销店。是年,集体商业有职工5246人,销售网点1062个,固定资产原值14万元,销售额815万元。1958年,合作商店大撤并,所有公私合营商业和合作店(组)并入国营和供销社系统商业,商业网点减少。1961年4月,调整合作商业,将并入国营商业和供销社的合作店(组)划出,独立经营,单独核算。10月,全县恢复合作商店187个,合作饭店71个,合作服务业64个,农村供应点100个。除茅家镇、三厂镇合作商店由商业局管理外,其余由县供销社管理。1971年11月,全县进行商改,198个合作商店并入国营商业和供销合作社,其余为代购代销店(双代店)。集体商业人员下放农村务农651人,下放到农村代购代销店703人,同时其家属子女下放农村1524人。1973年，在商改中下设的“双代店”改为合作商店下伸店。1975年9月，在商改中并入国营商业和供销社的合作商业重新划出，由国营商业专业公司和供销合作社代为管理。1979年，为支持集体商业发展，海门镇、三厂镇从国营商业中转让12个门市部；供销社从汇通、八字桥、五里墩、二匡等边缘小镇划出120个门市部给集体商业经营，职工享受国营商业、供销社职工同等待遇。1980年，集体商业有百货、五金、日杂、卷烟、水果、副食、饮食、理发、浴室、照相、旅馆等行业，商品零售额占社会商品零售总额的75.9%。是年，县境内出现村办饭店1个，社会团体办商业2个。1982年，海门镇、三厂镇、青龙港成立集体商业管理委员会，农村以乡镇为单位成立集体商业总店，领导和管理集体商业。1985年3月，县供销社成立集体商业联合公司，对乡镇集体商业总店实行全面管理。是年年末，全县集体商业有网点2388个，从业人员8145人，商品零售额1.13亿元，占社会商品零售总额31.1%。1990年，有集体商业机构1545个，网点2623个，其中，商业系统80个、供销系统1764个、部门和村（街道）办商业779个，固定资产原值和流动资金1.3亿元，从业人员1.44万人，商品零售额2.32亿元，占全社会消费品零售总额36.42%。

1993年，供销系统集体商业进行“公有民营”试点，对24个边缘小型微亏门店实行抽资承包，逐步把库存商品、资金收归集体。1995年，青龙港集体商业进行转制试点，创立股份合作企业。1997年，海门、三厂、青龙港三地集体商业全面实行租赁、转让、抽资承包。通过招投标，将门市、柜台出租给职工或店外人员经营。1999年年末，供销系统集体商业抽资柜组845个，占总数97%，收回资金3000万元，分流职工1900多人，所有职工成为自主经营、自主分配、自我完善、自我发展的经营者。2000年，集体商业有网点587个，其中商业局系统47个，供销系统540个，部门和村（街道）办商店经改制，转为个体或私营商店。2000年下半年，供销系统集体商业通过公开招标，吸收外地连锁超市及民营企业家进驻狮山、海兴等商场门店租赁经营。2003年，商业局系统集体商业对职工身份、资产“双置换”改革基本结束，置换买断工龄人员131人，支付补偿金160万元，内退职工154人，行政留守人员18人，负责管理资产，处理改制遗留问题。2004年，商业与供销系统集体商业出租商场、门店营业面积1.67万平方米，租金收入690万元，其中收取社会租金428万元，内部职工租金262万元。2005年，全市集体商业共有网点335个，其中商业局系统46个、供销社系统289个，全部出租给个体经营，集体商业名存实亡。2006－2008年，集体商业留守人员重点做好资产出让和租赁工作。供销系统集体商业年资产出租收入500万元，商业局系统集体商业年资产出租收入200万元。

第三节　供销合作

民国21年（1932），国民政府提倡发展供销合作商业，当年成立合作社12个。

民国28年冬，抗日根据地的永平合作社在海四区永平乡（今三阳镇永平村）汤文通宅诞生，共收股金100银圆（每股1银圆），经营糖烟酒、杂百货。1949年1月，东南行署在聚星镇组建供销合作性质的东南生产推进社，收购皮棉、杂粮等，运往南通、如皋等地，用于交换大米。

1949年10月，成立县合作总社。1950年，入股1.45万人，股金2.65万元，职工191人，当年销售额75万元。是年，在聚星、三阳、五里墩、十甲、三厂、张家、天补等镇相继建立供销合作社。同年，供销合作社协助政府做好售粮救灾工作，支持农民从事副业生产和生产自救。1951年2月，召开第一届社员代表大会，改称苏北海门县合作联合社。

1954年11月，改称县供销合作社，下设经理部3个，基层社22个，分销处43个，人员从解放初的51人发展到1035人，群众投股15.82万股，股金20.72万元。是年，供销社创利86万元。1956年，全县有基层社15个，供销站43个，代购代销店336个。农村商业网络基本形成，供销社成为农村商品流通的主渠道。

1959年，基层供销社人员、财产全部下放到公社管理。11月，增设区合作办事处5个。1962年，县供销合作社恢复社员代表大会制度，设理事会、监事会。建立农副产品、土产杂品、生产资料专业经营部，增设贸易货栈，将29个基层社调整为15个中心社，并按城乡分工的原则，供销合作社负责农副产品收购和农业生产资料、日用杂品、农村日用工业品的供应。

“文化大革命”期间，供销企业受冲击，管理混乱，经营品种单一，服务质量下降。1969年，基层社恢复以公社建社，全县建基层供销社（时称购销社）30个。1971年年底，全县农村合作商业并入基层购销社，400多个经销代销店全部改成生产大队代购代销店。同年，各基层社建立“贫下中农管理委员会”（简称贫管委）以替代社员代表大会制度。全县各生产大队选派177人组建县贫管委。1975年，贫管会消失。

1979年，供销社开展清股分红、增股扩股和企业整顿工作，健全各项规章制度。是年，入股17.1万人，股金47.26万元，固定资产原值1383.51万元，流动资金3016.85万元，商品销售额1.98亿元。1983年，扩大社员股金比重，恢复社员代表大会制度，按集体所有制性质组织经营管理。

1987－1990年，县供销社新建商场14个，在县城新建供销大厦和狮山、海兴2个商场，营业面积5950平方米。1990年，县供销社下设供销大厦、农业生产资料、棉麻、土产、日杂果品、物资回收、出租汽车运输公司和基层供销社30个。是年，供销社入股11.1万人，股金1217万元，固定资产原值3521.39万元，流动资金4748.8万元。商业网点1409个，职工5139人，代购代销员149人，商品销售总额4.01亿元。

1992年，扩大商品经营范围，开拓建材物资经营项目，完成商品销售额5亿元。1993年，组建县供销集团总公司，与县供销合作总社两块牌子、一套班子。供销集团总公司由83个企事业单位组成，拥有固定资产6940万元，流动资金2.22亿元，职工8403人。1994年，县供销社学苏南、赶靖江，开展“创优杯”“翻番杯”社会主义劳动竞赛，培育销售超5000万元以上骨干龙头企业14个，商品销售额突破15亿元，综合经济效益1280万元，被评为全国县级百强供销社之一。1995年，供销社系统结合旧城改造，扩大商业网点建设，拆除旧房5.6万平方米，投入资金1.2亿元，新建扩建商业用房9.6万平方米。是年末，商品销售额24.15亿元，增幅为南通市供销社系统第一，全省排名第11位。

1998年，由于举债投入网点建设，资金流转极度困难，加之市场竞争激烈，购买力分流，商品销售比1997年减少10亿元。亏损企业37个，亏损额1320万元。1999年，市供销社积极做好企业改革解困工作，通过多种渠道偿还社员股金。年末，社员股金的总额由1997年年初的1.45亿元下降到6000多万元。

2000年，市供销社有公司7个，基层供销社29个。干部职工4578人，总资产4.95亿元，负债4.1亿元，亏损总额1.03亿元，累计亏损7.31亿元，亏损企业38个，严重资不抵债12个。2001年始，为遏止亏损，摆脱困境，对37个流通企业实施改制，2个企业依法破产。盘活资产9575万元，分流人员3294人，支付补偿金1942.7万元，偿还社员股金2518万元，抵偿银行贷款9627万元。

2002年，市供销社转变观念，将工作重点转向为农业、农村、农民服务，组建为农综合服务社19个，开设“庄稼医院”、超市、农民休闲娱乐等各种服务场所及便民项目。2003年改制结束，基本实现减债、减亏、减负，一举扭转7年亏损局面。2004年3月，与乡镇撤并同步，设基层社21个、公司5个，组建棉花、农资、物资回收、烟花爆竹4个行业协会，加强行业指导。是年，实现商品销售额3.1亿元，利润超百万元。2005年，市供销社建立为农综合服务社77个，以农为本，对农业、农村、农民实行综合性服务，被省社评为先进供销合作社、基层社建设先进单位，省有关部门到海门调研，山东省及省内市县到海门学习交流经验。2006－2007年，市供销社整合、改造、重组资产，推进“三社”①建设。投入1000多万元在三厂、三阳、余东等社改造、新建商场6400平方米，标准厂房7000平方米，为农民及下岗职工提供就业岗位1500个。投入400万元建办为农服务社（中心）120个，牵头成立农民经纪人协会，组建农民专业合作社24个。2007年，市供销社蝉联全省供销系统十强县级供销社，在南通市供销系统综合业绩考评中获特等奖，并获市委、市政府特别贡献奖、记集体三等功。中共中央委员、中华全国供销合

① 三社：为农服务社、专业合作社、基层供销社。

作总社党组书记周声涛专程到海门调研，省供销合作社主任袁静波到包场供销社考察。2008年，市供销社系统共有企业24个，为农服务社（中心）147个，农民专业合作社27个。同年，组建嘉信信用担保公司，创利411万元，获省基层社改革与发展先进单位、为农服务建设先进单位称号。

图14－1　2007年，市供销合作社建立的正余镇瑞丰村为农服务社（2007年摄）

第四节　民　营

一、私营

旧时，海门境内私营商业以经营粮食、油饼、花纱、布匹、百货、南北货、木竹铁器及副食品为主。1949年，全县有各类私营商户4024个，其中商店2597个、行商摊贩147个、其他商户1280个。茅家镇是全县经济贸易中心，全镇有商户609个，其中经营花纱布37个、南货业71个、油麻业30个、茶食业9个、京货业13个、木行2个、旅馆9个、中西药业6个、百货业25个，其余为五金、铁木、纸张等店铺。较大的商户有森大源木行、沈悦来薄荷收购处、义成火油公司、王远大酒酱店、陆鼎鑫棉布店、大东绸布店、南炬成油米行、朱协和茶食店、元生杂货店、陶万元丝线店、施祥茂文具纸张店、徐双成花行、天生德药店等。三厂镇有王万仁米行、薛同仁棉布店、黄大生药店等。这些商号资金雄厚，批零兼营，本大利厚，森大源木行拥有资金27万银圆。王远大酒酱店前店后作坊，年贮存陈酒300缸，制酱耗用黄豆800余石，酿酒用米数量更为可观。南炬成油米行经营粮食、油饼，常年雇用10多条木船，往返于海安、二甲、茅家镇之间运输粮食等货物。义成火油公司为几家合资经营，南通、启东等地设有分店。

1950年上半年，海门灾荒严重，市场清淡，部分私营商业消极经营，缩小经营范围，转移资金，有的自行关闭。1951年，米粮、花纱布、酒酱业等行业经批准歇业24户，自行闭歇41户，转业6户。1952年，县对私商在税收和信贷资金等方面给予扶持，先后组织工商界代表120余人，参加上海、杭州、扬州、南通等城市召开的物资交流会，总成交额41.5万元。同年，根据党和国家对商业资本家采取利用、限制、改造和赎买政策，对抽逃资金、偷税漏税、偷工减料、弄虚作假者进行教育帮助，严重者依法惩处。是年，县向私营工商户发放贷款18万元，私营商业发展到4388户，占全县商业网点总数90%以上，私营商业零售额占社会消费品零售总额64.5%。

1953年11月，国家对粮食实行统购统销，全县粮商170户，除27户为国家粮食部门代销外，其余分别转营他业。1954年，实行棉花统购和棉布统销，全县私营棉布商93户，转为代国家经销23户，代销店22户，转营他业24户，转入农业24户。百货、烟酒、杂货等私商相继同国营商业和供销合作社建立批购和经销关系。是年，全县有私营商业4699户，从业人员7213人，固定资产原值66.22万元，流动资金80.34万元，商品零售额占社会消费品零售总额20%。

1955年5月，贯彻党的统筹兼顾、全面安排、积极改造的方针，国营商业撤并零售门市部27个，供销合作社撤销消费合作社1个、供应店3个和门市部32个，用于扩大私商经营阵地，并采取降低批发起点、商品代销等手段，扶持私营商业的正常经营。是月，私营商业商品零售额在社会消费品零售总额中占比上升到38.9%。9月，成立对私改造办公室，调查全县私营商业基本情况。年底，全县私营商业4309户，从业人员5788人。

1956年，私营商业接受社会主义改造。1月，茅家镇600户私营商业实行全行业公私合营或合作化。2月，全县3829户私营商业走上合作化道路，其中315户组成30个公私合营商店，从业人员600人；2545户组成191个合作商店，从业人员3555人；564户组成64个合作小组，从业人员631人；405户为国营商业的经销代销户。公私合营商店和合作商店分别归口国营商业和供销合作商业，对公私合营的私方股金实行赎买政策，付给定息。当年入股股金34万元，年息5%，并保留私营业主高薪。对合作商店(组)人员股金，实行年度分红。合作商店实行统一经营、统一核算、共负盈亏；合作小组实行联购分销，各负盈亏。全县有357名资方人员安排担任公私合营商店、合作商店(组)的经理、副经理、组长等职。此后一段时期内境内无私营商业企业。

1984年，粮油在完成统购、超购任务后，实行多渠道经营。余东镇旭升商行开业，时为粮食开放经营后首家私营粮食商行。1988年6月，国务院颁布《中华人民共和国私营企业暂行条例》，允许私营企业在法律规定范围内存在和发展，全县私营商业迅速发展。1989年，有私营商业45个。1990年，有私营商业87个，从业人员1824人，注册资金536.7万元。

1992年，有私营商业、服务业107个，从业人员2074人，其中雇工1894人，比1991年增加809人。1993年，县鼓励有实力的个体私营大户购买、租赁、兼并长期亏损的国有、集体企业。是年，有私营商业129个，从业人员2991人，注册资金1860万元。1995年，全市私营商业290个，零售额7885万元，比1994年798万元增长8.88倍。1998年，私企集团文峰大世界租用市五交化公司华联商厦，9月开门营业。1999年7月，上海农工商超市租用市百货大楼的海门连锁超市开业。9月，海门双爱黄金珠宝行开业。2000年，海门亚萍布业有限公司、佳美超市有限公司、三厂金叶超市等民营商业先后开业。

2001年，继续扶持个体私营经济，除国家禁止或限制经营品种外，一律放开经营。当年新增私营企业494个，累计全市私营企业1801个，从业人员2.82万人，注册资金9.89亿元。2003年12月，市区南海路南通光华国际大酒店竣工营业，该酒店投资总额1亿元，为全市商贸服务企业中规模较大的民营企业。2006年，三和镇政府在市区人民西路三和工业园区牵头建成汽车经销民营企业一条街。别克、尼桑、丰田等5个品牌汽车4S店进场营业。2007年4月，张家港市法莱尔服饰总公司租用供销大厦，开办海门法莱尔服饰广场，营业面积1万平方米。2008年，全市私营商贸企业1.84万个，其中规模以上私营商贸餐饮企业37个，市外进驻12个。

二、个体

旧时，海门境内小商小贩活跃，“货郎担”“糖烟担”走村串户，推销商品。品种有针线、纽扣、糖块、香烟之类，小本经营，方便灵活，多与顾客的旧铜烂铁、废纸破布等物交换。集镇有个体商店，俗称“夫妻老婆店”，经营油盐酱醋、香烟火柴等商品。生意清淡，营利微薄。

新中国成立初，全县个体工商户3930个，从业人员4221人，资金9.69亿元(旧币)。1955年，扶持个体商业，经商户发展到4423个，从业人员1.03万人，资金205.1万元。1956年，大部分小商小贩走合作化道路，进店从业。1965年，全县个体商户仅剩197户。“文化大革命”期间，个体商户被当作“资本主义尾巴”受到批判。1970年，全县有证个体商业只有5户。1971年，把个体商业人员下放到农村务农。1979年，对个体工商登记束缚较多，控制颇严。发证范围仅限于修理业、手工业、服务业、小型零售商业。对象局限于城镇无业人员和待业青年，严格控制农民进城从事第三产业，个体经商户发展相对缓慢。1982年，随着改革开放的深入，全县个体商户发展到825个。1984年，个体商户猛增到1.16万个，零售额2940万元，占社会商品零售额9%，每个自然村有纯商户3个以上，处于饱和状态。1985年，个体有证商户1.04万个，从业人员1.17万人，其中从事贩运人员4883人。1988年，对个体纯商业发展进行控制，除特殊照顾对象外，个体商户纯商业停止发展。是年，个体商户零售额9984万元，占社会商品零售总额14.9%。1989年，因网点偏多、生意清淡，少数个体商户歇业，有证个体商户数下降33%，从业人员下降39%。1990年，全县个体商户1.05万个，其中商业8276个，饮食业803个、服务业1464个、零售额1.4亿元，占社会商品零售总额19.3%。

1991年，引导个体商户从事拾遗补阙、方便人民生活的行业，个体商户有所发展。1992年，全县个体商户1.46万个，近2万人。1995年，个体商户商品零售额7.81亿元，占社会商品零售总额32.4%。1996年，集镇建农民街，增加营业用房

11.2万平方米，发展个体商户2100个。1997年10月，大千商贸城建成开业，有个体经营户450个。

2000年，全市有个体工商户2.48万个，从业人员4.27万人，注册资金3.42亿元。2002年，进一步放宽个体工商户登记条件，全市新增个体工商户7683个，增加从业人员8432人，个体商业零售额21.52亿元，占社会商品零售总额45.73%。2003年，发展个体经济、扶持失业人员再就业的各项优惠政策出台，开辟“绿色通道”扶持下岗失业人员和其他帮扶对象630个，为292个持有再就业优惠证的下岗失业人员免费办理工商营业执照。2004年，北上海国际装饰城开业，入驻各类建筑装饰材料个体经销商和代理商200多个，年成交额4亿元。2005年，全市有从事农副产品、房地产、中介服务、二手房等各类经纪人2512人，其中农民经纪人998人，专业经纪人1514人。2007年，个体商业零售额80.51亿元，占社会商品零售额78.58%。2008年，全市净增个体工商户4800个，累计登记个体工商户4.1万个。

第二章　生活资料经营

第一节　日用百货

清代，经营百货又称京广杂货、洋广杂货、华洋杂货。民国初年，全县百货业30余户，经营品种有煤油、火柴、肥皂、香烟、鞋帽、毛笔、文具等。王大恒商号为茅家镇百货业之首，商品来自上海、无锡、苏州、南通等地，少数商品自行加工。民国28年(1939)，茅家镇朱厚堃笔庄内设作坊，制作出售斗笔、紫狼小楷笔、中华狼毫笔、普通大小楷笔，销往南通、如皋、崇明等地。解放前夕，全县有百货商号91户，其中茅家镇35户。

1950年5月，由中国百货公司海门县办事处经营百货，以批发为主，零售为辅。货源主要从南京、上海、苏州、无锡、南通二级批发站购进。1952年，百货公司在境内增设批发站4个，零售门市部7个，销售额逐年上升。1958年，商品按行政区划供应，部分商品凭券定量供应。1962年，凭商业部门甲种券和乙种券供应胶鞋、热水瓶、肥皂、搪瓷脸盆等。“文化大革命”期间，流通渠道单一，日用百货货源紧缺，供应尤为紧张。1978年后，放开商品供销渠道，日用百货计划商品减少。1984年，百货公司所经营的计划商品种类从50年代的20大类下降为4大类，名牌缝纫机继续供不应求。1987年，沪产手表热销，“苏州”“琼花”“钟山”牌手表销售平缓，沪产“蝴蝶”“飞人”“蜜蜂”牌缝纫机市场占有率85%，“熊猫”“西湖”牌等缝纫机占15%。

1990年，百货类商品纯购进882万元，调入1310万元，销售额2628万元。批发单位有县百货公司、四甲商业批发公司、悦来商业批发公司，经营品种有9000余种。1992年，放开铝锅、洗衣皂等21种工业品销售价格。1993年，百货类销售2350万元，主要商品销售有鞋63.02万双、铝锅1.42万只、照相机244台、手表8611块、火柴816件、保温瓶8.95万个。1994年，高科技产品进入办公领域，传真机、电子词典、快译通、电子记事卡成为消费热点。随着计算机普及，打印纸、复印纸、传真纸需求上升。

1995年，百货类商品购进3891万元，销售4730万元。是年，城镇每百户拥有缝纫机98台，农村80台；手表城镇230块，农村200块；照相机城镇18台，农村4台。1997年，电动按摩椅、多功能跑步机、综合健身车等器材进入市场；石英表需求上升，机械表需求下降；洗衣粉需求增加，肥皂销量下降；打火机销量有增，火柴销量下降。1999年，名牌产品占有率上升，大商场优势凸显。文峰大世界购销两旺，百货文化用品类销售额1714.2万元，其中鞋类626.7万元、化妆品类429.7万元、体育娱乐用品类99.5万元、文化办公用品类168.4万元、日用品类389.9万元。

2000年，百货经营发展迅速，市区大千商贸城日用百货经营户430个，销售额1.24亿元；万丰商城日用百货、鞋帽经营户260个，销售额2亿元。2003年，市区学校周围有文化用品专业店40余个，文化用品类销售稳中有升，款式新颖的书包、多功能文具盒、各式各样的自动铅笔、橡皮、高档日记本经营比重增多。随着电话通讯业的发展，信笺、信封销量渐趋萎缩。2005年，大型购物超市世纪联华海门店开业，经营百货文化等商品万余种，成为海门日用百货文化用品供应最大市场。2006年，市区步行街时尚购物区有大小日用百货商铺300余个，面积50－500平方米不等。2008年，市区有眼镜店、皮布鞋店、化妆品店、文化用品店、钟表店等各类日用百货专业商店100余个，密布于解放路一条街，成为居民购买百货商品的闹市区。

1950－1995年若干年份海门市（县）主要百货商品零售量一览

表14－1

品名	单位	1950	1955	1960	1965	1970	1975	1980	1985	1990	1995
胶鞋	百双	9	318	597	1166	1056	2330	1591	3993	5773	1447
火柴	百件	4	144	229	198	228	203	246	196	383	12
肥皂	百箱	3	96	145	165	228	251	288	134	207	19
热水瓶	百个	–	291	447	420	470	521	752	1086	1152	–
手表	块	–	72	131	628	813	6057	15489	31100	15200	10300
缝纫机	架	–	12	332	402	554	1502	4084	11286	5277	1447
面盆	百个	9	184	328	204	260	433	555	511	105	–
洗衣粉	公斤	–	–	–	–	–	82516	261236	589000	1085000	186000

说明：百货商品销售量，指计划经济时期国营、集体商业企业的销售量，不含个私商业销售量。1995年后，公有制商业企业体改，逐步转为个私民营，原统计网络不再存在，统计部门取消按品名统计商品销售量

第二节 针纺织品

一、土布

清同治年间（1862－1874），县境内随着土布生产产量增加，土布销售兴起。光绪十八年（1892），有布庄20户，其中较大的有茅家镇王正昌、通源镇宋楚芳布庄，每年远销东北三省的土布有1.5万包左右（每包40匹）。光绪二十二年（1896），大生一厂开办后，农民到纱庄买回12支顺手纱织布出售，土布质量大为提高。民国6年（1917），海门纱布销路畅通，价格飞涨，四乡农民乐于出售，布商大量收购，运销东北。茅家镇沿街设布庄，凌晨二三点钟，架起汽油灯交易，形成海门历史上有名的土布夜市。日本侵略军侵占东北后，交通受阻，土布夜市消失。民国22年3月，余东镇商人在民众教育馆举办土布展销会，抵制日货，大卖“雪耻布”，历时3个多月。民国34年后，平记、泰兴等33户商号恢复土布经营，但收布量很少。1951年，茅家镇由37户花纱布私商组成两个合营处，第一合营处资金3万元，第二合营处资金2万元，每月收布2万余匹，远销上海、福建、浙江等地。1954年，实行棉花统购、棉制品统销，土布由县花纱布公司统一经营。1965年后，土布停止收购，农民利用自留棉自纺自织，土布自用。

二、机制针纺织品

民国32年，茅家镇有东陆鼎鑫、西陆鼎鑫、大光明、大东、乾丰祥、顶昇、协昌祥、裕昌祥等10余个绸布商号。其中较大的是东、西陆鼎鑫绸布店，从事

丝绸、棉织品经营。民国35年，茅家镇有30余户绸布商号。

解放初期，全县有私营绸布店126户，从业人员315人。1950年，海门中百公司经营纺针织品。1954年9月15日，棉织品、布制成衣一律凭布票供应，城镇干部每人10米，城镇居民8.33米，农村居民7.7米。布票面额单位为市制。

1955年，棉布销售不畅，布票回笼率低，对呢绒等高档商品进行赊销。1958－1960年，城乡居民每人发布票8.33－9米。棉布销售1548.3万米。1965年，销售棉布328万米，化纤布11.3万米，线袜33.6万双。1976年，以涤棉为原料的化纤混纺织物畅销。1977年，销售额1705万元，其中纺织品1141万元、针织品564万元。1980年，地产纺织品收购1998万元，销售3311万元。1983年，取消布票，敞开供应。1985年，成立县纺织品公司，经营纺针织品批发兼零售。1985－1990年，纺织品公司进货1.62亿元，销售1.7亿元，其中外销7203万元。

图14－2　20世纪50－80年代流通使用的江苏省布票（1985年摄）

1996年，纺织品、服装类商品购进4760万元，销售4860万元，其中批发销售3660万元、零售1200万元。1997年，羽绒被、踏花被、云丝被、纯蚕丝被、羊毛被、驼绒被进入市场，棉花被褥销量减少。1999年，商业系统针织、服装类零售3171万元，其中纺织品类156.2万元、针织品类705.4万元、服装类1682.7万元、其他626.7万元。2000年，以海门地产为主的床上用品热销，从单一品种发展到各种床上用品配套供应，如四件套、六件套，广受顾客青睐。2002年，各种丝光羊毛衫、高档羊绒衫、全棉保暖内衣、毛皮服装市场热销，低档服装市场日见狭窄。知名度较高的品牌西装有“杉杉”“雅戈尔”“红豆”“仕奇”等，衬衫有“雅戈尔”“富绅”“开开”“舒乐”“虎豹”等。2005年，叠石桥国际家纺城营业门面、摊位近7000个，经营品种200多个系列，产品畅销全国200多个大中城市，远销南非、罗马尼亚、阿根廷等50多个国家和地区，市场交易额突破100亿元。2008年，市区纺织品面料经营单位甚少，亚萍布业经营少量丝绸、羊绒，部分服装加工店以做带卖销售面料，小商品市场仍有低档布匹面料销售，整个纺针织品市场销售以成品为主。

1950－1995年若干年份海门市（县）主要纺针织品销售一览

表14－2

品名	单位	1950年	1955年	1960年	1965年	1970年	1975年	1980年	1985年	1990年	1995年
棉布	百米	600	40600	57500	32800	51200	57600	58868	34853	20524	12071
化纤布	百米	–	–	–	1126	3224	2348	7300	12257	18190	–
毛巾	百条	–	1332	4608	1287	5129	6933	8535	17971	14005	–
袜子	百双	–	3770	7340	4021	5824	6968	5118	15504	13788	–
汗衫背心	百件	–	312	1887	1060	1324	1770	3110	7302	4875	–
棉毛衫裤	百件	–	320	540	548	909	1297	2828	7572	4215	6808
卫生衫裤	百件	–	627	932	761	1210	1097	799	380	57	–

续表 14－2

品名	单位	1950 年	1955 年	1960 年	1965 年	1970 年	1975 年	1980 年	1985 年	1990 年	1995 年
绸缎	百米	–	–	459	1373	4138	1606	2635	4673	5118	1764
呢绒	百米	–	50	12	283	308	390	390	2933	3533	973

说明：纺针织品销售量，指计划经济时期国营集体商业企业的销售量，不含个私商业销售量。1995 年后，公有制商业企业体改，逐步转为个私民营，原统计网络不再存在，统计部门取消按品名统计商品销售量

第三节 五金交电化工

清末民初，县境内商户经营玻璃、铁钉、油麻、油漆、颜料及小五金商品。茅家镇开设的乾丰泰商号为五金玻璃业之首。民国 8 年(1919)，大通电料商店开业，经营灯泡、电线、磁插、磁夹板、闸刀等。民国 20 年，县内经营颜料的商号 5 户。民国 36 年，县内较大集镇均有五金商号。解放前夕，全县有五金、交电、化工类商号 40 户，其中茅家镇 8 户。

1950 年，县百货公司经营五金、交电、化工业务，在茅家镇、三阳镇设化工染料批发处。1953 年，在青龙港、四甲镇设五金、交电、化工批发部。1958 年，茅家镇变电所建立后，电料电器类商品不断增多。1961 年，商品奇缺，如自行车实行平价、高价两价销售，平价每辆 160 元，凭票供应，高价每辆 650 多元。1963 年，五金交电化工公司专营五金、交电、化工类商品，货源主要由上海五金采购供应站和专业批发公司供应，经营元钉、螺丝、钢丝、台秤、门锁、自行车、人力车内外轮胎、电风扇、收音机、灯泡、油漆、颜料、纯碱、明矾等 3900 余种。1964 年，全县各乡镇均设五交化专业门市部，多数代购代销店经营五金交电化工类商品。是年，五交化公司销售额 296 万元。1979 年，经营品种 4630 多种，录音机、电视机等大件家用电器畅销。当年调进商品 855 万元，销售 833 万元。1987 年，名牌自行车货源紧张，“凤凰”“永久”“飞鸽”“金狮”牌自行车凭票供应。元钉、铁丝平价供应量下降，议价比重上升。电视机以销 14 英寸黑白机为主，彩色电视机凭票供应。1990 年，五交化商品购调入 2917 万元，销售额 3089 万元，其中五金类 793 万元、交电类 1657 万元、化工类 639 万元。1992 年，销售录像机 251 架，空调器 14 台，吸尘器 196 台。1993 年，销售摩托车 697 辆，空调器 274 台，家用电脑动销。1994 年，进口录像机、摄像机进入市场。销售空调器 409 台、热水器 3077 台。

1995 年，五交化类商品销售 1.68 亿元，其中五金类 2000 万元、交电类 1.3 亿元、化工类 1800 万元。当年电话机成为新潮商品，销售 1040 部。1996 年，各式助动车上市，销售 53 辆。化工类商品撤出大商场，由专业门店批发、零售。同年 4 月，进口关税下调 30%，进口彩色电视机价格下调 26%－30%，国产彩色电视机同步下调。1997 年，VCD 播放机上市，“松下”“索尼”等品牌录像机每台价格下调近千元，单放机每台价格下调 600 元左右。市场摩托车以国产“幸福 125”“五羊本田”(组装)“重庆雅马哈”“嘉陵”和“木兰”为主销品牌，“潇洒木兰”成为女青年嫁妆。1998 年，海门文峰大世界年销售电脑 84 台、彩色电视机 5228 台、洗衣机 2684 台、电冰箱 2661 台、微波炉 2221 台、饮水机 380 台。

2000 年，市区秀山路建材大世界竣工开业，专营各种建筑装潢五金、电工、电料、化工产品。2004 年，海门万众集团斥资建成北上海国际装饰城，是集装饰材料、居家饰品、新潮灯具为一体的大卖场，享有建材装潢市场航母之誉。至此，五金、化工商品经营从市区各大商场退出，完全由专业市场替代。2005 年，摩托车、汽车市场兴旺。市区汽车经销单位有秦杰公司、天都公司、上海大众汽车海门销售服务公司、大千汽车城。主要经营各类进口及国产轿车、货车、客车，品种有“奥迪”“红旗”“别克”“广州本田”“桑塔纳”等。民营摩托车企业有中意摩托广场、五羊一本田专卖店、铃木专卖店、光阳专卖店、豪爵专卖店。2006 年，市区解放中路形成移动电话销售中心，共有手机营业厅、大卖场 32 个，集销售、充值、修理为一体。同年，三和工业园区南

通新城集团海门汽车销售服务公司开业，主营上海通用“别克”汽车，当年销售400辆。是年，“日产尼桑”“广州本田”“嘉宇名人”等4S汽车销售店进场开业。2007年，电脑旺销。海门大森林科技发展有限公司经营计算机、打印机、扫描仪、投影仪、复印机、传真机等2000多个品种。2008年12月，启动“家电下乡”，扩大内需，惠及百姓。海门文峰大世界、五星电器海门店、海门海尔专卖店等中标经销，农民购买指定的彩色电视机、冰箱、洗衣机、手机品牌，政府给予13%的现金补贴。

1955－1995年若干年份海门市(县)主要交通家电商品零售量一览

表14－3

品名	单位	1955	1960	1965	1970	1975	1980	1985	1990	1995
自行车	辆	373	1105	12518	4268	4594	10455	29207	19145	29308
收音机	架	–	94	827	1284	1737	15551	15454	5349	1766
电风扇	台	–	–	–	–	92	998	9397	20499	31747
电视机	台	–	–	–	–	2	633	3597	9939	8736
录音机	台	–	–	–	–	–	42	1852	5438	7499
洗衣机	台	–	–	–	–	–	–	1001	5716	5976
电冰箱	台	–	–	–	–	–	–	72	895	5127

说明：交通家电商品销售量，指计划经济时期国营集体商业企业的销售量，不含个私商业销售量。1995年后，公有制企业体改，逐步转为个私民营，原统计网络不再存在，统计部门取消按品名统计商品销售量

第四节　食糖　副食品

民国初期，食糖货源来自上海、南通等地，副食品由各茶食工场采取前店后作坊加工销售。抗日战争时期，茅家镇设有上海志和糖行海门分销处，专营食糖批发业务，历时4年多。经营品种以湖南、广东、福建等地土糖为主，部分来自泰国、日本、荷兰进口糖，月销量20－30吨。1952年，国营商业、供销社参与经营。全年零售475吨，其中国营商业、供销社销量352.3吨。副食品除销地产品种外，从上海、南通等地购进饼干、桃酥、糖果等供应市场。1953－1955年，食糖零售900吨左右，其中国营商业、供销社销售800吨左右。1956年，食糖由国营商业专营。1957年，食糖实行定量供应，每人每月供应0.25－0.5公斤，逢年过节优惠供应人均0.1－0.5公斤，对病员、残疾军人等17种对象实行特需供应。1957－1960年，食糖年零售分别为960吨、790吨、425吨、280吨。由于粮食紧缺，茶食糕点货源偏紧。1961年，食糖定量供应部分列为价格稳定不变的18类商品之一，由国营集体副食品商店经营零售业务。1963年，部分食糖(古巴砂糖、赤砂糖、冰糖)高价敞开供应，当年零售472吨，其中高价出售11.5吨。1965年后，食糖年零售2500吨左右。1970年，食糖货源偏紧，供应量下降。1975年，零售865吨，为弥补食糖不足，销售糖精10多吨。各类副食品品种渐多，数量充裕。

1980年，食品工业、饮食业用糖按计划供应，居民凭证购买平价食糖，年销售4037吨。1990年，食糖购、调入4030吨，销售5019吨，销售糖精2.2吨，糖果29.1吨，糕点30.4吨，奶粉36.2吨，麦乳精23.6吨。1992年，食糖经营放开，价格稳中有升，白砂糖批发价年初每吨2000元，年末上升为2230元。1993年6月，食糖批发价每吨上升为3300元。同年，大盒奶油蛋糕、台湾旺旺雪饼、仙贝饼等产品进入市场，茶叶以中低档为主，“椰风”“椰岛”“老椰”等饮料热销，瓶装橘子水、汽水销量逐渐萎缩。1994年，糖果销售16.4吨，市场新品充斥，有利用天然原料制成的酸梅糖、薄荷糖、梨膏糖的解渴型糖果，用鲜桃、嫩杏、山楂、荔枝、柑橘等制成的合成型糖果，

有混合型的芝麻糖、花生糖、淀粉软糖,香甜多味,受消费者青睐。

1995年,食品工业禁用糖精,对甜蜜素限量,食糖用量随之增加,价格上升,甘蔗糖批发价每吨4000元,甜菜糖批发价每吨4250元。1998年,个体、私营企业从事食糖批发业务,商业系统年销食糖240吨,市场份额大幅萎缩。

2000年,海门城镇人均消费食糖2.49公斤,农村人均消费食糖2.55公斤。2005年,食糖、副食品批发零售,以私营个体经营为主,市区食糖批发交易集中在大千商贸城,有10多户个私企业经营食糖批发业务。2006年,大千商贸城设有"百事可乐""娃哈哈""乐百氏""露露橙汁"等品牌饮料总代理和总经销站店。2008年,市外进驻海门的世纪联华、农工商、时代等大型超市,依托所属总部覆盖全国的网络优势,对糖果、饼干、糕点实行统一配送,跨区直营。海门佳美、百佳惠连锁超市拥有配货中心和配送车,对所属70多家连锁、加盟店经营的副食品进行配送。全市副食品市场品种繁多,生意红火。

第五节 酒 类

民国时期,县境内较大集镇均有酒坊(店),大多是前店后作坊,自产自销,有少数批零兼营。经营以米白酒、黄酒为主。民国15年(1926),县境内有酒业店铺400余户。民国35年,茅家镇酒酱业17户,其中规模较大有9户,批零兼营。1951年,地产颐生酒由专卖公司统一收购,计划供应,当年零售36吨。1953年,粮食统购统销,酿酒粮食实行计划供应,酒类由商业部门收购改为加工。1956年对私改造后,县属镇零售酒店并入副食品商店,农村归口供销社。1960年,粮食酒凭卡供应,各种非粮食酒应市。20世纪70年代后期,啤酒销量日增。1979年,糖酒公司销售啤酒283吨。1980年,酒类放开经营,品种增多,销售量上升,"洋河""双沟""茵陈"酒凭券供应。1984年,零售1.19万吨。1985年起,由于酒厂大量自销,糖酒公司销售量下降,当年零售1.02万吨,其中啤酒754吨。1990年,社会零售1.72万吨,糖酒公司销售1112吨。

1992年,品牌名酒价格上涨,茅台酒每500克200元,同比上升38.5%;五粮液每500克110元,同比上升42%,地方名酒零售价总水平上升30%左右。1994年,"人头马""XO""路易十三""拿破仑大炮"品牌洋酒一度热销,后因口味难以被消费者接受,很快跌入低谷,列入滞销商品。

1995年,商业系统销售酒5252吨,其中白酒2429吨,啤酒2229吨,甜酒594吨。"五粮液""茅台""剑南春""泸州老窖""郎酒"等品种保持畅销势头,葡萄酒、山楂果酒、糯米陈酒市场吸引力较强,杂牌品种日显颓势。1997年,工商、质检部门加强酒类市场及酒精产品管理,打击假酒,酒类市场秩序有好转。

2000年,"五粮液""茅台""剑南春"销售继续占据优势,价格坚挺,如一瓶55°50年陈"五粮液"市价万元以上。是年,海门城镇人均消费酒12.91公斤,其中啤酒5.92公斤;农村人均消费31.11公斤,其中啤酒10.44公斤。2002年后,消费者自我保健意识逐步提高,高度烈性白酒销售趋于下降,中、低度白酒、米酒、葡萄酒及啤酒等温和型酒销售上升。2005年,全市从事酒类批发和零售(含餐饮业)经营3000多户,其中有限责任批发公司20多个。2006年,市区解放东路开办中国名酒五粮液专卖店,销售39°、52°、68°"五粮液"酒,品种有"五粮液尊酒""五粮液人民大会堂"国宴酒等,包括10年陈、15年陈、30年陈各类优质酒。2008年,市区兰宝、金百事、天怡、东调、风苑、大富豪、波尔多7个较大的酒类批发企业,销售"双沟珍宝坊""老作坊""伊力老陈酒""品王酒""洋河蓝色经典""今世缘"白酒,"青岛""三得利""大富豪"啤酒,"王朝"葡萄酒,"石库门"上海老酒等优质品种,成为海门酒类市场的主要渠道。

第六节 日用杂品

新中国成立前后,海门日用杂品无专门经营商店。铁锅、瓷器、油麻、元钉、铅丝由五金业经营,陶瓷、石料、石灰、纸筋由灰竹业经营,土纸由文具纸张业经营,竹筷、刷子、卫生纸、雨伞、草席、葵扇、蒲片由烟酒杂货业经营;锅铲、菜刀、铜锡器皿由铜锡铁铺自产自销。1955 年,县供销社成立日用杂品经理部,基层供销社设日用杂品门市部。形成县城、乡镇日用杂品经营网络。20 世纪 60 年代初,日用杂品货源短缺,供销社系统与 30 多个工厂(场)挂钩,生产销售日用杂品。1961 年,加工生产铁制炊具 2.5 万多件,木盆桶、锅盖 1 万多件,竹制品 10.9 万件,及其他日用小杂品投放市场。1963 年,货源逐渐增多,市场供应得到改善。"文化大革命"期间,家庭副业发展受到限制,日用杂品生产短缺,严重影响市场供应。1980 年,日用杂品加工生产活跃,市场货源充裕。1981 年,日用杂品经营品种 1000 多个,向县外提供地产日用杂品,成交额 17.65 万元。主要有不锈钢锅铲、菜刀、芦花扫帚、布条拖把等,销往上海、南京、杭州、福建、广州、新疆等地。1985－1987 年,日用杂品销售额 1777 万元,以塑料、铝、不锈钢为原料的新产品不断投放市场,原以竹木、棕、草、麻、柳等为原料加工的传统日用杂品渐趋滞销。1990 年,销售铁锅 7.68 万口、陶瓷器 172 万多件、草席 3.68 万条、土纸 425.5 吨、皱纹纸 256.3 吨,销售额 723 万元。

1992 年,有日用杂品批发单位 5 个,主要经营铁锅、夏令用品、陶瓷器、小杂品、塑料用品、卫生洁具、灶具及部分建材 8 个大类、1 万多个品种,销售额 8000 万元。同年,福建、安徽的竹制品,江西、山东的瓷器,浙江的日用小商品进入海门市场,价格比集体经营低廉。1994 年,供销大厦分设日用杂品专业分公司。市日用杂品公司分设日用杂品、烟花爆竹、铁锅陶瓷、建材、包装分公司,实行独立核算,联购分销,送货下基层,扩大销售。是年,销售额 9500 万元,其中日用杂品公司销售 4686 万元,比 1992 年增长 5 倍。1996 年,有日用杂品个体经营户 30 多户。2001 年,各基层社日用杂品经营门市部在改制中由集体转为个体经营。2005 年,日用杂品全由个体户经营,80% 从业人员来自福建、浙江、江西、安徽、山东等地,经营品种有各类铁锅、瓷器、塑料用品、不锈钢餐具、厨具,各种竹席、枕席以及各式拖把、菜刀、铲刀等,采取批零兼营,销售总额 1 亿元左右。2007 年,原日用杂品公司陶瓷店恢复市缸瓷店牌子,年销售 8 万元。2008 年,全市日用杂品经营品种 2 万余件,销售额 7000 多万元。

第七节　烟花爆竹

民国时期,爆竹(又名炮仗)、鞭炮由"五洋"(洋火、洋烛、洋碱、洋油、洋钉)杂货店经营。

解放后,供销社、合作商店日用杂货门市部都有鞭炮销售,货源主要来自外地,也有本地私家作坊送货上门。20 世纪 50－70 年代,年销售额 5 万元至 10 万元。80 年代初,余东公社建办烟花爆竹厂。以后,麒麟、临江、海洪、包场、东兴等乡镇先后兴办,以生产双声炮仗、鞭炮为主,自产自销。80 年代末开始生产小烟花投放市场。1990 年,烟花爆竹归口县日用杂品公司批发经营。县日杂公司与县内 6 个烟花爆竹厂联合建立烟花爆竹批发站,经营批发业务。是年,销售 50 万元,盈利 2.3 万元。

1994 年 5 月,县日杂公司建立烟花爆竹分公司,扩大经营品种 100 多个,销售 90 万元。1997 年,烟花爆竹经营放开,各生产厂家自行销售,市日杂公司经营的烟花爆竹货源以外省为主。是年,各类大规格烟花亮相海门节日市场。2001 年 3 月,市供销社将烟花爆竹业务从原日杂公司分离出来,组建市烟花爆竹有限公司,根据公安等部门要求,对全市 600 多个烟花爆竹零售店实行经营管理一体化。2002 年,整顿花炮市场,关停 6 家烟花爆竹厂,所有库存产品由市供销部门收购,市政府补贴 10 万元。2003 年,经市安监局核准,由市烟花爆竹有限公司及峤剑、烨隆、庆典、传兴等 5 个企业批发供货,货源产地为湘、赣两省及江苏省高邮市、建湖县。是年,批发额 350 万元,零售额 735 万元。2005 年,全市烟花爆竹批发企业 5 个,批发额 550 万元,经销、直销零售店 648 个,零售额 1150 万元。经营门类有烟花爆竹、迎宾礼花、礼花礼炮、庆典气模等。2008 年,全市烟花爆竹批发品种 400 多个,批发额 1100 多万元,经销、直销零售店 683 个,零售额 2162 万元。

第八节 商品储运

一、仓库

新中国成立初，海门国营商业、供销合作社所用仓库，主要租用公房和民房。1950 年，国营商业、县供销社分别建有仓库 300 平方米、2700 平方米。1956 年，供销社仓库面积 1.26 万平方米。1962 年，县百货公司有四甲、青龙仓库 6073 平方米，糖酒公司兴建仓库 400 平方米。1966 年，供销社建成一批化肥仓库，仓库面积增至 3.8 万平方米。20 世纪 70 年代，百货公司、糖酒公司分别兴建仓库 1.1 万平方米、5760 平方米。1978 年，供销社系统有仓库 8.07 万平方米，增加防潮、密封、防火等设备。1990 年，商业局和供销社系统有仓库 17.16 万平方米，货场 12.99 万平方米。仓库配有消防汽车 4 辆、消防车 53 台、消防泵 1 台、手提灭火机 3209 只，以及其他一些消防器材。对储存易潮、易溶、易挥发的商品仓库，配有湿度测量仪、吸湿仪、空调器等。

1991 年，商业系统有仓库 85 间，面积 1.95 万平方米，其中通用和专用仓库 1.66 万平方米，简易仓库 2932 平方米。是年，维修漏雨库房 1550 平方米，储存批发库存商品 2289 万元。1993 年，青龙港码头废弃。青龙百货、五金、糖酒 3 个批发站歇业，5767 平方米仓库闲置。

1995 年，商业系统批发库存商品 2559 万元。1997 年，商品流通渠道改革，县级批发站所承担的商品供应职能基本消除，商品库存下降。是年，商业系统批发库存 1146 万元，比上年下降 46%，所属仓库设施闲置。

1998 年，市外进驻大型商场、连锁超市的商品由集团总部统一配送，商场、超市只设小型零售仓库。一批新建的商城、超市建有配套仓库，如大千商贸城仓储面积 3500 平方米，佳美超市配送中心仓储面积 6800 平方米。2000 年，商业、供销部门下属企业经改制转为民营企业，所有仓库逐步出租、出售。

二、运输

50 年代，国营商业和供销社商品运输主要租用民间手推车、木船或委托运输合作社承运。60 年代，部分基层供销社和农业生产资料经理部自备运输船、拖拉机。1976 年，县商业局成立车船队，有工具车、卡车 11 辆。1978 年，商业局系统有 600 吨位船队 1 个；供销社系统有 55 吨机动船 2 艘，4.5 吨木船 3 艘，卡车 3 辆。1984 年，商业、供销社系统有运输卡车 28 辆。1988 年，叠石桥成立联运总站，承运发往全国各地的家纺绣品。1990 年，商业供销系统有运输卡车 36 辆，工具车 33 辆，运输船 163 艘。1992 年，商业、供销系统各公司配备运输车 2－3 辆，商品以自运为主。1994 年，个体运输户及物流公司竞争加剧，叠石桥家纺城有发往全国各地绣品的卡车 30 多辆。1995 年，叠石桥联运总站下辖 32 个托运站。1996 年，商业局、供销社车队先后停业。2000 年，商品运输由传统办法向现代物流一体化转变。交通、邮电等部门相继建立物流、快递公司。2004 年，成立叠石桥物流有限公司。2006 年，叠石桥家纺城有物流企业 12 个，运输装备实力雄厚，成为苏中县级市中最大的物流中心，2007 年获全国物流行业先进集体称号。2008 年，叠石桥物流有限公司被评为全国 AAAA 级物流企业。

三、管理

50 年代初，仓储管理贯彻安全第一、预防为主、防治结合的方针。1953 年，县供销社实行拨货计价实物负责制。各经营单位对仓库的安全、保卫、商品验收、保管、进出仓、盘点自行制定制度，根据货源进口地点不同，采取中转分驳、直达运输等方式，保证商品及时调运。

1958－1960 年，贯彻大购大销方针，购进商品骤增，超过储存能力，质检和商品养护工作难以开展，商品损耗不断增加。1960 年，商业局和供销社商店清出残次和霉变商品 252 种，价值 17 万元。1963 年，仓库全面整顿，根据商品性能和进出仓时间，合理安排商品区位，调整商品存放位置及类别，定货源、定人员、定责任，提高商品养护水平，提升工作效率。针织品、棉布、茶叶等易潮易霉商品，实行勤点验、勤倒仓、勤翻晒、勤整理的“四勤”商品养护方法，商品发放差错率比 1958 年降低 85%，变质商品明显减少。1966 年，加强防火防盗工作，普遍建立消防组织和民兵巡逻队，实行分级负责制。1973 年,健全商品进出、储存养护、安全保卫等制度,推广商品堆放归类化、清洁卫生经常化、安全保卫制度化、商品管理科学化的管理制度,开展商品无火灾盗窃、无霉烂变质、无虫蛀鼠咬、无差错事故为内容的创建“四无”仓库活动。是年,“四无”仓库占总数 30%,无差错仓库占 50%。1984 年,开展服务思想好、保管养护好、指标完成好、安全保卫好的仓库竞赛活动,严格考核评比,建立责任制,提高仓储管理水平。1990 年,仓库合格率 94.5%。

1991 年,县商业局召开仓储安全会议 19 次,拟发和转发有关仓储安全文件 14 个,所属 10 个批发站召开仓储会议 138 次。是年,推销呆滞、积压商品 178.41 万元。1992 年 4 月,开展“夏季安全百日竞赛”,加强对商品防虫蛀、鼠咬、溶化、生锈措施,加强火源、水源、电源管理。1993 年,商业系统各企业有安全领导组成员 263 人,义务消防队员 659 人,会同消防部门共同检查仓库 26 次。是年,五金公司、百货公司海门批发站被南通市商业局评为“四好仓库”先进单位。

1994 年,商品养护注重防商品霉变抓晾晒,防锈蚀抓涂膜,防溶化抓吸湿,防虫蛀抓治杀,防鼠咬抓堵灭,防渗漏抓检修,防冻裂抓保暖。坚持库房内易燃易爆商品隔离存放,串味商品单独存放,易霉易溶商品密封存放。做到挥发性与吸湿性商品分开,食用与非食用商品分开,灭火方法不一致商品分开。严把商品进货、验收、复核关。是年,收发商品差错率在万分之五以内,库存商品有货有卡,账货相符率在 95.5% 以上。

1995 年 4 月,规定库房内严禁使用日光灯和超 60 瓦的大灯泡,库区有明显禁火标志,消防器材有效齐全。1996 年 11 月,淘汰酸碱和泡沫灭火机,换用二氧化碳和干粉灭火机。1997 年 10 月,五金公司、百货公司、糖酒公司、四甲商业公司批发站先后停业,逐步清理仓库,推销库存商品,仓储管理工作随之停顿,仓库出租、转让使用。2000 年后,社会商业各单位仓储管理自行负责,消防、安监部门进行监督检查。

第三章　生产资料经营

第一节　建　　材

一、木材

旧时,海门民用木材靠经销商从外埠批转供应。新中国成立前,县境内有 20 多个私营木行,主要分布在茅家镇、三厂、常乐等集镇。茅家镇森大源木行规模较大,经销材种以杉木为主。1951 年,县供销社经销木材。1952 年,成立中国木材公司南通支公司海门推销组。1953 年,木材销售量 5280 立方米。是年,森大源木行归并国营商业。1954 年,茅家镇何巨波、陆朝栋、大昌和常乐镇济昌 4 个木行实行合营,称同心木行。1955 年,私营木行关闭。

1956 年,木材列为国家一类统配物资,实行计划供应,当年销售 8230 立方米。1957 年,对全县小农具、渔业用木材,群众住房困难户、受灾户建房用木材计划供应,销售 1.04 万立方米。1961 年,由物资局经营,销售 3799 立方米。“文化大革命”期间,年销售在 2000 立方米左右。1976 年,销量 4432 立方米。1980 年,计划外木材敞开供应,国营、集体单位先后开设木材经销业务。货隆、天补、三厂、包场等集镇逐步形成私营木材销售市场。品种以南方杉木、杂木、东北松为主,并利用紧靠上海、南通港口岸的有利条件,经销多种进口原木、锯材,其中有加拿大、美国等地北美松(又称花旗松),南美、菲律宾、新西兰等地杂木，智利、苏联松木。是年，物资系统销售1.09万立方米，占社会销售总量63.7%。1983年，进口木材销量占总销量80%以上。县木材公司还经销各种夹板、纤维板、胶合板。1990年，县木材公司销售7033立方米，占县内销售总量48.3%。

1995年，全市销售8716立方米，其中市木材公司销售2677立方米，占全市木材销售30.7%，国有企业木材销售比例下降。2000年，市木材公司因资金链断裂等原因，处于停业状态。天补郁家店等木材专业市场，因营销机制灵活、木材品种齐全，生意红火。是年，全市木材销售4.9万立方米。2003年年底，市木材公司改制闭业，海门国有企业退出木材经营市场。市内所需木材由个体木材经营户供应，货源集中在货隆、天补两大木材市场。2005年，全市销售木材38万多立方米。2008年，有203个个私木材经营户，年销售木材40多万立方米。

二、水泥

20世纪60年代始，水泥主要用于公有建筑。民用建筑仅用水泥粉刷墙脚，销量不大。1971年，建县水泥厂，水泥供应以县产为多，部分水泥从南京、徐州、湖北等地购进。1976年，销售7910吨。1980年，实行计划供应，由县计划委员会下达供应计划，县建材公司调运计划内水泥，确保计划供应。同时，组织计划外水泥供应市场，满足日益增长的水泥需求。1985年，销售水泥2.4万吨。

1988年，水泥市场逐步放开，除县建材公司经营外，其他行业以及个体运销户从南京、徐州等地购进水泥，供应市场。1990年，销售21.14万吨，其中物资企业销售19.04万吨，占县内销售总量90%。1995年，全市水泥销售量18万吨，其中物资系统销售下降至2.08万吨，占市内销售总量12%。2000年，市建材公司因资金运转困难被迫停业。2002年，海门水泥厂因产品质量和生产能力的限制，被迫停产关闭，海门水泥货源全靠外购。

2003年，海门海螺水泥厂竣工投产。所产水泥主要供应市内，还销往周边县市。2008年，海螺水泥厂年销水泥300多万吨，其中市内销售200多万吨，市外100多万吨。此外，全市有211个个体户兼营水泥。

三、石灰

50年代前，石灰由私商从江南转运销售。1958年，建青龙石灰厂，生产销售1.3万吨，于1963年因质量差而停产，石灰由国营企业经销宜兴、常熟等地产品。1970年9月，常乐砖瓦厂建石灰窑，所产石灰供应全县各地。1978年，建包场石灰厂，由于产量不高，实行计划凭票供应。1980年，全县4个石灰厂共产3.5万吨，销售以县内为主。1985年，县产石灰5.22万吨，销4.53万吨。1986年后，水泥粉刷墙面逐步替代石灰粉刷墙面，混凝土路面逐步替代沙石路面，全市石灰用量渐减。同时，个体运销户组织宜兴等地石灰供应市场，县内自产石灰滞销。

1990年，包场石灰厂生产石灰供应周边乡镇。余由个体运销户从外地进货供应。1992年，自产自销石灰1.14万吨。1995年5000多吨。2000年4000多吨。2001年8月，包场石灰厂整体出租给个人经营，年产销石灰3000多吨。2005－2008年，年产销石灰2000多吨。

四、黄沙　石子

六七十年代，海门沙石销售量不大，主要用于公有建筑。黄沙来自江西、湖北等地，石子来自江阴、宜兴、镇江等地。80年代，沙石购进主要靠长江水运，由县物资局建材批发站经销。为确保国家、集体建设需要，对黄沙、石子实行限量计划供应。需求量较大的用户向县建材公司提出申请，出具计划调拨单，建材批发站供应。零星用户直接到建材批发站购买。

1988年，生产资料市场逐步放开，各行业及个体经营户经销黄沙、石子，个体运销户凭借其灵活的经营方式与国有、集体企业争相占领沙石市场。1995年，因市场竞争和银行压缩信贷规模，县建材公司黄沙、石子的销售量开始下降和萎缩，代之而起的个体经营黄沙、石子运销户，在沿海门河、通启河、通吕河、圩角河建码头、造场地，从外地运进大量黄沙、石子供应市场。2003年，县建材公司企业产权制度改革，资产置换，人员分流。从此，黄沙、石子由个体户经营。2008年，全市有经营黄沙、石子的个体户122个。

五、装饰装潢材料

70年代，房屋室内外装饰装潢较少，所用材料品种单一，只有油漆、玻璃、小规格瓷砖等。油漆主要由五金公司和供销社经营，玻璃、瓷砖由建材公司经营。

80年代初，装饰装潢材料品种逐渐增多。1985年2月，县建材公司经营玻璃、瓷砖、纤维板、三夹板以及墙纸、涂料等室内外装饰装潢材料。

1990年，经营装饰装潢材料的国有、集体企业以及个体经营户不断增加，物资大楼周边的人民路、东洲路及静海路设个体户门店数十家，经营品种繁多，门类齐全。1993年，市装饰材料公司销售各种装饰装潢材料464万元。1995年580多万元。

1996年，由于个体经营迅速发展，市场竞争激烈，物资系统销售额比1995年下降50%。1998年，市区秀山路建材市场形成。2000年，秀山路经营面积发展到2万多平方米，内有经营商家80多个，年销售额8000多万元。2004年，北上海国际装饰城开业。进城经营户220个，成为全市装饰装潢材料销售中心。2008年，装饰城经营面积12万多平方米，销售总额4.5亿多元。

第二节　机电设备

清末民初，县境内纺织业使用的机电均从外地购进。20世纪50年代，建机电供销机构，主要经营小机电。60年代，机电设备由国家计划调拨，物资部门经营，供应对象分农业、轻工业、重工业次序安排。1961年，供应农业排灌机械设备和配件，销售额61.32万元。1972年，利用县产优质机电产品与外地开展以物易物的经济协作。

1980年，机电产品计划外供应增多，物资系统购进计划外机电产品23.5万元，销售24.1万元。1987年，机电产品配套供应，销售轴承11.54万套、电动机3160台、电焊条145吨，全年销售额1095万元。1988年，产品经营放开，浙江商人杨绵桃和郑立波在县机电公司门市附近租赁小门面经营机电产品。县机电公司应对日益激烈的市场竞争，划小内部核算，实行销售承包责任制，实现销售额1780万元。1990年，机电产品经营进一步放开，私营和个体经营户迅速增多，县机电公司销售额1087万元，比1988年下降39%。

1995年，市机电公司增销汽车134辆，全年实现销售额1594万元。2000年，市机电公司受市场竞争和资金影响，销售额316万元，比1995年下降80%。2003年，市机电公司歇业，机电产品由私营和个体户经营。

2008年，全市经营机电产品企业570个。其中经营电动工具设备309个，经营电线电缆和电器设备62个，经营工量具199个。浙江商人杨绵桃和郑立波分别开设的市正泰机电公司和市工具机电销售公司，营业面积均有1800多平方米，销售额4000多万元。

第三节　化轻原料

20世纪60年代初，海门工业所需的化轻原料从外地购进。1966年销售硫酸17吨、烧碱159吨、纯碱5吨。1979年，物资系统开设化轻原料销售门市部，销售化轻原料1288吨。是年，货源除计划调进外，计划外购进额52万元。1980年销售额115.59万元，比1979年增长27.8%。1986年，县物资局成立化工轻工公司，主营化工轻工原料。1987年销售电石229吨、烧碱1024吨、纯碱331吨、橡胶58吨。1988年，主要化轻原料由经销转为代购代销，当年销售硫酸1.14万吨、烧碱2575吨、纯碱1490吨。

1990年，化轻原料取消计划供应，实行市场化经营。县化轻公司建立和巩固化轻原料进货基地，确保化轻原料供应，扩大销售。同时，组织外销，面向浙江、苏南用户销售硫酸1.17万吨、烧碱2673吨、纯碱1549吨、聚丙烯23吨、橡胶140吨，全年实现销售额843万元。1993年，化工生产企业发展壮大，化轻原料销售趋旺，市化轻公司实现销售额4316万元。

1995年，市场竞争激烈，市化轻公司化轻原料的购销额下降。1996年，私营和个体户崛起，市化轻公司经营额急剧下降，实现销售额650万元，比1995年下降71%。2000年，销售硫酸1.06万吨、烧碱4054吨、纯碱872吨。由于经营不善、资金短缺,化轻公司无法正常运转。

2003年年初,市化轻公司歇业,境内化轻原料全部由私营和个体户经营。2005年,经营化轻原料的企业6个,其中经营规模较大的有位于市区丝绸路的华泰化工发展有限公司和位于秀山路的华南物资有限公司。2008年,华泰化工发展有限公司销售额1500多万元,华南物资有限公司销售额1800多万元。

第四节 金属材料

民国时期,所需金属材料依靠外地购进,私人小铁店用废铁锻制小铁器具出售。新中国成立初,钢材、生铁由供销社经营。1961年,划归物资局所属综合公司经营。20世纪70年代,按农业、轻工业、重工业次序,计划分配生产用钢材和生铁。1973年,销售钢材2089吨、生铁800吨。80年代初,海门与上海、杭州、马鞍山、合肥、包头、武汉等钢铁企业建立协作关系,为金属材料购进建立供货基地,计划外购进钢材、生铁、有色金属材料,弥补计划供应不足。1985年,销售生铁3960吨、钢材9621吨、铜材58吨、铝材128吨。1987年,县生产资料公司向宝山钢铁总厂购进生铁板坯6000吨,销往江西新余钢厂。1990年,金属材料放开经营,全县销售生铁1905吨、钢材1.19万吨、铜材74吨、铝材33吨。

1995年,销售钢材5.43万吨、生铁3178吨、铜材748吨、铝材2027吨,其中市外销售钢材1.8万多吨、生铁387吨。1996年,生产资料经营进一步放开,市场竞争日益激烈,物资系统销售额384万元,比上年减少三分之二。2000年,钢材销售5.8万多吨、生铁3000多吨。2003年,市金属材料公司停业,由个体、私营企业经营。2005年,规模较大的企业有物资贸易有限公司、长三角钢铁公司、宝恒公司3个,年销售钢材8万多吨。2008年,市内钢材经营企业有51个,年销售钢材30多万吨。

第五节 煤 炭

民国时期,铁店、铜匠店、补锅匠及小手工业者等用煤由私商从上海、南通等地用船运直销。全年销量100吨左右。大生三厂等工业用煤从外地批购。

新中国成立后,煤炭业务由县国营商业和供销社联合经营。1953年,茅家镇、三厂等集镇有私营煤球店9个,供应居民用煤。1957年7月,在青龙港、四甲坝设煤炭中转站。20世纪60年代,煤炭实行计划供应。1964年1月,四杨、悦来、包场物资站设煤库。1969年,全县煤炭分配用量2.73万吨。1975年,成立县燃料公司,经营煤炭。1977年,煤炭分配销量6.06万吨。1987年,计划外购进煤炭量增加,除供应县内外,向周边县市销售。

1990年,煤炭供应取消计划分配,全面放开,生活用煤供应实施财政补贴。是年,燃料公司煤炭销售量30.68万吨。1991年,县生资公司开展外购外销煤炭业务,从山西组织煤炭30多万吨,运销上海宝钢集团。1992年11月,县财政取消生活用煤供应补贴。燃料公司经营的煤炭自行定价,随行就市。

1995年,煤炭经营市场化进程加快,私营、个体经营煤炭逐渐增多,竞争激烈。是年,市燃料公司销售煤炭18.32万吨,比1990年下降40.3%。2000年,销售煤炭2万多吨,不足全市销售总量10%。2001年,市燃料公司严重资不抵债。2003年年底,公司通过企业改制,产权置换,人员分流,企业注销。市内煤炭经营由私营、个体户替代,年销售量25万多吨。

2008年,全市经营煤炭企业18个,销售煤炭40多万吨。经营规模较大的有常乐镇双龙电力有限公司、大千商贸城大千钢管有限公司,两公司年销售煤炭7万多吨。

第六节 肥料 农药

一、肥料

饼肥 20世纪50年代,供销社通过收购黄豆、油菜籽、棉籽加工出售食油和饼肥,并从外地组织饼肥供应农村。1950年、1951年,饼肥以低于市场价15%－20%销售,支持农业。1954年,开展饼肥预售业务,每吨按市场价优惠1.3%。至1957年,供销社供应饼肥3.9万吨。60年代,饼肥划给粮食部门经营,农民用黄豆、油菜籽等兑油后返还油饼,供销社经营少量议价饼肥。70年代,农业生产使用饼肥逐渐减少,经营停止。

杂肥　1953年,县供销社从上海、浙江、内蒙古等地组织黄(黑)粪、牛粪、马粪、白灰、咸灰等供应农村,其中黄(黑)粪2502吨。1954年组织牛、马粪等杂肥878吨,1956年1.03万吨。1961年,停止经营牛、马粪等杂肥。1972年,组织黄(黑)粪4351吨。1976年,停止经营黄(黑)粪。

绿肥　海门历来习惯以种植绿肥垩田。解放初,县供销部门组织绿肥种子供应农村。1958年,县供销社从外地购进田青草子3吨、紫云英子10吨供应农村。1971年,购进黄花菜子379吨、苕子27.5吨。1972年,停止经营。

化肥　新中国成立前,县境由私营颜料店少量销售硫酸铵。1950年,供销社开始经营化肥,时称肥田粉(粪精),货源由省、地(市)供销社分配。1952年,供销社将化肥赊销农民,共销售化肥123吨。1953年,银行贷款给农民购买化肥,当年销售493吨。1956－1960年,每年计划分配化肥3500吨左右。1961年,对主要农副产品实行奖售化肥政策,分配供应化肥量比1960年减少一半。县供销社从南京、辽宁、内蒙古、新疆等地组织调进骨粉50吨、磷肥3580吨、氨水96吨、废硫酸120吨,全年化肥销售总量4440吨。1965年,县供销社从全国12个省(市)、96个县组织调进计划外氮肥369吨、磷肥1650吨,化肥分配数量相应增加。1973年,供应复合肥。通过试验示范,销售量逐年增加,从1973年42吨上升到1975年474吨。1976年,县磷肥厂投产,年产销磷肥5000吨。1983年,化肥敞开供应,有化肥销售网点85个,7个棉花收购部兼营化肥,新增8个农商联营店,当年共销售化肥4.79万吨。1985年,各乡镇农业公司开始经营化肥。1990年,化肥销售6.51万吨,其中氮肥3.58万吨、磷肥2.21万吨、钾肥500万吨、复合肥6700万吨。1991年,乡村办企业和社会个体户经营化肥。1994年,货紧价扬,市农资公司组织计划外化肥1.6万吨,对尿素实行最高限价,磷肥、复合肥高进低出,贴本78.7万元。1997年,设立农资连锁下伸点187个,销售化肥8.78万吨,比1996年增销7050吨。1998年,因取消粮棉挂钩化肥的供应办法及春雪涝渍,化肥销售疲软。市农资公司组织低价化肥4.04万吨,采取上门推销,设点扩销,销售7.71万吨。2002年、2003年,市供销系统与为农综合服务社联合经营化肥,销售3.2万吨。2006年,市供销社嘉原农资公司设立农资连锁配送网点275个,并取得俄罗斯"罗喜思"、美国"嘉太"、南京"红三角"等著名化肥品牌代理权,购进各种化肥1.23万吨,连锁销售1.24万吨,销售额4274万元。同年11月,海门被确定为省商品有机肥推广应用试点县市,农户购买每吨商品有机肥获200元财政补贴。2008年,农资供应网点318个,经营化肥品种30余个,配送各种化肥1万余吨,销售额1250万元。是年,嘉原农资公司被列为南通市救灾尿素储备点,年储备尿素300余吨。

土化肥　1956年,基层供销社办土化肥加工场(厂),当年销售颗粒肥料87吨。1958年,供销社通过对颗粒肥料等肥效试验,扩大土化肥生产,有泥炭氨水、土硫酸铵、钙镁磷肥、细菌肥料、皮革肥、河海杂肥、烟道薰肥等10多个品种。是年生产、供应土化肥647吨,人造肥9347吨,细菌肥料84吨。1975年,生产供应土化肥275吨。1977年始,国产、进口化肥逐年增加,土化肥停止生产。

二、农药

药品　1951年,供销社经营农药有六六六药粉、223乳剂(粉)、滴滴涕、鱼藤精等品种。1953年,农药专营。由全国供销总社统一订货,按计划调拨,是年销售农药8.85吨。1958年,供应进口1605、1059等农药,由于价格高,农民用国产农药为主。1958年,供销社生产、供应土农药889吨。1962年,化学农药逐年增多,土农药生产逐渐减少。1972年9月,县农药厂生产亚胺硫磷,年产150吨,以供应县内为主,后生产氧化乐果。1975年土农药停止生产,农药计划内货源不足,计划外购进239吨。1983年,进货渠道畅通,市场调节比重增大。1989年,恢复供销社专营农药。1992－1995年,年均供应农药493.5吨。1996－1998年,年均供应750吨,比1995年增长52%。1999年,农药经营放开,农业站、所供应品种、数量增加,供销社销售下降。2001－2004年,供销社年均供应量200吨。2005年,各基层社、为农综合服务社所经营农药由市供销社嘉原农资公司配送,有六大类100多个品种,主要品名为乙草胺、氟氯零、晶体敌百虫、草甘膦、楠宝、克棉福、辛硫磷、速灭杀丁、麦刀、侨手、油欢、好盖等。2006年,经营农药品种65个,配送农药18吨。2008年,经营品种280个,配送农药35吨。

药械 1952年,供销社经营农药械,销售大众式喷雾器1529架,其中赊销1169架;销售52型喷雾器547架,其中赊销517架。1953年、1954年,开展农药械预售业务,售价按零售价优惠1.3%,同时开展出租业务。1955年,农药械由供销社专营并按计划分配。是年,供应农药械1859架。60年代初,喷雾器逐步更新换代,供应背负式喷雾器。1975年,农药械零配件供不应求,农资公司自办加工场,加工、供应零配件。1977－1979年,供应铜赛杆、喷杆连接头等零配件7.84万件。1980年,农药械需求量上升,供销社组织计划外货源供应。1989年,农药械实行产销直接挂钩。1991－1998年,开展农药械出租和修旧利废业务,年均出租农药械8500架次,修理农药械1万架次左右,出售农药械仅400多架,为1990年的四分之一。2002－2005年,为农综合服务社开办农药械以卖带修业务,年均修理3500架次,供应1200架。2008年,修理5000架次,供应近2000架。

第七节 农机具

一、农机

20世纪50年代,农业机械由供销社经营。1955年,经营大中型半机械化农机具,其货源由计划调拨。当年,供应双轮双铧犁16架。1961－1965年,农机由物资部门经营。1966年,县农机供应站成立,专营农业机械。当年,农机站计划调拨农机及配件总值126万元,销售124万元。1967年,供应手扶拖拉机15台、拖厢22台、汽油机25台、柴油机70台、水泵50台、碾米机63台、磨面机28台、粉碎机202台,销售额83万元。1973年,增加销售网点,扩大供应品种。1985年,有农机供应点17个,经营品种100多个,购进额4711万元,销售额4857万元。是年,进货渠道放开,除农机配件和少量农机仍由省、市农机公司调拨外,农机主机均从生产厂家进货。1986－1990年,供应手扶拖拉机618台、拖厢1607台、机动植保机械686台、电动机1226台、柴油机4459台、水泵3191台、碾米机47台、粉碎机580台、脱粒机749台。购进总值3938.82万元,年均787.76万元;销售总额4231.79万元,年均销售846.36万元。1997年,组织销售带方向盘的农用变型拖拉机,主要用于农村运输货物。1999年,农机经营渠道全面放开,基层供销社农机门市可自行进货,农机公司批发销售急剧下降,年销售额562万元。2000年,水稻面积下降,农机使用量减少,特别是脱粒机闲置。当年,农机公司库存脱粒机零配件报废8万余元。

2001年,农用变型拖拉机旺销,年销量374台,约占农机销售量80%。2004年,农业种植结构调整,大面积实施大棚作物种植,使用农机耕作渐少,年销售额降至495万元。农机公司改制,由国营改为民营。同年,农村遭旱灾,为抗旱保苗,对农民购置水泵实施15%的财政补贴,年销水泵1000多台。2006年,农机公司组织供应小型园田管理机20台。2007年,海门规模养羊、养奶牛业不断发展,农机公司及时组织铡草粉碎机,满足饲养户粉碎草料的需要。2008年,公司全年销售额697万元,销售铡草粉碎机200台、中型拖拉机40台、旋耕机80台。

二、农具

50年代初,各基层供销社经营当地自产小农具,有钉耙、锄头、铁锹、镰刀、柄竹、扁担、粪桶等20多个品种。1953年,开展赊销业务,销售小农具1.98万件。1954年,委托私营铁店加工农具,销售5.96万件。1955年,小农具划归手工业社经营,销售13.28万件,销售额13.41万元。60－80年代,小农具由公社农具厂自产自销。1983年,销售36.77万件,计91.92万元。1990年,销售25.2万件,计83.16万元。90年代后,铁木小农具以个体生产、经营为主,基层供销社只供应少量塑料粪桶、粪提桶等。

第八节 农用杂品

一、薄膜

1965年,供销社经营农用薄膜。1975年,组织计划外薄膜105吨,销售99吨。随着农村推广棉花温床育苗,农民建蔬菜温室,薄膜供应量日增。1987年,薄膜计划分配远不能满足生产需要,县农资公司和基层社赴外省市组织计划外议价薄膜236.5吨,平价销售,亏损12万元。1990年,销售薄膜563吨,亏损12万元。1991年,购进613吨,销售599吨,亏损10万元。1992年,南通市物价局对农膜实行综合价,政策性经营亏损减少。1993－1995年,推广棉花药膜和玉米除草地膜种植,年购进薄膜536吨,销售479吨。2000年,农资经营体制变化,农用药膜多家经营,市供销社农资公司不再经营,供销社下设的一些农资供应门市、站点仍有销售,销量不多。2001－2008年,社会年销售量逐渐增加,货源均由需求者自行组织,价格随行就市。

二、毛竹

解放前,毛竹、毛篙由私商小贩经营。1953年,由省供销社计划分配,县供销社经营。1956年始,县供销社组织计划外货源。1960年,组织60多位农民前往江西、杭州等山地砍伐毛竹,运回毛竹200多吨、毛竹片30吨。1965年,销售毛竹(篙)6.62万支、柄竹10.85万支、锄头柄10万支、竹片505吨、毛竹梢235吨、夹篙柄1580支。1967年,扶持发展竹柄种植,从江西、浙江、福建等地调进柄竹苗、种竹10万余支。是年,销售毛竹3500支、杂竹25吨、篾板25吨、毛竹畚箕环7吨。1983年,销售毛竹6.7万支、毛篙0.69万支、竹片805吨、竹梢205吨、柄竹0.3万支、老竹枝45吨。1984年,竹类实行多渠道经营,供销社经营业务量下降。1990年,销售毛竹2.08万支,比1984年下降约20%。1992年,毛竹、毛篙滞销,供销社停止供应,社会所需毛竹、竹片由需求者自行组织购买。

三、杂木棍

1959年,供销社开始经营杂木棍。60年代初,杂木棍货源奇缺,供销社常年组织100多人赴外地采购。1961－1976年,每年购销约200万支。1979年、1980年,共购销593.62万支。此后,产区小规格杉木梢等货源增多,杂木棍销售下降。1981－1984年,销售杂木棍604.33万支,年均销售量比1979年下降约50%。1985－1990年,年均销售424.4万支。1991年后,市场放开,木材等货源充足,杂木棍滞销,供销社停止销售,用户所需杂木棍到木材市场购买。

第四章　农副产品购销

第一节　农　产　品

一、棉花

明嘉靖年间(1522－1566),县境农户植棉,所收棉花主要自用。民国10年(1921),大生第三纺织公司自设店面收花。茅家镇大成、宏丰、明泰等花纱布庄及农村集镇设行收花。随后,大生二厂、上海永安纱厂在海门设收花处,大量收购棉花,各集镇花行纷纷转业。抗日战争期间,棉花由日商控制,廉价抢购,花纱布业和植棉业衰落。抗战胜利后,大小花行兴办,因通货膨胀,盈利不多。1949年,东南生产推进社收购皮棉。1950年9月,县供销社在四甲镇建立棉花收购站。1951年,县花纱布公司委托供销社代购棉花,供销社与农民订立预购合同。全县设收花站19个、收花点25个、收花流动组8个,收购皮棉1655吨。1954年,实行棉花统购,由供销社收购、加工、保管和调运。1958年,全县设收花站49个,收购皮棉1.3万吨。1963－1984年,年均收购皮棉1.95万吨。1985年,棉花统购改为合同订购。因棉花比价不合理,棉花生产滑坡,收购皮棉4439吨。1987年,国家对棉花价实行"倒三七”比例加价，即棉花收购总量的30%执行国家牌价，70%在国家收购牌价上加价30%。1988年，恢复奖售政策，棉花生产回升，当年收购皮棉9904吨。1990年收购皮棉9389吨。

1992年，开展科技兴棉，棉花单产提高，收购皮棉1.15万吨。1993年、1994年，缩减棉田面积2666.67公顷，年均收购皮棉7002吨，比1992年减少39%。是年，棉花资源紧缺，县棉麻公司到安徽、上海、湖北、河南及省内连云港、淮阴等地组织棉花购销，销售额740万元。1995－1998年，设收花站29个、收花点4个，年均收购皮棉1.05万吨。1999年，棉花收购价格放开，无证棉贩走村串户收购，棉源严重外流，加上棉田面积锐减，收购皮棉1325吨。2001年，棉花经营放开，市棉麻公司与轧花厂联合租赁29个基层社收花站，直接收购籽棉1.08万吨，折合皮棉3768.25吨。2004年6月，成立棉花行业协会，加强棉花市场管理，控制棉源外流，收购皮棉1.28万吨。2005年，本地棉源不足，销路看好，棉花经营、加工企业到新疆、江苏如东等地收购籽棉9020吨，占年收购总量51%。2006年，国家库存棉饱和，棉花销路不畅，棉花收购以本地为主。是年，收购籽棉1.59万吨。2008年10月，受国际金融风暴影响，棉花收购价一路下跌，籽棉每公斤平均价5元，比2007年减少1.3元，收购籽棉1.19万吨，比2007年减少4500吨。

二、麻

明代，海门麻线为贡品。民国始，麻类作为商品进入市场。县内私营麻行设于通海镇，收购黄麻和经营麻匹、麻绳等。民国19－25年，生黄麻平均收购价为每100公斤折合籼米85公斤。因麻种退化，亩产在75－100公斤间徘徊。1950年，县供销社在天补、茅家镇设收购点，收购黄麻70吨。1952年，县供销社与华东区麻袋联购处驻南通办事处签订黄麻代购合同，设12个黄麻收购点。至1955年，共收购黄麻7690吨。1956年，县供销社麻类购销业务移交县农产品采购局。是年，收购黄麻5045吨。1957年，县采购局撤销，收购业务仍划归供销社。1957－1960年，收购黄麻1.04万吨。1961年实行奖售政策。1985年，取消麻类派购和奖售政策，当年收购黄麻4221吨。1986－1990年，黄麻外销困难，农民种麻减少，收购量下降，年均收购644吨。1990年后，县内无麻种植，收购停止。

三、蚕茧

民国8－17年，全县有茧行25个，烘灶154座，收购鲜茧3075吨。民国21年，上海丝市衰退，县内养蚕户锐减，茧行倒闭。1949年，收购仅4.2吨。1952年，县供销社建立海门蚕茧收购站。1955年，建烘灶，收购蚕茧6.15吨。1957年，建余东蚕茧收购站，预购蚕茧。是年，发放预约定金6900元，收购蚕茧11.4吨。1961－1977年，收购蚕茧344吨。1978年，蚕茧收购业务移交县外贸公司，供销社仍设海门、余东两个茧站。是年，收购蚕茧498吨。1979－1989年，收购4900.75吨。1990年，全县设18个蚕茧收购站，其中供销社4个、乡办3个、蚕茧总站11个，收购518吨。县境西部地区，由于收购网点不足，价格低于临县，造成茧源大量外流。1991年，国强、货隆供销社建蚕茧收购站。是年，供销社系统有树勋、四甲（2个）、国强（2个）、货隆、三阳7个茧站，均为县丝绸公司代收代烘，手续费每公斤0.2元，年收购240.5吨。1995年，收购蚕茧2600吨，创历史新高。2005年，全市有茧站22个，烘灶69副，收购2770吨。2008年，收购蚕茧2070吨，其中基层供销社为市丝绸公司代收代烘蚕茧的仅三阳供销社1个，收购蚕茧280吨。

第二节 畜禽蛋

一、生猪

清宣统二年（1910），县境四甲坝业主胡锦桃开设永安泰猪行，有猪舍3间，猪源大多来自如皋、海安、盐城、兴化等地。民国时期，茅家镇蔡源泰、徐锦成、和丰等肉铺兼营猪行，除收购县内生猪外，还调进南通余西镇猪行的生猪，除自销外还批售给同镇肉摊。日本侵略军侵占海门期间，永安泰猪行开展自购自销、中转、出港、代客收购等经营业务，大部分生猪运销上海、苏南等地。抗日战争胜利后，永安泰猪行北迁如东掘港、双墩。海门解放前夕，境内大小50个集镇均有肉铺，县城茅家镇有16户，日销猪肉4－5头。

1949年，生猪由私营肉铺收购、宰杀、销售。

1951年,国营商业和供销社开展生猪、猪肉购销业务,收购生猪1800头。1952年,猪源紧缺,私营肉铺竞相收购,供销社系统收购当地生猪700头,并从外地调进生猪,安排供应。1954年,全县收购生猪9400头。私营肉铺从解放初156户减至132户。1956年,县食品公司依托各基层供销社收购生猪,组织猪肉供应。同年,生猪实行派购,按收购额10%优先供应养猪户猪油、猪肉、饲料。1957年,生猪收购量渐增,猪肉供应相对宽松。食品公司销售鲜肉1091吨,咸肉50吨。1961年,实行奖售换购政策,收购生猪毛重超过50公斤,每公斤奖售饲料1公斤,并发甲、乙种购货券各1张。是年,收购生猪5400头,猪肉实行计划供应,城镇居民每人每月0.2公斤,当年销售猪肉50吨。1962年,设茅镇食品转运站,开展生猪调运业务。1965年,设生猪收购站(组)28个,收购生猪10.76万头,调出2.13万头,销售猪肉2545吨。1972年,收购21.61万头。1979年,生猪收购价提高23.8%,当年收购27.24万头,调出14.73万头。1980年,收购30.69万头,调出15.72万头,购大于销的矛盾突出,设猪肉销售点319个,临时肉摊120个,全年猪肉3次降价销售,销售猪肉及肉制品8460吨,年人均消费猪肉8.67公斤。1985年,生猪购销价格放开,实行多渠道经营,城镇居民实行肉价补贴。个体肉商增至300多户,食品公司收购17.05万头。

1990年,收购11.54万头,销售3.64万头、猪肉制品122.3吨。县财政对城镇居民实施每人每年2元肉价补贴。对国有商业企业批发肉禽增值税执行先征后返政策。1993年,取消肉价补贴。1994年,个体猪肉经营500户。国有食品企业销售3.17万头,经营量占社会总量的五分之一,市场份额下降,经营亏损。同年,因饲料价格上涨40%,及上年苏北产区"五号病"疫情影响,毛猪价格上涨,每50公斤为270元至290元,白肉统货每公斤10元。

1995年,苗猪价格上扬,每公斤9.6元至10元,同比上涨近1倍,生猪复圈饲养率下降。生猪收购价上涨,每50公斤320－340元。1997年,猪源偏紧,猪价高位运转。生猪收购价每50公斤470－480元,猪肉统货价每公斤15元至16元,后腿肉18元。1998年,销售22.9万头,其中食品公司销售8.37万头。

2000年,食品公司从东海、如皋、如东及县内购进生猪16.99万头,销售17.08万头;市种羊场的万头养猪场供应生猪2150头。是年,城镇人均消费猪肉19.85公斤,农村人均10.5公斤。2003年10月1日,包场兴旺猪场自繁自育的无公害"海盛"牌猪肉投放市场,获消费者好评。2005年,全市有猪肉经销商753户,雨润、双汇、苏食3个肉联企业在海门开设猪肉专卖店10个,定点屠宰场加工销售量29.93万头。2007年,饲料价上涨,养猪成本提高,收购价再次上扬,每50公斤616元,同比上升56%,猪肉零售价上升。2008年,收购价每50公斤722元,定点屠宰场加工销售19.72万头,销量下降。

二、山羊

新中国成立前,境内养羊年均10万只以上,除食用外,运销外地。每逢冬令时节,羊市活跃,羊贩串乡收购。1949－1951年,零售从200只增至400只。1952年,供销社收购山羊,运销上海等地。1956年,食品公司、供销社开展购销业务,当年收购山羊1.29万只,销往广东1.2万只,零售900只。1961年,实行山羊派购。收购1.91万只,零售2300只,其余外调。1962年,实行奖售政策,收购山羊2.15万只,调出1.04万只,零售1.07万只。1964－1972年,年均收购1.59万只、零售4200只。1983－1987年,县内自收自销,年均收购2.63万只、零售2.23万只。1990年,食品公司、供销社收购5.39万只,均供应县内市场。1993年后,山羊购销由专业市场交易,羊肉由个体经销户在农贸市场销售。供销、商业部门停止经营,市场购销量无法统计。

三、禽蛋

民国时期,境内主要集镇菜场辟有禽蛋交易场地。日本侵略军侵占期间,海门县城协记公行兼营禽蛋,总行设于汤景延公馆,同时在青龙港、宋季港、牛洪港设分行,收购禽蛋,运销外埠。

新中国成立后,除私人经营外,供销社开展禽蛋购销业务。1949－1955年,组织外地货源投放市场,收购家禽2.35万羽,鲜蛋3.53万公斤,销售家禽1.14万羽,鲜蛋11.4万公斤。1958－1960年,鲜蛋收购增多,外调比例上升。收购家禽11.97万羽,鲜蛋587.7万公斤,县内销售鲜蛋5.1万公斤,其余外销。1961年初,禽蛋实行派购,4月实行换购奖售。1973－1979年,收购家禽129.67万羽,鲜蛋

55.56万公斤，并调进少量鲜蛋投放市场。1985年，主要集镇个体禽蛋经营户增多，食品公司、供销社收购渐减。因消费量上升，全年调进鲜蛋90万公斤。1990年，收购家禽58.54万羽，销售41.61万羽，余皆调销外地；收购鲜蛋125.8万公斤，全部投放市场。1993年后，国有食品企业购销量逐年下降，私营养禽场产销一条龙，逐步成为禽蛋购销主体。1994年，禽蛋货源充裕，市场出现消费者喜爱的三黄鸡、草鸡、鹌鹑等禽类。1995年，家禽上市862.6万羽，禽蛋上市2939.3万公斤。城镇人均消费家禽8.59公斤，鲜蛋9.9公斤；农村人均消费家禽1.72公斤，鲜蛋6.06公斤。20世纪末，大型养殖场和个体饲养户的禽蛋大量进入农贸市场销售。国有食品企业停止经营，购销数量无法统计。

四、畜禽副产品

民国时期，主要集镇有私营毛皮商经营畜禽副产品收购业务，运销上海、苏州等地，重点品种山羊板皮和山羊毛。1952年，县供销社与南通畜产品公司建立代购关系，在茅家镇设立畜禽副产品收购站。1954年，县内收购点增至4个。1956年，在常乐镇南建畜禽副产品仓库，开办肠衣和猪鬃加工场。1958年，收购点发展至16个。1969年，收购点32个。收购旺季，从事畜禽副产品收购加工100多人，加工成半成品调往上海、南通土畜产进出口公司。1978年，畜禽副产品经营业务移交外贸公司，基层供销社为外贸公司代购。1986年，外销不畅，收购价下降，收购量锐减。1991年，收购山羊皮9100张。1992年，收购山羊皮5000张，国有商业企业收购、加工逐年萎缩。1993年后，畜禽副产品由个体户取代经营。

第三节 水产品

新中国成立前，水产品购销由鱼行经营和个人自由买卖。鱼行收购鱼货后，转批给挑贩到乡间销售。1949年，通东地区有鱼行52个，鱼商80多人，挑贩200多人，亦有渔民自产自销。1953年，通东地区建立鱼货经营合作组5个。20世纪50年代中期，小黄鱼捕捞量大，每年春汛期间集中上市，难以销出。1954年销售小黄鱼1115吨。1956年，建立县水产供销公司，从事鱼货购销。1959年，对鱼货实行统购统销。1956－1960年，年均收购437.8吨，销售400.5吨。1979年，放宽水产品购销政策，对渔业队捕捞的水产品实行派购和议购相结合的政策。1971－1980年，年均收购5224.2吨，销售3516.7吨。80年代初，派购比例逐年调低。1984年，取消淡水鱼派购任务。1985年，水产品市场全面放开，个体运销户日益增多，改变县水产供销公司独家经营的局面。1990年，县水产公司收购4123吨，销售3662吨。1993年，销售水产品49吨。国有水产部门市场份额萎缩，逐渐退出市场。水产品购销由农贸市场替代，个体经营为主体，产销直接见面。

第四节 蔬菜

民国18年(1929)，县城茅家镇各菜摊合股，建菜商联合营业处，设第一、第二菜场。民国19年，三阳、三厂、三星、四甲、余东等镇建立菜场，其余集镇亦有蔬菜市场。民国28年，茅家镇西菜场毁于日本侵略军兵火。抗日战争胜利后，部分集镇兴办荤素八鲜行，茅家镇有德记；常乐镇有王乾泰、源记；天补镇有端木岗；坝头镇有朱合记等菜行。

解放初，茅家镇有菜场2个，由农民设摊销售。摊位150余个，私营菜行3户。1953年，供销社收购大白菜8.89万公斤供应市场。1956年，县市及大型集镇菜场全部合作化，国营商业参与蔬菜购销经营。20世纪60年代初，县城增设大同、复兴、建国3个菜场门市部，经营蔬菜购销业务。1965年，海门镇14个菜园大队生产的蔬菜由菜场包购包销。70年代，城镇居民吃菜主要由国营菜场供应，乡镇居民吃菜从集贸市场购买。1982年，县蔬菜公司累计购进蔬菜383万公斤，其中当地收购322.5万公斤，外地调进60.5万公斤，调出24.4万公斤。1983年，对蔬菜基地推行产销合同制。1985年，蔬菜市场全面放开，取消产销合同制，国营蔬菜公司参与市场调节，蔬菜门市部挂牌收购蔬菜，并从外地调进干鲜蔬菜调剂余缺，平抑菜价。1988年，县城新辟东洲市场，当地菜农直接进场销售蔬菜，外地菜商大量提供各类蔬菜供应市场。县蔬菜公司购销量逐年减少。1990年，收购蔬菜262.9吨，销售262.9吨。1992年，在多渠道、大流通、大市场的新格局下，县蔬菜公司经营萎缩，市场份额下降，企业严重亏损。1993年，撤销县蔬菜公司，蔬菜供应全面市场化，菜农在农贸市场设摊销售，菜商引进外地蔬菜供应市场，居民自由选购各类蔬菜，市场购销两旺。

第五节　土特产品

一、留兰香

1950年，县境内种植留兰香。1952年，供销社设点收购留兰香油，每公斤21元，共收购3900公斤。1955年，留兰香油价坚挺，年收购4.1万公斤。1957年，留兰香油供过于求，收购价每公斤10元，种植面积锐减。1960年，收购价每公斤20－23元，生产回升。1960－1973年，共收购7.67万公斤。1974年，留兰香油收购价调整，农民种植留兰香实际收入仍低于薄荷，种植面积锐减，年收购450公斤。1976年收购50公斤。1982－1985年无油可收。1987年，外贸销售不稳，内销有限，生产下降。1992年停止收购。

二、除虫菊

1951年，上海三星公司、德基工业公司、尔字社、永和实业公司联合在海门设点收购，每百公斤280－300元，收购3.15万公斤。1953年，供销社收购除虫菊，每百公斤140－170元，收购16.1万公斤。1954年，试行分等级收购，价格下降，生产减少。1961－1964年，实行奖售政策，但每亩净收入仍比薄荷低62%，比留兰香低32%，加之培管复杂，农民积极性低落，面积减少，产量下降，年均收购4350公斤。1965－1974年收购7.62万公斤。1978年收购250公斤。1989年，天补农民种植1333平方米。后无人种植，收购停止。

三、竹器

解放前后，用篾丝编织的产品有竹席、箩、篮、筛、笾、筐、笼、帘、帽、水瓶竹壳、畚箕、瓶、盆、罐等15个品类；用整段或数段竹子组成的产品有柄、板、椅、车、梯、橱等6个品类，多为生产者自产自销。1955年，供销社开展竹器购销业务。1963年收购2.25万件。1970年收购16.24万件。1980年，收购23.61万件。1987年，收购2.37万件，收购额5.41万元。1988年，停止收购，由竹器户直接进入市场销售。

四、大蒜

1951年，供销社收购大蒜。1954年收购487吨。1967年277吨。1976年1220吨。1983年，市场放开，多渠道流通，供销社收购量下降。1989－1990年，年均收购仅53吨左右。1992年，供销社停止收购，农民自产自销，随行就市。

五、芦席

1956年，供销社收购芦席1.78万张。1960－1969年收购27.42万张。1976－1979年收购芦席5560.87吨。1980年，芦席收购减少。1983年收购芦席268.4吨。1987年，停止收购，农民自产自销。

六、蓖麻子

1972年，供销社收购蓖麻子9.2吨，后逐年减少。1986年收购1.34吨。1987年，仅收购0.1吨，后停止收购。

七、蜂蜜

新中国成立后，蜂蜜由蜂农交售采蜜所在地收购部门。1962年，县内新海、三和供销社收购蜂蜜，收购0.15吨。1969年收购1.55吨。1974年收购6.95吨，后逐年减少。1979－1983年，收购由1.85吨增至23.4吨。1984年，江滨蜂乳品厂直接向蜂农收购蜂蜜，供销社收购量下降，当年收购0.15吨。1985年，停止收购，养蜂户自产自销。

第六节　菜肉粮放心工程

一、“菜篮子”工程

1989年12月，建立县“菜篮子”工程领导组，下设办公室，负责全县蔬菜、副食品产供销规划、协调、指导工作。

1990年,县下达海门镇、三厂镇、青龙港镇、新海乡、厂洪乡和三和禽畜良种繁殖场蔬菜计划面积190公顷,作为供应海门、三厂、青龙港镇居民的蔬菜基地,并从计划内拨出部分平价化肥、柴油等物资,供应蔬菜村、淡水养殖场等“菜篮子”工程基地。县拨款1.86万元,为三厂镇镇西村购置钢管大棚6座,扶持蔬菜生产,使海门、三厂镇居民吃上大棚生产的反季节蔬菜。

1990－1992年法定节日期间,对海门镇、三厂镇、青龙港镇居民凭票优惠供应鲜鱼、猪肉、鸡蛋、豆制品、蔬菜等副食品,年财政补贴26万余元。

1992年夏,推广利用遮阳网培植蔬菜,同时引进结球生菜、紫角叶、樱桃番茄、西洋芹、西兰花等新品。1996年,引进徐州等地种菜能手9人,在海门市郊发展大棚蔬菜生产。同年5月,在海门镇宏伟市场建立“菜篮子”工程直销区,销售各类蔬菜23万多公斤,价格均低于市场价10%－20%;供应猪肉1018头,价格均低于市场价每公斤1元。1997年,实行蔬菜基地优惠政策,优先提供贷款,菜田免缴水费等。是年,下达蔬菜面积2333公顷,年产蔬菜4700万公斤。1999年,无偿投入防虫网5000平方米,支持海门镇海西村种植无公害小青菜。菜地使用有机肥作基肥,小青菜生长全过程使用防虫网,不施化肥、不用农药、不用激素,成功培植无公害蔬菜。

2000年,海门、三厂两镇常年菜地1133公顷,海门港菜地67.67公顷。2001年,“菜篮子”工程基地全年上市蔬菜4850吨,家禽93万羽,鲜蛋720吨,水产品1350吨。海门港蔬菜基地在政府“菜篮子”工程直销区销售蔬菜240吨,市种羊场提供生猪2150头。

2004年,海门镇、三厂镇常年菜地4067公顷,无公害蔬菜面积3287公顷,棚架设施栽培面积108公顷。是年,山东、安徽等地在海门、三厂镇种菜农户360多户,980多人。

2005年,贯彻落实国务院《关于加强新阶段“菜篮子”工作的通知》精神,全市建成无公害蔬菜基地1.87万公顷,品种50多个。海门、三厂两镇共有棚架设施栽培面积1200公顷,蔬菜供应自给有余。2007年6月,撤销市“菜篮子”办公室。蔬菜副食品生产由农业部门管理,居民吃菜靠农贸市场供应,产销平衡。

二、生猪定点屠宰

1996年前,全市个体猪肉经销商500多户,所经营的生猪自行宰杀,检疫检验率低,难以符合国家卫生要求。1996年11月,实行“定点屠宰,集中检疫,统一纳税,分散经营”,成立市生猪猪肉管理办公室,负责实施生猪定点屠宰。设立30个生猪定点屠宰场,所有个体屠宰户经营的生猪进定点屠宰场加工,实行严格的检疫检验,不得私屠乱宰。定点屠宰场投入143万元进行设备设施改造,配备病畜隔离舍,无害化处理设备及冷冻、冷藏设备,确保销售合格猪肉。

1997年,从市公安、工商、农业、贸易等部门抽调人员组成专职执法队,配备车辆,实施生猪定点屠宰执法检查。1998年,市生猪猪肉管理办公室分批派员参加省级培训班学习,考核合格人员由市政府统一颁发执法证。通过执法管理,当年生猪进点屠宰22.9万头,进点率99%。1999年,对全市120名屠宰工、140名场内管理人员进行上岗培训,30个屠宰场挂省统一颁发的生猪定点屠宰标志牌。

2000年,用于屠宰场建设资金200万元,建成机械化、半机械化屠宰场14个。南通市推广海门镇生猪定点屠宰典型经验。2004年,全市146名屠宰工、61名检疫员、38名肉品检验员全部培训合格,持证上岗。2005年,进点屠宰生猪29.93万头,检疫检验率100%,查处点外屠宰等违法案件63起,没收屠宰工具27件,生猪定点屠宰管理工作走上正常化轨道。

2006年,生猪进点屠宰和白肉进点检验量29.3万头,基本做到生猪进点屠宰,白肉复检销售。2008年,开展专项整治、执法检查1540次,检查集贸市场、集伙单位、超市、屠宰场等猪肉加工、销售、消费单位,查处违规猪肉经营户8户,取缔私屠滥宰点4个,查扣违规猪肉452公斤。

三、“放心菜、肉、粮油”管理

“放心菜” 1999年,市“菜篮子”工程办公室给种植户颁发“放心菜”上市牌。上市牌标明蔬菜生产者姓名、住址、联系电话及如何培植无公害蔬菜等内容,供消费者对蔬菜质量检查监督。2003年,东洲市场、市农副产品批发市场、农工商超市实行蔬菜市场准入制，控制有害蔬菜进入市场。同年，各乡镇购置无公害蔬菜速测仪、速测卡，市场内现场抽检蔬菜质量。2004 年，全市 26 个乡镇农贸市场、4 个超市和 4 个龙头企业，都建立蔬菜农药残留速测点，检测合格率 99.6%。2005 年，建立以市农检中心为龙头，市场、超市为骨干，各基地为基础的蔬菜质量检测体系。40 个无公害蔬菜基地均设有蔬菜农药残留速测点，各蔬菜基地、市场、超市检测合格率 99.6%。2008 年，海门城区农贸市场和蔬菜批发市场，全部实行“放心菜”市场准入制度，确保市民吃上“放心菜”。

“放心肉” 1996 年 11 月，明确市生猪猪肉管理办公室监督管理“放心肉”工程。1997 年，全市检疫进点屠宰生猪及复检猪肉 19.6 万头，检出病害猪 483 头，销毁病害猪肉 3234 公斤。

2000 年，全市“放心肉”工程工作名列南通 6 县(市)前茅。同年 5 月，南通市召开现场会推广海门经验，省内外 10 多个市县到海门学习取经。是年，检出病害猪 263 头，检出率 0.96%，其中销毁 230 头，无害化处理 33 头。2001 年，发放“放心肉”工程宣传资料 1.5 万份，录音带 30 盘，宣传图板 12 块，在各乡镇巡回宣传识别病害猪肉，严格控制不合格猪肉流进市场，取缔村头路边及走村串户的流动肉摊。是年，销毁病害猪内脏 4759 公斤。2003 年，实行猪肉市场准入制，凡进入市场销售的猪肉及副产品，必须持有动物产品检疫证明、猪肉市场准入证。2004 年，全市 78 个农贸市场的“猪肉市场准入制”全面到位。2005 年，全市 30 个屠宰场、78 个农贸市场，347 个饭店、宾馆、食堂，753 户猪肉经销商，以及雨润、双汇、苏食肉食品公司在海门设置的 10 个猪肉专卖店，通过签订责任状、承诺书，全部纳入“放心肉”工程管理范围，实行经常性考核验收，确保市民吃上“放心肉”。2006 年 7 月，各屠宰加工企业启动肉品品质检验工作，经培训合格的 35 名肉品品质检验人员持证上岗，确保优质肉品上市供应。2008 年，编制市生猪定点屠宰规划，完善生猪及猪肉产品进出场台账、肉品检验、病害猪无害化处理、质量追溯等一系列规章制度，实现猪肉规范化加工、标准化管理。

“放心粮油” 2002 年，全市实施“放心粮油”工程。市粮食部门成立创建工程领导组，制定方案，建立台账，推进全市创建活动。2003 年，粮食系统增加科学保粮投入，配制粮情检测分析系统，添置储粮机械通风设备，应用环流熏蒸、电脑全自动测温等科学保粮新技术，对国家、地方两级储备粮和市场供应的粮油加强管理，确保质量。同年，指定海西粮库、四甲粮库为军队粮食供应点，保证部队用粮安全。2004 年，实行粮油市场准入制，检查其粮油经营单位和供货单位的营业执照、卫生许可证、人员健康证以及来货发票，对所供应粮油进行质量抽检。是年，江心沙粮油加工厂生产的“皓明”牌大米被农业部农产品质量安全中心认证为无公害农产品。2005 年，开展“放心粮油”工程检查验收，海门、德胜、三厂、包场粮管所被评为南通市粮油经营放心单位。麒麟食用油公司生产的“蝴蝶花”牌菜籽油、合兴油脂公司生产的“群益”牌菜籽油、天三油米厂生产的“天庆”牌大米，被授予南通市放心粮油品种。2007 年，开展“放心粮店”评选活动，评出海西粮库等 6 个粮油经营企业为放心粮店。2008 年，评出海门镇欣缘粮行等 22 个放心粮店，全市有放心粮店 28 个。

第七节 废旧物资回收

新中国成立前，废品由一些穷苦农民拾荒，小贩下乡串户收购，破布头行贩运外地。1950 年，供销社开办废品回收业务，动员有贩运能力的农民串乡收购废品，1 公斤破布可换购 1 公斤玉米，当年收购破布 500 吨。1952 年，全县有个体收购废品户 500 余户。1956 年，基层供销社开展“千户万元”(收购 1000 户，废品额 1 万元)收购活动，收购金额 50.7 万元，比 1955 年增长 20%。1958 年，全县收购有色废金属 1058 吨，是前 6 年收购量的 2.3 倍，收购额 269.67 万元。1959 年，设立废品收购点 250 个，货郎担 268 副，从业人员 1000 多人。1960 年，组织多次突击回收活动。1961－1971 年，年均收购额 30 万元至 50 万元。1978 年，收购额 161 万元，比 1977 年增长 55%。

1983 年 6 月，县组建金属回收公司，回收废钢材 900 多吨。1986 年，县金属回收公司回收报废汽车 13 辆。同年 12 月，供销社举办废品收购有奖活动。1987 年 1－5 月，收购额 70 万元，比 1986 年同期增加 12 万元。1987－1989 年,供销社用收购的废钢向上钢一厂、二厂、三厂串换各种规格的成品钢材 1300 多吨,供应市场。1990 年,供销系统开展百日收购竞赛活动,回收废旧物资 13 个大类、150 多个品种,收购额 757 万元。回收总量 1.57 万吨,其中废钢铁 1.15 万吨、有色废金属 58.4 吨、破布 981.9 吨、废棉 513.3 吨、废纸 2204.3 吨、废橡胶 106.8 吨、废塑料 156.5 吨、杂骨 103.1 吨、废麻及制品 34.4 吨。1992 年,物资回收公司与基层社 43 个废品收购点、25 个个体商贩开展联合经营,实行联购分销或分购联销。当年收购各种废旧物资 3177 吨,收购额 1520 万元。

1993 年,破布、废麻、杂骨等废品用途被取代,需求量减少,停止收购。1995 年,回收废品 74 个品种,总量 2.88 万吨,其中废钢铁 2.3 万吨,占回收总量 80%,收购额 2967 万元。1996 年,废旧物资回收市场放开,城乡流动小贩串户收购活跃,个体回收户增多,废旧物资货源分流。1997 年,供销系统废旧物资回收总量 1.2 万吨,比 1995 年下降 58.2%;收购额 665 万元,比 1995 年下降 77.6%,三分之二的基层社废品收购部因回收量减少,核算困难,经营亏本而歇业。同年,市金属回收公司回收报废汽车 232 辆。1998 年,市供销社废旧物资回收公司在天补、悦来、常乐、三厂、海门城区等地增设废旧物资收购网点,直接面向社会收购。2000 年,供销社设在各地的废旧物资收购网点有 9 个,收购品种 20 多个,主要收购废钢铁、废铜、废铝、废锡、炉料等,回收废旧物资总量 1.5 万吨,其中废钢铁 1 万吨左右,收购总额 857 万元。

图 14－3　1990 年,供销职工在百日竞赛中收购废旧物资

2001－2003 年,外地个体废品收购户进入海门,收购各类废品,组织外销。供销部门主要收购废金属,年均收购量 1.6 万吨,其中废钢铁 1.1 万吨,收购额 923 万元。市金属回收公司年均收购报废汽车 130 辆。2008 年,供销社有废旧物资回收网点 20 个,废旧物资回收量 2.1 万吨,收购总额 2450 万元。是年 10 月,受国际金融危机影响,各类废品销售价格下跌,库存积压。外地收购户将废品运向全国各地推销,以挽回收购成本。

第五章　粮油贸易

第一节　收　　购

一、征收

清代,厅署按耕地面积起赋征收粮食。民国初年,承袭清制,田赋折征。民国 27 年(1938),日本侵略军侵占海门后,日伪政权除征当年田赋外,还要补征前两年的田赋,仅民国 32 年 4－12 月的 9 个月中,日伪军在海启地区强征粮食 18.08 万公斤。

在抗日根据地,民主政府按田亩数及田亩等级征收救国公粮,一般户交 3 公斤,富裕户交 4.5 公斤,贫困户交 1.5 公斤,甚至减免。民国 30 年夏收后，开征的土地面积30万亩，实征公粮90万公斤。翌年2月，把每年一次征粮改为夏秋两季征收。当年夏季开始，实行田赋与救国公粮合并征收。规定甲等田征大麦6.5公斤，乙等田5.5公斤，丙等田4.5公斤，丁等田2.25公斤，戊等田1.15公斤。缴纳公粮后，发给征赋粮串，并规定粮串可作产权或土地使用凭证。佃户代地主交纳的，可将粮串向地主抵算租金。夏秋两季，实征粮600余万公斤。

民国32年夏至民国33年秋，抗日根据地军民与日伪军的“强化清乡”展开针锋相对斗争，征粮按田亩数减免15%－20%。

民国34年夏，为减轻农民负担，夏季征粮标准比上年同期降低。东南地区185万亩地，减免10%，平均亩征4公斤，计征粮食600万公斤。民国35年秋季，全县有征粮面积109万亩，每亩征粮10公斤(包括棉花折粮)，约征粮食979万公斤。

抗日战争胜利后，国民党政府在海门地区大肆搜刮钱粮。军队过往，加收粮草，其数无法统计。

解放初，按产量多收多征，少收少征，不收不征的原则征收粮赋。1950年，进行土地改革后，实行查田定产，依率计征，依法减免政策，将田分等征收公粮。至1953年11月，全县共征粮食6910万公斤。

图14－4　1951年，秋征劳模表彰大会代表合影

二、统购

1953年11月，实行粮食统购统销政策，贯彻“多余多购、少余少购、不余不购”原则，向农民统购余粮。1954年，全县统购粮食1436万公斤，油料142万公斤。1955年8月，农村粮食实行定产、定购、定销的“三定”政策，正常年景，一定三年不变。1957年，完成粮食统购2039万公斤、油料165万公斤。

1959年，粮食工作上出现高指标、高估产、高统购，统购3516万公斤，比上年多购1536万公斤，上升78%。1960年，统购4647万公斤，加重农民负担，农民留粮减少，生活困难。1965年，实行粮油统购“一定三年”政策。1971年，实行“一定五年”政策，对超产地区适当超购，减产地区适当减购，超购粮食，加价30%。是年，统购粮食1292.5万公斤，超购粮食250万公斤。

1979年，适当减低粮食统购基数，将收购价提高20%左右，如玉米由每50公斤9.6元提高到11.7元，超购加价50%，当年完成粮食统购1141万公斤，超购325.5万公斤。1984年是粮食统购的最后一年，完成统购粮食819万公斤，超购438万公斤。

三、合同定购(订购)

1985年，粮食由统购改为合同定购。全县合同定购粮食计划750万公斤，完成775万公斤，是全省唯一超额完成定购任务的县。1986年，南通市下达定购任务为玉米750万公斤、大豆150万公斤。全县签订定购合同15.3万多份，完成定购玉米753万公斤、大豆212万公斤，完成合同定购任务后，每50公斤粮食奖售化肥2.5公斤。1992年，完成定购817万公斤，占任务的102%。

1993年4月，粮油价格放开，取消粮食合同定购，实行合同订购，执行政府指导价，改进粮食订购奖售政策，将奖售化肥、柴油等实物改为平议差价补贴，付给售粮农民。是年，完成订购粮食1083.7万公斤。1994年，恢复粮油合同定购，确定玉米定购价每50公斤68元，完成定购2000万公斤。2000年，是合同定购粮食最后一年，完成定购粮食47万公斤。

四、议购

20世纪50年代，粮食部门组织议购粮油，用于平抑市场价格。1963年10月，计划外粮油归粮食部门经营,国营粮食企业开始经营议购粮食,各粮油企业采取零散收购、品种兑换收购当地粮食,从产稻区购进大米供应市场。农民以杂粮兑换大米,兑换折率:元麦、玉米83折,蚕豆、大麦、山芋干等7折。1964年,议购粮食101万公斤。1977年,议购粮食2万公斤,是实行粮食议购后最少的年份。1978年,议购粮食769万公斤。

1981年11月,建立县粮油议购议销经理部,委托49个粮库、站、店代为议购粮食,与北京、山东、湖北等13个省市建立粮食议购业务关系。1986年,议购粮食4824万公斤,其中县外议购1216万公斤。1988年,议购粮食6285万公斤,其中稻谷1176万公斤。1992年,多渠道粮油经营发展较快,市场竞争激烈,国有粮食企业议购量逐渐下降,议购粮食1861.5万公斤。

1993年4月1日,国家停止平价粮食调入,全县议购粮食增加。1994年,议购粮食6613万公斤,其中县外购进3685万公斤。1999年,外销粮食市场看好,推动粮食议购,购进6750万公斤。2000年,议购1.48亿公斤,其中市内议购8260万公斤,市外议购6540万公斤。

2001年1月,国有粮食企业粮油议购完全纳入市场轨道,议购量减少,当年议购粮食3222万公斤,其中市内议购1341万公斤。2005年,按照《粮食流通管理条例》规定,10个国有粮食收购企业获粮食收购许可证,议购粮食5014万公斤。2008年,议购粮食5924万公斤。

五、市场收购

解放前,私营粮商利用粮食收获季节向农民低价收购粮食,囤积居奇,青黄不接时,高价出售,贫苦农民深受其害。解放后,特别是粮食实行统购统销后,人民政府对投机奸商进行了有力的打击。

1983年,粮油市场放开,全县个私粮油企业逐步发展,基本形成粮油市场收购格局。1984年,民营企业余东镇旭升粮油商行开张,收购粮食。1985年,德胜乡张士良、树勋乡张甫明个体粮行相继开张收购。麒麟镇季耀东创办粮食贸易货栈,收购杂粮,销往上海市场。1987年4月,天补农业服务部开业,收购粮油。2001年,粮油收购全面市场化。2003年,全市收购粮食1100万公斤。

2004年6月,季耀东成立南通市耀洲农副产品有限公司,专门收购各种豆类、芝麻、花生等杂粮。是年,全市多渠道经营粮食收购企业27个。2005年,实行粮食收购许可证,持有粮食收购许可证的粮食收购企业(含个体)38个。同年,耀洲公司建仓容量500万公斤粮食仓库1个,购置检测、粮食加工机械等设备,并在上海设立办事处经营外销业务。公司当年收购粮食300万公斤。2006年,耀洲公司被评为市农业产业化龙头企业。2007年,该企业通过ISO 9001-2000质量管理体系认证,取得国家出口食品生产企业卫生登记证书。收购产品远销日本、泰国、马来西亚及埃及等亚非国家。

2008年,全市有粮食持证收购户60个,耀洲公司当年收购粮食400万公斤,为市粮食骨干企业。

1953—2008年若干年份海门市(县)国有粮食部门粮油购进一览

表14-4 **单位:万公斤**

年份	粮食							油脂		
	合计	统购	定购	市内议购	市外议购	市外调入	其他收购	合计	市内购进	市外调入
1953	6348	1237	–	–	–	4510	601	–	–	–
1954	5771	1436	–	–	–	3038	1297	89	89	–
1955	11097	1123	–	–	–	9220	754	127	127	–
1960	7289	4647	–	–	–	2642	–	60	57	3
1965	8437	2365	–	65	–	5820	187	187	187	–
1970	1713	1713	–	–	–	–	–	167	167	–
1975	7431	1029	–	33	–	6125	244	233	233	–

续表 14－4

年份	粮食							油脂		
	合计	统购	定购	市内议购	市外议购	市外调入	其他收购	合计	市内购进	市外调入
1980	10216	912	–	–	1688	7160	456	134	97	37
1985	13508	–	775	2322	1941	8421	49	218	188	30
1990	14652	–	821	4900	1781	5794	1356	340	340	–
1995	10860	–	2000	2545	5020	1295	–	447	410	37
2000	14868	–	47	8260	6561	–	–	300	300	–
2005	5014	–	–	399	4615	–	–	120	120	–
2008	5924	–	–	1347	4577	–	–	130	130	–

第二节　销　　售

一、计划供应

解放初期，居民用粮均到粮食牙行（俗称地盘篮）购买。1954年1月，全面取缔粮食牙行，并帮助业主转业，杜绝粮食投机倒把。3月，对城镇居民和农村缺粮户，统一制作购粮证，按人口定量供应。行业用粮单位根据实际需要核定计划，凭证购粮。城镇居民食油供应，每人每月0.25公斤，3岁以下小孩不供应，病人、产妇适当照顾。1958年8月始，对城镇居民，分别年龄、对象、工种，规定每月粮食（成品粮）定量供应标准。凡定量供应人口，每人每月供应食油0.2公斤，对农业人口，分别按户核定缺粮数分月供应，到指定粮库、站、店购买。

1958年8月海门县核定城镇居民粮食定量供应标准一览

表 14－5

对　象	供应标准（公斤）	对　　象	供应标准（公斤）	对　象	供应标准（公斤）
1－3周岁	3.5	一般居民和10周岁以上儿童	12	轻体力劳动者	15－18
4－6周岁	6.5	大、中学生	15－16	重体力劳动者	18.5－20
7－10周岁	10	机关、团体工作人员，企业职工、店员，其他脑力劳动者	12－14.5	特重体力劳动者	22.5－27.5

1959年9月，县境使用全国通用粮票和省地方粮票购粮及粮食制品。1960年，农村口粮标准由1955年全年人均219公斤降到132公斤，每月人均11公斤。行业用粮由1955年的361万公斤降至94.5万公斤。1961年，农村口粮全年人均124公斤，每月人均10.3公斤。城镇定量人口的口粮标准，一般居民由12公斤减去0.5－1公斤，食油供应由0.2公斤减去0.1公斤，加上副食品供应少，群众生活十分困难。为缓解饥荒，农村采取给每人借种1－1.5分自留地种植胡萝卜、瓜菜，以弥补粮食不足，称之为“瓜菜代”。1962年，城镇精简下放一批职工，压缩定量人口，减少粮食统销量。1964年8月1日，县印制启用海门县购粮券、购油券，其中购粮券限在茅家镇、三厂镇两地定量人口中使用。购油券在全县范围内使用。1965年，粮食统销量回升，农村人均口粮年218.5公斤，城镇人口的粮油供应量亦恢复到1958年的定量标准。1966－1970年，行业用粮每年保持500万公斤左右。1975年，

推广旅顺、大连市粮食管理经验，对工厂职工坚持按工种定口粮，采取基本定量标准加工种补贴办法，实行指标到厂、定量到人、补贴到工种。1977年，为调动棉农生产积极性，在适当调整粮食统购基数的同时，对棉农增加粮食销量。

图14-5　1965年印制的海门县10市斤券面粮票　　（2008年摄）

1985年，落实60年代城镇下放人员有关政策，加之征用土地招工，城镇人口不断增加，粮食计划销量加大，平价销售3753万公斤，比例价销售4565万公斤。食油66.7万公斤。1986年、1987年，在确保非农业人口定量、农村统销和行业用粮的同时，统销饲料粮近500万公斤。

1992年4月至1993年3月，为计划供应最后一个粮食年度，全县定量人口11.1万人，定量供应粮食1797.9万公斤、食油117.7万公斤。农村统销粮食4474.3万公斤，食油1万公斤。行业用粮停止供应。

1993年4月1日，粮油销价放开，敞开供应，不再使用粮食、食油票证，粮票库存808.74万公斤，于2001年清点全数销毁。

二、议价销售

1950年4月，中国粮食公司海门办事处积极组织粮油，用略低于私商的销售价，向缺粮户销售，平抑粮价。1954年，粮食议销由县供销合作社经营。1963年，议销粮油转由粮食部门经营，坚持量入为出的原则，不挖国家粮食库存。1964年5－9月，议销大米48.1万公斤，食油2.45万公斤。

20世纪80年代，随着海门粮食生产逐步发展，农民用粮质量的提高，杂粮兑米成为议销的主要方式。1984年，议销大米1677万公斤，全县农民人均20公斤左右。1986年议销粮食3690.9万公斤，其中议销稻谷2750.8万公斤，占总销量74.53%。1987年下半年，全县议销大米1500万公斤，平均每公斤价格低于邻县0.03－0.05元。1989年，以每公斤低于市价0.06－0.1元价格议销大米220万公斤，以低于市价30%的价格议销食油30多万公斤，以平抑市价。全年议销粮食3160.7万公斤，议销食油317.7万公斤。1990年，粮油市场价格下跌，国有粮食企业库存粮油价格高于市价。全年议销粮食3511.2万公斤，食油261万公斤，年底亏损314.3万元。

1993年4月，粮油销售价格放开时，为平抑市场，粮食部门将定购入库粮和外购议价粮向城乡居民、食品行业和饲料用粮户销售。全年销售粮食3205万公斤，其中城乡居民口粮1130万公斤，食品业用粮545万公斤，工业用粮400万公斤，饲料用粮1130万公斤；销售食油210万公斤，其中城乡居民口油130万公斤，食品业用油80万公斤。1994年，自产粮食仅占总需求量50%，人均占有量列全省64个县（市）中倒数第二位。6月底，可用于市场供应的大米、稻谷库存150万公斤，只能供12万城镇居民1个月口粮。市粮食部门特向省粮食局求援调拨粮食，并用杂粮到产稻区串换、组织新鲜大米400万公斤。国庆节期间，市镇居民凭粮籍证每人供应粳米15公斤、菜油0.5公斤，均低于市场价15%左右。是年，议销粮食3214.9万公斤，其中大米950万公斤。

1997年，市粮食部门同有关集体用粮、食品、工业用粮单位协议，议价使用国库粮食。各粮库站开辟连锁店、村头网点198个，增设流动售粮点、车48个（辆），送粮油到学校、医院及居民。2000年，市内议销粮食650万公斤，市外议销1.2亿公斤。

2001年，国有粮食企业进入市场化经营。2003年4月，在抗“非典”时，海门相继发生抢购大米现象，粮食部门及时组织粮源，平抑粮价。德胜粮管所昼夜加工库存粳稻75万公斤，服从全市统一调度，优先供应海门市区。三厂、四甲粮管所把15万公斤粳稻加工供应市场。市粮食部门从如东、如皋等产粮区，紧急组织大米20万公斤投放市场，有效地平抑粮价，稳定粮食市场秩序。2005年，粮食部门有粮食销售企业7个，销售网点31个。2008年有粮食企业11个，议销粮食6400万公斤。

三、市场贸易

民国初期，县内有粮行、牙行等粮食集贸市场。分布于茅家镇和余东、包场等集镇。民国13－25年(1924－1936)，全县有15个个体粮食经营户，经营大米、杂粮。大小集镇有牙行300多户，代客经营，收取佣金。农村粮贩从外地购进大米，走村串户，用大米兑换杂粮或销售大米。

新中国成立后，基层供销社开设粮食门市部，从事粮食代购代销。1954年4月，四甲镇、三星镇建立由粮食部门统一管理的粮油贸易集市。随后，茅家镇、三厂、连元、坝头、三和、天补等集镇，先后建立粮油贸易集市，调剂城乡居民粮油余缺。1958－1960年，农民口粮紧缺，粮油集市萧条。1963年10月，整顿开放茅家镇、天补、三厂、四甲、悦来、余东、头甲、三阳镇等27个集镇粮油集市贸易。1964年3月，全县集市粮食成交20.83万公斤，食油成交3700公斤。“文化大革命”期间，粮油集市贸易被当作“资本主义尾巴”受批判，处于停顿状态。

1979年3月，整顿粮油集贸市场，成立粮食集市贸易管理所25个，配备专职管理人员，开放集市贸易。1981年，粮食上市量683万公斤，成交566万公斤，收取手续费6.4万元。1983年，市场成交粮食2046万公斤，比1982年增长92%。

1984年，粮食放开经营后第一家个体粮行——余东镇旭升粮行开张。1985年，德胜新玉粮行、树勋粮食贸易公司、麒麟镇耀东粮食贸易货栈相继开张营业。1990年，全县个体、集体粮行发展到98个。由于个体粮行的发展，粮食集贸市场逐步萎缩。是年，全县只有包场、四甲镇2个粮食集贸市场。

1993年4月，定量、定销粮油价格放开，多渠道经营粮油迅速发展。2003年，市场粮食销售量2771.2万公斤。2004年6月，市成贤粮食批发部成立，经营大米批发销售，年批发量约800万公斤，为全市大米销售的骨干企业。8月，全市有个私粮油经营户448个，其中海门镇113个。2005年，粮油销售由专业粮油店向小杂货店、路边商店延伸，市民购买粮油十分方便。2008年年末，全市有个私粮油经营户460个，遍布城乡各地。

1954－2008年若干年份海门市(县)国有粮食部门粮油销售一览

表14－6 单位：万公斤

年份	粮食						油脂				
	合计	城镇定量	农村统销	行业用粮	饲料用粮	市外调销	合计	城镇定量	农村统销	行业用油	市外调销
1954	6267	483	3649	1014	–	1121	133	20	15	42	56
1955	7409	497	4735	1503	6	668	170	22	30	75	43
1960	8628	1232	4771	504	480	1641	209	8	125	24	52
1965	8153	847	3962	533	32	2779	260	10	13	57	180
1970	4854	1028	2019	577	–	1230	102	12	4	32	54
1975	9498	1313	2107	760	653	4665	293	12	3	27	251
1980	9192	1481	3029	746	1452	2484	170	24	35	37	74
1985	14691	2380	7176	688	503	3944	233	58	44	82	49
1990	13569	2873	3821	602	1510	4763	370	119	91	115	45
1995	11062	1782	2056	382	957	5885	227	49	18	160	–
2000	14192	350	54	180	280	13328	298	–	–	–	298

续表 14－6

年份	粮食						油脂				
	合计	城镇定量	农村统销	行业用粮	饲料用粮	市外调销	合计	城镇定量	农村统销	行业用油	市外调销
2005	4576	－	－	－	－	4576	100	－	－	－	100
2008	5527	－	－	－	－	5527	120	－	－	－	120

第三节　储　　运

一、粮油调运

清代，海门漕粮由当地起运解交指定粮仓。民国时期，田赋所征粮食除直接拨调中央、省级配额中的军粮外，其余悉数解交指定粮仓。

解放初，县粮食部门依照中央统一发布的粮食调令，以支援前线为中心调拨粮食。农民生活用粮用油靠自产自销，自行调剂解决；城镇居民用粮由私营粮行运销。同时，粮食部门组织粮源，帮助兑换品种，调剂余缺。1950 年，全县调入粮食 301 万公斤，调出 76 万公斤，运粮工具主要靠船只。1953 年 11 月，粮油调运纳入国家统一调拨计划。1954 年，粮食调入 4660 万公斤，调出 593 万公斤；调出棉清油 26 万公斤。随后，历年调运任务，一般根据农业收成丰歉、国家粮油库存多寡确定。1964 年，粮食调入 5408 万公斤，调出 1814 万公斤；调出棉清油 118 万公斤。1975 年，县粮食局成立汽车运输队，粮食调运长途以船队水运为主，短途以车队陆运为主。1978 年，调入粮食 1.05 亿公斤，属历史上调入粮食最多的年份，调出 1838 万公斤；调出棉清油 60 万公斤。1988 年，调入粮食 6940 万公斤，其中大米 2900 万公斤，调出粮食 2180 万公斤。1992 年，是调拨平价粮油的最后一年，调入粮食 2732 万公斤。

1993 年，粮油购销价格全面放开，国家平价粮油计划调运结束，粮油调运以粮油经营企业之间直接运输为主。1998 年调出定购粮食 75 万公斤，为国家统一调粮最后一年。

二、粮油保管

保管方法　新中国成立前，粮油以各家各户分散保管居多。粮食防霉防蛀靠太阳翻晒。20 世纪 50 年代初，粮食保管采取袋装、仓库和露天圈囤存放相结合的方法。油脂有缸装、桶装、池装。粮食虫害防治，主要采用晒、筛、烫（用开水烫栈条）、冻以及贴刮嵌缝等措施。1956 年，使用溴甲烷熏蒸。1963 年，改用磷化铝、磷化锌、六化苦熏蒸。1973 年，推行密闭缺氧保管，即用塑料薄膜密封粮堆，以抑制或杀死霉菌和害虫。1980 年，发展为低温、低药、低氧“三低”保管粮食，执行严格的化验制度。1990 年，有单管通风机 60 台、微机 3 台、空调器 40 台、发电机组 6 台，用于保管粮食。2000 年，海门港粮库使用微机自动测温。2008 年，对粮食保管主要采用粮面覆盖隔热技术、“三低”保管、机械通风、环流熏蒸等方法。

“四无”粮仓　新中国成立初，粮库、站配备 1－2 名保管员。1954 年，各库、站、店开展粮仓“无虫、无霉、无鼠雀、无事故”活动。1976 年，全县“四无”粮仓合格率占 89.8%，1981 年为 100%。1987 年，海洪粮站被南通市粮食局定为“四无”粮仓免检单位，翌年被定为省免检单位。1989 年，三厂、海西、包场粮库被定为省“四无”粮仓免检单位。1990 年，全县“四无”粮仓合格率 94.8%。1993 年，上级粮食主管部门不再对粮库站进行“四无”粮仓鉴定，改由县（市）自行组织认定。2002 年，通过粮食经营体制改革，粮食仓储量减少，仓储工作重点抓国储库和市储库。2008 年，全市有“四无”粮仓 9 个，合格率 100%。

检测设备　1953 年前，粮食、油脂、油料进出仓库，主要依靠感官鉴定。1954 年，粮库、站配置和使用检测化验仪器，其中包括油蒸式水分测定器、温度计、选筛等，对粮食的水分、粮温、霉变等情况进行检测。60 年代，各库、站、店添置容重器、分样器、隧道式水分测定器。1966 年，6 个国营油米厂和县粮食局成立化验室，先后增添恒温箱、电烘箱、油脂抽出器、高精度天平、显微镜等。1973年，使用电子测温仪。1980年，配置检查BI毒素的萤火检测仪，检验黄曲霉毒素。1989年，统一添置手提式粮食快速测水仪。1999年，在海门港粮库建粮油检验中心，主要设备有：生化培养箱、体现显微镜、电脑水分测定仪、分光光度计等。2008年，该粮库检验中心与市内20多个粮食收购企业签订协议，检验库存粮食。

农村留粮　1957年，有少数农业社把种子集中保管。1958年秋，各地大办公共食堂，口粮由生产大队或生产队保管，农民家中基本无存粮。种子、饲料由生产大队集中保管。为保管好粮食，全县28个公社成立粮管所，对农村存粮保管进行业务指导。1961年，夏收后食堂停办，农民口粮、饲料归农户保管。1964年，贯彻储粮备荒，以丰补歉的方针，按全县各地丰歉情况，确定储备数量，组织入库，储备粮食434万公斤，全年人均提留口粮216公斤，提留种子1600万公斤，饲料377万公斤。1965－1967年，农村年均口粮1.65亿公斤，种子留粮1700万公斤，饲料留粮1400万公斤。1976年，国家粮库、站代生产队储存储备粮4143万公斤。1977年起停储。1992年，返还为生产队代储库存粮食513万公斤。1994－2000年，全市农村口粮为2.2亿公斤，月人均20公斤，种子留粮1500万公斤，饲料留粮2700万公斤。2006－2008年，农村口粮年均1.9亿公斤，月人均18公斤，种子、饲料留粮合计约4200万公斤。

三、粮仓建设

民国时期，政府公粮存放在社仓。民国19年（1930），县内有社仓32座，最大的悦兴镇（今启东市）社仓存麦2828石。民国23年，在县署茅家镇西南改旧海关为县积谷仓，可收储元麦1800石、稻谷1200石。民国24年，全县有区仓、乡仓41座，最大储量的海四区区仓，存元麦1452石。抗日根据地所征收的公粮交政治上可靠的群众保管。

解放后，粮食由群众保管转为仓库集中储存。1949年11月，大储栈仓库成立县属库第一支库。1951年，建造三阳粮库简易仓房30间，仓容240万公斤；三厂粮库仓房12间，仓容105万公斤；四杨坝粮库仓房10间，仓容105万公斤。1952年，建余东粮库仓房12间，仓容180万公斤。1953年后，每年新建、扩建、改建一批粮仓。1958年，全县仓容3023万公斤。1964－1970年，粮食逐年增产，需仓储的粮食增多，新建、扩建粮仓1万平方米，仓容增加1343万公斤。1971－1977年，推广黑龙江省明水县土圆仓建设经验，投资17万元建土圆仓80个，仓容258万公斤；砖圆仓153个，仓容642万公斤。1981年，尚存土、砖圆仓86个，仓容量443万公斤。此后，土、砖圆仓基本报废。2008年，仅悦来粮站有砖圆仓1个。

图14－6　悦来粮站砖圆仓　（2008年摄）

1985年，建造标准化无器材仓库。海西、三厂粮库、天三粮站先后建成投入使用，仓容共1400万公斤。1986－1990年，全县新建成标准化无器材仓库8050平方米，仓容1816万公斤。1990年年底，全县45个粮库站（店），仓容250万公斤以下的有34个，250万至500万公斤的有10个，仓容500万公斤以上的有1个，合计建筑面积6.27万平方米，仓容1.12亿公斤。

1992年5月，货隆粮食中转站扩建工程竣工，仓容1925万公斤，成为县仓容最大、设施最全的粮食中转站。1998年12月，开工建设国家粮食储备库，总投资1818万元。2000年2月启用，有库房5幢，计6300平方米。

2008年，全市有粮食仓容9463万公斤。

第四节　管　　理

1954 年,按粮食统购统销政策,全面取缔粮食牙行,形成“统一收购、统一销售、统一调拨、统一库存”的管理制度。农民在完成统购粮任务后的余粮到指定粮食市场交易。

1963 年 10 月,根据中央规定,计划外的粮油归口县粮食部门经营。1977 年 7 月,粮食实行统一收购、销售、调拨。1985 年,取消粮油统购,实行合同定购,规定任何单位和个人不得向没有完成定购任务的农户、农场收购粮食。1993 年 4 月,粮油购销价格全面放开。1998 年,市制定粮食收购的最低保护价和粮食销售的最高限价,防止谷贱伤农和粮价大起大落。是年 6 月,市粮食部门组织市场协管员,积极配合工商部门深入街尾村头,宣传粮食流通的有关政策,协查违规行为,维护粮油市场秩序。1999 年,天补粮管所组织协管员 13 人,出巡 1095 人次,查获违规收购粮食 50 多万公斤,交工商部门立案处理 13 件,逐步形成“管住收购、规范批发、放开销售”的粮油流通管理模式。2001 年 4 月,实施粮食清仓查库工作,盱眙县组成清查小组代表省对海门 2000 年年底的国家储备库、市储备库和商品粮库所存 4000 万公斤粮食,进行为期一个多月的清查核实工作。清查结果认为,海门所存粮食账账、账物一致,实际库存与上报数一致。同年,市粮食局代表省组织清查扬州市粮食库存。

2004 年 5 月,对粮食收购实行许可证制度。并对从事粮食销售、运输等粮食经营者,重新进行工商登记。市粮食、工商、质检、卫生、价格等部门按照条例规定,履行监督检查职责。市粮食部门增设粮食流通市场监督科,组建执法队伍,设立粮食收购许可证审批窗口。2005 年,市制定完善粮食流通监督检查工作制度。2008 年,市粮食局有持证执法人员 10 人,专职维持市场粮食经营秩序,累计核发粮食收购许可证 60 户。

第六章　烟草经营

第一节　购　　销

一、采购

清末,海门烟民以吸土烟(旱烟)、水烟为主。民国初期,烟贩引进沪产烟。民国 14 年(1925),茅家镇福泰祥、大德、义成、源泰商号先后开业,分别批发上海英美、南洋、兄弟、福兴、华成烟草公司卷烟。日本侵略军侵占海门后,卷烟经营由日商控制,倾销日产“旭光”牌卷烟,销售少量沪产卷烟。

1950 年,茅家镇设上海华成烟草公司海门分销处,以批发上海卷烟为主。1956 年,全县购进卷烟 6000 箱左右,货源以沪烟为主。1964 年,县糖业烟酒公司建立,卷烟购进实行差额调拨,后改计划调拨。货源主要来自上海和南京、淮阴、徐州等地。20 世纪 70 年代,每年采购卷烟超万箱,山东、河南等地卷烟逐步进入海门市场。1984 年,卷烟按照国家烟草专卖局规定,实行计划分配与选购相结合,均由县烟草公司采购。省内地产烟每年核定计划,统一调拨,货源不足部分从省外补足。每年有两次全国性的卷烟订货会,分别与上海、贵阳、许昌、洛阳等地的厂家签订合同。1994 年 8 月,海门烟草公司享受跨省经营权,获进入中国卷烟批发交易市场采购资格。1997 年,赴云南寻求适销货源,该省 9 个烟厂中有 8 个与海门建立业务关系。2001 年,在全国卷烟订货会上,海门烟草公司与全国 7 个知名厂家签订业务合同。2004年,将全国9个骨干烟厂作为重点供应商,建立长期业务关系。2005年7月,行业实行体制改革,取消县(市)级公司法人资格,采购货源由南通市公司统一组织,市烟草公司不承担采购任务。

二、销售

清末民初,县境内较大集镇均设烟庄、烟店。茅家镇有烟庄4个,产销一体,较大的潘永泰烟庄,鼎盛时有刨烟刀40把,烟工60人,日产土烟丝1000公斤,销往县内和邻县。20年代,海门人顾少卿任上海华成烟草厂厂长,把所产"金鼠"牌卷烟倾销海门。民国22年,三阳镇徐碧成开办兴亚烟厂,所产"狮山""夜星"牌卷烟销往全县及周边各地。日本侵略军侵占海门期间,茅家镇有"十西"和"东篠"两个洋行,销售日烟。抗日战争胜利后,茅家镇有元泰、福泰昌、潘永泰等4户烟商经营卷烟批发业务。

解放初期,上海华成烟草公司海门分销处销售"老刀""飞马""大前门""美丽"等牌卷烟。1953年,全县有烟草供应网点272个。1957年,卷烟批发业务归口县商业局副食品经理部经营。1958年,有卷烟零售网点279个。60年代初,卷烟货源偏紧,实施凭票供应。1964年,成立中国糖业烟酒公司海门县公司,经营卷烟批发业务。1965年,卷烟供应缓和。上海产的"劳动""光荣""群英""凤凰""上海"等牌号卷烟大量进入海门市场。是年,卷烟销量9384箱。70年代,土烟基本绝迹,水烟比较热销。品种有兰州"一字""甘字""榆字"等,年销300－400箱。1979年,县糖业烟酒公司建立海门、青龙港、四甲3个直属批发部,经营卷烟批发。

1984年,成立江苏省烟草公司海门经理部,烟草实行专卖,保留海门、青龙港、四甲3个批发部,另在国营商业、供销系统设置委代批发网点9个。全县有卷烟零售网点3334个。1985年,卷烟品种不断增加,云南、贵州烟以及外烟"万宝路""555"牌等进入海门市场。1990年,有零售网点3664个,销售量2.14万箱。云南产的"红塔山"、贵州产的"黄果树"等牌卷烟销售走俏。

1993年6月,县烟草公司与徐州烟厂联合开发宣传海门历史文化的"东洲"牌卷烟,推出5种特色包装,形成系列产品,深受海门烟民欢迎。后因确保南通"濠河"牌卷烟上批量,"东洲"烟停产。1995年,凡零售网点要货一律送货上门,不收运费。1997年,设海门批发部,撤销四甲、青龙港批发部,全市建立转批单位17个,代批单位7个,连锁店9个,直供点86个。1998年9月,撤销全市所有委托代批单位,设批发部14个、配送点13个。10月,对批发配送业务实施电脑联网运作。是年,卷烟有证零售户5095个。2000年6月,全市卷烟零售实行一价制,市场卷烟品种有70多个牌子、110多种规格。市烟草公司销售卷烟2.42万箱,实现利税2920万元。2001年3月,国家烟草专卖局发展中心副主任李宝林一行到海门检查工作,考察三星烟草批发部实施全面访销、全面配送的做法,给予高度评价。2003年,全市4525个零售网点全部实现电话订货、电子结算。是年5月,南通烟草客户关系管理现场会在海门召开,推广海门经验。2006年,卷烟销售2.6万箱,实现利税1亿元,成为全市纳税大户。通过ISO 9001质量管理体系认证,荣获省服务质量奖。2007年,卷烟配送线路由12条整合精简为9条。2008年,烟草联通信息发布平台建成运作,全面推行网上订货,卷烟营销步入信息化、网络化时代。当年网上订货客户950个。

1950－2008年若干年份海门市(县)

表14－7　卷烟销售量一览

年份	销量(箱/250条)	年份	销量(箱/250条)	年份	销量(箱/250条)
1950	14	1970	10870	1990	21424
1955	6329	1975	10984	1995	21665
1960	5820	1980	11292	2000	24164
1965	9384	1985	11939	2008	27003

第二节　专卖管理

一、管理机构

1953－1956年,卷烟经营由县专卖事业公司管理。1957年,由县商业局副食品经营部管理。1963

年，由县糖业烟酒公司管理。

1984年3月，县烟草专卖局成立，设专卖管理办公室，实施烟草专卖制度。1991年5月，建立天补、三厂、三阳、货隆、包场5个乡镇烟草专卖管理所。同年，在国强商业总店和麒麟、余东供销社建立3个烟草专卖管理组，初步形成基层专卖管理网络。1992年，贯彻实施《中华人民共和国烟草专卖法》。1995年，为专卖管理人员配备交通和通信工具。1996年，增设管理所5个、管理组7个，有专兼职专卖检查人员55人。1998年，成立专卖管理所14个，与批发部一套班子、两块牌子。是年，有专兼职专卖检查人员82人，并从检察院与公安局各抽调1人派驻市烟草局联合执法。2000年，成立市烟草专卖稽查大队，下设6个稽查中队，从市保安公司挑选22人作稽查队员，配备稽查车、对讲机以及办公生活设施，实行准军事化管理。

2001年，建立市卷烟打假打私领导小组，召开全市烟草市场管理会议，各乡镇政府分别与市政府签订责任书，形成政府领导及公安、工商、质监等执法部门共同参与的工作机制。2003年，组建烟草“110”联动小组。2008年，有包场、常乐、城区3个稽查中队，专管人员28人。

二、证照管理

1984年，对卷烟经营户实行烟草专卖零售许可证制度，发放烟草零售许可证2398户。1991年，持有烟草零售许可证共3603户。1992年，南通市烟草专卖局在海门召开烟草专卖换证年检工作现场会。同年4月，海门在省烟草专卖管理工作会议上作《发挥乡镇管理所作用，加强农村卷烟市场专卖管理》的经验介绍。1993年3月，对全县所有个体户进行检查，查无证经营和无证批发，并进行烟草专卖法律法规、真假烟识别知识教育，引导经销户自觉抵制假烟。1997年，全市持有烟草零售许可证5263户。2004年4月，会同工商、公安开展集中清理整治借证经营卷烟的违法活动。严格按照法律法规对有关零售点进行停业整顿，收回零售许可证23件，有效遏制外地人员借证经营。2005年，持有烟草零售许可证4555户。2008年，全面开展烟草零售许可证换证工作，共更换许可证5127户。

三、市场管理

1984年，查处烟案5起，罚没款285.67元。1989年4月，与工商局、税务局联合发布《关于加强烟草专卖管理的通告》，有力打击非法烟贩和假烟。1990年，查处烟案291起，没收卷烟4.51万条，罚没款6.62万元。同年8月，取缔由广西贺县烟贩开设的刘浩乡头甲村地下假烟厂。1992年7月，在江心沙船闸查获走私外烟565件，案值100多万元。1996年4月，在树勋与万年交界处一农舍中查获假“茶花”“昆湖”“飞马”“西牛王”等6个品牌假烟592件，案值100多万元，经公开宣判，案犯周某被市人民法院判刑3年，是南通地区第一个因贩售假烟而被公开宣判的案件。1997年11月，会同公检法、工商、质监等部门联合开展专项整治，以大千商贸城食品区卷烟经营活动为重点，全面整顿卷烟市场，使一度失控的大千商贸城卷烟经营和海门卷烟市场的混乱状况得到纠正。1999年10月，在三和地段查获假冒卷烟97件，案值20多万元，于2000年6月15日进行公开审判，涉案不法烟贩福建人林某被市人民法院以非法经营罪判处有期徒刑2年6个月，并处罚金12万元。

2004年，全面推行批发、零售以双向承诺、双向服务、双向监督为主要内容的诚信等级管理，增强卷烟零售户的自律意识、诚信意识，严防假烟进入海门市场。6月，全国烟草诚信等级管理现场观摩会在海门召开，推介海门的做法和经验。2005年11月，南通市烟草专卖局在海门召开依法行政、规范办案现场研

图14－7　2007年，“9·4”特大假烟运输案破获

讨会。海门的做法得到省、市烟草专卖局领导及同行的赞赏。2006 年,通过“冬季会战”“雷霆行动”“猎鼠行动”等打假专项行动,查获无证运输卷烟 3700 条,案值 17 万余元。2007 年,破获“9·4”特大假烟运输案,查获非法卷烟“中华”“一品梅”等共 4.4 万条,案值 365 万元,得到省、市烟草专卖局嘉奖。

2008 年,开展“放心烟柜”活动。全年出击打假人员 5780 人次,查处卷烟违法案件 355 起,查获违法卷烟 1.09 万条,其中假冒卷烟 8117 条,依法判刑 2 人,取缔无证经营 28 户,罚没款 11.8 万元。

图 14-8 2008 年,市烟草专卖管理部门与首批“放心烟柜”合格单位海门文峰大世界签订责任状

1984-2008 年海门市(县)烟草专卖管理情况一览
表 14-8

年 份	许可证持有数(户)	案件数(起)	罚没款(元)	查扣卷烟(件/50 条)
1984	2398	5	285.67	-
1985	3875	21	706.67	-
1986	3939	23	1345.29	34
1987	4349	33	8607.80	11
1988	4148	109	10803.55	126
1989	3567	383	15340.67	660
1990	3664	291	66198.50	891
1991	3603	408	150754.89	1100
1992	4153	312	100827.00	632
1993	4170	164	128424.80	580
1994	4644	178	155311.40	1050
1995	5282	176	133504.67	590
1996	5361	253	419902.00	1395
1997	5263	510	642050.70	2303
1998	5095	492	360000.00	2391
1999	4256	408	210931.11	2391
2000	4565	315	151000.00	312
2001	4789	486	62224.00	145
2002	4843	414	36640.00	39
2003	4567	456	66300.00	56
2004	4262	456	110000.00	61
2005	4555	310	36552.00	69
2006	4325	380	188450.00	104
2007	4738	483	93097.00	936
2008	5127	355	118313.95	218

第七章 食盐经营

第一节 销 售

宋、明代,境内煮盐业实行专卖。清同治年间(1862-1874),包场有颜德泰、义记、德长厚盐店,随购随销。光绪末年,由张謇集资购买德长厚盐店全部资产,开设大有晋盐垦股份公司,收购灶场所产食盐,运解南通大咸盐务分局,再分拨本地经销。民国11年(1922),茅家镇设立海门大咸官盐栈,专营食盐批发,实行包税经销,盐源由南通大咸盐务局调拨。日本侵略军入侵后,食盐基本处于自由买卖状态。抗日战争胜利后,仍由大咸官盐栈经营食盐批发。

1950年,全县有盐商23户。1951年,茅家镇、三厂镇均设盐商合营处,批零兼营,由南通食盐批发处提供货源。1956年,实行对私改造后,食盐零售由各副食品商店经营。1957年,食盐批发划归县商业局副食品经理部,下设东灶港食盐购销站。是年,零售食盐4266吨。1962年、1963年,食盐实行定量供应。1964年,县糖业烟酒公司设青龙港盐业批发部,货源由南通盐业公司核拨。1976年,海门盐场开始土法上马,生产散装粉细盐,供应市场。1980年5月,食盐的批发业务从县糖业烟酒公司划出,由海门盐场直批,四甲盐业批发部和部分供销社、商业总店转批。1982年,粉细盐销售突破6000吨,占原盐销量40%。1983-1985年,对外县供应粉细精制盐。1986年,将散装粉细盐改为彩印塑袋小包装供应市场。1987年5月,开设海门镇盐业批发部,对城区商店进行直批。1988年6-12月,增设包场、东兴、六甲、头甲、余东、国强、三阳、三和、三厂、麒麟10个食盐批发部。工业用盐的供应仍由海门盐场直供。同年,一度出现抢购食盐,销售食盐2.11万吨。1994年1月,成立江苏省南通盐业分公司海门支公司,与海门盐场合署办公,经营食盐批发销售。1995年,海门、三厂、三和等镇供应加碘盐,随后普及全市各地。1999年4月,海门盐场改造加碘盐复合膜包装生产线,克服原单膜小包装易破损、易吸潮结块、碘剂易挥发等缺点,提高碘盐质量。5月初,全面供应复合膜包装碘盐。2002年8月,新一代纸塑包装加碘盐取代复合膜包装碘盐。

2003年4月下旬,"非典"流行,海门出现碘盐抢购风,经采取凭证供应措施,控制抢购。2004年,公司设立配送中心,将全市原有食盐批发部改为配送站,实施定期配送和电话要货配送。对小额工业盐、食品加工用盐实施终端直送,免收运输费。是年,增加加钙、加锌、加硒、低钠盐等10多个营养盐品种。2007年6月,海门盐业公司通过中国盐业协会评审,为国家AAA级食盐批发企业。2008年,销售各类用盐1.51万吨,其中食盐6378吨、工业用盐8770吨,销售收入2010万元。

第二节 市场管理

一、缉私机构

宋代,通泰各场设巡检官。明嘉靖二十四年(1545),巡盐御史齐宗奏准,将海门的张港、吴陵等5处巡检司改隶两淮运盐司通州分司提调。清代,缉私由盐务官与地方官协同负责。民国17年(1928),盐场筹设场警,系场商自办,受官监督。民国21年,商办场警改归官办。民国29年11月,新四军苏四区盐务处派部队接管原国民党设置在南通地区盐场的税警武装,海门盐警同时被接管。

1953年3月,县人民政府内设盐管科。盐管科在走私盐严重的乡镇政府设专职盐管助理1人,区设兼职盐管助理1人。1954年4月,县盐管科撤销,缉务由县工业科兼管。1958年,由税务机关兼管盐务缉私工作。“文化大革命”期间,盐务管理停止。1987年,按《江苏省盐政管理办法》规定,海门盐场缉私由盐务部门管理,盐场外由税务部门管理。1990年,海门盐场业务科附设盐政管理科,负责经销区内的盐业市场管理。1994年1月,县盐务管理局成立,内设盐政管理科,配备专兼职盐政管理人员7人。2005年,专兼职盐政管理人员增至14人。2008年,成立江苏省盐政执法海门大队。

二、盐政管理

民国11年,海门零售商号经营食盐须领取扬州盐运司核发的特种经营许可证,茅家镇持证经营商号有7户。

新中国成立后,税务部门在征盐税同时对经销商查管。至1988年,海门盐场对全县盐业市场进行管理。1994年10月,由市轻工业公司、盐务管理局、卫生局等部门组成管理协调小组,开展百日联合执法行动,查处私盐案16起,没收私盐12吨。同年,与海门广播电台协作开办专题节目《盐业广角镜》宣传盐业法规、盐业常识等。编印《盐政管理汇编》发放宣传。1995年6月,海门工商管理局、盐务管理局联合发出《关于在全市范围内发放食盐经营许可证的通知》。7月,对食盐零售户实行许可证制度,对工业用盐、腌制大户用盐实行计划管理,发放购盐证。是年,发放食盐经营许可证3880本、购盐证400本。盐业公司和下属12个批发部、37个转批企业分别领取省盐务管理局核发的批发经营许可证。食盐运输实行准运证管理制度,准运证、计划调拨单、发货单缺一不可。

1997年7月,时逢腌制海蜇旺季,东兴乡崔某从赣榆县购买非食用盐12吨,伪装化工产品运入海门,经市盐务局与公安局联合执法,查获并予罚没处理。1999年5月,为防私盐、无碘盐流入市场,对食盐所有包装物采用激光防伪标识,实施“统一管理、统一样式、统一标识、统一印刷”管理制度,包装物由市盐务管理局编制生产计划。是年,查处私盐案88起,涉案盐产品125吨,没收私盐76吨。2001年9月,食盐市场管理加入公安“110”联动机制。2002年,出动盐政执法检查1490人次,检查零售商店2000余家、用盐企业700个,有效稳定盐业市场秩序。2005年,全市食用碘盐覆盖率99%,名列南通市第一。2006年,推行“食盐安全村”建设,市盐务局会同有关乡镇深入农民家庭,查灶台食盐、咸菜用盐,纠正农民使用劣质盐,创建“食盐安全村”6个。2008年3月,取消食盐零售许可证,以市盐业公司为龙头、苏盐连锁配送店为骨干,建立食盐安全流通网。盐业公司与3500余户零售商、1500户餐饮企业和食品加工作坊签订《保证食盐安全承诺书》,把食盐安全严格掌握于零售终端。

1994－2008年海门市查处私盐情况一览

表14－9

年份	查处案件（起）	查处涉案盐产品（吨）	没收盐产品（吨）	罚款（元）
1994	16	110.50	12.00	8817.00
1995	40	79.00	17.00	9190.00
1996	45	55.05	2.64	15720.00
1997	73	50.10	31.00	20805.00
1998	77	28.00	23.00	11427.00
1999	88	125.00	76.00	82460.00
2000	56	52.07	34.10	44330.00
2001	20	14.00	7.94	7650.00
2002	7	13.92	2.50	1150.00
2003	53	43.24	19.36	47840.00
2004	74	17.00	7.90	19616.00
2005	33	17.00	5.20	12800.00
2006	24	8.80	4.10	3250.00
2007	26	28.00	5.80	16810.00
2008	30	9.40	5.00	11763.50

第八章 医药购销

第一节 中 药

一、收购

解放前,县境出产的中药材由私营中药铺收购。1954 年,供销社药材经理部收购地产中药材,当年收购额 2. 32 万元。品种以药瓜、蒌皮、蒌仁为主。野生药材仍由私营药店经营。1955 年,收购品种增多,收购额 4. 32 万元。1956 年,县药材公司成立后,委托基层供销社代收中药材,是年收购额 2. 89 万元。1958 年,实行药材预购,收购品种增至 60 多个。1961 年,部分中药材收购实行奖售。1966 - 1972年,中药材收购品种减少,收购量下降。1973 年,加强野生药材收购,当年收购蟾酥 2000 多公斤。1976 年,中药材就地收购,就地加工,收购额 93 万元。1987 年,收购价格偏低,收购额 50 万元。1991 年,价格上升,农民大量种植元胡、贝母、黄芪、玉竹等药材,当年收购额 125 万元。1995 年,收购额 114 万元。2000 年,中药材种植面积减少,当年收购额 91 万元。2007 年,因药材公司饮片厂未经 GMP 论证,中药饮片不允许生产,中药材收购停止。

二、销售

清光绪十五年(1889),吴护西等汇集药界同仁在茅家镇开设股份制泰来药栈和德泰药行,周围县市许多中药店到此采办中药。宣统年间(1909 - 1911),浙江宁波单氏在茅家镇开设卫生堂国药号,相继有同德生、天生德、保和堂、天补保和堂、三厂寿春堂、存仁堂、麒麟天德和、六甲延寿堂、四甲长春堂等 30 多个中药店开业,大多前店后作坊,精选地道药材,遵古法炮制饮片,自制传统古方丸散膏丹,广受患者欢迎。民国时期,中药店遍布城乡所有集镇,一般集镇平均有 2 个以上中药店,余东镇有 7 个中药店。民国 29 年(1940),境内有 136 个经营中药的行、店,除批发行和少数资金比较充实的店雇用1 -5名员工外,其余为夫妻店。解放前夕,全县有中药行、店 125 个,从业人员 298 人,其中专营中药材批发 2 个。

新中国成立初,药店仍由私人经营。1955 年,全县有私营中(西)药店 114 个,中药材批发行 2 个。县供销社土产购销股附设中药材购销业务。1956 年,全县有 13 个公私合营医药中心店、54 个零售门市部,归属县药材公司。1962 年、1963 年,公司为方便医院、零售药店购药,先后在麒麟、四甲、包场、悦来等镇设成药批发站,药品销量大幅度上升。1965 年,药材公司在海门镇办饮片加工场,收购中药材加工饮片,批发销售到各医药中心店和零售门市部,多余部分销售到上海、苏南等地。1972 年中药销售 119 万元,1982 年销售 287 万元,1991 年销售 437 万元,2000 年销售 577 万元。2002 年,药品销售放开。2008 年,有中药经营权的药店 139 个,市医药公司销售额 1513 万元。

第二节 西 药

民国 8 年(1919),茅家镇大同街中美药房开业,经营少量西药。20 世纪 30 年代,中法、中西等西药房相继开业。民国 29 年,县境抗日根据地从上海等地采购西药,以解决军需民用。40 年代,全县专营西药的药房 4 个,均设在茅家镇,其他集镇中药店兼营部分西药。资金雄厚的药店药品从上海等地自购,一般药店的西药均从茅家镇西药店转批。1952 年,茅家镇供销社兼营西药。1954 年,县百货公司设西药门市部,供应联合诊所和私营药店，由南通市医药药材采购供应站供货。1960年，西药由省药材公司调拨和上海市医药公司直接供货。县内医院和药品零售店直接到医药公司批销。1962年，医药公司下设批发站后，各医院和零售店直接到批发站采购。是年，西药销售115万元。1972年销售544万元，1982年销售1020万元。1985年，全县有药品经营网点40多个，其中批发企业5个。1986年，县医药公司因销售业务成绩突出，被评为医药行业全国先进单位。1990年西药销售1888万元，1995年销售8622万元。2000年，医药公司召开新药品推广会48次，推出新药品种80多个，西药销售1.03亿元。是年，全市有西药经营企业53个。2001年，市医药公司投资兴建市区海南、通源、三厂康缘、四甲康健、悦来新民等6个药店、药房，以网点优势占领药品市场。2002年开始，西药流通渠道逐步放开，医院、药店直接向药品生产单位和各地批发商进货，零售药店迅速增加。2003年，市医药公司西药销售6861万元。2008年，全市有药品经营权的药店264个，市医药公司销售3244万元。

第三节　医疗器械

1960年，县药材公司经营医疗器械，主要有药棉、纱布、橡皮膏、剪刀、体温表、针筒、皮条、镊子、X光胶片等一、二类器械，其他医疗器械根据医院需要，药材公司组织订购，每年销量很少。至1980年，医疗器械年销售10多万元。1990年，医疗设备采购逐步放开，医院所用设备自行订购，医药公司销售的医疗器械增加血压计、一次性注射器、保健器械、残疾人使用器械等，年销售量逐年上升。1991年销售额106万元，1995年117万元。2000年，全市有16个药品零售企业具有医疗器械经营企业许可证，销售额140万元。2002年，经营药品的商店增多，凡有药品经营许可证的，均可经营一类和部分二类医疗器具。海门镇设有专营医疗器具商店，销售大量上升。2003年，医药公司销售额111万元。2008年，销售额129万元。

第九章　石油经营

第一节　销　　售

民国初年，县内出现利用煤油点灯。民国10年(1921)前后，县境始通汽车，同时纺织等小手工业有所发展，用油量增加，所需用油均由私商从上海、南通等地运回销售，价格不定。品种有“美孚”“鹰牌”“亚细亚”“德士古”“铁锚”牌等，人称“洋油”。

新中国成立后，石油业务由县商业部门和供销社联合经营。1956年，县百货公司成立石油批发部。1957年，全县实行煤油定量供应。20世纪60年代初，油源紧张，汽油、柴油等用油计划由县计委、物资局统一安排。1965年，石油销售量3036吨，其中柴油1448吨、煤油1365吨、汽油80吨、润滑油143吨。对柴油机动车辆及生活用油，划区定点，凭卡供应。1978年，设立青龙、悦来、货隆、包场石油供应站，采取向外求援、协作、集资补偿贸易等办法，购进计划外石油，供应用户。县内石油主要来自大庆、胜利等油田。1983年，对全县计划供油单位，以1982年用油量为基数，确定计划内供油指标，超额议价供应。1990年，农业、渔业、抗灾及与粮棉生产挂钩销售油继续实行平价供应，其余以市场价供应。是年,销售量2.99万吨。1994年5月,取消计划内平价油和高价油的供应,实行平议一价。销售由分配调拨转向经营服务。社会投资人经营成品油大量涌现,企业内部加油站、运输公司、乡镇农机站都成为对外加油站。1997年10月,市石油公司资产无偿划归省石油公司,逐步纳入集团化经营模式,由统购统配、三级批发、足量供应,变为统进分销、二级配送、连锁经营。县公司不再有成品油采购、批发、储运等业务。

2000年6月,海门石油公司更名为中国石油化工股份有限公司江苏南通海门石油分公司。公司加油站数量从4个增加到16个,当年汽油销售1.22万吨。2005年,境内有加油站80个,其中市石油公司有19个加油站,销售汽油1.94万吨、柴油1.89万吨、煤油176吨。2006年,煤油销售暂停。2008年,有加油站46个,其中市石油公司有加油站24个、民营加油站22个。成品油销售量7.27万吨,其中市石油公司销售汽油3.18万吨、柴油2.81万吨;民营加油站销售汽油9662吨、柴油3110吨。

1965－2008年若干年份海门石油公司销售情况一览

表14－10 **单位:吨**

年份	汽油	煤油	柴油
1965	80	1365	1448
1970	163	1392	6557
1975	357	1994	10339
1980	1624	1870	13399
1985	3425	1789	13227
1990	6634	1794	21453
1995	9525	459	13245
2000	12208	214	12582
2005	19357	176	18933
2006	27745	–	21195
2007	27991	–	23469
2008	31782	–	28149

第二节 管　　理

新中国成立后,石油经营业务由中国石油公司统一管理。1978年,石油属国营公司专营,计划供应部分由县计委下文分配给用户。1994年5月,石油取消计划供应,经营市场化。凡建加油站由市计委会同公安、工商等部门审批。当年,申报批准经营石油的单位和个人有10余个。

1997年,南通市计委为石油经营主管部门,海门建加油站由南通市计委委托市计委审批。是年10月,成品油从出厂价到销售价执行国家定价,不准价外加价和变相涨价。1999年,清理整顿成品油流通企业,规范成品油市场流通秩序,由市计委牵头,对全市成品油零售企业重新登记,报省经委清理整顿小组核发成品油零售批准证书。2000年,对全市127个成品油经营站点调查摸底。取缔无证、无照经营户,对有照无证户限期整改。有55个加油站验收合格,发放成品油零售经营批准证书,同时申报批准21个柴油合格销售点。

2001年,由市发改委牵头,每年对成品油零售经营批准证书进行年审。由经营企业将成品油零售经营批准证书年审申请表、化学危险品经营许可证、营业执照等证照一并送审。由市发改委统一报请南通市经贸委年审。2004年,兴办加油站,改由南通市经贸委直接审批。2006年5月,成立市民营加油站商会,实行行业管理。2007年,市发改经贸委牵头举办加油站安全培训班4期、消防演习1次、安全检查6次,强化加油站安全管理。

第十章 市场建设

第一节 集贸市场

明嘉靖年间(1522－1566),余东镇设有集贸市场,摊位设于南北石街两旁。清末民初,全县有大小集贸市场60个,为农村交换调剂农副产品的主要场所。民国9年(1920),茅家镇南市设公共小菜场。民国23年,茅家镇王远大酱园、德泰药材店、元生南北杂货店、朱协和茶食店等商户,在镇区集资兴建300平方米西菜场(今圩角河东侧新海路北),场内设酱园、南北货、茶食、茶馆等门市,每天上市千人以上,荤素八鲜俱全。民国28年农历三月,毁于战火,成为露天市场。

抗日战争时期,根据地群众分别开辟富安镇西南香台庙、新河镇西南王家仓、郁家土地堂西南陆家宅3个敌后市场,每个市场设几十个摊位,供应南北杂货、五洋百货、副食品、布匹、小农具等,当地农民用各类农副产品参与交易。遇到敌人出动骚扰,商户收起货物,随即撤走,群众称之为朝天市场。抗日战争胜利后,香台庙、王家仓2处市场自行解散,陆家宅市场保持到解放初期。

解放前夕,物价上涨,市场萧条,乡镇集贸市场仅存41个。1952年2月,茅家镇、三厂、四甲、包场、三阳等主要集镇召开物资交流大会,参加交易会的农民18万多人次,成交额69万元。同年7－11月,在三星、余东、天补、六甲、麒麟等7个集镇召开城乡物资交流会,参与交易36.8万人次,成交额103万元。

1956年,手工业者、小商小贩走上合作化道路,集贸市场仅有蔬菜、鸡鸭、鱼虾交易。同年10月,开放市场,茅家镇先行试点。1957年1月,全县集贸市场全部开放,除国家统购物资外,其他商品均可入市交易,市场开始活跃。

1958－1960年,国营商业对农副产品包揽经营,社员自留地和家庭副业经营受限制,市场货源枯竭,集贸市场萎缩。1961年,中共中央发布《农村人民公社工作条例》(即“六十条”)明文规定,自留地政策不变,允许和鼓励社员发展家庭副业,海门集市贸易逐步恢复。1963年,集市贸易趋向兴旺。“文化大革命”期间,把集市贸易当作“资本主义尾巴”进行批判,严重影响集贸市场发展。

1979年,随着各项农村经济政策的落实,集市贸易趋旺,市场逐步扩大,上市品种增多。1980年,全县有集贸市场58个,年成交额3423万元,比1979年上升44.9%。1982年,集贸市场建设投资1.78万元。海门、三星、天补3处农贸市场增加场地面积1500平方米。1984年,实施谁出资办市场谁经营的做法,商业、供销、粮食、水产等部门以及乡、镇、村共投资7.8万元,新建、扩建场地面积6830平方米。是年,有集贸市场90个,其中农贸市场58个,粮油、小商品、苗猪等市场32个。1987年4月,县召开加强市场建设动员大会,促进市场建设,当年投资91.21万元,兴建和改造集贸市场。

1988年,投资230.5万元建东洲市场。市场占地1万平方米,棚顶钢筋混凝土结构、呈海鸥式,面积5200平方米;另设有饭店、商业门市用房118间,建筑面积3600平方米;仓储设备用房15间,建筑面积250平方米,成为全县规模最大、设施最全的农贸市场。1990年,东洲市场日上市摊位1000余个,人流量逾万人次,年成交额4600万元,连续3年评为省、全国文明市场。

1995年,全市改扩建市场30个,新建市场3个,总面积9.01万平方米。登记注册集贸市场72个。市场棚顶面积9095万平方米,室内经营面积8.3万平方米,总摊位2.23万个,全年成交额23亿元,比上年同期上升91%,其中年成交额超3000万

图 14－9 东洲市场 （1995 年摄）

元市场 12 个，超 5000 万元市场 4 个，超亿元市场 3 个。1996 年 1 月，东洲市场获评全国文明市场。

1997 年，投入市场建设资金 3260 万元，新建、搬迁、改扩建市场 14 个，总面积 6 万平方米。1999 年 4 月，市区海南集贸市场动工兴建，总投资 1100 万元，占地 1.2 万平方米，建筑面积 1.25 万平方米，钢筋结构棚顶 1200 平方米，摊位 268 个，营业房 90 套。同年 12 月竣工开业。至此，海门市区有东洲、宏伟、通源、西郊、海南 5 个农贸市场，布局合理，居民方便，市场兴旺。

2005 年，登记注册的各类市场 66 个，市场总面积 55.74 万平方米，其中棚顶 16.34 万平方米，室内 20.03 万平方米，入场经营户摊位 1.4 万个，市场成交额 159 亿元。2006 年，有 14 个市场通过南通市标准化管理验收。2007 年，东洲市场被省评为四星级文明诚信市场。2008 年，登记注册的各类市场 54 个，其中农贸市场 47 个、工业品市场 6 个、生产资料市场 1 个，市场成交额 340 亿元。

第二节 专业市场

一、竹木市场

1980 年，国家对木材、毛竹市场尚未放开，县境内货隆桥、郁家店、新余等地农民从江南购进零星旧木料，或从内河往来的船上购些私装夹带的木材进行交易，盈利可喜。1984 年，一部分农户隐蔽从事木材经营活动，形成以货隆桥地区为主的竹木市场雏形。

1985 年，国务院规定，木材作为 27 种商品之一列入管理物资。货隆桥的部分人仍私运木材进行交易活动，群众争相购买。面对现实，工商部门经专题调研，报请上级同意，建立县货隆竹木市场，使木材交易由地下变为合法交易。1986 年 4 月，县货隆竹木市场开业，入市经营摊位 80 个，是全省首家由工商部门直接主办的木材专业市场。1993 年，市场以货隆桥为中心，东西南北纵横 10 公里，占地 206.77 万平方米，拥有 350 多个摊位，年销售木材 15 万立方米，成交额 1.2 亿元。品种有杉木、松木、杂树，建房用的成品梁、柱、椽，规格齐全，日均储材量在 6000 立方米以上，成为全省最大的木材专业市场之一。1990 年，天补镇通海坝村受通州市川港镇木材交易市场的辐射，附近村民以通海公路沿线为场地，经营木材批发生意。至 1995 年，货隆竹木市场 4 次被评为全国文明市场。1995 年 3 月，天补镇出资建郁家店木材交易市场，新增经营户 80 多个，面积 2.24 万平方米。1997 年春，木材供求矛盾趋于缓和，货隆竹木市场成交量逐步下降，摊位明显减少。1999 年 3 月，市工商局对市场实行办管分离，将货隆竹木市场整体移交货隆镇政府管理，时有摊位近 100 个。2000 年，货隆市场摊位不到 20 个，市场逐步萎缩，然郁家店市场购销两旺。2006 年，郁家店市场成交额 2.77 亿元。2007 年，该市场被江苏省工商行政管理局评为四星级文明市场。2008 年，有经营户 420 户，占地面积 7 万平方米，成交额 2.99 亿元。

二、工业品市场

1979 年，随着三星乡绣品工业的发展，叠石桥绣品市场初具雏形，1982 年建成专业市场。1985 年，叠石桥绣品市场占地 1300 平方米，固定摊位 160 多个，日客流量 3000 余人次。1986 年 4 月，海门镇万丰小商品市场开业，经营纺织品、服装、鞋帽和小百货、小五金等商品，市场面积 2050 平方米，玻璃钢顶棚 1520 平方米，固定摊位 280 个、柜台总长 420 米，日客流量 3000 多人次。1988 年，全县有海门、三厂、四甲、余东、包场镇工业品专业市场 5 个，市场面积共4505平方米。1990年，工业品市场销售额1440万元。1995年，各乡镇均有工业品专业市场，经营服装、内衣、鞋帽及各种小商品。

1996年12月，动工兴建大千商贸城。占地7万平方米，建筑面积5.05万平方米，其中营业用房948套，计4.39万平方米。1997年10月开业，入驻经营户450个，从业人员1500多人，设食品、面料、服装、皮鞋、小商品5个区位，经营副食品、南北货、滋补品、服装鞋帽、纺针织品、五金电器、皮革制品、日用杂货、坯布等10多个大类，5万多个品种，实施批零兼营，以批为主，当年销售额2亿元。1999年，拓展二期工程，面积2万平方米，增加营业门面房292套，仓库1000多平方米。是年，有经营户560个，从业人员2400人。汇集全国各地众多的名、特、优商品交易，如四川酒类、浙江五金、广东电器、常熟副食品、金华火腿、义乌小商品及重庆坯布等，年成交额6.2亿元，成为全市日用工业品批零供货的主要窗口。2000年，随着市区专业市场增多，大千商贸城经营户纷纷退出市场，部分业主经营亏本，经营户减少到420个，销售额3.5亿元。2001年6月，大千商贸城交市供销社管理，成立市大千商贸城管理委员会。2002年，管委会组织招商小组赴上海、浙江、福建、山东、河北等地开展招商活动，开办汽车城，发展坯布、南北货、小商品等批发业务。2005年，大千商贸城有经营户400多个，其中经营服装80个，副食品、南北货70个，五金交电、装潢材料40个，小百货50个，坯布70个，床上用品20个，皮鞋、鞋料30个，饮食、理发20个、其他行业20多个。从事运输、装卸搬运等近100人。年销售额5亿多元。2006年3月，经改革，经营业主产权明晰，注销市场登记证，形成松散型综合批发市场。

2008年，叠石桥绣品市场有营业面积35万平方米，门面3000多间，摊位9000多个，成交额251亿元。各乡镇的工业品市场商户大多进店经营，注册登记的工业品市场由原30多个减少到5个。

三、果蔬批发市场

1990年，东洲市场设有果品批发市场，有地面仓库19间、275平方米，地下仓库93平方米，可储水果65吨。1991年，东洲市场开辟400平方米为蔬菜批发市场，引进蔬菜1100吨，缓解市场供需矛盾。1999年4月，在市区复海桥北侧建育峰水果批发市场，经营各类水果批发，兼营零售，后因东洲公园扩建拆除。2000年，东洲市场扩建蔬菜批发市场3800平方米，购进各种大棚蔬菜，批发销售，满足市场需求。

2002年，市三星房屋开发公司投资6000万元，在秀山路圩角河西侧兴建实成农副产品批发市场，占地20万平方米，建筑面积3万平方米，其中棚顶面积1万平方米，并建有500吨级冷库1座。市场经营各种蔬菜和水果批发，货源80%来自外地，包括内蒙古、山东、湖北、浙江、海南等地，销路除覆盖全市城乡外，还销往周边市县，辐射上海、苏南、苏北等地。2003年，日进场交易人数近2000人，上市交易品种100多种，交易量300吨以上。2005年，成交额2.2亿元。2007年，成交额4.7亿元。2008年，受冰雪灾害影响，部分棚顶倒塌，市场经营受到影响，成交额3.15亿元。

图14－10　实成农副产品批发市场交易场景　（2003年摄）

四、建筑装潢材料市场

1996年，化工类商品实行专业批发、零售。原分散的装潢材料、油漆化工商品从大商场、综合商店撤出，专业商店门市集中在人民中路一线。2000年，三星房产公司在市区秀山路投资2400万元，兴建建材大世界专业市场，占地1.8万平方米，有经营门店82个，经营各类装潢装饰材料，后因规划变化而转移。

2004年初,万众集团在市区瑞江路东侧建南通北上海国际装饰城,当年11月竣工开业,总投资1.5亿元,占地9万平方米,室内营业面积8万平方米,入场经营户220个,经营装潢材料数万种。2005年,市场成交额超4亿元。被评为全国质量、服务、信誉AAA级市场和南通市文明市场。2008年,市场经营户230个,成交额4.5亿元。

五、山羊市场

海门农户历来养羊,屠宰户上门收购,加工羊肉上市销售。1979年,在农历十月下旬至春节期间,国强、四甲等公社农民集中在国强公社丕北大队与南通县二甲镇东市梢三岔口公路旁,进行山羊交易。1987年,国强乡丕北村村民委员会辟出130多平方米土地,作为山羊交易的集散场所。日成交山羊600－700只,旺季多至1000只以上。如皋、海安以及山东、浙江等地商贩前来采购,购销活跃,当地农民平均每户年收入净增500元左右。

1996年,四甲镇合兴村提供场地,投资兴建四甲山羊市场,占地2000平方米,棚顶面积220平方米,停车场120平方米。同时,成立山羊市场服务所,专门负责市场管理服务。原国强丕北村山羊市场随之消失。1998年,四甲山羊市场附近乡镇农民从海门、通州、启东等地收购山羊,于每天上午10时进场,以批发价销给个体屠宰户,市场成交额不断上升。2000年,山羊成交额突破1000万元。2007年,市场迁至镇西部,日均成交3000只,年成交额8400万元。2008年成交额9000万元。

六、其他市场

20世纪50－60年代,海门各乡镇设有粮油、苗猪、柴草等专业市场。80－90年代,有青龙港、东灶港水产品批发市场。

第三节 大型商场

一、国营商场

百货大楼 1979年,县百货、五金公司门市部动工翻建改造营业大楼,1981年9月开业。营业面积1500平方米,经营百货、五金交电、化工、纺针织品、副食品等商品。是年,销售额473万元,为全县最大零售商场。1982年1月,更名为海门人民商场,有职工151人,固定资产原值723万元。同年,首开夜市营业。1990年,销售额829万元。1995年,人民商场扩建为4层营业楼,更名为海门百货大楼,营业面积7900平方米,职工471人,年销售额2859万元。1997年,由于缺乏资金,经营萎缩,难于运转而停业。1999年,整体出租于上海农工商超市集团公司经营超市。

钟楼商厦 1983年10月,三厂国营商店经装修,更名为新风商场,有营业面积1500平方米,职工195人,经营各类商品,生意兴旺,为三厂最大商场。1990年,批零销售额1326万元。1995年,更名为钟楼商厦,年销售额3719万元。1997年,钟楼商厦经营状况陷入困境,处于半停业状态。2001年,整体出租于私营业主经营。

华联商厦 1994年6月,由市五交化公司在江海路投资兴建,于1995年9月竣工开业。大楼5层,营业面积1.47万平方米,1－4层为营业厅,设有中央空调、自动扶梯、电脑结算等新型设施。有职工360人,经营品种3万多个。当年,零售额4105万元。1997年10月,由于经营不善,负债严重,连续亏损,被迫停业。1998年9月,整体出租于文峰大世界连锁发展股份有限公司。

二、供销商场

厂洪供销社商场 1978年,厂洪供销社门市部改建商场,实行24小时营业,又名"日夜商场"。营业面积400平方米,经营品种1000多个。1984年,扩建成口字形商场,营业面积1000平方米,经营品种增至6000多个。1988年,销售额突破千万元,成为南通市基层供销社系统首家超千万元销售大户。1993年,商场再次扩建,面积增至1600平方米,经营品种1万余个,年销售额1500万元。1996年,销售额渐降,经营不景气。2001年6月,整体出租给私营业主经营超市。

供销大厦 1988年,县供销社打破商品流通城乡分工界限,在城区解放中路南侧投资兴建供销大厦,营业面积6000平方米,有中央空调、电视监控、背景音响、电脑收款、自动扶梯等设施。1990年11月开业,经营品种3万多个,为城区最

图 14－11　供销大厦　（1993 年摄）

大商场。1992 年始，连续 7 年入选全国供销系统百强企业。1993 年 6 月，其经营规模被列为全国县级供销商场第 3 位。1994 年，投资兴建二期工程，营业面积增至 1.8 万平方米，经营品种 5 万多个，为全国县级供销系统最大商场。1995 年，被国内贸易部授予全国商业信誉企业称号，省农行授予 AAA 级信用企业。1997 年 8 月，在南通市区七彩商厦开设海门供销大厦第一连锁商场，营业面积 3 万平方米。是年年末，有职工 2850 人，固定资产 9000 万元，注册资金 2250 万元，商品销售额 5 亿元，被省批准为大型（二档）零售企业。1998 年，由于举债投入过大，管理失控，加之市场竞争激烈等因素，导致连续亏损，资金周转困难，企业难以为继，于 2001 年 3 月 12 日歇业。后整体出租给民营企业。

狮山商场　1988 年，县供销社集体商业公司在城区解放中路投资兴建，营业面积 7000 平方米，为海门城区第三大商场。1992 年，狮山商场获全国先进集体企业称号。1993 年，商品销售额 1800 万元。1995 年，营业楼由 2 层拓展为 3 层，内设自动扶梯。有 42 个专柜，经营 2.5 万个品种，年销售额 4500 万元。1998 年，商场经营状况日趋困难。2000 年 7 月，商场底层对外招租，个私业主进店经营。2005 年，出租给民营企业经营电器。

东洲食府　1993 年 6 月，县土产果品公司在城区解放中路北侧动工改建东洲食府。1994 年 1 月，食府开业，经营各类南北货、肉制品、糖烟酒、茶食糕点，年销售额 665 万元。1995 年，东洲食府扩建，营业面积 1200 平方米，经营规模和销售额随之增长。1998 年，经营严重亏损，被迫停业。2000 年 8 月，整体出售于海门亚萍布业有限公司。

三、民营商场

文峰大世界　1998 年 9 月，文峰大世界连锁发展股份有限公司租用海门华联商厦，开办海门文峰大世界商场，有员工 500 多人，经营百货、食品、服装、鞋帽、针织、家用电器、黄金珠宝、化妆品等各类商品 3 万余个。1999 年，销售额 1.3 亿元。2000 年，被评为省诚信单位。2002 年，销售额 1.73 亿元。旺季期间，日销售额 300 万元。2003 年 11 月，开辟四楼营业厅，增设家电广场。同年，开展“自由退换商品无障碍”一条龙服务，以优质服务赢得顾客信誉。2004 年，销售额 2.17 亿元。同年 5 月，获省价格诚信 AAA 级先进单位。2006 年，销售额 2.78 亿元，利润 403 万元。2007 年，开展各种节日和各类商品促销优惠活动，销售额 3.22 亿元，利润 841 万元。2008 年，职工 615 人，其中厂方品牌促销人员 415 人，销售额 2.97 亿元。同年，被评为省百城万店无假货示范店、创建放心消费文明单位。

双爱黄金珠宝行　1999 年 9 月，海门帕源市政

图 14－12　文峰大世界　（2008 年摄）

公司投资500万元，在市区解放中路开办双爱黄金珠宝行，营业面积680平方米，主要经营黄金、铂金、翡翠玉器、贵金属的改制、维修，有20多个大类，5000多品种。开业当年日平均销售额3万元。2004年，扩大营业面积，年销售额1200万元。2006年，销售额1400万元。2008年，营业面积扩大为3000平方米，加盟于南通金鹰国际购物中心有限公司，增加珍珠、工艺品、服饰、家纺、箱包等经营品种，年销售额2000万元，获省百城万店无假货活动示范店、省青年文明号称号。

亚萍国际购物广场 2000年8月，江苏亚萍集团购买市土产果品公司大楼（东洲食府），成立亚萍布业有限公司，营业面积1269平方米，注册资金1200万元，9月开张，主要经营各类布料、服装、针织品等。2005年，增设二楼商场，营业面积扩大为1800平方米。2007年，销售额993万元。2008年，建造地上六层、地下一层的现代商场，更名为海门亚萍国际购物广场，营业面积1万平方米，成为市区大型商场之一。

图14-13 亚萍国际购物广场 （2008年摄）

苏宁电器海门店 2003年4月，南通苏宁电器有限公司在市区江海路开办苏宁电器海门连锁店，营业面积2600平方米，经营彩色电视机、手机、厨卫、音响、电脑等大小家电。2007年，销售额7724万元。

南通国美电器海门店 2006年6月，南通国美电器有限公司在市区解放东路开办南通国美电器海门店，为独资企业，营业面积2245平方米，经营各类电视机、洗衣机、冰箱、空调、厨具、小家电、通信工具，品种1200多个，当年销售额2100万元。2008年，销售额3600万元。

五星电器海门大卖场 2006年10月，江苏五星电器有限公司在市区解放中路原狮山商场开办海门大卖场，是全国电器连锁企业，营业面积2600平方米，主要经营影视、冰箱、空调、小家电、手机等2000多个品种。2008年，销售额4000万元，是“家电下乡”定点单位之一。

法莱尔服饰广场海门店 2007年4月，张家港法莱尔服饰总公司在市区解放中路原供销大厦开办法莱尔服饰广场海门店，营业面积1万平方米。2008年销售额2000万元。

第四节 超 市

1985年，海门人民商场男女服装开展无柜台敞开式销售，方便顾客选购。1990－1996年，城区百货大楼、供销大厦、狮山商场等零售商场均开设日用百货、副食品“自选商场”。

1997年1月，国营商业部门与上海联华超市有限公司合作开办海门联华超市有限公司，经营糖烟酒及各类副食品，为市内首家从外地引进的连锁店。该店打破商业企业传统的经营管理模式，运用电脑网络经营管理，配送商品。1997年5月，江苏时代超市有限公司在市区解放东路开办海门分公司，营业面积2000平方米，员工134人。主要经营各类副食品、生鲜肉禽蛋、水产品、百货、纺针织品等。公司以低廉价格，赢得消费者的认同，日均营业额10万元。1999年7月，上海农工商超市集团租用市百货大楼，开办农工商超市海门店，营业面积6000平方米，职工184人，经营品种2万余个。超市从所属集团公司基地运来大米、鸡蛋、猪肉和各类新鲜蔬菜供应居民，生意红火。2000年2月，市佳美超市有限公司成立，固定资产投资165.8万元，营业面积750平方米，以经营炒货起家，逐步发展到经营糖烟酒、副食品、百货、纺针织品、家用电器、农副产品等。2001年起，发展连锁店及加盟店30个。

2001年9月，私营业主租赁三厂钟楼商厦，创办金叶超市有限公司。2002年11月，更名为家友经贸有限公司，年销售额1800万元。后改名为金盛购物广场有限公司。2002年6月，包场镇百佳惠超市有限公司成立。2003年，百佳惠超市公司分别在常州、昆山、常熟开设4个百佳惠平价药房超市，其中百佳惠昆山大药房营业面积1000平方米。2003年9月，海门镪盛商贸有限公司加盟上海华联超市，在市区解放东路开办上海华联超市898店，营业面积2000平方米，员工49人，经营日用百货、农副产品、五金交电、文体用品、劳保用品。当年销售额1500万元。2005年1月，海门世纪联华超市有限公司在开发区商业步行街开业。是由上海世纪联华经营和管理的大型购物超市，面积1.13万平方米，员工250人。经营糖烟酒、百货、五金、家电、针织品、服装、家具等4万余种商品，年销售额6154万元。2006年3月，被评为市首届最具人气十大商家之一。

2008年，全市超市营业面积在150平方米以上的有71个，其中市区8个、乡镇63个，超市经营购销两旺，世纪联华超市销售额1.21亿元，时代超市销售额1.1亿元，百佳惠超市销售额8300万元，农工商超市销售额8840万元，佳美超市销售额3529万元。

第十一章　餐饮服务业

第一节　餐　　饮

一、网点设施

清末民初，茅家镇设有金桂圆菜馆，有楼房1幢，专营各种筵席和少量散席，兼营旅馆，生意兴隆，经营规模列县城之首。民国14年(1925)，开设宫德林素菜馆，主要服务对象为佛教人士，以素为主，有素菜荤味特色。民国20年，松鹤楼饭店开业，为扬州菜系，主要经营高档筵席，雇工10多人，备有燕窝菜肴，主料新鲜，辅料考究。另有点心店、面馆、羊肉馆、酒店等，其中“吃吃看”点心店专营包子，品种繁多，以三丁蟹肉包、蟹黄包最为出名。王友才面食店，有精细的小刀面，加工工艺独特。余东、包场等镇的饮食业主以通州人居多，菜肴风味别具一格。抗日战争期间，大多有名的饭菜馆关闭。

1949年，全县主要集镇有饮食业1137户，其中茅家镇近20户。1950年，全县私营饮食业1051户，其中茅家镇55户。是年，工农饭店、三鑫园饭面店、经济饭店、金乐春馆以及同兴、润兴饭店，协兴、荣记面店，王复胜点心店，汤小泉羊肉店相继开业。1952年，县城创办第一个国营饮食企业，称机关食堂，全天供应，薄利经营，深受好评。1958年，全县饮食网点收缩合并，从原来600多户减至152户，从业人员相应减少，各种具有特色风味的名点菜肴悄然退市，为大众化品种所替代。20世纪60年代初，全县饮食业发展迟缓，海门镇原有大小合作饭店14户合并为5户，12户点心店划给国营商业管理。1972－1976年，海门镇饮食业年均营业额61.2万元。1976年，建立县饮服公司，饮食行业经营有所发展。1978年，海门镇饮食业有海门国营饭店、长江饭店及大集体饭店8个，饮食摊店20多户。1979年营业额129.6万元。1980年，全县饮食网点120个。1983年，全县个体饮食摊店及工厂企业自办招待食堂增多，海门镇国营和集体饮食业扩建改造，完善服务设施，增设中高档餐厅，恢复名菜、名点和传统风味小吃。海门国营饭店推行包办筵席，长江饭店开设快餐，供应盒饭，方便顾客。1987年，有国营、集体、私营、个体饮食1104户，从业人员2462人,营业额1264万元。1990年,全县有饮食业经营户969户,其中私营个体803户,营业额1468万元。海门镇有饮食业经营户151户,规模较大的有海门、长江、东风、新新等国营、集体饭店,营业额574.11万元。

1991年,台商投资的培根酒店开业,成为台商在海门投资的第一个企业。1992年,海门镇集体、民营餐饮业兴起,海峰酒店、东苑大酒店、秦巴酒家、菜根香酒家、又一村酒家、迎宾酒家、交通酒家、老地方酒家相继开业。其中海峰酒店大厅可同时容纳400人就餐,拥有风格迥异的餐厅包厢20间。东苑大酒店内设高档餐厅,容纳300余人用餐。1994年,师山宾馆经改造,由为会议用餐服务转为对外营业,可容纳1500人用餐。菜肴以淮扬风味为主,并具海门地方特色。红烧羊肉在省乡土风味名菜比赛中获奖。1995年年底,全市获得卫生许可证的餐饮企业有2930个,资产5.64亿元,营业收入4.51亿元。1996年4月,地处开发区的绿茵度假村开业,有各种装修风格的餐厅包厢30多间,在其绿庭茶餐用膳,既可欣赏茶艺、品尝香茗,又能享受美味的套餐。

图14-14 师山宾馆 (1994年摄)

2000年春,东方雁大酒店开业,经营面积6000多平方米,可容纳1200多人用餐,有25个大型包厢和2个宴会大厅,首开自助餐厅。10月,巴山城火锅店开业,其大厅可供300人用餐,为市区最大火锅城,为川菜火锅,有酸菜黑鱼锅、金华骨头锅、山珍草本鸡子母锅及药膳麻辣锅等。2002年,中海、金天宾馆先后开业。中海宾馆设有大堂吧、中西餐厅、宴会厅等大厅3个,各种风格包厢16个,可供700多人就餐;金天宾馆拥有大小豪华包厢37个,可供800人就餐,并设豪华自动转盘大桌包厢,可供28人就餐。2002年4月,美国快餐连锁企业肯德基在农工商超市落户,为海门历史上第一个国际品牌的西餐饮食。2003年1月,台湾人投资的台湾知名品牌老树咖啡馆在海门开发区落户,是市区第一个西餐馆,总部直接配送的各式牛排、20多种风雅咖啡、10多种世界风味小吃,彰显老树咖啡这一台湾顶级品牌特色。12月,由民营企业光华集团兴建投资的光华国际大酒店开业,其餐饮部可容1200多人用餐,有风格各异的包厢40多个,是集淮、川、鲁、粤等各种菜肴风味及西餐于一体的酒店餐饮。2003年年末,地处西郊海兴路的南通永泰国际大酒店、叠石桥家纺城大岛国际大酒店开业。2006年,光华国际大酒店被评为国家银叶级绿色饭店。金天宾馆更名为颐生大酒店。

2006年9月28日,海门餐饮业商会成立,首批会员企业29个。商会定期召开会议,交流经验,外出学习考察,当年引进白汤、红烧河豚,红汤洞庭湖甲鱼,盱眙龙虾,云南菌类等特色菜肴。2007年,东方雁大饭店、巴山城火锅店分别被评为省优秀餐饮企业和十佳火锅店。2008年,“东方雁”牌红烧羊肉被省餐饮行业协会评为省地方特色菜。东方雁大饭店总经理巫雁冰、大岛国际酒店总监徐兴昌入选省餐饮专家组。东方雁大饭店被评为南通市名牌企业。是年,全市有中高档酒家125个,餐饮业营业额12.5亿元。

二、特色菜点

提汤羊肉 以其肉质鲜嫩,汤质乳白,肥而不腻,香味甚浓而驰名。提汤羊肉制作精细,烹调讲究,注重火候。选料以经过阉割的健壮山羊为上品,15－20公斤毛羊最为适宜。放血拔毛后,把整羊劈开,刮净皮上杂物黏液,下清水漂净血污,割下爪、腿筒,斩断肋骨,下锅涮煮片刻,取出用冷水洗净下锅,加入姜、葱、萝卜、酒、水,加盖大火烧开,撇去浮沫,继续大火烧20分钟后,改小火焖2个小时左右,酥后捞出,拆骨时应保持每个部位完整,拆好后的羊肉放入盆内,用热汤浇几次,使烹羊肉洁白光滑,无碎肉杂骨残留,冷却后待用。羊汤中捞出姜、葱、萝卜,加入少许精盐再烧开待用。提汤羊肉可加工成冷吃、白烧、红焖多种美味佳肴。其提汤白烧羊肉尤有保持原汁原味、汤汁乳白、味鲜肉酥的特点。

红烧海门山羊肉　取当年嫩羊，宰后剁成4厘米左右的方块，放入冷水锅中氽水，加入适量黄油煮沸10分钟取出，漂洗干净，锅内入豆油和少量羊油加生姜、葱、蒜头、香菜、红枣煸香，倒入羊肉块大火翻炒，再加入老抽、生抽、冰糖、酱料，大火烧开15分钟，小火焖煮100分钟，投适量鸡精、味精，撒上青蒜叶即可。成品色泽似枣红，酥而不烂，肥而不腻，醇香味美，回味无穷。

清蒸刀鱼　烹调前，先去除鱼鳃，用筷子轻轻插入鱼肚，稍微绞转，抽出内脏，用清水漂洗干净后装入盆中，配上新鲜猪板油数块，以及姜、葱、酒等佐料，入笼后隔水清蒸，熟后可食，鱼肉肥嫩清鲜，食后回味无穷。

文蛤　烹调文蛤的方法多种，先取出壳内软体可食部分，经清水漂洗后生拌、热炒、煮汤均可，通常以热炒为主。青绿蔬菜中加入文蛤烧煮后，蔬菜色泽不变，鲜嫩可口。70年代，各大饭店、食堂的酒席以“第一鲜”作为上等珍品。

美味轩馄饨　美味轩馄饨店建于民国9年9月。美味轩馄饨用鸡汤拌面粉轧成皮子，馅子以猪腿板肉为主，少加蔬菜与鸡肉，切细后加入精盐、味精、麻油，冲汤用乳白骨头汤。食用时，需加味精、虾子、胡椒、麻油、葱花等佐料。由于制作精细，辅料齐全，味道鲜美，食者无不称赞。

朱协和茶食　主要生产云片糕、雪片糕、印糕、月饼及橘红色长脆饼等，均系手工操作。朱协和茶食店制糕所用米粉均隔年磨好。糕内用白糖都是溶化浓缩四五天后才使用。茶食中尤以云片糕为最，不但香甜可口，并有绕指而不断的韧性。原海门食品厂生产的云片糕，基本上保持朱协和茶食店的特色。

第二节　旅　　游

20世纪90年代初，海门开始发展旅游业。许多旅游景点通过建设和改造，逐步成熟。1999年，旅行社接待游客7000余人次，景点接待9000余人次，实现旅游收入550万元。2001年，江海风情园建成开放，沿江渔村开业。2003年，开通东灶港蛎岈山旅游线路。2005年，海宁寺建成并对外开放。是年，全市接待游客近100万人次，实现旅游服务收入8000多万元。2007年，东灶港举办首届蛎岈山旅游节，接待游客2万多人次。2008年，有国内旅行社4个、驻海旅行社营业部6个，三星级旅游饭店3个、四星级旅游饭店1个，旅游汽车出租公司1个，已经开放和正在建设的景点16个，其中AA级景点2个、AAA景点1个。全年接待游客79.6万人次，实现旅游服务收入超亿元。

2008年海门市旅游服务单位一览

表14－11

名　称	地　址	备　注
海门市师山旅行社	海门镇狮山路15号	国内旅行社
海门市金天旅行社	海门镇秀山路77号	国内旅行社
海门市山水旅行社	海门镇静海路2号	国内旅行社
海门市青春旅行社	海门镇狮山路125号	国内旅行社
南通大视野旅行社海门营业部	海门镇海兴路65号	驻海门营业部
南通环球旅行海门营业部	海门镇长江路452号	驻海门营业部
南通康辉旅行社海门营业部	海门镇解放东路428号	驻海门营业部
南通趣普仕旅行社海门营业部	海门镇健康路77号	驻海门营业部
南通海梦旅行社海门营业部	海门镇梨园路54号	驻海门营业部
江苏通远旅行社海门营业部	海门镇丝绸路360号	驻海门营业部
南通光华国际大酒店	海门镇海南路1号	四星级宾馆
海门市师山宾馆	海门镇狮山路15号	三星级宾馆
海门市金天宾馆	海门镇秀山路77号	三星级宾馆
海门市中海宾馆	海门镇友谊路1号	三星级宾馆
海门市师山旅游汽车出租公司	海门镇狮山路15号	－
海门好心情之旅行社	海门镇江海路264号	－
海燕旅行社有限公司	海门镇解放东路	－
南通永泰国际大酒店	海门镇解放西路179号	－

2008 年海门市主要旅游景点一览

表 14－12

名　称	地　址	占地（万平方米）	级别
江海风情园	海门港	21.33	－
沿江渔村	海门港	33.33	AA 级
快活林山庄	海门港	49.33	AAA 级
海宁寺	海门港	4.00	－
法光寺	余东镇	40.00	－
蛎岈山生态风景区	东灶港镇东北黄海中	346.67	－
张謇纪念馆	常乐镇	2.20	AA 级
三厂钟楼	三厂镇	－	－
大生第三纺织公司总办事处	三厂镇	－	－
颐生酒厂	常乐镇	6.00	－
张公堤	东灶港镇东北黄海边	－	－
海门烈士陵园	市区	1.80	－
正余仿宋街	正余镇	1.80	－
董竹君纪念馆	东灶港镇	－	－
天主教堂	市区	0.06	－
中国叠石桥国际家纺城	三星镇	50.00	－
余东古镇	余东镇	62.00	－

第三节　旅　　馆

民国时期，县境旅馆、客栈主要集中于沿江青龙（斜桥镇）、圩角、宋季、灵甸等港口。县城茅家镇旅馆为数不多，规模较大的有留安、停云、金桂圆、顾家愚旅馆。其中留安旅馆设床位 30 余张。民国 35 年（1946），茅家镇、青龙港旅馆业分别组建同业公会，所有旅社归国民党县政府社会服务所管理。海门解放前夕，茅家镇有大小旅馆 9 个，青龙港有 73 个。

1955 年，茅家镇旅馆有 12 个。1956 年合作化高潮中，1 个旅馆纳入合作饭店组织，11 个旅馆合并组成解放、东风、健康 3 个旅馆。1965 年，县城人人浴室、海门饭店加设旅馆部。20 世纪 70 年代，旅馆业发展迟缓，县城有国营旅馆 2 个，大集体旅馆 3 个。1979 年，部分工厂、企业兴办招待所，商业系统旅馆不断扩建和改造，新增国营长江旅馆、车站旅社、大光明旅社。同年，海门汽车站附近出现个体旅馆。1982 年，不少旅馆向中高档发展，客房装饰豪华，增添彩色电视机、电风扇等设施，国营长江旅馆提供食宿旅游一条龙服务。

1987 年 3 月，县政府第一招待所改称师山宾馆，内设高中档客房。1990 年，师山宾馆有床位 840 张，职工 106 人。1994 年，师山宾馆经翻建改造，占地 2.4 万平方米，有 235 个高档标准间，能容纳 500 人住宿，有功能齐全的会议室 15 个，可接待各种大小会议，被评为海门第一个三星级宾馆。2000 年，划归市建工局管理。2004 年，属南通三建集团公司，更名为新世纪师山大酒店，食宿兼营。

1995 年，随着市区旧城改造，旅馆业发展较快。2000 年，全市 81 个宾馆、旅馆，有中高档客房 850 间，从业人员 1561 人，营业收入 9.88 亿元。同年，中海宾馆按三星级标准投资兴建。2002 年，中海宾馆开业，拥有各类客房 50 间（套），多功能会议中心 1 个，大小会议室 4 个，并设有商务中心、票务中心、购物中心、健身房、棋牌室、美容美发等配套服务设施。同年，金天宾馆旅馆部开业，有客房 43 间，其中标准间 29 间，豪华标准间 4 间，总统套房 1 间，豪华套房 3 间，单人房 6 间。设有商务中心，按摩保健中心、棋牌室等服务设施，配套齐全。

2003 年 10 月，国营长江旅馆资产转让，改为欣乐金都宾馆，2004 年 10 月，经改造后重新开业，内有客房面积 1700 平方米，包括标准客房、商务套房、豪华套房、单人房等各类客房共 71 间。同年 12 月，光华国际大酒店旅馆部开业，有高档客房 160 间。

2003 年年末，叠石桥家纺城大岛国际大酒店开业，拥有装修豪华的客房 100 余套，设有大小会议室、健身休闲会所、大岛温泉桑拿中心、美容美发中心、咖啡吧、KTV 等休闲设施，为家纺城内唯一的三星级酒家。2006 年，光华国际大酒店被评为海门首家四星级旅游宾馆。2008 年，全市旅馆业有中高档客房 1550 间，营业收入 12.88 亿元。

图 14－15　叠石桥大岛国际大酒店　（2004 年摄）

第四节　照　　相

民国初年，县内照相业兴起。茅家镇二吾照相馆率先开业。其后，茅家镇的同一、宝华、惟我轩、天一，三厂镇的大龙等照相馆相继开业。民国 37 年（1948），茅家镇有照相馆 5 个，照相器材、感光材料主要用国外进口货，货源来自上海专业商店。

民国 38 年，全县有照相馆 24 个，其中茅家镇 6 个。服务项目有拍摄各类照片和冲洗放大等。1955 年，因照相器材供应不足，全县照相馆减至 15 个，其中茅家镇 5 个。1956 年，公私合营时，茅家镇照相馆有 4 个、三厂镇 1 个，从业人员 16 人。1960 年，茅家镇有公私合营的解放、大同 2 个照相馆。“文化大革命”期间，仅有海门镇解放照相馆。1982 年，开设长江照相馆，增设彩色摄影。1987 年，海门、长江照相馆先后购进 811 彩扩机，增设立体布景，照相种类不断增多。1990 年，全县有国营、集体照相馆 9 个，从业人员 40 多人。

1991 年后，个体照相业迅速发展。1995 年，全市有照相企业 51 个，从业人员 250 多人，营业收入 700 多万元。1996 年，从事私人冲晒业务的明星照相馆开业。1997 年，开心果、红太阳等影楼开业，海门的婚纱摄影开始兴旺。开心果婚纱摄影楼为海门规模最大的婚纱摄影公司，设施先进，婚纱服饰时尚，摄影风格新颖，被列为 CPA 亚太婚纱经济促进会常务理事单位，评为省摄影技术与服务信得过单位。

1998 年，友立数码照相馆开业，时为首家数码照相馆。2000 年 9 月，照相业商会成立，首批会员单位 26 个。商会每季度召开 1 次例会，探讨技术，交流经验，促进全市照相业务技术水平的发展。2002 年，海门新天地照相馆经营数码冲印业务。同年，台湾“亲密爱人”婚纱摄影连锁店落户海门，该店引领婚纱摄影三维立体实景拍摄，拥有超高像素专业数码相机，将海门婚纱摄影提高到一个新的水平。2003 年 10 月，宝贝家族儿童摄影俱乐部、天使乐园儿童摄影相继开业，专为儿童摄影服务。2006 年，开心果婚纱摄影楼被评为“全国百家承诺”放心消费影楼。

2007 年 10 月，上海薇薇新娘婚纱摄影集团落户海门，该店拥有全国第一套 1400 万像素专业单反数码设备，独家拥有 MTV 制作拍摄剧组，从此海门婚纱摄影进入双影像时代。2008 年 7 月，开心果影楼分店米兰婚礼宫殿在市开发区商业步行街开业，营业面积 580 平方米，为南通地区规模较大的影楼

图 14－16　开心果摄影楼　（2008 年摄）

之一。同年,开心果婚纱影楼联手无锡罗马国际影城,在无锡风景区开辟欧陆实景摄影区,引导顾客用旅游方式到景区拍摄婚纱照及各类风景照。在首届中国专业儿童摄影年会上,开心果影楼宝宝成长馆获中国知名儿童影楼称号。2008 年,全市有照相业 76 个,从业人员 450 多人,营业收入 1050 万元。

第五节 洗 浴

旧时,海门民众习以家庭盆浴为主。民国 24 年(1935),客籍人赵国华在茅家镇开办三星池浴室,内设浴榻 30 余座,池容浴客 20 多人。浴室除供浴客洗澡外,另有修脚、拔痧、擦背等服务项目。

新中国成立初,余东镇建小型浴室。1955 年,茅家镇人人浴室开业,内设浴橱 66 座,女盆浴 19 个,职工 5 人。同年,三星池浴室关闭。1958 年,四甲驻军设浴室,以军人洗浴为主,对附近居民开放。1961 年,海门手帕厂建造全县第一座职工浴室。“文化大革命”期间,人人浴室改称工农兵浴室,传统服务项目取消,服务质量下降。1976 年,工农兵浴室男浴座扩至 100 个,女盆浴 30 个,职工 19 人。1981 年,县城建长江浴室,内设男子座 160 个,女盆浴 20 个,女淋浴 34 个。同年,浴室实行独立核算的财务制度,传统服务项目得到恢复。1986 年,工农兵浴室因污染环境而停业。1989 年,长江浴室再次扩建,增添雅座 74 个,女子盆浴、淋浴位 67 个,开展多种服务项目。1990 年,全县浴室增多,除国营浴室外,工厂、企业有浴室 70 个,女子冲洗室 36 个,并逐步向社会开放。

1994 年 9 月,三星叠石桥大岛洗浴中心开业,内设浴区、休息大厅。浴区有桑拿浴、蒸汽浴、药浴、盐浴、坐浴、站浴等沐浴方式。同年,师山宾馆浴城开业,设有桑拿浴、芬兰浴、包间洗浴和桑拿按摩、擦背、脚部按摩、推拿等服务项目。1996 年,四甲商业公司浴室开业,总投资 157 万元,营业面积 4000 多平方米,集洗浴、餐饮、休闲、娱乐、健身于一体,时为乡镇最大洗浴设施。1999 年 1 月,市区镇中路天湖洗浴中心开业,设有先进的桑拿冲浪设备,浴池宽阔洁净,休闲客厅高雅舒适。2000 年 1 月,市区青海中路的东方休闲中心开业,营业面积 3000 多平方米,员工 100 多人,总投资 500 多万元,设备完善,装修豪华。同年,各乡镇小型浴室相继开业。2003 年 5 月,市区解放中路龙杰休闲广场开业,营业面积 1.3 万平方米,为市区规模较大的洗浴中心,设有休息大厅、电影厅、茶餐厅、宽带上网、乒乓球室、健身房等休闲娱乐设施。装修豪华、设备先进。

2005 年,市区通源路荷花浴室开业,建筑面积近 1 万平方米,洗浴设施齐全,既有大池洗浴、淋浴,又有包间洗浴。同年市区人民中路龙世界洗浴中心开业,总投资 6000 多万元,建筑、装修风格别致,建筑物采用纯木手工雕刻,刻有 9999 条形态各异的龙,故名龙世界。营业面积 6900 平方米,职工 150 多人。服务项目除各类洗浴外,还有泰式洗头、中药腰枕、中医足疗、踩背、中药泡脚、精油固肾等。是年,全市洗浴企业共有 26 个,营业收入 1.51 亿元。2008 年 8 月,三星镇皇城洗浴中心开业,该洗浴中心为 6 层大楼,集洗浴、桑拿、足疗、按摩、住宿为一体,底层为洗浴部分,二层为休息大厅及包厢。2008 年,全市有洗浴企业 118 个,营业收入 5.59 亿元。

第六节 美容美发

民国初期,农村以流动剃头担为民理发,茅家镇有理发店 12 个。民国 17 年(1928),茅家镇林记理发店开张,雇工 5 人,辟有电气磨面服务项目。民国 23 年,祥记理发店开业,因理发技术胜人一筹,顾客盈门。民国 36 年,茅家镇有大小理发店 43 个,从业人员近百人。

新中国成立初,全县有理发店 141 个,其中县城 21 个。1953 年有 252 个,从业人员 347 人。1956 年,理发业组成合作店组,县城 29 个理发店、职工 56 人,组成 1 个合作社,下设 7 个门市部。1958 年,店铺合并,网点减少,出现理发难现象。1966 年,全县仅有理发店 34 个,从业人员 204 人。1978 年后,个体理发户增多。1986 年,全县个体理发户 660 个,其中县城近 100 个,集体理发店相继转业。1990 年,县城有长江、新新两个集体理发店,从业人员 25

人，后经改制，企业停业。

20世纪90年代，人民生活水平提高，美发美容行业迅速发展，工艺技术趋向现代化。1990年12月，城区江海路青妃美容院开业，除普通理发外，提供离子烫、生化烫、数码陶瓷烫、空气灵感烫等烫发工艺和染发技术。1991年9月，江海路大同美容美发中心开业，有技术人员80多人，在为民美发美容的同时，以师带徒，培训学员，先后培养理发员300多人。

1998年1月，城区聚星超然美发美容连锁沙龙江海路店开业。随后，所属三星店、东风店、VIP店、三厂店等4个连锁店先后开业，有营业面积500多平方米，员工120多人，年营业收入300多万元。同年，城区镇中路金剪美颜发型设计中心开业，有一批技术骨干队伍，所理发型有创意，在行业技术比赛中多次获奖，获1998年度省"春之声"化妆美发大赛最佳创意奖。

2000年4月，市区友谊路诚美美容护肤沙龙开业。该店有4个直营分店、2个加盟店，集美容、美体、健身为一体。2003年，市区解放中路海门超妍美容中心开业，在市区发展3个连锁店，共有营业面积450平方米，员工40多人。引进日本阿伴美容仪、除皱提升仪、光动力皮肤修复仪、高科技光疗、脱毛、祛斑仪等诸多高科技仪器和先进的服务项目，使海门美容技术提高到一个新水平。2005年，诚美沙龙率先使用无添加的绿色美容产品，引进日本细胞活化再生美容仪，以及美容专业品牌诺惜、惜恋护肤品，以全新理念为顾客美容服务。

2007年9月，市区步行街888专业美容美发会所开业，经营各种花式烫、陶瓷数码烫、生化烫等烫发项目，酸性护理、中性复染等美发项目，兼营面部护理、水疗养颜、肩颈保养、瘦身理疗及亚健康调理等美容美体项目，广受女子顾客的青睐。至2008年年底，全市注册开业的美发美容企业有171个，营业收入1.32亿元。

第七节　干　　洗

解放前，海门居民洗衣自理，很少进店洗烫。茅家镇有4个洗染店，以染色为主，兼营洗衣整烫。1956年对私改造中，全县集镇洗染店并入当地手工业生产合作社。茅家镇3个洗染店建立合作小组，1个洗衣店转街道其他行业。1957年，合作洗染组并入海门手帕厂。20世纪80年代，毛、呢等中高档服装增多，全县个体洗衣店增加。1986年，城区师山洗衣店开业，为居民洗涤各类服饰。1989年，该店购置电加热型的四氯乙烯干洗机1台。1990年，县城有健康、佳美、光明、狮山4个洗衣店，经营湿洗、干洗、整烫、织补等服务项目。

1995年2月，城区解放中路芳兵干洗店开业，使用全封闭四氯乙烯干洗机、熨烫机、烘干机、平烫机、吸风烫台、蒸汽发生器、熨烫折叠机、去渍机等机械设备，使干洗的工艺流程实现机械化操作。1996年，市区健康路有两户上海正章洗染连锁店开业。上海正章洗染是一家创牌于民国14年(1925)的"中华老字号"企业，海门正章连锁店利用老字号牌子开展洗衣、整烫、染织、皮衣上光等业务，技术精湛，生意红火。2001年，城区青海路卡柏洗衣连锁海门店开业。卡柏洗衣秉承德国优秀的洗衣管理模式，率先将国际先进的洗涤技术和洗衣文化引进海门。使用全封闭干洗机、水洗机、万能夹板机、臭氧紫外线消毒柜、现代包装机、衣物输送线等新型洗衣设备，进行健康干洗，提高洗衣质量。2003年，解放东路意大利干洗多妮妮连锁98店开业，使用全套意大利原产设备和洗涤原料，配有裘皮专用干洗机，运用多妮妮公司先进的干洗操作技术进行洗涤，受到顾客欢迎。2008年10月，步行街依佳缘洗涤有限公司开业，营业面积500多平方米，有海狮牌四氯乙烯净化节能型干洗机、环保型石油溶剂干洗机等新型干洗设备，使海门的干洗水平上升到新的阶段。2008年，全市有干洗店73个，网点布局以市区为主，铺及全市各乡镇。年营业收入6500多万元。

第八节　茶　　馆

清末，厅内茶馆业遍及城乡，部分茶馆附有书场，成为人们进行社交活动的场所。茅家镇规模较大的有集贤楼、如意楼茶馆。集贤楼茶馆雇用伙计4人，设茶桌14张，茶座100多个，日夜卖茶数百客，内设赌场、书场。民国23年(1934)，镇区西菜场楼上有茶馆。民国27年,成立茶水同业公会。

新中国成立前夕,茅家镇有茶馆店7个,青龙港有大小茶馆店20余个。1956年,县城有茶馆店8个、水灶(又名老虎灶)4个,在合作化高潮中并入合作饭店。20世纪60年代,群众饮茶习惯改变,茶客日少,全县各大集镇有少数书场兼茶馆。1981年,县城仅剩水灶3副,茶馆1个。1988年停业。1996年12月,新海路德意茶园书场开业,设茶桌20多张,茶座150多个。后因听书人群逐渐减少而歇业。

2001年5月,市区解放中路梨园音乐茶座开业,营业面积150多平方米,有茶桌15张,茶座80多个,为顾客提供商务洽谈、休闲聊天场所。2003年3月,解放中路东方魅力娱乐茶座开业,营业面积1200平方米,员工12人。将娱乐休闲与品茗茶道结合起来,成为市区规模最大的音乐茶座。2007年10月,市区步行街名嘴茶餐厅开业,营业面积400多平方米,主要经营水吧、饮料及中西餐等。2008年元旦,东洲公园知春茶楼开业,是一栋独体两层小楼,有营业面积1000多平方米,每逢节假日营业,成为公务和经商人士洽谈业务、茗茶聊天的休闲场所。是年,全市注册开业的茶馆店6个,营业收入550万元。

第九节 寄　　售

民国35年(1946),季亚人在茅家镇开设旧货店,经营品种有旧衣、棉被、烘缸、铜盆、脚盆及部分木制家具,1953年停业。1956年,茅家镇大同街杂货商店开业,设旧货寄售业务,品种有旧钟表、旧衣袄、旧家具和旧自行车。1963年,增加旧木料、旧门窗等寄售业务。"文化大革命"期间,寄售物件减少,生意清淡。1978年,增加自营新品业务。1984年,寄售门市部改称海门信托贸易商店,旧货寄存日益减少,购进和寄售新型家具数量增加。1990年,海门信托贸易商店从业人员10人,营业额64.48万元,其中旧货营业额占10%。县内悦来、三厂、四甲、余东等较大集镇亦有旧货寄售店,主要寄售旧的家具、桁料、门窗框等。1996年,随着木材市场放开,专业市场形成,旧货寄售停业。

21世纪初,以旧家电、旧机动车、黄金首饰、古董等品种为主的旧货调剂商店不断出现。2003年6月,市区健康路宏达物资调剂商行注册开业,寄售各类家电、房产、汽车、摩托车、古玩字画、黄铂金首饰、压库物资等。2005年6月,市区青海路福达调剂行和海兴路百度租售店开业,以家电、汽车寄售为经营业务,生意比较清淡。同年10月,市区秀山东路旧机动车市场开业。集车辆展示、交易、过户、牌照代办服务于一体,为海门最大的旧机动车交易场所。2007年1月,市区镇中路鉴宝堂古玩商店开业,营业面积100多平方米,寄售和交流古玩、书画、瓷器、家具、青铜器、玉器、牙雕、连环画等古旧物品,成为海门唯一的文物寄售商店。2008年9月,市区人民西路海佳旧机动车交易有限公司开业,为各类二手机动车拍卖过户、转籍交易提供查验、评估、交易、办证等一条龙服务,并为购置者提供代理贷款、代理车辆保险等服务,经营方法活,服务质量好,生意红火。

第十节 中　　介

一、劳务中介

20世纪80年代末,随着市场经济的发展,海门中介业在机关事业单位起始,主要业务以劳务、技术中介为主。1989年9月,县总工会成立职工技术协作交流站,开展有关技术的培训、转让、服务、开发等咨询服务,帮助企业之间技术成果中介转让。当年为工业企业技术成果中介和咨询服务50多次。1991年6月,县劳动局成立劳动服务公司,从事出国劳务中介服务,年中介出国劳务2000多人次。1993年2月,科委成立科技发展总公司,为有涉外劳务经营权的企业提供科技人员出国劳务中介。当年中介30多名科技人员和高级技术工人的劳务输出。同年5月,外经委对外经济技术合作公司经营国际劳务派遣,派遣国家有日本、新加坡。其中去日本的有服装、电焊、水产品加工、食品加工、建筑等工种,去新加坡的有电子、服务等工种。2000年11月,成立市劳动事务中心,为劳动用工提供中介服务、劳动事务代理、劳动法规政策咨询,每年对外输出技术性劳务人员1000多人。2004年2月,南通三建集团的云峰建筑有限公司成立,从事建筑安装业劳务出国中介业务。当年，中介出国的劳务人员先后承建阿尔及利亚诸多项目，拓展北非建筑市场，取得显著的经济效益。同年12月，海门中江公司成立，以开展国际经济技术合作和对外劳务输出为主要业务，每年为国外工业企业和建筑企业输出劳务人员500多人。2008年5月，成立海门华意进出口公司，为出国人员和海外归国人员投资、就业提供咨询服务，办理相关手续。凡需赴海外劳务输出、出境签证、留学、移民等均由华意公司提供一站式服务，办理所需一切证件和手续。

二、房屋中介

90年代，随着房地产业的兴起，房屋中介机构应运而生。1991年3月，成立县房地产交易监理所，强化对房地产交易管理的同时，规范房地产中介市场，当年举办各种房地产交易会4次。1996年5月，海门金侨置业开业，开展房地产中介、咨询、物业管理等服务。1997年11月，市建工房地产开发公司成立，是规模较大的房产中介机构。先后策划、中介销售地处老城区金色维也纳商品房、万众新世界广场门店、北上海经典广场门店和万众工业发展集中区厂房。21世纪初，商品房市场兴旺，特别是二手房交易频繁，民间房屋中介业随之发展。2005年，市区青海路两侧有谦诚、向红、为民等58个中介门店，新海路两侧有世纪、百姓、镇中等62个中介门店，以房屋出售、出租中介为主，兼营其他。谦诚中介店当年中介房屋250多套。2008年，海门市区以中介住房为主的服务部80多个，每年中介房屋2500多套。

三、其他

2003年，以家政服务、职业介绍、婚姻介绍为主的中介业起始。是年1月，位于市区解放中路的吉祥信息咨询服务部开业，以家政服务为主，每年提供家政服务超1000人次。2005年3月，谦诚信息中介服务部开业，集房屋租赁、职业介绍、家政服务、信息咨询于一体。当年为工商企业介绍员工1800多人，介绍家政服务人员600多人，提供信息咨询服务1200多人次。2008年3月，位于三厂镇钟楼街的皇冠婚姻介绍所开业，以都市白领、高层次青年为主要服务对象，为单身男女提供择偶、交友与婚恋咨询服务。实行会员制服务，通过与会员签约，为会员提供上门登记及推荐服务。当年中介20多对恋人成婚。是年，海门注册开业的中介服务门店168个。

第十一节　修理　文印　租赁

一、修理业

解放前，境内大多集镇设有车行，主要修理木制独轮车。个体竹匠、铜匠、铁匠走乡串村为农户抿绢筛、箍镬盖、修锁、补锅、补陶瓷容器。20世纪50年代，街头巷尾设摊修理业增多，主要修理布胶鞋、雨伞、钢笔等。1956年合作化高潮中，县城成立手工业生产合作社，个体修理户入社，组成集体修理门市部。60年代，修理钟表、自行车摊店逐步增加，个体修理竹、木、铁、瓷类用具逐步淘汰。70年代，随着人民生活水平的提高，修理手表、自行车、缝纫机、收音机的个体户生意兴隆。1980年，县内持证修理业有235个，从业人员480人。1990年，有修理业商户520个，从业人员730人。业务范围发展到修理摩托车、家电、农机等机电类产品。2000年，市内维修业规模扩大，服务项目增多，修理技术进步。从业人员大多经过专业培训，持证上岗，从对机械、电器产品的维修发展到修理手机、电脑、空调、电动车、汽车等科技含量较高的产品。市区大森林电脑有限公司在主营计算机软件销售的同时，对外修理电脑和高档电子产品，有从业人员32人，年营业额80多万元。2008年，全市有修理业商户957个，从业人员1250人，年营业额5800多万元。其中，修理企业107个、个体户850个。

二、文印业

50－60年代，少数有缮写能力的人专为机关、企事业单位手工刻钢板，油印文件。70年代初，个体文印户上门为工商企业刻印商品牌价、报表等。县城内开始出现铅字打印文件服务。1980年，有文印社21个，从业人员32人，均使用铅字打印机，为机关企事业单位服务。1990年，有文印社43个，从业人员85人。三厂、悦来、四甲、包场、天补等镇相继办起居家式打字复印社。置有电脑、复印机、半自动油印机等文印设备,经营打字、复印、名片制作、各种人像证卡制作、电脑刻字、制作牌匾、烫金字等业务。2001年年初,海门报社印务中心从事快印业务。2002年1月,市区长江路超速印社开业,从业人员3人,年营业收入10多万元。2008年,全市有文印经营户89个,从业人员170人,其中经工商登记的文印商户65个。

三、租赁业

70年代末,县境出现租赁业,其经营户与企业挂靠,从事钢(木)建筑模板、脚手架等出租业务,从业人员不足50人。1990年,建筑器材租赁经营户与挂靠企业逐步分离,自主经营。经工商部门登记注册的有25个,从业人员67人,年营业额250多万元。同时,市物资系统的建材、木材、机电、金属、煤球等8个公司有租赁经营部,对外出租营业门面,后因企业改制,资产转移,相继关闭。

1995年5月,市威尔汽车出租公司成立,主要经营市内客运。1997年12月,市金天交通服务有限公司成立,有普通桑塔纳、捷达、悦达等营运车辆158辆、租赁车辆近20辆。从经营单一的汽车出租服务逐步发展为集出租汽车营运、汽车美容服务、汽车租赁于一体的综合型交通运输服务企业。1998年2月,市师山出租汽车有限公司成立,经营零星客运和旅游客运服务。2000年,全市租赁企业发展到38个,从业人员98人,年营业额超1000万元。经营范围包括出租车辆、经营场地、设施设备及音像制品等。2003年12月,金天交通服务有限公司与有关企业合资成立金天出租有限公司,注册资本500万元,拥有2000型桑塔纳82辆、3000型桑塔纳46辆,并在全省出租车行业中首家安装GPS全球卫星定位系统,确保车辆行驶服从公司统一指挥。总部设有信息中心,一天24小时提供叫车、租车、旅游等咨询服务。

2005年,全市有21家音像制品出租店,从业人员30多人。2008年,全市有经工商部门登记注册的租赁企业96户,其中公司56户,个体户40户,从业人员290多人,年营业额2500多万元。

第十五篇

交通运输

海门地势平坦，河网交错，十分有利于水陆交通运输业的发展。穿越全境的有宁启高速公路和省道335、336、222线，市级公路和乡村公路形成网络，长江航道贯通南境，内河运输四通八达。

民国9年(1920)，近代实业家张謇修筑长6.5公里的三厂至青龙港的青三铁路，成为中国民营企业最早的自办铁路。同年，南干线诞生，结束海门无公路的历史。至1949年，全县公路里程总计117.7公里。1958年，全县90.9%的公路改造成晴雨公路。1990年，县内有晴雨公路18条，总长286.95公里，并实现公路乡乡通。1996年，全市公路实现黑色化(沥青路面)。2003年，实现公路村村通。2004年，建成长40.02公里的宁启高速公路海门段。2008年，全市公路总里程2180公里，公路密度每平方公里1.9公里；全市交通干线、农村公路上的桥梁总计2728座(不含水利部门建造和管理的农桥)，总长7.53万延米。

清光绪十四年(1888)，建成海门最早的港埠——青龙港。此后，灵甸港、东灶港等陆续开港。1995年，海门港汽渡开通，缩短过江时间。2008年5月，紧靠境西的苏通长江公路大桥建成通车，开创海门便捷式交通的新时代。是年，沿江有港埠3处、专用码头15座；沿海有渔港1处，码头1座；内河有航道32条(段)，通航里程358公里。

海门的运输装卸业，从最初的步行肩挑发展到船舶、汽车运输和海陆空物流联运。1949年，全市仅有汽车28辆。1982年307辆。2000年，发展到9761辆。2008年，全市拥有各类机动车辆20.56万辆(其中汽车3.03万辆)，各类船舶576艘(其中货运船舶290艘)。全市有物流企业71个，通过物流联运的货物占全市物流总量50%以上。

海门的交通管理系统，包括公路、航道、运输、内河安全、工程管理等，从单一的护路护航、工程监管发展到依法治理，实行交通管理和行政执法两手抓，保证道路畅通、运输市场有序和运输安全。工程建设由单一的政府管理发展到政府和市场共同管理，工程质量监督站、监理公司的介入，确保工程建设质量。

第一章　交通设施

第一节　铁　　路

民国9年(1920)，南通大生第三纺织公司(简称大生三厂)为解决大生三厂至青龙港的原料、成品和发电用煤等运输问题，筹资10万元，经10个月修筑，于民国10年6月筑成青三铁路，这是中国民营企业最早的自办铁路。铁路全长6.5公里，铁轨为25英

图15－1　20世纪30年代，架设在中心河(今青东河)上的小铁路

寸工字钢，路基以硬杂木作为枕木，占地5.33公顷。火车备有两个火车头，一个停放青龙港、另一个停放大生三厂，配有车厢10节。其中，货运车厢8节，每节货运车厢载重5吨；客运车厢2节，每节客运车厢载客50人左右。火车时速15－20公里，班次不定，每日1－3班，年货物运输量3万吨左右。后因青龙港岸线多次坍塌，港口不断北移，铁路逐渐缩短。

1957年8月，南通天生港电厂向海门输电的天海线投运，大生三厂不再需要从青龙港转运大量原煤进行自发电，原料及产品由从上海经销改为从南通计划调拨，也不再经青龙港中转，所以火车停止营运。

1958年12月，将全长5.5公里的铁轨拆除，连同火车头全部支援部队坑道建设。

附1. 沪通铁路海门段

2006年7月，市成立沪通铁路筹建工作领导小组，下设办公室，参与上海至南通铁路的前期筹建工作。8月，副省长仇和在海门对沪通铁路过江通道入口选址进行考察。2007年，沪通铁路线路及过江大桥选址海门，并进入勘测设计阶段。初定过江大桥位于苏通大桥下游8公里处，即海太汽渡西1公里。10月，铁道部副部长陆东福到海门考察沪通铁路筹建工作，要求加快沪通铁路和大桥的启动工作。2008年2月，沪通铁路获国家发改委批准立项。铁路正线114公里，投资估算219亿元，铁道部出资50%，上海市、江苏省出资50%。8月，国务院和江苏省组成的沿海开发联合调研组到海门调查并视察沪通大桥桥址。同月省长罗志军到海门视察大桥桥址。8月底，中铁大桥勘测设计院沪通大桥建设指挥部入驻海门展开工作。9月，举行火车站与广场设计论证会。海门火车站规划在三和镇兄弟村，为客货两用车站，面积4000平方米。10月，中铁第四勘察设计院到三和、天补镇勘察线路、登记拆迁房屋，并就三线（供电线、广电线和通讯线）搬迁与相关部门对接。10月中旬，铁道部举行沪通铁路大桥河势论证会，交通部对在苏通大桥下游8公里处建桥提出不同意见，后大桥移址于南通九圩港与张家港十三圩之间，铁路线路的走向也不经海门。

附2. 宁启铁路海门段

2008年年底，宁启铁路南通至启东段进行预可行性研究，南通至启东段铁路全长105公里，其中海门境内38公里，铁路走向初选在宁启高速公路南侧，沿线涉及7个乡镇。

附3. 通沪城际轨道海门段

2008年6月，南通至上海城际轨道交通研究工作启动。年底，南通市通沪城际轨道交通方案研究评审会在海门举行，评审会意见将拟建的崇海大桥列为通沪城际轨道交通过江通道之一。

第二节　公　　路

一、省级公路

民国24年（1935），境内有省级公路浦启线海门段69.5公里，部分路段铺设煤屑、碎石。新中国成立后行政区划调整，境内有省级公路56.1公里，部分路段铺沙石。1966年有117公里，全部为沙石路面。1990年，部分路段修直后境内有省级公路98.88公里，全部为沥青表处路面。2008年有省级公路6条，194.04公里，全部为沥青砼路面。

宁启高速海门段　南京至启东的高速公路海门段，长40.02公里，由省交通厅高速公路管理中心投资建设，1997年立项，总投资40亿元。2001年7

图15－2　宁启高速公路海门段出（入）口　（2004年摄）

月动工兴建。2004年10月通车。途经天补、海门、德胜、常乐、麒麟、悦来、三阳等7个镇24个村,设互通式立交桥3座(叠石桥、海门、悦来),分离式立交桥5座(茅理、麒麟、包临线、锉西、阳南),特大桥1座(青龙河大桥),大桥2座(圩角河、大新河),服务区1个(麒麟服务区)。公路设计时速120公里,双向四车道,桥梁荷载等级汽-20挂-120。路基顶宽28米,平均填土高度3.84米,是目前境内最高等级的公路。

S336线海门段　始筑于民国9年,民国14年12月竣工,时名南干路,列为乙等支干线。海门境内自西海坝海神庙至东兴镇(今启东市境内),全长69.5公里。民国17年,更名为浦海路(主要途经点:浦口、瓜洲、南通、海门,时为江苏省五大干线之一)海门段。民国22年,更名为浦启路(浦口—启东)海门段(线向为:天补—茅镇—三厂—常乐—三阳—启东)。民国37年,更名为通启路海门段。1958年前全线系土路面,1958年后分段筑成沙石路面。1975年,更名为通启寅公路(由启东汇龙镇延伸至寅阳镇)海门段,同时线向改由三厂镇向东,经厂洪、临江出境入启东市。全线路基宽13米,路面宽7－9米,次高级渣油路面。1987－1989年,对海门镇区段的4公里路面按一级公路标准改造。1990年,全省公路统一编号为苏325线。自南通县川港镇向东进入海门境,经天补、海门、三厂、汤家、临江乡镇入启东县。1996年,对启东交界至瑞江路转盘段进行路面拓宽改造。1999－2000年,海门全段再次改造为二级公路,路基宽22－28米,路面为沥青砼宽20－28米。2000年,自海门三和镇大兴村向西开辟一条新线(原大兴村至川港镇段归并通海线)入通州境至南通开发区,该段为混凝土路面,路基25.5米,路面宽22米,长6.85公里。是年,在全国公路普查中,更编为S336线。2008年,S336线海门段全长40.2公里。

S335线海门段　1980年兴筑。1991年10月建成通车,原名新通吕线(因区别于老通吕线而得名)海门段,为二级公路,次高级沥青表处路面。2000年,更编为S335线海门段,该线由通州市境进入海门的货隆、王浩、正余、包场、刘浩、东灶港镇入启东市。海门段全长28.88公里。2001－2003年,全线又按一级公路标准,改造为沥青砼路面,路基宽25.5－26.5米,路面宽22－23.5米。2008年,该段公路全长26.73公里。

S222线海门段　原名掘青公路海门段。民国19年,筑成青龙港至四杨坝的土路面16.26公里。1958年,改造为碎砖泥结沙石路面,并从四甲向北延伸至如东掘港,列为省道。线向由南通县三余镇向南入海门境,经货隆、四甲、常乐三厂至青龙港。1988年起,按二级公路标准分期、逐段拓宽改造。1989年,更名为海青线(海安县至青龙港)海门段。2000年,统一编号为S222线。2004年,部分线路实施改线,原从通吕河货隆大桥向南,改为利用S335线向西后再由兴隆大桥向南。现该线全线为沥青砼路面,路基宽14米,路面宽12米。2008年,海门段全长29.39公里。

S221线海门段　亦称海防公路,筑于2002年,由通州市东余乡向南进入包场镇境内,向东经东灶港镇境与S335线交汇后入启东市。该线处于沿海地带,被列为国防公路。全线为二级公路,沥青砼路面。2008年,海门段全长13.7公里。

沿江公路海门段　为省统一规划的长江沿线公路。海门段于2007年12月建成通车,由南通开发区向东入海门三和镇境,全长44公里,其中大洪闸至临江镇13公里与S336线共线。全线均为一级标准公路,其中三厂以东段路基宽25.5米,路面宽24米,三厂以西段路基宽31.5米,路面宽30米。

二、市(县)级公路

民国9年,海门始筑南干线(南通至海门)。至民国12年,海门境内筑成11.99公里,全部为土路面。此后加大修筑力度,至民国24年,有市、县道105.44公里,部分路段铺设煤屑、碎石。解放后,行政区划调整,境内有市、县道49.72公里,部分路段铺沙石。1966年,大部分市、县道升级为省道,市、县道减为8.42公里。1980年,随着海二线、大江公路等的修筑,市、县道增至64.46公里,大多为沙石路面。1990年,由于老通吕线降为县道等原因,市、县道增至96.81公里,大部分为沥青表处路面。2000年后,加快发展公路建设。至2008年,全境形成19条沥青砼路面的市(县)级公路,计332.05公里。其中:吕通线为历史最悠久的公路,至今有近百年历史;天久线为中部地区东西向的骨干线;北海线、通海线为西部地区南北向的骨干线;东临线、三汤线为东部地区南北向的骨干线;袁天线因通向叠石桥市场而成为最繁忙的公路；王川线为最长的公路，长40.89公里；张謇大道为境内最高等级的市级公路。

吕通线海门段　吕通公路，又名老通吕公路，民国9年筑成，时名东干路，列为乙等支干。民国17年，改名为中山路。民国24年，全线加铺煤屑、碎石。民国37年，更名六吕（六合至吕四镇）公路，列为国道。1958年，更名为通吕线。1988年，降为县道。该段公路东起启东县吕四镇，入境后，经刘浩、包场、余东、四甲、国强出海门境至南通县二甲镇。1988年，实施分段改造。至1990年，有10.5公里改造成沥青表处路面。至1994年，全部改造为沥青表处路面。2008年，海门段全长36.14公里。

天久线海门段　筑于民国12年，原为南干路（后为通启公路）海门段一部分，自掘青公路常乐交叉口向东经麒麟、悦来、三阳入启东市。海门境内长26.21公里，路基宽13米，路面宽3.5－5米。原为土路面，1958年，加铺沙石。1975年，通启公路改线由三厂直线向东后，该段定名为常久线（常乐至启东久隆）。1989－1990年，在分段改造中，将三阳至麒麟段拓宽改造筑成沥青表处路面。至2003年，全线均为沥青表处路面。是年起，海门段全线按二级公路标准在其南侧改线重建，由三阳镇区东侧的包悦线路口向南300米再直线向西，经悦来、麒麟、常乐、海门（江滨）至德胜南端接北海线（海二线）。2005年完工，全长31.76公里，其中改线新建路段长29.81公里。全段路基宽15－32米，路面宽度12－25米，全部为沥青砼路面。改线延伸后的常久线开始名为新常久线。2008年，定名为天久线（计划延伸至天补）。

北海线海门段　自通州市北兴镇经二甲镇入海门四甲（原国强），至德胜（原瑞祥）后向西，再向南至海门。该路原名海二公路，1979年兴筑，年末竣工。海门境内长16.93公里，三级公路，沙石路面，路基宽11米，路面宽3.5－5米。2001年将海门镇海易大桥至德胜段5.95公里，按一级公路实施改造，路基宽29米，路面宽26米。2002－2003年，又新建德胜镇区向北至通州境（二甲镇西南）的复线4.7公里。2008年，全长21.63公里（含复线），其中海门境内海易大桥至通州境10.65公里为一级公路，并从德胜大桥向南的公路两侧建有绿化景观林带。

通海线海门段　自通州川港镇入海门境，经天补、三和大兴镇至海门港港区，其中川港至大兴段原为通启公路的一部分，大兴镇向南至江心沙农场拐弯处，原名大江公路。大江公路1978年通车，碎砖泥基础，沙石路面，路基宽10－11米，路面宽5.5米。1990年，三和镇区段1.7公里，拓宽改造成二级公路。1996年，完成大新镇至海门港的改造，改造后改称大港公路，全长13.7公里，路基宽24米，路面宽22米，沥青砼路面，时为海门境内第一条高等级公路。1999年，改建天补至大兴镇段。通海线海门段全长19.87公里。

东临线　自东灶港闸桥向南，经三阳、悦来、临江，与S336线相接，长29.2公里。其中东灶港闸桥至刘浩镇六甲坝（刘浩镇南1公里）段为原六东公路（六甲坝至东兴三门闸镇）。1958年兴筑时，从六甲坝筑至刘浩镇区，为晴通雨阻土路面公路。1961年，又将土路筑至三门闸镇。1969年，六甲坝至三门闸镇段改建成沙石晴雨公路。1972年，由三门闸镇筑至东灶港。1985年，又从东灶港延伸至黄海大堤。全路路基宽7－8米，路面宽3－3.5米，碎砖土路面。1993年从刘浩镇的卫东闸向南至临江段铺筑沥青表处路面，路基宽7.5－10米，路面宽6－7米。2003年，从刘浩镇区北侧东方红大桥至东灶港4.5公里段，按二级公路标准改造为沥青砼路面，路基宽12－20米，路面宽9－19米。

三汤线海门段　自通州市三余镇向南入海门境，经正余、余东、树勋、麒麟、三厂（汤家镇）与S336线交汇，长22.35公里。其中正余至汤家段为原乡道汤正公路，筑于1979－1985年间。1995－1996年，全线改造为沥青沙石路面，路基宽10－19.8米，路面宽7－17米。同时，从正余向北延筑至通州交界段。2006年起，三汤线又分中、南、北段分期拓宽为路基宽26米（镇区32米），路面宽22米（镇区26米）的一级沥青砼路面公路。三汤线是海门境内东中部地区贯穿南北的重要干线。

袁天线海门段　自通州市袁灶镇向南进入海门市境，经三星、至天补与通海线交会，原名天袁线，全长9公里，其中海门段6.77公里。1976年，筑成天补至三星5公里三级公路标准路段。1986－1987年，筑成三星至袁灶4公里等外级路段。1994年，三星至袁灶改造成沥青沙石路面，路基宽9米，路面宽7米。2000年，更名为袁天线，2003年天补至三星段按一级公路标准改造成沥青砼路面，路基宽29米，路面宽22米。2005年，三星至袁灶段4公里按二级路标准改造成沥青砼路面，路基宽12米，路面宽9米。

王川线海门段 原名星海公路，自1985年起，分段修筑，全线按三级公路标准施工，路基宽9米，路面宽7米，沥青表处路面。1993年，全线建成通车。该路自启东市王鲍镇海东桥入海门市境，经刘浩（海洪）、万年、树勋、常乐（平山）、德胜至三星叠石桥市场出海门市境，进入通州川姜镇。海门段全长40.89公里。2001－2002年，对叠石桥至德胜镇区段8公里按一级公路标准改线和改造，筑成宽为25.5米的沥青砼路面。2002年，万年镇区段2公里改造为路基宽31米，路面宽26米的沥青砼一级公路。

张謇大道 由市区秀山路向南至长江江堤，全长5.61公里。原名海圩线（海门镇至原圩角港），筑于1989年，1990年竣工，为三级公路，沙石路面。1994年，改造为沥青表处路面。2007年，城市南进启动后，该路正式定名为张謇大道，并按城市主干道Ⅱ级标准设计和改造，2008年10月，竣工通车。大道路基宽100米，中央分隔带8米，机动车道2×15.5米，生态林带2×20米，辅道2×7米，人行道2×3米，是境内宽度最大、等级最高的景观公路。

三、镇（乡）村公路

民国10年至1949年，镇（乡）村公路主要有张洪大道（张芝山至牛洪港）、曹中大道（曹家镇至中心镇）、通凤大道（通济桥至凤凰桥）、长倪大道（长春镇至倪家镇）、长八大道（长春镇至八匡镇）、浒洪大道（浒通镇至大洪镇）、界长大道（海界河至长春镇）等，此后部分大道废止或改建。1949年，全县镇（乡）村公路总长11.88公里。

20世纪50－70年代，结合农田水利建设，乡村骨干道路拓宽至3米左右，大队至生产队的机耕道宽2米左右。80年代，乡村道路进一步拓宽、取直，并逐步以泥结碎砖作基础，煤渣或沙石铺面筑成晴雨路，小型拖拉机、小型机动客货车可通行。1990年，全县可通汽车、拖拉机的乡村公路总长91.26公里。

1992年始，实施镇村公路“黑色化”工程。至1996年，市区至乡镇、村的公路基本实现路面黑色化。2003年，实现公路村村通。2003－2008年，全市新建、改建路面宽度3.5米以上的混凝土镇（乡）村道路700余条。2008年，全市有镇（乡）村公路1654.07公里。

图15－3 2007年6月，常乐镇培育村修建圣贤路

民国12年－2008年若干年份海门市（县）公路情况一览

表15－1 单位：公里

年份	公路总里程	行政等级分类				按路面类型分			
		省道	市、县道	镇（乡）村道	专用道	油路	水泥路	沙石路	土路
民国12年	11.99	－	11.99	－	－	－	－	－	11.99
民国24年	204.19	69.50	105.44	29.25	－	－	－	－	204.19
民国34年	144.04	53.50	78.66	11.88	－	－	－	－	144.04
1949	117.70	56.10	49.72	11.88	－	－	－	－	117.70
1966	126.12	117.70	8.42	－	－	－	－	126.12	－

续表 15－1

年份	公路总里程	行政等级分类				按路面类型分			
		省道	市、县道	镇(乡)村道	专用道	油路	水泥路	沙石路	土路
1970	130.47	117.70	8.42	–	4.35	–	–	130.47	–
1975	143.95	117.70	8.42	13.48	4.35	4.95	–	139.00	–
1980	218.29	114.36	64.46	35.12	4.35	41.67	–	176.18	0.44
1985	243.25	118.30	64.46	56.14	4.35	42.70	–	196.52	4.03
1990	291.30	98.88	96.81	91.26	4.35	98.80	–	186.10	6.40
1995	294.96	102.54	96.81	91.26	4.35	233.63	2.40	58.93	–
2000	1004.00	102.82	190.27	706.56	4.35	700.32	56.40	247.28	–
2005	1638.00	141.12	207.86	1267.01	22.01	834.12	508.22	295.66	–
2008	2180.16	194.04	332.05	1654.07	–	499.23	1178.93	502.00	–

2008 年海门市公路状况一览

表 15－2　　单位:公里

公路名称	类别	境内全长	其　中			建成年份	建设性质	所经境内乡镇
			水泥路	油路	沙石路			
合　计	–	2180.16	1178.93	499.23	502.00	–	–	–
省道 221	省道	13.70	–	13.70	–	2002	新建	包场、东灶港
省道 336	省道	40.20	6.85	33.35	–	2002	改建	临江、三厂、海门、三和
省道 335	省道	26.73	–	26.73	–	2003	改造	东灶港、刘浩、包场、正余、王浩、货隆
省道 222	省道	29.39	–	29.39	–	2004	改造	货隆、四甲、常乐、三厂
宁启高速公路	省道	40.02	2.00	38.02	–	2004	新建	天补、海门、德胜、常乐、麒麟、悦来、三阳
沿江线	省道	44.00	–	44.00	–	2007	新建	三和、开发区、海门、三厂、临江
国新线	市道	3.36	–	3.36	–	1993	新建	四甲(国强)、货隆(新建)
吕通线	市道	36.14	–	21.06	15.08	1994	改造	刘浩、包场、余东、四甲
六东新线	市道	23.10	–	23.10	–	1995	改建	东灶、刘浩、万年、悦来、临江
三汤线	市道	22.35	–	22.35	–	2006	改建	正余、余东、树勋、麒麟、三厂
包新线	市道	3.70	–	3.70	–	1996	新建	包场、包场(新余)
瑞江线	市道	7.00	–	7.00	–	1996	改建	德胜(瑞祥)、海门(江滨)
五泰线	市道	20.20	–	20.20	–	1996	新建	包场、正余、余东、树勋、悦来、三厂
通海线	市道	19.87	0.05	19.82	–	1999	改建	天补、三和、海门港
北海线	市道	16.56	1.08	15.48	–	2001	改造	四甲、德胜、海门
王川线	市道	40.89	–	40.89	–	2002	改造	刘浩、万年、树勋、瑞祥、三星
东临线	市道	29.20	–	29.20	–	2003	改造	东灶港、刘浩、三阳、临江
天久线	市道	31.76	–	31.76	–	2005	重建	三阳、悦来、麒麟、常乐
袁天线	市道	9.00	–	9.00	–	2005	改造	三星、天补

续表 15-2

公路名称	类别	境内全长	其中			建成年份	建设性质	所经境内乡镇
			水泥路	油路	沙石路			
江心沙线	市道	1.80	1.80	-	-	2005	改建	江心沙农场
刘普线	市道	23.80	-	23.80	-	2007	改造	刘浩、三阳、悦来、临江
包临新线	市道	25.34	-	25.34	-	2008	改建	包场、万年、悦来、临江、三厂
叠港线	市道	8.77	-	8.77	-	2008	新建	三星、天补、三和、开发区
三南线	市道	3.60	-	3.60	-	2008	改建	三和、通州南星镇
张謇大道	市道	5.61	-	5.61	-	2008	改建	秀山路至长江江堤
镇村公路	-	1654.07	1167.15	-	486.92	-	-	-

第三节 航 道

一、省级航道

通吕运河海门段 通吕运河由南通向东至启东吕四入海，在海门流经四甲、货隆、王浩、正余、包场、刘浩、东灶港镇，境内长28.3公里。1959年11月至1960年4月挖浚，河底宽25－30米，面宽58－88米。1975年，拓宽疏浚，底宽30－45米，面宽70－90米，枯水期水位3.1－2.7米。临河有国强、兴隆、货隆、王浩、正余、新余、包场、包东、东方红等通航大桥。2005年，经货隆间隙式连续点观测，每天平均通过货运量2万至2.5万吨。是年8月，由原五级航道提升为三级航道。

二、南通市级航道

通启运河海门段 通启运河由南通向东至启东盐场入海，在海门流经天补、德胜、常乐、麒麟、树勋、万年、悦来、刘浩（原海洪）、三阳等乡镇，境内全长41.76公里。临河有天补北桥、常乐大桥、麒麟大桥等16座桥梁。通启运河海门段分三期开挖，1958年2月－1959年2月，实施首期工程，沟通南通县界至常乐段（西段）；1971年冬至1972年春，实施二期工程，沟通常乐至启东县界段（东段），并拓浚西段；1978年春，实施三期工程，拓浚东段，河底宽15米，面宽43－48米。20世纪90年代，经综合治理，枯水期水深2.2米左右、航道宽10米，常年可通航150－200吨船舶。

三余线海门段 三余线北起通州与海门交界处的四化桥，南至海门港浒通河口，全长47.1公里。由原三余竖河航段、大洪河航段、通启河航段、圩角河航段和港东河航段5条航道组成。三余竖河航段北起四化桥，南至四甲闸，长10.8公里，底宽8米，面宽31－33米，分别于1958年、1966年、1974年三次拓浚，可通航200吨左右船舶；大洪河航段北起四甲闸，南至通启河，长8.3公里，底宽10－15米，面宽25－48米，分别于1957年、1969年、1982年、1985年、1990年5次拓浚，可通航250－300吨船舶；通启河航段（与通启运河航道共线）东起通启河大洪河口，西至通启河圩角河口，长10公里，可通航200吨左右船舶；圩角河航段（与圩角河航道共线）北起通启河圩角河口，南至圩角闸，1998年改造，长9.35公里，可通航400吨以上船舶；港东河航段，由圩角闸向西南至海门港，1996年新辟，长8.65公里，可通航400吨以上船舶。2008年，三余线自海门镇至海门港开辟新线，即从海门镇海门河口向西至浒通河，再向南至海门港，全长9.5公里，河面宽55米，按六级标准航道改造，可通航600吨以上船舶。

三、市（县）级航道

海门河 西起新江海河，东至启东三和港河，全长39.02公里，流经天补、三和、海门、三厂、麒麟、悦来、三阳等乡镇，1976年冬，按七级航道标准开挖。1984年12月－1985年1月，拓宽疏浚。1988年、1990年，两次分段用水力冲挖机组疏浚，疏浚后河底宽8米，面宽32米，常年可通航60吨船舶。其中新江海河至三厂段常年可通航250吨船舶。2008年,市区海门河口至浒通河段疏浚拓宽为六级航道,可通航600吨以上船舶。

青四河　又名青龙河,北起四甲镇四杨坝,向南流经常乐后至三厂镇青龙港入江,航道全长15.25公里。与海界河、通启河、海门河、青西河等贯通,与三余线并行,形成海门中部的南北水运通道。青四河形成于清乾隆年间(1736－1795)。民国9年(1920),大生三厂出资疏浚。1952年、1955年、1974年、1985年,又先后4次疏浚。该河通启河以北段,航道基本淤塞,时有少量10吨以下小船航行。通启河以南至青龙港段,平均水深1.5－2.5米,底宽10米,可通航150－200吨船舶,经青龙港船闸,能直接进入长江,是海门出江的重要通道之一。

圩角河　北起海界河,南至圩角闸,全长16公里。清朝末年形成。民国9年,两次局部疏浚。1952年全线疏浚。1958年,建圩角闸。1986年、1987年,两次分段疏浚,河底宽8－20米、面宽32－56米。通启河以南至圩角闸段,航道标准为6级,常年可通航400吨级左右船舶。通启河以北至海界河为等外级。圩角河与海界河、通启运河、海门河等干支航道沟通,为纵贯海门南北的主要水运通道之一。1993年,圩角河自通启河向南至圩角闸段列入三余线。

大新河　北起余东镇戴青山村,南至三厂镇大新闸,全长15.3公里,流经余东、树勋、麒麟、悦来、三厂5个镇。该河形成于清代。1949－1979年,6次分段拓浚,河道按6级航道标准开挖,7级航道养护,航道底宽10－18米,面宽32－50米,沿河建有公路桥、机耕桥10座,常年可通航80吨级船舶。2002年,大新河航道定为等外级航道。

黄家港线　1993年命名。北起通吕河与黄家港河的交汇处,南至临江闸,由黄家港河、十四匡河、十三匡河合并而成,全长25.86公里。流经刘浩、万年、悦来、临江4镇,为境内东部地区贯穿南北的主要航道之一。河道水深2.3－2.8米,面宽35－50米,航道宽16米,可通航100－200吨级船舶。

四、乡(镇)村航道

明嘉靖十年(1531),海门境内有可供航运的港河34条、沟河2条。清乾隆五十七年(1792),有港河37条,终年可通航20吨以下的船舶。民国36年,境内有中心河、海界河、牛洪港河等主要航道7条,总长285公里,可通航15－30吨级船舶。

解放后,各乡、村结合水利建设开挖小型河道。至1990年,全县有三级河航道64条,总长648公里;四级河2115条,总长2195公里。2002年在航道重新定级中,境内有26条航道定为等外级,其中乡(镇)村航道25条,计161.49公里,此后有部分航段淤阻。2008年,全市有乡镇村航道25条(段),计145.46公里。

2008年海门市航道一览

表15－3

航道名称	等级	境内长度(公里)	起　点	讫　点
通吕河	三级	28.30	海启界	通海界
通启河	六级	41.76	海启界	通海界
海门河	七级	39.02	海启界	通海界
三余线	六级	47.10	海门港浒通河口	通海界(其中10公里与通启河并线)
黄家港线	七级	25.86	临江稻香村(灵甸闸)	刘浩城河村
青四河	七级	15.25	三厂镇龙江村	四甲镇合兴村
老通吕河	等外级	16.16	余东镇余东村	通海界
青西河	等外级	7.00	三厂镇龙江村	海门镇日新村
青化河	等外级	2.06	三厂镇龙江村	三厂镇厂南村
海界河	等外级	5.42	四甲镇合兴村	德胜镇瑞北村
通沙河	等外级	2.01	悦来镇启文村(大新河口)	悦来镇启文村

续表 15－3

航道名称	等级	境内长度(公里)	起　点	迄　点
新开港河	等外级	2.05	万年镇万盛村	万年镇中圩村
二十匡河	等外级	7.56	三阳镇普新村	三阳镇鲜行村
坛口河	等外级	1.50	万年镇射阳村	万年镇镇兴村
江家河	等外级	1.50	刘浩镇永康村	刘浩镇林英村
池棚河	等外级	3.56	刘浩镇周成村	刘浩镇福良村
义星河	等外级	1.55	万年镇定奎村	万年镇定奎村
福利河	等外级	4.56	王浩镇王灶村	王浩镇德利村
包场河	等外级	6.24	包场镇包场村	包场镇浜北村
排咸河	等外级	5.92	海门盐场(东灶港河口)	海门盐场(包场河口)
运北河	等外级	19.76	东灶港镇闸北村	货隆镇有余村
新岸河	等外级	6.93	东灶港镇	包场镇
浒通河	等外级	18.09	海门市开发区	三星镇镇南村
圩角河(北段)	等外级	6.65	德胜镇李彬村	德胜镇银才村(南段在三余线内)
大洪河(南段)	等外级	6.70	三厂镇大洪村	常乐镇培才村(北段在三余线内)
大新河	等外级	15.30	三厂镇汤西村	余东镇戴青山村
东灶河	等外级	6.20	东灶港镇红中村	东灶港镇港新村
宏伟河	等外级	1.71	海门镇人民路	海门镇丝绸路
老农坛河	等外级	1.51	海门镇人民路	海门镇城北村
日新河(通沙河)	等外级	1.30	海门镇东风新村	海门河口
瑞祥河	等外级	6.07	德胜镇瑞南村	德胜镇瑞北村
民生河	等外级	3.45	海门镇中海村	开发区利北村

第四节　船　　闸

一、青龙港船闸

位于青龙河入江处，原名会云闸。民国 8 年(1919 年)，由大生第三纺织公司出资 4.23 万两银圆兴建，荷兰专家特来克设计。民国 9 年建成。上下闸首均为钢筋混凝土结构，是国内较早的钢筋混凝土船闸。闸孔为 3 孔，通航孔宽 6 米，叠梁式木闸门，绞关启闭，两边孔各宽 1.5 米，闸底高程为 0.5 米，闸室长 108 米。1957 年，船闸大修，将闸室改成鱼肚形，闸门采用手摇启动，改名青龙港船闸。1975 年重建，闸址北移，闸门采用钢筋混凝土三角门，油压启闭，电控操作，闸室扩大。1980 年 11 月，上闸首安装由海门交通机械厂和公路管理站技术人员设计，交通机械厂承建的全省第一座横拉式钢桁架、电动开启、通航和通行两用的船闸桥，荷载为汽－10 级，桥面净宽 3.8 米。1985 年，第三次大修，增建下闸首下游钢筋混凝土消力池，闸门改为钢质三角门，阀门改为铸铁直升门。最大通航水位 4 米，最低通航水位 2.8 米，可通过 150 吨级船舶，年通货量为 100 万吨。1998 年，经过第四次大修后的青龙港船闸通过省航道局的质量验收。2008 年，青龙港船闸仍由南通市航道管理部门管理。

二、常乐船闸

位于通启运河与省道 222 线交汇处东侧。1976 年建成，与常乐节制闸相配套。为钢筋混凝土人字形闸门,油压启闭。闸首净宽 8 米,上、下闸首底高程分别为 1 米和 0.5 米,闸室为浆砌块石立式,闸室长 160 米,底宽 12 米,上下引河共长 400 米。最高通航水位 4 米,最低通航水位 2.8 米,可通航 100 吨级船舶,年货物通过量 55 万吨左右。由市水利局管理。

三、四甲船闸

位于三余航线与吕通公路交汇处。1969 年兴建,1970 年建成,上闸首为钢筋混凝土坞室结构,直升式闸门,下闸首为浆砌块石重力式结构,人字形闸门,人力启闭。1980 年大修,上、下闸首均用钢筋混凝土直升式闸门,电动卷扬机启闭。闸室为混合式浆砌块石,长 200 米,底宽 10 米,最高通航水位 4.76 米,最低通航水位 3 米。可通过 100 吨级船舶,年货物通过量 50 万吨。闸顶为吕通公路公路桥,桥面净宽 6 米。由市水利局管理。

四、卫东船闸

位于黄家港河与吕通公路交汇处。1971 年建成,上闸首为钢筋混凝土直升闸门,净宽为 6 米,闸底高程 1.26 米、闸顶高程 5.76 米,下闸首为钢筋混凝土一字形闸门,上下闸首均为油压启闭、单孔。闸室为斜坡式,长 90 米,底宽 10 米,可通 60 吨级船舶,年货物通过量 20 万吨左右。上闸首有吕通公路公路桥,桥面净宽 5.5 米。由市水利局管理。

五、东灶港北闸

民国 12 年,大有晋盐垦公司在现新岸河与东灶河交汇处北侧建东渐二闸(又称三门闸),作排灌和船只出入海之用。1972 年,因三门闸河口淤塞,北移 1.75 公里建成东灶港套闸。1993 年,再次北移至东灶港入海口的海堤上,称东灶港北闸。为钢筋混凝土结构,安装铁质三角闸门,油压启闭。闸孔宽 8 米,闸顶设活动公路桥。是排灌和船只出入海的两用闸,排涝流量为 64 立方米/秒,设计排涝面积 35.2 平方公里,可通航动力为 294 千瓦的中型渔轮。由市水利局管理。2004 年加固改造上下闸首。

六、其他船闸

三余套闸:1966 年 6 月建成,位于货隆镇闸南村三余竖河上。新江海河船闸:1977 年兴建,位于江心沙农场,时为引、排水闸,1988 年,将西侧孔改建为通航孔,2002 年 8 月至 2004 年 10 月,在原闸北侧 160 米处建 3 孔新闸,专用于引、排,并对老闸进行维修加固后,成为专用船闸。三余套闸和新江海河船闸都由通州市水利局管理。此外还有海门港闸、大洪闸等,均由市水利局管理。

第五节　桥　　梁

一、公路桥

民国初期,公路桥多为木桥,石桥极少。一般为单车通行。民国 10 年(1921)重建的头匡桥(木结构)长 16.78 米、宽 6.7 米,可容两辆汽车并驶。此后陆续兴建双车通行桥。日本侵略军侵占和国民党发动内战期间,公路桥大多受到毁坏。

新中国成立初期,全县公路桥梁基本修复。1960 年,通启公路六匡段建成海门第一座公路砖拱桥——六匡桥。1962 年,通启公路天补段建成第一座钢筋混凝土公路桥——天补大石桥。1964 年,在掘青公路海界河上建造钢筋混凝土的永安桥。是年,全县有公路桥 42 座,总长 588.34 延米。1966 年 12 月,南通地区第一座公路双曲拱桥——海门镇西桥(海春桥)建成。同年,六东公路通吕河上建造双曲拱公路桥——东方红大桥,为境内第一次采用深水钻桩、水下灌注混凝土新技术建造。此后,这种新技术被广泛应用。1990 年,全县有永久性公路桥 114 座,总长 3228 延米。20 世纪 90 年代后,陆路交通飞速发展,相继改建和重建危险桥梁,先后建成通光大桥、新建大桥、常乐大桥、新余大桥、正余大桥等大跨径超高度大桥。其中,新余大桥是海门第一座系杆拱结构桥,正余大桥采用预应力半截面箱梁结构,位于北海线上的海易大桥(海门北桥)采用连续箱结构的新技术。

2008 年,建成张謇大道上的青西河桥,为海门建桥史上最宽的桥梁,采用上承式肋板拱形,长 70 米、宽 55 米,桥梁为双向车道、两侧为慢车道,共计 4 个部分组成。是年,全市有公路桥梁 822 座,总长 2.67 万延米。

二、农桥

明嘉靖年间(1522 － 1566),境内有石桥 2 座、木桥7座。清顺治年间(1644－1661),境内有桥梁23座。清乾隆三十三年(1768),有木、石桥99座。民国1－24年,全县先后新建、重建石桥39座。

解放初期,实行修造并举、以修为主,新建和修建木桥282座。1957年,新建平板木桥62座,修建265座。至1962年10月,全县有农桥1988座,总长2.91万延米,其中需大修的1411座。1963年,茅家镇通沙河上建成全县第一座钢筋混凝土平板桥——复海桥,后此类桥逐渐代替木桥。1965年9月,常乐镇通沙河上建成南通地区第一座双曲砖拱桥。同年,全县70%公社自筹资金建造砖拱桥、水泥桥计551座(其中县建195座)。70年代,随着建桥技术的提高,在宽阔的通吕河等河道上相继建成大跨径双曲拱桥及3孔机耕桥。如1972年建成的跨通启河麒麟大桥,1978年建成的跨通吕河国强大桥等。1990年实行桥梁分级管理,全县有交通部门管理的农桥391座,总长1.03万延米,其余较小桥梁由水利部门及乡镇管理。

图15－4 1963年建造的复海桥 (1980年摄)

2002年起,对全市农村桥梁和危桥进行建设和改造,开展"创建无危桥乡镇"活动。至2008年,先后投入1.5亿元,建设和改造桥梁519座。是年,全市共有交通部门管理的农桥1906座,总长4.86万延米。

附:崇海长江公路大桥(筹)

1988年10月,县政府与上海市崇明县政府联合向国务院上报《关于要求建设崇海长江公路大桥的请示》。1992年6月,县政府和崇明县政府商定各自组建崇海长江公路大桥筹建工作领导小组,下设办公室。1993年6月,由国家科委牵头组成的"崇明、海门长江口越江通道工程课题研究组",组织专家、学者和上海市、江苏省的领导到海门、崇明考察,为长江口越江通道工程启动进行调研。1997年,崇海长江公路大桥可行性研究报告通过上海市级专家评审,其桥址北端设在长江北支青龙港河口以西约600米,南端设在崇明牛棚港东约1600米处,北接线与通启高速公路海门段相接,南接线与崇明县的陈海一级公路相接。大桥包括引桥,全长9000米,其中主桥长2900米,净空高度以3级航道标准控制,桥面为双向四车道。但此方案未获得"崇明、海门长江口越江通道工程课题研究组"确认,筹建工作暂缓。

2001年,上海市和江苏省重新启动长江口越江通道工程。海门筹建工作领导小组邀请上海同济大学桥梁专家考察后编写《关于沪崇苏高速通道长江北支桥位选址的建议意见》,年底,海门和崇明县政府联合在海门召开崇海长江公路大桥河势及河床演变评审会,特邀施雅风、陈吉余院士等参加,形成《崇海大桥河势及河床演变》技术研究报告。先后邀请省发改委、交通厅、交通部长江航务管理局、水利部长江水利委员会、上海市市政管理局等单位的领导、专家到海门考察指导40多次,召开评审会、座谈会、协调会60多次,参会人员近700人次,形成《崇海长江公路大桥预可性研究报告》等技术研究报告多篇。

2003年,省委、省政府在泰州召开的江苏沿海开发会议上将崇海大桥列入沿江开发总体规划。为此南通市政府专题召开加快推进崇海大桥筹建的工作会议。海门进行了大桥桥位风速、波浪等专题评审。7月底,各项论证工作基本就绪。

2005年12月,筹建组与上海同济大学、长江航务管理局、长江水利委员会等单位共同完成预可阶段的测绘、工程水文、环保、工程地质、航行、气象、交通工程等7个方面19个专题报告。是年,取得交通部长江航务管理局、水利部长江水利委员会、国家地震局、省国土资源厅、省环境保护厅、上海市环保局等6个单位的批文。

2006年5月,崇海大桥被编入省"十一五"规划;南通市政府召开大桥筹建的前期工作专题会议；"海门市崇海大桥建设指挥部"正式挂牌，崇海大桥筹建工作进入实质性操作阶段。10月江苏省常务副省长赵克志到崇海大桥选址现场考察后，使崇海大桥运作层面提升到省级。此后由省发改委、省交通厅启动前期工作，省交通厅委托省交通规划设计院为崇海大桥预（工）可报告的编制单位。

2007年3月，上海市确定由市政工程管理局规划处着手开展大桥前期工作。6月，省交通厅规划处和上海市市政工程局规划处就加快推进崇海大桥预算工作达成一致意见。

2008年，上海市和省政府就十一届全国人大代表"关于加快崇海大桥筹建工作的建议"进行答复：正在加快前期工作，进一步论证崇海大桥的建设规模和建设时机。

2008年海门市公路主要桥梁一览

表15－4

所在路线	桥　名	建设年份	工程性质	荷载标准	桥长（延米）	桥宽（米）
袁天线	三袁桥	1987	新建	汽－15	18.70	7.60
	三星桥	1972	新建	汽－15	6.90	20.00
	通启河桥	2003	改建	汽－20	65.80	25.40
	天补北桥	2003	改建	汽－20	20.00	25.40
	天补南桥	2003	改建	汽－20	13.30	23.10
通海线	彦英桥	1998	拓宽	汽－20	42.00	22.00
	三和桥	2003	改建	汽－20	10.40	28.00
	海南桥	1996	改建	汽－20	21.20	23.10
东临线	新岸河桥	1996	新建	汽－15	16.30	18.20
	闸西桥	1996	新建	汽－15	22.60	19.20
	新东河闸桥	1999	新建	汽－15	21.70	19.20
	东方红大桥	2000	改建	汽－20	96.00	10.10
	无名桥	2007	新建	公路－Ⅰ级	35.00	25.00
	无名桥	1982	新建	汽－15	15.00	6.60
	悦临大桥	1982	新建	汽－15	44.00	6.80
	召民桥	1982	新建	汽－15	10.60	6.80
	灵北桥	1982	新建	汽－15	29.50	7.60
	稻香桥	2003	新建	汽－20	30.00	15.00
包临线	包场通光大桥	2001	新建	汽－20	137.70	9.00
	青东河桥	2008	新建	公路－Ⅰ级	37.80	25.00
	海门河桥	2008	新建	公路－Ⅰ级	46.80	25.00
三汤线	正余大桥	2005	新建	公路－Ⅰ级	169.00	25.00
	运盐河桥	2008	新建	公路－Ⅰ级	30.00	31.00
	余包河桥	2008	新建	公路－Ⅰ级	33.00	31.00
	五谷河桥	2008	新建	公路－Ⅰ级	16.00	25.00
	新中河桥	2008	新建	公路－Ⅰ级	16.00	25.00
	树南河桥	2008	新建	公路－Ⅰ级	16.00	25.00

续表 15－4

所在路线	桥　名	建设年份	工程性质	荷载标准	桥长(延米)	桥宽(米)
三汤线	海界河桥	2008	新建	公路－Ⅰ级	39.00	25.00
	通启河桥	2008	新建	公路－Ⅰ级	65.00	25.00
	十号河桥	2008	新建	公路－Ⅰ级	16.00	25.00
	海门河桥	2008	新建	公路－Ⅰ级	52.00	25.00
	新岸河桥	1995	新建	汽－15	26.20	8.10
	正北三桥	1995	新建	汽－15	24.50	8.10
	雄风桥	1995	新建	汽－15	26.00	8.10
	正北桥	1995	新建	汽－15	26.00	8.10
北海线	通海界河桥	2003	新建	汽－20	20.00	30.00
	新凤桥	2003	新建	汽－20	20.80	30.00
	新德桥	2000	新建	汽－20	16.60	30.00
	德兴大桥	2001	新建	汽－20	52.60	30.00
	薛家洋桥	2000	新建	汽－20	13.80	30.00
	城兴北桥	2000	新建	汽－20	13.80	30.00
	城兴南桥	2000	新建	汽－20	13.80	30.00
	海门北桥	2000	新建	汽－20	46.80	30.00
	定兴桥	1992	新建	汽－15	18.50	10.20
	五号河桥	1992	新建	汽－15	15.70	11.10
叠港线	七号河桥	2008	新建	公路－Ⅰ级	21.00	31.00
	通启河桥	2008	新建	公路－Ⅰ级	75.00	24.50
王川线	摇头河桥	1996	新建	汽－15	18.60	8.00
	二疋校河桥	1993	新建	汽－15	18.00	11.00
	镇中桥	1995	新建	汽－15	23.00	10.60
	大石桥	2000	改建	汽－15	41.00	10.00
	兴荣桥	1993	新建	汽－20	18.40	9.60
	下三和镇桥	2003	改建	汽－20	25.00	30.00
	东港桥	1993	新建	汽－15	19.10	8.10
	树勋大桥	1993	新建	汽－15	26.30	13.00
	富安桥	1992	新建	汽－20	19.00	8.10
	八索桥	1992	新建	汽－20	24.10	8.60
	高木桥	1992	新建	汽－20	42.00	7.60
	方便桥	1992	新建	汽－20	53.00	8.00
	太平港桥	1991	新建	汽－20	16.70	7.60
	平山桥	1986	新建	汽－15	21.00	9.10
	新官河桥	1986	新建	汽－15	13.70	7.60
	烈士桥	1986	新建	汽－15	20.60	7.60

续表 15－4

所在路线	桥　名	建设年份	工程性质	荷载标准	桥长(延米)	桥宽(米)
王川线	瑞祥中桥	2007	改建	汽－20	28.50	8.00
	富兴河桥	1979	新建	汽－15	7.60	7.60
	圩角河桥	2002	新建	汽－20	52.60	24.50
	中心河桥	2002	新建	汽－20	13.60	24.50
	汇通河桥	2002	新建	汽－20	13.80	24.50
	汇南河桥	2002	新建	汽－20	13.80	24.50
	必径河桥	2002	新建	汽－20	13.80	24.50
	浒通河桥	2002	新建	汽－20	33.00	30.00
	三星竖河桥	2002	新建	汽－20	21.10	30.00
吕通线	四甲闸桥	1976	新建	汽－20	35.00	6.80
	四阳坝桥	1980	新建	汽－15	23.20	8.00
	六甲桥	1993	新建	汽－20	6.90	9.60
	七甲桥	1993	新建	汽－20	6.90	9.60
	国强窑厂桥	1993	新建	汽－20	6.60	9.60
	卫东闸桥	1976	新建	汽－15	19.70	6.60
	致中桥	2000	新建	汽－20	20.00	6.60
沿江线	十八匡河桥	2007	新建	汽－超20	44.90	26.00
	灵甸河桥	2007	新建	汽－超20	91.90	26.00
	无名桥	2007	新建	汽－超20	35.90	25.00
	无名桥	2007	新建	汽－超20	18.90	25.00
	青龙河桥	2007	新建	汽－超20	105.90	32.00
	青西河桥	2007	新建	汽－超20	54.00	32.00
	青西河桥	2007	新建	汽－超20	121.90	32.00
	日新河桥	2007	新建	汽－超20	21.80	32.00
	圩角河桥	2007	新建	汽－超20	105.00	32.00
	新开港河桥	2007	新建	汽－超20	20.70	32.00
	青西河桥	2007	新建	汽－超20	35.90	32.00
	浒通河桥	2007	新建	汽－超20	120.80	32.00
	江淤河桥	2007	新建	汽－超20	13.80	32.00
天久线	三阳桥	2004	新建	汽－20	48.80	30.00
	十八匡河桥	2004	新建	汽－20	20.80	15.00
	十五匡河桥	2004	新建	汽－20	20.80	15.00
	悦来桥	2004	新建	汽－20	65.80	15.00
	十二匡河桥	2004	新建	汽－20	13.80	15.00
	九匡河桥	2004	新建	汽－20	10.80	15.00
	七匡河桥	2004	新建	汽－20	16.80	15.00

续表 15－4

所在路线	桥　名	建设年份	工程性质	荷载标准	桥长(延米)	桥宽(米)
天久线	六匡河桥	2004	新建	汽－20	16.80	15.00
	麒麟桥	2004	新建	汽－20	48.60	15.00
	界牌河桥	2004	新建	汽－20	16.80	15.00
	三匡河桥	2004	新建	汽－20	16.80	15.00
	大洪河桥	2004	新建	汽－20	33.80	15.00
	实心河桥	2004	新建	汽－20	10.80	15.00
	常乐大桥	2005	新建	汽－20	335.90	15.00
	民灶河桥	2005	新建	汽－20	18.90	15.00
	新官河桥	2005	新建	汽－20	17.50	15.00
	无名桥	2005	新建	汽－20	18.04	15.00
	民生河桥	2005	新建	汽－20	24.60	15.00
	斜河桥	2005	新建	汽－20	25.10	15.00
	连元沙河桥	2005	新建	汽－20	18.04	15.00
	老农坛河桥	2005	新建	汽－20	31.00	15.00
张謇大道	青西河桥	2008	改建	城市－A级	70.00	55.00
五泰线	新余大桥	2003	新建	汽－20	132.00	10.00
	四号桥	2002	新建	汽－20	13.60	8.00
	三号桥	2002	新建	汽－20	21.00	8.00
	长十里桥	2002	新建	汽－20	13.80	8.00
	卫东桥	2002	新建	汽－20	21.24	8.00
	卫南桥	2002	新建	汽－20	13.80	8.00
	余平桥	2000	新建	汽－20	9.50	8.00
	土地堂桥	2000	新建	汽－20	9.50	8.00
	南音桥	1998	新建	汽－20	6.70	8.00
	凤凰新桥	2000	新建	汽－20	48.60	8.00
	凤东桥	2000	新建	汽－20	19.90	8.00
	自由桥	1997	新建	汽－20	12.71	8.00
	成匡桥	1997	新建	汽－20	12.71	8.00
	丰功桥	2002	新建	汽－20	40.80	10.00
	青东河桥	1997	新建	汽－20	18.00	8.00
刘普线	刘东桥	1996	新建	汽－15	24.00	8.00
	北海洪桥	1996	新建	汽－15	20.50	8.10
	木行桥	1996	新建	汽－15	22.50	7.60
	固新桥	1984	新建	汽－15	12.60	7.60
	池鹏河桥	1996	新建	汽－15	24.00	8.00
	通启闸河桥	2003	改建	汽－20	37.00	8.00

续表 15－4

所在路线	桥　名	建设年份	工程性质	荷载标准	桥长（延米）	桥宽（米）
刘普线	三阳桥	1996	新建	汽－15	8.60	18.60
	龙北桥	1996	新建	汽－15	41.00	7.60
	龙祥桥	1996	新建	汽－15	12.60	8.10
	普明桥	1996	新建	汽－15	12.20	8.10
	普济桥	1996	新建	汽－15	18.50	8.10
S221 线	界河桥	2002	新建	汽－20	48.80	11.00
	齐心桥	2002	新建	汽－20	20.60	11.00
	港西桥	2002	新建	汽－20	20.60	11.00
	东灶港桥	2002	新建	汽－20	89.00	11.00
	前哨桥	2002	新建	汽－20	20.60	11.00
	渔民桥	2002	新建	汽－20	20.60	11.00
	光华北桥	2002	新建	汽－20	20.60	11.00
	光华南桥	2002	新建	汽－20	20.60	11.00
S222 线	新西河闸桥	1979	拓宽	汽－20	15.00	13.00
	运北河桥	2003	拓宽	汽－20	21.20	14.50
	新西竖河闸桥	1980	拓宽	汽－20	20.80	24.50
	新建大桥	2001	改建	汽－20	130.80	11.00
	运南河桥	2001	改建	汽－20	29.20	13.00
	十四岔河桥	2001	改建	汽－20	29.60	13.00
	大余桥	2001	改建	汽－20	56.60	11.00
	永安桥	2001	改建	汽－20	28.00	14.00
	长兴镇桥	2001	改建	汽－20	16.00	14.00
	常乐大桥	2000	改建	汽－20	124.60	11.00
	海门河西闸桥	2006	改建	汽－20	25.60	12.00
	包家桥	2001	改建	汽－20	18.00	21.00
	青化桥	2001	改建	汽－20	52.00	21.00
S335 线	红中桥	1991	拓宽	汽－20	22.40	25.50
	东灶河桥	1989	拓宽	汽－20	43.60	27.70
	新余河桥	1989	拓宽	汽－20	37.40	27.70
	新高河桥	1987	拓宽	汽－20	29.00	27.50
	福利河桥	1987	拓宽	汽－20	42.20	27.50
	三余竖河桥	1981	拓宽	汽－20	37.10	27.50
	飞跃桥	2000	拓宽	汽－20	20.50	20.10
	临江闸桥	2000	拓宽	汽－20	38.50	20.10
	跃进桥	2000	拓宽	汽－20	7.60	20.10
	大新桥	2000	拓宽	汽－20	59.10	20.10

续表 15－4

所在路线	桥　名	建设年份	工程性质	荷载标准	桥长(延米)	桥宽(米)
S336 线	三厂西桥	1993	拓宽	汽－20	39.50	24.00
	秦家桥	1991	拓宽	汽－20	10.10	28.50
	江滨桥	2003	改建	汽－20	47.80	29.00
	日新河桥	2000	改建	汽－20	22.40	28.00
	秀山大桥	1995	新建	汽－20	89.50	29.00
	五港桥	2000	改建	汽－20	13.60	29.20
	张南桥	2000	改建	汽－20	13.40	29.50
	张家镇桥	1993	改建	汽－20	18.00	25.30
	必径桥	1993	改建	汽－20	12.20	25.30
	大兴镇桥	2008	改建	公路－1	75.80	26.00
包新线	运北河桥	1978	新建	汽－15	33.50	5.30
	新东河桥	1978	新建	汽－15	33.80	5.30
	包场大桥	1978	新建	汽－15	101.60	6.80
国新线	国强二号桥	1988	新建	汽－15	15.00	7.80
	国强二桥	1994	新建	汽－15	39.40	10.60
老六东线	刘运桥	2000	改建	汽－20	23.00	10.00
江心沙线	江心桥	2000	改建	公路－Ⅰ级	30.60	10.00
	酒厂桥	2005	改建	公路－Ⅱ级	35.00	7.00
瑞江线	磨框桥	1991	新建	汽－15	22.00	9.00
	瑞祥大桥	1991	新建	汽－15	46.30	7.60
三南线	江淤河桥	1992	新建	汽－15	5.70	9.60

第六节　港　　埠

海门濒江临海，水系发达，水路交通繁忙，港口历史源远流长。明代，境内有港口35处，其中沿江港口21处。清中期，海门复涨后，港口先后有30多处，其中长江港口20多处。清晚期，随着长江航道变化和沙洲涨坍变化。境内使用过的港口35处，其中长江港口31处，但同一时间同时使用的约10处。解放初，境内使用的港(渡)口6处，即东灶港、青龙港、大新港、灵甸港、圩角港和宋季港。已废弃的港口，大多无法考证其开、闭港时间，仅部分港口有记载(列表附后)。

海门的内河港埠一般没有固定码头，装卸货随客便。新中国成立后，陆续兴建一些码头，全市(县)逐步形成一些作业码头群。

一、沿江港埠

海门港区　位于长江口北岸、市区西南的滨江工业园区，有海太汽渡、崇海汽渡、通光海缆码头、海螺水泥码头以及万众集团作业码头等组成的码头群。海门港南依长江，处于长江弯道凹岸处，水深条件好，主槽稳定，以前这里是一片芦荡。1988年，组织两次促淤工程。1992年，实施围垦。1993年7月，实施建港规划。至1995年，共投入600余万元，围垦土地433余公顷，筑防洪大堤5178米，挖南、北匡河3200米，中心横河2600米，并完成水、电、路等基础设施。1995年12月，海太汽渡通航。

2002年11月,青龙港至崇明牛棚港的崇海汽渡迁至海门港。是年,海太汽渡码头东侧建成通光海缆码头,码头有900米栈桥1座、15吨门吊3台,码头最大靠舶能力5000吨,年吞吐货物150万吨。2004年,海螺水泥码头建成。水泥输送带长1100多米,可直接将产品及原料输送到江中轮船或码头仓库,年吞吐量150万吨以上。另在海门港闸北侧浒通河口有万众集团等的装卸码头3座。2008年,海门港区共有专用码头12座,其中汽渡码头7座。

青龙港区　位于三厂镇南4公里的长江岸线上,港区东西长1公里,南北宽0.5公里。清嘉庆十一年(1806)青龙港成为海门境内长江上的第一渡口。光绪十四年(1888)青龙港与上海客运码头通航。早期的码头建于南星镇,因受长江水流影响,港埠5次北移。1954年3月,国家投资420万元对青龙港3070米岸线进行块石护岸治坍。1956年,港口迁至青龙河口西侧。1957年青龙港活络码头建成,结束了"洋划子"接送旅客的历史。1970年,港口迁至青龙河口东侧。20世纪80年代前后,青龙港最繁忙时,长江航线有青申、青吴、青浏、青崇和青申高客5条,内河航线有青龙港至茅镇、三阳、四甲、三星、二甲5条。时青龙港有长江客运码头5座、趸船舶位3个、内河客运码头2座、内河装卸码头15座、水陆联运码头1座,日均旅客流量8000人次,年出入旅客300万人次,全年港口货运量90万吨。

90年代初,长江北支水道逐步淤沙,航道越来越浅。1995年,随着海门港海太汽渡的通航,青龙港与上海、浏河的航班逐步减少。继1999年4月5日开往上海的最后一班客轮江申118轮航行后,青龙港至上海和浏河的客运轮渡相继停航。2002年11月,青龙港至牛棚港的崇海汽渡搬到海门港,青龙港结束客运使命。货物装卸量也大幅减少,民营装卸服务队陆续关闭或转行。随着青龙化工园区的兴起,区内货物装卸搬运业务呈上升势头。2008年,港区货物装卸量30万吨。

图15－5　20世纪80年代,青龙港至浏河的码头及行驶在该线上的双体船

灵甸港区　位于临江镇南2公里。灵甸港是一座老港,以百年前的灵甸庙取名。光绪二十六年(1900)开设轮埠,是海门、启东开往上海的客轮靠泊点之一。1957年客轮靠泊取消。1973年设灵甸港至对岸海永乡鸽龙港的渡口,便于两地居民往来,年客运量5万－10万人次。2006年成立灵甸工业集中区后,灵甸港货物装卸量不断增加。2008年港区共有货物装卸码头3座、泊位1个,最大靠泊能力60吨,是一组正在崛起的港群。

二、沿海港埠

东灶港区,位于市东北部滨海工业园区,东临启东吕四渔港,有港口1处、旅游码头1座。是海门唯一的船舶出海港,光绪初年港口形成。民国12年(1923),大有晋盐垦公司在东灶港河口入海处建成排水闸,时称东渐二闸。

1972年,县政府将闸址北移后重建成套闸,可排水,也可作为船只的进出港,并在闸首上方建卷扬机横拉式闸上公路桥作为港口配套设施。

1993年,河口淤浅,再次北移建成东灶港北闸。2006年起,按照省沿海开发总体要求,市确定以开发建设陆外海域小庙洪3公里深水岸线,及冷家沙10万－30万吨深水码头群为龙头,以港兴工、以工兴城、建设现代深水海港的规划,实施大规模的港群建设。2007年10月,建成通往蛎岈山的海上栈桥,全长1280米、宽4米、会车点宽10米,北端有1800平方米的平台,外设旅游码头4座,年接待游客近30万人次。2008年,国家海洋局批准东灶港的围垦规划,同时市政府规划将东灶港建成深水海港中心、现代工贸中心、生态旅游中心和渔货集散中心的滨海新城。

三、内河港埠

海门镇港区　是海门河和圩角河沿线的装卸码头群,50年代形成。港区主要包括海门港务有限公司的装卸码头和帕源市政公司、交通钢绳公司的自备装卸码头。2008年，有码头26座、各类起重机33台，年装卸量125万吨。

货隆港区　位于通吕河与三余竖河交叉处一带。70年代初，由南通市四甲肉联厂在货隆桥兴建，后逐步发展为西起国强大桥、东至刘浩六甲镇的货隆港区。码头装卸设施大多分布在通吕河两岸，区内有货隆装卸有限公司等装卸企业35个。2008年，区内码头42座，装卸量102万吨。

四甲港区　位于四甲镇东南、四甲闸西侧。1956年3月，四杨坝搬运工会、拖车站、粮库搬运组合并建成四杨坝装卸中队。1970年，搬至四甲镇后改名为四甲装卸区。区内有码头11座、各类吊车16台，主要承揽四甲镇范围内粮库、油厂、轧花厂等工厂企、事业单位的物资装卸业务。1985年，装卸作业量18.69万吨。1998年20万吨。2008年20万吨。

三厂港区　位于三厂镇区海门河、青四河两侧。1956年3月，三厂镇搬运站、运输站、厂洪运输站合并组建成三厂装卸区。建港初期，年装卸量约2.84万吨。1990年，主要装卸设备有码头19座、起重吊车22台、输送带2条、升降机2台，年货物吞吐量75万吨。随着陆路运输的发展，以船舶装卸为主的港区业务逐渐萎缩。2005年，有码头7座、各类吊车11台，年装卸量约20万吨。2008年，装卸量28万吨。

海门市(县)部分长江废弃港口一览

表15－5

港口名称	开设年份	关闭年份	位　　置	备　　注
浒通港	清光绪二十七年(1901)	1949	三和镇境内	-
茅家港	清光绪二十七年(1901)	1949	三厂镇境内	-
牛洪港	清光绪三十四年(1908)前	1949	三和镇境内	-
宋季港	清光绪三十四年(1908)	1958	三和镇境内	民国7年(1918)，大达趸步公司曾建木质固定码头
新　港	清光绪三十四年(1908)	1949	三厂镇境内	-
太平港	清光绪三十四年(1908)	1949	临江镇境内	-
圩角港	民国14年(1925)	1956	海门镇境内	大生轮船公司曾开设轮埠
大新港	1949	1954	三厂镇境内	新港搬迁后改名

第七节　渡　　口

一、长江渡口

海太汽渡　海门至太仓的长江汽渡，位于海门港区。对江太仓称太海汽渡，渡口位于璜泾镇。1995年12月通航，直航距离11.7公里，单向航程45分钟。2005年，太仓码头从璜泾搬至鹿河镇，航线缩短为7.2公里，航时约25分钟。2006年，海太汽渡新扩建泊位通航，专用码头泊位增至6个，专用停车道5个，待渡区面积近2万平方米。是年，海门、太仓各有渡船28车位全回转新型汽渡船5艘。年渡运车辆360多万辆次。2008年5月，海太汽渡西侧的苏通大桥通车后，汽渡车流量减少。是年，全年渡运车辆为87.6万辆次。

图15－6　海太汽渡　(2008年摄)

崇海汽渡　海门至崇明的长江汽渡。原为青牛渡口(青龙港—崇明牛棚港),1970年建成。全程10公里,有“江苏(客)901”和“新海号”等5艘渡轮对开,每天单程4班,节日高峰期每天单程8－12个班次,日客流量400－500人次,高峰期约1000人次。1993年,双方码头扩建后定名为崇海汽渡,渡口有20车位渡船3艘,年渡运车辆4万辆次,乘员约25万人次。2002年11月,青龙港段长江航道淤浅,海门渡口迁至海门港,崇明渡口迁至绿华港,航程13.8公里,航时50－70分钟。2008年,崇海汽渡渡运车辆5.1万辆次。

灵永渡口　临江镇灵甸港至海永乡鸽龙港的渡口,1973年设渡,全程25公里,航时约80分钟。渡口有客渡船1艘,核定乘员53人,航时根据潮汛而定,每天往返2个航班,特殊情况加开航班,日客流量200－300人次。2008年,客流量10万人次。

汤家渡口　又名大新渡口,是三厂镇至崇明新村乡的渡口,位于三厂镇东南的大新河入江口,崇明码头设在新村乡界河入江口。1991年3月开设,有29.4千瓦客渡船1艘,核定渡客60人,航线里程3公里,航时18分钟,每天3个班次。同时,有不定期开往海永乡鸽龙港的航班,日客流量350人次左右。2000年,客流量减少,至鸽龙港航班取消,专航界河码头航班减少。2008年,有1艘渡船来回界河码头,每天2－3班,可渡小型汽车,日客流量250人次左右,年客流量9万人次。

二、内河渡口

解放前,老运河、海界河等河上都设有私营渡口,一般无码头设施。1958年后,境内新开挖通吕、通启等运河,由于桥梁建设未跟上,渡口迅速增多。1965年,仅通吕河海门段就有渡口28处、渡船29艘、渡工53人。随着桥梁增多,内河渡口逐年减少。1975年有渡口21处,1980年13处,1985年8处。1989－1990年,渡船更新为钢质渡船。1990年,通吕河仅有王浩、新余、十甲3处渡口,均为简易靠泊码头,渡船系钢丝网水泥船,人力缆渡。2000年后,实施撤渡建桥。2003年10月,通吕河新余大桥建成通车,新余渡口作为海门内河最后一个渡口被撤销。

第二章　运输装卸

第一节　陆　　运

一、工具

肩舆　为境内出现的最简单、最古老的运输工具。帮助肩舆的工具有扛子、扁担等,搁在肩上两人扛或一人挑,中间或两端系有篮子、箩筐、桶或袋等。轿子是比较高档的肩舆工具,以2人或4人抬的轻便轿居多,多为官员绅商代步和男女婚娶之用。解放初,轿子尚存,主要用于婚娶。1958年后,轿子逐渐淘汰。

独轮车　亦称小车子,系农家常用的客货运输用工具。明代传入海门,车体为硬木制作。解放初,全县拥有5000多辆。20世纪80年代中期,农民将独木轮改为轴承胶轮,车架改为铁质,更实用、轻便、耐用。进入21世纪,农村偶见,主要是老年人收种时作运输工具。

畜力车　境内以牛车为多。20世纪50年代,尚有少量牛车。80年代,通东地区农民引进毛驴拉车,代替人力。1990年,全县有畜力车486辆。2000年后趋于消失。

黄包车　用人力拉动的载客工具,由日本传入,亦称“东洋车”,多为铁质结构、两轮,帆布作棚。民国10年(1921),车商吴少峰从上海购进40辆黄

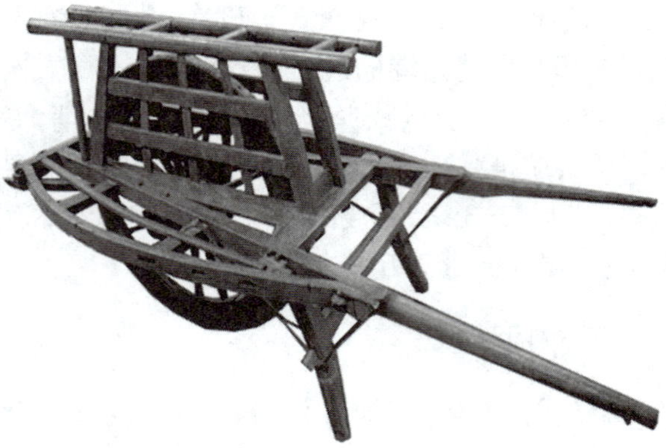

图 15－7　独轮车　(2008 摄)

包车,在茅家镇、三厂、青龙港等集镇营运。解放后,黄包车逐渐淘汰。70 年代前后,出现升级版黄包车——三轮车,以脚踏为动力,搭客和运输兼用。2004 年后,叠石桥地区又重新出现人力拉动的两轮黄包车,主要为游人和部分客商服务。

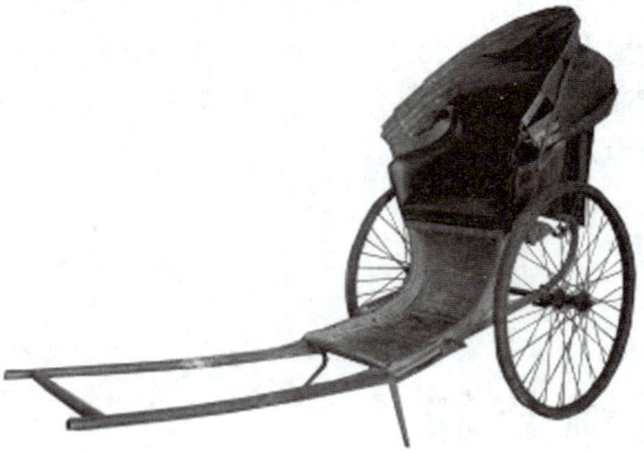

图 15－8　黄包车　(2008 年摄)

自行车　又称脚踏车。明末清初,从外地传入。解放后逐渐增多,用以代步和带货。自行车配上较牢固的后座,用于搭客,称"二等车"。1985 年,全县有各种自行车 29.4 万辆。1990 年有 53.16 万辆,1999 年有 58.64 万辆。进入 21 世纪,电动自行车日益普及,自行车的档次提升。2005 年,全市有各种自行车近 80 万辆,其中电动自行车 1.83 万辆。2008 年,全市约有自行车 70 万辆,其中电动自行车 25 万辆。

摩托车　1960 年,境内始有两轮摩托车,后发展成轻便(亦称轻骑)、两轮、边三轮和正三轮 4 种。1985 年,全县有各类摩托车 1032 辆。1999 年为 3.47 万辆,2008 年为 17.2 万辆。

机动三轮车　又称"微型三卡""客三轮"。上世纪 70 年代,境内始有,可客货两用。1990 年有 145 辆,2000 年发展到 750 辆。2003 年年底,随着城乡公交运输的发展,安全性能较差的机动三轮车被限令淘汰出客运市场。少量作个体、家庭货运之用。

拖拉机　1958 年,县内有大中型拖拉机 4 台。1969 年,县拖拉机厂开始组装生产小型手扶拖拉机,全县拖拉机增长迅速。1975 年,全县有各类拖拉机 1589 辆,1985 年 2232 辆,1995 年 4115 辆。2000 年后,变型拖拉机(四轮、有驾驶室,亦称农用车)出现并迅速占领市场,小型拖拉机逐渐淘汰。2008 年,全市有各种拖拉机(含变型拖拉机)1068 辆。

汽车　民国 10 年(1921),陆冲鹏等人从上海购进 14 辆客运汽车在境内使用。民国 24 年,达 85 辆,抗战期间,汽车停运,抗战结束后又逐渐恢复,民国 36 年,境内有货车 16 辆、客车 12 辆。解放初,境内有货车 13 辆、客车 13 辆。60 年代,全县有 7 辆货车和 4 辆小型汽车。70 年代,有 64 辆大型汽车、14 辆小型汽车。80 年代,县内各种载重货车、轿车、客车等增多。1985 年,全县有大型客货车 483 辆、小型客货车 305 辆。1990 年,全县有各类汽车 3169 辆。2000 年后,个体私人车辆猛增。2008 年,有各类汽车 3.03 万辆。

图 15－9　20 世纪 80 年代,境内运营的大客车

二、客运

客运车站　海门汽车站　1949 年,建公利汽车联运站,由多家私营车行合办,站址设在海门南桥(现银海桥)北 200 米处。1954 年,南通汽车客运公司与县政府在公利汽车联运站原址组建国营海门汽车站,以客运业务为主兼营货运及联运业务,站

内驻有省第89客运车队。1958年，迁址海门镇圩角河西侧100米处，建有营业用房、旅客候车室、停车场等设施。1960年，海门汽车站试开通海门镇至常乐镇的公交班车，每天6－8班。是年，有海门至南通、启东等客运线路4条。1970年年末，增加海门至东兴、刘浩、三阳、万年、启东吕四等10多条班线，年旅客运输量40万人次。70年代，全县自办站、代办站、农村招呼站逐年增多。至1985年，全县设有自办站21个、代办站1个、招呼站79个。县内有客运线14条，跨县长途客运线5条，年客运量558万人次。1989年，车站再西迁100米于人民西路南、海兴路东侧，占地1.8万平方米，建筑面积3500平方米，其中候车大厅1500平方米。1990年，开通海门至上海、北京等地的省际客运线路23条。2000年，在大千设分站方便旅客，其规模较大，占地4800平方米，配有停车场、候车室、调度室等。2008年，海门汽车站有各种车辆95辆，客位3800个，客运线路42条，年客运量600万人次。此外海门汽车站还在三厂、天补、六甲、四甲、包场等镇建有汽车站房和停车场地。

图15－10　海门汽车站　(1990年摄)

青龙港汽车站　1949年5月，建青龙新民汽车运输联运站，为多家私营车行联合的车站，位于青龙港东1公里。时有货车13辆、小客车1辆、中客车1辆，有简易候车室、停车场。1951年冬，转为公私合营。1956年2月，转为国营。1957年，长江航运管理局于青龙河口西侧建客运码头，汽车站随之迁建河西。1972年，汽车站随客运码头又迁至河东。青龙港汽车站为南通地区汽车运输公司下属的直属站，占地9000平方米，有办公室、调度室、售票室、行李房及候车室、停车场等。1982年2月，青龙港汽车站与海门汽车站合并，成为海门汽车站的下属站。90年代后，青龙港航道逐渐淤浅，旅客流量减少。1995年底，青龙港汽车站撤销。

客运单位　集体　新中国成立后，主要有海门汽车站客运部、青龙汽车站客运部和县汽车运输队客运部。1990年，有客车87辆，总客位4924个。1997年，海门金天企业集团与市交通开发公司联合组建金天出租汽车有限公司。1998年，海门旅游开发公司与中国旅行社海门分社联合组建师山出租汽车服务公司，专职从事汽车出租客运服务。随着经济的发展，出租车车辆不断更新换代，由组建时的“小面的”“夏利”等汽车，逐渐更新为“桑塔纳”系列。2000年，市交通建设开发公司与南通汽运实业有限公司联合组建翔天城乡客运有限公司，主营市区至各乡镇的城乡客运。2002年，股份制企业市华新汽车运输有限公司(后改名华欣公司)参与市场竞争，主营海门至东灶港、卫东闸及通州市东余镇方向的客运。2003年，市交通局和海门汽车站联手成立蓝天公共交通有限责任公司，主营海门至德胜(瑞祥)、叠石桥方向的客运。2004年，金天、师山出租公司一次性更新购置100辆2000型桑塔纳，统一安装GPS全球定位系统后，投放海门出租车市场。2008年，海门汽车站、华欣公司、翔天公司、蓝天公司4个汽车客运企业共有客车232辆，客位7000多个，年客运量865万多人次。2008年，金天、师山出租公司有出租车270辆。其中，2000型桑塔纳100辆、3000型桑塔纳170辆。

个私　民国10年，陆冲鹏等从上海购回汽车14辆，并开设“常轨”等私营汽车行，在境内从事汽车客运业务。民国24年，境内有私营车行12家，大小客车85辆。1949年，各私营汽车客运企业联营后成立“公利汽车联营站”和“新民汽车运输联运站”，统一经营站点、线路、班次及发车时间等。1956年，公利汽车联营站并入国营海门汽车站后，境内无个私客运车辆。1984年6月，六匡乡匡南村季铁成等联户购置客车投入营运，成为南通市郊县中第一个个体客运专业户。之后，相继有东兴乡堤北村和海门镇的个体客运车辆投入营运。1990

年,全县投入客运的个体(联户)客车248辆、客位3925个。1993年,江旭汽车出租公司和悦福汽车出租公司相继投入营运。至2000年,全市个体客运户1059户,从业人员1536人。2003年,小面的和机动三轮车逐步淘汰,继续从事营运的个体客运车辆大部分挂靠金天、师山出租公司扎口管理。2008年,全市除挂靠在金天、师山出租汽车公司的268辆出租车外,无其他个体客运车辆。

其他　20世纪80年代,有海门镇长江饮食服务公司旅游服务部、三星实业公司、南通国棉三厂等单位的社会客运车辆投入客运。1990年,投入客运的社会车辆有10辆,总客位480个。1995年后,投入客运的社会车辆淘汰出客运市场。

客运线路　民国10年,客运业无固定线路、站点和班次,车随客便。民国13年,茅家镇至南通、久隆、青龙港,青龙港至吕四、三阳、三余等开通客运线路。1949年,新民汽车运输站开设四甲、余东、包场、六甲、吕四、三阳、三余等7个中转线代办站。

1954年,海门汽车站在三厂、麒麟、三阳设中转代办站,在天补、常乐、悦来设招呼站。1960年,试开茅家镇至常乐镇短途农村公交班线。1985年,全县除县城南侧的秀山乡外,其余乡镇均通客运班车。长途客运线通达徐州、南京、射阳、无锡、苏州和南通、掘港、金沙等地。90年代中后期,城乡公交发展,分别开通1路、4路(海门至三厂,后4路改称5路)、6路(海门至国强)、7路(城区至海门港)等城乡公交班线。

2003年,增开海门至卫东闸、长兴工场、叠石桥3条公交班线。2005年,在三星、三厂两镇首开镇区内循环公交班线。2008年,在三阳、悦来、刘浩、王浩4个镇开设镇区内循环公交线,以及临江至汤家渡口的区间线。是年,全市有客运线路62条,农村客运班车通达率95%,符合通班车的行政村通达率100%。

客运量　1949年,全县公路交通旅客运输量2.18万人次,旅客周转量77.67万人公里。1956年14.75万人次,533.33万人公里。1965年58.92万人次,1372.27万人公里。1977年136.44万人次,3341.63万人公里。1990年达691万人次,2.5亿人公里。1999年999.7万人次,7.73亿人公里。进入新世纪,私家车迅猛增长,个体出租车发展较快,客运企业的客流量出现下降。2008年公路旅客运输量865万人次,旅客周转量3.09亿人公里。

2008年海门市客运线路一览

表15－6

班线	开班时间	起点	迄点	线路走向或主要途经站	里程(公里)	班　次
省际	8:30	海门	北京	336省道、九华道口、宁通高速、京沪高速	1289	每天1班
省际	7:00	海门	天津	通海公路、204国道、327国道	1202	每天1班
省际	循环	海门	上海	苏通大桥	117	6:30－19:40 每40分钟1班
省际	6:00	万年	上海	海太汽渡、338省道	162	每天1班
省际	6:00	青龙港	上海	海太汽渡、338省道	131	每天1班
省际	6:00	三厂	上海	海太汽渡、338省道	127	每天1班
省际	6:00	六甲	上海	S222省道、336省道、海太汽渡、338省道	170	每天1班
省际	6:00	头甲	上海	S222省道、336省道、海太汽渡、338省道	173	每天1班
省际	10:00	海门	白河	通海公路、六合、蚌埠	1100	每3天1班
省际	9:00	海门	郑州	通海公路、G204、G328、淮江高速	932	每天1班
省际	12:00	海门	武汉	通海公路、宁通公路、宁合高速	905	每天1班
省际	8:20	海门	烟台	通海公路G204	899	每天1班
省际	9:00	海门	青岛	通海公路G204	742	每天1班

续表 15－6

班线	开班时间	起点	讫点	线路走向或主要途经站	里程（公里）	班　次
省际	8:00	海门	济南	通海公路 G204、G327	580	每天 1 班
省际	6:10	海门	杭州	通海公路、苏通大桥、苏嘉杭高速	260	每天 1 班
省际	15:00	海门	柯桥	通海公路、苏通大桥、苏嘉杭高速	319	每天 1 班
省际	8:20	海门	合肥	通海公路、宁通高速、宁合高速	459	每天 1 班
省际	10:00	海门	商丘	通海公路、宁通公路、淮江公路	776	每天 1 班
省际	8:40	海门	淮南	通海公路、宁通公路	498	每天 1 班
省际	8:00	海门	芜湖	通海公路、宁通公路、G205	443	每天 1 班
省际	7:00	海门	嘉兴	S336 省道、苏通大桥、苏嘉杭高速	170	每天 2 班
省际	8:50	海门	固始	通海公路、宁通公路、宁合高速	665	隔日班
省际	8:50	海门	亳州	通海公路、海安、六合、蚌埠	716	每 3 天 1 班
市际	6:20－15:30	海门	南京	通海公路、宁通公路	295	每天 8 班
市际	7:30－15:30	海门	无锡	S336 省道、苏通大桥、锡澄高速	140	每天 4 班
市际	7:30－13:00	海门	常州	S336 省道、苏通大桥、沿江高速	141	每天 4 班
市际	7:15－14:30	海门	苏州	S336 省道、苏通大桥	99	每天 4 班
市际	6:00	海门	盐城	通海公路 G204	240	每天 1 班
市际	8:00	海门	徐州	通海公路、宁通高速、淮江高速	562	每天 1 班
市际	7:30－15:30	海门	昆山	苏通大桥	120	每天 4 班
市际	7:40	海门	连云港	通海公路 G204	430	每天 1 班
市际	7:10	海门	大丰	通海公路、沿海高速、332 省道	226	每天 1 班
市际	12:30	海门	宝应	S336 省道、宁通公路、京沪高速	309	每天 1 班
市际	6:30	海门	射阳	通海公路、G204	292	每天 1 班
县际	循环	海门	南通	S336 省道、虹桥路	40	6:10－18:00 每天 32 班
县际	循环	海门	南通	天补、川港、张芝山、虹桥路	40	5:50－16:25 每天 36 班
县际	循环	三厂	南通	海门、336 省道、虹桥路	52	6:00－17:30 每天 24 班
县际	6:00－12:00	三阳	南通	三厂、海门、336 省道、虹桥路	78	每天 2 班
县际	6:00－12:00	余东	南通	四甲、三厂、325 省道、虹桥路	75	每天 2 班
县际	5:50－17:00	海门	兵房	三厂、四甲、货隆	61	30 分钟 1 班
境内班线	5:45－17:00	海门	东灶港	四甲、货隆、王浩、包场	58	15 分钟 1 班
	5:45－17:00	海门	东余镇	三厂、汤家、正余	50	15 分钟 1 班
	5:45－17:00	海门	卫东闸	三厂、汤家临江	48	15 分钟 1 班
	5:50－17:00	海门	三阳	瑞江路、天久路	43	15 分钟 1 班
	5:50－17:00	海门	池棚	瑞祥、树勋、万年	45	15 分钟 1 班
	5:50－17:00	海门	瑞祥	德胜	10	15 分钟 1 班

续表 15－6

班线	开班时间	起点	迄点	线路走向或主要途经站	里程（公里）	班　次
境内班线	5:50－17:00	海门	朝阳	德胜	8	15 分钟 1 班
	5:50－17:00	海门	叠石桥	大兴、天补、三星	18	15 分钟 1 班
乡镇内循环线	8:00－17:00	三厂	青龙港	三厂车站、青龙港	4	每日上、下午各 2 班
	8:00－17:00	三星	叠石桥	国际家纺城、物流中心、三星镇、新镇	4	
	8:00－17:00	临江	渡口	临江镇、临江渡口	2	
	8:00－17:00	汤家	渡口	汤家镇、汤家渡口	2	
	8:00－17:00	六甲	海洪	头甲、岔路口、福良村、池鹏镇、凤飞村、林英村	5	
	8:00－17:00	三阳车站	三阳派出所	二桥、岔路口、廿匡河桥、凤凰小店、永平村警务所	3	
	8:00－17:00	三条桥	六埏砖瓦厂	老六埏菜场、五泰路路口、袁角河桥	3	
	8:00－17:00	王浩	新岸	竹村路、运盐河路、镇政府、浩北村	3	
1 路公交	5:50－18:00	海门	三厂	文峰、宏伟市场、通源市场	20	10 分钟 1 班
5 路公交	5:50－22:00	海门	三厂	文峰、解放路、江滨	20	10 分钟 1 班
6 路公交	5:55－17:00	汽车站	朝阳镇	文峰、电灌站、德胜、双豆腐店	12	10 分钟 1 班
7 路公交	6:00－18:00	北上海	海门港	大千、三和、棉花原种场场部	26	10 分钟 1 班
8 路公交	5:45－18:00	文峰商厦	叠石桥	大千、大兴、天补、三星	18	10 分钟 1 班
9 路公交	5:30－18:00	汽车站	汽车站	人民路、静海路、南海路、瑞江路、丝绸路	5	15 分钟 1 班

三、货运

集体　海门市南方货运有限公司　1965 年 7 月，建县运输机耕服务站，系大集体性质的专业运输企业，位于三厂镇西首，时有 5 吨货车 2 辆、中型拖拉机 5 台（运输为主、兼营机耕）。1973 年 11 月，迁址海门镇东南，并更名为县汽车运输队。1980 年 7 月起，兼营汽车客运业务。1985 年，有客车 17 辆、货车 19 辆、挂车 9 辆、公务车 1 辆。1989 年 8 月，公司客车队与海门汽车站合并后，更名为县汽车货运公司。1990 年，公司有货车 29 辆，总吨位 157 吨。1996 年，货运公司改制成股份制企业，集体资产退出。2003 年，公司更名为南方货运有限公司，因业务减少，职工逐步解除劳动关系。2005 年 6 月，公司划归海门镇管理。是年年末，有员工 25 人，货车 12 辆，总吨位 60 吨，年货运量 2 万吨。此后，公司货车分批租售给个人经营。2008 年，公司除有几间办公室及一些场地外，无其他固定资产。

海门汽车站货运站　1954 年建立，为海门汽车站的分支机构，主要承担货物联运业务。1990 年，有货车 10 辆，总吨位 52 吨。1990 年后，因客运车辆带货，货运业务逐渐减少。2005 年，货运车辆淘汰，货运站于年底歇业。

个私　旧时，境内大宗货物的陆上运输主要依赖独轮车，各集镇常有数十辆独轮车集结为商贾运货。解放战争时期，全县有 2200 多辆独轮车支前。民国 36 年，青龙港几位车商从上海购回 10 辆载货汽车后，境内货运汽车得到发展。是年，茅家镇成立汽车业同业公会，承接和分配境内港口、乡镇公路货物运输，时有货车 16 辆。1949 年，私营汽车年货运量 5000 吨。时独轮车仍是乡村间货物的主要运输工具。70 年代，以手扶拖拉机为主体的短途运输逐渐兴盛。1984 年后，货运市场逐步开放，农户开始购置机动车从事货物运输。至 1990 年，全县有从事个体运输的拖拉机 2365 台、货运汽车 887 辆，总吨位 1560 吨。2000 年后，变型拖拉机（亦称农用车)逐步占领市场,小型拖拉机逐步萎缩。2008年,从事货运的农用车2590辆,总吨位3845吨;各类私营货运汽车2621辆,总吨位13252吨。

货运量　1949年,全县公路货物运输量6300吨,周转量4.02万吨公里。1956年4.49万吨,28.81万吨公里。1965年2.65万吨,56.46万吨公里。1979年9.66万吨,214.2万吨公里。1990年全县公路货物运输量223万吨,占全县货物运输量44.6%;货物周转量1918万吨公里,占全县货物周转量的15.1%。2000年货物运输量592万吨,货物周转量4.38亿吨公里。2005年537万吨,周转量3.2亿吨公里。2008年791万吨,4.92亿吨公里。

1949－2008年若干年份海门市(县)机动车数量一览

表15－7　**单位:辆**

年份	客货汽车			农用车	摩托车				拖拉机
	合计	其中			合计	其中			
		大型	小型			二轮	三轮	轻骑	
1949	28	13	15	–	–	–	–	–	–
1956	17	13	4	–	–	–	–	–	–
1961	6	2	4	–	–	–	–	–	–
1966	11	7	4	–	1	1	–	–	–
1976	78	64	14	12	29	14	15	–	705
1982	307	260	47	59	113	19	54	40	1337
1986	862	512	350	64	1032	181	241	610	2184
1990	3169	1619	1550	41	3167	1485	687	995	2365
2000	9761	3861	5900	15	124320	108158	3730	12432	2475
2005	15417	2764	12653	2590	141044	122708	4232	14104	2590
2008	30297	2643	27654	2206	172010	139294	5732	26984	1068

1949－2008年若干年份海门市(县)运输指标状况一览

表15－8

年份	公路通车里程(公里)	内河航道里程(公里)	货物运输量(万吨)	货物周转量(万吨公里)	旅客运输量(万人次)	旅客周转量(万人公里)
1949	117.70	298.00	3.04	121.12	6.20	221.43
1952	117.70	302.00	7.73	260.18	6.79	234.14
1957	117.70	388.00	22.23	751.16	24.21	864.64
1962	117.70	408.00	30.08	1135.93	35.80	1278.58
1965	117.70	451.00	46.58	1916.46	19.57	724.81
1970	130.47	451.00	59.27	2214.51	66.04	1648.26
1975	143.95	393.00	96.46	6655.99	100.43	2567.75
1978	187.32	393.00	179.70	10454.31	154.48	3880.53
1980	218.29	314.00	175.50	11620.11	305.01	6633.06
1985	243.25	328.50	419.67	21467.64	186.15	10219.64

续表 15－8

年份	公路通车里程（公里）	内河航道里程（公里）	货物运输量（万吨）	货物周转量（万吨公里）	旅客运输量（万人次）	旅客周转量（万人公里）
1990	291.30	328.50	344.00	12827.00	691.00	24973.0
1995	294.96	328.50	487.70	59927.00	470.80	19026.70
2000	1004.00	342.50	592.00	43795.00	1097.00	27425.00
2005	1638.00	342.58	537.00	32026.00	775.50	22585.00
2008	2180.16	357.68	791.00	49187.00	850.00	30892.00

第二节　水　运

一、船舶

客船　长江客船　清光绪十四年（1888），英商祥茂公司的木壳轮船在沪海（上海至海门）间航行。光绪二十六年（1900），由张謇创办的大生轮船公司的木壳轮船行驶于通沪（南通至上海）和沪海间。民国25年（1936），上海轮船公司行驶于沪海间的客轮有11艘。20世纪50年代，青申线（青龙港至上海）客轮为钢质大轮，有“新生”“新昌”“新元”“新民”等轮船。1967年，青龙港至上海的客轮以“东方红”编号命名。1984年，改以“江申”编号命名，时有“江申”112、113、114、108四艘客轮往返于沪海之间，单轮载客1000人左右。1986年9月，载客1070名的钢质双体客轮新龙、新浏投入青浏线（青龙港至浏河港）营运。90年代，青申线增添高速气垫客轮，青龙港至上海航行时间缩短至3小时。1999年，青龙港客轮停航，此后境内无长江客船行驶。

图15－11　20世纪六七十年代，行驶在青申航线上的“东方红”401客轮

内河客船　旧时，内河客船以帆船为主，客货兼营，主要在通吕运河、青龙河、圩角河等河道行驶。清光绪二十九年（1903），张謇创办的大达内河小轮公司的木壳船，航行于南通至吕四之间，开创海门内河专业客运之先河。解放后，内河客船逐渐由木帆船改为驳船。60－80年代，“海门”2号、3号等拖轮拖带客驳，来往于青龙港至二甲、三阳、海门、四甲等地。随着公路运输的发展，水上客运客源减少。1985年年底，境内内河客运停航，内河客船转作他用。

货船　木帆船　明代，县境就有木帆船从事运输的记载，以风鼓帆，辅之人力背纤。运输用木帆船主要有包场驳、厂驳、余西驳、安丰驳4种。包场驳系包场一带造船工匠所创，两侧有高停板，一般载重15吨左右；厂驳，为大生第三纺织公司所用，专门从青龙港接送货物至三厂，方头圆尾，有盖橹，无桅，载重20吨左右，新中国成立前，有厂驳18条；余西驳系南通县流入海门的船舶，吃水浅，舱面宽，适宜装载轻泡货物；安丰驳，系海安、大丰流入海门的驳船，此种船吃水深、舱深、面狭，适宜装载粮食等细货。民国35年（1946），全县有货运船116艘，总载重量938吨。1949年，全县有152艘、1652吨，后木帆船逐渐被机帆船和机动船等替代。

机帆船　是在木帆船上安装动力机械和螺旋桨，靠风帆和机动力量行驶的船舶。民国24年，海门有“西山号”“陆林记”“薛长发”等机帆船，航行于沪海之间，从事载客带货，载重量约25吨。解放后，不少木帆船改装成机帆

图 15－12　20 世纪 70 年代，海门航运公司的机拖驳船队

船，木帆船逐渐消失。随着机帆船动力递增，出现由机帆船带动的拖驳（机拖货驳），提高驳船航行速度和装载量。1960 年，海门有机拖货驳 180 艘，总吨位 1.07 万吨。1990 年，206 艘、1.1 万吨位。2008 年，全市有机拖货驳 12 艘，总吨位 670 吨。

挂桨机船　即在船的尾部挑梢上安装柴油机与舵梗后改装而成，大吨位船舶一般载重 30 吨以上，安装 2 台或 4 台柴油机，称“双挂桨”机船。因挂桨机船制造较简单，境内一度数量较多。1990 年，全市有挂桨机船 944 艘。后因挂桨机船安全性能差，且污染环境，被逐渐淘汰。2003 年，全国开展“船型标准化”行动，挂桨机船全部被拆除或改造。时海门拆除挂桨机船 48 艘，其余改造成机动船等。

机动船　装有动力机械的船舶，功率大于 29.4 千瓦（40 马力）的为大马力机动船，小于 29.4 千瓦（40 马力）的为小马力机动船。海门机动船经历木质、铁木、钢丝网水泥和铁质船体等阶段。1985 年，全县有钢质船 142 艘，载重总吨位 7740 吨，占全县船舶总载重量的 26%。最大的机动货轮为“海运 49”，载重 200 吨。1990 年，有机动船 1014 艘，总吨位 2.21 万吨，总功率 1.65 万千瓦。90 年代后，陆路汽车运输发展，内河水运逐渐萎缩。2000 年，有各类机动船舶 350 艘，总吨位 1.23 万吨。2008 年，有各类机动船舶 278 艘，总吨位约 1.2 万吨。

渔船　渔、运兼顾的一种海船，通常以捕鱼为主，休渔时可少量运输货物，东灶港、包场镇一带为多。小型近海渔船载重 5－10 吨，远洋或大型捕捞船 50－500 吨。解放前，境内有渔船近 70 艘。2008 年，有各类渔船 275 艘，总吨位约 4000 吨。

渡船　摆渡开始以竹筏或木排摆渡，后以船舶摆渡。解放初，以方头木船为主。60 年代起，不少渡口以水泥船为渡船。1963－1966 年，通吕河六甲渡口设汽渡，为木质渡轮，可装载 1 辆小型汽车。1964 年，全县有内河渡口 28 处，渡船 29 艘。2003 年，内河渡口撤销，内河渡船消失。

1970 年，长江渡船使用钢质船，以柴油发动机为动力。临江、汤家等渡口的渡船，柴油机功率 29.5 千瓦，单船载客 50 人以上。1995 年，海太、崇海汽渡的汽渡船均配双机，单机功率 185－400 千瓦，载车 18－28 辆，航速 14－18 公里。2008 年，全市有长江客渡轮 2 艘，总功率 59 千瓦，汽渡轮 8 艘，总功率 4430 千瓦。

二、客运

长江航线　青申线　光绪十四年（1888），英商祥茂公司的木壳轮船于青龙港至上海大达码头设定期航线。光绪二十六年（1900），有“江宁”“海宁”“大生”3 轮船行驶于沪海间。光绪三十四年（1908），大达、祥茂、裕新 3 公司承租青龙、灵甸、太平、新港、茅家、浒通、宋季等 7 港，开设轮埠经营长江客运。民国 21 年，各轮船公司实行联航。民国 25 年，行驶于沪海间的轮船有“江宁”“海宁”等 11 艘。民国 26 年春，日寇侵犯，海门沦陷，沪海间轮船停航。一年后恢复通航。解放战争期间，曾多次停航。1949 年 6 月，上海解放，沪海间重新开航。1992 年，青申线开通高速客轮航班，青申线增至 2 条。1999 年，青龙港至上海全程 104 公里航道有近三分之一受到流沙影响，航程不畅，并随着海太汽渡的开通客源减少，青申线全线停航。

青浏线　1970 年 11 月，由南通地区轮船公司经营的青龙港至太仓县浏河港的航线开航，全程 66.5 公里。由两艘客轮对开，每天一班或两班。1978 年，大型双体钢质客轮新海号（后更名为新通号）投入营运，载客由 180 位增至 850 位。1984－1986 年，新型双体客轮“新龙”“新浏”号投入营运，班次由每日两班改为四班。1990 年，旅客流量 93.73 万人次。1998 年年底，海太汽渡开通后客源减少，青浏线停航。

崇海线　1956 年 4 月开通青崇线，全程 35 公里。航线由青龙港开往崇明县海洪港,每天视潮水涨落来去一班,后因海洪港淤浅,改航崇明仓房港。1958年5月,航线由仓房港延伸至南门港。年底,延伸线撤销,只开仓房港。1970年9月,青龙港至仓房港航线改道青龙港至牛棚港,航线改名青牛线。青牛线全程10公里,每天4班。1985年,旅客进出量51.06万人次。1993年,汽渡开通后,青牛线改名崇海汽渡,有18－20车位渡轮3艘,日渡运车辆380辆。2002年11月,由于航道淤浅,海门方汽渡从青龙港搬至海门港,崇明方从牛棚港搬至绿华港,航程13.8公里,航时50－70分钟。2008年,崇海汽渡渡运车辆5.1万辆次,随员26.6万人次。

灵永线 1973年9月,青龙港轮船中心站开通灵甸港至海永乡鸽龙港的航线,全程25公里。1999年,改由临江多种经营管理站经营。2003年,由个体承包经营。2008年,航线有53客位渡轮1艘,每日2班或视情加班,年客流量10万人次左右。

汤新线 1991年3月开通,航线由三厂镇大新河口至崇明县新村乡界河码头,全程3公里,航程18分钟,每天3班,不定期弯靠海永乡鸽龙港,日客流量400人次左右。2008年,有轮渡1艘,日客流量250人次左右。

海太线 1995年12月开通,航线由海门港至太仓璜泾港。2005年,太仓将码头从璜泾港迁至鹿河港,航线7.2公里。年渡运车辆360多万辆次。2008年,苏通大桥通车,渡运车辆减为87.6万辆次。

内河航线 *南通至吕四航线* 光绪二十九年(1903),由大达内河轮船公司开辟,载货兼搭客。海门段停靠点有四杨坝、包场等地。抗日战争时期停航。1960年,南通地区轮船公司开辟南通市至吕四镇的航班,停靠境内货隆、王浩、正余、包场、六甲等地。1985年停航。

宋季港至二甲镇航线 民国20年开航,由江城号小汽船航运。1年后,因航道淤浅停航。

青龙港至茅家镇、三阳镇、四甲镇航线 1963年5月,县轮木船联社抽调6艘木船,分别开辟青龙港至茅家镇(两艘船)、青龙港至三阳镇(3艘船)、青龙港至四甲镇(1艘船)3条客货班船航线。1963年冬,因不符合水路客运安全规定,航线停航。

青龙港至三星镇航线 1966年4月1日,南通地区轮船公司开辟青龙港至三星镇的客运航线,沿途停靠大桥镇、横沙镇、茅家镇、电灌站、搭连河口、管家木行、坝头镇等。后航线延伸至南通县二甲镇,增设双豆腐店、朝阳镇、季家木行等停靠点。每日往返1次,每班载客120人。1971年年底停航。

三、货运

专业运输 *海门市航运实业有限公司* 1956年3月,组建县木船运输合作社,有船舶231艘,总载重3066吨。1974年,改称县航运公司。1990年,公司下设3个营业站和南通、三厂、货隆、悦来、包场5个调度点,在册职工1184人,有10个船队、9个机船队,拖轮22艘,机动货轮27艘,船舶总数212艘,总吨位1.1万吨。1993年,开通崇海汽渡。1995年,参股海太汽渡。1996年6月,公司改制为股份合作制企业,更名为市航运实业有限公司。2005年末,公司有净资产900万元,职工203人,各类船舶20艘,载重总吨位(载重吨)2700吨。2008年,公司有各类船舶16艘,2100吨载重吨。

海太汽渡有限公司 1995年12月组建,是境内最大的长江汽渡客货运企业。在编职工204人,有专用码头7座,28车位全回转渡轮10艘(含对江太汽渡5艘),年渡运车辆360多万辆次。2005年,实现营业收入6075万元,利润1815万元。2008年,苏通大桥通车,渡运车辆减为87.6万辆次。

自备运输 1956年,县供销社购置小型木质货轮1艘,自运系统内货物。1964年,县属企事业单位共置办自备货轮3艘,货驳3艘,375载重吨。80年代初,限制企事业单位购置船舶。1983年政策放宽。1985年,全县21个县属企业和9个乡办企业共有自备船舶99艘、3523载重吨。后因企业自备船舶营运效率低、成本高,自备船逐年减少。至1990年,有水利局船队1个,船舶11艘,748载重吨。2003年8月,该船队改制,船舶出售。2004年后,集体单位无自备船舶。

乡镇运输 1958年,各公社筹建交通运输管理站。1959年,境内各运输站拥有各类船舶259艘、1468载重吨。1977年,各公社运输站竞相发展机动船和小船队。1985年,全县乡镇运输站有船舶442艘、9258载重吨。是年,货物运输量64.38万吨,货物周转量3767.8万吨公里。1986－1990年,随着公路运输的发展,乡镇水运业务逐渐萎缩。1990年,全县乡镇运输站拥有船舶

349 艘、7461 载重吨，都比 1985 年减少约 20%。是年，承担货物运输量 25.01 万吨，比 1985 年下降 51.2%。1990 年后，乡镇运输站普遍亏损，企业破产转业，船舶拍卖。至 2000 年，全市乡镇均无集体水运船舶。

个私运输　民国 34 年，熊步云于青龙港创办通海、健华运输公司。同年，陈廷富租赁帆船 12 艘，成立民生航运公司。此后，多家私营航运公司陆续组建。民国 35 年，冠中、健华等 8 个航运公司联合组成青龙港联运处。是年，全县有货运船 116 艘，938 载重吨。1952 年 4 月，县民船联合运输社建立，时有各类船舶 235 艘，2722.5 载重吨。1966 年，有各类船舶 509 艘，5279 载重吨。1984 年，全县水运专业户 1185 户，船舶 521 艘、5812 载重吨。1990 年，水运个体户拥有船舶 695 艘，1.44 万载重吨。进入 21 世纪，由于陆上运输的发展以及 2003 年开展的“船型标准化”行动，不达标准的挂桨机船被拆除，水上个体运输大为减少。2005 年，境内水上个体运输船舶 327 艘，1.01 万载重吨。2008 年，境内水上运输船舶 290 艘，1.47 万载重吨。

四、货运量

1949 年，全县水运货物运输量 2.41 万吨，周转量 117.1 万吨公里。1965 年 43.93 万吨，1860 万吨公里。1975 年 92.27 万吨，6456.1 万吨公里。1985 年 243.71 万吨，1.8 亿吨公里。1988 年部分水运企业淘汰，水运量下降。1990 年全县水运货物量 121.00 万吨、周转量 1.09 亿吨公里。之后，随着产业结构的调整，汽车运输快速发展，水运货物主要以煤炭和沙石等货物为主。2000 年全市水运货物量 111.97 万吨，周转量 7307.92 万吨公里。2005 年水运货物运输量 875 万吨，周转量 5480 万吨公里。2008 年水运货物运输量 158.92 万吨，周转量 1.26 亿吨公里。

1949－2008 年若干年份海门市（县）专业运输船舶拥有量一览

表 15－9

年份	合计			集体			个体及社会部门		
	数量（艘）	载重（吨）	功率（千瓦）	数量（艘）	载重（吨）	功率（千瓦）	数量（艘）	载重（吨）	功率（千瓦）
1949	152	1652	–	–	–	–	152	1652	–
1956	231	3066	18	230	3046	–	1	20	18
1961	493	4880	370	493	4880	370	–	–	–
1966	509	5279	36	509	5279	36	–	–	–
1976	861	11990	4747	861	11990	4747	–	–	–
1982	847	18470	9110	847	18470	9110	–	–	–
1985	1406	29739	9863	661	19112	7546	745	10627	2317
1990	1475	47212	–	497	19003	–	978	28209	–
2000	549	20695	–	187	6647	–	362	14048	–
2005	356	15227	–	29	5117	–	327	10110	–
2008	290	14670	20460	21	2000	3859	269	12670	16601

第三节 物 流

海门物流业起始较早，大多分散经营，且经营项目单一。1951 年，成立综合性的华东联运公司南通分公司海门联运站（简称联运站）。1953 年，因业务清淡撤销。1955 年，长江航运管理局青龙港办事处开办客货水、水联运①业务。1957 年，青龙港汽车站开设客货公、水联运②业务。1965 年，青龙港轮船中心站开办客运公、铁、水联运③业务。1974 年，海门汽车站开设定期零担和整批货物运输班车，以及海门至上海、南京等地的公路、铁路联运业务。1981 年县联运服务公司成立，开展货物的水路、公路、铁路联运和仓储、配载、中转等多种方式为载体的物流运输服务。1984 年，全县物流总量 5.45 万吨。1990 年，全县物流企业有库房 5050 平方米、铲车 3 辆、卡车 3 辆、车皮总吨位 130 吨、自备集装箱 100 个。1995 年后，个体联运快速发展，主要以汽车运输为载体，辅以仓储、配载、中转等服务，货物流量不断增加。1999 年，青龙港因淤浅关闭，国有货运企业逐渐退出物流联营市场。2000 年，全市物流总量 25 万吨，个体联运占多数。2003 年，市联运公司改制为民营企业（金帆联运有限公司）。至此，海门物流市场除海门汽车站客车兼带部分货物参与集体物流经营外，其余都是个私物流企业。2004 年，市交通建设开发公司和叠石桥绣品城共同投资兴建叠石桥物流园区，加速物流业的集约化发展，物流园区占地 13.33 万平方米，建筑面积 1.98 万平方米，建有高标准经营专业用房、大型停车场、综合服务大楼和信息中心等，具备集货物联运、配载、配送、仓储、装卸、停车、住宿、信息、休闲娱乐于一体的现代物流功能。内有 53 个发送线点，覆盖全国 300 多个城市和地区。2007 年，被吸收为全国物流园区协作联盟成员单位，年底被评为全国物流行业先进单位。园区经营方式主要以承包经营和租赁经营的形式由各公司独立经营。2008 年，全市从事物流业务的公司（法人）有 71 个（其中叠石桥物流园区内 41 个），仓储面积近 2.5 万平方米，20 吨车皮集装箱 3 只、箱式货车 16 辆、普通货车 25 辆，物流总量 125 万吨（其中叠石桥物流总量 76.3 万吨）。

2008 年海门市物流经营企业及经营范围一览

表 15－10

企业名称	地 址	经营范围（线路）
海门市金帆联运有限公司	海门镇圩角路	视货物而定
海门市天鑫托运站	叠石桥物流园区	济南、重庆、即墨
海门市海福托运站	叠石桥物流园区	福州
郑州市荣宽物流有限公司海门分公司	叠石桥物流园区	北京、海城
海门市三星星达货物托运站	叠石桥物流园区	昆明、贵阳
海门市通成托运站	叠石桥物流园区	无锡、成都
海门市叠石桥托运站	叠石桥物流园区	怀化
海门市叠石桥森力托运站	叠石桥物流园区	石家庄
海门市三星镇强强货物托运站	叠石桥物流园区	柳州、南宁
海门市宏奥物流中心	叠石桥物流园区	合肥、杭州、太原
海门市千里马托运站	叠石桥物流园区	西安

① 水、水联运：指青龙⇔上海班轮与青龙⇔海门及周边地区内河班船的客货联运。

② 公、水联运：指青龙⇔上海班轮与青龙⇔海门及周边地区汽车班线的客货联运。

③ 公、铁、水联运：指由上海站列车与青龙⇔海门班轮和青龙⇔海门及周边地区汽车班线的客货联运。

续表 15－10

企业名称	地　　址	经营范围(线路)
海门市华华物流中心	叠石桥物流园区	郑州
海门市荣捷托运站	叠石桥物流园区	保定
通州市环球物流公司海门分公司	叠石桥物流园区	柳州、武汉
海门市晨阳物流服务部	叠石桥物流园区	哈尔滨
海门市三星叠石桥方圆物流服务部	叠石桥物流园区	杭州(柯桥)
海门市三星镇金金货物托运部	叠石桥物流园区	株洲、长沙、衡阳
海门市三星镇顺达托运部	叠石桥物流园区	柳州、赣州、义乌、常德、洛阳、兰州
海门市叠石桥小龚托运部	叠石桥物流园区	乌鲁木齐
海门市永顺安达托运站	叠石桥物流园区	太原、石家庄
通州市环球物流有限公司海门分公司	叠石桥物流园区	哈尔滨、西安、沈阳
海门市神州托运站	叠石桥物流园区	太原
海门市舒恋物流中心	叠石桥物流园区	包头
通州市环球物流有限公司海门分公司	叠石桥物流园区	北京、天津
海门市三星天安托运站	叠石桥物流园区	义乌、吉首
海门市海骆驼物流有限公司	叠石桥物流园区	兰州、银川、合肥、南京、长沙、襄樊、乌鲁木齐
海门市旺达货物托运站	叠石桥物流园区	武汉
海门市星太托运站	叠石桥物流园区	太原
海门市三星镇顺利货物托运站	叠石桥物流园区	南宁
海门市三星镇真义托运站	叠石桥物流园区	昆明、贵阳
启东市远征物流有限公司海门分公司	叠石桥物流园区	北京、沈阳、西安、临沂
海门市三星镇腾义托运站	叠石桥物流园区	侯马、西安
启东远征物流海门分公司	叠石桥物流园区	西安
海门市三星镇恒丰货物托运站	叠石桥物流园区	武汉
海门市恒大托运站	叠石桥物流园区	上海
海门市辉煌物流有限公司	叠石桥物流园区	成都、乌鲁木齐、南京
浙江东宁物流有限公司海门分公司	叠石桥物流园区	乌鲁木齐
海门市三星镇振兴托运站	叠石桥物流园区	南京
海门市信速托运站	叠石桥物流园区	广州、石家庄
启东远征物流海门分公司	叠石桥物流园区	郑州、武汉
苏州富奎货运有限公司海门分公司	叠石桥物流园区	北京、广州
海门市快捷托运站	叠石桥物流园区	广州、南昌
海门市中远新时速托运部	三星镇召良村	视货物而定
江苏省叠石桥物流有限公司	三星镇工贸园区	视货物而定
海门市易达货运服务有限公司	海门镇城新村九组	视货物而定
海门市丰源大件起重运输站	海门镇民生村 18 组	视货物而定
海门市迅驰货运代理有限公司	海门镇丝绸路	视货物而定

续表 15－10

企业名称	地　址	经营范围(线路)
海门市海门镇炜城货运服务部	海门镇秀山西路	视货物而定
海门市开发区国龙货运配载服务部	海门镇长江路	视货物而定
海门市海门镇正扬货物配载服务部	海门镇秀山西路	视货物而定
海门市恒和货运配载部	海门镇民生路	视货物而定
海门市华通物流服务部	海门镇秀山西路	视货物而定
海门市安运物流配载中心	海门镇静海路	视货物而定
海门市申通物流服务部	海门镇	视货物而定
海门市海门镇大鹏货运代理中心	海门镇秀山东路	视货物而定
海门市世运物流服务部	海门镇长江路	视货物而定
海门市海门镇小李货运代理服务部	海门镇人民西路	视货物而定
海门市南方货运有限公司	海门镇秀山路	视货物而定
南通大地物流有限公司海门分公司	海门镇人民西路	视货物而定
海门市海门镇飞燕货运代理服务部	海门镇秀山东路	视货物而定
海门市海门镇安捷货物托运站	海门镇海南农贸市场	视货物而定
海门市威迪物流有限公司	海门镇人民东路	视货物而定
南通天下物流有限公司	海门镇南海东路	视货物而定
海门市博远物流配载中心	海门镇富江路	视货物而定
海门市佳达货运服务部	海门镇双桥村	视货物而定
无锡市通粤货运有限公司海门服务部	三和镇大兴停车场	视货物而定
海门市三和镇胖子货运代理服务部	三和镇	视货物而定
海门市正余镇秦濠货运服务部	正余镇双烈村	视货物而定
海门市诚信托运站	东灶港镇	视货物而定
海门市鸿运托运站	德胜镇瑞祥村	视货物而定
海门市勤新物流有限公司	四甲镇	视货物而定

第四节　装　　卸

一、装卸队伍

清乾隆年间(1736－1795)，海门始有有组织的搬运装卸业，时称“扛重业”，县内设有“轿行”。民国初期，在青龙、灵甸、宋季、牛洪等港口和茅家、三厂、常乐等集镇设有搬运装卸、堆栈、缝包等组织，从业人员550人。民国27－1949年(1938－1949)，搬运装卸业务被帮会霸头把持，以所谓“理事会”“公会”等名义操控搬运装卸业。

1949年11月，青龙港组建成立全县第一个搬运工会。1955年，全县搬运装卸基层工会发展到16个，工会小组53个，会员397人，装卸作业量从1949年的3.5万吨增加到21.1万吨。1955年10月，成立茅家镇、青龙港搬运站。1956年10月，两站合并成立县搬运站，下设茅家镇、三厂镇、青龙港、四杨坝4个装卸中队。1958年8月，各装卸中队改称搬运合作社。1959年，建乡镇搬运装卸组织，有装卸作业组33个，从业人员589人。1962年1月，县搬运站改称县搬运公司。1974年12月，改称县装卸运输公司。1979年6月，建县港务管理处,统一领导海门、三厂、青龙港、四甲4个装卸运输公司。1984年,增建货隆装卸公司。之后,各装卸公司陆续更名为港务公司。

1990年,全县乡镇搬运装卸组织因亏损而逐渐撤销,个体(联户)搬运组织迅速发展。是年,有个体(联营)组织近百个,从业人员850多人。2002－2003年,各港务公司先后改制为民营股份制企业。2005年6月,改制后的装卸企业实行属地化管理。2008年,有搬运装卸企业107个,从业人员530人。

二、装卸机械

拖挂车　1957年,青龙港搬运社制成4辆铁拖车,在港区拖运货物,开创替代杠棒、扁担等装卸工具的历史。1958年,县属港口装卸企业普遍使用制造比较简单的木质胶轮拖车。1966年,青龙搬运社购手扶拖拉机1辆,配以铁质四轮平板车,实现以手扶拖拉机为牵引动力的铁挂车运输。至1985年末,县属5个装卸公司有四轮平板车48辆、牵引机头17台、人力板车444辆。1990年后,装卸公司的拖挂车逐步淘汰。2005年,原市属5个装卸公司有牵引机头5台、平板四轮车19辆、拖车13辆。2008年,随着农用车的使用和社会运输车辆的加入,平板车、拖挂车等运输工具相继淘汰。

吊车　1965年,青龙港、三厂镇搬运社先后购置3台半吨吊车(岸吊)投入装卸作业。此后,其他搬运社先后购置半吨吊、1吨吊、3吨吊、5吨吊、8吨吊和10吨吊,并从单一的岸吊逐步发展到浮吊、汽吊及门吊等。1985年,县属装卸企业有吊车78台。2008年,全市共有吊车152台。其中,岸吊130台、汽吊5台、浮吊和船吊12台、门吊5台,起吊总吨位1100吨。

输送堆高机　1976年,三厂装卸区建成1条穿越公路的化肥输送"地龙"(输运带),全长48米,化肥从堆场直接输送上船,工效比板车提高5倍。1978年,化肥厂又在煤库码头建造1条长30米的卸煤"地龙"。1979年,四甲装卸公司在货隆桥码头建造黄沙输送带86米,日输送能力450吨。1985年,县属各装卸企业的黄沙、煤炭库场共配有输送机械26台,总长325米。各装卸企业还采用二次输送的办法,将输送与堆高结合,有效提高了仓库和场地利用率。2003年,海螺水泥厂在装卸码头建造1条长1150米的输送长廊。2008年,全市有输送堆高机25台,总长1436米。

1956－2008年若干年份海门市(县)各港区装卸作业量和港口吞吐量一览

表15－11　　**单位:万吨**

年份	港区作业量						港口吞吐量		
	海门	三厂	青龙	四甲	货隆	其他	合计	其中 进口	其中 出口
1956	–	–	–	–	–	–	36.08	–	–
1960	–	–	–	–	–	–	48.48	–	–
1965	8.79	7.84	25.92	12.36	–	7.48	62.21	39.24	22.97
1970	6.54	10.19	18.81	15.06	–	5.76	55.82	35.82	20.00
1975	13.08	16.59	17.14	25.34	–	19.67	91.82	58.16	33.66
1980	23.71	28.88	34.96	36.48	–	83.57	207.60	136.10	71.50
1985	39.51	41.85	43.08	18.69	23.00	91.44	257.57	153.80	103.77
1990	40.00	42.00	30.00	30.20	23.50	90.20	255.90	168.84	87.06
1995	45.01	35.80	15.00	28.50	25.50	75.31	225.12	168.84	56.28
2000	90.52	33.00	20.00	24.00	27.00	73.56	244.32	195.46	48.86
2005	300.00	20.00	30.00	25.00	93.00	75.50	543.50	440.64	102.86
2008	345.00	28.00	30.00	30.00	102.00	143.50	678.50	511.00	167.50

说明:海门港区包括海门镇港区和海门港港区

第三章 交通管理

第一节 公路管理

一、养护队伍

民国13年(1924),设立县路工处,管理和养护全县公路、桥涵。民国16年,县路工处设道班事务所,负责养护公路及公路桥梁等事项。民国35年,由沿路的乡、保、甲分段设立养护机构。民国37年,道路养护事宜由县组织的民众养路队接管。解放初,除由通海启公路管理段负责公路养护外,政府还组织沿线群众进行义务护路护桥和日常养护等。1952年,全县有义务养路组75个,498人。1957年,成立海门养路工区。1959年,养路工区成立专职养护队。1979年,养路工区改为公路管理站,下设道班组。1983年,在道班中实行定人、定段、定料、定路况的"四定"养护责任制。1990年后,油渣路面逐渐成为养护的主体,保"七度"①是主要任务。

2000年,将养路道班调整为5个,同时设立具有行政执法职能的路政管理大队,与公路管理站合署办公,管理和保护公路及公路两侧的用地和公路设施,依法查处各种侵占、破坏、污染公路、公路用地和设施的行为,控制公路两侧建筑红线,核批公路的特殊利用,查征养路费,清除路障等。2006年,公路养护与公路管理分离,成立以养护省、市道路为主的兴达养护公司和以养护乡、村道路为主的交建养护公司。2008年,两公司有10个养护工区,养护工人178人。

二、路产维护

海门公路管理站负责境内路产的维护。路产维护范围,由县人大常委会及县政府确定。县人大常委会和县政府分别于1951年、1974年、1984年3次发文确定:省道用地宽度13－20米,县乡道用地宽度11－13米。1984年,公路管理站对全县94.8%公路路田进行分界,埋设路田分界桩1980根。1990年,全县所有等级公路埋设分界桩、路牌、里程碑、险桩警告、指示标等3329个,其中路田分界桩2840根,路牌278个。1994年后,为实现全市公路网络化、等级化,市政府多次调整和修订公路规划方案及其红线控制标准。1995年,在省道、县道公路两侧分界桩外又设置红线控制桩,严禁在红线控制区内搭建建(构)筑物。2005年,市政府印发《海门市公路两侧建筑物红线控制标准》,红线控制具有可操作性。2008年,全市有路牌、界桩、百米桩、里程碑、警告、禁令、指示牌等交通标志8922个,公路轮廓标648处。

三、路政执法

1954年起,县政府先后11次发出加强路政管理、保障公路安全畅通的通知,保持境内公路路面整洁、畅通良好。1992－2005年,市(县)政府先后出台《关于严格控制公路沿线建(构)筑物的紧急通知》《关于清理公路两侧建(构)筑物实施意见》等文件,要求公路两侧无违章建筑、无集贸市场、无门外店、无路边摊、无公路晒场、无直径20厘米以上的路面坑塘等,使路政执法更有可操作性。至2008年,公路管理部门会同有关单位,拆除公路两旁违章建筑31.99万平方米,清除障碍物50.33万立方米、摊点4000多个、非标志性悬挂物5000多块。

四、公路绿化

解放前,公路两侧基本没有植树绿化。1957

① 保"七度":指保证柏油路面的强度、厚度、宽度、拱度、密实度、平整度和密糙度。

年,国家专拨公路绿化经费,经几年培管,公路主要地段两侧绿树成荫。1965年,在公路沿线开展群众性植树绿化活动,共植行道树8万株,成活率85%。"文化大革命"期间,部分公路行道树被砍伐。

图15-13　张謇大道公路绿化带　(2008年摄)

1977年,公路绿化实行分级管理,配专职绿化员,公路站与公路沿线乡村订立公路树木护管合同,苗木成活率提高到88%。1990年,全县公路绿化里程273.5公里,占养护里程95.3%。1990年后,公路绿化列入公路建设配套工程。

2002年,省道335线作为创建省级文明样板路的试点公路,在公路用地外两侧各10米位置种植绿化景观林带,全长29公里,绿化面积40.76公顷。此后,天久线、王川线、北海线进行公路绿化景观林带改造,计42公里,面积47.47公顷。2005年,组建天绿园林工程有限公司,负责全市公路绿化的建设与管理。2008年,全市公路绿化林带192.5公里,面积286.18公顷。其中张謇大道全长5.61公里,中央绿化带宽8米,两侧绿化带宽各20米,绿化总面积24公顷,每公里绿化面积4.87公顷,是全市绿化密度最大的公路绿化工程。

第二节　航道管理

一、概况

清末民初,境内有清除航道淤积和养护航道的措施。民国18年(1929),有整理街、市、河道的章程。民国35年,国民党县政府成立海门船舶管理所,在青龙港设船舶登记处。民国37年,解放区东南行署设立生产建设科,其中有确保航道畅通的管理职能。是年12月,成立海门县船舶办事处,主管船舶签证、调配、清除航道障碍、制订航道规划及整治航道等业务。1950年6月,苏北行署航务局在海门、启东设青吕办事处,专管航政、港务等事宜。1954年3月,成立县航道管理所,1958年8月,县航道管理所并入县交通局后设航道养护队。1976年9月,成立县航道管理站,直属南通地区交通局,主要负责县境内航道的规划与建设,保护航道及航道设施的安全;清除障碍和审批驳岸、码头、跨河建筑物以及航养费征收等。1983年3月,航道站直属南通市交通局。2005年4月,成立航政执法大队,与航道站合署办公,以行政执法的方式确保航道安全畅通。2008年,航道站共有管理人员23人,其中航政执法人员17人。

二、航道整治

1951年3月,为确保河道畅通,动员沿河各乡群众将战时航道所设置的暗桩、暗坎、石条等障碍物予以清除。1954年1月,限期取缔鱼簖,并概不允许设置新簖,禁止窑户将煤灰、断砖等物倾倒河中阻塞航道,以保证航道畅通和运输安全。至1955年7月,境内共清除暗桩450支、砖屑碎石31吨、石块70吨。1955年8月-1958年8月,县人委在整

图15-14　2008年,浒通河加宽改造工程现场

治港口河道中开挖浒通河、圩角河、青龙河、大新河、灵甸河等5条连通长江各港口的竖河，确保通江航道的畅通。

1964年后，采用人工和挖泥船的方法疏浚和整治四甲街河、海界河等航道，计21公里，挖泥24.15万立方米。1966－1973年，结合农田水利建设疏通和治理航道20多条。1978－1985年，全县清除航道网簖158处，打捞沉船167艘、沉石2.6万吨。2003年，疏浚并驳岸民生河航道2公里，使原先的普通河道能够通航百吨级船舶的航道。2005年，航政执法大队成立后，对在通吕河上擅自兴建装卸码头等违章设施的顽疾，采取责令拆除并处罚的措施。至2008年，共执法128起，确保航道畅通。同年，还对海门河、浒通河9.5公里河道按6级航道标准进行加宽和改造，使河面宽55米，为大吨位船舶进出提供便利。

三、航道普查

1956年7－9月，对全县航道进行第一次普查，境内有内河航道37条，总里程385.5公里。其中可通机轮船的53.5公里，可通10吨以上木船的124公里。1964年进行第二次航道查测，共有航道50条，总长450.88公里，其中：干线航道11条，计197.77公里；支线航道39条，计253.11公里。1974年2月进行第三次普查，有航道40条，总长392.72公里。1977年7月进行第四次航道普查，共有航道35条，总长314.5公里。2002年进行第五次航道普查，境内有航道32条，计314.5公里。

四、航标设置

解放前，沿江港口在退潮时，人工将竹秆插入港漕两侧滩涂，待涨潮时以竹秆为标记引航，夜间在竹秆上挂上汽油灯引航。船民称之为“插扦引”。1950年，青龙港用干电池闪光灯引航。1956年，青龙港设台风信号标志。1966－1967年，在浒通港、圩角港、大新港、灵甸港相继设立港口风讯信号标志。1981年，在通吕运河、三余竖河、大港河、通启河、青龙河等主要航道设置各种指引牌和鸣示牌21块。1983年后，主要航道进出口处设置太阳能发光标。2008年，全市航道有指示牌和鸣示牌47块、太阳能发光标2个，航标正位率、发光率均为100％。

第三节　运输管理

一、概况

民国13年（1924）海门设路工处，对运输业者实施注册领照、收缴捐款等管理职能。民国16年后，县路工处归省建设厅管理，海门派员协管。新中国成立初，县境内运输以水上运输为主，管理也以水上管理为主，由苏北行署航务局青吕航务办事处和海门县航运管理所实施。1959年，交通局设民间运输管理股，逐步以道路管理为主，行使水陆运管职能。1964年2月，在天补、三厂、悦来、四甲、包场5个区建立交通管理站行使运管职能。1982年6月，将天补、三厂、四甲、悦来、包场5个交通管理站更名为交通管理所，为全民事业单位。1985年1月，建立县运输管理所（2007年升格为市运输管理处），负责县境内水陆客货运输管理。1987年9月，建海门交管所、青龙交管所（1993年2月撤销合并于三厂交管所）。1990年11月，建常乐交管所（后与常乐港监站合署办公）、1991年3月，建货隆交管所。1993年7月，建万年交管所。同年7月，组建县道路稽查队（2003年更名为稽查大队），与运管所合署办公，两块牌子、一套班子，主要职能是对运输市场的违章行为按《道路运输条例》进行检查监督。1999年2月，海门交管所、天补交管所合并建立海门交管所，撤销常乐、万年、四甲、包场4个交管所。2004年4月，组建叠石桥交管所。2008年，全市有海门市运管处、市稽查大队（与运管处合署办公）以及海门、三厂、货隆、悦来和叠石桥5个基层交通管理所，负责全市的交通运输管理。

二、市场管理

1958年，基本建设工程上马较多，时运量大于运力，运输工具紧缺。县成立交通运输指挥部，对全县统一安排运力、统一货源计划、统一票证和运价的“三统一”管理，县交通部门及时派员对违反“三统一”行为进行查纠，运输市场秩序得以整顿。1989年，对运输市场全面整顿的同时，培育开放、活跃、有序的新型运输市场。经过整顿治理，全县运输经营者持证率分别实现：道路运输业96％、水路运输业92%、搬运装卸业94%、运输服务业100%。1990年起,配合工商部门对运输经营户的营业许可证、营运证实行年审。1993年7月起,组建县道路稽查队(后更名稽查大队),各交管所成立稽查中队,检查监督运输市场的超载、超限和逃费等违章违规行为。2004年7月,《中华人民共和国道路运输条例》颁发后,市运管所、稽查大队和各交管所依照条例规定,严格整治无证无照、异地经营、非法经营等违法违规行为。2005年,共查处异地经营15起、无证经营69起,交通行政案件处罚处理总数1859件,罚没款总额212.3万元,追缴补收交通规费123.4万元。2008年,处理案件计177件,罚没款总额32.14万元,追缴补收交通规费178万元。

三、运价管理

汽车客货运价　民国初年,省统一制定,因价格上涨和战争等原因,各地执行不一。1955年,汽车运价全省统一。1989年11月,客车统一执行每人公里0.038元的基价。1990年7月,货车、普通货物分为三等:每吨公里一等价0.26元、二等0.29元、三等0.31元,特种货物在基本运价基础上适当加价。1990年后,货物运价以双方协商为主,客运价格由物价部门制定最高限价和最低限价,运输管理部门则以检查执行情况、协调和处理运价纠纷为主。并督查客运部门及时公告客运票价的变化。

水运货物价格　民国时期,政府曾统一制定,但20世纪40年代,运价数日一变,执行不一。1950年苏北交通处颁布统一运价。此后,水运价格先后作过多次调整,如1958年省交通厅修订运价,将水运货物价格在1950年基础上降低8%。1980年,省政府批准修订水运价格、运价指数比1958年增长12.4%。1990年,运价再次调整,但实际未执行,此后由货主和承运单位双方协商确定。

四、机动车维修管理

1988年3月,组建县汽车维修行业管理所,负责汽车维修企业的开业、歇业、变更的办理;对维修企业的技术、质量、业务范围、经营作风等进行行业管理;受理汽修质量、收费纠纷和对维修业人员进行业务培训等。1990年,行业管理范围由汽车维修业扩大到所有机动车修理业。是年,全县有一类汽车维修企业10个、二类维修企业30个、三类(专业修理户)176个。2005年,全市有一、二类汽车维修企业24个,三类及以下352个。2008年,全市有一类汽车维修企业10个、二类维修企业14个、三类维修企业130个、摩托车维修企业280个,培训技师11人、高级工15人。

五、驾驶员培训管理

1985年2月,机动车的检验发证和驾驶员的技术考核发证工作,由原南通市级管理改为县级管理。是年,海门开始驾驶员培训。1986年8月,海门汽车驾驶学校成立,境内的汽车驾驶员培训逐渐兴起。1996年,依照《中华人民共和国机动车驾驶员培训管理规定》,市交通部门对培训学校的资质、教练员技术和培训收费等进行监督管理,驾驶员培训市场混乱局面得到改善。2008年,境内有海门、海粮、红怡、东方、江海、新世纪6家驾驶员培训学校。至2008年,全市培训汽车驾驶员2.4万余人次。

六、危险货物运输管理

危险货物运输亦称特殊货物运输。革命战争年代,主要是支前运输。解放后,把在运输中存在较大安全隐患的货物以及支边运输、援外运输等都列为危险(特殊)货物运输。1980年,油罐车、气罐车、化学品运输车等被列为危险货物运输。县运输管理所依据《中华人民共和国道路运输条例》对专用车辆、设备进行检查;对从事危险货物运输的驾驶人员、装卸管理人员、押运人员进行资质审验、培训,取得从业资格证书方可上岗。危险货物运输船舶由地方海事处和运管所共同负责管理,地方海事部门主要负责对危险货物运输船舶的签证申报和监装监卸等。1985年,全县有专运燃料、化学品等的危险货物运输车辆36辆,危险货物运输船舶10多艘。1999年,实现危险货物运输专业化,建立天宇危险货物运输公司,有危险货物运输车辆86辆。其中,罐车8辆、拦板车6辆。2008年,境内道路运输危险货物8万吨,水运危险货物5万吨。

七、交通规费征收

航道养护费　民国4年(1915)开征,用水利亩捐代征。民国21年,开征船照捐,分为二类六等,即海船一等6元、二等5.5元、三等3元;内河运输船一等2.5元、二等2元、三等1.5元,按月按吨计算。解放后,航养费按经营总收入的3%计征。1981年,调整为按5%计征。1985年起,调整为按6.5%计征,个人机动船按核定功率每月每马力2.2元,各类驳船、海船按每月每吨0.65元计征。1998年起,船舶按载重吨位计征,每吨每月10元。2000年,调整为拖轮机每月每千瓦9元,驳船、客船每月每吨位3元,挂桨机船每月每吨位1.5元,货轮不变。2008年,共征收航道养护费163万元。

公路养护费 民国9年(1920),统一由南通路工处征收汽车捐。民国13年,海门始征收汽车捐。民国16年,汽车捐由省建设厅统一征收。民国19年,海门开始征收黄包车、自行车捐。各种捐款的征收标准变化较大,仅民国37年就变动9次。解放后,养路费征收标准全省统一,由交通部门征收。1962年后,除手扶拖拉机等小型车辆由交通部门征收养路费外,汽车养护费由公路管理站征收。1985年7月1日起,执行《江苏省公路养路费征收和使用实施办法》,汽车根据营运车辆、非营运车辆收费分类:营运车辆按营运收入总额15%计征,非营运车辆按每月每吨105元计征。对拖拉机,二、三轮车等明确收费标准:拖拉机按每月每吨53元计征,二轮摩托车每辆每季15元计征,正三轮摩托车每辆每月40元计征。1993年,养路费收费标准调整为客运汽车(营运)200元月/辆、大客车260元月/辆,货车200元月/吨,二轮摩托车每辆每年170元、轻骑每辆每年140元,正三轮摩托车每辆每年400元。1993年后,基本没有调整。2008年,非营运家用轿车征收120元月/吨,其余不变。

运输管理费 1959年,开征民间运输管理费(后称运输管理费)。1990年,按运输企业营业收入1%计征,其他单位、个人按5元月/吨计征,小型拖拉机4元月/台计征;水运专业单位搬运装卸企业按营业收入1.5%计征。2005年,货运汽车调整为15元月/吨计征。费用由交通局运管部门负责征收,上交省、市主管部门30%,留用70%。

车辆购置附加费 1985年5月1日开征。以车辆的实际销售价格为计费依据,国内生产和组装的车辆为销售价格的10%;国外进口的车辆以计算增值税后的计费组合价格为依据,费率15%。2005年1月,根据国务院通知,车辆购置附加费改为车辆购置附加税,征收单位由交通部门移交至税务部门。

客票附加费 1986年3月1日开征。用于改善车站站房、候车室、停车场地等基础配套设施的省级专用资金。征收标准为每人公里0.03元,运管部门根据客位和线路长短,县内的按照每座每月90元,长途的按108元标准向客运经营者征收,此后无变化。2008年,共收取客票附加费238万元。

货物附加费 1988年7月开征,属专项用于交通运输基础设施建设的省级特种资金,全省统筹。标准为:运输货车每吨位每月25元(20吨以上的大型平板车超过部分减半征收),船舶每吨位每月2.5元,此后无变化。

根据国务院《关于成品油价格和税费政策》的通知,航道养护费、公路养护费、运输管理费、客票附加费、货物附加费均收至2008年12月31日,此后取消征收。

第四节 内河安全管理

一、船舶管理

民国12年(1923),县建设局代办和兼管船舶登记、注册、检验和船舶安全管理等业务。1950年,境内设立苏北行署航务局青吕航务办事处,实行船舶安全管理。1954年,建立县航运管理所,专门对运输船舶实行检验、审核和港口安全检查等。1985年,先后在海门镇、三厂镇、青龙港等处设置8个签证点,负责船舶管理。1987年,撤销县航运管理所,成立县港航监督所,专门负责境内及过往船舶的签证和安全,规定对29.4千瓦以下的机动船、挂桨机船、非机动船的检验发证和技术图纸审批监督,以及受理辖区海损事故等。

1992年,海(江)上海事管理与内河海事管理分设,南通长江港航监督局组建青龙港办事处(后更名为南通市海门海事处),负责长江和沿海船舶监督管理,海门长江段的港航监督工作移交给该办事处。县港航监督所只负责海门内河的船舶安全航运、进出港签证、核发证件以及船舶的检验和停泊地的监督管理等。2001年7月,市港航监督所更名为海门地方海事处。2003年,对全市46艘挂桨机船进行拆桨改造,确保内河航运环境。至2008年,海门地方海事处巡航总里程4.8万余公里，检查船舶6.34万艘次，先后办理船舶签证3.5万余艘次。是年，海门地方海事处设大新、临江、青龙港、货隆、海门5个船舶进出港签证点，以方便管理和船舶签证。

二、港航监督

民国20年，船舶航行虽有全国统一的内河航行章程，但民船航行仍很混乱。解放后，船舶管理、签证、检查逐步正规有序。1958年，全县船舶登记编号，设卡建档，制发船牌。1965年，境内船舶统一船名和编号、定港。1987年，在加强船舶签证管理和安全检查的同时，严格船舶载运危险货物的安全监督和船舶污染水域的防治监管。2001年，重点加强危险货物运输的监装监卸、危险桥梁的险情预防及水上违章事故的预防处理等。2003－2008年，地方海事处查处航运违章1.58万次，办理一般程序的行政处罚82起，处理危桥事故险情173次。

三、船员管理

1960年，规定船舶机驾人员的准入条件，并对船舶机驾人员进行年审。1977－1985年，先后举办二级、三级轮船和挂桨机船的驾驶员、轮机员培训班11期，培训1269人。1990年，培训二级、三级轮船正、副机驾人员2038人，其中挂桨机船驾驶员762人。1997－2005年，举办培训班15期，培训船员525人；举办五等船员审验班25期，审验五等船员989人。2005年年底，船员培训、审验由南通市地方海事局扎口管理，县级海事机构主要负责对船员的航运违章进行查处和纠举。2005－2008年，共查处船员违章100起，责令整改并处罚10多万元。

四、渡口管理

1963年，县成立渡口管理委员会，负责全县内河渡口的规划、设立审批和安全管理。1978年，根据《江苏省渡口管理办法》，将渡船的检验、船员的发证列入管理范围。1979年起，渡口实行分级管理，长江渡口由南通地区轮船运输公司经营管理；内河渡口由公社（乡）运输站或大队（村）经营，县航运管理所负责安全监督。1985年年末，全县有专业渡口11个。其中，长江渡口3个、内河渡口8个。1987年，航运管理所撤销，由港航监督所负责渡口管理。2003年，全市内河全部撤渡后，主要负责长江渡口管理。2005年，市交通部门派专人驻渡口与海事部门共同管理渡口。2008年，纳入管理的渡口有海太汽渡、崇海汽渡、汤家渡口和灵永渡口。

第五节　工程管理

一、概况

清乾隆末年，由县衙派人组织建造桥梁、勘定河界等。民国10年（1921），县水利会路工处负责公路和桥梁的勘测、设计、修筑、管理等。民国16年，路工处归并建设局，公路设计和修筑的管理由建设局负责。民国34年，解放区由民主政府负责公路、桥梁修建和管理。

新中国成立后，由县政府生产建设科负责交通工程的建设与管理。1954年7月，县政府专设交通科负责交通工程的建设与管理。1958年8月，交通科升格为交通局，县航运管理所、搬运站、南通养路段海门工区划归交通局管理，先后由交通局生产科和业务科负责工程管理。20世纪80年代后，建设工程量增多，交通局专设工程科负责工程管理，并根据项目建设需要成立临时专项工程领导小组。1992年，全县实施公路路面“黑色化”（沥青路面）工程，县成立公路路面黑色化工程指挥部。1999年，成立市交通重点工程建设指挥部。2003年，成立农村公路建设工作领导小组，加速农村公路建设和改造。2006年，为加强农村公路建设与管理，成立市农村公路管理办公室。至2008年，各乡镇先后成立农村公路管理小组和办公室，确保农村公路建设中的质量监管和建设后的养护。

二、施工队伍

境内　解放前，县内公路修筑一般临时组织民工完成。1958年，海门成立养路工区，配备工程队负责道路建设，此为境内第一个有组织的道路施工队伍。1962年，县成立农桥修理组，1964年更名为县农桥预制场，并承担部分桥梁施工任务，此为境内第一个有组织的桥梁施工队伍。1974年农桥预制场更名为县交通局桥梁工程队。1979年，海门公路养路工区更名为海门公路管理站，并命名其工程队为公路建设养护公司，兼管施工建设和道路养护。1989年2月，桥梁工程队合并给南通市交通工程总公司，成为其第五工程处（挂牌南通市交通工程总公司海门分公司），并具有桥梁、公路建设资质。1993年，公司更名为县交通建设工程总公司（简称交建公司）。是年10月，海门第一个民营的交通工程施工企业——市帕源路桥建设有限公司（简称帕源公司）成立。2000年5月，公路站公路建设养护公司更名为南通市兴达公路养护工程有限公司（简称兴达公司）。2008年，交建公司、兴达公司、帕源公司3个企业，完成海门交通工程施工总量60%以上。

外地 2000年起，外市、县参与海门交通工程招投标和施工的队伍有：南通市交通建设工程公司、盐城市政建设工程公司、盐城市交通建设工程公司、启东市交通建设工程公司、通州市公路管理站建设工程公司、上海崇海工程公司等。至2008年，由南通市交通建设工程公司施工的335线海门段、盐城市交通建设工程公司承建的正余大桥、通州公路管理站建设工程公司等施工的海防公路获得省、市领导好评和有关部门奖励。2008年，在海门施工的外地施工队伍有8支，参与施工人数1800多人，当年施工项目18个，完成施工产值3.35亿元。

其他 2003－2008年，在公路建设中，还有50多支规模较小的施工队伍。这些队伍以挂靠有资质的施工企业（有的挂靠本地企业、有的挂靠外地企业）为主，主要从事乡镇、村公路建设。单支队伍一般15－20人，备有一些简单的混凝土搅拌机和其他筑路设备。因属挂靠队伍，人员也不固定，但他们是镇（乡）村公路建设的主力军。2008年完成乡镇、村公路施工量的80%以上。

三、工程质量监督

解放前，海门修筑的公路以土公路为主，质量考核主要为宽度。

解放后，海门修筑的公路以沙石公路为主。工程监管以1957年国家颁布的《公路基本建设施工技术监理暂行办法》为依据，主要监管施工路基的宽度、厚度及石料的大小等。70年代，开始修筑黑色路面，工程质量监管项目增加沥青油渣的配比、表处的厚度等。1976年，工程质量监管中发现三厂至临江间23公里路基及表处不严，存在严重质量问题。经监督鉴定后，全部返工重建。1985年，根据交通部《公路工程质量监理暂行办法》规定，在加强工程质量管理的同时，加强进入县境施工队伍的资质审查和安全管理。90年代，沥青摊铺质量成为工程质量监督重点之一。2000年7月，南通市交通工程质量监督站海门分站（简称质监分站）成立。质监分站专门成立交通工程试验检测中心，对路基的压强、路面的厚度、材料的规格等进行取样试验，用精确的数据监督交通工程的质量。是年，推行监理制，由质监分站（代表政府）和监理公司（企业）共同监管公路和桥梁工程的施工质量。2008年，在市境内进行交通工程监理的有东南大学、南通、无锡、盐城4个交通工程监理公司。

四、工程招投标管理

1993年前，在计划管理模式下，交通工程由政府直接安排给交通局桥梁工程队和公路管理站工程队施工。1993年，开始引入市场机制，交通工程建设由交通部门等多家单位通过协商后确定施工企业。1999年，工程建设实行招投标。海港公路为海门第一个实行招投标建设工程的项目，时参与竞标的有市公路管理站工程公司、市交通建设工程总公司、市海春市政公司、市帕源路桥公司，经竞标演说、综合评议，市交通建设工程总公司竞得该A1标段，公路管理站工程公司竞得A2、A3标段。此后，大的工程项目（标的400万元以上）由南通市交通建设工程招投标中心负责招标，小的项目由市交通局负责招标。编标由纪检监察人员参加，并实行异地封闭式编标，确保公平竞争。至2008年，全市先后有350多个项目进行招投标，涉及工程项目资金50亿元。其中，最小的是十几万元的农桥农路工程，最大的桥、路项目分别是资金1300万元的正余大桥工程及6亿元的沿江公路工程等。

第十六篇

邮电　信息化建设

后周显德五年(958),海门县治设驿站。元代,为防海盗,海门沿海设烟墩多处,传递信息。明洪武七年(1374),改为急递铺,为官府传递文书,并供过往官吏、驿卒食宿歇息。清乾隆元年(1736),重建驿站,传递军政文件。光绪三十一年(1905),海门厅署茅家镇建大清邮政海门代办所,开办信函、包件寄递,隶属上海邮区。宣统元年(1909),代办所升格为邮政分局,同时建民信局。

民国元年(1912),设中华邮政海门支局。民国2年,建电报局,开办官电、商电、新闻电、寻常电等业务。民国9年,建海聪电话公司,使用磁石式210门总机,用户60户。民国16年,有邮局5个、代办所7个,经营信函、包件、汇兑及其他代办业务。民国23年,海门电报局兼营长途电话,时有线路262.5杆公里,日本侵略军侵犯海门后拆除。

民国27年8月,中共江北特委组建海门秘密联络站,承担中共江苏省委与通、如、海、启中共组织通信联络。民国30年6月,抗日根据地建立苏中交通总局海启干线站,承担中共苏中四地委与县委的通信联络。民国35年2月,中共东南县委及所属各区重建地下交通联络机构,确保党政军文件信息畅通无阻。

1949年1月31日,海门全境解放,中国人民解放军接管中华邮政海门局和电信营业所,建立海门邮电局。1957年,有邮电支局(所)17个、代办所40多个,业务收入22.32万元,比1949年增长5.2倍。1958年10月,安装共电式交换机,实现城区电话半自动化。1959年1月,各公社建邮电局,装总机,电话通至各生产大队。1962年,调整电话布局,全县保留10部总机,其余拆除。1974年,电报由人工机改为电传机。1977年,使用单路传真电报机。

1978年,准电子自动交换机扩容为2000门,当年12月,城区实现电话自动化。1979年,自办汽车邮路,邮件全经南通出入。1989年,开通无线寻呼业务,时为全国县(市)级首家。1990年,全县有电话用户3528户,村级电话覆盖率72.9%,入户率1.24%;有邮路134条,计5652公里,邮运以机动为主,信函逐日投递到户。

1991年10月13日,安装6000门数字程控电话交换机,开通国际、国内长途电话直拨,实现由模拟通信到数字通信质的飞跃。1993年2月3日,开通移动通信,使用“大哥大”。1995年,开通国际互联网(窄带),同时使用数字数据网、分组交换网。1997年,海门政府网站获准注册,各党政机关、企事业单位开始运用信息网络进行电子政务、电子商务等活动。1998年9月,邮政、电信分营。2001年,广电网络公司宽带数据网、市电信局国际互联网宽带网先后开通。2002年,从海门市区到各乡镇实现光纤宽带全覆盖。各机关、企事业单位的局域网、虚拟网等各类信息网络相继建成,逐步实现办公、商务活动、企业管理、生产流程电子化和网络化。2003年5月,开通无线市话(“小灵通”),网络覆盖全市。2005年,无线寻呼关网,电报业务撤销。2007年,实现宽带进村。2008年,全市邮电业务总量6.44亿元。有邮路138条,总长5968公里;有固定电话用户36.98万户、“小灵通”用户6.94万户、移动电话用户44.89万户、国际互联网用户5.64万户。

第一章　邮电机构

第一节　邮政机构

后周显德五年(958),县治东洲镇建驿站,隶通州。元代,海门境内设有邮驿。明洪武七年(1374),变邮驿为急递铺。明末清初,县境内土体坍塌严重,海门急递铺不复存在。清乾隆元年(1736),重建通州至海门驿站。光绪三十一年(1905),建大清邮政海门代办所。

清宣统元年(1909),邑人茅茹禀在茅家镇会馆街开办泰记信局(又称民信局),收投平信、挂号信、办理汇兑业务,与大清邮政并存。宣统二年(1910),海门成立二等邮局,隶属上海总局。

民国元年(1912),设中华邮政海门支局。民国2年,改为中华邮政茅家镇二等邮局(甲类汇兑总局),隶属上海邮区。同年,增设三阳、麒麟镇二等邮局,灵甸、三厂镇三等邮局,均属上海邮区。民国16年,设常乐、三星、史家、悦来、江家、崇海、聚星等镇代办所。民国34年,全县有三阳、麒麟、灵甸、三厂4个三等邮局,下辖11个代办所。

民国27年,中共江北特委于海门范龙小店(今树勋镇内)组建海门秘密联络站,承担中共江苏省委与南通、如皋、海门、启东各县委之间的人员往来及通信联络。民国31年春,海门县委建县交通站。翌年2月,建立东南行署交通支站,各区设交通站(组)及若干分组,业务属苏中交通总站领导。民国34年6月,区交通组改为交通站。

民国35年2月,东南行署接管解放区中华邮政,建立海门二等邮局,局址在聚星镇,余东、麒麟、三阳等镇设三等邮局。其中麒麟镇为区间转口局,经转通东、三厂以东及今启东市地区的邮件。10月,国民党军队全面进犯解放区,县内解放区与国民党统治区通邮被迫中止,海门二等邮局转入农村,成为战时秘密交通站。海门解放前夕,境内有茅镇、三厂2个邮局,三阳、麒麟、三星、常乐、南兴、通海6个代办所。时四甲、余东、包场等地邮政业务属南通县邮局。

1949年1月31日,海门全境解放,中国人民解放军海门县军管会接管中华邮政海门二等邮局。8月,成立县二等邮政局。1951年7月,邮政局与电信局合并。1970年3月,邮、电分营,建立江苏省海门邮政局革命委员会。1971年9月,改为县革命委员会邮政局。1974年2月,邮政、电信合并。1998年9月,邮政、电信分设,成立市邮政局。

1999年,市邮政局有职工380人,下辖5个专业公司、34个邮政支局(所、营业部)、3个邮政代办所、12个班组。2002年10月,经营电信业务。

2008年,有职工514人,下辖34个邮政支局

图16－1　20世纪50年代海门邮电局营业房　(1990年摄)

(所)、7 个专业公司,业务收入 7580 万元。

第二节 电信机构

一、中国电信股份有限公司海门分公司

民国 2 年(1913),民国政府交通部委派总管黄志澄建海门电报局,设在茅家镇东洪家宅,5 月 1 日对外营业。民国 8 年,张謇发起先在大生三厂,后在久隆镇设立电报分局。

民国 9 年,茅家镇商人陈伯葵集资兴办海聪电话公司。至民国 23 年,包揽全县电话业务。民国 27 年,日本侵略军侵占海门时闭歇。

民国 29 年,日本商人在三厂镇设电报局。同年,建海通电话局。民国 30 年,在茅家镇、青龙港分设电报收发处,隶属日商华中电气通信股份有限公司上海电报局。民国 34 年,日本侵略军投降,电话、电报局告终。

民国 35 年,国民党政府在其统治区设县电话交换所。茅家镇、三厂、天补、麒麟等镇装有总机,三星、上三和、常乐、青龙港、悦来、三阳等 13 个乡镇装有单机,电话用户均为国民党县、区、乡机关所用。解放前夕,被国民党县政府全部拆除。

1949 年 1 月 31 日,中国人民解放军海门县军管会接管县电信营业所。8 月,设立县电信局。1951 年 7 月,邮政与电信合营。1970 年 3 月,邮、电分设,成立海门电信局,属县人武部领导。1974 年 2 月,电信、邮政再度合并。1998 年 9 月,电信、邮政分营,成立市电信局。有职工 331 人,下辖 19 个营业所、3 个专业公司。11 月,位于市经济开发区的海门电信新大楼结顶。

2000 年 10 月,海门电信局实行政企分开,成立江苏省电信公司海门市电信局,隶属省电信公司,实行公司化运作。2003 年 4 月,成立江苏省电信有限公司海门市分公司,下辖 30 个营业分支机构,经营固定电信网络与设施、语音、数据、图像及多媒体通信与信息服务;与通信、信息业务相关的系统集成、技术开发、技术服务、信息咨询;通信产品的销售、设计、安装;进行国际电信业务对外结算。江苏省电信公司海门市电信局与其并存,主营特殊通信(党政专用网、应急通信)业务。

2008 年 2 月 21 日,更名为中国电信股份有限公司海门分公司。10 月 1 日,经营移动通信业务。是年,下辖 23 个支局(所),有员工 276 人。拥有固定电话用户 29 万户、“小灵通”用户 7 万户、宽带用户 5 万户,实现业务收入 1.81 亿元。

图 16-2 海门邮电局营业大楼 (1991 年摄)

二、中国联合网络通信有限公司海门分公司

1998 年 10 月,无线寻呼业务从邮电局剥离,组建江苏国信有限公司海门经营部,专业经营寻呼业务。2000 年 9 月,海门联通、国信寻呼融合,成立中国联通南通分公司海门经营部,经营移动通信、无线寻呼、165 数据通信(含因特网业务)、IP 电话、本地电话、193 长途电话业务。2001 年,中国联通公司在美国纽约、香港上市,海门经营部成为香港独资企业的分支机构。2003 年 12 月,中国联通海门经营部升格为中国联通海门分公司,隶属南通分公司。2005 年,业务收入 4200 万元。

2008 年 12 月,中国网通海门市分公司与中国联通海门分公司合并,组成中国联合网络通信有限公司海门分公司。有职工 265 人、用户 7.5 万户,业务收入 5200 万元。

三、中国移动海门分公司

1998 年 5 月,海门移动通信业务从邮电局剥离,成立江苏省移动通信有限责任公司海门分公司,为中国移动通信集团公司的分

支机构,同时又是中国移动通信香港公司下属的县级分公司,经营“全球通”移动电话和模拟移动电话业务。公司有员工31人,固定资产6000多万元。

2004年,有用户19万户,业务收入1.19亿元。2008年,中国铁通南通分公司海门分局并入。是年,公司有员工215人,客户40余万户,业务收入2.95亿元。

四、中国铁通南通分公司海门分局

2004年4月25日,成立中国铁通南通分公司海门分局。下辖城中、城西、三厂、三星4个支局,开展电信服务和通信保障工作。

2005年,有员工35人、固定电话用户1.65万户、宽带在网2153户,业务收入1658万元。2008年12月,与中国移动海门分公司合并。

五、中国网通海门市分公司

2004年5月,组建中国网络通信集团公司海门市分公司。2005年3月营业,经营国内固定电信网络与设施业务,固定电信网络的国际国内话音、数据、图像、多媒体通信与信息服务。2006年,有员工15人,用户2500户。2008年12月,与中国联通海门分公司合并。

第三节 邮电合一机构

1951年7月,邮政、电信合并,建海门邮电局。1955年10月,邮电部核定海门县为五等邮电局。1957年,有邮电支局(所)17个、代办所40多个。1959年1月,改名县邮电局。同时以各公社命名建30个下属邮电局。1962年5月,邮电机构缩减,设天补、三厂、三阳、四甲、包场5个邮电支局,保留10部总机,其余全部拆除。1963年1月,更名为江苏省海门县邮电局。

1967年1月,县邮电局实行军事管制。1968年3月,成立县邮电局革命委员会。1970年3月,邮政、电信再度分设。1974年2月,合并建立江苏省海门县邮电局。1979年1月,更名县邮电局,业务及行政受上级邮电部门垂直领导,党组织受当地党委领导。1984年5月,实行局长负责制。1994年6月,随海门撤县设市,改名市邮电局。1998年8月,全市有下属机构57个。其中,邮电支局30个、邮电所2个、代办所25个,职工711人。9月8日,邮政、电信分设,撤销市邮电局。

第二章 邮 政

第一节 设 施

一、营业设施

清末民初,大清邮政、中华邮政的营业设施相当简陋。除营业用房外,仅有些办公桌、椅等。1949年1月,原中华邮政海门邮局仅有2张桌子、3张椅子。县邮电局及下属单位租用财政公房或民房营业。

新中国成立后,邮政设施逐步发展。1960年6月,东兴邮电所首建营业用房105平方米。以后,各所陆续建房解决营业场所。至1974年,共兴建房屋2218.1平方米。1976年,县局营业部购置包裹收寄机和邮票出售机,实现收寄包裹、出售邮票半自动化。1985年,邮政生产用房2435平方米。1988年,使用电子计算机。1990年,县城兴建邮电大楼3720

平方米,设有电子计算机、包裹收寄机等。

1998 年,电子计算机发展到 70 台,海门镇解放路、三厂、四甲等 6 个支局实现营业电子化。全市 33 个支局包裹收寄全部实现机械化,邮件对外封分南通平函、挂刷、快件、国际 4 个格口,新增信函捆扎机 1 台。1999 年年底,有计算机 78 台、终端设备 136 台、UPS(不间断电源)22 台。

2005 年,邮政电子化、信息化程度进一步提升,有计算机 188 台、终端设备 175 台、UPS 38 台、邮资机 1 台。2008 年 1 月,动工翻建邮政大楼。年底,全局有计算机 256 台、终端设备 248 台、UPS 51 台、ATM(自动柜员机)10 台。

二、邮运设施

1949 年 1 月,有旧自行车 2 辆。1952 年,有自行车 11 辆,农村邮运由徒步全部改用自行车邮路。1968 年,随着报刊邮件运量的增加,添置“幸福”250 型摩托车 1 辆。1971 年起,先后增加“红邮”三轮摩托车 1 辆、“鸿雁”机踏车 40 辆。1980 年,有二轮、三轮摩托车 10 辆、机踏车 45 辆、自行车 142 辆。1985 年,有自行车 168 辆、二轮摩托车 3 辆、“红邮”三轮摩托车 4 辆、2.5 吨“跃进”牌邮车 1 辆。

1990 年,运输设备更新换代。有自行车 146 辆、“幸福”250 型摩托车 4 辆、“红邮”三轮摩托车 3 辆、卡车 4 辆。机踏车全部淘汰。1997 年 12 月,有邮运汽车 13 辆,实现邮路机械化。1999 年有汽车 15 辆,2005 年汽车 27 辆,2008 年汽车 57 辆。

第二节　网　　络

一、邮路

出埠邮路　清光绪三十一年(1905)九月,上海至海门邮路开通,委托轮船运递函件,逐日班。光绪三十四年(1908),崇海镇代办所委托轮船运递出埠邮件。宣统二年(1910),海门至南通通车,去南通经转的邮件委托客车运递。民国 16 年(1927)3 月,不能从南通港经转的上海邮件,由海门邮局从宋季港经转,海门至上海邮路航线为 147.5 公里。

民国 26 年 10 月 14 日,长江江面被日本侵略军封锁,镇江以东(包括上海)寄往海门的邮件由无锡、江阴、靖江经转;镇江及以西寄往海门的邮件由镇江、泰县经转。民国 30 年 5 月,建立抗日民主根据地的邮政邮路,海启地区的邮件均由富余区站发往三余干线站,然后转送苏中各地。民国 37 年 6 月,中华邮政南通至海门委办的汽车停驶,邮件改由南通至二甲的汽轮带运,再由二甲陆运海门。

1949 年 1 月,海门解放,邮路作较大调整。县境有邮路 11 条,其中 6 条涉及出埠邮路。2 月 22 日,南通至海门、启东建立自行车邮路,每班有两人骑自行车同行;余东至吕四的邮件由汽船运递;三厂至南通由客车运递。10 月,海门至上海经转的外埠邮件由圩角港转出。海门至南通经转的苏北邮件由南通局用自行车到海门接送,总长度 44.4 公里。逢雨雪路阻时,海门局步行将邮件送至二甲镇,由汽轮运递。1952 年 11 月,自行车运递改为委办客车运递。1956 年,青龙港活络码头建成,邮件改由青龙港经转出口。1959 年年底,海门至南通、启东的邮路改由南通局自办汽车运递,南通至三厂委办客车邮路,南通至四甲委办汽轮邮路。1962 年,邮路有所收缩。1966 年,由青龙港进出口的邮件改为南通港运递。1976 年 8 月,海门至南通实现自办专程汽车邮路运递,撤销委办客车、汽轮邮路。

1979 年,南通增辟(南)通吕(四)汽车邮路,并延伸至六甲、东兴;(南)通启(东)邮路延伸至万年、海洪。1985 年,境内的南通自办汽车邮路分为通启、通吕两条邮路,全县 30 个邮电支局(所)中,有 22 个局(所)的进出口邮件直接由通吕、通启邮车运递,占邮件总量 70.3%。1990 年 8 月,出自南通农场的邮车从天补支局延伸至三星邮电支局交接。1993 年 6 月,南通干线邮车与正余邮路接通,结束余东至正余 35 年邮路用自行车载行历史。12 月,南通至海门邮路纳入省内干线邮路。

1998 年 8 月,南通至海门干线邮路有普邮线 3 条:启东线,交接点为江滨、三厂、汤家、临江;海门线,交接点为天补、海门镇、三星、叠石桥;吕四线,交接点为货隆、王浩、正余、包场、六甲、东兴、红中(代办所)。特快邮递线有:启东二班线,交接点为海门镇、三厂;启东三班线,交接点为海门镇。2005 年 7 月,增开海门至南通直递邮路。2008 年,出埠邮路 830 公里。

埠内邮路　清光绪三十一年(1905),海门设邮政代办所，主要在海门厅署茅家镇及其附近集镇、农村专递，未形成境内邮路。民国9年9月，开通添旺、磨框、定心桥等地邮路。民国13年，境内公路通至吕四、久隆等镇，同时开辟汽车委办邮路。寄上沙地区（麒麟镇以西）的邮件，一律由客车按班运递；悦来镇的信柜则经三阳镇经转。民国31年，境内抗日民主根据地的邮路以秘密状态不断延伸，建立相应的秘密交通站，逐站转接信函，形成秘密交通邮路。民国35年2－10月，海门境内邮路有14条。

1949年，以茅家镇至三厂、麒麟、三阳、余东、四甲、聚星镇为中心，组成环形邮路11条，计285.5公里。茅家镇至三阳、通东沿线的进出口邮件，组成两条自行车干线邮路相衔接，进出口邮件由67个支局（所）经转。

1957年，境内开辟13条邮路，全长393.5公里，自行车逐日班经全县60个支局（所）。1968年，海门镇至江心沙、三星、天补和海门镇至德胜、瑞祥、秀山的两条自行车邮路改为摩托车邮路。1970年，开辟临江至永隆沙委办机帆船邮路。1971年，开辟海门镇至东兴三轮机动车自办邮路；开辟四甲至新建、王浩、国强和余东至树勋、正余的两条自行车邮路，与干线邮路相衔接。农村邮路总长3400公里，干线邮路长315公里，实现队队通邮路。

1978年，开辟海门镇至临江摩托车邮路。1981年5月，县自办邮路6条，其中机动车逐日班3条，计125公里，自行车支线逐日班3条，计35.5公里。

1981年海门县自办邮路一览

表16－1　　**单位：公里**

邮路名称	班　期	里程	经过局（所）
海门—江心沙	机动车逐日班	30.00	三星、天补、三和、棉花原种农场
海门—临江	机动车逐日班	65.00	三厂、大新
海门—瑞祥	机动车逐日班	30.00	德胜、秀山、江滨
包场—新余	自行车支线逐日班	8.00	新余
余东—树勋	自行车支线逐日班	10.00	树勋
余东—王浩	自行车支局逐日班	17.50	正余

1985年，县内干线邮路有三轮机动车邮路1条，计135公里，自行车支线逐日班2条，计25.5公里，机要专线2条，计92.5公里。1990年，县内有邮路12条，里程450公里。1998年，海门自办普邮兼特快邮路4条，特快邮路3条，全长408公里。投递线路285条，其中农村投递271条、市镇投递14条。

1998年海门市自办邮路一览

表16－2

类别	邮路名称	班　期	经 过 局（ 所 ）
普邮兼特快邮路	海门北线	汽车逐日班	瑞祥、国强、四甲、余东、包场、六甲、红中、东兴、正余、王浩、货隆
	海门南线	汽车逐日班	麒麟、六匡、悦来、三阳、临江、汤家、三厂、江滨
	海门中线	汽车逐日班	青龙港（转海永乡）、常乐、平山、树勋、万年、海洪
	海门北线	汽车逐日班	德胜、三星、叠石桥、天补、三和、棉种场、江心沙、秀山、海兴
特快邮路	海门南线	汽车逐日班	青龙港、三厂、汤家、临江、三阳、海洪、万年、悦来、六匡、麒麟、常乐、江滨
	海门北线	汽车逐日班	国强、四甲、货隆、王浩、正余、包场、东兴、红中、六甲、余东、树勋、平山
	海门西线	汽车逐日班	瑞祥、德胜、三星、叠石桥、天补、三和、棉种场、江心沙、海兴、秀山

2002年，全市拥有邮路136条，总长5500公里。2008年，有特快邮路9条，包括天补、三厂、悦来、四甲、包场线各1条，城区4条。埠内邮路总长5138公里。

二、分拣封发

民国时期，海门中华邮政局与沪海、通海两线沿途各局、所建立邮件直封关系，一直沿用至海门解放。

1949 年 4 月 8 日，对打套封袋手续作出具体规定，党政军机关封号邮件、邮政公事、保价邮件等打入机密挂号套，一般党政机关邮件、挂号信及商情等打挂号套，一般邮件、平信等合并打套。1949 年 5 月 30 日，套子的种类分机密、挂号、平套、江南套（内分民邮套、公邮套）4 类，凡邮件在 5 件以上者均打套，机密套或保价套均需两人拆封签名。8 月，南通局与包场等区邮局建立直封关系。1951 年 6 月，与余东、四甲等区局建立直封关系。1957 年，实行直封交换制度，对进口邮件逐袋逐套与路单、排单核对，以免差错。1960 年，与省内外部分分局建立直封关系，与上海、北京等地邮局建立航空邮件直封关系。1966 年，实行二级转分，由县局直封至邮电中心支局，再由中心支局转封相关邮电支局、邮电所。

1979 年 1 月，实行邮政编码和封发体制改革，进出口邮件由南通邮电局分拣科直接封发至外地和海门各局、所。1986 年，设立印刷品分拣台，印刷品与信分开封发。1987 年，县局与国内各特快专递业务开办局、上海国际特快专递邮件交换局，建立特快专递邮件直封关系。1989 年，县局邮件转运和分拣实行全封闭标准化作业。1990 年，对省内互寄的平、挂信函，试行按邮政编码分拣。

1998 年 9 月，对外直封地点一律为南通邮电局，包裹直封全国各省、自治区、直辖市邮电局。市内格口 33 个，对外直封南通邮电局的分平函、挂刷、快件、国际等格口 4 个。至 2008 年，分拣封发办法不变。

三、投递

城区投递　光绪三十一年（1905）至县境解放，茅家镇内不分段道，由专职投递员或兼管内勤的人员投递。1952 年，茅家镇始设投递段道 3 条，用自行车逐日投递。对县委、县政府大院内各单位的信、报，实行直接投递，其他党政机关、学校等重点单位，下午加班投递。1958 年，随着国民经济的发展，城区信报数量增多，投递段道多次调整，投递人员不断增加。

1984 年 7 月，县城及其附近农村的信报由县局直接投递到户。1992 年 6 月 1 日，对住宅楼二楼以上的给据邮件和杂志投递到户。1993 年，海门镇设信箱 10 个。1997 年，信箱增加到 25 个，楼道信箱 2100 个，市区竣工的 710 幢楼房均设有楼道信箱（末端），入楼率 100%，投递段道 15 条。2002 年 3 月，投递段道 17 条。2006 年为 18 条。2007 年 3 月，城区成立大客户汽车投递邮路和商函专投队伍。2008 年，城市投递段道为 27 条，有大客户汽车投递邮路 1 条、商函专投邮路 2 条。

农村投递　民国时期，农村信函、包裹由邮差送达或集镇店铺捎转。在抗日根据地和解放区，建有义务通信员，班期时断时续。新中国成立初，义务通信员承担部分平信、报刊传递，特种信函和大宗平信、报刊等通过代办所、商店或农村干部捎带，积压延误和遗失现象时有发生。

1950 年 11 月，全县 138 个乡中建立 127 个乡通信站，乡义务通信员 760 人，隔日班投递。1956 年 3 月，全县 75 个乡、150 个农业社各设投递员 1 人，其报酬由集体负担。1958 年 5 月，实现农村邮递城市化，信、报当天到生产队。特种邮件由投递员亲投到户。1961 年，公社邮递员隔日投递汇款、包裹、特挂、普挂等邮件，亲发到户。普信、报纸隔日分别送到大队、生产队或户。全年投递 11.5 万件，无一差错。

1971 年 1 月 1 日，义务通信员改为亦工亦农投递员，全县有 46 人，每公社 1－2 人。1972 年，全县农村投递员发展到 80 人，投递 757 个大队、7445 个生产队。1979 年，农村投递试用摩托车，全年行驶 11.7 万公里无事故。1984 年，因费用过高改用自行车投递。1990 年 10 月，首次召开邮电系统投递员工作会议，165 名投递员参加，旨在提高投递员思想素质和工作责任性，减少差错。是年，县内投递里

图 16－3　邮政投递服务　（2008 年摄）

程5652公里,信、报逐日投送到户率90%以上。

1992年6月1日,执行邮电部颁发的国内邮件处理规则,农村投递工作更趋制度化、规范化。1997年,在“邮电服务年”推动下,农村投递工作向群众承诺:报刊投递如缺数,5天内补送到户,无法补送的10天内赔偿到户;邮件丢失,查询期满2个月,属邮局责任的,立即赔偿。2005年,有农村投递员115人,开设农村投递段道112条。2008年调整为111条。

第三节　业　　务

一、营业项目

函件　光绪三十一年(1905)九月,海门有平常和挂号函件业务。宣统二年(1910),开办国内快递信函业务。

民国元年(1912),开办军邮免费信函业务。民国10年5月,各邮局、所办理快递信函业务。民国25年5月,快递信函停办,改办平快邮件业务。民国27年3月,日本侵略军侵占海门,军邮免费信函业务停办。

抗日战争初期,因战事频繁,邮政通信终止。民国30年5月,由中共海启县委战时交通机构负责抗日根据地党政机关的文件、信件传递。民国31年11月,实行粘贴邮票制度,信件分为“机”“快”“平”3种。民国34年4月1日,信件分为“机”“快”“平”“便”“印”5类。同年7月1日,开办小型邮包业务,信件收寄采用三联单。

民国35年2月,海门二等邮局除收寄发往解放区的各类函件外,同时收寄发往国民党统治区的平常、挂号信函。发往解放区的函件贴用苏皖边区邮政面值邮票,发往国民党统治区的函件贴用中华邮政面值邮票。5月1日起,一律改贴苏皖边区邮政面值邮票。10月,国民党统治区的海门县治茅家镇以及三厂、常乐、天补等地恢复中华邮政,开办函件业务。民国36年3月,海门邮局开办保价挂号信函业务。

1949年1月,县邮电局辖邮电支局、所恢复收寄全国各解放区的信函。5月,县邮局、所开办平常、挂号、平常快递、快递挂号、保价挂号信函、各类报刊(新闻纸)邮件、印刷物、商务传单、货样等寄递业务。6月,开办明信片业务。

1952年6月,改保价挂号信函为保价信函,每封保价信可内装现金16万元(旧人民币)。8月5日,开办收寄国内航空信函业务。1953年,停办快递信函业务。1957年9月1日,对解放军战士交寄明信片、平信实行免费寄送,并盖有“军人免费”三角戳记。1960年10月,开办特种挂号信函业务,专门寄递各种粮票、布票、油票等票证和户口证、粮油转移证、团组织介绍信等。1961年1月,停办寄递现金的保价信函业务,凡寄递现金改用邮政汇票寄递。1969年4月1日,停办货样寄递业务,取消平信军人免费制度,解放军和武警战士的交寄信件按平信资费收取。

1976年6月,各邮电支局、所办理收寄国际信函业务。1978年1月1日,执行邮政编码制度。

1984年10月1日,恢复义务兵免费函件业务。1991年2月,开办商业信函业务。10月9日,开办礼仪信函业务,用户可使用专用彩色信封寄递请柬、贺信等函件。12月1日,试办中国邮政贺年有奖明信片业务。1992年7月1日,开办国内邮政电子信函业务。同时,开办去台湾速递业务。1995年1月1日,执行信封标准化,规格代号为GBIT1416－93。

1998年,国内函件业务有各类平常信函、挂号信函、军人免费信函、保价信函、特种挂号信函、礼仪信函、邮政快件、明信片、印刷品、盲人读物、特快专递等;国际函件业务有各类平常信函、挂号信函、航空信函、特快专递邮件、小包邮件、明信片、印刷品、盲人读物、邮送广告、回音卡等业务。2000年,开办邮资封业务。2004年5月,使用国家邮政局统一调整的标准信封,信封背后增加条形码。2006年起,应用数据库开发商函业务。同年10月,推出邮政贺卡。2008年,邮递函件151.31万件,实现函件业务收入534万元。

包件　光绪三十一年(1905),海门邮政代办所开办国内普通包件业务。宣统元年(1909),邮局办理国际保价包裹业务。民国元年,开办保险包裹和代收货价包裹业务。民国24年4月,开办轻便包裹业务,又称小包邮件。民国25年6月,增办按址投递包裹业务,轻便包裹、按址投递包裹可随信函亲投到户。民国27年,国际保价包裹业务停办。民国31年9

月，增办图书包裹业务。民国 37 年 8 月，开办保价包裹业务，又称保价箱匣。分甲乙两类保价，手表、怀表、金、银、金银饰品、外国铸币、珠宝、玉器物品作甲类保价寄递，其他物品作乙类保价寄递。

1949 年 1 －7 月，停办包裹收寄业务。8 月 15 日，恢复收寄零星普通包裹、图书小包及大宗商品包裹。同月，停办保价包裹业务。1952 年 12 月，开办国际普通包裹业务，投递进口的保价包裹、脆弱包裹。1958 年，包件送达到户。1963 年，邮寄包裹量比 1962 年下降 43.5%。1969 年 4 月，停办代收货价包裹业务。1976 年 12 月，对大宗商品包裹实行计划收寄。1979 年，开办收寄商品包裹业务，个人交寄重量超过 5 公斤、长度超过 60 厘米、横围超过 90 厘米的物品，均作商品包裹寄递。1981 年 5 月，恢复办理代收货价包裹业务，做到收寄、发运服务上门。1992 年，由于邮政资费上调，商包收寄量下降。1996 年 1 月 1 日，开办用户专用袋包裹寄递业务。2000 年 10 月，城区包裹直投到户。2005 年，开办快递包裹业务，加快包裹传递速度。2008 年，邮递包件 7.92 万件。

报刊发行 清代，邮局不直接办理报纸、杂志的订销发行业务，境内的报刊如需通过邮局发往外地，按新闻纸邮件收寄。民国元年，由海门士绅创办《公言报》，通过邮局作为新闻纸寄发。民国 19 年 11 月 1 日出版的《江海日报》，绝大部分由邮局以新闻纸邮件发送。民国 27 年 3 月，日本侵略军侵占海门，报刊停止发行。民国 32 年 4 月，《东南报》《苏中报》《江海报》等中共地方党报党刊由地下交通部门免费传递。民国 35 年 8 月至 37 年 7 月，因战事紧张停止发行。海门解放后，县局承担《解放日报》《新华日报》和《新江海报》等党报党刊的发行任务。5 月，由各支局、所办理代订报纸业务，当年全县发行报纸 3.4 万份。

1950 年 8 月，县局设报刊发行组，办理国内、国际报纸、刊物的订销发行业务。江苏邮区各种报纸由县局发行，发行报纸 5.6 万份、杂志 4.1 万份。1952 年，原由新华书店发行的杂志移交邮局订销。1955 年 4 月，海门邮政营业部兼营报纸零售业务。1956 年 5 月，承担《海门报》发行任务，每期发行 4 万余份。1957 年 8 月，报刊发行总量由 1956 年的 100 万份增加到 300 万份。1959 年，实行党报党刊发行工作“大跃进”，90% 以上报刊由投递员亲投到户，三分之一的公社能看到当天《新华日报》。1966 年，“文化大革命”开始，许多报纸、杂志被迫停刊，发行工作处于停滞萎缩状态。

1979 年 1 月 1 日，《南通市报》（后改为《南通日报》）复刊，由邮局组织发行。是年，报刊累计发行 1036 万份。1981 年，扩大零售报纸业务，年零售额 3.65 万元。1985 年，发行报纸 525 种、杂志 2040 种。1988 年 1 月 1 日，县局及各支局、所订销的各种报刊，直接由南通报刊发行中心局汇总，分发至各投递局投递。1990 年，发行报纸 1136.8 万份、杂志 20.8 万份。1993 年，报刊订销主要数据实行微机管理，省内联网。

1994 年，《海门报》复刊，全市邮发报刊业务量大幅度上升。1995 年，发行报纸 2000 万份。1997 年，全市有报刊零售点 40 个，报刊累计发行 1930.3 万份。2000 年，市区有零售报亭 13 个。

2005 年，有报亭 15 个、零售点 58 个，发行报刊 2202.65 万份。2008 年，发行报刊 2634 万份。

集邮 1983 年 1 月，召开集邮代表大会，成立县集邮协会，会员 100 余人。10 月 1 日，开办集邮业务，预订集邮纪念特种邮票。当年集邮订户 332 户，销售额 3360 元。1990 年，全县集邮订户 3800 多户，销售纪念、特种邮票 31.2 万枚，销售额 5.68 万元。1991 年 4 月，召开县集邮协会第二次代表大会，团体会员单位有教育局、海门中学、通棉三厂、东洲中学、实验小学等集邮协会，会员 500 人。

1992 年有集邮点 5 个，集邮收入 19.87 万元。1993 年，邮票代售处发展到 54 个。1994 年，海门集

图 16－4 专题集邮展 （2008 年摄）

邮者之家成立。1997年,采取新老票并举的经营举措,实现销售123.43万枚,比1985年12.2万枚增长10.12倍。2003年3月,开发《海门日报》庆十六大召开纪念珍藏邮册。4月,开发《江海明珠》纪念册。12月,开发《江海门户》纪念册。2005年,举办"美丽的校园"邮票设计大赛和"纪念安徒生诞生100周年少年邮展"活动。2006年,集邮销售62.91万枚,收入114万元,总量位居南通6县(市)第二。2008年,以奥运年为契机,抓奥运邮品的开发和销售,销售奥运特许邮品86.8万元。是年,集邮销售5.39万枚。

机要通信 民国30年6月,苏中交通总局建立,海门县建立分站,负责中共苏中四地委与县的通信联络任务。民国31年春,县内各区建站,时有海五、海八、海六、海四、海七及启二等区站(组)。秋,又相继建立富余东北(今包场北部地区)、东南(今刘浩乡)两个组和余东区站。民国32年,在抗日反"清乡"斗争中,为适应战争环境的需要,各交通站实行"一站三点"制度,即一个交通站的工作、住宿、吃饭三地分开。执行通信任务时,实行"单人班",在重要地段,送信"双人制",一前一后,前者探路,后者携带密藏信件,穿小路、过暗坝,传递党的文件、报刊。

民国35年10月,县设东南交通局,下设17个站(分站),包括富余、海中、海南、海西、吕四、启东、启西、海东8个区站和富余东北、东南两个干线站及分站,有140余名交通员,秘密穿梭于敌占区,及时传递党的机要文件。

海门解放后,机要通信由县政府专设的政治交通班(简称政交班)以自行车为工具,专人专程收投。1957年4月,县邮电局开办机要通信业务。1958年8月,县人民委员会政交班撤销,机要通信业务移交县邮电局办理。县局设机要通信组,有7条机要线路,10人跑班。后改为4线4人,当日来回。1960年,投递机要信件3.23万件。1963年7月,机要信件由各支局、所办理改为县邮电局机要员直接与各区、公社发生收投关系,减少层次,确保安全、快捷。1966年,投递2.07万件。

1979年,指定支局、所负责人亲自投递机要信件。1980年,运送投递机要普邮3.83万件,安全行车8.2万公里。1985年4月,停办各乡、镇、场邮电支局、所机要业务,实行专程收投。是年,收投机要信件1457件。1990年减为700件,数量逐年减少。1994年,对机要文件的交接验收、保管、安全携带、监督检查等作出规定,确保保密安全传递。2001年,机要信件投递599件。2005年285件,2008年508件。

代办业务 民国2年6月,中华邮政茅家镇邮局办理代售印花税票业务。民国8年1月,办理代购书籍业务。8月,代办人寿保险业务,民国27年停办。民国36年,办理简易人寿保险业务,1949年1月停办。

1950年1月,设立代购物品服务部,代购业务主要是锡箔、药品、毛线、布匹等,凡属规定准寄的物品,不管大宗或零星用品,均可代购,按章收取汇费和邮资。1951年2月,试办代发代贴广告业务。1952年5月,代理税务部门出售印花税票,面值为200万元、500万元、2000万元、5000万元4种(旧人民币)。1953年,代购物品、代发广告业务先后停办。1954年3月,代售印花税票停办。

20世纪六七十年代,代办业务甚少。80年代,代办业务逐步扩大,门类增多。1981年5月,开办代收货价邮件业务,收寄范围为个人或单位寄出的除特种挂号信函外的各类给据邮件。1984年4月,恢复代发代贴广告业务。1994年10月,为省发行第三届全国城市运动会发售体育彩票,计10万张,金额20万元。2006年,开展代办移动通信业务,全年共放移动号1.94万号,销售充值卡730万元。是年,实现代办收入158万元。2007年,实现代办收入300万元,同比增长89.87%,列南通6县(市)第一。2008年,将代办业务列入电子商务业务,充分利用邮政渠道优势,实现代办业务电子化。

汇兑 光绪三十一年(1905),海门开办邮政汇兑业务,用三联汇票,每笔汇款最高限额为银圆10元。光绪三十四年(1908),每笔汇款放宽到银圆50元。

民国3年,将汇款限额分为甲乙两类,海门属乙类汇兑局,每笔汇款最高限额50元。民国7年,海门邮政局被列为特类汇兑局,每笔汇款最高限额200元。民国12年,放宽为300元。民国14年5月,开办快递邮政汇兑业务。民国18年12月,开办航空汇票业务。民国19年,开办小额汇票业务,汇票印有不同款额的面值,可供汇款人任意购买,收款人凭此汇票到邮局兑付现金。民国22年2月,开办电报汇款业务。民国35年9月,苏皖边区所辖东南分局接管各集镇邮局,办理解放区范围内的普通汇兑业务。民国36年8月,中华邮政在国民党统治区开办旅行汇票业务。民国37年2月,开办定额汇票业务,可以在全国(除台湾、东北各省)各地邮局兑付。1949年年初,一度停止汇兑业务。6月,开办华东解放区各邮局之间的普通汇票汇兑业务。

1949年12月,县局办理定额汇票业务。1950年1月,各支局、所开办汇兑业务。采用英法式汇兑方法,即汇款人将汇款收据用挂号信寄给收款人,收款人凭汇款收据到当地邮局领取,全年汇票数4332张。1953年3月1日,改用剪格汇票,农村邮政代办所使用新的定额汇票。1955年,改革汇兑方法,即汇票与票根的骑缝处印有百元、十元、元、角、分的金额,汇款时从骑缝处按汇款金额剪开,用挂号信寄给收款人。1956年,开办电汇业务,由县局收汇,支局兑付。1957年10月1日,改用汇款人填写汇款通知单,随款交营业员开出汇票,由邮局寄给对方局,对方局将汇款通知单按址投交收款人,然后到邮局取款。当年普通汇款最高限额300元。1965年4月,停止使用剪格汇票和定额汇票,改用两联单式普通汇票和信封式汇款通知单。

1980年1月1日,每笔汇款最高限额5000元。1989年6月,试行汇兑转储蓄业务,由于手续烦琐,效益欠佳,2年后停办。1996年6月1日,邮政高额汇票每笔最高限额1万元,最低额1000元。

2003年11月,利用邮政综合网开办电子汇款业务,极大提高汇款速度。电子汇款种类有实时汇款、2小时汇款、24小时汇款、投单汇款等。入账时限有实时、次日。2008年,电子汇款15.58万笔。

速递物流 1987年10月,开办特快专递业务,凡适应邮寄的各类书信、文件、资料和物品,均可作为邮政特快或特快专递邮件交寄。在传递过程中,选用快速有效的运邮工具和规定的邮路,组织运递,专投到户。1988年3月,开办国际快递函件业务。5月1日,开办特快汇款业务。8月1日,11个支局、所开办邮政快件收寄业务。1990年1月1日,对使用快件业务的大户及散户,开办快件汇款业务。对县内快件业务,邮路沿线各支局(所)增开直封口,使邮件直接发往相关支局(所)。各支局(所)之间赶当日班投妥。1994年7月,天补、三星等10个支局开办特快专递邮件业务,并开辟市区东、西两条特快专递邮路。

1996年5月,特快邮路调整为南、北、西3条线。1996年7月,对国内特快专递邮件的重量限度,每件由20公斤(整件不可分的物品为25公斤)提高到28公斤,尺寸及封装规格不变。1997年,邮政快递跟踪查询系统进入全国联网。1999年,开办中速快件业务,在中国境内与荷兰皇家邮政合作开办TNT(中速快件)业务。2002年3月,成立市邮政局物流配送部,开办商品分销、配送上门。品种为"大富豪598"啤酒。2003年,配送种类和范围不断扩大。同年10月,开办邮政礼仪业务。2004年,开办"次晨达"快速网物流业务,实现寄往部分城市的邮件次日上午送达。2005年,开办全夜航业务。2007年,物流业务收入165.2万元,比2006年增长58.85%。2008年,实现速递收入861万元。

1949—2008年若干年份海门市(县)邮政业务量一览

表16-3

年份	函件(万件)	机要邮件(万件)	包件(万件)	特快专递(万件)	汇票(万张)	报纸(万份)	杂志(万份)
1949	31.00	0.20	0.10	–	0.10	3.40	2.00
1950	31.00	0.30	0.10	–	0.40	5.60	4.10
1955	127.00	0.40	3.20	–	3.20	179.60	18.30
1960	243.00	3.20	5.20	–	3.90	553.20	42.30
1965	178.00	3.10	3.90	–	4.50	303.10	44.50
1970	198.00	0.50	3.80	–	4.30	75.80	15.80
1975	257.00	1.40	4.50	–	4.80	781.60	19.70
1980	292.00	1.70	7.50	–	6.60	1167.30	20.50

续表 16－3

年份	函件(万件)	机要邮件(万件)	包件(万件)	特快专递(万件)	汇票(万张)	报纸(万份)	杂志(万份)
1985	384.00	0.60	8.20	－	9.20	1743.50	20.90
1990	377.00	0.30	9.20	－	9.10	1136.80	20.80
1995	441.00	0.10	17.60	2.00	13.00	2000.00	126.00
2000	232.00	0.06	6.30	6.90	12.30	2366.80	100.90
2005	442.00	0.04	6.20	13.20	10.20	2134.00	68.70
2008	151.00	0.05	7.90	33.50	15.60	2537.00	97.00

二、邮政资费

民国30年3月至民国35年2月,苏中第四行政区和苏皖边区第一行政区所属各交通邮政部门,执行苏中交通总局制定的邮政资费标准。

民国30年3月至民国35年2月海门抗日根据地邮政资费一览

表 16－4　　单位:江淮币元

起讫年代	民国30年3月—民国31年11月	民国31年11月—民国34年4月	民国34年4月—民国35年2月
便私信件	不收寄	不收寄	0.10
印刷品	不贴邮票	分别贴用机、快、平无面值邮票	0.10
平递邮件	不贴邮票	分别贴用机、快、平无面值邮票	0.20
快递邮件	不贴邮票	分别贴用机、快、平无面值邮票	0.40
机密邮件	不贴邮票	分别贴用机、快、平无面值邮票	0.40

民国35年2月15日,苏皖边区第一邮政管理分局所属各县邮政局、交通局,执行苏皖边区各类邮件资费标准。

民国35年苏皖边区各类邮件资费一览

表 16－5　　单位:江淮币元

资费种类		计算标准	本地资费	本边区资费	各解放区资费
普通资费	信函类	每20克	0.10	0.20	0.30
	新闻纸	每100克(平常)	0.03	0.05	0.10
		每100克(立卷)	0.02	0.03	0.06
		每100克(总包)	－	0.02	0.04
	印刷品	每100克(最多2000克)	0.03	0.05	0.10
	商务传单	最多100克	－	0.20	0.30
	货样	每100克(最多500克)	－	0.15	0.20
	小包邮件	每100克	0.25	0.50	0.75
	包裹	每500克	0.25	0.50	0.75

续表 16－5

资费种类		计算标准	本地资费	本边区资费	各解放区资费
特种资费	挂号函件	每件加收	0.15	0.30	0.45
	快递挂号函件	每件加收	0.25	0.50	0.75
	平快函件	每件加收	0.10	0.20	0.30
	保价信函	保价费10元至3000元	10%	10%	暂不收寄
其他资费	回执	每件	0.15	0.30	0.45
	查询、补回执	每件	0.30	0.60	0.90
	退回、改寄	每件按原寄资费收取	–	–	–

民国35年10月，各级地下秘密交通部门停止粘贴邮票制度，各类信件实行免费寄送。民国36年5月，党政军机关的公用信函以及县团以上武装部队指战员的私人信件，不贴邮票；机关干部的私人信件，就地投递的每件收邮费50元（华中币），苏皖边区境内互寄的每件收100元。民国36年10月20日，党政军机关干部交寄的私人信件，实行收费制度。1949年1月至1949年年底，华中第九邮电管理局执行华中、华东解放区邮政资费标准。1950年，执行国家邮电管理局统一制定资费标准。是年1月，信函每封500元，挂号信1500元。7月，信函本埠每封400元，外埠每封800元，挂号费1200元（以上为旧人民币）。直至20世纪80年代资费未变。1990年7月，函件资费上调，包件资费随之上调，信函本埠0.1元，外埠0.2元，挂号费0.3元，明信片本埠0.1元，外埠0.15元。1996年12月，再次调整资费，信函本外埠均为0.5元，明信片0.4元，挂号费1元。1999年3月，函件资费调高，信函本埠为0.6元，外埠0.8元，挂号费2元，明信片0.6元。2006年11月15日至2008年，信函本埠0.8元，外埠1.2元，挂号费3元，明信片0.8元。

第三章 电 信

第一节 电 报

一、有线电报

电路 清光绪九年（1883），海门架设上海经海门至南通有线电报电路。民国2年（1913）4月，架设海门至南通电报线。民国8年，扩建海门至大生二厂（今启东久隆镇）电报线。民国27年3月后，电报线路被日本侵略军拆除。日本侵略军投降后，国民党政府电报局开通海门、三厂等电报线路。

1949年三四月间，架设海门至南通4.00单铁线。1950年10月，架设海门至启东2.50铁线1对。1952年，海门至南通4.00单铁线改为双铁线。1958年，海门至南通加挂4.00铁线1对。1971年10月至1972年2月，兴建海门至南通长途地下电缆。

1976年，架设海门镇至青龙港2.50铜线1对，与江底电缆相连接。1980年，南通至吕四的海门段铝绞线改为2.50双铜线。1986年3月11日24时，海门至南京电报电路接入256线自动转报网，海门至南通电报电路网同时关闭。1987年，新增海门至启东51公里铜线1对。1988年11月，包场邮电支局开通至县城电传电路。1990年，海门至南通有电报电路18条。1991年10月，海门至南通、启东的大容量光缆开通。2000年，新增至南京的电路1条。2005年，电报电路拆除。

设备　从清末到新中国成立初期，海门的电报传输用磁石电话机传报数码。1958年4月，使用莫尔斯电报机（人工机）。1969年，有音响机1台，取代莫尔斯电报机。20世纪70年代初，使用音频振荡器。1974年，使用电传打字电报机。1979年，使用单、双机头电传机。1985年，有双机头自动发报机4台。1986年，县邮电局添置使用电子电传机。1990年，有电子电传机45台，11个邮电支局使用电传机。1991年4月30日，在全省率先开通BJC－64线电报分集机，实现电报转报自动化。1997年底，使用公众电报传真转报系统。1998年，有SCl00－B电报传真智能终端6套和SCl00－D电报传真处理台1套，29个邮电支局、所各配置传真机1台。2005年12月，电报业务撤销，设备闲置。

网点　清光绪九年（1883），海门设电报分号。民国2年4月，筹建海门电报局。5月1日营业。民国8年，张謇发起在大生二厂设立分局，同年底，迁至久隆镇。民国27年，日本侵略军侵占海门前，分局关闭。民国29年10月，日伪华中电气通信股份有限公司在三厂镇设海门电报局。民国30年，在茅家镇设海门电报局新河北电报收发处，同年10月15日，设海门电报局青龙港电报收发处。民国34年9月，日伪电报局因日本侵略军投降而告终。之后，国民党政府在三厂镇设电报局，茅家镇设电报营业所。海门解放前夕，电报停歇。1949年9月，茅家镇设电报局，三厂镇设电报营业所。随着邮电支局增多，电报营业网点不断增加。1959年，全县电报业网点遍布30个支局、所。1984－1990年，电报业务网点扩展至37个。1998年，电报业务网点共39个。同年9月，邮政、电信分营后，经营电报网点调整为29个。2005年12月，电报网点撤销。

二、无线电报

电路　民国2年，海门电报局开设海门至南通无线电报电路。民国27年，日本侵略军侵占海门时，无线电报电路中断。民国29年，日伪华中电气通信股份有限公司电报局，与茅家镇、青龙港、南通城沟通无线电报电路3条。民国31年，无线电报电路由南通改经上海。

解放后至1965年，未设无线电报电路。1966年，开通至南通城及南通所属各县电路6条，作为战争和救灾备用长期电路。

设备　民国2年，海门电报局有无线电发报机1台。民国34年9月，日军在海门的电报发报机被收缴。

海门解放后至1965年，未设电台。1966年，海门邮电局配备八一型15瓦无线收发报机1台。1998年，备有15瓦无线收发报机3台，坚持每天正常联络，保持设备完好状态，作为应急或战时重要通信工具。2008年，有50瓦单边带电台2台，运转正常。

三、业务

国内电报　民国2年5月1日，电报有官电、商电、新闻电、寻常电（普通电）4种，分华文、外文、华文明码与华文密码。同时开办加急电报业务及校对、预收回报费、送妥通知、专送、跟转、分送等特别业务。民国11年1月，电报种类改为政务、公务、特种、寻常4种。民国25年9月，改为官军电报、局务电报、私务电报、公益电报、特种电报5种。民国29年，电报除使用华文、英文外，还使用和文（日文）。民国37年12月，分为寻常、加急、特快、官军、全价官军、新闻、加急新闻、夜信、交际、旅行、国内船舶、公电、电汇和公益14种。

1949年1月，海门解放后，扩大服务，有军政电、私务电、新闻电、交际电、旅行电、夜信电6种。军政、私务、新闻电报又分寻常、加急两种。1950年国庆节前后，开办庆贺电业务。同年11月，夜信电报改为书信电报。1952年，把常用电报划分为军政电、政务电、寻常电、书信电、新闻电、邮转电6种，并开办核对、送妥通知、预付回报费、分送、专送、话传特别业务6种。1953年，改为军政电、企业电、公益电、航行安全电、报汛电、邮汇电、船舶电、新闻电、公务电、普通电、书信电11种。1957年，增加事故电、气象电，共计13种。1959－1978年，业务种类多次变动。1979年3月，放开受理台湾地区电报业务。1985年4月,有天气电、水情电、公益电、政务电、新闻电、普通电、汇款电、公电等8种。特别业务分为特急、加急、邮送电报3种。1994年,普遍使用长途电话和移动电话,电报业务下降。同年,开办双向鲜花礼仪电报业务。2005年12月,取消电报业务。

国际电报 民国时期,办理寻常电报、加急电报、迟缓电报、书信电报、庆贺电报5种。日本侵略军侵华时,收发国内外日文、华文、外文电报。

50年代,受理发往苏联、东欧、朝鲜、越南等社会主义国家及其他友好国家的国际电报。1966年9月,海门、三厂两地开办发往西方国家的国际电报。1984年,海门成为中国沿海开放地区后,除国家规定不得发生通信联系的部分国家和地区外,办理发往世界各地的各类国际电报业务。1990年,发出国际电报88份。1991年,数字程控长途交换设备及微波通信干线开通,开办国际电报业务有有关人命安全电报、保证航空安全电报、有关执行联合国宪章的电报、气象电报、观察卫星和宇宙天体运行情况电报、电子层观察电报、优先传递的国际政务电报等18种。同时开办国际公众用户电报、国际船舶电报、国际相片电报等电报业务。1992年,国际直拨电话进入全市所有用户,国际电报业务骤减。1995年,发出国际电报140份。2000年仅发出5份。2004年1月1日,停止发送和接收海外公众电报业务。

1949－2001年海门市(县)电报业务量一览

表16－6 **单位:万份**

年份	数量	年份	数量	年份	数量
1949	0.10	1967	3.00	1985	20.30
1950	0.30	1968	2.60	1986	21.60
1951	0.30	1969	2.90	1987	27.00
1952	0.40	1970	3.20	1988	33.90
1953	0.60	1971	5.40	1989	30.00
1954	0.60	1972	4.40	1990	26.10
1955	0.50	1973	3.70	1991	26.90
1956	0.50	1974	7.70	1992	25.50
1957	0.30	1975	6.90	1993	22.00
1958	1.10	1976	8.00	1994	13.20
1959	2.50	1977	9.50	1995	8.40
1960	4.70	1978	10.00	1996	5.30
1961	3.60	1979	11.20	1997	3.20
1962	3.90	1980	14.90	1998	1.90
1963	2.70	1981	14.80	1999	1.40
1964	2.70	1982	14.30	2000	0.80
1965	2.70	1983	15.60	2001	0.50
1966	2.60	1984	15.80		

说明:2002年后无统计,2005年电报业务取消

第二节 固定电话

一、长途电话

网点 民国9年(1920)9月,海门茅家镇商人陈伯葵等集资经营海聪电话公司。民国10年,海门和南通、二甲商界集资创办海门至南通长途电话。民国12年,三阳镇、凤凰桥经营长途电话,同年年底闭歇。民国18年,海门电报局兼营长途电话,民国27年闭歇。民国35年,设县电话交换所,茅家镇、三厂、天补、坝头镇、麒麟镇5处设总机,装电话单机的有13个集镇,均为国民党县、区、乡政权机关所用。

解放后,海门、三厂两处开办国内长途电话业务。1956年6月,天补、青龙港、麒麟、三阳、四甲、余东、包场先后开通国内长途电话。1959年1月,各公社、镇邮电局、所开办国内长途电话业务。1966年9月,海门、三厂两处开办国际长途电话业务。

1980年,全县开办长途电话网点54个。1985年发展到55个。1991年10月,海门6000门程控电话开通,县城所有电话实现国际国内直拨。1993年12月,海永乡自动电话开通,长途电话人工台拆除,进入全国自动化网络。1998年,有网点39个,包括34个邮电支局(所)、5个邮电代办所。2000年,海门联通公司经营"193"长途电话。2004年,海门铁通公司设城中、城西、三厂、三星4个电信支局,经营长途电话。2005年,海门网通公司投资建网,开通

长途电话。2008 年,电信局所属网点 30 个。

电路　民国 9 年,海聪电话公司电路分上下 2 路。民国 23 年 5 月,南通至久隆长途电话线路由南通、海门电报局接收。民国 27 年,日本侵略军侵占海门,海门电报局长途线路被拆除,海门至各地电话中断。

1949 年 10 月,开通海门至南通电路。1950 年 10 月,架设海门至启东双铁线 1 路,全县有长途电路 2 路。1952 年,将海门至南通单铁丝电路改为双铁丝。1958 年,海门至南通长途电话增至 5 路,全县共 6 路。1959 年,海门至南通加挂铁丝 1 对。1966 年,开通海门至启东直达电路。1967 年,青龙港至崇明铺设江底通信电缆,开通海门至崇明电路。1968 年,开通至上海直达电路。1971 年 10 月至 1972 年 2 月,兴建海门至南通长途地下电缆。1973 年,开通海门至金沙、如东、如皋、海安、张芝山直达电路。1976 年,由青龙港至南通架设 2.50 铜线 1 对,计 52 公里,与江底电缆相连接,沟通与上海有线长途电路。1983 年,开通海门至南京直达电路。1985 年,开通南通市委至海门县委直达专用长途电路。是年年底,海门有长途电路 53 路。其中,至南通电路 22 路、上海电路 13 路、其他地区 18 路。1986 年,开通至南京自动转接电路。1987 年 5 月 21 日,海门与永隆沙开通直达电路。1988 年 7 月 7 日零时,海门局长途电话进入全国自动电话网。1989 年,开通海门至南通全自动电路 24 路、海门至崇明电路 5 路。1990 年,开通长途电话电路 133 路。10 月,架设海门至南通、启东大容量光纤电缆。1991 年,有长途电路 587 路。1994 年,增加到 840 路。1995 年 10 月,海门电话电路并入南通本地网,除 270 路非业务电路外,海门均可经南通中继,拨打长途电话。

设备　民国 9 年,海聪电话公司装有磁石式 210 门容量总机,日本侵略军侵占海门时被拆除。民国 35 年,县电话交换所分别在茅家镇、三厂镇设 15 门交换机,后扩容为 40 门。民国 37 年,旧时电话设备均被国民党政府拆除。

1949 年 1 月,海门设 10 门磁石交换机 1 部。1958 年,设 30 门长途电话磁石交换机 1 部。同年,安装单路和 3 路电子管载波机各 1 端。1969 年,有磁石交换机 2 部,共 60 门。1973 年,增开至南通 12 路晶体管载波机 1 端。1978 年 10 月,开通 2000 门准电子自动电话交换机。1981 年,安装 300 路微波收发讯机 4 部、微波 60 路载波机 2 部,建成海门至南通和上海的微波通信系统。1985 年,海门磁石交换机增至 9 部共 540 门、微波 300 路收发讯机 4 部、微波 60 路载波机 2 部。1987 年 12 月 30 日,三厂镇开通 1000 门纵横制自动交换机,代替磁石交换机。

1991 年 10 月 13 日,开通 6000 门数字程控电话交换机,淘汰准电子自动电话交换机。1992 年 10 月,投资 180 万元建造 87.8 米高的综合通信塔。1993 年 12 月 10 日,扩展 2000 门数字程控电话交换机,实现全县城乡电话通信自动化、数字化、程控化。1994 年,扩容 5000 门数字程控电话交换机,各邮电支局、所相继开通程控交换机。长途数字终端复用设备容量为 1920 路,均为光缆,有光端机 4 部。1997 年,兴建 SDH(同步数字传输体系)自愈环 1 条,传输效果极大改善。交换机集中维护管理系统投入使用,海门与南通实现联网,全市各地均可直拨长途电话。

1998 年 7 月,南通市兴建日本富士通 SDH2.5G 骨干环路,海门长途电话交换机容量 780 路端。2000 年,本地电话网至长途电话交换机中继电路增至 1410 路。2001 年,增至 1680 路。2002 年 3 月,兴建日本富士通 SDH10G 骨干环路。2003 年,兴建第二光缆环路传输网络连接全市各电话交换母局。2004 年 12 月,兴建华为 SDH10G 骨干环路。2007 年,在市电信枢纽楼和开发区大楼兴建摩托罗拉 6100 南通波分一平面 40G、二平面 40G,兴建摩托罗拉 5000 到海安的 10G 环路。

图 16－5　程控交换机　(2008 年摄)

业务　民国时期，因战乱，长途电话经营业务寥寥无几。解放后，长途电话逐步增加。1949 年，有话单 6000 张。1955 年，有话单 1.69 万张。1958 年，长途电话实行分级收费，首级每分钟内收费 0.15 元，二级 0.3 元，三级 0.6 元，三级以上递增 0.3 元，末级为 3.6 元。1963 年，长途电话分为昼夜 3 个不同时段定价收费，节假日减半收费。1966 年，长途电话收入 2.44 万元。1969 年，话费收入降至 1.95 万元。1975 年，长途电话业务有所发展，话费收入 5.06 万元。1979 年，长途电话分寻常和加急两种计价办法，加急电话加倍收费。1980 年，电信设施投入加快，话费收入 15.74 万元。1985 年，有话单 46.1 万张，话费收入 36.02 万元。1987 年，程控电话开通，直拨通话，海门区号为“05231”。国际长途电话开户费 6000 元，国内长途电话开户费 3000 元，月租费均为 10 元。1988 年，有话单 87.66 万张。其中，国内 87.64 万张、国际 30 张、港澳台 200 张。1990 年，有国内长途电话话单 97.02 万张、国际 2.01 万张、港澳台 400 张。

1991 年 10 月 13 日，海门电话号码由 4 位升为 6 位。1992 年 3 月 1 日，海门列入全国首批开放国内长途对端“114”查号业务，用户可通过区号加“114”查询对方单位电话号码。1995 年 8 月 20 日，海门进入南通 C3 电话网，号码由 6 位升为 7 位，首位加“2”。长途区号由“05231”改为“0513”。1997 年，全市长途话单 1185 万张，话费收入 1927 万元。国际及港澳台直拨用户 1300 户。2000 年，国内长途话单 1008.61 万张、国际 3.23 万张、港澳台 1.73 万张，话费收入 2924 万元。同年，在营业区间首开 112 障碍台自动受理系统，为用户排除通话障碍提供全程服务。2005 年 12 月 10 日，海门电话号码由 7 位升为 8 位，首位为“8”。2008 年，长途话费收入 2251 万元。

1949－2008 年若干年份
海门市（县）长途电话发展一览

表 16－7　　**单位：万张**

年份	国内长话	国际长话	港澳台长话
1949	0.60	–	–
1955	1.69	–	–
1960	3.70	–	–
1965	4.14	–	–
1970	6.28	–	–
1975	16.03	–	–
1980	24.60	–	–
1985	46.10	–	–
1990	97.02	2.01	0.04
1995	852.59	5.53	2.22
2000	1008.61	3.23	1.73
2005	1801.98	11.17	4.75
2008	47.40	2.59	0.88

二、本地电话

网络　民国 9 年，城区电话初装用户 48 户。民国 10 年 9 月，海聪电话公司架通茅家镇与宋季港、大生三厂电话。民国 26 年 3 月，县国民政府与天补、牛洪港、上三和等地开通电话。民国 27 年，日本侵略军侵占海门前夕电话闭歇。日本侵略军投降后，设海门县电话交换所。民国 37 年，国民党县政府在县城建有市内电话，为党、政、军机关所用。

解放后，随着经济发展，电话网络不断增加。1956 年，架通县城至区机关驻地的电话线路，沟通县城与天补、麒麟、三阳、四甲、余东、包场、三厂镇及青龙港电话网络。1958 年，建成区至公社驻地电话网路，各公社、镇之间可通电话。1959 年 1 月，电话通至各生产大队。1962 年，经济建设进入调整时期，拆除公社所在地总机和大队电话，全县有电话单机 217 户。1966 年，有农村电话和市内电话（简称农话、市话）用户 487 户。1969 年，电话用户 496 户。1975 年，用载波电路组成县局至各支局（所）一级辐射直达电路网。1985 年，全县有农村电话用户 1284 户，出现少数私人住宅电话。

1988 年 3 月 26 日零点，县局拆除农话台，开通全县农、市话合一的半自动网，启用复式微机自动计时计费。1990 年，秀山、三和邮电局总机先后撤销，并入县局市话网。1992 年，全县乡镇邮电支局相继并网。1993 年 12 月 10 日，海永乡安装 ZX－

500型数字微波，全县29个建制乡镇网点全部实现交换程控化，传输数字化。

1995年8月20日零时，海门所属的南通市本地电话网建立，设有市区、三厂、悦来、包场、四甲5个母局，其余为模块局。1998年，建设农村接入网点12个。2003年，海门城区兴建第二母局。2004年4月，海门铁通公司建网经营固定电话。2005年，海门电信局各交换局、所（除接入网外）汇接方式直接连至南通。同年，海门铁通公司有程控交换容量2.2万线，海门网通公司投资建立干网，经营固定电话。2008年，海门电信局有7个端局、23个模块局，接入网点194个。

1950－2008年海门市（县）电信局电话用户一览

表16－8　　**单位：户**

年份	市话	农话	年份	市话	农话
1950	11	3	1980	543	878
1951	15	4	1981	597	935
1952	37	6	1982	639	998
1953	43	10	1983	680	1040
1954	51	19	1984	737	1121
1955	56	24	1985	780	1284
1956	77	51	1986	835	1342
1957	89	79	1987	983	1445
1958	161	688	1988	1052	1594
1959	204	807	1989	1367	1792
1960	213	1119	1990	1658	1870
1961	212	1093	1991	2062	2092
1962	217	207	1992	3741	2874
1963	225	220	1993	5898	5615
1964	234	215	1994	8878	9675
1965	258	253	1995	12112	16400
1966	239	248	1996	15322	27458
1967	243	311	1997	18745	45476
1968	204	286	1998	21950	79324
1969	207	289	1999	26850	103824
1970	210	340	2000	175300	－
1971	250	371	2001	214928	－
1972	262	446	2002	247936	－
1973	290	471	2003	266396	－
1974	237	554	2004	278886	－
1975	348	577	2005	284122	－
1976	383	696	2006	286442	－
1977	411	857	2007	292936	－
1978	424	971	2008	295523	－
1979	463	1088			

说明：2000年起，城区、农村电话统称为市内电话

设备　民国时期，所有电路设备均为市话与长途电话共用。

解放后，市内电话设施、设备逐步发展。1950年，县城建市内电话，装磁石式20门交换机1部。1955年，有机械交换机2部80门，通信线路开始使用电缆。1956年、1957年，架设县城至各乡镇机关驻地的电话线。1957年，全县电话中继线309对公里，交换机10部共280门。1958年10月，市话设备改为共电式，安装300门共电交换机。是年，安装会议专用设备，安装单路和3路电子管载波机各1端。1959年1月，全县装交换机33部。1964年，铺设三和至江心沙江底水线1.55公里。1970年，海门城区埋设四芯地下电缆，农村中继线杆实现水泥杆化。1973年，城区、农村各扩容500门。1974年，农村安装单机、3路载波机。1976年，有46路载波电话，实现农话电路载波化。1978年12月23日，城区SD－106型1000门准电子自动交换机开通。1979年，开通县城至三厂12路载波机。1983年2月，开通海门至包场12路载波机。1984年，县城增装26条半自动电话拨号设备，三厂、天补等14个支局、所可直拨城市自动电话用户。1985年10月，县城准电子自动交换机扩容为2000门，更新汇接机1部，终端机73部，可供县对乡、镇会议专用电话设备。1987年12月30日，市内电话由人工台改为1000门纵横制自动电话。1990年，三和乡实现电话自动化，县城HID－696型160门程控电话交换机投入使用。

1991年10月13日，瑞典爱立信公司AXE－10型6000门程控电话交换机及海门至南通480路光缆线一次割接开通，市话交换机容量由2000门增加

到7000门。1992年1月15日，三厂与海门市话实现联网。1992年、1993年，购进国产ZX－500型模拟交换机2台、DS－2000B型数字程控电话交换机500门4台、瑞典AXE－10型1280门模块2个、日本F－150设备1.1万门，在各乡镇安装使用。1993年12月10日，全县29个建制乡镇全部实现交换机程控化、传输数字化。

1994年11月，扩容5000门，出局用户线1.68万对。三星镇召良村建成海门首家电话村，成为南通市第二个电话村。是年，全市有591个行政村通电话。1995年10月，扩容AXE－10型2.7万门程控交换机，城区主要新村基本实现一户一线。12月15日，全市779个行政村全面达到“电话村”标准。

1996年，完成农村2.2万门程控交换机扩容、16个支局的设局工程，各乡镇都建成程控端局。2000年9月，全市有固定电话用户17万户，在南通地区率先建成电话市。2003年，海门城区兴建第二母局。2005年，市话交换设备容量33.92万门。2008年，交换容量35.48万门。

1950－2008年若干年份海门市（县）电话设备一览

表16－9

年份	交换机		线缆	
	设备容量（门）	实占容量（门）	电缆（皮长公里）	光缆（皮长公里）
1950	20	11	－	－
1957	360	168	0.20	－
1960	1030	668	2.30	－
1966	1630	857	2.30	－
1969	1690	749	3.90	－
1975	2630	980	17.90	－
1980	3540	1793	40.20	－
1985	6430	3414	186.10	－
1990	8320	5603	368.50	－
1995	73800	35125	1620.60	169.70
2000	253274	175314	6058.00	534.00
2005	339204	284881	8426.00	1261.00
2008	354785	296034	8897.00	2895.70

业务 业务发展 民国9年，海聪电话公司开办的县城内电话业务有普通电话和同线电话两种，用户48户。翌年6月，发展到60多户。日本侵略军侵占海门时闭歇。民国37年，县城国民党以及军政机关电话仅内部使用。

1950年，有市话用户11户、农话用户3户。电话业务有普通电话、公用电话、专线电话等12种。1957年，有市话用户89户、农话79户，话费收入2.24万元。1960年，有市话213户、农话1119户，话费收入17.65万元。1962年，撤销公社总机和生产大队电话。1969年有市话207户、农话289户，话费收入9.66万元。1975年，有市话348户、农话577户，话费收入19万元。

1978年改革开放后，电话用户逐步发展。1981年，有市话597户、农话935户，话费收入61.32万元。1987年，程控电话开通，电话用户发展加快，话费收入278.73万元。同年，开办热线服务，闹钟服务、呼叫等待、转移呼叫、免打扰服务等12种新业务，设立邮政编码查号台。1990年5月，解放中路电信营业厅装置县内第一部有人值守公用电话。至年底，各乡镇营业厅均开通公用电话业务。是年，有市、农话共3528户，话费收入409.02万元。

1992年5月17日“世界电信日”，开办租用语音信箱“25816”业务。首次拍卖电话号码，其中“219888”号码以2000元价格被每门手帕厂买走。6月，推广使用电话磁卡。1993年，有磁卡电话25部。1994年6月，使用单路计费设备，开办公用电话代办户业务。是年，发展公用电话代办户250户。1995年，市话1.21万户、农话1.64万户。1997年10月，增设无人值守的IC卡电话。1998年，有IC卡电话40户。2000年，增加智能网专用接入终端，安装于校园、宾馆等地。是年，有普通公用电话1181户、磁卡电话29部、投币式电话45部、IC卡公用电话305部、智能网用户960户。同年，开办来电显示业务。2001年，来电显示用户2.24万户。同年，淘汰磁卡电话。2002年，海门联通公司建设IP电话超市25个。2003年6月，海门电信局发展IP电话超市20户，最多1户设公用电话64部。2004年，通过服务中心受理各项业务4500多项。2005年2月，开放“商务灵通”业务，即将企业集团内部所有固定电话（含小灵通）虚拟网组成广域虚拟网，自行设号，内部免费通话。3月21日，开放七彩铃音业务。12月,电话超市改成智能公用电话超市。2006年3月30日,开放固定电话跨营业区移机不改号业务,方便用户。2007年,有人值守公用电话5766部、IC卡公话722部、智能网公用电话4747部、电话超市话机526部。2008年7月21日,开放电话看家业务,利用用户电话装置自动报警设备。8月5日,开放平安商铺业务,为商家提供自动报警和录像资料等防盗信息。是年,电信局电话用户29.55万户,话费收入4448万元。

资费标准 民国9年,海聪电话公司按住宅、商业、机关等不同用户分为甲、乙、丙、丁4个种类资费,月收费分别为7元、8元、9元、7元。民国22年5月,自动制住宅电话月收6元,营业电话月收10元;人工制住宅电话月收5元,营业电话月收7元。民国37年,国民党县政府内部通话不收费。

1950年,市内电话用户分为甲、乙、丙3种资费。1951年,改为营业性和非营业性两种资费。1958－1978年,根据海门电话容量(500门以下),实行三级局标准收费,即月租费正机5.5元,副机1.85元,电话附件、听筒1.1元。1979年1月,准电子自动电话月租费:甲种正机6.3元,副机2.1元,电话附件、听筒1.26元;乙种正机9元,副机3元,电话附件、听筒1.8元。同年,对新装电话用户除收取材料费外,还收取初装费。1980年7月,用户初装费为企业1500元、行政事业单位750元、中小学300元,界外线路建设费每公里400元。1984年2月,初装费调整为企业1000元、行政事业单位400元、中小学住宅用户免费。1990年10月,初装费调整为企业用户5040元,行政事业单位、中小学、个体专业户2500元,住宅用户1500元,界外线建设费每公里600元。

1995年8月8日,调低部分电信资费标准,对热线服务、呼叫等待、遇忙回叫、转移呼叫等业务实行免费服务。1996年12月20日,调整初装费,住宅电话3150元,其余4500元,装机工料费500元。1997年,市区电话每3分钟收取话费0.3元,住宅电话月租费10.12元。2000年,对来电显示用户每部电话每月收费6元。2002年7月,取消电话初装费,收取手续费8元,工料费300元。2003年11月21日,固定电话本地网营业区间话费由每分钟0.5元调整为0.4元。区内甲种电话用户通话首3分钟为0.2元,超过3分钟部分每分钟0.1元;乙种电话用户通话首3分钟为0.22元,超过3分钟部分每分钟0.11元。2005年3月21日,七彩铃音用户每月收取使用费10元。2008年3月1日,本地网区间电话由每分钟0.4元调整为0.3元。同年,对电话看家业务用户月收功能费10元,平安商铺业务用户月收功能费100元。

第三节 无线通信

一、短波通信

民国29年(1940)10月17日,日伪上海华中电气通信股份有限公司在三厂镇设短波通信,有无线电台1部,电路为南通至海门。民国31年10月1日,电路改为上海至海门。日本投降后,短波通信告终。

1966年,县邮电局配备八一型无线收发报机,配套电台为老式55型,以备有线中断时应急使用。1970年,改用15瓦老八一式电台,报、话两用。1979年10月和1984年5月,两次增拨小八一式收发报机各1台,并配相应手摇发电机。1990年,增拨15瓦单边带小型电台。

2008年12月,市电信局有八一式电台2部,配备手摇发电机2台;单边带小型电台1部。主要联络南通市及所属6县(市),配有1名兼职人员,每天正常联络。

二、微波通信

1984年5月,开通微波通信。1987年10月,开通海门至包场300路小微波电路。1993年12月,将包场86赫兹微波搬迁至海门对江心沙农场。1994年光缆电路开通后淘汰。

1994年,建设微波通道69波道公里,开通海门对崇明18公里、海门对南通16.30公里,有300路2GMZ型微波收发通信机4部。1995年3月22日,海门微波空中通道有海门对崇明、海门对南通、海门对海永乡、海门对启东汇龙、海门对包场5条。1997年,至崇明的微波通信停止,小微波纳入其他通信。

2004年11月,建成临江至海永的海底光缆,海门对海永的微波设备停止使用,保留空中通道。

三、无线寻呼

1989年5月2日,海门在全国县(市)级邮电局中首家开通无线数字寻呼业务,即BP机业务,使用范围为县境内,当年发展用户87户。1990年,用户98户。1991年,与日本丸红佳能公司开展促销活动,用户197户。

1993年3月,开通无线寻呼中文台。5月11日,调整销售价格为中文机每台2000元、数字机每台1000元。1994年,有无线寻呼基站3个、发射机3部,容量1万户,用户3215户。1995年,增加1个无线寻呼基站,容量达3万户,实际用户6243户。1996年5月,开办BP机出租业务。10月,开展"128""129"全省联网寻呼功能及操作方法演示,当年促销新增BP机用户7789户,累计用户1.4万户,比1995年增长126.48%。1997年,用户2.24万户,业务收入532.72万元。

1999年,联通公司投资130万元引进美国摩托罗拉设备,在汤家、树勋、四甲、三星等乡镇进行省网扩容工程,弥补寻呼网覆盖不足。11月,引进美国建利尔公司设备,采取卫星传输方式,开通全国寻呼网。全市建成开通全国及省、市寻呼网络的6个寻呼频点、7个寻呼基站,实现全市无寻盲点。是年,发展用户6200户,免费办理企业姓名呼35户、单位群呼82户。年末,用户1.8万户,业务收入704万元。2000年,完成G网扩大工程,共建G网基站17个,基本实现无缝覆盖,国信寻呼网上用户1.55万户。2003年,随着市内"小灵通"的使用,BP机寻呼用户逐渐减少。2005年,无线寻呼关网。

四、移动通信

设施 移动公司 1992年12月,江苏省实现移动通信省内联网和自由漫游,海门邮电局建基站。1993年2月3日,开通移动通信。是年年底,有模拟蜂窝移动通信通道44个,均为990兆。1996年,移动通信基站新建3个、扩容1个,增加A、B、G网信道241个。1997年,新建基站11个,增加信道245个。是年,有基站30个,信道总数746个,信号覆盖全市。

1999年,移动公司实施数字通信电话(G网)扩容工程,新增长江新村、东风桥等城区5个基站,确保"全球通"用户电话畅通。2000年,有基站41个,实现"139""138""136""135"数字移动电话网全市覆盖,无盲区。2001年,新建江心沙、刘浩中学、钢厂、六匡、通源、王浩6个基站,对三和、天补、平山、悦来4个基站更换设备,对圩角、常乐、货隆、池棚、麒麟等9个基站扩容,对全市50个基站按标准改造,建成苏325道海门可传送网管道,通信网络质量居全省前茅。2004年,发展营业厅6个,建立南通地区首家移动数据营业厅。2007年,新建基站40个,营业厅10个,海门移动解放营业厅获全国百佳沟通100店称号。

图16-6 移动通信基站 (2006年摄)

联通公司 1995年3月20日,海门邮电局内设中国联通海门经营部,建数字通信电话(GSM)基础网络和基站,供电局基站成为境内首座GSM基站。2000年,完成G网扩大工程。2001年12月,完成G网七期工程,新增130移动基站10个。2002年,开通码分多址(CDMA)移动电话网(C网),实施C网一、二期扩容工程,新增基站15个,信号覆盖28个乡镇。2003年,联通公司投入3000万元,兴建海门、秀山、江滨、王浩、德胜等9个C网基站,优化C网网络质量,G网、C网基本实现全市无缝覆盖,通话接通率90%,年末,有专营厅2个,联办营业厅12个,代理点33个。2004年,完成C网"3.22"期工程和G网9期工程的网络建设,开通德胜、六匡、文峰大世界、城北等9个基站,优化海门城区、叠石桥、海门港和沿江地带的网络质量。11月,顺利实施"千金寻盲"工程。2005年,完成城区光明路、海门高校及三星林西村、三厂中兴村、常乐镇等基站建设,全面提升网络质量。是年,有C、G基站30个。2006年,新增基站10个。2007年,新增基站16个,为滨海、滨江、灵甸等工业园区及时提供通信保障。2008年,共有G网基站45个,开通室内分布系统23处,GSM移动电话交换机总容量10万门,光缆126波长公里,基本建成深度覆盖的GSM精品网络。同年7月,海门联通经营的CDMA业务移交海门电信局。

业务　1993年,移动公司开始手机放号,号段为"138",发展用户636户。拍卖"大哥大"移动电话优选号码10个,成交额16.88万元,其中"907888"号码以5万元价格被江滨化工二厂买走。1995年,中国联通海门经营部基站网络(G网)覆盖率达数字通信要求。移动电话放号,号段为"130""131""132"。同年,移动公司用户2138户,通话收费269.33万元。1997年,移动公司开展"大哥大"有奖销售,"全球通"手机特价销售,日销售手机124部,全年发展手机用户4251户,通话2089.75万次,业务收入1784.28万元。1999年,移动电话用户3万多户,市场占有率90%,名列南通市6县(市)前茅。2000年,移动公司用户6.13万户,联通经营部用户1.3万户。相继开发短消息、如意通、小区广播等业务。2001年12月,联通经营部开放短信息、如意呼、小区广播等业务。2002年,移动公司"全球通"数字移动电话网络开通短消息、秘书服务、呼叫等待、语音信箱、动感地带、彩信等业务,用户13万户,业务收入9500万元。2003年,海门联通经营部升格为中国联通海门分公司,用户总数3.5万户。2005年,移动公司放装"有线通",用户1100户。是年,用户总数为23.2万户,业务收入1.42亿元。2006年,联通公司推出"世界风""如意通""新势力"三大业务品牌,用户发展到7万户。

2008年10月1日,市电信局经营移动通信业务。12月20日,推出个人移动业务品种"天翼",并对外放号,号段为"189"。是年,移动公司用户超40万户,业务收入2.95亿元;联通公司用户7.5万户,业务收入5200万元。

五、无线市话

设备　2003年4月1日,市电信局筹建无线市话("小灵通")网络。4月13日,建成第一个"小灵通"基站。至5月17日,建成基站289个、基站控制器11套。首期信号覆盖城区、开发区、三厂、三星等乡镇,容量1.65万线。9月,扩容无线市话网络,新增基站89个、基站控制器7套,信号覆盖德胜、天补、悦来、麒麟、王浩、货隆、树勋、常乐、三和、正余等乡镇。11月1日,市区、乡、镇及主要交通干线实现"小灵通"信号的良好覆盖。是年年底,500毫瓦基站总数有560套,10毫瓦基站33套,总容量4.13万线。2004年,有基站902个,容量6.09万线。2005年,基站1242个。2006年,新增基站340个,兴建室内分布系统7处。2007年新增基站176个,兴建室内分布系统5处。2008年,有基站1810个,建成室内分布系统20处。

业务　2003年5月17日,无线市话网络业务开通,对外放号,用户1.42万户。业务基本资费为入网费50元、手续费8元、月租费18元,通话费按普通固定电话标准执行。7月28日,开通来电寄存业务,资费标准为开户费10元、月使用费2元。12月21日,开放网内短信收发业务,资费为每条0.08元。2004年10月10日,开通与移动、联通的网间短信收发业务,资费标准为每条0.1元。是年年底,用户4.71万户。2005年9月1日,开办机卡分离业务,将用户数据、客户身份数据、业务数据、监权加密信息独立保存于用户身份识别卡(SIM)中。其资费标准为SIM卡费50元、手续费8元。是年,用户6.11万户。2006年1月17日,来电寄存业务全面升级,确保在关机中对信息的接收,发挥对用户的秘书功能。4月1日,对用户开放"11808"长途优惠热线,即用户拨长途电话可在对方号码前加"11808",享受优惠价。是年,用户7.08万户。2008年,用户数6.94万户。

第四节　数据通信

一、传真

1991年初,县邮电局有6台日本AXE－10型传真机,分别安装于货隆、国强、常乐、三星、江滨等邮电支局和平山水带厂。年底,全县传真机用户净增12户。1992年,在县委办公室、县政府办公室、木材公司、燃料公司、通棉三厂等单位安装传真机。1993年,用户60户。1994年,市邮电局安装传真检测器,自动扫描监测全县传真机。1995年,用户265户,其中计费用户250户。全市国内传真1698份,国际传真217份。1997年,用户500户。传真计费纳入电话计费,用户购买传真机后接入电话线路即可使用。全年国内传真2760份,国际传真264份。2000年,国内传真4020份,国际传真239份。2001年,国际传真锐减,全年108份。2003年,国内传真4816份,无国际传真业务发生。2006年,国内传真业务减少,全年1774份。2008年为1331份。

二、数字数据网

1995年4月,市邮电局从美国DSC公司引进CP4000型用户端口节点机,用户端口28个,中继端口4个,6月开通。中国农业银行海门市支行为海门数据通信业务第一位客户。

1996年,开办数字数据网,市农行首家开通数字数据网,当年置扩容复用器5台。到年底,全市开通数字数据网7个。1997年,置扩容CP3000型节点机1台,扩容23个点。除海永乡、江心沙农场、棉花原种场外,复用器覆盖到各乡镇。节点机用户端口60余个,邮电支局节点机可开16个端口,邮电所可开5个端口。年底,用户增至99个。1999年316户。2000年,节点机端口总数606个,实点429个,中继电路总带宽58兆比特/秒。2001年,节点机端口数增至808个,用户数589个,中继电路总带宽150兆比特/秒。2002年,光纤电路普及,数字数据网用户减少,设备逐步拆除。2003年,用户端口528个。2005年113个。2007年5月,端口节点机全部拆除,仅剩复用器2台,用户5个。2008年有3户。

三、分组交换网

1995年,公用数据通信业务开通分组交换网和电子信箱两类。开通分组交换网12户,其中同步专线5户、拨号入分组7户,开通电子信箱8户。1996年,分组交换网用户11户。1997年减至3户。1998年用户28户。

2000年,调整分组交换节点机设备,端口64个,中继电路总带宽为0.08兆比特/秒。是年,用户20户。2002年,分组交换节点机端口总数74个,用户23户。2005年,分组交换网用户7户。2006年全部退网。

四、国际互联网

窄带 1995年,建成“163”网和“169”网接入平台(节点),开通国际互联网(窄带),用户可直接拨打“163”“169”特服号访问因特网和国内公众多媒体信息网,海门开发区管委会首家开通。1996年用户17户。1998年用户196户。2000年,注册拨号用户8159户,专线用户1户。2001年,互联宽带网开通,窄带接入用户逐年减少。2005年,互联网窄带接入用户2703户,注册拨号用户2130户。其业务收费为网络使用费每小时4元,通信费按电话网计费方式计费,本地网营业区内的拨号上网通话费减半收取。2008年,随着宽带业务发展,用户采取窄带方式上网越来越少。

宽带 电信接口 1998年,以光缆更换铜缆线,将宽带送入农村。接入网点及建设数字用户接入复用器(DSLAM)下沉点12个。2001年3月28日,建成核心业务路由器1台,开通异步传输模式(ATM)骨干网,海门千兆宽带网开通。用户可通过局域网(LAN)和非对称数字环路(ADSL)方式接入国际互联网,首期覆盖范围为市区、天补、三厂、三星、包场和正余。是年,有ADSL用户283户、LAN用户85户。2002年7月,所有乡镇具备宽带接入能力,其中10个乡镇具备ADSL接入能力。是年,ADSL宽带覆盖各乡镇,有用户1341户,LAN终端用户端口127户。2003年,宽带设备容量6544线,ADSL用户4729户,LAN终端173户。2005年,ADSL容量2.38万线、用户1.45万户,LAN用户210户。增加ADSL-2(覆盖半径由3公里增加为5公里)、VPN(虚拟专网)接入、VPDN(虚拟拨号专网)接入、NPLSVPN(多业务标签交换虚拟拨号专网)接入等方式。资费标准为甲种用户有自由行、月包时、四季行、快乐寒暑假、包月、包年、全家福宽带金银卡以及港湾套餐等多种优惠资费标准。乙种用户有月包时、包月、包年等多种优惠资费。年底,有宽带接入网和DSLAM下沉点116个。2006年,新增宽带容量8896线,用户2.16万户。2007年,扩容1.5万线,总容量4.77万线,用户3.54万户。2008年,除7个端局、23个模块局外,接入网点194个,宽带总容量69880线,用户5.64万户。

广电接口　2000年8月，广电网络公司购进国内集成的美国网络设备，采用中心机房ATM（异步数字传输）交换技术和边缘机房IP千兆以太网接入技术，租用南通线路建成宽带数据网。2001年1月19日，海门广电宽带数据网开通。2002年，建成党政机要网、教育信息网及财政、农村信用社、法院等信息网。集团用户市场占有率50%左右。同年，扩容网络基础设备，架设光缆20万米，布线网线2.5万米，焊接光纤2000芯，年终拥有8个集团用户，300个联网信息点。2003年，建成医保、邮政等信息网，与海门移动通信公司合作开办“有线通”业务，发展用户250户。2004年，与海门铁通公司合作开展程控电话与网络电话业务。2005年，开通SDH（同步数字传输）网。2006年7月，新架设24芯（或48芯）光缆干线200公里，原4芯光缆全部更换。2007年8月，开通MPLS（多协议标签交换）网络技术平台。2008年，集团专网用户20个，“有线通”用户4200户。

第四章　信息化建设

第一节　电子政务

20世纪90年代初，少数机关事业单位购买电脑，主要用于打印文件。1997年9月11日，海门市政府网站域名“haimen. gov. cn”批准注册。10月30日，政府网站“海门之窗”（http://www. haimen. gov. cn）正式开通运行，海门开始通过互联网对外展示形象。1999年，市供电局、农行等单位首批建成局域网，实现无纸化办公，市计生委建成计划生育管理与统计局域网，实现省、市、县、乡四级信息联网。

2001年1月19日，海门广电宽带数据网络建成，开通全市多媒体数据传输系统。同年，市公安局建成网络信息中心，实现公安信息网上运行。2002年2月，建市党政信息网。依托广电宽带数据网络，由市中心节点，市委、市政府、市人大、市政协局域网，各部委办局、乡镇场共117个节点组成。设信息发布、数据采集、电子公文传输3个系统。6月开通，实现机关办公、文件流转信息化，办公无纸化。

2002年11月28日，市政府门户网站“海门之窗”升级为“新浪海门”（http://sina. haimen. gov. cn），成为新浪网第一个县级政府门户网站。2003年3月28日，市长汤仲飞作客新浪《市长在线》栏目，围绕“江海门户通天下——打造海门北上海”话题，与业内人士及广大网友交流。

2003年6月，市档案馆建网站，走进“新浪海门”高速通道，7万多条档案目录输入数据库，成为档案信息服务窗口。10月，国土资源局与省基础地理信息中心合作，成功编制海门市区图、海门交通图、地理位置示意图等数字地图，通过网络为海门土地管理、招商引资及旅游业发展提供有效信息。翌年，该局建成市、乡镇、村、组四级管护网络，对土地实行动态监测，数字化管理。2004年，市统计局建立以局为中心，各乡镇统计办为终端的统计信息网。2005年，市公安局建立专线网、局域网，全面使用车辆管理系统、旅馆住宿登记管理系统、自动监控等信息化管理系统，被省评为第一批科技强警示范市（县）。海门地税局信息设备全面升级，人手一台电脑，每2人一台激光打字机，各分局配置投影机，全年有2082个企业实现网上申报纳税。

2006年，视频监控系统广泛使用。9月，市公安局视频监控系统向公共区域和场所延伸，纳入治安监控平台，提高破案效率。11月，市环保局建立污水治理远程视频监控，对重点污染企业的污水处理实时监控，长效管理。2007年，“新浪海门”发布文字新闻2392条、视频新闻365条，收转各类有效“市长信箱”电子邮件409封。2008年，市行政审批中心建立服务信息化平台，实现网上申报、预审、监督“一网式”信息化审批模式。是年11月，市政府门户网站“中国海门”(http://www.haimen.gov.cn)开通，当年发布信息7897条，其中政务公开发布信息2501条，日访问量四五千人次。

第二节 电子商务

20世纪90年代初，境内少数企业应用电子商务。1996年，海峰电子机械集团公司建立网站，进行商务活动。江苏白兔集团公司加入中国纱线网、中纺网、棉花网、广告网，扩大电子商务活动。1997年，海门联华超市、时代超市先后开业，运用电脑网络管理系统与所属总部联网，做到商品价格、购、销、调、存都在网上运行。1999年，海门仪器厂开始网上销售载玻片产品，通过网站与秘鲁、芬兰等国及国内客商签约成交。是年4月1日，海门经济开发区网站开通，进行上网招商，推出招商项目10多个。

2000年8月28日，“海门之窗”农业信息站开通，推出6个大类、100多种农副产品价格语言信箱，每个品种均有固定电话联系号码，以优惠话费向全社会开通，有6000多人次在网上咨询、洽谈订货。是年，乡镇上网率70%；企业上网1440个，上网率80%，骨干企业全部上网，其中有独立域名的65个，有主页的540个。

2003年9月5日，举行“新浪海门”网上洽谈会，推出招商项目70个，得到国内外500多万人次点击。2004年7月，市新华书店与省新华集团公司完成网上业务连锁对接，读者可通过网络查询15万种图书品名，在48小时内买到所需新书。2005年5月，海门吉斯达国际家居商务港建立世界家居商务平台，通过视频硬件、数据传输，实施客户身份认证，产品展示，供求和匹配信息查询，协议签约。是年，天补镇郁家店竹木市场自建网站，实现商务信息化管理，获省、国家发改委认证。

2006年9月，叠石桥家纺城物流信息中心开通信息平台，具有采购、流通加工、货运代理、社会化仓储、商品配送、账户结算等多项电子商务功能，吸收近千家纺织服装企业进入电子商务活动，实现市场管理、信息交流、商家协作等活动的电子化、自动化，为省内商品市场中首家电子商务平台。是年，海门移动公司与银行、流通企业合作，使用销售点情报管理系统(POS机)，在商场、超市连锁店、宾馆等商贸服务业安装POS机，用于顾客刷卡消费。2008年，市内规模以上企业都在网上进行电子商务活动，利用网络发布产品信息，进行网上订货、销售、结算。

第三节 工业企业信息化建设

一、信息化管理

1982年，海门供电部门添置第一台微机，采取单机运行，供用电大户抄收电费、信息管理和制票用。1993年，供电部门安装用电管理信息系统，建成小型系统网络，实现客户信息上网和用电抄表结算微机化管理。

1996年，市银燕电子有限公司投资1000万元添置电脑80台、扫描仪5台、服务器6台，及条码打印机、激光打印机等设备，实现车间生产和财务核算等管理信息化。2003年，东洲通信设备公司建网络机房，置ERP(企业资源计划)服务器等设备，将信息化管理运用于生产技术、产品质量、现场操作等方面。

2005年12月，中南控股集团公司投入2000万元运用电话、数据网络先后建成视频电话会议系统、远程监控系统、远程培训系统、财务人事物流管理系统。运作3年共节约现场施工成本、路途费用、办公费用1070万元，实现集团总部对全国各地施工队伍的遥控指挥和现场监控，成为全省建筑业的样板。

2008年，南通回力橡胶有限公司运用计算机集成系统，通过局域网将车间设备与生产技术科室电脑连接，控制机台操作，设置参数。是年，全市49个大型骨干企业普遍使用ERP系统对企业生产、工艺质量、成本核算、市场营销实行一体化管理。

二、自动化生产

设计 1993年，县液压件厂利用电脑制图、设计产品。2001年，市冠东车灯公司投资500多万元购置图形工作台4台、服务器6台和CAD/CAM软件等设备，进行曲面造型设计，完善3D模型设计，对三维模型进行各种分析、加工。2005年，市冠东车灯模具设计、产品设计的项目成果编入苏州大学出版的《企业信息探索》一书。2006年，市三鑫电子有限公司、南通龙翔化工有限公司、争妍化工有限公司等企业运用信息设备对产品工艺进行自动化设计。2008年，以叠石桥家纺城为主体的家纺企业，运用信息技术进行花编图案设计达90%左右。

操作　1988年，海门手帕厂投资50万元从日本引进自动电脑绣花机11台，应用电脑绣花。1992年，海门印刷机械厂投资220万元购进加工中心设备1台，运用数控技术生产印刷机械。1997年，市供电公司建成并投运第一套电网调度自动化系统，使全市电网运行安全、经济、可靠。90年代末，南通市金轮针布有限公司采用人与计算机对话技术进行系统控制，除进出料外实现全程自动化。2005年，江苏金呢集团股份有限公司投入1亿元建造纸网生产车间，通过局域网生产造纸网，产量比原先提高2倍。2008年，市供电公司信息网络覆盖全市27个变电所、21个农村供电所，广域网连接实现光纤化，各变电、供电所成为“无人管理所”。是年，全市骨干企业生产自动化水平70%左右。有信息示范企业26个，其中南通市级3个、省级2个。

第四节　农村信息化建设

20世纪80年代前，农村信息的获取主要靠广播、报刊或口头传播，很少使用电话传播。90年代初，农村信息化建设逐步发展。1993年，市斥资20万元建有线电视网，传输30多套模拟节目，加快信息在农村的传输。1994年11月，地处叠石桥的三星镇召良村首家建成电话村。1997年，全市实施有线电视“村村通”工程，在四甲、包场、三星、江滨、三厂、余东、王浩、国强、常乐9个乡镇铺设乡村光缆，当年新开有线电视用户5000多户。

2000年，完成农村局域网一期工程，7个乡镇农技站实现计算机连接，资源共享，提高农村和农业信息利用率。2001年，推行农村集体财务、资产管理电算化。各乡镇及海门经济开发区投入46万元购置电脑23台，对239个村、7个农村居委会实行会计电算化。同时，各村相继配备电脑，村级财务脱离珠算操作，做到财务公开化、办公无纸化。

2003年，开通农业科技信息“185”服务热线电话，从电话通道加快农村信息传播。2006年，开通“9689622”农业一线通智能语音系统，收集整理信息20类、1万多条，形成语音文件，通过网络为农民服务；开通“12316”专家团热线服务，实行24小时全天候服务，当年解答农民提出的各类技术咨询600多条，发布产品信息1000多条。

2007年，市电信局实施宽带进村工程，全市所有自然村实现宽带全覆盖，同时派员进村入户，进行电脑及互联网基础知识培训。当年宽带进户8000多户，建成信息化示范村61个、示范镇4个。2008年，全市农村宽带用户5万余户，有线电视用户23万户，达到或超过小康社会水平。三星、天补、德胜、三厂、余东、东灶港、常乐、麒麟、树勋、三和10个镇及海门经济开发区达到农村信息化示范镇标准。

第五节　其他行业信息化建设

一、银行

1988年，银行系统初步建立计算机网络系统，业务操作脱离珠算。20世纪90年代初，开展电子银行业务。1993年6月，县建设银行发放信用卡，名“龙卡”，方便客户消费。1999年，市工商银行开发电子银行业务，储蓄实现全省通存通兑，会计结算实现全国通汇，并设自动取款机（ATM），供客户自行取款。2003年9月17日，实现银行、国税、国库联网征税，加快税收入库速度。是年年末，网上入库国税1亿元。2004年，市工商银行在叠石桥家纺城进行电话银行试点，开展中小企业走进金融e通道和个人网上银行金融@家理财竞赛活动，加快电子银行业务发展进程。2006年，市人民银行开通国库内部往来电子化支付系统，全市57个部门、246个预算单位全部加入国库集中支付系统，提高财力聚集速度。是年，工商银行网上银行开户64户，个人电话银行609户，个人网上银行2850户。2007年，市建设银行设自助银行机和ATM机计28台；工商银行企业网上银行284户，个人网上银行7078户，手机银行2140户。2008年，市工商银行对全市公司类客户推广网上还贷，全年网上还贷占还贷总额90%以上。市农业银行设62台自助银行机，覆盖全市所有网点，转账电话3771台，电子银行业务占总量67.75%。

二、人力资源与社会保障

2002年，海门构建多维人才服务网络，开通"海门人才网"(www.hmrczx.com)，当年建成人才信息库10多个门类、896个条目，其中学历人才条目500个、海门籍外地人才条目245个、"三资"人才条目151个，并与上海等地交流人才信息1000多次。2003年，全市劳动保障服务平台网络建设全面推进，财政投入30万元建立乡镇劳动保障服务网络，实施劳动力市场信息发布制度。是年，全市有117个企业、1.33万名合同制职工实现计算机管理。2004年，提升社保网络功能，职工养老保险、医疗保险，农村养老保险、大病医疗保险等实行计算机管理。2005年，开通离退休人员领取养老金指纹识别系统，建立企业退休人员基本信息数据库。2008年，市人力资源市场与南通市人力资源市场实现计算机实时联网，形成南通市与海门市及所属乡镇就业信息收集发布网络，及时发布就业信息。同年，建立劳动保障监察管理网络体系，实时采集和监控用人单位劳动合同、工资支付、劳动条件、社会保险等信息，实现动态监察和管理。

三、教育

2002年，市教育部门投入200万元建立教育城域网。翌年1月，教育城域网开通，实现全市中小学、幼儿园信息联网传输，教育资源共享，文件流转自动化。同年，投资500万元建成多媒体计算机网络教室13个、校园网5个、校园闭路电视系统3个、投影教室30个，新增计算机800多台。2006年，所有定点村小学开通宽带城域网接入服务。2008年2月2日，开通学校班级总机业务，学生到校实行刷卡制度。经班级总机刷卡，学生到校时间、在校表现及时与家长手机沟通。

四、报业

2004年7月1日，《海门日报》电子版(www.hmrb.com.cn)开通，内设新闻、言论、财经、社区等10多个栏目。2005年1月，《海门日报》启用新闻采编系统，实现无纸化办报。2007年3月28日，开通多媒体《海门日报》，实现报纸文字、声音、图像的结合，做优网络新闻，提高海门网络新闻点击率。2008年，开通海门手机报，海门新闻传播进入第五媒体时代。

五、其他

2001年，邮政系统各基层营业窗口全面实现营业电子化，并连入全国电子汇兑网络，开通电子汇兑。2004年，卫生系统建立疫情信息网络系统，实现疫情监测通过网络直报市局，疫情网络直报率100%。2005年，交通系统航道管理、规费征收实现数字信息化管理。2008年，市交通运输局建成信息化交通指挥中心，实现画面信息、网络数据互联互通，实时监控重点路口车辆运行，智能化调度执法中队出警执法。

第十七篇

金 融 业

海门金融业始见于清道光年间(1821－1850)。清末民初,典当、钱庄资本丰厚,业务广泛。同时伴有堆栈、社仓等具金融属性的其他机构。民国5年(1916),张謇创办通海实业银行,时为县境内首家。随后,上海、江苏诸多银行相继在海门设支行、办事处,开办储蓄、信贷业务。开张歇业,此起彼落。

抗日战争时期,东南行署财政局代理发行江淮币。民国34年8月,成立华中银行东南办事处,发行华中币,清除伪币,发放贷款,代理金库。1949年2月,华中银行海门办事处接管国民党政府的江苏银行海门办事处。5月,建中国人民银行海门县支行(县人行),负责全县金融行业监管,受理货币流通,经营储蓄信贷业务,代理金库、债券、侨汇等业务。是年6月1日,发行使用人民币。1950年3月,县人行代理保险业务,办理水、火两险。1952年7月,建中国人民保险公司海门县营业所。1954年,建农村信用合作社66个。1956年4月,建中国农业银行海门县支行,经营和管理农村金融业务。至此,海门城乡金融网点基本普及,运行正常。

“文化大革命”期间,金融机构撤并,监管职能削弱,存贷业务徘徊不前。

1981年7月,建中国建设银行海门县支行,管理国家和地方财政拨款建设资金。1984年1月,建中国工商银行海门县支行,办理城镇居民储蓄和企事业单位存贷款业务。县人行退出金融业务经营,专施金融管理职能。1988年6月,建中国银行海门县支行,专理外汇业务。1990年,全县有金融网点95个,年末存款余额10.69亿元,贷款余额8.18亿元,人民币净投放1.11亿元,保险费收入1059.5万元。

20世纪90年代初,县各银行相继发放银行卡,方便客户存付现金。1995年3月,人民银行法和商业银行法实施,市人行行使央行授权的职能,各专业银行向商业银行转变。同年12月,市农村信用社与农行脱钩。1996年3月,财产、人寿两险分营。9月,建市农业发展银行,对农业政策性贷款实行封闭式运行。各行、社普遍实行抵押、质押贷款。1999年始,信贷资金重点投向龙头企业、高效企业、外汇企业、个私企业。2000年,全市金融行业业务经营、监督管理基本实现电子化、网络化。

21世纪初,随着海门经济的发展,金融市场十分活跃,银行存贷业务兴旺,银行卡、代理保险、销售基金等中间业务不断发展,中信、华泰证券公司及近20余个保险企业落户海门。2002年、2003年,建立南通市商业银行海门市支行、交通银行海门市支行。2005年,实现存款余额超200亿元,贷款余额超100亿元。2007年1月,南通市商业银行海门支行更名为江苏银行海门市支行。2008年,在国际金融风暴的大背景下,海门金融行业启动创建金融生态市,确保金融秩序稳定。全市实现存款余额329.52亿元,贷款余额156.69亿元,人民币净投放23.32亿元,证券交易额194亿元,保险费收入4.85亿元。

第一章　金融机构

第一节　银　　行

通海实业银行　民国5年(1916),张謇在茅家镇创办通海实业银行。

万国储蓄会海门分会　民国8年,上海外商举办万国储蓄会,设海门分会。

沪海银行海门分行　民国11年9月,于县署西新河沿设立沪海银行海门分行。

淮海银行海门分行　民国14年4月,张孝若、陈伯葵创办淮海银行海门分行。民国15年12月21日歇业。

村落银行　民国14年,海门自治讲习所3名贫困学员发起创办村落银行,实行村民互助。

上海商业储蓄银行海门分行　民国15年,上海商业储蓄银行设海门分行。

上海银行海门办事处　民国17年,上海银行设海门办事处。

江苏银行办事处　民国17年、23年,江苏银行设海门办事处。

江苏省农民银行海门办事处　民国22年,江苏省农民银行设海门办事处,基金1.25亿元,报解数473.14万元。

银行股份公司筹备处　民国37年4月9日,国民党统治区设银行股份公司筹备处,发出招股公告,资本总额50亿元国币,分5万股,每股10万元。

华中银行海门办事处　民国34年8月下旬,在县境抗日根据地聚星镇成立华中银行东南办事处,发行华中币,清除汪伪政府发行的储备票,代理县金库,收放小本贷款。民国35年7月,改设华中银行海门办事处。是年底,华中银行海门办事处撤销,业务由县财政局兼理。民国37年1月,解放区恢复华中银行东南办事处,排除国民党政府银行的金圆券。1949年2月,改华中银行东南办事处为华中银行第九分行海门办事处,同时接管国民党政府的江苏银行海门办事处。

中国人民银行海门市支行　1949年3月,华中银行海门办事处改称中国人民银行海门办事处。5月,中国人民银行海门办事处升格为中国人民银行海门县支行(简称县人行),负责管理金融行政,代理财政金库,同时办理农业、工业、商业短期信贷业务和城乡居民储蓄业务。1956－1965年,县人行与县农行多次分合。1970年,县人行与县革委会财政局合并。1974年6月,县人行与财政局分开,恢复中国人民银行海门县支行。

1980年,县人行下设三厂办事处、青龙港分理处。1984年11月,县人行与县工商银行实行两块牌子、合署办公。县人行行使中央银行授权的职能,县工行负责城镇存款信贷业务。1987年1月,县人行与县工行分设。1990年,县人行增设外汇管理科,对外挂外汇管理局牌子。1995年3月,《中华人民共和国中国人民银行法》颁布实施,市人行的职责是贯彻货币政策,受理货币流通,审批监管金融机构,经理国库,维护支付清算系统正常运行,负责金融统计。1998年,市人行组织人事关系由南通市人行直接管理。

2002年4月,撤销发行库,发行基金调拨和现金出纳业务终止。2003年12月,国家银行业监督管理委员会南通监管分局成立,对市银行业实施监管,市人行部分监管职能分离。2008年,市人行内设5股2室,有员工40人。

中国工商银行股份有限公司海门市支行　1984年1月,建立中国工商银行海门县支行(简称县工行),与县人行一套班子、合署办公。办理海门、三厂、青龙港三镇的企业信贷、结算、集体存款和公民储蓄业务。同时设三厂、四甲办事处、青龙港分理处。1987年1月，与县人行分开。是年年末，人民币存款余额5858万元，贷款余额1.34亿元。1988年，建成计算机网络，实现银行业务操作电子化。1990年，有开户单位5200个，年末存款余额2.28亿元，贷款余额2.64亿元。

1994年12月，设三和、东洲等分理处。2004年6月，三厂、叠石桥分理处升格为二级支行。2005年12月，中国工商银行海门市支行更名为中国工商银行股份有限公司海门市支行。2008年年末，存款余额25.31亿元，贷款余额20.06亿元，实现利润1.31亿元。

中国农业银行海门市支行 1956年4月，建立中国农业银行海门县支行(简称县农行)，经营和管理农村金融业务。1957年7月，与县人行合并。1963年12月，从县人行分出，下辖营业所和信用社“双设”机构8个，营业所单设机构3个，渔业服务组1个。1965年9月，再次并入县人行。1980年8月，与县人行再次分开，负责管理支农资金，办理农村存贷款，对农村信用社实行业务领导。1990年，有开户单位5386户，年末存款余额3.24亿元、贷款余额3.1亿元。

1995年7月，市农行由专业银行向商业银行转变。12月，海门农村信用社分出。1996年9月，成立中国农业发展银行海门市支行，市农行不再代理政策性金融业务。1999年，开通从市支行到各办事处的电子邮件系统，实现办公自动化、无纸化。2003年，三星叠石桥分理处升格为二级支行。2004年，正余分理处升为二级支行。2006年，三厂、临江、余东、城中办事处升为二级支行。2008年年末，存款余额73.21亿元，贷款余额20.39亿元，实现利润7282万元。

中国农业发展银行海门市支行 1996年9月，成立中国农业发展银行海门市支行(简称市农发行)，负责办理政策性粮棉油收购、加工、储备、调拨销售贷款及业务范围内的会计结算业务。是年年末，开户单位13个，企事业单位存款余额687万元，贷款余额2.81亿元。2005年年末，有开户单位16个，存款余额3819万元，贷款余额3.04亿元。2008年年末，存款余额7836万元，贷款余额6.2亿元，实现利润1957万元。

中国建设银行股份有限公司海门市支行 1954年10月，中国人民建设银行南通市支行在县人行内设代理处，并在人行柜面设置拨款账户，承办国家预算拨款，监督资金使用。1958年，代理处停止办公。1962年，县财政局设基建股，办理小型基建拨款，1968年撤销。1973年4月，县财政局设基建财务股，负责银行业务，隶属南通地区建设银行。1977年9月，成立中国人民建设银行南通地区中心支行海门办事处。1981年4月，改称中国人民建设银行江苏省海门县办事处。7月，建立中国人民建设银行海门县支行(简称县建行)，负责管理全县固定资产投资，办理建筑企业信贷、结算业务。1987年4月，建金库房。12月，建成省建行系统首家微型计算机网络。1988年4月，开办居民储蓄业务，并设住房信贷部、房地产经营开发部。1990年，开户单位3277个，年末存款总额1.13亿元，信贷规模4491万元。

1996年1月，更名为中国建设银行海门市支行。2003年10月，原内设机构撤销，设综合管理、业务受理、业务经营3个部。2004年，中国建设银行实行股份制，市建行更名为中国建设银行股份有限公司海门市支行。2008年年末，存款余额53.99亿元，贷款余额27.59亿元，实现利润1.24亿元。

中国银行股份有限公司海门市支行 1988年6月，成立中国银行海门县支行(简称县中行)，主要办理外汇收兑承付、外贸结算等业务，是国营外汇专业银行。1990年，开户单位135个，年末存款余额2770万元，贷款余额1645万元。

1994年1月，由国营外汇专业银行转化为国营商业银行。1999年4月，完成AS/400系统的转换，实现南通市辖区内通存通兑。2003年9月，市中行是海门首家通过ISO 9000认证的国有商业银行。2008年，市中行营业部第14年连续获全国青年文明号称号，年末本外币存款余额51.72亿元，人民币贷款余额26.07亿元，外币贷款总额517万美元，实现利润8266万元。

江苏银行海门市支行 2002年4月28日，成立南通市商业银行海门市支行，办理人民币存贷、结算、票据贴现业务、外汇业务及各项代理业务。2003年，存款余额3.21亿元，贷款余额2.36亿元。2007年1月，更名为江苏银行海门市支行。2008年年末，存款余额12.5亿元，贷款余额7亿元，实现利润4244万元。

交通银行海门市支行 2003年4月9日，成立交通银行南通分行海门市支行,为南通分行下设的首家县级行,办理人民币存贷款、结算业务。2005年年末,存款余额4.03亿元,贷款余额3亿元。2008年1月,下设沃德理财中心,年末各项存款余额8亿元,贷款余额5亿元,实现利润2211万元。

中国邮政储蓄银行海门市支行　清宣统元年(1909),县二等邮局开办储金业务。民国18年5月,县邮局个人存款近3000银圆,团体存款4000银圆。1950年9月至1953年9月,受人民银行委托,县邮电局代理人民币储蓄业务。以后停办。

1986年8月20日,县邮电局恢复邮政储蓄业务。1987年5月,天补、三厂等17个邮电支局先后开办储蓄业务。1990年,全县共有邮政储蓄网点31个,储户4.47万户,存款余额2513.69万元。

1995年,邮政绿卡诞生。1997年,实施邮政储蓄通存通兑网络工程,全市34个邮储网点实现全储种通存通兑。2008年4月,邮储与邮政分营,成立中国邮政储蓄银行海门市支行,下辖营业部1个、一类支行2个、二类支行16个,办理个人储蓄、对公存款、小额贷款、对公结算及其他代理业务。是年年末,存款余额37.98亿元,贷款余额3035万元,实现利润4407.93万元。

图17-1　市农村信用合作联社　(2008年摄)

第二节　信用合作社

一、海门市农村信用合作联社

1952年夏,中国人民银行海门县支行在海南乡日新村试点,组成县第一个信用互助组,按户入股,以村为组,独立核算,负责办理个人储蓄和贷款业务。1954年2月,第一个农村信用合作社在三星区桃源乡诞生。4月,以乡为单位组建信用社,根据农户自愿原则入股。年底,全县建成信用社66个。1956年,发展到140个,入社农户16.13万户,股金19.46万元。年末存款余额16.7万元,贷款余额13.1万元。1964年8月,组建县信用合作联合社筹备委员会(简称县信用联社)。1966年6月,"文化大革命"开始,县信用联社停止活动。1980年12月,重建县信用联社,归属县农行领导和管理,全县31个信用社与所在地县农行营业所合署,为一套班子,两本账经营,经营效益按比例分成。1984年7月,成立县农村信用合作联合社。年底,信用社与农行营业所分营,独立核算,行政上仍属县农行领导。1988年,全县31个信用社有股金104.28万元、公积金559.46万元、自有资金2419.48万元。利润173.25万元、股金分红18.27万元。1990年年末,存款余额3.42亿元,贷款余额1.97亿元。

1995年12月,市信用联社与市农行脱钩。1999年,全市21个乡镇合作基金会并入当地基层信用社。2000年9月,建立市农村信用合作联社一级法人新体制,并对各基层信用社实行统一法人。2001年10月,市城市信用社并入市农村信用合作联社。2008年年末,存款余额60.56亿元,贷款余额43.83亿元,实现利润5254万元。

二、海门市城市信用合作社

1988年3月,由县内6个集体单位为股东,在海门镇组建县城市信用合作社,主营人民币储蓄存款和信贷业务。有股金30万元,股金分红控制在股息加红利之和,不超过股金总额15%-20%。1990年年末,存款余额334万元,贷款余额301万元。1997年7月,南通市信托投资公司海门代办处并入城市信用社。2000年年末,各项存款余额2.45亿元,贷款余额1.63亿元,实现利润68.1万元。2001年9月,并入市农村信用联社。

第三节 保险 证券

一、保险机构

中国人民保险公司海门市支公司 1950年3月11日，县人民银行内设保险特约代理处，办理水险、火险等保险业务。1951年4月，改设保险股。1952年7月1日，成立中国人民保险公司海门县营业所。同年8月，改称县支公司，独立办理业务。1953年12月，复称县营业所。1956年10月，复称县支公司。1958年8月，并入县财政局。同年10月业务停办。

1980年9月，恢复成立中国人民保险公司海门县支公司，为县人行下属独立核算单位。1984年6月，在县农行下辖各乡镇营业所(组)兼设34个保险代理处，办理保险业务。同年12月，县支公司从县人行划出，升格为科局级机构。1996年3月，实行财产、人寿保险分营，撤销中国人民保险公司海门市支公司。

中国人民财产保险股份有限公司海门支公司 1996年3月，产、寿两险分营，成立中保财产保险有限公司海门市支公司，下辖18个乡镇保险所，办理各类财产保险业务。1999年1月，改称中国人民保险公司海门市支公司。2003年7月，中国人民保险公司改革为股份制，更名为中国人民财产保险股份有限公司海门支公司。2005年，保费收入2671万元。2007年4月，组建市政策性农业保险办公室，负责农业政策性保险业务。2008年11月，各乡镇相应建立农险服务站，聘用人员78人，为农村种植、养殖户提供保险服务。是年，保费收入4672万元。

中国人寿保险股份有限公司海门支公司 1996年3月，产、寿两险分营，成立中国人寿保险有限公司海门支公司。1999年4月，更名为中国人寿保险公司海门支公司。2003年6月，进行股份制改革，更名为中国人寿保险股份有限公司海门支公司。2008年，保费收入2.65亿元。

中国平安财产保险股份有限公司海门支公司 1998年12月，成立中国平安保险股份有限公司海门办事处，主营财产保险，兼营人身保险。2003年2月，中国平安保险实行产、寿险分营，建立中国平安财产保险股份有限公司海门支公司。2005年，实现保费收入864万元。2008年，实现保费收入1350万元。

中国平安人寿保险股份有限公司海门支公司 2003年2月，中国平安保险实行产、寿两险分营，成立中国平安人寿保险股份有限公司海门支公司，经营人身个险、团险、健康险等业务。2005年，保费收入3000万元。2008年，实现保费收入2000多万元。

大众保险股份有限公司海门支公司 2002年7月，成立大众保险股份有限公司海门营销部。2004年9月，更名为大众保险股份有限公司海门支公司，主营财产保险，兼营人身保险。2005年，保费收入500万元。2008年，保费收入600万元。

中国太平洋财产保险有限公司南通市中心支公司海门支公司 2002年8月，成立中国太平洋财产保险股份有限公司南通中心支公司海门营销服务部，后更名为海门支公司，主营财产保险，兼营人身保险。2005年，实现保费收入320万元。2008年，保费收入711万元。

天安保险股份有限公司海门支公司 2002年12月，成立天安保险股份有限公司海门支公司，经营财产险、责任险、信用险、人身险等保险业务。2005年，保费收入1182.34万元。2008年，实现保费收入1312.56万元。

泰康人寿保险股份有限公司海门营销服务部 2003年3月，成立泰康人寿保险股份有限公司海门营销服务部，经营各类人身保险。2005年，保费收入1500万元。2008年，客户2.5万户，保费收入1亿元。

新华人寿保险股份有限公司海门营业区 2003年12月，成立新华人寿保险股份有限公司海门办事处，经营人身保险业务。2005年1月，更名为新华人寿保险股份有限公司海门营业区，实现保费收入210万元。2008年，保费收入4160万元。

中华联合财产保险公司海门支公司 2004年5月，成立中华联合财产保险公司海门营销服务部，经营各类财产保险。2005年2月，更名为中华财产保险公司海门支公司，年末实现保费收入1366万元。2008年，保费收入930万元。

此外，2002年11月，成立太平洋人寿保险股份有限公司南通中心支公司海门营销服务部。2005年9月,成立永安财产保险股份有限公司南通中心支公司海门服务部。至2008年年底,都邦财保、阳光财保、大地财保、安邦财保、民生财保、合众保险、太平人保、民生人保等保险公司均在海门市区设有支公司或营销服务部。

二、证券机构

华泰证券海门服务部　2001年5月,成立华泰证券有限责任公司南通姚港路营业部海门服务部,从事证券代理买卖业务。服务部营业面积1500平方米,配有20个套间大户室、300多台电脑、1个多功能网上交易演示大厅。2002年,营业面积扩大到2000平方米,建有沪深两地单双向卫星小站,配有不间断电源、宽带互联网和有线电视。2005年,拥有客户7000个,交易量6.5亿元,名列全省前茅。2008年,交易量114亿元。

中信证券海门服务部　2000年10月,中信证券如皋营业部在海门设点从事证券代理买卖业务。2002年6月,成立中信证券股份有限公司如皋营业部海门服务部。营业面积1000平方米,设有交易大厅、高端客户区,安装有20平方米电子显示屏和200台电脑。2005年,拥有客户7000个,交易量10亿元。2008年,交易量80亿元。

第四节　其他金融机构

一、典当

清道光五年(1825),厅境出现典当,号崇德。光绪年间(1875－1908),创立和济、洽昌、裕大、安济、人济号典当,其中安济典当资本额最大,有8万银圆。20世纪20年代,余东镇仁泰典当拥有资本17万银圆,由安徽人刘姓开办。民国13年(1924),县境内典当业旺盛,有7个大典当,资本总额29.6万银圆,营业额80万银圆。典当视其资本规模可分典当、押店、质店、小押铺4种,业务均以实物质押放款为主,收典金银、器物,乃至棉花、农具。利率一般月息2分左右。为扩大贷款资本,兼理存款,年息8厘－1分。

民国16年,典户所占比例:工业界30%、商业界10%、农业50%、居民10%。当物规定期限,若期满不赎回,由典当自行处理。民国27年,日本侵略军侵犯常乐镇,向刘和济典当发射硫黄弹,典当毁于大火。全县20余家典当相继歇业。

新中国成立后,县境无典当。1997年,海门拍卖商行筹集资金10万元,经营典当业务,典押实物以金银首饰为主。随后逐步增加资金,以房屋、汽车典押放款。2001年,拍卖商行典当业务转交私人经营,取名为宏洋典当。2003年始,城区少数物资调剂商店以旧货典押放款,从中取利。2008年,除宏洋典当外,有多家寄售、物资调剂商店做典当生意。

二、钱庄

清光绪元年(1875),厅内有钱庄,庄主孙广源。后有王氏润济钱庄。光绪二十四年(1898),赵氏设昇康钱庄。民国元年(1912),茅家镇薛荫田创办海复、顺昌钱庄,因经营不善而停业。民国5－14年,有巨丰、万年、正昌、晋丰、裕康、祥生、万生7个钱庄,其经营出入以上海九八规银计算(沪银1000两作纹银980两)。随后,陈伯葵办的德康、陆鹏冲办的厚庄、王恒大办的润康、顾泳国办的海福钱庄继起。有钱庄20多个,其中德康钱庄资本最丰,有资金1.6万银圆,年营业额30万元,属上等钱庄,因加入汇划总会,亦称"汇划庄"。其余属"挑打庄"(中等)"零兑庄"(下等)。钱庄主要经营存款、汇兑、放款,兼理公款公产处理收付,与上海等外地钱庄、银行有汇划和票据承兑业务往来。存款利率一般为月息6－7厘,最高1分;放款月息1－1.5分,最高2分。

民国17年,麒麟镇中和钱庄倒闭为先,德康、海福等钱庄相继闭歇。民国24年,县境钱庄绝迹。

三、金融堆栈业

民国10年,由大生第三纺织公司行股,以储藏稻谷、杂粮等抵押品为经营业务,便利借贷担保,设立茅家镇大储栈,资本额为5000银圆。

四、社仓

清光绪二十四年(1898),张詧、张謇兄弟两人募集1130银圆,在常乐镇创办社仓。民国13年,凤凰桥董汝之向地方捐献元麦400石(1石为50公斤)开办社仓,不久县境内相继建立社仓,均系官办,以实物借贷,春放夏收。至民国29年,包括当时海关改建后收储的县积谷仓在内,先后有25个社仓,拥有元麦8200石,稻谷120担。至抗战初期,县境内社仓逐步消失。

五、农村合作基金会

1984年,县委农工部在悦来镇试点,将生产队积累资金作为内部融资,用于农村资金融通。1985年3月,悦来镇成立首家农经服务站,采取委托投放、短期代管、集资入股、相互拆借、调剂余缺、以息代红等资金融通方式,服务于农村集体经济组织。融资利息执行银行贷款利率,返还生产队资金占用费略高于存款利率。1986年,各乡镇农经服务站相继成立。1989年,全县农村合作基金总额5200多万元。

1992年12月,农经服务站更名为农村合作基金会。1993年3月,成立县农村合作基金会,负责对乡镇合作基金会的业务指导、监督、管理和协调。1996年,合作基金会融资总额4.6亿元。

1999年下半年,清理整顿乡镇合作基金会,经清资核产,实行分类处置。其中,符合要求的21个合作基金会并入当地农村信用社,不符合要求的11个合作基金会予以清盘关闭。市农村合作基金会随之撤销。

六、南通市信托投资公司海门代办处

1994年9月,建立南通市信托投资公司海门代办处,为市政府直属机构,业务上受南通市公司指导。资金主要来自县财政预算外资金,资本金5000万元,另向银行贷款2000多万元。主要业务通过放贷,支持中小企业生产所需资金。1996年,放贷额6000多万元。1997年7月,并入市城市信用社。

附:银楼 金店

清咸丰三年(1853),老宝成银楼为厅境之先。民国初年,全县开设庆云、凤翔、芝宝、陶万元等金银店铺10余家。经营品种有银项链、银镯、银环、银针、银戒指、发钗、项圈、锁片、响铃等,少数店铺兼营金戒指、金耳环、金玉宝石等饰品。抗日战争时期,大多银楼店铺歇业。最后5家于1949年关闭。海门解放初期,少数集镇有银匠店,经营方式为来料加工、原料兑换、饰品直接出售等。

1985年10月,县轻工公司第二门市从事黄金饰品销售,时为新中国成立后首家金店。1986年,三厂新风商场开设金银首饰专柜。1990年10月,县人行建海门金店,主营黄金以及金银饰品零售,兼营饰品翻新改制。

1992年,全县各金银饰品店销售黄金饰品1万多件。至1996年,市区供销大厦、百货大楼、狮山商场、亚细亚商厦、华联商厦等大型商业网点均有金银饰品专柜,农村经营金银饰品的有三厂、四甲、悦来、包场、麒麟、东兴等国营商店、供销社。2003年3月,黄金饰品放开经营。2008年,市区较大的金店有双爱黄金珠宝行和文峰大世界、农工商超市、时代超市、世纪联华超市等黄金饰品专柜,各乡镇均有黄金饰品网点。"老凤祥""周大生"等名牌黄金饰品进入海门市场,深受消费者青睐。

第二章　银行业务

第一节　货　　币

一、币制

清代，以银两和制钱为境内通用货币。银两指实际流通的白银，如元宝、银锭、银饼等，制钱取朝代年号。制钱1000枚为一串，商人在串钱时往往搭配小钱的扣串。制钱量重值低，成色不一，计算不便。清光绪年间（1875－1908），逐步用铜圆取代。铜圆圆形无孔，俗称“铜板”，1铜圆抵制钱10文，辅币有1文、2文、5文和20文等面额。同时，海门境内市面流通清政府铸造的“龙洋”银圆，每枚库平7钱2分。辅币有面额5角、2角、1角、5分4种银角子。宣统二年（1910）四月，清政府采用银圆本位，定银圆为国币，并以元为单位，成色为900‰，名为大清银币，在海门境内流通。民国3年（1914），将银圆成色改为890‰，枚重仍为库平7钱2分。当年即有袁世凯头像银圆（俗称“袁大头”）运行于市。民国13年，海门地区使用“袁大头”银币极为广泛，与“龙洋”同时通用。民国16年后，民国政府停止发行“袁大头”像银圆，改铸孙中山头像的“开国纪念币”，成色重量都与“袁大头”像银圆相同，在海门地区通行。

民国22年4月，废两改元，实行银圆本位制。海门境内用银圆计算而不再使用银两。

民国24年11月，废除银圆本位制，由中央、中国、交通三银行发行钞票为法币，银圆合法流通的历史宣告结束。民国25年后，中国农民银行发行的钞票作为法币流入海门，面额有1元、5元、10元及1角、2角、5角等。民国27年9月，日本侵略军侵占茅家镇，市场仍流通法币。民国29年7月，国民海门县政府发行法币辅币。面额有5角、2角、1角、5分，限县内流通。县商会获准发行1分面额的兑换券。县内发行的兑换券均与法币等值。

图17－2　民国时期，国民政府发行的法币（2008年摄）

民国31年10月，抗日战争时期，根据地由东南行署财经局代理发行江淮币，又称“抗币”，面额为10元、5元、1元、5角、2角。新四军部队、抗日机关团体向当地群众购物使用，然后由群众缴纳粮税时回笼，也有部分与法币同时进入流通领域。

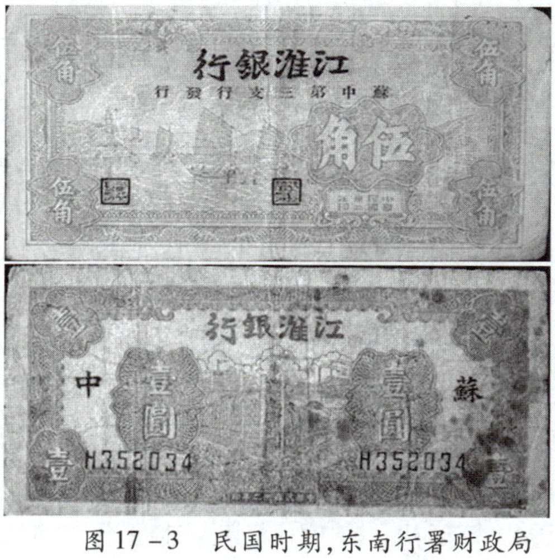

图17－3　民国时期，东南行署财政局代理发行的江淮币（2008年摄）

民国31－33年江淮币与法币比值一览

表17－1 单位:元

时间＼币种	江淮币	法 币
民国31年11月	1	5
民国32年3月	1	7
民国32年7月	1	9
民国32年12月	1	10
民国33年4月	1	12
民国33年9月	新江淮币1	50

县抗日根据地个别集镇的殷实商行,以全部资产为基础,自行印刷发行5角以下票面流通券,限在镇内流通,而后由原发行商行收回销毁,与江淮币等值。

民国30年,日伪政府中央储备银行发行纸币,称中储券,流入县内,初与法币等值流通,后因滥发无度,迅速贬值。至抗日战争胜利时,县内流入的面额有1元、5元、10元、50元、100元、200元、500元、1万元乃至10万元的巨额大钞。

民国33年9月,发行新江淮币,县境抗日根据地禁用中储券。反"清乡"斗争时期,盐、棉、粮等主要物资,与根据地外交换,实行统制运销,以货易货。同时采取提高抗币比值来阻止伪币流入。民国34年,东南行署财经局临时发行代价券,总量5万元,面额5元、1元,与江淮币等值,在县内根据地流通。同年9月,新江淮币与中储券的比值是1:5000。11月,国民党政府以法币1元对中储券200元的比价进行收兑,结束中储券流通。

民国34年8月,华中银行成立,发行华中币,在县根据地流通,与江淮币等值。民国37年4月,中共东南县委决定,在海东、海复、二效、王鲍、吕四、六甲等7个区内,禁止使用国民党政府发行的货币。

民国37年8月,县内国民党统治区开始以金圆券为本位币,规定法币300万元折合金圆券1元,物价也全部按这一比率折合金圆券。随即造成恶性通货膨胀,金圆券大幅度贬值,海门地区金圆券初流通时可买最好质量大米1担的钱额,至民国38年初只能买到一粒米。

1949年年初,华中币确定为县内流通的法定本位币。同年6月1日,人民币成为本位币。至9月,共投放第一版人民币14.95亿元。并按1:100的比例陆续收回华中币,以1:10万收兑金圆券,人民币占领全县流通领域。1955年3月1日,改用新版人民币(第二版),以1:10000收兑老版人民币。4月1日,老版人民币在县境停止流通。1957年12月1日,发行铅质、铜质、镍质辅币。1962年,发行第三版人民币,与第二版人民币等值,在市场上混合流通。1987年4月27日,发行1980年版(第四版)人民币,与第三版人民币等值,在市场上混合流通。第四版人民币采取一次公布、分次发行办法,1990年发行完毕。1980版人民币首次采用安全线技术。1999年10月1日,第五套人民币发行,采用一次公告,分次发行,新旧版混合通用,逐步回收旧版。2005年8月31日起,第五套人民币(2005版)公告发行。

二、流通

民国26年前,海门地区货币流通尚属正常。抗日战争和解放战争时期,由于沦陷区和国民党统治区滥发纸币,造成通货膨胀,货币投放多,回笼速度快,流通状况极不正常。新中国成立初,为抑制通货膨胀,以通行的商品如粮、油、皮棉等实物为筹码。1950年3月,银行实行现金管理,控制货币投放与回笼。1954年,国家对主要农副产品实行统购统销,全县农民可就地出售农副产品,购置日用百货,供销社、信用社相互配合,货币就地投放、就地回笼。1958年前,全县城乡居民手持现金人均10.89元。1959－1961年,国民经济困难,货币流通不正常。20世纪70年代,农业生产获得丰收,社队工业发展,人民生活提高,购买力增强,县内的货币投放小于回笼。1980年,外地建筑劳务分配汇入所得、农副产品收购、储蓄兑付等渠道现金投放增多,全年净投放1685.7万元,创历史新高。1983年,货币流通由上半年回笼、下半年投放改变为常年投放、常年回笼。

1988年,县内出现通货膨胀,货币供应出现紧张局面。现金净投放1.92亿元,比1987年增长3.83倍。市场货币流通总量2.02亿元,单位库存现金,城乡居民手持现金均有大幅度上升。1990年,城镇居民人均手持现金88.5元,农民138.5元,社会集团库存现金与城乡居民手持现金之比为1:7.6。

1992年，海门经济发展速度较快，货币净投放近2.7亿元，比1991年净增近1.2亿元，月投放量在千万元以上的有8个月。尤其在农副产品收购旺季，金融部门及时协调，增加资金投放，不打“白条”收购。1996年，净投放6.86亿元。1999年，净投放超10亿元。2007年，贯彻适度从紧货币政策，全年10次调高存款准备金率，6次调高存款利率，通过吸储压缩居民手持现金。2008年，货币净投放23.31亿元，是1978年的203倍。

1953－2008年海门市（县）人民币投放一览

表17－2　　**单位：万元**

年份	投放	回笼	净投放
1953	1963.00	1904.00	59.00
1954	3397.00	3701.20	－304.20
1955	5405.10	5171.10	234.00
1956	5334.10	5962.50	－628.40
1957	3951.10	4684.10	－733.00
1958	4003.40	5233.70	－1230.30
1959	6693.20	6827.30	－134.10
1960	6003.10	6604.90	－601.80
1961	5747.10	5629.60	117.50
1962	5071.10	5611.50	－540.40
1963	5289.00	5410.90	－121.90
1964	6352.10	6476.20	－124.10
1965	8078.00	7996.50	81.50
1966	9158.30	8117.40	1040.90
1967	8032.20	8419.10	－386.90
1968	7635.60	7364.60	271.00
1969	7980.00	8246.00	－266.00
1970	7816.00	8351.50	－535.50
1971	8094.00	8376.50	－282.50
1972	8817.20	9111.40	－294.20
1973	10211.50	10586.40	－374.90
1974	9223.00	10131.40	－908.40
1975	11534.40	11497.80	36.60
1976	12207.00	11958.00	249.00
1977	11962.30	12494.00	－531.70
1978	15349.70	14200.40	1149.30
1979	18461.60	18370.20	91.40
1980	29410.00	27724.30	1685.70
1981	28115.80	26105.50	2010.30
1982	29611.90	29350.70	261.20
1983	42310.80	40384.70	1926.10
1984	52008.10	50187.90	1820.20
1985	48891.00	45689.00	3202.00
1986	60045.00	56638.00	3407.00
1987	79421.00	75456.00	3965.00
1988	124627.00	105470.00	19157.00
1989	133556.00	124479.00	9077.00
1990	143216.00	132095.00	11121.00
1991	170593.00	155633.00	14960.00
1992	253084.00	226189.00	26895.00
1993	374849.00	349069.00	25780.00
1994	526634.00	503995.00	22639.00
1995	733633.00	694413.00	39220.00
1996	899793.00	831130.00	68663.00
1997	948008.00	899362.00	48646.00
1998	1589642.00	1498067.00	91575.00
1999	1827941.00	1685402.00	142539.00
2000	2034147.00	1876586.00	157561.00
2001	2238363.00	2075275.00	163088.00
2002	2771371.00	2590862.00	180509.00
2003	3652017.00	3447889.00	204128.00
2004	5001997.00	4756268.00	245729.00
2005	6010577.00	5751475.00	259102.00
2006	7128307.00	6869184.00	259123.00
2007	8740857.00	8476303.00	264554.00
2008	7910527.00	7677364.00	233163.00

第二节　存贷业务

一、存款

对公存款　1949年，各机关、企事业单位的公款、营业收入当日解交人行海门办事处营业部，是年对公存款余额4.4万元。1953年，县人行开办农业存款业务。1955年下半年，全县农业、手工业、私营工商业实行社会主义改造，集体企业增多，存款上升。1958年，对公存款余额1447.9万元。1970年，农村社队工业兴起，集体存款户增加。1978年，随着改革开放，对公存款上升幅度加快。1979年，对公存款金额9211.7万元，比1978年净增近5000万元。1985年1.34亿元。1990年，余额近2.5亿元。

1991年，农业存款大幅度上升，年末余额6835万元，其中乡镇企业存款4515万元，占农业存款的66%。1995年，企业存款余额4.77亿元，农业存款余额1.17亿元，财政存款余额3896万元，合计余额6.33亿元。1997年，对公存款突破12亿元。2000年，市工行采取抓住大客户，稳定老客户，寻找新客户，重点发展对公存款，年末余额2.96亿元，比年初净增1000多万元。2001年，市建行完成住房公积金存款5996万元，市农行完成住房公积金存款4519万元。2002年，市农行营业部上门为80多个单位存款服务，吸收存款4000多万元。2005年，全市企业存款余额突破30亿元。其中市建行企业存款余额突破10亿元，居南通6县（市）同行之首。2007年年末，工行存款余额10.29亿元，比年初增2.27亿元；农行存款余额10.82亿元，比年初增2.8亿元；建行存款余额13.96亿元，比年初增1.14亿元。2008年，全市对公存款金额74.52亿元，其中，企业48.41亿元，农业8.6亿元，机关团体4.11亿元，委托存款0.05亿元，其他存款13.35亿元。

储蓄存款　1949年初，由人行海门办事处开办城乡个人储蓄业务。当年存款余额2万元。1953年，号召人民群众踊跃参加爱国储蓄，年末存款余额60万元。1954年年末，储蓄余额89万元。1961年，年末余额820.7万元。1962年降至393.8万元。

20世纪70年代，全县各银行和信用社扩大零存整取、小额储蓄业务，实现小额储蓄超万户，在全省县级银行中处领先地位。1980年，全县各行、社调整储蓄网点布局，增加储蓄种类，推广有奖储蓄。银行内部推行承包责任制，储蓄余额不断攀升。1986年，县邮电局开办邮政储蓄。1987年10月，县建行开办储蓄业务。1990年，全县储蓄余额8.19亿元，高于当年贷款余额。

90年代，建筑队伍壮大，成为农村经济支柱，外地资金不断流进海门，银行储蓄存款增加。1991年，突破10亿元大关。1998年，市建行储蓄存款余额15.06亿元，居苏北县（市）同行之首。2000年，全市储蓄比上年净增6.5亿元。2002年，全市储蓄超百亿元，人均储蓄1万元。2004年，市建行下辖16个营业网点，其中13个网点吸储超千万元，副行长瞿亦欣被中国建设银行授予突出贡献行员称号。2007年，全市储蓄200亿元。2008年，储蓄余额255亿元。

二、贷款

工商业贷款　民国35年2月，在县境抗日根据地，由华中银行东南办事处率先发放小额贷款，主要发放对象为个体商贩、合作社。民国37年8月，县内解放区为商贩、纺织社（组）发放小额贷款1039万元。1949年1－9月，发放小本经营贷款1.14亿元，发放农业、油坊业、工业、合作社、商业等贷款12.56亿元（以上均为旧人民币）。

1951年，国营商业、供销合作社贷款增加，个体工商业的贷款逐步被公私合营企业所取代。1955年，商业贷款余额2429.6万元。1956年，工业贷款余额54.3万元。1961年，工业企业开展“高产、优质、低耗”为中心的增产节约运动，商业企业因购买力下降，导致贷款数额下降。1965年，社会经济复苏，市场开始活跃，推动工商业贷款上升。是年，商业贷款余额5400.5万元，工业贷款余额129.9万元。

1970年，地方工业发展，贷款增长，余额600.8万元，比1969年增长2.26倍。商业贷款有所下降，直至1971年，商业贷款余额为1968年的57%。1981年，贯彻区别对待、择优扶植的贷款原则，试行统一计划、分级管理、存贷挂钩、差额包干的信贷计划管理办法。商业贷款满足收购农副产品和适销对路的工业品购销资金；工业贷款面向生产名、特、优、新产品，适销产品，换汇率高的短线产品。1984年，工业贷款余额1.37亿元，占全县贷款总额的45%，比1983年增长1.65倍，其中，乡镇工业贷款余额5954万元，占工业贷款的43.5%。同年，商业贷款余额3.8亿元。

1985年，实行实贷实存的信贷资金管理，压缩贷款，但仍保持增长势头。1988年，由于经济过热，储蓄减少，制约信贷资金来源，使工业贷款盘子一再紧缩，贷款绝对额虽有增加，但工业产值贷款率大大降低。1989年，贯彻控制总量、调整结构、保证重点、压缩一般的方针，工商信贷规模稳步增加。1990年，工业贷款余额4.45亿元，其中乡镇工业贷款余额2.16亿元；商业贷款余额2.55亿元。

1992年，工商企业积极参与市场竞争，扩大生产和经营，流动资金贷款迅速增长。1994年，开办中外合资、合作、独资企业贷款业务，年末放贷余额3262万元。1995年，国营、集体商业企业为适应市场竞争，举债投入，扩建网点，大量占用银行流动资金贷款，导致后续资金流转困难，企业亏损，无力还贷，不得不以资产抵债。同年，市工行等试办个私贷款业务，年末个私企业贷款余额42万元。1996年，各商业银行采取法人担保、财产抵押、存单质押等形式办理工商贷款，避免不良贷款，确保资产质量。同年9月，粮棉油收购贷款列入政策性贷款，由市农发行办理，贷款资金实行封闭式运行，当年开户单位13个，贷款总额2.81亿元。

1999年，调整信贷结构，重点支持龙头企业及个体民营企业的发展。市工行新增龙头企业贷款3268万元，占该行当年新增贷款73.9%。2001年7月，各商业银行开展评选守信用贷款企业。评出守信用企业238个，示范企业29个，以促进信贷质量的提高。2003年，市工行对运作规范、效益较好的集团公司、股份有限公司加大放贷，放宽抵押物范围。在海门、三厂、三星、包场等经济发达地区开办土地使用权、房地产抵押贷款。当年新增民营工商企业贷款1.65亿元。2004年、2005年，国营、集体商业企业改制，退出经营，商业贷款渐少。2007年，工业贷款余额36.29亿元，比2006年净增4.21亿元；商业贷款余额3.7亿元，比2006年净减8811万元。2008年，工商贷款余额66.59亿元，其中，工业30.6亿元、乡镇企业26.93亿元、“三资”企业9793万元、商业4.49亿元、个私企业3.59亿元。

农业贷款 民国35年冬，解放区发放粮食实物信贷5000石。

民国36年，中国农民银行在海门国民党统治区发放棉田肥料贷款，由各乡农民申请，银行核审，共发放贷款22亿元法币。同年6月，接受中国农民银行推广种植美棉贷款，每亩棉田贷放豆饼6.5－7.5公斤，化肥5.5－7.5公斤，现金1.5万－2万元法币。

1949年，境内受灾，农业歉收，为尽快恢复农业生产，县人行办事处向农民发放贷款。1950－1952年，发放农贷29.95万元。1956年，农业贷款余额222.7万元，占全部贷款余额8.3%。60年代初，农业贷款重点扶植穷队发展生产，全县113个生产大队得到贷款扶持。同时帮助农村发展集中养鱼、养猪等多种经营。“文化大革命”时期，把农村多种经营视为“走资本主义道路”，副业生产受到影响，农业贷款下降。1970年，在“农业学大寨”运动中，农业贷款向农业机械和农田水利倾斜。80年代，农场企业、农村家庭副业不断发展，沿海、沿江滩涂大规模开发，农业贷款稳步增长。1982年，农场、农副业贷款是工业贷款的4.5倍。1986年，全县农业贷款余额2663.7万元，农场建设贷款1975.65万元。1990年，农业贷款余额5914万元，比1986年增长122%。

1992年，农村规模经济发展，种植、养殖专业户增加，农业贷款增长，年末余额7122万元。1996－1998年，年均增加农贷1亿元左右。2000年，各农村信用社坚持以农为本，发放农贷6.93亿元。2001年，市人行发放支农再贷款9500万元，无息贷款7000万元。2002年，农村信用社开展“上农户门、查农户情，暖农户心”民情走访活动，建立农户经济档案20.44万户，颁发农户信用证1.61万本，当年对持证农户放贷4098万元。2003年，推进农户小额信用贷款，核定小额贷款额度3.3亿元。2006年6月，市农发行发放农业产业化龙头企业贷款1.5亿元。2008年，全市农业贷款余额12.56亿元。

建筑业贷款 80年代，县建行开办建筑企业贷款业务。1994年，全市建筑业贷款余额5588万元。1996年，市内建筑企业发展到75个，贷款需求倍增，年末余额1.4亿元。2000年，市建行以建筑业放贷为重点投向，全年放贷2.74亿元。2002年，市工行介入建筑业信贷市场,支持建筑经济发展。是年,全市建筑业年末贷款余额3.57亿元。2004年,市商业银行首次对建筑业放贷1600万元。2006年,全市放贷余额超10亿元。2008年,全市有175个建筑企业,年末贷款余额12.58亿元。

技术改造贷款　50年代,县人行开办企业大修理贷款(后称技术改造贷款),解决企业对大修理基金当年使用与提留脱节的矛盾。1956年,全县工厂企业大修理贷款余额1.96万元。1970年,开办城镇集体工业"五小"[①]设备贷款。由于此项贷款期限、额度、审批过紧,贷款客户甚少。1975年,放贷余额12.57万元。1979年增至47.7万元。80年代,工业经济发展速度加快,技术改造贷款渐增。1984年,放贷202.3万元。1990年,余额1177万元。1995年,技改贷款余额超亿元。1999年,全市工业企业多为引进新建项目,老企业更新改造减少,技改贷款下降,年末余额5058万元,比上年净减5000万元。2003年余额降至1600万元。2008年余额3300万元。

基本建设贷款　50－70年代,国营企业基本建设投资均为国家或地方财政拨款,集体企业自筹资金,无基本建设贷款。80年代,县建行发放改扩建厂房、商品房等中长期基本建设贷款。1986年,该行发放海门热电厂一期工程贷款720万元。1987年,发放海门手帕厂扩建工程贷款200万元。1988年4月,建行下设房地产经营开发部,办理房地产企业信贷业务。1990年,全县基本建设贷款(含固定资产)余额5320万元。1995年,余额超3亿元。1999年,市建行放贷支持市污水处理中心、人民大剧院、有线电视网、海太汽渡等公共基础设施建设,市农行放贷支持海门长江水厂、市水利设施基础工程建设。2000年,各商业银行加大房地产业贷款力度,市工行发放房地产贷款余额5956万元,建行发放4155万元。2002年,市建行为城市基础建设项目放贷2500万元,学校建设项目放贷900万元。2004年、2005年,市商业银行投放政府基础建设项目贷款5700万元。2006年,市工行对市污水处理项目放贷6000万元。2007年3月,市农发行为东灶港围垦项目放贷1.2亿元。建行为市城市投资公司新增贷款1亿元。2008年,全市基本建贷款余额18.43亿元。

个人消费贷款　50－90年代初,个人消费无贷款。90年代中期,市工行、建行等开办个人消费和购房贷款业务。1998年,工行发放个人消费贷款561万元。居民购房贷款余额804万元。1999年,全市购房贷款余额1926万元。居民在建行办理购房贷款有282户,贷款1496万元。2000年,市建行购房贷款户758户,余额3803万元。2001年,个人消费贷款余额1.11亿元。2002年,市工行推出个人汽车消费贷款,推动海门私家车发展。2003年,信用联社发放购房按揭贷款142万元。同年交行开办购置汽车按揭贷款。2006年,个人消费、购房贷款攀高。市工行个人消费贷款余额1.01亿元,购房贷款余额1.35亿元。建行发放个人消费贷款1.11亿元。信用联社发放助学贷款,余额4877万元。2007年,市农行办理购房贷款856户,1.79亿元。2008年,个人消费贷款开户银行有市工行、建行、农行、交行、信用联社等,全市个人消费贷款余额9.74亿元。

1949－2008年海门市(县)存贷款余额一览

表17－3　　**单位:万元**

年份	各项存款		各项贷款
	合计	其中储蓄	
1949	4.60	2.00	7.50
1950	27.00	3.00	7.40
1951	107.30	31.00	9.90
1952	199.20	44.90	85.20
1953	294.20	60.00	230.80
1954	368.20	89.00	331.40
1955	714.60	117.10	2461.60
1956	602.00	185.00	2677.60
1957	760.50	220.40	1843.60
1958	1798.30	350.40	2888.70
1959	1458.40	412.70	3937.70
1960	1466.30	697.60	3036.40
1961	1808.60	820.70	3366.40
1962	1368.20	393.80	2886.10

① 五小:小钢铁、小煤矿、小化肥、小农机、小水泥。

续表 17－3

年份	各项存款		各项贷款
	合计	其中储蓄	
1963	2150.50	426.00	3763.70
1964	4250.50	745.70	5261.40
1965	5051.90	879.50	5608.70
1966	4884.20	1250.40	6272.90
1967	4850.00	1380.50	6546.10
1968	6253.60	1345.50	6572.30
1969	6122.90	1348.60	5564.10
1970	5053.70	1007.50	6162.50
1971	5177.10	1052.60	4316.10
1972	6188.10	1208.20	7802.30
1973	5395.00	1731.80	7176.00
1974	7872.50	1798.00	8873.40
1975	9122.10	1779.50	9452.40
1976	6693.80	1980.60	8120.40
1977	6115.70	1824.00	9876.80
1978	7618.90	2842.00	11980.10
1979	12563.70	3352.00	15315.30
1980	9668.80	4076.00	14631.00
1981	11704.50	5554.50	15481.50
1982	17105.20	7252.40	21479.70
1983	19219.80	10644.20	24337.40
1984	27032.00	13305.80	30381.00
1985	31033.00	17621.00	34877.00
1986	45414.00	26230.00	48738.00
1987	52970.00	35779.00	56395.00
1988	54136.00	36264.00	60881.00
1989	77356.00	57655.00	70935.00
1990	106894.00	81895.00	81806.00
1991	139439.00	108432.00	97314.00
1992	170149.00	133476.00	12522.00
1993	220434.00	173415.00	138093.00
1994	292213.00	238842.00	180106.00
1995	412398.00	340133.00	245931.00
1996	558520.00	452220.00	295615.00
1997	668279.00	548262.00	347588.00
1998	799878.00	647568.00	384758.00
1999	895671.00	728287.00	399571.00
2000	976722.00	793705.00	405894.00
2001	1145914.00	941379.00	447729.00
2002	1312697.00	1090805.00	547987.00
2003	1606306.00	1275346.00	746568.00
2004	1857301.00	1443393.00	842787.00
2005	2118295.00	1673955.00	1004015.00
2006	2474626.00	1924835.00	1192611.00
2007	2702311.00	2026049.00	1401700.00
2008	3295207.00	2550688.00	1566871.00

第三节　外汇业务

一、外币存款

20 世纪 50 年代，外币主要来于侨汇。对外汇除折算人民币兑换外，亦有原币储蓄，但数量甚微。“文化大革命”时期，侨汇很少。1979 年，县人行、农行各营业所开办侨汇折合人民币储蓄业务。

1988 年，中外合资、外商独资企业发展，外币存款相应增加。是年 6 月，县中行成立，专营外汇业务。当年外币存款余额 1220 万美元。1994 年，市建行开办外汇业务，当年吸收外币存款 45 万美元。1999 年，全市外币存款余额 2020 万美元，比年初净增 800 万美元。同年，市农行开办外币存款业务，当年余额 385 万美元。2000 年，市中行年末存款余额 2880 万美元。其中，个人存款余额 2645 万美元、企业存款余额 235 万美元，分别比年初增长 45.24%、18.09%。2001 年，外币存款余额 5382 万美元，其中中行 3937 万美元，占 73.15%。2004 年，市工行、建行外币存款增长幅度较大，工行余额 872 万美元，比 2003 年净增 220 万美元；建行余额 596 万美元，比 2003 年净增 112 万美元。2008 年，全市外币存款余额 4534 万美元。

二、外币贷款

1988年,县中行作为县内唯一的外汇业务指定银行,办理外币贷款业务。至1994年,市建、工、农3行开办外汇信贷业务。1995年,全市外汇贷款余额210万美元。1998年,增至443万美元。2004年,市江苏银行、交通银行取得外汇指定银行资格,开办外汇贷款业务。2005年,全市外汇贷款287万美元。2007年,市中行增强外币贷款力度,余额966万美元。2008年,外汇贷款余额1216万美元,其中,市中行517万美元,建行543万美元,市工、农、苏、交4行外汇货款余额合计156万美元。

三、国际结算

1988年12月,县中行负责外贸企业、中外合资、独资企业的外汇收兑承付,进出口贸易结算。1991年,全县有外汇开户企业126个,外汇额度收入55笔、207.3万美元,支出49笔、177.4万美元,外汇额度调剂18笔、14万美元。1994年,市建行办理进出口贸易结算业务,当年结算额285万美元。1998年,市中行办理国际结算额2539万美元。1999年,市农行办理国际结算,当年结算额1478万美元。2000年,全市国际贸易进出口结算总额1.1亿美元。同年,市工行开办国际结算业务。2001年,市中行完成国际结算额6327万美元,占全市总量的59%。2002年,市工行推出"汇市通"新品,供客户通过工行个人外汇买卖交易网络系统炒汇,开展不同币种外汇之间的买卖。2003年7月,市建行为海门三鑫捷威电子公司向台湾上海商业银行发送一笔即期信用证,金额16万美元,时为建行客户中全国首家实现海峡两岸直接通汇。同年,市中行国际结算总额首超亿元。2004年,市建行办理出口押汇、打包贷款、进口开证等外汇结算业务,结售汇5160万美元。同年,市商业银行开办国际结算,拓展进出口融资业务。2006年,市农行新开国际结算账户50个,全年实现结算额1.77亿美元。2008年,全市各外汇指定银行办理国际结算总额12.5亿美元,其中,中行4.26亿美元、工行1.63亿美元、农行4.23亿美元、建行1.78亿美元、江苏银行0.6亿美元。

第四节 中间业务

一、结算

海门解放前,工商企业之间商品交易、资金调拨,凡通过银行结算,同城采取支票结算,异地以汇兑为主。解放初,结算方式仍沿用旧法。

1949年11月,埠际之间商品、资金往来均由县人行汇拨。1950年12月,企业结算户之间采取收支凭证结算,非企业往来户之间及往来户与结算户之间采用转账支票,单位及单位中私人提现均用专用支票。1953年,同城结算使用付款委托书,异地结算使用托收承付、信用证等结算方式。1962年9月,为制止拖欠货款,普遍推行信用证结算。1972年,同城结算使用委托收款和委托付款两种方式。1973年,异地结算使用托收承付、信用证、汇兑3种方式。1980年,控制托收承付结算,增加异地委托收款方式。1984年3月,实行汇票结算办法。1987年9月,开办直达电汇结算。1990年,同城结算方式有支票、委托收款、委托付款、托收无承付4种,异地结算方式有委托收款、托收承付、汇兑、票汇4种。

1993年,同城结算以支票、委托收款为主,少数使用银行本票。异地结算以汇兑见多,同时使用银行汇票和委托收款。1996年1月1日,银行开展承兑汇票、贴现、再贴现业务。1997年12月,执行人民银行总行颁布的支付结算办法,结算方式有银行汇票、商业汇票、银行本票、支票、信用证、汇兑、托收承付、委托收款等,恢复托收承付,增加信用卡结算工具。

1999年,市工行、农行、中行、建行累计开出银行承兑汇票2.06亿元。同年,市工行结算业务在全市率先实现全国电子通汇,汇兑资金实现2小时到账。2001年,经人行南京分行批准,市人行组织农行、信用社等金融单位在叠石桥地区开办银行本票业务,为个私经营户收付现金提供方便。2002年,对全市46个金融网点、1.04万个账户进行清理,撤销"睡眠"户、多头户205个,规范同城特约委托收款业务,为按时加入南通市同城实时结算系统创造条件。2003年4月,各金融单位全部加入南通市同城实时清算系统,使企业资金周转走上快车道。

2004年,推广同城转账支票业务和支付密码,年末新开基本账户支付密码使用率90%以上。同年,市农行办理贴现811笔、3亿元,实现贴现利息收入390万元。2005年10月,人民银行在叠石桥地区推广转账POS结算工具,有效改变依赖现金结算的局面。2006年,市农行个人、私企电话银行开户6673个,转账结算月均1.2万笔,网上银行注册开户2300个,网上结算月均6000笔以上。2007年9月,推出个人支票结算业务。2008年,全市电话银行、网上银行迅速发展。市农行下辖21个营业网点全部完成网络工程,其他各行网络建设与时俱进,银行结算方式基本实现网络化。

二、银行卡

20世纪90年代初,银行电子化建设起步,给银行卡使用奠定系统和网络基础,各银行先后开办银行卡业务。1991年,县中行开办长城卡,当年发放178张。1993年6月,县建行开办龙卡业务,当年发放3100张,用于客户现金存付,及代收公用事业费。市工行、农行相继发放牡丹卡、金穗卡。1995年,市建行发卡1.81万张。1999年,工行牡丹卡存付交易额7亿元。2000年,中行发放长城信用卡6674张、借记卡9480张、国际卡5张,卡存款余额1802万元。2002年,市农行发放各种银行卡6.78万张,卡存款余额1.16亿元,卡代收代付业务量1.87亿元,实现发卡数量与运用质量同步提高。

2003年,成立中国银联南通分公司海门办事处,对各银行所设POS机(用于刷卡付款)实施联网通用,推动银行卡业务的广泛开展。同年,市商业银行与烟草公司、时代超市、文峰千家惠超市合作,发放银联卡1.4万张。2004年,市邮政储蓄绿卡实现全国联网。2005年,市信用联社发行圆鼎借记卡。2006年,POS机交易额2.1亿元。2008年,全市金融系统发放银行卡和借记卡共99.64万张,贷记卡16.15万张,POS机交易额17.54亿元,年末卡存款4.32亿元。

三、代理业务

经理国库 民国24年(1935)1月,国民政府海门县政府设立金库,业务由江苏银行海门办事处代理。

民国30－37年,在县境抗日根据地设金库,归华中银行。

1949年,海门解放后,县设财政金库,业务由中国人民银行海门县办事处代办。1949－1987年,金库预算收入12.68亿元,年均收存3337.8万元,其中1979－1987年6.4亿元,年均收存7115.4万元。1988－1990年,预算收入4.01亿元,年均1.33亿元。

1992年,办理预算收入5.6万笔、1.61亿元,退库金额1682.3万元。1994年,使用电脑经理国库业务,预算收入入库速度加快,核算准确率提高。2003年7月,海门在南通6县(市)中率先实现银行、国税、国库联网。至年末,通过网上入库国税资金1亿元。2004年8月,海门地税实行实时扣税,次日入库。2005年,由市商业银行代理财政国库集中支付。2008年,经理国库业务量34.21万笔,预算收入26.38亿元,支出28.96亿元。

国债发放 民国时期,民国政府通过银行发放多种公债。民国8年,在县内按实支经费搭放一成公债。同时,开设短期公债募集,年息8厘。民国16－20年,派购国库券、短期公债券31万银圆。民国26年,发行救国公债。民国29年,发行战时公债。民国31－32年,发行盟国胜利公债。此外还曾发行教育公债,数额不详。

1949年,县人行为财政部推销人民胜利折实公债,按粮、油、布、煤等实物市场牌价计算,公债单位为"分"(每分按大米3公斤、面粉0.75公斤、白细布1.33米、煤炭8公斤计算),全县实销2.08万分,年息5厘。

1954－1958年,发行国家经济建设公债,全县实销264万元。1981年,发行国库券,县核定任务,由国营、集体企业认购。翌年,扩大到机关、团体、部队、学校和其他事业单位认购,同时核定数额,由个人认购。1981－1988年,全县推销国库券1692.99万元。其中1985年超额认购22.5%。1990年,推销国库券451.9万元,其中企业集体认购占26.8%。

90年代,国家发行债券甚少,银行主要负责历年债券兑付。1994年,兑付国库券232万元。1996年上半年,兑付各类国债1470万元。2003年,南通市商业银行海门市支行发行国债6000万元。2005年,市中行发行国债2202万元。2006年,市工行发行国债1671万元。2008年,市农行发行国债1060万元。

企业债券发放 1987年，县内工商企业为解决资金不足，采取以人带资招工形式，向社会集资。1989年一季度，全县352个工商企业累计集资7517.8万元。是年9月，县人行规定，企业向社会融资须经县或南通市人行审批，由专业行代理发行。1991年，由工行代理发行"海门县棉纺厂短期融资券"100万元，期限6个月，年利率5.4%，用于调进原棉3000吨。1992年，县工行、农行为县供电局、供销大厦、中兴特钢厂等20个工商企业代理发行短期融资债券4100万元。1994年，由专业银行代理发行融资债券的企业39个，融资额6580万元。1997年，停止发行企业融资债券。

营销基金 21世纪初，市农行、中行、工行等开始代理销售投资基金。2003年、2004年，市农行销售开放式基金1336万元。2005年，市农行、中行共销售基金698万元。2007年，市中行销售10.48亿元，建行销售115个品种、6.07亿元，工行销售8783万元。2008年，市工行发展基金销售定投户3500户、销售1.3亿元，中行销售1.93亿元，农行销售3881万元。

保险业务 2001年，受诸多保险公司委托，市工行、农行所属营业部、所，邮政储蓄所等金融部门代办保险业务。2003年，市农行保费收入4406万元。2004年，市农发行开办代理保险业务。2005年，市工行保费收入1235万元，农行保费收入8919万元。同年，市中行开办代理保险业务。2007年，市邮政储蓄银行保费收入9298万元。2008年，市农、工、中3行保费收入2.28亿元。

第五节 业务管理

一、现金管理

1950年夏，县人行对机关、部队、企事业单位实施现金管理，核定单位库存现金，规定业务坐支限额，大额资金往来推行转账结算，现金收入必须当日解交。1959年，对单位采购物资支付现金作出规定，县内不超过30元，外埠不超过100元。"文化大革命"期间，现金管理制度松懈，坐支、大额支付现金现象比较严重。1985年，按照分工，县工行负责管理城镇机关、企事业开户单位现金支付，农行管理乡镇机关、企事业开户单位现金支付，基层信用社受农行委托负责农村现金管理。

1988年10月，贯彻国务院颁布的《现金管理暂行条例》，对各开户单位现金支付的范围和库存现金的限额作出规定。11月，组织专业银行和有关部门1200人，检查1400多个单位，查出超限额现金47万元，当即归行42万元。1991年1月，分别确定各专业银行库存现金限额：县工行250万元（春节前1个月300万元）、中行30万至40万元、建行140万元、农行1000万至2000万元（旺季不超过2000万元）。

1997年，规定每个开户单位只在1家金融机构开立1个基本存款账户，且只能在基本账户按规定支付现金，并对支付5万元以上大额现金实行备案登记。2001年，市人行对各行、社开展现金管理现场检查，每季度检查1次，及时制止违规支付现金。2005年，市召开现金管理联席会议，通报现金管理执行情况，对违规签发空头支票的企业发出告知书17份，处罚通知书12份，罚款3.47万元。2006年，查出大额支付现金1352笔、3.7亿元，向有关单位发出整改通知，及时加以制止。对签发空头支票的9个企业，罚款1.56万元。

二、货币管理

解放初，人行海门办事处着手管理货币。1950年，及时排除金圆券，使人民币占领县境流通阵地。1955年，新版人民币发行后，规定各工商企业、社会团体解缴钱款，做到点准、挑净、墩齐、捆紧、名章齐全。20世纪60年代开始，各银行营业部、信用社无偿为居民兑换残缺、污损的人民币，各行、社柜面注意挑剔残损币，以提高货币流通的整洁度，确保居民手持货币不受损失。80年代，假币犯罪活动进入海门，出现各类版本的少量假人民币。1989年，县人行与公安部门联合发出通知，严禁复印人民币，打击制造、使用假人民币。1994年上半年，全县收缴假币面额14.77万元。1996年上半年，回笼调出残损人民币2654万元。同年，建立反假货币工作联席会议制度，确定每年开展1次反假币宣传月（周）活动，对银行柜面人员、企事业财会人员及有关人员进行反假币知识培训。

2003年，贯彻央行假币收缴鉴定管理办法，发放反假宣传画册3600份，培训会计人员1080人次，对合格者发给鉴定资格证书。2005年,第五套人民币发行,银行等部门280人参加新币防伪反假培训,90多人获资格证书。同年,叠石桥市场有6个金融单位未按规定收缴假币,对此作出行政处罚,罚款2.1万元。2006年,收缴假币4891张,面额41.58万元。2007年,各乡镇建立反假币宣传站,聘请宣传员265人,配置人民币鉴别仪26台,构成反假币网络。

三、外汇管理

旧时,境内外汇主要来自旅居港澳台同胞和美英法日等国侨胞。解放后,由县人行负责侨汇管理。50年代初,凭侨汇券可优惠供应紧俏商品,对侨汇兑换人民币储蓄实行利率优惠。"文化大革命"期间,停止执行侨汇优惠政策。1979年,外汇体制改革,打破外汇统收统支,实行外汇留存和上缴制度。1980年,引入外汇调剂制度,形成官方汇率和调剂市场汇率并存的汇率制度。1980－1987年,共解付侨汇9453笔,折合人民币394.5万元。1990年9月,成立国家外汇管理局海门县支局,与县人行合署办公,主管经常项目外汇账户的开立审批、收付汇核销,资本项目外汇账户开立、跨境交易及汇兑环节的审查,外商投资企业外汇登记、外汇年检、外资询证。

1991年,设立外汇调剂代办处,办理外汇额度调剂18笔、14万美元。1993年,县人行对外汇调剂管理作出规定,严肃查处场外非法买卖外汇。1994年4月1日,实行汇率并轨,开放经常项目外汇管理。1996年,贯彻实施《中华人民共和国外汇管理条例》,开展对金融机构外汇业务专项检查,规范外汇业务经营,并组织外汇指定银行开展打击外汇黑市活动,制止逃汇、套汇、骗汇等违法行为。

2000年,加大出口收汇核销管理力度,全年为出口企业发单3422张,年度交单率98%,结汇率98.6%,收汇总额9393万美元。2002年7月,开办外汇清算业务,当年清算外汇94笔,金额1684万美元。2003年,办理外汇企业登记204个,审批外汇账户355户,提供外汇咨询证32份。2005年,对3个外汇违规企业进行行政处罚,罚款1.3万元。2007年,深入外资、外汇企业,催核逾期未核销的进出口外汇,解决收汇难题。全年发放出口收汇核销单1.79万份,核销出口额7.24亿美元,收汇5.53亿美元。2008年,开立外汇项目账户602个,外汇登记户105个,进口核销1343笔、1.38亿美元,出口核销14897笔、8.8亿美元。

1999－2008年海门市进出口外汇核销情况一览
表17－4

年份	进口核销(笔)	进口核销(万美元)	出口核销(笔)	出口核销(万美元)
1999	327	1050	3097	5993
2000	682	2775	3422	8782
2001	431	2197	3671	10417
2002	455	2822	5553	12679
2003	488	2520	6458	19762
2004	365	3161	9862	27206
2005	505	3430	12275	33311
2006	818	5796	13489	53364
2007	1130	12849	15313	72353
2008	1343	13823	14897	88104

1998－2008年海门市外汇账户及外汇登记一览
表17－5 **单位:个**

年份	经常项目账户	资本项目账户	外汇登记
1998	135	9	6
1999	204	5	7
2000	275	15	16
2001	381	27	27
2002	472	61	40
2003	586	228	204
2004	420	224	186
2005	467	190	167
2006	432	148	145
2007	450	80	66
2008	500	102	105

四、金银管理

经营网点 海门解放后,金银及其制品属国家控管物资,不准进入市场自由买卖。县境无金银饰品销售网点,凡民间出售的金银及饰品由县人行按国定价格收购，任何单位和个人不得从事金银购销活动。1949年1－9月，用于收购黄金支付人民币1307万元。同年4月，县政府通令，禁止银圆流通，由县人行按牌价收购。

1983年6月，县人行贯彻《中华人民共和国金银管理条例》，对金银购销实行统一管理，统购统配。1985年10月，经审批，县轻工公司第二门市部经营黄金饰品，时为县内首家。1986年，批准三厂新风商场设立金银首饰专柜。1987年，县人行对工业生产所需金银实行计划统配，全县有10个生产企业使用金银。根据所需金银数量分期分批予以配供，并进行配前调查、配时审查、配后检查。是年，海门中学校办厂、光色玻璃厂两家企业年供白银300公斤、黄金10公斤，为南通地区金银使用大户。1988年9月，查处湖南省衡东首饰工艺品厂向县内有关银行出售黄金一案，没收黄金900克。1989年8月，海门金属饰品厂擅自从浙江购进黄金436.4克加工饰品，并批销商业部门。经查处，予以罚款黄金总值的10%。

90年代中期，经审批开设金银饰品经营网点逐渐增多。至1996年，市区批准发放金银经营许可证的企业7个，各大型商场、商厦均有经营专柜。各乡镇供销社、国营商店先后获准设点。饰品进货渠道均由市人行指定，并抽查饰品质量。2003年3月，金银饰品市场经营全面放开，市人行不再履行审批管理职能。

价格　1988年前，黄金价格及饰品批发、零售价格由人民银行总行和物价总局直接制定和管理，县人行负责转发国定价格，并检查价格执行情况。1989年，由省人民银行会同省物价局制定最高限价。在最高限价范围内，下浮幅度由南通市人行与同级物价部门制定，其中零售价格下浮幅度由县人行制定。1990年、1991年，黄金饰品零售价格由县人行会同县物价局制定。1993年，3次调整黄金饰品零售价。1995年6月，黄金饰品以进价加差率确定零售价，凡从生产企业进货，顺加差率18%；从产地批发企业进货，顺加差率15%；从销地批发企业进货，顺加差率13%。最高零售价为24K黄金每克145元。2001年8月1日，黄金饰品价格放开，随行就市。

五、行业监管

新中国成立后，海门金融业由县人行实行监督管理。1956年，县农行建立后，全县农村金融由县农行领导管理。1984年11月，国务院发出《关于中国人民银行专门行使中央银行职能的决定》，明确规定县人行对县内金融机构实施监管的职责。1987年1月，县人行设金融管理科，行使对各行、社及基层单位的机构年检，检查其存贷利率、账户结算、现金管理及各项金融政策的执行情况。1990年，县人行设稽核科，负责对各行、社业务、财务的季度、年度稽核。同年，清理企业在银行多头开户364户，其中闭户116户，只收不贷198户。1991年，加强资金存量管理，清理银行与县内外企业之间的“三角债”，全县清进资金2039.65万元，清出资金1675.51万元。1993年7月，整顿清理企业集资、融资、拆借资金，加强企业发放融资债券的审批管理。1994年，金融机构不良贷款上升，为确保银行资产质量，对低效或亏本企业贷款实行由高效企业法人担保，或以资产抵押、存单质押。1998年，各行存单质押贷款余额1.15亿元。1999年，清理农村合作基金会。经清产核资，将江滨、三星等21个符合条件的合作基金会并入当地农村信用社，关闭不符合条件的11个合作基金会。

2000年，实施创建金融安全区工程，市人行与法院联手开展金融安全区创建活动，先后7次召集

图17－4　2005年，市召开金融稳定工作会议

各行、社研究落实逃废金融债务。至年底，落实逃废债6724.62万元，占逃废总额35%。2002年，市人行投入600多个工作日，完成对银行、信用社监管项目30个，对违规现象及时作出处理。2003年12月，成立中国银监南通分局海门办事处，对各商业银行实施专门监管。2004年，金融资产、质量普遍得到优化。年末，工行、农行、中行、建行4个国有商业银行不良贷款余额4.88亿元，比年初减少8200万元；市信用联社不良贷款4.34亿元，比年初减少1.9亿元。2005年，市成立金融稳定工作领导组，制定突发金融风险应急处置预案，建立民间融资监测网络及反洗钱工作机制，确保金融市场稳定。海门银监办事处专题调查市内30个贷款大户，向各行、社进行风险提示，有效扼制不良贷款的增长。年末，全市各行、社不良贷款余额8.65亿元，比年初下减少1.81亿元，下降3.8个百分点。2006年5月，召开全市金融生态环境建设工作会议，要求各金融单位共同打造金融诚信，把海门建成金融生态良好市。同时，建立反洗钱联络员队伍，制定反洗钱工作报告制度，明确考评办法。2008年7月8日，召开创建金融生态市动员大会，制定实施方案。年终，全市147个银行营业网点均达平安金融网点要求。有231个行政村被评为银行信用村，19个镇被评为信用镇。

第三章　保险与证券业务

第一节　保险业务

一、营销

20世纪50年代，保险经营险种有普通火灾保险、团体简易火灾保险、运输保险、渔船保险、渔工团体人身保险、简易人身保险、固定财产强制保险、流动物资强制保险、旅客意外伤害强制保险和船舶强制保险等。业务先由县人行代理，后为中国人民保险公司海门县支公司自办，年保费收入最高16万多元。1958年8月，县保险公司撤销，业务停止，保户关系转交财政局。

1980年9月1日，恢复中国人民保险公司海门县支公司，办理国内保险业务，开办企业财产保险、汽车及公众安全责任保险、船舶保险3种，简称“老三险”。对象为全县全民、大集体企业，县微型电机厂第一家投保企业财产险。1981年，展业对象扩大到部分社办企业，投保财产险的企业由1980年的116户发展到354户。1983年，增加货物运输险、建筑工人人身意外伤害险。余东乡建筑站是首个为建筑工人投保人身意外伤害险的单位，投保人数350人。1984年，开办家庭财产保险。企业财产险扩大到部分村办企业，全县有企业财产保险942户，比1983年增长1倍。1985年，将原由农行代理的建筑工人人身意外伤害险和农村家财险分别改由县建安总公司和乡镇经营管理办公室代办。年底，建工险保费收入42万元，农村家财险保费收入29.5万元。公司业务股被评为1985年度省保险系统先进集体。

1986年，中国人民保险海门县支公司的保险业务发展到企财、家财、机动车、船、货物运输、团体人身意外伤害、团体简易人身和养老金等9个险种。全县投保养老金险1262人，年保费收入7.8万元。投保团体简易人身险1.12万人，年保费收入14.8万元。东灶乡79艘渔船全部投保渔船险。1987年，县发出《关于进一步发展全县保险事业的通知》，对10多个险种的有关事项作出具体规定，进而疏通保险渠道。全年保费收入590.7万元，比1986年增长45%。1988年，实行企财保险加成30%，动员账外资产参保。建筑工人人身意外伤害险保额由每人3000元提高到4000元。1989年,全县30%的企业实行固定资产加成投保,20%的企业投保机损险。有10多个建筑企业团体人身意外伤害险保额每人上升到1万元,参保人数3.66万人,收保费73.18万元;养老金保险2954人,收保费183万元。1990年,新险种发展到20个,开办渡江机动车辆货物运输险、养鱼险、居民建房险、义务兵养老金险等新险种。推出村定职干部办理养老金保险办法,是年,全县保费收入1059.5万元。德胜乡为69名村定职干部办理养老金保险,为县内首例。

图17-5 2007年,人财保险海门支公司与客户签订全省第一单政策性农业保险——生猪保险

1993年,开办执法人员团体平安险、寿险、农民住院医疗险、团体人身险附加癌症特约险等5个新险种。1996年,中国人寿保险海门支公司成立个险营销部,在南通6县(市)中率先推行个人业务营销机制,聘用营销员86人,经培训投入运营。当年实现个人业务保费收入121万元。同年,该公司开办短险业务,包括机驾人员险、航空险、工商个体户保险、高额人身险等短险。1997年1月,中国人寿保险海门支公司与市医保中心合作,开办职工团体补充医疗险,承担2万元以上、10万元以下部分大病医疗保险责任,承保人数3.5万人。1999年,中国人民保险海门市支公司为全市700个企业、1.8万辆机动车、4万户家庭提供财产保险,保费收入2149万元。

2000年,中国平安保险海门支公司推出个人抵押贷款房屋保险、个人分期付款购车保险、律师责任保险等新险种。2001年4月,中国人寿保险海门支公司推出投资分红保险,产品为国寿千禧理财两全险。年底,该公司共开办8个分红类险种,1432人次购买分红型保险,保费收入1475万元。翌年4月,中国人寿保险海门支公司市代理业务部,首推银行、邮政代理销售“国寿鸿泰”分红型保险,当年增加保费收入3027万元。2003年4月,“非典”疫情蔓延,市民对防“非典”的保险有迫切需求,中国人寿保险海门支公司及时推出“防非”保险业务,业务总量占南通六县(市)50%。2004年,泰康人寿保险海门营销服务部推出新险种“一张保单保全家”,即一人买保险全家都可附险的人身险套餐。2006年5月,中国人寿保险海门支公司推出农民人身意外伤害保险,当年参保1.06万户,保费52.97万元。2007年,中国人民财产保险海门支公司首开政策性农业保险,承办能繁母猪1万头、水稻1400公顷保险业务,实现保费收入96.4万元。

2008年,中国人寿保险海门支公司累计承保各类客户200多万人次,提供人身风险保障300亿元,年保费收入2.65亿元,市场占有率超过54%。5月12日,四川汶川地震发生后,该公司开展献爱心活动,为东洲中学来自灾区的理县班106名学生无偿提供“阳光学生卡”保险。

图17-6 2008年,人寿保险海门支行公司为四川汶川地震灾区在海门就读学生无偿提供“阳光学生卡”保险

二、理赔

50年代，理赔支付较少，年赔付最多2万元左右。1980年，恢复保险业务，当年赔付4件、1100元。1985年，理赔案上升，全年理赔2047件，赔付53.9万元。1986年，树勋西服厂火灾，赔付4.5万元。1988年8月6日，台风袭击县境，造成大面积灾害，保险赔付近百万元。其中赔付万年乡砖瓦厂22万元。1989年八九月间，县境两次遭龙卷风和暴雨袭击，县保险公司组织力量，突击查勘理赔，赔付近百万元。

90年代初，随着投保业务的扩大，赔付金额相应上升。1991年7月，县境遭暴雨袭击，全县投保的90多个单位，获赔金130万元。1996年，中人保财产保险有限公司海门支公司赔付1972万元，占保费收入的75%。1999年，中国人民保险海门支公司与公安、卫生等部门组成评残鉴定小组，正确鉴定机动车第三者险，使理赔更趋公正。2001年，该公司与市检察院、人民医院签订对机动车险疑难案件复查协议，当年查处非正常赔案8件，拒赔30多万元。同年6月23日，市境遭特大暴风雨，近百个企业、数百户居民受灾，中国人民保险海门支公司组成6个突击查勘组赴灾区，3天完成80个企业、300户居民查勘定损，理赔金额200多万元。12月25日，市汇丰无纺织物有限公司生产车间发生火灾，平安财保海门支公司组织人员赴现场处理案情，当即预付赔款25万元，帮助企业恢复生产，并速办手续，兑现赔付总额35万元。2004年5月22日，海门金雪集团生产线二楼纺丝车间发生火灾，天安保险海门支公司经察看灾情，核实损失，及时支付理赔款28万元。2005年6月，平安财保公司实现车险在全国范围内网上通赔，海门支公司当年代办外地赔案27件，赔付51万元。外地为公司保户代付赔案30件，赔付21万元。同年8月11日，海门海螺水泥有限责任公司码头发生被船撞击事故，由于损失较大，太平洋财保海门营销服务部采取先预付赔金后评估上报处理，帮助企业恢复生产，当日预付赔金157万元。2008年1月27日至2月4日，海门遭受五十年一遇的特大雪灾，天安保险海门支公司即时组成3个理赔组，于第一时间奔赴保户受灾现场，查勘灾损。3月11日，召开雪灾理赔会，现场兑付所有财险保户赔款，为海门雪灾后首家兑现赔款的保险公司。

1980－1995年海门市(县)保费收入理赔支出一览表

表17－6　　单位:万元

年份	保费收入	理赔支出	年份	保费收入	理赔支出
1980	36.90	0.11	1988	731.80	268.20
1981	53.80	2.69	1989	912.50	341.00
1982	62.40	3.06	1990	1059.50	326.10
1983	71.20	8.68	1991	1501.00	447.20
1984	133.80	31.60	1992	2296.00	627.00
1985	243.50	53.90	1993	2462.00	768.00
1986	407.20	139.00	1994	2787.00	1295.00
1987	590.70	194.00	1995	2831.00	1569.00

1996－2008年中国人保财产、中国人寿保险海门支公司保费收入理赔支出一览表

表17－7　　单位:万元

年份	保费收入		理赔支出	
	财产	人寿	财产	人寿
1996	2630	1734	1972	255
1997	2500	2873	1986	336
1998	2405	3971	1893	388
1999	2149	4992	1676	460
2000	2106	6003	1621	604
2001	2304	6538	1473	804
2002	2404	10206	1470	760
2003	2657	16204	1531	952
2004	2660	14383	1792	917
2005	2671	13124	2217	1325
2006	2590	18073	3140	576
2007	3347	16859	2408	600
2008	4672	26528	2809	535

第二节 证券业务

2001年,华泰、中信两个证券公司的海门服务部涉及业务有沪深A、B股、基金、国债、企业债券等投资品种,交易方式有电话交易、网上交易、磁卡委托、自助委托、现场交易等,行情接收采用卫星传输。年底,华泰证券海门服务部拥有客户6000余人,年交易超10亿元;中信证券海门服务部有客户5000个,年交易量7.5亿元。

2002年,华泰证券海门服务部与市中行、建行、农行等实现银证联网,中信证券与市农行、建行开通银证转账业务,方便广大证券投资者交易,扩大业务。是年,华泰证券海门服务部拥有客户7000余个、交易量7亿元;中信证券海门服务部客户稳步发展,交易量8亿元。

2003年,全国证券市场牛熊交替,A、B股交易萎缩。然华泰证券服务部全年沪深A、B股交易额6.8亿元,累计交易额超30亿元。同年,服务部推出开放式基金申购和赎回业务,为投资者增添新的投资品种。2004年,开放式基金销售量519万元。

2005年,华泰证券海门服务部坚持以客户为中心,不断提升服务水平,新增客户300多个,新增资金1500多万元,全年交易量6.5亿元,经营收入180多万元。中信证券海门服务部建成集中交易平台,可在全国200个交易网点随时随地交易,全年实现沪深A、B股交易量7.5亿元。2007年,华泰证券海门服务部有客户2万多个,交易量174亿元,中信证券海门服务部交易量180亿元。2008年,因受金融风暴影响,证券公司各种股票、基金交易量下降,华泰、中信证券海门服务部共实现交易额194亿元。

第十八篇

财政　税务

明清时期,县境财政税收来源以田赋为主,另有盐课。明正德元年(1506)后,长江主泓北倾,江水海潮泛滥,土地坍没,人民灾后包赔田租、税赋,不堪负担。“遇征收,啼哭载道”“国家岁入地丁漕粮,累千近万”,由于强征田赋,百姓生活十分困难。

民国15年(1926),民国政府财政收入仍以田赋为主,各种名目的税捐日多。

民国29年11月,县抗日民主政府贯彻税不重征和合理负担的政策,开征田赋、过境货物税、盐税,废除国民政府及其军队名目繁多的苛捐杂税。民国31年,采取田赋与爱国公粮合并征收,征收公粮的2%作为县财政收入。民国35年秋季,民主根据地实行土地改革后,粮赋征收改原累进征收为按各户田亩等级定额征收。财政实行统一收支。

民国37年,国统区国民党县政府征收的国省税、地方税50多项。由于国民党发动内战,勒逼民众,强收防务费、戡乱费、保卫捐,过往军队时又加摊派,征数巨大。

新中国成立后,县地方财政税收坚持取之于民、用之于民的方针,用发展生产、改革税制、增加财源等办法,保证财政收入稳步增长,其主要来源是工商各税、农业税及其他收入。1949年,全县财政收入161.72万元。三年国民经济恢复时期,逐年增长。1952年,为1007.13万元。“一五”(1953－1957)计划期间,年均递增13.87%。“二五”(1958－1962)期间的1959年,财政收入3146.85万元。20世纪60年代初期,受自然灾害等影响,财政收入连年下滑。70年代,经济日益复苏,财政收入逐步回升。1977年3253万元,以1950年收入429.48万元为基数,27年间全县财政收入年均递增7.79%。1978年起,实行改革开放,积极吸引外资,大力发展第一、第二、第三产业,经济快速发展,财政收入大幅增长。1987年,突破1亿元,其中工商各税8880.6万元,占财政收入84.9%。1994年起,实行适应社会主义市场经济需求的分税制财政体制,财政收入稳步增长。1997年为4.27亿元。进入21世纪,财政收入增长势头更猛,2000年为5.2亿元,2003年为11.54亿元。2005年取消农业税,当年财政收入17.5亿元。2008年,财政收入实现41.03亿元。1978－2008年年底的30年间年均递增率16.12%。是年,预算外资金收入10.1亿元,为同年预算内收入的24.62%;预算外支出9.12亿元,为同年预算内支出的46.53%。连续15年,从预算外资金收入中累计调出9.88亿元,弥补预算内支出亏空,每年实现收支平衡。全市财政收入总量多年保持南通6县(市)第二,增幅比全省平均水平高4个百分点。海门市被省政府评为财政收入新增贡献先进单位。

第一章　财　政

第一节　财政体制

一、市(县)财政

明正德年间(1506－1521),按田亩、草场、户口数征税,以实物或折兑银两上解,遇有水灾江坍,奏明灾情,请准豁免。明代后期至清初,海门赋税实行定包定赔。

清乾隆、咸丰年间(1736－1861),地方所征田赋、杂税全额上交。常年,沙涨不增漕粮,坍塌不减田赋;遇有风潮灾害,根据灾情,奏请减免。

民国元年至27年(1912－1938),财政明确定收定支范围,实行以支定收的体制。民国34－37年,财政窘迫,物价飞涨,收入短缺,国民党县政府随意摊派自支、上解资金,财政制度处于无序状态。

民国29年11月,县抗日民主政府建立后,在根据地实行统筹统支,划分省款与县款两级管理。县款包括田赋、屠宰税、牙税、契税、公产款等,一律解交县金库,非经批准不准动用。民国35年,实行统一财政,统一收支,健全预决算制度。

新中国建立初期,国家财政困难,实行统一政策、统一收支、统一制度(统收统支)的财政体制。

1953年,建立县级财政预算,实行收支两条线,预算支出范围为经济建设、社会文教卫生、行政管理等,预算固定收入多于核定支出的,解交上级财政;不敷核定支出的,由上级财政补助。预算确定后再新增项目,需经上级政府批准,经费由上级政府拨给。1958年,实行以收定支的财政体制,收支挂钩。同年5月,县财政划分收支范围,实行收支包干,乡镇财政结余或超支自理。1959－1970年,实行总额分成、一年一定的财政体制,县分成比例为收入总数的27%,停止公社财政包干。

1971年,实行收支大包干的财政体制,收支包干,超收分成,一年一定,超收部分由省、地、县分成。县决算总收入留成比例27%,超收分成比例由20%调整为40%。1973年,调整为20%。1975年,实行收支包干,固定比例留成,超收另定分成比例的体制。1976－1977年,恢复1959年实行的总额分成一年一定的财政体制,除多收多分外,增收部分按总收入提取2%作为县机动财力,县财政的范围及管理权限有所扩大。1978－1981年,实行固定留成、超收分成和比例包干体制。县固定留成收入比例2%,增收分成比例20%。

1982年,实行收支挂钩、比例包干、全额分成的体制,按照财政收入范围,参照上年财政收入和支出预算,确定上交和留成比例,实行包干。是年,县收支分成比例为29.4%。1983年调整为31.4%。1984年起,逐渐调整为33.78%,留成部分作为县正常性预算支出。1988年,实行收入递增包干的财政体制,以1987年财政决算收入为基数,每年上交总额递增6.1%,县留成比例仍为33.78%。

1994年,实行分税制财政体制。以1993年的财政收入为基数,消费税的全额、增值税的75%上划中央财政,增值税的25%留给县财政,高于基数增长的分成部分省与县再对半分;其他各项收入除专项分成外,都作为县固定收入。

2001年,调整分税制财政体制,上划中央的消费税全额、增值税75%,增值税地方留成25%不变,以2000年为基准,核定收入和返还基数,取消省集中的增值税增量分成部分与县对半分政策,原上交省的部分,以2000年为基数,实行定额上交,以后比基数增长的部分,统一交省20%。2002年,中央实行对企业和个人所得税集中50%的政策。2003年调整为集中60%。2005年取消农业税。2007年,海门财政由南通市管理改为由省直接管理。

2008年,省对营业税、增值税集中政策作较大调整:增值税地方留25%的部分,以上年为基准,对增量部分省统一集中50%,同时相应调整出口退税超基数负担比例;地方营业税也以上年为基准,对增量部分省不再集中,全额留给地方;对地方新引进的银行保险机构缴纳的营业税,由省给予50%的返还奖励。除耕地占用税省仍按总额集中50%外,以上年为基准,对城镇土地使用税、土地增值税、房产税和契税等四税增量省统一集中30%;除对企业所得税和罚没收入增量仍由省集中20%之外,个人所得税、城市建设维护税、印花税、资源税、车船使用和牌照税等地方税收收入增量和预算内非税收入增量,省不再集中,全额留给地方。

二、乡镇财政

1985年,全县建立乡镇级财政,乡镇各项收支纳入乡镇财政统一管理。是年,实行核定收支、增收或超收分成、结余留用、一年一定的体制。

1991年,实行定收定支、超收分成、短收自补的财政包干体制。1997年,实行核定基数、收支挂钩、确定上解、超收分成、短收全赔、目标考核、超奖短赔、一定三年的财政体制。

2000年,实行划定收入范围、核定支出基数、确定收入指标、调整分成办法,超收按比例分成、短收按比例赔补,年财政收入上台阶、持续高增幅、大增量给予奖励的财政体制。2006年,实行规定收入范围与项目,核定支出基数,确定收入指标与分成办法,增值税和消费税“两税”增量按比例分成,“两税”、地税增长率低于15%的全额赔补,财政收入上台阶继续给予奖励的财政体制。2008年,为适应省对市(县)财政体制改革要求,对乡镇及园区有关税收留成比例作相应调整。

第二节 财政收入

一、预算内收入

清代前期,财政收入有人口税、田赋。后期,除地漕、芦课外,另有杂办收费。

康熙十一年(1672),按实存官民田地、草场计算,实征人口税银798两3分3厘6毫,田赋银987两3钱6分3厘4毫,本色漕米283石1斗七升4合4勺,本色留存麦16石1斗6升4合6勺,以上征收数全额上交朝廷。

嘉庆十一年(1806)至光绪中期,田滩有涨有坍,课银有增有减。每亩收银新涨田3分6厘4毫,折中下田2分3厘5毫2丝,草地收银5厘2毫8丝,新涨报折草地4厘5毫4丝。厅境年征地亩银约16174两。通州、崇明划入的班匠杂办银,少部分摊入地亩征收,年实征银120两4钱7分5厘。海关税由苏松巡道征收,均解往江海关;厘捐由布政司厘捐总局征收,解往金陵总局,海门厅治不予过问。

光绪二十九年至宣统二年(1903－1910),厅境地亩不断增加,新涨田地每亩征银4厘5毫4丝。年定纳税银248两4钱5分8厘。

民国元年至24年(1912－1935),将县财政收入中的国、省各税及丁漕应征款项悉数上解,地方各税中有部分款项留作地方使用。其中民国16－24年,全县实征漕米折2644.97银圆,芦课折209万银圆,地方税作财政收入应时应事而定。地方捐于民国元年由临时县议会决定,报都督府立案,定为每亩9分。民国6年,各区董呈请减少为每亩3分。民国16年,各机关经费紧缺,呈请加每亩税款3分。民国17年,征收筑路亩捐,每年计收6.7万余银圆。民国18年,因经费短缺,呈请加每亩3分5厘。民国19年,又加每亩1分5厘,经省财政厅核准带征,合计每亩增至1角1分,内划2分5厘归教育,余为行政之用,每年收11.4万余银圆。民国21年,将筑路亩捐半数解省半数留县。

民国35－37年,国民党为发动内战,大肆征收财物,县内实际征收数额无法统计。

解放后,县政府注重发展经济,培植财源,每年根据经济发展规模,编制财政预算收入计划,依法治税,组织收入。20世纪50年代末,财政收入3000多万元。60年代初,受自然灾害等影响,一度明显减少,1960年下降至2500多万元,1962年则降至900多万元。此后逐步回升,1965年为1700多万元。“文化大革命”前期,又出现下滑或缓慢增长情况,一直在1500万元至2000万元之间徘徊。1973年升至2800多万元。1975年突破3200万元,并开始稳定增长。

1978年,实行改革开放后,经济快速发展,财政收入随之猛增。1987年,全县首破亿元关。2000年,突破5亿元。2008年,实现41.03亿元。

1949－2008年海门市(县)预算内收入一览

表18－1　　单位:万元

年份	合　计	其　中							
		工商各税	农业四税	企业收入	企业、个人所得税	其他收入	专项收入	预算调节基金	基金预算收入
1949	161.72	22.89	126.83	12.00	–	–	–	–	–
1950	429.48	230.86	287.14	－89.00	–	0.48	–	–	–
1951	598.37	389.78	221.21	－13.00	–	0.38	–	–	–
1952	1007.13	638.81	280.17	44.50	–	43.65	–	–	–
1953	1372.00	908.35	282.67	142.00	–	38.98	–	–	–
1954	2001.72	1284.29	389.29	305.60	–	22.54	–	–	–
1955	1716.16	1080.47	340.59	275.81	–	19.29	–	–	–
1956	2208.70	1425.94	234.29	528.97	–	19.50	–	–	–
1957	1927.97	1156.63	455.79	294.53	–	21.02	–	–	–
1958	2747.79	1576.24	425.64	727.73	–	18.18	–	–	–
1959	3146.85	1453.79	419.73	1121.00	–	152.33	–	–	–
1960	2538.30	1125.61	439.96	916.00	–	56.73	–	–	–
1961	1021.02	469.21	360.79	128.00	–	63.02	–	–	–
1962	938.71	518.53	380.39	25.14	–	14.65	–	–	–
1963	1005.12	574.50	387.08	22.00	–	21.54	–	–	–
1964	1395.78	941.36	383.70	54.00	–	16.72	–	–	–
1965	1708.16	1189.56	401.63	94.00	–	22.97	–	–	–
1966	1905.50	885.13	437.90	560.00	–	22.47	–	–	–
1967	1566.77	722.54	437.94	390.16	–	16.13	–	–	–
1968	1500.00	650.65	435.00	403.00	–	11.35	–	–	–
1969	1823.00	734.00	435.00	643.00	–	11.00	–	–	–
1970	1862.00	747.76	431.00	670.00	–	13.24	–	–	–
1971	1954.00	832.63	433.00	668.00	–	20.37	–	–	–
1972	2403.00	1064.00	430.00	893.00	–	16.00	–	–	–
1973	2847.80	1304.97	430.80	1106.00	–	6.03	–	–	–
1974	2875.48	1416.18	429.00	1027.00	–	3.30	–	–	–
1975	3297.81	1680.98	425.00	1179.00	–	12.83	–	–	–
1976	3521.00	1860.87	413.00	1235.00	–	12.13	–	–	–
1977	3253.00	1967.94	359.00	913.00	–	13.06	–	–	–
1978	4632.80	2921.07	413.80	1279.00	–	18.93	–	–	–
1979	5187.52	3828.42	440.20	914.00	–	4.90	–	–	–
1980	4855.04	4399.74	391.70	55.00	–	8.60	–	–	–
1981	5343.50	4960.30	452.70	－81.00	–	11.50	–	–	–

续表 18－1

年份	合　计	其　中							
		工商各税	农业四税	企业收入	企业、个人所得税	其他收入	专项收入	预算调节基金	基金预算收入
1982	5418.80	5344.40	435.00	－400.00	－	39.40	－	－	－
1983	6687.10	5566.80	442.20	647.00	－	31.10	－	－	－
1984	7341.10	6569.90	462.20	300.00	－	9.00	－	－	－
1985	8911.20	7986.60	586.80	330.30	－	7.50	－	－	－
1986	9552.80	8242.60	646.80	532.10	－	32.90	98.40	－	－
1987	10460.40	8880.60	775.40	630.20	－	47.50	126.70	－	－
1988	11566.10	9647.00	1041.30	657.90	－	79.00	140.90	－	－
1989	12805.80	10889.70	1009.20	261.60	－	297.00	149.00	199.30	－
1990	13251.60	11576.90	935.10	145.40	－	202.30	194.90	197.00	－
1991	13181.00	11563.00	995.00	－100.00	－	240.00	342.00	141.00	－
1992	15041.00	12960.00	1392.00	－137.00	－	293.00	424.00	109.00	－
1993	19112.00	17020.00	1090.00	103.00	－	346.00	469.00	84.00	－
1994	22805.00	18713.00	2081.00	－358.00	867.00	668.00	781.00	53.00	－
1995	28902.00	22461.00	3136.00	－	1240.00	1241.00	807.00	17.00	－
1996	34841.00	26503.00	3371.00	－	1701.00	1700.00	1566.00	－	－
1997	42685.00	34400.00	3206.00	－	3161.00	1918.00	－	－	－
1998	46666.00	38209.00	3134.00	－	2718.00	1655.00	950.00	－	－
1999	42983.00	33191.00	3271.00	－	3308.00	2098.00	1115.00	－	－
2000	52030.00	36827.00	4341.00	－	4909.00	4550.00	1403.00	－	－
2001	64642.00	52467.00	5190.00	－	4350.00	1350.00	1285.00	－	－
2002	87912.00	70928.00	6516.00	－	3470.00	5531.00	1467.00	－	－
2003	115419.00	97969.00	6457.00	－	2808.00	6471.00	1714.00	－	－
2004	145579.00	118198.00	7603.00	－	6251.00	10949.00	2578.00	－	－
2005	175450.00	147314.00	8986.00	－	8649.00	7696.00	2805.00	－	－
2006	224455.00	117313.00	9011.00	－	42843.00	12635.00	3535.00	－	39118.00
2007	318787.00	157200.00	9561.00	－	62828.00	16775.00	4792.00	－	67631.00
2008	410279.00	194828.00	9977.00	－	80273.00	20784.00	5669.00	－	98748.00

二、预算外收入

50 年代初，县地方财政对自收自支、自行管理的机关等单位一些零星收入，列为预算外收入。1954 年，征收的工商税附加、农业税附加、中小学杂费、公产公房租赁收入、机关变卖废品收入，均列作预算外收入。1958 年，对企业实行利润留成制度，把企业利润留成和城市公用事业附加收入，从预算内划到预算外收入。

1967 年，将一部分企业的基本折旧费留于企业，作为设备更新、技术改造资金，预算外资金规模扩大。

1978 年，随着国营企业实行利改税、行政事业单位实行经费留用制度等，预算外资金的范围扩大、项目增加。

1983 年,根据宏观经济政策和国民经济发展计划,运用多种手段调节和引导预算外资金的流向,对预算外收入实施分类指导和监督。全县预算外资金 1583.8 万元。1986 年,预算外资金收入以年递增 22% 的速度增长。1990 年 6756.8 万元。

1991 年,随着经济、社会事业的快速发展,收入项目不断增加,规模不断扩大,数额逐年增多。列入预算外资金收入的项目有财政部门收取的农业税附加、地方财力基金、防洪保安基金、人民教育基金、价格调节基金、粮食风险基金、生猪发展基金;县直属工业公司、交通、水利、教育、文化、城建及其他行政事业单位收取的各种管理费、登记费、补偿费、检验费、工本费、监理费、鉴定费、服务费、许可证费、培训费、联防费、租赁费、有线电视初装及收视费、计划外生育费、教育附加费、捐资助学费、福利奖券留成、助残募捐收入等。1995 年,预算外资金总收入 1.58 亿元。

2000 年后,为减轻群众负担,中央和省多次下文,减少部分收费项目。但因土地出让、拍卖收入增长较快,预算外资金收入总额每年仍有所增加。2008 年总收入 10.1 亿元,比 1990 年增长 14.96 倍。预算外资金收入成为发展地方经济的重要财力。

1983—2008 年海门市(县)预算外收入一览

表 18-2 单位:万元

年份	合 计	县财政管理的基金及附加收入	事业行政单位管理的收入	企业及主管部门管理的专项资金	社会保障资金收入	乡镇自筹统筹收入
1983	1583.80	324.70	281.70	977.40	–	–
1984	2299.70	322.00	491.50	1486.20	–	–
1985	2490.60	166.20	660.00	1664.40	–	–
1986	3115.90	167.30	1095.90	1852.70	–	–
1987	4709.30	207.80	1799.50	2702.00	–	–
1988	5910.00	756.20	1759.80	3394.00	–	–
1989	6689.10	474.60	2615.90	3598.60	–	–
1990	6756.80	379.20	2597.20	3780.40	–	–
1991	7555.00	476.00	2872.00	4207.00	–	–
1992	9339.00	646.00	3774.00	4919.00	–	–
1993	5416.00	432.00	4984.00	–	–	–
1994	8814.00	1962.00	6852.00	–	–	–
1995	15766.00	653.00	15113.00	–	–	–
1996	28762.00	2249.00	15803.00	–	3437.00	7273.00
1997	33698.00	928.00	19723.00	–	5918.00	7129.00
1998	24813.00	4442.00	15637.00	528.00	–	4206.00
1999	25199.00	1023.00	18006.00	602.00	–	5568.00
2000	39609.00	2482.00	23744.00	574.00	–	12809.00
2001	34262.00	3195.00	21409.00	543.00	–	9115.00
2002	43734.00	8059.00	22370.00	103.00	–	13202.00
2003	45884.00	2405.00	24651.00	1439.00	–	17389.00
2004	42757.00	2419.00	24992.00	180.00	–	15166.00

续表 18－2

年份	合计	县财政管理的基金及附加收入	事业行政单位管理的收入	企业及主管部门管理的专项资金	社会保障资金收入	乡镇自筹统筹收入
2005	39538.00	2388.00	27546.00	264.00	－	9340.00
2006	63279.00	4244.00	36314.00	－	－	22721.00
2007	72586.00	5815.00	37538.00	95.00	－	29138.00
2008	101048.00	11670.00	44075.00	－	－	45303.00

第三节 财政支出

一、预算内支出

清代，海门境内征地丁银、漕粮、盐课，收入大部分上解国库，留地方支配的数量不多。

民国3年(1914)，在田赋附税项下留支4500银圆作教育费。此后，在牙贴附税、田房契附税、中资捐、茧捐、纱捐等款项下，按比例支出教育费，路庄拆篮捐、自行车捐、黄包车捐等，作公安、警察费支出。民国17年起，每年征收2700余银圆用作防务经费。

1949－1985年，县财政总支出3.3亿元。其中：基本建设支出3919.35万元，占总支出11.88%；农业支出4327.46万元，占总支出13.11%；科教文卫支出1.5亿元，占总支出45.45%；抚恤社救支出2747.52万元，占总支出8.33%；行政管理费支出5137.91万元，占总支出15.57%；其他支出1887.35万元，占总支出5.72%。1986年，预算内支出4809万元，比上年增长31%，其中基本建设、企业技术改造、科技经费、支农生产及城市维护费支出共1004万元。是年，价格补贴支出由1985年的82.2万元增加到360万元。1989年，用于基建、企业技术改造、科研经费支出227万元，比上年减少14.3%；用于支农支出312万元，比上年增长43.1%；用于各项价格补贴795万元，比上年增长34.3%；用于行政管理费支出935.2万元，与上年基本持平。1990年，用于基建、企业技术改造、科研经费支出共178万元，比上年减少21.6%；用于支农支出360万元，比上年增长12.1%；用于各种价格补贴822.9万元，比上年增长3.4%。

1991年后，财政预算每年安排对农业、科学、教育、文化、卫生等支出增幅较大。是年，农业支出327万元、科技文卫支出3395万元。2001年，农业支出701万元、科技文卫支出2.07亿元，分别比1991年增长114.37%、509.72%。2008年，农业支出1.4亿元、科技文卫支出7.57亿元，分别比2001年增长1897.15%、265.7%。

1991－2008年，财政预算内总支出累计100.94亿元。其中，基本建设支出7151万元，占总支出0.71%；农业支出5.32亿元，占总支出5.27%；科教文卫支出39.51亿元，占总支出39.14%；抚恤及社救支出3.81亿元，占总支出3.77%；行政管理费支出12.89亿元，占总支出12.77%；其他支出38.7亿元，占总支出38.34%。

1949－2008年海门市(县)预算内支出一览

表 18－3　　单位：万元

年份	合计	基本建设支出	农业支出	科教文卫支出	抚恤社救支出	行政管理支出	其他支出
1949	0.74	－	－	－	－	0.74	－
1950	－	－	－	－	－	－	－
1951	27.60	－	－	－	－	27.60	－

续表 18－3

年份	合计	基本建设支出	农业支出	科教文卫支出	抚恤社救支出	行政管理支出	其他支出
1952	83.07	–	1.40	58.27	5.89	10.77	6.74
1953	179.77	–	4.17	100.69	9.03	65.17	0.71
1954	188.17	–	3.29	103.23	12.79	68.48	0.38
1955	191.93	–	7.17	93.83	21.95	68.84	0.14
1956	329.90	4.14	31.60	166.92	31.74	92.76	2.74
1957	338.14	5.91	12.53	165.58	48.96	102.39	2.77
1958	466.68	92.47	52.08	172.64	13.60	99.16	36.73
1959	691.67	72.76	194.62	244.45	20.80	132.27	26.77
1960	696.67	54.55	145.49	325.09	43.10	110.03	18.41
1961	534.74	13.44	111.13	237.52	42.91	125.66	4.08
1962	378.05	–	18.23	221.16	39.20	93.26	6.20
1963	394.32	5.01	20.39	221.87	49.37	95.98	1.70
1964	463.22	7.24	48.11	232.94	39.09	99.29	36.55
1965	466.53	7.33	53.27	257.10	23.15	99.27	26.41
1966	490.36	24.48	37.73	270.34	44.59	97.04	16.18
1967	539.79	22.26	31.31	305.79	65.15	91.36	23.92
1968	455.35	–	23.88	299.12	5.20	88.41	38.74
1969	536.65	22.75	29.44	251.82	52.80	101.76	78.08
1970	597.66	73.47	6.39	255.36	46.15	97.57	118.72
1971	666.60	134.40	14.37	278.92	58.78	103.64	76.49
1972	877.52	261.99	15.85	327.10	62.50	127.29	82.79
1973	871.58	141.59	37.42	370.07	66.88	158.82	96.80
1974	914.63	125.77	69.51	423.39	74.94	150.81	70.21
1975	861.91	55.56	107.89	432.34	73.87	153.79	38.46
1976	1012.47	135.03	134.07	455.10	85.55	148.96	53.76
1977	1187.62	179.97	159.20	488.69	156.57	161.66	41.53
1978	1435.64	208.83	300.42	591.22	147.16	168.53	19.48
1979	1647.60	307.20	312.00	662.60	125.80	187.30	52.70
1980	1840.40	301.20	305.10	801.40	130.90	259.40	42.40
1981	1988.70	151.80	432.50	893.50	183.50	208.80	118.60
1982	2120.10	192.90	356.00	1009.14	198.70	274.10	89.26
1983	2562.40	258.70	390.90	1218.70	279.10	290.60	124.40
1984	3313.50	407.20	498.60	1449.30	217.30	500.30	240.80
1985	3669.80	651.40	361.40	1616.70	270.50	476.10	293.70
1986	4809.00	365.30	465.50	1871.80	289.00	545.90	1271.50

续表 18－3

年份	合计	基本建设支出	农业支出	科教文卫支出	抚恤社救支出	行政管理支出	其他支出
1987	4610.10	99.40	368.60	2121.10	328.20	563.10	1129.70
1988	6225.90	127.00	561.90	2694.20	365.90	910.40	1566.50
1989	7170.70	97.10	687.70	2898.10	412.00	935.20	2140.60
1990	7696.70	63.40	768.00	3378.20	454.90	799.80	2232.40
1991	8180.00	108.00	327.00	3395.00	536.00	877.00	2937.00
1992	8874.00	3.00	463.00	4267.00	508.00	1101.00	2532.00
1993	10750.00	68.00	493.00	4905.00	558.00	1470.00	3256.00
1994	15355.00	99.00	684.00	7857.00	717.00	2151.00	3847.00
1995	18424.00	64.00	299.00	8780.00	919.00	2368.00	5994.00
1996	22685.00	204.00	255.00	10874.00	843.00	2982.00	7527.00
1997	26166.00	144.00	275.00	11040.00	1075.00	2861.00	10771.00
1998	29892.00	100.00	359.00	11838.00	1187.00	3064.00	13344.00
1999	32979.00	116.00	359.00	15381.00	1187.00	4262.00	11674.00
2000	34320.00	44.00	405.00	16862.00	1324.00	3473.00	12212.00
2001	45619.00	105.00	701.00	20713.00	1584.00	4526.00	17990.00
2002	53304.00	67.00	1157.00	22143.00	1571.00	5677.00	22689.00
2003	64104.00	835.00	3574.00	22844.00	2032.00	5521.00	29298.00
2004	82401.00	277.00	4949.00	31233.00	2592.00	7876.00	35474.00
2005	92131.00	809.00	5340.00	32728.00	2966.00	8693.00	41595.00
2006	120416.00	4108.00	7122.00	33960.00	3417.00	11740.00	60069.00
2007	147882.00	-	12512.00	60579.00	6138.00	27651.00	41002.00
2008	195966.00	-	13969.00	75714.00	8921.00	32609.00	64753.00

二、预算外支出

1949－1982年，县级机关年预算外支出100万—200万元，最高的1976年403万元。1983年，预算外资金实行定向支出，一般用于基本建设、技术更新改造、农田水利、道路桥梁和城镇建设维护等；凡行政事业单位管理的资金，用于行政事业单位自筹基本建设、改善办公设施及工资、奖金、补贴、津贴、福利费等消费性支出；凡国营企业及其主管部门管理的预算外资金，除职工福利及奖励基金外，都用于企业发展再生产。

1993年，县财政建立第二预算，各行政事业单位的预算外资金年初编制预算，经批准后按计划使用，并在年终编制决算。预算外资金按规定可用于自收自支单位人员经费和公用经费，凡应上交或下拨的资金，经核定用于预算内资金不足的支出及其他经批准必需的支出。

1999年后，全市实施综合财政，各行政事业单位的预算外资金与预算内资金合并编制综合预算。

1983－2008年，市（县）级机关和乡（镇）预算外资金支出累计62.2亿元，为同期预算内支出104.95亿元的59.27%。

1983－2008年海门市(县)预算外支出一览

表18－4　　单位:万元

年份	合计	财政部门管理的支出	行政事业单位管理的支出	企业及主管部门管理的支出	社会保障资金支出	乡镇自筹统筹支出
1983	1328.70	292.20	308.30	728.20	–	–
1984	1999.00	406.00	545.70	1047.30	–	–
1985	2297.30	267.20	618.00	1412.10	–	–
1986	2747.10	156.20	822.90	1768.00	–	–
1987	3661.00	178.00	1519.80	1963.20	–	–
1988	4903.40	221.30	1756.20	2925.90	–	–
1989	6840.20	505.10	2339.20	3995.90	–	–
1990	6611.50	412.20	2372.40	3826.90	–	–
1991	8198.00	463.00	2735.00	5000.00	–	–
1992	8538.00	607.00	3619.00	4312.00	–	–
1993	5274.00	404.00	4870.00	–	–	–
1994	7919.00	1855.00	6064.00	–	–	–
1995	15341.00	468.00	14873.00	–	–	–
1996	27605.00	2261.00	15113.00	–	3192.00	7039.00
1997	31455.00	727.00	18029.00	–	5688.00	7011.00
1998	25758.00	4320.00	15620.00	917.00	–	4901.00
1999	24028.00	923.00	16935.00	602.00	–	5568.00
2000	34606.00	2500.00	21969.00	564.00	–	9573.00
2001	31099.00	2950.00	17915.00	540.00	–	9694.00
2002	37959.00	7560.00	17386.00	103.00	–	12910.00
2003	43575.00	2540.00	22388.00	1420.00	–	17227.00
2004	41808.00	2400.00	24062.00	180.00	–	15166.00
2005	38294.00	2360.00	26334.00	260.00	–	9340.00
2006	58917.00	3453.00	35403.00	–	–	20061.00
2007	60993.00	5815.00	25945.00	95.00	–	29138.00
2008	91226.00	11670.00	31089.00	–	–	48467.00

第四节　基金规费

一、能源交通和预算调节基金

1983年1月,征收国家能源交通重点建设基金。1989年,征收国家预算调节基金。这两项基金是对预算外资金和税后利润按一定比例课征的带有税收性质的基金。1994年均停征。累计征收国家能源交通重点建设基金3002万元、国家预算调节基金800.3万元。

二、教育费附加

1984年5月,开征教育费附加,是税务部门组织征收的非税财政收入项目。凡缴纳“三税”①的单位和个人,除按照国家规定缴纳农村教育费附加的单位外,都应缴纳教育费附加。以单位和个人实际缴纳的“三税”税额为计征依据,附加率1%,与“三税”同时缴纳。1990年8月1日,按2%附加率征收。1994年1月1日起,按3%附加率征收。1999年1月1日起,原由乡镇财政所征收的农村教育费附加改由税务部门征收。农村乡镇、村办企业(含中外合资、中外合作经营、外商投资企业)和私营企业等以产品(服务)销售收入为计征依据,附征率为销售收入的4‰。2003年,省政府规定教育费附加按实际缴纳“三税”税额的3%征收。

三、地方教育附加

1994年9月1日起,省对城市企业按“三税”的1%开征教育地方附加费;对农村乡镇、村办企业,私营企业以及联营、联户、股份合作制等企业,按销售收入的1‰开征。2003年7月1日,省政府把教育地方附加费更名为地方教育附加,按实际缴纳“三税”税额的1%征收。2005年1月1日起,对生产出口货物实行免抵退税办法后,经国家税务局审核批准的当期免抵的增值税额应纳入教育费附加的计征范围。

四、社会保险费

2000年9月1日,市政府将社会保险费中的基本养老保险费、工伤保险费、生育保险费改由地税部门征收。2000年10月1日起,失业保险费改由地税部门征收,医疗保险费和行政事业单位的基本养老保险费逐步移交地税部门征收。此后,企业职工基本养老保险费,由原来的差额征缴改为全额征缴。

2008年,社会保险费的征收主体是地税部门,部分仍由部门征收。地税部门根据市劳动和社会保障部门下达的养老保险、失业保险、生育保险、工伤保险以及医疗保险计划组织征收。机关事业单位的医疗保险由财政局征收,失业保险由机关事业保险处征收。劳动保障部门负责对临时计划及需预征社保费的单位和个人或自谋职业者社保费的征收。至2008年,共征收社会保险费27.94亿元。

五、综合基金

1995年,地税部门受政府委托征集各项基金(费),有市场物价调节基金、乡镇企业管理费、粮食风险基金(集体企业部分)、人民教育基金(企业单位部分)、交通重点工程建设基金(集体企业部分),均按市政府确定的征收对象、征收标准分别进行征收。1999年1月1日,将市场物价调节基金、粮食风险基金、交通重点工程建设基金、人民教育基金、乡镇企业管理费、教育费附加、地方教育附加7项基金合并为综合基金,按销售收入或营业收入的比例合并征收。

1999年海门市综合基金征收率对照一览

表18-5

行业	计征依据	征收率(%)			
		国有大集体企业	乡镇企业	私营企业	个体工商业户
工业企业	销售收入	0.40	1.20	0.70	0.40
商业批发(调拨)	批发调拨收入	0.20	0.80	0.70	0.40
商业零售	营业收入	0.40	1.00	0.70	0.40
金融	当年利息收入	0.25	-	-	-
保险	当年保险收入	财保0.25 人保0.10	-	-	-
供电、邮政、电信	营业收入	0.40	-	-	-

① 三税:产品税、增值税、营业税。

续表 18－5

行　业	计征依据	征　收　率(%)			
		国有大集体企业	乡镇企业	私营企业	个体工商业户
建筑安装	工程结算收入	0.40	0.90	0.70	0.40
交通运输、房地产开发	营业销售收入	0.40	1.00	0.70	0.40
饮食、旅游、文化娱乐	营业收入	0.45	1.05	0.75	0.40
自收自支事业单位	实现收入	0.40			

2003 年 6 月 1 日，市调整综合基金征收办法。乡镇工业企业征收的综合基金比例由 1.2% 调整为 0.9%；重点骨干企业实行定额征收，定额 3 年不变；年销售收入超过 1000 万元的工业企业，综合基金年增幅最高不超过 23%；部门办工业企业，从注册登记之日起两年内免收综合基金；除工业企业外的其他企业，综合基金按原规定比例标准征收。

2003 年海门市重点骨干企业综合基金征收额一览

表 18－6　　单位：万元

单位名称	金额	单位名称	金额
白兔集团公司	82	福兴锌业公司	41
百花集团公司	30	包场铜材厂	29
包罗集团公司	84	金轮针布公司	46
荣祥制衣公司	10	纸箱 25 厂德胜分厂	58
交通钢绳公司	46	海林橡胶厂	33
金雪集团公司	20	市第一锁厂	22
回力橡胶公司	24	金呢集团公司	38
缤缤制衣公司	7	华利康医疗用品公司	13
汽车工贸公司	21	海门轻工机械厂	19
申海镀饰公司	25	天营塑胶公司	9
净海暖通设备厂	21	正章染整公司	119
液压件有限公司	10	郁氏家具公司	10
恒荣机泵厂	11	化工原料厂	78
通光集团公司	230	景新时装公司	10
申海集团公司	50	海佳化工公司	19
南通特种钢厂	104	水龙江山公司	32
雄风汽车公司	102	争妍颜料化工公司	8
海峰电力公司	35	宝石服装公司	37
东洲通讯公司	35	家信 H 化公司	4
芳秀钢材公司	18	亨达电子元件公司	10
余东铜管厂	52	恒嘉厨具公司	8
浩大铜业公司	50	白鹤机针公司	9
生命集团公司	81	振康机械公司	7
江滨化工厂	30	合计	1867
市标牌厂	30		

说明：重点骨干企业中凯捷时装公司等 5 个外商独资企业，综合基金免交

2005 年 7 月 1 日，以销售（营业）收入为计征依据的综合基金费率：商品批发（调拨）企业按销售收入 0.1% 征收；工业生产、商业零售、建筑安装、交通运输、房地产开发、供电、邮政、电信企业以及自收自支的事业单位，按销售（营业）收入 0.2% 征收；金融企业按利息收入、保险企业按财产保险计税保费收入 0.11% 征收，人寿保险按计税保费收入 0.1% 征收；旅游、饮食、文化娱乐及其他服务业按营业收入 0.25% 征收；其他经济组织按销售（营业）收入 0.25% 征收。以在册人数为计征依据的人民教育基金、防洪保安基金（个人部分）、绿化费、义务植树统筹费、人民防空建设资金、江海堤防达标建设捐资合并为综合基金（个人部分）。征收范围：市境国家机关、社会团体、企业事业单位在职职工、个体工商户以及其他有工资收入的个人，每人每年按 93 元征收。在开发区注册并生产经营的企业，享受减征 30% 综合基金的优惠。

2008 年 9 月 1 日，征收的综合基金比例调减，工业、加工业、加工修理业、交通运输业、建筑安装业、房地产业、零售业、供电、邮政电信业、公用事业、娱乐业、旅游业、饮食业、文化体育业、个体工商

户、企业化管理的事业单位及其他行业经济组织，按照主管业务收入和其他业务收入0.1%征收；批发企业按主营业务和其他业务收入0.05%征收；银行、保险公司分别按利息收入、保费收入0.06%征收；城乡有固定工资性收入的在职职工每人每年缴纳10元。

至2008年，共入库地方各项基金5.35亿元。

第五节　国有资产管理

一、企业国有资产管理

1959年，县财政、银行、商业、粮食、医药等部门分别组成清理资金领导小组，对所属企业进行清理，清核占用各项资金324.7万元。规定企业所需流动资金由县财政和银行“两口供应”，即财政核拨定额流动资金，银行贷款改为全额信贷，财政对企业拨款的流动资金列入预算，全额拨给当地银行作为信贷基金，统一计算利息。

1962－1963年，财政、银行、企业主管部门组织第二、第三次清产核资工作。落实处理1961年前财政遗留的444万元资金；将企业物资报废损失127.7万元、盘亏短缺损失298.4万元、削价损失49.4万元，分别上报主管部门核准；重新核定7个地方国营工业企业储备资金28.46万元、生产资金12.7万元、成品资金6.78万元。

1972年，县建立清产核资机构，原则上每年进行一次清产核资。1980年，核定国营企业流动资金113.5万元。1984年，国营企业流动资金统一划属银行管理。

1990年，国有资产管理由单一的清产核资转变为资产统计、产权登记、资产评估、产权界定等基础管理。

1991年，在全县开展国有资产总量调查和产权登记，查清地方预算内122个国营企业1990年年底国有资产总量5.78亿元，其中负债3.68亿元。是年起，国有资产产权登记每年进行1次。

1995年，国有资产管理增加参与国有企业的改制、拍卖、兼并、破产终止清算工作；对核销国家所有者权益审查；负责企业专项资金使用的管理工作；负责国有资产保值增值、业绩管理、资产经营等内容。是年，编制国有企业代码，对全市131个国有企业开展清产核资，清理各种资产损失5374万元，挂账资金2502万元，并作处理。

1996年3－9月，除粮食、石油等部门10个企业外，其余国有企业全部参加改制。国有资本的运营方式主要有整体出售变现、股份制改造、委托主管部门经营等3种。参加改制的国有企业中，政府控股23个、先售后股6个、租股结合6个、零资产出售26个，改制后国家股为3614万元，出租国有资产1.53亿元。

1997年，实施对国有资本监管，强化企业财务预决算，每个企业制定国有资产保值增值计划。7月，同20个主管局（公司）签订国有资产委托经营管理协议书，委托经营的国有资产1.89亿元。

1998－2001年，继续进行企业改制，处理第一次改制遗留问题，修订国有资产保值增值办法，完善对经营者的考核机制，建立科学的评价体系。

2002年，进行国有资产从企业全面退出的试点，主题是职工置换劳动关系，企业置换产权关系，亦称第三次改制。2003年全面推开，出售的国有资产收缴入库7800万元，置换职工劳动关系3500人。2005年9月，对国有产权进行动态管理，建立国有产权变动报告制度，按季填报企业国有产权变动情况统计表。至年底，国有资产从企业退出工作基本完成。

2006－2008年，进行第三次改制扫尾工作。对13个企业进行再评估、审核，对2个破产企业实施清算，为解决遗留问题提供依据；接待职工上访69人次，宣传改制政策，纠正心理偏差，解决实际困难；市国有资产管理部门与纪委、经委、改制办一起上门催收改制企业资产收益。至2008年年底，国有资产从企业全部退出，累计收回资产收益1.28亿元。

二、行政事业单位国有资产管理

1991年1月，对全县固定资产进行清查登记，一般固定资产起点100元、专用设备200元。1992年10月，开展清产核资试点和国有资产产权登记工作。一般设备起点200元、专项设备500元，耐用时间1年以上；不足起点但耐用时间在1年以上的大批量同类设备，也作固定资产登记。共核实行政事业单位国有资产总量2.05亿元，占全县国有资产总额40.24%。1993年起,产权登记每年进行1次。

1996年,市党政机关与其所办经济实体脱钩,对资产全面清理、评估,将预算内、外注入资金和出资的固定资产作为脱钩经济实体的国家资本金,经济实体自己形成的资产也作为国家资本金。脱钩的经济实体一律实行独立核算、自主经营、自负盈亏,执行企业财务制度,缴纳各种税费。

1998年2月,规定行政事业单位占有、使用的机动车辆及车辆的购入、有偿转让、无偿调拨、报废,均要向国资部门申报,明确申报内容、处置办法、违规处罚等条款,建立车辆档案。

2001年,党政部门开展清产核资工作。以8月31日为基准日,清理财务账、固定资产、对外投资账、代管资产、账外资产,以价值量登记为主,实物量登记为辅,9月30日前在本单位公示清理报告。

2002年4－8月,25个医院参与产权制度改革,分净资产出售、先售后股、先股后售和租赁经营等4种形式,国有资产收益3635万元作为卫生发展基金。

2003年,国有资产管理的重点转移到行政事业单位和政府公共资产。4月,调查登记行政事业单位门面房出租、出借情况,全市112个单位有门面房651间2.57万平方米。是年,确定工程、规划、建设、测绘等事业单位转制方案,有形资产经评估后确定底价,公开竞拍,所得收入支付改制成本。改制后的新企业折算100万元无形资产,5年内每年向政府上交无形资产租赁费10万元,5年后另定。

2007年8月,开展资产清查,市、乡(镇)两级共有302个行政事业单位(行政单位80个,事业单位222个),自查资产总额29.16亿元,通过审计核查,确定总资产28.11亿元。11月,制定《海门市行政事业单位国有资产处置管理暂行办法》,对国有资产的处置范围、方式、权限、程序、检查、监督作出规定,其中国有资产范围包括固定资产、流动资产、无形资产。

2008年7月,全市303个行政事业单位开展房屋、土地专项清理活动。核查结果:公有房屋190.86万平方米,其中单位自用179.57万平方米、出租8.69万平方米、出借0.92万平方米、闲置1.68万平方米。公共土地190.7万平方米,其中单位自用185.29万平方米、出租0.6万平方米、出借0.11万平方米、闲置4.7万平方米。出租资产年收益897万元,其中45%上交市财政。

第六节 财务管理

一、行政事业财务管理

1949年,实行高度集中的管理体制。全民事业单位实行统收统支,收入上缴财政,支出由财政拨款。1953年,制定支出定额标准,实行定额管理。1958年,对文教财务实行统一领导、分级管理、条块结合、以块为主的办法,由上级分配预算指标,作为县财政安排预算的主要依据。

1960－1981年,对事业单位及其主管部门采取总额包干、调剂使用、年终结余比例分成的预算包干办法。根据统放结合、包管结合的原则,加强财务监督管理,促进事业发展。

1982年,试行收支挂钩、比例包干办法,各项行政事业经费由县根据财力自行安排。特殊性开支由上级财政少量补助,以省市专款指标形式下达。1988年,变比例包干为分类包干。对部分事业单位分别采取全员目标管理责任制、企业化经营管理责任制、经济责任制以及工效挂钩等办法,安排事业经费。1990年,行政机关、文教、科学、卫生等事业单位的收支采取全额预算、差额预算和自收自支3种管理形式。

1991－1993年,全县125个事业单位中,96个单位实行目标管理责任制,29个单位实行经济承包责任制,促进事业单位逐步向企业化管理过渡,有效减轻财政负担。1999年,取消年度全额拨款、差额拨款、自收自支等3种预算管理形式,按照综合财政的要求和量入为出、保证重点、统筹兼顾、收支平衡的原则,预算内外一本账,确定支出定额,实行零基预算,单位经费总额包干。

2001年,市财政统一发放中小学教师的国标工资及离退休教职工的离退休金。11月,建立财政资金集中收付制度,将预算内、预算外资金集中财政局国库科,集中办理拨付业务。2002年6月,市财政统一发放全市行政机关、事业单位在职人员的国标工资和离退休人员的离退休金。

2004年10月，市教育局成立教育票据结算中心。农村中小学的预算外资金由乡镇财政管理改为市教育局统一管理，使用的票据采取市教育局到市财政局领用、结报、缴销，农村中小学到市教育局领用、结报、缴销的分层管理制度。预算外资金统一解交市教育局专户，由教育局按规定返还有关单位，并调整返还办法，将农村中小学收缴的杂费全额返还给学校。是年，实施财政国库集中支付改革，通过调查研究、方案论证制定、业务与软件系统培训等，先行试点、分批实施。

2005年7月，成立财政国库集中支付中心。11月，建立国库集中支付教育分中心。至年底，完成财政国库集中支付改革，全市228个行政事业单位全部撤销银行账户，原账户余额并入财政国库账户，总计集中资金1.54亿元。是年，农村中小学教师的省市补贴和津贴纳入市财政统发范围。2006年，实行行政事业单位财务管理“三统一”，即统一会计基础工作操作规范、统一实行会计电算化、统一财务管理考核。并规定，凡实行国库集中支付单位的工会、学会及内部食堂，必须单独建账，收支合理合规，杜绝转嫁，规范财务核算、管理和监督。是年，市财政补贴1.5亿元为全市困难企业退休人员1.6万人办理医保。

2007－2008年，遵循规范有序、公平合理、统筹兼顾、消除差距的基本原则，制定《海门市规范津贴补贴实施方案》，规范市级行政机关收入分配秩序，基本消除同一地区不同部门间的收入差距。

二、企业财务管理

新中国成立后，建立国营企业的财政管理和财政部门促进国营企业提高经济效益的管理体制。

1953年，实行奖励基金制度。企业实现的利润留20%作为企业发展生产，提取的固定资产折旧基金和变价收入全额上缴财政，所需基本建设和流动资金或发生亏损均由财政核拨。

1958年，取消奖励基金制，实行利润留成制。以主管部门为单位，按利润总额的20%计算；后改由财政部门会同主管部门对所属企业分别确定不同的留成比例。1962年，恢复奖励基金制度。1969年，企业奖励基金制度被当作“资本主义尾巴”批判，企业奖励基金按职工工资总额30%并入职工福利基金，从成本中提取。1978年，推行企业基金制度，企业完成指标，按工资总额3%－5%提取企业基金；未完成利润指标的不得提取（经批准的亏损企业，可按3%提取）。1978－1980年，共提取企业基金62.3万元。1980年，试行国拨资金有偿使用办法，根据企业固定资产总值的1‰和流动资金的20‰收取占用费。全年收取资金占用费81万元。1981－1982年，实行全额利润留成、基础利润留成和增长利润留成制度，对微利和亏损企业实行盈利包干制度，两年共留利234.7万元。

1983年，实行利改税。实行第一步利改税的国营企业44个，核定企业利润分配比例，上缴国家52.8%、企业留利23.8%、职工分配23.4%。1984年10月，实行第二步利改税企业41个，平均留利33%。大中型企业试行工资与上缴利税挂钩，税后利润在保证企业合理留利后，通过固定比例定额包干、递增包干和调节税等多种办法上缴财政。1987年，推行承包经营责任制，对企业采取上缴利润、递增包干，或上缴利润基数包干、超收分成，或上缴利润、定额包干等形式，分别核定企业承包基数。是年，核定县属企业上缴财政基数495.9万元。1990年为564.2万元。

1991年，改革原有财务管理体制，由单一的“放权让利”转变为建立现代企业制度，以国家社会管理者和国家出资人的双重身份，对企业实施以国有资产为主体的宏观财务管理。

1996年起，全市工业、交通、商贸、粮食等市属企业进行三次改制。前两次改制中，制定《海门市改制企业财务管理暂行办法》，对企业资产进行核实、评估，明晰产权。第三次企业改制，公有资产全面退出竞争性领域，职工置换劳动关系，企业置换产权关系，政企完全分开。至2005年，除自来水、燃气、广电经营、路灯管理等公用事业性单位仍作为公有制企业管理外，其余企业基本完成改制。

2006年，对企业的财务管理主要转变为支持企业发展，培养财源，向上申报并争取节能减排、技术改造、新产品试制、科技成果转化、重大科研课题等项目的补助资金。至2008年，获得上级补助资金1.18亿元，市财政安排1.52亿元。

三、预算外资金管理

1983年，县成立预算外资金管理办公室，对各行政事业单位的预算外资金实行以收定支，定向支出管理。

1986 年,对行政事业单位的预算外资金,实行财政专户储存、计划管理、财政审批、银行监督的办法;对国营企业及其主管部门管理的预算外资金,采取计划管理、政策引导的方式。明确实行财政专户储存的预算外资金,组织收入的渠道不变、所有权不变、使用权不变、开户银行不变。

1987 年,对已纳入财政专户储存、计划管理的行政事业单位,实行收支两条线管理。每个部门或单位在其开户银行只能开设“收入”和“支出”两个专户,其余账户一律注销。

1990 年,各行政事业单位收取预算外资金时,须持物价部门核发的收费许可证,统一使用财政部门印发的专用票据,未经批准,任何部门和单位都不得以任何理由向下集资、摊派费用、拉赞助。对预算外资金支出的项目作明确规定。

1993 年,明确预算外资金是财政性资金,资金的所有权归政府,由各单位根据规定收取,当即解交财政专户,再由政府统筹安排。形成年初编预算、收入进专户、支出按计划、增支须报批、年终编决算、按绩定奖惩的模式。

1999 年,实施综合财政,对预算外资金实行统收统管。改变过去预算内外各自编制预算的做法,统一编制 1 个预算。按照核定代征指标和财政拨款指标、超收分成、短收同比例扣减拨款的预算管理办法,取消原来的全额拨款、差额拨款、自收自支等 3 种预算管理办法,资金的支出按照年初核定的预算指标执行。

2003 年 5 月起,实行资金收缴和票据开具相分离的票款分离制度,即单位开票、银行代收、财政统管或单位通知、银行开票收款、财政管理的管理办法。财政部门对单位发放的票据实行限量供应、定期结报、票款同行的机制。各单位预算外资金支出计划,由单位年初结合预算内资金,根据综合财政的要求,按照零基础预算统一编制,并经财政部门审核确定。单位执行核定的预算收支计划而年终仍有结余的,其节余部分可以按不超过 50% 的比例计提职工福利基金,职工福利基金发放需报市廉政办、人事局和财政局审批。同时规定乡镇预算外资金管理机构、职责、范围、形式、银行开户等,促使乡镇预算外资金实行收支两条线管理,并纳入乡镇财政预算。

第七节　会计管理

一、职称评定

“文化大革命”前,有会计职称评定,“文化大革命”期间停止。1979 年,恢复会计专业技术职称评定,由县科委负责。1990 年,有会计人员 1538 人。其中,高级会计师 2 人、会计师 104 人、助理会计师 870 人,其余为会计员和无职称人员。1992 年,县财政局接手会计职称评定工作。会计职称由会计员、助理会计师、会计师、高级会计师三级四等组成。是年,废止会计专业技术中级以下职称考评制度,1722 人参加全国首次统一组织的会计专业技术资格考试,592 人考试合格获得专业技术资格,高级会计师仍实行评审制度。2000 年,会计职称调整为初级、中级、高级三级。2008 年,全市有初级会计职称 2598 人、中级会计职称 709 人、高级会计职称 20 人,取得注册会计师资格 63 人。1407 人被聘为会计员,1093 人被聘为助理会计师,415 人被聘为会计师,20 人被聘为高级会计师。

二、资格认定

1986 年,建筑企业试行会计证制度。1988 年,对全县从事会计工作工龄满 30 年的人员颁发荣誉证书,后每两年颁发 1 次。1991 年,实行会计持证上岗制度,对财务会计法规、会计基础、会计业务考试成绩合格的 2400 人发放第一代会计证。1996 年,会计证考试增加初级会计电算化或珠算五级内容。1997 年,换发第二代会计证,实行两年一次会计证年检制度。2000 年 5 月,财政部颁布会计从业资格管理办法。2002 年 4 月,对 6068 份第二代会计证换发会计从业资格证书。2005 年 3 月,取消会计证年检制度,大中专毕业生由直接领证改为须通过会计法规和职业道德考试取得证书。2008 年,全市取得会计从业资格证书者 8739 人。其中,男性 2965 人、女性 5774 人;在岗 7686 人。会计电算化证书持有者 5790 人。其中,中级 109 人、初级 5681 人。

三、会计事务

1986 年始,每年开展会计执法检查,纠正会计违法行为。1992年7月,成立县珠算协会。1994年9月,举办市首届珠算技术比赛,200人参加,后每两年进行1次比赛。1996年起,每年进行1次市少儿珠算心算比赛。

1997年,推行乡镇企业会计委派制,对408个企业各委派2名主办会计。是年,六匡镇建立会计管理站。

1998年,进行会计执法检查。全市2490个单位完成自查,重点抽查507户,收缴入库违规资金110.6万元。是年,对216个行政事业单位的银行账户进行清理,撤销账户253个。清理后,每个单位预算内外各保留1个账户。至1999年,全市30个乡镇和市17个主管部门均建立会计管理站。

2002年1月,全市所有会计单位实行统一注册登记,统一使用南通市财政局监制的账册、凭证,统一年检的会计建账监管制度。是年,有3100个单位实施建账监管,实行会计电算化单位的账证格式全省统一规范。2003年,97%的单位符合要求。

2007年起,限制单位和社会会计人员私自带账,对与从业单位不一致的357人作调整。规模小的单位,可依据会计法聘用会计人员,或请正式代理记账机构代理记账。

四、业务培训

培训机构 1984年3月,建立县会计培训班,培训用房借用工业管理学校,有教室1间、课桌位100个、床位30个。1993年,培训用房移到财政局。1994年7月,更名为市会计培训中心。2007年2月,更名为市财政干部教育中心,属行政管理型事业单位。

2008年,中心有专职管理人员3人、合同制专职教师1人、兼职教师13人。其中,中级职称8人、高级职称6人。有教室8间,其中90多平方米的电算化教室、多媒体教室各1间,电脑70台,总面积550平方米。

继续教育 1984年起,举办短期会计培训班。4月16日首期培训班开学,43名工业会计参加,历时5个多月。是年,共培训120人。20世纪90年代,短期培训称为后续教育。2002年,统一更名为会计继续教育,每年举行1次。2003年,开始送教到乡镇和工地。2005年,为乡镇2700人和市驻外省市工地500人送教。2008年,5106人参与继续教育,累计培训3.5万人次。

学历教育 1987年9月始,开展会计学历教育培训,开设财政、会计专业,学员均不脱产。是年,以中华会计函授学校海门函授站名义举办中专学历培训班,首届中专班学员39人,多为乡镇财政所会计。1994年,同江苏财经高等专科学校联办成人大专函授班。2000年,同扬州大学商学院联办成人专(科)升本(科)函授班。至2008年年末,共有1647人接受学历教育培训,经考核,获得学历的1609人。其中,中专823人、大专523人、本科263人。

上岗培训 1992年,举办新会计和未取得上岗证的会计人员培训班,560人参加。1994年,在南通6县(市)中率先开设会计电算化培训课程,当年培训86人。2002年,创新培训模式,举办5期会计速成班,233人结业,70人取得上岗证书。至2008年,共培训上岗人员6551人,其中会计电算化5960人,占总培训数91%。

职称培训 1992年8月始,开展会计职称培训工作,当年有650人参加培训。1994年为970人。至2008年,专业职称培训总计3631人次,其中初级职称培训2471人次、中级职称培训1160人次。

第八节 集团购买力控制

1962年,对党政机关、部队、社会团体、企事业单位、学校、人民公社等社会集团购买力进行控制。对控制商品,按不同行业进行不同分类。如国家机关、社会团体、学校购买办公用品、文具纸张、书报杂志、家具设备、礼品奖品、工作服装、公共用布、交通工具及油料、取暖设备、燃料、日用电器、电讯设备、接受零星修理等,属于社会集团购买力范围。人民公社的食堂餐具设备、清洁卫生用具也属于社会集团购买力范围。是年,停止高档商品的购买。以计划管理为主,指标管理为辅实行控制。

1965年3月,县下达县直机关(含机关直属事业单位、学校)、各企业、各公社和四甲部队集控指标43.97万元。10月,县财政局、县供销社对三厂轧花厂、麒麟轧花厂、四甲轧花厂未经审批、擅自购买的物品作出一律上交、通报批评的处分决定,原下达给这3个厂集团购买的指标作废。三厂轧花厂上交小方桌4张、药橱2张、药台1张、长条凳1张，麒麟轧花厂上交小方桌2张、木长椅6张、小方凳10张，收缴物品由县供销社统一处理。

1966－1976年“文化大革命”期间，控购工作处于瘫痪状态。

1977年1月1日起，属于社会集团购买范围的物料、用品，一律凭集团购买力购货证限额供应，小汽车、大客车、摩托车等28种专项控制商品一律报省审批。7月1日起，没有购货证的，供货单位可拒绝供货。由国家调拨的商品也计算社会集团购买力，办理报批程序。

1978年12月1日，县国营商店供应社会的非生产性商品，统一使用税务机关印制的集团购买的专用销货发票，集团购买专控商品为30种。

1981年，县社会集团购买力的指标为350万元。7月，对8个单位擅自购买汽车、13个单位购买家电，县政府予以通报批评。1984年8月，对控购工作进行改革，一是取消社会集团购买力控制指标，国家对各地各单位不再实行限额控制；二是缩小专项控制商品的管理范围，其品种由31种减少到14种；三是下放审批权限，小汽车、大轿车由省审批，其余均由市县审批。

1985年，专控商品从14种扩大到17种。1987年，增加到29种。是年12月，购买12种专控商品要征收附加费：小汽车按商品价的10%，大客车、摩托车、沙发、地毯、沙发床、空气调节器、单价1000元以上的录音机、录像机及单价500元以上的照相机、纯毛毯、彩色电视机等11种商品，按购价的5%征收。1988年，集控指标比上年实际支出下降20%。

1989年1月1日，将布匹及其制品、针织品、书写印刷纸纳入专控商品范围，随之其品种增至32种，是专控商品最多的时期。是月，消费附加费调整为5%－30%，其中进口小汽车单价10万元以上的30%，书写印刷纸不征收附加费。7月1日，明确审批权限，省控办审批小汽车、大轿车、摩托车、空气调节器、录像机、彩色电视机、复印机、电传机等8种，县（市）审批大型或高级乐器、家具、风雨衣、丝绸及其制品、50元以上的各种钟表、100元以上的各种灯具、国产13种名牌卷烟和进口卷烟、国产17种名牌酒以及进口酒、布匹及其制品、针织品、书写印刷纸等11种。11月1日起，停止征收消费附加费。

1990年，将200人以上的乡镇企业（含村办企业）和城市街道企业纳入控制范围。1月，对集团购买实行指标控制、专项审批、定点供应、违章处罚的政策。8月，专控商品定点销售，县专控商品定点销售单位有县百货公司、五金公司等8个。

1991年，重点加强200人以上的乡镇企业的控购管理工作。全县95%以上的单位建立集控辅助账。同时，建立控购协管员制度，全县聘请95名控购协管员。

1992年1月起，专控商品定为29种。7月1日起，省审批权限调整为4种，即小汽车、大轿车、摩托车和单价2万元以上的录像设备，其余由市县审批。

1994年1月，对小汽车、大轿车恢复征收消费附加费，征收比例为购置价的15%。

1995年2月1日，对社会集团购置小汽车进行资金审核。对利用职权向下属企业、下属单位换乘、借用、摊派款项和用贷款、集资款购买小汽车的，挪用救灾款、募捐款、扶贫款、教育基金等专项基金购置小汽车的，拖欠职工工资、拖欠税利、拖欠教师工资购买小汽车的，一律不予审批。同时规定不能购置走私车和排气量大于2.5升的豪华小汽车。

1999年11月，停止征收购买小汽车、大轿车消费附加费。2001年5月，除小汽车、大轿车外，其余专控商品不再实行社会集团购买力行政审批，而是纳入政府采购管理。对党政机关、事业单位购买小汽车、大轿车，在立项时实行集控审批，购买时实施政府采购制度。

2003年8月，简化购买小汽车、大轿车审批程序。2004年7月1日起，市最后的控购商品——小汽车不再需要审批，社会集团购买力控制工作退出历史舞台。

第九节　政府采购

1999年5月，市财政局成立政府采购中心，负责党政机关、事业单位以及其他使用财政性资金的社会组织在购买商品、基建工程、接受劳务时实行政府采购。监察、审计、工商、技监、物价、计委等部门配合实施政府采购工作。5月12日起，市级行政事业单位用财政性资金购买小汽车、面包车等公务用车和微型电子计算机、复印机等专用设备，一律以公开招标方式实行政府集中采购。6月1日起，财政拨款的市级行政事业单位实行机动车辆集中保险，指定中国财产保险和中国平安保险公司两个保险单位及3个保险险种，保险费下浮15%。10月1日起，对城区政府机关实行机动车定点加油，确定海门、三厂、天补、货隆等4个定点加油站，使用最小面额5升、最大面额30升的内部定额油票，统一加用90号汽油和0号柴油，价格比市场下浮6%。采购单位用预算内、预算外、自筹资金安排的采购款分别由市财政局预算科、预算外资金管理办公室、主管部门(或一级会计单位)划至政府采购中心。是年，193个单位实行政府采购范围，采购金额550万元，节约资金62万元。

2000年1月，政府采购单位实行公务用车定点维修，对汽车按行驶里程确定维修总承包费用。对取得竞标的7个定点维修厂规定维修内容、修理速度、服务标准、维修价格、费用结算等。10月，确定政府采购目录和实行固定供应商一年一定办法。11月起，大额办公用具和办公用品(包括政府采购目录以外的大额办公用具和办公用品)列入政府采购范围，单位价值从1万元调整为3000元。

2002年，定点加油调整为90号、93号汽油和0号、-10号柴油，每升比市场价下浮5分钱。与两个保险公司重签协议，将汽车保险费用下浮50%。2004年，签约的保险公司增加到5个。是年1月，药品、药械纳入政府采购范围。9月，市政府采购中心与财政局脱钩，挂靠市行政审批服务中心；财政局内设政府采购管理科，行使政府采购管理职能。是年，一次性采购3万元以上、单价3000元以上、印刷品1万元以上、工程类3万元以上目录以外的政府分散采购，纳入政府采购范围。将汽车按里程确定维修承包费用改为按车型、车龄总额承包、按实结算，实行超支自负、节约归己的运行机制。

2005年，政府采购资金通过国库支付中心集中支付。

2008年1月，调整政府分散采购限额标准，货物一次性采购5000元以上、单价1000元以上；印刷品2000元以上；修缮等工程类1万元以上，全部列为政府采购范围。12月，通过招投标，确定中国人保、平安、太平洋、阳光4个保险支公司作为机关公务用车的保险单位。是年，241个单位参与政府采购，其中市级178个财务独立核算单位全部实行政府采购，政府采购规模10.18亿元。其中，货物类3.65亿元、工程类6.43亿元、服务类1000万元，总额比上年增长32.5%，占市财政一般预算支出51.95%。至2008年，政府采购数额累计28.66亿元，年递增79%，共节约资金3.13亿元，资金平均节约率10.93%。

1999－2008年海门市政府采购情况一览

表18－7

年份	采购金额(万元)	节约资金(万元)	节约率(%)
1999	550	62	11.27
2000	1748	189	10.81
2001	1685	225	13.35
2002	3638	548	15.06
2003	3100	424	13.68
2004	15225	1657	10.88
2005	35629	4223	11.85
2006	46400	5337	11.50
2007	76800	7848	10.22
2008	101800	10800	10.61
合计	286575	31313	10.93

第十节 监　督

1951年2月，县人民政府财政科设财政检查员，财政监察重点是反对官僚主义、铺张浪费及整顿财经纪律、查处贪污盗窃案件。1952年5月，全县清查出有大小贪污行为的395人。其中，贪污1000元(折成新人民币，下同)以上的17人、100－1000元的127人、100元以下的251人。共贪污公款6.27万元，追回赃款2.45万元。6月起，司法机关对5名严重贪污分子给予刑事处理，对98名一般贪污分子给予党纪、政纪处分，对其他292名有贪污行为的人给予教育帮助,退出赃款后免予处分。机关和企事业单位制定、健全各项规章制度。1955年,财政监察制度废除,60年代初恢复。

1961年,对基建停建项目和关闭、停产、撤销的企事业单位进行收支监察,加强物资保管检查,严格控制社会集团购买力,清理"小钱柜""小金库"。1963年5月,对江心沙农场弄虚作假、谎报竣工决算、隐瞒分散国家资金及严重铺张浪费案和临江公社贪污水利经费案进行查处。并对全县粮油工业企业乱摊乱挤成本、截留上缴利润、挪用流动资金搞计划外基建、擅自扩大和提高开支标准等严重违反财经纪律行为进行查处。1964－1965年,清查"小钱柜""小金库",上交县财政39.88万元。"文化大革命"期间,财政监察名存实亡。

1978年起,对国家机关、国营集体企事业单位每年进行1－2次财务大检查。1979年,县配备财政监察员,财政监察工作常态化。全年检查930个单位,530个单位有违纪现象,涉及金额61.75万元。其中,截留挪用税利8.4万元,乱用资金及计划外购置物品22万元,请客送礼15万元,滥发奖金、津贴和物品1.6万元,乱摊成本13.4万元,违反社会集团购买规定1.2万元,其他0.15万元。

1980－1983年,全县查出违纪金额1017.5万元。

1984年,全县审计54个单位,查出违纪金额335.06万元。县计生委将南通下拨的育龄妇女专项调查经费扣除2549.37元,购买物品进行私分,县有关部门对此严肃处理。

1988－1997年,由财政、税务、审计、物价等部门,定期对国有企业、集体企业、行政事业单位和个体工商户,联合开展税收、财务、物价大检查。查出各类违纪金额3201.6万元,其中补交入库各项财政收入1664.65万元。

1996年,开展清理"小金库"工作,参加自查自清的各类企业1292个、事业单位355个、机关团体89个,共计1736个,清理出"小金库"资金191.19万元,擅自用于基建性、福利性(奖金、补贴、津贴、实物)支出及其他支出156.65万元,尚余34.54万元全部收缴财政。

1998年,开展为期3个月的预算外资金全面清理检查专项活动,在单位自查基础上,对22个市属行政事业单位、15个乡镇财政所、40个乡镇事业单位重点抽查,查出违纪单位31个,违纪金额632万元。其中,违反规定支用453.7万元、应缴未缴财政专户178.3万元。对此,进行严肃处理,并撤销32个银行账户。

2000年8月,对216个行政事业单位银行账户进行清理。除允许各单位预算内外各保留1个银行账户外,其余253个账户撤销。是年,查处三星水利站、水利局常乐闸管所、包场工商所有关人员因工作失职遗失收费票据的3个案件,对责任人分别处罚。

2002年10月,查处市水利电力建筑工程公司原财务科长私设"小金库"案,经稽查核准其采用隐瞒收入私设账外账,"小金库"资金86.67万元,决定如数没收追缴财政,当事人移送司法机关依法处理。2004年6月,查处市国税局悦来分局私设"小金库"案。该单位采取私设"三产账"和到外单位报销虚假费用等,私留"小金库"资金44.39万元,如数没收上交市财政。

2005－2007年,先后对四甲、正余、德胜、三厂、三阳、东灶港、货隆、常乐等乡镇财政所所长,进行离任审计,各所所长任内工作基本符合要求。

2006－2008年,每年组织100多人次,对全市149个行政事业单位的会计信息质量、部门预算执行情况、专项资金的使用等,实施财政检查。累计查出各类违纪金额4082.8万元,组织追缴入库2592.2万元和价值160万元的土地1块。

第二章 税 务

第一节 机 构

清道光十七年(1837),在海门设海关。

清咸丰四年(1854)夏,设厘金局劝捐。咸丰十一年四月,省筹饷总委派专员在南通专设厘金局抽收海门花布厘金。同治二年(1863),江北厘金捐总局在海门设厘捐卡。同治十年,设海门帮办,对城乡百货店征收厘金。宣统二年(1910)七月,复设厘金局。

民国元年(1912),设总公所。民国4年,改称税所,报定三类税所,民国17年,因收税不多被裁撤。民国18年12月,设卷烟查验分所,专司卷烟检查侦缉事宜。民国20年,设一等营业税征收局,征管营业税。民国21年2月,卷烟查验分所裁撤。7月,全国新办棉纱、水泥、火柴、卷烟、麦粉统税,海门设统税查验分所,办理统税。9月,营业税征收局改名为营业税局,有公安局选派的税警。民国22年,撤销营业税局,设海启营业税局。民国27年,日本侵略军侵占海门,统税查验分所撤销。

民国29年10月,新四军东进,开辟海启抗日民主根据地,建立海启民主政府,设立税务一分处于吕四,二分处于江家镇。税务分处下设三甲镇、海复镇、曹家镇、竖河镇、吕四镇、石驼镇、庙桥镇、聚星镇、包场镇、六甲镇、义兴镇、凤凰桥、灵殿(甸)镇、池棚镇、三阳镇15个税务分配所。税务分处、所的党政实行垂直领导,受同级党委和政府监督。税收收入按级上缴,同地方财政分开。民国30年6月,税务分处改称税务管理分局。民国32年,东南行署实行精兵简政,按县、区进行财政、粮、税3科局合并,建立县、区两级财经局,实行一元化领导,统管财、粮、税收。民国34年8月,东南行署将税务机构从财经局分出,建立货管局,局以下跨区设立货管分局,分局下设货管所,专事进出口货物管理和税收及产销税、营业税、牙税、屠宰税管理征收。

民国35年,国民党县政府设置税捐征收处,营业税划归该处征收管理,海启营业税局取消。是年年底,县城及公路、运河沿线解放区被国民党军队占据,税收区域缩小,海启行署货管局并入财经局。

图18-1 民国35年6月,东南货管第二分局第二次干部大会留影

民国36年5月,县税捐征收处改名税捐稽征处,隶属县政府,由省财政厅监督税捐稽征事项。按税收多少和业务繁简,被定为5级稽征处。内设5个课,其中二、三、四课分别负责营业税及营业牌照税、契税及土地税以及其他税捐的稽征。民国37年初,解放战争不断取得胜利,解放区再度分设货管局及其分局。1949年,税捐征收机构被县人民政权接收。

1949年1月,东南行署撤销,海门县建制恢复,设立县货管局。根据行政区域的划分,县货管局税收征管范围为原东南行署的海西、海南、海中、王鲍、富余、六甲区和南通县属旧海门一、二区。5-6月,各区设稽征所。9月,财经局、货管局合并为县财政科。1950年5月,货管局从财政科分出,更名税务局。1958年7月，县财政科、税务局、保险公司合并建立县财政局。1961年10月，恢复县税务局。

1968年7月，税务局与财政局合并，成立县革命委员会财税局。同年12月，财税局撤销，财税工作归属县革委会生产指挥组财贸领导小组负责。1970年12月，建立县革委会财税局。1974年4月，易名县革委会财政局。1980年12月，撤销县革委会财政局，建县财政局。

1983年10月，恢复设立县税务局。内设人秘股，计会股，税政一股、二股，下设海门、三厂、悦来、天补、包场、四甲6个税务所，各乡镇建立税务组。1986年，增设盐场税务所，稽征管理股。1987年，增设稽查队，麒麟、平山、余东等3个税务所。1992年，增设发票管理所、对外税收稽征处。

图18－3　市地税局大楼　（2007年摄）

1994年9月，市税务局分设成立市国家税务局和市地方税务局。

市国税局下设天补、悦来、余东等8个中心税务所，各乡镇设33个税务所。负责增值税、消费税；进口产品消费税、增值税；直接对台贸易调节税；地方和外资银行及非金融企业所得税；境内外商投资企业和外国企业的各项税收以及外籍人士缴纳的个人所得税；出口产品退税；集贸市场和个体户的各项税收；中央税和共享税的滞补罚收入；按中央税和共享税附征的教育费附加；国家能源交通重点建设基金和国家预算调节基金的征收管理。

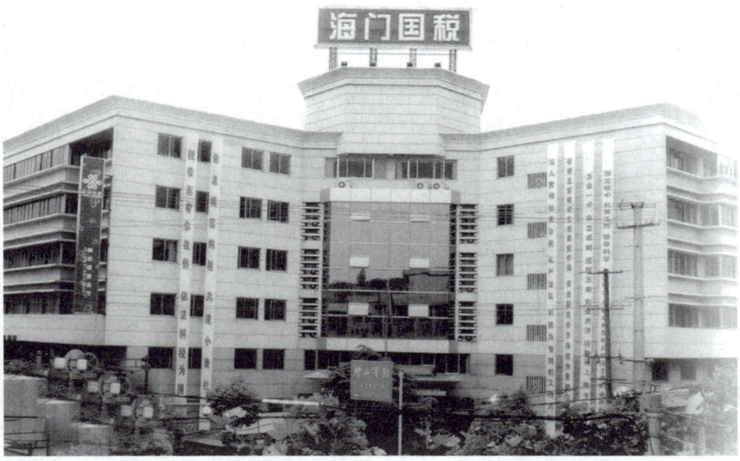

图18－2　市国税局大楼　（2004年摄）

市地税局下设海门、天补、三厂等9个中心税务所及直属税务所、税务稽查队。负责营业税、个人所得税、土地增值税、城市维护建设税、车船使用税、房产税、屠宰税、资源税、城镇土地使用税、固定资产投资方向调节税、地方企业所得税（包括地方国营、集体、私营企业）、印花税、筵席税、地方税的滞补罚收入、按地方营业税附征的教育费附加等征收管理。

1995年6月，地税局在各乡、镇设立税务所34个，各中心税务所和直属税务所更名为税务分局，稽查队更名为稽查分局。

1996年12月，国税局撤销各中心税务所，成立直属、天补、三厂、麒麟、个体税收、涉外税收等12个税收征收管理分局。1997年1月，成立叠石桥税务所。

1999年12月，地税局撤销海门、平山、麒麟等3个分局。2000年2月，国税局成立大千市场税务所。2001年，撤销三厂等12个征收管理分局，设立征收分局。

2003年6月，地税局直属分局和天补、三厂等6个分局分别更名为第一、第二等7个税务分局。2004年4月，国税局撤销征收分局，成立征收计统科，与信息中心合署办公。海门、天补、涉外税收等8个管理分局分别改称为第一、二、三等8个税务分局。

附1. 渔税办事处

简称渔办,属专业性临时机构,每年在鱼汛时建立,结束后撤销。民国34年,由东南行署财经局抽调人员组建,设于彭家仓。民国35年,设在吕四镇,后又迁回。是年起,设三门闸、大洋港、袁家灶、彭家套、杨家灶、秦潭等6个分派所,塘芦港、东灶港等2个小组,全处82人。民国38年海启分县后,仍由县政府设办事处进行渔税征管。1953年,渔税由各地税务所征管,不再设渔税办事处。

附2. 盐场场务稽核所

旧时,县境盐场场政合一,既组织盐业生产,又管理盐场政务。吕四盐场历建场署。明洪武二十年(1387)七月,旧署因潮坍没,迁建吕四镇。清初,高杰溃兵,场署被毁,以民舍为居。清乾隆十年(1745),复建于吕四镇市东关帝庙西隔壁。盐场长官称场大使(盐课大使)或知事,担负管理盐务、征收钱粮赋税及民间诉讼。民国时期称场长,职权照旧。民国27年南通沦陷后,盐场分设场务所,专管钱粮税赋;稽核所专管盐税。民国29年,新四军东进,苏中第四专署财经委员会接收盐场,成立余中盐场,设总务、财务、契税3课、1个督导室,下设吕四场务所(后称板鲁分处)。场署先设于六甲镇,后复迁吕四镇,再迁廿一总。民国30年后,场署多流动。是年11月至次年5月,属苏中第四专署财经委员会财粮处领导。民国31年6月至次年12月,改由苏中第四专署税务管理局领导。民国32年至次年10月,板鲁分处与吕四货物税分配所合并,改由海启财经局领导。民国34年底,成立淮南盐务管理局,在海启设余中、吕四办事处。民国35年10月,并入当地货管分局。民国37年,再次成立淮南盐管局,县境盐务机构实施垂直领导。

附3. 日伪税务机构

民国32年1月,设立海门税务机构——海门税务支局,征收管理各种统税、矿产税及各种货物特税。2月,开征物品零售及筵席旅馆消费特税。同年秋,设立征收分所,征收香烛税;设立税务查缉处,检查统税、矿产税、印花税、烟酒税及临时特税。抗日战争胜利后,日伪税务机构消亡。

第二节 税 制

明代,县境按田亩、草场数征收田赋及人丁税,并实行定包定赔。清代,厅署开征田赋、人丁税、杂税。田赋5年一定,涨坍不论,遇闰月加征。杂税除征丁匠银外,有生膳银、吴陵巡司号兵伙食银、县守城士兵粮、迎送上司伞扇银、上司引香纸烛银等。

民国时期,征有印花税、统税、烟酒税、营业税、货物税、契税、典税、屠宰税、房捐、牙税、筵席税、棉花特产税、鸡羊菜特产税、营业牌照税、使用牌照税、薄荷油特捐等。地方自收有建设费、税契费、行政费、特捐、地方保安费、警察费等。民国35年(1946)后,国民党县政府随意开征税款,各种名目的捐款摊派繁多。

抗日战争、解放战争时期,民主根据地商人经营业务,必须申领出入根据地许可证,并向第一道税务机关报验纳税;产销税对各工场查定征收,屠宰税按头计征,海产品、盐税就产征收,牙帖税自报公议,按等征收。

1950年,全国税政实施要则规定14个税种。1951年,除薪金报酬所得税、遗产税暂不开征,交易税由省自定外,先后出台工商营业税、货物税、印花税、存款利息所得税、特种消费行为税、车船使用牌照税、屠宰税、房产税、地产税、解放区农业税、关税11个税种。

1953年1月,试行商品流通税,即将卷烟等一部分主要产品在生产和销售各个环节缴纳的货物税等合并而成,实行产销一次征税制。同时,将棉纱统销税、交易税并入商品流通税。修订货物税、营业税、交易税,将粮食、土布交易税改征货物税,将特种消费行为税改称文化娱乐税。8月,对私营工商业批发商恢复征收营业税。

1958年,将商品流通税等4个税种合并为工商统一税;简化纳税环节,对工、农业产品,从生产到流通,基本实行二次课税制度。农产品取消批发环节营业税;简化计税价格,将原有的按调拨价,批发牌价,改成根据销售收入计算税款;简化“中间产品”征税，工业企业原来规定的钢铁、五金、棉纱等26种产品，除棉纱、皮革、白酒3种产品保留中间产品税外，其他均不再征。是年，实行全国统一的农业税制。1959年起，停征利息所得税。

1963年，改革工商所得税税率，个体工商户实行14级全额累进税率，合作商店实行9级超额累进税率，手工业和交通运输合作社实行8级累进税率，县以下供销合作社实行比例税率，税率39%。是年3月，开征集市贸易税。1966年10月，停征文化娱乐税。

1973年，合并税种，将工商统一税（外资除外）及其附加、城市房地产税、车船使用牌照税、盐税、屠宰税合并为工商税。国营企业只需缴纳工商税，集体企业只需缴纳工商税和工商所得税。但对个人和外侨等继续征收城市房地产税、车船使用牌照税和屠宰税。简化税目、税率，税目由108个减少为44个，税率由141个减为82个。按行业设计税目、税率，多数企业可简化到只适用1个税率计算纳税。改变征收办法，取消中间产品税，原则上按企业销售收入征税。

1980年10月，对集体工业、交通企业所得税按8级超额累进税率征税。同时，对集体所有制企业实行增长利润减半征收所得税办法。1981年，开征中外合资经营企业所得税和个人所得税。同年4月，对个体工商业废除14级全额累进所得税率及加成征收，实行8级超额累进税率，最高税率由86.8%下降到50%。1982年，开征外国企业所得税、烧油特别税。1983年，对生产农业机具等工业企业试行增值税，开征国营企业所得税、国家能源交通重点建设基金建筑税。1984年，将工商税分为产品税、增值税、营业税和盐税、国营企业奖金税和国营企业调节税。同年10月，开征资源税，恢复征收车船使用税。1985年1月，开征城市维护建设税和国营企业工资调节税、集体企业奖金税。1986年，开征集体企业所得税和城乡个体工商业户所得税。同年10月，恢复征收房地产税。1988年，开征私营企业所得税、城镇土地使用税，恢复征收印花税。1989年，开征国家预算调节基金、个人收入调节税。1991年1月，开征固定资产投资方向调节税，废止建筑税。

1994年，实行以分税制为主要内容的税制改革，推行以增值税为核心的流转税制，由增值税、消费税、营业税组成，对内外资企业，商品的生产、批发、零售和进口普遍征收增值税，部分消费品交叉征收消费税，对不实行增值税的劳务交易和第三产业征收营业税。取消对外资企业征收的工商统一税。对内资企业实行统一的企业所得税，取消国营企业所得税和调节税、集体企业和私营企业所得税，不再执行企业承包上交所得税的办法。取消个人收入调节税和城乡个体工商业户所得税，对个人收入和个体工商户的生产经营所得统一征收修改后的个人所得税。开征土地增值税、证券交易税，改革资源税和城市维护建设税，屠宰税、筵席税的管理权由中央下放至省。取消牲畜交易税、奖金税、工资调节税，取消临时性、困难性减免税，全面实行分税、分级财政管理体制。其中税收管理体制中，属地方固定收入的税种，包括营业税、个人所得税、土地使用税、固定资产投资方向调节税、城市维护建设税、地方企业所得税、房产税、车船税、印花税、屠宰税、农业税、耕地占用税、契税、遗产税、土地增值税。属中央与地方共享收入的税种，包括增值税、资源税、证券交易税。其中增值税中央分享75%，地方分享25%。资源税按不同的资源品种划分，大部分资源税作为地方收入，海洋石油资源税作为中央收入。证券交易税，中央与地方各分享50%。

2001年1月，车辆购置税由交通部门代征、上缴，取消屠宰税。2002年，企业所得税、个人所得税作为中央与地方共享税，各分享50%。2003年，分享比例调整为中央60%、地方40%。是年，停征自行车的使用税，农业特产税并入农业税。2005年，车辆购置税改由国家税务部门征收，取消农业税。2008年，统一内、外资企业所得税制度。

第三节　税　　种

一、流转税类

牙税（杂税）　清代，牙税分贴费与牙捐两种。贴费是牙行向官府领取牙贴（牙行的营业执照）时所纳的牙贴费，牙捐是按年缴纳的定额税。民国36年（1947）12月，东南行署制定牙税征收暂行办法，牙税税率按牙行日均佣金额分五等：特等10%、甲等9%、乙等8%、丙等7%、丁等6%。民国37年3月，税率调整为特等20%、甲等18%、乙等16%、丙等14%、丁等12%。8月，对牙行按利润征税，税率最高不超过15%。10月，牙税依佣金所得征10%－15%，按季于季末征收。同月，苏皖边区第九行政区颁布营业税征收实施办法，规定牙行营业税分甲、乙两类，甲类包括小猪行、木行、竹行、铁炭行，税率按佣金总额征13%，其他性质的牙行统归乙类牙行，税率依佣金总额征13%－15%。1949年4月，苏北行政公署规定牙税每季按佣金额征收，税率15%。1950年1月，牙税纳入营业税，按营业总收益额计算征收，税率6%。

货物税　清咸丰十一年(1861)四月，省筹饷总委派专员在南通专设厘金局抽收海门花布厘金。同治十年(1871)，设海门帮办，城乡百货店都交纳厘金，每月累收600余千文。光绪后，厘金税收增加，棉花改征统税。民国元年4月，试征货物全税一道，税率2%。民国7年4月，撤销厘金，开征棉纱、火柴、水泥、卷烟、麦粉等5项统税。民国21年7月，薰烟叶、啤酒划入统税。民国25年10月，火酒(酒精)改征统税，至此统税为8项。

民国29年11月，抗日民主根据地征收货物税，征收对象为小手工业家庭作坊生产的产品和部分农、渔产品。

民国35年8月，国民党政府公布货物税条例，征收项目有卷烟、薰烟叶、洋酒、啤酒、火柴、糖类、棉纱、毛纱、皮统、水泥、饮料品、锡箔及迷信用纸、化妆品等10多类。

1949年2月，新解放区城镇的工商业户征收存货货物税；油坊、酒坊、香坊、砖瓦窑及其他企业、作坊生产的产品，征收货物产销税；与上海市等国民党统治区的贸易往来，征收进出口货物税。1950年，全县征收的货物税税率，酒类60%－120%、砖瓦5%、水产品5%、迷信品80%、竹木5%、植物油5%等。1958年，货物税并入工商统一税。

营业税　民国20年，由省财政厅设局征收。民国35年11月至36年3月，全县计征营业税法币2.13亿元。

新中国成立后，县政府补征民国37年冬季营业税，已补征存货货物税、献粮的市镇免征，其他市镇采取工商业户自报自交办法征收。1958年，并入工商统一税。

1984年10月，恢复征收营业税。税目、税率为商品零售、运输、装卸、搬运、建筑安装、邮政电讯、公用事业、文化娱乐、饮食、浴室、理发、缝纫、照相业等3%，金融保险、旅社、宾馆、招待所、工业性加工等5%，代购代销、委托寄售、代理服务、商品批发(差价)、临时经营等10%。

1994年1月，营业税作为流转税中的一个税种，设置9个行业税目3档税率。其中交通运输业、建筑业、邮电通信业、文化体育业税率3%，金融保险业、服务业、转让无形资产、销售不动产5%，娱乐业、设计业5%－20%。纳税个人按期纳税的起征点为月营业额200元，按次纳税的起征点为每次(日)营业额50元。

1998年1月，金融保险业营业税由5%提高到8%；农村信用社营业税减按6%，次年减按7%。1999年1月1日起，统一娱乐业营业税税目税率：游戏机18%，歌厅、舞厅、夜总会等13%，台球、保龄球等10%，音乐茶座、网球、跑马、射击、攀岩、游艇等10%，乒乓球、钓鱼、健身房等5%。

2001年，金融保险业营业税每年下调1个百分点，分3年从8%降到5%。是年5月，夜总会、歌厅、舞厅等娱乐行为的营业税税率统一按20%执行。

2003年1月，单位和个人销售不动产或转让其购置的不动产或受让的土地使用权，以全部收入减去不动产或土地使用权的购置或受让原价后余额为营业额。单位和个人销售或转让抵债所得的不动产或土地使用权的，以全部收入减去抵债时该项不动产或土地使用权作价后的余额为营业额。5月，按期纳税起征点调整为月营业额1000元。10月，执行全省营业税起征点每月5000元、每日100元规定，定额在每月5000元以下的，不征收营业税及相关税款。

2004年7月，台球、保龄球的营业税税率由10%调减为5%。

2006年6月，个人将购买不足5年的住房对外销售的，全额征收营业税；个人将购买超过5年(含5年)的普通住房对外销售的，免征营业税；个人将购买超过5年(含5年)的非普通住房对外销售的，按其销售收入减去购买房屋的价款后的余额征收营业税。

商品流通税　1953年1月，试行商品流通税。

将卷烟、烟叶、酒、原木等22种产品的货物税、工商营业税及其附加和印花税等税种合并为这一税种。征收的税目、税率有配制酒55%，白酒（烧酒）、黄酒50%，土甜酒35%，兽皮20%，羽毛10%，原木10%。1958年并入工商统一税。

工商统一税　1958年9月，将货物税、营业税、商品流通税、印花税合并为工商统一税。1966年，合并企业所纳房地产税、车船使用牌照税、屠宰税、牲畜交易税，简称工商企业综合税。同年4月，粮食系统的国营企业税率为合兴油厂22%，三阳、三厂、包场油厂10%，麒麟油厂5%，海门米厂12%。1967年4月，供销系统的税率为海门、三厂、四甲、悦来供销社2.8%，麒麟、常乐、海洪、三阳、余东、树勋、六甲、三和供销社2.6%，天补、德胜供销社2.2%。1971年7月，国营工业、商业、邮电、交通运输企业、手工业合作社试行综合税率：物资公司1.5%，邮电局3%，国营商店、新华书店3.1%，搬运社、铸钢厂3.5%，轧花厂4%，建筑公司4.5%，链条厂5%，食品厂5.2%，食品站、农机厂5.5%，水产站6%，砖瓦厂12.5%。1973年并入工商税。

工商税　1973年，工商统一税等5个税种合并为工商税。1984年10月，工商税按性质拆分为产品税、增值税、营业税和盐税。

增值税　1983年，对生产农业机具、机器机械、缝纫机、自行车、电风扇等工业企业开征增值税。1984年10月，成为独立税种，征收对象和范围为国内从事部分工业品生产和进口产品的单位和个人。1987年前，分甲、乙类产品，甲类产品实行扣额法，乙类产品实行扣税法。1987年，统一实行扣税法。1989年，对纺织品、医药建材、铝制品、有色金属压延品，试行价税分流购进扣税法，年产值百万元以下应纳增值税的工业企业，按行业、产品确定征收率，定率征收，年终不结算。1994年1月，对所有产品生产、批发、零售、进口及提供加工、修理修配劳务扩大为征收对象，对商品批发零售及加工修理修配不再征收营业税。增值税基本税率17%，再加一档低税率13%，小规模纳税人征收率6%，应纳税额为当期销项税额与当期进项税额之差。增值税纳税个人起征点：销售货物的月销售额600元、销售应税劳务为月200元、按次纳税的每次（日）50元。

1998年7月，应税销售额180万元以下的商业企业，按小规模纳税征收增值税，征收率由6%减为4%。

2003年5月，增值税起征点调整为销售货物为月销售额2500元、销售应税劳务为月1500元、按次纳税的每次（日）200元。10月，前两者又分别调整为月销售额5000元和3000元。

产品税　1984年10月，从工商税中分解出工业产品24类260个税目，农、林、牧、水产品部分10个税目征收产品税，成为独立税种。1986年1月，纺织产品类（化学短纤维除外）、日用机械、日用电器、电子产品类产品和搪瓷制品、保温瓶共59个税目的产品改征增值税。1987年7月，部分轻工产品改征增值税。1994年10月，取消产品税，工业产品改征增值税，农、林、牧、水产品改征农业特产税，实行以增值税为主，消费税、营业税并行的税制。

消费税　1994年1月起，开征11个税目。当年只涉及酒类税目，其税率：粮食白酒为销售额的25%，薯类白酒为销售额的15%，其他酒为销售额的10%。

1995年1月，金银首饰消费税由生产销售环节征收改为零售环节征收，金银首饰的范围仅限于金、银和金基、银基合金首饰及金、银基合金的镶嵌首饰，税率5%。

2001年5月，粮食白酒、薯类白酒税率由比例税率调整为定额税率和比例税率两种。定额税率：粮食白酒、薯类白酒每500克0.5元，比例税率：粮食白酒25%。粮食和薯类、糠麸等多种原料混合生产的白酒，以粮食白酒为酒基的配置酒、泡制酒，比照粮食白酒适用25%比例税率；薯类白酒15%。同时由从价定率计算应纳税额的办法，调整为从量定额和从价定率相结合计算应纳税额的复合计税办法。

2006年4月，调整白酒税率。粮食白酒、薯类白酒的比例税率统一为20%，定额税率每500克或每500毫升0.5元，定额税的计量单位按实际销售商品重量或体积确定。

二、所得税类

农业税　旧时称田赋。明宣德十年（1435），收税粮7549石5斗8升6合5勺、粗钞1028贯815文、马草12964包3斛。此后，土地逐渐坍没。弘治十六年（1503），除豁免外，实征1212石7斗2升5合5勺。嘉靖四十年（1561），豁免粮700石。万历二十年(1592),计征税粮821石3斗8升9合4勺。崇祯十六年(1643),免征。清乾隆三十三年(1768)设厅后,田分为上田、荡田、涂田、民下田、下草田等,计征银22160两9钱3分,遇闰年加征银29两9钱8分(包括留支732两8钱6分,遇闰年加2两5分)。民国时期,县税仍以田赋为主。

抗日战争时期,根据地民主政府实行定额征收制和内折累进征收制,把土地分为五等,按等征收农业税。民国30年,内折累进征税自耕田划分为7个田级户,佃出田划分为5个田级户。征收标准(秋季),甲等田亩征玉米29公斤、公草150公斤;乙等田亩征玉米22公斤、公草115公斤,丙等田亩征玉米16公斤、公草80公斤;丁等田亩征玉米11公斤、公草50公斤;戊等田亩征玉米6公斤、公草20公斤。

1950年秋,老解放区农业税制,以比例税制征收,即按原有田等级、亩数,根据评定的每亩常年平均产量13%征税;新解放区以全额累进税制征收,即以户为单位,按农业人口人均收入累进征收,全年1次计算,分夏秋两季征收,免征公草。

1950年海门县老解放区农业税征收标准一览
表18-8

税等	每人平均负担(亩)	每亩征收元麦(公斤)	每亩征收薄荷油(公斤)
1	0.40-0.60	3.00	0.10
2	0.61-0.80	4.00	0.12
3	0.81-1.00	5.00	0.16
4	1.01-1.20	6.00	0.22
5	1.21-1.40	7.50	0.27
6	1.41-1.70	8.00	0.32
7	1.71-2.00	10.50	0.40
8	2.01-2.30	11.20	0.45
9	2.31-2.60	12.70	0.50
10	2.61-3.50	14.50	0.55
11	3.51-5.00	16.50	0.60
12	5.01-7.00	19.00	0.65
13	7.01-9.00	23.00	0.80
14	9.00以上	26.50	0.95

1950年海门县新解放区农业税全额累进税率一览
表18-9

税级	全年每人平均农业收入(公斤)(常年产量计)	税率(%)
1	75以下	8
2	75-100	9
3	100-125	10
4	125-150	11
5	151-175	12
6	175-200	13
7	200-250	14
8	250-300	15
9	300-350	16
10	350-400	17
11	400-450	18
12	450-500	19
13	500-550	20
14	550-600	21
15	600-650	22
16	650-700	23
17	700-750	24
18	750-800	25
19	800-850	26
20	850-900	27
21	900-950	28
22	950-1000	29
23	1000以上	30

1953年,调整全县田亩等级,一般普降1级,原20、19、18合并为17级计算。1956-1957年,采取过渡性地区差别比例税率。将某社的平均税率乘以该社全年常年产量总和,即为该社当年的农业税正税。1956年的农业税附加按正税16%计征。

1958-1960年,受"左"的影响,农业生产受到一定破坏。1961-1962年,调整农业税,让农民休养生息。1961年比1960年计征税额调减26%,实征数下降27.5%,自留地等一律免征。1962年,农业税平均税率11.08%。

20世纪70年代,农业税附加为正税的15%。1971年,农业税平均税率下降为10%。1979年,试行起征点征收。社员人均净收入50元以下(不含50元)免征,全县700个生产队在起征点以下,免征税额33.63万元。

1980－1982年,不满起征点的生产队347个,计免税43.5万元。1983年,生产队所有制改为家庭联产承包责任制,起征点征收不再实行。1985年,国家对农副产品收购价格规定按30%平价收购、70%议价收购。县农业税计税价格也按"倒三七"比例计算征收,从原每公斤0.23元调整为每公斤0.31元。

1992年,国家对粮棉等农副产品收购价格提高,农业税计税价格调增至每公斤0.46元。1994年,调增至每公斤0.83元。1996年,国家提高稻谷、小麦、玉米、大豆的定购价格,农业税计税价格相应调整,增至每公斤1.18元。

2001年,农业税计税价格调减为每公斤1.1元,农业税附加由正税的15%调增至20%。2003年,农业特产税并入农业税,原征该税未纳入农业税计税面积的耕地,核定计税面积后按农业税标准、办法征收,海淡水产品捕捞仍定额征收。

2005年,根据国家和省的有关规定,统筹城乡经济社会发展,更多惠及农民,自古以来实施的农业税取消。

存款利息所得税 1950年,开征存款利息所得税,按利息所得额5%征收。1959年停征。1999年11月恢复征收,税率为20%。2007年8月按照5%的税率征收。2008年10月起免征。

工商所得税 1950年1月,工商企业除国营企业按规定上缴利润外,其余企业征收所得税。税率按年所得额划分为14级,实行全额累进。最低一级年所得额未满100元者,税率5%;最高一级年所得额在3000元以上者,税率30%。7月,调整为21级全额累进税率,最低一级所得额未满300元的,税率5%;最高一级所得额1万元以上的,税率30%。

1953年1月,对工商业户统一按正税15%征收所得税附加,将正税与附加合并,合并后的21级全额累进税率调整为:最低一级所得额未满300元的税率5.75%,最高一级所得额万元以上的税率34.5%。

1957年1月,对供销合作社征收所得税,实行5级全额累进税率,按季征收,不再计算正税和附加税。1958年,供销合作社并入国营企业,改为上交利润,停止征收所得税。是年11月,工商业税中的所得税更名为工商所得税。

1961年,供销合作社从国营商业中分出,恢复征收工商所得税,沿用1957年规定的5级全额累进税率。是年11月,省人民委员会规定:社、队所属企业,除农具厂和全年所得额不满千元的企业暂免征所得税,社队经营的灌溉站、苗圃、饲养场、捕捞队不征所得税外,其余企业一律按21级全额累进税率征收工商所得税。1962年1月,将供销社5级全额累进税率改为39%的比例税率。

1963年4月,对手工业合作社、交通运输合作社的工商所得税按8级超额累进税率,最低一级年所得额在300元以下的税率7%,最高一级年所得额超过8万元的部分,税率55%。对合作商店工商所得税按9级超额累进税率和加成征收办法,最低一级年所得额在250元以下的税率7%,最高一级年所得额超过2万元的部分,税率60%。加成征收幅度1－5成。对个体工商业户的工商所得税改按14级全额累进税率,最低一级年所得额未满120元的税率7%,最高一级年所得额在1320元以上的税率62%,收入在1800元以上的,按最高一级另加征1－4成。

1967年1月,农村社队办企业改按20%的比例税率计征所得税。

1977年,新办的社队企业除生产烟、酒、棉纱等产品外,自投产之日起,两年内减征或免征所得税,免征额统一为2400元。1979年1月,社队新办企业减征或免征从2年提高到3年,免征额提高到3000元。合作商店的工商所得税停止加成征收。基层供销社所属的饮食、服务、修理行业,改按20%的比例税率。

1981年,对纺织、电子等4个行业和其他按8级超额累进税率征收所得税的集体企业的增长利润,减半征收所得税。1983年,县以上供销社改按国营企业8级超额累进税率征收企业所得税。1984年,基层供销社及其所属的饮食、服务、修理行业,改按手工业合作社的8级超额累进税率征收工商所得税。农村社队企业一律按照8级超额累进税率征收工商所得税,同时取消20%比例税率和3000元免征额的规定。

1985年,工商所得税停征。

个人所得税 1981年,国家开征个人所得税,县内个人工资、薪金普遍达不到起征标准。1992年县始征。1994年1月,个人收入调节税、城乡个体工商业所得税合并为个人所得税。

个人所得税包括工资、薪金所得,个体工商户的生产经营所得,对企事业单位的承包经营、承租经营所得,劳务报酬所得,稿酬所得,特许权使用费所得,利息、股息、红利所得,财产租赁和转让所得,偶然所得等11个项目。采用分项扣除、分项定率、分项征收模式,工资、薪金所得适用5%－45%的9级超额累进税率;个体工商户的生产、经营所得和企事业单位的承包经营、承租经营所得适用5%－35%的5级超额累进税率。稿酬所得适用20%的比例税率,再按应纳税额减征30%。劳务报酬所得适用20%的比例税率,对一次收入畸高者实行加成征收,应纳所得额超过2万－5万元部分,依税法计算应纳税额后,按应纳税额加征5成,超过5万元的部分加征10成。其他应税项目适用20%的比例税率。存款利息收入之个人所得税,1999年11月开征,由银行代扣代缴属中央收入。

工资薪金收入个人所得税,以每月收入额减除800元征收。对在中国境内无住所而取得工资、薪金所得的纳税义务人,附加减除费用标准3200元后征收。1999年,减除额改为每月1200元。

个体工商户个人所得税,在调查测算的基础上采取按销售收入附征。先后在1999年、2001年、2002年、2003年作4次调整。

2003年海门市个体工商户个人所得税附征率一览表18－10

行　业	定额项目	附征率(%)	无证无照零星开票(%)
商　业	糖烟酒、副食品、日用百货、粮油、水产品、调味品、冷饮批发、建筑材料、通信工具、大家电(冰箱、彩电、空调)、电脑、交通工具	0.50	1.00
	文体用品、保健品、药品、工艺品、饰品	1.50	2.00
	其他	1.00	1.50
交通运输业	－	1.50	0.50
文化体育业	表演、播映、书法培训、书画培训、电脑培训、球类运动、划船、棋牌室、游泳、溜冰及其他	1.00	1.50
娱乐业	－	3.00	4.00
服务业	饮食、浴室、个体行医	3.00	4.00
	租赁、旅馆、美容美发、脚部按摩、网吧、中介、家政服务、打字复印及其他	2.00	3.00
生产加工业	生产、制造	1.50	2.00
	工业性加工	2.00	2.50
修理修配业	汽车修理、摩托车修理	2.00	2.50
	其他	1.00	1.50
建筑业	建筑	1.00	1.00
	安装	2.00	2.00
	装潢	3.00	3.00
	其他工程	2.00	2.00
其　他	－	2.00	3.00

2004年,从事产品经销的按其劳务经营收入的4%征收。从事商品批发、零售的商业经营户按0.5%,工业制造、工业加工按1%,旅馆、建筑安装及其他服务业按2%,饮食业、娱乐业、广告业、文化体育业按3%,货物运输业按3.3%,其他行业按2%征收。2006年1月,工资、薪金所得,每月收入减除费用为1600元。2007年7月,个体工商户和个人独资、合伙企业从业人员工资支出的税前扣除限额调整为人均每月1600元。

2008年1月,个体工商户、个人独资企业和合伙企业向其从业人员实际支付的合理的工资、薪金,允许在税前据实扣除。拨缴的工会经费、发生的职工福利费、职工教育经费支出分别在工资薪金总额2%、14%、2.5%的标准内据实扣除。每一纳税年度发生的广告费和业务宣传费不超过当年销售(营业)收入15%的部分,可据实扣除;超过部分,在以后纳税年度结转扣除。每一纳税年度发生的与其生产经营业务直接相关的业务招待费,按照发生额的60%扣除,最高不得超过当年销售收入的0.5%。3月,对个体工商业主、个人独资企业和合伙企业投资者的生产经营所得，依法计征个人所得税时，个体工商业户业主、个人独资企业和合伙企业投资者本人的费用扣除标准统一为每年2.4万元。个人所得税工资、薪金所得减除费用标准从每月1600元提高到2000元。

国营企业所得税　1983年1月，对国营企业试行由上缴利润改征所得税。县境大中型企业税率55%，饮食服务、营业性宾馆、饭店、招待所所得税率15%；小型企业，县以上供销社适用8级超额累进税率。1987年，实行上缴利润基数包干，超收部分和微利亏损企业以零为基数，定额包干。1994年并入企业所得税。

集体企业所得税　1986年，开征集体企业所得税，税率按年所得额划分为8级，实行超额累进征收。最低一级年所得额在1000元以下的税率10%，最高一级年所得额在20万元以上的部分，税率55%。1994年并入企业所得税。

城乡个体工商业户所得税　1986年1月，从工商所得税中分离出的独立税种，税率按年所得额划分为10级，实行超额累进。最低一级年所得额在1000元以下的税率7%；最高一级年所得额超过8万元的部分，税率84%。此外，对于个体工商业户年所得额超过5万－8万元的部分，以应纳税额的10%－40%加成征收。1994年并入个人所得税。

个人收入调节税　1989年，开征个人收入调节税，只向中国公民征收。对工资、薪金收入，承包、转包收入，劳务报酬收入和财产租赁收入，用超倍累进税率。县内为六类以下工资区，计税基数100元，按上述月综合收入400元以下免征，超过400元以计税基数的4倍、5倍、6倍、7倍、8倍共5个等级，实行超倍累进税率征收，税率分别为20%、30%、40%、50%、60%。1994年，该税种取消。

私营企业所得税　1990年，县内开征私营企业所得税。当年征收2.74万元。1994年并入企业所得税。

中外合资经营企业和外国企业所得税　1993年，县开征中外合资经营企业和外国企业所得税，税率30%，同时按应纳所得额的3%税率征收地方所得税。属于能源、交通、港口或国家鼓励的其他项目，可以减按15%的税率征收企业所得税。生产性外商投资企业，经营期在10年以上，从开始获利年度起，第一、第二年免征企业所得税，第三年至第五年减半征收所得税。企业发生年度亏损，可用下一纳税年度的所得弥补，下一纳税年度的所得不足弥补的，可延续弥补，最长不得超过5年。

1999年7月，外商投资企业和外国企业，在投资总额内购买或在投资总额外购买进行技术改造的未使用过的国内设备，属于现行《外商投资产业指导目录》鼓励类的投资项目，除《外商投资项目不予免税的进口商品目录》外，其购买国产设备投资的40%可从购置设备当年比前一年新增的企业所得税中抵免。当年新增税额不足抵免的，可在以后年度延续抵免，最长不超过5年。

2003年1月，取消企业列支工资、福利费标准等8项审核、审批决定。2004年，取消12项审核审批决定和下放企业购买国产设备投资抵免企业所得税审批权限。

2008年，该税种合并到企业所得税，不再实行区分内外资企业的应税制度。

企业所得税　1994年1月，国有企业所得税、集体企业所得税、私营企业所得税等合并为企业所得税。实行33%比例税率，增设两档照顾税率，年应纳所得额不超过3万元的，按18%税率征税；3万元以上10万元以下的，按27%税率征税。

2000年，企业对税前扣除的工资标准由每人每月660元调整为960元。2001年1月，企业所得税实行分类征收。凡企业财务制度健全、核算准确等符合相关条件的企业，实行查账征收；上年销售收入在300万元以下，以及存在不能准确核算收入和支出等有关情形的，一律实行核定征收方式，按核定的行业应税所得率附征。

2005年1月，分别调整各类企业所得税应税所得率。

2006年7月1日，将企业工资支出的税前扣除限额调整为人均每月1600元。2007年1月1日，商业企业中的家电、机动车辆、煤炭、钢材、大宗物资的应税所得率调整为4%。建筑业的应税所得率调整为8%－20%。新增的农、林、牧、渔业应税所得率为3%－10%。2008年1月1日，合并内、外资企业所得税，统一税率为25%。非居民企业在中国境内未设立机构、场所的，或虽设立机构、场所但所得与其所设机构、场所没有实际联系的，适用税率20%。核定征收企业所得税的企业，其应税所得率按税务总局规定的幅度标准确定。代开货物运输发票，按开票金额2.5%预征所得税。

1994－2008年，共征收企业所得税14.2亿元。

2005年海门市企业所得税应税所得率核定一览
表18－11

行业	类别		应税所得率(%)
商业	家电、机动车辆、煤炭、钢材、大宗物资		3
	服装、装潢材料、药品、眼镜		7
	其　他		5
制造加工业	纺织	布、纱、服装及辅料、床上用品	5
		其　他	6
	机械	模　具	10
		其　他	8
	化工	医药产品及中间体、化妆品	15
		其　他	10
	食品	饮料、酒类、保健品	10
		其　他	7
	电器产品及零配件	装饰灯具、电脑零配件、软件	15
		电线电缆、电碳、电刷	8
		其　他	7
	建材	砖瓦、预制品	7
		其　他	6
	轻工	工艺品、红木制品、健身器械、书画雕刻	12
		电动工具	10
		公用事业	6
		其　他	7
	加工	车辆修理	10
		工业性加工	7
		其　他	8
娱乐业	舞厅、卡拉OK、茶座、保龄球馆、酒吧、游戏机、浴室		20
服务业	旅　馆		10
	广告、中介、代理服务		15
	饮食	不设包间	10
		其　他	15
	其他		10
销售不动产	商品房销售		15
	其　他		10
文化体育业			10
交通运输业			7

2007年海门市企业所得税应税所得率标准一览
表18－12

行　业	应税所得率(%)	行　业	应税所得率(%)
农、林、牧、渔业	3－10	建筑业	8－20
制造业	5－15	饮食业	8－25
批发和零售贸易业	4－15	娱乐业	15－30
交通运输业	7－15	其他行业	10－30

三、资源税类

盐税　明洪武二十二年(1389)，全县盐课3万引(每引约100公斤)。清末，年盐课1.09万引。民国26年，以量计征。民国30年9月，改以价计征。民国31－34年1月，实行专卖，税寓于价格之中。民国34年2月，恢复征税。汪伪县政府设专卖局，茅家镇有大盐栈，专卖官盐。各乡村集镇设盐盆2－3个，指定到大盐栈进货。抗日民主政府亦征盐税。1949年，贯彻以量核定，就场征收，税不重征的原则。对食用盐征税，农牧渔业用盐减税，工业用盐免税。1958－1983年，食用(大籽盐)每吨税额165元、渔业用盐每吨35元、农牧用盐每吨61.8元。1984年，取消农牧渔业用盐减税优惠，工业用盐改免税为低税。1994年1月，盐税并入资源税。

资源税　1984年10月，国家开征资源税，征收范围为原油、天然气、煤炭和铁矿石。1994年1月，盐类资源按北方海盐每吨25元计征资源税。1996

年1月，改按南方海盐每吨12元征收。1997年1月，对黏土开征资源税，每吨1元。对部分黏土产品核定征收标准：八五砖每万块21元、八五多孔砖每万块42元、九五多孔砖每万块46元、平瓦每万片38元。

耕地占用税 1987年4月，开征耕地占用税。纳税人为占用耕地建房或者从事其他非农业建设的单位和个人，必须在土地管理机关批准占用耕地30日内缴纳耕地占用税。省核定海门耕地占用税每平方米税额7.5元，县政府核定海门、三厂、青龙港等3个县属镇每平方米税额8.5元，三星、德胜等14个乡镇为7.5元，瑞祥、四甲等17个乡镇为6.5元。农村居民占用耕地新建住宅减半征收，公路建设用地每平方米2元。军事设施、铁路线路、机场跑道、学校、敬老院、医院建设用地免征耕地占用税。实行收入包干、比例上交的办法，收入50%上交中央、15%上交省，县(市)和乡镇各留成17.5%。地方留成部分建立农业发展专项资金，用于土地开发和治理。1991年4月，民政福利工厂按残疾人占生产工人的比例相应减征耕地占用税。2008年1月，耕地占用税从每平方米7.5元提高到每平方米30元，由地方税务机关征收。

城镇土地使用税 1988年11月，开征城镇土地使用税，对县城、建制镇、工业区范围内使用土地的单位和个人，以实际占用的土地面积为计税依据，实行从量定额征收，县城、建制镇每平方米分别按0.3元和0.2元计征。2001年1月，县城每平方米提高到0.8元，建制镇提高到0.5元。2007年1月，一类地区(县城)每平方米4元、二类地区(建制镇)为2元。

土地增值税 1994年1月，对转让国有土地使用权、地上的建筑物及其附着物，并取得收入的单位和个人，开征土地增值税。实行4级超额累进税率。增值额未超过扣除项目金额50%的部分，税率30%，增值额超过扣除项目金额50%，未超过扣除项目金额100%的部分，税率40%，增值额超过扣除项目金额100%，未超过扣除项目金额200%的部分，税率50%，增值额超过扣除项目金额200%的部分，税率60%。1994年1月1日前已签订房地产转让合同，不论其房地产何时转让，均免征土地增值税。是日以前已签订房地产开发合同或已立项，并已按规定投入资金进行开发，在是日后5年内首次转让房地产的免征土地增值税。

2004年1月，对房地产开发企业转让房地产所得的收入，按1%预征土地增值税，在办理项目竣工结算后清算。

四、财产税类

城市房地产税 清光绪二十四年(1898)，厅境试办房捐，只征铺户，民间住房不征收。房捐率为租金15%，房主、客户各担一半。民国初年，沿用旧制。民国21年，县内茅家镇被列为500户以上市镇，开征房捐，捐率店房按租价10%、住房按租价5%计征。民国24年，改为店房按租价15%、住房按租价8%计征。民国36年，按季征收，捐率改为店房10%、住房5%。

1951年，房产税和地产税合称城市房地产税，仅就外商投资企业、外国企业和外籍人员的房产征税，地产不征税。计税按房产余值(70%房产原值)和租金收入为依据，依房价计征者，税率1.2%，依房租计征者，税率12%。1973年，城市房地产税并入工商税，仅对房管局和个人的房屋以及外商企业的房产征收。1984年10月，分为房产税和城镇土地使用税。1986年10月，对县城、建制镇工矿区恢复房产税。至2008年，房产税依照房产原值一次扣除30%后的余值纳税，税率1.2%。出租房以房产租金收入12%作税率。

契税 1950年，规定土地房屋的买卖、典当、赠予或交换，当事人双方凭土地房屋所有证订立契约，由承受人依照条例完纳契税。买契税按买价征收6%，典契税按典价征收3%，赠予契税按现值价格征收6%。至1978年，房屋买卖成交较少，海门契税政策未变。此后，国家调整土地房屋管理相关政策，房地产市场兴起。1990年，契税征管工作全面恢复。1995年起，市定期开展契税税源调查，先后4次修订商品房、门面房和二手房交易的计税基准价格。1997年10月1日，契税范围调整为国有土地使用权出让，土地使用权转让，包括出售、赠予和交换，房屋买卖，房屋赠予，房屋交换等，税率4%。1999年8月1日，个人购买普通住宅减半征收契税。2000年5月，停止使用房屋契证，向纳税人开具契税完税凭证，以房屋产权证作为购房人唯一合法凭证。2008年11月1日，对个人首次购买90平方米及以下普通住房的契税税率下调到1%。

五、行为税类

文化娱乐税 清末民初，各地有戏捐。民国16年，为娱乐捐。民国33年，为娱乐消费特税。

1951年1月，对筵席、冷食、旅馆和娱乐行业征特种消费行为税。1953年，该税制取消，筵席、冷食、旅馆、舞场税目并入营业税，同时开征文化娱乐税。1954年9月，茅家镇、三和、天补、三厂镇开征文化娱乐税，依基本票价按15%税率，随票代征。1955年9月，三阳镇开征。1956年4月，文化娱乐业缴纳的营业税和观众缴纳的文化娱乐税合并征收。税率按城市和集镇人口数分别确定甲、乙、丙、丁、戊5级，县城及乡镇适用戊级（不满2万人），即电影按5%税率，戏曲、话剧、舞蹈、音乐、曲艺、杂技等税目按2%税率征收。1958年5月，文化娱乐税管理权限下放至县。1961年，对个别收入少、经营状况差、不能维持开支的剧团，给予定期减税或免税照顾。1964年11月，剧团演出列入革命现代戏剧目的免予征税。1965年9月，演出革命样板戏的剧团和电影放映队在农村放映电影免税。1966年10月，停征文化娱乐税。

印花税 民国2年始征，为国、省税。新中国成立后，先在茅家镇、三厂、青龙港镇开征。1951年，全县铺开。1953年、1956年，两次缩小征收范围，减少税目。1958年11月，并入工商统一税。1988年10月1日，恢复征收印花税，税率采用比例税率和定额税率两种。采用比例税率的有11个税目和营业账簿税目中的资金账簿部分，税率按所订合同类型分5档。采用定额税率的，凡许可证照税目中的账簿和营业账簿税目中的其他账簿，每件贴花5元。2005年1月1日起，印花税执行新的税率，比例税率共分11档征收。

2008年海门市印花税计税依据一览

表18－13

应税凭证类型	计税依据	核定比例（%）	税率（%）	适用对象
购销合同	产品销售收入	100	0.03	工业
购销合同	商品销售收入	50	0.03	商业
购销合同	房地产经营收入	100	0.03	房地产开发
建筑安装工程承包合同	工程结算收入	100	0.03	建筑安装业
货物运输合同	货物运输收入	100	0.05	运输业
财产保险合同	保费收入	100	0.10	保险业
借款合同	借款金额	100	0.005	金融业

车船使用税 清代，开征梁头税、船捐和桥捐。民初沿用。民国13年，县署对帆船征税，载重1000担以上征4银圆，500－1000担征3银圆，200－500担征2银圆，200担以下征1银圆。民国19年，开征自行车牌照捐，自用车每季每辆0.5银圆，营业用车1银圆。

1949年，在茅家镇、三厂、三阳、余东、包场等镇及青龙港、东灶港开征。1956年，全县开征。1966年，自行车牌照税由每辆4元减为3元。1967年，停征自行车牌照税。1978年，停征车船使用牌照税。1984年10月，恢复征税，易名为车船使用税。内资企业只限于税法规定的车辆和船舶，采用定额税率。交通管理部门核发营运证的车辆、船舶，委托其代征代缴；在农机监理所注册的委托乡镇农机站代征代缴；小型车辆由交警大队代扣代缴。自行车使用税委托各乡镇和企事业单位代征代缴。2003年1月，停征自行车使用税。车船使用牌照税仅适用外资企业，标准同车船使用税。

屠宰税 民国4年起征，每头牛1银圆、猪0.3银圆、羊0.2银圆。民国5年，牛免征，猪羊各加0.1银圆。民国6年，自宰自食牲畜免征。民国14年，屠宰税划充教育经费，由省派员征收。民国35

年，按宰后净重以价征收，税率5%，标准重量为牛每头100公斤、猪50公斤、羊10公斤。

1950年12月，宰杀猪、羊、牛等牲畜，按宰后实际重量从价计征，税率10%；自养、自宰、自食的牲畜免征屠宰税（1956年7月取消）。1953年1月，屠宰商应纳的印花税、营业税及附加并入屠宰税缴纳，税率13%；农民宰杀出售的仍为10%。1957年3月，屠宰税税率改为8%，按国营公司或供销社零售价计征；无零售牌价按市场零售价计征。6月，对农民和城镇居民宰杀自养、自食的猪羊给予适当减免，每户免税猪肉不超过15公斤、羊不超过1头。1958年1月，国营、供销合作商业屠宰税计征办法，统按账面牲畜肉销售金额计征。7月，自养、自宰、自食的牛、羊恢复免税。经营屠宰业务的国营企业向县市境外调拨屠宰的猪、羊、菜牛，在牲畜调拨起运时按收购价征收1次5%屠宰税，运到销地宰杀后，按牲畜肉销售价再征1次4%屠宰税。1959年10月，国营企业在产区收购起运时，按收购总值10%征收屠宰税，销地不再征税。

1965年9月，经营生猪、羊的国营企业和供销合作社在收购环节缴纳的屠宰税税率减为5%，其他单位和个人宰杀猪羊，实行定额征收屠宰税，猪每头2.5元、山羊0.4元、绵羊0.6元，农民、城镇居民及集体单位自养自宰自食的羊免税。12月，自养自宰自食的生猪暂停征税。1978年4月，对所有单位和个人自养自宰自食生猪征收屠宰税，每头税额3元，菜牛从价计征，税率4%。

1980年6月，对自养自宰自食生猪免征屠宰税。1983年12月恢复征税。1984年10月，国营、集体企业收购食用生猪、菜牛、羊，在收购环节缴纳产品税，屠宰时不再缴纳屠宰税。1985年10月，凡经营生猪、菜牛、羊的单位和个人以及集体伙食单位收购猪牛羊的，由收购者在收购时缴纳产品税，不征屠宰税。农民和集体伙食单位自养自宰生猪，仍按每头3元征收屠宰税。1997年，对生猪流转环节征收屠宰税，每头征收21元。2001年1月，取消屠宰税。

牲畜交易税　1955年，对牛、马、骡、驴等4种大牲畜市场交易时，按照成交价格征收5%牲畜交易税。起征点为1头，由买方缴纳。1977年停征。1983年1月恢复征收。2月，商业部门收购的菜牛，已在收购环节交纳工商税（产品税）的，免纳牲畜交易税。1994年10月，工商税制改革，取消牲畜交易税。

集市贸易税　1963年3月开征，起征点为7元，税率为家畜（猪羊）5%，肉类、猪产品、干鲜果、土特产、旧表、旧自行车10%。全民和集体商业企业及工商行政管理部门批准的个体工商业户免征。1965年4月，对肉类和旧表、旧自行车停征。5月，对公社、生产大队基本核算单位通过国营商业、供销社代销的商品免征。1966年，暂停征收，保留税种。1978年2月停征。

农业特产税　1989年开征，时称农林特产税。纳税人为从事园艺产品、海淡水产品、林木、牲畜、食用菌及其他农业特产品生产、养殖、捕捞并取得收入的单位和个人。按照5%、8%、10%不同税率计征或定额征收。东兴、刘浩、正余、包场、海门等乡镇，棉花原种场和江心沙农场的个体渔船及承包渔船捕捞的海淡水产品，按“马力”定额征收。1994年，改称农业特产税，每年每马力征税60元。1995年，以船为单位年度定额征收，200马力以上年征2.5万至3.5万元、80至199马力1.5万至2.5万元、21至79马力0.5万至1.5万元、20马力以下0.15万至0.5万元，非机动船每船500－1500元。蚕茧特产税按蚕种张数定额征收，春蚕每张征12元，夏秋蚕每张征8元。1996年4月，对城区和各乡镇集贸市场经销海淡水产品的个人征收农业特产税。

2001年5月，农业特产税改按生产数量征收：珍珠每只蚌征0.03元，紫菜每公顷征600元，水生植物每公顷征900元，食用菌每平方米征1元。鳗鱼苗捕捞定额征收，按张网每船年征800元，子母船每条子船年征400元，插网每口年征200元，手推网每口年征100元。养殖黑籽鳗，每尾苗征0.01元。蟹苗捕捞按鳗鱼苗捕捞征收标准50%征收。海产品捕捞按定额征收，机动船每马力年征65元，非机动船每船年征800元。内河拉网、鱼簖每年每张捕捞证一级河征120元、二级河征100元、三级河征60元、四级河征40元。

2003年，农业特产税并入农业税。

车辆购置税　2001年1月，取消车辆购置附加费，开征车辆购置税。征收对象为单位和个人购买、进口、自产、受赠、获奖或以其他方式取得并自用的汽车、摩托车、电车、挂车、农用运输车。税率

10%，由交通部门按照车辆购置款代征，按车购费渠道上缴。2005年1月起，由国税部门征收。

六、特定目的税类

建筑税 1983年10月开征。征收地方政府、机关团体、部队、国营企事业单位、私营企业，用国家预算外资金、地方机动财力、银行贷款、企业单位留用等各种自筹资金、安排的自筹基本建设投资、技术改造项目中的建筑工程投资，以及按规定不纳入国家固定资产计划的建筑工程投资等项目。1985年1月，征收范围扩大至乡镇和街道企业、个体经济以及各类联合组织等。建筑税税率为投资额的10%。是年，为严格控制基建投资规模，对自筹基建全年实际完成投资额超过国家计划的部分，按20%税率征收。1997年7月，视情况实行10%、20%、30%三等不同税率。1991年1月废止建筑税。

奖金税和工资收入调节税 1985年，开征国营企业、集体企业、事业单位奖金税和国营企业工资调节税，1994年取消。

城市维护建设税 1985年1月开征。凡缴纳产品税、增值税、营业税的单位和个人都是城市维护建设税的义务纳税人，以实际交纳的税额为计税依据，分别与产品税、增值税、营业税同时缴纳。县城、建制镇所在地企业税率5%，其他地区企业税率1%。1996年1月，市区企业城建税调整为7%。2000年4月，行政区划调整，撤乡并镇，原来执行1%的城建税调整为建制镇5%征收。2001年9月，临江、王浩等乡撤乡建镇，调整征收比例。2005年1月起，生产出口货物，实行免抵退税办法，当期免抵的增值税税额纳入城市维护建设税计征范围，按规定税率征收。

固定资产投资方向调节税 1991年1月开征，分两大系列税目、五档税率。基本建设系列：国家急需发展的项目投资适用零税率；国家鼓励发展但受能源、交通等条件制约的项目投资实行5%低税率；楼、堂、馆、所及国家严格限制发展项目投资，实行30%高税率，其他项目税率15%。更新改造系列：国家急需发展的项目投资适用零税率；其他更新改造项目适用10%税率。2001年1月起，新发生的投资额暂缓征收固定资产投资方向调节税。

第四节 征　收

一、设卡征收

清后期至民国初期，设置厘捐局、卡，对行商进出口货物征收货物厘捐（包括统捐、普通捐和厘捐）。外来货物入境时征收四成总捐，货物到达目的地，再征六成坐（落）地捐。县境内土产货物征收统捐。民国17年（1928），裁厘改税，一局一税，各局设关卡，对通过的产销货物查验数量，稽核税照税证，查征税款。

民国29年1月，民主政府各税务分所在长江、运河、公路、交通要道设移动口子（卡），配以武装狙击、伏击、袭击走私，征收税款或掩护税收人员到敌据点街道收税。新中国成立初期，设卡检验应税货物起运点与终止点的税收印照。1954年，实行专责管理，设卡征收逐步减少。1976年，商品流通渠道扩大，实行对过往商贩运销商品查征制度。

二、查验征收

清代，厘捐由商号或同业公会申报认捐数额后，征收机关进行核定，分户摊派征收。货物税捐由商人报告货物运销名称、数量后，征收机关查验核实后征收。民国7年，商人运货前申报运销货物，征收机关查验核实后征收货物税捐。民国21年，商人按月申报营业总收入额，征收机关按季查账核定征收季度应纳营业税。民国25年，各种所得税均采用纳税人先按规定期限申报所得额，征收机关核实后征收。1986－2003年，对小型产品纳税户按季或年核定产销和应纳税额，分月征收。

三、武装征收

民国29－38年，民主政府对敌据点区域不交税的大工商业户，派人直接征收，或开好税票通过可靠商人代收。对拒绝不交者，以武装为依托，强制征收。民国37年，据点征税扩展到吕四、江家、余东、聚星、麒麟、圩角等18个集镇。

四、就市征收

民国30－38年，民主政府和东南行署、县货管局对分散于乡村生产的各种植物油、饼、酒、纸卷烟、迷信品等,实行就市征税。1950年,对临时生产经营者或无固定场所生产经营者,就其产品、商品入市征收。2003年1月起,凡销售额满200元以上的产品、商品入市征税。

五、民主评议征收

民国29年,抗日根据地民主评议各商户、各牙行等级,分别征收营业税和牙税。1949－1955年,一般私营工商业户的营业税和所得税采用民主评议方法征收。

六、申报征收

1986年9月,对账证健全、按法核计税额、按期办理纳税申报的纳税人,由其自行填开缴款书向代理金库的银行交纳税款。对按期申报的纳税人,经征收机关审核,填开缴款书向代理金库的银行交纳税款。至2008年,每年度申报征收占各种征收总和85%以上。

七、定期定额和定率征收

1984年,对未达法定建账标准的个体工商业小户,实行定期定额征收和按发票开具额计税征收。1990年11月,对集体砖瓦企业当年生产的黏土砖瓦,按5%税率定率征收。1993年3月,对年应税收入300万元以下的增值税纳税人,按国家税务总局确定的产品征收率,定期定率征收。

八、委托代征、代扣、代缴

民国16年7月,房捐由房主负担,房客代缴。9月,交易税由经纪人负责于成交时向卖方代扣。民国23年9月,临时客商贩卖物品应缴纳的营业税,凡牙行代客买卖,由牙行向卖方收缴,填开牙行代征营业税申报书,如期向税务机关汇缴税款。民国25年,开征薪给报酬、证券存款利息所得税,由支付机关扣交,给予5%手续费。民国33年1月,物品零售消费特税由经营应税物品的商号代扣代缴。

解放战争时期,解放区实行产销税由购买方缴纳,出售厂(坊)代征、代垫、代交税款。

1951年1月,开征电影、戏剧、娱乐业特种行业消费税,由消费者负担、营业者代征。屠宰税、房产税、牲畜交易税、临商税、车船使用牌照税及农副产品、手工产品货物税,由乡镇机关、供销社、合作商店代征、代扣、代交税款。1983年10月,委托中国建设银行海门支行代扣、代缴建筑税。12月,委托粮食部门依3%坐商税率和5%临时经营税率,代扣、代缴贩运粮食及其副产品工商税和所得税。委托孵坊、渔场按3.5%扣税率,代扣代缴贩运苗禽、鱼苗、鱼花工商税。1984年3月,委托批发部门对个体商贩和部分集体企业以3.5%税率代扣零售环节工商税。4月,委托各水产品供货单位按3.6%、6%税率,代扣、代缴贩运水产品工商税。8月,海门印花厂、三阳丝绸印染厂等6个企业,按8%税率扣交个体商贩委托加工产品税。1989年,委托支付单位扣缴个人收入调节税。1999年11月,委托中国工商银行海门支行等金融机构,按20%税率代扣、代缴个人储蓄存款利息所得税。2008年,市地税局委托市国税、房地产交易、国土等部门,代征生猪屠宰、二手房交易、土地使用权转让、门面开票、个人出租房屋等税款。

九、其他

减免税 清乾隆四十六年(1781),厅境水灾,应征钱粮内除漕项不免外,照例被灾十分者免七分,被灾九分者免六分,被灾八分者免四分。免除的银子延缓次年麦熟后分别带征。往年遇有灾害,奏请谕准免部分赋税。

1949年海门解放后,对茅家镇、三厂镇(包括青龙港)、四甲、余东、三阳等镇的烈属减免二分之一,工人家庭减免三分之一的城市房地产税。1951年停征。

20世纪60年代,社办工业兴起,在企业创办初期,给予1－3年免税,以后如再有困难给予定期或不定期税收减免。为农业生产服务或直接为农民生活服务的产品和业务收入免税。民政福利企业中残疾人员占35%的免征所得税,占50%的以先征后退形式免征产品税、增值税。合作商店当月毛利不够支付工资者免税。1967年,对机关、团体、学校及不经营屠宰业务的企业事业单位免征屠宰税。

1979年,对老革命根据地的社办企业免征所得税5年,第6年开始减70%－90%所得税。80年代初,县境产品出口创汇企业增多,对出口产品占50%以上、年外贸收购额300万元以上企业,优先减免所得税。1981 年,对临时困难的企业免税。1984 年,出口货物企业免征出口环节增值税、消费税,并退还以前已纳税款。

1985－1987 年,支持新产品开发免税 524.55 万元,利用“三废”生产的产品免税 83.42 万元。同时,查明历年宕欠税款原因,豁免 355 户,计豁免税款 196.69 万元。1995－2008 年,全市民政福利企业增值税退税共计 5.12 亿元。

清缴陈欠税 1994 年,清理登记纳税人欠税。1995 年,加大清欠力度。2002 年、2008 年,征收陈欠税及滞纳金各 7600 万元。

1995－2008 年海门市民政福利企业增值税退税一览

表 18－14 单位:万元

年份	退税额	年份	退税额
1995	119	2002	3330
1996	966	2003	2339
1997	3969	2004	2024
1998	3528	2005	2809
1999	6809	2006	6698
2000	4517	2007	6167
2001	5979	2008	1965

1994－2008 年海门市国家税务各项税收征收入库一览

表 18－15 单位:万元

项目	1994 年	1995 年	1996 年	1997 年	1998 年	1999 年	2000 年	2001 年	2002 年	2003 年	2004 年	2005 年	2006 年	2007 年	2008 年
增值税	16175	19421	22655	26618	29381	23782	28216	35862	40872	47203	56722	66587	84072	109322	130164
涉外企业所得税	21	55	59	101	170	224	37	259	538	863	1075	1995	4601	12092	15436
个人所得税	440	447	597	4	–	9	1746	3188	4025	3651	4244	5650	5928	7772	5975
企业所得税	1004	300	304	428	394	540	839	855	1232	1536	2626	3695	3123	5070	5957
车辆购置税	–											675	541	465	1051
消费税	162	178	250	248	221	158	276	140	156	150	283	463	435	447	657
营业税	1819	144	212	334	575	659	892	495	233	72	–	–	–	–	–
城市维护建设税	527	111	129	–											
屠宰税	31	48	61	–											
房产税	107	5	43	–											
印花税	24	6	6	–											
车船税	102	3	–												
固定资产投资方向调节税	103	–													
土地使用税	33	–													
资源税	23	–													
工商税收滞纳金、罚款收入	9	14	140	26	–										
合计	20580	20732	24456	27759	30741	25372	32006	40799	47056	53475	64950	79065	98700	135168	159240

说明:1994 年,国、地税实行分税制后,城市维护建设税等诸税种由地税征收

1994－2008年海门市地方税务各项税收征收入库一览

表18－16　　单位:万元

项　目	1994年	1995年	1996年	1997年	1998年	1999年	2000年	2001年	2002年	2003年	2004年	2005年	2006年	2007年	2008年
营业税	1562.00	1981.00	2431.00	3647.00	4428.00	4902.00	5455.00	5841.00	9750.00	17240.00	18151.00	20755.00	23473.00	32505.00	42300.00
企业所得税	828.00	1245.00	1717.00	3197.00	2730.00	3115.00	4903.00	8269.00	6420.00	5853.00	13751.00	17752.00	20929.00	28432.00	35180.00
个人所得税	14.00	106.00	596.00	1496.00	1989.00	2302.00	2129.00	2512.00	3168.00	4581.00	7385.00	10240.00	14837.00	18165.00	24713.00
城市维护建设税	452.00	555.00	794.00	1241.00	1337.00	1382.00	1729.00	1810.00	2435.00	5039.00	3423.00	3349.00	4500.00	5437.00	6829.00
城镇土地使用税	32.00	40.00	33.00	50.00	70.00	53.00	62.00	198.00	287.00	299.00	358.00	444.00	647.00	3775.00	6729.00
土地增值税	–	–	0.70	6.00	8.00	8.00	–	–	2.00	371.00	634.00	1655.00	2034.00	3808.00	6015.00
房产和城市房地产税	96.00	125.00	174.00	249.00	439.00	440.00	679.00	959.00	1681.00	1765.00	2245.00	2693.00	3768.00	4087.00	5076.00
印花税	8.00	26.00	55.00	72.00	168.00	127.00	126.00	335.00	456.00	556.00	743.00	866.00	1250.00	1612.00	2103.00
车船使用和牌照税	11.00	181.00	193.00	160.00	169.00	206.00	178.00	128.00	271.00	388.00	391.00	258.00	336.00	622.00	1088.00
资源税	25.00	31.00	2.00	10.00	50.00	44.00	34.00	27.00	52.00	119.00	120.00	138.00	135.00	123.00	120.00
屠宰税	–	0.40	0.20	132.00	184.00	270.00	129.00	55.00	–						
固定资产投资方向调节税	101.00	134.00	147.00	222.00	100.00	92.00	24.00	–							
地税款滞纳金及罚款	0.50	0.50	3.00	13.00	–	–	–	–	–	341.00	423.00	528.00	1058.00	895.00	1569.00
合计	3129.50	4424.90	6145.90	10495.00	11672.00	12941.00	15448.00	20134.00	24522.00	36552.00	47624.00	58678.00	72967.00	99461.00	131722.00

2008年海门市国家税务入库税金超千万元企业一览

表18－17

企　业　名　称	法人代表	主要行业	纳税总额(万元)	占国税总额(%)
中兴能源装备股份有限公司	仇云龙	钢压延加工	5397.66	3.39
江苏省电力公司海门市供电公司	蔡　钧	电力供应	3330.93	2.09
南通回力橡胶有限公司	倪雪文	再生橡胶制造	3299.10	2.07
海门证大滨江置业有限公司	戴志康	房地产开发经营	3243.97	2.04
海门海螺水泥有限责任公司	许庚友	水泥制造	2589.26	1.63
南通市烟草公司海门分公司	秦慧杰	烟草制品批发	2194.24	1.38
江苏海门农村商业银行股份有限公司	佘　俊	货币银行服务	2174.22	1.37
金轮科创股份有限公司	陆　挺	纺织专用设备制造	2108.24	1.32
南通雄风金属材料有限公司	沈哲昊	其他常用有色金属冶炼	2021.70	1.27
南通市冠东车灯有限公司	郑新平	汽车零部件及配件制造	1750.78	1.10
南通华润大生纺织有限公司	向　明	棉纺纱加工	1702.64	1.07
凯捷(海门)时装有限公司	吴文泰	机织服装制造	1612.79	1.01

续表 18－17

企　业　名　称	法人代表	主要行业	纳税总额(万元)	占国税总额(%)
江苏天成置业有限责任公司	郁　琴	房地产开发经营	1498.54	0.94
南通海迪化工有限公司	倪海平	染料制造	1370.98	0.86
南通大力神钢绳有限公司	顾其林	金属丝绳及其制品制造	1206.15	0.76
南通振康焊接机电有限公司	汤子康	金属切割及焊接设备	1069.13	0.67
南通龙鼎化工有限公司	杨彦青	颜料制造	1043.51	0.66
海门慧聚药业有限公司	杨登贵	化学药品原料药制造	1029.50	0.65
合　计			38643.34	24.28

2008 年海门市地方税务入库税金超千万元企业一览

表 18－18　　单位:万元

企　业　名　称	法人代表	主要行业	纳税总额(万元)	占地税总额(%)
中兴能源装备股份有限公司	仇云龙	钢压延加工	6591.25	5.00
龙信建设集团有限公司	陈祖新	房屋建筑	3054.69	2.32
海门中南世纪城开发有限公司	陈锦石	房地产	2573.83	1.95
江苏南通三建集团有限公司	徐竹林	房屋建筑	2176.23	1.65
海门联众实业有限公司	陈燕辉	其他建筑安装	2158.22	1.64
南通建筑工程总承包有限公司	陈锦石	房屋建筑	1767.15	1.34
海门市森达装饰材料有限公司	朱善忠	金属表面处理及热处理加工	1197.64	0.91
江苏天成置业有限责任公司	郁　琴	房地产开发经营	1155.93	0.88
南通市德兴建设有限公司	顾建辉	房屋建筑	1063.99	0.81
合　计			21738.93	16.50

第五节　管　　理

一、税务登记

明洪武十四年(1381)至明末,按里(每里 110 户)逐户登记人丁、田地财产和应负担的赋役。清顺治九年(1652),沿袭明代赋役登记法,并规定典当铺、牙行每年向县申报资本额、成交额,办理登记,缴纳税银后领取当贴、牙贴。

民国元年(1912),始行厂商产销货物先办理申请登记,领取货物运单、护照、纳税贴花后方准起运制度。民国 3 年,仍对典当铺、牙行、经纪行栈实行登记,领取当贴、牙贴制度。对酒馆、饭馆、旅馆、茶馆和娱乐业及烟酒商号,先办理申请登记,征收机关核准牌照或特许牌照后方准营业。皮货业、绸缎业、洋布业、洋杂货业等行业,均按全年营业预计收入总金额分上下两期交纳执照税,核发营业执照后方准营业。民国 29 年至民国末年,余中盐场(税务机构)对煎盐实行生产前由本人申请、会同灶头或灶长领取由场署统一印制的伏伙证,凭证煎盐;对晒盐,登记所有晒板,包括封存不用和损坏的,补报登记修复或增添的晒板。

民国 33 年 1 月,县抗日民主政权对粮食经营户进行登记,并领取购运证或运销证,方可在根据地采购或运销粮食。民国 34 年,对出口货物商贩,经过货物查验核实、取保,征收货物出口税,规定换回物资品种和数量登记后,发给出口许可证。抗日战争和解放战争期间,对制造业厂坊实行注册登记,由货管局发给注册证。是年，渔税办事处对申请渔行严格审核、了解其一贯信誉后方批准开设，发给营业证。

民国37年8月，对经营者设置执蓝收花，经申请登记和核实，发给执蓝执照和纸质票签贴于秤杆上方准营业。9月，对在市镇设有铺面的工商企业，经登记审查取保发给甲种营业证；一般贩运商经本人申请，区、乡政府证明，觅两户殷实铺保，经登记审查发给乙种营业证；经纪行（牙行）经登记发给丙种营业证。

1949年9月，对工商业户及其存货全面登记和申报办理补税。1950年春，对工商业户开业、转业、合并、解散、转让、停歇业者进行申请登记、申报结税。是年秋，全面重估工商业户财产，核定资本和经营项目、产品种类、技术设备、利润率等基本状况。1956年，建立税务登记制度。1958年，税务机构被撤并，税务登记一度停止。1962年恢复。1973年，合并税种，简化纳税手续，税务登记制度再次停止。1982年8月，对应纳税的单位和个人，重新办理税务登记。1987年，实行开业、注册、变更、注销等各项登记及违章处理制度。同时对原办的税务登记证复查验证，交旧换新。1994年1月，外商投资企业统一核发税务登记证。1998年，市国家税务局、地方税务局与工商局建立联系制度，工商局将当月领取营业执照的单位和个人，于次月10日前告知国、地税局。2002年7月，市国税、地税系统分别为个体加油站换发有省、地、县代码和组织机构代码的税务登记证。2008年12月，市税务系统税务登记各类企业5409户，个体户2.74万户。

二、纳税申报

清代，以商号或同业公会申报认捐数额、形式、应纳厘捐，以商人向征收机关报告货物名称、数量及封存形式，申报货物税捐。

民国7年，商人生产运销货物，于运货前向捐局申报纳税。民国21年，商人于次月前5日内填报申报书，按月申报营业收入额。民国25年，营利事业所得纳税人，于年度结算后3个月内申报纳税；一时营利事业所得税纳税人，于结算后1个月内申报纳税；薪金报酬所得，由支付机关扣交后于每月终了后1个月内申报纳税；存款、证券所得，由支付利息者于利息领取的1个月内申报纳税。纳税人办理申报，要有姓名、住址、职业、所得额、应纳税额等内容。不按期申报，处以10元以下罚款；隐匿不申报或虚伪申报，除处以20元罚款外，还处以所漏税额2倍以上5倍以下罚金，情节严重者移送法院处1年以下有期徒刑或拘役。

1950年2月，实行纳税人、代扣代征代交人在规定期限内以填报纳税申报表、财务会计报表，提供相关纳税资料的制度。1956年，健全纳税申报制度。1990年，实行定期定额缴税的个体工商户按月申报纳税制度，实际营业额超过定额不主动申报者，视同偷税处理。同时实行自行申报个人收入调节税制度，不按章自行申报者，责令限期改正，处5000元以下罚款。1995年，纳税人必须按规定项目，自行向税务机关申报并缴纳个人所得税。未执行者，责令限期改正，并处2000元以下罚款；逾期不改的，处2000元以上1万元以下罚款。2001年5月，推行网上申报。2003年，增值税一般纳税人网上申报1500户，占增值税一般纳税人的87.36%。2008年底，增值税一般纳税人网上申报2600户。

三、纳税鉴定

民国35年夏，东南行署税务机关按牙行经营业务属性，划分为一至五等，并按业务大小将各等划分为一至五则。通过调查研究，充分掌握材料，群众评议，对每个牙行定等、定则，纳税领贴（照），一贴一行，在固定地点营业。1954年，推行纳税人自计、自核、自交和自报核实或自报评议的纳税办法，征纳双方共同鉴定有关纳税事项，载入纳税鉴定书（册），并共同执行。1956年，建立纳税鉴定制度。

1984年4月，通过纳税人申报生产、经营或服务情况，税务专管员初鉴，税务所核定的方法，全面修订工商纳税鉴定。1986年夏，县督促办理税务登记的纳税人在纳税义务发生之日起30日内，向主管税务机关填报纳税鉴定申报表。对产品征税、营业征税、所得征税及对其他行为或对象征税鉴定，对负有代征、代扣、代缴义务的代征人代征鉴定等各种申报项目都有明确规定。除鉴定上述内容外，对纳税人履行法定纳税手续及办理程序进行鉴定。对在法定期限内不向税务机关办理纳税鉴定的纳税人，除追究有关人员责任外，并酌情处以5000元以下的罚款。1989年12月至1990年3月，修订全民企业、集体企业纳税鉴定。1990年四五月，对应交纳印花税、车船使用税、房产税、城市维护建设税的纳税人,逐户进行纳税鉴定。1994 年,取消纳税鉴定,在税务登记时实行税种认定。

四、纳税评估

1998 年,对纳税人进行增值税纳税稽核。2002 年,对纳税人申报和缴纳各税进行评估。2004 年,评估纳税人 1846 户,发现问题的 507 户。自查补申报入库增值税 2043 万元,移送稽查部门查处 2 户,查补税款、加收滞纳金、罚款 192 万元。2005 年,市成立纳税评估监控工作领导小组,市国税系统对商贸企业进行专项纳税评估,对绣品、五金螺丝、红木工艺品、不锈钢等 18 个行业进行解剖,掌握正常情况下单位产品耗用原材料、电费和工资资料,对行业内企业进行纳税评估。2006 年,市地税系统纳税评估 642 户次,纳税人补申报入库税收 1797 万元。2007 年,市国税系统针对涉税指标异常,督促企业自查补申报。自查后仍有异常的,由专管员实地核查,将评估结果在责任区公示,让企业互评。地税系统启用评估软件,全年评估 1675 户次,评估入库税款 1728 万元。

五、票据管理

账簿管理　民国 3 年 7 月,规定营业人备置账簿,记载逐日流水细账,月、年结总数。之后,逐步规定营业人设置总账、明细分类账,实行复式记账,配备财会人员,办理记账和财务核算,编制并报送财会报表,办理纳税申报和纳税事项。民国 21 年 4 月,规定物品制造业和贩卖业的营业者,置备买入原料货物明细账簿、卖出货物明细账簿、钱银收付逐日流水账簿、月结和年结总数账簿。若不建账簿,伪造假账,责令补税,处以所漏税额的 5－10 倍罚金。抗日战争期间,国民政府规定工商业户必须建立订本式日记账和总分类账,经向官署办理登记盖章,方准启用。

民国 30－32 年,抗日根据地规定纳税人必须置备进货账、售货账、月结总账,供工商所(税务机关)随时检查。不备账册者,除按估计应纳额补税外,处以罚金;伪造账册申报纳税不实者,除补税外,处 1－10 倍罚金;不服检者,处应纳税额 5 倍以下罚金。

1950 年秋,经税源普查,对工商业户和企业单位制定统一账册和凭证,账簿须经税务机关登记查验盖戳后方准启用,不具备建账条件的商贩,实行进货记录的制度。1956 年,税制几经改革,合并税种,简化纳税手续,账证管理逐步松弛。1977 年 11 月,城镇集体企业财务由税务部门管理,统一记账方法、成本核算程序和费用开支标准。1983 年 8 月,负有代征、代扣、代缴税款义务的法定代征人,须设定专门账簿,核算扣缴税款和领、用、存发票等情况。1986 年 8 月,纳税人须建账建证,设置财会人员记账、算账、填报财会报表等纳税资料,办理纳税事务。同时,规定个体工商户必须建立、使用和保管账簿及凭证。经营规模小、无建账能力、聘请财会人员有困难的个体业户,报经税务机关批准后暂缓建账,但须建立购货簿、发票、收支凭证粘贴簿。

1993 年 8 月,规定从事生产、经营的纳税人,自领取营业执照之日起 15 日内设置总账、明细账、日记账、其他辅助性账簿,总账、日记账必须采用订本式;纳税人、扣缴义务人采用计算机记账的,必须先将记账软件程序和使用证明书等资料报送税务机关备案;账簿、会计凭证、报表、完税凭证规定保存 10 年。2001 年 5 月至 2008 年底,按照国家新的税收征收管理法及其实施细则,加强账簿设置、账簿凭证等资料管理。

完税照证管理　清至民国时期,对货物运销、税政、印照,查验凭据实行管理。

新中国成立初期,一度仍沿旧制,对纳税证照继续采取粘贴印花税照、查验票据的办法加以管理。

1950 年 2 月,规定纳税人交纳应税货物税款后,由税务机关颁发完税照证。应税货物凭完税照领取完税证、查验证,由税务专管员监视贴于已税货物上。分运或需改装、改制的已税货物,税务机关凭证换发相应证件。免税货物则核发特许免税照。对应税货物需要转厂加工、转栈存放或者运往市场出售时,由厂商申请,税务机关核发相关单子。上述照证,须随货同行,照证不全或不随货同行,作为逃漏税处理。

1954 年 10 月,国营企业自产、加工订货、收购运销的货物,不再由税务机关核发完税照证,凭国营企业发货运单与运件上实贴国营标志,即可运销。1956 年,供销社系统自产、加工订货、收购运销的应税货物,废除贴用照证,改凭内部调拨单及运件贴供销标志运销。此后,照证制度因税制不断简化被逐步取消。

商事凭证管理　1951 年 10 月，对商事凭证统一管理。1958 年 7 月，实行发票使用管理。1976 年 1 月，将企事业单位发生商品、产品购销、代理购销、加工、修理、装配、建筑、劳务、交通运输和其他商业、服务性业务的经营活动，开具的结算商事凭证列入商事凭证管理范围。业务量大的单位，使用的商事凭证到县财税部门指定的印刷厂印制。事业单位和其他企业、个体经营户使用商事凭证，向财税部门申请购用，不得擅自印制。财税部门、商事凭证使用单位指定专人保管，严格领用。违章使用商事凭证的单位和个人，根据情节轻重给予批评教育，或处 500 元以下罚金，或移交司法部门依法处理。

1985 年 1 月，对发票实行监督管理。1987 年 7 月，将单位和个人在销售产品、商品和提供劳务及从事其他业务活动，在取得收入时所提供给付款方的各种票据，列入发票管理范围，其发票必须套印有县税务局的统一发票监制章。专业性强的银行、保险、邮政、电信、水运、影剧院的票据、收据等，允许单位自定式样，经县税务局批准，不套印发票监制章。县税务局指定印刷统一发票的单位，监制章套印在发票联上。生产经营正常、发票使用量大、财务制度健全、具备发票管理条件的单位，允许自行设计票样，经税务局批准后到指定印刷厂印制。不具备自印发票的单位和个人，凭县税务局核发的发票领购簿领购发票。规定代扣、代缴税款的单位，须到税务机关领购使用批发扣税发票或代扣代缴税款专用发票。单位和个人发生临时经营业务，向当地税务所申请填开临时经营统一发票。对使用发票的单位和个人，加强发票使用和保管缴销的具体管理。对发票使用上的一切违章行为，除没收非法所得、责令限期改正外，区别情况给予批评教育、酌情处以 5000 元以下罚款、对直接责任人酌情处以 1000 元以下罚款。拒不纠正者，吊销其税务登记，收缴发票。造成漏税、偷税、抗税的，按有关规定处理；情节严重构成犯罪者，提请司法机关追究刑事责任。

1993 年 12 月，实行增值税专用发票制度，限于增值税一般纳税人领购使用。1994 年 4 月，一般纳税人销售货物和应税劳务，须开具增值税专用发票。1996 年 1 月 1 日，取消百万元版、千万元版增值税专用发票，一次填开 100 万元以上的纳入防伪税控，开具电脑版发票。2004 年 3 月，启用有主管税务机关、地区、发票印制年份、行业、票种、发票联次代码的新版普通发票。10 月，国税部门巡查普通发票使用情况，查处使用买卖假发票、换版作废发票、白条发票入账。

六、税务稽查

民国 29 年，进出县内抗日民主根据地的商品，由第一道税务机关验明实况和征收税款后放行。1954 年 11 月，全县抽查油酱、国营药店、印染、百货、茶食、照相、五金、锡箔庄等行业的纳税户 108 个，查补税收 7.68 万元。1956 年，建立税务检查制度，督促企业开展税收自查、迎查活动，派员对纳税户检查，组织检查团（组）抽查。1958 年后，对缴纳企业所得税的企业和单位，结合年度所得税汇算清缴，统查各税申报和缴纳。1963 年 12 月，检查 35 个企业，补税 4.6 万元。1973 年 7 月，重点检查 43 个企业，补税 6.55 万元。1981 年 10 月，复查全县 737 个重点企业，查补各种税款 89.84 万元，1983 年 9 月，检查大集体、镇办企业 57 个，查补工商税 3.96 万元、所得税 11.89 万元。1985 年起，连续 9 年结合年度税收、财务、物价大检查，重点查处越权减免税收、能源重点建设基金和预算调节基金及偷漏税款、骗取出口退税等行为。1987 年 2 月，局增设税务稽查大队，专司税务检查。1988 年，企业税务检查 3793 户次，查补税款 612.27 万元。1997 年，开辟计算机选案渠道，实行一级稽查。2001 年，税务稽查实行选案、检查、审理、执行四分离制度。2005 年，市国税部门与市公安局经侦大队联手办案，破获某商贸有限公司采取修改财务软件参数等手段，偷逃增值税 117 万元的大案。2005－2008 年年底，市国税机关稽查 1402 户次，查补税款、加收滞纳金、罚款等 9580.36 万元，移送司法机关处理 52 起；市地税机关稽查 456 起，查补税款、加收滞纳金、罚款等 3670.85 万元，移送司法机关处理 35 户次。

七、税控装备建设

1994 年 8 月，实施金税一期工程，试行增值税计算和交叉稽核系统，将企业对外取得的增值税专用发票采集到该系统中，在 50 个试运行城市之间进行增值税专用发票数据的传递和比对。1998 年，推行商业企业增值税一般纳税人销售逐笔开票制度；超市增值税一般纳税人使用税控收银机收银；各类增值税一般纳税人销售使用机打发票。是年2月，实施金税工程二期，采集增值税专用发票数据，运用覆盖全国区县以上稽查局的四级协查网络、防伪税控开票系统、认证系统、计算稽核系统、发票协查系统，实现数据共享、功能互补，遏制利用假票、大头小尾发票骗抵税款。7月，铅封全市34个加油站点的131台燃油加油机累计计数器，抄录铅封后示值，录入所辖税务分局计算机管理。2000年1月，所有加油机实行税控初始化，推广使用税控加油机加油。2002年，全部实现销售逐笔开票、使用税控收银机和使用机打发票，一般纳税人销售不计或少计税额漏洞得到控制。2006年，推行防伪税控"一机多票"系统。2007年6月1日，废旧物资收购发票纳入"一机多票"系统管理。

图18－4　国税局涉外分局纳税大厅　(2001年摄)

八、其他

武装护税　民国29年，抗日民主政府给税收人员配备枪支，防范不法商人抗税和土匪流氓袭击，查缉走私，开展敌据点税收。反"清乡"(民国32－33年)期间，各区游击队、武装民兵，配合税收人员查缉公路、运河、要道路口走私，控制敌据点及其附近商人向税收人员报税。抗日战争胜利后，东南警卫团划出一个连改为护税大队，保护敌我争夺地区以及沿江沿海各港口的税源。随后，海南、富余等分局的护税人员统一编成东南货管局直属护税队，深入各区分局、税所进行护税。解放战争开始，护税大队归警卫团建制，东南地区成立海防大队，兼负护渔护航和护税任务。

纳税服务　1997年，8个国税分局和7个地税分局相继建立办税服务厅，设置税务登记、纳税服务、发票审批发售、票证开具、受理待批文书、银行专柜或税款征收、资料发放等7个窗口，并将办税程序、业务流程、各窗口职责、税收政策、规定等张图张表公示，方便纳税人依法纳税。各窗口实行计算机管理，提高办事效率，降低纳税成本。在办税中使用文明用语，厅内配置桌椅、茶水、笔墨纸张等接待用品，营造良好的纳税服务环境。

2005年，市国税部门先后办理内外资企业免抵退税2.7亿元、民政福利企业增值税先征后返1300万元、其他退税200万元。市地税部门办理63个企业地方税收减免3324万元、78个企业税前抵扣4655万元、689名下岗职工地方税收优惠829万元；提高起征点，8802户个体工商户享受税收优惠1569万元。

2006年，市国税系统实行"融涉税事项于一窗，集全能服务于一人，汇信息处理于一机"的工作流程，提升纳税服务水平；指定监察室常年监督检查税务干部依法行使税收执法权和行政管理权，严防损害纳税人权益。市地税系统实施纳税大户差别式服务，上门为企业提供个性辅导服务；改版"江海时空"专栏，运用网站、报刊、电子触摸屏、"12366"热线电话，拓宽纳税服务领域和渠道；推行"一窗式""一站式"纳税服务。

2007年，市国税系统实行专用发票网上认证办法，方便纳税人，认证率97%。市地税系统实施"税企诚信征纳工程"，以双赢互动卡为载体，及时将最新政策传至企业。

2008年，市国税系统为企业免、抵、退税4.76亿元。市地税系统为7个企业减免营业税1295.08万元、7个企业减免企业所得税5302.03万元、6位个人减免个人所得税1.54万元、1个企业减免地方税1.68万元。

第十九篇

经济综合管理

民国时期，工商企业、物价、度量衡、土地、统计以及市场商贸活动，由县政府财政、建设科等机构管理，政府时有一些法规、措施。日本侵略军入境后，时局动荡，社会秩序混乱，物价飞涨，经济萧条，管理失衡。

新中国成立后，县内经济管理机构相继建立，逐步完善。20世纪50年代，根据党和国家的经济法令、法规、政策，对工商企业和市场经济活动实施监督管理，保护合法经营，取缔非法交易，控制物价，稳定市场。1952年到第一个五年计划时期，逐步实施计划管理，确立和巩固国营经济主导地位，对资本主义工商业进行社会主义改造，形成统一的市场秩序和商品价格，统一度量衡制度。"大跃进"时期，受浮夸风影响，工农业生产一度下降。60年代初，贯彻"调整、巩固、充实、提高"八字方针，经济结构得到调整，工农业生产有所发展。"文化大革命"期间，经济管理陷于瘫痪，随后逐渐恢复。中共十一届三中全会后，实行改革开放，工商行政、物价、标准计量、统计、审计、土地管理等经济管理机构，进行体制改革，放宽生产经营范围，扶持工商企业和多种形式联合经营，个体经济作为社会主义公有制经济的有力补充得到发展，城乡集市贸易活跃，各类专业市场应运而生，实行国家定价和市场价格相结合的价格体系，促进商品流通。加强对经济合同、商标注册及广告、计量标准化管理，监督范围逐渐扩大。贯彻实施国家统计法、审计法，使管理走上规范化、法制化轨道，以适应国民经济发展需要。

1980年后，实现由计划经济为主、市场调节为辅向市场调节为主、计划调控为辅的转变。1985年起，由重视年度计划转向重视中长期计划的制定；由对工业产品实行计划安排、主要物资计划分配转为工业产品由市场选择、资源由市场配置；经济计划管理由微观转向宏观管理的模式。逐步改革和完善统计指标体系，改进统计调查方法，强化社会经济统计和专项调查的及时性、准确性，重视和完善统计调查资料的整理汇编。发挥统计资料对领导决策的重要作用和对社会经济生活的服务指导作用。商品管理由单一价格管理转变为价格管理、收费管理、监督检查和价格服务体系。收费价格除教育、医疗、水电、液化气等统一定价外，绝大部分产品由市场定价。加强工商行政监督管理力度，在制度化、规范化管理的同时，强化对市场的监督检查，打假治劣，维护市场秩序。工商企业登记采取减少手续程序的一条龙服务。鼓励民资创业，重视经济合同、商标和广告管理。质量技术监督管理由原来多个部门分头管理，转向对计量、质量、标准化专项管理。审计监督地位和作用逐步加强，重点开展财税审计、金融审计、企业审计、经济责任审计，固定资产投资审计、专项审计及审计调查等国家规定的审计项目，乡镇审计、社会审计有序展开，通过审计，配合纪委、检察机关，查出违法违纪行为，惩治腐败，有力地打击经济犯罪，挽回国家和集体经济损失。科学编制和实施土地利用规划，组织农村土地资源调查，城镇地籍调查，强化测绘行政管理和基础地理信息，实施土地复耕开发，确保耕地占补平衡。2006－2008年，供应储备土地出让金收入24.74亿元，储备土地前期开发48宗，开发面积337.81公顷。

第一章　计　划

第一节　“一五”至“三年调整时期”计划

一、编制

1952年7月，县财政经济委员会，对经济计划进行管理并积累资料，制定第一个五年计划(1953－1957)。在国家计划指导下，重点发展农业生产，开展农业合作化运动，扩种棉花，提高粮油作物产量，逐步发展畜牧、蚕桑生产；搞好手工业社会主义改造，根据自愿原则，把手工业者组织起来，逐步发展成生产合作社。计划到1957年，全县工业总产值2821万元，粮食总产1.84亿公斤，棉花总产250万公斤，油料作物总产40万公斤，山羊年末圈存20.04万只，生猪5万头，水产总量380万公斤，社会商品零售总额4692万元。

根据中央提出的优先发展重工业，坚持工业与农业并举方针，制定县第二个五年计划(1958－1962)。工业方面，扩建和新建新型工厂，利用县内资源，生产新式农具、肥料、饲料，同时发展生产资料。农业方面，以提高粮棉、油料作物单位产量为主，扩大生产范围，开展多种经营，提倡复种套种，发展畜牧业，家禽饲养业和蚕桑、林业等生产。计划到1962年，工业总产值1.78亿元，粮食总产量1.73亿公斤，棉花总产1600万公斤，油料作物总产675万公斤，山羊年末圈存57万只，生猪年末圈存57万头，水产总量3880万公斤，社会零售商品总额1.75亿元。

1963－1965年，贯彻中央关于国民经济实行“调整、巩固、充实、提高”的八字方针，以农、轻、重为序恢复和发展生产。农业以粮为纲，农林牧副渔全面发展。工业优先发展轻工业及重工业中的支农产品生产，扩大农具生产，增加小五金、日用品生产，增产砖、瓦、石灰。做好农副产品的采购与工业品的分配工作，确保市场供需平衡。计划到1965年，工业总产值6410万元，粮食总产1.9亿公斤，棉花总产2086万公斤，油料作物总产138.5万公斤，生猪年末圈存12万头，山羊年末圈存25万只，水产总量1200万公斤，社会商品零售总额8450万元。

二、实施

“一五”期间，全县基本完成对农业、手工业和资本主义工商业的社会主义改造。组建高级农业生产合作社643个，入社农户18.57万户，占总农户的97.5%。组建公私合营商店30个，315户，占总商户8.22%；合作商店191个，2545户，占总商户66.47%。对私营工业进行改造，建造公私合营油厂4个，粮食加工厂1个，酒厂3个，酱厂4个。组建各种类型手工业生产合作社95个，渔业生产合作社9个。全县经济工作基本按计划实施。1957年，工业实现总产值6034万元，占计划的213.9%，粮食总产1.11亿公斤，占计划的60.3%；棉花总产858万公斤，占计划的343.2%；油料作物总产195万公斤，占计划的487.5%；山羊年末圈存19.3万只，占计划的96.3%；生猪圈存3.4万头，占计划的68%；水产品总产量847.9万公斤，占计划的223.13%；社会商品零售总额4336万元，占计划的92.41%。其他各项主要经济指标都提前一年完成任务。

“二五”期间，由于浮夸风和三年自然灾害，农业生产遭受损失，影响工业生产原材料需求和市场供应。“二五”计划未能完成。头二年工农业总产值仍以平均7.4%的速度递增，但后三年经济指标直线下降。1962年，工业总产值实绩3809万元，为计划的21.4%；粮食总产1.42亿公斤，为计划的82%；棉花总产499万公斤，为计划的31.2%；生猪年末圈存量2.7万头，为计划的4.7%；水产总量

947.4万公斤，为计划的24.42%；社会商品零售总额5005万元，为计划的28.6%。

1963－1965年，是国民经济调整时期，通过贯彻“调整、巩固、充实、提高”八字方针，全县经济得到恢复和发展。1965年，工业总产值1.04亿元，为计划的162.25%；粮食总产2.21亿公斤，为计划的116.3%；棉花总产2277万公斤，为计划的109.2%；油料作物总产291.5万公斤，为计划的210.5%；生猪年末圈存16.9万头，为计划的140.8%；山羊年末圈存20.2万只，为计划的80.8%；水产总量1260万公斤，为计划的105%；社会商品零售总额8418万元，为计划的99.6%。

第二节 “三五”至“五五”计划

一、编制

制定县第三个五年计划(1966－1970)，号召发扬大寨自力更生、艰苦创业的革命精神，确立粮棉并举，发展多种经营的指导思路。计划到1970年，粮食总产2.96亿公斤，棉花总产4000万公斤，油料作物总产150万公斤，生猪年末圈存40万头，山羊年末圈存35万只，水产总量1780万公斤，多种经营产值占农业总产值的20%。

制定县第四个五年计划(1971－1975)，开展“农业学大寨，工业学大庆”运动，贯彻以农业为基础，工业为指导的发展国民经济总方针，实行以粮为纲、多种经营全面发展。计划到1975年粮食总产3.5亿公斤，棉花总产量4000万公斤，生猪年末圈存60万头，水产品总量4000万公斤。工业生产面向农业，生产农机具，逐步实现排灌、脱粒、粮食饲料加工机械化、电气化和耕作、运输机械化、半机械化。到“四五”期末，每个公社拥有大中型拖拉机10台和相配套机械，每个大队拥有10匹以上柴油机3台和相配套机具。

制定县第五个五年计划(1976－1980)，开展“农业学大寨，工业学大庆”运动，计划到1980年，工农业总产值5亿元，其中工业3亿元，农业2亿元，粮食总产2.65亿公斤，棉花总产2550万公斤，油料作物总产300万公斤，生猪年末圈存20万头，人口出身率控制在10‰左右。

二、实施

1966年“文化大革命”开始，社会秩序动荡，人心不安，工农业生产全面受挫，“三五”计划未能完成。1970年，粮食总产2.19亿公斤，为计划的74%；棉花总产1683万公斤，为计划的42.1%；油料作物总产209万公斤，占计划的69.7%；生猪年末圈存24万头，为计划的60%；山羊年末圈存18.1万只，为计划的51.7%；水产总量717.4万公斤，为计划的40.3%；多种经营产值占农业总产值19.7%，比计划减少0.3个百分点。

“四五”期间，经济工作仍受到“文化大革命”影响，农业遭受严重自然灾害，“四五”计划未能完成。1975年，粮食总产2.43亿公斤，为计划的69.4%；棉花总产2750万公斤，为计划的68.8%；生猪年末圈存23.9万头，为计划的39.8%；水产总量1620万公斤，为计划的40.5%。

“五五”计划头两年，在“左”的思想影响下，全县工农业生产下降。1978年中共十一届三中全会以后，农村开始经济体制改革，不断扩大市场调节范围，把部分指令性计划改成指导性计划，调整工业结构，大力发展社队工业。1976年，全县社队工厂发展至649个。1979年，社队工业产值1.16亿元，占工业总产值的85%，成为全县国民经济的重要组成部分。1979年4月，贯彻中共中央提出的“调整、改革、整顿、提高”的方针，农业放在首位，优先发展轻纺工业。1980年，农业生产战胜严重冻害、春寒、低温、梅雨等自然灾害，夺取粮食高产，夏粮收成创历史最好水平。轻纺工业发展迅速，增长幅度高达23.3%，超过重工业6.3%的发展速度。1980年，全县工农业总产值10.32亿元，为计划的206.4%，其中工业4.58亿元，为计划的152.7%；农业5.17亿元，为计划的258.5%；粮食总产2.7亿公斤，为计划的101.9%；棉花总产1628万公斤，为计划的63.8%；油料作物总产498.5万公斤，为计划的166.2%；生猪年末圈存20万头，为计划的100%；人口出生率10.9‰，比计划增加0.9个百分点。

第三节　“六五”至“十一五”计划

一、编制

制定县第六个五年计划(1981－1985),贯彻中央改革、开放、搞活的方针,经济管理实行指定性计划和市场调节相结合的政策。农村全面推行家庭联产承包责任制,抓粮棉生产的同时,大力发展多种经营。计划到1985年,工农业总产值9.16亿元,其中工业总产值6.2万元,农业总产值2.96亿元。1982年,将国民经济计划改为国民经济和社会事业发展计划,计划涵盖农业、工交、人口、财政、劳动工资,物资管理分配、基本建设投资等方面。

制定县第七个国民经济和社会发展五年计划(1986－1990)。继续深化企业改革,加强横向经济联合,工业以提高经济效益为中心,挖潜、改造、创新,生产适销产品,投资有市场竞争力的新项目。农业坚持发展多种经营,进一步完善联产承包责任制,合理调整农业产业结构,逐步提高农业经济专业化水平。计划到1990年,工农业总产值20亿元,其中工业产值15.4亿元,农业产值4.6亿元,外贸收购1300万元,固定资产投资2500万元,财政收入5.35亿元,人口自然增长率5‰,粮食总产3亿公斤,棉花总产1500万公斤,生猪、山(绵)羊年末圈存20万头和45万头,水产总产3000万公斤。

制定县第八个国民经济和社会发展五年计划(1991－1995),要求贯彻落实中央治理整顿和深化改革方针,优化结构,外向开拓,提高效益,富民兴县,为实现第二个翻番和人民生活达到小康水平奠定基础。计划到1995年,工农业总产值53.7亿元,固定资产投资8.1亿元,财政收入突破2.8亿元,粮食总产2.9亿公斤,棉花总产1150万公斤,油料总产1700万公斤,上市生猪和山、绵羊为10万头、45万只。

制定市第九个国民经济和社会发展五年计划(1996－2000),加快改革开放力度,加快发展步伐,积极推进经济增长方式,从粗放型向集约型转变。促进一、二、三产业协调发展。计划到2000年,实现地区生产总值160亿元,财政收入5.81亿元。固定资产投资180亿元,三次产业结构比由20.4:52.9:26.7调整为10:52:38,城镇居民和农民人均纯收入为1万元和7000元。

制定市第十个国民经济和社会发展五年计划(2001－2005),拓宽国内外销售市场,积极引进国内外先进技术和人才,提高产品市场竞争力,以推动经济持续发展,把海门建成经济繁荣、科技发达、生活富裕、环境优美的文明城市。计划到2005年,地区生产总值210亿元,财政收入8.5亿元,全社会固定资产投资60亿元,城镇居民和农民可支配收入1.02万元和6500元,三次产业结构比重10:48:42。

制定市第十一个国民经济和社会发展五年计划(2006－2010),计划要求面向世界,依托江海联动开发、接轨上海,高点定位,提前实现建设小康社会的历史任务,并跻身全国综合实力百强县前70强。

二、实施

“六五”期间,全县国民经济在持续、稳定、协调发展中,乡镇工业发展突出。1985年,完成工农业总产值18.86亿元,为计划的205.9%,其中工业产值11.66亿元,为计划的188.1%,农业产值7.19亿元,为计划的242.9%。是年,财政收入8911万元,固定资产投资1.29亿元,外贸收购总额5660万元,分别比“五五”计划期末增长83.5%、8.4倍和17%,城市居民人均工资946元,农民人均纯收入456元,年递增率分别为8.9%和17.1%,人口自然增长率2.82‰。

“七五”期间,坚持改革开放,虽遭自然灾害,但城乡经济仍能持续稳步增长。1990年,实现工农业总产值33.7亿元,为计划的168.5%,其中工业产值25亿元,农业产值8.7亿元,分别比计划增长162.3%和189.1%。粮食总产2.89亿公斤,棉花总产979.8万公斤,分别为计划的96.3%和65.3%,生猪、山(绵)羊年末圈存5.9万头、43.8万头,水产品总量2010万公斤,分别为计划的29.5%、97.3%和67%。财政收入1.33亿元,城镇居民和农民人均收入为1497元和928元,分别比“六五”期末增长58.25%和103.5%,人口自然增长率8.01‰。

“八五”期间,紧紧围绕经济建设为中心,实施旧城改造。1995年,实现工农业总产值185.4亿元,其中工业产值171亿元,农业产值14.4亿元,固定资产投资69亿元,分别为计划的345.2%和851.8%。财政收入2.89亿元,比“七五”期末增长117.29%。粮食总产28.2万吨,棉花总产1.13万吨,油料总产5.84万吨,分别为计划的96.21%、98.26%和343.53%。生猪出栏9.1万头,山、绵羊出栏49.92万只,分别为计划的91%和116.1%。水产品总产4800万公斤,蚕茧总产301.8万公斤,家禽饲养量1269.3万羽。其间,遭受国际金融风暴冲击,经济发展受到影响。人口自然增长率2.32‰。

“九五”期间,加大改革开放力度,加快经济发展步伐,完成产权制度改革和各项配套制度改革。2000年,完成地区生产总值107.51亿元,占计划的67.19%,财政收入5.2亿元,占计划的89.5%,比“八五”期末分别增长42.01%和79.93%,城镇、农村居民人均收入分别为7276元、4455元,分别为计划的72.76%和63.64%,比“八五”期末分别增长51%和43.25%。大力发展第三产业,占国内生产总值由“八五”期的18.36∶54.63∶27.01变为14.28∶48.18∶37.54,产业结构渐趋优化。

“十五”期间,全面完成企业制度改革,注重产品开发,拓宽市场销售渠道,增加农业投入,调整农业结构,国民经济取得显著成绩。2005年,完成地区生产总值212.61亿元,财政收入17.55亿元,全社会固定资产投资118.87亿元,分别占计划的101.24%、206.23%和198.12%;城镇居民和农民人均可支配收入为12203元和6558元,分别为计划的119.6%和100.8%,人口自然增长率-0.07‰;是年,在国家公布的全国综合实力百强县中排名第80位(2003年第75位、2004年第73位),名列苏中、苏北县级市前列。

“十一五”期间,推进沿江、沿海大开发,提升了高新技术产业的投资力度,培育龙头企业,经济快速增长。2008年,实现地区生产总值376亿元,财政收入41.03亿元,固定资产投资200.74亿元,提前完成“十一五”计划。是年,城镇居民人均可支配收入2万元,提前实现“十一五”计划2万元的目标,农民人均纯收入9008元,比“十一五”计划中年段计划增长24.87%,三次产业比重为7.4∶60.5∶32.1,二、三产业占国内生产总值的比重为92.6%,接近“十一五”期末94%的目标。2008年,全国县域经济排名36名。

第二章 国土资源管理

第一节 机 构

明代,土地由知县统管。清乾隆后,由厅同知负责管理。民国期间,民国政府因公共事业需要,收买私有土地的由政府地政科监督调解办理。1950—1955年,县人民政府集中接收和管理国民党政府时期的田地公产。1958年1月,县人委根据国务院《关于国家建设征用土地办法》,规定建设工程用地在20公顷以下和迁移居民在30户以下由县人委审批。1962年12月,各项建设征用土地审批权归省人委会。1967年4月,土地管理工作由县军事管制委员会的生产办公室负责。1968年3月,由县革命委员会的经济计划组负责。9月,由县革委会生产指挥组负责。1971年9月,由县民政局负责。1975年3月,由县计委负责。1984年1月,由县城乡建设环境保护局负责。1985年,各乡镇设立土地管理委员会。1986年1月,成立县土地管理办公室。1987年5月,建立县土地管理局。1990年,各乡镇成立乡镇土地管理所。1998年12月23日,县土地管理局更名为市国土管理局。2001年9月,更名为市国土资源局。2004年10月,设立国土资源执法监察大队,乡镇国土资源所作为市国土资源局的派出机构。2005年12月,省级以下国土资源部门改为垂直管理,海门市国土资源局改名为南通市海门国土资源局。2006年7月,开发区国土资源所更名为市国土资源局开发区分局,调整为副科级建制,系市国土资源局派出机构。

第二节　土地利用规划

光绪二十七年(1901)5月,成立通海垦牧公司,将垦区规划为七堤和牧场堤,堤内土地以东西向等距平行的横河划分为若干"排",每排由南向北分若干墩,平均每墩约1.33公顷。呈长方形,南北与东西的长度比例为5:2,南端为居住地,屋后有宅沟,可供畜饮水和饲养鱼虾。墩与墩之间有明沟,明沟两头均与南北横河连通。沟河相通,入江出海,港口建有水闸,以供御潮、排涝之用。全垦区共八堤4486墩。

20世纪70年代中期,开展农业学大寨运动,县境南部规划实施沿江样板片。其间,3个乡的21个大队198个生产队通过规划,平整土地1000公顷,新开沟河146条,填塞废沟217条,动土270万立方米,增加耕地23.23公顷。同时,建设通吕河样板片,规划土地4933.33公顷,沿线9个公社227个大队3万干部群众参与,动土940万立方米。随后,又规划建设海门河样板片,沿线的10个公社5万社员参与填沟平整。1977年,开挖标准明沟892条,填平废河沟3100条,增加耕地240公顷,建成高产稳产田3.37万公顷。

1993年8月至1994年,对境内的土地利用进行10年规划,确定规划的基本内容、基本目标和基本任务,形成《海门市土地利用总体规划》《海门市土地利用总体现状图》《海门市土地利用总体规划图》等。1994年12月,南通市土地利用总体规划验收组批准海门市土地利用总体规划。1998年1月,开展境内土地利用总体规划和所辖12个乡、18个建制镇及江心沙农场的土地利用规划修编,有建设占用耕地指标、补充耕地总量指标、净增耕地指标三项控制指标的分解落实,有基本农田保护区规划、土地复垦开发整理规划和耕地总量动态平衡方案。形成《海门市土地利用总体规划(1997－2010)》及4个专题规划——《海门市土地整理和土地复垦开发规划》《海门市耕地总量动态平衡研究》《海门市基本农田保护区规划》《海门市土地利用总体规划实施办法》、四类规划图件——《海门市土地利用现状图(1:5万)》《海门市土地利用总体规划图(1:5万)》《海门市基本农田保护区规划图(1:5万)》《海门市土地整理和土地复垦开发规划图(1:5万)》。

2000年1月8日,省政府批复同意《海门市土地利用总体规划(1997－2010年)》。4月17日,省国土管理局下发《关于海门市乡镇土地利用总体规划的批复》,同意海门市乡镇土地利用总体规划。此规划到2010年,全市耕地减少量不得超过1080公顷,其中建设占用耕地不得超过460公顷;土地整理、复垦开发补充耕地1200公顷。确保全市耕地保有量不低于6.15万公顷,其中基本农田保护面积5.9万公顷。

2002年,围绕乡镇工业园区及农民建房用地,对全市乡镇土地利用总体规划进行局部调整,20个乡镇205个行政村,调整"两区规划"面积1293.33公顷。2004年,对全市土地利用总体规划进行调整和完善,通过省专家组评审。2005年,对三星、天补等镇的土地利用总体规划进行局部调整,保障叠石桥互通工程、沿江公路等重点项目用地。对常乐、三厂、三和等镇的土地利用总体规划进行局部调整,组织4次土地利用总体规划局部修改听证会,广泛听取群众、基层干部和有关专家的意见和建议,规范土地利用总体规划调整程序。增加土地利用总体规划调整的透明度。2006年,局部调整12个乡镇640公顷土地利用总体规划。2007年,局部调整11个乡镇土地利用总体规划,同时编制12个乡镇土地利用总体规划调整方案。2008年,调整22个乡镇1000公顷土地利用总体规划。全市保有耕地6.02万公顷。

第三节　地籍管理

一、农村土地调查

宋代,采用"方田法"进行土地测量,即东西南北各1000步见方的土地为1方,每方约277.73

公顷。

民国19年(1930),国民县政府第三科科长范钦孟,发动数千人对全县土地进行调查,分等分级绘制成《地籍原图》。民国35年6－8月,县境东部老解放区81个乡进行土地改革,以乡、村为单位,逐户进行土地清丈登记,按人口计算,平均土地分配,将地主、富农按人口平均多余的土地,分配给少地和无地的农民。民国36年9月至37年5月,实行土改复查运动,查"黑田",补报土地面积。国民党县政府为征赋税和整理地籍档案,对土地使用人姓名、土地亩数等,逐户登记清册。

1950年,新解放区69个乡实行土地改革。至1951年11月,全县新老解放区土地改革全部结束,共没收地主、富农的土地1.43万公顷,占总耕地面积的19.82%。22.72万户农户逐户进行土地、房屋登记,并获得县政府颁发的土地房屋所有证。1959年8月,全县进行第二次土地调查,建立29个中队,下设240个丈量组,每组3－4人,核查土地总面积9.07万公顷。

1992年3月,对农村居民宅基地进行清丈核实。全县农村享有宅基地的农业人口93.56万人,非农业人口7.56万人。农村居民实有宅基地面积4893.36公顷,其中住房占地2220.48公顷,占宅基地总面积的45.38%;庭院面积2073.37公顷,占42.31%;庭院外建筑面积6.09公顷,占0.12%;"三棚"①基地面积596.42公顷,占12.19%。农户应享受宅基地面积4840.3公顷,超过标准宅基地面积53.06公顷,占19.6%。1996年5月15日,由郑州测绘学院组织78人测绘队,到海门进行土地详查。

2005年,完成土地利用更新调查工作技术方案和招投标文件的编制工作。并查清全市土地权属和利用现状,形成权属合法、界线清楚、地类准确、数据可靠、图文一致的土地利用现状数据。2006年,完成1:5000土地利用现状更新调查的外业调查基础上,变更图斑2391个、变更面积1533.33公顷。2007年,对土地利用现状更新调查工作的内业、外业任务,完成各类所有权、使用权宗地2.94万个,各种线状地物7.02万条,各种地类图斑28.52万个,签订权属界线协议书7.77万份,填写权属调查表2.85万份。2008年,在第二次全国土地调查的基础上,精心编制《海门市第二次土地调查实施方案》和技术设计书,组织工程招投标,多次召开内业、外业、监理、国土资源部门共同参与的推进会,针对作业队伍工程进度、工程质量的全程跟踪监管,提交海门市1:10000农村土地调查的全部成果。

二、城镇地籍调查

民国36年,国民党政府清理县城茅家镇公有土地,清出教育公产土地37.5亩、房基地43.95亩、池塘河沟地及边角隙地18.75亩。

1989年10月,对海门、三厂、青龙港县属镇进行国有土地使用权申报登记。三镇用地总面积405.67公顷,其中建筑物占地面积195.13公顷,占用地总面积的48.11%。办理申报登记手续367个单位,面积为38.38公顷。

1993年10月至1994年1月,对常乐镇进行非农业建设用地地籍调查试点,完成该镇36个单位使用的104宗26.39公顷国有土地,84户居民使用的84宗0.51公顷国有土地调查。对全县58个镇、村集体所有制单位使用的73宗20.21公顷集体土地的权属调查、地籍勘量、土地登记和确认权发证工作。随后,天补、三星等9个建制镇开展非农业建设用地地籍调查。

2002年,完成全市23个乡镇4247公顷的城镇地籍调查。2003－2004年,开展城区城镇地籍变更调查,对海门城区新建的金三角、南海、海景、春华小区近200公顷国有土地进行地籍变更调查。2006年,对全市80%的城镇地籍调查资料进行完善和补充,系统收入电子数据库立档。2007年,完善和补充全市1.68万宗城镇地籍调查资料。2008年,海门市第二次土地调查1:500城镇地籍调查在德胜、麒麟两个乡镇先行试点。

三、土地登记发证

民国19年,国民政府对全县土地进行全面清丈测定,并按垅、户绘制地图。民国35年6－8月,海

① 三棚:畜棚、禽棚、坑棚。

门东部解放区进行大规模土地改革运动，中共海门县委领导解放区人民没收地主、富农的大部分土地、房屋和部分财产，分配给无地（房）和少地的农民。1950年9月5日，全县1946年土改过的老区81个乡的土改工作结束，开始发土地使用证。1951年11月5日，全县新解放区结束土改，县人民政府颁发土地房屋所有证计22.72万张（每户1证）。土地房屋所有证注明所有者土地的坐落、种类、面积、四至及边长尺寸，房屋和宅基地面积等明细项目。

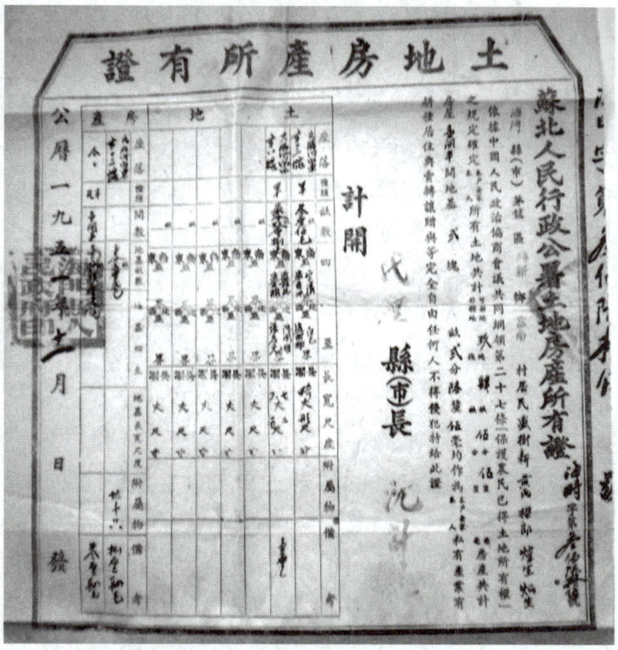
土地房產所有證
蘇北人民行政公署土地房產所有證
計開
縣(市)長
公曆一九五一年十一月　日發

图19－1　1951年，县人民政府颁发的土地房屋所有证

1987年7月，开展非农业用地清理工作，主要是全民和大集体企事业单位、乡村办企事业单位非农业建设用地及农村居民住宅用地。

1992年8月，全面清丈农村居民宅基地，发放31.46万户海门县农村居民宅基地使用证。

2002年，全市核发国有土地使用证4530件，集体土地使用权证3795本，城区单位宗地登记发证率80%以上。2003年，登记城镇商品房、农村住宅用地，累计发证1.22万本，其中国有土地使用证7074本，集体土地使用证5077本。2004年，办理各类土地证书1.04万本，其中国有土地使用证7640本，集体土地使用证2515本，其他项权利证书244本。

2005年，完成城区土地初始登记发证要素电子录入工作，建立城区土地初始登记发证数据库，实现从纸质查询到电子查询。是年，发放土地证书1.63万本（件），其中城区国有土地登记发证1.18万本。2006年，发放土地使用证1.76万宗。办理土地抵押登记595宗。2008年，办理国有、集体土地使用权登记1.17万宗。办理土地使用权抵押登记784宗。

第四节　地图测绘

一、地图市场

2002年2月，成立市地图市场秩序整顿和规范工作联席会议领导小组，开展地图市场秩序整治工作。是年，发动检查334人次，编印和发放宣传资料9000多份，检查从事经营文化用品、纪念品、玩具等经营单位和农贸市场等公共场所365个，查处违法违规地图717幅、地球仪197只、书刊246本，铲除带有政治性问题的瓷砖地图86幅；市国土资源部门与各经营地图产品的单位，签订地图市场长效管理责任状118份。

2003年10月，与省基础地理信息中心合作，编制《海门市区图》《海门市交通图》《海门市地理位置示意图》数字地图，设置地图网页，使外地人士通过网络了解海门市区域地理位置、交通脉络走向、城市建设等基本情况，为招商引资和外来旅游者提供方便。

二、测量标志

2005年，境内设有测量标志231个，其中国家及省测绘局在境内设立一、二等三角点11个，水准点42个，C、D级GPS控制点178个。新增利用旧点63个。是年，对新增的63个GPS点，明确管护责任，落实保管人员，发放保管经费。2008年，境内设有测量标志214个，其中国家及省测绘局在市境设立一、二等点10个。

第五节　耕地保护

1986年1月，制定《海门县建立基本农田保护区工作规程》，开展基本农田保护工作。

1990年5月，全县第一次开展基本农田保护区的划定工作。建立一级基本农田保护区 2625 个，3.15 万个田块，面积 4.98 万公顷，占全县计划耕地面积 95.1%；建立二级基本农田保护区，面积 3940 公顷，占全县计划耕地面积 4.9%。竖立县基本农田保护区标志牌 1420 块，明确基本农田保护区责任人 3131 人。为建设需要，储备预留地 1860 公顷。

1995 年 6 月，完成基本农田保护区调整工作，划定一级基本农田保护区 2522 片、2.53 万块，保护面积 5.9 万公顷，占实际耕地面积 94.82%；二级基本农田保护区面积 1.01 万公顷，形成档案 806 卷。

2004 年，实地踏勘全市基本农田地块，检查核对发生变化的地块，摸清基本农田底细，基本农田编号、权属等一系列基础信息编制电子台账，实行基本农田数字化管理。将基本农田保护资料汇集成图（册），共立卷 1300 多份。投入 120 万元专项经费，在公路沿线、重要地段设立基本农田保护公示牌 171 块，立界桩 1 万根。构建市、乡、村、组四级基本农田管护网络体系，签订各级基本农田保护责任书 24.67 万份。

2005 年，健全基本农田保护制度和耕地保护责任体系，开展基本农田保护争先达标活动、耕地保护“十佳”乡镇创建活动。2006 年，发出《关于进一步加强基本农田保护工作的通知》，明确各乡镇长为基本农田保护第一责任人。更新基本农田保护信息数据，建立乡镇基本农田保护片建设、占补平衡等 8 项制度。建立市、乡镇、村、组四级基本农田保护责任管护网络，重新签订基本农田保护责任书 24.67 万份，建立三厂、悦来等 22 个基本农田保护示范片，被省国土资源厅确定为省级基本农田保护示范区。

2007 年，市与乡镇、乡镇与村、村与组、组与农户重新签订基本农田保护责任书，签订率 100%。更新基本农田保护公示牌 78 块，其中，镇级 15 块、村级 63 块；补设基本农田保护界桩 5000 根。建立基本农田信息化管理系统，将乡镇基本农田的编号、权属、面积、地类、质量状况、承包人、管护人等基础信息输入电子数据库，实行数字化管理。编制省级基本农田保护示范区建设方案，总面积 4026.67 公顷，总投资 5779.77 万元，通过五年实施，净增耕地 86 公顷。

2008 年，制定《海门市耕地保护目标责任考核办法》，明确各乡镇、相关部门的耕地保有量面积、基本农田保护面积的考核指标。与乡镇签订耕地保护责任书 50 份，签订基本农田保护责任书 24.67 万份。全市所有耕地保有量及基本农田保护指标全部落实到乡镇、村组、农户和田块。投资 130 多万元，在全国率先制作并设立国家统一基本农田与土地整理标识，设立基本农田保护标识牌 490 块、土地整理标识牌 26 块，设立基本农田保护区界桩 2440 根。至 2008 年，全市落实基本农田保护面积 5.9 万公顷。

第六节　土地复垦整理

1954－1956 年，农村重视平整土地。每年冬春季节，生产队挖泥填土整理沟塘，施工时采取保留地表 0.25 米熟土的方法。

1957 年，汤家乡中兴村开始大片平整土地，10 多年时间投入 100 多万个劳动日，动土 200 多万立方米，将原来沟塘密布、高低不平的 900 多块零散土地改造成整齐划一的 24 块稳产高产农田，在江海平原上率先开展以平整土地为主的农田水利基本建设，成为省改造农田的样板，省内外组织参观取经者络绎不绝。

1964 年，全县掀起平整土地热潮，涌现出汤家、江滨、三星公社汇南大队、德胜公社通河大队、悦来悦宏大队、树勋公社旭宏大队、包场公社宏升大队等先进典型。由于施工时普遍存在不同程度颠乱土层，土地平整后二三年内，农业单产下降。至 1968 年，全县共平整土地 7400 公顷，完成土方 350 万立方米。

1975 年 9 月起，县委决定建设北部和南部两个样板片。北部样板片范围北至新南横河，南到 1 号横河，东西长 28.3 公里，总面积 3300 公顷。南部样板片范围，海门河两旁各 500 米，东起灯杆港，西至牛洪港，东西跨度 40 公里；青龙港向北经三厂向西至南通交界的公路两旁各 500 米，向东至海启交界，总面积 7700 公顷。两个样板片涉及 21 个公社、175 个大队。是年，县和乡镇均成立指挥部，入冬后平均每天约有 15 万人在样板片上平整土地。11 月，动土 1500 万立方米，平整土地 666.67 公顷。至 1977 年 7 月，两个样板片填塞废沟塘 1850 条，平整土地 5300 公顷，增加耕地面积 640.8 公顷，动土 4950 万立方米，拆建房屋 1.12 万间。

1981年,少量平整土地。1987年9月,县、乡镇建立土地复垦工作领导组,制定土地复垦复耕优惠政策,规定鼓励复垦土地5年内减免农业税;用于果树、渔业生产的,3年内减免农业特产税。

1990年8月,明确土地复垦的范围,涉及水利、公路等公共设施建设被占、挖废的土地;窑厂多占、挖损及应退田还耕的土地;城乡建设中废弃的宅基地,工矿企业废弃的灰(渣)场,城镇废弃的垃圾及遭污染的土地等。县财政拨款7万元,作为土地复垦补偿资金。是年,全县复垦土地154.29公顷,及时种上农作物,直接经济收入76.66万元,当年复垦,当年受益。是年,举办"国土杯"土地复垦竞赛,有15个乡、20个村、16家农户参赛,国强、王浩、秀山乡分获南通市"国土杯"竞赛一、二、三等奖。1991年,全县复垦闲散地、废弃地199.34公顷,其中用于种植业184.5公顷。1992年,复垦土地454.46公顷,净增耕地142.23公顷,超额完成南通市下达的年度复垦计划。1994年,全市下达土地复垦计划166.67公顷,实际复垦土地254.6公顷,净增耕地87.93公顷。复垦地用于种植业205.94公顷,用于养殖业40.93公顷,用于非农业建设7.33公顷,直接经济收益180多万元。1999年4月1日,汤家乡沿江低洼地复垦开发项目,通过省国土厅、财政厅和南通市国土局验收。

2001年,全市实施并通过省级验收的占补平衡项目库3个,面积165.15公顷,其中新增耕地164.97公顷。2002年,全市复垦土地320.67公顷,申报余东、树勋2个省级土地复垦整理项目,获复垦资金60余万元,新增耕地56.67公顷。实施并通过省级验收的占补平衡项目库4个,面积为175.23公顷,其中新增耕地160.37公顷。2003年,申报常乐、天补、王浩3个国家级土地整理项目、1个省级(麒麟)重点项目,涉及13个行政村,获国家专项资金4996万元,新增耕地315.33公顷。全年实施国家级项目1个、省级项目2个、县级项目27个,涉及19个乡镇59个行政村,投入复垦资金3200万元,新增耕地546.67公顷。全市实施通过省级验收的占补平衡项目库14个,项目区面积713.33公顷,其中新增耕地面积655.99公顷。2004年,实施并通过省级验收的占补平衡项目库27个,项目区面积555.55公顷,其中新增耕地面积552.4公顷。2005年,申报国家级投资土地复垦整理项目2个、省级投资土地复垦整理项目1个,获国家、省级财政专项补助资金5490万元,可新增耕地446.67公顷。34个市级占补平衡项目库一次性通过省级验收,新增耕地180公顷。2006年,实施国家级土地复垦项目1个,省级项目3个和54个市级占补平衡项目,获专项资金3566万元,新增耕地313.67公顷。54个市级占补平衡项目一次性通过省级验收,新增耕地面积139.53公顷,确认率100%。是年,全市实施并通过省级验收的土地增减挂钩项目库8个,新增耕地51.59公顷。2007年,通过省验收的土地增减挂钩项目20个,项目面积119.63公顷。实施并通过省级验收的占补平衡项目库54个,项目区面积141.57公顷。是年,实施完成城镇建设用地增加与农村建设用地减少挂钩试点整理项目,项目区总面积182.07公顷,其中新增耕地面积51.69公顷,获得新增建设用地挂钩周转指标51.69公顷。完成耕地占补平衡项目库项目47个,新增耕地面积137.4公顷,所有项目在未扣新增耕地面积前提下,通过省级验收,连续3年实现新增耕地面积确认率100%。是年,有国家投资、省投入土地整理项目5个,其中省投入麒麟镇土地整理项目顺利通过省级验收。3月,常乐镇土地整顿项目,通过国土资源部核查。全市实施并通过省级验收的占补平衡项目库47个,项目区面积137公顷。

2008年,实施完成2006－2007年度确定的21个挂钩土地整理项目,并通过省、南通市验收,合计新增耕地91.69公顷。完成8个县级耕地占补平衡项目库,项目区面积31.69公顷,通过省厅和南通市局的验收,新增耕地面积确认率100%,完成常乐、余东、德胜3个省级以上投资土地整理项目外业工作,进入申请验收阶段。

第七节　建设用地管理

一、征用

民国期间,因公共事业需要收买私有土地的,由政府地政科进行监督、调解办理。

1953－1957年,第一个五年计划实施,机关、工厂、交通、水利、文教、卫生、市镇基本建设用地日渐增多,原遗留的公田不敷调拨。1956年4月,用地单位提出征用土地计划书，按业务系统上报审批，由县政府核准后方可使用。至1957年，全县共征用土地3240公顷。1957年9月，县政府对1956年2月征用土地情况进行调查。全县有27个单位征用土地47.41公顷，其中14个单位征用的土地14.67公顷，做到合理使用。1958年1月，规定建设工程用地在20公顷以下和迁移居民在30户以下的，由县政府审批。是年，企事业单位征而不用、多征少用的情况比较普遍，存在土地浪费现象。1958－1962年，全县征用土地3000公顷，占总耕地面积3.7%。其中，工厂企业用地13.67公顷，占征用总面积4.6%；农田水利用地260公顷，占88.36%；交通运输用地69.6公顷，占2.38%；国防建设用地28.73公顷，占0.98%；国家机关建设用地104.93公顷，占3.59%。在土地使用检查中，发现多征少用和征而不用的土地74.2公顷，未经批准占用50.97公顷，及时进行处理。1959年秋，对海门通用机械厂（海门印机厂）、海门农校土地征使用情况进行调查，其利用率仅占29.4%。1962年12月始，各项建设征用土地审批权归省政府所有。1964年8月，国务院规定国家建设征（拨）用地在6700平方米以下由县政府审批。1967年4月，土地审批权归县生产办公室。1968年3月，征地审批事宜归县经济计划组。9月，由县革委会生产指挥组接管。

1984年7月10日始，建设征用土地由县建设局审核，规定征用乡村土地3300平方米以上的，由建设局牵头，组织征用单位与被征用土地单位协商；3300平方米以下的，由所在地乡（镇）政府负责，签订征地协议书。海门、三厂镇常年性生产蔬菜基地2000平方米以下的由县政府批准。超过上述权限，转报南通市或省政府批准。1987年1月1日起，根据《中华人民共和国土地管理法》规定，征用耕地2000平方米以下、其他土地1公顷以下的，由县政府批准。乡镇政府不承担非农业用地的审批（不含个人建房）工作。

1999年1月，根据土地管理法规定，国家为公共利益需要，可以依法对集体所有土地实行征用。建设占用土地，涉及农用地转为建设用地的，应当办理农用地转用手续。在已批准的农用地转用范围内，具体建设项目用地由市、县政府批准。国家征用土地的，由县级以上地方政府公告并组织实施。被征用土地所有权人及使用权人应当在公告规定期限内，持土地权属证书到当地政府土管部门办理征地补偿登记。

2004年3月，《中华人民共和国宪法》规定："国家为公共利益的需要，可以依照法律规定对土地实行征收或者征用，并给予补偿。"是年，办理集体建设用地出让83宗，流转面积78.6公顷，合同土地出让金收入4977万元；集体建设用地租赁32宗，面积20.53公顷，土地年租金收入40.52万元。2006年，报批建设用地54个批次706.67公顷。全年办理各类行政许可审批事项7356件。发放土地使用证1.76万本，办理土地抵押登记595宗，为企业融资14.8亿元。2008年，办理出让建设用地75宗，面积222.47公顷，土地出让金26.16亿元；发放建设用地批准书140份；办理建设用地批准书延期手续92份，签订补充协议59份。

二、补偿

1984年7月，县对征用土地补偿作出规定，凡征用土地单位，尽量在农作物收获以后下茬作物播种以前征用，以减少损失。确需在农作物生长期用地的，夏熟作物每公顷补偿1200元，秋熟作物每公顷补偿1650元，菜园每公顷补偿3000元，棉花、薄荷、留兰香、黄麻、小辣椒、药材等经济作物每公顷补偿2700元。对经济林木、房屋拆迁等附着物制定相应补偿标准。对农田水利设施、水井、电力、广播、通信设施等按实际情况付给搬迁费或补偿费。征地后平均每人占有耕地不足334平方米，由用地单位将符合相关条件的农民，安排为集体所有制职工。耕地征用后，人均耕地不足67平方米的生产队，经省政府批准，转为非农业户。

1992年8月31日，对征用土地费用补偿标准作调整。对青苗补偿费、房屋和附着物拆迁补偿费作出规定。对农田水利工程及机电排灌设施和电力、广播、通信设施等附着物，酌情付给迁移费和补偿费。

1995年4月，国家机关、全民和市属集体所有制企事业单位，建设需要被征用土地，村民小组人均耕地在334平方米以下（含334平方米）的剩余劳动力，予以安置，办理"农转非"（农民转为城镇居民户口）手续。

2004年3月，调整提高被征用土地附着物和青苗补偿费标准。建立耕地、人口变化台账，对征地后人均耕地不足67平方米的村民小组可按规定办理撤销村民小组建制手续。对按规定支付给农民征地补偿安置费用，按时足额发放给失地农民，切实保护被征地农民和集体经济组织的合法权益。

2007年3月，国家依法建立被征地农民基本生活保障制度，保障农民基本生活。被征地农民划分为第一年龄段16周岁以下、第二年龄段女性16周岁以上至45周岁和男性16周岁以上至50周岁、第三年龄段女性45周岁以上至55周岁和男性50周岁以上至60周岁、第四年龄段（养老年龄）女性55周岁以上和男性60周岁以上的基本生活保障制度。符合当地农村低保条件的被征地农民，可以享受农村最低生活保障。未纳入城镇社会保障体系的被征地农民，享受新型农村合作医疗。

2008年7月起，农村村民小组土地被国家征收、集体公益事业等占用后，人均耕地在132平方米（含）以下的村民，凡男满60周岁、女满55周岁及以上，未按月领取机关事业单位养老待遇、企业职工养老保险待遇、供养直系家属定期救济待遇，且符合相关条件的，可领取被征地农民老年生活困难补助费。根据被征占地后人均已享受补偿资金，分别确定困难补助费标准。

三、储备

2001年4月，成立市土地资产储备中心，制定《海门市国有土地储备办法》，根据土地利用总体规划、城市建设规划和市场需求，制定土地储备计划，建立政府土地储备库；落实土地储备年度工作计划，组织全市闲置土地、倒闭企业土地、其他需调整的城市存量土地收购和新增建设用地征收，并纳入政府土地储备库；负责全市储备土地的管理、临时利用工作；负责储备土地的前期开发、落实拆迁安置工作、“五通一平”及土地市场交易。

2007年，编制包括年度储备土地规模、储备土地前期开发规模、储备土地供应规模和年度储备土地临时利用计划等内容的《年度土地储备计划》。至2008年，收储备土地51宗，收储面积417.87公顷。供应储备土地29宗，供地面积225.32公顷，供应储备土地的土地出让金收入24.74亿元。完成储备土地前期开发48宗，开发面积337.81公顷。

1986－1998年海门市（县）三项建设用地审批一览

表19－1　　单位：公顷

年份	三项建设用地总计		国家建设用地			乡（镇）村建设用地			居民建房用地		
	批准用地	其中耕地	项目数（个）	批准用地	其中耕地	项目数（个）	批准用地	其中耕地	市（县）批户数	批准用地	其中耕地
合计	2420.25	1497.07	2258	572.95	475.83	1183	243.51	204.02	203642	1603.79	817.24
1986	242.75	163.55	172	64.38	64.38	171	32.61	32.61	20303	145.75	66.55
1987	177.52	155.19	83	25.50	22.70	139	49.19	48.58	13663	102.83	83.91
1988	157.31	108.16	80	12.57	10.30	68	16.15	8.73	16957	128.59	89.13
1989	165.78	108.55	81	16.14	10.14	34	4.12	3.28	19673	145.52	95.14
1990	138.57	87.98	98	13.69	11.06	16	1.35	0.95	16196	123.54	75.98
1991	276.81	140.37	234	74.92	59.91	80	11.69	8.72	17083	190.20	71.73
1992	241.80	163.36	354	77.89	71.32	177	25.31	22.60	17188	138.60	69.44
1993	247.97	109.73	349	60.83	54.71	85	14.25	11.87	10758	172.89	43.16
1994	346.45	104.58	212	40.12	33.60	48	11.68	10.01	15068	294.64	60.97
1995	152.33	140.46	237	56.30	50.26	129	34.31	28.49	15964	61.72	61.72
1996	120.98	105.99	152	39.30	27.72	68	15.70	12.29	20298	65.98	65.98
1997	96.78	74.58	129	50.54	35.49	136	19.51	12.36	8640	26.73	26.73
1998	55.20	34.57	77	40.77	24.24	32	7.64	3.53	11851	6.80	6.80

说明：1999年始，“三项建设用地审批”改称“征（转）用地批准和批准供地”

1999－2008年海门市征(转)用土地批准一览

表19－2 单位:公顷

年份	项目数(个)	总面积	农用地		征用土地	
			总数	其中耕地	总数	其中耕地
合计	1318	3199.48	1743.76	1649.15	2139.93	1499.73
1999	32	26.65	19.92	19.08	24.86	18.70
2000	56	49.78	40.33	40.29	48.95	40.11
2001	90	126.93	101.42	100.50	122.64	99.94
2002	180	328.23	261.29	260.96	325.86	259.04
2003	234	781.73	630.08	585.39	662.60	500.23
2004	121	421.66	154.75	147.07	237.43	142.54
2005	109	274.36	131.59	130.41	141.17	106.91
2006	234	684.72	159.20	153.52	255.62	142.72
2007	123	267.14	113.97	104.54	164.77	92.72
2008	139	238.28	131.21	107.39	156.03	96.82

1999－2008年海门市实际供地情况一览

表19－3 单位:公顷

年份	合计	工矿仓储用地		住宅用地	交通运输用地	商服用地	教育用地	旅游用地	其他用地
		总数	其中:工业用地						
合计	3707.70	1870.29	1834.76	648.91	424.49	323.99	206.95	3.64	229.43
1999	37.11	11.82	11.82	6.70	–	6.33	9.23	–	3.04
2000	66.10	23.47	22.88	20.82	0.23	8.39	7.14	–	6.05
2001	145.60	42.97	36.90	35.22	0.55	8.17	31.85	0.19	26.66
2002	141.33	83.80	71.58	26.81	0.46	9.10	7.53	–	13.62
2003	329.86	193.20	187.64	57.66	33.31	22.15	7.06	–	16.48
2004	697.13	320.21	312.08	98.28	43.21	99.25	65.91	2.63	67.65
2005	288.52	201.81	200.01	50.48	15.48	8.82	3.23	0.82	7.88
2006	1210.44	918.72	917.55	192.75	1.84	25.55	65.09	–	6.49
2007	244.80	18.25	18.25	106.74	69.28	6.35	9.21	–	34.96
2008	546.81	56.05	56.05	53.45	260.13	129.88	0.70	–	46.60

第八节　居民建房用地管理

一、农村村民建房用地

新中国成立初，农民建房甚少，自有土地上建房无须政府批准。1956 年，农业生产合作社建立后，农民建房占用耕地需经社员讨论同意。1960 年后，农民建房用地由公社审批，若占用集体耕地，由公社签署意见，报县政府审批。“文化大革命”期间，农民建房用地仍由公社批准。

1981 年 6 月，县政府发文规定，不准在承包耕地、自留地、饲料地上擅自建房。社员建房要服从统一规划，合理布局。鼓励农民节约用地，严格控制建房面积，并提倡建造楼房。宅基地确需占用耕地的，由建房户申请，生产队社员讨论同意，大队签署意见，公社审查批准，报县农委备案，方可建房。1983 年 1 月，县委规定农民建房用地标准每人为 20 平方米，并对以前所建房屋宅基地超过标准的，责令建房人退出超过部分的土地，不退者对超过部分累计征收土地使用税。1984 年 12 月，制定关于海门县村镇建设用地管理实施细则，村民建房用地面积放宽至每人 22－25 平方米，对有两处以上住房的，合并计算建房面积。楼房底层以上面积按 10%计算。鳏寡孤独户、家有独生子女的增加 10－12 平方米。违反计划生育的，不安排建房面积。农民的“三棚”基地，每户按 30 平方米标准。1985 年 10 月，制定《海门县农村宅基地使用证发放办法》，对农民建房颁发宅基地使用证。1987 年 1 月，对农民占用土地建房进行检查，清查未经批准建房 1885 户，占用宅基地面积 4.91 公顷；超标准建房 6.45 万户，多占土地面积 3300 平方米，均作适当处理。1988 年 10 月，规定城乡居民建房，凡是老宅基地可以利用的，不得随意占用耕地；凡劣地可以利用的，不得随意占用好地。部分居民确有必要占用耕地建房的，由村（居）民委员会根据上级下达的用地控制指标和建房户的住房情况，交村民小组讨论、评议。经村（居）委会、乡镇政府审核后，报县政府批准，并按规定缴纳耕地占用税和其他相关费用。建楼房的，除底层实算面积外，其楼层面积按 10% 计算。有新老房屋或两处以上住房的，其住房建筑面积合并计算。“三棚”基地，1－3 人户 25 平方米，4 人以上户（含 4 人）35 平方米。

1990 年 1 月 14 日，县土管部门将全年城乡居民建房占用耕地指标下达至乡镇、场，再分解落实到村（居委会），经群众评议，具体列出当年建房户名单，由乡镇、场汇总上报县土管局批准，发放建房用地许可证，收取建设用地保证金。当年发证 285 张，待房屋竣工验收合格，办理土地使用权登记手续后退还保证金。

2002 年 8 月，规定村民建房必须符合乡镇土地利用总体规划，服从村庄、集镇建设规划，提倡有条件的地方建公寓房。每户村民在农村只能有 1 处宅基地，其面积以户计算，1－2 人户为 90 平方米，3 人户为 115 平方米，4 人户及 4 人以上户为 135 平方米。宅基地面积由房屋占地面积及房前屋后占地、山墙两侧通道面积所组成。其中房屋建筑占地面积不得超过宅基地总面积 70%。建楼房的，其楼层面积不另折算宅基地面积。建“三棚”占地不计入宅基地面积，1－2 人户不超过 10 平方米，3 人户不超过 12 平方米，4 人及 4 人以上户不超过 15 平方米。2005 年 3 月，实施农民集中居住区建设，对未完成规划编制工作的村，除草危房改造和受灾户以外，原则上暂停批建新房，待完成村组规划后，按规划要求进行建房审批。2008 年 8 月，由市国土资源部门负责农村村民建房用地管理和监督工作，村民建房必须符合乡镇土地利用总体规划和村庄规划。鼓励联户建房或统一建设农民公寓房，提倡农村集中区村民住宅由镇、村统一组织代建。新建住宅不安排“三棚”用地，必须采用室内厕所和“三格式”化粪池。

二、城镇居民建房用地

1981 年 7 月，县规定机关、团体、学校及全民、集体所有制企事业的干部职工，未经批准，不得在城镇和城镇附近的生产队占地建房。12 月，又规定工厂、企业职工的建房标准，户均建筑面积不得超过 50 平方米。县级机关、学校、科研单位的干部职工建房标准，户均建筑面积不得超过 52 平方米。1988 年 10 月，县根据部分干部职工离家较近，早出晚归，又无公房安排，确需翻建原有住房的实际情况，由所在地村民组、村民委员会同意，乡镇政府审核，经县政府批准，可享受规定的建房面积。城镇居民的住房建筑面积每人17平方米;建楼房的,其楼层面积按50%计算。1989年11月,对干部建造私房作出规定,党政机关、企事业单位中的全民、集体干部及离退休干部,夫妇双方系城镇户口,且已有公房的,不得在国有土地、城镇郊区和乡村集体土地上新建、扩建、翻建、拆建、集资统建私房。干部需建私房,其配偶系农村户口,建在配偶户口所在地,由乡镇政府确定建房面积,由县主管部门审查批准。副乡(科)级以上干部,由县纪委和监察局审查批准,土管、城建部门根据审计结论书办理建房手续。

2002年8月,规定对长期居住在农村(不包括城市规划区范围)且原有住房破旧、经济条件差的城镇居民,确需改善居住条件的,经村民会议或村民代表会议同意,可参照农村村民建房用地的规定执行。2004年10月,根据国务院禁止城镇居民在农村购置宅基地的规定,停止城镇居民建房用地审批。2008年8月,市政府规定严禁城镇居民在农村购置宅基地,不得为城镇居民在农村购置的住宅发放土地使用证和房屋产权证。

第九节 土地市场

一、土地分等定级

民国时期,县境土地分为田、荡、涂3等,并据此将赋税分为6档。

抗日战争爆发后,为补充抗日军队给养,开征救国公粮,曾将全县土地分等定级为甲、乙、丙、丁、戊5个等级。

1950年改征农业税,将老解放区土地分为14级,新解放区土地分为23级。1953年,县政府对全县划分的田亩等级进行调整。1958－1983年,国家农业税收及订购粮以队为单位统一上缴。各生产队自行组织改造低产田,提高农作物产量。历史形成的田等、田级资料失去实际意义。

1983年,实行家庭联产承包责任制,集体土地由农户承包经营。由于田块不同土地质量差异,各生产队组织干部群众代表组成丈量小组,对农田分出好、中、差3个等级,生产队按此标准上缴国家农业税。

1992年,实行土地有偿使用,组织专门力量,按照统一规格要求,进行调查及数据测算,确定土地等级。1997年1月,市城区土地定级估价工作经省国土管理部门鉴定验收合格。3月,根据省国土管理局批复精神,认定市地产交易评估事务所具备为B级土地估价机构,准予在南通市行政辖区范围内从事土地估价工作。1998年10月,省国土管理局检查验收组对全市城镇土地分等定级估价成果进行验收,分内业、外业和总结汇报等方式进行检查并通过验收。

2003年,与上海财经大学不动产研究所合作,对海门城区和30个建制镇、乡集镇镇区进行土地定级估价更新工作。2004年,完成城区基准地价更新调查工作,通过省国土资源厅评审。

1993－2008年海门市(县)基准地价一览

表19－4 单位:元/平方米

年份	城区基准地价			乡镇工业用地基准地价			土地分等级保价
	商业用地	住宅用地	工业用地	一类	二类	三类	–
1993	170－300	140－240	110－200	55－100	55－100	55－100	–
1994	170－300	140－240	110－200	55－100	55－100	55－100	–
1995	170－300	140－240	110－200	55－100	55－100	55－100	–
1996	170－300	140－240	110－200	55－100	55－100	55－100	–
1997	350－1200	250－650	180－500	200	150－160	130	–
1998	350－1200	250－650	180－500	200	150－160	130	–
1999	350－1200	250－650	180－500	200	150－160	130	–

续表 19－4

年份	城区基准地价			乡镇工业用地基准地价			土地分等级保价
	商业用地	住宅用地	工业用地	一类	二类	三类	－
2000	350－1200	250－650	180－500	200	150－160	130	－
2001	350－1200	250－650	180－500	200	150－160	130	－
2002	350－1200	250－650	180－500	200	150－160	130	110
2003	350－1200	250－650	180－500	200	150－160	130	110
2004	700－3000	420－800	200－500	200	180－190	170	110
2005	700－3000	420－800	200－500	200	180－190	170	110
2006	700－3000	420－800	200－500	200	180－190	170	110、204
2007	700－3000	420－800	200－500	200	180－190	170	204
2008	700－3000	420－800	200－500	200	180－190	170	204

二、土地交易

新中国成立前，土地归私人所有，可以自由买卖。1956 年，农村建高级生产合作社，土地归集体所有，农民无权支配土地。20 世纪 80 年代起，随着改革开放不断深入，土地作为特殊商品进入流通领域，土地交易活跃，造成土地资产流失。1992 年 10 月中旬，县土管局组织 7 支专业队伍，对海门、三厂、青龙港 3 个县属镇和三阳、常乐、包场等 8 个建制镇的土地市场进行全面清理。据清查统计，11 个镇规划区范围内，发生土地使用权交易 2097 起，交易面积 7.75 万平方米。其中国有土地 1296 宗，计 4.58 万平方米，占总交易面积 59.1%；集体土地 801 宗，计 3.17 万平方米，占总交易面积 40.9%。是年，转移土地使用权 1852 宗共 6.24 万平方米。1994 年，补办土地使用权出让手续 8 宗，面积 8076 平方米，补交租金 89.19 万元。至 1995 年，全市 11 个建制镇共补办土地使用权转移和用途变更手续 1395 宗，4562 万平方米，收取补缴出让金 62.6 万元。

2000 年 8 月 28 日，市首次举行国有土地使用权拍卖活动，成功拍卖 6 宗国有土地使用权，面积 9000 多平方米，成交额 1000 多万元。第一宗国有土地使用权拍卖地块位于解放路南、公园巷西，出让面积 1201.7 平方米，底价每平方米 1980 元，起拍价每平方米 1958 元，被南通十方置业公司以每平方米 4018 元竞得，出让金 483 万元。2002 年，推行国有土地使用权拍卖、挂牌出让。共出让土地 100 宗，出让面积 115.27 公顷，合同出让金 2.7 亿元，政府收取出让净收入 6411 万元。2005 年，协议出让国有土地使用权 157 宗，计 386.23 公顷，合同土地出让金 3.5 亿元，政府收取土地出让金 2.5 亿元。

2006 年，办理供地手续 682 宗，计 1373.33 公顷，收入总额 31.3 亿元，列南通 6 县（市）之首。2007 年，组织工业用地拍挂出让，实际成交土地 7 宗，出让土地 8.79 公顷，获土地出让金 1799 万元；组织 11 期 21 宗经营性用地拍挂出让，出让土地 112.33 公顷，出让金 7.71 亿元。收购存量建设用地 17 宗，计 105.79 公顷；盘活储备土地 15 宗，计 26.67 公顷，收取土地出让金 563 万元，获租金 102.73 万元；通过储备土地的抵押和贷款担保，为市财政募集资金 5.5 亿元。2008 年，组织实施 39 期 92 宗建设用地招拍出让，成功出让建设用地 75 宗，221.98 公顷，获土地出让金 25.66 亿元。

1992－2008 年海门市（县）土地交易情况一览
表 19－5

年份	土地出让均价（元/平方米）	宗地	面积（平方米）	金额（万元）
1992	45.56	28	5.12	233.27
1993	30.58	227	94.08	2876.97
1994	40.04	209	62.52	2503.30

续表 19－5

年份	土地出让平均价(元/平方米)	宗地	面积(平方米)	金额(万元)
1995	62.61	120	35.85	2244.57
1996	40.38	94	17.74	716.34
1997	61.31	66	11.31	693.42
1998	72.68	69	17.27	1255.18
1999	65.63	58	25.12	1648.63
2000	115.81	137	74.09	8580.36
2001	122.31	119	88.29	10798.75
2002	110.21	133	123.62	13624.16
2003	82.27	201	282.68	23256.08
2004	216.61	177	567.58	122943.50
2005	167.26	177	441.40	73828.56
2006	255.61	475	1114.38	284846.67
2007	609.30	94	131.34	80025.46
2008	1102.73	115	239.10	263662.74

2000－2008 年海门市土地使用权拍卖挂牌出让一览

表 19－6

年份	拍卖宗数	挂牌土地(公顷)	挂牌出让金(万元)	拍卖土地(公顷)	拍卖出让金(万元)	总出让土地(公顷)	总出让金(万元)
合计	76	717.35	440481.97	198.37	202121.15	915.71	642603.12
2000	12	–	–	5.03	3198.40	5.03	3198.40
2001	11	–	–	14.20	4066.46	14.20	4066.46
2002	7	5.45	1784.34	17.76	6089.19	23.21	7873.53
2003	1	60.11	22533.61	8.65	7824.18	68.75	30357.79
2004	20	154.33	48507.42	42.78	24734.33	197.11	73241.75
2005	8	27.22	8667.46	27.95	30314.57	55.17	38982.03
2006	9	143.57	48567.32	70.87	101350.42	214.44	149917.74
2007	5	106.83	58331.44	8.99	20028.59	115.82	78360.03
2008	3	219.84	252090.38	2.14	4515.01	221.98	256605.39

第十节　土地使用制度改革

一、非农业建设用地使用制度

1949－1984 年，对非农业建设用地实行土地征用行政划拨制度。全县 2505 个单位，共征用土地 340 公顷，划拨土地 8 公顷。

1988 年 5 月起，对全县非农业建设用地征收土地使用费，土地实行有偿使用，其收费标准分 3 个等级：商业、金融、旅游、饭店、文化娱乐、照相、邮电、供电等行业用地，年每平方米为 2－3 元；交通运输、工业用地，年每平方米 1.5－2 元；手工业、服务业以及有营利收入的事业单位用地，年每平方米为 0.6－1 元。全民、大集体和其他对象缴纳土地使用费，全额上缴县财政；乡镇企事业单位缴纳的土地使用费，其中 40% 上缴县财政，60% 留乡镇财政；村以下企事业单位和个人所缴纳的土地使用费，全额上缴乡镇财政。

1989 年 11 月起，土地使用费征收范围和标准进行调整，除海门、三厂、青龙港 3 个县属镇及悦来、三阳、四甲、余东、包场 5 个建制镇征收土地使用税外，其余乡镇辖区内使用国有土地和集体土地，从事非农业生产的（含临时用地）单位和个人，继续缴纳土地使用费，以年每平方米 0.2 元计算。对连续两年以上亏损的单位及停产、倒闭的单位、正在基建尚未投产或经营的单位,可以暂缓缴纳。乡办企事业单位缴纳的土地使用税,70%留乡财政,30%上缴县财政。

1992年12月,对各类住宅建设用地,外资企业、商业、金融、旅游、文化娱乐等经营性用地,实行有偿出让供地。1993年2月,制定《海门县划拨土地使用权管理暂行规定》,对划拨、使用、转让、出租、抵押以及土地出让标准地价等作出规定,对各乡镇土地分级、区域作出规划。

2000年3月,规定商业、旅游、娱乐和商品住宅开发等经营性用地,以招标、拍卖方式出让国有土地使用权。招标、拍卖出让年度计划经市政府批准,上报南通市国土规划局备案后实施。2007年6月,规定工业项目使用国有土地,按照公开、公平、公正原则,在土地规范市场通过招标拍卖挂牌出让方式取得土地使用权。市国土资源部门会同投资、规划、环境保护等主管部门,根据国民经济和社会发展规划、土地利用总体规划、城市总体规划、国家产业政策、土地利用年度计划、土地储备规划和年度实施计划、建设用地控制标准等要求,编制工业用地年度出让计划,经市政府批准后向社会公布,上报南通市国土资源局备案。中标人或者竞得人持环境影响评价审批、工业项目审批(核准、备案)等文件,向市国土资源部门申领建设用地批准书,按照国有土地使用权出让合同约定付清全部出让金后,依法申请办理土地登记,领取国有土地使用权证书。

二、集体建设用地使用制度

2002年10月,省政府办公厅发文,海门市作为全省集体建设用地使用制度改革试点单位,进行改革试点。12月,按照土地所有权与使用权相分离的原则,在保持集体土地所有权稳定不变和确保集体土地所有权在经济上得到充分实现的前提下,集体建设用地使用权实行有偿、有限、可流转的制度。集体建设用地使用权流转包括集体建设用地使用权有偿出让、转让、租赁、作价入股、抵押和集体建设用地置换等。对产权代表界定、流转管理方式、流转地价管理、流转收益进行管理。

2003年4月,规定集体土地流转收益包括土地出让金、租金、红利、转让增值费等,并明确收取标准和分配比例。6月,制定增量和存量集体建设用地租金标准。是年,共办理集体建设用地流转224宗,流转面积158.07公顷。2004年7月,对村民小组的流转收益分配办法进行调整。是年,办理集体建设用地出让83宗,流转面积78.6公顷,合同土地出让金收入4977万元;集体建设用地租赁32宗20.53公顷,土地年租金收入40.52万元。

至2008年年底,共办理集体建设用地出让417宗,出让面积290.5公顷,出让收益2.4亿元[其中市1929万元,镇(乡)12976万元,村1820万元,组7259万元];集体建设用地租赁73宗41.53公顷,年租金1204万元(其中市82万元,乡478万元,村65万元,组579万元);集体建设用地转让74宗,转让面积65.77公顷;集体建设用地抵押313宗,抵押面积318.8公顷,抵押贷款2.295亿元。

第十一节　土地监察与执法

一、用地监管

1999年1月,对机关、企事业单位建房用地,城乡居民住宅建设用地和各类临时使用的非农业建设用地,实行全程跟踪监督管理。对建设用地项目竣工验收,乡镇土管员亲自到场实地丈量,检查和督促应拆老房及时拆除,限期进行复垦,退出老宅基地;建设用地项目验收结果执行公示制度,由乡镇土地管理所将每一个项目用地验收结果、违法用地查处情况、老房拆除情况陈墙公布,接受群众监督。9月,召开全市建设用地全程跟踪监管工作经验交流会。省、南通市国土管理部门领导参加会议,海门全程监管非农用地做法分别在《中国国土资源报》《中国土地》杂志刊载。2001年12月,海门市被国土资源部评为全国土地执法模范市。

2006年7月,建立村级土管员、基本农田管护员、信访信息员、土地监督员“四员一体”的村民委员会土地管理责任制。《中国国土资源报》《国土资源通讯》等媒体就海门做法作专题报道。

2008年3月,建立分区监管、包干负责、责任到人的“片警式”国土资源监管工作制度。对全市257个落实土地管理责任制的村级组织进行目标管理考核，对达标的218个村级组织进行奖励，是年，发放奖金30万元。

二、执法监察

1986年，对国营企业、大集体企业、乡镇村企业建设用地及城镇、乡村居民建房用地实行监察。1987年，对企事业单位用地检查，全县3266个单位，未办用地手续的1132个，占35%，用地面积700公顷，占用地总面积的43%。农村居民建房非法占地亦较普遍。1989年6月，县土管局会同相关部门对1－6月村以上干部计68宗建房户进行检查，超面积的41户，占60.3%，并作出相应处理。至1990年，全县13.42万个建房户中，未经批准擅自建房的2199户，用地面积16.68公顷，超标准建房6.91万户，超面积113.52公顷。

1991年，各乡镇开展创建无违法批地、无违法管理、无违法用地的“三无”乡镇活动。同时，对1987年后干部违法占地建造私房的情况进行清查。共检查1164户，其中违法占地599户计3000平方米。33个乡级以上干部建房均有不同程度的违法占地现象，共处理429户计2300平方米。其中拆除建筑物占地1200平方米，罚款9.72万元。有8人受到党纪、政纪处分。1992年，县土管局被评为省土地监察先进单位。1994年，全县开展土地行政执法检查。经查发现，1992－1993年，全县国家和集体建设用地365起，占地79.86公顷；依法批准用地308起69.6公顷；未经批准占用土地57起10.19公顷；征而未用抛荒地2起1.32公顷。1999年8月，开展创建土地执法模范市和土地执法模范乡(镇)活动。

2001年3月，省国土资源厅将海门列为全省开展土地执法监察动态巡查责任制先行试点单位。12月，省国土资源厅在海门召开全省土地执法监察动态巡查责任制试点工作现场会。2006年，开展查处土地违法违规案件专项行动，对2005年1月后批准的364宗新增建设用地采取拉网式详细核查。2007年，建立土地违法行为防、控、纠、督处置机制。落实村级土地管理工作责任制、项目用地上墙公示制、建设用地全程跟踪监管制、土地违法行为问责制四项责任制度；实行国土资源管理全社会共管模式、多部门联合土地执法模式、公安“110”联动土地执法模式、机动中队突击合作执法模式。实施劝导拆除、帮助拆除、联合拆除的方式、强制拆除4种拆除方式，建立土地违法行为查纠机制。《国土资源通讯》杂志刊登相关报道。2008年，创新土地执法巡查工作的网络建设、土地执法巡查工作制度建设、土地执法巡查工作考核办法，建立违法用地预警机制。在对违法用地执法行动中，采取宣传教育到位、协调沟通到位、制止程序到位、现场拆除到位的做法，均收到良好效果。

图19－2　2008年，市举办创建“土地执法模范市”汇报会

三、专项治理

2002年，开展土地批租专项治理活动。对1999年后批准的390宗用地项目、土地隐形交易、擅自建设占地情况展开拉网式检查，重点对违法违规用地进行查处，对欠交的土地出让金进行清缴，对经济适用房等房地产开发用地进行清理。对8宗违法、违规用地单位进行处理，补办手续6宗，补交出让金293.7万元。对17宗低价出让的土地补办手续，补交出让金差价，签订出让合同。对欠交出让金的32宗土地使用单位进行逐个清查，共结清土地出让金2384万元，清收到账489万元。

2003年，开展土地市场治理整顿工作，清理开发区、乡镇工业园区以及经营性用地招标拍卖挂牌出让情况。查处各类违法用地案件14宗，收缴罚没款30万元，责令补办用地手续12件8.2公顷，补缴土地出让金500多万元。

2004年,治理整顿土地市场,恢复原有用途土地3.6公顷,收回圈而未用闲置土地2.3公顷,对在建项目暂停建设及限期整改的有41个,涉及土地面积322.5公顷。撤销7个乡镇工业园区,摘除14个乡镇工业园区牌子。

2006年,完成海门经济开发区和海门工业园区的周边范围定界工作。对16个新开工项目进行清理,完善用地手续,巩固土地市场治理整顿成果。

2008年,实行建设用地项目跟踪巡查制度和建设用地项目竣工验收制度。联合验收建设用地项目103宗,其中通过验收91宗,移交监察查处3宗,追究违约责任9宗,收取土地出让金及违约金381.4万元。

第十二节　海域使用管理

1988年,县成立滩涂管理办公室,负责全县海域滩涂使用管理工作。

2002年1月1日,《中华人民共和国海域使用管理法》颁布实施,明确沿海县级以上地方人民政府海洋行政主管部门负责本行政区毗邻海域使用的监督管理。2004年,全市海域使用管理职能划转海洋与渔业局。是年10月,经市政府批准,海洋与渔业局发放第一张养殖用海海域使用权证,面积229.47公顷,征收半年海域使用金8600元。

2005年,发放养殖用海海域使用权证16张,面积906.67公顷,征收海域使用金35万元。其中三夹沙一宗54.8公顷海域使用权,委托南通海宏拍卖有限公司公开拍卖,由市蛎岈山投资开发有限公司以每年每公顷600元的价格拍得10年海域使用权,开创全省县级海域使用权拍卖的先例。是年7月,《江苏省海域使用管理条例》颁布实施。11月,海门市被国家海洋局确定为海域使用管理示范县。同年,被省海洋与渔业局授予海域使用管理先进集体称号。探索出海域使用管理"四统一"模式,即统一规划养殖区域、统一海域使用测量、统一收费项标准、统一界址标识,并在南通市范围内推广。

2006年,发放海域使用权证14张,面积1006.67公顷,征收海域使用金9万元。同年8月,为响应江苏沿海开发号召,推进沿海发展,启动《海门市滨海新区区域建设用海总体规划》编制工作,组织总体规划的海域使用论证、海洋环境影响评价专家评审会。是年10月,国家海洋渔业局同意建立江苏海门蛎岈山牡蛎礁海洋特别保护区,这是全省首个国家级海洋特别保护区。11月,滨海新区东灶中心渔港外围道路工程建设项目启动。

2007年,发放海域使用权证9张,面积980公顷,征收海域使用金23万元。是年8月,根据国家海洋局统一部署,全面开展养殖用海普查登记和专项执法工作。普查中,对每个养殖用海项目逐一实地踏勘和面积测量,填报养殖用海项目普查情况表和宗海位置草图。

至2008年,共发放海域使用权证50张,面积2793.33公顷,征收海域使用金93.3万元。是年12月,国家海洋局批准《海门市滨海新区区域建设用海总体规划》,用海总面积1760公顷,其中围、填海面积1380公顷。

附:创建全国土地执法模范市

1989年,全县各乡镇开展土地无案件活动。常乐乡为全县唯一的无案件乡,受到南通市土地管理局表彰。

1990年,采取以点带面的方法,以常乐乡为典型,深入开展土地无案件活动,经检查验收,有12个乡镇达到无案件乡镇标准,占全县乡镇总数35%。县土地管理局被评为南通市创建"无案件"乡(镇)活动先进单位。

1991年,创建无违法批地、无违法管地、无违法用地的"三无"乡镇活动。坚持对居民建房中用地指标不落实不报批、超面积申请不报批、情况不明不报批、手续不全不报批、建房基地不符合规划不报批、基建材料未具备不报批的制度,核实申报材料,定桩放线、开墙沟摆方脚、拆除老房、竣工验收到现场;将申请建房户的有关情况、初审意见,竣工后将验收结果或处理意见上墙公布,听取群众意见,把握每道关口。建立村土管员(监察员)与建房户签订责任书、建房户与施工队签订施工合同制度,严格按照合同办事。施工期间,规划、土管、建管部门组织力量进行巡回检查,发现问题及时解决。至1998年,连续开展创建"三无"乡镇活动,为开展创建土地执法模范市和土地执法模范乡镇奠定坚实基础。

1999年8月,制定《关于创建"土地执法模范县(市)"和"土地执法模范乡(镇)"活动的通知》,拟定创建考核评分细则,召开全市创建土地执法模范市和土地执法模范乡镇动员大会,建立创建领导组,加强对创建土地执法模范县(市)的组织领导。

2000年4月,省政府土地执法模范市考核小组对海门创建工作进行考核验收。听取海门市政府关于开展创建工作的情况汇报,查看创建工作以来的各种台账、执法队伍、网络建设和规章制度资料,随机抽查9个乡镇的创建工作。考核验收组认为,海门市领导重视,创建工作力度大,成绩显著。在全省推广海门创建工作经验。6月,《江苏土地》刊登《抓创建,促管理,上台阶》的文章,介绍海门创建土地执法模范市、土地执法模范乡(镇)活动经验。

2001年5月,海门市被省政府评为创建土地执法模范县(市)试点工作先进单位。12月,国土资源部门发文,授予海门市全国土地执法模范县(市)称号。

2005年7月,市三夹沙的55公顷左右海域10年使用权拍卖给东灶港蛎岈山投资公司,每年每公顷600元,此例为县级海域使用权拍卖全国首例。11月,海门市获全国海域使用管理百强县(市)称号。

2007年,海门市被省国土资源厅评为省土地执法模范市创建工作先进单位,获农用地转用指标13.33公顷的奖励。2008年,创建土地执法模范市活动深入开展,被省国土资源厅评为省土地执法模范市,获农用地转用指标20公顷的奖励。

第三章　工商行政管理

第一节　机　　构

民国34年(1945)9月,东南行署为保障军需、稳定人民生活,成立东南工商管理局,辖7个分局。10月,撤销东南工商管理局建东南货管局,辖7个分局、1个直属分派所。民国35年3月,海门、启东两县分开,建立海门县货管局,辖余东、吕四、南星、聚星4个分局。12月,国民党军队大举进攻解放区,海门、启东两县再度合并,成立东南财经局。民国37年10月,东南财经局撤销,设货管局,辖启东区、启中区、启西区、海南区、富余区、六甲区、吕四区、王鲍区、海东区、海西区、海中区11个分局。

1949年1月,海门、启东两县再次分开,2月,成立海门县货管局。3月,货管局撤销,设县工商管理局。10月,工商管理局改为工商科。1955年12月,撤销工商科建立商业科。1956年6月,县成立商业局。1965年7月,县成立工商行政管理局,与县商业局合署办公。1968年11月,成立县财税工商革命委员会,内设工商组。1969年7月,县财税工商革命委员会撤销,其工作由县革委会生产指挥组负责。

1975年12月,建立县革命委员会工商行政管理局,辖海门镇、三厂区、四甲区等7个市管所。1976年1月,市管所改为工商行政管理所。1980年12月,改为县工商行政管理局。1984年6月,增设三厂镇工商行政管理所。1987年3月,增设六甲、余东等5个工商行政管理所。1990年7月,增设东洲工商所。1991年7月,增设叠石桥工商所。1996年9月,增设开发区工商所。

1997年11月,工商行政管理机关体制实行垂直管理,市工商行政管理局隶属南通市工商行政管理局,更名为南通市海门工商行政管理局。2000年8月,原南通市海门质量技术监督局承担的流通领域商品质量监督管理职能,划归南通市海门工商行政管理局,指导广告业职能划给市经济委员会。

2002年7月,在全省工商系统实行机构改革之际,撤销六甲、三和、开发区、悦来工商所,叠石桥、城区等11个工商所改为工商分局。2004年10月8日,天补分局并入三星分局合署办公。

2006年4月13日,国家工商行政管理总局授权海门工商局外商投资企业登记管理权限,增设外商投资企业登记管理科。

2007年12月,成立海西分局。2008年,南通市海门工商行政管理局,内设11个科室(组、队)。

第二节　企业注册登记

一、国有集体企业

1949年4月,县境内开展工商企业登记,帮助私营工商业者复工复业,取缔投机活动,建立开业歇业审批登记制度。1951年,全县登记在册的工商户3930个。

1956年,全县私营工商业实行公私合营。是年3月,全县有私营工业58个、从业人员319人,私营商业3829个、5246人,私营手工业4331人,分别安排在公私合营企业或合作商店就业。1958－1960年"大跃进"时期,企业盲目发展,自行合并,改变企业经济性质及企业名称,企业登记注册工作处于失控、停滞状态。

1963年10月起,对城乡工商企业进行登记发证。1965－1966年上半年,县工商局对工商企业的开歇业和变更进行整理登记。1966年下半年至1976年,受"文化大革命"影响,工商行政管理陷于停顿。当时,全县工商企业总数1862个。其中,全民企业694个、大集体企业1168个。

1990年,全县开展清理整顿县级公司101个,其中撤销19个、降格13个、待定2个、保留67个。县以下公司133个,其中撤销45个、降格30个、合并5个、保留53个。1995年12月,经登记注册的集团公司17个,其中省级集团3个、南通市级集团5个、海门市级集团9个。全市企业总数8715个,其中法人企业4149个、营业登记4566个,全年新办法人企业280个,营业登记386个,办理变更1676个,办理注销1052个。1997－2000年,国有企业实行产权制度改革,工商局注册登记实行全程代理制。

2003年,改革注册登记审批程序,各类企业开业、变更、注销、备案等登记事项由工商局直接受理。同时在注册窗口设立快捷绿色通道,实行一审一核制,企业当天申请,当天领照。2006年,市工商部门开通项目审批绿色通道,重点项目实行定人指导、全程服务。是年,为企业到省、国家工商总局预核名称12件,现场办公28次,延时登记91次。2007年,海门工商局登记注册窗口获省巾帼文明示范岗称号。2008年,企业登记注册窗口下伸至各分局,三星、三阳、四甲、三厂分局直接受理企业登记注册,办理股权出资登记3个,企业直接融资3.65亿元。是年,全市内资企业2.1万个。其中,法人企业8861个、非法人企业1.3万个。全年新发展内资企业3813个,新增注册资本63.99亿元。

1996－2008年海门市工商企业数与注册资金一览

表19－7

年份	国有企业		集体企业		外商投资企业		其他企业	
	个数	注册资金(万元)	个数	注册资金(万元)	个数	注册资金(万美元)	个数	注册资金(万元)
1996	894	41504	4586	80062	359	20705	2875	53983
1997	811	–	4130	–	301	17895	3177	–
1998	837	–	3521	–	312	20430	3155	–
1999	880	40056	3156	56862	292	20741	3006	183490
2000	771	39846	2927	53985	222	–	2008	225981
2001	817	43206	2756	54842	209	17022	2593	190647
2002	808	39849	2558	50217	219	18152	2472	312027

续表 19－7

年份	国有企业		集体企业		外商投资企业		其他企业	
	个数	注册资金（万元）	个数	注册资金（万元）	个数	注册资金（万美元）	个数	注册资金（万元）
2003	485	40892	1397	64790	376	－	1993	300567
2004	444	38617	1393	57151	624	98080	1556	212371
2005	346	35418	1954	51499	740	－	546	192989
2006	221	40961	1157	76488	734	186299	12209	251081
2007	259	41024	1170	77775	830	227848	15804	3499319
2008	261	41025	1178	77776	914	296048	19522	4073004

二、非公有制企业

外商投资企业 1982 年，县工商部门重视涉外企业登记注册和前期立项评估、可行性研究论证分析、合同预审等活动。1985 年，海门第一个外商投资企业——南通悦泰有限公司登记注册。

1991 年，三和工商所通过牵线搭桥，促成全县首个中外合资企业——南通金雷树脂有限公司成立。是年，全市有外商投资企业 132 个，投资总额 7906.26 万美元，注册资本 3615 万美元，其中外方投资 1556 万美元，占注册资本 43.04%。1995 年，全市外商投资企业登记注册 347 个，投资总额 2.43 亿美元，注册资本 1.66 亿美元，其中外资 7598 万美元。1998 年，全市“三资”企业 312 个。其中，中外合资 278 个、中外合作 4 个、外商独资企业 30 个，投资总额 3.44 亿美元，注册资本 2.04 亿美元。全年新发展“三资”企业 9 个，办理变更登记 17 个，吊销营业执照 24 个。1999 年，通过监督检查，向全市“三资”企业发放催缴变更通知书 41 份。对 35 个企业作地址、名称、经营范围等项目变更。全年新发展三资企业 14 个，吊销营业执照 109 个。

2002 年，海门工商部门组成多个招商小组，赴浙江、上海等地开展招商活动。签订项目协议 14 份，引进资金 4000 多万元。是年，全市登记注册“三资”企业 219 个。其中，合资企业 141 个、合作企业 6 个、独资企业 72 个，投资总额 2.99 亿美元，注册资本 1.82 亿美元。2006 年 4 月，国家工商总局授权海门工商局登记注册资本 5000 万美元以下的外商投资企业，并对其实施监督管理。11 月，组建外商投资企业登记管理科。是年，全市登记注册的“三资”企业 903 个，注册资本 23.89 亿美元。2007 年，全市“三资”企业 1011 个，在苏北各县（市）中“三资”企业数首次突破千个。2008 年，全市核准登记注册“三资”企业 1015 个。其中，中外合资经营企业 229 个、中外合作经营企业 8 个、外商独资经营企业 778 个。

个私企业 1955 年年底，全县有个体工商业户 4423 个，从业人员 1.03 万人。1956 年，个体手工业者和小商小贩分别加入手工业合作社和合作商店。1965 年，全县持证个体工商户 709 个，714 人。

“文化大革命”期间，取缔商业系统中的小商小贩，有的下放农村从事农业生产劳动，有的提前退养。1978 年，全县个体工商户仅剩 169 个，从业人员 174 人。1979－1982 年，个体工商业登记范围仅限于修理业、手工业、服务业及小型零售商业，对象为城镇无业人员和待业青年，严格禁止农民进城从事第三产业。1978 年改革开放，全市个体工商业得到较快发展。1983 年年底，全县持证个体工商户 1.19 万户，1.38 万人。1988 年，全县 763 个自然村，平均每村有商店 3 个以上。是年，全县城乡持证个体工商业总数 2.16 万个，3.47 万人，营业额占全县社会商品零售总额 14.91%。

1995 年，全市商业个体户发展到 2.21 万个，从业人员 3.3 万人，注册资金 1.04 亿元。私营企业 275 个，从业人员 5651 人，注册资金 6.67 亿元。

2001 年，企业注册登记核定统一收费标准，简化办照程序，降低市场准入门槛，除国家禁止、限制生产经营外，一律放开。海门成为全省首个实行受理、审核、发照一条龙服务的工商行政管理县(市)。是年,新发展个体户52个;新发展私营企业333个,同比增长22%。2005年,全年新增个体工商户2.6万个,同比增长150%;新登记私营企业5754个,同比增长587%。开创弱势群体绿色通道,为企业下岗复员转业军人、大学毕业生等办理营业执照1504份。2008年9月1日,国家取消个体工商管理费和集贸市场管理费。是年,全市有个体工商户4.01万个,从业人员4.85万个;私营企业1.89万个,从业人员23.69万人。

1996－2008年海门市个体工商户、私营企业注册情况一览

表19－8

年份	个体工商户			私营企业		
	个数	从业人员（人）	注册资金（万元）	个数	从业人员（人）	注册资金（万元）
1996	16325	24730	17950	539	9680	14672
1997	23055	32184	24745	730	11250	28200
1998	24236	42788	28012	1010	13054	39003
1999	23569	43650	47878	1143	14287	–
2000	24848	42677	34241	1468	20471	74176
2001	24900	40475	38781	1801	28179	98920
2002	20403	35878	32350	1931	29941	123696
2003	20886	35564	35819	2420	52297	254997
2004	24027	34105	71393	5436	120603	601375
2005	50080	82438	170616	11190	180090	1503623
2006	32007	37750	94090	13998	140946	2282521
2007	35367	43084	110169	16053	170490	3239808
2008	40149	48509	111062	18937	236935	3718331

第三节　市场监管

清末民初,县境农贸交易以镇为市,自由买卖,无专人管理。若在市场交易中发生矛盾不能自行解决,择时进茶馆店“吃讲茶”(请茶客评理),理亏者,不但要服从大多数人意见,还要承担全部茶客的茶资。

民国10年(1921)9月21日《通海新报》载:“海门自夏秋后,淫雨成灾,十年罕见,大风、海潮、天雨肆虐,沿江沙田,茅庐漂没无计,内地一片汪洋,稻棉秋收无望。”少数商人为牟取暴利,将杂粮贩运出境,造成粮荒。乡民纷纷上书要求禁运,县知事发出告示,禁止杂粮外运。责令柴帖秤手对卖主进行收费的规定,每斤杂粮限十文为度,违者严惩,告示陈墙,收效甚微。

抗日战争时期,东南警卫团在富安镇周围开辟3个敌后市场,保障根据地军民日常所需。苏中四分区颁布《调剂民食暂行办法》,规定:“各县所产大米、玉米、三麦、豆类等杂粮,一律禁止运往敌占区,如私自外运,除全部没收外,一市石以上者,处以十倍罚金。十石以上,一律处以死刑”。

解放战争时期,东南行署严禁粮食运往敌占区,如违反粮食运销规定,数量在三斗以内没收20%;五斗以内没收30%;一石以内没收50%;二石以内没收70%。除没收部分外,其余强迫在当地平价出售。数量在二石以上全部没收,送区政府和行署处理,情节严重的处以死刑。

新中国成立初,一些唯利是图的商贩趁国家财政困难,囤积居奇,肆意进行投机倒把活动,牟取暴利。1950年4月初,中籼米每50公斤14元,月底涨至40元。县政府积极组织货源,平抑物价,稳定市场。

1954年3月,全县实行粮油计划供应,市场上的粮食牙行(即地盘篮)全部取缔,并对妨碍市场管理的粮商进行处罚。至年底,查处违法粮商182户,其中,77户罚款9997万元(旧币),3户停业,102户检查悔过。同年9月,棉布、棉纱实行计划供应,对全县109家棉布商户、批发商进行教育改造。1956年2月,首先开放茅镇农贸市场。1957年1月,除国家统购物资外,水产品、禽、蛋等农副产品进入市场交易不受限制。"大跃进"时期,农副业生产受到影响,行市萧条,物品匮乏,基本上无可管理。

"文化大革命"时期,把集市贸易当作资本主义尾巴批判,市场冷落。1971年10月9日夜,工商管理部门对全县违章经营者3538户进行突出清查,查出粮食8243公斤、皮棉561公斤、土布296米、木材3.3立方米、粮票379.5公斤及大批迷信品。1977年,加强市场管理工作,对27个较大的集贸市场进行整顿。1979年5月,海门镇、三厂镇等19个乡镇开放粮油集贸市场。

1981年9月,海门、三厂两镇开放日用工业小商品市场,个体工商户摆放近百个摊位,几百种小商品,解决商店不愿经营、群众生活又必需的商品供应。1987年,开展3次以整顿市场秩序为重点的大检查,查处各类劣质味精725公斤,假冒香烟2293条,假银圆603枚;伪劣磁带595盒,劣质轴承4028套,无标记竹叶青酒5.05万瓶,冒牌宝石花镀金手表425只。1988年8—9月,县工商部门组织300多人,对农贸市场、商品经营店进行检查,查处搭车涨价,短斤少两行为,假冒伪劣商品和违章违法行为216起。

1993年,实施市场登记注册管理制度。是年6月,开展粮油市场经营情况检查,对违反国家粮油价格政策行为进行批评教育和经济处罚,稳定粮油价格。加强蚕茧市场管理,整顿丝茧流通秩序,查处无证经营。整顿棉花自由买卖市场,核发棉花经营营业执照,封存个体小轧车,查处无证收购、加工棉花行为。1994年,市工商部门开展创建文明集贸市场活动,货隆竹木市场、东洲市场、叠石桥绣品城获全国文明集贸市场称号。2000年,市工商局会同公安局建立市场消防组织,重点抓叠石桥绣品城、货隆竹木市场、郁家店竹木市场、东洲市场、万丰商城等较大规模市场的安全管理。5次对全市57个石油加油站进行突击检查。

2003—2005年,开展以肉、菜、粮为主的"放心工程"建设。抽检生猪屠宰点、农产品生产基地上市农产品的质量,检测各类农副产品45种26万批次,检出不合格农产品11种6438公斤。2006年,全市新培育市场5个,总投资3.56亿元,占地面积14.57万平方米。全市市场成交额232亿元。其中,亿元市场22个、超亿元市场19个、超10亿元市场2个、超百亿元市场1个。2008年,全市登记注册的各类市场54个。其中,农副产品市场47个、工业品市场6个、生产资料市场1个,市场成交额340亿元,完成修缮或改造农贸市场17个,总投资3146万元。

图19-3 市工商人员对上市猪肉进行抽检 (2005年摄)

1991－2008 年海门市(县)国家级、省级文明市场一览

表 19－9

年　份	市场级别	市　场　名　称
1991－1992	全省文明集贸市场	货隆桥竹木市场、东洲市场、悦来农贸市场
1993－1995	全国文明市场	货隆竹木市场、东洲市场、南通市三星叠石桥绣品市场
1995－1996	省文明市场	江苏南通叠石桥绣品城、货隆竹木市场、东洲市场、万丰商城、悦来农贸市场、三阳农贸市场、三星农贸市场
2003－2004	省文明市场	江苏叠石桥绣品城、东洲市场、宏伟市场、万丰商城、正余大岸桥集市贸易市场、三阳集市贸易、三厂综合市场
2003－2004	省样板市场	东洲市场
2003	南通市级样板市场	东洲市场、江苏叠石桥绣品城
2005－2006	省五星级文明市场	叠石桥国际家纺城
	省四星级文明市场	郁家店竹木市场、东洲市场、南通北上海国际装饰城
	省三星级文明市场	宏伟市场、实诚农副产品批发市场、昆仑集贸市场
	省二星级文明市场	三厂综合市场、万丰商城市场、货隆农贸市场、包场商业公司集贸市场、正余大岸桥市场、天补集贸市场、三星叠石桥集贸市场、四甲集贸市场、三阳集贸市场、树勋集贸市场、凤城农贸市场
2007－2008	省五星级文明市场	叠石桥国际家纺城
	省四星级文明市场	郁家店竹木市场、东洲市场、南通北上海国际装饰城
	省三星级文明市场	宏伟市场、实诚农副产品批发市场、昆仑集贸市场、三阳集贸市场、东方家居装饰市场、天补集贸市场、三厂综合市场、包场商业公司集贸市场
	省二星级文明市场	宏伟市场、海南市场、刘浩农贸市场、凤城农贸市场、树勋集贸市场、正余大岸桥市场、三星叠石桥集贸市场、货隆农贸市场、万丰商城、四甲集贸市场

第四节　经济合同管理

一、仲裁　鉴证　抵押

仲裁　1984 年 3 月，县工商部门设立经济合同仲裁委员会，下设仲裁庭。1991 年，设海门镇、四甲两个基层仲裁庭。1990－1997 年，立案调解各类经济合同纠纷 910 起，仲裁 60 起，解决争议金额 944.3 万元。

1996 年 7 月 20 日，成立市工商行政管理局合同争议调解委员会，下设调解庭。1996－2008 年，受理合同纠纷 1193 件，调解 1158 件，解决争议金额 2203.78 万元。

鉴证　新中国成立前，大宗买卖或借贷双方只需要在契约上签字画押生效，纠纷时有发生，无法协调时则由族中较有威望的长者或地方绅士出面调解。1956 年，各行业公司合营后经济合同能较好地执行。“文化大革命”中，经济合同时有纠纷造成信用危机。1979－1980 年，省工商局在海门推行经济合同试点。1980 年，鉴证各类经济合同 216 份，合同金额 641.2 万元。1983 年，增加到 3688 份，总金额 7161.4 万元，经过鉴证的合同，履行率均在 95% 以上。1985 年起，合同发生纠纷除继续到工商部门调解外，多数企业不再到工商部门办理鉴证。合同纠纷、受骗案件明显增多，企业经济损失巨大。1988 年，蒙骗上当和追不回的货款 1.5 亿多元。至 1990 年，共鉴证各类经济合同 1.23 万份，总金额 3.72 亿元，帮助企业追回经济损失 350.6 万元。

1996 年开始，市工商部门坚持合同论证、资讯、鉴证，为企业、个体经营户合同签约提供全方位服务。推行合同示范文本，加强合同格式条款规范监管。至 2008 年，共鉴证各类经济合同 12.81 万份，合同金额 2 亿元，企业避免直接经济损失 2593 万元。

抵押 1965年,县工商局成立,办理抵押融资。2000年5月,在省内率先实行个私户抵押融资,免费勘验、评估、抵押一条龙服务。2001年,南通宏达电碳公司为拓展经营规模,申办抵押融资448万元。2003年,受“非典”疫情影响,京海肉鸡集团、中宝食品公司,先后出现雏鸡严重滞销,冻鸡压库,玉米、青蚕豆等多种农产品销路不畅,企业周转资金受挫。市工商部门与金融单位联手帮助解决抵押贷款1200万元。2004年3月,海门手帕厂与建设银行海门支行签订抵押借款合同,由于合同科办事人员办理重复抵押,经及时发现纠正,避免了一起价值150万元抵押的重复行为。至2008年,共办理动产抵押登记3896份,抵押物总价值194.97亿元,被担保的主债权98.04亿元。

二、违法合同查处

1996年,立案查处违法合同案件965起,罚没款入库564.04万元。2004年9月,麒麟供销社门面房拍卖中竞拍人作弊,海门工商局立案查处,作经济处罚。

2004－2005年,开展打击合同欺诈专项执法行动,对中介服务机构、拍卖市场、建筑市场进行整治,查处违法合同案件146件,罚没资金207.2万元,其中查处利用合同欺诈案件12件,罚没金额39.5万元。

2006年,立案查处合同违法案件152件,罚款65万元,其中虚构合同案件2件,利用合同形式侵害消费者权益案件1件。2007年,查处利用合同欺诈案件2件,罚没金额1.53万元;虚构合同主体案件5件,罚款4.7万元;其他合同案件25件,罚没金额34.8万元。2008年,查处利用合同违法案件11件,罚没金额28.39万元。

三、“重合同、守信用”活动

1985年,县工商部门开展“重合同、守信用”活动,举办相关法规培训200多期。是年,申请参加“重合同、守信用”评审企业232个,被命名为“重合同、守信用”单位93个。

1988年,147家企业获“重合同、守信用”证书,其中被南通市工商局连续3年命名为“重合同、守信用”企业68个。

1998年,南通回力橡胶有限公司、江苏海峰电力机械集团公司、通光集团有限公司获省“重合同、守信用”荣誉称号。2001年,江苏包罗铜材集团有限公司、南通三建集团有限公司获国家级“重合同、守信用”称号。

2005年,在农资、装饰装潢等3个行业中评选出诚信经营户35户。2006年,建立合同助企联系点制度,全市196个企业列为合同助企对象。是年,调解合同纠纷73件,解决争议金额107万元。

2007年,开展创建诚信企业活动。市工商部门深入企业指导,帮助修订完善信用(合同)管理制度,规范合同评审、签订、履约等各个环节,完善企业信用评价体系。是年,受理合同争议纠纷174件,解决争议金额83.41万元。25个企业获评南通市AAA级“重合同、守信用”企业,259个企业获评南通市AA级“重合同、守信用”企业。2008年,加强对订单农业的指导,规范农业订单合同25份,10个农业龙头企业成为工商局重点帮扶企业。制定《海门市社会信用体系建设方案》。

2008年底,全市有国家级“重合同、守信用”单位6个、省级20个,南通市AAA级“重合同、守信用”企业418个,南通市AA级“重合同、守信用”企业315个。

1996－2008年海门市经济合同仲裁、鉴证、抵押、违法合同查处一览

表19－10

年份	合同仲裁				鉴证			抵押担保			查处违法合同	
	受理(件)	调解(件)	仲裁(件)	争议金额(万元)	份数	金额(万元)	避免损失(万元)	抵押登记(份)	主债权额(亿元)	抵押物值(亿元)	件数	罚没款(万元)
合计	1193	1158	8	2203.78	128146	19961.29	2593.00	3896	98.04	194.97	965	564.04
1996	124	121	3	123.80	2738	9941.30	56.00	573	10.90	12.84	12	6.30
1997	144	139	5	176.90	3946	289.88	74.00	247	2.61	3.12	31	2.70

续表 19－10

年份	合同仲裁				鉴　证			抵押担保			查处违法合同	
	受理（件）	调解（件）	仲裁（件）	争议金额（万元）	份数	金额（万元）	避免损失（万元）	抵押登记（份）	主债权额（亿元）	抵押物值（亿元）	件数	罚没款（万元）
1998	76	76	-	87.40	9763	345.12	367.00	465	4.75	7.29	84	9.44
1999	87	87	-	108.00	15999	359.80	274.00	298	5.20	12.20	92	23.76
2000	46	46	-	342.00	13400	314.60	176.00	334	9.40	18.40	171	45.60
2001	20	20	-	104.00	24136	290.20	183.00	294	9.80	19.10	214	125.00
2002	86	71	-	245.00	25844	317.90	107.00	307	11.20	22.30	7	3.30
2003	78	78	-	45.00	20319	376.60	349.00	345	13.30	24.30	13	6.40
2004	75	65	-	387.00	9876	88.70	387.00	378	4.20	10.90	12	79.00
2005	123	123	-	97.00	2060	26.10	500.00	275	4.90	12.59	134	128.20
2006	73	73	-	107.00	20	2807.39	-	114	3.85	12.19	152	65.00
2007	174	172	-	83.41	29	2765.00	-	129	5.10	14.55	32	40.95
2008	87	87	-	297.27	16	2038.70	120.00	137	12.83	25.19	11	28.39

2001－2008 年若干年份海门市国家级、省级“重合同、守信用”企业一览

表 19－11

级　别	企　业　名　称	评定年份
国家级	江苏包罗铜材集团有限公司、南通三建集团有限公司	2001
	江苏东洲通信设备有限公司、南通万众建设集团有限公司、南通建筑总承包有限公司	2003
	南通回力橡胶有限公司	2007
省级	南通回力橡胶有限公司、江苏海峰电力机械集团公司、通光集团有限公司	1998
	海门市静海暖通设备有限公司、江苏水龙江山消防发展有限公司	2000
	海门京海肉鸡集团	2004
	南通市三星房地产开发有限公司、南通舒恋家纺有限公司、海门市三兴制衣有限公司、南通市恒荣机泵有限公司	2005
	南通市欣宇房地产开发有限公司、江苏金呢集团有限公司、中联世纪建设集团有限公司、江苏白兔纺织集团股份有限公司、南通市德胜建筑安装工程有限公司、海门市兴隆不锈钢贸易有限责任公司、海门市升海空调设备有限公司、南通亿林针织服装有限公司、龙信建设集团有限公司、海门市新艺金属装饰工程有限公司	2008

第五节　商标广告管理

一、商标注册

20 世纪初，县内注册的商品有颐生酒厂的“地球”牌、“帆船”牌茵陈酒，大生三厂“双龙”牌细布和“三星”牌棉纱。新中国成立后，县内工业基础薄弱，很少使用商标。1957 年，根据国家、省有关商标管理条例、规章精神，县工商行政部门始对商标进行管理。

1966 年后，受“文化大革命”影响，商标管理工作处于停止状态。

1977 年 4 月，开展商标普查。全县国营、大集体、社队企业 549 个单位 125 个产品中，由南通地区工商局核准注册商标8枚,上报待批的28枚。1979年11月,由国家工商局统一办理商标注册。

1981－1995年,县工商部门核转商标注册申请660余件。90年代初期,1988年8月15日,县三星羊毛衫厂生产的"三羊"牌羊毛衫,经国际羊毛局批准,使用国际纯羊毛标志。企业可申请办理国际注册商标。1992年,海门消防水带总厂的"江山"牌消防水带商标获国际注册。

2001年1月,江苏包罗铜材集团股份有限公司的"包罗"牌商标,被省工商局认定为省著名商标。是年,商标的注册申请从工业品扩大到农副产品等各个领域。鼓励、支持农产品商标注册,并实施每件农产品商标奖励2000元的措施。

2005年,全力推进名牌工程,深入开展指导商标申请进万家和送注册商标上门活动,提高企业商标注册意识,加大名优商标培育力度。全年新申请注册商标420件,国际注册2件。

2007年9月,海门名列国家商标发展百强县第49位。

至2008年,全市有注册商标企业2110个,计3720件,获省著名商标称号的有22枚。

二、广告管理

清末民初,海门有多种报纸刊登广告。新中国成立后的较长时间,广告制作很少。

1977年,由徐思善、沈桐创办的三厂工艺美术社为县第一个经营广告单位。

1982年5月,国务院颁布《广告管理条例》后,县工商部门组织有关人员认真学习,做好广告宣传工作。1984年,县确定6个广告印刷企业,并重新在企业开拓广告阵地。1985年,县核准广告宣传300多条。是年1－5月,县广播站播出广告115条,其中生产资料广告53条、日用品广告10条、招工广告46条、其他广告6条。1986年,核准开办两个广告经营单位。1987－1988年,县工商部门积极支持发展广告业务,鼓励多渠道办广告,扶持有条件的个体户经营广告业务。1988年年底,全县有4个广告经营单位。

1991年,县举办广告法规培训4场次,接受培训218人次。是年,15人参加南通市工商局组织的广告业务培训,24人参加国家工商局举办的专业技术岗位资格培训。同年,开展药品、医疗器械、食品、化妆品等广告专项检查,查处违法广告案件5起,罚款3.2万元。1996年,对市内新闻媒体发布的广告进行检查。检查广播广告170多条、电视广告200多条、报纸广告350多条,市电视台广告部制作、发布香烟广告受到罚款。

2003年3月,海门工商部门会同市卫生局对海门电视台、《海门日报》发布的医疗广告进行检查,制止违法医疗广告6起,发出警示通知书7份。2005年,全市经营广告单位45个,从业人员221人,年广告营业额800万元。2006年,全市广告经营单位发展到58个,其中从业人员350人,广告营业额2500余万元。是年10月,市成立广告协会,为省首个县级广告协会。2007年,户外广告登记270件,拆除违法户外条幅广告1500条,查处广告案件14件,罚没款3.85万元。2008年,海门工商局实施广告发布验证、审核、备案、归档制度,全年核发户外广告登记证350份。与全市64个广告经营单位、6家新闻媒体、2家电子显示屏广告经营单位签订《规范广告发布行为责任状》。全年检查灯箱广告1000多只、条幅广告1500条、墙体广告300多幅,拆除擅自发布户外广告600多条,补办户外广告登记证37份。查处广告案件3起,罚没款3万元。至2008年,全市有广告经营单位78个。

第六节　工商经济监督检查

1949年10月,县工商科行使经济监管职能,对茅家镇42家私营棉布商店,规定销售价按国营公司牌价出售,不得自行涨价。县政府通令机关、团体、学校等单位,凡到市场采购和推销物资,必须通过当地工商管理机构,不准擅自进入市场交易。

1952年,县工商科制定工商户业务公约,粮食购销实行议价制。1953年5月上旬,粮食青黄不接,余粮户惜售。县粮食业务指导办公室组织人员对93户私营粮店进行检查,查出囤积元麦2.94万公斤、小麦6550公斤、玉米1.62万公斤,有效打击囤积居奇行为。

1962年10月,县人委成立市场管理委员会,下设市场管理办公室,开展打击投机倒把活动。1965年,县人委制定《关于加强市场管理,严厉打击投机倒把活动的通告》，查处和打击投机倒把成为工商行政执法的重点。对7名投机倒卖耕牛、无价证券、水烟等重大案件涉案人员，召开公判大会，示众宣判。

1981年，查处投机倒把大案150件，其中万元以上18件，罚没款19.8万元。翌年，广东省吴川县浅水公社贸易货栈套购天然橡胶70余吨，以每吨7200元倒卖给海门乡镇企业，被包场工商所查获，涉案5人遣送吴川县司法部门逮捕。1988年9月，县工商局组织对农贸市场和商业系统全面检查，查处擅自涨价、短斤少两、假冒伪劣商品和出售腐烂变质食品等违法行为216起。1988年始，工商部门每年4月进行清理无照经营专项整治行动。

1992年2月15日，查获浙江省瑞安市上望乡谢某等5人到海门走私外烟600多箱，案值100多万元。该案为新中国成立后海门查处最大的走私烟草案件。1995年6－7月，对粮食经营户进行检查，发现无照经营、超范围经营92户，并依法进行处理。1996年，市工商部门会同有关部门开展“扫黄打非”①行动，查处非法盗版CD66盘、游戏机12台，非法出版物317册、画张263幅，责令停业整顿11家，取缔无证书刊、录像制品销售点1个。

2001年，开展集中整治无照经营房地产行动。市金融企业职工施某，利用职务之便，无照经营房地产，经群众举报，予以取缔，没收非法所得35万元。2004－2005年，开展系列专项打击假冒伪劣商品活动，检查企业及个体工商户13626户，发出警示通知书486份。查处假冒伪劣、虚假广告、劣质食品等案件1121起，案值3351万元，捣毁窝点45个。开展“红盾护农”（工商执法行动保护农民合法利益）种子市场专项整治，查处坑害农民案件10起；打击巧立名目，收取不正当费用，高额回扣等商业贿赂行为，立案查处商业贿赂案7件。开展食品、饮料、酒类产品专项整治行动，立案查处131件，罚没款95.5万元。2006年，查处假冒伪劣、不正当竞争、虚假广告、无证经营等案件935件，案值4381万元；简易程序案件549件，罚没资金500万元。

2007年，立案查处一般程序案件823起，总案值8126.8万元，罚没资金460万元。市工商部门与公安机关联合取缔非法传销培训点12个，遣返传销人员500多人，6名传销骨干分子被刑事拘留。向公安机关移送案件5起，其中被判刑2人。是年，先后与市卫生、建设、安监等部门联合查处无证经营食品1099户、液化气175户、烟花爆竹28户、成品油单位4户。2008年，立案查处案件623件，案值6937万元，罚没资金450万元。向公安机关移送传销案1件，商标侵权案2件，移送违法人员7人，教育驱散传销人员39人。查获网络售假案件，被列为省十大公平交易案件，同时被认定为全国查获涉嫌假冒注册商标犯罪十大典型案件之一。是年，取缔无照经营户1776户，补办执照1530户，立案查处76户，发出限期办照通知1781份，联合文化管理部门取缔黑网吧5家，罚没款20万元。

第七节　消费者权益维护

1987年8月，县消费者协会成立，挂靠县工商局。消费者协会在每年“3·15”国际消费者权益日，组织大型宣传活动，编印宣传资料，在报刊新闻媒体开办《消费之窗》《市场与消费》等专栏。组织消费者开展评选“无假冒伪劣商品商场（店）”“诚信企业”“消费者信得过企业”等宣传活动，增强消费者自我保护意识。

1995年，市消费者协会受理消费者投诉432起，挽回经济损失44.81万元。1996年，全市建立14个消费者权益投诉站、68家消费者权益监督站，处理投诉2500多起，为消费者挽回经济损失40多万元。

2000年3月15日，开通“12315”投诉举报热线电话。是年，市消费者协会被评为省先进单位。2001年，被中国消费者协会评为落实消协首项职能先进单位。2002年，南通开发区竹行镇江东村农民杜志连，在海门农作物种子门市购买“迎春甘蓝”菜种子，播种1667平方米，造成失收。市消费者协会受理投诉，派专人实地勘察，听取专家意见作出处理，该门市补偿菜农经济损失1000元。2003年，成立“12315”消费者申诉举报处理站，同时成立10个申诉举报处理分站。8月，“12315”消费者申诉举报

① 扫黄打非：扫除黄色书刊、音像制品，打击非法出版物。

处理站、消保科、消费者协会合署办公。全年接待消费者咨询570多人次、电话1200多次，受理消费者各类申诉434件，调解成功270件，经调解撤诉161件，成功率98.9%，为消费者挽回经济损失38.5万元。2004年，市消费者协会秘书长张乃兵被评为全国维权先进工作者。

图19－4 2006年，市消费者协会在世纪联华超市举行"3·15"国际消费者权益日宣传咨询活动

2006年，市消费者协会接待群众咨询3000多人次，受理申（投）诉举报716件。其中，申（投）诉306件、举报410件。成功调解申（投）诉305件，调解成功率99.67%，为消费者挽回经济损失59.5万元；处理举报407件，其中立案查处203件，案值244.84万元，罚没金额71.83万元。2008年，接待群众来人来电咨询1659人次，接受消费者投诉391件，处理争议金额72.15万元，为消费者挽回经济损失44.72万元。"12315"受理并处理群众举报993件，处罚462件，案值568.14万元。实施钢材、电动车、电线电缆、照明灯具、服装、床上用品、皮革制品、食品八大类商品70个批次的质量监测，抽取样品130份，查处案件37起，案值97.59万元，罚没金额33.82万元。是年，秘书长朱慧涓被评为全国"12315"行政执法体系建设工作先进个人。

第四章 质量技术监督

第一节 机 构

民国19年（1930）10月，县设检定所，始对度量衡实行管理。民国36年，重建县度量衡检定所，管理流于形式。

1949－1957年，计量管理由南通市工商局度量衡检定所管理。1958年1月，成立县计量检定所，兼管崇明、启东两地。1959年10月，单独管理县境计量。1962年，县计量所机构被精简，计量工作由商业局承担。1974年，重建县计量管理所。1987年5月，县建标准计量办公室。1988年4月，成立县标准计量局（二级局）。1989年1月，建县产（商）品质量监督检验所。1995年6月，建县标准计量局稽查队。1996年11月，县标准计量局更名为市技术监督局。2000年2月，改名为南通市海门质量技术监督局，属省垂直管理。

2000年1月，市经委承担的质量管理职能和原劳动局承担的特种设备、安全监察职能移交质量技术监督局。2月，挂南通市海门质量技术监督局及下属稽查队、计量检定测检所、产（商）品质量监督检验所、锅炉压力容器检验所牌子。2005年年初，质监局增加食品生产监管职能。2007年，设立食品生产监管科。

第二节　计量监管

清末,茅家镇有曹万顺、永泰祥两家秤店,专门钉(制作)秤销售,钉有带钩或带盘的木杆重秤(亦称老秤,16两为1斤)。民国初期,度量衡计量混乱。度器有广尺、淮尺及民间自制的竹尺。量器有小斗、大斗,小升、大升及容量不一的斛。衡器以重秤为主,同时有会馆秤、油缸秤(俗称"吊子",用毛竹锯削制作的吊子,下端一截开口的竹筒,上端留有带状竹片作把手,亦有铁皮制的)、马司秤等。民国19年(1930)10月,海门始行市(新)秤(1市斤合0.5公斤)。民国35年,推行公制。重秤、市秤同时使用,换算不便,易出差错。

1959年10月,计量检定所组织力量改制木杆秤。翌年4月,商业系统取消16两制木杆秤,一律改为10两制市秤,作废16两制重秤,退出流通领域。20世纪60年代,县计量检定主要以度量衡器为主。1963年,对卡尺、千分尺、百分表检定。1964年8月,全县衡器进行普检,仅商业系统2226支杆秤中有82%不合格,限期按标准整改。1965年5月,对正余乡农用秤进行试点检定,合格率仅3.9%。9月,首次对粮食、供销系统25公斤砝码进行普检。1969年10月,青龙港仪表厂开始生产温度计。嗣后,海门电机厂生产电度表,三星电子仪器厂生产在线电阻测试仪,海门电子设备厂生产红外测温仪,海门台联玻璃仪器厂生产玻璃量器。1970年4月,检定全县生产的玻璃量器、温度计、在线测试仪等电子测试仪器。1983年,县计量所会同轻工局,先后两次检定海门印机厂等10个机械加工企业的325件和94台标准器具,合格率分别为85%、100%。10月,检定县内20多个医疗卫生机构的1180支体温计,合格率98.5%。1985年,始对工业、物资、交通、邮电等部门计量水平定级评估。1986年7月起,对社会公用计量标准、工厂企业最高计量标准及贸易结算、安全防护、医疗卫生、环境监测计量器具实行强制检定(电度表、水表分别委托县供电局、自来水厂检定),建立档案。至1990年,全县有165个企业通过计量定级验收。其中,二级7个、三级158个。1991年,全县登记在册的社会公用计量标准21项50件,35个企业110项最高计量标准174件,受检率100%;21个系统347个企业强制检定计量器具4711件,受检率93.5%。1994年,全年检修计量器具2.04万台(件)。

2000年,对全市生产、流通领域定量包装商品计量进行监督管理。全年举办计量管理人员培训班4期,200多人参加。指导企业建立完善计量检测体系,计量确认合格企业20个。是年10月,市台联玻璃仪器有限责任公司获省"99计量器具质量年"活动先进企业称号。2001年,对300多个企业25950台(件)计量器具实施检定。2002年,计量所建立商品检测室,对生产及流通领域定量包装商品抽样检测,当年抽样检测212批次。2003年,为260家企业检定计量器具2.48万台(件),其中强制检定730台(件),完成计量合格确认20个。是年10月,计量检定测试通过省级法定计量检定机构授权考核。2006年,对24个粮棉收购站(点)计量器具进行监督检查。会同市国税部门对全市44个石油加油站的154台加油机进行计量监督检查。开展定量包装商品的计量监督检查,抽查生产流通领域的定量包装50批次。为企业办理计量合格确认16个。至2008年,市计量检定测试拥有社会公用计量标准及检定装置23项,授权检测项目40余项,检测项目涉及长度、温度、力学、电磁、时间频率、化学等领域。

第三节　标准化管理

1984年,县境始行标准化管理,由县计量所管理实施。采用国际标准考核验收,帮助企业制定产品技术标准。1985年,对米白酒、黄酒、白酒、砖瓦、电器产品等产品进行监督检验。至1990年,先后举办10期标准化技术培训班,培训800余人次。帮助制定企业标准250个,组织企业采用国际标准22个,实施产品质量检测1200批次、1500多个产品。是年,县属企业标准覆盖率100%,乡镇企业覆盖率75%。

1993年,县内始行发放代码证书。此后,陆续展开条码申报及办理IC卡工作。1994年,确定消灭无标生产的管理目标。1996年,核查企业1161

个,核查产品 2284 个,历时 3 年实现所有生产企业产品按标准生产。1997 年 6 月,海门成为全国首批消灭无标生产县(市)。2000 年,汤家乡、包场镇获省推行标准优秀乡镇称号。

2002 年,技术质量监督部门帮助企业进行标准备案 166 个。其中,新标准 55 个、标准复审 111 个,全市标准覆盖率稳定在 96% 以上。与农业部门合作,制定海蜜甜瓜种子和新选大红袍赤豆品质标准、栽培技术标准,被省批准为地方标准。全市有 1 个产品通过采用国际标准验收。2003 年,办理 280 个企业标准执行证书,制定、修订企业标准 200 个,全年完成采标企业 9 个,办理代码证 1700 份、IC 卡 1500 张,发展条码新户 18 个,组织成功申报 1 个省级农业标准化示范区和 1 个地市级农业标准化示范区,制定 5 个省级农业地方标准和 4 个地市级农业地方标准。2005 年,为企业制定备案标准 212 个,形成产品执行标准书 235 份,举办 5 期企业负责人及标准化管理的培训,全年申报 3 个省、4 个地市级标准。2007 年,海门质监局被评为省产品质量安全工作先进集体。

2008 年,对全市标准化管理进行调研,形成《标准化战略:从"海门制造"向"海门创造"调研报告》。是年,被确认为省级高新技术标准化试点单位和循环经济标准化试点单位各 1 个,3 个企业通过标准化良好行为省 AAA 级验收。中兴能源新制定的 2 个国家标准被国标委立项,通光线缆申报 5 项国际电工委员会(IEC)标准进入报批阶段,万亩蔬菜省级农业标准化示范区顺利通过验收。至 2008 年,全市共发放代码证书 1.55 万份,发展条码用户 132 个,办理 IC 卡 1.05 万张;有 15 家企业参与 23 个国家标准和行业标准制定。

第四节 质量管理

一、查处假冒伪劣商品

1989 年,县标准计量部门注重产品质量管理,查处假冒伪劣产品。是年,查处外地流入海门的劣质水泥预制板 1 万块、劣质低压电器 1.2 万件、假冒洗衣粉 6.5 吨,涉案金额 72 万元。1994 年,会同公安部门暗访假冒伪劣产品窝点,整顿流通市场,查获废品水泥 500 多吨、劣质水泥预制板 1 万多块、不合格螺纹钢 400 多吨。1995 年,市区旧城改造中,监督测检 180 个工地建筑材料,查处废品水泥 14 吨,销毁不合格电器。

1996 年 8 月,市组建由公安、技监等 28 个部门组成联合打击销售假冒伪劣商品领导小组,集中整治建材、食品、电器、绣品等市场。查获不合格钢筋 23 吨、电线 285 圈、八五砖 30 多万块、预制板 1.5 万块、水泥 860 吨,查获不合格复合肥等农资产品 1280 吨;销毁劣质酱油、白醋 5834 瓶,假烟 3.22 万条;查封一批劣质药品、器械。是年,查处 24 起制售假冒大案,涉案额 1125 万元。1997 年,开展碘盐市场专项打假活动,查处假冒碘盐、劣质盐 15 吨。

1999 年,工商、发改委等 6 部门联合在市区解放中路开展"百城万店无假货"创建活动,出动执法质检人员 150 人次,对 116 家商店进行检查,发出整改通知书 71 份。2000 年 8 月,市区解放路通过省级验收,获省购物放心一条街称号。是年,查处假冒电动工具、劣质钢材、不合格液化气、不合格油品等大案 181 起,万元以上大案 14 起。2001 年,联合组织对大千市场打假行动,查处假冒红木家具、足球、劣质化工原料、不合格液化气等一批大案要案,立案 188 件。对农药、化肥、农机配件、建筑钢材、电线电缆、通信器材等产品进行专项打假,查处各类制售假冒伪劣产(商)品案值 500 万元。2003 年,开展食品专项打假活动,重点对酒类、饮料、乳品等商品进行强制抽检,查获不合格酒类产品 400 箱、牛奶 300 箱、油品 20 余吨;对农资产品进行拉网式检查,共抽查化肥、农药 18 批次,查获不合格复合肥 260 吨、农药 20 箱。2005 年,查获假冒电动工具 1000 多台、机针 10 万包、黑心棉垫子 2 万付、无证生产塑钢门窗等价值 60 余万元。2007 年,查获不合格电线 4 万米、无证生产门窗 2000 多平方米,无证生产黄酒 1.6 万包。认真落实"首查不罚"规定,发出责令改正通知 120 多份,全年立案查处行政案件 122 件,移送司法机关 1 件。

2008 年,组织开展以"妇科及泌尿科疾病"专科医院和专科门诊、非药品冒充药品等专项检查为重点的基层药械质量大检查,查处非药品"眼宝明目贴"、假冒藏红花、无证微波综合治疗仪等一批假冒药械。是年,查获假冒及不合格钢材 35 吨、不合格彩钢板 7500 平方米、烧结砖 80 余万块,假冒五粮液、茅台酒167瓶，涉案货值300余万元，发出责令改正通知100多份。

图19－5　市工商人员向百姓介绍真假酒鉴别方法（2008年摄）

二、质量监督

1958－1984年，县计量所对木杆秤计量准确性进行监督管理。1985年，始对酒类及鞋类产品实行质量监督。1990年，对电碳企业的产品质量进行监督检查，58个品种的合格率70%。1997年，对全市水泥预制产品进行3次普查，产品质量合格率从20%上升到89.4%。

2001年，对食品、建材、皮革制品、针纺织品、农资产品进行监督检查，检验产品350个批次，检验商品240个批次。委托检查1300批次，与380个无检测能力的企业签订委检协议，委检产（商）品1300多批次。是年，3个产品获南通市名牌称号，2个获省名牌称号，15个企业通过ISO 9000系列认证。2002年，以民生产品为监督检查重点，对食品、建材、机电、化肥等20多个产品进行监督检测，计1780批次。是年，对年销售额100万元以上的企业进行普查，建立质量管理档案，372个企业信息录入数据库，并开通产品防伪查询系统。2003年"非典"期间，对15个口罩厂、5个酱厂实行24小时巡回监管，确保产品质量。2005年，推行食品质量安全市场准入制度，组织16个企业申领许可证，并实行动态监管。是年，4个企业产品获省质量信用产品荣誉，1个企业获省诚信企业称号。2006年，通光集团生产的"通光"牌通讯光缆获评中国名牌产品，为海门第一个国家名牌；通光光缆、"三思"牌羽绒服被认定为国家免检产品。2007年，南通特钢有限公司的"AST"牌锅炉不锈钢无缝钢管被评为国家名牌产品，新锦江印染全棉布和凯盛、天生、美罗、三联公司生产的床上用品被评为国家免检产品。

2008年，组织申报国家名牌产品3个，获省名牌产品16个，南通市名牌产品16个。至2008年，全市有115个企业取得工业产品生产许可证，43个企业通过3C认证，88个食品企业取得食品生产许可证。全市拥有国家名牌产品2个、省级名牌产品32个，地市级名牌30个，省质量信用产品11个，省质量诚信企业11个。

第五节　特种设备安全监督

一、普查登记

2000年1月，根据国务院改革现行质量技术监督管理体制，省以下质量技术监督实行垂直管理，由原劳动部门承担的锅炉、压力容器、电梯等特种设备的安全管理职能划归县质量技术监督局。2001年，开展特种设备全面普查，普查后登记在册的锅炉、压力容器、电梯、起重机械、企业机动车等设施总量2557台（辆），各类气瓶12.3万只。

2002年起，开展气瓶产权转移工作。至2004年11月，全市19.67万只气瓶实现产权转移。是年，全县范围内开展压力管道普查登记，对320个单位压力管道进行全面检查，逐一注册登记，并输入计算机管理台账，91.2公里压力管道录入数据库。2005年，登记在册各类特种设备总量4442台（辆），气瓶24.85万个，压力管道101.22公里。至2008年，登记在册的各类特种设备总量5785台（辆），气瓶12.2万个，压力管道127.94公里。

二、长效管理

2001年起，重点开展特种设备专项治理和长效整治活动，先后3次联合发文就整治土锅炉工作进行部署，将土锅炉整治列入安全生产责任制。是年，取缔土锅炉190台，整改特种设备事故隐患362处。2002年，对全市14个重点化工企业进行安全生产大检查，安全监察工作由事故处理转变为事前防范的动态监管，全年共开展各类检查68次，发出整改意见书76份，整改事故隐患642处，取缔土锅炉3台。2003年，开展电梯、起重机械专项整治，督促40多个单位对电梯进行年检，更换安全合格标准牌;对起重设备较多的8个单位进行抽查,发出安全监察意见书14份,督促企业对起重设备及时进行检验。是年,对324个企业的85台锅炉、456台压力容器进行现场安全检查,整改事故隐患414处。“非典”期间,为确保高考顺利进行,对7个高考食宿点的锅炉、电梯逐个进行检查。2004年,对392个单位的3928台特种设备进行安全检查,捣毁土锅炉3台,整改安全隐患2191处。对全市78个浴室的锅炉、压力容器开展监督检查,对69个骨干企业特种设备检查,整改事故隐患132处。

2005年,制定《海门市特种设备重特大事故应急预案》,乡镇建立特种设备安全监察协管员队伍,两次举办协管员培训班,通过考核对特种设备协管员发放证书102份。组织开展“土锅炉”、浴室锅炉、起重机械等11个方面的专项整治活动,拆除土锅炉18台。全年对289个单位的1051台特种设备和2062个安全附件进行现场监察监测,整改安全隐患899处。2006年,457个特种设备使用单位向安全管理部门签订安全责任告知书,落实企业主体安全责任。全年对182个企业的1391台特种设备、1339件安全附件进行现场监察,发出现场检查记录257份,指令书177份,发出安全监督意见书14份,整改事故隐患1190处,取缔非法制造特种设备20台,查封47台。2007年,由特种设备使用单位签订责任告知书839份,对178家企业的1185台特种设备进行现场安全监察,发出安全监察指令书108份,整改事故隐患368处,取缔非法制造的特种设备19台,查封违规使用的特种设备30台次。

2008年,创新隐患督察整治闭环监管模式、安全责任闭环监管模式,组织开展冶金铸造起重机械、钢丝绳生产企业特种设备、石墨制品特种设备、安全生产月、百日安全督查专项整治活动,先后印发特种设备安全宣传资料1万多份。全年对162个单位的1486台特种设备进行现场安全监察,整改事故隐患383处。

三、作业人员培训

2000年起,市质监局对全县特种设备作业人员开展培训、复审、考核,考核合格的颁发特种设备作业人员证。是年,全市持有特种设备作业证1716人。2001年,培训、复审特种设备作业人员221人,全市持有特种设备作业证1853人。2003年,对235名特种设备作业人员分别进行培训、复审、换证,全市持有特种设备作业证2562人。2004年,对875名特种设备安全管理人员和642名特种设备作业人员进行培训和证件复审,全市持有特种设备作业证3287人。2006年,对928名特种设备作业和管理人员进行安全技术培训考核,全市持有特种设备作业证4417人。2008年,组织培训特种设备作业人员1963人,提高工作人员业务素质和防范事故能力。全市持有特种设备作业证7037人。

第五章 安全生产监督管理

第一节 管理制度

一、安全生产责任制

2005年,根据重点部门、一般部门和乡镇企业安全监管的不同侧重点,全市分A、B、C 3种类型,安全生产目标责任下达指标,层层考核,推行安全生产一票否决制,形成政府积极推进、部门依法行政、企业全面负责的新型安全生产责任体系。

2006年起,市政府与南通市政府签订的安全生产监督管理责任书,制定A、B、C 3类安全生产责任状。各乡镇、各部门层层签订责任状,确保安全责任全覆盖。

2007年，落实各级行政首长和企业法人代表安全生产责任制，使各责任主体职责明确、责任到人。市政府与22个乡镇、2个开发区、37个政府部门签订安全生产责任状，明确全年安全生产目标和责任。对工作不力、监管不到位、责任没有落实而发生安全事故的，严肃追究部门和单位领导责任，严格实行一票否决权制度。同时推行“一岗双责”制度，制定《海门市政府领导和有关部门安全生产职责》，明确规定市长及分管副市长、有关部门安全生产具体工作职责。

二、应急预案制度

2002年，根据《国务院关于特大安全事故行政责任追究的规定》及各级政府文件要求，防止重特大事故发生，组织编制《海门市特大安全事故应急处理预案》。应急预案以预防第一、自救为主、统一指挥、分工负责、协同作战的原则，组织人员在发生事故后第一时间进行抢救，减少事故损失。是年10月，预案正式发布并实施。

2004年，根据《中华人民共和国安全生产法》《危险化学品安全管理条例》，制定《海门市重特大危险化学品事故应急救援预案》，11月发布施行。

2007年，制定《海门市工矿企业安全生产事故应急预案》，并对《海门市重特大危险化学品事故应急救援预案》进行修订，形成《海门市危险化学品事故应急救援预案》，由市政府发布实施。组织完成全市28个重点行业应急救援预案制定工作。

三、事故调查处理制度

2001年起，对发生安全生产事故的生产经营单位进行调查处理。按照实事求是、尊重科学的原则，及时、准确地查清事故原因，查明事故性质和责任，总结事故教训，提出整改措施，并对事故责任者提出处理意见。2004年9月10日，一辆载客三轮摩托车沿苏222线由北向南行至三厂镇孝卫村地段时，侧翻后起火，造成车内4人烧死、4人烧伤事故。

2005年，制度要求安全生产事故发生后，事故现场人员及发生事故的单位迅速组织抢救，防止事故扩大；安全监管人员在事故调查处理过程中，坚持“四不放过”：事故原因没有查清不放过、当事人未受到教育不放过、整改措施不落实不放过、责任者未受到处理不放过，对事故进行认真分析处理，并形成事故调查报告。

2007年，加大对安全生产等突发事件应急处置力度，建立与“110”联动机制，确保监管人员在第一时间赶赴事故现场进行调查处理。

2008年2月，制定《海门市生产安全事故报告与调查处理规定》，对发生在海门市生产经营活动中的安全生产事故调查处理，规范生产安全事故报告，落实责任追究制度，防止和减少生产安全事故。

附：江苏金侨置业有限公司高空坠落事故调查报告

一、事故概况：

2003年5月初，江苏金侨置业有限公司综合办公楼增设1部电梯，指定工程科科长戴某具体负责，由江滨建筑公司项目经理胡某承接电梯安装，双方达成口头协议。5月25日，胡派倪某、胡某、郁某3人到江苏金侨置业有限公司施工。8月9日上午，胡交代完当日工作后离开现场。10点多，胡某在拆除人字桅杆时从16米高的楼顶坠落地面，当场死亡。事故发生后，市安监、公安、监察、工会、建工、建设等部门迅速组成事故调查组，对这起事故展开调查。

二、原因分析

施工现场所用人字桅杆系轻小型起重设备，属于特种作业范围，但现场作业人员倪某、胡某、郁某均未经过专业培训，也无从事起重作业和登高作业的特种作业操作证，且缺乏安全技术知识和防范意识，盲目拆除人字桅杆是造成这起事故的直接原因；江滨建筑公司项目经理胡某私自承接金侨公司的电梯工程，且施工现场安全管理混乱，未监督和教育从业人员按规定佩戴、使用劳保安全用具，未对职工进行上岗前的安全教育，负有安全管理失职的责任；江苏金侨置业有限公司在工程发包过程中操作不规范，未与胡某（承包方）签订书面合同，明确双方权利和义务，同时未对胡某的资质情况进行严格审查，随意将电梯工程发包给无相应资质的个人。

综上所述，这是一起因职工违章作业而引发的严重责任死亡事故。

三、责任认定及处理意见

这起责任死亡事故，胡某因安全管理不力应负主要责任，建议有关部门吊销其项目经理资质证书，并依法追究其刑事责任。

江苏金侨置业有限公司在电梯安装发包过程中违反有关规定，给这起事故的发生埋下严重隐患，应对这起事故负重要责任。建议江苏金侨置业有限公司撤销该项工程发包的具体负责人戴某工程科科长职务，对公司分管领导追究领导责任。

江滨建筑公司主要负责人对这起事故负有一定责任。

建议对事故责任单位和责任人依据安全生产法予以经济处罚。

四、整改措施

针对建筑企业施工中的隐患，主管部门采取如下措施：一是组织相关人员对全市在建工程进行安全生产大检查，查出问题由主管部门负责落实整改。二是市政府办公室召集建工、建设等部门研究对策，对未按规定签订承包合同或安全生产管理协议、安全责任不明确、安全措施不到位的工程一律禁止施工，已开工的停工整改。三是建筑企业必须遵照建筑法规定，严格规范承接建筑项目、工程施工。四是各建筑企业必须组织干部职工学习《中华人民共和国安全生产法》等法律、法规，吸取事故教训，增强安全意识，杜绝类似事故重复发生，确保安全生产。

第二节 安全宣传

1980年起，每年5月在全县开展安全月活动，推进企业制定安全生产岗位责任制和职工安全守则。1990年，通过召开会议、刊发简报、观看录像、收听广播讲座等形式，开展安全生产宣传。是年，培训企业中层干部2471人、班组长8699人、特殊工种人员1024人。

2001年，以落实安全规章制度，强化安全防范措施为主题，进行大规模安全生产法规培训教育，全市115个单位200多名安全管理人员参加培训。2002年，开展安全生产咨询日、安全知识下乡宣讲、危险化学品应急事故演习等活动。制作大幅安全宣传标语95条，电视移动字幕280条。加强特种作业人员管理，督察特种作业人员持证上岗。2004年，全市乡镇、部门召开安全生产会议89次，张贴安全标语、图片1.4万幅，电视播映安全生产专题新闻9次，《海门日报》安全生产专题报道8次。280多名企事业负责人、82名非煤矿山从业人员、291名危险化学品从业人员听取安全生产知识讲座。

2005年安全生产月期间，组织危险化学品事故应急演练1次，开展安全知识送下乡活动2次，举办安全生产咨询日活动暨万人签名活动。2006年，全市制作宣传横幅标语、宣传画5100条（幅），发放安全生产宣传资料2.4万份，组织开展劳动安全防护知识竞赛和安全生产法律知识竞赛活动。开展职工安全生产知识电视培训活动，有3万人收看安全生产专题视频讲座。

2008年，在市区主街道悬挂“治理隐患、防范事故”和“百日安全督查专项行动”等内容的横幅255条，开展百场安全知识宣讲活动，受教育5000多人次。至2008年，全市有10万名职工观看以安全生产为专题的电视节目。

图19－6 2008年，市安监部门在市区解放路开展“安全生产月”咨询活动

第三节 专项治理

1952年11月，县工商科、总工会组织对全县工

商企业进行安全生产检查,查出安全隐患 897 起。1956 年 7 月,县抽调 14 名机关干部深入企业,协助落实安全生产措施。1960 年起,县劳动局、各系统主管部门每年进行劳动安全检查。“文化大革命”期间,劳动安全管理工作处于停顿状态。1977 年,劳动安全保护管理由县计划委员会负责。1979 年,劳动安全保护管理职能由劳动局承担。同时,企业内部均建立安全生产管理机构。

1980 年起,将每年 5 月定为“安全生产月”。期间,县劳动安全主管部门、各企事业单位均开展相关活动。是年,对全县石棉企业的矽尘毒害情况进行全面检查,并协助企业落实防护措施,有效减少矽尘对职工身体损害。

1990 年,重点对全县电工、焊工、起重机行业操作人员持证情况进行专项检查。检查电工 1960 人,持证 1617 人,占 82.5%;焊接工 1163 人,持证 703 人,占 60.5%;起重机操作人员 745 人,持证 452 人,占 60.7%。对无证操作人员采取办班考核领证等措施,确保重点行业安全操作人员持证上岗。是年,还对冲压设备、传动机械、手持电动工具等特种设备安全防护情况,进行分类检查,发现情况,及时采取措施。

2000 年,成立市安全生产大检查专项治理联合执法小组,加强全市安全生产管理。对烟花爆竹、液化气、危险化学品、道路交通、海洋渔业、消防安全、建筑工地、水上交通 8 个重点行业开展安全生产专项治理,排查重大事故隐患 12 起,对 21 个存在安全生产问题的单位实施行政处罚。

2001 年,成立市安全生产监督局,接管原劳动部门承担的安全生产监督职能。是年,开展安全生产大检查,重点整治土锅炉安全隐患,将 190 台可能发生重大事故的土锅炉拆除报废。2002 年 4 月,组织安委会成员单位对 9 个烟花爆竹生产企业、1232 个烟花爆竹销售点、65 个加油站、92 个液化气代充点、32 个基建工地、7 个渡口及拥有锅炉、电梯等单位进行安全生产大检查。2004 年,组织 6 次全市安全生产大检查,对全市化工、电力、危险化学品等行业全面排查,发现事故隐患 4000 余处,发整改通知书 1600 余份,对叠石桥绣品城的消防安全、油漆专业市场、化工企业隐患落实整改。

2005 年,组织开展道路交通、公众聚集场所、危险化学品、消防安全、烟花爆竹、水上交通、特种设备、建筑工地、海洋渔业、校舍安全 10 项安全生产专项治理,全面排查事故隐患,做到不走过场、不留盲区、不留死角。对一般隐患做到立即整改,重大隐患限期整改。对个别整改不力的单位,采取停产整顿措施。2007 年,建立市安全生产专项整治联席会议制度,每两个月召开 1 次专项整治联席会议。是年,检查 1050 个企业安全生产情况,发现一般性事故隐患 1360 起,整改 1320 起,整改率 97%;发现较大事故隐患 3 起,全部整改到位;重大事故隐患 2 起,落实整改资金 820 多万元。

2008 年,抓重点企业、重点行业、重点领域安全隐患排查治理。建立重大安全隐患一企一档,企业建立重大安全隐患一患一档。实行隐患排查治理承诺制,对重大安全事故隐患,市政府挂牌督办,做到隐患整改定方案、定措施、定时间、定责任。加强危险化学产品生产和经营单位隐患的排查治理和日常监督,检查化工生产企业 170 个,查出各类隐患 480 余项,发出整改指令 72 份,强制措施决定书 4 份。对 8 个企业采取暂定生产整改措施。对危险品项目进行安全设施设计审查,完成 6 个危险品生产企业换发安全生产许可证,对安全生产措施不力的化工企业处经济罚款超过 100 万元。

第六章 统 计

第一节 统计报表制度

新中国成立初，县内工业、农业、商业、劳动工资等月报、季报、半年报、年报由各主管部门负责制定和统计。1953年，县统计科成立，开始建立工业、农业、劳动工资、商业统计制度共有18个表种30张表。至1960年，共有137个表种。其中，日报16种、双日报1种、3日报1种、5日报16种、旬报15种、月报77种、季报11种。是年5月，对各种报表进行全面清理。11月，主要统计报表内容由统计科统一设置，各主管部门配合并按级上报。"文化大革命"初期，统计报表制度中止。

1971年，恢复农业、工业定报制度，并建立"小年报"制度，提前做好年报准备工作，确保统计资料的准确性。1978年后，各类专业统计全面恢复，年报表增加到108张。至1990年，各专业统计报表和指标体系日趋完善。县统计部门负责的统计报表有综合、人口、劳动力、交通、科技、工业、农业、农经、劳资、固定资产投资、物资、商业、物价、外经、城乡人民生活15个专业，263个表种，4684张报表，19007个指标。其中年报177种、4272张报表、13764个指标；季报24个表种、243张报表、2687个指标；月报62种、169张报表、2556个指标。后因经济体制和经济结构变化，统计报表和指标增减变化较大。1998年，各类专业报表减为183种、2810张、11404个指标。2001年。增至194种、2998张、12104个指标。

2003－2008年，各类专业统计表为124种、2242张、10340个指标。人口、交通、科技、环保、水利、公用事业、土地、司法、农机、农业资源、城乡建设、电力、通讯、邮政、建工、财政、金融、保险、气象、文化、卫生、体育、教育、广播、电视等，由各主管部门负责统计，年底汇总后报市统计部门综合统计。

第二节 专业统计

一、综合统计

1982年，开始统计全县社会总产值。1984年，增加统计国民收入生产额和使用额及国民财产构成项目。1985年，设立综合统计专业，建立简易综合统计制度，定期开展对国民财产和国民收入等进行调查试算，系统地反映县国民经济总量指标及比例关系、经济运行情况，为制定全县国民经济发展计划提供资料依据。

1990年，适应经济形势发展需要，增加国内生产总值统计。1993年，综合年定报表有9张、247个指标，主要统计社会总产值和国民生产、销售、积累平衡，按当年价格和可比价格计算社会总产值和国民收入、综合消费、居民消费水平，按不变价格和当年价格计算国内生产总值。

1995年，取消社会总产值和国民生产、消费、积累平衡统计，改为统计总产出，按当年价格和不变价格计算国民生产总值及构成项目，按支出法计算国民生产总值、总投资、总消费，分行业试算增加值率。

1997年，增报城镇居民消费和农村居民消费，按行业划分资本形成总额。1998年，综合统计表定为7张、218个指标。主要统计总产出，按当年价格和可比价格计算国内生产总值及构成。按支出法计算国民生产总值和分行业增加值率。

2002年起，国民生产总值或国内生产总值指标改为地区生产总值。

二、工业统计

解放初，县内工业产品产量和产值，由工业主管部门收集统计。1953 年，建立工业年定报制度，统计内容有工业企业概况、工业产值及产品产量、职工人数及劳动生产率、主要生产设备等。1956 年，私营企业合营后，增报职工人数和工资总额及工业财务指标、原材料、燃料消耗、主要生产设备。1957 年，配合增产节约运动增报统计增产节约效果。

“文化大革命”初期，除报工业产值和产品产量外，其余全部停止报送。1970 年恢复。1972 年，工业统计定为 8 张表、198 个指标。1978 年，增报独立核算工业企业和集体工业企业财务指标及外加工工业产值。

1982 年，为考核计划执行情况，增报工业企业生产计划完成情况、产品质量稳定提高率、优质品率、原材料、燃料、动力消耗降低率、百元产值综合能耗降低率、全员劳动生产率、职工因工伤亡率。

1994 年，为适应工业企业改革变化，工业统计表和指标减为 6 张表 91 个指标。1998 年，工业统计表增至 9 张 1650 个指标，主要统计乡及乡以上工业企业单位数、工业总产值、工业企业生产及销售总量、现价总产值。独立核算工业企业主要经济指标、工业资本构成、主要工业产品生产销售、库存实物量。村办工业企业主要经济指标、城乡合作经营和城乡个体工业主要指标、工业企业主要产品产量。

2002 年，增报定报工业企业主要经济指标，500 万元以下非国有工业企业及个体经营工业企业主要经济指标。2005－2008 年，工业统计改为规模以上工业主要经济指标和规模以下工业主要经济指标。

三、农业统计

1950 年，农业基本情况和农产量等数据，以典型调查推算为主。1953 年，建立农业年定报统计制度，有 7 张表 120 个指标。主要统计农业基本情况、夏秋农作物播种与收获面积和产量、副业生产产量、耕地面积、农业劳动力等。采取基层单位填报、召开会议听取汇报和下乡典型调查相结合进行验证的办法。1956 年，农业合作化后，增报农业收益分配和农机具拥有量统计。“大跃进”期间，增报农村中心工作完成进度和农业生产发展进度统计。

1961 年，农业以生产队为核算单位，农业统计也从基层生产队填报，采取层层核实上报汇总。“文化大革命”期间，只报农作物面积与产量。

1982 年，农村实行家庭联产承包责任制，以户为单位计 27.95 万个农户。以农户的全部生产、消费、收入与支出为统计内容。1985 年，增报农业商品生产联合体专业雇工带徒弟人数及第三产业数量和产值。

1993 年，实行一套表制度。1998 年，根据农业经济发展需要，对原有报表进行削减，定为 9 张表、522 个指标。统计内容有农村组织情况、耕地面积增减变化、农林牧渔产值、农作物面积与产量、农业科技、农业商品化程度、农业产业化、外向农业、三资农业等。

2001－2008 年，农业年报表定为 19 张、1060 个指标。主要统计农村组织、从业人数、农村非农业总产值、耕地面积、年末土地利用状况分类、农业主要能源和物资能耗、蔬菜及特种作物生产、春夏播和秋冬播农作物面积、夏熟和秋熟农产品产量、农业公报指标、农林牧渔总产值、增加值、农林牧渔中间消费及物耗定额、市经济基本情况、畜禽饲养量、桑、蚕和水果生产量、农机具年末拥有量的统计。

四、劳动工资统计

1953 年，由各机关企事业单位按月报向县统计部门报职工人数和工资额。1956 年，建立劳动工资统计制度，有 2 张表、40 个指标。1962 年，增为 4 张表 100 个指标。统计内容增加职工增减变化、劳保福利费等。

1963 年，海门劳动工资统计报表质量考评受到省统计局表扬，并出席全国统计工作经验交流会。

“文化大革命”期间，只报职工人数与工资总额，其余停报。

1972 年，恢复月、季、年报统计制度，设 5 张表、120 个指标。1982 年，增为 7 张表、150 个指标。1993 年，增至 9 张表、660 个指标，统计机关企事业单位，分列经济类型和全民与集体企业。职工人数中列出合同工和使用农村劳动力人数。统计职工工资总额和劳保福利费中分别列出构成以及各种奖金和计件超额工资、劳保福利外的其他收入。

2000－2008 年，有统计表 6 张、570 个指标，取消月报，改为季报和年报。统计内容相应简化，只统计职工人数，包括在岗职工、其他从业人员、离开本单位仍保留劳动关系的职工、平均人数和职工劳动报酬、职工增减变化人数。按照经济性质分国有单位、城镇集体单位、其他单位和行业类型分各种行业名称的统计。

五、商业统计

1953年始，建立简单的社会商品零售额统计制度。个体私营商业由工商联收集整理；国营和集体商业由统计部门直接收集。1955年，逐步完善商业统计制度，社会商品零售额统计分列经济性质、行业类型、销售对象。1963年，市场商品紧缺，商品销售价格有平价、高价、议价之分，增报商品价格分类统计。

1982年，商业统计报表增至11张、517个指标，统计内容增加分行业机构人员数、农副产品收购额、餐饮业基本情况、商品购销存总额。是年，县商业专业统计质量考评受到省统计局表扬。分别在全省商业统计工作会议、全国商业统计工作会议上进行交流，发言稿被辑入《全国统计工作经验汇编》一书。2003年，商业统计表增至19张730个指标。2004－2008年，减为10张、830个指标。主要统计星级住宿和限额以上餐饮业、批零贸易业经营情况，商品购、销、存总额、批零贸易业、餐饮业能源消费、财务状况。限额以下个体批零贸易、餐饮业商品销售额的统计。

六、物资统计

1955年，建立物资专业统计制度。主要统计生产和基本建设用原材料、燃料收入与支出及库存、物资供货合同执行、主要原材料、燃料消耗定额执行。1957年，增报物资产品收拨存统计。“文化大革命”期间，物资统计中止，1972年恢复。1995年，增为10张、513个指标，主要增报产品销售与库存总值、原材料、燃料消费与库存总值、生产用物资使用方向、原材料、能源消费量按行业分组、新机电设备与库存总值、主要物资地区调拨量等。

2000－2008年，物资统计减为4张表、152个指标。主要统计企业能源购进、消费与库存、工业企业用水消费、耗能企业能源消耗，涉及物资能源品种60多个。

七、外贸统计

1956－1973年，外贸统计由商业部门收集统计。

1974年，由统计部门统计外贸收购总值。1975年，增报外贸收购量和外贸出口总值。1985年，改为全社会出口商品交货总值统计。1992年，增报外向型经济情况和外资企业经营状况。2000－2006年，外贸统计定为3张表、154个指标。统计内容为外贸销售收入、销售成本、增值税、可分利润、资产总额、负债总额、从业人员及劳动报酬、企业个数、外商实际投资额、企业境外借款等。

2007年，由对外经济贸易合作局收集统计。

八、固定资产投资统计

1954年，建立基本建设年定报制度，设表2张、30个指标，主要统计基建完成投资额和房屋施竣工面积及资金使用情况。1961年，增加农业和轻工业基建投资统计及停缓建项目统计。1963年，增加基本建设投资额分类统计。

“文化大革命”期间中止，1972年恢复。1980年，建立固定资产投资统计制度，设表5张、120个指标。1982年，增报人民公社固定资产投资和农村建房统计制度。1988年，基建统计报表增为12张、938个指标。

2002年，减为4张、110个指标。主要统计限额以上城镇固定资产完成额与农村固定资产完成额、重点技术改造项目、新建生产能力等内容。2003年，固定资产投资统计表增至5种、16张、709个指标。主要统计基建、更新、其他投资和农村固定资产投资完成额，施、竣工项目及房屋面积，统计投资完成额中列出中央和地方，注册类型中列出内资、港澳台、外商投资，经济类型中列出行业名称。2005年，统计经济类型时列出国有经济、集体经济、私营个体，统计区域时列出城镇、乡村。2007年起，固定资产投资表名改为规模以上和规模以下投资，城乡投资划出农、轻、重比例分组。

九、建筑业统计

1980年，建筑业统计内容较少。1986年始，建筑业按县属大集体企业报表统计。1989年，除报施工产值和施竣工面积外，增报财务指标、固定资产余额、流动资金、企业收入、技术装备及机械化管理与利用率、当年竣工项目及工程造价。

2003－2008年，建筑业年报表定为7张、218个指标，主要统计建筑业生产、财务状况、企业经营管理、企业产品产量完成、出省生产和劳务承包企业经营状况等。

十、房地产统计

1994年，建立房地产统计制度，设表5张、164个指标。主要统计房地产开发计划投资完成额、商品房投资完成额、土地开发投资、配套工程投资、利用外资、自筹投资、应付工程款、土地购置开发款，土地开发面积、待开发面积、成交面积、房屋施竣工面积、商品房竣工套数及价值、出租房面积、商品房销售面积及销售额、现房平均售价、期房平均售价、空置房面积等项目。

2001年，改为7张、490个指标。2002年，增加房地产开发、销售、出租和独立核算企业经营情况。2005年，减为450个指标。主要统计房地产，按注册类型、隶属关系、资质等级营业状况的各项指标及财务状况。2008年，增报投资资金和法人单位基本情况。

第三节　统计服务

一、统计分析

20世纪50年代后期起，开始运用统计数据分析，编写统计分析报告。1962年始，对重点问题进行调研，撰写调查报告，并定期对工业、农业、商业、劳资等统计数据加工整理，编写统计分析材料，在统计部门创办的《调查研究》内刊上刊载。至1965年，共编写统计分析材料50多篇。“文化大革命”期间，统计分析工作停顿。1971年恢复。每年撰写论文30篇以上，对涉及人民生活及社会事业发展等一些重大问题进行研究分析和编写专题调研材料。1984年，县统计部门配置电子计算机进行统计处理。1986年3月，《农业生产长久之计　不可忽视恢复地力》一文，被南通市统计局评为一等奖。1988年8月，《迅速崛起的奥秘》一文，被省社科院刊录《江苏经济研究》。1989年7月，《军人家庭对部队领导和亲人的希望》一文，刊载省统计局《江苏农调》。

2001年8月，《对统计优质服务分析和思考》一文，被国家统计局《中国统计》收录，并入选中国二十世纪大型文集《走向新世纪》。2003年3月，《建设江海特色城市，率先融入苏南板块》和《认真实施“行政处罚法”，加大统计执法力度》刊登于《江苏统计》。至2008年，共编印统计分析和统计调研报告586篇，被国家、省、南通市和市相关部门、专业刊物、新闻单位录用340篇。

二、统计信息

1956始，汇编《海门县国民经济统计资料》。1959年，汇编《建县10年国民经济统计资料》，后每年汇编1册。至1965年，共编印6册。

1985年，编纂《海门县统计年鉴》。至2008年，共编印24本。其中，1999年为庆祝建国50周年编印《1949－1999年50年统计年鉴》。此外，还编印第二、第三、第四次《全国工业普查资料汇编》，第三、第四次《全国人口普查资料汇编》《第一次全国第三产业普查资料汇编》《第一次全国农业普查资料汇编》《第一次全国经济普查资料汇编》《第二次全国基本单位普查资料汇编》。向市委、市政府及有关部门提供统计经济信息1000多条。

第四节　人口与经济普查

一、人口普查

民国8年（1919），经人口普查，全县有73729户，总人口563451人。其中，男性309393人、女性254058人；农业368894人、商业15086人、工业9055人、渔业2871人，劳力60827人、生徒11604人、议员3人、官吏83人、公务员116人、律师26人、新闻记者4人、教职员工432人、医生238人、僧侣教徒6324人、娼妓125人、其他377人、不详87386人。

民国36年3月1日至7月20日，民国海门县政府为编制保甲，在行政辖区内进行户数、人口、文化程度调查。共6个区，8个镇，90个乡，1198个保，13375个甲，155214户，总人口598928人。

文化程度:大学87人、高中441人、初中1398人、高小小学(六年级)3003人、初小小学(四年级)7690人。

1953年4月,政务院决定全国进行人口调查登记。调查内容为姓名、性别、年龄和民族4项;调查标准时点为7月1日零时。普查结果:全县总人口683366人。其中,男性322449人、女性360917人;高寿者99岁1人(男性)、100岁1人(女性);汉族738136人、回族2人、朝鲜族1人。

1964年2月,成立由县公安局、民政局、劳动局、统计局、粮食局等组成普查领导组及其办公室,各乡镇相应组建普查小组。此次普查,县级组织人员1437人,各公社、镇组织346人,各大队组织定职干部2009人。5月下旬,县抽调72人进行4天培训,对三厂镇、厂洪公社进行10天试登记。6月下旬,重点对大队定职干部2009人进行业务培训5天。此次人口普查内容增加姓名、性别、本人成分、年龄、民族、文化程度、职业7项。普查标准时间为7月1日零时。普查登记结果:全县31个公社,3个县属镇,757个大队,8216个生产队,登记总人口792195人。其中,男性387333人、女性404862人。总人口中,户籍人口重复多报2263人、漏报1009人;农业人口762820人、非农业人口42516人;汉族805327人、回族6人、蒙古族1人、满族1人、侗族1人;文化程度:12岁以下不在校儿童188747人、不识字236153人、初识字41511人、初小167415人、高小106096人、初中42620人、高中8622人、大学1013人、文化程度不详18人。

1981年7月,县建立人口普查领导小组,筹备第三次人口普查工作。1982年7月1日零时为普查标准时间。普查内容为姓名、性别、年龄、文化程度、婚姻及生育状况、劳动力、职业人口、各民族人口、死亡人口等19项。普查结果:全县总户数282490户,人口977749人。其中,男性483021人、女性494728人;1981年出生人口13980人、死亡6588人;汉族977707人、回族31人、苗族2人、壮族2人、满族4人、侗族2人、高山族1人。文化程度:大学2195人,高中64436人,初中247096人,小学教育已经普及,全县拥有小学文化程度352461人;12岁以上文盲218088人。

1989年9月,成立人口普查领导小组及办公室,共抽调46名工作人员集中办公,36个乡镇、场均成立普查工作组。1990年3－5月,对全县771个村进行户口整顿,查清应登记人数;海门镇和新海乡的9个村(居)民小组进行工作试点。全县以村为单位共划分796个普查区、3216个调查小区,配备指导员841人、普查员3311人。5月起,县普查办公室对841名指导员进行业务培训,3311名普查员由所属乡镇场进行培训。第四次人口调查内容为姓名、性别、农业户口和非农业人口、年龄、文化程度、一年内出生人口、死亡人口、妇女一生生育状况、婚姻、民族、职业等21项。普查登记时点为1990年7月1日零时。普查结果:总人口996141人。其中,男性490817人、女性505324人;少儿(0－14岁)189089人、65周岁以上的老年人口95113人;全县15周岁以上的不在业人口94020人(男45137人、女48883人)。其中,在校学生23458人、料理家务21585人、待升学390人、市镇待业1996人、离退休25596人、丧失劳动能力18990人、其他2005人。

1999年6月,成立人口普查领导组及办公室,选调23人集中办公。30个乡镇级单位均成立办公室,共选调工作人员324人。2000年4－7月,全市22个乡镇分别进行普查试点。7－9月,进行全市户口整顿,共清查整改未落户户口4756人,应销未销户口3168人。全市22个乡镇、场以村(居)委会为单位划分770个普查区、3683个调查小区,配备指导员865人、普查员3959人。8月31日至9月29日,对全市配备的指导员和普查员进行5天的集中业务培训。普查采用全面调查和百分之十抽样调查相结合的方法进行,调查内容减少为姓名、性别、年龄及户口所在地、农业户口、非农业户口等12项,普查登记时点为2000年11月1日零时。普查登记总人口942932人。其中男性431066人、女性511866人;少儿(0－14周岁)171349人、65周岁及以上人口126663人。普查表明改革开放后人口流动频繁,境内户籍人口外出半年以上176855人(包括乡镇间流动)。其中,男性121611人、女性55244人。户口不在境内的外地到海门半年以上人口36733人。其中,男性17601人、女性18772人。

二、工业普查

1950年,全县进行首次工业普查。以1949年年底为时点。普查内容有企业概况,动力、生产及运输设备,原料及燃料,地基、厂房建筑物,矿采情况,职工工时及工资,生产品及修建工程8个项目。普查对象有公营、公私合营工矿企业,手工业生产合作社。普查结果,全县有酒坊、棉纺、油坊、缝纫、竹器等轻工业企业241个,其中,全民2个、私营239个;工业总产值1256万元,其中全民22万元。工业部门分类有金属加工、纺织、食品、油脂、印刷及其他工业等5类。

1986年,进行第二次工业普查。以1985年年底为时点。普查内容为工业概况、工业企业数、工业产值、产品产量、原材料、燃料、能源消耗和动力、财务成本、劳动工资、设备和生产能力等14项,有14张综合表、800多个指标。普查对象为全县范围内全部工业企业。普查结果,全县独立核算工业企业576个。其中,全民35个、集体541个;职工人数8.66万人。其中,全民1.06万人、集体7.6万人;工业总产值(1980不变价)2.87亿元,其中,全民7655.3万元、集体2.11亿元。经济类型涉及食品、轻纺、机械、电子文件、化肥、印刷、砖瓦及其他8类。

1995年,进行第三次工业普查。以1995年年底为普查时点。普查内容包括工业概况、财务、工资、工业品产销存、企业科技活动与经济技术指标、产品生产能力、原材料与能源消费及库存、生产设备、技术状况、主要工业产品质量等14项。普查对象为全市范围内全部工业企业。全市有300余人参与此项工作。普查结果,全市工业企业1344个,其中独立核算工业企业947个;国有经济65个、集体经济944个、私营73个、个体经济109个、联营经济11个、股份制经济15个、外商及港澳台经济127个;工业总产值(当年价)92.09亿元。其中,国有经济9.67亿元、集体经济58.68亿元、私营经济2.32亿元、个体经济2.64亿元、联营经济1.5亿元、股份制经济4.84亿元、外商及港澳台经济12.44亿元。

三、第三产业普查

1993年9月,首次进行第三产业普查。普查年份,1991－1992年间,包括1993年部分项目。普查内容为核算形式、经济类型及代码、开业时间、隶属关系、城乡类别、财务收支、实物财产及人员等10项。经普查,至1992年年底,全市第三产业单位共6639个,其中独立核算单位1818个;从业人员4.84万人。当年增加值34842.4万元,其中,央企单位12387.8万元,占35.55%;省属单位608.6万元,占1.75%;市属单位221.1万元,占0.64%;县属单位12313.5万元,占35.34%;乡属单位4498.4万元,占12.91%;村属单位795.1万元,占2.28%;其他单位4017.9万元,占11.53%。

四、农业普查

1996年,首次进行农业普查。以1996年12月31日为标准时点。普查对象包括全市范围内各种类型的农业生产经营单位、农村住户、乡镇企业、行政村和乡镇。普查内容为乡镇基本情况、行政村基本情况、农村住户及家庭成员情况等38个调查项目、687个指标。全市有2000多人参与此项工作。普查结果,全市从事生产经营活动的住户29.6万户、90.42万人,其中男性44.92万人,占49.68%。7周岁以上83.47万人,其中,不识字或识字很少的12.29万人,占14.72%;小学文化30.14万人,占36.11%;初中文化34.68万人,占41.55%;高中文化5.75万人,占6.89%;中专文化4154人,占0.5%;大专及大专以上文化1864人,占0.22%。全市农村从业人员72.24万人,其中,从事农业生产36.06万人,占49.92%;从事非农业的36.18万人,占50.08%。全市农业用地面积6.04万公顷,其中耕地5.66万公顷。全市804个行政村全部通邮、通电,能接收电视节目,有798个村通电话、饮用自来水,776个村通公路,44个村居民生活用上液化气。在804个行政村中,有幼儿园、托儿所86个,医疗站592个,医生907人。30个乡镇设供水站117个,汽车站33个,码头94个,文化站29个,图书馆17个,广播站29个,影剧院20个,小学244所,中学69所,职校22所,幼儿园、托儿所54所,敬老院(福利院)27个,医院33个,邮电所33所,安装电话2.97万部,贯通公路里程1028公里。乡镇集贸市场66个。其中,综合市场35个、专业市场31个。乡镇企业2024个,从业人数11.21万人。

2006年,进行第二次农业普查。以2006年12月31日为标准时点。普查对象为境内农村住户、城镇住户、城镇农业生产经营户、经营单位、村民委员会和乡人民政府。普查内容包括农业生产条件、农业生产经营活动、农业土地利用、农村劳动力及就业、农业基础设施、农村社会服务、农村居民生活以及乡镇、村委会和社区环境等情况。全市组织8000多人参加此项工作。普查结果：农业基本情况，2006年年末有农业生产经营户26.79万户、农业从业人员48.21万人、农业技术人员3226人；农业生产条件，全市2006年年末有主要农业机械大中型拖拉机195台、小型拖拉机1039台、大中型拖拉机配套农具161台、小型拖拉机配套农具475台、联合收割机57台。农村基础设施建设，2006年年末全市251个村通电、通电话、通公路、接收电视节目、安装有线电视、饮用水经过净化处理。60个村完成改厕，30个村主要道路有路灯，164个村垃圾集中处理，83个村畜禽集中养殖，36个村养殖区有畜禽粪便无害化处理，16个村有沼气，集中供水有21个乡镇，生活污水经过处理有15个乡镇，有生活垃圾处理站19个乡镇，10个乡镇有货运码头，二级公路通过的有27个乡镇。农村社会服务，2006年全市2个村有营业执照开展旅游接待服务，156个村有50平方米以上综合商店或超市，221个村在村内能买到化肥，70个村有幼儿园、托儿所，154个村有体育健身场所，160个村有图书室、文化站，91个村有农民业余文化组织，228个村有卫生室，234个村有行医资格证书的医生，5个村有行医资格证书的接生员。是年末，全市乡镇有小学76个，中学35个，医院、卫生院55个，敬老院24个，邮电所42个，储蓄所117个，影剧院16个，图书室、文化站50个，体育场馆34个，广播电视站21个，公园4个，综合市场70个，专业市场33个，农产品专业市场20个，粮油专业市场1个，蔬菜专业市场13个，水果专业市场2个，农业专业合作经济组织119个，成员1.31万户。农村居民生活条件，2006年年末全市农村居民平均每户拥有住宅面积136平方米，使用管道水28.2万户，使用煤气的7.87万户，有空调设施2.8万户，使用水冲式厕所3.65万户，粮食自产自食5004户，购粮户27.83万户，接受救济粮427户，平均百户农村居民拥有彩电186台、固定电话73台、手机79台、电脑11台、摩托车39辆、生活用汽车2.7辆。

五、基本单位普查

1996年，进行第一次基本单位普查。普查时间以1996年12月31日为时点。普查对象为全市范围内法人单位及法人单位附属的企业活动单位。全市有1100多人对280个调查小区进行实地清查登记。普查结果，全市法人单位3551个，从业人数19.68万人，企业法人2254个，从业人数17.8万人。法人单位涉及制造、批零贸易、餐饮服务、卫生、体育、社会福利、教育、文化艺术及广播电视电影、国家机关、社会团体10大类。

2001年，进行第二次基本单位普查。普查时间以2001年12月31日为时点。普查对象为全市范围内法人单位及所属产业和城乡个体工商户。共动员1200多人对291个调查小区进行实地普查登记。普查结果，全市各类法人单位4588个，比第一次普查增加1037个，增幅29.2%；产业活动单位6961个，比第一次普查增95.3%。从事个体的工商户3.21万个。全市法人单位中，企业法人单位3248个，占70.79%；事业法人单位590个，占12.86%；机关法人单位114个，占2.48%；社会团体法人89个，占1.94%；居、村委会291个，占6.34%；民办非企业等其他法人单位256个，占5.58%。各类法人单位实有从业人数23.17万人，个体工商户从业人数9.09万人。法人单位涉及制造、批零贸易、餐饮服务、卫生、体育、社会福利、教育、文化艺术及广播电视电影、国家机关、社会团体等10多类。统一质检及统计等部门认定标准代码，并建立电子信息档案入库查存。

六、经济普查

2004年，进行首次经济普查。以当年12月31日为普查时点。范围为普查法人单位、就业人员、财务状况、生产经营情况、生产能力、原材料和能源消耗及科技活动情况等。普查对象包括从事第二、第三产业的全部法人单位、产业活动单位和个体经营户。全市抽调1400多名人员进行普查。调查结果，从事第二、三产业的法人单位4648个。其中，企业法人单位3707个，机关、事业法人单位505个，社会团体法人单位80个，其他法人单位356个。产业活动单位6117个，其中，第二产业2858个、第三产业3259个。个体经营户5.23万户、第二产业1.64万户、第三产业3.59万户。第二、三产业就业人员41.45

万人，其中，第二产业就业人员30.18万人、第三产业就业人员11.27万人。就业人数中，单位就业人员24.46万人，占59%；个体经营人员16.99万人，占41%。单位就业人员中，女性7.4万人，占30.25%。从事制造业的单位2654个，占43.39%。批发和零售业1517个，占24.8%。教育252个，占4.12%。公共管理和社会组织688个，占11.25%。个体经营户中，从事工业1.57万户，占30%，交通运输业6020户，占11.51%；批发和零售业2.27万户，占43.4%；住宿和餐饮业1242户，占2.37%，居民服务和其他服务业5174户，占9.89%。

全市工业企业年生产能力中，水泥2.45万吨，电子元件15.35亿个，集成电路17.98亿块，发电量1.97亿千瓦，木质家具38.79万件，纱7.31万吨，布1.26亿米，印染(布)8.1亿米，针织服装1264万件。全年能源消耗为原煤64.61万吨，液化天然气28.35吨，汽油4503吨，柴油8374吨，燃料油5125吨，液化石油气152吨，电力8.97亿千瓦时。全年工业企业法人单位资产合计139.59亿元，负债合计86.64亿元，所有者权益合计52.96亿元。资产负债率方面，制造业为61.9%，电力、燃气及水的生产和供应业为67.3%。全年工业企业法人单位主管业务收入287.2亿元；工业个体经营户营业收入486.28亿元。工业企业单位利润总额13.72亿元。规模以上工业企业中，开展科技活动的有81个，投入科技活动内部经费4.12亿元。参加科技活动人员1993人，其中科学家和工程师1101人。实现新产品产值20.57亿元。全市专利申请量51件，其中发明专利12件。企业技改经费支出2.72亿元，技术引进经费支出153.8万元，消化吸收经费支出334.2万元。

全市建筑业法人企业单位131个，就业人员10.79万人；建筑个体经营户688户，就业人员8601人。全年建筑业总产值173.77亿元，个体建筑业经营户经营收入2.46亿元。2004年，总承包和专业承包房屋建筑施工面积2060万平方米，竣工面积638万平方米。是年年末，建筑业资产合计105.72亿元，负债合计81.74亿元，企业所有者权益合计23.98亿元，资产负债率77.32%。工程结算收入126.49亿元，利润总额4.29亿元。

第五节　统计抽样调查

一、农业产量调查

1953年8月，采取分区选点、调查推算的方法，选择62个点、3642户、1387公顷农田进行夏季粮食产量调查。1955年，按照地理形势、种植习惯、历史产量等不同情况，挑选具有代表性的海南乡日新、德南乡李彬、灵西乡悦西、福元乡固中、团结乡英雄、王浩乡邢崔6个村，采取现场过秤办法进行夏粮产量调查。1964年，夏季农业产量调查时，采取简易抽样调查，在全县5个区中分别挑选1个公社中的1个中等大队进行。“文化大革命”期间，农业产量调查中断。

1982年，按照随机抽样调查方法，在5个公社中抽5个生产队(点)，每点5块农田实割实测取样，推算全县总产。1984年，实行以村为单位，抽取10%农户实割实收的调查方法。1985年，在9个乡建立45个农业产量调查点，对450个农户的田块进行抽样实割实测。棉花产量抽样调查在六匡乡5个农业产量调查点进行试点。

1988年始，粮食产量以抽样推断数为法定上报数。为确保抽样测产的准确性，抽样点每5年轮换1次。是年，农业产量抽样调查重点减为17个。农调报表质量被省农调队评为全省第一名，并出席国家农调总队召开的全国表彰大会。2000－2008年，确定调查点15个，并进行2次轮换。

二、农村住户调查

1955年，海门为省农民家计调查县。同年4月，县统计科依照国家机械抽样方法，抽取唐袁乡20户农民作为县家计调查点。调查人口、土地、农具、房屋、农副产品产量收入、实物交换、购买商品等消费支出内容。1958年，对农民收入和消费等情况，通过公社集体收益分配和公共食堂调查取得。是年下半年开始，农民家计调查工作停止。1962年恢复。“文化大革命”期间中断。

1978年，农民家计调查工作恢复。1979年，海门县为省农村住户调查点之一。是年，县计委根据上级对农村住户调查要求，以1977－1979年，每人平均分配收入为依据，采取分层排队，等距抽样方法，抽定新海公社建设大队第8生产队、三阳公社合顺大队第5生产队、四甲公社胜利大队第1生产队为县农民家计调查点。1981年，又增设常乐公社常中大队第4生产队、包场公社包西大队第5生产队两个调查点。全县5个区各有1个调查点，共75户，基本形成较为完整的农村家计调查网络。

1984年7月，县成立农村抽样调查队。海门列为国家农民家计调查县。统计部门按照随机取点、对称等距原则，抽德胜乡双北村3组、坝南村5组，常乐乡颐生村4组、常中村4组，海洪乡林英村1组、太浩村7组，国强乡兴东村1组、国强村5组，刘浩乡浩南村1组、新开村8组共10个调查点100个调查户，每个调查户设现金、实物账册各1本。

1989年9月，县农村抽样调查队改称县农村经济调查队。1990年10月，根据国家和省农调队要求，对原家计调查户每5年进行一次轮换。

2007年，市农村经济调查队改称国家统计局海门调查队。至2008年，调查户口轮换3次，农村住房调查内容扩大到基本情况、种植、林业、动物饲养、出售产品、粮食收支平衡、购买商品，主要实物消费量和耐用品拥有量等12个项目，全市农民人均年纯收入的确定，均以固定的100个调查户的数据为依据。调查内容涉及总收入与总支出、纯收入来源、现金收支、劳动力外出情况、人口与劳动力素质情况等。

三、城镇住户调查

1984年初，在海门镇开展城镇居民家计调查。按海门派出所户籍簿上住户的自然顺序，每隔固定的间距抽取400户，将调查资料分户计算平均每月生活费，按生活费高低排队，间隔相同的距离抽选30户作为记账户。1988年，由于原来的调查网点结构类型趋于老化，不能切实反映海门镇居民的经济情况，8月开始换户。根据1987年海门镇9405住户户籍，按自然顺序排列，20户为组距，采取随机抽取、选择最佳组合办法，抽取30户为收支调查户。1990年，扩大到50户。2004年，开始进行大样本调查，确定调查户为100户。2005－2007年，正式采集样本数据，进行城镇住户调查。2008年，确定2008－2010年调查样本，调查主要内容有：年末住房户情况、人口就业情况、耐用消费品、信息化调查等。

四、物价调查

1990年起，在海门镇抽取60个调查样本，每月由专业调查员上门直接采价，并根据采得的消费品零售价和服务项目收费价格及农资商品价格，编制出每月的居民消费品价格指数、商品零售价格指标及农业生产资料价格指数。1996年，海门城调队建立。调查商品和服务项目增加到400个，调查点从原有60个增加到100个。

2000年，开始编制同国际接轨的基础价格指数。2007年起实行新的物价统计方法制度，调查商品分为8大类、40个中类、283个基本类、800个商品项目，根据1个商品必须要有2个采价点的要求，采价点扩大到122个。

五、儿童调查

1992年5月，首次对儿童基本情况进行调查。以是年6月1日为调查时点。调查内容为儿童营养和生长情况、计划免疫、儿童出生、死亡、基础教育、青少年辍学和参加劳动情况、儿童生活的家庭环境（包括家庭收入、文化程度、母亲）及社会情况等8个项目。采用随机等距直接抽取办法，以14个乡、14个村、700户农户为样本。8月底，调查结束，全部数据上报省儿童抽样调查办公室直接进行汇总。

第六节　统计检查与监督

1983年，根据《中华人民共和国统计法》规定，县统计部门强化统计规章制度建设，建立工作责任制和各种统计原始记录、统计台账等；强化统计监督管理力度，建立统计数据采集汇总上报前评估、审核、把关制，务求统计数据真实可靠。1989年4月，重点抽查40个工业企业，发现19个工业企业虚报产值，虚报率10%。

1993年，对8个乡、16个村、80个农户夏季粮食产量调查核实，发现上报数14326公斤，实际产量13945公斤，多报381斤，教育后责成自行调整。

2001年4月，对30多个企事业单位进行统计监审，发现一些单位数据不实。除责令自行纠正外,还立案查处4家单位严重瞒报统计数据的违法行为,分别给予经济处罚。2002－2008年,按照统计法规定,监审贸易企业21个、工业企业22个、行政事业单位23个、房地产业20个、农业企业2个、劳动工资单位27个、三产经营单位3个、建筑业6个,对轻微的数据不实问题,责令其自查自纠;对48个有拒报、瞒报统计数据的违法行为,给予行政警告和1000元－2万元不等经济处罚。

第七章　物　　价

第一节　价格体制

民国时期,商品价格由商会控制和管理,价格根据市场供求情况,自由变动,随行就市。期间,奸商乘机囤积居奇、哄抬物价、牟取暴利。民国7年(1918)4月3日《通海新报》载:"一般奸商故意囤积居奇,下色籼米每石竟涨至8元多,闻唐闸米价平稳,海门独自看涨,老百姓买粮艰难"。民国37年夏秋,国民政府成立物价评议委员会,对棉花、薄荷油、米、杂货、油类定价。但价格未能限住,反而引起抢购风潮,许多商店仅开排门数扇,亦"门虽开而无一货可售者"。

解放初,县工商科兼管物价,对物价进行监督,处理违规案件。私营工商业和自由市场的物价,由县工商联合会或同业公会挂牌提出指导价。1953年,随着全国物价全面整顿,少数商品由县定价。1954年9月,对棉花和棉布实行计划收购和计划供应。是年10月,根据国家有关规定,粮油实行统购统销,取消批发价和合作优惠价。1959年7月,县建立物价管理科,贯彻上级价格政策并对物价进行监督检查。群众拿到市场上交易的蔬菜、瓜果以及扫帚、畚箕等农副产品,都能自觉执行规定价格。对钟表、自行车修理等服务行业制定修理价格。对农具铁木业等生产资料产品实行定价。规定批发单位不准搞零售,零售单位不得兼批发,不准跨行业经营商品。其时,物价统一稳定。

1960年,农副产品和部分商品供应紧缺,市场价格波动较大。是年,根据省人民委员会通知精神,提高粮食、油料统购价格,17个粮食品种统购价平均由每50公斤8.16元调为9.89元,调高21.2%,超量按统购价10%奖励。花生仁统购价由每50公斤27元调至30元,调高11.1%。芝麻由每50公斤29.76元调到32元,调高7.5%。油菜籽每50公斤由20元调为23.02元,调高15.1%。1961年,较大幅度提高生猪收购价格和猪肉的销售价格,部分副食品零售价格因农贸市场开放和供求关系的影响有所上升,但市场物价基本稳定。1967年起,贯彻中央稳定市场、稳定物价的方针,限制各项收费标准,停止调整物价。

1970年,执行国务院《关于不得自行调整商品价格的通知》精神,境内的价格管理体制,除进入集市贸易的农副产品实行议价销售外,其余进入商店、批发等部门的商品均由物价部门实行统一管理、统一定价。市场价格有序而稳定,执行自觉,形成良好的买卖社会风气。

1979年,进行物价管理体制改革,管理权限逐步放开。对粮、棉、油和主要物资的价格实行双轨制。适当提高粮食收购价,调整部分烟酒及城市主要副食品购销价格。对猪、羊、家禽的集市贸易价由县规定上下浮动幅度,灵活掌握。对"三类"日用小商品,由工商企业协商定价。1980年,企业有定价自主权,价格不再统一。是年,根据原材料短缺情况,对计划外允许自产自销产品,由企业自行定价,报物价部门备案。根据省革命委员会和省物价局、粮食厅关于提高部分农副产品价格的通知精神，逐步提高粮、棉、油等主要农副产品的收购价格。以粳稻收购价为例：1979 年为 50 公斤 13.5 元，1980 年调整为 13.6 元，1981 年调整为 20.2 元，1984 年调整为 20.3 元。

1981 年，根据省物价局逐步降低化纤织品价格的通知精神，开始调整化纤织品价格，如涤棉布价格，1981 年比 1978 年每米降低 0.6 元，1983 年又比 1981 年每米降低 0.3 元。1982 年，根据国务院适当提高肉禽蛋等主要副食品销售价格的通知精神，适当调整肉禽蛋价格，以猪肉销售价为例，1979 年每 500 克 0.98 元，1982 年每 500 克 1 元，1984 年每 500 克 1.15 元左右。1983 年，先后降低涤棉、中长纤维、搪瓷制品、铝制品、电视机（彩电）、手表等 6 类轻工产品销售价。是年，涤棉在 1 月 20 日出厂价由每百米 352.1 元降至 220.3 元，批发价由每米 3.79 元降至 2.45 元，零售价由每米 4.32 元降至 2.79 元。1984 年，全县放开 567 种日用小商品的定价权，各工商企业有了一定的自行定价权。通棉三厂是实行自行定价的企业之一，是年涤棉漂白布自定出厂价为每百米 220.3 元（批发价每百米 245 元）。

1985 年，根据省物价局、轻工厅规定，放开部分副食品和少数日用工业品价格，实行市场调节。县放开的副食品主要有水产、禽蛋等，放开的日用工业品主要有小五金、小百货、小针织三大类。1986 年，对生产资料实行计划内外价格并存的“双轨制”，如红松（长 6 米以下），计划内价格为每立方米 301 元，计划外价格为每立方米 349 元。是年 6 月，根据省物价局通知，适当提高能源、原材料等基础工业品的价格，如元钉零售价，由每公斤 1.3 元调整为 1.43 元。

1988 年，根据国家及省规定，海门又放开 806 种小商品价格，进入市场调节。主要有洗衣粉、火柴、日用陶瓷、草席、自行车、小电子产品等。对乡镇企业的产品价格，除承担国家计划任务、使用国家供给原材料的产品、执行国家统一定价外，其余的产品管理实行“四定一活”①的管理办法。对钢材、木材等生产资料全面推行计划内外价格并存的双轨制。

1991 年后，县价格管理体制进一步改革，形成以市场调节价格形式为主，政府定价、指导价、市场调节价等多种价格形式并存的新格局。主要以控制价格总水平为管理目标。

1994 年 4 月，根据国家、省收费许可证管理办法，对行政事业收费单位、政府定价的经营性收费单位实行收费许可证管理。收费许可证由物价局核发，有效期 3 年，实行年审制度。当年，核发收费许可证 385 家。

1998 年，对与国民经济发展和人民生活关系重大的极少数商品价格、资源稀缺的少数商品价格、自然垄断经营的商品价格、重要的公用事业价格、重要的公益性服务价格，按政府指导价或政府定价。根据价格法，对政府定价、政府指导价等实行不同的管理办法。即对政府定价严格按规定管理，对政府指导价主要实行监管，对市场调节价主要是规范行为，确保价格总水平平稳。是年，汽、柴油价格由政府定价调整为政府指导价。

1999 年，对长期单一价格的电价实行统一销售、分类定价。是年 10 月起，试行峰谷电价。2001 年，取消餐饮业的政府指导价格，全部由市场决定餐饮业的价格。

2002 年，根据《江苏省定价目录》，价格基本全部放开，物价部门管理的主要有 13 类，如自来水、管道煤气、公路客运、医疗服务、旅游，行政事业性收费，低价位普通商品房价格等。是年，取消水、电增容费，春运价格首次实行 20% 上下浮动。2003 年，取消收费项目 137 个，降低收费标准 19 个。

2005 年，根据《江苏省医疗服务项目价格》，将原有的 7000 多项医疗服务项目合并为 3916 项，并实行编码管理和医疗等级管理。10 月，全市实行新的医疗服务价格。是年，成立燃气价格协会，制定《关于规范全市民用瓶装液化气价格行为的通知》，规范价格行为。

2008 年 10 月 1 日，根据相关文件，省物价局将四大类 23 项价格、收费管理权限下放到县市行使，其中直接下放到县制定的价格和收费标准 18 项，包括自来水价格及县以下非营利医疗机构销售药品的加价率等。

① 四定一活：定原材料消耗、定工费、定税率、定利润率，放活原料、能源进价。

第二节 价格管理

解放初,国营商业、供销社系统均配有物价员,一月一次自行审价,一季度一次行业互审。门市部设有公平秤、公平尺,便于顾客监督。私营企业物价,亦由相应国营专业公司和工商联组织监督执行。1950年,部分豆粕(豆饼)商乘国营江海公司脱货之机,擅自哄抬物价及薄荷油掺假。茅镇工商联提出严肃批评,强制私营工商企业必须执行国家牌价,商品明码标价,发动职工进行监督。1959年7月,县物价管理科对各行业执行国家价格政策的执行情况进行监督。

1960年前后,市场价格一度混乱。根据中央发展工农业生产、稳定物价的指示,县内整顿市场价格,价格逐步下降,并相对稳定。1963年,国务院颁发物价管理办法,县内全面整顿物价及加强管理制度,制定及调整农副产品价格及装卸运输、饮食服务、集市贸易等收费标准。"文化大革命"期间,物价管理机构撤并,物价疏于管理。

1978年,遵照国务院物价管理规定,全面开展物价审价、检查、整顿,价格混乱的局面得以扭转,计划价格执行良好。商业销售的物品,一律明码标价。严格执行按价格销售。

1984年7月,县成立物价检查所,并分别在海门、三厂两个县属镇聘请5名退休职工担任义务物价员。1986年2月,县总工会成立有196人参加的职工物价监督站。1987年9月,对县直机关行政事业性收费专项检查整顿。

1988－1990年,部分商品价格实行市场价和计划价双轨并存,对建材、农资等重要生产资料和粮油等生活资料擅自涨价,特别是对"平价转议价"的行为进行专项查处,维护市场价格秩序。1989年,针对物价上涨过快的情况,物价工作转向治理通货膨胀为主,县政府制定《强化监督管理,规范价格行为》等文件,解决一些突出的价格矛盾,如调整教育、医疗卫生等收费标准,并提高长期偏低的交通运输价格。

1990年,对成品油、水、电、药品等商品和人民生活必需品加强监管,对商品和服务明码标价进行督查,清理整顿乱收费现象。1991年,在商品流通业和服务性行业开展"价格计量信得过"活动,测评价格服务先进标兵。是年,整顿全县行政事业单位的收费项目,取消收费项目10个。1992年,根据全省统一部署,建立行政事业性收费年审制度,帮助收费单位建立、健全相关规章制度。1994年,重点对行政事业性收费和服务性收费监管,开展医疗服务收费、教育收费、涉农收费、涉车收费、涉企收费等一系列专项检查。1996年,调整电话初装费、邮政资费、中小学学杂费等8项收费标准;调整有线电视维护费;核批6个医院床位收费标准。1997年,对农村中小学收费,农民建房收费及婚姻登记收费进行规范。1998年,调整部分医疗收费标准,增设体现医务人员技术劳动价值的门诊、住院诊疗费和护理费等,适当提高部分治疗费、检查费、手术费等收费标准,同时降低核磁共振、震波碎石等大型仪器的治疗费标准。是年,制定《海门车辆寄停业收费管理暂行办法》,规范停车场停车收费。为减轻企业和农民负担,取消27项相关收费,降低12项收费。1999年,市物价部门清理不规范收费39项,其中取消19项,降低9项,调整11项。5－6月,会同市财政部门对全市收费单位进行收费年检,首次对全市30个乡镇行政事业性收费单位进行年审。会同市监察部门对全市付费联络企业进行不定期回访30次,预防制止乱收费发生。10月,制定《收费手册》,对企业收费实行扎口管理。制定《关于规范农民建房收费行为的通知》,通过《海门日报》向社会公布。

2000年,为进一步规范涉农收费,印发致农民公开信65.5万份,涉农公示目录9000多张。将涉农收费项目标准、价格汇编成册,向全市发放67.5万份,在全市设立价格监督站,聘请价格监督员,负责农村价格管理及涉农收费公示工作。2001年,在全市各行政村设立涉农收费和价格公示橱窗,将中小学收费、建房收费、医疗服务价格和农村水电价格进行公示,杜绝农村乱收费、乱摊派现象。是年,开展反价格欺诈、明码标价、建设单位付费、中小学教育收费、医疗服务和药品价格、涉农价格收费专项检查,查办各类价格案件500余件,查出违规金额1193万元,实行经济处罚189万元;受理价格举报80件,查出违规金额220万元,处罚3.5万元,没收22万元,退还消费者17万元,结案率100%。是年

5月，开通“12358”价格举报热线，主要商场、超市和市场设立价格举报站。

2002年6月，根据《江苏省定价目录》，市价格管理权限主要为：市范围内储备、救灾物资价格；易爆器材销售价格；部分化肥、农药出厂基准价及浮动幅度；水稻、小麦、棉花种子收购、销售基准价格及浮动幅度；自来水价格；热力出厂、销售价格；管道煤气、液化气价格；游览参观点门票价格；土地租金；普通住宅商品房销售基准价及浮动幅度，经济适用房、安居房销售价格，廉租房租金；公路客运价格，城市公共客运价格；有线电视初装费、收视费；医疗收费及幼儿园中、小学，职业学校的教育收费，以及买方或卖方垄断的商品和服务价格等。是年，将原“价格计量信得过”活动改为“价格诚信先进单位”评选活动，倡导经营者文明诚信兴商。

2003年，建立市、乡、村三级价格监督网络，乡建监督站，聘站长，村聘监督员。按省政府取消第六批行政事业收费的通知，物价部门及时进行整顿清理，确保各项收费标准落实。“非典”期间，市物价部门启动工作预案，干预乱涨价行为，有效稳定市场物价秩序。2004年，物价局、教育局联合下发《关于义务教育阶段学校推行“一费制”收费的通知》，并于2005年春季开学执行。是年，开展农民建房收费、中小学收费、医疗卫生收费、房地产收费等专项检查，检查单位650个，查处违法案件91件，违法金额988万元。加强商品和服务业明码标价的管理力度，对经营者虚构原价、利用明码标价强制捆绑（搭货）销售、强制服务收费等不正当价格行为加强监管。

2005年年初，对禽流感造成疫苗价格上涨过快进行价格干预，及时稳定市场价格。同年8月，对成品油价格的波动进行跟踪查处。全年受理“12358”电话（号码）举报973件，其中价格咨询887起，查处价格举报案件86件，实行行政处罚25件，没收违法所得3万元，罚款6000元，退款19.06万元，举报案件办结率100%。2006年年初，对化肥等农资价格上涨过快进行价格干预，出台应急预案。规范行政事业性收费行为，制定《幼儿园收费管理办法》《城镇环境卫生保洁费调整方案》。针对成品油价格持续上涨，及时规范出租车运行收费办法、涉农、农村社区服务站、涉企收费行为，建立企业付费登记跟踪制。编制5000份《市民缴费手册》下发百姓。是年，为探索新农村建设中的价格监管措施，市物价部门制定《严格价格管理，控制农民公寓建设成本，积极推行新农村建设》。针对校园商店商品质次价高经营问题，市物价局及时制定《关于规范校园商店经营行为的通知》，纠正校园商店价格虚高现象。

2007年5月始，以猪肉、食用油、乳品等生活用品持续上涨，民众消费大幅度攀升。8月14日起，对粮油肉等主要食品价格向上级主管部门一日一报。是年，加强对商品房价格的管理。对全市8个地段30多万平方米拆迁安置房价格进行核定，并对各类开发商自主定价的商品房价格，如商业用房等实行备案，备案总建筑面积35.87万平方米。2008年1月，对海门农工商、时代两个大型超市部分主要民用商品实行调价干预，纳入调价备案的商品一次调高价格4%、10日内连续调高价格累计6%以上、30日内连续调高价格累计10%以上均须备案，说明提价理由。对瓶装液化气实行价格临时干预措施，并加强市场价格巡查。12月，物价指数趋稳，主要商品和服务价格临时干预措施终止。是年，进一步加强义务教育阶段“一费制”和高中阶段“三限”收费工作管理，强化公示制度，对全市所有学校教育收费情况进行普查，收费公示率100%。开展物业管理收费调研，提出整改意见。开展环境价费执行情况调研。全年检查单位260个，查处价格违法案件43起，违法金额284.7万元，其中收缴财政120.5万元，退还用户86.8万元。

至2008年，立案查处价格违法案件2635起，查出违法金额4959万元，退还消费者金额3065万元，上缴财政罚没款1894万元。

第三节 价格听证会

2001年始，市价格主管部门主持召开价格听证会，对群众切身利益的公用事业价格、公益性服务价格和自然垄断经营的商业价格，实行听证制度。是年8月1日，首次召开价格听证会。组织听证权限的项目，主要有居民生活用自来水价格（含污水处理费）、居民生活用管道燃气价格、城市生活垃圾处理费、城市公共旅客运输基准票价。

2004年11月19日，市物价部门组织由市人大代表、政协委员和市政府办公室等相关部门的代表及新闻媒体，就城区管道液化气价格调整举行听证会，广泛听取各位代表意见和建议。将民用气由原来的每立方米8元调整为10.6元，商业用气调整为每立方米14元。后经价格调价委员会审议和市政府批准，民用气调整至每立方米10.3元；商业用气每立方米15元，上下浮动15%。新价格从2005年1月1日起执行。

2005年12月22日，市物价部门邀请党政机关和自来水主管部门、用水大户、居民代表，就城区自来水价格不断上涨举行听证会。多数代表认为，居民生活用水价格应控制在每立方米2元以内。经调价委员会审议和市政府批准，居民生活用水价由原来每立方米1.76元调至1.98元，工业、商业用水价由原来每立方米2.3元调至2.65元，其他用水价从原来每立方米3.15元调至3.5元。新水价从2006年3月1日起执行。同年，市物价部门就城区管道液化气价格调整举行听证会，将民用气从每立方米10.3元调至13.5元；商业用气从每立方米15元调至19元，可上下浮动15%。新价格2006年3月1日执行。

2006年6月1日，市物价部门就城镇环境卫生保洁和有偿服务收费进行听证。听证确定垃圾处理收费标准：机关、团体、学校、部队及其他所有的企事业单位，按在职职工每人每月5元标准收取；餐饮业按营业面积每平方米每月2.2元标准收取；零售商店按营业面积每平方米每月1.2元标准收取。对流动摊点、建筑施工单位等均确定垃圾处理费收费标准。同时，确定化粪池疏通费每次350－550元；单位内部使用的厕所委托环卫部门保洁的，按水冲式每月每座60元、旱厕每月每座50元标准收取服务费。

2008年5月19日，市物价部门就城区管道液化气价格调整举行听证会。将民用气从每立方米13.5元调至每立方米17元，商业用气从每立方米19元调至每立方米23元，商业用气可上下浮动15%。新价格从2008年6月1日执行。

第四节　价格服务

1988年，成立南通市价格信息咨询服务中心海门工作站。创办《海门价格信息》内部刊物，印发价格讯息，为企业、群众提供市场价格行情、价格法规政策等咨询服务。

1990年，与商业、供销、粮食、物资等系统130个企业建立价格联系制度。1991年始，坚持自愿、受益、有偿、适度原则，实行价格信息咨询有偿服务。1993年12月，南通市价格事务所海门分所成立后，聘请生产、经营企业代表担任常年价格顾问，其职能为帮助企业建立健全价格管理制度，接受企业自主定价产品或收费的定价方案可行性研究咨询等服务。1999年，市物价部门受司法部门和经济纠纷单位委托，对1287起涉案物品价格进行评估，估价总值1815万元。是年，向1176户价格信息网络户发布各类价格信息50期，印发《物价公报》《工商价格信息》《医药价格信息》等刊物1871期，及时为企业提供国家调价政策、商品价格和市场行情等信息。

2001年，为海门水泥厂、海门微型电机厂及海门磷肥厂、钢厂、饲料厂和三厂阀门厂等30多个破产企业进行价格鉴定服务。2002年，参与全省价格认证资源共享和全省医疗保险互联网络建

图19－7　2006年，市物价部门开展价格服务进乡镇活动

设，为生产经营企业提供信息。2004年，开展热电厂蒸汽价格、在校住宿收费价格、乡镇自来水的售水价格、房产开发等重要商品和服务收费的成本认证13件，认证金额2392.05万元。开展银行不良资产、抵押贷款资产等社会认证业务69件。评估资产额1.22亿元。2008年，全年协同公安部门办理各类案件1828件，评估总值7.68亿元。其中涉及刑事、民事、行政执法案件1062件，涉案金额7435万元；办理道路车财损失评估700件，案值573万元；完成各类社会资产评估66件，涉物资产总值6.87亿元。

民国26、36年海门县主要商品价格一览

表19－12

品　名	单位	民国26年6月价格（法币元）	民国36年9月价格（法币元）
中熟米（或中等面粉）	市斗	0.80	44000
中等菜油	市斤	0.10	11500
盐	市斤	0.05	2200
木柴	市斤	0.01	350
豆腐	市斤	0.04	1600
中等土白布	市尺	0.40	3300

第五节　主要商品价格

一、农产品价格

民国9年（1920）7月，元麦价每石6000文，玉米价稍贱。民国12年，元麦起市价4元。是年7月，遭水灾，麦价涨至7元以上，尚无货上市。民国14年，夏熟歉收，元麦每石市价5－6元。是年12月，涨至8－9元。抗日战争爆发，日本侵略军侵犯海门，市场价格动荡。民国34年5月，粳米每担由7万余元升至8.8万余元，籼米上升至7.8万余元，糯米升至9万余元。豆油每市斤由700余元涨至900余元。民国37年，发行金圆券，物价急剧上涨。政府限价与黑市价相差数倍，限价后无货可售。是年6月，新麦上市，市面成交价元麦每石490万元。通货恶性膨胀，物价一日数涨。

解放初，县政府全面掌控物价，市场物价平稳。1960年前后，遭受自然灾害，副食品和小商品供应紧缺，物价上涨，除国家规定的18类人民生活必需品的价格保持稳定外，其余采取集市贸易价。此时，县境出现高价商品，茶食、糖果高出原价2－3倍。1962年始，随着国民经济稳定发展，价格逐趋稳定。1973年前后，元麦等杂粮的集市贸易价高于国营牌价2－3倍。1979年，逐步放开小商品和部分农产品价格。1984年，钢铁、木材等生产资料商品价格实行国家定价、指导价、市场调节价交错并存的价格机制。1988年，上等粳米每公斤1.7－1.8元。1990年起，随国民经济宏观调整，境域内市场物价指数基本稳定。2000年，面粉、粳米、菜油市场零售价格每公斤分别为2.14元、1.78元和5.85元。籽棉收购价格（标准：327级、衣份36.5%）每50公斤228.77元。2008年，面粉、粳米价格变化不大，菜油价格涨幅较大，每公斤12.57元，籽棉每50公斤260元。

1953－1990年若干年份海门县粮油统购统销价格一览

表19－13　　单位：元/50公斤

品　名		1953年	1964年	1970年	1976年	1980年	1985年	1990年
标准面粉	购价	–	15.50	16.00	16.00	19.50	19.50	23.80
	销价	14.96	16.50	16.50	16.50	16.50	16.50	16.50
中粳米	购价	–	14.00	15.60	15.60	18.60	18.60	27.90
	销价	–	14.00	14.00	14.00	14.00	14.00	14.00
中籼米	购价	–	12.00	13.70	13.70	16.60	16.60	23.90
	销价	11.75	12.00	12.00	12.00	12.00	12.00	12.00

续表 19－13

品　名		1953 年	1964 年	1970 年	1976 年	1980 年	1985 年	1990 年
小麦	购价	9.60	11.30	13.10	13.10	13.80	16.30	18.52
	销价	10.60	11.30	11.30	11.30	11.30	11.80	11.80
籼稻	购价	7.35	8.40	9.60	9.60	11.60	11.60	16.44
	销价	－	8.40	8.40	8.40	8.40	8.40	8.40
大豆	购价	9.15	13.00	14.80	15.50	23.00	34.50	45.00
	销价	－	13.00	13.00	13.00	13.00	13.00	13.00
玉米	购价	7.10	8.50	9.60	9.60	11.70	11.70	13.56
	销价	7.80	8.50	8.50	8.50	8.50	8.50	8.50
豆油	购价	－	72.50	79.20	90.00	116.00	165.00	215.00
	销价	－	77.00	83.00	83.00	83.00	83.00	83.00
菜油	购价	－	66.80	68.00	83.00	106.00	106.00	159.54
	销价	－	72.00	77.00	77.00	77.00	77.00	77.00
棉花	购价	－	48.70	49.25	60.00	84.00	84.00	158.33
	销价	－	63.00	70.00	70.00	70.00	70.00	70.00

2000－2008 年海门市粮油市场零售价格一览

表 19－14　　单位：元/公斤

品种	2000 年	2001 年	2002 年	2003 年	2004 年	2005 年	2006 年	2007 年	2008 年
面粉	2.14	2.23	2.00	2.05	2.59	2.47	2.45	2.87	3.20
粳米	1.78	2.03	1.88	1.93	3.11	3.03	3.31	3.12	3.33
菜油	5.85	5.00	5.29	6.73	7.46	6.41	6.20	9.15	12.57

二、农资价格

解放前后，农业生产资料由市场或商店进行自由定价交易，政府不加干涉。20 世纪 50 年代，县境始有供销社、农具厂。全县生产资料由供销社按物价部门定价供应。80 年代，农资价格仍然由价格部门定价。90 年代，价格管理实行体制改革，但生产资料价格主要还是物价部门定价，略有小幅度浮动。1995 年 1 月，物价部门出台指导价，农药敌敌畏只浮动出厂价的 10%，甲铵磷浮动幅度为出厂价的 15%。至 2008 年，农资产品的价格一直由物价部门指导定价。

1993－2008 年海门市（县）农资门市部分商品销售价格一览

表 19－15　　单位：元

时间	尿素（公斤）	碳铵（公斤）	磷肥（公斤）	复合肥（公斤）	普通农膜（公斤）	甲胺磷（1 公斤装）	草甘膦（1 公斤装）
1993.7	1.16	0.40	0.352	0.65	7.54	14.06	7.30
1994.9	1.54	0.48	0.41	0.83	6.82	15.30	7.93
1995.8	2.02	0.596	0.53	0.93	10.50	15.30	9.48

续表 19－15

时间	尿素（公斤）	碳铵（公斤）	磷肥（公斤）	复合肥（公斤）	普通农膜（公斤）	甲胺磷（1公斤装）	草甘膦（1公斤装）
1996.8	2.48	0.646	0.541	1.02	11.60	20.10	9.50
1997.8	1.98	0.646	0.541	1.02	10.60	18.40	7.80
1998.8	1.60	0.636	0.541	1.02	8.80	17.00	6.50
1999.8	1.60	0.58	0.541	1.00	8.00	17.00	6.50
2000.8	1.40	0.48	0.48	0.92	10.00	16.20	6.50
2001.8	1.40	0.42	0.42	0.86	10.00	16.20	6.00
2002.8	1.50	0.42	0.42	0.84	9.00	15.00	6.00
2003.8	1.50	0.42	0.42	0.84	9.00	15.00	5.50
2004.8	1.80	0.50	0.46	1.10	11.00	17.00	5.60
2005.8	2.10	0.58	–	1.08	13.00	20.00	11.00
2006.8	1.80	0.56	–	1.10	14.00	20.00	10.00
2007.8	1.85	0.60	–	1.10	14.00	禁销	12.00
2008.8	2.70	0.84	–	1.80	17.00	禁销	11.25

三、用电价格

1994年前，电价由国家下达执行。1994年5月起，用电价格由省主管部门定价执行。1997年，海门列入省第一批农网改造市，所有乡镇电网进行全面更新，电网线损减少。1999年8月，根据省物价局“关于江苏省电力销售价格的通知”精神，市执行新标准电价。10月，对化工、机械、冶金、纺织、建材、医药等6大行业，用电量在315千伏安及以上的工业用户和电热锅炉（含蓄冰制冷）用电实行分时电价。

2000年1月，根据省物价局就南通范围内农村用电价格作统一调整，农村统一销售电价执行标准为居民生活照明每千瓦时0.63元，其他照明每千瓦时0.947元，非普工业每千瓦时0.864元，农业生产每千瓦时0.53元。2001年8月1日起，市农村居民生活用电价格由原来每千瓦时0.63元降到0.52元，其他用户的用电价格不变。2002年8月1日起，农村综合变电所以下的其他照明用户类电价水平降到城市同类电价水平，农村综合变电所用户的非居民照明用电价格执行其他照明电价标准每千瓦时0.947元。

2003年2月20日起，根据全省城乡用电实现同网同价的通知，全省农村综合变电所各类用户的用电价格全部按城市同类电价标准执行。8月，省物价局发出《关于居民用电试行峰谷分时电价的通知》，居民用电也实行峰谷分时电价。2005年4月，实施煤电价格联动机制。2006年7月1日，销售电价结构和水平作较大幅度调整，将商业照明电价和其他照明电价统一改称为非居民照明电价。2008年7月1日起，将售电价格结构中非居民照明与非普工业电价统一为“一般工商业及其他”电价，将原电石、电解烧碱、合成氨、电炉黄磷、电解铝统一归并执行非优特大工业电价。

四、自来水价格

自来水价格属政府定价范围，区域内的自来水价格由县（市）价格部门核定。2001年8月，居民生活用水价格始行价格听证会，邀请党政机关和主管部门，用水大户及居民就自来水价格上涨举行听证。1990－2008年，城区自来水价格调整12次。

1990－2008年海门市（县）城区自来水价格一览

表19－16　　单位：元/立方米

起止时间	居民生活用水	工业用水	商业用水	宾馆、饮食业用水
1990.6.21－1992.1.1	0.18	0.18	0.18	0.18
1992.1.1－1993.6.1	0.25	0.30	0.30	0.30
1993.6.1－1994.9.1	0.32	0.40	0.40	0.40
1994.9.1－1996.1.1	0.45	0.55	0.66	0.82

续表 19－16

起止时间	居民生活用水	工业用水	商业用水	宾馆、饮食业用水
1996. 9. 1－1998. 2. 1	0. 65	0. 88	1. 00	1. 00
1998. 2. 1－1999. 5. 1	0. 82	1. 10	1. 25	1. 55
1999. 5. 1－2000. 7. 1	0. 99	1. 29	1. 54	1. 65
2000. 7. 1－2002. 12. 1	1. 18	1. 52	1. 70	1. 90
2002. 12. 1－2004. 5. 1	1. 56	2. 05	2. 49	2. 92
2004. 5. 1－2006. 3. 1	1. 76	2. 30	2. 75	3. 15
2006. 3. 1－2006. 7. 1	1. 98	2. 65		3. 50
2006. 7. 1－2008	2. 10	2. 80		3. 65

五、管道液化气价格

1995 年，市政府成立城区管道液化气筹建办公室。是年 11 月，城区管道液化气投入试运行。为解决资金问题，政府拟以集资款形式筹资，部分政府垫资，部分用户分摊，标准为每户 2000 元。半年后，提高至每户 2500 元。名为管道液化气使用初装费，由价格部门定价，允许收费。为鼓励居民使用管道液化气，初期气价低于进气成本，标准为每立方米 7. 5 元。1996 年 11 月正式运行时，居民用管道液化气价格定为每立方米 6 元。2001 年 3 月 1 日起，为每立方米 8 元。2005 年 1 月 1 日起，居民为每立方米 10. 3 元，酒店等商业气价为每立方米 15 元，允许上下浮动 15%。2006 年 3 月 1 日，居民用气价为每立方米 13. 5 元，商业用气价格为每立方米 19 元，允许上下浮动 15%。2008 年 5 月 1 日起，居民用气为每立方米 17 元，商业用气价格为每立方米 23 元，允许上下浮动 15%。

1990－2008 年海门市（县）居民消费价格指数一览

表 19－17

指　标	1990	1991	1992	1993	1994	1995	1996	1997	1998	1999	2000	2001	2002	2003	2004	2005	2006	2007	2008
居民消费价格总指数	105. 40	106. 80	108. 80	119. 70	128. 80	115. 40	107. 10	120. 00	98. 70	97. 20	101. 90	100. 40	100. 60	101. 20	104. 70	101. 10	101. 50	104. 80	105. 10
1. 食品类	104. 20	107. 90	107. 20	123. 00	136. 00	120. 60	107. 30	98. 80	95. 90	91. 90	98. 70	96. 50	101. 20	101. 90	113. 50	102. 30	101. 70	110. 70	109. 30
粮食	87. 00	98. 30	136. 40	132. 10	163. 50	147. 40	108. 10	74. 50	104. 00	90. 60	87. 90	94. 00	96. 80	102. 00	140. 30	97. 60	106. 50	106. 90	106. 90
油脂	95. 90	107. 40	129. 70	124. 60	162. 40	114. 40	85. 80	97. 40	105. 80	93. 60	78. 20	83. 40	102. 30	117. 50	111. 70	91. 80	99. 50	139. 40	127. 70
肉禽及其制品	98. 40	98. 30	105. 40	115. 70	146. 90	124. 30	107. 80	110. 00	86. 40	88. 80	99. 60	97. 50	100. 10	101. 50	116. 40	99. 60	96. 10	123. 70	113. 90
蛋	107. 30	85. 60	99. 70	114. 50	118. 30	122. 40	113. 50	73. 60	107. 70	87. 00	85. 30	103. 80	104. 90	102. 50	125. 20	102. 30	95. 60	121. 70	101. 80
水产品	115. 10	102. 90	102. 80	144. 90	114. 90	105. 80	104. 50	100. 90	93. 60	80. 70	98. 60	93. 40	90. 80	101. 40	112. 30	97. 90	100. 30	108. 30	110. 20
鲜菜	113. 20	119. 20	102. 40	122. 40	137. 40	123. 60	113. 50	93. 30	101. 70	95. 10	124. 70	92. 30	120. 10	105. 90	113. 70	128. 30	101. 30	113. 20	97. 90
2. 烟酒及用品	96. 80/ 110. 10	98. 00/ 101. 70	111. 80/ 101. 70	126. 00/ 102. 60	121. 40/ 106. 60	104. 40/ 111. 10	100. 00/ 116. 60	95. 10/ 108. 00	99. 70/ 100. 10	95. 70/ 98. 10	－/ 97. 20	97. 80	99. 00	99. 40	100. 70	101. 40	100. 00	100. 70	102. 30
3. 衣着类	111. 70	105. 60	119. 50	119. 00	132. 30	113. 00	108. 30	102. 10	100. 90	99. 10	99. 10	99. 10	98. 30	97. 40	100. 10	99. 70	99. 80	100. 40	100. 30
4. 家庭设备及用品	104. 30	105. 40	102. 30	109. 00	113. 80	106. 90	105. 60	101. 50	99. 50	99. 40	99. 80	97. 80	98. 40	96. 80	98. 70	100. 30	100. 80	102. 40	103. 40
5. 医疗保健	108. 50	103. 40	109. 30	106. 00	109. 60	111. 00	114. 90	103. 80	99. 60	99. 30	102. 10	100. 90	99. 30	102. 80	101. 00	98. 60	104. 00	102. 50	102. 60
6. 交通及通信工具	99. 50	105. 90	104. 00	106. 00	112. 90	103. 00	101. 40	101. 30	99. 10	100. 50	98. 40	98. 70	98. 90	98. 60	98. 60	99. 30	99. 10	101. 00	101. 20
7. 娱乐教育文化用品	99. 60	102. 80	105. 30	105. 20	104. 70	100. 50	102. 50	101. 60	98. 10	100. 60	99. 30	113. 10	105. 50	103. 70	100. 40	100. 10	99. 30	97. 10	99. 40
8. 居住	108. 40	109. 50	111. 80	132. 20	118. 20	116. 20	117. 90	98. 10	98. 70	95. 30	103. 70	99. 30	98. 40	101. 80	102. 50	102. 70	104. 90	106. 70	108. 40
服务项目	122. 10	106. 00	126. 50	156. 70	123. 90	135. 10	122. 40	102. 90	104. 40	106. 30	114. 30	109. 80	104. 50	103. 80	100. 80	101. 30	101. 40	101. 90	102. 20
学杂保育费	100. 00	100. 00	158. 00	128. 20	155. 00	173. 70	110. 20	129. 70	103. 70	113. 00	133. 00	123. 10	111. 00	108. 60	101. 70	101. 60	99. 90	95. 50	98. 40

说明：(1)以上年同期价格为 100

(2)2000 年前烟酒分别统计，“/”线上为烟草，“/”下为酒和饮料

第八章　审　　计

第一节　国家审计

一、预算执行审计

1995 年,市审计部门开始市级财政预算执行审计,由 7 人组成同级审审计组,对全市预算内财政收支和财政预算进行审计。通过审计,弄清全市预算内财政收支情况,摸清财政预算外家底。同时,还发现一些问题,如追加支出预算批准手续滞后;预算总收入税费入库虽超过序时进度,但有几项税费入库率低于序时进度;部分专项支出预算资金不到位;借出周转金中呆滞贷款比较多;一些应作收入的资金长期挂在暂存款科目;少数财务支出有以拨作支现象。审计部门向市政府汇报审计情况,提出 7 条建议,均被采纳执行。

2001 年,加大财政审计力度,发现违规金额 4200 多万元,收缴入库 220 万元。2003 年,对财力分配权的制约和监督,进一步规范财政行为。审计查出违规金额 1.9 亿元,收缴入库 250 多万元,发出移送书和建议书 2 份,审计报告中归纳 9 个方面 34 个存在问题,并提出相应建议。是年改制中应上缴财政公有资产转让费 94 万元,及时上缴财政。对市供电局、自来水公司代市财政征收的城镇事业费附加进行专项检查。

2007 年,审计查出违规资金 1.9 亿元,管理不规范金额 7700 万元。审计工作报告从六大方面反映 24 个问题,全部得到整改和落实。

2008 年,财政同级审扩展内容,对财政收入进行审计。发现有数千万元的代征收入未及时解缴市财政;对发经委部门预算执行审计时,发现其下属公司代政府管理的南通天生港电厂投资款,因企业改制,连续两年未进行分红结算,处于无人监管状态。审计部门组织对其进行盘点清理,将应收回的本金与红利上缴市财政。是年,审计共查出违规资金 1.25 亿元,管理不规范金额 6389 万元,审计收缴入库 111 万元。查出包场镇水利管理服务站站长高某涉嫌虚报、冒领骗取财政土方补贴资金 1.6 万元,案件线索移送纪检部门后,该站长被立案查处,并牵出市农资局某科长大额受贿案件。首次尝试财政审计结果公示制度,同级审结果报告进行全文公告,把审计监督与社会监督、舆论监督有机结合,提高审计工作透明度。

二、财政决算审计

1993 年起,开始实施财政决算审计,主要对乡镇财政决算审计。1994 年,安排乡镇财政审计项目 3 个,比上年增加 2 个。1995 年,完成乡财政决算审计项目 4 个。查出财政农业投资数额小,且预算资金到位不足;罚没收入被挤占挪用;乡镇企业欠税、漏税现象严重。2001 年,对 5 个乡镇的财政决算进行审计。德胜镇延伸审计中,发现该镇贤高村村干部在已得报酬的情况下,又在该村租金中列支 5 万多元私分。对这一问题移送德胜镇党委处理,3 人受到党内严重警告处分,1 人警告处分,7 名责任人退出违纪金额 5.74 万元。

2004 年,对全市 22 个乡镇财政状况进行审计调查。撰写信息《关于乡镇政府负债的调查与思考》被《中国审计报》录用。是年后终止对乡镇财政审计。

三、行政事业审计

1983 年,开始对行政事业单位实行审计。1986 年起,逐步确立行政事业单位的定期审计制度,把一些执法部门和经济活动比较集中部门列为定期审计对象。1989 年,对全县 53 个单位进行审计,其中,上级指令性项目 14 个,自行安排项目 39 个。查

出问题金额770万元，上缴财政235万元。1990年，对18个行政事业单位进行审计，查出违纪金额80万元，

1994年，行政事业审计与金融审计、基本建设审计、企业审计等涉及国家财政收支的各专业审计纳入财政审计范畴，不再单独进行行政事业审计。

四、企业审计

1983－1987年，企业审计以维护财经法规为主要内容的财务收支审计。

1988年后，厂长（经理）负责制和承包经营责任制迅速推广，企业审计转为以经济责任为主要内容的承包经营审计。1989年8月，对县生资公司审计时，发现该公司有不正常压价销售收入38.42万元，并将压价部分的差价作为“小金库”存在外单位13.54万元，已支用9.8万元。同时，该公司还将协作用水产品6.51万元转作账外，被职工私分。县审计部门将账外物资全部按原价归入账内、私分钱物部分转作奖励基金支出同时，查处轻工供销公司经理季某经济犯罪案，当事人被判刑13年。

1994年后，随着政府职能转变，企业经营机制转换和财务会计制度改革，企业审计由重点查纠违纪违规问题，转向全面监督资产保值增值为主要内容。1999年后，产权制度改革步步深入，企业审计以资产、负债、损益的真实、合法性和效益为主要内容，并进而向效益审计过渡。

2000年，对南通交通钢绳有限责任公司进行审计。经查，发现该公司存在截留资金收入私设“小金库”10多万元，私分5万多元。嗣后，有关人员以白条支付虚假销售费用等手段，将30多万元占为己有。审计部门及时将案件移送市纪委、监察局立案查处，涉案的3人分别受到党纪、政纪处分。

2003年，审计市医药公司时，查处总经理黄某收受贿赂判刑2年，另两人取保候审。审计市房屋开发公司时，发现该公司隐留利润，改制时对资产评估不负责任，流失大量国有资产等问题，被市纪委和公安机关立案查处，经理施某被开除党籍。审计南通三建三分公司安装三队时，改制流失集体资产397万元，有关责任人分别受到党纪、政纪处分。审计二匡砖瓦厂时，厂长戴某因受贿等罪，被判处有期徒刑4年。

2008年，对江苏南通三建集团有限公司2005－2007年资产、负债及效益审计中发现，长期拖欠政府资金3586万元、美元25万元。审计中，25万美元收缴入库。同时，发现在经营过程中有各分公司拖欠集团公司管理费金额较大、对外投资长期无效益，账面应收款金额较大且存在一定风险、未能按公司章程进行分配等问题。审计报告中对此提出建议。

五、领导干部任期经济责任审计

1986年4月，县政府发文《关于加强审计工作的通知》，试行国有企业厂长（经理）离任审计的制度。10月，对瑞祥乡钢窗厂原厂长杨某进行离任审计，发现虚盈实亏和厂长等人侵吞公款，经列案侦查，杨某被判刑。

1990年年初，市审计部门采取抓重点、分层次的方法，以审计机关为主体，并委托内审机构和审计组共同开展1989年度承包经营责任审计，其中审计机关直接审计11个重点单位。1998年6月，市委制定《关于市直属部门、企事业单位，乡镇、场党委、政府主要负责人任期经济责任审计工作暂行规定》。

1998－2000年，对99个企业法人代表任期届满，组织经济责任审计，审计资金总额9.5亿元。完成5名市直属部门和2名乡镇主要负责人的经济责任审计，审计资金总额9.5亿元，查出违纪违法资金1913万元，上缴财政1353万元，发现违纪违法线索3件，2名主要领导干部受到刑事处分，1名主要领导干部被开除党籍。破获原水利局局长施某等人截留、侵吞水利资金1458万元特大案件，施某被判处无期徒刑。

2000年10月，海门出席全国经济责任审计工作会议，市委书记徐永兵作题为《加大经济责任审计力度，强化领导干部监督管理》经验介绍，海门被中央组织部确定为干部监督管理工作联系点。

2000－2004年，完成经济责任审计项目83个，审计查出违规金额1.98亿元，收缴入库金额2797万元，发现案件线索23件。海门市《围绕“三权一廉”开展工作，强化对权力制约和监督》的经验刊登于2004年12月6日《中国审计报》。

2001年5月，市审计部门制定《海门市党政领导干部经济责任审计操作指南》。7月，市政府制定《海门市乡镇站所负责人及村级干部任期经济责任

审计暂行办法》,海门经济责任审计工作全面推开。2003年12月,市委组织部等5个部门联合制定《关于领导干部任期经济责任审计结果运用的实施意见(试行)》。2004年,海门被评为全国经济责任审计工作先进地区、省经济责任审计工作先进地区。2006年,市委、市政府提出坚持“五个必审”①,实现“三项对接”②。

图19-8 2004年,海门出席全国经济责任审计工作会议作经验介绍,被评为全国经济责任审计工作先进地区

2007年,进一步强化对领导干部的监督管理,在全市实行领导干部监督“五卡”③制度。7月,制定《关于实行领导干部监督“五卡制”的实施意见》。是年,发出谈心谈话卡126张,反馈提醒卡35张,函询警示卡12张,诫勉监督卡和专项说明卡各2张。同年,对全市241个村党支部书记(主任)换届实施离任审计。审计中查出违规违纪金额3595万元,发现违纪违规案件线索7件,及时移送相关部门进行查处。其中,2名村干部被撤销党内职务,13名村干部受到党内警告处分。

2008年,实行阳光审计,向纪监、检察、公安、信访、财政等部门公开函询,了解被审计对象在遵守财经法规和执行廉政等方面群众来信来访情况;其次实行审前公示,审计范围、内容等相关事项在被审计单位公开问卷调查。是年5月,市委制定《海门市领导干部任期经济责任审计结果等级评定办法》,对29名领导干部实行审计结果等级评定,优秀的6人均被提拔或重用,良好的21人继续在岗工作,一般的1人诫勉谈话,较差的1人被行政撤职并给予党纪处分。同年,29个经审项目中安排10个任中审计项目,首次突破30%的比例。8月,市委制定《海门市领导干部离任经济责任审计事项交接办法》,规定领导干部离任必须实行经济责任交接,明确交接内容有8项、程序7项、责任4项。交接时,组织、纪监、财政、审计等部门现场监交。

六、固定资产投资审计

1991年,开展新开工基建项目审计。符合条件的建设项目,做到随到随办;不符合要求的,讲明政策,提高透明度。同年10月,将原项目立项、开工前两次审计改为一次审计。1994年,完成基建结算审计项目23个,审计资金1.1亿元,核减高估冒算金额909万元。1995年,市政府印发《海门市建筑市场管理暂行规定》,规定所有建设工程项目的竣工决算必须经市审计局审计。

1996年,省政府开展实施工程建设专项治理工作。将1994年7月至1995年年底竣工和开工的投资额在50万元以上的工程建设项目,全部列为专项治理审计范围。市审计部门抽调49人,组成7个审计组,全面开展工作。在3个月时间内完成财务收支审计57个项目(118个单位),查出违纪金额1070万元;完成工程结算审计项目163个,送审金额2.6亿元,核减高估冒算1350万元。2007年,根据市项目建设、城市建设的总体目标,将财政资金投入的基建项目全部纳入审计。对投入的19个5000万元以上重大项目加强跟踪审计,对项目资金使用数额、使用方向等进行经常性督查,及时掌握推进情况及存在问题,提高财政资金使用效益。

2008年,对政府重点工程的跟踪审计逐步展开,主要是对政府行政中心、张謇大道改造工程、污水处理厂等项目前期费用、招投标等提前参与,效果较好。

---

① 五个必审:离任必审,要提升必审,满一届必审,反响大必审,重点岗位必审。

② 三项对接:审计成果与教育引导干部、考评使用干部、完善管理制度对接。

③ 五卡:谈心谈话卡、反馈提醒卡、函询警示卡、诫勉督查卡、专项说明卡。

七、专项审计调查

1992年，对县土地管理局及乡镇土管所土地管理费征收、使用、管理情况进行审计调查。发现管理费存在土地征用无审批手续，收费标准不够严格，管理费上交不及时，土管所管理费使用不合理等问题。建议县土管局建立收费稽核制度，设立专职开票收缴员，完善内部控制手续，制定统一的免征规定，明确减免征收管理费审批程序、权责权限。

1994年，对城市维护费征收使用情况进行审计调查。发现部分城建费收缴不足，管理体制不健全，财务管理较为混乱等问题。建议制定统一的城建费征收实施办法，项目资金归口管理，建立健全统一的财务管理制度和审计制度，增加环卫经费。1996年，对计划外生育费乡收县管情况进行审计调查。发现计划外生育费缺少征收额测算依据，未开县行政处罚决定书等系列问题，建议建立计划外生育征收、管理、使用的考核奖惩机制，市计生委拟定计划外生育费上划、下拨结报凭证等。2005年，对行政事业单位出租房屋管理和收入情况进行审计调查。发现单位对外招租的租金账务不规范，存在国家税金流失现象。为加强票据管理，政府制定管理办法。实行公开招投标制度。对税收征管等建议，得到采纳。

2008年，开展2007年农村义务教育阶段公用经费列入情况审计调查。审计发现日常维修费用列支不合规、食堂部分资金转为学校收入、代管款项核算不合规范问题提出建议，落实改正。是年3－4月，对部分国有集体企业改制情况审计调查。审计发现企业改制资料分散，未能统筹管理；改制资产评估不当，少估、漏估现象普遍，国家、集体企业资产流失严重；形成改制承包者暴富时有发生；部分福利企业不符合享受税收优惠政策条件；改制资产监管不到位。提出建立专门改制资料及会计档案管理制度，加强剥离资产的监督管理，加强村集体改制资产的管理，维护农民切身利益等建议。

八、资源与环境审计

资源审计 1998年4－6月，对市国土规划管理局1997年度财政、财务收支进行就地审计，并对该局所属测绘队、设计室2个事业单位和天补等12个土管所、村镇建设办公室等单位进行延伸审计。审计表明，国土规划局能较好按财务制度执行，各项土地管理规费的收取能执行收费范围和收费标准。但也发现耕地占用税未及时上缴国库，罚没收入未及时上缴财政，房租收入未纳税等问题，查出管理不规范资金59.55万元，提出整改及审计建议。

2006年4－5月，对2006年度土地复垦资金进行专项审计调查，并对三厂镇、东灶港镇、正余镇、海永乡的土地复垦项目进行延伸审计。经调查，国投项目上级财政拨入额730万元，市财政拨入国土资源局500万元，市国土资源局下拨316.67万元，市国土资源局复垦资金专户国投项目资金结余183.33万元；省投项目省级财政拨入海门市财政3545万元，市财政拨入海门市国土局1450万元，市国土资源局下拨1227.7万元，审计发现国投、省投项目进度缓慢，专项资金存在滞留，乡镇对复垦资金核算不统一，会计科目使用混乱等现象，经分析提出审计建议。

环境审计 2000年10－12月，对市环境保护局1998－1999年度排污费征收、管理使用以及财务收支进行就地审计。审计结果表明市环境保护局能较合理使用环保治理和补助资金，但也发现环保贷款存在不规范现象，查出管理不规范资金454.5万元，审计收缴23.64万元。

2007－2008年，连续两年对2006－2008年度农村环境整治工程专项资金筹集、管理、分配、使用及效益进行审计。审计结果表明，全市农村环境整治工程有关部门虽能认真履行职责，但审计发现在项目实施过程中，部分项目资金结算不及时，农村清洁能源工程已竣工的项目中尚有部分未投料产气，农村改厕项目三格式化粪池设计不统一、农村改厕项目未执行财政结报规定等，并要求落实整改措施。

第二节 内部审计

1987年，县供销合作总社首设审计科，随后商业、粮食、交通、教育等9个部门相继组建内审机构。乡镇设立审计组，对所属企业进行日常审计监督。

1993年10月，县政府制定《关于加强乡镇、村集体经济审计工作的意见》，各乡镇随之建立审计办公室或审计所。1995年3月,审计局设立乡镇审计指导科,加强乡镇审计的指导、检查和督促。1996年,各乡镇配备1名公务员编制的审计助理。

至2008年,海门市各单位、部门、企业等已设置内审机构21个,从事内部审计工作人员21人。累计完成审计项目2551个,纠正违规违纪金额2683万元;乡镇机构22个,审计人员22人。累计完成乡镇审计项目6256个,纠正违规违纪金额1.74亿元。

第三节 社会审计

1988年7月,建立县审计师事务所,接受委托承办法定审计业务和会计咨询,成员主要来自社会上离退休的经济专业人员。至1990年,承办查证和咨情服务项目705件,其中承办承包经营审计37件,核增利润650.3万元,核减利润131.08万元;盈亏核实查证22件,核增盈利33.39万元,核增亏损48.67万元,其他专项查证37件,找出错漏9万余元;催理债权425.31万元,发现贪污线索4条,涉嫌金额14.2万元;审计基建决算19件,决算额984.89万元,核增决算3.62万元,核减决算96.67万元,进行企业注册资金验证和年鉴590件,总资本额3.88亿元。此外,该所抽人担任4个企业的常年经济顾问。

1990年3月,举办乡镇企业审计人员培训班,专业审计人员的业务水平得到提高。至1999年,累计完成委托社会审计事项1.57万个,其中财务收支审计243个,承包离任审计104个,国营企业审计查证684个,盈亏核实查证22个,企业注册资金验证和年检1.42万个,基建决算审计60个,其他审计评估345个。是年,社会审计走向市场化运作。12月,经江苏省财政厅批准,撤销市审计事务所,同时建立海门东洲联合会计事务所。至年底,完成各类委托审计1423项,实现经营业务收入55万元。

第四节 审计信息化

一、人员培训

2006年,市审计部门选派1人参加审计署计算机审计中级培训。2007－2008年,每年选派不少于10人的一线审计人员,轮流参加该项培训。至2008年8月,有14人获审计署计算机审计中级证书,居全省第一和全国县级审计局通过该项考试人数最多的县(市)之一。

二、成果运用

2002年,固定资产投资审计科在对三星镇原党委书记经济责任审计中,审查该镇电管站10多年收支发票时,采用计算机辅助审计办法,快速清理出收支差额,及时发现案件线索,移交纪委和检察机关,当晚对涉案人员"双规",后4人被判处有期徒刑。纪实报道《"鏖战10小时,活捉'电老虎'"》被《江苏审计》《中国审计》刊用。

2005－2006年对企业缴纳的残疾人就业保障金进行核对、分析、筛选后,重点抽查121个单位,发现征缴率仅29%。2007年,在税收征管审计中,财金科利用AO分析计算功能,成功进行数据转换,查出非正常欠税、基金5000多万元。

第二十篇

党派社团

清末民初，受洋务运动和民主革命影响，封建专制思想受到冲击，海门境内逐渐有党派和社团组织活动。民国元年(1912)筹建国民党海门县分部，同时成立共和党海门支部、大同党临时支部等，共和党、大同党支部为时不长即停止活动。当时还建有农会，民国2年建立商会。

民国14年，旅居上海的中共党员徐玮回家乡从事宣传活动。先进的思想逐渐被民众接受，时有进步团体出现。民国15年，县总工会、妇女协会、农民协会、教育协会成立。翌年初夏，旅川沙中共党员张冠今以教师职业为掩护，在上三和镇小学发展共产党员，建立中共三条桥支部。同年10月，中共海门县委成立，领导农民、工人和学生运动。民国22年，中共海门地方组织遭到破坏，各社会进步团体被迫停止活动。

民国27年，日本侵略军进犯海门，国民党海门县党部迁往东部地区江家镇。

民国28年，由中国共产党领导的抗战支队政工队，在群众中宣传党的抗日主张，发展党的组织。民国29年，新四军东进海门。同年11月，成立中共崇启海县委。在县委领导下，海门人民坚持敌后抗战，连续重创日伪军，取得抗日战争胜利。抗战胜利后，国民党海门县党部控制的县总工会、妇女会、商会先后成立，并组织"还乡团"，配合国民党军队进犯解放区，捕杀共产党员和革命群众。中共海门(东南)县委及各级党组织依靠人民群众，经过艰苦卓绝的斗争，终于赢得人民解放战争的胜利。1949年1月31日，海门全境解放，国民党海门县党部随即消亡。

新中国成立初期，中共海门县委领导人民开展生产救灾，恢复国民经济，基本完成农业、手工业和资本主义工商业的社会主义改造，进行社会主义建设。工商联、总工会、团工委、妇联等社会团体相继建立，并围绕县委工作中心，发挥各自作用。

"文化大革命"初，中共海门县委及各级党组织、社会团体受到冲击，相继停止活动。1971年，县委和社会团体的活动得以恢复。

1978年中共十一届三中全会后，中共海门县委坚持"四项基本原则"①，清除"文化大革命"的影响，拨乱反正，正本清源，将工作重心转移到以经济建设为中心。加强党的思想建设、组织建设、作风建设和廉政建设，充分发挥党组织的战斗堡垒作用、党员的先锋模范作用、社会团体的参谋助手作用。在政治、经济、文化、社会发展等各个方面，采取一系列重大决策，推进社会主义现代化建设，取得巨大成就。1991年，海门首次列入全国综合实力百强县。

1994年6月撤县设市后，中共海门市委带领全市百万人民，深化政治体制、经济体制和各项社会事业改革，发展个私经济、外向经济，开展文明创建活动，不断实现经济翻番，使人民生活由温饱型逐步向小康型转变。进入21世纪，市委深入贯彻邓小平理论和"三个代表"重要思想，坚持科学发展观，带领全市干部群众全面实施小康建设。2004年，中共中央政治局常委、国家副主席曾庆红视察海门，肯定市委强化基层党的执政能力的做法。同年，海门被省委评为党建工作先进县(市)。2008年5月，经省验收，海门市于2007年成为苏中、苏北地区首家小康建设达标县(市)，开创全市中国特色社会主义现代化建设新篇章。

---

① 坚持四项基本原则：坚持社会主义道路，坚持无产阶级专政(即人民民主专政)，坚持中国共产党的领导，坚持马克思主义、毛泽东思想。

第一章　中国共产党

第一节　市(县)委机构沿革

民国14年(1925)9月,家住磨框镇的共产党员徐玮从上海回乡,举办农民识字班,宣传上海"五卅"惨案真相,组织募捐活动,并应海门中学学生会邀请,宣讲马克思主义。民国15年,旅川沙教师、共产党员张冠今(又名沈则张)回乡以三和镇小学教师身份为掩护,在海门西乡发展顾锦扬(三和镇小学总务)、杜思瑜(三和镇小学校长)、陆少梁(三和镇小学教师)等加入中国共产党。翌年初夏,在三条桥(今三和镇双高村)成立三条桥支部,为海门县第一个中共支部。民国16年10月底,中共海门县委员会成立,属中共江苏省委领导,机关设在曹家镇西钱文明家。是年12月,县委活动于海门东乡箆箕镇(今启东市境内)和西乡横板桥、三条桥等地。民国17年7月,县委驻地茅家镇众兴布厂,属中共南通特委领导。

民国18年3月底,县委机关先设在茅家镇合线作坊,后设在茅家镇金星书店。民国20年3月,海门党的工作属启东县委管。6月,海门、启东两县委合并,建立中共启海县委员会,县委活动于癞巴镇等地。翌年5月,由于叛徒告密,县委书记周趾麟等在癞巴镇被捕,启海县委遭破坏。中共南通中心县委委员陈俊负责启海县委工作。8月,省委派姜彬负责启海县委工作。民国22年6月,海启党组织再度遭破坏,停止活动。

民国26年7月,抗日战争全面爆发。民国27年春,省委先后派茅理、王进等中共党员干部到海门开展工作。民国28年春,驻在江家镇的抗战支队政工队在共产党员洪泽领导下,开展抗日救亡宣传,物色积极分子发展共产党员。民国29年1月,在三阳地区的永平乡建立抗战开始后的海门第一个中共支部。11月,新四军苏北指挥部三纵队东进海门。同月,中共崇明临时工作委员会主要成员、崇启海常备旅中的共产党员以及海启地区的共产党员会合后,建立中共崇(明)启(东)海(门)县委,属中共南通中心县委领导,辖崇明、启东、海门三县党组织,驻地久隆镇易家宅(今启东市境内)。民国30年3月,崇启海县委改称中共海启县委,属中共苏中四地委领导,驻地先在江家镇,后移至聚星镇。10月,海门西部地区建立中共通海工作委员会。民国31年1月4日,海启县委书记陈国权等在大生二厂附近被日伪军杀害。同月,撤销海启县委,建立中共海门中心县委,属苏中四地委领导,驻地聚星镇。民国32年初,为适应抗日反"清乡"斗争需要,撤销海门中心县委,建立中共海启县委,驻地聚星镇一带乡间。民国33年12月26日,海启县委书记兼警卫团政委鲍志椿、东南行署主任兼警卫团团长王澄在巴掌镇附近与日军遭遇战中牺牲。次年1月,撤销海启县委,建立中共东南县委。民国35年2月,撤销东南县委,分建中共海门、启东两县委,属中共华中一地委领导。8月后,属中共华中九地委领导,海门县委驻地聚星镇。12月,国民党军队向海启地区全面进犯,海启两县委合并,建立东南县委,属中共华中九地委领导,驻地曹家镇,后移至花家仓(今启东市境内)。1949年1月25日,撤销东南县委,分别建立海门、启东两县委。29日,茅家镇解放。31日,海门全境解放。2月6日,中共海门县委从彭家仓迁至茅家镇。

1949年10月,中共海门县委隶属中共南通区地方委员会。1950年4月,隶属中共苏北区南通地方委员会。1952年11月,隶属中共南通地方委员会。1956年4月前的县委领导成员均由上级党组织任命。

1956年4月,召开中共海门县第一届代表大会，选举产生中共海门县第一届委员会。1959年2月，成立县委书记处。4月，召开中共海门县第二届代表大会，选举产生中共海门县第二届委员会。1962年10月，撤销县委书记处，重新任命书记、副书记。1963年1月，召开中共海门县第三届代表大会，选举产生中共海门县第三届委员会。1966年2月，召开中共海门县第四届代表大会，选举产生中共海门县第四届委员会。

1966年5月，"文化大革命"开始。8月，各种"造反派"组织遍及全县各地及各行各业，社会秩序日趋混乱。1967年2月1日，县委被"海门县红色造反联合委员会"夺权，停止活动。1968年8月，开始整党建党。1969年7月，全县整党工作基本结束，党的组织生活普遍恢复。9月，中共海门县革委会核心小组成立。1971年2月，中共海门县第五次代表大会召开，选举产生中共海门县第五届委员会。

1980年12月，召开中共海门县第六次代表大会，选举产生中共海门县第六届委员会。此后，每届任期3年。1991年2月，召开中共海门县第九次代表大会，选举产生中共海门县第九届委员会。此后，每届任期5年。1994年6月，中共南通市委决定中国共产党海门县委员会更名为中国共产党海门市委员会。2006年6月，召开中共海门市第十二次代表大会，选举产生中共海门市第十二届委员会。

民国16年（1927）－2008年中共海门（启海、崇启海、海启、中心、东南）市委（县委）历任领导人名录

表20－1

组织名称	职 务	姓 名	籍 贯	任职时间
中共海门县委员会	书 记	沈惠农	上海崇明	民国16年10－11月
	书 记	俞甫才	上海崇明	民国16年12月－17年3月
	负责人	顾南洲	江苏启东	民国17年4－7月
	书 记	李达三	江苏如皋	民国17年7－12月
	负责人	张宝奇	江苏启东	民国17年12月－18年3月
	书 记	陆 克	江苏东台	民国18年3月－19年5月
	代书记	黄家骏	江苏海门	民国19年5－10月
	书 记	黄家骏	江苏海门	民国19年10月－20年2月
中共启海县委员会	书 记	周趾麟	江苏启东	民国20年6月－21年5月
	负责人	陈 俊	江苏南通	民国21年5－7月
	负责人	姜 彬	江苏海门	民国21年8月－冬
	书 记	姜 彬	江苏海门	民国22年3－6月
中共崇启海县委员会	书 记	陈国权	江苏海门	民国29年11－12月
	书 记	顾尔钥	江苏南通	民国29年12月－30年1月
	书 记	朱溪东	上海市	民国30年2－3月
中共海启县委员会	书 记	朱溪东	上海市	民国30年3－9月
	书 记	陈国权	江苏海门	民国30年9月－31年1月
中共海门中心县委员会	书 记	王野翔	浙江镇海	民国31年1－11月
	书 记	汪克明	－	民国31年11月－32年1月
	副书记	王野翔	浙江镇海	民国31年11月－32年1月

说明：民国20年3－6月，海门党组织临时划入启东县委领导

续表 20－1

组织名称	职　务	姓　名	籍　贯	任职时间
中共海启县委员会	书　记	洪　泽	浙江宁波	民国 32 年 1 月－33 年 6 月
	书　记	鲍志椿	江苏常熟	民国 33 年 6－12 月
	副书记	王野翔	浙江镇海	民国 32 年 1－3 月
	副书记	鲍志椿	江苏常熟	民国 32 年 3 月－33 年 6 月
中共东南县委员会	书　记	朱溪东	上海市	民国 34 年 1 月－35 年 2 月
	副书记	赵一德	江苏扬州	民国 34 年 1 月－35 年 2 月
	常　委	赵　琅	江苏南通	民国 34 年 10 月－35 年 2 月
	常　委	沈坚如	江苏启东	民国 34 年 10 月－35 年 2 月
	常　委	赵一平	江苏海门	民国 34 年 10 月－35 年 2 月
中共海门县委员会	书　记	朱溪东	上海市	民国 35 年 2－10 月
	书　记	干仲儒	安　徽	民国 35 年 10－12 月
	常　委	赵一平	江苏海门	民国 35 年 11－12 月
	常　委	赵　琅	江苏南通	民国 35 年 11－12 月
	常　委	梅永熙	江苏海门	民国 35 年 11－12 月
	常　委	胡　林	–	民国 35 年 11－12 月
中共东南县委员会	书　记	顾尔钥	江苏南通	民国 35 年 12 月－36 年 12 月
	书　记	赵一德	江苏扬州	民国 37 年 1－8 月
	书　记	徐建楼	江苏南通	民国 37 年 8 月－38 年 1 月
	副书记	干仲儒	安　徽	民国 35 年 12 月－36 年 11 月
	副书记	赵一德	江苏扬州	民国 35 年 12 月－37 年 1 月
	副书记	郁　谦	上海崇明	民国 37 年 8 月－1949 年 1 月
中共海门县委员会	书　记	郁　谦	上海崇明	1949.1－1949.9
	书　记	赵一平	江苏海门	1949.9－1950.11
	书　记	张惠和	江苏启东	1950.11－1954.4
	代书记	唐如浴	江苏如东	1954.4－1954.6
	第一书记	唐如浴	江苏如东	1954.6－1956.4
	第二书记	孙尚礼	江苏海门	1954.6－1956.4
	副书记	赵一平	江苏海门	1949.1－1949.9
	副书记	张惠和	江苏启东	1949.10－1950.11
	第一副书记	朱士达	江苏启东	1953.1－1953.5
	第二副书记	秦素萍(女)	江苏启东	1953.1－1956.4
	常　委	崔金鳌	江苏海门	1955.1－1956.4
	常　委	茅锡堂	江苏海门	1955.1－1956.4

续表 20－1

组织名称	职　务	姓　名	籍　贯	任 职 时 间
中共海门县第一届委员会	书　记	唐如浴	江苏如东	1956.4－1958.2
	第一书记	钱　岗	江苏盐城	1958.2－1959.4
	第二书记	唐如浴	江苏如东	1958.2－1959.2
	副书记	秦素萍(女)	江苏启东	1956.4－1959.2
	副书记	倪汉明	江苏海门	1956.4－1959.2
	副书记	王　鑫	江苏海门	1956.4－1959.2
	副书记	黄　犨	安徽黟县	1956.12－1958.4
	副书记	赵维刚	－	1957.3－1957.10
	书记处书记	赵洪程	江苏如东	1959.2－1959.4
	书记处书记	翁为礼	江苏泗阳	1959.2－1959.4
	书记处书记	王　鑫	江苏海门	1959.2－1959.4
	书记处书记	倪汉明	江苏海门	1959.2－1959.4
	常　委	茅锡堂	江苏海门	1956.4－1958.2
	常　委	崔金鳌	江苏海门	1956.4－1958.2
	常委(驻军)	李玉山	－	1956.4－1956.9
	常　委	黄汉贤	江苏启东	1958.2－1959.4
	常　委	黄冠中	江苏海门	1958.2－1959.4
	常　委	汤健夫	江苏启东	1958.2－1959.4
	常　委	朱启祥	江苏海门	1958.5－1959.4
中共海门县第二届委员会	第一书记	钱　岗	江苏盐城	1959.4－1960.4
	第一书记	赵洪程	江苏如东	1960.4－1962.10
	书　记	赵洪程	江苏如东	1962.10－1962.12
	第二书记	张惠仁	－	1960.12－1961.9
	书记处书记	赵洪程	江苏如东	1959.4－1960.4
	书记处书记	翁为礼	江苏泗阳	1959.4－1961.5
	书记处书记	王　鑫	江苏海门	1959.4－1960.6
	书记处书记	倪汉明	江苏海门	1959.4－1960.6
	书记处书记	孙　萍	江苏滨海	1959.7－1961.9
	书记处书记	王德贤	江苏南通	1960.2－1962.5
	书记处书记	陈伯陶	江苏海门	1960.2－1962.10
	书记处书记	沈　瑜	江苏启东	1960.2－1961.5
	书记处书记	黄汉贤	江苏启东	1960.6－1960.8
	书记处书记	沈　瑜	江苏启东	1961.10－1962.10
	书记处书记	方　明	江苏靖江	1961.12－1962.10

说明:(1)赵维刚任省粮食厅副厅长兼海门县委副书记

(2)张惠仁任省邮电局副局长兼海门县委第二书记

续表 20－1

组织名称	职　务	姓　名	籍　贯	任职时间
中共海门县第二届委员会	书记处书记	王德贤	江苏南通	1961.12－1962.5
	书记处书记	顾泽民	江苏如东	1966.1－1962.10
	副书记	顾泽民	江苏如东	1962.10－1963.1
	副书记	方　明	江苏靖江	1962.10－1963.1
	副书记	倪汉明	江苏海门	1962.10－1963.1
	副书记	陈伯陶	江苏海门	1962.10－1963.1
	常　委	黄汉贤	江苏启东	1959.4－1960.8
	常　委	陆凤娥(女)	江苏南通	1959.4－1963.1
	常　委	朱启祥	江苏海门	1959.4－1960.3
	常　委	汤健夫	江苏启东	1959.4－1963.1
	常　委	徐　始	－	1959.7－1960.9
	常　委	裔邺轩	江苏扬州	1959.9－1961.1
	常　委	陈友恒	江苏海门	1960.3－1963.1
	常　委	樊发祥	江苏启东	1961.10－1963.1
	常　委	王　愚	河北庆云	1961.12－1963.1
	常　委	秦欣发	－	1961.12－1963.1
	常　委	沈　瑜	江苏启东	1962.10－1963.1
中共海门县第三届委员会	书　记	赵洪程	江苏如东	1963.1－1966.1
	书　记	顾泽民	江苏如东	1966.1－1966.2
	副书记	顾泽民	江苏如东	1962.10－1966.1
	副书记	方　明	江苏靖江	1963.1－1963.8
	副书记	倪汉明	江苏海门	1963.1－1966.2
	副书记	沈　瑜	江苏启东	1963.10－1965.6
	副书记	郑景皋	江苏阜宁	1964.5－1966.2
	副书记	陈友恒	江苏海门	1965.6－1966.2
	副书记	韩　藩	江苏海安	1965.7－1966.2
	常　委	陆凤娥(女)	江苏南通	1963.1－1964.8
	常　委	王　愚	河北庆云	1963.1－1966.2
	常　委	汤健夫	江苏启东	1963.1－1963.5
	常委(驻军)	秦欣发	－	1963.1－1963.11
	常　委	沈　瑜	江苏启东	1963.1－1963.10
	常　委	陈友恒	江苏海门	1963.1－1965.6
	常　委	樊发祥	江苏启东	1963.1－1966.2
	常委(驻军)	张　萍	－	1963.11－1966.2
	常　委	崔金鳌	江苏海门	1964.1－1966.2
	常　委	陈伯陶	江苏海门	1964.1－1966.2
	常　委	茅锡堂	江苏海门	1964.1－1966.2

续表 20－1

组织名称	职　务	姓　名	籍　贯	任职时间
中共海门县第四届委员会	书　记	顾泽民	江苏如东	1966.2－
	副书记	倪汉明	江苏海门	1966.2－
	副书记	郑景皋	江苏阜宁	1966.2－
	副书记	陈友恒	江苏海门	1966.2－
	副书记	韩　藩	江苏海安	1966.2－
	副书记	魏伟础	浙江诸暨	1966.3－
	常　委	崔金鳌	江苏海门	1966.2－
	常　委	陈学周	江苏海门	1966.2－
	常　委	茅锡堂	江苏海门	1966.2－
	常　委	樊发祥	江苏启东	1966.2－
	常　委	王　愚	河北庆云	1966.2－
	常　委	张　萍	－	1966.2－
中共海门县第五届委员会	书　记	花友仁	江苏南通	1971.2－1973.5
	书　记	王飞岳	江苏东台	1973.5－1975.1
	书　记	王　新	江苏海门	1975.1－1978.7
	书　记	任文彬	－	1978.7－1978.9
	书　记	李　川	江苏赣榆	1978.9－1980.1
	书　记	沙秀高	江苏如东	1980.4－1980.12
	副书记	王飞岳	江苏东台	1971.2－1973.5
	副书记	茅桂林	江苏南通	1971.2－1975.1
	副书记	董仁亲	江苏海门	1971.2－1976.10
	副书记	倪汉明	江苏海门	1973.5－1978.11
	副书记	沙秀高	江苏如东	1978.8－1980.4
	副书记	王　新	江苏海门	1974.5－1975.1
	副书记	季　康	江苏启东	1976.5－1978.12
	副书记	樊发祥	江苏启东	1978.3－1980.12
	副书记	陈冠球	江苏海门	1978.8－1980.12
	副书记	陈　裕	江苏如东	1978.8－1980.3
	副书记	胡海涛	江苏海门	1980.7－1980.12
	副书记	顾　浩	江苏南通	1980.9－1980.12
	常　委	冯国清	江苏海门	1971.2－1978.12
	常　委	沈贵本	江苏兴化	1971.2－1975.1
	常　委	陈学周	江苏海门	1971.2－1980.12

说明：(1)1967年2月1日，县委被“造反派”组织“海门县红色造反联合委员会”冲垮，1971年2月恢复

(2)王新原名王鑫

续表 20－1

组织名称	职　务	姓　名	籍　贯	任职时间
中共海门县第五届委员会	常　委	张学礼	－	1971.2－1973.5
	常　委	张继善	江苏启东	1971.2－1979.4
	常　委	倪汉明	江苏海门	1971.2－1973.5
	常　委	花友仁	江苏南通	1973.5－1979.6
	常　委	樊发祥	江苏启东	1973.5－1978.3
	常　委	顾静珍(女)	江苏海门	1973.5－1975.1
	常　委	陈冠球	江苏海门	1975.1－1978.8
	常　委	韩　藩	江苏海安	1975.1－1977.5
	常　委	胡海涛	江苏海门	1977.5－1980.7
	常　委	曹　欣	江苏海门	1977.5－1979.4
	常　委	崔金鳌	江苏海门	1977.5－1980.12
	常　委	黄汉贤	江苏启东	1979.4－1980.12
	常　委	夏群划	江苏宝应	1979.4－1980.12
	常　委	陆人权	江苏海门	1979.4－1980.12
	常　委	徐志明	江苏南通	1980.6－1980.12
中共海门县第六届委员会	书　记	沙秀高	江苏如东	1980.12－1984.6
	副书记	樊发祥	江苏启东	1980.12－1984.1
	副书记	陈冠球	江苏海门	1980.12－1984.6
	副书记	胡海涛	江苏海门	1980.12－1984.1
	副书记	顾　浩	江苏南通	1980.12－1981.5
	副书记	秦志明	江苏海门	1982.10－1984.6
	常　委	史秉谦	江苏海门	1980.12－1984.1
	常　委	陆人权	江苏海门	1980.12－1984.1
	常　委	徐志明	江苏南通	1980.12－1981.10
	常　委	夏群划	江苏宝应	1980.12－1984.1
	常　委	蔡国模	江苏海门	1980.12－1984.1
	常　委	邵　文	江苏淮阴	1981.10－1981.10
	常委(驻军)	张洪学	－	1983.8－1984.6
	常　委	高其兴	江苏海门	1983.12－1984.6
	常　委	曹能新	江苏海门	1983.12－1984.6
	常　委	张祖兴	江苏海门	1983.12－1984.6
	常　委	施亚民	江苏海门	1983.12－1984.6
	常　委	叶沈良	江苏海门	1983.12－1984.6

续表 20－1

组织名称	职　务	姓　名	籍　贯	任职时间
中共海门县第七届委员会	书　记	沙秀高	江苏如东	1984.6－1986.4
	书　记	陈惠仁	江苏启东	1986.4－1987.12
	副书记	陈冠球	江苏海门	1984.6－1984.10
	副书记	秦志明	江苏海门	1984.6－1987.12
	副书记	朱玉兰(女)	江苏海门	1984.6－1987.12
	副书记	陈惠仁	江苏启东	1984.10－1986.5
	副书记	曹能新	江苏海门	1985.10－1987.12
	副书记	陆兴达	江苏宜兴	1986.12－1987.12
	常　委	曹能新	江苏海门	1984.6－1985.10
	常　委	叶沈良	江苏海门	1984.6－1987.12
	常　委	张祖兴	江苏海门	1984.6－1987.12
	常委(驻军)	张洪学	－	1984.6－1986.10
	常　委	陈德新	江苏海门	1984.6－1985.3
	常　委	施亚民	江苏海门	1984.6－1985.7
	常　委	高其兴	江苏海门	1984.6－1987.12
	常　委	李兰标	江苏海门	1986.5－1987.12
	常　委	顾飞天	江苏海门	1986.10－1987.12
中共海门县第八届委员会	书　记	陈惠仁	江苏启东	1987.12－1989.1
	书　记	宋家新	江苏启东	1989.1－1991.2
	副书记	陆兴达	江苏宜兴	1987.12－1991.1
	副书记	朱玉兰(女)	江苏海门	1987.12－1991.2
	副书记	曹能新	江苏海门	1987.12－1991.2
	副书记	魏国平	江苏如皋	1991.1－1991.2
	常　委	高其兴	江苏海门	1987.12－1990.10
	常　委	张祖兴	江苏海门	1987.12－1991.2
	常　委	李兰标	江苏海门	1987.12－1991.2
	常　委	顾飞天	江苏海门	1987.12－1991.2
	常　委	顾裕岳	江苏海门	1987.12－1991.2
	常　委	汤仲飞	江苏海门	1990.9－1991.2
中共海门县第九届(市)委员会	书　记	宋家新	江苏启东	1991.2－1993.5
	书　记	曹能新	江苏海门	1993.5－1994.11
	书　记	宋　飞	江苏海门	1994.11－1996.1
	副书记	曹能新	江苏海门	1991.2－1993.5
	副书记	朱玉兰(女)	江苏海门	1991.2－1996.1
	副书记	魏国平	江苏如皋	1991.2－1995.12
	副书记	宋　飞	江苏海门	1991.2－1994.11

续表 20－1

组织名称	职　务	姓　名	籍　贯	任 职 时 间
中共海门县第九届(市)委员会	副书记	施亚民	江苏海门	1993.2－1996.1
	副书记	顾裕岳	江苏海门	1995.1－1995.10
	副书记(挂职)	陈　钢(羌族)	四川汶川	1995.8－1996.1
	副书记	曹建平	江苏海门	1995.12－1996.1
	常　委	张祖兴	江苏海门	1991.2－1995.12
	常　委	李兰标	江苏海门	1991.2－1993.5
	常　委	顾飞天	江苏海门	1991.2－1995.2
	常　委	顾裕岳	江苏海门	1991.2－1994.12
	常　委	汤仲飞	江苏海门	1991.2－1991.4
	常　委	施德威	江苏海门	1992.9－1996.1
	常　委	屈宝贤	江苏海门	1994.1－1995.1
	常　委	汤仲飞	江苏海门	1995.1－1996.1
	常　委	施彦敏	江苏通州	1995.8－1996.1
中共海门市第十届委员会	书　记	宋　飞	江苏海门	1996.1－1998.2
	书　记	徐永兵	江苏启东	1998.2－2001.1
	副书记	徐永兵	江苏启东	1997.11－1998.2
	副书记	施亚民	江苏海门	1996.1－2001.1
	副书记	朱玉兰(女)	江苏海门	1996.1－2001.1
	副书记	曹建平	江苏海门	1996.1－2001.1
	副书记	汤仲飞	江苏海门	2000.9－2001.1
	副书记	高顺昌	江苏海门	1997.11－2001.1
	副书记(挂职)	陈　钢(羌族)	四川汶川	1996.2－1996.5
	副书记	黄振平	江苏通州	1998.8－2000.12
	副书记	姜　龙	江苏南通	2000.12－2001.1
	常　委	汤仲飞	江苏海门	1996.1－2000.9
	常　委	高顺昌	江苏海门	1996.1－1997.11
	常　委	施彦敏	江苏通州	1996.1－2000.12
	常　委	刘炳生	江苏海门	1996.1－2000.12
	常　委	黄汉忠	江苏海门	1996.1－2001.1
	常　委	王亚雄	江苏如东	1996.12－1999.12
	常委(挂职)	贾东辉	陕西长武	1997.6－1998.6
	常　委	王浦萍(女)	江苏海门	1997.11－2001.1
	常　委	陆海忠	江苏海门	1998.8－2000.7
	常　委	陈　亮	江苏海门	1999.6－2001.1
	常　委	张　林	江苏启东	2000.12－2001.1
	常　委	顾　华	江苏南通	2000.12－2001.1

续表20－1

组织名称	职　务	姓　名	籍　贯	任职时间
中共海门市第十届委员会	常　委	华桂林	江苏江都	2000.12－2001.1
	常　委	王亚雄	江苏如东	2000.12－2001.1
中共海门市第十一届委员会	书　记	徐永兵	江苏启东	2001.1－2006.1
	书　记	曹　斌	江苏通州	2006.1－2006.6
	副书记	汤仲飞	江苏海门	2001.1－2006.6
	副书记	朱玉兰(女)	江苏海门	2001.1－2006.6
	副书记	高顺昌	江苏海门	2001.1－2003.1
	副书记	姜　龙	江苏南通	2001.1－2006.6
	副书记	张　林	江苏启东	2002.1－2006.6
	副书记	葛志华	江苏南通	2003.8－2006.6
	副书记(挂职)	党　彰	陕西渭南	2004.8－2005.8
	常　委	黄汉忠	江苏海门	2001.1－2006.6
	常　委	王亚雄	江苏如东	2001.1－2003.8
	常　委	张　林	江苏启东	2001.1－2002.1
	常　委	王浦萍	江苏海门	2001.1－2004.5
	常　委	陈　亮	江苏海门	2001.1－2002.7
	常　委	顾　华	江苏南通	2001.1－2006.6
	常　委	华桂林	江苏江都	2001.1－2005.7
	常　委	陆一飞	江苏海门	2003.8－2006.6
	常　委	朱德富	江苏泰县	2005.7－2006.5
	常　委	顾敏华	江苏苏州	2006.5－2006.6
	常　委	肖振时(女)	江苏海门	2006.6－2006.6
	常　委	顾　军	江苏南通	2006.6－2006.6
	常　委	王一鸣	江苏海安	2006.6－2006.6
中共海门市第十二届委员会	书　记	曹　斌	江苏通州	2006.6－
	副书记	姜　龙	江苏南通	2006.6－
	副书记	葛志华	江苏南通	2006.6－2006.12
	副书记	黄汉忠	江苏海门	2007.8－
	常　委	黄汉忠	江苏海门	2006.6－2007.8
	常　委	顾　华	江苏南通	2006.6－
	常　委	陆一飞	江苏海门	2006.6－
	常　委	顾敏华	江苏苏州	2006.6－2007.4
	常　委	肖振时(女)	江苏海门	2006.6－
	常　委	顾　军	江苏南通	2006.6－
	常　委	王一鸣	江苏海安	2006.6－

说明：市委书记徐永兵2003年1月－2006年1月兼任南通市人大常委会副主任、党组成员

续表 20－1

组织名称	职　务	姓　名	籍　贯	任职时间
中共海门市第十二届委员会	常　委	张建华	江苏海门	2006.6－
	常　委	曹　军	江苏通州	2007.4－
	常委(挂职)	韩万青	安徽芜湖	2007.4－2007.6
	常委(挂职)	李　闽	江苏启东	2008.12－
	常　委	沈峻峰	江苏如皋	2008.12－

说明:表中所列籍贯,均系现行区划名称

第二节　代表会议　代表大会

一、代表会议

1954年10月28日至11月9日,中共海门县第一次党员代表会议在海门烈士馆会堂召开。出席代表593人,列席代表69人。县委第一书记唐如浴作《继续贯彻总路线教育,贯彻党的七届四中全会精神,为做好今后工作,进一步贯彻对农业社会主义改造而奋斗》的报告,县委第二副书记秦素萍作《关于征粮和统购统销的报告》。检查粮食统购统销工作,在进一步贯彻党的过渡时期总路线和中共七届四中全会决议的基础上,讨论和确定今后农村工作的任务。

1956年1月18－24日,中共海门县第二次党员代表会议在海门烈士馆会堂召开。出席代表385人,列席代表247人。传达国家第一个五年计划的重要内容,学习中共中央和毛泽东主席关于反右倾的指示。县委第一书记唐如浴作《关于海门县1956年到1967年农业发展规划纲要(草案)的说明》,县委第二副书记秦素萍作《关于党的思想建设、组织建设和监察工作的报告》。讨论县委提出的《海门县1956－1967年农业发展规划纲要》和全县党的建设和监察工作,选举产生中共海门县监察委员会。

1989年7月26日,中共海门县党员代表会议召开。选举海门县出席中共南通市第七次代表大会代表。会上,县委副书记曹能新作《廉政肃贪、清除腐败、立本立信》的报告,要求全县各级党组织切实抓好廉政建设,增强拒腐、防变能力,认真查处大、要案,纠正行业不正之风,实行政务公开。

二、代表大会

1956年4月26日至5月1日,中共海门县第一届代表大会在茅家镇召开。出席代表421人,列席代表17人。第一书记唐如浴作县委工作报告,监察委员会副书记陈友恒作党的监察工作报告,宣传部部长倪汉明作选举工作报告。检查县委3年中的工作,讨论进一步贯彻执行全县农业发展规划,研究开展以互助合作为中心的爱国增产运动,并通过相应决议。选举委员25人、候补委员6人,组成中共海门县第一届委员会。选举唐如浴等8人为出席中共江苏省第三届代表大会代表。在第一届第一次全委会上,选出县委常委7人、书记1人、副书记3人。

1959年4月3－4日,中共海门县第二届代表大会在茅家镇召开。出席代表435人,列席代表387人。因紧接召开全县干部大会,代表大会对上届工作只作概括性总结和简要讨论,主要讨论1959年粮食工作和改进领导作风等问题,并作出相应决议。选举委员30人、候补委员8人,组成中共海门县第二届委员会。在第二届第一次全委会上,选出县委常委9人、第一书记1人、书记处书记4人。

1963年1月5－15日,中共海门县第三届代表大会在茅家镇召开。出席代表420人,列席和旁听739人。传达学习中共八届十中全会和中共江苏省第四次代表大会精神,县委书记赵洪程作县委工作报告,县监察委员会书记沈瑜作监察工作报告,并通过相应决议。大会选举产生委员26人、候补委员4人,组成中共海门县第三届委员会。在第三届第一次全委会上,选出县委常委11人、书记1人、副书记2人。

1966年2月1－14日，中共海门县第四届代表大会在海门镇召开。出席代表553人，各区、公社、大队、县属镇街道及企事业单位党组织负责人，县直机关股长以上党员干部和驻正余公社样板工作组干部列席大会。县委书记顾泽民作《高举毛泽东思想红旗，深入开展三大革命运动，为实现第三个五年计划而奋斗》的工作报告，县委监察委员会副书记部洪涛作监察工作报告，并通过相应决议。选举委员34人、候补委员8人，组成中共海门县第四届委员会。在县委第四届第一次全委会上，选出县委常委11人、书记1人、副书记4人。

1971年2月24－27日，中共海门县第五次代表大会在海门镇召开。出席代表1087人，听取和讨论中共海门县革命委员会核心小组所作的工作报告，选举委员47人、候补委员8人，组成中共海门县第五届委员会。在县委第五届第一次全委会上，选出县委常委10人、书记1人、副书记3人。

1980年12月3－7日，中共海门县第六次代表大会在海门镇召开。出席代表437人。听取和审议县委和县委纪律检查委员会工作报告，讨论1981－1985年全县国民经济发展计划。选举委员37人、候补委员7人，组成中共海门县第六届委员会。在县委第六届第一次全委会上，选出县委常委10人、书记1人、副书记4人。

1984年6月21－24日，中共海门县第七次代表大会在海门镇召开。出席代表450人，列席代表61人。县委书记沙秀高作《沿着十二大指引的方向，为振兴海门经济而努力奋斗》的报告，县纪委书记曹能新作纪委工作报告。选举委员39人、候补委员6人，组成中共海门县第七届委员会。同时选举产生中共海门县纪律检查委员会委员15人。在县委第七届第一次全委会上，选出县委常委11人、书记1人、副书记3人。在县纪律检查委员会第一次全体会议上，选出县纪委常委6人、书记1人、副书记2人。

1987年12月16－20日，中共海门县第八次代表大会在海门镇召开。出席代表400人，列席代表78人。县委书记陈惠仁作《认真贯彻党的基本路线，为九十年代全面振兴海门奠定基础》的报告，县纪委书记张祖兴作纪委工作报告。选举委员26人、候补委员4人，组成中共海门县第八届委员会。同时选举产生中共海门县纪律检查委员会委员15人。在县委第八届第一次全委会上，选出县委常委9人、书记1人、副书记3人。在县纪律检查委员会第一次会议上，选出县纪委常委7人、书记1人、副书记2人。

1991年2月6－9日，中共海门县第九次代表大会在海门镇召开，出席代表399人，列席代表78人。听取、审议县委书记宋家新代表上届县委、县纪委书记张祖兴代表上届纪律检查委员会所作的工作报告，并通过相应决议。提出“优化结构，外向开拓，提高效益，富民兴县”的经济发展指导思想。选举委员25人、候补委员5人，组成中共海门县第九届委员会。同时选举中共海门县纪律检查委员会委员15人。在县委第九届第一次全委会上，选出县委常委10人、书记1人、副书记4人。在县纪律检查委员会第一次会议上，选出县纪委常委6人、书记1人、副书记2人。

1996年1月22－25日，中共海门市第十次代表大会在海门镇召开。出席代表400人，列席代表77人。市委书记宋飞作题为《肩负新使命，迎接新世纪，夺取社会主义现代化建设新胜利》的报告，纪委书记刘炳生作纪委工作报告。审议、通过相应决议。选举产生市委委员27人、候补委员6人，组成中共海门市第十届委员会。同时选举中共海门市纪律检查委员会委员15人。在市委第十届第一次全委会上，选出市委常委9人、书记1人、副书记3人。在市纪律检查委员会第一次会议上，选出市纪委常委6人、书记1人、副书记1人。

2001年1月9－12日，中共海门市第十一次代表大会在海门镇召开，出席代表398人，列席代表94人。市委书记徐永兵作《肩负新使命，争创新业绩，努力实现改革开放和现代化建设新跨越》的报告，市委副书记、纪委书记张林作纪委工作报告，并通过相应决议。选举市委委员27人、候补委员5人，组成中共海门市第十一届委员会。选举中共海门市纪律检查委员会委员15人。在市委第十一届第一次全委会上，选出市委常委11人、书记1人、副书记4人。在市纪律检查委员会第一次会议上，选出市纪委常委7人、书记1人、副书记2人。

2006年6月26－28日，中共海门市第十二次代表大会在海门镇召开，出席代表392人，列席代表80人。市委书记曹斌代表中共海门市第十一届委员会向大会作题为《团结奋进，开拓创新，为率先全面建成小康社会而努力奋斗》的报告，纪委书记顾军作纪委工作报告。会议审议并通过相应决议。选举产生中共海门市委委员33人、候补委员6人，组成中共海门市第十二届委员会。选举产生中共海门市纪律检查委员会委员15人，出席中共南通市代表大会代表55人。在市委第十二届第一次全委会上，选出市委常委11人、书记1人、副书记2人。在市纪律检查委员会第一次会议上，选出纪委常委7人、书记1人、副书记2人。

图20－1　2006年6月26－28日，中共海门市第十二次代表大会召开

附：海门市（县）出席历届全国党代会代表

1969年1月1－24日，大新公社中兴大队党支部书记董仁亲，出席中国共产党第九次全国代表大会。

1977年8月12－18日，中共南通地委副书记（兼任海门县大新公社中兴大队党支部书记）董仁亲，出席中国共产党第十一次全国代表大会。

1982年9月1－11日，海门县人民政府副县长陈秀萍，出席中国共产党第十二次全国代表大会。

1992年10月12－18日，中共海门县委书记宋家新，出席中国共产党第十四次全国代表大会。

1997年9月12－18日，中共海门市委书记宋飞，出席中国共产党第十五次全国代表大会。

2002年11月8－14日，中共海门市委书记徐永兵，出席中国共产党第十六次全国代表大会。

第三节　重要决策

一、开展大革命和土地革命运动

民国16年（1927）初夏，县第一个中共党支部建立后，组织和领导工人、农民、学生运动及武装斗争。同年10月11日，共产党员张冠今、黄家骏领导私立海门中学等10所中小学校师生举行游行，反对国民党县党部不举行“双十节”庆祝活动。部分师生冲进大门紧闭的县党部，责问省党部特派员陈石泉。此后，张冠今又领导学生严密防备，逼退抓人、镇压学生的军警。

民国17年冬，通东地区党组织领导贫苦农民反抗地主追租逼债，镇压2个恶霸和3个随从。

民国18年3月，县委负责人张宝奇到大生三厂组织工人向资方开展经济斗争，并取得胜利。10月，领导工人提出增加工资、改善劳动条件、反对无理开除工人的要求，举行建厂后的第一次罢工，揭穿资本家反对工人运动的各种阴谋，又取得胜利。此后，成立赤色工会，工人将由单纯经济斗争向政治斗争转化。同年冬，组织力量收缴“粮户”枪支，用于开展武装斗争。

民国18年5月，县委书记陆克、委员张冠今等领导垦牧区民工，到公司抗议，反对垦牧公司克扣围垦民工工钱，迫使公司发还工钱。之后，新港工地民工发现土方被克扣，他们又领导民工和资方说理，斥退公司请来镇压民工的警察。

民国21年年初，为反对私立海门中学当局无理开除进步学生，爆发学潮，共产党员陈景如等领导学生成立自治会，揭露校长黄旦生种种劣迹，并击退黄雇用流氓对学生的武力报复。经过师生们坚持不懈的斗争，终于迫使黄下台。

民国28年，在中共南通特委领导下，三余、余中、余东等区农民组织武装小组，收缴地主枪支，进行武装斗争。翌年2月，在三益区草蓬镇（今四甲镇境内）宣布成立中国工农红军江苏第1大队。3月，改编为红十四军第1支队。5月，改称2师。不久，在国民党军队的围剿下，连遭挫折，于10月5日夜,将枪支藏在新河镇南破窑内,部队宣布解散。

二、建立抗日民主政府

民国27年春,国民政府海门县政府迁到江家镇,季强成接任县长。民国29年11月,季接受共产党的抗日统一战线主张,担任省第四专员公署专员兼海门县县长,并调整县政府及下属各区人员,任命一批共产党员为县政府及下属区行政官员,顾尔钥任县政府秘书。同月,县抗日民主政府及区乡政权相继建立,县委团结各阶层人民,组成抗日民族统一战线,开展减租减息、参军运动和群众性的游击战争。

三、开展抗日反"清乡"斗争

民国32年1月,县委进行党政军民总动员,精简机构,充实基层,调整党支部,变更行政区划,坚持原地开展游击战,粉碎日伪军一次又一次"清乡"阴谋,巩固和发展抗日根据地。民国33年5月后,对日伪军展开夏秋季军事、政治攻势,袭击、围困、拔除日伪据点。10月,取得反"清乡"斗争的胜利。随后,又抓紧有利时机,领导人民改选区乡政权机构,继续对日伪军发动政治、军事攻势,连续重创日伪军,直至日本侵略军投降,抗战胜利。

四、开展土地改革与大参军运动

民国35年6月,县委根据地委扩大会议精神,部署土改工作,深入发动群众,在玉米收获前结束土地改革。同时,扩大党的队伍,巩固人民民主政权。同年8月,国民党军队及刚纠集成的"还乡团"积极准备进犯解放区,县委发布动员令,进行自卫反击战争的思想动员。年底,海启两县合并,同时并区并乡,扩大回旋余地;精减县级机构,加强基层,充实武装力量;发动青年参军参战,保卫胜利果实。民国36年1月21日晚,集中进行锄奸,清除敌人社会基础,有力保证解放战争的胜利。

五、坚持原地斗争　迎接全县解放

民国36年10月,国民党军队及"还乡团"武装"围剿"海门地区,寻找解放军主力作战,捕杀地方干部、民兵。面对敌军压境,形势处于最艰难、紧张阶段,县委领导全县干部和群众坚持原地斗争,割电线,破交通,伏击小股国民党军警和"还乡团"武装,组织地方武装和群众担架队、运粮队、妇女战地救护队等,配合解放军主力部队作战,使根据地和游击区不断扩大。至民国37年12月中旬,县内除茅家镇、三厂和青龙港等几个据点外,均已解放。1949年1月下旬,国民党军队准备逃往江南,县委及时指令中共海门城市地下组织,召开紧急会议,研究迎接县城解放事宜。29日上午10时,县党政机关工作人员进驻茅家镇。31日,县内最后一批国民党军队自青龙港登船逃跑,海门全境解放。

六、对个体农业社会主义改造

1951年9月,遵照中共中央《关于农业生产互助合作的决议(草案)》精神,在全县各级干部和广大农民中进行广泛深入的宣传教育,强调党在农村的主要任务是领导农业生产,确定在原有伴工组(队)基础上普遍组织互助组。根据自愿互利、等价交换原则,大部分互助组得到巩固和发展。1952年5月,海南区好北乡施步成等两个互助组建成农业生产合作小组,县委极为重视和支持这一新生事物。10月20日,以该农业生产合作小组为基础成立全县第一个农业生产合作社——悦宏农业生产合作社。1953年10月,县委作出《建立农业生产合作社的决议》,抽调三分之一的机关干部参加办社工作队,深入农村具体指导。由于农业产量增加,社员生活改善,合作社得到巩固和发展,互助组和单干户要求入社的信心增强,合作化高潮在全县掀起。1956年1月,在中共海门县第二次党员代表会议上,讨论全县农业合作化问题,要求举办高级农业生产合作社。2月7日,全县18.57万农户加入高级社。同时,全县沿江、沿海渔民组织起来,走上合作化道路。

七、对个体手工业社会主义改造

海门解放后,全县手工业生产迅速恢复发展,但手工业生产技术落后,劳动生产效率低下,不能适应国家经济发展需要。1952年下半年,县委在茅家镇试点,全县第一个手工业合作社——茅家镇铁业生产合作社成立。1953年冬至1954年春,遵照中共中央关于积极领导、稳步前进和统筹兼顾、全面安排方针,采取边发展、边巩固、发展一批、巩固一批的办法,对全县手工业进行有计划、有步骤的社会主义改造。1955年,全县组成铁、木、竹、砖瓦、缝纫等40个生产合作社、组，入社、入组2875人。1956年3月，全县45种行业6400余人加入手工业生产合作社（组），基本实现手工业合作化。此后，根据发展生产、增加社员收入要求，对合作社（组）进行组织整顿，建立起正常的生产秩序。年底，手工业总产值和社员收入增加，组织起来的优越性开始得到体现。

八、对资本主义工商业社会主义改造

新中国成立后，贯彻中共中央对资本主义工商业实行利用、限制、改造政策，通过稳定物价、打击投机倒把、调整商业布局，采取委托加工、订货、统购、包销、代购代销等形式，逐步引上社会主义改造的轨道。1953年12月，国家对粮食、油料实行统购统销，对食油、棉布、棉纱实行计划供应和收购。1954年上半年，私营油坊、棉布店、百货店、烟酒店合并、改造。随之，按照统筹兼顾、全面安排、积极改造的方针，及时采取放宽货源限制、调整批零差价、降低批发起点、调整门市布局等措施，帮助私营商业解决经营上的困难。1955年7月，在茅家镇百货、杂货、饮食业进行试点，组织合作商店和合作小组。1956年年初，对私营工商业进行清资核产、经济改组、人事安排，对资产阶级分子在政治上恰当安排；工作上量才使用，适当照顾，生活上包到底，把他们改造成自食其力的劳动者。把有一定业务技术和管理能力的人员安排在领导岗位，发挥其积极作用。1月17日，茅家镇私营工商业全部实行公私合营和合作化。2月28日，全县基本完成私营工商业的社会主义改造。

九、开展“三反”“五反”运动

1951年12月下旬，根据中共中央指示，在县直机关、群众团体和企事业单位开展反贪污、反浪费、反官僚主义的“三反”运动。检举揭发贪污分子（称“打老虎”）。至1952年5月，全县清查出有贪污行为的395人，计贪污公款6.27万元。6月，各单位分别进行思想建设和组织建设，对贪污分子进行处理。

1952年1月下旬，在茅家镇发动广大店员、职工开展反对行贿、反对偷税漏税、反对偷工减料、反对盗骗国家财产、反对盗窃国家经济情报的“五反”运动。茅家镇各私营工商业200多名店员、职工检举揭发资本家“五毒”内容同五反行为材料765件，并组织“五反”检查队，协助工作组与不法资本家展开面对面斗争。犯有各种不同程度“五毒”行为的工商业者，在政策感召下和群众压力下，纷纷坦白交代，认罪悔过。1952年5月，运动结束。

十、整风反右

1957年5月13日，按照中共中央《关于整风运动的指示》，县委组成整风领导小组，下设办公室，学习毛泽东主席《关于正确处理人民内部矛盾的问题》及上级有关文件。18日，召开机关党员股长以上干部会议，县委书记唐如浴作动员报告，要求各级党员干部切实改变工作作风，密切联系群众，加强调查研究，推进各项工作。下旬，召开各部委科局负责干部、中小学毕业生、文教、财贸、党外人士、中学教师等6个座谈会，广泛征集意见。随即召开1609人参加的三级干部会议，会上以粮食问题为中心展开大鸣大放。1958年3月，转入以反右派斗争为内容的政治斗争。由于反右派斗争扩大化，一些党员干部和非党人士受到错误批判和斗争。至6月，全县有680（含外地转入）人被定为右派分子。直至中共十一届三中全会后，才得到改正。

十一、开展“大跃进”和人民公社化运动

1958年2月12日夜晚，县委根据省、地委关于贯彻社会主义总路线，实行“大跃进”的通知精神，立即召开县直机关干部紧急会议，县委第一书记钱岗、副书记倪汉明作动员报告。会后，抽调机关1000多名干部下乡，发动全县人民苦战5昼夜，大搞水利建设，挖土800万立方米，这一事件成为海门“大跃进”的先兆。2月18日（农历年初一），350多名县直机关干部深入农村，与全县人民一起兴修水利，大搞三麦田间管理，全县出勤10万多人。5月，召开县委扩大会议，贯彻“鼓足干劲、力争上游、多快好省地建设社会主义”总路线。7月，在树勋乡召开大办工业现场会，发动群众，土法上马，大炼钢铁。全县建小高炉169座，有15个单位出铁4497公斤、钢32公斤，所炼钢铁量少质次价高，浪费大量人财物。同月，召开农业高产丰产代表大会，掀起摆擂台、打擂台，比学赶帮超竞赛高潮，从此“浮夸风”逐步蔓延。

1958年8月，根据中共中央文件精神，发出《关

于试办人民公社的初步意见》。9月，宏伟（厂洪）人民公社率先成立。10月1日，全县29个乡成立人民公社，实行政社合一体制。18万农户入社，占总农户92.6%。

1958年秋，召开土地深翻耕作会议，掀起深翻热潮，推广人畜绞关犁，麦地深翻0.5米。10月，以公社为单位组成深翻兵团，公社之间互相交换，实行“组织军事化、生活集体化、生产战斗化”的大兵团作战，使“共产风”“浮夸风”“命令风”“瞎指挥生产风”达到顶峰。10月中旬，在人民公社具有“一大二公”优越性的思想影响下，各地大办公共食堂，实行“吃饭不要钱”，全县共建食堂2000多个，就餐人数60余万，占全县人口90%以上。1959年3月，两次召开县、区、社、队级干部会议，传达贯彻中共中央郑州会议精神，县委第一书记钱岗作报告，对整顿和巩固人民公社提出重大措施。1960年11月，召开县委扩大会，认真贯彻《中共中央关于公社当前政策问题的紧急指示信》，即“十二条”，确定人民公社实行三级（公社、大队、生产队）所有，队为基础。纠正“一平二调”。12月，县委向省、地委报告，由于“大跃进”、人民公社化运动，以“高指标”“瞎指挥”“浮夸风”为主要标志的错误泛滥，加上自然灾害，使工农业产值下降，人民生活受到严重影响。

十二、开展整风整社运动

1959年12月，县委贯彻中共中央八届八中全会精神，决定开展整风整社运动，由于受左的思想影响，结果使“五风”[①]愈刮愈烈。错误批判4924人，其中党员140人、团员85人、干部614人、群众4085人。1961年1月，县委召开四级干部会议，号召广大群众、党员帮助县委整风，纠正错误，处理在“五风”中犯有严重错误的干部。同时开展整社，清出从县至生产队四级平调土地、物资、房屋、农具等价值884万元，当年退赔863.28万元，占平调总数的97.46%。对在运动中受到错误批判和处理的干部、群众进行甄别，至1962年年底，甄别工作结束。

十三、进行社会主义教育运动（简称“四清”）

1963年秋，根据中共中央文件精神，在天补公社22个大队进行“四清”[②]试点。在发动群众查账同时，动员和帮助干部自觉革命，“洗手洗澡”，最后按政策分清性质，落实退赔。不久，在县内推开。1965年2月，按照中共中央《农村社会主义教育运动中目前提出的一些问题》（简称“23条”）精神，全县开展以“清政治、清经济、清组织、清思想”为内容的“四清”运动。对于解决干部作风和经营管理等方面的问题起到一定作用，处理一些经济问题。但把大量不属于阶级斗争问题“上纲上线”，使一部分干部与群众受到不应有的批判和处理。1966年6月，“四清”运动结束。

十四、农业学大寨　工业学大庆

1964年3月，召开工交财贸、基建系统先进集体先进个人代表会议，提出学习大庆精神、艰苦创业。1965年1月，召开县人大五届二次会议，号召全县深入开展农业学大寨、工业学大庆运动。1968年2月，县军管会召开学大寨誓师大会，用6天时间学习大寨大队陈永贵、郭凤莲讲话，研究落实措施。1970年7月，各公社推广大寨式评工记分，除劳动工分外，记政治思想工分。由于这种做法违背社会主义按劳分配原则，严重挫伤群众的生产积极性。1973年4月，召开农业学大寨经验交流会，1400人参加会议，县委书记花友仁作总结报告。号召全县人民学大寨，赶中兴（汤家公社中兴大队），努力改变生产条件。1975年9月，建立沿江和通吕河沿岸两个学大寨样板片，计21个公社，1.22万公顷耕地成为样板片。1976年5月，大搞学大寨样板片活动。号召广大工人、贫下中农、党员干部共同创建大寨县。在建样板片中，搞形式主义“一刀切”，破坏水系，拆迁大批民房，造成不良后果。12月，在全国第二次农业学大寨会议上，海门被宣布为基本建成大寨县。1977年6月，召开工业学大庆会议，回顾总结成绩和经验，号召全县以农业为基础、工业

---

① 五风：指共产风、浮夸风、强迫命令风、生产瞎指挥风、干部特殊化风。

② 四清：清账目、清仓库、清财物、清工分，亦称“小四清”。

为主导，大办工业，发展社队工业，要求在1980年前，全县有60%至70%的工业企业建成大庆式企业，三分之一的社（镇）基本实现工业化。1978年3月，对生产队经营管理作重大改革，取消大寨式评工记分。

十五、开展"文化大革命"运动

1966年5月，全县各地分别召开干部群众大会，宣读《中国共产党中央委员会通知》（简称"五一六通知"），"文化大革命"运动开始。6月17日，江苏省海门中学学生及个别教师起来"造反"。自此，学生"造反"风潮波及全县。7月，县委对江苏省海门中学及其他5所完全中学派出工作组，协助学校开展"文化大革命"运动。不久，派遣工作组的做法被批判为"执行资产阶级反动路线"和"镇压学生运动"，工作组撤出。11月，全县掀起"踢开党委闹革命"浪潮，各级党委陷于瘫痪，基层党组织停止活动。

1969年9月，县建立党的核心小组，但活动内容仍表现为严重的"左倾"，各地开展"忠字化"①、"红海洋"②运动，设宝书台，做语录牌，跳"忠"字舞③，把个人崇拜推向高潮。大批干部进"五七"④干校和下放农村劳动。1971年2月，县第五次党代会召开，县委恢复活动，成立清查"五一六"领导小组，全县被非法审查的108人，前后达半年之久，全属错案。"九一三"事件后，全县开展批判林彪反革命集团罪行活动。

1974年，县直机关开展"批林批孔"运动。1976年2月，错误批判"右倾翻案风"。1976年10月，全县人民愤怒声讨江青反革命集团罪行，清查他们的反革命帮派体系，调整、充实、整顿各级领导班子，处理"文化大革命"中的冤、假、错案，落实政策，进行平反昭雪。

十六、实施小康建设

1978年5月22日，县委发出通知，要求各级党组织大张旗鼓地宣传新时期总任务，把工作重点转移到经济建设上来。1980年12月，在县第六次党代会上，确定"生产稳步增长，生活逐步改善，坚持粮棉并举，农副工全面发展，使全县尽快地富裕起来"的指导思想。1984年6月，县第七次党代会确定以1980年为基数，到1987年实现工农业年总产值、乡镇工业年总产值、农民人均纯收入翻一番的奋斗目标。

图20－2 1976年10月，县集会庆祝粉碎江青反革命集团

1987年12月，县第八次党代会提出三年经济建设任务由温饱型向小康型转化，为90年代海门经济全面振兴打基础。确定经济发展分两步走：第一步以1980年为基数，到1990年，确保工农业总产值翻两番；第二步到20世纪末，全县工农业总产值和国民生产总值在1990年的基础上再翻一番，人民生活达到小康水平。1992年7月，经国家统计局核定，海门进入百强县，排名第94位。

1994年12月22日、23日，市委召开九届七次全委（扩大）会议。会议提出1995年三大任务为"经济上规模，环境换新貌，队伍创新风"。1995年12月30日、31日，市委召开九届十次全委（扩大）会议，提出1996年全市奋斗目标是"国内生产总值争百亿，乡乡镇镇达小康"，号召全市广大干部群众瞄准新

① 忠字化：家家户户做毛主席语录牌，男女老少胸佩毛主席像章，手捧毛主席语录本。

② 红海洋：全县城镇、乡村大小店铺，在墙壁上用油漆刷成红色，写上毛主席语录，一时间，各地淹没在红色的语录海洋中。

③ "忠"字舞：歌颂毛主席的集体舞。

④ "五七"干校：是"文化大革命"期间，为贯彻毛泽东"五七指示"和让干部接受贫下中农再教育，将党政机关干部、科技人员和大专院校教师下放到农村，进行劳动的场所。

目标,争创新优势,掀起改革、开放、发展新高潮。

2000年11月,市委十届十一次全委(扩大)会议,通过《中共海门市委关于制定海门市国民经济和社会发展第十个五年计划的建议》的决议。2002年1月,市委十一届四次全委(扩大)会议提出海门经济正处于重要转型期,按照稳定提高第一产业、突出强化第二产业、加快发展第三产业的思路,大力推进产业结构调整。2003年8月,市委制定《关于学习贯彻"三个代表"重要思想,努力实现"两个率先"的意见》,力争率先全面建成小康社会、率先基本实现现代化。围绕这个战略,要求当年实现"崛起苏中争第一,瞄准苏南争进位,融入上海争发展"的目标。

2006年1月22日,市委十一届八次全委扩大会议提出,"十一五"期间,市经济建设、社会发展紧紧围绕"三先"目标,即全面领先苏中,抢先跨过长江,率先实现小康。实施"工业化、国际化、城市化"战略,全面推进社会主义新农村建设,争取把海门建成苏中第一强市。6月26日,市第十二次党代会进一步确定"三先一争"①奋斗目标和"三化一新"②的战略。2007年12月5日,市委十二届三次全委扩大会确定,2008年各项建设紧扣"小康建设提升年、项目建设效益年、城市建设形象年"3条主线,努力打造苏中苏北全面小康的率先之市,和谐社会的首善之市。2008年5月,省有关部门对海门进行小康建设达标验收。经核实6项核心指标超过省定小康社会标准。5月19日,省统计局、省发改委、省委研究室联合宣布海门于2007年总体达到小康市标准,时为苏中、苏北全面小康第一市。

十七、实行家庭联产承包责任制

1981年春,全县各生产队实行联产到劳、小段包干、联产到组、大包干等土地承包经营责任制。1983年,实行家庭联产承包责任制。1984年2月28日,县委发出《关于贯彻中央1984年1号文件关于发展商品生产的意见》,要求完善家庭联产承包责任制,确定土地承包期为15年。1985年8月12日,县委出台加强农村经营管理工作意见,提出继续稳定和完善土地承包制度,鼓励农民经营好土地。1991年2月20日,印发《关于加强农村经济规范化管理的意见》,建立农村承包合同管理制度,进一步完善联产承包责任制。1993年9月7日,印发《关于稳定家庭联产承包制的意见》,坚持"大稳定、小调整"原则,稳定和完善土地承包关系。1997年8月24日,印发《关于做好延长农村集体土地承包期工作的意见》,确定农村集体土地第一轮承包期满后再延长承包期30年。2000年,推行流转承包土地经营权。2004年,制定土地承包经营权流转实施办法,加强承包土地流转经营管理。2008年,全市累计流转承包土地9467公顷。

十八、发展民营经济

1985年5月12日,召开发展家庭工业工作会议,分析家庭工业在经济发展中不可忽视的作用,为个体工商户排忧解难,保护合法权益。1986年,召开西部地区经济工作座谈会,研究加快发展家庭工业战略措施。1993年,制定加快第三产业和个体私营经济发展优惠政策。1994年12月,制定《关于加快发展民营工业企业的意见》,明确1995年民营工业发展新目标。1996年4月18－20日,南通市在海门召开发展第三产业暨民营经济经验交流现场会,推广海门经验。1997年1月14日,召开加快发展民营经济现场会,推广三星镇经验,制定发展个体私营经济政策性文件。4月、7月、9月分别在德胜、瑞祥、海洪召开现场会,总结经验,推进民营经济发展。2000年,个体私营经济的产值、税收和增加值在全市经济中占比均达到三分之一以上。2001年,个体私营工业产值占全市工业产值51.3%,成为经济发展重要增长点。

2003年,个私工业实现产值200亿元,与2000年相比增幅超过40%。同年12月23日,市委十一届六次全委(扩大)会议提出,加速发展民营经济,以打造南通民营经济第一强市为目标,使民营经济真正成为"老百姓"经济和充满活力的主流经济。2004年4月5日,市委、市政府印发关于争创南通民营经济第一强市的意见。22日,召开民营经济工作会议,推进争创南通民营经济第一强市。2006年

① 三先一争:全面领先苏中、抢先跨过长江、率先实现小康,争当苏中第一强市。

② 三化一新:工业化、国际化、城市化,全面推进社会主义新农村建设。

度考核，海门被评为南通市民营经济争创“三名”①工作先进县（市）。2008年，海门入围中国民营经济最具活力城市，列县（市）级第5位。是年，全市有个体工商户4.01万户，私营企业1.86万个，从业人员23.7万人，注册资本372亿元，入库税收16.7亿元。

十九、发展外向型经济

1986年2月1日，海门被国务院列为对外甲级开放地区。1988年1月、3月，县委领导带队赴广东、昆山、嘉定学习发展外向型经济经验。1990年12月14－16日，县委召开经济工作会议，提出以外贸为主体，外资为突破，外经为开拓，坚持“三外”一齐抓的基本路子。1991年4月10日，召开外向型经济工作会议，5月8日，制定发展外向型经济优惠、优先、奖励政策。1995年2月7日，召开外向型经济工作暨工业经济总结表彰大会，市委书记宋飞作《加快形成外向带动格局，促进海门经济跨越式发展》的报告，要求全面完成“三外”工作任务。

1996年初，决定举办金花节，促进外向型经济发展。4月15－17日，举行首届中国海门金花节，1300多名来宾出席开幕式，签约项目217个，其中外资项目总投资7571万美元，合同利用外资3474.8万美元；内资项目总投资1.646亿元，合同利用内资5313万元。此后，每年举办1次金花节。

2001年1月，在市第十一次党代会上，提出实施经济外向化战略。是年，实际利用外资2510万美元，扭转徘徊不前的局面。2003年，利用外资名列南通6县（市）第一，外贸出口在南通市名列前茅，外经总量保持全省第一。2004年，首次进入省利用外资十强县（市）行列。2005年，外向型经济全面攀升，全年新批注册外资7.1亿美元，注册外资实际到账2.5亿美元，到账外资总量连续3年位居苏北第一，跻身全省前六强。2007年，确定海门港工贸区、滨海工业新区、海门工业园区和灵甸工业集中区为四大经济增长极，其经济承载能力明显增强，成为全市招商引资的半壁江山。2008年，随苏通大桥通车，海门外向型经济进入桥港时代，世界五百强企业泰森公司等7个超亿元工业项目在海门落户。是年，全市外商投资企业1657个，注册外资46.97亿美元，实际到账20.53亿美元。

二十、推进企业体制改革

1993年7月，在全县乡村集体企业试行股份合作制。1994年2月16日，县委召开县属工业企业产权制度改革工作会议，提出要以推行股份合作制、股份制、公有民营、产权转让等形式为重点，推动企业产权制度改革。

1996年3月，企业改制工作全面推开，设立指挥部及工作机构，派驻乡镇、部门、企业工作组。4月7日，召开动员大会，市委书记、市企业改制指挥部总指挥宋飞作题为《全党动员，全民参与，全力以赴，坚定不移地推进企业改制工作》的报告，号召全市以坚定的改革信念、饱满的改革激情，积极投身企业改制。10月，第一轮企业改制工作结束，全市988个市属、乡镇和村办工业、流通企业，经改制将企业净资产转让给企业干部职工的有3.05亿元，继续在企业控股或参股的有2.28亿元，租赁给改制企业使用的有4亿元。组建股份有限公司10个、有限责任公司42个、股份合作制企业895个，转为个体私营企业41个。对74个建筑企业、23个房地产企业、180个机关事业单位办企业和东灶乡渔业企业，根据不同情况进行全面改制。1997年10月14日，《新华日报》头版头条刊登长篇通讯《企业改革在海门的成功实践》，介绍海门改制经验。

1998年5月29日，制定《关于进一步深化和完善企业改革的意见》，要求通过公有股权转让、股权改租赁资产等形式，使公有股权从生产领域中退出，优化企业股权结构，扩大企业股本金，创造条件筹建市内股权流转市场。2000年，市属企业公有资产在企业净资产中的占比退至20%以下。2001年，在总结改革实践基础上，探索产权制度改革与职工身份置换相结合做法。2002年，市属企业国有、集体股本金在总股本金中占比退至10%以下，形成经营者控股、经营者持大股的股权结构。2004年，在105个市属工业企业中，95个改革取得实质性进展，其中13个破产企业清算工作基本结束，82个企业全面完成置换职工劳动关系。至此，全市所有国营、大集体工商企业全部转为民营企业。市属建筑

① 三名：名企、名品、名人。

企业全面完成“双置换”改革，近5000万元公有资产全部退出，67个乡镇建筑企业改制面达85%。2007年，累计有105个市属企业完成产权制度和人事制度改革，近万名职工身份得到置换，8000多名内退、协保人员按照政策得到安置。

二十一、开展文明创建活动

1982年3月2日，县委批转宣传部关于开展“全民文明礼貌月”活动的意见，着重解决脏、乱、差问题。1987年，制定《关于“七五”期间加强社会主义精神文明建设的若干措施》。3月2日，召开两个文明建设先进表彰广播大会，树立典型，加强社会主义精神文明建设。1991年11月，组建工作队，进驻各乡镇，开展农村社会主义思想教育和星级评定活动。1994年12月，市委九届七次全委(扩大)会议提出“团结拼搏，求实开拓，抢挑重担，争创一流”海门精神。1996年，号召全市上下学习贯彻中共十四届六中全会精神，加强社会主义精神文明建设。同年6月14日，海门在省委召开的精神文明建设座谈会上作经验介绍。1997年5月14日，召开文明创建工作会议，要求抓住重点、全民推进、再创精神文明建设新局面。10月29日，副省长张连珍率领参加省创建文明村镇工作会议代表到海门考察。1999年，海门被评为省唯一的全国创建文明村镇工作先进市，三届蝉联省文明城市称号。

2000年7月10日至9月6日，市、乡镇、局级领导干部进行“三讲”(讲学习、讲政治、讲正气)教育活动。参讲领导干部普遍受到一次深刻的马克思主义教育，解决一批群众关心的热点问题。2001年11月29日，市委作出学习常乐镇培育村党支部书记叶剑生的决定，号召全市党员干部学习叶剑生解放思想，开拓创新，将贫穷落后的培育村发展为先进村的事迹，做叶剑生式的好党员、好干部。2005年1月24日，市委发文，用一年半时间在全市开展保持共产党员先进性教育活动。全市1563个基层党组织和5.12万名党员分三批进行教育活动。2006年9月30日，市委提出“海纳百川，强毅力行”作为新时期的海门精神。2007年5月，市委作出向带领群众创业标兵、正余镇邢柏村党支部书记曹玉峰学习的决定，并举办曹玉峰先进事迹报告会。6月，作出构建和谐海门的决定，提出争创苏中苏北建设社会主义和谐社会首善之市。2008年，经省复查，蝉联第四届省文明城市。

第四节　市(县)委职能机构

中共海门县委自民国16年(1927)10月成立至民国22年6月党的领导活动停止，县委无下属职能部门。自民国29年11月中共崇(明)启(东)海(门)县委成立，县委始有组织部、宣传部、青年部。至新中国成立前，职能机构变化较大。

民国29－38年中共海门(启崇海、海启、中心、东南)县委工作机构沿革一览

表20－2

时　间	组织名称	机　　构
民国29年	中共崇启海县委	组织部、宣传部、青年部
民国30年	中共海启县委	秘书处、组织部、宣传部、敌工部、民运部、社会部、青年部
民国31年	中共海门中心县委	秘书处、组织部、宣传部、敌工部、民运部、社会部、青年工作委员会
民国32年	中共海启县委	秘书处、组织部、宣传部、敌工部、民运部、社会部、青年工作委员会、东南报社
民国33年	中共海启县委	秘书处、组织部、宣传部、敌工部、民运部、社会部、青年工作委员会、妇女工作委员会、东南报社
民国34年	中共东南县委	秘书处、组织部、宣传部、敌工部、民运部、社会部、青年工作委员会、妇女工作委员会、东南报社
民国35年	中共海门县委	秘书处、组织部、宣传部、民运部、社会部、青年工作委员会、妇女工作委员会、海启大众报社
民国36年	中共东南县委	秘书处、组织部、宣传部、民运部、社会部、妇女工作委员会、海启大众报社

续表 20－2

时　间	组织名称	机　　构
民国 37 年	中共东南县委	秘书处、组织部、宣传部、民运部、社会部、妇女工作委员会、海启大众报社、财政工作委员会、市镇工作委员会
民国 38 年	中共海门县委	秘书处、组织部、宣传部、民运部、社会部、青年工作委员会、妇女工作委员会、海启大众报社、财政工作委员会、市镇工作委员会、职工工作委员会

海门解放后，县委机构不断调整。1967 年 2 月“文化大革命”中，“造反派”组织夺权，县委部门停止工作。1974 年，县委部分职能机构开始恢复。1976 年“文化大革命”结束，县委机构和直属单位逐渐调整、充实、完善。至 2008 年，市委共有职能机构及直属单位 13 个，较好地适应市委工作的需要。

1949－2008 年中共海门市(县)委工作机构和直属单位沿革一览

表 20－3

时　间	机　　构
1949	秘书处、组织部、宣传部、职工工作委员会、青年工作委员会、妇女工作委员会
1950－1951	秘书处、组织部、宣传部、纪律检查委员会、农村工作委员会、职工工作委员会、妇女工作委员会
1952	秘书处、组织部、宣传部、纪律检查委员会、农村工作委员会、城市工作委员会
1953	秘书处、组织部、宣传部、纪律检查委员会、统一战线工作部、农村工作委员会、城市工作委员会
1954	秘书处、组织部、宣传部、纪律检查委员会、统一战线工作部、农业生产互助合作部、财政经济工作部
1955	秘书处、组织部、宣传部、纪律检查委员会、统一战线工作部、农业生产互助合作部、财政贸易工作部、县直属机关党委
1956	办公室、组织部、宣传部、监察委员会、统一战线工作部、农业生产合作部、财政贸易工作部、工业部、政法工作部、边防工作部、文教工作部、党训班、县直属机关党委、海门报社
1957	办公室、组织部、宣传部、统一战线工作部、农业生产合作部、财政贸易工作部、工业部、政法工作部、边防委员会、文教工作部、党训班、县直属机关党委、海门报社
1958	办公室、组织部、宣传部、统一战线工作部、农村工作部、经济工作部(11 月又分为财政贸易工作部和工业部)、政法工作部、边防委员会、文教工作部、党校、县直属机关党委、海门报社
1959	办公室、组织部、宣传部、监察委员会、统一战线工作部、农村工作部、财政贸易工作部、工业交通部、劳动工资部、边防委员会、党校、县直属机关党委、海门日报社
1960	办公室、组织部、宣传部、监察委员会、统一战线工作部、农村工作部、财政贸易工作部、工业部、交通部(11 月并为工业交通部)、劳动工资部、边防委员会、党校、县直属机关党委、海门日报社
1961－1962	办公室、组织部、宣传部、监察委员会、统一战线工作部、农村工作部、财政贸易工作部、工业交通部、劳动工资部、边防委员会、党校、县直属机关党委
1963－1964	办公室、组织部、宣传部、监察委员会、统一战线工作部、农村工作部、党校、县直属机关党委
1965－1966	办公室、组织部、宣传部、监察委员会、统一战线工作部、农村工作部、城镇工作部、党校、县直属机关党委
1966	办公室、组织部、宣传部、监察委员会、统一战线工作部、农村工作部、城镇工作部、党校、县直属机关党委
1967－1970	(“文化大革命”停止活动)
1971－1973	党校
1974	办公室、组织部、宣传部、党校、县直属机关党委
1975－1976	办公室、组织部、宣传部、县直属机关党委

续表 20－3

时间	机构
1977－1978	办公室、组织部、宣传部、党校、县直属机关党委
1979	办公室、组织部、宣传部、纪律检查委员会、统一战线工作部、党校、县直属机关党委
1980	办公室、组织部、宣传部、纪律检查委员会、统一战线工作部、农村工作部、对台工作办公室、党校、县直属机关党委
1981	办公室、组织部、宣传部、纪律检查委员会、统一战线工作部、农村工作部、政法委员会、对台工作办公室、党校、县直属机关党委
1982－1983	办公室、组织部、宣传部、纪律检查委员会、统一战线工作部、政法委员会、对台工作办公室、经济案件办公室、党史办公室、党校、县直属机关党委
1984－1986	办公室(政策研究室)、组织部、宣传部、统一战线工作部、农村工作部、政法委员会、对台工作办公室、经济案件办公室、党史办公室(1986年12月,地方志办公室与其合署)、党校、县级机关党委
1987	办公室(政策研究室)、组织部、宣传部、统一战线工作部、农村工作部、政法委员会、老干部局、对台工作办公室、经济案件办公室、党史办公室(地方志办公室与其合署)、党校、县级机关党委
1988－1994	办公室(政策研究室)、组织部、宣传部、统一战线工作部、农村工作部、政法委员会、老干部局、对台工作办公室、党史办公室(地方志办公室与其合署)、党校、市(县)级机关党委、海门日报社
1995－1998	办公室(政策研究室、保密局、机要室)、组织部(机关党工委、老干部局)、宣传部、农村工作部(农经委、农集资管办)、统战部(台办、民族宗教事务局)、政法委员会(综治办)、党史办公室(地方志办公室与其合署)、党校、海门日报社、档案局(档案馆)
1999－2000	办公室(机要室)、组织部(机关党工委)、宣传部、农村工作部(农经委)、统战部(台办、民族宗教事务局)、政法委员会、老干部局、党校、党史办公室(地方志办公室与其合署)、档案局(档案馆)、海门日报社
2001	办公室(研究室、保密局、机要室)、台湾工作办公室、组织部(市级机关党工委、老干部局)、宣传部(精神文明办公室)、农村工作办公室、统战部(民族宗教事务局与其合署)、政法委员会(社会治安综合治理委员会办公室与其合署)、610办公室、党校、党史办公室(地方志办公室与其合署)、档案局(档案馆)、海门日报社
2002－2008	办公室(研究室、保密局、机要局)、台湾工作办公室、组织部(市级机关工作委员会与其合署)、宣传部(精神文明建设指导委员会办公室)、农村工作办公室、统战部(民族宗教事务局与其合署)、政法委员会(社会治安综合治理委员会办公室与其合署)、610办公室、老干部局、党校、党史办公室(地方志办公室与其合署)、档案馆(档案局)、海门日报社

第五节　组织建设

一、党委　党组

区、乡、镇、场党委　民国17年(1928)年初,中共海门县委有垦牧、大同、汇龙、三阳4个区委。同年秋,通东地区有属中共南通县委领导的余中、三益、余东3个区委。民国22年6月,党组织停止活动。

民国30年3月,中共海启县委辖中共崇明县临时工作委员会和海四(一度分南四、北四)、海五(一度分东五、西五)、海六、海七、海八、启二6个区委。10月,海门西部地区中共通海工委建立,辖海二、东区2个区委。民国31年,中共海门中心县委辖海四(南四)、海五、海六、海七、海八、启二、启三7个区委。9月,原属通东分县委的富安、余东、六甲、吕四4个区委划归海门中心县委。次年初,中共海启县委辖海中、富余、六甲、海四(海南)、海三等9个区委。民国32年春,建立党的秘密组织——乙种组织,受中共苏中四地委秘密工作部和海启县委双重领导,于民国34年10月改称中共海门城市地下组织。民国34年1月,中共东南县委辖海东、海中、海南、启东、启西、吕四、富安7个区委。9月,辖海中、海东、海南、海西、富余、吕四6个区委。次年2月,海门县委辖海中、海南、海西、富余、六甲、四甲、聚星、海东、吕四9个区委。民国35年12月,中共东南县委辖海中、海南、海东、富余、吕四、启东、启西7个区委。民国36年7月,增辖海西区委。11月,增辖六甲区委。1949年2月，中共海门县委辖王鲍、海中、海南、新南、六甲、富余、四甲、茅三、汇通9个区委。中共海门城市地下组织在海门全境解放后，并入海门县的党组织。

1949年10月，中共海门县委下辖汇通、茅三、新南、四甲、海南、海中、王鲍、六甲、富余9个区委。1957年11月，撤销区委，建立34个乡党委。1958年10月，建29个公社党委。1961年5月，建5个区委。1965年12月，县委辖5个区委、31个公社党委、2个镇党委。

1967年年初，各区、乡镇党委受"文化大革命"影响，处于瘫痪状态。1969年3月，建立江心沙农场党委。10月，建立公社、镇革命委员会党的核心小组。12月，重建大新人民公社党委。其后，各公社、镇相继重建党委。1972年11月，各区党的核心小组建立。

1976年10月，改建区委，撤销县委下辖包场、四甲、天补、悦来、三厂5个区党的核心小组。1983年5月，撤销各人民公社党委，建立各乡党委。1984年7月，与三厂镇分开的青龙港镇建党委。1987年2月，撤销各区委，建立县委驻各地区巡视组。1990年8月，建立棉花原种场党委。是年，县委辖5个地区巡视组、23个乡党委、11个镇党委。1992年，撤销巡视组。同年，建立中共海门市经济技术开发区工作委员会。新海乡、秀山乡党委并入海门镇党委，青龙港镇，厂洪乡党委并入三厂镇党委，新余乡党委并入包场镇党委。2000年，江滨乡党委并入海门镇党委，汤家乡党委并入三厂镇党委，六匡镇党委并入悦来镇党委，撤销刘浩、海洪乡党委，建立刘浩镇党委，瑞祥镇党委并入德胜镇党委，平山乡党委并入常乐镇党委，国强镇党委并入四甲镇党委；撤销东兴、东灶乡党委，建立东灶港镇党委。2005年9月，棉花原种场并入经济开发区，党委随之撤销。2006年"七一"前夕，常乐镇党委被评为全国先进基层党组织。2008年，市委下辖22个乡镇党委。

市（县）级机关党委、党组　1951年9月，建立县人民政府党组。12月，建立总工会党组。1954年8月，建立县工商业联合会筹备会党组，于1957年6月改称县工商业联合会党组。1954年12月，建立县民主妇女联合会党组。1957年，建立县人民委员会党组、县供销合作社党组、县兵役局（人武部）党组。1965年9月，建立手工业党委、粮食党委、商业党委、人（民）农（业）银行党委、供销合作社党委及公安局党组。1966年2月，公安局和法院合建政法党组。1966年3月，建立工业党委。

1967年年初，各级党组织受"文化大革命"冲击，被迫停止活动，只有县人武部党委得以延续。1969年9月，县革命委员会党的核心小组建立。1975年3月，建立公安局、法院党的核心小组。1975年12月，建立县公安局党委。1976年3月，建立县商业局党组。是年，有县级机关党委（组）36个。1984年，有48个。至1990年，县委辖县级机关党委（组）44个。

1994年，建立市地方税务局党组、市国家税务局党组。1995年，建立市城市管理局党组。1997年，建立政协办公室党组、市工商业联合会党组。1998年，建立农机局党组。2000年，撤销市公安局党组，建立市公安局党委。2004年，建立市审批中心党组、市城市管理行政执法局党组。2005年，建立市农资局党组。2008年，市委辖57个市级机关党委、党组。

企事业单位党委、党组　1979年，建立海门棉纺厂党委、海门化肥厂党委。1982年9月，建立海门印机厂党委。1995年，海门棉纺厂党委改名为江苏白兔集团党委。1996年，建立中保财产保险有限公司江苏海门支公司党组。1997年，建立中保人寿保险有限公司海门市支公司党组。2000年，建立市烟草专卖局党组。2001年3月，建立海门中学党委。2002年，建立市信用合作联合社党委。2004年，建立海门日报社党组。2005年，撤销海门北人富士印刷机械有限公司（原海门印机厂）党委、海门化工总厂（化肥厂）党委，建立市人民医院党委、江苏百花集团党委。2008年，有企业党委11个，其中公有制企业5个、非公有制企业6个，事业单位党委3个。

二、党总支部　党支部

民国16年初夏，海门县建立中共三条桥支部。民国17年4月，通东地区在廿五总（今王浩乡五总村）建立中共支部，属中共南通县委领导。是年，海门西部地区有茅家镇、三条桥、横板桥、通海镇、天补镇、海神庙、大成镇7个支部，三阳区有三阳镇南、中、北及庙桥4个支部，大同区有大同村、黄仓镇、东兴镇等

4个支部,汇龙区有篦箕镇、汇龙镇2个支部,垦牧区有七堤、五堤、灶户等5个支部。至民国18年5月,通东地区有支部32个。11月,共有支部126个。民国22年6月,党组织停止活动。民国29年1月,在三阳地区的永平乡建立抗日战争开始后海门第一个中共支部。民国30年3月,有中共支部27个。民国31年初,有110个支部。民国34年6月,中共东南县委有78个支部,393个党小组。民国34年11月,中共东南县委有党支部118个,党小组485个。1949年1月,海门县有中共支部136个。

新中国成立后,党的基层组织得到巩固和发展。1957年10月,有党支部735个。1965年有党支部1009个。1967年初,全县党支部受"文化大革命"影响,相继被迫停止活动。1969年12月至1971年9月,随各公社、镇党委重建,各支部恢复正常活动。至1975年年底,有党支部1227个。中共十一届三中全会后,党的基层组织发展较快。1990年,有党支部2150个。

1992年,全县有党总支31个,党支部2199个。辖工业建筑业党总支16个,党支部639个;交通邮电业党总支3个,党支部76个;农林水利气象党总支6个,党支部891个;商业金融城市公用党总支1个,党支部196个;文教卫生科研党总支4个,党支部180个;党政群团党总支1个,党支部177个;其他党支部40个。1993年,汤家乡中兴村党支部被省委授予先进基层党组织称号。1994年,成立海门第一家非公有制企业党支部——南通市五金机电有限公司党支部。1996年,全市有党总支40个,党支部2212个。同年,包罗铜材集团公司张士新、友爱集团公司曹丕成分别被评为省优秀党支部书记。1998年,海门在全省率先推行村党支部书记和村委会主任"双向进入,交叉兼职"的新模式,探索村企合一、村居合一等基层组织新形式。市委组织部被中央组织部评为全国农村基层组织建设先进单位。1999年,全市有27个乡镇组建54个私营企业联合党支部,向223个私营企业选派由党员担任的政治指导员100人,该做法得到中共南通市委肯定,《解放日报》作专题报道。同年,江滨乡富三村党总支被中共江苏省委评为先进基层组织。2001年,由于行政村合并,党总支增加,党支部减少,全市有党总支58个,党支部1528个。2003年,成立全省首家农村党组织工作研究会。2006年,有87个农村专业合作组织建立基层党支部。2008年,有628个规模以上非公有制企业建立党组织,全市非公有制企业组建率96%。年末,全市有党总支102个,党支部2359个。农村238个行政村建党总支58个、党支部180个。

三、党员队伍

民国15年,县境始有党员。夏,有党员12人。民国17年6月,全县有党员100人。11月,通东地区有党员300人,海门南部地区有党员200人。民国22年6月,党组织遭破坏,党员转移或停止组织活动。

民国29年1月,有党员10多人。民国30年3月,有党员143人。民国32年9月,有党员1440人(不包括党的秘密组织"乙种组织"的党员)。民国35年10月,有党员10906人。1949年1月海门全境解放时,有党员10659人(以上数字,均为海启两县之和,因历史原因无法分开)。1949年年底,全县有党员9549人。

新中国成立后,党员发展速度较快。1955年、1956年农业合作化时期,发展党员近3000人。1960年,发展党员约2000人。1973－1976年,发展党员8000余人。1980年,党员中初中以上文化程度占比超过40%,1985年超过50%。1990年,有党员4.3万人,是1949年的4.5倍,平均每万人中有党员420人。高中、中专以上文化程度的党员占党员总数22.8%。1995年,有党员4.6万人。1997年,着重调研党的力量相对薄弱的企业车间、贫困村,破解这些单位党员发展难问题。1999年,实施发展党员工作公示制、测评制。2001年,完善党员发展的三级(党支部、党小组、介绍人)培养、二级(党支部、党小组)预审、分层把关的工作机制和责任追究制度,全市有党员近5万人。2002年,重点在农村致富能人和非公有制企业员工中发展党员。2003年,有党员5.09万人。2005年,采用"群众推荐、党员推荐、支部班子推荐,党的基本理论和基础知识考学、个人从业技能和职业道德考察、组织考察"为核心内容的工作机制,确定入党积极分子,严把入口关。2008年,培养发展党员工作坚持重抓重推,优中选优。在党员"我先行"主题教育中,全市5000名建党积极分子参与党员承诺活动。发展计划从600人降为560人。是年,全市有党员5.29万人。

1949－2008 年若干年份海门市(县)党员状况一览

表 20－4　　单位:人

<table>
<tr><th rowspan="2">年份</th><th rowspan="2">总数</th><th colspan="2">性别</th><th rowspan="2">少数民族</th><th colspan="6">文化程度</th><th colspan="6">年龄</th></tr>
<tr><th>男</th><th>女</th><th>大学</th><th>中专</th><th>高中</th><th>初中</th><th>小学</th><th>文盲</th><th>25 岁以下</th><th>26－35 岁</th><th>36－45 岁</th><th>46－55 岁</th><th>56－60 岁</th><th>61 岁以上</th></tr>
<tr><td>1949</td><td>9549</td><td>8029</td><td>1520</td><td>–</td><td>–</td><td>–</td><td>9</td><td>33</td><td>4210</td><td>5297</td><td>2501</td><td colspan="2">5460</td><td colspan="2">1588</td><td>–</td></tr>
<tr><td>1952</td><td>10031</td><td>8687</td><td>1344</td><td>–</td><td>1</td><td>–</td><td>17</td><td>186</td><td>5453</td><td>4374</td><td>2119</td><td colspan="2">6233</td><td colspan="2">1679</td><td>–</td></tr>
<tr><td>1956</td><td>11543</td><td>10157</td><td>1386</td><td>–</td><td>–</td><td>–</td><td>48</td><td>447</td><td>5471</td><td>5577</td><td>2019</td><td colspan="2">7611</td><td colspan="2">1689</td><td>224</td></tr>
<tr><td>1960</td><td>15805</td><td>13161</td><td>2644</td><td>–</td><td>12</td><td>–</td><td>173</td><td>894</td><td>10000</td><td>4726</td><td>2324</td><td colspan="2">10602</td><td colspan="2">2485</td><td>394</td></tr>
<tr><td>1965</td><td>16158</td><td>14037</td><td>2121</td><td>–</td><td>40</td><td>–</td><td>303</td><td>1526</td><td>10057</td><td>4232</td><td>1466</td><td colspan="2">10955</td><td colspan="2">2987</td><td>750</td></tr>
<tr><td>1970</td><td>18452</td><td>16114</td><td>2338</td><td>–</td><td>71</td><td>–</td><td>708</td><td>2870</td><td>10802</td><td>4001</td><td>755</td><td>4754</td><td colspan="2">5640</td><td>6185</td><td>1118</td></tr>
<tr><td>1974</td><td>22828</td><td>19595</td><td>3233</td><td>1</td><td>–</td><td>–</td><td>–</td><td>–</td><td>–</td><td>–</td><td>1698</td><td>5954</td><td colspan="2">6668</td><td>6966</td><td>1542</td></tr>
<tr><td>1976</td><td>28211</td><td>24238</td><td>3973</td><td>2</td><td>–</td><td>–</td><td>–</td><td>–</td><td>–</td><td>–</td><td>2046</td><td>8567</td><td colspan="2">13439</td><td colspan="2">4159</td></tr>
<tr><td>1980</td><td>33419</td><td>29265</td><td>4154</td><td>2</td><td>351</td><td>534</td><td>2951</td><td>9972</td><td>16565</td><td>3046</td><td>1439</td><td>10324</td><td>8311</td><td colspan="2">10028</td><td>3317</td></tr>
<tr><td>1985</td><td>38880</td><td>34308</td><td>4572</td><td>1</td><td>799</td><td>1201</td><td>4467</td><td>13048</td><td>16776</td><td>2589</td><td>1314</td><td>9337</td><td>10688</td><td colspan="2">11997</td><td>5544</td></tr>
<tr><td>1990</td><td>43016</td><td>37919</td><td>5097</td><td>1</td><td>1659</td><td>1980</td><td>6161</td><td>15150</td><td>16073</td><td>1993</td><td>863</td><td>6430</td><td>13547</td><td>9183</td><td>4418</td><td>8575</td></tr>
<tr><td>1992</td><td>44026</td><td>38874</td><td>5152</td><td>1</td><td>2017</td><td>2201</td><td>6702</td><td>15783</td><td>15350</td><td>1973</td><td>634</td><td>5874</td><td>13435</td><td>10192</td><td>4252</td><td>9639</td></tr>
<tr><td>1993</td><td>44566</td><td>39192</td><td>5374</td><td>1</td><td>2113</td><td>2375</td><td>7022</td><td>16175</td><td>14957</td><td>1924</td><td>574</td><td>5346</td><td>13277</td><td>10867</td><td>4318</td><td>10184</td></tr>
<tr><td>1994</td><td>45216</td><td>39661</td><td>5555</td><td>1</td><td>2369</td><td>2456</td><td>7422</td><td>16551</td><td>14622</td><td>1796</td><td>611</td><td>5278</td><td>12953</td><td>11147</td><td>4288</td><td>10939</td></tr>
<tr><td>1995</td><td>46039</td><td>40333</td><td>5706</td><td>2</td><td>2592</td><td>2633</td><td>7884</td><td>17026</td><td>14286</td><td>1618</td><td>881</td><td>5246</td><td>12372</td><td>11898</td><td>4314</td><td>11328</td></tr>
<tr><td>1996</td><td>47209</td><td>41133</td><td>6076</td><td>1</td><td>2935</td><td>2802</td><td>8382</td><td>17470</td><td>14078</td><td>1542</td><td>1114</td><td>5424</td><td>11629</td><td>12587</td><td>4719</td><td>11736</td></tr>
<tr><td>1997</td><td>48201</td><td>41807</td><td>6394</td><td>1</td><td>3398</td><td>2913</td><td>8826</td><td>17979</td><td>13653</td><td>1432</td><td>1194</td><td>5906</td><td>10924</td><td>13045</td><td>4986</td><td>12146</td></tr>
<tr><td>1998</td><td>48515</td><td>41885</td><td>6630</td><td>1</td><td>3818</td><td>3028</td><td>8938</td><td>18091</td><td>13301</td><td>1339</td><td>1244</td><td>5905</td><td>10121</td><td>13480</td><td>5256</td><td>12509</td></tr>
<tr><td>2002</td><td>50343</td><td>42814</td><td>7529</td><td>8</td><td>6127</td><td>3522</td><td>9444</td><td>18902</td><td>11389</td><td>959</td><td>1236</td><td>5207</td><td>9537</td><td>13131</td><td>5859</td><td>15373</td></tr>
<tr><td>2003</td><td>50913</td><td>43049</td><td>7864</td><td>11</td><td>6672</td><td>3643</td><td>9501</td><td>31097</td><td>–</td><td>–</td><td colspan="2">6564</td><td>9237</td><td>12875</td><td>6118</td><td>16119</td></tr>
<tr><td>2004</td><td>51143</td><td>43091</td><td>8052</td><td>8</td><td>7287</td><td>3564</td><td>9542</td><td>30750</td><td>–</td><td>–</td><td colspan="2">6707</td><td>8902</td><td>12313</td><td>6506</td><td>16715</td></tr>
<tr><td>2005</td><td>51776</td><td>43369</td><td>8407</td><td>7</td><td>7827</td><td>3723</td><td>9940</td><td>30286</td><td>–</td><td>–</td><td colspan="2">7042</td><td>9037</td><td>11759</td><td>6784</td><td>17154</td></tr>
<tr><td>2007</td><td>52417</td><td>43374</td><td>9043</td><td>12</td><td>9370</td><td>3673</td><td>10046</td><td>29328</td><td>–</td><td>–</td><td colspan="2">7094</td><td>9122</td><td>9837</td><td>7676</td><td>18688</td></tr>
<tr><td>2008</td><td>52908</td><td>43508</td><td>9400</td><td>16</td><td>10230</td><td>3687</td><td>10145</td><td>28846</td><td>–</td><td>–</td><td colspan="2">7515</td><td>8943</td><td>9651</td><td>7751</td><td>19048</td></tr>
</table>

四、整党建党

民国 32 年 8 月,县委抽调部分县、区级党员干部到苏中党校参加整风学习。民国 33 年 4 月至 34 年 5 月,抗日斗争形势好转,县委抽调部分县、区级党员干部分批参加苏中区党委和四地委举办的整风学习班学习。民国 34 年,各区委分别集中 10 天左右时间召开扩大会议,结合总结抗日反“清乡”斗争的经验教训,开展整风。此后,各乡党支部普遍对党员进行马列主义教育、党的宗旨教育,整顿党组织,清除少数在反“清乡”斗争中经不起考验、不做党的工作的党员,全县开除 84 人,同时发展一批积极分子入党。民国 36 年 8 月,先在王鲍区聚东、安南、江东、平东、同仁、聚北 6 个乡结合土改复查,进行“三查三整”①试点,配备 16 名区级干部、27 名乡级干部进驻试点单位,加强领导。次年 1 月,全县

① 三查三整:查阶级、查思想、查作风,整顿思想、整顿组织、整顿作风。

铺开,3月结束。除敌我拉锯地区和敌占区未能进行外,有85个乡进行整党,调整党员干部125人,清除少数混入党内的坏分子,使党员队伍更纯洁和壮大。运动初期,发生"左"的偏向,扩大打击面,不久得到纠正。

1950年10月,县直机关进行整风学习,历时半年。1951年5月,贯彻全国第一次组织工作会议精神,开展整党工作,重点是党的基层组织。整党中普遍进行共产党员标准教育,并以党小组为单位,发动党员对照标准开展批评与自我批评,进行党员登记,清除不够条件、消极落后党员及混进党内的异己分子,克服党在某种程度上组织不纯和思想不纯现象,提高党的战斗力。

1957年4月,根据中共中央《关于整风运动的指示》精神,开展整风运动。1959年12月下旬,进行农村整风整社运动。主要进行正面教育,制订规划,进行党内组织建设。整风整社中受到"左"的思想影响,对一部分党员、干部和群众进行错误批判。1961年,得到纠正。

1968年8月,开展整党建党。由于受"左"的思想影响,形成绝大多数党员进行"斗私批修"、人人过关的局面,使一些无辜的党员干部受到打击迫害,所造成的后果至"文化大革命"结束后才逐渐平反消除。1971年9月,林彪反革命集团被粉碎后,经过批林整风,恢复、整顿、重建县以下各级党组织,党的组织生活逐步正常,但活动内容和形式仍然带有明显的"左"的思想影响。

1980年,贯彻中央《关于党内政治生活的若干准则》,组织党员、干部开展"学准则,见行动"活动,由上而下联系实际,对照准则,开展批评与自我批评,自觉纠正不正之风,健全组织制度,确保党内政治生活正常化。

1984年7月至1986年4月,根据中央《关于整党的决定》和省、市委的部署,全面整党。建立整党办公室,全县分3批展开,50个党委(党组)、1866个党支部、3.86万名党员参加整党。对党员进行党的宗旨教育、理想纪律教育、四项基本原则教育、形势政策教育和彻底否定"文化大革命"教育。在加强教育、提高认识基础上,进行党员登记。全县缓登党员23人,除名、不予登记9人,占全县党员总数0.08%。受党纪处分122人,占0.3%,其中开除18人,留党察看21人,撤销党内职务3人,严重警告41人,警告39人,取消预备党员资格2人,延长预备期7人,留党察看期未满作缓登13人。发展党员1490人。查清"文化大革命"中的主要造反组织、重大事件和主要责任者,并对犯有严重错误的党员作定性处理,全县被定为"三种人"①,清除出党1人,给予党纪处分15人。

五、机关党建工作

机关党工委 1952年,建中共海门县直属机关总支部,所属分支部7个,党员325人。1955年10月,县直属机关总支部改建为县直属机关委员会,所属党支部14个,党员546人。1956年3月,召开中共海门县直属机关第一次代表大会,出席大会代表67人,选举产生13名党委委员,组成中共海门县直属机关委员会,7名监察委员组成中共海门县直属机关监察委员会。"文化大革命"期间,县直属机关党委停止办公。1974年6月重建,所属党支部30个,党员670人。同月,召开中共海门县直属机关第六次代表大会,选举10名党委委员,组成中共海门县直属机关第六届委员会。1984年1月,县直属机关委员会改为县级机关委员会,所属党支部62个,党员1360人。1985年1月,召开中共海门县县级机关第七次代表大会,出席大会代表70人,选举9名党委委员,组成中共海门县县级机关第七届委员会。1991年8月,县纪委派驻专职纪检委员,负责县级机关纪检工作。1994年6月,县级机关委员会改称为市级机关委员会,所属党支部90个,党员2228人。1996年11月,撤销中共市级机关委员会,建立中共市级机关工作委员会,与市委组织部合署办公。所属党总支2个、党支部94个,党员2223人。2000年1月,建立市级机关纪律检查工作委员会。是年,机关党工委有党总支6个、党支部105个,党员2878人。2008年,有党总支18个、党支部135个,党员3476人。

机关党支部 1954年10月,制定《中共海门县直属机关总支部工作纲要》,明确机关党组织的工作任务、工作职责、活动方式、工作要求。1956年1月,机关党支部执行党员大会、支委会、党小组会、

① 三种人:与江青反革命集团有牵连的人,打砸抢分子,闹帮派的人。

党费收缴制度。1962年,修订完善机关党建工作纲要,建立党课制度,对机关党组织生活提出明确要求。"文化大革命"期间,党支部停止活动。1974年,在县直属机关第六次党代表大会上,对支部换届明确程序。1980年3月,明确机关党支部在机关工作中的保证和监督作用。1987年,制定机关党支部建设工作百分考核细则。经年终交叉考核和党员测评,72个机关党支部中,6个支部得分95分以上,34个支部90分以上,28个支部80分以上,4个支部不足80分。1991年,制定党支部、党员目标管理考核细则。1995年,开展争创示范党支部活动,在机关94个党支部中评出10个示范党支部。1997年,开展"好班子、好队伍、好制度、好风气"为内容的"四好"党支部活动,年终评出10个"四好"党支部,10个优秀党支部书记。同年,明确每月第一周周一下午或晚上为党日活动。1998年,举办机关党支部书记培训班,学习《中国共产党党和国家机关基层组织工作条例》,通过知识测试,座谈交流,把贯彻条例落到实处。2004年,开展"优秀组织生活实例""优秀党课"评比活动,共收到组织生活实例和优秀党课材料80多篇,评出一、二、三等奖41篇。2008年,评出"示范党支部"5个,"五好党支部"[①]30个。

图20-3　党员义工服务队开展法律咨询活动　(2008年摄)

机关党员队伍建设　1951年,开展机关整党活动,进行共产主义理想和共产党员标准教育,有21个单位993人参加。1954年,针对机关党员分布不均的情况,转变入党要经过战争考验等观念,部署发展党员工作。是年,发展党员11人。1956年9月,开展第一批肃反运动,机关47个单位、681名党员干部参加,注重培养积极分子,发展党员。至1959年,发展党员32人。1962年,动员党员干部家属711人回乡劳动。1966年,制定学习《毛泽东选集》制度,规定每星期三下午学习。1973年,开展"面向农村,为农业服务,为贫下中农服务"活动,有19个单位35名党员干部到农村蹲点劳动。1985年,重视在知识分子中发展党员,引导知识分子向党靠拢。是年,发展党员16人。1989年,贯彻《中国共产党发展党员工作细则》,举办第一期入党积极分子培训班,机关168名入党积极分子参加培训。1996年,开展"为基层服务,为经济服务,创一流成绩"主题活动,14个窗口单位485名党员干部实行挂牌上岗。1998年,开展机关千名党员与百名城镇特困职工结对帮扶活动,当年帮扶城镇下岗特困职工87人。同年,动员机关干部捐款10万元,为陕西省长武县枣元乡建造一所"希望小学"。2000年,实行机关发展党员考学制、民主测评制、公示制,使发展工作公开透明。是年,发展党员62人。2005年1月至2006年6月,机关分两批开展保持共产党员先进性教育活动,有13个党总支、112个党支部、3058名党员参加活动。2005年,发展党员实行票决制。是年,发展新党员60人。2008年,在党员中开展创建"优秀服务品牌"活动,机关2400名党员参加承诺活动,612名党员加入党员义工服务队。

第六节　纪检　监察

一、组织概况

市(县)纪检监察组织　1950年4月,成立中共海门县委纪律检查委员会(简称县委纪委),属县委工作部门。1954年,县委纪委和县政府监察委员会合署办公,实行统一领导,联合办案,分头执纪。1956年1月,撤销县委纪委,建立中共海门县监察委员会。1959年4月,县监察委员会列为县委工作机构。

① 五好党支部:班子好、队伍好、机制好、业绩好、反映好。

1966年“文化大革命”开始，党的监察工作被迫停止。1967年4月实行军管，违纪案件查处由文化革命小组具体办理。1968年3月，县革命委员会成立，有关纪律检查和党员的违纪处理，由县革委组织组处理。1974年3月，重建县委组织部，纪检工作由组织部纪检组负责。

1979年1月，重建县委纪律检查委员会。1983年9月，成立中共海门县纪律检查委员会（简称县纪委），设常务委员会。1984年6月，纪委委员由同级党的代表大会选举产生。1988年1月，成立县监察局。1993年，县纪委与县监察局合署办公。1994年，撤县建市后，县纪委及县监察局相应更名为市纪委和市监察局。2001年始，市纪委设常委7人，其中书记1人，副书记2人；市监察局设局长1人，副局长2人。2004年9月，市委配备监察局非中共党员副局长1人。2006年，换届选举，市纪委常委、正副书记职数不变。

乡镇纪检监察组织　1963年，各公社建立党的监察和行政监察组织，由公社副书记兼监察书记。1982年，区、公社、镇党委配备专职纪检干部，列席党委会议。1986年，乡镇专职纪检干部一般由本届党委委员担任。1989年，海门、三厂、悦来、三阳、包场、余东和天补7个乡镇，在党委换届的同时选举产生纪律检查委员会，由分管党务的乡镇党委副书记任纪委书记，专职纪检委员任副书记。1995年，29个乡镇全部设立监察室，并与乡镇纪委合署办公。2008年，乡镇纪委监察室编制划归市纪委，设专职纪委书记，兼监察室主任。同年，市纪委、监察局在包场、四甲、悦来、海门镇设4个派驻纪检监察室，实地开展纪检监察工作。

市级机关派驻纪检组、监察室　1997年，市纪委、监察局对市地税局等14个市级行政执法部门派驻纪检组和监察室，选配组长、主任。派驻纪检组与监察室接受市纪委、市监察局和驻在部门双重领导。2001年，派驻纪检组增至23个，派驻监察室增至22个。对市经济开发区设纪工委、监察室（为市纪委派出机构），市级机关党工委设纪工委，市人民法院、市人民检察院内设监察室，市科学技术局等10个单位设纪检监察机构。未设纪检监察机构的市级机关明确分管纪检监察工作的科室，配备专职或兼职纪检监察干部。2006年，各派驻机构人员工资福利划归纪委、监察局，实行统一考核。2008年，市级机关有派驻纪检组、监察室23个。

二、党风廉政建设

党纪教育　1950－1952年，配合“镇反”“肃反”“三反”①运动，加强对党员干部的纪律教育。1956年，为推进农业合作化运动，编印《纪律教育参考材料》，教育广大党员干部带头入社，做遵守社章的模范。1959年，在机关开展整风反右、农村改造“三类社”②运动中，印发《关于结合改造三类社开展党的监察工作与组织工作的意见》，教育广大党员干部做到“八要八不要”③。1966年，加强对犯错误党员考察教育，通过走访、谈心，帮助受处分党员干部认识错误。1976年“文化大革命”结束，清理党的各级组织中与江青反革命集团有牵连的人和事，对一批犯错误的同志进行教育挽救工作。1980年，《党内政治生活若干准则》发布后，对党员干部深入开展党风党纪教育。至1990年，先后开展学准则见行动，与党中央保持高度一致教育；坚持党的领导，反对资产阶级自由化的党性教育；反对腐败，坚持清正廉洁的党风党纪教育；党的基础知识教育等教育活动。

1992年，开展“学习邓小平同志建设有中国特色社会主义理论，增强党性观念，做清正廉政模范”主题教育活动。1998年，组织“以案说纪”巡回演讲，5000多人听讲。2000年，召开副科级以上领导干部警示教育大会，利用胡长清、成克杰等全国重大典型案件和海门市的案例进行教育。2001年，以查处市水利局原局长施某犯罪案件为题材，拍摄电视专题片《江堤作证》，进行巡回播放，观片党员干部6万余人次。该专题片获省一等奖。2003年，开

---

①　三反：反贪污、反官僚主义、反浪费。

②　三类社：政治情况复杂、组织不纯、生产落后的农业生产合作社。

③　八要八不要：要廉洁，不要贪污；要遵守市场管理规定，不要搞投机倒把；要大公无私，不要隐瞒私分；要立场坚定，不要包庇坏人；要发扬民主，不要压制、报复；要执行国家计划，不要弄虚作假；要服从党的利益，不要争权夺利；要耐心说服群众，不要搞刑讯逼供。

通海门廉政网，并在《海门日报》开辟“纪检与监察”专版，进行党风廉政和反腐败宣传教育。2006年，开展廉政文化活动。在《海门日报》举办《清廉过节从我做起》正科职干部承诺专栏；在党员领导干部中开展“读书思廉”征文在领导干部家庭中开展“家庭助廉”征文。翌年，成立“党风廉政建设讲师团”，开展廉政宣讲活动。2008年，编辑出版《东洲清廉风》一书，宣传廉政新风。

图20-4　海门市党风廉政建设宣讲团首场报告会（2007年摄）

制度建设　1952年“三反”运动中，制定印发党员干部共同遵守的专门公约。1956年农业合作化运动中，制定《关于共产党员在互助合作运动中必须遵守的纪律》。1962年，县监委发文，对党员干部实施监督受理作出明确规定。1981年，县直机关修订干部生活待遇规定，加强廉政建设。1988年，县委制定县级党政机关廉洁的若干规定。1993年，制定党政机关干部廉洁自律的具体规定，并作为党内民主生活会的内容，加强相互监督。1995年，下发副科级以上领导干部廉洁自律规定汇编，全市110个乡、科局级单位领导班子制定相应的行为规范。1996年，发文规范公务接待标准。2001年，作出对招待费实行年度预算报告的规定。2005年，作出工作日午间禁酒的规定。2008年，进一步严明公务接待工作纪律，明确公务接待规定。

监督管理　民国34年（1945）、35年，党内开展整风审干运动，对犯有政治上不忠诚、经济上贪污、生活上腐化和工作上官僚主义、军阀作风等错误的党员干部进行清理，全县有8名犯有严重错误党员被开除党籍。1954年11月至1956年年底，开展审干运动，对全县79个单位、2456名干部审查，确保队伍纯洁。1960年，农村开展整党整社，机关开展新“三反”运动，县监委配合有关部门做好对干部的考察工作。“文化大革命”期间，党的监督管理职能无法行使。

1980年，学习《关于党内政治生活的若干准则》，健全组织生活制度，开展批评与自我批评，保证党内政治生活正常化。1988年，开展民主评议党员和评议党员领导干部活动，一年两次，形成制度。

1990年，清理干部建私房，严格执行干部建房审计制度。1995年，综合治理领导干部以权谋房问题，坚持住房审批登记制度，规范领导干部的分、购、换房行为，逐年进行清理。至2000年，对全市7114名干部住房进行再登记，建立清房工作网络档案。

1996年，对乡镇和市级部门副科级以上党员干部进行收受礼品、礼金登记，未能退还的礼品、礼金实行统一上交。此后，这一制度逐步规范。1997年，建立和实施领导干部诫勉谈话制度。对乡科级领导干部诫勉谈话29人次，发廉洁自律通知书17份。建立局级领导干部廉政档案，为干部考察、任免提供依据。

2000年5月，建立领导干部个人重大事项报告制度。2004年，全市800余名副科级以上领导干部就抵制收受礼金问题向全社会作出承诺，当年收缴礼金100多万元。2006年10月，探索建立村监督委员会。2007年4月，全市235个行政村全部挂牌成立村监督委员会。同年，对全市副处级以上领导干部建立电子廉政档案，加强县处级干部监督管理。2008年，开展领导干部任前廉政谈话74人次，诫勉谈话52人次，述职述廉922人次，经济责任审计74人次。

三、查案执纪

信访举报受理　1950－1955年，县纪委先后受理人民来信661件。1956－1966年，县监察委员会受理人民来信2954件。“文化大革命”期间，属于党纪范畴人民来信由县委下属相关机构负责受理。1985年，纪委设立信访室，充分利用信访“窗口”，发现违纪线索。

1989年，开展信访工作3年达标规划活动，全县逐步完善信访网络,规范信访制度及程序。1994年始,做到当年信访和举报案件当年办结。1996年,建立规范化信访室,规定基层信访接待达到"三有"①、"两公开"②和"一监督"③标准,全市80%以上乡镇基本达到要求。1998年,对群众反映强烈的热点问题,加大举报办结力度,及时调查处理举报中小学乱收费问题28件,涉及34所学校,清退42万余元。

1999年,明确信访工作领导责任制,市纪委、监察局领导接待群众来访58人次,阅批信件288件,占信访总量42%。2002年,开展信访集中下访活动。2004年,下访中发现群众对中兴特种钢厂改制问题反映强烈,随即组成工作组驻厂核查,历时3个月,挽回集体资产数千万元,全额返还群众土地征用补偿费600余万元。至2005年,开展下访活动95次,征求群众意见750多条,督促整改问题520多个。同年,贯彻落实国务院《信访条例》,纪检监察信访工作融入全市信访大调解工作网络。2007年,开通在线举报平台,构筑信访主体举报体系。2008年,开通"12388"举报电话,全面推进信访举报办事公开和举报奖励制度。1988－2008年,市(县)纪委、监察局接待来信来访和举报电话2.77万件次。

案件查处　1950－1955年,主要查处"三反"运动中暴露出来的贪污盗窃、敲诈勒索、严重官僚主义问题和肃反运动中暴露出来的混入党内的不纯分子、严重包庇反革命分子的问题以及破坏"统购统销"和农业互助合作运动中的违纪行为。共查处违纪党员448人。1958－1960年,因"左"倾思想影响,在"反右倾"运动中,对一批党员干部处理有差错。1961年10月,县委成立甄别领导组,监委具体负责对1958年后期处理和重点批判的2327名党员干部进行甄别、平反、纠错。

"文化大革命"中,县委有关部门查案647件,其中涉及地管干部3人,县管干部61人。

1979年,恢复县委纪委,着重抓"文化大革命"和历史老案的复查平反工作。通过复议,撤销或减轻原处分146件,协助有关部门对在反右派及反右倾运动中受到错误处分的党员全部复查改正。

1982年,按照中央《关于打击严重经济犯罪活动的决定》,把打击严重经济犯罪作为查案重点。至1984年5月,全县立案查处千元以上经济案件252件,涉及党员干部48人,领导干部中万元以上大案22件,查缴非法收入124万元,开除党籍并移交司法机关追究刑事责任17人。1985年,查处科级以上领导干部违纪案件15件。1990年,查处案件149件,其中经济案件占40%。查处四甲不锈钢厂以厂长为首贪污80多万元重大案件。1995年,查处副科级以上党员干部14人。1998年,在办案手段上对当事人开始依法采用"两规"(规定时间、规定地点交代问题)措施。是年,查处包括四甲齿轮厂原厂长吴某、市机械公司原经理袁某受贿案等侵占集体经济串案,涉及9个单位、12名党员干部,有5人被移送司法机关处理。同年,查处城市信用社私设"小金库"、私分集体资产200多万元案等。1999年,查处重大经济问题、亏损企业中的违法违纪问题,查处案件173件,其中经济案件90件,追缴违纪款2022.13万元。查处以市水利局原局长施某为首的经济大案,收缴违纪款1257.3万元,5人移送司法机关处理。查处以市人民医院原院长周某和市第四人民医院原院长戴某为首的6人购置医疗器械贪污回扣系列案件。上述两案例在中纪委、省纪委的案管专刊发表。省纪委书记曹克明作重要批示,《新华日报》及省电视台等多家新闻媒体作专题报道。

2001年,查处党政机关领导干部违纪违法案件。市委农工部原副部长陆某在担任临江乡乡长、党委书记期间,利用职务之便,收受他人钱物,涉案金额21万余元,移送司法机关处理。市供销大厦经济串案,涉案人员30人,领导班子和中层干部中有14人移送司法机关处理,追缴违纪违法款140余万元。2002年,查处案件187件,其中经济案件99件。先后查处万年镇原镇长施某、正余镇党委原副书记江某等受贿案。麒麟建筑企业改制中乡镇集体资产流失,涉案对象6人,经查处挽回经济损失460万元。

2003年,建立查案协调组和查案协作区,整合

① 三有:有专人工作、有专线电话、有专门场所和设施。

② 两公开:接待场所挂牌公开、制度职责上墙公开。

③ 一监督:信访工作人员亮牌办公,接受群众监督。

力量形成网络，着力查办大要案。是年，立案190件，有市医药公司腐败窝案、市房屋开发公司隐匿资产案、市新华书店窝案串案和市国土局系列案等，共追缴违纪违法款1000多万元。2005年，查办物资采购、项目招投标、企业改制中出现的案件，立案查处案件173件，挽回经济损失974.79万元。2006年，协助南通市纪委查处海门经济开发区原主任沈某经济违法犯罪案件。查处原建材公司经理秦某、副经理徐某、包场中学原校长庄某受贿案件等163件，挽回经济损失3173万元。2007年，查案158件，查处民政局原副局长、海门殡仪馆馆长倪某，余东镇原副书记李某贪污受贿等大案要案。2008年，查处各类案件155件，处理违纪党员干部155人，移送司法机关处理6人。

四、纠风治乱

清查党政干部经商办企业　1984年，清查党政机关干部经商办企业问题。1988年，39名在公司兼职的机关干部与公司脱钩。1997年，再次清理复查，对上级明文规定不允许办企业的部门停办经济实体，已办的经济实体与原机关脱钩。1998年，对政法系统经商办企业清理，注销14个政法系统所办企业。2001年，纪检与工商部门建立对正科级领导干部申报配偶、子女经商办企业实行联审联办制度。

纠正乱发钱物　1985年，清理部分党政机关滥发服装、钱物，超标准发放奖金，全县清出滥发钱物70余万元。1988年，对部分乡镇以“满勤奖”“节日加班费”等名目滥发钱物进行调查清理，13个乡镇清退37.5万元。1992年，清理“大盖帽”满天飞问题，对不符合规定的8个部门1306人实行卸装，收缴着装补助款12万余元。1996年，规范预算外资金及财务管理，清理违纪发放金额3945.7万元。1998年，对市级机关落实“收支两条线”情况抽查清理，查出坐收坐支金额430万元。2000年，清理市属行政事业单位银行账户702个，撤销账户253个，缴存财政专户资金1020万元。2003年，开展整顿统一着装、党政机关个人借用公款、公款购买商业保险等“三清理”工作，清理统一着装654人，清理收缴个人借用公款200多万元。2005年，深化财政监管制度改革，成立国库集中支付中心，取消各单位银行账户，全市179个行政事业单位全部进入国库集中支付。

纠正行业不正之风　1986年，针对县供销社商品流通中出现售“人情货”、批“人情条”、卖“人情商品”不正之风，制定杜绝行业不正之风有关制度。1991年，规范行风建设和纠风工作制度，确立26个重点纠风单位，订立纠风责任状。1994年，开展民主评议行风活动，接受群众监督。1997年，在纠风工作中对市直单位推行公示承诺制，确定公安、工商、金融等40个部门为推行公示承诺制的重点单位。2002年，市纠风办公室与海门人民广播电台联合开办《政风行风在线》直播节目，全市所有被评议的部门、热点科室的主要负责人相继走进直播室，介绍该单位工作职能，解答群众电话咨询，接受群众投诉，帮助群众解决实际问题。至2005年，共播出节目212期，举办大型户外直播活动3次。同年，推出“政风行风在线”网络版。2007年，开展创建“无红包医院”活动，对10个规模较大医院进行专项检查，市人民医院、中医院被南通市命名为“无红包医院”。2008年，“无红包医院”创建活动实现全市医院全覆盖。

治理乱收费　1995年，治理公路、河道乱收费、乱罚款、乱摊派、中小学乱收费问题，减轻农民及企业负担。1998年，强化对企业负担情况的调研，发放1000多份企业收费登记卡，对收费部门随时督促检查。选择18个企业作为第一批遏制乱收费重点企业予以挂牌保护。1999年，在减轻农民负担工作中，建立以“乡镇为监督站、村为监督组、农户代表为监督户”的三位一体监督网络，当年减轻农民负担117.6万元。2003年，治理普通高中招生中乱收费现象，减少收费项目6个，制止乱收费11起，收费总额减少1650万元。2005年，加大对学校乱收费问题查处力度，当年查处8起，清退资金33.5万元。2008年，开展创建规范教育收费示范县、示范学校活动，督促义务教育经费保障体制，实行收费公示制。

五、行政监察

1989年，在县级机关部门推行“两公开一监督”①工作试点。在干部考察使用、行政执法部门办

① 两公开一监督：即公开办事制度，公开办事程序，接受群众监督。

事程序等方面，明确公开内容及要求。此后，实行公开的范围不断扩大，由行政机关逐步向企事业单位扩展。1994 年，重点监督检查出售、购买代币购物券，采取亮“红灯”、全面清查底数、认真处罚 3 条措施，向市供销大厦等 3 个商场发出“行政监察建议书”，并对购买数量较大的单位作出经济处罚。1995 年，开展土地行政执法专项检查，清理 57 宗违法用地案，补收规费 70.5 万元。1996 年起，在工程建设领域开展以反不正当竞争为主要内容的专项执法监察，制定《海门市建设项目办理程序的暂行规定》等 7 个文件。1998 年，继续加强工程建设执法监察，跟踪监察秀山路拓宽工程等项目，增加工程开标透明度。检查全市 30 个乡镇 80 个项目，通报 3 个违章违规工程，20 个违纪单位受到处罚，处罚金额 20 多万元，追缴税费 120 万元。2000 年，加强政府采购事前、事中和事后监督，全程监督 5 万元以上政府采购项目，先后 12 次参与政府采购，当年节约资金 150 万元。2005 年，对政府实事工程和重点建设项目采取聘请监督员和市领导一起跟踪监督，从项目报批、立项、实施和竣工等全过程跟踪，协调处理各种矛盾和问题。2006 年，聘请专家和技术人员 39 人，作为重点建设工程特邀监督员，加强 50 万元以上公有资金建设项目招投标监督。2007 年，市监察、安监、反贪、公安等部门组成安全事故调查联动机制，首创“四方联签制度”，并在全省推广。2008 年，设立 25 个效能建设监督点，聘请效能监督员 183 人，办理效能问题投诉案 140 件，督促有关部门整改存在问题 48 个。

第七节　宣传教育

一、舆论宣传

社会宣传　民国 14 年(1925)9 月，共产党员徐玮从上海回乡，在家乡磨框镇举办农民识字班，宣传“五卅”惨案真相，组织募捐活动，并应海门中学学生会邀请，作宣传马克思主义演讲。民国 15 年年初，共产党员张冠今就任三和镇小学教师和海门师范校长期间，学习进步书刊，宣传“共产党并不可怕，共产党要打倒土豪劣绅、贪官污吏”的主张。民国 16 年 11 月，县委书记沈惠农在县境东部地区组织农民协会，宣传发动农民沿埭示威游行，高呼“拥护农民协会”“实行‘二五’减租”“打倒恶粮户”等口号。民国 17 年 12 月，南通县委在俞家沟(今王浩镇境内)召开 2000 多人群众大会，号召“组织起来，团结斗争”，开展抗租、抗债、抗捐、抗税斗争。民国 29 年 11 月，中共崇启海县委始设宣传部，主管宣传教育、思想发动，组织群众，团结抗日，一致对外，反对汉奸卖国贼。民国 35 年 6 月，宣传“保田保家乡，保卫土改胜利果实”“蒋军必败，我军必胜”，揭露国民党顽固派罪行和破坏停战协定的阴谋。

20 世纪 50 年代初，城乡开展爱国主义、国际主义宣传教育。全县人民以实际行动支持抗美援朝。工人开展增产节约和劳动竞赛；农民开展爱国丰产运动，踊跃交售爱国粮棉；工商界合法经营，及时纳税；青年学生向志愿军赠送书刊 1.2 万余册，制作慰问袋、写慰问信 3 万多件(封)，全县捐献飞机大炮款 17.92 万元。1953 年，宣传贯彻党在过渡时期的总路线，使之家喻户晓，人人皆知。1956 年，召开宣传工作代表会议、农业社政治社长会议，举办新农村远景展览等，进行农业合作化宣传活动，15 万人次受到教育。

1958 年 6 月，县城召开 2.5 万人大会，宣传贯彻党的社会主义建设总路线，掀起“大跃进”、建立人民公社热潮。1961 年，组织机关干部和各界人士宣传贯彻中共中央关于人民公社若干问题的决定，贯彻反“五风”、整顿人民公社的政策。1963 年，组织学习雷锋和南京路上好八连活动。1965 年，贯彻中共中央《农村社会主义教育运动中目前提出的一些问题》(简称“23 条”)，宣传以阶级斗争为纲，开展面上社会主义教育运动。教育运动中，由于“左”的影响，扩大打击面，挫伤干部群众积极性。

1966 年 5 月，“文化大革命”开始，“左”的思想影响在海门泛滥。1967 年 5 月，编写《高举毛泽东思想伟大红旗，把无产阶级文化大革命进行到底》宣传提纲，号召批判所谓资产阶级反动路线。1971 年“九一三”事件后，组织开展批林整风运动，批判意识形态领域“左”的思潮。

1978－1980 年，宣传贯彻中共十一届三中全会决议。1983 年，开展文明礼貌月活动，各学校师生 2.45 万人观看张海迪事迹电影，举办报告会 627 次，出黑板报 3235 期，作宣传画 856 幅。1986 年，巡回宣讲改革开放中涌现的先进集体和先进个人事迹，展出图片100幅，1.2万多人次受到教育。1989－1990年，组织“英烈颂”演讲团和“奉献颂”报告团，分赴全县各地宣讲，受教育者逾2万人次。

1994年，宣传“团结拼搏、求实开拓、抢挑重担、争创一流”的海门精神。1995年，把海门精神编入《市民文明行为规范简明读本》，“两台一报”①播刊海门精神系列言论30多篇次，使之家喻户晓、深入人心。1996年上半年，宣传企业改制，专题宣讲35场次，召开各种对象改制座谈会94次，举办改制专题学习班148班次，组织文艺节目专场演出2次。1999年，编写“辉煌50年”宣讲材料，组织宣讲团下乡巡回宣讲，举办“祖国万岁”专题文娱演出，庆祝新中国成立50周年。

2001年四五月间，云南省演讲学会会长蔡朝东（海门籍）先后两次应邀到海门作14场“科学万岁”和“创业万岁”演讲报告，近2万名干部、职工和学生受到深刻教育。2002年，省委讲师团副团长王朔作中共十六大精神专题报告。2005年，纪念抗日战争胜利60周年，进行革命传统教育，组织抗日老战士进行革命史宣讲报告，为抗日老战士颁发“荣誉勋章”，组织12所中学800余名学生展示军训成果。2007年，成立小康社会巡回宣讲团，举办报告会351场，听众11万多人次，营造万众一心奔小康的社会氛围。2008年5月12日，汶川大地震发生。6月12日，组织“情系灾区、四海一家”赈灾文艺晚会，掀起抗震救灾热潮，累计为灾区捐款2390万元，捐助物资价值718万元。

新闻宣传　民国17年8月，中共垦牧区委共产党员江允升购买油印机，印制散发传单，宣传革命道理。民国32年，中共海启县委创刊机关报《东南报》，宣传抗日斗争形势，传播“一切服从战争，一切为了反‘清乡’斗争胜利”等革命道理。当获重大胜利消息，即出刊“号外”，有时套红印刷，鼓舞士气。同时，印小册子《血腥的旗帜》。民国35年7月，抗日战争胜利后改刊《海启大众》。民国36年，县委宣传部印刷、散发30多种革命宣传品，计4.5万份，对国民党军队官兵进行反内战宣传。出版油印刊物《工作通讯》20多期，党政军领导分别撰写文章，交流武装斗争、土地改革和土改复查经验。海南、海中等区委出版油印快报，及时指导土改、复查、除奸、参军等运动。

1950年，县委宣传部设收音站，抄收传播时事形势和气象消息。1952年，出刊《收音消息》，专供各地抄写黑板报、壁报，开展新闻宣传。1956年，创办中共海门县委机关报《海门报》，每周二刊。同年5月，建立县有线广播站，在县乡干部中聘任一批兼职通讯员，从事各地各部门的新闻报道工作。1958年，公社建立广播站，4400个生产队通广播。1959年，《海门报》改刊《海门日报》，年发行量增至4万多份，报道工农业生产形势和先进典型，介绍农业科学技术知识。1969年，各公社建有线广播放大站，广播信号进队入户。1970年，各公社选配新闻干事，建立健全县、社两级通讯员网络。1976年，公社自办广播节目。

1981年，永隆沙农场放大站用无线电接收机接收县站信号，放大送入农户，传播海门新闻。1988年2月，海门电视台开播，海门新闻电视节目与观众见面。1990年，全县从事专职新闻报道工作的有60人，业余通讯员300人，被市以上新闻单位录用的稿件近100篇次。

1991年，新闻稿《中兴特种钢厂生产大口径不锈钢无缝管，填补国内空白》在中央电视台播出。1992年，县广播电台、电视台人员直接参与县内重大经济活动，统一组织报道，全年采编播发各类稿件4800多篇，被南通市以上电台、电视台录用110篇。1993年，对外发稿量和被上级新闻单位用稿量大增，其中广播稿件在中央台播出15篇、省台播出50篇、市台播出150篇，获省奖6个、市奖9个；电视片获省奖1部、市奖3部。1994年1月，《海门报》复刊，县“两台一报”围绕全市工农业总产值超百亿元，开辟《超百亿》专栏，用稿100多篇。1998年年底，在全国、省、市开展的好新闻评比中，全市有45篇次获奖。正余镇新闻干事冯妙林连续3年名列乡镇新闻干事综合考核第一，被中华全国新闻工作者协会等单位授予优秀新闻文化工作者称号，受到党和国家领导人接见。

1999年1月，《海门报》改为《海门日报》。2000年11、12月，组织“寻觅海门人‘走出去’足迹”系列采访活动，分赴沿海、西部和国外，行程1万多公里，

① 两台一报：县广播电台、电视台、海门日报。

共发表新闻和文艺作品40多篇(档),其中3篇获南通市好新闻评比一等奖。2001年,市领导两次拜访新华社、人民日报社、中央电视台和新华日报社、江苏电视台等中央、省级新闻单位。4月、9月,邀请中央人民广播电台、新华社、光明日报社、经济日报社、新华日报社等省以上新闻媒体记者到海门采访,形成新闻宣传强势。2004年7月1日,海门新闻网开通。2005年,《新华日报》头版头条刊发《海门百强进位的三大驱动力》,中央电视台一套播放海门市形势任务教育、素质教育等9条消息。2008年,通过新闻渠道组织"小康海门"系列宣传。《新华日报》头版和A7版专题报道海门小康建设成就,《南通日报》头版头条推出《小康时代的海门新思维》。

对外宣传 80年代,随着改革开放和外向型经济发展,对外宣传逐步展开。1987年,与外省市建立信息交流联系点10个,互通信息,扩大海门对外影响。1988年,利用外贸洽谈,首次制作对外介绍海门全貌的电视片。1990年,配合县"三胞"①联谊会,摄制、播放外宣制品《月是故乡明》电视片,启发与会"三胞"思想共鸣。

1992年,新华社驻外记者回国考察团、中央对外宣传领导组、《中国日报》记者组等5批记者应邀到海门考察采访。在《人民日报》海外版推出海门专版,拍摄电视专题片《江海开放潮》,宣传海门。同年,在深圳、南京招商期间,拍摄、播放电视专题片《金三角上小浦东》,扩大海门知名度。1995年,赴厦门、南京和上海进行专题招商宣传,制作发放《海门招商项目汇编》《新兴的沿海开放城市——海门市》折页等宣传资料5000多份。中新社江苏站记者陈彬撰写的《新海门崛起在长江之滨》在香港《文汇报》发表。1996年,中央电视台在《外国人看中国》专栏拍摄《今日海门》,《神州风采》专栏拍摄《江海之门》专题片,宣传海门。

2001年,在《人民日报》刊发展示海门的专版《海门常年亮丽》。《求是》杂志用3个专版宣传海门形象。2004年,由国家邮政总局发行《江海门户通天下——海门》和《海门历史文化名人》两套个性化邮票。制作《江海明珠——海门》外宣邮册。2005年金花节期间,央视国际频道推出海门城市形象宣传片,与中央人民广播电台《直播中国》栏目合作,推出直播节目《走进海门·相约金花节》,邀请央视九套全程拍摄、制作《海门人与张謇》专题片,与央视海外节目中心合作举办"相聚海门"大型文娱晚会。2006年,与央视三套《欢乐中国行》栏目合作,成功举办《欢乐中国行·魅力海门》大型文娱晚会,现场观众4万余人,并向海外数十个国家和地区转播。与央视四套《走遍中国》栏目组合作,筹拍《走遍中国·海门》系列片共4集,在央视国际频道播出。其中《蛎岈山的秘密》在央视十套《走近科学》栏目播出。2008年,与央视合作制作高品位城市形象片《江城海门》,精心设计出版海门城市外宣画册《江河海门》。

二、思想政治教育

党员干部教育 民国17年,县委领导下乡巡视时,召集党员讨论革命斗争形势和任务、工作方法,指导解决工运、农运、学运斗争中的具体问题。民国31年冬至32年春,县委在聚星镇启秀中学举办"三冬"②训练班,500人参加,学习贯彻地、县委关于抗日形势和任务的报告精神,会后各区、乡召开扩大会议传达训练班精神。民国35年6月29日至7月10日,在曹家镇天主堂召开县委扩大会议,县、区、乡各级干部千余人参加,学习讨论中共中央《关于清算减租及土地问题的指示》和专员梁灵光关于土地改革的报告,明确土地改革的目的、任务和具体部署。

1949年11月,在飞鹭乡邱氏天主堂建立县委党训班,作为党员干部培训教育阵地,后迁至常乐镇。1949－1951年,在县、区、乡各级党员干部中进行土地改革法、镇压反革命、抗美援朝等文件的学习和教育。1953年、1954年,贯彻党在过渡时期的总路线,进行党的基本知识教育。由县委组织部、宣传部联合举办训练班,培训农村干部7081人次。1955年,全县各基层党支部建立党课制度,学习毛泽东关于农业合作社的指示。1957年,学习毛泽东《关于正确处理人民内部矛盾的问题》和有关整风

① 三胞:侨胞、港澳同胞、台胞。

② 三冬:冬学、冬防、冬耕。

指示，开展整风鸣放、反右派斗争。1958年6月，县委党训班改为县委党校。1959－1961年，贯彻社会主义建设总路线，县委党校办培训班11期，培训干部2929人。各公社办业余党校331所，训练农村干部4602人。1962年10月，县委党校迁至海门农校旧址。1963年，县委党校轮训大队党支部书记、党员大队长以上干部2771人；农业、财贸、群团部门举办训练班，培训大队长、会计、妇女主任、民兵排长等1603人。各公社办大小队干部短训班68期，进行社会主义教育、"反修防修"教育，训练干部2.75万人。

"文化大革命"期间，受"左"的思想影响，进行"三忠于①四无限②""批判走资本主义道路的当权派""无产阶级专政条件下继续革命的理论"等教育。县委党校办培训班7期，培训700多人次。1969年，县委党校停办，在大东农场建立县"五七"干校，作为党员干部参加劳动、改造思想的阵地。1971年9月县委党校恢复办校，党员干部分批参加学习马列著作《共产党宣言》《国家与革命》及毛泽东的哲学著作。

1977－1980年，学习中共十一大及十一届三中全会文件，批判林彪、江青反革命集团。1983年，党员干部进行冬训，学习中央文件和《邓小平文选》。县委党校举办《邓小平文选》读书班6期，轮训党员干部564人。1984年，学习《关于整党的决定》和《关于经济体制改革的决定》，教育党员积极参加整党，学习社会主义初级阶段基本理论，做新时期合格党员。1986年，在省委扩大会议上，县委宣传部介绍发挥基层党校作用、提高党员干部素质的经验。

1990年，全县40所基层党校办班430期，培训党员干部和建党对象3万多人次。基层党校规范化办学的经验在省委召开的基层党校创办10周年纪念会上介绍。1991年2月，省民主评议党员工作座谈会在海门召开，县委副书记曹能新介绍海门经验。1998年，天补镇党校被评为省红旗基层党校，江滨、三阳、刘浩、国强等乡镇党校被评为省先进基层党校，另有8所基层党校步入南通市红旗基层党校行列。1999年，开展"牢记宗旨，勇当先锋，为党旗增辉"形象工程活动。下发《论共产党员修养》2万册，建立73个党员电教工作站，1055个党员电教播放点。2000年12月，开展"三个代表"重要思想学习教育活动，集中辅导468次，撰写学习心得1.67万篇，完成自我剖析反思材料5247份。参学党员干部进村入户，走访716个行政村、1.64万家农户，完成调研报告920份，解决农村中突出问题1200多个。

2005年1月，按照中央、省、市委的统一部署，开展保持共产党员先进性教育活动，历时一年半。通过教育，找出问题1.42万个，当即解决问题1.35万个，另有709个问题纳入整改计划；整顿39个软弱涣散党组织，调整、充实35名党组织负责人；形成和修改完善各类长效机制782项、4861条。其中一把手抓先进性教育、解决沟河整治等11个专题经验，在省市有关会议交流和推广，群众满意度95.58%。

2006年，开展党员电化教育。2007年，建现代远程教育终端指导站点310个，基本覆盖全市各地。是年"七一"，全市党员上大党课。2008年，在全国23个驻外党支部设立远程教育点，接受党课教育党员6000多人次。

群众性思想政治教育　民国31年冬，发行苏中行署小教处编印的《万事通》小册子，以此为教材，供全县农村245所冬校（夜校）对农民积极分子进行思想文化教育。

新中国成立初，进行有关土地改革、镇压反革命、抗美援朝等文件学习教育活动。1951年，结合镇反、肃反，全县组织公审、公判、控诉大会73次，受教育群众17.75万人。1953年，学习《中华人民共和国婚姻法》。1954年，学习《中华人民共和国宪法（草案）》。和关于农业互助合作、粮棉油统购统销等文件。1959－1961年，全县办红专学校802所，读报组2894个，加强对农村骨干力量的思想政治教育。1965年，办阶级教育展览，进行社史、村史、家史教育。

"文化大革命"期间，受"左"的思想影响，各地设"宝书台"、做语录牌、跳"忠"字舞，把个人崇拜推向高潮。

---

① 三忠于：忠于毛主席、忠于毛泽东思想、忠于毛主席的无产阶级革命路线。

② 四无限：对毛主席、毛泽东思想、毛主席的无产阶级革命路线要无限崇拜、无限热爱、无限信仰、无限忠诚。

1982年8月，收听北京师范学院中文系讲师李燕杰关于思想政治工作讲话录音134场次，1.6万余人听讲，接受共产主义理想教育。1985年，县召开"四有"①教育现场会，推广县手帕厂、天补乡试点工作经验，推动以理想教育为核心的思想政治教育。1990年3月，开展革命传统教育月活动，县党史办在县级机关、学校、工厂作"海门人民革命史"报告6场，老干部巡回报告团在海门中学、复兴中学、实验小学等学校作革命传统教育报告7场，受教育近万人。

1991年4月，县委派出3个工作组，赴六匡乡、王浩乡俞庄村、江滨乡富南村，开展农村社会主义思想教育和评级定星试点工作。10月，南通市委在海门召开农村思想政治工作座谈会，推广评级定星活动经验。11月，市、县两级下派工作队员580人，其中县下派500人、南通市委下派80人，分赴各乡镇，开展农村社会主义思想教育和星级评定活动。1992年3－12月，学习贯彻邓小平南方谈话和中共中央工作会议精神，在全县企业干部职工中开展深化改革、扩大开放的系统教育，使用省编教材、进行集中轮训，35周岁以下人员参加全县统一考试。1993年，进行中国特色社会主义理论教育，举办学习辅导报告10多场次，2000多人次听讲。1996年，按照中央、省委通知精神，以《农民思想政治教育读本》为教材，对农民进行思想政治教育。1999年，批判邪教，农村以货隆镇为试点，对封建迷信等突出问题实施综合治理。拆除"小庙"17座，收缴迷信书籍65册，迷信品制作工具、用具50多件、迷信品21.5吨，捣毁冥币制作场所12个。

2000年，贯彻中央思想政治工作会议精神，建立全市思想政治工作联席会议制度，拟订思想政治工作实施方案，制定检查、考核办法。2002年，组建市级农民教育讲师团，为农民作各类讲座150余场次，讲授思想道德、科学技术和法律法规等知识。省《宣传动态专辑》和《南通宣传》分别刊登海门《实施大文化教育，拓展农民教育新领域》文章。2006年，开展"八荣八耻"②主题教育活动，编印《八荣八耻宣传手册》和《社会主义荣辱观教育读本》等资料，举办报告会60余场次。2007年，市区举办"庆双超(财政收入超30亿元，GDP超300亿元)迎新年"群众文体巡街表演活动，33个方阵作精彩表演，数万市民参与互动，激发干部群众创业创新创优热情。2008年，组织"万名市民看城乡发展"活动。海门、三厂、三星等乡镇组织千余农民代表参观海门城区、三星叠石桥国际家纺城、东灶港滨海工业新区等地，使人民群众对海门未来充满信心。

形势任务教育 民国28年2－10月，中共江北特委委员洪泽率抗战支队政工队20余人，在江家镇集镇乡村巡回宣传党的抗日主张及斗争形势。每到一地，召开各界人士代表座谈会、青年学生代表会，深入农村办夜校，召开群众大会，组织文艺演出，教唱革命歌曲等，发动群众参加抗日行列。

1950年5月，进行抗美援朝形势教育，全县26万余人参加示威游行，扫除亲美、崇美、恐美思想，树立仇视、鄙视、蔑视美帝国主义观点，确立抗美援朝必胜信念。1952年，宣传农村互助合作形势和任务。1953年，分批组织农村骨干参观全县第一个农业生产合作社——悦宏农业生产合作社，为掀起建社热潮奠定思想和组织基础。1954年，开展反对美蒋条约、反对美国使用细菌武器的宣传教育，组织声势浩大的和平签名活动。

1958年，县委召开万人大会，宣传贯彻社会主义建设总路线。各乡召开万人动员大会，号召"以钢为纲，大炼钢铁"，"以粮为纲，生产放卫星"，宣传人民公社"一大二公"③，因宣传教育不切实际，助长"五风"，对后三年农业生产发展带来严重影响。1962年6月，宣传加强战备，严防蒋军进犯东南沿海。9月，宣传贯彻"以农业为基础，以工业为主导"发展国民经济的方针，进一步发展农业生产，克服暂时困难。

1966年5月，全县各地分别召开干部群众大会，宣读《中国共产党中央委员会通知》，"文化大革

---

① 四有：有理想、有道德、有文化、有纪律。

② 八荣八耻：以热爱祖国为荣，以危害祖国为耻；以服务人民为荣，以背离人民为耻；以崇尚科学为荣，以愚昧无知为耻；以辛勤劳动为荣，以好逸恶劳为耻；以团结互助为荣，以损人利己为耻；以诚实守信为荣，以见利忘义为耻；以遵纪守法为荣，以违法乱纪为耻；以艰苦奋斗为荣，以骄奢淫逸为耻。

③ 一大二公：指人民公社第一规模大，第二公有化程度高。

命”运动开始。1971 年“九一三”事件后,组织群众开展批判林彪反革命集团罪行活动。1976 年 10 月,发动愤怒声讨江青反革命集团罪行。

1978 年、1979 年,宣传贯彻中共中央十一届三中全会精神,引导干部群众把工作重点转移到经济建设上来。1982 年除夕,县领导发表新年献词,通过有线广播向全县人民宣传大好形势,鼓舞士气,活跃节日气氛。1985 年,编印形势、政策宣传学习资料 7 期,举办广播讲座 15 讲,召开形势任务报告会 3 场,宣传中共十一届三中全会以来全国和海门经济建设大好形势,号召全县人民共同努力,实现工农业总产值在 1980 年基础上翻一番。1987 年,组建形势政策报告团,深入城乡基层作报告 71 场,受教育者 1.4 万人次。

1992 年 5 月,县委提出到 1995 年全县工农业总产值超百亿元的奋斗目标。县领导下基层作讲座 30 多场次,基层党校举办骨干培训班 463 期,广泛开展超百亿元形势任务教育。1998 年,编印下发《关于当前经济形势》《东南亚金融风暴》等宣传资料,作形势报告 12 场,受教育者 7000 多人。

2003 年,贯彻南通市形势任务教育“十百千”① 工程,全年举办各类形势报告会 30 多场,现场研讨会 50 多场,镇村两级形势任务宣讲 600 多场次。2004 年,南通市召开形势任务教育现场会,海门作经验介绍。2005 年,市领导分别到各自联系点作形势任务报告,市委书记徐永兵两次为全市副科级以上领导干部作形势报告。新华社、中央电视台、中央人民广播电台组团采访海门形势任务教育成效,在中央电视台报道。

2006 年,围绕“三先一争”奋斗目标和“三化一新”发展方略,实施形势任务教育,全年举办 200 余场形势任务报告会、30 项专题调研和 4 场经济社会发展研讨会。2007 年,组建千人宣讲团,进村入户讲解小康社会,同时印发 40 万份小康宣传画,教育群众使之掌握小康生活标准。在省组织的小康社会民意调查中,满意率 91.2%。2008 年,通过宣讲中共十七大精神和海门改革开放 30 年巨变,动员全市人民为全面提升小康,实现基本现代化,全力打造和谐社会首善之市而努力奋斗。

理论教育　60 年代初期,理论教育首先在县、区、乡机关干部中推开。1963 年,在社会主义教育运动中,党员干部学习刘少奇《论共产党员修养》和“反修防修”等教材。“文化大革命”期间,受“左”的思想影响,学习“无产阶级专政条件下继续革命的理论”,党校举办培训班 7 期,培训 700 多人次。

1981 年,县、区、乡领导干部学习《陈云同志文稿选编》和薛暮桥《中国社会主义经济研究》两本书,研究政治经济理论。1984 年,以《中共中央关于 1984 年农村工作》和《指导乡镇企业健康发展》两个文件为理论学习的重要内容。以包场乡扇子村和海门手帕厂为基层理论学习联系点,通过辅导学习,总结经验,推动面上理论学习。

1987 年,召开农村商品经济理论研讨会,论文《解决农村剩余劳动力出路之浅见》和《农村中多种形式的联合在商品经济中的作用》,被南通市《社会科学》杂志刊用,研讨会综述报道被《中国乡镇企业报》等报刊登载。1988 年,举办党的基本路线教育读书班,乡、科级干部分期分批参加读书班轮训。1990 年 11 月 6 日,下发《关于在党政机关干部中开展社会主义理论学习活动实施意见》。12 月,举办“我说社会主义”演讲活动,次年 2 月全县开展演讲比赛,把社会主义理论学习引向深入。6 月,全县 7500 名干部和中学教师参加县统一命题的社会主义理论学习考试,参试率 92.6%。

1991 年,健全县委中心组学习制度,县“四套班子”领导全年学习交流 20 次。1992 年,邓小平南方谈话发表后,县委中心组学习建设中国特色社会主义理论,紧贴实际抓经济建设,确定全县工农业总产值 3 年超百亿元战略。1993 年 6 月,下发《全县党政机关干部学理论意见》。11 月,结合中国特色社会主义理论学习,学习《邓小平文选》第三卷。全县发行《邓小平文选》第三卷 1.12 万册、学习辅导材料 1.25 万多册。1996 年 2 月 9 日,市委学习中心组被评为省先进学习中心组,受省通报表扬。3 月,组织 1149 名副科级以上干部参加中国特色社会主义理论学习统一考试,参试率 97.4%,平均分 93.5 分。

2000 年 3 月,举办 WTO 知识讲座 60 多场次,为 2000 多名市乡机关干部辅导学习经贸理论。

① “十百千”工程:十场现场研讨会、百场发展座谈会、千场形势任务报告会。

2001 年,组织学习“三个代表”重要思想。2002 年,开展学习“三个代表”重要思想论文征集评比,收集论文 77 篇,出版《领导干部学习“三个代表”重要思想论文集》。在南通市政研会论文评奖活动中,获一等奖 5 篇,二等奖 7 篇。2003 年,市委中心组再次被评为省先进学习中心组。2004 年,学习“科学发展观”。2005 年,省委宣传部蒋宏宾、李天华应邀到海门作“构建和谐社会”和“弘扬‘三创’精神”① 辅导报告。2008 年,邀请张家港市原市委书记秦振华作“张家港发展之路”报告。1 万多名党员干部撰写心得体会文稿近 1000 篇,刊发 100 多篇。

第八节 统一战线

一、团结民主人士

民国 29 年(1940)11 月,新四军东进海门,国民政府海门县县长季强成,在中国共产党组织的努力工作下,率下属各科官员、各区行政长官 100 余人,在江家镇三益初级中学操场公开声明与共产党合作,一致抗日。随即季出任海门县抗日民主政府第一任县长。

民国 31 年,三阳镇著名人士、原东三区行政长官陆措宜,受共产党政策感召,拥护抗日民族统一战线,献出枪支弹药,支持新四军抗日。同年 2 月,在东南行署召开的海启首届国民参政会上,陆当选为议长,为争取海启上层人士团结抗日发挥作用。

二、开展敌伪军工作

民国 30 年春,县委设敌工部,开展敌伪军工作。民国 32 年春,县建立党的秘密组织,对外称“乙种组织”,成员以社会职业为掩护,利用社会关系打入日伪政权和特务机关内部,保护党的重要机密文件,搜集日伪军政情报,对抗日战争的胜利发挥重要作用。抗日战争胜利后,改为城市地下党组织,分化瓦解伪军。

民国 32 年 4 月 16 日,经苏中区党委批准,由共产党员汤景延任团长的通海自卫团实行假投降,打入日伪军内部,侦察敌情,分化瓦解伪军,配合新四军主力,里应外合,歼灭日伪军,历经艰难曲折,于 9 月 29 日全部返回抗日民主根据地。

民国 35 年 11 月,县委派共产党员宋声扬打入国民党内部,伺机清除对共产党和人民军队危害极大的叛徒顾志昌。宋经过不懈努力,送出第三次情报后,终将顾击毙。

民国 37 年下半年,城市地下党组织通过各种途径传递解放战争胜利消息,鼓舞群众斗志,做好分化瓦解敌人的工作。1949 年 1 月 25 日,得悉国民党军政机构、人员将于 48 小时内撤到江南,立即将此消息传播到工商企业及居民中,防止败兵抢掠,并于 28 日午夜,张贴标语,组织纠察,保护国家财产,维护社会秩序,迎接解放军进城,庆祝县城解放。

三、对原工商业者的团结教育

1950 年,组织学习时事政治,号召工商业者投入抗美援朝、捐献飞机大炮运动。1952 年初,举办工商业者政治学习班,每期 50 人,时间 1－2 个月,提高工商业者政治觉悟,接受社会主义改造,共同建设社会主义。1956 年、1957 年,利用举办政治学习班,学习上级文件精神,参加政治运动,支援农业生产,参加体力劳动等形式,加强对工商业者思想改造。1958 年 7 月 13 日至 8 月 15 日,125 名工商业者参加“交心”会,树立“三不得”思想②,人人订立自我改造规划,决心跟共产党走社会主义道路。1960 年年初,贯彻民建、工商联中央会议精神,明确“顾一头包一头”③“三自”④“三不”⑤的方针,利用开“神仙会”方法,推动工商业者自我改造。同时,为公私合营企业内 75 名老年店员中的 21 人补发病假工资,22 人批准请长假,工资照发,32 人减轻工作量。对合作企业中 270 名基本丧失劳动能力、生活

① 三创:创业、创新、创优。

② “三不得”思想:共产党反不得,资本主义道路走不得,右派当不得。

③ 顾一头包一头:工商界顾自我改造为人民服务的一头,国家包工商界物质生活福利的一头。

④ 三自:自己提出问题、自己分析问题、自己解决问题。

⑤ 三不:不打棍子、不抓辫子、不扣帽子。

较困难的从业人员，每人每月补贴生活费8－12元。对合营时安排的58名私方经理、厂长作适当调整，并妥善处理1958年大合并中一些遗留问题。

四、落实政策

右派改正　1978年4月始，根据中共中央有关文件精神，对全县680名错划右派全部恢复名誉和工作。其中补发工资39人，计1.75万元；发放困难补助128人，计4.2万元。解决株连家属、子女户口204人，安排工作173人。

落实原工商业者政策　1980年3月，开展区别小商、小贩、小业主工作，经过4个月调查，从344名原工商业者中区别出“三小”278人，定为劳动者。退还原工商业者房屋33间，折价款5万元。发还张謇后裔在海门、常乐两镇房屋补偿款2.43万元，补发定息1.45万元。发还原工商业者钮某机器折价款1309元。补发“文化大革命”期间退职下放的原工商业者工资5865元。

落实投诚起义人员政策　1981年，根据中央文件精神，认定全县原国民党投诚起义人员99人（包括转外地14人），安排工作和办理退休11人，为生活困难人员办理定额补助20人，月发金额563元。补发“文化大革命”中扣发、减发工资和错案补偿5人，计8249元，退还没收房屋11间，安排为县政协委员3人。

落实宗教政策　1978年，对4名职业宗教人士重新安排工作，为5人补发生活费1.31万元，退还“文化大革命”中查抄财物445件。落实宗教房产497间、1.23万平方米，发还被拆房屋折价款16.71万元，收回“文化大革命”中积欠房租费1.42万元。

落实其他政策　1978年始，平反统战对象中冤、假、错案87人，纠正政治历史定性问题49件。补发统战对象在“文化大革命”中扣发、减发工资和生活费25户、71人，计9万元。退还“文化大革命”中被抄的原物212件，查抄款3930元，补偿2.02万元。落实原国民党县团级以上宽大释放人员政策，安排工作和调整待遇5人。

五、联谊活动

1978年后，“三胞”陆续回乡探亲、观光或经商。市统战部门主动与其联络，开展联谊活动，增强感情。1983年4月，港胞黄裕春夫妇慷慨解囊，赠送人民币3.8万元，在江滨乡建造一所幼儿园。1985年、1986年，港胞黄裕春、李季芳和张周红凤、汤玮琛向侨联赠送汽车各1辆。1986年，回乡探亲的华侨、外籍华人、港澳同胞168人，回乡探亲的去台人员8批9人。其中接待侨胞、港胞15人，去台人员9人。邀请“三胞”召开座谈会，组织县内参观，宣传党的统战政策，广交朋友。同年9月，副县长侯文龙、县政府顾问刘光宇率统战部、侨办负责人赴深圳，邀请17名港胞到深圳座谈，为振兴海门经济献计献策。1987年，港胞朱鹤皋捐资港币20万元在四甲合兴镇建造南山诊所。1989年，港胞顾永高、朱耀美夫妇捐款1万元修缮凤凰桥。1990年10月，县领导赴深圳召开县三胞深圳联谊会，全国政协常委、工商联副主席、香港国际永年有限公司董事长张敬礼等58名“三胞”参加会议。与会代表倾诉身在海外、心系家乡的深厚情感。会议期间，就加工生产药品、麻袋、手帕、长毛绒玩具等项目进行洽谈。1990年，海门有侨胞、港澳同胞3224人，在海门的眷属5676人；去台人员2000人，在海门的眷属2490人。

1992年，走访接待“三胞”及其眷属160多人次，陪同参观30多批、90多人次，印发介绍海门的宣传资料和投资指南300多份，为“三胞”及其眷属办理农村户口转为城镇居民户口、照顾宅基地、购房建房、修理祖坟、安排子女就业、照顾升学、医病买药、工作调动、出境定居等实事30多件。同年，港胞施恩义、汤玮琛、倪国光向海门赠送汽车各1辆；台胞姜体臣、耿鹏程、陈辉、袁汉高等以及台北市海门籍同乡会捐款60多万元，用于海门的教育事业；港胞顾永高、台胞蔡一九、陆金海、张国华等为家乡修桥铺路。1993年，各乡镇相继建立联谊组并开展活动。1994年8月，市海外联谊会成立，选举正副理事长9人，其中“三胞”成员3人；理事27人，“三胞”及眷属占三分之一。1996年，市首届金花节，特邀“三胞”37人，参观考察海门投资环境，达成投资意向项目2个。1998年，接待“三胞”160多人次。邀请美籍华人、著名建筑专家杨裕球、范谦及台湾中华化纤公司董事长薛伯辉到海门访问。杨裕球捐赠人民币25万元，作为海门中学教师奖励基金。2001年，组织3批、8人次赴台进行经贸考察和文化教育交流活动。2003年，市海外联谊会邀请美国嘉华国际董事长朱启寅、新加坡大成国际集团公司经理李秋菊等访问海门，谈成一批独资和合资企业项目。2005年10月，接待香港实业家方铿、杨耀忠及侨胞陆百川、林彩玲等130多人次。2008年，把海外联谊对象扩展到出国经商企业家，与南非江苏商会建立联系制度。

六、服务经济建设

1990年7月，统战工作重点放到为经济建设服务，为改革开放服务。积极动员“三胞”及其他统战对象到海门投资创业。1992年，统战部参与牵线搭桥，协助办成“三资”企业12个，引进外资250多万美元。接受捐赠项目5个，价值人民币1000多万元。协助侨联、工商联、台联、宗教团体等部门和单位自办企业9个，实现年产值1000多万元。组织筹建兴华园“三胞”住宅楼10幢，9000多平方米，为“三胞”及其眷属到海门定居、创业创造良好的居住环境。1994年4月，成立统战口招商引资小组，引进合资项目3个、独资项目1个，利用外资140万美元。台、港胞捐资项目5个，捐资金额折合人民币140万元。1996年2月，拜访上海市工商联领导。5月，上海市商会副会长、全国人大常委孙廷芳一行参观考察海门。6月，上海市商会为海门百强皮鞋厂在上海新世界广场开辟销售渠道，协助三星叠石桥绣品城床上用品销往哈萨克斯坦。1998年，商会会员企业全年发展会员189人，其中私营企业会员83人、个体会员74人、中外合资会员2人、乡镇企业会员30人。同时，建立乡镇商会15个。2000年5月，应新加坡工业联合总会和泰国德兴公司邀请，与南通市工商联一起赴泰国、新加坡考察。2004年，香港三利国际贸易公司投资500万美元，在市开发区创办永生针织有限公司。2005年，台湾大华联合投资有限公司投资2980万美元，在市开发区建造标准厂房；香港添耀公司投资1000万美元，建环保型快餐具项目。2006年，通过同业商会在安徽阜阳、重庆涪陵、江苏东海等地建立劳务基地，为会员企业引进300多名员工，解决用工难问题。2008年12月，通过牵线搭桥，促成江苏辰星公司与港商聂毅在余东镇合资开发寒天海洋生物科技项目，总投资1亿元。

七、党外人士安排

1950年，第一届各界人民代表会议选举工商业者朱立人为常务委员会副主席。1956年3月，海门政协召开一届一次会议，教育界党外人士陈象新当选政协副主席，11月，增补教育界陈贞吉为政协副主席。1957年，增补工商界朱立人为副主席。政协常委中党外各界人士占63%，委员中党外人士占70%，包括文教、卫生、工商、文艺、宗教、妇联、民主人士等界别。

1957年5月，出台《关于安排民主人士实职的意见》，安排民主人士施士俊为县人委水利科副科长，小业主出身的郁品瑶为商业局副局长，工商业者马佩英为县工商联主任。1959年7月，在政协二届一次会议上，党外人士卫德漳当选政协副主席。1962年3月、1966年1月，在县政协三届、四届一次会议上，卫德漳、陈象新、马佩英分别当选政协副主席。

1980年12月，在县人大八届一次会议上，陈象新、卫德漳及县人民医院主任医师许其倓当选人大常委会副主任。是年，政协五届一次会议，选举县人民医院外科主任顾金罕、科技人员唐圣明两位党外知识分子以及工商界人士马佩英为副主席，政协常委中党外知识分子占60%，政协委员中党外人士占47.7%，县政协成为经济建设的智囊团。

1982年9月，根据中央文件精神，加强对知识分子统战工作，举办党外人士学习班，对全县高、中级知识分子建立专门档案。1984年，县人大九届一次会议，人大代表中的党外知识分子占12.2%。选举党外知识分子谢永康为副县长。是年，政协六届一次会议，党外人士、归国华侨安焕林当选政协副主席。1987－2003年，市（县）人大、政协换届选举中，季金虎、吴佳虹、柏云冲、忻剑青、方绥生、朱仁平等党外知识分子当选市（县）人大、政府、政协副职。2001年，13名党外干部担任政府部门和司法机关副科级领导职务。是年11月，市工商联第八届第一次会员代表大会召开，选举产生5名非公有制经济代表人士为副主任会员。2003年1月，市政协第十一届第一次会议，选举产生3名非公有制企业主为政协常委，后增补2名政协常委，委员中非公有制企业代表占32%。是年，向省政协输送1人、南通市政协输送3名非公有制经济代表人士为委员，一批拥护党的领导和社会主义制度，爱国、敬业、诚信、守法的非公有制经济代表人士共同参政议政。2004－2007年，副科级非党领导干部增加到16人。2008年1月，市人大十五届一次会议，党外人士王兰平当选为人大常委会副主任，王拥军当选副市长。政协召开十二届一次会议，党外人士方绥生、姜晓静当选副主席，政协非党委员191人，占63%。是年，有副科级党外领导干部15人，其中市人大、政协机关4人，政府部门9人，乡镇政府2人。

第九节　农村工作

一、生产关系变革

旧时，海门境内地主、富农、巨商人口占总人数6.5%，所占耕地为总面积60%。清末民初，海门下沙的沙、倪、施、沈、陆5姓大地主占有全县半数耕地。通东三益区（今王浩乡）汤家苴地主汤廉臣和汤勋臣两家，各有土地4000多亩。包场镇大地主朱浩轩曾自夸“从包场向南十多里，踩不着别人的田”。沿海围垦的大片土地，绝大部分被地主、官僚、资本家联合经营的垦牧公司占有。民国初年，包场地区农户平均占耕地为地主57.9亩，富农14.2亩，中农5.2亩，贫农2.2亩；人均占有耕地为地主14.02亩、富农3.7亩、中农1.37亩、贫农0.64亩。地主对农民的剥削手段极其残酷，主要形式有高利贷，每逢青黄不接或天灾人祸，穷人向地主借钱100元，如第二年还不起，第三年得还200元，俗称利滚利；包三担，佃户租种1000步田，每年交给地主元麦、玉米、黄豆各1担，有的还交芦柴125－150公斤；预租，地主出租土地时，先收一年或几年地租，收后给农民耕种；虚田实租，丈量土地时，沙田为“八八公丈”，即每880步作1000步出租，通东地区老皇岸北为“九六道步”，即每960步作1000步出租，丈量时从沟边或半沟算起，佃户每租1000步地，实际可耕面积只有七八百步；烂租，地主规定佃户按照租期一次性交清地租，如租种1000步田，租期为5年，一次性交棉花10担，到期收回土地；大斗进、小斗出，地主家惯用夹底斗，收租时抽掉夹底，变成大斗进，卖粮或借粮时装上夹底，变成小斗出，还有的地主收租时用的量具是一斛子为两斗六升，比正常的斛子大一升；雇工，长工每年工钿仅10多块钱，除干农活外，还帮地主做家务杂活。短工以日计算工佃的叫“忙日”，以月计算的叫“忙月”，收入甚微，每天只有40个铜板，或做7天半拿一块银圆。

民国18年（1929）10月，县委在茅家镇秘密召开党的活动分子大会，省委特派员范森传达指示，布置秋收减租斗争试点工作。不久，通海垦牧公司农民开展秋收减租斗争。民国29年12月，抽调干部组成民运工作队，发动农民实行“二五”减租政策，减租率25%。民国30年夏收季节，海八区无畏乡祝家仓农民首先兴起“二五”减租。随后，附近觉民、友南、北固、乐丰、均权等乡农民纷纷投入减租运动。“二五”减租为土地改革运动奠定基础。

民国35年6月29日，县委传达中央指示，部署解放区土地改革。聚星区聚北、聚南两乡为土改实验乡，解放区8个区先后展开，8月底基本告一段落。一般乡村人均分得土地约2亩，垦牧区人均约4亩，通东部分地区人均约1.5亩。民国35年9月，老解放区进行土改复查。打封建，斗地主，长达1年之久。1950年6月30日，贯彻国家《土地改革法》和苏北行政公署颁布的《土改具体实施办法》。12月下旬，老解放区土改扫尾结束，新解放区土改开始。1951年3月，新解放区掀起斗封建地主的群众运动，把地主剥削所得的土地、房屋、粮食等分给农民。5月，颁发土地证。11月，全县土改结束。没收地主、征收富农土地1.43万公顷、大型农具1.94万件、粮食131.4万公斤、房屋2.44万间、家具15.23万件，有14.47万户贫苦农民分到胜利果实，占全县农户64%。

1951年12月，县委贯彻中共中央关于农业生产互助合作的决议，号召农民组织起来，举办各种形式互助组。至1952年12月，全县有季节性互助组1918个、常年性互助组1907个，参加互助组的农户3.39万户，占农户总数19.1%。

1952年5月，海南区好北乡施步成等两个互助组的15个农户自愿将土地合伙经营，实行土地入股分红，组成农业生产合作小组。在此基础上，10月20日成立悦宏初级农业生产合作社，时为全县第一个农业生产合作社。该社有1644人，入社耕地149.67公顷，自留地19.73公顷，保管公田2.71公顷，租种田5.01公顷，养猪40头，当年玉米亩产181公斤，比上年增产4成，比互助组增产8%，比单干增产1倍。1954年，全县建立初级社431个，入社农户1.85万户。1955年，扩建和新建初级社2717个，入社农户10.9万户，占总农户60.7%。

1955年11月，贯彻国务院《高级农业生产合作社示范章程(草案)》,掀起高级合作化运动高潮,土地归集体所有,牲畜和大型农具折价入社,取消土地分红,实行按劳分配。对丧失劳动能力,生活无依靠的鳏寡孤独实行“五保”①。1956年2月7日,全县建成高级农业生产合作社643个,入社农户18.57万户。实现农村生产资料公有制,基本完成个体农业的社会主义改造。由于海门农业合作化高潮势头猛,速度快,加之干部管理水平跟不上,1956年下半年一度出现“闹退社风”。1957年,根据中央关于整顿农业生产合作社的指示,全县进行整社,巩固合作化成果。

1958年8月,贯彻中央关于农村建立人民公社的决议。9月15日,县第一个人民公社——宏伟(后改厂洪)人民公社成立。9月底,除三厂、茅家镇外,其余各乡均建成人民公社,下辖655个生产大队,4371个生产队,18万余农户,占总农户92.6%。人民公社实行政社合一,工农商学兵五位一体,农林牧副渔综合经营。1962年2月,贯彻中共中央《关于农村人民公社工作条例》,纠正人民公社“一大二公”“一平二调”管理办法,实行三级(公社、大队、生产队)所有,队(生产队)为基础,以生产队为基本核算单位。1983年5月,恢复乡、镇建制,取消人民公社。

附:三益区的土地分配

民国18年(1929)1月,中共三益区委酝酿将没收豪绅地主的土地分给农民所有。3月,开始调查人口,丈量土地,进行土地分配准备工作。7月3日,三益区土地革命委员会成立,确定土改地区范围,南部由范公堤到海界,东至梁家沟(今王浩乡冯梁村),西至货隆桥;北部由范公堤到灶河(大有晋公司岸南),东至三总(今王浩乡小闸村),西至三十总(今货隆镇新街)。

三益区在土地分配中规定,人口数以是年6月30日半夜子时为准。南北部分田标准不同,南部人均分田3亩;北部因盐碱地多,人均分田数适当增加。地主也按人口分配土地,但不得种自己原有土地。土地分好、中、差三等,分配时适当搭配。赤贫户全部分好田。分得土地的农户须到土地革命委员会领取土地执照。

三益区土地分配以后,县内还有一些地方也着手丈量土地,准备分配土地。民国19年下半年,通东红十四军失利,地主势力日益猖獗。10月以后,农民运动趋于低潮,农民分到的土地又被地主夺去。

二、经营管理

1952年,全县各地初级农业生产合作社采取统一经营,评工记分,土地股份与劳动报酬按比例分红,土劳比例为4:6,或4.5:5.5。农业税和征购任务由社员缴纳。1956年,高级农业生产合作社成立后,实行集体生产“三包一奖赔”负责制。由高级社与生产队签订“三包一奖赔”合同,包产量、包农本、包工分,超产部分的70%作为社员分配,30%留作生产队集体积累;对人为造成减产,按其50%－60%由社员赔产。

1958年秋至1959年春,以公社为基本核算单位,生产和经营管理权集中在公社。由公社统一规划种植,指挥生产,无偿调用原高级社集体财产,将社员自留地收归集体经营。统一确定分配比例,55%作为社员分配,45%留作公社积累。1959年夏至1961年年底,以生产大队为基本核算单位,生产经营由大队规划和指挥,集体财产归大队所有,生产队对大队实行“三包一奖赔”责任制。1961年9月,以生产队为基本核算单位,原属大队所有的集体财产,分别划归生产队所有,生产规划、种植经营由生产队自行安排,实行财务公开,民主理财,收支做到工分、投肥、粮食、现金四榜上墙,接受群众监督。1970年,生产队对劳动管理实行小段包干,五定到组(定劳动力、定生产任务、定农活质量、定工分报酬、定完成时间),责任到人。1979年,推行联产到组、到户和大包干等多种形式的农业生产责任制。1980年,全县有68个生产队实行各种形式联产承包责任制。1981年春,全县67.7%的生产队实行联产到劳,22.7%生产队实行小段包干,8%生产队实行联产到组,1.6%生产队实行大包干。1982年9月,全县所有生产队实行联产承包责任制。

1983年,实行家庭联产承包责任制。各生产队集体耕地统一发包给农户经营。根据农民意愿,采

---

① 五保:即保吃、穿、住、烧、葬。

取按家庭人口和劳动力相结合的办法分田承包。1984年，延长土地承包期，发放土地使用证。1988年，调整承包土地田块，采用“人划口粮田，劳划经济田”的办法，形成“两田分开，区域种植，合理轮作，规模服务”承包经营格局。农户积极增加对土地投入，有效防止土地抛荒、“刮地皮”经营的短期行为。1994年，允许农户利用出租、出让等形式，进行承包经营权的流转，适当调整土地承包关系。1997年，明确二轮承包期为30年，并对农户的承包地、宅基地全面清丈，建立土地档案，签订承包合同，换发农村集体土地经营权证书。2002年，以三厂、三星两镇为试点，摸索承包土地经营权流转管理办法和措施，制定《海门市农业承包土地流转服务实施办法》，完善流转程序。是年，土地流转面积5580公顷，占承包面积10.8%。2005年，建立市农村土地承包纠纷仲裁委员会，乡镇建立调解小组，村设调解员，处理土地承包纠纷，保护农民承包经营土地的合法权益。2006年，在天补镇彦英村进行土地股份合作制试点，使分散经营的承包土地通过股份合作制形成连片规模经营。2008年，土地承包经营权流转面积累计9467公顷，占承包面积20.7%。在流转土地中，用于调整农业产业结构、发展高效农业的土地有2847公顷，66.7公顷以上连片规模经营的田块139块；农民自发流转土地6620公顷。

三、产业化经营

20世纪50年代，农村经济为单一的种植经营。1958年人民公社化后，形成以粮棉为主的计划种植格局。1983年，实行家庭联产承包经营后，农户自主种植，推动农村商品经济发展。刘浩乡蔡村蔡炳林兄弟俩带动全村数十户农民，在上海设摊销售海门赤豆、芝麻、花生等小杂粮，成为全县有名的农产品贩运专业村。

1984年，三和乡成立多种经营有限责任公司，与农户签订产销合同，经营农副产品，成为全县最早的农村产业化经营龙头企业。1996年，该公司在全镇建立大红袍赤豆、日本大阪豆、青皮青仁大豆和乌皮青仁大豆基地1667公顷，全年合同购销2100多吨，为农户增收1500多万元。1998年，建立农业产业化经营协会，交流经验，推动农村产业化经营发展。1999年11月，海门京海肉鸡集团公司牵头，18个养鸡大户入股，组建京海肉鸡专业合作社，做大海门养鸡产业。是年，有市级龙头企业14个、南通市级龙头企业7个、省级龙头企业1个，龙头企业合计实现产值4.01亿元，利税2500万元。

2000年，有为农业产业化服务的农民经纪人和营销员1.7万多人，8个乡镇营销队伍超千人。销售额50万元以上的营销大户1026个。2001年4月，市从财政税收、工商规费、用电用地等多方面采取优惠措施，支持农业产业化发展。是年，有18个龙头企业，职工2.27万人，销售产品7.87亿元，实现利税2930万元；有农产品流通公司23个，农民经纪人2.16万人，5名农民被评为南通市优秀经纪人。2004年，有各类农副产品专业合作社117个，从业人员1.48万人。京海肉鸡、培育村草莓专业合作社被列为省级示范单位。2008年，有注册商标的农产品20个，无公害产品59个，省名牌产品5个，南通市名牌产品18个。龙头企业56个，年销售额12亿元。专业合作社151个，其中南通市级27个、省级4个，年销售额7亿元。京海肉鸡专业合作社被评为全国示范合作社。

四、扶贫开发

50至70年代，农村扶贫以实物或现金救济为主。1978年，扶贫工作改为扶助贫困农民发展生产，勤劳致富，从根本上帮助农民摆脱贫困。商业、供销系统抽调54人，分赴23个生产队蹲点，选择62户贫困户，帮助制定生产规划，发展副业生产。年底，户均副业收入925.8元。1981年，以王浩、刘浩公社为点，扶持461户贫困户，县拨款2.4万元解决饲养猪羊、家禽等副业生产的资金困难。1984年，扶贫面扩大到10个乡镇。1986年，建立县级机关42个部门参与的包乡扶贫责任制。筹集扶贫资金514.6万元，兴办乡村扶贫厂101个，建立扶贫联合体126个，全年扶持贫困户5950户，脱贫3730户，脱贫率62.7%，其中367户进入富裕户行列。是年9月，扶贫工作受省政府表彰。11月，被民政部授予全国扶贫抚优先进集体称号。1989年，确定50个贫困村，由县级机关53个部门派员驻村，建立扶贫工作责任制。至1990年，发放扶贫资金1457.12万元，扶持贫困户2.93万户，脱贫1.78万户，脱贫率60.9%。

1992年10月，实施“富民兴村”工程。确定75

个贫困村为县级重点扶贫村，抽调132名优秀年轻干部到贫困村挂职蹲点，专职帮扶，限期改变面貌。1996年，总结前期扶贫成绩和经验，实施“富民兴村”二期工程。2001年、2002年，实施对低收入农户帮扶和“村村富”工程，市属84个部门和22个乡镇机关与2724个低收入农户结对帮扶，筹措扶贫资金173.9万元，发放致富资料8000多册，赠阅《当代农业》杂志1700多份。通过两年帮扶，低收入农户人均年收入由原828元提高到1936元，脱贫率95%。2003年，实施帮扶低收入农户1055户，实现“村村富”工程。至2005年，累计筹措帮扶资金248.66万元，帮助其转移劳力1611人，所帮农户人均年收入提高到3247元，脱贫率96%。其间，市每年拨款246万元用于农村基础建设，壮大村级经济实力。确定53个经济薄弱村，拨给帮扶资金120万元，市直53个部门一把手实施结对包干扶持。通过3年努力，有35个经济薄弱村摆脱贫困，脱贫率66%。

2006年，市级机关结对帮扶经济薄弱村47个，到账帮扶资金108.05万元，帮助修建桥梁14座，构筑水泥路24.9公里、沙石路48.1公里，疏浚沟河246.8万立方米。帮扶低收入农户1800户，转移劳力1085人，劳均年收入近万元。2007年、2008年，开展“千企联百村，万人帮万户”结对帮扶工程，全市410个企业与238个村共建新农村，企业捐资2300多万元，帮助完成农村社区服务中心建设、道路建设、沟河疏浚、绿化造林、自来水改造等工程。结对帮扶低收入农户7079户，脱贫率60%以上。

五、社会化服务

1983年，农户联产承包经营后，每逢农时季节急需零星农药、化肥，基层供销社组织拆零供应，送货下乡。1986年，各乡镇组织专业队进行植保治虫，全县增加机动弥雾喷雾机1000多台。1989年，成立县农机服务站，为承包农户提供农机作业服务。1990年，建立和发展村级综合服务站，为农户提供机耕、排灌、脱粒、治虫、种子（包括畜禽良种）、农资供应等服务。是年，各级服务站、服务组（包括个人）有地膜覆盖机2000多台、条播机327台、机动弥雾喷雾机1644台、中型拖拉机44台、小型拖拉机3426台、小型脱粒机300多台、喷灌机械442套、机灌动力2.01万千瓦。

1991年5月，江滨乡农技站与供销社联办全县首个庄稼医院，实行植保科技服务与农资供应相结合的综合服务。1996年，各乡镇所属党校、职业学校开展农民创业技术和劳动就业技术培训，为农民创业致富服务。2000年，各乡镇组建“农经一站式”服务窗口，为农村合作经济组织和农户提供会计、审计、土地流转、资产经营、信息咨询等多方面服务。2003年，供销社农资供应部门自办或与村、农民经纪人联办为农服务社。全市建成为农服务社29个。2004年，市供销合作总社与正余镇瑞丰村联办社区服务中心，服务项目有农资销售、生活用品供应、农副产品收购、农业科技推广、医疗卫生服务、报刊图书阅览、健身休闲、治安保卫等，社区服务中心综合服务功能的发挥，得到农民赞许。2005年，推广瑞丰经验，普遍建立社区服务中心。2008年，全市19个乡镇建立“农经一站式”服务窗口，其中8个乡镇达星级服务标准，为社区农民提供全方位服务。

六、控减农民负担

解放前，海门农民深受苛捐杂税以及开河筑堤、修庙等劳役之苦。1950年，贯彻中央颁发的《新解放区农业税暂行条例》，按照农业产量12%－15%向农民征收农业税，当年入库折现287万元。此外，农民还承担乡教育粮、抗美援朝捐献、为军烈属代耕代割、兴修水利等义务。1953年，贯彻“减轻人民负担，借以休养生息”方针，把3年内农业税征收指标稳定在1952年实际征收水平，增产不增税，至1957年，农业税率下降约10%。1961年，处于国民经济困难时期，调减农业税负担，税率为总产量的9.15%。同时，调整分配政策，贯彻少扣多分原则，降低集体提留比例，当年提留占比9.2%，比1958年下降9个百分点。至1971年，平均税率10%。1975年下降到7%左右。1979年，农业税试行起征点征收，人均年收入在50元以下的生产队一律免征农业税。全县享受免征农业税的有200个生产队，免征税额33.63万元。1980－1982年，有347个生产队免征，免征税额43.5万元。

1983年，调整集体提留比例，农户负担集体提留占净收入7%左右。1987年，重建农民劳务负担制度，将按农户承包土地数量负担义务工，调整为按农村全员劳力负担，减轻纯农户义务工负担。1992年，贯彻国务院《农民承担费用和劳务管理条例》，农民缴纳的村提留和乡统筹费不得超过上年农民人均收入5%。1993年，开展农民负担执法大检查，清理农村乱收费、乱摊派、乱罚款，农民减负2000多万元，人均减负22.66元。1997年，村级提留、乡级统筹资金实行一定三年不变，农民合同内负担控制在占上年农民人均收入2%－3%之间。2000年，全面贯彻落实中央、省减负政策，实行农民负担监督卡制度，乡统筹、村提留总额7102.46万元，人均82.42元，占上年人均收入1.9%。

2001年，实施税费改革，调整农业税和农业特种产品税征收品类，避免重复征收。取消乡统筹和村提留。调整以资代劳等义务用工标准，规范一事一议筹资办法。通过改革，农民人均减负75.46元。2003年，义务工、积累工劳均负担减少10元，合计减负410万元。渔民农业特产税改征农业税，减少税收96.49万元。落实农业税减免390.82万元，累计减负总额897.31万元。2004年，农业税税率调减3个百分点，农业税附加相应降低0.6个百分点，征税总额减少2394.37万元。同年，取消农民义务工、积累工负担，一事一议筹资比上年减少835.65万元，合计减负3230.02万元，人均减负38元。2005年，取消征收农业税，全市减少农民负担2736万元，人均减负33.02元。2007年，村级一事一议筹资使用实行项目化管理，对80个村的一事一议筹资项目进行专项审计，实现涉农负担零上访。2008年，村级一事一议筹资2565.86万元，人均负担31.9元，比政策规定少筹1600万元，农民人均减负19.3元。

第十节　老干部工作

一、政治待遇

1980年初，县成立老干部科。9月，改为老干部局，负责全县老干部工作。各主管部门和乡镇相继成立老干部工作领导小组，全县建立108个老干部学习小组，从政治上、生活上关心老干部。1981年，有离、退休干部1303人，其中离休干部93人。4月，召开全县离休干部政治思想工作会议。1984年年底，召开全县离退休干部先进表彰大会，表彰先进个人324人、先进老干部小组45个、先进老干部工作单位31个。1986年，对原县级领导和18级以上离休干部传阅文件作出规定，每月1次集中解读文件。1988年，为离休干部征订《当代老同志》《银潮》《海门日报》等报刊。

1990年6月，县召开老干部工作理论研讨会，收到论文45篇，其中12篇在研讨会上发表。1998年，在离退休老干部中开展主题教育活动。先后开展“思先烈、助在职、谋发展、比贡献”“学会科学养生，争做健康老人”“保持清醒的政治头脑、保持光荣的革命传统、保持革命的人生晚节、保持良好的精神状态”等主题教育活动。全市老干部积极发挥余热，为经济建设和社会事业出力。

2002年始，为副科职以上退休干部征订《中国老年》或《银潮》杂志1份。2004年，离休干部洪谟被中组部评为全国离休干部先进个人，退休干部袁桂山被评为省老干部先进个人。2005年，为参加抗日战争的老干部颁发纪念章1枚。2007年，离退休党员干部缴纳党费的50%返还老干部支部，充实老干部支部活动经费。2008年，在全市老干部中开展“心系和谐当参谋、促进发展献余热”主题教育，评出“有为之星”71人。

二、生活待遇

1982年，离休干部的离休费、生活补贴、住房、用车、医疗保健、护理费等生活待遇逐步落实到位。1989年，县人民医院建老干部病房1250平方米。同年12月，全县59名抗日战争时期参加革命工作的离休干部家属户口从农村迁入城镇。

1990年，全县离休干部的公用经费、特需费、健康休养费等列入财政预算，一部分亏损企业离休干部待遇得到落实。同年，制发离休干部遗属优待卡。1994年起，每两年拨款10万元，为全市离休干部进行体检。1995年，无领导职务的离休干部统一享受副科（局）离休工资待遇。1996年，抗日战争时期参加革命工作、原行政19级以上离休干部，享受副处级待遇。离休干部参照在职干部误餐补贴水平，每月增发30元。享受地市级待遇和县处级待遇离休干部，年终一次性补助分别为300元和200元。抗日战争时期参加工作的及年满70周岁的离休干部发放护理费。增加无固定收入的离休干部配偶生活补贴，每人每年200元增加到360元。

2000年12月，企事业单位改制后，实行离休费保障机制，离休费纳入同级财政预算，确保企事业单位离休干部离休费按时、足额发放及医疗费及时报销。企业离休干部离休费实行社会化发放,统筹管理。离休干部医药费由原单位转入市医保中心统一管理,在规定范围内实报实销。2001年始,市级机关各部门每年为退休干部进行体检。2003年,提高离休干部的特殊护理费待遇,按年龄和健康状况分为A级516元、B级413元、C级310元。2005年重阳节期间,机关各部门和企事业单位对离退休老干部开展敬老慰问。召开市区140名80岁以上离休干部祝寿会。同年,离休干部年终一次性补助费由原600元提高到800元。2006年,办理无工作、无固定收入并已到退休年龄的已故离休干部配偶二类医保267人。2008年,对原未享受福利分房和房改优惠待遇的离休干部,或已享受而面积不足的离休干部落实住房补贴,全市享受补助的离休干部645人,发放补贴费1821.36万元,分3年付清。同年,离休干部年终一次性补助增至1200元。

1980—2008年若干年份海门市(县)离休干部生活待遇一览

表20-5

年份	人数	特需费、参观疗养费(元/年)	一般护理费(元/月)	特殊护理费(元/月)	交通费(元/月)		年终一次性补助(元/年)
					县处级	厅局级	
1980	99	–	–	–	–	–	–
1985	976	100	–	–	10	20	–
1990	1146	200	51	50	10	20	–
1995	1063	400	70	80	20	30	–
2000	1016	400	150	80	20	30	300
2003	953	400	150	516、413、310	20	30	600
2005	874	400	150	550、450、350	40	60	800
2008	645	400	350	600、500、400	40	60	1200

三、老干部活动

1984年5月,举办全县离退休干部象棋比赛,30名老干部参加决赛。1986年,县建老干部活动室600平方米。1990年6月,举办城区老干部"祖孙乐"家庭演唱会,1000多名观众观看。1991年,成立老干部门球队,多次参加市级、省级以上比赛,取得较好成绩。1992年10月,县举办第一届离退休干部职工运动会,比赛项目有门球、桌球、乒乓球、拳剑操、趣味体育等。1993年10月、1994年10月,市老干部活动中心举办老干部艺术节,拍摄《金秋风采》电视录像片。1996年,成立老干部书画研究会,每年举行集体和个人书画展多期。

2000年,开展"我锻炼、我健康、我快乐"的迎奥运活动,城区2000多名老干部参加活动。2002年10月,全省老干部门球比赛在海门举行,24支门球队、300多名离退休老干部参加。2003年,成立50人组成的老干部金秋艺术团,参加"海门之夏"和社区文艺演出。2004年,市老干部活动室面积增至1930平方米,设有兴趣组10个。乡镇有老干部活动室120个,8000多名老干部参加活动。2005年始,老干部每年参加全民健身周活动,近千名老干部参加文体节目表演。2008年10月,南通市第7届老干部门球联谊赛在海门举行,9支代表队、160多名运动员参加比赛。

第十一节　其他工作

一、对台工作

交往交流　20世纪40年代末,县境内有台属1050户、2494人。1950年5月2日,新余乡六家岔路渔民99人被抓去台。50—80年代初,县委统战、宣传部门负责对台工作,台胞来往甚少。

1985年4月,成立对台工作办公室(简称台办),

负责贯彻执行党的对台工作方针政策、对台宣传、接待联谊、招商引资等工作。1986年，去台人员8批9人通过港澳等地绕道入境回乡探亲。1987年11月，台湾当局允许大陆籍台胞回乡探亲。海门回乡台胞逐年增多。1988年4月，召开第一次台胞台属代表大会，成立台胞台属联谊会。通过联谊会活动，促进交往，增进共识。1989年2月1日，台湾当局允许大陆直系亲属去台奔丧。12月23日，天补乡台属施维能第一个赴台奔丧。至1990年，县内有6批9人去台探亲，台胞543批867人回乡探亲。县台办处理台胞台属寻亲信件170多封，帮助台胞寻亲查友，与亲人团聚。县地方志办公室与台北市海门同乡会成员沟通联系，赠送明嘉靖《海门县志》译本、《海门1990年行政区划图》等资料，深受台胞欢迎和好评。

1995年4月，台湾幼稚教育学会理事王凤屏、台北市教育局吉安幼稚园主任孙世珍等3人到海门与教育部门交流幼教学术。其间，在东洲幼儿园演讲，放映台湾有关幼教工作录像带，参观考察市实验、百花、裕春等幼儿园，共同切磋幼教技艺。1999年，台湾发生"921"大地震，市台谊会及时发送传真，对海门籍受灾台胞表示慰问。2001年，接待回乡探亲、旅游、考察的台胞240人。同年3月，应台湾基隆市幼稚教育会邀请，市组织幼教交流团一行6人赴台考察交流。2003年3月，台湾三立电视台应邀到海门拍摄以海门山羊、红烧羊肉为内容的专题片。2004年10月，台湾《工商时报》编辑部一行22人到海门考察，市委副书记姜龙接待并介绍海门经济发展、改革开放成果。2005年11月，台湾九族文化艺术团应邀到海门演出大型原生态台湾民族歌舞《中华一家亲》。2006年10月，台湾亲民党知名人士冯定国率领台湾农业考察团一行16人到海门考察，参观德胜国家级农业示范区、常乐蝴蝶兰栽培基地和草莓种植园。2008年10月，台湾基隆市议会参访团一行25人到海门访问考察，参观新通海沙综合整治工程和城市规划展览馆。

落实政策　1978年中共十一届三中全会后，由县委统战部负责落实台胞台属政策。至1987年6月，全县纠正台胞、台属冤假错案30起，补发"文化大革命"中被扣发工资3047元，处理52户、168间房产遗留问题，为13户台属清退"文化大革命"期间被查抄的财物49件。

对台宣传　1987年前，对台宣传工作主要通过报刊、电台、电视台向台胞宣传海门经济发展变化、改革开放成果。1987年始，对台宣传从单一的文字宣传形式发展到图片、录音、录像等多种形式。1987—1990年，向上级新闻媒体发稿400余篇，被录用170余篇，其中在国际广播电台、中央人民广播电台、人民日报海外版、海峡之声、金陵之声等对台宣传栏目中发表的稿件20余篇。1989年1月，纪念全国人大发表《告台湾同胞书》10周年之际，江苏、台湾两地联办书画联展，请海门籍著名书画大师王个簃题写"统一祖国，振兴中华"，参与展出，这是王个簃生前最后一次参展手稿。

1992年3月，专题介绍三星乡农民致富经验的《明珠上的富乡》一文及图片，首度在台湾注册的刊物《亚洲世纪》月刊上发表。1994年，《江海门户虎跃龙腾——记江苏海门撤县设市隆重庆典活动》长篇通讯和相关图片在台湾《亚洲世纪》《苏讯》《海门乡讯》等刊物发表。1995年5月，拍摄专题片《实业巨子桑梓情》，记述海门籍台湾实业家徐有庠支持家乡建设的事迹，在台湾放映后反响强烈，迅速激起海门籍台胞到海门投资捐资热情。2001年10月23日，在台湾《工商时报》刊登《金三角上小浦东——海门》专题，配以图片资料，扩大海门在台知名度。2002年10月1日，台湾中天电视台记者应邀采访拍摄三星叠石桥绣品市场。2006年，台湾东森电视台到海门专题拍摄叠石桥国际家纺城及三星民营企业家朱仲辉创业事迹，并在台湾东森台播出。

招引台资　1988年，发动联谊会成员发函致信，介绍家乡建设，宣传优惠政策，吸引台胞投资办企业。1989年，台湾基隆女子高级中学教务主任姜兴周委托女儿姜玲到海门投资71万美元，开办培根酒店，翌年4月2日开张营业，成为海门第一个台资企业。1990年10月，县在深圳云鹏大酒店邀请台胞参加"三胞"联谊会，向台胞介绍家乡建设投资方向和投资项目。1996年4月，海门首届金花节召开，邀请台商光临佳节。1998年4月，第三届"金花节"特邀台湾中华化纤股份有限公司董事长薛伯辉及多名上海台资企业董事长到海门联谊交流，宣传海门投资环境，促成合作意向。12月，在南通市6县(市)中首先成立台商投资企业协会海门市联络委员会(台协会)，有13个台资企业成为会员企业。台协会的建立为沟通政府与台商关系、帮助台商排忧解难起到桥梁作用。同年，海门籍台胞、台湾大华金属工业股份有限公司董事长姜体臣在开发区投资兴建华通联合塑胶工业有限公司，生产销售各类包装用缠绕膜。

图20－5 培根酒店 （1995年摄）

2001年，邀请台湾农业协会等6个团组150名台商到海门考察投资环境、洽谈投资项目。2002年，兴办12个台资企业，总投资5495万美元，被南通市评为对台招商引资先进单位。

2004年，台湾上市公司中兴电工机械公司与货隆镇南通爱尔思公司合资，建成江苏中兴精密机械有限公司，总投资5800万美元，从事电流互感器外壳加工制造。2004－2006年，台湾中兴集团在海门兴办南通博凯电工机械公司、江苏中兴创元高压电器有限公司、南通圣亿精密机械有限公司等企业。至2008年，兴办台资企业300个，总投资15.5亿美元，实际利用台资5.6亿美元。

捐赠钱款 1990年12月至1996年9月，台胞捐赠钱物共30多件次，计人民币541.5万元。1991年6月，新余乡台胞陆金海、陆春海兄弟捐资2.5万元，建造陆家德惠桥，台胞蔡逸九、张国华分别捐资7300元、1100元，为家乡修筑道路；三阳镇台胞徐定远、施国良、沈尊范向镇教育基金捐款1661元。1993年，海门中学校友、海洪乡台胞徐有庠捐资180万元，建立徐有庠教育基金会。后海门新华书店、国际车城等单位共同捐资参与该基金会，资金达430万元，资助贫困学生千余人，发放金额100多万元。1995年11月，徐有庠捐资新台币300万元，建成海门中学“元智科学楼”1300平方米。1994年6月，台北市海门同乡会理事长龚祖遂捐赠10万元，用于建设海门文化广场。1995年，台胞范成、范炎为纪念先人，出资200万元新台币设立范钦孟、范恒父子纪念奖学金（范钦孟系海门三和镇人），获奖学生400多人，发放奖学金40万元。1998年，德胜镇台胞杨裕球回母校海门中学，设立“教师奖励基金”，捐资人民币25万元。1999年，四甲镇台胞姜体臣捐资50万元人民币，在四甲中心小学建成“体臣教学楼”1幢。2001年，又将四甲中心小学列入“姜体臣文教基金会”受惠学校，每年发放奖学金1.5万元。同年，台胞薛伯辉捐资70万元兴建三阳中心小学教育楼及操场。2003年，设立海门市薛伯辉纪念奖（助）学金，每年出资5万元，至2008年获奖学生共200多人。

二、政策研究

1984年6月，县委办公室设政策研究科，专门研究党的方针、政策，进行调查研究，为县委决策当好参谋助手。10月，建县委政策研究室，相似科级，隶属于县委办公室。是年，《群众》杂志第四期发表由政研室撰稿、县委领导署名的《心要和农民在一起》一文。

1990年始，政策研究工作主要是对党和政府重大方针、政策进行研究，根据县委的要求制定各项具体的贯彻意见；参与县委领导调研活动，结合海门实际，撰写调研报告和理论文章；出版《内部参考》，每年10期以上，供各级党委党组传阅、学习，统一思想认识，提高决策水平。是年，拟定《关于加强村级农业综合服务站建设的意见》。1993年，拟定《关于加速发展外向型经济的若干规定》。同年，在《群众》杂志第七期发表《要从政治上关心能人》一文。1995年，配合省委政策研究室在海门的专题调研，撰写《真学张家港，一年大变样——关于海门市的调查》一文，在省《调查与研究》刊物上发表。同年，《群众》杂志第五期发表《实施富民兴村工程、把小康目标落到实处》一文。1996年，撤销市政策研究室，政策研究职能由市委办公室各科室承担。是年，拟定《关于在全市农村实施“领头雁”的意见》。2003年，拟定《关于深化市属工业企业改革的意见》。同年,在群众杂志第三期发表《崛起苏中争第一》一文。2004 年,完成调研课题 10 项,刊发内参 7 期,拟定《认真贯彻党的十六大和十六届三中全会精神,促进我市民营经济跨越发展,全力打造南通民营经济第一强市的意见》。2005 年,在《群众》杂志第十期分别发表《以发展求和谐》《当前"三农"重在四做》两篇文章。2007 年 6 月,建立市研究室,全年完成调研课题 13 个,刊发内参 24 期。2008 年,撰写调研报告 10 篇,刊发内参 26 期。

三、保密工作

1950 年 10 月 15 日,中共中央发出《关于保守党与国家机密的决定》。1951 年,成立县保密委员会。至 1965 年,县保密组织逐步健全,每年定期开展保密宣传教育,保密检查,清理机密文件,政审涉密人员,其间未发生重大失泄密事件。"文化大革命"期间,保密工作受严重影响。

1980 年,恢复健全保密委员会,由县委办公室、组织部、纪检委、县人武部、公安局、县直机关党委等单位组成。县各涉密部门均恢复和健全保密组织。县邮电局建立保卫保密委员会,邮电支局设保卫保密小组。同年春节前,组织保密教育,印发《保守国家机密暂行条例》《关于保守国家机密问题的暂行规定》,供领导和工作人员学习。

1986 年,将涉外保密教育纳入各级党委重要议事日程。东灶乡党委针对渔民出海捕鱼有机会与国外渔船、台湾渔船相遇以及船上装有电台的情况,对全体渔民加强保密教育和涉外纪律教育。1987 年,加强涉外保密工作。全县接待国外来人与港澳台同胞 30 多批次 165 人,每次均做到接待前有保密预案,接待中有保密工作人员参加,注意保守党和国家秘密。1989 年,县委保密委员会办公室增挂县国家保密局牌子,作为县政府主管保密工作职能部门,为二级局建制。

1990 年 6 月,依照《中华人民共和国保守国家秘密法》有关条文,在县交通局完成确定国家秘密密级试点工作,经南通市国家保密局审定,确定国家秘密 8 项,其中绝密级 1 项、机密级 1 项、秘密级 6 项。9 月,组织保密知识征答活动,县和乡镇领导及涉密人员均参与活动。同月,海门印刷厂、县计算机中心经审定,成为复制国家秘密载体定点单位。1997 年,建立档案、保密工作协作组,进一步加强各单位保密工作的横向联系。

2001 年,市级机关机构改革中,保密局调整为挂牌机构,即市委办公室挂市保密委员会办公室、市国家保密局两块牌子。2006 年,建立南通市首家县级保密宣传网站。2007 年 1 月 19 日,市文件销毁处理中心成立并对外开放,为机关各部门提供涉密文件销毁场所,有效消除泄密隐患。2008 年 6—7 月,开展社会信息化保密常识教育宣传活动,全市 120 多个机关、企事业单位,近 4500 人在活动中签订保密承诺书。

第二章　中国国民党

第一节　组织沿革

民国元年(1912),海门籍著名人士茅祖权、沈竞等筹建国民党海门县分部。10 月,召开成立大会,选举赵师鼎、袁训为正副会长(后改称分部长)。各区相继成立分所,时有全县国民党员 1300 余人。民国 2 年冬,驻沪探员向江苏都督密告国民党海门县分部赵师鼎等人私通乱党,以图谋反。分部骨干 36 人先后被捕,其余党员逃遁,分部解体,活动停止。民国 13 年冬,沈元燮等在天补镇秘密组织国民党第一区分部,设秘书处和组织、宣传、青年、农工商4个部。随后，二、五区分部相继成立。

民国15年11月，在第一区分部所在地，以第一区分部为基础，组织国民党海门县党部筹备会。民国16年2月，召开第一次全县代表大会，选举执、监委员会，成立国民党海门县党部。县党部辖区分部41个，国民党员481人。4月，国民革命军北伐节节胜利，孙传芳部第九师退守通海地区，县党部工作陷于停顿。不久，孙部北退，县党部恢复工作。其时，又有陆棫人、沈幼瑜、顾泳远等人另组织国民党县党部筹备处，与原国民党海门县党部相对峙。6月26日，国民党江苏省党部派员到海门接收两党部。28日，组织特别委员会，有"清党"委员2个，下设1处(秘书)、6部(组织、宣传、青年、农民、工商、妇女)及区党部1个，区分部39个，党员340余人。11月，成立临时执监委员会，设秘书处、组织部、宣传部及农工商运动委员会。民国17年初，省党部派遣特别委员会到海门接收县党部，未果。6月，成立党务指导委员会。7月，办理党员登记，时全县有合格国民党员345人，划分为4个区，26个分部。民国18年1月，召开第二次全县代表大会，选举候补执行委员15人，监察委员9人。经省党部圈定，县党部执行委员5人，候补执委3人，监察委员3人，候补监委1人。4月，执、监委员履任。7月，各区分部复选县代表。9月，召开全县代表会，调解县党部内部纠纷，执、监两会均未改选。民国19年2月，省党部对海门县党部实行保管。3月，成立整理委员会。民国20年7月，第三次全县代表大会召开，成立由5人组成的执行委员会和2人组成的监察委员会。民国21年4月，第四次全县代表大会召开，选举执行委员3人，候补执委2人，监察委员、候补监委各1人，组成执行委员会和监察委员会。12月，因县党部内部矛盾激化，省饬县全体执、监委停止活动，派员到海门整理党籍，筹备召开县代表大会。同月，第五次全县代表大会召开，选举产生委员3名和候补委员2名组成执行委员会、2名委员组成监察委员会。翌年1月，县党部对全县各基层组织进行接收改组，实行全面控制，招致党内不同派别的攻讦。一年后，省党部将县党部全体成员免职，另派员到海门整理党务。民国23年4月，县党部进入保管期。10月，成立整顿委员会，直至日本侵略军侵占海门时止。

民国27年3月21日，海门县城沦陷，县党部随县政府撤至乡间。4月24日，日本侵略军撤离县城，县党部迁回原址。9月21日，县城再度沦陷，县党部流亡江家镇。翌年夏，县党部迁至南星镇。民国29年秋，其活动处于秘密状态。

民国34年10月6日，国民党海门县党部恢复活动，11月12日迁回县城。民国36年1月，第六次全县代表大会召开，选举执行委员4人、候补执委2人，监察委员3人、候补监委1人，组成执行委员会和监察委员会。民国37年春，国民党海门县党部与三青团海门分团合并，全县党、团员重新登记，于5月结束，合格党、团员分别为1746人、328人，并划分50个区分部，248个小组。1949年1月，海门全境解放，国民党海门县党部遂告解体。

民国元年—1949年国民党海门县党部机构历任负责人一览

表20-6

时　间	机构名称	职　务	负责人名录
民国元年冬	海门县分部	会　长 (后改称分部长)	赵师鼎、袁训(副)
民国16年2—4月	海门县党部(第一次全县代表大会选举产生)	执、监委员	沈元燮、张冠今、龚岫之、徐学镜、茅定一、袁之三、潘梦庵、秦冠夫、蔡荫恩
民国16年6—11月	特别委员会	委　员	陈石泉(省党部特派员)、李天翼、张修、叶冠千、吴公辕、耿澹如(未到职)
民国16年11月—17年初	临时执、监委员会	执　委	肖鼎元、沈天如、张冠今、翟秀峰、徐雅宜
		监　委	施述之
民国17年初—3月	-	特别委员	鲁之屿、蔡有光、章锦云

续表 20－6

时　　间	机构名称	职　务	负责人名录
民国 17 年 3－6 月	－	保管员	蔡有光
民国 17 年 6 月－18 年 1 月	党务指导委员会	委　员	蔡荫恩、黄达平、沈伯龙、蔡有光、沈天如、沈元燮、杨安庆
民国 18 年 1 月－19 年 2 月	县党部（第二次全县代表大会选举产生）	执　委	沈天如、施裕文、陈丙宇、沈元燮、杨安庆、彭惠高（候补）、杨之俊（候补）、谢建新（候补）
		监　委	茅定一、沈景祺、杨品俨、刘松云（候补）
民国 19 年 2－3 月	－	保管员	沈元燮
民国 19 年 3 月－20 年 7 月	整理委员会	委　员	蔡荫恩、甘圣哲、梁挹清、陈宗棣、夏炳亚
民国 20 年 7 月－21 年 4 月	县党部（第三次全县代表大会选举产生）	执　委	陈丙宇、张士颁、王冰如、杨亚孚、王升辅
		监　委	沈鲁如、宋　祁（候补）
民国 21 年 4－12 月	县党部（第四次全县代表大会选举产生）	执　委	黄旦生、王升辅、季彦敏、龚宝缙（候补）、王冰如（候补）
		监　委	姚　江、王　麟（候补）
民国 21 年 12 月	指导委员会	指导员	改复初
民国 21 年 12 月－23 年 4 月	县党部（第五次全县代表大会选举产生）	执　委	陈丙宇、蔡陟冈、曹鼎石、黄成九（候补）、沈忻若（候补）
		监　委	茅定一、蔡汉良（候补）
民国 23 年 4－10 月	－	保管员	顾启元
民国 23 年 10 月－27 年 2 月	整理委员会	委　员	李亚生、肖鼎元、皮侠鸣、蒲存章、陶之展、施裕文、蔡云山、步渔邻
民国 27 年 3－4 月	县党部	委　员	姚　江、王冰如、肖澍恩、施裕文、蒲存章
民国 27 年 4－9 月	县党部	党务委员	姚　江
民国 27 年 9 月－29 年夏	县党部	书记长	姚　江
民国 29 年夏－30 年春	县党部	代理书记长	施轶千
民国 30 年春－36 年 1 月	县党部	书记长	姚　江
民国 36 年 1 月－37 年春	县党部（第六次全县代表大会选举产生）	执　委	姚　江（书记长）、陆君立、龚艺之、陈宝千、姚南山（候补）、黄佑琛（候补）
		委　员	李志明、姚铭盘、沈鲁如、杨志忠（候补）
民国 37 年春至秋	县党部	党团统一委员	姚　江（召集人）、施轶千、陈嘉言
		监委常委	李志明
民国 37 年秋－1949 年 1 月	县党部	负责人	陈嘉言

第二节　党务活动

民国元年（1912）10 月，茅祖权、沈竞等筹集召开国民党海门县分部成立大会，国民党正式在海门活动。翌年遭军阀镇压，分部解散。

民国 13 年，沈元燮等秘密组织国民党第一区分部。民国 16 年 2 月，国民党第一次全县代表大会召开，讨论开展党务工作。民国 16 年初至 17 年年底，旅居上海的中共党员张冠今受上级党组织派遣，以国民党员名义在县教育局和国民党县党部任职。主要以学生和工人为对象，宣传“联俄、联共、扶助农工”三大政策，帮助发展一批国民党员，其中有杜恩露、杜思瑜、陈绍堂、顾启成、顾锦扬等。

民国16年4月12日，国民党右派发动反革命政变。6月28日，国民党江苏省党部派员到海门，组织特别委员会，开始“清党”，重新登记国民党员。但国民党右派在苏北立足未稳，国民党海门县党部仍被共产党及国民党左派掌握，国民党对农村更无力控制，因此“清党”工作进展缓慢。8月，国民党右派势力逐渐增强，国民党县党部内左派力量遭排挤，但未暴露身份的共产党员仍留在国民党机构和社会团体中。

民国17年3月，国民党江苏省党部通令各县办理国民党员总登记，进一步开展“清党”运动。6月，省党部派员到海门成立党务指导委员会，并派员分赴各区，设立登记处，办理登记手续，对“跨党分子”（指共产党员）不予登记。7月，登记结束，时有合格党员345人，其中以地主、商人及其子弟居多，工人、青年学生比原先减少。通过总登记，国民党军警大肆搜捕共产党员、国民党左派和革命群众，土豪劣绅也乘机对民众运动骨干实施报复，致使一些优秀共产党员、国民党左派和革命群众惨遭杀害，另一些远避他乡。

同时，由县党部发起创办海门党报，作为其喉舌，控制舆论，扩大反共、反人民宣传。10月中旬，县党务指导委员会委派临时委员叶冠千、樊备三、黄星若“接收”县农民协会筹备委员会，控制农民运动。

民国19年春夏，国民党县党部联合军政当局，残酷镇压共产党，中共海门县委书记陆克，委员顾士奎、顾焕祺、顾锦扬等相继被捕牺牲，中共党组织遭破坏。同时，通东地区红十四军也遭国民党军警围剿而转入低潮。国民党县党部加紧对工人、农民运动的控制、镇压。10月，海门县党部收受大生三厂资本家贿赂，软禁大生三厂为工人办事的工会指导员章瑞元，并诱骗要求释放章的工人请愿代表至政府，将其软禁。

民国21年1月3日，县党部成员、私立海门中学校长黄旦生以不守校规为由，开除高二学生陈景如、冷漱兰（均为共产党员），学生不满引发学潮，而黄旦生对学生的态度骄横，愤怒的学生罢课、罢考，要求当局查办黄压制学生自由、无理开除学生、任用私人、贪污挪款等罪行，历经四五个月的斗争，终于迫使黄下台。

民国22年2月，县党部设肃反室，专门从事对付共产党，“肃反”专员由曹鼎石和陈丙宇担任，次年5月撤销。

民国23年1月，共产党叛徒谢哺谷、张言强在镇江受国民党江苏省中统特务室冯奇委派，回海门筹组海门县党部特务室，并出任负责人，推行国民党颁布的《共产党人自首法》，施展“杀伐”和“怀柔”两手，扩大自首潮流，重用叛徒。在历任特务员曹振声、闵再春、谢征蓬、姜颂平、陈莲、吕宗端和戴若萍等驱使下，大肆摧残共产党组织。

民国26年，抗日战争爆发，在江苏省党部的姚江奉命回海门，任海门县党部委员。次年春，县党部办《民锋日报》。民国27年3月21日，日本侵略军侵占海门县治茅家镇，县党部同县政府一起撤离县治，县党部特务室解体。县党部委员肖澍恩、施裕文等逃离县境，一去不返。姚江在江家镇组织国民党县党部与县政府一道，策划军队与日本侵略军周旋。4月24日，日本侵略军撤回南通，流亡在江家镇的县党部迁回茅家镇，并改组县党部，姚江任常务委员，令顾子宽建大江印刷所，复刊《民锋日报》和《新海门日报》，加强宣传鼓动，同时派员整理各社会团体。9月21日，茅家镇再度被日本侵略军侵占，县党部再次撤至江家镇，省党部委任姚江为县党部书记长。翌年夏，又迁至南星镇办公。民国29年夏，新四军挺进苏北，国民党战地党政委员会指导员季方查实并向国民党江苏省党部揭发姚江搞派系纷争、抗战不力的劣迹，姚江离职，县党部秘书施铁千代理书记长。民国30年春，姚江回海门任书记长，进行秘密活动。

民国30年4月，伪国民党海门县党部成立，徐闻天为主任委员，沈禹九、王绍之、张其熙、陈达哉等为执行委员，陈师龙为监察委员。民国34年4月，汪伪国民党海门县党部第二届执、监会组成，沈禹九为执委会党务委员，陆少梁、王绍之、张其熙、陈达哉等为执行委员，丁炳若为监察委员。

民国34年秋，国民党县党部迁至大生三厂办公，党的组织公开。11月12日，迁回县治茅家镇，扩充县党部工作人员，筹集党务活动基金，开展宣传活动，收集国民党流亡外地人员，登记抗战期间阵亡人员名单,办理党员总登记,整理、划编党的组织,吸收新党员。

民国35年2月,复刊《新海门日报》,建立县宣传委员会,控制舆论,推行国民党政令。举办行政干部训练所,调集、招收乡镇干部、小学教师、流亡青年等分别训练。一年内结业4届,每届都由县党部书记长讲话,县党部秘书施轶千、《新海门日报》主编姚南山等任教官,在这些学员中吸收国民党员。同年8月初,派沈际青整理县商会,姚铭盘等整理商业同业公会,指定黄进佐、朱翌云等为指导员,指导改组工作,控制各社会团体。是年冬,国民党军队对解放区大举"清剿",海门县党部与县政府于12月中旬组织党政工作队,黄益民为队长,黄锡范、陈廷扬为副队长,率领队员随军进犯解放区,实行国民党"三分军事,七分政治"的政策,从事宣传、救护、慰劳等工作。民国36年,贯彻国民党"以党透政"的政策,增加与县政府的联系,定期举行联席会议,商议对共产党和解放区的"清剿",审核县临时参议会议员人选,会同县政府组织感训所,对共产党内动摇变节分子进行"感化教育",并与军政配合,出版《特种会报》,研究有关中共情报及对付方法。是年1月,国民党第六次全县代表大会召开,要求吸收新党员,扩充力量。加强对党员的训练,履行党的监察制度,发动党员协助对共产党和解放区的"清剿",调整各自卫队机构,以"确保地方治安"。同时彻底查处"舞弊附逆"党员,检举原国民党海门县政府县长刘道平违反党纪,要求严厉制裁。4月,挑选部分国民党员潜入解放区发展国民党地下组织,收集情报,进行策反、鼓动;挑选干部组织党政工作队,会同军队实行"清剿";策动国民党员加入各社会团体,并予以控制操纵;举行社会名流座谈会,进行欺骗拉拢。要求各区分部组织特别研究会,研究与共产党斗争的方法与途径。

民国37年3月,国民党在海门处于内外交困的境地。为挽救败局,实施军事、政治、经济、特务等为一体的"总体战"。4月17日,党团员重新登记,并继续发展新党员。县党部会同海门军政当局成立县党政军干部联席会议制度,策划对解放区的进攻及审讯被捕共产党员等事宜。成立戡乱建国动员委员会,由县党部委员主持,并组织青年工作队公开宣传,组织剧艺团在县城及三厂公演话剧,宣传共产党的"暴行"。6月中旬,建立统一建设运动委员会及特种宣传委员会,由县党部委员施轶千、陈嘉言分任主任,办理"自首自新及策反等特定工作",利用共产党内的动摇、叛变分子宣传策反,印制、散发欢迎人民军队人员投诚文告。在统治区的机关、团体、学校、工厂建立特务小组,由国民党员担任防谍工作,从事特务活动,监视民众。充实自卫武装力量,征集新兵,协助军政当局征料征夫,构筑城防。

民国37年12月,国民党大势已去,县党部准备撤退。1949年1月28日晚,即与军政人员一起,经青龙港撤往江南。至此,国民党在海门活动结束。

第三节　派系斗争

民国16年(1927)2月,国民党海门县党部成立后,便存在着以蔡荫恩和姚江为首的两大派系。蔡荫恩等人为海门二区人,二区位于海门西部,故称西派;姚江等人则为海门一区人,一区位于二区之东,谓东派。东西两派各有其后台,相互之间争权夺利,矛盾重重。

西派蔡荫恩等自县党部成立始,便控制实际领导权。东派姚江等人不甘受压,竭力与西派分庭抗礼。西派则罗织罪名,控告姚江于国民党中央党部,并凭借后台支持,开除姚的党籍。姚江也仰仗其后台斡旋,不久又恢复党籍。自此,东西两派的争斗渐趋公开化、白热化。

民国18年1月,产生的第二届县党部执、监委中,东西两派势均力敌。在民国20年7月的第三届县党部选举中,两派都竭力拉拢党员、区分部负责人和掌握地方政权的实力人物,不惜重金收买,甚至采用绑架手段,劫持对方代表。经过一番争斗,东派终占上风,掌握县党部权力,并将其优势保持到民国21年4－12月的县党部第四届执、监两会。

西派积聚力量,抓住姚江等人乱编党籍的把柄,于民国21年11月,将姚江赶下台。12月,第四届执、监会奉命停止活动,由省党部委派党务指导员、外地人改复初赴海门整理党籍。改复初履任后,袒护西派,尽管东派利用区分部的力量以挽颓势,终因势单力薄,先在推选省代表时失利,继而在县党部第五届执、监委员会选举中败北。

西派执掌县党部大权后，对所属机构全面接收，彻底改组。同时假借"肃反"名义，排除异己。东派趁机对西派发起攻击，向省、中央党部控告，同时印发传单，大造声势。结果，省党部只得将县党部全体执、监委员撤职，委派外地人肖澍恩到海门整理党务。面对东西派势不两立的争斗，肖氏的整理委员会束手无策，历时4年，未整理出头绪。

民国26年8月，日本侵略军入侵江南，东西两派主要人物纷纷受遣回海门，重组县党部。东派的姚江、王冰如，西派的施裕文等都当上县党部委员，但是尽管大敌压境，两派的明争暗斗依然存在。

海门沦陷后，县党部流亡于江家镇，西派委员施裕文逃往江南，县党部大权落入东派之手。民国27年，姚江奉省党部之命，担任县党部书记长。

民国29年夏，季方揭露姚江结党营私，抗战不力。省党部慑于舆论，将姚江免职，另委海门五区区长陈嘉佑接替。姚江以陈资历短浅为由，拒不移交，省党部只得委派秘书施轶千代理书记长职务。

民国30年春，姚江奉命复任县党部书记长，其工作处于秘密状态。至民国34年10月，县党部始得以公开。姚江旋即与国民党海门县政府县长潘焘一起操纵县党政权力。待等刘道平接任县长时，西派认准时机成熟，竭力拉拢刘道平，抨击东派。刘道平下台后，继任县长谢庭陛与西派过从甚密，东派事事受到谢的掣肘，久不得志。直至谢调任前夕召开县临时参议会成立大会时，东派四出游说拉票，并用"拆墙脚"的手法，拉拢收买西派代表，使东派重占上风。

民国36年夏，西派杨立大等串通商人，行贿标买，获取暴利。东派以此大做文章，在《新海门日报》上披露贿买案情，一时掀起轩然大波。西派勾结国民党南通行政专员督察公署专员徐谟嘉，扣押《新海门日报》干部芮忠贤和县党部干事黄朝佐，继而又由西派的徐建功等出面调解，释放芮、黄两人，轰动一时的麻皮案就此不了了之。

民国37年3月，西派掌握的三青团海门分团并入县党部，西派在县党部中力量陡增。县长袁英上台，袁英与西派联合起来，依仗军政实力，借故攻击东派，并以通匪罪逮捕姚江，随即派遣陈嘉言接管县党部。姚江花钱获释后，逃亡江南。

1949年1月，海门全境解放，国民党海门县党部解体，东西派在海门的斗争随之结束。

第三章　社会团体

第一节　工商团体

一、商会

光绪二十四年(1898)，海门厅始设商会。光绪三十年(1904)八月，设商务分会，隶通州商务总会。民国2年(1913)，花公所改称县商会。随后，棉业、茧业、花业、木业、染业、酒业、典业、纱业、煤油业、轮船业、药业、京货业等同业公会相继建立。民国16年8月，成立商民协会。民国27年，日本侵略军入侵，商市萧条，县商会停止活动。

民国34年10月29日，国民党县党部书记长姚江指令沈际青负责接收日汪伪县商会。民国35年8月，召开第一届商会会员代表大会，成立商会。1949年1月14日，县商会召开第二届会员代表大会。1月31日，海门解放，县商会解体。

二、工商业联合会

组织　1949年7月28日，县城茅家镇成立商民联合办事处。8月，茅家镇绸布业、五金业、饮食业、医药业、理发业等21个行业组织建立同业公会。1950年初，三厂镇亦建立商民联合会。4月23日，茅家镇商民联合办事处改称茅家镇工商业联合会筹备会。1951年8月，召开全县市镇工商界代表会议，推荐工商业联合会筹备委员27人。9月上旬，召开第一次工商业联合会筹备委员会议，选举主任委员和副主任委员，通过筹备会组织章程，制订工作计划，宣告县工商业联合会筹备会（简称工商联筹备会）成立。同时，三厂、麒麟、包场、四甲、天补等10个较大集镇成立工商联筹备会；三星、坝头、磨框、新河等30个小集镇陆续建立工商联分筹会。1952年10月至1953年2月，在13个区分别建立工商联办事处。1954年8月，撤销区办事处，改建三厂、灵甸、三阳、余东、天补5个分会，形成工商联组织网络。1956年公私合营后，企业由专业公司归口领导，同业公会职能逐渐弱化，至20世纪60年代初各同业公会相继停止活动。

1957年3月，召开县工商联第一届会员代表大会，成立县工商业联合会。1959年8月、1962年10月分别召开二、三届会员代表大会。"文化大革命"期间，工商联被迫停止活动。1985年10月15日，县委发出《关于恢复海门县工商业联合会的通知》，1986年8月15日、16日，县工商联第四届会员代表大会召开，县工商联停止活动近20年后恢复。会员除老人员（原工商业者）外，吸收部分国营和集体企业代表。

1990年11月12日，县工商联第五届会员代表大会召开。吸收12个个体私营企业加入工商联组织，成为新时期第一批非公有制企业会员。1993年3月30日，县工商联第六届会员代表大会召开，选举1名私营企业主为工商联副主任委员。同年，为加强与海外同胞和国外工商社团联系，在县工商业联合会增挂县商会牌子。1995－1999年，三厂、悦来等28个乡镇成立乡镇工商联分会，形成新时期工商联组织网络。

21世纪初，随着改革开放深入，非公有制经济不断发展，行业商会相继建立，为同行之间联系和协调提供理想平台。2000年9月18日，市照相业商会召开会员大会，成立新时期市第一个同业商会。2002年4月22日，在昆明建立昆明海门商会。2004年，市工商联组织建立同业商会5个。2006年，建立同业商会秘书长联席会议制度，交流商会工作。2007年12月15日，召开市工商联第九届会员代表大会，选举工商联正副会长23人，其中非公有制经济代表人士19人。

2008年海门市行业商会情况一览

表20－7

名　　称	成立时间	正副会长（人）	企业会员（个）
海门市照相业商会	2000.9.18	5	24
海门市服装业商会	2004.9.8	8	37
海门市砖瓦业商会	2004.12.8	5	27
海门市印染业商会	2004.12.28	8	18
海门市化工业商会	2004.12.30	9	34
海门市标准件业商会	2004.12.31	3	16
海门市电动工具业商会	2005.1.28	3	38
海门市橡胶业商会	2005.3.28	7	21
海门市塑料业商会	2005.3.26	5	21
海门市玻璃制品业商会	2005.4.8	10	27
海门市机针业商会	2005.5.18	3	17
海门市有色金属业商会	2005.6.28	9	31
海门市机械业商会	2005.6.29	10	33
海门市超市流通业商会	2005.6.18	10	81
海门市电子通信业商会	2005.11.16	12	35
海门市三星家纺包装业商会	2005.12.20	17	117
海门市餐饮业商会	2006.9.28	13	29
海门市叠石桥家纺业商会	2008.3.20	31	282

主要活动　*政治教育*　1950年，茅家镇工商联筹备委员会召开会议，学习贯彻党的方针政策。号召工商界积极投入支援抗美援朝、捐物捐款购买飞机大炮。1952年，举办工商界学习班，开展"五反"，肃清"五毒"活动，每期1－2个月，参加人数50人左右。1953年，工商联筹备委员会请县领导作过渡时期总路线、总任务的报告，教育工商业者认清前途，转变唯利是图观念，爱国守法，积极纳税。

1956年初，县工商联筹备委员会召开工商业者代表大会、小商小贩代表会议、工商界积极分子会议，采取多种形式宣传党对资本主义工商业进行社会主义改造的政策。1956年1月17日，茅家镇600多个私营工商户首先向县人民委员会提出申请，要求参加公私合营，当即获批准。几天后，各集镇工商业者纷纷响应，掀起社会主义改造高潮，3 月改造基本完成。全县私营工业 58 户，有 12 户并入地方国营工厂，其余 46 户组成 12 个公私合营工厂。私营商业 3829 户，参加公私合营 315 户，组成 30 个公私合营商店，2545 户组成 191 个合作商店，564 户组成 64 个自负盈亏的合作小组，405 户成为国营商业经销、代销户。

1957 年初，县工商联组织工商业者学习党和毛泽东主席的指示，贯彻"听毛主席的话，跟共产党走，走社会主义道路"的行动纲领。同年 11 月，县工商联集中工商界代表 123 人、社会各界代表 22 人参加整风运动，开展大鸣大放大辩论，历时 3 个月。由于受"左"的思想影响，9 人被错划为右派。全县小商小贩集中在大集镇参加整风运动，140 多人被错定为"反党反社会主义分子"。1958 年 7 月 13 日至 8 月 15 日，开展"交心"运动，工商界代表 125 人参加，并制定自我改造规划。

1960 年，县工商联主任马佩英赴京参加民建、工商联中央会议，通过传达贯彻会议精神，使工商界明确"顾一头，包一头"自我改造政策，即工商界顾自我改造为人民服务的一头，国家包工商界物质生活福利一头的政策。明确自己提出问题，自己分析问题，自己解决问题的"三自精神"和不打棍子、不抓辫子、不扣帽子的"三不"方针。

1962－1966 年，组织工商业者学习"调整、巩固、充实、提高"八字方针，中共中央有关人民公社"12 条""60 条"文件，《毛泽东选集》4 卷，进行国际主义、爱国主义、社会主义教育，使原工商业者改造成自食其力劳动者。"文化大革命"期间，工商联组织停止活动。

1986 年工商联恢复后，组织工商界人士学习党的方针政策。1987 年 5 月，将海门镇 20 名工商业人士组成学习小组，学习中共十三大文件。1991 年，学习中央 15 号文件，做好非公有制经济代表人士政治思想工作，培养一支坚决拥护共产党领导的工商界积极分子队伍。1997 年，召开非公有制经济代表人士座谈会，学习中共十五大精神，交流学习心得体会，畅谈改革开放以来非公有制经济取得的成就。

2000 年 10 月，市推荐 10 名非公有制经济代表人士，赴京参加中央党校高层次企业家经济理论培训。2001 年，市、乡两级工商联紧紧围绕团结、教育、引导、服务主线，为非公有制经济代表人士举办多层次、多形式讲座和培训，激发爱国、敬业、守法热情，树立冠东车灯公司、南通五金机电公司、悦来镇商会等先进典型。2003 年 6 月，纪念张謇诞生 150 周年，组织 10 多名企业家赴南通参加纪念活动，通过缅怀张謇实业兴国的创业精神，激发企业家创业激情。2005 年，两次组织 13 名民营企业家及其企业管理人员，参加中共浙江省委党校举办的高级经济管理培训班学习。5 月下旬，召集 10 多名非公有制企业的党员企业家，学习《中国共产党党内监督条例(试行)》和《中国共产党处分条例》。选送南通冠东车灯有限公司董事长郑新平等 4 人，赴京参加第三届中国民营经济高峰会。2008 年，引导工商企业把"以人为本，建立和谐社会"贯穿企业发展全过程，推广亚萍布业、冠东车灯公司等单位加强企业文化建设、创造和谐劳资关系的经验。

落实政策　1956 年公私合营后，对茅家镇查证应归还给原业主物品 514 件，计 1.03 万元，增资 1698 元，归还原主。应收债款 7089 元，通过协商由新企业负责归还，其中充实股金 1552 元。

1979 年 8 月，做好工商界人士政策落实工作。对参加公私合营的 343 人区别对待，其中 266 人被列为劳动者，为 122 名已退休原工商业者换发退休证。1982 年，工商界被错划的 9 名右派分子和 140 多名"反党反社会主义分子"全部得到纠正，受株连亲属得到妥善处理。"文化大革命"中 100 多名工商界人士被查抄的物资、扣发的工资、未领的定息都得到落实，20 多名工商业者人员性质、职务重新认定。

服务活动　民国 38 年至 1952 年，对开、歇业工商户调查登记。1953 年，整顿行业公会，协助政府进行清资核产，换证登记，调整商业布局。同年 3 月，茅家镇 32 个行业组织合并为 16 个，成立县窑业公会，清理窑业财务。1954 年 8 月，茅家镇、三厂镇、青龙港镇等 8 个集镇工商户先行换证登记。"文化大革命"期间，无重大服务活动。1986 年，工商联服务活动恢复。

1997 年 11 月，创办《海门商会简讯》，宣传党和政府关于发展非公有制经济方针、政策，传递经济信息，介绍会员经营状况。1998 年 8 月，举办乡镇工商联分会长业务培训班。选派三星、四甲等 10 个乡镇工商联分会长参加南通市商会会长业务培训班。2000 年 4 月，与工商银行海门支行合作，从信贷上支持个私企业发展经营。当年在海门工行开户的私企196户，月均结算资金1500万元，服务项目15个，落实贷款2683万元。7月，帮助44个企业采集500多种产品数据，上网宣传企业产品。10月，举办市企业家经济理论培训班，49名非公经济管理者参加，听取中央党校专家、学者关于加入世贸组织后经济发展的机遇和挑战讲座12场次。2001年4月，举行合同法、税法、商标法讲座，提高非公有制企业负责人政策业务水平。2002年，召开个私企业专题例会13次、个私经济代表人士座谈会16次，工商联逐步成为政府管理非公有制经济的参谋和助手。2004年，引进市外资金1000万元，成立市第一家担保公司，为中小企业提供信贷担保。2005年，服装业商会与江西省、安徽省有关市县建立劳动力代招、代培长期合作关系。2006年，在安徽、江西、重庆及苏北地区建立劳务基地，为企业引进劳务人员3000余人。2008年，召集工商联会员企业研讨战胜国际金融风暴，发展海门经济举措。全年举办企业管理技能培训班23期。

经贸活动　新中国成立初，为恢复国民经济，活跃市场，促进城乡贸易，组织工商界人士参加物资交流。1952年，先后组织工商界代表400余人参加上海、扬州、南通、杭州等地物资交流大会。在茅家镇、三厂镇等集镇举办物资交流大会，2.86万人次参加。

1988年冬，组织三星叠石桥绣品市场业主参加华东6省1市商品展销会。1990年，组织三阳羊毛衫厂、颐生酒厂等6个企业参加全国工商联会员名特优新产品博览会。1997年初，与哈萨克斯坦共和国商谈经贸业务，并向边境省份30多个口岸城市工商联发送《给边境城市的一封信》，详细介绍海门优势产品，拓展边贸新领域。2001年9月，组织天补海兴超市货架厂等企业参加陕西西部地区经贸洽谈会。11月，组织凯盛公司等企业参加武汉市长江流域经贸洽谈会。2002年，在昆明组建昆明海门商会，印发宣传资料，实地走访经商大户，吸引7个企业回乡投资办实业。2004年，经国内外工商社团及工商经济界人士牵线搭桥，促成余东、三和、德胜、三厂、四甲等乡镇民营企业引进内外资，计6800万元人民币、1135.04万美元。2005年9月，机针业商会16个会员企业联合组团赴上海参加展销会，签约50多份，成交额3000多万元。2007年，超市流通业商会会长企业南通佳美超市有限公司发展农村加盟店，与市供销总社合作，将全市93个为农服务社加盟至佳美超市。

三、小商小贩联合会

1962年10月，召开首届代表大会，出席代表120余人，选举委员27人，组成小商小贩联合会(简称商贩联)，成员大多系工商联会员，参加合作商店的小商小贩划归县商贩联领导。1967年2月，因遭"文化大革命"冲击，县商贩联停止工作。

四、个体私营经济协会

1983年上半年，筹建县个体劳动者协会。同年12月14日，成立县个体劳动者协会(简称个体劳协)，选举产生18名委员组成第一届委员会，下设32个乡镇分会。是年，各级个体劳协对全县1.19万户个体工商户进行经济合同法、《城乡个体工商户管理暂行条例》及税收政策等法律法规的宣传教育，受教育面80%以上。1985年12月，召开代表大会，选举产生第二届委员会。1986年，县个体劳协聘用2名法律顾问，为个体工商户进行法律服务。1987年，各级个体劳协调解经济合同纠纷223起，为个体工商户追回货款13.44万元。1988年3月，召开代表大会，选举产生第三届委员会。1990年，县个体劳协有委员54人。1994年5月，成立县私营企业协会。1996年5月，市个体劳动者协会与市私营企业协会合并为市个体私营经济协会。

2001年，实现机构、经费、设施、制度落实，通过省级验收，成为南通市县(市)区率先达标单位。2003年，创建乡镇分会组织建设达标。2004年，所有乡镇个私经济协会全部验收达标。2006年，市个私经济协会被评为南通市先进民间组织。同年11月，开通网站。2008年，全省个私协会基层建设现场会在海门召开，市个私经济协会作"拓宽服务渠道，增强协会活动，促进个私经济又好又快发展"经验介绍。

第二节 工人团体

一、组织

民国16年(1927)7月,在国民党控制下,县总工会在茅家镇徐公祠成立,下设组织、宣传、总务3部,龚介屏任工会主席。民国18年1月,国民党江苏省党部派员对县总工会进行整理,成立总工会整理委员会。5－10月,成立大生三厂工会及汽车业、药业、肉业、京货业、茶食业、水木业、划船业、竹业、理发业、勤务业、印染业等职业工会。民国35年,成立店员工会,会员60多人。民国36年,建立大生第三纺织公司(即大生三厂)产业工会,青龙、宋季、灵甸、牛洪港码头搬运工会,以及土布业、弹花业、榨油业、榆粉业、竹器业、理发业、缝纫业、水木业、铁器业、人力车业、轧花业、酿酒业、厨师茶房业等职业工会。

民国34年8月,中共东南县委民运部下设职工委,聚星镇职工抗日协会发展为职业工会。1949年5月,中共海门县委职工工作委员会书记孙尚礼到织布、海员、搬运、油坊、土窑和茅家镇店员等行业筹建基层工会。1950年2月,县第一次工会会员代表大会召开,成立县总工会,孙尚礼任总工会主席。会后,店员、教育、海员等产业工会和茅家镇、三厂、青龙港、四甲等镇工会相继成立。1952年,全县建立基层工会135个,工会小组620个,会员6582人。1954年6月,县总工会改称县工会联合会。1956年,县工会下辖教育、商业、农产品采购及粮食等产业工会和茅家镇、三厂、青龙港、四甲等镇工会工作委员会。1958年,县工会和县劳动工资部门合署办公,除职工业余教育工作外,工会其他工作基本停顿。1960年,工会活动逐渐恢复。同年4月,复称总工会。1962年,整顿、健全教育工会。1963年,建立商业、供销、粮食等系统工会工作委员会。“文化大革命”期间,工人造反组织“工代会”取代县总工会。1973年9月,县第七次工会会员代表大会召开,恢复县总工会,重建基层工会组织。1978年,恢复教师、医务人员工会会籍。1981年10月,重建海门、三厂两镇工会工作委员会。1984年,在江滨乡办企业中试建工会。1989年11月,建立县级机关工会工作委员会。1990年,全县有基层工会472个,工会小组3833个,会员9.93万人。20世纪90年代,重点在新经济组织中建立工会,先后组建乡镇企业工会63个,机关工会66个,建筑企业工会30个,“三资”企业工会3个。1998年10月,市总工会主席冯德轩出席全国第十三次工人代表大会。2000年,乡镇工会领导体制调整,撤销工会工作委员会,组建工会委员会。是年,获省工会工作十强县称号。2005年,全市有基层工会1205个,工会小组480个,工会会员15.02万人。2007年,建成省工会工作模范县(市)。2008年,全市有基层工会2833个,会员15.02万人。

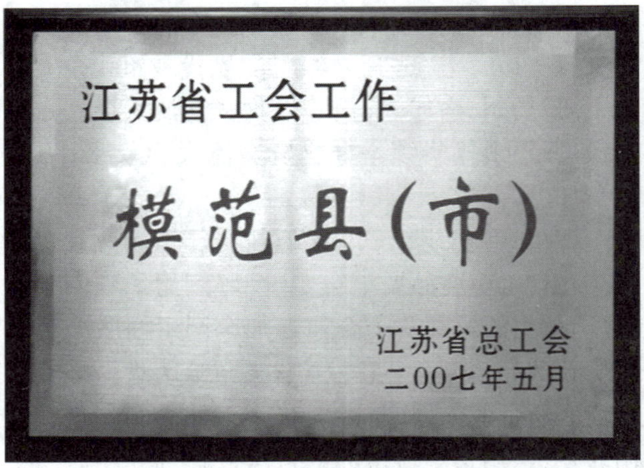

图20－6 2007年,海门市被江苏省总工会评为工会工作模范县(市),图为工会工作模范县(市)奖牌

1950－2008年海门市(县)历届(次)工会会员代表大会简况一览

表20－8

届次	时间	代表数(人)正式代表	代表数(人)列席代表(特邀)	主要议程	选举结果
一	1950年2月23－27日	160	－	听取县委、县政府领导讲话和工会工作报告,选举产生首届执行委员会	产生执委会委员11人
二	1954年11月5－10日	78	8	听取县政府领导的形势报告和工会工作报告,选举产生第二届执行委员会和经费审查委员会	产生执委会委员19人,候补委员4人,经费审查委员会委员5人,常委11人
三	1956年10月22－26日	100	20	听取县委领导讲话和工会工作报告,选举产生第三届执行委员会和经费审查委员会	产生执委会委员25人,经费审查委员会委员5人,常委11人
四	1961年10月11－17日	199	37	听取县委、县政府领导讲话和工会工作报告,并通过相应决议,选举产生第四届执行委员会和经费审查委员会	产生执委会委员29人,候补委员5人,经费审查委员会委员5人,常委11人
五	1964年12月21－26日	156	30	听取县政府领导讲话和工会工作报告,选举产生第五届执行委员会和经费审查委员会	产生执委会委员29人,候补委员2人,经费审查委员会委员3人,常委9人
工人代表大会 一	1968年3月10日	－	－	坚持"阶级斗争为纲",错误地批判解放后工会方针、路线,用"工人代表大会"形式取代工会组织	产生工人代表大会委员会委员38人
工人代表大会 二	1968年9月26日				
七	1973年9月1－4日	364	－	听取县委领导讲话和工会工作报告,选举产生第七届执行委员会	产生执委会委员33人,常委9人
八	1981年1月5－7日	494	65	听取县四套班子领导讲话,听取工会工作报告,选举产生第八届执委会和经费审查委员会	产生执委会委员37人,经费审查委员会委员5人,常委12人
九	1984年3月28－30日	428	－	听取县委领导和南通市总工会领导讲话,听取工会工作报告,选举产生第九届执委会和经费审查委员会	产生执委会委员34人,候补委员4人,经费审查委员会委员5人,常委13人
十	1987年3月23－25日	332	60	听取县委和南通市总工会领导讲话,听取工会工作报告,选举产生第十届执委会和经费审查委员会	产生执委会委员31人,候补委员4人,经费审查委员会委员5人,常委13人
十一	1993年5月14－16日	354	－	听取县委和南通市总工会领导讲话,听取工会工作报告,选举产生第十一届执委会和经费审查委员会	产生执委会委员39人,经费审查委员会委员5人,常委13人
十二	1998年4月24－25日	232	35	听取市委和南通市总工会领导讲话,听取工会工作报告,选举产生海门市总工会第十二届委员会和海门市工会第十二届经费审查委员会	产生市总工会第十二届委员会委员35人,经费审查委员会委员5人,常委12人

续表 20－8

届次	时　间	代表数(人)		主 要 议 程	选 举 结 果
		正式代表	列席代表（特邀）		
十三	2003 年 4 月 24－25 日	270	80	听取市委和南通市总工会领导讲话，听取工会工作报告，选举产生海门市工会第十三届委员会和海门市工会第十三届经费审查委员会	产生市总工会第十三届委员会委员 35 人，经费审查委员会委员 5 人，常委 9 人
十四	2008 年 7 月 17－18 日	303	45	听取市委和南通市总工会领导讲话，听取工会工作报告，选举产生海门市工会第十四届委员会和海门市工会第十四届经费审查委员会	产生市总工会第十四届委员会委员 35 人，经费审查委员会委员 7 人，常委 13 人

说明：工人代表大会，后被列为县工会第六次代表大会

二、主要活动

政治活动　民国时期，国民党控制下的工会组织主要是为资本家剥削工人服务，被称为“黄色工会”。

1950 年，县总工会成立后，组织和动员工人参加各项政治活动。在镇压反革命和实行民主改革运动中，海员、搬运工会开展反封建霸头的斗争；在土改运动中，海员、搬运、手工业工会组织工人直接参加反对封建地主的斗争，店员工会开展清理封建地主暗藏物资、浮财的斗争；在抗美援朝运动中，有 96 个基层工会制定爱国公约，全县工人捐献飞机大炮款 9530 元。各基层店员工会组织 6 个助税委员会和 16 个助税小组，协助税务部门做好评税算账工作。在“三反”“五反”运动中，发动工人检举揭发资本家的“五毒”行为，主动组织“五反”检查队，协同工作组查账。1956 年，在对私营工商业进行社会主义改造运动中，工会依靠工人，主动团结、教育资本家，促使其接受社会主义改造。1961 年，贯彻中共中央、国务院关于“调整、巩固、充实、提高”八字方针，县总工会和各基层工会参与精简职工的思想动员、安排落实、组织欢送等工作，1961 年、1962 年，全县下放职工 6242 人。“文化大革命”初期，工会被造反派组织控制。1968 年，县革委会派出 76 人组成“工人毛泽东思想宣传队”进驻上层建筑单位，领导所谓“清理阶级队伍”和“斗、批、改”运动。

宣传教育　1951 年，结合抗美援朝运动，对职工进行爱国主义和国际主义教育。1952 年，通过办政治学习班，进行共产主义理想教育。1954 年，普遍进行党在过渡时期总路线教育。1961 年，进行支农教育，为国分忧。1963 年，开展群众性忆苦思甜活动，利用报告会、图片展览会、革命故事演讲会、观看电影和戏剧等多种形式进行教育。20 世纪 70 年代初，学习所谓“无产阶级专政下继续革命的理论”。1983 年 10 月，县建立职工读书活动指导委员会，组织职工开展振兴中华读书活动。

1987 年，拟定各行业道德规范，对职工普遍进行职业道德教育。在服务行业中开展微笑服务活动，创最佳服务窗口，最佳服务标兵。1988－1990 年，评出最佳服务窗口 53 个，最佳服务标兵 81 人。1993 年，开展“创企业精神，树主人翁形象”主题教育活动，组织开展评选“十佳主人翁”“社会公德、职业道德、家庭美德、个人品德”新风演讲、“五一”文艺演出等，激发职工主人翁精神，增强企业凝聚力。1997－2002 年，开展争当文明职工活动，活动面超过 90%。2003 年，基层工会开展“两创两争”（创建学习型组织、创建文明班组、争当知识型职工、争当文明职工）活动，通过抓车间、班组、岗位 3 个环节，调动职工积极性，推动工人阶级知识化进程。2004 年，李友平等 6 名职工被评为南通市文明职工。2007 年，开展创建劳动关系和谐企业活动，确定 15 个示范单位、60 个示范点，推动创建活动。年终评出劳动关系和谐企业 51 个，其中 12 个受省、南通市表彰。2008 年，开展评选十佳“劳动之星”，共有 10 名职工获此荣誉。

职工培训　1950 年上半年，举办工人业余文化补习班。1952 年 9 月 15 日，茅家镇职工业余学校举办第一个速成识字扫盲班，学员 50 多人。1956

年，规模较大的工厂和工人集中的乡镇职工教育由行政主管，工会配合办学。1959年，响应党的“工厂办学校”号召，42个县属工厂建校36所，学员由1958年的1154人增加到5777人，大生三厂、麒麟轧花厂创办业余大中专。1961年，除县职工业余学校外，还建立地区职工业余学校5所和工厂（场）职工学校10多所，配有专职教师21人，兼职教师39人。1965年，办班313个，学员6493人。1966年，以“抗大”为榜样、毛泽东著作为教材，先在三阳公社职工学校召开“毛选”教育现场会，后在全县推开，入学人数1.32万人。“文化大革命”期间，各工厂挂起“七二一”工人大学牌子。1979年2月，海门、三厂镇和四甲、悦来区恢复职校。1981年下半年，上述4所职校撤销。1983年10月，恢复县职工业余学校。至1990年，办文化、技术培训班393个，学员1.9万人次。1999年，市职工学校转入短期技术培训，主要培训电脑、服装、烹饪、针织、管道、电焊、手机修理等技术。2003年，市职工学校培训电工、电焊工、架子工、起重工和厂内车辆驾驶员等技术，为技术工种考证年审服务。至2008年，培训学员3万余人。

劳动竞赛　50年代初，发动职工克服长期战争和自然灾害带来的严重困难，开展爱国主义劳动竞赛，迅速恢复生产。1953年，第一个五年计划开始后，把开展劳动竞赛、进行技术革新作为工作重点。1960年，开展增产节约和创五好职工竞赛，召开工交、财贸、基建系统“五好”集体和先进生产者代表会议。1965年、1966年，表彰“五好”集体96个，“五好”职工292人，先进生产（工作）者1088人，各种技术能手482人。1974年，开展“工业学大庆，大干社会主义”劳动竞赛。1980年，以“高产、优质、多品种、低消耗”为目标，开展为“四个现代化”立新功竞赛活动。是年，受省政府表彰的先进集体11个、劳动模范4人、先进工作者11人。1985年，开展“三个一”[①]劳动竞赛。1986年，开展“振兴海门，达标夺魁”，为实现“七五”计划建功立业竞赛，受南通市政府表彰先进单位7个、先进集体13个、劳动模范21人。1990年，进行“国家、企业有困难，工人阶级怎么办”大讨论，开展“双增双节”[②]立功竞赛活动，召开4次交流会和1次成果发布会。同年，开展职工岗位技术操作大比武活动，获南通市大比武前12名的有21人。1991年，开展以经济效益、产品质量、节能降耗、科技进步等为内容的“八五奉献杯”立功竞赛，表彰先进集体67个、先进个人229人。1997年，组织首届万人劳动竞赛，121个单位选拔248名选手参加12个工种操作技能比赛，其中74名选手获技术能手称号。2001年，实施群众性经济技术创新工程，职工提合理化建议5100条，采纳实施2200多条，创经济效益1500多万元。技术创新、新产品研制136项，创经济效益1.2亿元。2005年，开展第九届万人劳动竞赛活动，800多个企业、10万多名职工参与，把创新工程推向新的高潮。2007年，开展“当好主力军，建功十一五，建设新海门”活动，全市职工提出有价值建议1.12万条，采纳实施1805条，创经济效益1.7亿元。2008年，开展第十二次万人劳动竞赛，启动工人先锋号创建活动，21个企业分别获省、市、县级荣誉称号。

图20－7　2008年，市第十二次万人劳动竞赛餐饮服务业技能大赛现场

劳模评管　1951年8月、1955年3月，县召开两次劳模代表大会，表彰第一油厂朱启鹏等一批技术革新先进人物，推广李川江榨油法。1951年9

① 三个一：每年每人提一条合理化建议，参加一项技术革新和技术协作活动，增收节支100元。

② 双增双节：增产、增收；节约消耗、节约费用。

月,5 名代表出席苏北区首届工业劳模代表大会。1952 年 2 月,国营商业企业评出县劳模 3 人,县先进工作者 5 人,县模范工作组 1 个。4 月,县供销社评出模范工作者 21 人。1954 年,县健全评选劳动模范委员会组织,充实工作人员,组织劳动模范参观鞍钢技术革新展览会,发挥劳模在技术革新中的骨干带头作用。1959 年,推选出席全国群英会先进个人代表、先进集体代表各 1 人。“文化大革命”期间,劳模评比工作停顿。1981 年,对“文化大革命”前省以上劳动模范全面调查,时有全国劳动模范、先进生产(工作)者 3 人,省级劳动模范、先进生产(工作)者 44 人。1983 年 6 月,贯彻南通市劳动模范大会精神,由 41 名劳动模范组成事迹报告团,在全县各地巡回宣讲 55 场次,2.5 万多人听取报告。1986 年、1991 年,两次组织先进单位和劳动模范事迹报告团和图片展览。2000 年,作出向全国劳模、市畜牧兽医站站长倪志斌学习的决定。2002 年,对历年受到表彰的全国劳模、省部级劳模、南通市劳模以及享受劳模待遇的先进工作者情况进行全面调查,查实有各级健在劳模 355 人,其中全国劳模 5 人、省劳模 157 人、部级劳模 8 人、南通市劳模 185 人。享受省劳模待遇 29 人,享受南通市劳模待遇 6 人。2004 年,市劳动模范协会成立,全国劳模、全国“五一劳动奖章”获得者倪国祥当选市劳模协会会长。启动“连手结对帮扶、连心共谋发展”工程,确定帮扶生活困难的劳模对象 30 人。2005 年,为已退休 44 名省以上劳模落实荣誉津贴,为 37 名省以上劳模办理二类医保,为 15 名南通市劳模办理三类医保。2006 年,为 46 名南通市级劳模及农民劳模落实荣誉津贴和生活补贴。2007 年,开展市级劳模评选表彰活动,评出市级劳模 60 人。2008 年,改选市劳模协会会长,全国劳模叶剑生担任会长。是年,有历届各级劳模(含“五一劳动奖章”获得者)573 人,其中全国劳模 7 人、省劳模 230 人、部级劳模 13 人、南通市级劳模 288 人,全国“五一劳动奖章”获得者 7 人,省“五一劳动奖章”获得者 11 人、南通市“五一劳动奖章”获得者 17 人。

民主管理 1956 年,全县各级工会推行在党委领导下的职工代表大会制度。1957 年,在县中百公司和颐生酒厂进行企业民主管理试点,其经验在小型企业中推广。1963 年,工厂企业相继召开职工代表大会,推行职工代表大会制度。“文化大革命”期间,职工代表大会制中断。1979 年 9 月,在海门农机厂试点推行职工代表大会制度,民主推选职工代表 77 人。1980 年 4 月,县委批转总工会《关于推行职工代表制的报告》。年底,在海门矿山机械厂、手帕厂、盐场、汽车齿轮厂、邮电局、教师进修学校 6 个单位恢复和建立职工代表大会制度。1981 年 7 月,召开工交工作会议,对推行职代会制度提出明确要求。年底,在 40 个 200 人以上的单位中,建立职代会制度的 15 个,占 37.5%;12 个 200 人以下的单位建立职工大会制。1985 年,在海门化肥厂、江滨棉纺厂进行工会和职代会一体化试点,把职代会与工会从组织上融为一体,做到“五个合一”,即厂职工代表大会与工会代表大会合一,职代会常任主席团与工会委员会合一,车间(科室)职工大会与车间(科室)工会会员大会合一,职代会专门委员会与工会工作委员会合一,班组民主管理小组与工会小组合一。1987 年 5 月,制定《海门县全民所有制工业企业职工代表大会实施细则》。

1990 年后,企业民主管理制度进一步健全,职代会权力得到落实。1997 年,在企业推行平等协商、集体合同制度,即由各企业工会代表职工与企业法人签订合同,对企业实行民主管理的内容用合同的形式固定下来,确保职工民主权利。同年,省总工会、劳动厅推广海门做法。1999 年,在国有、集体及其控股企业中推行厂务公开制度。2000 年,推行工资集体协商制度,厂务公开制度逐步向事业单位延伸。2003 年,在余东镇召开非公有制企业职代会制度建设推进会。会后,14 个乡镇党委下发关于加强非公有制企业民主管理意见,274 个百人以上非公有制企业建立职代会制度。2008 年,全市百人以上非公企业组建职代会制度的 2288 个,建制率 85%;推行平等协商集体合同制度 1166 个,推行厂务公开 580 个,开展工资协商企业 594 个;全市 17 个行业签订工资协议,覆盖企业 864 个。

文体活动 1951 年,海员、搬运工会建立 8 个基层俱乐部,定期出墙报,开展阅读图书及举办球赛等活动。1953 年 1 月,成立县总工会工人俱乐部,组织职工开展文娱体育活动。1956 年 4 月和 1958 年 5 月,举办两次职工体育运动大会。1961 年 7 月,一度停止活动的工人俱乐部重新开放。1965 年 12 月,举办职工文艺创作观摩会演。1975 年 10 月,因“文化大革命”而停办的工人俱乐部恢复活动,组织图书阅览,举办橱窗宣传,放映电影。1981

年9月21日,县工人文化宫和工人电影院落成。1984年5月1日,举办职工田径运动会。9月,组织县职工田径运动队参加南通市第四届工人运动会田径比赛,获团体第三名。10月,举办江海杯职工男子篮球等级赛,后每年一次,持续5年。1989年10月,工人文化宫举办首届工人艺术节,演出34场次、300多个节目,参加演出的职工超千人,观众2万多人次。同年,开展创建合格基层工人俱乐部活动,评出合格俱乐部22个、先进俱乐部11个。1990年,海门文化宫举办首届文化宫之夏和文化送温暖活动,后每年一次。2004年,举办市"五月放歌"职工文艺会演,50多个单位、400多名职工参与,参赛节目多数由基层自编自演,展示新时期工人阶级积极向上的精神风貌。

关爱职工 1950年春荒严重,县总工会向200多名生活困难职工发放大米7500公斤,为77个基层工会贷款,帮助职工组织生产自救。1951年,通过介绍就业、学习培训、土改分田、困难补助等办法,帮助304名失业工人就业,解决生活问题。1952年1月5日,开设茅镇工人诊疗所。同年,各基层工会开办互助储金会。1955－1957年,部分工厂企业签订劳保合同,享受劳动保险待遇的职工1200人。60年代初,在解冻工会经费中下拨补助款,发放布票、被絮,对患浮肿病的职工实行分片集中治疗,发动职工自己种菜,搞副业,办食堂,改善生活。1981年,整顿海门化肥厂、矿机厂、三厂中学等150多个基层工会互助储金会。年底,建立基层工会互助储金会167个,会员1.58万人,储金17.6万元。1986年6月,召开退休职工代表大会,160名退休职工代表参加会议,选举成立退休职工管理委员会。7月,创办尊老互助储金会。1988年12月,县总工会在全国率先实行女职工生养基金统筹,对女职工实施生育补偿。1990年,各企事业单位办托幼机构113个、职工食堂459个、浴室70个、女职工冲洗室36个;群众互助储金会119个,储金总额27.4万元。1994年,实施送温暖工程,发放特困职工、退休职工和高温作业职工慰问金额15万多元。基层工会发动职工对157名困难职工开展献爱心活动,累计捐款20多万元。1997年,制定《海门市特困职工优惠照顾办法》,对特困职工子女入学、医疗等方面实行优惠政策。1998年2月,组织献爱心一日捐活动,收到116个单位9106人捐资5.87万元,全部作为送温暖基金,用于特困职工生活补助。建立机关党支部联系特困职工家庭制度,70多个机关党支部与特困职工家庭结为帮扶对子。2003年,成立困难职工援助中心,接待来访职工95人次,向26名困难职工提供帮扶救助资金1.08万元。2005年,建立追索拖欠工程款和农民工工资"绿色通道",追回拖欠外来务工人员工资58万元,保护农民工利益。2008年,开展一日捐活动,建立帮困基金,送温暖工作形成上下联动的长效帮扶机制。

第三节 青少年团体

一、共产主义青年团

组织建设 民国19年(1930)上半年,在海门县委领导下,私立海门中学9名进步青年组成中国共产主义青年团支部。民国20年6月,建立共青团启海县委员会。由于国民党反动派残酷镇压,不久,共产党及其所领导的共青团组织遭到破坏,团的活动中断。

1949年10月,中国新民主主义青年团海门县工作委员会(简称团工委)建立。1953年1月,改称中国新民主主义青年团海门县委员会(简称团县委)。1956年4月,乡建总支,农业社建分支,生产队建小组。1957年4月,乡建团委。是年,中国新民主主义青年团改名为中国共产主义青年团。

1966年8月,受"文化大革命"影响,团的活动被迫停止。1973年3月,恢复共青团海门县委员会。进入20世纪80年代,共青团组织不断发展壮大。1990年,有共青团员3.35万人,基层团支部1612个,团总支77个,基层团委65个。

1991年,开展团员教育评议活动,团员2.44万人参加,评出优秀团员1250人、合格团员2.11万人、不合格团员75人。1992年9月,县团校成立,当年办班10期,参训团员青年600余人次。1993年,全县28个乡镇聘、选、调大中专毕业生当团委书记,基层团干部文化层次明显提高。1997年,发展新团员4200人,200多名优秀团员青年加入中国共产党。1999年11月,海门亚萍布业有限公司、东洲通信公司等72个非公单位组建团组织。2002年,采用党建工作机制推动团建工作,海门被团省委评为党建团建先进市。2004年,团干实施公开选拔,竞争上岗。4月,团市委发行电子团员证——海门青年卡,储存每个团员组织关系、荣誉纪录、志愿者活动、培训就业等信息,当年办证团员3000余人,初步形成团组织、团员管理信息网络化。2007年,实施整章建制工程,按照“五有”①标准,推行团委、团支部工作手册制,规范基层团委组织建设。2008年,全市有团员2.5万人,基层团委46个,团总支41个,团支部498个。

1952—2007年海门市(县)历届(次)团员代表大会简况一览

表20-9

届次	时间	代表(人)		主要议程	选举结果
		正式代表	列席代表		
一	1952年11月8—12日	330	10	听取县委领导形势报告和团工委工作报告,选举产生第一届委员会	产生委员15人
二	1955年4月2—6日	256	33	听取县委政治报告和团县委工作报告,选举产生第二届委员会	产生委员17人,候补委员9人
三	1956年10月7—11日	335	38	听取县委政治报告和团县委工作报告,选举产生第三届委员会和出席江苏省团代会代表	产生委员26人,候补委员9人,产生出席省团代会代表7人,候补代表2人
四	1959年4月2—4日	342	46	听取县委政治报告和团县委工作报告,选举产生第四届委员会	产生委员20人,候补委员5人
五	1961年11月24—28日	414	28	听取县委政治形势报告和团县委工作报告,选举产生第五届委员会	产生委员25人,候补委员4人
六	1962年10月17—20日	381	5	听取县委政治形势报告和团县委工作报告,选举产生第六届委员会	产生委员27人,候补委员4人
七	1964年11月9—13日	460	–	听取县委领导讲话和团县委工作报告,选举产生第七届委员会	产生委员29人,候补委员4人
八	1966年5月3—4日	588	36	听取县委领导讲话和团县委工作报告,选举产生第八届委员会	–
九	1973年3月11—15日	1077	51	听取县委领导讲话和团县委工作报告,选举产生第九届委员会	产生委员36人
十	1980年2月6—9日	1073	–	听取县委领导讲话和团县委工作报告,选举产生第十届委员会	产生委员41人
十一	1984年5月3—6日	401	–	听取县委、县政协领导讲话和团县委工作报告,选举产生第十一届委员会	产生委员23人,候补委员4人
十二	1988年3月15—17日	398	–	听取县委领导讲话和团县委工作报告,选举产生第十二届委员会	产生委员25人,候补委员4人
十三	1991年5月3—6日	396	8	听取县委领导讲话,审议和通过共青团海门县十二届委员会工作报告,选举产生共青团海门县第十三届委员会	产生委员25人,候补委员7人
十四	1994年10月18—19日	266	6	听取中共海门市委,共青团南通市委领导讲话,审议和通过共青团海门市(县)第十三届委员会工作报告,选举产生共青团海门市第十四届委员会	产生委员20人,候补委员5人

① 五有:即有创新班子、有模范队伍、有特色活动、有工作制度、有经费阵地。

续表 20－9

届次	时　　间	代表(人)		主 要 议 程	选 举 结 果
		正式代表	列席代表		
十五	1997 年 6 月 9－11 日	280	5	听取中共海门市委、共青团南通市委领导讲话,听取和审议共青团海门市第十四届委员会工作报告,选举产生共青团第十五届委员会	产生委员 20 人,候补委员 6 人
十六	2002 年 3 月 27－28 日	215	10	听取中共海门市委、共青团南通市委领导讲话,听取和审议共青团海门市第十五届委员会工作报告,选举产生共青团海门市第十六届委员会	产生委员 20 人,候补委员 5 人
十七	2007 年 9 月 26－27 日	218	–	听取中共海门市委、共青团南通市委领导讲话,听取和审议共青团海门市十六届委员会工作报告,选举产生共青团海门市第十七届委员会	产生委员 20 人,候补委员 10 人

主要活动　*社会政治活动*　1951 年,抗美援朝运动中,全县青年团员参加军事干校学习 65 人,参加中国人民志愿军 118 人。1955 年,征集新兵运动中,共青团员应征入伍 564 人。1963 年 3 月,开展学雷锋活动,参观雷锋和好八连事迹展览会 7 万多人次。1965 年,开展“创四好”①活动。万年公社万盛大队等 77 个团支部被团县委命名为“四好”团支部。1978 年、1979 年,开展争当新长征突击手(队)活动,涌现出新长征突击队 127 个,突击手 512 人,其中受团中央表彰 7 人,受团省委表彰 16 人,瑞祥公社新光大队团支部受团省委和团中央表彰。1983 年,全县建立学雷锋、送温暖小组 5874 个,青年服务队 2503 个,8 万多名青少年参加优质服务活动。为 1 万多名老弱病残者送温暖,义务修桥 721 条、修路 365 公里,义务植树 85 万多株,营造共青林带 150 条,建青年路 227 条,为烈军属、贫困户翻耕承包田 733 余公顷,做好事 14.99 万件。1986 年 11 月至 1987 年 3 月,在全县服务性行业中开展“青春献‘七五’,服务创最佳”竞赛,80 多个商店、1900 多名青年服务员参加竞赛。通过两次万人投票评选,评出最佳服务员 10 人,先进集体 6 个。团县委被团省委命名为青春献“七五”先进集体。1989 年、1990 年,组织英烈颂演讲团和奉献颂报告团,分赴全县各地宣讲,受教育青少年 2 万余人次。

1991 年,各级团委、支部组织赈灾义演,筹款 6667 元,募捐爱心团费 5.9 万元,粮票 807.85 公斤,支援灾区。1992 年,响应团中央号召,发动团员青年捐款 10 余万元资助希望工程。1996 年春,为贫困家庭献爱心、送温暖活动中,全市团员青年捐款近 10 万元、衣服数千件,寄运云南灾区。1997 年 3 月 28 日,800 多名团员青年赴海门港围垦大堤,营造共青林带 5 公里。1998 年,长江、嫩江洪水成灾,为支援灾区缴纳特别团费 20 多万元、衣服 3 万多件。同年 4 月,以筹集的希望工程款购置 19 台 25 英寸电视机,专程送往陕西长武县,资助该县电化教育。1999 年,开展创建青年文明号评比活动,评出市级青年文明号 28 个,青年岗位能手 16 人。2000 年,组织“盼祖国早日统一”万名青少年签名活动。

2001 年,组织以“崇尚科学,反对迷信,抵制邪教”为主题的万人签名活动,揭露邪教反动本质。2003 年,“非典”时期,团员青年志愿者积极投入抗“非典”工作,有 50 名青年受到市委、市政府表彰。2005 年,成立青少年法律援助中心,开通援助热线,形成学校、家庭、社区“三位一体”维护青少年合法权益工作体系。同年,成立市单身青年俱乐部,会员 200 余人,组织新颖,活动正常,成为青年服务的亮丽品牌。2007 年,开展落实“科学发展观,青春奉献‘十一五’”为主题的教育实践活动,成功创建省级五四红旗团委 1 个,团支部 1 个;南通市级五四红

① 创四好:即政治思想好,发挥作用好,联系群众好,组织生活好。

旗团委5个,团支部15个。2008年,四川汶川地震发生后,团员青年踊跃捐款捐物,收到特殊团费22.47万元,支援灾区。团市委被团省委授予抗震救灾先进团组织称号。

生产实践活动 1956年,组成200多个青年生产突击队,参加积肥、防汛护堤等活动。1958年8月,召开全县青年生产积极分子大会,375名青年积极分子受到表彰。1960年4月,参加京杭运河建设工程海门总队,由506名青年组成19个青年突击队,其中103名共青团员成为高工效标兵。1979年11月,开展拾"贡献棉"活动,共拾残留在田间、棉株、晒场上的余花4.98万公斤。1982年夏忙期间,25个公社组织1.19万名团员青年参加1245个青年突击队,帮助3225个困难户、烈军属、五保户抢收抢种。1983年,各乡镇团组织开办农业技术培训班,培训1.14万人。1985年起,开展"五小"①"三优"②活动,3年共建立领导小组1500多个,技术攻关小组2300多个,优秀青年管理小组3480多个,撰写管理论文2450篇,完成"五小"成果3170多项,取得直接经济效益1800多万元。1986－1988年,举办各类农技培训班1850多期,培训青年农技人员11.9万人次。1987年11月,被团省委评为农村青年实用技术培训工作先进县。1988－1990年,连续举办3届乡镇企业青年工人技术比武,参加各级比武的青工6300多人。

1991年,开展"八五"建功立业活动。印机厂等27个企业、1500多机台(组)参加共青团机台(组)竞赛。1992年,海门镇青工袁红获全国青年技术(缝纫)能手称号。1993年,开展农业种养能手竞赛,评出种养能手159个,百亩示范方68个,庭院经济大王16个。1994年,组织培养科技兴农带头人活动,培养省级科技兴农带头人8人,南通市级280人,县(市)级1350人。包场镇青年陆进兵参加省科技兴农巡回报告团。1995年,举办"紫琅杯"青工技术选拔赛,选拔30名选手赴南通参赛,其中19人获高级工证书,6人获单项合格证书。1999年,与有关部门联合举办万人劳动竞赛,产生96名市级岗位能手。2000年,开展农村示范基地、营销实体和龙头企业3个项目争创省、市、县三级标兵活动,培育青年示范基地31个,其中定为南通市级5个。龙头加工企业18个,其中定为南通市级3个。营销实体52个,从事农副产品营销的青年近4000人。2001年,组织和动员青年企业家吸纳下岗青工,施晖被评为省优秀青年兴业带头人。2002年,在农村发放青年贷款"创业卡",第一批获卡22人,获贷资金50多万元,用于创业致富。2004年5月,举办庆五四大型劳动力交流洽谈会,150个企业提供400多个就业工种、6000多个岗位,进场人数4200人次,达成意向2100多人。2006年,免费举办青年创业培训班,培训创业青年600余人,领取"创业卡"青年近百人,用卡贷款资金450多万元。2007年,评选市首届社会主义新农村建设青年标兵,三阳镇保民村支书周向辉等10人获此称号。2008年五四青年节,宣传省十大杰出青年企业家、中兴能源装备有限公司董事长仇云龙事迹,为市十佳青年企业家颁奖。同年,全国农村青年致富带头人何雪海、省"青年创业之星"邱羚杰和南通市杰出青年农民熊杰,分别得到相应各级团委表彰。

文化体育活动 50年代,组织团员青年开展文娱体育活动。各校学生青年的课外活动内容丰富多彩,有歌咏、舞蹈、腰鼓、铜鼓、莲湘、游戏、球类、田径等多种项目。各校团组织经常举办讲座,开展主题活动,成立各种球队及文娱活动小组,多次利用暑假举办中学生夏令营。"文化大革命"期间,文娱活动被迫停止。1983年,农村团组织创办"青年之家",作为农村青年开展文化活动的阵地。团组织自行筹集资金,添置设备,办好"青年之家"。1986年12月,被团省委授予农村"青年之家"建设先进县称号。1986－1988年,举办3届"东洲之声"青年歌手大奖赛,3次县青年舞蹈周,以及改革之光火炬环城赛,百花杯现代舞大奖赛等活动。1989年、1990年,举办两届五四青年联欢节。

1991年,举办国庆"祖国颂"青年普通话演讲比赛,200多名青年参加。1994年5月,举办"庆五四·颂海门"青少年百米书画赛,300余名青少年用书法绘画展示海门成就。国庆,在东洲公园举办形式多样的游园活动。1999年,纪念五四青年节80

---

① 五小:小发明、小革新、小改造、小设计、小建议。

② 三优:以质量管理为中心的优秀青年管理小组、优秀青年管理者、优秀青年管理论文。

周年，举办集思想、文化、艺术、教育于一体的“99海门青少年联欢节”。2003年，学习“三个代表”重要思想，举办主题为勤学、创业、进步、文明的2003年海门青年文化节。2004年，被团中央评为全国乡村青年文化活动先进县（市）。同年，海门茅镇街道、常乐中南集团、海门师范等5个单位建立“青年中心”，作为团员青年活动平台，得到团中央领导肯定。年末，被评为全国“青年中心”建设试点工作先进县（市）。2005年，“青年中心”发展为11个，为基层团委工作筑起一个联系、服务、引导青年的平台。被团省委评为省青年中心建设工作先进县（市）。2006年3－6月，组织参加第二届南通市少儿才艺大赛，推动校园文体活动发展。市少工委、实验学校小学部、通源小学获大赛优秀组织奖。11月、12月，开展践行海门精神，展示青春风采主题活动，市委书记曹斌与优秀青年代表对话、举办“新农村、新城市、新风采”青年摄影大赛、首届“我与海门共奋进”中学生团员风采大赛，200多名中学生参赛，2000余名中学生观看。2007年11月、12月，举办“童心绘小康”少儿书画大赛，评选出优秀作品300余幅。2008年，举办“热爱生命，微笑感恩”第三届少儿书信大赛，让少儿了解书信文化，抒发真情实感。

二、民主青年联合会

民国31年2月，成立海启青年联合会。与中共海门县委青年工作委员会合署办公。抗日战争时期，海启青年联合会发动根据地广大青年踊跃参军、参干，支援新四军抗日除奸。民国35年2月，海门、启东分县后，青年联合会停止活动。

民国37年10月，中共海门城市地下组织接受中共华中九地委城工部指示，秘密成立县民主青年联合会筹备小组，团结进步青年，做好迎接全县解放的准备工作。1949年1月28日，茅家镇国民党残余人员弃城逃跑，县民主青年联合会筹备小组连夜发出通知，张贴标语传单，欢迎解放军进城。29日，组成有40多名知识青年参加的临时纠察队，进驻原国民党县党、政、军、特机关和重要企事业单位，保护文书档案和国家财产，维持秩序。3月，民主青年联合会筹备委员会动员一批优秀青年报名参加华中建设大学和华中九分区干部学校学习，为支援解放军渡江作战和解放江南输送大批青年干部。3月15日，成立县民主青年联合会筹备委员会，由县军管会直接领导。

1956年7月29日至8月1日，召开县第一届青年代表大会，成立民主青年联合会，选举产生县民主青年联合会第一届委员会。是年，县民主青年联合会动员工商界青年积极参加对私改造运动，茅家镇各私营企业竞赛评比中有23名青年获奖。多次召开职业剧团青年演员座谈会、联欢会，对中小学教师加强团结教育，不少青年教师被评为先进工作者。不久，县民主青年联合会停止活动。

三、少年先锋队（少年儿童团）

民国34年，在中共东南县委领导下，根据地许多小学建立儿童团组织。抗日战争胜利后，各校儿童团组织有较大发展，儿童团员在进步教师带领下，张贴标语，散发传单，站岗放哨，检查路条，在对敌斗争及解放区土改运动中做出贡献。民国36年，因白色恐怖，儿童团大部分停止活动。民国37年，解放区日益巩固与扩大，各校儿童团恢复活动。

1949年6月，茅家镇初级小学首先成立少年儿童团。随后，全县各地小学相继成立少年儿童团。8月，县举办少年儿童团干部夏令营。9月，成立县少年儿童团团部，团址设于茅家镇初级小学（今实验小学）。

1949年10月，少年儿童团统一改名为中国少年先锋队（简称少先队）。10月13日，茅家镇初级小学建立中国少年先锋队海门县大队部。不久，全县小学及初中普遍建立基层少先队组织。1952年，全县各校少先队员发展到1.68万人；有少先队大队100个，中队412个，小队1480个；在教师中选聘大队辅导员93人，中队辅导员385人。1965年，全县组建少先队779个，其中初中134个、小学635个、行政村10个；全县少先队员10.64万人，其中初中生1.5万人、小学生9.14万人；辅导员2597人。

“文化大革命”期间，全县少先队组织被“红小兵”替代。1978年，各校少先队组织恢复，“红小兵”组织自然消失。80年代初，开展学雷锋、树新风活动。1982年9月13日至10月13日，开展以“我们是光荣的预备队”为主题的红领巾月活动。同年10月13日，全县少先队新队员统一举行入队宣誓。1984年6月1日，县第一次少先队代表大会召开，出席代表110人，列席代表50人，少先队总部委候选人 13 人。1987 年 3－5 月，组织全县少先队员开展拾废变宝活动，8.76 万名少先队员共拾到废铜、旧铁、废橡胶、碎玻璃等废品，计售得 7583.69 元，于“六一”儿童节捐献给各学校附近的工厂企业，支援现代化建设。是年 12 月，被团省委表彰为少先队达标创优先进县。1990 年，全县 455 所中小学有少先队员 8.31 万人。辅导员 2446 人，其中专职辅导员 52 人，校外辅导员 61 人。

1991 年，开展“学赖宁，遵队章，争做五星级少先队员”活动，涌现一大批“赖宁式”好少年、好儿童。同年 10 月，县第二次少年先锋队代表大会召开，230 名代表、70 名特邀列席代表参加会议。1992 年，海门师范附小六(1)中队陆圣华参加一帮一活动，受到江泽民总书记接见。1993 年 10 月，举办少先队检阅式。1997 年，开展“手拉手书包交朋友”活动，全市捐赠 5000 个书包，赠送给安徽来安灾区。1998 年，开展“我们眼中的改革开放”小记者采访活动，小学生感受改革，收到征文、摄影、电视片计 60 件。1999 年 5 月，市第三次少年先锋队代表大会召开，表彰十佳少先队员、十佳少先队辅导员、十佳少先队热心支持者。2001 年 8 月，举办市首届少先队员军事体验夏令营，旨在增强国防意识。2005 年 3－5 月，1500 多名少年学生参加市少儿才艺大赛，为历届少儿活动之最。2006 年，开展以小学为主体的一元钱爱心捐款资助贫困行动，捐款 9 万余元。2007 年，开展以“我自护我平安，共创和谐校园”为主题的中国少年儿童平安行动，全市 40 所学校、18 个社区、3687 人参与。获团中央、少工委“平安行动”优秀组织奖。5 月，少先队平山中心小学张謇中队、树勋中心小学树勋中队被评为省英雄中队。少先队海门师范附小大队和东洲小学大队被评选为省少先队红旗大队，实验小学黄俊欢、实验学校小学部施天琦被评为省优秀少先队员。2008 年，组织“一元钱”爱心捐款活动，所捐 21 万余元，用于 1 所小学、4 名重危病学生、125 名贫困学生的爱心资助。

四、红卫兵

1966 年 8 月，全县各中学相继建立各自为政的红卫兵组织。参加“造反”，砸烂“旧世界”，破“四旧”、立“四新”，停课闹革命，搞大串连活动。1967 年上半年，在红卫兵影响下，各小学普遍以红小兵取代少先队组织。1968 年 3 月，县革命委员会成立后，红卫兵组织逐步实现“大联合”。同月，召开县中等学校红卫兵代表大会(简称“红代会”)，确定中等学校红卫兵代表大会为县红卫兵组织常设机构，下属以校为单位建立团、营、连组织，以班级为单位建立排组织，完全取代学校中共青团和少先队组织。

1976 年 10 月，粉碎江青反革命集团后，红卫兵组织自行消失。

五、青年志愿者协会

2000 年 10 月，由团市委、广播电视局、海门日报社联合发起，海门冠东车灯有限公司赞助，建立市青年志愿者协会。协会分设法律、环保、宣讲、文艺、医疗、爱心、阳光、创业、科技、平安 10 个类别百余支专业志愿者服务队，人数超千人。各机关行政事业单位和乡镇建立志愿者服务站，全市形成志愿者服务网络。是年，志愿者共为民服务 40 余次，受助 45 人。2001 年 3 月 5 日学雷锋日，市志愿者服务站和文峰大世界等单位联办广场服务活动，为市民开设医疗义诊、家电维修等 10 多个服务项目。2005 年，组织“爱在海门”志愿者活动，海门高校、广电、供电、卫生、建设局及海门镇等单位青年志愿者在广场、社区、敬老院开展义诊、免费修理、理发等服务。2006 年，配合城市建设，招聘 1000 多名城建志愿者，组成 4 支“小红帽”服务队(宣传队、搬迁

图 20－8　青年志愿者开展志愿服务活动　(2008 年摄)

队、维修队、医疗队），为300余家拆迁户提供志愿服务1000余人次。是年，团市委被评为南通市志愿者优秀组织单位。2007年，配合“平安海门”“法治海门”创建，组织百名志愿者在市区主要路段值勤，宣传安全知识。围绕文明创建，组织志愿者开展“万名志愿者温暖万家”“爱在海门”广场活动40余场次。全市建立志愿者服务队25支，注册志愿者3000多人。2008年，开展志愿者品牌服务，组织大规模志愿服务行动10次，5500多人参加。是年，新增注册志愿者4000多人。

六、青年联合会

2001年4月26日，市青年联合会成立，并召开第一届第一次会议。首届委员由党政界、科技界、农业产业界、综合界等11个界别150人组成，选举产生常委29人，设主席1人、副主席10人、秘书长1人、副秘书长5人。2005年，响应团市委“奋斗改变命运，爱心成就未来”的倡议，推出情暖寒门学子、结对助学“爱心接力”行动，即受助学生毕业工作后，自愿捐出与其受助数额等同的爱心款，捐赠给另一贫困学生。当年，30个委员为15名应届录取的贫困大学生捐赠第一学期费用2万余元，并与受助学生签订“接力”承诺。2006－2008年，“爱心接力”行动累计资助款16万余元。

七、学生联合会

民国16年8月，县内有学生联合会组织，无重大活动。1949年6月4日，又成立县学生联合会。联合会以共产党的路线、方针为指导，加强对学生的思想政治工作，进行爱国主义教育，培养自强能力。1951年，各校学生会组织逐步健全。1952年，县学生联合会撤销。

八、三民主义青年团

民国35年3月3日，国民党县党部召开党政特别小组会议，决定由党政双方会同呈请省成立三民主义青年团海门分团部（简称三青团海门分团部）。6月，三青团江苏支团南通分团部筹备处奉省令设立驻海门办事处。12月，三青团驻海门办事处将全县三青团员编成5个直属队和12个分队。

民国36年2月，三青团江苏支团筹备处决定建立三青团江苏支团海门分团部筹备处，管理全县三青团事务。5月，三青团海门分团部筹备处奉令改称三青团江苏支团淮扬区团海门分团部筹备处。6月，三青团海门分团部下辖8个区队（包括3个地方区队、4个学校区队、1个三厂区队）、1个直属分队（干训所、感训所）和23个分队，有三青团员339人。7月，国民党中央颁布《各级党团统一组织实施办法》。翌年春，三青团海门县分团部并入国民党海门县党部，姚江为召集人。县三青团分团部成立后，在学校和工厂布置三青团员监视进步青年活动，阻止与平息“学潮”和“工潮”。利用三青团员扩充实力，组织所谓“青年服务队”，由分团部领导带领，配合国民党军队和地方保安队，经常下乡“清剿”，搜集情报，进行反革命宣传。

1949年1月，海门解放，国民党、三青团党团统一委员会瓦解。

第四节　农民团体

一、农会

民国元年（1912）12月，沈竞、谢鸣谦等发起在徐公祠成立县农会，推举龚世清为会长，杨方植为副会长。民国20年3月，举行县农会第一次代表大会，陆赓良任干事长，蔡陟冈任副干事长。民国27年，日本侵略军入侵海门，县农会解体。

民国36年6月16日，国民党海门县政府召开县农会整理委员会会议，成立农会整理委员会，推举袁柳青为主任委员。民国37年4月29日，召开县农会成立大会，陆君兰任主任。基层农会的主要成员大多为国民党、三青团骨干、乡镇保长和地方绅士。1949年1月海门解放时，海门县农会解体。

二、农民协会（农民抗敌救国协会）

民国14年冬，南通纺织专科学校学生、共产党员聂洪伦到通东瞿家下仓活动，并在拖灶庙一带组织“土地会”。民国15年秋，土地会改称农民协会。民国16年，通东地区部分乡村相继建立农民协会，与赤卫队一起打土豪，分粮食，烧田契，公审恶霸地主。

民国16年9月，中共江苏省委特派员沈惠农到海门发动农民运动。沈惠农以下沙曹家镇附近农村为主要活动区域，组织成立中共领导的第一个农民协会，发动农民向沙家仓地主展开斗争，组织农民暴动。沈惠农同年11月牺牲后，农民协会停止活动。

民国16年10月底，茅家镇的张言强、潘百型、陆彦瑜等发起在玉皇堂筹建农民协会，下设4个分会。提出打倒土豪劣绅，打倒贪官污吏，实行减租减息，取消重利盘剥等口号。不久，农民协会解散。

民国30年11月，共产党领导的海启农民抗敌救国协会（简称农抗会），在中央镇（今启东市境内）附近刘家宅成立。石坚、龚伯新、沈计达先后任主任。主要协助"二五"减租、调解民间纠纷等。民国32年反"清乡"斗争开始后，县农抗会停止活动，区乡农抗会则在对敌斗争艰苦的环境下，坚持原地活动。

民国35年后，海门解放区实行土地改革，各区乡成立农民协会（简称农会），协助发动农民与地主作斗争，进行土地改革，排解群众纠纷。

1950年6月，县农民协会建立，随即各区、乡先后召开农代会，组建并健全农民协会。农民协会协助党和政府开展基层政权组织、剿匪肃特、动员参军、生产自救和土地改革、互助合作化运动等。特别是在老解放区结束土改、新解放区进行土改中，农会发动群众，清查"黑田"，划分阶级成分，斗争地主，分配土地及浮财。1950年7月，各乡共产党支部公开，农民协会活动逐渐减少。1954年11月，县农民协会停止活动。

三、贫下中农协会

1964年，在开展农村社会主义教育（简称"四清"）运动中，筹建贫农、下中农协会（简称贫协）。1965年4月28日，召开县贫农、下中农代表大会，成立县贫农、下中农委员会。"文化大革命"初期，停止活动。1968年3月，贫下中农代表大会（简称贫代会）取代贫协工作，组织"贫下中农毛泽东思想宣传队"进驻文教、卫生等上层建筑和经济管理部门，搞所谓"斗、批、改"活动。1974年3月27日，召开县第二次贫农、下中农代表大会，选举产生贫协第二届委员会。

贫协组织在"四清"运动中，是"四清"工作队的依靠力量。1979年后，县贫协停止工作。

第五节 妇女团体

一、妇女联合会

组织 民国16年（1927），在国民党控制下，成立县妇女联合会。民国18年，通东共产党组织领导当地妇女，在三益乡（今王浩镇）成立妇女联合会。民国20年，随红十四军解散而停止活动。民国35年3月，中共海门县委主持成立县妇女联合会，12月撤销。

1950年2月，县第一届妇女代表大会召开，成立县民主妇女联合会。同年，建立区乡镇妇女联合会。1957年，改称县妇女联合会（简称县妇联）。"文化大革命"期间，妇联停止活动。1973年9月，县第九次妇女代表大会召开，妇联恢复活动。2002年，市级机关39个单位成立机关妇委会，亚萍布业和黄金珠宝行等个私企业建立妇委会。至2008年，全市机关、企事业单位及新经济组织有妇委会48个。

1950－2004年海门市(县)历届(次)妇女代表大会简况一览

表20－10

届次	时　间	代表(人)		主要议程	选举结果
		正式代表	列席代表		
一	1950年2月22－27日	275	68	听取县长、县大队领导讲话、县委宣传部时事报告和县妇委动员报告,选举产生第一届执委会	产生执委会委员21人,候补委员2人
二	1952年9月12－15日	322	－	听取县委组织部的形势报告和县妇联工作报告,选举产生第二届执委会	－
三	1953年7月19－23日	453	－	听取县政府领导讲话和县妇联工作报告,选举产生第三届执委会	产生执委会委员28人
四	1955年5月9－13日	不详	－	听取县委政治报告和县妇联工作报告,选举产生第四届执委会	－
五	1957年1月6－9日	239	13	听取县委政治报告和县妇联工作报告,选举产生第五届执委会	产生执委会委员25人,候补委员4人
六	1958年8月20－22日	292	2	听取县委形势报告和县妇联工作报告,选举产生第六届执委会	产生执委会委员35人,候补委员6人
七	1961年10月7－10日	325	57	听取县委政治形势报告和县妇联工作报告,通过《关于开展以节约粮食为中心的勤俭持家运动》的决议,选举产生第七届执委会	产生执委会委员36人,候补委员2人
八	1965年3月16－18日	385	95	听取县委领导讲话和县妇联工作报告,选举产生第八届执委会	－
九	1973年9月6－10日	981	7	听取县革委会领导讲话和县妇联工作报告,通过向全县妇女发出的倡议书,并选举产生第九届委员会	产生执委会委员49人
十	1981年3月3－5日	475	－	听取县委领导讲话和县妇联工作报告,选举产生第十届执委会	产生执委会委员33人
十一	1988年2月5－8日	323	－	听取县委领导讲话和县妇联工作报告,选举产生第十一届执委会	产生执委会委员29人
十二	1993年12月1－2日	－	－	听取县委领导讲话和县妇联工作报告,选举产生第十二届执委会	产生执委会委员27人
十三	1998年12月9－10日	379	50	听取市委领导讲话和市妇联工作报告,选举产生第十三届执委会,表彰市“三八”红旗手和“三八”红旗集体	产生执委会委员25人
十四	2004年3月12－14日	250	32	听取市委主要领导讲话和市妇联工作报告,选举产生第十四届执委会,表彰市“三八”红旗手和“三八”红旗集体	产生执委会委员25人

主要活动　*社会活动*　民国18年,通东地区妇女联合会参与打土豪、分田地。翌年5月,红十四军攻打汤家苴,组织100多名妇女到前方送饭送水,慰问红军。抗日根据地和解放区妇女联合会,组织妇女反对封建婚姻,提倡男女平等,宣传抗日救国,进行战地服务,参加土地改革。解放初,组织和动员广大妇女参加支前运动。全县送子、送夫、送弟、送友参军的妇女有308人,做支前袋6.75万只、鞋子

5006双、袜子1万双。70%以上妇女参加农业劳动,开展伴工互助,为军烈属代割代耕。1950年,利用农闲季节办夜校,组织妇女学政治、学文化。创办春季夜校375所,参加学习的妇女占学员总数60%;创办冬季夜校627所,参加学习的妇女占学员56%。抗美援朝期间,发动妇女做慰问鞋2696双、袜子2690双、枕头74个、袜底873双、光荣袋2519个,捐献400元。1952年,开办民校,女学员占学员总数50%以上。全县219名乡妇联正副主任、3451名妇女代表带头参加文化学习。1963年8月,举办妇联主任训练班,大队妇联正副主任等610人参加学习。通过培训,提高妇女干部活动能力。1976年,组织妇女宣讲小分队,批判江青反革命集团。1984年7月,县手帕厂首创军人家庭服务中心,受到省政府、省军区肯定。9月,县成立军人家庭服务中心指导委员会。次年6月,南通市在海门召开现场会,中共中央、国务院、中央军委办公厅联合发文,在全国推广海门做法。其间,各级妇联组织为178名军人、247名退伍军人找到伴侣,收到部队感谢信453封。1987年,发动妇女参加“一教四普及”①活动,提高妇女自身素质。

1994年,成立妇女干部学校,以培养“四自”②新女性为目标举办培训班,参加培训的女干部2.3万人。1995年3月7日,举办首届妇女运动会,全市600多名妇女参加比赛。2002－2005年,开展评选市三八红旗手活动,教育、卫生等不同岗位40名妇女被评为市三八红旗手。郁兰萍等5人获省三八红旗手称号,14人被评为南通市三八红旗手,4个单位被评为南通市三八红旗集体。2008年三八妇女节期间,举办女村干部工作论坛,5位女性村党支部书记作经验交流。

生产活动 1956年,全县97%以上农村妇女参加农业生产合作社。1974年,组织全市妇女开展科研活动,2.2万余人参加。1978年后,组织21.9万名妇女投入庭院经济建设,年平均产值1.2亿元,占全县庭院经济总产值64.5%。1979年,县妇联率领56个“银花”组参加省农业先进代表会议,获省政府颁发的三八银花赛优胜锦旗和奖状。同年,县妇联夺得南通行署颁发的三八银花赛优胜红旗。1990年9月,发动20.3万名农村妇女参加粮棉高产竞赛,建棉花丰产方274个,面积667多公顷,粮食丰产方210个,面积133多公顷。汤家乡妇联被评为省妇联先进集体,4名妇女被评为省妇联先进个人、女能手,10个乡妇联被评为南通市妇联先进集体,13名妇女被评为南通市妇联先进个人。1997年,市妇联被评为全国妇联系统先进集体。1999年,开展巾帼建功和巾帼文明岗创建活动。300多名妇女被评为各级巾帼建功先进个人,60多个单位被评为各级巾帼建功先进集体。涌现市级巾帼文明岗117个,南通市级巾帼文明岗35个,省级巾帼文明岗12个。2003年8月,成立市女企业家协会,吸纳会员32人,定期召开企业经营管理交流会。同年,组织全国妇联发动的“双学双比”③活动。100多名妇女被评为市“双学双比”先进个人,10名妇女被评为南通市“双学双比”先进个人,施玉萍等3人被评为省“双学双比”竞赛活动女能手,唐慧娟、徐冠芬、陆宗琴3人被评为全国“双学双比”竞赛活动女能手。2004－2008年,全国著名“布业大王”陆亚萍被评为年度中国十大经济女性、全国三八红旗手,常乐镇培育村被命名为全国“双学双比”示范基地,市劳动职业介绍所被评为全国巾帼文明岗。

家庭育人 1962年,全县妇女参加“五好”④家庭评比活动。1980年,在江滨公社富山大队开展“五好”家庭试点工作,通过试点,总结经验,全县推广。1985年,成立县家庭教育领导小组,举办家长学校,讲授育儿知识,先后组织20万妇女听取育儿知识讲座,举办知识竞赛162次。1990年,举办家庭教育研讨会,共商家庭教育艺术。1996年始,开展评比模范家长学校,每两年评选1次。1998年,创办空中家长学校15所,利用晚上向家长播放影像,宣传科学教子方法和理念,提高家长教子水平。2003年,成立市家庭教育研究中心,出版《家庭教育

---

① 一教四普及:即思想政治教育,普及科技知识、普及科学育儿知识、普及卫生保健知识、普及法律知识。

② 四自:即自尊、自信、自立、自强。

③ 双学双比:学文化、学科技,比发展、比贡献。

④ 五好:勤劳生产国家、集体、个人三者关系处理好,勤俭持家计划安排生活好,开展正常家庭副业支援市场建设好,家庭和睦团结互助好,尊老爱幼、扶养老人教育子女好。

图 20－9　2007 年，市妇联开展家庭教育咨询活动

论文集》。2004 年，启动平安家庭创建活动。2007 年，被评为全国家庭教育先进县（市）。2008 年，有省级模范家长学校 3 所、南通市级模范家长学校 19 所、市级模范家长学校 85 所。利用广播举办空中家长学校 22 所，举办家长培训班 136 期，受训家长 3.12 万人次。

维护权益　新中国成立初，县妇联组织妇女干部学习婚姻法。全县培训妇女干部 3391 人次，采取绘连环画、放幻灯片等形式宣传婚姻法，受教育 13.9 万人次。至 1951 年 10 月，处理婚姻纠纷 1027 件，童养媳回娘家 280 人。1953 年 1 月，成立县贯彻婚姻法运动委员会，抽调 28 人组成县贯彻婚姻法工作组，召开区妇女干部会 6 次，培训妇女干部 391 人，解决婚姻纠纷 908 件。1963 年，利用开会、放幻灯、出黑板报、小演唱等形式，大张旗鼓地宣传婚姻法，80% 以上妇女受到教育。20 世纪 80 年代，修改后的婚姻法颁布，利用多种形式开展宣传活动，婚姻法的基本精神深入人心。其间，接待权益受到侵害妇女 589 人次，有效保护妇女合法权益。1996 年，全市有 5 名女干部被聘为人民陪审员，有效维护妇女权益。2000 年，新修订的婚姻法颁布，举办法律知识竞赛，加大宣传力度。2004 年 2 月，建立专家接待日制度，由专职律师到市妇联信访接待室接待妇女上访 23 件。8 月，建立反对家庭暴力 110 报警投诉中心和家庭暴力伤情检验室，接到家庭暴力投诉 500 多件，对 10 多名受暴妇女检验伤情。至 2005 年，全市共举办法律知识讲座 12 次，开展法律知识咨询活动 5 次，法律知识普及率 95% 以上。2006 年，全市各乡镇派出所挂牌建立反家庭暴力投诉站，三星镇成立市外来妇女维权工作站。2008 年，建立婚姻家庭纠纷案件特邀调解制度，全市聘请特邀陪审员 6 个，为维护妇女权益提供法律保证。

二、其他妇女组织

妇女协会　民国 16 年 7 月，由国民党海门县党部主持，在溥善堂成立县妇女协会。其活动情况和消亡时间不详。

妇女会　民国 35 年 3 月 7 日，在县城茅家镇中心小学召开会议，成立县妇女会。15 日，民国海门县政府立案批准。21 日，召开第一次妇女代表大会，选举理事长。妇女会宗旨为协助政府推行妇运工作，举办妇女夜校及失业妇女介绍所等。然会员入会既不自愿又无活动经费，形同虚设。1949 年 1 月，随着海门解放，妇女会自行消亡。

妇女运动委员会　民国 35 年 3 月，由国民党县党部主持建立妇女运动委员会，并聘任县妇女运动委员会主任委员。该会宣扬以改良生活习惯，增进家庭福利，参加社会事业，帮助促进女权发展为组织原则。1949 年 1 月，海门解放，妇女运动委员会消亡。

第六节　科技团体

一、组织

1956 年 6 月，成立县科学技术普及协会筹备会。6 月 23 日，召开科学技术普及协会第一次代表大会，选举产生县科协第一届委员会，成立县科学技术普及协会。1959 年 2 月，改称县科学技术协会（简称县科协）。1962 年 7 月，科协工作由县委宣传部兼管。“文化大革命”期间，停止活动。1980 年 9 月，恢复科协工作。1985 年 4 月，召开第二次县科协代表大会，选举产生县科协第二届委员会。1990 年，县科协下属组织有县级学会、协会、研究会 38 个，学组 174 个，会员 4791 人；工厂科协 13 个，学组

72个,会员836人;乡镇科协34个,学组211个,会员4622人;农村专业技术研究会169个,会员4017人。1990年、1998年、2003年、2008年分别召开市(县)科协第三、四、五、六届代表大会,产生新的科协机构。至2008年年底,市科协下属组织有市级学会、协会、研究会32个,会员8340人;企业科协17个,会员932人;乡镇科协23个,农技专业技术协会(研究会)121个,会员4420人。

二、主要活动

科普活动 1956－1962年,县科协组织会员科普演讲1.23万次,听众56.46万人次;举办科普展览48次,观众3.86万人次;放映科教幻灯片778场,观众43.56万人次;印发科普材料3.85万份。

1984年8月,成立县科技咨询服务部,各县级学会、工厂科协和乡镇科协成立科技咨询服务站(组)。1985年9月,举办首届技术市场,参加技术市场的干部、群众9500多人,科技人员1402人,成交项目129个。1990年,组织科技人员1405人次到乡镇企业召开调查会525次,收集招标课题1485项,完成1287项,为企业增加利润1440万元。

至1990年,举办农业、多种经营、计划生育、医疗卫生、妇幼保健、破除封建迷信等方面的科技图片展87次,展出482场,受教育26.8万人次。与电影发行放映公司一起,利用乡镇电影放映阵地,放映科教电影、录像1.19万场次,受教育观众1148万人次。举办广播讲座7038次,出版科技小报44.8万份,布置科普画廊878期,印发科普宣传资料13.11万份。举办青少年科普知识讲座1655次,组织学科学、用科学观摩表演334次,举办青少年学习科技知识竞赛286次,演讲竞赛346次。全县有486所中小学建立科技兴趣小组2450个。

1999年,参与全国第十一届科普宣传周活动,出刊黑板报1000多期,布置科普橱窗70多期,印发各类资料6万多份,放映科普电影、录像1000多场次,巡回演讲80多场次。发放科普竞答卷1.3万份,回收率70%以上,108人获奖。2000年,市科协创办《海门科技经济信息》报,每半月出版1期,每期印刷1万份,免费邮发各地。

2001年9月,以环境保护为主题参与全国第十三届科普宣传周活动,500多名企业法人代表在“千家企业治理污染”承诺书上签名。是年,海门被命名为省科普示范县(市),市科协被评为全省科普先进集体。2002年3月,在学校举办“科技创造未来”大型科普展览活动,展出信息、生物、医疗、交通、纺织、建筑、军事等方面科普知识170块展板,35件展品,2万余名师生观展。7月始,创建全国科普示范县(市)。11月8日,市科技馆开馆,为南通市第一家县(市)级科技馆。展馆面积约2000平方米,设10多个展区、1000多件展品,其中学生科技展品获得多个国家级、省级一等奖;机器人展品在国际赛区获得单项一等奖、第一名。

2004年10月,被中国科协命名为全国科普示范市。是年,建成省级科普示范街道2个、科普特色学校5个,市级科普教育基地3个、科普示范乡镇12个、科普文明村41个、科普示范户1000多户,乡镇农民技术学校21所,科普图片室44个,藏书超10万册,科普画廊100多处,科普示范基地19个。

2005年,东洲小学学生张恒嘉、周翔获全国青少年“机器人足球赛”项目冠军、世界杯赛与奥林匹克赛两项亚军。市科协主席仇洪泽被评为全国农村科普工作先进个人。2006年12月,德胜镇葡萄

图20－10 2007年,市科协举办航天科学展

种植基地被命名为全国科普示范基地。2007年9月,常乐镇培育村党支部书记叶剑生获全国科普惠农兴村带头人称号。是年,举办航天科学展。2008年6月,经复查验收,海门再次被命名为全国科普示范市。

学术交流　1980－1990年,各县级学会、协会、研究会和工厂科协先后举行学术交流活动454次,邀请上海、南京、北京等地专家、学者到海门讲学。参加省以上学术活动。县教育学会会员赵云峰撰写的《重视能力培养,改进数学教育》,获1986年全国教改征文二等奖。

1999年,开展优秀科技论文评比活动,收到科技论文200多篇,获奖119篇。2000年9月,成立市专家协会,首批会员106人,设正副理事长5人。2000年、2001年,召开4次学会工作会议,31个学会分别交流学术经验。2003年,在省级以上刊物发表或学术会议上交流的科技论文80篇,国家级刊物发表的论文9篇。2005年,专家协会组织开展“我为建设和谐海门献一计”合理化建议活动,评出10个金点子、15条优秀建议,汇编成册,供市领导和乡镇部门负责人阅读。2008年,开展科技论文评审,收到各类论文107篇,获奖39篇。

科技培训　1956年12月,举办薄荷煮锅改蒸锅培训班,143人参加学习。1959－1961年,举办植物栽培、畜牧等方面技术短训班16期,受训5200多人次。20世纪60年代后期至70年代,配合农机部门培训农机具操作手。

1981年,举办副业培训班24期,受训1250人次,11名科技人员到外地接受电子技术培训。1983年,举办木工带锯、气焊技术培训班5期,受训300人次。

1983－1988年,对乡镇企业人员进行应用技术、企业管理培训;对农村青年进行农作物培管、农机维修、工业民用建筑、电子企业管理、财会、食用菌栽培技术培训;对待业人员进行汽车驾驶、木工、油漆、家用电器维修、汽车修理等专业短训,参加培训4000多人次。举办县级机关中层干部参加的领导科学学习班3期,培训180人次。举办工程师、助理工程师进修班,开设电子计算机技术、现代工程管理、工业设计、专利知识等课程培训班,参加者180多人。举办外语训练班10期,参加学习100多人。与吉林长春发明竞争协会联合举办为期1年的经济技术情报函授班,学员63人。至1990年,举办各类培训班1192期,参加学习7万人次。

1991－2000年,举办实用技术培训班3554期,培训骨干43.2万人次。2000年,对19个实用技术培训示范点(省级1个、市级3个、县级15个)进行调研和整顿,5个示范点因产业结构调整,失去示范推广价值被摘牌,新增21个示范点。年底,全市有省、市、县级示范点35个,乡镇级示范点168个。在农村实用技术培训工作中,涌现一批先进集体和先进个人,三星镇党委、江滨乡科教文卫助理盛祖新、海洪乡窑东村党支部书记张建冲,受到省委组织部、省科协表彰。2001年,农学会举办绿色证书培训班,累计受训8万多人;统计学会加强统计人员技术培训,受训300多人。科协咨询站开展技术培训服务项目50多项。2005年,举办科技法律知识培训班220期,培训1.5万人次,其中培训农村科技干部650人。2007年、2008年,举办两期农村党员、干部青年科技培训班,组织各类实用技术讲座700多场次,参加学习培训12万多人次,对推进高效农业和农村经济发挥重要作用。

科技扶贫　1986年,开展科技扶贫工作。10月,省科协在海门召开科技扶贫工作现场会,推广海门经验。1987年,在农村开展评选科技致富示范户活动,评出示范户315户。同年,组织7名致富能手、青年技术干部下乡作科技致富报告,放映科教录像,开展科技咨询服务,回答农民提出的农副业方面的技术难题。至1990年,全县科协系统运用科技扶助贫困户6221户,脱贫4967户,脱贫率80%,其中1350户进入富裕户行列。2002年5月,组建农民状元报告团,于5月、11月赴天补、王浩等10个乡镇,巡回演讲特色种植业、特色养殖业等农民欢迎的专业技能。2005年,以送科技下乡为抓手,组织近千名科技、科普工作者,以结对的方式进村入户,用科技帮助贫困户逐步脱贫,近万户贫困户走上富裕路。2007年,组织开展科技致富示范户评选活动,评出100个科技致富示范户,并把致富经验编印成《致富集锦——百名科技示范户风采录》,供农民学习,共同走科技致富之路。

第七节 文艺团体

一、组织

1950年10月,建立县文学艺术工作者协会筹备组。1951年1月,召开第一届文学艺术界代表大会,成立县文学艺术界协会(简称文协)。同年6月,召开第二届文协代表大会。1952年12月,召开第三届文协代表大会。1959年7月,在第四届文学艺术工作者代表大会上,文协改称县文学艺术工作者联合会(简称文联)。1962年3月,召开第五届文联代表大会。历届县文协、文联无常设机构,领导均为兼职。

"文化大革命"期间,县文联停止活动。1984年12月,召开文联第六届代表大会,建立县文学艺术界联合会。1991年6月,召开县文联第七届代表大会。1998年10月,召开市文联第八届代表大会。2004年6月,召开市文联第九届代表大会。第六届至第九届文联办公室设在海门文化馆内,由1名专职干部主持日常工作,各届领导人仍为兼职,下设文学、戏剧、音乐、舞蹈、美术、摄影、书法、曲艺、民间文艺、山歌研究、音乐文学11个协会。各协会均设理事长1人,副理事长2人,理事3-4人。市第九届文联有会员270人,其中省会员26人、全国会员7人。

2007年9月,成立余东京剧票友社,会员32人。11月,成立海门影视协会。2008年3月,海门镇文联成立,下设7个专业协会,会员226人。是年,南通市文联在海门镇召开基层文联建设现场会,推广海门镇做法。

二、主要活动

文艺演出 1950-1960年,在四甲区、三厂区举办3次民间歌舞晚会,节目均是民间搜集来的山歌、盘歌、佛祈、利市、送春牛、送菜头、说令等说唱艺术和跳财神、调狮子、舞龙灯、走马灯等民间舞蹈及民间丝竹、锣鼓打击乐等器乐节目。1985年,举办首届海门山歌会唱,演出60多个新创作的山歌节目,《光明日报》及省市报刊均作报道。1987年,山歌研究会歌手宋成礼、顾玉诗赴南通县石港镇为日本专家演唱海门山歌。1995年,举办"江海春潮""江海金秋""江海风采"3台大型文艺晚会。1997年,曲艺协会在宝康书场举办海门评弹会唱,新老评弹演员11人同台献艺,演出曲目6个。同年,与台湾基隆市国乐团联合举办国乐联谊会,海峡两岸乐手各献技艺,共奏华音。1998年,举办中国琵琶大师、音乐教育家沈肇州诞辰140周年纪念会,音乐家王永昌及弟子参加演奏,同台献艺的还有海门音协会员陈德华及其弟子70多人,省文联主席顾浩为纪念会题词"琵琶大师,雅韵千古";中国当代琵琶大师、中国音乐学院刘德海题词"瀛洲古调吾最爱弹"。同年7月,组织剧协、音协、曲协参加崇明、启东、海门、通州文联联合举办的"江海风"文艺会演。1999年,举办"人民保险杯"戏曲(业余)演唱赛,演唱的有山歌剧、越剧、锡剧、沪剧和京剧,平山乡甄志君获一等奖。2001年,举办文联成立50周年庆典系列活动,组织"星光灿烂"大型文艺晚会,150名专业、业余演员同台献艺。2001-2004年,连续举办4届海门山歌演唱会。2005年,举办市"亚萍杯"经典老歌演唱会。摄制海门山歌《江海清音》电视专题片,在南通电视台播放。2006年12月,举办海门山歌老朋友演唱会,演出者20多人,70多岁老演员季秀芳、刘季方登台演出1957年晋京山歌剧《淘米记》。2008年1月,主办迎春戏曲演唱会,余东京剧票友社、天补补天戏曲社等单位80多名戏曲爱好者登台献艺,演出京剧、越剧、黄梅戏、海门山歌等11个剧种节目。

艺术作品展 1989年5月9日,全国版画协会会员、县农民画家张正忠举办个人书画展,展出作品42件,其中《春雨急》《披霞归》获国家二等奖,后将此画赠县政府。同年,举办国庆40周年美术、书法、摄影展。1991年,纪念海门文联名誉主席王个簃逝世2周年,举办王个簃遗作展览。1995年,举办庆祝抗日战争和世界反法西斯战争胜利50周年画展、市经济开发区成立5周年摄影展。1997年7月,举办"中国银行杯"首届海门美术节,共展书画作品88件。10月,举办祖国颂书画展,展出作品106件。12月,举办庆祝澳门回归"建行杯"儿童书画展,展出儿童书画作品220件。2000年12月28日,与南通市美术家协会、南通市个簃艺术馆联合举办海门画家姚锦发油画作品展,展出油画作品88幅,中国油画学会常务理事沈行工为画展作序。

2001年,庆祝建党80周年,组织党旗颂书法、美术、摄影展,展出作品88件。2002年,纪念毛主席《在延安文艺座谈会上的讲话》发表60周年,举办江苏省水墨画家精品展。2004年,举办市首届社区艺术节综合展,展出书法、美术、雕刻等作品150件。2006年3月,举办崇明、启东、海门三地摄影作品展,展品150幅。9月,省美术家协会会员姚锦发在上海顶屋画廊举办"江上清风"油画展,展品28幅。2008年5月,举办"东洲大地翰墨香"首届海门人著作展,展出50名文联会员著作182部。

学术交流 1984年6月,邀请著名书画家王个簃到海门作书画技艺讲座。1986年4月,邀请著名作曲家沈亚威、龙飞到海门作学术报告。1987年,文学、音乐等协会先后邀请15名著名作家、评论家、诗人、作曲家等到海门作学术报告。1989年,县戏剧协会先后与到海门演出团体的编导及著名沪剧演员杨飞飞、王盘声、邵滨孙、赵春芳、王雅琴、小筱月珠、韩玉敏等座谈、交流,切磋技艺。1999年,组织文联部分会员与著名书画家王学仲为团长的中国书画艺术中心采风团座谈、交流,并一起赴范公堤(货隆、王浩段)采风。2003年,举行《人民文学》杂志编辑与海门文学爱好者座谈会,诗人朱零对12名海门作者的作品评点、指导。2006年,海门山歌研究会会员9人赴常熟市山歌馆,就山歌挖掘、传承和发展研讨交流。

文艺出版 1960－1965年,在全县范围内开展民间文学搜集整理工作,编印《海门山歌》《海门谜语》《海门故事》《海门农谚》4集。1989年,经进一步抢救、搜集、整理编辑,由中国民间文艺出版社出版《海门山歌选》《海门民间故事选》两书,编印《海门谚语选》《海门机智人物故事选》。1993年,由文联搜集编辑、江苏人民出版社出版《海门童谣》。1995年,由文联编辑、中国文联出版公司出版已故文联秘书长梁学平编辑的《九九情歌》。2001年,由文联编辑、中国文联出版社出版《海门文学50年选萃》,收编海门文联会员52人的小说、散文、诗歌等优秀作品105件。

创办刊物 1985年,创办《海门文苑》,刊载海门文联的活动情况、文化信息及会员的文艺作品。同时创办《歌词小圃》,刊载创作歌词。1986年元旦,天补中学补天戏社创刊《补天戏苑》,刊载戏曲动态、戏剧界名人轶事及戏曲名段等,每期印2000份,发放本校学生及文化教育等部门领导、全国戏剧界名人。1986年10月,创刊《小水珠词报》,主要刊载省内外歌词作者新作,影响较大。每期印600份,发放全国词曲作家及相关单位。至1990年,《海门文苑》共刊28期,《歌词小圃》共刊30期。1991年《海门文苑》《歌词小圃》并入《海门文化》。2006年,海门山歌、余东古镇入编《江苏特色文化丛书》。2007年,海门葫芦雕刻绘画、绢画、铜制工艺、刺绣、纸版印染工艺、屋脊瓦塑等艺术资料编入《江苏民间艺术丛书》。2008年,搜集整理《中国民间故事全书(江苏省海门市卷)》,共274篇,计27万字。

评奖获奖 1984年12月,县文联恢复后,制定创作评奖规定,每年举行全县会员创作评奖活动。1995年10月,天补镇陈宝龙葫芦艺术作品"十二生肖""香炉钟鼎""花瓶器皿"和汤家乡顾才康雕塑艺术作品古青铜群雕"江南丝竹"同时入选中国民间工艺展,被联合国教科文组织授予民间工艺美术家称号,并颁发荣誉证书。至2008年,各类文艺作品先后评出荣誉奖23人次,一等奖292人次,二等奖169人次,三等奖213人次。

第八节 归侨团体

一、组织

侨(台)联络小组 1982年,经调查,海门为省侨胞较多的县(市)之一。全县有华侨和外籍华人1000多人,县内归侨15人,侨眷2000多户。1983年,侨眷较多的江滨乡建立8个侨(台)联络小组。是年,各乡镇建有108个侨(台)联络小组,为归侨和侨眷的基层组织活动打下基础。

归国华侨联合会 1984年10月19－21日,召开县第一次归侨、侨眷代表大会,成立归国华侨联合会。出席大会代表71人,列席代表37人。县侨联筹备组负责人作《发扬爱国主义光荣传统,努力开创海门侨务工作新局面》的报告,选举委员13人、正副主席各1人,组成县第一届归国华侨联合会。

1989年12月5－7日,召开县第二次归侨、侨眷代表大会。出席代表60人,列席代表8人,特邀代表36人。选举委员15人、副主席1人,组成县第二届归国华侨联合会。

1994年5月11－12日，召开县第三次归侨、侨眷代表大会。出席大会代表118人，特邀代表4人。选举委员15人、正副主席各1人，组成县第三届归国华侨联合会。

1999年9月23日，召开市第四次归侨、侨眷代表大会，出席大会代表116人。选举委员15人、正副主席各1人，组成市第四届归国华侨联合会。

2004年5月20日，召开市第五次归侨、侨眷代表大会，出席大会代表120人。选举委员16人、正副主席各1人，组成市第五届归国华侨联合会。2007年3月23日，召开市侨联个人会员大会，全面推行个人会员制。至12月，发展个人会员400多人。

二、主要活动

为侨服务 1984年，为侨眷、港澳同胞亲属平反，纠正“文化大革命”中冤假错案6起。1985年始，每年慰问侨眷50余户，为侨胞解决子女上学、就业、建房等问题。2005年10月，为归侨体检。至2005年底，接待侨胞200多人次，走访侨眷900多人次。2006年6月，与市中医院合作建立华侨医疗中心，归侨侨眷享受医疗优惠服务。2008年，市华侨活动中心落成，占地400平方米，集娱乐、健身、阅读为一体，为省内县级市首家。

政治学习 1984年，组织归侨侨眷学习党的侨务政策。1999年7月，为取缔邪教活动，组织归侨侨眷学习座谈，揭露邪教本质。2000年10月，《中华人民共和国归侨侨眷权益保护法》颁布后，大力宣传侨务政策，印发资料1000多份，召集归侨侨眷学习、座谈，深刻领会法律条文精神，依法维护归侨侨眷权益。2002年，组织归侨侨眷学习中共十六大文件，参加南通市侨联组织的十六大知识竞赛，获二等奖。2008年，组织侨眷和海外华侨参加南通市侨联举办的改革开放30年征文，旅美华侨倪健、陈卫钟分获二、三等奖。

联谊活动 1984年9月和1990年10月，参与在深圳召开的县“三胞”联谊会筹备工作，应邀出席华侨28人。利用元旦、春节等传统节日，向海外侨胞发贺卡、寄慰问信，与海外侨胞联络感情。1991年8月24日，纪念著名实业家、教育家张謇先生逝世65周年，印发纪念封，向归侨侨眷宣传爱国主义精神。1993年，在归侨侨眷中开展“五个一”活动，即提供一条计策，传递一条信息，介绍一个人才，引进一个项目，推荐一种产品，为海门引智引资牵线搭桥。2001年春节，市侨联印发《给全市归侨侨眷及海外侨胞的公开信》，详细介绍海门经济发展形势，鼓励华侨侨眷投资家乡建设。2002年，美籍华人薛伟在美国获“年轻杰出科学家”荣誉，市侨联到其三厂镇老家上门祝贺。旅美华侨倪健在基因研究领域获得重大科研成果，拥有120多项发明专利，市侨联多次在他回家时热情接待。同年，三星镇一批农民到东欧经商，成立南斯拉夫华人华侨联合会，市侨联特去电祝贺，并建立密切关系。2007年6月20日，祖籍三星镇的智利华人郁飞出席在京召开的第四届世界华侨华人社团联谊会，受到中共中央总书记胡锦涛的接见，并合影留念。

捐资赠物 1995年，侨联委员顾允菊动员其在美国和台湾亲友，捐款60万元设立范钦孟、范恒父子纪念奖学金，奖励海门中学和复兴中学优秀学生。2001年，旅美华侨薛永菁向三阳初中、三阳小学捐资100.5万元，用于改造学校基础设施。2008年5月，四川汶川地震后，全市归侨、侨眷捐款14.47万元，列南通市各县(市)侨联之首。

引资创业 1985年，侨联自筹资金14.48万元，创办县淀粉厂及县侨联经济开发公司。1992－2003年，侨眷徐回春在海门兴办恒嘉厨具有限公司、南通嘉和塑料五金有限公司、南通菲尔德卫生防护品有限公司3个企业，总投资130万美元。1994年，侨联委员吴永兴引进日资，在正余乡兴办矿山机械厂。引进日本海苔公司在开发区兴办永井食品公司，经营紫菜加工生产业务。

1995年，兴办金侨房地产公司，年销售额5000万元，年利润500万元以上。1997年2月，全国部分省市侨联企业清产核资工作会议在海门召开，市侨联在会上作《搞好清产核资，明晰产权，促进侨联企业健康稳定发展》介绍。至2008年，江苏金侨公司总资产5亿元，职工总数1000多人，成为经营房地产开发、建筑、医药、制造、通讯、投资、物业等多个门类为一体的企业集团，年均房地产开发10万多平方米，年创利税2000多万元。

第九节 残疾人团体

一、组织

1991年9月,召开县第一次残疾人代表大会,参加会议代表100人,列席代表50人,选举产生县首届残疾人联合会主席团和执行理事会。同时,成立残疾人联合会(简称残联)。1992年8月,在德胜乡进行乡镇残联组建试点。12月,召开德胜乡首次残疾人代表会议,建立全县第一个乡级残疾人联合会。随后,各乡镇相继完成残联组建。1994年12月8日,召开市残疾人第二次代表大会,出席代表84人,市直有关部门及各乡镇领导列席会议,选举产生市残联新的领导机构。1995年6月,成立市政府残疾人工作协调委员会,由民政、卫生、宣传、教育等23个部门作为成员单位。1998年5月11日,召开市残疾人第三次代表大会,出席代表60人,其中残疾人代表34人,选举产生新一届市残联领导机构。1999年2月,建立市残疾人劳动就业服务所。

2001年,成立市聋哑人协会、肢残人协会、盲人协会、精神病人亲友协会、智残人亲友协会。2003年3月、4月,各乡镇残疾人联合会换届选举,组建新一届残联领导机构。2004年6月23日,召开市残疾人第四次代表大会,出席代表100人,其中残疾人和残疾人亲友代表60人、残疾人工作者代表40人,列席代表50人,选举产生新一届市残联领导机构。

2005年2月27日,成立市残联党组。2007年3月,全市262个村(社区)建立残疾人协会,配备联络员。10月,中残联理事长汤小泉到海门考察指导残疾人工作。2008年2月29日,召开市残疾人第五次代表大会,出席大会代表100人,其中残疾人及亲友代表60人、残疾人工作者代表40人,选举产生新一届残联领导机构。4月,市政府残疾人工作协调委员会更名为市政府残疾人工作委员会,成员单位增至32个部门。

二、主要活动

康复行动 1986年,县眼科医院开展盲人调查工作。1987－1990年,对全县白内障盲人手术复明,手术1000多例,脱盲率100%,脱残率87%,1990年获全国防盲治盲先进县称号。1989年9月,县残疾人三项康复(盲、聋、小儿麻痹后遗症)领导组成立。1991年11月,建立县残疾人康复中心,与眼科医院合署办公。1995年7月,在市培智学校、聋哑学校、眼科医院、人民医院分别建立市学龄前弱智儿童康复训练指导中心、聋儿语训指导中心、社区视力康复中心、儿麻矫治康复指导中心。在三厂、悦来、包场、四甲、三和镇建立残疾人社区康复站。2002年,残联印发《海门市残疾人康复训练与服务"十五"实施方案》,为社区残疾人实施康复。

2004年2月,建立残疾人用品用具供应站。8月,成立市精神病防治与康复工作领导小组,制定《海门市精神病防治与康复"十五"实施方案》,建立市、镇、村三级精神病防治组织机构和技术指导网络。在余东和天补两镇进行精神病防治与康复工作试点。2005年3月30日,召开全市精神病防治与康复工作动员大会,开展业务培训,普查各类精神病患者6661人,占总人口6.4‰,对其中353名特困精神病患者免费体检、给药。出资为1294名低保残疾人办理农村新型合作医疗。2007年,对0－6岁残疾儿童进行调查摸底,实施抢救性康复治疗,对特困家庭残儿给予免费康复治疗,71名残疾儿童

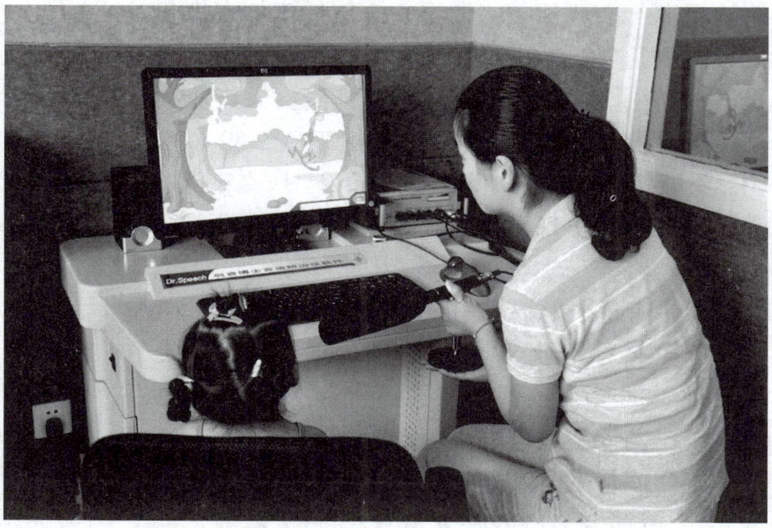

图20－11 聋儿语言康复训练 (2008年摄)

获不同程度康复。2008年，被评为省白内障无障碍市。11月18日，市残疾人康复中心大楼奠基，投资2700万元，建筑面积8500平方米。

至2008年，5766名白内障患者得到复明，其中410名贫困患者得到免费手术，260名低视力儿童提高视力，184名聋儿接受了语言听力康复训练，指导272名弱智儿家长进行康复训练，对210名肢体残疾人进行康复训练，105名盲人进行定向行走训练，675名小儿麻痹后遗症患者经过矫治，功能改善。免费为131名肢体残疾人安装假肢，为858名贫困精神病患者免费供药，解锁精神病患者60人，免费赠送轮椅2322辆、腋拐1300副、手杖1400支、盲杖1220根、助行器12台。

帮助就业 1982年前，海门、三厂两镇各办1个福利厂，安排残疾人就业。1985年，全县创办福利厂19个，618名残疾人就业。1990年，全县有福利厂73个，就业残疾人1710人，占40岁以下有劳动能力残疾人40%。1991－1995年，福利企业发展到240多个，就业残疾人4100人，近千名残疾人从事个体、私营经营，城乡有劳动能力残疾人就业率62%以上。

1997年，实施《海门市按比例安排城镇残疾人就业办法》，推进按比例落实残疾人就业。1998年9月，举办市首期双拼盲文和盲人按摩培训班，14名盲人参加培训。

1999年3月，制定《海门市残疾人就业保障金征收和管理暂行规定》，对保障金的收支、管理作出明确规定。2000年10月，召开全市按比例安排残疾人就业工作会议，总结前两年推行残疾人就业情况，贯彻南通市、海门市按比例安排残疾人就业办法，当年有12个单位新吸纳残疾人25人，189个单位缴纳残疾人就业保障金。2001年1月，在南通6县（市）中首家实现残疾人就业保障金交纳突破百万元。

2004年12月，成立市残疾人职业介绍所，向用人单位推荐就业80多人。至2005年，全市集中安置2000多名残疾人在各福利企业工作，其他工厂按比例安置457名残疾人就业，扶持194名残疾人个体从业，收取残疾人就业保障金550多万元，有劳动能力的残疾人就业率85%以上。至2008年，举办10期盲人按摩培训班，培训盲人138人次，其中3人获高级按摩师证书，32人获中级按摩师证书，40多人获初级证书。170名残疾人得到就业安置。

扶残助残 1991年5月，第一个全国助残日前夕，县领导发表关于宣传贯彻《中华人民共和国残疾人权益保障法》电视讲话。5月19日，将4000条印有“全国第一个助残日”的纪念手帕赠送给全县残疾人。1993年，县、乡两级残联先后聘请县律师事务所和乡镇法律工作者担任残联法律顾问，维护残疾人合法权益，得到全国人大法制委员会、中宣部、司法部肯定。同年8月24日，海门在全国法制工作研究会上作经验介绍。1994年6月，县表彰扶残助残先进集体5个、先进个人23人及残疾人自强不息先进个人10人。

1999年，对175名“残的”（残疾人开的出租车）驾驶员培训，核发《残疾人车通行证》，清理39名不符合残疾人车规定的对象。拨款3.6万元实施百户扶贫解困工程，为100户贫困残疾人家庭落实扶持生产项目，与乡村签订包扶责任状，落实帮扶责任人，82%扶持对象摆脱贫困。

2001年，实施助行、助听、助学、助明，向精神病人免费给药（四助一给）助残工程。规划建设无障碍设施。2002年，在滨河广场铺设长200多米大理石盲道，为海门城市公用建设史上第一条盲道。2004年6月，对全市7个乡镇20户贫困残疾人家庭进行草、危房改造。至2005年，社会助残爱心捐款200万元。2007年，实行单位包村、干部包户结对帮扶，全市250名残疾人得到有效帮扶。是年，共为残疾人提供法律援助21人次，挽回直接经济损失165万元。市残联被评为南通市残疾人工作先进单位，海门获省基层残疾人组织规范化建设达标市称号。2008年7月起，对无固定收入的重度残疾人实施生活救助，全市3.5万名重度残疾人得到首批救助，当年发放救助金405.23万元。

第十节　红十字会

一、组织

民国16年（1927）4月，海门创建红十字会，主要办理资助并遣送伤兵回原籍，及难民轮渡免费事宜。

解放后,县内未建红十字会组织。1988年1月,海门在南通6县中率先建立红十字会组织,并召开第一届理事会,设会长1人、副会长2人、理事35人,会长由分管副县长兼任。红十字会以人道主义为宗旨,实施救灾、救护、救助为内容的博爱工程。1995年11月,召开第二届理事会,设会长1人、副会长2人、理事35人、常务理事17人。1998年,江滨乡成立乡红十字会,为南通地区首家乡镇红十字会。2002年,海门镇成立镇红十字会,南通汽运集团海门分公司成立企业红十字会。2003年,海门经济开发区成立红十字会。2008年,全市有固定红十字会会员单位121个,会员约10万人。

二、主要活动

宣传宗旨　1990年夏,海门中学、江滨中学红十字会会员200多人集中受训红十字会知识,提高会员对红十字会实施人道主义宗旨的认识,发扬红十字精神。1992年6月,开办红十字会专家门诊,以为民服务为主,适当收取诊疗费,为红十字会开展活动筹集必要经费。1993年10月,宣传贯彻《中华人民共和国红十字会法》,扩大红十字会影响。1997年,市红十字会获全国红十字会法知识竞赛集体奖。1998年,与南通回力橡胶集团联合举办“南回杯”红十字会法知识竞赛。同年6月,组织检查红十字会法贯彻及其红十字标志使用情况,纠正滥用、误用红十字标志现象。

2001年暑期,举办夏令营活动,各会员学校近百名秘书长参加活动。2002年,市红十字会、海门师范附小红十字会被评为省红十字会先进集体。2004年,成立市红十字艺术团,用文艺形式宣传红十字精神。2005年,红十字艺术团被南通市文化局评为特色文化团队。2007年7月,红十字艺术团在海门之夏文艺晚会上,与驻海门部队同台演出。2008年,市区各街道建立红十字会志愿服务站,举办卫生座谈,为居民测血压,做好事,关爱人生。

救援救助　1988年夏,海门城区发生飓风,县粮食局、人民医院及秀山乡一带房屋遭受严重破坏,财产受到损失。县红十字会从单位财力中拿出6000元上门慰问受灾群众。1996年起,每逢新春佳节,中国红十字总会下拨大米、衣被、药品等救助钱物,用于红十字博爱送万家活动,通过市红十字会如数送到贫困户手里。

1998年,中国红十字总会发起抗洪救灾募捐活动,市红十字会募集现金20万元,物资折价40万元。市红十字会秦健被评为全国抗洪救灾先进个人,茅舒群被评为省抗洪救灾先进个人。2000年11月,建立备灾救助基金。

2004年12月,印度洋发生海啸,市红十字会募款57.6万元,物资折价40万元,为市红十字会建会以来最大的一次国际援助。

2008年5月12日,四川汶川地区发生特大地震,市红十字会组织市民募捐救灾,募救灾款2166.31万元,捐物折价612.28万元,募捐数额为苏中、苏北县(市)第一。援助106名灾区学生在海门东洲中学上学,投资1242.4万元兴建绵竹县希望学校和红十字青少年活动中心。至2008年,红十字博爱送万家活动共慰问困难家庭3050户,计43.1万元。全市备灾救助基金100万元。

捐献干细胞　2001年,开展捐献造血干细胞(骨髓)宣传。2002年5月,为省中华骨髓库募集资金15万元。同年,制作电视专题片《生命的呼唤》,宣传捐献造血干细胞,关爱生命。2003年5月8日,首批捐献干细胞志愿者550人参加采样。同年,制作电视专题片《圆梦》,继续宣传捐献干细胞。2004年4月,举办“双爱杯”捐献干细胞知识问答竞赛,推动干细胞捐献活动。2005年9月,捐献干细胞志愿者、市皮防所医生万顷波所献干细胞配对成功,被南通市红十字会授予爱心大使称号,获红十字博爱勋章、市精神文明建设特别奖。10月,以万顷波为原型制作电视专题片《点燃生命的希望》,宣传捐献干细胞意义。2008年5月21日,市第二人民医院传染科医生沈阳作为海门第二例干细胞配对成功的捐献者,赴宁捐献。

救护培训　2000年,市人民医院等6个医院,被省红十字会核定为红十字救护点,承担抢救沿线车祸伤残人员的特殊任务。2001年1月1日起,对机动车驾驶员进行初级卫生救护培训。同时,对省道沿线居民、有关学校师生、部分工厂工人不定期举办初级救护培训班。

2003年12月,对省道沿线红十字救护点人员进行模拟拉练演习。2004年12月24日,进行救护知识竞赛,开展伤员包扎、止血、固定、搬运等救护技术比赛。2008年,加强红十字救护点管理,实行考核奖励制度，组织急救技术培训，提高救护点人员应急抢救能力。至2008年，培训汽车驾驶员2.4万人，摩托车驾驶员4.3万人，复训7700人。

第十一节 其他社会团体

一、老区建设促进会

组织 1990年7月，成立县老区建设促进会（简称老促会）。12月，召开第一次理事会，与会理事61人，选举产生县第一届老区建设促进会常务理事会，设名誉理事长、理事长各1人，副理事长5人，常务理事25人，团体会员22个，聘请特约研究员18人。1991年、1992年，各乡镇老促会相继成立。

1995年7月，召开第二届理事会，与会理事75人，选举产生常务理事27人，设名誉理事长5人，理事长1人，副理事长6人，聘请特约研究员10人。同时，成立市扶贫开发协会，与老促会合署办公。1999年4月，召开第三届理事会，与会理事53人，选举产生常务理事25人，设名誉理事长2人，理事长1人，副理事长5人，聘请特约研究员9人。2008年7月，召开第四届理事会，与会理事48人，选举产生常务理事11人，设名誉理事长3人，理事长1人，副理事长4人，聘请顾问16人，特约研究员12人。

主要活动 宣传老区 1991年，在各乡镇分别召开党员干部和群众座谈会，请老干部、老党员作报告，印发各种宣传资料1.5万份，赠发《江苏老区》《南通老区》《红十四军》等刊物1500份，编印简报108期。采用文艺演出、书法画展等多种形式宣传老区人民革命斗争以及艰苦创业精神。

1995年、1996年，省老促会副理事长胡立峰、刘祺等分别到海门调研。1997年、1998年，省老促会常务理事唐如浴、秦素萍两次到海门调研，肯定海门老区建设促进工作。2000年，海门受到中国老区建设促进会表彰，并出席在京召开的表彰大会。2001年，省委宣传部、省老促会到海门拍摄《江苏老区行》专题片，海门老区建设促进工作列入系列专题片内容。2003年11月，组团参加中国老区促进建设会在上海国际展览馆召开的中国老区百县资源推介会，推介海门名特产品、旅游资源，并签订化工等项目合作协议。2005年，被评为省老区建设促进工作先进集体，副理事长冯国清出席在京召开的中国老区建设促进会表彰大会。2006年，组织演讲会，请红军、新四军老战士讲海门红十四军、苏中七战七捷革命故事，纪念长征胜利70周年、苏中七战七捷胜利60周年。2008年，宣传新四军东进、军民团结抗日的丰功伟绩。

调查研究 建会始，市老促会深入乡镇、村调查研究，撰写调查报告，为领导决策提供依据。1996年，原县委书记、市老促会名誉理事长沙秀高与部分常务理事，骑自行车深入海门镇秀山、通北等村调研，走访大棚生产种植户，召开现场会，推广通北村经验，推动大棚蔬菜生产。2001年3月，总结推广货隆镇村村建农产品销售公司，上万户农户与龙头企业挂钩销售农副产品的经验。2002年5月，撰写《发挥龙头效应，推进产业化进程》调查报告，在市委《内部参考》《江苏老区》等刊物发表。2005年5－12月，在《南通老区》、市委《内部参考》上连续发表《走农业合作之路，奔农民致富大道》《加大亲农扶贫力度，构建共富和谐农村》《做大做强优势产业，搭建农民致富平台》等调查文章。2008年，在省老促会召开的五届四次理事会上作《深入开展调查研究，当好新农村建设参谋》为题的经验介绍。至2008年，写专题调查报告45篇，其中有28篇次分别在《中国老区建设》《江苏老区》《南通老区》以及市委《内部参考》等刊物上发表。

扶贫帮困 1991年，围绕老区开发建设，脱贫致富，开展信息服务。1995年，在省召开的各县市老促会负责人会议上，作抓好信息服务的经验介绍。

1996年9月、1997年10月，两次组织科技致富能手5人、老干部帮扶能手5人，下乡巡回作致富经验介绍。原南通市检察院检察长、中共海门县委书记王新，原县人大常委会副主任岑云台等分别介绍离休后从事研究发展养殖业、种植业的经验，6400多名贫困户听介绍。2001年起，连续5年参与组织市级机关15个部门挂钩15个经济薄弱村，资助村级经济基本建设资金64.2万元。资助贫困户扶贫资金5.38万元。2004年，在临江镇希圣村、树勋镇和平村组织推广农户发展土特产品加工业，加工花生、蚕豆等农产品外销，使村富余劳力860多人有活可干，增加经济收入。2005年8月，动员市级机关和有实力企业家资助特困学生入学，理事长肖振时、副理事长陈秀萍各资助1名特困学生上学。

2008年，总结推广三星镇叠石村、包场镇浜北村发动全村办小工厂致富经验，推动全民创业。至2008年，先后刊发农业经济技术信息122期，提供信息1295条，举办信息发布会168次，听众2.63万人次。

二、关心下一代工作委员会

组织　1993年2月，县关心下一代工作委员会成立(简称关工委)，委员25人，顾问8人。县委副书记魏国平兼任关工委主任，原县委书记、人大常委会主任沙秀高任常务副主任，人大常委会原副主任、海门中学原校长陈象新任副主任。1994年6月，各乡镇、村、居委会、学校及部分企业相继建立关工委或工作小组。1996年4月，市关工委领导成员调整，沙秀高任主任，市人大常委会原副主任张桂卿、谭柏虎任副主任。2004年6月，市关工委有委员28人，设思想道德教育组、法制宣传教育组、科技培训组、组织建设组、舆论宣传组。2005年1月，市委副书记朱玉兰、葛志华，副市长黄汉忠、沈峻峰兼任市关工委名誉主任，市委原副书记曹建平任市关工委副主任。

主要活动　*革命传统教育*　1993年12月，开展纪念毛泽东主席诞辰100周年宣传教育活动，各乡镇和单位关工委召开纪念会、报告会、座谈会、演讲会，举办绘画书法展、征文比赛、歌咏比赛等活动，教育下一代继承和发扬革命传统。2001年，开展纪念中国共产党建党80周年宣传教育活动，编写《了解共产党的光辉历程，谱写新世纪的壮丽人生》《光辉的历程，崇高的使命》宣讲材料，200多名报告员在中小学校宣讲208场，机关宣讲42场，农村宣讲40多场。2005年，纪念抗日战争胜利60周年，组织1000多名离退休老同志担任报告员、宣传员、辅导员、故事员，编写宣讲参考资料2.5万份，发到基层关工委，抗日老战士谈亲身经历，撰写革命回忆录，搜集整理《海门人民抗日斗争故事选》《抗日历史经典歌曲》，下发学校、村、居委会。2008年，开展“迎奥运、颂改革、建设美好海门”主题教育，举办奥运图片展览，宣传汶川抗震救灾英雄，回顾改革开放30年变化，激发青少年爱国爱家乡，做一代新人的热情。

法制教育　1996年7月，组建市青少年法制教育报告团，编写在校学生法制教育讲义，对全市初高中学生上法制课。2000年，编写《青少年法制教育以案释法100例》，发至乡镇和学校，作为法制宣传教材。2001年，市青少年法制教育报告团被省关工委评为省关心下一代工作先进集体。2005年，各乡镇建立帮教小组371个，参与帮教的“五老”①778人，帮教失足青少年394人，促进失足者思想转化、改过自新。至2008年年底，共编写法制系列教育讲义51讲，每年有6万多名初高中学生受到4次专题法制教育。

建立校外教育辅导站　1992年起，三和、三星、德胜等乡镇部分离退休教师利用节假日，在家里吸纳周围在校学生，辅导写作、语数、文体等课程，办起校外教育辅导站。2000年，倡导离退休教师开展联系一个家庭、一名青少年、一名青年教师活动，有1000多名老教师参加活动，联系在校学生1767人、家长1342人、青年教师609人，采用结对、谈心、建立忘年交等方法，发挥离退休老同志在关心青年教师和教育青少年方面的优势和余热。同年6月，发出《关于积极开展校外教育活动的意见》，校外辅导站迅速发展，辅导站做到有活动阵地、有辅导老师、有教育计划、有学生名册、有图书报刊、有活动记录、有表彰奖励。2005年，全市有村办、村校联办、老同志家庭办、企业家出资办等类型校外辅导站261个，担任校外教育辅导员的“五老”2500多人，辅导学生2.03万人。是年年底，评选12个优秀校外辅导站，颁发奖牌和奖金。2007年5月，省关工委到海门调研，考察天补镇彦英村清澄书屋、余东凤达老少活动中心等5个校外辅导站。11月，中国关工委副主任闵振环等考察海门校外辅导站。2008年3月，全国关工委召开宣传报道会期间，各省、市50多名代表到海门参观校外辅导站。5月，在全国关心下一代工作会议上，发放《海门关工委校外教育发展掠影》录像片50套，会后，省内外20多个县(市)到海门考察学习。

关爱青少年弱势群体　1999年起，各级关工委利用老同志政治威望、工作经验和时空优势，对青少年中的弱势群体、特殊群体开展“四帮”关爱活

① 五老：老干部、老教师、老战士、老模范、老科技工作者。

动,帮学习成绩差的学生辅导科学文化知识,帮家庭经济困难的学生募捐助学解困资金,帮闲散无业青年牵线搭桥介绍就业,帮失足青少年思想转化、改过自新,为青少年办实事、做好事。2004年,有1427名老干部、1388名老教师、159名老战士、34名老模范、125名老科技工作者参加对青少年弱势群体的关爱活动,帮教在校双差生511人,对359名失足、后进青年做转化教育工作,帮助201名社会青年走上就业岗位,发动社会各界捐资助学45.5万元,资助贫困学生2924人。2008年,全市1201名“五老”组成438个帮教小组,配合有关部门,结对帮教失足青少年458人。148名“五老”关爱父母长期外出的儿童1432人,帮助儿童解决多种生活困难。

创建关心下一代工作先进村、先进社区 2001年下半年,开展创建关心下一代工作先进村、先进社区活动。2002年,9个村先行验收合格,授予关心下一代工作先进村(社区)匾牌。2005年,109个村、5个居委会验收合格。2008年11月,南通市文明办、关工委向德胜瑞祥村、天补彦英村、正余邢柏村、三厂新东街社区、四甲二桥社区、余东凤达老少活动中心颁发南通市关心下一代示范村(社区)匾牌。

义务监督营业性网吧、电子游戏室 2004年7月,聘请88名“五老”担任网吧义务监督员,颁发江苏省网吧义务监督员证,对全市44个网吧实行定点定人持证监督检查。2005年9月,电子游戏机经营场所亦被列入监督范围,聘请义务监督员116人,对全市45个网吧、61个电子游戏室,在抵制不良文化对未成年人的腐蚀侵袭方面发挥积极作用。是年,3人受省关工委表彰,13人受南通市表彰。2008年,调整充实义务监督队伍,有义务监督员126人,15人被评为省、南通市级优秀“五老”网吧义务监督员,市关工委获南通市“五老”网吧义务监督工作组织奖。

三、老科技工作者协会

组织 20世纪90年代,市内一批老科技工作者陆续退休。他们大多仍热心于科技事业,为海门经济建设和社会发展再做贡献。2001年10月,成立市老科技工作者协会(简称老科协),有会员118人,下设工业、农业、卫生、教育、交通、建工6个分会和电力行业1个学组。10月26日,召开第一次会员大会,通过协会章程,产生理事会成员35人,陈如喜任理事长。2006年,有会员350人,新增宣传、政法、财政、科技、环保及海门、三厂镇等分会。12月14日,召开第二次会员大会,部署老科协如何紧贴市委工作中心,为海门实现小康社会做贡献。会议通过修改后的协会章程,产生理事会成员60人,陈如喜连任理事长。

主要活动 服务经济 2002年3月,农业分会为9个乡镇制定农业园区发展规划,向上级有关部门申报7个农业发展项目,获财政补贴5000多万元。4月,建工分会创办有为建筑经济技术服务公司,承接工程监理任务,完成土建工程监理420万平方米。2006年9月,农业分会受聘培训农村残疾人种植业技术,讲授“四青”作物茬口布局和栽培技术。参培残疾人350人。2007年6月,工业分会通过技术攻关,为泰格动力机械有限公司解决污水处理难题,节约投资20万元。

服务社会 2003年5月,卫生分会创办老科协专家门诊部,具有高级职称的老医师轮流参加门诊,接待病员3万多人次,其中义诊病员1.5万多人次。2004年,政法分会会员为民代理交通事故、婚姻、赡养纠纷等民事案件。至2007年,代理民事案件120件,参与审核各类合同250件,调处合同纠纷274件。2008年3月,政法分会组建法律咨询服务部,为民提供法律服务。

建言献策 2002年,围绕全市经济建设和社会发展,向市委、市政府建言,为企业献策。2007年5月,工业分会向毅阳机械设备公司推荐生产电磁能蒸气发生器项目,被市科技部门立项,获科技项目财政补贴1.5万元,通过科技园区孵化成功,投入正常生产。2008年,理事胡立成参与农村扶贫帮困专题调研,撰写调查报告,刊发于市委《内部参考》。理事黄志良向市委提出开发东灶港海域冷家沙,建深水码头的建议,经市委领导批示,列入海港开发规划认证内容。至2008年,老科协会员撰写建言献策文章54篇,内容涉及经济建设、社会发展、民生工程、文化教育等方面。

科普宣传 2002年,组织会员发放《健康生活小常识》《低碳生活从我做起》等科普资料,组织医疗专家下基层开展健康咨询。2007年,政法分会会员参与巡回演讲活动,向在校学生演讲《力行十戒,预防犯罪》《珍爱生命、学会感恩》等课题;卫生分会专家会员作《呼吸道疾病预防》《人生健康新理念》等健康讲座。至2008年,发放科普资料1500多份,开展健康讲座15场次,受听群众2500多人。对22所初高中学生进行普法教育,受教育学生3万多人。

四、张謇研究会

组织　2003年1月,由高其兴、袁蕴豪、俞茂林、施友明、蒋瑞祥、黄拯乾等人发起成立市张謇研究会。6月,召开纪念张謇诞辰150周年暨市张謇研究会成立大会,各界人士100多人参加。通过研究会章程,选举第一届理事会、常务理事、正副会长、秘书长,特邀张謇嫡孙张绪武、嫡孙女张柔武为研究会顾问。研究会分为政治、农水、工交、教育4个学组。至2008年,会员由最初的55人发展至83人。

主要活动　研究张謇　2003年,研究会创刊全国唯一研究张謇的专业性刊物《张謇研究》。是年起,研究会"寻访张謇足迹"课题组,历时两年,行程2500公里,足涉7市11县,形成并发表《张謇与浙江巨商》《张謇与南浔的人杰墨韵》《张謇在东台的业绩》《大丰农业的奠基人——张謇》《奔赴大江南北,寻找张謇足迹》等研究成果。是年,参加纪念张謇诞辰150周年全国张謇学术研讨会,提交论文6篇。2005年,参加中华爱国工程高级论坛——张謇爱国实践和当代民营企业发展取向研讨会,入选论文2篇。2006年,与教育局联合主编《张謇教育思想文集》,由光明日报出版社出版。

宣传张謇　2003年,策划、发行郁异人绘制的《张謇》套装连环画5000套。2004年,组织海门书画界参加纪念张謇笔会,在市文化馆展出反映张謇业绩的书画。参加崇启海文化与经济发展研究会,发表"崇启海文化内核——张謇精神"的演讲,获大会肯定。2005年,《张謇研究》开辟《后继有人》专栏,树立和宣传戴志康、宋振飞、陆亚萍、陆宗琴、叶剑生等当代学习张謇精神、艰苦创业、开拓创新的先进典型。创作《爷爷告诉我》《英雄》《丰碑》《张謇之歌》《历史使命》《张謇精神万古常青》等颂扬张謇的歌曲8首。2006年,拍摄制作《开拓者——张謇》专题片4集,在电视台播放。2007年1月,协助中央电视台拍摄《张謇秘方传奇》,在中央电视台国际频道播出。是年,创作"张謇组歌"10首。

2008年,中国社会科学院近代史研究所主办的《近代史研究》第22期转载海门《张謇研究》刊登的《对张謇"1919年"五篇文章写作时间的考证》一文。至2008年年底,在《海门日报》《南通日报》等报刊发表稿件60余篇,6万多字。

服务社会　2005年,利用"张謇、沈寿及其传人与海门绣品的渊源"调研成果,向家纺行业建议打造沈寿、沈绣相关品牌。市三兴制衣公司注册"圣绣"牌羽绒被商标,发挥张謇、沈寿名人效应,促进企业发展。是年,配合东灶港旅游景点开发,策划树立张謇堤闸碑,邀请张謇嫡孙张绪武题写碑名和碑文。向市邮政局《"张謇"珍藏纪念邮册》、江苏晨牌药业有限公司《晨牌视野》提供张謇资料及照片。2006年,为颐生酒厂撰写《张謇——颐生酒厂百年史话》,纪念颐生名酒获金奖100年。

五、无党派知识分子联谊会

2006年12月20日,召开无党派知识分子代表大会,成立市无党派知识分子联谊会。有会员117人,理事40人。系人大代表、政协委员中参政议政能力较强的无党派知识分子组成。联谊会通过调研考察、专题论证等活动,为市委、市政府决策发挥参谋助手作用。2007年,推荐4名会员参加机关工作效能明察暗访活动,组织50多名会员参加市、乡镇政协委员建言献策活动。同年7月,组织100多名无党派知识分子参与送科技、送健康、送法律下乡活动。2008年3月4日,召开动员大会,号召全市无党派知识分子学习无党派人士袁隆平事迹。5月29日,召开一届二次会员大会,动员会员为汶川地震灾区献爱心,62名会员为灾区捐款1.19万元。9月,创办《同心》内刊,作为会员思想工作交流、建言献计阵地。

六、教师抗日协会

民国29年(1940)秋,新四军东进前夕,小学教师蔡力平(又名蔡织云)等筹备组建海门教师抗日协会,于南星镇小学召开第一次代表会,通过教师抗日协会章程,推举主任、理事等。民国30年5月,于聚星镇小学召开中、小学教师代表大会,成立海启教师抗日协会,启东小学校长沈轶公任会长,各行政区成立分会。民国32年后,停止活动。

七、抗美援朝支会

1950 年 11 月 15 日，中国人民保卫世界和平反对美国侵略委员会海门支会（简称抗美援朝海门支会）成立。主要活动是对全县人民进行国际主义和爱国主义教育，组织各界人士为抗美援朝捐款，订立爱国公约，举行游行示威活动。1953 年，停止活动。

八、中苏友好协会

1952 年 9 月，县中苏友好协会成立，张惠和任会长。主要任务是增进中苏友好，用苏联社会主义建设的具体实践和经验，结合海门实际，在人民群众中采用看电影、听广播、邀请从苏联回国人员作报告等多种形式进行社会主义教育。1956 年后，停止活动。

海门市志

（下册）

海门市地方志编纂委员会办公室

HAIMEN SHIZHI

方志出版社

目　录

第二十一篇　政权　政协

第二十二篇 军 事

第二十三篇 政 法

第二十四篇 民 政

第二十六篇 教 育

第二十七篇　科学技术

第二十八篇　文　　化

第二十九篇　卫　生

第三十篇 体 育

第三十一篇　精神文明建设

第三十二篇　人民生活

第三十三篇 风俗 宗教

第三十四篇　方　言

第三十五篇　人　物

第三十六篇　著作　诗文

第三十七篇　镇　乡　场

第三十八篇 丛 录

第二十一篇

政权　政协

后周显德五年(958)建县,设县衙。宋至和元年(1054)至清康熙十一年(1672)设县署。清乾隆三十三年(1768),建海门直隶厅,设厅署。海门长期实行政务与权力机构合一。清宣统年间(1909－1911),海门厅各市、乡组成地方自治会。

民国元年(1912),废直隶厅,建海门县,并成立县临时议事会,选举民政长。同时成立县参事会。民国3年,县议事会、参事会奉命停止活动。民国12年,"两会"恢复活动,在成立大会时,均因缺员严重、无法履职而徒存虚名。民国16年,县议事会和参事会解散。同年改县公署为县政府,县政权由国民党控制。民国27年,日本侵略军侵占海门后,国民政府海门县政府东迁江家镇。次年,日汪伪政权控制县城茅家镇及其附近地区。民国29年11月,新四军东进海门,时驻江家镇的国民政府海门县政府,公开声明与共产党合作,成立县抗日民主政府,积极发动、组织人民抗击日本侵略军。民国31年,在共产党领导的抗日根据地,由共产党员、国民党员和无党派人士组建海启国民参政会,通海地区建立政治协进会。民国34年8月,日本侵略军投降后,国民党海门县政府在县城茅家镇重建,推行反共、反人民的内战。解放区民主政府东南行署、海门县政府二度撤建,流动于聚星镇等地。民国36年7月,国民党县临时参议会召开第一次大会,此后召开过5次。1949年1月底,海门全境解放,国民党县政府消亡,同时临时参议会也解体。

1949年1月底,海门全境解放,实行军事管制,海门县政府成立。1950年,改称县人民政府,并实行各界人民代表会议制度。1950－1953年,全县举行各界人民代表会议,共7届。1954年第一届县人民代表大会召开,履行地方权力机构职能。1955年12月,县人民政府改称县人民委员会。1956年,中国人民政治协商会议海门县委员会第一次全体会议召开,并成立政协海门县委员会。至1966年,共举行人民代表大会6届,政协海门县委员会全体会议4届。

1967年1月,"文化大革命"中县直机关受造反派冲击,县人民委员会与政协海门县委员会工作中断。4月,实行军事管制。1968年3月,成立县革命委员会,行使县政府职权。1979年,县政协恢复活动。1980年12月,第八届县人民代表大会召开,并建立常务委员会,每届任期3年。同时,撤销县革命委员会,恢复县人民政府。政协海门县第五届委员会第一次全体会议召开,每届任期3年。自1993年县第十二届人民代表大会起,每届任期5年。同时,政协县第九届委员会起,每届任期也5年。1994年6月,海门撤县设市,县人民代表大会及县人大常务委员会改称市人民代表大会及市人大常务委员会,县人民政府改称市人民政府。政协海门县委员会改称政协海门市委员会。至2008年,共举行市(县)人民代表大会15届、政协海门市(县)委员会全体会议12届。

第一章 权力机构

第一节 代表选举

一、县议员

清宣统年间(1909－1911),海门直隶厅各城镇、乡推举自治会评议员,组成厅地方自治会。民国元年(1912),废直隶海门厅建海门县。地方自治会改称临时议事会,议员均为原自治会评议员。同年3月,按《江苏暂行县制》和《江苏暂行县制选举章程》,议员数额增加1倍,各城镇、乡选出议员48人。5月,成立县临时议事会,议长张树典,副议长赵师鼎。6月,议事会选举龚世清为民政长。民国3年2月,县议事会奉命停止活动。民国12年6月,恢复活动。8月议事会召开成立大会时,因议员缺席过多,无法履行职责。民国16年,解散。

二、国会议员 “国大”代表

民国元年,民国政府成立,举行第一届国会议员选举,海门选举茅祖权为第一届国会议员,同时有沈竞、龚其伟、姜青照、黄祖温、施煦、陈国荣当选省会第一届议员。民国7年,陆冲鹏当选第二届国会议员,沈贞寿、龚翼之当选第二届省会议员。民国10年,陆械人当选第三届国会议员,张树典当选省会议员。

民国36年,国民党政府举行“国民代表大会”代表选举。按规定海门属地方性选举,分配正式代表名额1人,有投票选举总统的资格。代表候选人之一徐志道,曾任民国政府宪兵司令部总务处长、国防部保密局局长等职;另一人为蒋汝舟,交通大学教授。全县按29个职业团体分配选举人5198人,24个乡镇分配选举人83489人,合计88687人。是年11月,选举结果,徐志道当选为“国大”代表。

三、人大代表

1953年5月,县成立选举委员会,按照《中华人民共和国全国人民代表大会及地方各级人民代表大会和地方各级人民委员会组织法》以及《中华人民共和国全国人民代表大会及地方各级人民代表大会选举法》规定,全县普选人大代表,亦称基层选举。先在海中区三和乡(今万年镇境内)试点。8月,第一批4个区41个乡和茅家镇展开普选工作,至10月30日基本结束。11月,第二批13个区107个乡和三阳、江家镇以及县属三厂、青龙港镇全面开始普选,1954年4月结束。1957年、1958年、1961年、1964年、1966年,先后换届选举,每届先选出乡镇人大代表,后在乡镇人民代表大会上选出县人大代表。

1980年3－6月,根据新修改的组织法和选举法规定,进行第八届县、乡镇人民代表大会代表选举。人大代表由等额选举改为差额选举,由举手表决改为投票选举,县、乡镇人大代表由两级间接选举改为选民直接选举。是年12月,县人大换届选举。1984年、1987年、1990年、1992年,县和乡镇两级人民代表大会同时换届选举。此后,市(县)人民代表大会改为5年一届,乡镇人民代表大会仍为3年一届。2004年,根据国家新修改的宪法、组织法、选举法,乡镇人民代表大会改为5年一届,再度与市人民代表大会同步换届,该届任期顺延。2007年12月,市、乡镇两级人大代表同步换届选举。

1954－2008 年海门市(县)历届市(县)、乡(镇)人民代表选举情况一览

表 21－1

届　次	时　间	有选举权人数	参加投票人数	参选率(%)	乡(镇)代表人数	市(县)代表人数
第一届	1954.7	411023	339957	82.71	6670	375
第二届	1957.2	394836	318448	80.65	4543	422
第三届	1958.5	399392	338419	84.73	2653	416
第四届	1961.9	386065	305565	79.15	7039	443
第五届	1964.2	413178	339728	82.22	7617	440
第六届	1966.1	431502	360722	83.60	9460	444
第七届	1968.3	–	–	–	–	–
第八届	1980.12	635984	628990	98.90	3088	594
第九届	1984.3	611753	579143	94.67	3088	450
第十届	1987.3	753434	698376	92.69	1964	344
第十一届	1990.3	798620	560255	70.15	2025	351
第十二届	1992.12	799181	749377	93.77	2081	365
第十三届	1997.12	815105	794246	97.44	1885	335
第十四届	2002.12	818901	794718	97.05	1569	335
第十五届	2007.12	849461	815066	95.95	1569	335

说明:第七届人民代表大会因“文化大革命”而未召开。按规定,将县革命委员会成立大会作为第七届人民代表大会记载

附 1. 海门市(县)出席历届全国人民代表大会代表

1975 年 1 月,大新公社中兴大队农民徐友兰(女)当选为第四届全国人民代表大会代表,出席第四届全国人民代表大会。

2008 年 3 月,亚萍集团董事长陆亚萍(女)当选为十一届全国人大代表,出席第十一届全国人民代表大会。

附 2. 海门市(县)出席省历届人民代表大会代表

1954－2008 年海门市(县)出席省历届人民代表大会代表一览

表 21－2

届　次	时　间	姓　名	性别	单　位	职　务
第一届	1954.7－1957	欧阳一飞	男	省农林厅	农政处副处长
		张文潜	男	大生三厂	经理、南通市协商委员
		秦素萍	女	中共海门县委	副书记
		管兰英	女	悦宏农业生产合作社	副社长
		江进才	男	洪生农业生产合作社	副社长

续表 21－2

届　次	时　间	姓　名	性别	单　位	职　　务
第二届	1958.5－1963	陆恂如	男	省民族宗教事务局	局长
		陆凤娥	女	县人民委员会	副县长
		张文潜	男	大生三厂	经理、南通市协商委员
		许宗义	男	－	县人委委员
		杨凤兰	女	－	教师
		邵幼和	男	－	－
第三届	1964.2	周一峰	男	中共南通地委	书记
		邵幼和	男	－	－
		顾泽民	男	县人委	县长
		崔锡余	男	－	县人委委员、社员
		张文潜	男	大生三厂	经理、南通市协商委员
		黄士松	男	－	－
		陈钟英	女	－	－
		程育如	女	－	－
第四届	－1978	董仁亲	男	大新公社中兴大队党支部	书记
第五届	1979－1982	安焕林	男	县政协	副主席
		倪汉明	男	中共海门县委	副书记
		李翠芬	女	新建公社团结大队党支部	副书记
		徐友兰	女	大新公社中兴大队	农民
		黄美芳	女	－	－
		崔锡余	男	三厂农机厂	工人
		袁选昌	男	常乐公社16大队	农民
		顾炳高	男	海门链条厂	工人
		施汉青	男	厂洪农具厂	车间主任
第六届	1983－1987	安焕林	男	县政协	副主席
		袁亚慈	女	三和乡三南村党支部	书记
		许永珍	女	国强乡党委	书记
		胡　新	男	江苏省海门中学	教导主任
		张锦其	男	麒麟建筑站	站长
		陈冠球	男	县人民政府	县长
		施建华	女	海门镇饮食服务公司	理发员
第七届	1988－1992	陆兴达	男	县人民政府	县长
		许永珍	女	国强乡党委	书记
		成宝丰	男	三厂矿山机械厂	技术员、县政协委员
		赵国芳	女	县农科所	高级农技师

续表 21－2

届次	时间	姓名	性别	单位	职务
第八届	1993－1997	安焕林	男	县政协	副主席
		袁亚慈	女	三和镇三南村党支部	书记
		胡淑芳	女	海门棉纺厂	工人
		赵国芳	女	县农科所	高级农技师
		茅　健	女	通棉三厂	工人
		曹能新	男	中共海门县委	书记
第九届	1998－2002	倪志斌	男	市兽医站	站长
		王浦萍	女	海门市委、江苏百花集团	常委、董事长
		施亚民	男	市人民政府	市长
		倪国祥	男	市殡仪馆	馆长
第十届	2003－2007	叶剑生	男	常乐镇培育村党支部	书记
		陆亚萍	女	南通亚萍布业集团	董事长
		王浦萍	女	海门市委、江苏百花集团	常委、董事长
		张炳华	男	东洲中学	校长
		汤仲飞	男	市人民政府	市长
		曹　斌	男	启东市人民政府，2006 年调海门市委	市长、书记
第十一届	2008	姜　龙	男	市人民政府	市长
		王浦萍	女	海门市人大常委会、江苏百花集团	副主任、董事长
		张炳华	男	东洲中学	校长
		秦步平	男	市人民医院	医生

说明：因“文化大革命”，海门县第四届出席省人民代表大会代表上限时间不明

第二节　县各界人民代表会议

一、第一届各界人民代表会议

1950 年 5 月 2－7 日在茅家镇县民主青年联合会会堂举行，出席代表 290 人，列席代表 21 人，旁听 4 人。县委书记、县长赵一平作《关于 1949 年 2 月以来的政府工作报告》，总工会主席孙尚礼作提案整理工作汇报，县委副书记张惠和作《目前形势与今后任务的建议报告》，并通过相应决议。会议号召干部群众战胜灾荒，搞好生产，肃清残余匪特，准备新区土地改革。会议选举产生赵一平等 25 人组成县第一届各界人民代表会议常务委员会。

二、第二届各界人民代表会议

1950 年 9 月 15－19 日在县青联会会堂召开，出席代表 275 人，列席代表 19 人。县委书记、县长赵一平作《四个月的政府工作报告》，县委副书记张惠和作《关于当前形势与今后任务的建议报告》，并通过相应决议。会议选举产生赵一平等 27 人组成县第二届各界人民代表会议常务委员会。

三、第三届各界人民代表会议

1951 年 3 月 31 日至 4 月 4 日在县青联会会堂召开，出席代表 275 人。代理县长沈计达作《六个月来工作综合报告》，县委副书记张惠和作《目前形

势和今后任务的建议报告》。通过《海门县第三届各界人民代表会议决议》《关于兴建海门县烈士祠实施办法草案》《在四甲镇余中小学旧址创办初级中学的计划草案意见》。选举产生张惠和等37人组成县第三届各界人民代表会议常务委员会。

四、第四届各界人民代表会议

1951年8月21－25日在县青联会会堂召开，出席代表325人。代理县长沈计达作《上届会议以来四个半月的政府工作报告》，县委副书记张惠和作《目前形势与今后工作任务的建议报告》。讨论今后如何更好地开展抗美援朝运动、镇压反革命和民主建政等工作，并通过相应决议。选举产生张惠和等39人组成县第四届各界人民代表会议常务委员会。

五、第五届各界人民代表会议

1952年6月28日至7月1日在县青联会会堂召开，出席代表398人。县政府秘书陆成作《十个月来政府工作报告》，县委书记张惠和作《今后三个月工作任务的建议报告》，上届各界人民代表会议常务委员会副主席陈贞吉作《四届会议以来的会务工作报告》。讨论进一步开展万组千村的爱国丰产运动、开展物资交流等工作，并通过相应决议。选举产生张惠和等47人组成县第五届各界人民代表会议常务委员会。

六、第六届各界人民代表会议

1952年12月30日至1953年1月4日在县青联会会堂召开，出席代表391人。县人民政府秘书陈耀阶作《六个月来的政府工作报告》，县委书记张惠和作《关于目前形势和今后三个月工作建议报告》，以及进一步贯彻婚姻法等专题报告，讨论在继续开展抗美援朝运动的前提下，发展工农业生产，农村以冬耕和水利建设为中心，市镇以加强城乡物资交流与发展手工业生产为中心，结合贯彻生产救灾、拥军优属、民主建政、民兵冬训、税收及文化教育等工作，并通过相应决议。选举产生张惠和等41人组成县第六届各界人民代表会议常务委员会。

七、第七届各界人民代表会议

1953年5月12－15日在茅家镇召开，出席代表376人，列席代表18人。县长崔金鳌作《政府工作报告》和《关于互助合作运动的专题报告》，并通过相应决议。选举产生张惠和等组成县第七届各界人民代表会议常务委员会。

1950－1956年海门县各界人民代表会议常务委员会主席、副主席名录

表21－3

届 次	职 务	姓 名	籍 贯	任 职 时 间
第一届	主 席	赵一平	江苏海门	1950.5－1950.9
	副主席	陈贞吉	江苏海门	1950.5－1950.9
	副主席	张惠和	江苏启东	1950.5－1950.9
	副主席	沈计达	江苏海门	1950.5－1950.9
	副主席	朱立人	江苏南通	1950.5－1950.9
第二届	主 席	赵一平	江苏海门	1950.9－1950.11
	副主席	陈贞吉	江苏海门	1950.9－1951.3
	副主席	张惠和	江苏启东	1950.9－1951.3
	副主席	沈计达	江苏海门	1950.9－1951.3
	副主席	朱立人	江苏南通	1950.9－1951.3
第三届	主 席	张惠和	江苏启东	1951.3－1951.8
	副主席	陈贞吉	江苏海门	1951.3－1951.8
	副主席	沈计达	江苏海门	1951.3－1951.8

续表 21－3

届次	职务	姓名	籍贯	任职时间
第三届	副主席	崔金鳌	江苏海门	1951.3－1951.8
	副主席	朱立人	江苏南通	1951.3－1951.8
第四届	主席	张惠和	江苏启东	1951.8－1952.6
	副主席	陈贞吉	江苏海门	1951.8－1952.6
	副主席	沈计达	江苏海门	1951.8－1952.6
	副主席	崔金鳌	江苏海门	1951.8－1952.6
	副主席	朱立人	江苏南通	1951.8－1952.6
第五届	主席	张惠和	江苏启东	1952.6－1952.12
	副主席	秦素萍(女)	江苏启东	1952.6－1952.12
	副主席	陈贞吉	江苏海门	1952.6－1952.12
	副主席	崔金鳌	江苏海门	1952.6－1952.12
	副主席	王雨晴	江苏海门	1952.6－1952.12
	副主席	朱立人	江苏南通	1952.6－1952.12
	副主席	施士俊	江苏海门	1952.6－1952.12
第六届	主席	张惠和	江苏启东	1952.12－1953.5
	副主席	王雨晴	江苏海门	1952.12－1953.5
	副主席	朱立人	江苏南通	1952.12－1953.5
	副主席	陈贞吉	江苏海门	1952.12－1953.5
	副主席	崔金鳌	江苏海门	1952.12－1953.5
第七届	主席	张惠和	江苏启东	1953.5－1954.4
	副主席	朱立人	江苏南通	1953.5－1956.2
	副主席	陈贞吉	江苏海门	1953.5－1956.2
	副主席	崔金鳌	江苏海门	1953.5－1956.2

第三节 市(县)人民代表大会

一、第一届人民代表大会第一次会议

第一次会议于1954年7月2－5日在海门烈士馆会堂举行,应到代表375人,出席331人,列席代表13人。会议学习《中华人民共和国宪法(草案)》,讨论县委书记唐如浴作的1954年5个月来政府工作总结与今后一个时期任务的建议报告,通过《关于今后工作》和《关于拥护中华人民共和国宪法(草案)》两个决议,选举产生海门出席省首届人民代表大会代表5人。

二、第二届人民代表大会第一次会议

第一次会议于1957年2月17－20日在海门烈士馆会堂举行,应到代表422人,出席360人,列席35人。会议听取选举委员会主席崔金鳌作的选举工作情况发言、县委书记唐如浴作的国内外形势问题的报告、上届县长茅锡堂作的两年来政府工作和今后任务的报告,以及法院工作报告、财政预决算报告等,并通过有关决议。会议选出委员24人组成县第二届人民委员会,选举县人民政府县长、副县长及人民法院院长。

三、第三届人民代表大会第一次会议

第一次会议于1958年5月19－21日在海门烈士馆会堂召开，应到代表416人，出席343人，列席代表20人。县委第一书记钱岗致开幕词。会议听取上届副县长黄冠中作的二届二次会议以来的政府工作报告、县委第二书记唐如浴作的形势与任务的报告，以及全县基层选举工作情况的报告、法院工作报告、财政预决算报告，并通过相应决议。会议选举产生由25人组成的县第三届人民委员会，选举县人民政府县长、副县长以及人民法院院长，并选举海门出席省第二届人民代表大会代表5人。

四、第四届人民代表大会第一次会议

第一次会议于1961年9月30日至10月4日在海门烈士馆会堂召开，应到代表428人，出席325人。县委书记、上届县长赵洪程作形势报告。会议听取并审议副县长陆凤娥作的政府工作报告，以及财政预决算报告、法院工作报告等，并通过相应决议。大会选举产生由25人组成的县第四届人民委员会，选举县人民政府县长、副县长以及人民法院院长，补选海门出席省第二届人民代表大会代表1人。

五、第五届人民代表大会第一次会议

第一次会议于1964年2月20－25日在海门烈士馆会堂召开，应到代表440人，出席373人，列席代表89人。会议听取和审议县委书记赵洪程代表县选举委员会作的基层选举工作情况报告，上届县长陈伯陶作的政府工作报告，副县长陆凤娥作的财政预决算报告，副县长范步洲作的提案办理情况报告，以及财政预算安排的审查报告、法院工作报告等，并通过相应决议。选举由30人组成的县第五届人民委员会，选举县人民政府县长、副县长以及人民法院院长。选举海门出席省第三届人民代表大会代表8人。

六、第六届人民代表大会第一次会议

第一次会议于1966年1月9－13日在海门烈士馆会堂召开，应到代表444人，出席382人。会议听取和审议上届县长顾泽民作的政府工作和今后任务报告，副县长崔金鳌作的上届会议提案的办理情况报告，以及财政预决算报告、法院工作报告，并通过相应决议。选举产生由34人组成的县第六届人民委员会，选举县人民政府县长、副县长及人民法院院长。

七、第七届人民代表大会第一次会议

因“文化大革命”而未召开。按1975年《中华人民共和国宪法》关于“地方各级革命委员会又是地方各级人民代表大会的常设机关”的规定，将县革命委员会成立大会列为县第七届人民代表大会沿袭记载。1968年3月14日，经中国人民解放军6453部队党委批准，建立县革命委员会，由委员47人组成，设常务委员13人、主任1人、副主任5人。成立大会在县人民体育场召开，工人、贫下中农、红卫兵、人民解放军指战员和干部代表2300多人参加。中国人民解放军6453部队南字180部队负责人于春圃，南通军分区政委、南通专区军管会主任姚鼐出席大会并讲话。县军管会副主任徐志高宣读6453部队党委关于成立县革命委员会的批复，董仁亲代表县革命委员会讲话。1968年3月至1980年12月，县革委会主任6次更迭，副主任任免18人次。

八、第八届人民代表大会第一次会议

第一次会议于1980年12月11－16日在县人民剧场举行，应到代表594人，出席590人。政协县五届一次会议的委员和县部、委、办、局的主要负责

图21－1　县第八届人民代表大会常务委员会委员合影（1984年2月摄）

人列席会议。会议听取和审议县革命委员会副主任陈冠球作的县革委会工作报告,以及1980年财政预算和执行情况报告、法院工作报告、检察院工作报告,并通过相应决议。决定设立县人大常委会,作为县人代会的常设机构;撤销县革委会,成立县人民政府。选举县第八届人民代表大会常务委员会主任1人、副主任7人、常务委员14人,选举产生县人民政府县长、副县长及县人民法院院长、县人民检察院检察长。

九、第九届人民代表大会第一次会议

第一次会议于1984年3月3－7日在县人民剧场召开,应到代表450人,出席449人。政协县六届一次会议的委员和县各部、委、办、局的主要负责人列席会议。会议听取和审议上届县政府副县长秦志明作的政府工作报告,上届县人大常委会副主任岑云台作的人大常委会工作报告,以及1983年财政决算和1984年财政预算(草案)的报告、法院工作报告、检察院工作报告,并通过相应决议。选举产生县第九届人民代表大会常务委员会主任1人、副主任5人、常务委员20人,选举产生县人民政府县长、副县长及人民法院院长、人民检察院检察长。

十、第十届人民代表大会第一次会议

第一次会议于1987年3月5－9日在县人民剧场举行,应到代表344人,出席333人。出席政协县七届一次会议的委员和县级机关各部门主要负责人列席会议。会议听取和审议上届县长秦志明作的政府工作报告,上届县人大常委会副主任史秉谦作的人大常委会工作报告,以及1986年国民经济和社会发展计划(草案)的报告、1986年财政决算和1987年财政预算(草案)报告、法院工作报告、检察院工作报告,并通过相应决议。选举产生县第十届人民代表大会常务委员会主任1人、副主任3人、常务委员15人,选举产生县人民政府县长、副县长及县人民法院院长、县人民检察院检察长。

十一、第十一届人民代表大会第一次会议

第一次会议于1990年3月15－19日在县人民剧场举行,应到代表351人,出席347人。会议听取并审议上届县长陆兴达作的政府工作报告,上届县人大常委会主任秦志明作的人大常委会工作报告,以及1989年国民经济、社会发展计划执行情况和1990年国民经济、社会发展计划(草案)的报告、1989年财政预算执行情况和1990年财政预算(草案)的报告、法院工作报告、检察院工作报告,并通过相应决议。选举产生县第十一届人民代表大会常务委员会主任1人、副主任4人、委员20人,选举产生县人民政府县长、副县长及县人民法院院长、县人民检察院检察长。

十二、第十二届人民代表大会第一次会议

第一次会议于1993年2月12－17日在县人民剧场举行,应到代表365人,出席357人。会议听取并审议上届县长曹能新作的政府工作报告,上届县人大常委会主任秦志明作的人大常委会工作报告,以及1992年国民经济、社会发展计划执行情况和1993年国民经济、社会发展计划(草案)的报告、1992年财政预算执行情况和1993年财政预算(草案)的报告、法院工作报告、检察院工作报告,并通过相应决议。选举产生县第十二届人民代表大会常务委员会主任1人、副主任5人、委员21人,选举产生县人民政府县长、副县长以及县人民法院院长、县人民检察院检察长。会议还选举产生海门出席南通市第十届人民代表大会代表59人。

十三、第十三届人民代表大会第一次会议

第一次会议于1998年1月3－7日在市人民大剧院举行,应到代表335人,出席326人。会议听取并审议上届市长施亚民作的政府工作报告,上届市人大常委会主任朱玉兰作的人大常委会工作报告,以及1997年国民经济、社会发展计划执行情况和1998年国民经济、社会发展计划(草案)的报告、1997年财政预算执行情况和1998年财政预算(草案)的报告、法院工作报告、检察院工作报告,并通过相应决议。选举产生市第十三届人民代表大会常务委员会主任1人、副主任4人、委员19人,选举产生市人民政府市长、副市长以及市人民法院院长、市人民检察院检察长。选举产生海门出席南通市第十一届人民代表大会代表68人,市法院人民陪审员45人。

十四、第十四届人民代表大会第一次会议

第一次会议于2003年1月5－9日在市人民大

剧院举行，应到代表335人，出席332人。会议听取并审议上届市长汤仲飞作的政府工作报告，上届市人大常委会主任施亚民作的人大常委会工作报告，以及2002年国民经济、社会发展计划执行情况和2003年国民经济、社会发展计划（草案）的报告、2002年财政预算执行情况和2003年财政预算（草案）的报告、法院工作报告、检察院工作报告，并通过相应决议。选举产生市十四届人民代表大会常务委员会主任1人、副主任4人、委员23人，选举产生市人民政府市长、副市长以及市人民法院院长、市人民检察院检察长。选举产生海门出席南通市第十二届人民代表大会代表69人，市法院人民陪审员43人。

十五、第十五届人民代表大会第一次会议

第一次会议于2007年12月23－27日在市人民大剧院举行，会议代表335人，出席335人。会议听取并审议上届市长姜龙作的政府工作报告，上届市人大常委会主任朱玉兰作的人大常委会工作报告，以及2007年国民经济、社会发展计划执行情况和2008年国民经济、社会发展计划（草案）的报告、2007年财政预算执行情况和2008年财政预算（草案）的报告、法院工作报告、检察院工作报告，并作出相应决议。选举产生市十五届人民代表大会常务委员会主任1人、副主任6人、委员28人，选举产生市人民政府市长、副市长以及市人民法院院长、市人民检察院检察长。会议还选举产生海门出席南通市第十三届人民代表大会代表70人。

第四节　市（县）人大常委会

一、领导机构

1980年12月，县第八届人民代表大会开始实行选举县人民代表大会常务委员会制度，每届常委会任期3年。1993年起，每届常委会任期改为5年。1994年6月，改为市人大常委会。市（县）人大常委会作为市（县）人民代表大会的常设机构，依法行使职权，对市（县）人民政府、检察院、法院工作进行监督。对市（县）人民代表大会负责并报告工作。

1980－2008年海门市（县）人大常委会主任、副主任名录

表21－4

届次	职务	姓名	籍贯	任职时间
第八届	主任	樊发祥	江苏启东	1980.12－1984.3
	副主任	岑云台	江苏海门	1980.12－1984.3
	副主任	崔金鳌	江苏海门	1980.12－1982.2
	副主任	刘　勤（女）	江苏海门	1980.12－1982.12
	副主任	黄冠中	江苏海门	1980.12－1982.12
	副主任	陈象新	江苏启东	1980.12－1982.12
	副主任	卫德漳	江苏启东	1980.12－1984.3
	副主任	许其俠	江苏苏州	1980.12－1984.3
第九届	主任	沙秀高	江苏如东	1984.3－1987.3
	副主任	岑云台	江苏海门	1984.3－1987.3
	副主任	史秉谦	江苏海门	1984.3－1987.3
	副主任	陆人权	江苏海门	1984.3－1987.3
	副主任	陈九如	江苏海门	1984.3－1987.3
	副主任	卫德漳	江苏启东	1984.3－1987.3

续表 21－4

届 次	职 务	姓 名	籍 贯	任职时间
第十届	主 任	秦志明	江苏海门	1987.3－1990.3
	副主任	史秉谦	江苏海门	1987.3－1990.3
	副主任	陈九如	江苏海门	1987.3－1990.3
	副主任	曹建平	江苏海门	1987.3－1990.3
第十一届	主 任	秦志明	江苏海门	1990.3－1993.2
	副主任	陈秀萍(女)	江苏海门	1990.3－1993.2
	副主任	谭柏虎	江苏淮安	1990.3－1993.2
	副主任	张桂卿	江苏海门	1990.3－1993.2
	副主任	季金虎	江苏海门	1990.3－1993.2
第十二届	主 任	秦志明	江苏海门	1993.2－1996.2
	主 任	朱玉兰(女)	江苏海门	1996.2－1998.1
	副主任	李兰标	江苏海门	1993.2－1998.1
	副主任	陈秀萍(女)	江苏海门	1993.2－1998.1
	副主任	谭柏虎	江苏淮安	1993.2－1998.1
	副主任	张桂卿	江苏海门	1993.2－1996.2
	副主任	季金虎	江苏海门	1993.2－1995.2
	副主任	顾飞天	江苏海门	1995.2－1998.1
	副主任	吴佳虹(女)	江苏扬州	1995.2－1998.1
	副主任	张祖兴	江苏海门	1996.2－1998.1
第十三届	主 任	朱玉兰(女)	江苏海门	1998.1－2001.1
	主 任	施亚民	江苏海门	2001.1－2003.1
	副主任	李兰标	江苏海门	1998.1－2002.3
	副主任	顾飞天	江苏海门	1998.1－2003.1
	副主任	吴佳虹(女)	江苏扬州	1998.1－2003.1
	副主任	袁锡平	江苏海门	1998.1－2003.1
	副主任	陆海忠	江苏海门	2001.1－2003.1
第十四届	主 任	施亚民	江苏海门	2003.1－2006.2
	主 任	朱玉兰(女)	江苏海门	2006.2－2007.12
	副主任	刘炳生	江苏海门	2003.1－2007.12
	副主任	吴佳虹(女)	江苏扬州	2003.1－2007.12
	副主任	陆海忠	江苏海门	2003.1－2007.12
	副主任	方正达	江苏海门	2003.1－2007.12
	副主任	沈德群	江苏海门	2004.2－2006.11
	副主任	王浦萍(女)	江苏海门	2005.1－2007.12
	副主任	朱惠良	江苏海门	2006.2－2007.12
	副主任	季允刚	江苏海门	2007.1－2007.12

续表 21－4

届　次	职　务	姓　名	籍　贯	任职时间
第十五届	主　任	朱玉兰(女)	江苏海门	2007.12－
	副主任	陈水平	江苏海门	2007.12－
	副主任	方正达	江苏海门	2007.12－
	副主任	王浦萍(女)	江苏海门	2007.12－
	副主任	季允刚	江苏海门	2007.12－
	副主任	黄伯新	江苏海门	2007.12－
	副主任	王兰平(女)	江苏海门	2007.12－

二、工作部门

1980年12月，县人大常务委员会建立后，下设办公室，办公室设主任1人、副主任3人。1984年3月，县第九届人民代表大会常委会第一次会议决定，县人大常委会下设法制、科技、农业、工业4个小组，各设组长1人。1985年1月，县第九届人民代表大会常委会第七次会议决定，撤销县人大常委会下设的法制、科技、农业、工业4个小组，设立法制、财政经济、科教文卫、城乡建设4个工作委员会，各委员会设主任1人、副主任1－2人。1987年3月，县第十届人大常委会第一次会议决定，撤销城乡建设工作委员会，法制工作委员会改称人事法制工作委员会，各委员会设正、副主任各1人。1988年12月，县第十届人大常委会第三十次会议决定，增设农业工作委员会。

1990年8月，县第十一届人大常委会第四次会议决定，撤销人事法制工作委员会，分别建立法制工作委员会和内务工作委员会，各委员会设主任1人、副主任1－3人。1993年8月，县第十二届人大常委会第五次会议决定，将内务工作委员会改为人事代表工作委员会。1997年11月，县第十二届人大常委会第三十九次会议决定，撤销农业工作委员会，建立城建环保工作委员会，将法制工作委员会改为内务司法工作委员会，各委员会设主任1人、副主任1－3人。2004年6月，增设农业农村工作委员会，与财政经济工作委员会合署办公，人员编制不变。办公室设主任1人、副主任2人，人事代表与城建环保2个工作委员会各设主任1人，其余工作委员会设正、副主任各1人。2006年7月，增设民宗侨台工作委员会，与科教文卫工作委员会合署办公，人员编制不变。同时增设研究室，与办公室合署办公。2007年2月，增设信访督办室，与办公室合署办公。

2008年，市人大常委会的工作部门有办公室(研究室、信访督办室)，设主任1人、副主任3人；财政经济工作委员会(农业农村工作委员会)、内务司法工作委员会、科教文卫工作委员会(民宗侨台工作委员会)、人事代表工作委员会和城建环保工作委员会，各设正、副主任1人。

三、依法履职

重大事项决定　县八届人大常委会第十七次会议作出《关于我县农村人民公社实行政社分设的决议》。县九届人大常委会第五次会议作出《关于发展多种经营生产的决议》。县十届人大常委会第三次会议作出《关于治理三厂镇和厂洪乡部分地区工业污染的决议》。

县十一届人大常委会第五次会议作出《关于对公检法机关进行执法检查的决定》，第十六次会议作出《关于海门经济技术开发区第一期规划的决议》。

市(县)十二届人大常委会第四次会议作出《关于〈提高海门水厂水质〉议案的决议》，第十四次会议作出《关于认真贯彻执行〈江苏省暂住人口管理条例〉的决定》，第十八次会议作出《关于加强道路交通管理的决定》，第二十次会议作出《关于批准〈海门市基本农田保护面积指标分解方案〉的决定》，第二十六次会议作出《关于〈充分发挥企业科技人才作用，推动我市经济持续健康发展〉议案的决议》，第二十七次会议作出《关于组织人大代表评议教育行政管理部门工作的决定》，第三十二次会议作出《关于继续开展法制宣传教育的决议》。

市十三届人大常委会作出《关于全面推进依法治市工作的决议》《关于加强法院执行工作的决议》《加快发展高中阶段教育议案的决议》《对市人民政府〈关于提请批准海门市中心城区总体规划调整方案的议案〉的决议》和《关于进一步规范学校收费行为的决定》。

市十四届人大常委会作出《关于加强财政投资建设重大项目工作监督的决定》《关于组织市人大代表评议南通市海门质监局工作的决定》。市十五届人大常委会作出《关于加强饮用水卫生安全工作的决议》等。

至2008年,市(县)人大常委会对人民代表大会的召开、议案、国民经济社会发展计划和财政预算报告、五年普法规划、城市规划调整等全局性重大事项作出决议、决定外,还有重点地对全市(县)政治、经济、社会事业、人民生活和民主法制建设等方面的重大事项依法作出决议、决定共136项,并要求"一府两院"①贯彻落实。

审议监督 县第八至第十届人大常委会共听取和审议"一府两院"和有关部门的工作报告177个。主要有《关于常乐公社实行政社分设试点工作情况和全县开展政社分设的汇报》《关于县政府机关机构改革情况和机构设置方案的报告》《关于农业生产责任制的报告》《关于调整、改革耕作制度的报告》《关于基本建设工作的报告》《关于坚决制止乱涨价和乱摊派这两股歪风的报告》《关于打击经济领域中严重犯罪活动的报告》《关于当前治安形势和工作情况的报告》《关于开展扶贫工作的报告》《关于环境保护工作的报告》《关于县志编撰工作的报告》《关于改革劳动制度的报告》《关于江海堤防建设的报告》《关于廉政工作的报告》《关于治理三厂镇和厂洪乡部分地区工业污染的报告》等。

市(县)第十一至十二届人大常委会共听取和审议"一府两院"和有关部门的工作报告132个。主要有《关于10件实事办理情况的报告》《关于编制村镇规划和建立基本农田保护区的报告》《关于农村改水工作情况的报告》《关于严厉打击严重刑事犯罪分子情况的报告》《关于对外经贸工作情况的报告》《关于开展"质量、品种、效益年"活动情况的报告》《关于巩固和壮大村级集体经济工作情况的报告》《关于兴办外商投资企业情况的报告》《关于利用世界银行贷款开发海涂工作情况的报告》《关于全县推行股份合作制试点工作情况的报告》《关于反贪污贿赂工作情况的报告》《关于文化娱乐市场管理情况的报告》等。

市第十三届至十五届人大常委会听取和审议"一府两院"和有关部门的工作报告160个。主要有《关于外向型经济发展情况的报告》《关于发展私营个体经济工作情况的报告》《关于全市"非典"防治工作情况的报告》《关于〈整治城区水系〉议案办理和续办情况的报告》《关于渎职侵权检察工作情况的报告》《关于实施公路交通建设和农村危桥改造情况的报告》《关于职业技术教育工作的报告》《关于"四大增长极"建设情况的报告》《关于培大扶强工业企业工作情况的报告》《关于农民健康工程实施情况的报告》《关于农村文化阵地建设情况的报告》等。

法律监督 市(县)第八届至第十届人大常委会在会议前视察和调查的基础上,听取和审议"一府两院"贯彻执行国家法律法规情况的报告共76个。主要有《中华人民共和国统计法》《中华人民共和国会计法》《中华人民共和国计量法》《中华人民共和国食品卫生法》《中华人民共和国义务教育法》《中华人民共和国土地管理法》《中华人民共和国税收征管暂行条例》《中华人民共和国环境保护法(试行)》《治安管理处罚条例》等法律、法规实施情况的报告。

市(县)第十一届至十二届人大常委会听取和审议"一府两院"贯彻执行法律法规情况的报告54个。主要有《中华人民共和国行政诉讼法》《中华人民共和国刑法》《中华人民共和国刑事诉讼法》《中华人民共和国行政处罚法》《中华人民共和国土地管理法》《中华人民共和国统计法》《中华人民共和国公司法》《中华人民共和国水污染防治法》《中华人民共和国食品卫生法》《中华人民共和国教师法》《中华人民共和国婚姻法》《中华人民共和国城市规划法》《中华人民共和国科学技术进步法》《中华人民共和国劳动法》《中华人民共和国渔业法》《中华人民共和国兵役法》《中华人民共和国妇女权益保障法》《中华人民共和国传染病防治法》《中华人民

① 一府两院:一府,市人民政府;两院,市人民法院、市人民检察院。

共和国反不正当竞争法》《中华人民共和国消费者权益保护法》《中华人民共和国环境保护法》《中华人民共和国农业法》《中华人民共和国农业技术推广法》及《江苏省保护消费者权益条例》《江苏省基本农田保护条例》《江苏省计划生育条例》《江苏省中等职业技术教育条例》《江苏省全民所有制工业企业转换经营机制条例》《江苏省暂住人口管理条例》《江苏省村镇规划建设管理条例》《江苏省保护老年人合法权益条例》等法律、法规实施情况的报告。1994 年 5 月,县十二届人大常委会第十一次会议通过对县人民政府及其有关部门行政执法情况开展评议的实施意见和加强对公检法机关监督的八项制度①。当年,把与人民群众利益直接相关的土地管理法、药品管理法、环境保护法、农民承担费用和劳务管理条例、村庄和集镇规划建设管理条例的贯彻执行情况进行评议,并为此结合县委人大工作会议进行动员,组织人大常委会机关工作人员进行调查研究。11 月,由人大代表以小组为单位进行评议,肯定成绩、指出问题、要求整改,事后人大常委会检查督促、务求实效,整个评议工作至 1995 年 1 月结束。实施八项制度,市人大常委会于每年第四季度,组织人大代表进行评议,对评议意见书面交公检法机关办理,并专门听取办理情况报告,加强监督。市人大常委会的这些做法取得显著效果,此后在全省人大召开的各市和部分县(市)人大常委会主任会议上,特邀作经验介绍。

市第十三届至十五届人大常委会听取和审议"一府两院"贯彻执行法律法规情况的报告 82 个。主要有《中华人民共和国农业法》《中华人民共和国农村土地承包法》《中华人民共和国环境保护法》《中华人民共和国税收征收管理法》《中华人民共和国义务教育法》《中华人民共和国药品管理法》《中华人民共和国审计法》《中华人民共和国土地管理法》《中华人民共和国城市规划法》《中华人民共和国行政许可法》《中华人民共和国食品卫生法》(2009 年 6 月 1 日起废止)、《中华人民共和国消费者权益保护法》《中华人民共和国村民委员会组织法》《中华人民共和国公路法》《中华人民共和国道路交通安全法》《中华人民共和国工会法》《中华人民共和国献血法》《中华人民共和国政府采购法》《中华人民共和国会计法》《中华人民共和国科学技术进步法》《中华人民共和国促进科技成果转换法》《中华人民共和国职业教育法》《中华人民共和国水污染防治法》《中华人民共和国归侨侨眷权益保护法》及《中华人民共和国治安管理处罚条例》,国务院颁布的《城市房屋拆迁管理条例》《关于深化改革严格土地管理的决定》和《江苏省社会保险费征缴暂行条例》《江苏省贸易计量监督管理条例》《江苏省计划生育条例》《江苏省物业管理条例》等法律、法规实施情况的报告。

人事任免　县第八届人大常委会设立后,人大常委会依法任免人大机关、政府机关、审判机关、检察机关工作人员。凡属县人大常委会任免的干部,实行举手表决,县十届人大常委会改为无记名投票表决。1980－1990 年,任免 913 人次。县十一届人大常委会第九次会议讨论通过《海门县人大常委会关于国家行政机关、审判机关、检察机关领导干部进行述职报告的试行办法》,对卫生、商业、物价、人事、水利等政府组成部门主要负责人进行述职评议,并逐渐实行述职前常委会通过新闻媒体发布公告,扩大群众参与,增强透明度。组织调查小组深入有关部门召开座谈会和个别谈话,直接听取干部群众的意见;述职人员在述职报告初稿完成后,分别在各自分管部门或本单位中层以上干部会议上进行述职,广泛听取意见,进一步修改完善述职报告;在常委会会议上述职后,组成人员依据调查报告进行实事求是的评价,形成评议意见;述职后 3 个月内,述职人员根据评议意见向常委会报告整改措施及落实整改情况。

市十三届人大常委会开始实行拟任人选任前法律知识考试制度、任前供职讲话制度、分组审议和任后表态发言制度,规范人事任免程序,提高人事任免质量。其中对由人大常委会任命、决定任命的副市长、市政府组成部门主要负责人,法院审判员、审判委员会委员、副庭长、庭长、副院长,检察院检察员、检察委员会委员、副检察长,人大机关各委办负责人在任前进行法律知识考试。1991－2000 年,任免班干部 516 人次。

2003 年 2 月,市十四届人大常委会对拟任人员进行法律知识闭卷考试。至 2008 年,参加任前法律

① 八项制度:1. 人大代表定期评议制度;2. 重大问题、重要工作报告、审议制度;3. 处理人民群众来信来访情况报告制度;4. 受理申诉、控告制度;5. 检查、视察制度;6. 自查自纠情况报告制度;7. 错案追究责任制度;8. 廉政监督制度。

图 21－2 2003 年 2 月，市十四届人大常委会对市政府组成人员、人大常委会机关干部进行法律知识考试

知识考试355人次。其中市十三届人大常委会期间(1998年1月至2003年1月)有189人次参加考试;市十四届人大常委会期间(2003年1月至2007年12月)有132人次参加考试;市十五届人大常委会期间(2007年12月至2008年12月)有34人次参加考试。2001－2008年任免班干部401人次。

调查视察 市(县)人大常委会根据市(县)人民代表大会常务委员会会议的议题及代表、组成人员的要求，安排代表、组成人员进行调查和视察活动，深入了解有关方面的情况，为出席人代会、常委会审议做好准备。

县八届人大常委会对农业生产责任制落实情况、工副业生产、计划生育、教育、食品卫生等工作进行专题调研和视察。九届人大常委会对农业经济结构改革、鼓励和支持专业户与重点户的发展、精神文明建设、防汛抗台、社会治安等工作进行专题调研和视察。

县十届人大常委会对农田水利建设、工业企业改革、物价管理、社会治安、教育卫生、防汛治坍工程等工作进行专题调研和视察。县十一届人大常委会对市场建设、土地管理、癌症防治、农村改水、社会治安等工作进行专题调研和视察。县十二届人大常委会对工业企业改制、城市规划、东灶港港口治理、防汛治坍、农民减负、清理整顿文化市场、普法工作等工作进行专题调研和视察。

市十三届人大常委会对农业适度规模经营、产业结构调整、教育收费、交通工程、税费改革、药品价格、法律服务等工作进行专题调研和视察。市十四届人大常委会对工业重点项目、城市建设、高效农业、政府实事工程、环境保护、农村合作医疗、教育资源整合、安全生产、预防职务犯罪等工作进行专题调研和视察。市十五届人大常委会对重大项目建设、城市建设、项目农业、老年人权益保障、物业管理、社区服务中心建设等工作进行专题调研和视察。

至2008年，市(县)人大常委会调研、视察共870多次，形成调研、视察报告800余份。

联系代表 县第八届人大常委会将县人大代表594人按照地域、系统和行业，编成69个代表小组，围绕各个时期党和国家的中心任务以及人大常委会会议内容开展活动，一般每季度活动1次。每年年初，常委会对全县代表活动作出部署，按季度提出活动内容建议，引导代表有重点、有目的地开展活动，提高活动质量。

1982年，把定期编印的《人大常委会会报》《人大工作信息》发给各代表小组。1989年1月，实行主任接待日制度，每月10日由主任、副主任轮流接待代表，了解情况，汇总整理代表们提出的意见和建议，并转交有关部门研究处理。

1993年，县人大常委会按照代表法有关规定，研究制定先进人大代表小组的考核评比标准，每年评选和表彰奖励先进代表小组和优秀代表，增强人大代表的光荣感、责任感和使命感。

图 21－3 2006 年，市人大视察市区教育资源整合情况

2002年，来自基层的人大代表樊启平、陈焱、张佩英、张裕丰等4人，作为特邀代表，首次列席市人大常委会会议。

2002－2008年，坚持每月为代表寄送《海门人大》（会刊、信息）和《人民与权力》等刊物，让代表及时了解人大常委会工作情况；经常召开各种类型的代表座谈会，及时向代表通报常委会工作情况；坚持常委会领导联系走访代表制度，常委会主任、副主任定期下基层，听取代表意见、建议；邀请市人大代表列席常委会会议、参加执法检查、专题视察和调研等，拓宽代表知情知政渠道，扩大代表对人大常委会工作参与面；邀请代表督办建议工作，直接与“一府两院”及有关部门面对面交流，让承办部门了解代表意图，提高满意度与办结率。

图21－4　市人大常委会副主任接待代表日活动　（2007年摄）

信访受理　市（县）人大常委会严格按照分别受理、综合分析、统一交办、定期反馈、严格督查的要求和《江苏省信访条例》等法律法规办理信访事宜。对其中一般性问题，及时转交有关部门办理，并提出办理要求；对一些重大问题，常委会负责人亲自批阅、接待、督办，并派员直接调查处理及通过组织调查、转办督办、召开协调会、回访等，督促“一府两院”和有关部门认真解决，做到件件有交代、事事有着落。

市（县）八届至十五届人大常委会，受理群众来访和来信共1.3万余人次。其中八届受理1212人次，九届、十届各受理400多人次，十一届受理848人次，十二届受理3305人次，十三届受理4543人次，十四届受理2300人次，十五届受理548人次。

1984年，海门微型电机厂在一台属的安排和使用上违反党的统一战线政策，县人大常委会接访后，专门派人调查，并向有关部门提出处理意见，使问题得到妥善解决。1985年，正余乡某商店违反物价政策，擅自提价，群众意见较大。县人大常委会负责人接到来信后批转给有关部门调查处理，经过认真查办，及时纠正该商店错误行为。

1991年，三厂镇某个体工商户不服管理、乱建亭子、无理取闹、寻衅打人，严重影响市场管理和社会治安。县人大常委会接访后，牵头召开协调会议，要求有关部门认真查处。在县人大常委会督促下，公安机关查清其殴打他人违法事实，将其行政拘留；县人民法院在三厂镇政府协助下，将其违章设置的亭子强制搬迁。并使三厂镇中华路上长期未能搬除的其他7只违章亭子也顺利搬迁，2户违章建筑也被拆除。1992年，刘浩乡某父子两次殴打正在上课的一代课老师致轻微伤害，基层有关部门没有及时作出处理，受害人到县人大常委会上访，该校校长及数十名师生也联名写信，呼吁县人大常委会依法监督。县人大常委会调查后，提出意见，要求有关部门尽快严肃处理。县公安局依法对该父子分别给予行政拘留和罚款处理。

2002年，原天补包装用品厂厂长顾某多次到市人大常委会上访，反映法院违法执行其财产，有关办案人员无正式发票收取诉讼费。市人大常委会对该案进行个案监督，多次到法院督办。经过查核，办案人员刘某被判刑，另两人给予诫勉谈话和通报批评处理。市人大常委会还对法院卷宗管理等问题提出改进意见。2003年年初，德胜镇瑞北村村民王某到市人大常委会上访，反映市人民法院审理、执行的案件久拖不决达9年之久，要求赔偿损失，惩处有关当事人。市人大常委会进行初查，听取法院相关工作报告，召开座谈会，查阅案件卷宗，证实王某反映的情况基本属实。经市人大常委会主任会议批准立案，向市人民法院发出个案监督意见，要求法院对此案调查处理。经过市人大常委会多次催办、督办，承办法官张某受到纪律处分，法院和张某共同承担经济责任7万元。

2004年，临江镇灵江村某村民向市人大常委会反映，村里31座老桥年久失修，大部分成为危桥。

常委会领导赴临江镇调查后,证明问题基本属实。要求财政部门和镇共同研究解决,并跟踪督办,该村的危桥及时得到改造。2005 年 10 月,正余镇新桥村村民张某连续来信、来电、来访,反映正余镇政府违法强拆其老屋。市人大常委会实地了解情况,发现当地政府未按程序办事也有一定责任。经现场调解,妥善解决矛盾。2008 年,包场镇中心小学教师联名致信市人大常委会,反映该校教师的住房公积金问题。市人大常委会领导作出批示,多次到相关部门了解情况,最终帮助他们解决后顾之忧。同年,根据群众信访线索,先后办结 6 起对人民法院的个案监督案件,维护社会公平正义,推进法官队伍建设。

第五节 议 案

设立县人大常委会前,历次人代会代表议案均由县人民委员会直接办理,并在下一次人代会上向全体代表报告办理情况。县人大常委会成立后,把督促办理代表议案和建议、批评、意见列入重要议事日程。县八至十届人代会共收到议案 2420 件,内容主要涉及落实政策、工业发展、农业和农村工作、文教卫生等。县十一届、十二届人代会共收到议案 1377 件,内容主要涉及工业、农业、外向型经济发展及教育、卫生、人民生活等。县十二届二次人代会上,人大代表马立新、张兰清等人提出《加强医、药管理,保障卫生事业健康发展》议案,反映医疗费用大幅度上涨,与上年(1993 年)相比,全县门诊人均费用上升 30%,住院费用上升 59%,全县人均医疗消费上升 40% 左右,为此群众反映强烈,要求严格医疗制度、降低医疗费用。县卫生部门落实议案,层层制定实施细则,规范收费标准,加强医德、医风建设,开展药品质量大检查,查获伪劣药品 980 多种,此后注重平时抽查,确保对伪劣药品查处力度。县十二届三次人代会上,人大代表陆培忠、薛静如等人提出议案《加强打假力度,维护消费者利益》,反映社会假冒伪劣产品严重损害消费者权益,要求严厉打击。县工商部门在历年打假工作不放松的基础上,于 1995 年 1－5 月查处各类经济案件 91 起,其中属打假案件 55 起,查处假货总额 115 万余元。

市十三至十五届人大一次会议代表提出议案和建议、批评、意见共 2177 件,内容涉及经济体制改革、新农村建设与城市建设、工业、农业、文化卫生教育事业及人民生活等。市十三届人大三次会议代表王淑芳等人提出《减轻农民负担,减轻企业负担,制止乱收费》议案,反映农民与企业负担较重,各方面收费也不规范,严重影响农民增收、企业发展,严重影响政府形象。为此,市委、市政府召开专门会议,制定减轻农民与企业负担、制止乱收费的方案。决定把农民负担的村提留乡统筹总额控制在 1997 年 7102.46 万元的水平上,人均负担 82.42 元,占上年农民人均纯收入的 1.9%,以乡为单位,把每个劳力每年"两工"①以资代劳总额控制在 70 元以下,并把负担劳力年龄下降 5 年。2000 年 3 月,开展全市农民负担检查工作,发现全市"两工"以资代劳总额 3049 万元,比 1996 年减少 265.66 万元,人均减少 67.5 元。同时取消适龄青年义务兵役费,全市农民减负 200 多万元。农村居民建房收费从原各乡镇累计 40 多项减少到 9 项,按每村每年 3－4 户建房计算,全市减轻农民负担 100 余万元。村级治安联防经费得到有效控制。取消企业收费 6 项,降低收费标准 4 项。终止对企业和农民的黑色路面费和财力平衡费征收。

市十四届三次人代会代表沈德群、仇士祥等人在议案《关于解决失地农民生活保障问题的政策尽快出台的要求》中,反映自 1992 年海门有首批失地农民起,现有失地农民 2.2 万人。首批失地农民补偿安置费仅每人 7000 元,绝大多数失地农民几年下来费用全部用光。特别是 40－60 岁这一部分人无一技之长,就业相当困难,连吃饭都不能保证。要求政府尽快出台政策,保障失地农民基本生活,维护社会安定。市十四届五次人代会代表张忠超在议案《关于尽快出台失地农民生活保障制度的建议》中,再次提出这一问题。议案主办部门会同相关部门及单位,组织人员进行调查摸底,征求意见,借鉴外地经验,拟出细则初稿,经市政府常务会议通过,于 2007 年 3 月形成《海门市征地补偿和征地农民基本生活保障实施细则(试行)》。其中被征地

① 两工:即义务工、劳动积累工。

农民共有9类享受基本生活保障，保障标准分为4个年龄段，分别领取生活补助费或养老金，其标准均比省标准有一定幅度提高。

第六节　乡镇人大

1953年全县普选后，各乡镇召开第一届人民代表大会，大会代表由乡镇选民直接选举产生。以后均采用直接选举方式。

各乡镇第一届人民代表大会在1953年4月至1954年春之间召开，第二届人代会在1956年10月召开，第三届人代会在1958年4月召开，第四届人代会在1960年5月至1961年9月召开，第五届人代会在1963年4月至1964年2月召开，第六届人代会在1965年11月召开，第七届人代会在1968年3－9月召开。第一至七届人代会主要审议批准乡镇（公社）人民政府工作报告；选举乡镇（公社）长（主任），选举出席县人民代表大会代表，自第八届开始实行县级人大代表直接选举，乡镇（公社）人代会不再选举县人大代表。

1981年7月，全县31个人民公社、2个县属镇各自召开第八届人民代表大会第一次会议，会议听取和审议公社管理委员会工作报告，选出正、副主任及镇长。此后，各乡镇每隔3年进行换届。

1990年3月，各乡镇人民代表大会主席团改为乡镇人民代表大会常设机构，配备专职常务主席1人。后陆续根据实际情况增配专职副主席。

2000年，8个调整行政区划的乡镇召开人民代表大会进行选举。2001年，未调整行政区划的14个乡镇人民代表大会进行换届选举。2004年，乡镇人民代表大会由3年一届改为5年一届，这一届任期顺延至2007年。2007年12月，乡镇人民代表大会进行换届，选举产生各乡镇人民代表大会代表。2008年，全市18个镇、1个乡的人民代表大会均设主席，部分乡镇配有副主席。各乡镇还根据实际情况配有工作人员数人。

第二章　行政机构

第一节　县　　署

海门自后周显德五年（958）设县到宋至和元年（1054）前，县署官制无考。

宋至和元年起，县署官制为知县、丞、主簿、尉。元朝，县署官制为达鲁花赤尹、丞、簿、典史、教谕、训导。明朝，县署官制为知县、县丞、主簿、典史、教谕、训导。清乾隆三十三年（1768）前，县署官制为知县、县丞、典史、教谕、训导，县署内设吏、户、礼、兵、刑、工、仓、库8个科房。

宋至清朝海门县知县名录

表21－5

朝代	姓　名	籍　贯	任职时间
宋	沈　起	浙江鄞州	至和元年（1054）
	王安石	江西临川	至和元年（1054）
	元　绛	浙江钱塘	绍兴元年（1131）
元	也先不花	－	－
	张士良	陕　西	至正年间（1341－1368）
	季世衡	河　南	至正二十八年（1368）
明	徐伯善	－	洪武元年（1368）
	骆士廉	－	洪武二十五年（1392）
	曲　能	陕西陇西	洪武三十年（1397）
	齐福东	－	－

续表 21－5

朝代	姓　名	籍　贯	任职时间
明	袁　庸	－	－
	刘　寅	－	－
	叶永亨	－	－
	陈　瑄	－	永乐十年(1412)
	王福缘	－	－
	黄　城	－	景泰二年(1451)
	龚　鉴	福建泉州	－
	李　旺	－	天顺元年(1457)
	马　驯	广东新会	成化五年(1469)
	张　铭	－	成化七年(1471)
	韩　明	浙江余姚	成化十年(1474)
	萧　羽	江西新喻	成化十四年(1478)
	莫　愚	广西马平	成化十七年(1481)
	徐　英	顺天宝坻	弘治二年(1489)
	陈　柏	浙江鄞县	弘治九年(1496)
	萧　绪	江西万安	弘治十一年(1498)
	安　郁	河北邯郸	弘治十四年(1501)
	赵　钥	浙江东阳	正德三年(1508)
	赵　定	永平威县	正德五年(1510)
	王　宣	陕西华州	正德九年(1514)
	裴绍宗	陕西渭南	正德十三年(1518)
	王　俊	河南洛阳	正德十六年(1521)
	陈　诲	湖广崇阳	嘉靖六年(1527)
	陈　言	湖广黄梅	嘉靖七年(1528)
	赵九思	山西闻喜	嘉靖九年(1530)
	陈　锭	湖广江陵	嘉靖十一年(1532)
	吴宗元	江西金溪	嘉靖十四年(1535)
	孟　梅	河南信阳	嘉靖十七年(1538)
	钱元高	广东龙川	嘉靖十八年(1539)
	汪有执	广东海南	嘉靖二十年(1541)
	张廷器	福建闽县	嘉靖二十四年(1545)
	刘　烛	江西吉水	嘉靖二十五年(1546)
	翟次乔	山东昌邑	嘉靖三十一年(1552)
	赵　卿	陕西兴平	嘉靖三十三年(1554)
	陈　裕	福建莆田	嘉靖三十六年(1557)
	邵化之	浙江永嘉	嘉靖三十八年(1559)
	饶廷光	江西临川	嘉靖四十三年(1564)

朝代	姓　名	籍　贯	任职时间
明	陈　采	湖广崇阳	嘉靖四十四年(1565)
	杨九经	直隶涿州	隆庆二年(1568)
	李　谕	江西南昌	隆庆六年(1572)
	夏尚忠	湖广浏阳	万历三年(1575)
	赵邦秩	浙江平湖	万历六年(1578)
	曹　铁	浙江长青	万历八年(1580)
	姜天麒	浙江余姚	万历十二年(1584)
	张大雅	浙江平湖	万历十七年(1589)
	蔡文会	顺天宛平	万历十八年(1590)
	杨启新	福建晋江	万历二十年(1592)
	廖自深	湖北黄冈	万历二十二年(1594)
	李邦彦	河北宁晋	万历二十八年(1600)
	董献策	河北深泽	万历三十年(1602)
	王之播	四川泸州	万历三十二年(1604)
	黄奎璧	福建政和	万历三十六年(1608)
	韩惟叙	山　西	万历四十一年(1613)
	关　昌	广东南海	万历四十七年(1619)
	侯安国	河南永城	万历四十八年(1620)
	高斗墟	河南确山	天启二年(1622)
	严尔珪	浙江归安	天启三年(1623)
	李景时	辽宁义州	天启七年(1627)
	钟必显	江西分宜	崇祯四年(1631)
	鲍经济	浙江会稽	崇祯九年(1636)
	雷惟美	浙江商州	崇祯十年(1637)
	廉　拭	江西鄱阳	崇祯十二年(1639)
	章闇然	贵　州	崇祯十三年(1640)
	李在公	陕　西	崇祯十六年(1643)
	刘士林	江西安福	崇祯十七年(1644)
清	李都产	辽　东	顺治二年(1645)
	王来庆	河北河间	顺治三年(1646)
	姚应选	广东广宁	顺治六年(1649)
	庄泰宏	辽　东	顺治九年(1652)
	董常裕	河北新城	顺治十五年(1658)
	杨起鹏	－	顺治十八年(1661)
	朱廷灿	陕西富平	康熙七年(1668)
	范孚嘉	山西万泉	康熙九年(1670)
	廖应召	湖南永兴	康熙十一年(1672)

第二节　直　隶　厅

清乾隆三十三年(1768)设海门直隶厅,官制为同知、训导、照磨、典史。宣统元年(1909),裁典史,增设巡警总局、禁烟所、劝学所、自治研究所。

海门直隶厅同知名录

表 21－6

姓　名	籍　贯	任　职　时　间
解　韬	江西吉水	乾隆三十三年(1768)七月
介玉涛	山西解州	乾隆三十四(1769)年八月
徐文灿	奉天铁岭	乾隆三十五年(1770)八月
郭本才	湖北广济	乾隆三十五年(1770)十月
刘伯壎	直隶任丘	乾隆三十六年(1771)四月
徐文灿	奉天铁岭	乾隆三十七年(1772)二月
那　澄	满洲镶红旗	乾隆四十四年(1779)四月
龙灿岷	四川华阳	乾隆四十四年(1779)五月
杨　灿	福建邵武	乾隆四十五年(1780)十月
七　德	蒙古正蓝旗	乾隆五十一年(1786)二月
吴元潜	安徽休宁	乾隆五十一年(1786)六月
李程莲	安徽寿州	乾隆五十一年(1786)八月
吕燕昭	河南新安	乾隆五十二年(1787)三月
李程莲	安徽寿州	乾隆五十二年(1787)十月
王朝飏	浙江钱塘	乾隆五十四年(1789)七月
王　恒	贵州遵义	乾隆五十五年(1790)十二月
魏右曾	江西广昌	乾隆五十七年(1792)八月
王朝飏	浙江钱塘	乾隆五十八年(1793)
李　英	浙江仁和	乾隆五十九年(1794)七月
德　喜	满洲正红旗	乾隆六十年(1795)八月
李学颖	直隶任丘	嘉庆元年(1796)三月
李逢春	顺天宛平	嘉庆元年(1796)十一月
李伯龙	直隶开州	嘉庆二年(1797)五月
李逢春	顺天宛平	嘉庆二年(1797)六月
安纯仁	贵州安化	嘉庆三年(1798)二月
李逢春	顺天宛平	嘉庆三年(1798)六月
王　锦	顺天宛平	嘉庆三年(1798)十月
瑭　瑸	满洲正蓝旗	嘉庆四年(1799)十月
安纯仁	贵州安化	嘉庆四年(1799)十一月
颜崇椝	山东曲阜	嘉庆五年(1800)二月
安纯仁	贵州安化	嘉庆五年(1800)十二月
杨德芳	汉军正白旗	嘉庆七年(1802)八月
安纯仁	贵州安化	嘉庆八年(1803)二月
章廷枫	浙江会稽	嘉庆九年(1804)十二月
俞颖达	浙江山阴	嘉庆十一年(1806)四月
章廷枫	浙江会稽	嘉庆十一年(1806)九月
吕燕昭	河南新安	嘉庆十一年(1806)十月
俞颖达	浙江山阴	嘉庆十一年(1806)十一月
赫　景	满洲镶黄旗	嘉庆十二年(1807)六月
俞颖达	浙江山阴	嘉庆十二年(1807)十月
达　枚	满洲镶红旗	嘉庆十三年(1808)六月
王之导	湖北孝感	嘉庆十三年(1808)十月
刘平骄	云南建水	嘉庆十四年(1809)七月
陈观国	－	嘉庆十五年(1810)八月
钱有序	浙江嘉兴	嘉庆十六年(1811)五月
阎庭桂	－	嘉庆十七年(1812)一月
督　徕	－	嘉庆十八年(1813)八月
陈观国	－	嘉庆十九年(1814)闰二月
俞颖达	浙江山阴	嘉庆十九年(1814)十二月
福　端	－	嘉庆二十年(1815)一月
孙源潮	－	嘉庆二十年(1815)五月
梁兰滋	－	嘉庆二十年(1815)十一月
王仲简	－	嘉庆二十一年(1816)七月
梁兰滋	－	嘉庆二十一年(1816)十月
王礼中	汉军镶红旗	嘉庆二十四年(1819)七月
孙源潮	－	嘉庆二十四年(1819)十二月
督　徕	－	嘉庆二十五年(1820)十一月
罗心源	安徽霍邱	道光元年(1821)十一月
福　端	－	道光二年(1822)十月
刘大烈	安徽巢县	道光四年(1824)五月
许文绶	－	道光五年(1825)十一月

续表 21－6

姓　名	籍　贯	任　职　时　间
刘　埏	－	道光七年(1827)六月
伍家榕	广西全州	道光七年(1827)七月
许文绶	－	道光八年(1828)二月
周　焘	贵州都匀	道光八年(1828)四月通州知州兼任
克实泰	满洲正红旗	道光八年(1828)四月
冯思澄	浙江山阴	道光八年(1828)十一月
李国瑞	河南郑州	道光九年(1829)五月
冯思澄	浙江山阴	道光九年(1829)六月
周岱龄	河南祥符	道光九年(1829)七月
徐麟趾	河南光山	道光十年(1830)二月
陈　经	福建侯官	道光十二年(1832)六月
张连茹	山东昌邑	道光十二年(1832)七月
杨承湛	顺天固安	道光十三年(1833)八月
阿勒精阿	满洲镶黄旗	道光十四年(1834)七月
清　平	汉军正白旗	道光十四年(1834)十月
刘文澈	安徽怀远	道光十九年(1839)四月
景寿春	贵州兴义	道光十九年(1839)八月通州知州兼任
陈玉成	广东东莞	道光十九年(1839)九月
清　平	汉军正白旗	道光二十年(1840)二月
克实泰	满洲正红旗	道光二十年(1840)五月
常　凯	满洲正白旗	道光二十三年(1843)四月
查德基	安徽泾县	道光二十四年(1844)七月
周维新	山西临汾	道光二十四年(1844)十一月
松　海	满洲正红旗	道光二十五年(1845)四月
蒋光璁	广西全州	道光二十五年(1845)六月
周维新	山西临汾	道光二十五年(1845)六月
福禄堪	满洲正白旗	道光二十七年(1847)一月
连　山	满洲镶红旗	道光二十七年(1847)十一月
锡　淳	满洲正白旗	咸丰七年(1857)二月
白联元	山西平定	咸丰八年(1858)九月
存　葆	汉军正黄旗	咸丰八年(1858)十一月
李焕文	顺天通州	咸丰九年(1859)十二月
梁悦馨	安徽合肥	同治元年(1862)二月
李焕文	顺天通州	同治二年(1863)一月
黄庆熙	浙江萧山	同治四年(1865)七月
黄克家	湖北随州	同治五年(1866)二月
桂迓衡	安徽贵池	同治五年(1866)二月
屠　楷	安徽宣城	同治七年(1868)三月
陈光烈	湖北汉阳	同治九年(1870)二月
张锦瑞	湖南善化	同治九年(1870)十二月
俞麟年	浙江山阴	同治十一年(1872)八月
卢骧云	河南密县	光绪二年(1876)闰五月
王家麟	山东滨州	光绪二年(1876)八月
张开祁	安徽桐城	光绪三年(1877)三月
汪承福	安徽全椒	光绪六年(1880)三月
吕贤彬	安徽旌德	光绪七年(1881)六月
陈家熊	浙江钱塘	光绪八年(1882)八月
李春藻	湖南长沙	光绪十年(1884)六月
恩　秀	满洲镶红旗	光绪十三年(1887)闰四月
曹荣黻	安徽铜陵	光绪十四年(1888)十二月
李春藻	湖南长沙	光绪十六年(1890)一月
王彦瀓	浙江黄岩	光绪十七年(1891)八月
刘文澈	安徽巢县	光绪十八年(1892)九月
王　宾	安徽霍邱	光绪十九年(1893)二月
张寿椿	浙江山阴	光绪二十四年(1898)五月
刘嘉芷	安徽怀宁	光绪二十四年(1898)九月
蔡延熙	湖南长沙	光绪二十四年(1898)十一月
魏程先	湖南湘乡	光绪二十六年(1900)二月
王　宾	安徽霍邱	光绪二十六年(1900)十一月
梁佩祥	广　西	光绪二十七年(1901)五月
王　宾	安徽霍邱	光绪二十八年(1902)六月
刘卓栻	江　西	光绪二十九年(1903)八月
梁孝熊	福建闽县	光绪三十年(1904)七月
王汝琳	江苏丹徒	光绪三十一年(1905)三月
章维钧	安徽合肥	光绪三十二年(1906)八月
吕道象	江西德化	光绪三十四年(1908)八月
梁孝熊	福建闽县	宣统元年(1909)三月
梁佩祥	广　西	宣统三年(1911)

第三节 县公署 县政府

民国元年(1912),废除帝制,直隶厅改建海门县。1月,由地方自治会选举民政长,改衙署为行政公署,设总务、主计、学务、警备4课。民国2年,改民政长为县知事,行政公署改称知事公署,设一科、二科、三科。翌年7月,县知事兼理司法,设承审员佐理。民国16年5月,县知事公署改为县政府,县知事改称县长。县政府设民政、财政、教育、建设4科。不久,教育、建设两科均改为局,县政府兼管司法,警察所改为公安局(后改为警察局)。民国24年,设禁烟科。

民国27年,日本侵略军侵占海门,国民县政府迁至江家镇,各科室残缺不全。民国28年4月,日本侵略军占领茅家镇及附近地区,在日本侵略军扶植下,成立日伪县公署。

民国29年11月,新四军东进海门,成立县抗日民主政府,驻地江家镇,后移至乡间。抗日民主政府下设秘书、一科、二科、三科。民国30年9月,海启两县政府合并为海东行署,对外保留海门、启东两县政府名称。海东行署下设秘书室、民政科、财政科、粮食局、司法科、教育科、保安科。10月,并南通东部、海门西部地区建通海行署。12月,海东行署更名海启行署,驻地聚星镇等地。民国31年5月,行署撤销粮食局,成立粮赋局,增设情报局、税务局。7月,崇明划归海启行署,海启行署遂更名海启崇行署。9月,更名为东南行署,通东行署划入东南行署。东南行署设秘书室、民政科、粮赋局、税务局、教育科、情报局及交通站等机构。民国32年3月,行署实行精兵简政,撤销粮赋局、税务局,成立财经局,统管根据地经济工作;撤销民政、司法科。9月,撤销情报局。民国33年初,撤销交通站,成立交通局,重建民政科。10月,成立建设科。民国34年春,恢复司法科。

民国34年8月,日本侵略军投降,日伪县政府消亡。抗日战争胜利后,国民党军队进犯,随即重建国民党县政府,除撤销禁烟科外,其余科局全部恢复,并增设田粮、社会、军事科。同时,解放区民主政府——东南行署在聚星镇等地流动。工作机构为秘书科、民政科、财粮科、财经局(民国34年10月撤销后建华中银行东南办事处)、货管局、教育局、司法科、建设科、公安局、交通局等。民国35年3月,东南行署撤销,海启两县政府分设。海门县政府下设秘书室、民政科、财粮局、教育科、司法科、建设科、公安局、交通局、货管局及华中银行东南办事处等。民国35年12月,海启两县政府合并,重建东南行署,下设秘书室、财经局、民政科、教育科、司法科、建设科、公安局、交通局等。

民国时期海门县民政长、知事、县长名录

表21-7

职务	姓名	籍贯	任职时间
民政长	龚世清	江苏海门	民国元年1-8月
民政长、知事	庐鸿钧	安徽永城	民国元年8月-2年10月
知事	吴梅	-	民国2年10月-3年1月
知事	杨渊	-	民国3年1-6月
知事	王绍曾	河北丰润	民国3年1月-5年5月
知事	刘式谍	-	民国5年5月-6年9月
知事	冯如玠	浙江鄞县	民国6年9-11月
知事	赵占元	-	民国6年12月-8年7月
知事	奚桐	安徽当涂	民国8年7-8月
知事	汪保诚	-	民国8年8月-11年5月
知事	刘鼎	-	民国11年5-11月
代理知事	章以成	-	-
知事	王绍曾	河北丰润	民国11年11月-14年1月
知事	周恩绪	浙江杭县	民国14年1月-16年5月
县长	叶绍衡	河北丰润	民国16年5-8月
县长	施述之	江苏南通	民国16年8月-17年1月
县长	汪一鸣	-	民国17年1-4月
县长	文钦明	湖南醴陵	民国17年5月-18年6月
县长	江辅勤	浙江奉化	民国18年7-9月
县长	吴耀椿	-	民国18年9月-19年10月
县长	章维夔	安徽合肥	民国19年11月-23年9月
县长	陈桂清	江苏江阴	民国23年9月-24年5月
县长	李冷	湖南汀潭	民国24年5月-26年2月
县长	魏湛元	江苏常熟	民国26年2月-27年9月
代理县长	谢鸣谦	-	民国27年10-12月

续表 21－7

职　务	姓　名	籍　贯	任　职　时　间
兼县长	孙信符	－	民国 27 年 12 月－28 年 1 月
县　长	郑枢俊	江苏涟水	民国 28 年 2 月－29 年 3 月
县　长	季强成	江苏海门	民国 29 年 4－11 月
县　长	潘　焘	江苏涟水	民国 34 年 7－8 月
县　长	刘道平	湖北广济	民国 35 年 1－11 月
县　长	谢庭陞	江苏淮安	民国 35 年 12 月－36 年 6 月
县　长	汪岺梅	江　西	民国 36 年 7 月－37 年 1 月
县　长	佟子实	江苏徐州	民国 37 年 2－10 月
县　长	袁　英	江苏海门	民国 37 年 10 月－38 年 1 月

民国 29 年 11 月至 1949 年 1 月海门县民主政府县长(主任)名录

表 21－8

职　务	姓　名	籍　贯	任　职　时　间
县　长	季强成	江苏海门	民国 29 年 11 月－30 年 8 月
县　长	顾尔钥	江苏南通	民国 30 年 8－12 月
县　长	陈同生	湖南零陵	民国 30 年 12 月－31 年 11 月
县　长	季霭若	江苏海门	民国 31 年 11 月－32 年 1 月
行署主任	顾尔钥	江苏南通	民国 32 年 1－12 月
行署主任	王　澄	江苏镇江	民国 32 年 12 月－33 年 12 月
代行署主任	许　淦	－	民国 34 年 1－4 月
代行署主任	赵　琅	江苏南通	民国 34 年 4 月－35 年 2 月
县　长	赵　琅	江苏南通	民国 35 年 3－12 月
行署主任	干仲儒	－	民国 35 年 12 月－36 年 11 月
行署主任	赵一德	江苏扬州	民国 36 年 11－12 月
行署主任	赵一平	江苏海门	民国 36 年 12 月－1949 年 1 月

附:民国 28 年 4 月至 34 年 8 月海门县日伪县政府知事(县长、署长)名录

表 21－9

伪职务	姓　名	籍　贯	任　职　时　间
知　事	施仁心	江苏海门	民国 28 年 4 月－29 年 7 月
知　事	吴　翘	宝　兴	民国 29 年 7－11 月
县　长	杨体乾	江苏海门	民国 29 年 12 月－31 年 1 月
县　长	蔡宝璜	江苏如皋	民国 31 年 2 月－32 年 4 月
清乡特别区公署署长	陆　超	山　东	民国 32 年 5－10 月
县　长	卢寄沤	江苏泰县	民国 32 年 11 月－33 年 4 月
县　长	赵家林	江苏南京	民国 33 年 5 月－34 年 6 月
县　长	徐天摩	江苏南京	民国 34 年 7－8 月

第四节　市(县)人民政府

1949 年 1 月 25 日,重建海门县政府,县治设在海南区彭家仓。1 月 31 日,海门全境解放。2 月 6 日,县政府机关迁到茅家镇。1950 年 8 月,改称为县人民政府。1955 年 12 月,县人民政府改称为县人民委员会(简称县人委)。

1967 年 1 月,在“文化大革命”中县人委机关受到造反派冲击,处于瘫痪状态。3 月,成立中国人民解放军海门县人民武装部生产办公室。4 月,实行军事管制。1968 年 3 月,成立由军队代表、群众组织代表、领导干部代表三结合组成的县革命委员会(简称县革委会),实行一元化领导。1971 年 2 月,党政分设,县革委会行使政府职能。1980 年 12 月,撤销县革委会,建立县人民政府。1994 年 6 月,海门撤县设市,县人民政府改称市人民政府。

1949－2008年海门市(县)政府领导人名录

表21－10

届　次	职　务	姓　名	籍　贯	任　职　时　间
—	县　长	赵一平	江苏海门	1949.1－1950.11
	副县长	沈计达	江苏海门	1949.10－1950.12
	代县长	沈计达	江苏海门	1950.12－1951.8
	县　长	沈计达	江苏海门	1951.8－1952.10
	代县长	朱士达	江苏启东	1952.10－1953.1
	县　长	崔金鳌	江苏海门	1953.2－1955.12
	副县长	茅锡堂	江苏海门	1953.2－1955.12
	副县长	沈　行	江苏海门	1954.10－1955.7
第一届人民政府(1954.7－1957.2)	县　长	茅锡堂	江苏海门	1955.12－1957.2
	副县长	戴维珍	江苏海门	1955.12－1957.2
	副县长	范步洲	江苏海门	1956.8－1957.2
第二届人民委员会(1957.2－1958.5)	县　长	茅锡堂	江苏海门	1957.2－1958.5
	副县长	沈　行	江苏海门	1957.2－1958.5
	副县长	范步洲	江苏海门	1957.2－1958.5
	副县长	黄冠中	江苏海门	1957.2－1958.5
	副县长	卫德漳	江苏启东	1957.2－1958.5
第三届人民委员会(1958.5－1961.9)	县　长	唐如浴	江苏如东	1958.5－1959.6
	县　长	赵洪程	江苏如东	1959.7－1961.9
	副县长	陆凤娥(女)	江苏南通	1958.5－1961.9
	副县长	黄冠中	江苏海门	1958.5－1960.2
	副县长	范步洲	江苏海门	1958.5－1961.9
	副县长	黄汉贤	江苏启东	1958.5－1960.1
	副县长	陈伯陶	江苏海门	1958.5－1961.9
	副县长	王　愚	河北庆云	1960.11－1961.9
第四届人民委员会(1961.9－1964.2)	县　长	陈伯陶	江苏海门	1961.9－1963.2
	县　长	顾泽民	江苏如东	1963.2－1964.2
	副县长	陆凤娥(女)	江苏南通	1961.9－1964.2
	副县长	王　愚	河北庆云	1961.9－1963.3
	副县长	汤健夫	江苏启东	1961.9－1963.5
	副县长	范步洲	江苏海门	1961.9－1964.2
第五届人民委员会(1964.2－1966.1)	县　长	顾泽民	江苏如东	1964.2－1965.9
	县　长	倪汉明	江苏海门	1965.9－1966.1
	副县长	陈伯陶	江苏海门	1964.2－1965.2
	副县长	陆凤娥(女)	江苏南通	1964.2－1965.8
	副县长	崔金鳌	江苏海门	1964.2－1966.1

续表 21－10

届　次	职　务	姓　名	籍　贯	任　职　时　间
第五届人民委员会（1964.2－1966.1）	副县长	范步洲	江苏海门	1964.2－1965.7
	副县长	韩　藩	江苏海安	1965.4－1965.7
	副县长	陈学周	江苏海门	1965.7－1966.1
第六届人民委员会（1966.1－　　）	县　长	倪汉明	江苏海门	1966.1－
	副县长	崔金鳌	江苏海门	1966.1－
	副县长	陈学周	江苏海门	1966.1－
革命委员会（1968.3－1980.12）	主　任	张　萍	–	1968.3－1968.9
	主　任	袁绍宾	江苏启东	1968.11－1971.5
	主　任	花友仁	江苏南通	1971.5－1973.5
	主　任	王飞岳	江苏东台	1973.5－1975.1
	主　任	王　新（王鑫）	江苏海门	1975.1－1978.7
	主　任	李　川	江苏赣榆	1978.9－1980.1
	主　任	沙秀高	江苏如东	1980.4－1980.12
	副主任	徐志高	–	1968.3－1971.5
	副主任	倪汉明	江苏海门	1968.3－1978.11
	副主任	郑景皋	江苏阜宁	1968.3－1971.5
	副主任	董仁亲	江苏海门	1968.3－1976.10
	副主任	张继善	江苏启东	1968.3－1979.4
	副主任	沈贵本	江苏兴化	1970.1－1975.1
	副主任	陈学周	江苏海门	1970.1－1980.12
	副主任	王飞岳	江苏东台	1971.5－1973.5
	副主任	茅桂林	江苏南通	1971.5－1975.1
	副主任	王　新	江苏海门	1974.5－1975.1
	副主任	陈冠球	江苏海门	1975.1－1980.12
	副主任	韩　藩	江苏海安	1975.1－1977.5
	副主任	樊发祥	江苏启东	1975.4－1980.12
	副主任	季　康	江苏启东	1976.5－1978.12
	副主任	胡海涛	江苏海门	1977.5－1980.12
	副主任	曹　欣	江苏海门	1977.5－1979.4
	副主任	沙秀高	江苏如东	1978.9－1980.4
	副主任	陈　裕	江苏如东	1978.9－1980.3
	副主任	崔金鳌	江苏海门	1979.4－1980.12
	副主任	黄汉贤	江苏启东	1979.4－1980.12
	副主任	刘　勤（女）	江苏海门	1979.4－1980.12
	副主任	岑云台	江苏海门	1979.4－1980.12
	副主任	蔡国模	江苏启东	1979.4－1980.12

续表 21－10

届　次	职　务	姓　名	籍　贯	任　职　时　间
第八届人民政府（1980.12－1984.3）	县　长	陈冠球	江苏海门	1980.12－1984.3
	副县长	史秉谦	江苏海门	1980.12－1984.3
	副县长	蔡国模	江苏启东	1980.12－1984.3
	副县长	陈九如	江苏海门	1980.12－1984.3
	副县长	秦志明	江苏海门	1980.12－1984.3
	副县长	陈秀萍（女）	江苏海门	1980.12－1984.3
	副县长	侯文龙	上海市	1980.12－1984.3
	副县长	刘光宇	江苏南通	1980.12－1984.3
第九届人民政府（1984.3－1987.3）	县　长	秦志明	江苏海门	1984.3－1987.3
	副县长	高其兴	江苏海门	1984.3－1987.3
	副县长	陈秀萍（女）	江苏海门	1984.3－1987.3
	副县长	侯文龙	上海市	1984.3－1984.4
	副县长	谭柏虎	江苏淮安	1984.3－1987.3
	副县长	谢永康	江苏如东	1984.3－1987.3
	副县长	施亚民	江苏海门	1984.3－1987.3
第十届人民政府（1987.3－1990.3）	县　长	陆兴达	江苏宜兴	1987.3－1990.3
	副县长	高其兴	江苏海门	1987.3－1990.3
	副县长	陈秀萍（女）	江苏海门	1987.3－1990.3
	副县长	谭柏虎	江苏淮安	1987.3－1990.3
	副县长	谢永康	江苏如东	1987.3－1990.3
	副县长	施亚民	江苏海门	1987.3－1990.3
	副县长	张成俊	江苏启东	1988.3－1990.3
	副县长	王良云	江苏南通	1988.6－1990.3
第十一届人民政府（1990.3－1993.2）	县　长	陆兴达	江苏宜兴	1990.3－1991.1
	代县长	曹能新	江苏海门	1991.1－1991.3
	县　长	曹能新	江苏海门	1991.3－1993.2
	副县长	李兰标	江苏海门	1990.3－1993.2
	副县长	施亚民	江苏海门	1990.3－1993.2
	副县长	曹建平	江苏海门	1990.3－1993.2
	副县长	高顺昌	江苏海门	1990.3－1993.2
	副县长	谢永康	江苏如东	1990.3－1993.2
	副县长	屈宝贤	江苏海门	1990.3－1993.2
	副县长	王良云	江苏南通	1990.3－1990.8
	副县长	王宜胜	江苏南京	1990.8－1992.8
	副县长	汤仲飞	江苏海门	1991.4－1993.2

续表 21－10

届 次	职 务	姓 名	籍 贯	任职时间
第十二届人民政府（1993.2－1998.1）	县 长	曹能新	江苏海门	1993.2－1993.11
	代县长	宋 飞	江苏海门	1993.11－1994.2
	县 长	宋 飞	江苏海门	1994.2－1994.6
	市 长	宋 飞	江苏海门	1994.6－1994.11
	代市长	施亚民	江苏海门	1994.11－1995.2
	市 长	施亚民	江苏海门	1995.2－1998.1
	副县长	宋 飞	江苏海门	1993.2－1993.11
	副县长	屈宝贤	江苏海门	1993.2－1994.6
	副县长	曹建平	江苏海门	1993.2－1994.6
	副县长	高顺昌	江苏海门	1993.2－1994.6
	副县长	汤仲飞	江苏海门	1993.2－1994.6
	副县长	陈如喜	江苏大丰	1993.2－1994.6
	副县长	王克元	省下派	1993.2－1994.6
	副县长	沈 平	江苏海门	1993.2－1994.6
	副市长	屈宝贤	江苏海门	1994.6－1995.2
	副市长	曹建平	江苏海门	1994.6－1996.1
	副市长	高顺昌	江苏海门	1994.6－1998.1
	副市长	汤仲飞	江苏海门	1994.6－1998.1
	副市长	陈如喜	江苏大丰	1994.6－1998.1
	副市长	王克元	省下派	1994.6－1995.1
	副市长	沈 平	江苏海门	1994.6－1998.1
	副市长	黄维栋	省下派	1995.1－1998.1
	副市长	王中银	省下派	1995.1－1997.1
	副市长	陈惠娟（女）	江苏海门	1995.8－1997.11
	副市长	施德威	江苏海门	1996.1－1998.1
	副市长	柏云冲	江苏海门	1996.1－1998.1
	副市长	尚志高	江苏海门	1996.4－1996.10（兼）
	副市长	肖振时（女）	江苏海门	1996.9－1998.1
	副市长	谢蓉芳（女）	省下派	1997.1－1998.1
	副市长	尹建勇	江苏启东	1997.7－1998.1

续表21－10

届　次	职　务	姓　名	籍　贯	任职时间
第十三届人民政府（1998.1－2003.1）	市　长	施亚民	江苏海门	1998.1－2000.12
	代市长	汤仲飞	江苏海门	2000.12－2001.1
	市　长	汤仲飞	江苏海门	2001.1－2003.1
	副市长	汤仲飞	江苏海门	1998.1－2000.12
	副市长	施德威	江苏海门	1998.1－2002.11
	副市长	柏云冲	江苏海门	1998.1－2003.1
	副市长	肖振时（女）	江苏海门	1998.1－2003.1
	副市长	陈水平	江苏海门	1998.1－2003.1
	副市长	倪建新	江苏海门	1998.1－1999.12
	副市长	谢蓉芳（女）	省下派	1998.3－1998.12
	副市长	韦明山	省下派	1998.6－1998.12
	副市长	许林峰	江苏靖江	1998.12－2000.12
	副市长	王亚雄	江苏如东	1999.12－2001.12
	副市长	尹建勇	江苏启东	1999.2－2003.1
	副市长	黄汉忠	江苏海门	2000.12－2003.1
	副市长	季晓雷	江苏南通	2002.6－2003.1
	副市长	龚维斌	安徽长丰	2002.10－2003.1
	副市长	沈峻峰	江苏如皋	2001.11－2003.1
第十四届人民政府（2003.1－2007.12）	市　长	汤仲飞	江苏海门	2003.1－2006.6
	代市长	姜　龙	江苏南通	2006.6－2007.1
	市　长	姜　龙	江苏南通	2007.1－2007.12
	副市长	黄汉忠	江苏海门	2003.1－2007.12
	副市长	柏云冲	江苏海门	2003.1－2007.9
	副市长	肖振时（女）	江苏海门	2003.1－2006.6
	副市长	陈水平	江苏海门	2003.1－2007.12
	副市长	尹建勇	江苏启东	2003.1－2004.3
	副市长	沈峻峰	江苏如皋	2003.1－2007.12
	副市长	季晓雷	江苏南通	2003.1－2004.12
	副市长	龚维斌	安徽长丰	2003.1－2003.9
	副市长	陆一飞	江苏海门	2006.6－2007.12
	副市长	张永斌	江苏海门	2006.6－2007.12

续表 21－10

届 次	职 务	姓 名	籍 贯	任 职 时 间
第十五届人民政府（2007.12－ ）	市 长	姜 龙	江苏南通	2007.12－
	副市长	陆一飞	江苏海门	2007.12－
	副市长	沈峻峰	江苏如皋	2007.12－
	副市长	张永斌	江苏海门	2007.12－
	副市长	张建新	江苏海门	2007.12－
	副市长	郭晓敏（女）	江苏南通	2007.12－
	副市长	王拥军	江苏如东	2007.12－
	副市长	朱志强	江苏海门	2008.6－
	副市长	李 闽	江苏启东	2008.12－
	副市长	何 峰	江苏如东	2008.12－

第五节 市（县）人民政府工作机构

人民政府办公室 1949年1月，设秘书室。1956年12月，改称办公室。1968年3月，县革命委员会设办事组。1974年3月，改设县革委会办公室，与县委办公室合署办公。1981年1月，与县委办公室分开设县人民政府办公室。1994年撤县设市，改称市人民政府办公室。1996年11月，挂外事侨务办公室牌子。

公安局 1949年1月设立。1967年5月，建立公安局军事管制小组。1968年1月建立公检法军事管制组，5月改建公检法军事管制委员会，9月建立军管会保卫组，12月改称县革委会政法工作组。1969年12月，政法工作组与公检法军管会合署办公。1973年11月，撤销政法工作组后重建公安局。

民政局 1949年1月，设立民政科。8月，支前科并入民政科。同年建立荣军科，与民政科合署办公，1952年10月并入民政科。1968年9月，由民政科、计划委员会等单位合并建立民计革命领导小组。1971年9月建立民政局。

教育局 1949年1月，设立教育科。1951年6月改称文教科，1955年3月改称教育科，1956年7月改称教育局。1958年1月，文化科、教育局合并建立文教局。1968年9月，建立文教革命领导小组，1969年7月撤销。1971年9月，重建教育局。1972年7月，改建文教局。1981年4月，与文化局分开，建教育局。

财政局 1949年1月设立财粮局，4月撤销财粮局建立财务科，9月由财务科和税务局合并建立财政局。1950年6月，财政局改称财政科，同时建立农税科。1952年9月，财政科与农税科合并建立财粮科。1958年8月，财粮科与税务局、保险公司合并重建财政局。1961年10月分建税务局，1966年2月财政局与税务局合署办公。1968年3月，由财政局、税务局合并建立财政税务局革命委员会。1968年11月改称财政税务工商革命委员会，1969年7月撤销。1970年12月，又建财政局。1996年11月，增挂国有资产管理局牌子。

供销合作总社 1949年1月建立生产推进社，6月改称合作总社。1951年2月改称合作社联合社，1954年11月改称供销合作社。1958年4月，与商业局合署办公。1962年1月供销合作社分出单独办公，1968年4月建立供销合作社革命委员会，1969年6月撤销后建立农副产品购销公司革命委员会。1971年9月，并入组建商业局。1979年1月由商业局分出建立供销合作社革命委员会，1981年4月改称供销合作社，1983年9月改称供销合作联合社，1990年8月改称供销合作总社。1998年6月，增挂供销集团总公司牌子。

粮食局 1949年1月设立财粮局，4月撤销财粮局后建立粮食局。1950年6月,改称中央粮库海门县分库。1951年8月重建粮食局,1952年11月与中粮公司海门办事处合并建立粮食办公室,1953年3月又建粮食局。1968年4月建立粮食革命委员会,1969年7月改称粮油管理公司革命委员会,1971年9月撤销后再建粮食局。

水利局 1949年1月建立生产建设科,1951年3月改称建设科,1955年12月撤销后建立水利科,1958年10月改称水利局。1962年7月撤销后与农林局等单位合建农林水利局,1963年5月重建水利科。1968年9月,由水利科、农林局等单位合并建立农水革命领导组,1969年7月撤销。1970年7月建立农水局,1971年9月撤销后建立水电局,1976年5月撤销后重建水利局。

农林局 1949年1月建立生产建设科,1951年3月由生产建设科分出建立农林科,1956年5月撤销后建立农业科。1958年1月,农业科、林业科、水产科合并建立农林局。1962年7月,撤销后与水利局等单位合建农林水利局,1963年5月重建农林局。1968年9月,由农林局、水利科等单位合并建立农水革命领导组,1969年7月撤销。1970年7月建立农水局,1971年9月撤销后再建农林局,1979年1月改建农业局。2001年9月,更名为农林局,增挂海洋与渔业局牌子。

邮电局 1949年1月,建立邮电局。1950年11月,电信分出,设邮政局。1951年7月,与电信局合并重建邮电局。1968年3月,建立邮电局革命委员会。1970年3月,撤销后建立邮局革命委员会。1971年9月,邮局革委会改建邮政局。1974年2月,邮政局和电信局合并又建邮电局。1998年8月,邮电局撤销,分设邮政局与电信局。

中国人民银行海门市支行 1949年1月建立华中银行海门办事处,5月撤销后建立中国人民银行海门县支行。1968年3月,建立中国人民银行海门县支行革命委员会。1974年6月,重建中国人民银行海门县支行。1996年11月,增挂外汇管理支局牌子。

货管局 1949年1月建立,同年3月撤销。

支前科 1949年1月建立,同年8月并入民政科。

生产建设科 1949年1月设立,1951年3月改称建设科,1955年12月撤销。

税务局 1949年3月建立。1950年6月重建农税局,1958年8月并入财政局,1961年10月重建税务局。1966年2月,税务局与财政局合署办公。1968年3月,由财政局、税务局合并建立财政税务局革命委员会。1968年11月改称财政税务工商革命委员会,1969年7月撤销。1983年8月,又建税务局。1994年9月,税务局撤销,分设国家税务局和地方税务局。

工商行政管理局 1949年3月建立工商管理局,9月撤销,建立工商科。1955年12月,撤销工商科建立商业科。1965年7月,建立工商行政管理局,与商业局合署办公。1968年11月,建立财政税务工商革命委员会,1969年7月撤销。1975年12月,重建工商行政管理局。1997年11月,由南通市与海门市双重领导。

商业局 1949年9月建立工商科,1955年12月工商科撤销后建立商业科,1956年6月改建商业局。1968年3月,建立商业革命委员会。1969年6月,撤销商业革命委员会后建立生活资料供应公司革命委员会。1971年9月,重建商业局。1996年11月,实行党政机关机构改革,撤销商业局,组建贸易局。2001年9月,撤销贸易局,改为贸易办公室,隶属于发展计划委员会,同时与撤销的物资总会组建商贸局,与发展计划委员会合署。2004年2月撤销贸易办公室,2005年2月撤销商贸局。

电信局 1950年11月,从邮电局分出建立电信局。1951年7月与邮政局合并建立邮电局。1968年3月,建立邮电局革命委员会。1970年3月,撤销后建立电信局,直属军管会领导。1974年2月,与邮政局合并建立邮电局。1998年8月,邮电局撤销,重建电信局。

多种经营管理局 1951年3月,建立农林科。1956年5月建立林业科,6月建立水产科。1958年1月,农业科、林业科等单位合并建立农林局。1958年1月建立畜牧肥料局,1960年6月撤销。1960年6月建立副业局,1962年7月撤销。1962年7月,由农林局、水利局、水产科等单位合并建立农林水利局。同年10月,重建水产科。1963年5月,撤销农水局重建农林局。1965年4月,建立多种经营管理局。1968年9月,由多种经营管理局、水产科、农林局等单位合并建立农水革命领导组,1969年7月撤销。1979年1月,重建多种经营管理局。1996年

11月撤销,职能并入农业局。

卫生局 1951年6月,建立卫生科。1968年9月,由卫生科、卫生防疫站、妇幼保健站、人民医院合并建立卫生革命委员会,1969年7月撤销。1971年9月,建立卫生局。1996年11月,增挂爱国卫生运动委员会办公室牌子。

人事局 1951年9月建立人事科,1962年7月撤销后并入民政科,1963年5月重建人事科,1979年9月建立人事局。2001年9月,增挂事业单位登记管理局牌子。

监察局 1951年建立监察委员会,1955年2月停止办公。1958年1月建立监察室,1960年6月撤销后并入人事科。1987年12月建立监察局。1993年3月,监察局与县纪律检查委员会合署办公。

中国人民保险公司海门市支公司 1952年8月公司建立,1953年12月改称中国人民保险公司海门营业所。1956年10月重建公司,1958年8月撤销,1980年8月重建。

劳动和社会保障局 1953年2月建立劳动科,1954年8月撤销后并入民政科。1958年9月重建,1959年5月与民政科合署办公,1962年7月撤销后并入计划委员会,1963年12月又建劳动科。1968年9月,由劳动科、统计科等单位合并建立民计革命领导小组,1969年7月撤销。1979年12月建立劳动局,2001年9月更名为劳动和社会保障局。

盐务管理局 1953年3月建立盐管科,1954年4月撤销,1994年1月建立盐务管理局。

统计局 1954年6月,建立统计科。1958年1月,计划、统计科合并建立计划统计科,8月计划统计科并入经济委员会。1960年6月重建统计科,1968年9月与民政科等单位合并建立民计革命领导小组,1969年7月撤销。1980年8月,建立统计局。

交通局 1954年7月建立交通科,1958年8月建立交通局。1968年9月,建立交通革命领导小组,1969年7月与工业口革委会合并建立工业交通管理站革命委员会,1971年9月撤销后重建交通局。2007年4月,增挂港务管理局牌子。

兵役局 1954年10月,中国人民解放军海门县人民武装部改称兵役局。1959年7月,兵役局又改称人民武装部,受中共海门县委和南通军区双重领导。1986年6月,县人民武装部改为地方建制,属县委、县政府与南通市人民武装部双重领导。1996年4月,人武部收归军队建制。

机械冶金工业公司 1955年3月建立手工业生产合作联社,10月建立手工业管理科。1958年1月,手工业生产合作联社与手工业管理科合署办公。1959年12月,重建手工业生产合作联社。1960年6月,建立手工业管理局,和手工业生产合作联社合署办公。1968年4月,与手工业局、农机公司合并建立工业口革命委员会。1984年1月撤销工业局建立机械冶金工业公司,2001年9月撤销。

文化局 1955年3月建立文化科,1958年1月与教育局合并建立文教局。1968年9月建立文教革命领导小组,1969年7月撤销。1972年建立文教局,1981年4月与教育局分开建立文化局。2001年9月增挂旅游局牌子,2003年11月增挂新闻出版局(版权局)牌子。

发展改革与经济贸易委员会 1955年5月,建立计划委员会。1958年1月,计划、统计合并建立计划统计科。1958年5月建立经济委员会,8月计划统计科并入经济委员会。1960年3月撤销经济委员会,同时建立计划委员会。1968年9月,由原民政科、计划委员会、物价委员会、总工会、劳动科、统计科等单位合并建立民计革命领导小组。1975年3月,重建计划委员会。1978年7月,撤销工交财贸办公室,建立工业交通办公室。1979年7月,撤销工业交通办公室后重建经济委员会。1996年11月,撤销计划委员会、经济委员会,合并建立计划与经济委员会。1997年6月,增挂经济技术协作办公室牌子。1998年12月,计划与经济委员会更名为计划委员会;工业管理局更名为经济委员会,增挂乡镇企业管理局牌子。2001年8月经济委员会增挂安全生产监督管理局牌子,9月计划委员会改称发展计划委员会。2005年2月,发展计划委员会改为发展和改革委员会,撤销挂牌的经济体制改革办公室和商贸局。同月,经济委员会更名为经济贸易委员会。2007年3月,发展与改革委员会和经济贸易委员会合并建立发展改革与经济贸易委员会,另挂乡镇企业管理局与中小企业管理局牌子。

民族宗教事务科 1955年10月,建立宗教事务科。1980年1月建立民族宗教事务管理科,1982年8月改称民族宗教事务科,1984年1月撤销。1985年4月重建民族宗教事务科,1996年11月改属市委工作部门。

工业局　1955年12月，建立工业科。1958年8月，工业科与手工业管理科、手工业生产合作联社合并建立工业局，1963年改名为工业科。1968年4月，由工业科、手工业局等单位合并建立工业口革命委员会。1969年7月，由工业口革委会与交通革命领导小组合并建立工业交通管理站革命委员会，1971年9月，建立工业局革命委员会。1975年3月重建工业局，1984年1月撤销。1996年11月，重建工业管理局，与乡镇企业管理局合署，增挂民营工业办公室牌子。1998年12月，更名为经济委员会。

农产品采购局　1956年2月建立，1957年7月撤销。

中国农业银行海门市支行　1956年4月建立，1957年7月并入中国人民银行海门县支行，1963年12月重建。1965年9月，与中国人民银行海门县支行合署办公。1980年8月单独办公。

体育局　1956年5月，建立体育运动委员会。1958年1月与教育局合署办公，1962年7月单独办公，1974年4月重建，2001年9月更名为体育局。

科学技术局　1956年6月筹建科学技术委员会，1959年2月建立，1962年7月撤销。1978年5月重建，2001年9月更名为科学技术局。2004年8月，增挂知识产权局牌子。

档案局、馆　1959年5月建立档案馆，1966年下半年停止活动。1979年12月重建档案馆，1981年4月建立档案局，与档案馆合署办公。1984年1月撤销档案局，4月重建档案局，与档案馆合署办公。1996年11月，转由市委办公室管理。

机关事务管理局　1959年7月建立县政府行政科，9月撤销。1989年8月建立机关行政管理科，1996年11月更名为机关事务管理局。

物价局　1959年7月建立物价管理科，1962年7月并入计划委员会。1965年4月，建立物价委员会。1968年9月，由物价委员会、计划委员会等单位合并建立民计革命领导小组，1969年7月撤销。1980年9月，建立物价委员会，与计划委员会合署办公。1989年9月，建立物价局。

建设局　1960年3月建立基本建设委员会，1961年8月撤销。1979年2月，建立基本建设局，内设建设股。1984年1月与环境保护局合并建立城乡建设环境保护局，1989年8月更名为城乡建设委员会，1996年11月更名为建设委员会，与城市管理与行政执法局合署。2001年9月，更名为建设局。2007年4月，增挂规划管理局牌子。

农业机械管理局　1960年3月建立，1962年5月并入手工业管理局。1974年9月重建，1984年1月并入水利局。1996年11月，重建农业机械管理局。

气象局　1960年3月建立气象科，1962年7月撤销。1982年2月建立气象局，1984年1月撤销。1990年12月重建。

轻工业局　1960年6月建立轻工业局，1961年8月并入工业局。1976年5月，从工业局分出后建立第二工业局。1978年8月，撤销后建立轻纺工业局和社队工业局。1983年9月轻纺工业局改称轻工业局，1984年1月撤销后建立轻工业公司，2001年9月撤销。

物资局　1961年2月建立，1965年9月撤销并入综合公司。1969年6月，建立生产资料供应公司革命委员会。1971年7月重建物资局。1996年11月撤销，更名为物资集团总公司，增挂物资总会牌子。2001年9月，改为物资办公室，隶属发展计划委员会；同时撤销物资总会，与撤销的贸易局组建商贸局，与发展计划委员会合署。2004年2月，撤销物资办公室。

财贸办公室　1964年5月建立。1968年3月，县革委会设财贸城镇组，1968年9月撤销。1975年11月建立工交财贸办公室，1978年7月撤销后建财贸办公室，1981年6月撤销。1984年8月重建，1996年11月撤销，并入计划和经济委员会。

生产指挥组　1968年9月建立，1975年3月撤销。

上山下乡安置办公室　1969年1月建立，1979年11月并入劳动局。

五七干校革命委员会　1969年5月建立，1977年7月撤销。

供电局　1971年9月建立水电局，1976年5月撤销后建立供电局，2000年11月更名为供电公司。

人口和计划生育委员会　1973年11月建立计划生育办公室，1984年1月改称计划生育委员会，2005年2月更名为人口和计划生育委员会。

农业委员会　1975年3月建立生产办公室，1975年11月撤销后建立农水办公室，1980年12月撤销。1981年4月建立农业委员会，1984年1月撤销。

工业交通办公室 1975年11月撤销生产办公室后建立工交财贸办公室,1978年7月撤销后建立工业交通办公室,1979年7月撤销。

纺织工业公司 1976年5月从工业局分出后建立第二工业局,1978年8月撤销后建立轻纺工业局,1983年9月改称轻工业局。1984年1月,撤销后建立纺织工业公司。2001年9月,撤销纺织公司建立纺织办公室,隶属于经济委员会,2004年2月撤销。

建筑工程管理局 1977年8月建筑管理总站建立,1979年2月更名为基本建设局,1984年1月撤销,成立建筑安装总公司,增挂建筑工程局牌子。1996年11月,建立建筑工程管理局。

对外贸易公司 1978年5月,建立对外贸易公司。1982年2月建立对外贸易局,与对外贸易公司合署办公。1984年2月,撤销对外贸易局,保留对外贸易公司。1992年2月更名为对外贸易总公司,1999年12月撤销。

乡镇企业管理局 1978年8月建立社队工业局,1984年1月撤销。1984年9月建立乡镇企业管理局,1996年11月与工业管理局合署,1998年12月与经济委员会合署。

社队工业局 1978年8月,撤销第二工业局后建立,1984年1月撤销。

地震局 1978年9月建立地震办公室,1997年9月更名为地震局。

经济技术协作办公室 1979年11月成立物资协作办公室,1980年4月改建协作领导小组办公室,1984年1月改称经济技术协作办公室,1996年11月撤销。

侨务办公室 1980年1月建立,1984年1月撤销,1985年4月重建。1996年11月,并入政府办公室。2001年9月,挂牌在政府办公室。

农村信用合作联社 1980年2月,建立信用合作联社,归农行管理。1995年12月,从农业银行分出,单独建制,成立信用合作社联合社。2000年10月,更名为农村信用合作联社。

人民保险公司海门支公司 1980年8月建立,1996年4月拆分为财产保险公司与人寿保险公司。

老干部局 1980年9月建立,1987年5月改属县委工作部门。

环境保护局 1980年10月建立环境保护办公室,1981年9月改称环境保护局。1984年1月,与基本建设局合并建立城乡建设环境保护局。1988年12月,撤销城乡建设环境保护局,重建环境保护局。

地方志办公室 1981年4月建立编史修志办公室,1986年12月改称地方志编纂委员会办公室,与县委党史办公室合署办公。

司法局 1981年6月建立。

中国建设银行海门市支行 1981年7月建立。

信访局 1982年12月建立信访办公室,1984年1月撤销。1984年4月重建信访办公室,1989年9月建立信访局。1996年11月,增挂人民建议征集办公室牌子。

审计局 1983年9月建立。

机构编制委员会办公室 1984年1月,建立编制委员会办公室,与人事局合署。1993年12月,更名为机构编制委员会,下设办公室,挂牌在人事局。1996年11月,与人事局合署。2001年9月,改属市委工作部门,与人事局合署。

电子仪表工业公司 1984年1月建立,2001年9月撤销。

化学医药工业公司 1984年1月建立,2001年9月撤销。

建筑材料工业公司 1984年1月建立,2001年9月撤销,建立建筑材料办公室,隶属建筑工程管理局,2004年2月撤销。

服装鞋帽工艺美术工业公司 1984年1月建立,1984年9月并入轻工业公司。

中国工商银行海门市支行 1984年1月建立,与中国人民银行海门县支行合署办公,1987年1月单独办公。

烟草专卖局 1984年3月建立,1985年1月更名为南通市海门烟草专卖局,由南通市与海门县双重领导。

老龄问题委员会办公室 1985年9月建立。1996年11月更名老龄问题工作委员会办公室,2001年9月挂牌在民政局。

对外经济贸易合作局 1986年3月,成立外事办公室。1987年12月,建立对外经济贸易委员会,与外事办公室合署办公。1996年11月更名为对外经济贸易局,1998年12月,更名为对外经济贸易委员会,2001年9月更名为对外贸易经济合作局。

外事办公室 1986年3月建立,1996年11月,并入政府办公室,2001年9月挂牌在政府办公室。

广播电视局 1986年5月建立。

国土资源局 1987年5月建立土地管理局，1996年11月更名为国土规划管理局，1998年12月更名为国土管理局，2001年9月更名为国土资源局。2005年12月，更名为南通市海门国土资源局，由南通市与海门市双重领导。

质量技术监督局 1987年5月建立标准计量办公室，1988年4月建立标准计量局，1996年11月更名为技术监督局。2000年2月，更名为南通市海门技术监督局，由南通市与海门市双重领导。

经济体制改革办公室 1987年7月建立，1988年9月更名为体制改革办公室，11月改建经济体制改革办公室。1991年5月更名为经济体制改革委员会，1996年11月撤销。2001年9月再建，挂牌在发展计划委员会。2005年2月，并入发展和改革委员会。

城市信用合作社 1988年3月建立，2001年9月并入农村信用合作社联合社。

中国银行海门市支行 1988年6月建立。

法制局 1990年5月建立，1996年11月与市政府办公室合署。2001年9月，更名为法制办公室，与市政府办公室合署。

茧丝绸总公司 1993年1月建立，2002年4月改为企业。

招商局 1994年9月建立，2001年9月与对外贸易经济合作局合署，2003年6月独立办公。

信托投资公司海门办事处 1994年9月建立，1996年11月为市政府直属事业单位，1997年12月并入城市信用合作社。

国家税务局 1994年9月建，由南通市垂直领导。

地方税务局 1994年9月建。1999年1月，由南通市与海门市双重领导，以南通市为主。

城市管理行政执法局 1995年3月建立城市管理局，1996年11月与建设委员会合署，2001年9月更名为城市管理行政执法局，2005年3月城市管理执法局分出独立。

农业资源开发局 1995年8月建立农业资源管理局，与滩涂办公室合署。1996年11月撤销，组建农业资源开发局。

接待办公室 1996年9月建立，由市政府办公室管理。

农业发展银行海门市支行 1996年9月建立。

人民防空办公室 1996年11月建立，由市政府办公室管理。2001年9月，为市国防动员委员会常设办事机构。

住房制度改革办公室 1996年11月建立。

旅游管理局 1997年9月建立。

职工医疗保险基金管理中心 1997年9月建立。

预算外资金管理办公室 1999年2月建立。

地方海事处 2001年7月建立。

安全生产监督管理局 2001年8月建立，挂牌在经济委员会。2005年2月，单独办公。

药品监督管理局 2001年9月建立，由南通市与海门市双重领导。2005年6月，更名为食品药品监督管理局。

机械电子办公室 2001年9月建立，隶属经济委员会，2004年2月撤销。

化学轻工办公室 2001年9月建立，隶属经济委员会，2004年2月撤销。

物资办公室 2001年9月建立，隶属发展计划委员会，2004年2月撤销。

贸易办公室 2001年9月建立，隶属发展计划委员会。2004年2月撤销。

住房公积金管理中心 2003年1月更名，原为1993年建立的县住房基金管理中心，2003年1月更名为南通市住房公积金管理中心海门管理部。为南通市、海门市双重领导单位。

行政审批中心 2003年2月建立。

2008年海门市人民政府机构一览

表21－11

市政府工作部门	政府办公室(法制办公室、外事办公室、侨务办公室、信访局)、发展改革与经济贸易委员会、教育局、科学技术局(知识产权局)、公安局、民政局(老龄工作委员会办公室)、司法局、财政局、人事局(事业单位登记管理局)、劳动和社会保障局、建设局(规划管理局)、交通局(港务管理局)、水利局、农林局(海洋与渔业局)、对外贸易经济合作局、文化局[旅游局、新闻出版局(版权局)]、卫生局(爱国卫生运动委员会办公室)、人口和计划生育委员会、审计局、环境保护局、安全生产监督管理局、统计局、物价局

续表 21-11

市政府事业机构	行政审批中心、粮食局、建筑工程管理局、广播电视局、体育局、农业机械管理局、农业资源开发局、地震局、地方志办公室、人民防空办公室、机关事务管理局、城市管理行政执法局、招商局、供销合作总社(供销集团总公司)
垂直管理部门	工商行政管理局、国家税务局、地方税务局、质量技术监督局、国土资源局、食品药品监督管理局、气象局、盐务局、供电局(公司)、邮政局、南通住房公积金管理中心、电信局(公司)、人民银行海门支行(外汇管理局)、烟草专卖局

第六节　政务纪要

一、抗日战争至新中国成立期间

严缉粮食走私　锄奸反特　民国32-33年(1943-1944),抗日民主政府组织疏散转移物资,将布匹、粮食、钞票、税票等分散保管在群众家里,实行坚壁清野。民国34年8-9月间,民主政府将部分作恶多端的汉奸逮捕惩办。民国34-35年春,公审处决汉奸54人。民国36年1月21日晚,全县锄掉内奸、坐探等200余人。1949年3月,通东和南部部分地区发生暴乱,破坏民工支前。县政府向不明真相的受骗群众宣传党的政策;逮捕暴乱分子230人,镇压首恶分子22人。一周内,暴乱平息。此后,开展剿匪肃特斗争,将匪特、反革命分子20余人逮捕归案,一些流窜的武装匪特和隐藏的反革命分子纷纷落网或缴械投降。

减租减息和土地改革　民国30-32年,中国共产党领导的抗日根据地发动佃农进行"二五"减租,减轻农民负担。民国35年6-8月,发动群众成立农会,划分阶级成分,组织贫农向地主清算斗争,进行土地改革。土地按人口平均分配,一般地区人均2亩,垦牧区人均4亩,人多地少的通东地区人均1.5亩左右。但有的地方没有充分发动群众,仓促分田,加之少数干部工作作风不正,侵犯一部分中农利益。个别地区,地主交出的是远田、劣田,浮财及地财基本未动。民国35年9月,在海启地区830个村进行土改复查,重点是追查浮财,后来发展到"挖黑财""查防空洞"。一年多的土改复查,东南地区58.85万人分得土地、粮食、家具、耕牛、农具以及房屋等生产和生活资料。在土改复查中,出现一些"左"的偏向,个别地方仍有侵犯中农、工商业者利益现象,有的地方打击面过宽。

参军支前　民国35年9月,在聚星镇召开参军动员大会。会后,出现干部带头、妻送夫、父送子、兄送弟的参军热潮,海门有1404人加入主力部队。民国37年12月,东南地区11个区、192个乡、680个村、19.58万人投入大参军运动,1243人参加主力部队。民国37年夏至1949年6月,组织翻身农民参加4期常备民工,出征5.3万人、担架4174副、小车3188辆、扁担5633条、船334艘,担负运送粮草、弹药等支前任务。

经济保障　民国30年,抗日民主政府改变田赋制度,由征收钱币改为征收公粮、公草、公棉等实物,并开展工商税征收。民国32年,根据地征收夏粮309.85万公斤、秋粮357.5万公斤,保障抗日军队和干部的供给。民国33年秋,东南收布办事处组织农民纺纱织布,并收购、转运土布,解决农民经济困难,保障部队被服供应。解放初,私营大生三厂在军管会和全体职工努力下,2000余工人到厂复工,政府及时下拨原棉25万公斤。江海贸易公司预付100箱棉纱的现金,帮助解决资金和原料困难。

抗灾救灾　民国31年秋季,干旱少雨,粮食歉收,全县发生严重灾荒,农民以豆渣、糠麸、树皮、草根为食。县、区抗日民主政府成立救灾委员会,在根据地组织劝募,发行救济公债,以工代赈,互助互济,度过困难。民国37年夏秋风雨灾害后,下拨春播种子15万公斤,救济粮150万公斤,收购农民皮棉和土布;江海贸易公司售出粮食30万公斤,下拨救济粮7.5万公斤;组成各界人民赈灾劝募委员会,发动社会各界献粮、献钱。解放初,全县共集粮食14.78万公斤支援灾区。1949年6月,县政府发动2万群众奋战10天,疏通宋季港、圩角港、竖积洪、横沙4条大河。1949年7-8月,海门又遭前所未有的台风、雨灾。发动21万人,动用水车4.03万部,奋战50天,排除农田积水2万公顷,修复加固江海堤岸73.5公里;发放农贷粮50万公斤,帮助农民补种晚秋作物1.3万公顷。至1950年2月14日,全县调剂互助互济粮食16万公斤,发放救济粮27.5万公斤,救济灾民2.7万户、8.6万多人。

政权建设　民国32年1-3月,县抗日民主政府县级机关工作人员由28人精简为9人,最少时6人;区级机关工作人员由901人精简为33人。民国33年8月起,抗日根据地开始改造民国区乡政权,对基层政权进行民主建设。各地实行新乡制,民主选举乡长。至民国34年7月,东南地区有10多个乡实行新乡制。1949年,在新解放区废除保甲制度,建立人民民主政权。各乡由上而下召开农民代表会议,建立农会组织,选举产生乡长、村长。6月,新解放区各乡村先后成立由劳动人民当家做主的政权。解放初,对从国民党机关、企事业单位中接收过来的人员,除少数不愿意留下而予以遣送回家外,采取保职、保薪政策,继续留用。

二、国民经济恢复期间

土地改革 1950年6月,县政府成立土地改革委员会,制定土地改革实施方案。9月,老区81个乡结束土改,新区69个乡开始土改,到1951年11月结束。

抗美援朝 1950年11月15日,县成立抗美援朝分会。1951年5月1日,全县26万余人参加示威游行,17万余人在"五大国缔结和平公约的宣言"上签字,9.3万人投票反对美帝国主义单独对日媾和、重新武装日本的罪行。农村青年1402人和青年学生120人参加中国人民解放军与志愿军。捐资16.93万元,超额完成原定捐献1架战斗机(15万元)的任务。

镇压反革命 1951年2月,开展镇压反革命群众运动。公安机关依法逮捕罪大恶极的反革命分子56人。通过广泛宣传、政策攻心,使潜逃、藏匿的反革命分子60多人向人民政府投案自首。

清除烟毒 1951年8－12月,通过政策感召和耐心规劝,一部分烟毒犯(吸食鸦片、白粉)认识到毒品的危害,到公安机关坦白认罪,交出烟具、毒品。少数罪恶深重、执迷不悟的烟毒犯,在群众检举下一一落网。全县先后逮捕烟毒犯61人。

农业互助合作 1952年,县委、县政府作出《大力发展互助合作组织的决定》。至12月,全县组织临时互助组1918个、常年互助组1907个,参加互助组的农民3.39万户,占全县总农户数的17.9%。

农业 1950年年初,全县组织民工2.2万余人,疏浚河道11条,挖掘土方11.5万多立方米,政府发放以工代赈粮26.1万公斤。3月,县成立长江复堤指挥部,组织民工1.42万多人,花20天时间完成土方44万余立方米、全长25公里的长江复堤工程,于4月竣工。发动2500多民工奋战12天修复海堤9837米,还派出数千民工支持启东大洋港修复海堤。1951年秋冬和1952年春,完成60座钢筋混凝土和20座木制涵洞。

1951年3月,组织推广优良品种,搞好棉花新品种"岱"字棉选种、留种工作。是年提倡增施有机肥料,发动群众扑灭棉花、玉米病虫害,排除近6667公顷被淹农田的积水,使农业获得丰收。1952年,开展万组千村爱国丰产竞赛运动。县人民银行发放棉农贷款100万元。县供销社与棉农签订棉花预购合同1.27万份,举办2000多人参加的治虫培训班。

工业 解放初,整顿和扶持几个重点工厂,把原有的益海、益群、江海印刷所与东南印刷厂合并建立海门新华印刷厂(后改为海门印刷厂),组织生产。1951年1月27日,海门颐生酒厂第一副蒸灶产酒。1952年,大生三厂实现公私合营,生产和销售纳入国家计划。

交通 解放初,先后组织民工2.3万人,花1个多月时间,修复县内公路干线3条50公里,筑大堤公路9公里,修造公路桥梁11座。1951年1月,通吕(南通—吕四)公路和通启(南通—启东)公路海门段全线恢复通车。

邮电 1950年11月,全县建成邮站127个,有义务通讯员760人。1952年,国际信函和小包业务开通。6月,海门与崇明县城桥镇、南通县二甲和三余等镇接通长途电话。12月,南通至海门、海门至启东的直线电话开通。

财贸 1950年4月,对全县财政实行高度集中统一,健全预算和经费管理制度,统一收支,做到编制有定员,供给有标准,经费有定额。同时,成立清资理财委员会,由县长兼任主任,统一指挥全县的清资理财工作。组织财政收入,补征公粮,广征工商税。是年,全县税收占财政收入的53.8%。在新区10个集镇推销和超额完成人民胜利折实公债。1952年,全县查实田亩,核实计税产量。是年,全县财政收入1007万元,比1949年增长5.2倍。派出代表,在上海召开的华东地区物资交流大会上洽谈成交14万元土特产品的业务。

教育 1949年12月2日,县成立冬学委员会。

12月12日，举办冬师训练班，发展冬学230所。1952年11月，私立培新初级中学（前身锡类中学）改名为海门县初级中学。此后，创办余中、麒麟等8所初级中学，学生3059人，比1949年增长2倍；全县小学生比1949年增长84.5%，学龄儿童入学率76%。1952年，常年民众学校1119所，学员4.32万人，民众教师2000余人。集镇工厂、港口码头及县级机关职工学校全面兴办。

卫生 医院由解放初的2所发展到1952年的5所，门诊部（所）由3个发展到35个，医务人员由16人增加到68人，床位由28张增加到88张。全县各地结合反对美帝国主义的细菌战，开展爱国卫生运动，开始预防霍乱、鼠疫等疫苗的注射工作。1952年，全县白喉病流行，县政府拨出专款，开展白喉病毒预防注射。

三、第一个五年计划期间

三大改造① 1953年，进入第一个五年计划的建设时期，县委、县政府作出《建立农业生产合作社的决定》。年底，全县有初级农业生产合作社431个，入社农户1.85万户；互助组9032个，入组农户9.37万户，参加社、组农户占全县总农户数的63.2%。1954年、1955年，开展以发展互助合作为中心的农业增产运动。制定10年农业发展纲要，落实民主办社、勤俭办社方针，改善农业合作社的经营管理，推行“三包一奖”②制度。1956年3月，全县建立45种行业98个手工业生产合作社（组）。全县实行私营工商业者的社会主义改造。4月，私营工业31户、565人全部公私合营；私营商业4041户，实行改造的3829户；手工业属改造范围的7981人，组织起来的6400多人，占应改造总人数的80.19%。是年，全县建成高级农业生产合作社643个，入社农户18.57万户；渔业生产合作社9个，入社渔民666户，占渔民总数的88.9%。1957年，整顿农业生产合作社，建立生产秩序和生产责任制，94%的农业生产合作社比较巩固。

农业 发动农民改变耕作制度，由一年两熟制（夏季麦豆、秋季玉米、水稻）改为两年四熟纯粮纯棉的轮制作（第一年夏麦、秋玉米，第二年夏麦豆、秋棉花），还办起国营农场，为农业试验示范。1957年，贯彻《1956－1967年全国农业发展纲要（修正草案）》，努力发展农业生产，大搞农田水利建设，大积自然肥料，全面开展增产节约运动。

工业 恢复和支持原有工业企业组织正常生产，逐年投资兴建一批与国计民生有关的国营企业。1956年，全县建立10个地方国营和公私合营油米厂，产值327.1万元。办起制盐业、食品业、服装业及其他工业。

交通 1953年、1955年，两次动员数万民工修筑县内主要公路路面。1956年，根据民需民办、民办公助原则，先后新辟公路17条、145.2公里，建公路桥梁40座、324.9延米。是年，青龙港西侧兴建客运码头。开始并港建闸，结合水利建设整治航道，先后开挖灵甸、大新、大洪、青西河，计50.4公里。

商业 1953年10月，实行粮食、油料作物和食油统购统销。1954年3月，对全县城镇居民和农村缺粮户以及行业用粮全面实行计划供应。同年9月15日，对棉花和棉布实行计划收购和计划供应。1956年，社会商品零售额4977万元，比1953年增长37.37%；商业网点2418个，其中有证个体商业户2348个；县财政预算内收入2209万元，比1953年增长60.9%。

文化 注重海门地方剧种山歌剧目的挖掘和整理。1956年12月，海门山歌剧《淘米记》参加省农村业余文艺会演，获节目奖、优秀演员奖和音乐奖。

教育 1956年5月，参加冬学、民校学习的农民11.7万人，占全县青壮年文盲、半文盲总人数63%。1956年下半年，海门县初级师范学校发展为中等师范学校，在校学生548人，专职教师66人。1956年，有各级各类学校571所，比1953年增长23.1%；学生9.48万人，比1953年增长36.9%；教师2488人，比1953年增长33.5%。有职工学校24所，38个班，学员1502人。县直机关干部文化补习学校发展到14个班，学员803人。

卫生 1952年9月，轮训和复训旧法助产婆

---

① 三大改造：对农业、手工业、资本主义工商业的社会主义改造。

② 三包一奖：包工、包车、包产，超产奖励。

（接生员），普及新法接生，产妇的产褥热和婴儿破伤风基本根除。1953 年 2 月，建立 3 个卫生检查组，分赴各区总结评比爱国卫生运动突击月活动情况。3 月，建立县妇幼保健站。9 月，县组成药物消毒杀虫工作队，以茅家镇和三阳区聚南乡为点，消毒房屋 1228 间，用去六六六粉 315 公斤。1954 年后，以防治肠道传染病为中心，加强食品卫生管理。1954 年 12 月，组建茅镇中医联合诊所，采用以师带徒方法，吸收知识青年 200 多人学习中医；举办中医针灸班；组织中医人员发掘、搜集和整理中医宝藏——民间单验秘方 5000 余张，中医事业得到发展。至 1956 年，全县普种牛痘 86.39 万人次。

支持天主教教徒反帝爱国斗争　1953 年 7 月 16 日，县各界人民代表会议常务委员会举行扩大会议，全力支持天主教海门教区的教徒进行反帝爱国正义斗争。当晚，全县各界人士 6000 余人在县初级中学操场集会，控诉帝国主义分子虐杀中国婴儿的罪行。不久，海门主教公署的比利时籍神父松乔被人民政府驱逐出境。

四、第二个五年计划期间

贯彻社会主义建设总路线　1958 年，贯彻鼓足干劲、力争上游、多快好省地建设社会主义总路线，开展“大跃进”、人民公社化运动。大炼钢铁，兴办机械工业，筹建化工厂。号召全县人民开展技术革命、技术革新运动，奖励董仁亲等一批革新能手。

1958 年初至 1959 年 5 月，在“左”的思想指导下，提出一些不切实际的指标和口号，如粮食亩产双千斤、棉花单产超千斤，3 个月实现“四无县”①、“文化县”，两年实现“四化”②等。搞“大办社有经济”“大办钢铁、水利、文教、交通、生活福利事业”。1958 年 5 月后，出现生产上瞎指挥，如拔掉棉花“三类苗”（病弱苗），改种胡萝卜；割芦苇等沤“三鲜汤”③作农田基肥。推行少种高产多收，土地轮作“三三制”④，致使全县抛荒土地 2 万多公顷。提出试验田“深翻一丈五，每亩下肥一万五，下种一百五，收成一万五”的要求。农村实行劳力大调防、大兵团作战，搞“四集体”（集体住宿、吃饭、劳动、学习），建立居民点，大办公共食堂，一些地方提倡吃饭、理发、看戏、上学、治病不要钱。违背客观规律，刮“一平二调”“共产风”⑤，致使群众杀猪宰羊毁家具，埋粮食，砍树木，社会财富遭到巨大损失。1961 年年底至 1962 年 12 月，贯彻中共中央指示，总结过去 3 年的经验教训，上述错误逐步得到纠正。

抗灾救灾　1959 年夏季，连续 45 天未下雨，全县 5.73 万公顷农田受到干旱影响，对其中 1.87 万公顷农田普遍抗旱 1 次。1960 年 8 月 2－4 日，全县 34 小时内下暴雨 274.43 毫米；8 月 4 日雨量 344 毫米，其中余东公社雨量 485 毫米。致使内河水位突然猛涨泛滥，被淹粮食作物 1.96 万公顷，最深的 1－1.5 米，为历史上所罕见。县人委领导人民抗灾救灾，各级干部坚守抗灾第一线，边指挥、边战斗，4 天内基本排除内涝，播种晚秋作物 2.67 万公顷。此后几年冬春，组织民力大搞农田基本建设，水患逐步消除。1960 年起，围垦芦荡，建立江心沙农场。1961 年秋后连续 9 个月，农村每人每月口粮只有 9.1 公斤，人民生活面临困难。县人委动员群众，调剂粮食余缺，大种瓜菜，全面、细致地安排好城乡人民生活，度过暂时困难。

交通　1958 年 9－10 月，发动全县人民将通启、通吕、掘青公路海门段计 103 公里改建成为简易碎砖石路面。1960 年，修筑海启公路、青四公路和二甲至吕四的简易公路。是年，完成货运总量 8.28 万吨，比 1957 年增长 108.56%；内河通航里程 408 公里，比 1957 年增长 5.15%。

邮电　1958 年，架设电话线路 1633 公里，是解放后 9 年架线总和的 2.6 倍。县至农村的电话线路新增 6 对；各公社安装电话交换机，总容量 1385 门；全县 80% 以上大队安装电话机；市内电话容量扩充至 300 门，改为共电式，实现半自动化。1962 年，整顿乡邮，信件由原投递到大队改投到生产队，有的投到户。

---

① 四无县：无老鼠、麻雀、苍蝇、蚊子。

② 四化：水利、机械、电气、化学。

③ 三鲜汤：割芦苇放入沟、塘水中沤制的肥料，俗称“三鲜汤”。

④ 三三制：土地种植粮油、绿化、休闲各三分之一。

⑤ 共产风：五风之一，五风为共产风、浮夸风、强迫命令风、生产瞎指挥风、特殊化风。

财贸 1958年,贯彻依靠全党全民办财政的方针,扩大财政收入范围,支持和促进工农业生产。是年,财政收入2747.79万元,比1957年增长42.52%。调整商业网点,设置29个供销部、144个合作商店、900多个零售商店、145个货摊,商业人员5428人。全县农副产品收购总额3457万元,比1949年增长18.4倍。1960年,完成海门特产薄荷、辣椒干和其他农副产品的外调出口任务。县承担为苏联加工出口衬衫9.95万件的任务。社会商品零售总额5473万元,比1957年增长26.22%;财政收入2538万元,比1957年增长31.64%。

教育 1958年,贯彻教育为无产阶级政治服务、教育与生产劳动相结合的方针,学校开展勤工俭学活动,开辟生产园地,办起各种工厂。全县城乡建办幼儿园,全县半数幼儿入园。是年3月28日,飞鹭乡兴办第一所农业中学。年底,全县各公社都建办农中,在校学生1.02万人。1960年,有各级各类学校803所,比1957年增长31.4%;在校学生15.19万人,比1957年增长52.7%。

卫生 1958年,卫生工作贯彻预防为主、面向工农兵的方针,城乡医院保健网基本形成,实现社社有医院,队队有保健室、接生员,个个集镇有药品供应店(部)。县卫生部门组织33个专业防治小组,开展钩虫、丝虫、疟疾三病的普查工作。1961年,霍乱、天花等疾病基本消灭。是年,有公办、民办医疗机构171个,比1957年的137个增长24.8%;病床444张,比1957年的128张增长2.47倍。

贯彻调整方针 1962年,根据中共中央《农村人民公社工作条例(草案)》(即60条)和《关于改变农村人民公社基本核算单位问题的指示》,确立三级(公社、大队、生产队)所有,队(生产队)为基础,以生产队为基本核算单位。以后,在"农业学大寨"①运动中,少数地方实行两级核算(公社、大队),推行统一经营、统一分配的做法。

是年,贯彻调整、巩固、充实、提高的方针,合理调整工业布局,全县有县办厂92个、社办厂39个。缩短基本建设战线,下放全民所有制单位职工3899人,压缩城镇人口2812人,减少定量人口3752人、定销人员4931人。

同年,全县拆除公社所在地总机和大队电话,保存交换机16座,各公社机关留专线电话1部。

五、国民经济调整期间

农业 1963年,执行中共中央《关于进一步巩固人民公社集体经济,发展农业生产的决定》和《农村人民公社工作条例(修正草案)》,开展农田基本建设,精选和调换良种,改良盐碱土。各行业、各部门的工作逐步转移到以农业为基础的轨道上。县抽调科局长以上干部39人充实基层,下放大队定职干部1038人加强生产队。大批干部参加集体生产劳动,层层组织比学赶帮超竞赛活动。

1964年,贯彻中共中央《关于目前农村工作中若干问题的决定(草案)》(即后10条)和以农业为基础、工业为主导的发展国民经济总方针,开展"农业学大寨"运动,农业获得大面积、大幅度增产,林、牧、副、渔业恢复和发展较快。

1965年,进一步落实发展国民经济的总方针和贯彻中共中央关于《农村社会主义教育运动中目前提出的一些问题》(即23条)。全县人民学大庆、学大寨、学人民解放军的活动普遍开展,比学赶帮超竞赛掀起热潮。经过3年调整,农业发展较快。1965年,粮食总产2.21亿公斤,为计划的115.8%;棉花总产2277万公斤,为计划的109.2%;油料作物总产291.5万公斤,为计划的210.5%。

工业 对工业布局和所有制进行合理调整,撤销、合并一部分工厂企业。1963年,有全民工业企业28个、集体工业企业82个。1964年,工业生产出现新高潮,超额完成年度计划35%,品种增加,质量提高,为农服务更有成效。同年,复建生产合成氨的化肥厂1座。1965年,工业总产值1.2亿元,为计划的187.7%。

交通 邮电 坚持突出支农、突出质量的方针,贯彻支农物资"三优先"②原则,做到迅速、方便、安全。1965年,支农物资运输量占总运量67.5%,比1964年增长64%。县邮电局发挥集体智慧,大

---

① 农业学大寨:大寨是山西省昔阳县的一个生产大队,该大队干部群众克服重重困难,改善穷山恶水的恶劣环境,实现农业丰产,是全国农业生产的一面旗帜。1963年,毛泽东主席号召工业学大庆、农业学大寨、全国学解放军。

② 三优先:受理计划、安排运输、装卸优先。

力为人民通讯事业服务,成效显著,线务组列居全省上游。

商业 发挥国营商业为领导、供销合作社为助手、集市贸易为补充的互相制约和互相联系的三条渠道积极作用。1963年,生猪收购比1962年增长404.4%。棉花收购1268万公斤,占计划任务的113.7%。商业供销部门开展增产节约和改善经营管理,节约各种费用31.2万元,清理和推销各种积压、残次商品46.45万元。1963－1965年,改进商品供应,增设网点,开展"五好"企业"五好"职工竞赛,增强服务观点,改善服务态度,积极组织各种农用物资,适应农业生产日益增长的需要。1965年,商业供销部门以发展经济、保障供给为出发点,做好生产资料、人民生活用品的供应和农副产品的收购工作。组织农业生产资料的总值1863万元,比1963年增长81.4%。农用物资虽在原材料不足的情况下,比1962年的供应量成倍增长,有的增长3－4倍。农副产品收购总额比1963年增长80%以上,社会商品零售总额增长51.95%。

教育 1963年,全县重点试行中、小学工作条例(草案),输送中小学毕业生8000多人参加农业劳动。1965年,农业中学122所、在校学生9589人,耕读小学845个班级、在校学生2.23万人,学龄儿童入学率由1963年的77.5%上升到90%以上。

卫生 1963年5月,重建海门中医院。1963－1965年,先后组织5个医疗队40多人到农村巡回医疗,治愈1.6万多个病人,受到广大农民的欢迎。医疗队还帮助培训卫生员1500多人。

六、第三个五年计划期间

农业 1969年,全县开展"农业学大寨"运动,与江海争地,围海造田近667公顷。1970年,贯彻国务院召开的北方农业会议精神,深入学大寨,大搞农田基本建设。全县小型水利动土600多万立方米,平整土地近6667公顷,扩大耕地约334公顷。筑长江治坍丁坝6座,护江堤石坡4800米。新架电灌线路219公里,扩大灌溉面积3133多公顷。

工业 1967年2月,三厂油厂精炼成功出口一级棉清油。1969年,工业生产大搞技术革新和增产节约,试制和生产一批新产品。海门农机厂试制成功工业生产母机——6136车床及665牛头刨床、插齿机、倒角机以及手扶拖拉机底盘等。海门化肥厂自制压缩机。海门电机厂生产100千瓦变压器、30千瓦电动机。1970年,在"工业学大庆"运动中,海门农机厂超额完成主要支农产品手扶拖拉机和旋耕犁的生产任务,比1969年增长3倍多。海门手帕厂经过40多次实验,利用国产颜料代替进口颜料,降低成本30%。

邮电 交通 1966年9月30日,海门、三厂两地邮电局开办国际电报电话业务。是年12月,南通地区第一座公路双曲拱桥——海门镇西桥建成。1970年元旦,青龙港长航客运新码头竣工交付使用。

教育 1967年6月20日,县军管会向全县中、小学师生发出"复课闹革命"的动员令。1968年8月,高中招生废除升学考试,实行推荐与选拔相结合的制度。课程设置以应时的政治内容为主,学生文化知识质量严重下降。1968年9月,工人、贫下中农、人民解放军战士组成毛泽东思想宣传队,进驻学校,领导学校"斗、批、改"运动。

七、第四个五年计划期间

农业 1972年,贯彻以农业为基础的方针,落实党在农村的经济政策。实行科学种田,广泛开展群众性的科学实验活动,领导、老农、技术员"三结合"种试验田,探索粮食高产规律。继续搞好农田基本建设,完成土方920万立方米。克服雨涝、病虫、台风、低温等自然灾害,又获丰收年。1973年,坚持以粮为纲、全面发展的方针和执行农业"八字宪法"①,努力改变生产条件,种绿肥,以草还田,治咸改土;抓有机肥料和种子的基本建设;建立"三结合"技术推广网,新技术、新经验得到推广。是年,粮食单产超历史,棉花亩产116斤,社社超百斤,第一次出现粮棉超"双纲"②的大队。

1974－1975年,全县人民发扬自力更生、艰苦奋斗精神。1974年,粮食、棉花、油料总产、单产都超历史,黄麻亩产创历史新纪录,薄荷油接近历史最高水平。1975年冬春,完成水利土方2940万立

① 八字宪法:水、肥、土、种、密、保、管、工。

② 双纲:粮食和棉花都超过"农业发展纲要"规定的棉亩产百斤,粮亩产千斤指标。

方米，平整土地400公顷，增加耕地360公顷，完成长江治坍石方3万立方米。实行改制改茬，推广粮食作物“两水一旱”①耕作制度。全县有机电灌溉等动力2.99万千瓦，中型拖拉机、手扶拖拉机、脱粒机3865台，农副产品加工和运输机械1000多台。机耕面积2.2万公顷，占总耕地面积39%。排灌、粮饲加工、稻麦脱粒和植保基本实现机械化、半机械化。

工业 开展高产、优质、低消耗的增产节约运动。1973年，工业总产值比1972年增长19.8%；年产手扶拖拉机1460台，比1972年增长46%；农药增长1倍。1975年，工业生产有新的发展，主要产品超额完成年度计划。

商业 1969年1月，县革委会在大新公社进行合作商店社会主义改造试点，把集体商业人员下放到农村去。1970年，全面推开。是年6月，国家商业部总结大新公社改造合作商店的“经验”。1973年12月，落实政策，把在“商改”运动中下放的店员全部上调，安排工作。

教育 1972年5月，工人、贫下中农、人民解放军战士组成的毛泽东思想宣传队撤离学校，教育秩序渐趋恢复。1974年7月，县又派工宣队、贫宣队进驻学校，1977年10月全部撤出。1974年9月，县创办聋哑学校，首届招收学生20人。

八、第五个五年计划期间

农业 全县人民克服低温、旱涝、阴雨、病虫等自然灾害，农林牧副渔都有一定发展。粮食总产、亩产创历史新纪录，薄荷亩产超历史。1977年，农业生产遇到冻害、病虫、雨涝、台风等严重自然灾害，特别是8号台风的袭击。全县人民顽强战斗，农业仍然获得较好收成。1975－1977年，投入10万民力，在海门河、通吕河两岸兴办两个样板片。开挖小横河和标准明沟，填平废沟，平整土地，增加耕地面积。因涉及拆迁民房，更改土层，变动水系，减少水面和竹树林木，1978年后基本停止，留下一些半拉子工程，带来农业产量下降、群众饮用水困难、自然生态受影响等不少后遗症。

1978年，落实党的农村经济政策，贯彻以粮为纲、全面发展、因地制宜、适当集中的方针，搞好“四定一奖”②劳动责任制。战胜多年未见的连续干旱，粮食夺得丰收，油料作物创历史新纪录，受到省委、省革委会奖励。薄荷总产、单产超历史。1979年，粮食获得历史上第二个丰收年，棉花创历史最新纪录。大新公社中兴大队粮棉连年稳产高产，林、牧、副、渔全面发展，被评为全国农业先进集体，受到国务院嘉奖。1980年，贯彻中共十一届三中全会精神，落实中央关于发展农业生产的指示，建立生产责任制，调整农业政策，提高农副产品的收购价格，放宽对家庭副业和集市贸易的限制，尊重生产队自主权，鼓励发展多种经营，逐步纠正生产指导上的主观主义和分配上的平均主义，农民的积极性得到调动，农业生产得到发展，1980年虽是大灾之年，还获海门粮食生产历史上第三个丰收年。

工业 1976年，工业总产值比上年有所增长，特别是社队工业比1975年增长34.4%，占全县工业总产值24%。县电子设备厂研制的红外线粮食烘干机，受到中央、省有关部门表扬。县铸钢厂制氧车间投产，填补南通地区空白。海门手帕厂成为县内第一个被省命名的大庆式企业。1977年，社队办工厂431个，产值比1976年增长46.95%。1978年，工业企业广泛开展学大庆、赶韩桥、创百日红的竞赛活动。社队工业总产值比1977年增长34.63%。海门饮服公司、六匡信用社被省命名为“学大庆、学大寨”企业。县印刷厂、链条厂、颐生酒厂、三厂油厂、三厂搬运社被省革委会批准为大庆式企业。1979年，开展以高产、优质、多品种、低消耗为中心的增产节约运动，发挥市场调节作用，打开产供销渠道，工业产值创历史新纪录。电焊机空载自动电焊开关、远红外测试仪、硅溶胶高速离心器、变色眼镜、警报器、氧化乐果农药、在线电流电阻测试仪等填补省内空白。海门棉纺厂生产的42支股线、21支棉纱，分别被纺织工业部和省评为优良产品。海门无线电厂生产的“莺歌”牌收音机获四机部和国家广播事业局三等奖，载玻片远销美国、加拿大、意大利等国。1980年，优先发展轻工业，扩大市场调节范围，把一些指令性计划改为指导性计划。加强企业整顿，抓均衡生产和产品质

① 两水一旱：即两熟水稻、一熟麦子的耕作制度。

② 四定一奖：定面积、定产量、定农本、定工分，多产奖励。

量，恢复和建立合理的规章制度，逐步完善奖惩制度。是年，工业总产值5.15亿元，其中社、镇、队工业产值2.48亿元，比上年增长71.88%，成为全县工业的重要力量。海门手帕厂被列为南通市先进企业，有4个品种被评为省和部优产品，蓝花的确良填补省内空白。

农用机电 1977年，全县有中型拖拉机65台，手扶拖拉机1632台，其他农用机械5257台，各种水泵5512台，农用卡车和机动挂车894辆，渔业机船218艘。县、区、社都有农机修造厂（车间），基本做到小修不出大队、中修不出社、大修不出县。全县有电灌线路1603公里、装机容量6.75万千瓦，各区、社、镇、场都通电，600多个大队、2000多个生产队安上电灯。

科技 恢复科技人员原有的技术职称，晋升和套改一部分科技人员的职称，调动广大科技工作者的积极性。取得一批科技成果，县农科所培育的“海糯1号”“海粳1号”“海麦1号”和良种薄荷“海香1号”得到推广。

交通 邮电 铺筑沥青渣油路面35公里，新建县社道公路47公里。1976年6月，县内各邮电机构均开办国际报话业务。1978年，县邮电局开通1000门准电子自动交换机，实现县市电话自动化。1980年，实现县内电话自动化，农话中继电路载波化，县、社邮路专程化。同年11月20日，由海门交通机械厂和公路管理站技术人员设计、交机厂承建的全省第一座钢桁架横拉式电动开启闸桥，在青龙港建成并交付使用。

财政 金融 1979年，财政收入5188万元，比1976年增长47.3%；银行发放贷款1.53亿元，其中工业贷款1993万元，分别比1976年增长88.6%和83.9%；城乡储蓄比1976年增长69.2%。

教育 卫生 整顿中小学校，适当调整学校布局，扭转“文化大革命”造成的混乱局面，教育秩序趋于正常，教育质量不断提高，函授教育和工农业余教育有所发展。1977年7月，初、高中招生采取文化考查、择优录取的办法。卫生部门整顿工作秩序，重点加强卫生设施和医疗队伍建设，提高医疗质量，改善服务态度，主要传染病逐步得到控制。

九、第六个五年计划期间

农业生产责任制 1982年，95%以上的生产队推行以联产到劳为主要形式的生产责任制。重点户、专业户发展到4200多户，占总农户1.6%，其中净收入在3000元以上的1000多户。1983年，全面进行农业经济结构调整、农村体制改革和技术改革，促进农村经济的发展，全县农副业产值有新的增长。1984年，各种形式的经济联合体蓬勃发展，农副业生产向专业化、社会化方向发展。1985年，继续完善家庭联产承包责任制，农村经济保持良好的发展势头。

工业 1981年，贯彻中共中央关于在经济上实行进一步调整，政治上实现进一步安定的方针。1984年，县政府围绕增强企业活力这个中心，先后印发7个文件，对企业的扩权松绑作出具体规定。全县利用外资63.7万多美元，悦来乡和县轻工公司与港商联合创办全省第一个乡镇合资企业。

对外开放 1983年，有107人出国承担建筑任务。1984年、1985年，出国施工的建筑工人分别增加到558人、484人。1984年，和大专院校、科研机构、厂矿企业建立300多个协作关系，有90多个项目达成初步协议。1985年，海门与湖北省通城县结成友好县，与上海宝山钢铁厂建立协作关系。有100多家企业与外地高校、科研机构、工矿企业，建立比较紧密的经济技术合作关系。

邮电通信 1985年，添置1000门自动电话交换机，使县城自动电话装机容量扩大1倍，年末县内电话装机3521户。

放宽（落实）政策 1984年，大力发展商业、饮服业。1985年，发展个体商业户1000多户，拓宽流通渠道，活跃城乡市场。调整生猪购销政策和价格政策，放开蔬菜、水产品等鲜活副食品价格。同年，为60年代由定量户转为定销户的4150人解决户口、粮油问题，给3192个“土地工”①办理“农转非”②手续。

科技 对科技人员政治上关心，工作上支持，生活上照顾。1981年，进行套改、评定和晋升科技

① 土地工：县城与集镇附近被征用土地的农民，政府安排进入其他行业工作，俗称为土地工。

② 农转非：农业户口转为非农业户口。

人员职称423人，获科技成果奖8项。1983年，县光色玻璃眼镜片制造获国家部级奖励。三星电子仪器厂生产的在线电流电阻测试仪，成功应用于中国向太平洋发射洲际运载火箭，获中共中央、国务院、中央军委及七机部通令嘉奖。

1984年，引进各类技术人员72人。1985年，制定引进人才优惠政策，从外地引进各种科技人才69人。1984年至1985年5月，知识分子进入县级和科级领导班子90多人。1985年5月，作出关于尊重知识、尊重人才的若干规定，充分发挥知识分子作用，切实解决他们的实际问题。是年，开辟技术市场，组织有关部门参加全国、上海、南通市的技术交流活动；加强科技情报开发工作，在北京、上海、四川等省市召集海门籍科技人员会议，并同全国各大城市科技人员197人建立技术经济联系。完成科研项目159个，其中获部级成果奖1项、省级成果奖4项，市级成果奖43项、县级成果奖78项。

1985年，为工龄超过18年的助工以上（含助工）职称科技人员1036人、1970年以前毕业的大专毕业生家属办理“农转非”手续。建成工程师宿舍楼两幢，解决部分中级以上职称知识分子的住房。

教育 县政府作出《在全县范围内开展尊师重教的决定》《“七五”期间普及九年制义务教育的规划》《农村学校征收教育事业费附加的暂行办法》，建立常委、县长教育联系点。县委书记多次走访学校，县长组织现场办公，开展尊师重教活动，帮助解决办学中的实际问题。

全县普及初等教育，入学率、年巩固率、毕业率、普及率全部达到国家教育部规定要求。小学毕业率由90%上升到94%；初中毕业生升学考试及格率由20%提高到47.9%。5年累计向各级各类大中专输送新生3000人。

1985年，被评为省优秀教育工作者有4人。第一个教师节，县政府表彰优秀教育工作者201人，为30年以上教龄的老教师1118人和6个教师世家颁发荣誉证书。拨款315万元，为中小学教师建造生活用房3万多平方米。中小学民办教师近400人的月平均收入由40元提高到75元左右。为“文化大革命”中因冤假错案而被扣发工资（国家补助部分）的民办教师251人，如数补发工资12万元。1984－1985年，教师家属410多人按有关政策办理“农转非”手续。

卫生 1981年，对全县赤脚医生1298人考核发证。1984年，拨款人民医院添置B型超声波和脑电图机等精密仪器。1985年，成立南通市第一家眼科医院，新建老干部病房。彻底消灭血吸虫病，受到中央血防领导小组和省政府奖励。

十、第七个五年计划期间

农村产业结构调整 1986年，重点户、专业户发展到8034户，占总农户2.8%。全县20多万个农村劳力转移到乡镇工业、运输业等非农行业，占农村总劳力40%以上。1987年，创造农田水利机械化施工的成功经验，得到水电部和省、市有关部门肯定。同年，展开完善和发展多种形式服务体系的农村改革。1988年，完善联产承包责任制，推行按人口划粮田、按务农劳力划经济田的“两田制”。1990年，贯彻中共中央《关于进一步治理整顿和深化改革的决定》，农村经济有新进展，主要经济指标（除棉花因灾减产外），超额完成“七五”计划任务。

工业 1986年，全县175个县属企业实行劳动合同制，有24个县属企业实行厂长（经理）负责制，乡镇企业推进“一包三改”①责任制。绝大多数企业与外地建立多种形式的经济联合，其中经工商部门注册的联营企业73个。以拳头产品为龙头，骨干企业为主体，先后组建变色眼镜、水处理设备、分马力电机、印刷机、红木雕刻、羊毛衫等企业群体。1987年，推行厂长负责制和承包、抵押承包、租赁等多种形式的经营责任制，推行多种形式经济联合，全县工贸、工商和科技与生产联合体发展到200多个。1988年，根据治理、整顿的要求，确定停缓建项目41个，压缩投资2406万元。企业以完善承包和深化内部配套改革为重点，普遍推行企业承包经营责任制，引进竞争机制，实行企业兼并，优化企业结构。新开发工业产品46个，其中填补省内国内空白产品9个。氧化乐果、工业用链条等10个产品获得省优产品称号，3个产品在全国食品展览会上分别获得金、银、铜牌奖。江滨蜂乳品厂的蜂胚系列产品开发项目列入国家“星火计划”。28个乡镇列为对外

① “一包三改”责任制：经济承包责任制，改干部任免制为选聘制、改工人录用制为合同制、改固定工资为浮动工资。

开放重点工业卫星镇。1989 年,工业生产克服困难,继续有所增长。15 个新开发产品填补国内、省内空白。1990 年,工业实现速度、效益同步增长。

财贸　金融　1986 年,发展个体工商户,有证个体工商户 2.11 万个,各类集市贸易市场发展到 94 个。1986 年、1987 年,在金融部门贯彻“紧中求活”的信贷方针,千方百计组织资金,两年向省内外拆进拆出资金 9930 万元,累计发放贷款 10.51 亿元,比 1985 年净增 7.03 亿元。1987 年,帮助企业建立健全增收节支责任制,集中一部分预算外收入弥补财政缺口,狠抓个体税收,确保财政收入。财政收入 1.05 亿元,首次跨入全省财政收入超亿元县行列,受到省政府表彰和奖励。1988 年,开展税收、财务、物价大检查,对 969 个单位进行重点抽查,查出违纪金额 587.9 万元,应交入库 337.8 万元。抓外贸体制改革,实行承包经营制。有 7 批 27 人赴联邦德国、日本等国家考察,有 3 批 4 人赴香港考察,了解国际市场,加强横向联合。利用外资 381 万元。1989 年,零售商业网点 7749 个,比 1978 年增长 8.67 倍。1990 年,各项贷款比年初净增 1 亿多元。外向型经济迈出新的步伐,对外贸易持续增长,外贸收购总值 1.27 亿元,比 1989 年增长 11.3%。

1990 年,有各类市场 76 个,占地 20.5 万平方米。新建的东洲市场,在设施上达到全省县级市场一流水平,货隆竹木市场被评为全国文明市场。

科技　1986－1988 年,安排科技经费 101.7 万元,其中科技“三项费用”①80.4 万元。1989 年,确立科技兴县方针,安排科学事业费 7.5 万元,科技三项经费 30 万元。1990 年,效果开始明显,被列入国家科委推广项目 1 个、省项目 8 个、市项目 5 个、县项目 30 个,永固紫颜料、大型屋面玻璃钢风机等产品填补国内空白。

教育　1986 年,实行教育领导管理体制改革,农村中小学归乡教育管理委员会统一管理。是年,东洲幼儿园建成。1987 年,把教育事业列入全县总体规划,制定调动各方面办学积极性的措施。民办教师 738 人转为公办教师。1989 年,县获省实现“一无两有”②,改善办学条件三等奖。被评为全国幼儿教育工作先进县,狮山职中被列为省重点职业中学,创办全省第一所预备役学校。1985－1990 年,投资 2000 多万元,修建校舍 202 万多平方米,占校舍总面积 44%,中小学基本无严重危房,添置课桌、凳子 6 万多套。1990 年,向高校及大、小中专输送新生 798 人。是年,海门中学被省定为重点中学。

卫生　1986 年,人民医院急诊楼基本建成,建成县皮肤病防治所,在全县普查肝病。1989 年,改建县人民医院传染科病房楼,易地建造中医院。

体育　1989 年,悦来中心小学女子排球在省传统学校女排比赛中名列第一。1990 年,在省市级体育比赛中,夺得金牌 29 枚、银牌 27 枚、铜牌 37 枚。

民政　1986 年有 5812 户贫困户脱贫,脱贫率 70%。受到民政部和省、市政府的表彰,出席全国“双拥”先进表彰会。

城镇建设　1986 年,全县 31 个乡建立自来水厂。1987 年,东洲公园开放。1988 年 2 月,县电视台开播。1989 年,新汽车站、邮电大楼落成。

十一、第八个五年计划期间

工农业　1995 年,实现工农业总产值 123.29 亿元,农业总产值比 1990 年增长 66.4%,工业总产值平均年递增 46.8%。工业技改投入总量增长,1995 年实际完成技改工作量 12.56 亿元,技改投入质量提高,速度加快,全市有 32 个工业产品列入争创名牌行列,民营经济发展迅速。是年,有个体工业户 1.24 万户,产值超千万元的民营企业有 20 个,农业生产稳定增长,多种经营健康发展,农业产业化开始起步,立项的多种经营投入工程有 100 项,建成的 89 项,实现产值 1.4 亿元,利润 1191.2 万元。

外经外贸　新办“三资”企业 400 个,合同利用外资 19886 万美元,实际利用外资 5360 万美元,自营出口创汇 7718.8 万美元。

基础设施　全社会固定资产投资累计 68.65 亿元,是“七五”期间的 7.15 倍。全市主变电增加容量 3.15 万千瓦,比 1990 年增长 83.08%。累计投入资金 1.5 亿元,使市到乡、镇公路(除海永乡)全部实现黑色化。电话实现村村通,并纳入南通市电话网,市内电话普及率每百人达到 4.09 部,超额完成

① 三项费用:新产品试制费、中间试验费、重大科研项目补助费。

② 一无两有:无危房,有教室,有课桌椅。

“八五”每百人1.23部目标。海门港从围垦荒滩起步，基础设施累计投入1亿多元，实现“四通一平”①，建成高标准汽渡码头，实现海太汽渡通航。东灶港通过三期建设，完成围堰、建闸、疏港工程，成为进入港条件优越的渔港。

1995年年初，开始实施旧城改造，至9月底完成。其间拆除旧房19.8万平方米，建成楼房面积50.3万平方米，拆、建总量超过建国45年的总和，城市面貌焕然一新。

社会事业　在南通市率先实现九年制义务教育，新建海南中学、东洲中学及中等专业教学班42个，向大专院校输送各类人才数量明显增加。有医疗机构301个(含个体开业133个)，病床2296张，平均每千人有病床2.2张。广播电视综合覆盖率100%。大气环境质量达到国家二级标准，主要河流水质符合地表水三类标准，新老污染源得到治理和控制。市区绿化覆盖率比“七五”期末增长1倍。1995年6月，海门被国家科委批准为国家“火炬计划”新材料产业基地。

十二、第九个五年计划期间

深化改革　企业股权结构逐步由比较分散转向相对集中和优化，改革重点从乡镇企业逐步转向市属企业，改革领域从工商企业逐步向社会事业延伸。乡镇企业总股金4.35亿元，其中经营层持股1.78亿元，经营者持股1.05亿元。以土地承包“双层经营”②为主要内容的农村改革取得明显成效。市属工业企业扭亏解困和深化改革工作取得阶段性突破，扭转连年亏损、下滑局面。市属流通企业盘活资产、明晰产权、置换职工劳动关系，逐步走出低谷，全市40%的乡镇建筑站和80%的挂靠市属部门建筑企业完成改制。

农业　市场化、产业化步伐加快，经济作物种植面积大幅度上升。2000年，经济作物和其他作物播种面积超过夏季粮食播种面积。农产品商品率超过85%，市场农业成为农民增收、农业增效重要途径。

工业　经济保持持续较快增长，新材料等高新技术产业快速发展，化工、轻纺等传统产业优势增强，初步形成具有地方特色支柱产业群体。累计完成技改工作量57.1亿元。2000年，引进和开发科技成果300多项，科技成果转化率80%以上，科技进步对农业和工业的贡献份额分别达到60%和42%，分别比1995年提高12个和3个百分点。

累计新办外资企业100个，合同利用外资2.6亿元，实际利用外资8128万美元，有自营出口权内资企业25个，累计完成外贸出口4.38亿美元，有2个公司获得外经签约权。开发区、海门港建设成效显著，成为经济发展新增长点。私营、个体经济通过规模化、科技化、外向化提升层次。2000年，全市私营、个体工业实现产值82.2亿元，个体工商户近2.5万户，私营企业近1400个，从业人员超过6万人。

基础设施　全市村通黑色公路率95%，列南通市之首。电话普及率每百人17号线，被评为全国邮电系统百强县(市)。70%的行政村完成农村低压电网建设与改造，主江堤实现全线达标。市区与集镇建设快速发展，城乡面貌显著改观，被评为全国城市环境综合整治先进县(市)。

财贸金融　社会消费品零售总额165.94亿元，2000年38.62亿元，比1999年增长8.26%。2000年年末有各类市场74个，其中消费品市场69个，成交额62.8亿元，有超亿元的商品交易市场10个。5年财政收入总额22.02亿元，其中2000年为5.2亿元，比1999年增长21.05%。2000年年末金融系统各项存款余额97.67亿元，比上年增长9%。

社会事业　教育改革和布局结构调整取得进展，“普九”(普及九年制义务教育)水平进一步提高，教育现代化步伐加快，被命名为全国“两基”③达标先进县(市)和省教育工作先进县(市)。90%乡镇初级卫生保健合格，被评为省初级卫生保健先进县(市)，建成苏北第一个国家卫生城市。群众性文化、体育活动蓬勃开展，荣获全国群众文化和体育先进县(市)称号。专利申请和授权数分别为119项和83项，获南通市以上科技成果奖56项。

---

① 四通一平：电、水、电话、路通，地面平整。

② 双层经营：指集体经营与农户家庭经营。

③ 两基：基本普及九年制义务教育，基本扫除青壮年文盲。

十三、第十个五年计划期间

农业　2005年，全市6万余公顷农田均为有效灌溉耕地，中高效农田面积2.6万公顷，占总耕地面积43%，农产品商品率超过90%，外销农产品20亿元。有市级以上农业龙头企业36个，各类农村专业合作经济组织120个，农民经纪人3.1万人，各类农业园区250个。实施农产品质量全程监控，质量农业全面启动。

工业　工业结构不断优化，市属企业改制基本结束，非公有制经济成为全市工业发展的主流经济。2005年，私营企业10271个，注册资金150.9亿元。家纺服装、木业制品、缝纫机针、不锈钢制品、电动工具、医药化工六大块状经济产业化、集聚化、集约化水平进一步提升。工业集中区经济规模总量652亿元，占全市总量65.8%，工业规模企业支撑效应突出。建筑业进一步壮大，至2005年，综合经济实力连续15年保持全省第一。注册外资实际到账累计5.6亿美元，对外合作领域扩大，外贸营业额比“九五”期末增长1倍多。

基础设施　实施城乡道路通达、电力配套、通信网络、污水处理等一系列惠及民生的重大工程项目，实现乡乡村村通黑色公路，宁启高速公路全线贯通。城市化进程不断加快，城市化水平42.8%，比“九五”末提高7个百分点。2005年12月10日，电话号码升至8位，交换机总容量33.92万门，年末电话用户33.4万户，移动电话用户28.64万户，国际互联网用户1.88万户。

财贸金融　2005年，消费品零售总额75.22亿元，市场60个，市场成交额207.9亿元，其中超亿元商品市场11个，成交额145.48亿元。叠石桥家纺市场成交额120.2亿元，位居全国工业品综合市场前8强、专业市场首位。年末金融系统各项存款余额211.83亿元，全年保费收入1.89亿元，理赔支出0.44亿元。

社会事业　九年制义务教育入学率100%，高考成绩位居全省前列，被评为全国“两基”工作先进地区。初级卫生保健合格乡镇100%，被评为全省初级保健先进县(市)。2005年，城镇职工基本医疗参保率99%，农村养老保险参保近13万人。全年提供劳动岗位1.7万个，城镇登记失业率2.8%。

科学技术　拥有省以上高新技术企业29个，其中国家级高新技术企业6个，科技成果转化率95%，科技进步对工业、农业经济贡献率分别为53.3%和54%。

十四、2006－2008年间

工业　2006年，实现工业总产值1281.31亿元，其中规模以上工业总产值488.4亿元、销售482.9亿元。规模工业企业突破600个，新增数超过150个，其中销售超亿元企业128个、入库税金超千万元企业14个。完成工业投入120.5亿元。2007年，规模以上工业产值641亿元，销售收入超亿元企业150个，其中超10亿元企业6个，中兴能源装备股份有限公司成为首个入库税金超5000万元的企业。在建超千万元项目548个，其中超亿元项目46个。2008年，完成规模以上固定资产投入171.42亿元，其中规模以上工业投入144.25亿元，新投产超千万元项目245个。规模以上企业完成产值800亿元、销售790.79亿元、利税98.35亿元，中兴能源装备股份有限公司入库税金1.2亿元。

农业　2006年，实现农业总产值40.13亿元。每公顷产4.5万元以上中高效作物农田扩展到3.04万公顷，占总耕地面积的一半以上。新增扩建农业项目461个，完成投资额17.7亿元；新建和扩建农业外资项目46个，投入6100万美元；新申报认定无公害农产品24个，绿色食品14个；各类农产品加工龙头企业203个，各类农民经纪人3.2万人，年营销各类农副产品11亿元。2007年，中高效作物播种面积占比55%以上，继续位居全省第一。无公害农产品与绿色食品生产基地占全市播种面积95%以上。德胜镇贤高农业示范园区的葡萄产品和三和镇的猕猴桃产品被认定为中国农产品有机食品。荣获省生态农业县(市)称号。建立各类专业合作组织160个。2008年，有效抵御年初雨雪冰冻灾害，中高效作物面积新扩展3000公顷，累计3.65万公顷，占总耕地面积60%以上，中高效农田占比和复耕指数在全省领先。设施农业面积1.13万公顷，新建13.3公顷以上连片钢架大棚生产基地14个。畜禽饲养规模化水平同比增长10%以上。全年完成成片造林约4267公顷。在南通6县(市)中率先被评为省首批农产品质量安全示范市。

服务业　2006年，实现服务业增加值84.08亿元，消费品零售总额87.11亿元，各类市场成交额

232.12 亿元。超亿元市场发展到 12 个,其中叠石桥家纺市场成交额 125.9 亿元。2007 年,实现服务业增加值 101.59 亿元,完成市场成交额 289.24 亿元,社会消费品零售总额 102.45 亿元。叠石桥家纺市场被确认为省级服务业集聚区,叠石桥物流中心荣获全国物流行业先进集体称号。2008 年,实现服务业增加值 120.8 亿元,社会消费品零售总额 126.81 亿元。

建筑业 2006 年,实现建筑业总产值 229.08 亿元,建筑业增加值 61.86 亿元,施工面积 3396 万平方米。创省级以上优质工程 60 项,其中获"鲁班奖"2 项。2007 年,建筑业致富农民的作用不断放大,全年实现施工产值 303.57 亿元,建筑业增加值 78.26 亿元,施工人数 15.24 万人,获"鲁班奖"4 项,在全省县级市中率先建成建筑强市。2008 年,建筑经济总量继续位居全省领先,建筑施工面积 5099 万平方米,施工产值 360.31 亿元,获"鲁班奖"2 项、国优工程奖 1 项,建筑铁军赴川援建创下 6 个全省第一,被住房和城乡建设部授予全国抗震救灾先进集体称号。

社会事业 2007 年,在全国县级市中首个建立和谐社会评价体系,在中央党校举办构建社会主义和谐社会暨"海门实践"高层研讨会。2008 年,被文化部命名为中国民间文化艺术之乡,海门山歌被列入国家级非物质文化遗产,余东古镇被评为南通市首家中国历史文化名镇。海门五度蝉联省社会治安安全县(市),被评为省首批法治县(市)创建工作先进单位。

社会保障 2008 年,城镇职工养老保险和医疗保险参保人数分别新增 12236 人和 18427 人,新农保参保人数 76008 人,参保率 50%。为符合条件被征地老年农民 6557 人发放生活困难补助资金 900 多万元。市财政补助 1000 多万元为全市 40 多万户农民实施农业保险。新型农村合作医疗筹资标准提高到 100 元,参合率 97% 以上。提供廉租房 30 套、经济适用房 67 套。改造农村草危房 1401 户 2845 间。新募集慈善资金 767.4 万元,建设慈善超市 80 多家,为 1 万多户家庭提供临时救助和慈善援助 245 万元,城乡低保实现全覆盖,为重度残疾 2096 人办理生活补助。全年提供有效就业岗位 22968 个,新增城镇就业 7800 人,市劳动保障部门培训劳动力 7656 人,新增转移劳动力 7150 人。

第七节 政府法制

一、规范性文件制定审核

规范性文件法制审核、备案、评估 1990 年 5 月,对规范性文件进行合法性审查。1998 年,制定《海门市规范性文件制定备案管理办法》,各部门、乡镇凡制定的规范性文件于颁布之日起 10 日内报送市政府法制办公室备案。

2001 年,对规范性文件进行法制审核,以合法性审查为主,起草机关根据法制审核意见修改后提交市政府发布施行。2002 年 3 月,印发《海门市地方性政策措施施行前公示办法》。2004 年,规范性文件从形式审查转向实质性审查。5 月,实行规范性文件法制审核意见书制度,凡以市政府及其办公室名义发出的带有政策措施性文件,必须进行法制审核,并出具规范性文件法制审核意见书。认为文件制定有据、合法的才提交市政府常务会议讨论。7 月,对临江镇政府 2004 年 1 月印发的《关于市场生猪收费标准的通知》备案审查中,发现该文件制定无依据、收费主体不合法,经审查后撤销。11 月,对市地名委员会办公室提交的《关于地名命名有偿服务规定》的法制审核中,发现关于"城镇建筑物名称审核",已被国务院决定取消,该文件不符合法制审核的要求,最后没有印发。

2005 年 8 月,在江西南昌召开的全国规范性文件备案审查工作座谈会上,海门作为全国唯一的县级代表参加会议,在会上作《完善制度、强化监督、扎实开展规范性文件备案审查工作》交流发言。9 月,印发《海门市人民政府规范性文件制定程序规定》,确保规范性文件制定规范,内容合法,及时贯彻实施。2004 - 2005 年,共纠正部门和乡镇规范性文件 15 件,其中修改 4 件、废止 10 件、确认违法 1 件。

2006 年年初,对交通、城管两部门执行《海门市路桥冠名、公路和城市道路两侧广告牌设置市场化运作实施办法》情况进行评估,检查文件实施以来相关制度建设、行政许可事项办理、市场化运作、收费和违法案件查处等情况,并提出下一步工作措施和对文件的修改意见。此后,每年检查评估数件与人民群众紧密相关的规范性文件实施情况，并向市政府报告评估结果。同年7月，对各部门、乡镇制定的文件目录实行网络月报制度。至2008年，共出具审核意见书109份。

规范性文件清理　2001年11月，开展全市地方性政策措施清理工作。清理市委、市政府规范性文件3万余件，列入清理范围670件，其中保留文件261件、修改文件45件、废止文件364件。清理政府各部门文件9万余件，列入清理范围的1116件，其中保留文件639件、修改文件8件、废止文件469件。清理乡镇政府规范性文件2万余件，列入清理范围1197件，其中保留文件184件、修改文件17件、废止文件996件。1985年之前的文件予以废止。清理结果分别经市委常委会、市政府常务会议审议通过，报南通市地方性政策措施工作领导小组确认后，在《海门日报》《海门政报》等媒体上向社会公布。

2003年3－7月，对上次清理结果中列为保留、修改的文件，以及2001年10月至2002年年底新印发的规范性文件进行清理。对涉及国家已取消的行政审批事项和与现行法律、法规及上级地方性政策措施不一致的规范性文件，进行修改或废止。各部门根据新颁布施行的法律、法规和上级地方性政策措施及海门实际情况对相关文件进行清理，提出清理意见。列入此次清理范围的共1286件，其中保留1020件、修改28件、废止238件。清理结果经市政府常务会议讨论通过，在《海门政报》向全社会公布。

2006年，组织第三次全市规范性文件清理工作。清理市政府及其办公室文件271件、部门文件689件、乡镇文件153件。清理结果经市政府常务会议讨论，决定政府文件保留75件，修改36件，废止117件，不列入43件；部门文件保留38件，废止393件，不列入258件；乡镇文件废止111件，不列入42件。清理结束后，保留的规范性文件文本全部在海门政府法制网上公布。

二、行政执法监督

行政处罚主体资格清理、确认　1997年5月，开展清理、确认实施行政处罚主体资格工作。1998年3月，开展清理、确认行政处罚实施机构工作。

2005年4月，依据有关法律法规对各行政执法主体资格审查，经市政府确认，全市共有符合行政执法主体资格的行政执法机关48个，法律法规授权组织9个，并通过媒体公布，未经确认公布的行政机关和组织，不得实施行政执法活动。

2008年初，梳理市政府行政职权有154项，其中行政许可17项、行政处罚15项、行政强制14项、行政裁决8项、行政确认4项、非行政许可事项审批29项、重要事项决策19项、行政给付1项、行政奖惩7项、其他行政行为40项。经十五届市政府第6次常务会议讨论通过，向全社会公布确认后的行政职权及实施依据、承办部门。

重大行政处罚决定备案　2002年1月，制发《关于进一步做好重大行政处罚决定备案审查工作的通知》，对重大行政处罚决定备案审查的范围、审查程序及不当行政处罚决定的处理作出规定。2－4月，全面检查行政机关重大行政处罚决定备案。是年，全市23个乡镇、37个部门共办理各类行政处罚案件8.16万件，其中符合备案的1373件，实际备案1310件。2003年，行政处罚总数8.13万件，其中重大行政处罚决定1297件，实际备案421件。

2005年，建立行政处罚案件月报制度，凡有行政处罚案件的行政机关，每月5日将上月办理的行政处罚案件上报。是年，行政处罚案件总数10.67万件，其中重大行政处罚决定1324件，实际备案1324件。

2007年，实行网上报送，根据各行政机关上报的行政处罚案件，每月抽取一定数量案件进行监督审查，做到对行政案件全方位监督。2008年，行政处罚案件总数为20.46万件，其中重大行政处罚决定960件。

行政许可法实施　2004年2月，下发和贯彻实施《中华人民共和国行政许可法》的通知。3月，分层次举办行政许可法培训班，重点培训各级领导干部、直接实施行政许可的工作人员、国家公务员和行政执法人员，共培训1500多人次。组建专门班子，对不符合行政许可法规定权限设定的行政许可事项一律取消。清理实施行政许可的主体，依法纠正不符合行政许可法规定的行政许可主体。9月，确定保留行政许可事项241项（其中实施主体为行政机关的218项，实施主体为法律法规授权组织的23项），本级行政机关进行初审由上级行政机关实施的行政许可事项30项。将市行政许可实施主体和实施项目以及设定依据在政府法制网站上公布。各实施行政许可主体，按照其实施的行政许可事项、依据、数量、办理程序等，在政府网站、《海门日报》《海门政报》上公布。此后，结合行政许可法的实施，全面清理各项优惠政策，对不符合规定的优惠政策措施予以废止、修改、补充和完善。

2007年，第三次清理和调整全市48个行政许可实施主体实施的249项行政许可项目。调整行政许可实施主体7个，其中新增实施主体4个、取消实施主体2个、更名1个；调整行政许可事项34项，其中新增行政许可事项7项、取消行政许可事项12项、本级实施转为本级初审1项、许可项目更名4项、实施主体变更10项。调整后，行政许可实施主体50个，行政许可事项244项。其中行政机关实施的190项，法律法规授权组织实施的26项，本级行政机关实施初审的28项。

行政执法证管理 1996年12月，办理、发放行政执法证、行政执法监督证。2002年，建立专人负责制，以加强管理。建立离岗报告制度，行政执法人员离岗时，行政执法机关及时将有关情况进行报告并收回，上缴行政执法证件。同时建立报送备案制度，凡使用全国统一的行政执法证件和实行垂直管理的部门，必须将该部门持证人员名册及证件样本上报备案。未备案的，在行政复议案件中对有关人员的行政执法资格不予承认，对有关证据材料不予采纳。对当年未经注册或未通过注册的证件、遗失证件、应收回未收回证件，统一进行公告。每年年底，对行政执法监督证进行注册登记，对未经注册的专门发文公布。收回的执法监督证统一销毁。2006年、2008年，两次销毁1996版、1999版行政执法证2571本，2002版行政执法证1703本，2005版行政执法证1854本。至2008年，进行3次换证工作，共制发行政执法监督证5177本。

兵役行政执法 1994年，市实施兵役行政处罚规定，处罚意见由乡镇人民政府、街道办事处、机关、厂矿企事业单位报经市人民政府批准后实施。至1998年，共处罚75件。

1998年12月，修正后的《中华人民共和国兵役法》规定，对违反兵役法律人的处罚由县级人民政府实施。市政府确定兵役行政处罚案件由市政府法制办公室具体承办。至2008年，共查处兵役违法案件87件。

行政执法考评 1999年，制定行政执法责任制工作考核办法，对工商、国土、税务等10个部门进行执行情况评议考核。2000年，对36个执法部门考核。

2002年，根据新颁布或修订的法律法规，选择几部与公民、法人和其他组织切身利益密切相关的法律法规进行实施周年执行情况检查。此后，每年列入检查计划的有四五部法律、法规。检查重点围绕法律、法规、规章学习宣传培训情况，相应配套措施和制度制定情况，执法队伍建设情况，违法案件查处情况，执法中存在问题和改进措施，对法律、法规、规章的意见和建议6个方面。邀请市人大代表和政协委员参加检查。

2004年2月，组织首次优秀行政处罚文书评比和行政处罚案卷质量评议活动，评出优秀行政处罚文书和行政处罚案卷一、二、三等奖。之后，每年组织实施行政处罚的单位开展此项活动。2007年，在开展法律法规实施情况检查基础上，评估市政府和部门规范性文件执行情况，

2008年，出台《海门市行政处罚案卷标准》及《海门市行政许可案卷标准》。从行政处罚的事实证据、处罚程序、适用法律、案卷整理技术规范及行政许可的收件、审查、决定、收费、案卷归档等方面进行细化，进一步明确执法程序和执法标准，规范行政执法，提高执法水平。2008年，检查35部法律法规实施情况，印发新法实施情况通报24件；检查评估10件规范性文件执行情况，印发规范性文件执行情况通报9件。

三、行政复议 行政应诉

复议 1991年8月，县政府首次办理行政复议案件。申请人王浩乡五总村俞某，被申请人县计划生育委员会，案由为不服计划生育行政处罚，审查结果为维持被申请人的行政处罚。2002年1月，印发《海门市行政复议办案程序规定》。9月，启东市合丰乡黄某不服市交通局行政处罚案，举行行政复议质证会。全市主要部门的法制科长参加旁听。质证会结束后，被申请人改变具体行政行为，申请人撤回申请，案件终止审查。2003年4月，公布2002年度行政复议和行政诉讼案件情况通报。

2008年，行政复议案件全部征求申请人是否要求听证意见，对提出听证要求的均组织听证，并有

行政机关负责人参加。至2008年，共办理行政复议案件386件，审查结果为维持179件、撤销或确认违法41件、终止审查134件、不予受理29件、转送1件、调解结案1件、驳回行政复议申请1件。

应诉　1991年5月，承办第一起以县政府为被告的行政诉讼案件。原告树勋乡新河村2组陈某，被告县政府，案由为不服县政府撤销建房批复行为，经法院审理，维持县政府撤销建房批复行为。此后，以政府为被告的诉讼逐渐增多，行政诉讼成为政府法制工作的重要内容。至2000年，以市政府为被告的行政诉讼案件41件，主要涉及行政审批登记、决定行为等。

2001年12月，印发行政应诉工作规则。对各行政机关以市政府名义作出具体行政行为的行政诉讼案件，由各有关部门负责应诉，市政府法制办承办市政府直接作出具体行政行为的行政诉讼案件，协调、参与重大行政诉讼案件的应诉，对行政应诉活动实行监督。此后，市政府为被告的行政诉讼案件由原作出具体行政行为的机关承办，重大案件由市政府法制办参与。2001年，有行政诉讼案件44件。

2005年3月，建立行政机关负责人出庭应诉制度，要求对重大、群体性行政诉讼案件及涉及行政赔偿的行政诉讼案件，行政机关法定代表人原则上应出庭应诉，有正当理由不能出庭的，分管负责人必须出庭；行政机关当年发生的第一起行政诉讼案件，机关法人应出庭，有正当理由不能出庭的，分管负责人必须出庭；当年行政诉讼案件超过5件的，行政机关负责人出庭次数不得少于两次。是年，行政机关负责人出庭应诉占通知出庭应诉的81.8%。

2007年5月，货隆镇联同村范某认为市政府房屋产权登记行为侵权并提起行政诉讼。6月，市长姜龙以行政诉讼被告的身份出庭应诉，庭审结束，经原告与第三人协商，原告撤回行政诉讼，法院终止审理。至2008年，应有行政机关负责人出庭应诉94件，实际出庭81件，其中法人出庭16件。

图21－5　2007年，货隆镇范某认为市政府房产权登记行为侵权并提起诉讼，市长姜龙（右二）以行政诉讼被告法定代表人的身份出庭应诉

第八节　外事侨务

一、因公出国（境）和涉外管理

20世纪90年代，始有市（县）领导干部因公出国（境）工作，后逐渐增至每年数十批次。2004年起，出台一系列文件，进一步加强对因公出国（境）管理。其中2003－2007年，受理因公临时出访请示332批次、976人次。经审核，同意并上报出访请示316批次、933人次。内有经贸类团组266批次、795人次。严格审核制度，以是否有利于促进地方经济建设和社会发展为主要标准，对组团单位的情况、出访目的、人员构成、费用负担、境外停留时间、途经国家等逐一审核，控制组团的人数、在外时间，杜绝擅自绕道、顺访、延长在外时间等行为。编制《海门市突发涉外事件应急预案》，推进处置涉外突发事件应急机制科学化、规范化。2008年，共受理因公临时出国（境）请示55批次、139人次，分别比上年减少20批次、182人次。经审核，同意并上报出访请示45批次、105人次。至2008年，办理因公出国（境）团组近千批次、2600多人次，其中经贸类出访团组700多批、1900多人次。主要出访南非、日本、韩国、美国、加拿大、英国、法国、德国、澳大利亚、新西兰及东南亚地区和中国香港、澳门特别行政区。

二、友好往来

友好城市　1992年，海门与美国加州海沃德市开展友好往来。

1994年，由泰国工商总会副主席黄汉洽牵线联系,海门与泰国空銮县建立友好交往关系。两地政府间通过书信往来、资料交换和实地考察,增进了解,促进交流和合作。

1996年10月,美国海沃得市市长罗伯特·库珀率团到海门进行友好访问。两市签署友好合作声明,并缔结友好城市,在经济、文化、卫生等领域进行诸多合作、交流。海沃得市介绍美企业在海门投资350万美元兴建化工企业。2000年6月,市组团赴泰国空銮县访问,签署建立友好市县意向书。

2005年4月,厄瓜多尔客商巴士哥内斯一行代表瓜兰达市到海门考察投资环境,并与海门签订为期5年的友好城市协定。

2006年10月,德国巴登澳普市市长史多克率团到海门访问,考察投资环境,并就投资贸易、友好交流等方面达成共识,签订友好城市合作协议书。

境外招商 1994年4月,县领导赴香港招商,洽谈成功一批中外合资、外商独资项目。2002年4月,市长汤仲飞等5人赴美国、加拿大、日本招商引资。6月,市领导赴韩国招商引资,并达成多项意向项目。同月,赴南非及中国香港外贸市场进行考察,达成出口合同26万美元,意向合同735万美元。2003年,市领导带队的招商考察团赴韩国釜山、汉城招商。10月,海门经贸考察团赴英国达诺姆市参加第二届国际生物、化工技术贸易交易大会,并赴欧洲招商,与3个跨国公司达成到海门投资考察意向。2004年,市领导分4批,组织商贸团分赴南美洲、非洲及日本、韩国等地进行商务考察、经贸招商等活动。

2005年5月,市领导随南通市党政代表团赴南非、纳米比亚招商,签订注册资金9500万美元的2个项目。6月,赴罗马尼亚、塞尔维亚和黑山、俄罗斯进行商务考察和招商洽谈,达成1000多万美元3个投资项目意向。9月,赴丹麦、法国、西班牙招商,达成多个投资意向项目。

2006年7月,市领导考察访问南部非洲,举办投资洽谈会,签约合作项目8个,总投资超8000万美元。2007年9月,市领导赴香港开展大型招商活动,签约外资项目8个,总投资9.4亿美元,注册资金2.7亿美元,其中超1亿美元的项目3个。2008年8月,市领导分赴澳大利亚、新西兰、美国、加拿大招商,成功签约一批项目,投资1.7亿美元。

接待来访 1989年5月,英国理工学院棉花害虫管理中心专家2人,到江滨考察棉花栽培和病虫害防治技术。

1992年7月,美国加州州立大学圣克鲁斯分校环境系教授、农业生态项目主任格恩斯曼博士,副主任伦迪博士,生态试验专家杰菲女士组成的农业生态项目访问团,到海门参观访问。

1995年10月,美国得州亚裔共和党主席、巨鹏企业公司张建义博士考察海门港绿色食品公司、市特种水产养殖场等地。

1997年5月,希腊经贸代表团到海门考察访问,并与相关单位就对外贸易、淡水养殖等进行洽谈。

1999年10月,毛里求斯共和国城乡发展部部长杰拉尔一行到海门访问,同南通三建集团达成合作意向。

2002年10月,日本全国铁筋工事业协会访问团一行9人到海门考察。同年8月,日本座间市日中友好协会访华团一行10多人、韩国全罗北道农业协会代表团一行20多人,分别到海门访问和考察。

2003年10月,由新加坡前国会议员、KTS董事局主席张永祥,印尼佳通集团董事主席谢瀚贤率领的新加坡、印尼著名实业家投资考察团一行39人,到海门考察,其间签约7个项目,总投资额超1亿美元。11月,参加2003中国海门农业推介会的爱尔兰、美国、埃及、日本、马来西亚5国驻沪领事到海门考察。

2004年,美国加州经贸合作与市政管理代表团到海门考察。2005年7月,以美国加州沙巴士多市市长来瑞·罗宾申为团长的加州经济文化考察团到海门访问考察。是年,葡萄牙华侨华人协会、西班牙企业考察团、俄罗斯商务考察团到海门考察。2006年5月,新西兰投资考察团、纳米比亚矿产能源部副部长卡斯塔·史亚分别到海门考察。此后,还有日本AE帕瓦株式会社、瑞士巴塞利亚药业公司董事长、美国劳伦斯贸易公司董事长和布莱克资本集团有限公司中国地区首席执行官分别到海门考察。2007年9月,美国商会、加拿大巴杰克斯环球公司派员到海门考察。10月,美国泰森食品有限公司首席执行官率考察团到海门考察。

2008年8月,斐济群岛共和国总理乔塞亚·白尼马拉马到海门访问。9月,美国Holbrook国际资产投资公司等3公司领导到海门考察。12月,德国

图 21-6 2008 年,德国舒瓦诚贝克市友好代表团到海门访问

舒瓦诚贝克市市长法朗克·鲁贝特率代表团到海门访问。

中日共建生态防护林 2002 年 10 月,市林果技术指导站与日本福冈县树艺组合联合会共同申请“小渊基金”资助,共同营造市长江生态防护林示范项目。2003 年 1 月动工,分两期实施。第一期从 2003－2005 年,共造林 200.5 公顷。第二期从 2006－2008 年,总投资 100 万元,造林 165 公顷。其间,日本相关方面多次到海门考察协调工程进展情况。

国际合作肝癌防治 1992 年,经复旦大学教授沈福民介绍,县卫生防疫站与美国费城 Fox Chase 癌症中心合作进行为期 6 年的“中国海门县原发性肝细胞癌二级预防的研究”项目,探讨海门肝癌高发的病因及预防。双方学者每年互访 1 次,交流课题进展情况。1999 年,市卫生防疫站又与 Fox Chase癌症中心合作进行“中国海门市原发性肝细胞癌分子及遗传流行病学研究”项目。

2000 年,与美国阿拉巴马大学合作进行“PKA 作为原发性肝细胞癌早期诊断指标人群研究的预试验”。2003 年,与 Fox Chase 癌症中心合作进行“乙型肝炎病毒感染及其继发疾病的流行病学研究”项目。2006 年,与美国国立癌症研究所合作进行“DDT 与肝细胞癌危险性的研究”项目。

2007 年,与美国德雷克塞尔大学合作进行“乙型肝炎病毒携带者体内病毒负荷量的动态分析”。通过合作研究,初步查明海门肝癌高发与 HBV、AFB1、饮用水污染及遗传等因素有关,提出改水、管粮、预防乙型肝炎为主要内容的干预措施,使全市肝癌死亡率升高趋势得到控制,从 1999 年每 10 万人 70.64 人下降到 2007 年每 10 万人 50.09 人。

三、侨务工作

侨胞 解放前后,海门有部分居民移居海外。50 年代中期,有些侨胞回国参加社会主义建设。1990 年,有归国华侨 11 人、华侨和外籍华人 1000 余人,分布在世界 31 个国家和地区,主要集中在美国、加拿大等国。20 世纪 90 年代,海门到海外求学、经商、务工、投靠子女等人员不断增加。2008 年,有海门籍侨商近 5000 人,足迹遍布 20 多个国家和地区,另有归国华侨 5 人。

侨汇券使用 1963 年,实行侨汇券供应物资办法,供应品种有近百种,“文化大革命”开始后取消。1980 年,恢复侨汇物资供应,并设有专门供应点。侨汇券发放标准,汇入国内的外币折合人民币每 100 元发券 25 张,凭券购买日用紧俏工业品、农副产品及建筑材料。1986 年,海门侨汇券销售额 41.3 万元,供应 55 个品种。至 1990 年,全县侨汇券折人民币 600 多万元。90 年代,市场物资供应充足,侨汇券逐渐淡出。

图 21-7 江苏省侨汇券 (2008 年摄)

落实侨务政策 1978 年,为侨眷、港澳同胞亲属平反,纠正历史上主要是“文化大革命”中冤假错

案22起，清退查抄财物256件，清理归侨、侨眷人事档案1210份，退还华侨私房73户345间7208平方米，其中退还原房85间1931平方米，发放补偿款13.5万余元。

关心侨眷生活 1979年起，华侨回乡探亲日趋频繁，县侨务部门从政治上、生活上关心归侨和侨眷。1981－2008年，有82人次分别被选为省、市、县人大代表或政协委员，其中归侨1人担任县政协副主席，1人担任县侨联副主席；先后为40多名侨胞、港澳同胞照顾解决建房地基，为40多名归侨、侨眷解决夫妻两地分居以及子女入学、就业和住房困难等实际问题，对生活困难的归侨发放定期补助金。市有关部门通过召开联谊会、茶话会、走访等形式，慰问侨胞侨眷，增进相互了解。

图21－8 市审批服务中心办公楼 （2008年摄）

联谊引资 1984年9月、1990年10月，县领导在深圳召开县“三胞”联谊会，80多人与会。2000年起，进一步扩大与海外科技界华侨华人和留学生的联系，激发广大归侨、侨眷为家乡经济建设服务热情。2006年，开展归侨、侨眷为海门招商引资打一个电话、写一封信、提供一条信息、联系一个项目、引进一笔资金的“五个一”活动，引进注册资金250万美元的恒嘉厨具公司、总投资5000万元的柏诗特服装公司等项目。同时，积极倡导海门籍在外侨商反哺家乡，利用对居住国的法律法规熟、市场熟、人脉熟的优势，开拓国际市场，提升海门企业的国际竞争力。

第九节 行政审批

2001年10月，市建立审批服务中心，负责组织管理、协调监督各职能部门和行业服务部门开展正常的业务工作和咨询服务。建设局等23个市直部门和工商局等5个垂直管理部门窗口成员单位进入中心。至年底，各窗口受理各类审批事项1.6万件，办结率99%。

2002年，实行服务内容、办事程序、申报材料、承诺时限和收费标准五公开，规范审批行为。2003年，在南通市6县（市）中率先实行重大项目联办审批模式，效率明显提高。2004年，实施接待服务和办件质量标准化建设，审批事项由原来的287项压减为241项，并降低收费标准。

2005年，在全省首家通过ISO 9000服务质量体系认证，减少和合并审批环节，审批时间由13天缩减为8天，实际审批多数在三四天内办结。

2006年，在全省首家改革收费模式，实行统收统分收费模式，交费由26次减少到3次。2007年，收费模式又改为中心一次性收费，进一步提升审批效能。

2008年，实施审批流程再优化工程，有75个行政许可事项缩短办结时限，14个行政许可事项申报材料减少16份。是年，进行审批服务信息化建设，实现网上公示、网上咨询、网上监督，将审批服务信息化延伸到镇、村，实现资源共享。至2008年，年均受理各类审批13万多件，办结率99%，年均收费3亿多元。

第十节 信访受理

一、日常接访

解放初期，信访工作由县委、县政府秘书室办理。群众信访以反映土地改革中的成分划分、检举反革命分子、干部的立场和作风问题为主。1953年，县政府设来信来访接待室。此后，信访主要反映在粮食统购统销中人民生活的困难；农业合作化、整风反右斗争及“三类社改造”[①]中一些干部受到错误批判和处理,以及不少群众被错划成分等问题;“大跃进”和人民公社化运动中大量平调社员房屋和其他财产、干部强迫命令等问题。

1961年初,贯彻中共中央《关于农村人民公社当前政策的紧急指示信》和省委关于处理“一平二调”的意见,10月全县退赔863.28万元。至1965年,全县又退赔房屋4533间、毛竹2.26万支、木材1960立方米及其他财物,折合18.1万元。

1962年春,县成立甄别错划成分办公室,甄别处理1958年“三类社改造”中一些群众被错划成分的问题,但未果。1973年,再次成立办公室,但进展缓慢。至1978年,全县共纠正成分300多户。1982年,县成立落实政策办公室,处理遗留的房屋及其他问题,退还64万元。

1985年,三厂镇中心街居民施玉英多次信访,要求将1958年献出的6间私房计156.3平方米落实政策,收回己有。县政府经研究决定,将尚存的5间发还房产权,已拆除的34平方米折价680元还款。1985年后,群众反映较多的是干部作风和建房界址以及实行联产承包责任制后,经常发生的土地界址纠纷等问题。

至1990年,全县受理人民来信4万多件,接待来访3万多批,年均处理约1800件(次)。最高的1979年,受理来信5197件,来访1142人次,合计6339件次,比1978年增加75%,增加4754件次。

1995年,旧城改造过程中的拆迁补偿矛盾,以及企业改制中的工龄计算、补偿标准、拖欠工资与生活费、养老保险、医疗保险等问题比较突出。1999年,处理来信709件、来访402批,其中集体上访79批1799人次,工资福利、社会融资纠纷、农村建房、城市建设等成为热点问题。

2000年4月,海门钢厂倒闭,职工因不满关停破产安置方案,多次到市政府和南通市信访局集访。市政府多次召开协调会,成立工作小组,制定职工分流方案。对破产前的职工每人一次性补贴850元,解决生活困难。在做好思想工作的基础上,对少数恶意闹事、组织煽动上访的不法分子依法处理。全厂在职职工946人中910多人办理手续、领取补偿金,基本解决安置问题。

2000年11月初,企业军转干部63人联名写信,要求享受机关、事业单位待遇。大多数是营职干部,主要集中在机械、供销、贸易和轻工业等9个系统36个企业。市政府及时对其中生活困难者发放帮扶金。2003年,协调建立企业军转干部解困基金,核发解困补助费、医疗费补贴,开辟就业岗位,随后又提高补助标准等,解决生活困难,绝大多数军转干部停诉、息访。

2002年12月31日,明大集团股份有限公司(原三厂毛巾厂)因严重资不抵债歇业。职工为解决养老保险金、欠发工资等不断上访。为此,市政府与有关部门经过协商研究,确定以歇业之日为准,仍与该公司保持劳动关系的职工1200多人,由公司缴纳欠交的养老金和失业金至该日;职工与企业终止劳动关系后,根据本人工龄领取生活补助和失业金;军转干部、距退休年龄不足5年的男女职工、5－6级(含二等乙级残疾军人)工伤人员、连续30年以上工龄的人员按照有关文件精神,享受有关待遇;欠发职工其他费用,通过向人民法院申请破产,依法处置。绝大多数职工与企业办理终止劳动关系的相关手续。

2002年,部分二等乙级伤残军人反映因企业破产、倒闭,医疗费无着落,要求按国家有关政策帮助解决。4月,市政府常务会议决定,将困难(倒闭)企业中的二等乙级以上革命伤残军人医疗费用统一纳入离休干部医疗费统筹金,由市医保中心统一管理。经调查、审核,为在市属特困、破产企业中37名二等乙级以上革命伤残军人办理公费医疗卡。

2003年,受理各类群众来信560件,其中联名信59件;来访286批1327人次;市长热线电话399个。

2005年4月,四甲镇某村办印染厂致环境污染,百余村民封堵厂门。市、镇领导到现场了解情况,向村民作出停产整顿确保达标排放的承诺,接受村民举报监督,问题得以妥善解决。

2006年5月,南通华润集团职工百余人,要求提高前3年补偿金基数、病假待遇、失业金标准等。市信访部门会同劳动、公安部门有关负责人赶赴厂区做疏导工作,按国家有关规定提高工人失业金数额,办理国家规定的各种保险,并同意协商病假待

① 三类社改造:按当时标准一、二类社属先进和较好的人民公社,而三类属落后的人民公社,对三类社进行改造。

遇等问题，使事态平息。

2008年下半年，一些离任村干部上访，要求解决生活补助问题。经调查，全市在村任职10年以上的离任村干部2806人，2006年、2007年分别补助1723人、1920人，补助人数分别占61%和68%，年人均补助1422元。根据物价指数和离任村干部实际生活状况，决定适当提高离任村干部生活补助标准，全市补助离任村干部2109人，占75%，人均年领取生活补助款2050元。是年，处理来信793件，其中联名信92件；来访403批2296人，其中集访123批1086人次。涉及拆迁安置、征地补偿、劳资纠纷、涉法涉诉、建房矛盾等方面的问题。

1991－2008年，全市受理群众来信1.93万多件，接待群众来访1.39万多批、4.49万多人次，转送、交办、会办、督办信访案件1.49万余件。

二、复查与复核

2003年，包场镇宏升村施某赴京越级上访，要求政府核查历史事实，落实政策，退还其祖父所谓“捐献”的金条，对当地党委、政府所作的调查意见不服。为此，市委组织部、市信访局按规定程序复查，均未找到施所反映的事实。2005年4月，将复查结果以书面形式告之，施没有在规定时间内向上一级行政机关提出复核申请。按条例规定，该信访事件的信访程序终结。

2006年2月，三厂镇政府对曾借调至镇文化站工作的原三厂镇棉纺厂大集体固定工陆某，要求按事业编制人员参加养老保险的信访请求进行书面答复。经查，陆于1992年病休，直至2001年退休。其间，从未被列入事业编制，因此只能参加企业职工养老保险。陆对此不服，申请复查。3月，市政府经复查，维持镇政府答复。陆对复查结论仍不服，向南通市政府申请复核。5月，南通市政府复核答复，维持海门市政府复查意见，整个程序结束。

至2008年，全市受理信访复查39件，其中向南通市申请复核23件，均维持海门市政府复查意见。

三、劝返越级上访

2004年4月，南通市驻京、驻宁信访工作小组成立，对到省、赴京的越级上访人员做好疏导、教育和劝返工作，避免上访人员滞留。

2006年12月，四甲镇信访老户姜某因调田纠纷问题不服法院判决，多次赴京并到敏感地区非正常上访，被市公安机关带回后行政拘留5日，姜某不服，提出上诉。2007年2月，南通市公安局作出维持原定裁决的决定。12月，镇、村干部对其反复疏导化解，帮助解决困难，给予经济救助，妥善解决其调田问题，姜某表示满意，停止信访。

2007年，海永乡沙南村居民为启东奶牛场造成的污染问题，多次到启东、南通和省集访，海门公安、信访部门和海永乡政府紧密协调，达成奶牛场搬迁的意向，及时劝返上访群众。

2008年3月，天补镇信访老户袁某因土地权属纠纷问题，不服海门、南通两级法院判决，赴京上访，经劝返后，该镇为他举办法制教育学习班，协同相关部门到现场调处，使争地双方达成协议，化解矛盾。袁某感谢镇、村领导的帮助，表示今后不再越级上访。

2008年，组织相关责任单位集中梳理、依法化解老上访户矛盾，全年集中会办上访老户50户，有效化解43户，其中终结7人，进行精神病鉴定12人，并依法拘留进京上访10余人次，劳教1人，判刑2人。至2008年，共劝返去省上访602批1890人次，赴京上访人员526批837人次，劝返率100%。

四、领导接待日

1964年，县建立领导干部定期接待来访群众制度，每月逢5日、15日、25日为县领导接待日，这一制度为全省首创，受到省政府及上级信访部门肯定，并在全省推广。1966年，“文化大革命”开始后停止。1979年，恢复县领导干部接待日制度，每月10日为来访接待日，不久停止。1984年4月起，领导干部接待日为每月5日、20日。

1989年7月5日，余东镇余东村五组村民陈某携带70高龄的婆婆和3岁孩童，找到县委书记宋家新，反映当地评定土地工中的不正之风。宋家新安排分管信访工作的副县长陈秀萍、曹建平具体处理。后4次派工作组，深入基层了解情况，召开24次商讨、汇报会。发现一些干部确有徇私舞弊问题，查准后，严肃处理有关人员，群众反映良好，当事人表示满意。

1991年，在海门镇棉纺厂就业的部分原下放知识青年集体上访，反映应享受大集体正式工待遇、医药费报销等未兑现，经查涉及此类问题的海门镇有300多人，县委副书记朱玉兰要求劳动部门在一周内调查核实，提出处理意见。经调查，认为知青提出的要求合理，应予落实，并上报县政府。

1995年，健全市领导每月两次接待日制度，同时实行乡镇、部门领导干部接待日制度。

1997年1月25日，市汽修厂退休职工上访，反映近半年未领到退休养老金，要求解决。负责接待的副市长陈如喜召集有关部门会办，责成汽修厂分期补交欠交的养老保险金，欠发的养老金由养老保险处先发至1997年3月，此后仍按原规定办理，职工表示同意。

2001年，市领导接待日坚持每周1次。同年2月，开通市长热线电话。至年底，受理热线电话407个，问题办结率95%。

2003年7月，海门镇大同新村一些群众反映，用水高峰时段3楼以上居民用不上水，要求解决。市委常委、宣传部部长顾华，市政协副主席方绥生接待、了解具体情况后，召集有关单位以及居民代表共同协商，最后达成处理方案，地面水管由开发商或开发单位负责更换，楼内立管材料费由楼道居民共同分摊，自来水公司承担维修更换人工费，问题得到妥善解决。

2008年7－11月，开展市委常委、副市长大接访活动，每天安排1名市领导在大调解中心接待来访群众，并在《海门日报》公示。其间，共接待群众来访293批752人次，其中集访44批394人次；市委书记、市长接待55批156人次，其中集访12批90人次。

图21－9　2007年7月，市领导与信访局领导一起接待上访群众

第十一节　机关事务管理

旧时，县衙（厅署）有人兼管内部事务。民国元年（1912），海门县行政公署设总务课，管理公署内部事务。解放后，由县人民政府办公室负责机关办公用房的管理、调配、修缮，机关公用款项的报支，车辆管理，安全保卫等事务。1959年7月，设立行政科，负责县级机关后勤事务，9月撤销，由县人委办公室总务股负责。1967年1月至1989年，由县革委会办事组、县政府办公室行政组兼管。

1989年8月，建立机关行政管理科。20世纪90年代，负责机关干部的住房改革事宜。1996年11月，更名为机关事务管理局，负责政府机关公用款项报支、机关人员的工资发放、医疗费报销，大院的环境卫生、绿化养护，安全保卫，办公房屋添建、修缮，开展增收节支等工作。2000年年初，清退临时工4人，临时用工由科室人员兼带完成，财政经费支出比1999年节省14.08%。2001年，机关安全保卫工作转由保安公司派驻人员负责。坚持财经纪律和机关财务制度，严格按照部门经费额定指标，分项目控制使用进度。采集机关事业单位工作人员基本信息、基本数据变动情况，为财政统发工资做好基础工作。2004年，美化机关大院，安装反射灯40盏，草坪灯90盏，对大院办公用楼、车棚整修、涂刷油漆，清查机关固定资产，做到账物相符。加强保卫工作，安装电子巡更系统和摄录探头。

2005年，为搞好中国海门金花节环境布置，从上海引进花草12万盆，摆放在市区主要街道和场馆，盆花品种、数量、规格都超过往年。是年5月，市法院、检察院新办公楼工程启动，组织进行工程招投标、设备考察，并配合有关部门做好拆迁安置工作。是年，调整、刷新、布置办公用房60余间。并做好外来人员登记，上访人员管理等工作。

2006年，发放车辆通行证，外来车辆一律凭通行证进入机关大院。开展资源节约活动，加强保洁长效管理，利用国庆长假改造办公楼1幢。加强资金管理，指定专人每月对新购置固定资产登记建账，破损的资产经核准，报市财政部门核销。2007－2008年，创建节约型机关，20个单位实行国库集中支付，调剂办公用房40多间，各项维修百余次，发放车辆通行证900多张。2008年，严格把好准购关口，全年购置公务用车41辆，调剂公务用车10辆，做好海门市行政中心筹建工作，加强安全管理，全年登记办事人员1.41万人次，多次配合信访、公安部门妥善处理集中上访事件。

第十二节　基层政权

一、区级

民国3年(1914)，废市、乡，改称区。区有议事会、董事会，各区设区董掌管日常事务。民国12年裁区，民国16年，又设区。次年，各区行政局成立。民国18年，改称区公所，置区长1人、助理员1人、书记2人、区丁2－3人。民国27年3月，日本侵略军侵占海门。次年，日汪伪政权在沦陷区设区。民国29年11月，县民主政府成立，接管国民县政府的区公所，一般设区长、副区长各1人。另有民政、文教、公安、财政助理4人。民国32年，区公所改称区政府。民国35年，国民党县政府在其统治区重新恢复区建制，设区长。民国38年1月区政权全部解体。解放区的区政权一直延续到海门全境解放。

1949年10月，全县有9个区。1950年11月，改称区公所，设区长1人、副区长1－2人，并设民政、财政、公安、农业、文教等助理和文书、会计。区另设人民武装部，为县人武部派出机构，由现役军人驻办。1957年11月，区建制撤销。1961年5月，全县设5个区，未设区公所。1968年3月，各区建立革命领导小组，设组长1人、副组长1－3人。1984年1月，改称区公所，设区长1人、副区长1－2人。下设办公室、工业办公室、农业经营管理、水利、多种经营、人武部等部门，配生产委员若干人。另有交通运输管理站、粮管所、税务所、财政所、教育辅助站、文化站、邮电支局等直属单位。1987年2月，区撤销。

二、镇乡级

海门建县至明末，县辖乡，乡辖里。乡里事务或由贤德长者数人担任，或由权贵豪强垄断，另配地保若干人。清康熙年间(1662－1722)，海门坍地复涨成沙，康熙三十三年(1694)，辖40沙。清道光后，废里为保，保下设甲。宣统二年(1910)，城镇、乡议事会、董事会成立。民国元年，改城镇、乡为市、乡，全县有6市5乡。并有自治议事会，设正、副议长各1人，另有各市议员6人，各乡议员3人。乡自治董事会有乡总董1人、佐董1人，一般由地方士绅、有权势人物充当，另配乡丁1－2人。民国17年改称村、闾，次年复称乡，并雇用办事员1－2人，街市为镇，各设乡或镇长1人、乡或镇丁1人，乡、镇长主要处理日常民事纠纷和土地买卖等事项。

民国23年3月，海门编组保甲。民国27年3月，日本侵略军侵占海门后，沦陷区设伪乡、保组织。

民国29年11月，抗日根据地县民主政府接管并保留国民县政府乡、保、甲组织，按“三三”制①逐渐调整改组原乡政府，乡长除部分留用外，其余由坚持抗日的人员担任，保、甲长大部分留用，少数调整，同时深入沦陷区，向有正义感的伪乡、保、甲长申明民族大义，争取他们为抗日提供情报，抗捐抗丁。民国33年秋冬，抗日民主政府试行新乡制，由民众公选乡长、副乡长及乡政府委员会，设乡长1人、副乡长1－2人，指导员、财助、民兵大队长各1人，乡政府委员会一般有7－9人，内设民政、拥优、文教、财经、武装5个工作委员会。废保甲，建立民主村组，村设村长、组设组长。至抗战胜利前夕，海启地区有20多个乡实行新乡制。民国35年，国民党县政府在其统治区内恢复乡建制，编定保甲。民国38年3月，原保甲制度废除。

1949年10月，全县有126个乡、3个县属镇。至1954年，乡设乡长、指导员、财助、民兵大队长，该4人供给国家粮。乡另有群团、副职等人员为义务职务。1955－1956年，为中等乡增配文书、妇女主任、团支书，实行工资制。1957年11月，全县并成34个乡，乡政府称人民委员会，增配治保、民政、税

① “三三”制：是中国共产党在抗日战争时期的统一战线政权政策。根据这一政策，抗日民主政权中人员的分配，共产党员、左派进步分子、中间分子和其他分子各占三分之一。

务、粮管员以及团委书记、妇女主任、人武部长等职，实行工资制，下级组织机构为高级农业生产合作社，村行政由高级社取代。1958年10月，乡改称人民公社，设管理委员会，配主任1人、副主任数人，下设办公室和农业、经济计划、武装保卫、工业、文教、民调等委员，有人武、民政、治保、团委书记、妇女主任、生产助理、文卫、财助、税务、粮管、辅导会计、农技员、水利员等，一般公社在20人左右。1959年9月，撤销公社办公室和各委员会，配备委员和秘书7－9人。公社下辖生产大队，大队下辖生产小队。

1966年5月，"文化大革命"运动开始。年底，管理机构瘫痪。1968年，公社由人武部长"拿总"，各大队由民兵营长"拿总"。是年3月后，成立公社革命委员会，设主任1人、副主任3－4人，下设政工、工交、农业、文教、上山下乡等办公室。各生产大队成立革命委员会，生产队建革命领导小组。

1981年10月，撤销公社、镇革命委员会，成立人民公社管理委员会和镇人民政府。1982年，公社管理委员会设主任1人、副主任3人，秘书、司法助理、民政助理、治保主任、文卫、生产助理、粮油管理、税务、渔技、蚕桑、业余教育辅导员、计划生育各1人，另有水利员、农技员2－5人，以及财政所（助理1人，会计2人）、人武部3人、经营管理办公室（会计辅导员、经营管理员共3人）、工业办公室、副业（多种经营）办公室、广播站、农科站、农机站、兽医站、交通管理站、用电管理所、邮电所、工商所、清洁管理所等。

1983年5月，撤销人民公社管理委员会，建立乡人民政府，设乡长1人、副乡长3－4人。乡下辖村，村设村民委员会，配主任1人、副主任1－2人、委员5－7人，村下辖村民小组。

1986年10月，悦来、三阳、包场、四甲、余东等乡改为镇。此后，除海永乡外，各乡都改为镇，或合并。2001年，实行小村并大村。

至2008年，全市有镇18个、乡1个、省级经济开发区和工业园区各1个、工业新区2个、行政村234个、居委会56个、街道办事处4个。各乡镇下设人民武装部、办公室（秘书室）、村镇规划办公室、企业管理站、农村经营管理站、农技站、农机站、兽医站、建筑管理站、广电站、水利站、计划生育指导站、文化站、财政所、交通管理所、派出所、供电所、土管所、法律服务所、卫生所、工商所（分局）、国税所（分局）、地税所（分局）、党校，有的乡镇还设有环卫所等机构。

第三章　人民政协

第一节　政协全体委员会议

一、政协海门县一届委员会第一次全体委员会议（暨成立大会）

1956年2月29日至3月1日在茅家镇召开，出席委员49人，列席人员17人。会议听取县委第一书记唐如浴的《关于当前形势和成立政协组织的意义、性质、任务的报告》，县委第二副书记秦素萍的《当前工作报告》；讨论并通过《海门县政治协商会议章程》；选举产生政协海门县首届委员会领导成员。

政协海门县第一届委员会成立时有委员49人，设16个界别，其中中共党员17人、文教界5人、工商界6人、社会民主人士2人、工人4人、军属代表1人、医务界2人、宗教界3人、文艺界2人、共青团代表1人、妇联1人、转业军人1人、农民代表1人、职工代表1人、盐民代表1人、渔民代表1人，后增补21人。委员任期3年。

图 21－10 1956 年 2 月，县第一届政协主席秦素萍在政协成立大会上讲话

二、政协海门县二届一次会议

1959 年 7 月在茅家镇召开，出席委员 90 人。会议要求高举总路线、“大跃进”、人民公社“三面红旗”，做好各项工作。县委第一书记赵洪程作《关于目前形势和今后工作任务的报告》，上届政协常委卫德漳作常委会工作报告。选举产生新的政协海门县第二届委员会领导成员。

政协海门县第二届委员会成立时有委员 90 人，设 13 个界别，其中中共党员 19 人、社会民主人士 12 人、文教界 12 人、文艺界 8 人、医卫界 11 人、工商界 13 人、科技界 5 人、人民武装干部 1 人、工人 4 人、农民 2 人、渔民 1 人、盐民 1 人、军属代表 1 人。

三、政协海门县三届一次会议

1962 年 3 月 29－31 日在茅家镇召开，出席委员 100 人，列席 3 人。会议要求加强统一战线内部团结，发挥人民政协作用，积极参与国家政治生活。县委副书记顾泽民致贺词，县委第一书记、上届政协主席赵洪程作政治报告，上届政协副主席卫德漳作常委会工作报告。选举产生政协海门县第二届委员会领导成员。

政协海门县第三届委员会成立时有委员 120 人，后增补 1 人，设 17 个界别，其中中共党员 15 人、共青团 1 人、工人 7 人、妇女 1 人、农民 3 人、盐民 1 人、渔民 1 人、民兵 1 人、工商业联合会 18 人、科学技术界 5 人、文艺界 10 人、教育界 15 人、新闻界 1 人、医药卫生界 16 人、社会界 16 人、宗教界 7 人、侨眷 2 人。

四、政协海门县四届一次会议

1966 年 1 月 8－15 日在海门镇召开，出席委员 108 人，列席 45 人。会议要求以阶级斗争、两条路线斗争为纲，进行形势教育。县委书记、上届政协主席赵洪程作目前形势报告，上届政协副主席卫德漳作常委会工作报告。选举产生政协海门县第四届委员会领导成员。

县第四届政协成立时委员 128 人。闭会不久，“文化大革命”开始，政协停止活动。

五、政协海门县五届一次会议

1980 年 12 月 10－17 日在海门镇召开，出席委员 152 人。会议学习贯彻中国共产党十一届三中全会精神，讨论新时期人民政协工作。县委书记沙秀高致贺词，上届政协副主席湖之舟作常委会工作报告。选举产生政协海门县第五届委员会领导成员。

政协海门县第五届委员会成立时有委员 167 人，后增补 3 人。设 14 个界别，其中中共党员 14 人、共青团 3 人、妇联 4 人、供销社 2 人、工会 11 人、农民 5 人、科技界 14 人、文体界 17 人、医卫界 21 人、教育界 31 人、归侨侨眷 15 人、工商界 8 人、宗教界 5 人、特邀代表 17 人。

六、政协海门县六届一次会议

1984 年 3 月 2－7 日在海门镇召开，出席委员 169 人，列席 19 人。会议要求深入学习中共中央关于改革开放的方针政策，为县经济建设和社会发展做贡献。县委副书记陈冠球致贺词，上届政协副主席湖之舟作常委会工作报告。选举产生政协海门县第六届委员会领导成员。

政协海门县第六届委员会成立时有委员 199 人，后增补 1 人。设 18 个界别，其中中共党员 15 人、教育界 32 人、科技界 23 人、医卫界 25 人、工人 10 人、农民 7 人、青年 3 人、妇女 7 人、文艺界 12 人、新闻界 1 人、体育界 2 人、侨联台联 5 人、少数民族 1

人、宗教界4人、工商界7人、供销社4人、人武干部2人、特邀代表39人。

七、政协海门县七届一次会议

1987年3月4－9日在海门镇召开，出席委员254人。会议要求贯彻中共中央关于在思想领域内反对资产阶级自由化、在经济上开展“双增双节”[①]的号召，贯彻全国、全省统战工作会议精神。县委副书记朱玉兰致贺词，上届政协主席胡海涛作常委会工作报告。会议选举产生政协海门县第七届委员会领导成员。

政协海门县第七届委员会成立时有委员254人。设15个界别，其中中共党员27人、解放军代表2人、工人12人、侨联台联26人、科技界46人、教育界36人、医卫界28人、工商界31人、妇女7人、文艺界11人、青年4人、新闻体育界4人、农民9人、民族宗教界6人、特邀代表5人。

八、政协海门县八届一次会议

1990年3月14－19日在海门镇召开，出席委员256人。会议以《中共中央关于坚持和完善中国共产党领导的多党合作和政治协商制度的意见》为指导，共商县政事务。县委书记宋家新致祝词，上届政协副主席顾培德作常委会工作报告，上届政协副主席顾金罕作提案工作报告。选举产生政协海门县第八届委员会领导成员。

政协海门县第八届委员会成立时有委员257人，后增补1人。设14个界别，其中中共党员19人、军队1人、科技界50人、教育界35人、医卫界28人、侨联台联32人、文艺界17人、工商界30人、民族宗教界7人、工会8人、妇联5人、农民7人、青年5人、特邀代表13人。

九、政协海门县九届一次会议

1993年2月11－17日在海门镇召开，出席委员256人。会议要求全体政协委员积极参政议政，为实现海门“人均赛南通，总量赶启东，再上新台阶，两年争百亿”的目标而共同奋斗。县委书记宋家新致祝词，上届政协主席高其兴作常委会工作报告，提案审查委员会副主任祁秉伊作提案工作报告。选举产生政协海门县第九届委员会领导成员。1994年6月海门撤县设市后，政协海门县委员会改称为政协海门市委员会。

政协海门县第九届委员会成立时有委员256人。设15个界别，其中中共党员19人、妇联3人、共青团4人、工会8人、宗教界6人、科技界19人、教育界30人、医卫界26人、经济界27人、侨联台联31人、工商联33人、农林界19人、文艺界17人、少数民族1人、特邀代表13人，委员任期5年。

十、政协海门市十届一次会议

1998年1月2－7日在海门镇召开，出席委员218人。会议号召全体政协委员积极履行政协职能，大力弘扬海门精神，为实现富民、强市、文明三大目标做出新贡献。上届政协副主席张成俊作常委会工作报告，上届政协副主席施伟穆作提案工作报告。选举产生政协海门县第十届委员会领导成员。

政协海门市第十届委员会成立时有委员218人，设16个界别，其中中共党员27人、工商联18人、共青团3人、工会10人、妇联4人、台联9人、侨联8人、文化体育界13人、科协科技界18人、经济界31人、农业界16人、医药卫生界17人、教育界19人、民族宗教界7人、新闻界3人、特邀代表15人。

十一、政协海门市十一届一次会议

2003年1月4－8日在海门镇召开，出席委员198人。会议要求以中共十六大精神为指针，围绕全面建设小康社会这个目标，凝聚智慧和力量，认真履行职能，为推进全市各项事业的发展做出新贡献。市委书记、上届政协主席徐永兵致祝词，上届政协副主席施彦敏作常委会工作报告，上届政协副主席方绥生作提案工作报告，选举产生政协海门县第十一届委员会领导成员。新当选的政协主席高顺昌致闭幕词。

政协海门市十一届委员会成立时有委员235人。设17个界别。其中中共党员31人、工商联42人、共青团4人、工会5人、妇联5人、台联9人、侨联9人、文化体育界8人、科协科技界16人、经济界38人、农业界14人、医药卫生界12人、教育界10

---

① 双增双节：增产节约、增收节支。

图 21－11　2003 年 1 月 4－8 日，市政协第十一届一次会议召开

会的首善之市而共同努力。市委书记曹斌致祝词，上届政协副主席施彦敏作常委会工作报告，上届政协副主席方绥生作提案工作报告，选举产生政协海门市第十二届委员会领导成员。市委书记、新任政协主席曹斌致闭幕词。

政协海门市十二届委员会成立时有委员 301 人。设 17 个界别。其中中共党员 31 人、工商联 72 人、共青团 4 人、工会 5 人、妇联 6 人、台联 7 人、侨联 6 人、文化体育界 8 人、科协科技界 20 人、经济界 70 人、农业界 16 人、医药卫生界 12 人、教育界 12 人、民族宗教界 7 人、新闻界 3 人、无党派人士 15 人、特邀代表 7 人。

人、民族宗教界 6 人、新闻界 5 人、无党派人士 10 人、特邀代表 11 人。

十二、政协海门市十二届一次会议

2007 年 12 月 22－26 日在海门镇召开，出席委员 301 人。会议要求在新的历史时期，要高举中国特色社会主义伟大旗帜，深入学习贯彻中共十七大精神，坚持以科学发展观为指导，围绕发展、富民、和谐工作任务，切实履行政协三大职能，突出团结、民主两大主题，调动各界人士积极性，发扬民主，同心同德，为把海门打造成苏中苏北全面小康的率先之市，和谐社

第二节　政协常委会

一、领导机构

1956 年 3 月，政协海门县第一届委员会选举产生政协海门县第一届常务委员会，每届常委会任期 3 年。1993 年政协海门县第九届委员会起，每届常委会任期改为 5 年。政协海门市（县）常务委员会是政协海门市（县）委员会的常设机构，依照政协章程主持会务，对政协海门市（县）委员会全体会议负责并报告工作。

1956－2008 年政协海门市（县）主席、副主席名录

表 21－12

届　次	职　务	姓　名	籍　贯	任职时间
第一届	主　席	秦素萍（女）	江苏启东	1956.3－1959.6
	副主席	陈象新	江苏启东	1956.3－1959.7
	副主席	陈贞吉	江苏海门	1956.11－1958.6
	副主席	朱立人	江苏南通	1957.2－1958.3
第二届	主　席	赵洪程	江苏如东	1959.7－1962.3
	副主席	卫德漳	江苏启东	1959.7－1962.3
	副主席	王逸群	江苏海门	1959.7－1962.3

续表 21－12

届　次	职　务	姓　名	籍　贯	任　职　时　间
第三届	主　席	赵洪程	江苏如东	1962.3－1966.1
	副主席	陆凤娥(女)	江苏南通	1962.3－1964.8
	副主席	卫德漳	江苏启东	1962.3－1966.1
	副主席	陈象新	江苏启东	1962.3－1966.1
	副主席	马佩英(女)	江苏海门	1962.3－1966.1
	副主席	范步洲	江苏海门	1965.7－1966.1
第四届	主　席	赵洪程	江苏如东	1966.1－1966.1
	副主席	顾泽民	江苏如东	1966.1－
	副主席	范步洲	江苏海门	1966.1－
	副主席	湖之舟	江苏启东	1966.1－
	副主席	卫德漳	江苏启东	1966.1－
	副主席	陈象新	江苏启东	1966.1－
	副主席	马佩英(女)	江苏海门	1966.1－
第五届	主　席	崔金鳌	江苏海门	1980.12－1982.2
	副主席	湖之舟	江苏启东	1980.12－1984.3
	副主席	管剑阁	江苏海门	1980.12－1984.3
	副主席	马佩英(女)	江苏海门	1980.12－1984.3
	副主席	陈金寿	江苏海门	1980.12－1983.8
	副主席	顾金罕	浙江宁海	1980.12－1984.3
	副主席	谢协德	江苏无锡	1980.12－1984.3
	副主席	唐圣明	江苏南通	1980.12－1984.3
第六届	主　席	胡海涛	江苏海门	1984.3－1987.3
	副主席	湖之舟	江苏启东	1984.3－1985.4
	副主席	夏群划	江苏宝应	1984.3－1986.2
	副主席	管剑阁	江苏海门	1984.3－1987.3
	副主席	马佩英(女)	江苏海门	1984.3－1987.3
	副主席	顾金罕	浙江宁海	1984.3－1987.3
	副主席	唐圣明	江苏南通	1984.3－1987.3
	副主席	安焕林	海南文昌	1984.3－1987.3
	副主席	顾培德	江苏启东	1986.5－1987.3
第七届	主　席	胡海涛	江苏海门	1987.3－1990.3
	副主席	顾培德	江苏启东	1987.3－1990.3
	副主席	张岳松	江苏海门	1987.3－1990.3
	副主席	顾金罕	浙江宁海	1987.3－1990.3
	副主席	安焕林	海南文昌	1987.3－1990.3
	副主席	忻剑青	上海市	1987.3－1990.3

续表 21－12

届 次	职 务	姓 名	籍 贯	任 职 时 间
第八届	主 席	高其兴	江苏海门	1990. 3－1993. 2
	副主席	顾培德	江苏启东	1990. 3－1993. 2
	副主席	顾金罕	浙江宁海	1990. 3－1993. 2
	副主席	安焕林	海南文昌	1990. 3－1993. 2
	副主席	忻剑青	上海市	1990. 3－1993. 2
	副主席	施伟穆	江苏海门	1991. 3－1993. 2
第九届	主 席	高其兴	江苏海门	1993. 2－1998. 1
	副主席	张成俊	江苏启东	1993. 2－1998. 1
	副主席	安焕林	海南文昌	1993. 2－1998. 1
	副主席	忻剑青	上海市	1993. 2－1998. 1
	副主席	施伟穆	江苏海门	1993. 2－1998. 1
	副主席	方绥生	江苏海门	1993. 2－1998. 1
	副主席	钱文彩	江苏海门	1997. 2－1998. 1
第十届	主 席	徐永兵	江苏启东	1998. 1－2003. 1
	副主席	张成俊	江苏启东	1998. 1－2001. 1
	副主席	施伟穆	江苏海门	1998. 1－2001. 1
	副主席	忻剑青	上海市	1998. 1－2003. 1
	副主席	方绥生	江苏海门	1998. 1－2003. 1
	副主席	钱文彩	江苏海门	1998. 1－2003. 1
	副主席	沈 平	江苏海门	1998. 1－2003. 1
	副主席	朱仁平	江苏海门	1998. 1－2003. 1
	副主席	施彦敏	江苏通州	2001. 1－2003. 1
	副主席	黄伯新	江苏海门	2001. 1－2003. 1
第十一届	主 席	高顺昌	江苏海门	2003. 1－2007. 12
	副主席	施彦敏	江苏通州	2003. 1－2007. 12
	副主席	谢永康	江苏如东	2003. 1－2007. 12
	副主席	方绥生	江苏海门	2003. 1－2007. 12
	副主席	沈 平	江苏海门	2003. 1－2004. 3
	副主席	朱仁平	江苏海门	2003. 1－2007. 12
	副主席	黄伯新	江苏海门	2003. 1－2007. 12
	副主席	林文标	江苏海门	2004. 1－2007. 12
第十二届	主 席	曹 斌	江苏通州	2007. 12－2008. 12
	副主席	施彦敏	江苏通州	2007. 12－
	副主席	方绥生	江苏海门	2007. 12－
	副主席	林文标	江苏海门	2007. 12－
	副主席	姜晓静(女)	江苏海门	2007. 12－2008. 10

二、工作机构

政协海门县第一届常务委员会下设学习委员会，有正、副主任各1人；设工商、文教、医卫3个工作组，后又增加妇女和社会2个工作组，各组有正副组长各1人。驻会办公的有副主席、常务委员、秘书各1人。

政协海门县第二届常委会下设学习委员会，有正副主任各1人；设工商、文教、医务、妇女和社会5个工作组，各组有正组长1人、副组长1－3人。驻会办公的有副主席、常务委员、秘书各1人。

政协海门县第三届常委会下设学习委员会和文史编辑委员会，有正、副主任各1人；设文教、工商、文艺、医卫、侨务、科技、宗教、医药、妇女和社会10个工作组，各组有正组长1人、副组长1－3人。茅家镇、三厂镇、常乐公社等部分镇、公社设政协委员学习组。驻会办公的有副主席、常务委员、秘书各1人。

政协海门县第四届常委会下设学习委员会和文史编辑委员会，有正、副主任各1人；设文教、文艺、工商、医卫、侨务、科技、宗教、医药、妇女和社会10个工作组，各组有正组长1人、副组长1－3人。驻会办公的有副主席、常务委员、秘书各1人。

政协海门县第五届常委会下设学习委员会，有正、副主任；设教育、文艺、科技、医卫、工商、侨务和对台7个工作组，各组有正组长1人、副组长2－4人。驻会办公的有主席、副主席、秘书长、副秘书长以及其他工作人员6人。

政协海门县第六届常委会下设政策和提案委员会、工作组委员会、文史资料工作委员会和学习委员会，各有正主任1人、副主任2－4人；设工业科技、农业科技、教育、医卫、中医中药、文体、经济建设、祖国统一、群团、政法、宗教和侨务12个工作组，各组有正组长1人、副组长1－4人。在天补、悦来、四甲、包场、三厂地区及海门镇等地，建立6个政协委员学习小组。驻会办公的有主席、副主席、副秘书长、专职常委以及其他工作人员15人。

政协海门县第七届常委会下设秘书处、提案工作委员会、学习委员会、工作组委员会、文史资料研究委员会和祖国统一工作委员会，各委员会有正主任1人、副主任1－4人；设农水、多种经营、轻纺、机电化、建筑、基础教育、成人职业教育、医卫、中医中药、文化、财贸、民族宗教和政法群团13个工作组，各组有正组长1人、副组长1－3人。各乡、镇建政协联络组，除市、县政协委员参加外，还吸收当地知名人士参加，每组20人左右。驻会办公的有主席、副主席、副秘书长以及其他工作人员17人。

政协海门县第八届常委会下设秘书处、提案、文史、学习、教文体、医卫、“三胞”联谊、农业、工交、财贸、民族宗教和社会工作委员会，委员会设主任1人、副主任1－4人。各乡镇建政协联络组。驻会办公的有主席、副主席、秘书长、副秘书长以及其他工作人员18人。1992年6月，政协秘书处改为政协办公室。

政协海门市（县）第九届常委会下设政协办公室，提案委员会、文史学习委员会、农业委员会、“三胞”联谊委员会、经济科技委员会、城乡建设环境保护委员会、医卫委员会、社会法制委员会、教文体委员会等工作机构，委员会设主任1人、副主任1－4人。驻会办公20人。1997年10月，政协机关增设综合一办、综合二办。

政协海门市第十届常委会下设政协办公室、综合一办、综合二办、经济科技委员会、学习文史委员会、海外联络委员会、提案委员会、社会法制委员会等工作机构，委员会设主任1人、副主任1－4人。驻会办公20人。

政协海门市第十一届常委会下设政协办公室，学习文史委员会（文史资料编辑部）、提案委员会、经济科技委员会、城乡建设与法制委员会（文教卫体委员会）、港澳台侨委员会等工作机构。从该届起，各专门委员会主任由兼职改为专职，个别专委会还增补专职副主任，城区及各乡镇建委员活动小组。驻会办公25人。

政协海门市第十二届常委会下设政协办公室、学习文史委员会（文史资料编辑部）、提案委员会、经济科技委员会、城乡建设与法制委员会（文教卫体委员会）、港澳台侨委员会等工作机构。各专门委员会有专职主任1人、副主任1－2人、兼职副主任2－3人。城区及各乡镇建委员活动小组。驻会办公25人。

三、主要工作

重要活动 1956年3月，政协县第一届委员会第一次会议后，成立学习委员会，根据委员分布，建立学习小组。工商组在县城、三厂、四甲、三阳等地举办工商界政治学校，组织工商界人士学习《伟大的祖国》《社会发展史》等资料。当月，召开工商联第一届会员代表大会，建立县工商业联合会。1957年，组织政协委员学习毛泽东《关于正确处理人民内部矛盾的问题》的讲话，多次举办讲座，到工厂、农村参观、考察，组织工商界和社会知名人士127人学习《关于无产阶级专政的历史经验》《再论无产阶级专政下的历史经验》和《庆祝十月革命四十周年》等文章。组织工商界和社会人士158人参加整风反右运动。1959年4月，召开各界人士座谈会，座谈对平定西藏叛乱的认识，拥护、支持周恩来总理关于平定西藏叛乱所发布的命令。

1961年2月，县政协委员、县委委员举行联席会议，县委第一书记、县政协主席赵洪程作形势报告，副县长陈伯陶作选举工作报告，协商研究县人民代表名单。此后，学习党的社会主义建设总路线和各项方针政策，学习毛泽东《在扩大的中央工作会议上的报告》（即7000人大会上的报告）、《农村人民公社工作条例（修正草案）》（即60条）、《关于目前农村工作中若干问题的决定（草案）》（即前10条）和《农村社会主义教育运动中目前提出的一些问题》（即23条）。1963－1964年，中、苏两国共产党争论公开化后，组织委员学习评论苏共中央公开信的文章等。1979年10月，县革委会副主任刘勤召集在海门镇的县政协四届副主席、部分常务委员，座谈讨论恢复政协活动事宜。1980年1月，传达省政协四届三次全委会议精神，会同县委统战部对落实政策的300多人慰问走访。学习《关于建国以来党的若干历史问题的决议》《关于坚持四项基本原则，反对资产阶级自由化》《全面开创社会主义建设的新局面》及中共中央关于经济体制、科技、教育改革的决定，关于社会主义精神文明指导方针等文件。

1985年2月，县政协副主席湖之舟、夏群划、安焕林等率领机关干部对年过70岁的历届委员进行春节慰问。是年，创办高考补习班——师山文化补习（技术）学校。

1988年，政协委员和各界人士1014人次学习中共十三大文件及社会主义初级阶段基本路线，建设有中国特色社会主义理论，治理整顿、深化改革、廉政建设等重要文件和文章。与上海市嘉定县政协洽谈，海门县余东乡与嘉定县徐行乡结为友好乡。1989年，县政协牵头，在县烈士馆为抗战时期民主人士——海启首届国民参政会议长陆措宜举行骨灰安放仪式。1989年9月，召开庆祝全国政协成立40周年座谈会。12月，在南通市政协统一组织下，在深圳召开南通籍“三胞”联谊会。举办纪念中共十一届三中全会召开10周年征文比赛。

1990年，组织委员和知名人士学习江泽民总书记讲话《爱国主义和我国知识分子的使命》《中共中央关于坚持和完善中国共产党领导的多党合作和政治协商制度的意见》《关于加强统一战线工作的通知》等文件，举办学习心得交流会。6月，举办国际形势东欧局势报告会，8－9月，分3批举办为期3天的委员学习班，85%的委员参加学习。12月，在三阳镇举行全国政协副主席、农工民主党中央主席季方逝世3周年纪念活动，南通市政协、市委统战部、市各民主党派负责人，县领导及季方在海门的子女共80多人参加纪念活动。1991年5月，举办纪念太平天国140周年报告会。6月，举办庆祝中国共产党成立70周年报告会，并与县文联一起举办纪念中国共产党成立70周年诗词朗诵会。9月，召开庆祝教师节座谈会。10月，举办纪念辛亥革命80周年报告会，约300人参加。1992年12月，在《人民政协报》刊出海门专版，宣传海门的建设成就。

1995年，召开委员座谈会，介绍旧城改造实施方案、拆迁办法、补偿标准和安置政策，通过委员宣传旧城改造的重大决策。1996年，政协正、副主席4人，正、副秘书长2人，常委10人，委员30多人参与全市企业改制的千人工作团。政协第九届第十三次常委会议作出《关于积极为经济上规模做贡献的决定》，号召全体委员立足本职，自我加压，创出实绩，为全市经济持续、快速、健康发展做出贡献。

1999年，两次组织视察。参加税务、金融、政法系统等12个部门的行风评议活动。分别召开各界人士座谈会，声讨以美国为首的北约轰炸中国驻南斯拉夫大使馆，迎接澳门回归祖国。2000年，42人次参加纪检监察等部门组织的行风评议监督活动。2001年，视察市政府实事工程、交通建设工程、市审批服务中心。

2003年，对市政府2003年度实事工程进行视察，组织全体常委和专委会主任视察开发区建设情况。政协委员和机关人员积极投入抗击“非典”。开展招商引资工作，引进上海证大集团到海门投资建设滨江新城建设。2004年，委员100多人应邀担任市政风、行风监督员。以履行民主监督职能为主题，举办长江三角洲13县（市、区）政协工作研讨会。参加在崇明

图 21－12　2004 年，市政协举办长江三角洲 13 县(市、区)政协工作研讨会

召开的崇启海文化发展研讨会。2005 年，视察和评议环保局等 5 个部门的服务效能。以社会主义民主为主题，举办委员论坛，受到好评。

2006 年海门政协成立 50 周年，分别召开历届代表、历届政协领导座谈会，配合市委做好召开全市政协工作会议暨海门政协成立 50 周年纪念大会的工作。学习中共中央《关于加强人民政协工作的意见》和市委《关于做好新形势下人民政协工作的意见》等文件。2007 年，继续引导、帮助工商联组建同业商会，全市先后成立同业商会 17 个。

图 21－13　2007 年，市政协委员视察农村义务教育

2008 年，政协委员为全市公益事业和汶川地震灾区累计捐出钱物 1000 余万元。委员徐东利赴四川抗震救灾第一线，出色完成防疫任务。

协商议政　1956 年 5 月，召开县政协常委扩大会议，征求对日本战犯的处理意见以及县第二届人民代表大会代表名单、名额、比例和分配意见。1961 年 9 月，召开县政协常委扩大会议，协商即将提交县四届人代会选举的正副县长、人委委员、法院院长及省人代会代表候选人名单。1963 年 9 月，召开县政协常委会议，讨论关于精简下放压缩城镇人口，加强市场管理及干部、职工调整工资等问题。自政协四届一次会议起，均列席市(县)人民代表大会，参与各项重大决策。

1979 年，县政协恢复活动后，多次召开全体委员会议、常委会议、主席会议，对全县社会发展规划、财政收支计划、农业规划、市镇建设、教育事业发展、市场管理、劳动服务条例、多种经济发展、地名更新、园林规划、农业生产责任制、基建投资、计划生育、防疫保健、食品卫生管理、社会治安综合治理、打击刑事犯罪活动等重大问题，进行协商讨论。

1982 年 5 月，召开县政协五届九次常委会议，讨论《中华人民共和国宪法修正草案》。8 月，召开县政协五届十次常委会议，学习讨论《全国人民政治协商会议章程(修改草案)》，提出 11 条修改意见报省政协办公厅。

1987－1989 年，组织在海门的省、市政协委员和县政协委员 200 多人次，视察 8 个乡镇、9 个工厂以及文化教育单位。农业、工业、商业、文化、教育、卫生、中医中药、多种经营等工作组(委员会)，先后视察 25 次，提供调查报告 25 份，大部分意见被采纳。

1990 年，召开主席会议 13 次、常委会议 6 次、各界人士座谈会 2 次，讨论协商县政府提出的“八五”计划草案，分别就农业结构改革、旱改水布局落实、七案竖河治理方案和镇中路拓宽工程方案等进行协商讨论，集思广益，使方案更趋完善。1990－1993 年，县八届政协期间，专门委员会开展活动 100 多次，其中专题调查(视察)48 次，写出调查视察报告 46 篇。财贸委员会关于一些单位高利集资情况的调查引起省人民银行关注。《关于流通领域“四放开”[①]情况的调查》《关于东灶港建立外贸基地的前景分析》等报告，受到县委、县政府重视。江滨乡接待“三胞”和县小棉纺

① 四放开：供应渠道、商品品种、商品价格、城乡分工放开。

厂调整、改造、挖潜的调查报告,分别在省、南通市政协刊物上刊登。江滨中学等3所学校学生德育情况的调查、县外投资资金使用和回收管理情况的调查、粮棉面积落实情况的调查等报告中的许多观点,分别被县委、县政府在报告、文件和实际工作中运用。1992年,主席会议讨论《关于尽快制定港、澳、台同胞在海门购建住房的规定的建议》《关于建立茧丝绸总公司的建议》等,得到县委、县政府重视和采纳。

1994年,组织常委对全市科技工作、农民街建设、产权制度改革、"富民兴村"工程、市区规划建设与管理、海门赴日本招商活动等方面情况进行协商。组织部分常委就《海门市科技兴市1994－1998五年发展规划(讨论稿)》作专题协商,提出意见和建议。1995年,召开部分党外人士座谈会,就1996年全市工作思路调研提纲的初稿进行协商,提出建设性意见,市委书记宋飞作出批示。对309个产值在100万元以上的民营企业进行解剖分析,在常委会上专题协商,得到市委肯定。提交《关于市属困难企业解困的建议案》,受到市政府的重视。提出《关于近期减轻农民负担的建议案》,市委为此专门下发文件,省委农工部推广海门减轻纯农户中困难户负担的办法。1996年,就企业改制、农业产业化、建筑业二次创业、提高企业创新意识,发挥科技人员作用等专题进行协商讨论,受到市委重视。召开座谈会,组织视察活动,向市委、市政府转送《关于企业改制的座谈会纪要》《关于视察第一批企业改制情况的报告》,其中许多意见写进企业改制文件。

1998年,开展常委会专题协商活动4次,形成《关于实施农副产品以贸起步、产销衔接的建议案》和《关于加快发展我市出口贸易的建议案》,其中一些建议写进市委、市政府文件。1999年,常委会先后就海门工业的投入与科技创新、增加农民收入和提高个体私营经济业主素质等课题进行专题协商,形成调查报告11份、建议案3份,得到市委、市政府重视。2000年,对清理农村建房收费、进一步深化乡镇企业改革、第十个五年计划纲要(草案)进行专题协商;两次视察开发区,探讨改善投资环境的方法和途径。组织委员听取情况通报8次。2001年,就农业增效与农民增收、社会基本养老保险课题开展协商,撰写专题报告3份,市委办、市政府办批转下发。2002年,协商全市"十一五"经济社会发展规划(征求意见稿),就提高工业技改质量、农副产品以贸起步、加快个私企业发展、加快开发区建设、巩固农村税费改革成果等10多个课题进行调研,市委、市政府领导认真听取意见,件件有批示。

2003年,将《大力推进品牌战略,增强我市经济竞争力》作为协商课题,就食品安全问题调研,市委领导对此作批示,市政府专门印发文件,予以采纳。2004年,常委会就发展民营经济作调研,写出《海门争创南通民营经济第一强市的调研报告》,其中不少意见被随后召开的全市民营经济工作会议采纳。关注失地农民的生活保障问题,调研后形成建议,市委领导作出批示,在《内部参考》刊载。提交《健全农业社会化服务体系的调研报告》,得到有关部门重视。专题研究块状经济的发展状况和经验,提出具体建议,得到有关方面的重视。2005年,把科技型企业发展情况列为第一个课题,形成《关于大力发展我市科技型企业的建议》,由《内部参考》全文刊载。组织以村级水利建设为重点的专题调研,向市政府提出明确建设和管理主体、营造全民兴修水利的浓烈氛围等4个方面的建议,部分建议得到重视并采纳。

图21－14 2003年,市政协调研食品安全情况

2006年,将企业研发机构建设列为课题,形成《加强研发机构建设,提高工业企业创新能力》的报告,《内部参考》刊载,市委书记曹斌作出批示。会同有关部门对8个乡镇32个村的债务情况进行调查,形成《关于控制和化解村级债务的建议》,市委领导给予肯定。为配合全市项目建设年,对近3年中投产的3000万元以上的工业项目运行情况进行调研,提出节约土地资源,提高投资强度,抓好科技招商、产业招商等意见和建议,得到市委重视。2007

年，会同有关部门实地调研15个医药企业，考察上海、泰州等地部分医药化工企业，形成《发挥优势，科学规划，尽快发展我市医药产业》的报告，对农村环境整治进行调研，形成《完善长效整治机制，优化农村环境》的报告，得到市委、市政府领导肯定。十一届政协全委会期间，举行大会发言或分组专题协商，就全市热点、难点问题建言献策。

2008年，围绕科技创新建设调研，形成《关于进一步推进我市创新建设的建议》，市委转发全市，市政府分管领导与政协协商讨论，逐一研究建议的落实方案。就发展现代服务业进行研究，形成《关于加快发展我市现代服务业的建议》，市委书记曹斌作出批示，《内部参考》全文转发。

交流联谊　*领导视察*　1990年5月16日，副省长季允石、省政协副主席罗运来等到海门视察。1995年11月13日，全国政协副主席钱正英到海门视察，政协主席高其兴陪同，市委书记宋飞接待。市九届政协期间，接待全国政协副主席孙孚凌、秘书长陈京玉以及民盟中央副主席罗涵先、上海市政协主席陈铁迪等到访。2001年10月，省政协主席孙颔到海门视察，市委书记兼政协主席徐永兵陪同视察。2001年10月，全国政协副主席万国权到海门视察三星叠石桥绣品城，市十一届政协副主席施彦敏陪同，市委副书记朱玉兰接待。2002年12月，全国政协副主席白立忱出席海门在京举办的三个文明成果展览会，市委书记兼政协主席徐永兵接待。2003年11月，全国政协原副主席钱伟长到海门视察，市政协主席高顺昌陪同视察。2005年，中共中央统战部副部长、全国工商联党组书记胡德平到海门视察，市政协副主席方绥生陪同视察。2008年1月，上海市政协主席蒋以任、副主席左焕琛等到海门视察，市委书记兼政协主席曹斌、副主席施彦敏、政协原主席高顺昌等陪同视察。

互访考察　1990年11月，南通市政协工作经验交流会在海门召开，南通市政协及各县政协主席、秘书长参加。1990－1993年，接待四川、山东、安徽、广东和省内兄弟县市政协领导到海门考察，海门政协组团出访学习江都、靖江、丹阳、嘉兴、川沙、松江等地工作经验。1991年，政协民族宗教委员会组织神甫、修女去苏南学习考察，政协机关人员赴华西村参观。1995年，海门政协赴张家港、吴江、山东苍山等地学习，接待上海、湖南、广东等地10多个市、县政协领导到海门访问。1996年，接待省内外10多个政协团组到海门访问，组织赴义乌、浏阳、诸暨等地参观学习。1998年，主办长江三角洲12县(市、区)政协工作研讨会，参加上海市政协组织的江浙沪3省、市28个城市政协工作交流会议，参加全国政协举办的政协工作研讨学习活动，接待江西永修县、福建武夷山市等地政协15批次200多人到海门访问。1999年，赴山东、辽宁、安徽等地5个县(市)考察学习，接待上海松江区、浙江岱山县、安徽黄山市等地政协36批次300多人到海门访问。2000年，参加上海市政协组织的华东部分城市政协工作联谊会，接待外省市政协到海门访问团组35批380人次。2001年，协助南通市政协在海门召开政协秘书长联席会议，接待全国政协视察团和各地政协到海门访问团组40批850人次，组织部分委员考察兄弟县、市政协工作和经济工作经验。2004年，协助南通市政协在海门召开政协秘书长联席会议，组织部分委员赴辽宁、陕西、浙江等地学习交流，接待省内外政协30多批200多人次到海门访问。2005年，借《海门游子(第二卷)》发行契机，在北京、南京、上海等地分别召开赠书恳谈会，拜会部分海门游子。接待包括全国政协调研组在内的考察团体30多批次600多人次，各专门委员会分别赴外省学习考察。2008年，接待各级政协领导及各地客商90多批1000多人次。

联谊慰问　县政协成立后，特别是1979年政协开展活动以后，经常与“三胞”开展联谊活动。1981年9月，召开“三胞”眷属代表欢度国庆、中秋节座谈会。12月，邀请“三胞”眷属130多人参加迎新年茶话会。1986年年初，县政协、政府侨务工作部门组成12人小组，访问140多户“三胞”眷属。同年，在张謇逝世60周年之际，县政协举行纪念活动，并参与张謇陈列馆的建设。1988年，县政协成立老委员联谊会，会员129人，老委员定期开展文娱、医疗保健活动，举办书法、篆刻和诗画展览以及棋类比赛等。1988－1989年，与县统战部门一起访问100多位科技知识界委员。1990年，建立主席联系常委、常委联系委员的制度，建立委员(县政协委员与在海门的南通市政协委员)活动日制度，全年进行3次，400多人次参加活动。1992年初，与统战部联合举办县市各界人士迎新年茶话会，全年接待回乡探亲“三胞”200人次。2003年，做好“新移民”、留学生，海外第二、三代海门籍人员的调查和联络工作，为编辑《海门游子(第二卷)》作准备。2006年，会

同市委宣传部、张謇研究会等举办张謇逝世80周年纪念活动。2006－2008年，连续3年举办“三胞”眷属及港澳台资企业负责人参加的中秋茶话会，征求对改善海门投资环境的意见，受到企业界好评。

文史征编　1957年，社会工作组开始征集文物资料。1962年，建立文史编辑委员会，先后编辑《海门县文史资料》第1、第2辑。配合民政科搜集、整理海门烈士资料30多篇，烈士遗物100余件。

1984年，编辑《春华秋实——老教师经验谈》。1985－1988年，编辑《海门县文史资料》3－7辑。1989年，编辑《张謇》(《海门县文史资料》第8辑)，此书在纪念张謇诞辰150周年之际，被中国史学会等单位评为张謇研究杰出贡献奖。为配合省、南通市政协文史办公室编辑《江苏近现代人物选录》《情系南通》，县政协征集45名近现代海门籍有影响人物的材料，分别推荐给省、南通市审定选用。

1991年，编辑出版《季方同志在苏中》(《海门县文史资料》第9辑)，编辑《海门县文史资料》第10辑，配合南通市政协做好《南通市镇风情录》征稿工作。1993年，编辑出版《王个簃纪念文集》(《海门县文史资料》第11辑)。1994年，编辑《海门县政协史料选编》(《海门县文史资料》第12辑)。1995年，编辑《海门名人史略》(《海门县文史资料》第13辑)，收录海门57名近现代名人史料。1996年，编辑《海门名人史略续编》(《海门市文史资料》第14

图21－15　1989年编辑的《张謇》，被中国史学会等单位评为张謇研究杰出贡献奖

辑)，补充陆侃如、冯沅君等人史料，征集、编辑《南通市文史资料精选(海门卷)》。1997年，与党史办、建工局联合编写《海铁雄风》。1998年，编辑《政协工作文选汇编》，编辑出版《故土方圆》(《海门市文史资料》第15辑)。1999年，编辑出版《海门游子》(《海门市文史资料》第16辑)。

2000年，编辑《海门要案》(《海门文史资料》第17辑)。2002年，协助南通市政协学习、文史委员会编辑出版《张謇故里海之门》，编辑《卞之琳纪念文集》(《海门市文史资料》第18辑)。2004年，编辑出版《海门游子(第二卷)》(《海门市文史资料》第19辑)。2005年，编辑出版《张正忠诗书画——田园山水百图》(《海门市文史资料》第20辑)。是年，与上海证大集团、市教育局联合编辑出版《江风海韵》(《海门文史资料》第21辑)。此外，还完成南通市政协《南通政协志》《江海交响乐》等书稿征稿任务。2006年，编印《海门政协50年》大型画册(《海门文史资料》第22辑)，纪念海门政协成立50周年。是年，为海门第五届政协主席崔金鳌编印《我的回忆》。2007年，编辑出版《海门》(《海门文史资料》第23辑)，该书首次收录海门城乡彩版地图。2008年，编辑出版《东洲昔影》(《海门文史资料》第24辑)，收录海门1995年以前的老照片。

第三节　提　　案

1956年县政协一届一次会议起，提案审查报告列为各届全体委员会议的常规议程。县政协第一届会议期间，就开展增产节约活动、青龙港和三厂镇的建设经费、三厂镇和南通市的关系问题、开办民办技术学校和民办初中收费问题、中医带徒、剧场归口、筹建公墓等提案与各方协商。

县政协第二届会议期间，共处理提案64件，对兴办万头猪场，万头羊场，林、牧、副综合场和进一步整饬烈士馆等提案进行协商。

1962年，县政协三届一次会议，由承办部门对提案作出处理意见和初步答复，提案和提案初步办理情况列入提案汇编，交全体会议审议通过。县政协三届二次会议上，形成提案审查与提案工作分别报告的做法。县政协第三届会议期间，共征集提案

263件，立案216件，得到采纳的189件。通过提案使问题得以解决的主要有人民医院水塔修建、艺人之家的建立、县区至部分农村的公交车开通、茅镇民办初中校舍落实等。暂无条件办的主要有实行火葬问题、海洋捕鱼增设灯标问题等。不能办的主要有增加布证供应问题、扩大自留地问题等。

县政协第四届会议期间，“文化大革命”开始后县政协活动停止，提案工作随之终止。

1982年3月县政协五届二次会议始，向大会报告提案工作情况，成为县（市）政协全体会议的一项重要议程。县政协第五届会议期间，县人民代表议案与政协委员提案根据内容归纳合并，其中政协委员提案350多件。通过提案使问题得到解决的主要有县自来水扩大供应范围、垃圾场迁移、中医院扩建、发展职工教育和职业班并增拨经费、民办教师待遇落实、江堤海堤治坍、建造电视转播台等。关于支持通东地区农田基本建设的提案，县政府研究后决定拨款37万元，帮助通东地区发展副业生产。

1984年3月，县政协六届一次会议制定《关于提案问题的暂行办法》。县政协第六届会议期间，共征集提案363件。县乡政府和有关部门对提案办理实行领导负责、专人办理，有些多年拖而未办的问题通过委员提案得以解决。如海门北部地区1.3万居民生活用煤，历史上由南通市供应煤屑，居民购买后自己加工，极为不便。经政协与南通市、县有关方面协商，疏通供应渠道，可直接购买成品煤。

县政协第七届会议共征集提案930件，立案806件。随着社会主义民主政治的不断发展，办理工作受到各方面的重视。如《增加教育经费投入》一案，县委、县政府在办理中多次召开会议，下发文件，多渠道解决教育经费。县委专门发文倡议“星期六义务劳动”，增加教育基金。

县政协第八届会议期间，共征集提案733件，立案702件，作意见、建议处理的31件，提案得到采纳的529件。筛选出7条重点提案进行调研，撰写调研报告，受到有关方面重视。其中，《提高代课教师的生活待遇》《关于兴建游泳池的建议》《兴建少年宫的建议》等提案得到重视和落实。

1991年6月，县八届政协常委会第八次会议通过《海门县政协提案工作试行条例》，县委办公室、县政府办公室联合转发。提案从提出、审查、立案、办理、答复、反馈到通报等，基本形成一整套工作制度。是年11月起，市（县）政府领导每年向政协常委会通报提案办理情况。12月，县政协主席会议决定评选优秀提案和承办提案优秀单位，分别由县政协、县政府表彰。1992年5月，县政协八届三次会议形成报送重点提案的制度。

县（市）政协第九届会议期间，共征集提案1019件，立案912件，有746件提案被党政部门采纳。其中《建立市传染病医院的建议》《建议建立海门高校》《建议把海门镇解放路办成商业一条街》《建议开通市区公交车》《建议建造海太汽渡》《关于建造海门广播电视中心的建议》《建议兴建市区管道液化气》等提案，被市政府列入年度实事工程。《关于近期减轻农村中净农户中困难户负担的建议案》《改善麻风病人生活条件》的提案，得到较好落实。

市政协第十届会议期间，共收到提案794件，立案674件，有570件提案被党政部门采纳。其中《建议将再就业工程，提高再就业率列入市政府实事工程》《建议免费开放东洲公园》《建议改善海门自来水水质》《建议治理居民小区化粪池冒溢问题》《建议在圩角河建造解放路西桥》《建议将改造薄弱学校放在重要议事日程》《建议实施“星火计划”》《规划海门市老年服务中心》等一批提案得到落实。对《关于规范农村居民建房收费的建议》一案，市政协组织调研协商，市政府作专题研究，形成《关于规范对农村居民建房收费》的文件，付诸实施。1998年3月，通过《关于开展表彰优秀提案活动的实施办法》。

市政协第十一届会议期间，共收到提案1040件，立案885件（合并75件），作意见建议处理61件，不立案19件。《银行贷款，政府贴息，支持企业扩大出口创汇》《关于进一步简化政府审批环节》《实施城区污水截流工程》《加强对无公害农产品生产、销售监督管理》《关于加强科技人员创新、创业环境建设的建议》《关于重视和加快东灶港整体开发的提案》《整体联动，解决农村沟河疏浚问题》《设立品牌发展基金，打好品牌发展战略》《关心困难劳模生活，提高劳模生活待遇》《关于规划扩建污水处理设施的建议》《尽快建立财管中心，加强对机关事业单位的财务监督》《加强食品安全管理》《关心和改善农村在建国前入党的老同志的生活》等一大批提案得到妥善落实。《控制对农村基层的考评检查，尽力减少村级设立的台账资料》提案，由市政协主席会议督办。市委常委会两次听取情况汇报，市委办、政府办3次发文，提出清理要求，将村级台账资料由原来的40余种减少至13种。2003年3月，修改《海门市政协提案工作条例》，市委办公室、市政府办公室予以转发，提案工作程序化、制度化、规范化得到加强。2006年，《关于解决困难和破产关闭的国有集体企业退休人员医疗保险问题》的提案，市委、市政府通过调查论证，决定从7月起，筹措2亿多元资金为上述对象实施第二类医保，惠及大批群众。2007年，关于《整治城市主干道解放路的建议》《加强对海门城区西入口整体改造的建议》，得到市委、市政府高度重视，市财政花巨资改造解放路、江海路、城区西入口，市区面貌大变样。

市政协十二届一次会议期间，共收到提案205件，其中立案126件，合并25件，作建议处理50件，作信件处理4件。2008年11月，问题已经解决或基本解决的48件，占38%。如《对老居民小区进行环境整治》的提案，市政府决定用3－5年时间，对全市19个老小区进行环境综合整治，仅2008年投入的资金就超过1000万元。是年，有10件提案被评为优秀提案，10个单位被评为提案承办先进单位，11人被评为提案办理先进个人。

附：地方咨议机构

参事会 民国元年(1912)6月，推举参事员5人、候补参事员1人，组成县参事会，县民政长龚世清兼任会长。民国2年，增补候补参事3人。民国3年2月，县参事会停止活动。民国12年6月，县参事会恢复活动。8月，参事会举行成立大会时，参事员缺席过多，不能履职，仅存虚名。民国16年春，参事会解散。

国民参政会 民国31年2月，海启行署邀请海启地区国民党进步人士、开明士绅以及工商、文教、医务等各界人士代表，在聚星镇(今属启东市)召开海启首届国民参政会。参政员根据“三三制”原则推出。由于共产党和国民党代表主动让出席位，无党派人士占多数席位。苏中第四专员公署专员季方、海启行署主任陈同生到会讲话。选举陆措宜(无党派人士)为议长，周儒谦(国民党员)、杨育其(无党派人士)为副议长，徐立达为秘书，茅青春、张士明、赵宝珏等9人为驻会委员。同年5月，海五、海六、海七、海八、启一、启二区先后建立参政会。

海启国民参政会在抗日民族统一战线的旗帜下，实行民主政治。坚持每月举行1次驻会委员例会，安排活动计划，听取和讨论行署工作报告，驻会委员分别插入各区，推动抗日工作。

民国32年3月，苏中四分区反“清乡”斗争开始，行署机关实行精兵简政，非武装人员易地疏散，国民参政会停止活动。

政治协进会 民国31年5月，成立通海地区的抗日统一战线组织——通海政治协进会，并在三星镇西北新镇小学召开成立大会，通海地区各界代表90多人参加会议，行署主任茅理到会。大会选举邱竹师(又名汉生)为政治协进会主任。民国32年3月，抗日反“清乡”斗争开始，通海政治协进会停止活动。

反内战动员会 民国34年11月23日，海启地区部分原参政员在聚星镇召开会议，决定成立东南反内战动员会。25日召开成立大会，选举张士明(国民党员)为主任，赵琅(共产党员)为副主任，并草拟章程。12月初，富余、海南等区相继成立反内战动员会。民国35年12月后，停止活动。

临时参议会 抗日战争胜利后，国民党县政府还治县城茅家镇。根据国民党政府内政部通令，各级自治单位设立与其平行的代议机构，以辅助政令的推行，决定筹建临时参议会。原定于民国35年6月15日成立，人事已经省政府圈定，议长陈伯葵、副议长王子舫、秘书陈启徵。不久因内部纷争，议长、副议长、秘书及参议员东噩熙等称病辞职而流产。民国36年7月，有议长刘穆菲、副议长施轶千等人重新筹备成立。根据《江苏省各县临时参议会组织规程》，按三等县建制，临时参议会设议长1人、副议长1人、秘书1人、干事2人、雇员2人、参议员20人、候补参议员3人。7月14日，临时参议会在县治茅家镇召开成立大会，会期7天。临时参议会听取国民党县政府县长及部门主管人的施政报告，提出质询和建议。临时参议会下设第一、第二、特种3个审查委员会和起草委员会。按照地方参议会的组织规程，临时参议会由议长、副议长为主，另推选3名委员组成驻会委员会，处理临时参议会闭会期间的日常事务。民国36－37年，县临时参议会召开5次大会。闭会期间，召开10多次驻会委员会议，就县政府的年度施政计划、地方概算、处理公产、学产及有关人民负担和加强军事“清剿”等方面，听取报告，提出质询和建议，议决提案约300多件，并配合选举“国大”海门县代表等。1949年1月，海门全境解放，临时参议会消亡。

第二十二篇

军　事

海门地处长江口北岸，滨江临海，军事地理位置显要，自古以来为江海防务前哨，引得兵家重视。五代后周显德五年(958)，设海门县尉。宋绍兴元年(1131)，设海门水师。历宋元明清至民国，水师\陆军并设。明洪武、永乐、嘉靖年间，县内民众数度抗击倭寇入侵，重创侵略军。嘉靖二十四年(1545)，由淮扬兵备张景贤驻守。从鸦片战争起，海门发生大小战事100余起。

土地革命战争时期，海门农民举行多次武装暴动，建立苏维埃政权和中国工农红军，红十四军及游击队在“三打汤家苴”等战斗中，与国民党军警和地主武装浴血奋战，取得重大战果。抗日战争时期，海门军民不怕牺牲，英勇战斗，抗击日本侵略军，开展反“清乡”斗争。在余东、茅家镇等战斗中，屡战屡胜，使日本侵略军实行“三光”(烧光、杀光、抢光)政策的阴谋彻底破产。解放战争时期，海门军民与国民党军队和还乡团展开殊死斗争，灵殿(甸)镇、三阳镇、余东镇等著名战斗，歼灭国民党军队有生力量，战果累累。此间，毛泽东主席十分关心苏中地区的战场形势，曾为中共中央亲拟关于解放南通、海门的电文。1949年1月，海门全境解放。3月初，海门平息一起由反革命残余势力和少数敌对分子挑起的破坏民工支前的反革命暴乱事件，随即掀起大参军高潮，民工万余人随军支前，参加渡江等战役，有力地支援人民解放战争，为解放全中国做出贡献。

社会主义革命和社会主义建设时期，海门驻军和人民继承和发扬革命光荣传统，民兵及预备役工作、国防动员、人民防空稳步推进，兵役工作勇创新路，党管武装工作不断加强。军队在抓好自身和民兵建设、日常战备、训练的同时，大力支持地方两个文明建设，开展拥政爱民活动，共创双拥模范城(县)。1993年，海门成为全国双拥模范县。1994－2004年，驻军和民兵、预备役人员共1.15万人次，参与抗灾抢险12次。至2005年，海门连续22年被南京军区、省军区等上级军事机关表彰为征兵工作先进单位。2005－2008年，市人武部帮助三和镇大兴村村民走致富道路，发展纺织加工户400多户。同时，驻军和民兵为维护海门治安，社会稳定等做出应有贡献。

第一章 机构与设施

第一节 机 构

一、古代主管机构

县尉署 五代后周显德五年(958)始设县尉。宋建隆三年(962)，设海门县尉署，管领弓手寨，操练弓手。

巡检司 明洪武三年(1370)，设吴陵、张港、廖角嘴、大河口、徐哨5个巡检司，各有巡检1人、吏1人、弓兵50人，以防倭寇进犯。清光绪二十四年(1898)，改崇明巡检司为崇海巡检司，移置厅(海门)县(崇明)交界处久隆镇。

二、民国时期主管机构

警务课 民国2年(1913)，县公署设警务课。

通崇海启抗敌指挥部 民国27年3月17日，日本侵略军侵占南通城，南通县县长彭龙骧率部分职员撤退至金沙。4月初，奉江苏省政府主席韩德勤之命，于余西乡间召集通崇海启各县县长议定成立通崇海启抗敌指挥部(是年年底，取消番号，编为保安团)，彭龙骧任指挥，海门县县长魏湛元任副指挥。指挥部先设于南通县境内，后迁入海门县境，下辖6个支队，几个月内部队发展到2400人。

海门县军事管制委员会　1949年1月底，根据华中九分区命令，建立中国人民解放军海门县军事管制委员会，为县军管时期最高军政权力机构，统一全县军事、政治、经济、文化等管制事宜。随着人民政权的逐步巩固，军事管制委员会取消。

三、新中国成立后主管机构

海门市人民武装部　1950年1月，县人民武装部建立，系中国人民解放军设在海门的地方军事机构，受中共海门县委和南通军分区双重领导，专管全县民兵等工作。

1951年10月17日，县人民武装部改称苏北军区南通军分区海门县人民武装部。

1954年10月，国家实行义务兵役制，县人武部改称县兵役局。1958年4月，兵役局整编，内设征集退伍、预备役军人、预备役训练3科，定编员额25人。

1959年7月，撤销兵役局，恢复县人武部。

1967年3月，在"文化大革命"中，县人武部根据"三支两军"①的需要，建立县人武部生产办公室，领导全县工农业生产。县革委会成立后，人武部不再履行此职。

1986年6月，县人武部改归地方建制，是县委的军事部门，亦是县人民政府的兵役工作机关，受海门县委和南通军分区的双重领导。

1994年6月，改为市人民武装部。

1996年4月，市人武部复归军队建制，称中国人民解放军江苏省海门市人民武装部。

海门县军事管制委员会　1967年4月23日，为适应"文化大革命"新形势，省军事管制委员会决定建立中国人民解放军海门县军事管制委员会（简称"军管会"），对海门实行军事管制。军管委是当时海门的最高权力机构，内设革命和生产两个办公室，属南通专区军事管制委员会领导。1968年3月19日县革命委员会成立，军管委职权随即移交县革命委员会行使。

海门市国防动员委员会　1996年7月，成立市国防动员委员会，是在市委、市政府、市人民武装部领导下的主管全市国防动员工作的议事协调机构。历届国防动员委员会第一主任、主任分别由市委书记、市长兼任。

海门市（县）、乡人民武装委员会　1953年，县成立人民武装委员会。全县151个乡成立乡人民武装委员会。"文化大革命"期间，县、乡人民武装委员会停止工作。

1979年3月，恢复县委人民武装委员会。1994年6月，改称海门市人民武装委员会。

区、乡镇、场及其他人民武装部　1950年1月，区建立人民武装科。次年春，改为区人民武装部。1954年10月，撤销区人民武装部，设区武装助理。1958年10月，撤区，小乡并大乡，建立人民公社，区武装助理撤销，乡（公社）一级建立人民武装部。全县包括江海渔业公社、江心沙农场、大东农场共30个乡（公社）级单位建立人民武装部。1961年5月，又建5个区，并复设区人民武装部。1979年9月，全县又增7个企业单位人民武装部（海门盐场、县拖拉机厂、县棉纺厂、海门化肥厂、南通地区四甲肉联厂、县五七农场、县永隆沙农场）。1987年撤区建巡视组，区人民武装部随此再次撤销。1988年6月，海门手帕厂建立人民武装部。1990年10月，县教育局及轻工业公司、建筑材料工业公司、机械工业公司、建筑安装工程总公司、纺织工业公司、化学医药工业公司、电子仪表工业公司；海门、三厂、天补、悦来、四甲、包场、麒麟7个乡镇；复兴中学、狮山职业中学2所学校，均建立人民武装部。20世纪90年代后，由于区、乡、镇多次撤并、调整，以及企业的改制，基层人武部也不断发生变化。2008年，全市有江苏省海门经济开发区人武部1个、乡镇人武部22个。

第二节　设　　施

一、寨

原为防卫所用的木栅，后为古代对军营的称谓。宋时，余东设寨。明洪武三年（1370），又设廖角、大河口、徐哨三寨。

① 三支两军：支左、支工、支农，军管、军训。

二、城池

余东城,建于明正统年间(1436－1449),为防倭寇入侵,四周开掘护城河,取泥筑城,东、西、南、北各筑有砖瓦结构的城楼,分别为三义、火神、魁星、真武四楼,泥城周长960丈。明嘉靖中期(1532－1544),城墙被海潮冲毁,城楼保存。后东、西、北三楼毁于战乱,南楼在"文化大革命"中被拆除。

明嘉靖三十三年(1554),倭寇入侵县境,民众难以安宁。巡抚都御史郑晓报朝廷同意后,由知县赵卿在县治余中修筑城池。城周长5里3丈,高2丈,垛高5尺,濠广6丈,设东、南、西、北四门,分别为泰和、安床、文明、阜厚。各门楼上有哨所,下有水兵、营房,费金1.8万两。

三、烟墩

又名烽堠,俗称烟墩。为古代保卫边疆的防卫和警报系统,主要用于侦瞭海洋警息。明洪武年间(1368－1398),为防倭寇入侵,海门境内设有烟墩28处。

四、狮山

清乾隆四十年(1775),同知徐文灿于裙带沙茅家镇厅署后人工堆砌泥山1座(称狮山),高20余丈,登高可望厅署全貌。民国27年(1938),日本侵略军侵犯海门时,为日军警备中队部驻地。

五、哨所

又称检问所,系警戒分队或士兵所在的场所。民国32年,日伪军在海门"清乡"期间,在县境东部沿江、沿海公路旁每2－3公里设1个哨所、3－5公里建1个大哨所,全县有10余个大哨所。

六、碉堡

俗称炮楼、炮台。土地革命战争时期,通东汤家苴地主集团依仗坚固的碉堡,与红军游击队对抗。抗日战争、解放战争时期,日伪军和国民党政府军队分别在茅家镇、麒麟、悦来、常乐、四甲坝、六甲等集镇筑有碉堡50多座。

七、据点

抗日战争期间,日伪军将县境的重要集镇侵占建为据点。解放战争时期,国民党政府军队和地主还乡团在县境筑有据点170余处。

八、泥城

民国36年5月,国民党县政府及国民党军队为抵抗人民解放军,在县城茅家镇强筑泥城墙,四周总长约5公里,占地200亩,并在泥城墙周围筑有6个城门,把全镇筑成一个碉堡林立的大据点。1949年11月,县委、县政府组织民众拆除碉堡、泥墙,填平战壕、城河,疏通过境河道,整修桥梁、街道。

九、射击场

解放初,在四甲镇驻军所在地北侧建一射击场,主要为驻军和民兵进行实弹射击使用。此后,也作为机关干部、学生实施军事训练实弹射击之地。

1991年,在天补镇境内建一射击场,长250米、宽100米、靶台高10米,后场地被征用为建设用地而毁。

十、训练场

20世纪60年代初,在东灶港东兴哨所附近滩涂建立民兵训练场,后因该场房屋简陋,交通不便且训练设施较差,停止使用。1989年,在海门港重建一个以战术训练为主的野外训练场,占地1.33公顷。

十一、训练基地

1984年,县民兵训练基地在东兴乡新垦村建成,辟有操场、营房及班以下课目训练设施。

1991年3月,县将原征兵楼改建成以民兵训练、教育、住宿为一体的训练基地,占地3.14万平方米,可供队列、投弹、轻武器预习等训练,也可实施通信、炮兵专业训练。另有教研、沙盘、资料、器材、仓库等教育和后勤保障设施,形成吃、住、用、教、训、管于一体的训练基地。

2007年,市投资105万元对民兵训练基地进行高标准改造,设施齐全,功能完善,有射击场、投弹场、战术训练场、体能训练场、防化训练场。

十二、民兵武器库

1982年前，武器弹药由乡（公社）、镇、场、工厂集中保管，全县建有民兵武器库41个。

1983年，建造县民兵武器装备库，总面积4400平方米，该库设有武器、弹药、装具室。1999年，迁址重建，建有武器库、生活楼各两幢。2007年，增建综合楼和预备役营车炮库。

十三、军事指挥中心

2008年6月，市军事指挥中心奠基。

第二章　兵役制度

第一节　募兵制　征兵制

清末民初，北洋军阀和民国政府军队实行募兵制度，当局派员到地方招募新兵，发展武装。被招募入伍者，由部队按月发给定额粮饷。县境被招募的对象大多是贫苦农民，年龄17－30岁。

民国22年（1933）6月，国民政府颁布兵役法，实行征兵制，以保为单位，适龄壮丁统一编号，规定“三丁抽一”和“五丁抽二”，凡男子年满18－45周岁者，均有服兵役的义务。兵役分常备兵役和国民兵役两种。常备兵役分现役、正役、续役，现役3年，正役6年，续役至40周岁。现役在营，正役由现役期满转充，不在营。正役期满转充续役。凡男子年满18岁，不服常备役时，一律编入壮丁册，服国民兵役，派乡教练训练壮丁。民国25年，国民政府下达征兵令，规定“男子年满18岁，自翌年1月1日起役，至届满45岁之年12月31日除役”。各乡镇将规定年龄内的男子编造成壮丁花名册，根据上级征兵机构下达的定额，按区、乡摊派抽签确定应征名额，群众称为“抽壮丁”。中签者即由其政府列榜公布，不日入营为伍。在抽签过程中，抽中壮丁不愿当兵的可以出钱（粮）买人代替，叫作“买壮丁”，被卖之户称为“卖壮丁”，无钱“买壮丁”而又不愿当兵者，只得躲避隐藏，便被“抓壮丁”。不少民户为出壮丁费，弄得债台高筑，甚至倾家荡产。

抗日战争期间，国民党正规部队和地方武装各霸一方，扩充实力或补充缺额就抓壮丁。县内青年纷纷离乡外逃，甚至忍痛致残，逃避兵役。

民国31年，国民政府提出“三丁抽二丁、二丁抽一丁”口号，仅1年海启地区被抓壮丁2000余人。

民国35年九十月间，国民党淞沪警备司令部独立团徐容部、海门保安大队张海清部跟随国民党整编21师第145旅435团，在海门境内抓壮丁1500余人。

至海门全境解放，被国民党军队用欺、蒙、骗、强等手段抓的壮丁有四五千人。

第二节　志愿兵役

民国16年（1927），在苏、浙、皖一带试行志愿兵役制，因适龄青年不愿从军，应招人数严重不足。县内招兵先以物质引诱，而后为强摊硬征。

土地革命战争时期，县内红军的兵员补充，部分从区乡赤卫队逐级上升转入，部分从社会上吸收，属志愿兵性质。民国19年2月初，中共南通县委在东乡草蓬镇（今海门货隆镇境内）召开大会，将红军游击队改编为中国工农红军江苏第1大队，会上有60多名青年自愿报名参军。4月初，红军改编为中国工农红军第十四军第1支队（不久改为2师），兵力从300多人发展到700多人，其扩充部分除由赤卫队上升外，其余均为志愿入伍者。

抗日战争时期,人民军队的兵员补充,除改造旧军队和由区队、县团逐级上升参加新四军主力外,大多为工农群众和青年学生自愿应征者。

民国30年9月,成立海启警卫团,下辖各区区队,约2000人,兵员均为志愿入伍的青壮年。民国33年7月至34年6月,中共海启县委先后输送两批300多名优秀青年志愿者加入新四军主力部队。

民国35年9月,全县有1404人参加中国人民解放军,其中区、乡级干部82人,村干部128人,中共党员469人,大部分为翻身农民,组成海门新兵团3个营,编入华中野战军1师3旅。

民国36年9月,中共苏中区党委发出《关于参军运动的决定》,要求各地积极响应“参加主力、保卫苏中、准备反攻”的号召,贯彻“三不四要”①政策,在方法上采取民主评定、鼓励立功、干部带头等相互结合的方式,动员全体党、政、军、民、学等各界人士投入参军运动。10月,东南地区又有3771名优秀青年志愿参军。

民国37年12月,海启地区11个区19.58万人投入大参军运动,自愿应征青年1243人,其中区级干部104人、乡级干部402人、村级干部217人,参加华东野战军部队。县内各区队也积极“上升”,补充和扩充兵员。无论个别动员入伍或“上升”补充者,都以自愿为原则,属志愿兵性质。民国35年6月至民国37年年底,全县共发展地方武装7620人。

新中国建立初期,国家实行志愿兵役制。新兵条件为年满18－30周岁男子(以贫下中农为主),没有传染病和其他残疾,并非兵痞流氓,且无不良嗜好者,自愿报名参军。

1950年1月,县人武部贯彻执行志愿兵役制,动员广大青年参军参战。2月,县委提出“三要四不”要求②。是年抗美援朝运动中,县成立参军运动委员会,大规模发动群众参军,全县参军1402人(超额502人),其中民兵占70%。1950－1953年,广大共产党员、青年团员和干部带头,群众自觉报名参军,全县志愿应征入伍的适龄青壮年5802人。

1955年7月,国家实施义务兵役制。此后根据军队建设需要,适时补充一些志愿兵。

1978年3月,国家根据部队需要和本人自愿,将部分义务兵改为志愿兵。

1984年5月,志愿兵一律于部队由义务兵转充。即义务兵服现役期满,根据军队需要和本人志愿,可超期服现役;服现役满5年,已成为专业技术骨干后,由本人申请,经师以上机关批准,从第6年开始可以改为志愿兵。

1998年起,义务兵服现役期满,根据军队需要和本人自愿,经团以上单位批准,可以改为志愿兵。志愿兵实行分期服现役制度,其期限从改为志愿兵之日算起,至少3年,一般不超过30年,年龄不超过50岁。

第三节 义务兵役

一、征集机构

1954年6月,全国试行义务兵役制。1955年2月,县成立征集办公室。1955年7月,义务兵役制正式实施起,乡临时成立征兵(征集)办公室,组织领导征兵工作。1980年,县、公社成立由政府及人武、公安、交通、卫生、宣传、财政等部门负责人组成的征兵领导小组,下设办公室,办理征兵具体事宜。征兵结束,征兵领导小组和办公室即行撤销。1983年起,县征兵办公室相对稳定办事人员,实行常年办公。每年的征集步骤是宣传发动、目测初检、体格检查、政治审查、审定新兵、集中交接、安全运送。至2005年,海门连续22年被南京军区、省军区等上级军事机关评为征兵工作先进单位。2008年,市人武部被省军区表彰为征兵工作先进单位。

二、兵役登记

1955年初,春季征兵,全县适龄青年踊跃报名应征,形成兵役登记高潮。是年冬季征兵,报名率70.61%。1956年7月,县成立兵役登记工作办公室,登记应征公民4504人,报名率86.9%。

20世纪60－70年代,征兵工作主要在农村进行,参军也成为农村青年改变生活的一种途径。大

① 三不四要:不收买、不欺骗、不强迫,要成分好、要来历清、要年轻、要身体健康。

② 三要四不:要年轻力壮、要成分好、要自觉自愿,不要老弱病残、不要复员退伍、不要成分不纯洁、不要家庭负担重的。

多数应征青年都积极应征，兵役登记工作均能顺利开展。

1985年，全县兵源呈现“在外地做工的多，外出做生意的多，在乡镇、村办企业工作的多，在家务农的少”的“三多一少”现象，针对全县54%的适龄青年在外地情况，采取重点发动乡镇、村办厂职工中的适龄对象报名应征；对外地打工回乡应征青年实行先安置、后入伍政策，确保征兵工作开展。全县1.97万多名适龄青年报名，报名率97.2%。

1989年，根据省政府关于拒绝、逃避兵役登记和服兵役的处罚规定，各乡镇制定并实施可行性地方规定。1994年，市政府印发《海门市征兵工作暂行办法》及《关于拒绝、逃避兵役登记和服现役的处罚规定》通告，为全市兵役工作提供法律保证。

1999年，对近几年高中毕业人员及其去向逐一核实，精确掌握高中生的数量质量情况，对大中专毕业生的优惠政策作明确规定，提高预征对象高中以上学历的比例。

2004年起，在兵役登记的基础上确定预征对象，预征对象外出前与乡镇签订履行兵役义务责任书。对拒绝逃避服兵役者，政府按有关规定实施处罚。

三、体格检查

1950年，全县第一次接受征集补充兵员的命令，在体格检查中，虽没有统一的检查标准，但较解放区参军运动体检要求严格。1953年3月，南通地区7县征集抗美援朝志愿军新兵，海门3名医生参加在金沙镇的新兵统一体检。

1956年，国家颁布兵役法，实行义务兵役制，并制定体检标准。

1956－1989年，在全县乡镇所在地建立4－5个征兵体检站，每站负责若干个公社（乡镇）应征青年的体检。

1985年，采取村包病史调查、乡镇包目测初检、县包体格检查，实行初检与复查相结合的办法，严格把关，以提高送市站体检者的合格率。

1990年，实行全封闭式体检，无关人员一律不得进入体检站。1991年9月，对应征青年实施国防部提出的体检组织、体检设置、体检方法、体检管理4个方面的规范化要求。

2000年8月，调整普通高中毕业以上文化程度男女应征青年的视力检查标准。2004年，乡镇、市两级体检站全部实行编号体检及主检淘汰制。2008年，对应征青年实行交叉检查、双检双签字的责任制，确保新兵身体质量。

四、政治审查

50－70年代，为保证军队的纯洁性，对兵员的政治审查侧重于家庭出身及其政治身份，对文化程度要求相对较低。

80年代，军队实行裁军，兵员征集任务明显减少，但对兵员质量提出更高要求，政治审查更侧重兵员的文化程度、专业特长等自身素质。同时，城镇兵员比例也有所提高。

2008年，以输送高学历、高素质“双合格”青年为标准，严格落实初审、联审、复审三级把关制度，确保新兵质量，实现连续27年无责任退兵事故。

第四节　预　备　役

1956年4月，在秀山乡进行预备役兵役登记试点。是年，全县登记18岁应征公民4504人，占应登记人员86.92%；19－30岁预备役兵35041人，占应登记人员90%。

1957年1月，首次对预备役兵进行训练。613人分别参加包场、余东、三阳3个站的集中训练。6月，根据中央军委关于民兵、预备役合二为一的指示，将预备役编入民兵组织。是年年底，全县30个乡镇全部完成合编工作。

1965－1979年，预备役工作中断。

1980年，恢复预备役人员统计，在全县退伍军人中对符合条件的对象，进行预备役登记。

1984年5月，规定士兵预备役年龄为18－35岁，士兵预备役分为一类和二类两类。

1989年10月，在师山职中创办全省第一所预备役学校，以探讨国防教育、职业教育、学生军训一体化路子，努力培养学生德、智、体、美、武全面发展，成为能文能武的有用人才。

1990年5月，江滨预备役学校成立。1991年，首次开展转业军官预备役登记试点工作。1999年6月，召开预备役营组建工作会议，着手挑选军转干部、专职武装干部、优秀民兵干部和退伍军人中部分人员，组建预备役营。9月，正式成立，为预备役步兵2营，隶属于驻南通江苏陆军预备役步兵师第1团，下设5个连队。2001年9月，江苏陆军预备役步兵师基层建设观摩会在三星镇召开。

2004年，对1994年后所有登记服预备役退伍军人重新核对统计，规范登记方法，重点抓好各军种专业技术兵中退伍士兵预备役登记。

2005年4月，海门预备役步兵2营改为五七高炮2营，下设3个连队。10月，200名预任官兵参加演练，担负全国第一届航空运动会的维稳任务。

2006年，30名预任官兵参加团组织的在启东双37高炮营专业训练。2007年，全营参加省军区高炮实弹射击考核。2008年，全营参加省军区民兵预备役整组点验。

第五节 招收飞行学员和军事院校学员

1956年，根据南通地区行署招收飞行员的命令，首次在应届高、初中毕业生和社会知识青年中开展挑选飞行员工作。

1959年5月，县成立招收飞行学员办公室，在全县12所中学、农校、卫校中有适龄同学1549人，满员报名应召。经县初检和省复查，选送飞行学员12人，并首次保送江苏省海门中学的高中应届毕业生黄亦文、梁启余、陆茂昌3人，入学中国人民解放军外国语学院。

1961年，在全县18所普通中学中挑选飞行学员，1546名高中适龄男女生、506名初中适龄女学生报名应召。是年，招收飞行学员4人、技术学员1人、海军学员19人、空勤学员24人、其他军事技术学员7人，计55人。

1982年，根据国防部颁布的"招飞"学员体格条件，对飞行员的身体素质提出更高要求，文化素质要求达到应届高中毕业。是年，完成7名飞行学员招收任务，超额完成1人。

1989年起，招收飞行学员工作列入全国高校统一招生计划。在应届高中毕业生中选调飞行学员，由地方推荐，并负责初检和政治审查，部队进行体格检查和心理品质检测，经高考后择优录取。

第三章 驻 军

第一节 古代军队

一、海门水师

南宋绍兴元年(1131)8月，水师统制邵青由常熟移驻海门。

二、料哨寨军

明洪武三年(1370)，境内设廖角、大河口、徐哨三寨后，廖角寨驻千户1人，军50人；大河口寨驻千户1人，军200人；徐哨寨驻百户1人，军50人。

三、大河营

明嘉靖三十七年(1558)，设大河营，驻廖角嘴，有水兵1000人。清康熙年间(1662－1722)，该营调驻赣榆。

四、海门营

清康熙元年(1662)，设海门营，有守备1人，兵500人。清乾隆三十三年(1768)，内洋水师海门营副将1人、都司2人、导备3人、千总4人、外委1人,共11人。同治九年(1870),海门营移驻太仓、宝山境内,有兵240人,战船24艘。分防狼山以下至海门江口海汊,归长江水师提督管辖。同治十二年,归苏松镇标管辖。

第二节　国民政府军队

一、北伐军某部

民国16年(1927)4月,北伐军某部兵力进驻崇明、海门等地。北洋军阀闽浙苏皖赣五省联军总指挥孙传芳部所属李宝璋旅,从崇明、海门向北撤退。

二、国民革命军陆军第10师第1团

民国17年12月,国民革命军陆军第5师第1团驻茅家镇等地,第5师师长方鼎英。次年2月,该师改称江北剿匪司令部第6绥靖区第10师。

三、国民革命军独立第13旅第3团

民国19年1月,该团部分兵力驻海门。

四、国民革命军陆军第5师步兵14旅27团2营

民国19年5月下旬,淞沪警备司令熊式辉派2营到通东"剿共"。先"进剿"货隆镇,后驻凤凰桥,"协剿"红十四军2师。是年冬,移离。

五、江苏省警察总队3团2营

民国19年5月,2营(营长余世梅)分驻东社、二甲等处,后进驻四甲坝,分兵于富安镇、凤凰桥和下三和镇等地。8月下旬,与县警队驻四甲坝的李汉清部、凤凰桥的胡祥藻营"围剿"红十四军2师。年底,调离。

六、国民革命军海军某部

民国19年9月,青龙港泊有"靖东""靖海"两艘军舰。民国20年10月,国民政府海军派"湖鹏"和"湖鹰"两艘鱼雷艇泊青龙港,不久移离。民国37年12月,海军某部6号、7号炮艇泊青龙港。

七、国民革命军57军111师某旅

原系东北军某部,民国26年8月驻通,师长常恩多兼长江下游北岸各县戒严司令。该部驻守海门,不久调移。

八、江苏省保安2旅、5旅、10旅

民国27年3月,2旅旅长张翼率部驻余东等地;5旅旅长孙信孚率部在四甲坝一带活动;10旅旅长张能忍,率部驻通海。年底,均调离。

九、江苏省民众抗日自卫队独立第2支队

民国28年2月,国共两党合作抗日,成立江苏省民众抗日自卫队独立2支队(简称抗战支队),副支队长郑枢俊与梁灵光一起,率领抗支2大队驻海门江家镇。4月初,抗战支队扩编为两个总队,梁灵光任第2总队总队长,下设政治工作队,洪泽任政工队长。年底,调离。

十、江苏省游击第三路第六纵队

民国28年春,该纵队由上海浦东渡江至通海一带,实有兵力1个旅。民国29年10月下旬,爱国人士季方组建江苏省第四行政区抗日游击指挥部时,该纵队受编为苏四区第2旅,驻余东,不久撤离。

十一、国民革命军第21军、71军某部

民国34年2月,国民革命军第21军、71军各一部驻茅家镇、三厂镇、青龙港。

十二、国民党整编第49师79旅

民国35年1月,79旅下属105团(团长于泽霖)驻海启地区。民国36年6月,旅部(旅长文礼)驻三厂镇,所辖235团、237团驻海启地区。8月,49师进驻通东各镇。

十三、苏北实业警察总队1大队

民国35年4月,原苏北实业总队改编为江苏省苏北沿海实业警察总队,下辖第1大队驻三厂镇,大队长董玉葵。

十四、国民党整编第21师145旅、146旅

民国35年秋,145旅435团及淞沪警备司令部

独立团徐容部驻茅家、三厂、灵殿(后改为“灵甸”)等集镇,11月驻四甲坝;145旅436团,146旅437团、438团驻通东各集镇。后驻南通唐闸。

十五、国民党整编第4师第102旅304团、306团

民国36年5月,102旅所属304团、306团,先驻三厂、麒麟、悦来等镇,后驻通东各集镇。

十六、江苏省保安第六纵队

民国36年7月,驻麒麟、悦来镇等地。12月,被人民地方武装东南警卫团及区队歼灭一部后调离。

十七、海启突击总队部

民国37年10月,第一绥靖区南通指挥所海启突击总队部驻茅家镇,总队长丁聚堂、副总队长邱之章。

十八、第一绥靖区司令部第一指挥所

民国37年3月25日,第一绥靖区在三厂镇设第1指挥所,统一指挥三厂镇地区军务,以确保沿江阵地。该区副司令刘嘉树任指挥官。

十九、海启清剿指挥部

民国37年11月,海启清剿指挥部先驻三厂镇,后移至茅家镇,袁英任指挥兼海门县长。

第三节　日伪军队

一、日本侵略军板垣师团喙旅团

民国27年(1938)3月21日,日本侵略军该旅团5000余人侵占茅家镇、三厂、青龙港等集镇。4月24日,撤离。9月21日,重犯海门,占领茅家、三厂、青龙港3镇。

二、日本侵略军南浦12混成旅团第52大队石原部

民国30年初,石原部170余人分别驻三厂、常乐、麒麟、悦来、余东、六甲等地。民国32年6月,相继撤离。

三、日伪苏鲁集团第9军胡冠军部

民国27年秋,胡冠军(胡鹏)部驻常乐、麒麟等镇。次年,调至启东北新等镇。

四、日伪第一方面军第7师4团

民国30年下半年,团长赵伦仪率部驻四甲、余东、包场等地。

五、日本侵略军海门“宣抚班”

系日军特务组织。民国31年,将“宣抚班”改为“联络官事务所”。

六、日伪军32师

民国31年4月7日,日伪军32师师长徐承德部700余人驻麒麟镇,指挥部设悦来镇。

七、日伪军34师134团

民国32年初,该团1营驻常乐、长来等镇,2营驻麒麟镇,3营驻悦来、三阳、灵甸等镇。

八、日本侵略军菊池联队

民国32年3月,日军第61师团(小林师团)菊池联队驻三厂、四甲等镇;弘中大队驻青龙港、常乐等镇。

九、日伪海门特区保安大队

民国32年4月,日伪清乡保安部队辖通、如、海、启4个大队。海门保安大队驻池棚、江家、常乐、长兴、麒麟、三阳、悦来、三厂、十二匡、灵甸、汲浜、下三和、义兴等镇。包场、六甲、富安、岸头等镇分驻南通保安大队2中队。

十、日本侵略军南浦12混成旅团松川部

民国32年6月,日本侵略军石原部撤离后,松川部450余人分别驻三厂、常乐、麒麟、四甲、三阳、灵甸、江家等集镇。至民国35年2月,投降后的日本侵略军全部遣离县境。

第四节　人民军队

一、中国工农红军江苏第 1 大队

民国 19 年(1930)2 月 6 日,在草蓬镇(今货隆镇窑港村)活动的红军游击队,编组成中国工农红军江苏第 1 大队,俞金秀(锡侯)、仇建忠先后任大队长,仇恒忠(文海)任政委,李超时、唐楚云、俞海清先后任政治处主任。下辖 3 个中队,由俞秀元、何兰歧、俞镜清分别担任中队长。时有红军战士 140 多人,枪械 60 余支,其余为大刀、长矛。后红军战士扩展到 300 余人,枪械 200 余支。3 月,红军江苏第 1 大队改编为红十四军第 1 支队,刘廷杰任支队长,俞金秀任政委,下辖 2 个大队,仇建忠、陈宗恒分别担任大队长。5 月,1 支队改编为 2 师,秦超任师长,黄火青任政委兼参谋长。下辖 3 个大队,时茂江、蔡振扬先后任 1 大队大队长,陈宗恒任 2 大队大队长,唐楚云、高德胜任 3 大队大队长。后因受"左"倾错误的影响,以及国民政府军警、地主"民团"优势兵力的"围剿",10 月 5 日部队解散。

二、崇启海常备旅

原为崇明民众抗日自卫总队。民国 29 年 9 月,因日本侵略军在崇明"围剿",由陈国权、茅理、韩念龙等率领,北撤三星、桃源镇一带,并改称通崇海启人民抗日总队。10 月,改编为崇启海常备旅,属新四军苏北指挥部领导,旅长茅理、副旅长王澄、政委李干辉。

三、江苏第四行政区抗日游击指挥部第 3 旅

民国 29 年 12 月,省保安第 3 纵队第 5 团与崇启海常备旅奉命合编为江苏第 4 行政区抗日游击指挥部第 3 旅,茅理任旅长,李干辉任政治委员,王澄任副旅长,廖昌金、韩念龙分任参谋长和政治部主任。原第 5 团改编为第 3 旅第 5 团,王澄兼团长、彭德清任政委。原崇启海常备旅的第 1、第 2 两个团合编为第 3 旅第 6 团,沈鼎法任团长。改编后,部队移驻掘港。

四、苏北清乡公署外勤警卫团

民国 31 年初,通海地区组建通海自卫团,团长汤景延,受苏中四分区及中共通海工委、通海行署双重领导。民国 32 年 4 月,为配合抗日反"清乡"斗争,中共苏中区党委决定,由汤景延率领通海自卫团于姜灶港打入敌人内部,接受汪伪改编,改编后公开番号为苏北清乡公署外勤警卫团,团部设茅家镇,后移金沙。9 月 29 日,全团奉令反正,回到解放区。

五、华东军区警备 9 旅

1949 年 3 月,以苏北军区第 5 军分区(后改为盐城军分区)的部队为基础组建而成。旅部驻三厂镇,属苏北军区。1950 年 10 月,该旅改称步兵第 102 师。1952 年 9 月,102 师又改编为中国人民解放军农业建设第 4 师。1955 年 11 月,农建 4 师撤销。

图 22－1　1950 年 8 月,华东军区警备 9 旅审计会议代表合影

六、南京军区海防某团

1949 年组建,番号为苏北军区特务 5 团,驻防四甲镇。后该团番号几经变化。1951－1952 年,编为苏北军区警备 2 团。1953－1954 年,编为省军区警备团。1955 年,编为公安边防军第 11 团。1959 年,称中国人民解放军总参谋部守备某团。1975 年起,为南京军区守备某团。2008 年,为南京军区海防某团。

第五节 武装警察部队

一、武警东灶港边防站

1953年,中国人民解放军武装警察部队东灶港边防工作站建立。后几经撤建,于1974年重建。与县(市)公安局东灶港边防派出所一套班子、两块牌子。性质随沿海地区对敌形势和治安形势的变化多次演变,实行武警、公安双重管理体制,军事化管理,肩负地方公安边防保卫工作。负责沿海辖区边防治安巡逻、户籍管理、船舶渔民管理和沿海治安管理。

二、武警南通市支队海门市中队

1955年7月,武警南通市支队海门县中队建立,隶属于南通地区公安大队、县公安局领导。1966年9月,中国人民公安部队整编为中国人民解放军,县中队划归县人武部领导。1976年1月,县中队隶属县公安局领导。

1983年,中国人民武装警察部队成立后,县中队改称中国人民武装警察南通市支队海门县中队,受军队和地方双重领导。1994年6月,海门撤县设市,县中队改称市中队。市中队主要以值勤为中心,担负市看守所外围的看守任务,处置突发事件和反恐等任务,维护和保证社会稳定和人民安全。

三、武警海门市消防大队

1965年9月,县公安局成立消防中队,驻县化肥厂内。"文化大革命"开始后,县消防中队处于瘫痪状态。1969年,并入县化肥厂消防队。

1973年11月,重建消防中队,消防人员实行义务兵役制,隶属南通地区公安处消防科。1983年,县消防中队与1974年建立的县公安局消防股纳入人民武装警察部队建制,受武警南通支队的行政领导和县公安部门的业务指导。人员均为现役军人。1994年10月28日,组建中国人民武装警察部队海门市消防大队,亦称市公安消防大队。消防大队组建后,管理职能由原来单一的消防监督转变为消防监督、消防灭火、队伍管理等综合职能。

四、省边防总队海警支队2大队

2008年1月组建,主要承担南通沿海海域及长江口水域的巡逻执勤、抢险救助等任务,打击偷渡、走私犯罪活动,维护海洋权益。

附1.海门县红军失散人员名单

海门县红军失散人员名单

表22-1

姓名	性别	年龄	住址	入伍时间	离队时间	当时所在部队
蒋云生	男	84	树勋乡翻身村9组	民国17年2月	民国18年(1929)7月	红14军1大队战士
吴小昌	男	74	四甲镇胜宏村1组	民国18年5月	民国18年10月	仇建忠部队战士
唐江江	男	75	四甲镇胜宏村2组	民国18年5月	民国18年10月	俞金秀部队
陆云成	男	91	树勋乡富强村	民国19年2月	民国19年2月	1大队地下交通员
徐桂生	男	80	王浩乡新岸村	民国19年2月	民国19年2月	1大队2中队战士
曹中恒	男	81	王浩乡新岸村7组	民国17年3月	民国19年3月	1大队2中队1小队战士
张锡王	男	87	王浩乡新岸村	民国19年3月	民国19年3月	1大队3中队战士
钱学初	男	80	王浩乡	民国18年1月	民国19年4月	1大队2中队代理中队长
俞占清	男	87	王浩乡新岸村8组	民国17年6月	民国19年4月	1大队3中队3小队小队长
马金书	男	84	新建乡双渡村4组	民国19年1月	民国19年4月	仇建忠部队战士

续表 22－1

姓　名	性别	年龄	住　　址	入伍时间	离队时间	当时所在部队
李志良	男	79	王浩乡六园村2组	民国17年4月	民国19年5月	1大队3中队3小队战士
邵丕成	男	80	树勋乡新海村9组	民国19年5月	民国19年5月	1大队战士
王贵春	男	86	树勋乡	民国19年5月	民国19年5月	1大队战士
马金罗	男	81	新建乡骑岸村	民国19年5月	民国19年5月	仇建忠部队战士
俞茂和	男	83	新建乡骑岸村	民国19年5月	民国19年5月	仇建忠部队战士
宋国章	男	82	树勋乡翻身村9组	民国17年1月	民国19年6月	1大队联络站长
庄文昌	男	78	王浩乡昌盛村	民国17年4月	民国19年6月	1大队1中队2小队战士
曹志清	男	81	国强乡沛南村	民国19年6月	民国19年6月	1大队2中队战士
何锡范	男	80	王浩乡四总村	民国19年6月	民国19年6月	1大队3中队战士
卞保昌	男	84	树勋乡新中村6组	民国18年10月	民国19年6月	红14军1大队战士
朱振声	男	78	（海门籍）	民国19年6月	民国19年6月	仇建忠部队战士
戴　花	男	80	四甲镇路西村6组	民国18年7月	民国19年6月	余东区队战士
王连温	男	76	树勋乡启勇村2组	民国17年7月	民国19年7月	红14军1大队情报员
姜国兴	男	78	余东镇木桩村	民国19年7月	民国19年7月	仇建忠部队战士
王启林	男	78	树勋乡红星村9组	民国17年2月	民国19年8月	红14军通讯员
俞海忠	男	79	树勋乡旭宏村	民国17年11月	民国19年8月	
顾洪山	男	74	王浩乡得利村3组	民国18年2月	民国19年9月	1大队1中队3小队战士
俞小峰	男	76	王浩乡昌盛村4组	民国17年7月	民国19年9月	1大队2中队1小队战士
俞秀山	男	85	麒麟乡新光村	民国16年12月	民国19年10月	1大队地下交通员
姜少清	男	83	王浩乡冯梁村6组	民国18年3月	民国19年10月	1大队3中队2小队战士
王汉成	男	84	四甲镇苍头渡村	民国17年11月	民国19年10月	仇建忠部队战士

说明：此表据1987年县民政局上报省民政厅名单而列

附2. 抗日战争时期日伪军在海门的暴行

焚毁民房、建筑物　民国27年3月26日，日本侵略军侵占常乐镇后，放火烧毁刘和济典当、常乐社仓、陆大兴花行、张徐女校等一大批建筑物。9月21日，日本侵略军分三路再犯海门，给海门人民造成巨大损失。在县城茅家镇，县政府及所有机关团体及公共场所的房屋悉数被拆，清代建筑孔庙、六角亭、文昌宫、徐公祠及私立海门中学校舍等古迹破坏殆尽；海光电气公司被炸，海通电话局及公路、桥梁、电线电话遭破坏；大生三厂海门批发所、淮海银行海门办事处等建筑被烧毁。日本侵略军还封锁灵甸、大新、宋季、牛洪等港口；在青龙港设立码头管理处，控制检查客货出入。茅家镇、三厂镇、青龙港等一些大的商店歇业。民国32年秋，日伪军侵占富安镇，在镇上筑据点，下乡抢劫，富南乡39户人家的房子被烧，70%以上的群众遭到鞭挞与勒索；中农以上人家无不被绑架，逼得卖田、借债度日。一天，日本侵略军沿通吕公路架设在柏家小店附近地段的电话线，被民兵割断。日本侵略军牛尾队长随即率30多个日伪军，对柏家小店等逐户搜查。遇见逃跑群众即开枪射击，见无人在家即点火烧房；有人在家则把门反锁放火，人屋俱焚。不到1个小时，

36间房子化为灰烬，死伤7人，其中一个70多岁的老太，冲出火海，向日本侵略军求情，当即被牛尾杀死。

杀害干部群众 自民国27年3月至34年9月，海门被日本侵略军杀害的先烈333人，其中县委书记、行署主任3人，区委书记、区长4人，区级干部、乡连职以上干部29人，村以下干部、共产党员、民兵、新四军战士等297人。

日本侵略军小队长牛尾在四甲、包场地区屠杀无辜平民。原团结乡英雄村（今包场镇）贫农陆如扣，日本侵略军诬其是新四军，将其抓进据点，施以酷刑。一天上午8时，牛尾率5个日本侵略军，押着陆如扣从包场镇街上走到东桥墩，用毛巾蒙住陆的双眼，端着装有刺刀的步枪，对准陆胸部连刺数刀，陆如扣倒在血泊之中。牛尾上前，踩其小腹，来回捣刺，刺成15个窟窿，其状惨不忍睹。包场扇子乡南部（今包场镇）陆洪富叔侄俩各有1艘丝网船，靠打鱼度日。一天，牛尾要鲜鱼做肴饮酒，见陆叔侄俩正在包场镇据点旁的河里捕鱼，碉堡楼上的哨兵向他们吆喝起来。陆叔侄俩不懂其意，继续捕鱼。不料，日本侵略军向丝网船连射10余枪，陆叔侄正想弃船逃跑，一弹飞来，击中陆侄大腿，应声倒在水中。陆洪富上岸后，拼命奔跑，脱离险境。陆侄在昏迷中爬上岸，牛尾气势汹汹，拔枪对准其胸部连开两枪，将其杀害。

强奸妇女 开办"慰安所" 民国27年，三厂镇沦陷，日本侵略军在大街小巷乱闯，寻找"花姑娘"。镇上的中青年妇女大多避居乡下亲戚家。一天，有3个日本侵略军从小菜场向南拐进一条横弄堂，闯进某居民家，见到其妻就抱住不放，女方拼命挣扎，但无法脱身，就此遭到轮奸。此后又有5名妇女被日军强奸。民国28年，汉奸吴某以介绍进厂做工为名，从江南骗来20多名妇女，在大操场西边（今中国农业银行三厂营业所址）开办"慰安所"，除接待日本侵略军外，还接待兵痞、流氓等。不久又从外地骗来10多名青年女子，遭日本侵略军肆意蹂躏。

实行"三光政策" 民国32年4月，日本侵略军集中万余兵力，对海启地区大规模清乡，区内据点由12个增至42个。在沿江沿海用竹篱笆构筑封锁圈，实行烧、杀、抢"三光政策"。至是年年底，被杀同胞224人，伤176人，抽壮丁351人，烧房子2674间，抢粮食3617担、被子412条、棉花120担、蚊帐266顶、牛羊鸡鸭66余万头（只、羽），强奸妇女671人，强征民夫作工93万多个，割麦122公顷，勒捐58项，计款额20亿元（法币）。

附3.解放战争时期国民党政府和地方还乡团在海门的暴行

茅家镇惨案 民国35年7月16－17日，国民党海门县长刘道平，大肆逮捕并疯狂屠杀共产党员。两天内杀害共产党员、干部35人，制造茅家镇惨案。

制造"无人区" 民国37年3月1－7日，麒麟镇的海门保安队和"土顽"日夜出动，对海南区唐袁、平港等乡企图制造"无人区"，一次杀死无辜百姓32人，伤4人，烧毁民房近百家，抓走群众数百人，抢去财物3大驳船。

长江边惨案 民国37年4月10日，驻海门天补镇国民党军队交警2个中队加"土顽"180人和大兴镇、上三和镇交警两个中队近千人，把千余名群众赶到长江边，肆意蹂躏。当天共杀害群众30余人，抢劫300多家，烧毁民房26家。

富余区被烧杀 民国37年4月12日，国民党军队余东"土顽"30余人，在南通县富余区（现属海门市）观南村烧毁47户民房，在凤北等4个村烧毁27户民房，受害者270余人；绑走20人，打死3人。

第四章　地方武装

第一节　古代地方武装

一、弓手

宋建隆三年(962),海门境内即有弓手,人数失考。

二、新义营

明嘉靖十九年(1540),设海门新义营,驻廖角嘴,招募民兵组成,并增募掘港营民兵1000人。

三、渔团

清光绪八年(1882),为加强海防,江苏沿海兴办渔团,海门每百人渔民中挑选健壮者30人。

四、团练

清光绪二十一年(1895),中日甲午战争刚结束,两江总督张之洞照会海门绅士张謇在通州、海门办理团练,几个月后又奉命遣散。

第二节　民国县政府地方武装

一、海门县商团

民国13年(1924)9月,由县商会发起组成县商团,大商家各出店员1人,共有团士32人,设团长、教练各1人。次年,雇用团丁18人,属联防保卫性质。

二、海门保卫团

民国17年春,建立海门县保卫团。民国21年,成立保卫委员会,设总团长,有队员3720人。次年,改为保卫队,隶属南通行政督察区保安司令部,县总队长由县长兼任。

三、海门抗日游击总队

民国27年初,成立海门抗日游击总队。县长魏湛元兼任总队长,汤景延任副队长,下辖5个大队,分别由张能忍、董伯祥、陈才福、丁聚堂、颜秀五担任大队长。是年秋,丁聚堂部改为水上游击总队,后该部编为省常备第7团,颜部编为省常备第8团。

四、海门县常备大队

民国29年7月,成立自卫队,队员150人。队员身穿土布军装,佩戴印有"海门自卫"字样的臂章,部队驻陈九房仓(今万年镇境内)。11月初,改编为县常备大队,大队长盛竹平。

五、南通县还乡团3大队

民国35年年初成立,系由各地逃亡地主组织起来的武装,大队长朱永寿,团丁175人,驻三厂镇。

六、海门县自卫总队

民国36年年初,成立县保安大队,大队长赵伦仪,后为高明。不久,改为民众自卫大队,大队长赵伦仪。此后,又改为县自卫总队,总队长由县长兼任。

第三节　人民地方武装

一、通东武装小队

民国17年(1928)年底,由仇建忠在三益乡(今王浩镇境内)建立。次年2月,建立三益、余西、余东、余中4个武装小队。民国19年2月,武装小队改编为中国工农红军江苏第1大队。

二、崇明抗日游击总队部

民国26年8月,成立南通抗日指挥部独立大队,瞿犊任大队长,有200余人。12月,与崇明独立中队合并为崇明抗日游击总队部,共500余人。主要活动在海门东部和启东久隆镇一带。民国28年1月10日,瞿犊被杀害,部队解散。

三、海门县大队

民国30年3月,建海门警卫团,团长顾尔钥,副团长张棋北,政委罗桂华。开始1个连、130多人,后又收编1个连。9月,海门、启东两县合并,成立海东行署,随即海门警卫团与启东警卫团合编为海启警卫团,团长罗桂华,政委陈国权。翌年9月,南通县的通东行署并入海启崇行署,并更名为东南行署,海启警卫团亦改编为东南警卫团,属苏中第四军分区领导。团部初驻聚星镇,后在乡间流动,下辖3个营、1500余人。民国35年8月,东南警卫团撤销,建海门警卫团。12月,海门、启东两警卫团合并,重建东南警卫团,属华中军区第九军分区领导。1949年1月,海门全境解放,撤销东南警卫团,建立海门警卫团。8月,海门警卫团撤销,建县大队。1951年春,撤销。

四、东南人民抗日自卫总队部

民国30年9月,海门、启东警卫团合并为海启警卫团的同时,成立海启人民抗日自卫总队部,后与东南警卫团是两块牌子、一套班子。民国32年1月,海启人民抗日自卫总队部改称东南人民抗日自卫总队部。民国35年8月,分设海门、启东人民自卫支队部。

五、通海自卫团

民国31年春,由汤景延组织一部分抗日爱国士兵建立通海自卫团,约1个连兵力,主要活动于茅家镇至张芝山镇之间。民国32年3月,与崇明警卫团合编为1个团(即汤团)600余人。4月16日晚,汤团奉苏中区党委之命,打入日伪内部。9月29日晚,突围而归。

六、通海人民自卫总队

民国31年春建立,辖通海行署所属各区武装区队,后撤销。

七、江防大队

民国32年7月下旬建立,该大队活动于通海地区,不久撤销。民国34年秋,重建江防大队。次年7月,改编。

八、海门人民自卫支队部

民国35年8月,设立海门人民自卫支队部,下辖海中、海南、海西、富余、六甲、四甲大队。民国35年12月,支队部撤销,各区大队改称区游击营。民国37年5月撤销区游击营,重建区大队。民国38年8月,各区大队撤销。

九、通海独立营

民国35年秋组建,年底撤销。次年4月重建。1949年1月,海门全镜解放时,与南通警卫团合并。

第五章 民　兵

第一节 组织建设

一、民兵组织

民国29年(1940)11月,县抗日民主政府成立,在创建县区武装同时,发展民兵组织,时有民兵组织73个,其中联防队、小队76个,民兵2.59万人。次年底,全县民兵万余人。

民国35年秋,部分农村青年在“保田、保家乡”的号召下,除参加主力军外,积极加入民兵组织。民国36年,全县有民兵30个班、521人,游击队员693人。解放前夕,全县有民兵2万余人。

1950年1月,县人民武装部建立后,统一全县民兵组织名称,乡建民兵中队,下设分队、小队。凡年满18－45周岁的男性公民,身体健康均可参加民兵组织。其中年满18－25周岁、政治纯洁、身体强壮、家庭劳动力充裕的编入基干民兵,其余编入普通民兵。是年,全县有民兵1.08万人。

1955－1956年,全面整顿民兵组织,以东兴乡、厂洪乡为试点,后全面推开。通过整顿,清理出不符合民兵条件的1307人,调整民兵干部14人,超龄退队民兵2294人,选拔骨干分子充实民兵领导的683人,发展基干民兵1.43万人。1957年,以拿枪的武装民兵为主,全县统一组建631个武装民兵排。

1958年,根据毛泽东主席“要大办民兵师”的指示,县建立民兵师,公社(乡)建立民兵团,实行全民皆兵,并不分男女,按16－30岁、31－50岁两个年龄段,分别编入基干民兵和普通民兵。民兵师下辖35个民兵团、58个营、892个连、2948个排、7712个班。

1960年,5000人以上民兵的公社建师,5000人以下的建团,大队建营,生产小队建连或排;工厂、学校、机关按车间、年级、科局进行编组。全县共编30个民兵师、15个民兵团、705个民兵营、267个民兵连、5462个民兵排、2.17万个民兵班;同时组建30个垂直基干团、705个基干连、2516个基干排、1万余个基干班。1962年后,仍按1958年的民兵组织建制执行,恢复县建师,公社、大队、小队按团、营、排(连)、班编组。

1962年6月,在万年公社试点,贯彻毛泽东主席关于民兵工作“三落实”①指示,随后全面推开。全县29个公社普遍扩建武装基干民兵连或基干民兵连组织,并根据战备需要在茅家镇、三厂、四甲、余东、东兴5个公社(镇)挑选1286名优秀民兵组建10个武装基干连、8个排,配备各类枪支弹药。

1965年,组建通信、地炮、高机、侦察等11个民兵专业技术分队,配发相应的民兵武器,武装49个基干民兵连、16个独立排。

1969年3月,苏联边防军入侵中国珍宝岛。12月,贯彻毛泽东主席“要准备打仗”的指示,县建立武装民兵独立团,分布于悦来、三厂、天补3个区。

1975年6月,由四甲公社组建1个民兵综合通信连。

1981年9月,根据中共中央关于调整民兵组织的文件精神,在新余公社试点基础上,全县进行民兵组织调整。一是缩小组建范围,按公社(镇)、企业建民兵组织;二是调整民兵的年龄,男性由原来的16－45岁调整为18－35岁,女性只编基干民兵,年龄18－45岁;三是简化层次,将原来武装、基干、普通民兵三种合编为基干、普通民兵两种;四是取消县编师、公社编团的建制,改为县编基干团、公

---

① 三落实:组织落实、政治落实、军事落实。

社编基干营或连；五是明确基干民兵为一类预备役，普通民兵为二类预备役。全县建基干团1个、基干营35个、基干连300多个。

20世纪80年代后期，根据中央减少数量、提高质量、抓好重点、打好基础的方针，全面调整民兵组织。注重民兵编组范围与产业结构调整度相适应，基干民兵由编入农村逐步向编入乡镇企业转移，两者比例约为59∶41。加强民兵应急分队建设，全县组建3个民兵快速反应机动连、32个民兵快速反应分队。制定《海门县1995年前民兵训装储协调发展规划》，压缩基干民兵数量，扩大民兵技术兵比例。组建高机连10个、通信连4个、炮兵连12个。1989年，基干民兵采取集中与分散相结合的编组形式。

1990年12月，全国《民兵工作条例》颁布实施，1991年，县民兵整组，促进民兵工作"三落实"。1992年，成立县改革开放民兵护航大队，全县各乡镇、厂矿企业均建立一支50人组成的民兵护航队伍，并制定民兵护航行动方案。

1995年，针对市场经济条件下民兵流向多、流量大、在位率低的特点，加强对外出民兵、出国民兵、外来民兵的管理。在叠石桥绣品市场建立1个民兵营。是年，全市编有37个基干营、160个基干连、402个基干排、1023个基干班。

2003年，不断改进编组方法，适应新时期军事战略方针和社会主义市场经济体制要求。充分利用城市人才和技术资源优势，突出抓好信息、电子、网络、通信、防化救援、交通运输、工程抢修、医疗救护、技术维修等专业分队建设。是年，全市有21个基干民兵营、65个基干民兵连、265个班。通过整组，进一步提高民兵队伍科技含量和战斗力。

2005年起，进一步加强民兵整组，整合后的基干民兵按防卫作战、信息作战、支前保障、维稳反恐等编组。2007年3－4月，省军区副司令员刘长意带队检查验收市民兵整组工作，组织民兵156人接受其整组点验。是年，根据省军区种类齐全、搭配合理原则，组建民兵心理战、舆论战、法律战分队。

2008年，民兵编组向大型企业和部分高科技民营企业拓展，提高退伍军人、专业技术人员对口率。是年，省军区对市民兵整组工作检查点验，36个建制连、3873人受检，人员到点率98%，得到省军区肯定。

二、民兵干部

在战争年代和解放初期，乡(村)民兵队长一般由党支部军事委员担任，乡(村)党支部书记兼任民兵政治指导员。民兵分队长、小队长，则挑选出身成分好、立场坚定、作战勇敢的中共党员和优秀民兵担任。

1951年，举办以民兵分队长为主的干部集训班，主要是抗美援朝、保家卫国的政治教育和相应的军事训练。1953年，配全乡队一级军事干部236人、乡文书132人、分队干部979人、基干民兵连长42人。1958年后，注重从预备役军官和复员退伍军人中挑选民兵干部。1961年，共培训民兵干部8期3303人，90%以上是民兵营长和教导员。

1969年，以战备教育为中心，对全县民兵营长、武装大队部分排长和县直机关、企事业等部门、单位连以上干部1320人进行集训。1978年中共十一届三中全会后，采取民兵干部和军事教员合训办法，重点培养民兵干部"四会"①教练员，达到提高军政素质和教学能力的要求。

2000－2008年，在抓好民兵干部基础课目训练基础上，突出抓民兵干部科技练兵组训方法，学习科技知识，提高打赢高科技条件下局部战争的组织指挥能力。

三、专职人武干部

选配　50年代，乡镇人武干部均为兼职。1960年，成立公社人武部，配备专职武装干部，其人选大都为军队转业干部和退伍战士，不足部分从地方干部中选调。1978年6月，根据中央指示精神，确定行政单位按编制配齐专职武装干部，企事业单位根据实际情况配备。因干部来源困难，多数单位未能配齐。

1982年7月，省委决定每个公社配备专职武装干部2－3人，明确公社(乡镇)武装部部长相当于公社副主任职级。1984年，在天补区进行专职武装干部招聘试点，共招聘8人。1985年，继续增配基

①　四会：会讲解、会示范、会教育、会管理。

层专职武装干部。通过调整，全县有专职武装干部94人，平均年龄33.5岁，其中高中文化38人。

1996年，基层人武部实行上级军事机关和同级地方党委、人民政府的双重领导。乡镇人武部一般编配部长、干事各1人，军事工作和战备任务较重的乡镇增配1名副部长。

2003年，全市有14个基层武装部。其中乡镇1个、开发区1个、行业系统9个、企业3个，有专职武装干部4人、兼职武装干部11人。

2008年，全市有46个基层武装部。其中乡镇场22个、开发区1个、行业系统8个、企业15个，有专职武装干部31人、兼职武装干部23人。

培训考核　1952年10月，区人武部部长、干事分别参加省军区、南通军分区为期1个月的人武工作学习。六七十年代，侧重于学习毛主席著作、军事基础知识、十大军事原则，进行战术指挥训练，提高组织指挥能力，进行“三打、三防”①组织指挥和技能训练。

80年代，开展实事求是思想路线教育，坚持“一个中心、两个基本点”②教育；军事训练则主要学习规范化训练组训法，提高规范化训练效果。1982年5－6月，全县区、社专职武装干部47人参加军分区教导队集训。通过理论学习、沙盘作业和现场摆练，明确未来反侵略战争的战略方针、作战指导思想、作战对象、作战形式和民兵的任务。1984年，对三厂、天补等区的专职武装干部进行立体考核。1985年，采取选送培训及部分招聘干部到机关见习考察等方法，加强专职武装干部的思想和组织建设。1988年11月，7名专职武装干部参加分区集训，通过考核，获团体总分第三名。1989年，8名专职武装干部参加军分区集训，获团体总分、炮点（高机）专业、队列训练3项冠军。

2005年，组织全市46名专职人武干部集训，并选调“四会”教练员强化训练，提高军事素质。2008年，专职人武干部3人参加省军区集训，20多人参加南通军分区集训。

四、民兵代表大会

1952年11月，县召开首届民兵代表大会。出席代表720人，其中军政教员308人、转业军人147人、民兵代表149人、外县代表51人、县区干部65人。会议主要内容是如何抓好对民兵的训练和对即将实行的普遍民兵制的思想教育。会后，区人武干部和军政教员进行5天的业务学习。

1959年2月，县召开第二届民兵代表大会。出席代表737人，7个单位作经验介绍。

1968年10月，县召开第三届民兵代表大会。出席代表900人，此次代表大会又名活学活用毛泽东思想积极分子代表大会，共有11个单位作经验介绍。

1973年2月，县召开第四届民兵代表大会。各民兵营（连）的代表、党管武装较好的党组织代表及区、乡人武部代表共940人参加会议。

1978年4月，县召开第五届民兵代表大会。出席代表1076人，大会对8个民兵团、70个民兵营、2个民兵连及相关排、班、个人分别授奖，对新余乡张进、常乐乡陆金星各记三等功1次。

此后，随着改革开放的深入，外出打工民兵逐渐增多，召开民兵代表大会有一定难度，随之以培训民兵骨干及小范围活动等方式替代。

第二节　政治教育

革命战争年代，民兵政治教育的主要内容有阶级教育和马克思列宁主义启蒙教育，抗日救亡、“保田保家乡”和“打到南京去，解放全中国”“将革命进行到底”等教育。新中国成立后，主要是民兵基本知识、时事政策、爱国主义和社会主义等教育。

20世纪50年代，除抓好民兵平时的政治学习外，每年冬训政治教育的时间约占70%。教育内容随着形势任务的变化而各有侧重。1951－1953年，进行“抗美援朝，保家卫国”、巩固民主政权的教育，教育全体民兵成为现代化国防军的后备力量；要求民兵带头参加互助组、生产合作社，带头卖余粮，支援国家工业建设。1955－1959年，先后对民兵进行

① 三打、三防：打坦克、打飞机、打空降和防原子、防化学、防细菌武器。

② 一个中心、两个基本点：以经济建设为中心，坚持改革开放、坚持四项基本原则。

形势和任务教育,学习贯彻关于开展预备役和民兵合编的全国兵役工作会议精神,实行"全民皆兵"以及民兵的"三大任务""十项原则"等方面教育。

60年代,围绕人民战争中心内容,联系国内外形势和海门的实际,学习毛泽东著作,开展学雷锋和学习角斜红旗民兵团活动,增强民兵战备观念。1966年"文化大革命"开始后,民兵教育围绕"两个阶级(无产阶级与资产阶级)、两条道路(社会主义与资本主义)、两条路线(无产阶级革命路线与反革命修正主义路线)斗争"展开,大量时间用于学习毛泽东著作讲用会等。

1976－1978年,组织民兵揭批江青反革命集团罪行,清除"左"的影响,重新开展学雷锋和学习"硬骨头六连"活动,把民兵教育引向正常化。

1979年,组织民兵学习中共十一届三中全会文件,使民兵明确职责,全力投入生产建设。1983－1986年,突出共产主义、爱国主义及国防观念教育,培养"四有"①新人的教育。

1990年,针对改革开放的新形势,在全县广泛开展反腐蚀、反渗透教育。1993－1996年,以《邓小平文选》为主要读本,对民兵进行建设有中国特色社会主义理论教育。

1997年,结合恢复对香港行使主权和建军70周年纪念活动,开展国防教育和职能任务教育。针对青年民兵大流量、多流向的特点,基层武装部定期组织函授教育,在建筑站等相对集中的单位设立函授站,印发民兵政治教育材料,全年印发1.2万多份,派出辅导员54人。1999年,先后开展"庆国庆、歌颂党、爱本职、做贡献""发扬革命传统、争当两个文明建设先锋"等专题教育。

1999－2003年,先后进行"三讲"②教育和"三个代表"重要思想③的教育,以及对广大民兵、预备役人员甘愿牺牲奉献的思想教育。

2005－2006年,按解放军总政治部的教育提纲,采取集中教育、发放期刊、播放影碟片等多种形式,深入学习贯彻中共十六届四中全会精神,牢固树立党对民兵绝对领导的观念,着眼军事斗争准备,培育民兵战斗精神,弘扬民兵光荣传统,积极履行职责使命以及市经济社会发展"十一五"规划、移风易俗等内容的学习教育。

2008年,组织乡镇人武干部和民兵骨干600多人,利用网络听讲座等形式,进行形势任务教育。

第三节 军事训练

革命战争年代,以小插子(即匕首)、手榴弹、地雷、步枪等武器,组织民兵军事训练。

20世纪50年代,民兵武器装备较少,一般只训练射击、投弹、刺杀等技术科目,并采取小型、就地、分散办法,把训练与生产劳动结合起来。县、区人武部每年利用农闲季节对民兵干部集中训练,教员由转业、荣誉军人等担任。1951－1952年,训练民兵2288人,重点为沿江海地区18－25岁的青壮年和武装民兵。1956年1月至1957年1月,在包场、余东、三阳等7个区训练教员881人次,集训民兵2530人。

1963年8月,对海门中学高二、高三243名学生进行民兵防化学专业训练,其中男性169人、女性74人。经过6天训练,90%以上民兵熟练掌握作业技能。1970年6－9月,全县9.6万名民兵群众参加游泳训练,组织101名民兵横渡长江。1970年12月－1971年1月,县人武部29人、21个公社武装民兵2900人参加由南通军分区组织的野营拉练。1971年10月,1000多名民兵干部参加射击、投弹、游泳和"三打三防"训练。是年,训练民兵5万余人,参加实弹射击1万余人、手榴弹实弹投掷240余人;培训炮兵、报务员等各类专业民兵1.8万余人。结合县区两级作战预案,包场、三厂两区进行抗登陆、反空降演练;海门、三厂两镇进行防空疏散演练。

1973－1975年,根据三年训练纲要要求,集训民兵干部2980人次,训练民兵17.78万人次。

1976－1978年,训练专业民兵4931人,其中通

---

① 四有:有理想、有文化、有道德、有纪律。

② 三讲:讲学习、讲政治、讲正气。

③ "三个代表"重要思想:始终代表中国先进生产力的发展要求、始终代表中国先进文化的前进方向、始终代表中国最广大人民的根本利益。

信兵 544 人,高机、炮兵 454 人,爆破手千余人。1981 年,因农村普遍推行生产责任制,训练方法由全训、普训改为分训、精训,抓住农闲季节进行训练,使民兵训练适应农村改革的步伐。

1984 年,县民兵训练基地在东兴乡新垦村建成,有操场、射击场、营房设施,基本能保障班以下的课目训练,各区因地制宜设置射击场。是年,全县 2910 名普通民兵参训,合格率 92.9%。技术兵完成炮兵和战场救护骨干培训,合格率 100%。四甲通信连陆秀萍在省军区第三届民兵报务员竞赛中获最佳发报手称号。

1985 年 1 月,举办民兵训练大比武活动。参赛民兵 70 人,以区为单位组成 5 个代表队,进行射击、爆破等 6 个项目比赛。天补区获团体总分第一名,包场、悦来区并列第二名,12 名民兵分别夺得 4 个单项的名次。

90 年代,每年确保完成 1000 多名民兵的训练任务,训练合格率 95% 以上,训练对象以民兵干部、专业分队和应急分队为主。1999 年后,贯彻江泽民科技强军指示,大力开展通讯、八二迫击炮、107 火箭炮、防化等科技练兵活动。是年,全市训练民兵 1256 人。2002 年 5 月,注重发挥女民兵在位率高、文化素质高等特点,改革炮兵连编组,组建两个 107 火箭炮女子炮班。2004 年 8 月,参加南通军分区举行的民兵应急分队比武竞赛,取得总评第二的成绩。

2006 年,为提高反"台独"应急作战能力,全市 580 名民兵、100 多名民兵营长参训,民兵骨干分 8 次实弹射击,14 名民兵通讯骨干参加省军区集训,7 名民兵参加预备役坦克乘员集训。是年,组建开发区化工园区民兵防化分队并集训。

2008 年,实训民兵 592 人,组织重要目标协防对接训练、反恐维稳防暴训练。

第四节　武器装备

一、配备

革命战争年代,民兵武器只是一些小插子、大刀、长矛及部分枪支,由上级组织统一管理。解放初期,民兵武器装备主要来自收缴敌人的武器和从部队退役的老式武器。

20 世纪 60 年代,武器主要配备给沿海公社、反空降重点地区和重要目标的民兵。1961 年,全县除沿海边防的东兴公社、大东农场、江海渔业公社和厂洪公社、三厂镇两个联防区以及县城所在地——茅镇公社等重点地区适当多配武器外,其余公社均配枪 10－15 支不等。1964 年,全县武装基干民兵编成 24 个连、41 个独立排。

70 年代,民兵武器装备有较大增加,逐步扩大武器装备面。

1980 年,进行武器调整。将原有 472 个武装大队扩展到 652 个,武装民兵数量进行了压缩。武器布局更加合理,沿海公社(乡)配备武器件数量适当多于内地;各种重武器专业技术装备,配备在重要地区和重要目标,做到既合理负担,又相对集中。1983 年,全县各种步枪、冲锋枪、轻重机枪、火炮和火箭筒等武器分布在 41 个乡、镇、场和工厂;通信器材装备分布在新海、四甲两个民兵通信连。

1994 年,全市武器按不同情况分别由军分区封存,或市库存,或装备沿海和内地乡镇。

2001 年,市对存放在海门镇、三厂镇、包场镇、刘浩镇、东灶港镇和原印机厂、棉纺厂 7 个基层单位的若干数量冲锋枪、12.7 高射机枪、60 迫击炮、40 火箭筒、85 式 107 单管火箭炮、7.62 普通弹等收缴入库。

2002 年,民兵武器弹药调整,市完成上交任务并接受军分区下拨的各类子弹,实现分区提出的"不多、不少、不错、不坏"目标。

二、管理

解放后,全县民兵武器装备均分散保管,平时由持枪手按有关规定保管保养。

1971 年 2 月,根据当时形势和上级指示,决定由原来公社(镇)人武部负责保管的武器装备,下发到离部队和公社较远的武装大队保管,不发给民兵个人。

1975 年,对全县民兵武器装备管理全面检查、登记、修理和鉴定,保养良好率 88.7%。

1981 年,在民兵中进行武器常识教育,健全和落实管理制度,各级人武干部深入基层,经常检查,发现问题及时解决。全年收缴各种子弹、手榴弹、废炮弹 1984 发(枚)、雷管 19 枚、炸药 3 公斤,并销毁库存的 42 枚险弹。

1982年,全县武器集中保管,57个武装单位除东兴公社新垦和新余公社浜北等12个大队集中保管外,其他单位的武器装备以社、场、厂集中保管。根据战备需要,确定沿海的东兴公社、新余公社、海门盐场、东灶渔业公社和永隆沙农场5个单位配备弹药1500发。是年,全县新建改建兵器室、弹药库46个,添置铁质枪柜656张、木质枪柜44张、枪架24个,配备专职保管员75人。1983年,建造县民兵武器库,武器进一步集中管理。

1986年6月,除沿海的东兴乡、新余乡、海门盐场等单位外,其他39个单位的4019件武器全部集中到县库保管。其中1162件民兵武器简易封存,1100件武器及180件报废武器弹药上交南通军分区仓库。1989年,全县收缴社会失控子弹1307发、雷管268枚、炸药4公斤、炮弹底火60个、地雷引信1枚,消除隐患。1991年,对全县民兵武器看管人员政审,并对沿海乡镇5个民兵武器库(室)及时配备看管人员。

1998年,新建市民兵武器装备仓库,1999年5月,搬至新库。2001年,市民兵武器仓库、刘浩镇民兵装备仓库分别被总参谋部、省军区表彰为民兵武器装备管理先进单位。全市民兵武器装备仓库连续22年实现安全无事故。

2002年,遵照按级管理要求,人武部与仓库主任、仓库主任与职工分别签订责任状,每个库房、每件武器、每箱弹药都做到责任到人。2005年,武器装备仓库安装新型监控系统,通过科技手段实现安全管理。

2008年,利用国防动员信息网络对民兵武器装备仓库实施监控。

三、维护

50－60年代,民兵武器维修由县人武部装备科负责,每年下乡维修一次。同时,对持枪民兵进行擦拭、保管、使用武器的有关知识教育,以提高武器完好率。

1965年,县农机厂建立民兵武器修理组。至1969年,检查各种武器1809件,其中整修106件,武器保养良好率92%。1976年,对全县各公社、镇、场的35名民兵军械义务修理工进行培训,学习步枪等8种常用武器的修理技术。

1978年,集中25天,对全县45名义务军械员培训。1979年,对全县民兵武器装备进行两次巡回检修和普查,共检查7291件武器,对1201支可用骑枪进行擦拭换油,大修德普式轻机枪77挺,制作零配件2050个,修理其他武器603支,补充零件732件。1982年,对46个单位的7474件轻重武器边查边修,县修理组全年加工制作各种零件3236个。

1990年,组织技术骨干,对分布在县库及沿海乡的1335件民兵武器进行技术普查和修理。是年,武器完好率85.4%。

2007年,市政府出资250万元,兴建民兵武器装备仓库综合楼、预备役营车炮库,并对民兵武器装备仓库的电网和设施改造维修。

第五节 支前参战

一、支前

民国31年(1942)6月3日,新四军1师3旅7团在三阳镇斜桥实施对敌战斗。斜桥伏击战是反“扫荡”斗争中,新四军主力在海启地区最著名的一仗。激战前夕,民兵和群众在地方党组织的有序组织下,拆除伏击圈内的一个大庄院近20间房屋,为全歼敌人扫除障碍。

民国35年,国民党发动内战,驻海门境内的国民党部队企图强占战略要地四甲坝,东南警卫团迅速奉命进驻四甲坝,同时,富余、余西两区政府组织后勤队伍前往四甲坝抢修工事。后分区调东南警卫团执行新任务,守卫四甲坝组成三道防御工事,任务由富余、余西两个区队和周围乡民兵担任,外围和中间由民兵担任警戒,两个区队则集中在四甲坝的8个制高点上防守。半个月后,胜利完成四甲坝守卫任务,为自卫战争的准备赢得时间。

民国37年夏至1949年6月,县先后参加分区几次较大战斗的后勤工作,完成4期常备民工任务。共出勤5.3万人、担架4174副、小车3188辆、扁担5633条、船334艘,担负运送粮草弹药等任务。

民国37年夏秋,为彻底消灭国民党军队在海启地区的主力,分区8团、东南警卫团先后进行汇龙、泰安、麒麟3次较大的战斗。海中、富余、海南、海西等区均做发动工作,提供担架、竹梯、杂粮、柴草等。麒麟战斗共出动民兵6189人、担架739副、小车380

辆，担负伤员、粮草运送和打扫战场任务。是年7月16日，组织第一期常备民工，东南行署共动员453人、担架90副，随华东野战军11纵队33旅向苏北宿迁进发，准备参加山东济南战役。该期常备民工随部队至东台、沐阳、泗阳等县，往返900余公里，担运伤员270人，运送武器弹药3万多公斤，受到9分区后勤部嘉奖，获东南模范民工大队称号，并获奖旗一面和机枪1挺、步枪2支等奖品。9月中旬，又参加沭河阻击战，告捷后准备北上支援解放济南战役之时，传来华东野战军攻克济南、全歼守敌11万人的喜讯，随于11月接令复员。同年10月11日，东南行署第二期出征常备民工1个大队，共356人、担架91副，北上支援淮海战役，为主力部队运送弹药，转移伤病员，接运粮草等。至次年3月16日复员。

1949年2月6日，县政府迁至茅家镇办公，同时成立支前总队部。是年2月19日至4月14日，各区动员第三、四期支前民工1.18万人，其中县级干部3人、区级干部14人、准区级干部27人、乡级干部106人。这些民工先后在江家镇集中，分7批送往分区。第一、二批民工6700人到达如东岔河集中后，苏中9分区支前司令部抽调部分民工编成车运、担架两个队，与兄弟县的民工组成渡江支前民工团。4月22日晚，从靖江县十圩港渡江至江阴，车运大队随解放军29军参加常熟、宝山、罗店、上海外围等战斗，担架大队去杭州方向执行任务，其余民工和后续民工到泰州苏陈庄集中待命。在组织支前民工的同时，全县调集船只334艘，其中60艘是渡江船，并在四甲坝设立船舶转运站，另在凤凰桥，聚星、江家、三阳、包场、余东、茅家、三厂等镇设立船舶站。4月25日，为支援人民解放军渡江，全县又动员支前民工1.36万人、担架1270副、小车1501辆、渡江船只165艘、内河船只387艘、运送粮食167.5万公斤、柴草17.1万公斤。

二、参战

破袭战　民国31年，日伪对海启地区实行残酷的“清乡”，中共海启县委发动民兵和群众2万余人破路拆桥、捣毁碉堡、铲平工事等，破坏日伪军的军事部署。7月，苏中四地委发动全民性破袭战，在地方武装和民兵的警戒下，东南地区广大群众共烧毁日伪封锁设施“竹篱笆”22公里，破路14次、50多公里。

围困战　民国32年9月，东南人民抗日自卫总队部发出训令，号召广大民兵群众学习东北义勇军英勇斗争的精神，以有力打击日伪“清乡”的实际行动纪念“九一八”事变12周年。东南各乡以民兵为骨干，男女老少齐上阵，从四面八方涌向海复镇、日新河、聚星镇、池鹏镇、义兴镇等据点，将日伪军团团围住，民兵和群众打枪、掷手榴弹，点燃置放在火油箱中的鞭炮，并向伪军喊话。这一群众性的围困战，持续半个月之久。是年9月，东南地区民兵群众共包围敌伪据点11次，参加者2万多人，部队和民兵作战81次，击毙日军23人、伪军35人，生俘伪军32人；进据点活抓伪乡长等15人，缴获步枪18支、短枪12支、自行车8辆，救出被绑架群众38人。

民国33年秋季攻势中，富余区富南乡民兵在群众协助下，从7月下旬开始围攻富安镇据点。入秋，发动群众，拆桥断坝，耕翻大路，断绝富安镇与其他据点的交通联系。白天，组织神枪手杀伤越出据点、工事的日伪军；夜间，不断袭扰，终于迫使日伪军于10月22日从富安镇撤走。富南乡民兵大队长何凤生出色地组织、领导这一斗争，被誉为四分区“八万民兵的旗帜”。

游击战　民国32年6月，日伪继“军事清乡”后，开始“政治清乡”，强迫推行保甲制度。县委提出开展游击战争，组织民兵及地方武装，在久隆、汲浜、麒麟、四甲等镇神出鬼没杀伤保甲编查人员，捣毁伪保甲组织，使日伪“强化编查保甲”不得不一再延期。海南区永平乡民兵敢在白天打击敌人，且挺进到敌据点附近袭扰敌人。悦来镇敌伪军在受到永平乡民兵几次伏击后，十分害怕，每走到同善桥时总是提心吊胆。余东、四甲、麒麟镇的伪军调防或撤走时，当地民兵都开展破袭运动，使日伪军不敢轻易下乡。

民国36年1月，国民党军队为强化其占领区的统治，发动重点驻剿，县委领导广大民兵和群众坚持原地斗争，以灵活机动的游击战为主体，全面反击国民党军队的“清剿”。3月，海中区江中乡游击队和民兵27人，分三路烧毁江家镇敌据点碉堡，砸毁顽七乡办事处的牌子，并把户口簿、账册都烧光。敌人发现火光时，游击队员已安全撤出。

锄奸斗争　民国31年4月，海启、通东地区广大民兵和群众展开反“清剿”斗争。各地纷纷组织锄奸小组，开展群众性锄奸运动。海四区同善乡离三阳镇敌据点不足两公里，日伪“清剿”时常到该乡抢劫。一次日伪军到同善乡“清剿”，锄奸小组指挥群众分散隐蔽在高粱地里，待大批伪军走过后，200多名群众包围在后面抢劫的20多个徒手的伪军，活捉12人，当场惩处其中6个经常下乡为非作歹的伪军，其余的扭送到区公所处理。据海启6个区、通东3个区不完全统计，52个乡的110个锄奸小组和游击小组，处决敌探、汉奸、叛徒、土匪共151人。

民国32年，在反“清乡”斗争中，各乡组织以党员民兵为骨干的锄奸组、狙击组，灵活机动地袭击敌人。民兵和群众采取盯梢、诱捕、“扎粽子”“大汤馄饨”等方式，以坐探、向导、“清乡”人员、特工为主要惩处对象，开展锄奸斗争。仅在海东区，四五月间就锄奸逆27人，锄奸斗争成为反“清乡”斗争中的重要组成部分。

民国36年1月21日晚，根据县委指示，统一进行锄奸。全县共锄掉内奸、坐探等200余人，消除隐患，为海启地区的解放奠定基础。

第六节　劳武结合

解放初期，在“镇反”“肃反”，巩固人民政权的同时，各地民兵带头参加农业生产，成为农田水利基本建设、平整土地、抢险救灾的主力军。

1959年，工农业生产任务繁重，民兵训练坚持以劳为主、劳武结合方针，军政课程按生产、河工具体情况前后穿插，机动灵活进行。在通吕河、中央运河、匡北河等工地上，民兵较为集中，组织严密，各单位普遍开展红旗竞赛和五好民兵评比。

1978年，随着国民经济的发展，民兵以劳养武活动得到扩展和充实。1984年，正余乡人武部投资创办县轻工机械厂，主要生产橡胶、五金系列产品。1985年，根据中共中央以劳养武、富民强兵的精神，大力举办民兵劳武企业。

1988年，县人武部将民兵以劳养武工作作为专职人武干部的岗位职责，列入目标管理。

1990年，全县有劳武企业或项目15个，产品11个门类。农村主要创办以农产品生产、加工和劳务输出为主的经济实体；城镇创办以生产、服务性行业为主的经济实体。是年，全县以劳养武企业总产值2400万元，利润220万元，用于民兵活动经费11.5万元，其他公益事业50余万元。1985－1990年，先后有4个以劳养武企业被南通市评为劳武先进企业，5名人武干部被南通市评为以劳养武先进个人。1990年，县人武部被评为南通市民兵以劳养武先进单位。

1993年，对原有劳武企业按照自办为主的原则清理、整顿，重新注册登记。是年，全县有劳武企业28个，其中新办24个。1995年，全市34家以劳养武企业实现产值1.2亿元，利税800多万元，获纯利润280多万元，用于民兵预备役工作经费28.1万元。1996年，全市劳武企业实现产值5000万元，创纯利润55万元，用于民兵建设31万元。

1997年，劳武企业改为股份制后，人武干部对劳武企业逐渐失去支配权。1999年，根据中共中央、中央军委《关于军队和武警部队不再从事经商》的通知，经营性实体停办。

第六章　国防动员

第一节　国防教育

抗日战争和解放战争时期，私立海门中学、东南中学等学校动员部分学生与全县人民一起报名参军，投身反抗日本侵略者、争取民族独立和解放的自卫战争和解放战争。

新中国成立初，重点加强对沿海地区人民和出海渔民的教育，克服和平麻痹思想。1950 年，广泛开展以抗美援朝为中心的时事形势宣传教育运动，确立抗美援朝必胜信念。全县人民响应党的号召，投入抗美援朝、保家卫国运动，以积极搞好生产，订立爱国公约，发动捐献等实际行动，支援抗美援朝斗争。1957 年，县兵役局派人向海门中学、县实验小学等学生讲战斗故事，进行革命传统教育，受教育者 2000 多人。1958 年 10 月，实行全民皆兵，加强对民兵和社员国防观念教育。

20 世纪 60 年代初，针对台湾国民党军队频繁骚扰大陆，全县紧急动员，加强战备教育。1961 年，四甲中学建立无线电报务训练班，此后，年均 20 多人参加。1962－1963 年，把国防教育列为社会主义教育内容之一，县文化部门编印国防教育小唱等材料 3600 多份，发至公社人武部、大队民兵营。县广播站每周四晚为民兵节目广播时间。1965 年，在全县进行援越(南)抗美(国)战备教育。1969 年，苏联军队入侵中国珍宝岛，中苏边境形势紧张，全县进行战备和毛泽东人民战争思想教育。

70 年代初期，继续按照"要准备打仗"的要求，做好国防教育和战备工作。1972 年，全县进行普遍的战备形势教育 7 次，受教育者 87.2 万人次。

1986 年，制定《海门县全民国防教育大纲》，根据大纲要求，开展国防教育。是年，国防教育主要在各级领导和县级机关干部中展开。1989 年 10 月，建立县预备役学校，该校与县狮山职业中学两块牌子、一套班子。学校教学增设国防历史、国防知识、国防训练等必修课程。学生必须同时获得文化知识、专业知识、国防教育训练 3 门课的合格证书，方可毕业。

1990 年 5 月，建立县江滨预备役学校。1991 年，县委党校、乡镇业余党校和成教中心，凡培训各类人员，均安排国防教育内容。县内完中和职业高中都将国防教育纳入教学计划，并进行军训。县乡广播、电视等媒体开设国防教育专题节目。是年 12 月，全省国防教育现场会议(在南通市召开)全体与会人员参观海门军人家庭服务中心、海门预备役学校等单位。

1994 年，贯彻中共中央《爱国主义教育实施纲要》，将预备役人员的爱国主义教育纳入社会主义精神文明建设的基础性工程。是年，在市东洲小学创办市少年消防警校，在驻海某部驻地成立中小学德育教育基地。1996 年 5 月，在四甲中心小学创办四甲少年军校，对学生实施国防教育，同时接受四甲部队官兵队列、拳术等军事训练。

1998 年，《海门市国防教育工作意见》出台，大力开展以《中华人民共和国国防法》为主要内容的国防法规宣传教育。是年，4 次组织基干民兵学习《中华人民共和国兵役法》。同时突出对青少年学生的国防教育，继续加强对中学生的军训，对小学生进行国旗、国歌、国徽、版图教育，宣传解放军戍边卫国的事迹，在南通市举行的爱国主义读书活动知识竞赛中，四甲中学获团体二等奖。是年"八一"建军节，开展城乡军警民联欢活动，唱军歌、颂军人、爱祖国、保国防，激发军民振兴中华、巩固国防的责任感。加强国防教育硬件建设，民兵训练基地增设电视录像教育设备。是年 9 月，在四甲建立市国防教育馆，宣传海门人民革命斗争史。

2000年起，中小学校贯彻国防教育法，以《国防教育读本》为基本教材，每周开设1节国防教育课，确保国防教育师资、教材、课时三落实。2002年7月，市国防教育培训学校创办。是年，市国防教育馆迁移至市中小学生德育教育基地——江海风情园。

2004年，全市通过召开座谈会、报告会、文化广场演出、电视媒体公开赛、大篷车图板巡回展、街头咨询等形式，以及编印《国防法律法规文件选编》，下发国防法、国防教育法等书籍400多册，开展国防法律法规宣传月活动，纪念国防法施行7周年，以提高全民国防意识。

2008年，为保证北京奥运会火炬传递及运动会成功举办，增强安全防范意识，市电台、电视台开设《国防时空》专栏，实施全民国防教育。

第二节　战备实施

1949年1月，海门全境解放后，县支前总队部成立，统一指挥全县支前工作。2－4月，为配合人民解放军渡江战役，先后在全县动员民工2.44万人、船只886艘，及大批担架、小车等，运送弹药、粮草，救治伤员，为渡江战役的胜利，充分发挥后勤保障作用。

1950年抗美援朝运动中，全县共有1402名青年参军保家卫国。

1951年7月，成立县海防委员会，调动一切人力和物力加强海防、港口管理。县委书记兼任海防委员会书记。1956年6月，成立县边防工作部。翌年，改为边防工作委员会，加强对沿海地区的边防工作。

1958年10月，全县实行全民皆兵，民兵实行组织军事化、行动战斗化、生活集体化。

1962年6月，县委及各公社党委先后成立战备领导小组，加强战备教育，同时建立武装组织，做好储备干部工作。东兴沿海地区建立1个以步、机枪为主的基干简编连，约200人。县建立1个基干武装营，由1个机炮连和两个步兵连组成，约600人。7月，县边防工作委员会撤销。

1963年，加强军民联防工作，重点加强对台湾小股匪特偷渡、空降的防范，对重点防范的包场区、茅家镇、三厂镇（青龙港）、四甲公社4个地区实行战备联防，县成立指挥部，并进行联防演习。

1965年，美国对越南发动战争，县成立联防指挥部，备战备荒，加强军事训练，共训练民兵2.73万人。1969年12月，苏联在珍宝岛发动武装挑衅，随后百万重兵压境，制造紧张局势。根据上级指示，县制定反空降、抗登陆作战预案，并成立县指挥部、县反空降和抗登陆两个前进指挥所及包场联防区领导小组。1970年，重要节假日期间，全县共设295个值班点，值勤人数4409人次，确保港口、码头等重要目标处于良好的战备状态。先后培训侦察、通讯等各类专业民兵及民兵干部、骨干12万人次。1972年，为防范敌人实施战术空降，明确包场等5个民兵营的主要任务，加强前沿阵地防御。

1976年9月9日，毛泽东主席逝世，海门执行上级紧急战备命令。9月14－18日，检查51个武装大队、2630名民兵的战备情况，全县2759人参加重要目标、重点地区及对海空的执勤。

1982年12月，县成立战时扩编动员领导小组，根据寓兵于民的战略要求，搞好战时兵员动员调查摸底工作，以保证战争初期短时期内动员大批训练有素、有一定技术专长的后备力量迅速补充、扩编部队和组建新部队。

1985年，县成立军警民联防指挥部，制定联防方案，全县以区为单位划分为5个联防区，各联防区由区委、区公所、区人武部共同负责联防任务。

1995年3月，成立市总体防卫指挥部，制定全市总体防卫方案，在全市组成稳定可靠的防卫体系，以执行歼灭袭扰之敌、维护社会治安与抢险救灾三大基本任务。12月，建立市国防动员潜力调查工作领导组，实行国防动员潜力调查。

2000年10月，为遏制和打击“台独”势力，加强军事斗争各项准备工作，参加南通军分区组织的抗敌袭扰登陆实兵实弹对抗演习。

2004年，以融入“长三角”交通战备网为中心，加大国防交通基础设施建设力度，基本形成互通互联的交通战备网络体系。

2006年，重新修订城市防空袭作战方案、军事威慑方案和动员支前方案等12套战备方案，完善应付突发事件预案，开通军事综合信息网、政工信息网，完善武装动员网络设施。是年起，组织机关和乡镇领导开展“军事日”活动，以强化领导干部国防意识。

2007年，建立全市国防动员专用信息网，形成以人武部指挥中心为基点，国防动员委员会8个成员办公室和23个基层武装部为终端的战备训练指挥平台，实现多网合一和全市信息资源共享，实现对民兵武器装备仓库实时监控，提高军事斗争准备的效能。

2008年，为确保奥运会安全，加强涉奥情报的收集和辖区内社会稳定情况的掌握，为处置突发事件提供及时、准确、可靠的信息保障。

第七章　拥政爱民

第一节　支援经济建设

抗日战争时期新四军东进后，海启地区大部分是游击区和解放区，抗日民主政府在农村推行“二五”减租（按原租额减少25%）政策，保障群众的利益，为赢得战争胜利奠定群众基础与物质基础。同时军队在训练、战斗间隙帮助驻地群众搞好生产。

1949年1月，海门全境解放，随即成立县军事管制委员会，全面接管原国民党政府的物资和机关、企事业单位及其人员。同时，派出大批工作人员深入新区集镇、农村，宣传党保护民族工商业、农业和人民群众财产安全的政策，号召群众迅速恢复生产，为发展经济打好基础。私营大生三厂及其所属的茅家镇土布改进所，于2月15日复工。5月，驻海部队和县、区、乡机关干部1370余人，分别编成代耕代割队，帮助烈军属和支前民工家属收割麦子。

1950－1953年，抗美援朝运动期间，驻海部队抽调人员参加地方中心工作，与群众同吃同住同劳动。1958年，县兵役局派员参加青西河大型水利工程建设，吃住在河堤上，36人平均每人每天挖土9立方米，出色完成任务。与此同时，兵役局自力更生发展生产，种玉米、山芋1000平方米，生产各类蔬菜4073公斤，养猪15头，除满足自给外，全部供应市场。

1960年冬，县人武部面对粮食紧张的局面，常深入农村第一线，发动社员、民兵搞好农副业生产和代食品，抗灾救灾，战胜困难。1962年，县人武部积极支援社会主义建设，既抓中心工作，又抓业务，参加地方中心工作600多天，义务劳动日300多天。帮助江心沙农场抢收小麦6公顷，支援农肥1010担、杂灰40多担。

“文化大革命”期间，县人武部在军事管制、县革命委员会等各项工作中，为稳定社会局势，搞好经济建设，积极发挥驻海解放军的特殊作用。

1971年夏，旱情严重，人武部人员投入抗旱，一年助民劳动300多个工作日。1977年，县人武部干部全年下乡4591个工作日。

1991年，“中国南通第二届国际风筝会”在秀山乡长江边举行，日本、中国香港地区等运动员、来宾和各界人士及周围观众近6万人。县人武部组织800多名民兵圆满完成放飞场的内卫、警戒任务。1992年，全县民兵共建立民兵巡逻队349支，3662人协助有关部门破案90多起，全年为民服务、送温暖1627件（次），助耕292.47公顷。1995年，海门创建国家卫生城市，驻海部队派出官兵6000余人次，动用车辆354台次，清除垃圾、清理污水沟和冲洗高层建筑。1996年，驻海部队支持黑色公路建设，拆除房屋11间，围墙150米，投入数百人次，取土2万立方米。1998年，驻海部队参加义务植树造林、农田水利建设及供水、煤气等城市公益事业建设。

2007年，全市出动民兵3.5万人次，参与新农村建设。清理河沟70多条，管理维护镇级公路520公里，建造垃圾箱2200个，填埋垃圾坑230多个。2008年5月，南通军分区在海门召开民富、村美、风气好为主题的创建活动观摩推进会，肯定海门民兵积极投身新农村建设的经验。

第二节 抢险救灾

1949年七八月间,全县遭台风、大潮、雨涝的严重袭击,驻海部队积极行动,全力以赴排水抗灾,生产自救,奋战50天,修复加固江海堤岸73.5公里,排除农田积水2万公顷,帮助灾区农民积极抢种、补种晚秋作物,以减少损失。

1957年,县兵役局两次募集灾民救济款777.5元,工作人员每人每天节约2两米,计代金368.5元,寒衣4套接济灾民。

1960年,县人武部向灾区人民捐献衣服等物品近200件,粮票近190公斤。

1976年8月,根据上级防震救灾指示精神,县人武部拟定防震救灾行动计划,落实地震发生后的各项应急方案。

1981年9月,县境受强台风影响,东灶港海堤多处出现决口等重大险情。驻海部队指战员闻讯顶风冒雨赶赴险堤险段,以身堵水,避免破堤等重大危险发生。1984年,县人武部成立防震抢险救灾领导组,加强震情观察,同时制定预案,对沿江、沿海的重点地段和乡镇作出具体部署。

1992年7月抗洪救灾中,民兵组成突击队冲在第一线,厂洪乡人武部部长张士林、三和乡民兵营营长黄恩成等受到南通市表彰。

1994－2004年,市人武部组织所属官兵和民兵预备役人员参加抗灾抢险,共参加救援因台风造成的水灾12次,出动民兵预备役人员1.15万人次,装备121台次,抢救人员141人,转移群众1520人,抢修江堤1154米。

1998年6月,解放军某部海门籍排长王陈,在河北省平山县东王坡村执行任务时,为抢救一名落水儿童而献身。7月,王陈烈士被所在集团军党委追记为一等功臣。

2008年年初,组织民兵6000人次投入抗灾,清理道路积雪50公里。5月,组织人武干部和民兵向四川地震灾区捐款捐物计3.98万元,并对全市45户赴川抗震救灾军人家属进行慰问。9月,出动民兵40人次参与紧急处理市境内两起毒气泄漏事件,维护人民群众生命财产安全。

第三节 扶贫帮困

1949年夏,全县遭台风、大潮袭击,半数村收成在三四成之下。1950年春荒期间,近五分之一人断粮,驻海部队积极参与抢险救灾,捐献自己节省下来的口粮、衣物给灾民,同时帮助群众发展生产,战胜灾害。

20世纪五六十年代,特别在三年经济困难时期,驻海部队同民兵不定期地帮助困难烈军属和贫困群众恢复生产和生活。

70年代,绝对贫困户减少,驻军主要以钱物资助和帮助发展生产相结合的方式扶贫。80年代,群众生活水平有较快提升,缺少劳力的现役、伤残军人家庭成为扶贫帮困重点对象,驻海部队和地方民兵主要给予传授生产技术,帮助寻找致富门路。

90年代,驻海部队努力发挥自身优势,重点为科技兴农提供信息、智力服务。1996年,市人武部与江滨乡大桥村挂钩扶贫,利用该村靠近市区的地理优势,帮助搞农副产品生产和蔬菜种植。是年年底,全村农民人均年收入4000元,40%农户走上小康之路。1999年,市人武部扶贫重点为组织农村民兵开展“一兵帮一户”“一连带一村”脱贫致富奔小康活动。民兵与贫困户结成200多对,其中150个贫困户、12个贫困村靠民兵提供的信息、资金和技术脱贫,走上小康路。

2004年,市武警中队开展“捐一日津贴,献一片爱心”活动,常年资助贫困学生。2005年,市人武部制定3年“双带双扶”①规划,搞好三和镇大兴村和王浩镇昌盛村结对帮扶工作。出资2万元为大兴村建造村部办公室,发展纺织加工户400个,占总农户40%以上,大部分村民走上致富路,同时

① 双带双扶:带头致富,带动致富;扶助贫困学校、贫困学生,扶助贫困村、贫困户。

扶持该村3个特困户、5名特困生及5名“三老”[①]对象,共捐资捐物合6100元。2006年,出资2000元为大兴村5个困难户安装有线电视和广播,帮扶5名特困生上学;出资1万元为该村安装现代化远程教育终端。2007年,帮助昌盛村搞好村部规范化建设。

第八章 人民防空

第一节 人防宣传

1965年,在国际形势日趋紧张的情况下,四甲公社防空指挥办公室,对干部、职工、中学生进行国际形势和防空知识教育,组织实地演习,应对突发事件。

1969年年初,中苏边境局势紧张,为做好反侵略战争准备,县防空指挥部以海门、三厂、青龙港、四甲镇以及沿海、沿江各单位为重点,在群众中进行广泛的防空宣传教育,克服和平麻痹思想。同时,作出挖防空洞、防空壕、单人掩体的规划,能在紧急情况下迅速疏散、隐蔽,能藏能打。

1992年,县人防部门在复兴、东洲、海南3所中学开设人民防空知识课,把防空知识教育列入学校教育计划。县人防部门负责培训学校教师,由学校教师负责向学生讲授人防知识,每2周安排1课时。县成立人防知识教研组和指导委员会,开展教研活动和知识竞赛,丰富教育手段,确保教学质量。

1994年,市人防部门会同宣传等部门广泛开展人民防空知识教育,在市电台、电视台等媒体设置人民防空知识专栏,系统介绍人民防空知识。“八一”前夕,市领导发表人民防空电视讲话,提高全民防空意识。是年,市区人防知识开课的初级中学由3所扩展到8所。1999年5月,市人防部门与教育局组织制定人防知识教育计划,规定教育内容,通过各种媒体宣传防空知识,编印宣传手册,分发到机关、企事业、学校等各部门和单位。

2003年,人防宣传教育向乡镇扩展。全市所有专职武装干部接受人防知识教育。2005年,全市39所初级中学都普及人防知识教育。市人防部门每年免费向学校赠送人防知识课本,保证人手一册,为学校配发教学光盘、人防知识挂图、人防知识教学参考书。2006年,开展人防知识宣传教育进机关、进企业、进社区活动。是年起,成立人防艺术团参加“海门之夏”广场文艺演出。2008年,人防办联合民政局等8个部门,在全市进行防灾减灾宣传活动,覆盖面至城乡所有村及居委会。

图22-2 2006年,市人防艺术团参加“海门之夏”广场文艺演出

① 三老:老烈属、老伤残军人、老复员军人。

第二节 人防工程

一、工程规划

1998年9月，根据省人防办“长期准备、重点建设、平战结合”的方针，做好人防工程规划、建设。市成立人防工程规划编制领导小组及办公室。

1999年5月，《海门市人防工程建设总体规划》先后通过海门市、南通市专家评审组评审。

2006年，结合“十一五”规划，调整市人防工程规划。2008年，市政府结合城市建设总体规划，重新制定《海门市人防工程规划》。

二、工程建设与利用

1969年，贯彻毛泽东主席“深挖洞、广积粮、不称霸”指示，海门、三厂镇的一些单位、个人建设一批简易防空洞，此后随着时间推移和城市建设发展，被逐步报废。

2000年初，市出资购买白天鹅地下室（现为双爱黄金珠宝行），并按人防工程6级防护标准改造。11月，市第一个具有中央空调及消防、通风等良好设备的该人防工程竣工。

2001年后，光华大酒店、远东公寓、宏日西区等各有特色的人防工程相继建成。2004年，根据平战结合要求，将白天鹅人防工程租给企业经营，开发为地下商场。2008年6月，市人民防空地下指挥所开工建设。

至2008年年底，全市15个人防工程开发成小区地下停车场、地下商场或物资仓库等，人防工程实现良好的社会效益和经济效益。

第三节 人防指挥

一、指挥预案

1965年6月，县成立人民防空委员会，建立和训练各种防空专业队伍。县防空委员会下设防空哨、警卫治安、对空射击、医疗救护、防空和抢救抢修6个专业小组。同年，海门、四甲镇，县粮食局等单位均制定人民防空预案。1969年12月，县人武部制定反空降、抗登陆作战预案，拟定作战原则和反空降任务分解及兵力部署等方案。1970年春，按防空预案，海门、三厂镇进行防空演习。

1972年，东兴公社人武部以民兵为骨干，建立对海对空固定观察哨，做好防空战备工作。

1998年，市人防部门牵头召集市教育局、卫生局、交通局、公安局、建委等14个部门，草拟海门城市防空袭预案，并于2000年通过市政府审定。

2004年4月，市部分人防专业队人员参加实兵演练。2006年10月，南通市人防办在海门召开现场会，推广海门防空袭指挥预案的做法和经验。

2008年3月，市人防专业队接受省军区、省人防办、省交通战备办公室的联合点验，受到上级充分肯定。

图22-3 2006年，举行海门人防供电抢修专业队点验（授旗）仪式

二、警报通信

1965年6月，县人民防空委员会成立时，警报系统不健全。县对乡镇发警报主要使用电话，发出“空警”信号。各乡镇的防空信号自行规定，有警报器、口头通知、敲锣、敲钟等。海门镇防空预案中，对防空信号使用作出规定，在没有使用防空警报器前，预备信号用电话或市镇广播通知；敌机临空时，派出所敲乱钟；解除警报，白天派出所升红旗，夜间一盏红灯。

1997年7月，市人防办在海门供销大厦建第一台电动防空警报器。1998年6月，在师山宾馆建第二台电动警报器。1999年起，每年8月1日在市区发出防空警报，市区警报音响覆盖率100%。

2000年3月，在市建委、文峰大世界楼顶各安装1台新型电声警报器。

2004年始,市区每年新安装两台大功率电声警报器,覆盖面之半径为4500米。是年,实现防空警报终端集中控制,改变过去防空警报人工发放的落后局面,提高防空警报试鸣成功率。

至2008年年底,全市有14个防空警报点、4台车载移动警报器,建成超短波指挥网。

第四节　人防经费

1994年7月,市成立人民防空委员会及其办公室后,市政府拨款5000元作为人防办公经费。9月,海门被定为省级重点人防城市。是年,市人防、财政、物价等部门联合发文,对人防建设资金的筹集作出规定。

1997年3月,市政府出台《海门市人民防空建设资金筹集规定》,进一步明确人防建设资金的筹集范围和标准,企事业单位按每人每年10元缴纳,列入生产成本,对人防经费的使用和管理提出具体要求。

2000年4月,市政府调整人防建设费筹集标准,人防基本建设资金列入市财政预算。市区开工的土建工程,其人防工程面积按总建筑面积的3%计算;如不建人防工程,则按每平方米24元的标准缴纳人防易地建设费,由市政府统一安排易地建设。企事业单位的人防经费标准不变。

2002年10月,根据省人防办、省物价局、省财政厅文件精神,市再次调整企事业单位人员人防经费的收费标准。易地建设费提高至每平方米48元。同年,市政府规定人防易地建设经费由市审批中心财政局窗口统一收取,划入人防专用账户,专款专用,任何组织和个人不得挪用和免交。

2005年,人防易地建设费以外的经费,统一由市地方税务局代为征收,每年12月底前转入财政局人防专户。

至2008年年底,全市累计筹集人防建设资金7000多万元,保证人防事业健康发展。

第九章　重大战事

第一节　海门水战

南唐升元元年(937),南唐主徐浩派沿江巡检卢峰招募人员,操练水战,迎战吴越军于海门,俘获舰船百余艘,盐数万石。

第二节　后周南唐争战

后周柴荣与南唐李璟争战,后周殿前都虞候慕容延钊在东布洲大破唐兵。

第三节　抗击倭寇

明嘉靖三十三年(1554)八月十六日,倭寇侵犯江家便仓,占据李秀才家。九月六日,淮扬兵备张景贤率部用火攻之,一举歼灭倭寇。嘉靖三十四年(1555)四月,倭寇侵犯海门,被知县赵卿击败。嘉靖三十五年(1556),倭寇3000余人复犯江家便仓,知州喻南岳率兵民围剿,400余人被毙,余寇逃遁。

第四节 三打汤家苴

民国18年(1929)10月26日,通东红军游击队带领驻地群众5000余人手持大刀、铁叉等武器,首攻大地主白龙党头目汤廉臣的老巢汤家苴(今王浩镇三合村),缴获手枪1支、盒子枪2支,烧毁田契、租约、债据,没收部分粮食和食物,打死、打伤汤宅北部地主武装人员数名,处决恶霸地主汤廉臣。

民国19年1月6日夜,三益区游击队负责人仇建忠等人集合余东、余中、三益武装,二打汤家苴,封锁南炮楼,焚毁北炮楼及瓦房150余间。国民党南通县长陈步蟾闻讯后,与驻通13旅第2团团长周三吾,抽调军警800余人前往,企图歼灭红军游击队。1月7－8日,游击队与“包剿”的军警在仇家园、草棚镇、汤家沟等处多次交战,击毙国民党军警7人,缴枪1支,游击队牺牲2人,失去枪支20支,群众被杀60余人,被捕100余人。2月4日夜,游击队镇压反动地主、团丁30余人,反击“包剿”之国民党军警。

图22－4 在三打汤家苴战斗中牺牲的红十四军2师师长秦超烈士墓 (2008年摄)

民国19年5月20日,红十四军第2师进行第3次汤家苴战斗,参加战斗的红军第2师第1大队、赤卫队和群众1.4万余人。战斗打响后,红军很快轰开碉堡外面的铁门,并放火焚烧碉堡,残余地主武装、军警退缩最后据点南楼子。后因三余镇国民党军警增援,师长秦超在阻击中负重伤而牺牲,又伤亡战士40人,时任南通特委书记刘瑞龙随即命令红军和赤卫队主动撤出战斗。此次战斗,击毙敌地方武装60多人。

第五节 连克四杨坝和四甲坝

四杨坝、四甲坝是敌人在南通东乡加强军事“清剿”的两个重要据点,驻有县警察队100多人。以四甲坝敌区队长凌霄和县警察队3中队长徐冠雄为首,经常下乡“清剿”,捕杀革命干部,红军游击队和南通县委决定拔掉这两颗“钉子”。

民国19年2月19日夜,红军在三益乡小渔渡捉到7名从四杨坝下乡捉拿贩私盐的盐警,从他们口中获得四杨、四甲坝两处据点的统一口令,红军游击队决定偷袭。

3月21日夜,红军指战员从丁家园出发,副大队长汤敬宗率领的1中队,经三桥渡直取四杨坝;仇建忠、俞金秀、唐楚云、俞海清、时茂江分别率领部队埋伏在四甲坝河北四甲庙,等待四杨坝的行动消息。半夜时分,汤敬宗率领的红军由盐警带路并回答哨兵的口令后,不费一枪一弹首先解决四杨坝20多名盐警,缴枪20多支,县警队3中队队长徐冠雄逃回南通城。进攻四甲坝西首胡甸南警察第3中队的红军,从沈家宅东南角进入镇上,两红军战士身着盐警制服,由一名盐警带路,接近敌人岗哨,通过口令,两人密切配合,很快缴了岗哨的枪。岗哨被解决后,埋伏在外面的红军一齐扑向敌人营房,活捉俘虏。与此同时,仇建忠、时茂江率领的部队,从四甲东高桥分头冲进警察局、区公所,抓获所有敌人。

此次战斗共缴获长短枪100多支,手提机枪4挺,打死区公所公安助理1人,活捉县参议员、区财政助理员1人,救出被关在区公所的红军分队队长冯海海和群众20多人。

第六节　石陀港伏击战

民国27年(1938)4月9日,两艘日本侵略军汽船满载给养,由8名日本侵略军护送,从海门茅家镇驶往启东汇龙镇。瞿犊获悉后,率领抗日队伍前往石陀港(今启东市志良镇)截击敌船。下午4时,当敌船驶进石陀港伏击圈时,瞿犊游击队出敌不意,猛烈开火,敌军弃船逃跑。此战歼灭日本侵略军多人,缴获敌船两艘,子弹24箱,自行车19辆,以及食品、文件等。石陀港战斗揭开海启人民武装抗击日本侵略军的序幕。

第七节　余东阻击战

民国29年(1940)12月27日拂晓,国民党游击第三路第六纵队司令徐承德部,以5000兵力向掘港新四军驻地发起进攻,企图歼灭新四军留守掘港的部队。留守部队在张震东、茅理、韩念龙等指挥下,奋起反击,激战3昼夜后,徐率部南逃。30日,徐残部及张大同部窜进余东镇。第二天凌晨,陶勇率3纵7团对龟缩余东据点的徐、张部发起攻击。徐、张部仓皇逃窜,并从商店和群众家抢来木柴和火油,在北门大桥点燃大火,妄图阻止7团前进。陶勇司令员即令兵分两路奋起追击,追至余东西门,包围一部分敌人,除被击毙者外,生俘80余人。中午,四甲坝、三厂的日本侵略军出动,包抄余东,妄图围歼7团。陶勇下令留下1个加强排阻击,其余部队继续追击徐部。日本侵略军分三路围攻余东,加强排战士坚守阵地,奋勇拼杀,予敌以重创。战士们固守到傍晚,终因寡不敌众,全排39名战士全部壮烈牺牲。

余东阻击战是新四军东进海启境内的第一次战斗。这次战斗,沉重地打击了徐承德、张大同部,大大鼓舞了通海人民抗日斗争的勇气。

第八节　悦来阻击战

民国30年(1941)春,徐承德率国民党所部投靠汪伪。民国31年4月10日上午,时任伪军第32师师长的徐承德率200余人由麒麟镇东犯悦来镇。新四军1师3旅第7团第1、第3营和海启警卫团第1营在悦来镇外围阻击。11日晚,7团发起总攻击,徐承德在战壕督战时被击毙。此战共毙俘伪军80余人。

第九节　斜桥伏击战

民国31年(1942)6月3日上午8时许,三阳镇据点30余名日本侵略军、130多名伪军携带九二步兵炮1门,由日军侵略军警备队队长新野率领,押着一群修路民夫沿公路往东行进。走在前面的10多名日本侵略军窜至斜桥,见桥东北公路旁有几个农民在田头干活(是新四军7团化装的侦察员),便去追击,想抓回充当民夫。当日本侵略军接近1营3连阵地时,架在屋顶上的机枪突然开火,数个日本侵略军应声倒下。后面的日本侵略军端起"三八"枪向3连扑来。3连指战员甩出一排手榴弹,敌人不敢向前乱闯,就地卧倒,盲目射击。3连指战员以冷枪回击,死死拖住敌人,引诱敌大队人马前来增援,然后一举全歼。

这时,新野正带领其他日伪军监视民夫修筑公路,听到枪声,先用平射炮轰击3连阵地。见新四军久不还击,便指挥日伪军向3连阵地猛扑过来。待敌人全部进入新四军包围圈后,西北方向1连、2连阵地上的重机枪率先开火,东面三连的机枪也一齐向敌人猛烈扫射,打得敌人晕头转向。随即吹响冲锋号,1营在营长郭志伟、教导员匡志明指挥下,从西、北、东三面包抄过去。与敌人展开白刃战。经过半小时拼杀,终于全歼敌人。

斜桥伏击战前后1个小时,击毙日本侵略军指挥官新野以下26人,活捉2人,伪军死伤70多人,其余60多人全部被俘。武器弹药全被缴获,其中1门九二步兵炮被送到通东六甲镇,作为苏中战场的战利品公开展览,7团受到1师首长的传令嘉奖。

斜桥伏击战是反日本侵略军"扫荡"斗争中,新四军主力在海启地区最著名的一仗。

第十节 奇袭县城茅家镇

民国31年(1942)6月28日晚,南通警卫团2营、3营的4个连,在团长梁灵光、政委张文碧率领下,奇袭海门县城茅家镇。通海自卫团奉命协同作战,部队以镇西北角为突破口,4连、7连在营长邓若波指挥下,率先进入伪县政府和日军警备队附近,其余部队先后打进警察局,攻克西洋桥碉堡。后得悉日伪军突然增兵,为避免伤亡过大,对伪县政府、日本警备队未作总攻击,即于天亮时撤至镇西北袁家天主堂附近。这次激战,毙伪军近百人,俘伪警察50余人,伪军20余人和日商2人,缴获轻、重机枪各1挺、步枪63支。这次奇袭是苏中第四军分区地方武装首次攻打县城。

第十一节 朱家饭店战斗

民国33年(1944)8月的一天清晨,驻在包场据点的日伪军下乡对抗日根据地"扫荡",在朱家饭店(今包场镇境内)遭东兴乡民兵袭击。9时许,东南警卫团2连获悉敌情,团部即作出战斗部署:1排向南,3排向西南截敌退路,2排正面出击,乡小队及民兵配合行动。10时,日伪遭1排、3排的迎头痛击,区队和乡小队同时加入战斗,集中火力射向日伪机枪发射点,战斗胜利结束。此次战斗,歼灭日本侵略军11人,击毙击伤伪军各1人,俘伪军7人,缴机枪1挺、长短枪4支。

第十二节 木行头战斗

民国33年(1944)11月8日汇通区区队获悉,驻防在县城茅家镇的日本侵略军,9日将由伪区长和警察局长带领,到坝头镇拆民房。

当日晚,通海自卫团6个排、汇通区队3个排连夜做好战斗准备。区队埋伏在圩角河河东的薛家宅,总队潜伏在河西明沟边。9日下午3时许,日伪军在返回茅家镇驻地途中,经管家木行头(地处今德胜镇李彬村)时,被总队和区队伏击。前后不到5分钟,战斗即结束。

这次伏击,共打死日本侵略军宪兵队长屯元以下11人,日伪军政人员10余人,缴获机枪1挺、其他枪支20余支。

图22-5 木行头战斗中缴获日军机枪1挺

第十三节 大悲殿战斗

民国34年(1945)8月下旬的一天,盘踞在久隆、三阳、悦来、麒麟等镇的伪军张海清残部,汇集后向西撤逃。东南警卫团第2、第6两个连在副团长贾鸣钧率领下,于麒麟西大悲殿附近公路上设伏。待张部进入伏击圈后,遭警卫团指战员猛烈打击,一触即溃,警卫团获全胜。此战歼俘伪军200余人,缴获大批辎重车辆。

第十四节 奇袭宋季港

民国35年(1946),驻守在宋季港据点的国民党军20余人,经常出入港口,对过往商客敲诈勒索,从中渔利。

东南警卫团决定组织一支突击队,用奇袭、智取的办法攻下据点。

8月中旬的一天夜晚,突击队员在队长陈更生带领下,于宋季港附近的一农户家待命。天一亮,几个队员化装成江南来的商人,用一辆小车推着一些商品(武器)向据点走去,到达敌岗哨时,迅即向哨兵射击,后面的突击队员听到枪响,一举攻入敌据点,不到10分钟结束战斗。

第十五节 同善桥伏击战

民国36年(1947)4月中旬的一天,驻三阳镇敌县保安团的营长高某去茅家镇结婚。海中区游击营获悉情报后,决定在三阳至茅家镇的必经之地——三阳镇西十八匡河上的同善桥附近设伏。

清晨,游击营60多名战士在政委方杰、连长朱嘉良率领下,急赴同善桥,埋伏在桥两侧的青纱帐里。上午9时许,敌营长一行70余人向西走来,进入伏击圈时,遭游击营战士猛烈射击,敌营长首先毙命,战斗10多分钟即胜利结束。

这次伏击战,毙敌12人,俘虏60人,缴获步枪47支、机枪4挺、驳壳枪2支、子弹3000余发,游击营无一伤亡。

第十六节 灵殿镇战斗

民国36年(1947)5月29日晚,解放军华中九分区7团与东南警卫团配合,攻打海启重镇灵殿(后改为“灵甸”)镇。该镇盘踞三股敌人武装:街西为敌办事处,街东是还乡团,南街河南驻守海门保安2大队第4中队约90人。是日晚,经3个小时激战,7团3营8连首先歼灭海门保安队一个连。次日上午9时许,由汇龙镇方向前来增援的国民党军83师19旅55团徐容部直扑灵甸镇。当其进入7团伏击圈时,2营首先发起冲锋,两面夹击,使敌措手不及,战斗不到1小时,全歼敌55团主力第3营4个连、1营2连2个排和1个迫击炮排、江苏第4保安队2个排、海门保安队1个连,共520余人。是战,缴获迫击炮7门、“三八”式重机枪3挺、轻机枪34挺、步枪300余支、各种枪(炮)弹2万余发。此战扭转了华中九分区的局势,迫使国民党军队停止对九分区的“进剿”,得到华东军区首长的嘉奖。

第十七节 三阳镇战斗

民国36年(1947)8月,为支援盐城战役和东南地区秋收秋种,华中九分区率7团再次南下海启,决定由东南警卫团配合攻打三阳敌据点。参战部队于19日晚从朱家饭店出发,次日晨集结在三阳镇北。战斗于晚上10时打响。7团1营主攻县保安中队,2营攻打南碉堡,3营包围顽区公所,东南警卫团负责打援。奋战半小时后,即控制全部街道。凌晨5时,部队为避免不必要伤亡,开始政治攻势,并调整部署,抢修工事。21日上午9时,2营攻下南碉堡。下午2时,部队开始炮击。海门保安队李敬业率保安队缴械投降。5时,7团发起总攻,顽区公所内的自卫队,见保安队投降,纷纷向西南逃窜,遭设伏在河南的3营8连、9连的迎头痛击。战斗遂结束。

这次战斗,俘海门第五区区长郁云昌、海门保安1中队队长李敬业以下450余人,击毙第四区区长陆凤山及自卫中队长以下队员40余人,缴获轻重机枪10挺、汤姆枪4挺、卡宾枪7支、长短枪200余支、掷弹筒3个、子弹5万发,电台、收音机各1部,电话机7架,其他战利品甚多,7团伤亡21人,创敌我伤亡25:1的攻坚战范例。

第十八节 万盛桥战斗

民国36年(1947)12月,东南警卫团团部、3营及海中区队完成华中9分区交给“牵制四甲坝敌人,保证东社战斗顺利进行”的任务后,于12日晚在副团长程鹏生带领下,前往凤凰桥一带休整。当晚,这一情况被坐探发现并告知麒麟镇据点的国民党江苏省保安第六纵队。

13日清晨,省保六纵由副纵队长叶逢春率千余兵力,向警卫团驻地扑来。敌行至凤凰桥后,兵分两路:西路1个营向施家桥,东路两个营与纵队部向万盛桥。在西路敌人行至海中区队的营地施家桥时,受到海中区队的阻击。同时,东南警卫团团部与3营也发现敌情,8连迅速出击,7连大部增援海中区队。9连在营长郜曼伯带领下,绕道敌后袭击,东路敌人随后火速增援。此时,西路敌人始向西北逃窜,7连与海中区队连续出击,战斗很快结束。东路敌人遭警卫团三面夹击,成瓮中之鳖。上午9时,战斗结束。

这次战斗,共毙伤国民党省保六纵副纵队长叶逢春以下70余人,俘营长以下240余人,缴轻重机枪14挺、八二炮2门、步枪200余支、子弹1万余发和其他战利品。同时,创县团单独歼敌众多的范例,受到华中军区的表扬。

第十九节　余东战斗

民国37年(1948)3月,包场、六甲、吕四的土顽在共产党地方武装的袭扰下,纷纷龟缩至余东据点,以待时机。5月21日晚11时许,华中九分区8团、9团和东南警卫团、富余区游击营以各种火力,力图摧毁余东敌据点的北街高楼及隐蔽地堡。然而,敌人凭借运盐河负隅顽抗,几次强夺未遂。拂晓前,8团挑选8名勇士,在班长刘顺元带领下,泅渡强夺北街,并攻入街道。驻在关帝庙的土顽200余人,见北街失守,慌忙南逃,被解放军正面部队一阵痛击,60多名土顽被击毙。正午时,部队开始总攻,在强大的炮火打击下,核心工事被摧毁。下午3时,突击队员在机枪火力的掩护下占领了敌人的前沿阵地。部分土顽在遭分区主力打击后投降。其余土顽边顽抗边向西南逃窜,遭到设伏的8团战士迎头痛击,至下午4时,战斗结束。

这次战斗,全歼南通县国民党11区公所、12区公所,4个区自卫中队及吕四、六甲、包场等地自卫队共640余人。打死打伤顽南通县12区区长、顽南通11区区大队长以下敌百余人,活捉顽南通县11区区长以下敌540余人,缴获小炮2门,机枪26挺、掷弹筒4个、冲锋枪1支、步枪275支、短枪74支、卡宾枪3支、各种子弹3.5万余发、卡车4辆及其他战利品。

余东战斗的胜利,扫尽通东土顽。至此,四甲以东地区已无敌据点。

第二十节　麒麟镇战斗

民国37年(1948)8月14日,解放军华中九分区主力部队攻克麒麟镇国民党军据点,歼灭敌军300多人。次日,江苏省保安队重占麒麟镇。9月3日,国民党军428团、436团的两个营来三阳、麒麟一线扫荡。九分区为扩大战果,歼灭其有生力量,决定攻打麒麟镇据点。

9月16日晚9时,以分区8团3个连为主力,由如东、东南警卫团配合,对麒麟镇守敌发起进攻。先用炮火轰塌外围工事,8团攻占街道,并控制有利地形。此时,守敌一片恐慌,顽警察分局1个排和3个乡公所均被解决。随即全力打西街核心工事。至拂晓,国民党军的碉堡炸塌,7连、9连一面喊话瓦解敌方军心,一面发起总攻。但敌方凭借地堡顽抗。至中午,8团实施炮击,敌方的机枪被打哑,8团战士趁机出击,守敌除被击毙外,其余360人全部投降,下午3时结束战斗。

在16日晚遭8团炮击后,麒麟镇守敌,急电告各国民党驻地严加防备,并请求三厂、常乐、青龙、四甲等地驻军增援。盘踞在四甲的国民党438团一部,接电后于第二天拂晓到达海界河北,与分区9团展开激烈战斗。敌方冲锋数次,均被9团打垮,随即炮击9团1连阵地,并组织438团1营、3营强渡海界河,向东至9团侧背后。9团为保证麒麟战斗胜利,苦战至下午4时完成阻击任务,但伤亡较大。东南警卫团在赶往阻击地点增援时,反遭国民党军的夹击,损失较重。

这次战斗,共打死顽海门保安1大队大队长石奎金以下60余人,活捉顽海门保安3个连长,海门警察分所所长、麒麟乡乡长以下共300余人,缴轻机枪12挺、小炮2门、掷弹筒2个、步枪114支、短枪3支和其他战利品；打死、打伤敌增援部队200多人。

附1. 平息"49·3"反革命暴乱

1949年1月31日，海门全境解放。解放大军正集结江北，准备渡江战役。2月下旬，上级命令海门组织第三期常备民工，支援解放军渡江作战，随即在几个老区开展征集民工活动。但当时解放区的政权尚未巩固，反革命残余势力十分猖獗，少数反革命分子、地主、土匪、"还乡团"、敌特分子等利用部分落后群众害怕牺牲，不愿当民工的心理，乘机蒙骗造谣，有预谋、有组织地策动反革命暴乱。2月27日，启东吕四区天汾乡暴动队派员到海门六甲煽风点火，于2月28日聚众130余人至吕四区大苴庙开会密谋，随即返回六甲区扰乱会场，要挟地方干部一起参加游行。区小队长鸣枪警告无效，乃于晚间不得不采取措施将其驱散。3月1日，事态扩大，该区的合作、场北、河南等乡800多人参与，逐步形成暴乱高潮，并迅速波及富余、四甲、海中、王鲍区。暴乱分子通过"放草火"，敲锣摇旗，游行示威，达到所谓反对征集民工的"齐心"行动。高喊"铲了干部根，永远不出勤(指后勤)""新四军有机枪大炮，我俚有锄头钉耙""勿做活寡妇，大家齐心打干部"等反动口号，胁迫群众加入，谁不参加，就烧谁家的房子，并到处围攻、伤害干部。

3月2日，县长赵一平在富余区正浩乡做征集民工的发动工作，被暴乱分子夺去枪支(事后收回)，被围困八九个小时，区长范步洲的颈部被暴动分子戳伤。

3月3—4日，新南、海南区先后开始暴乱。3月5日，暴乱分子拿着菜刀、斜凿、钉耙、铁锹等凶器，在海南区唐袁乡的袁家河头，设卡盘问过往行人，如发现是干部或共产党员就打就杀。是日，革命干部梁朝栋路过此地，一伙暴徒一哄而起，高喊"他是共产党干部""活埋脱伊(他)"等口号。其中一暴徒兽性发作，举起菜刀，在梁头上及肩部猛砍三刀，使其血肉模糊，当即昏死。暴徒们见河水正上涨，将其五花大绑丢入河中，诡称"让河水吞脱伊，叫他吃大汤馄饨……"(注：后唐袁乡乡长闻讯，乘敌之隙率民兵将其救出)。随后一批暴徒向海南区政府窜去，将区委书记、区大队政委孙尚礼吊于十二匡镇天主堂的梁上，狂称再捉几个干部，挖出他们的心肝，并将寻找孙尚礼的勤务兵黄跃嘉头部铡开，当即死去。暴徒还将在好善乡悦宏村组织民工工作的海南区下江南工作队队员姚健、龚楚文打死，剖腹挖肚，惨不忍睹。当时海南区副区长施士佳也在袁家河头被暴徒殴打，肋骨受伤。

这次反革命暴乱，历时9天，全县波及7个区、47个乡、169个村，参加暴动的1.59万人。暴乱中被打伤、绑架的干部37人，被杀害3人，受重伤1人，有13户区、乡干部家的财产被抢光，5万余公斤柴草被焚毁。

在平息反革命暴乱中，海门县委、县政府及时上报请示，并采取坚决镇压措施，平暴从通东地区一直至海南区，先后动用南通警卫团1个连、东南警卫团1个连又1个排、保卫队1个班，富余、六甲、新南等区队4个班，约300余人。截至3月7日，全县所有暴乱被平息。在平暴期间，当场被镇压的首恶分子22人，事后镇压龚某等11人，共逮捕案犯230人。通过平暴，打击反革命分子嚣张气焰，教育人民群众，使征集民工工作轰轰烈烈地开展起来。

(本文由责任编辑根据海门市档案馆所存资料，并采访有关当事人及知情者编写)

附2. 毛主席关于解放南通、海门的电文①

1946年8月20日

粟谭并告陈、张、邓②：

(一)占领南通、海门部队应秋毫无犯，不搬走任何工厂，不没收任何商店，也不筹款，扩大政治影响。(二)入城后可张贴下列标语：反对内战实现和

① 电文：这是毛泽东主席为中共中央起草的给华中野战军司令员粟裕和政治委员谭震林的电报。1946年8月中旬李堡战斗后，华中野战军拟以一部攻占南通、海门，吸引如皋、海安等地国民党军南援而歼灭之。后因情况变化这次作战未实行，改为攻占如皋以南的丁埝、林梓。

② 陈、张、邓：陈，指陈毅，时任山东野战军司令员兼政治委员；张，指张鼎丞，时任华中军区司令员；邓，指邓子恢，时任华中军区政治委员。

平，反对独裁实现民主，反对媚外实现独立，实行第一次政治协商会议一切决议，召集第二次政治协商会议解决一切问题，取消特务机关，言论集会自由及其他地方性要求。(三)学生工人有愿入解放区工作者可大批招收，但不要勉强。

中央

未号

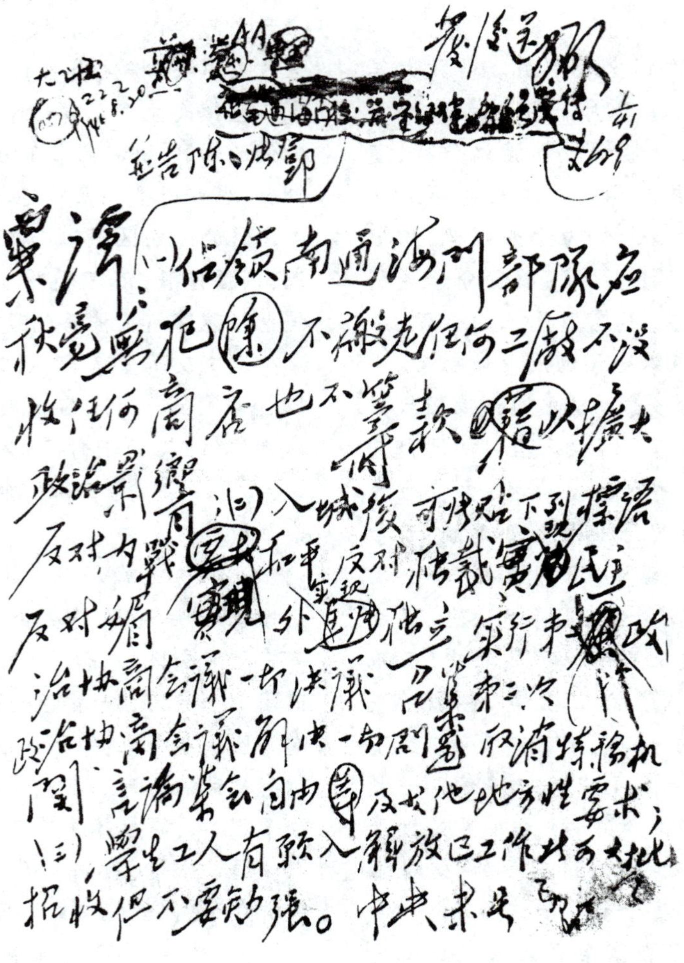
粟谭：(一)你领南通海门部队应秋毫无犯，不没收任何工厂，不没收任何商店，也不筹款，以扩大政治影响。(二)入城后可作公开讲演，反对内战实现和平，反对独裁实现民主，反对媚外实现独立，实行第一次政治协商会议一切决议，召集第二次政治协商会议解决一切问题，取消特务机关，言论集会自由及其他地方性要求；(三)学生工人有愿入解放区工作者可大批招收，但不要勉强。中央 未号

（电文影印件）

附3. 永存的友谊

——记1945年海门宋季港村民拯救失事美军飞行员及其后续故事

轰炸日本侵略军军舰　美军飞机意外失事

1945年6月12日凌晨，一架美军B－24型“解放者”轰炸机，奉命从菲律宾马尼拉空军基地出发，飞往长江下游，搜寻、轰炸侵华日本侵略军军舰与运输船舶，不料，返航途中，在海门上空机械故障，气缸爆炸，随即飞机坠毁于宋季港附近的沙滩上。机组11名人员中，8名当场殉难，3人生还。生还者分别是：中尉领航员、机长丹尼尔·雷特蒙（Daniekw·Redmon），22岁；少尉报务员马文·纳斯达（Mauink·Naester），19岁；少尉机械师艾尔伯特·伽逻道（Albert·Galut），20岁。随后宋季港村民展开了一场营救美国大兵的惊险行动。

危难之中　幸来救命恩人

惊恐、绝望的3位美国空军飞行员面面相觑，不知所措。他们遍体鳞伤，其中雷特蒙的头部重伤，奄奄一息，而当时的海门还是日本侵略军占领区，为了不被日本侵略军发现，他们拖着受伤的躯体躲进了江滩上的芦苇丛中。

飞机的巨大爆炸声惊醒了睡梦中的周围百姓，

他们惊呼着,"天上飘下了一个大火球!"港西村村民、民兵队长钮梦林等纷纷赶往失事地点,只见飞机机身还在燃烧,边上躺着8具尸体。当钮梦林途经芦苇丛时,意外地发现3人,只见他们浑身湿透,沾满泥浆。其中一个见有人来,惊吓而逃。钮梦林焦急地边讲边用手势招呼他们,美国飞行员觉察到钮的友善神势,也用手势示意求救,钮梦林当即背起雷特蒙,与另1名伤兵走出了港汊。其他群众见状也纷纷围过来帮忙。两位获救人员从怀中掏出一本标有中文等多种文字对照的小册子,上面写着:"我是美国人""请送我到中国军队那里去""这里有日本人吗""我饿""我要喝水"等字样,村民们终于明白,这3个外国人是美国飞行员,是帮中国人打日本鬼子的。

脱离虎口　紧急转移伤兵

宋季港驻有日伪检问所,而日伪驻守的重镇海门县城茅家镇距此也仅10公里,因此事不宜迟,必须帮助3人火速脱离险境,钮梦林等人当机立断,用担架抬起雷蒙特,并搀扶另1人连夜向西北方向转移。当曙光初露,不能公开行走时,便设法暂时隐蔽在三和镇北一农民家里,并派人警戒,同时请来当地郎中(乡村医生)为美国朋友包扎伤口。此时,另一个吓跑的飞行员也由牛洪港附近的群众掩护到此会合。夜幕降临,美国朋友换上农民服装,坐着独轮车,被护送到移风乡,乡长曹永华亲自将他们安置在较为偏僻安全、四周环沟的季才郎家,并特地请来一位略懂英语的海门中学高中毕业生俞建新当翻译。小俞用英语安慰了美国朋友一番,表示了大家不怕任何牺牲,把他们送到安全地带,早日使其回国和家人团聚的决心,美国朋友听得热泪盈眶,连连致谢。

日本侵略军疯狂搜查　严刑拷打村民

6月13日晨,日伪军数百人,荷枪实弹从南通、海门、三厂同时出动,直扑宋季港美机失事地点,全面"清剿"搜捕,但他们除了将一堆美机残骸运到海门县城茅家镇日本宪兵司令部外,其余一无所获。疯狂的日本鬼子不甘罢休,便见尸雪恨,残忍地用刺刀乱戳美军的8具尸体,并四处张贴公告,以3万重金悬赏缉拿在逃的美军飞行员,大肆捉拿被汉奸告密的钮梦林等人,捉拿不成,就将钮的妻子陆菊妹抓去日夜审讯,严刑拷打,但她死不吐露,直至日本鬼子宣布投降,她才免予一死,重获自由。

再接再厉　新四军游击队接手

由于情况紧急,人们连夜商议,决定把伤员送往新四军驻地,俞建新等人负责护送。曹乡长等人与汇通区政府取得联系,区领导决定当天下午即派以张铁为首的汇通区中队10余人,着便衣操短枪前往接应。在俞建新家美国友人第一次见到了带枪的中国人。他们禁不住边握手边欣喜地喊着:"New fourth Army!""New fourth Army!"(新四军!新四军!)为应付突然事变,张铁决定天黑后立即动身,美国朋友认为分别的时刻到了,便掏出身上值钱的东西,硬要塞给一路营救和护送前来的钮梦林等人,但他们个个表示谢绝。

乘着夜幕,汇通区中队护卫着的3名农民装束的美国飞行员,继续坐着俞建新等三名青年农民的独轮小车前行,绕过川港镇敌伪据点,在天亮前到达镇东北汇通区区政府,在其热情接待后,区中队当晚继续护送他们至三星镇西北赵家埭通海行署驻地,行署主任赵济民特请海门中学英语教师陆人俊、沈紫石当翻译,看望美军飞行员,并向他们介绍了"我们是中国共产党,毛泽东、朱德领导的新四军,是抗日的。我们是朋友,不要害怕。"美国朋友高兴地连连说:"毛泽东伟大!""新四军好!"两天后,到达金沙东北陈家庄,找到了南通县政府和南通警卫团团部驻地。当天,南通县县长孙卜菁、县委书记顾尔钥、警卫团副团长康林等人亲切接见了美军飞行员,并共进晚餐,发给他们衣服和日用品等,博得美国客人连连称赞。

辗转千里　回归大本营

次日晚上,警卫团团部侦察排短枪队接替汇通区中队,继续护送美国朋友转移,他们一路艰辛,冲破敌人的层层封锁,到了吕四港海边,雇船北上,顺利到达苏中新四军第四军分区司令部驻地东台。苏中第四行政区专员兼四分区司令员梁灵光,中共苏中第四地委书记兼分区政委姬鹏飞(吉洛)特地会见和宴请美军飞行员。

几天之后,四分区又派精干部队和1位翻译护送美国飞行员由东台经过兴化、高邮,抵新四军一师驻地,师长兼苏中军区司令员粟裕和苏中行署负责人季方亲自会见了他们。并派主力部队渡过洪泽湖,冲出敌人的重重封锁线,终于于6月下旬平安到达皖北新四军军部,解放区军民敲锣打鼓,夹道欢迎,并在衣食住行上给予热情关心和照顾,使他们无忧无虑。军部卫生部副部长、留美医学博士、著名外科医生宫乃泉还亲自为他们检查身体,医治伤口,周围群众还给他们送上鸡蛋、水果等礼物。所有这些亲身感受,使他们由衷地发出对中美两国人民之间深厚友谊的赞扬声。

在新四军军部停留了两三个月后,美军飞行员经由某地八路军办事处,移交国民党第三战区长官司令部,再转到美军远东救护中心。抗战胜利后,3位飞行员回国休养。

再见恩人 美国老兵热泪盈眶

1979年中美建交后,当年被海门人民营救的美军中尉领航员——已任美国一所大学讲师兼经济顾问律师的花甲老人丹尼尔·雷特蒙先生,于1984年8月22日,带着他的妻子白美,不远万里来到中国,以实现他感谢中国救命恩人的夙愿。他们一到达当年海门宋季港江边滩地,雷特蒙就指着远处一片芦苇荡告诉他的夫人:"这里就是我曾经获救的地方,是这里的中国人救了我们一命。""今天能与40年前的救命恩人重新见面,这是自己一生中最幸福的事。"并激动地与当年陆菊妹等部分救命恩人及其后代一一紧紧拥抱,热泪盈眶,百感交集。还邀请中国朋友去美国访问作客。在辞行前,雷蒙特夫妇与当地干部群众互赠了纪念品。

图22-6 1984年,雷特蒙(左)与当年救命恩人钮梦林热情拥抱

雷特蒙回国不久,根据重见恩人时表达的捐款建造一个中美人民友好活动场所的意愿,寄海门5000美元。海门县政府于1989年9月在县东洲公园建友谊亭1座,并立碑简要记述当年美机失事及当地军民竭力救护幸存飞行员安全返美情况,讴歌中美友谊,教育子孙后代。

59年前的感谢信 终于有了归宿

2004年5月,又一位美国老人吉姆·奎恩——当年在海门宋季港空难中遇难者约翰·奎恩的胞弟,来到海门寻找当年亲人失事故地和营救的恩人,吉姆来到当年参与救援的黄守明(已故)之子黄卫星家,当看到黄卫星完好保存着其父当年营救空难幸存人员时拾到的美军飞行员随身所带中英文对照的小册子等物品时,潸然泪下,紧紧抱住黄卫星,"感谢你们,能见到恩人的后代和哥哥战友的遗物,千言万语也无法表达我内心的激动!"

吉姆·奎恩此行还带来一封雷特蒙等3人写于1945年的感谢信,希望能转交给当年参与救人的中国恩人。

原来,3位获救美国空军军人当年返回美国前,在美国驻上海领事馆写下了一封情真意切的感谢信,但由于种种原因,一直未能寄出。直到1992年,吉姆·奎恩在美国一家博物馆看到了这封信,便专程带到了海门。信曰:"亲爱的朋友,虽然你们和我们远隔万水千山,但在心里你们永远和我们在一起,我们谨向你们的大恩大德表示感谢,希望在战后能和你们重逢。祝福你们的家人和朋友,虽有千言万语不能表达我们的感激之情,你们和全体中国人民是真正的朋友。此生永不忘你们的恩情。再次致以最诚挚的感谢。丹尼尔·雷特蒙 马文·纳斯达 艾尔伯特·伽逻道"。中美人民的友谊篇章将永远载入史册。

(本文由责任编辑直接采访编写。参考资料:(1)1999年2月亚洲传播出版社出版的《外国人在南通》"生命交响曲"一文;(2)2013年8月3日《扬子晚报》"海门宋季港1945:拯救美国大兵"一文)

第二十三篇

政　　法

清代,县(厅)同知兼理刑事、民事诉讼。光绪三十年(1904),设厅巡警总局。民国元年(1912),县设检察厅、审判厅及警察局。民国2年2月,检察厅与审判厅合并为审检所。民国4年,警察局改名警察所。国民16年,改名公安局。抗日民主政府成立后,先后设保安科、司法科。

民国38年1月,成立县公安局。9月,成立县人民法院,并推行人民陪审员制度。1951年10月,成立县人民检察署,独立履行检察职能。1956年,县委设政法工作部。20世纪50年代后期,由于受"左"的思想影响,公检法办案处于不正常状态,发生一些冤假错案。"文化大革命"前期,社会主义法制遭受破坏,由军管会行使公检法职权。1973年后,恢复公安局、法院、检察院。1978年,随着社会主义法制逐步健全,公检法部门办案程序日趋完善。1981年7月成立县政法委员会,协助县委协调处理公检法工作。同年,县司法局成立,主管法制宣传、公证、律师事务、民事调解等工作。县政法部门通过复查,纠正冤假错案,依法惩治危害社会治安、破坏社会主义经济建设的犯罪分子。1983年1月,由公安局、检察院、法院、司法局等14个部门组成的社会治安综合治理领导小组,与政法委合署办公。1987年1-6月,法院对1958-1960年间判处的反革命案件及其他政治案件进行全面复查,甄别纠错。复查各种案件计1879件,改判604件中,宣告无罪352件、不追究刑事责任241件,免予刑事处罚10件。1991年后,依法治县深入乡村工厂学校,各级调委会调处各类社会矛盾24万件,避免诸多恶性事件发生。1998年,市公安局建成设备先进、功能齐全的指挥大厅,形成公安信息网络。2001年8月,海门被评为全国社会综合治理先进市(县)。2001年、2003年,市公安局被评为全国优秀公安局。2004年,实行"110""120""119"热线联动,构成多警种联合办案、快速反应的指挥监控网络。2004年,海门被省委、省政府命名为省社会治安安全市。2008年,推进警务二级管理,打造农村社区警务示范区。建成系统联网探头,录入信息数据库。是年,法院受理民商案件5982件,涉案额5.6亿元。受理立案经济犯罪案件50起,涉案额2.17亿元,追缴赃款7272万元,有力地打击经济犯罪。是年海门被评为省平安畅通县(市),中央电视台《今日说法》栏目先后3次对海门法院判决案例作专题报道。

第一章 公　　安

第一节 刑事侦查

民国元年(1912),设警察局。民国4年,警察局改为警察所。民国7年11月,省派员协同县知事赵占元实地查勘陆械人、王象山沙荡争夺案,查明王侵吞土地6000亩,由王归还陆械人6万元(旧币)作为赔偿。民国16年,改名公安局

解放初期,敌特骚扰,土匪出没,暗杀干部群众。为捍卫新生的人民政权,保障第一个五年计划和社会主义改造顺利进行,积极开展对刑事犯罪的侦破。民国38年至1957年,破获各类刑事案件3109起,逮捕1568人。1958年,社会秩序一度混乱,违法犯罪活动频繁,刑事案件增多。至1961年8月,共破获各类刑事案件865起,处理违法犯罪分子4352人。1962-1964年,发生各类刑事案件711起,破601起,破案率84.53%。

"文化大革命"期间,县公安局实行军管。1973年11月,恢复公安局。1974年,全县开展侦破攻势,打击流窜犯罪。至1976年,集中查获流窜分子

90人，破获案件159起。1980－1982年，年均发案815件。

1983年起，县抽调17名机关干部同政法干警下乡，到天补、三厂、悦来、四甲、包场5个区，开展为期3年的严厉打击刑事犯罪斗争。各区、乡、镇抽调250多人作为材料员配合开展工作。动员4000名党政干部、工厂企事业职工、民兵、解放军，调集百辆汽车，全力配合"83·9·4"（1983年9月4日）搜捕行动。县拨款30余万元用于购置车辆、通信设备、改善监房设施。至1986年10月，全县组织9次集中行动，共搜捕罪犯1081人。破获诈骗、贪污等经济案件149起，依法惩治170名经济罪犯，收缴赃款289万元，先后组织召开10余次广播动员大会、56次公判大会、24次宽严大会，收到群众检举揭发线索1559条，群众擒获、扭送犯罪分子41人，167名违法犯罪分子在政策、法律的震慑下投案自首。1989年，组织开展扫除卖淫、嫖娼等6种社会丑恶现象的专项斗争。

图23－1　1989年，县召开"严厉打击各类刑事犯罪活动"宣判大会

1990年1月4－17日，临江乡悦兴村6组蔡某母子、三星乡三星村金某一家3口、麒麟镇85岁的杨某被害等3起命案，公安机关日夜明察暗访排查，案件均被告破。5月，组织开展严厉打击行凶杀人、抢劫、盗窃公共财物、拐卖妇女儿童、重大诈骗、敲诈勒索和流窜惯犯。1991年4月，开展以打击抢劫、流氓、团伙犯罪为重点的"三打"专项斗争。破获各类刑事案件250余起，缴获赃款赃物48万余元。1994年4月，开展以打黑除恶、追逃犯为重点的专项斗争。先后破获东兴玩具厂杀人案、海门镇拦路强奸案等一批重大恶性案件。4－6月，破获各类案件450余起，抓获各类刑事作案罪犯170余人，查获犯罪团伙20人，缴获赃款赃物计40万元。1996－1997年，开展禁黄、禁毒专项行动。1998年7月22日，市公安局破获一起特大凶杀案，持斧顽抗的麒麟镇北星村凶手陈某被当场击毙。1999年5月，集中开展整治城乡邪教势力、车匪路霸、水匪船霸和学校周边社会治安环境的专项斗争。8月，市公安局、法院联合发布文告，敦促在逃人员投案自首。8月30日至9月20日，组织3次集中清查"追逃"统一行动，抓获在逃人员131人，抓获杀人潜逃4年之久的省厅督捕对象李某。是年，破获杀人、抢劫、强奸、纵火等案件1934起，其中8起杀人案件全部破获，包括"2·4"投毒杀人案、包场"2·9"强奸杀人案、平山蒙面入室抢劫案、四甲"12·06"投毒杀人等恶性案件。

2000年，针对"4·25"邪教事件，开展专项整治。2001年，开展"春季社会治安整治""反盗抢机动车""反盗窃家禽家畜""冬季侦破攻势"及"打黑除恶""治爆缉枪""整顿和规范歌舞娱乐场所秩序"等专项治理，抓获黑恶势力成员79人，摧毁团伙13人，破获涉恶涉黑案件143起。1月17日，天补刑警中队抓获1名强行销售伪劣商品的黑恶势力成员严某，交代强行推销假烟等物品，涉案价值10万多元的罪行。在"治爆缉枪"专项斗争中，缴获各类枪支303件、子弹2200发，黑火药300多公斤，收缴伪劣烟花爆竹140箱1.6万余枚，取缔非法销售点365家，抓获涉爆涉枪犯罪嫌疑人35人。追逃专项斗争中，抓获网上在逃人员61人，其中省厅督捕对象2人，南通市局督捕对象21人，并抓获杀人犯2人。2002年，破获各类侵财案件181起，摧毁犯罪团伙5个19人，抓获处理各类违法犯罪人员61人。"7·04"抢劫出租车司机财物案、"8·06"蒙面入室抢劫案、"春兰豹"系列强奸案等一批大案要案相继破获。是年3月，在南通地区首次通过DNA比对，侦破正余镇抢劫杀人案。

2005年，开展打击偷盗电动自行车专项行动，针对海门镇、三星镇等地连续发生多起涉恶势力聚

图 23－2 “3·19 正余镇抢劫杀人案”专案组成员在研究案情（2002 年摄）

众斗殴案件，先后摧毁涉恶犯罪团伙 5 个，抓获犯罪嫌疑人 52 人。“3·26”星星之光聚众斗殴案、省厅督办的三星镇邢某恶势力犯罪团伙等告破。2006 年，开展“打黑除恶”专项斗争。2008 年，侦破命案 5 起，杀人案连续 23 年无积案。先后侦破公安部督办的何某黑社会性质犯罪案件和省厅督办的秀山农贸市场持枪聚众斗殴案件、城区“东街帮”“西街帮”黑恶势力团伙案件等一批案件，抓获涉黑涉恶犯罪嫌疑人 94 人，起诉 86 人。

第二节 经济案件侦查

1952－1957 年，重大经济案件侦查、起诉由县检察机关执行。1958 年，经济犯罪案件移交县公安机关立案侦查。

1973 年，三厂镇国营商店第一百货门市部实物负责人宋某，多报销货款 1000 余元未被发现，宋便屡次以虚报库存物品，轧平账面等手法贪污。1979 年 7 月，全面盘货时发现宋贪污现金 2000 余元，被立案侦查判刑。

1982 年，全年受理经济案件 28 起，其中万元以上大案 3 件 3 人，查实贪污及其他非法所得 9.5 万元，追缴赃款 8.06 万元，5 人投案自首。1983－1986 年，受理经济案件 157 件，立案侦查 99 件 144 人，其中万元以上大案 9 件 13 人，追缴赃款 45.6 万元。1986 年，县公安局受理经济诈骗案件 39 起，涉案金额 466.5 万元，追回赃款 244.58 万元，逮捕 5 人，收容 3 人。是年，瑞祥钢窗厂和海门铝材厂先后与安徽、山东等地签订钢材、铝材购销合同，被对方骗走 300 多万元，县公安局、检察院派员实地调查，历时 90 多天，使犯罪分子落入法网，追回大部分赃款。1988－1990 年，受理偷税案件线索 80 件，其中立案侦查 3 件 3 人，追缴税款 4 万元，配合税务部门罚款 87 万元。1989－1990 年，受理经济案件 176 件，其中重特大案件 14 起，逮捕经济案犯 36 人，追缴赃款赃物折价 188 万余元。

1990－1992 年，受理涉税案件 29 起，初查 12 件，立案 7 件，向法院起诉 2 件，免诉 5 件，追缴税款 18.8 万元，罚款 2.8 万元。1994 年，立案查处涉税案件 9 起，为国家挽回经济损失 56.5 万元。市曙光化工厂法人袁某，于 1994 年 7 月虚开增值税发票 5 份，合计 280.42 万元，从中非法获利 7 万元，袁某被判刑。1996 年，协助税务部门查处税收违章案件 14 件，拔除“钉子户”45 户，追缴税款 90 余万元。1998 年 4 月，在邮电技术人员的配合下，破译、抓获使用电话卡作案的施某等 5 名涉案人员，破获 4 起特大金融诈骗案，缴获赃款赃物计 60 多万元。是年，受理各类经济案件 73 起，立案 49 起，办结 38 起，追缴赃款赃物值 521 万元。1999 年，立经济案件 49 起，破 44 起，协外破案 99 起，搜捕经济犯罪分子 121 人，挽回经济损失 1280 多万元，挽回利税 1700 余万元。是年，对某药业公司开展专项整治，查证 6 名涉嫌挪用公款犯罪嫌疑人侵占、挪用公款 171 万元，追回损失 129 万元。

2000 年 7 月，开展追缉经济犯罪逃犯统一行动，抓获各类经济案件逃犯 26 人，挽回经济损失 218.02 万元。是年，立经济案件 128 起，破 121 起，协外破案 27 起，打击处理犯罪分子 94 人，挽回经济损失 340 多万元。2001 年 5 月 16 日，破获重大虚开增值税发票案 5 起，抓获犯罪嫌疑人 6 人，追回骗税款 60 多万元。全年受理各类经济案件 115 起，立案 64 起，抓获经济犯罪嫌疑的 89 人，追缴赃款赃物值 576.82 万元。2005 年，开展整顿和规范市场经济秩序工作，组织打击假币犯罪专项斗争、保护知识产权的“山鹰行动”和打击涉税犯罪专项斗争，打击各类经济犯罪活动，受理初查各类案件149起，立案111起，涉案总价值909.12万元，抓获犯罪嫌疑人52人，破获案件125起，挽回经济损失618.08万元。2008年，受理经济犯罪案件51起，破41起，涉案总价值2.17亿元，追缴赃款7272余万元。组织打击涉众型经济犯罪案件，破获经济犯罪案件7起，案值8671余万元。是年6月25日，破获1起涉案金额3000余万元的非法吸收公众存款案。

第三节 治 安

一、特种行业管理

新中国成立后，公安部门对社会治安十分重视，并将旅馆业、收旧业、印铸刻字业等服务行业列为特种行业，严加治安管理。

1985年，旅馆业发生的刑事案件8起。1986年，清理整顿旅馆业和收旧业等特种行业。县公安机关在特种行业中建立保安组织11个计37人，提供违法犯罪线索25条，抓获流窜犯3人，破案34起，缴获赃款赃物1万余元。1989年，对全县535个旅馆、768个私房出租户、170个印刷厂的社会安全隐患摸底整顿，抓获犯罪嫌疑95人，流窜犯13人，提供犯罪线索66条，缴获赃款1.98万元，赃物折价3.65万元，凶器5件。1993年9月8－15日，对全县刻字店抽查通报，加强治安管理。1995年10月，举办9次特种行业培训班，受训人员800余人。是年，专项治理电子游戏机，没收游戏机1台，取缔无证经营2个，停业整顿2个。

2001年，责令停业整顿22个，其中旅馆13个、废旧金属收购点4个、机动车修理点5个，取缔13个。受理旅馆刑事案件22起，治安案件85起，旅馆业人员提供违法犯罪线索28条，抓获犯罪嫌疑19人，缴获赃物折款7.1万元。查获旧货业销赃案件9起，违法犯罪5人，缴获赃物价值3.3万元。2005年，安装旅馆业治安管理信息系统，加强对中小旅馆的管控，20张床位以上旅馆安装率100%，10－20张床旅馆位安装率80%，治安责任状签订率100%。提供线索214条，破获刑事案件354起，抓获网上逃犯22人，抓获其他违法犯罪人员186人。是年，开展整顿废旧收购业违法犯罪专项行动，打击盗窃、收赃、销赃、窝赃以及非法收购城市公用设施和废旧金属材料的各类违法犯罪活动，全市登记废旧物品收购点48个，取缔无证收购点60个，破获各类刑事案件30起，收缴被盗摩托车、电瓶车、自行车97辆，收缴废旧金属50余件。2008年，完成全市所有旅馆信息系统升级改造，旅馆实数登记、实数传输、单独装机、监控安装、二代身份证阅读器安装等全面展开，旅馆单独装机率、二代证阅读器安装率均94%。全年破获各类刑事案件136起，抓获网上逃犯69人，抓获其他违法犯罪人员21人，为群众追回损失15余万元。

二、公共场所管理

20世纪80年代始，随着时代发展和经济活动频繁，车站、码头、集贸市场等公共场所可资犯罪的空隙愈显突出，公安部门加强警力，对公共场所严加管理。1990年，注册公共场所386个，侦破公共场所刑事案件27起，抓获违法犯罪分子90人，缴获赃款1.89万元。1991年，公安机关明确饭店、车站、码头等488个公共场所的治安责任人，配合治安管理。

1993年，重点集中整治歌舞厅、卡拉OK厅、音像放映、出租店、桌球室、电子游戏室等公共场所；加强港口、车站、码头等地段管理，与治安责任人签订责任状。1995年春运期间，破获伪造船票案，抓获票贩58人。同年，查结德胜某公共场所传播淫秽录像案；对海门镇“美多发廊”等4个美容美发店的异性按摩进行处理，没收非法所得2万余元。1997年，清查歌舞厅1623次、发廊735次、桑拿浴室17次、电子游戏厅199次，查处违法人员123人。查处歌舞厅、游戏厅、卡拉OK厅中陪吃、陪玩、陪睡色情服务27个、异性按摩16人，取缔违章经营电子游戏机8个、无证经营桌球室2个，查获违法经营旅馆、饭店11个，查处卖淫嫖娼案件55起。1999年9月，开展“三禁一打”①集中清查行动。截至11月30日，查获涉案人员1329人，其中涉娼501人、涉毒19人、涉恶410人，查获违法犯罪团伙31人，其

① 三禁一打：禁赌、禁娼、禁毒和打击黑势力。

他涉案368人,收缴赃款赃物价值76.82万元。

2000年8月,侦破嫖娼赌毒案件431起,查处涉案人员966人次,取缔无证无照经营户279个,吊销证照166个,限期整改414个,责令拆除不达标硬件设施的场所315个。2005年,全市115个娱乐场所实行星级管理,其中三星级90个、二星级25个;全市56家娱乐场所配备保安72人;会同市工商、文化部门对涉赌宾馆、旅馆等场所集中整治,依法取缔非法开办的电子游戏室、棋牌室等场所15个,责令停业整顿12个,收缴赌资4.4余万元。

2008年,查禁打击公共场所黄赌毒娼等社会丑恶现象。与社会服务业单位签订治安管理责任状500余份,受理查处设置具有赌博功能的游戏设施案件13起,老虎机案件30起,收缴赌博机及赌具242件,收缴违法所得30余万元。

三、户政

户籍管理 民国初期,沿用保甲制度,实行户口登记,乡公所为户籍登记机关。民国9年(1920)4月,全县户口调查,由各区警所督促沙、保、圩组织,分别按堍调查登记,后将草簿汇送县警察所,编造清册上报省署。民国23年3月,海门编组保甲,把原10个区并为6个区。5月,挨户编号。全县设114乡、6镇、1256保、12634甲。六七月间,各区乡保甲长成立办事处。日汪伪时期,强编保甲为其"清乡"服务。设日伪乡公所,严密清查户口,趁机掠夺收括百姓钱财。抗日军民奋起反抗,开展一系列反保甲斗争。民国34年,国民县政府下令各区重编保甲:10户为1甲,设甲长;10甲为1保,设保长;10保以上为一乡镇,设乡镇长。民国35年,全县划为6区,96乡镇,1198保,13375甲,有155214户,598928人。

民国38年,县废除保甲制度,由公安局社会课管理户籍,乡以下设行政村组,县城建立街道居民小组,编制街道、巷、弄铭牌。次年,凡设派出所的集镇,全面展开户口登记,编造清册,建立出生、死亡、移动档案报告制度。派出所每天有户籍警轮流办理户口迁移手续,掌控户口变动情况。

1953年,第一次全国人口普查,农村建立简易户口登记。1955年,确定城镇公安派出所、农村乡人民委员会为户口登记机关,建立机关、团体、学校、企事业等单位兼职户籍管理员制度。1957年,全面统计农村人口,发现"黑人""黑户"(未登记报上户籍的人、户),建立和健全出生、死亡、迁进、迁出4项登记申报制度。是年,乡镇始有人口年报,城镇居民和水上居民的户口,由登记机关直接登记管理。1958年,撤区并乡,基层户口账册大部散失。1959年,虽全面建册、整顿,但在册人数与实际人数不符。

1963年,县组织工作组调查整理农村户口,恢复健全户口登记制度。公社配有秘书,大队、生产队会计兼职户籍员,农村户口实现专人管理。整顿建立常住户口册,人口变动一律凭所在大队"四联"通知单办理。1965年,公安局统一制有户口申请报告(三联)单,大队户籍员办理登记和出具证明,公社凭证明加盖户口已报章,粮食部门凭此手续办理粮食供应证。农村迁入市镇的,须有公安、粮食、劳动部门批复;农迁农,符合规定准予办理。1974年,海洋渔业公社、四甲公社的户口管理移交当地派出所。1980年,全县实行户籍警分段管理。1984年,青龙港镇对进城务工经商农民办理自理口粮户口。1985年,青龙港、三厂镇持有此类户口1655人。1986年,对市镇及镇郊暂住人口登记管理。1989年7月,公开"农转非"户口指标、办理规定和条件、办理程序与手续。

1990年7月,户口管理职能移交所在地派出所。全县38万户口完成更换,原公民证号码改为居民身份证编号;对在当地暂住的16周岁以上外来人员办理暂住户口登记,暂住3个月以上核发暂住证,有效期为1年。是年,全县有暂住人口17518人,实发暂住证6098张。1997年,农村户口实行城市化管理,即实行一户一牌、微机管理。至年底,85%以上城乡户口完成计算机管理。1998年,开展房屋出租户的清理换证及暂住人口的登记发证,建立暂住人口信息计算机管理系统。

2000年,实施小城镇管理制度改革试点,凡批准在试点镇建成区内登记落户的常住户口,为小城镇常住户口。是年7月30日至9月30日,完成全市户口清查。2005年,配合第二代身份证发放,抽调1576人参与居民楼门牌的清理整顿,编制各类铭牌25.1万块。是年底,全市总户数37.67万户,居民人数101.36万人,其中迁入4832人、迁出9351人。2008年,编制人口数据入库,核实人口信息18

万余条，修改重证编号15对，核查重叠记录128对（其中核销44人），注销应销未销户口2191人。全年办理户口迁移审批3346户、4996人次，新编制门楼铭牌361块，中门牌712块，室牌1.28万块。全市城乡居民总人数1001276人。

居民身份证　民国36年，国民党县政府核准国民身份证50万份，先行颁发10万份。1984年起，全国逐步实行公民证制度。至1987年年底，共发放居民身份证76.84万张，有效期分为10年、20年和长期3种。凡16－25周岁的发给有效期10年的居民身份证，26－45周岁的发给有效期20年的居民身份证，46周岁以上的发给长期居民身份证。1990年，全县实发临时身份证6098张。

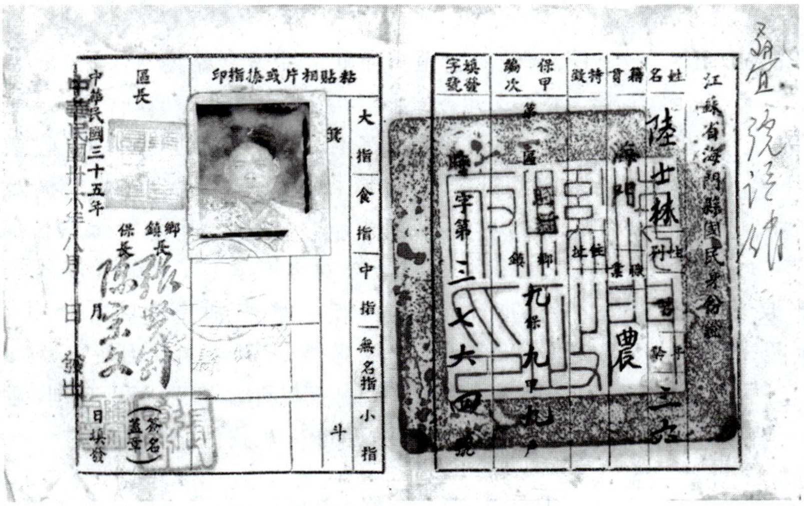

图23－3　民国时期国民身份证　（2008年摄）

1996年，换发身份证72981张。1998年，开展居民身份证编号清理纠错工作，达到持证居民一人一号一证。经清理，共清理错号1407人，重复证号9865人，修改有效性差错737人，重户316人，其他错误1962人次，共发放重错证1079张。1999年10月1日起，为公民颁发18位号码的居民身份证。

2001年，对军队和武警部队人员公民身份号码编制，军人根据需要使用公民身份证和军人身份证件。2005年，换发第二代居民身份证。至2008年年底，全市换发902351张，其中16周岁以上839384张，换证率95.6%。

四、禁毒　禁娼　禁赌

禁毒　民国2年（1913），境内流入鸦片、海洛因、红丸和吗啡等毒品，县城和大集镇建有烟土行。民国4年，民国政府禁种毒品烟苗，禁而不止。民国5年5月，海门破获吸售烟土一案，张榜告示，烧毁烟土。民国19年，茅家镇有广东人周源发、成大千开设烟土行，有烟灯18盏，分上中下三等，供绅士、一般烟客、贫民吸食烟土。时青龙港有贩毒户80家，吸毒者300余人。民国23年9月1日，县成立禁烟委员会，烟民登记申领甲种照331人、乙种照3165人。县城有膏土店1个，区设店9个，乡镇售吸所43个。民国24年，对烟民实行传戒，每月两批，每批20人。民国27年3月，日本侵略军侵占海门后，废除烟禁，吸售之风弥漫全境。民国34年，县城有禁烟分会，各区有禁烟支会。民国35年3月10－16日，为禁烟宣传周。10日上午，在县政府西大操场召开宣传大会，县机关、社会团体、学校等20个单位3100人参加，对重获登记的93名烟民、烟毒犯进行公开宣判，判处死刑9人、有期徒刑4人，其余由广济医院施戒。同时报纸发行禁烟特刊。是年“六三”禁烟纪念日，焚毁烟土7两9钱2分、烟泡4只、烟枪6支、烟灯5盏、烟盘1个。

解放后，县政府明令禁止吸、贩烟毒，并由公安局登记劝诫。1949年11月，茅家镇派出所对吸贩烟民18户43人召开悔过大会，交出烟土1.4两，烟灰6钱，白粉1.7钱。1950年，依法逮捕贩卖烟毒的5名为首分子，吸毒有所收敛。1952年6月，成立肃毒指挥部，由公安、民政、法院、工会等部门人员组成。8－10月，开展以市镇为重点的群众禁烟肃毒活动。召开大小会议532次，受教育群众15万人次。茅家镇受教育面70.8%。查出毒贩184户249人。茅家镇、三厂镇、青龙港镇吸毒者510人。种植罂粟的有海中、四甲、余东、汇通等区24户计1000余株。8月13日、10月21日（华东地区统一行动时间），集中逮捕毒犯44人，零散捕17人，追缴白粉、鸦片、吗啡针剂等折合鸦片1450克。此后，境内吸毒、贩毒现象基本绝迹。

1984年后，随着到海门投资经商的境外人士逐年增多，毒品悄然流入县境内。1987年，查处解放后首例私种罂粟案1起。

90年代，私种罂粟悄悄漫延。1995年，开展专项治理,铲除罂粟种植,查禁吸毒。据查,有罂粟种植户 183 户,铲除罂粟 2.93 万株,对 182 户给予治安处罚。1997 年,抓获吸毒者 1 人,强制送入戒毒所。全年发现非法种植罂粟户 94 户,铲除罂粟 3.44 万株。1999 年 6 月,结合"6·26"禁毒宣传日,开展禁毒宣传工作。铲除罂粟 1977 株,依法查处私种罂粟 14 户,吸、扎毒 8 人。

2000 年 4 月,设禁毒中队,开展创建无毒社区活动。6 月 26 日世界禁毒日,组织主题为"珍惜生命,拒绝毒品"万人签名活动。是年,共铲除罂粟 1.52 万株,涉及种植 273 户,其中 37 人受到治安处罚,3 人被追究刑事责任。2005 年,破获涉毒刑事案件 2 起,抓获作案成员 4 人;查处涉毒案件 16 起,处理涉毒人员 29 人,铲除罂粟 2000 余株。是年 12 月 9 日,在三厂镇抓获贩毒犯罪嫌疑人徐某和孙某,缴获毒品 60 余克和毒资近万元,后移交南通警方处理。2008 年,全市抓获贩毒犯罪嫌疑人 25 人,破获贩毒刑事案件 25 起,缴获毒品折合海洛因 60 余克,查获吸毒人员 61 人,行政拘留 61 人,强制戒毒 11 人。

禁娼　民国 5 年 10 月,县警察所公布取缔妓馆规则,凡开设妓馆,经查核批准后发放执照方准营业,该规则名为取缔娼妓,实为准许妓馆经营。民国 20 年,告示禁娼,严厉查禁,绩效甚微。

解放后,严厉取缔卖淫嫖娼,加强对旅馆业管理,娼妓在境内绝迹。1984 年,娼妓现象在海门重现。1987－1989 年,查处卖淫嫖娼案例 8 起 12 人。1995 年,查结卖淫嫖娼案件 13 起,行政处罚卖淫女 13 人,嫖客 19 人。11 月初,成立专案组,查处多起嫖娼案件,涉案 100 余人。1998 年 11 月,海门镇五港村查获一卖淫嫖娼团伙 20 余人,涉嫌介绍他人卖淫嫖娼的陈某被追究刑事责任,其余涉案人员分别受到处罚或收容教育。2001 年 5 月,开展整治娱乐服务场所、严厉打击卖淫嫖娼、赌博吸毒专项行动。至年底,查处卖淫嫖娼案件 114 起,介绍容留卖淫嫖娼案件 46 起,查处违法人员 362 人。2008 年,开展"雷霆"专项行动,查处介绍容留卖淫刑事案件 12 起,卖淫嫖娼案件 30 起。

禁赌　民国时期,县政府对赌博屡禁不绝。民国 3 年 6 月 18 日,东一区长圈港杨有富在茶馆聚赌,警察将杨及串通一气的地保陆宰捉拿严训,赌犯供认不讳,杨有富被判有期徒刑 5 年。

新中国成立后,查禁赌博。1958 年,各地响应县政府严禁赌博号召,严厉禁止赌博活动,凡政府机关、企事业单位的工作人员有赌博行为的从严处分。"文化大革命"期间,自动交出各种赌具 3.09 万余副。80 年代,赌博恶习卷土重来。1983 年春节前,连续开展 3 次集中行动,查获赌博 410 场,处理参赌人员 1650 余人,没收赌资 6496 元。1985 年,开展 4 次禁赌行动,共收缴赌资 5 万多元,赌具 600 余副,依法逮捕赌博犯 12 人,对 147 名赌博人员分别予以治安警告、罚款和行政拘留处罚。1990 年,组织 5 次禁赌行动,捉赌 2826 场,参赌人员 8500 多人,搜缴赌资 35 万元,立案查处 426 起,对 440 名赌头赌棍和惯赌分子分别给予治安处罚。1996 年,查处赌博 581 起,治安处罚参赌人员 554 人。1999 年 2 月,查破海门镇梦苑歌舞厅聚众赌博大案,没收赌资 1.57 万元,查处涉赌人员 25 人。2000 年,结合娱乐服务场所专项整治,查禁电脑游戏赌博,收缴游戏赌博机软件(电脑板)42 块,取缔 1 个电脑游戏机房赌博窝点,收缴电脑主机 2 台,电脑显示屏 6 台及赌博筹码。2005 年,对涉赌宾馆、旅馆等场所集中整治,取缔非法电子游戏室、棋牌室等场所 15 个,责令停业整顿 12 家,收缴赌资 4.4 余万元。2008 年,开展禁赌专项行动,查处赌博案件 138 起,收缴违法所得 30 余万元、赌博机及其他赌具 242 件。

五、治安防控网络

治保组织　1949 年,解放区设治保会开展锄奸、监督反革命分子和各种对敌斗争活动,保卫革命成果。1952 年,农村、集镇街道、机关、学校、厂企单位普遍建立治安委员会,村民小组、厂企车间建立治安保卫小组。

1959 年,全县 29 个公社有治保委员会成员 234 人,建立治保小组 603 个 4491 人,治保主任 29 人。1962 年,整顿 5 个区 67 个乡基层治保组织,是年,全县有特派员 74 人、治保主任 690 人。

1971 年,全县 760 个农村大队、9 个街道、51 个县属工厂企事业单位先后建立和健全治保组织,全县有治保小组 7231 个。1998 年,治保组织提供各类违法犯罪线索 272 条,抓获犯罪嫌疑人 283 人。协查刑事、治安案件 311 起,调处纠纷 3108 起,帮教各类违法人员 3223 人,缴获赃款 2.63 万元。

2001 年,治保组织收到检举揭发线索 62 条,抓获各类违法犯罪嫌疑人 23 人，协查刑事、治安案件 46 起，调处纠纷 107 起，帮教各类违法人员 152 人，缴获赃款 7.2 万元。2008 年，全市有治安信息员 4983 人，破获各类案件 131 起。

联防队　1982 年，各乡镇陆续组建业余治安联防队，协助公安部门打击犯罪，配合清查、巡逻、设卡，维护治安，保障安全。1988 年，全县建专业联防队 34 个，队员 232 人，分布于车站、码头、商业区、公共场所、主要道口。1989 年，抓获违法犯罪嫌疑人 1056 人，提供犯罪线索 344 条，协查刑事案件 285 起，查处治安案件 422 起，调处纠纷 652 起，缴获赃款 14.56 万元，为民排忧解难 453 起。

1990 年，抓获犯罪嫌疑人 960 人，提供犯罪线索 329 条，制止违法犯罪 573 起，调解纠纷 1342 起，缴获赃物赃款价值 7.68 万元。

2000 年 4 月，组建城区志愿者治安联防队，成立志愿者治安联防协会。5 月，218 名离退休人员参加志愿者联防队。2005 年，各乡镇有保安联防队员 500 余人。2008 年，明确驻所、社区（驻村）和巡防专职保安联防队员的职责任务、勤务模式、工资标准和考核奖惩，全市有保安联防队员 1039 人。

保安服务　1993 年 3 月，县保安服务公司成立，隶属公安局，独立核算，自负盈亏，由公安机关培训、监督管理。2008 年，保安服务公司有 531 人，为 116 个企业提供驻企保安服务，并为展展览、展销、贸易洽谈、文体活动等提供临时性保安服务。

1990－2008 年海门市（县）治安案件受理及查处情况一览

表 23－1

年份	受理案件（起）	查处案件（起）				查处违反治安人员（人次）			
		扰乱公共秩序	殴打伤害他人	赌博	卖淫（流氓奸宿）	总数	其中		
							警告	罚款	拘留
合计	64763	1763	13222	10466	1019	63338	11982	42529	8827
1990	638	51	137	426	24	931	71	705	155
1991	2470	44	192	1363	1	1235	70	884	281
1992	1715	65	155	737	50	1661	50	1270	341
1993	1969	73	210	702	17	1762	55	1382	325
1994	2511	82	311	1123	20	3136	57	2734	345
1995	4077	198	410	1414	25	3793	71	3345	377
1996	3258	143	503	581	76	3166	160	2724	282
1997	3295	162	470	541	86	3265	251	2829	185
1998	2114	78	411	247	36	1717	166	1449	102
1999	1982	40	296	435	82	1706	109	1485	112
2000	1174	14	224	106	54	1072	19	712	341
2001	1649	21	132	547	160	1618	21	902	695
2002	1735	97	197	213	76	2657	47	2088	522
2003	1719	44	83	165	73	1626	16	1306	304
2004	1553	40	81	121	21	1090	9	848	233
2005	8818	206	1029	192	49	7512	782	6141	589
2006	7968	104	3218	71	23	8678	2923	4587	1168
2007	9006	73	3395	43	37	8561	3470	3930	1161
2008	7112	228	1768	1439	109	8152	3635	3208	1309

第四节 保 卫

一、政治保卫

剿匪肃特 民国35年(1946),解放区开展锄奸斗争。新中国成立前夕,境内土匪活动猖獗,敌特、土匪经常出没,暗杀干部群众。县公安机关采取军事清剿、政治攻势、群众运动相结合的方针,开展剿匪肃特工作。各乡、村建立治安委员会,召开会议,发动群众检举揭发,一些流窜武装匪特纷纷落网或缴械投降。以陆人信为首的匪特20余人先后逮捕归案。1949年2－9月底,119名原国民党党政军警特人员向公安局自首,交出枪支56支。对为首作恶多端者坚决镇压,对一般人员则从宽处理,或免予刑事处分,交给群众监管,先后改造856人。是年9月3日,县公安局在上海市公安局配合下,破获反革命组织"东南反共救国军苏、浙、皖支队"一案。

镇压反革命 1951年,镇压恶霸地主、特务、反动党团骨干、反动会道门头子等反革命分子。历时6年,召开宣判大会百余次,到会群众百万人次。经人民法院判处的反革命分子5108人,判有期徒刑2225人,免予刑处、接受管制的605人,教育处理1387人。少数罪大恶极、死心塌地与人民为敌、不杀不足以平民愤、判处死刑立即执行的570人。国民党特务分子李沛然、国民党保安团团长李步涛、县参议长国民党军法联秘处头子刘穆菲、刽子手施轶千等被判处死刑。大多数愿意接受改造的,在一定时间内依法剥夺政治权利,一部分交群众管教或送劳改农场劳改。

1952年7月,在清理积案中,发现四甲镇在年初所捕6名案犯中5名有差错,查清后立即释放。1955年,开展肃清暗藏反革命分子运动。至1956年,有3.07万人直接参加肃反运动,收到各种揭发检举材料20.92万件,先后查出反革命分子100余人。1956年8月,县公安局、检察院、法院联合抽调32名干部,对1955－1956年间所判的案件组织联合复查,查出错案140件,分别进行纠正。1957年4月,公安局组织力量复查肃反案件571件,查出问题及时处理。

取缔反动会道门 清末民初,海门境内有一贯道、中华理教会、三字会、济公坛等50余个会道门组织,组织坛堂127个,有大小道首498人,道徒5624人。其中一贯道数量最多,反动、危害最大。反动会道门组织以封建迷信为掩护,制造谣言,蛊惑人心,诈骗钱财,残害人民,破坏社会秩序。民国38年3月,一贯道策划一起破坏群众支前、企图阻止人民解放军渡江的反革命事件,公安机关逮捕海北总坛负责人沙瑞芝及点传师、坛主等道首8人。1951年,县公安机关组织专门力量在三厂帆影乡和王鲍区(现属启东)等地,取缔会道门,逮捕点传师16人、坛主3人、道徒5人,没收道具道产,对一般道徒进行登记、强制退道。1953年2月,发布取缔反动会道门告示。3月下旬,开展取缔会道门运动,逮捕道首5人、集训道首21人,退道2250人。1956年,中华大同会封官称帝,制定"三年准备、五年打算、七年成功"的反革命计划。1957－1960年,其利用自然现象和自然灾害散布谣言。公安机关依法逮捕中华大同会道首3人。1960年11月7日,县人委发出布告,重申彻底取缔一切反动会道门,并从中学、海门山歌剧团抽调部分文艺骨干,以相声、沪剧、小唱等文艺形式,进行宣传活动,受教育3.6万人次。1979－1981年,红门三教复辟,由原所在地国强乡发展到四甲、余东、棉花原种场等地,公安机关依法取缔。1983－1984年,查明有复辟活动的三字会成员103人,并依法处理。1984年6月至年底,逮捕三字会道首骨干12人。1999年,一贯道组织死灰复燃。麒麟镇庵宝村王某曾因参加一贯道,于1953年被判刑17年,1997年王又与海外一贯道点传师联系,邀其到海门开堂布道,发展道徒,印发传单妖言惑众,攻击社会制度。王的行为触犯刑法,于1999年4月被逮捕。

"四类"分子改造 新中国成立后,党和政府十分重视对"四类"分子①的思想教育和劳动改造。对少数罪行严重的反革命分子和刑事犯罪分子依法惩处。对绝大多数"四类"分子实行群众监督,就地劳动改造,成为自食其力的新人。1956年,全县有

① "四类"分子:地主分子、富农分子、反革命分子、坏分子。

"四类"分子1.29万人,表现好的3117人,让其参加农业生产合作社,成为社员;表现一般的7556人为候补社员;表现差的2216人,实行监督劳动,其中管制的37人。飞鹫乡石桥、振邦、连东农业社原有地主分子27人,其中监督劳动的5人,年底2人升为候补社员。1958年,全县逮捕"四类"分子1749人,其中反革命分子689人,地主、富农分子637人,坏分子423人。"文化大革命"期间,"四类"分子被批斗,遭受不应有的歧视。1979年1月,根据中共中央《关于地主、富农分子摘帽问题和地主子女成分问题的决定》,给改造好的3893名地、富、反、坏分子摘帽,对错定的86名反、坏分子予以纠正,并为他们的17541名子女新定阶级成分。是年,全县仅剩"四类"分子14人。3月,按上级规定全部摘帽。

二、经济文化保卫

经济保卫 解放后,县公安机关把保卫经济建设、防范犯罪和各种事故发生,作为内部治安管理的重要内容。1953年秋,查获囤油奸商3户,分别予以处罚。1954年,实行粮食统购统销,各区对2002名管制分子个别警告或集中训诫,组织民兵不定期巡逻,侦破盗窃、纵火、造谣、集团走私、制造骚乱案件68起。1955年,开展发行新人民币与兑换旧人民币的保卫工作,对全县36个营业所工作人员进行审查教育,组织治保人员在各兑换处维持秩序,防止哄闹、乘机扒窃等事件。

"文化大革命"期间,法制遭严重破坏,安全防范流于形式。1970年,县棉纺厂、手帕厂、化肥厂、印机厂等企业成立保卫股,对保卫干部分批进行业务培训。

1980年,在通棉三厂等企业建有经济民警组织。经济民警列入工厂企业编制,佩戴人民警察帽徽和领章,公安机关指导保卫业务和军事训练。1984年12月,全县有内部治安管理单位189个。1986年,有内保单位成立护卫队,实行安全保卫,维护治安秩序。1989年10月,工商银行海门支行成立经济民警分队,1991年协助县公安机关破获被盗存单案件,连带破获刑事案件13起。

1993年,抓获盗窃"月月发"有奖存单冒领者。协助破获瑞祥乡发生的连片盗窃案。1994年,通棉三厂护卫队协助侦破盗窃团伙,缴获赃物价值3万余元。1997年,建立经济案件侦查大队,重点打击金融、财税、商贸等领域的严重经济犯罪。是年,对56个单位,投入经费计72万元的技术防范设施建设,安装技防报警器56部,闭路电视监控4个,与公安"110"联网17个。1998年4月19日,农业银行海门支行临江办事处发生一起职工自窃金库22万巨款及华东3省1市空白支票11张的特大案件,犯罪嫌疑人江某被逮捕归案。

2001年,县公安局经文保大队成立。2005年3月,通过银行监控系统破获一起冒领他人银行卡案件,案值6700元,并查出该疑犯多次装扮成小生意人潜入学校偷盗教师提包、手机等,涉案13起,案值1万余元。2008年,开展打击盗窃破坏电力、电信、广播电视设施违法犯罪专项斗争,破获盗窃破坏电力设施案件210起、盗窃电信设施案件1起,缴获赃款计20.66万元,抓获犯罪嫌疑人10人。

文化保卫 新中国成立后,县公安机关将文化保卫作为内部治安管理的重要方面,有专人负责。

1992年,县公安局恢复建立文保机构,全县确定文保单位32个。1993年,完成高考、自学考试的警卫保卫。针对青少年中违法犯罪现象,对全县中、小学生进行调查,发现四甲镇中学、四甲成教中心有8名学生参加帮派,这些学生由学校、派出所及家长对他们教育帮助。是年,开展对歌厅、舞厅、卡拉OK厅、音像放映、出租店、桌球室、电子游戏室等文化娱乐场所的清理整顿。

1993－2008年,做好全县高考、中考、自学考试、中国海门金花节以及市重大会议安全保卫工作。

第五节 出入境管理

一、出境

1985年,根据上级规定,凡本地公民因事出国或前往香港、澳门地区的须向县公安机关提出申请,由公安机关发给中华人民共和国护照(或港澳通行证),并办理临时外出户口登记,返回后凭护照在原居住地恢复常住户口。出国(境)定居,由当地派出所注销户口。1990年,出国进行商务活动的按其私人性质,可办理出国护照。1997年,全市出国50人次,核发护照35人次,受理去香港、澳门、台湾

74人次,往返香港32人。1999年,公安局增挂市出入境管理办公室牌子。是年,受理批准申请出国289人,变更出境卡25人次。2002年,受理出国申请2370份,其中因私出国2045人,赴港澳台探亲、旅游、商务325人。将办证时间由原来5个工作日缩短为3个工作日。2005年,办理出国签证手续5368份。2008年,建立出境人员通报备案制度。是年,受理因私出国(境)12928人,其中出国9596人,出境3331人,不予批准1人。

二、入境

1990年,县公安机关要求常住境外人员先提交入境常住书面申请,后发给境外人员入境住宿呈批表,经对住宿点实地查察后,符合要求的发给境外人员临时住宿点批准证明。1996年,市公安局实施与南通市公安局、师山宾馆境外人员住宿登记计算机管理联网。2002年,受理境外人员申请签注、签证及办理居留证256件170人次。办理境外人员签证、签注的时间由2个工作日缩短为1个工作日。2008年,办理境外人员居留许可、居留签注、签证167人次,处理涉外案(事)件41起。

第六节 监所管理

一、看守所

清末,厅署内建监房4间。民国8年(1919),改称看守所。民国12年,陈大猷等募款重修看守所,改称监狱署,女犯收押在萧玉堂(今海门烈士陵园)。其时,集资修缮班房、民刑候审处及办公室。民国18年,徐启金添建二坊楼6幢,表门1座,改建号房7间,办公室、教诲室6间。在天补、三阳、三厂、三星等镇设游民习艺所。民国19年,监狱署改称看守所,所长周月江募建号房10间。

1949年1月29日,县人民政府接管看守所。1956年10月,看守所移迁茅家镇解放中路县公安局内。1973年8月,看守所移到县城北郊新海乡城北村。1982年,增建行政拘留所6间,预审股办公室10间,干警宿舍14间。1994年,看守所征地1.13万平方米扩建房舍,1997年投入使用。其中监房4排44间(可容押480人)、管教楼4排24间(用于对犯人的谈话教育)、办公室9间、审讯室10间、律师会见室2间、接待室1间、伙房及附属用房6间。围墙、哨楼、探照灯等警戒设施完善,配备囚车、生产用车各1辆,电话2部,基本达到装备建设标准。2005年,新配备电脑、防雷设备、数码相机、摄像机、微机、硬盘录像机等22台。2008年,看守所被公安部评为全国二级看守所。

二、监号督管

新中国成立后,对在押犯实行人道主义待遇,废除体罚,保证吃饱,改善伙食。

1951年镇压反革命运动中,借用海门食品厂仓库10间和海西乡黄家宅民房5间作号监,当年发生两起在押犯起哄,企图暴动越狱事件,幸及时发现,越狱事件得以平息。1952年,组织劳改犯参加修堤筑岸工程及农业生产,对劳改犯实行按月评工。1953年,对在押犯组织1个月的冬季训练,开展教育、反省、坦白和检举等活动,获得各种线索165条,查获一批枪支及反革命资财。

"文化大革命"期间,一度混乱,出现无罪关押、变相体罚等现象。

1980年,看守所恢复正常工作。对手续不全的,看守所有权拒绝收押,对被收押人员进行健康检查和随身物品检查。入监24小时内与被收押人个别谈话和教育,告知其应有权利。对未决犯和已决犯、成年在押犯和未成年在押犯、同案犯、男性和女性在押人员实行分别关押管理。逐步达到"一严格"①"三固定"②"四清洁"③"五条线"④的要求。看守所实行24小时双人值班,实行武警外围警戒。每20分钟巡查监房1次,平时监区大门和放风门按规定随手关锁,夜间加固双锁保险。每月进行两次安全大检查,每半年进行1次模拟突发事件演习。

① 一严格:严格作息制度。
② 三固定:铺位固定、打饭秩序固定、学习反省位置固定。
③ 四清洁:墙面、铺面、地面、放风场清洁。
④ 五条线:被、鞋、毛巾、牙刷、碗筷一条线。

每月进行“文明监室”评比活动。

1997年，看守所连续12年实现安全无事故，被评为全国三级看守所。1998年，看守所收押各类人员799人，提审2653人次，投牢136人，释放367人，会见381人次，律师会见78人次。1999年，开展狱政攻势，获取线索131条，破案30起，通过网上比对查获逃犯2人。2001年，获取线索262条，破案186起，追缴赃款赃物价值25.2万元，增诉12人。

2005年6月，对在押人员陈某进行谈话和教育启发，打消其顾虑，促使陈某检举多起发生在浙江等地流窜作案盗窃工业原材料的重大犯罪线索，抓获3名犯罪嫌疑人。对其盗窃价值23万元钛镍板的犯罪事实供认，连带破获刑事案件10余起。是年，获取线索251起，破案319起，追处违法犯罪人员16人，抓获网上在逃人员2人，缴获赃款赃物26万元。

2008年，开展安全常识教育、典型事故警示教育以及“查隐患、堵漏洞”专题教育等25次。是年，获取线索396条，破获刑事案件371起，追处违法犯罪人员49人，查获1名网上在逃人员。

第七节 消防管理

一、消防组织

清同治十年(1871)，聚星镇建水龙局。光绪十年(1884)，周怀清募捐建三阳镇水龙局，有房屋15间。是年，天补、余东等镇设置水龙。光绪二十九年，在厅署表门东侧成立水龙局。宣统二年(1910)，徐征、张省集资办洋龙。民国年间，水龙局、救火会为民间组织。民国10年(1921)，在县署都天堂大门东，建仿沪南救火会筑钟屋。是年，在天补、江家、凤凰桥等集镇增添新式水龙头。民国24年，称消防所。日本侵略军入侵海门后，消防所被毁。民国36年，集地方私有消防设备，成立县联合消防队，下设6个小队，队员61人，水龙4条。

新中国成立后，县公安局治安股负责消防工作。1950年7月，整顿原茅家镇消防组织，建立县消防中队。是年，有水龙8条，队员159人，分驻茅家镇和三厂镇。1953年，全县第一支专职消防队——南通大生第三棉纺织厂消防队建立。

1963年，全县建立9支民间义务消防队，139人。1965年9月，县化肥厂成立消防中队，有队员16人。

“文化大革命”初期，消防工作处于瘫痪状态。

1973年11月，重建县消防中队，属部队编制，有干部2人，消防民警12人。1974年，县公安局设立消防股，负责消防管理。

1981年，县财政筹资1.5万元建造中队营区，消防中队由三厂镇迁至海门镇人民东路。1983年，县消防中队和消防股纳入人民武装警察编制，有干警26人。

1994年10月，成立市公安消防大队，其职能由原来单一的消防监督转为消防灭火、队伍管理等综合职能。1997年底，市消防大队和中队迁至珠江路335号，营区占地1.11公顷，有干警27人。

2001年6月，市消防大队二中队在包场镇建站。2005年，建三星消防站。2008年，全市有公安消防队1支，专职消防队2支，派出所消防联防队21支，志愿、义务消防队113支。是年，市消防指挥中心、特勤消防站及北海路消防站开工建设。

图23－4 市消防大队开展消防练兵活动 (2008年摄)

二、消防装备

民国10年，县救火会建钟屋，配备警钟，救火会成员轮流值班。民国36年，联合消防队，有水龙4条。新中国成立后，县公安消防队安装火警电话，号码为“09”，受理报警。1950年，县内有水龙8条。

1963年，全县9个群众消防队有机动泵1个、人力泵 17 台、泡沫灭火器 259 个、酸碱灭火器 229 个、太平缸 456 个、太平桶 777 个、土水龙 2 条，消防员着装仅有铜帽、雨衣。1964 年，消防队购置消防泵 5 台。1965 年，化肥厂消防队置消防车 1 辆。

1973 年，消防中队添置敞开式消防车 1 辆。1978 年，火警电话改号"119"，消防员装备用玻璃钢头盔、战斗服、皮靴、腰带、腰斧。1979 年，消防车增至 3 辆。

1981 年，添置 160 兆基电台 1 组。1982 年，配备手持对讲机 5 台，车载对讲机 2 台，开辟公安内线 3 条。1983 年，消防中队有消防车 4 辆，重点消防单位备有消防器材。1987 年，17 个企事业单位备有消防车。是年，海门保险公司赠送消防队轻便消防车 1 辆。

1999 年，公安消防大队备有消防车 4 辆、火警调度台 1 台、车载台 3 台、手持对讲机 3 台，完成 350 兆常规网建设。2000 年，配置防护、破拆、堵漏等抢险救灾器材。2001 年，投入装备资金 130 万元增设火警调度系统设备 1 套和重、中、轻便型消防车各 1 辆。2003 年，投入 14 万元改装抢险救援车 1 辆和个人保护装备及训练器材。2005 年，新增市政消火栓 52 个，新建消防站 1 座，购消防车 5 辆，年底有各式消防车 12 辆。2008 年，投入 100 万元购买消防专用器材；投入 800 万元购置高层云梯消防车；300 万元用于北海路消防站营房设施及消防器材装备，完成 350 兆集群网建设。

三、火灾预防

1982 年，印发防火宣讲材料 9250 份，放映"119""911"电影 20 场，受教育近 2 万人次。1984 年，全县 15 个影剧院添置防火设备。

1994 年 11 月 9 日是全国第一个消防宣传日，拉横幅 120 条、张贴标语 3134 条、出黑板报 351 次，海门镇设立消防宣传咨询点，印发防火宣传材料 1000 余份，《海门报》出刊消防专版。

2000 年，举办消防培训班 96 期，受教育 6800 余人次，举办消防知识竞赛 26 场，开辟消防宣传专栏 9 期。2002 年，三星绣品城投入 600 多万元启动消防隐患整改工程，8 月通过消防验收。全市各派出所办理消防处罚案件 96 起，罚款 843 万元，责令停产停业 20 个，责令停止施工企业 48 个，警告 20 人次，派出所办案率 100%。

2008 年，办理建筑工程消防设计审核项目 249 个，验收工程 181 项，审核面积 230 万平方米，验收面积 146 万平方米。场所开业前安全检查 47 项，监督抽查单位 392 个，办理消防行政处罚案件 198 起，罚款 84.95 万元。

附：火灾重大事故

1952 年春，王浩乡双沟村赵某家因茶炉未熄，半夜起火，烧毁房屋 5 间。

1957 年冬，王浩乡三合村王某家因烟囱冒出火星引起火灾，烧毁房屋 2 间，家具杂物无一幸存。

1958 年 4 月 3 日，三厂供销社搬运火柴入库时，因吸烟发生火灾，造成经济损失 1000 元。

1964 年 4 月 2 日，悦来供销社加工场发生火灾，烧毁房屋 4 间及部分商品，直接经济损失 3000 元。

1970 年 1 月 2 日，四甲轧花厂饲料机火星被鼓风机吸入，引起麦秆堆起火，经济损失 5000 元。

1973 年 4 月 17 日，包场轧花厂发电机房因操作工擅离职守，柴油机排气孔排出火星引起火灾，毁坏 44.1 千瓦柴油机、35 千瓦发电机各 1 台，直接经济损失 6000 元。

1974 年 5 月下旬，包场公社红星大队陆某家不慎失火，烧毁房屋 4 间，死 1 人，伤 2 人。

1979 年 2 月某日晚，麒麟供销社杂货门市划火柴照明触及火油桶，引起火灾，经济损失 2.61 万元。

1986 年，树勋西服厂发生火灾，经济损失 10 万余元。

1988 年 6 月，四甲供销社修理汽车时，因吸烟引起火灾，烧毁汽车 1 辆，经济损失 5000 元。

1995 年 11 月 21 日傍晚，天补镇郁家店木材市场发生特大纵火案，124 个个体经营户的木料被烧毁，直接经济损失 261.94 万元。

1998 年 11 月 24 日，三星海星床上用品厂喷胶棉车间，因电路故障发生火灾，毁厂房 350 平方米，直接财产损失 10 万元。

2005 年 1 月 6 日，一帆纺织厂因梳棉机电动故障引起火灾，消防大队出动 3 辆消防车 12 人，调动南通华润大生专业消防队，三星镇消防队 3 车 18 人增援，经近一个半小时将大火扑灭，直接经济损失 16.77 万元。

2008年10月27日，海门港申海镀饰厂发生火灾。消防中队出动4车21人，历时3个小时将大火扑灭，直接财产损失44万元。

1956－2008年海门市(县)火灾事故情况一览

表23－2

年份	火灾(起)	死(人)	伤(人)	经济损失(万元)
合计	2812	266	406	1372.41
1956	99	9	2	8.37
1957	59	5	5	6.65
1958	100	22	－	9.90
1959	192	61	－	25.10
1960	－	－	－	－
1961	99	15	23	12.60
1962	102	7	35	24.71
1963	135	12	30	21.13
1964	94	9	40	13.55
1965	113	7	35	17.23
1966	109	14	33	19.83
1967	65	8	15	8.70
1968	73	5	2	11.29
1969	55	4	6	10.84
1970	23	1	5	3.99
1971	81	6	10	12.73
1972	72	7	13	10.00
1973	111	6	26	13.98
1974	46	2	13	9.01
1975	50	1	6	6.93
1976	36	3	6	6.84
1977	48	1	15	7.26
1978	63	3	8	9.95
1979	79	6	8	10.46
1980	57	2	18	5.73
1981	39	－	4	4.09
1982	38	1	2	2.63
1983	35	1	8	4.69
1984	39	－	4	10.53
1985	38	1	－	7.88
1986	51	5	3	8.04
1987	42	3	3	10.79
1988	56	－	－	10.58
1989	32	4	－	11.85
1990	35	4	－	19.10
1991	31	5	4	4.93
1992	21	2	3	8.84
1993	27	－	3	16.85
1994	26	1	2	27.08
1995	18	－	1	296.52
1996	10	1	1	17.11
1997	23	6	－	88.01
1998	14	1	3	98.96
1999	22	2	3	59.79
2000	26	1	2	65.84
2001	43	1	－	46.64
2002	41	1	1	45.10
2003	30	1	1	28.70
2004	20	3	3	32.60
2005	26	0	1	21.70
2006	32	2	－	67.30
2007	23	2	－	22.04
2008	13	2	－	47.44

第八节　道路交通管理

一、交通管理

民国13年(1924)，建县路工处，负责全县公路、桥涵修筑事宜。其时公路稀少，机动车不多，无交通管理。新中国成立后，由县公路管理站负责交通管理，交通指挥以手势指挥为主。20世纪50－60年代，使用指挥旗指挥。70－80年代，实行指挥棒指挥，同时配备口哨、鸣笛，引导车辆和行人。

1987年8月，县公安局接管交通管理，建立交通管理网络。37个乡镇、场配备专职交管员37人，组建交通管理所4个,维护交通秩序。1988年,投入65%的警力加强路面管理,清除路障及其堆物对施工等重点路段实行分流。加大交通安全村创建力度,全县省道沿线84个村、21所学校创建率100%,其他公路沿线创建率78%。是年,设海门、三厂巡警队,维护公路秩序。

1990年,在县城老汽车站(人民路、静海路南口)设立第一个固定岗交通维护点。1991年10月,整顿交通秩序,清除路障874处,其中清除非交通标志牌113块。3个农贸市场落实管理措施,拆除违章建筑8间,整顿路边店、店外店68个,清除摊点堆物702处。1993年,在通启公路三厂镇至大兴镇路段划定中心线;在海门镇区主要路段,用白色油漆在路面上制作中心线、交叉路口停车线和人行横道线等。1995年2月,建立交通巡逻警察大队,下设7个中队。3月,在海门镇东郊的瑞江路、人民路口设立岗亭,实行手势指挥。

1996年,交警大队在八一桥(解放路、江海路口)、秀山路(秀山路、静海路口)建立固定交通岗,安装指挥信号灯。出动警力1755人次,纠违法乱纪1.08万人次,罚款13.25万元,暂扣车250辆,暂扣证照358本,清除违章摊点213处,组织驾驶员违章学习班2期,参加学习93人次。

1997年,市境内公路交通干道均划中心线,重要地段设置交通标志牌;在海门镇新、老汽车站设置隔离护栏,城区解放路、静海路(新世界广场至秀山路段)、三厂镇掘青公路口至西洋桥,设置隔离护栏;在事故多发、急弯地段设置11块交通警示标志;城区人民东路、长江路口等3处设置红绿灯。

1998年,城区道路及农村主干道设置交通标志、标线;三星、悦来等重要集镇设置隔离护栏;三厂、三星、悦来等集镇主要路口,民警实行规范化指挥。是年4月、9月,开展省交通秩序集中整顿活动,查纠交通违章15.44万起,处罚12.63万起,暂扣证2846本,暂扣车1.49万辆,义务执勤2800人次,暂扣执照242本,清理违章占道3000余处。

1999年,交警大队事故科安装光学字符识别档案录入设备。天补、货隆查报站配备电子监控设施。车管所安装机动车信息系统。市区十字路口安装电子监控设备。购置警务用汽车7辆、摩托车7辆。查纠各类交通违章24.69万起,其中处罚1.7万起、暂扣车辆2.33万辆、暂扣号牌43副、暂扣证照2.94万本,举办违章、肇事法制学习班72期,计2.59万人次。清理路障摊点、摊贩2012处占道路打谷场512起,违章建筑3处。

2000年,在江海路、人民路口增设信号灯2组,监控探头和电子警察各1组,设置护栏、交通标志,改建港湾式停靠站等。安装永久性大型标语牌11处。重要路口安装大型交通标志46处,安装普通标志16处,镇中路新海路口、长江路青海路口设置信号灯,城区增设5.7公里人行护栏。建成集监控、信息查询、接处警于一体的交巡警大队交通指挥中心终端。查纠交通违章13.56万起,其中处罚10.52万起,暂扣车辆1.96万辆,暂扣号牌31副、证照6.61万本。

2003年,投资90万元改造336省道海门段道路基础设施。其中22个交叉路口设置警示黄灯、全路段安装反光道钉;在临江、三厂镇区、悦临路口、南九匡路口、丁陆路口、三和岸角等地段设置机动车限速标志、让行标志和禁止雨天超车标志;全路段增设警示桩226根,施画人行横道线500多平方米。投资45万元在新325线和三和地段建立查报站。合理调整路口信号灯闪烁时间,确保信号周期候车通行。完成交通指挥中心、"110""119"报警台三台合一的改造。省道336线、335线、222线海门段均达到平安大道二等管理水平标准。

2005年,为基层交巡警新增350兆手持台,实现四级联网,查纠各类交通违章10.38万起,暂扣证件2.63万本,暂扣驾驶证164本,记分2.63万人次,拘留1人。三厂中队添置1台测速仪装备。统一施划交通标线282公里。29个路口进行渠化,3个灯控路口均安装倒数器,秀山路静海路口信号灯改装成多向位信号灯,设置电子警察4套,护栏8.05公里。建成区主干道交通标志482块,平均每公里9.03块,路口渠化率96.67%,人行横道132处,主干道平均每286米设有1处人行横道,建成区6米宽以上道路标线施划率100%,建成区内信号灯7个,对行人高峰流量未达一定程度的3个路口安装人行横道灯。

2008年,整改交通安全隐患28处,新建交通信号灯5套、黄色闪光警示灯13套,设置减速道钉369平方米、减速道板39条、交通警示牌89块、警示桩3900根,施划停车泊位196个、交通标线4.2万平方米。连续6次蝉联全国畅通工程C类城市优秀管理水平城市。

二、车辆管理

民国17年，县制定汽车注册、领照、检验等办法。民国22年，每半年对汽车进行1次检验。

1950－1969年，有汽车单位和个人直接到南通交通局办理车辆牌照、变更、转籍手续及车辆年检。

70年代，由原南通市管理的小型拖拉机、革新车（企业自制的三轮、四轮机动车）、轻便摩托车等小型机动车年度检验等，移交县交通局管理。

1985年4月，原由南通市交通局监理处管理的方向式拖拉机和二轮、三轮机动车的检验发证工作，移交县交通局监理所办理。1987年8月，道路交通管理移交县公安局，各类机动车初检合格，核发号牌、行车执照，初发、换发牌照，转籍、变更、报废及车辆检测等项管理由县公安局车辆管理所承办。全县有机动车5295辆。

1993年2月，县投资410万元建机动车检测中心，占地1.2公顷，1994年5月启用。检测中心负责对全县汽车年检，为客货车、轿车、工具车、客货两用车提供安全技术性能数据，对不合格车辆及时修理。1996年10月，市公安局车管所设立咨询室，解答群众办证、办照中提出的问题，提高服务质量。每月14－18日，分别赴包场、四甲、悦来、天补等中队设点，为二轮、三轮车和轻骑车主发放驾驶证。是年，交警大队重点整治无牌无证汽车、农用运输车、拖拉机、轻骑、残疾人专用车等上路行驶。出动警力650人次、联防队员494人次、社会人员2277人次，登记核查机动车1.12万辆，其中无牌证车1643辆，发现盗窃机动车或嫌疑车9辆，抓获犯罪分子3人，为951辆轻骑、摩托车办理牌证手续。1998年，发放牌证1.04万副，检验机动车1.5万辆。其中新车验车、领牌9608辆，外地车转入领照384辆。

2000年，小型拖拉机由市农机管理局检验，两轮和轻便摩托车到便民点接受检验。汽车、农用运输车、两轮、三轮、轻便摩托车，按照行驶证签注的有效时间到车管所检验。是年，机动车核发牌照1.41万副，检验2.05万台次。2002年，新车上牌由原来的11个流程合并为4个流程，由4小时缩短为1小时。2004年，开展对农用车、拖拉机交通运输安全专项整治，查纠农用车、拖拉机违章1744起，暂扣车328辆，督促办理机动车第三者责任险312辆。2005年7月，开展集中整治三轮车违法专项行动，对无证驾驶，拼装、报废三轮车上路、货运机动车违规载客，违规安装、无临时通行证的机动三轮车等重点整治。查处三轮车违法行为659起，查扣车辆12辆。2008年，检查登记车辆3123辆，查处交通违法行为1326起，对156辆公路客运车辆、60辆农村公交车、15辆校车进行上线检测。是年，有各类机动车20.56万辆。

三、驾驶员管理

民国22年，全省机动车驾驶员集中考试，合格者发给证照，准予在省内行驶。民国35年后，县每年定期年审执照。

1950－1975年，机动车驾驶员由南通市交通局管理。70年代中期，县直接办理小型拖拉机、革新车等机动车驾驶员的考核发证、年审。其间，凡手扶拖拉机、革新三四轮卡、轻便摩托车、小型机动车驾驶员的年审，由县交通监理部门办理和管理。每月10日、20日分别对手扶拖拉机、轻便摩托车驾驶员考试，对新增车辆初检。

1987年8月，驾驶员执照年审移交县公安局。是年年底，全县有机动车驾驶员7262人。1989年12月至1990年4月，开展百日交通安全竞赛活动，评定优胜达标单位14个、达标单位40个，优胜达标驾驶员22人、达标驾驶员2757人。是年，发生道路交通事故8起。

1991年，对机动车驾驶员逐一注册登记。1997年5月，交警大队年审工作交各交警中队负责。年审机动车驾驶员2.4万人，补审750人。2000年2月，成立南通市驾驶员安全管理协会海门市工作委员会，1.3万人加入“驾协”。2003年，对发生交通事故及记分达到一定分值的驾驶员定期上网公布，实行重点管理。是年3月，召开道路交通违章肇事集中公开处理大会，对发生重大交通事故、涉嫌交通肇事罪的3名嫌疑人实施公开逮捕，对23名无证驾驶机动车的严重交通违章者实行治安拘留。2004年，海门广播电台开办“你我同行”交通安全之声节目，进行交通安全教育；建成全省首家交通安全宣传教育基地。2005年，以关爱生命、安全出行为主题，在学校、企业、乡村开讲交通安全教育课，展示宣传图板620次，发放宣传资料1万余份；《海门日报》设置《红绿灯下》专栏；车管所组织计分满12分

图 23－5 公安干警在学校进行交通安全教育 （2008 年摄）

的驾驶员参加法律法规学习班 2 次，考核合格 27 人。2008 年，对 325 名客运司机进行面对面教育，没收 3 名客运司机驾驶证和从业资格证书，拘留无证、醉酒驾驶员 188 人，1780 名驾驶员参加交通安全知识竞赛。是年，有各类机动车驾驶员 13.18 万人。

附：交通事故

1986 年 10 月 10 日，万年乡黄某驾驶大货车，在海洪乡锦明村公路地段时遇顾某骑自行车同方向行驶，顾某斜穿公路，造成跌倒重伤，经抢救无效死亡。

1988 年 1 月 5 日，县建材厂驾驶员周某，途经汤家乡永顺村地段时，将施某撞成重伤，经医院抢救无效死亡。

1992 年 3 月 30 日，货隆镇个体客运户杨某无证驾驶小客车，从四甲镇驶往海门镇途中，将站在公路北侧的唐某及两名曹姓相继撞倒。两名曹姓被车轮辗压当场死亡，唐某在送医院途中死亡，车上两乘客受伤。

1998 年 7 月 4 日，王浩乡俞某，酒后驾驶摩托车，载二人，撞上同向骑自行车的赵某，致俞某、赵某、顾某、汤某受伤。俞某、赵某经抢救无效死亡。

2001 年 8 月 22 日，江苏水龙江山集团公司黄某驾驶小货车在瑞江路与陆某相撞，造成陆某受伤送医院抢救无效死亡。黄某肇事后逃逸，后被公安机关查获。

2004 年 9 月 10 日下午，三厂镇龙江村 30 组居民俞某持证驾驶三轮机动车装载 7 名乘客（核载 5 人），沿海门掘青公路由北向南行驶。行驶至三厂孝威村 7 组（化肥厂东侧）地段时，因车辆右后轮车轴断裂，导致车辆向右侧翻后起火燃烧，造成 4 名乘客死亡，驾驶员和 3 名乘客受伤的严重事故。

2005 年 1 月 22 日，江滨乡龚某驾驶轻型货车与张某的中型货车相撞，致王某死亡。

2008 年 7 月 23 日晚，沈某驾驶轿车至海门镇狮山路口时，将驾驶摩托车的蔡某和乘坐人肖某撞成重伤后逃逸，沈于 7 月 24 日下午被城区交巡警中队抓获。

1970－2008 年海门市（县）公路交通事故一览表 23－3

年份	事故（起）	死（人）	伤（人）	经济损失（万元）
合计	5708	1766	2794	878.15
1970	8	5	5	0.18
1971	8	4	2	0.29
1972	17	3	2	0.48
1973	12	2	11	0.23
1974	13	2	11	0.75
1975	30	3	36	0.84
1976	21	3	25	0.70
1977	25	3	15	0.99
1978	22	2	20	0.82
1979	46	7	33	1.77
1980	33	7	28	1.89
1981	42	8	25	2.47
1982	32	4	28	1.24
1983	44	4	75	3.41
1984	44	25	18	2.87
1985	42	18	29	1.88
1986	120	25	82	3.71
1987	132	33	85	3.18
1988	118	29	70	8.05
1989	70	27	32	5.82

续表 23－3

年份	事故(起)	死(人)	伤(人)	经济损失(万元)
1990	55	20	26	5.39
1991	82	30	43	4.83
1992	55	30	24	7.38
1993	73	37	28	13.62
1994	134	77	51	27.69
1995	168	97	60	32.88
1996	183	99	84	23.11
1997	110	105	20	13.85
1998	202	131	99	44.69
1999	168	131	60	96.76
2000	432	129	261	89.86
2001	422	92	251	94.85
2002	390	96	241	96.72
2003	351	81	233	92.20
2004	245	96	195	79.32
2005	140	91	88	24.21
2006	313	76	28	46.81
2007	838	78	229	29.30
2008	468	56	141	13.12

第九节　公安法制

一、执法监督

1987 年 10 月，县公安局对刑事、治安执法开展首次执法大检查。1991 年，县公安局把治安案件、收容教育、劳动教养以及部分报捕案件纳入法制监督审查范围。1992 年，对收容审查超时超范围问题监察把关，142 名收审的违法犯罪人员未发生 1 起行政诉讼。通过收审，破获刑事案件 102 起，缴获赃物赃款 25.5 万元，惩办 47 人，治安处罚 40 人。由每季自查、半年抽查，逐步向专题查、定量阅卷查、专项斗争阶段查转变。全年组织两次执法大检查，处理海门镇派出所上半年当场处罚中存在问题。

2000 年 3 月，对 12 个中队 37 个派出所自办案件、执法台账检查。是年检查 5 次，审核各类案件 436 件 478 人，建议刑拘 7 人、取保候审 296 人、解除取保 253 人、监视居住 37 人、解除监居 37 人、劳动教养 37 人、行政拘留 29 人、罚款 34 人。

2005 年，建立部门和民警执法档案，实行执法状况、执法质量、案件评判结果、执法质量考评信息化和公开化，优劣案件网上点评、执法问题网上通报、办案质量网上通报点评，执法状况定期通报分析，强化日常案件审核把关。审核案件 455 件。

2008 年，推行办理重大刑事案件全程录音录像制度，实行三级执法办案审核审批制度，组成执法监督委员会，对重大疑难复杂案件集体通案。全年审核案件 1083 件。

二、复议应诉

1992 年，汤家乡杨某未办运行手续，在长江边设临时渡口，载客渡江。汤家派出所到场劝阻，警告无效，对其处以行政拘留。杨不服提出起诉，公安局法制办组织复议，重新阅卷、调查走访，结论为对原告作出行政拘留的处罚完全恰当，执行处罚。

2000 年，有行政复议案件 9 起 11 人，维持 9 人，自行撤回 2 人；诉讼案件 9 起 10 人，维持 8 人，自行撤回 1 人，部门撤销 1 人；受理赔偿案件 2 起 5 人。

2005 年，受理行政复议案件 1 起，维持 1 起；受理刑事立案复议案件 1 起，维持 1 起；受理国家赔偿案件 2 起，不予受理 2 起。

2008 年，办理行政复议案件 11 起，维持 4 起，终止 1 起，未结 6 起。

第十节　科技强警

1998 年，市公安局刑警中队、中心派出所和查报站均配备指纹采集仪。1999 年，投入 100 余万元建成设备先进、功能齐全的指挥大厅。是年，建成海门公安信息网络。

2002 年，建成 350 兆集群通信系统为中心的公安通信网络，一线民警的手持台和车台配备率超过 60%。

2003 年，投资 70 余万元，开发市公安局警务信息综合管理系统，涵盖刑警、交警、巡警，公安业务和队伍管理全部内容，建成立体信息网。是年，集指纹活体采集、自动数码摄像、网络传输、自动比对、远程比对等功能于一体，提高比对质量，完成指纹识别系统的升级。

图23－6 2004年，“110”指挥大厅投入使用

2004年，市公安局为全省首家建成掌纹自动比对系统，装备掌纹活体采集仪的公安单位。是年，全面推行“110”“122”“119”三台合一建设，形成多警种合成作战、快速反应的指挥控制机制；筹资50余万元，完成“110”报警服务台系统升级改造，实现与公安信息网络并网运行，扩展功能开发空间，增加英语语音提示、网上接处警、电子地图、电话调度、恶意锁定等新功能，达到国内先进水平；完成“110”指挥大厅的搬迁和改造工作，融指挥、信息研判等功能于一体的指挥大厅投入运行；投入135万元，实施公安三级、四级网络扩容工程，建成双千兆到四级网交换机，百兆到桌面高速网络，市局所有四级网接入点建成100兆网络，同时将百兆高速网络延升至警务站及视频监控点，铺就一条立体交叉的信息“高速公路”。

2004－2005年，按社区住宅多元化布防、沿路沿街全天候防控、企事业单位全方位设防要求，打造标准化技防镇、标准化技防警务区、标准化技防内部单位。推广远程无线红外线报警接收系统，提高治安防控能力。推广CK、无线红外报警器、电子狗、门窗感应器等实用性技防措施。全市20个乡镇建成27条技防一条街，安装无线红外线报警器5000余个，有“110”联网的CK报警系统350个，电视监控系统82套，家庭报警网络系统32套，周界报警系统31套，城区安装楼寓对讲(可视)门512扇，重要场所安装电视监控系统244个。安装GPS卫星定位系统，对保安公司押运车、接处警车实行定位跟踪。2005年5月27日，接常州杀人抛尸案案犯可能潜逃海门的通报，市公安局抽调刑侦人员，迅速出击。当晚21时30分，在犯罪嫌疑人刘某暂住地将其抓获。

2007年，制定《关于建设现代化技防城市的实施意见》。2008年，全市建有监控系统550个、监控摄像头4150个，实现技防单位、技防一条街、技防小区70%以上，村(居)40%以上；布建27个治安岗亭，设置4个水上治安卡口和50个道路一级、二级治安卡口。城市治安监控系统覆盖全市主要街道、交通路口、治安卡口、高速公路出入口、重点单位、重点目标、金融单位内外门口、停车场、大型商场、码头、车站、居民新村、小区，科技防范建设与城市建设实现同步。至年底，电脑覆盖率每个民警拥有1.27台。是年，海门首批入围全省10个科技强警示范市。

第二章 检 察

第一节 机 构

清道光二十年(1840)至光绪三十一年(1905),海门厅沿用司法与行政合一体制。光绪三十二年(1906),设检察局。宣统元年(1909),设地方检察厅。民国元年(1912),成立县地方检察厅,专理刑事侦查、提起公诉和监督裁判执行。民国2年2月,废海门检察厅与审判厅,改设审检所。民国3年,撤销审检所,由县知事执行检察事务。民国16年5月,县知事改称县长,由县长兼理检察职权。民国34年,成立县司法处、军法处、联秘处,由县长掌管检察权。民国37年11月,临近解放,国民党县政府司法机构溃散。

1951年7月,筹建县人民检察署,是年10月,县人民检察署成立。1955年11月,改称检察院。"文化大革命"期间,检察工作被迫停止,由军管会代替。1978年10月,恢复县人民检察院。1979年10月,设刑事、经济、法纪检察组及办公室。1980年8月,设刑事、经济、法纪检察科及办公室。1981年8月,设检察委员会,内设办公室、刑事批捕科、刑事起诉科、监所科、调研科、控告申诉科、经济罪案举报中心、经济检察科、法纪检察科。1993年,增设民事行政检察科、驻税务局检察室、驻看守所检察室,刑事起诉科和刑事批捕科分别改称刑检一科、刑检二科。1994年6月27日,撤县建市,称市人民检察院。1996年8月,撤销经济检察科,建反贪污贿赂局。1997年10月,撤销驻税务局检察室。1998年6月,增设政治处,反贪污贿赂局内设侦查一科、二科和综合预防科,刑检一科、二科更名为审查起诉科、审查批捕科,调研科更名为法律政策研究室。2000年12月,成立法警大队。2003年9月,审查批捕科、审查起诉科、法纪检察科分别更名为侦查监督科、公诉科、渎职侵权检察科。2008年,设政治处、办公室、侦监科、公诉科、反贪污贿赂局(内设三个科)、渎侦科、民行科、控告申诉科、监所科、技术科、法警大队、人民监督员办公室、案件管理科等13个职能机构。

图23-7 市检察院办公大楼 (2008年摄)

1951－2008 年海门市(县)人民检察院历任检察长名录

表 23－4

机构名称	职务	姓名	籍贯	任职时间
县人民检察署	县委副书记兼检察长	张惠和	江苏启东	1951.7－1952.11
县人民检察署	检察长	袁殿卿	江苏海门	1953.2－1965.4
县人民检察院	副检察长(主持工作)	秦德明	江苏海门	1965.4－
县人民检察院	代检察长	沈 彬	江苏海门	1979.1－1980.12
县人民检察院	检察长	李 太	江苏启东	1980.12－1990.3
县人民检察院	检察长	陆介兴	江苏海门	1990.3－1990.12
市(县)人民检察院	检察长	刘炳生	江苏海门	1991.2－1996.4
市人民检察院	检察长	朱惠良	江苏海门	1996.4－2006.2
市人民检察院	检察长	严尚军	江苏如皋	2006.2－

第二节 刑事检察

一、审查批捕

新中国成立初期,县人民检察署主要职能是审核公安机关决定逮捕的反革命案件及其他刑事案件。1951 年,审核 252 件,责成公安机关追捕 30 件。1953 年,审核 42 件,经检察纠正错捕 3 件,被诬告关押 2 件。1955 年 1 月,受理审查批捕 2243 人,批准逮捕 699 人。8 月 20 日至 9 月 15 日,突击审查公安机关报捕案件和积存案件 1117 件,批准逮捕 233 人。1956 年,受理提请审查逮捕 286 人,批准逮捕 78 人。联合审查镇压反革命案件,复查 1954 年 12 月至 1956 年 8 月逮捕的反革命人犯和其他刑事人犯 852 人,纠正错捕 80 人,占逮捕人数 9.4%。1957 年,批准逮捕 136 人,批捕率 69.74%。1958 年,在"三类社改造"中受"左"的思想影响,批准逮捕 1794 人,批捕率 100%。1959－1963 年,贯彻少捕、少杀、少管政策,批准逮捕 554 人,批捕率 41.31%。1964－1965 年,批捕 89 人。

1966 年 5 月后,审查批捕工作受"文化大革命"冲击而中断。1968－1974 年,县公检法军事管制委员会代替检察职能。1975 年 1 月 17 日起,检察业务由公安机关行使。

1978 年 10 月,恢复检察院。至 1983 年,重点对危害社会治安、破坏经济建设、危害人民生命财产安全的刑事案件实施检察,受理公安机关提请批捕 1156 人。经审查,批捕 1001 人,不批准逮捕 106 人,退回补充侦查 39 人,公安机关撤回 10 人。1984－1986 年,严厉打击严重刑事犯罪,批准逮捕 677 人,重点打击对象 228 人,批准逮捕反动会道门分子 27 人。1987－1989 年,严厉打击破坏社会经济秩序的刑事犯罪,批准逮捕案犯 392 人,属重点打击的 176 人,释放重新犯罪人员 49 人。

1990－1997 年,受理公安机关提请逮捕 2416 人,经审查批准逮捕 1896 人,其中属重、特大案犯 733 人。1998－2000 年,严厉打击危害社会治安和人民财产安全及黄、赌、毒、娼等犯罪,受理公安机关提请批准逮捕 777 件,犯罪嫌疑人 1063 人,经审查批准逮捕 613 件,犯罪嫌疑人 804 人,其中重、特大犯罪嫌疑人 280 人,不批准逮捕 259 人。

2001－2005 年,受理公安机关提请批准逮捕案件 1100 件,犯罪嫌疑人 1628 人,经审查批准逮捕 1023 件,犯罪嫌疑人 1519 人,其中批捕盗窃犯罪案件 470 件,犯罪嫌疑人 695 人;批捕扰乱公共秩序的案件 87 件,犯罪嫌疑人 238 人。2006－2008 年,重点打击抢劫、抢夺、盗窃等侵财型犯罪以及爆炸、杀人、强奸、绑架等严重暴力犯罪和黑恶势力犯罪。2007 年,三厂镇发生 20 余人参与"5·30"重大聚众斗殴案,造成 1 人死亡、3 人重伤、2 人轻伤、9 人微伤的严重后果,批准逮捕犯罪嫌疑人 20 人,不批准逮捕 1 人(情节轻微)。3 年受理各类提请批准逮捕案件990件,犯罪嫌疑人1565人。经审查,批准逮捕900件,犯罪嫌疑人1401人。

二、提起公诉

审查起诉 新中国成立初,公安机关侦查终结的案件直接向法院起诉。1954年6－7月,县检察署试行刑事公诉制度,对贪污、盗窃、破坏统购统销等6类案件,经审查后向人民法院提起公诉。1954－1957年,受理公安机关移送审查起诉案件367件,决定提起公诉282件,免予起诉2件,不起诉52件,退回补查31件。1955年1月,县检察院承担对现行反革命和危害社会治安的刑事案件审查起诉。1958年,检察院、公安局、法院联合办公,提倡办案"大跃进",检察机关审查起诉的职能被削弱。是年,审查起诉案件1749件,提起公诉1556件,年终积存193件。1959－1961年,公检法合署办公期间,受理案件和审查积存案件542件,提起公诉535件,占受理数的98.7%,免诉1件,不起诉4件,退回补查2件。

1962年1月,检察院恢复独立行使对案件的审查起诉权。至1965年,受理公安机关移送审查起诉的案件301件。经审查提起公诉296件,免予起诉4件,不起诉1件。1966年,因"文化大革命"冲击,被"群众专政"所代替。1967－1973年10月,由县公检法军事管制委员会承担审查起诉职能,起诉各类刑事案件809件,其中政治性刑事案件349件。1973年11月,恢复县公安局和人民法院,刑事案件由公安机关侦查、预审,直接向人民法院提起刑事诉讼213件。1977－1978年,仍由公安机关履行审查起诉职能。

1979－1987年,受理公安机关移送起、免诉案件1511件1938人。经审查,依法对1338件案件1714人被告提起公诉,将8起案件可能判处无期徒刑以上刑罚的被告13人,移送上一级检察机关审查起诉,51起案件53人免予起诉,16起案件25人不起诉,退回公安机关补充侦查43件48人,积存15件18人。起诉的案件人民法院均作有罪判决。1988－1992年,受理移送起、免诉案件953件1372人。经审查向人民法院提起公诉742件1026人,移送上级院起诉37件71人,免予起诉79件139人,2名被告不起诉,退回补查22件43人。起诉的2案件因犯罪主体有精神病不负刑事责任外,法院均作有罪判决。1993－1997年,受理审查起诉案件1482件1965人,提起公诉1185件1461人,免予起诉205件229人,不起诉12件14人,移送上级院或其他院起诉38件96人。

1998－2000年,受理公安机关移送起诉、不诉案件929件1219人,其中退回重报案件79件165人。经审查提起公诉847件1082人,移送南通市检察院审查起诉27件46人,法院均作有罪判决,决定不诉1件1人。2001－2005年,受理公安机关移送审查起诉、不诉案件1785件2580人。其中退回重报案件64件166人。经审查,决定向法院提起公诉1707件2466人,移送上级院审查起诉26件43人,法院均作有罪判决。

2006－2008年,受理审查起诉案件1534件2406人,其中退回重报案件60件157人。经审查,依法提起公诉1452件2244人,决定不起诉47件59人。侵财型案件688件1027人,危害公共安全案件303件306人,妨碍社会管理秩序案153件396人。

出庭公诉 1955－1956年,选择重点案件试行出庭公诉15次,占起诉案件的4.8%,其余案件开庭时由审判员代读起诉书。1957年7月,履行代表国家出庭支持公诉的职责。向法院提起刑事公诉87件,法院交付审判74件,出庭公诉59件,占审判案件79.11%。1958－1961年,公检法合署办公期间,检察机关办理出庭手续,由检察员或公安侦查员代为出庭公诉计1840次。1962－1966年5月,出庭公诉296次。"文化大革命"期间公诉中断。

1978－1983年,对人民法院开庭审理的608件案件,均派员出席法庭主持公诉,并发表公诉词。1984－1990年,检察院派员出席法院开庭审理公诉案件1019件1309人,主持公诉和发表公诉词,就律师和被告人的辩护进行答辩。1991－1996年,出庭公诉案件1312件1699人。

1997年1月,施行修改后的《中华人民共和国刑事诉讼法》,改革庭审制度,形成控、辩、审三者分工、配合、制约的新格局,增强抗辩性,加重公诉人指控犯罪,提高公诉质量。在公诉蔡某流氓案庭审时,被告竭力否认犯罪事实,检察官出庭公诉举证,在庭审辩论结束后发表公诉词中指出,"本案不仅有证人证言,还有被害人及证人到庭作证,均证实被告侵害被害人的事实,被告的抵赖和否定,只能表明其不思悔改,请法庭依据事实,对照法律及被告的认罪态度，从严判处”。合议庭采纳公诉人意见。是年，出庭主持公诉192次，均发表公诉词。

1998－2000年，先后实行示范庭、观摩庭、考核庭和主诉检察官制度，推行起诉书双人署名、双人出庭支持公诉，诉前严格主证复核，出庭前预备抗辩的关键用语，庭后讲评优劣等。就公诉质量、公诉人形象、制服犯罪能力、庭审辩论等向人大、政协、纪委、法院、司法等相关机构印发公诉效果调查问卷，征求意见，接受监督。出庭支持公诉494次，发表公诉意见和抗辩意见均被法院采纳。2001－2005年，出庭主持公诉807次，未发生差错。

2008年，开展出庭公诉质量年活动，推行出庭预案和庭前证据、庭后评议展示、普通程序简易庭审改革等制度，规范出庭程序和用语。组织公诉人员参加观摩庭16次、示范庭10次。全年适用审判简易程序案件占起诉案件80%，无上诉、抗诉和改判发生。是年，出庭公诉471次。

三、未成年人犯罪检察

1978年，将矫正、预防未成年人犯罪作为检察院一项重要工作，严厉打击未成年人犯罪的教唆犯。至1988年，办理未成年人犯罪案件301件384人，因情节恶劣、后果严重、社会影响大的逮捕132人，提起公诉274人，免予起诉80人。对犯罪情节轻微、危害小、确有悔改表现的，由公安机关撤案23件30人。1989－1996年，办理未成年人犯罪案件167件208人，逮捕103人，提起公诉144人，免诉37人，公安机关撤案21人。1997－2000年，批准逮捕33人。提起公诉的未成年被告75人，其中犯盗窃、抢劫行为的62人，扰乱公共秩序和人身伤害13人。

2001年，制定《关于妥善办理未成年人刑事案件，加强预防未成年人犯罪工作的若干规定》，成立办理未成年人犯罪案件检察组，贯彻教育、感化、挽救的方针。公安机关提请批捕未成年人案件2人，经审查不予逮捕，检察院主动同其父母及所在学校联系，落实帮教措施，经检察决定不起诉。2001－2003年，经审查批准逮捕未成年犯罪嫌疑人23人，其中满14周岁不满16周岁的4人，在读生3人。向法院提起公诉的未成年被告48人，其中在读生10人。2002年4月，侦查监督科被南通市未成年人保护委员会授予优秀青少年维权岗称号。2004－2005年，经审查批准逮捕未成年犯罪嫌疑人38人，其中满14周岁不满16周岁1人，向法院提起公诉87人，其中满14周岁不满16周岁3人，在校生12人。被逮捕的未成年犯罪嫌疑人是前3年的165.22%，提起公诉的是前3年的181.25%，在校生犯罪比前3年上升12%。

2006－2008年，继续坚持对未成年犯罪嫌疑人执行教育、感化、挽救的方针和宽严相济的原则，尽量少捕、慎捕、少诉或采取分案诉。其间，未成年人胥某、朱某在多个公共场所寻衅滋事，引起群众围观，严重伤害被害人身心，社会影响大，犯罪嫌疑人主观恶性强，对胥某、朱某作出逮捕决定。公安机关提请逮捕的一起多人抢夺、盗窃案中，涉案的5个犯罪嫌疑人均系未成年人，其中陈某是在校生，系初犯且有悔罪表现，符合取保候审条件，决定不捕，并与校方商讨落实其复学和帮教。当年，陈某在南通市车工技能大赛中获得第一名。2008年5月，制定《关于在审查起诉阶段讯问未成年犯罪嫌疑人律师到场的暂行办法》，在南通市检察系统推广。2006－2008年，受理审查批捕未成年人犯罪案件29件64人，其中14周岁以上不满16周岁2件5人，16周岁以上不满18周岁27件59人。批准逮捕23件44人，其中14周岁以上不满16周岁1件2人，16周岁以上不满18周岁22件42人。不批准逮捕6件20人。受理审查起诉73件130人，其中14周岁以上不满16周岁4件4人，16周岁以上不满18周岁69件126人，在校生5件9人。决定起诉68件116人，其中在校生4件8人。不诉1件5人，退回撤案4件9人。

四、刑事监督

立案监督　1978年，检察院建立和完善侦查机关应当立案而不立案或者不应当立案而立案案件的立案监督。至1983年，纠正公安机关不应立案侦查案件10件。1984－1997年，在审查批捕中，提出检察建议书，纠正公安机关应当立案而不立案的10件，纠正不属于公安管辖立案侦查的案件1件。1988年，规范立案监督程序，对公安机关提请批捕、移送起诉的案件严格把关。至2000年，发出说明不立案理由通知书8份，公安机关主动立案1件；发出通知立案书5份，公安机关执行立案5件5人。2001－2005年，向公安机关发出说明不立案理由通知书31份和通知立案书2份，促使公安机关主动立案28件和执行立案1件。送达公安机关纠正违法通知书14份,监督纠正不应当立案而立案的案件13件20人。

2007年,吴某等人聚众斗殴案被评为省检察系统十佳立案监督案件。2008年,立案监督29件32人。

侦查监督　1978－1983年,检察院通过审查批捕、起诉、群众控告申诉和介入公安机关预审、勘验、搜查及甄别证人等侦查活动,实施侦查监督。在审查公安机关移送起诉轮奸一案时,案卷记录各被告人供述一致,但在复核主罪中一罪犯翻供,经检察承办人反复勘查现场,提审5名被告人,询问被害人,查清案件事实,发现原公安侦查人员以女犯编造的案情对其余4个被告人诱供所致,遂对4个被告人作出不予起诉决定,同时向公安局提出检察建议。1984－1997年,发现公安机关侦查人员在刑事侦查活动中,诱供、伪造讯问笔录内容等不合法行为或采用强制措施62次,除口头建议外,发出书面检察建议22份。

1998－2000年,重点对公安机关应当提请逮捕、移送起诉而未移送、适用侦查措施不当、侦查行为违法等进行侦查监督。介入公安机关重、特大案件侦查28件,向公安机关发出检察建议书26份,纠正违法通知书13份,追捕犯罪嫌疑人7人,追诉被告人1人。建议公安机关撤销案件11件13人。2001年,制定《关于在刑事案件侦查活动中加强联系的若干规定》,规范侦查取证,增强侦查监督。

2006－2008年,坚持侦查监督的严肃性和实效性。其间,公安机关两次报捕犯罪嫌疑人冯某寻衅滋事案件,在法定期限内未能提供犯罪嫌疑人已满刑事责任年龄的排他性证据,检察机关依法两次作出不捕决定,避免错捕发生。2006年4月,公安机关对徐某2004年的交通肇事立案侦查。移送检察院后,经审查发现公安机关违反刑事诉讼法相关规定,不及时立案,徐某归案后不及时制作笔录,造成被害人多次上访,向公安机关发出纠正违法通知书。与公安密切配合,提前介入疑难、复杂、重大案件,引导侦查人员依法取证和固定证据,保证该案快侦、快诉。3年间,向公安机关发出纠正违法通知书39件,侦查监督39件,追捕犯罪嫌疑人38人,追诉18件32人,建议公安机关撤案27件30人。

审判监督　1951年,检察署派员参加法院审判委员会和审判小组,监督重大案件的审判活动和审核已判案件。共审核已判反革命案件252件,纠正重罪轻判5件、轻罪重判8件、判决不当1件。1952－1955年,审核已判反革命等案件167件,纠正重罪轻判12件、轻罪重判29件。1956年,灵甸镇派出所一副所长因错误追赃,致1人自杀身亡一案,法院对该副所长判决不宜刑处,检察院提请南通检察分院提起抗诉,由南通中级法院改判有期徒刑1年零6个月。至1960年年底,联合法院复查890件案件,发现错判案件224件(主要是"三类社改造"时期的案件),由法院纠正处理。1961－1966年,审核反革命案件100件,建议改判25件。

1979－1983年,发现超审判期限15人次,向法院提出纠正意见。1984－1996年,发现法院庭审活动中,向被告人未送达或未按期送达起诉书副本案件3件,均当庭提出纠正意见,审判长采纳后,宣布暂停审理,改期开庭。其中不服法院判决向上级检察院提请抗诉4件,未得上级检察机关支持。对法院判决违反刑法"关于有期徒刑考验期限不少于1年"的规定的案件1件,及时提出纠正意见后,法院采纳改判。1997－2000年,对法院超过审理案件期限除口头提出纠正意见外,书面发出纠正审理违法通知书11份,均被法院采纳。2001－2005年,通过对审判活动和裁判的监督,提高庭审和裁判质量,未发生错判和误判。对程序违法实施监督,向法院提出逾期送达判决书、出庭通知书的违法纠正意见16次,法院作出纠正。

2007年4月,检察院与法院联合制定《关于部分公诉案件缓刑适用问题加强联系的意见》。2008年,重复监督已逮捕、法定刑3年以上及涉嫌职务犯罪可能判处缓刑的案件,提起公诉的上述三类案件宣告适用缓刑23人,同期下降20.7%。

死刑执行监督　新中国成立后,人民法院作出的死刑判决核准,终审后由公安机关执行。县检察院受上级院委托,指派检察员对执行死刑场所、方法和活动是否合法实施临场监督,并有中止执行权。1951年,海南区同济乡黄某因反革命罪被县法院判处死刑,经苏北行署核准交付县政府执行,黄犯在临刑前喊冤,临场监督执行的检察人员建议停止执行,后经查明原认定的事实证据不足,法院改判黄犯有期徒刑3年。至1957年,参与或协助上级检察机关执行死刑临场监督71次。1958－1965

年，协助上级检察机关执行死刑现场监督9次，检察员严格监督执行死刑全过程，并在执行死刑临场监督笔录上签字。“文化大革命”中，由县革命委员会和公检法军事管制委员会履行该职能。1978－2008年后，由南通市人民检察院按照法定程序派检察员对执行死刑临场监督。20世纪90年代起，县法院无死刑判决权。

第三节 反贪污贿赂检察

一、侦查

立案侦查 1952年起，县检察署负责重大经济案件侦查、起诉。至1954年，受理贪污案件线索12件，决定立案侦查6件6人，逮捕案犯5人，总额5760元。1955－1957年，受理贪污案件线索18件，决定立案侦查8件8人，追赃9400元。1958－1964年，经济犯罪案件由公安机关受理侦查。1965年，经济犯罪案件侦查权复归检察院。是年，立案侦查贪污案件6件6人，逮捕案犯5人，涉案金额2.07万元。1966－1976年，因“文化大革命”中断。

1981年，行使对经济犯罪活动的检察权。是年，受理经济犯罪线索19件，立案侦查13件15人，重大案件1件，决定逮捕8人。企业管理人员贪污案件10件，涉案金额11.25万元。1982年3月，5名经济犯罪人投案自首。是年，受理经济案件28件，立案侦查22件25人，逮捕11人，其中贪污、受贿案件20件，万元以上大案3件3人。立案数是前3年立案总数的200%，涉案金额17.56万元。1988年，受理经济犯罪线索31件，立案侦查14件。其中贪污案9件，其他经济犯罪案5件。1989年3月22日，接群众举报，侦破县棉麻公司张某、崔某等贪污、受贿3万余元大案，4月1日实施刑事拘留，当晚有9人投案自首，交出现金3.1万元。是年8月，受理投案自首24人，其中万元以上大案4件，收缴赃款13.33万元。

1991－1995年，以查处大案要案为重点，受理贪污、贿赂等经济案件线索556件，立案侦查188件，逮捕案犯73人，其中贪污、贿赂案129件，占立案侦查数的68.6%。万元以上重、特大案件83件，占贪污、贿赂案件64.34%，涉案金额994.4万元。1996年3月，原由检察机关负责的部分经济犯罪案件划归公安机关侦查立案。8月，撤销经济检察科，成立市检察院反贪污贿赂局。1996－1997年，受理贪污、贿赂等案件线索252件，立案侦查93件100人，逮捕20人。万元以上重、特大案件46件，涉案金额1141.6万元，是前5年的114.8%。1998年，突出查办党政机关、司法机关、行政执法机关和经济管理部门的贪污贿赂案件。查处市某信用社原主任施某等人，以收取贷款为由抬高放贷利息和以拆借资金为名收取“宣传费”，虚设账户，贪污公款140余万元。1999年，查办水利局水建公司会计施某贪污91万元，破获水建公司经理陈某贪污、受贿53万元，立案侦查水利局局长施某贪污、受贿1136.5万元的大案。

2001－2005年，将涉及国家机关人员的犯罪线索和大案要案作为查办重点。侦查某乡镇党委书记陆某、副书记江某、镇长张某等受贿、挪用公款案。立案侦查某局现金会计吴某挪用公款119万元和市某医院收款员张某采取隐匿、销毁业务收入日报表办法，贪污120万元的两起女性犯罪大案。其间，共受理贪污、贿赂等案件线索126件，决定立案侦查108件110人。2006年，发现市第四人民医院院长黄某、第二人民医院院长顾某利用职务之便，在采购医疗器械等业务中，各自收受供应商贿赂5万元以上的重大嫌疑，立案侦查。2007年，发现时任市建设局副局长、市政协委员吴某，于1995－2007年9月利用担任市自来水公司经理和分管职务便利，收取承揽工程建设及安装业务承包商的贿赂。立案侦查期间，主动交代收受贿赂21.05万元人民币、2000美元。

2008年，在水利、土管等系统排查犯罪线索，立案侦查涉农职务犯罪10件。其中市农业资源开发局开发科科长陈某，在农业开发项目机耕桥、涵洞和泵房等工程中，收受外县、市工程建设公司及个体户的贿赂11.3万元。探索律师介入反贪污贿赂侦查活动机制，制定邀请律师旁听审讯、律师介入侦查、向律师通报案情等暂行办法和规定，其经验被省高检院转发推广。

1998－2008年海门市人民检察院贪污贿赂案件立案一览

表23－5　　单位：件、元

年份	受案（件）	立案（件）	立案案件经济数额								职级	
			0.50万元	1万元以上	5万元以上	10万元以上	50万元以上	100－500万元	500万元以上	涉案金额	科级	处级
合计	292	215	3	104	59	41	–	6	2	5124.56	31	4
1998	40	15	–	11	–	3	–	1	–	142.54	2	–
1999	26	19	–	15	1	2	–	–	1	1672.50	–	1
2000	39	22	–	16	4	2	–	–	–	152.47	2	–
2001	43	30	3	16	5	6	–	–	–	263.41	5	–
2002	32	31	–	17	6	8	–	–	–	120.75	2	1
2003	21	21	–	14	5	1	–	1	–	226.75	–	–
2004	15	12	–	1	5	4	–	2	–	372.03	3	–
2005	16	15	–	10	3	–	–	2	1	1540.60	2	1
2006	20	15	–	3	12	–	–	–	–	127.47	5	1
2007	22	17	–	1	8	8	–	–	–	304.79	8	–
2008	19	17	–	–	10	7	–	–	–	201.25	2	–

侦查终结　1952－1954年，检察署侦查终结贪污等案件6件6人，均提起公诉，挽回经济损失0.57万元；由公安机关侦查终结的贪污案件直接起诉20件。1965年，县检察院侦查终结贪污案件6件6人，起诉5人，免诉1人，挽回经济损失2.07万元；公安机关侦查终结起诉贪污案1件。

1979－1981年，侦查终结贪污等经济犯罪案件11件，提起公诉8件10人，免予起诉2件2人，撤案1件1人。1982年，侦查终结贪污等犯罪案件18件21人，法院对提起公诉的11件11人均判有罪。对具有投案自首、立功表现等情节的7件10人，决定免予起诉。1988－1990年，侦查终结贪污、贿赂等经济犯罪案件90件，提起公诉48件54人，免予起诉39件44人，撤案3件7人。1991－1995年，侦查终结贪污等经济犯罪案件191件，提起公诉101件105人，除挪用公款案1件1人法院作无罪判决外，其余均作有罪判决，免予起诉88件93人。

1998－2000年，侦查终结四甲齿轮厂领导合谋贪污、受贿案，查明厂长吴某、财务科长奚某等人与外部人员勾结，以虚增厂房工程造价、虚设优质工程奖，收受回扣和私分应纳税款等手段，贪污、受贿6.1万元。查结齿轮厂部门经理袁某利用职务之便，专营销售该系统废金属，收受某废金属回收公司承包人包某17万元。

2001－2005年，侦查终结原供销大厦、医疗部门和发生在乡镇、站、所重大个案。查结民政局原副局长郭某在有奖募捐活动中收受奖品供应单位贿赂3.5万元，粮食局原副局长杜某利用采购代农油、发放代农油费用、帮他人联系购买菜粕之便，收受贿赂7.27万元。

2006年3月，侦查终结乡镇领导干部经济犯罪大案。经查明，德胜镇原镇长张某利用职务之便，贪污、挪用、骗取财政资金和开发资金1468.05万元，10多次往香港、澳门赌场赌博挥霍殆尽。是年12月，南通市中级人民法院判处张某无期徒刑，剥夺政治权利终身，并处没收个人财产。2007年7月，立案查处市民政局原副局长兼殡仪馆馆长倪某利用职务受贿案，查明收受贿赂人民币51.5万元、美元800元，判处有期徒刑5年零6个月，并处没收财产20万元。2008年1月，接群众举报立案查处首例社保资金案，查明劳动和社会保障服务所原所长李某利用职务便利，先后多次从社保资金中提取现金15万元，用于个人消费，涉嫌挪用公款罪。法院判处有期徒刑 2 年,缓刑 3 年。

1998－2008 年海门市人民检察院侦查终结贪污贿赂案件一览

表 23－6　单位:件、万元

年份	立案侦查	侦查终结	终止侦查	提起公诉	有罪判决	不诉	移送	撤案	挽回损失	备注
合计	212	210	2	183	183	9	13	5	3153.32	
1998	15	15	–	13	13	–	–	2	112.54	
1999	18	18	–	18	18	–	–	–	62.27	
2000	22	22	–	22	22	–	–	–	97.45	
2001	30	30	–	28	28	1	–	1	271.10	
2002	31	30	1	20	20	1	9	1	307.09	
2003	21	21	–	15	15	4	2	–	94.41	
2004	12	11	1	10	10	–	1	1	200.27	
2005	14	13	–	10	10	3	1	–	132.19	
2006	15	14	–	14	14	–	–	–	176.00	
2007	17	18	–	18	18	–	–	–	700.00	
2008	17	18	–	15	15	–	–	–	1000.00	积存起诉 3 件

说明:表中“终止侦查”是指法定原因终止侦查;“移送”是检察院向纪律检查委员会或公安机关立案、并案处理

二、贪污贿赂预防

1978 年,检察机关依法承担监督国家机关、企事业单位工作人员的经济犯罪活动的责任,开展媒体宣传和清理“小金库”等活动,预防贪污贿赂犯罪。1984 年,开展对县属企业、乡镇企业管理人员预防犯罪宣传教育。定点、定期进行法制宣传,对重点单位提出检察建议和意见;帮助乡镇建筑、纺织、机械等 16 个企业制定预防措施,建立回访制度。1991 年,成立预防工作领导小组,着重对县属企事业单位开展预防犯罪工作,采取打击和预防相结合,推行个案预防、行业预防、专项预防、定期回访等制度。

1997 年,按照刑法和刑事诉讼法规定,原来由检察院承担的查处乡镇企业、私营企业内部经济犯罪的职能划给公安机关负责,检察院预防重点转向“三机关一部门”及国有公司企业、社会团体等的职务犯罪。针对预防犯罪,提出参考意见,促使预防犯罪工作规范化、常态化。2000 年,市第四人民医院原院长戴某等受到查处,对医药行业实施检察监控,发出检察建议。市卫生局采纳检察建议,建立重大医疗设备采购报批审核和药品优质竞价市场机制,有效防止药品采购过程中贿赂犯罪的发生。《检察日报》头版头条作专题报道。

2001 年 6 月,县成立预防职务犯罪指导委员会。至 2002 年,检察院同工程项目负责人签订廉政建设责任状和预防协议书 14 份,对交通工程招投标全程监督,牵头审计核查,节约各类工程费用 1500 万元。2003－2005 年,预防公务人员贪污贿赂,实行联席会议制度,制定市《关于在建筑市场和政府采购活动中推行“廉政准入”制度的意见》,完善系统预防、专项预防、个案预防、法制宣传的立体预防体系。在教育、医药卫生、交通、建设、供电、金融、邮政等单位开展系统预防,针对各系统案发特点提出检察建议 10 份。市制定《关于在农村公路建设中做好预防职务犯罪工作的意见》,在工地设廉政信箱,大宗材料纳入招投标,未发生一起违法犯罪案件。结合办案开展个案预防,发出预防建议书 48 份。开展法制教育和警示教育,作专题报告、举办法制讲座 30 场次,在市委党校、市公安局看守所分别建立预防职务犯罪法制教育基地和预防职务犯罪警示教育基地。

2006－2008年，侦结的50件案件中，公务人员及相关人员涉及工程领域的贪污贿赂犯罪28件。应对工程建设领域的腐败现象频发，注重专项治理与个案预防相结合，实行工程建设临场监督的同步预防。介入各类工程项目41个，其中千万元以上工程项目21个，涉及工程造价近4亿元，派员参与工程招投标、隐蔽工程查验、随机抽查验收，同工程双方签订廉政协议80份。在水利、建筑、建行及国土系统，多次举行联席会议，帮助建立预防网络。市检察院积极推动水利、国土系统职务犯罪预防工作的经验被省院推广。结合办理农村建设中出现的职务犯罪和发现的违法违规行为，主动进行社会调查，《关于在新农村建设中预防农村基层组织人员职务犯罪的建议》被市委转发。在涉农领域打击和预防经济犯罪的经验得到省院赞扬。

第四节　反渎职侵权检察

一、侦查

立案侦查　1951年，县检察机关履行“对于地方国家机关的决议、命令和措施是否合法，国家机关工作人员和公民是否遵守法律实行监督”的职责。至1957年，受理53件，立案侦查12件。1958年，检察院停止侦查该类案件。“文化大革命”期间，由公检法军管会替代。

1981－1984年，受理法纪案件线索95件，立案侦查8件10人。在邮电系统侵权违法行为专项治理工作中，发现天补邮电支局殷某隐匿数百份报刊及信件行为，以涉嫌破坏通信自由罪立案侦查。1985－1989年，以查处玩忽职守、非法拘禁和重大责任事故等渎职侵权犯罪为重点，对受理的137件案件线索进行初查，立案侦查27件32人，其中重大责任事故造成5人死亡，直接经济损失132万元，逮捕4人。群众举报，海门铝材厂负责人及供销人员在采购原材料过程中被骗数百万元。经查，该厂供销员蔡某有涉嫌因严重不负责任而造成大额资金被骗的事实，以玩忽职守罪立案侦查。

1990－1992年，以查处侵权（非法拘禁、非法管制、非法搜查、非法侵宅）和渎职案为重点，受理案件74件，立案侦查26件31人，决定逮捕2人。其中玩忽职守案7件，重大责任事故案8件，其他案件10件。决定逮捕2人。1994年，首例立案侦查某派出所一合同民警在刑事案件侦查中，向被侦查对象关系人泄露侦查方向和侦查意图，致使涉案的5人出逃。1996年3月，原由检察机关受理民间和企业侵权渎职型犯罪划给公安机关管辖。检察机关专管国家工作人员的渎职犯罪和职权犯罪。1997年，把查处司法机关和行政执法机关工作人员的徇私舞弊、贪赃枉法犯罪作为重点，立案查处国家机关工作人员伪证和徇私舞弊案各2件。侦查市公安局预审员与六匡派出所副所长故意作伪证，致使犯罪人逃避刑事处罚的案件。法纪检察科因办案成绩突出，被南通市检察院记集体三等功。1998－2000年，受理和初查渎职侵权线索34件，立案侦查2件。立案查处一起玩忽职守案：看守所某民警严重不负责任，在办理释放在押人员手续时，未认真履行核实程序，错将一名重大盗窃犯罪嫌疑人释放，致使刑事诉讼中断。

2006年，接群众举报，对南通华雄电子材料公司法人代表有职务侵占线索进行侦查。经调查取证，确定三厂镇财政所副所长黄某、三厂镇企管办原负责人蔡某在改制中渎职，造成集体资金流失243万元。2008年，赐宝新型薄板有限公司工地发生1人死亡事故。调查发现市建筑工程管理局安全监督科原副科长陆某，明知该施工现场无项目经理、安全员等管理人员，发出整改或停工通知，未采取有效措施，导致死亡事故发生，决定立案侦查。

1998－2008年海门市人民检察院渎职侵权案件立案一览

表23－7

年份	受案(件)	立案侦查(件)	其中				造成经济损失(万元)
			行政机关(件)	司法机关(件)	经管部门(件)	其他(件)	
合计	99	25	15	5	2	3	4493.30
1998	13	2	–	2	–	–	–
1999	4	–	–	–	–	–	–
2000	17	–	–	–	–	–	86.00
2001	9	3	1	1	–	1	–
2002	13	3	1	1	1	–	404.00
2003	7	2	–	1	–	1	5.10
2004	13	4	3	–	–	1	1050.20
2005	8	3	3	–	–	–	2057.00
2006	6	2	1	–	1	–	243.00
2007	4	3	3	–	–	–	600.00
2008	5	3	3	–	–	–	48.00

侦查终结 1951－1957年，侦查终结侵犯公民人权等案件12件，提起公诉2件，其余转监察机关和区公所处理。1954年3月，检察署首次侦查终结刑讯逼供、侵犯人权一案。查明三星镇供销合作社经理沈某、副经理陈某伙同会计，以怀疑职工林某偷皮棉为由，私设公堂，对林某及其亲属捆绑吊打、坐老虎凳等酷刑逼供的事实，将主犯陈某提起公诉、判刑。

1980－1983年，侦查终结渎职侵权等犯罪案件6件7人，提起公诉3件4人，决定免予起诉2件2人，撤案1件1人。1984－1989年，侦查终结县铝材厂原负责人朱某、蔡某因接受贿赂严重失责，造成被骗254万元，其中132万元无法挽回一案。对某村尹某纠集10人以捉奸为名，夜闯民宅，将妇女拳打脚踢、撕短裤、剪头发、捆绑示众3小时的非法拘禁一案侦查终结，尹某被追究刑事责任。期间，共侦查终结玩忽职守、非法拘禁、重大责任事故等犯罪案件25件31人，其中提起公诉17件22人，决定免予起诉6件7人，撤案2件2人。1990－1992年，侦查终结某闸管所负责人陈某，不按规章制度开闸，造成重大沉船事故，致使2人死亡的玩忽职守案，提起公诉。海门姜某、许某与通州市成某等3人与安徽省临泉县李某有经济纠纷，将李某5岁男孩从临泉县骗至海门藏匿50多天，检察院配合临泉县检察院成功解救，并对其3人非法绑架案提起公诉。其间，侦查终结渎职侵权等案件26件33人，提起公诉8件11人，决定免予起诉17件21人，撤案1件1人。1993－1995年，侦查终结渎职侵权及重大责任事故等犯罪案件24件24人，提起公诉6件6人，决定免予起诉17件17人，撤案1件1人。

1996－2000年，侦查终结各类侵权渎职犯罪案件10件10人，其中提起公诉5件5人，免予起诉3件3人，不诉2件2人。2001－2005年，侦查终结14件14人，其中提起公诉13件13人，判处有期徒刑8件8人，免予刑事处罚4件4人，决定不诉1件1人，撤销以事立案1件，挽回经济损失857.3万元，2745万元无法挽回。其间，分别侦查终结某镇长茅某、财政所长任某玩忽职守，接受他人贿赂，造成397万元的集体资产损失，移送起诉。侦查终结某局财务审计科科长严某、总账会计冯某，不履行职责，致使现金会计吴某擅自开现金支票数十次，提取大额现金，制造虚假的银行对账单，提起公诉。

2006－2008年，针对渎职侵权涉案公务人员居多，具有反侦查能力和人脉关系复杂等特点，采取秘密取证和公开侦查相结合，运用技术手段固定证据等办法，将立案侦查的8个案件全部侦结。提起公诉的5件5人，法院均作有罪判决，决定不诉3件

3人。其间,侦查终结原某镇党委书记李某在担任汤正公路拆迁副总指挥期间,滥用职权,提高拆迁房屋补偿标准,从中收受拆迁户贿赂一案。提起公诉判刑。

1998－2008年海门市人民检察院渎职侵权案件侦查终结一览

表23－8　单位:件、万元

年份	侦查终结	终止侦查	提起公诉	有罪判决	决定不诉	撤销案件	挽回经济损失
合　计	24	1	19	19	5	1	869.30
1998	2	–	1	1	1	–	–
1999	–	–	–	–	–	–	–
2000	–	–	–	–	–	–	–
2001	3	–	2	2	1	–	–
2002	3	–	3	3	–	–	–
2003	1	1	1	1	–	1	5.10
2004	4	–	4	4	–	–	759.20
2005	3	–	3	3	–	–	57.00
2006	2	–	1	1	1	–	–
2007	3	–	1	1	2	–	–
2008	3	–	3	3	–	–	48.00

二、渎职预防

1951－1965年,检察机构人员少,预防工作未展开。1978－1996年,所办案件大多为重大责任事故、“三非”①、绑架、诬告、重婚等案件时有发生。重点预防企业重大责任事故发生,会同劳动局、工会等部门对企业进行安全生产检查21次,向发案单位和企业发出检察建议38份,落实整改措施,消除事故隐患。1997年,预防国家机关、执法机关、经济管理部门、国有企事业单位工作人员的侵权渎职犯罪。1997－2000年,贯彻打击和预防并举方针,将国税、地税、公安、建筑等单位,作为预防渎职犯罪的重点,发出检察执法检查通知。在相关部门配合下进行拉网式检查,对执法随意、处事不当、玩忽职守、制度缺陷等提出整改意见41条,得到省检察院肯定和推广。2001－2005年,围绕侦办的渎职侵权案件开展一案一建议、一案一预防,发出检察建议14份,参与案发单位研究制订防范措施15次,专题调研群众反映强烈的热点问题,提出整改意见。2003年,对公安机关禁赌工作中存在的民警违法违纪现象调研,收集资料,撰写论证充分、对策性强的调查报告,引起公安部门高度重视。

2006年,通过在市直机关考察,选择聘任15名渎检信息情报员。参与联合执法5次、重大责任事故调查7次,定期查看各个行政执法部门执法台账及处罚资料,纠正违法,防止犯罪案件发生。2008年,就2007年行政执法信息平台的报表进行综合分析,行政罚没款实际收缴率90.34%。对执罚率低的行政执法部门检查,分析执法现状、难点和违规环节,预防执法违法。

第五节　民事行政检察

一、裁判监督

立案审查　1951－1990年,民事案件裁判监督

① 三非:非法拘禁、非法搜查、非法入侵住宅。

由人民法院执行。1991 年 4 月,《中华人民共和国民事诉讼法》规定,除法院自行或接受当事人申诉后发现原裁判确有错误,启动审判监督程序对案件再审外。检察院发现法院裁判确有错误,应当按照审判监督程序提出抗诉。1993 年,成立民事行政检察科,依法受理当事人或其他利害关系人不服法院已经发生法律效力的民事行政判决、裁定提出申诉,行使监督权。1993 – 1997 年,受理民事行政申诉案件 53 件,立案审查 21 件,占受理数的 40%。村民姜某不服法院民事赔偿判决向检察院申诉,经阅卷和走访调查,姜某和另一人共同建造房屋时,所请泥工在吊楼板中违章操作跌地受伤,花去医疗等费用4521.45 元,原审法院漏列另一人为诉讼参与人,判决中不分事故责任,判姜某一人承担赔偿,显属不当,后立案重新审查。

1998 – 2000 年,贯彻“敢抗、会抗、抗准”以及“公正、公开、合法”原则,办理当事人申诉案件。受理民事行政申诉案 184 件,立案审查 50 件,分别是前 5 年的 353.8% 和 238%。2001 – 2005 年,在南通检察系统范围内首创民事行政检察联络员制度,提高民事行政检察工作质量。受理当事人不服法院判决的民事行政申诉案 217 件,立案审查 109 件。

2006 – 2008 年,敞开案件入口,畅通申诉渠道,加大民事审判和行政诉讼活动的监督力度,受理各类民事行政申诉案件 105 件,立案审查 73 件。受理朱某因与黄某、施某道路交通事故人身损害赔偿纠纷,不服法院民事判决申诉案。经对申诉材料审查后,当日决定立案审查,借阅原审卷宗发现原判决认定事实不清和适用法律错误,拟进入提请抗诉程序。

抗诉　1951 年,由法院自行启动审判监督程序,对生效的民事判决案件再审。1993 年起,检察机关立案审查民事申诉案件,对同级法院一审的已经发生法律效力的判决、裁定审查认定主要事实证据不足,或适用法律错误,或违反法定程序,向上级院提请抗诉。对二审生效判决不服的申诉,经上级院交办,审查后认为符合抗诉条件,即向上级院提出建议抗诉。至 1997 年,审查终结 21 件,提请抗诉 5 件,中级人民法院裁定发回重审,法院改判 1 件。

1998 – 2000 年,推行民事行政检察律师代理申诉制度,试行申诉案件公开审查听证,办案质量显著提高。审查终结 50 件,提请抗诉和建议提请抗诉 45 件,启动法院再审程序,改判 11 件,再审调解结案 1 件,法院采纳 1 件。2001 – 2005 年,对当事人申诉的案件,重点审查原审法院审理查明的事实与案件客观事实是否一致和实体与程序是否正确。除抗诉外,还采用检察建议的监督方式。审查终结 109 件,提请抗诉和建议提请抗诉 69 件,向法院发出再审检察建议书 15 份,启动法院再审程序,改判 20 件。

2006 年,市经济开发区某拆迁户超面积房屋被拆迁后冒领拆迁安置补偿费一案,检察机关运用支持起诉的监督方式,支持开发区管委会以原告身份起诉该拆迁户。在庭审中提出“要求该拆迁户返还冒领的拆迁安置补偿费”的支持起诉意见被法院全部采纳,挽回经济损失 3.11 万元。2006 – 2008 年,立案审查的民事申诉案件 73 件,审查终结后提请上级院抗诉 24 件,建议上级院提请抗诉 17 件。经上级检察院抗诉,人民法院再审改判 12 件。向人民法院提出检察建议 3 件,法院改判 3 件。履行支持起诉和督促起诉监督各 1 件。2008 年,潘某等 4 人(受害人申诉)与黄某等人及单位的道路交通事故损害赔偿纠纷案抗诉成功,给受害人依法增加赔偿金额。该案以《多出的十四万元死亡赔偿金》为专题,在南通电视台《法治纵横》栏目播出。

二、调解息诉

1993 – 1997 年,有 30 名申诉人的申诉被息诉。1998 – 2000 年,民事行政申诉案件逐年增加,对不符合抗诉法定条件的民事申诉案件,运用申诉人所申诉案件,依法释案,使 57 名申诉人主动服判息诉。某镇叔侄之间因 6000 元借款纠纷诉至法院,判决其叔归还借款,叔不服法院判决而申诉坚持称借钱早已归还,法院误判。检察科审阅案卷后,同其侄谈话,告知其叔的申诉是一种权利,应当理解。同时说服其叔败诉的原因是没有证据证明钱已归还,或可能借据没有收回。法院判决以书证为客观依据是符合法定相关条例的,申诉人表示服判息诉。

2001 – 2005 年,检察机关主动协助法院执行和解案件 10 件。受理申诉案息诉 11 件。2006 – 2008 年,办理执行和解案 16 件,再审案件中促成调解结案 6 件,避免案件当事人重复申诉、上访。

第六节　控告申诉检察

一、申诉　信访

1951年，检察署秘书组兼管控告、申诉信访。至1965年，共受理接待信访2823件次，自行查办671件，联合查办41件，转有关部门处理2111件。1966－1976年，因“文化大革命”而中断。

1978年，信访工作由办公室负责。至1984年，受理来信来访2028人次，自行查办475件，移送有关部门处理1188件，直接答复94件，其余存档。1981年8月，设控告申诉检察科。至1987年，受理586件，自行查办242件，属有关部门处理267件，直接答复26件，其余存查。

1988－1997年，受理群众来信来访4625件次，自行办理1940件，属有关部门1980件，直接答复160件，其余存查。1998－2000年，受理信访1204件，其中属检察院管辖646件，非检察院管辖558件，署名274件，单位举报6件。经审查，自行办理235件，直接答复139件，存查25件。检察院把不服政法机关刑事判决的越级上访、重复上访、缠诉户作为申诉复查重点，慎重调处，公开答复，避免越级上访和矛盾激化。

2001－2005年，受理申诉24件，立案复查17件，不立案2件，分送部门处理2件，直接答复3件；维持原决定11件，改变原决定1件，不抗诉1件，息诉4件，并落实政策。2006年，制定检察机关与市调处中心的协商制度，试行“检调对接”机制。要求检察机关诉讼环节的轻微刑事案件所涉及民事赔偿部分、民事行政执行和调解及控告申诉的涉检信访，经审查协调后，移送市各级社会矛盾纠纷大调解中心。以非诉讼方式调解，缓解社会矛盾，减少上访。是年，获南通检察系统涉检信访问题赴省进京零上访先进单位，被省检察院授予文明接待室称号。2007年，检察机关受理的审查起诉黄某涉嫌故意伤害一案，查明被害人因其母亲与邻居朱某争吵而上门揪扭，一脚将朱某踢成重伤。通过了解当事人平时邻里关系融洽，案发后被告能积极将受害人送医院救治，并主动投案。决定移送调处中心对所涉民事赔偿部分先行调解。被告接受支付1.45万元医药费外再赔偿1万元，取得受害人谅解。法院采纳检察机关从轻量刑的建议，判处被告有期徒刑3年，缓刑4年。是年，办理和解案16件，再审案件中促成调解结案6件，避免、化解案件当事人重复申诉上访。

2008年8月，审查起诉黄某抢夺1000元一案，鉴于黄某为在读高中生，经沟通后被害人主动配合检调对接。由于该生悔改态度诚恳，表示以完成学业回报社会，对其作出不起诉决定。是年，市检察院被最高检察院授予文明接待室称号。至2008年，3年受理群众信访547件，其中属检察机关管辖的举报268件；申诉79件，其中刑事申诉6件、民事行政申诉73件；向公安、法院、行政执法等部门分流处理信访279件。其间，检察机关巡回接待信访61次，发放告知卡、联系卡、反馈卡2000余份。

二、举报　控告

1951年，检察署受理群众举报、控告。1952－1956年，在镇压反革命、“三反”“五反”等运动中，受理群众对党政干部违法违纪行为的举报98件，其中县政府转办4件，并审查处理。1957年，取消检察机关侦查和一般监督职能，受理举报、控告的审查工作中断。1965年恢复侦查后，受理审查政府机关在“五反”运动中揭露的贪污案件7件。“文化大革命”期间中断。

1978年，举报线索的初查主要由侦查部门进行。至1983年，初查经济犯罪、渎职犯罪举报线索86件，立案侦查56件。1984－1987年，按照“分级负责，归口管理”的原则，控告举报线索，统一由控告申诉科登记备案管理。受理举报控告线索377件，其中经济检察部门审查157件，法纪检察部门审查90件，其余由控申部门审查或存查。1988年7月，成立经济罪案举报室。1989年8月，增设举报电话，日夜值班，接受投案自首45人，受理经济案件举报线索168件。

1993年6月，将经济案件举报室更名为举报中心，专设举报接待室，每月15日、30日为检察长接待日。至1997年，受理举报2083件，其中属于检察机关管辖的经济案件线索1152件，法纪案件线索247件。1998－2000年，举报中心对性质不明难于归口、情况紧急必须及时办理、群众多次举报未查处的举报线索327件进行初查，其中属于严重失实举报的27件，一般履行职务违法和不符合追究刑事责任的281件，移送反贪污贿赂局立案侦查19件。2001－2005年，受理刑事及一般违法控告807件。受理举报线索567件，其中举报贪污贿赂类线索468件，渎职侵权类线索99件。

2006－2008年，初查举报线索94件，移送侦查职能部门立案9件，办理上级院、市人大等交办案件44件，协调其他部门处理和告状无门的29件。初查举报某村干部在新农村示范点建设中贪污线索，发现村务不公开、建账不规范、随意支出引发群众猜疑和不满，经查并无贪污行为。及时向该村提出健全村级财务、管理公开、阳光操作的检察建议，在村民代表参与下，公开答复初查结果，村干部、村民、举报人均释疑满意。依法初查江心沙农场数十名农民举报该场管理区领导接受经销商贿赂、高价购进复合肥的犯罪案件，经3天初查获取的证据证实，3年中4名管理区主任利用购买复合肥收受回扣10万元的犯罪事实，移送反贪污贿赂局立案侦查，对2名管理区主任提起公诉，另2名移送纪委处理。其间，控告申诉部门受理举报线索268件、控告218件。经审查，其中举报贪污贿赂、渎职侵权犯罪线索174件，移送侦查机构处理，属于控告有关部门及人员一般违法行为的190件，移送纪委或主管部门调处。

第七节　监所检察

一、监内督管

执法监督　1951－1955年，检察署秘书组对灵甸镇劳改队和看守所管理活动进行检察。看守所所长俞某利用职务之便挪用、贪污公款，检察署及时向公安局通报，将其调离。1956年，成立监所检察组。至1965年，坚持每月检查看守所1次，纠正未决犯与监外人员随意接触、适用保外就医不当、愈后不收监，打击在押犯继续犯罪。对犯人在伙房劳动中随意外出洗澡、接触外来人员等违规现象，向公安部门建议加强管理。其中监督发现一贯道道首陈某进监后散布不满言论，在监房内发展道徒，向法院提起公诉，加重对该犯惩处。同时，看守所接受检察建议，加强对重刑犯的管理和教育。“文化大革命”期间，主要由公检法军事管制委员会行使监督看守所职权。

1978－1983年，监所由刑事检察部门兼管，纠正超侦查期限羁押、超审限羁押17人，纠正混管混押25人。1981年8月，设置监所检察科。1997年5月19日，海门看守所208监房在押犯向哨兵挑衅，哨兵擅自停止该室人犯放风，使用警棍打人，引起该室犯人绝食事件。检察院会同看守所查处，建议武警中队严肃处理。至1997年，发现并纠正无证羁押2人，未及时释放8人，无证释放5人，不符合羁押条件4人，超期羁押119人次，混管混押人犯120件次。武警值勤战士滥用警戒、与女犯谈情、通风报信等违法违规5起，律师违规会见被告人4起，协助公安部门打击牢头狱霸和在押人犯再犯罪活动。

1998－2000年，公安机关超期拘留2人，法院一审、二审超期审判造成超期羁押被告37人，书面纠正意见31次、口头意见8次，均得到落实。其间，书面纠正公安机关违法收押6人、未及时释放2人、违法释放1人、违规使用戒具1次。2001年7月4日，看守所收押安徽籍犯罪嫌疑人张某，入所登记年龄16岁，无其他身份证明。经查明，因其不满16周岁于7月16日依法释放。2003－2005年，市制定《纠防超期羁押联络办法》，设立联络员网络，利用多媒体信息系统的预警功能，发出预警提示80次，催办48件，督办5件。

2006－2008年，检察收押在押2439人、出监2370人，向执法机关发出羁押期限届满预警提示函和预警通知2580次、到期督办87件，发出检察建议29次。监所检察科发现4名在押人语无伦次、精神异常，督促办案单位作精神病鉴定，经鉴定确患精神病，随即办理释放手续。纠正涉嫌盗窃的不满16周岁2人、怀孕妇女3人、身份错定1人，不符合收押条件，予以释放。对负责分管103监室的管教民警，因疏于管理而造成该室在押人员互相欺负事件进行监督，经公安机关专项整顿，处以民警降职与经济罚款。

执行监督　1951－1965年，因条件所限，被判无期徒刑的罪犯，无法及时解送劳改场所，群众又不同意其就地监督，致使部分已决犯留所服刑，检察机关提出的“投劳”建议无法落实。1966－1977年，因“文化大革命”而停止。

1978年恢复检察院，执行监督工作因人员不足而未能履行。1984－1997年，纠正法院判决书误算刑期1件。纠正不按期交付执行12件和被告人上诉二审未结不应交付执行1人。对不符留所服刑的罪犯建议投送监狱服刑12人。对看守所提请公安部门呈报法院裁定减刑、假释对象70人，检察依法监督，严格审查，不同意减刑、假释3人。采纳检察建议减刑、假释2人。1995年，根据1993－1995年监狱违法拒收投劳罪犯14人的事实，撰写《关于投劳犯人退回率多的情况分析》，省、市院《检察简报》予以转载。

1998－2000年，书面纠正公安机关违反规定不交付执行罪犯48人、释放和假释不当2人。2003－2005年，书面纠正不交付执行的罪犯6人，对呈报留所服刑犯减刑的39人，严格把握呈报减刑条件，不同意减刑、假释2人。

2006－2008年，纠正未及时投劳1件，介入监督所办理提请余刑1年以上罪犯留所服刑12人。核查看守所拟呈报减刑33人、裁定减刑33人。

安全监督　1978－1983年，对在押犯进行监规教育和上法制课5次，促使在押犯坦白交代余罪30多条，检举揭发提供案件线索50条，查出监房违禁品70余件。对死刑犯重点检察，保证安全交付执行。1981年8月，发现羁押在看守所的人犯黄某、陆某等8人，企图集体越狱逃跑，侦查起诉后，为首的黄、陈两犯以越狱罪并处，被法院判处有期徒刑15年，4人被分别判处有期徒刑3－7年，2人因坦白检举而从轻处罚。

1984－1997年，给在押犯上法制教育课119次，受教育案犯5288人。对5708名案犯个别谈话，使150名重危案犯情绪得到稳定。防止在押犯逃跑、自杀等重大事故10起，保证41名死刑犯安全交付执行，50名在押犯补充交代余罪400多条。130名案犯检举他人犯罪线索386条，一批积案、隐案告破，28名刑事犯罪分子被依法追捕。1998－2000年，重点对杀人、抢劫、投毒等47名重危犯监督，发现和处理重犯图谋越狱逃跑2起、企图自杀4起，提出安全防范建议101次。对在押人员教育19次，受教育3000余人次，揭发犯罪线索81条，经查属实9条。

2001－2005年，配合查监77次，单独查监20次，查处违禁品168件，提出安全防范建议150次，消除事故隐患32次。给在押人员上法制课37次，获取坦白及检举揭发线索149条，查证属实35条，追捕、追诉21人。2003年12月，一在押犯检举揭发发生在启东境内一起杀人案件，移送启东公安部门侦查，于2004年告破。

2006－2008年，实施安全检查11次，配合所方查监32次，查出违禁品85件，消除安全隐患19件。监督监所关闭影响哨兵视线的小工厂。办理监所审查批捕案件16件20人，审查起诉21件35人。受理在押人财产型申诉案89件90人，挽回申诉人经济损失15万元。其间，一维吾尔族犯罪嫌疑人在监绝食、吞异物对抗关押，会同监所方采取每天专供清真食品，特许家属探监，允许维吾尔族节日打亲情电话等，消除其对抗情绪，判决后顺利投送南京监狱转至新疆服刑。

二、监外督管

1951年，检察机关仅配合有关执法部门在专项治理中，检查基层治保组织、民兵监督监外执行罪犯的情况。“文化大革命”中，对监外执行罪犯的监督被群众监督代替。1984年，恢复对监外罪犯执行监督，每年不少于1次，把检查情况形成报告，报上级监所检察部门和本级人大常委会，抄送公安、法院、司法等机关。至1997年，检察监外执行的罪犯2431人次，发现并纠正法院、公安机关法律文书不全、交付执行不及时、刑满未宣布解除等734件次。对2名罪犯监外执行条件消失、不接受监管改造，建议收监执行。2001－2005年，检察监外执行罪犯196人次，针对家庭、社区、单位管教不足和罪犯表现，提出检察建议进行改进61次，建议对4名监外执行罪犯收监执行。2002年6月11日，组织海门镇、三厂镇监外执行罪犯，在海门刑事法庭听取对3名监外执行罪犯再犯罪案件的宣判，促使犯人自觉改造。

2006年，加强社区矫正检察，严防监外执行罪犯脱管、漏管。2007年8月，成立市核查纠正监外执行罪犯脱管漏管专项行动小组，在《海门日报》登载《诚邀全社会监督监外罪犯》一文，并将监督电话予以公布。是年，接群众举报，某镇矫正对象陆某借口到南京、淮阴等地打工，办理请假手续后，私自出国到新加坡做工。检察机关从市公安局出入境管理调查发现，陆某在缓刑期间有多次出国记录，同时其母亦供出儿子出国的相关事实。市法院、市社区矫正工作领导小组办公室、村委会、建筑工程总承包公司接到限期整改检察建议后，对相关责任人予以处理。至2008年，先后6次参加市社区矫正领导小组、政法委组织的全市社区矫正工作检查。

第八节 案件质量管理

一、督察

1951年，检察诉讼案件质量监督，主要采取事后复查实现。1955－1956年，受"左"的思想影响，检察机关审查批捕涉嫌反革命罪和刑事犯罪852人，经复查核实发现错捕、不应捕、可捕可不捕187人。1957－1966年，受理的诉讼案件，按照授权范围对案件分为自行决定、县委或地委决定、南通分院决定、省院决定四级管理，实行公检法合署办公，联合办案。1958年"大跃进"时期，检察机关失去对案件质量的监督，所逮捕1749人犯中，属于错捕、不应捕、可捕可不捕有229人。"文化大革命"期间，检察机关停止活动。

1978年11月1日，恢复县检察院。1979年，参与公检法案件复查组，平反假案、纠正错案、昭雪冤案，复查"文化大革命"中县军管会和县革委会办案组判处的刑事案件1259件，其中反革命案件407件中，予以平反265件、改判6件；一般刑事案件852件中予以平反、改判的90件。至1987年，所受理的案件，在检察诉讼环节上未发生错案。

1988年10月，反贪污贿赂局（经济检察科）、渎职侵权检察科（法纪检察科）停止履行批捕、起诉权，取消公安机关移送批捕、起诉案件程序，由专设侦查监督（批捕）科、公诉科，分别承担案件的批捕、起诉，增强内部互相制约、互相监督力度。至2000年，实施对刑事案件和职务犯罪案件嫌疑人的捕、诉程序和实体环节质量跟踪监督，未发生错捕错诉、漏捕漏诉。2001－2005年，设立案件质量管理办公室，承担对公安部门移送的刑事案件和检察院立案侦查的贪污贿赂、侵权渎职案件的办案流程及质量监督。形成专门督察与各业务部门相互监督、相互制约的一体化监督机制。部门之间的案件移送，除办理移送手续外，须填报并随案移送案件质量跟踪表，便于及时发现、纠正、防范执行刑事诉讼各个环节上的违法违规现象，做到规范执法。2006－2008年，完善案件承办人、案件质量专管员、部门负责人、检务监督四级把关的案件质量评查机制和责任体系，定期抽查刑事、民事诉讼案件计150件，未发现案件在诉讼期间的检察程序中存在实体错误。

2008年6月，设案件管理科。重点对不捕、不诉、不立案；撤案、撤诉；认定无罪的监督和赃款赃物收缴监督，通过提请批准逮捕意见书、起诉书、判决书，一案一查一对照，发现问题及时纠正。受理监督批捕案件150件197人、公诉案件254件326人，审查逮捕意见书150份、起诉书224份，制作一案一评查报告60份，开具各类法律文书138份，登记审查法院、公安机关移送的相关法律文书395份。是年6月11日，公安部门移送审查起诉张某盗窃案的当日，已是侦查期限的最后一天，但移送审查起诉书落款为是年6月12日，立即要求公安部门予以纠正，防止超期羁押事件发生。同年，经审查法院送达的（2008）海刑初字第0208号刑事判决书，发现该判决书把被告人杨某写成陈某的严重错误，即向法院提出纠正意见，法院重新更正判决书送达。

二、人民监督员制度

2003年9月，成立人民监督员办公室，承担检务督察和检察委员会办事机构的工作，实施人民监督员对办案质量的监督。经市人大、政协和有关组织的推荐、考察，选配11名政治坚定、公道正派、有较高法律专业水准的人民监督员，其中人大代表、政协委员占54.5%。检察机关办理的自侦案件中，凡被逮捕的犯罪嫌疑人不服逮捕决定和拟撤销案件、拟不起诉的"三类"案件，须经人民监督员监督，人民监督员发现检察院办理自侦案件有应当立案而不立案、超期羁押、违法搜查（扣押、冻结）、应当刑事赔偿不赔偿、办案人员徇私舞弊及贪赃枉法的"五种情形"之一的，有权提出纠正意见。

2004年，为主动接受人民监督员监督，组织学习检察院查办职务犯罪的法律依据和办案流程。2005年8月，公诉科对反贪污贿赂局移送审查起诉的某镇农经站办事员王某挪用合作基金4.4万元一案进行审查，认为该案证据确凿、事实清楚，但犯罪情节轻微,社会危害小,拟不起诉,经检察长批准向人民监督员和办案人员发出人民监督员监督案件通知书,经监督评议会评议,一致同意检察院对王某作不起诉决定。是年,组织人民监督员活动4次,进行一般性监督4次。

2006－2008年,监督评议"三类案件"7件8人,其中不服逮捕决定案件1件1人、拟不起诉案件6件7人,人民监督员评议会以多数票同意检察机关的意见和决定。办理"五种情形"监督案件4件,邀请人民监督员进行案件回访、旁听逮捕告知程序、察看审讯录像、临场监督搜查、参与案件质量监督、旁听庭审等监督活动80次。实行约见人民监督员制度,让人民监督员接触涉案当事人及其亲属,听取反映,发现问题,实行监督。人民监督员在下乡调研时,听到举报人反映检察机关没有对某村党支部书记、村主任周某贪污行为立案查办,即向检察机关提出建议,经检察长审批,交由侦查监督科承办。查明后告知人民监督员,将该案移送市纪委处理并无不当,不属于应当立案而不立案的范围。

图23－8　2007年,市检察院召开人民监督员案件监督评议会

第九节　检察鉴定

1998年前,检察机关不承担案件的技术鉴定,诉讼案件(包括自侦案件)涉及需鉴定或重新鉴定,均由上级检察机关技术部门或公安、法院司法鉴定机构执行。1999年12月,成立技术科,受理和侦查各类案件诉讼过程中的现场勘验、技术取证、检验、鉴定、文证审查和技术协助案件,同时参与其他司法机关或接受同级司法机关委托的检验鉴定案件。至2002年,办理技术案件275件,其中文证审查14件、鉴定18件、现场勘验1件,提供技术协助142次,出具鉴定文书37份。

2003－2005年,建成三级专线网络和局域网,实现侦讯全程数字监控,成功探索文书鉴定新方法。办理各类技术案件590件,其中视听技术案331件、检验129件、出具鉴定文书127份,现场勘验3件,审查法医检验鉴定书22份,出具文证审查意见书17份,出具司法鉴定书3份。同期,协助公安、法院和其他检察院完成文件鉴定业务。

2006－2008年,以网络基础建设和规范物证技术工作程序为重点,对新配置的内外网点、机房设备、侦查指挥中心系统进行调试和维护,添置100台电脑实现网上办公,加强计算机检察信息保密管理。办理各类技术案件716件,其中视听技术209件、同步录音录像360件、技术支持147件。文件检验鉴定46件,出具检验鉴定书46件,无一差错。

附:陆佳明技术鉴定发明专利

2003年7月,海门法院委托检察院技术科进行文件检验鉴定,对诉讼证据的一份"欠条"字迹与印文形成先后顺序进行鉴定,随即将该案送省人民检察院技术处鉴定,应用vsc－2000文检仪检测,无法做出正确判断。面对这项国内检验难题,检察院技术科陆佳明主动承担研究任务。7－10月,陆佳明到海门复写纸厂、上海印油印泥厂等单位调查、咨询,辨别印油印泥、各种墨水、圆珠笔油、复写纸油等所含的化学成分的基本特性,用钢笔、圆珠笔、黑色中性笔、蓝色复写纸复写的文字,分别与红色印泥印文,进行交叉书写、盖印试验,经显微镜照相、扩印,将试验资料样本予以特性鉴别,建立不同的试验样本特性资料30多种。对碳素墨水字迹与印文、蓝黑墨水字迹与印文等特征,采用显微镜照相特征比对法，取得成功，作出准确的鉴别和鉴定。对海门法院委托的文件检验案件，进行鉴定，形成文件检验鉴定书，法院采纳，经文件双方当事人认可，调解结案。

2003年10月，陆佳明的《试论显微镜照相特征比对法——对字迹与印文交叉重叠先后顺序的鉴别》论文，在省检察院技术工作会议上交流。经省多位文检鉴定专家论证，认为陆佳明使用的方法设备要求低、可操作性强、准确率高。11月10日，市检察院向国家知识产权局提交该技术发明专利申请，被受理。2004年，初审合格。2005年7月25日，国家知识产权局授予市检察院发明专利权，发明创造名称：对字迹与印文交叉重叠先后顺序的鉴别方法。12月21日，获取发明专利证书。这是全国检察机关第一个获得国家专利权的职务发明，填补字迹与印文鉴定领域空白。

第三章 审　判

第一节 机　构

一、民国政府审判机构

民国元年(1912)，县设地方审判厅和检察厅，专理境内的司法事务。地方审判厅设推事1人，审判长问案，录事记录，审判民事案件。民国2年3月，县审检两厅合并为审检所，实行县知事兼理司法制度，实际上仍然实行行政和司法合一制度。民国3年，县实行承审员制度，即由县知事直接办理司法事务，承审员协助处理。县知事掌管诉讼记录、统计、文牍及其他有关司法事务。

民国16年5月，县知事改称县长，知事公署改为县政府。司法事务仍由县长兼理，另配承审员协助，承审员对县长负责，县长对高级法院负责，行使司法审判和监犯看守职权。民国34年，抗日战争胜利后，建立国民党海门县政府，沿用县长兼理司法承审制度。民国35年9月，成立县司法处。民国36年，成立县军法处。司法处设审判官，专理民、刑审判业务。军法处设承审员，协助县长行使军法审判。同年2月，国民党政府颁布《戡乱时期危害国家紧急治罪条例》，专门镇压共产党员和爱国进步人士，县级由国民党军、政、宪、特专门组成秘书处，受理、侦查、审判案件。

二、民主政府审判机构

民国29年11月，新四军东进海门，建立县抗日民主政府。次年9月，成立县司法科，负责司法行政事务。民国31年，撤销司法科。民国34年5月，抗日战争形势日趋好转，行署机关驻地逐渐稳定，恢复东南行署司法科。

民国35年1月，成立苏皖边区第一行政区东南行署民事审判法庭，具体负责司法行政工作。3月，成立县政府司法科。同时成立县政府刑事和民事审判法庭，负责审理刑事案件和调处民事纠纷。11月，对民、刑两庭组成人员进行调整和充实。12月，国民党军队集中兵力向海启地区进行全面“清剿”，司法科及民刑事审判法庭撤销。

三、人民法院

1949年1月，海门全境解放，县人民政府接收国民党县政府及其所属司法处和看守所。刑事治安事宜由公安局办理，民间纠纷调解由民政科负责。9月，成立县人民法院，专司审判工作。

1950年11月12日，配合土地改革运动，成立县人民法庭，在汇通、三厂区设立分庭，审判业务由县人民法院指导。1951年6月，成立审判委员会。1953年8月14日，为保障第一次普选工作顺利进行，县法院分别在江家、包场、茅家3镇建立人民法庭。11月29日，又在三星、常乐、余东3镇建立人民法庭。1954年7月31日，为贯彻全国第二次司法会议精神，分别在新南、包场、余东地区成立巡回法庭。同时，县法院建立民事审判组。1956年4月，建立刑事审判庭，撤销3个巡回法庭，组成麒麟、余东2个人民法庭。6月，设法律顾问处、公证处。1957年，“两处”撤销。

“文化大革命”期间，公检法机关实行军管，建立县公检法军事管制委员会，成立审理组，负责司法业务，各基层法庭停止工作。

1973年11月17日，撤销县公检法军事管制委员会。19日，人民法院恢复办公。1974年1月30日，建立余东人民法庭(1975年10月17日，更名为包场人民法庭)、悦来人民法庭。1975年10月17日，建立四甲、三厂人民法庭。1976年7月31日，建立天补人民法庭。1983年12月2日，建立海门镇人民法庭。1990年，县法院下辖海门镇、天补、三厂、悦来、包场、四甲6个基层人民法庭。

1991年7月12日，县法院建少年法庭。1992年4月，县人民法院建立政工科。1995年，建立法警队。1996年6月，建立少年刑事审判庭和案件质量查评室。1997年9月，法警队更名为法警大队。1998年，撤销余东法庭。是年6月，政工科更名为政治处，建行政管理科、纪检监察室。1999年10月，撤销告诉申诉庭，建立案庭、审判监督庭和书记处。2000年，撤销麒麟、海门镇法庭。2001年，撤销民庭、经济庭，建立民一庭、民二庭。2002年10月，撤销执行庭、书记处、案件质量查评室、行政管理科、执行局和研究室。2003年7－12月，撤销天补法庭、悦来法庭。2004年7月1日，包场、四甲法庭合署办公。2008年，市人民法院内设政治处、犯监科、审委会办公室、办公室、研究室、行政装备科、司监科、审监庭、法警队、刑庭、少年庭、速裁中心、立案庭、民一庭、民二庭、执行局及警察大队和开发区人民法庭、包场人民法庭、四甲人民法庭、工业园区人民法庭等机构。

图23－9　市法院办公大楼　(2008年摄)

1949－2008年海门市(县)人民法院院长名录

表23－9

机构名称	职　务	姓　名	任职时间
县人民法院	县长兼院长	赵一平	1949.9－1949.11
县人民法院	副县长兼院长	沈计达	1949.11－1952.4
县人民法院	院　长	陆　成	1953.2－1954.4
县人民法院	院　长	顾启祥	1954.4－1957.2
县人民法院	院　长	沈　瑜	1957.8－1960.1
县人民法院	院　长	沈　彬	1960.12－1964.12
县人民法院	院　长	朱彦伦	1965.1－
县人民法院	院　长	陈金寿	1973.11－1979.1
县人民法院	院　长	朱彦伦	1979.1－1984.3
县人民法院	院　长	钱兰忠	1984.3－1990.12
市(县)人民法院	院　长	卞兴周	1993.2－2002.11
市人民法院	代院长	刘惠冲	2002.11－2003.1
市人民法院	院　长	刘惠冲	2003.1－2007.11
市人民法院	院　长	邱建国	2007.12－

附：汪伪政府审判机构

民国28－29年，汪伪统治初期，县政府称知事公署，设知事。民国30－31年，改称县政府，设县长。民国31－34年，改称江苏省第一清乡督察专员公署海门特区公署，行政长官称署长。在整个汪伪统治时期，均沿用县级行政长官兼理司法的承审员制度，设司法承审员、军法承审员。

第二节　刑事审判

民国元年（1912），县地方审判厅受理以抢劫、偷盗为主的刑事案件，采用刑讯逼供。民国5年8月，《通海新报》披露“海门审判盗窃案件时，运用天平十字架、老虎凳、仙人跳等残酷刑罚”。民国3年，海门王杨村荡沙地发生抢沙夺荡奇案，陆械人、王象山为圩岸界线引起纷争，经县省两级讼所未能解决。民国7年11月，由省委派赵委员与县知事赵占元，于18日子夜三更，带领90余人，乘船实地丈量，查得王杨村原有28290亩中600亩土地被王象山并吞，事实清楚。传双方到场，均无异议，表示服诉。民国18年起，县政府受理案件对象多数是中国共产党人和爱国民主人士。民国35－37年，审结案件333件，大多数共产党员和革命群众惨遭杀害。

民国35年3－5月，县抗日民主政府在解放区开展惩奸反霸斗争，先后在十二匡镇、包场镇，海南区灵东、光烈乡，富余区陶家庙等乡镇，公开审理一批罪大恶极的汉奸、卖国贼。5月，全县判处有期徒刑73人，没收非法所得全部财产132人，没收部分财产688人，其他处罚的119人，51人特殊处理。

民国35－37年，国民党海门县司法当局审理刑事案件333件。其中，大多数共产党员惨遭杀害。民国36年12月，国民党政府颁布《戡乱时期危害国家紧急治罪条例》，专门审理共产党员、革命干部。

新中国成立后，为肃清反革命残余势力，保卫土地改革运动，恢复社会正常秩序，县人民法院对一些仇视中华人民共和国的反革命分子、社会流氓、土匪恶霸进行惩处。1951年3－8月，重点惩办匪首、特务、反动党团骨干、反动会道门头子，共判处反革命分子835人，其中死缓8人、无期徒刑15人、有期徒刑303人。其他处罚98人，特殊处理411人。

1950－1952年，“三反”“五反”运动中，依法惩处一批贪污、盗窃国家财产的罪犯，一批投机倒把、捣乱市场的犯罪分子。审结案件1628件，判决处理620件，判处徒刑396人、其他处罚418人、释放115人、特殊处理11人，计940人。

1953－1966年，对一些刑满释放剥夺政治权利期间，仍不思悔改的反革命分子以及破坏社会主义建设、行凶杀人、抢劫放火、贪污盗窃、强奸妇女的犯罪分子进行审判，共审理6402人，其中判处死缓28人、各种徒刑3702人、处罚2153人、宣布无罪439人、特殊处理80人。

“文化大革命”期间，法院审判工作受挫，对一些落后言论、违法行为也认定为罪犯，造成不少冤假错案。1974－1976年，审结案件253起，审判案犯265人，其中死缓4人，各种徒刑28人。

1978年9月，迷信杀人犯姜小娥，装神弄鬼，以替人看病为由，信口胡言，编造谎词，流窜海门、南通等地，造谣惑众，骗取钱财。9月28日，该犯替新建公社的季某妻子“看病”，在季家摆设神坛，邻居许某带领5岁男孩屈俊祥前去看热闹，姜犯口中念念有词，指认屈俊祥为“落水鬼”，将孩子衣服剥光，双膝骑在孩子身上，卡住孩子喉咙，还用树棍乱打孩子的头部、胸部，又叫季某舀来开水，自己动手，将屈俊祥活活弄死。社员陈某的6岁男孩被姜某以同样手段活活弄死。1980年5月28日，在县人民体育场召开万人参加的宣判大会，判处姜某死刑。

1983年8月，开展严厉打击严重刑事犯罪活动的斗争，重点打击杀人、强奸、抢劫、流氓犯罪分子。是年，审结案件261件354人，其中判处死缓1人、各种徒刑267人、处罚78人、8人作特殊处理。根据中共中央、国务院和全国人大常委会决议精神，打击经济领域贪污、诈骗、受贿、盗窃等经济犯罪。9月5日，在县人民体育场由万人参加的公开宣判大会，依法审理朱宗鑫（又名朱和尚）流氓集团案。1981－1983年间，朱伙同曾犯流氓罪的张永康、陈某结成流氓团伙，从事暗娼、卖淫、鸡奸、吸精等流氓犯罪活动。经查，朱以认“寄亲”的手段，给压岁钱、借钱资助的名义，引诱容留5名妇女卖淫。先后接纳20多人搞嫖娼奸淫活动。年龄最小的17岁，最大的75岁，多次奸淫多名妇女。罪犯张永康等人进行鸡奸、吸精等流氓淫乱等犯罪活动，情节特别恶劣，后果严重，民愤极大，判处首犯朱宗鑫、张永康死刑，判处陈无期徒刑，其他案犯同时受到法律制裁。

1986年，判处各类经济犯罪案104件147人，为国家、集体挽回经济损失71.64万元。1988年8月，县人民法院刑事审判庭设立少年刑事案件合议庭,坚持惩办与教育相结合原则,执行教育、感化、挽救方针,注重启发、疏导,寓教于审。至1990年,审结14岁至不满18岁的未成年刑事案件38件49人,判处5年以上有期徒刑1人、5年以下40人、缓刑5人、管制3人。

20世纪90年代,刑事审判加大打击力度,每次开展严打专项斗争。1991年1月,成立少年法庭,专司少年犯罪审判。1994年下半年,开展反盗车辆专项斗争,当年判处盗车犯罪10件14人。1990－2002年,法院审结各类刑事案件3215件,作出有罪判决4140人次,其中判处16年以上有期徒刑144人、宣告无罪20人。家住万年镇天齐村5组的陆某父子三人横行乡里、流氓勒索、暗偷明抢、殴打无辜、危害一方的案件,分别被判处有期徒刑15年、11年和10年。2004年,受理刑事案件388件,审结387件,依法判处537人,依法判处贪污、贿赂、挪用公款等犯罪案件11人,罚没犯罪分子非法财物,为国家和集体挽回经济损失513.3万元。2006年,刑事立案476件,审结469件,判处罪犯746人,召开宣判大会6次,举行法律讲座、法律咨情26次。2008年,受理各类案件9938件,审结9786件,各项审判质量、效率指标,居南通市各县(市)之首。

图23－10 刑事公开审判现场 (2008年摄)

第三节 民商事审判

民国时期,民事案件中以沙案、离婚及财产纠纷居多。民国29年(1940),审结各类案件24件。民国35年,审结37件。次年审结85件。

新中国成立初期,民事案件主要是婚姻、继承、土建、房屋、劳资等。1950年5月,《中华人民共和国婚姻法》颁布,广大群众特别是青年妇女,强烈要求解除封建包办、强迫买卖婚姻关系,婚姻纠纷大量涌现。当月,人民法院受理婚姻案47件。法院组成检查组,赴海中、四甲、三厂等6个区检查,及时处理婚姻案件。1949年至1957年,审结民事案件6303件,其中婚姻案件3240件,占51.4%。1958年,在"左"的思想干扰下,把民事案件与阶级斗争相联系,把某些财产权益纷争视为资本主义倾向进行批判,升级为刑事案件。是年,审理民事案件262件。

1960－1966年,审理民事案件3084件,其中离婚案件2166件,占70%。

"文化大革命"初期,民事审判陷入停止状态,致使不少婚姻、财产等纠纷激化而演变为刑事案件。

1973年,县人民法院恢复办公,开始注重民事审判工作。1978年后,随着民法通则、继承法及新婚姻法等民事法律的颁布与实施,人民群众懂得运用法律手段保护自己的合法权益。1978－1990年,审结民事案件8147件,其中婚姻3290件、扶养747件、房屋670件、债务1042件,涉及赔偿1189件、继承336件、其他873件。在民事审判中,坚持走群众路线,调查研究,以调解为主,协商解决。1989年,受理民事案件4375件,审结4346件。其中婚姻1338件、民间债务纠纷2148件、人身损害赔偿334件、其他类555件。化解集体上访和集团诉讼等矛盾激化案29件。1987－1990年,在审结民事案件中调解6081件,占民事案件数的74.6%。

1990年,审结民事案件1470件,经济纠纷1394件,为集体收回欠款224.77万元。是年5－6月,法院接受银行、信用社提出489件支付申请,收回贷款102.42万元。1992年,审结民事案件1583件、经济案件226件,为企业挽回经济损失160余万元。1995年,受理民事案件1971件,审结1976件。1998年,受理经济纠纷871件,审结877件,诉讼标的额8497.83万元。

2000年,受理民事案件4246件,审结4223件,审结率99.46%。民事审判坚持平等、公正、自愿、合法原则,降低判决率,提高调解率。2003年,受理民事案件3362件，审结3299件，结案率98.13%。其中受理婚姻纠纷1112件，占民事案总数33.08%，债务案777件，民事赔偿类409件。各类经济纠纷案件704件，审结674件，结案标的额1.38亿元。在经济合同案件中，受理购销合同案207件，借款合同案320件，企业破产案15件，为企业回收债款795万元，帮助企业消化各类债务1.89亿元。2004年，受理民商事案件4203件，审结3974件，结案率94.55%。受理各类民事案件3410件，结案3252件，结案率95.37%。受理商业纠纷案793件，审结722件，结案标的额8017.14万元。审理破产案19件，为破产企业清收应收款1000万元。2007年，审结各类民商事案件3515件。审理买卖、借款、加工承揽等合同纠纷案512件，审理金融纠纷案件180件。2008年，受理各类民商事案件5982件，诉讼标的额5.6亿元，结案5841件，审结率97.64%。审结劳动争议344件、婚姻家庭类1513件、损害赔偿纠纷案1654件。审结金融案247件，涉案标的2.57亿元。审结合同纠纷案1406件，涉案标的额3.2亿元。其中判决406件、调解610件、撤诉349件。

图23－11 法官深入老百姓家中审理赡养纠纷案件（2008年摄）

第四节 行政审判

1987年9月，建立行政庭，专司行政审判。坚持公民与行政机关诉讼地位平等原则，既支持行政执法机关正确施行行政管理，又保护公民合法权益。1988－1990年，受理行政案件13件，审结13件，其中不服土地管理处罚5件，不服工商管理、计划生育和治安管理处罚6件，其他2件。

1993－2002年，审结行政案件402件，其中判决维持行政机关具体行政行为93件，占23.13%；撤销行政机关具体行政行为61件，占15.17%；裁定准许原告申请撤诉等方式结案248件，占61.69%。审查行政机关申请执行非诉行政案件2449件，其中裁定准予强制执行的2285件，占93.3%；不予执行的164件，占6.7%。

2003年，受理行政诉讼案件60件，审结60件。主要涉及治安、土地、规划、拆迁、计划生育、劳动和社会保障等。在审结案件中，判决维持具体行政行为或驳回原告诉讼请求15件，判决撤销具体行政行为20件，原告撤诉20件，作其他处理5件。受理和审查非诉行政执行案件1093件，全部结案。2004年，受理行政诉讼案件48件。判决维持具体行政行为或驳回原告诉讼请求的6件，判决撤销具体行政行为的6件，原告撤诉9件，作其他处理27件。受理和审查非诉行政执行案件386件，结案386件，其中准予执行350件。2007年，受理行政诉讼案及非诉行政执行案件386件，全部审结。发出司法建议10件。2008年，审结行政诉讼案件61件，其中劳动工伤类20件、拆迁类21件。审查非诉行政执行案件445件。落实行政首长出庭应诉制，探索协调新机制。审结行政案件中，被告是海门市行政执法机关或乡镇政府的，其法定代表人或分管负责人出庭应诉率100%，其中有31件行政案件原告撤回起诉。

第五节 立案信访

1951年下半年，县各界人民代表对人民法院在1950年镇压反革命运动中审判的232起反革命案件进行复查，其中对23起案件分别提出修正意见，依法处理。1957年4月，公检法机关组织力量，对1955年1月至1956年8月捕判的反革命案件和一般刑事案件852件复查，其中彻底平反49件，免予刑事处分35件,减轻处罚13件,提前释放19件,占复查总数13.6%。1959年2月,对1958年判处的694起反革命及一般刑事案进行复查,其中错判6件,判轻、判重44件,不应判处刑罚11件,事实不清45件,占复查总数15.3%。对事实不清和量刑处罚不当的案件进行重审和改判。

1978年,对1966－1976年"文化大革命"期间判处刑罚的案件,受理申诉并主动复查。其间,判处刑事案件1259件,其中一般刑事案件852件,其他案件407件。经复查,刑事案件中,平反36件,改判54件;其他案例中,平反265件,改判6件。1979－1986年,在解放思想、实事求是、有错必纠方针指导下,全面复查"文化大革命"期间所判案件。复查政治性案件364件,维持原判88件,改判6件,平反270件;普通刑事案件710件,维持原判605件,改判60件,平反45件。1987年1月8日至6月10日,对1958－1960年判处的反革命案件及其他政治案件进行复查,本着全错全纠、小错小纠,不错不纠的原则,共复查案件1879件。在改判的604件中,宣告无罪的352件、不追究刑事责任241件,免予刑事处罚10件,改变性质1件。对87名纠错对象做好政策落实工作。1991－1992年,受理群众来访来信3200件。1993年至1999年3月,告诉申诉工作由告诉申诉庭负责,基层由各人民法庭自行立案。1999年4月,由告申庭负责统一立案、编号,并实行排期开庭,统一发出受理、应诉通知,开庭传票等诉讼文书。10月,案件申诉复查及再审工作由审判监督庭负责。是年,受理申诉案件101件,处理人民来信211件,接待来访2132人次。

1996年,市法院立案工作由告申庭负责,法庭的案件自立自审,全年受理各类案件8000多件(含上年度积存180件),另外,审理再审案件23件。

1997年,各类案件立案8013件,评查案件2496件,初查、返查卷宗共计5300册,办结支付令案件38件,调解案件33件,公示催告23件,申诉、申请再审22件。1998年,全面实行立审分立,使立案庭工作规范化、制度化。全院所有案件归立案庭负责登记、审查、收费、移送。把好主体、证据、管辖、案由关,加强立案前的诉讼指导和法律咨询,提高立案质量。同时严格依法立案,在法定时间内及时立案,提高立案效率,做到快登记、快审查、快立案、快移送。当年各类案件立案8512件。1999年,坚持便利群众诉讼原则,认真接待、热情服务,规范立案工作,基本形成健全、完善的立案工作机制。全年立案8776件。2000年,改革审判方式,规范立案工作,强化窗口功能,实行"大立案"机制,对案件进行流程管理,投资新建立案大厅,配备充实干警。根据最高人民法院"立、审"分立的精神,将各类案件的起诉、上诉、抗诉、申诉和申请执行(包括发回重审、上级指定审理的案件),统一归立案庭负责审查、登记、立卷,次日移交各审判业务庭。每个案件从立案、审理、执行到评查、质检和归档均建1张案件信息卡片,与卷宗同步,使案件管理到人。全年审查立案各类案件8923件。2001年,立案庭按照最高人民法院要求,依法办理支付令、公示催告、诉前保全等各类案件,登记移送上诉案件。切实解决人民群众"告状难"问题,首次告诉当天立案达到89%,无一超期立案,无既不受理又不裁定的案件。对已审查立案的材料5日内移交业务庭,刑事案件登记移送不超过3小时。立案庭对年老体弱、残疾和涉军案件优先办理,尽量一次性解决。为使困难群众打得起官司,实施对经济特别困难当事人的救助。全年经院长依法批办的缓、免交诉讼费的案件82件,缓、免交诉讼费额23万多元。全年审查立案9001件。2002年,实行网上立案,启动电子印章。全年审查立案9077件,其中裁定不予受理34件,无一超期立案。全年办理诉前保全、公示催告等案件68件,涉诉标的额520万元。全年经院长审批为320人依法批办的缓、免交诉讼费的案件90件,缓、免交诉讼费额30万多元。

2004年,受理财产保全、支付令、公示催告案件390件,办结385件;接待群众来访1567人次,处理群众来信440件,受理各类申诉、再审63件,审结62件,其中改判4件。

2004－2007年,共受理立案3.73万件,不予受理裁定189件。办理诉前保全、支付令、公示催告等案件95件,为当事人挽回经济损失1400多万元。经院长批办的缓、免交诉讼费的案件198件,缓、免交诉讼费额70万多元。

2008年,新大楼启用,在立案大厅设立"绿色诉讼通道",配备导诉台、服务台等便民设施,公布立案须知、诉讼收费标准,接受社会各界监督。立案庭依工作职责和范围分成立案、信访鉴定和送达保全3个小组,各小组设组长一人,形成诉讼引导、立案、保全、送达、鉴定、信访接待等多功能的大接待机制。全年共立各类案件9567件，裁定不予受理案件12件。立案庭办理诉讼保全81件，直接送达各类案件诉讼法律文书456件684人次，办理司法鉴定41件，评估10件。全年办理缓交、免交各类诉讼费案件41宗，缓、免金额30.8万元。是年，设立信访接待室，制定《信访接待规范》《人民来信处理办法》和《院长值班制度》，实行院长接待制和首问负责制。由专人专职负责信访接待工作，立案大厅安排导诉员1人，全年引导诉讼当事人、代理人以及旁听群众1.5万余人。信访接待室处理来信61件，接待群众来访875余次，2000余人。

第六节 执行工作

1986年9月，设立执行庭，对经教育仍拒不执行判决的采取强制执行措施。坚持说服教育与强制执行相结合的原则，促使当事人自觉执行。1986－1990年，受理执行案件787件，依法执行613件，其中经济案件251件，民事案件273件，行政机关申请执行案件89件，执行标的额369.34万元。

1996年，建章立制，坚持规范执行、科学办案，不断提高执行水平。紧密结合执行工作实践，制定一系列规章制度，规范案件执行流程管理，促进执行公正。是年起，重大执行活动，均由院长、分管副院长带队，切实解决执行过程中遇到的困难和问题。在执行中对不自觉履行义务的当事人通过电视台予以曝光，敦促其履行义务。是年年底，将被执行人与生效文书中的义务人通知到法院进行集中法制宣传、个别谈话，落实执行措施，取得良好效果。1998年6月起，开展百日大执行活动，加大对老、大、难案件的清理力度。

1999年，根据最高人民法院、省高级人民法院制定《加强执行工作的实行办法》，规范执行中止、终结及执行和解结案，尝试使用和解协议公证制度和债权凭证制度。是年，结合开展“执行年”活动，成立执行工作领导小组，制定《执行年活动实施意见》。加大对执行工作的力度，形成以执行庭为主，法警队与行政庭密切配合，5个法庭共同执行的执行机制。是年，开展集中清理积案执行活动，多次开展大执行、大会战。充分利用新闻媒体，加大宣传力度，通过强化权利人举证，公布被执行人名单和被拘留人名单，鼓励知情者提供执行线索，宣传个案的执行情况等，在社会上造成强大的舆论攻势，促使被执行人履行义务。

2002年，制定《关于执行工作流程管理若干问题的实施细则》及补充规定，制定《执行风险告知书》，强化当事人的举证责任，减轻法院工作负担。是年6月，执行庭更名为执行局。为规范执行权的行使，执行局成立准备组、实施组和裁决组，实行内部分权制衡，减少对当事人的负面评价，提高执行效率，一般案件基本能在6个月内执结。2003年，为进一步加大执行力度，出台规范执行信访制度，改革和规范执行收费制度，建立执行听证制度。对下落不明的被执行人采取勤问、勤找，对于长期躲债的被执行人采取不定期、不定时的突击查找，对于有履行能力拒不履行的当事人依法采取拘留等强制措施，使执行工作落到实处。

2004年，突击清理中止类执行积案，对1987年建立执行庭后所有中止和程序终结的案件进行清查，查阅近万册卷宗，由专人负责并建立台账，有步骤地集中力量进行整治清理。构建“执行110”工作机制，实行24小时执行，使部分逃避被执行人履行义务，缓解中止、信访案件的“执行难”问题。是年，细化执行期限规定，在强化执行流程管理制度的同时，严格落实限时通知制度、限时合议制度及限时办结制度，试行“阳光执行”工程，提高执行工作透明度，以公开促公正。尝试推行执行日志，真实客观地记录案件执行过程中的工作情况。全年受理执行案件2190件，执结2178件，执结率99.5%，执结标的额8948.74万元。对权利人实行承诺制，建立“110”值班制度。对社会关注的拖欠工程款和农民工工资案件，特设农民工讨薪“绿色通道”，35件拖欠农民工工资案件全部执行到位。2005年3月，出台《执行工作细则》，规定局长分案、执行合议、执限要求、执行日志、执行款物交付、重大事项告知、审计、评估、拍卖程序、中止案件审查、执行主体变更追加、执行异议审查、结案条件及立案后卷宗归档等系列执行规范。2006－2008年，采取“分片包案”与“集中攻坚”相结合，“凌晨突击”与“紧逼强攻”相结合的方法，执结一大批久执未结的缠讼案件。2007年，受理各类执行案件2524件，结案2424

件，执行标的额8870余万元。结案、收案平衡，实现零投诉。

2008年，制定执行异议听证规则、执行手段穷尽标准及执行救助专项资金管理制度，进一步加强对执行程序的管理。是年10月起，开展历时8个月的集中清理执行积案专项活动，对2007年年底前的6225件执行积案专项清理。全年受理各类执行案件2874件，结案2868件，结案率99.79%，实际执结率72.8%，执结标的额到位率78%。

第七节　审判管理

一、质效评估

1996起，市法院采用以年结案率为基本效率指标，以案件的发回改判率为基本质量指标的审判质量效率评估模式。主要评估指标是收结案数、案件审结率（结案率）、当庭结案率、执结率、执行标的额到位率等。是年，市法院审判管理办公室每半年对全院审判工作的总体情况进行评估分析，总结经验，查找不足，研究解决问题的对策。

2004年初，市法院根据省高级人民法院关于建立审判质量效率统一指标体系要求，制定《审判管理工作领导小组工作规则》《案件质量评查细则（试行）》《优秀裁判文书申报标准和评定规则（试行）》和《疑难和重大矛盾纠纷案件申报标准和评定规则（试行）》。是年，针对财产保全中存在的问题，成立课题组，经过认真调查研究，撰写专题调查报告，院长批阅后召开会议，落实整改措施，规范财产保全措施的实施。2006年，出台和修改《案件质量评查工作实施办法》《庭长、副庭长、审判长职责》《庭审（听证）能力考核标准》《优秀文书评选标准》《涉案款物管理办法》《审判责任追究办法》《关于规范报结案手续的实施意见》《关于委托拍卖管理实施办法》及《关于司法鉴定管理实施办法》等文件。是年年底，市法院修订《岗位目标考核管理办法》，把审判业绩与岗位目标管理挂钩，并确立向一线审判人员倾斜的奖励制度，提高审判人员的工作积极性和主动性。是年，市法院审判管理办公室每季度进行审判态势分析，并向院审判委员会汇报，为市法院领导、审判委员会提供决策依据。

二、流程管理

立案　1999年，市法院实行“立、审、执、监”分立，推行审判流程管理和审限跟踪制度。根据“立、审”分工，将各类案件的起诉、上诉、抗诉、申诉和申请执行（包括发回重审、上级指定审理的），统一归口，由立案庭负责审查、登记、立案，于次日移交审判业务庭。每个案件从立案、审理、执行到评查、质检和归档，卡片与卷宗同步，案件管理到人。立案庭对案件实行排期开庭、随机分案，从制度上保证分案、移送、开庭、结案等不同环节中的公正、高效。实施审限跟踪制度，由立案庭将手中案件当事人、案由、立案与应结案日期、承办人名字、所在庭室等相关信息输入电脑，及时通报，使院领导、庭室负责人和承办人员做到心中有数。

2006年11月25日，市法院根据省高级人民法院下发的《全省法院案件审判流程管理规定（试行）》，实行案件审判流程管理，切实保护当事人的诉讼权利，提高办案效率，保证办案质量，维护司法公正。审判管理办公室负责审判流程管理各环节的协调工作。

分案　采取业务庭庭长指定分案为主、电脑分案为辅的办法，对所受理的案件进行分配。对第一审的刑事、民事、商事、行政、国家赔偿确认案件、发回重审或指令再审的案件以及市法院按照审判监督程序重新审判的案件，均规定立案庭应当在收到当事人的诉状、上级法院的裁定书等立案材料后的5日或7日内立案。立案庭在决定立案之日起3日内将案件卷宗材料移送相关业务庭审理。

审限　根据《中华人民共和国民事诉讼法》《中华人民共和国行政诉讼法》《中华人民共和国刑事诉讼法》及相关的司法解释，各类案件均有其具体的审限规定。各类案件的实际审理期间不能超过法定审限，但在法定期限届满前按规定办理审限延长、中止和不计入审限的除外。立案庭在立案时将案件审限时间进行登记，录入法院综合信息系统，审判管理办公室对案件审限进行跟踪管理。依照《全省法院案件审判流程管理规定（试行）》，对一些情形规定案件的审理期限可以中止审理（执行）、可以延长审（执）限，通常先由承办人提出申请，由所在业务庭长审批，尔后由审判管理办公室在法院综合信息系统中操作(包括恢复审限)。

结案 各类案件办结后,由承办人或业务庭内勤在法院综合信息系统中录入案件信息,报庭长审批是否可以结案,尔后凭送达回证等结案材料至审判管理办公室办理报结案手续,实行报结案扎口管理。

案件承办人或书记员将案件卷宗整理并经庭内互查后,送审判管理办公室案件质量评查小组评查。案件质量评查小组评查后两周内直接将案件卷宗送档案室归档。

三、质量评查

1996 年,市法院案件质量评查小组制定《案件质量考核标准》《错案责任追究办法》,对案件进行质量评查,全年评查各类案件 470 件。1997 年,评查各类案件卷宗 1496 册。1998 年,评查各类案件卷宗 1967 册。1999 年,评查各类案件卷宗 2519 册。为防止评查不力,审判委员会每季度对已评查的卷宗进行抽查,及时总结经验,指导审判工作。同时通过实行错案责任追究制度,对被二审改判、发回重审或在案件评查、申诉复查中发现有问题的案件进行解剖,分析原因,追究审判人员的责任。2000 年,评查各类案件卷宗 3030 册,评出质良案件 94 件,质差案件 3 件,质劣 1 件。2001 年,评查各类案件卷宗 638 件。通过评查和抽查,有 16 件被评定为质良案件,4 件质差案件。2003 年,对案件审理、执行、归档情况进行评查扣分,登记到人,并向全院通报评查结果,提高审判人员的工作责任心。全年对 1922 宗案件进行重点检查。2005 年评查各类案件 1309 件,占全院审结案件的 52.6%,其中合格案件 1295 件,合格率占 98.9%。市法院对被南通市中级人民法院发回改判或重审的案件进行重点评查,全年重点评查案件 25 件;对已审结的合同类案件进行专项评查,评查案件 60 件,其中,合格案件 58 件,基本合格案件 2 件。是年,省高级人民法院《审判监督专刊》第四期转发市法院《对 2004 年发改案件的情况分析及其对策》的评查报告。

2006 年起,案件质量评查职能由审判监督庭转交审判管理办公室。2008 年,市法院对所有报结案件由过去的部分抽查改为全面评查,全年评查各类案件 1961 件。市法院还对 79 件涉及赃款赃物管理的案件、52 件“四项案件”①等进行专项检查,解决涉案款物的裁判及其管理上的相关问题以及“四项案件”存在的一些质量瑕疵。同时,继续对被改判案件或经再审改判的重点案件进行重点评查,通过评查分析,解决重点案件质量问题。

四、业绩考评

2004 年,市法院根据《关于建立全省法院审判质量效率统一指标体系和考评机制的实施意见(试行)》及《全省法院法官审判业绩考评管理实施办法》规定,对法官个人的审判质量效率和审判业务能力进行综合考核。制定《优秀裁判文书申报标准和评定规则(试行)》和《疑难和重大矛盾纠纷案件申报标准和评定规则》,采取申报、审核和筛选方式,评选优秀裁判文书及疑难和重大案件。是年,从申报的 40 份法律文书中评选出 20 篇优秀裁判文书,在 38 个申报的案件中评选出 20 个疑难复杂案件。同时,建立业务庭和承办法官的审判业绩档案。

2005 年,市法院每月都将各承办法官审理案件的结案数、结收案比、案件平均审理天数、民事案件调解率、上诉率、被改判发回率等主要审判质效指标,通过《审判管理工作通报》进行通报。每半年对各个承办法官的主要审判质效数据进行整理。对法官的审判业务能力进行全面考评,即对法官审理重大疑难案件和化解重大矛盾纠纷能力、撰写裁判文书能力、庭审(听证)能力和调研能力进行综合考评。上半年和下半年各评选出 10 篇优秀裁判文书、10 个疑难复杂案件。同时,对法官的庭审(听证)能力进行考核。由被考核人向审判管理办公室申报,组织考评委员会成员进行现场观摩、现场打分,全年共考核法官 18 人次。年底,法院审判管理办公室收集和整理业务庭和法官的审判业绩考评材料,建立审判业绩档案,并把个人业绩作为晋职晋升的重要依据。

2006 年,市法院按月通报各业务庭的主要审判质效指标数据,按季度通报法官的主要审判质效指标数据。经院审判委员会评选,评出 18 篇优秀法律文书和 20 个疑难复杂案件。5－12 月,对 16 名法

① 四项案件:指中止、中断、延长、暂停审限的案件。

官的庭审(听证)能力进行考核。是年,在全院开展争先创优活动,制定"调解能手""执行标兵""质量信得过法官"等评选标准,开展百日办案竞赛活动,提高审判水平。

第八节　审判方式改革

一、改革庭审方式

1996年,民事、经济审判庭审方式逐步由"纠问式"过渡到"诉辩式"①,强调当事人举证责任,凡是当事人能举证的必须举证,当事人无法举证而申请法官依法调查取证的由法官取证。无论是当事人提供的证据还是法官提供的证据,一律当庭质证、认证,方可作为定案的根据。当事人举不出证据,法院亦无法查明证据的一方当事人依法承担不利后果,从而确保案件审理的合法、公正性。刑事审判方式根据修改后的《中华人民共和国刑事诉讼法》,做了重大改革和完善。法官在庭审中,改变由过去的主动讯问,转为消极审听;由主要依赖自己职权调查,转为主要依赖控辩双方的质证、辩论;对双方询问证人、鉴定人和向被告人发问等诉讼权利,予以充分同等的保障;对双方的意见和证据予以同等的关注和重视。

民事、行政审判业务庭根据最高人民法院在2001年和2002年相继出台的民事、行政证据若干问题的规定,加强证据规则的运用,进一步强化当事人举证责任,严格把握法院依职权取证的条件,合理分担举证责任。

充分发挥庭审功能,提高庭审效率和透明度,抓好庭前准备、质证、认证、说理四个环节。在刑事、民事、商事、行政审判中,形成了诉、辩、审三方各司其职的格局,实现了思想观念从重实体轻程序向程序实体并重转变,工作重心由庭外向庭内转变,庭审地位花架式向实质审理转变,庭审角色从包揽控审向居中裁判转变,证据确认从庭外操作向当庭认证转变。

二、公开审判

1996年,市法院认真执行公开审理、公开审判制度。除涉及国家秘密、个人隐私、未成年人案件或法律另有规定的外,一律公开审理。对有一定影响和教育意义的案件,通知有关单位或人员参加旁听,邀请新闻记者采访和报道,增强案件审理的透明度。

1998年,制定审判委员会通案制度,明确通案范围。对不属于审判委员会讨论的案件一律不予讨论,提高审判委员会的工作效率。强化审判委员会作为全院最高审判组织的作用。裁判权下放,除经审判委员会讨论的案件,裁判权一律由合议庭、独任审判员行使。文书由合议庭审判长或庭长直接签发。2008年,实行独任审判员对自己承办的案件签发文书。

图23-12　市人大代表旁听案件审理

三、强化法官、合议庭职责

2000年,全面落实合议庭、独任审判员责任制,强化合议庭和独任审判员的职责。规定民事案件80%以上、经济案件60%以上要通过简易程序审理,并在3个月内结案。刑事、行政案件由合议庭、独任审判员定案的比例应不少于90%,院长、庭长不得改变合议庭的决定,审判委员会只对少数重大、复杂疑难和具有重大影响案件的法律适用问题进行讨论。2001年,实行审判长选任制度,产生15名审判长。其后,每两年开展1次审判长选任工作,

① 诉辩式:当事人有话说在法庭,有证据举在法庭,法官核实和认定证据在法庭,案件事实查清在法庭。

提高审判长业务素质。将执行庭分为准备组、实施组和裁决组,推行执行长负责制。

2006－2008年,构建"大立案、精审判"格局,将送达、保全、鉴定、公告等审判辅助事务从业务庭分出,归口立案庭,减轻主审法官的事务性工作,提高办案质量。对民商事案件的审理实行繁简分流,实现繁出精品、简出效率。在民一庭设立处理劳动争议、人身损害赔偿、拆迁纠纷的3个专业合议庭,使法官在案件审理中更为专业。对大量简易案件,成立速裁组,实行"速调、速裁、速判",提高案件的审理效率。

第九节 人民陪审员工作

一、选任

新中国成立初期,人民法院始行人民陪审员制度,在审判土地改革、镇压反革命运动案件时,临时邀请人民陪审员参加。1954年普选中,各乡产生人民陪审员93人。1956年,全县选举产生人民陪审员196人。"文化大革命"期间,不设人民陪审员席。1978年,恢复人民陪审员制度。1981年,选举产生人民陪审员265人。1987年,有陪审员71人。

2003年,市法院在全省法院系统率先推出《人民陪审员管理办法(试行)》。人民陪审员的选任,注重从行业、年龄、性别等方面体现人民陪审员的广泛性、年龄的层次性和性别的均衡性。2005年,市法院贯彻全国人大常委会《关于完善人民陪审员制度的决定》,落实人民陪审员制度,促进司法民主、公正,增强了司法权威。

2008年,市法院进行人民陪审员"海选"尝试,通过媒体大力宣传"海选"人民陪审员意义。在人员密集的商业区,悬挂横幅和制作宣传板,使"海选"活动取得良好宣传效果,使更多市民了解和参与"海选"活动。通过报名、选举等程序,最终任命人民陪审员38人,新任的人民陪审员来自妇联、工会、综治、统计、信访、医疗卫生、企业等行业,涵盖面广、代表性强、素质较高。

二、培训

2006年,针对选任的人民陪审员法律知识欠缺,适用法律不准等情况。市法院采取多种培训措施,提高人民陪审员业务水平。组织新任人民陪审员参加上级法院及市法院的初任培训,由资深法官和高学历法官授课,帮助他们尽快适应新岗位,掌握法律知识,提高相应的履职能力。经常组织人民陪审员庭审观摩,参加案件庭审旁听,帮助他们掌握法律知识、法律条文在审判实践中的运用,增加法律知识和工作经验积累。

三、使用与管理

2003年,选任有专业知识且经验丰富的人民陪审员担任各类调解组织的首席调解员,由人民陪审员负责对调解组织的调解员进行业务指导与培训,以提高调解组织的工作水平,从而使预起诉登记案件40%化解在诉前。

2005－2008年,市法院人民陪审员共参审各类案件894件,诉前调解纠纷500多件。较好地发挥了人民陪审员在参与法院诉讼、加强社会监督中的作用,同时,为人民陪审员订阅相关法律书籍、刊物,协调人民陪审员所在单位,对人民陪审员参与调解给予时间、工资和其他福利待遇等各项保障。建立表彰奖励制度,评选优秀人民陪审员,进行表彰奖励。

2008年,市法院设立人民调解工作室,在用好原有人民陪审员的基础上,将具有法律知识、群众基础好、有时间保障的人民陪审员确定为专职调解员,每周在岗工作,随时接受调配。通过发挥专职人民陪审员来自群众、贴近群众、服务群众、善于调解的优势,构建人民陪审员参与审判调解的互动制度,为沟通民意起到桥梁作用。

第四章　司法行政

第一节　法制宣传

1950年，海门为宣传《中华人民共和国婚姻法》，抽调法院有关人员，在乡镇举办讲座、报告会、图片展览、宣传窗以及专题文艺晚会进行宣传。并在15个区召开的妇女大会上，作婚姻法宣传专场演出。1951年11月29日，县长兼人民法院院长沈计达在县委扩大会议上作贯彻《中华人民共和国婚姻法》的报告，提倡男女平等、婚姻自由，禁止童养媳、缠小脚等摧残妇女的非法行为。

1963年，印发宣传提纲3000多份，通过广播、幻灯、电影等多种渠道开展婚姻法宣传，全县受教育12万人次。

1981年6月，成立县司法局，主管法制宣传、公证、律师事务、民事调解等工作。10月，配合江苏省、南通市司法部门，对县属部门领导干部进行法律知识抽考，56人参加考试，及格率100%。12月，对县级机关干部106人进行宪法、法学理论开卷考查，及格率100%。

1983－1985年，围绕"严打"斗争，各地采取广播、黑板报、幻灯片、宣传橱窗、文艺宣传小分队等多种形式，对新宪法、刑法、民事诉讼法、婚姻法等法律、法规进行宣传教育。推行群众性立则、立约活动，制定乡（村）规民约。1986年，组建普法教育办公室，制定普法教育五年规划实施方案。先后3次对全县区、乡、机关2800多名干部进行宪法、经济合同法、继承法、婚姻法考试。举办普法培训班807期，培训骨干2.94万人次。广播宣传135期，宣传栏912期，黑板报、墙报1360期，图片展览135期。

1990年，70多万普法对象中，有60.6万人参加普法学习，占普法对象的86.6%；县、乡两级机关干部4261人参加学习，普及率97.8%；县属企事业干部职工8.63万人参加学习，普及率83.4%；城镇、农村居民39.3万人参加学习，占普法对象的80.72%；中、小学普遍开设法制课，12万在校生接受法制教育。是年，举办各类法制教育培训班1145期，培训普法骨干5.09万人，发放普法资料24万册，落实普法经费15万元，开展法律知识竞赛、以案说法、法制文艺演出等宣传活动。

1991－1995年，开展第二个五年全民普及法律常识教育。普及宣传宪法、工会法、未成年人保护法、妇女权益保护法等28部法律法规，有66.52万人参加学习，普及率87.04%。市人大先后4次视察普法工作，召开14次会议，部署普法教育。市（县）举办各种培训班15期，培训骨干1770人次；乡镇、场举办各种培训班556期，培训骨干68712人次。

1996年12月，组织由百万市民参加的百日学法活动，编印普法教育群众读本20万册、干部读本2万册，下发干部、群众。同年，制定《关于加强在校学生法制教育的通知》，组建市法制教育报告团，挑选19名在职干警和离退休人员为法制教育报告员，在每年寒暑假之前，到海门中学等8所完中和海门卫校、建筑学校、狮山职业中学、海门师范等巡回演讲。各乡镇也相继组建法制教育报告组，挑选222名法制教育报告员，为乡镇场200所初中、小学上法制课。1997年、2000年，邀请南通监狱领导及改造表现好的服刑犯到海门8所完中作18场次现身说法报告，受教育学生3.5万人。

1996－2000年，开展第三个五年全民普及法律常识教育。普及宣传宪法、刑法、行政诉讼法、合同法等48部法律法规，受众69.5万人，普及率96%。成立法制教育报告团，部门、乡镇编排10多台法制文艺节目，演出146场次，受众18万多人次。举办法律讲座550多场次，受众4万多人次。举办骨干培训班460期，培训骨干2.3万人次。在《海门日报》开设15个法制专栏，计875期。组织法律知识竞赛13次，乡镇企事业单位、学校组织法律知识竞赛97次。出黑板报、橱窗宣传5622期，编印法制宣传资料23万册，征订法制宣传资料3万册。进行法律考试2015次。

2001－2005年，开展第四个五年全民普及法律常识教育。通过电视、报刊、专题文艺晚会、报告会、培训班等形式进行法制宣传。学习宪法、预防未成年人犯罪法、收养法、劳动法、环保法、行政诉讼法、继承法等，全市97%以上学员参加活动。编印法律读本102万册，发放法制宣传资料245万份，举办普法宣传专场文艺演出182场次，举办培训班116期，接受培训12万人次，邀请专家作法制讲座9次，组织公务员进行法律知识考试3次。有1960人次参与省、市以上主管部门培训，司法行政人员80%以上达到法律大专或本科学历。市人大对任命的干部实施任前法律知识考试8次，参考162人。建校外法制教育辅导站32个，中小学聘请法制副校长、辅导员222人，镇、村、社区和村民组配备法制宣传员2300人，作法制报告200多场次，受教育人数每年在10万人以上。

2006－2008年，开展第五个五年全民普及法律常识宣传。重点学习宪法、劳动合同法、道路交通安全法、治安管理处罚法、国家公务员法、律师法、消费者权益保护法等法律。完善领导干部学法登记制度和学法积分制度。在公务员中实施每月学法一天、每人学法资料一本、每人学法笔记一本的“三个一”工程。在校学生开展学法律、讲权利、讲义务、讲责任的“一学三讲”和青少年法制巡回报告活动，组织学生进行法制测试。海门电视台播放《与法同行》未成年人法制教育系列片35集。各村（居）、企业、学校、医院和外来人口服务中心，普遍建立法制学校、青少年校外法制辅导站、法制图书室、阅览室、模拟法庭、法制教育基地等法制宣传教育阵地。在“两台一报”开辟《以案说法》《律师法制在线》《农民与法》等法制节目。

图23－13 2006年，市司法局开展普法宣传活动

第二节 民事调解

一、组织网络

新中国成立前，县境无民事调解组织。1950年，乡镇、村逐步建立人民调解组织。1952年，区、乡、镇均建立调解委员会，有调解人员1933人。1954年2月，成立135个调解委员会，有调解委员1030人。1958年，建立公社调解委员会21个，有调解组织307个。1960年，各级调解委员会与治保委员会合并。公社、街道、企业、大队成立治调组织965个，治调委员6351人，生产队成立治调小组、组员1.64万人。1964年，各级治保委员会与调解委员会分开，设公社调委会32个，成员142人；大队调委会412个，成员1838人；生产队调解小组2037个，成员5798人。1966年“文化大革命”开始，各级调解组织瘫痪。

1975年，重建公社调委会32个，成员224人；大队调委会780个，成员3900人；街道调委会8个，成员40人；企业调委会12个，成员60人。1977年9月，对调解组织进行整顿。有30个公社、2个镇、4个场、2个厂建立调委会，成员241人；71个大队、街道、连队建调解委员会765个，成员4365人；生产队建调解小组6914个，成员2.14万人。

1982年7月，调解工作由县司法行政部门管理。贯彻调防结合、预防为主的方针，对各级调解组织调整、充实，建立调委会923个。1987年，村、居民委员会及县、乡百人以上的厂所建调委会1308个,成员1.74万人。1990年,部分乡镇合并,全县有调委会1212个,调解小组3161个,调解员1.47万人。

2001年,全市行政区划变动,727个村合并成239个村。是年8月,结合村委会换届选举,建立、健全村级调委会,形成乡镇调委会、村(居)委调委会、村民组调解小组、十户(楼、院)调解信息员的调解组织网络。2006年,建立以人民调解为基础的大调解五级组织网络、通信网络和矛盾纠纷预警机制。各乡镇社会矛盾纠纷调处中心,普遍达到"五个五"①。2007年,建立一支29人组成的首席调解员队伍。2008年,有各类调委会466个,成员2984人。

二、民间调解

解放前,若亲友、邻里发生纠纷,一般由亲属、宗族中有威信的长者协调解决。亦有发生纠纷后,到集镇茶馆,当事人出面,请威信较高的社会人士讲情说理,排解纠纷。县境抗日根据地和解放区,则由区乡农民协会出面,解决民间纠纷。

1952年,试行民事案件集体调解办法。是年4月18－20日,对103件土地纠纷实行集体调解,成功率77.7%。当年调处民事纠纷3234件,其中婚姻纠纷864件、土地纠纷1026件、房屋产权纠纷360件、其他纠纷984件。

1958年,对92件案件进行6次集体调解,成功率87%。1960年,调处民间纠纷1234件,其中轻微刑事案件907件、民事案件327件。1964年,调处民间纠纷1320件,其中婚姻纠纷395件,抚养纠纷90件,债务纠纷147件,房屋产权纠纷216件,斗殴伤害426件,偷盗23件,其他23件。"文化大革命"初期,调解工作被视为阶级调和,各级调解组织瘫痪,大量民间纠纷无人过问。

1977年9月,悦来、天补、包场3个区统计,当年发生各类纠纷7800件,生产队调解4292件、大队调解2831件、公社调解400件、由法庭处理71件、待处理206件。1978年,对村级以上858个调解组织调查分析,能够发挥作用、履行职责的736个,占86%。

1983年4月,对1982年度全县防止民事纠纷激化可能引起非正常死亡的案件作专题调查,结果显示,避免因纠纷激化可能引起非正常死亡案件涉及113人,其中因赡养、财产、婆媳关系引起纠纷的46人,占40.7%;因恋爱引起纠纷的16人,占14.2%;外遇引起纠纷的14人,占12.4%;邻里纠纷的13人,占11.5%;其他纠纷的24人,占21.2%。

1997年5－7月,排查各类纠纷2769件,调解2653件,调解成功2538件,其中调处积存疑难纠纷76件,调解成功率95.67%。整顿调委会47个,充实、调整干部162人。

2006年起,每年组织开展"三防止三杜绝"②工作,利用元旦、春节、"五一"、国庆等重大节日,开展社会矛盾纠纷排查调处活动。至2008年,县司法行政部门调处纠纷23万件,防止和避免非正常死亡涉及1994人。

第三节　公　　证

1956年6月,县人民法院设公证处,配公证员1人。当年办理公证合约81件,其中国营与合作社之间19件、合作社与公社之间8件、合作社之间8件、公私之间22件、私人之间20件、其他4件。"文化大革命"期间,停止公证工作。

1981年7月,重建公证处,有公证员2人,其中1人为涉外公证员,主要办理民事权利义务公证,当年办理公证7件,接待来访群众57人次。1983年,公证工作范围为试办联营、购销承包合同等项公证及合同的修改完善。除办理国内公证业务外,还开展无犯罪记录、出生、学历、亲属关系、资格证书等涉外公证。1990年,办理涉外和港台公证193件,涉及9个国家和地区。

2000年始,新增网页证据保全、手机证据保全、婚姻财产约定、建设工程招投标、土地拍卖、退伍军

① 五个五:五个人、五间房、五万元经费、五本规范化台账、五项职能。

② 三防止三杜绝:防止民转刑案件的发生,杜绝因矛盾纠纷引发杀人案件;防止越级上访事件发生,杜绝进京赴省上访事件发生;防止群体性事件发生,杜绝群体性围堵党政机关和群体性械斗事件发生。

人自谋职业协议、民间私人借款合同等公证。至2008年，办理涉外和港台公证1.71万件，涉及55个国家和地区；民事2.08万件，经济4.66万件。接待来访7.97万群众人次。

1981－2008年海门市(县)公证情况一览

表23－10

年份	民事权利义务公证(件)	经济合同公证(件)	涉外、涉港台公证(件)	接待来访(人)
合计	20770	46647	17140	79675
1981	7	–	–	57
1982	42	–	34	450
1983	68	33	21	1072
1984	69	107	42	1859
1985	157	212	5	1990
1986	156	66	7	1620
1987	287	124	22	3102
1988	376	1911	17	2610
1989	333	465	40	835
1990	2256	477	193	2738
1991	498	3774	–	913
1992	613	3963	28	1002
1993	599	7233	480	1212
1994	1054	3639	522	1335
1995	992	2075	403	1645
1996	1977	4203	320	1801
1997	1457	2086	163	2110
1998	1008	1972	370	1904
1999	846	2438	437	2701
2000	465	1791	463	3621
2001	1071	1801	661	4513
2002	1319	1360	822	4241
2003	1035	1007	905	4789
2004	690	1210	1141	5274
2005	732	1169	1948	5656
2006	812	1080	2347	6531
2007	1024	1463	2273	6849
2008	827	988	3476	7245

第四节 律师事务

一、律师组织

民国年间，常有在县衙门外逗留的以代人书写状子、诉讼为业的自由职业者(俗称讼师)，其活动场所为旅馆、客栈、茶坊酒肆。并无官方律师事务组织。民国7年(1918)，政府司法部对海门学生20余人颁发律师证书，其中较有知名度的有顾清治、石三生、陆冲鹏。是年6月，海门法律研究会成立，会员30多人。民国36年，专业从事律师工作的有倪丕嘉、倪方直、黄惠周、葛杰等。

1956年6月，县人民法院设法律顾问处，配备专职律师2人，1957年撤销。1981年7月，恢复县法律顾问处。1985年2月，改称县律师事务所。

1993年6月，成立县经济律师事务所。1994年4月，成立县建筑经济律师事务所。10月，成立市新城律师事务所。1995年7月，市律师事务所更名为南通海萌律师事务所，市经济律师事务所更名为南通春晖律师事务所，市建筑经济律师事务所更名为南通东洲律师事务所，市新城律师事务所更名为南通万丰律师事务所。1996年7月，包场镇成立南通东海潮律师事务所，该所2002年8月在海门镇重组，更名为南通翔律律师事务所。

2000年10月，明确律师事务所为中介机构，并进行改制，市5个律师事务所统一改制后更名为江苏南通海萌律师事务所、江苏南通东洲律师事务所、江苏南通万丰律师事务所，均属合作制性质；江苏南通翔律律师事务所、江苏南通金三角律师事务所，属合伙制性质。

2008年5月，合作制律师事务所均改为合伙制性质。是年，全市有专、兼职律师57人，其中5人中级以上职称，施振祥为省知名律师。全市有基层法律服务所23个，服务人员80人；乡镇有司法所22个38人。

二、律师业务

民国年间，无律师组织。1956年6月，县人民法院法律顾问处代写诉状、文书403件，代理出庭103件，法律咨情350件。1981年7月，始有律师组织，业务从简单的民事纠纷调诉代理，发展到从事担任房地产、金融、知识产权等民商事诉讼代理和经济、刑事犯罪辩护及担任常年法律顾问等。1981－1990年，办结刑事诉讼代理案件287件，代理民事诉讼案件414件，追索赔款769.16万元。代写法律文书872件，接待人民来访、解答法律咨询1.12万人次。被机关、企事业、社会团体等62个单位聘为常年法律顾问，参与调解或仲裁经济案件12件，追索赔款74.66万元。1991－2008年，办理各类诉讼案件2.43万件，其中办结刑事案件2072件、民事案件1.59万件、经济案件3423件、行政案件183件、其他案件2650件，为企业追回经济损失4.69亿元，为企业避免经济损失10.49亿元。

三、律师协会

2001年5月，成立市律师协会，保障律师依法执业，维护律师合法权益，进行教育培训，提高律师执业能力和提升律师社会地位。第一届律师协会会长陆桂聪，每月召开1次理事会。2006年8月，市律师协会换届选举，第二届会长唐国强。

1984－2008年海门市（县）律师代理业务一览

表23－11

年份	聘请顾问单位（个）	办理各类诉讼（件）	其中					挽回经济损失（万元）
			刑事（件）	民事（件）	经济（件）	行政（件）	其他（件）	
合计	－	25073	2292	16285	3643	183	2670	47457.42
1984	3	72	48	13	11	－	－	14.73
1985	10	123	39	63	18	－	3	31.20
1986	23	101	24	35	37	－	5	93.29
1987	40	99	21	67	8	－	3	29.20
1988	55	157	31	85	38	－	3	133.50
1990	62	270	57	99	108	－	6	289.30
1991	62	287	70	102	115	－	－	295.20
1992	67	286	70	99	95	－	22	356.00
1993	116	430	99	232	94	－	5	310.00
1994	200	346	76	116	151	－	3	925.00
1995	203	383	81	140	162	－	－	1142.00
1996	242	498	97	196	200	－	5	2629.00
1997	210	690	85	290	315	－	－	960.00
1998	208	1206	91	786	295	8	26	1020.00
1999	245	1001	89	627	248	37	－	948.00
2000	198	1161	90	923	37	8	103	1123.00
2001	179	1452	97	1235	101	5	14	1978.00
2002	180	1599	118	1136	236	26	83	6770.00
2003	220	2134	117	1173	273	26	545	3422.00
2004	227	2553	142	1292	246	19	854	6506.00
2005	207	2434	184	1690	302	21	237	3072.00
2006	203	2503	211	1804	155	10	323	4452.00
2007	241	2738	199	1953	239	6	341	5346.00
2008	243	2550	156	2129	159	17	89	5612.00

第五节　安置帮教和社区矫正

一、安置帮教

新中国成立后，县公安机关负责对刑释解教人员落实帮教工作。1984－1997年，公安机关对刑释解教人员重新查定考核，并做好对刑释解教人员的安置。

1997年5月，市成立安置帮教工作领导小组，对1994年后刑释解教人员711人调查登记，当年接收刑释回归人员832人，安置率95.04%、帮教率100%，其中重新犯罪6人。1998年，各乡镇村（居）成立安置帮教领导小组工作站。1999年，司法部门对刑释解教人员安置帮教工作统一统计口径，落实工作职责，制定考核标准。2000年，市司法部门设安置帮教工作科，与基层科合署办公。

至2008年，共接收刑释解教人员4137人，安置率、帮教率均为100%。重新犯罪95人，占2.3%。2008年，全市有安置帮教工作站23个，安置帮教工作小组1100个。

二、社区矫正

新中国成立后，县公安机关负责对被判处管制、宣判缓刑、裁定假释、暂予监外执行、被剥夺政治权利在社区服刑的“五类”罪犯实行监督管理。

2005年4月，成立市社区矫正工作领导小组。6月，社区矫正对象集中交接，“五类”罪犯的管制由司法部门接管，接受社区矫正。全市23个乡镇设社区矫正办公室，各村（居）设社区矫正工作站。社区矫正工作由司法部门和公安部门人员组成，并建立社区矫正志愿者队伍。2006年，被确定为全省社区矫正工作示范区。2007年，司法局与检察院进行首例不起诉未成年人交接，为全省首创。

2008年，在全省首创县（市）级社区矫正公益劳动基地，组织全市社区矫正对象进行集中公益劳动。全市共有社区矫正工作站280个，社区矫正工作者79人、志愿者357人。至2008年，共接收社区矫正对象1050人，解除社区矫正670人，其中2人重新犯罪。

第六节　法律援助

一、法律援助中心

1999年4月，成立市法律援助中心，挂靠南通律师协会海门联络小组。是年，为保护妇女儿童合法权益提供援助23件，维护下岗职工合法权益提供援助47件，法院指定需要提供援助7件，其他援助92件，合计169件。

2000年7月，22个乡镇建立法律援助工作站。同时，与市总工会、妇联、老龄委合作，分别建立下岗与特困职工、妇女儿童、残疾人和老年人法律援助工作站。2001年，法律援助中心归市司法局领导。2004年，聘请2名专职律师负责法律援助。

至2008年，全市有法律援助志愿者41人。接待来信来访9836人次，办理法律援助案件1329件，直接受援人数2048人次，其中刑事124件、行政4件、民事1201件。案件的类型涉及国家赔偿、社会保障待遇、最低生活保障、追索抚恤金、救济金、赡养、抚养、扶养、给付劳动报酬及刑事辩护等。

图23－14　法律援助接待　（2008年摄）

1999－2008 年海门市法律援助一览

表 23－12

年份	受援案件（件）	其　中			法律咨询（人次）
		民事（件）	刑事（件）	行政（件）	
合　计	1329	1201	124	4	9836
1999	55	48	7	－	1600
2000	63	52	11	－	652
2001	85	82	2	1	720
2002	78	67	10	1	568
2003	90	85	4	1	160
2004	114	104	10	－	300
2005	128	112	16	－	900
2006	88	65	22	1	1400
2007	161	134	27	－	1700
2008	467	452	15	－	1836

二、"148"法律服务专线

1999 年年初，成立"148"办公室，开通法律服务专线，经半年试行，接听咨询电话 120 多个。11 月，建成"148"法律服务专线，成为苏北、苏中第一家拥有"148"咨询法律的县（市）。

2002 年 12 月，县级"148"法律服务专线统一合并到南通"148"。

1984－2008 年海门市（县）法律服务业务一览

表 23－13

年份	调处纠纷（件）	协办公证（件）	代理诉讼事务（件）	代理非诉讼事务（件）	代写法律文书（件）	办理见证（件）	担任法律顾问	挽回经济损失（万元）
合计	28361	26154	27911	9752	45852	67109	9716	46149.77
1984	－	24	－	－	－	－	－	－
1985	1316	27	45	155	580	－	9	50.00
1986	1286	34	0	156	590	－	16	244.50
1987	1620	120	110	65	752	－	26	384.20
1988	2619	838	259	322	1315	－	106	833.30
1989	2189	271	458	242	1612	－	184	801.40
1990	2096	2091	646	333	2055	－	235	802.50
1991	2101	3032	557	302	1461	1654	292	637.20
1992	1572	5800	641	314	1593	1854	364	760.80
1993	1449	3559	772	647	1604	2580	532	964.70
1994	1377	3236	812	706	1928	2779	551	2209.20
1995	1345	2088	1433	643	2880	3836	599	1380.20
1996	1578	1436	1191	755	4075	7460	665	2303.48
1997	1468	1160	1553	740	3617	6854	820	2862.90
1998	1297	1285	1728	1013	4386	6231	821	3382.08
1999	1017	657	2396	922	5081	6097	831	2266.00
2000	1352	96	2588	741	3614	7681	857	2085.20
2001	660	93	2171	567	3323	4620	629	6712.00

续表 23－13

年份	调处纠纷（件）	协办公证（件）	代理诉讼事务（件）	代理非诉讼事务（件）	代写法律文书（件）	办理见证（件）	担任法律顾问	挽回经济损失（万元）
2002	524	39	1682	327	1812	6121	384	1889.70
2003	352	66	1588	205	1006	1975	303	3404.80
2004	207	41	1636	115	770	1588	272	1501.00
2005	186	44	1773	115	688	1493	266	1739.98
2006	199	45	1891	168	360	2263	284	1892.30
2007	531	57	1084	123	350	1673	338	1890.00
2008	20	15	897	76	400	350	332	5152.33

第五章 综合治理

第一节 组 织

一、政法委员会

1956年，县委设立政法工作部。1963年，设立政法党组。“文化大革命”期间，由县公检法军事管制委员会行使其职权。1981年7月，由县委、人大、政府分管政法工作的领导，公安局局长、检察院检察长、法院院长、司法局局长、民政局局长组成县委政法委员会，县委工作部门协助县委处理重大问题，联系、指导政法各部门工作，协调、处理重大疑难案件。1997年，政法委设政工科、综合科。2001年，增设办公室、执法督查科。2004年，政工科改为政治处，综合科更名为综合治理科，列编人员增至13人。2005年，各乡镇党委设立政法委员，协助乡镇党委、政府的政法工作。

二、社会治安综合治理委员会办公室

1983年1月，县建立由公安、检察、法院等14个成员单位组成的社会治安综合治理领导小组，分管政法的县委副书记兼任组长。1991年，更名为县社会治安综合治理委员会（简称综治委）。2001年，下设办公室，办公室主任由县委政法委专职副书记兼任，为社会治安综合治理工作的常设机构，组织、部署、检查、指导全市社会治安综合治理工作，推动各项措施的落实。2008年，市综治委成员单位增至51个。

三、依法治市领导小组办公室

1998年3月，建立市依法治市领导小组，由市委书记任组长，市委副书记任常务副组长，市委常委、政法委书记等5人为副组长，市委办公室、政府办公室以及公检法等11个部、委、办、局负责人为组员，下设办公室，与司法局合署办公。依法治市工作主要实施普法宣传教育，提高干部、群众法制观念和法律意识，建立行政执法责任制，推进基层、行业依法治理，逐步实现社会管理法制化，加强社会治安综合治理，维护社会稳定，加强执法队伍建设，提高执法人员素质。2006年，市依治办与市委政法委合署办公。

第二节 协调和督查

20世纪80－90年代，县委政法委采取“党内联合办公，依法各司其职”的形式，对政法各部门进行协调和监督。政法委主持召开各类案件通报会、协调会236次，讨论刑事案件748件次，民事案件82件次，经济案件55件次，复查纠错案99件次。对发生在县境的杀人、抢劫、强奸等暴力性案件、恶性案件、重大治安案件、经济案件，牵头协调。检察院、法院提前介入，调查取证，加强办案速度，从重、从快、从严打击刑事犯罪和经济犯罪活动。

1982年起，政法委办理接待来信来访工作。1987年，针对信访中出现的相互推诿现象，召集公安、检察、法院、司法、工商、环保、土管及政府信访部门共同研讨，制定有关民事纠纷分工处理的联合规定，坚持处理、消化信访问题分级负责、归口管理。

1997年，市委批转政法委《关于加强市委政法委员会工作的有关问题的请示报告》，进一步规范大案要案的督促协调工作，制定案件调查制度、错案追究制度、司法公开制度、重大活动报告制度。同年，在刑事侦查、起诉、审判工作中遇到的实际问题，政法委组织力量调查研究，围绕案件执行标准、法定司法鉴定、量刑、赃物、赃款以及罚没款等十大问题，座谈讨论，统一认识，印发实施刑法、刑事诉讼法情况座谈会纪要，关于公、检、法机关办理刑事案件处理赃物、赃款及罚没款处理问题意见的文件。1999年7月，开展司法公开暨征求万人意见活动，征集各类意见、建议、举报等1742条，对群众提出的问题全部梳理、答复，并责成有关部门查处和整改。同时，结合每年政法队伍整顿教育、执法检查工作，对办案质量进行互查、抽查、监督协调。

2004年，市成立处理涉法、涉诉信访工作小组，负责组织协调、督查、处理有关部门的信访突出问题和群众性事件。2005年，对办案重点检查，就发现的问题下发执法检查情况通报。2006年，制定《中共海门市委政法委员会执法监督工作实施方案》《关于政法部门部分案件报送备案的实施意见》。2007年5－9月，对2006年1月以后部门办理的涉恶涉黑案件进行专项检查。至2008年，共督办各类案件114件，其中刑事案件78件，民事案件16件，经济案件7件，其他案件13件。是年，接待来信来访1583件次。

第三节 社会治安综合治理

一、综治组织

1982年，全县5个区、34个公社（镇）配齐专职司法助理员35人。1985年，各乡镇、场建立社会治安综合治理领导小组，指定134名兼职工作人员参与。同年，对各乡镇场治保、民调组织进行调整、充实。工作实行三包治保、民调主任包村、街道，治保民调委员会包片，民调小组包组；定人、定位、定任务；工作好奖励的办法。1987年，由退休人员自发组建摇铃队、护店护库队、村级联户联防队等多种形式的群防群治组织，配合做好社会治安工作。1988年，全县有治保会1509个，联防队113个，护厂队132个，队员603人，各乡镇建有联防巡逻队。1989年，对全县920个村（厂）、街道的1182名治保民调主任分片举办为期3天业务培训，参训率95%。随后，各乡镇、场举办各种形式治安骨干培训班453期，参训1.26万人次。

1991年，调配办事人员72人。对乡镇、场综治办工作人员进行培训。1994年，推行江滨乡“村厂合一，以厂带村，村厂联防”的治安管理模式，《法制报》《长安》杂志分别推广介绍。1997年，全市761个村均建治安巡逻队；各乡镇、场增设综治助理，列入行政编制。是年，共建警务区108个，加强“110”报警服务中心建设，建立和完善交通要道治安卡口，城乡治安联防配套的治安防控体系。1998年5月21日，上海、浙江、江苏16县（市、区）第32次治安联防协作会议在海门召开。1999年，两次组织村厂企业的治保、民调干部1000多人进行业务培训。

2000年，配齐全市乡镇、场综治助理。专职保安联防队伍按农村人口万分之九、城市人口万分之十二全部配备到位。同年，全市24个乡镇、场建立以党政领导、综治牵头、各方参与的社会矛盾纠纷大调解工作机制，实现各部门整体联动，形成五级网络覆盖(市、乡两级建立矛盾纠纷调处中心、警务片建立矛盾纠纷调解工作站、村建立调解室、组落实调解信息员)、职责明确、责任落实、动作规范的大调解格局。2004年5月,城区建立由218名离退休人员组成的志愿者治安联防队伍,并成立全省首家治安联防志愿者协会,乡镇场建立分会,全市共有志愿者1390人。同年,建立由市社会矛盾调处中心、法院、公安局和司法局成立社会矛盾大调解工作和"110"接处警工作联动领导小组。建立公调对接、诉调对接、检调对接、纪调对接、信调对接工作机制和诉讼绿色通道。各级调解组织与国土、环保、劳动、医疗等部门建立新的联动机制。各乡镇场将"110"报警点设在10户(左右)调解信息员家中,以确保报警第一时间掌握矛盾纠纷信息。2008年,市建立专职巡防大队,乡镇建立技防监控中队和巡防中队。全市80%的乡镇建立政法综治工作中心,全面推行综治办、依治办、警务室三位一体的工作机制。

二、落实责任

1981年,在海门镇、三厂镇、麒麟公社和海门染织厂进行综合治理试点工作。1982年,从县公检法司4个部门抽调114名干警到天补、厂洪、悦来、四甲、包场、新海公社和海门无线电厂、海门镇皮件厂开展综合治理工作。1983年始,贯彻以块为主、条块结合,谁主管、谁负责的原则,落实综合治理工作职责分工。实行一年一次层层签订社会治安综合治理责任书,年终组织检查评比。1987年,将社会治安工作列为考核指标。1988年,各乡镇场按照"组织、制度、职责、报酬"四落实要求,建立民调岗位责任制。

1991年,建立、完善社会治安综合治理工作目标管理、百分考核制度,每季度召开一次以区为单位的乡镇分管领导工作研讨会,实行社会治安综合治理一票否决制。1999年,建立政法干部治安综合治理工作联系点制度和一岗双责百分考核制度。2002年,制定、实行社会治安综合治理末位警示暂行办法。2004年,保障完善部门联动机制,健全监督考评,严格责任奖惩办法。2005年,构建市综治委成员单位与乡镇挂钩共建工程。2008年,制定市、乡镇两级社会治安综合治理和平安创建工作督查制度。

三、平安创建

1981年,县在海门镇、三厂镇、麒麟公社和海门染织厂先后进行社会治安综合治理试点。1982年4－9月,县委组织公、检、法、司、团委、妇联以及公社干部和部分企业职工,分批进驻天补、新海、厂洪、悦来、四甲、包场公社和海门无线电厂、皮件厂,进行综合治理。开展法制教育,制定乡规民约,建立一批基层治保民调组织。1983年,除严厉打击各类刑事犯罪活动外,全县各部门、单位落实各项综合治理措施,狠煞赌博、迷信、偷盗风。1984年,在海门镇和秀山乡开展社会综合治理活动,对有一般违法行为属批评教育的、轻微犯罪不够刑事处罚的、有罪捕后只能判1－2年徒刑的、有重大嫌疑应捕而未捕的对象400余人,分别进行处理。

1988年,全县建专业联防队34个,队员232人,分布于车站、码头、商业区、公共场所、重要道口。1990年,联防队提供刑侦线索183条,协助或直接抓获违法犯罪960人,破刑事案件270起,制止违法犯罪573起,缴获赃物赃款7.68万元。

1997年,全市开展"创建文明安全小区,文明安全村、乡镇、场,文明安全单位"活动。将"创三安"与文明卫生创建同时进行,实行统一领导、统一部署。建立创建工作领导小组,具体制定年度创建达标规划,广泛宣传发动。是年,全市拉横幅53条,贴标语1135条,出墙报1200多期,召开各种形式宣传会议1500多次。市有关部门投资52万元在海门镇东风小区修建686米长的围墙以及大门、门卫值班室,由开放式改为封闭式管理。将3个小区、2个行政村、58个单位作为全市示范单位。6月21日,省委常委、省委政法委书记李明朝考察市政法综治工作,先后考察货隆镇、余东镇派出所、海门镇东风新村文明安全小区,公安局"110"报警服务中心等单位。是年年底,采取发调查问卷、走访群众、听取汇报、查看台账资料等方法,逐一考核验收。各乡镇场完成市下达的年度创建任务。三阳镇党委副书记薛兆周在分管政法工作期间,敢抓敢管、工作扎实,成绩显著,被授予全国社会治安综合治理工作先进个人称号。市综治委被评为省社会帮教工作先进单位。

1999年年底,全市"创三安"活动验收达标率86%,提前实现到2000年达80%以上的总体目标。

其中创建安全文明村700个，占应建数91.7%；安全文明单位63个，占应建数83%；安全文明小区18个，占应建数82%；安全文明乡镇28个，占应建数88%。2000年8月，中央社会治安综合治理委员会办公室副主任陈冀平到海门考察社会治安综合治理工作。是年，海门被评为1997－2000年度全国综治先进县(市)。2001年，开展新一轮基层创安活动，"创三安"工作向基层企业、学校、市场延伸。同年7月，对全市所有创安达标单位进行复查验收，评出43个治安模范村(居)、3个治安模范单位、1个治安模范乡镇。2002年，全市建成治安模范村48个、治安模范单位5个、治安模范学校3个，安全文明村3个、安全文明单位19个、安全文明居委会4个、安全文明学校12个、安全文明市场5个。同时将创安工作向个私企业延伸，首先在海门镇、德胜镇试点，帮助企业健全综治组织网络，堵塞防范漏洞。

2003年始，"创三安"活动纳入全市"平安创建"活动。市委开展争创全省最安全城市活动，成立建设"平安海门"工作领导小组，各乡镇相应组建工作班子。开展"平安医院、平安学校、平安村(居)、平安机关事业单位、平安企业、平安市场、平安家庭"创建活动，将平安创建工作延伸到基层各行各业。利用发倡议、办专栏等多种形式营造平安创建氛围。是年，市建立社会矛盾纠纷大调解领导小组，制定工作职责和实施方案。建立首问责任制、调处督查制、管辖责任制、分级承包制和干部包村、党员包户矛盾纠纷调解责任制。健全调处网络，实施无职党员上岗工程，近万名农村无职党员参与社会矛盾纠纷义务调解工作。乡镇成立防激化矛盾应急小分队，建立外来人口管理办公室，对外来人口进行管理。2004年1月，海门市被省政府命名为2003年度社会治安县(市、区)称号。全省首批获此殊荣的有18个县(市、区)中，海门名列前茅。

2004年，通过新闻媒体举办知识讲座、知识竞赛、图片展览等，加强平安创建宣传教育。2005年，市综治委51个成员单位与22个乡镇、29个企业挂钩，指导、督促、帮助开展综治和平安创建工作。以构建"和谐平安海门"为新目标，开展"和谐平安乡镇"达标竞赛活动。在德胜镇、刘浩镇、树勋镇先行试点后全面启动。同年，推进组织网络、流动人口"双集中"管理、青少年违法犯罪预防管控、刑释解教人员安置帮教、平安创建挂钩共建、平安创建组织保障等六大工程建设。2006年1月14日，海门市三度蝉联全省治安安全县称号。是年，开展"平安顾问到万家""把平安带回家""科技防范进万家"等系列活动。编印《让平安走进千家万户》和《平安和谐与你同行》各5万册宣传资料，发至城乡居民。举办平安家庭文艺演出100多场次，社区民警到居民家中提建议6500余条。5000多个个体户主动安装无线报警装置，涌现2000多户"平安家庭"。同年10月，制定《关于在"十一五"期间深入开展平安海门建设，争创全省平安县的实施意见》，确定平安创建工作目标。11月，制定《海门市新一轮平安创建五年规划》。

2007年3月，市制定《关于全市保安联防队伍建设管理实施意见》，规范保安联防队伍职能。各村设平安创建、社会矛盾纠纷调解、社区矫正等工作小组，形成统一领导、合署办公、分工协作、整体联动的工作机制。

2008年，将综治、平安和法治建设工作纳入全市经济社会总体计划，列为市委常委会年度重点工作和市政府年度工作目标之一。加大对综治、平安创建和法治建设工作督察、督查和考核力度。先后3次召开市委常委会、市长办公会议，专题听取综治、平安和法治建设情况汇报，分析研究解决方案。市人大、政协先后10次组织人大代表、政协委员专项视察活动，推动综治、平安、法治建设。海门连续5年蝉联省社会治安安全县(市)称号，22个乡镇全部进入市社会治安安全乡镇行列。是年9月，市社会矛盾纠纷调处中心举行揭牌仪式。海门、三厂、四甲、悦来、包场等中心集镇建立社区，其他乡镇建立工作站，开展无民事转刑事的案件、无越级上访、无群体性事件创建活动。制定处理涉法涉诉信访问题信息备案、案件评查、信息共享、工作联动等有关制度，纳入政法各部门领导班子"一岗双责"、综治和法治建设考核内容。涉法涉诉信访案件实现上级"零交办"，多次受到省、南通市领导表彰，经验材料被省委政法委转发。

第四节 依法治市

1991年6月，成立依法治县暨普及法律常识领导小组，确定三阳镇、国强乡龙游村、三阳化工厂等6个乡镇、村、厂为依法治理试点单位。1994年，全市417个行政村实施依法治理，占总数51.4%；19个工厂开展依法治厂活动，占总数34.5%。1995年，637个行政村实施依法治理，占总数82%；408个厂实施依法治厂，占总数68.5%。1996年，全市所有行政村实施依法治村，依法治厂村率80%。

1998年3月，成立市依法治市领导小组，下设办公室。1999年3月，制定《海门市依法治市领导组成单位工作职责》，9月召开依法治市动员大会。随后，在国强、常乐两镇试点，推行以政务公开为内容的依法治镇工作。同时在农村开展以财务公开为重点的“两公开”①“四民主”②活动。同年，开通“148”法律服务专线，成为苏北第一家拥有“148”平台的县级市。2000年6月，制定《海门市行政执法考核办法》。2001年8月，市委制定《海门市2001－2005年依法治市规划》。2002年4月，对2001年前政府及其办公室制发含有政策措施内容的文件组织清理，保留33件、修改38件、作废124件。9月27日，南通市在海门镇中海村召开民主法治示范村建设现场会。11月，市政府组成清理地方性政策措施领导小组，对2001年以前政府各部门制发的含有政策措施内容的文件进行审查清理，保留639件、修改8件、废止469件。1985年以前由县政府各部门制发含有政策措施内容的文件均予废止。同年，开展民主法治示范村建设试点。在东灶港、正余、王浩、常乐、海门、包场6个镇12个行政村进行依法治村和村民自治试点。2003年11月，海门被评为全国村民自治模范县（市）。

2004年，11月，召开建设法治海门动员大会。12月，市委制定《“法治海门”建设纲要》。是年，全市民主示范村达30%。正余镇邢柏村被评为南通市唯一的全国民主法治示范村，天补镇陶港村、四甲镇头桥村被评为首批百个省级民主法治示范村之一。2005年8月，开展大型送法下乡活动。由32人组成法制文艺宣传队，编排12个法制文艺节目，演出32个专场，观众6万人次。同时，制作与17部法律法规内容相关的27幅图板下乡巡回展示。是年，依法治村、依法治校、依法治企合格率100%，村民自治模范率95%，创建国家级民主法治示范村1个、市级民主法治村24个（其中社区2个）。2006年4月30日，省依法治省领导小组命名海门镇中海村、常乐镇培育村、树勋镇富民村、三厂镇镇西村为民主法治示范村。是年，开展法治海门建设宣传活动，开展“宣传惠万人，法律助维权”职工维权系列行动。

2007年，开展法治合格乡镇、法治合格单位、法治合格村（居）、法治合格企业、法治合格学校、法治合格医院、法治合格家庭系列创建活动。天补镇、东灶港镇、树勋镇和市公安局、工商局以及四甲、包场的村（居）、学校、医院、企业等作为法治系列创建样板试点。开展“规范执法行动、促进执法公正”专项整改和“开门接访”等活动，制定《构建综合治理执行联动工作机制的实施意见》，在干部中推行学法积分制，作为考核干部学法的主要依据。在全市各村（居）、企业、学校、医院和外来人口服务中心普遍建立法制学校。9月25日，召开法治海门建设新闻发布会，执法机关向全社会作出公开承诺，跟踪督查。完善行政机关负责人出庭应诉、参加质证会制度和庭审观摩制度。全市行政诉讼败诉率比2005年下降3%，行政复议维持率比2005年上升2%。坚持依法行政，公正司法，全民普法，社会各界对政法机关满意率90%。

2008年，实施“阳光、天平、春风”系列行动，推行党务、政务、事务、警务、检务、审务公开，细化落实各类执法、执纪岗位的权限和责任。完善行政决策听证程序，制定市政府新闻发言人制度，推进政务信息公开；完善市民列席政府重要会议制度，推行“职工维权明白卡”发放制度，实行执法办案阳光操作，创新“政风行风在线”电视直播节目；推行说理式行政执法文书；完善行政首长出庭应诉制度。

---

① 两公开：村务、财务公开。

② 四民主：民主选举、民主决策、民主管理、民主监督。

深入开展行风评议和群众满意基层站所创建活动。组建市政府律师顾问团,律师参与重大疑难信访接待顾问团,城市拆迁义务法律咨询组,政法各部门推出“警企共建”“巡回法庭”、办证一站式“绿色通道”等便民新举措。

是年,创建省级民主法治示范村7个、南通市级民主法治村40个(其中社区5个)、市级民主法治村40个(其中社区8个)。至2008年,全市83.1%的村居委员实现民主法治村居创建任务。

第五节 队伍建设

一、队伍素质

1982年,有政法干警486人(含民政局57人),其中党员441人,占90.74%。文化程度:大专12人,占2.47%;初高中359人,占73.87%;小学115人,占23.66%。年龄状况:35岁以下89人,占18.31%;36－50岁295人,占60.7%;51岁以上102人,占20.99%。

2008年,全市政法干警1019人,其中党员857人,占84.1%。年龄35岁以下353人,占34.64%;36岁至50岁523人,占51.32%;51岁以上143人,占14.03%。经过逐步吸收高学历人员和专职人员参加学历教育,文化程度明显提升。本科以上554人,占54.37%;大专374人,占36.7%;初高中文化91人,占8.93%。

二、思想教育

1982年,政法各部门股(所)科、庭长以上干部84人参加县委党校轮训班学习,建立考勤、考绩、考纪为内容的岗位责任制。1987年,组织学习中共十三大文件及《坚持四项基本原则,反对资产阶级自由化》和《建设有中国特色的社会主义》等文章。1989－1990年,学习中共十三届四中全会、五中全会、六中全会公报和文件,学习邓小平、江泽民等中央领导同志的讲话,组织英雄事迹报告。1992年,开展“为经济建设保驾护航,为人民群众秉公执法”为主题的“双评”活动,印发2400多份选票,评出“十佳”政法干警和人民群众最不满意的人和事。1994－1995年,开展争创以“围绕经济抓治安为目标,为人民群众秉公执法”为主题的“十佳”先进集体、“十佳”政法干警活动。1996年,开展以“比思想、比作风、比工作、比贡献”为主要内容的“四比”活动,评出10个先进集体和10名先进个人。1999年,开展争创“人民满意先进单位”和争当“人民满意优秀干警”活动。2003年、2004年,对一线干警、执法单位的“双争”活动情况全面跟踪督察与明察暗访,严格考核。2005年,制定《关于在全市政法系统开展规范执法行为、促进执法公正专项整改活动的实施意见》,进行专项整改活动。2008年,在执法队伍中,组织开展“十大忠诚卫士”评选活动,举办“忠诚卫士”颁奖大会,激发执法干部工作热情,树立执法队伍的良好形象。政法机关及政法干警的信访投诉明显下降,政法干警违法违纪现象明显下降,机关效能考核中的等次不断提升,群众对政法队伍满意率不断提升。制定《政法重大事项报告制度》《关于进一步加强政法干警轮岗交流的实施意见》等文件,加强政法队伍建设,得到省委政法委肯定,并以文件形式转发全省推广。政法系统有43个单位、88名个人受到南通市以上表彰,其中16个单位、18名个人受到省以上表彰。

三、作风整顿

1982年,组织政法各部门137名军队转业干部深入基层参加社会治安综合治理,边干边学,增长才干。1983年4月,政法委举办由全体政法干警参加的整纪教育学习班,进行思想纪律作风整顿。

1991年7－8月,对全体干警进行思想作风纪律整顿。县委组织部抽调32人深入19个乡镇,召开51个座谈会,走访399人,梳理出反响强烈的42个问题,收集整理50多份先进事迹材料。1993年,学习中共十四大文件和《邓小平文献》,深入开展反腐倡廉活动,自我小结,自我评估,群众评议,自查自纠。全县干警拒礼拒贿1000余人次,折款20多万元。开展执法大检查,聘请50名人大代表、政协委员和乡镇领导代表,担任警风、警纪监督员。查处违纪案件5起,处分干警7人。1997年,开展集中教育,整顿政法队伍。查处群众反响强烈的各种违纪违法案件16起18人,其中1人因触犯刑法被依法逮捕。1998年,开展“公正执法、文明执法”及“讲学习、讲正气、讲政治、讲纪律”主题教育活动。

全面清理政法机关及所属单位开办的 27 个经营性公司。1999 年，组织全市 792 名干警法律业务知识考试。1999 –2002 年，加强执法检查力度，对执法检查中发现的问题发出整改通知书，落实整改措施。2003 年，探索建立政法干警大练兵、轮岗大交流、内部大督察"三位一体"队伍建设新模式。2003 – 2005 年，开展"岗位大练兵、业务大培训、技能大比武、素质大考核"活动，组织理论学习 150 场次，举办各类练兵 50 场次、技能比武 20 场次、素质考核 30 场次。2005 年，推行大轮岗交流机制。建立直属党组领导的督察小组，督察范围扩大至政法干警，形成党风廉政、廉洁从业、履行职责、遵章守纪的作风，将政法干警的生活纳入督察范围。2007 年，举行技能练兵汇报会，组织法律业务知识考试。是年，实行队伍建设监督员制度，规范司法人员与律师关系。2008 年，制定《关于加强全市政法队伍督察工作的实施意见》，成立市政法队伍督察工作指导小组、兼职督察队，设立督察室。9 月 24 日，南通市委政法委专门召开现场会予以推广。

图 23 – 15　政法干警开展技能练兵活动　(2005 年摄)

第二十四篇

民　　政

晚清以前,海门厅由知县兼顾民政事务。清末,始有民政部门。民国元年(1912),海门废厅设县,县设科分管民政。

民国29年11月,县抗日民主政府设第一科兼理民政工作,开展烈军属代耕、节日慰问以及支前工作。抗日战争和解放战争时期,县内革命根据地和解放区开展拥军优抚、支援前线、民主建政、民事调解、生产救灾、社会救济等民政工作。

1949年1月,县政府设民政科。此后,民政工作增加社会福利、禁毒、移民、行政区划、婚姻登记、选举、基层政权建设及人事、劳动工作等内容。劳动、人事与民政工作又多次分合。"文化大革命"期间,民政机构多次变动,民政工作陷于瘫痪、半瘫痪状态,1978年后恢复正常。

1984年,海门首创军人家庭服务中心,并在全国推广。1986年,30个乡镇均办有敬老院。是年,全县筹集扶贫资金514万元,并组织县级42个部门包乡扶贫,民政部授予县民政局全国扶贫先进集体称号。1988年,全县彻底破除土葬旧俗,殡葬火化率100%。1991年10月,海门被评为全省双拥模范城(县),并多次蝉联。1992年,县贯彻国家收养法,履行收养登记职责。1993年1月,被命名为全国双拥模范城(县)。是年,城区首次竖立路牌200余块。1995年,福利厂安排残疾人就业4700余人,创历年之最。1997年2月,发行1000万元大奖组福利奖券,10余万彩民到场,创发行纪录。1999年5月,改乡镇分散婚姻登记为全市集中登记。2001年第六届村委会选举,省在海门市试点,探索"两委"一肩挑路子,239名村主任,由党支部书记兼任的214人,占89.54%。2002年3月,市慈善会成立,爱心捐赠活动深入展开。是年,获全国民政工作先进县(市)称号。2003年,被评为全国村民自治模范市。2004年6月,三峡工程万州移民231人顺利迁居海门市。2005年,建设市综合老年服务中心。是年,全市城镇义务兵、志愿兵及士官退伍安置完成由国家分配安置向自谋职业的全面过渡。2006年,蝉联全国民政工作先进市称号。2007年7月,开展"爱洒人间"大额协议慈善捐赠活动,38个骨干企业认捐1.27亿元。

2008年,市各乡镇、部门、民营企业、社会各界人士与1120户优抚对象结对帮扶。成立民营企业拥军协会,有组织地为部队官兵和军人家属服务,体现海门新时期拥军优属新的特点。

第一章　基层自治组织

第一节　村民自治组织

新中国成立初，海门分区建乡设村。1958 年 10 月，建立人民公社，实行政社合一体制，村改称大队。1983 年，县在常乐公社开展政社分设试点，随后全面实行，恢复村级组织，建立村民委员会，村主任由上级组织任命。1988 年 12 月，贯彻实施《中华人民共和国村民委员会组织法》，在新海乡进行村委会选举试点，制定村民会议、村民代表会议制度。1989 年 11 月，结合县、乡人大换届选举，首次实施村民委员会选举，全县采取等额选举办法选出村主任 765 人。

1998 年 12 月，经省民政厅检查验收，海门达到省创建村民自治模范市标准。

2001 年 6 月，进行第六届村委会换届选举，并作为省试点单位。根据市委关于“两委”（党支部委员会、村民委员会）一肩挑的要求，各村党支部先行选出的书记参与村主任的竞选，并采取候选人直选办法。共提名主任候选人 1834 人，委员候选人 4956 人。8 月，选举工作结束。选出村主任 239 人，其中村党支部书记被选为村主任 214 人，占 89.54%，委员 981 人。村主任中高中、中专文化 123 人，占 51.46%；大专以上文化 70 人，占 29.29%，平均年龄 43.2 岁。海门村委会选举工作经验在全省推广。是年，所有村均制定完善村民自治章程、村规民约，以及村务、财务公开制度，规定每季度首月 18 日为村务、财务公开日，并建立村务、财务公开栏和意见箱。2002 年，全市 239 个村均建立村民会议、民主评议干部、村委会年终工作报告和村委会工作目标责任制等监督制度，提高民主管理水平。王浩镇在电力农网改造中，有不合理收费现象，村民对此实行民主监督，村委会认真听取意见，及时作了清退。是年 5 月 16 日，国务委员司马义·艾买提到海门视察，肯定海门村委会选举中书记主任双职一肩挑的做法。2003 年，海门被评为全国村民自治模范市。

2004 年八九月，第七届村民委员会选举，继续作为省试点单位。全市登记选民 68.82 万人，参加投票选举的选民 66.96 万人，占 97.3%。实行无候选人一次性直接选举的村 56 个，占村总数 23.43%，221 名村党支部书记兼任主任，占 92.47%。海门直接选举村主任的做法在全国村委会选举工作经验交流会上交流。

2007 年八九月，第八届村委会换届选举在正余镇正基村先行试点。12 月 1 日为全市选举日，132 个村采取无候选人一次性直接选举办法，占村总数 56.41%，其中天补镇全部采用这一办法，并取得成功。

第二节　城镇居民自治组织

一、社区居委会

县属镇　1949 年 1 月，茅家镇、三厂镇、青龙港镇 3 个县属镇，有街道居民组织 9 个。1954 年 7 月，青龙港镇并入三厂镇，茅家镇、三厂镇居民组织仍为 9 个。1964－1978 年，海门镇设有大同街、复兴街、解放街、建国街 4 个居委会；三厂镇设有新东街、中心街、工房街、花园街、青龙街 5 个居委会。“文化大革命”期间，大同街、复兴街改为反帝街、反修街，1983 年恢复原名，同时解放街改为解放路，居委会名称作相应改变。

1984 年 7 月，青龙港从三厂镇划出，复建青龙港镇，辖青龙村、青龙街居委会。1986 年 11 月，海门镇增设狮山街等6个居委会,共辖10个居委会。

1990年12月,三厂镇工房街居委会分设为南、北工房街居委会,并增设镇南新村、海化路居委会,所辖居委会增至8个,另有通棉三厂果园新村、工人新村两个家属委员会。1991年4月,2个家属委员会分别改建为果园新村、工人新村居委会。1992年12月,青龙港镇并入三厂镇,青龙街居委会改属三厂镇管辖,三厂镇共辖10个居委会。1995年海门镇设海兴街、通源街居委会。1997年8月,撤销海门镇复兴街、大同街等9个居委会,设立青海东路、东风新村、大同新村、解放中路、狮山路、人民西路、通源路、海兴路、解放西路、向民路、育才路、拥军路12个居委会。

2000年4月,汤家乡并入三厂镇,原大新路居委会同时并入,三厂镇居委会增至11个。2001年4月,乡镇村级行政区调整,海门镇海南、海西、城北3村分别改设为同名的3个居委会,海门镇居委会增至15个。5月,海门镇、三厂镇按1000－3000户规模调整居委会地域范围,新居委会以社区地域冠名,称社区居委会。11月,三厂镇新东街、海化路居委会合并为新东街社区居委会;花园街、中心街、镇南新村居委会合并为中心街社区居委会;南工房街、北工房街、工人新村居委会合并为工房街社区居委会;果园新村、青龙街、大新路居委会分别更名为社区居委会,三厂镇共设6个社区居委会。12月,海门镇15个居委会冠名社区居委会。2005年9月,海门镇日新、民生、五港、张南4村撤村改居,分别按原名设4个新村社区居委会。

2007年11月,三厂镇果园新村社区居委会并入工房街社区居委会,青龙街社区居委会并入青龙港村村委会,大兴街社区居委会并入汤西村村委会。该镇有新东街、中心街、工房街3个社区居委会。2008年7月,海门镇向民路社区居委会分设为向民路、长江新村社区居委会;狮山路社区居委会分设为狮山路、海影新村社区居委会。10月,海门镇增设月亮湾社区居委会。

开发区　2000年4月,江滨乡并入海门镇,保留滨顺路居委会。6月,划归市经济开发区管辖。2001年4月,开发区建立居委会,柿树村与江滨村合并为海东居委会,源东村改为源东居委会。2008年10月,海门镇东风新村居委会,青海路、通源路、民生路社区居委会的17个村民小组,海南社区居委会的8个村民小组及行政区域范围划入开发区管辖。至2008年底,开发区辖6个居委会。

建制乡镇　1965年2月,撤销四甲、余东镇建制,分别归并为四甲、余东公社,原镇区分别改为四甲、余东居委会,均属公社管辖。

1986年10月,四甲、余东、包场、悦来、三阳5镇分别设立健康路、新艺街和启凤街、包新街、新悦街、开泰街居委会。1988年6月,麒麟乡、临江乡分别设麒北街、灵甸街居委会。

1991年,天补、常乐、货隆3镇分别设振兴街、状元街、南京路居委会。1992年12月,三星乡撤乡设镇,镇区建富民街居委会。1994年10－11月,万年、三和、德胜、瑞祥、国强、六匡撤乡设镇。1996年,麒麟、正余撤乡设镇。1997年5月,各镇区建立居委会。8月,三星、德胜、麒麟、正余、悦来等10个镇及江滨、海永、海洪、临江、王浩、东灶等11个乡新设居委会21个,撤销居委会2个。

2000年4月,东灶、东兴、江滨、瑞祥、汤家、平山、六匡、国强、刘浩、海洪等10个乡镇撤并为海门、三厂、悦来、德胜、常乐、四甲、刘浩、东灶港8个镇。至此,全市30个乡镇调整为22个乡镇。2001年9月及次年2月,临江、王浩及树勋分别撤乡设镇。设镇后,镇区及合并乡原驻地均保留或设置居委会。

2008年,全市乡镇有居民委员会28个、社区居民委员会28个。

二、社区服务

20世纪80年代后期,海门城区实施有组织的社区服务工作,并成立城建、联防等9支服务队伍。

1991－1994年,海门镇建4个新村,兴建住宅50多万平方米,289户近1万平方米危房全部翻建。1994年,海门手帕厂投资120万元建成2040平方米、310张床位的幼儿园;投资600万元兴建560平方米多功能服务大楼,增加了海门镇区的服务网点。城区有幼儿园5个,用房176间,床位2000张,入托幼儿2000多人。海门镇10个街道(居委会)办企业24个,吸纳工人682人,实现产值4286万元,利润14万元。其中复三街居委会产值实现1617.38万元。街办企业为社区建设筹集了资金,解放街居委会投资2万元用于修路;全镇10个街道居委会为照顾困难户、欢送新兵、为民办实事投资10多万元。

1995年,海门、三厂镇兴建社区服务中心,悦来、四甲、包场镇组建社区服务工作领导组,配置部分服务设施,建办服务项目,实现正常运作。1999年,海门镇建立社区服务工作领导小组,街道办事处、居委会分别建立社区服务中心和服务站。3月,按照每个辖区必须有一个老年公寓、一个助残设施、一个托幼机构、一个青少年活动站、一个康复医疗站的"五个一"要求,在海门镇通源街办事处试点,并建办居民社区服务网点。年末,茅镇、东洲、通源街道建立为老年人、残疾人、青少年服务的康复站、幼托等设施15个;组织便民服务队33个608人;志愿者服务队14个750人。

2000年,全市有海门镇等社区服务中心4个,有体育、娱乐、医疗、购物等各类服务设施873个。其中,老年人服务设施126个,优抚服务设施160个,残疾人服务设施34个,婚姻、殡葬服务设施9个,各类便民利民服务设施54个。有专职社区服务管理人员33人,志愿者服务组织23个,志愿者747人,安置失业下岗职工就业人员1923人。

2003年,海门镇有社区专兼职工作人员80多人。其中,管理人员70人,水电维修、煤气冲送等便民队伍28支600多人,志愿者服务队43个近千人。各街道办事处服务中心建筑面积均在800平方米以上。15个社区有老年服务中心10个、青少年活动室11个、卫生服务站16个、全民健身点50个、警务室15个、图书阅览室14个、助残设施7个、公开宣传栏12个,部分社区设有健身房、乒乓球室、文娱活动室、书场等市民休闲娱乐场所。设置便民服务网点180个、老年星光之家5处。建有治安联防队和由250余名离退休人员组成的巡逻队。市区有数支业余老年文艺宣传队。市财政每年拨给每个社区补助费1.5万元。

2007年,全市234个农村社区建有公共服务中心,海门被列为全国农村建设实验市。年底,投入经费8370万元,农村社区全部建成400平方米以上的公共服务中心,70%的村建筑面积突破500平方米。

图24－1　三厂镇青龙港村社区公共服务中心　(2007年摄)

2008年7－8月,在海门镇狮山路社区和东风新村社区试点成立社区居家养老服务站。9－10月,在向民路、宏伟路、拥军路、解放路、育才路、民生、五港、张南等社区成立社区居家养老服务站,服务对象分A、B、C三类:A类为低保对象中的独居老人和生活困难老人;B类为80岁以上空巢老人;C类为65岁以上有服务要求的老人。服务项目有生活照料、医疗保健、法律维权、文化教育、体育健身、精神慰藉等。12月,民政部在海门召开全国(华东片区)农村社区建设实验工作经验交流会,基层政权司司长詹成付总结讲话时认为,海门市农村社区公共服务中心全覆盖指标最高。

第二章 拥军优属

第一节 拥军活动

一、支前慰问

民国37年(1948)7－11月,县境解放区835名翻身农民圆满完成为人民解放军解放济南、淮海战役担负运送弹药、转移伤病员、接运粮秣等任务。第一期民工大队被华中第一、第九分区后勤部授予东南模范民工大队称号。

1949年2月,县人民政府在茅家镇成立支前总队部。至4月,组织支前民工两期共1.36万人、担架4184副、出运船只552条、小车1501辆,支援渡江战役。

1951年6月,响应党的“抗美援朝,保家卫国”号召,全县捐献飞机、大炮款计新人民币16.93万元。8月1日,代县长沈计达率团慰问驻军伤病员及烈、军、工属。8月11－13日,县各界代表17人组成慰问团,携带慰问金前往南通市苏北医院慰问志愿军伤病员。1953年春节,组建355个慰问队、626个慰问组,13646人参加,向驻海部队发出198封慰问信。为烈军属、残废军人张贴春联,送馒头、团圆、花生、茶食等慰问品和慰问金。

1958－1967年,每逢春节由县领导率队慰问烈军属、残废军人;随带慰问品、慰问信或组织剧团、文娱演出队、电影放映队等慰问驻海部队。1968年“八一”建军节,县举行中央“关于进一步开展拥军爱民运动”一周年纪念大会。

1978年1月21日,县各界干部群众千余人同驻海门部队进行联欢活动。

1985年,县政府向参加对越自卫反击战的海门籍指战员发出慰问信,并4次派员走访慰问146名参战军人家庭、家属。全县各界向海门籍现役军人发慰问信2540封,赠送汗衫、手帕等慰问品2540件,举办报告会50余场,做好事2000多件。1987年,为庆祝建军60周年,县举行报告会,邀请军队离退休干部、对越自卫反击战功臣代表,分别到机关、工厂、学校作革命传统和英模事迹报告。海门手帕厂组织业余文艺演出队赴南京军区、省军区慰问演出。

1989年建军节,确定8月间开展“固长城、壮国威”电影宣传周活动,放映一批歌颂人民解放军、反映军民鱼水情的影片。慰问县内驻军,向17名特等、一等伤残军人,8名烈士家属,34名军队离退休干部赠送慰问品。各乡镇走访军人、烈士家属1012户,伤残军人、老复员军人1700多人。

1996年7月,市领导率团赴北京慰问国旗护卫队全体官兵,赠予“祖国的卫士,人民的后盾”铜匾;赠送洗衣机、自行车、运动鞋、不锈钢脸盆等慰问品;参加首都“七一”升旗仪式。中央电视台、《人民日报》《解放军报》等8家新闻单位记者前往采访报道。

1998－2001年春节、“八一”建军节期间,市向驻海部队、市人武部、部队干休所、武警中队、消防大队、边防派出所赠送彩电、电脑、空调、衣物、大米、科技书籍等慰问品及慰问金25万元。

2001年5月28日,市有关领导专程将崔强、盛国等两位战士在部队荣立二等功的喜报、鲜花和奖励金送往其家里。

2005年8月,为纪念中国人民抗日战争和世界反法西斯战争胜利60周年,分别慰问抗战时期入伍的在乡残疾军人、伤残民兵民工、老复员军人(含红军老战士)和烈士的遗属,发给一次性慰问金每人1000元。

二、帮扶致富

1985年4月,县从资金、信息、物资、技术等方面积极帮助伤残军人、军烈属中优抚对象发展生产,搞活经济。1985－1987年,全县扶持1253户优抚对象,其中884户脱贫致富。

1991年,三星乡创办优抚对象奔小康培训中心,共举办电脑绣花、床上用品、绘画、葡萄栽培等各类技术培训班27期,培训124人次,一批优抚对象走上致富之路。1993年,优先安排1.5万名优抚对象及其子女进工厂务工;扶助3256户优抚对象种蘑菇、芦笋、瓜果、大棚蔬菜等;为无资金但有项目的优抚对象提供低息贷款200多万元。是年,优抚对象人均收入1768元,高出农村人均收入401元。1994年,《解放军报》头版头条刊登海门市军属奔小康的报道。1995年,三星镇退伍军人刘志远拥有固定资产200万元,电脑绣花机7台,年产值800万元,利润60万元,被誉为"昔日老山功臣,今日致富能人"。是年12月,全省优抚对象奔小康经验交流会在海门召开,海门市被评为省优抚对象奔小康先进集体。1996年,各乡镇组织志愿者与优抚对象签订扶持优抚对象奔小康志愿服务协议书。1997年7月23日,民政部和总政治部授予三星镇拥军优属先进单位称号,为全省唯一受此表彰的乡镇。是年,市制定优抚对象小康乡镇、村13条标准。命名三星镇、临江乡、四甲镇、正余镇、东灶乡为优抚对象小康乡镇;海门镇海西村等50个村为优抚对象小康村;陆恩章、刘志远等50名优抚对象为致富明星专业户。

1999年5月21－31日,开展"爱心献功臣行动旬"活动,为老烈属、老伤残军人、老复员军人(称"三老")解决实际困难,共捐款20万元,为32户"三老"修建住房68间,为"三老"防病、治病1200人次;帮助"三老"抢收夏熟作物出动助耕队600个;走访慰问"三老"1300人次。2000年1月,海门被评为全国爱心献功臣行动先进市。是年,市级机关23个部门与36户贫困"三老"优抚对象结对帮扶;乡镇志愿者与500名"三老"优抚对象结对帮扶。2001年,市级机关71个部门与215户"三老"优抚对象结对终身帮扶。2004年4月,南通市在海门召开优抚对象结对帮扶现场会,推广海门做法。2006年,乡镇、市级机关66个部门、150个私营企业、164位社会各界人士与861户重点优抚对象结对帮扶。2008年,结对帮扶1120户。

三、为驻军办实事

在革命战争年代,海门老百姓自发地为军队送粮、送柴草,为人民子弟兵纳鞋、补衣服,帮助解决具体困难。新中国成立后,县委、县政府积极为驻军办实事,解决军队建设中的经费等具体困难,并列入议事日程。

1993年8月,县政府、有关企业与武警省边防总队、南通市支队合资20万元,为东灶港边防派出所建造468平方米双拥楼,次年2月建成。1994年4月,县领导与驻海部队某部领导签订军地互办10件实事军地共建公约。11月,县政府投资40万元,为驻海部队某部建造809平方米拥军楼,中共中央政治局常委、中央军委副主席刘华清为该楼题写"海门拥军楼"楼名。1995年,市出资38万元为武警中队购置消防车1辆。1996－1997年,市以优惠政策促成人武部自筹资金,建成2700平方米宿舍楼;为武警海门市中队建造800平方米拥军楼,补贴官兵每人每天1元伙食费;投入380万元,为武警海门消防大队、中队异地建设新营区3700平方米办公楼、宿舍楼及相关设施;市资助11.5万元为驻军某部修建道路,改造机关食堂,安装有线电视。市建工局与驻海部队某部签订培养高新技术人才协议,赠送12台586型电脑。东灶乡政府和海门盐场向东灶港边防派出所赠送价值6万余元的巡警车1辆。

1998年,市成立军嫂再就业介绍所,向市公安、民政、金融、城建等部门推荐的18名驻军下岗军嫂全部被聘用。

1999年,市教育局投资150万元在某驻海部队营区内创办国防教育馆,于9月18日对外开放。

2000年,开展科技拥军活动。市级机关部门捐赠1万多册科技书籍,在驻海部队某部设立科技拥军书库;在市科委建立科技拥军培训中心;在驻海部队建立科技拥军后勤基地、蔬菜示范园和养殖示范园。资助6万元为武警中队添置自动监控设备,为人武部添置复印机。

2001年,市为驻海部队某部投资建造营房大楼。至此,海门驻军部队全部住上由地方政府出资或双方共建的新大楼。2005年,资助消防大队装备设备费490万元,添置25米曲臂登高车、抢险救援车、大功率冷冻车、消防三轮摩托车、水罐车及个人防护设备。资助10万元为东灶港边防派出所建办港口信息化管理系统。资助驻海部队装备革新费30万元。2007年,市资助12万元为武警中队建设电教中心和完善训练设施。

第二节　抚恤优待

一、国家补助

遗属补助　解放前,民主政府对因战、因公牺牲和病故军人家庭发放抚恤费,以粮计发。解放后,人民政府改以现金计发。1950年,进行登记核实,对未领过抚恤金或重新追认的烈士家属给予补发。1952－1959年,多次调整牺牲、病故军人家属抚恤标准。1963－1978年,县优抚事业费逐年增加。1979年2月,一次性抚恤金标准按级别及类别,调整到最高700元、最低370元。10月,定期定量补助标准农村每人每月6－10元,小城镇每人每月10－15元。

1980年8月,在对越自卫还击战中牺牲烈士家属、解放战争中牺牲的支前民兵民工等家属,均增发抚恤金300元。1984年,革命烈士家属和牺牲、病故军人家属(简称"三属")都享受定期定量补助,年人均109元。1985年,由定期定量补助改为定期抚恤,即"三属"除当时可享受一次性抚恤金外,其中无固定收入的已故军人父母、配偶、未满18周岁的子女及依靠其生活来源的其他亲属,均可作为享受对象。其标准,居住农村的人均每月25元,城镇人均每月25－30元。是年,全县享受定期抚恤"三属"730人,发放抚恤金18.82万元。1986年7月,军队干部、志愿兵、机关工作人员,因公牺牲一次性抚恤金,按生前20个月工资计发,病故的,按其生前10个月工资计发,最高不超过3000元。1988年7月,调整一次性抚恤金标准,革命烈士按生前40个月工资,因公牺牲军人按20个月工资,病故军人按10个月工资发给。1989年1月,调整抚恤补助基本标准,全年642人享受"三属"定期抚恤金,平均每人520元。1994年1月,"三属"定期抚恤补助在1993年基础上每人每月增加5元。1997年7月,"三属"抚恤补助列入优待抚恤自然增长机制,按户籍及类别分别调整到年2147－1671元,年增162－155元。是年,全市烈属、牺牲军人家属、病故军人家属473人,发放定期抚恤金70万元。此后,"三属"定期抚恤每年都随着人民生活水平的提高而增加。

2005年8月,提高一次性抚恤标准,规定烈士为生前80个月、因公牺牲军人为20个月、病故军人为10个月工资对其家属实施抚恤。是年,发放一次性抚恤金10人14万元。2008年,发放一次性抚恤金9人40万元。

2008年7月,定期抚恤执行标准为:烈属每月城镇1126元、农村1020元,因公牺牲遗属每月城镇1020元、农村913元,病故军人遗属每月城镇913元、农村807元。是年,全市定期抚恤烈属155人、因公牺牲遗属37人、病故军人遗属89人,全年发放定期抚恤金316万元。

1998－2008年海门市"三属"定期抚恤标准

表24－1　　**单位:元/人·月**

年份	烈属		因公牺牲军人家属		病故军人家属	
	城镇	农村	城镇	农村	城镇	农村
1998	179	142	179	142	153	126
1999(上半年)	192	157	192	157	165	139
1999(下半年)	206	169	206	169	180	153
2000	226	189	226	189	200	173
2001	246	209	246	209	220	193
2002	271	234	271	234	245	218
2003	367	321	367	321	321	275
2004	442	393	393	344	344	295
2005	570	507	507	444	444	380
2006	795	722	722	649	649	576
2007	951	864	864	778	778	691
2008	1126	1020	1020	913	913	807

伤残军人抚恤　1950年1月,全县447名伤残军人复检,核定伤残等级。抚恤金按伤残特等、一等、二等甲级、二等乙级、三等甲级、三等乙级级别和在职、不在职标准发放。伤残军人终身抚恤,二等乙级以上伤残军人享受公费医疗待遇。

1952年12月,每年分两期发放抚恤粮(折款)及残疾金。1963年,享受残疾抚恤人员468人。其中在职78人、不在职390人;特等2人、一等10人。1972年526人。其中,在职75人、不在职451人;特等1人、一等13人。1979年10月,执行因战、因公的特等、一等伤残人员抚恤金每月 96 元，二等、三等伤残人员抚恤金 48 元；因病的一等伤残人员抚恤金每月 96 元、二等 48 元的标准。1983 年，享受残疾抚恤人员 714 人。其中，在职 228 人、不在职 486 人；特等 1 人、一等 14 人。1988 年，伤残人员抚恤标准提高。

1990 年，全县换发伤残抚恤证 749 人。其中，在职 332 人、不在职 417 人；一等残疾 17 人，二、三等共 732 人。对 113 名原伤残记载和姓名有差错的予以纠正，对 36 名残情有变化或伤残等级明显偏低的给予调整。是年，共发放抚恤费 21.23 万元。其中，伤残抚恤金 17.85 万元，伤残保健金 3.38 万元。2004 年 10 月 1 日，原享受保健金的在职残疾军人调整为享受抚恤金。是年 11 月 16 日，民政部、总后勤部颁布军人新旧残疾等级套改办法。新设置的残疾军人伤残等级分 10 个级别 26 个等次，原特等套改一级；一等套改三级；二等甲级套改五级，二等乙级套改六级；三等甲级套改七级，三等乙级套改八级。2005 年 6 月，市明确重点优抚对象抚恤补助标准，以上年度职工平均工资和农村居民人均收入为基础，按上级规定的比例测算，实行自然增长机制，从每年 7 月 1 日起调整。是年，抚恤人数 595 人，发放抚恤费 280 万元。

2006 年 1 月，提高在职残疾军人、残疾人民警察、残疾国家机关工作人员抚恤标准，并在自然增长机制基础上，继续对解放战争时期和解放后入伍的老复员、老残疾军人每人每年增发 250 元，抗日战争时期入伍的增发 750 元。2007 年，在乡残疾军人抚恤标准自然增长幅度 18%－19%。8 月 1 日，再次调整，在乡三级因战残疾的，为年 1.94 万元，较上年提高 4480 元；因公残疾的，为年 1.83 万元，提高 4214 元，增幅均 30%。2008 年，在乡残疾军人 387 人，发放抚恤金 317.9 万元；在职伤残 233 人，发放抚恤金 125.7 万元。

2007－2008 年海门市伤残军人抚恤标准

表 24－2　　单位：元/人·年

伤残等级类别 \ 时间		2007 年 7 月起		2007 年 8 月起		2008 年 7 月起	
		在职	在乡	在职	在乡	在职	在乡
一级	因战	18900	20832	18900	22835	18900	25488
	因公	18300	20004	18300	21928	18300	24472
	因病	17700	–	17700	–	17700	23714
二级	因战	17100	18756	17100	20562	17100	22950
	因公	16200	18336	16200	20091	16200	22419
	因病	15600	18120	15600	19867	15600	22171
三级	因战	15000	17712	15000	19408	15000	21676
	因公	14100	16668	14100	18266	14100	20390
	因病	13200	15624	13200	17123	13200	19115
四级	因战	12300	14580	12300	15993	12300	17841
	因公	11100	12504	11100	13696	11100	15304
	因病	10200	11880	10200	13013	10200	14537
五级	因战	9600	11460	9600	12566	9600	14018
	因公	8400	10416	8400	11423	8400	12743
	因病	7800	9372	7800	10281	7800	11469
六级	因战	7500	8328	7500	9139	7500	10195
	因公	7080	7704	7080	8456	7080	9428
	因病	6000	6672	6000	7301	6000	8165

续表 24－2

伤残等级类别＼时间		2007 年 7 月起		2007 年 8 月起		2008 年 7 月起	
		在职	在乡	在职	在乡	在职	在乡
七级	因战	5700	6252	5700	6853	5700	7645
	因公	5100	5412	5100	5935	5100	6619
八级	因战	3600	4164	3600	4569	3600	5097
	因公	3300	3540	3300	3886	3300	4330
九级	因战	3000	3120	3000	3427	3000	3823
	因公	2400	2712	2400	2968	2400	3316
十级	因战	2100	2292	2100	2508	2100	2808
	因公	1800	2088	1800	2285	1800	2549

说明:2007 年 8 月、2008 年 7－12 月,在职伤残军人抚恤标准未变,沿用 2007 年 7 月标准

伤残军人护理费 1988 年 8 月 1 日,对分散供养的伤残军人发给护理费。1991 年,全县特等、一等残疾军人 14 人享受护理费,年人均 678 元。1994 年 7 月 1 日,因战因公特等革命伤残人员护理费提高到每月 230 元,一等伤残人员每月 190 元;因病一等革命伤残人员每月 140 元。1998 年后,每年 7 月 1 日,根据南通市上半年社会平均工资水平确定护理费标准。2002 年 7 月 1 日,因战因公革命特等伤残人每月 452 元,一等每月 362 元;因病伤残特等、一等每月 271 元。是年,24 人享受护理费。2008 年 7 月,一至四级伤残军人护理费标准大幅度提高,因战因公一、二级由原每月 837 元提高到 1062 元,三、四级每月提高到 850 元;因病一至四级提高到 627 元。

1994－2008 年海门市伤残军人护理费标准

表 24－3 单位:元/人·月

年份＼新等级＼原等级＼类别	因战、因公		因 病
	特等	一等	特等、一等
	一、二级	三、四级	一至四级
1994	230	190	140
1996	260	210	155
1997	267	214	160
1998. 7	290	230	174
1999. 7	310	240	185
2000. 7	347	277	208
2001. 7	388	310	233
2002. 7	452	362	271
2003. 7	506	405	304
2004. 7	605	484	363
2005. 7	687	507	380
2006. 7	732	586	439
2007. 7	837	694	521
2008. 7	1062	850	627

复员军人定补 1985 年,农村无固定收入的复员军人享受定期定量补助。1987 年,县拨款 3.9 万元及民政事业费 4 万元,扩大复员军人的定补面和提高补助标准。全县 2202 名复员军人的生活定补款,由 1985 年人均每月 92.4 元增至 137.04 元。

1990 年,全县复员军人 3917 人,享受定期定量补助 1870 人,占在乡复员军人总数 82%,月人均 32.44 元。1994 年 7 月 1 日,老复员军人定补标准提高,抗战时期、解放战争时期、解放后入伍的复员军人每人每月分别提高 10 元、9 元、6 元。1995 年,复员军人定补标准在原有基础上提高 10 元。

1999年7月1日,在乡老红军、老复员军人抚恤补助标准调整,分别提高到年2111－1880元。2002年7月,在乡老复员军人的定期补助标准在上年基础上,每人每月提高25元。2005年1月,解放战争和解放后入伍的在乡老复员军人每人每年增发250元;抗战时期入伍的在乡老复员军人(含在乡退伍红军老战士和红军失散人员)每人每年增发750元。7月,部分重点优抚对象抚恤定补标准实行自然增长机制。在乡老复员军人按抗战、解放战争、建国后三个时期,人均分别月增补40元、38元、35元;红军失散人员月增补40元。2007年8月纪念建军80周年,按中宣部、总政治部等8个部门联合通知精神,再次分别提高标准。

2008年,定期补助抗战时期的复员军人每月城镇581元,农村505元;解放战争时期的每月城镇542元,农村470元,解放后的每月城镇502元,农村436元。是年,在乡复员军人1055人(其中抗战时期72人),发放其定期定量补助费803万元。

红军失散人员补助 1987年3月,根据省民政厅要求,上报第二次国内革命战争时期红十四军人员,共有31人,分布在四甲、王浩、树勋、新建、麒麟、余东、国强7个乡镇。9月,根据省民政、财政部门对红军失散人员发给定期定量补助通知精神,吴小昌等11人享受定补。1989年,红军失散人员17人,月发放定补金共595元。1999年,城市户口的红军失散人员由年2453元调整为2639元,农村户口的由年1705元调整为1880元。是年年末,健在者3人。2004年10月,红军失散人员补助每人每年2880元。

2005年纪念抗战胜利60周年,抗战时期及以前入伍的红军失散人员每人每年增发750元。2006年1月,红军失散人员国标年3360元,海门市为5220元。7月1日,调整为年5724元。2007年7月18日,海门最后一名红军失散人员吴小昌病逝(时全省共7人),享年93周岁。吴小昌,1914年2月出生于现海门市四甲镇胜宏村,1929年5月参加中国工农红军,参加大小战斗百余次,后在一次战斗中与部队失散,1949年返乡后在家务农。1997年,四甲镇政府将其安排到镇八一功臣院颐养天年。2007年4月,吴小昌因脑梗塞病重住院,市将其医疗费纳入离休干部医疗保障范围,先后支付医疗费用近20万元。

1998－2008年海门市红军失散人员、复员军人定期补助标准

表24－4 单位:元/人·月

年份	红军失散人员	复员军人					
		抗日战争时期		解放战争时期		解放后	
		城镇	农村	城镇	农村	城镇	农村
1998	182	163	126	153	113	143	101
1999(上半年)	182	176	139	165	125	154	111
1999(下半年)	182	183	146	173	133	163	121
2000	182	183	146	173	133	163	121
2001	182	203	166	193	153	183	141
2002	192	228	191	218	178	208	166
2003	258	269	191	250	178	232	166
2004	395	406	328	378	306	350	284
2005	435	446	368	416	344	385	319
2006	477	488	410	455	383	421	355
2007.7	–	527	449	491	419	456	390
2007.8	–	538	460	505	433	471	405
2008	–	581	505	542	470	502	436

带病回乡退伍军人定期补助 1980年,对因患传染病等疾病退伍的军人,回乡后不能正常参加劳动、生活特别困难的实行定补。是年,享受定补126人,标准每人每月8元。1990年,享受补助247人,人均月25.7元。1996年,定补标准每月68元。2003年,提高到每月100元。2006年7月,带病回乡退伍军人定补标准提高到每人每月128元。是年末,有611人。2007年7月,实行自然增长机制,每月提高到140元。8月,每月再增加30元。2008年7月,提高到每月210元。是年年末,有643人享受定补。

老复员军人和老伤残军人遗孀生活补助 2008年5月,对1954年10月31日前入伍的老复员军人和老伤残军人遗孀,按城市最低生活保障标准享受生活补助。是年五六月,补助标准每月285元;7月1日,提高到每月335元。共补助770人,其中老复员军人遗孀658人、老伤残军人遗孀112人。

参战涉核退役人员生活补助 2007年8月1日,对1954年11月1日后入伍并参战或涉核退役人员,凡在农村及城镇无工作单位且家庭生活困难人员,按照每人每月100元标准发放生活补助费。是年,全市补助583人。2008年共674人。

二、市补贴奖励

战功奖 1995年1月,市发文确定军人战功奖,属全国首创。是年,受奖励人员498人,其中一等功36人,每人每月奖励24元;二等功120人,每人每月奖励16元;三等功342人,每人每月奖励8元。此后,凡在部队服役期间立功人员均享受战功奖。2004年,执行省立功荣誉金标准,一、二、三等功每人每年分别为360元、240元、120元。至2008年,奖励一等功15人、二等功46人、三等功258人。

自然增长机制 1997年7月,市建立优待抚恤自然增长机制。标准为:城市户口的烈属、因公牺牲军人家属年抚恤金不低于上年度全市城市职工平均工资35%,病故军人家属不低于30%;农村户口的烈属、因公牺牲军人家属年抚恤标准不低于上年度全市农民人均收入45%,病故军人家属不低于40%。伤残抚恤标准根据伤残等级参照上年度全市城市职工平均工资水平确定。因战特等伤残人员的年抚恤金标准不低于上年度全市城市职工平均工资100%,其他等级伤残人员按比例递减。城市户口的红军失散人员不低于上年度全市城市职工平均工资40%,抗日战争时期入伍人员不低于32%,解放战争时期入伍人员不低于30%,解放后入伍人员不低于28%;农村户口的红军失散人员不低于上年度全市农民人均收入45%,抗日战争时期入伍人员不低于40%,解放战争时期入伍人员不低于36%,解放后入伍人员不低于32%。执行自然增长机制后,上述对象原按规定发放的各项补贴一律取消;自然增长出现负增长时,抚恤定补标准仍维持上年度水平不变。是年,全市有“三属”2774人。2005年,伤残军人护理费标准列入自然增长范围。2006－2008年,每年7月1日始,由市民政部门根据标准测算后实施。

三、群众优抚

农村 20世纪40－50年代初,以行政村为单位,组织群众给烈、军、工(革命干部)属和常备民工家属代耕代种,继而试行代耕工票制。1956年,在农业合作化运动中,优待的形式由代耕制度改为优待劳动日。是年,全县2386户烈军属和伤残、带病复员军人享受优待劳动日。1958－1980年,优待劳动日改为优待工分形式。1981年,农村实行家庭联产承包责任制后,优待工分改为优待现金,对农村入伍的义务兵,以村为单位,按同等劳动力收入70%,年终一次兑现优待金。1983年,试行优待金全乡统筹办法。1985年,优待金标准改为按全乡村定职干部年报酬70%计算。对烈属、伤残军人、丧失劳动能力的复退军人、带病回乡的退伍军人,视其实际困难情况给予一定数额的优待。

1992年,农村义务兵家属优待金,按所在乡镇一个整劳力的总收入70%计发;从乡镇、村企事业单位入伍的,按所在企事业单位职工平均工资(含奖金)收入70%计发;入伍时已安排在乡镇工业公司还未分配到单位的,按全乡(镇)乡镇企业职工年人均收入70%计发。

1996年,市对在乡镇的“三老”对象实行群众优待,其中老烈属为义务兵家属优待标准40%,老伤残军人为30%,老复员军人为20%。已实行供养的,原则上不再享受优待金。

2001年,市对义务兵优待金实行转移支付,发放标准乡镇之间略有差异,最高乡镇年人均3200元,最低的2200元。2005年,将全市农村人均纯收人70%作为义务兵优待金标准,以解决乡镇之间优待金不统一问题。2006年4月,义务兵家属优待金提高到年4100元,资金由乡镇统筹解决。

2007年5月,修订《海门市优抚对象优待金发放办法》,规定义务兵家庭、“三属”及1954年10月31日前入伍且享受定期抚恤的伤残军人享受群众优待,其中义务兵家庭第三年起不再享受群众优待。是年,农村义务兵家庭优待金标准为年5100元,“三属”按义务兵家属优待金的40%、伤残军人按30%发放优待金。全市优待金总额907.5万元。

2008年,对农村义务兵家庭实行城乡一体化优待政策,按城镇居民人均可支配收入35%测算,因结果低于2007年标准,仍按上年标准发放。是年,全市“三属”、现役义务兵家属、老伤残军人等农村群众优待总金额659.75万元。在乡伤残军人350人,抚恤金总额251万元;在职伤残军人236人,抚恤金总额127万元。

城镇　1986年,采取“征兵、安置、优待”三位一体办法,对城镇义务兵家属实施群众优待。即义务兵入伍时落实工作单位,单位按同工龄、同工种职工年工资(包括奖金等)收入70%发给优待金。

1988年,县统筹统发城镇义务兵家属优待金。凡是待业青年入伍,按入伍第一年350元、第二年400元、第三年500元标准计发;城镇职工入伍,按所在单位同工龄、同性质职工年收入70%计发。县将筹资任务下达到各主管部门,各单位一次性汇款至民政局账户,由民政部门负责发放。是年,城镇义务兵77人,统筹金6万多元。

1992年11月,城镇义务兵家属优待金从全民、大集体企业(包括中外合资企业)、私营企业、个体工商户中统筹解决。是年,统筹总款25.78万元,发放标准为,待业青年入伍第一年400元、第二年450元、第三年500元、第四年550元、第五年(含5年以上)600元;城镇企事业单位入伍的固定工、合同制工及经劳动部门批准的计内工,仍按原规定计发。

1997年9月,市规定城镇义务兵家属优待金统筹来源,党政机关、全额拨款事业单位人员每人交纳10元,由个人负担;其他单位人员(含企业化管理的事业单位人员)按分配任务数,可列入企业成本支出,也可个人负担。是年,筹集优待金60万元。同年,市规定城镇社会青年入伍的义务兵家属优待金标准不低于上年度当地城镇居民人均纯收入25%。

2003年6月,城镇待业青年入伍的义务兵家属优待金,由市财政预算安排和保障,第一年1500元、第二年1600元;在职职工入伍的义务兵家属优待金,由原工作单位按同期职工标准工资和奖金平均水平70%计发。2005年,全日制高校毕业生应征入伍的义务兵享受奖励金,以城镇义务兵家庭优待金为基数,专科在校生按40%、毕业生按50%计发,本科在校生按50%、毕业生按60%计发。

2006年,城镇户籍义务兵家庭优待金按上年度城镇人均可支配收入25%实行自然增长。是年,增长为年2668元,资金由市财政统一拨付。2008年,标准又提高至30%。是年,城镇义务兵家庭113户,发放优待金54.47万元。

四、社会供养

1995年,根据部分“三老”对象生活困难现状,市创办“八一”功臣院,对“三老”对象中的孤老、生活困难者实行社会供养。是年9月,在三和、万年、六匡等乡镇试点。10月,市印发《海门市在乡老烈属、老伤残军人、老复员军人供养办法》,其方式分集中和分散供养两种。集中供养一般在乡镇敬老院增设功臣室,供养标准高于“五保”老人20%,当年为1100元;分散供养标准高于“五保”供养标准5%,当年为800元。供养对象的抚恤补助金继续享受。1996年,各乡镇建立“八一”功臣院,集中供养

图24-2　三星镇“八一”功臣院　(1999年摄)

181人，分散供养205人。1997年，供养标准提高到1500－2000元。海门市创办的“八一”功臣院，被称为继创办军人家庭服务中心之后的又一创举，走在全国前列，得到省和民政部肯定。2005年，全市集中供养对象减至86人，供养经费25.8万元。2008年，供养对象为40人，供养经费16万元。

五、医疗补助

1995年，全市30个乡镇建立优抚门诊室和优抚病房，向全市3156名“三老”优抚对象发放医疗就诊卡，实施医疗优惠政策。2001年4月，建立优抚对象大病医疗补助基金，每年12万元。

2003年，健全重点优抚对象医疗保障体系，在人民医院、中医院建立市级优抚对象医疗服务中心，乡镇医院、村(片)卫生室分别建立优抚对象医疗保健站和保健室，实行医疗费补助制度。是年，门诊医疗费在501－4000元的，由乡镇补助30%。住院基本医疗费补助，孤老自付比例不超过10%，烈属、因公牺牲军人家属不超过30%，病故军人家属不超过40%，在乡老复员军人、老三等伤残军人(1954年10月31日前入伍)不超过50%，一般三等伤残军人和带病回乡退伍军人不超过60%。同时，对重点优抚对象，由市、乡镇按年人均100元标准，建立优抚医疗保障基金，列入各级财政预算。二等以上伤残军人医疗费，纳入市医疗保险范围全额报支。

2004年7月1日，实施重点优抚对象门诊补助制度。享受抚恤定补的“三属”、在乡老复员军人和1954年10月31日以前入伍的三等老伤残军人，每人每年补助200元；1954年11月1日后入伍的三等伤残军人，补助150元；带病回乡的退伍军人，补助100元。

2005年10月，对在乡重点优抚对象实行新型农村合作医疗保险和住院医疗保险互为补充的医疗保障制度。市每年拿出50万元，按每人每年200元标准，为重点优抚对象办理住院医疗保险。住院就医者，费用超过200元的可享受住院医疗保险，201－3000元按65%比例报支；参保对象当年度可报医药费用超过1000元以上部分，同时享受新型农村合作医疗的大病医疗保险，个人全年累计报销所得最高限额2万元。

2007年，重点优抚对象住院报销比例90%。2008年，调整优抚对象门诊补助费：1954年11月1日前入伍的在乡7级以下老残疾军人每人每年补助200元；1954年11月1日以后入伍的在乡7级以下残疾军人及享受生活补助的民兵英雄遗孀补助150元；享受定补的带病回乡退伍军人、参战涉核退役人员补助100元。

第三节 烈士褒扬

一、烈士追认

1950年，对各历史时期革命烈士普查登记，遗漏的进行追认。1952年，全县追认革命烈士800余人。1958－1962年，追认因战失踪、病故军人、地方干部56人为革命烈士。至1967年，全县革命烈士1290人。1980年6月至1982年10月，县政府追认35名失踪军人为革命烈士，总政治部追认1名海门籍烈士。1982年10月，《江苏省革命烈士英名录》出版，载有海门县烈士1705人。1984－1990年，追认烈士65人。1990年，有革命烈士1770人。

20世纪90年代至21世纪初，经过增补、追认，革命烈士总数略有增加。同时因历史原因被俘赴台而误列的两名“烈士”予以除名。至2008年，有革命烈士1808人。其中，第一、第二次国内革命战争时期87人、抗日战争时期309人、解放战争时期1148人、解放后264人。

二、陵园建设

海门烈士陵园 1952年7月，筹建海门烈士馆，于1953年5月落成，所需资金由社会各界资助。该馆位于江苏省海门中学西侧狮山脚下，建筑面积1300平方米，外围为烈士陵园，占地1.47公顷。馆名由郭沫若题写，前厅有粟裕的题词。正厅为烈士事迹陈列厅，陈列340余幅烈士遗像及650件烈士遗物和革命文物。1990年，在陵园西侧建县烈士纪念碑，由姬鹏飞题写碑名。1997年，在原地重建烈士纪念馆，总造价(含布馆资金)294万元。其中，市拨款50万元，社会各界捐款207万元，其他资金37万元。1998年3月16日，新馆对外开放。每年清明节期间，机关、学校、企事业单位及烈士家属约3万余人到烈士陵园扫墓，祭奠烈士英灵，海门烈士陵园成为革命传统教育和青少年教育基地。2008年10月，市投资760万元重新布置烈士事迹陈列室，采用声、光、电等先进科技设备展示烈士事迹。陵园内松竹挺立、绿树成荫，环境优美。

其他烈士陵园　1983 年起，三阳、三星、四甲、六匡等 16 个乡镇先后修建烈士墓、碑。三阳、三星、刘浩、余东等乡镇并建造烈士事迹陈列室。1986－1988 年，县委党史办公室、县民政局合编《海门烈士传》3 集，为 144 名烈士撰写传略。1987 年 11 月，为纪念第一任中共海门县委书记沈惠农烈士牺牲 60 周年，在其原牺牲地城隍庙（现江海路与向民路的交界处西侧）为其雕塑半身像一尊，后因城市建设，塑像迁往市烈士陵园内。1989 年 7 月，对第一个中共海门县党支部等 27 处革命纪念地树碑立牌。11 月，为纪念在解放战争中牺牲的范树芳和丁洪勋两位烈士，树勋乡在新北村建设树勋烈士陵园，占地 2400 平方米，园内设有烈士墓 7 个，烈士纪念碑 1 座。

1996 年秋，在海门师范校区西侧，为该校早期领导人、海门第一个中共支部创立者、烈士张冠今立雕像 1 座。

2005 年，庆祝抗日战争胜利 60 周年，在树勋烈士陵园又设“18 抗日英烈纪念碑”1 座，以纪念 1945 年 7 月攻打下三和镇（现万年镇）日伪军据点时光荣牺牲的 18 名浙江籍无名烈士。是年 3 月，为纪念抗日战争期间通海自卫总队和汇通区队在木行头歼灭日伪军扫荡部队取得的胜利，市投资 1 万元在德胜镇南首战斗所在地重建因公路拓宽而拆除的纪念碑。2008 年，包场镇模范村投资 5 万元为 12 名烈士，修建烈士纪念碑 1 座，其中市民政局资助 3 万元。王浩镇对始建于 20 世纪 80 年代初的王浩烈士陵园重建，并立碑纪念。社会各界踊跃捐资。是年，全市分散在各地的烈士墓、碑有 359 个。

第四节　军人家庭服务中心

1984 年 7 月，海门手帕厂根据该厂军人家属多的特点，在全国首创军人家庭服务中心，旨在为现役军人家属解决住房、子女入学入托、照料老人、操持家务、生活无人照顾等困难及后顾之忧。制定与军人通讯联系、定户联系、定期慰问等制度，建立健全军人家属的档案资料，将军人妻子的政治、文化学习、业务培训等作为服务中心人员的目标管理。9 月，县成立以县委书记、县长为正副主任的军人家庭服务中心指导委员会，随后在县棉纺厂、晶体管厂、无线电厂等 8 个企业推广。并在三星乡试点后，在全县普遍展开，形成机关、乡镇、企业军人家庭服务中心网络。

1985 年 4 月，中共中央政治局委员、中央书记处书记、中央军委副秘书长、总政治部主任余秋里关于南通海门手帕厂军人家庭服务中心调查报告的批示中，强调“南通的经验很好”，建议人民日报、解放军报广为宣传，并要求总政治部报请中共中央办公厅等转发这一报告。是月，县政府作出《关于进一步推广海门手帕厂军人家庭服务中心经验的十项规定》，服务活动更加具体、规范。6 月，省政府、省军区在南通市召开普及推广军人家庭服务中心现场会。总政治部副主任周克玉在会上指出，普及推广军人家庭服务中心经验，不仅对江苏省，而且对全国拥军优属工作均有深刻影响。周克玉还与省委书记韩培信、南京军区司令员向守志到海门手帕厂参观指导。民政部部长崔乃夫指出，军人家庭服务中心的兴办和发展，为新时期拥军优属的革命传统增添了新内容，是做好拥军工作的一种新形式。12 月，中共中央办公厅、国务院办公厅、中共中央军委办公厅联合发出通知，要求全国各地推广海

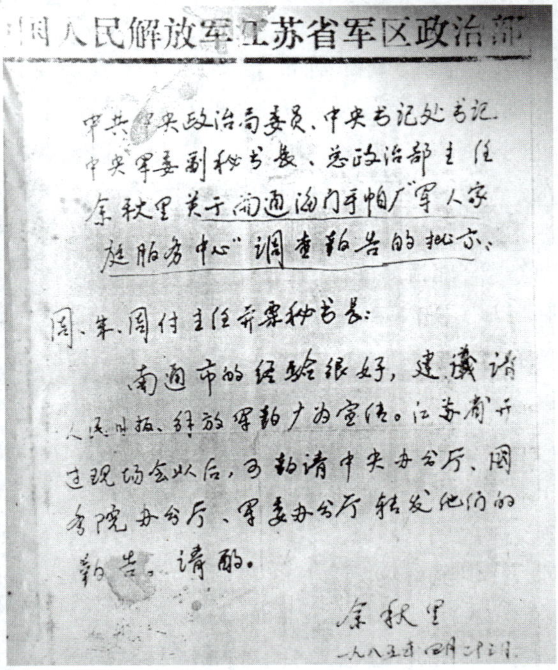

国人民解放军江苏省军区政治部

中共中央政治局委员、中央书记处书记、中央军委副秘书长、总政治部主任余秋里关于“南通海门手帕厂军人家庭服务中心”调查报告的批示。

周、朱、周付主任并秦秘书长：

南通市的经验很好，建议请人民日报、解放军报广为宣传。江苏省开过现场会以后，可报请中央办公厅、国务院办公厅、军委办公厅转发他们的报告。请酌。

余秋里

一九八五年四月[illegible]日

图 24－3　1985 年，中共中央政治局委员、中央书记处书记、中央军委副秘书长、总政治部主任余秋里关于海门手帕厂军人家庭服务中心调查报告的批示

门军人家庭服务中心经验。

1986年，海门手帕厂被评为南通市精神文明建设十面红旗之一。1990年，全县有军人家庭服务中心领导组125个、服务站985个、服务小组8769个。从海门手帕厂首创“服务中心”至是年，全县军人家庭服务中心为2673名军人家属解决住房问题，给334名现役军人妻子的“三班制”调整为常日班，解决1060名军人子女入学入托，为5128户军属助耕土地近700公顷。

图24－4 1985年，省政府、省军区在南通召开普及推广军人家庭服务中心现场会

1992年，民政部副部长杨琛、省军区政委魏长安等观看三星乡军人家庭服务中心成果展览，杨琛题词“致富不忘拥军”，魏长安题词“经济繁荣，拥军模范”。1994年7月14日，南通市纪念军人家庭服务中心创办10周年大会在海门召开，总政治部群工部发来贺电，省军区副政委陆凤彬，南京军区政治部、省政府办公厅、省民政厅，南通市委、市军分区有关领导均出席会议并讲话，700多名代表参观海门手帕厂、三星镇军人家庭服务中心展览室，观看电视纪录片。陆凤彬等领导观后题词：“合民心、稳军心、固长城”“拥军优属，共奔小康”。2004年7月27日，南通市委、市政府、军分区在海门召开纪念军人家庭服务中心创办20周年纪念大会。海门以此为契机，根据新形势，对民营企业如何创办军人家庭服务中心作重点探讨。2008年，市成立民营企业拥军协会，协会成员主动为部队官兵和军人家属服务。

第五节 双拥模范城(县)创建

1984年，海门首创军人家庭服务中心并在全国推广后，双拥工作不断出现新的气象。1991年4月，县成立双拥工作办公室，开展双拥模范城创建活动。8月，全国双拥办公室下发《关于深入开展创建双拥模范城(县)活动的意见》，提出创建内容和标准。县通过新闻媒体大力宣传，认真落实双拥工作的各项措施。在重要节假日，县、乡镇政府及各级组织采取多种形式慰问子弟兵，经常开展科技、教育、文化、法律等拥军活动，帮助部队加强营区建设，做好后勤保障工作，保证拥军优属的各项政策切实贯彻。军队在抢险救灾、支援地方社会主义建设中，也积极发挥生力军和突击队作用。军地互动，互办实事，富有成效。10月，海门评为省双拥模范城(县)。1993年1月，被总政治部、民政部命名为全国双拥模范城(县)。2月27日，由邓小平题写的“双拥模范县”铜匾挂牌仪式在海门隆重举行，省、市有关部门领导参加。10月，县委、县政府决定拨款60万元，为驻海部队某连兴建809平方米营房大楼。1995年，蝉联省双拥模范城

图24－5 1993年，海门被总政治部、民政部命名为全国双拥模范县

(县)。1996年3月,全国双拥办副主任、总政群工部双拥局局长杨森一行到海门调查双拥工作情况,通过参观、考察,观看反映海门双拥工作的电视专题片《江海鱼水情》等活动,杨森肯定海门双拥工作的经验。1996年7月,市委常委、副市长高顺昌率领的市双拥工作领导组成员,参加首都"七一"升国旗仪式,并前往天安门国旗护卫队驻地看望全体官兵,向他们赠送"祖国的卫士,人民的后盾"铜匾和慰问品。1998年7月,全省双拥模范城(县)评选,省双拥模范城(县)检查考核组到海门检查指导,称赞海门双拥工作一直走在全省前列,为全省双拥工作提供有益经验,值得推广。是年,海门第三次蝉联省双拥模范城(县)。2000年2月,海门市被国家双拥工作领导小组、民政部评为全国"爱心献功臣行动"先进市。2001年、2005年,海门第四、第五次蝉联省双拥模范城(县)。

2007年,全市开展双拥工作"六进基层"①活动,确定国税局、供电公司、三厂中兴村、市人民医院、海门中学、三厂镇、武警海门中队等66个单位为双拥"六进基层"示范点。

2008年,市首创"故乡指导员"制度,由300多名乡镇人武部长、民政助理、村民政协管员与现役官兵结对,协助部队做好经常性思想工作,坚持与现役军人每月联系不少于1次。

第三章　复员退伍军人安置

第一节　复员军人安置

解放初,复员军人安置工作由县民政科负责。1949年,61名复员军人回农村参加农业生产。1950年9月,建立县复员军人安置委员会。是年,121名复员军人中进机关、企事业单位4人,其余回农村。1952年,改称复员建设委员会。1953年抗美援朝结束后,大批复员军人回到家乡。至1957年,全县接收复员军人3814人,其中安置机关企事业单位的1268人。1958年,复员建设委员会改为县退伍军人安置办公室。此后,每年接收复员军人近100人。1977年,接收5人。1985年11－12月,全县又确认1954年10月31日前入伍的复员军人27人。至此,复员军人总数4010人。1985年后,全部享受国家定期定额生活补助。

第二节　志愿兵安置

1978年3月,国家实行义务兵与志愿兵相结合、民兵与预备役相结合的兵役制度,义务兵服役6年以上经部队批准继续留队服役者,改为志愿兵。

1983年,有3名志愿兵退出现役。此后,每年均有志愿兵复员转业,回原籍实施指令性安置。1986年10月,军队精简整编,县接受转业志愿兵118人。至1990年,累计接收志愿兵417人。

1991年12月,接收服役期满及超期服役义务兵、服满现役13年以上转业志愿兵367人。实行"按系统分配任务,包干安置"的指令性办法,安置转业志愿兵57人。1999年5月,制定《海门市城镇义务兵、转业志愿兵安置暂行办法》,鼓励转业志愿兵自谋职业,实行安置任务有偿转移、推迟安置等

① 六进基层:进机关、进企业、进学校、进医院、进乡村、进社区。

辅助办法。军队精减整编期间，服役9年以内的志愿兵分配到单位后自谋职业的，由接收单位发给一次性补助金2万元；服役10年以上的发给3万元。6月30日，新修订的《中国人民解放军现役士兵服役条例》发布，规定志愿兵称士官。

2000年，接收士官135人，首批自谋职业30人，领取安置补偿金。2001年6月，制定《海门市城镇退伍义务兵、转业士官安置办法》，实行“按系统分配任务，包干安置”的指令性有偿转移，保留安置权等辅助办法，用人单位每接收1名满10年以上自谋职业的士官，市拨付补偿金3万元。对不能完成任务的用人单位可以申请转移安置任务，并向市缴纳安置转移金5万元。是年，市指令性分配安置转业士官75人，自谋职业57人。

2005年，修订《海门市城镇退役士兵安置办法》，以服役满2年的城镇退伍兵自谋职业补偿金2万元为基数，3－5年一期士官，每增现役1年增发军龄补助金1000元；6－8年二期士官，每增现役1年增发1500元；满10年的转业士官基本标准4万元，从第11年起每增1年增发2000元。

2006－2008年，所接收的退役士官，除2名二等功臣和3名条线安置外，其余自谋职业。

第三节　义务兵安置

一、农村义务兵

1955年，国家实行义务兵役制。1958年，根据国务院义务兵退伍“从哪里来到哪里去”的规定，农村籍退伍义务兵绝大多数回到农村参加农业生产，其中优秀分子被培养为基层组织领导。1960年4月，县动员退伍义务兵323人及其家属支援海南岛建设。1968年，从已参加农业生产的退伍义务兵中挑选33人，到浙江省公检法系统工作。1976年，接收义务兵1906人，到农村1772人，占总数93%。

1980年，对农村无父母、无依靠、无住房的退伍军人，安排到农林场圃或县属集体单位工作，对服役8年以上农村退伍军人，县、社企业在招收临时工、合同工时给予优先照顾。是年，8年以上老兵26人中，安排到建筑行业合同工8人、农场农工9人。1987年，安排1名农村籍二等功退伍义务兵进全民单位工作，13名伤残退伍义务兵、11名8年以上老兵进大集体单位工作。至1987年，11年共接收服役8年以上退伍老兵168人，其中安排工作112人。1987年后，军队不再有8年兵。

1988年，荣立一、二等功和参战伤残军人可进全民单位当正式工，户口转为城镇居民户口；立三等功及女兵可进入大集体为合同工。是年，10名二等功退伍士兵户口农转非，进全民所有制单位工作。1989年，在对越自卫还击战中立三等功的退役士兵享受大集体正式工待遇。至1990年，3年共安排一等功臣5人、二等功臣12人、三等功臣37人，女兵2人进全民事业单位。

1996年，企业改制，劳动力市场放开，农村义务兵不再安置。

二、城镇义务兵

1958年，对入伍时为国家机关、人民团体、企事业单位的正式职工，退伍时要求恢复工作的，均予以回原单位复工、复职；入伍时是社会青年和学生，没有固定职业的，退伍后由劳动部门就业登记，动员去县内农场劳动就业，有关单位招工时优先录用。1969年，属城镇户口的退伍军人大多数安排国营、大集体企业就业。1981年，改为按单位分配任务，包干安置。1992年，安置73名城镇籍退伍义务兵就业，分配到县属企业工作。

1999年，实施指令性安置和鼓励自谋职业相结合的安置政策，对自谋职业的城镇退伍义务兵，发给1.1万元安置补偿金；超期服役的1.5万元。有安置任务但不能按计划接收安置的单位，每转移1个安置指标需交纳有偿转移金3万元。2000年，自谋率为36.07%。2001年，用人单位每接收1名城镇退役义务兵，市拨付安置补偿金1.1万元；接收10年以上的转业士官3万元；落实优先照顾对象，有偿转移金提高到5万元。

2005年，采取货币安置为主、双向选择为辅的就业安置办法，自谋职业补偿金提高到2万元，不再实行推迟安置。是年，自谋职业133人，占安置数97.08%。2008年，44人，自谋职业率100%。

1981—2008年海门市(县)退伍军人接收安置情况一览

表24-5　　　　　　　　　　　　　　　　单位:人

年份	接收人员				安置		
	总数	退伍义务兵		转业复员志愿兵、士官	机关事业	企业	自谋职业
		农村	城镇				
合计	18161	14026	2381	1754	–	–	823
1981	1281	1154	127	–	45		–
1982	853	754	99	–	128		–
1983	855	803	52	–	87		–
1984	978	893	82	3	119		–
1985	967	899	37	31	127		–
1986	1076	929	29	118	182		–
1987	750	687	21	42	78		–
1988	643	539	10	94	130		–
1989	450	346	31	73	147		–
1990	492	349	87	56	165		–
1991	434	279	98	57	159		–
1992	447	281	99	67	181		–
1993	519	313	108	98	216		–
1994	458	260	116	82	198		–
1995	462	275	95	92	200		–
1996	490	328	102	60	162		–
1997	506	271	110	125	209		–
1998	621	419	97	105	202		–
1999	662	464	78	120	52	161	–
2000	680	450	95	135	66	122	30
2001	615	384	156	75	42	121	57
2002	538	353	133	52	31	62	115
2003	591	462	90	39	31	–	91
2004	600	434	110	56	30	24	118
2005	636	516	96	24	4	–	133
2006	528	451	62	15	5		78
2007	482	348	117	17			134
2008	547	385	44	118			67

说明:安置中,历年存在交叉

第四节 军队离退休干部和职工安置

1982年开始,县接收军队离退休干部。1985年12月,建立县军队离休退休干部休养所。至1990年,全县接收军队离退休干部34人。其中,离休13人、退休21人。1995年,全市有军队离退休干部47人,其中离休19人;在乡军队退休职工87人。1998年,有军队离退休干部47人。1999年,离休干部减为14人。2001－2005年,接收军队离休干部3人。2006年,接收退休干部1人。至2008年,全市有军队离退休干部38人,其中离休4人;无军籍退休职工58人。所有离退休人员的住房、生活保障等,均得到妥善安置。

第四章 社会救助

第一节 灾害救助

海门濒江临海,台风、龙卷风、海潮、暴雨等灾害多发。

民国37年(1948)7月10日,海启地区遇大雨大潮,全境7个区、35个乡、185个村受灾。17日又下大雨,江堤60公里缺口79处,16个乡、273个村农田被淹。东南行署发放急救粮食11万公斤。

1949年7－8月,全县遭受台风、大潮、雨涝袭击,4.16万公顷农田受淹,死45人,倒塌、损坏房屋2.19万间。全县发动21万人,动用水车4.03万部,排除农田积水2万公顷,修复加固海堤73.5公里。中国人民银行海门办事处通过江海贸易公司发放农贷粮50万公斤,解决夏播种子困难。1950年1月至2月14日,县调剂粮食16万公斤,发放救济粮27.5万公斤,救济灾民2.7万户8.6万余人。2－4月,县直机关坚持每人每天节约2两粮救济灾民,共救济灾民18.67万人。同时组织医疗队,深入灾区防病治病。

1960年8月2－4日,遭7号台风暴雨袭击,34小时内全县降雨331.9毫米,其中余东公社485毫米,被淹粮棉作物1.96万公顷,全县组织力量,4天内基本排除内涝,并迅速播种晚秋作物2.67万公顷。政府拨救灾款18.5万元,为1334户维修房屋1885间,治病3750人次。1963年7月,瑞祥、王浩等8个公社39个大队受龙卷风袭击,吹倒房屋129间,受损房屋466间,县拨专款4000元及时修复。

1976年8月,县人民医院收治河北唐山、丰南特大地震灾区的伤员92人,经全力抢救、治疗,伤员全部治愈,不久返回原籍。

1978年7－8月,发生伏旱,受旱农田4万公顷,全县22万人抗旱。1979年10月中旬至12月中旬,连续干旱,全县组织20万人抗旱保苗。

1981年8月31日至9月2日,14号强台风过境,青龙港潮位6.14米,创历史新高。东兴海堤被冲破800米,吹倒民房631间,吹坏1238间。县组织军民4000人抢险。

1988年5月4日,遭到罕见的飑线气候袭击,暴风骤雨伴有冰雹,全县倒塌房屋993间,吹坏房屋2369间,死1人伤47人。夏熟作物受灾面积1.73万公顷,直接经济损失2300万元。县拨出救灾物资砖30万块、石灰725吨、水泥110吨、木材43立方米。1989年9月16日,王浩、三阳、余东等16个乡镇256个村遭台风和龙卷风袭击,因灾死亡2人,伤255人,倒塌房屋1294间,受损房屋2188间,2万公顷农作物受灾减产,失收近1334公顷,直接经济损失200多万元。县拨救灾钢材35吨、木材192立方米、水泥100吨、砖头358.4万块、煤600吨、柴油

120吨、粮食2万公斤、救灾款41万元,全县干部群众为灾民捐款57.38万元。

1990年8－9月,全县遭受15、17号台风和暴雨袭击,4万公顷农田严重积水受淹,倒塌房屋673间,损坏1676间,死亡2人,伤6人。县拨救灾款36万元、救灾粮93万公斤,全县各界捐款8万元,妥善安置灾民7019户19186人。1991年6－7月,连续遭受洪水和龙卷风灾害,全县死亡2人、伤7人,倒塌房屋413户584间,严重损坏房屋1979户2674间,农田平均受淹48小时,直接经济损失2亿元。县开展救灾募捐,共接受捐款34.5万元、粮票2.7万公斤、衣服2613件、鞋子333双、布98米。五一服装厂、余东风城服装厂、中亚胶鞋厂捐送衬衣1545件、套鞋300双,计价1.48万元。是年,县下拨两批救灾救济粮55.21万公斤、救灾款26.8万元,拨专款44.29万元,为253户特困户、五保户、优抚对象等建房326.5间,修房141户220间。1997年8月18－20日,遭受11号台风袭击,全市农作物受灾面积2.67万公顷,被毁江海堤岸土方22.02万立方米、石方5000立方米和鱼池近134公顷,死亡3人,伤36人,倒塌损坏房屋4100间,直接经济损失2.3亿元。灾后市下拨救灾款20万元帮助灾民修建房屋,至11月底损坏房屋全部修复。

2001年6月22日5时至6月25日,遭受自1960年有气象记录以来未有的连续暴雨。全市降雨量298.1毫米,23个乡镇239个村全部受灾,受灾人口60万人,紧急转移安置4469人,倒塌房屋227间,严重损坏房屋1664间;农作物受灾面积5.53万公顷,死亡家禽40.25万羽,直接经济损失3.36亿元。市下拨专款90万元,帮助灾民建房260户335间。是年,市下拨救灾救济款175万元、救济粮15万公斤,救济缺粮者3000人。

2002年7月,全市遭受“威马逊”台风袭击,倒塌民房561户739间,损坏房屋1200余间,直接经济损失2.74亿元。市下拨救灾款60万元,救灾粮9万公斤,为灾民建房300户579间。同时投入17万元对84户特困户、“三老”对象进行危房改造。

2003年7月17日6时30分至55分,全市遭受飑线袭击,最大风力10级以上,并伴随暴雨,倒塌民房1000多间,伤12人,直接经济损失4000多万元。市及时组织力量抗灾。

2007年9月18－19日,强台风“韦帕”影响市境,共倒塌民房15间,紧急转移安置人口3071人,直接经济损失610万元,市组织干部群众投入抗灾。

2008年5月16日,海门市首批救灾物资运往四川汶川地震灾区。6月2日,市委常委、宣传部部长王一鸣在四川绵竹与绵竹市委常委、宣传部部长罗应光,就海门援建1所卫生院和1所学校签署协议书,并举行100万元捐款仪式。

第二节　困难补助

一、生活补助

精减退职工人　1965年,对1957年底前参加工作和1961－1965年6月被精减退职的老职工,发给一次性退职补助金;对丧失劳动能力或长期患病生活困难的,按其原工资40%予以救济补助,另报支三分之二医药费。

1980年,精减退职工人,除安排在企事业单位工作外,有315人享受40%的救济补助。对不符合救济条件但无固定收入的精减退职工人,按月发给定期定额补助费,农村籍的每人每月12元,城镇籍的每人每月15元。1981年,集体单位精减退职的老职工,由各主管部门办理定期定额补助。1985年,城乡每人每月增加5元。1993年,城镇籍调整为每人每月35元,农村籍32元。1997年,南通市统一调整老职工定补标准,城镇籍每人每月125元,农村籍105元。2004年7月,提高市财政负担的老职工补助标准,城镇籍每人每月235元,农村籍200元。2005年,享受原工资40%救济的164人,享受定补的283人。

2008年7月1日,提高老职工补助标准,城镇每人每月335元,农村285元。此后,精简退职人员生活费定补标准随城乡居民最低生活保障标准的调整而变化。同时,对原市属企业改制时一次性计发生活费的20世纪60年代下放老职工,按照“同类对象,同样待遇”的规定,与财政负担的老职工同样补贴。是年年末,市财政负担补贴的20世纪60年代精简退职人员377人。

城镇困难户　1956年,对海门、三厂、青龙港3个县属镇及其他小集镇的困难户,县发给定期定额生活补助费。1983年,对城镇困难户普查,审定定补对象76户81人,每人每月补助10－12元。此后，定补人数有所增加，标准提高。1990 年，全县享受定补 37 人，月人均 25 元。1995 年，183 人，月人均定补 52.5 元。1999 年，城镇特困定补对象纳入城镇居民最低生活保障体系。

农村特困户　1990 年 5 月，经过普查审定，全县有特困户 831 户 1412 人。县、乡共同负担，给予定期定额生活补助费：1 人户每月 10 元、2 人户每月 15 元、3 人户以上每月 20 元，年定补金额 12.96 万元，其中县拨付 6.82 万元。1994 年，有特困户 1206 户 2752 人，定补 1206 户 1887 人，标准每人每月 12 元。1997 年，定补对象近 2000 人，定补标准每人每月 18－20 元，年定补金 40 万元。1999 年，农村特困户定补对象纳入农村村民最低生活保障体系。

老共产党员　1986 年，对在抗日战争、解放战争时期加入中国共产党，身居农村，无固定收入的党员给予补助。抗日战争时期入党的补助标准略高于解放战争时期入党的党员。1986－1990 年，全县共发放老党员补助费 66.37 万元，补助 7808 人次，人均年补助 85 元。

1991 年，补助 1440 人，人均月补 11.57 元。1999 年，两个不同时期入党的党员，年补助标准分别为 480 元和 360 元，补助人数分别为 54 人和 1091 人。2000 年，对抗日战争时期、抗战胜利至海门全境解放、当地解放至新中国成立前入党的，年分别补助 840 元、480 元和 360 元。2003 年，补助标准每月提高 30 元。2005 年，补助标准分别增加到年 2400 元、1440 元、1200 元。补助对象扩大到已享受优抚对象抚恤补助的老党员和有一定收入但月生活费在 500 元以下的老党员，每人每年补助 600 元。2008 年，补贴标准提高，抗战时期 34 人，月补助 230 元；解放战争时期 501 人，月补助 190 元；当地解放至新中国建立前 182 人，月补助 170 元；扩大对象月补 100 元。

国民党起义投诚人员　1979 年，对国民党起义投诚人员给予定期定量补助，标准每人每月 8 元。1982 年，提高到 12 元。1985 年，每人每月 29 元。1990 年，补助对象 17 人。1998 年 3 月，每人每月增加 88 元，增加后的标准每人每月 114－130 元。2004 年，每人每月 299－363 元，享受投诚起义定补的仅剩 4 人。2008 年为 3 人。

国民党宽释人员　1982 年，给落户农村的国民党宽释人员每月补助 12 元，居住城镇的每人每月 15 元，是年补助 40 人。1985 年，分别增加 5 元。1990 年，给予补助的 36 人。2005 年，每人每月 23－29 元。2008 年，宽释人员 10 人，每人每月 23－36 元。

临时救济　抗日战争时期，民主根据地政府收买土布，赈济困难。

解放后，对城乡困难或遭受不幸造成生活困难对象，除发动群众互济外，政府每年拨出专款给予生活救济。20 世纪 50 年代初，以发放救济粮和赈灾粮为主，年发放救济款 10 万元以上。1957 年后，政府救济款逐年增加。“文化大革命”时期，一部分城市居民下放农村后缺乏生产能力，生活有困难的，社会救济款增加到 30 万元以上。1981 年冬，民政部门发放短棉大衣 1803 件、棉裤 4 条、棉被 136 条，救济贫困对象。1982 年 10 月，将南通地区分配给海门的棉布和絮棉制作成衣 1600 件、棉被 200 条，救济缺衣少被的困难群众。1987 年，采取国家、集体、群众、个人结合，筹集资金 46.72 万元，为 360 个特困户新建、修建房屋 499 间。90 年代，社会救济款的发放，由乡镇政府按民政部门分季下达的指标掌握使用。每年入冬，政府安排经费制作棉衣、棉被，购买大米，发放给困难家庭。1998 年 4 月，全市发放救济粮 2.86 万公斤。2000 年，下拨救济款 20 万元、救济粮 20 万公斤。至 2008 年，民政部门 18 年共制作、发放棉被 1.66 万条、棉衣 3.07 万件。

1991－2008 年海门市（县）寒衣棉被发放一览
表 24－6

年度	棉被（条）			寒衣（件）		
	合计	社会	敬老院	合计	社会	敬老院
总计	18008	16579	1429	34988	30714	4274
1991	850	850	–	850	850	–
1992	800	800	–	800	800	–
1993	790	790	–	1589	756	833
1994	1597	720	877	786	786	–
1995	789	789	–	1697	789	908
1996	790	790	–	1733	790	943
1997	792	792	–	1943	918	1025
1998	800	800	–	2025	2025	–
1999	900	900	–	2200	2200	–
2000	900	900	–	2200	2200	–
2001	900	900	–	2200	2200	–

续表 24－6

年度	棉被(条)			寒衣(件)		
	合计	社会	敬老院	合计	社会	敬老院
2002	900	900	－	2200	2200	－
2003	900	900	－	2200	2200	－
2004	950	850	100	2200	2100	100
2005	1200	1080	120	2665	2515	150
2006	1400	1268	132	2600	2485	115
2007	1250	1150	100	2500	2400	100
2008	1500	1400	100	2600	2500	100

二、农村草危房改造

2003年7月，市组织5个调查小组，对农村草危房调查摸底。全市农村有草危房2371户，其中生活贫困无自建能力的1991户4069间。市对贫困对象的草危房改造，每间补助3000元，按市、乡(镇)2∶1的比例筹措资金，两年完成改造。是年，完成42%。至2004年6月，全市投入资金959万元，实际完成草危房改造3085户6160间。

2006年10月，实施农村贫困户简陋房屋改造，共609户1250间，每间补助3000元，总金额375万元。2007年10月，再次对农村危陋房进行核查，有1401户2845.5间需要重建和修建，其中重建1559间、修建1286.5间，政府给重建房每间2000元、修建房每间1000元的补贴，共拨款440.45万元。

三、大病医疗救助

2005年9月，出台《海门市大病医疗救助实施细则》，明确救助对象为农村五保户，最低生活保障对象的家庭成员，享受民政部门定补的20世纪60年代精减退职人员及经市大病医疗救助领导小组认定，因患大病造成生活特别困难又无自救能力的其他城乡家庭成员。救助资金由市每年按全市人口人均1元标准列入市级财政预算，民政部门每年从留成的福利彩票公益金中拿出不低于10%，从慈善资金中拿出20%的资金给予补充，同时鼓励社会组织、团体和个人开展捐赠或救助。救助病种为尿毒症、白血病、各种恶性肿瘤、重症肝炎及并发症、重症胰腺炎、再生障碍性贫血、经卫生部门认定的特殊重症疾病。医疗救助标准：当年住院医疗费自费部分全年累计在1500元以上的按20%救助，最高救助限额5000元。2007年2月，市下拨大病医疗救助资金44.56万元，救助困难大病患者194人，每人300－5000元。2008年，市大病医疗救助办法修订，实行事前、事后两次救助，事前救助每人每次500元，事后救助最高限额5000元。全年救助644人，支付150余万元。

四、城市流浪乞讨人员救助

1963年，遣送城市流浪乞讨人员404人次，其中，县境外流迁回的127人次，外县流入县内迁返的277人次。1978年，外地流入被迁返269人次。1979年后，此类人员逐年减少。1982年5月始，对家居农村流入城市乞讨、城市居民流浪街头乞讨、其他露宿街头生活无着人员，由民政、公安部门负责收容遣送，每年接收和遣送近百人。2003年，国家对城市流浪乞讨人员的收容遣送改为城市流浪乞讨人员的救助管理，将强制性收容遣送改为关爱性救助。因市暂未建立救助管理站，由民政部门分工专人负责此项工作。2005－2008年，救助220人次，主要给予返程路费等，极个别的安排临时食宿。

五、重度残疾人生活救助

2008年7月，对无固定收入未纳入城乡低保范围，持有1997年后换发的残疾证，且已登记为一级、二级肢体残疾、智力残疾、精神残疾和视力残疾人员实行生活救助，全额享受城乡最低生活保障标准。共确定2096名一级、二级重度残疾人，其中，城镇114人，救助金由市负担；农村1982人，救助金按市、乡财政7∶3比例负担。重度残疾人生活救助标准，城镇每人每月335元，农村170元。全年发放救助金217.88万元。

第三节　最低生活保障制度

一、农村居民

1997年6月，全市实施农村最低生活保障制度，明确家庭人均收入低于农村最低生活保障线的村民均可享受最低生活保障，标准为每年700－900元。保障经费实行多渠道筹集，一般乡镇财政负担

30%，其余由乡（镇）统筹或村提留的公益金中解决，市给予适当补贴。是年，市投入25万元，乡村集体投入19.2万元。1999年，全面实施农村低保制度，保障人数2323人，投入42万元。2003年，实行税费改革，农村低保资金由乡（镇）全额拨付，市民政部门给予少量补贴，保障人数4729人，资金90万元。2004年7月，标准提高到每年1200元，经费改由市、乡镇按4:6比例拨付。

2006年7月，低保资金市、乡镇负担比例由4:6调整为7:3。是年，全市支出低保金240万元，月人均24.29元。2007年7月1日起，市建立城乡居民最低生活保障标准自然增长机制。其中，农村居民最低生活保障标准按全市上年度农民人均纯收入25%确定，由月100元调整为150元，并对城乡低保对象按1个月的最低生活保障标准给予物价上涨补贴。是年，按每人每次50元，上、下半年各补1次。2008年7月1日，低保标准提高到月人均170元。农村低保的审批由乡镇改为市民政部门审批。同时，实施每月10元的食油价格补贴。是年，农村低保12555户15415人，全年发放低保金1059.69万元。

二、城市居民

1998年1月，建立城市居民最低生活保障制度。城市居民家庭人均收入低于市最低生活保障标准的，可享受城市居民最低生活保障。对象为无生活来源、无劳动能力、无法定赡养人或抚养人的居民；领取失业救济金期间或失业期满仍未能就业，家庭人均收入低于生活保障标准的居民；在职人员和下岗人员在领取工资或最低工资、基本生活费后及退休人员领取退休金后，其家庭人均收入仍低于最低生活保障标准的居民。保障标准确定为月人均120元，其中单身汉和70岁以上老人上浮15%。是年，城市居民低保总人数144人，保障金15万元，由市全额拨付。2000年，标准提高到月人均156元。2005年，提高到220元。2007年1月，标准在220元的基础上提高10%，为月245元，单身和70岁以上老人提高到280元。同年7月1日，低保标准实行自然增长机制，按上年度城市居民人均可支配收入的25%比例确定，调整为月285元。同时给低保对象一次性物价补贴上、下半年各1次，每次125元。是年，城市低保902户1664人。2008年7月1日，标准提高到月335元。根据物价上涨指数，实施物价补贴每人每季71元。同时享受油价补贴半年，每人每月15元。是年，城市低保942户1789人。

三、长江渔民

2005年6月，对长江专业捕捞渔民禁渔期间，参照城市居民最低生活保障标准给予生活补贴。市拨款给165名专业渔民3个月补贴，每月220元。2005–2008年，补贴637人次，补贴总额46.5万元。

第五章　社会福利

第一节　“五保”供养

解放初，农村贫困孤老由国家救济、群众互助、无偿代耕，解决部分供养问题。1956年农业合作化后，对丧失劳动能力、无依无靠的孤寡老人由集体实行“五保”。1958年，大部分“五保”老人入敬老院供养。1959－1961年，敬老院大部分解体，多数“五保”老人在农村分散供养。

1983年，对“五保”户普查登记，1277户1379

人领取“五保”供给证。1985年始,乡镇统筹“五保”供养经费。1986年,“五保”供养生活费,统筹标准为年人均200元,最高的三星乡年人均600元。全县30个乡镇敬老院集中供养“五保”对象595人,占全县“五保”户总数60.8%。分散供养的“五保”对象生活费,由敬老院按集中供养对象的标准每月送到户,并签订敬老院、村委会、护理人、“五保”户四方公约,形成“五保”服务网络。是年,省“五保”“双扶”工作现场会上推广海门经验。1987年,“五保”供养统筹金提高到年人均250元。

1990年,全县入院供养的“五保”对象786人,年人均生活费535元,分散供养的年人均生活费343元。1993年,乡镇集中供养对象年人均812元,分散供养年人均507元。是年,有“五保”户1366户1441人,其中集中供养1038人,占五保户总人数72.03%。1994年1月,市明确申报“五保”供养对象年龄一般在70岁以上。1997年,临江等乡镇将“五保”供养经费纳入乡财政预算,三厂镇镇村按3:7比例分摊负担。

2001年,供养标准提高到年人均1650元,并列入“五保”供养经费乡镇财政预算,由市财政转移支付。有条件的乡镇,可在此基础上适当提高。翌年,全市有1341户1414人享受供养,其中集中供养966人,年人均1902元;分散供养448人,年人均1364元。2005年1月,供养标准由每人每年1650元提高到2000元。9月,出台“五保”供养实施细则,规定集中供养对象伙食标准每人每月不低于120元,零用钱每人每月10元;分散供养的,除每人每月100元打入个人银行“一折通”外,余下经费由所在乡镇委托敬老院统一调配使用。是年,“五保”对象1586人。2007年1月1日,供养标准由每人每年2200元提高到2600元。2008年7月1日,实施供养标准自然增长机制,每年根据上年度农民人均纯收入的45%确定。是年,集中供养标准为每人每年4000元,分散供养每人每年3200元;全市集中供养1319人,分散供养484人,集中供养率73.16%,全年发放供养经费645万元。

第二节　老人孤儿收(寄)养

一、社会福利院

清嘉庆七年(1802),在茅家镇西郊,建有四合院平房的刘陈宗祠,原系旌表太学生刘铭妻陈氏节孝而立。祠前建有石牌坊1座,牌坊上刻有清帝降谕赐表“千秋壹范,明伦賛化”字句。民国20年(1931),刘陈两家以宗祠基础设施办“清净堂”(又名“普育堂”),为其亲属施舍,收养亲属中无依靠的孤老幼婴。民国32年,该堂被汪伪政府接管,改为海门养老所(又称“涸甦堂”),并附设育婴堂。翌年春,成立安老育婴志愿委员会,将养老所分设为安老所和育婴所。民国33年冬,由地方人士许幼承、朱立人等集资济助修缮住房,维持老幼生存。民国36年年初,在所29名老人生活无着,86名婴儿哺乳缺人。4月,国民党政府发布募集文告后,社会各界给予资助。

1949年2月,安老所和育婴所被县政府接管整顿。1950年9月,将两所合一,命名为县生产教养院,院内有老人22人、婴儿2人、院外寄养婴儿72人。1963年,将三厂镇敬老院并入该院。次年,将如东、启东两县县属敬老院收养人员并入,更名为县老残教养院。1980年,南通地区民政局将洋口农场70名收容人员遣送到海门教养院供养。至此,全院收养人员近百人。1983年3月,易名为海门社会福利院。

1990年,在院老人54人,其中残疾人14人。院占地1.18万平方米,建筑面积2250平方米,有平房5幢,楼房3幢,干部职工20人。1992年,投资24万元建造1000平方米康复楼,开展寄养业务。2001年12月,市社会福利院被评为省三级社会福利事业单位。

2002年,院内共有楼房4幢,建筑面积4000平方米,收养城镇老人75人,残疾人员3人,儿童20人,其中自费人员37人。职工20人。2003年4月,采取市场化运作方式筹建综合性老年服务中心。是年,投资100多万元兴建3层楼1幢。2007年11月,投资1000万元建设的2幢寄养楼竣工开张。2008年,老年服务中心基建结束。是年,福利院有床位400张,入住152人,工作人员15人,收支平衡。

图24-6 海门市社会福利院老年服务中心
（2008年摄）

二、乡镇敬老院

民国8年,张謇于三厂镇北建房五进,设“老老院”(今三厂中学所在地),收养男性老人50人,女性老人40人。

1958年10月11日,县内第一个敬老院在江家人民公社成立。是年,全县有30个公社办起76所敬老院,入院老人1244人。20世纪60年代初,经济困难,一些公社办敬老院解体,仅剩麒麟、三阳、三和、天补、秀山、德胜、汤家等10所。1976年,入住“五保”老人73人,多数由生产大队供养。

1983年,县拨款35万元,县民政部门支付33.1万元,各乡镇集资150多万元,先后重建和改建乡镇敬老院,建房面积1.22万平方米。1986年,30个乡镇均有敬老院。

1990年,有16个乡镇多渠道筹资60万元,翻建、扩建敬老院房屋115间3075平方米,增收老人172人。是年,各乡镇为提高在院老人的生活水平,发展种植、养殖、加工、服务等项目,办有经济实体22个。1992年,县民政部门拨款20万元,资助汤家、江滨、常乐等8个乡镇敬老院扩建房屋,增添院内设施。

2000年,乡镇合并后有敬老院25所、床位1104张,职工133人,收养在院966人,年集体供给经费164万元。2001年,加大乡镇敬老院改扩建工程力度,其中万年敬老院投资70万元新建大楼两幢,面积3000平方米;麒麟敬老院投资200万元新建欧式老年公寓1座。2005年,三和镇投资60万元,建办一所有40张床位的托老院。是年,全市23个乡镇(含开发区)有敬老院23个,职工138人,年末在院供养959人,自费寄养448人。2007年,全市投资3000万元改造海门镇、天补镇、王浩镇等11所敬老院。2008年,海门镇、临江镇敬老院改造工程被列入民政部“霞光计划”。

三、民办托老院

2001年3月,市法院离休干部史洪谟在麒麟镇庵宝村2组创办爱心托老所,设床位12张,托养老人11人。2002年,投资35万元,迁至三厂镇厂南村二组,扩建成托老院,设床位55张。

2004年,周兴南投资300万元,在临江镇杨应村筹建同济托老院,设床位60张;江耀忠、蔡美红投资40万元在正余镇西侧建办托老院,设床位50张。

2005年,张学飞投资300万元,在万年镇工业园区建夕阳红服务中心,设床位60张;李建华投资60万元,在市开发区建南村筹建康乐托老院,设床位50张;葛洪生投资450万元,在东灶港镇区南部建洪生托老院,设床位150张。是年底,全市民办社会福利机构6个,总资产1490万元,建筑面积1.01万平方米,房间327间,床位470张。

2008年5月,李美华在三厂镇孝威村筹办清福托老院,设置床位100张。12月,郁志珍在海门镇沙东村筹建秀山托老院,设置床位50张。同年,黄玉莲在复三新村408楼创办私人宏伟小区老人服务中心,入住老人39人。是年年末,全市登记注册养老服务民办非企业机构9个,投资2330万元,床位725张,入住老人371人,工作人员96人。

第三节 福利彩票

一、即开型奖券销售

1988年1月16日,县社会福利有奖募捐委员会成立,通过《海门县福利有奖募捐委员会章程》

《奖券发行实施细则》,举行第一次奖券发行仪式。当年进行3次有奖募捐活动,共发行66.6万元。

1989年,南通市募委下达60万元(张)任务,仅销售8.49万元。1990年,50万元(张)销售任务由乡镇发行,完成53.3万元。1991－1992年,除海门镇外,在三厂、余东、包场等地设点销售,销售量不多。1993年,改为大奖组、大场面、大奖额形式,利用春节等重大节日集中销售,设摩托车、空调、彩电、冰箱和自行车、日用品等各等次奖品。春节销售80万元,“五一”节销售100万元,国庆节销售88.86万元,全年销售268.86万元。1994－1995年,在海门、悦来、海洪、货隆等乡镇共销售382.3万元。1996年春节,组织发行600万元大奖组,在海门镇江海路搭270平方米奖品展示台,发送宣传传单25万份,全市拉横幅44条,6辆大卡车载着6辆“夏利”轿车、几十辆摩托车、几十台电视机等奖品,在市境内彩游2天。年初五首卖日,临场群众6万余人,3天销售700万元,超额完成指标。

1997年春节,年初五组织1000万元大奖组销售,仅用20小时,即销售一空。省募委会、省民政厅发来贺电。2001年,不再设实物奖,大奖组销售开始不景气。2002年春节,拟发行2000万元,由专业彩票销售公司销售,邀请演艺界明星登台助兴,但销售量仅200多万元。2004年,停止即开型奖券销售。至2004年,全市共发行即开式奖券37次,发行额5101.06万元,获得福彩公益金867万元。

二、电脑彩票销售

2000年4月21日,“江苏风采”电脑彩票正式发售。海门开设销售投注站10个,接受省彩票中心网络管理。是年,销售量244.14万元。后在乡镇扩增投注站。2008年,全市设投注站59个,年销量1865万元。共有福利彩票公益金余额877.6万元,用于乡村敬老院、烈士陵园等建设。

第四节 慈善事业

明嘉靖十一年(1532)知县陈锭在县治南主修便民仓,以救民急。

清光绪二十四年(1898),张詧、张謇兄弟俩募集资金创办社仓(又名积谷仓)。社仓在临时性救济中发挥作用。

民国2年(1913)3月,县署东福德祠改造民房14间,建立游民习艺所。

民国17年11月,海门县救济院成立,内分育婴、养老、残废、施医、贷款、孤儿6个所,全县慈善事务统归该院管理。

民国19年,全县有社仓32个,存麦54.18万石、稻子1200石、银圆600元,社仓所属公田2.73公顷。民国24年,全县有41个乡建立社仓,存元麦1.09万石、银圆5586元。日本侵略军进犯海门后,社仓关闭。

民国35年,县有善后救济协会。6月,该协会对难民进行登记,发放赈灾面粉,每口11公斤,但为数不多。民国36年3月,发放赈灾面粉4万公斤,赈灾衣物20箱。

新中国成立后,国家停止一切民办的慈善事业,将慈善事业纳入社会事业统一计划管理。

1994年4月,中华慈善总会登记注册,慈善事业逐步得到恢复与发展。2001年5月,市筹建慈善会。2002年3月,召开成立大会,选举产生常务理事11人、理事47人、团体会员64个、个人会员52个。同时设立慈善资金账户,在民政部门设社会捐赠接收工作站。是年,接收捐款69万元。其中,余东镇崔福兴捐款10万元,通光集团董事长张强捐款15万元。当年扶助贫困家庭7户,年末余额59万元。

2003年,在市社会福利院增设捐赠接收站。至

图24－7 茅镇街道慈善超市 (2006年摄)

2004年，共支出扶助金19.5万元。2005年，为缓解贫困对象医疗难状况，市从慈善资金中支出20%补充大病医疗救助基金，共救助6060人次。是年，共接收捐款188万元，年末余额130万元。2006年初，市拨款8万元开办慈善超市，并列入政府实事工程。5月，召开慈善超市理事会成立大会，确定48个机关企事业单位为市慈善超市理事会成员单位，通过协会章程、管理和捐赠办法。6月9日，在海门镇海兴路茅镇街道办事处揭牌开业。7月，发放救助券840张，受助困难群众1500余人。11月，开展“一日捐、一元捐”[①]活动，募集善款150万元。是年，共募集善款187万元，年末余额215万元。

2007年3月，开展“爱洒人间”大型慈善募捐活动，由市领导向重点骨干企业劝募，实行大额协议捐赠，38个企业参与。其中，赛城集团、荣祥集团、天成置业公司、亚萍布业公司、证大滨江置业公司协议捐赠1000万元，每年解缴50万元；其他33个企业协议捐赠100万元至500万元，每年解缴5万元至35万元。全市共协议捐款1.27亿元。7月20日，举行大型慈善晚会，97个单位和个人现场捐款62.3万元。省慈善总会发电致贺。8月，开展真情关爱救助“双百”活动，资助特困家庭在校高中生80人，人均2000元，当年被高校录取的特困学生20人，人均3000元，共22万元；资助特困家庭白血病、尿毒症、恶性肿瘤患者100人，人均3000元，共计30万元。是年，协议捐赠企业向市慈善会解缴资金653万元，年末余额950万元。

图24-8 2007年3月，市举办“爱洒人间”大型慈善募捐活动

2008年春节，开展“爱洒人间，情暖千家”救助活动，向全市1000户特困群众进行救助性慰问，发放救助金50万元。“512”汶川大地震发生后，海门各界人士纷纷捐款。慈善会当月募集捐款423.73万元，物资折价96.5万元。7月，开展慈善公益赠送“夏凉行动”，向全市148户城乡低保对象、优抚对象赠送大米等物品；乡镇开展向400户困难群众赠送实物活动。同月，市慈善会举行会员代表大会，选举产生第二届理事会。设会长、名誉会长及副会长9人，常务理事42人。理事会成员单位95个，会员225个。8月，开展慈善“圆梦行动”，资助当年录取高校的贫困学生100人，人均3000元，计30万元。10月，向绵阳灾区捐赠棉被3500条；向在市东洲中学上学的四川理县班师生资助衣、被及生活用品计10多万元。12月，开展“暖冬行动”，救助贫困对象2000户，每户300元，计60万元。是年，协议捐赠现金解缴127万元。市慈善超市迁址人民中路266-3号，全市乡镇建“爱心超市”28个、村级“爱心超市”69个。

第五节 福利企业

1951年，县民政科从事业经费中拨出2万元，创办县内第一个社会福利企业——海门新生油厂，安置残疾人31人。1953年10月，县调整油作坊产业，企业停办。1958年“大跃进”期间，茅家镇、三厂镇等地兴办48个福利企业。1960年后，福利企业先后关闭。

1981年，海门镇兴办纸箱福利厂，三厂镇兴办综合福利社。1984年，常乐、新海、三星等乡兴办搪瓷、皮鞋等福利厂10个。1985年，县民政部门投资3万元支持海门聋哑学校建办印刷厂。是年，全县福利企业19个，职工1098人，安排残疾人就业346人，占残疾人总数56%，年产值1600万元，利润53万元，获免税金75万元。1986年6月，县民政部门投资7万元兴办福蕾皮鞋厂，后投资49万元，新增铜棒等项目。1988年，全县福利厂57个。其中，县办1个、乡镇办45个、村街办11个，职工共3804人，其中残疾人1630人，占

① “一日捐、一元捐”活动：干部职工捐赠一天工资，农民学生捐赠一元。

残疾人总数58.4%，年产值8220万元，利润663万元，获免税金733万元。

1992年春，县组织有关人员赴苏南考察学习办福利企业经验，并结合海门实际，大力发展福利企业。年末，新办福利企业205个。1993年，有福利企业345个。1995年，全市福利企业就业人数4786人。1996年，全市工业企业转制，福利企业由集体所有制改为股份制企业或私营企业。是年年底，有福利企业147个，职工总数5656人，安置残疾人2484人，年销售收入7.4亿元，利税4661万元，有12个企业进入全市百强企业行列。1999年，部分中小企业退出福利企业行列。

2007年7月，国家明确福利企业认定条件，规定残疾职工占该企业在职职工总数比例必须达到25%（含）以上，全市有36个企业符合认定条件。2008年，全市有福利企业46个。

第六章　婚姻与收养登记

第一节　婚姻登记

旧时，婚姻制度受封建礼教影响，男婚女嫁全凭“父母之命”“媒妁之言”。尤其在农村，包办、买卖婚姻十分普遍，童养媳、指腹亲、冲喜亲、抢亲逼婚以及重婚纳妾等封建婚姻屡见不鲜。

1950年5月1日，《中华人民共和国婚姻法》颁布。10月，全县开展宣传贯彻婚姻法活动月，区、乡设立婚姻问讯处。1951年5月15日，茅家镇、三厂镇、青龙港镇和各区公所开始办理婚姻登记。是年，县人民法院组织巡回审判组，审理自婚姻法颁布后发生的违法婚姻案件1027起。1953年7月，县成立贯彻婚姻法运动委员会，确定每年3月为婚姻法宣传月。此后，包办、强迫、买卖婚姻、重婚纳妾的封建婚姻和干涉婚姻自由的事件逐年减少。1957年，婚姻登记改由乡（社）镇政府办理。

1980年1月，新婚姻法颁布施行，婚姻登记机构开始办理离婚登记。1984年，全县设婚姻登记处37个。同年5月1日，婚姻登记使用全国统一格式的婚姻状况证明。1986年3月，根据国家婚姻登记办法规定，全县4125对夫妻补领结婚证，未达婚龄的责令男女双方暂时分居。

1991年，实施凭结婚证发放准生证办法，全县结婚证领证率99%以上。1992年，结婚登记夫妻9966对，其中外来妇女办理结婚登记的460人，占外来妇女56.3%。1994年2月，加强对越权或虚假出具婚姻状况证明的查处，抑制婚姻登记中违法现象。1996年，建立市婚姻服务中心，对海门镇、三厂镇、江滨乡先行集中婚姻登记和相关婚姻服务。

至1997年，共办理离婚登记1913对。1998年1月1日起，全市离婚登记改由市婚姻登记处直接办理，是年，申请离婚298对，准予登记241对。1999年5月20日起，全市婚姻登记均在市婚姻登记处集中办理。

2000年，为迎接全国第五次人口普查及省计划生育先进县（市）考核验收，市民政部门赴21个乡镇为群众补办结婚证872对。2001年，依法公示离婚登记条件，全年离婚227对。2003年10月，根据新结婚登记条例，登记时取消婚姻状况证明，婚检自愿，双方在现场出具户口本、身份证，填写申请结婚登记声明书即可。是年，全市结婚登记6773对，双方自愿离婚出现上升趋势。

2004年3月，市婚姻登记处被评为省婚姻登记先进单位。2005年，自愿离婚645对，法院判决离婚152对，调解离婚506对，共有离婚者1303对，是同期结婚6468对的20.15%。

2008年，全市办理结婚登记6911对，其中初婚

11529人,再婚2293人,复婚140对。是年,双方自愿办理离婚登记950对,判决离婚101件(对),调解离婚739件,共有离婚者1790对,是同期结婚对数的25.9%。全社会离婚率3.58‰。

第二节 收养登记

旧时,贫苦人家多子女,为减轻抚养负担,只好将多生的婴幼儿送人,或作弃婴。有的夫妇无生育能力,则设法领养子女,这种现象一直延续下来。1979年6月,国家规定"一对夫妇只生一个孩子"政策出台后,有的违规多生,有的擅自将多生的女婴抛弃,或送给领养者。上述领送双方都较随意,形成自然收养关系,无法律手续。

1992年4月1日起,施行《中华人民共和国收养法》,民间收养得以规范。7月11日,四甲镇王进荣收养女儿,并办理登记。是年,办理收养登记5户。1993年,申请收养登记20户,符合办理条件8户。1999年5月起,凡收养弃婴、弃儿须在当地报刊上刊登公告,60日后方可办理登记。7月17日,市民政局第一份婴儿、儿童寻亲公告在《海门日报》上刊出。是年,办理收养登记37户。

2000年7月,为符合收养条件事实收养人现场办理收养登记438户。2001年10月,市福利院开展涉外送养业务。2003年,涉外送养7例。2004年,全市办理收养登记135户。其中,社会福利机构抚养的弃婴44人、社会弃婴62人、父母无力抚养儿童15人、其他婴童14人。2006年9月,为解决公民事实收养问题,全市办理收养220户,协议解除收养1户。2008年,全市办理收养登记101件,协议解除收养关系1件。

第七章 地名管理

第一节 路 名

一、城区

1949年,县城主要道路有解放北路、通启公路海门城区段(今人民路)等,街道有大同街、复兴街、建国街,里弄有野猫弄等,其中解放北路(现名江海路)因是年1月解放军从城北沿此路(当时无名)进城,攻打国民党驻军,县城茅家镇获得解放而得名。

1983年,海门城区有解放路、新海路等道路17条,复兴街等街道4条,朱协和弄等里弄25条。1993年,城区范围快速扩大,道路、街道等变化较大,新建、改建、延伸道路增多,有的路名出现无序现象。为规范道路名称,优化城市管理,县对城区25条路名、3条巷名、12条弄名予以命名、更名。此外,对业已形成的宏伟路、日新路等原有路名、巷名正式立牌。是年,在城区树立218块路牌、65块巷牌,在主要街道门面编制门牌号。1994年,海门撤县设市,市开发区建设速度加快,新的市郊道路形成。1996－1997年,命名解放西路、越秀路及人民西路等8条路名,6条弄名,2条巷名。2004年,投资15万元制作、安装国标路牌300块。

2008年11月,进一步规范地名管理,将南环路分段更名为北京东路、北京中路;大同路分段更名为上海东路、上海中路、上海西路。原静海路在秀山路南侧至大生路路段更名为张謇大道。

1993－2008 年海门市(县)城区道路命名、更名一览

表 24－7

命名时间	走向	命名名称	备注
1993.10	东西	南海路、秀山路、东洲路、向民路、丝绸路、爱民路、北海路、飞鹫路、新海路、人民中路、人民西路	－
		解放东路	延伸
	转向	八一巷	－
	南北	瑞江路、珠江路、通源路、长江路、狮山路、拥军路、富江路、育才路、江海路(原解放南、北路)、光明路(原镇中路)、静海路(含原人民路)、海兴路(原西郊路)	延伸、更名
		公园巷、长寿巷、富源弄、金穗弄、东苑弄、建设弄、宏西弄、复三弄、集贤弄、大储站弄、车站东弄、车站西弄、陵园弄、文化宫弄	－
	转向	圩角路	－
1995.8	东西	青海东路、青海西路、渤海路、东洲路、人民东路	－
		解放东路、秀山路,保险路	延伸、移址
	南北	松花江路、嘉陵江路、浦江路、民生路、钱塘江路	－
		狮山路、富江路	延伸
		锦绣弄、天长弄	－
1996.12	东西	解放西路	－
	南北	越秀路	－
		春苗弄、迎宾弄、圩东弄、张南弄、圩西弄	－
1997.9	东西	滨顺弄、兴民巷	－
		人民西路	延伸
	南北	大港路、亚环路、新秀路、兴艺巷	－
		静安路	延伸
	转向	通富路	－
2005.5	东西	北海东路、秀山东路、定海路、黄海东路、黄海中路、南海东路、东海东路、东海中路、南环东路、南环中路	－
		渤海路、解放东路、解放西路、秀山路	延伸
	南北	湘江中路、湘江南路、鸥江中路、鸥江南路、民生南路、浦江南路、金沙江路、瑞江南路、珠江南路、黑龙江路、嘉陵江南路、长江南路、春华路、五一路、海兴中路、岷江中路、岷江南路、汉江中路、汉江南路、富江南路	－
	东西	大生路、大达路、大通路、大同路、大成路、大明路	滨江新城区
	南北	长海路、长宁路、长虹路、长安路、长春路、长青路、长乐路、长兴路	
2005.12	东西	工贸路、河海路	－
		秀山西路、飞鹭路、人民东路	延伸
	南北	大港路	缩短
		瑞江北路、长江北路、民生北路	延伸

续表 24－7

命名时间	走向	命名名称	备注
2007. 8	东西	珠海路、威海路	－
	南北	湛江路	－
	东西	大业路、大兴路、大荣路、大安路、大贺路、大畅路、大庆路、大为路、大宁路；大达路（延伸）	－
	南北	长运路、长法路、长治路	滨江新城区
2008. 11	东西	北京东路、北京中路（原均为南环路）、上海东路、上海中路、上海西路（原均为大同路）	－
	南北	张謇大道（北起秀山路，南至大生路，原名静海路，后延伸至长江江堤）	更名

二、乡镇

解放后，三厂镇为县属镇，路街弄并存。1983年，编写的《海门县地名录》记载该镇道路24条。1993年10月，县命名该镇中华东路、中华中路、中华西路、望江路、钟楼路、大生路、厂洪路、青龙路8条路名。

1996年4月，市地名委员会批复命名正余乡镇区主干道人民路、华新路等6条路名。12月，命名天补等10个乡镇路名（含街道）63条。其中，天补镇振兴路等4条、瑞祥镇瑞祥路等2条、麒麟镇麟宇路等8条、悦来镇新城路等5条、六匡镇三条桥路等7条、三阳镇泰山东路等7条、万年镇盛昌东路等5条、货隆镇人民路等6条、树勋乡勋兴路等11条、刘浩乡吕河路等8条。

1997年9月，市下发正确使用标准地名的通知，并命名三厂镇等17个乡镇路名（含街道弄）140条（个）。其中，三厂镇实业路等8条、三星镇城南路等8条、三和镇镇北路等9条（个）、德胜镇新玉路等9条（个）、常乐镇状元路等6条、平山乡长安路等3条、临江乡人民西路等5条、三阳镇建设街等10条（个）、四甲镇胜利街等9条（个）、国强镇富强路等8条、余东镇城北路等13条、王浩乡浩南路等9条、包场镇包新街等15条（个）、海洪乡海欣路等3条、东兴乡兴港路等12条、海永乡场西路等4条、江心沙农场场兴西路等9条。

2005年3月、12月，两次命名或对延伸、缩短路段重新命名，共计90条。其中，三厂镇中华东路等5条、三星镇大岛路等16条、天补镇光明路等8条、德胜镇新德路等5条、麒麟镇麒北路等8条、悦来镇人民东路等20条、三阳镇永菁路等15条、货隆镇中心路等2条、王浩镇环镇西路等9条、东灶港镇港东路等2条。

2006年9－10月，命名三和镇学前路等7条、三阳镇通财路等2条。2007年8月、12月，命名德胜镇德胜路等2条、三和镇金天路等3条。

第二节　居民区与商贸区名

一、居民区名

1995年8月，首次命名城区东风、通源、城北、复三、长江、大同、海兴、海南、秀山、静海、狮山、富民、公园、海影14个新村。1996－1997年，命名城区城北等4个新村和命名江心沙农场场东新村等4个新村。

2005年，命名城区世纪光华园、一心苑等18个居民区和三厂镇钟楼新村、货隆镇中宝小区等9个乡镇居民区。2006－2007年，命名城区海上名门、中南世纪城等居民区10个，乡镇居民区2个。2008年7月，命名城区国际商务花园、光华大厦等居民区6个。至年底，全市共命名市区居民区52个、乡镇居民区15个。

1995－2008 年海门市城区居民区命名一览

表 24－8

命名时间	名　　称
1995.8	东风新村、通源新村、城北新村、复三新村、长江新村、大同新村、海兴新村、海南新村、秀山新村、静海新村、狮山新村、富民新村、公园新村、海影新村
1996.12	城北新村(扩大)、东风新村(扩大)、青海新村
1997.9	复兴新村
2005.3	五港新村、日新新村、民生新村、柿南新村、南海新村、海景苑、腾达花园、城东花园(原江滨花园)、城北新村(扩大)、东方巴黎公寓、通源北村、证大花园、海门名人苑、世纪光华苑、远东大厦
2005.7	一心苑、荣盛花园
2005.12	苏通花园
2006.10	海上名门、张南新村
2007.5	宏日·阳光水岸、海门中南世纪城、亚特·香堤雅境、万众新世界广场
2007.9	永泓花园、中大国际广场、运杰龙馨园
2007.12	理想城
2008.7	月亮湾小区、地纬东洲半岛、国际商务花园、全通商(海门城)、解放东路农贸城、光华大厦

1997－2008 年海门市乡镇(场)居民区命名一览

表 24－9

命名时间	名　　称	所属乡镇(场)
1997.9	场东新村、场北新村、场南一村、场南二村	江心沙
2005.3	为民新村、厂东新村、厂南新村、钟楼新村、大生新村、果园新村、中华苑、工作新村	三厂镇
2005.12	中宝小区	货隆镇
2006.4	三圩农庄	三和镇
2006.9	海上普罗旺斯	海永乡

二、商贸区名

1995 年 8 月，对城区和郊区 35 处地名予以命名、更名。其中命名的市场有通源市场、东洲市场、宏伟市场、西郊菜场。2005 年，命名北上海国际装饰城、海门商业步行街、远东大厦、三星镇绣品城、国际家纺城、叠石桥商贸城、家纺辅料城、物流中心等商贸区。2006 年，对业已形成的城区海南市场、大千商贸城、海门国际车城等商贸区正式下文冠名。

第三节　河道与桥梁名

一、河道名

明嘉靖十六年(1537)，通州同知舒缨开凿利河镇至余东的河为运盐河(又名老运河、老通吕河)。清康熙四十三年(1704)，海门同知又延伸开凿余东至吕四段，全长 25.18 公里。

清代，境内相继形成的主要河流有，浒通河(又名三尖嘴港)、青龙河、大洪河、大新河、灵殿(后改为灵甸)河、黄家港河、圩角河、三余竖河(原名新街闸河)。

1954 年，拓疏开挖排咸河。1958 年，先后开挖通吕运河、通启运河、灯杆港河。

1971－1977 年，拓浚东灶河、鸽龙港河，开凿新江海河、海门河。

1983 年，《海门县地名录》收录全县 72 条河道名。

1988 年 4 月，集中对重叠河流名称重新命名。原两条新开港，将包场镇的新开港改名包场河，将新余乡境内的包场河改名新余河；将原 3 条日新河中流经秀山、新海的那条恢复旧名“实心河”，将三阳镇的日新河改名阳东河；将原 2 条三星河中流经万年等乡镇的那条，因盛产黄毛脚螃蟹改名黄毛蟹河；将原两条太平河中汤家乡的那条改名泰兴河；将原 2 条运南河中流经四甲、王浩的改名希沟河。此次命名二级河 13 条、三级河 64 条、四级河 245 条，无重叠河流名称。

至 2008 年，全市有一级河 3 条、二级河 14 条、三级河 64 条、四级河 2134 条。

2008年海门市(县)一、二级河流命名一览

表24－10

河流名称	等级	命名时间	走向	起迄点	全长(公里)	备注
通吕运河	1	1958.11	东西	南通市长江边—启东市大洋港	78.85	其中海门段长28.30公里
通启运河	1	1958	东西	通州市营船港—启东市塘芦港	93.39	其中海门段长42.20公里
新江海河	1	1976	南北	江心沙农场长江边—通吕运河	26.91	流经通州、海门等县、市,其中海门段长2.30公里
老运河	2	西段源于明嘉靖十六年(1537)	东西转南北	五福桥—通吕运河	25.18	又名运盐河,老通吕河,五里墩以东河段源于清代
浒通河	2	清代	南北	海界河—长江边	22.10	又名三尖嘴港
青龙河	2	清代	南北	四杨坝—长江边	18.79	北段原称川洪河
大洪河	2	清代	南北	四甲套闸—长江边	15.30	北段原称西头匡河
大新河	2	清代	南北	余东—长江边	14.16	原名南段新港、中段东头匡河
灵殿(灵甸)	2	清代	南北	通启运河—长江边	14.75	原十四匡河、通沙河、十三匡河三段组成
三余竖河	2	清代	南北	四甲套闸—三余镇遥望港	21.36	原名新街闸河,流经海门段长11.36公里
黄家港河	2	清代	南北	通吕运河—通启运河	10.43	-
圩角河	2	清代	南北	海界河—长江边	25.18	海界河至海门镇,原称七案竖河
排咸河	2	1954	东西	三余竖河—排咸闸	23.57	-
灯杆港河	2	1958	南北	通启运河—长江边	12.30	流经启东等地,海门段长5.10公里
东灶河	2	1971	南北	通吕运河—东灶港北闸	6.20	-
海门河	2	1976	东西	新江海河—启东市三和港	45.70	流经通州、启东等地,海门段长39.02公里
鸽龙港河	2	1977	南北	崇明长江南泓—长江北泓永隆沙	18.50	流经崇明,其中海门段长2.07公里

二、桥梁名

清代,在东天补沙的连元沙河上(今德胜李彬村)建有见龙(石)桥,在长兴镇建条石结构的长安桥,在余东镇建有单曲拱泰安桥,在三阳镇南廿匡河上建有木质卷边桥,后改建为曲拱桥等。在茅家镇海门厅署衙门(今烈士陵园)前老河弯头处东西两侧有万龄、惠安两座桥梁。民国时期,海门工商界著名人士郁芑生捐资原地重建,因其名寿丰,故改名寿丰桥,东侧的万龄桥改称东寿丰桥,西侧的惠安桥改称西寿丰桥。两桥对称,间距约80米,均为石桥,桥名由当时著名书法家沙玉沼题写。后因开挖宏伟河和改造友谊路,两桥相继被废弃。

清宣统三年(1911),在茅家镇复兴街通往大同街的七案竖河上建通济桥。民国6年(1917),与七案竖河交界的老河西头建武定桥。两桥均为石桥,其中武定桥于20世纪70年代改建曲拱桥,并易名五一桥。

民国9年,张謇建造南通至启东的南干公路(现S336线),其中横贯茅家镇的路段(今市区人民路)上建有两条公路桥,一是通沙河上的南洋桥,另一座是七案竖河上的西洋桥,均是木桥。南洋桥于1970年改建为双曲拱海门南桥,1995年由棉麻公司捐资重建,改为钢筋混凝土银海桥,“银海”因“棉”而得名。西洋桥于1987年改名为健康桥,1992年因改造江海路填平七案竖河时废除,同时废除的还有通济桥、五一桥。

民国15年5月,由董体仁筹款5000余元,在凤

凰桥海界河上重建的凤凰大石桥竣工。

解放初期，在茅家镇通沙河上建有简易复海桥，此后经平板混凝土、钢筋混凝土等多次结构改造和拓宽，由普通农桥改造成为市区的主要桥梁之一。

1951年1月，在三厂镇重建大生三厂西洋桥，以后又随着公路改造，将木质结构改为混凝土等结构。

1958年，县城开挖宏伟河，为连接东西道路（现解放东路与解放中路），在河上同时建造木质宏伟河桥。70年代初，随着解放中路的改造，宏伟桥相应改造为拱桥，易名七一桥。

1962年，在通启寅公路天补地段建造县第一座钢筋混凝土天补大石桥。1964年，在掘青公路海界河上建钢筋混凝土永安桥。1966年12月，在圩角河建县第一座双曲拱海门镇石桥，命名为圩角河桥，后改建名为海春桥，经再次拓宽、新建，又改名为人民路桥。1967年，在通吕河六甲镇地段建成南通地区首创深水钻桩、水下灌注混凝土新技术的双曲拱东方红大桥。1968年，在苏325线建有单孔球体薄壳桥——秦家桥。

70年代初，在县城解放东路路段老农坛河（现日新河）上建有东风桥（2007年扩建改造）。1975年，秀山路段日新河上建海南桥。1977年，在城北新村海门河上建海门北桥（2001年拓建改造，改名海易大桥）。1978年，在包新线上建长度为101.6米的包场大桥。同年，在江滨源东村11号横河上建单孔冷拔丝低碳钢预应力空心桥板雷锋桥。1993年，县城解放路东延，该桥拆除。

1983年，在海西村圩角河上建海门西郊大桥。1987年，在通沙河海南村（现市区东洲市场南侧）相继增建拥军桥、改建复海桥，均为拱桥。90年代，海门城乡交通迅速发展，桥梁建筑骤增，新建、改建的主要桥梁达200多座，其中长度超过50米的有32座，超过百米的有12座，桥梁结构也向新型和高层次方向发展，多数为钢筋混凝土结构，沥青桥面。

1995－2003年，S221线建东灶港桥，S222线建常乐大桥、大余桥、新建大桥，S336线建秀山大桥，东临线改建东方红大桥，包临线建通光大桥，北海线建德兴大桥，王川线建圩角河桥，王泰线建新余大桥，市区新建和改建正大桥、西郊大桥、南海大桥等桥梁。

2004－2007年，天久线建常乐大桥、悦来桥；三汤线建正余大桥；沿江线建浒通河桥、圩角河桥、青西河桥、青龙河桥、灵甸河桥；市区新建和改建狮山北路桥、人民路桥等桥梁。

2008年，三汤线建通启运河桥，S336线建大兴镇桥，市区建海兴北路桥、丝绸大桥；张謇大道建青西河桥，桥长70米，宽55米，是海门桥梁史上超宽型的现浇钢筋混凝土桥。

1971－2008年海门市（县）城区主要桥梁命名一览表24－11

命名时间	名　称
1971	七一桥（原名宏伟桥）
1976	东风桥、狮山桥
1983	西郊大桥
1987	拥军桥
1989	东洲大桥
1994	东洲桥
1995	秀山大桥、银海桥（原名南洋桥、海门南桥）
1996	青海桥
1998	万众桥、长江路桥、丹心桥（原名惠安桥、西寿丰桥）
1999	向民桥
2000	梨园路桥、秀山路桥（原名海南桥）
2001	南海路桥、正大桥、海易大桥（原名城北桥、海门北桥）
2002	拥军二桥、北海路桥
2003	黄海路桥、新海西路桥、东海路桥、南海大桥
2004	海兴路桥
2006	狮山路北桥
2007	丝绸西路桥、北京路桥、日新河桥、圩角河桥、人民路桥（原名圩角河桥、海春桥）
2008	丝绸大桥、海兴北路桥、通富桥、民生路桥、青西河桥

第八章 民间组织管理

第一节 社会团体登记

1989年10月,贯彻国务院《社会团体登记管理条例》,社会团体登记工作由民政部门具体实施。1990年10月,县对社会团体进行清理整顿,符合条件的186个给予登记注册。1991年8月,县天主教爱国会登记注册。9月,对注册登记的43个社团举行集中发证仪式。1992年,对88个县属社团和190个乡镇社团进行清理,县属社团保留78个,缓登7个,合并2个,撤销1个;乡镇社团保留131个,缓登50个,合并5个,撤销4个。是年,老年法律工作者协会、退休工程师协会、果树研究会、珠算协会先后登记成立。1995年,市佛教协会注册登记。1998年5月,市委宣传部等7个部门联合发出《关于加强社会气功管理的通知》,明确除气功科学研究会外,不再审批建立全市性气功组织。

2000年,市基督教三自爱国运动委员会、商业经济学会、企业管理协会、气功科学研究会、武术气功协会等9个社团注销登记。2001年10月,市粮食学会、音像技术学会、拳操功辅导站指导委员会注销登记。2003年1月,市机械工程学会、老年法律工作者协会、卫生系统职工政治思想工作研究会、建筑业协会、市汽车维修行业协会等9个社会团体注销登记。8月,原国强、汤家等9个乡镇的计划生育协会、个体私营经济学会、农村卫生工作者协会共19个社团注销。三星、常乐等19个乡镇计划生育协会并入市计划生育协会,作为其分支机构。德胜、三厂等13个乡镇农村卫生工作者协会并入市农村卫生工作者协会,作为其分支机构。

2008年,新建社团20个,其中王浩镇、三阳镇率先建立保洁服务协会。是年年末,全市社团212个。

第二节 民办非企业单位登记

1998年10月,市民政部门对民办非企业单位进行登记注册。2001－2002年,注册登记临江等13个乡镇场及村级幼儿园、市师山文化补习学校、海门镇千禧电脑培训站、麒麟镇农家爱心托老所、市文化艺术传播中心、市教育培训中心等民办非企业单位。2003年,张正忠艺术陈列馆、市謇公禅院、市科技人力资源中心等11个民办非企业单位注册登记。

2008年,新批准建立民办非企业单位52个。年末,全市有民办非企业单位146个,职工1655人。其中,科技研究类1个、教育类34个、卫生类49个、社会服务类29个、文化类4个、体育类3个、工商服务类1个、其他25个。

第九章　移民安置

第一节　沿江坍土移民安置

海门境内长江岸线长47.3公里，因长江北支主泓道北移及风潮灾害，江岸坍塌。1949年至1965年，沿江坍塌岸线12.5公里，土地693.33公顷，受灾群众1.60万户5.54万人，坍倒房屋3.02万间，坍掉大小集镇27个、村（大队）131个，涉及6个乡镇（公社）。县设法将3.4万人安置到周边乡镇落户，其余灾民自力更生，投亲靠友，迁居外地。

1966年，沿江护岸工程基本完成，解除沿江地区群众后顾之忧。

第二节　支边支内返籍人员安置

1959年，县动员退伍军人、青壮年农民2627人迁移新疆，支持边疆建设。1960年，动员组织2713户12173人迁移至盐城地区大丰、盐城、建湖、阜宁、滨海、射阳等6个县和4个农场落户，支持该地区发展农业生产。后因语言不通、生活不习惯等诸多原因，部分人员陆续返回海门原籍。1964年，盐城地区返籍移民1350户5721人，支边自返564人。是年，为解决返迁移民生活困难，安排粮食10余万公斤，救济款3万多元，按户发放，并逐一调查登记，准予在原籍报入户口，参加集体生产劳动。县另拨专项经费13.7万元以及木材等物资，支持困难多的农户重建住房。至1965年，所有支盐、支边返籍人员得到妥善安置。

第三节　垦区移民安置

一、通海垦牧公司

光绪二十七年(1901)8月，张謇为开发黄海荒滩湿地，成立通海垦牧公司，总面积232平方市里，地跨海门、通州两县。由于劳力紧张缺乏，张謇向沿海村民广为招雇。据史料记载，仅1910年至1921年的10多年间，有20多万海门人移民沿海大有晋、大豫盐垦公司等各垦区，其中以大丰、射阳境内为多，亦有数以万计者在通海垦牧公司扎根、繁衍。

二、江心沙

1961年4月，江心沙围垦竣工，先后有近万人参加围垦。5月，建国营江心沙农场，根据自愿、有劳力、成分好的原则与要求，近千名围垦民工志愿留下，成为农场首批农工。1965年12月，县动员沿江及通东人多地少地区200个农户800余人到江心沙农场定居落户。

1969年10月，江心沙农场建制撤销，组建省生产建设兵团第4师第25团。此后，兵团接收安置南京、南通等省内城镇知识青年3667人。1975年，撤销兵团，恢复农场建制，并将来自三和、三星、新海等6个公社的移民组成6个大队。1978年，6个大队合并为江边、远征、新沙、创新4个大队，并划归三和公社管辖。

三、棉花原种场

1969年1月，县在江心沙农场东侧长江边实施围垦，建五七农场。是年，退伍军人和包场、三和、秀山等公社部分农民以及四甲、余东两公社部分渔民移至农场落户。1969年3月，四甲、包场、厂洪、秀山等7个公社和海门、三厂两镇第二批移民迁人，主要照顾沿江坍地、人多地少地区农民及渔民、退伍军人等1000余人到五七农场落户。

1980年4月，该场改名为国营海门县棉花原种场，属事业性单位，辖7个大队。2005年9月撤场，并入市经济开发区。

四、永隆沙

1969年冬，组织长江北支县界内民工围垦江水中泥沙沉积、阴沙露背的湿地永隆沙，当年围垦148公顷。1970年，建永隆沙良种场。1971年起，先后8次扩围。1975年冬，垦区南沿与崇明岛连接。至1977年，共围垦造田900余公顷。四甲、悦来等16个公社先后移民3000余人，组成4个农业大队，归属原公社领导。1978年，为解决移民户口、油粮等问题，转交农场带管。1992年11月，撤永隆沙良种场，建海永乡。

五、新垦大队

1969年10－12月，包场区组织余东、正余、包场、刘浩、东兴、新余6个公社3000多人，到黄海滩涂围垦，耗资7.4万元，造田283.8公顷。6个公社共移民1340人，分为8个连，组成新垦大队。随着所垦土地逐步成熟，进入垦区移民渐有增多。1977年，该大队划归东兴公社管辖。

第四节　三峡工程移民安置

2003年9月，市建立三峡工程移民对口支援工作领导小组。10月，悦来、三阳、临江、麒麟4镇建立移民安置工作领导组，筹备移民安置工作，落实可选房源300多套、承包土地近64公顷。12月，海门接收三峡移民59户232人安置任务。

2004年3月，市领导与重庆市万州区移民负责人到麒麟等4个镇、37个村接收地进行移民对接工作。建安置房屋59套7881.83平方米。其中，楼房29套4755.13平方米、平房30套3126.7平方米。转让承包耕地17.66公顷，人均耕地不低于安置地村民平均水平。为确保移民户不误农时，各接收地落实代种代培责任，为移民户代种玉米4.76公顷、大豆11.77公顷，并提前种植蔬菜。5月，集中整修移民房屋，确保水、电、有线广播、有线电视管线畅通。6月26日，抵海门的三峡移民59户231人在4个乡镇安置。其中麒麟镇11户46人、悦来镇16户71人、三阳镇14户55人、临江镇18户59人。8月，市下发《关于加强三峡移民的安置项目资金管理的通知》，确保顺利实施移民的基础设施项目。移民落户后，要求相关部门确定移民帮扶户，以解决其生产生活中的实际问题。举办移民劳动技能培训班，共12批39人。接收移民乡镇按1∶3的比例确定帮扶人员、对象。

2006年12月，核拨三峡移民人均年600元的后续扶持资金704.43万元。

2007年7月，组织移民实施自来水净化、进宅道路修建、明沟疏浚等13个项目工程，概算支出41.58万元。

2008年，全市有三峡移民230人，每人每月发放后续扶持金50元。

第十章　老龄事业

第一节　孝亲敬老

自古以来,海门人民重亲情,尊敬长辈、关爱老人,诸如子孙为老人祝寿祈福,逢年过节或有喜事,全家团聚,围坐老人身旁合影留念,其乐融融。但这些都较随意,做法上各不相一,无固定的制度和要求。

1986年,县将每年农历九月初九定为敬老日,在天补乡召开老龄工作现场会,推广天补乡石桥村、三星乡镇南村落实老有所养经验。是年起,每逢元旦、春节重大节日,县、乡镇、村(居)委分别慰问百岁、90岁、80岁以上老人。1992年,县给37名百岁以上老人每人每月10元补助。1998年,全市百岁老人48人,每人每月领取补助金12元。

2000年起,市电信局陶兰冲每年捐款3000元给麒麟敬老院。2002年,全市100名百岁老人享受长寿补助金,每人每月80元。2003年,125名百岁老人享受补助,标准提高到每人每月100元。

2005年,市老龄委、文明委等单位联合开展孝亲敬老活动,表彰市广电局、市教育局、海门镇等10个孝亲敬老先进单位,史洪谟等10名孝亲敬老楷模和100位孝亲敬老好媳妇。

2006年,海门镇茅镇街道老年协会被评为省先进老年协会,袁桂山被评为省先进老年人协会会长、省孝亲敬老之星,正余镇正基村被评为全国敬老模范村(居),市老龄办被评为全国老龄维权示范岗。

2007年7月,完善市老年人优待办法,百岁老人长寿补助金从每人每月100元增加到120元。是年,与珍奥集团联合开展“重温激情岁月,珍奥相约夕阳红”婚纱摄影活动,为1万多名60岁以上老年人办理老年人优待证。

2008年9月,市向90岁以上老人发放尊老金。其中,90－94周岁每人每月10元、95－98周岁每人每月60元、99周岁以上每人每月120元,有4000多名老人享受。是年,全市百岁老人98人,市老龄办编辑出版《孝亲敬老》一书。

第二节　老年人权益保护

1996年10月1日,《中华人民共和国老年人权益保障法》颁布施行。1999年8月,市老龄工作部门为年满60周岁老人办理优待证4万张,使老人在市内享受公共交通等优待服务。

2004年,市成立维护老年人合法权益援助中心,聘请两名律师为法律顾问;各乡镇成立维护老年人权益法律援助所,为维护老年人合法权益开辟绿色通道。是年,农村85%的老人参加合作医疗保险,1.57万名退休人员参加医疗保险。

2005年,包场法律服务所接到一起老年夫妇因赡养纠纷状告子女的案件,得到市检察院起诉支持。经法院审理,老人胜诉,3个子女每人每月给付原告父母生活费300元,医疗费各承担三分之一。

2008年,市老龄办举办老龄杯门球赛,丰富老年人文体生活。是年,3000多名60岁以上老年人办理江苏省老年人优待证。

2008年12月海门市百岁老人一览

表24－12

姓　名	性别	出生年月	住址(村组)
沈桂英	女	1904.9	海门镇日新村
夏兆熊	男	1907.5	海门镇复兴新村533幢402室

续表 24－12

姓　名	性别	出生年月	住址(村组)
黄林芝	女	1908.7	海门镇高店村1组
陆仙郎	女	1908.11	海门镇狮山路31－2－101
黄祖连	男	1908.12	海门镇秀山崇实村6组
张玉堂	男	1906.10	三和镇兄弟村7组
袁忠美	女	1908.4	三和镇三江村37组
施林章	女	1908.11	三和镇三和村3组
郁美芳	女	1909.8	三和镇岸角村24组
季南芳	女	1904.10	天补镇高桥村31组
杜亚英	女	1906.3	天补镇光荣村28组
唐维贤	女	1906.10	天补镇广丰村24组
陈志兰	女	1907.11	天补镇光荣村13组
黄士珍	女	1909.1	天补镇陶港村30组
陈达夫	男	1909.4	天补镇补南村26组
尹维珍	女	1907.12	三星镇益民村7组
石周氏	女	1908.1	三星镇林西村10组
黄允芳	女	1908.4	三星镇迭石村20组
徐锦亚	女	1909.9	三星镇益民村17组
陆美珍	女	1905.5	德胜镇李彬村30组
施妹芝	女	1909.1	德胜镇李彬村33组
宋秀郎	女	1909.12	德胜镇金锁村36组
仇士珍	女	1909.12	德胜镇李彬村39组
陈允文	女	1907.11	开发区民生村16组
陆希珍	女	1909.2	开发区建南村1组
季文美	女	1909.7	开发区源东居委会2组
施玉芳	女	1904.1	三厂镇耀忠村11组
茅冠玉	女	1907.1	三厂镇鹤丰村23组
徐志英	女	1907.4	三厂镇刘洪村18组
顾其珍	女	1907.5	三厂镇青龙港村32组
汤银先	女	1908.8	三厂镇大兴街居委会
黄灿先	男	1908.10	三厂镇新东街光明南弄
黄翠狗	女	1908.11	三厂镇青龙港村25组
王士英	女	1909.12	三厂镇厂南村21组
袁连英	女	1909.12	三厂镇镇西村31组
戴志英	女	1908.7	常乐镇八烈村6组
陆线郎	女	1909.1	常乐镇常来村33组
蔡美珍	女	1904.7	麒麟镇长德村21组
顾国英	女	1905.4	麒麟镇双河村13组
朱玉芳	女	1905.8	麒麟镇广南村12组(爱心托老院)
倪亚珍	女	1907.12	麒麟镇双河村7组
赵益美	女	1908.5	麒麟镇广南村38组
黄念英	女	1909.12	麒麟镇广南村32组
顾祝英	女	1905.10	悦来镇凤阳村34组70号
施锦如	女	1906.2	悦来镇安庄村17组33号
潘士俊	男	1906.3	悦来镇信民村6组
施冠兰	女	1906.12	悦来镇安庄村4组37号
张志英	女	1907.9	悦来镇习正村1组20号
龚友孝	女	1908.2	悦来镇启文村22组
陈进芳	女	1908.12	悦来镇万中村31组
袁国宰	男	1908.12	悦来镇启文村8组
张汉兰	女	1909.1	悦来镇信民村18组
盛丕芬	女	1909.1	悦来镇松林村5组
施小末	女	1909.2	悦来镇袁李村5组
张士兰	女	1909.3	悦来镇万中村10组
茅瑞芳	女	1909.9	悦来镇锡祥村7组
周礼珍	女	1907.2	三阳镇普兴村12组
张桂芳	女	1908.11	三阳镇福山村28组
张利英	女	1909.8	三阳镇永平村11组
王徐氏	女	1905.12	临江镇普民村21组
刘慕珍	女	1907.11	临江镇灵江村6组
陆思芳	女	1908.2	临江镇元菊村17组
顾立芳	女	1909.1	临江镇江校村26组
朱玉芳	女	1909.1	临江镇普民村11组(爱心托老院)
黄亚珍	女	1909.9	临江镇江校村18组
徐志明	男	1906.9	四甲镇四甲村9组
季金娥	女	1908.3	四甲镇头桥村1组17号
曹志连	女	1909.3	四甲镇合兴村22组
唐瑞香	女	1909.4	四甲镇范南村17组
张荣真	男	1909.9	四甲镇四杨村21组
曹作香	女	1909.9	四甲镇范南村8组
梁玉仙	女	1909.12	四甲镇靶场村4组
刘娥子	女	1906.7	王浩镇古坝村23组

续表 24－12

姓　名	性别	出生年月	住址(村组)
江金良	女	1909.10	王浩镇王灶河村29组
俞阿坤	男	1909.11	王浩镇河岸村九组10号
王金娥	女	1907.12	余东镇庄烈村7组
江守贞	女	1909.12	余东镇庄烈村1组
蔡桂芳	女	1908.8	树勋镇启勇村28组
施秀芳	女	1908.9	树勋镇启勇村35组
杨秀英	女	1909.7	树勋镇新河村19组
施宝林	女	1908.2	包场镇致中村15组
张娥子	女	1908.6	包场镇长桥村23组
江改娥	女	1907.12	包场镇河南村24组
朱改良	女	1906.4	正余镇安渡村28组
何改改	女	1909.1	正余镇双烈村32组
万来于	女	1909.3	正余镇正基村7组
龚茂玲	女	1909.2	正余镇新和村30组
唐闰娥	女	1909.4	正余镇新桥村26组
沈其康	女	1906.7	万年镇射阳村3组
陈兰英	女	1906.12	万年镇裴雷村21组
陈少康	男	1909.1	万年镇射阳村9组
施义兰	女	1906.5	刘浩镇福良村22组(康乐托老院)
李召兰	女	1908.10	刘浩镇锦明村34组
施国裕	男	1907.11	刘浩镇浩西村8组
杨瑞芝	女	1908.12	刘浩镇浩西村17组
陈来英	女	1905.7	东灶港镇大东村14组
东来奴	女	1909.4	东灶港镇灵树村16组
施金岐	女	1908.12	江心沙农场18大队

2000－2008年海门市百岁老人统计一览

表 24－13

年份	人数(人)			分布乡镇数(个)	平均(人/镇)	其中最多乡镇(人)
	总数	男	女			
2000	74	12	62	18	4.11	海门镇(12)
2001	79	12	67	20	3.95	海门镇(11)
2002	100	9	91	20	5.00	海门镇(14)
2003	125	19	106	21	5.95	海门镇(16)
2004	87	11	76	21	4.14	三厂镇(10)
2005	146	22	124	22	6.64	三厂镇(16) 德胜镇(15)
2006	144	15	129	22	6.55	三厂镇(15)
2007	144	19	125	23	6.26	三厂镇(15)
2008	98	12	86	22	4.45	悦来镇(13)

第十一章　殡葬管理

第一节　殡葬改革

一、推行火化

旧时,死者实行棺木土葬,延续甚久。1969年3月,建造海门火葬场。10月,开始火化尸体,逐步由土葬向火葬过渡。至1975年,火化率不足3%。是年秋,县广泛宣传,干部带头殡葬改革,推行火葬。1976年火化率76%,1984年火化率上升到96.4%。1985年,正余、包场等部分北部乡镇土葬之风有所抬头,县民政部门加强宣传工作,督促有关乡镇采取切实措施重视殡葬改革,实行严格监控管理。1989年六七月，发现四甲、新海乡两起土葬，县组织干部对当事人进行教育，并现场改为火化，全县土葬现象即告绝迹。此后至2008年，火化率100%。

二、墓地清理

1969年，县为移风易俗，节约耕地，规定各地坟墓深埋，随即全面实施。1993年4月，县下发通告，组织28个有关乡镇和307名村干部，协助坟主迁移海门镇镇区及公路两侧300米以内的坟墓。有主坟迁走后，经过清理，退耕还田24.47公顷。

1997年1月，市下发殡葬管理暂行办法，禁止骨灰土葬，以村为单位建立骨灰存放室，将零星坟墓迁入村指定的集体公墓。3月，各村落实公墓、骨灰盒存放室选址、建造任务，清明节前完成迁并坟墓。全市迁移坟头19.66万个，节约耕地142.56公顷。全市765个行政村建有骨灰存放室730个，基本达到一村一公墓一骨灰存放室的要求。

第二节 殡葬设施

一、殡仪馆

海门殡仪馆 1969年3月，在海门镇西南郊建海门火葬场，占地4533平方米，配有单体燃煤焚尸炉2座。1985年，改名海门殡仪馆，建造仿古式骨灰寄存室1幢。1989年，扩场、改馆，争创等级殡仪馆。1991年，投资150万元建成1幢1400平方米三层综合楼，有可供600人同时就餐的餐厅650平方米。1994年，建造1幢二层楼450平方米骨灰存放室。1995年2月，被认定为国家三级殡仪馆。1997年，市投资450万元改造扩建殡仪馆，其中火化间670平方米，大中小礼厅9间，添置火化油炉2台。2000年，被认定为国家二级殡仪馆。2002年，被命名为省文明单位。2004年，添置新型油炉4台。2008年，建殡葬服务部，向丧户提供殡葬高、中、低各档一条龙服务。

悦来殡仪馆 1976年，在悦来公社东郊建悦来火葬场。1977年，有燃煤火化炉4台。1984年，征地1000平方米建办公宿舍楼1幢。1985年，改名悦来殡仪馆。2000年，进行改扩建，采用陵园式设计，建设火化服务大厅，有业务室5间，大中小礼厅4间。2008年，有新型节能燃油炉3台。

二、经营性公墓

青龙陵园 2000年4月，在市区东南10公里处长江边，征用10.79公顷非耕地筹建青龙陵园。2005年6月，投资1022万元建设墓穴915个，大楼骨灰存放空格位4880个。是年底，一期工程竣工，并投入使用。2007年12月，因市区规划南进，该园拟搬迁，停售墓穴。

海门公墓 1989年8月，在海门殡仪馆东侧建海门公墓，面积1473平方米，由海门殡仪馆管理。2008年，有墓穴1250个。

三、公益性公墓

民国9年(1920)，张謇于常乐镇建公墓，时另有义冢34处，但对死者挖穴入土的旧俗一直沿袭。1975年冬，开始墓(坟)葬改革，农村以大队(村)为单位建公墓，动员群众平除坟墩，将亲属遗骨或骨灰迁至公墓安葬。1985年，三厂镇建成镇纪念堂，另有6个乡的7个村建立骨灰盒存放室。1988年，县对每个乡镇的1个试点村拨款3万元建骨灰盒存放室。90年代，各乡镇陆续建立村骨灰盒存放室。1997年后，基本形成一个村建有一个公益性公墓，不再扩大，并以存放室部分代替公墓存放骨灰盒。

第三节 殡葬服务

1987年前，海门、悦来殡仪馆各有职工11人，从事火化服务。1994年5月，海门殡仪馆在南通市率先向丧户开设“素饭”服务。1997年3月，该馆推进冷藏棺出租服务，并先后购置豪华型接尸车8辆，面包客车19辆，建立全国第一支农村殡葬服务车队。1998年，殡仪馆实行殡葬一条龙服务，包括接尸、整容、冷棺出租、火化、骨灰盒出售等。2008年，两馆共有服务人员81人，其中事业编制38人。

至2008年年末，两馆共火化尸体23.13万具。

第二十五篇

人事　劳动

民国时期,民国政府实行公务员制和雇佣制。抗日根据地和解放区,区、乡干部多为农村积极分子担任。职工大多集中在大生三厂及集镇手工作坊,少数在商店、医院、学校等单位。

新中国成立后,机关事业单位、国营企业开始招聘干部职工,用工形式有固定工、合同工、季节工。20世纪50年代,干部职工录用调配、工资晋升均纳入计划管理,福利待遇逐步提高。60年代,党政机关、企事业单位几经调整机构、压缩编制、精减人员。干部职工下放农村劳动,城镇知识青年插队落户。

1978年始,按照介绍就业、组织起来就业、自谋职业相结合的就业方针,安置下放人员、插队知青、城镇待业青年、退伍军人和军队复员转业干部。着手进行干部人事制度改革,恢复选举制度,把竞争机制逐步引入干部人事管理。1980年,对新中国成立前参加工作的老干部实行离休制度。1984年,重用知识分子,一批年轻的知识分子走上领导岗位,年龄偏大的领导干部退居非领导岗位;并通过引进人才、评定职称、技工考核,不断提高干部职工队伍素质。1987年,职工养老保险实行社会统筹。1990年,全县有干部1.37万人(含教师);职工8.2万人,其中全民3.73万人、集体4.47万人。

1992年,深化劳动人事制度改革,面向社会公开选拔干部,公开招收职工。企业职工工资增长与经济效益挂钩。1993年,企业推行全员劳动合同制。1996年,大中专毕业生由计划统配改为双向选择。1997年5月,政府机关干部转为国家公务员,党群机关干部参照执行。1999年,对新招公务员实行"凡进必考"制度。

2000年,劳动保障部门统一管理养老保险、医疗保险、工伤保险、失业保险、生育保险。事业单位实行全员劳动合同制,企业招工进入市场运作。至2005年,市场录用职工4万多人。2006年,公务员实行职级工资制,事业单位实行绩效工资制。2008年,全市有公务员(含参照对象)2474人,事业单位人员1.45万人、职工26.23万人,离休干部645人,退休干部8606人,退休职工2.79万人。

第一章 人 事

第一节 机构编制管理

一、党政机关机构改革

市(县)级机构 民国32年(1943),为适应抗日反"清乡"斗争的需要,减少领导层次,撤销通东分县委、农抗会、民运工作部(队),使机关精干化、战斗化。新中国成立后,县级机关机构根据精兵简政原则不断调整。1957年,县级党政机关由46个部门调整为39个。

1984年1月,撤销县工业局、社队工业局,建立县机械冶金、纺织、轻工、建材、电子仪表、化工医药、服装鞋帽、茧丝绸八大县级工业公司,对县、乡工业实行公司化管理。撤销县农委、气象局、对外贸易局,合并农机局、信访局。

1996年,市级党政机关部门由51个调整为37个。其中,市委机关部门由9个调整为6个、市政府机关部门由42个调整为31个,精简27.45%,撤销乡镇企业管理局、工业管理局、多种经营管理局、财贸办公室。商业局改为贸易局,物资局改为物资总会。部分职能相近、重复设置的机构合署办公。

2001年9－11月,进行市级机关机构改革。围绕建立和完善社会主义市场经济体制,转变党政部门职能,市级党政机构由41个调整为31个,精简

24.4%。市委机关部门由7个调整为6个,市政府机关部门由34个调整为25个,撤销机械、轻工、纺织、电子、化工、建材、茧丝绸行政性工业公司及物资总会、贸易局等部门。

区、乡镇级机构　民国32年,在抗日根据地实行小区并大区、小乡并大乡,以扩大反"清乡"斗争的回旋余地。新中国成立后,区及乡镇机构多次调整。1952年年底,全县有17个区党委、区公所,下辖149个乡、3个县属镇、2个镇。1956年4月,调整为7个区党委、区公所,下辖75个乡、3个直属镇。1957年,撤销区委、区公所,合并小乡,建立34个乡党委、乡人民委员会,下放乡干部470多人。1958年10月,以乡建公社,实行政社合一体制,乡人民委员会改称为公社管理委员会。1961年5月,建区委5个。1983年5月,撤销公社建制,公社管理委员会改称为乡人民政府。1987年2月,撤区建区巡视组。1992年,撤销区巡视组。是年,新海、秀山两乡并入海门镇,青龙港、厂洪乡并入三厂镇。新余乡并入包场镇。建立海门经济技术开发区。2000年4月,由原30个乡镇合并为22个乡镇,撤销合并江滨、瑞祥、汤家、平山、六匡、东兴、东灶、刘浩、海洪、国强10个乡镇,建立东灶港镇、刘浩镇。

二、编制管理

民国29年11月,县抗日民主政府成立,接收民国海门县政府权力。民国31年,有县区级干部322人。其中,行政干部300人、党务干部22人。民国32年,实行精兵简政,县区两级干部142人。民国34年9月,县区级干部46人。解放战争时期,各级党政干部进行组织调离或转岗下放,少数坚持原地斗争。民国36年初,县区级干部87人。民国37年,因解放区工作需要,干部队伍有所发展。

新中国成立初,编制工作由县委组织部和县政府民政科承担。1949年年底,全县在编人员1169人。其中县委、县政府(含公安)294人,区乡875人。1954年5月,进行机关整编,109名机关干部精简回乡劳动。14名乡长、文书由脱产干部转为半脱产干部。1957年,县级机关实有在编人员由1956年611人精简至544人。1962年,压缩机关编制,实有人数由1961年1413人精简为998人。"文化大革命"期间,机关编制工作由县革命委员会政工组负责,编制管理松懈。

1979年,县编制委员会恢复办公。1980年12月,召开县人大八届一次会议,选举产生常务委员会,设正副主任,成立办公室,人大机关人员列编。1981年,全县编制1451人,实有1419人。1983年11月,县编制委员会与人事局合署办公。1984年初,经机构改革重新定编,县级机关1152人、区乡机关667人。1987年,撤销区级机关编制,规范乡镇党政干部职务名称,除人武部长、秘书、文书、会计等专业职务称谓外,党委设委员、干事,政府设助理、办事员。

1992年2月,政协秘书处改为办公室,政协机关人员列编。1993年12月,将县编制委员会更名为县机构编制委员会,下设办公室。

1996年,行政编制精简11%,实际定编2413人。其中,市级机关1746人、乡镇机关667人。按规模核定一类乡镇28个,核编40人;二类乡镇2个(海永乡、东灶乡),核编24人。同时,制定市级机关各部门"三定"①方案。2000年,清退编外人员536人,减少工资性支出300多万元。

2001年9－11月,通过党政机构改革,市级党政行政编制669人,实有人员632人。乡镇党政机关原设置办公室改为委员助理制,行政编制1029人,实有人员909人。2002年,行政编制2661人,实有2518人。市编委办公室在调查研究基础上,先后制定进一步加强机构编制管理工作各项规章制度,建立机构编制"一支笔"审批制度、人员编制变动审批程序和日常审核监督管理程序,机构编制管理逐步制度化、规范化。2004年2月,下发《关于进一步加强全市机关事业单位机构编制管理工作的通知》,实施《机构编制管理手册》制度。对加强机构编制管理、控制财政供养人员的增长,提高机构编制工作的权威性起到积极作用。2005年,市编委办公室开通全国统一的"12310"举报电话,接受群众监督。同年6月,聘请10名由人大、政协、市级机关部门代表组成的监督员,机构编制督查管理触角延伸到全市每个角落。2006年,检查全市中小学教师编制,核减人员编制300多人。

2007年10月,制定《海门市机构编制实名制管理实施办法》,全市机关事业单位实施机构编制实

① 三定:定员、定岗、定责。

名制管理制度。2008 年 5 月,制定《海门市机关事业单位机构编制实名制管理工作流程》和机关编制管理证。6 月,将机关事业单位共 1.67 万人的基本信息,导入省实名制管理系统数据库,实现与省内各县市联网。市编委办公室被评为省机构编制管理工作先进集体。

1950－2008 年若干年份海门市(县)、区、乡镇机关机构人员编制一览

表 25－1　　单位:个、人

年份	项目	总计	市(县)级机关						区级机关	乡镇(公社)
			市(县)委部门	政府部门	人大部门	政协部门	公检法司	群团		
1950	编　制	1094	30	88	–	–	97	15	150	714
	实　有	1111	31	83	–	–	96	16	188	697
	机　构	89	5	7	–	–	2	4	11	60
1956	编　制	1259	112	317	–	–	130	19	144	537
	实　有	1449	110	361	–	–	122	18	215	623
	机　构	124	7	33	–	–	3	4	7	70
1962	编　制	889	79	231	–	–	123	32	30	394
	实　有	998	68	277	–	–	129	37	31	456
	机　构	71	7	17	–	–	3	5	5	34
1964	编　制	959	74	238	–	–	123	27	30	467
	实　有	943	67	256	–	–	125	17	32	446
	机　构	79	8	24	–	–	3	5	5	34
1981	编　制	1451	114	412	22	–	154	26	72	651
	实　有	1419	74	414	14	–	239	15	49	614
	机　构	87	10	28	2	–	4	4	5	34
1984	编　制	1819	149	515	13	–	439	36	61	606
	实　有	1783	133	478	13	–	463	21	68	607
	机　构	89	8	31	2	–	4	5	5	34
1990	编　制	2659	187	686	30	–	627	50	–	1079
	实　有	2489	175	627	27	–	637	44	–	979
	机　构	92	10	36	2	–	4	6	–	34
1992	编　制	2638	189	700	26	19	574	51	–	1079
	实　有	2854	176	970	24	17	635	43	–	989
	机　构	97	10	39	2	2	4	6	–	34
2000	编　制	3022	163	555	32	20	791	31	–	1430
	实　有	3039	154	698	19	18	1025	40	–	1085
	机　构	92	9	28	7	7	4	7	–	30
2002	编　制	2661	151	450	28	17	958	28	–	1029
	实　有	2518	142	505	25	20	876	36	–	914
	机　构	76	8	23	6	7	4	6	–	22

续表 25－1

年份	项目	总计	市(县)级机关						区级机关	乡镇(公社)
			市(县)委部门	政府部门	人大部门	政协部门	公检法司	群团		
2005	编　制	2701	151	450	28	17	997	29	－	1029
	实　有	2597	151	497	28	22	974	34	－	891
	机　构	76	9	23	6	6	4	6	－	22
2008	编　制	2546	182	417	28	17	844	29	－	1029
	实　有	2474	165	450	31	16	1033	37	－	742
	机　构	79	11	23	6	6	4	6	－	23

第二节　干部任免调配

一、干部任免

新中国成立初，县直机关干部主要由原东南县委、行署及原乡级机关工作人员及坚持地方革命斗争的积极分子组成，对土地改革运动中涌现的一批农民积极分子、基层干部及知识青年，经培训后，充实区、乡干部队伍。

1949－1962 年，县级行政领导、县直机关科(局)长、区长由省或地区行署任免；县直机关其余领导干部、副区长、正副乡长等，由县委任免。其中一段时间，县长、区长、乡长由任命改为选举产生，并报上级组织备案。干部选拔录用均由市(地)、县人事部门审批，干部主要来自大中专院校毕业生。1963 年，县级行政主要领导由省人委和南通专署任免，其余干部均由县委、县人委任免。“文化大革命”初期，全县各级党政机关陷入瘫痪状态，干部的选拔任用工作遭严重破坏。1968 年 3 月，县革命委员会成立后，除县革委会正副主任及其所属组组长由南通地委管理外，其余所有干部任免管理，由县革委会及其所属的政工组负责。1974 年，县委和县委组织部负责干部管理和任免。1978 年，共选拔干部 216 人，其中“以工代干”对象 104 人。

1979 年，干部选拔录用由组织、人事部门考察，按“革命化、年轻化、知识化、专业化”的要求，择优录用。1980 年 12 月，恢复选举制度，县级行政领导经县人民代表大会选举产生，政府职能部门正职由县人大常委会决定任免。1983 年，选拔录用干部 87 人，其中乡镇干部 34 人。1984 年 3 月，从知识分子中选拔领导干部，56 名具有大专以上学历的优秀知识分子进入县级和部委办局领导班子。1985 年，实行分级管理。县政府各部门的股级干部及相当级别的企事业单位正副职领导干部由各主管单位任免。1986－1990 年，机关、企事业单位股级干部任免由主管部门呈报县人事局，递交县政府常务会议讨论通过，由县政府行文任免。1990 年 9 月，对县级机关部门 64 名中层干部进行调整交流，其中交流 39 人。

1994 年初，确定全县后备干部“一、二、三”总体目标，即 100 名乡镇、市直部门和企事业单位的“一把手”后备人选、200 名副科级后备人选、3000 名村厂后备领导干部。是年，530 多名优秀人才充实到乡局级和村厂级后备干部队伍，200 多人被淘汰出后备干部队伍。同年 6 月，通过对市属企业领导班子的考察，提拔 11 人，易地交流 5 人，免去副厂长、副书记职务 8 人，厂长被降职使用 2 人，厂级领导受到黄牌警告 4 人，树立标兵厂长 9 人。1995 年 8 月，市委对副科级以上领导干部全面考察，调整 227 人，提拔使用 102 人，对干部告诫谈话 32 人，干部受到降职处理 13 人，调离审查 2 人。

1998 年 9 月，市委制定《海门市乡科职领导干部全程化管理规定》，对乡科级领导干部选拔使用、监督管理、教育培训全过程进行规范，防止选拔任用的随意性、主观性。1999 年，选拔 40 岁以下年轻干部任副科职以上领导职务 21 人，其中任乡镇或部门的主要负责人 8 人。从市级机关挑选 11 名 30 岁以下青年干部到基层挂职锻炼。2000 年 9 月，制定《海门市领导干部选拔任用若干制度》，建立民主推荐、任前公示、公开选拔、交流换岗、降职免职、教育培训等制度，进一步提高干部任用工作规范化水平。2001年，海门市被中组部列为干部监督信息工作联系点。

2004年，出台《海门市领导干部监督实施办法（试行）》，为省内首创。11月，海门被评为全国领导干部经济责任审计先进单位，在全国经济责任审计工作会议上受到中组部等部委表彰。2005年10月，公开选拔乡科级党政领导班子后备干部，在自下而上民主推荐的基础上，进行公共知识、行政能力测试和差额考察，确定乡科级后备干部147人。其中35周岁以下占68%，大学以上文化占77%。在45周岁以下的科级干部中，推荐产生县处级后备干部17人。2006年，乡镇党委换届选举，29名年轻干部进入党委领导班子，按照党委只设1名专职党委副书记的要求，精减党委副书记34人。2007年，采取公推公选、直选、竞聘上岗等办法，共调整副科级以上领导干部321人。其中，提拔86人、交流换岗67人、改任非领导职务58人。2008年，提拔副科职以上领导干部74人，改任非领导职务23人，交流换岗32人。

二、干部调配

20世纪50年代初，干部调配主要在县内乡镇、县直部门之间变动。1952年，干部调出县境需经南通地区人事局批准。是年，从南通地区各县调进32人，调往省内外市9人。1971年，从外省、市、县调进33人，调出55人。1983年前，属政府部门的一般干部及企事业单位干部调配，由县人事局办理，科局级干部和党群部门的干部调配由县委组织部办理。调出县境的干部需经南通地区人事部门批准，后改由县人事局直接办理。1984年，“以工代干”转为国家干部249人。1985年，对乡镇和企事业单位的干部除正常调整外，实行招聘、选聘制度。1991年，从村、厂党支部书记和厂长、经理中选聘28人，大中专毕业生中选聘11人，从部分军转干部中选聘多人，充实乡镇干部队伍。同年，从县级机关抽调50名干部到经济薄弱村进行为期2年的挂职锻炼。1992年10月，出台《关于“富民兴村”工程下派干部的若干规定》。从县、乡机关抽调132名年轻干部到75个贫困村担任实职。

1996－1998年，从企事业单位和大中专毕业生中考试录用公务员，补充空缺。

2006年，市级机关抽调150多名年轻干部，参与“城市建设年，项目建设年”工作，充实项目办公室、城建指挥部、经济开发区、效能办公室等专门班子，锻炼年轻干部。2008年，抽调年轻干部和有丰富经验的退居非领导岗位的老干部100多人，配置到经济开发区、工业园区、临江新区、滨海新区工作。

1952－2008年若干年份海门市（县）干部调配情况一览

表25－2　　单位：人

年份	调进				调出			
	合计	从外省	从本省南通市外	从南通市内	合计	调往外省	调往本省南通市外	调往南通市内
1952	32	–	–	32	9	–	9	–
1955	24	–	–	24	9	–	9	–
1971	33	3	10	20	55	6	25	24
1973	75	32	43	–	73	31	42	–
1981	72	28	28	16	122	13	46	63
1985	104	65	17	22	103	39	20	44
1990	44	21	8	15	45	13	12	20
1995	27	3	5	19	75	15	29	31
2000	38	7	9	22	116	19	31	66
2005	39	3	17	19	108	19	39	50
2008	12	3	2	7	9	5	2	2

说明：南通市内数中含下辖市县

三、干部人事制度改革

1984年3月，县级机关部委办局、乡镇和有关县属工厂中，年龄偏大的领导干部一律退居非领导岗位。部委办局和县属工厂退下来的领导干部任命为调研员，乡镇退下来的领导干部任命为协理员。1985年，对乡镇和企事业单位的干部由计划调配改为招聘、选聘。是年，选拔聘用干部408人。1991年8月，县委制定《关于聘用干部在政治、经济等方面的管理意见》，加强对聘用干部的教育和管理。1992年11月，开展群众性举荐优秀人才活动，印发举荐表6100份，回收5900份，从中选拔一批人才充实县人才库。1995年，海门第一次面向社会公开招考海门日报社、电台、卫校等单位的领导干部。1996年6月，在全市开展万人举贤推荐活动，发举贤表1.1万份，回收9275份，推荐出乡科职后备干部274人。

1997年2月，市级机关凡男满57周岁，女满52周岁的科室正副科长一律改任科员。11月，市级机关正、副领导干部退居非领导岗位后改称主任科员、副主任科员。1998年4月，市级机关各部门首任正副科长及相似职务的中层干部，男性不超过45周岁，女性不超过42周岁，并具有3年以上部门工作经历，续聘或换岗聘任的男性不得超过55周岁，女性不得超过50周岁。

2000年8月，海门在全省各县（市）中率先把公开选拔领导干部的范围扩大到市委、市政府各部门和单位“一把手”，先后推出市科委、教育局、市人民医院等部门和单位的正职领导岗位在全市范围内公开选拔，并首次由市委常委会投票表决拟任人选。2001年暑期，对科级以上学校实行校长聘任制，即校长由市政府聘任，副校长由校长聘任，聘任期均为3年。2002年8月，推出公安局分局长（教导员）、人民医院副院长、完全中学副校长以及其他市级机关部门副科职领导职位，组织4次公开选拔活动，并实行考察预告，任前公示，共选拔副科职领导干部16人。通过民主推荐，确定县处级后备干部32人。2003年，海门市被南通市委确定为干部人事制度综合改革试点单位。2004年，对市政府办公室副主任、公安局分局（大队）教导员、乡镇党政副职领导等12名副科职岗位人选进行多轮推荐，公开选拔。对市民政局、环保局、审计局等热点部门实行副局长岗位竞争上岗。通过民主测评、组织考察、市委常委会差额票决等程序，5名优秀人才被录用上岗。

2006年，制定《党政领导干部选拔任用工作条例》，对选拔领导干部实施追溯考察、差额推荐、差额考察。2007年，通过媒体发布公告，公开报名，按照规定程序选拔市委党校副校长、团市委副书记、统计局副局长、交通局总工程师等副科职领导干部，9人被录用。

四、公务员管理

1997年5月，实施第一批公务员过渡考试，全市党政机关工作人员2000多人参加，经考试合格转为公务员。1998年3月，首批面向社会招考录取的24名公务员，经培训后正式上岗。11月，全市国家公务员（包括党群机关参照人员）参加省人事厅、法制办、司法厅统一出卷的国家公务员普法考试。1999年，实行公务员“凡进必考”制度。经考试、考核，6人进市级机关、25人进乡镇机关，成为预备公务员。对3名犯有严重错误的解除公务员身份。

2000年，制定公务员管理办法，加强公务员基本知识教育，对34名新任公务员进行初任培训，组织1301名机关公务员进行世贸知识培训。2003年，制定公务员计算机运用技术培训计划，组织300名机关公务员分6期参加计算机运用能力中级培训。是年，经考试，择优录用65名预备公务员。2004年，组织4期200名公务员参加省计算机运用能力中级培训及考试，对450名公务员进行普通话测试，对300名公务员进行电子政务培训，对300名公务员进行行政许可法培训和测试，公务员整体素质得到提高。

2006年，对2624名市、乡公务员及参照对象登记，组织公务员参加《中华人民共和国公务员法》知识竞赛。2007年，实施公务员“5+X”①能力培训，组织3126名市、乡公务员及参照对象参加“公共经济”科目培训考试。2008年，市委组织部内设公务

① “5+X”：指公务员能力培训内容，其中“5”指公共服务、公共政策、公共经济，依法行政、创新能力知识五门必修课；“X”指国家人事干部、省规定的若干门选修课。

员管理科，建立公务员数据库，为科学管理公务员、配置党政人才资源奠定基础。

第三节 干部奖惩

一、奖励

1960年前，对干部的奖励主要是发奖状或发钢笔、日记本等纪念品，以精神奖励为主。“文化大革命”期间停止。20世纪80年代后，对表现好的干部实行物质奖励。1982年，对工资升级奖励作出规定，奖励指标为在编工作人员2‰，奖励经费按每人每年2元提取。1984年，将评为县先进工作者、模范工作者列为奖励种类，工资升级奖励指标由在编人数的2‰提高到1%。1985年，工资升级奖励停止。1986年，干部奖励与机关岗位责任制结合，奖励面10%。

1993年，《国家公务员暂行条例》颁布实施，干部奖励有新规定。奖励分两种形式：一是精神奖励，分为5种类型，即嘉奖、记三等功、记二等功、记一等功、授予荣誉称号；二是物质奖励，或发放纪念品，或对连续3年年度考核被评为优秀的干部，提前晋升1级工资。是年，10名干部提前晋升1级工资，1302名干部评为先进工作者。1995年，人事部颁布《国家公务员奖励暂行规定》，对各级政府部门奖励的权限作出规定。是年，21名干部晋升1级工资，12名干部记大功。1999年，通过年终考核，1824名机关事业单位工作人员受到市委、市政府嘉奖。

2001年，受嘉奖的正副科职领导117人。2007年，对干部分特别贡献奖、记三等功、嘉奖3个档次奖励。2008年，获特别贡献奖41人、记三等功273人、获嘉奖2288人。

1982－2008年海门市(县)干部奖励一览

表25－3 单位：人

年份	合计	升职	升级	记大功	记功(三等功以上)	授予先进工作者(嘉奖)
1982	252	–	2	4	20	226
1983	262	–	2	3	25	232
1984	1133	1	78	90	161	803
1985	906	–	2	75	156	673
1986	941	–	4	3	31	903
1987	1080	–	3	5	34	1038
1988	1072	–	4	4	25	1039
1989	1168	–	5	11	28	1124
1990	1153	–	7	5	39	1102
1991	1163	3	11	–	–	1149
1992	1234	5	13	–	–	1216
1993	1312	–	10	–	–	1302
1994	1402	–	15	16	–	1371
1995	1495	–	21	12	–	1462
1996	1536	–	28	18	–	1490
1997	1612	–	31	21	–	1560
1998	1704	–	–	–	–	1704
1999	1824	–	–	–	–	1824
2000	1802	–	–	–	–	1802
2001	1846	–	–	–	–	1846
2002	1826	–	–	–	–	1826
2003	1800	–	–	–	–	1800
2004	1820	–	–	–	–	1820
2005	1836	–	–	–	–	1836
2006	1855	–	–	–	60	1795
2007	2455	–	–	–	67	2388
2008	2561	–	–	–	273	2288

二、惩处

1951年，对犯有错误的干部实行行政处分。处分根据所犯错误轻重分警告、记过、记大过、降级、降职、撤职、开除留用察看和开除8种，主要处分在“三反”“五反”和合作化运动中暴露出来的犯错误干部，处分手续由监察委员会承办，县政府(县人委)审批。至1965年，受处分干部466人，其中开除公职146人。“文化大革命”期间，行政监察职能难于行使，惩处干部甚少。1966－1976年，受处分干部仅23人。处分决定由政工组(后由组织部)办理,县革委会审批。1981 年,对行政机关工作人员和企事业单位中由行政任命的干部的处分,由县监察局办理,其他干部的处分由人事局办理。

80 年代,对外开放、对内搞活的市场经济逐步发展,少数干部不能适应经济形势的变化,贪污受贿错误行为不断发生,受处分干部增多。1982－1990 年,受行政处分干部 113 人。其中开除 16 人,开除留用 15 人。

1993 年,对干部的处分作出分类,其中对机关干部的行政处分有警告、记过、记大过、降级、撤职、开除 6 种;对事业单位干部处分有警告、记过、记大过、降级、撤职、开除留用察看、开除 7 种。机关事业单位工作人员一般处分由主管部门实施,给予开除处分的由监察、人事部门起草文件,报市政府审批并发文。对聘用制干部开除处分的,先解除聘用关系,然后由主管部门给予开除。1995 年,公务员处分的解除期限分别为警告处分半年,记过、记大过、降级处分 1 年,撤职处分 2 年。1996－2000 年,深入开展政纪法律教育,强化行政监察机制,犯错误干部数明显下降。其间,共处分干部 59 人,其中开除 4 人、撤职 5 人、记大过 16 人、记过 13 人、警告 21 人。

21 世纪始,干部犯错误主要是经济问题,同时也有少数干部犯有“黄、赌、毒”的错误。至 2008 年,共处分干部 9 人,其中撤职 3 人、降级 1 人、记大过 1 人、记过 1 人、警告 3 人。

第四节　大中专毕业生就业

一、统一分配

20 世纪 50 年代至 60 年代初,大中专毕业生实行统一分配。1966 年、1967 年,毕业生分配工作中断。1968 年,毕业生分配工作恢复。1979 年,师范类毕业生由县教育部门负责分配,其余毕业生由县人事局负责分配。县内大中专毕业生主要分配在教育、卫生、工业、农业、水利、交通、金融等系统,大部分充实到生产第一线。1986 年,大中专毕业生人数增加,当年分配 200 多人(师范类除外)。

1990 年,对回县就业的高等、中等师范院校毕业生实行包分配,同时分配非师范大中专毕业生 490 人。1991 年,分配毕业生 275 人。1992 年,除师范类毕业生外,其他院校毕业生按照“专业对口、确保重点、优生优分”原则,充实重点企业和乡镇第一线,共分配大中专毕业生 254 人。1995 年,应届大中专毕业生 339 人,全部安排就业。1996－2002 年,回市就业的大中院校师范毕业生全部分配就业。

二、双向选择

1996 年,大中专毕业生就业从原来的统一分配向“双向选择”转型,当年通过双向选择接收毕业生 719 人就业。1997 年,市成立人才市场,为大中专毕业生就业服务。1999 年,推出大中专毕业生就业新举措,即专业对口直接录用,通用专业考试录用,高学历、优秀生、特困生“保底”录用。将每月 6 日定为人才市场招聘日。共考试录用 84 人,“保底”录用 25 人。乡镇首次采取“双向选择”办法录用 27 名大学生“村官”,《中国大学生》《中国人才》杂志为此作专题报道。是年,市人才服务中心被评为省大中专毕业生就业指导工作先进集体。2000 年,大中专毕业生就业 987 人。制定《关于在大中专毕业生中公开招聘村干部的意见》,从大中专毕业生中招聘知识型“村官”44 人。2001 年,举办专题毕业生就业市场 5 期,毕业生就业率 97%。2002 年,开通海门人才网,实现人才信息自主发布和网上查询,当年落实 1300 名应届大中专毕业生就业,毕业生就业率 90%。

2003 年,确定每月 6 日、16 日为人才市场招聘日。市农村信用社、卫生系统及部分市属事业单位招录毕业生 166 人。同年,对回市就业的高等院校师范毕业生实行考试,择优录用。2004 年,推行事业单位吸引优秀高校毕业生“凡进必考”制度。通过公开报名、统一考试、择优录用的办法吸收优秀人才,充实各事业单位,招考录用毕业生 57 人。在乡镇个私企业安置非师范类、卫技类大中专毕业生 700 人,占回海门登记大中专毕业生 95%。2005 年,为使毕业生充分就业,每月 6 日、16 日、26 日定为人才市场招聘日。同时,决定每年定期举办 2－3 期毕业生就业人才交流会,为毕业生就业搭建平台。是年,全市大中专毕业生 3700 多人。经招考录用,就业率 90% 以上,81 名毕业生进事业单位。2008 年,举办大型人才市场 2 次、综合性人才市场 24 次、专题性人才市场 21 次、网上市场 12 次,提供就业岗位 1.1 万个,大中专毕业生就业率 98%。

第五节 军转干部安置

一、安置工作

20世纪50年代初,县成立军转干部建设委员会,负责军队转业干部安置工作。1969－1975年,军队干部实行复员制,接收复员干部333人。1975年,恢复转业安置。1976年,对1969－1975年军队复员干部办理复改转安置手续。1979年,接收军转干部319人。其中,团级干部3人、营级以下316人。1981年,接收军转干部333人。其中,团级干部6人、营级以下297人、技术干部30人。安置单位以公检法部门为主,部分安置在供销、物资、化轻、机械、纺织等部门的下属企业。1984年,接收军转干部134人。

1985－1987年,全市接收安置军转干部822人。1993年,安置66人。同年,规划军转干部统建住宅楼40套、共3280平方米,于当年动工兴建。1996年,接收安置军转干部45人,新建军转干部住宅楼3100平方米,30户军转干部乔迁新居。1999－2001年,1.69万平方米军转干部住宅楼竣工并交付使用,207名军转干部及76名随迁家属得到妥善安置。2005年,安置军转干部57人、随军家属29人。2006年,接收军转干部56人,计划安置55人、自主择业1人,接收随军家属12人。2008年,接收军转干部17人,随军家属3人。

至2008年,累计接收安置军转干部(包括复改转干部)3721人。其中,团职干部282人、营职干部1113人、连排职干部1944人、技术干部382人。安排随军家属1716人。

1973－2008年若干年份海门市(县)军队转业干部安置一览

表25－4 **单位:人**

年份	合计	团职	营职	连排	技干
1973	61	－	20	41	－
1980	454	－	5	449	－
1985	259	34	130	64	31
1990	42	4	19	10	9
1995	45	14	16	7	8
2000	77	13	21	22	21
2005	57	7	17	17	16
2008	17	5	5	3	4

二、企业军转干部解困

90年代后期,企业改革逐步深化,部分企业军转干部下岗,生活困难,军转干部解困工作成为一项重要工作。1999年,经市政府协调,银行、供电、邮政、税务等13个系统的47个单位出资47万元,建立企业军转干部解困基金。是年,对家庭人均月收入低于250元和特殊困难的企业军转干部进行帮扶救助,全市352名军转干部得到经济补助,《中国转业军官》《解放军内参》专题报道这一做法。2001年,核发企业军转干部解困补助费189万元、医疗费补贴及欠发工资58万元。2002年,向400名企业军转干部发放生活补助金202.7万元。

2003年,将企业下岗军转干部生活补助最低保障线标准,从每月350元提高到370元。落实188个就业岗位再就业,工资每月不低于800元,政府补贴每个岗位每月500元。2004年,提高企业军转干部补助标准,全年补助147万元。走访特困军转干部38人,发放慰问金7.5万元。2007年,支付解困资金669.3万元,对49名特困企业军转干部实施救助,发放救助金7万元。利用"八一"建军节,召开企业军转干部代表座谈会。是年,发放节日慰问费17.5万元。2008年,使用解困资金827.5万元,发放亏损企业军转干部工资补差209.3万元,发放特困救助金18万元,节日慰问金48万元。市人事局被评为南通市企业军转干部思想政治工作先进集体。

第六节 干部工资福利

一、工资改革

新中国成立初,国家对党政机关、人民团体的大部分工作人员实行供给制，一部分新中国成立后参加工作的机关工作人员及留用的部分旧职员实行薪金制。1952年3月，由供给制向工资制过渡，分29个等级，以工资分①定级，最高2200个工资分、最底85个工资分。1956年，实行工资改革，取消工资分和物价津贴制度，实行货币工资制，同时对乡镇干部评定工资级别。

1985年，实行工资改革，执行以职务工资为主，基础工资、工龄津贴、奖励工资为辅的结构工资。县内国家机关事业单位12132人参加工改。其中，行政1673人、事业人员1438人、中小学教师6670人、医卫2101人、公安250人。工改后，月增资25.86万元，人均增资21元。此外，对中小学、幼儿园、专业学校教师按基础工资和职务工资10%发给教龄津贴，医院护士根据护龄长短分别按3元、5元、7元、10元发给护龄津贴。

1993年10月，机关事业单位实行工资改革。机关公务员实行职务级别工资制，机关技术工人实行岗位技术等级工资制，普通工人实行岗位工资制。事业单位与机关工资制度脱钩，分为专业技术人员工资结构、管理人员工资结构、工人工资结构三大类，其中专业技术人员根据单位属性分别实行专业技术职务等级工资制、专业技术职务岗位工资制、艺术结构工资制、体育津贴奖金制、行员等级工资制5种工资制度；管理人员实行职员职务等级工资制；工人工资结构实行技术工人工资制度和普通工人工资制度。全市1.65万人参加工改。其中，行政3200人、事业1.33万人。工改后人均增资80元。

2006年7月，改革机关公务员工资制度和事业单位人员收入分配制度。机关公务员实行职级工资制，基本工资由职务工资和级别工资组成，机关工人仍实行岗位技术等级工资制，技术工人实行岗位工资制。事业单位实行岗位绩效工资制，由岗位工资、薪级工资、绩效工资和津贴补贴四部分组成。全市1.83万人参加工改，公务员平均增资218元，机关工人平均增资228元，事业单位人员平均增资274元。

二、工资调整

1960年10月，行政17级以上党员干部各降低工资标准1%。1963年，行政机关干部758人工资升级，人均月工资由47.9元调整为51.66元，增资5.4%。18级以下人员升级面56.1%，17级以上升级面25.6%，公社（镇）干部升级面57.9%。1972年，部分工资级别低的人员增加1级工资。1977年，对工龄长、工资低的干部增加1级工资，增资面40%。1978年，对工作中表现突出、成绩优异的干部升级，升级面2%。1979年，党政群机关干部758人升级，升级面40%，人均月增资6元。1981年，教育、卫生、体育系统中1978年年底前参加工作的人员普调工资，3230人增资，其中升两级的500人，人均月增资6.9元。

1982年，对1978年前参加工作的机关、事业单位人员普调工资，升1级5552人、升两级217人、补升1级693人，人均月增资6.98元。1984年7月，参照1981、1982两次调资条件，为机关、事业单位553人办理升级手续，同时改定106人工资级别。1988年，机关、事业单位干部职工7200人，中小学、幼儿园教职工6900人增加工资，人均月增资8.18元。

1993年，工资改革后，机关公务员工作年限满11年、16年、21年、26年、31年时可晋升1个级别，相应增加级别工资，工龄工资随工作年限而增加。1995年起，每两年考核合格（称职）以上的机关、事业单位人员晋升1个职务工资档次。1997年7月，调整机关、事业单位基础工资、职务工资、级别工资标准。

1998年起，自1993年后公务员连续5年考核称职或连续3年优秀，晋升1个级别，相应增加级别工资。1999年7月、2001年1月、2001年10月和2003年7月，调整机关、事业单位基础工资、职务工资、级别工资标准。

2007年，将考核为称职以上且套改达规定年限的机关公务员滚动晋升1个级别，相应调整级别工资。考核为合格以上的事业单位人员晋升1级薪级工资。2008年，对前两年考核为称职以上机关公务员晋升1个职务工资档次。

---

① 工资分：指计算工资基础的一种方法，新中国成立初，为保证干部职工工资不因物价上涨而降低，以当时粮、棉、油、布市场价格计算人员的工资基础。

三、福利

困难补助 新中国成立后，对机关、事业单位生活困难的干部家庭给予补助。经费按规定比例在工资总额中提取。1958 年，福利费提取比例为工资总额 1%。1964 年增至 2.5%。1979 年，对机关、事业单位人员牺牲、病故的遗属给予生活补助，遗属户口在农村的每人每月补助 10－20 元；户口在城镇的每人每月补助 15－20 元。1981 年 7 月，调整机关、事业单位福利费提取标准，每人每月 2.5 元。1990 年，随着干部增资、生活水平逐步提高，困难补助基本取消，福利费用于集体事业。1993 年 6 月，调整干部遗属补助标准，农村户口每月 50－55 元，城镇户口 55－60 元。1995 年，干部遗属补助标准不分城乡户口，统一为每月 107 元。2004 年为 220 元，2007 年调至 420 元。

公费医疗 1952 年 10 月，县成立公费医疗委员会，县级机关、事业单位人员实行公费医疗制度，4000 余人享受公费医疗，每月人均拨付医疗费 18 元，后逐年增加。1963 年，县拨付公费医疗基金 19.57 万元。1980 年，拨付 28.4 万元。1986 年，公费医疗经费包干到单位，在职干部每人每月 6.5 元，离退休干部 8.5 元，18 级以上老干部实报实销。1987 年，公费医疗采取定额包干办法，在职人员每人每年 78 元，离退休人员 102 元。在海门镇享受公费医疗的机关、事业单位工作人员的子女，可参加儿童统筹医疗，由其父母所在单位折半报销医药费。1990 年，公费医疗经费包干到单位，指定医院就诊，在职人员每人每年 120 元，离退休人员 300 元，二等乙级以上残废军人和 50 年代退职的乡以上干部每人每年 300 元，18 级以上老干部全额报销。1997 年，机关、事业单位试行医疗保险制度，取消公费医疗。

休假 新中国成立初，机关、事业单位实行干部公休假制度。1952 年，规定工作人员病假 2 个月内发给全工资，超过 2 个月按工龄长短扣发工资。1955 年 4 月，规定女职工产假为 56 天，难产或双生增假 14 天，产假期间工资照发。1980 年 3 月，规定婚假 3 天，晚婚假 7 天。直系亲属及配偶死亡需本人处理的丧假为 3－5 天。同年，女职工产假增至 86 天。1981 年，机关、事业单位工作人员执行探亲假制度。工作满 1 年以上的干部与配偶或父母分居，不能利用公休在家过夜或休息半天的，可享受探亲假。探配偶每年 1 次，假期 30 天；探父母，未婚的每年 1 次，假期 20 天；已婚的 4 年 1 次，假期 20 天。1988 年，实行干部休假制度，假期 7－15 天。翌年，停止执行。1990 年恢复。1995 年，实行双休日制度，每周工作 40 小时。2008 年，干部实行带薪年假制度，假期按工龄年限分别确定。

第七节 职称评聘

20 世纪 50 年代，评定技术干部职称分 16 级，1－4 级为高级工程师；5－8 级为工程师；9－13 级为技术员；14－16 级为助理技术员。60 年代，一度中止职称评定。1978 年，评定农业、财经、卫生等 7 个专业国家技术人员职称，评出卫生专业技术人员 716 人、其他专业高级技术人员 2 人，中级技术人员 120 人，初级技术员 478 人。

1983 年 9 月，职称评定工作暂停。1986 年 11 月，县科委建立职称改革办公室，对国家科技人员实行技术职务聘任制。1987 年 6 月，县成立专业技术职称评定委员会，负责对专业技术人员复查、考核、考试、评议，确定晋升职称。1988 年，职称评审工作正常化。全县除教师外，获得职称的专业人员 7941 人。其中，高级农艺师 19 人、农艺师 84 人、助理农艺师 58 人，高级工程师 58 人、工程师 341 人、助理工程师 1348 人，副主任医师 37 人、主治医师 279 人、医师 1633 人，高级会计师 2 人、会计师 104 人、助理会计师 870 人，统计师 23 人、助理统计师 169 人，经济师 120 人、助理经济师 1457 人，其他专业职称 1339 人。

1991 年，对部分专业实行职称资格和执业资格考试制度，开考的职称资格有经济、会计、审计、统计专业的中、初级资格和计算机软件师、国际商务师等，执业资格有监理工程师、造价工程师、注册结构工程师、执业药师等。1994 年，开展乡镇高级职称评定。至 1996 年，53 名乡镇企业人员取得相应高级职称。1997 年 3 月，职称工作由市科委移交市人事局。1999 年，1577 人晋升职称。其中，高级 84 人、中级 506 人、初级 987 人。同年，职称评聘向中青年和农村科技人员倾斜，组织推荐 30 岁以下申报中级职称41人、35岁以下申报副高级职称7人、40岁以下申报高级职称4人。评为乡镇企业和农民技术职称454人。

2001年，申报副高级职称108人、中级职称402人，申报乡镇专业技术高级职称21人、中级职称159人、初级职称992人。2002年，实行专业技术职务聘任制。2003年，制定《海门市非公有制单位职称工作的意见》，职称评聘向骨干企业技术人员、有突出贡献的各类人才及优秀中青年人才倾斜。全年推荐40岁以下申报高级职称52人、30岁以下申报中级职称178人，分别占申报人数39%和32.5%。2004年，制定《海门市农民技术职称评审工作实施意见》，开展农民技术职称评定。评定的专业有农业、林业、畜牧和农副产品经纪人，全年评定公布农民职称2470人。2005年，评定工程技术人员和经营管理人员技术职称1636人。制定《海门市工业企业乡镇职称评审工作实施意见》，评定乡镇技术职称1615人。2006年，评定各类技术人员高级职称251人。其中，高级经济师33人，高级工程师80人，主任、副主任医师21人，高级教师109人，高级讲师1人，其他高级职称7人。2008年，开展建筑企业乡镇技术职称遴选国家职称试点，全市46人获国家级职称。评定农民科技人才、乡镇工业技能人才、建筑技术人才技术职称2500多人。评定各类高级职称160人。

1999－2008年海门市评定各类高级职称一览

表25－5　　单位：人

年份	主任医(药、护)师	副主任医(药、护)师	中小学高级教师	高级讲师	高级工程师	高级经济师	高级农艺师	高级畜牧兽医师	高级会(统、审)计师	高级政工师	其他
1999	3	19	39	2	6	1	4	2	1	2	5
2000	3	15	45	6	4	1	2	–	–	–	1
2001	10	6	21	2	15	2	–	–	3	–	1
2002	6	15	63	4	28	1	5	4	3	–	–
2003	7	25	64	2	7	1	4	–	–	4	2
2004	5	16	65	4	5	5	7	4	2	–	–
2005	8	18	114	2	5	–	–	2	5	–	2
2006	8	13	109	1	80	33	–	–	5	–	2
2007	9	20	84	3	6	22	7	4	2	1	6
2008	7	43	68	4	21	9	4	–	2	–	2

第八节　人才流动

20世纪50年代，除少数教师支持外县市教育工作外，人才流动较少。1963年，海门派出教师16人赴新疆支教。“文化大革命”后期，海门籍部分大学生和在外地工作的工程技术人员回家乡参加经济建设。1978年始，应海门经济建设的需要，逐步引进各类技术人才。1984年10月，成立县人才交流服务中心，负责经济建设和社会各项事业急需人才的引进工作。当年，引进技术人才72人。1985年，引进电子、建筑、化工等专业人员69人。做好乡镇企业人才服务工作，编印《海门籍外地人才录》3册，录入人才3171人，其中香港、澳门、台湾地区13人。至1986年，有6名教师支援西藏中学教育。1990年，为乡镇企业引进科技人才200余人。

1991年始，连续6年向陕西省白河县派出屈宝贤、方绥生、陈亮挂任副县长，袁蕴豪、宋朝章、秦征西挂任县长助理，支持白河县经济建设。1992年，聘请133名海门籍外地人才为“振兴海门信息研究员”。1993年，县制定《关于人才流动若干问题的试行意见》，对流动人才工资、职称、住房、养老保险、医疗费用等作出规定。1995年,编辑出版《海门在外人才科技项目选编》和《海门籍外地人才录》。1996年,通过建立人才服务联系点,为甲乙棉纺厂等7个企业引进人才52人。同年,市人才交流服务中心更名为市人才服务中心。1997年,组织用人单位赴西安、重庆、南京、徐州等地高校及人才市场招收急需人才。1998年,在人才市场公开招聘23名村级干部。1999年,市组织27个骨干企业赴外地招聘本科或中级职称以上技术人才208人。

图25-1 2008年,市举行"企业人才需求对接工程暨海外高层次人才海门行"启动仪式

2000年起,市财政每年拨款200万元作为人才开发基金,奖励优秀人才,吸引高层次人才到海门工作。同时,编辑《海门籍上海人才录》,收录306人。其中,处以上干部58人,教授、高工89人,军队团以上干部19人。2002年,组织企业赴外地人才市场招聘活动20批次,引进本科生256人、博士生21人、硕士研究生22人。2003年,调研重点企业的人才需求及人才队伍结构情况,协助用人单位做好35名博士、24名硕士柔性流动的服务工作。2004年,引进非师范类本科毕业生453人,其中博士4人、硕士18人。2005年,引进外籍科技人员316人,向32名博士、36名硕士发放高级人才津贴136万元。是年,在海门工作的博士48人、硕士85人,累计发放人才津贴300多万元。同年,1名教师被教育部派至泰国任教,自动辞职流向大中城市从教或从事技术工作的教师33人。

2006年,实施优秀人才特聘证管理制度,为海门工作的41名外地高级人才办理特聘手续,并提供多元化、人性化服务。举办3次"相约青春、相识海门"联谊会,10多位外地人才在海门相识、相恋。走访慰问在海门工作的博士、硕士和享受政府特殊津贴的高级专家200多人次,发放慰问信5000多封,推荐76名优秀人才参评南通市以上各类表彰奖励。2007年,引进非师范类、非卫技类本科以上各类人才2300多人,其中博士11人、硕士37人。是年,在海门工作的博士、硕士278人。2008年5月,市委指派副市长朱志强到新疆维吾尔自治区昭苏县支援工作,挂职县委副书记。同年,经国家人力资源和社会保障部批准,中兴能源装备股份有限公司、京海禽业集团公司分别建成博士后科研工作站,其中京海禽业集团公司是全省唯一的农业龙头企业博士后工作站。有5名博士、博士后进站服务,9名博士、博士后达成合作意向,确定科技攻关项目。巴赛利亚(中国)药业公司沈征武、慧聚药业公司魏恒旭被评为省海外高层次创新创业人才,每人获省扶持基金100万元。

第九节 事业单位改革

1993年,部分自收自支和差额拨款事业单位开始实行职工工资与经济效益挂钩的分配制度。1995年9月上旬,30个事业单位与干部职工签订工效挂钩合同,占事业单位总数32.3%。

1999年,126个事业单位实施工效挂钩办法。同年,核定乡镇机关事业单位编制,清退编外借用人员536人,减少工资支出500万元。撤并青龙、包场、东灶港卫生院、麒麟精神病防治院4个医疗单位。

2000年,事业单位实施全员劳动合同制管理,与单位签订劳动合同的管理人员786人、技术人员1368人、工人1432人。单位内部实行竞争上岗,卫生系统81个中层以上岗位实行竞争上岗,下岗分流18人,新进人员推行人事代理制。

2001年11月,22个乡镇事业单位进行机构改革。乡镇全民事业单位编制由原来1713个减为981个,精简42.73%。乡镇机关事业单位设置由13个减为8个,即农业技术服务站、农村经济服务站、水利服务站、企业管理服务站、计划生育服务站、土地管理服务站、广播电视服务站、党校(与文化站合署)。站(所)在职在编人员由原来1418人减为1049人。是年年底,全市事业单位541个,事业总编制数1.97万个,实有事业人员1.78万人。

2002年4月,25个乡镇卫生院进行人事制度改革,2115名在职人员实行人事和劳动保障代理制,干部和职工分别由市人才服务中心和市劳动事务服务中心办理代理手续,用人实行聘用制。

2003年3月,市属事业单位进行改革,涉及市委、市政府直属事业单位,教育系统中小学、幼儿园,卫生系统直属医院,农业系统的场圃、农科所等。实行管理人员聘用制、专业技术人员评聘分开制、职工劳动合同制、工资报酬浮动制。改革前,市属事业单位195个(不含学校、医院),核定编制4831个,实有人员4751人。改革后,市属事业单位减至139个,精简28.72%;编制减至3457个,精简7.6%;人员减至3608人,分流167人(正常退休8人、提前离岗退养117人、自谋职业13人、参加学历培训4人、下岗待聘和待岗25人)。清理编外和临时借用人员6人。2004年,撤销粮食局工业管理办公室、乡镇企业综合管理服务站、民政局福利生产管理办公室、交通局交通企业管理办公室、教育局校办工业公司、农林局工业办公室、发改委工业管理办公室,原事业编制收回,人员由主管部门安置或办理提前离岗手续。

2005年,棉花原种场、永隆沙良种场进行改制转企,转企职工1320人。棉花原种场机关事业人员17人成建制划并海门经济开发区。2008年,全市有各类事业单位415个,事业总编制1.36万个,实有事业人员1.45万人。

第十节　干部精简下放

1949年9月,对区党政干部进行整编,精简下放干部155人。其中,充实基层117人、转入其他部门13人、复员回乡25人。1954年,精简县、区两级干部189人。其中,充实乡级政府18人、转入其他部门75人、复员回乡71人、其他人员25人。1957年,精简县、区干部600人,主要充实生产第一线。1958年3月,县、区机关干部下放117人。其中,县级机关下放到区32人、区下放到乡75人、县区干部下放到高级农业生产合作社10人。4月,县级机关干部239人精简复员回乡生产。

1961年,3次精简下放干部299人支援农业生产第一线。其中,科(局)级干部66人、区级干部38人、股级干部130人、一般干部65人。1962年1月至1963年10月,精简下放干部597人,支援农业生产,加强基层领导。其中,回乡参加农业生产385人、解雇212人。同时,农村信用社精简下放干部21人。另外,接收安置省级干部8人、地区级干部8人、市(县)级干部38人。1969年,全县精简下放干部、教师303人,安排基层锻炼或参加农业生产。

第十一节　干部离退休和退职

一、离休

1980年,根据国务院《关于安置老干部离职休养的暂行规定》精神,批准133名老干部离休。离休工资待遇:解放战争时期参加革命工作的享受本人原工资待遇;抗日战争时期,1937年7月至1942年12月参加革命工作的除享受原工资待遇外,增发1个半月工资,1943年1月至1945年9月2日参加工作的增发1个月工资。

至1990年,全县1171名老干部办理离休手续。其中,行政事业单位753人、企业418人;享受地市级待遇20人、县处级待遇321人、一般干部830人;抗日战争时期参加工作的236人、解放战争时期参加工作的935人。1994年,全市最后1名老干部办理离休手续。

2008年,全市有离休干部645人。其中,机关事业单位426人、企业219人;地市级32人、县处级225人、一般干部388人;抗日战争时期参加革命的98人、解放战争时期参加工作的547人。

二、退休

1955年10月,干部执行退休制度。1979年之前,退休人员较少,后逐渐增多。1979年,干部退休金标准:新中国成立后参加工作,工龄满20年、15－19年、10－14年的分别发给本人原标准工资75%、70%、60%;因公致残不需护理的发80%,需护理的发90%。“文化大革命”前的全国劳模、省劳模分别提高

15%和10%;“文化大革命”后的全国、省劳模分别提高10%和5%。并对退休干部发放安家费及建房补助费:家在县属镇的发安家费150元;在农村的发安家费300元和建房补助费200元。1980年,退休干部407人。1988年起,给住私房的退休干部发建房补助费700元。至1990年,全县有退休干部2782人。

1993年,《国家公务员暂行条例》颁布实施后,国家公务员男满55周岁、工作年限30年,女满50周岁、工作年限20年,如本人提出要求,经任免机关批准,可提前退休。干部退休时除按规定发放安家费外,未参加房改的发放建房补助费700元。

1995年10月,退休人员增加退休费和津贴40元。是年,办理退休手续337人。1996年10月,退休人员增加津贴35元。1997年7月,退休人员增加退休费和补贴78元。10月,退休人员增加退休费20元。1999年1月、7月、10月3次为退休人员增加退休费和津贴计195元。是年,办理退休手续502人。2001年1月、10月两次按照不同职级(或职称)为退休人员增加退休费,平均增资270元。2003年,办理退休手续703人,退休人员平均增资70元。2005年,办理退休手续458人,退休人员人均增资20元。2006年,办理退休手续442人。是年7月,退休人员人均增资240元。2007年,办理退休手续532人。同年7月,规范津贴补贴,退休人员人均增资558元。2008年,办理退休手续537人。是年年底,全市机关、事业单位有退休人员8606人。其中,机关1514人、事业7092人。

三、退职

1980年10月,国务院颁发《国家机关工作人员退职处理暂行办法(草案)》,当年办理退职手续13人。对退职干部子女家住农村、符合招工条件的,可安排1名子女在国营或集体单位工作。1983年,办理退职1人。同年6月,取消退职干部子女安排工作制度。对退职干部一次性发给少量生活或生产补助费。1988年11月,按规定发给退职干部相当其2个月工资额的安家费。

1993年,国家公务员不再实行退职。机关工勤人员和事业单位工作人员仍可办理退职。1995年,办理工勤人员退职1人。2002年,办理事业人员退职4人、工勤人员退职6人。2008年,全市有退职人员65人。

第二章 劳动和社会保障

第一节 就业与再就业

一、就业安置

计划安置 1949年海门解放后,县境公立学校教职工保留使用。1950年,对大学、中专、技术学校毕业生和城镇复员军人、军队转业干部实行政策性安置。1954年,安排小手工业、运输、装卸、小商贩等行业3687名失业人员就业。1958年,计划安置企业职工,由企业主管部门报增用人计划、对象和用工条件,经统一平衡,确定全县招工计划和分配办法。

1969年,对征用土地搞建设所涉农民进行安置。1975年,安置下乡知识青年417人、下放职工和居民的子女564人。1979年,招工按不同行业、不同工种,由劳动部门统一组织文化考试,择优录取。共安置知青576人、退休职工子女436人。至1990年,共安置复员军人1268人、退伍军人4325人,安置征地工2536人,落实政策人员1378人。

1992年,对部分改制企业不再下达指令性招工计划,其他国营、集体企业仍实行计划安置。2000年,除公安等特殊行业外,大学、中专、技校毕业生不再实行计划安置。2001－2005年，全市安置军队转业干部家属167人。2005年，安置军转干部家属29人。其中，货币安置25人，每人一次性发给就业补助金2万元。就业安置4人。2007－2008年，货币安置8人，随军5年以上家属每人发给就业补助金3万元，不足5年的发给2.5万元。

“三结合”就业　1980年，根据国家新的就业政策，实行介绍就业、自愿组织起来就业、自谋职业相结合（三结合）的就业办法。1983年，技工学校毕业生首次实现“三结合”就业。1986年，对自谋职业人员所需经营场地、技术服务、货源、信贷等方面给予扶持，促进就业。1989年，通过就地安置、就近招收、就厂转正等办法安排待业人员3576人。

1992年，面对城镇待业人数居高不下，农村富余劳动力日益增加的状况，加大“三结合”就业工作力度，当年有2661名待业人员实现就业与再就业。至1995年，城镇待业人员安置在国有企业1725人，安置在乡镇企业和社会服务业8600多人。1996年，为提高城镇待业人员就业率，市政府印发《关于切实抓好再就业工程实施工作的通知》，规定用人单位不得招用农村和外来劳动力，不得聘用退休人员，清退不符合规定进单位人员263人。2001年，全市“三结合”就业2.35万人。

2002年，市属企业全面改制，再就业压力加大，尤其是女40－50岁、男50－60岁人员下岗，年龄偏大、学历偏低，再就业相对困难。通过协调，优先安排他们在工勤和公益岗位就业。2005年，下岗人员再就业3368人。2008年，对原国有、大集体企业下岗失业人员实施社保补贴，并鼓励灵活就业，从事临时性工作，全市城镇基本消除零就业家庭。

自主择业　1997年，鼓励县属企业下岗职工面向私营企业、乡镇企业自主择业，其劳动关系挂靠市劳动事务中心。凡新办企业，当年安置城镇下岗职工占企业从业人数60%以上的，可享受国家有关免税优惠。通过政策扶持，个私企业积极录用下岗职工。至2000年，全市有2671名下岗职工实现再就业。

2001年，对搞个体经营的军转干部给予两年免税的优惠，提高军转干部自主择业积极性。2002年，37名军转干部自主择业，享受优惠待遇。2003年，发放再就业优惠证，规定持证个体经营户3年内免交登记、证照和管理费等行政事业性收费；自领取税务登记证之日起，3年内免征营业税、城建税、教育费附加和个人所得税；对服务型企业，当年新招下岗人员达职工总数30%，并与其签订3年以上劳动合同，3年内减征所得税30%。至2004年，共有1265名自谋职业的下岗职工享受优惠政策，1065名下岗职工优先被用人单位录用。2005年，对持有再就业优惠证的失业人员，发放小额担保贷款。2008年，向自主创业的下岗失业人员发放小额贷款243万元，并给予贷款贴息，解决资金困难。

市场录用　1986年，贯彻执行国务院《国营企业招用工人暂行规定》，企业招工面向社会、公开招收、全面考核、择优录用。1989年，规定任何单位不得内部招工。1998年5月，城区5个社会职业介绍所挂牌开业，有99个企业790个岗位招工，近2000名企业下岗人员、社会青年上门就业，达成上岗协议436人。2000年，每月15日举办人才招聘会。后因用人单位和求职者需求，改为每月10日、25日举办两次人才招聘会，并于每年春节和“三八”“五四”等节日由用人单位设摊在市体育馆等地举办大型人才招聘会。2000－2005年，共有4913个单位进招聘会设摊，累计提供就业岗位9.45万个，有近25万人次与会求职，录用职工4万多人。

2007年，市人力资源市场大楼启用，每天出示推荐介绍就业信息；每周五举办人力资源交流洽谈

图25－2　2007年，海门市人力资源市场落成启用

会；每周四《海门日报》出刊人力资源专版，发布用工信息。为全市596个用工单位发布用人信息3984条，提供就业岗位2.62万个。2008年，举办人才交流洽谈会48期，组织550个用人单位进场设摊招聘，提供就业岗位2.29万个，新增就业人员8000多人。

图25－3 市人才招聘会场 （2008年摄）

二、用工形式

雇佣工 民国时期，企业职工、一般公立学校教职人员均为雇佣工。大生三厂招收新工人，经厂考工部审查合格、被雇佣人立志愿书、中介人签署担保书后得以进厂。厂主对雇佣工有随时解雇权。进店学徒经中介人担保，订立契约，学徒期3年，在此期间不发工资，只提供伙食，若中途违约，则赔偿经济损失。

新中国成立后，对私营企业进行社会主义改造，雇佣制消失。1978年，实行改革开放，允许私营企业雇工。20世纪90年代，雇佣工主要存在于规模较小的个私企业，相关待遇由雇主与雇工双方商定。三星镇叠石桥地区家庭作坊式小企业和个体工商户均有一定数量的雇佣工。1994年，《中华人民共和国劳动法》颁布后，贯彻依法用工，雇佣工逐渐减少。

固定工（正式工） 新中国成立后，解放前夕保留下来的老企业职工转为固定工。1951年，常年性工作岗位使用固定工。1955年，县全民所有制企事业单位和县属集体所有制事业单位常年性工作岗位，招用固定工。1959年，城镇待业青年按批准的招工指标，安置进企业，实行学徒制，学徒期满转为固定工。部分复员、退伍、转业军人安置进单位为固定工。国家统配的大中专、技校毕业生在1年见习期满后，转为固定工。1990年，全县有固定工47072人。其中，全民性质25226人、集体性质21846人。

1993年始，全民、集体企业陆续进行改制，固定工逐步转为合同制工。

临时工（合同工） 1951年，在粮油、食品、棉花收购生产旺季，从农村招收季节工，招工人数、对象较为固定，招工计划由南通地区劳动部门批准。60年代初，全民企业招收临时工经县劳动部门审批，属计划内临时工（合同工）；集体企业招收临时工，经主管部门批准。1965年，季节工享受计划内临时工待遇。1969年，因征地安置的农民工性质属计划内临时工，待遇与固定工基本相同。

1986年，企业与临时工、季节工签订劳动合同。至1990年，全民企业有计划内临时工1191人，未经劳动部门批准的计划外临时工6471人。90年代停止使用合同工。

合同制工 1982年12月，颐生酒厂、邮电局、新华书店等单位将1981年招收的计划内合同工改为劳动合同制工。其后，各企事业单位退休职工子女顶替当工人，均实行劳动合同制。1985年9月，征用土地安排的农民工，实行劳动合同制。1990年，全民企业有劳动合同制工人4387人。

1991年，企事业单位经就业培训的技术工人录用为合同制工人，试用期为1年。1993年，推行全员劳动合同制。所有固定工、合同工都转为合同制工人。农村户口临时工改为农民合同制工人。1997年，在全民、集体企业全面实行劳动合同制的基础上，扩大劳动合同制覆盖面。实行合同制的乡镇企业615个，职工27521人；私营企业219个，职工2481人；外资企业66个，职工6932人；机关事业单位58个，工勤人员987人。

2005年，全市5000多个单位全部实行全员劳动合同制，签订劳动合同的职工12万人。企业内部打破管理人员、技术人员与工人身份界限，所有职工经考试、考核后择优上岗。2006－2008年，全市各类企业新招用合同制工人1.53万人。

三、就业服务

1986年5月，县成立劳动就业培训指导站，为劳动就业提供方便。

1990年，供销职工学校、商业职工学校、通棉三厂、海门镇成教中心、三厂镇成教中心等10个单位被首批确定为就业培训定点单位。1991年起，每年组织1次城镇应届初高中毕业生、待业青年就业指导培训，经考核合格后，发给就业合格证，列入待业登记。对新进单位的待业青年、退休职工顶替子女及时培训，培训合格，发给培训结业证和技术等级证书，作为转正定级的必备证件。1994年，劳动法颁布后，市劳动部门的职能由就业管理为主转变为就业服务为主，围绕职业介绍、职业培训、失业保险、生产自救、事务代理等服务项目开展工作。1998年，建立市军嫂再就业介绍所、团市委职业介绍所、总工会职业介绍所、妇联职业介绍所、海门镇东洲街道职业介绍所5个非劳动部门公益性职业介绍机构，就业服务工作走向社会化。

2000年，成立市劳动事务中心，为自由职业者、企业代理劳动事务。2002年，市成立再就业援助中心，对就业困难的弱势群体实施再就业援助。开通"191"再就业求助热线，帮助女40岁以上、男50岁以上就业困难人员再就业。兴建劳动就业培训大楼，购置数控机床、普通机床、电脑、缝纫机等培训设施，聘请15名专兼职教师，组建劳动就业培训中心。2007年5月，人力资源市场开业，设对外服务窗口28个，配有大、小型电子信息显示屏、触摸屏查询电脑、电子监控、计算机网络控制中心等设施，人才市场、劳动力市场合二为一，高效运作。2008年，向1525名自主择业人员发放社保补贴153万元。

图25-4　市劳动和社会保障部门组织电工就业培训（2003年摄）

1994－2008年海门市职业技能培训人数一览

表25-6　单位：人

年份	培训人数	年份	培训人数
1994	1439	2002	28151
1995	1638	2003	30476
1996	2726	2004	28210
1997	3294	2005	26443
1998	3632	2006	16565
1999	23188	2007	15969
2000	25179	2008	13341
2001	25221		

四、劳务市场

1978年年初，海门组成建筑施工队伍500多人，赴大庆承建项目。同年，组织8880名建筑工人赴南京、苏州、无锡、徐州等地建筑施工。1980年，全县建筑施工队伍发展到3.45万人，分布国内13个省份和省内7个城市。1983年，全县精选125名建筑工人和技术人员赴科威特、约旦、美国、利比亚等国家承建施工项目。

1990－1993年，为解决农村富余劳力，向上海远洋公司、上海渔业公司、无锡振奋螺丝厂、苏州水泥厂等江南一带企业组织劳务输出，输送农民工6500多人。1994年始，市建筑公司和各乡镇建筑站组成的建筑队伍遍布全国大中城市及世界各地。2002年，全市出国施工人员9300人。

2003年，部分行业出现招工难现象。为此在劳动力资源比较丰富的安徽等5个省市建成13个劳务输入培训基地，将外地劳务人员在当地培训，考核合格后输入海门。先后输入操作工1.32万人，有效缓解本地企业招工难问题。2008年，全市劳务输出约8万多人，输入1万多人（不含社会零工）。建工部门在外人员5811人，分布40多个国家和地区。

第二节　工资福利

一、工资

工资改革　1953年，实行第一次工资改革，对供给制人员实行以工资分结算的工资制度，1个工资分约0.22－0.24元。1956年，实行第二次工资改革，取消工资分和物价津贴制度，调整产业、地区、部门和人员之间的工资关系，按企业技术等级标准考核定级，实行货币工资制。

1985年，第三次工资改革，将企业经济效益与职工劳动岗位挂钩，统一企业工资标准。企业职工工资标准分3类产业、8个等级。是年，全县参加工资改革的全民企业96个，职工1.23万人，月增资16.32万元；集体企业1.44万人，月增资24.09万元。

1992年6月，实行考核晋级，按企业新增经济效益幅度分5个等级增资。效益增5%，工资晋级20%；效益增5%－10%，工资晋级20%－30%；效益增10%－15%，工资晋级30%－35%；效益增15%－20%，工资晋级35%－40%；效益增20%以上，工资晋级40%－45%。

1994年9月，改革企业工资制度，适当提高企业职工工资标准，每人每月按75元核定增资额度。调整等级工资起点标准：冶金企业130元、生产性企业125元、流通企业120元，职工综合补贴每人每月66元。同时推行岗位技能工资制，全市24个企业试点。

工资调整　1959年，针对工业、交通运输、基本建设系统中老职工工资偏低进行工资调整，9243人升级，升级面40%。1963年，调整企业一般干部、技术人员、老营业员的工资，5502人升级，升级面65.5%，人均月工资由37.6元上升至40.5元。1977年，对全民企业中工资在50元以下的老职工进行调资，调资面40%，共5752人，集体企业参照执行。

1979年，海门由三类工资区升为四类工资区。1983年10月，有101个全民企业调资，8125人升级；116个集体企业调资，1.05万人升级。1985年，海门由四类工资区提高到五类工资区。1989年4月，全县280个企业3.68万人调资升级；各乡镇铁木业生产合作社754人调资升级。同时，全县6608名离退休人员增加离退休费11.46万元。

1990年12月，调整企业新进人员工资待遇，同工种、同学历就业前培训和未培训的工资定级相差0.5级；复员、退伍军人以入伍时间计算工龄，工资按企业同学历、同工龄、同工种工资水平确定。1993年10月，对企业各类新进人员调整工资，人均月增资15元。1995年，工资总量由国家调控，企业可自主确定职工工资水平和增长幅度。是年5月起，企业实施最低工资标准制度。1996年起，对企业实施工资指导线制度，规定月最低工资标准，企业自主决定内部分配。

1949－2008年若干年份海门市（县）全民单位职工年人均工资一览

表25－7　　单位：元

行业＼年份	1949	1956	1965	1976	1980	1985	1990	1995	2000	2005	2008
工业	243	386	485	454	648	840	1840	4852	7017	12985	30058
农林水气	170	410	416	268	535	951	1585	4218	6734	12109	18580
交通邮电	386	582	549	442	776	959	2494	5215	7458	13896	34153
商贸服务	140	344	505	513	650	907	1798	4985	7425	13020	35976
科文卫生	248	455	526	521	753	1022	2268	5263	7522	14855	41181
城市公用	60	138	560	681	814	894	1910	5002	7307	13085	46875
金融	179	641	543	517	777	1133	2610	6874	8252	15474	67940

续表 25－7

行业＼年份	1949	1956	1965	1976	1980	1985	1990	1995	2000	2005	2008
国家机关	154	464	594	471	749	1229	2196	5271	7425	14351	48614
全员人均工资	241	419	530	491	696	1004	1992	5040	7345	13536	30797

1996－2008 年海门市企业职工工资标准一览

表 25－8

年　份	月最低工资标准(元)	小时最低工资标准(元)	工资增长基准线(%)
1996	240	－	17
1997	250	－	14
1998	260	－	8－10
1999	290	－	15－18
2000	340	－	8－13
2001	360	3.10	7－11
2002	370	3.10	9－14
2003	450	3.80	10－15
2004	500	4.20	11－15
2005	550	4.60	9－14
2006	620	5.20	10－14
2007	700	5.90	10－14
2008	850	7.20	12－14

说明：工资增长基准线指在月最低工资标准基础上按比例增长工资的幅度

二、福利

生活补助　1951 年，发放企业职工救济金 3 万多元、生活困难户补助金 5000 多元。同年，全民企业签订劳动保险集体合同，解决企业职工的生、死、病、残等福利问题。1963 年 5 月，在行政福利费中提取 60%、企业奖金中提取 20%－50%、工会费中提取 40%，作为职工生活困难补助金，由各级基层工会发给补助对象。

1979 年，全民所有制单位从企业基金、利润留成中按比例提取一部分作为福利基金，用于改善职工生活福利。1986 年 7 月，对 1957 年年底前参加工作的退休职工按参加工作时间和连续工龄增发 5%－15% 的退休补助费。

1990 年，对 1958 年后参加工作的退休职工按规定发给 5%－10% 的退休补助费。是年，全民单位支付职工福利 3267.79 万元，为 1980 年的 8.6 倍。1992 年，增加企业退休人员的退休金待遇，增幅为个人退休金的 10%。

2001 年，企业通过改制转为民营，职工福利由企业自行制定。对符合病退条件和破产企业的职工提前办理退休，按每提前 1 年减发 2% 计算养老金待遇。2006 年 7 月 1 日起，退休职工养老金人均月增 100 元。2007 年，退休职工养老金人均月增 105 元。2008 年，养老金人均月增 110 元。

劳保医疗　1952 年 10 月，县属全民工商企业职工享受劳保医疗。集体和其他企业逐步参照执行。20 世纪 70 年代，由于劳保医疗制度不够完善，加上物价上升因素，企业职工医药费超支严重。1981 年 12 月，县五一服装厂试行医药费个人包干、节约归己、超支自理办法。1984 年，县棉纺厂试行定额包干到人、节约归己、超额按比例报销的医药费管理制度。1990 年，全县工厂企业采取指定就诊医院、以现金支付替代记账方式、按工龄长短核定报销比率、定额包干的办法完善劳保医疗。1997 年，实行职工医疗保险，企业劳保医疗制度自然取消。

休假　新中国成立初，全民所有制企业职工和机关事业单位一样，执行国家规定的公休假、探亲假、婚丧假制度，集体所有制企业逐步参照执行。90 年代起至 2008 年，企业改制成为民营企业，休假制度大多参照法定假执行，少数企业自行制定休假制度。

三、奖励津贴

奖励　新中国成立初，对企业先进生产者以精神奖励为主，同时有日记本、钢笔等物品。1958 年，对企业职工发“跃进奖”。1959 年，发“国庆十周年奖”，奖金分一、二、三等奖，依次为 12 元、10 元、8

元。1963年,国营工业、交通、基建企业试行节约奖,为工资额的5%－20%。“文化大革命”期间,奖励制度被取消。

1978年9月,部分企业实行优质、低耗、超产奖制度,奖金总额控制在总工资10%以内,计件超额奖以总工资20%为限;其余企业实行每月10元的年终一次性奖励。1979年,企业推行以经常性生产(工作)奖励为主的一系列奖励工资制度,如年终奖、安全奖、先进奖、双增双节奖等。1983年10月,县集体企业职工参照全民企业奖励制度实行。1984年,实行“上不封顶,下不保底”,按企业经济效益上下浮动的奖励制度。1990年,全民企业发放各种奖金1221.69万元,占职工工资总额16.9%,年人均奖金327.75元。1992年起,企业工资实行工效挂钩,奖励不作另行规定。

津贴 1953年,在第一次工资改革时,建立夜班津贴和停工津贴。企业职工生产超过24时,每人每次发给夜餐费2角。企业职工非本人原因停工,在停工期间发给标准工资75%的停工津贴。1965年,城镇粮食统销价提高,国家规定给职工补贴每人每年2元。1979年,夜班津贴标准改为大夜班4角、小夜班3角,物价津贴提高至城市户口每人每月5元、农村户口每人每月2.5元。

1981年,建立野外工作、高温岗位、卫生防疫、殡葬管理、邮电外勤等津贴,标准不一。是年,全民单位共发放各类津贴194.33万元。1984年9月,发放4项补贴,每人每月8元(房租2.5元、电费2.5元、粮食2元、洗理费1元)。是年,全民单位发放津贴275.5万元。1985年,全民企业根据各自经济效益,在政策允许范围内提高津贴。

1990年,全民企业发放津贴1609.7万元,为1981年的8.28倍。1991年,调整中、夜班津贴标准:中班2.5元、夜班3元。1995年,三班制的中班5元,夜班6元,两班制的夜班津贴5元。企业结合实际,在规定范围内自主决定。1997年,燃煤锅炉操作的司炉工每天工作4小时以上津贴1.4元,不足4小时津贴1元;燃油(气)锅炉运行司炉工每天津贴0.8元。1998年,因企业改制,劳动部门不再硬性规定各种津贴,具体标准由企业自行决定。

第三节 技工考核

1956年,劳动部门制定各工种技术等级标准及与工资等级相适应的考工定级制度,技术工人经单位考核合格,报劳动部门批准后定级。1966年,受“文化大革命”影响,考工定级和晋级停止。

1988年,成立县工人技术考核办公室,负责全县工人技术考核定级工作。1989年,对全县商贸、纺织、轻工等行业,实行工人技术等级考核制、技师评聘制、新工人转正定级考核,对职业中学财会、文秘、幼教等专业毕业生实施上岗考核,对维修电工等技术专业毕业生实行技术等级考核。

1990年7月,乡镇企业实施工人技术等级考核制度,并选择海门、三厂两镇开展企业工人技师聘任制试点。1991年,举办高级工、技师培训班,并建立电子等12个行业工人技术考核委员会,进行职业技能鉴定考核。1992年,将原技术工人8级技术等级调整为初、中、高3级,与技师级构成4个职业资格等级。1998年,职业资格等级设置为5个级别,即:初级技工、中级技工、高级技工、技师、高级技师。是年,883人通过初级工鉴定,158人通过中级工鉴定,2人通过技师鉴定。1999年,启用国家职业资格证书,对职业学校毕业生全面考核鉴定。

2001年,按照“以考为主,考评结合,评聘分离”的原则,技师职业资格由劳动者个人申报、市职业技能鉴定机构鉴定、用人单位聘用并确定其技师岗位待遇。是年,共有1.01万人通过职业技能鉴定。2006年,首次有7人通过高级技师鉴定。2008年,全市1.12万人通过技能鉴定获职业资格证书,其中初、中、高级技工1.09万人,技师335人。

1995－2008年海门市通过各级职业技能鉴定人数一览

表25－9 **单位:人**

年份	初级工	中级工	高级工	技师	高级技师
1995	1181	459	－	3	－
1996	786	32	52	－	－

续表 25－9

年份	初级工	中级工	高级工	技师	高级技师
1997	1237	383	39	34	－
1998	883	158	－	2	－
1999	845	78	－	－	－
2000	630	58	－	－	－
2001	2568	7258	281	－	－
2002	2102	4790	167	－	－
2003	1305	3678	－	－	－
2004	1279	3469	35	51	－
2005	1495	3523	53	118	－
2006	1975	4176	403	257	7
2007	3130	6476	450	301	－
2008	4976	5215	698	335	－

第四节　劳动监察

一、法规宣传

1995 年，市劳动监察中队成立，负责对用人单位进行劳动法规宣传教育，行使劳动保障监察执法。1998 年，更名为市劳动监察大队。

2002 年，更名为市劳动保障监察大队。同年，采取每季度集中授课、利用新闻媒体宣传劳动法律法规，重点宣传劳动法、禁止使用童工规定、社会保险费征缴暂行条例等，向企业单位公开授课百余次，通过媒体发表宣传资料 800 余篇。

2005 年，国务院《劳动保障监察条例》及其若干规定出台，劳动保障部门举办专题讲座，对全市 2368 个用人单位负责人和劳资人员进行学习培训。

2008 年，举办劳动合同法专题讲座百余次，听课人员近万人。通过宣传教育，提高企业法人代表和就业人员执行劳动法、签订劳动合同的自觉性。

二、执法检查

1995 年，按照法律规定受理查处举报案件 5 起。1999 年起，对全市企业进行用工年检，检查依法签订劳动合同、按时足额支付劳动者工资报酬、技术岗位从业人员持证上岗、参加社会保险等执行情况。

2000 年，对非法使用 1 名童工的某公司给予警告并罚款 2500 元；对安排 2 名未成年人加班的某企业给予罚款 1000 元。2003 年，检查全市 1896 个私企业、个体工商户社会保险费征缴情况，社会保险覆盖面 80%。2004 年，某公司未按规定办理社会保险申报手续，被处罚款 5000 元。

2005 年，对用人单位欠薪实施预警，在建筑工程项目账户中设立工资预留户，用人单位一旦发生工资拖欠行为，按照支付程序启用预留户资金，确保应付工资按时发到务工人员手中。2008 年，劳动保障监察工作实现网络化管理，形成市、乡镇、村三级联动执法新格局。

1996－2008 年海门市劳动保障监察情况一览

表 25－10

年份	年检单位（个）	主动监察（户）	受理举报投诉（件）	立案（件）	处罚					签订劳动合同		责令支付拖欠工资	
					限期改正（件）	行政处理（件）	行政处罚（件）	罚款（万元）	申请强制执行（件）	企业（个）	职工（万人）	人数（万人）	金额（万元）
1996	320	19	5	1	－	－	－	－	－	896	8.31	0.001	0.51
1997	410	22	8	2	－	－	－	－	－	923	8.65	0.003	0.65
1998	500	30	15	－	－	－	－	－	－	987	8.83	0.005	0.73
1999	1800	40	18	6	4	2	－	－	－	1037	9.25	0.02	3.36
2000	2300	65	20	17	9	－	3	5.20	1	1137	9.68	0.03	16.78

续表 25－10

年份	年检单位（个）	主动监察（户）	受理举报投诉（件）	立案（件）	处罚					签订劳动合同		责令支付拖欠工资	
					限期改正（件）	行政处理（件）	行政处罚（件）	罚款（万元）	申请强制执行（件）	企业（个）	职工（万人）	人数（万人）	金额（万元）
2001	2400	78	23	19	6	3	3	4.30	1	1321	10.45	0.08	17.68
2002	2450	330	78	56	21	12	3	3.60	1	1543	12.63	0.16	18.67
2003	2410	600	263	219	187	45	6	5.80	2	1624	14.29	0.38	21.34
2004	2500	710	728	647	613	78	17	21.00	15	1773	15.87	0.76	678.00
2005	2510	820	754	721	698	102	26	24.00	19	1978	21.52	1.20	824.00
2006	2516	831	747	690	227	9	12	14.70	4	2032	22.40	1.29	930.00
2007	2520	844	734	695	186	2	14	33.60	8	2150	33.60	1.36	1060.00
2008	2525	950	802	701	182	3	4	7.00	1	2295	27.20	1.52	1450.00

第五节　劳动仲裁

一、劳资协商

1950年，海门劳资协商事宜先由工商科后由劳动科负责处理，县工会、工商联合会均派员参加。根据公私兼顾、劳资两利的原则，主要解决因职工工资、歇业、停工等产生的劳资争议问题。1956年年底，私营工商业社会主义改造基本完成，劳资协商工作结束。对劳动者与企业行政之间的争议，一般通过党委、政府的信访渠道处理。

二、争议处理

从20世纪50年代到70年代，国营、集体企业中的劳动争议都由企业主管局、劳动局、总工会等部门协调处理。1986年10月，县成立劳动争议仲裁委员会，由县劳动部门、总工会和经济委员会的代表组成。聘请专兼职仲裁员3人，组成仲裁委员会办事机构和仲裁庭，处理劳动争议案件。1987－1990年，234个全民、集体企业均建劳动争议调解委员会，由企业职工、行政和工会三方代表组成，调解各类劳动争议问题，协助县劳动仲裁委员会处理集体劳动争议案件。

1994年，劳动部门动态监控劳资关系，建立和完善处理集体上访和罢工情况的工作程序，把集体劳动争议解决在萌芽状态。1996年，劳动仲裁工作实行目标管理，年终结案率90%，裁决案件准确率100%。1997年，对申诉人是下岗职工的案件，免收受理费和处理费。

2003年，受理劳动争议案件230起，督促用人单位签订劳动合同1.5万余份，责令支付克扣、拖欠工人工资50万元。2004年，受理劳动争议案191件，涉案经济标的638万元。2005年，推行以调解为主的劳动仲裁原则，全年调解结案134件，裁决结案35件。2008年5月1日，《劳动争议调解仲裁法》实施，劳动争议仲裁不收费，调解仲裁案件明显增多。受理劳动争议仲裁案件429件，其中，调解266件、裁定163件；涉及人数674人，涉案金额1888.4万元。

三、合同鉴证

1982年，劳动合同制工人、计划内临时工由县劳动服务公司办理合同鉴证。1990年，改由县劳动仲裁委员会办公室办理。至2005年，鉴证劳动合同25.4万余份，纠正无效合同1.14万份。2007年，鉴证劳动合同8724份。其中，新签订4269份、续签4455份。2008年1月1日，新的劳动合同法实施，签订劳动合同明显上升。是年，鉴证劳动合同7993份。其中，新签4057份、续签3936份。

第六节 社会保障

一、养老保险

企业养老保险 新中国成立初，根据劳动保险条例规定，县属企业每月按照工资总额3%缴纳劳动保险基金。其中，30%上缴全国总工会，作为劳动保险总基金，70%留企业，用于支付职工的退休费用和死亡职工的遗属抚恤等。1965年，全县参保职工2419人，结余基金256万元。“文化大革命”期间，企业职工养老保险费全国统筹的方式被废弃，社会保险成为企业保险，新老企业之间养老保险费负担畸轻畸重。

1985年12月，劳动合同制工人实施养老保险。1987年1月，成立县社会劳动保险事业管理所，负责社会劳动保险的实施和管理。1987年7月、1988年1月，先后实施全民、县属集体企业养老保险金的社会统筹，全县有全民企业98个、集体企业130个，2万多名职工列入统筹。至1990年，累计社会养老统筹金3075万元。

1992年，出台《海门县企业职工养老保险暂行办法》，建立职工个人缴纳养老保险费制度，以人均月工资150元为缴费基数，缴费率22%。其中，企业缴纳20%、个人缴纳2%。1996年，退休职工养老金根据在职时企业所交纳的养老保险费核定计发。1999年，制定城镇私营企业职工基本养老保险暂行办法和外商投资企业职工参加社会养老保险的规定。

2000年6月，退休职工养老金实行社会化发放，确保退休人员养老金的及时、足额领取。2005年9月，养老金计发标准按省规定，停止执行以职工个人档案工资为基础确定养老金的做法。市城镇职工养老保险基金收支基本平衡，略有节余。2007年8月，参保对象扩大到民办非企业单位职工、自主择业人员、国家机关团体编外聘用人员、在当地就业的港澳台人员和国外人员。2008年，全市参保人数9.47万人，养老保险基金累计结余4.9亿元，基金备付能力16个月，退休人员月均养老金979元。

1992－2008年海门市（县）职工养老保险缴费比例一览

表25－11

年份	缴费基数（元/月）	缴费比例（%）	
		企业	个人
1992	150	20	2
1993	180	20	3
1994	225	20	3
1995	350	20	3
1996.1－1997.06	250	20	4
1997.7－1998.06	321	20	4
1998.7－1999.06	330	20	5
1999.7－2000.06	358	20	5
2000.7－2001.06	460	20	6
2001.7－2002.06	460	20	7
2002.7－2003.06	502	20	7
2003.7－2004.12	605	20	7
2004.1－2005.06	658	20	8
2005.6－2005.12	760	20	8
2006.1－2006.06	760	20	8
2006.7－2007.06	926（单位） 1048（个人）	20	8
2007.7－2008.06	1083（单位） 1189（个人）	20	8
2008.7	1297（单位） 1369（个人）	20	8

1990－2008年海门市（县）职工养老保险情况一览

表25－12

年份	参保职工（人）	收缴基金（万元）	收缴率（%）	退休职工（人）	支付基金（万元）	社会化发放率（%）
1990	30060	987	90	6862	900	–
1991	37106	1620	91	7346	1100	–

续表 25－12

年份	参保职工(人)	收缴基金(万元)	收缴率(%)	退休职工(人)	支付基金(万元)	社会化发放率(%)
1992	46998	1830	100	7713	1300	－
1993	49180	2403	95	8405	1662	－
1994	47827	3376	93	8930	2732	－
1995	48126	5376	97	9344	3480	－
1996	50925	5118	95	9890	4338	－
1997	49383	5548	98	10577	5432	－
1998	48738	7253	94	12729	7896	－
1999	50643	8019	95	14055	8359	－
2000	51771	733	95	15324	10019	90
2001	51947	9636	92	16670	10223	100
2002	53248	10692	96	18010	12440	100
2003	55789	11767	97	19200	13099	100
2004	57768	14286	99	20971	15436	100
2005	68775	19455	99	22952	18365	100
2006	75098	23362	99	24236	23154	100
2007	85155	47611	99	25999	27536	100
2008	94661	65399	99	27937	35719	100

机关事业养老保险 1986年，机关事业单位劳动合同制职工参加企业养老保险。1993年2月，成立县机关事业单位社会保险管理处。6月，县下发《关于机关事业单位试行职工养老保险制度的通知》和实施细则，全县生产经营型的事业单位在职职工和退休人员分别确定养老保险金交费基数，其中个人交费比例为工资总额的2%。1994年，机关事业养老保险覆盖面扩大到乡镇事业单位。

2001年，机关事业单位社会保险管理处隶属市劳动和社会保障局。同年，确定职工个人缴费比例为工资总额的3%，退休职工不再交纳保险费。2004年，机关事业单位养老保险职工个人缴费比例提高到工资总额的4%。

2008年，全市有446个事业单位、6323名职工参加机关事业单位养老保险，享受养老金的离、退休人员3155人，养老保险基金滚存结余6515万元。收缴率99%，支付率100%。

农村养老保险 1992年7月，成立县农村社会养老保险(农保)事业管理处，隶属民政局。投保对象为20－60周岁的农村各类人员，按自愿参加的原则，不限投保金额，缴费方式可以趸缴，也可按年或不定期缴纳。是年，17162人参保，人均年缴费额185元，积累基金317.8万元。1994年3月，全县10余万农民参保，交纳保险费1059万元，取得突破性进展。1997年，参保人员人均年缴费额602元，参保人数11.5万人，积累基金6923万元。

2001年10月，市农村社会养老保险事业管理处划归劳动和社会保障局。2005年，全市参保人员12.85万人，积累基金1.13亿元，4986名参保人员领取养老金，累计发放金额1356.7万元。2007年12月，出台《海门市农村社会养老保险暂行办法》，明确要求全市从事农林牧渔生产，具有海门市户籍，男满18至60周岁、女满18至55周岁的农村居民参加新型农村社会养老保险，参保人员按照全市上年农民人均纯收入的10%缴纳养老保险费，市财政对收入以农为主的参保人员按缴费数额的30%予以补贴。是年，全市参保人员12.8万人，积累资金1.42亿元，6139人领取养老金，计1356.7万元。2008年，有13万人参保，缴费金额1.38亿元。

二、失业保险

1986年10月，对全民、县属大集体企业征缴职工待业保险基金，缴费标准为企业工资总额的1%，并发放待业救济金，发放标准以职工离开企业前两年内本人月平均标准工资额为基数，工龄满1年不满2年，发3个月；满2年不满3年，发6个月；满3年不满5年，发12个月；满5年以上的发给24个月。1994年，待业职工改称失业职工，职工待业保险改为失业保险，发放标准不变。

1999年，企事业单位按工资总额的2%缴纳失业保险费，职工按本人工资收入的1%缴纳失业保险费，农民合同制工个人不缴费。失业保险金发放标准：城镇职工按本人失业前12个月平均缴费工资基数的40%核定，最高不超过本市最低工资标准，最低不低于海门市城镇居民最低生活保障标准。农民合同制工人失业后，发放一次性生活补助费，其标准按同类城镇失业人员失业保险金标准的70%核定。同年7月，国家机关、社会团体均纳入失业保险覆盖范围。

2005年6月，实行城乡统一的失业保险制度，农民合同制工人按城镇职工同比例缴纳失业保险费，农民工个人缴纳1%。2006年6月，新失业的农民合同制工人，按城镇职工标准享受失业保险待遇。2008年，扩大失业保险覆盖面，全市乡镇企业、私营企业等各类企业都纳入失业保险参保范围，失业保险参保人数7.7万人。

1986－2008年海门市(县)失业保险情况一览表25－13

年　份	失业保险征缴(万元)	享受失业金(人)	失业保险支出(万元)
1986－1988	100	17	49
1989	66	5	20
1990	61	9	30
1991	64	12	32
1992	113	16	46
1993	198	74	89
1994	178	204	107
1995	243	266	203
1996	271	198	230
1997	284	119	304
1998	447	339	382
1999	1016	401	575
2000	1111	769	756
2001	1296	1687	1340
2002	1341	1822	2023
2003	1601	2758	1095
2004	1740	8056	2677
2005	1852	4989	2269
2006	2488	5712	1544
2007	2963	3372	1105
2008	3918	2628	1054

三、生育保险

1999年，出台《海门市城镇职工生育保险暂行办法》，明确女职工生育保险的征缴比例为工资总额的1%，由用人单位缴纳。女职工生育住院期间的检查费、接生费、手术费、住院费和药费在规定的限额内支付，正常生育最高限额1000元，剖腹生育最高限额2500元。

2002年，生育医疗费改定额支付，正常生育支付1000元，剖腹生育支付2200元，怀孕3个月以内流产的支付150元，怀孕3个月以上流产或怀孕不满7个月引产的支付500元，施置或取出宫内节育器的支付50元。

2005年5月，生育保险缴费比例由1%调整为0.7%。剖腹生育医疗费用定额标准调整为2500元，怀孕3个月以内流产的医疗费用定额标准调整为200元。2008年，全市生育保险参保企业2077个、58818人，事业单位88个、6109人。

1999－2008年海门市生育保险情况一览

表25－14

年　份	参保（人）	收缴基金（万元）	生育（人）	支付基金（万元）
1999	50643	62	24	12
2000	51011	208	331	133
2001	54905	214	402	148
2002	55641	298	525	178
2003	50311	285	492	235
2004	45863	314	512	165
2005	52878	331	539	208
2006	57897	433	693	284
2007	60419	548	732	312
2008	64927	760	880	395

四、工伤保险

1994年10月，出台《海门市企业职工工伤保险试行办法》，规定全民所有制、市属集体所有制企业和驻市部、省、市属企业中的固定职工、劳动合同制职工、经劳动部门批准使用的临时工及中外合资（合作）企业、外商独资企业的职工，均参加工伤保险。1996年7月，对工伤认定条件、工伤鉴定、工伤待遇作详细规定，工伤保险费按工资总额0.7%缴纳。

2000年，由劳动保障部门审批工伤待遇。2004年，根据不同行业实行差别费率，费率为工资总额0.2%－1.5%；根据企业发生工伤事故的多少实行浮动费率，用经济杠杆促进安全生产。同年，在南通市6县（市）中率先实行农民工工伤保险制度。2005年，工伤保险扩大到全市所有用人单位，参保人数6.55万人。

2008年，全市参保人数8.75万人，征收工伤保险基金1562万元，工伤934人，支付保险金1047万元。

1994－2008年海门市工伤保险情况一览

表25－15

年份	参保（人）	收缴基金（万元）	工伤（人）	支付基金（万元）
1994	47827	70	1	7
1995	48126	132	8	26
1996	45458	124	15	33
1997	48983	134	37	25
1998	45072	135	49	29
1999	50643	164	20	48
2000	51011	183	20	49
2001	51947	171	85	89
2002	53248	192	152	111
2003	47918	179	152	149
2004	55022	303	151	129
2005	65546	519	301	289
2006	75943	645	427	451
2007	79512	1136	708	794
2008	87518	1562	934	1047

五、医疗保险

1996年11月，成立市职工医疗保险基金管理中心。1997年，市级机关和事业单位进行医疗保障制度改革试点，同年出台《海门市职工医疗保险暂行办法》，实行社会统筹和个人账户相结合的办法。规定参保人员住院报销起付线：在职职工500元、退休职工400元。同年7月，实行定点医疗机构就诊住院，市人民医院、中医院及各乡镇卫生院为定点医院，指定零售药房为参保者购药点。是年，参保人员1.99万人，其中在职职工1.28万人，退休7104人。1999年，单位缴费比例由工资总额的11%调整为6%，个人缴费比例由1%调整为2%。

2000年，市医疗保险业务划归市劳动和社会保障局管理。同年，企业军队转业干部纳入医疗保险，医疗保险费由财政负担。2001年，城镇所有用人单位均纳入参保范围。同年10月，全市离休干部、二等乙级以上革命伤残军人纳入医疗统筹，实行医疗备用金制度。2002年6月，药品报销执行省2001年版基本医疗保险药品目录。

2003年，建立城镇职工多层次医保制度，设3个类别：一类为基本医疗保险，参保人员所在单位及个人分别按职工工资总额的8%、2%缴费，建立参保者个人账户，按比例享受医疗费门诊补贴和住院报销；二类为住院基本医疗保险，缴费率为职工工资总额的6%，参保者不建个人账户，无门诊医疗补贴，住院按一类医保规定报销医疗费用；三类为住院医疗费用社会统筹，缴费率为职工工资总额的2.8%，参保者只享受住院统筹医疗待遇，即在起付标准以上、5万元以下的住院医疗费按一类规定的50%报销，5万元以上、25万元以下的住院医疗费按商业补充医保办法处理。同年10月，企业退休人员一次性趸缴医疗保险费参加医疗保险，最低缴费年限15年。

2004年，对市直机关、定额预算事业单位、垂直管理单位，实施公务员医疗补助。补贴标准为在职按本人上年工资总额1%记入个人医保账户，退休按本人退休金总额1%记入；住院医疗费补助其个人自付部分的50%。2005年12月，药品报销启用省2005年版基本医疗保险和工伤保险药品目录。2006年，困难和破产关闭企业内退人员和退休人员全部纳入医疗保险，涉及近2万人，退还原个人交款金额8000万元。2007年7月，城镇居民纳入医保，参保居民2.84万人，缴费206万元，当年有186人享受城镇居民基本医疗保险待遇。2008年7月，南通瑞慈医院纳入海门参保者直接定点就诊医院。同时，调整住院起付标准：在职职工由500元下降到400元，退休人员由400元下降到300元。是年，参保人员12.1万人。其中，在职职工8.49万人，退休3.61万人。

第七节　退休人员管理

1987年前，退休人员养老金由企业发放，退休人员管理由企业负责。1988－1999年，退休人员养老金实行社会统筹发放。2000年，对全市350个企业2.2万名退休人员养老金，实行社会化发放，确保退休人员按时足额领取养老金，退休人员日常管理仍由企业负责。

2003年，企业退休人员移交给街道、乡镇所属的退休人员管理服务站、所，对思想教育、体格检查、养老金核实、生活关爱等，实行属地管理和服务。海门被评为省退管工作先进市。2004年，成立市企业退休人员社会化管理服务中心，负责全市企业退休人员养老金领取的资格认证、档案移交和开展慰问等社会化管理工作。

2005年，乡镇建立劳动保障服务所，海门、三厂两镇各居委会建立服务站，全市配备兼职工作人员42人。街道、社区成立退休人员自管组织150个，聘请自管组织协理员300人，负责了解退休人员情况，反映退休人员要求，组织开展各项社会活动。全市2万多名企业退休职工纳入社会化管理，社会化管理率100%。2007年，海门镇茅镇街道、三厂镇新东街道、余东镇启凤街道退管站获南通市首批退管站达标示范点称号。2008年，全市企业退休人员纳入社会化管理。市劳动与社会保障局被省评为企业职工养老保险管理工作先进单位。

第八节　知青插队与安置

1962年，县内部分知青下放农村。1963年、1964年，在精简职工和下放城镇居民的同时，动员城镇待业青年到农村插队落户。至1965年，有县内外知青1181人到农村插队落户。1966年5月5日，海门镇动员知识青年51人到六匡公社插队落户。5月底，全县有城镇知青322人，分别下放到30个公社插队落户。1969年1月，县成立上山下乡安置办公室，各公社、场圃配备专职干部，负责上山下乡工作。至1978年10月，安置县内外知青6955人。其中，县内知青3181人、县外省内知青776人、外省市知青2998人。全县先后拨出经费300.36万元、木材3048立方米、钢材127吨，为插队插场知青建造房屋6006间。

1979年7月始，4443名知青陆续上调工作。至1990年，在下乡知青中县内招工2127人、招生364人、招干19人、照顾回城720人、婚迁541人、外调286人、参军259人、其他127人，安置工作基本结束。

1962－1978 年海门县知识青年下乡情况一览

表 25－16　单位：人

年　份	合　计	县内知青	县外省内知青	外省市知青
1962－1965	1181	151	510	520
1966－1972	4529	2175	246	2108
1973	472	312	3	157
1974	244	101	3	140
1975	190	149	3	38
1976	172	146	6	20
1977	163	145	5	13
1978	4	2	–	2

第九节　职工精简与安置

1958 年“大跃进”期间，全县大办工业，一部分农民进工厂务工，农村劳动力减少，城镇人口增多。1959 年，精简下放职工，对象是全民所有制企、事业单位 1958 年招收的新工人和由集体所有制上升为全民所有制的职工。至年底，全县共精简全民企业职工 5788 人。

1960 年，遵照省委关于加强农业第一线的指示精神，整顿劳动力、粮食供应及城市户口，精减在城市的农村户口人员、私招乱雇人员。1961 年 3 月至 1962 年 5 月，下放城镇职工 5039 人，安置从外省、市下放到海门农村的职工 8210 人。1963 年 4 月，停办县农药厂、石灰厂，撤销秀山良种繁育场，下放职工 2127 人。1969－1973 年，下放职工 900 人。

20 世纪 80 年代初，对下放职工落实政策：凡在 1957 年年底前进厂的职工，在 1961 年、1962 年精简下放未复职的，由原单位或民政部门发放生活补助费。315 人因长期患病丧失劳动能力，按其原工资 40% 给予补助。其余，家在农村的每月补助 12 元，家在城镇的每月补助 15 元。1985 年，补助费每人每月增加 5 元。

第二十六篇

教　　育

五代后周，海门建县时即有县学，统称儒学。宋大观年间（1107－1110），设有学官。元至正元年（1341）后，县境多次坍没，迁治后，必复建学宫、文庙，以尊孔敬教劝学。清乾隆三十九年（1774），茅家镇捐建学宫。之后，又建儒学署，相继设立书院、社学、义学。嘉庆十七年（1812）初，设海门厅学，奏请酌定学额，学习进取之途稍广，民间私塾也较兴旺。光绪二十七年（1901），始办学堂。光绪三十一年（1905），组建学务公所。翌年3月，改学务公所为劝学所。民国12年（1923），改劝学所为教育局，划分学区，县设视学，区设学务委员。民国20年，全县有初级小学197所、完全小学26所、普通中学7所、民众学校100多所；有附设小学幼稚班，有未经案准的私立小学、补习学校、改良私塾以及女子缫丝传习所、医药学校、土木科等职业性学校；有公共图书馆、通俗教育馆、民众教育馆等。民国27年，日本侵略军入侵海门，全县中小学校一度停课，有的停办。日伪在沦陷区的中小学校强行实施奴化教育。在抗日根据地、日伪统治薄弱地区，民主政府恢复和创办一批中小学校。民国36年年初，国民党反动军队大举进犯解放区，解放区中小学几乎全部停办。下半年，学校逐渐恢复和发展，民主政府发动群众兴办乡校、村校，组织少年儿童入学，动员农民上冬学、夜校。

新中国成立后，大批工农子女入学，城乡普建冬学、民校，开展扫除文盲和工农业余教育。1958年，教育事业迅速发展，1961年调整缩减。“文化大革命”初期，一批教师受批挨斗、下放劳动，学生一度停课。1968年下半年，学生复课，但教学受政治运动影响，教学内容偏重生产实际，学制缩短，教学质量下降。1977年，恢复高考和高、初中招生制度。1978年后，落实知识分子政策，教职工中的冤假错案得到平反，学校秩序恢复正常，教育事业全面调整。

1983年后，加强小学，整顿初中，调整高中，发展职业教育，新办特殊教育，创办地方高等教育，组织城乡成教中心围绕经济发展开展教育，形成普通教育、职业教育、成人教育“三教”统筹，较为完整的教育体系和网络。1986－1990年，开展素质教育，坚持优先发展教育，增加教育投入，调整学校布局，小学、初中撤并，高中扩轨，创办职业高中。

1992年，全县普及六年制义务教育。1994年，普及九年制义务教育。1996－2000年，巩固提高义务教育水平，启动教育现代化工程。实行初中每乡镇一校，发展高中教育，强化师资队伍建设，推进教育改革，实施素质教育，普教、职教、高教协调发展。办学体制多元化，民办教育、各种家庭教育、培训班也进入幼儿及中小学教育领域。1997年，国家教委授予海门“两基”①教育先进市。

2001年，进行课程改革。落实农村义务教育以市为主的管理体制，开展省教育现代化乡镇创建工作。2006年，大力调整教育布局，开展农村义务教育合格学校建设和小学、初中“达标创特”②评估创建活动，办学条件显著改善，努力实现区域教育现代化，各类教育全面发展。“两基”水平进一步提高，义务教育覆盖率100%。教育发展的整体水平得到新的提高。全市23个乡镇和开发区均成为省教育现代化乡镇。全市终身教育体系完善，社区教育资源适应经济社会发展需要，并得到充分利用。至2008年，海门先后被评为全国幼儿教育工作先进县（市）、特殊教育先进县（市）、基本普及九年制义务教育和基本扫除青壮年文盲工作先进县（市）、高标准扫除青壮年文盲先进县（市），成为省首批素质教育实验区、教育工作先进市、义务教育均衡发展先进市、普及高中阶段教育先进市、师资队伍建设先进单位、职业教育先进集体。

---

① 两基：基本普及九年制义务教育和基本扫除青壮年文盲。

② 达标创特：小学、初中达到江苏省实验小学、江苏省示范初中办学标准，并创建海门市特色学校。

第一章 旧式教育

第一节 县学 厅学

宋代,每年春二月、秋八月第一个丁日及每月朔(初一)望(十五),知县率领地方儒绅到孔庙大成殿行礼。宋大观年间(1107－1110),海门有举人13人,其中3人考进太学,得到上舍司选的职位。太守官、教官、试官都受到厚赏。

元至正元年(1341)以后,县境几经坍没,学宫毁坏。迁治后,重修儒学。明洪武二年(1369),弟子员额定额20人,月给廪米。明正德九年(1514),知县王宣筹办重建县署与学宫,3年后建成,重开儒学。

清乾隆三十三年(1768),设江苏省海门直隶厅后,新涨沙地考生与其他考生一样对待。乾隆四十一年(1776),同知徐文灿在厅署东捐建文庙、学宫,凿泮池(今江苏省海门中学址),用银6200余两,文庙基36.7亩,公捐学田900余亩。嘉庆十七年(1812),设厅学,改崇明县训导为海门厅训导,后又奏请酌增学额。光绪二十六年(1900),学额为文额10人、武额4人。光绪三十一年(1905),废科举。

海门自宋代至清末废科举止,有据可考中举进士22人,举人60人。宋代中举进士5人。明代中举进士13人(包括武进士1人),举人43人(包括武举人10人)。清代中举进士2人,举人17人(包括武举人8人)。

宋代至清代海门取得进士、举人一览

表26－1

朝代	时间			进士		举人	
	年号纪年	干支纪年	公元纪年	文	武	文	武
宋	绍兴十八年	戊辰	1148	陆思古	－	－	－
	宝祐四年	丙辰	1256	陈士迈、叶应之、胡 英	－	－	－
	咸淳四年	戊辰	1268	沈 迈	－	－	－
元	无考						
明	建文元年	己卯	1399	－	－	尹惟忠	－
	建文二年	庚辰	1400	尹惟忠	－	－	－
	永乐元年	癸未	1403	－	－	袁懋宗	－
	永乐三年	乙酉	1405	－	－	陈 孚	－
	永乐九年	辛卯	1411	－	－	叶思智	－
	永乐十三年	乙未	1415	陈 孚	－	－	－
	永乐十五年	丁酉	1417	－	－	李永常	－
	正统六年	辛酉	1441	－	－	李 周	－

续表 26－1

朝代	时间			进士		举人	
	年号纪年	干支纪年	公元纪年	文	武	文	武
明	正统十二年	丁卯	1447	–	–	李　开	–
	景泰四年	癸酉	1453	–	–	潘　孜	–
	景泰七年	丙子	1456	–	–	李　纪	–
	天顺三年	己卯	1459	–	–	陈　奎	–
	天顺四年	庚辰	1460	陈　奎	–	–	–
	成化十三年	丁酉	1477	–	–	张　杲	–
	弘治二年	己酉	1489	–	–	李　梁	–
	弘治十七年	甲子	1504	–	–	姜　辂	–
	正德十一年	丙子	1516	–	–	崔　桐	–
	正德十二年	丁丑	1517	崔　桐	–	–	–
	正德十四年	己卯	1519	–	–	钱　铎、李梦周	–
	正德十六年	辛巳	1521	钱　铎	–	–	–
	嘉靖二年	癸未	1523	李梦周	–	–	–
	嘉靖十九年	庚子	1540	–	–	张鸣鹤	–
	嘉靖二十二年	癸卯	1543	–	–	李邦宪、成　相	–
	嘉靖二十五年	丙午	1546	–	–	李廷桂	–
	嘉靖三十一年	壬子	1552	–	–	姚尚宾	–
	嘉靖三十七年	戊午	1558	–	–	成　宪	–
	嘉靖四十三年	甲子	1564	–	–	–	彭　栋
	嘉靖四十四年	乙丑	1565	成　宪	–	–	–
	隆庆元年	丁卯	1567	–	–	崔允升	袁守豫
	隆庆二年	戊辰	1568	–	–	–	周龙光
	隆庆四年	庚午	1570	–	–	彭大翱	–
	万历元年	癸酉	1573	–	–	–	彭取志
	万历二年	甲戌	1574	王三宅	–	–	–
	万历八年	庚辰	1580	高　荐	–	–	–
	万历十四年	丙戌	1586	费必兴	–	–	–
	万历十六年	戊子	1588	–	–	李奇逢、张世维、姚惟一	–
	万历十九年	辛卯	1591	–	–	盛以进	–
	万历三十一年	癸卯	1603	–	–	李之达	–
	万历四十年	壬子	1612	–	–	张伯鲸	–
	万历四十四年	丙辰	1616	张伯鲸	–	–	–
	万历四十六年	戊午	1618	–	–	朱名世	–
	天启元年	辛酉	1621	–	–	蔡廷谏	王三重、彭兆图、成一斌、崔传先
	天启四年	甲子	1624	–	–	–	周龙躍
	天启五年	乙丑	1625	–	王三重	–	–

续表 26－1

朝代	时　　间			进　士		举　　人	
	年号纪年	干支纪年	公元纪年	文	武	文	武
明	天启七年	丁卯	1627	–	–	成友谦	–
	崇祯七年	甲戌	1634	成友谦	–	–	–
	崇祯九年	丙子	1636	–	–	–	成悟中
清	乾隆五十三年	戊申	1788	–	–	张式金	–
	嘉庆九年	甲子	1804	–	–	沈　栻	–
	嘉庆二十三年	戊寅	1818	–	–	–	杨朝栋、张松年
	嘉庆二十四年	己卯	1819	陈兆熊	–	–	–
	嘉庆二十五年	庚辰	1820	–	杨朝栋	–	–
	道光二十三年	癸卯	1843	–	–	郁亮倚	施占鼇
	道光二十四年	甲辰	1844	–	–	沈云鹏、沈仲暘	–
	同治三年	甲子	1864	–	–	黄世泰	–
	同治十二年	癸酉	1873	–	–	–	黄国柱
	同治十三年	甲戌	1874	–	黄国柱	–	–
	光绪元年	乙亥	1875	–	–	秦兆鹏	–
	光绪二年	丙子	1876	–	–	董之颖	–
	光绪十五年	己丑	1889	–	–	–	沈维超
	光绪十九年	癸巳	1893	–	–	–	施朝宰、施承元
	光绪二十年	甲午	1894	张　謇	–	徐孚吉	–
	光绪二十三年	丁酉	1897	–	–	–	张言昌

说明:(1)宋朝大观年间(1107－1110)海门有举人13人,具体姓名、时间已无考

(2)光绪二十七年(1901),清廷下诏改书院、兴学堂;光绪三十一年,废科举,自隋起千年科举制终结

第二节　书　　院

清嘉庆十四年(1809),海门厅同知刘平骄于学宫右侧筹建官督绅办师山书院,基地6.4亩,花白银1万余两,2年后建成。先后得沙田7620亩,以每年租金收入为经费。师山书院以考课为主,主要学习制艺,或称制义、时文,通称八股文,专为应科举之用。光绪十二年(1886),确定每年考课,官课、师课各5次,3月和9月开课。考课各班有规定名额。清末,为地方文人学士讲经,3年一次作考场。

清同治七年(1868),通州知州梁悦馨于四甲坝通源镇东首建东渐书院。爵督李鸿章、知州梁悦馨以及典商和余东等地4盐场捐钱及盘基墩荡田征收租钱等共出资近4000千文建成。

清光绪二十七年(1901),朝廷下诏兴学,师山、东渐两书院废。

第三节　学　　塾

一、社学

明正德九年(1514),迁县治于余中场后,兴建学宫,同时设社学2所,一在县南,一在县东,教读各1人。清同治七年(1868),在余东西后街盐店巷仓库办社学,有社田28亩。海门乡治(金沙永安镇,即海门乡)有社学2所,收教15岁以下儿童,教授内容有《孝经》《小学》《大学》《论语》《孟子》以及本朝律令,冠、婚、丧、祭礼仪等。

二、义塾

清道光(1821－1850)初年,监生黄南塘在三阳镇兴办义塾,至道光十一年(1831),由其孙廪贡生黄锡麟继业。道光二十四年(1844),海门厅同知周维新捐资在厅治文昌宫、坝头镇、麒麟镇、悦来镇、三阳镇、池棚镇等处设义塾7所,每塾每年给塾师修膳钱48千贯。咸丰九年(1859),职贡生郁子侃、崇明生员黄兰芬在八匡镇捐资开设义塾1所,贫寒子弟可免费入塾就读。

三、私塾

明嘉靖十五年(1536),包场地区有私塾。清嘉庆年间(1796－1820),包场周围农村设有私塾多所,收授生徒一二十人。另有地方经董或殷富大户单独或合伙雇请名师教授子弟,一般收教3－5人。塾童年龄大小不一,无学习年限规定。教育内容开始以《三字经》《千字文》《百家姓》之类的韵文书为主,后读《大学》《中庸》《论语》《孟子》等。教学方法注重个别教授,开始以识字、熟读和背诵为主,并教以描红、习字。读至相当时间后开讲,由塾师逐句、逐段讲解。塾师规矩极严,常对"差生"施以罚立、罚跪、打手心等。

辛亥革命后,民国政府多次下令关闭公学周围3里以内私塾,对塾师进行整顿、培训、考核。培训合格塾师主持改良私塾。其教学内容、方法及教学成绩逐步接近一般小学。至海门全境解放,私塾为公办小学替代。

第二章　基础教育

第一节　幼儿教育

一、发展概况

民国12年(1923),县小学附设幼稚班,春季始业,半年后升入初小一年级。此后,各小学、改良私塾普遍附设幼稚班,以《幼稚读本》为教科书,施行简单的识字教育。日本侵略军侵占海门后锐减。

1949年,常乐镇小学附设民办幼稚班。1950年,全县办农忙托儿所16个,入托幼儿243人。1951年9月,建茅家镇教工托儿所,茅家镇小学附设公办幼儿班。1952年,以互助组为单位,以忙时集中、闲时分散方法,办农忙托儿所145个。1953年,建县直机关企事业职工托儿所。1954年9月,茅家镇商业系统、大生三厂开办幼儿班。1958年4月,德胜乡利民第一农业合作社开设全县第一所农村民办幼儿园。至年底,全县有幼儿园1119所,入园幼儿3.2万人,占全县幼儿总数50%。1960年,入园幼儿增至3.9万人。1961年,教工托儿所合并于职工托儿所,改名为县直机关托儿所。年底,民办幼儿园(班)调整至25所。1963年,紧缩为11所。1968年秋,部分公办幼儿园改为民办。

1974年,农村兴办幼儿班。1975年,县直机关托儿所改为幼儿园。之后,实验小学、海师附小恢复公办幼儿班。1980年8月,全县753个大队中723个大队办幼儿班,入班幼儿3.4万人,占幼儿总数87.1%。1981年3月,省教育厅确定海门师范附属小学幼儿园为省示范幼儿园,每年拨款5000元。同年,省妇女联合会批准县实验小学及三星、厂洪、四甲公社中心小学附设幼儿园(班)为省重点幼儿园(班),每班拨设备添置经费1000元;海门、三厂两镇幼儿班为市镇重点幼儿班,各拨专款1030元。同年,县教育部门确定各公社中心小学办幼儿班2个,作为公社重点幼儿班,配备幼教辅导员,初步建立幼儿教育辅导网络。

1986年9月,东洲幼儿园建成。1988年,县城有幼儿园3所；乡镇中心小学附设幼儿班或乡镇重点幼儿班晋升为乡镇中心幼儿园，一般3－4班；各乡镇在小学内设民办学前班；街道、工厂、企事业单位独办、联办幼儿班。1989年，海门手帕厂创办百花幼儿园。是年，全县适龄幼儿入园率97%，基本普及幼儿教育，海门成为全国幼儿教育先进县。1990年，全县有幼儿园239所，653个班，在园幼儿1.94万人，专任教师956人。同年8月，幼儿园与小学脱钩，单独办园，经费独立核算。1995年后，乡镇中心幼儿园易地翻新或新建，档次较高、设施齐全。1997年，全市有幼儿园170所，其中城区幼儿园扩展至7所。

图26－1　海门市三星镇中心幼儿园　（1999年摄）

2000年，全市有幼儿园152所，教职工1019人，在园幼儿2.28万人。2002年1月，全市幼儿园全部移交教育部门管理。2004年，百花幼儿园停办。2008年，全市有幼儿园43所，幼儿办班点8个，其中省示范幼儿园7所，省基本实现现代化幼儿园7所，通过省优质幼儿园评估验收11所。在园幼儿1.79万人，班级474个，教职工1316人，其中教师942人（内有编制内公办教师261人）。学前二年、三年入园率分别100%和98.6%。

2008年海门市幼儿园概况一览

表26－2

单　　位	性质	班级（个）	在园幼儿（人）	教职工（人）	
				合计	其中教师
合计	－	474	17856	1316	942
东洲幼儿园	公办	15	640	47	32
实验幼儿园	公办	14	600	47	33
海南幼儿园	公办	16	723	34	17
市直机关幼儿园	公办	17	597	56	36
少年宫幼儿园	公有民办	17	688	59	36
进修学校附属幼儿园	公有民办	11	402	33	22
通源幼儿园	公有民办	13	491	46	32
蓓蕾幼儿园	民办	13	492	40	27
三星中心幼儿园	公办	21	780	59	42
天补中心幼儿园	公办	15	497	39	28
三和中心幼儿园	公办	6	212	13	12
德胜中心幼儿园	公办	10	410	26	23
瑞祥幼儿园	民办	9	294	28	19
海门镇中心幼儿园	公办	11	403	30	22
海门镇秀山幼儿园	公办	6	190	20	14
江心沙幼儿园	民办	5	165	13	10
棉种场幼儿园	公办	2	14	1	1
开发区裕春幼儿园	公办	9	320	29	20
常乐中心幼儿园	公办	11	380	24	35
平山幼儿园	民办	9	254	18	18
三厂镇中心幼儿园	公办	9	372	28	19
南通棉纺织三厂幼儿园	民办	12	429	36	24
汤家幼儿园	民办	9	339	28	19
麒麟幼儿园	民办	11	442	31	22
海永幼儿园	民办	3	69	3	3
悦来幼儿园	民办	9	428	21	18
六匡幼儿园	民办	8	301	24	16
万年幼儿园	民办	11	383	33	23
三阳幼儿园	民办	11	435	28	22
三阳友爱幼儿园	民办	5	178	11	2
临江幼儿园	民办	10	433	33	22
四甲中心幼儿园	公办	14	557	32	23
国强中心幼儿园	公办	9	352	27	18
货隆中心幼儿园	公办	9	428	27	18

续表 26－2

单　　位	性质	班级（个）	在园幼儿（人）	教职工（人）	
				合计	其中教师
树勋中心幼儿园	公办	15	587	43	29
王浩中心幼儿园	公办	11	398	30	20
余东福兴幼儿园	民办	10	350	33	22
正余幼儿园	民办	13	514	30	23
包场镇中心幼儿园	公办	11	393	25	21
包场镇北幼儿园	民办	5	192	13	10
刘浩幼儿园	民办	12	510	37	27
海洪幼儿园	民办	8	235	24	16
东灶港幼儿园	民办	8	286	24	16
三星明诚幼儿班	公办	4	183	4	4
三星太阳幼儿班	公办	1	21	1	1
海门镇民主幼儿班	公办	2	23	10	8
三厂二小幼儿班	公办	3	128	3	3
三厂大洪幼儿班	公办	2	95	2	2
货隆小学幼儿班	公办	4	59	4	4
余东木桩港幼儿班	公办	2	94	2	2
刘浩纯贤幼儿班	民办	3	90	7	6

二、教育教学

学制　民国12年，幼稚班招收6岁左右的幼儿进行半年的学前教育。1949年，小学开设的幼稚班实施一年制教育。1959年，海师附小幼儿园招收二年制幼儿班（中班、大班）。1981年，学制改为大班、中班、小班三年制（乡镇学校只设大班，或中班和大班）。1985年，县城少数幼儿园增设小小班。1990年起，县城幼儿园逐步实行四年制（小小班、小班、中班、大班），乡镇中心幼儿园为三年制（小班、中班、大班）。

课程　解放前，幼稚班只设识字、计算两门课程。解放后，幼稚班设体育、语言、计算、音乐和图画等课程。1954年9月，开设认识、计算、体育、唱歌等课程，以唱歌、游戏为主，也教些数数、口头语言等。“文化大革命”期间，幼儿园组织幼儿背毛主席语录，教唱毛主席语录歌。1981年，以游戏活动为中心，合理安排幼儿一日活动。

1994年，幼儿园设有语言、计算、常识、音乐、美工课程，以游戏为基本活动形式。2000－2008年，幼儿园开设语言、艺术、科学、健康、社会等课程。

三、保育工作

1956年，各幼儿园配备幼儿教师和专职保育员，实施保教并重，加强幼儿卫生保健工作，突出体育活动，保护幼儿健康，并以讲故事、做游戏、实物演示等方式，加强对幼儿的“五爱”①教育。

1981年，坚持体、德、智、美全面发展，增设室内外活动器材，让幼儿自由结合，自己选择项目活动。通过教儿歌、讲故事、轮流做值日生、评比小红花等教学措施，培养幼儿热爱集体、热爱劳动。教师自制教具，配以电教设备等形象化手段，开发幼儿智力，培养能力，进行美的教育。各幼儿园做到新生入园先体检，设健康卡片，定期免疫接种，每天坚持晨检和两操，开放户外活动。幼儿在园午餐、午睡，餐具卫生用品定期消毒，配备专职医务人员负责幼儿疾病防治。对大班幼儿进行21个声母、6个韵母拼音教学及10以内数的组成与分解的能力训练，带领幼儿走向社会、走向大自然，增长幼儿认知。1983年，幼儿园举办家长学校，提高幼儿家长的教养水平。1990年起，加强幼儿教育规范化建设，实施幼儿一日常规教育。重视设备建设，园内有大、中型活动器械，增添电教设备，各班配有玩具橱、科学角、游戏室、毛巾架，单独厕所和洗手设备，厨房配齐卫生设备，每天调换食谱，讲究营养分析，保证开水供应，上、下午课间供应小餐等。城镇幼儿园首先达到这些要求。至2000年，乡镇幼儿园逐渐达到标准。

2000－2008年，幼儿教育坚持保养并重原则，把幼儿安全和健康放在首位，尊重幼儿的人格尊严和基本权利，科学实施幼儿素质教育，推进城乡幼儿教育均衡发展。

四、幼儿园选介

海门市实验幼儿园　园址市区镇中路80号。

① 五爱：爱祖国、爱人民、爱科学、爱劳动、爱护公共财物。

1951年，实验小学附设1个公办幼儿班，有幼儿30人。1954年，扩为2个班，改为实验小学附设幼儿园，后扩为4班。园址两次随小学迁移，后迁入大同街，单门独院。1968年下半年，改为民办，始行春季招生，共3个班。1978年秋，恢复2个班为公办，被县确定为重点幼儿园。1981年，民办班全部转为公办，并恢复秋季招生。当年被省妇联定为省重点幼儿园。1985年，有7个班（大班4个、中班3个），按照教学大纲设置课程，并陆续添置室内外教学设施和卫生设备。

1992年10月，县拨款于原址附近新建教育大楼。全园占地3288平方米，建筑面积4668平方米。1993年9月，更名实验幼儿园。当年有大班、中班、小班9个，幼儿457人，教职工37人。2000年，被确定为省示范性实验幼儿园。2008年，有大、中、小和幼托班14个，在园幼儿600人，教职工47人。

办园过程中，幼儿园不断更新教育观念，创设相适宜的教育、游戏环境，以幼儿园、家庭、社区联动共育模式，实现课程、游戏、环境一体化，努力创造办园特色。定期开展传统艺术欣赏，重视传统节日的文化熏陶，开展传统游戏新玩法比赛，使民间游戏得以传承和发扬。先后被评为省少儿工作先进集体、省三八红旗先进集体、南通市模范幼儿园、南通市文明单位、南通市“绿色学校”、市安全学校。2004年，幼儿园受聘为中国西部教育顾问单位。

海门市直机关幼儿园　园址市区春苗弄。幼儿园前身为茅镇教工托儿所和县直机关企事业职工托儿所，分别创办于1951年、1953年。1961年，在常乐镇的海门教工托儿所合并于机关企事业职工托儿所，更名为县直机关托儿所。1975年，改名为县直机关幼儿园。1998年，被评为省示范性实验幼儿园。

2000年后，幼儿园积极开展教科研活动，辅导的幼儿数百篇作品在世纪之星幼儿绘画比赛、早期教育“多多杯”“我的朋友”幼儿主题绘画比赛（省级）评比中获金奖，教师制作的教玩具获全国二等奖省级一等奖。2007年3月，受聘为中国西部教育顾问单位。是年，承担省“十一五”规划课题“朴素理论与幼儿教育指导研究”，数百篇论文在国家级、省、南通市报刊发表并获奖，并出版专题论文集、心得集、教案集；教师组织的教学活动多次获南通市级和市级一等奖。幼儿园连续多年被评为省优秀家长学校、南通市幼儿教育先进集体、南通市“三八”红旗集体、南通市教育科研先进集体、市文明单位。

2008年9月，接收光华幼儿园为分园，本部占地4185平方米，建筑面积3143平方米，光华分园占地3035平方米，建筑面积1579平方米。有大、中、小、托幼等班级17个，在园幼儿597人。幼儿园有专业教师36人，其中小学高级教师19人、一级教师16人、市学科带头人1人、市骨干教师2人、市教坛新秀3人，学历达标100%。

海门市海南幼儿园　园址市区黄海中路842号。其前身为创办于1957年9月的教师进修学校附属小学附设幼儿园和创办于1959年9月的海门师范附属小学附设幼儿园。初创时，均设大班、中班各1班，幼儿40多人。后扩展为4个班，大班、中班各2个。“文化大革命”期间，幼教事业受影响，改为民办。1978年，恢复为公办幼儿园，人员、经费均附属于有关小学。1981年，贯彻《全国幼儿教育纲要》后，幼儿教学事业逐步走上正轨。幼儿园制订并实施《教工手册》《班主任工作制度》等有关工作细则，幼教工作得以发展。1981年3月，海师附小幼儿园被确认为省示范幼儿园。幼儿园坚持承担全县幼师培训班学员业务培训任务，为海门师范和长兴中学幼师职高班的见习基地。1993年10月，幼教体制改革，两园单独设园，海师附小幼儿园更名为迎春幼儿园；进修附小幼儿园更名为春晖幼儿园。是年，迎春幼儿园扩为大班、中班、小班8个，在园幼儿285人，教职工46人；春晖幼儿园有大、中班各2个，在园幼儿180人，教职工16人。

1996年9月，市区整体布局调整，迎春幼儿园异地重建，迁至黄海中路842号，更名为市海南幼儿园。占地面积6667平方米，建筑面积2497平方米，设大班、中班、小班共12个教学班，幼儿500人，教职工50人。1999年，通过省示范幼儿园的评估验收。2008年，幼儿园占地面积9333平方米，建筑面积3109平方米。有大班、中班、小班和幼托班共16个教学班，在园幼儿723人，教职工34人。

海南幼儿园建园后，坚持以科研为先导，以“幸福教育”为教育科研主要课题，形成“江风海韵浴幸福”的办园特色。2006年后，出版《主题活动篇》《呵护稚嫩的心灵》《浸润幸福的花季》等集知识性、趣味性、操作性为一体的教师和幼儿用书。

幼儿园努力打造一支乐于奉献、勇于开拓的研究型教师团队，相继涌现一批省“红杉树”园丁奖获得者、教科研先进个人，南通市优秀教育工作者，市优秀教育工作者、骨干教师和学科带头人。“红手印”志愿队被评为市卓越教师群体。幼儿园先后被评为全国艺术教育活动先进集体，教育部科学教育实验单位、幼儿环境教育实验基地，省教科所实验基地、和谐校园、平安学校、“绿色学校”等。

海门市树勋中心幼儿园 园址树勋镇振兴路6号。创办于1977年，时有2个幼儿班，教职工5人。1987年，扩为大班、中班各2个，教职工10人。1997年，扩为5个班（大班2个、中班2个、小班1个），教职工12人。2000年，有10个教学班（大中班各4个，小班2个）。2007年，扩大至12班（大、中、小班各4个）。2008年，学校占地面积6680平方米，建筑面积3958平方米，绿化面积3260平方米。有15个教学班，在园幼儿587人，教职工43人，其中教师29人，学历达标率100%。

幼儿园的保教质量逐年向高标准、高质量方向发展，受到社会和家长的认可与好评。多次为南通市及市幼儿园园长培训班提供活动现场。在《早期教育》举办的幼儿主题绘画比赛中，获一等奖46人次，获二等奖214人次，获三等奖603人次。幼儿园先后评为省绿色学校，南通市“巾帼文明岗”、最安全学校。2000年，被评为南通市一类幼儿园。2006年，晋升为省现代化幼儿园。2008年，被评为省优质幼儿园。

海门市开发区裕春幼儿园 园址开发区人民东路760号。其前身是江滨乡裕春幼儿园。创办于1983年4月，由江滨籍香港同胞黄裕春、朱小妹夫妇捐资3.8万元在富北村创办（不足款由县补给）。全园占地面积2400平方米，建筑面积520平方米。设3个班，招收幼儿108人，教职工5人。翌年4月18日，县教育局授予黄裕春、朱小妹夫妇为裕春幼儿园名誉主任聘书。1985年，扩为4个班（大班、中班各2个），在园幼儿180人，教职工9人。1993年9月，增招1个小班，全园合计5个班，在园幼儿260人，教职工13人。2000年4月，撤乡并镇，改名为开发区裕春幼儿园。2001年8月，新建多功能教育楼。2008年，幼儿园占地面积4595平方米，建筑面积2030平方米。全园有9个班（大班、中班、小班各3个），在园幼儿320人，教职工29人。

幼儿园本着“一切为了孩子，为了孩子一切”的办园宗旨，开创以“阳光体育、快乐体育”的办园特色，开展多项教学课题研究。教师制作的体育玩具在《家教周报》上整版刊登，利用自制体育玩具编排的舞蹈《运动之歌》获市一等奖，多次为南通市妇联提供家庭教育会现场，成为南通市首批家长学校之一，先后被评为南通市模范家长学校、市文明单位。2008年，通过省优质幼儿园评估验收。

海门市东洲幼儿园 园址市区育才路77号。1985年建立，占地7100平方米，建筑面积2755平方米。1986年9月开园，设中班2个、大班2个，招收幼儿108人，教师10人。1988年，班级扩大为小、中、大班各3个，教职工31人。是年，成为省第一批示范性实验幼儿园。2008年，幼儿园占地面积7100平方米，建筑面积4542平方米，有大班、中班、小班、幼托等教学班15个，在园幼儿640人，教职工47人。

幼儿园以“艺术教改”为教育科研主要课题，获南通市科研成果一等奖。2000年，出版集知识性、操作性、趣味性为一体的全套教师和幼儿用书。引导教师走教、学、研、创一体化之路，促进教师自主发展，相互提高，造就一支师德高、观念新、业务精的科研型教师队伍。其中有全国优秀教师、省教科研先进个人、南通市教科研先进个人、市十佳青年教师各1人，南通市、市十佳教育能手各4人，市学科带头人、市骨干教师各2人，市教坛新秀6人。

图26－2 海门市东洲幼儿园 （2008年摄）

幼儿园先后被评为教育部重点课题幼儿园环境教育实验基地、全国学前家庭教育指导实验基地，省"南化杯"体育先进工作单位、省首批示范性实验幼儿园免检单位、市名校、省"绿色学校"、省文明学校。

第二节　小学教育

一、发展概况

清咸丰四年(1854)，茅家镇天主教会在茅家镇西市开办经学堂。同治十二年(1873)，大洪镇圣母堂创办海星女学，专收女青年教友。光绪七年(1881)，经学堂改名圣心学堂，后改名类思学堂，专收教民子弟(不收女生)，灌输宗教知识，也教拉丁文、英文。光绪三十年(1904)，创建厅立高等小学，入学者大多为年过30岁的童生或秀才。同年，张詧、张謇兄弟以常乐镇关帝庙后厅两侧为校舍，创办公立常乐镇初等小学堂，张謇任校长，学生120人。至光绪三十二年(1906)，天补镇、上三和镇、下三和镇、三阳镇、麒麟镇、江家镇等地的一些有识之士均以庙堂创办学堂。厅治中西中学堂预备科改办高等小学堂，在洒扫所设第一初等小学堂，城隍庙设第二初等小学堂，玉皇堂建第三初等小学堂。是年，在厅治清洁堂旧址有官办启文女学，还有姜青照办的姜安女学。光绪末年，大洪镇教会办石安小学堂，专收男生，后与海星女学合并为海星小学。

宣统三年(1911)，厅境有高等小学堂3所，初等小学堂128所，包场育婴堂、六甲城隍庙东首、四甲东渐书院、余东社学改办为小学堂，后均扩办为高等小学。民国元年(1912)，倪清如在和合镇(今启东市境内)办尚平女校。民国初期有张徐、海霞、麒麟等女子小学。民国5年，类思学堂改名类思小学，大多招收教内学生，也招收少数教外学生。民国6年，私立启秀小学附设中英专修科。

民国15年，通东地区(时南通东乡)有县立初级小学36所，私立小学2所，公立完全小学2所，学生共2239人。民国16年，在天补镇袁公所天主堂办培蒙小学。同年，大生三厂创办职工子弟初级小学。随后又有私人办学，政府按公立学校标准拨给常年经费，称为代用小学。民国18年，龚庭槐于麒麟镇东北创办私立粟寰学校(民国21年被国民党当局查封)。民国22年，有县立初级小学125所、完全小学26所，私立初级小学61所、完全小学12所，在校学生2.24万人(其中女生3558人)，学龄儿童未入学者5.52万人(其中女性3.6万人)。民国27年，日本侵略军侵占海门。民国33年上半年，海门日伪统治区有小学95所，其中县立90所、私立5所，班级245个，在校学生1.41万人，教职工328人。抗日根据地有公私立小学及私塾(主要在通东地区)116所，在校学生1万余人，教师255人。

民国20年海门县完全小学一览

表26－3

学区	性质	校　名	校　址	创办时间	备　注
第一学区	县立	师山小学	茅家镇东市	清光绪三十年(1904)	
		天补镇小学	天补镇	清光绪三十年(1904)	乡绅黄汉石办
		三和镇小学	上三和镇	清光绪三十二年(1906)	顾恩沐办
		培德小学	大成镇北2里	民国5年(1916)	-
		明诚小学	三星镇西2里	民国8年	陈炳荣办
	私立	锡类小学	茅家镇西市	清咸丰四年(1854)	天主教神父李秀芳办
		能仁小学	茅家镇北后街	清宣统元年(1909)	商会办
		民新小学	陈三和桥	清宣统元年(1909)	沈承福办

续表 26-3

学区	性质	校名	校址	创办时间	备注
第二学区	县立	下三和小学	下三和镇	清光绪三十二年(1906)	陈贻孙办
		汤家镇小学	汤家镇	民国4年	严志鸿办
		长兴镇小学	长兴镇	民国12年	沈伯陶兄弟办
		麒麟镇小学	麒麟镇	民国13年	沈则林办,初为女子小学
	私立	启秀小学	麒麟镇西北	清光绪三十二年(1906)	龚世清(绍康)办
		张徐女子小学	常乐镇	民国3年	张謇及其妻徐氏办
		张邵小学	常乐镇	民国4年	张詧及其妻邵氏办
		杨氏小学	大洪镇	民国16年	杨允鹤办
第三学区	县立	三阳镇小学	三阳镇	清光绪三十三年(1907)	黄静岩等办
		汲浜小学	汲浜镇	民国11年	-
		聚星镇小学	聚星镇	民国11年	-
	代用	三益小学	江家镇	清光绪三十二年(1906)	绅商刘燮钧等办
	私立	尚平女子小学	久隆镇东北	民国元年	倪清如办
		循循小学	灵甸镇	民国5年	杨品俨办
		海霞小学	三阳镇	民国14年	凌海霞兄妹办,初为女校
第四学区	私立	锄经小学	下富安镇	民国12年	陆棫人办
南通县第五学区	县立	余东小学	余东镇西后街	清同治七年(1868)	始为社学,宣统二年改办小学堂
		三益小学	上富安镇东1里	清宣统二年(1910)	邢德涵等办
		余中小学	四甲镇东首	民国3年	张謇办

抗日战争胜利后,国民党县政府接管沦陷区学校。民国36年,国民党统治区有中心国民学校8所、保国民学校51所,另有私立小学。国民党军队大举进犯解放区后,解放区小学几乎全部停办。国民党军败退后,民主政府大力恢复小学,称乡校、村校。民国37年,解放区有小学132所,教师196人。

1949年1月,县军事管制委员会接管国民党统治区的学校。是年,全县有小学445所(其中民办小学20所),班级764个,学生4万余人,教职工887人。1951年,政府鼓励集资办学,民办小学增多,同时试办二部制教学①。1957年,有小学579所,班级1698个,在校学生9.11万人,教职工2266人。县境西部地区的学龄儿童入学率85%,初小毕业生能直升高级小学。1959年春,突击发展民办小学462所,班级505个,入学儿童2.51万人,在校生计11.62万人,基本普及小学教育。1960年,全县在校小学生12.65万人。1961年,公办、民办小学缩减。1962－1964年,在校小学生减少至八九万人。

1964年3月,王浩公社14大队(今王浩镇三合村)创办第一所简易小学(后改称耕读小学)。1965年下半年,全县有耕读小学640所,耕读班(组)845个,在校学生2.2万人,耕读教师900人。

1966年“文化大革命”开始后,学校秩序混乱。1968年9月,实施工人阶级领导、贫下中农管理学校,各校逐渐恢复文化知识课。1969年,公办小学下放到大队办,公办教师下放农村接受贫下中农再教育,取消实验小学和公社中心小学,取消学生升留级、考试制度。期间受政治运动影响,教育秩序

① 二部制教学:又称二部教学法,是中小学在入学人数多而师资、校舍和设备不足的情况下,把学生分成两部轮流在校上课的教学组织形式。

不正常，教学质量不高。

1981年，有小学505所，班级2336个，教职工4294人，在校学生9.8万人，学龄儿童入学率99.1%。1984年，小学附设的初中班（俗称"戴帽子初中"）全部"脱帽"停办，小学调整为406所，班级2020个。同年9月，海门被省批准为基本普及初等教育县。1985年，适龄儿童入学率99.5%，小学生巩固率98.9%，普及率97.8%，毕业率97.8%，达到教育部规定的普及初等教育要求。20世纪80年代，民办学校逐渐由70年代的300余所减少至200余所。1990年，民办小学30所，民办班级615个，在校学生19721人，民办教职工1016人，其中由公办学校合并兼带管理的班级262个、学生8300人。

1990年，有县属小学3所，班级66个，在校学生3663人，教职工222人。乡镇场公、民办小学274所，班级1923个，在校学生7.21万人，教职工3287人，19个乡实施六年制义务教育。1994年，乡镇中心小学扩轨。1997年，民办小学全部转为公办小学。至2002年，有19个中心小学扩至4轨以上。

2008年，有小学46所，另有十二年一贯制1所，九年一贯制2所，业余体校1所。在校小学生4.79万人，班级1027个，教师2985人。学校占地面积100.56公顷，学生平均20.98平方米；校舍面积30.79万平方米，学生平均6.2平方米，达到省标准化建设要求。小学阶段义务教育入学率、巩固率为100%，毕业率99.1%。有省和南通市模范学校4所，省示范实验小学11所，达省实验小学办学标准的乡镇小学22所。评为市特色学校的小学24所。

2008年海门市小学概况一览

表26－4

地　址	学校（个）	学　校　名	班级（个）	在校学生（人）	教职工（人）	
					合计	其中教师
全市合计	50	－	1027	47925	3191	2985
城区	1	海门市实验小学	45	2309	132	115
城区	1	海门师范附属小学	25	1165	85	74
城区	1	海门市育才小学	26	1198	82	74
城区	1	海门市东洲小学（含东洲小学东校区）	47	2200	224	198
城区	1	海门市通源小学	24	1218	69	64
城区	1	海门市海南小学	26	1417	73	67
城区	1	海门市新东洲小学（公有民办）	21	767	（已含在东洲小学内）	
城区	1	海门市实验学校（十二年一贯制民办小学部）	32	1085	83	82
城区	1	海门市业余体校（九年一贯制小学部）	3	39	－	－
城区合计	－	－	249	11398	748	674
三星镇	3	三星中心小学、三星明诚小学、三星太阳小学	42	1988	110	103
天补镇	1	天补中心小学	24	1296	78	73
三和镇	1	三和中心小学	23	1034	85	80
德胜镇	2	德胜中心小学、德胜日升小学	24	866	72	70
	1	瑞祥中心小学	20	739	67	65
海门镇	4	海门镇中心小学、海门镇秀山小学、海门镇城北小学、海门镇民主小学	50	2101	165	158
棉种场	1	棉种场学校	6	85	13	13

续表 26－4

地址	学校(个)	学校名	班级(个)	在校学生(人)	教职工(人)	
					合计	其中教师
江心沙	1	江心沙学校(九年一贯制小学部)	7	200	44	18
常乐镇	1	常乐中心小学	19	819	54	53
	1	平山中心小学	22	1025	69	67
三厂镇	3	三厂镇中心小学、三厂镇第二小学、三厂镇大洪小学	50	2155	162	153
	1	汤家中心小学	20	879	65	63
麒麟镇	1	麒麟中心小学	29	1270	77	73
海永乡	1	海永学校(九年一贯制小学部)	6	186	16	16
悦来镇	1	悦来中心小学	26	1151	82	77
	1	六匡中心小学	20	897	60	57
万年镇	1	万年中心小学	22	1126	68	64
三阳镇	1	三阳中心小学	24	1157	80	74
临江镇	1	临江中心小学	24	1134	80	77
四甲镇	1	四甲中心小学	32	1526	85	81
	1	国强中心小学	20	1038	74	70
货隆镇	1	货隆中心小学	32	1610	88	86
树勋镇	1	树勋中心小学	30	1733	104	101
王浩镇	1	王浩中心小学	21	1200	75	73
余东镇	2	余东中心小学、余东木桩港小学	31	1465	87	81
正余镇	1	正余中心小学	35	1736	97	93
包场镇	3	包场中心小学、包场镇北小学、包场公平小学	48	2513	148	144
刘浩镇	1	刘浩中心小学	25	1430	84	80
	1	海洪中心小学	21	976	66	62
东灶港镇	1	东灶港中心小学	25	1192	88	86
乡镇合计	–	–	778	36527	2443	2311

二、教育教学

学制 清末，洋务学堂执行“癸卯学制”①，初等小学堂5年、高等小学4年。民国元年(1912)，初等小学4年，高等小学5年。民国12年，初等小学4年、高等小学2年。

民国33年，抗日根据地部分小学实行一学年三学期制，以夏忙、秋忙作假期，不放暑假。

解放战争时期，解放区小学初高级仍采用四、二分段制。民国35年土地改革后，有些超过学龄而失学的农民子女，可在专设或附设的二年制短期小学学习。民国37年，海南区同济小学实施二部制。

解放后，沿用上述学制，部分学校初级班实行二部制。

1952年9月，在实验小学，新南区、四甲区中心小学试办五年一贯制教学实验班。1953年2月，

① 癸卯学制：中国近代由国家颁布的第一个在全国范围内推行的系统学制。光绪三十年(1904)一月十三日清政府颁布。因光绪二十九年为癸卯年，故称“癸卯学制”。

停办。

1958年9月,取消小学初高级分段制。1960年8月,实验小学、海师附小、平山中心小学进行五年制教学试验。1962年,海师附小停止试验。实验小学、平山中心小学继续试验至“文化大革命”初期。1969年,小学学制改为5年。

1983年7月,小学五年级毕业生参加初一新生入学考试,录取者入初中学习,其余学生读小学六年级。之后,小学学制一直稳定为6年。

课程　早期洋务学堂逐步由以四书五经为教材改为国文、算术、历史、地理、格致等课程。光绪三十二年,每周课程、课节数为修身2节、读经讲经12节、中国文学8节、算术3节、中国历史2节、地理2节、格致2节、图画2节、体操3节。

民国元年,初等小学课程较清末稍有变化。

民国12年,初级小学有国语、算术、常识、体育、音乐、手工等。高级小学有国文(文言文)、算术、理科(包括动物、植物、矿物、物理、化学)、英语、地理、历史、体育、音乐、手工、图画、读经等课。后国文改国语(语体文),理科改常识,取消读经,增设党义,后改公民。小学三年级以上设珠算。民国13年,县立小学、私立启秀小学相继设童子军课。

民国25年,小学设公民训练、国语、算术、社会、自然、劳作、美术、体育、音乐。

抗日战争时期,根据地小学视生源情况、学校性质和形式设置课程。贫困地区初级小学,以识字、算术(首先是珠算)为主要科目。高级小学增设社会学科科目,有些学校设抗日救国教育和农业生产技术知识课。

解放后,小学课程有国语(读、作、说、写)、算术、珠算、常识、自然、地理、历史、政治常识、唱歌、体育、劳作、美术。每节课30－45分钟,一年级、二年级课时每周900分钟,三年级、四年级1130分钟,五年级、六年级1350分钟。

1958年,小学国语改语文,劳作改手工劳动,不设政治常识。五年级、六年级增设农业知识,各年级设周会,课程设置与课时有些混乱。至1961年,趋向统一。手工劳动改劳动,一至四年级每周上课24节;五年级、六年级不设农业知识,每周上课25节。加上各年级自习与劳动课,一年级、二年级每周总课时31节,三年级、四年级34节,五年级、六年级35节。

1969年,课程设置与课时混乱。1973年,设置政治、语文、算术、常识、体育、音乐、美术、学工学农等课程,每周课时30节。

1981年,政治课改为思想品德课,语文课分别由讲读、作文、写字3个部分组成。部分小学五年级、六年级增设英语课,每周3节。各年级学工学农课停设。五年级、六年级设劳动课,每周1节。课外活动为自习、科技、文艺、体育、班队活动。1983年,在“第一课堂”课程教学计划同时,普遍开辟课外兴趣小组等“第二课堂”。1984年,小学一年级、二年级每周上课23节,三年级、四年级、五年级25节,六年级28节;每周总课时一年级、二年级31节,三年级、四年级、五年级33节,六年级36节。

1990年,小学开设学科类课程和活动类课程。1993年,东洲小学增设英语课。1994年,一年级每周课时总计27节,二年级28节,三至六年级30节。1995年9月1日,学校实行双休日制。

1995年秋季起,思想品德课改为品德与生活、品德与社会。自然课改为科学,小学三年级起开设英语课,每周3节。语数课相应减少1－2节。体育课改为体育与健康,每周3－4节。小学三年级起增加综合实践活动课,每周3节,包括信息技术教育、研究性学习、社区服务与社会实践、劳动与技术教育。四年级、五年级开设一学年68课时的信息技术课。一年级、二年级每周总课时26节,三至六年级每周30节。每学年上课时间为35周,每周按5天安排教学,每课一律按40分钟安排。

2002年,海门列入省课改实验区,课程作较大修改。有的学校安排有科技教育、国防教育和安全教育等课程,也安排阅读指导课、班队会、科技文体活动等特色课程和各种社团活动。

教材　民国初年至抗战前夕,学校采用商务印书馆和中华书局出版的教科书。学塾逐步废弃旧教材,增开应用文,如《尺牍》《日用须知》等。

抗日战争时期,根据地民主政府组织人力自编部分语文、算术课本,沦陷区换用汪伪“国民政府教育部”审定的教科书。

解放战争期间,东南行署教育科自编单元语文教材,还编选部分年级的国文、常识混合读本。民国37年,自编《初小一年级国常混合读本》,共20课。

新中国成立后,使用教育部统编教材。“文化大革命”初期,教学内容一度以毛主席语录为主,并为清除部编教材中的“封、资、修黑货”,曾使用过南通地区和省编教材。1978 年秋季始,在统一使用部编教材的同时,编写乡土教材,充实教学内容。

1990 年,沿用部编教材。2003 年起,采用省编教材。

思想教育 旧时,私塾学生要向孔子像行礼,以尊师道。清末,各学堂悬挂《圣谕广训》。常乐镇公立初等小学堂礼仪规则规定:开学、放学日、先师诞日由校长或教员率领学生向先师位、皇太后、万寿牌行三跪九叩首礼。

民国初,各学校注重“养性”训练,制定校训、校歌、校规。民国 16 年,根据三民主义精神,进行“党化教育”。民国 20 年,“九一八”事变后,国民政府指令各小学开展以礼、义、廉、耻及忠孝、仁爱、信义、和平为主要内容的“新生活运动”,并灌输“救国必须读书,读书便是救国”的读书救国论。而有爱国思想的教师对学生进行救国救民的爱国教育。

抗日战争爆发后,沦陷区汪伪控制的学校推行奴化教育。抗日根据地进行抗日救国教育。

抗日战争胜利后,国民党政府接管的学校,灌输反共反人民教育。解放区学校进行反对独裁,坚持民主;反对分裂,坚持团结;反对内战,坚持和平的教育。

解放后,通过班会、晨会、周会、校会、少先队队日活动和结合各项政治、节日活动,加强思想教育,强调思想教育寓各科教学之中。

50 年代,进行“五爱”教育、学英雄和爱国主义、国际主义教育,开展创“三好”①和社会主义思想品德教育。

60 年代初,把思想教育工作的重点放在阶级教育、革命传统教育和共产主义道德品质教育上。1963 年,开展向雷锋同志学习活动,争做好人好事蔚然成风。“文化大革命”初期,鼓动“造反有理”“反潮流”“破四旧、立四新”②。1968 年秋复课后,学生参加集体生产劳动等活动较多,了解工农群众与生产实践,培养吃苦耐劳精神。

中共十一届三中全会后,加强勤奋学习、遵守纪律、热爱劳动、助人为乐为主要内容的思想品德教育。1981 年,开展“学雷锋、树新风、创三好”和“五讲、四美、三热爱”③活动。1988 年,开展有理想、有道德、有文化、有纪律的“四有”新人教育。

90 年代,开展传统教育、学生守则教育、劳动教育、科技教育。加强青少年思想品德教育,形成学校、家庭、社会“三位一体”的思想教育网络。贯彻《小学德育纲要》《小学生守则》《小学生日常行为规范》,通过学科渗透,活动体验,向学生进行社会公德教育和有关社会常识教育。

2000 年,按照小学生《新守则》《新规范》要求,以行为规范为基本内容,开展小公民道德建设。2004 年,开展“守诚信、讲道德”活动。2006 - 2008 年,开展新公民教育活动,确定新公民行动的目标体系和行动方案。区域推进“新教育实验”,以“书香班级”建设为突破口,抓班集体建设,抓主题活动,重点进行讲文明、讲礼貌、爱劳动、爱集体教育。

三、学校选介

海门县立师山小学 校址厅治茅家镇东侧。清光绪三十年(1904),厅治中西中学堂预备科改办高等小学堂。校长樊璞,学生 3 个班,其中有年已而立的童生或秀才。设国文、算术、理科(含物理、化学、动植物、矿物)、历史、地理、英语、国画、唱歌、手工、体操等。初为四年制高小。民国 5 年,改为三年制高小。民国 12 年,增设初级部,更名为县立小学,学制改为初级 4 年、高级 2 年。民国 18 年秋,改为师山实验小学,7 个班,校舍 70 多间,有固定的音乐室(钢琴、风琴俱全),藏书 3000 册的图书馆,全套自然科学实验仪器和标本图片室。学校有内操场和外操场。学校在教育活动、课程设置、教学时间安排等方面,有不少革新,是全县首屈一指的学校。民国 21 年秋,学校更名为师山中心小学,有高级部双轨 4 个班,初级部单轨 4 个班,1 个实验班,1 个幼稚班,共 10 个班。民国 26 年初,更名为海门县立师山小学。民国 27 年,县治沦陷,学校解散,部分校舍

---

① 三好:身体好、学习好、工作好。

② 破四旧、立四新:破除旧思想、旧文化、旧风俗、旧习惯,树立新思想、新文化、新风俗、新习惯。

③ 五讲、四美、三热爱:讲文明、讲礼貌、讲卫生、讲秩序、讲道德;心灵美、语言美、行为美、环境美;爱共产党、爱祖国、爱人民。

被日本侵略军烧毁,剩余校舍被日伪县公署全部拆除,师山小学设施就此荡然无存。

海门市实验小学　校址市区新海路101号。清光绪三十二年(1906)在茅家镇西市城隍庙(后改名中山堂)创建,校名茅镇第二小学堂,初设1个班,后改名茅家镇初级小学。民国27年,日本侵略军侵占县治,小学停办。抗日战争胜利后,学校迁址新河沿义成栈房(今市人武部址)。

解放后,学校迁回中山堂原址,定为县重点小学。创办夜校中的"小先生"教学、怎样开展课外活动与课内教学相结合、五级记分制等做法和经验,在全省推广,在《苏北教育》上作专题介绍。1951年,更名为县实验小学,附设幼儿班。

1958年下半年,学校迁至街北路(原能仁初级中学校址),高小3轨、初小2轨,14个班。1960年下半年,确定为五年一贯制学制试点单位。"文化大革命"期间,学校教育遭受严重破坏。1968年,更名为海门镇第一小学。

1978年,复名为县实验小学。1981年,被省教育厅列为首批办好的实验小学。1988年,被定为县窗口学校。学校开展注音识字、提前读写的教育实验。承担小学数学教学中培养学生思维品质的研究,科研成果发表于《江苏教育》《教育研究》等刊物。20世纪90年代初期,尝试整体改革,开展协调课内外、提高全面素质的实验研究。90年代中后期,致力于课程结构的优化,开展和谐教育实验研究,办学经验在市内外推广,《中国教育报》《江苏教育》等报刊作专题经验报道。1998年,创办公办民助阳光实验学校。2002年,阳光实验学校并入海门实验学校。

图26-3　海门市实验小学　(2008年摄)

2008年,学校占地3.2公顷,总建筑面积2.2万平方米。有教学班45个,在校学生2309人,教职工132人,教师学历达标率100%,大专学历100%,本科及本科在读81%。

学校先后获全国群体工作先进学校,省实施素质教育先进学校、科技教育特色学校、模范家长学校、贯彻"两个条例"先进学校,南通市先进集体、教育科研先进集体,少先队总部被评为全国红旗大队、省雏鹰大队。

海门市余东中心小学　校址余东镇盐河南路5号。清光绪三十三年(1907)在余东财神堂(又称东楼巷)创办。民国元年,程逢恩、李国庆将盐店巷(北街)初等小学堂改建为余东私立高等小学。民国10年,于北盐河桥建南通县立第九高等小学。民国12年,第九高等小学改为南通县立余东小学后,前两校分别为余东小学的一分校、二分校。民国17年,中共党员俞海清在校任教时,发展党员,建立余东教育界第一个中共支部,俞海清任书记,校长王学安为副书记。民国27年,日本侵略军入侵余东,本部校舍被拆,学校乔迁乡间,实行分散流动教育,汪伪政府曾于原分部设校。抗日战争胜利后,由民主政府接收。国民党军队侵犯余东时,学校又转移乡间,后因形势恶化停办。

1949年2月,复校。1953年秋,学校规模扩至14个班,在校学生700余人。先后被命名为区、乡中心小学。

1982年,由政府拨款和乡集资,迁校舍于余东镇西南郊。1984年,学校被县列为实行校长负责制试点单位。1985年,成为南通市首批合格中心小学。1986年,在省和市"办好中心小学"经验交流会上,作"办好中心小学、带动村小一起上"的经验介绍。1988年,学校少先队大队部被评为全国红旗大队,获共青团中央少工委"万名创造杯"奖。1989年,被评为南通市首批模范中心小学。90年代起,学校推进素质教育,以新课程、新理念、新课堂为主题,以教师角色的创新和以学生主体地位的确立适应新课程,以"自主建构"课题模式组织实施课堂教学,形成师生共同研讨、共同成长的氛围。2000－2008年,学校先后被评为达省实验小学办学标准的先进学校、南通市教育系统先进集体、市文明单位等。

2008年,学校占地1.5公顷,建筑面积5188平方米,有22个教学班,在校学生1075人,教职工68人。

江苏省海门师范附属小学 校址市区光明路58号。民国2年在茅家镇县署东创办,茅家镇第一初等小学改办甲乙种师范讲习所附属小学。后迁至先农坛,为师范实验初级小学。民国23年,师范学校停办,小学改名先农坛初级小学。日本侵略军侵占海门后,停办。

1956年9月,随海门师范的发展,复办附属小学,有6个班,附设幼儿园。1960年,发展到12个班,为五年一贯制试点单位。1962年,海门师范停办,附小改为县第二实验小学。1970年,学校隶属海门镇,更名为海门镇第二小学,班级扩至16个。1973年3月,复名江苏省海门师范附属小学。1978年5月,被确定为南通地区重点小学。90年代初,形成童话教育的办学特色和"童话即生活"的办学理念。1998年6月,被确定为中央教科所实验学校。

1999年5月,购下北侧印刷厂4000平方米土地,面积扩至1.47公顷。2001年,黄海中路南侧日新河西侧地段扩建海师附小新校区,共占地4.72公顷。2002年,秋季招生6个班级。2006年8月,海师附小新校区独立建校为海南小学。

2008年,学校占地1.28公顷,建筑面积7259平方米。有班级25个,在校学生1165人,教职工85人。

学校先后被评为全国小公民道德建设基地,省实验小学、科技特色学校,南通市模范学校、最安全学校、"绿色学校"。

海门县私立张徐女子小学校 校址原张氏家庙东侧的私立张氏初等小学后边。民国3年,张謇按其妻徐牡丹临终前留下办1所女校的遗嘱而创办。为初等小学校,单级,学生40人,后学生增加到百人左右,延聘通州女师毕业生任教员。学制四年,首届毕业9人。民国11年,张氏小学合并于女校,增设高级2个班和一年制文化补习班,后更名为私立张徐女子小学校。学校占地10亩、房屋23间,学生来自全县各地,也招少数外县学生,鼎盛时有女学生200人,其中寄宿生50余人,教职工10人。民国19年,兼收男女生,男生约占五分之一。民国27年,海门沦陷后一度停办。民国28年,长兴镇教师刘象初以私立张徐小学名义复课,男女兼收,学生100人左右,后又增至4个班,学生270人,学校经费全靠收学费解决。民国35年8月,校舍被国民党军队拆毁,学校停办。

海门市麒麟镇中心小学 校址麒麟镇通海路156号。民国13年,当地人士沈则林以沈氏宗祠(今校址)改建私立麒麟女子小学,学生百余人。民国15年,增设高级部,学生增至260余人,其中寄宿生40余人。是年,呈准改为县立麒麟小学,男女生兼收。民国25年,办初中,后并入启秀初级中学。民国27年秋,校舍被日本侵略军占为据点,学校被迫停办。抗日战争胜利后,民主政府于民国34年派员负责复校。民国35年暑假,国民党军队进犯,校舍被占为据点,学校再度停办。

1949年春,麒麟镇解放。农历新年后,人民政府在沈氏柴行旧址重建麒麟镇小学。时一、二年级为单班,三至六年级为复式班。1951年,更名为新南区中心小学。1956年后,先后易名为麒麟区中心校、麒麟乡(公社)中心小学,数次列为县重点小学。"文化大革命"期间,学校被视为"智育第一"的黑样板,受害严重。1976年,学校设两个初中班,1978年取消。1986年,县、乡投入10万元拆建校舍,建第一幢教学楼。1995年,麒麟镇推进教育现代化工程。至1999年,学校扩建为四轨制中心小学,原有8所村小全部撤并。是年,学校通过省教育现代化的评估验收。

中共十一届三中全会以后,学校一直秉承求真务实的教育理念,严谨踏实,精致管理,教学质量列全市同类学校前列。先后被评为省实施素质教育先进集体、青少年科技先进学校,南通市教育系统先进集体、德育先进学校等。2004年3月,承办南通市基础教育课程改革第一次现场会。2006年12月,学校达省实验小学办学标准。

2008年,学校被确定为全国新教育实验学校、科普示范学校、新教育优秀学校,省和谐校园、关心下一代先进集体,南通市模范家长学校、最安全学校,市责任教育特色学校。是年,学校占地2.82公顷,建筑面积7205平方米,有29个教学班,在校学生1270人,教职工77人。

海门市三厂镇中心小学 校址三厂镇少先弄

68号。民国16年,按清末状元张謇生前提议,大生三厂利用厂门外西南工房创办单级初小,名为私立三厂初级小学,招收职工子弟入学。民国20年,扩为2个班。民国22年,新建校舍于大生三厂大门斜对面(今三厂镇新东街少先弄68号),扩为6学级完全小学。民国27年,日本侵略军侵占三厂后停办。民国34年,抗战胜利后,厂方不惜重金广招贤才任教,新建校舍扩招附近农家子弟,发展为双轨制完全小学,改名私立扶海小学,有学生700多人,教职工20多人。学校经费由厂方供给,教学设备齐全,除普通教室外,还有音乐、劳作、自然实验、图书等专用教室。学校教学成绩显著。曾单独举办学校成绩展览会、校运动会等大型活动。教师生活待遇与三厂职员相同,薪金与职员级别对口。

解放后,学校先由军管会接管,三厂职工子弟享受免费入学待遇。1950年,更名为大生三厂职工子弟学校,实行五级分制。1957年,改为公办,更名为三厂镇中心小学。学校一直以大型、正规闻名海门,是县内首批成立中国少先队的学校之一。校内附设有数百人参加的职工文化补习学校、三厂地区中心农民学校,由部分教师义务承担教学的任务。

"文化大革命"初期,学校停课,教学设备遭到破坏。粉碎江青反革命集团后,学校步入正轨。1978年4月,定为县重点小学。1979年,被评为省先进集体。1980年,获省政府嘉奖。

1986年9月,学校于三厂西市设分部2班,后建分校教学楼3幢。1993年2月,分校独立办校,改名为三厂镇第二小学。

80年代起,学校创建艺术教学特色,"一把刻刀、一只口琴"成为学校传统项目,22件刻纸作品曾赴日本参展。1991年8月,多件刻纸作品在美国加利福尼亚州、缅因州等地学校展出。当年,学校获省少先队红旗大队称号。2000年,学校被评为市艺术教育特色学校。2001年,升级为省实验小学。2002年,评为南通市模范学校,连续12年获市小学教育质量百分考核一等奖。2007年、2008年,获省少儿珠心算比赛团体第一名。2008年,学校占地面积2.17公顷,建筑面积6510平方米。学校有27个班级,在校学生1215人,教职工89人。

海门市东洲小学　校址市区解放中路136号。1992年,20多位香港同胞捐助20多万元港币,由县政府创办命名的全日制公办学校,占地4669平方米。1993－1995年,学校提出"追求卓越"的学校精神。从一年级起开设英语课,在南通市第一个让"四机一幕"①走进课堂,成为省电化教育实验学校。

1994年,创建附属幼儿园。1996年3月,以股份制形式创办市少年宫,下设实验部,是南通市第一家以股份制形式创办民办教育。11月,确认为省级实验小学。1997年3月,定为省实验小学。1998年9月,确定为全国中小学现代教育技术实验学校。

1997－2003年,构建以学生发展为本的开放型课程体系,课程内容打破年级,横跨学科,吸纳最新科技成果和地方传统文化,在长江边建立1个"地球村",作为学生的学习基地。自编《综合实践活动课程指导用书》,校本课程《今日生活》以及《小学心理教育》,分别由人民教育出版社和南京师范大学出版社出版。2004年,建立机器人俱乐部。

2005年9月,少年宫下属民办实验部更名新东洲小学。2006年5月,开发区小学并入东洲小学。

2008年,东洲小学、市少年宫由东洲小学本部、开发区校区、新东洲小学、少年宫幼儿园组成,占地5.04公顷,建筑面积3.68万平方米。有班级68个,在校学生2967人,教职工224人;有特级教师3人,市级以上学科带头人28人,市级以上骨干教师25人。至2008年,机器人俱乐部先后参加全国和国际各种机器人比赛,获省级奖项72人次、国家级奖项40人次、国际级奖项7人次。在2008世界青少年机器人大赛中,队员获世界冠军。学校先后获省先进少年军校、红旗大队、文明学校,南通市文明单位、德育工作先进学校、教育科研先进集体、模范学校等南通市级以上称号。

第三节　初中教育

一、发展概况

清光绪二十七年(1901),龚世清、姜青照改师山书院为中西中学堂。以后,废科举,集各方之力,陆续

① 四机一幕:电视机、录音机、录像机、VCD机,大屏幕。

兴建一批中等学校。光绪三十一年(1905),改中西中学堂为中学预备科。民国初,袁绍安在汤家镇创办私立务本国文专修学校,杨统球、茅定一在县治创办私立国文专修学校。民国17年(1928),有初中补习学校(班)、专修科学校6处。抗日战争爆发前,有私立江口国文补习学校等5处。民国26年,有私立海门中学、启秀中学、锡类初级中学、三益初级中学、能仁初级中学、海霞初级中学及县立女子初级中学7所,班级27个,在校学生1651人,教师68人。

民国27年9月,日本侵略军二次入侵海门,县治中学大部毁于战火,各中学一度停课。是年秋,私立锡类中学复课。民国29年,汪伪县立海门中学建立。之后,私立海门中学、私立能仁初级中学、私立启秀初级中学等辗转敌后创办侨校。流亡于敌后的国民海门县政府创办县立海门中学(又称战地中学)。民国30－34年,沦陷区有普通中学6所。

民国31年,海启抗日民主政府创办海启崇联合中学(今启东市境内)。翌年3月,暂停上课,部分师生至麒麟镇北肖宅改办私立兰陵中学。民国33年,合并至苏中四分区联合中学(今东台市境内)。民国34年8月,东南行署于三阳镇东南倪芝香仓(今启东市境内)创办东南中学,不久迁至聚星镇启秀中学下校。这期间,民主政府还支持地方人士恢复、创办几所中学。

抗日战争胜利后,国民党县政府接管县立海门中学,后合并私立儒英初级中学,扩办高中。原私立海门中学董事会主席蔡荫恩在茅家镇中山堂复办私立海门中学,有初、高中班级。还有县商会续办的私立能仁初级中学及锡类初级中学、天补镇续办的私立建新初级中学。

民国27年－1949年海门县普通中学一览

表26－5

校名		校址	班级(个)		学生(人)		教职工(人)	办学起讫时间	备注
			初中	高中	初中	高中			
南通县立中学第二分院		四甲镇,后迁新河镇	3	－	145	－	12	民国27－32年	原校址在南通金沙镇
私立三益初级中学		江家镇西北沈宅	3	－	150	－	10	民国27－36年2月	民国35年秋改名为民立三益初级中学,民主政府拨给经费
私立启秀初级中学	下校	聚星镇西北沙家祠堂(今启东境内)	3	－	110	－	10	民国27年秋－34年秋	民国34年秋合并于东南中学
	上校	麒麟镇西北原校	4	1	250	50	－	民国30－35年秋	民国35年秋合并于私立启光初级中学
私立海门中学	下校	几经迁移后在江家镇	3	3	150	165	20	民国27－32年	－
	上校	三星镇西北赵宅	3	3	150	150	15	民国31年2月－35年冬	通海行署办
私立能仁初级中学		几经迁移后在南星镇沙家仓	3	－	120	－	10	民国28年春－33年年底	民国28年春,与海霞初级中学合并为能海联合中学,分上下两校,上校在三阳镇,下校在富安镇(今启东境内)。民国29年,联合中学解体
私立海霞初级中学		几经迁移后于常乐镇(沦陷区)	3	－	120	－	10	民国28年春－33年年底	－
县立战地中学(县立海门中学)		三阳镇倪芝香仓后聚星镇西沙家仓(今启东境内)	3	－	110	－	10	民国29年9月－31年夏	民国县政府东迁后办。民国31年夏合并于海启崇联合中学

续表 26－5

校名	校址	班级(个)		学生(人)		教职工(人)	办学起讫时间	备注
		初中	高中	初中	高中			
南通县私立南宁初级中学	富安镇南音庵小学	3	–	110	–	13	民国30年9月－33年年底	–
私立启光初级中学	几经迁移,最后于新河镇南扶乩庙	3	–	100	–	8	民国31年春－35年年底	民主政府有过津贴,民国35年年底合并于民立三益初级中学
崇启海联合中学	下富安镇陆宅	5	3	–	–	–	民国31年6月－32年4月	由启东中学、海门县立中学、崇明中学、江海中学合并,是海启抗日民主根据地共产党领导下的第一所公办中学
私立海光初级中学	连元镇西龚宅、坝头镇北黄宅	3	–	140	–	8	民国31年秋－34年夏	民主政府有部分津贴
私立鹿城初级中学	大洪镇东南杨宅(今已坍入长江)	3	–	100	–	5	民国32－33年冬	沈沛英创办
私立兰陵初级中学	麒麟镇北3里	3	–	150	–	10	民国32年秋－33年10月	民主政府有部分津贴,民国33年10月合并于四分区联合中学
私立醒民中小学	倪家镇东北1里	3	–	140	–	8	民国32年秋－35年秋	–
东南中学	海复镇东通师附小校址(今启东境内)	12	3	–	–	39	民国34年8月－1949年2月	民国35年9月创办,多次迁移

说明:(1)私立海门中学、能仁初级中学、海霞初级中学、启秀中学、三益初级中学和南通县立中学第二分院均系老校,“办学起讫时间”指乔迁敌后办学时间

(2)此表班级、学生、教工数均取其历年最高数字

解放后,县军事管制委员会接管县立海门中学,私立海门中学与东南中学(部分)合并,建立南通区海门中学,与私立能仁初级中学、私立锡类中学3校共招初中班13个。

1951年4月,于四甲镇余中小学旧址创办私立余中初级中学,当年招收初一学生2个班、初二学生1个班。是年秋,三星镇、江家镇、聚星镇、翻身(麒麟镇境内)等小学附设初中补习班。1952年8月,公私合营大生第三纺织公司于三厂镇西北老老院(老人堂)创办三厂职工子弟初级中学,设初中2个班。同年下半年,在启秀中学原址建启秀初级中学,设初中2个班。1953年秋,三星、江家、翻身、聚星小学附设初中补习班学生,分别转入麒麟初级中学、海门初级师范和余中初级中学,时全县又新办初中补习班7个。1955年10月,仅保留茅家镇建新、四甲区新建、新南区伟新(原兰陵初中补习班)初中补习班3所,共8个班,在校学生509人,其余停办或并入就近中学。

1956年7月,创办包场、悦来、江家、余东、长兴、三厂6所公办双轨制初级中学。1957年,设立民办初中补习班17个。同年,由民办初中补习班转为民办中学3所。1958年8月,创办三阳、六甲、天补3所公办初级中学及前进民办初级中学(三厂镇)。1959年,创办三星、三和、德胜、常乐、汤家、临江、万年、王浩8所公办双轨制初级中学。1960年,创办秀山、瑞祥、江滨、大洪、六匡、新建、国强、正余、东兴、新河等10所公办初级中学。是年,全县有公办初中25所,民办初中6所,211个班,在校学生1.6万人。

1962年,压缩初、高中招生数,在校中学生只有上年三分之二。1963年,又缩减至1961年的二分之一。同年夏,停办正余初中和刘浩民办初中。1964年11月,农村全日制民办初级中学改为农业

中学。

1966年6月“停课闹革命”,学生延期毕业。1968年暑假后,恢复招生。9月,由工人、贫下中农、解放军战士组成的毛泽东思想宣传队陆续进驻学校,领导学校“斗、批、改”。1972年5月,宣传队相继撤出。1974年7月,派工宣队、贫宣队进驻学校,1977年10月,全部撤出。

1974年,26所初中附设高中班(戴帽子高中),63所小学附设初中班(戴帽子初中),全县有公办初中3所、社办(即民办)初中91所。1981年,140所初级中学单独设置,各乡办初级中学和多数民办初级中学改为双轨制,22所公社中学、6所民办中学脱去高中帽子,初中每年招生稳定在300个班左右。1985年,扩展班级,提高初中招生比例。1986年、1987年,每乡按标准办好1所中心初中。至1990年,全县初中班728个,在校学生3.26万人。其中,8所完全中学①(完中)和东洲中学有初中班83个、学生4517人,乡镇初中120所,班级645个,在校学生2.8万人。

1994年,实行每个乡镇1所初中,8所完中先后停办初中班。是年,市区创办海南中学。2000年,初中合并为42所。9月,海门中学创办附属实验学校招收初中生(2006年,更名为能仁中学)。2002年,创办市实验学校(民办)初中部。2005年,初中并为34所(另有民办初中2所、业余体校1所),班级754个,在校学生3.86万人,初中生毕业率99.65%。初中毕业生升学率由1990年的37.1%上升至2005年的90.3%。其间,9所初中被评为省基本实现教育现代化示范初中。2006年8月,海门中学重组锡类中学,建立海门中学附属学校。

2008年,有初中34所。其中直属初中6所、乡镇公办初中28所,另有海门中学附属学校及业余体校各1所。初中班级735个,在校学生3.73万人,教师2503人。初中毕业率99.8%,升学率98.68%。初中校园占地面积104.87公顷,每个学生平均28.1平方米。校舍建筑面积40.3万平方米,每个学生平均10.8平方米,均达省标准化建设要求。进入初中就读的外来民工子女1116人,入学率100%。17所初中达省示范初中办学标准,10所初中成为市特色学校。

2008年海门市初级中学概况一览

表26-6

学校名称	班级(个)				在校学生(人)				教职工(人)	
	合计	一	二	三	合计	一	二	三		其中教师
全市合计	735	229	248	258	37314	11113	12662	13539	2831	2503
乡镇合计	502	150	168	184	25868	7496	8699	9673	1941	1729
三星初级中学	17	5	6	6	772	191	261	320	71	67
天补镇初级中学	20	6	7	7	1032	293	351	388	80	68
三和中学	19	6	7	6	883	247	310	326	83	73
德胜初级中学	14	4	5	5	645	165	221	259	63	56
瑞祥初级中学	12	4	4	4	563	150	210	203	45	38
城北初级中学	6	2	2	2	260	85	72	103	33	25
秀山初级中学	7	2	2	3	406	112	109	185	44	35
江心沙学校	2	0	1	1	52	0	21	31	14	14
常乐初级中学	26	8	8	10	1275	364	421	490	102	85
三厂镇初级中学	33	9	12	12	1773	458	628	687	133	114

① 完全中学:既有初级中学的学段,又有高级中学学段的学校。

续表 26－6

学校名称	班级（个）				在校学生（人）				教职工（人）	
	合计	一	二	三	合计	一	二	三		其中教师
汤家初级中学	12	4	4	4	710	237	251	222	55	50
长春初级中学	22	7	7	8	1092	321	380	391	69	67
海永学校	3	1	1	1	127	39	50	38	16	13
悦来镇初级中学	20	5	7	8	1013	256	342	415	68	63
六匡初级中学	13	4	4	5	547	140	183	224	43	37
万年初级中学	16	5	5	6	749	227	252	270	61	54
三阳初级中学	15	4	5	6	704	172	218	314	57	52
临江初级中学	16	5	5	6	819	241	247	331	71	65
四甲初级中学	29	8	9	12	1525	432	507	586	103	94
货隆初级中学	20	6	7	7	1060	344	363	353	73	68
树勋初级中学	41	15	13	13	2310	816	745	749	109	98
王浩初级中学	13	4	4	5	629	169	202	258	59	56
余东中学	15	4	5	6	818	227	296	295	65	58
正余初级中学	24	7	8	9	1350	412	454	484	90	78
包场初级中学	34	10	12	12	1958	589	673	696	125	110
六甲初级中学	23	7	8	8	1348	406	487	455	77	69
海洪初级中学	12	3	4	5	527	127	157	243	58	51
东灶港初级中学	18	5	6	7	921	276	288	357	74	71
直属合计	233	79	80	74	11446	3617	3963	3866	890	774
能仁中学	20	10	6	4	950	438	289	223	62	60
四甲中学	6	2	2	2	236	69	86	81	23	23
包场中学	8	3	4	1	300	104	162	34	20	20
实验学校	39	14	12	13	1462	540	450	472	114	114
东洲中学	82	28	28	26	4307	1376	1449	1482	315	283
海南中学	49	15	17	17	2755	738	996	1021	192	165
海中附校	26	6	10	10	1390	333	518	539	137	84
业余体校	3	1	1	1	46	19	13	14	27	25

二、教育教学

学制　清末，洋务学堂执行癸卯学制，中学为5年。民国元年，执行壬子、癸丑学制，定学制4年。民国12年，根据壬戌学制，私立海门中学初中学制为3年。乡间一些相当于初级中学程度的学塾，属补习学校性质，无学习年限规定。

抗日战争期间，根据地各中学学制比较灵活。有些学校初中缩短学制为2年，或在3年中规定学完高中一年级课程。

解放后的10多年间，初中一直实行三年制。1961年，海门中学有2个班级进行五年一贯制教学试验。1963年，扩展为4个班。至1966年“文化大革命”停止。

1969年，初中学制改为2年。1971年9月，新建公社搞“学大寨”“学朝农”（辽宁省朝阳农学院）教育革命试点，试办七年制学校（小学一年级至初中二年级），1975年终止。

1980年起，学制逐步恢复为初中三年制。1983－2008年，初中学制一律为3年。

课程 民国初期，师山中学课程设有国文、英文、文法、算学、修身、历史、地理、博物、图画、体操。民国12年（1923），设有党义、国文、数学、物理、化学、英语、博物、图画、唱歌、体操，并设童子军课程。民国25年，设公民、国文、算学、历史、地理、英语、生理卫生、植物、动物、化学、物理、劳作、图画、音乐、体育及童子军等课程。

抗日战争期间，抗日根据地根据实际需要，课程设置有所增删。初中增设时事、青年修养。汪伪占领区茅家镇的中学曾设日语。

抗日战争胜利后，按民国17年国民政府颁布标准设课程。解放区各中学在开设文化课的同时，开辟社会大课堂，参加土地改革运动、大参军运动。

解放后，初中课程设置有政治、语文、英语、数学、物理、化学、植物、动物、历史、地理、音乐、体育和美术等。1954年，初中停设英语课，政治课改为时事政策课，语文课分文学和汉语，1年后合并。1957年秋季，初中恢复英语课。

1958年，初三增设农业知识课。以后，初中各年级开设劳动课。1961年，因国民经济暂时困难，考虑到学生的体力消耗，将2节体育改成1节操场课、1节堂课。初一、初三每周46课时，初二48课时。

1969年，初中设政治、语文、数学、工业基础知识、农业基础知识、体育6门。1973年，课程渐趋统一，设政治、语文、数学、外语、物理、化学、历史、地理、学工学农、体育、音乐、美术等，每周计36课时。1983年，县城初中增设人口教育。1986年后，实行课程设置多元结构。20世纪90年代初，有时政、语文、数学、外语、物理、化学、地理、历史、生物、生理卫生、体育、音乐、美术，初一、初三每周31课时，初二33课时。1994年，初一每周34课时，初二、初三35课时。

2002年，随着国家课程改革，初中课程有学科课程、综合实践活动课程、地方和学校安排的课程等，每周34课时。2008年，每周为40课时，开设思想与品德、语文、数学、外语、历史、地理、物理、化学、生物、体育与健康、音乐、美术、综合实践活动、体育锻炼、社团活动、校本阅读等课程。

教材 民国时期，采用商务印书馆和中华书局出版的教科书，也用中学生书局主编、经民国政府教育厅审定出版的课本。抗日战争时期，战地中学教材取自有关报刊或有经验的教师集中编写，增加抗日救国的内容，沦陷区学校采用汪伪“国定”教材。

新中国成立后，统一使用人民教育出版社教材。“文化大革命”时期，用地方编的实用教材。1978年，统一使用人民教育出版社教材。1989年、1990年，编写海门乡土教材充实历史、地理课教学内容。2001年，教材作较大变动，先后使用人教版和省编教材。2002年起，初中开设综合实践课程，统一使用义务教育课程标准实验教学用书。

思想教育 清末，传授孔孟之道。民国初，讲求“修身、齐家、治国、平天下”。各校设置“修身”课程外，制定校训，谱写校歌。

民国5年，一些学校强迫学生“切勿干预对德宣战之事”。民国9年，学校建立训育处。

民国20年“九一八”事变后，学校思想教育注重激发学生救国热情，灌输救国知识，培养救国技能。各校进行时事报告，使学生认识国情动态，提倡使用国货。国民政府要求学生读书就是救国。抗日战争全面爆发后，根据地学校继续加强抗日救国和有关党的方针政策教育。其间，一些家庭富裕的学生动员父母以抗日为重，自觉减租减息，减轻农民负担。沦陷区，日汪伪政权推行奴化的“新国民教育”。

抗日战争胜利后，国民党政府对学生强输“戡乱建国”反动理论；解放区学校进行“坚持团结，反对分裂；坚持和平，反对战争；坚持民主，反对独裁”的思想教育，还进行艰苦奋斗和《土地法大纲》的教育。

新中国建立后，学校配合政治运动，通过共青团组织、学生会对学生加强思想政治教育，同时开展蔑视、鄙视、仇视美帝国主义和巩固新民主主义政权的教育，还抓紧爱国公约的修订与检查，加强学习纪律和端正学习态度的教育。

50年代，学校学习过渡时期总路线，进行社会主义制度优越性教育和“五爱”教育。开展创“三好”活动，贯彻《中学生守则》。1958 年，学校进行“三面红旗”①教育。

60 年代，广泛开展学雷锋、见行动活动，进行学习目的性教育，反修、防修教育，掀起学习毛主席著作的热潮。

“文化大革命”初期，“造反有理，革命无罪”代替思想教育。1968 年秋复课后，以劳代学现象较多，学生参与集体生产劳动，接触工农群众，培养吃苦耐劳精神。

中共十一届三中全会后，学校思想教育拨乱反正。1979 年，深入开展学雷锋创三好活动和《中学生守则》教育。

80 年代，开展以“五讲、四美、三热爱”教育为中心内容的“创三好”树新风活动，各校相继开展评选文明班级、创建文明单位活动。1989 年，政治思想教育重点放在“坚持四项基本原则”上。

90 年代，学校健全德育教育机构，成立校外德育基地和校外教育网络，统筹安排政治思想、道德、行为规范和心理健康教育。利用重大节日、重大历史事件、读书活动、主题班会、团队活动等形式，重点进行爱国主义教育和社会主义教育、遵守校纪校规教育、“三五”普法教育和社会公德教育，促进学生素质的全面提高。

2000 年，学校以新的《中学生守则》《中学生日常行为规范》为主要内容，聘请法制副校长，举办法制教育巡回报告及树立社会主义荣辱观演讲活动，办好中学生团校，开展“三好生”②和文明标兵评比，提高学校德育教育的主动性、针对性和实效性。

三、学校选介

海门县民立三益初级中学　校址江家镇城隍庙。清光绪三十二年（1906），江家镇绅商刘燮钧、刘启征在城隍庙办私塾，翌年改办为私立三益初等小学堂。民国 14 年，办成完全小学，原庙东高小校舍改办私立三益初级中学，首届招初中 1 个班、学生 43 人。民国 16 年，初中自然增至 3 个班，学生 138 人。民国 20 年，学界人士徐镜如投资 3000 元，扩办高中一年级 1 个班、招学生 20 多人，翌年高一班停办。

抗日战争爆发后，县政府将县立中学与私立三益中学合并，称联合中学。民国 29 年 8 月，县立中学迁走，三益初中仍在原址开办。民国 30 年，全校有初中 4 个班，在校学生 200 余人，教职工 18 人。翌年，日本侵略军侵占江家镇前夕，抗日民主政府发动群众拆除全部校舍，借江家镇北三条桥沈家宅复学，办 3 个班。民国 32 年 8 月，日伪军在江家镇筑据点、下乡骚扰，学校上课时断时续。同时，十二匡镇办三益初中南校，历时 2 年。

民国 35 年 8 月，经东南行署批准，在沈家宅复办，更名县民立三益初级中学。季方任名誉校长，赵一平兼任校长，经费由民主政府拨给，不足部分由近 1 公顷校田收益补贴。招收初中一至三年级 3 个班，学生 150 余人。年底，国民党军队进犯解放区，学校转移到江家镇东北杨家宅，后与迁来的私立启光初级中学合并。民国 36 年 2 月，国民党军队占领江家镇，学校停办。

海门县私立海霞初级中学　校址三阳镇西市河湾处。民国 14 年，由凌海霞与其兄凌晏池集资创办，校长凌海霞。始招女生刺绣班和简师班，学生 100 多人。民国 18 年，发展为普通女子中学，校名县私立海霞女子初级中学，设初一至初三各 1 个班，并附设小学一至六年级 6 个班。占地 1.33 公顷，建有楼房 1 幢，平房数十间，楼上为宿舍，楼下为初中部教室，其余为小学部教室和教职工宿舍。还有宽广的体育场地，体育设施较全。民国 22 年秋，改为男女兼收，更校名为县私立海霞初级中学。

民国 27 年 3 月，日本侵略军侵占海门，学校与私立能仁初级中学合并为能海联合中学，分上、下两校，上校迁至三阳镇北育婴堂，下校迁至富安镇锄经小学。民国 29 年夏，联合中学解体，海霞校迁回三阳镇原校。民国 30 年暑假，增招简师 1 个班，学生 50 人。中小学教职工 20 余人。民国 31 年春，日伪军侵占三阳镇，小学部停办。初中部和简师班迁至南星镇西南的沙家仓。首届简师班学生毕业后，不少人北上东台、盐城参加革命。是年初夏，日伪军向沙家仓一带频繁侵扰，学校无法上课，迁至沦陷区常乐镇张邵小学，办 3 个班。民国 32 年秋，在常乐镇招收第二届简师班学生 50 人。民国 34 年

① 三面红旗：总路线、“大跃进”、人民公社。

② 三好生：思想品质好、学习好、身体好。

春，简师班迁至坝头镇北三里黄宅，接受民主政府领导，初中部于年底停办。

海门县私立江口国文补习学校 民国17年(1928)，顾文仲在家宅(今三厂刘洪村)创办东洲国文专科学校，顾自任校长，兼教诗词，并聘请有名望的教师教国文，师生思想比较进步，革命志士王尘无、梅永熙等少时均在该校攻读。翌年，因出版《东洲国文专科文选》，被国民海门县政府以"亲共"借口勒令停办。民国19年，办中、英、算补习班，改名为人人学院。不久又被当局查封。民国22年再办，改名怡志国文补习学校，后又因"赤化"嫌疑，被迫停办。民国24年，开办江口国文补习学校，招收学生60人左右，并以私资建造几间简易教室、办公室、宿舍，扩办小学部，学生增至200人。顾文仲倾向于陶行知的办学思想，采用小先生制，选择成绩优异者到小学部任课，实行半教半读，减免其学杂费，以作报酬。办学经费以学生学杂费为主，贫苦学生减免。寄宿生吃杂粮饭，自己种菜、磨谷、做饭，提倡勤俭办学。

抗日战争爆发后，顾改办私立江口女校，只收女生。一年后，日本侵略军侵占海门，学校解散。民国32年，顾氏借南星镇西徐式如宅，改办江口农业学校，设2个班，学生80多人。不久，因日伪军骚扰，迁回江口学校原址，两个学期后，又因形势恶化和经费困难而停办。

海门市长春初级中学 校址麒麟镇通海路483号。1957年7月，由中共新南区区委组织乡、社有关领导及农民代表共9人成立办学委员会，县教育局派员负责学校筹建工作。借用沙家宅(停办的县速成师范旧址)为校址，创办县麒麟乡长春民办初级中学。设初一2个班、初三3个班(由伟新初中转来)，学生268人，教职工12人。1958年，生产大队划给学校生产田5.33公顷，供师生开展勤工俭学活动。学校办学初期，大部分教师是刚出校门的高中毕业生和海师速成师范班结业生。后经学校组织教师参加函授进修学习，1965年有6名教师获得大专毕业证书。至1971年，校园经济收入累计2.35万元，全部用于修理校舍，添置办公用品和教学设备。1980年、1981年，招过2届两年制高中班。1993年，新建校舍于今址。1994年4月，更名为长春初级中学，有初中6个班，学生236人，教职工16人。1995年9月，整合教育资源，广中、立新两所民办初中和麒麟中学初中部一同并入。学校深化教育改革，扎实推进素质教育，实施课程改革，积极探索轻负高效的教育模式，取得较好办学效益。先后被评为省德育工作先进学校、平安学校、"绿色学校"，南通市十佳校园、和谐校园、青少年行为规范示范学校、校园建设与管理优秀单位。2003年，成为省首批教育现代化示范初中。

2008年，学校占地3.49公顷，建筑面积1.5万平方米，有教学班22个，在校学生1092人，教职工69人。

海门市树勋初级中学 校址树勋镇友谊路10号。1958年，在树勋乡旭东村创办县树勋民办初级中学，借用旭东大队(今六圩村)堂南小学部分余房作校舍。1962年，扩建校舍，占地1.73公顷，形成3轨制初中，学生450余人，教职工21人。1964年，改为农业中学，创办农业高中部。1968年，停招农业高中班，增设公办高中两个班，初中仍为民办，初、高中学制均为2年，并改名为县树勋公社中学。1975年，由县拨款，在新河镇东首(今校址)新建校舍。1981年，停招高中班。

1993－1998年，以毛云和为首的南通三建九分公司出资3100余万元，建造教学楼、餐厅、长廊等。1996－1998年，完成学校教育现代化工程，占地4.4公顷，建筑面积2.12万平方米。2001年，由南通三建九分公司申请，按照民办体制运行。2003－2008年，新增学生公寓、教师公寓、学生餐厅、综合楼等1万余平方米。2008年，学校占地4.8公顷，建筑面积2.75万多平方米，有教学班41个，在校学生2310人，教职工109人。

学校先后被评为省德育先进学校、首批实施教育现代化工程示范初中、"绿色学校"，南通市合格初中、首批模范学校、先进集体、和谐学校、青少年行为规范示范学校、德育先进学校。学校在市素质教育百分考核中连续5年获乡镇组一等奖第一名。

海门市东洲中学开发区校区 校址开发区人民东路555号。1960年8月，借用江滨公社富北大队(今富北村)十二队村民张驾功门前2间私房作校舍，创办江滨初级中学，时为单轨公办初中。1969年，更名江滨中学，招收高中班，附设民办初中班。"文化大革命"期间，师生以劳代教、代学，教育质量下降。中共十一届三中全会后，学校教学秩序逐步恢复正常。1980年，调整为双轨制初中。1983年，增设建筑专业高中职业班。1987年，评为南通市、县合格初中。1990年，成立南通市乡村中学的首家预备役学校。1994年，成为南通市唯一一所全省素质教育试点学校。

90年代起，学校在全体师生中倡导学习陶行知先生教育思想，树立"生活教育"的大教育观，自觉践行和发扬光大陶行知先生的教育思想。1993年，被评为省首批德育工作先进学校。随着乡镇初中实行规模办学，2007年后，拆并民主、永久、建设3个民办中学，1997年实现一乡一所初中。1998年，开办7年的职业中专班停办。2000年，学校更名为市经济开发区中学。办学条件改善，办学规模不断扩大。2005年，学校获全国陶行知教育理论与实践先进集体荣誉称号，被评为南通市模范学校。2006年4月，学校与东洲中学合并，更名为东洲中学开发区校区。

2007年起，学校从本部请来外籍教师任教，深度推进课堂教学中"学程导航"教学模式，形成具有本校特色的"六步教育学法"，有效提高课堂教学的质量。学校先后成为省陶行知研究会实验学校、南通市学陶先进集体、市学陶师陶特色学校。2008年，学校占地面积3.69公顷，建建面积1.83平方米。学校系8轨制，有24个教学班。

海门市东洲中学　校址市区长江路408号。1987年创办，招收初一6个班，学生251人。1993年，发展为22个班，学生1114人，教职工96人。建立心理辅导中心，设敏敏姐姐信箱和心理咨询电话热线，编写心理健康校本教材，开设心理健康课程，成为全省学校心理教育的典范。

1995年，优化课程结构，设置双语教学课程，建立双向多媒体教育网络，开设校本活动课程和增强国际合作交流等一系列措施，不断提高教学质量，开拓教育新领域。1999年9月，创办民办性质的东洲实验初中，实行全托管理，小班教育。2001年，聘请外籍教师。

2006年，东洲中学创办公办民管的市德明初级中学。同年，开发区中学并入东洲中学，成为东洲中学开发区校区。2007年后，聘请英国、美国、加拿大、澳大利亚、新西兰等国教师34人到校任教。组建东洲教育集团，下辖东洲中学、德明初级中学、东洲教育培训中心和东洲中学开发区校区。

2008年，学校占地4.58公顷，建筑面积4.31万平方米，校园布局合理、环境秀丽典雅。有教学班82个，在校学生4307人，教职工315人，教师283人。有特级教师2人，教育硕士6人，全国、省级优秀教师、优秀班主任20多人及一批市级优秀教育骨干。

学校多次被评为省模范学校、省德育工作先进学校、省精神文明建设工作先进单位，确定为省德育整体改革试点学校、省素质教育试点学校、省心理教育实验学校，成为省首批教育现代化示范初中，并多次被评为国家级先进单位。2008年，被确立为省华文教育基地、省中小学国际推广基地、省中小学校长培训基地。

图26-4　海门市东洲中学　(2008年摄)

海门市海南中学　校址市区黄海中路928号。创办于1994年，招收初一3个班，学生169人，教职工21人。1996年，投入800多万元扩建校园，新建教育楼、实验楼、办公楼、学生公寓楼、食堂。学校扩至8轨，24个教学班，在校学生826人，教职工75人。2002年起，先后投入2000万元增建教学楼等一系列办学设施，增添各类现代化教学设备，学校成为省教育装备现代化实验学校。2008年，学校占地6.35公顷，建筑面积2.52万平方米。有49个教学班，在校学生2755人，教职工192人，其中专任教师165人，市级以上骨干教师43人。

学校积极实施素质教育，推进课程改革，注重教学观、师生观、质量观的更新与提高，形成"教师人人参与课题研究,学科全方位实施课程改革”的良好氛围。先后承担国家和省市级教科课题10多项,被评为省教科研实验基地。自办学起,先后获省实施教育现代化示范学校、省德育先进学校、省实施素质教育先进学校、省青少年科技教育特色学校、省电化教育先进学校、省“绿色学校”等多项殊荣。

第四节 高中教育

一、发展概况

民国元年(1912),茅祖权、赵师鼎在师山书院创办四年制师山中学。翌年,改为私立海门中学,设高中班。民国15年,私立启秀初级中学(麒麟中学前身)增招高中班。民国26年,县境内有完全中学1所,高中班4个。

民国27年,日本侵略军入侵海门,海门中学辗转上海与敌后复学,在江家镇附近(下校)及三星镇西北赵宅(上校)各有3个高中班,学生315人。私立启秀中学在麒麟镇西北原校址(上校)复校,除招收初中班外,还招收高中1个班,学生50人。民国31年,民主政府创办崇启海联合中学(今启东富安镇),招收高中3个班。翌年3月,暂停上课,部分师生转至麒麟镇北肖宅改办私立兰陵中学。民国33年,合并至苏中四分区联合中学(今东台市)。民国34年8月,东南行署于三阳镇东南倪芝香仓(今启东市)创办东南中学,全县有高中3个班。抗战胜利后,国民党县政府接收县立海门中学,扩办高中部。民国35年春,蔡荫恩于县治中山堂复办私立海门中学,设高中部。私立锡类初级中学扩办高中。民国36年,国民党军队大举进犯解放区,东南中学被迫停课,同年11月与通州师范侨校合并。

解放后,县军事管制委员会接管县立海门中学,合并私立海门中学,与东南中学部分师生一起,建立南通区海门中学,设高中部。1949年,全县有高中6个班。1950年9月,原教会办的锡类中学高中部2个班并入海门中学。

1958年8月,麒麟、包场、三厂初级中学晋升为完全中学。1960年,四甲、悦来初级中学晋升为完全中学。至此,全县有完全中学6所,设高中14轨。海门中学为省重点中学,麒麟、四甲中学为县重点中学。

1962年、1963年,三厂镇招收两届民办高中。1966年,中学均“停课闹革命”,学校既不招生,又不毕业。1968年暑假,66届、67届、68届毕业生(称老三届)离校才继续招收新生。当年,天补初级中学扩招高中2个班,更名为县天补中学。原6所全日制完全中学的高中压缩招生规模,班级下伸到农村初中,成为戴帽子高中。其间,有工人、贫下中农宣传队两度进驻学校,1977年10月撤出。1974年,有高中32所,251个班级(其中26所初中附设高中班80个)。县初级中学招收高中生,并改名为海门县中学。

1978年4月,海门中学恢复为省重点中学,面向全县招生。麒麟中学属南通地区重点中学,四甲中学属县重点中学,分别向三厂、悦来、四甲、包场区招生。1980年1月,海门县中学和天补中学确定为县属完全中学。1981年,22所公社中学、6所民办中学脱去高中帽子,高中由每年招100个班调整为40个班。1985年起,高中教育快速发展。1990年,8所完中有高中班130个,在校学生5600人,高中毕业生升学率26.6%。

1987年,县政协开办师山文化补习学校,生源为应、历届高考落榜生。

1995年,有高中班141个,在校学生6878人。2000年,有高中班198个,在校学生10560人。9月,海门县中学复名锡类中学。2001年,海门师范在市区创办冠今中学(民办)。2003年,市创办海门实验学校高中部(民办),全市高中增至10所。2006年8月,锡类中学更名为海门中学附属学校,并停止招收高中生。全市高中整合为9所,在校学生1.74万人,教师1212人,高考录取率96.45%。2008年,考生普通类“本二”以上上线率47.72%,列省第二名,语文、数学、外语总均分、投档分、特征分均列省第三名,成为省普及高中阶段教育先进市。

2008年海门市普通高中概况一览

表26－7

单位	班级(个)				在校学生(人)				教职工(人)	
	合计	一	二	三	合计	一	二	三		其中教师
合　计	337	111	111	115	17218	5671	5792	5755	1661	1367
海门中学	48	16	16	16	2401	808	805	788	290	223
天补中学	27	8	9	10	1310	409	421	480	157	129
三厂中学	42	14	13	15	2218	696	699	823	205	175
麒麟中学	26	8	8	10	1337	406	441	490	139	110
悦来中学	23	7	8	8	1170	399	377	394	141	103
四甲中学	46	16	15	15	2463	823	855	785	221	178
包场中学	49	16	16	17	2533	835	890	808	244	206
冠今中学	36	12	12	12	1687	552	563	572	74	74
实验学校	40	14	14	12	2099	743	741	615	190	169

二、教育教学

学制　民国5年，中学学制为5年，增预备科1年。民国12年，高中段学制为3年。

新中国成立后的10多年间，高中一直实行三年制。1961年，海门中学有2个班实行五年一贯制教学试验，1963年扩为4个班，至1966年“文化大革命”停止。

1969年，高中改为二年制。1983年起，实行三年制。

课程　民国初期，高中课程设置为国文、英文、文法、算学、修身、历史、地理、博物、图画、体操。民国12年，设党义、国文、数学、物理、化学、英语、博物、图画、唱歌、体操等，并设军训课。民国25年，高中所设课程与初中基本相同。

抗日战争时期，民主根据地学校高中设有民主建设课。沦陷区的海门中学一度设日语课，且有日籍人员任教。抗日战争胜利后，中学开设课程与1928年民国政府颁布的课程标准相同。解放区的东南中学设有政治、语文、数学、物理、唱歌等课程，多数时间学生走向社会，参加土改、大参军运动。

解放后，高中班课程设政治、语文、英语、数学、物理、化学、生物、历史、地理、体育等。1955年10月，海门中学高中英语和俄语并设。1958年后，高中开设劳动课。1962年，停开俄语。

1961年，高中每周48课时。1969年，课程精减，高中设政治、语文、数学、工业基础、农业基础和体育6门。1978年，恢复1966年课程。1981年，高中二年级进行文理分科。文科的物理、化学，理科的历史、地理降低要求，提前结束。

1990年，课程有时政、语文、数学、外语、物理、化学、地理、历史、生物、生理卫生、体育、音乐、美术。高一每周31课时，高二36课时，高三33课时。1999年，分为必修课和选修课。2005年起，除文化课外，开设信息技术、通用技术、综合社会实践等课程和地方课程。高一每周36课时，高二每周35－40课时，高三上学期40课时，下学期39课时。

教材　民国初期，海门中学除国文和中国史地外，各教科书均用英文版。以后采用商务印书馆和中华书局出版的教科书，也用中学生书局主编、经国民政府教育部审定出版的课本。抗日战争时期，根据地中学在原有文科教本中剔除一些旧内容，增加抗日救国的新内容，教材取自《苏中报》《江海报》和《东南报》等，选派有编写经验的教师集中编写，以油墨、石刻制成。还组织学生阅读《什么是帝国主义》《什么是社会主义》《西行漫记》《大众哲学》《政治经济学》等书籍。游击区学校备有春江书局课本（应付敌伪下乡扫荡时用）和抗日课本两套。沦陷区学校由汪伪政权派驻日籍教员，采用“国定”课，实行奴化教育。

解放战争时期，国统区继续沿用抗日战争前夕教材，增加一些"戡乱建国"的小册子。解放区使用通俗易懂，有战斗性、现实性的自编教材。

新中国成立后，统一使用人民教育出版社教材。"文化大革命"期间，使用南通、海门等自编教材，文科强调阶级斗争，理科偏于实用。1978年，统一使用人民教育出版社的教材。1983年，增设人口教育。

1989年、1990年，编写乡土教材《海门历史》《海门地理》，充实历史、地理课教学内容。

1990年，选用人民教育出版社和江苏教育出版社教材。

2005－2008年，语文使用江苏教育出版社教材，其余学科使用人民教育出版社和译林出版社、湘潭教育出版社教材。

思想教育 清末，中西中学堂设"读经"一科，传授孔孟之道。民国初，讲求修身、齐家、治国、平天下。民国9年，开展"杜嗜好而肃校风"活动，建立训育处。民国24年，国民政府指定学校推行"新生活运动"，灌输"读书救国论"，但很多进步教师向学生进行爱国救国教育。

民国31年，新四军一师与东南地区党政军民及小学四年级以上学生，在海复镇（今启东市）举行纪念"五四"22周年大会，听取发扬"五四"光荣革命传统、争取抗战胜利的报告。民国36年，在学生中开展谁养活谁的讨论，增强学生的阶级观念。

解放后，配合政治运动加强对学生进行"五爱"教育及《中学生守则》教育。1958年，进行"三面红旗"教育。1963年，开展"学雷锋"教育及学习毛主席著作活动。"文化大革命"初期，以"造反有理""革命无罪"代替思想教育。1968年秋复课后，学生参加农村集体生产劳动等接触社会的活动较多，学生能了解工农群众与生产实际，培养吃苦耐劳精神。1979年，高中开展"学雷锋，创三好"活动，立志成才，为祖国"四化"建设从我做起、从现在做起的教育和"五讲、四美、三热爱"教育。1989年，重点进行坚持四项基本原则教育。建立德育教育基地，形成校内外、课内外教育网络。

20世纪90年代，建立中学生党校、团校，开展军训和读书活动，进行入学、入团、入党、18岁成人宣誓等活动。2000年，加强诚信教育，"三个代表"重要思想教育和人生观、价值观教育，心理健康教育。2006年，启动和实施新公民教育，以新守则、新规范为主要内容，进行校规校纪和理想信念教育、自信心教育、法律法规和社会公德教育。

三、学校选介

江苏省海门中学 校址市区育才路1号。前身师山书院建于清嘉庆十四年（1809），位于海门厅治茅家镇东侧。民国元年，茅祖权、赵师鼎等在师山书院旧址（儒学署文庙）创办师山中学，首任校长赵师鼎。民国2年，改名私立海门中学，黄照青任校长。学制5年（预科1年），民国教育总长、著名学者蔡元培亲题"海门中学校"校匾。民国11年，改学制为初、高中各3年，高中4个班，初中5个班。

私立海门中学校长由校董会任命，下设学监、教务主任，由校长聘任。学校广聘名师，严格管理，其教育质量名闻苏北、苏中。

民国27年3月，日本侵略军入侵，海门沦陷，学生临时遣散。4月，部分师生坚持在敌后办学复课（下校）。

民国30年，日汪伪海门县政府建县立海门中学。翌年春，根据地通海行署在海门三星镇西北赵宅创办海门中学（上校）。抗战胜利后，国民党县政府接管日汪伪县立海门中学，仍名为县立海门中学，规模为初高中6个班，另附1个简师班。

民国35年春，蔡荫恩等重组校董会，在海门中山堂复办私立海门中学，设高中、初中6个班。

1949年1月海门解放后，县军管会接收县立海门中学，合并私立海门中学，与东南中学部分师生一起，成立苏北南通区海门中学校，设高中班3个、初中班7个。9月，附设简师班1个，有学生660人，教职工50人。1951年1月，更校名为苏北海门中学。

1953年春，学校更名为江苏省海门中学。1954年，在原址重建教室和宿舍楼，办学规模为初、高中4轨，共24个班。同年，被列为首批省重点中学。

1955－1965年，学校高中部的招生范围为海门、启东和南通3县。高中升学率保持在80%以上，初中升学率90%以上。"文化大革命"期间，学校遭受破坏，一度锐减为8个班。

1978年，学校被确认为全省首批恢复办学的18

所重点中学之一。教育秩序得以恢复，规模逐渐扩至初、高中共30个班级。

80年代，学校发展迅速，各项成绩显著，高考成绩连续居南通市领先地位，被评为省先进单位。

1992年起，学校高考成绩、高考升学率等各项指标始终保持在全省一流的行列。学校连获省文明单位、省先进集体、省模范学校等称号。

1999年5月，批准为省内首批国家级示范性普通高中。

2006年，按高中16轨招生。60%考生被全国排名前12的重点大学录取。

2008年，学校占地7.91公顷，建筑面积4.75万平方米，班级48个，在校学生2401人，教职工290人，其中教师223人。有教授级高级教师1人，研究生学历17人，南通市级以上科技拔尖人才、学科带头人和骨干教师26人，市级学科带头人22人。学校被评为2008年全国百所最具成长力学校，校长成锦平被评为2008年全国十大教育杰出贡献校长。

海门市麒麟中学　校址麒麟镇西北1.5公里。清光绪三十二年(1906)，乡绅龚世清创办私立启秀初等小学堂。宣统二年(1910)，添设小学高级班。民国12年，龚世清长子龚芑荪扩大学校规模，增设初中部，名为私立启秀初级中学。民国15年后，一度增设高中班。民国18年，学校已有中共小组，后建中共支部，学生黄家骏、陆飞鹫、陆朝贞都是启秀的早期毕业生，为革命光荣牺牲。民国27年，日本侵略军入侵，学校解散。是年下半年，部分师生于敌后聚星镇西北沙家祠堂复课。民国30年，另一部分师生于原校复课，有初、高中5个班，学生300人。两校并存时，原校谓上校，沙祠谓下校。是年，下校学生发动学潮，为争取抗日救亡权利而斗争。民国34年9月，下校与东南中学合并。民国35年下半年，因国民党军队进犯，上校迁至海界河北扶乱庙，与私立启光初级中学合办。

1952年8月，县人民政府拨款和单位资助在启秀初中旧址复校，沿用原校名县启秀初级中学。1953年8月，经省政府批准，改为县麒麟初级中学。同时，三星、聚星、江家3个小学的初中补习班并入，后为四轨制初中。1958年8月，增办高中，改为县麒麟中学。之后，学校班级数徘徊于15－19个之间。"文化大革命"中，更名为东方红中学。1978年9月，复名为县麒麟中学，并确定为南通地区重点中学。1993年，有高中18班，初中6班，学生974人，教师132人。1995年后，学校通过国家拨款，学校自筹等多种措施，筹集资金973万元，整体翻建和扩建这所百年老校，先后建造教学楼、综合楼、办公楼、教工宿舍、学生宿舍和饭堂等，使校容校貌改观更新，被评为南通市优秀校园。1997年，初中部停止招生，成为一所全日制完全高中。1999年5月，被评为南通市重点高中。2000年11月，晋升为省重点高中。2004年3月，成为省首批三星级高中。2008年，学校占地7.22公顷，建筑面积3.21万平方米，有26个高中教学班，在校学生1337人，教职工139人，其中专任教师110人。

海门市育才中学　校址市区解放西路42号。清咸丰四年(1854)，茅家镇天主堂神甫李秀芳在茅家镇西市建经学堂。光绪七年年起，改为圣心学堂。民国2年，定名类思学堂，专收教民子弟，不收女生。民国5年，改名类思小学，开始招收少数教外男生。民国15年，添办初中，改名私立锡类初级中学。原类思小学成为初中附属学校。民国21年、22年，初中、小学先后被批准立案。民国27年春，日本侵略军入侵，学校停课。是年秋，初中、小学复课。民国30年冬，一度停课，至翌年春复课。民国31年秋，学校附设一年制简易师范1个班。民国32年秋，始招普通高中2个班。此时，海门大洪镇、崇明大丰镇、启东北兴镇天主堂分别开办锡类初级中学第一分校、二分校、三分校。

图26－5　民国23年建的锡类中学教育楼，为海门最早的教学楼（1995年摄）

海门解放后，经县人民政府与教会商定，由施竹兰神甫任校长。1950年，学校相继成立管理委员会、教育工会、学生会等组织。9月，高中部两个班并入海门中学。1951年10月，全校师生开展革新校名运动，经苏北行署批准，改名为县私立培新初级中学。1952年11月，转为公办，校名县初级中学。1954年秋，小学部并入茅镇小学，初中有15个班。1962年，调整为9个班，迁进茅镇民办初级中学。1964年8月，迁进茅镇初级农业职业学校，当时1个大门、3块校牌，统一建立中共支部，学校行政各自单独管理。1969年，下放为海门镇属学校，更名为海门镇初级中学。1974年9月，学校始招高中班，更名为海门县中学。

1980年1月，成为完全中学。9月，开始中学教育结构改革试点，设高中商业财会班，学校定型为普、职教并举的综合性中学。1990年，学校更名县复兴中学。1995年起，发展高中教育，学校缩编初中教育，增招职业教育普通高中2个班。1999年，职业班停止招生。2000年，学校启动校园改造工程，先后拆迁征地，建造综合大楼、食堂、学生宿舍大楼。同年，复名市锡类中学。2002年，学校初中停止招生，普通高中逐年扩招。至2005年，学校发展为12轨，全校有高中教学班36个，在校学生1864人，教职工195人，其中专任教师160人。2006年，学校建筑面积1.85万平方米，占地3.29公顷。

2006年8月，海门中学对锡类中学重组，更名为海门中学附属学校。高中班停止招生，只招初中生。两年过渡后，撤销锡类中学建制，海中附校成为一所纯公办初中。2008年8月，学校独立，更名为市育才中学。

江苏省包场高级中学 校址包场镇育才路1号。1956年4月创建，8月招收初一新生2个班，从私立余中初中分部转入初二1个班，共有学生158人，教职工18人。

1958年9月，招高一新生2个班。1960年9月，发展为初、高中双轨制完全中学，学生676人，教师48人。

1967年5月，改名为县卫东中学。翌年3月，成立校革命委员会。9月，招收初一2个班、高一3个班。

1984－1988年，连续5年评为县文明单位和先进集体。1993年，评为省德育先进学校。

1994年，建造实验大楼、办公图书楼、学生饭堂及教工宿舍楼等。1997年10月至1998年，学校被命名为省重点高中、省素质教育先进单位和南通市模范学校。1999年，开办艺术教育班。

2001年，征地1.4公顷，自筹资金1800万元，建造艺体馆、综合科技楼、学生公寓和教学楼，被评为南通市十佳校园。2003年4月，与韩国釜山东亚高等专科学校成为姊妹学校，多次互访交流。2005年1月，评为省四星级普通高中，更名为江苏省包场高级中学。

2008年，学校占地8.38公顷，建筑面积3.62万平方米，教职工244人，其中教师206人，教学班49个，在校学生2533人。学校艺术教育颇具特色，自开办以来，有学生320多人进入高等艺术院校。

海门市三厂中学 校址三厂镇翻身北路103号。1952年5月，由大生三厂出资，利用老人院旧址和职工子弟小学师资，创办县私立三厂初级中学，招收职工子弟2个班。1955年，自然增班为双轨制初中。1956年秋，改名大生三厂职工子弟初级中学。是年下半年，县借职工子弟初级中学部分校舍，创办县三厂初级中学，招收三厂附近的工农子弟入学。从此，1个校门、两所学校，经费收支各自核算，教职工由县统一调配。1958年秋，三厂初中始招高一2个班，改名县三厂中学。1962－1964年，三厂镇民办高中附设于三厂中学。其间，3校共有21个班，在校学生1000余人，教职工70多人。经费由县教育局与通棉三厂各半负担。“文化大革命”后，大生三厂职工子弟初中改为通棉三厂职工子弟中学。

1981年，被定为县重点中学。1989年，学校进行高三分流试点，对部分因受自身条件或家庭情况影响而不打算升学的学生，进行职业培训，这种普、职教有机结合的尝试，成为学校的办学特色。1992－1996年，学校完成第一期校园改造工程，被评为市校园建设与管理先进单位、市绿化达标学校。1993年，有高中18个班，初中6个班，在校学生1125人。1997年10月，通过南通市重点中学验收。1998年5月，被评为南通市模范学校。1999年，学校征地扩建，完成第二期校园改造工程。是年8月，初中部停止招生。11月，晋升为省重点中学。2001年起，开始第三期校园改造工程。2003

年,被评为首批省三星级高中。2004 年 3 月,获评南通市十佳校园。2008 年,学校占地 5.05 公顷,建筑面积 2.68 万平方米。全校有 42 个班级,在校学生 2218 人,教职工 205 人,其中专任教师 175 人。

学校面向全体学生,加强思想道德教育,成功实施课程改革,先后被评为南通市和省德育工作先进单位。

海门市悦来中学　校址悦来镇西环路 200 号。1955 年,在悦宏农业生产合作社(今悦来镇悦宏村),征地 1.67 公顷。翌年 9 月,新建校舍 600 平方米,招收初一新生 2 个班。同时,由私立兰陵初中实习班转入初二年级 1 个班 50 人,共计学生 162 人,教职工 12 人,定名为县悦来初级中学。1958 年 9 月,自然增班为双轨制初中。1960 年,始招高一新生 2 个班,更名为县悦来中学。1963 年,有高中 6 个班,初中 6 个班,在校学生 600 多人,教职工 43 人。"文化大革命"期间,学校更名为红卫中学,教育秩序遭破坏,教学质量下降。1976 年粉碎江青反革命集团以后,学校工作转移到教学为主的轨道上来,校名恢复为县悦来中学。1980 年,试行党支部领导下的校长负责制,学校进入新的发展时期。1982－1990 年,先后投入 267 万元改扩建校园,增添教学设施,学校以提高教育质量为生命线,教育质量逐年提高。1990－2000 年,学校先后被评为省实施素质教育先进学校、市安全文明学校等。2001 年,学校评为南通市重点高中。2004 年,评为省二星级高中。2005 年,晋升为省三星级高中。

2008 年底,学校占地 4.63 公顷,建筑面积 2.91 万平方米,有高中教学班 23 个,在校学生 1170 人,教职工 141 人。

海门市四甲中学　校址四甲镇人民路 159 号。前身系清朝同治七年(1868)社会各界名流(如两江总督李鸿章、通州知州梁悦馨等)捐资创办的东渐书院。民国 3 年,清末状元张謇议就书院旧址改设学舍为南通第三高等小学。民国 12 年,改名余中小学。后学校数易其名,并屡遭劫难。

1951 年 4 月,县第三届各界人民代表会议通过决议,兴修学校旧舍,创建通东地区一所初级中学。后经多方筹款 3 个月后修建完毕,名为县私立余中初级中学,时招初一 2 个班、初二 1 个班。1953 年,自然增班为双轨制初中。同年,设于新南区沙家仓(今麒麟镇西北)的 3 个初中补习班,经县批准为学校分部。1956 年,改名为县四甲初级中学,分部撤销。1960 年,扩为完全中学,名为县四甲中学。1962 年,确定为县重点中学。"文化大革命"期间,学校教学秩序被打乱。1966 年,易名为县东风中学。1978 年 8 月,恢复原校名四甲中学,并确定为县重点中学。1982 年后为完中。1993 年,有高中 18 班,学生 1290 人,教职工 143 人。1998 年 1 月,学校晋升为南通市重点中学。1999 年 11 月,通过省重点中学评估验收。2003 年,被评为省三星级高中。至 2008 年,学校占地 5.28 公顷,各种楼宇 21 幢,建筑面积 4.59 万平方米,有 46 个教学班,在校学生 2463 人,教师 178 人。

改革开放后,学校坚持"德育为首,教学中心,科研引领"的办学思想,坚持特色办学。学校毗邻驻海部队,国防教育优势明显。1999 年起,学校创办业余无线电报务训练班,数以千计的学生成为无线电报务兴趣爱好者,连续 8 年参加南通军分区报务比赛,4 次获团体第一名,并获省军区报务比赛团体三等奖,受到中央军委、总参通讯部和省军区的奖励。学校先后被评为省贯彻体育卫生两个"条例"优秀学校、省现代教育技术实验学校、省德育先进学校等。四甲中学自创办中学始,为社会培养初中毕业生 9400 余人,高中毕业生 1.4 万人,为中、高等院校输送合格新生 6000 余人。

海门市天补中学　校址天补镇振兴路 4 号。1958 年春创办,当年招收初一新生 2 个班。1960 年秋,自然增班为双轨制初中。翌年,被列为区重点初中。1968 年,扩招两个高中班,为戴"帽子"初级中学。1969 年,增招一个春季高中班。1980 年 1 月,批准为完全中学,易名县天补中学。1985 年,学校创办全国首家中学生业余戏曲社——补天戏曲社。1986 年,创刊《补天戏苑》,央视戏曲栏目曾专题介绍补天戏曲社。1992 年起,学校与南通师专美术系联合创办全日制普通高中美术班,被指定为南通市艺术教育试点学校。1993 年,有高中 12 班,初中 6 班,在校学生 900 人,教职工 114 人。学校坚持"德育为首,教学中心,育人根本"的办学理念,严格常规管理,强化校风、教风、学风建设,逐步实现德育内容系列化,德育方法科学化,德育活动特色化,德育途径整体化。1996 年、1998 年,先后被评为南通市和省德育先进学校。1999 年,初中部停办,高中部逐年扩规。2004 年,《补天戏苑》获评全国优秀中学生文学社及优秀社团报刊。2006年,成为省三星级普通高中。2008年,学校占地3.88公顷,建筑面积2.69万平方米,有27个高中班,在校学生1310人,教职工157人。

第三章 专业教育与社会教育

第一节 中等专业教育

一、师范教育

初级师范 清光绪三十二年(1906),海门厅在署东文庙设立师范传习所。民国元年(1912),国会议员茅祖权等在文庙办师范讲习所。次年,改为甲乙种师范讲习所。民国6年,改为单级师范,培养复式班教师。民国7年停办,民国9年复办。民国13年,改为乙种师范。民国17年,改称县立师范,办普师班,招收小学毕业生,毕业一届招收一届,每班学生50人。民国23年,停办。民国29年至海门解放,先后有9所普通中学附设师范班。

1950年,南通区海门中学附设初师班、简师班。1951年8月,在茅家镇街北路原私立能仁初级中学校址,创办海门初级师范学校,承担海门、南通、崇明、启东、如东5县初等教育师资培训任务,招收高小毕业生200人,学制3年。1952年上半年,招收具有初中文化的社会知识青年100人,编为半年制师训班2个。下半年,招收第2届初师生100人,另归并县内聚星、江家和三星3个初中补习班学生200人,编为一年制初师速成班4个。1954年下半年,兼办二年制小学教师轮训班。

1956年秋,创办县速成师范学校,招收初中毕业生200人,设4个班,教职工10余人。原定学制1年,培养初小教师,课程比中师一年级略多。1957年2月,学生分别转入海门师范速成班和海门卫生学校后,学校停办。

1959年1月,筹办县初级师范速成学校,2月开学。学校无单独设置的校址校舍,以天补、飞鹭、常乐、悦来、四甲、余东、包场7个公社为点,每个点设2－3个班,每班50人左右。学制半年,课程设社会主义教育、语文、算术(珠算)、语数教学法、音乐、体育、美工等,每周28节课。学生为社会知识青年、20岁以上农中学生及公社企事业单位人员等,结业后,安排在民办小学与幼儿班任教。7月,第一期结业后停办。

中等师范 1956年8月,海门师范学校办普师班6个,中师速成班2个。1958年下半年,首届中师生提前毕业分配工作,新招普师班3个。同时,开办一年制初中师资培训班2个。1959年,办一年制农中师资训练班和小学教师轮训班,1962年4月停办。

1972年2月,海门师范学校复办,对海门、启东、南通3县的普通小学教师进行培训。1976年下半年,增办三年制音、体、美专业3个班。1980年秋,海门师范学校开办学制3年的幼师班。至1990年,办幼师班6届,毕业生257人;办中师17届,毕业生3115人。

1990年,海门师范面向南通地区招收三年制普师、体育、美术专业学生和二年制民师班学生。1996年9月,开办初中起点五年一贯制师范专科学历教育。1999年9月,与南通师范学院合作,全省招生,开办三、二分段专科学历教育(前3年中师学历、后2年专科学历)。至2002年,共毕业幼师函授生10届1774人;脱产幼师生6届1364人。此后,停招幼师班。2003年,增设五年制非师范高职,开办装潢艺术设计、办公自动化、商务英语等专业。2005年9月,海门师范与南通师范合并成立南通高等师范学校,撤销江苏省海门师范学校建制,原海门师范成为南通高等师范学校海门校区。至2008年,招收专科生5410人。其中,五年一贯制1829人,三、二分段制346人;五年制非师范高职508人。

图26-6　南通高等师范学校海门校区　(2008年摄)

二、卫生技术

民国4年,中兴镇(今三厂镇南2公里)刘清标创办刘氏中医专门学校。民国7年,张怡生在中兴镇办医药学校。民国16年,中医吴考槃在西八字桥(今三和镇西)创办保神医学校,前后10多年。民国25年,中医潘玉藻会同麒麟镇肖紫萍筹办海门新中医学院,院址肖氏私宅。民国29年,更名私立海国医学院,师资、设备较完善,有来自南通、如东、海门、启东4县学生40-50人,课程分基础与应用两部分,并有诊所作为学生实习场所,兼为周围民众看病。民国35年7月停办。

1958年,县卫生学校建立,设有中医、医士、助产和护理等专业。1962年4月停办。

1976年4月,县于人民医院内筹办"六二六"赤脚医生大学,招收南通、海门、启东3县赤脚医生60人。1978年5月,改名县卫生学校,校址迁于海门镇西首圩角河西侧。是年,招收护士专业1个班50人,学制2年。以后每年招收初高中毕业生,设护士、医士专业。生源来自南通地区6个县及南通市区。1981年9月,在省范围内招收医士1个班43人,学制2年。1983年6月起,改名南通市海门卫生职工中等专业学校。10月,在省范围内招儿童保健医士1个班50人、初中毕业生护士1个班52人,学制均为3年。同时招收内科训练1个班43人,为期1年。1985年3月,内招保健医士1个班43人。9月,招收初中毕业生护士1个班56人,学制均为3年。至1990年,共毕业(结业)学员631人。

1991年,卫校开设护理等专业,学制3年。1996年起,建立南通大学高等成人教育海门卫校教学点,先后招收本、专科临床医学、护理专业1000多人。1996-1998年,基本属于成人中专教育。1998年后,全部招收初中应届毕业生,在省内招生,以南通市为主。至2000年,卫校共毕业1168人。其中,乡村、社区医士专业417人,护士专业118人,护理专业76人,中专医士专业51人,计划生育专业119人,儿童保健医生96人,卫生环保及监测专业96人,卫生医士40人,美容保健32人,药学专业123人。

2001年,举办省成人高等医学教学专业证书班(大专),招收临床医学98人、护理65人,至2008年共毕业502人。2007-2008年,招收四年制普通中专护理专业297人。海门卫校还承担全市卫生专业技术人员继续教育培训6000多人次、技术工人教育1000多人次、乡村医生培训3000多人次。至2008年,共毕业药学专业191人、护理专业203人。

三、农业技术

实习所　高中农科　民国8年(1919),创办女子蚕业实习所,设制种、育蚕、制丝等科,2年后停办。民国23年,天主教会朱开敏等3人在锡类初中校舍西侧开办高中农科1个班。

专科学校　1958年,县农业专科学校创办,校址茅家镇。当年招收初中毕业生2个班和从事几年农业劳动的小学毕业生4个班,学生300人左右,教职工近40人。1959年8月,更名为省海门农业学校,学制3年,设作物栽培、植保2个专业,招新生100人,有教师20人。1961年停办。

农业大学　1958年,县农业大学创办,校址茅家镇。当年招收初中毕业生3个班,学员164人。翌年,并入县农业学校。

农业中学　1958年3月,飞鹫乡创办农业中学,校址茅家镇北。不久,全县各公社兴办农业中学,在校学生近1万人,教师266人。1959年,各农业中学劝退超龄生808人,农业中学减为60所、135个班,学生6789人、教师226人。1962年,仅保留树勋、天补、瑞祥、常乐、德胜、汤家6所农业中学,学生567人,教职工33人。1964年,新办农业初中班92个、学生3326人,农业高中班2个、学生79人。1965年,部分民办初中改为农业中学。1966年上半年,有农业中学122所、238个班,在校学生8735人。1968年,部分农业中学停办,部分转为民办初级中学,部分并入普通中学。

初级职业学校 1964年,茅家镇、三厂镇两地创办初级农业职业学校,招收未考取初中的应届高小毕业生,以市镇居民为主,学制4年,两校各招收2个班、学生共238人。1965年、1966年暑期,两校又连续各招2个班。1968年,停办。

"五七"农大 1976年2月,"五七"农业大学创办,招收高中毕业生64人,学制2年,毕业分配到公社当农技员,不久停办。

四、工商技术

建筑 民国6年,袁惊百于师范学校校址办乙种工业学校,设藤、竹、染、木工等4科,不久停办。民国23年,私立锡类初级中学增设高中农科。翌年春,改为高级土木科职业学校,学制3年。民国27年春,日本侵略军占领海门后停办。

1958年,县建筑工程学校在四甲镇创办,招收高小、初中程度学生45人(木工为主)。1960年秋,招收40人(瓦工为主),学制均为3年。1961年4月,停办。

1980年4月,县基本建设局建筑技术培训班开课,短期培训建工系统管理人员和技术骨干。是年,海门县中学和万年初级中学开办建筑职业班,后有多个乡镇初级中学办有建筑职业班。1984年秋,南通市建筑职工中等专业学校海门班创办,校址海门镇春华路99号,设工业与民用建筑两个专业。1986年9月,更名为县建筑职工学校,进行建筑职工中专学历教育和岗位培训。1988年,招收概预算专业班1个。至1990年,先后开办专业培训班200多期,培训学员6480人,其中中专以上823人,各类专业人员5600多人;举办各种短期培训73期,受训学员7045人次。

1991年,县建筑职工学校招收水暖通风专业班1个。1992年,招收建筑电气专业班1个。1999年,又招收概预算专业班1个。20世纪90年代,培训专业管理人员1.11万人次,技术工人技术等级鉴定培训1.94万人次。2001－2008年,通过学历教育毕业1075人,岗位技术工人培训2063人次,专业管理人员培训1.06万人次,主要是建筑师考前培训、继续教育,安全员等人员的安全知识考证培训,施工员等11大员的岗位培训、业务提高教育等。同时进行瓦工、木工、抹灰工、钢筋工、油漆工等技术工人技术等级鉴定培训7.58万人次。至2008年,学校占地1.2公顷,建筑面积8500平方米,有教职工36人,其中教师21人,有高、中级职称13人。

商业 民国10年,杨雪清在悦来镇办生产贝扣的职业学校,不久停办。

1950年下半年,苏北南通区海门中学校附设合作经济班,1年后合并于启东中学。1958年,三厂镇创办三厂纺织职业学校,1961年前后停办。

1980年,海门县中学开办商业财会职业班。1981年,设工业财会班。此后,乡镇中学多有附设机械、机电、化工、电子、轻工、纺织等工商专业的职业班。

五、艺术教育

民国18年,凌晏池、凌海霞兄妹在三阳镇创办私立海霞女子初级中学,设刺绣班。民国24年,麒麟镇肖紫萍创办新华艺术专科学校,与上海美亚丝绸厂挂钩,厂方派员到校向学生传授制丝绸被面图案艺术。1年后,学校停办。

1958年,茅家镇、三厂镇创办戏曲学校、美术训练班等,历时数月。

1976年暑假,海门中学办文艺班,有学生47人,学制2年,发毕业证书,不包分配。之后,每年招收艺术特长生10－20人,为高校输送高等艺术人才。

1985年,天补中学成立补天戏曲社,组织学生学习戏曲文学等知识。1986年,创办《补天戏苑》,每月一期。学校编写的《女娲乐补天》一书由河海大学出版社出版。学校成为苏州大学艺术教育基地和南通市中小学艺术教育先进集体。

1990年,三厂镇中心小学建立民乐、剪纸、声乐等艺术团队,把"一把口琴""一把刻刀"作为学生选修的主要课目。“口琴”“剪纸”校本教材由省教育出版社出版。学生剪纸作品“一百帝王图”“中华一百名人”“百龙图”“吉祥如意一百图”等在日本、美国参展。学校艺术教育经验在全国、省报刊作过专题报道。1994年，天补中学招收美术班2个。1999年，包场中学招收艺术特长生，开办音乐班。2002年，天补中学、三厂镇中心小学被评为市艺术教育特色学校。

2006年，海门中学、冠今中学等每年招收10－30名艺术特长生。至2008年，天补中学向中央美术学院、南京艺术学院等高校输送600多人。

图26－7　天补中学进行戏曲专场演出　(2005年摄)

第二节　职业高中教育

一、发展概况

1959年9月，飞鹭农业中学与常乐农业中学增办高中班，天补农场设农高中班2个。1962年，农高中停办。1964年秋，天补农业中学试办高中农机班，常乐农业中学恢复高中作物栽培班。1965年，招收农机班1个。同年，树勋民办初中办农高中2班，次年又招2班，1968年停办。

1980年秋，海门县中学开设商业财会班，招收城镇居民户口初中毕业生。万年中学开设建筑班2个，招收农村户口初中毕业生。1981年秋，海门县中学开设工业财会班，是年，江心沙中学开设学农职业班。之后，天补乡民办初中，三和、江滨、长兴、常乐、汤家、余东初中和刘浩成教中心等附设职业班。

1984年，县开办以农业为主的三厂职业中学。1986年，县开办以工业为主的狮山职业中学。1988年，狮山职业中学更名为海门职业高级中学，职业中学专业有农业、工业、服务业3类。1990年，两校开设的职业班有专业40多个、教学班71个、在校学生3244人、教职工313人。20世纪90年代中后期，各乡镇初中逐步停办附设职业班，海门、三厂职中两校办学规模不断扩大，设置专业增多，招生增加。1999年，海门、三厂职高同外地高校联办高职班。2000年，海门职业高级中学与海门电大等合并成立海门职业教育中心校。

2006－2008年，两所职高先后投入学校基建资金955万元、实习基地建设资金400万元、设备和专业建设资金618万元，调整专业设置，实行车间—教室—车间的教学模式。2008年，两校学生毕业率100%，毕业生就业率98.6%，应知应会率100%，中级工合格率80%以上，对口高校单招上线率69.3%。海门职业教育中心校被评为省四星级职业高中，三厂职业高中被评为省三星级职业高中。数控技术应用专业、现代农业专业、工业与民用建筑专业被评为省示范专业。至2008年，两校累计培养职高毕业生2.6万余人；职高毕业生参加对口高校招生，录取2256人。

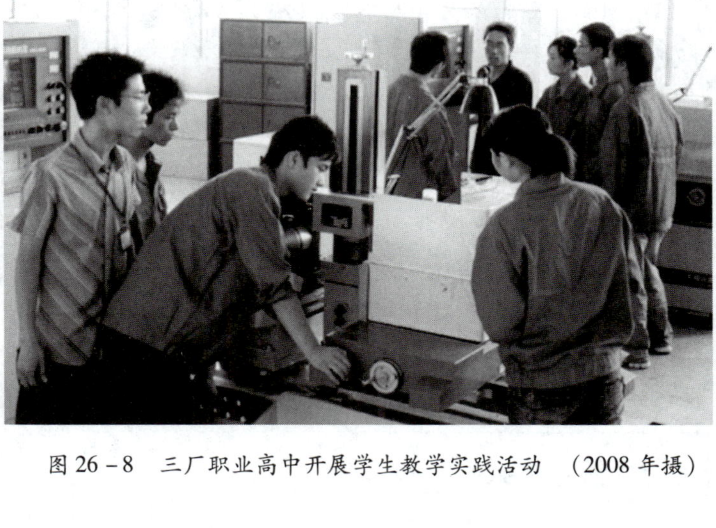

图26－8　三厂职业高中开展学生教学实践活动　(2008年摄)

二、学制与专业

1980年秋，海门县中学开办商业财会班，学制2年；万年中学开办建筑班，学制3年。1984年，全县职业中学班学制均为3年。2005年，与省联合职业技术学院联办的高职班，学制5年。

1984年，三厂职高设有林木花卉、淡水养殖专业。1986年，狮山职业中学有机械等9个专业。1996年，三厂职高开设机修与驾驶等13个专业。其中，职高专业9个，中专专业4个。海门职高开设家用电器等13个专业。其中，职高专业4个，中专专业9个。2005年，两校招生分为职业高中、职业中专、技工、五年制高职四大类。2008年，三厂职中设有现代农艺等36个专业，海门职教中心校设有机械加工等29个专业。

三、学校选介

海门市三厂职业高中 校址三厂镇南首。1984年10月，建立三厂职业高级中学，为海门第一所职业中学。学校占地4.33公顷，建筑面积2.47万平方米。开设专业15个，其中现代农业为省示范专业，服装工艺、机械加工、汽车修理、计算机应用、电子电工等为长线骨干专业。

学校坚持为"三农"[①]服务，专业设置紧贴市场，围绕市场需求办学，为地方经济和社会发展培养具有一技之长的高素质劳动者1万多人。同时，为上一级学校输送优秀学生。至2008年，被东南大学、扬州大学、南京农业大学等高等院校录取学生500多人。

2008年，有教学班43个、在校学生1305人，教职工187人，其中双证(教师资格证、职业技能证)教师60多人。学校先后被评为全国学陶师陶先进集体、国家级重点中等职业学校、省合格职业教育中心校、南通市职业教育先进集体、南通市教育科研先进集体。

江苏省海门职业教育中心校 校址海门镇秀山东路413号。1986年创建县狮山职业中学，占地3.36公顷，建筑面积8050平方米，开设机械、电子、烹饪等专业，有班级11个，学生517人，教职工50人。1988年，改名海门职业高级中学。1989年10月，成为全省第一所预备役学校。1991年，被认定为省重点职业高中。1996年，被评为首批国家级重点职高。2000年，与海门电大、海门教师进修学校合并，在今址组建江苏省海门职业教育中心校。2001年，海门财贸学校并入。2004年，被批准为江苏联合职业技术学院的五年制高职办学点。2008年，通过省四星级中等职业学校评估。学校实行二级管理，下设机械部、工程贸易部、电子信息部、综合高中部4个专业部，开设机电一体化、数控技术应用、计算机、工业与民用建筑、美术装潢、服装、财经、电子电工、汽修等专业25个，有高职、中职全日制教学班129个，在籍学生5501人，教职工417人，其中专职教师299人。每年为社会培训各类技术人员、社区人员、教师、干部1万多人次。有省级示范专业4个、南通市示范专业6个、中央财政支持的省级数控实训基地1个、实训基地44个。2008年，学校占地12.32公顷，建筑面积5.72万平方米，总资产1.29亿元，设备总价值2370多万元。学校先后获全国职业院校学生工作创新优秀单位，南通市职业教育先进单位、职业学校常规管理先进单位、最安全学校等称号。

图26-9 江苏省海门职业教育中心校 (2008年摄)

① 三农：农村、农业、农民。

第三节　高等教育

一、广播电视教育

1979年2月，省广播电视大学南通地区分校海门管理站建立，招收1个班，约80人，分电子、机械、英语、数学、物理、化学等专业。1980年，招收电子、机械2个专业，组成1个班。1982年，招收中文与工业（含机械、电子、棉纺、机织4个专业）2个班。此后，根据社会对人才需要及办学条件，增开新班，增设新专业。1983年，改名为江苏广播电视大学南通市分校海门县管理站，地址海门镇狮山路88号。1985年4月，更名为南通市广播电视大学海门县分校。1991年，与县工业管理学校合并，主校区迁至狮山路西侧，建筑面积4100多平方米。1996年，电大与海门党校合并搬迁到新校区，招收注册视听生专科班。2000年，与海门职业高中、教师进修学校合并（党校迁出）。当年，招收五年制大专班。2001年，停招普通专科。2006年，增设远程教育班，设有大学本科和专科教育。至2008年，先后开设金融、小学教育、法学、汉语言文学等11个本科专业和会计学、计算机与科学技术、工商管理等29个大专专业和工业企业管理等中专专业。有教师52人，学生876人。累计毕业3787人，其中本科毕业1970多人。

二、自学考试

1983年秋，设立高等教育自学考试点，业务由高校招生办公室兼管。1985年5月，组建县自学考试指导委员会，下设办公室为专门管理机构，287人参加5个专业考试。此后，每年开考两次，分别在4月和9月底的最后一个星期六、星期天进行。1990年，设有中专、大专、本科3个层次。本科段专业设有汉语言文学、英语、经济管理、机械工程，大专段有党政干部基础（1989年改为行政管理专业）、经济管理、法律等专业，中专段有行政管理、医士、普师等专业27个。1995年，转为大专和本科2个层次。本科有专业68个，专科有专业48个。每年报名均在1000人以上。至2008年，组织考试52次，参加考试7.81万人次，毕业2110人。

三、函授教育

解放初，海门师资匮乏，教师知识水平较低，急需提高。华东师范大学在海门招收函授生。其后，工、农、医、师高等院校函授部也到海门招生，设辅导站。1956年起，海门选派中学教师到华东师范大学、南京师范学院等设的海门点学习。是年，县举办小学教师业余进修学校，函授培训小学教师，全县分区设函授辅导点，采取平时分散辅导、寒暑假集中辅导，开设语文、算术等课程，坚持单科独进、分科结业，时有学员约200余人。1958年，未达到大专水平的中学教师参加华东师范大学、南京师范学院高师函授海门点学习，教师可自定目标，业余自学，定期集中面授。同时，将未达中师水平的小学教师分批分科送南通师范函授学习。当年，参加学习136人。

1965年下半年，江苏函授大学在海门设辅导站，有农学、畜牧2个班，学员大多是回乡高中毕业生、农业中学教师。区、公社分别成立辅导组织。是年8月，参加南通师范函授结业350人。1966年夏中断。

1972年，海门师范试办中师函授。1975年，教师进修学校举办中文、数学函授。1978年，扬州师院招收初中语文、数学、物理、化学4门学科函授学员400多人。

1981年，南通教育学院在海门招收中文、数学、英语、教育管理、小学语文、小学数学及大专班函授学员1147人。1986年，海门党校创办函授学历教育。1987年，招收大专函授生，学制3年。1988年，招收函授本科生，学制两年半。1989年，函授教育统一纳入成人高等教育范围。县招生办公室负责组织成人高考报名和入学考试，每年1次。参加对象为要求提升学历层次的人员，分专科升本科、高中升大专、高中升本科3个层次。学员经高考入学考试，成绩合格后，进入学历层次提高的教育培训，培训分为脱产学习和函授进修两种形式。至1990年，县党校招中专函授班6个，学制2年，学员284人，设行政管理、经济管理2个专业。海门参加南通教育学院中师函授5届，毕业1080人，高师函授毕业611人。部分具有专科学历教师，经函授达到本科学历。

1996年，海门党校停止招收中专函授生。1999－2000年，海门党校招收经济管理专业、大专专业证书转为大专毕业证书函授学历班，学制一年半，共2个班、56人。2000年起，市教育部门对参加自学考试和函授学习取得本科毕业证书的教师，发放学历提升奖励金每人600元，至2007年共发放73.87万元。2003－2005年，党校招收大专转本科函授班2个、学员134人。2007年，招收高中起点本科函授班1个、25人。2008年，党校不再招收函授生。至2008年，共招收大专函授生21届28个班、1041人，本科函授生18届29个班、1454人。海门累计有1.65万人报名参加成人高考，录取8420余人。

图26－10　2002年，市委党校举行函授教育培训班开学典礼

附：海门市教师进修学校

校址市区秀山东路413号。1956年6月，创办县小学教师业余进修学校，校址茅镇街北路，附设在海门师范学校。1958年9月，更名为县教师进修学校。1960年6月，被评为全国教育社会主义建设先进单位。1963年，负责海门、启东两县教师进修工作，在启东设立辅导站。1965年，附设江苏农业函授大学海门辅导站。"文化大革命"开始后，教学活动停止，1968年8月解散。

1975年6月复校，与南通师范函授部海门辅导站合并成立县教师进修学校，设函授、轮训2组。1977年，函授组招收中师语文、数学函授生。1978年，代扬州师范学院、南通教育学院招收函授学员。1980年，采取文化补习班、轮训、教育基础理论辅导等多种形式，培训中小学教师。

1990年，学校占地1.13公顷，建筑面积4500平方米。有中师函授2个班，小教大专函授3个班，小教脱产轮训2个班，小教全员培训6个班，初中语文、政治、英语教师培训各1个班，校长岗位培训1个班，高中文化补习1个班，学员1189人、教职工85人。至1990年，中师函授5届毕业1080人，高师函授毕业611人；举办教师文化补习班，半年或1年制英语班，小学语文、数学和小学行政干部轮训班35班，学员786人次；培训中小学教师5878人。组织全县中小学教师自学教育学、心理学等教育基础理论，上辅导课200多节，辅导教师2200多人。20世纪90年代中期，学校从初中毕业生中招收全日制普、幼师班11个，从代课教师中招收两年制成人中专班和民师内招班5个，培养小学、幼儿园教师668人。1997年，创办附属幼儿园和狮山文化技术学校，将1987年教师进修学校接收的原海门镇红旗小学更名为教师进修学校附属小学。筹措资金1000多万元新建教学用房1.1万平方米，添置语音室、微机房、电教室、卫星接收天线、练功房等。1998年，成为省示范教师进修学校。

2000年6月，学校与海门电大、海门职业高中合并。至2008年，举办骨干教师培训班、村小教师培训班等240多期，6万多人次。学校组织中小学校教师参加教师自学考试，与江苏教育学院联办中文、数学、英语等专业本科函授班16个，中专学历的教师取得大专或本科学历2000多人。

第四节　成人教育

一、农民教育

民国初年，海门始办民众学校。民国元年（1912）至18年，有阅报社、民众阅报处。民国5年，县治有通俗教育馆。民国16年，陆续设立民众茶园10所、平民学校3处、平民读书处3所。民国18年，三阳镇有县立农民教育馆，常乐镇有民众教育馆，六匡镇有民众教育实验区、民众图书馆。是年，有民众学校37所。民国22年，增至103所，分别设于各乡镇或当地小学。因在晚上上课，又称民众夜校。开学时间均在冬春季节，每期4－6个月。民众学校由当地小学兼理，教师进行义务教育。政府拨给少量经费，发给课本《平民千字文》、算盘、灯具等。

民国27年，日本侵略军入侵海门，教育事业瘫痪。不久，在沦陷区，日汪伪办有县立民众教育馆。抗日战争胜利后，由国民党县政府接管。

在抗日根据地，中共江北特委领导的抗战支队政工队流动于敌后永平乡等地举办夜校，抗日民主政府坚持办冬学、民校，组织群众学习时事政治，识字明理，教学业务由当地小学教师承担。

民国36年9月，私立扶海小学创办三厂民众教育馆，置少量书报供人阅读，并设有饮茶处、代笔处、问事处等，经费由大生三厂负担。民国37年6月，解放区有成人识字班337个，学员3652人，其中妇女2850人。

1949年冬，全县农村办冬学423所，其中330所转为常年民校。除小学教师、社会知识青年担任教师外，部分小学高年级学生担任识字班先生。

1950年春，各区成立中心农民学校，有条件的民校设高小班，供脱盲学员和部分回乡小学毕业生学习。课程有政治、语文、实用数学（珠算）、簿记及农业生产技术知识。1951年，有冬学、民校学员27万多人，教师1500人。1956年，县成立扫除文盲协会，下设办公室。参加冬学、民校11.7万多人，占全县未脱盲青壮年农民总数63%。1958年3月，组织学校教师、学生突击投入群众性扫盲运动。9月，各地大办政治、技术、文化三结合的红专学校。1959－1961年，农民教育近乎停顿。1962年，逐步恢复。1966年1月，全县办农民业余学校的大队724个，占大队总数96.1%，有10.3万人参加业余学习。1966年夏，农民业余教育陷于瘫痪。

1971年，全民教育恢复。1973年，全县有青壮年文盲11.12万人。其中，参加扫盲班学习4万多人，参加业余高小学习脱盲学员9700多人，参加业余初中班学习的高小以上青壮年500多人。1979年5月，全县12－45周岁的扫盲班学员3.88万人中，非盲率95%。随后，办业余高小班和文化技术班。

1983年6月，中央农业广播电视学校海门分校开学，第一期学农班择优录取1548人，以各乡、镇为单位，编成30个教学班，设有相当于农业中等专业学校的课程。是年，各乡镇先后建立成人教育中心学校，至1985年有30多所。1988年，各成人教育中心学校办各类培训班5185个（期），受训的农村基层干部、乡镇企事业单位管理人员和务工人员，以及农村专业人员10.98万人次。

1990－1994年，重点扫除青壮年中的文盲，全县有成人培训学校39所，设教学点613个，结业5181人，在校学员2200人，扫除文盲6559人。

1995年起，职业学校、乡镇成教中心及社会培训机构，配合农村实用技术培训，持续开展新品种、新技术、新知识为主要内容的从业人员培训和农村劳动力转移培训。至2002年，成人教育年均全员培训10万人次，农村从业人员年科技培训率35%以上。2003年，办班1299期，受训19万多人。成人教育中心自办和联办农科教示范基地48个，直接经济效益4080万元。2004年，培训21.88万人，转移劳动力培训6137人，转移率72%。2005年，农村致富骨干培训4.35万人，农村劳动力转移培训3962人，技能性培训6375人，劳动力转移后培训就业9852人。至2005年，全市非文盲率100%，完成扫盲任务。

2006年，全市22个乡镇成教中心学校均建立社区教育中心，有社区学校247个、图书资料基地22个，推动社区培训与农村党员干部现代远程教育。至2008年，累计培训从业人员104.03万人次。农业广播电视学校海门分校设有农林、畜牧兽医、淡水养殖、会计等专业12个，先后招收23届学员，有18届1228人完成学业。实施农民培训工程，实用技术培训34.71万人次，农民创业培训60场次、4540人次，新型农业科技培训495场次，田间技术指导496场次，培训农民3.96万人次，培训基本学员2.35万人次。另外，2006－2008年，实施致公党江苏省委创导的“致福工程”，普及农民计算机知识，培训2316人次。

2008年，全市从业人口63.19万人，接受各类培训人员35.98万人，占从业人员培训率56.94%，其中农村劳动力转移培训1.34万人次。全市22所乡镇成人教育中心校中，省级重点成教中心校5所，南通市特色成教学校15所。

二、职工教育

1949年冬，宋季港职工业余学校成立。随后，大新港、圩角港、青龙港、县民众教育馆以及几个规模较大的工厂,建立工人夜校、职工学校。

1950 年上半年,县总工会和教育科联合开办工人业余文化补习班,后改为茅家镇职工业余学校。1953 年,更名为县职工业余学校,在各地设点,开办普通文化班、扫盲班、速成识字班、政治学习班等 30 多个,学生 1698 人。1955 年有 36 个班,由 42 个县属工厂主办,职工学校统一管理,学员 1870 人,入学率占职工总数 60%。

1956 年下半年,企业及工会兴办职工业余学校 24 所,班级 38 个,学员 1502 人,其中扫盲班 956 人,占职工文盲、半文盲总数 80%;高小班 498 人;初中班 48 人。同年,县举办财政贸易训练班 10 期,培训时间 9 −43 天不等,培训供销社干部 307 人,公私合营、合作商店各类业务骨干 1557 人。1957 年,县供销社组织人员到 671 个生产队培训棉麻检验技术员 1380 人。1958 − 1960 年,每年举办培训班 3 − 8 期,共培训各类人员 2000 多人次。

1960 年,县职工学校下设 5 个区分校,学员 321 人。1965 年,入学职工 5000 多人。“文化大革命”开始后,职工学校停办。1974 − 1976 年,全县工厂企业创办“七二一”工人大学 47 所,学员超过 1000 人。因师资、设备短缺,不久停办。

1977 年 4 月,成立县农业机械化培训班,属农机公司管理,培养农业机械化技术人员。1979 年 10 月,县职工学校复办,配有专职教师 9 人,兼职教师 71 人,开设初、高中语文、数学、英语及电子技术、机械制图、商业会计等中技班 119 个,学员 1947 人。同时,县供销社在三厂轧花厂举办培训班,学员 98 人,编成 2 个班,学习 40 天。1980 年,开展业务练兵与技术考核,参与职工 4000 人。是年秋,县职工学校招收学员 35 人,分电子、机械专业各 1 个班。1982 年,县商业、粮食、供销等部门举办干部职工培训班,对青年职工进行文化和初级技术业务知识补课(双补)。同年,县职工学校停办。1983 年复办,收高中班 2 个,学员 100 人,双科并进,分科结业,学完全部课程为毕业。至 1983 年,县商业局职工培训班培训商业从业人员 4000 人。1984 年,更名为商业职工学校。

1984 年,全县有职工业余初级中学 18 所、职工业余小学 21 所,另有职工业余文化(技术)补习班,由所在乡镇成人教育中心承担。1984 年 5 月,县供销社训练班更名为县供销职工学校。1985 − 1989 年,举办主任级岗位培训班 1 期,门店经理班 2 期,柜组长班 6 期,中级营业员培训班 11 期,共培训 855 人。并对中级营业员进行店组核算函授,共培训 179 人。职校举行新职工岗前培训及食用菌技术、棉花密码检验、审计、物价、棉花加工技术等短训班 19 期,受训 1259 人。

1990 年,全县有职工高级中学 3 所,班级 10 个,在校学生 432 人,专职教师 22 人。1993 年,县农业机械培训班改名县农业机械化技术学校,有部分农业机械设备。至 1993 年,培训驾驶员 3000 人,管理干部 1000 人,新型农机具技师 300 人,会计 300 人,轮训农机水利干部 2800 人。1995 年,职工高级中学进行企业职工的经营管理、市场信息及岗前、岗位等培训。1999 − 2008 年,转入短期技术培训,主要培训电脑、服装、烹饪、针织、管道、电焊、手机修理等技术,共培训 1.5 万人。2008 年,农业机械化技术学校有培训基地约 2000 平方米,教职工 9 人,其中教员 5 人,教学车辆 4 台。至 2008 年,培训包括拖拉机和联合收割机驾驶员、农机修理工等农机操作人员 160 期,6377 人次;培训基层农机管理人员 20 期,445 人次。

三、干部教育

民国 29 年,抗日民主政府组织机关干部学习文化,识字明理。1949 年 11 月,中共海门县委党训班创办于飞鹭乡邱氏天主堂(今德胜镇境内)。同时,县直机关党支部举办干部业余文化补习学校,由教育科文印员兼教师,借用能仁小学教室上课。1956 年下半年,建县、区直属机关干部文化补习学校,有学员 1480 人。1958 年,停办。1959 年复办,更名县直机关干部红专学校。1966 年停办。

1958 年 6 月,县委党训班改为中共海门县委党校。1962 年 10 月,迁于海门镇东市。1966 年 10 月停办,1970 年 10 月复校。1984 −1987 年,举办干部全日制脱产中专层次学历教育,开设党政管理与经济管理专业,招收 4 届,毕业学员 191 人。至 1990 年,为县、区、乡(公社)、村(大队)各级及所属企事业部门举办党员干部长、短轮训班 115 期,参加者 2 万多人次。结合党的中心工作,开办副科级以上在职干部短期培训班 54 期,培训 4600 人次。举办党政干部经济管理及行政管理专业中专学历培训班,学制2年,4届210人。

1991－2000年,举办各类干部培训、轮训班79期,培训6256人。2001－2008年,培训79期,5879人,培训累计409天。内容有党的路线方针政策、廉政建设、现代企业管理、农村经济、现代科技知识、市场经济理论、国际贸易、股份经济、WTO知识等。2003年,开办现代化办公技能培训班。2004－2008年,举办乡科级中青年后备干部学分累积制培训班2期。

四、老年教育

民国14年,海门60岁以上前清举贡生发起组织同学耆老会。是年5月,邀请王康寿讲《易经》,到会35人。

1978年后,全县离退休干部、职工逐年增多。1982年,县及各乡镇相继建立老干部管理机构,组织老干部学习。

1989年8月,县老年大学在海门镇狮山路县老干部局建立。9月上课,设保健、书法专业,有学员68人,每周上课1次,每次2课时,学制1年,毕业后可续上。

1992年,县政府拨款18万元,征地400平方米兴建老年大学教学楼。10月,老年大学包场分校建立。同年,三星乡成教中心学校开设老年班,有学员54人,学校根据当地特点,学习庭园经济、种养殖业和家庭绣品加工等知识。1992－1994年,学员边学边干,创收35万元,人均增收6400元。1994年,全县有老干部学习小组156个,其中乡镇98个。

2005年,海门茅家镇街道办有老年学校,以每月1次的讲座形式,进行时事形势、保健知识讲座,学员80多人。2006年8月,市老年大学迁至城区海影新村。老年大学根据老年人的需求及办学实际情况开设课程。至2008年,先后开办英语、中医、太极拳、烹饪、编织、电脑、书法等14个科目,学员以离、退休干部为主,吸收部分退休职工参加,计344人,聘请有业务专长的教师、医生主讲,先后任教80余人。学校有工作人员7人,其中下岗职工2人,有校舍800平方米,能容纳600人的办学规模。经费除学员每学期自交部分学费外,余额由财政拨款,2008年度收支10余万元。

五、其他成人教育

农技人员培训 1979年8月,县农业干部学校创办于天补镇南首农科所。第一期培训班培训公社主任、副主任49人,时间两个月。1981年,招收农学专业的成人中专学历教育218人。至1990年,举办各类培训班,培训乡村干部与农技员233期,1.39万人。2000年,开设农业技术推广、农村经济管理专业中专后大专层次继续教育。2001年,增加畜牧兽医专业。至2008年,招收农村成人中专学历教育学员23届1777人。开设专业有农学、畜牧兽医、林果、淡水养殖、农村经济管理、计算机运用、会计统计与审计、市场经营与销售、现代乡村综合管理、社区服务与管理等13个专业,毕业20届1099人。年均举办农技员培训班、设施栽培等专题培训班87期,培训187天,4875人次。

财会人员培训 1984年,县财政局建立会计培训班,每期3个月,培训各企事业单位财会人员。1987年,建立财政部中华会计函授学校海门站,进行中专函授,颁发中专毕业证书。1994年,更名会计培训中心,进行财会人员从业资格培训和江苏财经高等专科学校大专函授教育。1993年、1994年,连续被财政部中华会计函授学校评为先进函授站。2000年,开办本科函授教育。2002年,开设为期3个月的会计速成班。同年起,对全市财会人员进行业务知识更新继续教育,年均约6000人。至2008年,培训本科毕业生263人、大专毕业生523人、中专毕业生843人,职称培训3631人,会计员电算化5960人,继续教育培训5106人,上岗证培训820人,会计速成班结业780余人。

此外,1983年6月,筹建职工培训中心。1985年10月,更名为县工业管理学校,有教职工21人。至1990年,举办各类培训班172期。其中,国营大集体厂长培训班6期、南京大学会计函授辅导班3期、乡镇企业经理厂长培训班15期、各行业财会班43期、企业中层干部培训班9期、其他各类培训班96期,培训学员1.16万人次。1991年,学校合并到电大。

2003年,农干校与劳动部门、企业联合,培训农村转移劳动力。至2005年,为南通三建培训电焊工、瓦工、管理工等2965人,并取得相关技术资格证书,其中95%以上进入建筑企业就业。同时,培训足部按摩师257人,上岗就业率85%。2004年,学校成为致富工程海门培训点,培训农民掌握现代信息技术。至2008年,培训4017人次。还建立树勋富民村、常乐中南村、德胜贤高村3个村级培训点,培训缝纫工523人,全部取得职业技术资格证书,并出国务工。

第五节 特殊教育

一、聋哑教育

1974年6月,在海门镇西圩角河东侧创办聋哑学校。10月,县内经考核录取12－15岁男女聋哑生1个班20人,有教师4人。1975年秋,增招新生1个班。1978年秋,招新生2个班40人,以后每年招收1个班。1982年,1－8年级招齐,此后每年毕业20人左右。1990年,开设数学、语文、木工、缝纫、勾编、设制纸盒、律动等课程。是年5月,学校试办康复班,招收智力正常、有一定残听能力、年龄3－7岁儿童,当年招收10人,以后每年招收1个班。至1990年,毕业184人,分别在县、乡、镇企事业单位就业。1996年,学校实行九年一贯制教学,聋哑毕业生就业率100%。

1998年7月,聋哑学校更名为市特殊教育学校,开办聋哑教育班、康复班和培智儿童补读班。

2004年10月,特殊教育学校迁至海门镇富江路238号。2007年1月,被评为省特殊教育示范学校。2008年,学校占地1.2公顷,建筑面积4000平方米,有教学班12个,学生156人。教职工48人,其中专任教师30人。至2008年,聋哑毕业生312人,其中20多人进入南京金陵职业大学、南通职业中专等校深造,其余毕业生安排在企业就业。全市盲聋哑儿童入学率98%。

二、培智教育

1986年,实验小学附设培智儿童辅读班,招收学生10人。以后,每年插入或转出1－2人。辅读班学制8年,开设语文、数学、音乐、体育、美术等课程。至1990年,有5人进入普通班学习。

1990年10月,创办县培智学校,设在县进修学校附属小学,开设2个班,1个班由县实验小学辅读班转入,1个班招收新生,每班10－12人。

1994年,在全市173所小学中,组织377名培智儿童随班就读,弱智儿童入学率98.91%。

1998年7月,市培智学校并入聋哑学校。

2008年,全市有残障儿童411人。其中,在特殊学校就读有132人,在就近小学随班就读的培智儿童261人,入学率95.62%。智障儿童10多人通过教育自立社会,安排就业。

图26－11 海门市特殊教育学校 (2004年摄)

第四章　教师队伍

第一节　队伍建设

一、队伍状况

旧时,科举教育一般聘名儒学者或有一定学衔的人为师。民间私塾塾师大多为科举落第、仕途失意的清贫知识分子,还有读过几年书的初通文牍的人。

清光绪二十七年(1901),洋务学堂聘用有一定学术水平或声望的社会知识分子为教师。以后,南通民立师范的简易、讲习、本科和海门师范传习所毕业生以及中学毕业、肄业生经考查合格,担任小学教师;初中以上教员由秀才以上的社会知识分子、后逐步由大专以上学历者担任。公立中小学校长一般由地方士绅推荐,经县任命,后由教育行政部门委派,教师由校长聘请;私立学校校长由校董会聘请,教员由校长聘任,此例一直延续到解放。民国20年(1931),全县有小学教员418人,中学教员68人。

民国29年,抗日根据地学校除留用原有教师外,陆续吸收若干简师班毕业生及当地乡村干部或由学校推荐、经教育行政部门批准的社会知识分子担任教师。学校负责人由区、县教育行政部门委派。民国37年11月,东南地区的5个区(今海门境内)有小学教师196人。其中,大学生1人、中师毕业生4人、高中生12人、其余为初中以下学历,50%的小学教师是由高小、初小毕业直接担任或经过师资训练班培训后担任。

解放初,由老解放区教师、新解放区留用的教师、私立学校的教师以及一批社会知识分子组成教师队伍。1949年,有小学教师831人、中学教师85人。

1950年,海门中学附设初师班、简师班、师资培训班毕业的150多人走上小学教育岗位。1951年,创办海门初师,每年有200人入学。毕业后,大部分充实县小学教师队伍。同年,从部分农民业余学校和历届回乡初、高中毕业生中,吸收人员担任民办中小学教师。1952年,有大学、师范以及其他院校毕业生充实中小学教师队伍,政府抽调部分党政干部、军队转业干部到学校担任校长、教导主任和教师。

1965年,有小学专任教师2787人,普通中学专任教师1200人,工人、农民、干部业余教育专职教师5人,民办教师4690人。

“文化大革命”初期和后期,仍有高等院校以及海门师范毕业生充实教师队伍。

1980年起,每年有部分民办(或代课)教师转为公办教师。1982年,将“文化大革命”时期由小学上调初中的中师毕业生教师调回小学任教,组织调出教师队伍的教师归队,并为1962年海门师范停办时的毕业生和两年肄业生安排工作。1990年,全县教职员有近万人,其中属县教育事业编制的9324人。

1990年,回县工作的高等师院和中师毕业生实行包分配。但对要求至县城直属学校工作的毕业生,采取择优录用;余下的毕业生分配至乡镇中小学。

至1994年,民办教师转为公办教师2232人。1995年,经考核转为公办教师450人。后选送部分民办教师和代课教师脱产学习,转为公办教师200多人。是年,教师进修学校招收初中毕业生读中师(小内招),毕业后充实小学教师队伍。1996年起,先后到外省高等师范学院招聘优秀本科毕业生近300人充实高中教师队伍。同时,每年吸收本市户籍的中、高师毕业生回家乡工作。1997年,最后一批民办教师236人转为公办教师,其余民办教师900多人分流至社办企业工作或退休、退养、辞退。

至1998年，教师进修学校内部招收初中毕业生4届，培养小学教师332人。

1998－2002年，部分幼儿园改制，公办在编教职工800多人转至小学工作，所空缺职位由幼儿园自行聘用合同制教职工。2002年，清退全部代课教师。2003年，对回海门工作的高等师范毕业生实行凡进必考的就业制度，双向选择、择优录用、不包分配。

至2008年，吸收公办教师6253人。其中，幼儿教师165人、小学教师2232人、初中教师1924人、高中教师1618人、职高教师314人。教师中，中师（中专）毕业1781人、大专毕业2526人、本科毕业1916人、研究生30人。全市小学教师中，获大专以上学历2222人，占小学教师总数的74.4%；初中教师中，获大学本科以上学历1688人，占初中教师总数的67.4%；高中教师中，获研究生学历43人，占高中教师总数的3.1%。吸收乡镇公办幼儿教师48人，市直属幼儿园教师213人。改制后的民办幼儿园聘用教职工1000人，其中合同制教师681人。

1984－2008年海门市（县）小学、幼儿园专任教师学历一览

表26－8　　单位：人

年份	小学			幼儿园		
	总计	其中：中师、高中毕业及以上	占比（%）	总计	其中：幼师、中师、高中毕业及以上	占比（%）
1984	3013	1398	46.40	1001	486	48.55
1985	3146	1707	54.26	1141	504	44.17
1986	3267	1902	58.22	1672	967	57.83
1987	3298	1930	58.52	1242	457	36.80
1988	3344	2173	64.98	1180	467	39.58
1989	3312	2205	66.58	1051	444	42.25
1990	3270	2306	70.52	956	601	62.87
1991	3111	2368	76.12	804	588	73.13
1992	2825	2209	78.19	910	641	70.44
1993	2739	2178	79.52	1008	808	80.16
1994	2767	2358	85.22	1008	781	77.48
1995	2775	2418	87.14	1151	959	83.32
1996	2890	2574	89.07	1194	969	81.16
1997	3062	2765	90.30	960	804	83.75
1998	3119	2894	92.79	1007	884	87.79
1999	3137	2982	95.06	1030	959	93.11
2000	3192	3068	96.12	1019	957	93.92
2001	3091	2999	97.02	281	280	99.64
2002	3015	2955	98.01	245	244	99.59
2003	2961	2920	98.62	421	245	58.19
2004	2884	2852	98.89	285	283	99.30
2005	3153	3130	99.27	330	330	100.00
2006	3134	3117	99.46	328	328	100.00
2007	3053	3043	99.67	384	384	100.00
2008	2985	2977	99.73	261	261	100.00

1984－2008年海门市(县)中学专任教师学历一览

表26－9　单位:人

年份	普通高中			普通初中			职业高中		
	总计	其中:大学本科毕业及以上	占比(%)	总计	其中:大学本、专科毕业及以上	占比(%)	总计	其中:大学本科毕业及以上	占比(%)
1984	436	199	45.64	2318	900	38.83	63	25	39.68
1985	413	179	43.34	2787	650	23.32	90	66	73.33
1986	428	168	39.25	1684	687	40.80	117	17	14.53
1987	434	175	40.32	1725	898	52.06	123	26	21.14
1988	457	177	38.73	2029	1013	49.93	146	24	16.44
1989	484	212	43.80	1797	1114	61.99	161	27	16.77
1990	503	246	48.91	1755	1197	68.21	168	46	27.38
1991	514	261	50.78	1718	1157	67.35	165	44	26.67
1992	524	283	54.01	1651	1179	71.41	172	52	30.23
1993	513	284	55.36	1663	1234	74.20	169	50	29.59
1994	503	331	65.81	1693	1318	77.85	167	57	34.13
1995	531	351	66.10	1857	1463	78.78	213	70	32.86
1996	539	367	68.09	1910	1534	80.31	277	68	24.55
1997	585	398	68.03	2064	1655	80.18	291	81	27.84
1998	651	391	60.06	2104	1746	82.98	299	103	34.45
1999	699	441	63.09	2197	1882	85.66	264	108	40.91
2000	796	536	67.34	2207	1929	87.40	241	111	46.06
2001	843	634	75.21	2181	1976	90.60	341	198	58.06
2002	974	768	78.85	2211	2053	92.85	355	222	62.54
2003	1046	861	82.31	2290	2162	94.41	378	250	66.14
2004	1118	1003	89.71	2338	2219	94.91	386	259	67.10
2005	1212	1127	92.99	2389	2296	96.11	415	303	73.01
2006	1287	1236	96.04	2414	2334	96.69	440	370	84.09
2007	1381	1345	97.39	2468	2401	97.29	453	407	89.85
2008	1367	1333	97.51	2503	2440	97.48	451	413	91.57

二、教师流动

解放前,教师应聘就职,每年都有变动。解放后,相对稳定,但每年都有少数教师校际调动及转调至其他行业就职,并多次支援外地教育事业。1952年,调动一批骨干教师支援南通市小学教育。1963年,16人赴新疆支教。1978－1986年,6人支援西藏教学。

20世纪80年代,就业渠道多样化,部分教师辞职改行。90年代,辞职教师中多数是收入较低的民办教师。1997－2000年,3人赴新疆和江苏盱眙县支教。2000年后,教师辞职人数增加,部分优秀高中教师流向收入更高的大中城市任教。2004年9月,启动城镇学校优秀教师支持薄弱乡村学校工作,从市区4所初中、6所小学中挑选10人到农村学校任教2年。2005年,市属学校54人(小学29人、初中25人)到农村学校支教,1人被国家教育部派至泰国任教。是年,辞职教师33人。其中,高中教师16人、初中7人、小学9人、幼教1人。

2006年,教师辞职50人。其中,高中教师35人、初中7人、小学8人。同年,建立城区中、小学教师到农村任教服务制,城区中、小学教师晋升高级教师职称要有农村中、小学任教(支教)1年以上经历。严格控制农村学校教师向市区直属学校流动,对调出骨干教师的乡镇学校作出补偿规定。其中,小学每人3万元、初中每人5万元、高中每人6万元,补偿经费用于学校教师的教育、培训。不久,停止执行。2007年起,每年选派中、小学教师9人赴江苏灌南县支教1年。2008年,辞职教师53人。其中,高中教师30人、初中教师7人、小学教师15人、幼教1人。

三、资格认定

1996年,对原有教师实行资格过渡,1993年前参加工作且在职的5364人予以教师资格确认。其中,职业高中教师190人、高中教师381人、初中教师1630人、小学教师2968人(含部分教师资格认定后退休)、幼儿教师195人,颁发教师资格证书。

2002年,对1994年1月1日后补充到教师岗位上的在编人员进行教师资格认定。是年,认定具备教师资格3007人,并颁发教师资格证书。其中,职高教师66人、实习指导老师4人、高中教师310人、初中教师1116人、小学教师1415人、幼儿园教师96人。

2003年,实行教师资格证准入制度,具备教师资格者被学校(单位)聘任后,才能成为教师。对尚未取得教师资格证书的从教人员和社会上申请教师资格人员,每年进行1次教师资格申报和考试。至2008年,认定幼儿园、小学、初中教师共2439人。高中(职高)教师的资格认定,由南通市教育局办理,至2008年,认定300多人。

四、职称评聘

评定 1987年,开展教职员职称评定,由县职称办公室根据各单位实际情况,下达中、高级职称指标,教育主管部门将指标下达至各学校及有关单位。学校提出晋升职务人选,被提名人员递交代表本人教学水平的材料,在校内展示并述职,广泛征求意见,再由学校评审推荐组对申报人作出全面评价,确定公示上报人选,经评审委员会评审(中级职称评审在县,中学高级职称评审在南通市),报南通市职称办公室审批后公布。行文公布的中小学教师职务任职资格的人员,各校按规定给予聘任,并兑现职务工资。

1999年,职称评聘工作逐步由指标控制转为职务结构比例控制。实行按需设岗,全面考核申报人德、勤、能、绩,择优评聘。2000年,参评人员参加计算机考试,合格者方可参评。2002年,抽调部分申报对象面试,乡镇学校教师申报中、高级职称取消外语考试,评审后合格人员实行网上公示。至2008年,评定中学高级教师(含小中高)1036人、中学一级教师3007人、小学(含幼儿园)高级教师3923人。

1988－2008年海门市(县)教师职称评聘一览

表26－10 单位:人

年份	中学高级(含小中高)	中学一级	小学高级(含幼儿教师)
合计	1036	3007	3923
1988	66	588	729
1989	0	16	324
1990	23	59	113
1991	4	0	4
1992	29	108	103
1993	26	152	136
1994	17	152	104
1995	33	143	203
1996	39	176	218
1997	49	185	131
1998	44	173	213
1999	39	79	295
2000	42	122	166
2001	41	107	155
2002	62	113	167
2003	62	87	128

续表 26－10

年份	中学高级（含小中高）	中学一级	小学高级（含幼儿教师）
2004	67	117	144
2005	114	136	145
2006	109	183	124
2007	83	135	125
2008	87	176	196

聘用　旧时科举教育，家长设私塾聘用教师，薪酬面议。办洋务学堂后，学校主政者依教师能力、课时付酬，聘期不定。这种方法沿用至海门解放。

1950－1952年，海门中学教师实行一年一聘，并发聘书。1953－2000年，教师工作均由教育主管部门调配。

2001年7月，初中、小学及幼儿园实行教职工全员聘用。学校核定编制后，定岗、定员、定责。通过双向选择、竞争上岗，确定聘用岗位、签订聘任合同，受聘教职工签订工作目标管理责任书。全市有教职工135人（其中教师103人）列为待聘对象。此后，每学年对上岗人员进行年度考核，作为发放报酬、续聘、职称评定、奖惩的主要依据。对待岗人员安排内部培训，享受待聘人员待遇。2002－2008年，教职工全员聘任制扩展至高中和职高。

五、外籍教师

抗日战争期间，沦陷区中学有聘用日籍教师，强制推行奴化教育。

图26－12　东洲中学外籍教师与学生亲切交流　（2005年摄）

抗日战争胜利后至1998年，海门没有聘用外籍教师。

1999年，筹备聘请外籍教师。2001年8月，经国家外国专家局批准，东洲中学先后引进美国、英国、澳大利亚、新西兰、南非、加拿大等国教师任教；海门中学、海南中学、实验学校、东洲小学等也聘请外籍教师。

至2008年，全市中小学校累计聘请外籍教师65人次，任教1年或半年不等，主要进行英语口语和写作教育。

第二节　教师待遇

一、政治待遇

旧社会，教师政治地位低下，生活贫困。但百姓历来尊师礼仪较重，家长领着入学蒙童向先生行拜礼；学生家中过节日、逢喜庆，必请先生登门，让先生坐上位；民间纠纷请先生调解。民国29年（1940）秋，新四军东进前夕，海五区小学教师、共产党员蔡力平筹组县教师抗日协会。次年5月，建立以沈轶公为会长的海启教师抗日协会。新四军东进海启，建立民主根据地及以后的解放区，教师政治地位得到提高。民国31年，在海启地区参政会和通海地区协进会上，教师杨育其、邱竹师分别担任副主任。民国32年，乡成立反“清乡”斗争委员会，均有教师代表参加，海南区三阳镇搭水桥小学教师刘震在反“清乡”斗争中担任游击队队长，英勇抗敌，受到苏中教育大会表彰，誉为苏中教育四英雄之一。通东地区三益乡部分教师，机智与日本侵略军斗争，坚持抗日教育，得到海启行署通报表扬，并发给抗币10万元（约合元麦2000市斤），以资鼓励。

1950年，小学教师被评为县级模范80人，被评为南通地区模范教师148人。1951年元旦，县教育工会成立，选出优秀教工代表参加省、地、县工会代表大会。学校建立校务委员会和职工代表大会，议决学校重大事宜、参与学校工作监督与管理。省、地、县党代表大会、人民代表大会（会议）、政协会议，有一定数量的教育界人士当选代表、委员，有的兼有实职。还涌现一大批教学能手、优秀园丁，被授予先进工作者、优秀教师、优秀班主任、劳动模范、三八红旗手等称号。1952－1962年，受国务院和国家有关部门表彰4人，受苏北行署及省政府表彰80人。1958年起，党的知识分子政策在执行上几度受“左”的思想影响。是年，教师中被错定为右派分子的92人。同年秋，开展“反右倾、拔白旗”运动。1960年，在反对“右倾机会主义”的斗争中，一些学校领导和教师受到伤害。至20世纪60年代初，几度得到纠正、平反、恢复名誉。“文化大革命”期间，教师被诬为“臭老九”，绝大多数教师成为再教育对象，有近千名教师受冲击，被贴大字报、遭批斗，有的被迫害致死。1978年后，复查“文化大革命”及其以前案件1090件，被错误处理的教师得以落实政策。

1978年后，南通、海门两级政府每年表彰一批优秀教育工作者，并为成绩突出的优秀教职工记功嘉奖。历届党代会、人代会、政协会均有教师代表参加。知识分子政策的落实，教师队伍爱国爱党向心力增强，不少教师要求加入中国共产党。1981－1990年，受省政府和省有关部门表彰和奖励的教师73人、受国家教委和国家有关部门表彰的教师27人。1982年起，离休教师分别享受科级至地市级政治、生活待遇。1991－2008年，被评为全国教育系统劳动模范、全国优秀教育工作者和全国教育系统“巾帼建功”标兵24人次，享受国务院特殊津贴或获曾宪梓教育基金奖2人，获省红杉树园丁奖3人，被评为省劳动模范、省优秀教育工作者、省优秀青年教师、省优秀指导教师36人。至2008年，被评为省特级教师17人。

二、工资福利

工资 公办教师工资 民国16年，公办初小教员月薪16－18元、高小教员18－24元（时大米每石7元左右），县立初级中学教员月薪高于小学高年级教师。民国23年，校长月薪，初级小学18－20元、完全小学20－24元、模范中心小学25－30元；级任教员，初级小学16－18元、完全小学18－20元、模范中心小学20－22元；科任、代课教员，初级小学10－12元、完全小学12－14元、模范中心小学15－16元。因经常拖欠工资，教员多次组织索薪团、请愿团向当局讨薪，或用提前放假等方法抗议。

民国29年后，抗日根据地和解放区学校教员（包括学校领导）的生活费用（薪俸），由民主政府以公粮形式发给。其标准各个时期、各个地区不尽相同，一般小学略少，中学略多。教师生活费每月平均杂粮120公斤，但全部配给的月份只占56%。

1949年，新解放区沿用老解放区教师粮薪制，小学教师平均月薪大米50公斤左右，中学教师60－80公斤，工勤员40公斤左右。1950年8月，小学初级正式教师每月大米65公斤、小学高级每月70.25公斤、初级代用教师每月50.5公斤；中学教师每月75－100公斤、工勤员每月50－50.5公斤。1951年3月，小学初级正教每月大米75.5公斤、小学高级正教每月102.5公斤；中学教师每月100－150公斤。

1952年7月，改粮薪制为工资制，教师的收入比1951年实际平均增长10%。

1956年，工资改革，小学低年级教师月薪34元，高年级教师43.5元，完全小学校长45.5元，中心小学校长51.5元；初级中学教师51－64元，教导主任、校长57－72元；完全中学教师64－82元，教导主任、校长82.5－102元。

1963年、1972年，分别有40%、20%的教师加薪、晋级或调资。1977年、1978年，分别是40%和2%。1980年，有40%的教师加薪、晋级或调资。1980年，实行班主任津贴制，对农村任教的中小学教师上浮1级工资。1981年，教职工普加工资1级。1985年，参加工改，在增加基础工资的同时，实行工龄和教龄津贴，另加基础工资的10%为行业工资津贴。1986年，教师人均月增资7.8元。是年，实行分级管理、分级办学后，乡镇中小学教职工工资由乡镇财政所核发。1988年，人均月增资8.2元，比1985年人均月增资增长36.9%。

1990年，全民、大集体教职工普调1级工资1622人，复升1级4604人。1993年，教职工工资参照公务员标准，按职称、职务、工龄为标准普加1级。以后，每2年晋升一档工资。1997年7月、1999年7月、2001年1月、2003年7月、2008年7月5次调整教职工的工资标准和津贴。1993年、1995年、2000年、2005年、2008年，教师年均工资分别为1872元、4176元、11125元、19087元、29410元。

2001年9月起，国标工资由市财政统一发放。

2005年1月,国标工资、省标工资和省以下补贴金额由市财政统一发放。市、乡镇两级财政安排专项资金解决农村教师医疗保险金、住房公积金、养老保险金、失业保险金(四金)等。2007年,实行分配制度改革,教师的地方岗位工资和工资中可浮动部分及预算外收入全部捆绑,通过考核发放。但因乡镇财政状况不同等原因产生发放不平衡现象,有的乡镇按标准发放,有的出现部分拖欠。至2007年12月10日,各乡镇共拖欠教师"四金"①663.93万元,有的教师不能支付住房公积金、医药费。2008年,市财政全部补偿所欠"四金",平均为每位农村教师每年增加津贴1000元。支援外地教师由派出单位按同类人员发放工资,同时享受派驻地的生活补贴或援外补助。

私立、民办教师工资　民国30年前,私立小学教员月薪根据学校经费来源而定,其标准与公立小学大体相同或略低;中学教员的薪金根据学校经费宽紧、教员职别、任课节数、教学水平、人事关系以及需求情况而定。民国16年,一般月薪30－80元不等,塾师待遇略低于正规学校,全由学费收入支付。

1949－1969年,民办教师工资参照当地村(大队)最高劳动力报酬付给。1969年,由国家拨补助费,参照公办教师工资,一般为公办教师工资的七八成。1978年,凡民办教师转为公办,工资即作调整。1990年,民办教师1520人增加工资,人均月增16元。1993年,按职称、职务、工龄标准普加1级工资。以后,随公办教师加工资,民办教师相应增加,代课教师工资一般低于民办教师。1998年,幼儿园改制,原在编公办人员基本享受公办同类人员工资标准,新聘用的合同制教职工,按照劳动法以及不低于市规定的最低工资标准,由各幼儿园根据教师的工作年限、教学能力等制定工资标准。2000年,实行市规定的最低工资标准。

至2008年,所有民办中、小学人员,性质属公办的教职工工资由政府财政按照公办学校教师标准执行。

外籍教师工资　2001年起,海门聘用的外籍教师经费由聘请学校自筹,根据其教育水平的高低,分档次发放,一般每月5000元左右。

福利　1952年,公办、民办教师享受全额或部分公费医疗以及婚、丧、病、事假、妇女产假的福利待遇。1956年6月,男性年满60周岁、女性年满55周岁教职工办理退休手续,退休养老金为原标准工资的60%－75%;1949年12月之前参加革命工作的公办教师,退休养老金为原标准工资的80%。50年代至60年代中期,县教育工会组织暑期教工疗养,选送一批在职教师到南通芦泾港、无锡太湖等疗养院疗养。

1980年起,离休教师照原工资领取养老金。1984－1985年,参加工作20年以上小教三级、中教五级以上教师和1965年前大专毕业公办教师175人,享受中级知识分子待遇,其农村户口配偶及未成年子女410人转为城镇户口。之后,享受县、处级待遇和满20年以上教(工)龄的中级知识分子家属,均享受"农转非"待遇。1989年1月,退休养老金每人每月增加15元。10月,教龄满30年以上的教师,照原工资领取退休养老金。少数教龄满20年的民办教师退休,也适量发放退休养老金。

90年代初,一些学校建造教工宿舍或教师公寓,解决教师住房所需。1991年起,县教育工会每年利用暑假组织部分教师赴杭州、北京、大连、厦门、西安等地疗养、休养。1993年,离休人员按在职人员同职务相应增加养老金,同时增发交通费、误餐费及年终一次性补贴、疗养费、护理费、特需费等。对1937年7月7日至1942年12月31日参加工作的教师每年增发1个半月工资;1943年1月1日至1945年9月2日参加工作的,每年增发1个月工资。此外,离退休人员享受公费医疗、冷饮费及春节慰问费等;去世后,其配偶享受遗属补助。1996年,实行住房制度改革,1000多户教师家庭参加房改。

2002年,连续教龄满20年的退休代课教员,享受每月116.4元补贴;连续代课满5年以上的代课教员,一次性发放补助费,补助标准为离岗时月工资乘以连续代课年限。至2008年,教龄满20年的退休民办教师,每人每月可领取养老金400－500元;教龄满20年的退休代课教员每月享受补贴的,每人每月补贴增至300元左右。

---

① 四金:养老保险、医疗保险、失业保险、住房公积金。

第三节　教师培训

一、业务培训与交流

民国后,设小学教员研究会,邀请学界名流、学者讲演;举办暑期讲习会、训练班,讲授新学制课程,传授复式教学法、国语学、各科教学法。

民国29年(1940)夏,国民县政府在江家镇三益初中举办海门东部地区小学校长、教导主任暑假培训班。民国37年夏,东南行署在中央镇花家仓(今启东市境内)举办教师轮训班,历时1个月,教师300余人参加。

1949年,从中学选送各科教师到高等院校离职进修,或抽调干部进修更高学历。1950年,在海门中学举办师训班,210人参加。1952－1954年,县教育工会在学区办星期学校,聘政治、业务水平较高的教师作业务讲座,进行教学示范,交流教学经验。1953－1958年,海门师范、县小学教师业余进修学校分期分批轮训中小学教师,500多人参加。1964年,农业中学、耕读小学教师分期分批参加轮训。1972年,恢复海门师范中师函授培训。1977年,恢复县教师进修学校的中师函授培训。

1988年,组织教师参加专业合格考试。1989年,228人通过教材、教法考试。20世纪80年代,举办小学语文、数学教师文化补习班及行政干部轮训班、中学英语进修班等35期,培训教师786人次。至1990年,海门师范、县教师进修学校开设中师轮训班及各种轮训班59期,培训近万人次。是年起,县举办小学、初中教师语文、政治、英语培训班和中小学校长培训班,培训600多人。1995年起,招收全日制幼师班11个、民师内招和代课老师成人中专班2个,培训小学、幼儿园教师668人。组织中小学教师教学基本功培训,分为说课、三字(钢笔、粉笔、毛笔字)、普通话、绘画、文艺特长、自制教具等多个项目竞赛,展示和提高教师的基本功。

1997年9月,东洲小学校长许新海参加国家教委的中国英语教师赴美培训团,考察洛杉矶、旧金山、拉斯维加斯等10多所学校。回国后,出版《美国小学教育考察》一书。1999年,组织培训幼儿园园长、小学校长、初中校长各1期,近百人参加。同年,东洲中学校长张炳华出席联合国教科文组织在泰国召开的新世纪国际教育新路暨管理论坛大会,并作《关于加强科学管理,提高学生素质》的发言。

2000年,东洲中学与德国勃兰登堡大学建立友好关系。2000－2001年,组织教师参加国家和省、市创新思维、信息技术等培训,年近5000人次。2001年,东洲中学聘请外籍教师教授英语课程,在外教带动下,部分学生与英、美、澳大利亚等国学生建立笔友联系,增进交流。外籍教师教研组还与英国学科部合作,创办《东洲学生英语报》,外籍教师参与撰稿、编辑和审稿、出版。是年,参加函授、自学考试的教师2000多人,参加继续教育的教师3000多人,参加新教材培训的教师5000多人,参加现代教育技术考试的教师1304人。2001－2002年,参加创新思维培训教师4450人次。

2002年,德国勃兰登堡大学先后派英语系教授和学生12人到东洲中学培训教师,并与加拿大国际教育交流中心、美中国际交流中心、上海外国语大学合作,每年暑假选派优秀外籍教师到校开展学生夏令营活动。是年3月,香港大埔旧墟公立学校代表团97人到东洲小学访问。国庆节期间,东洲小学考察团师生代表一行97人,赴香港大埔旧墟公立学校进行为期一周的访问交流。是年,参加学历培训教师798人,参加校长岗位培训78人,参加信息技术教育培训2415人,对教育行政干部、学校领导和相关学科教师培训5000多人,参加国家、省、南通市级培训共257人。

2003年,参加学历培训的教师有230多人,参加国家级培训小学校长6人,市内校长任职资格培训和提高培训121人。2003－2004年,参加省级新课程骨干教师培训196人,参加南通市级骨干教师培训456人,参加市内新课程培训11618人次,培训新教师690人。2004年,东洲小学校长许新海作为省“333”工程新世纪学术技术带头人培养对象、省公派留学史上第一位小学一线学者,到澳大利亚作1年学者访问。是年9月,澳大利亚海瑟希尔中学校长罗布·牛顿到海门实验学校签订协议,两校结为姊妹学校,决定经常互派师生进行交流学习。同年,三厂中学校长徐忠、海南中学副校长施福涛、东洲中学物理教师滕玉英、实验小学校长顾青山、东洲小学校长祝禧、东洲幼儿园主任卞惠莲等,分别参加省组织的培训班,并赴澳大利亚、加拿大、英国等国考察。全年参加学历培训的教师有230多人，培训中小学校长100多人。

2005年1月，韩国釜山市教育厅长官率东亚高等学校代表团80多人访问包场中学。7月，包场中学师生代表团42人对韩国釜山市东亚高等学校进行友好访问。是时，东洲中学师生代表团一行33人，赴新加坡德明政府中学进行为期一周的交流学习活动。是年，参加省英语引智培训的教师有25人，参加南通市骨干教师与优秀班主任培训256人，赴国家教育行政学院参加研修的中小学校长100多人，出国培训教师7人，报名参加研究生班学习41人。

2006年3月，由北京诚明树人文明中心、南通市教育学会和市教育局联合主办的第六届国际华语小学语文优秀课展示交流会在海门实验学校举行，马来西亚著名教育家张发、中国台湾教育家苏兰和香港优秀青年教师黄良峰，以及北京、山东、浙江和海门的优秀教师分别展示教艺，并和与会者互动交流。11月，澳大利亚南澳国立大学教授区荣基博士在东洲小学作关于信息技术和课程整合的专题报告，教师代表400余人参加。2006－2008年，参加研究生班学习41人，参加国家教育行政学院等高层次培训的中小学校长120多人，出国培训教师125人、校长7人，参加省级和南通市骨干教师培训567人，组织农村小学校长100多人到市区11所中小学进行为期1个月的挂职锻炼。2008年8月，组织新教师270人上岗前集中培训120学时。

二、名师工程

海门中学成立后，培养出一批省、市有一定影响的知名教师。

1994年，全市推进名师工程，开展岗位补偿教育、适应培训、提高培训、专职培训、拔尖培训，坚持每3－4年评选一次学科带头人、骨干教师、教坛新秀。

2003年，建立特级教师人才后备库，对市级以上教育骨干进行年度考核，发挥名师示范作用和辐射功能，通过送教下乡、教育共同体建设、青蓝结对、在岗锻炼、名师指点、基本功考核、教科研活动，培养教学新手。2005年，根据年度考核实绩，对市级以上教育骨干颁发年度奖励金。2006年，市委、市政府奖励高考功勋教师15人，每人1万元。至2008年，先后评出7届中小学学科带头人444人，骨干教师423人，教坛新秀705人。全市有在职省特级教师14人，南通市学科带头人、骨干教师95人，市级以上教育骨干431人。累计发放年度奖励金247.76万元。

附：名师

陆子犹（1907－1999），又名陆祖龙，海门人。1924－1928年，就读于上海大同大学，毕业后到厦门大学任教。1929年8月，在上海南洋女子模范中学、浦东中学担任高中数学教员，凭借厚实的专业功底，灵活的教学手段，和超出同行的教学实绩，被评为上海市1936年八大名教师之一，蜚声上海。1935年8月，在私立海门中学任教。抗日战争期间，坚决拒绝日伪高薪聘请，毅然回归故里种田。后任教私立海门中学，随学校搬迁在三阳镇、曹家镇等地坚持教学，而后又在三星镇海中上校任教。1949年2月，在海门中学任教，为人谦和，淡泊名利，孜孜不倦地从事教育工作40余年。他的教学有三大特色：一是备课不辍，几十年如一日；二是课堂结构严谨，授课精细得体，语言简练，深入浅出；三是板书工整如画，启发学生举一反三。陆子犹的学生遍及全国各地，许多学生有所建树，有的成为世界知名的学者，他们都认为陆先生的数学教学影响了一生。陆先生长期担任数学教研组长，曾被评为省中初等学校优秀教师。1974年退休，后改为离休。

胡　新（1922－2007），海门镇人。20世纪30年代，毕业于浙江大学机电系。1952年，任职海门中学教高中物理，中学高级教师，曾任海门中学教导副主任，南通市物理学会会长。在海门、南通乃至全省的教育界具有较高的知名度。教育理念先进，专业功底扎实，熟练驾驭教材，教育方法得当，教学效果明显。善于运用形象表达，讲清抽象的定义定理，化抽象为形象，有效地激发学生学习物理的兴趣与积极性。物理高考成绩一直处于全省前列。胡新为人正派，平易近人，对学生充满爱心，视生如子，帮助贫困学生，无私提携青年教师，满腔热情关心，业务上悉心指点，从不盛气凌人，深受学生们的尊重和爱戴，事事处处体现出长者的厚道和高尚的师德风范。他忠于教育事业，热爱学校，追求科学，追求真理，信念坚定，于晚年加入中国共产党。曾被评为省优秀教育工作者，多次被评为省、市、县的模范教师。1987年退休。

张炳华，1954年出生，1972年参加工作，省特级教师。中学思想品德特级教师，全国推进素质教育先进工作者，省劳动模范，省人大代表，市“社会最敬佩的校长”。

1987年，张炳华以海门镇初级中学为班底，筹办东洲中学。短短十几年，学校由一所镇郊三流学校成为全国心理健康教育示范学校、全国推进素质教育先进单位等多重荣誉于一体的省际名校。1999年，市东洲实验初中成立，张炳华任董事长。实验初中以心理教育为主线，开展学校、社会、家庭互相配合的“三结合”教育和实践活动教育。他规范教师教育行为，狠抓教学质量，全力打造科研型的优秀教师。建立校内公开课制度，开展每月听课活动，每年组织教师到加拿大、澳大利亚等国学习培训。学校将心理教育引入课堂，建立心理咨询热线电话、心理辅导中心、知心姐姐信箱，全面关注学生的心理健康。同时，学校开设英语口语课，由经验丰富的外籍教师执教，保证学生学到纯正的英语；建立国际交流中心，定期组织和新加坡的友好学校之间的互派学生插班学习。

张炳华先后承担《初中心理咨询技术研究》《中小学心理健康教育的目标构建与操作模式的实验研究》等国家、省级5项教育科研子课题，均结题。著有《铂金支点》《百合花开》《手有余香》《一树阳光》《点亮心灯》等专著。在省级以上报刊上发表论文40余篇，有23篇获国家、省级一等奖。出版专著《伴你同行》《成长没烦恼》《心灵之旅》《心海导航》，被评为省级一、二等奖。其先进事迹被《人民教育》《江苏教育》、中央电视台、江苏教育电视台等18家省级以上媒体宣传报道。

许新海，1967年出生，教育哲学博士，中学高级教师，省特级教师。历任市东洲小学校长、市教育局副局长。

1992年，许新海受命创办市东洲小学。办学4年，使其成为省实验小学、全国现代教育技术实验学校。1996年，创办市少年宫。短短几年，筹集社会资金3000多万元，办学业绩卓越。2005年初，他启动的新生活教育关注现实中孩子的生存状态、生活方式、生活质量，还要关怀孩子未来应该怎样活着，引导儿童走向现实新生活，不断重建学习新生活。让每一个师生喜爱阅读、喜爱实践、喜爱运动、喜爱艺术，使之成为生活方式、生活习惯、生活追求。为海门基础教育的均衡化发展做出贡献。

许新海主持多项全国、省重点科研课题，研究成果丰硕。正式出版教育学术专著《没有石头也过河》《澳洲课程故事——一位中国著名校长的域外教育体验》《澳中教育与课程跨文化比较研究》《美国小学教育考察》等，主编《让儿童的道德生命自由生长》《今日生活》《学会做人》等学术著作，主编《小学心理教育指导》12册学生用书、《心理教育》教师用书。在省级以上报刊发表教育科研论文200余篇。赴香港、上海、辽宁、山东、西藏以及江苏各地作学术报告100余场。

祝　禧，女，1965年出生，市东洲小学校长，党支部书记。大学本科学历，中学高级教师。省特级教师、全国科研型教师、省教育科研先进个人、海门名教师。

祝禧痴迷教育事业，喜爱教育，喜欢教师，热爱孩子，把文化的种子撒向孩子的心灵。她潜心语文教学研究，不断探索，勇于创新。1985年，承担省首批小学语文“注音识字，提前读写”教改实验。1994年起，开始小学语文教学活动化研究、小学语文活动教学研究、儿童文化语文研究。打破语文教学传统的师生间单向度的“授受”关系状态，让学生“兴趣识字、广泛阅读、自主作文”，语文素养获得很大提高。新课程改革中，她的研究迈向语文课程建设，构建以生活为源泉，活动为根基，综合为主要特征，文化为追求，培养学生整体素质的全面发展为目标的语文综合活动课程，引领孩子们去探索，去创造。

祝禧先后出版专著《小学语文教学活动化研究》，主编或参编《走进语林》《我的克隆经历》等8部著作，70多篇论文在全国、省市级刊物发表、获奖。曾赴北京、重庆、深圳、陕西咸阳，江苏昆山、无锡、常熟等地上示范课，为省市级骨干教师作报告20余场。《江苏教育》曾在2001年以《为了圆心中的七彩梦》报道她的事迹。

第五章　教育改革

第一节　教育体制

一、人事制度

2001年2月，推行教育人事分配制度改革。是年暑假，54所中小学和直属幼儿园通过竞聘，走上校级领导岗位的中层干部55人，教师成为学校中层干部156人，原校级领导20人和中层干部118人落聘。教职工成为待聘对象流动转岗194人，分流到缺编乡镇学校任教11人，清退代课教师283人，内退、病退教师33人，未到岗教师辞职和在本校换岗的11人。实行校内结构工资制，在岗教师之间浮动工资年差额少则数百元，多则超千元。2004年7月，师范毕业生参加综合素质测试后进入市人才市场，通过双向选择落实就业单位。因指标限制没有落实就业单位的，可参加下一年竞聘上岗。是年，526人应聘，录用374人。

2005年7月，对新一届师范类毕业生，按照计划指导、凡进必考、双向选择、择优录取的方法，在268名应聘者中录取38人。

2007年，在全省地方师范院校中启动师范生免费教育试点，实行师范生定向培养。南通高等师范学校首批录取海门定向师范生26人，定向生的学费由市财政统筹解决，其服务重点在农村，且不少于5年。是年，制定校长聘任负责制实施意见。除海门中学外，教育部门考察、考核聘任公办学校校级领导，解聘部分年龄偏大（副职52岁、正职55岁）和学校工作起色不大的校长，调整22所学校中的正、副校长36人。其中，新聘16人，解聘8人。

2008年，开展校级后备干部推荐活动。推荐初中校长后备人选30人、副校长后备人选36人，小学校长后备人选21人、副校长后备人选55人。

二、办学体制

幼儿园　1958年前，由小学附设。农业生产合作社建立民办幼儿园，一些企事业单位建立职工子弟幼儿园。20世纪50年代，由县妇联统一管理幼儿教育工作（除个别幼儿园外）。1986年9月，由县教育部门主管。1998年，部分幼儿园通过资产评估、拍卖，成为民办幼儿园，公有资产退出。2000年，11个乡镇中心幼儿园改制成民办幼儿园。2001年8月，市区7所公办幼儿园改制为公有民办或扩大自主权，实行园长任期目标制、教师全员聘任制、结构工资制。园长有人事、招生和经费等自主权，政府财政补贴逐年减少。其中东洲、实验、机关、海南幼儿园财政补贴，2001年为70%、2002年50%；教师进修学校、通源小学、东洲小学所办幼儿园财政补贴，2001年为100%、2002年70%、2003年50%。2006年，补贴缩减为30%，2008年提高到50%。改制后幼儿园对征用土地、基本建设以及有关配套设施仍享有优惠政策。是年，全市有公办幼儿园20所，其中市区4所；公有民办幼儿园3所，均在市区；民办幼儿园21所，其中市区1所、乡镇20所。

小学　1998年，市实验小学试办阳光实验学校，属公有民办，有一至五年级5个班。同年，东洲小学创办少年宫全托小学。2002年初，阳光实验学校发展成6轨29个班。是年暑假后，并入海门实验学校。同年8月，海门实验学校招收小学29个班。2005年6月，少年宫全托小学更名为新东洲小学，6轨12班，每生每学年交费9000元。属公有民办，实行资产所有权与办学经营权分离，权产公有，民营运作。2008年，全市46所小学中，民营性的小学2所，有班级53个、在校学生1852人。

中学　1999年9月，东洲中学试办东洲实验初级中学，4轨12班，每生3年交费3万元，为民办性质，实行董事会领导下的校长负责制。2001年，海门师范创办民办冠今中学，当年招收高一4个班，学生168人。是年5月，海门中学试办海门中学附属实验学校。6月，树勋初级中学改制为公有民办学校，8轨24班，在完成施教区内义务教育阶段招生计划任务的前提下，引入民办机制，面向社会招收部分小学应届毕业生，每生3年1.89万元。同年，由海门中学牵头，海门中学、东洲中学、实验小学共同出资筹建江苏省海门实验学校，实行董事会领导下的校长负责制，下设小学部、初中部、高中部。用地13.32公顷，总投资约1亿元。2002年8月招收初中18个班，2003年招收高中3个班。高中生按公办标准收费，初中生每生每年1万元。小学全托每生每年9000元；走读，每生每年3000元。2004年，东洲实验初中、阳光实验学校并入海门实验学校。

2005年，海门中学附属实验学校更名为海门能仁中学，4轨12班，属公有民办。按照独立法人、独立校舍、独立核算、独立办学要求，招收应届小学与初中毕业生，初期规模初中6轨、高中4轨，招生范围以海门镇为主，兼顾周边地区。每生3年交费3万元。2006年，原东洲实验初中旧址改办德明初中，招收初中班4个，每班40人，每生每年1万元。2007年9月，上海证大投资集团投资1.3亿元兴建证大国际学校（海门中学证大校区），占地7公顷，建筑面积4.39万平方米，初定为6轨36班的完全中学。10月，澳大利亚新南威尔士州教育培训部官员史双元、澳中文化教育交流中心董事长蒋凡和华诚国际实业控股有限公司董事长劳伦斯·徐到海门进行合作办校洽谈，双方决定分别建立工作机构，推进合作项目实施。2008年11月，德明中学成立东洲国际学校筹备组，投资1.5亿元，在市行政中心东侧异地新建东洲国际学校，为九年一贯制，占地10公顷。

2008年，海门有民营性中学4所，初中班级79个、在校学生3472人，高中班级76个、在校学生3786人，教师487人。

家教、培训 90年代起，先后出现各种面对中、小学生及幼儿的培训班和家教，以提高学生学习、考试成绩为主，同时也可满足提升学生素质、增加技艺等需求。组织办班的有学校、学校在职教师，也有其他社会人员或机构。参加的学生有几人、十几人不等，也有师生一对一教学的。市少年宫自1996年办班起至2008年，开班近千个，学生几万人次。时间上有利用课余、双休日，也有利用寒暑假，有短期的数月，也有年余不等。场地有租、借用公用房屋的，也有利用教师住宅的。收费视培训时间及师资等情况而各不相同：文化馆、少年宫的公益性收费，每学期300元上下；经营性收费，每学期多至千元以上。开设的课程有英语、作文、数、理、化，以及舞蹈、绘画、书法、器乐、球类、机器人、航模、计算机、武术、棋类等，一般都根据教员专业状况设置科目。少年宫办班教师少数为自备，多数是聘用社会上有专长者担任，教师既有海门的，也有从外地聘请来的。教育行政部门虽逐渐限制、禁止学校在职教师参与办家教及补习班，但参与的教师仍不在少数。同时，社会上有面向学生的经营性机构，常年开办各种培训班、补习班。至2008年，家教及补习班的发展势头强劲。

三、布局调整

解放前，大多数学龄儿童因家庭贫困，无法上学，学校数量少，规模小。解放后，广大翻身群众让子女上学的积极性大大提高，促进社会教育事业快速发展。小学由解放前的132所，至1950年发展至445所。1951年起，又增办民办小学，实施二部制教育。至1959年，小学增至579所。1961年，由于进入经济困难时期，贯彻"八字方针"，公、民办小学缩减。1964年，因生源增加，又增办耕读小学。1965年秋，小学640所。此后，小学毕业生人数增多。70年代，全县在校学生20万上下。其中1979年在校学生21万多人，为历史之最。1974年起，不少小学附设初中班（俗称"戴帽子"初中），全县26所初中附设高中班。

80年代起，在校学生不断减少。90年代，实施九年制义务教育，提高教育质量，逐步撤并民办小学和村办小学。1997年，民办小学全部转为公办。后随着农村公路交通的发展，交通状况改善，生源减少，为充分发挥优质教育资源的作用，全力推进中心校扩轨。至2002年，全市有19个乡镇中心校均扩为4轨以上，全市小学数缩减为55所。随着教育现代化乡镇的创建，村办小学进一步减少。至2008年，全市小学46所、初中34所、高中9所。

1990－2008 年海门市(县)撤并中、小学一览

表 26－11

1990 年学校所在地	撤 并 小 学	撤并初中
三星镇	英华、汇通、大石、宏光、新镇	益民、太阳、永兴
天补镇	天补、高桥、光荣、徐堤、桃源、同心	和平、利民
三和镇	新建、大兴、路北、柏生、三中、沿江、新沙、岸角	第一、第二、第三、第四
秀山乡	五港、秀山、崇实、海南、日新河	东方红
德胜镇	连元、德胜、先进、旭升、育群、文化	德新、向华
新海乡	搭连、城西、新民	导亭、海北
江心沙农场	十二连、十三连	－
棉花原种场	－	职工子弟学校初中班
江滨乡	占仁、建设、建东、风光、大桥、联合、八南	江滨、建设、永久、民主
厂洪乡	新生、青西、中兴镇、海星、利群、凉东、大洪、志诚	大洪、第一、第二
常乐镇	中桥、革新、种玉、育新、三烈、益群、永生、二匡	颐生、培才
麒麟镇	胜利、长西、八匡、翻身、永乐、永东、利民、路南、倪家镇	立新、广中、庵宝
汤家乡	鹤丰、宏丰、民友、虹北、泰兴、洪东、云丰、繁西	第一、第二
青龙港镇	中心小学	青龙港镇学校初中班
六匡镇	锡祥、正明、忠义、云彩、六匡镇	伟新、云彩
临江镇	江滨、海宏、立周、有丰、乔松、同济、普觉、海桥	介云、其祥、普觉、阳应
悦来镇	建中、十二匡、信明、友新、悦宏、九匡、雁行桥、合作、袁李	第一、第二
万年镇	义兴镇、通海、廷秀、中圩、耀昌、万盛、三中、八字	第三、百荣、协进、小圩
海洪乡	池棚镇、八字桥、六甲桥、轧西、纯贤、永康	轧东、东南、福良、曙光
永隆沙良种场	永北	－
三阳镇	刘西、斜桥、合顺、南星、文化、启永、合福、沙洪	刘西、鲜行、永平、占先
瑞祥镇	八桥、栏杆、烈士、添旺、定兴、瑞祥	瑞南、瑞北
平山乡	常胜、永南、道良、文明、长来、解放、坚决、永安、胜利	长兴、道良、文明、长来
国强镇	头桥、国光、余合、余中沙、召元、四杨、丕南	国强、丕东、二桥、同心
四甲镇	通源、惠才、忠和、德安、牧童山、保田、石头镇、货隆镇、靶场、建设、大余	光明、惠才、同一、保田
货隆镇	团结、同心、海山、虎跃、新生、联宏、闸西、解放	新协、齐心、骑岸、灯塔
王浩镇	红星、王灶河、胜利、红卫、翻身、前进、得利、新生	前进、王灶河
树勋镇	云龙、富民、富安镇、富北、姚家店、新北、富余、乐平、旭东、凤凰桥、东港	新富、新河、旭宏、八一
余东镇	永平、大坝、五里墩、宝山、之字、启秀、宛平、富群、余平	余南、宝山、大新、永胜、木桩、圩北
正余镇	竖河、和合、新河、邢崔、大安、朱益、瑞丰、民主、正余、红光	第一、第二、第三
包场镇	包西、大胜、宏升、大兴、扇子、兴无、河南、镇东	第二、第三
刘浩镇	头甲、同心、五甲、新群、九甲、十甲、浩西、港北、浩中	第一、第二、第三
东兴乡	光华、大直、东港、横桥、友爱、小街、大东、红星、新建、堤北	友爱、闸河、鲜海
新余乡	新余镇、同合、场北、互助、富强、新永	新余、模范、同合

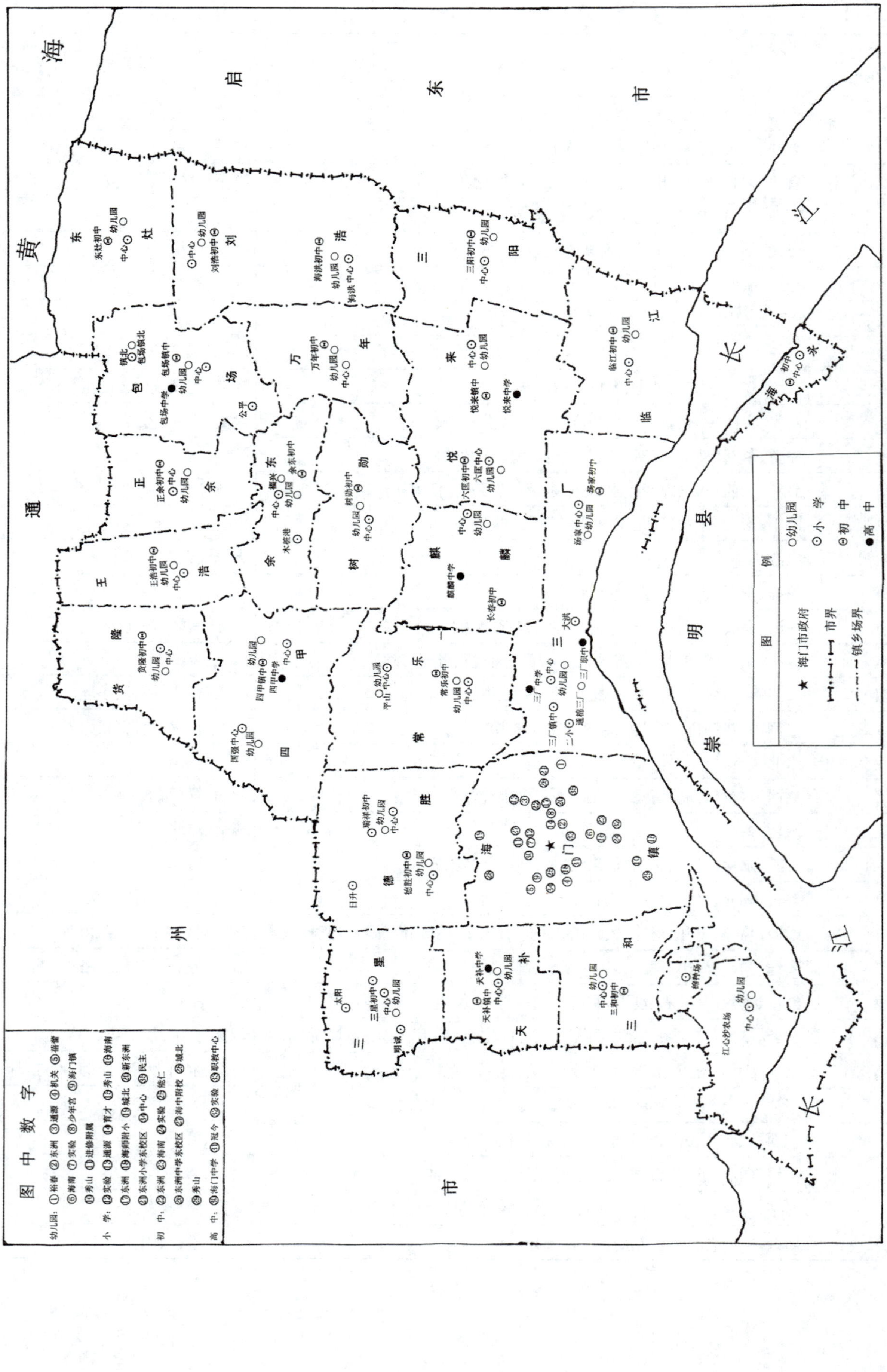

图26-13 2008年海门市中小学及幼儿园分布示意图

第二节 招生制度

一、招生方法

旧时,私塾一般由富裕人家兴办,教授自家子弟,或有附带亲戚、邻居子弟,学童年龄并不一致。清末,废科举兴新学后,根据新教育制度招生,一般以校为单位分散进行,学生来自厅境,初级师范涉及境外。民国时期,入学的主要条件是家庭有经济实力与家长思想开明的学生。海门西部学生比东部多,沿江沙地学生比南通东乡多(即现在海门北部地区)。

解放后,中小学发展迅速,学生骤增,招生工作坚持老解放区向工农开门的方针和优先照顾烈军属子女入学的政策。1951 年,小学招生按地域划片,初中联合招生,高中、初级师范由单独、分散招生逐步过渡到地区统一招生。

1954 年,县建立招生委员会,招生工作更集中、统一和规范。入学年龄小学生 6 周岁、初中 12 周岁、高中 15 周岁。蒙童入幼儿班年龄,初无规定,后分别规定入学、入班年龄。普及六年制义务教育后,小学入学年龄为 6 周岁半。1956 年,试行高小、初中优秀毕业生免试保送升学制度,名额为应届毕业生的 10%。1958 - 1960 年,普通高中、中专和中等技工学校招生数大于应届初中毕业生数,县办的拖拉机学校、农业大学、农业专科学校,除招收初中毕业生外,还招收部分高小毕业生和社会知识青年。1959 年,废除保送制度,实行就近入学。海门中学招生范围仍为海门、南通、如东、启东等县。

1966 - 1967 年,停止招生。1968 年,初、高中先实行推荐,后改为推荐与选拔相结合。1973 年,实行“工农兵推荐”上大学,但在实践中,唯成分论和走后门盛行。1977 年,恢复高考,县成立高等学校招生委员会,招生考试逐步走上正轨。此后,初、高中的招生亦由县统一考试录取。

1980 年,职业中学(职业班)招收初中毕业生。20 世纪 80 年代末 90 年代初,外来务工人员逐渐增加,其子女随之迁来,以城区及三星镇为多,并有少量幼儿入托,还有少量小学生就读三星镇小学。

1993 年,小学、初中按教学区就近入学。1995 年,城区出现市属小学、初中、高中招收一定数量的自费生、择校生,加上城区人口增加,城区小学生、初中生占全市的比例明显增多。同时,有少数外来务工人员子女入学,以后略有增加。20 世纪末,幼儿园、民办学校(初中、小学)不划定施教范围,招满为止。

2005 年,海门对外来务工人员子女(小学、初中)按务工地点安排入学。乡镇安排在初中和就近村小学就读,市区安排至开发区、海门镇初中和小学就读。2006 年,全市外籍务工人员子女进入小学就读 1967 人,2007 年为 2483 人,2008 年为 3516 人。2006 - 2008 年,进入初中就读的外籍务工子女 1116 人。2008 年,城区小学生占全市的比例由 1990 年的 5.71% 上升至 23.78%,初中生占比从 1990 年的 6.76% 上升至 30.67%。

二、考试方式

民国时期,中学自行考试录取新生,后逐渐实行几个学校联合统考录取新生。小学新生入学不需任何考试。

1951 年,初中招生实行统一划片、统一命题、统一考试,高中、初级师范逐步过渡到地区统一命题、统一考试。1952 年,初中毕业生少于高中招生数,学生免试入高一级学校。1954 年,仍实行全县统一考试。

“文化大革命”期间,初中、高中招生不考试,划片就近入学。

1977 年,小学升初中,初中升高中、中专,实行全县统一命题、统一考试。国家恢复高等院校招生考试,分初试和省统一考试两步进行,其中省统考分文、理两类。1978 年,高考实行全国统一命题,省组织考试,评卷、阅卷分地(市)进行。1981 年,按招生计划数 5 倍确定预选指标。后取消初试(预选),高中毕业生需会考合格后才能报考。

1993 年,取消小学毕业全县统考和初中入学考试。

2000 年,高考取消会考合格才能报考的规定。2002年,高考科目改革,实行“3+1”①考试。2003年,实行“3+2”②考试。2004－2008年,应届高中毕业生综合考试必须合格,方可报考高一级学校。

1984－2008年海门市(县)小学毕业生升学情况一览

表26－12 单位:人

年份	小学毕业生升学比例			年份	小学毕业生升学比例		
	小学毕业生数	初中招生数	升学率(%)		小学毕业生数	初中招生数	升学率(%)
1984	11751	10151	86.38	1997	10951	10584	96.65
1985	9138	8270	90.50	1998	10610	10318	97.25
1986	13657	11934	87.38	1999	11883	11529	97.02
1987	13126	11714	89.24	2000	13221	13005	98.37
1988	12966	11687	90.14	2001	13707	13595	99.18
1989	13471	12118	89.96	2002	14769	14754	99.90
1990	12764	11317	88.66	2003	14894	14926	100.21
1991	13110	11637	88.76	2004	12457	12609	101.22
1992	12769	11643	91.18	2005	11581	11686	100.91
1993	11750	10775	91.70	2006	14111	14212	100.72
1994	12167	11594	95.29	2007	12742	12852	100.86
1995	12260	11861	96.75	2008	11214	11113	99.10
1996	11203	10951	97.75				

说明:2003－2007年升学率因有外籍务工子女入学而超过100%

1984－2008年海门市(县)初中毕业生升学情况一览

表26－13 单位:人

年份	初中毕业生数	高一级学校录取数						升学率(%)
		合计	普通高中	职业中学	中等专业学校	技工学校	其他	
1984	12311	3006	2191	538	277	–	–	24.42
1985	12126	3430	2561	651	43	–	175	28.29
1986	10702	3353	2391	692	150	13	107	31.33
1987	8698	3392	2211	810	294	13	64	39.00
1988	6937	2578	1700	604	163	17	94	37.16
1989	9332	2935	2038	569	87	22	219	31.45
1990	8806	3267	2072	878	71	27	219	37.10
1991	9487	3273	2002	877	120	65	209	34.50
1992	9969	3606	2044	1142	256	128	36	36.17
1993	10565	4364	2091	1401	100	97	675	41.31

① “3+1”:语文、数学、外语及综合科。

② “3+2”:除语文、数学、外语三科外,考生在其余6门(物理、化学、地理、历史、生物、政治)中任选2科。

续表 26－13

年份	初中毕业生数	高一级学校录取数						升学率（%）
		合计	普通高中	职业中学	中等专业学校	技工学校	其他	
1994	10693	4921	2193	752	210	177	1589	46.02
1995	10543	5466	2624	930	1448	195	269	51.84
1996	9797	6056	2873	1084	898	203	998	61.81
1997	10768	6629	3006	974	983	300	1366	61.56
1998	11012	6675	3435	939	908	496	897	60.62
1999	10162	6269	3291	442	896	588	1052	61.69
2000	9791	6723	3962	541	485	544	1191	68.67
2001	9709	7735	4651	634	751	846	853	79.67
2002	10944	8974	5191	1096	914	0	1773	82.00
2003	12246	10199	5588	2313	100	159	2039	83.28
2004	13086	11167	5883	2394	108	48	2734	85.34
2005	13867	12523	6120	2247	134	302	3720	90.31
2006	14488	14183	6171	3134	70	1051	3757	97.89
2007	12231	12231	5933	861	57	880	4500	100.00
2008	11251	11102	5671	2395	－	－	3036	98.68

1977－2008 年海门市（县）高考录取一览表

表 26－14　单位：人

年份	参考人数	录　取　人　数					
		合计	大学	大专	大中专、中师	小中专、中师	技校
1977	1935	282	143	－	62	77	－
1978	6226	736	426	－	310	－	－
1979	3878	630	333	－	205	92	－
1980	2122	402	218	－	125	59	－
1981	2008	613	416	－	135	62	－
1982	1444	482	285	－	130	60	7
1983	－	504	265	－	134	101	4
1984	1794	796	460	－	152	176	8
1985	1947	797	420	－	134	227	16
1986	1671	1095	680	－	151	251	13
1987	1787	803	459	－	75	260	9
1988	1658	825	501	－	63	238	23
1989	1682	776	410	－	48	291	27
1990	1238	798	464	－	44	290	－
1991	1232	423	199	187	－	37	－
1992	1087	720	297	364	－	59	－

续表 26-14

年份	参考人数	录取人数					
		合计	大学	大专	大中专、中师	小中专、中师	技校
1993	1386	1032	388	559	–	85	–
1994	1609	1032	436	544	–	52	–
1995	1755	1126	521	579	–	26	–
1996	1966	1259	582	653	–	24	–
1997	2056	1355	766	569	–	20	–
1998	2344	1197	730	433	–	34	–
1999	2728	2031	1327	704	–	–	–
2000	2929	2416	1413	1003	–	–	–
2001	3448	2885	1650	1235	–	–	–
2002	3353	3039	1736	1303	–	–	–
2003	3952	3642	2292	1350	–	–	–
2004	4504	4325	2607	1718	–	–	–
2005	4943	4445	2400	2045	–	–	–
2006	5132	4617	2534	2083	–	–	–
2007	5342	5214	3303	1911	–	–	–
2008	5140	4948	3400	1548	–	–	–

说明：表中1977－1990年大专录取人数含在大学录取人数中

第三节 教学改革

一、素质教育

1990年，从应试教育向素质教育转轨。1993年，小学考核记分由百分制向等级制（优、良、及格、不及格）过渡。1994年，选定4所直属小学、11所中心小学、9所村小作为素质教育试点单位。同年，江滨中学被省教委列为全省素质教育试点学校。

1995年12月，市初中素质教育现场会在东洲中学召开，与会者参观阅读指导、计算机语言、家电维修、书法美术等25门活动课程，学校规定每个学生持其中3门以上合格证，才能毕业。

1996年12月，中央教科所臧铁军受国家教委委托，专程到海门调研素质教育工作，实地考察实验小学、东洲中学等校，对学生评定由百分制转变为等级制，有效减轻师生负担，表示赞赏。

1997年3月11日，《中国教育报》以《一项有益的尝试》为题，刊登评论文章，认为海门素质教育值得各地教育工作者重视和研究。10月，召开全市素质教育工作会议，要求认真执行教学计划，加强对学生辅导资料的管理，控制学生在校活动总量，科学安排学生的双休日和节假日活动；办好每所学校、每个班级，控制考试科目、次数及各类竞赛活动；全面评价学校和教师，不单纯以升学率高低和学科考试成绩来评价学校和教师；发扬教育民主，提倡文明教育；对有令不行、有禁不止的单位与个人按规定严肃处理。

2000年1月后，控制学生在校活动总量和作业量，控制考试科目和考试次数，规范评价制度，不以分数为学生排名次。因受升学压力、社会需求及学校、教师评价体系等影响，各学校，尤其是高中仍采用一些变通方式给学生补课，时有被上级教育主管部门查实的情况。

2005年，市实验小学为学生颁发能仁激励卡，海师附小推行小公民道德发展评价手册，平山中心小学实施种子－花朵－果实三步评价和五星评比，

“我是合格小公民”系列实践活动等经验得到推广。2006年6月，由美国、英国、日本等23个国家参加的青少年机器人世界杯比赛在德国布莱梅举行，东洲小学代表队作为中国唯一一支小学生代表队参加，东洲小学选手张恒嘉获小学组“一对一”足球赛项目联队亚军，同时获全场个人最高分特别奖。

2007年1月，和谐海门家庭教育高层论坛暨海门首届家庭教育日活动举行。团中央委员、中国青少年研究中心副主任孙云晓，全国政协委员、北京海淀区少年法庭庭长尚秀云，中国教育研究所所长徐国静等7名家庭教育专家，分别作专题讲座，听众万余人。海门将每年元月的第一个星期六定为家庭教育日。是年初，启动省教育科学“十一五”规划课题“新公民教育研究”。确定2007年为“习惯养成年”，开展良好的行为习惯、学习习惯、生活习惯等养成教育，利用品德与生活（社会）课程，开设公民道德专题课程。3月，市教育部门在三厂中心小学召开新公民教育行动推进会，中小学师生代表350多人参加。制定《海门市新公民教育行动指导纲要》，从善待自己、善待他人、善待环境、遵守公共秩序、做世界的中国人等方面，提出新公民素养要求。

2008年3月，在海师附小召开“每月一事”项目现场推进会，根据各校自身特点，确立每月重点。东洲小学开发区校区组织“我与好习惯”童谣格言创作比赛，海师附小建立“每月一记”制度，实验小学编写校本课程《好习惯给我一个好人生》，德胜中心小学编写《我做好孩子——文明礼仪我先行》，并被教育部、文化部评为全国青少年文明礼仪教育示范基地，海南小学实施《小公民教育行动方案》，并被评为全国中小学思想道德建设先进集体。4月，海门中学高三学生顾颖飞获第九届亚洲奥林匹克物理竞赛金牌。7月，东洲小学学生宋毅恒、马逸旸、徐书铭、徐天寰4人参加世界青少年机器人大赛，获“机器人足球”项目团体冠军。12月，海门中学高二学生沈洋、倪诚代表中国队参加2008年国际奥林匹克机器人大赛，获高中组机器人“垃圾清理”项目一等奖。

二、课程改革

1986年，海门中学把课程分为必修课、选修课和活动课。

2002年2月，海门作为南通市唯一一个省首批课程改革实验区，在原有学科课程、活动课程基础上，增加实践课程和校本课程。全市37所初中和159所小学起始年级，整体进入课改实验。市设立课程改革办公室，具体指导课改工作。对小学和初中正职校长70多人进行基础教育课程改革培训考试。在小学一年级、二年级设置“品德与生活”课程，三年级、四年级、五年级、六年级设置“品德与社会”和“科学”课程，实验小学设置“艺术”课程，直属初中设置“艺术”“历史与社会”综合课程。小学三年级以上，综合实践课程列为必修课，综合实践课程包括信息技术教育、研究性学习、社区服务和社会实践、劳动与技术教育。

2003年，市教育部门组织专题课改研讨会7次，分片组织大型会课活动12次，参加培训7000多人次。8月，教研室编辑出版《小学语文、数学新课程新设计》及《品德与生活方案设计》。9月，在市实验小学召开小学综合实践活动现场研讨会。市实验小学在常乐镇培育村举办实践基地揭牌仪式暨“打开大自然绿色的课本”系列活动，海门各中心小学代表以及南师大的专家教授、南通市教育局有关领导60多人参加。

2005年12月，高中启动课程改革，探讨高中新课程课时配置方案。是年，东洲小学的读书节方案“让心灵徜徉书海，让书香溢满校园”，被评为全国“十佳”方案。许多学校编写出版反映自己办学特色的校本教材，有东洲中学14册《心灵之旅》学生心理辅导教材、海门实验学校《实验学校礼仪教育》、东洲小学《今日生活》、三厂中心小学《口琴》《亲近乡韵》，教育局《焕发心灵深处的美——德育个案百例选》等。

2006年2月，市教育部门“书香童年”图书漂流启动仪式在三厂镇第二小学举行，《西游记》《安徒生童话》《草房子》等750多部作品首次落入该校。1个月以后，再漂流至其他村小，借此推动书香童年建设。

2008年4月，举办省新教育实验研究专业委员会“儿童阶梯阅读”项目联盟论坛活动，全省200多名代表参加，中央教科所附属南山学校校长、特级教师李庆明和苏州大学文学院博士陈国安分别作《通往天堂之路——儿童阅读的实践和思考》和《共同的精神成长——儿童阅读指导》专题讲座。9月，进行市首届经典课文诵读电视大赛。同月，在全国课改实验区综合实践活动研讨会上，汤家中心小学校长施建斌作《实施航模综合校本课程，让农村孩子也能享受优质教育》专题经验介绍。该校航模综合实践校本课程，获全省综合实践校本课程一等奖。是年，常乐中心小学组织学生阅读《张謇》，编著《张謇故事文集》，平山中心小学编辑出版童诗《种太阳》，麒麟中心小学出版《幸福的种子》，汤家中心小学开发《科技改变世界》科普阅读课程，包场中心小学编写《趣文启蒙你》《美文陶冶你》《故事感动你》校本教材及汇编导读讲稿《荟萃》，悦来中心小学自制研发《快乐排球》，天补镇初中出版校本戏曲教材《美善天地》等，丰富学校课程。

第六章　教育管理

第一节　教育经费

清嘉庆十七年(1812)设厅学，经费一般由经董、典商、民间个人捐助和学田岁租收入充当。

光绪三十二年(1906)，带征各种附税，有亩捐、轧捐、花纱布三厘捐、售契捐、肉捐等作学务经费。民国元年至3年(1912－1914)，市、乡公立学校以亩捐和向学生收取学费、杂费作经费。后又征收鱼筹捐、屠宰捐、部分田房契税带征的附税，开征官中牌照、契据总价值2%附加税，充入教育经费。

民国4年，教育款产由教育经费经理处管理。民国7年，东二市“经费无着”。民国14年，市、乡教育费只收到1个月。民国16年，只能“折半发给”。民国21年，全县结欠各校经费最多达6个月。3年后，恢复按月发给。

民国17－25年，全县有亩捐年收入8万元，及二匡仓、麒麟仓、江家仓、锦屏仓等学租收入和垦牧学田租金收入，均充作教育经费。民国26年，初小学生每学期交学费1.5－2元，高小学生交学费3元，初中学生交学费10－12元、杂费3元。

民国时期，私立学校除向学生收费外，由主办人或校董会负担。能仁中小学由县商会拨发，锡类中小学接受教会津贴，三厂职工子弟小学由大生三厂负担，私立海门中学向海外华侨劝募。

抗战时期的沦陷区及抗战胜利后国民党统治区教育经费，基本沿袭旧制。民国37年年底，国民党县政府颁发《中心国民学校及国民学校征收教师生活补助费暂行办法》，向学生征收补助费。私立中小学经费全靠学费收入。

民国29年后，抗日根据地和解放区学校教育经费，靠民主政府拨给公粮和酌收学费。民国37年10月，解放区教育经费：学费占11.7%，群众捐献占6.3%，摊派占6%，劝募占14%，余田花息、房租占2.9%，智力换劳力占1.2%，其余部分靠其他途径解决。

1949年后，江苏省海门中学、海门师范学校的经费由省拨款，其余公办学校经费由县拨款，纳入国家财政预算。农业中学、民办中小学向学生酌收学杂费，并优先减免烈军属子女的学杂费，不足部分由国家和集体补助。1967年，国家财政拨款242.51万元，1974年317.17万元，1978年435.14万元，1980年599.73万元，1984年1084.6万元。

1985年始，国家连续5年每年拨给“一无二有”①专款40万元。是年，县建立各乡镇人民教育基金会制度，争取工厂、企业、社会性团体、个人捐资办学。学校坚持勤工俭学，办工厂、开商店、辟农场，自筹资金。

1984年5月，征收教育费附加，当年征收比例

① 一无二有：校校无危房，班班有教室，学生人人有课桌凳。

为1%。1994年,增至3%,所征款作为财政教育费支出。9月,征收地方教育附加费。

20世纪90年代中期,各学校对学生收取费用有增多趋势,主要有补课费、辅助教学资料费及停放自行车费、军训费、保险费等。1997年年初,初三、高三少数学习有困难的学生可以在周六上午补习,补课费每次分别为0.5元和0.7元,但实际上周六上课的远不止学习有困难的学生。此后,补课屡禁不止,虽经教育部门多次检查,仍无法遏制发展趋势,且收费不断增长。90年代后期起,部分学校对招收的部分新生实行收费,所收款项由学校支配。

2008年,市财政为幼儿园提供每生每年400元定额补助,这一政策为全省各县(市)首创。至2008年,教育费附加和地方教育附加费共征收2.58亿元。

1949－2008年若干年份海门市(县)公办学校学杂费标准一览

表26－15　　　　单位:元

年份	幼儿园	小学				中学		
		低年级	中年级	高年级	减免率(%)	初中	高中	减免率(%)
1949	–	–	10公斤杂粮			–	–	–
1956	2.4	2.4	3	4	15	6	8	20
1962	2.4	2.4	3.2	4.5	30%(通东地区40%)	6	8.4	30%(通东地区40%)
1969	–	2	2	2	–	3	5	–
1986	–	3	4	5	县镇5%、其他15%	8	9	县镇5%、其他15%
1990	4	5	7	9	5	县城13、县城以下12	学费:海中21.5、其他18;杂费:海中19、其他16	5
1991－1992	4	5	7	9	5	县城13元、农村12元	海中19元、一般16元	5
1993	东洲幼儿园12元、其他10元	14	14	14	5	22	70	5
1994－1997	20	14	14	14	5	22	70	5
1998	20	下半年50元	50	50	15	80	省300元、市240元、普170元①	15
1999	下半年40元	50	50	50	15	80	省300元、市240元、普170元	15
2000	40	下半年70元	70	70	15	100	省300元、市640元、普490元	15
2001	40	70	70	70	15	100	省840 市640元、普490元	15
2002	40	70	70	70	15	100	省840元、市640元	15
2003－2004	海门50元、南通70元②	70	70	70	15	100	省840元、市640元	15

续表 26－15

年份	幼儿园	小学				中学		
		低年级	中年级	高年级	减免率(%)	初中	高中	减免率(%)
2005	海门 50 南通 70	84	84	84	15	120	省 840 元、 市 640 元	15
2006－2008	625－2000	2006 年下半年起，义务教育学校免收学杂费					840	10

说明：(1)省、市重点高中及普通高中

(2)南通市示范幼儿园、海门市幼儿园

1985－2008 年海门市(县)教育经费收支一览

表 26－16　　单位：万元

年份	收入合计	国家财政	学费	社会捐资及其他教育经费	支出
1985	1543	1190	162	191	－
1986	1573	1274	111	188	－
1987	1936	1427	93	416	－
1988	2678	1926	102	650	－
1989	2999	1969	209	821	－
1990	3655	3390	210	55	－
1991	3627	3261	214	152	3456
1992	4677	4242	264	171	4582
1993	5680	5027	287	366	5506
1994	8961	7544	500	917	8744
1995	11466	8995	1000	1471	11431
1996	15064	11304	1200	2560	14767
1997	18572	12547	1500	4525	18382
1998	21644	14979	1507	5158	20874
1999	22619	16629	1660	4330	22133
2000	28787	17161	3422	8204	27724
2001	33241	21150	3813	8278	30800
2002	36831	23609	3533	9689	38737
2003	41070	22779	3393	14898	49595
2004	50759	27943	4799	18017	51797
2005	56057	28626	5719	21712	55101
2006	61265	32521	4335	24409	57342
2007	71415	43728	5197	22490	70829
2008	83936	56169	3344	24423	75764

第二节　勤工俭学

一、校园经济

民国 3 年(1914)春，西一市第一小学校手工课聘请专任教员上课，生产洋线等手工品，获利甚多，贴补学校经费。民国 7 年，第六区各校利用手工劳作课，用麦秆制成椭圆形团扇。民国 13 年，海门中学于茅家镇东中市开设师山书社，余利拨充贫儿教养院经费。民国 35 年，解放区土地改革以后，教师每人分配到一份土地，师生种植粮食、蔬菜，作为学校经济来源之一。1949 年夏，师生种菜收获 26.95 万公斤，折粮 2.2 万多公斤；另捕鱼 7000 多公斤，扎扫帚 2266 把，养羊 6523 只，拾柴 9.65 万公斤，捕捉黄鼠狼 434 只，生产节约折粮 8.35 万公斤。

1958 年，学校贯彻教育与生产劳动相结合的方针，大办工厂、农场，大搞副业。工业产值 2.2 万元，农业 3.1 万元，副业 3 万元，纯收入 1.7 万元。1959 年，养猪 441 头、羊 3508 只、兔 3158 只、鸡鸭 551 羽。

1961 年，整顿校办工厂、农场，仅存常乐、树勋、天补农业中学实行生产自给。“文化大革命”期间，学校“开门办学”，搞“两挂两办”①。勤工俭学活动

① 两挂两办：厂校挂钩、队校挂钩，大办农业、大办工业。

以积肥支农为主,试制“增产灵”“5406”“129”等土化肥,产品质量低,经济效益差。

20 世纪 70 – 90 年代,其主要收益来源于临街门面出租以及学校开设的小卖部。

2006 年,校内小商店及学校门市出租一律实行招投标制。56 所学校校内小商店通过招投标,收缴承包款 638.82 万元;9 所学校门面出租,收缴租金 252.8 万元,合计补充教育经费 891.62 万元。

2008 年,45 所学校小商店实行招投标制,收缴承包款 680 万元;12 所学校门面出租,收缴租金 230 万元,增加教育资金 910 万元。

二、校办工业

1972 年,学校始办工厂。1978 年后,校办工业兴起。1980 年 6 月,县设立校办工厂经理部(后称校办工业公司)。1985 – 1990 年,全县校办工业累计完成产值 1.37 亿元,实现利润 1663 万元,提供教育经费 523 万元。1990 年,有校办工厂 108 个,生产经营 20 多个项目、800 多个产品。

1990 年后,校办企业发展迅速。1991 – 1995 年,校办工业累计产值 10.77 亿元,提供教育经费 1582 万元。1995 年,有总量超 5000 万元的企业 1 个、超 2000 万元的企业 3 个、超 1000 万元的企业 5 个、超 500 万元的企业 7 个,一批新产品占据市场优势。其中,合成塑料厂“海润”牌系列鞋底获 1995 年新技术名牌产品金奖,华丰真空设备厂 SZLW – 100、180、200 型水杯泵被推荐为 1995 年江苏优秀科技产品,春芽鞋业集团彩色帆布鞋获’95 莫斯科国际儿童博览会金奖,申海特种镀饰厂为上海英雄金笔厂加工的 273 浮雕笔被评为名牌产品,南通回力再生胶公司无味再生胶及无油再生胶、特别精细轮胎获得国家专利。

1996 年,105 个校办企业改制,改制收益 1467.07 万元补充教育经费。1996 – 2000 年,校办工业累计产值 19.57 亿元,利润 4321 万元。2001 – 2005 年,产值 23.69 亿元,利润 1.16 亿元。

2003 年,市属 20 个校办工业企业深化改制,共置换职工身份 1123 人,提供改制成本 1153.55 万元,收回校办企业中公有资产 1987.04 万元。

2005 年,所有企业实行属地管理,校办工业公司撤销。

1990 – 2005 年海门市(县)校办工业经济指标一览

表 26 – 17　　单位:万元

年份	职工(人)	总产值	利润	上交学校经费
1990	2863	4432	485	190
1991	3071	6243	658	187
1992	3903	10167	1008	286
1993	4288	16184	1147	320
1994	4631	27106	1034	350
1995	4342	42067	1330	439
1996	4580	43186	1406	420
1997	3907	44466	866	480
1998	3417	35455	808	530
1999	3617	38252	589	610
2000	3337	34298	652	680
2001	3646	36027	1178	800
2002	2998	41507	1424	830
2003	3014	47724	2010	830
2004	3150	53889	3388	450
2005	3470	57773	3630	1127

第三节　社会助学

一、个人助学

旧时,多有地方官员士绅、商人等捐资开办义塾,或资助其他学所的学生读书。清嘉庆十四年(1809),海门厅同知刘平骄筹建师山书院,并捐银 300 两,另有士民捐助六成,经董捐助四成,书院于 2 年后建成。光绪三十年(1904),张謇、张謇兄弟出资在常乐镇办学。至宣统三年(1911),私人捐资办学者众多。

民国时期,实施部颁捐资褒奖条例,从优奖励私立国民学校,私人出资办学者较多。

新中国成立后,私人捐资助学情况鲜见,学校均有国家或集体办。这种情况一起持续到 20 世纪 80 年代初期为止。

1983 年，江滨乡籍香港同胞黄裕春、朱小妹夫妇捐献人民币 3.8 万元，在富北村建造江滨裕春幼儿园。1989 年，江滨乡个体建筑业主杨国兴先后出资近 20 万元，建造江滨小学教学楼，该楼为当时海门乡镇学校最好的教学楼。

图 26－14　1983 年建成的海门县江滨裕春幼儿园　（1983 年摄）

90 年代，树勋建筑站站长毛云和先后捐资 8000 万元，建造树勋初中、小学、幼儿园等，使树勋学校的校舍、教学设备等成为周围乡镇最好的学校。1993 年，海门籍在台人士徐有庠出资 180 万元建立徐有庠教育基金，后又得到新华书店等单位捐赠款。1995 年，徐有庠捐赠 300 万元新台币建成海门中学元智科学楼。1998 年，海门中学校友、美籍华人、知名建筑师杨裕球向海门中学捐赠人民币 25 万元，设立教师奖励基金。1998 年起，余东铜材厂厂长陆美珍连续 5 年出资钱物 4 万元，资助贫困学生。1999 年，上海证大投资集团董事长戴志康赞助家乡 150 万元，兴建万年中心小学。是年 11 月，由张謇后人发起并提供 10 万元建立张謇教育基金会在常乐镇首次颁奖，有师生 36 人获奖。

图 26－15　海门中学元智科学楼　（1995 年摄）

2001 年，台胞薛伯辉和其弟旅美华侨薛永菁资助人民币 70 万元，建造三阳初中裕泰教学楼和多媒体教室。2002 年，出现一批资助学生又不扬名的助学者，11 人出资 54 万元帮助贫困生 36 人。其中，不愿公开姓名的某经理帮扶特困生 21 人，其中小学生 7 人、中学生 6 人、大学生 8 人，共助资 31 余万元。2003 年，东灶港镇民营建筑企业主江炳祥捐资 200 万元，兴建东灶港中心小学教学楼。同年，戴志康出资 50 万元，在海门中学设立戴志康教育基金。民营企业主朱仲辉投资 600 万元，建成蓓蕾幼儿园新园。2005 年，海门非公有制企业代表人士共捐资助学 159 万元。2006－2008 年，徐有庠教育基金奖励优秀教师 520 人，计 48.8 万元，奖励被高校录取的优秀贫困生 512 人，计 76.6 万元。2008 年，该基金增至 430 万元。

二、单位助学

解放后，特别是农业集体化之后，农村生产大队、公社创办耕读小学、耕读班，支付教师工资。

1990 年，职工、干部开展“星期六义务劳动”，筹集教育经费 15 万元。1994 年，南通景新时装公司出资 20 万元，支持余东中学建造实验楼。同年，市妇联成立助学中心，开展“春蕾”行动，资助贫困失学女童上学。1995 年，货隆镇骑岸村退休教师李德彬，动员 12 个民营企业主和 8 个事业单位与全镇 22 个特困生结对，帮扶完成学业。1996 年 9 月，刘浩乡集资 1 万余元成立希望工程基金会，捐助全乡贫困儿童 23 人。1997 年，李德彬走访 13 个村，发动民营企业主 50 多人募集 2 万多元，成立教育扶贫基金。1998 年，市妇联助学中心转由市文明办接手，县妇联每年仍直接资助贫困女童 5 人，并借助社会力量资助贫困女童 180 人。至 1998 年，市妇联资助贫困女童 240 多人，年人均 60－70 元。

2000年5月，市成立助学中心，集聚社会捐资扶助贫困学生。首批团体会员73个，帮扶特困学生124人。至年底，接受帮扶款13万元，帮扶贫困学生173人。市教育部门每年筹措10万元资金实行动态资助，每年资助特困生200人，标准为小学生每人每年400元、初中生600元。市属各机关、事业单位均帮扶挂钩结对乡镇贫困学生，视单位状况帮扶1－10人。其中教育局机关工作人员结对帮扶贫困生43人，各学校教师职工也用不同方式帮助贫困学生。2001年，形成市、乡镇、学校三级帮扶体系，帮助贫困学生1400多人，其中助学中心帮扶182人，发放助学款8万余元。学校加大学杂费减免力度，把15%的减免指标用在贫困学生身上。

图26－16　海门职业教育中心校向贫困生发放助学金

（2007年摄）

2003年3月，市区部分单位组织助学募捐活动，集得7.2万元。落实新学期帮扶措施，发放助学帮扶金14万元，帮扶400多人。市国税局、妇联在余东中心小学建立“春蕾”女童班，常年资助贫困女童30多人。是年，海门职教中心为贫困新生一次性减免300－600元杂费，总计38.2万元。2004年，帮助中小学贫困生3400人，人均400元，总助学款130万元，确保贫困生不因缴不起学费而辍学。德胜、王浩等乡镇商会企业捐资6.8万元，帮助贫困学生。同年，台胞范氏、薛氏、陈辉3个奖学金奖励学生180人。

2005年，市妇联开展“社会妈妈助春蕾”活动，集资6.5万元，资助贫困女童130人，人均500元。6月，召开知识扶贫结对帮扶专题会议，一批企业家和单位负责人认领优秀初、高中贫困生16人，每人每年资助3000－5000元，直至高中毕业。其中万众集团认捐3人；欣乐房产公司每年资助贫困学生20余人；中南公司、鹏腾公司也为贫困生拨出专项经费；三星房地产公司自是年起，每年捐助品学兼优的小学、初、高中学生30人，计6万元。2006年起，机关事业单位人员开展“一日捐”活动，每人捐出一天的工资支持教育，每年资助贫困学生100人，每人3000元。是年5月，地税局召集优秀贫困学生100人，现场发放助学金5.5万元，并为每人发放价值100元的学习用品。

2007年3月，三星镇林西村成立爱心协会，建立爱心基金，资助贫困学生4人，共9500元。8月，南通市台湾同胞投资企业协会资助海门贫困生助学款4万元，获助的中小学贫困学生有80多人。欣乐集团捐资220万元建立欣乐教育基金，向贫困学生25人发放助学金8万元，还向海门中学、东洲中学、特殊教育学校捐赠15万元。翌年，欣乐集团向其教育基金注资25.2万元；中南控股集团公司出资1500万元，为常乐初中新建教学楼、实验楼，办公楼。

2008年，市制定对贫困学生生活补助制度，初中生750元/年、小学生500元/年，补助1700人左右。普通高中建立政府助学金制度，补助高中生1700余人，每人800－1200元/年；职高学生5000人，每人补助1500元/年；特殊教育学校学生每人由每月120元增至200元。

第四节　设备设施

一、基础设施

清末兴学时，不少学校自制或购置教具、体育用具，如各种教学用闪烁练习片、拼读游戏练习片、统计图表、仪器标本、实验用品及毛算盘、大地图、风琴、箫、笛、口琴、胡琴等。师山小学还备有钢琴，其他小学和中学均有哑铃、球类等体育用具。

民国12年（1923），县举办理科教具展览会。民国27年,日本侵略军侵占海门,城区学校教学设备毁于战火。其他学校的设备历经战乱,也散失殆尽。

1949年,号召师生自制教具,难于自制的由学校添置或教研室调拨。20世纪50年代,多次举办自制教具展览会。"文化大革命"初期,教学设备遭破坏。1976年10月后,电教设备逐步充实。

1983年,县在三和中学创办中心实验室。1985年,海门中学建成电脑控制型语音室。1988年10月,县教育卫星地面接收站建成。海门师范建成体育馆,余东木桩港小学建标准操场、游泳池。1990年,各乡、镇初中中心实验室以及完中实验室全部建成。是年,中小学校电教设备有录音机387台、电视机53台、计算机71台、录像机61台、幻灯机44台、投影机92台、空白录音带1260盒、有声录像带1848盒、空白录像带152盒、教育资料录像带222盒、135幻灯片9812框、投影片7326框。

90年代,农村初中建成实验大楼,82.4%初中建有3个以上实验室,学生分组实验由4人一组改为2人一组。1993年,江滨中学建成晴雨跑道。1998年,树勋中学建成室内训练馆。1999年,海门被省认定为实验教学普及县(市)。2000年,海师附小建成塑胶跑道田径场。2001年,海门中学建成符合国家级比赛标准体育馆,音乐、体育、美术、劳技等专用教室设施设备逐步普及。2002年,锡类中学实验室成为省级标准化实验室。2004年,东洲小学建成科学探究实验室。

2004年,市财政投入2402万元,新建、改建学生食堂1.4万平方米,学生宿舍8758平方米,水冲式厕所2951平方米,添置床铺1630张,饮水机1584台,硬化校园道路。2005年,海门中学建成理化生数字化实验室。同年,农村中心小学全部建有专用实验室,86.1%的学校达省、市等级标准实验室。所有高中建有5个以上标准实验室的实验大楼,达省标准实验室的学校占40%。中小学均建有图书馆(室),其中被评为省中学一级图书馆的5所,省中学二级图书馆的4所,南通市示范图书馆的7所,南通市优秀图书馆的3所。是年,全市90%以上中小学建有音、体、美、劳专用教室和配有相应设施设备及活动场地。

2008年,投资5651.6万元,改建、扩建学校15所,完成基建校舍5.42万平方米。投入危房改造维修资金4672.19万元,拆除危房2730平方米,维修加固1.32万平方米。是年,初中校园面积104.87公顷,每生平均28.1平方米;校舍建筑面积40.3万平方米,每生平均10.8平方米。小学校园面积100.56公顷,每生平均20.98平方米;校舍建筑面积30.79万平方米,每生平均6.2平方米。初中、小学办学条件均超过省规定标准。

二、信息装备

1998年6月,海门电大与党校合并建成校园网。2002年,海门中学、海门职教中心、锡类中学、实验小学、东洲小学、海门镇中心小学建成南通市标准化校园网,市教育局建成南通市教育局域网。2003年,海门中学课堂教学普及多媒体投影设备。2005年,海门镇秀山小学建成多媒体投影教室。

2005年,中、小学(包括26所定点村小)完成计算机多媒体网络教室和多媒体投影教室建设,宽带接入教育城域网,实现校校通,36所中小学校建成高标准校园网。有信息技术专任教师122人、兼职教师136人。有计算机8000多台、中小学计算机教室183个、课件制作室64个、电子阅览室26个、多媒体投影教室312个。70%以上学校建成校园播音系统、闭路电视系统、闭路监控系统。多数学校建立校园主页和专题学习网站,达到省级现代教育技术实验学校和示范学校配备标准的7所、达到国家级现代教育技术实验学校标准的1所。

2006－2008年,学校信息装备共投入7800多万元,超过前10年投入总和。2008年,各类学校教育技术装备条件均达省二类标准,部分学校和部分项目达省一类标准(示范性标准)。计算机总量1.55万台。高中、初中、小学学生与计算机比例分别为7.4:1、9.8:1、12.7:1,教师与计算机比例分别达1.2:1、1.7:1、1.6:1。多媒体液晶投影设备1156套,平均每1.9班拥有1套(省标准4:1)。各中心幼儿园宽带接入教育城域网。

第五节 教育督导

一、上级督导

民国时期,省厅常派督学、地方教育指导员、专科指导员到海门视察。

新中国成立后,上级也时有派员到海门视察

督导。

20 世纪 80 年代，中央、省领导常到海门考察。1987 年、1988 年，副省长杨诚沂、省教委副主任袁克昌到海门考导。1990 年，国家教委方堃、李广汉到海门中学、三厂镇中心小学视导，省教委袁金华率省重点中学及各市分管学校领导到海门参观指导。

2003 年 11 月，由省卫生厅、教育厅联合组成幼教督导工作组对东洲幼儿园、常乐幼儿园教育教学、卫生保健等园务管理工作进行督导。不日，由国家督学、教育部基教司司长金学芳，教育部体卫艺司体育处处长季克异，河南省教育厅郭蔚蔚等组成国家教育督导团，在天补中心小学、天补中学、三厂镇中心小学、三厂中学、通源小学、海门中学观看艺体卫教育成果展示，听取工作汇报。

2004 年 5 月，省政府教育督导团一行 6 人，对义务教育阶段控制辍学和学生平均公用经费情况进行专项督查。肯定海门学生平均公用经费达省最低线，控制辍学巩固率 99% 以上。

2006 年 12 月，省民办教育督查组到海门，实地考察 5 所民办中、小学的独立法人、校园、财务、教育情况，认定海门民办教育管理规范，发展健康，态势良好。

2007 年 3 月，南通市组成督导小组对海门 2006 年度教育工作进行督导评估。肯定海门在加强和放大优质教育资源突出发展主题，学前教育突出规范办园、小学教育突出习惯养成，中学教育突出课堂效率，职业教育突出专业建设。省教育厅验收组对海门合格学校图书馆、实验室、多功能教室、档案室“四配套”建设工作进行验收，认为海门合格学校建设规划早，行动快，标准高，工作实，效果好，工作经验值得推广。同月，市评估验收小组对包场、余东、东灶港、六匡、三阳、常乐和四甲等 8 所中心小学进行“达标创特”视导评估，并对三和、海门镇 2 所中心小学进行“绿色学校”创建验收。认定 8 所小学均达到省实验小学办学标准，和海门镇中心小学、三和中心小学一起报批市特色学校。

二、市(县)督导

海门督导始于洋务学堂之初，劝学所人员经常到各地视学。清末状元张謇也常到自己开办的学校听课，询问办学事宜，帮助教员解决困难，勉励教员献身教育。民国初，视学张仲吹督促教师搞好教学，巡视学校有时在教室窗外听课，有时与教师恳谈、研究教育教学工作，其视学方法名噪一时。民国时期，省厅规定，县教育局局长应在一学期内到 30 所学校视学。

民国 38 年(1949)5－6 月，县教育部门从各区挑选小学校长、教导主任 60 多人，组成教育参观团，对完全小学视导，总结解放区的教育经验。此后连续 3 年教育部门组织教育参观团进行视导，并把视察成为工作制度。

1975 年上半年，文教局领导带领人员深入中、小学指导工作，先后在海洪中学、海洪中心小学听课，召开师生座谈会。1979 年 10－11 月，组织教育部门干部及中学校长、教导主任 30 余人，分别在四甲、麒麟两中学以及各公社小学和初中，分期、分批视导。

1990 年 7 月，建立县教育督导室，对学校办学水平进行综合评估、专项督导、随访督导。

1992 年初，接到教师反映王浩初中存在偏科、偏育、学额严重超员现象，即派员随访，并写出专题调查报告，妥善解决学校存在问题。对各乡镇义务教育情况进行督查，实施六年制义务教育乡、镇 35 个、实施九年制义务教育乡镇 22 个，经督导评估后上报。1995 年，海门中学、包场中学、树勋初中、县实验小学、余东木桩港小学 5 所学校被评为南通市首届模范学校。是年，在德胜、余东、三星等 10 多个乡、镇督促贯彻教育法、教师法，就教育经费的投入是否按照政府的规定，教师工资、住房以及民办教师的待遇及落实情况，减轻义务教育阶段学生过重的作业负担等内容进行督导，并指导一批初具条件的单位创造条件申报南通市模范学校。至 1999 年年底，经督导评估，包场中学、三厂中学、树勋初中、海门职高、市实验小学、东洲小学、货隆中心小学、余东木桩港小学被批准为南通市第二届模范学校。

2001 年 10 月，对公有民办的东洲实验初中进行独立法人、独立校园、独立财务、独立教育的专项督导，并给予充分肯定。2004 年 9 月，督导室会同有关科室，对中小学在分班、收费、安全工作三大类 21 个项目进行督导，严禁学校举办或变相举办实验班、重点班、特色班，并借此乱收费。2005 年 5 月，督导室与南通市教育督导室组成联合评估组对三厂职高进行督导，肯定三厂职高“为三农服务”的办学宗旨，“先成人、后成才”的德育观念，以及“周末报平安”“一帮一阳光工程”“学额巩固方案”“弹性学制”等管理经验和改革措施。

2006年1月，经督导评估，海门中学、四甲中学、正余初中、江滨中学、东洲小学、海门镇中心小学和市实验幼儿园7所学校，为南通市第四届模范学校。3月，南通市政府联合复查组，听取教育工作情况汇报，分别与地税、财政、教育等部门访谈，审查拨款情况，抽查常乐、三和两个镇。复查组充分肯定成绩，同时指出教师福利待遇尚不到位，不少乡镇拖欠教师“四金”，教师住房公积金滞后公务员1年，且各乡镇执行不一，又如教师午餐补贴由学校自筹资金解决，有些学校无预算外收入，只好挤占日常公用经费；有些乡镇通过学生去收取农民合作医疗保险费用，把收费任务压给学校；仍有个别初中收取借读费，如海南初中；还有初中辍学率0.7%，高于省定标准0.2%。

2008年12月，教育部门评估验收小组对6所小学和6所初中进行“达标创特”评估验收。确认正余初中为“文学阅读”特色学校，刘浩初中为“主题阅读”特色学校，东灶港初中为“海洋文化”特色学校，临江初中为“科学阅读”特色学校，三阳初中为“励志教育”特色学校，海洪初中为“师生共写随笔”特色学校。悦来中心小学为“排球文化”特色学校，瑞祥中心小学为“生命与安全教育”特色学校，临江中心小学为“养成教育”特色学校，万年中心小学为“励志教育”特色学校，刘浩中心小学为“故事教育”特色学校，海洪中心小学为“生活技能教育”特色学校。

第六节 语言文字规范

20世纪50年代，提倡推行普通话，并在海门师范普师班以及教师轮训班专设汉语拼音教学。60年代初，举办汉语拼音培训班，各公社中心小学派1名青年教师参加培训，培养推广普通话的积极分子。70年代，中小学要求教师进课堂用普通话讲授。八九十年代，教育部门分派检查组对各中、小学校进行不定期的推广普通活工作的检查，还组织教师进行普通话竞赛和督查。90年代，海门将规范语言文字作为创建文明城市、文明行业、文明社区、文明窗口评比的一项基本内容。

1997年，对教师等特定职业人群进行普通话培训和测试。1999年8月，成立语言文字工作委员会，实施教师、公务员的普通话培训、测试以及社会规范用字的管理工作。

2001年初，规范党政机关、学校、医院和商店等服务行业的语言文字工作，营造文明开放的群体形象。2002年3月，加强规范语言文字社会宣传，增强群众用规范字、讲普通话的自觉性。对市区和乡镇商贸区以及窗口服务行业不规范用字进行整治。是年，完成1954年1月1日至1957年7月1日出生的教师普通话培训、测试，60%公务员在年底前通过普通话培训测试，取得国家规定的合格等级证书。

至2007年7月，有教师、公务员、职校学生1.1万多人通过普通话水平测试。教师40余人获第二届全国教师语言文字基本功大赛等级奖。8月，对未达标的教师和公务员进行培训，同时启动公共服务行业的普通话培训和测试。10月，在解放路两侧的候车亭增设推普形象大使广告牌，38块LED电子屏幕播出“大力推广普通话，提高市民素质，提升城市文明形象”等宣传广告。

2008年年初，增设解放中路、江海路、静海路等人行道语言文字宣传灯箱广告103个。借全国“雅言经典天下传——课文诵读”试点活动之际，举办市直属小学大型“春天诗会”比赛，推广普通话。与电视台联手在各乡镇开展“我爱诵读”电视大赛。组织小学三年级至初中二年级学生1.2万人参加硬笔书法大赛，引领中小学生重视规范汉字教育。是年3月，调整语言文字工作委员会，设普通话辅导站，配有9名省级测试员，初步形成政府统筹、教育主导、行业主管的齐抓共管语言文字工作格局，与各部门、单位签订语言文字规范化达标责任书，设立语言文字监督员、普通话示范岗，在新制定的《公民文明素养提升定量测评体系》中明确说普通话的要求，不仅全市党政机关、学校、医院、商店等服务行业普遍使用普通话，还延伸至全市城镇的其他行业。4月，市属小学部分师生走上街头，开展规范用字、共创文明城市的“啄木鸟”行动，检查主要街道两旁的企事业单位和店面招牌、广告牌，发现不规范文字200多处，并及时纠正。5月，《海门日报》与市教育局联合举办迎奥运规范字书写大赛，240多人参加成人组比赛。10月，海门高分通过省三类城市语言文字工作评估验收。

第七章　教育研究

第一节　教学研究

民国10年(1921),学界联合会对教育作综合性研究。次年,成立国语研究会。民国12年,举办暑期讲习会,研究新的学制课程及复式教学法、设计教学法及其他教学法等,并设理科教学研究会。民国19年,举办注音符号暑期讲习会。

民国29年后,在抗日根据地和解放区,教学研究的重点是教学内容改革,使教育为抗日战争、人民解放战争服务。

1949年,县组织教学参观团,以听课、评课、上示范课等形式,进行教学方法指导。以后每学期有不同规模的群众性视导。各完全小学成立语文、算术、常识、技术学科教研组,规模较小的学校成立一二个教研组。

20世纪50年代,县教育科督学张智学根据工作实践,悉心研究撰写的《有趣的学习法》出版。1952年6月,教师学习《凯洛夫教育学》、苏联教育家普希金《红领巾教学法》。在语文教学中以作文为主开展研究活动,县成立作文教学研究组,其经验在《江苏教育》发表。1955年9月,建立小学教学工作组。1956年9月,成立小学教学研究室。同年,县举办展览会,展出专题教学经验102篇。1958年,教学研究实行中、小学并举。

1961年下半年,建立县、公社、学校三级教学研究网,聘请部分教导主任和有经验的教师担任兼职教研员。1963年,围绕“因材施教”“启发式教育”“少而精”“学以致用”等问题进行探讨,指定海门中学就初中外语教学加强双基(基础知识、基本技能教育)和入门教学作重点研究。其他各课都聘请特约研究员,结合实践进行专题研究。1966年8月,教研活动停止。

1972年,刘浩公社10大队小学教师张云芳试验小学笔算、口算、珠算结合教学,在全县推广。1976年10月,重建健全县、区、公社、学校四级教育研究组织。

1980年,教学研究的中心课题从加强双基发展到强调学生的智力发展和能力培养。1985年,研究发挥非智力因素在学生中的作用,对政治学科内容、理科教材、初中语文语法教学体系等作专题研究。

1990年,小学以定点研究、认真总结、逐步推广为原则,先后在厂洪中心小学和海师附小试验推广省特级教师李吉林情景教学法。5月,李吉林到厂洪中心小学,与青年教师张利群举行拜师结对仪式。三厂镇中心小学、县实验小学、聋哑学校作为教研室实验联系点,定期进行交流活动。1995年,东洲中学确定为省素质教育试点基地,从课程改革入手,优化学科课程,加强活动课程,强化环境课程,增设心理课程。1996年10月,省“东洲杯”小学语文阅读教学研究会在东洲小学进行,全省各地优秀教师23人,分别应用小学语文阅读教育与电教多媒体相结合手段,激发学生思维,提高教学效率,引起代表极大兴趣。东洲小学教师祝禧,在优课评比中获一等奖。同月,市举行小学教师基本功大赛,教师78人参加有说课、“三字”、普通话、绘画、文艺特长、自制教具等竞赛。11月,进行小学校长、教导主任说课比赛。1997年3月,举行中学校长、教导主任说课比赛。1999年初,在中、小学推行优化课堂教育结构、建立新型的课堂教育模式“目标－分层－导学”,确定东洲中学、育才小学等20所学校为首批实验学校。3月,组织全市巡回观摩上课,各科教研员作专题讲座。11月,举行论文、教案评比活动,收到论文820多篇,有108篇分别获一、二、三等奖。

2000年4月,由中央教育科学研究所教育实验研究中心主办的全国课堂教学开放性实验研究研讨会在东洲小学进行，全国20多个省市60多名代表参加会议。东洲小学校长许新海作《走开放教学之路》专题报告。2002年6月，省情境教育研究所乡村小学教育实验基地在海永乡中心小学揭牌，中央教科所所长朱小蔓，中国教育学会副会长李吉林参加。2005年9月，在中央电视台专题片《父亲的设计》中，许新海担任嘉宾，介绍东洲小学提倡实践的“人人爱读书、人人爱艺术、人人爱实践、人人爱运动”的理念。10月，中央电视台《新闻调查》栏目到东洲中学摄制《快乐教育》专题片，反映东洲中学承担的省级科研课题“农村初中进行家庭心理教育的研究”成果，《人民日报》《新华日报》等报刊相继报道。

2007年3月，市教育部门举办“有效课堂范式”展示活动，先后组织小学特级教师11人，学科带头人、骨干教师14人，为2000多名小学教师、500多名初中教师作示范引领，每人执教1节示范课，解读“有效课堂范式”。

2008年12月，南通市名师导师团到东洲小学举办“祝禧文化语文”特色教育专题研讨会。东洲小学校长祝禧，自2003年起潜心研究，形成独特的教育特色。研讨会包括“文化语文”专题报告、师生“文化语文”课程故事、“文化语文”课堂教学展示、“文化语文”专家论坛、《满天星》“文化语文”专题演出。省教育学会会长周德藩、国家督学成尚荣、中央教科所教育实验研究中心主任高峡以及省、直辖市和南通各县(市)小学语文教研员参加活动。

第二节 教育科研课题

1990年1月，县成立教育科学研究室，确定22个县级课题。三厂职业中学的“农村家庭经营专业总体设计”、县教师进修学校的“小学教师继续教育研究”，被省厅批准为省级教育科研课题。1991年，县各中小学、幼儿园从实际出发，申报实验课题，其中东洲幼儿园的“5－7岁幼儿的以美启智研究”、县实验小学的“协调课内课外，全面提高素质”、海门中学的“柔性形态及刚性形态及其有机结合”等一批省级和南通市级“八五”规划课题进行探索和研究。

1996年，各中小学及幼儿园均有市级以上科研立项课题。其中海门中学的“重点中学教育现代化管理研究”、市实验小学的“和谐教育研究”、东洲小学的“21世纪开放式办学模式研究”，被列为省“八五”规划课题。

1998年5月，海门首次召开教育科研工作会议，确定教育改革必须首先发挥教育科研的先导作用，用一流的教育科研支持一流的教育工作。决定各中、小学校成立教科室，增配教科室主任。6月，海师附小被批准为中央教科所实验学校。9月，东洲小学被确定为全国现代化教育技术实验学校，承担10多项海门、南通和省级课题，特别是省级课题“小学语文活动的研究”引起中央教育科学研究所重视。东洲小学校长许新海和教导主任卞惠石分别于1999年11月和2002年11月，被中央教育科学研究所授予全国科研型校长和全国科研型教师称号。

“十五”期间，各学校将研究成果汇集出版，其中有东洲小学出版小学综合实践活动参考用书《今日生活》、实验小学出版《走进儿童数学学习》、海师附小出版童话教育研究《神奇的布娃娃》等。2005年，承担省教科课题29项、南通市级课题65项、市级课题109项。2006年2月，《海门教育研究》创刊。8月，《张謇教育思想研究文集》由光明日报出版社出版，这是一本由基层教师系统研究张謇教育思想的学术专著。

2007年10月，由中国教育学会“现代教育艺术研究”总课题组、全国反馈教育研究会主办的第21届“创新杯”全国教育艺术大赛在海门实验学校举行，全国20多个城市初赛一等奖获得者、教育新秀40余人参加讲课说课比赛，评出魅力金、银、铜奖和讲课说课“十佳”金奖。11月，由省市联办的第三届“名师之路”大型教育科研活动在海门举行。主题为“构建名师成长平台，强化名师成长内驱”，中国教育学会副会长李吉林、省教育学会会长周德藩出席。同年，在海门中学、实验小学展示语文、数学、外语、音乐、美术等学科教育风采，进行“名师成长的内驱力”的主题论坛。

2008年5月，省、南通市教育科学“十一五”规划课题中期验收组一行到海门核查验收，合格率100%，其中获评优秀课题11项、良好8项。9月，海门实验学校教师吴勇“童化作文工作室”成立。吴勇为南通市小学语文学科带头人，主持的“小学童化作文案例开发与研究”是省教育科研“十一五”规划立项课题。

第二十七篇

科学技术

清光绪年间(1875－1908),厅内染织、酿酒业较发达。光绪三十二年(1906),张謇创办的颐生酒厂用优质高粱酿造的茵陈酒在意大利万国博览会上获金奖。民国初年,纺织技术有革新。20世纪二三十年代,农业耕作技术水平提高,县内设农场、农业推广所。

新中国成立后,党和政府逐步重视科技工作。1954年7月,县筹建科学技术普及协会。1956年6月,建科学技术普及协会。1959年2月,改称县科学技术协会,成立县科学技术委员会。初期,主要开展科学普及,对农、林、牧、副、渔、工业及其他各业进行科学试验与先进技术推广,建立科技情报系统,加强信息传递,做好地震测防和气象测报等。"文化大革命"期间,科委工作一度中断。1978年5月,重建县科学技术委员会。1980年9月,恢复县科学技术协会工作。2001年9月,市科学技术委员会更名为市科学技术局。2004年8月,科学技术局增挂海门市知识产权局牌子。

70年代,海门科技工作者只有千余人。他们努力创新,尤其在工业、农业的技术培训、推广、创新方面成绩显著。80年代,工、农业有6个科研成果获省部级科技成果奖,并在生产中应用。90年代后,科技工作在经济建设中的重要位置日益显现,党和政府出台一系列加强科技工作、鼓励科技创新、推动科技进步的措施,科技队伍不断壮大,科技人员增加到近2万人。科技工作也有长足发展,对经济社会等方面发展的贡献越来越大。1995年,国家科学技术委员会火炬计划办公室批准海门创立全国首家"火炬计划"新材料产业基地。同年,海门获全国科技综合实力百强县(市)、全国科技工作先进县(市)称号。1996年,国家科委批准海门建立国家星火技术密集区。2004年、2005年,均被评为全国科技进步示范县(市)。2007年,被评为省知识产权工作示范市。2008年,海门科技人员有5万余人。至2008年,海门先后4次被评为全国科技进步先进市,获省(部)级科技成果32项、南通市级283项,取得授权专利2015项,其中发明专利36项。

第一章　科技队伍

第一节　组　　织

一、研究组织

民国17年(1928),在县署西南玉皇堂(今海门镇五港村)设立棉作场,有实验田1.6公顷。1958年春,在新海乡海南村征地2公顷,成立县农业科学研究所,作为农业科研基地。下设悦来、余东、天补3个农业科学试验点、29个分所、400多个农业科学研究站、29个小型农场,主要进行三麦、蚕豆、棉花、山芋等作物高产栽培试验。1961年,县农科所撤销。1973年1月,县天补良种场改名为县农业科学研究所。

1974年9月,在海门镇成立县农业机械研究所,主要从事新机具、新技术的引进、研究、示范和推广,促进农业增效、农民增收。1975年,在海门镇成立电子研究所,为县工业局下属事业单位。主要参与全县电子行业发展规划的研究制定,自定课题研究开发,承接国家和省、市(地)下达的科研项目,对外实行技术、咨询、转让服务,并与县电子设备厂组成科研生产联合体。

1987年12月,在三厂镇成立南通水处理研究所，由上海同济大学玻璃钢研究所周光亮、王心文等工程技术人员依托东方冷却塔厂创办，主要从事给水深度处理、水循环处理、排水处理及新型冷却塔处理等研究。后因外地技术人员离职，该所于1993年歇业。

1988年8月，在正余乡成立申海玻璃钢应用研究所，主要从事玻璃钢冷却塔、风机系列、环境保护、防腐设备、节能制品和建筑材料等研究。其先后开发研制6种风机系列产品，其中为上海彩色显像管工程设计制造的大型屋顶风机取代进口设备，节约外汇20万美元。

至1990年，农业机械研究所完成部省级科研项目10个、地市级5个、县级31个。1995年，县农科所更名为市农业科学研究所，并调整科研方向，开始各种名特优新果蔬作物品种的引进、推广和厚皮甜瓜新品种选培工作。1999年，该所创建的农业科技示范园区先后被评为南通市优秀农业科技示范园区、南通市优秀特色农副产品基地。

20世纪90年代后期，海门三星乡有凯盛等多家公司相继建设研发科室，投入资室，研发新品。2000年10月，在正余镇建立通风机械工程技术研究中心，拥有国内最先进的通风机械自动采集数据测验台和国内首个蒸发冷却通风技术测试实验室。其研制开发的HP3LN轴流风机、PS可逆式通风机、防喘振风机、核级风机等产品达到国际先进水平，应用于田湾核电站、秦山核电站工程；研发的射流风机、动叶可调风机、蒸发式冷却空调送风机等新产品处于国内领先水平，被上海地铁、交通隧道等国家重大建设工程运用。

2001年9月，在大千商贸城建立康乐蟾衣制药研究所，依托上海中医药大学、上海医药工业研究所，从事蟾衣制药研究与开发。该所运用独特的采衣新技术，用蟾蜍衣制造出一种具有抗肿瘤、抗病毒感染作用的中药制剂。是年，市农科所自主培育的海蜜甜瓜被评为国际农博会名牌产品。2002年5月，在经济开发区建立江苏原创药物研发中心，属瑞士巴塞利亚药业公司的全资新药研发企业，配备有符合国际安全标准的化学实验室和先进分析仪器，主要从事先导化合物的研发、化学结构修饰、药理和毒理、药代动力学等化学药物研究。

2003年，市农业科学研究所的海蜜甜瓜获省第三届园艺博览会园艺精品二等奖。2004年，市农业机械研究所研制开发的青毛豆剥壳机获国家实用新型专利2项，并获南通市科技进步一等奖和海门市市长特别奖。

2005年8月，在海门港建立造纸脱水器材工程技术研究中心，为江苏金呢工程织物股份有限公司下属技术研究机构，主要从事造纸毛毯和成型网新型结构设计，产品脱水性能分析、成纸性能分析、使用寿命分析，研究开发具有自主知识产权的薄页纸、新闻纸、书写纸、包装纸等造纸网毯系列产品。

至2008年，市农业科学研究所先后实施省、市、县(市)级各类试验示范项目282项次，获各级各类科技进步奖、推广奖24项次，育成海蜜系列甜瓜新品种6个，赤豆、大豆、小西瓜和鲜食玉米新品种各1个，成果转化累计新增经济效益8.5亿元。市农业机械研究所先后完成部、省、市、县(市)科技攻关、“农机三项工程”、科技创新项目16项，获国家实用新型专利11项。造纸脱水器材工程技术研究中心申请实用新型专利17项，授权专利15项。2008年，海门除有农业科学研究所、农业机械研究所等外，还有各类工程技术研究所29所。同时，海门三星镇年销售收入500万元以上的250多个家纺企业全都建有研发机构。

图27－1　海门市农业科学研究所　(2003年摄)

2008年海门市工程技术研究机构一览

表27－1

机构名称	创建年份	依托单位	批准单位
江苏省通风机械工程技术研究中心	2000	江苏申海集团股份有限公司	江苏省科技厅
南通市绿色禽产品工程技术研究中心	2001	江苏京海肉鸡集团公司	南通市科技局
南通市橡塑制品及模具工程技术研究中心	2002	南通海林汽车橡塑制品有限公司	南通市科技局
南通市移动通信中继传输设备工程技术研究中心	2003	江苏东洲通信设备有限公司	南通市科技局
南通市梳理元件与材料工程技术研究中心	2004	金轮针布(江苏)有限公司	南通市科技局
南通市橡胶再生与利用工程技术研究中心	2004	南通回力橡胶有限公司	南通市科技局
叠石桥家纺公共技术服务平台	2004	南通卓泰家纺研发中心有限公司	南通市科技局
南通市造纸脱水器材工程技术研究中心	2005	江苏金呢集团有限公司	南通市科技局
南通市特种光电传输工程技术中心	2007	江苏通光集团有限公司	南通市科技局
江苏省绿色禽产品工程技术研究中心	2007	江苏京海禽业集团有限公司	江苏省科技厅
江苏省造纸脱水器材工程技术研究中心	2008	江苏金呢工程织物股份有限公司	江苏省科技厅
南通市金属纳米涂料工程技术研究中心	2008	海门市森达装饰材料有限公司	南通市科技局
南通市钴铜湿法冶金及材料工程技术研究中心	2008	江苏雄风科技有限公司	南通市科技局
南通市电脑刺绣设备工程技术研究中心	2008	江苏大岛机械集团有限公司	南通市科技局
南通市高档有机颜料及表面处理工程技术研究中心	2008	南通市争妍颜料化工有限公司	南通市科技局
南通市中宝农产品深加工工程技术研究中心	2008	江苏中宝食品有限公司	南通市科技局
南通市空气过滤器工程技术研究中心	2008	南通恒嘉空气过滤器有限公司	南通市科技局
南通市常乐粉末冶金工程技术研究中心	2008	海门市常乐粉末冶金厂	南通市科技局
南通市龙翔有机颜料和中间体工程技术研究中心	2008	南通龙翔化工有限公司	南通市科技局
南通市三瑛高性能电极箔工程技术研究中心	2008	南通三瑛电子有限公司	南通市科技局
南通市克莱克环境工程技术研究中心	2008	南通克莱克空气处理设备有限公司	南通市科技局
新型聚酯材料及涤纶固废综合利用工程技术研究中心	2008	海门市新型高分子材料厂	南通市科技局
南通市贝斯特位阻型硅烷保护剂工程技术研究中心	2008	海门贝斯特精细化工有限公司	南通市科技局
南通市世泰微生物学医疗器械工程技术中心	2008	江苏世泰实验器材有限公司	南通市科技局
南通市中联通风机械工程技术研究中心	2008	江苏中联风机机械有限公司	南通市科技局
南通市泰格逆变型汽油发电机组技术研究中心	2008	南通市泰格动力机械有限公司	南通市科技局
南通市亨通特种线缆工程技术研究中心	2008	江苏亨通金天电子线缆有限公司	南通市科技局
南通市申海环保电镀工艺及表面处理工程技术研究中心	2008	南通市申海特种镀饰有限公司	南通市科技局
南通市凯盛家纺工程技术研究中心	2008	江苏凯盛家用纺织品有限公司	南通市科技局

二、推广组织

民国18年，在县署东18里租地5公顷，建县立农场。民国20年，改名农业改良场。民国23年6月，改为农业推广所，设第一推广区于吴家镇东北(厂洪乡厂北村)，有土地52亩；设第二推广区在垦牧公司五堤内(今启东市)，分育种、花圃、园艺和棉作四部分，日本侵略军入侵海门后停办。民国36年，在大储栈(今江海路、人民路口南侧)恢复农业推广所，设城区、三厂、南阳村3处，主要负责推广小型农具等。

1956年，天补、茅镇、麒麟、三阳、四甲、余东、包场7个区分别设立农业技术推广站。1961年，改为天补、三厂、悦来、四甲、包场5个区农业技术推广站，主要负责推广良种、植保、栽培以及新式农具等先进农业技术。“文化大革命”期间，一度中断。1976年后，逐步恢复。

1984年，在江滨乡源东村征地1.13公顷，建立农业技术推广中心。下设经济作物站、粮食作物站、植物保护站、土肥站、科教站、农情站、农业干部学校和省农业广播学校海门分校。1985年，乡镇设立农业技术推广站，村配备专职农业技术员。

1987年，区农业技术推广站随撤区而撤销。其间，完成各类试验推广项目182项，其中省、市级126项，县级56项。获各类成果奖73项，其中省级31项、南通市级27项。大面积推广应用的先进技术有模式栽培、化学控制、化学调配、化学除草、测土配方施肥、免耕机条播、稻麦全程机械化栽培、地膜覆盖栽培、水稻抛秧等。

1989－1998年，农业技术推广中心加快更新农业品种，转化科技成果。获各级各类农业科技成果奖108项，其中获科技成果奖33项(南通市级13项、海门市级20项)；获农业系统奖75项(国家农业部丰收奖4项、省级30项、南通市级41项)。

2003年，建立海门农业科教信息站。每年编辑网刊20期，发布农业技术供求信息2200多条，开通“16021185”(简称185)农业科技服务热线，为农业生产、经营提供技术、市场、农业政策等信息咨询和专家热线服务，组织农业项目网上洽谈。2004年10月，农业信息网被省农林厅评为省十佳农业网站。2006年，开通“12316”农业公益服务热线。2007年，全市22个乡镇全部建立乡镇二级农业网站。

至2008年，农业技术推广中心引进农林牧渔各类新品种384个，其中有油菜新品种“油研9号”“秦油7号”“史力丰”，优质棉“中棉29”“科棉1号”，优质稻“优幅粳”“华粳1号”等60多个大宗农作物新品种；中药材新品种白术、西红花、贝母等20多个；园艺新品种香杏、菊花脑、非洲菊、“皇家秋天”葡萄、“早硕蜜”蟠桃等150多种；水产新品种锯缘青蟹、脊尾白虾、斑节对虾、杂色蛤等50多个；牧草新品种杂交狼尾草、黑麦草、“冬牧70”、菊苣等12个；畜禽新品种安卡红肉鸡、新罗曼黄鸡、美国王鸽、美国肉狗等20个，还示范推广新品种130个。十年间共获科技成果奖70项，其中省级1项、南通市级37项、县级32项；获农业系统技术奖43项，其中农业部丰收奖3项、省级7项、南通市级农业技术推广奖33项。

2008年，全市建有村级农业信息服务点100个，累计接通农户咨询电话3150个，科技人员下乡上门服务783次，帮助农民解决种植业、养殖业和农业政策等方面问题，帮助农业增效、农民增收，为农户减少损失384万元，增加收入750多万元。是年，全市有市级农业技术推广机构17个，在编人员177人，22个乡镇有农技推广机构44个(农技站、兽医站各22个)。乡镇农技推广人员344人(农技站231人、兽医站113人)。乡镇农技站人员基本工资纳入乡镇财政预算，兽医站人员基本工资的30%由市财政拨付，其余自收自支。

三、服务组织

1984年8月，建立科技咨询服务部，隶属县科协。1987年，建立科技开发中心，为县科委下属事业单位，主要从事科技新产品开发、地方资源开发，组织科技培训。

1990年，县科技咨询服务部组织科技人员到乡镇企业召开调查会，收集课题进行研究，为企业增加效益。是年4月，建立技术市场管理办公室，为县科委下属事业单位，主要调处技术合同纠纷，审认技术贸易机构，负责技术合同的认定、管理，指导开办科研机构，开展科研活动，协助无形资产评估，组织技术市场交易。1997年3月，建立科技信息网络中心，由市科技局管理，主要集成科技信息资源，推进网络功能开发和应用服务，组织科技成果网上交易和项目洽谈，编制科技项目、专家数据库，为企业提供服务。1998年，创建海门新材料产业基地网站，通过互联网介绍基地主要企业情况及其产品，每年点击率在1万次以上。

2000年6月，科技开发中心撤销。8月，由科技开发中心改组成立生产力促进中心，联合社会力量为企业提供政策信息、项目咨询、技能培训、对外合作交流等服务；协助企业研究发展对策，解决发展难点。当年为企业提供咨询10次，协助企业申报科技计划1项，推广技术5项，采集和提供信息500多条，组织技贸洽谈4次，达成意向性项目70多项，组织计算机等级考试5次，培训420多人次。

2003年4月，建立海门农产品检测中心，为市农林局下属全额拨款事业单位。2004年,科技咨询服务部撤销。至2008年,市农产品检测中心制定农产品标准和生产技术规程66项,其中省级地方标准11项,12个农产品被认定为国家级绿色食品,建立无公害农产品标准化生产示范基地5个,农产品质量安全产地标准示范点10个,其中南通市级4个,并通过省级论证,获国家计量认证合格证书。

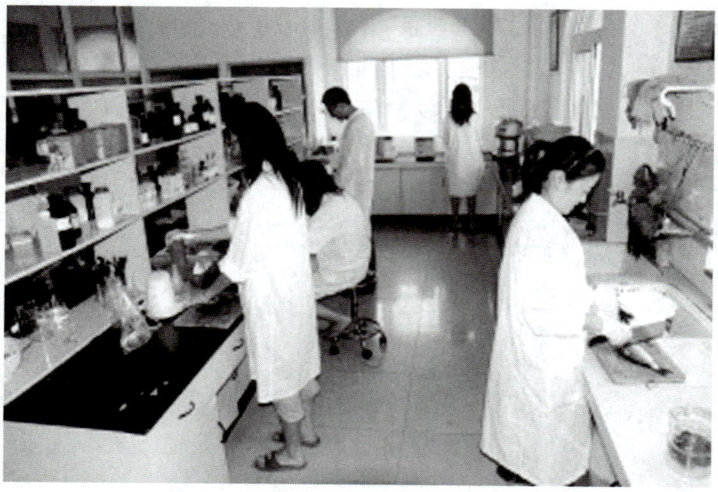

图27-2 海门市农产品检测中心 (2003年摄)

第二节 人 员

一、人员概况

解放前夕,大生三厂有工程技术人员25人,全县有中、西医医务技术人员约500人左右,还有少量农业技术人员。

20世纪50年代,进行技术职称评定工作。技术干部分1-16级,其中1-8级为工程师(1-4级为高级工程师)、9-13级为技术员(9级中有工程师,也有技术员,在评定时确定)、14-16级为助理技术员。60年代以后,一度中止职称评定工作。

1977年,有各类专业技术人员1651人,其中中级以上职称2人。按行业类别分:工程技术人员113人,农业技术人员116人,卫生技术人员381人,教育人员1029人,科技研究人员8人,新闻出版人员4人。1978年,对农业、财经、卫生等7个专业国家技术人员进行职称评定工作,评出卫生专业技术人员716人,其他各专业高级技术人员2人;中级技术人员120人,初级技术人员478人。1979年,全县有各类专业技术人员1753人,其中中级以上职称14人。按行业类别分:工程技术人员224人,农业技术人员104人,卫生技术人员431人,教育人员964人,其他30人。

1983年9月,职称评定工作暂停。1987年3月,县科委按各专业评定专业技术职称,经复查、考核、考试后,分专业进行评议、整理、晋升。1988年,全县有专业技术人员1.11万人,比1987年增长26.28%,其中中级以上职称1759人,是1987年的8.5倍。按行业类别分:工程技术人员1177人,农业技术人员369人,卫生技术人员1404人,教育人员5839人,经济人员1363人,其他10多类专业人员962人。经济人员是1987年的75.72倍。

1993年,有各类专业技术人员15476人,其中中级以上职称2863人。按专业类别分:工程技术人员2471人,农业技术人员821人,卫生技术人员2582人,教育人员7232人,经济人员688人,会计772人,统计180人,其他10多类730人。工程技术人员和农业技术人员有明显增加。

2000年,全市各类专业技术人员3.18万人,其中中级以上职称5453人。按专业类别分:工程技术人员1.19万人,农业技术人员1937人,卫生技术人员2842人,教育人员7139人,经济人员2526人,会计2530人,统计393人,其他10多类专业人员2483人。当年,国有单位有科技人员1.64万人,非国有单位1.54万人,两者大体相当。非国有企业中工程类科技人员9625人,为国有单位4.2倍。

2008年,全市有各类专业技术人员5.38万人。其中,事业单位1.14万人(含教育人员7587人,卫生技术人员2046人,农业技术人员499人),国有企业123人、非公有企业4.23万人,非公有企业专业技术人员占总数78.67%。全市高级职称2121人,中级职称9094人,其中非公有企业中高级职称1160人,中级职称4696人,占全市中级以上职称总数的52.22%。

二、科技兴市功臣

50-70年代,海门对推动工农业发展的优秀科技人员实行表彰奖励。80年代后,各行业对科技人员日趋重视。1995年，市开展“科技兴市功臣”评选活动。至2008年，获南通市“科技兴市功臣”21人次，市“科技兴市功臣”19人次。

1995－2008年南通市“科技兴市功臣”一览

表27－2

姓　名	单　　位	获评年份
张　强	江苏通光集团有限公司	1995
倪雪文	南通回力橡胶集团有限公司	1995
赵觉新	南通市争妍颜料化工有限公司	1996
陆振和、倪正兴、董宝锷	江苏金呢集团有限公司	1996
袁玉辉	海门市余东铜管厂	1998
李万盟、张　强、张　忠	江苏通光集团有限公司	1998
张禹林、张　云、赵志刚	南通海林汽车橡塑制品有限公司	1999
蒋蒿斌	江苏水龙江山集团公司	1999
施兆丰	南通回力橡胶集团有限公司	2005
施建新	海门市农业科学研究所	2005
仇云龙	海门市中兴特种钢厂	2006
李万盟	江苏通光集团有限公司	2006
陆　平	江苏金呢集团有限公司	2007
周建平	南通金轮针布有限公司	2007
倪雪文	南通回力橡胶有限公司	2008

2001－2008年海门市“科技兴市功臣”一览

表27－3

姓　名	单　　位	获评年份
张　强	江苏通光集团有限公司	2001－2003年度
周　忠	江苏申海股份有限公司	
沈　坚	海门市东洲通信设备有限责任公司	
张士新	江苏包罗铜材集团股份有限公司	
张禹林	南通海林汽车橡塑制品有限公司	
李建新	江苏晨牌药业有限公司	
郑新平	南通市冠东车灯有限公司	
施建新	海门市农业科学研究所	
顾云飞	江苏京海禽业集团有限公司	
仇云龙	海门市中兴特种钢厂	2004－2005年度
李万盟	江苏通光集团有限公司	
陆　平	江苏金呢集团有限公司	
张禹林	南通海林汽车橡塑制品有限公司	
周建平	南通金轮针布有限公司	
顾云飞	江苏京海禽业集团有限公司	
包卫红	海门市农业科学研究所	
张东新	南通市冠东车灯有限公司	2006－2007年度
顾玉萍	江苏京海禽业集团有限公司	
倪雪文	南通回力橡胶集团有限公司	

说明：2001－2008年，海门市“科技兴市功臣”每2－3年评一次

第二章　科技活动

第一节　科技培训

一、应用技术

1981年，科技人员11人到外地参加电子技术培训。

1982年，县开始对“文化大革命”期间中学毕业的在职职工进行文化技术知识补课。至1985年，获高中补课合格证书9978人，占应补数85.7%。获初中补课合格证书4.26万人，占应补数的92.6%。

1986－1987年，举办电子计算机、专利知识等培训，参加者180多人；外语培训班10期，技术人员

100多人参加学习。

1990－1992年，组织计算机应用、实用英语等应用技能培训班420班次，技术人员1.04万人参加，其中100学时以上的490人次。1991年，预备晋升高级职称的技术人员33人参加英语培训。1994年，市(县)、乡镇举办科技培训班30期，培训2000多人。1995－1996年，全市62%的科技人员参加培训，其中接受计算机应用技能培训考试578人、英语初级培训158人。1997－2000年，组织以初级为主的计算机技能培训，取得合格证1933人；参加英语培训的技术人员307人。

2001－2005年，举办以中级为主的计算机应用技能培训班146期，取得中级证书5848人。2004－2005年，全市机关事业单位人员3000多人，接受信息化和电子政务为主要内容的计算机应用轮训，获省委组织部、人事厅颁发合格证书的2982人。

二、工业技术

1958年，全县选派40人到南通进行电工技术培训。

1983年，举办木工带锯气焊技术培训班5期，受训300人次；全县企业中层以上干部400多人参加南通市组织的现代化管理知识统考，取得合格证书。1984－1990年，组织乡镇企业青年干部、职工526人到科研单位、大专院校进行专业知识培训。1987年，举办企业书记、厂长、工会主席参加的企业管理培训班5期，培训400多人；举办企业管理培训班8期，培训500人次。是年，县无线电厂创办全县第一个厂办电子大专班，学员32人，学制3年，经考核上岗的24人。

1991年，举办100学时以上技能培训班35期，培训1700人次。1995－1996年，接受各类技能培训9.7万人，占工人总数90%以上。举办专业技能重点培训班5期，培训112人。

2000年，海门私营企业负责人34人到中央党校培训8天。2003－2008年，每年组织一次由企业分管领导参加的清洁生产技能培训，每次20多人。

三、农业技术

1952年，举办2000多人参加的棉花治虫培训班。

1956年，全县举办薄荷煮锅改蒸锅培训班，农业社相关人员及社员143人参加学习。1957年，全县选派12人到如皋、金沙学习拖拉机驾驶与修理。1959－1961年，举办植物栽培、畜牧等方面短训班16期，受训5200多人次。

1964年，选派10人到常州拖拉机厂学习手扶拖拉机驾驶，这是海门第一批手扶拖拉机驾驶员。20世纪60年代后期至70年代，以培训农机具操作手为主。1972年起，县农业科技人员赵国芳，坚持从事薄荷、留兰香的良种培育、高产栽培技术及蒸馏技术的研究。她长年深入田头、灶头，把丰产丰收的技术手把手传授给社员，并举办短训班和带徒传授技术。她还多次为国内其他薄荷种植区传授技术。

1980年起，对全县农技推广人员培训。平均每年举办种植、养殖、畜牧、林果、植保等专题培训班25期99天，1951人次。1993年，对98%的农村基层干部进行农业技术培训。1995－1996年，组织农业种植等技术骨干培训，1.1万人取得农民技术员职称，占劳动力总数1.9%，占青壮年劳动力5.7%。2000年，举办村农技员种植技术培训班，60多人参加学习；培训农机操作手288人，管理和监理人员120人。2001－2005年，举办“四青”作物、特种蔬菜、稻田养殖、甜瓜营销、产业结构调整、设施栽培技术等81项农业技术课题培训，培训农民4.4万人次。2006年起，连续3年开展农业种植、养殖技术培训，培训农民37万余人。至2008年，5年完成中国致公党资助的以农业信息技术为主要内容的“致

图27－3　市农技人员到田头对农民进行棉花种植技术培训（2005年摄）

富工程”培训,受训4017人次。其中,农民1124人次,村组干部843人次,农民经纪人763人次,种养大户763人次,农技干部321人次,个体私营企业主203人次。

四、医疗技术

1952年3月,海门贝叶等10多人参加南通专区举办的反细菌战业务培训,为期1个月。回县后,县举办一期5天的卫生防疫骨干训练班,贝叶主讲反细菌战知识,各乡脱产干部和中、小学校教师200多人参加。9月,县举办新法接生训练班,旧法接生人员655人中有461人分两期参加培训。

1953年10月,南通专署卫生科举办第一期中医进修班,海门有35人参加。次年4月,举行第二期中医进修班,海门有20多人参加。

50年代中期,选送西医许其倓、徐祖刚、沈庆汉等到外地脱产学习中医。1956年,陆续派出内科医生赴外地学习,提高业务水平。是年,从农村吸收女知识青年36人,在县人民医院培训3个月,结业后分配到各区卫生所和中心联合诊所担任妇幼保健工作。是年,又复训旧接生员450人。1959－1966年,名医30多人带徒120人,县举办3次中医学徒结业考试。

1961年3月,组织疟疾抗复发治疗队1000多人,分赴各公社,培训生产队预防疟疾人员5115人。1968年,农村生产大队卫生室保健人员,经公社医院培训后上岗,称为“赤脚医生”。

1979－1980年,分3批对“赤脚医生”1458人进行培训、考核,其中获得合格证者1400人。1986年,乡村保健员参加基础与临床考试,全县364人合格。

90年代,通过举办中医医学古文培训及医学基础、临床专业等培训班,提高医务人员技术水平。

2000年后,市中医院长年聘用上海等地医院中、西医各科专家到院讲课,带教院内医生。2001年起,市卫生防疫部门对全市学校食堂从业人员进行每年一次的食品卫生知识及有关法律法规知识培训,年均1000余人次。2003年4月,为防治“非典”疫情,市先后举办各种培训班10期,培训9358人。市电台、电视台举办专题讲座5次,印发防治“非典”手册2万余册。

至2008年的10年间,医务人员参加各种函授、自学考试、继续教育等1200多人次,参加各级各类学术活动420多人次。选派医务人员赴南通、南京、北京、上海等医院进修、培训、学习2770人次。

第二节　学术交流

1980－1990年,海门各学会、协会、研究会和工厂科协举行学术交流活动454次,参加交流的有5.66万人次,交流论文5442篇,其中在全国性报刊、学术会议发表225篇,在省级报刊或省级学术会议发表456篇。其间,邀请上海、南京、北京等地的医疗卫生、农业、畜牧业、建筑工程、电机工程等方面专家、教授279人到海门讲学,参加听讲的科技人员9.59万人次。县教育学会赵志金的《论函授在远距离思想教育中的运用》,被评为全国企业职工思想政治教育十佳论文。1986年,县教育学会会员赵云峰撰写的《重视能力培养,改进数学教育》,获全国教改征文二等奖。1988年,县冷却设备厂科协副主席周光亮撰写的《关于冷却水处理》,在意大利召开的国际冷却水处理学术交流会上发表。至1990年,县电机工程学会会员沈岳祥、高天佑先后4次参加中美电力技术交流会。三厂无纺布厂、海门冷却设备厂科技工作者同联邦德国、奥地利、日本等国家和中国香港地区的科技人员进行学术交流。

1991年,全县科技工作者撰写论文1300多篇。其中,在市级刊物发表或专业会议交流368篇、省级刊物或专业会议交流65篇、全国性刊物发表或专业会议交流39篇。县首次评选1988－1989年度科技论文89篇,其中表彰奖励优秀科技论文68篇,并出版论文集。

1993年,评选出1990－1991年学术论文一等奖2篇、二等奖25篇、三等奖87篇、四等奖22篇。县级学会开展学术交流活动35次,收到学术论文3500多篇,其中在省级以上刊物发表500多篇。县供水、规划、水利、交通等学(协)会,就海门筹建管道煤气工程、海门港总体规划及筹建崇海汽渡等基础设施工程,组织科技人员进行多学科、综合性学术研讨,提出建议方案,供领导决策。教育部门承担省级科研课题6项、市级科研课题6项,其中"农村职中家庭经营专业的办学模式"等省级课题研究获得成果。卫生部门同美国、日本等国专家联合调查并探索肿瘤、流行病的防治,在断指再植、股骨头人工置换等领域取得成果。

1995年,在全市部分科技人员中就特长发挥、知识更新、对海门经济发展的合理化建议等方面进行问卷调查,科技人员从工农业生产、企业制度改革、发展民营经济、人才开发等方面提出建议20多条。11月,邀请上海、深圳等地的肿瘤专家到海门作学术报告并开展门诊服务。1996年,医学会开展小型交流活动,平均每个月举办1次学术活动,在市级刊物上发表论文216篇,在省级刊物上发表论文97篇;金融、环保等学会学术研讨活动活跃。

1999年,评出优秀科技论文一等奖1篇、二等奖22篇、三等奖40篇、四等奖56篇。水利学会黄志良等撰写的《开辟长江口北支5万吨级航道的设想》获一等奖,论文分别被《世界华人重大学术成果公报》(第一期)和《中国水利水电工程技术进展》收录。电机工程学会理事长姚飞等的论文《美国农村电气化及其运作模式》,在《中国农电》1999年第一期上发表。

2000年,在"创造新成果,迎接新世纪"主题活动中,评选出优秀知识分子20人,乡村优秀科技人才44人,跨世纪学术、技术带头人培养对象57人。

2001年,教育学会举办学术讲座10次,邀请上海、北京等地大专院校教授面授教育、教改教案,并定期召开高中教育、初中教育研讨会。东洲小学开放式教育课题被列为全市小学教育重点课题。

2005年,市专家协会组织开展"我为建设和谐海门献一计"合理化建议活动,收到建议56条,并把评出的10个金点子、15条优秀建议汇编成册。2006年,征集2004－2005年度各类论文206篇,其中医疗71篇,农村农业56篇,教育教学47篇,管理及其他32篇。评出一等奖9篇,二等奖16篇,三等奖31篇,四等奖41篇。

2008年,征集2006－2007年度各类科技论文107篇。其中,农业类58篇,医学类17篇,教育类14篇,其他18篇。评出一等奖6篇,二等奖13篇,三等奖20篇,市政府分别予以表彰。京海集团的顾玉萍被评为南通市第四届优秀科技工作者。

第三节　科技推广

一、工业

民国初年,邢广世改良纺织机为80锭纱条弹纳机,适用于家庭作坊和小工厂。民国14年(1925),黄戊寅的丰亨弹花厂试用脚踏弹花机,改变农村以木质榔头敲弹弓弦的弹花技术。

1950－1961年,全县改进工艺,研制新产品160多项。

1976年,县链条厂工人顾炳高自行设计双排链条自动装配机得到应用,工效提高5倍,填补国内链条工业自动化装置的空白。1979年10月,县电子研究所、县电子设备厂联合首都钢铁公司炼铁厂,召开由县电子研究所工程师徐继悌等研制成功的WH－2红外线测温仪现场使用推广会。

1981年,县木工机械厂试制的MM315三筒磨光机,年推广30台。县印刷机械厂试制的立式停回转凸版印刷机,年推广60台。县农药厂研制的FD－801氧敌乳油,效果良好,得到推广使用。1982－1988年,电子提花人造毛皮机、SP－Ⅰ型速冻机、TYB－280自动圆压烫印机、稀土铜触头、100型水环式真空泵、65－13型钻机控伐线、带底色变色镜片、汞法生产1－氯蒽醌等10余项新工艺得到推广应用。

1990年,县染料化工厂的永固紫RL,县玻璃钢厂的JZ系列复合结构封闭型冷却塔,县无线电厂的TP－20kg电阻应变式称重传感器,县光色玻璃厂的GZ系列超薄型光学玻璃眼镜片和GB系列光学切除紫外线玻璃眼镜片,县环境监测站的ZZ－A型全自动噪声监测数据处理仪,县无线电三厂的HAD－100残留溶剂分析仪,县实验仪器厂的HM－01型多功能振荡式滤线器、摄片架,县新海标牌厂的启蒙习算器,县电焊机厂的FN1－100－1型缝焊机,上海沪江铜厂海门分厂的H68、H90冷却管专用黄铜带和H90散热器、散热片、专用黄铜带等技术实验取得成功,并得到推广应用。

1993年,县机床厂研发的XMC成型砌块机,经国家科技部批准列入科技成果推广计划,投入应用后新增产值200多万元。1996年,江苏申海集团股份公司的省玻璃钢机电一体化科技开发(中试)基地,被评为省1991－1996年度科技成果向生产力转化优秀项目,成为研发成果直接在企业得到应用的基地。1997年,南通恒荣机泵厂研制的3L22、3L32、3L42WD型三叶罗茨风机运转平稳,节能环保,属国内首创,被评为南通市十佳科技推广成果。同年,海门复写纸厂研制的干式复写纸,被国家税务总局推广,多个省、市税务、邮电等系统使用。2000年,被国家发改委评为全国重点节能推广产品,在各行业得到广泛应用。

2000年,南通海林汽车橡塑制品有限公司的轿车发动机橡塑进气连接管,在上海大众汽车公司及通用汽车公司广泛应用,并被纳入德国大众公司国际采购库。同年,江苏申海集团股份公司的HP3LN系列轴流风机、QK型组合式空调机组,被国家发改委评为全国重点节能推广产品,并在地铁通风等大型空间设备中得到应用。2004年,江苏申海集团股份公司的30万千瓦以上空冷火电机组用大直径空冷轴流风机,列入省科技成果推广计划。2005年,南通硬派电池有限公司的DVD智能化锂离子电池组,江苏申海集团的核级空气净化机组列为南通市科技成果推广计划。此后,全市工业企业私有化,各企业为提高竞争力,同样重视科技推广。

二、农业

民国初年,邢广世制造翻土播种机,试用于盐垦区。民国26年,县农业推广所向全县推广种植从美国引进的鸡脚棉6000余亩。民国36年,农业推广所指导农民改良品种,宣传以“西力生”拌种方法除去棉花炭疽病和枯萎病。

1958年6月,县人委颁发《海门县工具、农具改革奖励试行条例(草案)》。至1961年,改进农具及加工工艺200多项。

1962－1969年,应用推广品种选育、改良,不同农作物的轮作、间作、套作制度,土壤改良,主要病虫害防治等科技成果。

1969年,县医药公司副经理马焕祥开始从事番红花球茎复壮技术的研究。20世纪70年代,参加南通市川芎栽培协作组,突破川芎种苗难以越夏保种技术难题,获南通市科技进步三等奖。

70年代,注重加快农业机械化和对棉花、玉米、三麦、水稻等作物病虫害的防治。70年代至80年代,推广县农业科技人员赵国芳育成的“海香1号”“海选”“80－A－53”3个薄荷新品种,与他人合作育成“80－S－108”留兰香新品种。“海香1号”获省科技大会奖,“海选”获省妇女发明创造三等奖。她还把薄荷、留兰香的栽培技术、薄荷高产蒸馏技术向社员推广。主要有推广应用纯作薄荷“前控后促”①和夹种薄荷“两头轻,中间重”②的薄荷高产施肥技术;二刀薄荷“五改”③的高产栽培措施,摸清收割时主要气象条件对薄荷产油量的影响,实现二刀薄荷单产超头刀。在薄荷蒸馏技术上,提出并推广以“三旺”④代替过去的“二旺一稳”⑤烧火技术,缩短蒸馏时间,减少煤耗,提高鲜草得油率,达到丰产丰收。1973年,农业科技推广项目有蚕豆整枝摘心,“通棉号”良种繁育,早、中、晚稻高产栽培,山芋平栽,高粱、玉米杂交,薄荷品种选育,蚕豆赤霉病防治,“5406”生物肥料的增产效果等。1974年,棉花制钵器、移苗器、插秧机、尿—炭混合肥等推广应用。1976年,全县形成县、公社、大队、生产队四级农科网络,普遍建立基层试验田。

1980年,马焕祥参加省番红花科研协作组,经过17年的潜心研究,提出番红花球茎变小因子的新论据,有效解决引种后番红花球茎复壮栽培的关键性技术,获国家科技进步二等奖。是年,“海7512”元麦试点播种,至1983年推广到1.33万公顷。1981年,公社农科站进行三麦、棉花、蚕豆高产试验。从日本引进草莓栽培技术试验。引进长毛兔、水貂等试验饲养。1982年,进行棉花纯作麦垄移栽试验,以适应净粮净棉种植制。常乐农科站的百亩净粮净棉、棉花移栽攻关试验获得成功,是年秋,在全县推广。蚕豆、早玉米、晚黄豆“旱三熟”制试验,

---

① 前控后促:在薄荷生长前期控制生长速度,后期促进薄荷生长。

② 两头轻,中间重:夹种薄荷采取前期少施肥,其他作物收割后加施肥料,生长后期少施肥的培管方法。

③ 五改:改迟收为早收,改刨根为地面平割,改抗旱为薄土覆盖,改人工除草为除草剂除草、改迟施肥为早施肥、集中施肥。

④ 三旺:薄荷蒸馏前、中、后期都用旺火。

⑤ 二旺一稳:薄荷蒸馏前、后期旺火,中期稳火。

实行间、套作为主的耕作制度。猪、禽、鱼混合饲料加工及瓶栽白木耳技术取得成功。肉用鸡新品种培育试验取得成效。1983年3月至1984年6月，移栽棉花早、壮、健苗培育配套技术在80%以上的麦茬移栽棉花种植中推广应用。引进东北“四粒红”花生、昆山“花仁米”以及6种大豆品种试种，其中“蒙城4号”大豆平均每公顷比“苏北1号”增产12.6%。1984年，山羊人工授精、罗斯鸡引种等新技术得到推广。1986年，试验养殖紫菜、对虾成功。海门山羊提纯复壮试验取得初效，复壮后的山羊体大，肉质保持原风味，羊毛保持原锋光笔料毛的特点。1987年，应用推广家蚕病毒血清早期诊断，取得较好的实用和经济价值。1988年，赵国芳根据国内外客商对薄荷脑油品质的要求，对国内薄荷的产量、分布、品种的调查了解，结合品种油质化验资料，向外贸、商品检验部门建议“改革手摇目测以含脑单独计价为脑、旋光度相结合的计价政策”，建议得到认可并在全国推广。这为抑制劣质薄荷品种种植，提高国内脑油品质，增加出口创汇做出贡献。是年，除草剂、施壮素、助壮素等技术得到推广。示范种植良种葡萄，推广蚕桑高产栽培和AA鸡饲养新技术。

1990年，大面积推广棉花地膜栽培技术和玉米生长控制技术，试验、推广芦笋生产开发利用及高产适用技术。研究应用家蚕添食吲哚丁酸、赤霉素提高产丝率技术，大粒骨里青菜豆选育技术，菌种生产中养料二次利用技术，高产桑园栽培技术等。1991年，推广异育银鲫养殖面积1033公顷。1991－1993年，引进、推广适用新技术20多项，直接应用面积14.67万公顷。玉米、棉花、油菜三大作物良种覆盖率98%以上，种子精选率100%。重点推广良种果树苗繁殖、蚕桑实用新技术和芦笋地膜栽培、测土配方施肥等新技术。杂交玉米综合增产技术获农业部“丰收奖”。以安哥拉山羊为父本、海门山羊为母本的“安海”山羊杂交成功并逐步推广。

1994年，农机研究所试验、推广水稻抛秧机。1994－1996年，实施河沟高效养殖技术，累计推广6233公顷，养殖产量由1993年的每公顷平均330公斤2310元，上升到1996年的4515公斤4.42万元。90年代后期，由于环境污染，河沟养殖面积、产量有所下降。1996年，棉花优化栽培“三三制”模式在江滨、刘浩、德胜等乡镇示范种植取得明显成效，德胜连片种植13公顷，每公顷2205公斤。国强乡试种水稻连片抛秧技术13公顷，每公顷1.01万公斤，在南通处于领先水平。

1997年，重点推广油菜高产栽培技术、移栽地膜棉花栽培技术、旱粮多熟制地区万亩间作经济绿肥栽培技术、AA肉鸡高产高效配套技术，并取得较好效果。同时，推广平涂缢蛏高产养殖技术20公顷，每公顷1485公斤，次年推广至160公顷，每公顷6217.5公斤。是年，进行脊尾白虾、梭子蟹、青蛤搭配混养，养殖面积133公顷，投入产出比1∶2.17，每公顷利润5.15万元。1999年，从上海市、省农科所引进高产优质糯玉米、水稻、特早熟毛豆，在农业科技示范园区试种推广。同年，从广东运回鳜鱼种试养成功，次年推广。

2001年，推广旱粮多元多熟制套作、四季设施栽培、无公害栽培、参差种养均衡上市、优质西甜瓜高效栽培、高架养羊、海涂和稻田养殖等7项技术。三星葡萄良种公司的葡萄新品引进及设施栽培，包场镇多技站的高涂蓄水高效高产养殖，货隆镇多技站的基因工程疫苗阉鸡等5项技术在南通市得到推广。11月，举办首届农民科技节，签订农业科技合作项目49项。同年，试验青蛤无公害高效养殖，面积23公顷。

2002年，组织农技人员40人与25户有一定生产规模和科技知识的农户对口帮扶，推广农业新技术、新品种40项。江苏京海肉鸡集团鸡粪无公害、产品化技术，市种羊场的长江三角洲白山羊综合开发技术列为南通市成果推广项目。山药机械化种植技术获南通市科技进步三等奖。2003年，江苏京海肉鸡集团的AA宽胸系祖代肉种鸡引进繁殖与饲养技术，市三方食品厂的海门山羊无公害标准化饲养技术，市怡人园艺公司的郁金香日光温室栽培及花后处理技术得到南通市科技部门的认同和推广。2003年，鳜鱼养殖面积1200公顷，累计推广2066公顷，总产815吨，产值4075万元。2004年，江苏京海肉鸡集团的优质鸡抗病新品系列繁殖及无公害养殖技术，市种羊场的海门山羊早期育肥技术列为南通市成果推广项目。同年，青蛤无公害高效养殖面积推广至1467公顷，占全市适养面积91.7%。当年，试验缢蛏无公害高效养殖技术，养殖33公顷，平均每公顷产8550公斤。

2005年，海门农科所的秋延栽培“海蜜4号”甜瓜技术，市兴旺肉制品公司的无公害优质猪肉生产技术，常乐镇草莓种植协会的草莓新品种及高产栽培技术，江苏京海肉鸡集团的畜禽养殖生态小区的配套技术在南通市推广。

自70年代至2008年，农业系统30年间推广各级各类农业科技成果284项，为全市新增粮食5.17亿公斤，皮棉6900万公斤，水产品1.04亿公斤，鸡肉2700万公斤，羊肉500万公斤，增加产值5.45亿元。

三、卫生

1952年9月，全县推广新法接生。1959年12月，全县推广消灭血吸虫病的查螺灭螺技术，使用五氯酚钠喷洒，人工捕捉、铲土深埋，对有螺地区社员进行抗原菌苗注射。

1959年起，粮食、副食品供应紧张，海门发现浮肿病人。1960年11月，全县发现浮肿病人7062人，县卫生部门在全县推广浮肿病防治方法。县办集中治疗站、营养食堂，治疗浮肿病。是年，海门再次推行新生接法。至1961年，全县为治疗浮肿病，累计办集中治疗站86个，收治5209人；办营养食堂403个，就餐9564人；全县发病70947人，治疗53037人，死亡1086人。1963年，秋熟登场后，浮肿病基本消灭。同年，县组织力量进行查螺灭螺重点抽查，抽查364框，仅发现死螺30只。

70年代初期，全县发放宣传资料，举办针灸疗法培训班，推广针灸疗法。1976年、1981年两次进行查螺灭螺、药物喷洒。1985年，海门消灭血吸虫病。1988年、1993年，县内两次发生甲型肝炎流行，县卫生部门根据甲肝病形成、流行特点，广泛宣传不食用不洁毛蚶，加强个人卫生等防治措施。1994年起，每年春季接种甲肝疫苗，疾病得到控制。

2003年，为防治“非典”，市卫生部门广泛开展宣传教育，建立隔离观察医院和群防群治组织网络，动员、组织全社会防病治病。集中隔离4500多人次，家庭隔离观察7000多人次。同年，推广足部按摩防病治病技术，培训足部按摩师257人，其中85%上岗就业。至2008年，足部按摩技术在全市城乡普及。

四、其他

60年代始，以节约柴草为目的，全县农村普遍进行灶型改造。七八十年代，农村生活烧柴短缺，全县逐步将原柴灶改造成地风灶。

1981年，县厂洪节煤设备厂试制LSH型省煤开水炉，比普通开水炉省煤三分之一，先后在机关、学校、工厂等集体食堂和饮食行业推广使用。1982－1984年，组织试验改地风灶为套膛省柴灶，热利用率高于一般柴灶的25%－30%，研制阶段推广5000多副。该项研究成果被国家林木渔业部收入《农村能源科技成果汇编》。1987年9月，海门县列为全国改灶节柴试点县，县农村能源办公室研制成海门88型省柴灶，其热效率提高25%以上。至1990年，全县改灶27.19万户，占总农户94.1%，估算每年可节约柴草13万吨，折合标准煤6万吨。

第四节　产学研合作

1984年，建立科技信息组织，与全国各地海门籍科技人员3000多人沟通联系。是年，编印《科技信息》，报道全县科技动态，引入新产品、新技术、新材料等方面的信息，推动全县科技合作。1985年9月，县举办首届技术市场，有科技人员1402人、非科技人员9500多人参加，达成项目129个。

1993年，申海集团股份有限公司与上海同济大学合资组建集生产、科研为一体的同济申海大型风机有限公司。南通特种陶瓷厂与中科院上海硅酸盐研究所合作，创建首家产学研联合体——上海赛拉泰克高科技材料总公司申海氮化物公司，借助外部智力进行技术攻关和产品开发。

1994年，编制《海门市实施产学研联合体推动科技经济一体化发展规划》。邀请北京、上海、南京等地院校材料专家40多人，考察海门新材料产业，对《海门新材料产业发展规划(1994－2000年)》进行咨询论证。上海交通大学、无锡轻工业学院等院校到海门发布产学研合作项目信息，近百个企业参加洽谈，达成合作意向50多项。

1995年，建立产学研工程办公室，推行产学研工程试行方法。5月，邀请中国科技大学等19所院校发布科研成果，工业主管部门工业科长、乡镇工业公司经理、骨干企业厂长(经理)230多人参加项目洽谈，达成合作意向100多项。市政府与东南大学、中国纺织大学等15所院校签订长期合作协议。

1996年，市政府确定产学研合作重点企业37个，先后组织4批次40多人参加全国化工、有色金属、纺织、建材专项科技项目合作洽谈会。4月，金花节期间召开科技项目信息发布会，北京、上海等地12所高校发布技术合作信息300多项，乡镇科技助理、工业公司经理、市工业经济部门的工业科长85人参加，组织企业对口洽谈。6月，组团参加全国科技与经济建设中热点、难点与高校对接暨技术成果转化展示会。12月，召开海门产学研工作研讨暨项目洽谈会，邀请18所高校的专家、教授50多人，为海门产学研工作献计献策。

1997年11月，国家"863计划"材料专家委员会在海门召开年会，对市骨干企业考察调研；市政府聘请国家"863"新材料首席专家石力开等20多人为海门经济发展顾问。12月，国家科委组织石力开、黄伯云等"863"新材料专家考察海门新材料产业基地。

1998年，市政府聘请专家、学者70多人为企业技术诊断。市政府与省农科院签订技术合作开发协议，达成7个合作项目。举办国际耐蚀耐热材料学术研讨会，中外专家400多人到海门参加研讨。邀请国家新材料青年专家委员会青年材料专家8人，与企业界100多人探讨新材料产业发展前景，并签订共建海门新材料产业基地合作协议。申海集团与上海理工大学联合建立申海集团上海理工大学通风机械研究所。先后组织4次100多人参加产学研合作洽谈会。

1999年，为全市企业推荐产学研合作项目3000多项，为企业咨询技术难题500多条。组织6次350多人次，参加国家青年材料专家委员会等组织的项目洽谈会。邀请省农科院、上海农科院专家作技术讲座，解决农业生产难题。

2000年4月，海门金花节组织产学研合作对接会。同月，批准建立江苏申海集团股份有限公司企业博士后技术创新中心。5月，组织企业参加省网上产学研合作交易。6月，在上海召开产学研合作恳谈会，上海市科委、技术交易所、上海交通大学、复旦大学及中科院在沪院所等20多个单位领导、专家出席，签订产学研合作协议11个。11月，邀请清华大学等20所重点高校到海门发布产学研合作项目信息，应邀参加专家、教授60多人，达成合作协议76项，其中工业项目43个，农业项目33个。

2001年4月，中国海门金花节期间邀请上海大学、清华大学等7所高校发布最新科技成果。组织参加北京高新技术产业周、深圳国防高新技术交易会、苏浙沪农科所科技兴农服务团等技术交易及产学研合作活动，达成合作协议70多项，当年实施28项。

2002年6月，举办国家"火炬计划"新材料产业基地产学研项目对接会，国家科技部火炬中心、国家新材料产业发展战略咨询委员会、省和南通市科技部门领导出席。市政府与国家新材料发展战略咨询委员会签订技术、信息合作协议。同时，国内部分知名院校和研究所应邀发布科研项目信息。"纳米级微细粉及发热体""高品质低成本氮化硅粉体规模化技术""细微颗粒与气净化装置""秸秆原料餐饮具"等21项科技含量高、发展前景好的高新技术项目与企业达成合作开发意向。成功举办首届农民科技节，各乡镇与高校院所签订农业科技合作协议49项。

2004年1月，经省教育厅批准，江苏京海肉鸡集团与扬州大学联合创建省产学研联合培养研究生示范基地。2005年4月，举办金花节产学研合作洽谈会，邀请北京科技大学、上海交通大学等13所高校、科研院所推介项目，乡镇及企业300多人参加，达成化工、机电一体化、新材料等21个项目合作协议。11月，组织40多个企业参加2005军民两用科技与产业化科技成果展示洽谈会，签订合作意向项目16个。特种钢厂、通光集团、雄风科技等6个企业的高新技术产品在会上展示。2006年，金花节期间，组织相关企业与东南大学博士团进行对接、交流，申报南通市产学研示范企业43个，认定41个。2008年，举办第十三届中国海门金花节产学研合作洽谈会，清华大学等24所高校院所到海门开展科技合作交流，发布科技成果项目，签约合作协议93项，全年培育南通市产学研示范企业77个。

第五节　青少年科技活动

1983－1990年，县青少年科技辅导员协会、教育协会举办科普知识讲座1655场次，组织学科学、用科学观摩表演334次，举办青少年科技知识竞赛286次，放映科教电影、录像725场，举办科普知识演讲346次。全县中小学建立科技兴趣小组2450个。

1991年，青少年科技辅导员协会发挥网络和人才优势，组织青少年投入科技活动。各中小学开设科技活动课和科技兴趣小组，调配辅导员，定人、定时开展活动。参加省化学智力竞赛的学生18人全部获奖。1992年，海门中学、实验小学分别举办首届科学和科技节，激发青少年学科学、用科学、爱科学的积极性。

1994年，市青少年科技辅导员协会邀请发明专家到海门讲学。海门中学初三学生沈宇在辅导员成锦平指导下发明的安全电插座，获全国第八届发明展览金奖和香港王丹萍科学发明奖，并获实用新型类专利。全市青少年积极参加省级以上学科竞赛，获国家级奖111人次、南通市级奖56人次，其中海门中学张景辉入选国家化学奥赛冬令集训。

1995－1997年，海门中学等学校继续开展校园科技节活动，全市青少年积极投入金钥匙竞赛等活动。1997年10月，市科协获全国中小学生（江苏地区）金亚杯金钥匙科技竞赛优秀单位奖。

1998年，组织开展青少年小制作、小发明、小论文竞赛，参加南通市小学生航海模型比赛，组织4.4万中小学生参加第十届国际科学和平周全国中小学生（江苏地区）金钥匙科技竞赛活动，获省金钥匙竞赛先进个人的教师80多人、优秀学生400多人，市科协获省金钥匙竞赛优秀组织奖。各乡镇科协以青少年为对象，利用黑板报、广播等开展环保、消防知识宣传。是年，海南中学被评为省科技教育特色学校。

2000年，在省中小学科技论文评比中，海门获一等奖5人、二等奖9人、三等奖3人。在省青少年奥林匹克应用素质竞赛中，获等级奖22人，1人参加在东南大学举行的发明答辩活动，1人赴京参加全国科技夏令营。在第十二届国际科学和平周全国中小学生金钥匙知识竞赛中，获等级奖学生54人，获省先进学校18所，市教育局获省优秀组织奖。7月，开展市第二届科技夏令营活动，海南中学在省第七届青少年舰船模型拼装竞赛活动中获一等奖2人、二等奖2人，学校获先进单位荣誉。

2002年3月10日至4月10日，市举办“科技创造未来”大型科普展览活动，中小学生2万多人参加。11月8日，市科技馆在市少年宫开馆。该馆是南通第一家县（市）级科技场馆，展馆面积1000多平方米，内有展室10个，展品1000多件，涉及数学、力学、光学、声学、电学等基础性科普知识20多个门类。2003年，利用科技馆开展青少年和幼儿特色智能培训教育活动、大型科普展览和青少年科技创作比赛。9月18日至10月30日，科技馆与中科院南京分院联办“史前探秘与宇宙遨游”大型科普展，有2万余人参观。2004年，市科技馆开展与国际化教育相接轨的机器人操作培训。在全省青少年机器人大赛中，海门获5个单项一等奖。举办大型世界珍稀动物标本展，展出世界珍稀野生动物标本280多件。参观的中小学生有1.5万余人。

2005年，市第十七届科普宣传周期间，全市39所中小学开展“地球——我们的母亲”科普征文活动，收到征文188篇，评出一等奖、二等奖、三等奖50篇。是年，少年宫代表队在省第十六届青少年科技创新大赛暨第六届中小学电脑制作活动机器人大赛中获团体一等奖，其后在全国青少年机器人足球赛项目中获冠军，并代表中国参加2005年世界杯大赛和奥林匹克大赛，获得亚军。

2006年3月，举办“世界向你走来”大型文化展览活动，展示194个国家的历史文化、风土人情、自然风光、民间工艺以及中国170多套（件）古典益智玩具等。历时30天，接待34所学校学生近3万人。组织参加南通市中小学航模、车模比赛，海门囊括中、小学组团体冠军。

2008年，举办青少年科普周，开展看一部科教片或科普展览活动、参加一次科技活动、写一篇科普小论文、做一次节约卫士、出一项发明创造或一个创新金点子、进行一次科学体验、参加一项科技比赛活动，通过“七个一”活动，使青少年的动手能力、知识水平、创新能力得到明显提高。

第三章 科技研究

第一节 科研经费

1975 年始，国家、省、南通市下达科研项目，县拨出专项资金扶持科技研究，经费逐年增加。此外，还利用贷款增加科研经费。1986 年，海门承担国家级“星火计划”项目花粉系列产品开发，贷款 25 万元。1987 年，自筹经费承担省“星火计划”项目蜂胎系列产品开发。1990 年，承担国家级“星火计划”项目推杆减速器开发，贷款 15 万元。

1995 年后，市加大科技经费投入力度。同时采取相关项目资助及无偿拨款、有偿使用、贷款贴息等多种经费支持方式，确保科技研究顺利进行。1996 年起，13 年间全市得到上级部门 10 万元以上经费资助项目 84 项。市拨款和上级支持科技研究经费外，企业自身也加大经费投入。2005 年，全市 387 家规模以上企业投入研究开发资金 5797.8 万元。其中电气、机械设备制造业投入 2665 万元，医药制造业投入 1314.5 万元，合计占企业投入总数的 68.64%。2007 年、2008 年，全市规模以上工业企业研究开发的投入分别是 3.08 亿元和 5.64 亿元。至 2008 年，海门累计获得各级部门科研项目支持经费 5809.15 万元。

1975－1990 年海门县科技项目及支持经费一览

表 27－4

年份	项目(个)		经费(万元)
	工业	农、副业	
1975	2	6	4.00
1976	5	41	7.00
1977	7	3	8.50
1978	8	37	16.70
1979	3	51	11.70
1980	10	49	11.40
1981	7	21	7.10
1982	4	24	5.00
1983	7	32	5.00
1984	9	32	35.10
1985	7	32	11.70
1986	14	15	5.70
1987	9	11	13.00
1988	10	19	10.30
1989	15	11	27.00
1990	15	28	24.70

1991－2008 年海门市(县)科技项目及支持经费一览

表 27－5 单位:个、万元

年份	项目/经费	其中		
		工业项目/经费	农业项目数/经费	社会事业及其他项目/经费
1991	59/30.60	20/17.60	13/3.73	26/9.27
1992	33/32.65	10/25.00	18/4.10	5/3.55
1993	29/30.00	9/20.40	14/7.60	6/2.00
1994	29/35.00	10/26.00	16/4.70	3/4.30
1995	53/190.00	17/121.00	30/29.80	6/39.20
1996	62/191.00	23/101.00	28/35.00	11/55.00
1997	55/206.00	12/160.00	23/20.00	20/26.00

续表 27－5

年份	项目/经费	其　　中		
		工业项目/经费	农业项目数/经费	社会事业及其他项目/经费
1998	67/260.00	25/170.00	30/36.50	12/53.50
1999	95/263.00	34/141.00	36/63.00	25/59.00
2000	86/280.00	36/165.40	33/60.00	17/54.60
2001	70/310.00	30/168.00	34/100.00	6/42.00
2002	89/338.00	32/192.00	39/78.00	18/68.00
2003	74/369.00	38/254.00	30/105.00	6/10.00
2004	97/445.00	37/300.00	31/120.00	29/25.00
2005	98/500.00	33/269.00	37/145.00	28/86.00
2006	107/650.00	35/315.00	43/157.00	29/178.00
2007	80/660.00	38/435.00	26/175.00	16/50.00
2008	71/815.00	28/410.00	28/155.00	15/250.00

第二节　项目与成果

一、项目

国家级　1986 年，县蜂乳品厂实施花粉系列产品开发的国家“星火计划”项目。1992 年，县中兴特种钢厂（南通市特种钢厂）年产 3000 吨直径 114 毫米至 159 毫米不锈钢无缝管，成为国家“火炬计划”项目。1997－1998 年，南通市申海氮化物公司实施陶瓷轴承球、磁力棒传感轴 2 个国家“863”引导项目。2001 年，南通硬派电池有限公司的全固态聚合物锂离子电池及专用电解质项目成为国家中小企业创新基金项目。2002 年，主要实施江苏通光集团的架空复合地线式（OPGW）通信光缆、市中兴特种钢厂（南通市特种钢厂）的核 I 级不锈钢无缝管、江苏申海集团公司的 SL 型射流风机是国家重点“火炬计划”项目。2004 年，江苏通光集团有限公司的移动基站功率混合模块是国家“863”引导项目；江苏申海集团公司的 HP3 防喘振轴流风机、海门东洲通信设备有限公司的 CDMA 移动通信直放站及室内分布系统、市中兴特种钢厂（南通市特种钢厂）的石化加氢炉用奥氏体不锈钢冷轧无缝管是国家重点“火炬计划”项目。2005 年，江苏通光集团有限公司的海底光缆生产技术及应用是国家科技成果重点推广项目，江苏申海集团股份有限公司的核级空气净化机组是国家重点“火炬计划”项目。2007 年，江苏京海禽业集团有限公司的京海黄鸡的快速扩繁及其规范化饲养技术中试与示范，成为科技部农业成果转化基金项目。至 2008 年，海门有国家中小企业创新基金项目 18 项，国家“火炬计划”项目 60 项、国家“星火计划”项目 33 项。

2001－2008 年海门市实施国家中小企业创新基金项目一览

表 27－6

年份	项 目 名 称	承 担 单 位
2001	全固态聚合物锂离子电池及专用电解质	南通硬派电池有限公司
2002	CDMA 移动通信直放站及室内分布系统	海门市东洲通信设备有限公司
2003	锂离子动力电池用快速充放电阴极材料	江苏海门天宝精细化工厂
2003	3,4－亚甲二氧基苯酚	海门兆丰化工有限公司
2004	高速高产梳棉机用齿条	南通金轮针布有限公司
2004	DVD 用智能化锂离子电池	南通硬派电池有限公司
2005	高档造纸机用无网痕聚酯成形网	江苏金呢集团有限公司
2005	移动基站用半柔同轴射频电缆	江苏通光电子线缆有限公司
2005	高分子固态铝电解电容器专用生产设备	南通天禾机械科技有限公司
2005	高可靠性长寿命海底光缆	江苏通光信息有限公司

续表 27－6

年份	项 目 名 称	承 担 单 位
2006	300 兆瓦以上火电机组用大型低噪声风冷风机	南通市净海暖通设备厂
2006	强韧纤维双功能纬线造纸网	海门市金呢网毯有限公司
2006	GDD－2 多头电脑高速绗绣一体机	海门市大岛电脑刺绣机有限责任公司
2006	高可靠性物探用新型检波器组合软电缆	江苏亨通金天电子线缆有限公司
2007	以 TA 残渣为原料开发环保型塑料热稳定剂	海门市新型高分子材料厂
2007	苯胺与异丙醇一次合成对异丙基苯胺新工艺	南通龙腾化工有限公司
2008	高强度粉末冶金伞齿轮开发与产业化	海门市常乐粉末冶金厂
2008	微生物标本采集和传递系统	江苏世泰实验器材有限公司

1992－2008 年若干年份海门市(县)实施国家"火炬计划"项目一览

表 27－7

年份	项 目 名 称	承 担 单 位
1992	年产 3000 吨直径 114－159 毫米不锈钢无缝管	南通市特种钢厂
1993	SMC 玻璃钢模压制品	南通市申海玻钢厂
1993	锥形穿孔机组开发直径 159－219 毫米不锈钢无缝管	南通市特种钢厂
1994	引进 XⅡT450 冷轧管机生产直径 219－450 毫米冷轧管	南通市特种钢厂
1994	氮化硅工程陶瓷	海门市特种陶瓷厂
1995	低正压气力除灰系统	南通市海门电力机械厂
1996	医用可吸收高分子缝合线	南通市华利康医疗用品有限责任公司
1996	对称机叶翼型动叶可逆式轴流风机	江苏申海股份有限公司
1997	干式复写纸	海门市复写纸厂
1997	ZKA 型蒸发式空气处理机组	江苏申海股份有限公司
1998	大口径不锈钢厚壁 CrMo 管	南通市特种钢厂
1998	GYXTAS33 束管水线式通信光缆	江苏通光集团有限公司
1999	低铅合金镀锡铜包钢线(5TPC 型)	南通华雄电子材料有限公司
1999	轿车发动机气缸盖垫	南通海林汽车橡塑制品有限公司
1999	3LWD 三叶罗茨鼓风机	南通市恒荣机泵厂
2000	复合造纸毛毯	江苏金呢集团有限公司
2000	QK 型组合式空调机组	江苏申海集团股份有限公司
2001	SL 型射流风机	江苏申海集团股份有限公司
2001	架空复合地线式(OPGW)通信光缆	江苏通光集团有限公司
2001	核Ⅰ级奥式体不锈钢无缝管	南通市特种钢厂
2001	汽车线束用接插件	海门市冠东车灯有限责任公司
2002	CDMA 移动通信直放站及室内分布系统	海门市东洲通信设备有限公司

续表 27－7

年份	项 目 名 称	承 担 单 位
2002	L－高苯丙氨酸乙酯盐酸盐	海门慧聚英力医药化学有限公司
2002	石化加氢炉用奥氏体不锈钢冷轧无缝管	南通市特种钢厂
2002	大型、薄壁、耐压互感器壳体	海门市沪海有色铸造厂
2002	HP3 防喘振轴流风机	江苏申海集团股份有限公司
2002	移动电话与笔记本电脑用锂离子电芯电池	南通硬派电池有限公司
2004	DVD 用智能化锂离子电池组	南通硬派电池有限公司
2004	核级空气净化机组	江苏申海集团股份有限公司
2004	海门新材料产业基地综合信息服务系统	海门市生产力促进中心
2005	CDMA 移动通信带内移频直放站	海门市东洲通信设备有限责任公司
2005	芝麻酚	海门兆丰化工有限公司
2005	多层宽幅压榨造纸毛毯	江苏金呢集团有限公司
2006	GSM900/1800 交叉波段小区覆盖系统	江苏东洲通信设备有限公司
2006	高速高产梳棉机用齿条	江苏金轮针布有限公司
2006	中高压 SF6 互感器壳体	南通爱尔思轻合金精密成型有限公司
2006	无网痕聚酯二层半成型网	江苏金呢集团有限公司
2006	颜料红 135 号	南通龙翔化工有限公司
2006	GHXTG34411 海底光缆	江苏通光信息有限公司
2006	20000 吨/年废丁基橡胶高温连续再生利用	南通回力橡胶集团有限公司
2006	锂离子电池硬质合金材料高纯草酸钴	江苏雄风科技有限公司
2006	GDD－1－D 多头电脑绗绣一体机	江苏大岛机械集团有限公司
2006	DKF 大型低噪声空冷风机	江苏申海集团股份有限公司
2007	轿车发动机机油盘密封垫轿	南通海林汽车橡塑制品有限公司
2007	α－溴代苯并已内酰胺	江苏英力科技发展有限公司
2007	阿斯巴甜	南通市常海食品添加剂有限公司
2007	叔丁基二甲基氯硅烷	海门贝斯特精细化工有限公司
2007	400WV 以上高比容高强度阳极箔	海门市三鑫电子有限公司
2007	溶剂红 179 号	南通龙翔化工有限公司
2007	全自动鼓筒式节能老化测试分选机	南通天禾机械科技有限公司
2007	高强度粉末冶金伞齿轮	海门市常乐粉末冶金厂
2007	高纯氯化钴晶体	江苏雄风科技有限公司
2008	IT 数码行业塑胶零件三价铬电镀	南通市中海特种镀饰有限责任公司
2008	核电用大规格热轧无缝不锈钢管	中兴能源装备股份有限公司
2008	高速纸机用 20 综自绑定聚酯三层造纸网	江苏金呢工程织物股份有限公司
2008	便携式微电脑真空包装机	南通恒嘉空气过滤器有限公司

续表 27－7

年份	项 目 名 称	承 担 单 位
2008	高压屏蔽线束总成	南通市冠东车灯有限公司
2008	静电式电焊烟尘净化器	南通克莱克空气处理设备有限公司
2008	利用 TA 残渣生产新型塑料热稳定剂	海门市新型高分子材料厂
2008	四冲程电控燃油舷外机	南通泰格动力机械有限公司

1986－2008 年若干年份海门市(县)实施国家“星火计划”项目一览

表 27－8

年份	项 目 名 称	承担单位
1986	花粉系列产品开发	海门蜂乳品厂
1992	TZW 大型玻璃钢屋顶风机	南通市申海玻璃钢厂
1994	还原红 F3B	海门市江滨化工二厂
1995	引进 VCR 炉生产高纯度高精度不锈钢管	南通市特种钢厂
1995	大型风机	江苏申海股份公司
1995	TS 高铜合金波浪带	海门王浩铜材厂
1996	电脑控制砌块成型机	海门机床厂
1997	采用紫铜回炉料生产高导电无氧铜材	江苏包罗铜材集团股份有限公司
1997	远红外丙纶织物保健产品	海门市棉纺织三厂
1998	桑塔纳轿车发动机进气联结管	南通海林汽车橡塑制品有限公司
1999	CF－96－I 型高效高浓度臭氧发生器	南通沪江集团有限责任公司
2000	双壁共挤光缆套管专用料	海门市新型高分子材料厂
2000	医用远红外(绑腿、绑臂)支具	江苏生命集团有限公司
2000	左金片	江苏晨牌药业有限公司
2001	AA、ANaK40 肉鸡产业基地建设	海门市京海肉鸡集团公司
2001	大麦苗汁干粉及麦绿素营养食品	海门市四海植物精华有限公司
2001	低烟低卤阻燃聚烯烃光(电)缆护套料	海门市新型高分子材料厂
2002	SB10 焊机送丝机研制开发	南通振康焊接机电有限公司
2002	电缆用铜带开发	江苏浩大铜业股份有限公司
2002	AA 肉鸡优质高效规模化养殖及产业化	江苏海门京海肉鸡集团公司
2003	黑色耐电痕 ADSS 光缆护套专用料产业化	海门市新型高分子材料厂
2003	复合材料屏蔽线的产业化生产	南通华雄电子材料公司
2003	南通地方肉质鸡无公害养殖加工产业化	江苏海门京海肉鸡集团公司
2004	海门市星火科技培训体系建设	海门市生产力促进中心
2005	高速高产梳棉机用固定盖板针布	南通金轮针布有限公司

续表 27－8

年份	项 目 名 称	承担单位
2005	YT－2B563516A 聚酯二层半成形网	江苏金呢集团有限公司
2006	速冻四青作物产业化	南通市中宝食品有限公司
2006	NJWF 大型低噪声风冷机	南通市净海暖通设备厂
2006	YT－3562220A 聚酯三层成形网	江苏金呢集团有限公司
2007	设施农业技术集成示范与应用	中南控股有限公司
2007	优质肉鸡新品种京海黄鸡的研发与产业化	江苏京海禽业集团有限公司
2008	四青作物秸秆饲料产业化开发	南通市兴荣草业有限公司
2008	强韧纤维双功能纬线 YTSSB4216 聚酯三层成形网	江苏金呢工程织物股份有限公司

省级　1986 年，县蜂乳品厂实施蜂胶系列产品开发成为省级“星火计划”项目。1991－2007 年，有南通市特种钢厂的冷轧不锈钢无缝钢管等 40 个项目成为省“火炬计划”项目。1996－2008 年，有市农科所的优质高档抗病西瓜、甜瓜新品种选育等 16 个项目成为省科技攻关项目。2003 年，海门精细化工厂锂离子电池快速充电技术是省高技术研究项目。2005 年，江苏申海集团股份有限公司的 300 兆瓦以上火电机组用大直径空冷轴流风机产业化开发，是省重大科技成果转化项目。2006 年，南通华尔康医疗用品有限公司的生物可降解人工胸壁的研究及海门种羊场的海门山羊优质肉用新品系选育成为省高技术研究项目。2007 年，南通天禾机械科技有限公司的片式铝电解电容器成套生产设备成为省国际科技合作项目。2008 年，江苏瑞迪能源科技有限公司的大容量动力型锂离子电池的关键正极材料磷酸铁锂成为省科技创新项目，江苏京海禽业集团有限公司的早熟优质抗逆肉鸡新品种“京海黄鸡”的繁育与产业化成为省重大科技成果转化项目。

二、成果

省级　1978 年，由县电子研究所工程师徐继悌等研制的数字式红外测温仪，茅志祥和张伟研制的 ZDC－201 在线电流电阻测试仪，首次获省科研成果三等奖。

1996 年，南通市恒荣机泵厂高级工程师曹彭年在长期生产实践中，自行研发成功罗茨鼓风机心脏部位——叶轮型线。1997 年，获国家实用新型专利。经国家风机产品质量监督检测中心检测，三叶型罗茨鼓风机比传统的二叶风机降噪 7－10 分贝(A)，节能 10%－23%，且运转平稳、气流脉动小、泄漏少、工作效率高，部分性能指标已超过日本产品。同年，经省科委鉴定，3L22、3L32、3L42WD 三叶罗茨鼓风机填补国内空白，技术性能达到 20 世纪 90 年代国际先进水平。该产品获省、南通市科技进步一等奖。

至 2008 年，全市获得省（部）级科研成果 32 项。

1978－2008 年海门市（县）获省（部）级科技成果奖一览

表 27－9

项 目 名 称	获奖等级	获奖年份	主 要 完 成 者
数字式红外测温仪(WH－Z)	三等奖	1978	徐继悌
ZDC－201 在线电流电阻测试仪	三等奖	1978	茅志祥　张　伟
交直流两用极流时控电子液体	四等奖	1978	范望平
79－600 型多种茶食机	四等奖	1980	崔继忠

续表27－9

项 目 名 称	获奖等级	获奖年份	主 要 完 成 者
1000×1500毫米花岗石平台(板)	四等奖	1980	崔凤高 郁兰清
高温黑体炉	四等奖	1981	徐继悌 高培民 毛新荣 陆守祥
组合阀	国家一机部三等奖	1981	龚士龙
光色玻璃眼镜片	四等奖	1983	李成才 龚士新
TYPB－200型平压烫印机	四等奖	1985	林永康
光色玻璃眼镜片(毛坯)生产新工艺	四等奖	1985	李成才 龚士新
林肯羊风土驯化与纯繁	四等奖	1985	曹 湘 龚金祥 陈南祥 朱拯国
小氮肥节能技术	二等奖	1991	姜志红 顾祁高 陈鸣斐 杨学忠 梁来生
直径159毫米以下冷拔(轧)不锈钢无缝管	三等奖	1991	董仁亲 俞元亮 仇云龙 朱永昌 朱伟飞
南通市山羊人工授精综合技术标准化的研究及应用	三等奖	1991	陆永一 倪志斌 朱新春 杨允辉 邱保安
JZWT大型玻璃钢屋顶风机	四等奖	1991	周 忠 陈云程 叶根宝 李 林 杨柄仁
高性能一气压烧结氮化硅陶瓷	三等奖	1996	庄汉锐 龚士新 李文兰 张 强 黄永珍
远红外丙纶保健系列产品	四等奖	1996	施建平 杨 达 邵鼎兰 张良法 黄 萍
3L22、3L32、3L42WD三叶罗茨鼓风机	一等奖	1997	曹彭年 曹康年 蒋兰芝 曹昌年 宋秉高
镀锡铜包钢线	三等奖	1997	蔡祖民 庄瑞舫 张维凡 张启云 王立军
贮液器	三等奖	1997	袁玉辉 王云冲 邹其生 陈 琴 戴卫春
QK型组合式空调机组	三等奖	1998	周 忠 周荣贵 于卫忠 王 峰 姚松昂
海天牌干式复写纸	三等奖	1998	张家斌等7人
复合造纸毛毯	三等奖	1999	倪正兴 陆振和 陈平 李永泉 王 健
AA肉种鸡高产新科技运用及配套设施	三等奖	1999	顾云飞 陈健平 朱新飞 顾玉萍 张振飞
光纤复合架空地线(OPGW)	三等奖	2000	张 强 李万盟 张 忠
超壁厚铜及铜合金控制管	三等奖	2000	张士新 张 成 汤玉英 董云成 金 星
NJZT屋顶自然通风机	三等奖	2001	曹广清 曹广明 范永强 陆士芳 施国荃
核Ⅰ级不锈钢无缝钢管研制	三等奖	2002	仇云龙 陶水凌 刘强 战士全 马屹松
HP3系列防喘振风机	三等奖	2002	周 忠 于卫忠 张国荣 张建忠 俞永康
轿车发动机气缸盖垫	三等奖	2002	张禹林 葛 华 张 云 张 勇 张卫明
DKF系列大型低噪声空冷风机	三等奖	2004	周 忠 陈云程 张国荣 李仕成 江 扬
30万千瓦以上空冷火电机组用大直径空冷轴流风机产业化开发	三等奖	2004	周 忠 陈云程 张国荣 李士成 江 杨

南通市级 1982年,徐继悌等3人研制数字式红外测温仪(WH－4、WH－6),获南通地区科技成果一等奖。80年代,海门在化工、纺织、卫生、农业等方面共获南通市(地)级科技成果奖42项。1997年,江苏京海禽业集团有限公司的地方优质鸡新品种——京海黄鸡的培育,获南通市科学技术进步特等奖。另有数字式红外线测温仪(WH－4、WH－6),BMB－2波纹管密封无油机械真空泵,高白瓷包装瓶,小氮肥节能技术,直径159毫米以下冷拔(轧)不锈钢无缝管,α－L－天门冬酰－L－苯丙氨酸甲酯,3L22、3L23、3L42WD三叶罗茨鼓风机,核Ⅰ级不锈钢无缝钢管研制,环境因素干预对原发性肝

细胞癌预防价值的研究，青毛豆剥壳机研究与开发，GDD－Z多头电脑调整绗绣一体机，炼油用加氢裂化装置高温高压不锈钢无缝管，南通体育场钢结构开合屋顶关键技术研究等13项获一等奖。江苏申海集团股份有限公司研制的QK组合式空调机组评为1998年度南通市“十佳”成果。至2008年，共获得南通市（地）级科技成果奖283项。

海门市（县）级　20世纪80年代，获得海门市（县）级科研成果一等奖以上14项。90年代，获一等奖以上24项。2001－2008年，获一等奖以上43项。

至2008年，累计获得海门市（县）级科研成果545项。

第三节　高新技术

一、高新技术产业

农业　1998年，海门制定加快农业园区建设意见及考核标准。2000年，包场高效开发科技示范园区和海门肉鸡产业化示范园区，成为南通市农业科技示范园区。

2001年，江苏京海集团、江苏爱拔益加公司和绿源肉鸡合作社，自筹资金1.54亿元，建立海门家禽产业科技园。园区西起海门港的江苏泰森饲料厂，东至京海集团临江种鸡场，长约30公里，并向南北适度渗透，在沿江滩涂和南部4个乡镇中形成一个产业单体相对集中、界线明确、以发展无公害肉鸡养殖加工为主的产业园区。

2003年，园区被认定为省首批大型综合农业科技示范园区。2005年，园区内的绿源肉鸡专业合作社拥有社员110户，户均收入2万多元。

2008年，产业科技园区总面积390.8公顷，其中设施养殖面积188公顷。区内功能布局合理，产业结构不断优化，道路、供水、供电、通讯、环境绿化与废弃物处理等设施完善，生产设备齐全。园区内以肉鸡良种繁育和无公害饲养为主导产业，以饲料生产和有机肥加工为配套产业，形成链式产业结构。区内建有祖代种鸡场4个、父母种代鸡场14个、黄羽肉鸡资源场1个、商品肉鸡饲养场1个和配套的孵化厂、饲料加工厂、鸡粪无害化处理中心等产业单体。饲养肉鸡1800多万羽，种雏、商品雏7700万羽，销售额3.2亿元。区内有国家级博士后科研工作站、省级绿色禽产品工程技术研究中心及省级产学研联合培养研究生示范基地，与南京农业大学、中国农科院家禽研究所等组成紧密产学研关系。有教授级研究员12人参与园区研究开发，先后完成20多个科研课题，取得科研成果10多项，获农业部农牧渔业“丰收计划”二等奖2项，省政府科技进步三等奖1项，南通市科技进步特等奖1项、二等奖1项、三等奖6项。园区培育的京海黄鸡新品种，开创全省最早适用纯系闭锁繁育和DNA分子遗传标记相结合的创新技术，被国家发改委列为生物育种高技术产业化重点支持项目。

至2008年，全市建成农业科技示范园区25个。其中，中宝“四青”作物产业化科技示范园区、甜瓜产业化科技示范园区、常乐现代化农业科技示范园区、山羊产业化科技示范园区、麒麟现代化农业科技示范园区、兴旺畜禽养殖科技示范园区、无公害肉鸡产业科技园为南通市级农业科技示范园区；海门家禽产业科技园为省农业科技园；江苏京海肉鸡集团被农业部、发改委、财政部等8部委授予全国农业产业化优秀龙头企业、省星火龙头企业；南通中宝食品有限公司、海门东兴冷冻设备厂、海门冠东食品有限公司为南通市星火龙头企业。共实施农业创新、科技成果转化项目100余项，其中省、南通市级27项。

工业　20世纪80年代后期，海门以新材料为主的高新技术产业起步。1989年11月，县液压件厂开发的叠加阀，填补国内空白，被省科委认定为省级高新技术企业。90年代，海门确定以特种钢材、特种铜材、特种陶瓷、玻璃钢复合材料等新材料为重点的高新技术产业发展方向，低碳、超低碳冷拔（轧）大口径不锈钢无缝管、玻璃钢大型风机、氮化硅工程陶瓷等“火炬计划”项目快速发展。

至1995年，南通市特种钢厂、江苏通光集团有限公司、江苏申海集团股份有限公司、江苏海峰电力机械有限公司，被省科委认定为省级高新技术企业。

1995年6月，海门成为全国“火炬计划”新材料产业基地。1997年，新材料产业实现销售收入21.8亿元，占工业经济20%以上。

2000年，全市有高新技术企业12个。其中，南通市特种钢厂、江苏通光集团有限公司、江苏申海集团股份有限公司先后被科技部认定为国家级重点高新技术企业，南通市申海氮化物公司被认定为南通市级高新技术企业。

2001年8月，科技部火炬中心确定南通特钢厂、通光集团、申海集团、南通华尔康医疗用品有限公司、南通海林汽车橡塑制品有限公司、华雄电子材料公司、浩大铜业7个企业为产业基地骨干企业。2002年，海门成为国家“星火技术”密集区。

2005年，全市有高新技术企业26个。其中，国家级6个、省级19个、南通市级1个。2007年年末，江苏生命集团有限公司、江苏申海集团股份有限公司破产注销。全市有高新技术企业56个，其中国家级9个、省级43个、南通市级4个。

2008年，科技部按新标准对高新技术企业进行认定，海门慧聚药业有限公司、南通龙翔化工有限公司、江苏金呢工程织物股份有限公司、巴塞利亚药业(中国)有限公司、金轮科创股份有限公司、江苏大岛机械集团有限公司、市森达装饰材料有限公司、南通西马特机器制造有限公司等8个企业，成为新标准实施后首批国家高新技术企业。

至2008年，高新技术产业实现产值245亿元、销售收入242亿元、利税32.2亿元、利润20.4亿元，分别占全市规模以上企业产值的30%、销售收入的30.6%、利税的32.8%、利润的33.5%。

二、高新技术产品

国家级 1992年，江苏申海股份有限公司的JZWT大型玻璃钢屋顶风机，江苏海峰电力机械厂的JJ-1000型湿式搅拌机和GN-5型高效灰浆浓缩机成为国家级重点新产品。至2008年，海门获得国家级重点新产品57项。

省及南通市级 1993年，县过滤设备厂的DV13/2000-N带式真空过滤机获省高新技术产品。1998年，江苏通光集团有限公司研制的CYX-TAS33型水线光缆、江苏浩大铜业股份有限公司研发的散热器专用稀土铜箔被评为南通市十佳高新技术产品。

至2008年，获省高新技术产品160项。

1992－2008年海门市(县)获国家级重点新产品一览

表27-10

产品名称	生产企业	获评年份
JZWT大型玻璃钢屋顶风机	江苏申海股份有限公司	1992
JJ-1000型湿式搅拌机	江苏海峰电力机械厂	1992
GN-5型高效灰浆浓缩机	江苏海峰电力机械厂	1992
XGH-1型小径管超声波探头	能源部电建所海门探伤设备厂	1993
40型有衬里高压消防水带	海门市消防水带总厂	1994
直径159－219毫米低碳、超低碳冷拔不锈钢无缝管	南通市特种钢厂	1994
电解电容器用铝箔	南通电子铝材厂	1994
ⅡCYJQ14-6-73HP高效节能两级平衡游梁抽油机	海门造纸机械厂	1995
高压叠加阀	海门市液压件厂	1995
DU系列带式真空过滤机	海门市过滤设备厂	1995
直径219－450毫米冷拔不锈钢无缝管	南通市特种钢厂	1996
大型风机	江苏申海股份有限公司	1996
3LWD型三叶罗茨鼓风机	南通市恒荣机泵厂	1996
医用可吸收合成缝合线	南通华利康医疗用品有限公司	1997
消防急救盘管	江苏水龙江山集团公司	1997
颜料红GL	海门市颜料化工厂	1997

续表 27－10

产品名称	生产企业	获评年份
CF－96－I 型高效高浓度臭氧发生器	南通沪江集团有限责任公司	1998
散热器专用稀土铜箔	南通浩大铜业股份有限公司	1998
1、8－二氨基萘	海门市化工原料厂	1998
ZKA 蒸发式空气处理机组	江苏申海股份有限公司	1998
海天牌干式复写纸	海门市复写纸厂	1998
HP3LN 轴流风机	江苏申海股份有限公司	1999
轿车发动机气缸盖垫	南通海林橡塑制品有限公司	1999
QK 型组合式空调机组	江苏申海股份有限公司	2000
NJZT 屋顶自然通风器	南通市净海暖通设备厂	2000
RAV 密闭型风量调节阀	江苏申海股份有限公司	2000
复合造纸毛毯	江苏金呢集团有限公司	2000
医用远红外绷腿绷臂支具	江苏生命集团有限公司	2001
轿车发动机进气连接管	南通海林汽车橡塑制品有限公司	2001
SL 型射流风机	江苏申海股份有限公司	2001
GSM 蜂窝通信直放站及室内分布系统	海门市东洲通信设备有限公司	2001
消渴灵颗粒	江苏晨牌药业有限公司	2001
耐磨耐高压有衬里双层消防水带	江苏水龙江山消防发展有限公司	2002
CDMA 移动通信直放站及室内分布系统	海门市东洲通信设备有限公司	2003
九孔三维卷曲中空涤纶短纤维	江苏金雪集团有限公司	2003
光学活性 L－高苯丙氨酸乙酯盐酸盐	海门慧聚英力有限公司	2003
低铜稀土合金波浪带	江苏浩大铜业股份有限公司	2003
笔记本电脑锂离子电池组	南通硬派电池有限公司	2004
黑色耐电痕 ADSS 光缆护套专用料	海门市新型高分子材料厂	2004
束状室内软光缆	江苏通光集团有限公司	2004
SFF－50－1－51 型柔软同轴射频电缆	江苏通光电子线缆有限公司	2004
DZY－900－XXW 型 GSM900/1800 交叉波段小区覆盖系统	江苏东洲通信设备有限公司	2005
四氯甘氨酸铝锆	海门市帕源化工有限公司	2005
YT－2B562208A 无网痕聚酯二层半成形网	江苏金呢集团有限公司	2005
DVD 用锂离子电池组	南通硬派电池有限公司	2005
DKF 大型低噪声空冷风机	江苏申海股份有限公司	2005
多层宽幅压榨造纸毛毯	江苏金呢集团有限公司	2006
轿车发动机机油盘密封垫(油底壳垫)	南通海林汽车橡塑制品有限公司	2006
对异丙基苯胺	南通龙翔化工有限公司	2006
NJWF 大型低噪音风冷风机	南通市净海暖通设备厂	2007
高密度气吹微型光缆	江苏通光信息有限公司	2007
炼油用加氢裂化装置高温高压不锈钢无缝管	中兴能源装备股份有限公司	2007

续表 27－10

产品名称	生产企业	获评年份
强韧纤维双功能纬线 YT－SSB4216A 聚酯三层成形网	江苏金呢集团有限公司	2007
GDD－1－D 多头电脑绗绣一体机	江苏大岛机械集团有限公司	2007
高分子固态铝电解电容器专用全自动钉卷机	南通天禾机械科技有限公司	2007
GDD－2 多头电脑高速绣一体机	江苏大岛机械集团有限公司	2008
高可靠性物探用新型检波器组合软电缆	江苏亨通金天电子线缆有限公司	2008

第四章　知识产权

第一节　知识产权保护

1991 年，县科技部门举办学习《中华人民共和国专利法》《中华人民共和国技术合同法》培训班 18 期，90％企业科技人员受训。组织海门手帕厂等 16 个企业参加南通专利研讨班。1992 年，企业专利工作者 56 人参加省第 6 期专利培训班。1993 年，国家专利局副局长戈伯、省专利局局长周嘉鹏到海门视察专利实施情况。

1995 年，开展保护著作权、版权、商标权活动，组织有关部门对重点乡镇的文化站馆、个人摊贩、卡拉 OK 舞厅检查，收缴盗版 CD 片 263 张、录音磁带 198 盒，净化文化、音像市场。4 月，对全市副科级以上干部进行知识产权保护法律法规考试。1997 年 3 月，确定海门复写纸厂生产的干式复写纸为国家机密级技术。

1998 年，组织专利普法宣传 1500 人次，接受专利咨询 50 人次，发放知识产权保护资料 200 多份。组织执法大检查 2 次、专利法律法规培训 200 多人次，指导专利申请 10 余项。调解涉及商标同类及叠石桥绣品市场版权纠纷 5 起。南通恒荣机泵厂曹彭年的“罗茨泵的渐开线多叶叶轮”、海门复写纸厂范公桥的“干式复写纸及生产方法”、江苏申海集团“QK 型组合式空调机组”，被评为南通市十佳专利。

1999 年，海门复写纸厂的干式复写纸、南通恒荣机泵厂的三叶罗茨风机、江苏海峰电力机械有限公司的双螺旋卸车机被确定为重点专利实施项目，并作为知识产权保护试点单位与科技局签订重点保护合同。

2000 年，制定《海门市专利申请项目资助试行方法》，激发企事业单位专利申请的积极性，提高知识产权保护意识。2001－2002 年，举办天补、麒麟、德胜、常乐等乡镇 600 多人参加的引进专利实用知识及知识产权保护培训。2004 年 8 月，成立市知识产权局，负责对全市知识产权、专利工作的管理和协调。是年，培训专利工作者 2000 多人次，知识产权普法教育 5000 多人次。同年，获省优秀专利 1 个、著名商标 1 个，南通市著名商标 11 个。申请专利 233 件，注册商标 690 件。加大申请受理专利奖励力度：发明专利 1000 元、实用新型 500 元、外观设计 300 元。

2005 年，召开全市知识产权工作推进会，市政府与乡镇签订专利工作责任状。组织乡镇科技助理、高新技术企业负责人、骨干企业专利工作者 2000 多人参加省、南通市专利知识讲座和培训。2006 年 1 月，举办外观设计专利申请和专利保护专题知识讲座，企业负责人 100 多人参加。是年，对临江、三阳等乡镇进行知识产权保护培训 1500 人次。2007 年，海门市被评为省知识产权工作示范市。2008 年，引导企业加强知识产权保护工作,15个企业作为首批知识产权示范企业培育对象,给予每个企业5万元培育经费。

第二节　专利管理

1987年,三厂镇郭亚明的组合灶申请实用型专利。1993年,海门镇史超申请的专利函数输出螺旋滚道变速传动装置,成为海门第一个授权的发明专利。2002年10月,三星镇在叠石桥绣品城成立版权管理办公室,负责叠石桥及周边地区家纺经营户花型版权登记,受理侵权投诉,依法保护经营户合法权益。是年,受理登记8件。2003年,受理登记167件。2004年,受理登记811件。2005年起,加大对取得当年专利授权的专利的奖励补助,对授权的发明、实用新型、外观设计专利的奖励补助,每项分别奖励3500元、1900元、1300元。2006年,三星叠石桥版权管理办公室受理版权登记1126件,受理侵权案件208件,调解赔偿金额93万元。对当年专利申请、授权较多的企业实施专利大户奖励。

至2008年,全市取得发明、实用新型、外观设计授权专利2015项,其中发明专利36项。累计专利资助238.87万元,奖励专利大户22户57万元。

1987－2008年海门市(县)获国家专利授权项目统计

表27－11

年份	发　明	实用新型	外观设计	小　计
1987	–	1	–	1
1988	–	1	–	1
1989	–	6	–	6
1990	–	7	–	7
1991	–	12	4	16
1992	–	22	4	26
1993	2	14	1	17
1994	2	16	–	18
1995	1	10	1	12
1996	–	11	2	13
1997	1	20	–	21
1998	1	17	5	23
1999	–	34	1	35
2000	2	21	–	23
2001	1	18	9	28
2002	3	19	2	24
2003	2	27	7	36
2004	3	41	18	62
2005	4	38	12	54
2006	5	58	144	207
2007	1	87	374	462
2008	8	166	749	923
合计	36	646	1333	2015

1993－2008年海门市(县)发明专利授权项目一览

表27－12

专利名称	专利号	专利权人(单位)	授权年份
函数输出螺旋滚道变速传动装置	CN91106968.2	史　超	1993
活齿推杆减速器	CN91107463.5	史　超	1993
磁力矩耦合全隔离旋转编码器	CN92107337.2	海门县控制电器厂	1994
节能大扭矩低速建筑、船用提升机	CN91108174.7	史　超	1994
一种高速电机用电刷的制造方法	CN90102963.7	海门县电碳厂	1995
带式真空过滤机	CN93101230.9	海门县过滤设备厂	1997

续表 27－12

专 利 名 称	专利号	专利权人(单位)	授权年份
干式复写纸及生产方法	CN94111474.0	范公桥	1998
燃气灶油烟及废气净化块及其制作方法	CN96117206.1	郁惕人	2000
动态脱硫生产再生胶技改新工艺	CN96116907.9	秦国祥	2000
柿心康营养食品胶囊	CN99113508.3	施友彬　施振洲	2001
柿肝宝营养食品胶囊	CN99114083.4	施友彬　施振洲	2002
硫代硫酸钠生产中的废水循环利用方法	CN99116879.8	海门市江滨化工二厂 朱嘉祥 顾克尧	2002
2、5－双(1′－氨基－2′－蒽醌)－1、3、4－恶二唑还原红改进的生产方法	CN00111410.7	海门市江滨化工二厂 朱嘉祥 顾克尧	2002
硫代硫酸钠的生产方法	CN99116880.1	海门市江滨化工二厂 朱嘉祥 顾克尧	2003
一种钢材	CN99114406.6	陆　挺	2003
还原红 F3B 生产中的部分废水治理和循环利用方法	CN00111409.3	海门市江滨化工二厂 朱嘉祥 顾克尧	2004
音形拼音汉字输入法	CN02148595.X	沈　昌	2004
手性化合物 L－高苯丙氨酸酯及其盐的制备方法	CN00136947.4	海门慧聚药业有限公司	2004
蟾衣制剂及其生产工艺	CN02137918.1	海门市康平蟾衣制药研究所	2005
一种用于治疗牛皮癣的中药	CN02145120.6	范本石	2005
环保型铜管件的生产方法	CN03132080.5	江苏包罗铜材集团股份有限公司	2005
对字迹与印文交叉重叠先后顺序的鉴别方法	CN200310106285.9	海门市人民检察院	2005
治疗周围神经性面瘫外用药及其制备方法	CN200410014476.7	陆洪兴	2006
光致变色玻璃及其生产方法	CN200310106247.3	海门市康灵玻璃有限公司	2006
1－硝基－2－乙基蒽醌的制备方法	CN03159203.1	海门市江滨化工二厂　大连理工大学	2006
绿色抗菌竹棉制品及其生产方法	CN02113106.6	徐庆前	2006
一种鸦胆子油软胶囊制剂	CN200410070642.5	江苏万高药业有限公司	2006
丁基橡胶高温连续再生工艺	CN200410066712.X	南通回力橡胶集团有限公司	2007
建筑用模板	CN200610037677.8	南通建筑工程总承包有限公司	2008
一种氨基硫醇及其硫代衍生物	CN01143059.1	海门慧聚药业有限公司	2008
永固紫 RL 的生产工艺	CN200610088488.3	南通龙翔化工有限公司	2008
一种用液体处理木材的设备	CN200510097020.6	吴夏平	2008
溶剂红 179 的生产工艺	CN200610088487.9	南通龙翔化工有限公司	2008
节能无填料冷却塔	CN200610088322.1	陆洪新	2008
一种排除粪质的装置及其使用的方法	CN200610023211.2	汤向华	2008
高强度粉末冶金伞齿轮的制造方法及用于该方法的渗铜剂	CN200610041163.X	海门市常乐粉末冶金厂	2008

第五章　气象测报

第一节　观　　测

一、观测站

1959年1月，在县城茅家镇南侧（拥军路10号）建县气象站。同时，在中山路东建观测场。1962年6月，观测场迁至原址西南方向300米。

20世纪70年代初，各公社、镇均建气象哨作为气象观测点。1978年，调整重建悦来、新余、万年、四甲、三星5个气象观测点。1987年，缩减为悦来、新余、四甲3个。

1990年1月，气象站迁至秀山乡棉场村1组。2001年9月，迁至开发区利北村，观测站占地2000平方米，配备测报员3人。2003年12月，在青龙港、悦来、四甲、东灶港镇建立气象观测自动站。

2008年，全市每个乡镇建有气象观测自动站，有气象观测自动站24个。是年，市内建立南通地区第一家移动气象站。市气象局有工程师7人、助理工程师3人、技术员3人。

图27－4　东灶港气象观测自动站　（2008年摄）

二、观测项目

旧时，先民无法定量观测天气，但根据生活、生产经验观测天气，形成一些有效的观测天气谚语。

1959年1月，2名工作人员经过短期培训，开始每天3次定时观测记录气象数据。观测项目有空气温度、湿度，最高、最低气温，地表温度和最高、最低地面温度，土壤中5厘米、10厘米、15厘米和20厘米处温度，天空云状、云量、能见度，日照、降水、雷电等天气现象及风向、风速。1964年7月，增加对大气压力观测。在出现灾害性天气时，及时调查记载相关内容上报。此后，按全国统一规定增加雪深、蒸发（小型）等气象观测项目。

2008年，观测项目23项，分别是空气温度，气压、湿度，最高气温、最低气温，地表温度和最高、最低地表温度，土壤温度（土壤5厘米、10厘米、15厘米、20厘米处的温度），天空的云状、云量、能见度，雪深、日照、蒸发（小型）、降水、雷、电、雾、霾天气观象和风向、风速。

三、观测设备

1959年1月，气象站配备有棒状玻璃温度表、风压板式测风仪、直筒式降水量检测器等，设备较为简陋。1966年7月，观测风向、风速改用电接风杯式测风仪。1978年4月，增加测风数据自动处理仪。1981年，配备气象资料传真图片接收机。1987年4月，安装甚高频无线电话，建立无线气象警报发射台。1997年7月，配备计算机存储人工观测气象资料。

2001年，使用计算机采集气象观测项目

资料,观测仪器有干湿球温度表、最高温度表、最低温度表、虹吸式雨量计、地面温度表、地面最高和最低温度表,5厘米、10厘米、15厘米、20厘米曲管地温表以及日照计、电接风向风速仪、EN风向风速仪、水银气压表、气压计、ZQZ－Ⅱ型自动气象站等。2003年,安装视频会商系统。2004年1月,添置自动气象观测仪器。至2008年,建成4个地面自动观测探测系统、P210卫星通信工程、市至县2兆宽带专线的综合通信网络、气象信息加工分析预报系统。

第二节 预　报

1959年初,依据抄收到的各级气象台站发布的天气预报、对境内的天气现象的观测、群众的观天经验和物象(站内养有黄鳝、泥鳅等动物)变化等,通过县有线广播向全县发布简单的天气预报,预报准确率不高。1962年,通过绘制简易天气图,分析已有气象资料,聘请老农3人作为看天顾问,收集验证农谚,运用群众看天经验预报长、中、短期天气。长期预报主要有春季、汛期、秋季、冬季及月天气预报,中期预报主要是发旬报,还有针对农事发布不定期预报。1979年,引进数理统计方法预报。

1981年,通过传真图片接收机每天收到北京、日本等地发来的北半球各地气象资料和天气形势预报,天气预报准确率大为提高。1987年4月,南通6县气象局联网,并通过海安与崇明两个县气象局与扬州、盐城和上海市联网,随时接收到全省各地突发性天气信息,通过无线气象警报发射台,随时把天气变化情况传播给全县各有关单位。1987－1995年,连续9年预报质量列南通市各站首位。1998年,配备气象卫星云图接收系统和气象卫星数据传输系统。气象预报、预测能力进一步提高。2001－2008年,预报时效逐步向短期气候预测和适时临近预报两头延伸,预报落区趋于无缝隙。

第三节 服　务

1959年,气象站(局)成立后,积累的各种天气观测数据供相关单位使用,开展公益性服务。1983年,开展有偿专业服务,为砖瓦厂、水泥厂和建筑、供电、保险、航运等行业提供天气预报信息。1987年,每天通过气象警报电台向全县各用户发布天气预报、警报,并给乡镇砖瓦厂购置天气警报接收器,通过天气警报系统的无线电设备,按用户需要,把天气预报随时发射到用户。至1990年,经济效益每年500万元以上。1992年,建立气象科技服务公司,开展气象资料、天气预报、重大活动天气保障服务以及避雷设施的设计、施工、检测、管理、监督和技术咨询工作。

进入21世纪,气象服务领域不断拓展,在原有天气预报、警报、气候分析、农业气象服务基础上,增加紫外线指数、晨练指数、人工影响天气、防雷减灾等服务内容。服务领域向交通航运、港口仓储、重点工程、重要活动、重大节日以及春运、高考、中考等方面延伸。在预报发布手段上,除应用广播、报纸、电视、气象警报器外,还增加电视气象节目、网站、"96121"电话自动答询、手机短信等服务方式,气象服务工作的社会效益和经济效益日益显著。

第四节 科　研

1978－1980年,完成大部分气象预报工具制作。

1981年,参加华东区域暴雨课题研究。1982年,完成县农业气候区划制定工作。同年,祁振高的《江淮之间涡切变系统降水日流量的足量预报》获南通地区科技成果三等奖。1984年,曹炳忠《三麦赤霉病预报》,祁振高、曹炳忠《农业气候手册》均获县科研成果四等奖。

1993年,石加庆《鱼的浮头和死亡与气象条件探讨》获南通市科技进步奖。1996年,江志新《一次尘卷风过程分析》等三篇论文获南通市气象科技优秀论文三等奖,《飑与冷峰过境热雷雨的区别》收入省气象局出版的优秀论文集。

2000年,有2篇论文获奖。2001－2008年,有9篇论文分别获南通市和海门市科技奖。

第六章　防震减灾

第一节　监测预报

1975年1月，县气象站设地震测报站。随后在海门中学建立微观中心测报站，逐步实施地电、地磁、地倾等测报。在包场、四甲、悦来公社及三厂中学、海门师范、天补农科所建动物宏观点，每个点周围设2－3个观测哨，形成地震测报网络。组织放映地震专题科教片，巡回展出地震模型，宣传地震知识。是年9月2日，包场中学观察水井地震迹象反应明显，海门中学观察点测得地倾、地磁、地电有异常，证实南黄海有地震。1976年8月，建立县地震预防领导小组。1977年，县选派海门中学教师潘启仁代表南通地区出席全国地震工作先进表彰大会。1978年9月，县建立地震办公室。

1980年6月，新余公社（今包场镇境内）苏14号井被国家地震局确定为定点测报井。1982年，该井安装专线电话，设置HCJ型水位自动记录仪、自动记录气压计、水银气压计和深水半导体测温计，摸索气压与水位两者变化的相关规律以及水位的日变、月变、年变规律，提高单井预测地震前兆能力。1982年4月22日，弶港（东台县境内）发生4.6级地震，苏14号井事前预测到异常变化。

1984年5月21日，南黄海勿南沙发生6.2级地震，苏14号井事前测到异常变化。同年，撤销海门中学、包场中学两个微观测报点，充实和加强县农科所、包场渔场、沿江渔场3个宏观测报点。1982－1990年，苏14号井在历年测报质量评比中，先后获省级优秀奖6次、市级优秀奖2次。该井的资料编入1980年出版的《国家地震局苏、鲁、豫地下水动态观测报告》一书和1984年国家地震局组织的《地下水动态清理攻关项目》专论中。

1991年，地震监测设施逐步实现现代化。1991－1998年，苏14号井每天采集的模拟数据，通过电话上报市（县）地震局，再通过信函上报省地震局前兆中心。1997年9月，地震办公室升格为地震局。1998年，对苏14号井进行水井清洗和第一次数字化改造，配备LN－3型水位仪、DSG－2型数据采集器，水位和水温实现24小时自动监测，监测数据通过电话线拨号连接，市局和省前兆中心自动接收，首次实现监测无人值守，数据数字化。观测井房通过改造，面积达到20平方米。

2002年，苏14号井增添DB网络型精密电磁波监测仪。2005年，苏号14井第二次改造，采用LN－3A型数字水位仪，SZW－1A型数字式温度计，WYY－1型气温、气压、雨量综合测量仪等仪器，实现水位、水温、气象三要素综合监测。添置数字式强震监测仪，数据传输采用宽带手段，实现数据即时采集传输。改造井房，面积增至63平方米。是年，全市有沿江渔场、包场渔场、兴旺猪场、京海集团种鸡场、麒麟獭兔养殖场5个宏观观测点。2006年，完成海门地震观测站土建改造工程。改造后的海门地震观测站占地667平方米，建筑面积63平方米，成为集水位水温、强震台、电磁波、气象三要素（空气温度、空气湿度、大气压力）等多项监测手段的小型地震监测中心，全年地震前兆数据完整率超过99%。2008年，海门地震观测站与省地震前兆中心实现宽带连接，实现监测数据即时采集，包括水位水温、强震、电磁波、气象三要素。数据完整率100%。

第二节　震灾预防

1976年8月，全县防震抗震工作全面展开。15日，组织民兵值班巡逻；17日，企事业单位职工、机关工作人员、市镇居民、农村社员大多住进防震棚；21日13时许，县委发出紧急地震预报。至9月底，地震预报解除。

1996年11月9日21时56分，南黄海发生6.1级地震，海门范围烈度近4度，震感明显，悬物摇晃，脚下有移动感。市公安、邮电、供电等部门立即出动人员维护社会治安，确保通信畅通，电、气、水正常运行。10日零时，根据省地震局“近日无大地震”通报，向全市发出“请市民放心公示”，稳定市民情绪。

2002年，市地震局在市审批服务中心设立窗口，开展建设工程抗震设防管理工作。是年，在江海风情园筹建市青少年地震科普教育基地。2004年，被省认定为地震科普教育基地。基地展馆面积250平方米，展板130平方米，配有地动仪、电子触摸屏等现代展示装备。

2007年，开展农村民居防震基础资料积累工作，调查三和、三厂、常乐、正余镇的部分村组农村民居1236户的抗震设防现状，形成调查汇总表和调查报告上报南通市地震局，编印《防震减灾知识读本》，向农户提供防震减灾知识。

2008年，规范建设工程抗震设防管理，对重大建设工程场地地震安全性向省地震局报告并作出审定，确定工程抗震设防标准。是年，开展全市校舍抗震性能鉴定。至2008年，审核建设工程项目1600多项，对18项重大工程进行不同级别的地震安全性评价。

第三节 应急救援

1976年8月，县人民医院收治唐山、丰南等地震灾区伤员92人。不久，治愈返回原地。

1991年，制定《海门县防震救灾应急预案》。2002年，制定《海门市破坏性地震应急预案》，全市各乡镇以及与抗震救灾相关部门制定相应的地震应急预案。

2004年，在全省县级市中率先开展地震应急数据库建设，收集整理相关数据资料。2005年，完成宏观地震测报网、宣传网和灾情速报网整合，建立健全全市群测群防网络，灾情速报员设到村，防震减灾工作联络员设到镇。

2008年，全市修订各乡镇地震应急预案，配备20－30人的地震应急志愿者队伍，启动地震应急避难场所建设，制定《海门市地震应急检查工作制度》。

第二十八篇

文　化

海门历史悠久,文化源远流长。人们在千百年的劳动中,创造具有江海特色的海门文化。明清时期,海门读书风气极盛,有大量著作问世,代表人物有崔桐、张謇、周家禄、徐云锦等。由于江岸坍没,几经迁徙,著作存世不多,有少数诗文散见于刻本。民国元年(1912),一批激进知识分子创办《公言报》。嗣后,民众教育馆、图书馆相继建立。县内先后出版报刊20多种。民国19年,《江海日报》问世。民国27年,日本侵略军侵占海门时,不少文化设施被毁。民国32年,中共海启县委机关创刊《东南报》。民国34年,恢复民众教育馆。

新中国成立后,海门涌现一批全国有影响的文化名人,代表人物有沈肇州、卞之琳、陆侃如、王个簃、董霖、王尘无、侯炳辉等。新华书店、文化馆、图书馆、剧场、电影院相继建立。1956年,创刊《海门报》,县建有线广播站。越剧、杂技等剧团时在县境内外巡回演出,海门山歌在长江下游独树一帜,享有盛誉。1957年4月,海门山歌进京演出,受到周恩来、朱德等党和国家领导人的接见。群众文艺演出频繁,文艺创作蓬勃开展。不少诗歌、小说、戏剧、民歌等作品在省级以上报刊发表。1959年,县成立档案馆。整理积存文件4624卷,收编参考资料和工具书9万多件。是年,县档案馆收编档案34个全宗5571卷,资料2765册。

"文化大革命"期间,传统文化受到冲击,文物古迹毁坏严重,专业文艺团体解散。城乡掀起大唱革命歌曲和演出样板戏的热潮。

1978年后,文化建设进入发展阶段,文艺节目演出逐渐增多,文化馆常年组织各类培训,书法、美术等文艺作品时有展出。诗歌、小说、剧目在报刊发表,不少作品在省级以上刊物获奖。20世纪80年代,文化设施完善升级。文化市场气氛活跃,民营歌舞厅、游艺场所众多。1981年,成立编史修志领导小组、委员会及其办公室,组织人员修编《海门县志》,历时15年,于1996年出版。1982年,成立党史办公室,征集编写中共海门地方史资料,1988年10月,公开出版《海门人民革命史》。1985至2005年,全县举办6届山歌会唱比赛,涌现一批特色文化之乡、文化之村和文化家庭、文化明星。

1986年,有线广播节目"新闻组合"获国家广播电视部颁发的三等奖。1988年,县广播站更名为海门人民广播电台,同时筹建海门电视台。1994年,海门被评为省群众文化先进县(市),1997年27个乡镇被评为省群众文化先进乡镇。1999年,海门图书馆被文化部授予一级县(市)图书馆称号。同年,启动《海门年鉴》编修工作,每年1卷。2001年,通过省二级档案馆目标管理认定。

2004年,东洲公园、文化广场及7个社区广场对外免费开放,供市民休闲娱乐、锻炼身体。文化馆被文化部命名为国家一级县(市)文化馆。2006年,海门山歌被列入省第一批非物质文化遗产名录。《海门日报》在全国县(市)级报纸好版面评比中获一等奖。是年12月,启动《中共海门地方史》(二卷本)和二轮修志,编纂《海门市志》。2008年6月,海门山歌列入国务院公布的第二批国家级非物质文化遗产名录。全市有线电视用户23万户,通过省有线电视示范县(市)验收。11月,海门市被文化部命名为中国民间文化艺术之乡,余东镇获国家历史文化名镇称号。海门档案馆馆藏档案152全宗,6.07万卷,3226件。《海门日报》在全省报纸优秀作品评比中获二等奖3个,并在全国副刊协会评奖中获铜奖。

第一章　文学艺术

第一节　文　学

一、诗词

旧时，县境有诗文散见于地方志书。著作流传后世的有宋文天祥的《渔舟》《过扬子江心》；元司马垔的《海门回棹》，沈梦麟的《余中场》；明代崔桐著《东洲集》；清代周家禄著《寿恺堂全集》，张謇有大量诗词发表，画家丁有煜著《双薇园集》《双薇园诗集》《与秋集》，徐云锦著《易义辑录》《寸草庐省身录》《寸草庐文集》《寸草庐诗集》，姚应春著《词曲遗韵》，遗存甚少。清咸丰九年（1859）十二月，邑人茅炳文辑《师山诗存》，收录作者182人，采诗590余首，附有作者小传。《海门耆旧诗抄》，由邑人周雁石编纂，将宋、明、清时海门名人所作诗词汇成专集，其中有周雁石自己不少诗作。民国时期，县内诗词创作盛行，较有影响的有龚庭槐的爱国诗集《粟寰》《荒原》《沪上集》等。龚其伟、杨育其等也有诗词作品问世。革命战争时期，根据地出现许多歌谣、民谣，揭露地主阶级和日本侵略的暴行，歌颂革命斗争的胜利。流传至今的有《穷人经》《“清乡”谣》等。

20世纪60年代后，诗词创作活跃。1963年，黄润的诗《露营歌》发表于《人民军队报》。1966年，《葵花向着红太阳》等诗作，发表于《解放军报》。“文化大革命”期间，县内有创作歌颂毛泽东思想的大量诗歌。1971年，郭建人的诗《身在田头夺丰收》发表于《新华日报》。姚忠瑞的诗《车把式》发表在《解放日报》。1972年，韦树森的诗《丰收画卷细描绘》发表于《解放日报》；成汉飚的诗《农村放映员之歌》在《新华日报》发表。1973年，姚忠瑞的叙事诗《两代罱泥手》发表在《新华日报》。

1982年，陈鼎元的诗《矿山小景》发表于《安徽文学》。1983年，郁斌的诗歌《妈妈在看我》《一位夜大学员的手记》，分别发表于《飞天》《春风》杂志。1989年，卞之琳的诗作《十年诗草》由台北大雁书店出版。1992年，梁学平的诗集《太阳的故乡》，由广西民族出版社出版。1994年，梁学平的诗集《豁然开朗》，由新疆青少年出版社出版；郁斌的诗集《回声》，由华夏出版社出版；梁启余的词作《满江红·喜庆海门撤县设市》，在台湾《亚洲世纪》杂志上发表。1995年，梁学平的诗集《九九情歌》，由中国文联出版公司出版。2001年，黄润的《难忘的合影》，获河南省“中原杯”征歌歌词三等奖。2008年，丁士风的《鸟尾谣》《老师像春风》，分别发表于《中国儿童报》《语文报》。

二、小说　散文

光绪年间，状元张謇善词翰，翁同龢称其为“江南名士”“文气甚古，非常手也”，著有《张季子九录》《张謇函稿》《张謇日记》《啬翁自订年谱》等。

清末民初，影响较大的有陆秋心的短篇小说集《秋心漫集》和小说《双泪碑》，影评家王尘无的散文集《浮世杂拾》。

解放后，文学创作兴盛，出现一批质量较高的作品。1961年，施冠千的文学评论《陆文夫小说人物创造漫谈》，发表在《雨花》杂志。1962年，李茂富的小小说《一个秘密》，发表在《青年报》。李元冲的小说《较量》发表于1987年《江苏统计》第二期。1971年，姚忠瑞的小说《开会》，在《新华日报》发表；王浦舫的散文《朝阳照耀着大地》《春天的脚步》，发表于1972年和1973年的《新华日报》。1973年，许乃平的儿童小说《牛娃钓鱼》，发表于《解放日报》；朱祖邦的小说《女闯将》，入选江苏人民出版社出版的小说集《终身课题》。1974年，蔡炯的儿童文学《小赤脚医生》，发表于《解放日报》；倪键的儿童文学《小放水员》，发表于《新华日报》；余文海的小说《窑洞灯光》，入选江苏人民出版社出版的小说集《终身课题》。1975年，周伟民的小说《放蜂之前》，入选《江苏小说集》。1976年，许乃平的儿童文学《金色的翅膀》，发表于《人民文学》；成汉飚的散文《红旗如火映征途》发表于《人民日报》。1977年，蔡新的小说《空中飞泥》，发表在《上海少年》；蔡炯的小说《通洪河上风浪高》，发表于省儿童文学集《双喜养兔》。1980年，著名诗人、杰出的翻译家卞之琳的散文《布莱希特印象记》，由中国戏剧出版社出版。李惠新的短篇小说《我最敬爱的老师》《选择》，发表于1980年和1982年的《青春》杂志。1983年，卞之琳小说《山山水水》，由香港出版社出版。

1984年，李惠新的散文《螃蜞草》，发表于《新华日报》。1985年，李惠新的短篇小说《余热》《远虑》，分别发表在安徽《文学》和江苏《雨花》；成汉飚在《十月》《雨花》《作品》《青春》《飞天》等刊物上，先后发表"鱼系列"小说作品，其中《鱼骨》被中国作家协会主办的《小说选刊》选载，并获第三届《十月》文学奖；许乃平的儿童小传《锅巴》收入《1985年全国优秀儿童小传集》。80年代，全县在省级以上报刊发表的文学作品67篇，其中28篇获省级、全国奖。

1989年，成汉飙的小说集《鱼魅人》由中国华侨出版社出版。1994年，许乃平的小说集《花鸽鸽》由南京出版社出版。1995年，陈志高的长篇小说《心灵的雕塑》，由安徽文艺出版社出版。同年，黄少云的散文集《女孩的梦》和短篇小说集《影子朋友—阿琪》，分别由百花文艺出版社及江苏文艺出版社出版。1997年，施友明在《人民日报》发表散文《紫荆花赞》。1999年，季祖达的诗歌集《梦中的水乡》，由中国文联出版社出版。2000年，梁启余、杨义斌的新闻特写《有志者事竟成——记青年台胞范森森》，获中国作家协会、中国广播电视学会等举办的《大地之光》征文一等奖。2002－2005年，袁蕴豪的作品《暗流》《怪流》《暖流》，分别由青海人民出版社、香港中国文化出版社、北方文艺出版社出版。2003年，李建新的小说《青龙河》及散文《我的父亲母亲》刊《人民文学》；施友明在《中国政协》杂志发表散文《石林赋》。2005年，许乃平的中篇小说《枪手老倪》，由广州文艺出版社出版，散文《逮蟹四趣》，刊中国少年出版社《儿童文学》；袁诹的杂文集《陶士斋趣话》正式出版。2006年，许乃平的散文《水饺》，刊北京《留学生》杂志，小说《毛头与鸦》刊《广州文艺》。蔡炯的短篇小说《冰雪消融》《竞聘上岗》，刊入《中国文艺》。2008年，邹仁岳的散文《东洲记忆》，由中国文史出版社出版。

第二节 民间文学

一、民间故事

海门乡间口授心传的民间故事众多，诙谐浪漫，妙趣横生，笑料百出。其中《乌女婿》的故事妇孺皆知。有关地名来历的传说和民风民俗典故，记载着海门的历史变迁和风土人情。1989年11月，市政协学习文史委员会编辑《海门县民间故事集》，收录民间故事200则，由中国民间文艺出版社出版。

人物故事有《乌女婿》《杨圣岩》《徐文长》《曹秀珍打官司》《状元问话》《斗赃官》《张謇》《包公七十二宗无头案》《王奴奴火烧金陵荡》《王春贵拔木头》《乾隆皇帝下江南》《孝子范士华》《沈举人教子》《巧裁缝智斗恶粮户》《徐方九治病不用药》《小黑皮智斗老财主》《孔子拜师》《李逵审案》等。

传奇故事有《九斤姑娘》《一笑姻缘》《陈在青交运》《吹牛大王》《小方卿》《张三拐子李黑心》《小癞子做皇帝》《百鸟衣》《千里眼》《凤凰水》《冷热衣》《陆海山算命》《三姑智斗地头蛇》等。

笑话讽刺故事有《懒娘子》《吃活食》《三女婿》《怕老婆》《吃白食》《粮户与伙计》《三连襟》《缠说话》《王小三》《对诗》等。

风俗故事有《插菖蒲》《烧三年活羹饭》《老蓝印花布》等。

动物故事有《蛤蜊》《蛎蚜》《江山鸭》《石鱼》《风吹抖抖》《公鸡与蜈蚣》《鼠牛比大》《毛脚姑娘》《母鸡生蛋》《蟋蟀》《公鸡为啥啼》《猫捉老鼠》《老虎学本事》等。

典故传说有《比上不足比下有余》《门当户对》《青龙港开老虎灶》《有眼勿识泰山》《看着棋烂脱扁担头》《有缘千里来相会》《马路为啥弯》《冤鬼徐大发》《外甥八岁》《海啸》《长生果》《狗腿子》《中秋节戴棕花》《癞蛤蟆想吃天鹅肉》《墙倒众人推》《张才

斋买爷叫》《贴福字》《屁话》《凤仙花驱蛇》《扁担星》《新婚种葱蒜》等。

神话故事有《白娘娘》《老虎精》《神仙竹》《桃仙人》《吕洞宾》《孟姜女》《奇鼓》《天仙下凡》《挑石头星和挑灯草星》《济公》《钟馗》《十郎子》《灶神爷》《姜太公》《盐醋》等。

地名来历的传说有《余东凤城》《木桩港》《做皇岸》《海神庙》《鱼干龙王庙》《鲜圩港》《石神庙》《见龙桥》《寿丰桥》《玉蟹桥》《龙游沟》《高山庙》《玉鹭桥》《天补镇》《癞巴镇》《牌位镇》等。

附:民间故事选

1. 状元问话

张状元泽被乡里,为家乡办了很多事业,民众只要一提到张四先生(张謇排行老四,乡人称张四先生),跷起拇指赞不绝口。然张状元每逢听到称赞,谦虚谨慎,从不以功自居,报之一笑。

有一天,张状元回常乐老家,乘坐独轮车,途中与车夫聊天。问车夫可否认识张謇,这人为人做事怎样？车夫信口回答:“此人我虽不认识,但名气很大,一心为家乡做大事,是个大好人。但有一点不好,为开河做马路(公路),损失大片田地。土地是农人的命根子,所以大家心里都很怨他,骂娘的也不少。”张謇听了默不作声。车夫推着车一边聊天、一边按张謇的指点进了常乐镇西市梢,车夫问张謇还有多少路,张作答:“向西一里就到了。”一会儿车子在状元府大门前停下,只见张状元向车夫微微一笑,作揖道谢,大步跨进状元府大门。

车夫料定此人一定是状元公,心里打起了鼓。大事不好,今天要倒霉了,吓得面如土色。正想调头拔腿逃走之时,状元府家人迎面拦住,付给他数倍的车钱,还说:“我家老爷叮嘱,留你在府上吃顿饱饭,回家才有力气。”车夫闻听此言,只觉得脸上热辣辣的烫,不知说什么好。语无伦次地嘀咕:不,不！我肚子不饿,不饿。其实车夫早就饥肠辘辘,能有一顿饱饭正中下怀,但实在不好意思再见张状元,还是推着空车匆匆往回家的路上走,心里想:真是宰相肚里好撑船。

2. 曹秀珍打官司

曹秀珍,生于清朝末年,是个穷秀才,以教书为业。他的脸瘦而长,乡亲们都叫他曹瘦脸儿。曹瘦脸儿专和欺压百姓的官吏、财主作对,帮助穷苦百姓打官司,凡由他出面打官司的坐赢不输。

通东沿海一带,每年汛期,官府都要借修筑海堤为名大肆搜刮民财。某年大潮漫过海堤,淹没庄稼,淹死百姓。这下可气坏了曹瘦脸儿,一下子告发沿海的十个场官。县老爷知道曹瘦脸儿的厉害,不敢不受理此案。

审讯那天,县老爷吩咐衙役加上10张座椅,让10个场官坐着,随即升堂,传原告曹秀珍。曹秀珍一进大堂,见10个被告一个个稳坐在堂,便站着不动。此时,县老爷把惊堂木一拍:“曹秀珍,你见了本官为何不下跪?”曹秀珍眼珠一转,放声大哭起来。县老爷一愣,便问:

“曹先生,本官还没有审问,你怎么哭开了?”

“回禀老爷,这场官司我是输定了。”

“咦,官司还没有打,自知理亏,撤回状子还不晚呢!”

“大人,不是我曹某理亏,而是你们官官相护!”

“放肆！此话怎讲?”

“老爷息怒,容我禀告,他们10个被告都坐在大红呢坐垫的椅子上,而我原告却没有座位。哪有被告坐着,原告跪着的道理呢？这不是秃子头上的虱子——明摆着吗?”

“这个……噢,来人啊,撤座！10个被告去掉顶戴,统统给我跪下。”曹秀珍见被告们一一跪下,他才下跪。

县官拍着惊堂木,大喝一声:“原告曹秀珍,你状子上写着今年的洪潮有一丈二尺高,何以见得,当时你去量过的吗?”

“回禀老爷,九尺皇岸三尺篙,篙子头上浪滔滔,老爷你说潮有多高呢!”

“这个……”县老爷无话回答,想了想说:“曹秀珍,你可知道黄河有多宽,黄河有多深吗?”暗示曹秀珍对官场中的事少问为好,不然自讨苦吃,可曹秀珍根本不买账。

“回禀老爷,黄河再阔我不怕,黄河再深我不惧,怕只怕黄河水不清啊!”官司进行到最后,县老爷无奈,有求于曹瘦脸儿:“曹秀珍,你告倒我10位场官,我难办啊!”

“老爷,淹死百姓,活命也难啊!”当然,官司以曹瘦脸儿胜诉而结束。县老爷退堂后,邀曹秀珍来到后院，指着院中的一棵大银杏树问："曹先生，我这棵大树你能弄倒吗？"曹瘦脸儿不假思索地回答："大人，我不怕树多高，根再深，只要我曹某摸到了它的根，再大的树我也能扳倒！"

县老爷脸色苍白，呆若木鸡……

3. 智斗赃官

在通州做事的大官、小官，因碍于曹秀珍，都不敢胡作非为。

某年，有个县官新上任听说曹秀珍的厉害，心想，要捞钱，先得把曹秀珍扳倒。县官想了很多鬼主意，总不好使。

有一天，县里捉住王龙、王虎两个大强盗，县官眉头一皱，计上心来，忙传开堂审问。

然而，两个强盗被带到后堂，县官待他俩很客气，亲自放绑，设酒招待，弄得强盗丈二和尚摸不着头，酒过半酣，县官沉下脸来，对王龙、王虎说："你俩是要死，还是要活？"两个强盗磕头饶命："老爷，我俩要活。"县官说："想活，你俩罪不轻，本该杀头，不过我有心救你俩，你俩必须如此这般地去做。"两个强盗听了县老爷的话，再三叩头谢恩而去。

一天，曹秀珍在家里打盹，忽然看见前天被捉的两个强盗推门进来。他心里揣测，来者不善，里边一定有鬼，就暗暗地提防着。两强盗坐定后，王龙开言道："曹先生，我兄弟俩无故被抓，真是冤枉，求先生设法救救我俩。"曹秀珍说："我怎么能救你俩呢？"王龙说："先生，这可不难，只要你为我俩写上一张状纸，申述我俩是安分守己的良民就行。"曹秀珍细细一想，心里早已明白。不妨将计就计，就答应给他们写状纸，叫他们明天中午来取。

第二天中午，曹秀珍叫妻子用元麦粉下了一碗"鱼豆"，自己打了一壶烧酒，一张台子摆在后花园荫凉处，身上穿着棉袄，头上戴着厚帽，脚旁放着一个烘缸，台上放着一只手炉，独个儿喝起酒来。一会儿，两个强盗果然来了，曹秀珍起身让座，请二人一同喝酒，吃鱼冻豆。这天正是六月大热天，两个强盗见这般情况，觉得十分奇怪，又不敢过问，也不敢喝酒吃菜，就催曹秀珍快点写。一会儿写好申诉交给强盗。

第三天，曹秀珍刚吃完早饭，只见两个公差直奔屋来，不分青红皂白，把曹秀珍绑了就走。曹秀珍大声叫道："我曹秀珍犯了什么罪。"两个公差道："到县衙里就明白了。"

曹秀珍被带上大堂，看见那两强盗正跪在那里。曹秀珍边跪边嚷道："我曹秀珍平白无故，为啥捉我到堂？"县官冷笑一声，对两个强盗说："这状纸就是他写的吗？他是你俩的同谋吗？"

两个强盗回头说："正是。"

县官对曹秀珍说："好啊，假装一本正经，和强盗同伙，坐地分赃，他俩已被本官拿下，你还帮他们立状申诉，难道不知犯罪吗？"

曹秀珍回道："青天大老爷，素不冤枉一个好人。口说无凭，不能乱把罪名强加在我的头上。"

县官出示状纸扬了扬，大声道："这不是你给他们写的状纸吗？"

"啊呀，真是冤枉，我几时在啥地方给他们写过状纸？"

县官对强盗喝道："你俩从实招来！"

两个强盗齐声道："昨天中午。"

"我那时在做什么？"

"你一个人在后花园乘凉，身穿棉袄，头戴毡帽，脚踏烘缸，身旁放着一个手炉。独个儿在喝酒、吃着鱼冻豆。"

曹秀珍大喊道："岂不是胡说八道，六月大热天，哪来这排场，又哪来的鱼冻豆，岂不是诬害好人？望青天老爷替我做主。"

县官听了曹秀珍的话目瞪口呆，无话可说，只得放曹秀珍回家。

曹秀珍回到家里，又向州里上告了一状，告那县官贪赃不法，祸害良民。

州官也知道曹秀珍的厉害，把县官叫去臭骂了一顿，撤职回家。那县官懊悔不及，连说："我是害人反害己啊！"

4. 凤城的传说

余东古称凤城，关于凤城的来历，有一个美丽的神话。传说很久很久以前，在通东一带开始露出水面的狭长水脊，人称"牛角梢"。有一天，突然彩霞满天，百鸟飞舞，数也数不清，正在大家看得眼花缭乱、莫明其妙之时，忽然有人喊了声快看，只见云彩自动散开，百鸟齐刷刷地散向两边，当中让出一道空间，出现一只五彩斑斓的大鸟，这时有人喊："那是凤凰，好一幅百鸟朝凤啊！"这时只见凤凰"啪"的一声，展开双翅在空中盘旋，百鸟一同随后跟着飞翔……

大家晓得，凤凰是难得出现的，也谈不上随便落地。它是无宝不落地的神鸟。人们企盼它能落下来。于是，看众纷纷喊着："凤凰、凤凰！这里是块风水宝地，有你栖息的地方，快下来吧！"

当时的余东还很小，仅是东海中一块不起眼的弹丸之地。人们虽有企盼，但也晓得凤凰是不会落在这里的。说来也奇怪，它三转两兜的，忽然一声长鸣，百鸟自动散开，飞向四面八方，凤凰双翅一收，猛地一个俯冲，竟然双脚稳稳落地，人们纷纷拥了过来，想看看凤凰落下的地方有什么宝贝，这时又听得一声呼啸，大家再找凤凰，却无影无踪。

原来这是一只天宫灵霄宝殿盘旋在玉皇大帝身边的凤凰，因难耐寂寞，偷偷飞出南天门。下凡来到人间，看到这里沼泽遍地，芦苇连绵，翅膀一振，长鸣一声，茫茫的杂草不见了，变成了一片良田；高低不平的土堆没有了，变成了一马平川。几天后，玉帝发现凤凰不见了，不禁龙颜大怒，命令众神灵将凤凰捉拿问罪，凤凰拼死不从，决心长驻人间，摇身一变，化作了一座城池，那就是余东古镇别名凤城的来历。

凤凰一落脚和它的身影所覆盖的地方，立即被土地菩萨保护起来，风吹不走，而且还见风就长，越长越大；水冲不走，遇水沉积，会越积越多。久而久之，这块地盘，从南到北，由东至西，自然形成酷似一只栩栩如生的凤凰身躯。

美丽传说寄托人们美好的情感。说来也巧，余东古城池的地形确也像一只展翅凤凰。青墩似他的头，青墩上的莲子草就像凤冠，上庄的一对鸳鸯井酷似两只凤眼，南城门口的一条横路便是凤颈（后被白芝洲破法开成护城河，断了凤颈），东、西、北皆有古运盐河（即老通吕河）裹着整个凤凰的身体，向北的三条盐车路（一通王灶墩、二通大岸桥、三通沈灶竖河）似凤尾，东、西两城如凤翅，城内鳞次栉比的、街面房瓦犹如凤羽。

乡民坚信凤凰是无宝不落地的。而后发现土地表层呈白色，尝一尝，还有咸味，涩叽叽的，大家不知是何物。后来民众便在此叠灶煮盐，成为两淮盐场产地，而且余东场所产之盐名真梁，不但全民皆用，尤其帝皇家的御膳房一定要余东的真梁盐，列为贡品，从而有了"余东真梁甲天下"之美誉。余东的盐业在历史上延续了千年。

5. 鸳鸯井

传说唐朝末年，天下大乱，常常闹兵灾，不是这里造反，就是那里起义。百姓人心惶惶，有家不敢归，只得背井离乡，弃家逃难。有一年，黄巢起义兵变。北方百姓无法安居乐业，大批人马逃难南方。

其中，有对小夫妻也随人群逃到余东这个四面环海、人迹罕至的地方。

年轻夫妻心有抱负，且是个有本事的人，来这里既不招兵买马，也不惹是生非，只是竖了根杆子作记，收徒教练武术，以安家防身。据说当地有几个有点手脚功夫的恶棍，经常欺负百姓，滋事欺生，小夫妻毫不客气地予以制服，他俩一来，当地人就安稳多了。小夫妻早晚免费教授武术，还下田干活，自食其力。空余时帮助左右邻居，和当地乡亲和睦相处。

小夫妻俩住的房子是自己用树枝禾草盖的"环洞舍"，没有床帐，也无碗盘灶台，只在靠芦壁处置有两只大缸，专门雇佣脚夫挑水入缸，这举动令人十分好奇：一天两缸水，既不烧茶煮饭，又不换洗衣服，更不见有下水淌出的迹象，每天两缸水，不知有何用处。再说二人无床帐睡哪？三年五载了，为啥无子无女，让人怀疑。于是挑水工想弄个水落石出，便在一天晚上，偷偷溜到环洞舍边，拨开芦壁细缝窥望，可四壁漆黑，什么也看不见，只听到哗哗的水声。他生怕被人发觉，便悄悄回家，一夜未曾合眼。

又一天，挑水工偷偷带了一瓶酒，在两个器皿里各倒半瓶酒，尔后把水挑满。把器皿汆在缸水上，晚上又悄悄来到舍旁，听来听去没有水的声音。于是悄悄点灯进去一看，不看则已，一看惊人，原来两只不同颜色的鸳鸯各醉在水缸里。挑水人又把一瓶醋同样汆在缸水上，让他们酒醒。不出所料，第二天两只鸳鸯不翼而飞，不见踪影。不过，挑水人始终没向外人透露，又未和这对小夫妻提起此事，他还是每天挑两缸水。

是年五月初五端午节这天，忽然昏天黑地，从天上落下一个黑胡子道人，直扑环洞舍方向，说时迟、那时快，环洞舍立时拔地而起，芦草在空中飞舞。双方一见面，二话没说，就动起手来，平时小夫妻俩本事了得，可这个道人的本事要比他们俩厉害，眼看道士的七星剑向小伙子刺去，挑水工见状用扁担朝着道士的背上狠狠一记。道士未及提防，半路上杀出了程咬金，只觉得头一晕栽倒在地，剑也落在一旁，他耍了一个虚招，抽身逃了出去。谁知这一扁担打得挺重，黑胡子道人逃出不远就栽进了火海。

小夫妻俩见仇人死了，连忙拥过来向挑水工拜谢救命之恩，并向挑水工讲了实话。他俩原是一对已修炼500年的鸳鸯，刚才那道士乃是野鸭精的化身，八百年修炼成精，任意变化，横行天下。正在千钧一发之间，幸亏兄弟救了他俩性命。同时他也恶贯满盈归了西天。他俩已无后顾之忧，现在可以放心另找一处山海去尽心修行，这里一切将全部交付与挑水工。挑水工说："你们在这里修行就是，今天辛苦了，先去休息吧"！小夫妻千恩万谢之后，就回到环笼舍去了。

第二天，又到挑水时间了，挑水进去一看，俩人不在，只有一堆金银财宝压着一张字条。挑水工拿起来一看：金银是谢他的，并嘱他就在原地建一村庄，保护好双井。挑水工搞糊涂了，这里哪有双井要保护的，当他仔细寻找时，原来的两只大缸已无影无踪，只见存缸的地方冒出了两口深不见底的井。后来，挑水工就用银子在这里建立一个双井庄，把左右两口井取名为鸳鸯井。

以后，乡亲们常到此用水，发现井水甘甜可口，城里人也到这里来挑水，哪怕干旱沟底朝天，此井总是波光粼粼，盈水丰满，取之不尽，就是落上一个月雨，井水也从不溢出，而且每天第一个去挑水的人，时常看到井中有一对鸳鸯水游弋。

6. 青龙港的传说

说到海门青龙港，人们都知道这里有个优美动听的传说。

相传《白蛇传》里的小青离别白娘娘之后，独自沿长江顺流而下，来到一个叫"廖角嘴"的地方，那是一个平平坦坦的沙岛。沙岛上满是芦苇，小青决定上岸歇歇。

上得岸来，只见芦苇丛中有几块绿油油的农田，田里庄稼长得亮照照、油光光的。其间坐落着两间草棚，四周是宅沟，屋前桃红李白，屋后绿竹成荫。小青情不自禁地走到草棚跟前，见屋里有一个身躯壮实的小伙子正在独自吃饭。小伙子见小青孤身一人，以为是逃荒到此，腹中一定很饥饿，就热情地招呼小青进屋吃饭。小青感到不好意思，一声不响地吃了起来。

小青降落凡尘，食得人间烟火，倍觉人间温暖。心想：怪不得白姐姐这样迷恋人间，不顾九死一生，又想想自家，不觉伤感起来。又想：日后进了龙宫，岂不终身孤苦？想到伤心处不禁热泪滚滚。小伙子见姑娘流泪，慌了手脚，本想拿块手巾给她揩擦泪水，可哪来手巾呢？于是急中生智，"嚓"的一声撕下自己一截衣袖，递给小青，小青见状，感激无以言说。心中暗暗起誓：要和这小伙子生死与共，白头到老。

小青和小伙子终于成亲，男耕女织，夫妻和睦，家庭美满。3年后，生下一子，情趣无限，享不尽天伦之乐。每天劳动回来，一身汗水，小伙子跳进长江洗个痛快。小青则悄悄地到宅后港梢里舒展一下身子。天长日久，那港梢渐渐成了一条大河。

上界3天，人间3年。东海龙王见小青3天未归，当即派虾兵蟹将前去捉拿。海龙王派青鱼精明察暗访，终于发现了小青踪迹。先是劝说回宫，但小青不忍骨肉分离，一口拒绝。青鱼精欲罢不休，便率虾兵蟹将动起武来。

农历八月十八那天，青鱼精在"廖角嘴"兴风作浪。顷刻间，潮水猛涨，巨浪拍岸，大堤溃决。狠心的青鱼精扬言要吞没整个沙岛，彻底毁掉这方宝地。小青施展神威，奋勇迎战，直杀得"廖角嘴"天昏地暗，浊浪滔天，狂风呼啸，大雨倾盆，江潮接海潮，天潮接地潮，整个沙岛风雨飘摇。这时芦苇荡里的麒麟、狮子和凤凰也纷纷前来为小青助战。双方激战良久，小青渐渐支撑不住。为保护沙岛，现出原形，化作一条青龙，紧紧缠住青鱼精，决心与青鱼精决一死战。青鱼精挣扎不脱，力尽气绝，死于"廖角嘴"。青鱼精带来的虾兵蟹将也纷纷逃窜。青鱼精的尸骨被后人搭成一座桥，众人踏踩，这桥便是"鱼骨桥"。麒麟、狮子、凤凰等经过这场恶战，也死于沙岛各处……

沙岛保存下来了。小青化作青龙的事迹永远留在人们的记忆中。为了纪念她，人们把她当年上岸的地方，叫作"青龙港"。麒麟战死的地方叫"麒麟镇"，狮子战死的地方叫"狮子镇"，凤凰战死的地方叫"凤凰桥"。这些地名一直流传至今。

7. 乌女婿

传说坊间有一户生活比较殷实的人家，生了3个女儿。大女儿、二女儿长得花枝招展，唯有三女儿背阔腰圆，很不顺眼。转眼间，都已长大成人，几年后陆续出嫁。3个女儿女婿逢年过节或丈人丈母生日，带些礼物，前来祝贺，说说笑笑，好生热闹。

再说说三个女婿：大女婿是个当官的儿子，有财有势，是个游手好闲浪荡子，风流倜傥，二女婿是个富商的儿子，精明势利，看风使舵，很有一套。大的两个女婿连襟白相得来，比较投缘。三女婿呢？因三女儿长得丑，老大不小，还待字闺中。虽做媒的人不少，总不得成就，无奈之下，只好嫁了一个老实巴交，土里土气、没有文化的乡巴佬，人称乌女婿。夫妻俩勤耕勤种，苦吃苦做，日子过得还算平稳。但要和大女婿、二女婿比起来，那就相差太远。大女婿、二女婿有财有势又有文化，满口之乎者也，吹起牛来一套一套的，说那话那，珠圆玉润，山高水长。乌女婿呢？人长得不错，因种田日晒雨淋，皮肤粗糙，土布衣衫，说话有些巴结。缺少在市面上混，人前人后口齿不大利索，自惭形秽，很少和其他两个连襟往来。但丈人家有事，总归夫妻双双把家还。但每次去丈人家，心里总是不太开心，为什么呢？因为大的两个女婿，送礼派头大，但很不实惠，小女婿送些鸭呀鸡呀或土产之类，穿着行头只是干干净净的随常土布衣衫。大女婿、二女婿上门，丈人丈母一听到动静，半场心迎接。春风满脸，笑声不断。乌女婿上门，假痴假呆的视若无睹，嘴巴里还呜里呜里自咤，日头八丈高的才来，忙也勿晓得，早点来搭搭手，别样做勿来，烧烧火，挑挑水也好个，但心里还是喜欢小女婿……。

小女婿一进丈人家的门就不得闲了，一会儿挑水，一会儿烧火，东扯西扯，像一个陀螺，转个不停，汗淋淋的忙里忙外。一直忙到吃饭时，揩一把面孔，净一净手才不得不和连襟合坐一桌用餐。每当在丈人家聚会的时候，两个女婿总是拿小女婿当玩物，捉弄他，寻开心白相，让他难堪，小女婿如瞎子吃馄饨心里有数，一肚子的火无从冒起，小女婿因文化低，口舌上拌不过他们而怏怏不快，当酒过三巡，端上一砂锅炖老鸭时，大女婿站起来开话，今天我提议：大家别先动筷，难得聚会，讲讲（沙里话音gǎng）吃吃，吃吃讲讲，谁讲得好，先动筷。二女婿拍手赞同，小女婿闷屁不放一个，心里想：我烧水杀鸭，拔毛开肚，上灶下灶，切姜倒蒜，折腾半天，好不容易。你们俩倒好，勿做生活，手摇蒲扇，高跷扒脚，凉茶呷呷，天南海北，牛皮乱话。丈人丈母奉为掌上之宝。小女婿想：我人虽穷，少识了几个字，靠一双手活日子，比你们干净。今天不知道他俩还要玩什么把戏，酒菜也到了尾声了，还不放过我，要我好看。正想着，大女婿先话，说道：君子太堂堂，先挠（把的意思）鸭头尝，二女婿思忖，你老大也太不客气，不看脸面，看来今朝用不上客气，接着唱道："小人常吃吃，先吃鸭扇肩"。说罢，双手绞下两只鸭翅，大嚼起来。小女婿想，你们两个贼坯，到底不是个东西，良心拨（给的意思）狗偷来吃咯，勿做生活咯人，专拣好个吃，以前我一直让，委曲算了，这趟我也不客气了，于是唱道："一域无魂哉，连盆带过来。"说罢双手接盆，旁若无人的连吃带喝，一扫精光。引得丈人丈母和在场的人捧腹大笑。

二、童谣

海门流传的童谣很多，其特点常以押韵、问答式、顶句式编成顺口溜。题材大多为"猫尼咪咪""外婆桥""天上星"等。1993年，陈伟功搜集整理的《海门童谣》，由江苏人民出版社出版。

附：童谣选

月粑粑

月粑粑，跟我跑，跑到外婆桥，你吃馒头我吃糕。

哭哭笑笑

哭哭笑笑，尾巴翘翘，翘到天，吃袋烟，翘到地，扫块地。

新年到

新年到，新年到，家家户户放鞭炮。
毛毛出去拜年了，见到叔叔问声好。
新年好，新年好，见到爷爷问声好。
你家毛毛懂礼貌，妈妈听了哈哈笑。

第三节　戏剧　曲艺

一、戏剧

海门历来自创戏剧未见记载，外来传唱的戏剧不少，如通东人（俗称江北人）喜欢京剧、黄梅戏等，

“沙地人”喜欢越剧、锡剧、沪剧等。

新中国成立后，海门出现自创剧本。1957 年，陆行白将海门民间传唱的叙事山歌《摇船郎》，改编成海门山歌剧《淘米记》，参加全国民间文艺会演。11 月，由陆建平（执笔）、陈伟功、刘季方编剧的小戏《瞎公公看会》在南通市演出，12 月参加省第二届戏曲观摩演出。1959 年，陆行白创作的《三张图样》发表于《江苏文艺》。是年，山歌剧《淘米记》被编入《中国地方戏曲集成·江苏卷》；陆行白编创的《采桃》，发表于 1962 年 12 月的《剧本》月刊。1964 年 7 月，由南通地区文教局吴景陶、杨本生和海门陆行白 3 人执笔的大型现代剧《银花姑娘》，参加省现代戏观摩演出大会。1965 年，陆行白和杨本生合作的《把关》，发表在《江苏文艺》，后被《剧本》杂志转载。

“文化大革命”期间，掀起学唱现代京剧样板戏热潮。1967 年，汤家乡中兴大队创作的《银海红旗》在县内巡回演出。1973 年，宋陈礼、郁惠庄编的小戏《谁去好》，俞适、庄宝森编的《放蜂之前》，参加南通地区群众文艺会演。1974 年，张汉江、花世奇编写的《决算以后》，参加省专业剧团戏曲调演大会。1979 年，梁学平编剧、陈卫平作曲的民歌剧《两媳妇》，参加南通市群众业余文艺调演，并获奖。1981 年，《两媳妇》由上海电视台播出。

1981 年，陆行白编创的《猪丁兴旺》，参加南通专业剧团会演评比，获创作奖和演出奖。1982 年 2 月，汤炳书整理编纂的《海门山歌剧曲调》，其中有搜集陆行白、陆国雄、盛永康、陈卫平等整理的曲调资料。1983 年，陆行白创作的《洗衣记》《赵钱孙李》发表于《江苏戏曲丛刊》。1984 年，《送葡萄》《鸳鸯桥》《串乡记》3 个戏剧，参加南通市小戏创作节目调演。1993 年，陆行白编剧，汤炳书、陈卫平编曲的山歌剧《青龙角》（原名《赵钱孙李》），在北京儿童剧场演出。12 月，参加省首届戏剧节演出。1999 年，邱笑岳编剧的《砌房风波》，参加省法制宣传专场演出，获银奖。2006 年，丁秀发编剧的《悔》，获南通市文艺专场演出一等奖。

二、曲艺

海门的曲艺有评话、钹子书、弹词，由江南吴地传入。清光绪年间（1875－1908），大洪镇艺人徐云德用海门方言说评话《施公案》《彭公案》；常乐镇张仲飞（绰号张麻子）演唱《白蛇传》《双珠凤》等曲目。搭连镇的董汉文演唱《麒麟豹》。清朝末年，钹子书艺人张仲飞改唱弹词，以三弦伴奏，自弹自唱，称“弦子书”，说表仍为海门方言，唱腔由海门民间小调改成“北调”（俗称“哎哎调”）。其中倪省坤仿学“南调”苏腔，并传其弟倪省三。

20 世纪五六十年代，倪省三的弟子刘振鸿、蔡翠屏夫妇俩“双档”（男弹三弦、女弹琵琶），演唱传统书目有《珍珠塔》《双珠凤》《孟丽君》等，刘振鸿说、噱、弹、唱等曲艺基本功扎实，自成一格，吐字清晰，通俗易懂，听客称为刘振鸿调（刘调），其传带弟子甚多；潘德祥由评话改唱弹词，三弦、琵琶弹得好，字正腔圆，看家书是《万花楼》。

1979 年，县文化馆举办评弹学习班，并组织海门文化馆评弹演出队，配成“小双档”，有江淑华、钱建美等青年演员 8 人，刘振鸿、蔡翠萍口述，丁秀发整理《蔡金莲告状》《十美图》《珍珠塔》《合同记》等 11 部长篇传统弹词书目。80 年代，海门多次参加南通市曲艺协会举办的“三塘杯”“海花杯”“南方杯”等曲艺比赛，《拥军赞》获二等奖。1980 年，丁秀发创作的弹词《盼夫记》刊于《江苏戏曲丛刊》；庄葆森的弹词开篇《我们村里的年轻人》载入《曲艺》杂志。1988 年，江淑华、钱建美演唱的《合同记——夫妻相会》，在江浙沪两省一市评弹会书中获演出奖。

2000 年后，评弹淡出人们视线，偶有外地艺人借座茶馆说唱，听客稀少。

第四节 书画 摄影

一、书法 篆刻

明代，有书法家张成、崔桐师徒。崔桐行书尤多变化，劲挺而秀美，南通博物苑存有其代表书作长卷一帧。书法家崔思唯、盛鼎、李潜昭等的作品，也闻名中外。

清代，书法家成宏龄善草书，在乡里有“草圣”之称。李方梅的楷书闻名县内外，珍藏其作品的有百数家，均是楷书作品真迹。卑金善篆刻，款法高雅，不落俗套。清代还有许士观、李如林、李来翰、李联绣、李樘等书法家。

清末民初的书法家以张謇为代表，张謇所临碑帖极广，早年书法追求平衡，决不求怪，风格苍劲朴拙。喜六朝魏碑，中晚期四体皆精，楷书、行书尤为突出。张謇留给后人的字帖甚多。正式出版的有《张謇临伊阙佛龛碑》《量竹赋》《张謇书千字文》《狼山观音岩造像记》《张謇书法选》等。蜚声朝野，江南名镇，旅游景点都留有其真迹，如周庄沈万山中堂、江泽民祖上的箫江祠堂大门楹联等。在家乡留有他很多手迹，如徐先生墓志铭，常乐关帝庙戏楼"钟鼓之声管籥之音不若与众，来日大难今日相乐皆当喜欢"的楹联等。

民国时期，书法家黄祖谦精隶书，张謇故里祠堂碑记、张謇墓碑等碑文均出自其手。陈家干师宗颜碑，兼学汉魏，自成一体，蜚声大江南北；其弟陈家六临其兄书体；其女陈淑贞为县籍书法家名人中唯一女性。姚应春书法临赵孟頫，有"无姚不厅"之说。沙玉沼行草闻名县内外，苏州玄妙观题字出自其手。沙玉沼70岁仍不蓄须，故凡墨宝落款谓"无须老人"。陈拔书法曾受梁启超推崇。

现代书画家王个簃，是当代精通石鼓文的大师，并通晓金文。书法作品富有浓厚的金石气息。江苏省海门中学、海门电影院、海门图书馆、海门汽车站等数十个单位，得到他的真迹题字，其作品大多珍藏于南通市个簃艺术馆。1984年，县文学艺术界联合会成立书法协会，会员32人。1990年，协会会员发展到55人。1992年，三和乡离休教师徐静安书法作品《沁园春》，入选中国书画爱好者联谊会"华风书画精品赴日展"，并获金龙奖。在日本展出后被日本姬路市博物馆收藏。

2000年，中国书法家协会会员沈剑仲篆刻作品获第五届全国青少年书法教师书法篆刻命题擂台大赛二等奖。2002年，中国书法家协会会员黄继革正书作品，在全国第三届正书大展中展出。2003年，成汉飚的行书《长啸举头》楹联入选全国第八届中青年书法篆刻家作品展。2004年，宋问渔的篆书条屏刊于《中国书画收藏》，篆联收入《纪念邓小平诞辰100周年全国翰墨精品集》。2004年，黄继革篆书作品入展全国第一届大字书法艺术展。2005年，作品获全国书法大赛"冼夫人"奖。2006年，沈剑仲的篆刻获省第三届农民美术书法作品大赛金奖。2007年，黄继革书法作品获国际文化交流赛·克勒杯中国书法竞赛中青年组金奖。翌年8月，其书法作品入选第四届全国书法百家精品展。2007年，宋问渔的书法金文作品唐诗七绝《江南春》，获国珍档案——当代书画名家精品集国珍精品奖；胡新的书法《欧阳修序文两篇》，入选第九届全国书法篆刻展；梁东雷的书法作品获省群文干部美术书法摄影大赛一等奖。

二、绘画

明代，有画家程源、张光鉴。清代，画家丁有煜，擅长水墨花鸟画，画风与"扬州八怪"相近。其外甥成文士，画风接近丁有煜，擅水墨画。画家成携，画山水有名。

民国时期，画家黄贤少时学龚庭槐，擅山水、人物、花鸟。龚云鹏，擅画花卉。黄蕴香性喜兰花，作品散见于屏条、扇面，她与陈淑贞并称"巾帼书画双秀"。传人画师张莉村攻人物写生，还有画家黄松庵、陈尔益、施云辉等，在县内外负有名声。

新中国成立后，书画家王个簃擅花鸟，师承艺术大师李苦禅、吴昌硕，深得吴派艺术精髓，并使吴派艺术得到继承发展。其绘画作品集有《王个簃画集》(1981年版、2006年版)等。

20世纪80年代，海门涌现一批当代画家。张正忠，中国美术家协会会员、国家一级美术师，工于中国画、版画，拜高冠华为师，擅田园山水，自成一体。《春之晨》，入选第七届全国版画展；《暮雨急》，获文化部、中国美术家协会二等奖；《新岁》，参加巴黎第二次国际现代版画双年展，由巴黎国立图书馆收藏；《芦苇小鸟》，入选多伦多国际艺术双年展。省级以上获奖作品计37件次。《张正忠诗书画——田园山水百图》，由上海人民美术出版社出版。《田园山水画法》由上海教育出版社出版。王皆欣，省美术家协会会员，工于中国画、刊头画。刊头画经济信息等10幅，分别被《人民日报》《中国青年报》《光明日报》录用；《月色溶溶》，入选"'93全国群星美术大展"，作品在全国首届方达杯中国画大奖赛中获铜奖。《苇塘春雨》获省文化厅群文书画摄影展铜奖。《王皆欣画集》由国际文化出版公司出版。

1984年，崔雄的电影宣传画《胜利大逃亡》《黄土地》入选省电影宣传画展，分获二、三等奖。1986年，县举办王个簃长子王公助书画展。1988年，全国纺织品注册设计师沈桐设计的印花女帕，获国家纺织工业部颁发的一等奖证书。蔡欣的木刻《月色》获中国“人才杯”书画大奖赛优秀作品奖 1989 年 5 月 9 日，张正忠举办个人画展，入展作业 42 件，并将获文化部二等奖的《春雨急》《披霞归》作品赠给县政府。1990 年，王燕平的水印版画《藤》，入选省群文美术书法摄影展和《江苏省美术馆藏品选》；张静的速写，获第二届全国速写大赛三等奖。1991 年 10 月，在第四届全国纺织复制产品优秀花形图案评选大赛中，沈桐的《蝶恋花》，被纺织工业部评为一等奖。1998 年，王燕平的水印版画《天净》，入编《首届江苏省美术节作品集》；郁异人唐诗一百首连环画，由江苏人民出版社出版。

2003 年，郁异人创作的连环画《张謇》（606 幅），由中国文史出版社出版。2004 年，郁异人四大古典名著《红楼梦》《水浒 108 将》《三国演义》《西游记》白描稿，获第五届中国民间文艺山花奖铜奖。2005 年，郁异人受南通博物苑之邀，为博物苑绘制长卷《南通近代盛景图》一幅，该图高 2 米，长 8 米。连环画《风雨沧桑台湾岛》，由中国连环画报社出版发行。2006 年，姚锦发的油画《静静的》《窗前》《江山系列》，在《艺术界》《艺术当代》刊物上发表。张正忠书画展及《张正忠诗书画——田园山水百图》首发式在上海中国画院举行，展出作品 60 件；中国画《霜晨鹊巢》等在《美术》杂志发表。王皆欣的中国画《水乡细雨》《古镇春晓》《雨后小巷》，在《美术大观》上发表。郁异人的中国画《永远的丰碑》，获纪念周恩来逝世 30 周年全国书画大赛银奖。2007 年，姚锦发的油画《江山系列》，入选 2007 文脉当代中国版本北京大型综合艺术展，油画《立荷》《女人体》刊《中国油画》；王皆欣的中国画《润物细无声》，刊《美术大观》；张正忠的中国画《金谷满场》，获当代书画收藏精品推荐展终身成就奖。

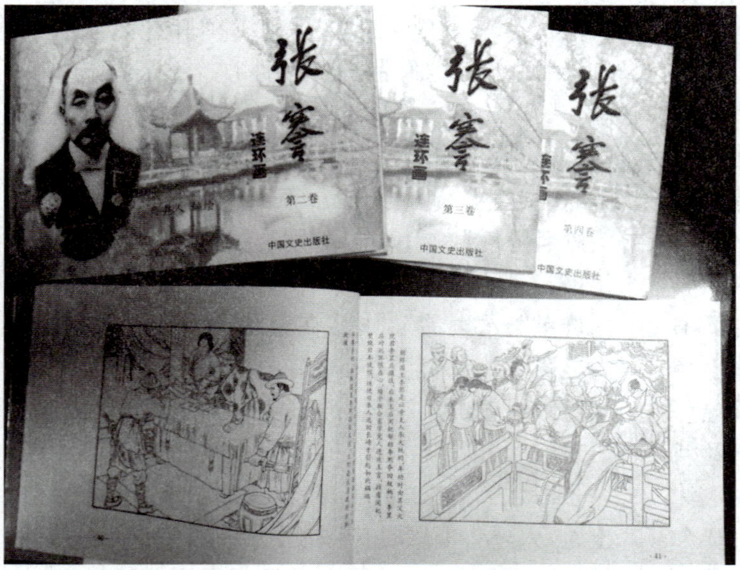

图 28－1 郁异人创作出版的连环画《张謇》 （2008 年摄）

三、摄影

海门文化馆梁学平摄影作品《文艺队慰问军属妈妈》《田头学理论》，分别发表于 1973 年和 1974 年的《新华日报》。

1983 年，张济珊摄影《上市前》和李翔摄影《龙抬头》，入选省“欢笑的农村”摄影艺术作品展。1984 年，张济珊摄影的《蝇蝎混养》发表于《农民画报》，《考苗》入选省第十届摄影艺术展。1985 年，陈海摄影的《小小工程师》、竺平摄影的《悦耳的琴声》，发表于江苏《幼儿教育》。

1990 年，李翔的摄影作品《乡场》参与“生活之美”全国摄影比赛，获优秀奖；《馋》刊于北京《健康咨询》。

2003 年，黄海的摄影作品《春江水暖》，获第三届省园艺博览会摄影艺术展二等奖。是年 8 月，《大众摄影》杂志社、市政府主办“美丽的海门”全国摄影大赛，来自全国 10 多个省、市的 68 名摄影者，近千幅作品，经中国摄影家协会专家组评选，《海太汽渡》等 6 帧作品获金、银、铜奖，《江边》等 60 帧照片获佳作奖。其中，陈新龙的《村口》、蒋瑞祥的《石鼓镇印象》、黄海的《扬帆载月——“海之门”城雕》等入选并获奖。同年，省摄影家作品选辑《蒋瑞祥摄影作品集》，由中国摄影出版社出版发行；李翔的《秋的诗行》《偎依》《大理民居》刊中国艺术摄影学会《2004 中国优秀摄影家画册》，《江边秋韵》《乡村故事》刊中国摄影家协会《大众摄影》。李翔被评为中国优秀摄影家，获国家优秀摄影家十杰提名奖。2008 年，李翔的《播种希望》等 5 幅摄影作品，入选《中国艺术摄影家全集》；赵蓓莉的摄影作品《全军标兵到海门消防队》，发表于《新华日报》；黄海的《齐心协力》，获第十一届“擎天柱”全国职工艺术摄影大赛最佳作品奖。

第五节　音乐　器乐　舞蹈

一、音乐

20世纪20年代，海门有几首校歌流传。如张謇之妻徐牡丹遗嘱，以私资在常乐镇创办张徐女子初等小学，应教务主任刘婉芳之请，由张謇撰写歌词，音乐教师刘苹英为《私立张徐女校校歌》谱曲。民国8年（1919），《明诚小学校歌》由黄康屯作词、江元吉作曲。民国19年，私立海门中学有校歌。民国23年，由陈贞吉作词、李铭传作曲的《海门龚氏私立启秀中学校歌》。民国25年，《私立能仁中小学校歌》，由陈贞吉作词、徐璧石作曲。

1958年，海门文化馆创刊《海门文艺》，一度停刊，1961年复刊，由梁学平主编，为全县群众文化活动提供各类文艺演唱材料，每月油印《创作园地》，辅导业余作者提高创作水平。60年代，文化馆每年为业余作者举办各类创作学习班，将新创作的歌曲编印出多期《海门创作歌曲集》。选出优秀作者赴南通和南京参加专家讲座培训，涌现出大批新人新作。1965年，崔立民词曲的《我们是毛主席的好民兵》发表于南京军区《民兵文艺》，后编入《江苏革命歌曲集》，由江苏人民出版社出版。1965年，陆行白创作的表演唱《大寨红花遍地开》，发表于《新华日报》。

1973年，文化馆举办歌曲创作培训班，编印《创作歌曲选》两期。通东民歌《丰收场上打麦忙》，参加南通文艺会演。1975年，庄宝森作词、陈卫平作曲的表演唱《淘谷忙》，发表于江苏《群众演唱丛书》。梁学平作词、陈卫平作曲的表演唱《我们是公社新农机手》，发表于上海《文艺轻骑》。陈德和的说唱《补军鞋》，在《新华日报》发表。1976年，由梁学平作词、陈卫平作曲的山歌独唱《棉乡儿女怀念周总理》，参加省文艺会演，被选为优秀节目参加专场汇报演出，省人民广播电台多次播放钱志芳演唱的实况录音。1977年，由梁学平作词、冯军演唱的山歌独唱《我就是爱唱棉山歌》，参加南通地区文艺会演。1978年12月，这两个节目编入《南通地区创作节目——演唱选》。由梁学平作词、陈卫平作曲的说唱《唱百花》，发表于上海《文艺轻骑》。崔立民作词并演唱的通东利市《唱四化》，参加省文艺会演。1979年，由王茂恒作词、崔立民作曲的通东民歌独唱《八月里桂花香喷喷》，参加南通民歌演唱会。嗣后，赴上海演出，上海电视台于1980年元旦播出。

1981年，庄宝森作词的《农家小夜曲》及唱词《富字山歌放声唱》，发表在上海《小舞台》。1982年，由梁学平、陈卫平改编的《小阿姐看中摇船郎》和《穷村变富气象新》，由冯军演唱，参加江、浙、沪两省一市民族音乐会巡回演出。1983年，许乃平词、崔立民曲的《小日子富的油汪汪》，参加南通文艺会演。第二年入选江苏《歌曲专刊》。何克强、朱锦达词，周耀斌作曲的《文明村里好光景》同时入选。90年代，龙飞的《太湖美》一举唱响全国，成为时代经典歌曲。

2000年，梁学平词、崔立民曲《别忘了老师》《我们是初升的太阳》《同望着一个月亮》，分别发表于远方出版社出版的《中国当代抒情歌曲选》和国际文化出版公司出版的《新世纪之歌》。黎立作曲的《人之歌》，获全国校园歌曲银奖。姜国华作词的《乡情浓似酒》，发表于中国文联出版社出版的《中国歌词选萃》。2001年，朱晓蕾谱曲《奔向夏令营》，获中华校园歌曲二等奖。黎立作曲的《春水流、黄河流》，获第一届全国新创歌曲大赛一等奖。2002年，黎立作曲《心中的火炬》，获中国音协主办的"民族歌曲演创大赛"和第一届全国新创歌曲大赛银奖。2002年，邹仁岳词、黎立作曲的《心中的火炬》，获全国第三届歌曲大赛银奖。2003年，海门山歌教材《海门山歌》，由南京师范大学出版社出版发行。李翔词，杜庆洪、宋卫香曲的歌曲《江风海韵东洲美》，获省"五星工程奖"银奖，邹仁岳词、盛永康曲的《声声山歌颂家乡》获省特别奖。2004年，姜国华的《海门，我的家乡》发表于《词刊》。黎立作曲的《绿色的家园》，获第二届全国新创歌曲大赛一等奖。2005年，崔立民创作的歌曲《我家住在桃花乡》，获中国音乐家协会和《歌曲》编辑部词曲新作"晨钟奖"。梁学平词、黎立曲的《江南雪》，成勇作曲的《绿色随想》，获中国第三届群众创作歌曲大赛两金一银奖；崔立民作曲《美丽的家乡》《心里乐开了花》《再握妈妈的手》，黎立作曲的《断线风筝》，在省音乐节获奖。是年，徐思善、张华作词，刘生达作曲的城市民歌《江海明珠》，入选中国民族歌曲选粹

《文化之春》集，同时入选中国青年歌手大奖赛指定歌曲。2006 年，由徐思善、张华作词，刘生达作曲的《风吹芦叶沙沙响》，入选中国音乐家协会《歌曲》编辑部、中国民族歌曲演创大奖赛组委会指定的全国参赛歌曲和中国广播电视出版社出版的《世界之春》中国民族歌曲选粹。姜国华的《海边的女人》《骂喜鹊》发表于《词刊》。2007 年，李翔词、崔立民作曲的《梦中水乡》《金花浪》，获中国第四届群众创作歌曲大赛金奖；周耀斌作曲的《阿妈背月亮》，获全国校园歌曲创作选拔二等奖；姜国华词、成勇曲《在阳光下成长》，获全国"歌坛在行动"歌曲创作优秀奖；黎立作曲《我想飞》，获全国优秀奖；周耀斌作曲的《赶海谣》，获第三届全国校园歌曲大赛三等奖；姜国华作词的《从小养成好习惯》，获全国校园歌曲选拔赛一等奖，《赶上了好时候》，获中国第四届群众创作歌曲大赛金奖。2008 年，由陈英、李翔、邹仁岳、崔立民、瞿文广、黎立、顾以温、周耀斌等海门一大批音乐词曲作者创作的歌曲，汇集在《东洲清廉风歌曲集》，由作家出版社出版。姜国华作词、周耀兵作曲的《海门腌鸡汤》，在《江南音乐》发表；黎立作曲的《我想飞》，获省第六届音乐舞蹈节一等奖。

二、器乐

丝竹　海门民间的器乐曲流传已久，丝竹有"三六板""老老板"等曲调。民间艺人用工尺谱记

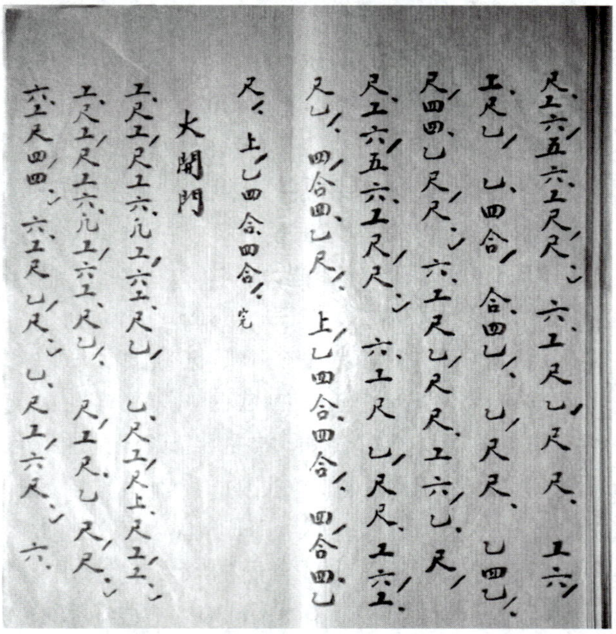

图 28－2　民国年间正余老艺人成汉尧抄写的工尺谱（2008 年摄）

载乐曲，互相抄录，用二胡、笛子、唢呐、三弦、琵琶等民族乐器演奏。音乐的风格丰富多彩，《劝君杯》就是一首非常优雅抒情的民间乐曲，其他还有《雪里灯》《万紫千红》《星上寿》《狮子抛绣球》《将军令》等。

锣鼓　通东地区较为流行，使用的有大鼓、小鼓、大锣、小锣、大钹、小钹等。乐曲有《蜻蜓点水》《荷叶扑水》《九龙戏珠》《双凤》《新蝴蝶》《老蝴蝶》《鱼吻水》等，常见的是《三三七》《七字记》。锣鼓一般在婚丧喜事、庙会或庆典中出现。通东地区还有锣鼓会赛的习俗。

三、舞蹈

民间舞蹈　海门民间舞蹈起源于祭祀活动。早在明代，逢年过节就有祭神庙会娱乐活动的习俗。清代中叶，随着宗教仪式和庙会活动的兴盛，民间舞蹈不断发展，有跳财神、跳加官、跑五方、调狮子、舞龙灯、荡湖船、蚌壳精、踩高跷、挑花担、打莲湘、腰鼓舞、马灯舞、秋千台、红扇舞、盘元宝、扭秧歌、扑蝶舞、抬判、铁桃、三十六行、八蛮进宝、滚叉、昭君出塞等数十种。其中一部分舞蹈是从外地传入，如打莲湘、腰鼓舞等从安徽、湖北、湖南等地流入。

1949 年前，因战乱社会动荡，部分民间舞蹈失传。50 年代，县政府组织专人发掘和整理民间舞蹈，龙灯舞、狮子舞、挑花担、打莲湘、腰鼓舞、荡湖船等搬上舞台。县举办文艺会演，每次均有一定数量的民间舞蹈。

跑五方　系道教"放施食"中的一个程式。亦称"步罡踏斗"。流传于通东地区。在做丧事时，道士们随送葬队伍返回场地后，在场中绕圈变化队形。表演者一般 7－11 人，手持方灯，变换有"三角阵""四角阵""五角阵""荷叶包蟹""月里偷桃""狮子站桩"等。众道士相互穿插，首尾相接，行进速度由慢渐快，动作幅度由小变大，丝竹音乐伴锣鼓敲击，十分热闹。

跳财神　流传于通东地区，后发展到南部沙里的一种舞蹈。据明嘉靖《海门县志》记载，"正月初五日祀财神曰献五路"，即财神生日。清代中叶，一些穷苦人借迎神庙会中"财神"赵公明形象，在春节期间，游乡串镇，迎合人们图吉利、企盼发财的心理而跳的一种自由式的舞蹈，实为表演者以乞讨目

的，以求糊口。跳财神以三人组合舞蹈，“财神”居中，左右两人扮招财使者陈九公及利市仙官姚少司，另外一人持锣击韵，另一个为挑夫，收接糕点或赏钱，五人成行。清末民初，跳财神一人司锣兼挑夫，一人独舞，成两人组合。跳时，“财神”戴慈眉善目的金色面具，身穿财神服，一手持带圆盘的金元宝（木制道具），一手执拂尘。形象动作为“宣诏”“招财”“进宝”“扛宝”“藏宝”。表演十分夸张，以“跷脚财神”舞姿，从室外跳到室内，从柜台跳到账桌，最后跳到钱柜“藏宝”，动作诙谐有趣，逗人欢乐。小锣击韵以“三句锣”“五句锣”居多，“七句锣”为少。1988 年，跳财神由县文化馆姜明田、陈进豪搜集整理，入编《中国民间舞蹈集成·江苏卷》。

调狮子　亦叫跳狮子。通常由三人组成，两人搭配成狮子，一人戴狮头道具，一人作狮尾。另一人手持绣球，逗引狮子。跳时，配以锣鼓，狮子在锣鼓节奏声中腾跃翻滚。

划船舞　旱船舞，从江淮地区传入。用竹篾为架，彩纸或色绸糊成无底彩船，表演者立于船中，船身系绑腰间，演员一般为男扮女装，着彩服，形似划船姑娘，手持彩桨，配以音乐，边划边舞。

踩高跷　4－8 名演员，男扮女装，脚踩高跷，扭动身姿，表演八仙过海的各种神态。

舞龙灯　大型群舞。龙头、龙尾及 8－10 节龙身，均用竹篾扎成，糊彩布或彩纸，每节龙灯下拴一竹竿，饰有华丽的龙衣作为龙身，每人举一节。表演时，一人擎有龙珠在龙头前上下左右甩耍，龙头及龙身随龙珠上下起伏翻滚，配合锣鼓，蔚为壮观。

挑花担　由苏南传入。女演员 4－8 人，身穿彩服，肩挑花担（装满鲜花的花篮），竹扁担上下忽悠，载歌载舞。

花鼓舞　盛行于淮河下游，特别是安徽凤阳一带，随逃荒乞讨的流民传入海门。一般由男女两人对舞。一人敲小锣，一人打小鼓，边敲边舞。

彩珠舞　由里下河地区传入。青年男女数人，腰系彩带，手持红绿彩球舞动，不间断地往空中抛接彩球，舞蹈动作自由奔放，气氛热烈。

跳钱龙　流行通东一带，道具为一条小龙，龙头龙尾用彩纸糊成，龙身用铜钱穿就。长一尺左右，可活动。头尾各支一根小竹竿上，握于手中，扭动龙身，立于门前，口念祈福禳灾吉词：

钱龙钱龙来得早，只长棉花不长草；
钱龙钱龙头对东，寿比南山不老松；
钱龙钱龙头对南，子子孙孙中状元；
钱龙钱龙头对西，邻里和睦多欢喜；
钱龙钱龙头对北，世世代代都享福；
钱龙钱龙调尾巴，大人小孩乐哈哈；
钱龙钱龙跺跺脚，金银财宝往里搭。

摇钱树　神话中的宝树，一摇即会落下许多金银财宝。道具为一束新鲜柏枝，系红绸带，柏枝上挂有十几个小铜钱。一人表演，以年轻女子居多，将“摇钱树”执手中，立门前，边摇边以快板形式念祈福求财的吉词，铜钱“当当”作响为节奏。“摇钱树进门来，粮户人家要发财，摇到东……摇到南……摇到西……摇到北……”主家送以小钱。

送菜头　“菜头”（“彩头”的谐音），是招财纳福的好口彩。道具为用一根小竹竿，头上系一根红线，下吊一棵用红纸、红线系扎的青菜。表演者一般为男子，进宅立于门前，口念吉词：“菜头到，花稻好；菜头落地，粮户人家得田买地；菜头对东，粮户人家鱼肉米饭吃勿通；菜头对南，粮户屋里交关铜钿；菜头对西，粮户人家天天吃鱼吃鸡；菜头对北，粮户人家要造屋，要造前三埭，后三埭，三三进九埭，三九廿七埭，老鸦（乌鸦）飞勿过，凤凰来做窝。”演毕，主家送以糕饼圆子或小钱。

舞蹈创作　1956 年，海门编排的《马灯舞》《小车舞》，参加南通地区农村业余文艺会演。1960 年，县文化馆林建平等编排的《桥灯舞》，参加省第二届群众业余文艺会演。1970 年，县文化馆组织编排的舞蹈《银花朵朵》，参加南通地区群众文艺调演。1973 年，县文化馆编排的舞蹈《快乐的女竹匠》和《汗水换新棉》，参加南通地区群众文艺调演。1975 年，王建、张欣、丁秀发编舞，庄宝森作词、崔立民作曲的舞蹈《我们怀念台湾同胞》，参加南通地区创作节目文艺调演并获奖。1985 年，崔立民作曲的舞蹈《元宵玉兔》，参加南通地区群众文艺调演汇报演出。1990 年，文化馆编排的舞蹈《炊》，参加省业余舞蹈大赛，获三等奖。1995 年，陈健编导的《血染的青春》被江苏电视台录制播映；《希望的旅程》在省级舞蹈大赛中获奖。1996 年，黎立、王美萍编创，黎立作曲的舞蹈《算》，获省音乐舞蹈调演一等奖。1999 年，由崔立民、王美萍编导的通东民间歌舞《丰收乐》，参加海门庆祝中华人民共和国成立 50 周年大型文艺演出、南通濠河广场文艺演出。2002 年，

《丰收乐》参加南通市首届农民艺术节文艺调演。黎立作曲、王美萍编导的三人舞《淘米谣》,参加南通市首届民间舞比赛,获银奖,并获南通市首届校园艺术节特等奖。2003 年,黎立作曲的《绿之梦》,获省音乐舞蹈调演三等奖。2004 年,王美萍编导的舞蹈《摘葡萄》,参加中日韩少儿才艺大赛,获中国赛区优秀奖。2005 年,王美萍编舞的《无言的战友》《天竺少女》,获省十优。是年,王美萍参加全国第十届运动会开幕式少儿《迎宾舞》的编导排练,获省文化厅嘉奖。2006 年,王美萍编导排练的大型群舞《吉祥十三宝》,参加省第 16 届运动会开幕式群众文艺演出,获优秀节目奖。同年,黎立作曲的舞蹈《踩文蛤》,由南通市歌舞剧院排演,参加在朝鲜平壤举办的第 24 届国际文化艺术节,获演出金奖。

附 1. 器乐曲谱选

劝 君 杯

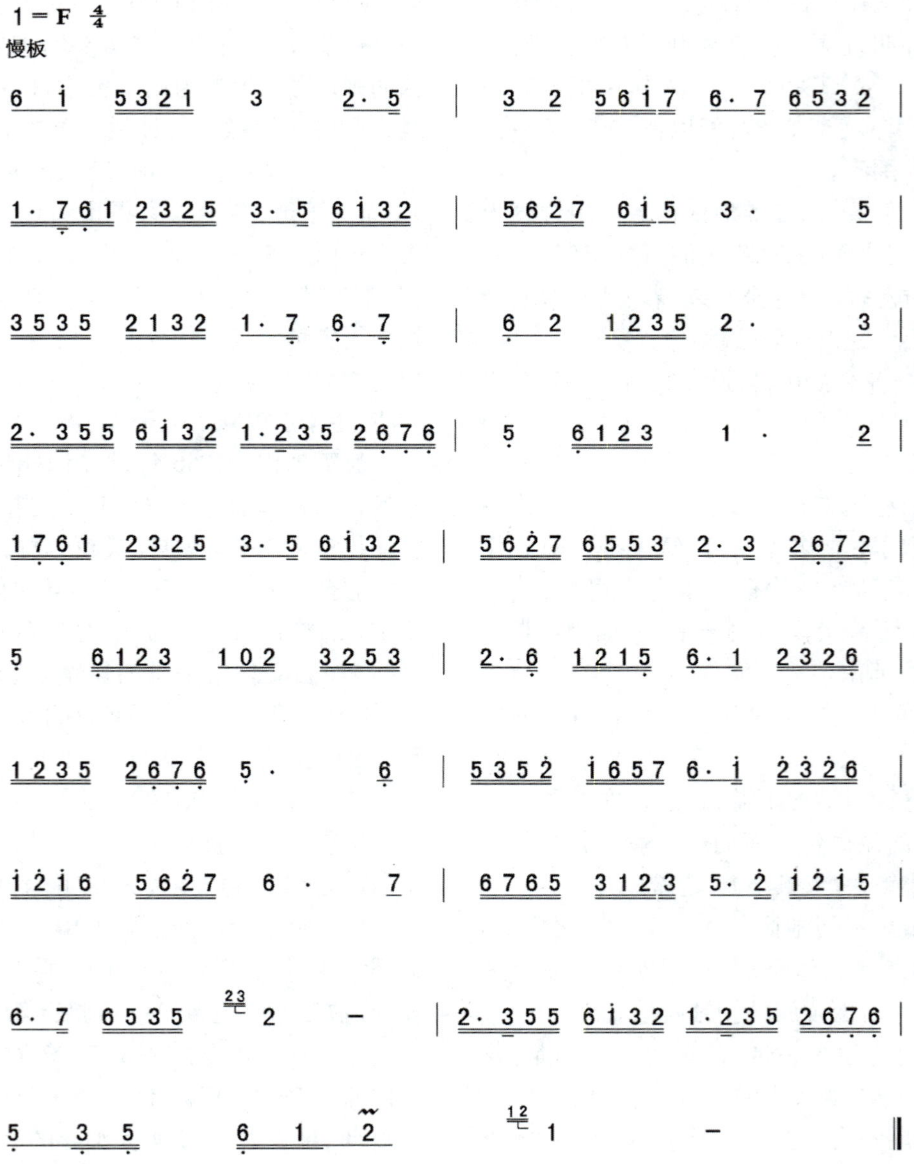

梁凤台 演奏

梁学平 陈卫平 崔立民 采录

附 2. 锣鼓谱选

新蝴蝶

卜卜 卜 卜卜 | 呛呛 呛 呛呛 | 卜当 呛 | 卜当 呛 | 卜当 卜 | 呛 呛 | 当卜 当 |

呛呛 呛呛 | 卜 呛 | 当 呛 | 卜 呛 | 当 呛 | 呛呛 一呛 | 一呛 呛 ‖

（注：卜——锣钹闷击。 呛——大锣等。 当——小锣。）

九龙戏珠

夹夹 一夹 | 一夹 夹 | 呛呛 一呛 | 一呛 呛 | 夹当 夹 | 呛 – |

夹当 夹 | 呛 呛 | 夹当 夹 | 呛呛 呛 | 夹当 夹 | 呛呛 呛呛 |

夹当 夹 | 呛呛 一呛 | 一呛 呛 | （回复时，由 5 记、4 记、3 记、2 记到 1 记） |

当当 夹当 | 呛 – | 当当 呛 | 夹 呛 ‖: 呛呛 一呛 | 一呛 呛 :‖

珍珠倒挂帘

夹夹 一夹 | 一夹 夹 | 呛呛 一呛 | 一呛 呛 ‖: 钋钋 当钋 | 当 – |

呛 – :‖ 钋钋 当钋 | 当 – | 呛 呛 | 钋钋 当钋 | 当 – |

呛呛 呛 | 钋钋 当钋 | 当 – | 呛呛 呛呛 | 钋钋 当钋 | 当 – |

呛 – | 当当 呛 | 夹 呛 ‖: 呛 呛 一 呛 | 一 呛 呛 :‖

（注：当——小锣 呛——大锣等 钋——大钹 一——板鼓 夹——手按锣面发声。）

第二章 文化设施

第一节 民众教育馆

民国5年(1916),在茅家镇文庙建通俗图书馆。民国8年,迁至狮山东侧。民国11年,改为通俗教育馆。民国18年,改称狮山民众教育馆第一院,并在西园设第二院。是年,在三阳镇东竹林寺建农民教育馆。民国19年,六匡镇创办民众教育馆。民国20年,余东民众教育馆创建,馆址余东东城魁星阁三楼。民国22年,两院合并,改称县第三民众教育区狮山民众教育馆。民国23年,六匡镇民众教育馆迁至常乐镇东市梢关帝庙戏楼。民国24年,三阳镇建县立农民教育馆。

民国27年,日本侵略军侵占海门,狮山民众教育馆停办。民国33年夏,伪海门县政府重办民众教育馆,设于伪县政府西隔壁。内设图书室、乒乓室,订报刊数份,不久停办。民国34年,恢复民众教育馆,先借用大同街前金陵春旧址,继而租赁新河沿前私立复兴初级小学校舍为馆舍,后向各界劝募集资修复旧址,开辟图书室、阅览室等,举办美术训练班、成人识字班、儿童识字班、义卖春联、书画展览、巡回演讲等。

第二节 文化馆 图书馆 艺术陈列馆

一、文化馆

1950年6月12日,县民众教育馆更名为县人民教育馆。1950年3月,人民教育馆迁至茅家镇徽州会馆,分设宣传、教育、康乐、总务4个股室,人员10人。1952年4月,更名为县文化馆。1953年8月,迁至县政府西侧。1954年3月,迁至茅家镇宁波会馆。1958年10月,创办文艺刊物《海门文艺》,翌年6月停办。1961年9月,《海门文艺》复刊,为庆祝中华人民共和国成立12周年出专刊。是年,县文化馆还油印《农村俱乐部材料》和《黑板报宣传材料》,下发到各文化站和农村大队俱乐部。1962年,为满足基层开展春节文艺宣传活动和乘凉晚会需要,每季为热衷于文艺创作的作者提供创作提纲,在夏、冬季初召开10－20人的业余文艺创作会议,举办公社文艺骨干培训班,公社再举办大队文艺骨干培训班。农闲或春节期间,所有大队都开展丰富多彩的文艺宣传活动。年底,县举办文艺交流会演。1964年,文化馆创作组梁学平等和南通文教局李秧赴余东公社河南大队蹲点,辅导文艺队,排练通东号子和表演唱《练好本领杀敌人》《打麦号子》及戏剧《老姐妹俩》等文艺节目,省文化厅领导观看演出。

"文化大革命"期间,县文化馆将《海门文艺》改名《为工农兵》。1967年,举办"红太阳"图片展览到各公社巡回展出。1968年10月,县文化馆活动停止。1970年7月,恢复活动,迁至工人俱乐部(现工人文化宫址)。

1972年,组织各类文艺培训,指导基层开展文化活动。除出刊《为工农兵》外,还编纂油印8开单页的《创作园地》,刊登创作提纲、改稿讨论,为业余作者提供交流平台。美术组除辅导美术培训外,还举办美术展览。1976年5月和11月,举办两期音乐创作培训班,编印两期《歌曲创作选》。1977年,举办小戏学习班,为山歌剧团培养一批年轻演员。8月,为公社文化站举办化妆培训班,印发相关资料。是年,将余东河南大队搜集的通东号子和海门山歌部分曲调编印成《海门民间音调选》,为民歌作者提供创作素材。1979年,复刊《海门文艺》,主要发表业余作者的小戏、曲艺、演唱、民间文学等作品，为群众文艺活动提供材料。嗣后与县文化局《文化工作简报》、文联《海门文苑》合并为《海门文化》。

1979年9月，县文化馆新大楼在解放东路奠基。1981年10月1日，落成对外开放，时任文化部部长的沈雁冰（茅盾）题写馆名。新馆建筑面积1700平方米，有游艺室、书场、康乐室、图书馆、电视室、美工室、排练厅、文物仓库等。1982年6月，举办全县歌曲和地方戏曲教唱培训班。1983年1月，举办小戏培训班。

1998年9月，县文化馆被评为省一级文化馆。

2000年农历正月初三，文化馆举办第一届迎新春推新人大赛，往后每年1届。2004年6月，被文化部命名为国家一级县（市）文化馆。2005年始，组织书画创作、海门山歌小戏创作、民族器乐3个专题，加强对业余作者辅导。同年，沈剑仲和梁东雷分别获省农民书画大赛和省群文干部书画大赛两项金奖。是年，举办第一届打工者之声歌咏比赛，为外地中青年务工人员创造展示自己才能的平台。至2008年举办4届。

二、图书馆

民国5年，在茅家镇文庙建通俗图书馆。民国8年，迁至狮山东侧。民国11年，改为通俗教育馆。民国18年，在茅家镇奎光阁建民众图书馆，有房屋3间，设阅览室、图书室、阅报室。次年，民众教育馆的图书并入图书馆。民国24年，民众图书馆并入民众教育馆。

民国18年，在坝头镇开办第一民众图书馆。民国19年，在长兴镇成立第二民众图书馆。民国22年7月，这两个民众图书馆停办。

1958年7月，县图书馆建立，馆址茅家镇寿丰桥西侧三合院，有房屋7间，面积200平方米，图书2000余册，后将县工人俱乐部近万册藏书并入。1960年，已故海门籍藏书家周雁石家属捐赠古书画20余箱，作为县图书馆馆藏。1961年下半年，图书馆并入县文化馆。“文化大革命”期间，迁海门镇解放路，房屋2间，面积约200平方米，设报刊阅览室和成人外借室。1977年12月，县图书馆恢复，与县文化馆合一。1981年10月，文化馆新大楼落成，其中图书馆使用面积300平方米，设借书室、阅览室、少儿阅览室、藏书库。对藏书目录重新分类编号，方便对外借阅，并对基层图书管理员进行培训。至1990年，有藏书8.6万册。其中，古籍4600册，报刊320种，设有5个流动书箱作为下乡流动，年图书流通12.46万人次，当年借阅读者近3万人次。

1991年10月，县图书馆新馆落成，地址文化馆东侧，建筑面积1800多平方米。设采编室、成人外借室、报刊室、少儿室、科技阅览室等，藏书10万册。年均采购新书8000余册，新书利用率75%以上。音像读物300余部，订阅各类报刊400余种，年接待读者16万人次，借阅图书12万册次。1997年12月，创办苏北第一家电子阅览室，实现机读和互联网信息服务。1999年10月，海门图书馆被文化部授予一级县（市）图书馆称号。

图28－3　县图书馆新馆落成　（1991年摄）

2002年7月，《信息摘编》获省第二届公共图书馆优秀服务成果一等奖；《为摄制〈精品回放〉电视片提供专题服务》获三等奖。2003年4月，第八届中国海门金花节期间，举办当代十大名家水墨画精品展，展出画家赵绪成、朱道平、范扬等8位画家的人物、山水、花鸟画作品40余件。山水画家朱道平等4位画家亲临开幕式，并与市书画作者进行书画笔会。2003－2005年，连续3年被评为省文明图书馆。

2005年6月，全国公共图书馆第三次评估定级，被评为一级图书馆。是年始，参与市一年一度的读书节活动。在省“红领巾”演讲征文比赛、南通市母子读书会活动中屡获佳绩。多次接待全市中、小学学生及幼儿园小朋友到馆参观，培养孩子们的读书兴趣。开辟“新书架”“读书园”等阵地，开展读书宣传和指导活动。开展乡镇、村图书馆(室)业务辅导,配合市文化工作先进乡镇和“农家书屋”评比创建工作。在各乡镇文化站、省级文明社区、村及驻海部队建立图书借阅点,利用流动书箱开展送书(光盘)活动。2008年,添置《四库全书》全套,增加馆藏精品图书量。是年,累计藏书30.5万册。图书馆有干部职工17人。其中,副高级职称3人、中级职称10人。

三、艺术陈列馆

2003年,由市政协、市委宣传部、市文化局联合发起,成立以国家一级美术师、中国美术家协会会员、江苏省国画特聘画师张正忠名字命名的艺术陈列馆。指在对田园、山水画作品进行收藏、展示,对田园山水画理论开展研讨。2004年3月,张正忠艺术陈列馆开馆,由中国美术家协会顾问王琦题写馆名。陈列馆址在市区静海路142号,展厅面积200平方米,是市首个陈列个人绘画作品的艺术馆,系民办非营利性法人单位。陈列馆常年对外免费开放,接待全国各地业内外人士参观,是海门的文化景点之一。

第三节 书 店

一、民国时期书店

茅家镇私营书店 民国8年(1919),茅家镇出现多家私营书店。主要有云程阁、同新茂等,地点在大同街中段,经营纸张、文化用品,亦代办教科书,不久关门。民国14年,办狮山书社,专门代办教科书,一年后关闭。民国15年,施祥茂书店、公和书店开业,1953年公私合营时歇业。

金星书店 民国18年夏,陆克等在茅家镇羊园角南头高隆吉香店出售进步书刊,名为金星书店。该店陈设简陋,经销《向导》《共产主义ABC》《中国青年》《学灯汇刊》等数十种书籍,营业清淡。民国20年4月,为海门县委秘密机关,是共产党地下活动的联络点,被国民党当局查封。

东南书店 民国37年12月,华中新华书店在海复镇成立东南书店,统辖海、启地区图书发行。不久,在江家镇和聚星镇两地设分销处,负责海门县解放区图书、报刊发行。民国38年1月,随着启海地区的全部解放,东南书店一分为二,成立海门支店和启东支店。4月,成为苏北新华书店支店。

世界书局 民国26年,在茅家镇大同街开业,经营各类图书、纸张、文化用品、代办教科书,兼营印刷,楼下门市楼上办公室及印刷工场。店面房4间,面积114平方米,库、厂房8间200平方米。1949年,世界书局门市部关闭,印刷业务继续开展。1956年公私合营时,设备、人员并入海门印刷厂,原有房屋转给新华书店。

二、新中国时期书店

新华书店 1949年,苏北新华书店海门支店改为新华书店海门支店,在原世界书局门市部(大同街)开业,担负全县各类图书的征订发行任务。店址茅家镇大同街180号,店面房屋4间,面积114平方米。同年,海门支店在三阳、麒麟、三厂、汇通、四甲、包场区公所所在地开业,各店配备发行员1人。1954年,支店在三厂镇设立门市部,余东、三阳、麒麟、四甲等地设发行点(后扩展为门市部)。1958年8月31日,省新华书店海门支店改称县新华书店。1972年,中心门市迁入海门镇解放中路18号,店面房屋5间250平方米,库房96平方米。1979年4月,在解放中路31号筹建营业大楼。1981年4月竣工,建筑面积1500平方米,同年迁入新大楼营业。

1984年10月,在海门镇解放路开设县新华书店科教文门市部,系全县第一家专营录音磁带等有声读物以及收录机、计算器等科教文化用品的商店。1988年,发展副业,在大同街老门市部建办海门新华综合经营部(后更名为新华商场),面积100平方米,主要经营日用百货、五金家电、服装等。1990年1月,在海门镇西郊创办县工艺鞋厂。1992年,在海门镇西郊新建仓库。1995年,在市区解放东路358号开设二门市部。1996年,鞋厂停业。1998年9月,在海门镇江海路开设教育门市部。

2001年,新华商场停业,新华书店出资进行改造。2002年,中心门市部迁入。是年12月,应海门读书节组委会之邀,张海迪到海门签名售书。2003年11月,开设农工商门市部。2004年12月,全省新华书店系统统一改制,由经营性文化事业单位改制为企业,隶属关系不变。

2004－2005年,被省新闻出版局授予双优诚信书店称号。2006年,被评为全省新闻出版系统先进集体。2008年2月,在海门镇北海路征地3330平方米兴建储运中心,总建筑面积3960平方米。是年,销售总额8050万元,总资产5329万元。中心门市部有员工30人,配备书架370个,货架60个,陈列图书品种4.5万余种,音像制品1.5万余种。

至2008年,新华书店设有二门市部、东洲小学校园书店等12个下伸门市网点,担负全市教科书、各类图书、图片征订发行业务。承担图书批发、门市供应、送书下乡、图书展销等销售方式,组织开展多种形式的读书活动,开办读者俱乐部,配合市"农家书香"工程,直接服务"三农"活动。先后举办四届读书节,邀请叶辛、苏童、叶兆言等作家,到海门参加签名售书活动。

图28－4　新华书店　（2008年摄）

2008年海门市新华书店下伸网点一览

表28－1

网点名称	地　址	类型	营业面积（平方米）	出版物品种	书架（只）	年销售额（万元）
二门市部	海门镇解放东路	教育	150	图书8000余种	40	209
农工商门市部	海门镇解放中路	综合特价	100	图书6000种、音像出版物1000种	65	104
天补书店	天补镇振兴路	综合	145	图书8000种、音像出版物800种	40	841
悦来书店	悦来镇复兴路	综合	80	图书6000种	40	698
余东书店	余东镇朝阳路	综合	150	图书6000种	30	350
包场书店	包场镇人民中路	综合	100	图书6000种	40	815
三厂书店	三厂镇中华路	综合	120	图书6000种	40	828
四甲书店	四甲镇掘青公路	综合	70	图书6000种	25	862
海实校园书店	海门镇实验中学内	教育	42	图书1500种	25	10
东洲小学校园书店	海门镇东洲小学校园内	教育	50	图书1200种	23	5
四甲中学校园书店	四甲镇四甲中学内	教育	40	图书1600种	26	15
包场中学校园书店	包场镇包场中学校园内	教育	55	图书1500种	20	7

供销社书店　1953年,新华书店与基层供销社建立季节性图书、年画、历书代销业务。1955年,转为常年经销、代销图书、年画、历书业务,陈列图书、图片品种200－1000种,一直到20世纪80年代供销社关闭百货、文具门市部为止。

文化站书店　1982年9月,全县发展一批文化站、图书代销点。90年代末,因个体书店逐步发展,文化站不再经营售书业务。

个体书店、书摊　解放后,出现个体书摊。较有名气的凤凰桥代销处,业主王冰创造一套流动供应方法,得到华东新华书店表彰。1955年,取消个体书店。1981年,个体书店逐步发展,规模较大的个体书店有六甲镇罗绍林书亭、包场镇李林儿书店、余东镇恒隆书店、市区南通书店和一道泉书店等。至2008年,全市民营书店、个体书店计180个。

第四节 电影院 电影队 电影公司

一、电影院

海门电影院 1958年10月建立,借用海门烈士馆一楼大厅放映。1980年7月,借人民体育场灯光球场放映。1984年10月,在解放东路建成海门电影院,上下两层,设有软席翻椅1000张,备有35毫米放映机2台。1985年夏,安装冷暖气设备。1990年,放映收入30.4万元。2001年,电影院改建迪斯科舞厅。2003年4月体制改革,拍卖给市三星房地产开发公司。2006年,海门电影院拆除。

图28-5 海门电影院 (2006年摄)

工人电影院 1980年建,占地面积1000平方米,次年9月对外开放,为工人文化宫的主要设施。并用作会场和中小型文艺演出,安装地风扇,有软硬席翻背椅1000张。院内开设歌舞厅、游戏厅、图书馆等。1990年,有固定放映机2台、流动放映机1台。每天放映7场,每月安排6-7部影片上映,年放映收入37万元。至2008年,3次被评为市文明单位。

乡镇电影院 20世纪70年代,各公社、镇相继建影剧院,以放电影为主兼作剧场、会场。1990年,全县有乡镇影剧院18个。进入21世纪后,随着电视机,电脑的普及,买票看电影逐渐淡出人们视线。2008年,全市有乡镇影剧院11个,但大多移作他用。

银座娱乐城 1993年10月,由电影公司自筹资金建成,为多功能娱乐场所,建有电影放映厅、多功能娱乐厅(录像放映厅)、歌舞厅、电子游戏房、桌球房、经营部以及餐饮部等设施。2003年,海门电影公司改制,银座娱乐城转让给市三星房地产开发公司移作他用。2006年,拆除改造。

二、电影队

民国2年(1913)2月,海门首次在同善堂放电影。1951年下半年,筹建县电影队,有日本产35毫米皮包式电影放映机1部。1952年6月,第三纺织公司(大生三厂)购进联邦德国产地弗来16毫米电影放映机1部。9月,县电影队建立。1953年4月,县电影队归省电影队领导。1953年、1954年,分别建县电影一队、二队。1955年10月,建有电影队4个。1956年4月,撤销省统一编号,分别编为县电影放映一、二、三、四队。

1958年10月,东兴公社首建电影队,因资金不足,是年11月由国家折价收回。1960年3月,公办电影队发展到8个。1962年,撤销1个。1966-1968年发展到12个。1970年3月,大新公社建电影队。翌年,王浩、瑞祥、东兴、临江、海洪、正余、海洋渔业公社和永隆沙农场相继建立电影队。1976年10月,34个公社全部建立电影队。社办电影队发展,县办电影队陆续撤销。1990年,全县有乡镇电影队14个。2008年,全市有乡镇电影队22个。

三、电影发行放映公司

1964年,建县电影管理站。1987年3月改为县电影发行放映公司,全民事业单位,自负盈亏,主管全县影片发行放映业务。

1990年9月12-22日,电影公司举办海门电影节。上海电影界导演吴贻弓以及中青年演员舒适、赵焕章等应邀出席开幕式,演员深入通棉三厂和工人座谈交流。电影节期间,全县影剧院分别放映《妈妈,再爱我一次》《爱情火辣辣》《风云再起》《妙手千金》等特供片。

1991年10月8-31日,影片《周恩来》在海门电影院举行首映式。全县12个影院共放映186场,观众12.2万人次，平均上座率80%以上，县电影评论协会收到影评稿600多件。

1996年9月30日，县电影公司举办孙道临革命传统题材影片回顾展，分别在海门电影院、人民大剧院、工人文化宫电影院上映。表演艺术家孙道临、上海电影制片厂导演江平等一行5人应邀出席开幕式和见面会。回顾展期间，全市城乡影剧院放映由孙道临主演的映片《永不消逝的电波》《渡江侦察记》《革命家庭》《雷雨》《一盘没有下完的棋》等革命传统影片共280场次，观众20万人次。

1998年4月，市电影发行放映公司被省授予创优达标先进单位称号。是年，放映《泰坦尼克号》，单片放映收入21万元，当年放映收入70万元，创海门放映收入最高纪录。

1999年6－10月，市电影公司举办农民电影节，在农村放映2382场次，观众70万余人次。2001年，组织《宇宙与人》《巫婆的骗术》等科教片在各乡镇放映。庆祝建党80周年活动中，组织革命传统教育影展。电影放映收入58.5万元。2002年4月1日，举行影片《真情三人行》首映式。中国文联电影家协会副主席、表演艺术家奚美娟，上影集团副总裁、《真情三人行》导演江平，表演艺术家郑敏芝、徐茂林，演员周笑莉以及剧组主创人员到场与观众见面，上千名观众参加首映式并观看影片。

2003年，海门电影发行放映公司改制转企，人员分流安置，公司资产转让给市三星房地产开发公司。市文化局履行电影发行放映管理职能。2004年，成立市海影电影发行放映公司（股份制企业），负责全市电影发行、管理工作。

2006年，按照市委、市政府送电影下乡活动要求，公司负责每村每年1场电影，计246场，各乡镇下达每村每年11场放电影指标，计2706场。2008年，送电影下乡8800多场次，市区由人民大剧院及工人文化宫专业放映电影。

第五节　戏楼　剧场　书场

一、戏楼（戏台、草台）

草台　草台亦称村台。清咸丰、同治年间（1851－1874），昆曲、京徽剧种传入海门，每年都有几台村戏在茅家镇、三阳、余东等集镇演出。舞台用毛竹、木棍搭成，台高2－3米，台面约10－25平方米，台后悬挂一幅蓝布或红布作大天幕。前台两幅大幕，二人配合启闭。台下四周围着丈把高的篷布或网络，围口设收票处。观众自带凳子入场看戏。清末民初，这类草台十分普遍。

戏楼　明清时期，境内有庙台戏楼6处，为民间祈求神灵保佑，演戏而集资兴建。戏楼大多建在神庙山门之上，坐南朝北，面对大殿诸神，观众看戏只能站立或自带凳子在庙场看戏。

余东镇万年台　明洪武二十五年（1392），建造。清乾隆二年（1737）、民国16年（1927），重新修建。万年台在余东城隍庙前，戏台为单檐歇山楼阁式建筑，上有“风调雨顺五谷丰登，国泰民安歌舞升平”楹联。戏台对面两侧各有看台。庙场可容纳千余人。民国18年，毁于战火。

六甲镇万年台　明末清初，建于六甲镇城隍庙前。台上有明正德皇帝题写的匾额。民国32年，被日军捣毁。

常乐镇戏台　清嘉庆二年（1797），建造。道光二十一年（1841），重修。台址常乐镇关帝庙，戏台两侧有张謇题写的“钟鼓之声管籥之音不若与众，来日大难今日相乐皆当喜欢”的楹联。民国23年，戏楼改为民众教育馆。民国25年，连同关帝庙改为张公故里祠堂。“文化大革命”期间，被拆。

长兴镇戏楼　清代建造，规模同常乐镇戏台相似。辛亥革命后，改为小学。民国18年，毁于战火。

茅家镇城隍庙戏楼　清嘉庆九年建造，可供20多人的戏班演出。1958年，被拆。

茅家镇天后宫戏台　何时建，无考。天后宫（亦称娘娘庙），即宁波会馆大厅，戏台仅容10人可供清唱演奏。1968年，被拆除。

二、剧场（戏院）

茅家镇俱乐部剧场　地址在城隍庙西南（今酱厂路南）。民国10年9月13日开演。民国12年5月，停演。民国13年8月，恢复演出。民国16年歇业，剧场改为居民住宅和尼姑庵。

星海戏院　由茅家镇工商联合会借茅家镇大同街东道生店屋改建。1950年初落成，2月公演，可容纳观众400余人。1953年，关闭。

人民大剧院　1953年，在七案紧河旁（今解放路、江海路交汇处）筹建新海剧场。翌年10月1日公演，有座位880个。1970年11月，新海剧场拆除，在县城七一桥东侧建人民剧场。1972年春节落成，建筑面积1200平方米，分楼座、厅座，观众席1239个。1976年，安装35毫米放映机2台，影、剧两用，亦作大型会场。1990年，演出收入4.5万元，放映收入17.7万元。1999年，市投资1600万元重建，更名为人民大剧院，由书法家启功题写院名。建筑面积1.07万平方米，主会场设有座位1380个，另有多个配套文化活动场所，可举办音乐会、展览会和作大型会议之用，集影剧、会务、商贸、休闲为一体。2003年，由全民事业单位改为企业，承包经营。2008年，人民大剧院归山歌剧团管理。

三厂影剧院　1950年1月，在扶海小学校门东侧兴建私营三厂大戏院。次年1月落成。坐南朝北，竹木结构，稻草屋顶，芦笆墙壁，竹子围墙，由长木板木桩连成的座位450多个。1956年，县供销社在戏院西边广场建造三厂剧院，旧戏院改为演员宿舍。新剧场坐南向北，砖木结构，规模较原戏院大1倍。1977年后，剧场以放电影为主。1982年2月，县电影管理站在三厂剧场原址翻建新剧场。1984年1月，竣工，改名为三厂影剧场。1990年，建筑面积1120平方米，座位792个，有35毫米5501型松江放映机2台。2003年拍卖，改作他用。

天补戏院　1951年，建于天补镇张顺祥布庄客堂，室内搭台，室外看戏，可容纳观众千余人。1952年，在布庄前建草棚戏院，竹木结构，稻草盖顶，观众自带凳子。1955年，在草棚戏院基础上翻建天补戏院，座位400多个。1956年，戏院停演。1958年，改作仓库。嗣后，原苎麻仓库改建成天补礼堂，作会议、演戏、放映等多种用途，有座位700多个。后因年久失修，不再使用。

三和戏院　1952年10月建造，戏院屋架和围墙均为毛竹结构，设1000个板凳座位。1956年7月，遭龙卷风袭击倾塌而拆除。

三阳戏院　1953年建造，坐落在三阳镇老街，竹木结构，稻草盖顶，设竹片座位1000个。1954年2月，戏院拆迁至公路北侧，结构、座位等与原来相仿，有木板座位1000多个。1976年，剧场改木板凳为翻板椅，座位912个。1985年后移作他用。

余东剧场　1954年下半年兴建，地址在余东镇西后街原典当旧址，有座位886个。1985年，因年久失修，停止使用。

三、书场

清代中叶，海门有评话和钹子说书人，在茶馆和路头小店设座卖唱。光绪年间（1875－1908），苏州评弹艺人流入，厅署衙门（今烈士陵园）前两侧的东胜园、西胜园、灵桥茶馆，最早办起茶园书场。民国27年日本侵略军入侵海门前，茶园书场遍及茅家镇，有关帝庙后的脚板茶馆、月华桥、向阳楼，石桥西的德新兴楼、集贤楼、第一村、新福楼，城隍庙前的北新楼、茶场楼等。其间，三厂、三阳、常乐等集镇也出现茶园书场。日军侵占海门后，书场大多关闭，艺人星散改行。

解放后，外流艺人返籍重操旧业。1952年，海门评弹研究会成立，有会员30多人。1955年，县境内登记的私营书场26个。1956年，部分书场公私合营，由当地饭店经营，其余关闭。1957年，在茅家镇宁波会馆东进庭院内创办文化馆书场。1958年后，成为县评弹团的活动基地，有座位100多个，常年对外开放。“文化大革命”期间，书场全部关闭。

1980年起，县内又兴办书场。1981年，在县文化馆重开书场，设有座位100多个。1985年，全县登记发证的书场有县文化馆、三厂、三和、汤家、平山、天补、三星、叠石桥、三阳饭店，另有平山、万年的个体户书场各1个。1990年，听众减少，各乡镇书场相继歇业。2000年后，一些乡村和社区建立文化活动中心，亦设有书场，聘请外地艺人说唱。

第三章　文化团体

第一节　专业表演团体

一、海门县同乐京剧团

清代末年，六甲镇创办张洪福草台班。民国8年(1919)，张洪福3个儿子在上海大舞台当班底。民国26年，淞沪抗战爆发，张二、张三兄弟回乡，联络原草台班人员，在六甲镇组建同乐戏班。1952年，张二、张三分成两个戏班。1956年6月，在茅家镇办理登记手续，称海门县同乐京剧团。1958年3月，落户如东，更名为如东县京剧团。

二、海门山歌剧团

1958年8月，以茅家镇业余剧团为主，吸收长兴、天补等镇的文艺骨干18人，成立海门山歌剧团。建团后，先后移植《星星之火》《苦菜花》《红松林》等剧目上演。山歌剧团主要演员刘季芳代表剧团出席江苏省文教群笑会。主要在海门、启东一带巡回演出，上演剧目以反映农村生活的现代戏为主。9月，在南通为刘少奇和夫人王光美演出移植剧目《夫妻双回门》。11月，海门山歌剧团晋京演出，受到党和国家领导人接见。12月，剧团创作的小戏《瞎公公看会》，参加省第二届戏曲观摩会。20世纪60年代初，移植改编剧本演出《半把剪刀》《刘三姐》《海滨歼敌记》《江姐》等剧目，演出范围扩大至整个南通地区。1964年2月，赴上海、浙江等地演出，并为解放军东海舰队慰问演出，受到东海舰队司令员陶勇接见。1964年7月，排演创作大型山歌剧《银花姑娘》，参加省现代戏观摩演出。1966年，“文化大革命”开始后，剧团改名为革命山歌文工团，以唱语录歌、样板戏为主。

1977年，赴上海、大丰、苏州等地区演出。剧团乐队以锣鼓、二胡、竹笛作为主乐后逐步增加扬琴、琵琶、弦子及黑管、长号、电子琴等西洋乐器。1978年，恢复山歌剧团并渐趋繁荣，先后演出《佘丽娜之死》《唐伯虎与沈九娘》《俩媳妇》《古宫奇冤》等自编剧目。1977－1980年，剧团3次到上海演出，《佘丽娜之死》在省现代观摩演出中获三等奖。1989年6月，中央电视台、江苏电视台到海门拍摄山歌剧《淘米记》。至1990年，演出剧目200多个，其中创作(含改编)剧目占20%，移植剧目占80%。较有代表性的剧目有《淘米记》《采桃》《银花姑娘》《俩媳妇》《佘丽娜之死》《唐伯虎与沈九娘》等，其中剧本《唐伯虎与沈九娘》剧本被黄梅戏、花鼓戏、潮剧等移植。是年，有演职员52人。

1993年12月，山歌剧《青龙角》参加省首届戏剧节演出。1996年，进京演出，得到文化部领导和专家好评，中央电视台、《人民日报》等新闻媒体作全面报道。1999年，创作排演山歌剧《砌房风波》，参加省司法系统文艺调演，获演出二等奖。

2000年，山歌剧《匿名信》参加南通市反腐倡廉文艺调演，获一等奖。同年，排演大型山歌剧《花季风雨》。2001年，该剧巡演30场。2002年10月，以反映常乐镇培育村党支书叶剑生先进事迹的六场山歌剧《田园的梦》上演。12月，应中国艺术研究院邀请，现代海门山歌剧《献给妈妈的歌》，在北京民族文化宫演出。全国人大常委会副委员长王光英以及有关部门领导、专家、学者观看演出。是年，山歌剧《淘米记》《俩媳妇》在中国(杭州)“城隍阁杯”民间戏曲折子戏邀请赛中，分获银奖和优秀节目奖。2004年，《青龙角》获南通市政府文学二等奖。山歌剧《献给妈妈的歌》赴京演出，受到观众好评，首都艺术界人士称其为“中国式”音乐剧。

2005年，山歌剧《采桃》，在第三届博兴国际小戏艺术节演出获优秀剧目奖。海门山歌剧被文化部乡土艺术协会授予中国民族文化优秀品牌，中央电视台、山东卫视等多次以专题片的形式介绍海门山歌及海门山歌剧团的发展情况。是年，新吸收团员10人。2007年，山歌剧《采桃》（选曲）获省第三届戏曲红梅奖银奖。

2008年，山歌剧团创作演出《大任返乡记》《喜看两路新面貌》《跳财神》《江海对歌》等系列文艺节目，全年送戏下乡40多场。是年6月，国务院公布第二批国家级非物质文化遗产保护名录，海门山歌名列其中。11月，山歌表演唱《江波海浪歌对歌》，作为南通唯一入选节目参加文化部举办的中国首届农民文艺会演，获“丰收奖”。同月，海门被文化部命名为中国民间文化艺术之乡。是年，山歌剧团有演职人员32人。

三、海门市评弹团

1950年11月，成立县评弹工作者协会，为苏北地区第一个评弹艺人组织，会员24人。1952年1月，改称海门评弹研究会，有会员30余人。1954年1月，改名为评弹改进协会，外籍评弹艺人均自谋生路。3月，成立评弹实验小组。1958年5月1日，成立县评弹团，有团员17人。1959年、1962年，吸收两批青年学员30多人。评弹团主要演唱《双金花》《双珠凤》《十美图》等传统书目。1964年10月后，现代题材取代传统书目，主要有《羊城暗哨》《红岩》《林海雪原》等，并配合形势创作弹词开篇和短篇评弹。1968年7月，评弹团解散。1979年4月，刘振鸿等4名演员组成评弹演唱小组，由县文化馆代管。1981年3月，重建县评弹团，恢复演唱传统书目，同时改编、创作短篇现代书目，如《香港漂流记》《盼夫记》等。1990年，县评弹团有演职员13人。2003年，市评弹团与海门山歌剧团合并，除2人入海门山歌剧团外，其余评弹艺人自行谋生。

四、海门县越剧团

1955年5月，成立姊妹越剧团和新三庆越剧团。姊妹越剧团擅长武功戏，主要剧目有《独木关》《三气周瑜》《薛平贵别窑》；新三庆越剧团擅长文戏，尤其是悲剧，主要剧目有《李慧娘》《梁祝》《王千斤祭夫》《玉连环》等。1958年3月，如东春风越剧团并入新三庆越剧团，吸纳部分解散的原如东县越剧团成员。5月，县文教局对所属越剧团进行整顿，组建海门越剧一团、二团。6月，越剧一团、二团合办戏曲学校，在县境范围内招收一个班新学员28人，进行培训。1959年7月，戏曲学校组成青年演出队，到农村巡回演出。1960年6月，青年演出队并入剧团，戏曲学校随之解散。1964年，一团、二团主要演出传统戏《梁祝》《红楼梦》《玉堂春》《三滴血》等。以后演出现代戏《要塞讯雷》《洪湖赤卫队》《红色的种子》等20余部，同时创作《雷锋》《新任记工员》《江口怒潮》等，共有剧本70余部。1966年10月，一团、二团合并为县越剧团。1967年9月，越剧团解散。1979年，原越剧团部分演员自行集资3000余元，组织40多人重新开始演出活动。1981年1月，重建县越剧团。1986年，越剧团再度解散。

五、海门县木偶剧团

1958年5月，成立县木偶剧团，由班主经营，自负盈亏，后改为集体所有制。剧团自备活动小舞台，在农村演出传统戏和越剧片断。原名团结木偶剧团，为民间职业团体，班主邱荣才，演职员10多人，大多是邱氏家属子女。1958年7月解散。

六、海门县杂技团

1957年4月，新荣杂技团在海门办理登记手续。1958年5月，改名为县杂技团。1965年5月，并入如皋县杂技团。

七、海门县飞车走壁团

1957年11月成立，集体所有制性质，演职员14人。先后在江苏、安徽、山东、河南等省演出。1963年解散。

第二节 业余表演团体

一、六甲青年业余剧团

民国34年（1945）成立，为县内最早的群众业余文艺团体，演职员10余人。民国36年1月，国民党军队占领六甲，剧团停止活动。翌年2月，剧团再次组建，定名为六甲青年业余演出队，演职员20余人。1949年，改为六甲青年业余剧团，发展到30多人。1956年,剧团解散。曾演出《枯井沉冤》《小二黑结婚》《锁不住的人》等剧目。

二、中兴业余剧团

1950年组建,主要由中兴镇(今属三厂镇)及其附近工商业人员和乡镇干部组成,盛时有演职员40多人。剧团曾得到驻在中兴镇的解放军102师政治部文工团的支持,排演《王贵与李香香》《刘胡兰》《活菩萨》等戏及《兄妹开荒》《夫妻识字》《抗美援朝》等歌舞曲艺节目。1955年,首演山歌剧《摇船郎》。1957年解散。

三、茅镇业余剧团

20世纪50年代初,始有茅镇业余剧团,在县文化馆每周举行一两场文艺晚会,并经常在县直机关、企事业单位宣传演出。剧目有沪剧《漳河湾》《应征前夕》等,成为县内最有影响的业余剧团。1957年3月,排演山歌剧《淘米记》赴京参加全国民间歌舞演出。1958年8月解散,部分演员加入新成立的海门山歌剧团。

四、三厂镇百花业余剧团

1950年10月,三厂镇建立文艺小组。1957年10月,三厂镇和青龙港镇联合成立三厂镇百花业余剧团。1958年,厂洪公社业余剧团并入。演出剧种以话剧为主,有锡剧、山歌剧、越剧、沪剧等。演出《汉江月》《血泪仇》《民主万岁》等剧目和《采茶》《荡湖船》等歌舞节目,到邻近的汤家、麒麟、常乐等乡镇演出。1959年解散。

五、笑林滑稽剧团

1985年1月成立。由三阳乡人陈穆创办,成员主要是悦来区各乡业余文艺骨干,另聘请上海、启东和县内剧团6名专业演职员,共20人。排演大型滑稽戏《团团转》《阿混新传》《外国娘舅》等。除在县内演出外,还到启东、南通、如东、昆山等地演出。1985年底解散。

六、海门市社区艺术团

属海门镇文化站。1999年,由十几名下岗、退休的民歌爱好者自发组团。吹拉弹唱,自编自演。2002年4月,成立市社区艺术团。艺术团自创作品百余件,其中舞蹈《旗正飘飘》、表演唱《社区盛开文明花》、海门山歌《好人总有好报》、歌舞《声声山歌颂家乡》、小品《马洪亮探亲》,参加南通市文艺调演并获奖。在南通市反腐倡廉文艺调演中,歌曲《凝视着你的背影》获创作一等奖。2008年,艺术团发展到70多人,形成创作、歌舞、声乐、曲艺、体操、腰鼓、器乐等7支队伍。除参加市内外各种文艺调演外,每年深入农村、学校、社区、企业以及乡镇演出50多场次。

七、海门市红十字艺术团

2001年秋成立,有演职员21人。演职人员自制演出服装、道具,利用晚上、晨练等业余时间编排节目。2002年春节前夕,到市敬老院慰问演出。是年初夏,编排表演唱《农家老太也潇洒》,参加南通市首届老年文艺演出获一等奖;舞蹈《迎春》获二等奖。同年,由市文化局推荐参加南通市百家乡镇会演,获创作一等奖。2003年9月30日,代表南通参加全国五星工程大奖赛演出。是年,受市公安局、市科协、市建设局、市广电局等单位邀请演出。2004年5月,参加市总工会组织的"五月放歌"文艺会演,表演唱《观灯》、群口说唱《无偿献血就是好》获三等奖。8月,参加市首届艺术节演出,《农家老太也潇洒》获特别奖;舞蹈《春风里阳光下》获二等奖。是年,《回乡》《连心桥》等优秀节目参加南通市文艺会演,均获一等奖。红十字艺术团被评为南通市特色文化团体。2006－2007年,山歌说唱《回乡》、越剧开篇《我把美酒献给你》参加市春节团拜会演出。2008年,获南通"濠滨夏夜"文艺会演一等奖。至2008年,艺术团深入社区、农村、厂矿、企业、军营、边防、哨所等,演出400余场次。

八、海门市老科协宣传文化分会青山艺术团

2002年6月成立,有演员20多人,平均年龄65岁。自编自导,自制服装,自备音响。演出形式有独唱、合唱、表演唱、舞蹈、小品、戏曲等。艺术团参加南通市老科协系统文艺调演,为滨海新区、海永乡等巡回专场演出,多次受到海门市、南通市有关部门的奖励和表彰。还与通州区二甲演出队结为友好团队,联袂演出。至2008年,共创作、排练和演出65个节目、124场次,观众11万余人。

九、海门市金秋艺术团

2004年4月成立，隶属市委老干部局、市老年大学的群众性业余文艺团体。该团编排《万众一心战震灾》《五星红旗迎奥运》等节目，多次获奖。2005年，男声小组唱《游击队之歌》《绣红旗》分获市“亚萍杯”经典老歌大奖赛二、三等奖，徐哲获全国笛子大赛第三名。2006年，舞蹈《望山城》《中国永远收获着希望》，获“海门之夏”优秀节目奖。至2008年，有团员26人，多次参加“海门之夏”广场文艺演出，并组织小分队深入到社区、学校、乡村，共演出50多场次。

十、三厂新东社区艺术团

2001年7月成立。2003年，《拉网号子》获市社区文艺会演一等奖；舞蹈《军歌表演》和独舞《天堂》获二等奖。2004年，舞蹈《创业之歌》获市文艺会演二等奖。2005年，小品《退休以后》获省“社保情”文艺会演优秀剧目奖；小品《人财两空》获市笑星比赛二等奖。2006年，《八荣八耻伴人生》获“海门之夏”文艺晚会优秀奖。2007－2008年，到各镇村（居）演出112场，观众13万人次。创作的音乐梦幻剧《妈妈，我要跟你回家》，获省司法厅颁发的法制文艺作品优秀奖。

十一、刘浩镇常春艺术协会

2002年5月，由20多人组团，经常在农民公园、村、企业及包场地区演出。创作节目有通东号子《刘浩人民奔小康》《渔歌号子》《爷爷奶奶看大戏》等，其中《刘浩人民奔小康》获市首届社区艺术节文艺会演一等奖、南通市第二届社区艺术节文艺会演三等奖。2006年，组建刘浩镇常春社区艺术协会，会员覆盖面扩展到企业老总、个体经营户、退休职工等，年龄层次由中年拓展到老年和青年。活动内容，从原来单纯的文艺演出发展到科普宣传、电影放映、体育竞技、科学健身等。2007年，组织机关干部、企事业单位职工、个体经营户、社会青年等参加职工歌曲大奖赛，举办“金秋之夜”文体沙龙系列活动。2008年，将收集的民间文学编印成《通东民间艺术荟萃》。

十二、海门广云民乐团

2005年5月，由市江滨化工二厂和江滨砖瓦厂组建，演员23人。配备定音鼓、排鼓、大提琴等乐器，有活动室面积150平方米。7月，配合市共产党员先进性教育活动演出，获得好评。至2008年，先后在东洲公园、文化广场、光华大酒店、社区街道、永隆沙、南通开发区等地演出20多场。

十三、民间乐队

七八十年代，乡镇都有许多支民间自发组织的器乐演奏、演唱的文艺团队，活跃在农村的节日、婚庆、寿庆、建房、开业喜庆及丧葬等场合，大多以民间文艺素材为基础，演出形式多样，特别是丧葬音乐队，服务于乡村的千家万户。经营方式，采取市场运作、自负盈亏。80年代，民间乐队由县文化市场管理等部门实行统一管理，但时间不长。尔后又自发组织团体运作。

第三节 民营书画团体

一、东洲画院

1994年9月，成立市东洲画院。张正忠任院长，聘高冠华、朱葵为名誉院长，有画师14人。画院宗旨是以画会友、博采众长、弘扬艺术、勇攀高峰，以创作、研究、交流、培训、服务为主要任务。院址位于市区人民路静海路口，画院面积500平方米。陈大羽、武中奇、邵大箴等著名画家曾光临画院。作品获文化部、中国美协颁发奖项以及全国性、国际性奖项20余次。书画作品发表于《美术》杂志等报刊。多件作品选送法、加、俄、日等国展出并被国家美术机构收藏。2005年，《张正忠诗书画——田园山水百图》由上海人民美术出版社出版。至2008年，作品在省、全国入展、发表、收藏285件次。画院举办9次画展，出11期《东洲美术》院刊。画师还走出去参加进修、交流活动。画院设立“东洲之星”美术奖。光明日报、中央电视台等媒体及多家网站报道过画院活动。

图 28－6　张正忠田园山水百图选——《朝雾绿影》

二、货隆镇农民书画社

20 世纪 80 年代初，由货隆镇联同村农民姜永高自筹资金创办农民书画社，从事仿古书画、佛像画和花鸟画制作，受到社会欢迎，有字画基础的农民拜师学艺，纷纷仿效。货隆书画门类广泛，有山水画、花鸟画、人物画、神像画、动物画及仿古画等，糅合木刻、剪纸、刺绣等传统艺术手法，富有民间特色和浓郁的生活气息，受到市场青睐。作品销往昆明、黄山、上海、苏州、广州、台湾等旅游城市，外销日本、马来西亚等国家。1993 年，姜永高创作的山水画《烟云深处》，获全国中老年人书画大赛一等奖。2004 年，新复居委会 8 组农民曹惠峰到马来西亚吉隆坡开办书画院，展销书画，年销售收入 300 多万元。至 2008 年，全镇有农民书画社、工作室 40 多个，380 多名书画工作者中，30 多人为中间商，20 人参加国际国内画展。货隆镇成为农民书画特色文化镇。

三、洁荷轩书画店

2003 年 5 月，书画爱好者王注贰，在市区人民路静海路口，租用民房 500 多平方米，开办洁荷轩书画店。主要经营名家书画、明清官窑瓷器、玉器、竹木牙角等工艺品。2005 年 3 月，文化部艺术投资品委员会副主任、上海市文广局副局长蔡国生专程到店指导。该店在经营书画的同时，还为海门书画爱好者提供学习交流平台，邀请中国美术家协会常务理事姚菊英、上海市书法家协会常务副主席刘小晴等书画家到海门开展笔会活动。

第四章　群众文化

第一节　文化阵地

一、文化站

1950 年上半年，青龙港、汤家、四甲 3 镇率先建立大众俱乐部。1952 年 2 月，大众俱乐部更名为文化站，各区建立中心文化站。1953 年，有区文化站 13 个，1956 年调整为 7 个。后随区、乡行政区划多次变动，文化站时有增减，名称亦时有变动。1958 年 4 月，各乡兴办文化站或文化馆。是年，全县有社办文化站 33 个、民办文化站 513 个，不少馆站徒有虚名。1959 年 11 月，有公办文化站 17 个，社办文化站 19 个，大队文化站称中心俱乐部。1962 年 5 月，社办文化站撤销，公办文化站减为天补、三厂、麒麟、三阳、包场、余东、四甲 7 个。1975 年 10 月至 1976 年 8 月，无公办文化站的 23 个公社建立民办文化站。1984 年 10 月，区、乡文化站合并，公办文化站归当地乡政府管理。

1990 年，全县公办、民办文化站共 30 个。2000 年，全市乡镇文化站由 30 个合并为 22 个。20 个乡镇被省命名为省群众文化先进乡镇，全市乡镇文化站总面积 1.97 万平方米。2004 年，乡镇文化站和乡镇党校合署办公。同年4月，明确事业单位性质。是年7月和2005年3月，省文化厅副厅长王慧芬两次到海门调研，南通6县(市)百余名乡镇文化站长到海门参观学习。2005年6月，市文明委召开农村文化阵地建设现场推进会。《中国文化报》《江苏文化周讯》等媒体均以头版显要位置报道，并获省文化改革新成果一等奖。海门镇文化站被评为全省“服务基层、服务农民”先进集体。是年，市要求乡镇文化站建筑面积达1000平方米、10个以上活动项目、1万册以上图书，全市文化站建设形成高潮。

2008年海门市乡镇文化站活动一览

表28－2

名　　称	村(居)数(个)	活动阵地面积(平方米)	图书(册)	活动项目(个)	大、中型文艺演出(场次)
海门镇文化站	28	1200	21000	12	69
天补镇文化站	8	1200	13651	10	3
三星镇文化站	9	800	13200	5	6
三和镇文化站	10	500	12000	10	4
德胜镇文化站	14	600	1200	10	2
海永乡文化站	3	700	8000	9	3
三厂镇文化站	19	1800	12000	14	15
常乐镇文化站	14	700	18000	10	5
麒麟镇文化站	9	750	20850	11	3
悦来镇文化站	19	1300	15000	15	14
三阳镇文化站	10	813	12300	5	6
临江镇文化站	11	70	500	2	2
四甲镇文化站	13	980	14500	10	6
货隆镇文化站	9	1200	15000	10	6
王浩镇文化站	9	850	13000	3	4
树勋镇文化站	10	800	12000	12	5
余东镇文化站	9	1800	10000	10	5
包场镇文化站	13	180	12250	10	4
正余镇文化站	9	700	12000	10	4
刘浩镇文化站	18	1060	12680	14	19
东灶港镇文化站	14	700	11000	10	4
万年镇文化站	10	630	8000	10	12

二、文化中心

1982年，全县掀起建立乡镇文化中心热潮，与文化站并挂两块牌子，由文化站长具体负责，以进一步扩大文化活动范围。7月，三星乡首先建立文化中心，各乡镇相继建立。1990年，建有文化中心30个，拥有电视机、照相机、书、报等文化设施和器材。主要活动有时政宣传、文艺演出、科学普及、业余教育和群众体育等。

三、队伍管理

1962年，文化系统实行精简，社办文化站撤销。公办文化站减为天补、三厂、麒麟、三阳、包场、余东、四甲7个，每站1人。

1984年10月，区、乡文化站为32个，每站1人，文化站归当地乡政府管理。1985年，为解决乡镇文化站长性质和生活待遇问题，省人事厅、文化厅分三批在部分优秀乡镇文化站长中招录国家干部，通过考试、考察，14名乡镇文化站站长被录用为国家干部，后又有11位符合相关条件的站长被录用。

1992年，为优化群众文化干部队伍年龄和专业结构，从艺术类大中专学校选拔录用14人充实群众文化队伍，选送5人在职文艺骨干到南京艺术学院等校院脱产学习，提升文化、业务水平。且每年组织2－3次乡镇文化站长、文艺创作骨干培训班，邀请市内外文化专业人士讲座，提升业务水平。

至2008年，全市群众文化工作从业人员95人，其中全民事业编制83人，大专以上学历37人，副高职称4人，中级职称19人。

第二节　文艺演出活动

海门解放时，人民群众自发开展各种文化活动，庆祝翻身解放。通东地区群众自编利市调《解放余东》等到处说唱。1951年，各地开展抗美援朝文艺演出。余东镇在二分校操场用64张方台搭成戏台进行演出，连演14场。1956年12月15日，海门山歌剧《淘米记》参加省农村业文艺演出并获奖。1957年，茅镇业余剧团的山歌剧《淘米记》参加全国民间文艺会演。1958年，全县举行文艺会演，各公社排练节目参演。

1964年，崔立民作词、作曲的表演唱《练好本领杀敌人》参加全省民兵大比武专场演出。1965年9月，组建县“十四面红旗”农村文艺演出队，创作排练16个文艺节目，到各乡巡回演出。1966年10月，在余东公社联合大队召开全县学习宣传毛泽东思想现场会。各公社文艺队在当地临时搭台上演几十首山歌号子和革命歌曲。1969年，在海门烈士馆礼堂举办群众业余文艺会演。

图28－7　20世纪60年代，刘浩公社七大队组建的毛泽东思想文艺宣传队

1973年12月，山歌《金银山上歌声脆》、通东号子《姑娘打麦忙》《挑起河泥步子爽》等优秀民歌，参加南通地区文艺会演。1976年，县举行文艺会演。海门镇小红花文艺队多次参加县、南通、省专场演出。

图28－8　20世纪80年代江滨乡文艺骨干进村演出

1982年4月16－18日，海门编排的创作节目参加崇明、启东、海门3县文艺交流演出。1984年9月，全县举办庆祝中华人民共和国成立35周年文艺会演，《文化生活》著文作重点介绍。是年，为宣传全县10个先进典型，由余东文化站创作节目，下乡巡回演出。

1990年9月27－28日，举办“学标兵，赶先进”创作节目文艺会演。是年，《甜酸苦辣都是歌》获全国广播新歌金奖；歌曲《江海谣》由中央人民广播电台播放。1994年9月，全县举办“超百亿”文艺会演，《起劲号子》《江海风采》《接潮》等一批特色优秀节目获奖。1998年8月，余东镇专场文艺晚会在海门文化广场举行。1999年3月，举办纪念海门解放50周年文艺晚会。6月，举行“七一”歌咏大会，全市13支代表队演唱《没有共产党就没有新中国》等39首革命歌曲。9月，举行庆祝中华人民共和国成立50周年“祖国万岁”文艺晚会。

2000年1月22日，市委、市政府在上海举行“海门之友”新春联谊会。日本、德国、瑞士、意大利等国和中国香港、台湾地区的驻沪机构及《解放日报》等媒体代表50多人参加。是年8月，举行文艺调演，全市12个部门、20多个乡镇，1600名演员、演出256个文艺节目，72个优秀节目在文化广场连演3场。9月29日，编排《小城晨曲》《姑娘爱上清洁工》等14个节目，参加“美丽的海门”专场文艺晚会在海门体育馆举行。总政歌舞团副团长、著名歌唱家程桂兰到海门献艺。

2001年4月，举办第六届中国海门金花节“金花烂漫”文艺晚会。7月1日，举行“党旗颂”庆祝建党80周年大型纪念晚会。7月中旬，在文化广场举行庆祝建党80周年“江洲杯”文艺晚会，共演出6场，计87个节目。是年，相声演员李金斗、京剧表演艺术家关怀等到海门演出。2002年初，全市举办第二届“三星房产杯”山歌会唱。是年1月，余东文化站的通东民间歌舞《庆丰收》等参加南通市首届农民艺术节文艺调演。7月中旬，选送节目《农家老太也潇洒》《五星红旗》，参加南通市首届老年人文艺调演，分别获一、三等奖；市代表队的大合唱“绿色家园”,参加南通市首届“金桥杯”合唱,获作词一等奖、作曲二等奖、演出三等奖和优秀组织奖。11月8日至12月8日,推荐15个节目,参加南通市“江海文化月”广场舞蹈、乡镇创作节目调演、民歌号子3项文艺大赛。女声独唱《声声山歌颂家乡》、表演唱《农家老太也潇洒》,获一等奖;舞蹈《淘米谣》、女声独唱《淌过汗水的地方》、歌舞《好人总有好报》,获二等奖。2003年7月,创作山歌音乐剧《草莓红了》参加第三届南通市反腐倡廉文艺会演,获一等奖。2004年4月23日,中央电视台《乡村大世界》栏目与市联合举办“江海风韵万众情”文艺晚会,歌舞《金花开放贵客来》《大海之门》《草莓红了》亮相央视荧屏。8月,举办市首届社区艺术节,市社区艺术团、红十字艺术团等8支文艺队伍在东洲公园水上舞台连演8场,表演节目122个。2005年6－9月,举办市“地税杯”反腐倡廉文艺调演,全市19个乡镇、12个市直部门创作演出《连心桥》《你的身影》《清风颂》等55个廉政文艺节目,并分赴海门镇、四甲镇等地巡回演出。10月,四甲镇女子舞龙队参加张家港长江流域民间艺术节。11月,宋卫香演唱的《海门山歌叠成山》,参加省第二届文物节民间艺术展演。12月,南通市民间文艺团队创作节目调演,常乐镇秦培鑫创作的山歌情景音乐剧《难忘的童谣》,代表市赴南通演出,获一等奖。是年,市文化馆率先在南通6县(市)创办品牌文化活动项目——“打工者之声”声乐大赛。是年,摄制电视专题片《江海清音》,系统介绍海门山歌的起源与传播、形成与发展。2006年,组织举办“海门之夏”广场文艺演出、第二届合唱节暨廉政歌曲歌咏比赛、山歌老朋友演唱会等系列群众文化活动,其中海门群众文化品牌项目——“海门之夏”广场文艺演出活动,历时2个多月,400多个精彩文艺节目参加演出,观众30万人次。以后每年定期举行。组织编排的大型文体节目“吉祥十三宝”,参加省“十六运”开幕式演出。2007年,组织第十二届中国海门金花节大型烟火文艺晚会、“庆双超、迎新年”大型群众文体巡街表演等系列群众文化活动50多场次。全年送戏下乡191场次。以海门山歌《淘米谣》改编的花车巡街表演,获第九届亚洲艺术节银奖。

2008年4月,成功承办第十三届中国海门金花节“花开盛世”大型文艺晚会等活动。与太仓乐团联演“丝竹和风”音乐会。8月,举办纪念海门山歌剧团成立50周年暨海门山歌列入国家级非物质文化遗产专场文艺晚会。11月,山歌表演唱《江波海浪歌对歌》,代表省参加中国首届农民文艺会演,获“丰收奖”。

第三节 文化市场管理

1989年,成立县文化市场管理委员会,由宣传部、政法委、文化局、广电局、公安局和邮政局等部门联合组成。文化市场管理委员会下设办公室,承担全市文化市场日常管理职能。是年,文化馆第一个办舞厅。1991年,成立文化市场稽查队,与文化市场管理办公室合署办公,负责全县文化市场的执法稽查。文化市场管理办公室和稽查队每年按要求审核或换发各类文化经营许可证;举办文化经营者培训班;处理群众举报,进行执法稽查;会同公安、工商等部门进行集中整治,引导文化市场健康有序发展。1994－1996年,舞厅发展到100多个。1998年,市内出现“风吹柳”网吧。1999年,组织专项检查92次,收缴非法出版物、印刷品4.8万余册,非法音像制品7500多张。其中查获南通有史以来最大的一起非法经营学生试卷案,涉案金额30余万元。

2000年,根据省、市统一部署,市文化、公安、工商等部门联合行动,对全市城乡75个电子游戏场所逐一重新审核,取缔和停业39个,销毁赌博机5台,取缔影响学校周边环境的游戏机房5个。整顿歌舞厅,75个中取缔和停业37个。2001年,举办5期文化市场经营者培训班,参加培训420人。文化市场工作实行公示制和承诺制,在市行政审批中心设立审批窗口。2002年,出动检查人员200多人次,收缴盗版音像制品8万张,各类非法、违禁书刊4300册,查处违规案件39起,取缔无证网吧2个,处罚违规网吧8个。

2002年10月,三星镇版权管理办公室成立,具体负责叠石桥及周边地区家纺产品花型版权注册登记及侵权投诉等事务。2003年,市区网吧由原来的22个减至18个,查处黑网吧3个、超范围经营上网2个,未成年人进入网吧违规案件3起。取缔、关闭非法摊店16个,查缴非法出版物8.8万册(件),举办各类培训班8期,参训人员1000余人次。125个印刷企业按期完成申报工作。是年,市新闻出版(版权)局成立,依法对全市的版权进行规范化管理。2004年9月,成立市网吧协会,充实网吧义务监督员队伍,开展创建"绿色网吧"活动。2006年,开展"扫黄打非"检查1739人次,检查各类场所1832家次,取缔黑网吧14个、无证电子游戏场所13个,收缴非法音像制品7.23万张、非法图书5363册,行政立案32起。举办文化市场法律法规培训班6期,参训人员621人次。文化市场稽查队被评为省文化市场管理先进集体。

2007年,修订市文化市场管理效能建设制度,300多人参加文化市场经营业主法律法规培训班。完成对电子游戏、歌舞娱乐经营场所远程监控设备安装。在第五届全省文化市场行政执法案件卷宗评比中获一等奖、三等奖各1个。市文化局被省文化厅授予省净化未成年人成长社会文化环境整治工作先进集体称号。

2008年,文化市场管理加大检查整治力度,组织学校、家长、社会(老干部义务网吧监督员)各方力量,全方位、不定期开展突击检查等联合行动,有效遏制未成年人出入网吧现象。全年,文化市场执法检查4312人次,立案查处各类案件44起,罚款26.6万元,收缴非法音像制品1.7万张,取缔无证摊点43起,会同工商、公安等部门取缔无证网吧7个,举办培训班6期,受训700多人次。全市有音像制品零售发行单位91个、网吧44个、电子游戏单位61个、歌舞娱乐场所17个,印刷企业114个。海门新华书店、世纪联华超市、超音速音像店被南通市文化局授予正版音像示范单位。至2008年,三星版权办登记版权共2902件,受理投诉293起,赔偿近200万元。

第五章 海门民歌

海门南部和北部不同方言,形成两种各具地方特色的民歌曲调。分布在南部地区的沙地人,是在清代后期陆续从江南迁入定居的,人称"沙地人"。沙地人勤劳智慧,融合江南韵味的山歌、号子。分布在海界河以北的南通东部地区,俗称通东人。通东人的山歌、号子音域宽广悠扬,豪爽明亮。崇明岛上的海永乡及境西南的江心沙,是20世纪60年代后开发的新地,海门南部和北部人同时迁入定居,两种方言兼而有之。海门民歌最早形成于北部通东地区,在长期的劳动生活中,通东人和沙地人密切交往,两种风格的山歌号子互相渗透融合,造就具有海门独特风格丰富多彩的民间文艺奇葩——海门民歌。

民国24年(1935),大学时期的管剑阁和丁仲皋回乡采集大量山歌,编成《江口情歌》和《江海民歌》,辑成专集。1954年始,文艺工作者将民间的叙事山歌编成小戏搬上舞台。1958年,海门建立山歌剧团。演员没有严格行当区分,

图28-9 1999年,通东民间歌舞《丰收乐》在海门市庆祝国庆50周年文艺晚会上演出

也没有程式化的表演套路。表演艺术吸收京剧、昆剧等传统戏曲及歌舞剧表演的艺术精髓，采集海门的民间山歌、曲调60余种，其中以山歌调、对花调为基调，衍化出快、慢、整、散一整套模式。乐队以二胡为主奏乐器，笛子在部分曲调中作为主乐。1962年3月，开始搜集整理民间曲调。1972年后，每年都有海门山歌节目参加南通文艺会演。多次赴南京、上海等地舞台演出，并由上海电视台录制播映。1982年，追随海门人沿海开发的足迹，到如东、大丰、滨海、射阳等地，搜集整理海门民歌和音响资料，编印《海门民歌选》（曲谱本）。1985年后，海门举办六届海门山歌会唱，涌现一批新人新作，许多山歌选入电台、电视台播映。1989年，编辑《海门山歌选》（唱词本），由中国民间文艺出版社出版。2003年，编辑以曲谱为主的《海门山歌》，由南京师范大学出版社出版发行。2003－2005年，海门山歌传承人崔立民为全市乡镇中小学举办59场海门民歌专题演唱会。2006年，10月31日，海门山歌被列入第一批江苏省级非物质文化遗产推荐名录。2007年，编辑《中国海门山歌集》。2008年6月，海门山歌列入国务院公布的第二批国家级非物质文化遗产保护名录，南通市文化局同时命名宋卫香和崔立民为南通市级非物质文化遗产项目及海门山歌代表性传承人。

第一节　民歌类型

一、劳动生活类

一把芝麻撒上天

一把芝麻撒上天，我唱山歌万万千，
南京唱到北京去，归来还唱二三年。

崔立民　搜集

南沙[1]北荡[2]去种田

江北人，劲冲天，南沙北荡去种田，
沙田种到南海岸[3]，荡田种到北海边[4]，
号子喊来应天响，山歌传下万万千。

李　翔　崔立民　搜集

打破脚皮自家熬
（车水号子）

地主家斗板[5]（哎）像瘦骨痨，穷人家车水（哎）要慢慢跑；

车坏斗板（哎）有东家问[6]，打破脚皮（哎）自家熬。

张廷方　口述　崔立民　搜集

锄头柄上挂灯笼

日落西山红彤彤，锄头柄上挂灯笼，
只要东家有蜡烛，哪怕做到东天红。

秦友山　口述　郭汝聪　搜集

五忙六月学得来

一条鲤鱼两个鳃，要学号子跟我来；
山歌号子不是娘肚里会，也要五忙六月学得来。

张国珍　口述　徐淑生　搜集

西南风爽大旱年

西南风爽大旱年，龙口里火着烧脱半边天；

一烧烧脱阎罗王殿里三丈三尺勾魂簿，正好让我唱山歌师傅活千年。

顾玉诗　口述　梁学平　搜集

军山剑山对面瞟

一对鸳鸯荷花水面上飘，军山剑山勒勒[7]对面瞟。潮涨推上，潮落推下，推上推下，白石头磨得像

---

① 南沙：海门南部的沙地。
② 北荡：即海门北部及通州、如东的东部沿海地区开发的荡田。
③ 南海岸：海门南部长江边。
④ 北海边：海门北部黄海边。
⑤ 斗板：水车的厍子。
⑥ 问：负责的意思。
⑦ 勒勒：正在的意思。

鸭蛋。要造金街,要造银街,条条细缝嵌得妙,黎民百姓,袖子挠挠,石匠师傅,手艺高超,白石栏杆,竖起航标,勒勒狼山朝北九曲三弯,三弯九曲造仔一条摇船路[①],通州南门造仔一条望仙桥。

一只小小舟船水面上飘,通州迎风浪滔滔。潮涨推上,潮落推下,推上推下,黑沙泥堆像地毯,细软绵绵,平平整整,一层一层叠得牢,黎民百姓,眼明手高,东门西门,快快造好,造仔南门,北门勿造[②],赢得通州朝南九曲三弯,三弯九曲长成一条沙滩路,狼山通州紧握双手眯眯笑。

郁再相 口述 陈卫平、梁学平 搜集

啥仔内圆外四方?

啥仔内圆外四方?啥仔外圆内四方?
啥仔上圆下四方?啥仔下圆上四方?
蒸锅内圆外四方,铜钿外圆内四方。
竹篮上圆下四方,筷子下圆上四方。

啥个上树吱吱叫?啥个上树背大刀?
啥个上树张罗网?啥个上树浑身毛?
知了上树吱吱叫,螳螂上树背大刀。
蜘蛛上树张罗网,洋辣子上树浑身毛。

啥个虫上天像灯笼?啥个虫上天捉飞虫?
啥个虫上天一大群?啥个虫上天嗡嗡嗡?
萤火虫上天像灯笼,蜻蜓上天捉飞虫,
蝗虫上天一大群,蜜蜂上天嗡嗡嗡。

徐思善 搜集整理

二、情歌类

有打牙牌、挑水姐、卖麻笼、花望郎、结识私情系列,西湖栏杆、采木香、约郎山歌系列,东南西北风系列等。

西北天乌云独脚撑

西北天乌云独脚撑,蒿蓬园里出仔一根好"沉香",
枯竹园里出仔一根挑林笋,小草屋里出仔一个好娇娘。

顾玉诗 口述 梁学平 陈卫平 搜集

格子眼里望情哥

小姐生来矮婆娑,八幅罗裙着地拖,
山东凉帽斜里戴,格子眼里望情哥。

印驾鳌 口述 张耀书 搜集

结识私情亲上亲

结识私情亲上亲,做仔一只篾竹凉帽送郎君。
藤缠圆边花竹顶,竹布飘带绕郎颈。

结识私情亲上亲,做仔一件小白布衫送郎君。
荷花抵肩骨牌领,布条纽扣对胸襟。

结识私情亲上亲,做仔一条老蓝布裤子送郎君。
两条长缝钩针勾,裤腰里打裥配汗巾。

结识私情亲上亲,做仔一双小圆口鞋子送郎君。
匀匀地铺来密密地扎,我指头刺破郎君有良心。

沈启芝 口述 梁学平 搜集

三、叙事山歌

叙事类的民歌以爱情故事为多:如十里亭、红娘子、撑船歌、莳秧歌、摇船郎、九姑娘、贩桃郎、绣汗巾等。

撑船歌(又叫摇船郎)

东天日出一点斑,
我看到小姐淘米下河滩,
三寸金莲脚步小,
一步一步跑到八仙桥下把米淘,
淘箩里边是好白米,
淘箩外边一朵好娇花。

姐道一声郎:
我淘我的米,
你撑你的篙,

① 摇船路:因狼山同通州相对,中间有不少浅滩,故用石条竖在浅滩上,当作航船标记,当时人称摇船路。

② 北门勿造:南通城没有北门。

请你嘴里不要瞎唠叨，
你别问我淘箩里面米不米，
你别问我淘箩外边花不花，
你别问我篮里菜不菜，
你别问我篮外娇不娇。

郎道一声姐：
我家新钉舟船十三仓，
船舱里面有麻膏象牙床，
麻膏象牙床里边有轻纱绸罗帐，
轻纱帐里边有红绫被来绿绫褥，
红绫绿被有千根线，
千根线上有万根纱，
万根纱有绣花绿席枕，
绿席枕上边有小奴奴和我结成双。

姐道一声郎：
我晓得你家什么都没有，
你瞎话连天嚼舌根。

郎道一声姐：
你家爷娘许我三月初三来订婚，
四月初四许我来成婚，
你家哥哥五月初五吃我双龙金壶甜蜜酒，
你家嫂嫂六月初六收我礼金和代茶银。

姐道一声郎：
我家爹娘三月初三在南海南头栽竹秧，
我家爹娘四月初四在北海北滩去烧香，
我家哥哥五月初五开仔四六二十四只
船到城桥港，
我家嫂嫂六月初六挑仔扁担盒子到娘家。

郎道一声姐：
你家爹娘收我犀牛角，
你家爹娘收我夜明珠，
你家嫂嫂收我胭脂花粉盒，
你家哥哥收我麻骨和瑶梳。

姐道一声郎：
你晓得犀牛角出在哪个州哪个县？
夜明珠出在哪个州哪个城？
你晓得麻骨瑶梳出于哪个州里哪个行？

郎道一声姐：
我从小在苏杭两州做买卖，
我晓得犀牛角出在余杭县，
夜明珠出在苏州城，
胭脂花粉出在杭州店，
麻骨瑶梳出在苏杭两州行。

姐道一声郎：
你晓得苏杭两州有几条桥？
桥上钉仔多少板，
桥下打仔多少桩？
你晓得桥上是否有人来和往，
桥下是否有活水通海洋？
你晓得河南开有多少爿店？
河北开仔多少爿行？
你晓得苏杭两州有几条街？
几条横来几条竖？
几条正来几条斜？

郎道一声姐：
我晓得苏杭两州只有一条桥，
桥上钉有千块板，
桥下打仔万棵桩，
桥上时有人来和人往，
桥下活水通海洋，
桥南开有八八六十四爿京南杂货店，
桥北也有六六三十六爿南货行，
我晓得苏杭两州有九九八十一条街，
三条横来四条竖，
八条正来九条斜。

姐道一声郎：
你晓得哪爿店里白蒙蒙？
你晓得哪爿店里雾沉沉？
你晓得哪爿店里扯幌子？
你晓得哪爿店里挂招牌？
你晓得哪爿店里噼里啪啦响？
你晓得哪爿店里发流星？

郎道一声姐：

我晓得石灰店里白蒙蒙，
我晓得煤炭店里雾沉沉，
我晓得豆腐店里扯幌子，
我晓得药铺店里挂招牌，
我晓得黄烧饼店里噼里啪啦响，
我晓得汤圆店里发流星。

姐道一声郎：
你晓得几只狮子背钢铃？
你晓得几只狮子背麻绳？
你晓得几只狮子扛铁铲？
你晓得几只狮子挂铁锁？
你晓得几只狮子凸眼睛？
你晓得几只狮子大耳朵？
你晓得共有多少狮子在南山水殿山？

郎道一声姐：
我晓得八只狮子背钢铃，
我晓得八只狮子背麻绳，
我晓得八只狮子扛铁铲，
我晓得八只狮子挂铁锁，
我晓得八只狮子凸眼睛，
我晓得八只狮子大耳朵，
六八四十八只狮子在南山水殿山。

姐道一声郎：
只怪我爷娘生我在东海滩东大洋，
高不见芦花荡里螃蟹洞，
低不见牛脚坑里咸蛋罐，
一棵黄芽菜栽在茭白根底里，
永世不得出头年。

姐道一声郎：
你家上代拿仔我家八个好铜钱，
八个金铜钱，
八个银铜钱，
八个古铜钱，
八个顺字钱，
八个青铜钱，
八个好铜钱，
六八四十八个好铜钱，
给了你家吃三年用三年，
床头里边藏三年，
踏板头里压三年，
放在匾子里颠三年来簸三年。
你只要本本利利算还我，
哪怕我姑嫂两个同你一头眠。

郎道一声姐：
我家爹娘从小没给我上书房，
从未教我打算盘。

姐道一声郎：
撑船哥、行船哥、
拔篷哥、绞锚哥，
你既然左不会算右不会算，
请你调过船头回家转，
到自家屋前屋后摇小船。

马进生　姚素珍　林建平　徐少熙　俞茂森　何玉莲　张会田　口述

李　翔　崔立民　徐维芊　张振忠　梁少清　李贤平　张　林　江烨安等　采集

摇船郎①
（叙事山歌）

日出东方末白潮潮哎，
小阿姐伲抄仔三升六合雪花白米勒将②下河淘，
下河淘来末下河淘，
眼窥南营仓外一只小小舟船勒将浪里飘。

我郎末叫声你姐哎，
你姐末淘米只管淘哎，
哪来有野眼勒将看船飘。
我姐叫声你郎哎，
你郎末航船只管航哎，
哪来有野眼勒将望四方。

① 摇船郎：海门山歌剧《淘米记》原型。
② 勒将：意为在这里。

我郎叫声你姐哎，
你看我新造舟船十三舱，
十三舱上面有金漆踏板象牙床，
象牙床上面还有红绫被哎，
红绫被上面还有绣金匾，
绣金匾上面还有弯弯络络一对荷花枕哎，
荷花枕上面绣着一个十七八岁黄花闺女勒将床头眠。

我姐叫声你郎哎，
我看你新造舟船哪有十三舱？
十三舱上面哪有金漆踏板象牙床？
象牙床上面哪有红绫被？
红绫被上面哪有绣金匾？
绣金匾上面哪有弯弯络络一对荷花枕哎？
荷花枕上面要末绣着七八十岁叫花婆一个和你床头眠！

我郎叫声你姐呀，
你看我两根船樯碰到天，
两扇油篷落到地，
船头浪①吃酒寻欢乐哎，
篙子头浪直蹶起。

我姐叫声你郎哎，
你郎两根船樯末好像竖幡竿②，
两扇油篷好像招魂旗，
船头浪吃酒好像烧羹饭③哎，
船老大钻舱好像下棺材！

我郎叫声你姐哎，
我郎是杭州去过、徐州到过，
杭州街上好个姣娘、怵④个姣娘勿知见过千千万，
勿在乎你个把姣娘勿来上船眠。
我姐叫声你郎哎，
你郎话杭州去过、徐州到过，
杭州街上，大高桥上，
有几只狮子桥上走？
几只狮子桥下走？
几只狮子拉胡琴？
几只狮子剥橘子？
几只狮子搓绳卖？
几只狮子勒勒扫州城哎？

我郎末叫声你姐哎
我郎原是杭州去过、徐州到过，
杭州街上，大高桥上
有四只狮子桥上走，
四只狮子桥下走，
四只狮子拉胡琴，
四只狮子剥橘子，
四只狮子搓绳卖，
四只狮子勒勒扫州城哎。

我姐叫声你郎哎，
你郎话杭州去过，徐州到过，
徐州街上，大高桥上
一共有几块莲花板哎？
莲花板上面有几只泼头钉⑤？
轻个轻多少？
重个重几斤？
一共有几斤几两你可对得清哎？

我郎叫声你姐哎，
我郎原是杭州去过，徐州到过，
徐州街上、大高桥上，
有八九七十二块莲花板哎，
莲花板上面有九九八十一只泼头钉，
轻个轻四两，
重个重半斤，
一共有五十六斤还带零哎。

① 浪：即“上”。
② 竖幡竿：旧俗死人，门前竖竹幡竿。
③ 烧羹饭：祭奠先人。
④ 怵：坏，不好。
⑤ 泼头钉：扒头钉。

我姐叫声你郎哎，
你郎的盘歌勿算高，
我俚大嫂个盘歌还比你高。
小阿姐伲立起身来就动身，
一跑跑到外墙门，
“嫂嫂，嫂嫂”叫几声，
今朝日出东方白潮潮，
抄仔三升六合雪花白米下河淘，
下河淘来下河淘哎，
碰着一个摇船哥哥勒将比低高。

嫂嫂立起身来就动身，
一跑跑到外墙门，
“你这摇船哥哥坐坐勒去[1]，讲讲勒去，
借一个小铜钿给我勒去，
手心里颠三颠，
床沿上摆三年，
踏板头上放三年，
小抽头里抽三年，
小箱子里锁三年，
灶头上搁三年，
东风东利钿，西风西利钿，
呒风颠倒算利钿，
你这位摇船哥哥一时三刻算得清，
我俚姑嫂二人跟你上小船。”

我郎叫声你姐哎，
我俚先生教我借约文章一笔扫哎，
勦宁教我颠倒算利钿哎，
你们姑嫂二人快快回家转哎，
我情哥哥要到西海西头西太湖里去摇小船。

赵树勋 口述　梁学平 陈伟功 搜集

郎唱山歌顺口开

郎唱山歌顺口开，要唱到百花园里百花开；要唱到南海南头、南姚街上、陆家寺庙里，袁一生和尚手拿闹钵铿令京令、京令铿令、脚踏西海西头、西山顶上小佛子眯眯笑，要唱到高楼上小姐末下楼来。

李直美 口述　朱祖邦 搜集

第二节　民歌曲调

一、号子

海门民歌号子，以北部通东号子最有特色，音调多、影响广。号子直接来源于劳动生活，如锄草、打麦、推车、挑担、耥地、车水、土木施工、拉纤起网等。号子调式多样，有的高亢有力、雄浑开阔，如挑担号子、打麦号子、拉网号子等。有的抒情柔和、节奏自由，如锄草号子、车水号子等。有的节奏缓慢、音调低沉，如拉纤号子等。

号子词选中，反映生产劳动的车水号子如：清清水，流朝前/东塘门口好秧田/上熟小麦下熟稻/五谷丰登大熟年。反映爱情生活的：隔沟栽树隔沟阴/隔沟姐姐要嫁人/隔沟姐姐跟仔我/又是邻居又是亲。反映日常生活的：号子不喊忘记多/大路不走草成窝/快刀不磨起黄锈/稗草不除稻要枯。对歌号子：啥子开花黄似金/啥子开花白似银/芝麻开花像宝塔/红萝卜开花像聚宝盆。

---

① 坐坐勒去：坐一会儿。

桑树扁担两头翘

（挑泥号子）

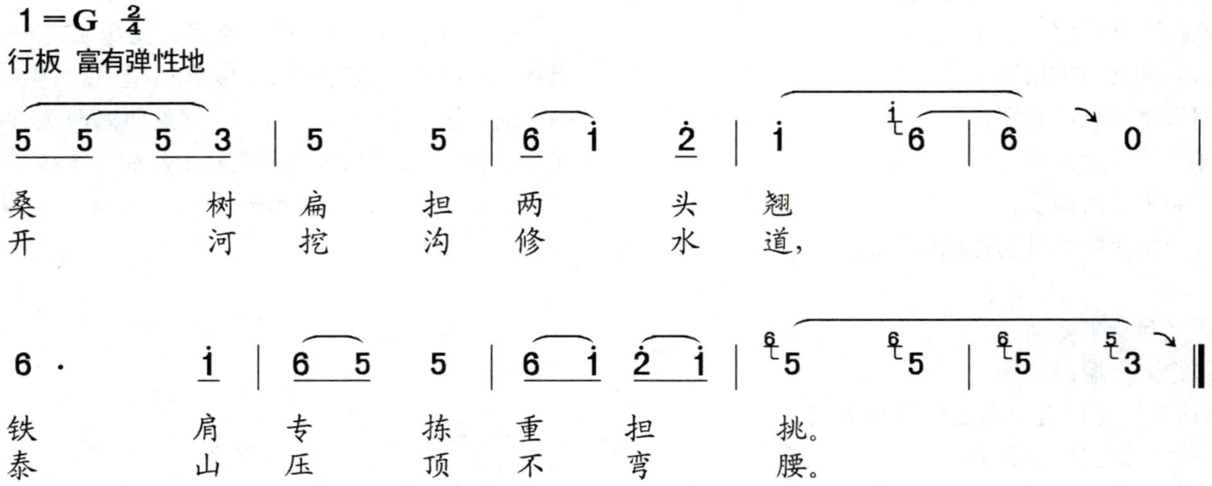

张廷方 唱　崔立民 整理

拉网号子

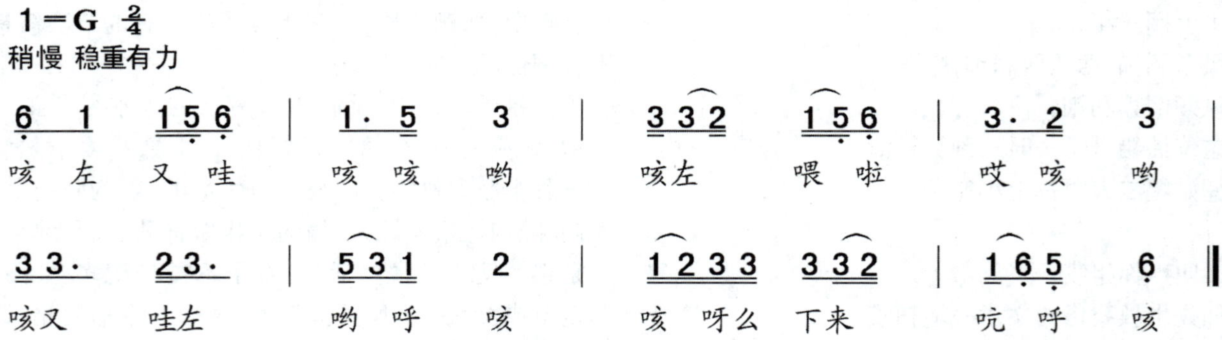

张海涛 唱　崔立民 整理

《打麦号子》选曲

颗粒归仓广积粮

（连枷打麦号子一）

1＝C $\frac{2}{4}$

节奏明快 热情有力

（领）

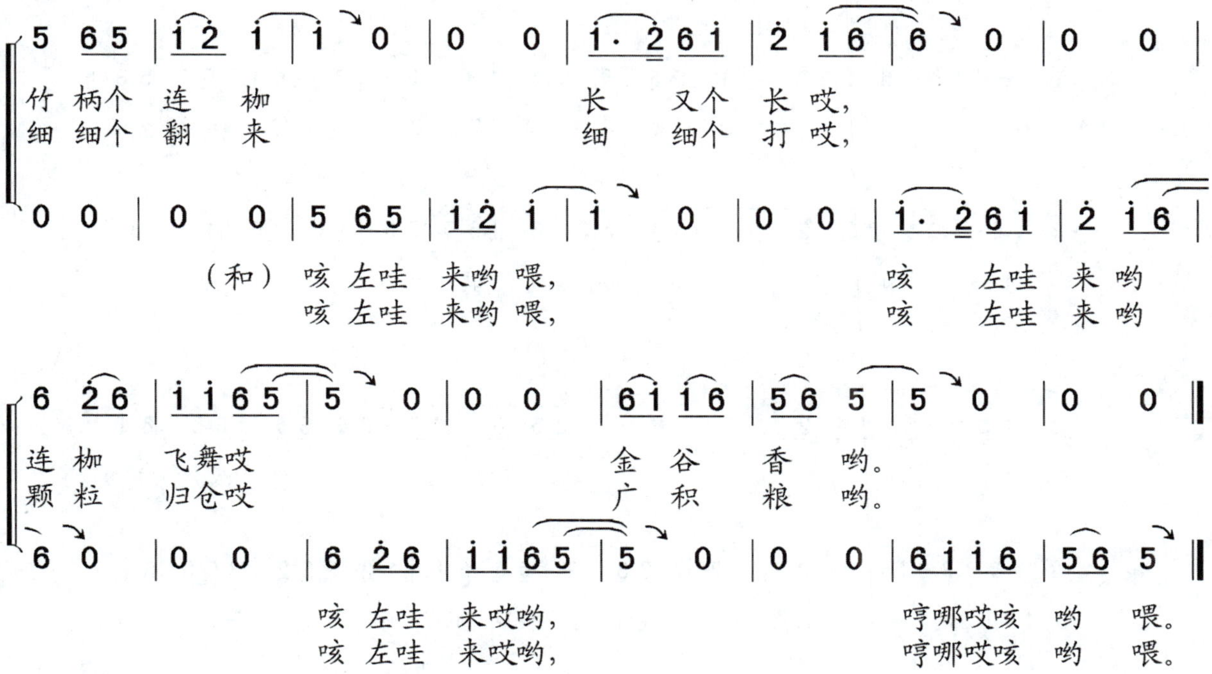

崔兰英 沈兰英 唱　崔立民 整理

二、山歌

海门民歌（亦称山歌），反映人们的喜怒哀乐，表达人们丰富多彩的劳动生活和对未来向往美好生活的憧憬。海门山歌的基本曲调有两种，海门南部沙地的山歌调和海门北部通东一带的山歌调。从调式上看，两种山歌调的曲式有所不同，南部沙地的山歌调则是小调式，大多是七声音阶。主音以“6”为主，体现柔和抒情的感情。通东民歌中的山歌调是大调式，大多是五声音阶（有的是四声音阶），体现明亮豪放、宽敞抒情的特点。

从曲式结构上看，处理四句头、八句头，甚至更长的山歌唱词时，根据唱词句式和感情的不同，进行变化和发展。南部山歌调中比较有影响的情歌是《小阿姐看中摇船郎》，北部山歌调最具代表的是根据锄草山歌改编的《新嫂嫂领了独生证》（又名《八月桂花香喷喷》）。

小阿姐看中摇船郎

（叙事山歌）

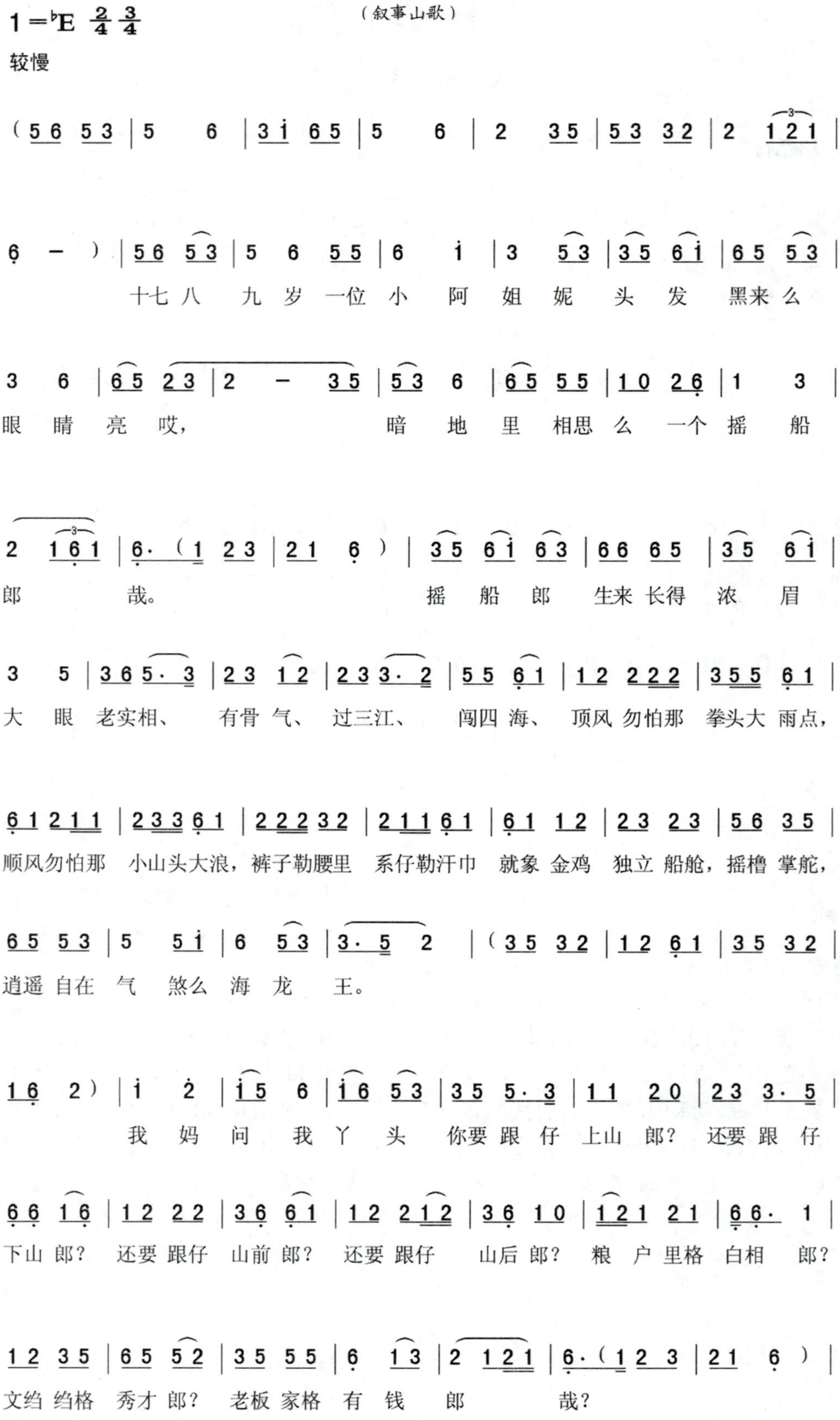

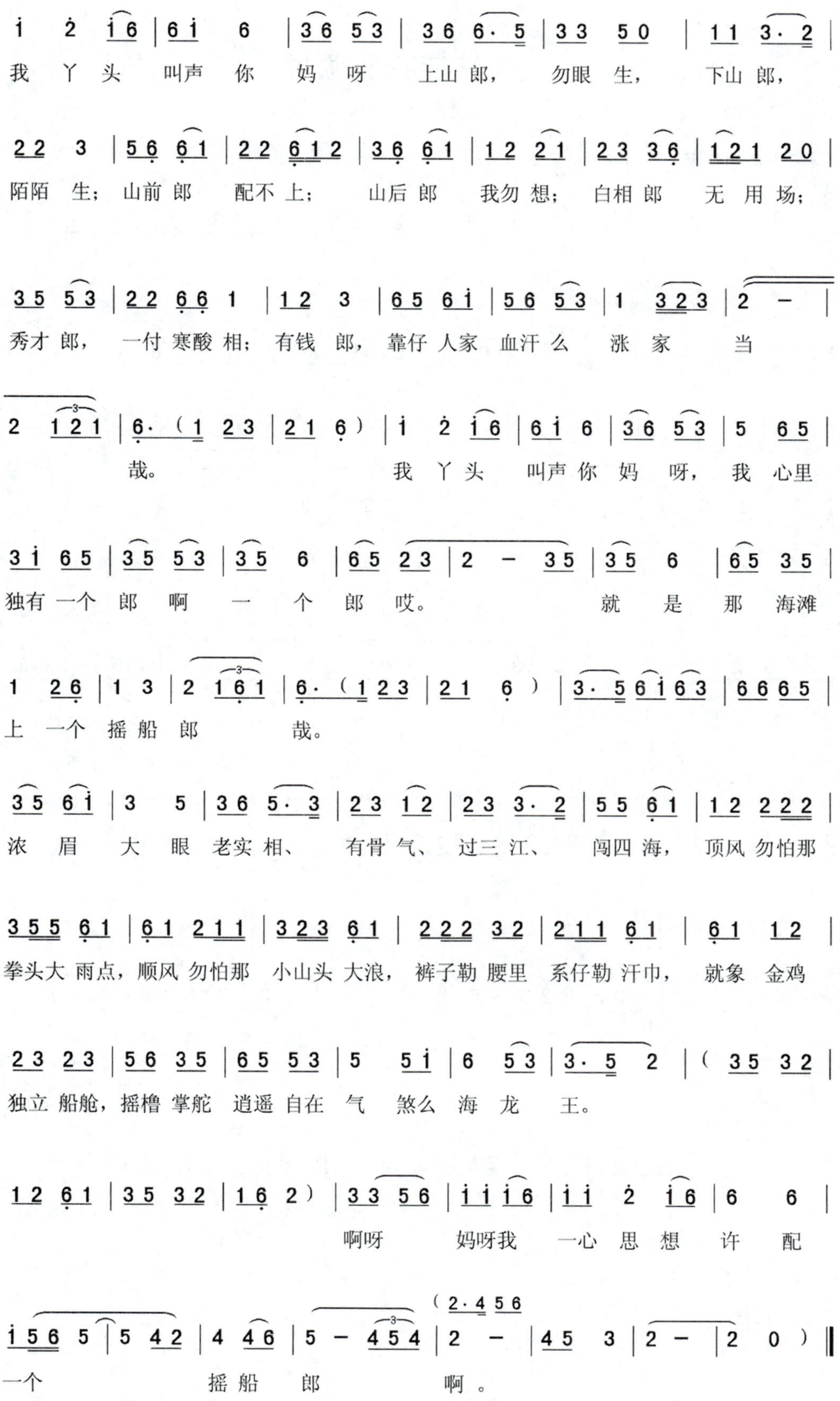

刘玉诗 唱 陈卫平 记谱 梁学平 改词

八月桂花香喷喷

（通东山歌独唱）

1＝♭B $\frac{2}{4}$

亲切 由衷地 口语化 通东民歌风

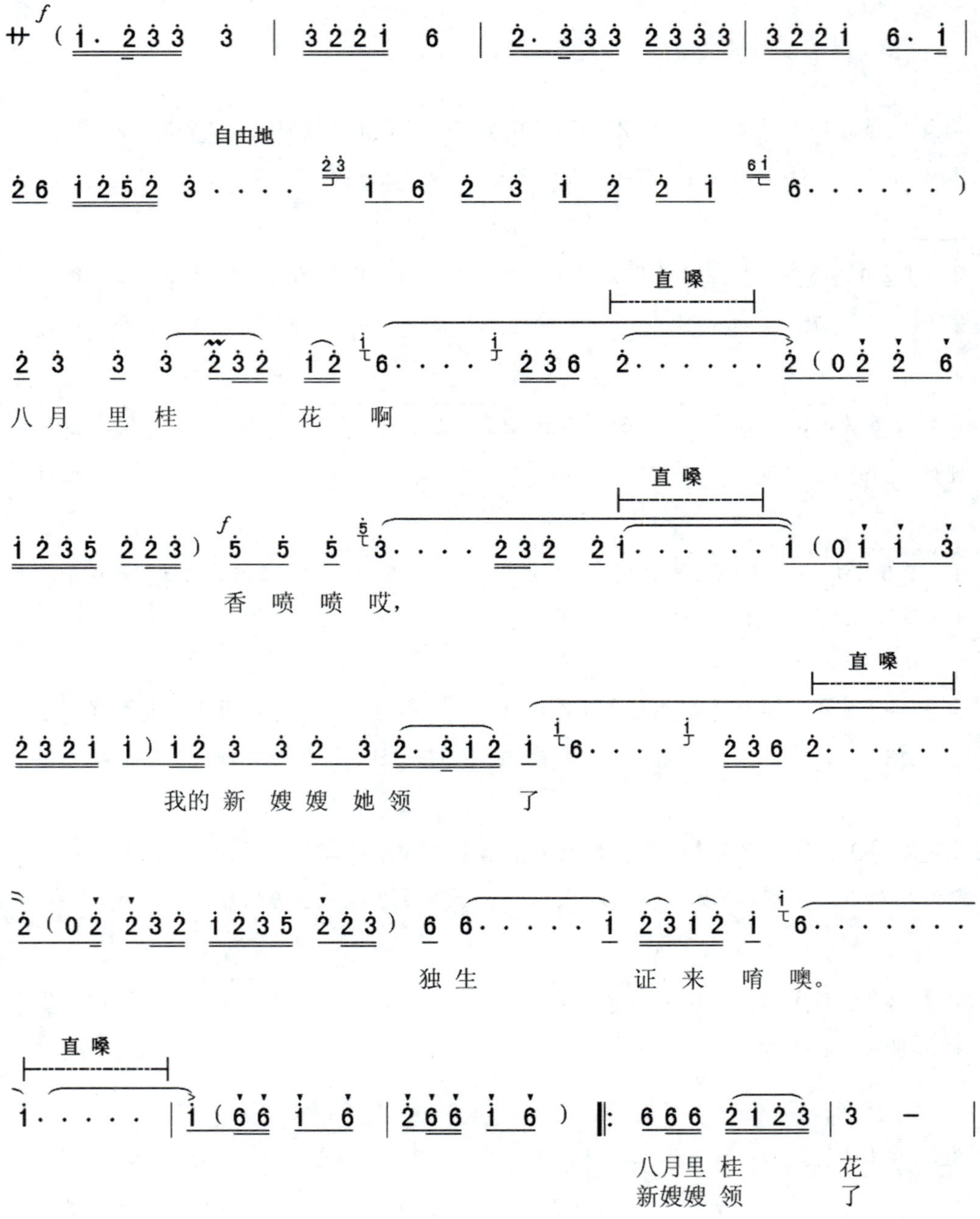

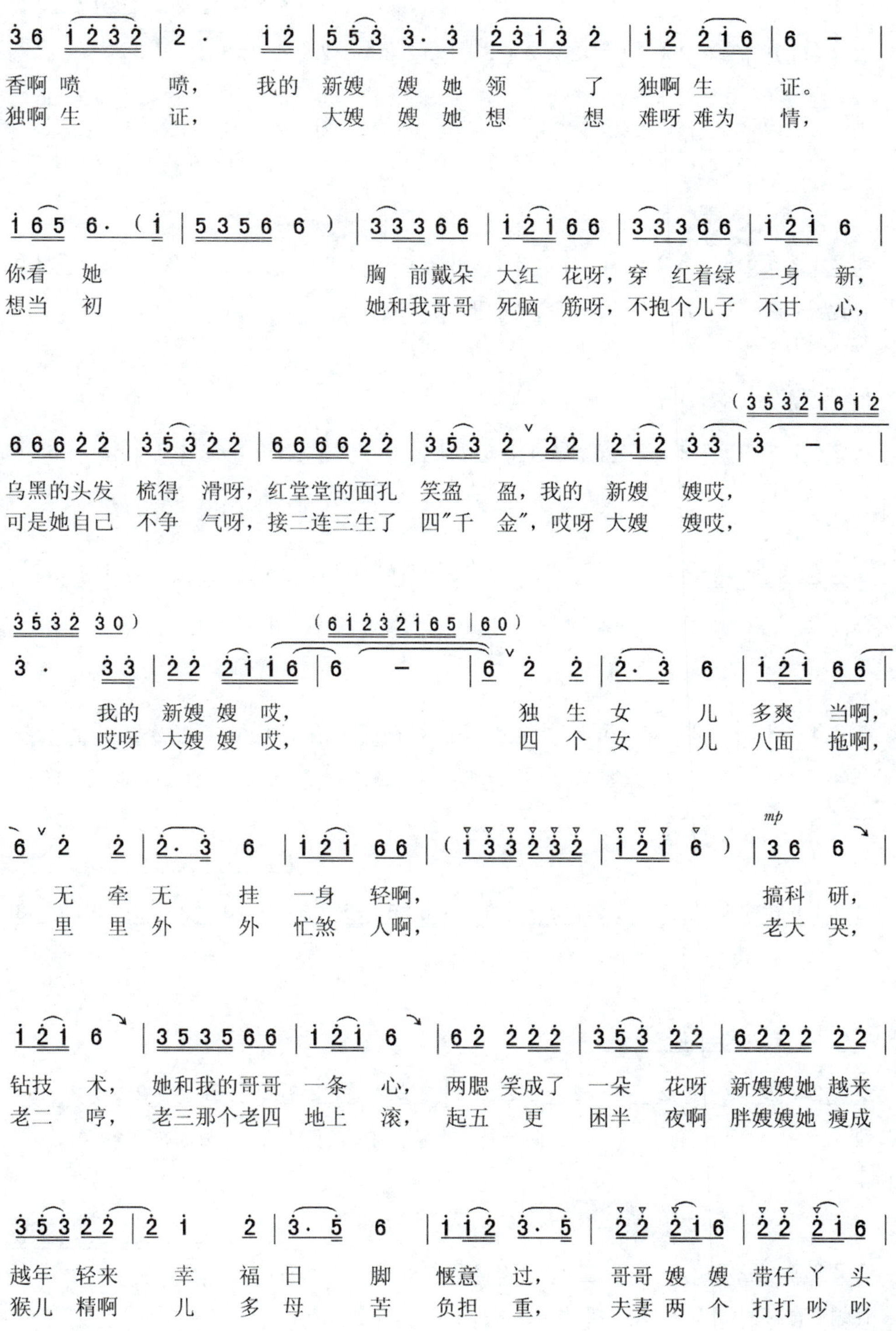
香啊 喷 喷，我的 新嫂 嫂 她 领 了 独啊 生 证。
独啊 生 证， 大嫂 嫂 她 想 想 难呀 难为 情，
你看 她 胸 前戴朵 大红 花呀，穿 红着绿 一身 新，
想当 初 她和我哥哥 死脑 筋呀，不抱个儿子 不甘 心，
乌黑的头发 梳得 滑呀，红堂堂的面孔 笑盈 盈，我的 新嫂 嫂哎，
可是她自己 不争 气呀，接二连三生了 四″千 金″，哎呀 大嫂 嫂哎，
我的 新嫂 嫂 哎， 独 生 女 儿 多爽 当啊，
哎呀 大嫂 嫂 哎， 四 个 女 儿 八面 拖啊，
无 牵 无 挂 一身 轻啊， 搞科 研，
里 里 外 外 忙煞 人啊， 老大 哭，
钻技 术， 她和我的哥哥 一条 心， 两腮 笑成了 一朵 花呀 新嫂嫂她 越来
老二 哼， 老三那个老四 地上 滚， 起五 更 困半 夜啊 胖嫂嫂她 瘦成
越年 轻来 幸 福 日 脚 惬意 过， 哥哥 嫂 嫂 带仔 丫 头
猴儿 精啊 儿 多 母 苦 负担 重， 夫妻 两 个 打打 吵 吵

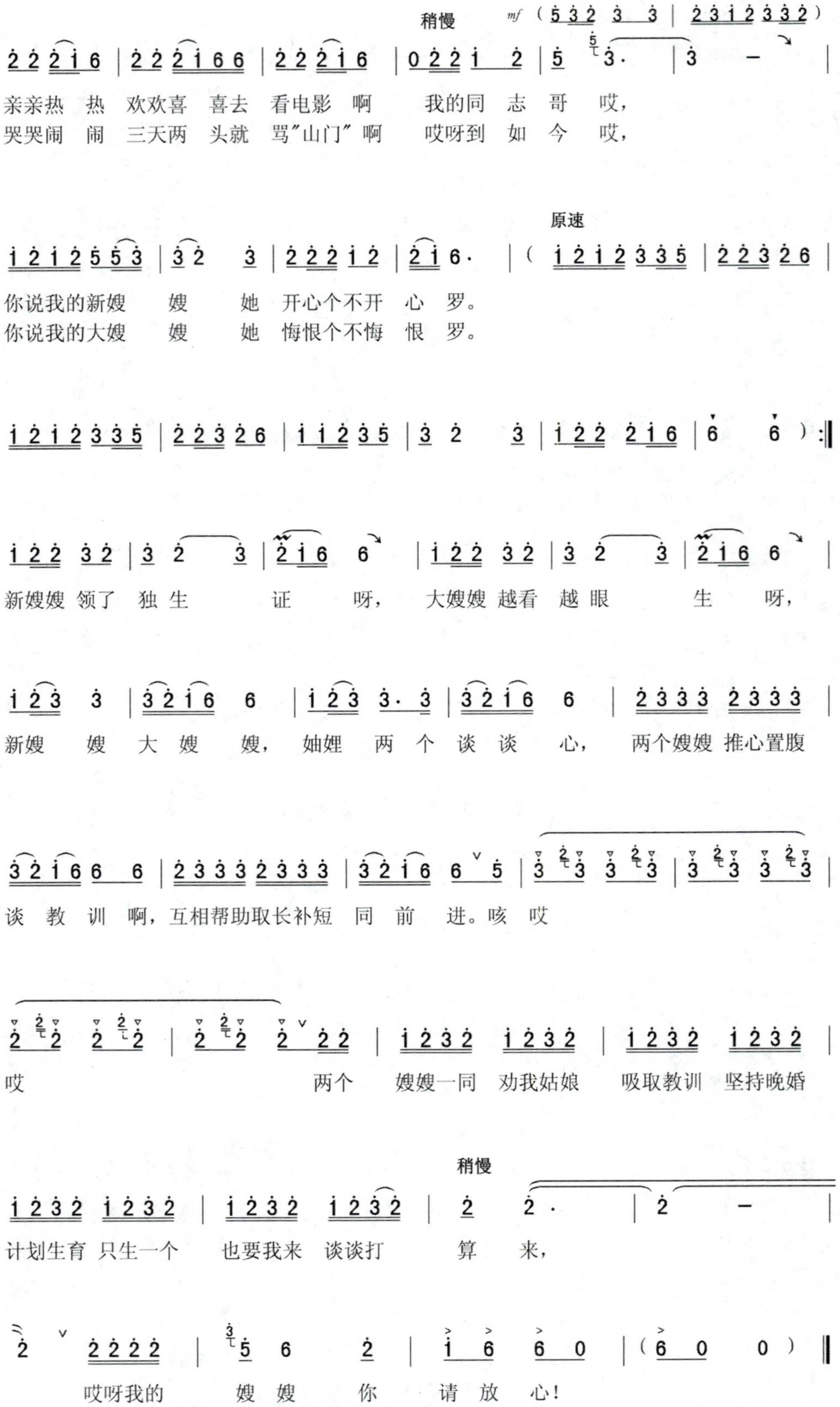
稍慢
亲亲热 热 欢欢喜 喜去 看电影 啊 我的同 志 哥 哎，
哭哭闹 闹 三天两 头就 骂"山门"啊 哎呀到 如 今 哎，
原速
你说我的新嫂 嫂 她 开心个不开 心 罗。
你说我的大嫂 嫂 她 悔恨个不悔 恨 罗。
新嫂嫂 领了 独 生 证 呀， 大嫂嫂 越看 越 眼 生 呀，
新嫂 嫂 大 嫂 嫂， 妯娌 两 个 谈 谈 心， 两个嫂嫂 推心置腹
谈 教 训 啊，互相帮助取长补短 同 前 进。咳 哎
哎 两个 嫂嫂一同 劝我姑娘 吸取教训 坚持晚婚
稍慢
计划生育 只生一个 也要我来 谈谈打 算 来，
哎呀我的 嫂 嫂 你 请 放 心！

王茂恒 词 崔立良 曲

一把芝麻拂上天

（通东山歌）

1=D $\frac{3}{4}$ $\frac{2}{4}$

悠扬 自由

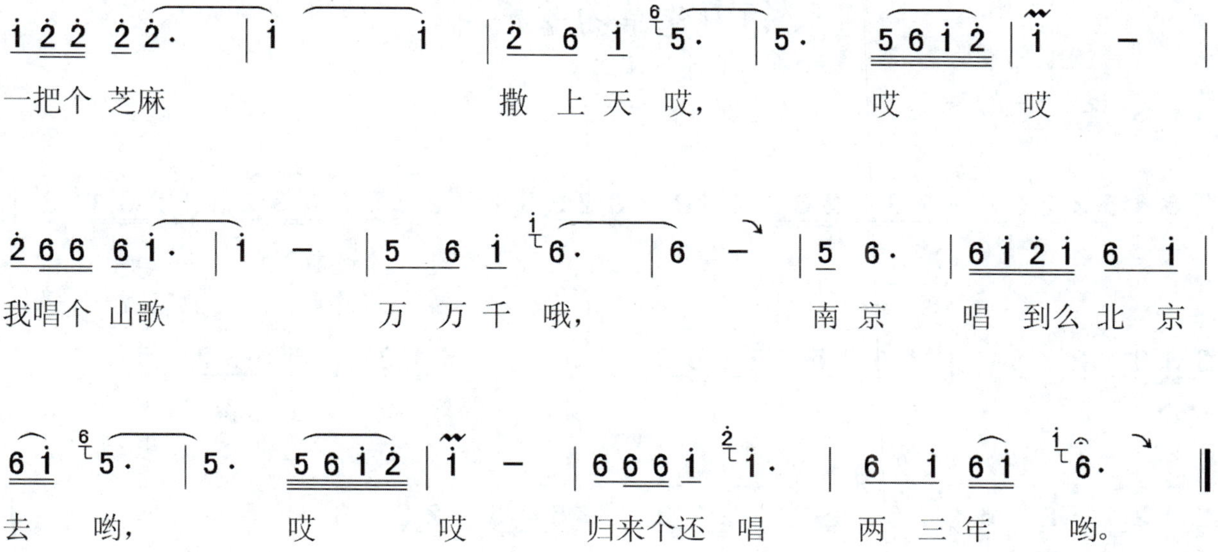

赵玉仙 唱 崔立民 整理

日出东方白潮潮

（沙地山歌调）

1=G $\frac{2}{4}$ $\frac{3}{4}$

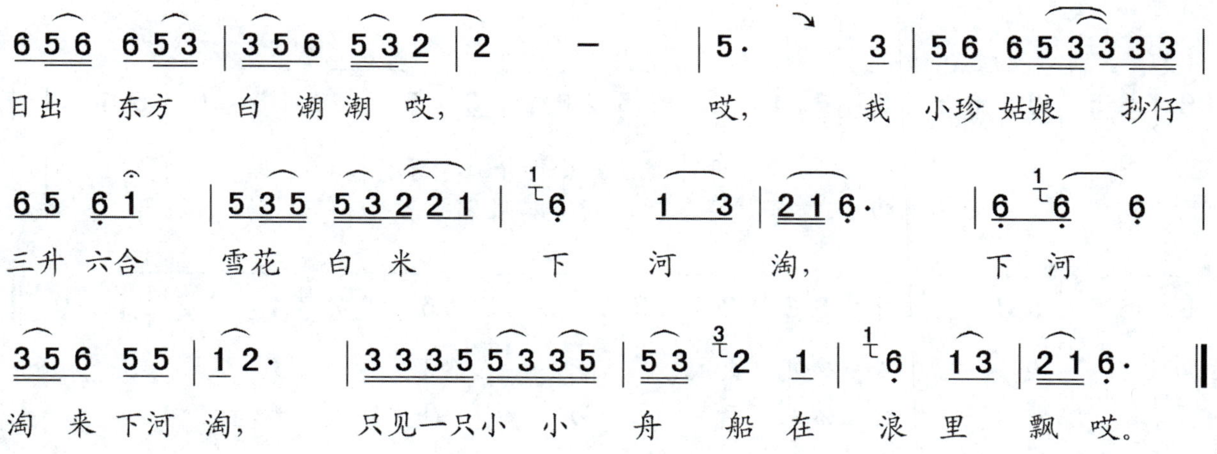

陆行白、陆国雄 整理

三、小调

小调是劳动人民在劳动之余哼唱的小曲。小调是经过适当加工和创作的,节奏整齐,旋律抒情流畅,大多是问答式多段词的反复。通东民歌的小调《小郎依儿来》《打牙牌》《利市调》《荠菜花调》等。南部沙地的小调如《对花调》《香袋调》《念佛祈》等,还有许多外地传来的小调,如《花望郎调》《江南调》等。

南部沙地的小调谱选

镰刀吃草勿吃根

（对花调二）

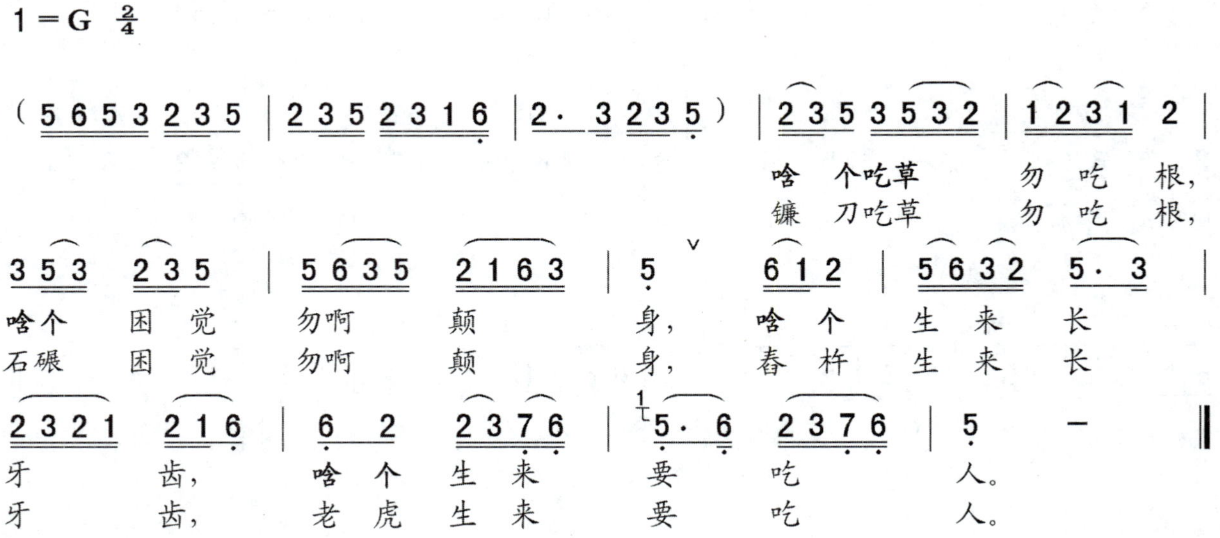

陆行白 陆国雄 整理

通东民歌中的小调谱选

小郎依儿来调

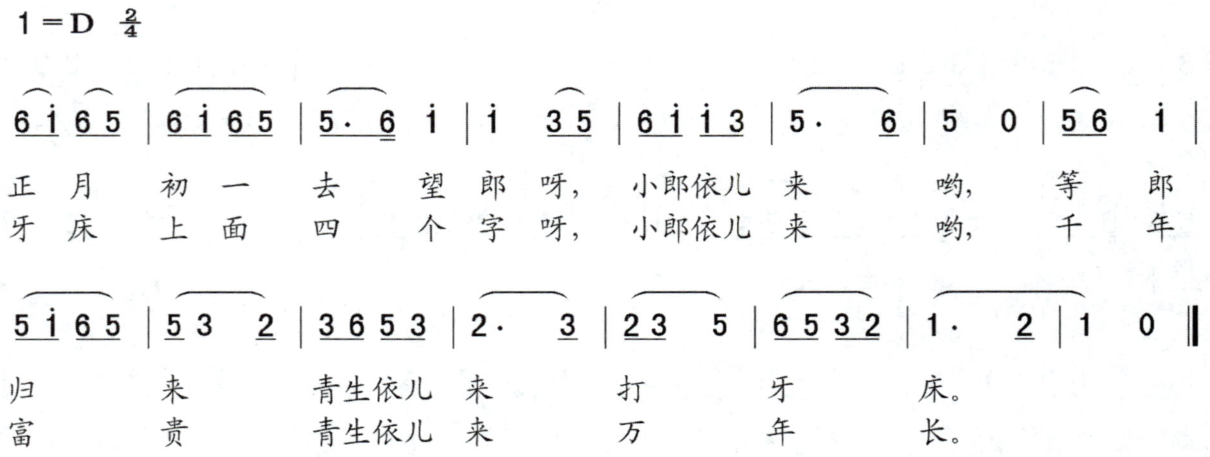

王茂珍 江采云 唱 梁学平 陈卫平 崔立民 采录

十爱姐姐

1＝G $\frac{2}{4}$

（打牙牌调）

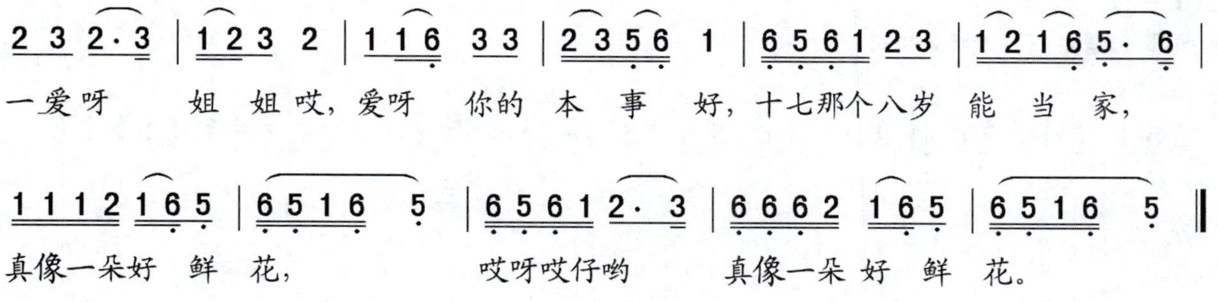

赵秀芬 唱　崔立民 记谱

四、说唱

利市调　流行于通东地区的一种说唱小调，内容多以吉利好口彩为主。民间艺人把生活、种田、时政内容即兴编成吉利的押韵口采，雅称利市调，在春节期间或结婚造屋等场合以表庆贺，主人家会高兴地出钱表示奖赏。

附：利市词调选：

上梁利市

走进你家门来说好话，脚踏楼梯步步高，
左脚高、右脚高，三亲六眷来送糕。
东海龙王把手招，东一招、西一招，
一招招到六六三十六只金元宝。
元宝蹬勒楔口里，千年富贵乐逍遥。

棉花利市

（通东利市调）

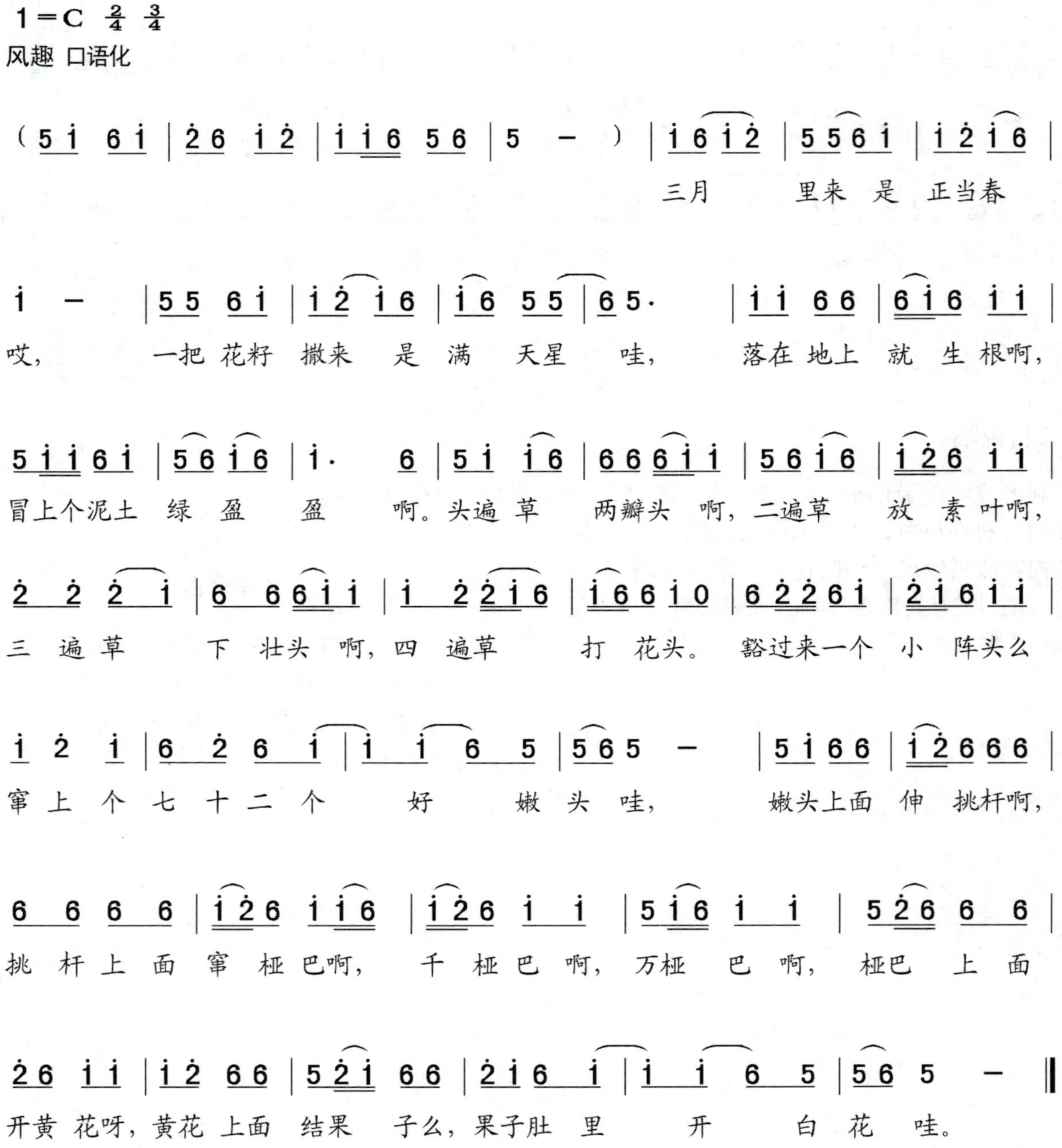

崔立民 记谱 唱

念佛祈 流传于南部沙地，表演者为一男子，手持木鱼，边敲边唱，内容为求神消灾、多子多福、发财享乐等吉利词。每段唱词末都有“南无阿弥陀佛”为结尾，原为念佛调，海门山歌中的“佛祈调”由此而来。

第六章　文物胜迹

第一节　馆藏文物

一、书画

1959年，海门藏书家周雁石去世，子女将其所藏书画古籍捐献给海门县政府，由县图书馆收藏，其中书画1300余件，有卷轴、屏条、对联、册页、扇面等。书画大部分为明清时期作品，尤以清代后期至民国时期作品居多，海派画家和近代名人手迹有林则徐、章太炎、吴昌硕、任伯年、任阜长、王石谷、王学浩、吴大澂、杨岘、胡汉民、于右任、李鸿章、韩国钧、周拔等。经省、市专家组鉴定，其中胡汉民赠戴季陶隶书联定为国家二级文物；于右任五言行书联、吴昌硕五言篆书联、翁同龢八言行书联、林纾“尽收春色”图轴、周拔“华祝三对”图轴等19件定为国家三级文物。

1984年，王个簃向县政府赠送《昌硕老人诗句篆书中堂》《紫藤园中堂》《红梅图轴》等7幅及画集4册。1991年，王公助（王个簃之子）向海门县政府捐献王个簃遗作12件。1996年，第一届海门金花节，向全国各地书画家征集书画作品100多件，均作为馆藏。2004年10月，市图书馆建文物陈列室。王个簃赠送的部分书画作品存市档案馆。

二、器物

1959年，海门民工在疏浚京杭大运河时，挖出一批陶瓷器，部分为隋唐时期的青瓷器、贵族墓葬的随葬品，其中隋代盘口青瓷壶、唐代官窑褐斑彩瓜棱壶等由海门图书馆收藏。

图书馆收藏的还有宋、元、明、清各时期陶瓷器70余件，陶器有砂陶、瓦陶、红陶、灰陶，瓷器有青花、粉彩、青瓷等，器形有瓶、碗、杯、盘等，部分已损坏，这些藏品出土地点无考。民间征集少量铜器，其中有明代仿春秋时期的青铜文王鼎，兽面纹细颈瓶，器形较小。

第二节　纪念馆　博物馆

一、张公祠　张謇纪念馆

张公祠位于常乐镇状元街东首。民国25年（1936）由当地乡绅秦国翘、秦冠生等募款集资在关帝庙东侧建造张謇故里祠堂。南首建造石碑坊1座。由国民党元老林森题“张公祠”字样，并落款钤印，20世纪60年代被拆除。旧址存有树龄210多年的银杏树1棵，“张謇故里祠堂碑记”1座，石碑高2.14米、宽1.04米，碑体汉白玉阴刻碑文1280字，隶书，刘伟撰、黄祖谦书。1986年，列县文物保护单位。

张謇纪念馆位于常乐镇关帝庙后堂，原址建于民国25年。60年代张公祠拆除后，于1987年10月，在原址建张謇史料陈列室。1998年，建张謇纪念馆。由费孝通为张謇纪念馆题写馆名。张謇纪念馆占地2.2公顷，由史料陈列室、碑亭、状元山、荷花池等景点组成。史料陈列室150余平方米，陈列张謇生前业绩的图片和实物，其中有颐生酿造厂铜匾，《扶海垞》《癸巳水门铭》石刻，张謇年轻时使用的桌、椅、床等家具数十件。

二、海门民俗博物馆

位于市区南郊江海风情园内，建于2000年，由政府支持、三厂职业中学建造。2002年11月开放，以田园风光和古朴民居为特色，融江海风情与民俗文化为一体，仿造海门南部的“四汀宅沟”农居、北部的庭院民居、早期的竹篱茅舍式农居3组不同风格的传统农宅组成。民俗文化陈列于“沙地老宅”内，由海门历史沿革、海门名人陈列、海门民俗三大部分组成，其中民俗陈列分为礼仪馆、农耕馆、渔业馆、纺织馆、服饰馆、民间工艺馆等，复原了部分传统的农家生活场景。2006年，转让给南通职业大学海门校区管理。

第三节　文物古迹

一、大生第三纺织公司旧址

位于三厂镇中华路32号。民国3年(1914)，张謇创建大生第三纺织公司。办公楼(总办事处)为四合院格局，四周绕以回廊，占地近2000平方米，建筑面积约1300平方米。前为中式平房，后为西式二层楼房，面阔9间，墙体彩色瓷砖，装饰精美。前排面阔11间，中间为穿堂，欧式门柱，上方题有“总办事处”字样，为张謇手迹。天井种植花木。旧址现由华润大生公司使用。2004年，列为南通市级文物保护单位。

二、大生三厂钟楼

位于三厂镇中华路32号，民国9年建造。钟楼为城堡式建筑，底楼为大生三厂进出通道，高四层25.1米，底层面阔3间18米，进深6米，上部安大钟1座，保存完好。1987年，进行原貌修缮。大生三厂和钟楼旧址是张謇业绩和中国近代民族工业发展的历史见证，为近代工业文化遗产，2004年，被列为南通市级文物保护单位。

三、法光寺(东岳庙)

位于余东镇文峰路35号，始建于明代后期，原为吴氏宗祠。明末清初，江水溢逼凤城，当地人将江海漂流的一根川木雕刻成高约2.5米的东岳大帝，供奉于正殿，吴氏宗祠遂演变为东岳庙。20世纪80年代，仅存正殿与后殿。1986年10月，列为县文物保护单位。1987年，修复正殿建筑为明清风格，单檐歇山式风格，面阔3间10.82米，进深3间10.65米。1992年7月4日，经南通市人民政府批准，命名为法光寺。后殿于1996年因危房被拆除，未复建。

四、涸甦堂节孝坊

位于海门镇新海路536号市福利院内。清乾隆十六年(1751)建造，由海门先贤陈朝玉之子陈浩等捐建，以收养孤寡老人。清嘉庆七年(1802)，建节孝坊，以表彰刘陈氏。今存节孝坊为花岗石3间4柱，房顶已毁。面阔5.97米，高4.48米。节孝坊两侧石柱上刻有“一寸铁心不比海枯石烂，千秋霜节长同月白风清”，横幅为“皇清旌表太学生刘铭妻陈氏节孝之门”，并有龙雕凤饰。横额上有“千秋壹范”“明伦替化”字样，坊上刻有龙凤图案，上安“圣旨”石匾。是市境现存唯一完整的牌坊。1986年10月，列为县文物保护单位。

五、徽州会馆厅堂

位于海门镇新海路221号，建于清道光十六年(1836)，由徽州商人汪英等捐建。原建筑规模较大，1995年旧城改造而仅存厅堂。厅堂面阔3间，为7檩硬山建筑，面阔10.5米，进深8.4米，脊高6.1米，前附卷棚式通廊，其梁架、雀替、斗拱等构件均饰以雕刻，内墙刻有历史题材的砖雕壁画18幅。1986年10月，列为县文物保护单位。

图28-10　建于清道光年间的徽州会馆旧址　　(1980年摄)

六、天主教耶稣圣心堂

位于海门镇江海路59号。清咸丰四年(1854)建造，光绪九年(1883)翻建，民国20年扩建。坐西向东，为中式9架抬梁式木结构建筑。建筑面积

300 平方米。“文化大革命”中,该堂关闭,为县人民医院使用。1980 年,归还天主教堂。1981 年 4 月 19 日重新开放。1988 年 12 月,列为县文物保护单位。1998 年改造,已失去原貌。

七、张謇“扶海垞”旧址

位于常乐镇西市梢,张謇出生地。光绪二十九年(1903),张謇于旧宅西侧建新宅,名“尊素堂”。光绪三十一年(1905),于宅西建颐生酒厂。解放后,园宅由颐生酒厂改造为厂区,张謇故居被拆除,现仅存木楼 1 幢。该楼二层,面阔 7 间 28.5 米,进深 8.5 米,保存完好。1988 年 12 月,列为县文物保护单位。

八、余东民族英烈墓

位于余东镇东郊,面临老通吕公路,背依运盐河。民国 29 年 11 月,新四军东进海启,与日本侵略军血战余东龙须口,新四军一个排 39 名战士壮烈殉国,当地群众就地掩埋烈士遗体。民国 30 年,为民族英烈建墓。1986 年,墓地重修,并立纪念碑。1988 年 12 月,列为县文物保护单位。

九、清代海关旧址

位于海门镇复兴街南端,坐西向东。建于清道光年间(1821－1850),为清代江海关的分关之一。原存两棣七架头抬梁式砖木结构平房,临街照壁嵌有两块石碑,分别立于清道光十七年(1837)和清同治五年(1866),刻有海关征收过境货物税款和严禁侵吞国家课税的条文。1995 年,旧城改造期间拆除。

十、余东古镇

明代正统年间(1436－1449)形成。明嘉靖年间(1522－1566),为防倭寇筑城。城区面积 0.62 平方公里。东、西、北三面城河环绕。主街道为南北走向,长 800 米、宽 3 米许,石条铺砌。街巷、民居、古井遗存明清旧观,存有建于清乾隆年间(1736－1795)的石桥两座。城内有东岳庙、芙蓉池、文昌阁、崔桐故居等古迹。2008 年 4 月,余东镇被列为省历史文化名镇。11 月,被列为国家级历史文化名镇。

十一、王个簃故居

位于三星镇镇南村,宏光小学旧址。现存 5 间旧屋,原貌未变,西首 1 间为王个簃出生地。

十二、其他

捍海堰遗址　宋代天圣元年至六年(1023－1028),范仲淹率众筑捍海堰,北起东台,南至海门县治西北,惠及海门。宋庆历年间(1041－1048),知州狄遵礼,筑西起石港,东至余西的捍海堰,名狄公堤,统称范公堤。宋代至和年间(1054－1055),海门知县沈兴宗再筑捍海堰,东起吕四,西接范公堤,后人称沈公堤(亦统称范公堤),民间俗称老皇岸。现仅存东灶港境内一段,长约百米,高 3－4 米,遗址隐约可窥,是海门历史文明的重要遗迹。

太平山观音石像　位于包场镇河塘村。宋代,人工堆土筑太平山,紧靠沈公堤,其上曾建庙,内供石像。“文化大革命”期间,石像失踪。1992 年,于原址河中出土重现,像高 1.9 米、底宽 0.9 米,重约 1.5 吨,确定为宋代遗物。石像所在地现建有太平山寺。

长安桥　位于长兴镇(现属常乐镇)青龙河上,建于清道光三十年(1850),由乡人集资建造。建国后,于 50 年代修缮,为东西向,跨青龙河,三跨石梁桥,长 13.12 米,宽 2.36 米,桥栏雕嵌有石狮 8 头(现桥栏改为水泥结构),桥柱南北两侧各刻行楷七言联一副。

张公堤旧址　位于东灶港镇。民国 2 年,张謇张詧创办大有晋垦牧公司,沿海围圩筑堤,围垦 1.78 万公顷。现海堤尚存,人称张公堤,东灶港境内残存长约 3 公里,大堤东西走向,高约 5 米,堤上绿树成荫,自然环境良好,东灶港几经围垦,仍保留张公堤,已成为陆上堤岸。

三星桥　位于三星镇老街中段,民国 26 年建造。长 12 米,宽约 2.5 米,为三跨石梁桥,由王个簃题写桥名,刻于桥栏,两侧桥柱刻有其题写的隶书桥联:谁谓河广济□东西南北人,□于津梁利涉江河瀛□客。

见龙桥　位于连元镇(今市区长江路、北海路交会处北)东市梢,原观音堂旧址前。建于光绪年间(1875－1908),桥面由 3 块石条三跨组成,宽约 1.6 米,总长约 16 米,无护栏。桥面南侧的条石上凿有“见龙桥”字样,清晰可辨。

第七章 地方报刊

民国期间，县内新闻传播主要靠报纸。民国元年(1912)，一批激进人士创办《公言报》，郭义泉等集资创办阅报所。民国2年，县议事会创办《海门报》。至民国5年，因经济不支停刊。嗣后，县内先后办报20多种，其中以民间创办为主，有民国19年办的《江海日报》和民国26年创办的《民锋日报》；共产党创办的有民国31年中共通海工委机关报《江涛报》、民国32年中共海启县委机关的《东南报》和民国35年中共东南县委机关的《海启大众》。

新中国成立后，主要有中共海门县委机关报《海门报》和农业局等部门的《海门农业科技》。1956年，创办《海门报》。1959年2月改为《海门日报》，1960年停刊，1994年复刊。1999年，改为《海门日报》。2001年2月，《海门日报》获国内统一刊号：CN32－0125。2004年，《海门日报》变更为新华日报报业集团主管。2005年，《海门日报》建立网站，开通网络版。2008年，开通《海门手机报》。

第一节 江海日报

民国19年(1930)11月1日，经国民政府内政部登记创刊《江海日报》，社址茅家镇三益桥堍。版面为对开黑白版4版，销量600－1000份。主要内容有国内外新闻、本县新闻、简讯、社论及广告。民国22年，社址迁到茅家镇羊园角10号，新辟“实用商业”“启东新闻”专栏及副刊，每期1800份。民国24年5月，出“五卅特刊”，民国27年3月，日本侵略军侵占茅家镇，停刊。

民国35年4月1日复刊，社址茅家镇府东街27号。次年9月，因经费困难停刊。民国37年5月复刊，社址茅家镇宁波会馆，出黑白版4开2版。1949年1月，茅家镇解放时停刊。

第二节 东南报

民国32年(1943)4月，创刊《东南报》，为中共海启县委机关报。社址海中区表东乡三友村(今启东市)尹祖陶家。8开2版不定期油印，获重大胜利消息出号外，有时套红印刷。报纸的编辑、印刷、发行都在夜间秘密进行。民国34年8月，抗日战争胜利后停刊。民国35年7月，改为《海启大众》。

民国期间海门县报纸出版情况一览

表28－3

报刊名称	创刊时间	停刊时间	出版周期	主办者	主要内容
公言报	民国元年	-	-	激进人士	-
海门报	民国2年	民国5年	-	曹亚雄	-
海门报	民国10年3月	民国10年12月	日报	龚颂墀等	-
新海门报	民国10年8月	民国10年11月	日报	刘季明、黄照青	地方新闻
海门报	民国12年初	民国12年11月	周报	绅商集资	-

续表 28－3

报刊名称	创刊时间	停刊时间	出版周期	主办者	主要内容
海门日报	民国 12 年 11 月	－	－	教育部门	教育
星报	民国 12 年 11 月	－	周报	张游淡	地方新闻
海星报	民国 13 年 7 月	－	周报	王暮云等	文艺
新海门报	民国 13 年 9 月	－	日报	王　康	地方新闻
新海门日报	民国 17 年	民国 38 年	日报	国民党海门县党部	国内外新闻、地方新闻
通海新报	民国 17 年	－	－	龚介屏　曹勋伯	－
大公日报	民国 19 年	－	日报	－	－
江海日报	民国 19 年	民国 38 年 1 月	日报	－	
师山日报	民国 20 年 11 月	－	周报	薛荫田	－
民锋日报	民国 26 年	民国 27 年 3 月	－	国民党海门县党部	－
江涛报	民国 31 年 10 月	民国 32 年 3 月	先周刊、后 3 日刊	中共通海工委机关	战地新闻
东南报	民国 32 年 4 月	民国 34 年 8 月	不定期	中共海启县委机关	－
新海日报	民国 35 年 2 月	民国 38 年 1 月	日报	－	国内外新闻、地方新闻
海启大众	民国 35 年 7 月	民国 37 年 8 月	不定期	中共东南县委机关	战地新闻

第三节　海门日报

1956 年 5 月 1 日，创刊《海门报》，系中共海门县委机关报。黑白版 8 开 2 版周二刊（每周出刊两期），发行 2000 多份。1957 年 3 月起，改为周三刊。1958 年 4 月，扩为 4 开 4 版。1959 年元旦，改为日报。1959 年 2 月 8 日，刊头改为《海门日报》，发行量 4.1 万份。1960 年 12 月 31 日停刊，共刊出 1016 期。

1994 年 1 月 4 日，县委作出《海门报》复刊的决定，刊号为 JSXB 字第 236 号（原《海门农村科技》刊号）。复刊后的《海门报》为中共海门县委机关报，报社设在县委机关大院西南角，系县委直属正科级差额拨款全民事业单位，内设编辑部、采访通联部、信息部和办公室。是年 2 月 22 日，《海门报》试刊，共刊 5 期。4 月 29 日，《海门报》举行复刊仪式。时任江苏省副省长季允石为《海门报》复刊题词“坚持正确的舆论导向，更好地为改革开放和现代化建设服务”。5 月 3 日，《海门报》出版，黑白版 4 开 4 版，每周二、五出版，委托南通广电报印刷厂照排印刷。

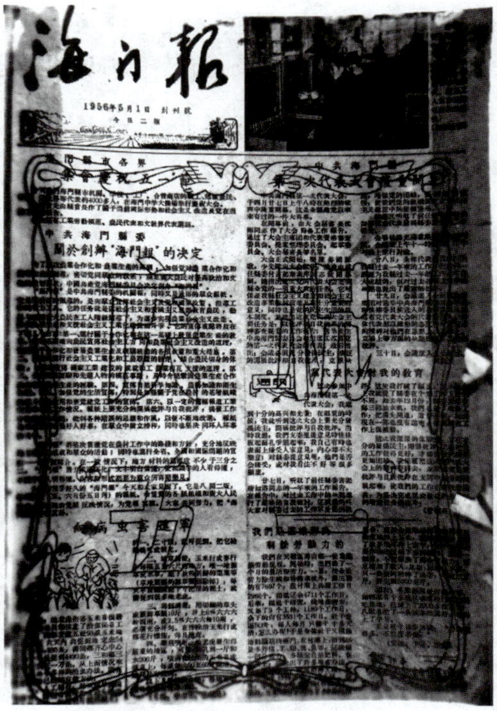
海門報
1956年5月1日 創刊號

图 28－11　《海门报》创刊号
（1956 年摄）

复刊后的《海门报》以“面向社会，面向基层，面向群众，尽心为民”为宗旨，服务地方两个文明建设。是年 6 月，《海门报》由中共海门县委机关报改为中共海门市委机关报。12 月 10 日，海门报社成为省县市报研究会会员单位。年底，购置设备，组建海门报社印务中心。1995年1月，《海门报》由时任海峡两岸关系协会会长汪道涵题写报头。增为每周三刊，逢周二、三、四出版，海门报印务中心自行电脑激光照排，海门印刷厂承印。发行1.6万份。开设专版，首期专版是市消费者协会《消费之窗》，之后《文教园地》《卫生与健康》等专版相继问世。1996年1月，增为每周四刊。1997年1月，为每周五刊。每星期二、三、四、五、六出版，三版设专版，有《健康之友》《教育园地》《法制长廊》《东洲视野》等版面。是年，省新闻出版局批准省内公开发行。1997年，投资60万元自办印刷厂，添置高速轮转机1台。同时，安装新华社电讯稿接收系统，报纸每天刊登新华社消息。1998年1月，《海门报》开设周末版（每周星期五），4开8版，其余4开4版。4月5日，社址拆迁，借用位于市区公园巷48号的市房屋交易市场的二层楼。随着报业的不断壮大，办报水平和质量日益提高。年发行量3.3万份。9月，在省第五届报纸质量评比中获二等奖。省报刊审读组专家评价《海门报》有三大特色：一是总体策划好，大局意识强；二是报道水平较高，宣传有力度；三是文章类别多，副刊有品位。

图28－12 1994年，《海门报》复刊时的报社旧址

1999年1月，《海门报》增为周六刊。经省新闻出版局批准，刊名改为《海门日报》。是年，自筹300多万元，购置新世纪广场西半楼房屋，面积1641平方米。3月8日，报社迁址人民西路1号新办公楼。

2000年元旦，推出160版新世纪特刊，创一天版面全国县（市）报之最。2001年1月，《海门日报》扩为4开8版（周六4版），发行量3.5万份。2月，省新闻出版局转发国家新闻出版署文件，批准《海门日报》等江苏10种县级市党报编入国内统一刊号。3月1日起，《海门日报》启用国内统一刊号（CN32－0125）。相继购置采编网络系统和彩色照排系统。2003年，全国进行报刊治理整顿，《海门日报》成为苏中、苏北地区唯一符合文化部规定的四项指标①，获得保留的县（市）级报纸。

2004年1月，《海门日报》变更为新华日报报业集团主管、海门日报社主办，报纸增为4开12版（周一、六仍为4开8版），分A版《新闻》，B版《焦点视点》《人间万象》《神州瞭望和公安专刊》《健康天地》《铁军风采》《海门药监》《光彩》等专版，C版《教育周刊》《文化周刊》《市场周刊》《生活周刊》。2月3日，出版彩报。2月7日，报社成立党组，实行党组领导下的总编辑负责制。4月27日，报社举行新华日报报业集团海门日报社揭牌仪式暨《海门日报》复刊10周年座谈会。在报社内公开招投标，实行承包经营。2004年，广告到账额660万元。完善新闻采编系统，实行无纸化办公，全面推行版面改革。

2005年1月，《海门日报》周六4开12版（周一8版、周三16版）。增设《开发区周刊》《叠石桥家纺周刊》。发行量2.15万份，其中市区6200份。广告到账额773万元。7月1日，《海门日报》网络版开通。11月8日，《海门报人》杂志创刊。《海门日报》实现报纸、杂志、网站三位一体传媒格局。是年年底，《海门日报》共刊出4084期。2006年，在全国县市报好版面评比中获一等奖。

2007年，《海门日报》调整为周六4开16版，双面彩报。栏目调整为A1版《要闻》、A2版《综合新闻》、A3版《社会新闻》、A4版《民生新闻》、A5版《时事》、A6版《神州瞭望》、A7版《人间万象》。B1至B4版《百姓视点》《e网线》《东布洲》《家务事》《春江水》《伊甸园》《悦读》《文体娱

① 四项指标：县市报所在地人口在50万人以上，地区生产总值在100亿元以上，社会消费品零售总额在30亿元以上，报社广告年收入在400万元以上。

乐》,C1 至 C4 版《叠石桥》《健康》《消费》《教育》《房产》《开发区周刊》。发行量 2.3 万份。全年出版 305 期,头版头条自采稿件 120 篇,焦视点自采稿件 120 篇。版面质量获省报刊评比一等奖;35 件作品获县市以上新闻奖,其中获一等奖 9 篇,150 件作品被省级媒体转载。是年,投资 310 万元添置无轴双面彩报印刷机。8 月 11 日,双面彩报出版。

2008 年,《中华新闻报》以《“年主题活动”五年出新出彩》为题,报道《海门日报》发展的成功实践;全年在南通市级以上媒体录用稿件 110 篇,其中由报社记者采写的在《南通日报》头版头条刊发 4 篇;在全省报纸优秀作品评比中获二等奖 3 个、三等奖 2 个;在全国副刊协会评奖中获铜奖 1 个,作品《山那边与海那边心手相牵》在全省报纸副刊好作品评选中获一等奖。是年 11 月 28 日,由海门日报社与中国移动海门分公司联手合作的《海门手机报》开通。

第四节　海门农业科技

1983 年 4 月 18 日,《海门农业科技》创刊,黑白版 4 开 2 版,报头由书画家王个簃题写,每月两期,海门印刷厂铅字排版印刷。主要刊登农村政策、农业及多种经营生产动态、经验成果,传授种植业、养殖业的科技知识,发行 6000 份,由县财政出资,县农业局、多种经营管理局主办,赠阅区、公社(场)农技站、多技站、农科站,大队农技员,生产队示范户和外地农户等。

1984 年 6 月,获省第二届农业科技小报评比二等奖。10 月,获省科协和农林厅科技小报综合奖。县农业局科教站设立编辑室,农业局、多管局派专人负责编辑。根据农民需要,不断扩大发行量,从 1985 年初的 1.7 万份增加到年底的 9.7 万份。农民称小报为发财报、致富报,生产上的好参谋,不见面的农技员。至是年底,《海门农业科技》共刊出 52 期。1985 年 4 月 15 日,改为《农村科技与信息》,按“贸工农”型生产结构,主要刊登农、副、工、贸等方面的科学技术和信息,帮助农民及乡、村企业发展生产。由县农业局、多管局、乡镇企业管理局合办。县土管局、水利局曾参与编辑。1988 年 1 月 20 日,《农村科技与信息》第 66 期始获省内部报刊准印证:(JS)字 2260 号。1989 年 6 月 20 日,出版 95 期后暂停。

1991 年 3 月 20 日,《海门农村科技》报再次与读者见面,由县农业局、多管局、水利局、供销合作总社合办,刊号为 JSXB 字第 236 号,仍为半月刊,每月 5 号、20 号出刊。报头由时任南通市委书记吴镕题写。1994 年 1 月 20 日,出版 70 期后停刊,总刊出 217 期,复刊的《海门报》使用此刊号。

第五节　其他报刊

一、海门文艺

1958 年 10 月 1 日,由县文化馆创办《海门文艺》,翌年 6 月停办。1961 年 9 月,复刊。1967 年,改名《为工农兵》。1979 年,改名《小演唱》。1981 年 1 月,改《海门文艺》。3 月,改为《文化生活》。1985 年,又改为《海门文艺》。主要发表业余作者的小戏、曲艺、演唱、民间文学等作品,为群众文艺活动提供材料。

1990 年 8 月,与县文化局《文化工作简报》、县文联《海门文苑》合并为《海门文化》。至 2008 年底,刊出 44 期。

二、海门文化报

1990 年 8 月,县文化局主办《海门文化报》。1992 年 6 月停刊,2002 年复刊。2006 年,改为彩版,每年出刊 6 期,发至市各单位、文艺界、作者及市领导班子和全国各大文艺单位。第一版为《综合版》,主要反映海门文化工作的重大活动,宣传党的文化工作方针、政策;第二版为《江海风》,主要反映海门特色文化、文化遗产保护、民俗风情等;第三版为《小舞台》,主要发表歌曲(词)、小品、曲艺等文艺作品,为乡镇、社区文艺活动提供材料;第四版为《文学角》,主要发表小小说、散文、诗歌、摄影美术等作品。

2008 年 6 月,《海门文化报》增出抗震救灾特刊。

三、海门教育

1990 年,创办《海门教育》,由县教育局、县教育学会主办，市教育局教科室编辑。至2008年年末，出刊450多期，连续7年被评为市“十佳内刊”。

除《海门教育》外，各中小学都有校刊、校报。如悦来中学校刊《芳草报》，曾获全国校报校刊评选一等奖；四甲中学校刊《东渐教育》；通源小学校刊《新生命教育》。

四、小水珠词报

1986年10月，郁艺秋创办《小水珠词报》，是刊发新创歌词歌曲的小报，为16开16版，季刊。至2008年，自费刊出80期，发至全国各省市，成为全国词作家交流的平台。

五、补天戏苑

1986年，创刊《补天戏苑》，由天补中学主办，张垣主编，主要摘选各地报刊刊登的戏曲方面的文章。至2008年，刊出近1000期。其中杂文《功夫在戏外》在《人民日报》大地副刊栏目刊登。

第八章 广播电视

第一节 广 播

一、海门人民广播电台

1950年9月25日，县委宣传部设收音站，抄收上级电台时事新闻、气象消息等，送县领导和相关部门参考。1952年3月24日，出刊《收音消息》，供各地黑板报抄写之用。

1956年5月1日，建县有线广播站，开始向茅家镇播音。借用群众7间平房作工作用房，有改装的100瓦扩音机1台，工作人员6人。墙面用两层硬纸板隔音，门窗用双层木板、玻璃隔音。没有录音设备，自办节目直播。下半年，启用上海产500瓦新扩音机2台，借用电影队1台小发电机发电，马力不足时向私人借机发电。11月1日，向全县播音。喇叭安装到各区、乡镇机关。1957年，省分配钢丝录音机1架，广播节目可预先录制，不再直播。是年底，全县农村广播喇叭总数700只，广播专用线路600线(杆)公里；借用邮电线路190线(杆)公里，广播时不通电话，通话时不开广播。电杆用杂木棍和毛竹竿，个别地方亦用江芦秆支撑。

1958年，茅家镇通电，广播用电基本解决。5月，农业生产合作社始安装广播喇叭。是年，改用L－601、L－602磁带录音机，录音质量明显提高。扩音机由省拨发的旧扩音机改装，功率10瓦，音质较差。1959年12月，全县农村喇叭3000只，架设公社至大队广播专用线路2000线杆公里，借用邮电线路390线杆公里。同年底，在三和公社试点，广播喇叭发展到生产队食堂。1960年春，全县广播喇叭达4200只。1961年，广播喇叭减少到1300只左右。1962年，公社以下广播线路为专杆专线，喇叭开始增加。1964－1965年，在树勋、在德胜公社试点，将喇叭发展至生产队长家，随后向全县推广。1965年，由县人委出资建县站到各公社广播站的专杆专线。1966年，全县安装喇叭1.19万只，生产大队通广播率73%，生产队通广播率52.1%，公社、镇所在地附近农户装上喇叭。1969年4月，县站自办发电设备。省提出有线广播喇叭发展到户。是年底，全县喇叭增至4万只。1970年，增至16万只，广播喇叭入户率90%以上。因物资供应短缺，发动群众捐献旧铜换取线材，县广播站生产扩音机、变压器和广播喇叭。同年，乡村广播线路改用水泥杆。1975年，压电喇叭逐步由舌簧喇叭取代，广播扩音器总功率发展到1000多瓦。

1977年，县财政拨款13万元，在解放东路179号，建总面积900多平方米的广播大楼，由国家广播电视设计院设计。1982年,迁入新址,播音室约七八十平方米,可录制中小型文艺节目。1985年5月,全县各乡镇全面改造广播线路,逐步改为水泥电杆和钝化铁丝,确保广播信号优质、安全播出。县站机房设备达部颁甲级标准,采访录音设备得以改善。1987年3月,县有线广播站更名为海门人民广播电台。1990年,全县安装广播喇叭22万多只。县至乡镇广播专用杆线190杆公里,260多线公里;乡镇至村广播专用杆线1074杆公里,2100线公里,村通广播率100%,广播喇叭入户率90%以上。全县用于广播的扩音机60架,总功率36千瓦。

图28-13　20世纪80年代县广播站旧址（1985年摄）

1993年12月28日,县人民广播电台始行调频广播,县有线电视台同时开播,发射频率100.6兆赫,发射功率1千瓦,发射天线设置在常乐电视发射塔。1996年7月,市区电视塔投入使用,调频发射天线迁入新电视塔,调频广播增加节目容量和有效覆盖。

2004年,建有进口IBM电脑为主机的音频工作站,采访设备由磁带录音机更新为数字录音机。全市有广播喇叭23万只,入户率80%以上。因体制变化,广播经费筹集困难,线路日益老化,广播喇叭渐减,入户率不足60%。2008年,推进农村广播电视“双入户”工程,广播入户率76%。

二、广播节目

海门广播初期主要是转播上级台节目,一天广播3次,早中晚各1小时左右,有少量自办节目,如《政策讲话》《民兵讲座》《勤俭节约》等。“大跃进”期间,县领导经常利用广播,直接召开广播电话会议,将领导决策和要求直接和广大群众沟通。60年代初,自办《海门生活》节目,每日播3次,每次15分钟,并办有《科学知识》和文艺节目。70年代初,开办《海门新闻》后自办一些针对性节目,全天播出时间6-7小时。80年代,自办节目日趋丰富,农村节目《田精明谈生产》、少儿节目《小天地》成为品牌节目。1986年12月31日的广播新闻(新闻组合)获全国优秀广播作品三等奖。

1987年4月4日,县有线广播站改为广播电台,除每日15分钟的新闻节目外,增设评论节目《大家谈》、经济节目《经济信息》、老年节目《老年之友》、文艺节目《百花丛中》等。1993年12月28日,开通调频广播,播出时间由每天7小时扩展到12-13小时。后相继开设《政风行风在线》《直通三农》等特色节目,与听众互动,和农民朋友对话。新闻节目有《海广新闻》《海广新闻网》《午间新闻》等。

图28-14　2008年,广播电视“双入户”工程施工现场

至2008年,海门广播设有新闻、专题、文艺、广告等多门类节目,每类节目有子栏目,全天播音13小时25分钟。

三、乡镇广播电视服务站

1958年5月10日,厂洪乡率先建立广播站。11月,全县32个乡镇全部建立广播站,673个生产大队通广播，安装喇叭1300多只，提前9年实现《全国农业发展纲要》的“乡乡社社通广播”目标。三年困难时期，乡广播站撤销。1962年后，陆续恢复。是年3月，县站在四甲公社通源镇建立第一个放大站。1964－1965年，分别在三阳、包场、余东等地建立放大站。1969年，普及到各公社。各站均有专门工作用房，配备专职机务员和线务员，扩音机功率均在300千瓦以上，有的站配有小发电机。1987年6月16日，乡镇广播放大站更名为乡镇广播电视站。1990年，线路和机房设备逐步达到部颁乙级标准。同年5月，全县34个乡镇广播站改称广播电视站。2003年10月，乡镇站由市局和乡镇共管改为市广电局直管，更名为乡镇广播电视服务站。原乡镇站的新闻干事退休、退养、转行外，有6名人员作为市广电局下派乡镇记者，分片负责基层新闻报道。2008年，全市共有22个广播电视服务站，负责转播市台下传的广播电视节目及乡镇广播电视网络的建设、维护和管理。

第二节　电　　视

一、海门电视台

1985年，在县有线广播站内建立3频道50瓦，覆盖面积1.5平方公里电视差转台1座，转播上海8频道节目。1986年，海门电视发射台建成，地点在常乐镇常中村，电视发射台主机楼建筑面积859平方米，塔高115.5米，天线形式为四层四面偶极子发射板。台内安装国产31频道1000瓦电视发射机1台，主机楼、发射塔和电视发射机三项投入近70万元。1987年1月15日正式开播。同年初，筹建电视台，政府拨款20万元购置摄录编设备。派员到南通电视台学习摄录技术，选一批技术人员到北京广播器材厂轮训。1988年1月15日，经广播电影电视部批准，同意建立海门电视台。1988年2月12日，举行开播仪式。

1990年，将3频道功率扩大至1000瓦，成为海门电视台主频道，覆盖状况有所改善。1995年4月，投资1500多万元，在城区解放路珠江路口建设广播电视中心。同时建电视塔，塔高200米。1996年7月1日，投入使用。

2004年，电视制作由线性编辑改为非线性编辑，摄录编播全部实现数字化。2008年，投入300多万元，新改造电视演播室2个，增添电视精编工作站2个，购置索尼930摄像机4台、采访机10台、新闻采访车4辆。

二、有线电视

1993年3月，投入80多万元，建设有线电视骨干线路和用户安装。是年，有线电视用户3000多户，信号传输稳定，用户收视质量良好。12月28日，举行有线电视和调频广播开播仪式。1994年10月，海门至三厂架设第一条光缆线路，后向各乡镇发展。1999年，各乡镇所在地部分居民安装有线电视，全市总户数5万多户。

2000年10月，投入700万元发展农村有线电视用户近7000户。2001年，德胜、四甲等9个乡镇投入3000万元，新发展用户2.3万多户。2002年，安装有线电视用户2.4万多户。2004年，发展到13万多户，达到省有线电视达标市（县）标准。2005年，发展到15.7万户，进入省有线电视先进县（市）行列。2008年，全市有线电视用户23万户，平均门樘入户率90%，通过省有线电视示范市验收。

三、自办电视节目

1988年2月，海门电视台开播。每星期在3频道、31频道播放1档10分钟左右的“海门新闻”节目。是年，《离休干部王新谢绝高薪聘请，乐在农村当“猪倌”》消息，获全国优秀电视新闻三等奖。1993年，另设《海门经济》25分钟，重播1次。办文艺节目30分钟，电视剧90分钟。2000年，节目有《海门新闻》《东洲视点》《生活广场》《法制天地》《精品回放》《信息与服务》等。2002年，新增晨间新闻《江海晨光》。2004年，与市公安局联办《海门警方》。2007－2008年，增加教育频道，与市教育局联办《海门教育》，内设《教育新闻》《成长生活》等栏目。

第九章　编史修志

第一节　党史资料征编

一、史料征集

1982年10月，县委党史资料征集小组办公室成立，借调人员，搜集、编写海门人民革命史料。1985年4月，改为县委党史资料征集研究委员会办公室。至1990年，共收集各种史料508份599.3万字。其中，回忆录159份213万字，历史文献59份、46.3万字，报刊资料130份80万字，旧政权档案资料40份60万字，其他资料120份200万字，历史照片47帧。

1991年起，主要征集新中国成立后党史专题资料，同时抢救挖掘人民群众在各革命斗争时期的英雄事迹，计200余万字。

二、史料编纂

革命史编纂　正式出版　1988年10月，完成地方党史一卷本《海门人民革命史(1919－1949)》的编辑，计3篇14章21万字，由上海社会科学院出版社出版，印数6000册。

1990年8月，完成《东洲烽火——海门革命斗争故事选》的编写，由学林出版社出版。1992年10月，《狂飙——海门县"革命纪实"选辑》，由南京大学出版社出版。1993年8月，《金光普照七年路——1949－1956年海门发展简史》，由江苏古籍出版社出版。1997年8月，《海铁雄风》，由江苏人民出版社出版。1998年10月，《中国共产党海门市大事记(1949－1997)》，由方志出版社出版。2000年1月，《江苏人民革命斗争群英谱·海门分卷》，由江苏人民出版社出版。

内部印刷　1982－1987年，不定期出刊《革命史活页》油印资料，共印出164期，计104.4万余字。1982－1986年，内部编印《江海怒潮》4集，计37万字，刊载革命斗争回忆录77篇、专题史料11篇、多帧历史照片及革命老同志题词等。1985－1988年，内部编印《海门烈士传》3集，计47.4万字，刊载144名烈士事迹，书画家王个簃题写书名。其中徐玮、陈国权、王尘无、沈惠农、郁仁治等烈士，分别被全国和省烈士传收录。其间，还编印《海门人民抗日斗争史料》《海门解放纪文》，通海、通东、海门城市地下党斗争史料专辑，计50多万字。

1990年后，内部编印《抗战烽火——海门抗日战争纪事》《张平山烈士纪念集》《季瑞祥烈士纪念集》《征程——树勋的光荣与辉煌》《春潮急——刘浩的光荣与辉煌》《党旗飘飘》《海门抗日纪事》等书籍。

组织史编纂　1985年9月，由县委组织部、党史办公室、档案局(馆)共同负责征集编纂党的组织史资料。至1990年，先后查阅档案6000余卷，发函100多封，走访外地和本地老同志200多人次，完成《中国共产党江苏省海门县组织史资料(1927－1987)》初稿，以文字记述、领导人名录和图表相结合的编纂形式，系统记载1927年中共海门第一个支部成立到1987年的60年间海门党、政、军、统(统一战线)、群(群众团体)五大系统，各个历史时期的机构沿革和领导人员更迭，计52万字。1991年6月，由中共党史出版社出版。

1997年12月，《中国共产党江苏省海门市组织史资料第二卷(1987.10－1994.12)》续编完成，中共党史出版社出版。

三、史料研究

随着党史资料的征集、整理、编纂、出版，其间有关工作人员认真研究，撰写有质量的论文、经验、体会等，在市以上学术交流会和刊物上发表并获奖。

1992 年 2 月，俞茂林的《编写海门革命史处理好几个问题》及《彪炳千秋——海门人民革命纪念地立牌做法》等文章，在省党史工作会议上作交流发言。11 月，陈鼎元的《建议及早写出中共经济建设史专著》以及《毛泽东在建国初期的廉政建设实践》刊载《中共党史通讯》。1995 年，俞茂林、陈鼎元撰写的《浅析新时期爱国主义的时代特征》，在北京《社会科学》等刊物上发表。另有《海门支前暴动概略》《抗日反清乡斗争的历史借鉴》《试论党史编写的可读性》《论季方在苏中抗日斗争中的贡献》《浅谈合作化时期海门地区的退社风》等，先后在南通市党史学会年会上交流并获奖。

四、史料利用

从 1983 年起，与海门电台、电视台、海门日报社等新闻媒体，合办节目、专栏。至 2008 年，提供各种稿件 980 多篇，在县市级培训班授课 120 多场次，到乡镇、机关、学校等举办专场革命传统教育 250 多场次，受众达 8 万余人次。向上一级刊物及专著提供资料 200 余篇次。举办抗日反清乡斗争 40 周年展览等。为海门烈士馆提供文字资料 3 次，计 10 余万字及有关图片 60 余帧。确定海门 27 处革命纪念地铭文立碑，作为爱国主义教育基地。为老同志证明经历，解决离、退休问题；为革命烈士正名并寻找家属；为第二次国内革命战争时期红十四军 300 多位红军失散人员提供资料作为依据，向省政府申请补贴等。

第二节　地方志编修

一、旧志编修纪略

明嘉靖《海门县志》　嘉靖十五年(1536)，崔桐撰修，列疆域、山水、风俗、食货、建置、礼制、官守、人物、古迹、词翰 10 纲。1964 年 1 月，由上海古籍书店根据宁波天一阁藏明嘉靖原刻万历增刻本翻印，分上、下两册，32 开本。1984 年，县地方志办公室根据沈芝平、王端侯译本，由宋问渔综合，铅印《明嘉靖海门县志译本》1000 册，32 开本，王个簃题写书名。

清顺治《海门县志》　顺治十三年(1648)，李兆星撰，分卷首序、例言，及地理、建置、祠祀、户赋、官师、选举、人物、艺文 8 卷，国家图书馆藏。1982 年 3 月，由南通市图书馆协助县地方志办公室影印，共 123 帧(页)。

清嘉庆《海门厅志》　嘉庆十二年(1807)刊印，董曰申撰。卷一为序文、凡例、舆图、十景图；卷二为舆地志：幅员、疆域、水利，赋役志：田制赋额、蠲赈、户口；卷三为建置志：学校、官署、坛庙、市镇、桥梁，官职志，选举志；卷四为人物志：懿行、文学、方技、节烈；风俗志：占验、物产，艺文志：碑记、赋、诗。南通市图书馆藏，县地方志办公室复印，分 6 册装订。

清道光《海门厅志》　道光十二年(1832)修成，丁苹野根据李兆星撰的清顺治《海门县志》编，分 3 卷。卷一为序、例言、卷首序、例图、目录、地理、建置、祠祀、户赋、官师；卷二为选举、人物；卷三为艺文。南通市图书馆藏，县地方志办公室复印，分 3 册装订。

清道光《静海乡志》　道光十三年(1833)刊印，丁苹野撰，分序、例、图、目录、地理、建置、祠祀、户藏、官师、选举、人物、艺文，分 3 卷装订。南通市图书馆藏，县地方志办公室复印。

清光绪《海门厅图志》　光绪二十五年(1899)刊印，蔡清臣总纂，王汝骐、周家禄分撰，共 20 卷，分序、目、地图、沿革、官师、科举、仕宦、封赠、旌礼、列女、地、物、赋役、建置、学、祠祀、艺文、名臣、耆旧、寓贤、叙传，分 4 册装订。

《续海门厅志》　刘伟撰，记自光绪二十三年(1897)至宣统三年(1911)，有官师、科举、仕宦、选举、封赠、建置、学志、耆旧、艺文等。县地方志办公室存。

民国《海门图志》　刘伟撰，辑自民国元年(1912)至民国 24 年，分卷首、目、大事年表及舆地、政治、财赋、建置、教育、交通、实业、物产、党务、人物、艺文、杂记 12 卷，手抄本 5 册。海门图书馆藏。1981 年 7 月 1 日，县地方志办公室翻印。

《海门县续志》　记述民国 24 年前海门水利、交通状况。范钦孟撰，手抄本(1 册)，县地方志办公室存。

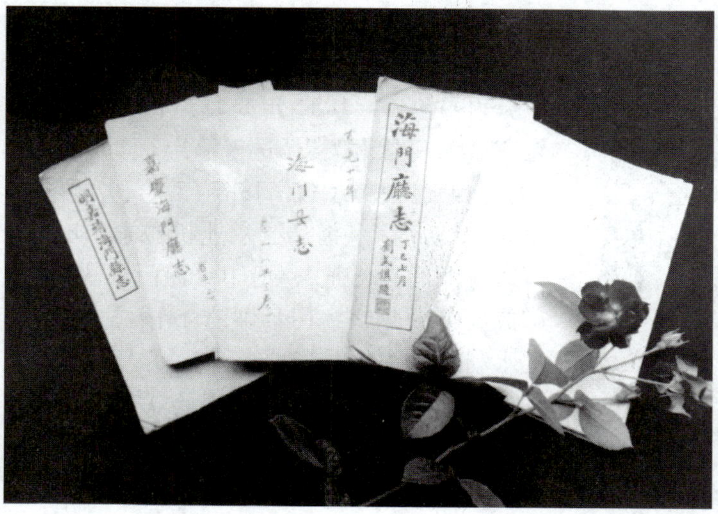

图 28－15　海门旧志　（1996 年摄）

二、新方志编修

海门市（县）志编修　1981 年 4 月，县委、县政府根据国务院及上级有关指示精神，作出编修《海门县志》的决定。成立县志编纂委员会及其办公室，由俞茂林任主编。办公室抽调人员，制定县志纲目、凡例和工作计划，召开县直机关有关部门人员会议，进行动员和业务培训，形成党委领导、政府主持的修志格局。

1982 年起，广泛征集资料，不断优化体例。由各部门提供基本资料，办公室专业人员到上海、南京、南通、海门等档案馆、图书馆广泛征集资料。全志列建置、乡镇场、自然环境、人口、围垦治坍、国民经济综合、农业、林牧副渔、水利、工业、乡镇工业、城乡建设、建筑业、交通运输、邮政电信、能源利用、商业、粮油经营、财政税务、金融保险、经济综合管理、党派社团、政权政协、公安司法、军事、民政、外事外经侨务港澳台事务、干部管理、教育、科学技术、文化艺术、卫生、体育、报纸广播电视、人民生活、风俗、方言、宗教、人物、文献辑录等 40 卷。至 1985 年，收集资料 1500 余件，形成资料稿 3000 万字以上。

在收集资料同时，对县志纲目先后作 5 次修改调整。1986 年 12 月，学习外地经验，对纲目作重大调整，改为条目式，共 37 篇；上限至事件发端，下限为 1985 年，最后延至 1990 年。是年，县九届人大常委会第 22 次会议作出《关于编纂海门县志的决议》，使该届修志列入法定保障体系。

1993 年 11 月，海门县委、县政府主持召开由省、市地方志办公室领导和专家参加的《海门县志》评审会，提出修改意见 1000 多条。经过 1 年修改，于 1994 年底完善定稿。1996 年 3 月，由江苏科技出版社出版，全志计 162 万字，印数 3550 册。该志获省地方志优秀成果奖。

2006 年，12 月 6 日，市委、市政府召开地方志工作会议。明确张凤斌为主编，聘请俞茂林、施裕岩等 9 名责任编辑组成市志编辑部，启动编纂《海门市志》。全志列建置区划、自然环境、人口、环境保护、城乡建设、水利、经济总貌、开放开发、经济体制改革、农业、工业、叠石桥家纺业、建筑业、商贸服务业、交通运输、邮电信息化建设、金融业、财政税务、经济综合管理、党派社团、政协政权、军事、政法、民政、人事劳动、教育、科学技术、文化、卫生、体育、精神文明建设、人民生活、风俗宗教、方言、人物、著作诗文、镇乡场、丛录，计 38 篇。《海门市志》上限至事件发端，下限至 2008 年 12 月 31 日，系通志体例。至 2008 年，完成纲目和大部分资料收集工作，部分篇目开始撰写初稿。

图 28－16　1993 年，《海门县志》评审会会场

图 28－17　2006 年 12 月，全市地方志工作会议会场

乡镇志编纂　1982 年，在《海门县志》编修中，各乡镇为县志提供相关资料，同时有的乡镇着手搜集资料编写乡镇志。是年 6 月，海门第一部乡镇志《常乐新志》油印本问世。常乐镇是清末状元，近代教育家、实业家张謇的故里，文化资源丰富。该志的问世为全县乡镇志及部门志的编纂，起到示范推动作用。

1984 年，《包场志》《汤家社志》《悦来志》先后面世，有的油印，有的铅印。《汤家社志》由邑人、中国著名翻译家、诗人卞之琳作序。1985－1986 年，《三阳志》《王浩乡志》《天补志》先后完成。1992 年，《四甲志》面世。至此，全县共有 7 部乡镇志出版。期间，还有《万年志》《三星志》《三厂镇志》《麒麟志》等形成初稿。

部门志编纂　随着海门县志的编修，许多部门除提供县志所需资料外，还组织人员编修部门志。至 2008 年，全市有 7 部专业志正式出版，11 部部门志内部印刷。

正式出版　1996 年 10 月，县级机关第一部部门志《海门县工会志》出版。记事上至发端，下至 1993 年。

1997 年 12 月，《海门市土地志》由江苏人民出版社出版。同年，袁劲编著的《海门方言志》，由黄山书社出版。1998 年 12 月，《海门教育志》，由黄山书社出版。1999 年 10 月，《海门市邮电志》，由中国文史出版社出版。2005 年，《海门建筑业志》，由方志出版社出版。2008 年，《海门市环境保护志》，由方志出版社出版。

内部印刷　1984 年 8 月，《海门商业史》铅印，《海门县土壤志（送审稿）》面世。随后，《海门粮食史料》编成。1987 年，《海门县电力工业志（初稿）》《海门县农业机械志（初稿）》打印，《海门县交通志》铅印，《海门县法院志》印成。1994 年，《海门县供销合作社志》《海门县水利志》《海门县多种经营志》送审稿完成。

2003 年 3 月，《海门市工商联（商会）志》内部印刷。2005 年 12 月，《海门市军事志》编印。

第三节　年鉴编纂

2000 年，启动年鉴编修工作。《海门年鉴》由市委、市政府主办，市级机关部门、乡镇供稿，市地方志办公室具体编纂，公开出版发行。

《海门年鉴（2000 版）》由中华书局出版，全书分篇目、分目和条目 3 个层次，以条目为记述的基本形式，全书设特载、大事记、海门概貌、人物、市委、市人大、市政府、市政协、纪检监察、工商联·社会团体、军事·司法、城乡建设、基础设施建设、农业、工业、国内贸易、对外经济贸易、财政·税收·审计、金融、保险、综合监督管理、科学技术、教育、文

图 28－18　《海门年鉴》　(2008 年摄)

化·新闻·体育、卫生、社会生活、开发区·海门港、乡镇概况、荣誉栏、文件选编、统计资料、企事业选介、驻海单位、附录等34个篇目、216个分目、1250个条目,计90万字。此书获省地方志优秀成果二等奖。

2001年,《海门年鉴》改由方志出版社出版。2003年,《海门年鉴》有较大突破,编纂出版时间提前2个月;内容有所创新,物质、精神、政治三个文明建设为导向,增加《专文》栏目,编辑质量有所提高。

2004年,《海门年鉴》获中国地方志指导小组办公室、中国地方志协会组织的首届中国地方志年鉴大赛一等奖。

2006年,《海门年鉴》出版时间提前至6月底完成总纂,增加人大、政协的优秀提案,反映人民当家做主的意愿和心声;“服务指南”增加农副产品市场价格和居民办理二代身份证的办法等。

2008年,《海门年鉴》共设36个篇目、252个分目、1475个条目,计92.8万字。

第十章　档　　案

第一节　档案门类

一、文书档案

1955年3月后,县直机关、乡镇、企事业单位逐步建立文书档案制度,由部门办公室或人秘股(室)分工专兼职人员,从事文书档案工作。县人委办公室成立档案室。1957年,县人委办公室制定档案管理暂行办法,整理积存文件5万余件。“文化大革命”期间,专、兼职文档人员恪尽职守,许多重要文件得以保存,但文档收集甚少。1981年,县档案部门指导县供销社和常乐公社建立档案室后,县级机关部门和乡镇均建立档案室。至1990年,县、乡镇机关和企事业档案室收藏文书档案7.26万卷。

2003年,制定《海门市〈归档文件整理规则〉实施办法》,贯彻“强化收集、简化整理、细化检索、深化利用”方针。2008年,机关、企业单位的档案有9.27万卷。

二、工业科技档案

1960年3月,县人委印发《技术档案工作暂行通则》。“文化大革命”期间,企业科技档案管理不善。1981年,县农机厂为县建立工业科技档案试点单位,以后逐步推开。

1990年,157个全民、大集体工业企业有工业科技档案2.73万卷(册、袋、盒),512个乡镇企业藏科技档案7864卷(册)。至2008年,工业科技档案存量130万卷(册)。

三、农业科技档案

1965年,县植保站建立农业科技档案。1982年后,各公社农科站、畜牧兽医站建立农业科技档案。1990年,全县农业科技档案6285卷。

2000年,全市194个养殖专业户建家庭档案,累计579卷。至2008年,全市农业科技档案存有2017卷,录音录像照片597张,底图61张。

四、城乡建设档案

1984年6月,建城乡建设档案馆,随后分勘探测量、规则基础、建筑工程、水利工程、交通运输、环境保护、城建科研七大类,存档1.13万余卷。

至2008年,城乡建设馆藏档案3.13万卷。

五、会计档案

1957年2月,贯彻财政部、国家档案局《关于预算会计账簿凭证报表保管销毁暂行办法》,全县有关部门贯彻执行。1985 年 5 月，清理积存会计档案，并在县政府总务股、县印刷厂进行清理试点。8 月，县政府成立清理会计档案领导小组。1987 年 9 月，制定《海门县会计档案管理实施办法》，所有经济核算单位都建立会计档案。

1990 年，县、乡机关和全民、大集体企事业单位的会计档案有 20 余万卷。2008 年，有会计档案 100 多万卷（册）。

六、企业改制档案

1996 年，全市实施企业改制。是年，全市 980 个企业在改制中形成的文件，组卷完毕，移交市档案馆。2002 年，市档案馆有企业改制档案 1161 卷。包括资产评估、产权界定书、验资报告、股东名册、投资情况、产权及重要合同、协议书等。

七、专门档案

审计、统计、地名、人事、宣传、诉讼、学校教学、工商企业登记、商标、合同、个体工商登记、公证、艺术、婚姻等档案，均由各主管单位按照国家有关规定进行管理。

第二节　收集整理

一、档案征集

1959 年，县直机关移交进馆档案 34 个全宗 5571 卷。1966 年，县档案馆接收档案 146 个全宗 1.22 万卷。“文化大革命”中，收集到部分民间刊物。1986 年，县档案馆确定档案进馆单位名册，编制进馆序列，由县政府颁发征集档案资料通告，聘请义务征集员，订购、交换和上门收集与档案有关的各种资料，随时接收撤并机构的档案。

1991 年，接收县级机关、乡镇档案室保管到期的档案 32 个全宗 1.67 万卷。1992 年，接收副科级以上死亡干部档案 43 卷，王浩铁矽区 I 矿段勘探地质报告 8 盒。1996 年，接收悦来、天补、四甲、包场、三厂 5 个巡视组会计档案 1097 卷（册），村镇规划、农田保护档案 692 卷，市工业普查办公室档案 81 卷和企业改制档案 695 份。

2000 年，对合并乡镇的档案提出具体实施方案。年底，市档案局接收 8 个撤并乡镇档案 4695 卷。2002 年，征集市人口普查办公室第五次全国人口普查资料 18 册，案卷 87 卷，照片档案 1 册。2003 年，接收市非典型肺炎防治办公室形成的文件材料 500 多件。2004 年，市纪委、监察局清房档案 112 卷、光盘 1 张，移交进馆，征集南非《华人报》光盘 2 盘、照片 58 张。2005 年，接收组织部副科级以上死亡干部档案 69 册。2006 年，接收棉花原种场档案 235 卷，348 件。2008 年，接收组织部副科级以上死亡干部档案 124 册。

二、档案鉴定

1965 年 6 月，召开全县清理鉴定档案工作会议，对 1964 年以前的档案全面清理鉴定，剔除重复和无保存价值文件 2340 余卷，重新组成案卷 1.11 万个。

1990－2006 年若干年份海门市（县）档案馆档案鉴定销毁情况一览

表 28－4

年　份	鉴定销毁档案	
	全宗（个）	案卷（卷）
1990	8	264
1994	9	293
1997	10	956
2001	32	3576
2006	44	10206

三、档案统计

县档案馆和各级各类档案室每年对档案的接收、移交、整理、鉴定、保管、利用及人员、设备情况及时统计、上报。“文化大革命”期间，统计工作停止。1980 年后，按上级统一口径进行统计。

1991 年，按照国家标准编制馆藏 152 个全宗单。建立人员、档案、资料、利用、经费、设备、接收、征集、职称等基础台账。建立档案接收、征集、数量、划控、开放、利用、借阅、移交等统计台账，做到账物相符。

2001 年，利用计算机统计上报。每年根据统计台账，搞档案年报分析。至2008年，市档案馆各类档案统计台账44本。

四、档案检索

1982年，县档案馆制定《开放历史档案实施细则》和接待制度，对期满30年的1.36万卷档案作划控、开放和控制标记。编制可供利用的自行检索开放档案目录和卡片，设立开放检索阅档室，为查档人员服务。1994年，编印《海门市档案馆指南》，编制馆藏档案《全宗名册》，建立全宗卷。编制汇总中央文件、国务院文件、干部任免、党纪处分、政纪处分、征用土地、成分批复、四类分子摘帽、知青名册、人口变动、居民建房、婚姻登记等专题目录及档案存放索引。

五、信息化管理

2001年，使用"新锦"文档管理软件，聘请计算机专业人员，帮助输入档案文件目录6.36万条。2002年，在市党政信息网建立单位主页，及时更新内容。同时，在南通档案信息网上开通市档案局（馆）主页。

2003年，在全市机关事业单位和部分乡镇推广、使用"清华紫光"档案管理软件。2008年，完成档案文件目录输入81万条，逐步实现馆藏档案数字化管理。

第三节　保管利用

1959年，建馆时开辟阅档室，制定《海门县档案资料利用制度》。利用者持介绍信，明确利用目的和材料内容，才可查阅档案资料。凡查阅控制使用的档案资料，须经有关领导批准。

1990年，县档案馆编制12种、433册目录和17万张卡片作为检索工具，利用档案资料近6000卷（册）次。设有阅档室30平方米，检索工具室36平方米，有2人专门负责接待。

2001年12月，市档案馆被命名为市爱国主义教育基地。是年，开始利用电脑检索档案。

2002年，建立现行文件查阅中心，集中储存各有关单位现行文件，方便利用者查询。

至2008年，累计接待4.58万人次，提供档案资料12.82万卷（册）。完善档案资料借阅登记。利用效果登记，每年编写利用档案实例50例，并选编一些典型实例，在南通市档案学会和档案工作会议上作经验介绍。

1959－2008年海门市（县）档案馆提供、利用档案一览

表28－5

年份	查档（人次）	日平均接待（人次）	提供档案（卷）	日平均提供档案资料（卷）
1959－1965	1176	0.70	4297	2.40
1966－1978	2626	0.90	13136	4.40
1979－1984	7356	4.10	21417	11.90
1985	1600	5.30	6040	20.10
1986	856	2.90	3543	11.80
1987	2942	9.80	7243	24.10
1988	1516	5.10	2733	9.10
1989	1432	4.70	4341	14.40
1990	1560	5.20	5646	18.80
1991	3086	10.30	9592	37.90
1992	1333	4.40	5808	19.30
1993	1320	4.40	3865	12.90
1994	948	3.20	2539	8.50
1995	578	1.90	2507	7.00
1996	965	2.70	2298	8.40
1997	982	3.30	2368	7.90
1998	938	2.60	2262	6.40
1999	835	3.10	2302	7.50
2000	946	3.20	2388	7.90
2001	924	3.10	2100	7.00
2002	1170	3.90	2690	8.90
2003	2456	8.20	3962	13.10
2004	1231	4.10	2031	6.70
2005	1181	3.90	2100	7.00
2006	1620	5.70	2680	8.90
2007	1854	6.20	3360	11.20
2008	2345	7.80	4924	16.40

第四节　档案管理

1988年，以县棉纺厂为试点，开展县市企业档案升级工作。1989年，全县12个企业档案管理升级，其中达国家二级1个、省级先进11个。是年，常乐乡机关档案室定为一级档案室。1991年，通过电视、电台、报纸等媒体，大力宣传《中华人民共和国档案法》，举办报告会、档案人员培训班等形式宣讲档案法内容，2000多人参加培训，5000多人受到教育。是年，全县20个企业档案管理跨入国家、省、市级先进行列。其中，海门棉纺厂升为国家二级；6个企业升为省级先进；13个企业档案管理升为市级先进。是年年底，企业档案管理升级考评验收工作暂停。全县34个乡镇建立综合性档案室，14个机关档案相应定级。1992－1994年，37个机关档案室升级。1995年，修订完善档案工作规章制度，落实经济技术开发区、“三资”企业档案工作制度。是年，市档案局恢复对企业达标升级工作，县建材二厂和四甲建筑站，档案管理达省级先进。对1992年以前定级、升级的企业档案进行复查，53个企业档案步入国家、省、市级先进行列。其中，国家二级3个、省级先进30个、市级先进23个。5个机关档案管理升级。1997年，2个企业、5个机关档案工作达省、市级先进。1998年，市供电局通过国家二级档案目标管理认定，市公路管理处通过省级档案目标管理认定。市检察院、市建行定为南通市档案管理先进单位。是年，对1994年前达标和定级的单位重新认定。1999年，对全市私营企业档案工作摸底；市航道管理处、市港航监督处通过档案目标管理认定。制定颁发《海门市中小学档案保管期限表》，学校档案走上正规化、规范化。全市30个乡镇的财政所会计档案管理工作达标，4个乡财政所档案管理达标升级。

2000－2005年，48个机关企事业单位档案室相应升级。2006年，222省道海门收费站和市药品监督局达省一级目标管理，市审计局通过档案目标管理一级复查，市地税局第一、三、六税务分局和8个乡镇农经站达省目标管理二级。2007年，11个乡镇农经站档案管理达省二级先进，其余均实现“六有”①合格档案室。2008年，全市有109个行政村通过“六有”合格档案室验收。是年，30个乡镇中，有22个档案室升级，占76%。

至2008年，档案局通过多次档案培训，前后培训人数计8700人。

第五节　海门市档案馆

1953年，县人委办公室成立文书档案室，印发《档案管理试行办法》，规定档案由各单位秘书室管理。1959年5月，成立县档案馆。整理4624卷积存文件，收编参考资料和工具书9万多件。是年，县档案馆有简易库房5间，建筑面积100平方米，档案橱28张，档案34个全宗，5571卷，资料2765册。

1966年，馆藏档案146个全宗，1.22万卷，转移至四甲部队，档案馆停止办公。1967年下半年，从驻海部队取回档案，档案工作由县军管会办公室主管。1968年3月建立县革委会办事组后，档案工作属办事组领导。1974年3月，办事组改为县委、县革会办公室，档案工作由办公室领导。1979年12月，恢复县档案馆后，新建库房楼1幢，建筑面积566平方米，陆续添置档案装备。1980年12月，档案馆属县委办公室主管。1981年4月，建立县档案局，与档案馆合署办公。1984年1月，档案局撤销。4月，恢复县档案局，档案馆归档案局管理。1989年，投资50万元新建库房及办公用房，建筑面积1691平方米。1990年，馆藏档案156个全案，4.74万卷，有关资料4307种2.84万册，照片700多张。

1991年，县档案馆评定为省三级档案馆。1994年12月，晋升为省二级档案馆。“八五”期间，被省档案局、省人事厅授予先进集体称号。1997年，通过省二级档案馆复查。

2001年，市档案局和市档案馆一个机构，两块

① 六有：有专门人员、有规章制度、有分类方案、有规范的档案、有完备目录、有安全保障。

牌子，为市委直属副科级事业单位。2001年，再次通过省二级档案馆目标管理认定复查。

至2008年，馆藏档案152个全宗，6.07万卷，3226件，总长度909米，馆藏资料3.3万册，照片795张，磁盘16张，光盘5张。有10节密集架4组，铁皮橱76张，铁皮箱363只，木橱86张，卡片橱4张，服务器1台，计算机12台，去湿机6台，空调13台，温湿度计8只，打印机7台，以及刻录机、数码相机、复印机等。

图28－19　海门市档案局（馆）　（2008年摄）

附1. 民国档案

民国档案形成年代久远，受保管条件和抢救经费的限制，部分档案资料纸张变色、霉烂、虫蛀，有些已成碎片、粉末，破损情况较为严重。2008年，市档案馆把实施抢救民国档案列为工作重点，严格按照规范对民国档案进行拟制目录、更换卷皮、装订编号。同时，对7816卷民国档案全部进行缩微、扫描，完成7500多卷、40多万页。抢救整理后的民国档案以分类明确、排列整齐、目录清晰、便于查找的崭新面貌向社会公众提供服务利用。

民国档案分1－6个芬特，共7816卷，是国民党政权溃退时留下的文书材料。内容涉及党派团体、司法、军事、政权机关、财政经济、文教卫生等方面。解放后，属一般公务性文件多，由公安局接管整理。1981年，移交给县档案馆。海门民国档案在南通市县级及档案馆中属数量最多、价值较高的档案。

1芬特184卷，起讫年限民国18年(1929)至民国37年。主要内容：伪海门县党部党务工作方面的文件，党员名册、登记表、组织情况；会议记录、提案、立法大选事项、规程、名单；工作条例、规则；抗战殉难殉国将士抚恤通知；年度工作报告；县国民党部宣传资料、政治协商事项；党团组织活动通则，成立三青团海门分团、新生活运动委员会的报告；共产党领导、武力装备详细表、日本降军调查表；海门县国大代表团体选出名额详细分配办法及选票。

2芬特69卷，起讫年限为民国32年至民国37年。内容主要是：国民党海门县三民主义青年团方面的文书、名册、各区负责人分工、征兵实施纲要、办法、工作报告、青年受训、海门学潮及平息经过、情报工作派遣等。

3芬特376卷，起讫年限民国22年至民国37年。主要内容：海门中统室、各乡情报员名册、会议记录、个人情报资料；青工队、人民服务队、警察局名单；建国通讯社资料、军民合作站名单、记录。

4芬特400卷，起讫年限民国25年至民国37年。主要内容：警察局名单、工作报告、规则；司法律师名册；各科案件卷宗，保甲长名单。

5芬特1066卷，起讫年限民国30年至民国37年。主要内容：县保安团、民众自卫队、官兵名册；各区乡志愿兵、壮丁、保警队、陆海空军名册；1946、1947年海门县、市区简图；有关战役战斗情况。

6芬特5730卷，起讫年限民国20年至民国37年。主要内容：政府职员、区乡长名单、履历表；各职业团体章程、会员名册；县政府工作报告、会议录；各群众团体组织章程、名册、记录；合作社章程、计划、社员名册、棉田调查表；寺庙祠堂调查表；海门县教职员名册、登记表、会议录、各级学校概况表；有关人员被捕情况；海门县公署成立及纪念册；军队反动宣传资料；船舶管理事项等。

附2. 民国地籍原图

民国海门县地籍原图共1491张,囊括当时全县6个区、120个乡(其中五堤乡、利民乡缺失)及沿黄海边的滩涂地带。民国海门县地籍原图制图于民国24年至民国26年,历时两年多,由专门成立清丈队在所测区域保长或乡长协助下进行专门测量,清丈队分3个清丈组,共89人。每个清丈组由1名清丈组长、1名检查员、1名清丈员组成,绘制地籍图。本地籍图的测量比例为1:2000,用三角测量法。遇有镇与集市则另附详图,其比例为1:1000或1:500。

第二十九篇

卫　　生

明清时期,海门只有少数中医医生在民间分散行医。民国 2 年(1913),徐纯借茅家镇溥善堂设立海门医馆。至民国 15 年,全县有私立医院 15 所。民国 24 年,国民政府海门县政府设县立医院,有医生、护士等 10 多人,可开展截肢手术等西医治疗。民国 26 年,私人震东医院除诊治疾病外,还兼顾办学,培训学员。民国 33 年,天主教神甫维亘锡以教会名义创办广济医院,有一定规模。民国 36 年,国民党县政府设卫生院。民国 37 年,全县有中、西医务人员约 500 人。全县缺医少药,医疗卫生状况落后,传染病等疾病多发流行,死亡率高,1949 年全县人口平均寿命只有 40 岁上下。

解放后,医疗卫生机构逐步健全,卫生事业开始走上轨道。民国 38 年 7 月,创建县人民医院。20 世纪 50 年代,相继建立县妇幼保健站、县卫生防疫站、县中医院,各乡镇普遍建立联合诊所、卫生室(不久改为医院)和村级保健室,开展全民性多种流行病的预防接种和疫情监控,新法接生逐步推广。

60 年代,加强对妇女病的普查普治及儿童的健康检查、预防接种。70 年代,在农村全面推行合作医疗制度,各大队设立卫生室,县、区、公社三级妇幼保健网络基本健全。80 年代,县爱国卫生运动大力开展,卫生环境等得到普遍改善。

90 年代,医疗卫生事业发展迅速。1990 年,全县有村卫生室 738 个、乡镇卫生院 28 所、农场卫生院 2 所、地区医院 6 所、县属医疗单位 8 个,医疗职工总数 2835 人,核定床位 2141 张,平均千人拥有病床 2. 1 张。医疗器械较为齐全,能进行普外、胸外、泌尿、骨科等多种手术,施行部分显微外科手术;白喉、霍乱、伤寒、菌痢、乙脑、流脑、麻疹、脊髓灰质炎等传染病得到有效控制,钩虫病、疟疾发病率有所下降,丝虫病、浮肿病、血吸虫病基本绝迹。1993 年,县开展创建等级医院活动。1995 年,市人民医院和中医院被评为二级甲等医院。1996 年,全市实施统一采、供血制度。是年,海门获全国卫生城市称号。

90 年代中期至 21 世纪初,人民医院等市级医院先后引进螺旋 CT 机、电子胃肠镜等 40 多种先进医疗设备,大大提高诊疗水平。2000 年,国家爱卫会命名海门市为国家卫生城市。2001 年,开展创建农村中医先进县(市)活动,实施农村大病医疗保险。是年,海门获省初级卫生保健先进县(市)称号。2002 年,全市 25 个集体所有制乡镇卫生院改为民营医院,同时设立 22 个乡镇卫生所,承担预防保健等工作。2003 年,全市抗击“非典”(SARS),处理疫情 21 起,防范和控制“非典”取得显著成果。是年,全市实施新型农村医疗制度,推行农村社区卫生服务站建设,农村大病医疗保险纳入新型农村合作医疗管理,农民受益明显。

2008 年,市申报的世界银行贷款“英国赠款”100 万美元,支持中国农村卫生改革项目(简称“卫十一”项目),获得卫生部、世界银行等部门的审核通过,5 年内分期分款到账。是年,有市属医疗卫生机构 14 个、乡镇医院 25 所、乡镇卫生所 22 个、社区卫生服务站 241 个、诊所及厂(校)医务室 146 个,核定开放床位 3060 张,平均千人拥有病床 3. 06 张。全市卫生技术人员 3278 人,乡村医生 614 人,个体医生 92 人;市、乡(镇)、村三级医疗卫生网络健全,各级医疗机构设施完善,市人民医院泌尿外科、心血管内科等多个科室列为南通市重点专科,全市许多临床科研项目和科研成果处于南通市同级医院的领先水平。各类传染病疫情得到有效控制,传染病发病率下降为每 10 万人 178. 36 人,各种慢性疾病和肿瘤得到预防控制,城乡居民健康状况不断改善,平均期望寿命 77. 53 岁,男性 74. 31 岁、女性 80. 66 岁。

第一章 医疗队伍

第一节 组 织

一、市(县)医疗卫生组织

县立海门医院 民国24年(1935),创办于县署西中山堂后。日本侵略军侵犯海门沦陷后,改为后方医院,有显微镜、手术床、病床、蒸汽消毒锅等医疗设备,医务人员10多人。民国27年秋,日本侵略军第二次侵犯茅家镇时,医院迁至凤凰桥,后又转移到南通县三余镇吴寄生宅。不久,被日本侵略军"扫荡"焚毁,医疗器材设备因事先获悉情报而疏散,医院旋即迁至聚星镇北黄顺龙宅,附设戒烟所于沙氏祠堂。民国29年,新四军东进海门后,部分伤病员在该院治疗。是年冬,日本侵略军进犯,医院无法维持正常工作,随即关闭。

广济医院 民国33年,天主教海门教区神甫维亘锡等以教会名义筹建广济医院,招聘朱大林、叶荣鑫、杨广德、松樵(比利时人)等医师、技师。1952年,合并于县人民医院。

海门市人民医院 1949年7月,以县政府门诊室为基础成立县人民医院,设内科、外科、药房,有医务人员7人。1951年6月,改称县卫生院,迁院于海门天主教堂内,设内科、外科、妇产科、化验室和药房5个科室,有病房4间,床位20张,医务人员30多人。1952年,与广济医院合并,定名海门人民医院,设内、外、五官、妇产4个临床科室以及化验、手术、透视、配药等辅助科室,有病床50张、医务人员48人。1956年,改名县人民医院,扩建病房20间,增设中医门诊。此后,医院相继建造门诊大楼、病房大楼、生活区大楼等。1985年,医院住院部设有内科、外科、妇产科、五官科、儿科、传染科及老干部病房等9个病区;门诊部设内科、外科、妇产科、儿科、眼科、五官科、口腔科、中医科、针灸科、推拿科10个临床科室和化验、病理、药房、制剂、放射等辅助科室。1986年,增设中医病区。同年,被定为南通医学院教学医院。1990年,有床位486张,工作人员512人。1995年,被评为二级甲等医院。1998年,兴建内科、传染病区等大楼共8000平方米。2002年11月,总投资6500万元的新病房大楼建成启用,其功能齐全,集中央空调、中心吸引、中心供养、中心呼叫等为一体,成为市卫生事业发展史上一个里程碑。至2008年,医院在职职工864人,其中高级职称86人、中级职称309人,有床位620张,年门、急诊32.83万人次,年住院2.21万人次,年手术7182台。医院占地4.5万平方米,建筑面积7.2万平方米,门诊部设内科、外科、妇科、产科、儿科、感染科、肛肠科、眼科、耳鼻咽喉科、口腔科、中医科、皮肤科、医学美容科、药剂科、影像科、检验科等科室,住院部设有ICU(重症监护病房)、五官科、妇科、产科、脑外科、普外科、骨科、神经内科、呼吸内科、消化内科、传染科等17个病区。有全市急救中心、儿童中心、肿瘤中心、血液透析中心和中

图29-1 市人民医院门诊楼 (2006年摄)

心血库。是年，医院固定资产2.3亿元，拥有国际先进的核磁共振系统、十六排高分辨环保型螺旋CT、直线加速器、全自动生化分析仪、多功能数字减影胃肠机、奥林巴斯电子胃肠镜、钬激光治疗系统、C臂机、生命指标监护仪、呼吸机、血凝仪、血透机等现代化仪器设备百余件。

海门市妇幼保健所 1953年3月，建立县妇幼保健站，站址茅家镇复兴街11号。1968年9月，与县卫生科、县人民医院、县卫生防疫站合署办公，妇幼保健工作仅由少数人承担，多数人员参加巡回医疗队。1971年7月，与县卫生防疫站合并，成立县卫生防疫保健站。1975年6月，恢复县妇幼保健站，与县计划生育办公室合署办公。1984年5月，更名为县妇幼保健所，并迁至海门镇卫生院三楼办公。1989年秋，迁至海门镇西郊路115号，业务用房600多平方米。1990年，有工作人员16人。1998年，迁至海门镇丝绸路，占地3040平方米，建筑面积2500平方米。2008年，有职工40人。卫生技术人员35人，其中高级职称1人、中级职称15人。设有综合科、社区保健科、妇女保健科、儿童保健科、生殖健康科、妇科、儿科、计划生育科等科室。

海门市中医院 1954年12月，组建茅家镇中医联合诊所。1958年5月，与海门镇解放路联合诊所、齿科联合诊所合并为民办海门镇医院。1959年12月，改为县中医院，扩展住院部，增设病床30张。1960年春，县中医院迁往原广济医院旧址，增设中药部。1962年5月，中医院撤销，并入县人民医院，作为中医科。1963年5月，恢复县中医院，其门诊部迁往海门镇东菜场对面，住院部设在复兴街，有病床40张。1968年11月，县中医院并入海门镇卫生院。1977年10月，县中医院从海门镇卫生院划出，取名县新医院，院部设于宏伟河七一桥东，门诊部与住院部合并在一起。1981年11月，复名为县中医院。1988年3月，医院迁至公园路12号，占地5328平方米。1990年，有床位174张，建筑面积4200平方米，医务工作人员194人。是年，医院建立中药制剂室，至此，中医内科、外科、妇科、五官科、儿科、针灸科、推拿科、伤科、痔科及放射科、检验室等辅助科室设置俱全。1995年，被评定为二级甲等中医院。1996年，被南京中医药大学定为教学

图29-2 市中医院 （2008年摄）

实习医院。1997年12月，5178平方米住院大楼竣工。2000年4月，6800平方米的门急诊、医技和行政综合大楼竣工。2004年，投资2000多万元兴建的1.28万平方米标准化病房楼竣工，配有中央空调、中心供养、中心吸引、卫生淋浴等设施。2008年，医院建筑面积2.6万平方米，有病床300张，卫技人员450人，年门、急诊22.37万人次，年住院1.09万人次，年手术3530台。门诊部设有中西医内科、外科、妇科、儿科、眼科、耳鼻喉科、口腔科、针灸科、推拿科、骨伤科、肛肠科等科室，住院部设有ICU、内科、外科、妇科、儿科、五官科等13个病区。医院拥有数字化胃肠机、拍片机、彩超、螺旋CT、全自动生化分析仪等多种先进医疗仪器。

海门市卫生防疫站 1956年6月成立，位于茅家镇复兴街11号，编制10人。1958年，迁址茅家镇老街（原水利局大楼）。1960年，与县卫生科合署办公。1963年，单独办公，迁址卫生科二楼，并设立检验室，开展生化、细菌、食品等项目检验。1969年7月，大部分人员下放区、公社医院。1971年7月，与县妇幼保健站合并，成立县卫生防疫保健站。1973年2月，恢复县卫生防疫站，增添医疗检验设备，设立办公室、防疫科、卫生科、检验科。1974年，在原通海中路26号（人民西路239号）建造900平方米的防疫站办公大楼。1990年，全站有工作人员75人。1993年，搬迁至海门镇西郊（人民西路526号），建筑面积8000多平方米，工作人员90余人。2003年3月，市卫生防疫站撤分为市卫生监督所和市疾病预防控制中心。

海门市皮肤病防治医院　1958年，县决定筹建麻风病防治所。1963年，建所于王浩公社七佛楼，工作人员7人，收治麻风病患者70多人。1967年，迁址东兴公社大东大队，占地近1.2万平方米，工作人员10人。1972年2月，兴建自来水塔1座，开掘隔离河，调拨土地4公顷，作为病员自给自足的生产生活基地。1975年，有工作人员16人，添置万能手术床、50毫安X光机各1台及显微镜、恒温箱、光电比色计等医疗设备。1980年，海门县基本达到国家消灭麻风病的标准。1984年初，更名为县皮肤病防治所，迁址海门镇西郊海兴路，建有600平方米办公楼1幢。1990年，有工作人员15人。1996年，海门市基本消灭麻风病。2002年，更名为市皮肤病防治医院。

2006年，市皮肤病防治医院和海门镇卫生所组建海门镇社区卫生服务中心，与皮肤病防治医院两块牌子，一套班子。中心占地1500平方米，业务用房建筑面积1750平方米，设有医疗康复部、预防保健部、社区管理部和综合办公室，下辖城区社区卫生服务站3个，服务区域为海门镇茅镇街道辖地，服务范围2.5平方公里，人口3.5万人。2008年，皮防医院与服务中心有卫生技术人员32人，其中经省级全科医师培训合格医务人员11人，专科以上学历22人，中级以上职称16人，公共卫生人员6人。配有B超、心电图、500毫安X光机、全自动血球计数仪、生化分析仪、病理切片机、美容激光机、电子治疗机等医疗设备，预防保健部计划免疫门诊为南通市示范接种门诊，健康教育、康复、计划生育指导等设施设备齐全，服务规范。

海门市精神病防治所　1973年，麒麟地区医院设立精神科。1975年，以此为基础成立县精神病防治院，院址麒麟镇西1公里。医院以门诊为主，定时上门为患者发药治疗。是年，扩建病房，增添设备，调配专业人员11人。1976年，组织精神病普查建网工作，培训相关基层医疗机构医生49人、赤脚医生1527人。1990年，有病床60张（男40张、女20张），工作人员54人，占地3266.68平方米，门诊房250平方米，病房900平方米。1999年10月，该院撤并入麒麟卫生院。2002年，医院产权制度改革，麒麟卫生院改为麒麟医院，挂“海门市精神病防治所”牌子。

海门市眼科医院　1985年11月，在海门镇卫生院基础上组建县眼科医院，院址海门镇解放中路，设眼科门诊、验光、手术室，有眼科工作人员13人。1990年，医院面积1533.34平方米，有病床90张，工作人员109人。1995年，建成2000平方米门诊病房综合楼。2002年，投入50万元改造成苏北县（市）级最大眼科诊疗中心。2007年6月，医院被省卫生厅确定为创建“白内障无障碍省”扶贫定点医院。至2008年，医院有卫技人员86人，其中高级职称3人、中级职称38人、硕士研究生1人。医院以眼科为主，还设有内科、小儿科、外科、妇产科、五官科、口腔科等科室。编制床位90张，实际开放115张，年手术600台。另下设卫生服务站3个、医疗点9个。

海门市疾病预防控制中心　2003年3月成立，位于市防疫站原址，建筑面积1.6万多平方米。2008年，在编职工64人。设有防疫科、结防科、血寄地防科、慢病科（健教）、卫生科、检验科等业务科室。配有原子分光光度计、气相色谱仪、电子天平、一氧化碳检测仪、生化分析仪、酶标仪等设备。具有开展食品、饮用水、化妆品、涉水产品、卫生用品、消杀用品、健康相关物品材料、环境等卫生质量指标检测设施。

海门市卫生监督所　2003年3月成立，位于市防疫站原址，办公用房1100平方米。2008年9月，整体搬迁至北海路151号，办公用房2700平方米。是年，在编人员47人，设有综合科、许可证审核科、监督科、稽查科等。

二、地区与乡镇医疗卫生组织

地区医院（中心卫生院）　1951年6月后，全县各区建立卫生所。1956年，余东区卫生所扩建成全县第一个地区医院，即余东地区医院，有床位30张。1959年11月，三阳区卫生所扩建为三阳地区医院。1966年春，县卫生科组织4支医疗队，分别在麒麟、四甲、刘浩、天补等地开展设点与巡回相结合的防疫治病工作。20世纪60年代末至70年代初，医疗队相继与当地公社医院合并组建麒麟、四甲、刘浩、天补4个地区医院。1986年，麒麟地区医院与三厂镇卫生院合并，成立三厂人民医院。1987年，三阳地区医院迁至悦来镇，与悦来卫生院合并成立悦来地区医院。1990年，6所地区医院共有床位533张，各类医务人员526人。

1991年后,地区医院亦称中心卫生院。1992年,天补地区医院改为乡镇卫生院。1993年,包场卫生院保留建制,分出部分人员、设备成立县包场人民医院。1998年,三厂人民医院改名为市第二人民医院。2002年,四甲地区医院改名为市第四人民医院。2008年,全市6所地区医院共有床位595张,各类卫生技术人员719人,其中高级职称45人、中级职称213人。

2008年海门市地区医院基本情况一览

表29-1

单位名称	医院等级	职工总数(人)	卫技人员(人)			床位(张)	年住院(人次)
			高级	中级	初级		
市二院(三厂)	二级乙等	223	12	62	129	168	3325
市三院(包场)	一级甲等	125	7	29	63	65	1336
市四院(四甲)	二级乙等	150	8	46	91	147	1706
悦来医院	一级甲等	123	7	38	71	80	2233
余东医院	一级甲等	115	10	26	67	85	1811
刘浩医院	一级甲等	61	1	12	40	50	704

乡镇医院、所 民国37年秋,海中、海南、富余、聚星等解放区建立12所乡村医院。1951年12月后,汇通、茅镇、三厂、海中、海南、王鲍、包场区中心联合诊所相继建立。以后,各乡镇由三五名个体医生组成联合诊所。1956年,全县共有联合诊所109个,医技人员444人(另麒麟区坚决诊所人数不详)。1958年4月,三和、三星、王浩、悦来、三厂等乡镇建立民办医院。1959年,除设有地区医院和区卫生所的公社外,其余公社均在乡村医院、联合诊所及民办医院基础上建立公社医院。1963年,瑞祥、麒麟两个卫生所改为公社医院后,全县有28个公社医院,床位181张,各类卫技人员442人。1978年12月,公社医院改为公社卫生院。1983年,公社卫生院改为乡镇卫生院。1986－1987年,麒麟、三阳地区医院迁址后,在原地成立麒麟和三阳卫生院。1987年,港胞朱鹤皋捐资20万元港币,在四甲合兴镇兴建南山诊所,用其父亲朱南山的名字命名,由全国政协副主席杨静仁题写所名。由县卫生部门派出两名医生执业。90年代起,由四甲卫生(医)院委派医生。1990年,全县有28个乡镇卫生院,床位935张,卫生技术人员636人。1998年,青龙港卫生院并入市第二人民医院,东灶港卫生院并入东兴卫生院,包场人民医院改为市第三人民医院,原包场卫生院同时撤并,增设海永乡卫生院。2002年,乡镇卫生院改集体所有制为民营机制,原乡镇卫生院改名为乡镇医院,继续医疗工作,其预防保健等职能由政府建立乡镇卫生所承担。2008年,全市有乡镇(开发区)医院26所,床位1110张,卫技人员690人;乡镇卫生所22个,卫技人员104人。

图29－3 南山诊所 (1988年摄)

2008 年海门市乡镇(开发区)医院

表 29－2　　主要状况一览

医院名称	床位（张）	卫技人员（人）	年住院（人次）
海门镇城南医院	45	27	280
海门镇城北医院	55	33	2115
三和镇医院	70	47	2524
三星镇医院	45	42	3711
天补镇医院	40	42	3852
德胜镇医院	35	26	1247
开发区医院	60	41	9259
三厂镇医院	45	30	7376
汤家医院	30	26	4036
常乐镇医院	45	35	5488
麒麟镇医院	65	21	8593
临江镇医院	35	29	4647
六匡医院	35	20	3236
万年镇医院	35	17	1639
三阳镇医院	50	16	8460
海洪医院	35	23	3046
瑞祥医院	35	27	2840
平山医院	45	34	10526
国强医院	35	21	3407
树勋镇医院	50	22	2892
货隆镇医院	60	22	1993
王浩镇医院	45	26	3793
正余镇医院	30	23	2559
新余医院	35	15	2398
东灶港镇医院	40	20	2393
海永乡医院	10	5	710

2008 年海门市乡镇(开发区)

卫生所卫技人员数一览

表 29－3　　单位:人

卫生所名称	卫技人员	卫生所名称	卫技人员
海门镇卫生所	13	三阳镇卫生所	4
天补镇卫生所	4	万年镇卫生所	3
三和镇卫生所	4	四甲镇卫生所	6
三星镇卫生所	4	树勋镇卫生所	4
德胜镇卫生所	5	货隆镇卫生所	4
开发区卫生所	5	王浩镇卫生所	3
三厂镇卫生所	7	包场镇卫生所	5
常乐镇卫生所	5	正余镇卫生所	3
麒麟镇卫生所	4	余东镇卫生所	5
临江镇卫生所	3	刘浩镇卫生所	5
悦来镇卫生所	4	东灶港镇卫生所	4

三、村及其他医疗卫生组织

村卫生室、社区卫生服务中心(站)　1958 年始,全县各大队相继建立卫生室。1959 年,有 115 个大队设立卫生室,配有 1 名至数名卫生保健人员。1968 年,90% 以上大队有卫生室,用药向公社卫生院或医药公司采购。1983 年,大部分村卫生室解体。1986 年,重新整顿村卫生室。1990 年,全县有村卫生室 738 个,80% 左右以家代室(卫生室设在乡村医生家里)。1996 年,市对卫生室进行规范化建设。1997 年,全市有甲级村卫生室 400 多个。2002 年,为方便农民就医,组织联村设置社区卫生服务站。服务站要求服务人口 4000－6000 人,服务半径 1.5 公里,房屋面积达 80 平方米以上,各功能室分

图 29－4　海门工业园区叠石村社区卫生室

(2008 年摄)

开,做到“三通一有”①“六位一体”②。2005年,全市共设有社区卫生服务站241个。2008年,城区3个社区卫生服务中心和11个社区卫生服务站完成规范化建设,进一步完善“六位一体”功能。

工厂、学校医务室 解放初期,县境内通棉三厂、海门中学、海门师范、海门县初级中学等主要工厂、学校设有医务室。60－70年代,逐步发展。80年代,完全中学等主要学校、大集体以上企业都设有医务室,临江棉纺厂等一批乡办企业也建立医务室,以方便职工就医。1990年,全县设有工厂医务室157个,其中全民28个、集体26个、乡镇办103个;设有学校医务室10个。1995年后,企业改制,原工厂医务室解体。2008年,全市有工厂医务室46个、学校医务室16个。

个体诊所(医院) 民国2－33年,县境有私立诊所(医院)15个(所),分布于茅家镇和常乐、三厂、三阳、麒麟等镇。其中,姜震东(又名姜霆)创办的震东医院(位于今常乐镇东南玉竹村),用房七八间,400多平方米。设有内科、外科、眼科、妇产科、手术室等科室,配有显微镜、化验等仪器设备,姜震东聘请同在上海医科大学毕业的陈曹荣、赵振年等同学执业,以西医为主,能做截肢、阑尾和肿瘤切除等外科手术及西法接生。医院在收治病人的同时,兼顾教育,招收姜雪瑞等20多名学员。日本侵略军占领海门后,医院难以为继,被逼停办。1949年,全县个体诊所138个,以中医为主。50－60年代,县内个体诊所办起联合诊所,并逐渐并入集体乡镇办医院。1958年,个体诊所184个。1963年,113个。1966年,40个。1980年后,增加一批以牙科为主的个体诊所。1990年,个体诊所138个。其中,牙科诊所92个、中医37个、西医7个、蛇医2个。此后,个体诊所准入门槛逐渐提高,原有诊所逐步整顿规范。2008年,全市个体诊所76个。其中,牙科诊所59个、中医诊所12个、西医诊所5个,牙科个体诊所占77.63%。

民国2－33年海门县私立医院(诊所)一览

表29－4

年份	医院(诊所)名称	院(所)址	主办人
民国2年(1913)	海门医馆	茅家镇	徐 纯
民国3年	人道医院	麒麟镇	杨大明、杨焕南
民国6年	中西医院	茅家镇溥善堂	李康祺
民国7年	中西医院	茅家镇徐公祠	李敦九
民国7年	中西医院	茅家镇陆公馆	沈伟人
民国9年	东洲医院	茅家镇	茅甫屏、杨梅汀
民国10年	同善医院	茅家镇南市	张望三、徐汉彬
民国12年	益海医院	茅家镇	杨近仁
民国14年	同善施医局	茅家镇	陈伯葵、何天龄
民国15年	广济施医局	茅家镇	薛少连、濮少堂
民国15年	同善医院	茅家镇	陆械人
民国26年	广济联合诊所	三厂镇	杨 杰、余嘉治
民国26年	广济分诊所	三阳镇	施志章、李怀芝、杨 杰、余嘉治
民国26年	震东医院	常乐镇东南3公里	姜震东
民国33年	平民医院	茅家镇西市	陈国宰

1956年海门县各区联合诊所一览

表29－5 单位:人

区别	诊所名称	卫技人员	区别	诊所名称	卫技人员
余东区	岸头镇	4	麒麟区	繁 荣	3
	王 浩	3		民 友	4
	王灶河	6		大 洪	6
	大岸桥	3		永 南	4
	五里墩	5		泰 兴	3
	富 北	4		长兴镇	3
	殷 忠	3		文 明	3

① 三通一有:通水、电、电话和有卫生厕所。

② 六位一体:预防、保健、医疗、康复、健康教育、计划生育技术指导为一体。

续表 29－5

区别	诊所名称	卫技人员	区别	诊所名称	卫技人员
余东区	富　安	3	麒麟区	红　星	3
	新河镇	4		二　匡	4
	土地堂	4		常乐镇	8
	施家店	3		常乐乡(西)	4
	富　南	3		二匡镇	9
	凤凰桥	4		坚　决	不详
	余　北	2		汤　家	6
	堤　北	2		六　匡	5
	宝　山	3		锦　明	5
三阳区	江家镇	5		唐　袁	4
	下三和镇	5	包场区	头甲镇	4
	汲浜镇	3		六　合	3
	十二匡镇	6		刘　浩	4
	灵殿(甸)镇	3		六　甲	3
	友丰桥	4		十　甲	4
	红祥村	4		友　爱	3
	卷边桥	3		互　助	3
	同　丰	3		新　余	3
	雁行桥	3		公　平	4
	义兴镇	4		三门闸	4
	占　先	3	茅镇区	海　南	3
	顺　祥	3		德胜乡	5
	太　山	3		坝头镇	9
	轧　煞	3		连元镇	9
	耀　昌	3		日　升	5
	凤　阳	3		通源镇	3
	六　三	4		搭连镇	4
	松　林	2		新　建	4
	三阳齿科	3		八字桥	5
	池棚镇	3		张家镇	4
	南星镇	4		定兴桥	4
	三阳镇	4		大桥镇	7
	悦来镇	7		解放路	3
四甲区	丁家园	3		齿　科	6
	德　安	2		中　医	7
	余中街	4	天补区	三星镇	4

区别	诊所名称	卫技人员	区别	诊所名称	卫技人员
四甲区	四甲镇	4	天补区	民　仁	4
	国　华	3		通　兴	4
	货　隆	2		利　民	4
	建　新	3		桃　源	4
	头　桥	3		兴　隆	5
	保　田	3		宋　季	7
三厂区	三厂镇	7		上三和镇	5
	青龙港	5		牛洪港	3
	工房街	4		三　星	7
				汇通镇	4
				天补镇	4
				民　治	3
				横沙镇	6
				史家镇	6

第二节　人　　员

一、医院卫技人员

解放前，县立海门医院和广济医院有医护人员近 20 人。1950 年后，医学院校毕业的大、中专毕业生被分配在县、区全民医疗卫生单位及乡镇集体医疗单位（乡镇医院）工作，少数进入厂矿企业、学校医务室工作。通过卫生主管部门考核，吸收部分个体医务人员进入乡镇医院工作。1958 年，县全民、集体医疗单位有卫生技术人员 620 人。20 世纪 60－70 年代，通过培训、考核吸收一批乡村医生进入乡镇医院。1979 年，全县有卫生技术人员 1603 人。80－90 年代，卫生部门通过内招班、定向委培等办法扩充各类卫生技术人员。

1985 年，实行卫生职称评聘制度。1991 年，县卫生系统有副高职称 12 人、中级职称 324 人、初级职称 1456 人。1998 年，《中华人民共和国执业医师法》颁布，实施执业医师考试制度，卫生技术人员的准入和使用逐步规范。1999 年，全市有卫生技术人员2531人，其中有技术职称人员2327人。2005年，全市有卫生技术人员2595人，其中有技术职称人员2555人。2008年，有卫生技术人员3278人。其中西医1689人、中医407人、护理919人、其他卫技263人。有技术职称人员2680人。其中正高级职称48人、副高级职称131人、中级职称878人、初级职称1623人。

1979－2008年若干年份海门市(县)卫生技术人员职称情况一览

表29－6　　单位:人

年份	合计	正高级	副高级	中级	初级
1979	35	–	–	–	35
1986	1408	–	–	31	1377
1991	1792	–	12	324	1456
1999	2327	19	61	537	1710
2005	2555	37	123	835	1560
2008	2680	48	131	878	1623

1958－2008年若干年份海门市(县)卫生技术人员分类情况一览

表29－7　　单位:人

年份	合计	西医	中医(含中西医结合)	护理	其他卫技人员
1958	620	158	307	40	115
1966	985	257	474	73	181
1979	1603	741	408	217	237
1986	1962	1097	146	406	313
1991	2294	1418	209	474	193
1999	2531	1505	134	623	269
2005	2595	1676	116	686	117
2008	3278	1689	407	919	263

二、乡村医生

1968年，农村大队卫生室的卫生保健人员称为“赤脚医生”①，“赤脚医生”经所在地公社医院培训，担负农村医疗保健、卫生防疫任务。1970年，全县“赤脚医生”945人，每个生产大队都有“赤脚医生”。1976年，全县“赤脚医生”增至1582人。1979年、1980年，对全县1458名(其中女630人)“赤脚医生”分3批进行培训考核，对1400名发给合格证书。

1984年11月，“赤脚医生”改称为乡村医生。1986年11月，全县474名乡村医生参加省乡村医生统考，合格者364人。未通过考试的人员称乡村保健员。是年，全县有乡村医生及保健员968人。1990年，被乡镇政府聘为乡村医生和保健员的890人。

1996年，市科委首次对乡村医生进行职称评审，20多名乡村医生被评为医师。1998年，市规范乡村医生准入制度，新乡村医生必须具有中等卫生专业技术以上学历，并对原有乡村医生分地区进行多期培训、考核，提高业务技术水平。2008年，省对乡村医生实行中专学历补偿教育，全市有乡村医生614人，乡村保健员不再留任卫生室或社区卫生服务站工作。

三、个体医生

解放前，县内个体医生主要分布于各地私立诊所，有民间推拿、针灸、拔火罐等土医生，也有带徒和自学而成的中医医生(郎中)。1950年，有个体医生138人。1958年184人。1959年，许多联合诊所的个体医生通过考核，进入公社(镇)医院。1963年，有个体医生113人。1980年后，县对个体医务人员考核发证。1990年，全县各类持证个体医生138人。2000年，个体医生参加卫生部统一举办的年度执业医师资格考试。至2008年，全市有87名个体医生。其中，取得执业助理医师资格31人、医师资格8人。

① 赤脚医生:20世纪60－70年代，经有关医疗卫生机构初步培训，仍持农业户口、“半农半医”的农村医疗人员。

第二章　医疗技术与设备

第一节　西　　医

一、外科

民国24年(1935),县立海门医院可施行截肢手术。20世纪50年代初,县人民医院能做阑尾炎、嵌顿疝、膀胱结石等下腹部手术,遇有困难时请苏北医学院(今南通大学医学院)附属医院作技术指导。1956年,县人民医院能做胃全切除术,1958年能做胆道、脾切除术等。1976年8月,县人民医院收治7月28日唐山、丰南特大地震灾区伤员92人,外科另与其他科密切配合,精心治疗,伤员全部治愈,不久回到原籍。1978年,县人民医院配有200毫安X光机,外科手术范围逐步扩大,技术水平不断提高。四甲等地区医院能开展胃切除等上腹部手术,部分乡镇卫生院开展以切除阑尾炎为主的外科手术。1990年,县人民医院能开展普外、胸外、脑外、骨外科等各种常见手术,还能做部分难度较大的显微外科手术,如断指再植等;地区医院及部分乡镇卫生院的普外科技术有较大进步。

1992年,县人民医院开展外科专科建设。12月,泌尿外科主任沈天振设计的“包皮环切器”在北京国际发明展览会上获铜奖,1993年又获全国当代科技成果转让博览会金奖。是年,其设计的组合式保健治疗器获第七届全国发明展览会铜奖。两个发明项目先后获国家专利。1995年,泌尿外科被列为南通市首批重点专科,在南通市率先开展原位低温肾剖开取石形成术,脾肾静脉分流术及前列腺射频热疗、经尿道电切治疗和钬激光碎石治疗等项目。经尿道纯酒精注射治疗膀胱肿瘤、前列腺增生术获南通市科技进步奖。此外,开展了精索静脉曲张转流等手术。1999年,骨外科“加强型钢板研制与应用”获南通市科技进步三等奖。2000年,四甲地区医院进行骨外科专科建设。2002年,市人民医院骨外科“三重加固法修复肩锁关节脱位”、泌尿外科“晚期前列腺癌电气化治疗”,分别获南通市卫生局优秀新技术三等奖和二等奖。2003年,市人民医院泌尿外科“经尿道电气化治疗膀胱肿瘤合并BPH(良性前列腺增生)”“改良TVP(组织化植物蛋白)术防治经尿道前列腺气化术并发症”以及骨外科“股骨颈骨折闭合复位”“三枚双头空心加压螺钉内固定术的生物力学研究与应用”“德国MAY解剖型钢板固定干骺部骨折”和“单侧斜夹板外固定支架治疗基本股骨粗隆间骨折”等项目,获南通市卫生局优秀新技术三等奖。2005年,市人民医院骨外科、普外科被列为南通市重点临床专科。2007年,普外科“T管内滴注复方泛影葡胺灭滴灵溶液胆道动态造影术”科研项目获南通市科技进步三等奖和市科技进步二等奖。市人民医院普外科对肝癌采取术中介入、术中微波、无水酒精注射等综合治疗,有效提高病人术后生存率;对直肠癌采取低位保肛和术后防漏技术以及骨外科开展的双侧髋关节置换手术等,处于省内同级医疗单位的领先水平。

二、内科

50年代初,县人民医院内科只能治疗常见疾病。1956年,陆续派出内科医生到外地进修学习,医疗业务水平不断提高。1974年,县人民医院能开展常规的血生化等检查,进行心脏心电图监护,开展同步及非同步心脏除颤。各地区医院也能对内科各类常见疾病进行诊治。1980年,县人民医院内科能开展纤维胃镜检查,诊断早期胃癌。1982年,内科能为急、慢性肾衰等患者开展腹膜透析治疗。1983年,开展骨髓活检术、心脏M超声心动图检查、肺通气功能测定等。1990年,内科开始对心动过缓等患者安装心脏临时起搏器。

1992年，县人民医院对食道静脉曲张破裂出血患者，在内镜下采用硬化注射液及橡皮圈套扎法治疗。1995年，消化内科开展食道扩张及内支架术、内镜下微波电凝电切氩离子凝固术息肉摘除等。2001年，市人民医院设立ICU病房，心血管内科安装临时单腔双腔多种型号起搏器。2002年，心内科开展室上速射频消融治疗，在全省同级医院中领先。2003年，消化内科对胰胆管疾病开展逆行胰胆管造影检查治疗，在南通市内同级医院中领先。2005年，心血管内科和消化内科均被列为南通市首批重点发展专科；心血管内科对冠心病、高血压、心力衰竭、心律失常等诊治，在南通市内同级医院领先，并参与“中国急性心梗研究CCS－2”全国性的科研合作项目，取得较大成绩；消化内科在重症胰腺炎、肝胆疾病治疗，腹部肿瘤介入治疗及内镜下钛夹治疗上消化道出血等技术领先于南通市内同级医院，“金属钛夹治疗贲门黏膜撕裂”“金属钛夹在难治性上消化道出血中的应用”“重症急性胰腺炎的早期肠内营养”“内镜下注射止血联合氩离子凝固术治疗DIEA LAFOY病变”等科研项目，获南通市卫生局年度优秀新技术奖。2006年，市人民医院消化内科“氩离子凝固术治疗Dieulafoy（杜氏）病病变”科研项目获南通市科技进步三等奖，“内镜下黏膜切除术治疗低位直肠侧向发育型良性肿瘤”科研项目获南通市卫生局新技术引进三等奖，“重症急性胰腺炎的早期肠内营养治疗”科研项目获市科技进步三等奖。

三、妇产科

1951年，县人民医院设妇产科病房。1960年，地区医院相继设立妇产科病床。1975年，县妇幼保健站承担全县计划生育技术指导工作。1990年，县人民医院妇产科能做各种难产、各种术式的剖腹产，能治疗功能性子宫出血、妊娠中毒症，能开展附件肿瘤切除、子宫广泛切除加盆腔淋巴结清扫术，能进行早产儿、严重窒息儿、子宫大出血等的抢救治疗。地区医院及乡镇卫生院普遍推广新法接生、产前检查、预防和消灭产褥感染。

2000年，市人民医院妇产科列为市重点专科，除开展本地区常见疾病，如子宫肌瘤、附件肿瘤、异位妊娠、盆腔炎症、子宫脱垂等诊治外，还能开展一些难度较大的妇科疾病诊治，如对妇科良恶性肿瘤的早期诊断、手术及综合治疗等，运用微创技术开展妇科疾病诊治、女性生殖器的矫形及修补术、宫颈癌的术前介入治疗及妇科晚期肿瘤出血的动脉栓塞术等；诊治妊娠并发症、产后大出血、DIC（弥散性血管内凝血）、产褥感染、新生儿窒息抢救、早产儿救治等经验丰富，在南通市率先开展无痛分娩、导乐分娩。2002年，市中医院“米索前列醇防治妊娠高血压综合征产后出血的临床研究”项目，获南通市科技进步三等奖。2004年，市人民医院妇产科获中华医学会儿科医学分会、围产医学分会及中华护理学会颁发的首批新生儿抚触、婴儿游泳资质证书，市中医院妇产科开展微创手术，用腹腔镜、宫腔镜进行各种妇科疾病的诊治。针对妇女保健，妇科开展宫颈液基细胞学检查、阴道镜检查筛查宫颈癌，利普刀治疗宫颈病变。至2005年，市人民医院妇产科在国内外医药学术期刊上发表重要论文30多篇。2006年，市人民医院妇产科“复方失笑散在人工流产中的应用”科研项目获南通市科技进步三等奖和市科技进步三等奖；“输卵管结扎防治子宫内膜异位症保守术后复发的临床研究”科研项目获南通市卫生局新技术引进三等奖。2008年，市人民医院妇产科“输卵管结扎防治子宫内膜异位症保守手术后复发”科研项目获南通市科技进步四等奖。

四、眼科及其他

1952年，县人民医院设有五官科，诊治眼、耳、鼻、咽、喉等常见疾病。1985年，县建立眼科医院，地区医院及部分乡镇卫生院也设五官科门诊。1985－1990年，县眼科医院共治疗白内障病人836例1002只眼，脱盲率100%、脱残率87%，治疗青光眼病人428例、眼外伤病人192例、视网膜脱落病人131例、泪囊炎病人384例、其他眼病607例。其间，全县开展防盲防治工作，获卫生部颁发的全国防盲先进县称号。县人民医院五官科能做一些难度较大的耳、鼻、咽、喉和口腔手术。同时能掌握快速切片病理检查和细菌培养、生化、血清、部分免疫检验等辅助性医疗技术。

1996年，市眼科医院开展现代白内障囊外摘除术加人工晶体植入术和角膜移植术。2000年，市眼科医院和人民医院开展白内障超声乳化加人工晶体植入术。2002年，市眼科医院和市人民医院开展准分子激光矫正近视术。2004年，市眼科医院开展眼底荧光造影术，提高眼底疾病诊治水平。2005－2008年，市眼科医院购置日本进口电脑曲光曲率仪、非接触眼压仪等一批先进专科设备，提高眼病诊治水平。

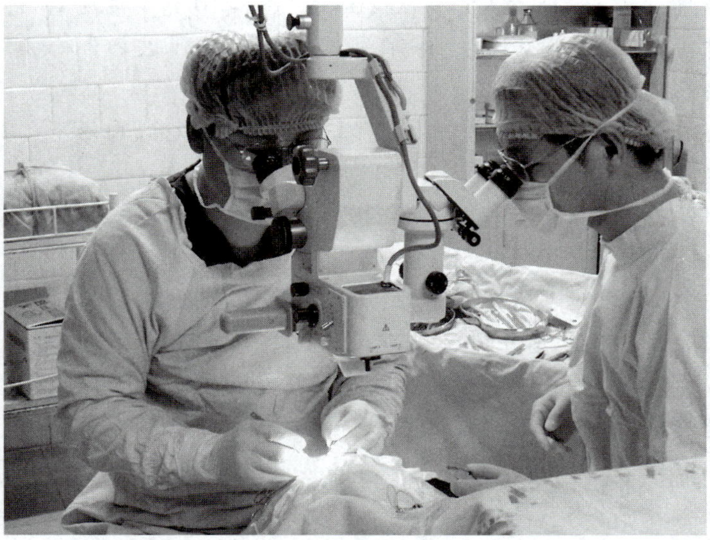

图29－5　市眼科医院白内障超乳手术　（2005年摄）

第二节　中　　医

明清时期，县内有中草药种植，少数中医医生在乡村集镇行医，且有一些名医，世代相传。清末，三厂镇张友直熟谙医道，擅治热病，用药以清灵见长，医名颇盛，曾受聘为县衙官医。茅家镇南郊陈江岷，拜儒医刘清标为师，医名颇盛，求诊者不绝，并学得民间秘传整骨手法及小儿推拿术；又擅针灸，自制丸散膏丹，疗效显著。瑞祥徐雅堂，五代行医，尤精喉疾，研制特效药吹喉散，疗效显著。一农民因喉症新死，准备殓葬，徐途经得知，启齿吹喉，视以药针，即获苏醒，不日痊愈，被誉为“华佗再世”，由此医名大振。

民国时期，县内中医以分散个体开业为主，国民政府对中医采取立案、登记、限制的政策。民国26年（1937），成立中医实查委员会，对分布在茅家、三星、三阳、余东、麒麟、悦来、灵殿（甸）等镇近百名个体开业人员进行审查，凡合格者发给证书，不合格者，予以取缔。县内吴考槃、石道平、黄俊等数十名中医师取得中医证书，中医事业逐步走上轨道。1953年10月至1954年4月，南通专署卫生科先后在海门等地举办两期中医进修班，全县抽调55人参加学习，中医业务水平进一步得到提高。1954年12月，组建茅家镇中医联合诊所，海门名医陆维元、陆维亨、潘百型等应聘。1956年春，县人民医院特约南京中医学院教授吴考槃开设半日制中医门诊。同年秋，增聘张石荃开设全日制中医门诊，这些名中医在治疗产后急性肾盂肾炎、湿热门等诸多疾病中都有独特的验方。1959年12月，县中医院成立，中医事业进入新的发展时期。1959－1966年，县内30多位名中医先后带徒120人，县卫生部门举办3次中医学徒结业考试。全县180位中医献方近5000张，其中不少良方、验方由县卫生协会整理出版。“文化大革命”期间，许多老中医受到冲击，全县中医事业处于停滞状态。1983年冬，南通市中医学术会议在海门召开，海门《名老中医经验选》《验方秘方汇集》《邱竹君老中医经验简释》等在会上作交流。1986年1月，海门创办疑难病中医专家函诊中心，邀请全国有名中医专家函诊或到海门诊病和传授中医技艺。90年代，函诊中心合并到中医院。

1991年后，海门中医院加强传统医疗业务特色建设，主持开发乙肝抗纤散、痔痛消、三奇复萎软索丸等药剂，治疗慢性肝病、肛肠疾患及老年痴呆症等取得较好成效，先后收治越南、日本、巴基斯坦等国家和中国台湾地区慕名而来的病人。1994年9月，市中医院副院长、主任中医师茅汉平获省名中医称号，是年起，享受国务院特殊津贴。其长期积累中医手稿数百万字，在《江苏中医》等刊物发表论文16篇，主编《常见内科病中医师辨证论治纲要》《常见妇科病中医辨治纲要》等著作，为中医事业做出较大贡献。1995年，市中医院开发的“三奇复萎软索丸”获国家专利，“中医针灸治疗侧索硬化症”获南通市卫生局优秀新技术三等奖。1996年，该院特效接骨胶囊治疗骨折、抗纤散治疗慢肝、三奇复萎软索丸治疗老年痴呆症等，被列为省中医管理局立项课题。2002年，获评省农村中医工作先进市。2004年，市中医院“咳喘穴位贴敷防治咳喘病”“通乳汤对产后乳汗分泌影响”的临床研究项目通过省级科技鉴定；采用药离子导入法治疗骨折增生，中药熏蒸法治疗颈椎病、腰肌劳损、腰椎间盘突出，

“冬病夏治”三伏天伏针治疗关节炎、中风偏瘫，穴位药物敷贴治疗慢支、咳嗽、哮喘等也取得较好成绩，吸引上海、崇明、太仓、南通等不少外地患者就医。2005年，市中医院的“参附注射液防治急性心肌梗塞并发症”项目获南通科技进步三等奖，“养血调经合剂对治疗月经不调、盆腔炎等研究”项目获南通市科技进步四等奖；“咳喘膏穴位贴敷防治咳喘病的临床研究”项目获南通市卫生局优秀新技术二等奖；“中药对前列腺电切术后血尿阴转及生活质量的影响临床研究”项目获南通市科技进步四等奖。2006年，市中医院中药制剂室能生产婴儿防疹散、养血调经合剂等17个自行研制的疗效独特的中药制剂。每年开展的“冬病夏治”穴位药物敷贴治疗的接诊人数逐年上升，年均5000人次。冬季中药膏滋养生处方数，年增长速度为20%。“妊娠退黄汤治疗妊娠期肝内胆汁淤积症的临床研究”项目获市科技进步四等奖。2007年，“四虫汤治疗慢性偏头痛临床研究”“咳喘膏药穴贴防治小儿反复呼吸道感染的临床研究”等项目，获南通市科技进步三等奖。2008年3月，市中医院编发的《杏林苑》院报，向院内外赠阅，宣传中医院的专科建设、业务技术发展、服务举措、文化内涵等状况，获得社会好评。

附：中医验方选编

刘清标（1880－1936）**医案**

治痈疽疔疥

局部微红且肿，按之觉痛，尚可消散，宜内服卫生汤加减，外敷冲和膏透骨活血之品。

皂刺3克　防风3克　白芷6克　赤芍3克　炮山甲4.5克　金银花6克　净连翘9克　当归9克　净乳没各4.5克　天花粉6克　西红花2.4克　玉桔梗3克　甘草节1.5克　煎服（先饮酒若干）

沙云衢（1896－1938）**医案**

治内疸

湿热发黄，腹胀，纳不消化，治之非易。

焦白术6克　带皮苓9克　大腹皮6克　西茵陈6克　冬瓜皮9克　福泽泻6克　川桂枝4.5克　汉防己6克　梗通4.5克　焦栀子9克　炒川柏4.5克　姜衣2.5克

郁焕祺（1896－1973）**医案**

治风水表症

外感咳嗽，继乃遍体浮肿，药久失效，舌白腻，脉浮数，二便如恒。

麻黄3克　桂枝3克　杏仁10克　广皮10克　苍耳草12克　浮萍草10克　冬瓜子、皮各10克　连皮苓12克

另用温中丸十包，每日服二包；饭后，白汤下。

张石荃（1900－1973）**医案**

治湿热门

头部疼胀重浊，肌表微有热度，肢体困倦，骨节烦楚，心中常觉默默，谷不欲纳，夜不安寐，大便闭结而小便黄赤。顷按脉动濡数而右大左小，舌苔垢腻而粗糙薄黄。

光杏仁10克　清豆卷10克　佩兰梗3克　白叩衣2克　川朴花3克　炒建曲10克　焦蒌皮10克　焦麦芽10克　淡子芩5克　生苡仁12克　冬瓜皮6克　白丝通3克　六一散10克（布包）　灯草3尺

陈江岷（1901－1969）**医案**

治急性胰腺炎

莱菔子、当归、鸡内金、山楂、蒲公英、大黄、枳实、藿香、元明粉，以消导食滞为主。

邱竹君（1901－1975）**医案**

治冠心病

胸闷紧迫，绞痛阵作，甚则胸痛彻背，汗出肢冷，苔白舌润或紫，脉弦滑，濡缓或歇止。

川桂枝6克　干薤白10克　姜半夏10克　炒枳实6克　紫丹参30克　参三七3克　全瓜蒌10克　檀香片6克　米酒一匙冲

吴考槃（1903－1993）**医案**

一、治急性肾盂肾炎

高热，寒战，腰痛、伴尿急，尿频，尿痛，口干便结，舌红，苔黄腻，脉滑数，治宜清热利湿。

白花蛇舌草、大青叶各24克　海金沙15克（包）　瞿麦12克　萹蓄10克　车前草30克　黄芩、生栀子各10克　白茅根30克　甘草梢6克

便秘者加生大黄10克

水煎服,1日1剂,病重者1日2剂,服至尿镜检正常为止。

二、治慢性肾盂肾炎

尿急,尿痛不置,腰酸背痛,神疲纳差,尿频便溏,舌淡苔白,脉沉细,治宜温肾健脾,利水消肿,填精养血。

白僵蚕9克　白果5粒(打碎)　白茅根30克　桑白皮9克　地肤子15克　黄芪30克　当归15克　熟地12克　阿胶9克(另烊)　肉桂5克(后下)

水煎服,每日1剂,连服至症状正常为止。

陆维元(1906－1992)**医案**

治产后癃闭

用验方倒换散治疗。药仅大黄、荆芥二味,此方可通二便不利。若小便不到,重用荆芥15克,大黄6－8克;若大便不通,重用大黄10－15克,荆芥6－7克,二药泡茶饮即能收效。一般药后二三小时见效。

陶厚庵(1912－?)**医案**

治臌胀病

腹胀纳呆,面色晦滞,神倦形削,腹臌如瓮,下肢浮肿,小便量少,脉弦细带涩。

软柴胡10克　炒白术10克　广郁金10克　连皮芩12克　福泽泻10克　炒麦芽10克　焦六曲10克　冬瓜子、皮各12克　佛手片10克　青陈皮10克

第三节　中西医结合

民国时期,海门名医沙道昌,擅长"以指融辨脓之成否",以色、形、气、脉,断外症的凶吉。用药讲究配伍,制药精良,且能吸收西医之经验。20世纪30年代起,使用白喉抗毒和新惜花散素(202)及洗胃灌肠等手术,取彼之长,补己之短,突破中西医之间的界限。常乐乡一病人,时医按臌胀治,数日后腹如饱瓮,骨瘦如柴,经其收治后诊为肠痈,先在右腹切开,流脓盈盆,数天后,再在左腹切开,亦流脓不少,两个月后康复,时人称为"仙人"。

50年代中期,县选送西医许其俊、徐佐刚、沈庆汉等到外地脱产学习中医。并在县内各级医院开设中西医结合病房。1958年,全县307名中医分别进入县内各级医疗机构工作,中西医医护人员在共同工作中团结合作。1961年,县内中西医结合治疗乙型脑炎、急性肝炎、胆囊炎、胆道蛔虫、胃溃疡等取得一定成绩。1975年,中医师杨立人中西医结合治疗风湿痹症,并制成关节散,命名为"7561关节散"。1978年,西医师徐佐刚、沈庆汉对县中医院收治的26例动脉硬化性脑梗塞及其后遗症,采用针刺头皮上与大脑皮层功能基本一致的放射区,取得一定疗效。1982年后,县中医院逐步引进西医和其他各学科业务技术骨干,加强中西医结合,借鉴西医的一些诊断和治疗方法,引进先进的西医医疗设施及其诊治措施,以增强中医用药的针对性、准确性、合理性。

90年代,市中医院接收一位患亚重肝引起的应急性消化道出血男子,始采取西药8%去甲肾上腺素针剂胃管输入及立止血静脉推注并用方法,但止血不明显,再结合用中药大黄白芨散灌注,3天后即便畅血止。顽固性偏头痛属常见病,通常用索米痛、罗痛定给予缓解,但治标不治本,而结合服用中药"散偏蠲痛汤",疗效更佳。

1996年,市中医院引进电视腹腔镜胆囊切除术,获南通市优秀新技术二等奖。1998年,引进CT机开展心脏起搏器安装和冠脉造影业务,开展彩超介入治疗肝肾囊肿及附件囊肿等。2000年后,市中医院长年聘请上海、南通等地大医院中、西医各科专家来院讲课,带教手术、查房和开展诊疗服务,并相继引进数字化胃肠机、电子胃肠镜、全自动生化分析仪、全电脑灌肠机等先进设备,提高中西医结合的诊治水平。2001年,市中医院的"保留子宫动静脉子宫全切除的临床应用",获南通市卫生局新技术项目二等奖。2002年,市中医院采用中西医结合方法治疗妇科不孕症、盆腔炎、月经不调、慢性肝炎、肝硬化、中风、中风后遗症、慢支、哮喘病以及针灸小针刀治疗各种软组织损伤等技术水平在南通市同级医院领先;在中西医结合肿瘤外科基础上发展肿瘤微创综合治疗,引进体内伽马刀、体外高频热疗机等先进设备,治疗各种不能手术或手术效果不好的恶性肿瘤,其技术水平在省内同级医院领先,被列为南通市医学重点建设学科。2003年,市

中医院设立ICU(重症监护病房),并配有中西医各级医师。2005年,胆道外科、心血管内科、肿瘤外科,为南通市中西医结合重点专科。胆道外科完成腹腔镜胆囊切除术4000余例,在苏北地区二级医院中名列前茅。肿瘤外科能完成各种大型的肿瘤根治术,如胰十二指肠切除、肝门部胆管癌根治术、肝癌切除术、胃肠癌根治术、三切口食道癌根治术等,尤其在低位直肠癌保留肛门手术,胃癌、甲状腺肿瘤、乳腺肿瘤等手术方面,均处于南通市领先水平。骨科用中西医结合的方法治疗各种创伤和脊柱病、关节病、骨病,开展人工髋关节置换400多例,脊柱创伤骨折手术100多例。脑外科成功熟练开展颅脑损伤、颅内肿瘤、脑血管病、脑积水等近千例手术。泌尿外科开展前列腺电切术微创治疗前列腺增生症。2007年,消化内科开展逆行胰胆管造影技术,在市内处于先进水平。2008年,中西医结合内科系统人员设备配置齐全,心内科擅长中西医结合诊治各类心血管科疾病,安装心脏起搏器近百人。

第四节 设 备

民国时期,县立海门医院及私人震东医院只有显微镜、手术床、蒸汽消毒锅等简陋设备。民国37年(1948),广济医院有30毫安X光机、5.94瓦(8马力)发电机各1台,手术床1架,病床50张。

解放初,海门各医疗单位的医疗器械简易陈旧。1949年,只有X光机1台、显微镜1架。1959年,有X光机1台、显微镜37架、手术床4架、电冰箱1台。60年代,设备添置较少。

20世纪70年代,随着国民经济好转,逐步添置乙种、丙种、计划生育等手术器械,以及高压消毒器、无影灯、保温箱、干燥箱、氧气瓶、压片机、麻醉机等医疗设备。此间,县人民医院配置200毫安X光机,县精神病防治院配置万能手术床、光电比色计等新型医疗设备。

80年代至90年代初期,医疗仪器向较高档次发展。县人民医院、县中医院配有500毫安X光机,余东、三阳、麒麟、四甲、刘浩、天补等6所地区医院均配有200毫安X光机、万能手术床、电冰箱、干燥箱、恒温箱、麻醉机等医疗设备。县人民医院、县中医院还添置A、B型超声波、心电图机、心动图机、手术显微镜、裂隙灯显微镜、微型心脏自录器、眼底照相机、脑电图机、心脏监护仪、高频电刀、纤维胃镜、纤维膀胱镜、纤维结肠镜、纤维支气管镜、气相色谱仪、尿液分析仪、微波治疗仪、肺功能测定器、电动吸引器、婴儿培养箱、骨折增生治疗仪、慢性肝炎治疗仪、风湿治疗仪等仪器设备。

90年代中期起,医疗设备快速更新,特别数字化医疗设备的引进,大大改善了疾病诊治条件。市人民医院、市中医院先后引进螺旋CT机。市人民医院外科配备全自动跟踪双定位碎石机、进口膀胱镜、电切镜、高频电刀、进口射频治疗仪、钬激光治疗仪、进口汽化仪、男性性功能监测仪及康复治疗仪等先进仪器设备。内科引进全自动生化分析仪、多功能数字减影胃肠机、奥林巴斯电子胃肠镜、遥测中央监护仪、动态心电图仪、心脏起搏除颤仪、呼吸机、生命指标监护仪等先进设备。市中医院在南通地区率先引进电视腹腔镜胆囊切除术设备。各地区医院以及一些乡镇卫生院也逐步引进全自动或半自动生化分析仪、电子胃肠镜等。市眼科医院引进眼底荧光血管造影剂、视焦照相裂隙灯、彩色A/B超、白内障超乳化机、玻璃体切割机、手术显微镜及配套的眼科手术显微镜、电脑验光机、非接触性眼压机、同视机、泪道激光机、角膜地形图、角膜测厚仪等先进医疗设备。市妇幼保健所引进电脑红外线乳腺病诊断仪、乳腺软X光钼把机、电子阴道镜、妇女儿童营养分析仪等设备。

2000－2004年,市人民医院、市中医院相继引进数字化胃肠机、拍片机、呼吸机、麻醉机、彩超、体外冲击波碎石机、电视宫腔镜、遥控心电监护仪、移动X光摄片机、CR成像系统、C臂X光机、氩气刀、胆道镜、血液透析仪、血滤机、三维电脑牵引床、全电脑灌肠机、血球计数仪、眼科手术显微镜、超声乳化仪、电脑非接触眼压计、自动血流变仪、全自动酶免分析系统、数码电子阴道镜、微波治疗仪等先进设备。市中医院投资600多万元引进体内伽马刀、冷极射频刀、体外高频热疗机及介入热疗机,治疗各种不能手术或手术效果不好的恶性肿瘤。

2005年,市人民医院购置直线加速器、悬吊式X光机、16排螺旋CT机、X线模拟定位机、尿沉渣分析仪等现代化先进设备和仪器。眼科医院购置了从日本进口8100电脑曲光曲率仪、CT80非接触眼压仪、视焦照相裂隙灯、610 眼球显微镜、TRC－50EX＋IMA200 彩色眼底荧光照相机、彩色 200 眼 A/B 超、从美国进口爱尔康 II 型增强超乳仪、雷赛真分子激光仪及配套辅助检查设备仪和眼科显微设备机械等专科设备。市中医院添置进口呼吸机、动态运动平板、妇产科 LEEP 刀、阴道镜、自动细胞制片机、床边 X 光机等现代器械。

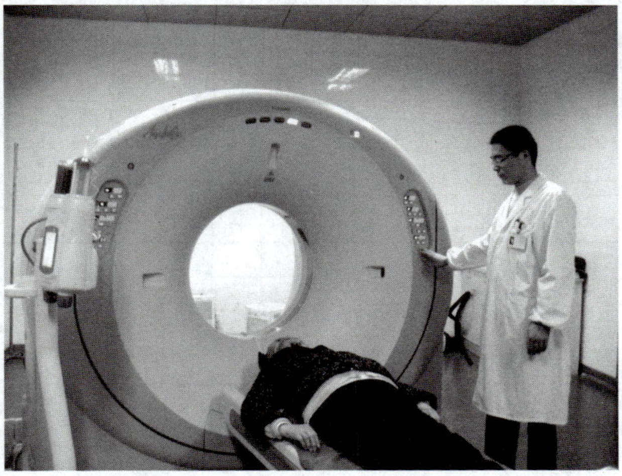

图 29－6　市人民医院购进的螺旋 CT 机

（2006 年摄）

2007 年，市人民医院投资 1000 多万元添置核磁共振现代设备，该院骨外科配有西门子 C 臂 X 光机、日立电钻、骨科牵引床、手术显微镜等，普外科配有腹腔镜、胆道镜、电凝电切仪、氩气刀等先进设备。2008 年，市人民医院购置超声刀、鼻窦镜等先进器械；市疾病预防控制中心配有原子分光光度计、PCR 荧光分析仪、气相色谱仪、电子天平、一氧化碳检测仪、生化分析仪、酶标仪等高新设备，具有开展食品、饮用水、化妆品、涉水产品、卫生用品、消毒用品、健康相关物品材料、环境卫生质量指标检测的设施。是年，海门镇社区卫生服务中心配有 B 超、心电图、500 毫安 X 光机、全自动血球计数仪、生化分析仪等设备。

1949－1979 年若干年份海门县医疗器械统计一览

表 29－8

年　份			1949	1956	1959	1976	1979
医疗机构	合　计（个）		－	－	－	35	35
	其中：拥有 5 种以上医疗设备的（个）		－	－	－	22	28
医疗器械	手术器械包套	乙种刀包（把）	－	－	－	11	11
		丙种刀包（把）	－	－	－	12	13
		腹部刀包（把）	－	－	－	45	49
	计划生育手术器械（套）		－	－	－	161	133
	X 光机（台）		1	1	1	27	42
	显微镜（架）		1	19	37	34	40
	高压消毒器（台）		－	－	－	38	40
	手术床（架）		－	3	4	32	40
	无影灯（只）		－	－	－	22	36
	电冰箱（台）		－	1	1	15	27
	压片机（台）		－	－	－	－	4
	氧气瓶（只）		－	－	－	35	36
	干燥箱（只）		－	－	－	11	20
	保温箱（只）		－	－	－	15	19
	麻醉机（台）		－	－	－	23	22

1981 年海门县医疗器械统计一览

表 29－9

名　称		单位	数量
X 光机	30 毫安	台	50
	50 毫安	台	24
	200 毫安	台	15
显　微　镜		架	111
手术床	轻　便	架	48
	手　摇	架	11
	万　能	架	25
冰箱	100 立升	台	35
	150 立升	台	13
	200 立升	台	15
恒 保 温 箱		只	55
干　燥　箱		只	62
无影灯	4　孔	只	54
	5　孔	只	2
	9　孔	只	21
麻　醉　机		台	21

续表 29－9

名　称		单位	数量
高压锅	手提式	只	10
	立　式	只	64
水　温　箱		只	60
光电比色计		台	60
氧　气　瓶		只	98

1990 年海门县主要医疗器械统计一览

表 29－10

名　称		单位	数量
X 光机	30 毫安	台	11
	50 毫安	台	10
	100 毫安	台	4
	200 毫安	台	16
	400 毫安	台	1
	500 毫安	台	1
B 型超声波		台	18
显微镜		架	38
手术显微镜		架	2
裂隙灯显微镜		架	2
心电图机		架	31
A 型超声波		台	7
电冰箱		台	72
光电比色计		台	14
分析天平		架	6
心动图机		架	2
微型心脏自录器		台	1
眼底照相机		架	2
脑电图机		台	2
心脏监护仪		台	5
高频电刀		台	3
万能手术台		架	4
纤维胃镜		架	1
纤维膀胱镜		架	1
纤维结肠镜		架	1
纤维支气管镜		架	1
气相色谱仪		台	1
尿液分析仪		台	1
微波治疗仪		台	1
肺功能测定器		台	1
电动吸引器		台	20
婴儿培养箱		只	1
空　　调		台	16
骨折增生治疗仪		台	1
慢性肝炎治疗仪		台	1
风湿治疗仪		台	1

2008 年海门市主要医疗单位部分医疗器械统计一览

表 29－11

名　称	单位	数量
核磁共振	台	1
直线加速器	台	1
螺旋 CT 机	台	7
数字化 X 线胃肠机	台	2
DR 系统(含 X 光机)	台	1
彩色超声波诊断仪	台	17
胃、肠镜系统	台	3
体外高频热疗机	台	1
全自动生化分析仪	台	10
半自动生化仪	台	3
X 线模拟定位机	台	1
C 臂机	台	5
全自动、五分类血球计数仪	台	10
电子内窥镜系统	台	1
全自动酶免分析系统	台	1
激光机	台	3
眼底荧光血管造影剂	台	1
血培养细菌及药敏系统	台	1
尿沉渣分析仪	台	1
宫腔镜系统	台	2
超声刀	台	1

续表 29－11

名　　称	单位	数量
X 光机	台	8
悬吊式 X 光机	台	1
移动式 X 光机	台	7
腹腔镜系统	台	3
体外冲击波碎石机	台	1
高频电刀	台	4
血透机	台	30
呼吸机	台	15
眼科手术显微镜	架	3
麻醉机	台	16
眼科超声乳化仪	台	2
氩气刀	台	3
遥测中央监护仪	台	6
监护仪	台	2
CR 成像系统	台	6
视焦照相裂隙灯	个	1
电脑验光机	台	1
非接触性眼压机	台	4
纤维支气管镜	架	1
基因扩增仪	台	1
前列腺汽化设备	台	1
自动血流变仪	台	2
动态心电监护仪	台	2
血气分析仪	台	1
化学发光仪	台	1
电测听	台	1
电脑验光仪	台	1
除颤监护仪	台	1
纤维胆道镜	架	2
电子阴道镜	架	3
耳鼻喉综合治疗台	台	1
妇产 LEEP 刀	台	2
膀胱镜	架	1
心脏起搏除颤仪	台	1
透析器全自动复用系统	台	1
透析器复用机	台	1
自动血凝分析仪	台	1
纤微鼻咽喉镜	架	1
手术显微镜	架	2
输尿管镜	架	1
鼻窦镜及手术器械	架	1
尿液分析仪	台	2
钼钯机	台	1
X 光洗片机	台	1
血液铅镉分析仪	台	1
多通道原子吸收分光光度计	个	3
耳声发射仪	台	2
多功能微波仪	台	1
红外线诊断仪	台	1
荧光诊断仪	台	2
超声多普勒胎儿监护仪	台	1
Suresight 视力筛选仪	台	1
B 超(甲状腺、腹部)	台	1
环境级 x、r 剂量率仪	台	1
听力计	架	1
普通离心机	台	1
微波消解器	台	1
肺功能测定仪	台	1
气相色谱仪	台	1
多媒体投影仪	台	1
酶标仪	台	1
胆道镜	架	2
程控 X 光电视遥控系统	台	2
等离子体双极内窥镜系统	台	1
电子胃肠镜	架	4
数字拍片机	台	3
黑白 B 超	台	11
心电诊断仪(心电图机)	台	30
皮肤美容激光机	台	1
高频小焦点拍片机	台	1
光子脱毛嫩肤机	台	1
微品磨面机	台	1

续表 29－11

名　　称	单位	数量
病理切片组织系统	台	1
切片机	台	1
紫外光皮肤治疗仪	台	1
彩色 A、B 超	台	1
白内障超乳化仪	台	1
同视机	台	1
泪道激光机	台	1
体外冲击波碎石机	台	2
血滤机	台	1
三维电脑牵引床	架	2
全电脑灌肠机	台	2
微波治疗仪	台	2
体内伽马刀	台	1
冷极射频刀	台	1
介入热疗机	台	1
视焦照相裂隙灯	台	1
610 眼球显微镜架	台	1
彩色眼底荧光照相机	台	1
彩色眼 A、B 超	台	1
自动细胞制片机	台	1
骨科牵引床	架	2
气相色谱仪	台	1
纤维裂隙灯	台	1
电脑图机	台	1
微生物细菌检测仪	台	3
二氧化碳检测仪	台	2
甲醛测定仪	台	2
流动水质检测系统	台	1
疫情外置车	辆	4
大容量冷冻离心机	台	2
制剂室净化设备	台	2
救护车	辆	13

1950－2008 年海门市(县)医疗设备及医疗人员培训一览

表 29－12

年　份	医院万元以上设备(台)	医护人员在南通市以上医院进修人次
1950－1965	2	1
1966－1978	6	31
1979－1984	19	95
1985－1989	48	141
1990－1994	128	186
1995－1999	322	212
2000－2005	813	284
2005－2008	1479	516

第三章　卫生防疫

第一节　公共卫生

1950年5月，县成立卫生委员会，领导开展消灭害虫、清除垃圾、整顿市容等卫生运动。1952年3月，县成立细菌战防御委员会。5月，举办卫生防疫骨干训练班，学习反细菌战业务知识。全县开展灭鼠、灭蝇活动，共灭鼠2.35万只，清除垃圾61.83万担，清除杂草9.64万担，改良厕所4017个，疏通污水沟56条，填平污水塘117处。1953年3月，县爱国卫生运动委员会成立。6月，成立县机动防疫队，指导各地爱国卫生运动开展。1957年3月，县爱卫会抽调大批卫生防疫人员，到各区、乡开展农村爱国卫生运动，计积肥35.34万担，清扫房屋2144间。制定食品、理发等行业卫生管理办法。1958年4月，成立县除“四害”①总指挥部，全县开展除“四害”、讲卫生运动。

1966年“文化大革命”开始，县爱卫会基本停止活动，爱国卫生运动受到影响。1974年8月，全县推行饮水水井化。1978年10月，县重建爱国卫生运动委员会，爱国卫生运动逐渐走上正轨。1985年，县将农村改水工作列入办实事内容，采取国家补一点、集体拿一点、个人集一点的办法解决经费问题。饮水打井总投资314万元，打深井112口、浅井4.7万口。饮用井水9.82万人，占总人口9.9%；饮用自来水16.5万人，占总人口16.2%。1986年，县开展“创三优”②活动，海门镇在南通市县城镇历次“创三优”活动中，获七连冠，市容市貌、环境卫生得到明显改观。1990年，县提出五年自来水普及率80%的目标，当年37万人饮用自来水，占县总人口36.1%。此后五年，全市打深井305口，延伸2寸以上管网258万米、2寸以下管网416万米，自来水普及率83%，海门被评为全国农村改水先进县。

1994年，市爱卫会组建一支除“四害”专业队伍，做好市区范围内消杀工作。1995年，市区开展灭蟑螂、老鼠、蚊蝇活动，被评为南通市灭蟑螂、灭鼠先进城市。

1996年1月，海门被评为全国卫生城市。3月，悦来、三阳、货隆三镇被省爱卫会命名为省卫生镇。12月，三阳、悦来、货隆、三星、正余被命名为南通市卫生镇。是年起，全市开展国家卫生城市创建活动，市卫生防疫部门成立专业工作组，制定创建达标细则，加强对饭店、饮食店的监督检查，每次创建均取得较好成绩。

1998年，市创建国家卫生城市掀起高潮，设立除“四害”专业队伍，全市投放“高效灭鼠皇”1.2吨、“691”灭蟑净2.8万包、天添蝠气雾杀虫剂4480瓶、敌敌畏2.5吨，城区四害密度明显下降。1999年，市财政下拨除“四害”专项经费31万元，卫生部门投入5万元，大规模整治环境，疏通沟渠下水道，铲除蟑螂、老鼠等滋生场所，用去鼠药溴敌隆腊块500公斤、大隆3000公斤、灭蟑净药物80箱、气雾剂100余箱、灭蝇灭蚊缓释剂8000公斤，灭鼠灭蟑螂符合达标要求。是年7月，海门市通过国家卫生城市省级考核。

2000年10月，建立市青少年视力保护中心，广泛宣传眼睛保护知识，采取干预措施保护学生视力，受到社会关注和师生欢迎。11月，经南通市爱卫会复查，海门再次成为灭鼠、灭蟑螂先进城市。12

① 四害：指苍蝇、蚊子、麻雀、老鼠，后麻雀改为臭虫。

② 创三优：创优美环境、优良秩序、优质服务活动。

月,海门市被全国爱卫会命名为国家卫生城市,随后创建工作进入长效管理阶段。按照“立足市区,辐射镇村,城乡联动,整体发展”的工作要求,加强对镇村卫生工作的指导,把每月15日定为全市环境卫生日,开展主题鲜明、形式多样的爱国卫生活动。

2001年,市将除“四害”作为长效管理重点,投入10.5万元购置1台超低容量喷雾机,用于城区外环境的灭蝇灭蚊,当年市财政投入除四害专项经费31.2万元,确保除四害工作顺利开展。2003年起,全面加强学校食堂的卫生监督,对学校食堂实施量化分级管理。2005年,全市学校建成A级食堂11个、B级食堂158个。2008年,健全突发公共卫生事件应急指挥体系和组织体系,加大应急装备投入,提高应对水平。健全市、乡镇疾病信息网络系统,开展“非典”、禽流感、手足口病等重大传染病的监测,各乡镇医疗卫生单位设立专门机构或指令专人负责,疫情网络直报系统运行良好。

第二节　疾病防治

一、传染病

天花　海门历史上,天花频发。民国31年(1942)春,茅家镇周围,天花流行,传播之迅速,死亡率之高,实为惊人,即使幸存者,亦罹患麻脸(麻子),饮恨终身。1950年开始,分春秋两次为全县学生、儿童普种牛痘。11月,各区成立牛痘施种站,建立巡回施种队,给婴儿和从未接种牛痘及5年之内未复种牛痘的成人全面接种牛痘。1951年3月,县党政机关、团体、学校人员接受天花检疫。3月12日,南通卫生防疫组率队到海南区开展疫区牛痘重点接种。3月16日,头补乡(今启东市境内)、南阳乡(今三阳镇境内)发现天花4例,其中死亡2人。1954年,实行牛痘按年龄组定期复种。1956年后,每年对新生婴儿及时接种牛痘。1978年,全民性普种牛痘74万人次,县内消灭天花。

麻疹　1952年春,海南区麻疹盛行,县组织防治队开赴该区,宣传防治常识,治疗并发症,控制疫情蔓延。1957年、1959年,县内仍有麻疹流行,疫情均迅速控制。1973年始,对全县6个月以上婴幼儿和学龄前儿童,普遍进行麻疹活疫苗预防注射,麻疹发病率大幅度下降。1981年后,全县建立计划免疫制度,有效控制麻疹流行。2004年后,麻疹发病数出现上升势头,是年5例。2005年25例,2006年5例,2007年11例,2008年14例。

白喉　1952年八九月,余东、六甲、三和、连元、茅家镇等地发生白喉病162例。县成立白喉防治办公室,宣传防治白喉的科学常识,开展白喉类毒素的预防注射。县组织卫生队到疫病流行区,指导防治工作,制止白喉病流行。1959年、1960年,又发生白喉。县人民医院设立白喉病房,对重症病人施行气管切开手术进行抢救。各地建立隔离站,加强预防知识宣传,普遍开展预防接种,疫情得到控制。1980年白喉绝迹。

脊髓灰质炎　新中国成立前,脊髓灰质炎在海门境内盛行,由于未能及时治疗和预防,许多患者终身残疾或者死亡。1955年7月14日至10月20日,连元、三厂等4个区36个乡发现脊髓灰质炎病人60多例,患者年龄2岁至9岁。县在茅家镇北城门在理堂建立隔离站,调派专职医务人员驻站医治。县人民医院分别在德胜、麒麟等乡设立脊髓灰质炎隔离站,先后收治病儿44人。经过医治,大部分痊愈,12人死亡,3人严重瘫痪。1957年春,全县发病125例,经当地医院抢救治疗,大部分患者治愈出院。患者凡经济困难的,均减免医药费。1963年,全县儿童普遍服用小儿麻痹症口服糖丸,发病率明显下降。之后,糖丸发放和服用工作列入计划免疫。1990年后,境内无脊髓灰质炎病例发生。

疟疾　1957年、1958年,全县疟疾发病5.39万人,县进行一次性抗复发服药预防,服药2.1万人。1961年3月,县组织疟疾抗复发治疗队1000多人分赴各地,培训生产队预防疟疾人员5115人,对疟疾患者做到送药到人、看药下肚,服药15.67万人,服药率95.4%。1961年秋,全县发病28万人,占总人口27.5%。德胜、三星等公社发病率高达50%以上。1962年7月,全县开展抗复发治疗工作,发放抗疟药4次,累计用药53.58万人次,服药率86%。1964年后,疟疾在全县零星发生。20世纪80年代,重点抓抗复发治疗和现症病人治疗,发病率降到万分之二左右。90年代,仅有零星病例发生。2000年,经过省专家组考核,确认海门达到基本消灭疟疾病标准。随后,因出国劳务输出渐多,带来输入性疟疾，恶性疟疾增多。2006－2008年，发生13例。

丝虫病　1957年5月中旬，县抽调医务人员10人，经短期培训，开展丝虫病普查。以天补区桃源乡、三星乡为试点，共检查1056人，发现阳性患者1人。1958年春，在全县开展丝虫病普查，应检人数70.91万人，接受检查34.17万人，占48.2%，查出阳性66人，及时进行药物治疗。1959年，复查人数8.06万人，发现阳性病人16人，进行药物治疗。1981年，全省组织普查，海门未发现丝虫病人，被定为非丝虫病流行县。

血吸虫病　1959年12月上旬，三星公社同乐、新镇、林西、胜利、齐心等大队与南通县文山、二甲公社交界处的6150平方米范围内发现钉螺群，德胜公社西北部亦发现零星钉螺。县及时抽调医务人员和农业中学在校学生200多人，赴三星、德胜等有螺区域详细调查。1961年冬，县前后4次派专门人员到三星公社螺群较密的5000多平方米范围内，实施药物喷洒，对有螺生产队的150名群众注射抗原菌苗，未发现阳性。1963年6月，对三星公社16个生产队1.25万平方米的有螺区域使用五氯酚钠喷洒，采取人工捕捉、铲土深埋等综合措施。以后年年如此，使有螺面积逐步缩小。1981年春，县卫生防疫部门对三星公社4个大队5910人作血吸虫抗原皮试，受检率95.7%，皮试阳性38人。1985年，县进行春季查螺，经省考核审定，三星乡原有6个钉螺村符合消灭血吸虫病试行标准规定，海门不列入血吸虫病流行县。1986年起，对历史流行村进入血防螺情监测阶段，全县从每年查螺三分之一村，变为每3年轮查一遍，后改为每年查六分之一村，6年轮查一遍。每年投入监测查螺用工200－500个工日。2006－2008年，对在长江水上作业人员和来自血吸虫病流行区的外来人员1100余人，进行DDIA试纸条法测查，未发现螺情和血吸虫病人。

肝炎　1960年2月，县部分地区甲型肝炎流行，发病1229例。县组织医务人员对茅家镇所有机关、企事业单位职工及居民进行普查。被查1.76万人，患有肝炎病者262人。此后，县内有程度不同的甲肝流行。1978年全县发生急性肝炎343例，其中隔离治疗207人，在家治疗136人。1988年、1993年，两次出现高峰，年发病率分别为每10万人1312.4人、770.68人。县积极组织防治，对重危病人由专家会诊抢救。1994年起，全市连续开展肝炎压春峰工作，制定相关行动方案，落实以接种甲肝疫苗为主的综合性防治措施。1994－2005年，接种甲肝疫苗超过50万支，同时进行肝炎散发疫情调查，采取疫点消毒处理，落实各项防治措施，肝炎散发疫情调查处理率90%以上，有效防止肝炎蔓延。2004年，全市肝炎发病率为每10万人199.61人，比1988年下降84.79%、1993年下降74.1%，肝炎防治取得明显效果。

霍乱（二号病）　民国15年夏，海门对霍乱病发病情况进行统计，天补海神庙附近死亡百余人；头匡镇南一个村落，半月内传染而死者27人；某宅7天内死16人。1970年始，每年在肠道传染病流行前期，县及时制定霍乱防治方案，确定年度霍乱控制目标，组织霍乱防治业务培训，及时下拨采样器械、预防用消毒药品和消菌治疗药物。5月中下旬，组织对腹泻病门诊质量检查，督促基层单位进行腹泻病登记、检索、报告工作。一旦发现疫情，专业人员立即赶赴现场，组织落实以“三管一灭”①为主的各项防治措施，防止疫情扩散和二代病人出现。由于各项措施落实到位，90年代后，全县未出现中高强度流行、死亡和二代病例，达到霍乱防治控制目标。1994年，市内霍乱流行菌株由稻叶型转为小川型。1999年，首次出现O139霍乱疫情。2001年9月21日，市卫生防疫部门分离到两例O139霍乱弧菌，即派专业人员对疫情调查处理，发现两例患者于9月18日在货隆镇金陵村2组村民家聚餐，就餐人数104人，新发现腹泻病人18例，证实这是一起食物型暴发疫情，疫情波及2个镇、5个村、8个组。对此，市立即采取隔离传染源、腹泻病人主动查治、消菌治疗、“三管一灭”、卫生宣教等有关防治措施，扑灭疫情。2004年8月15日下午，市疾控中心确诊2例O139霍乱病人，专业人员随即进行流行病学调查，发现两例患者于8月13日在常乐镇颐生村5组村民家参加丧事就餐。经调查，参加丧事就餐250人，波及6个乡镇，发现20例腹泻病例，其中5例为重型，确定这是一起食物型暴发疫情。专业人

---

① 三管一灭：管水、管粪、管饮食，灭苍蝇。

员采取病例隔离、餐具消毒、疫点消毒、杀蛆灭蝇、消菌治疗、查治腹泻病人、卫生宣教等措施,使疫情得到有效控制。2005 年、2006 年,分别在余东、三厂、刘浩散发 4 例O 139霍乱。2007 年后,无霍乱病例发生。

结核病　结核病是全身性疾病,各个器官都会发生,以肺结核为多。肺结核,俗称肺痨病。解放前,县内卫生条件较差,结核病流行甚广,而旧社会统治当局又不重视防治,人们谈病(结核)色变,社会上流行着"得了肺痨病,娘子要改嫁,儿子要改姓"的说法,其死亡率很高。解放后,县人民政府十分重视结核病的防治,其发病率、死亡率逐年减少,效果明显。

1980 年初,成立县结核病防治所,大力开展社会性结核病防治,实行结核病登记、报告制度及治疗管理。1986 年,海门被列为全国 20 个监测点之一。同年,县开设结核病门诊。制定《海门县结核病监测工作实施细则》,健全县、乡两级防痨网。1988 年,省结核病监测工作会议在海门召开,海门在会上介绍经验。海门防治结核病工作富有成效,台账、资料规范,"五率"[①]较高。同年 7 月,县在余东乡开展结核病症状线索调查,检查 5430 人,受检率 92%,查出活动性肺结核病人 22 例。1989 年 10 月,县结防所门诊楼竣工启用。1994 年,肺结核病年新登记率每 10 万人 60 人,菌阳登记率每 10 万人 15 人。1995 年,为加强疫情管理,对市人民医院、中医院和 5 个中心卫生院进行漏报调查,发现农村漏报率 6.8%、城市漏报率 14%。1996 年,市制定《1996－2000 年海门市结核病防治工作规划》。2001 年,市拨款 3 万元用于结核病防治工作,并向省提出加入项目县申请。2002 年 5 月,市卫生部门印发现代结核病控制策略实施方案,向传染性肺结核病人提供免费药品。至年底,对 93 例传染性肺结核病人免费治疗。2005 年 4 月 20 日,市成立结核病防治工作领导小组,制定《海门市 2005－2010 年结核病防治规划》,确定每年投入此病防治专项经费 7 万元,列入年度财政预算。2006 年 1 月 6 日,市卫生、教育部门联合印发《关于加强学校结核病防治工作的紧急通知》,在全市学校开展结核病防治健康教育活动。2006 年 9 月 18 日至 10 月 14 日,市疾病预防控制中心在海门镇城兴村开展结核病流行病学抽样调查,共调查 1427 人,确诊活动性肺结核病 6 例,患病率每 10 万人 420.5 人,未发现涂阳肺结核病例。2007 年 5 月,市印发《关于认真贯彻卫生部提高结核病防治工作"五率"要求的通知》,推广实施现代结核病控制措施。2008 年 8 月,全市启动结核病防治信息化管理。9 月至年底,市开展结核病人中筛查艾滋病病毒感染者调查,完成问卷调查 244 例,采血进行 HIV 筛查 213 例,未发现 HIV 阳性病例。

"非典"(SARS)　2003 年,北京等地出现输入性"非典"疫情,国家立即采取紧急措施,要求各地防范。市随即成立"非典"防治工作领导小组及办公室,制定"非典"防治应急预案。4 月初,从北京回海门的钱姓女子疑为"非典"病例,便直接转南通市第三人民医院诊治,经确诊,此为南通市首例病人。为防止传染和隐性病人,与钱某同车返海门的 5 人在海门林海饭店进行隔离观察,一个星期后无恙回家。钱某在南通治愈回海门后,市"非典"办公室多次派人随访,并对其居住小区采取消毒等措施。同时,市多次召开工作会议,举办乡镇医疗机构、学校及公共场所有关单位人员各种培训班 10 期,在市电台、电视台作专题讲座 5 次,印发"非典"防治手册 2

图 29－7　2003 年,抗击"非典"街头宣传活动

① 五率:结核病报告率、转正率、筛查率、追踪到位率、系统管理率。

万余册，宣传资料3万多份，制作“非典”防治幻灯片30套，并建立工作台账，利用每天晨会，交流防治情况，调整工作部署。在抗击“非典”工作中，全市处理疫情21起，出动流调人员425人次，对27名密切接触者及634名其他接触者调查处理，完成流行病学调查报告15份，个案调查表27份。完成生产食品、公共场所、饮用水、消毒产品、医疗市场等督察任务，出动卫生监督人员2087人次，检查管辖单位1996个、从业人员9881人，对9358人上门培训和业务指导。出动消毒人员983人次、消毒面积101.9万平方米，空气消毒84万立方米，用去消毒液原液2300公斤，为抗击“非典”做出贡献。

二、慢性非传染性疾病

2000年，市印发《关于切实抓好慢性病防治工作的意见》，成立市慢性病防治工作领导小组。是年，市完成海门、王浩、正余、万年、常乐等5个乡镇23个行政村、1个街道与1个居民新村1万多名常住居民慢性病基线现场调查和3.17万份调查表计算机二次录入工作。通过调查，首次初步摸清全市各种慢性病现状及其主要危险因素的流行情况。经统计，35周岁及以上人群中，有42.39%的人患有各种慢性病，总患病率61.79%。主要行为危险因素占比为：吸烟率24.84%，饮酒率28.19%，体重超重或肥胖率45.05%，35周岁及以上人群高血压患病率20.96%，糖尿病总患病率3.71%，葡萄糖耐量低减率5.59%。

三、肿瘤

1992年，海门与美国费城Fox Chase癌症中心及上海医科大学进行合作，建立肝癌前瞻性研究队伍，开展“中国海门县原发性肝细胞癌二级预防”的课题研究，为期6年，中美双方学者每年互访，交流情况。

1998年，依据恶性肿瘤死亡率和肺癌死亡率两个指标的高低，海门被列为全国30个、江苏省9个恶性肿瘤高发市（县）之一，同时为卫生部确定的居民死亡登记报告单位。是年，即被省政府确定为恶性肿瘤综合防治重点市（县）。10月，市印发《关于批转〈海门市1998－2001年肿瘤防治规划〉的通知》。12月，组建市及各乡镇肿瘤防治领导小组，制定《海门市恶性肿瘤防治实施方案》，由省肿瘤防治技术指导组论证通过。其中又以肝癌防治为重点，肝癌占海门癌症总的死亡率25%左右。此后，除“Fox Chase癌症中心”外，海门又与美国阿拉巴马大学、德雷克塞尔大学等多家国际研究机构合作，研讨原发性肝癌、乙型肝炎等多项相关课题，初步查明海门市肝癌高发与乙型肝炎病毒（简称HBV）、黄曲霉毒素（其中最强的一种毒素，简称AFB1）、饮用水污染及遗传等因素有关，并在美国《癌症杂志》等中外刊物，发表多篇论文。海门采取“改水、管粮、预防乙型肝炎”为主干预措施，从源头消除肝癌发病因素。1999年1月起，实施全市范围恶性肿瘤防治工作，各医疗卫生单位实行恶性肿瘤（包括白血病和中枢神经系统良性肿瘤）登记报告工作。8月，市编制肿瘤发病死亡录入系统，对全市肿瘤信息进行计算机管理。2002年，由于措施有力，肝癌死亡率由八九十年代最高年份的每10万人72人，下降至每10万人55人左右，市卫生防疫站关于《环境因素干预对预防原发性肝癌的价值》研究项目，获南通市科技进步一等奖。2006年，海门市肿瘤登记处被国际癌症登记协会（IACR）接纳为该组织会员。全市登记的1999－2002年癌情信息收编于《中国部分市、县恶性肿瘤的发病与死亡》第3卷（1998－2002）。是年，在全国第三次以恶性肿瘤为重点的死因回顾抽样调查中，海门市作为全国213个、江苏省15个点之一，圆满完成全市2003－2005年间计2.52万名死亡人员的死因回顾调查。2008年，数据库中有3万余条发病与近2.3万条死亡记录。是年，在全省13个省辖市和11个肿瘤防治重点单位肿瘤登记资料质量审核评比中，继2006年后，海门再次获全省一等奖。

2001－2007年，全市有肿瘤诊断病例21324人（男性13201人、女性8123人）。总发病率从2001年的每10万人267.18人（男性每10万人367.59人、女性每10万人182.63人），以年均3.78%（男性3.16%、女性4.79%）的速度，至2007年上升为每10万人333.8人（男性每10万人442.99人、女性每10万人241.85人），年均发病率每10万人296.09人（男性每10万人400.96人、女性每10万人207.77人）。肺癌、肝癌、胃癌、肠癌、食管癌分列年均发病率前五位（男性依次为肺癌、肝癌、胃癌、食管癌、肠癌，女性依次是肺癌、胃癌、肝癌、乳房癌、肠癌），占所有部位肿瘤发病的68.56%（男性76.83%、女性59.66%）。肺癌的发病以其占所有部位肿瘤21.53%的最大比重的情况下持续上升,2007年比2001年上升30.8%,其中男性发病率从2001年的每10万人92.8人升至2007年每10万人116.63人,年均递增3.88%。发病顺位从2001年的第2位,升至2005年的第1位;女性发病率则从2001年的每10万人27.95人升至2007年的每10万人40.55人,年均递增6.4%。发病顺位由2001年的第2位,升至2003年的首位。肝癌的发病率呈现波动式下降趋势,由2001年的每10万人62.71人降至2007年的每10万人54.49人,年均递减2.31%,其中男性发病率由2001年的每10万人100.62人,降至2007年的每10万人90.74人,年均下降1.71%。发病顺位从2004年及以前的首位,降至2005年的第2位;女性发病率以年均-4.09%的速度,由2001年的每10万人30.79人下降到2007年的每10万人23.97人,发病顺位自2002年起在第2-4位间波动。

四、性病

传统性性病 解放前,社会上流行淋病、梅毒、软下疳及性病性淋巴肉芽肿等性病,解放后,政府大力采取防治措施,性病逐步绝迹。

1988年,县内发现首例典型性淋病病人(男性,32岁)。县卫生部门随即开展性病登记直报工作和采取预防措施,制定进口血液制品使用情况登记等制度。是年,全县发现性病8例。1996年,全市发现性病161例。此后,淋病逐年减少,非淋、尖锐湿疣、生殖器疱疹、梅毒发病明显增加。2002年,385例。通过防治,2008年下降为71例。

艾滋病 1998年,市内发现首例输入性艾滋病病毒感染者。2004年后,每年的HIV抗体阳性发现数呈快速增长之势,阳性者以流动人口为主,感染途径以性接触传播为主。是年起,分别在市人民医院、市中医院和市疾控中心建立艾滋病自愿咨询检测门诊,为自愿咨询者提供服务,市人民医院按要求将HIV抗体筛查列为手术前常规检查。2005年,海门被列为省艾滋病防治示范区。同年,市成立艾滋病防治工作委员会。3月,对全市既往有偿献血史的人群开展艾滋病病毒抗体筛查,查出有偿献血1356人,筛查人数548人,初筛结果HIV(人类免疫缺陷病毒)抗体全部阴性。2006年,市疾控中心成立艾滋病防治科。开展娱乐场所基线调查,访谈青年女性服务员121例,采血样140例,妇科标本采集数115例。结果HIV抗体全部阴性,梅毒、衣原体感染率分别为2.86%、3.42%。艾滋病传播途径、预防措施知晓率分别为74.29%、71.49%,临时性最近一次与客人性行为及固定性伴性行为安全套使用率分别为74.38%、25.62%。3月,组建市区娱乐场所调查干预队,每月对市区娱乐场所开展高危行为干预工作,包括发放安全套、进行知识教育和宣传等。是年起,每年对出国劳务输出人员开展HIV抗体筛查,当年检测2211例,阳性1例。2007年检测672例;2008年869例,两年未检出阳性。是年,各乡镇成立娱乐场所行为干预队,对娱乐场所高危行为进行干预。市艾滋病防治委员会及卫生、疾控部门印制《海门健康教育》120多万份进行入户宣传,全市刷写254条村级墙体广告,设置2块大型宣传广告牌。12月1日,市按惯例进行防治艾滋病宣传日活动。

五、其他疾病

碘缺乏病(俗称“大脖子病”) 解放前后,海门大脖子病时有发生。1986年,抽查30余所小学共21198名学生,发现甲状腺肿大95人。1992年,省组织调查组在海门天补镇对933名学生进行检查,甲状腺肿大5人。1995年,市卫生防疫部门根据区域和地理位置,抽取5所中心小学中8-10周岁213名学生作调查,发现甲状腺肿大18例。其中60名学生作尿碘测定,测得尿碘≤20μg/l的有16人,占26.67%。1996年,为加速消除碘缺乏病,在海门镇、三厂镇、三和镇推广食用加碘盐试点,随即全面铺开。至8月底,全市加碘盐市场覆盖率100%。同年,在重点人群和特需人群中开展服用碘油丸工作。1996年、1997年,全市服用碘油丸22.31万人次。1997年,市卫生防疫部门调查5所小学、210名8-10周岁学生,甲状腺肿大率10.95%,其中60名学生尿碘测定中位数为210μg/l。1998年,调查30所小学、1229名8-10周岁学生,甲状腺肿大率3.09%,其中359名学生作尿碘测定,尿碘中位数为120μg/l,达到自查自评阶段性消除碘缺乏病标准。1999年,调查10所小学、400名学生,甲状腺肿大率2.5%,其中120名学生尿碘测定中位数为496μg/l,通过南通市阶段性消除碘缺乏病考核。2000年,通过阶段性消除碘缺乏病省级考核验收。

肠蠕虫病　1957年2－3月，县卫生防疫部门在临江乡闸西、桥西等村开展钩虫病普查试点，受检1.14万人，其中阳性病人2152人。1958年4月，县组织710名医务工作者对52.64万人复查，发现阳性病人3.81万人，服药治疗2.90万人。1964年秋，对10.76万人复查，对阳性病人药物治疗。1979年，对钩虫病高发地区包场、悦来两区进行重点普查，受查18.04万人，其中阳性病人9167人。钩虫病感染率，包场区6.4%、悦来区2.9%。80年代后，钩虫病得到控制。2003年，市疾病预防控制中心抽样调查5个乡镇各1个村，共检测2573份便样，肠蠕虫钩、蛔、鞭虫总感染率1.17%。2004年，调查3个村1507份便样，肠蠕虫总感染率1.39%，达到基本消灭肠蠕虫病标准。

浮肿病　1959年，各地浮肿病发病率较高。1960年2月，全县浮肿病患者814人。11月，猛增到7062人。县组织各地建立集中治疗站，开办营养食堂，收治病人1310人。患者凭营养卡每人可一次性得到优供食品125克、红糖0.25公斤、鲜肉0.25公斤、粮食1公斤。1961年，全县累计发病7.09万人，治愈5.3万人，治愈率74.75%；死亡1086人，占发病数1.53%。全县办集中治疗站86个，收治病人5209人；办营养食堂403个，参加用膳9564人。1963年秋后，发病人数明显减少。1965年，因营养不良而引起的浮肿病基本绝迹。

第三节　计划免疫

20世纪50－70年代，采取普遍接种牛痘，注射麻疹、白喉疫苗及服用小儿麻痹症口服糖丸等措施，对天花、麻疹、白喉、脊髓灰质等疫情控制，均取得明显效果。

1982年，实施计划免疫，卫生部门对适龄儿童有计划地接种疫苗。同年，实行大队接种，全县有676个大队接种点，69名防疫医生、820名乡村医生参与接种工作。接种疫苗为基础“四苗”①“两脑疫苗”②，疫苗由防疫部门逐级下拨，不收疫苗费。1989年，全国计划免疫第一个85%目标（以县为单位）的审评中，海门代表省接受世界卫生组织专家审评，审评内容包括计划免疫组织实施、门诊质量、冷链设备、疫苗管理、资料管理、操作技术、0－4周岁儿童建卡率、单苗接种率、四苗覆盖率等。审评结果表明，县各项工作均达到省、部颁发的标准要求，通过审评。

1990年，计划免疫改村接种为乡门诊接种，全县设立34个乡镇级接种点，有专（兼）职计划免疫人员145人。同年起，实行计划免疫保偿制，每年保偿率维持在95%以上，15万名左右儿童参加保偿。是年年初，全县在南通地区率先推广乙肝疫苗接种。1992年1月1日，乙肝疫苗列为计划免疫管理疫苗，全面实施新生儿乙肝疫苗接种，每年新生儿乙肝疫苗接种率维持98%以上。是年，全县开展脊灰疫苗强化免疫工作。1994年，全市执行计划免疫门诊工作规范标准，对门诊房屋、硬件设施、人员配备、组织实施、接种流程、操作技术及资料管理等统一要求，每年组织达标验收。是年起，每年春季接种甲肝疫苗，作为肝炎压春峰的主导措施。1998年，增加风疹单价疫苗、流行性腮腺炎单价疫苗和麻风腮三联疫苗接种。同年，开始流感疫苗接种。

2002年，全市按规范化要求设置22个乡镇计划免疫门诊。2004年7月1日起，全市实施新生儿乙肝疫苗免费接种，接种率99%以上。2005年6月1日，国务院《疫苗流通和预防接种管理条例》开始实施。将疫苗分为两类，第一类政府免费向公民提供，公民按照规定受种疫苗，包括冻干皮内卡介苗、口服脊髓灰质炎减毒活疫苗、吸附百白破混合制剂及白喉、破伤风二联类毒素、冻干麻疹减毒活疫苗、乙型肝炎疫苗、乙脑疫苗、流脑疫苗；第二类公民自费并自愿受种的其他疫苗。2006年秋季，新生入学实行查验预防接种证制度，将平时接种门诊查验和开学时集中查验相结合。2008年5月1日起，扩大儿童免疫规划，对全市预防接种人员强化培训，经考核后发放省统一预防接种上岗证。7月，全市实行预防接种票据化管理制度，为2008年1月1日以后出生的儿童（包括常住和暂住或建卡2个月以上的流动儿童），免费发放预防接种票据，票据持有率100%。

---

①　“四苗”疫苗：卡介苗、脊灰糖丸、百白破疫苗、麻疹疫苗。

②　两脑疫苗：流脑疫苗、乙脑疫苗。

第四章　妇幼保健

第一节　妇女保健

一、新法接生　围产保健

解放前，产妇分娩采用老法接生，旧式助产婆常用未经严格消毒的剪刀、长指甲、碎瓷片等处理脐带、刺破羊膜，甚至用咒语催生，常发生产妇大出血、产褥热、会阴严重撕裂、婴儿破伤风，产妇、新生儿死亡率高。民国37年(1948)，海门卫生院聘任助产士张则兰免费为孕妇检查、出诊接生，随请随到。

1950年，苏北行政公署卫生局分配3名助产士到海门从事妇幼保健工作，业务由县人民医院妇产科兼管。1952年9月，县举办旧产婆训练班，建立区、乡接生站。1953－1954年，在省妇幼卫生工作队指导下，对655名旧法接生员中的461人分两期培训，利用图片实物示教，发放接生包。培训后，全县兴办接生站30个。1956年，为培养新的妇幼保健骨干队伍，从农村吸收36名有知识的女青年，由县人民医院负责培训3个月，结业后分配到各区卫生所和中心联合诊所担任妇幼保健工作，重点推行新法接生。当年，复训旧接生员450人，建立接生站70个。新法接生率30.5%。1960年，使用婴儿接生证，并规定有关户口申报、副食品供应等办法，对推行新法接生发挥很好作用。20世纪70年代，县、区、乡三级妇幼保健网基本形成，产妇住院分娩率逐渐上升，新法接生全面代替旧法接生，基本消灭产褥热和新生儿破伤风的危害。海门全面推进计划生育和妇女病普查，孕产妇实行系统管理。

1986年，县卫生部门加强各类医院妇产科规范化管理，努力改善接生和住院条件，提高基层医院产科应急能力，坚持住院分娩，提高产科质量。建立以乡镇医院(卫生所)为基地，人民医院、中医院为依托，妇幼保健所为技术指导中心的城乡保健网络。有专职服务人员，对怀孕妇女及早填写围产保健卡，按孕产妇系统管理要求做好产前检查，提高产前、产时、产后的服务质量。产妇出院后由专职妇保医生访视，加强产后护理和卫生保健指导。1995年，全市有接生能力的33所医院(卫生院)均建成爱婴医院(卫生院)。1996年，海门开展创建爱婴市活动。1997年，建成爱婴市。2005年，全市住院分娩率由1986年的96.2%提高到100%，孕产妇系统管理率94.3%、早孕建卡率96.9%、常规产前检查率98.4%、产后访视率98.1%。2006年，开展妇产科规范化达标建设，对全市30所一级医院改造，其中26所医院达到南通市一级医院妇女保健与妇产科建设标准要求，重新核发母婴保健技术服务执业许可证，取消4个不合格医院助产技术服务资格。2007年11月，通过省专家组对海门市创建甲等妇幼保健所工作评估验收。2008年，全市孕产妇早孕建卡率99.53%、常规产前检查率99.04%、产后访视率98.26%、孕产妇系统管理率95.24%。

二、妇女病普查普治

1963年3月，对子宫下垂病人，进行全面调查登记，并由当地医疗机构治疗。1970年，各公社抽调医疗力量，进行妇女病试点调查，对查出的病人进行系统治疗。1975年，各区、公社医院进行妇女病复查复治。全县实查4.63万人，查出妇女病患者1.42万人，发病率30.7%，其中子宫颈癌15人。对病人对症治疗，治愈率96.6%。1979年，再次调查和复查子宫下垂病人，查出病例440个。县组织由外科医师和助产士等22人参加的随访队，对既往手术341名病人随访检查，并制订病人治疗方案。随后，抽调外科医生为主的26名医技人员分成5个手术组，分赴各地施行妇女病根治手术158例、药物治疗119例、上子宫托76例。

1986年后，县贯彻执行国家《女职工劳动保护规定》和南通市《关于进一步加强妇女病普查普治工作的通知》精神，制定妇女病普查计划和实施方案，开展早期发现癌症为主的妇女病普查。1998年，对市区有关企事业单位和农村部分乡镇的妇女及全市女教师进行妇女病普查，对查出的疾病分别给予及时药物治疗和手术治疗。市妇幼保健所加大宣传力度，引导女职工增强自我保健意识和能力，同时规范妇女病普查工作程序，对基层妇女病普查落实到各乡镇医院和卫生所进行，进一步提高妇女病普查率和治疗率。2008年，全市实查2.37万人，发现妇女病患者8000余人，治疗率99.99%。

1975－2008年若干年份海门市(县)妇女病查治一览

表29－13　单位:人

年份	应查数	实查数	患病数	患病率(%)	疾病类别							治疗数	治疗率(%)
					滴虫性阴道炎	霉菌性阴道炎	宫颈糜烂	子宫脱垂	宫颈癌	子宫肌瘤	其他		
1975	116470	46268	14196	30.68	2758	277	7471	929	15	－	2746	12107	85.28
1980	175641	97755	22157	22.67	5225	867	12435	181	14	1	3434	－	－
1985	18197	8286	2109	25.45	242	167	1426	7	－	12	255	2053	97.34
1988	6097	3226	821	25.45	282	96	334	－	－	19	90	821	100.00
1990	12995	8230	2030	24.67	745	278	522	－	1	30	454	2003	98.67
1991	61117	16584	2941	17.73	679	583	1103	3	－	39	534	2698	91.74
1992	51558	16283	3741	22.97	832	647	1112	9	－	50	1091	3680	98.37
1993	70263	22930	6586	28.72	1835	994	1650	2	2	121	1982	6511	98.86
1994	72269	20865	5002	23.97	1465	1012	1357	9	－	109	1050	4965	99.26
1995	81008	20102	3602	17.92	1011	423	1098	7	－	63	1000	3480	96.61
1996	80098	20178	3597	17.83	901	398	1100	3	－	59	1136	3407	94.72
1997	77490	18980	3839	20.23	572	434	1107	6	3	81	1636	3619	94.27
1998	71810	8512	2334	27.42	544	502	868	2	－	51	367	2286	97.94
1999	70701	17352	2352	13.55	520	416	529	－	－	60	827	2331	99.11
2000	73212	18325	4134	22.56	535	363	895	－	－	69	2272	3574	86.45
2001	75386	10731	3204	29.86	1113	489	782	1	－	141	678	3087	96.35
2002	69767	28508	7652	26.84	1713	959	4351	8	－	377	244	7644	99.90
2003	32309	27487	8541	31.07	1350	1012	4504	－	－	134	1541	8515	99.70
2004	14466	6143	2303	37.49	226	363	1111	－	－	58	545	2212	96.05
2005	79552	63651	14321	22.50	2116	336	2191	1	1	182	9494	13412	93.65
2006	71806	67594	15191	22.47	1209	465	6811	－	3	206	6497	14987	98.66
2007	36817	30191	7262	24.05	1051	380	3697	－	－	434	1700	7182	98.90
2008	27871	23715	8008	33.77	1205	1592	2852	1	2	773	1583	8007	99.99

三、"四期"保护

1964年，县各级工会注重女工"四期"①保护。海门手帕厂工会规定女工怀孕8个月以上，由工会女工委员帮助解决具体困难；女工经期由工会女干部负责关心，条件许可的，给予调换轻微工作。女工多的单位办托儿所、哺乳室。1983年，实行经营承包责任制后，各企业注重维护女工特殊利益，增设和改善女工保护设施，建立和健全女工"四期"保护制度。1988年，企业根据国家对女职工劳动保护条例精神，重新修订和完善女工保护实施细则。海门手帕厂规定怀孕满7个月以上的女工每天减少2个小时工作量，增发营养费0.5元；也可以回家休息待产，工资发85%；产假期内全部享受奖金待遇；产假期满后，可以延长半年休假，期间工资发75%。1989年，县工会继续贯彻落实女工职工劳动保护规定，全县85%的单位制定实施细则。凡从事有害健康工种的已婚、未婚女工，都调离岗位；怀孕女工享受产前2个月休息；产假3个月不扣工资；女工享受哺乳假3－6个月，自愿不享受哺乳假期的女工可不做夜班，并增发营养费。是年，对孕产妇实行统一管理，从早孕建卡到分娩不少于8次检查，及时筛出高危孕妇，高危管理率98%，坚持产后检查访视。1990年，县总工会先后举办3期妇幼保健知识辅导班，怀孕女工、厂医等107人参加。2000年开始，为降低新生儿出生缺陷，市启动出生缺陷干预体系，分别在孕前、孕期、产后三个时期进行检查，及时发现缺陷儿进行相关处理。2008年，市试行"孕前保健国际项目"，为不同情况的育龄妇女制定孕前—围孕保健计划，增强孕前及围孕保健观念，全市新生儿出生缺陷率明显降低。

四、婚前保健

80年代中后期，按照卫生部《婚前保健工作规范》及有关文件规定，县妇幼保健部门实施婚前保健工作，各基层医院也陆续开展。但范围较小，且不规范。1995年6月1日，《中华人民共和国母婴保健法》实施，市出台加强婚前保健工作文件，对婚前保健工作作出明确规定。1999年，市妇幼保健所作为全市唯一法定的婚前保健单位，在房屋、人员配备上均达到卫生部印发的《婚前保健工作规范》的规定，并取得南通市卫生局核发的母婴保健技术服务执业许可证和母婴保健技术考核合格证书。市妇幼保健部门积极做好婚前卫生指导、咨询和医学检查，确保婚检质量，婚前疾病的检出率由1998年的9.2%提高到2002年的18.1%，并对查出的疾病进行及时有效的治疗，对检出的异常情况及时进行医学指导，为降低孕产妇死亡和出生缺陷发生率及优生优育奠定基础。

2003年10月1日，新婚姻登记条例将婚前医学检查由强制改为自愿，婚前医学检查率下降。市妇幼保健等部门加大《中华人民共和国母婴保健法》及婚检宣传力度，婚检率逐步回升。2008年，全市婚前医学检查率48.29%，全市孕产妇死亡率每10万人15.67人，5岁以下儿童死亡率9.09‰，出生缺陷发生率2.55‰。

第二节　儿童保健

一、普查普治

1952年5月，县卫生等有关部门对茅家镇小学、实验小学、海门师范附属小学等学龄儿童2000多人进行体格检查，查出患病儿童500多人，由县卫生院、茅家镇联合诊所分别给予治疗。1955年6月，县妇幼保健人员深入各乡镇托儿所、幼儿园以及悦宏、海星等农业社，为2594名幼儿体检，对患病的710名幼儿免费治疗。1961年，对营养不良的2361名儿童及时治疗，治疗率81%。"文化大革命"期间，除每年"六一"儿童节对在校学龄儿童进行健康检查和预防接种外，其他保健措施很少。1979年6月，对7岁以下儿童进行体检，受检4.5万人，受检率57.2%；患病3809人，患病率8.5%。10月，对13岁以下1182名儿童进行大便抽样镜检，阳性911人，阳性率77.1%。县保健所随即开展13岁以下儿童驱蛔工作，2.87万人免费服驱蛔药，服药率62.73%。11月，对1050名幼儿教师进行健康检查，查出肝炎、肺结核患者53人，均给予治

① 四期：经期、怀孕期、产期、哺乳期。

疗和适当调整工作。1981 年，对 7 岁以下儿童体检，同时对 1－3 岁儿童健康检查。

1982 年起，每年对海门镇新入园幼儿及新参加工作的幼儿教师进行肝功能检查。1984 年，县妇幼保健部门在常乐乡开展婴幼儿系统管理试点，内容包括乡医院应承担的妇幼保健任务、具体工作要求和质量标准，考核验收及经费补助等。1991 年 3 月，卫生部、联合国儿童基金会和世界卫生组织，对海门实现儿童免疫接种率达 85% 的目标进行评审。2008 年，加强儿童健康体检，落实新生儿听力筛查工作，筛查率 71.62%。

二、保健管理

散居幼儿　1985 年，建立以县妇幼保健所为指导中心，乡镇卫生院儿科、妇科、防疫科为依托，村卫生室管理为基础的县、乡、村儿童保健三级网络。以常乐、瑞祥、正余、三和、江滨乡为试点，开展儿童系统管理工作，其余乡镇在三分之一村中逐步全面铺开，重点抓好 0－2 岁婴幼儿保健管理。

1991 年，全县统一启用《江苏省散居儿童保健管理手册》，抓好出生至 28 天新生儿期的访视和生长发育监测，0－7 岁儿童实行系统管理，建立儿童体检卡，统一实行一岁内婴儿每 3 个月体检 1 次、1－3 岁每半年体检 1 次、3－6 岁每年体检 1 次制度，加强各乡镇卫生院儿保规范化门诊建设，培训专兼职儿保医生。在进行儿童常规健康检查基础上，重点抓好体弱儿的筛查和专案管理，将体弱儿管理纳入年度儿保工作考核重要内容，规定体弱儿筛查率不低于所管儿童数的 10%，建立体弱儿管理个案登记，实行专案管理，专案管理率不低于 95%，重点抓好早产、低出生体重儿、满月增重不足 600 克、维生素 D 缺乏性佝偻病、营养性缺铁性贫血、营养不良儿的管理，并根据体弱儿具体情况制定治疗方案和指导意见。2008 年，全市 0－2 岁儿童系统管理率 97.6%，3－6 岁儿童系统管理率 98.82%，体弱儿管理率 100%。

群居幼儿　1986 年，县妇幼保健部门加强托幼机构卫生保健管理，定期举办托幼单位主任、保健人员卫生知识培训班，经培训考核合格的，发给上岗证；制定《海门县托幼机构卫生保健工作意见》《海门县幼儿园伙食管理办法（试行稿）》《海门县幼儿园安全工作意见》等。对海门镇区新入园儿童开展入园健康体检。

1995 年，经调查，全市 8－16 岁儿童的生长发育综合评价指标符合正常生长发育曲线。2003 年，对乡镇以上中心幼儿园新入园儿童进行入园健康体检。体检项目主要有肝功能、表面抗原、血色素、身高、体重、内科、五官等，发现疾病者及时进行治疗。每年“六一”儿童节前后，对乡镇以上中心幼儿园进行健康体检和体格发育评价，对托幼机构工作人员体检，对体检合格者颁发健康证明，持证上岗，有效控制传染病在幼托机构内蔓延。

2005 年，全市幼儿园全部达到省卫生厅颁布的《托幼机构卫生保健合格评分标准》要求。2008 年，全市幼儿园入园体检率、“六一”儿童体检率、儿童健康建档率、工作人员健康体检率和卫生保健合格率均 100%，全市 41 个幼儿园有 33 个达到南通市一类标准、8 个达到二类标准。

三、“三网”监测

1993 年，南通市卫生局制定“三网”①监测方案，规范孕产妇死亡、5 岁以下儿童死亡报告程序和监测工作要求。县妇幼保健部门及各级医院相对固定监测人员，按时进行个案调查并填报监测报表。乡镇每年进行补漏调查，控制漏报率在 10% 以内，确保资料完整性。2000 年，以市人民医院、市中医院作为监测点，开展出生缺陷监测工作。2000－2001 年，两个监测医院出生缺陷发生率分别为 1.5‰和 2.4‰。2003 年全市铺开，各医院按要求填写分娩登记本，每月上报围产儿数月报表，发现出生缺陷儿及时填写出生缺陷登记卡，并上报市妇幼保健部门。市妇幼保健部门每年定期组织两次对“三网”监测的质量检查。全市出生缺陷发生率 2.97‰。2004 年为 3.49‰，2005 年为 6.05‰。2006－2008 年，每年 4 次对“三网”监测的质量实施检查，发现问题及时提出指导意见，采取降低出生缺陷率的三级预防干预措施，监测水平和诊断手段不断提高，全市出生缺陷监测结果趋于平稳。2008 年，出生缺陷发生率 2.55‰。

① 三网：指 5 岁以下儿童死亡网、孕产妇死亡网、出生缺陷监测网。

1975－2008 年海门市(县)儿童体检情况统计一览

表 29－14 单位:人

年份	应查数	受检		患病		疾病分类															患缺点		缺点分类									治疗人数
		人数	受检率(%)	人数	患病率(%)	佝偻病	营养不良	气管炎	上呼吸道感染	肺炎	先天性心脏病	重度沙眼	皮肤病	中耳炎	畸形	中度贫血	化脓性扁桃体炎	恒牙龋齿	传染病	其他	人数	患缺点率(%)	结膜炎	乳龋	轻度沙眼	鼻炎	疝气	鞘膜积液	湿疹	轻度贫血	其他	
1975	53364	44850	84.05	7053	15.73	144	781	1018	-	198	269	-	522	867	-	-	1756	-	983	515	9487	21.15	-	7924	1563	-	-	-	-	-	-	-
1976	57705	48327	83.75	8536	17.66	149	707	1002	-	277	211	-	1956	1014	-	-	1726	-	894	600	8846	18.30	-	7102	1744	-	-	-	-	-	-	-
1977	41986	35492	84.53	5488	15.46	43	417	803	-	131	130	-	1240	708	-	-	897	-	733	386	4165	11.74	-	3386	779	-	-	-	-	-	-	-
1978	48814	42865	87.81	8402	19.60	84	449	1001	-	151	158	-	2133	848	-	-	1750	-	1113	715	7942	18.53	-	6781	1161	-	-	-	-	-	-	-
1979	78682	45018	57.22	4055	9.01	53	467	819	-	189	137	-	588	685	77	-	593	-	184	263	2098	4.66	217	1670	-	178	-	-	-	33	-	-
1980	82787	74104	89.51	5251	7.09	129	403	1155	-	-	129	-	764	1231	176	-	928	-	-	336	8656	11.68	372	7013	445	318	90	-	-	74	344	-
1981	74686	63180	84.59	10045	15.90	97	370	1443	-	16	120	140	540	1013	170	-	1371	3657	627	481	7534	11.92	230	6052	1004	-	128	-	-	-	120	1124
1982	75927	67110	88.39	6794	10.12	38	292	745	-	129	95	161	739	703	165	-	-	3046	-	681	6860	10.22	94	5764	707	-	-	-	-	-	295	2110
1983	79538	65198	81.97	7726	11.85	20	177	576	81	134	50	39	569	510	113	4	195	4852	18	388	8813	13.52	74	8094	327	170	24	2	94	8	20	1160
1984	70965	63152	88.99	9188	14.55	20	137	601	432	61	78	64	374	624	114	33	192	6201	46	211	8653	13.70	120	6751	383	266	106	17	412	80	518	2648
1985	75528	66167	87.61	4570	6.91	12	89	510	724	45	63	46	475	356	101	15	215	1758	31	130	10859	16.41	54	9767	156	239	16	358	98	171	-	2762
1986	71415	65511	91.73	4469	6.82	8	41	435	652	35	70	36	303	363	55	5	118	2159	30	159	10843	16.55	50	9757	167	117	59	15	411	35	232	-
1987	74361	63339	85.18	4474	7.06	20	40	434	682	492	79	40	348	278	61	3	174	1576	38	209	12791	20.19	74	11660	222	80	57	6	357	25	310	-
1988	14653	11403	77.82	569	4.99	1	2	49	27	12	5	34	58	33	10	-	27	303	2	6	2294	20.12	5	2138	67	34	11	1	16	16	6	-
1989	80287	54345	67.69	2920	5.37	11	43	220	595	77	35	88	286	177	23	1	42	1221	15	86	9119	16.78	43	8268	173	105	37	6	346	48	93	1809
1990	83944	57991	69.08	3395	5.85	50	101	304	889	87	43	34	469	200	64	19	98	761	97	179	10699	18.45	80	9237	333	167	42	12	630	138	60	-
1991	91306	64739	70.90	1578	2.44	41	88	-	-	58	48	21	422	164	22	55	63	516	25	55	12231	18.89	54	10792	218	129	32	14	582	249	161	11894
1992	83094	68266	82.16	3857	5.65	85	141	-	-	199	83	25	491	178	42	679	226	1092	87	529	13136	19.24	22	10007	196	238	33	8	573	2044	15	13924
1993	94195	67051	71.18	3552	5.30	84	560	-	-	119	55	31	481	263	40	706	71	599	139	404	14684	21.90	72	11344	765	186	27	9	690	1566	25	14901
1994	94583	71586	75.69	3983	5.56	90	691	-	-	427	52	31	787	191	11	825	138	329	82	329	20186	28.20	63	15195	921	278	38	8	846	2798	39	21023

续表 29－14

年份	应查数	受检		患病		疾病分类															患缺点		缺点分类									治疗人数
		人数	受检率（%）	人数	患病率（%）	佝偻病	营养不良	气管炎	上呼吸道感染	肺炎	先天性心脏病	重度沙眼	皮肤病	中耳炎	畸形	中度贫血	化脓性扁桃体炎	恒牙龋齿	传染病	其他	人数	患缺点率（%）	结膜炎	乳龋	轻度沙眼	鼻炎	疝气	鞘膜积液	湿疹	轻度贫血	其他	
1995	92131	72089	78.25	6262	8.69	145	954	-	-	337	44	37	820	259	57	1294	136	915	386	878	23070	32.00	184	16663	658	211	43	10	985	4260	56	25141
1996	89578	73051	81.55	4532	6.20	94	822	-	-	418	43	51	795	349	48	865	139	300	98	510	16982	23.25	284	11106	758	231	60	21	1100	3251	171	16371
1997	78104	69541	89.04	3424	4.92	116	370	-	-	320	38	72	765	268	33	630	110	178	45	479	18053	25.96	237	13317	678	243	41	2	1094	2323	118	18620
1998	73342	69312	94.51	2493	3.60	103	345	-	-	347	30	54	521	128	15	559	62	12	39	278	26479	38.20	212	21507	460	110	28	6	580	3264	312	25325
1999	68380	63432	92.76	3150	4.97	114	1095	-	-	275	44	46	547	128	37	490	94	5	9	266	29843	47.05	225	23836	586	142	44	22	694	3869	425	30047
2000	64170	60172	93.77	2424	4.03	103	246	-	-	246	40	38	519	157	39	542	148	1	5	340	27616	45.90	221	21331	443	173	44	11	779	4356	258	34934
2001	59150	56477	95.48	6942	12.29	561	2413	429	1214	-	47	247	592	105	-	565	-	-	4	765	23441	41.51	101	19095	-	-	73	49	-	4082	41	26703
2002	53371	49098	91.99	4296	8.75	408	845	240	902	-	41	246	408	70	-	479	-	-	1	656	21263	43.31	30	17626	-	-	53	30	-	3524	-	23193
2003	48486	45638	94.13	3318	7.27	490	774	130	632	-	30	76	302	24	-	319	-	-	5	536	19900	43.60	54	16076	-	-	55	25	-	3690	-	20535
2004	44873	42672	95.10	4049	9.49	584	789	113	479	-	35	60	282	18	-	296	-	-	2	1391	17044	39.94	29	13097	-	-	69	33	-	3816	-	19240
2005	43058	40997	95.21	2723	6.64	706	878	92	528	-	26	56	181	9	-	126	-	-	4	117	14276	34.82	12	10170	-	-	53	34	-	3578	429	17482
2006	42004	40103	95.47	3247	8.10	812	634	80	618	-	27	110	288	15	-	411	-	-	3	249	15865	39.56	11	10161	-	-	62	87	-	4709	835	17245
2007	40753	38807	95.22	3063	7.89	877	522	87	590	-	80	51	276	14	-	280	-	-	18	268	13539	34.89	8	8532	-	-	72	125	-	4366	436	16021
2008	40063	38389	95.82	2773	7.22	768	665	85	608	-	25	22	275	18	-	121	-	-	18	168	13039	33.97	7	8010	-	-	66	113	-	4126	717	14321

第五章　监督管理

第一节　医政管理

一、基础管理

1951年6月起，县卫生科每年抽查各医院的设备添置情况，各项医疗制度执行情况，门诊处方、住院病史、医疗事故处理等情况，并进行质量考核，鉴定年度科研成果，上报第二年度科研项目。每年组织实施征兵体检、高校中专招生体检以及抗病救灾等中心活动，组织调解处理各医疗机构发生的医疗纠纷和事故等。1958年，制定村(大队)卫生室装备建设标准，年终进行考核。1971年9月，县卫生部门负责医疗卫生药品管理。1980年，增加危重病人抢救、差错事故登记、死亡病例讨论、重大手术审批以及岗位责任制等内容的县医院管理制度。1984年，在三星、常乐、悦来等卫生院试行责任到院、承包到科、考核到人，以分定奖的经济管理责任制。1985年，在全县推广。是年年底，全面整理各医院的人员、床位、编制、服务范围、工作量、医疗业务指标、财务支出等基础资料，建立相关台账。1987年，县卫生局成立技术干部职称评定委员会，各医疗单位建立技术干部考绩档案。1988年，开展全县防盲治盲工作，获全国防盲先进县称号。1989年，建立县医疗事故技术鉴定委员会，由10多名专业人员组成。同年，加强医院麻醉科、供应室建设，制定急危重病诊断和疗效标准。组织专门人员深入各医疗机构检查考核，提高医疗管理和诊疗水平。1990年，对全县738个村卫生室进行达标考核，合格708个，合格率95.9%。

1991年始，全县推行以创建文明医院为目标的医院规范化建设管理。县人民医院、县中医院和四甲医院为全县首批文明医院。1992年，印发《海门县农村甲级卫生室标准》，并组织地区医院、乡镇卫生院专业人员检查、考核。1993年，医院实施分级管理评审制度，开展等级医院创建等活动，地区以上医院由南通市卫生部门组织评审，乡镇卫生院由海门卫生部门组织评审。

1995年，根据国务院《医疗机构管理条例》要求，市卫生部门对全市医院、卫生院、厂校医务室、村卫生室及个体诊所等实施登记、注册、核发医疗机构执业许可证，每年核验1次。结合海门人口、医疗资源、医疗需求和现有医疗机构分布状况，制定市医疗机构设置规划初稿。是年，市人民医院、市中医院被评为二级甲等医院，三厂医院和四甲医院被评为二级乙等医院，其余地区医院和天补、德胜、三阳、王浩等部分乡镇卫生院被评为一级甲等医院，部分乡镇卫生院被评为一级乙等医院。

1997年，规范整顿村卫生室，制定规范标准，要求建筑面积40平方米以上，做到"三室"①分开，改变全市大部分村卫生室以家代室的现状，并规定乡村医生的进药渠道，严格各项诊疗常规，以改善农民就诊环境，确保医疗用药安全。1998年，组织创建中医示范乡镇活动，加强乡镇卫生院和村卫生室的中医中药建设，村卫生室配置中医针灸挂图、针灸针、火罐及理疗设备。

2000年，组织各医疗机构采购医疗器械的公开招标活动，保证重大医疗器械采购的公平、公正和公开。组织创建中医工作先进县市活动。2001年，组织全市乡村医生正规化专业知识培训。同年6月，根据国务院《医疗事故处理条例》规定，市医疗事故技术鉴定委员会撤除，市(县)级医疗事故技术

① 三室：指门诊室、治疗室、消毒室。

鉴定工作归由地市级医学会负责，市卫生部门加强对各医疗单位的医疗纠纷及事故的防范、协商及处理。8月，药政管理职能划归市药监局。

2002年12月，海门获省农村中医工作先进市。2003年3月，在抗击"非典"行动中，组织建立应急救治体系和应急医疗小分队，为抗击"非典"疫情起重要作用。10月，市推行农村社区卫生服务站建设，制定规范建设标准，组织考核和验收。2005年，乡镇建立农村社区卫生服务站241个。

2006年，市依托市皮肤病防治所、海门镇医院（市眼科医院）、市妇幼保健所建成3个城区社区卫生服务中心，同时规划建设城区社区卫生服务站11个。是年12月，在全市医院开展创建无红包医院活动，10个公有制医疗机构挂无红包医院牌子，并通过报纸、电视等媒体向全社会公开承诺。2007年，南通市卫生部门、南通市纠风办给市人民医院、中医院挂牌无红包医院。5月，市卫生部门、市纠风办同时给市眼科医院、市第二人民医院、市第三人民医院、市第四人民医院、市皮防医院及余东医院、悦来医院、刘浩医院挂牌无红包医院。是年，社区卫生服务站纳入社区公共卫生服务中心建设，并开始新一轮社区卫生服务站建设。

2008年7月，全市医疗机构开展优质服务我先行百日竞赛活动，以病人为中心，努力为病人提供全方位人性化优质服务，创卫生系统优质服务品牌。是年，根据《江苏省城市社区卫生服务中心（站）建设标准》，对已建城区社区公共卫生服务中心（站），进行规范化建设。

二、献血管理

1996年，全市实施统一采、供血制度，停止各级医疗机构自行采、供血做法，市人民医院内设立中心血库，采血由中心血库负责，各医疗机构用血到中心血库申领，保证用血安全。1998年10月，市人民医院副院长沈天振带头无偿献血。是年年底，全市无偿献血851人次，总献血量16.73万毫升，占同期治疗用血量8.5%。1999年，贯彻落实《中华人民共和国献血法》，首次下发《海门市公民1999年无偿献血计划》，通过报纸、广播、电视等媒体，大力宣传献血法，组织医护人员带头无偿献血，推动全市干部、群众踊跃献血。当年，全市无偿献血5918人，受到上级领导肯定，并在《中国卫生》刊物上介绍经验和做法。2000年，三阳镇群阳村村民姜汉中、姜洪平兄弟俩同时首次成为全市农民无偿献血者。

2002年10月，市中心血库配备流动采血车1辆，开展街头和乡镇、村的采血，便利群众无偿献血。11月，全市实施用血互助金制度，落实献血互助、献血者还血制度。2005年，献血人数6334人次，126.68万毫升，占同期治疗用血量的91.2%。2008年，依法开展无偿献血工作，完成无偿献血6800人次，无偿献血量136万毫升。

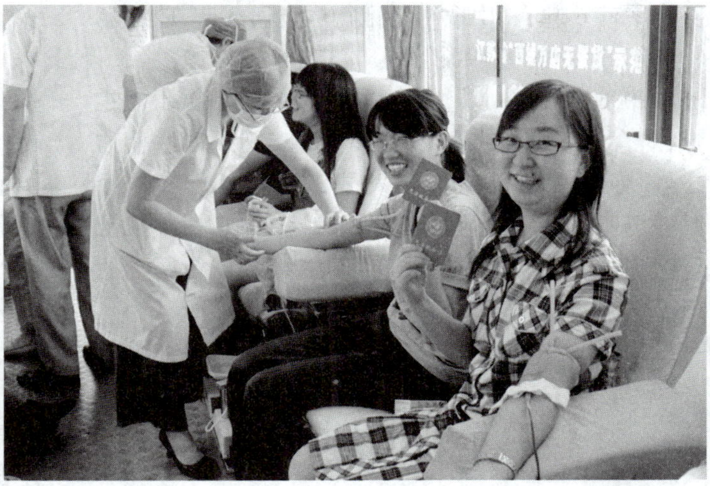

图29－8　市民无偿献血　（2005年摄）

三、医疗市场管理

民国时期，政府对个体开业人员采取立案、登记、限制等政策。

1980年后，县卫生部门对个体开业医生调查考核，办理发证、验证手续，印发统一处方、收费单据，取缔无证行医。1995年起，每年核验1次。1998年，开展医疗机构清理整顿活动，全市共取缔非法行医机构163个，打击非法行医活动400多次。

2003年4月，在防"非典"和海门金花节等重大活动期间，对学校卫生、市场卫生用品、消毒剂产品、医疗机构一次性医疗用品、医疗废水处理等实施专项检查，对15个口罩厂，实行24小时巡回监管，确保产品质量。

2005年9月，查处东灶港医院光耀村社区服务站非法行医案，并按规范建立卷宗。此案卷宗在该年度全省卫生行政执法案例展评活动中获得银奖。

2006年8月，重点整顿和规范农村及城乡接合部医疗服务市场，加强监管力度，市卫生监督部门增设医管组，先后开展社区医疗机构、“飓风一号”保障农民健康“飓风二号”整顿性病诊疗市场“飓风三号”整顿医疗美容市场及全市口腔诊所摸底调查等专项检查，逐步建立辖区内35个医院的档案和429个取得医疗机构执业许可证的医疗卫生机构信息档案。是年，对社会医疗机构立案查处56件，取缔非法医疗机构21个，罚款21.8万元。

2007年11月，开展“卫监四号”专项整治，出动卫生监督员45人次，检查医疗服务场所38个，查处医疗案件6起，其中取缔无证行医场所3起，收缴药物9箱，医疗器械400余件。

2008年5月，以整顿农村和城乡接合部为重点，对全市医疗服务场所开展为期3个月的“蓝盾二号”专项整治，出动监督人员325人次，检查医疗服务场所87个，查处医疗案件27起，其中查处无证行医22起，违规执业行为5起，取缔无证行医场所17起。

第二节 卫生监督

一、药品监督

1951年，县建立药品质量检查委员会，各区共设立10个药品质量检查小组。次年，成立县医药联购处，负责公立医疗单位的药品、医用器材的供应，严格购销渠道。1953年，县首次组织药品质量大检查，监督各项管理制度的落实，重点查处非法种植罂粟和贩卖吸食鸦片，全县吸食鸦片的现象基本消失。1956年，私营的中、西药店，改造成公私合营企业。1958年，成立县医药公司。翌年，建隶属公司的制药厂，以生产中成药为主。1960年，县再次组织药品质量大检查。此后，因“文化大革命”，药品监督一度受到影响。20世纪70年代，县医药公司制药厂改为县制药厂。

1978年4月，成立县药品检验所，有药检人员4人，设有无菌室、化验室、病理室和动物房。每年对药厂、医药公司和医疗卫生机构的药品质量实施监督检验，对中药的种、采、制的质量和新药进行检验审核。70年代后期，县人民医院、地区医院及个别乡卫生院，为控制“二号病”（霍乱）流行，先后办起小型制剂室，生产生理盐水、葡萄糖盐水等品种，经药检部门多次抽样鉴定，存在许多技术问题，随即停止生产。80年代初，各公社设药政管理员（兼职）。县卫生部门制定对剧毒药品、麻醉药品管理细则，授权专职医生开具处方。建立麻醉药品分级供应卡，对晚期癌症患者需用的麻醉药品建立特殊使用卡。剧毒药品凭证明按计划供应各级机构，建立药品专人保管、专柜存放、专用账册及使用剂量等制度。1984－1989年，县卫生、商业、公安等部门合作，对全县药品实施监查，先后销毁伪劣中西药品601种次，合计金额8533元。检查40多个批发站、门市部及基层药店，对符合药品管理法的17个单位发放经营许可证，取缔游医药贩，鉴定伪劣药品，严禁失效药品出售。在中药饮片专项检查中，共查获虫蛀、霉变等不合格中药饮片300多种次，全部销毁处理。

1990年经县鉴定，全县符合药品管理法的生产企业有县制药厂和县中药饮片厂，药品批发企业5个，药品零售企业49个，以及乡以上医疗卫生单位40个。1994年7月，县下发《关于进一步加强村卫生室药品管理工作的若干意见》，开展村卫生室药品的专项检查，查获不合格药品900多种次，查处悦来周某等以乡村医生为主要销售对象的无证经营药品案件。1996年，对江苏晨牌药业有限公司（原市制药厂）、中药饮片厂及上维、慧聚、万高、永和等5个制药企业抽查，药品合格率100%。1999年，根据国家药监局关于医院制剂室大输液作为重点限制生产品种，市人民医院和第二人民医院制剂室（分别于1984年、1994年筹建）先后停止生产。次年，江苏晨牌药业有限公司大输液车间通过国家药监局的优良制造标准（简称GMP）认证，获得南通市范围首张药品生产GMP证书。

2001年9月，成立市药品监督管理局。全市开展以医疗器械为主的大检查，先后查处以行医为名、卖药为实的无证经营药品案件19起，无证生产医疗器械案件1起，使用无证或不合格医疗器械案件3起，使用一次性注射器、一次性输液皮条未进行销毁、消毒的案件12起。针对普遍存在的无证生产、无证经营现象，举办《医疗器械监督管理条例》培训班6期，严厉打击无证经营，规范经营要求。此后，完成海门医疗器械厂等13个医疗器械生产企业注册申报等清理工作。在预防“非典”期间，对15个口罩厂生产实行24小时巡回监管。2004年,江苏晨牌药业有限公司等6个制药企业通过国家药品监督管理局的GMP认证。100多个品种规格的药品生产,获得国家药品监督管理局批准。2005年6月,以原市药品监督局为基础,成立食品药品监督管理局。是年,出动执法人员1.7万人次,检查涉药单位682个,结案110件,涉案金额92.28万元;取缔无证经营企业8个,查处假劣药品案76件,完成药品抽检271件,其中不合格59件,市药监部门被评为省文明单位。允许市中医院和皮肤病防治院2个单位生产制剂。2007年,开展药品生产企业专项检查,共查处生产企业违法案件4起,全面规范生产行为。

2008年,加大药品生产企业监管力度,建立企业主要原材料采购、生产情况、关键环节质控情况、产品销售情况等月报制,完善企业数据库,并由5名驻厂监督员协助监督管理,及时消除质量隐患。出动稽查执法人员2370人次,检查涉药单位913个,查处各类案件121起,结案率100%,涉案金额45万元;对354个一般监管对象,检查547次,并按照国家药监局的有关规定,完成开办药品企业《药品经营质量管理规范》(简称GSP)认证工作。开展妇科、泌尿科疾病专科门诊用药的专项检查,查处"眼宝目贴"、假冒西红花及无证微波综合治疗仪等一批假冒药品、药械。是年,全市自1995年后在各个领域取得执业药师资格的累计163人次。

1995－2008年海门市执业药师情况一览

表29－15　　单位:人

年份	合计	所属领域				
		使用	经营	生产	检验	研发
1995	4	1	2	1	–	–
1996	5	1	2	1	–	1
1997	2	1	1	–	–	–
1998	5	2	3	–	–	–
1999	7	3	4	–	–	–
2000	9	5	4	–	–	–
2001	15	6	7	1	1	–
2002	9	5	3	1	–	–
2003	33	19	10	3	1	–
2004	21	8	12	–	1	–
2005	24	10	14	–	–	–
2006	10	8	2	–	–	–
2007	8	2	6	–	–	–
2008	11	5	5	1	–	–

二、食品卫生监督

1956年6月,建立县卫生防疫站,对食品卫生实施监督。1971年9月,防疫站和卫生局医药管理股具体实施卫生监督工作。1984年,县对米酒、白酒等生产实行质量监督。1986年,在县"创三优"活动中,卫生部门加强对环境卫生、生活饮用水等方面的监测。

1995年,贯彻《中华人民共和国食品卫生法》。市卫生防疫部门建立食品卫生科,在各乡镇卫生院聘请食品卫生检查员,形成完整的食品卫生监督网络,并定期组织培训,提升食品卫生监管能力。1996年8月,市集中整治食品等市场,取缔生产假酱油窝点2个,销毁假酱油、白醋5834瓶。1997年,市开展碘盐市场专项打假活动,查处假冒碘盐、劣质盐15吨。1999年,开展食品卫生执法检查10次,行政处罚77户,其中警告12户次,责令改进12户次,取缔无证经营5户次。2000年,按ISO 9000标准,建立质量保证体系,实行食品安全市场准入制度,严格监督。

2003年,在海门金花节及高(中)考等重大活动期间,市卫生部门加强食品卫生监督,共出动监督员231人次驻点监督,抓原料、采购索证、菜谱、餐具消毒、熟食盛放时间等关键控制点,严格把关,确保中外客商及应考学生饮食、饮水的安全;根据突发公共卫生事件应急预案,先后处置海门、三和、汤家等乡镇食品及学校、自来水厂等重大突发公共卫生事件4起,对豆制品行业、卤菜加工销售、学校周边食品摊点等进行专项检查,另联合农业、技术监督等有关部门,开展车库经营户、肉菜粮放心工程等执法检查。是年,在食品专项打假活动中,查获不合格酒类产品400箱、牛奶300箱。

2004年,市开展重大节日市场食品卫生安全监督工作,查处食品卫生、医疗市场、公共场所等各类案件274件,没收销毁禁止生产经营的食品3000公斤,处罚金120余万元。推行食品卫生监督量化分级管理,实施对象为100平方米以上的餐饮业、学校食堂以及酱油、白酒、面粉等食品加工企业。到年底,完成量化分级单位250个,其中A级6个、B级204个、C级40个,学校食堂全部完成卫生监督量化分级。全年发放卫生许可证1180件。其中,食品卫生许可证965件、公共场所卫生许可证215件,发证前技术审核率100%,按时办结率100%。

2005年10月,召开市食品安全委员会第一次全体成员会议,在各乡镇成立食品安全工作领导小组,加强食品安全工作的组织建设,制定下发工作制度等一系列相关文件。是年,举办各学校分管校长、餐饮业负责人、乡镇卫生所长、医院消毒员等培训班5期。在食品行业查出“五病”①人员49人,全部调离岗位。查处食品卫生、医疗市场、公共场所等案件253起,罚款70.66多万元,没收销毁不符合卫生要求食品2577公斤,取缔非法生产经营户79户,吊销卫生许可证2家。受理群众举报投诉215起,查处率100%。对粮油、肉及肉制品、乳及乳制品、冷饮、豆制品、调味品、糕点等14类食品抽检,抽样5469件,合格率86.34%;餐饮具抽检5077件,合格率85.86%。同年,有4个食品企业产品获省质量信用产品荣誉、1个企业获省诚信企业称号。

2006年,实施农村100人以上大型家宴申报备案制度,全面推进农村食品安全“三网”建设,全市食品安全监管责任网、“12315”消费者权益联络站和食品药品安全监督站建设、标准化农家店建设,在全市镇(街道)村(居委会)覆盖面100%。是年8月,业务培训全市学校食堂从业人员6个场次,受训1024人次。是年,发放卫生许可证1463件,核、换证4053户。查处各类案件190起,警告、责令改正41户次,公告、责令收回已售出的食品61户次,没收销毁食品98户次,计1万多公斤,没收违法所得11万元,罚款66多万元。

2007年,市卫生监督部门分别对城区、城郊和农村餐饮业、食品批发零售店进行专项检查,共立案查处82家,没收销毁过期食品5000多公斤,取缔无证经营户10多家,发出限期整改通知书35份,取缔叠石桥绣品城一条街上15个无证无照餐饮企业。9月,开展餐饮消费安全专项整治暨“卫监三号”行动,出动执法人员1200余人次、车辆320车次,检查餐饮单位701户次、建立索证制度单位582户次,其间立案查处30多起,罚款20多万元,没收销毁食品计2036公斤。是年,相继以活禽定点屠宰、瘦肉精监测为主题,开展食品安全惠民工程建设,开展奶制品、猪肉及其制品、农村食品、保健品专项整治。

2008年8月,开展以保障国庆、中秋节日和北京奥林匹克运动会期间食品卫生安全为重点的“蓝盾三号”专项行动。检查对象为各类餐饮单位、学校和建筑工地食堂,酱卤肉加工销售单位,生产、加工、销售月饼的餐饮单位,以及农家乐、旅游景区餐饮单位、旅游宾馆饭店,奥运会专供食品生产企业等。9月,开展对各大宾馆、珍珠奶茶店、蛋糕房等餐饮消费环节婴幼儿奶粉的专项检查,共检查餐饮服务业157个。其中中餐制售72个、快餐制售38个、珍珠奶茶店32个、企事业单位食堂15个,未发现不合格配方奶粉。是年,查获各类假冒洋酒73瓶,封存不合格麻油820箱、酒1096瓶、淀粉2000公斤,没收侵权大米1.46万公斤。同年发放卫生许可证4693件。

三、放射卫生监测

1949年,县人民医院操作X光机的医生穿戴特制的防护服,以减少X射线对身体伤害。随着医疗设备改善,中医院、乡镇卫生(医)院等相继添置X光机,采取人机分离(砌隔离墙,另设房间)办法予以防护。

1992年,加强全县放射卫生工作的监测,医用诊断X线机监测覆盖率35%,合格率52%,个人剂量监测率30%,首次为放射工作人员建立个人健康档案及个人剂量监测档案。

1996年,海门作为南通市创建放射防护综合监督管理示范市的试点市,加强放射防护监督,对新建、改建、扩建X线机房实施预防性卫生监督,对放射工作人员进行放射防护知识培训及体检,并加强

① 五病:指病毒性肝炎病、伤寒病、痢疾病、活动性肺结核病、化脓性或渗出性皮肤病。

医用诊断X线机的卫生防护监测及个人剂量监测，全市的医用诊断X机卫生防护监测率100%，监测合格率92%，个人剂量监测率100%。

进入21世纪，市进一步规范管理模式，注重监督监测工作的长效管理，每两年对放射工作人员进行防护知识培训及严格体检。并着重加强医用诊断X线机的卫生防护监测及个人剂量监测。至2008年，全市医用诊断X线机建档率100%，监测覆盖率100%，监测合格率77%，个人剂量监测率100%，放射工作人员个人健康档案、个人计量档案齐全。对新建、改建、扩建X线机房的放射卫生预评价率及控制效果评价率均100%。

第六章　农村医疗制度

第一节　合作医疗

1965年，响应毛泽东主席“把医疗卫生工作的重点放到农村去”的号召，在余东镇举办“半农半医”培训班，学员为余东、正余、树勋三公社推荐的具有初中以上文化程度青年，学制三年，毕业后回当地亦农亦医，后被称为“赤脚医生”。1968年，《人民日报》发表上海市川沙县有关“赤脚医生”的通讯报道后，全县选拔农村有文化青年到所在地卫生院或地区医院学习培训，时间3－6个月，学习一些简单的预防保健和医疗护理知识技能后，回农村边务农边开展农村常见病防治工作。

1970年初，全县每个生产大队均配有1名以上“赤脚医生”。同时，在生产大队的活动中心或附近，由大队集体出资设置卫生室，为农民群众提供固定的诊疗场所，方便“赤脚医生”学习、工作。集体经济条件较好的单独设置一间20平方米左右的房屋，较差的与生产大队会议室合用。卫生室配有简单的诊察床、木凳、血压机、听诊器、药柜及出诊箱等。卫生室药品配备一般数十种左右，多为常用抗菌消炎药物，药品来源由当地乡镇卫生院或地区医院提供。8月，全县推行合作医疗制度，制定《海门县合作医疗管理章程(草案)》。各公社兴办合作医疗，主要由大队办，少数为社办或社队联办。合作医疗基金来自生产队公益金和社员个人筹资，一般每人每年筹资2元，农民个人年交纳0.5－1元，生产队集体出资1－1.5元。合作医疗基金由卫生室统筹使用。农民看病在卫生室，一般仅收挂号费(出诊费)和治疗费(注射费)，药费免收。凡到所在地公社卫生院或地区医院就诊者，经赤脚医生转诊，可报销10%－30%的药费；有的地方不予报销。到县以上医疗单位诊治一般不予报销。赤脚医生的待遇是集体提供的“工分制”，一般享受所在生产大队定职干部的平均工分值。当年合作医疗农民参与率90%以上。

1976年，各地合作医疗推行“三土、四自”①方针，节省医疗卫生经费。同时，大部分公社的合作医疗转为社办或队办社管、社队联办，将合作医疗资金集中于公社卫生院或地区医院，药品及器械费用由公社或地区医院统一报销。1981年，全县32个公社的合作医疗机构中，社办的18个、社队联办的3个、队办社管的1个、队办的10个，参加合作医疗的人数占总人口87%。1983年前后，由于依赖集体经济，合作医疗基金不易到位，以及难以报支大额医疗费用等原因，农民参与率跌至10%左右，仅剩常乐乡和零星几个村坚持办合作医疗。

1986年，实行全面整顿，重振合作医疗制度，全

① 三土、四自：土方、土法、土药；自采、自制、自种、自用。

县738个村建立村卫生室,参加合作医疗总数30万人。随着改革开放的深入,农村经济的迅速发展,尤其乡镇、村企业的兴办,壮大了农村集体经济力量,使依赖于集体经济而建立和发展的村卫生室及其设施等不同程度地得到改善,原来卫生室仅备数十种药品增加到100多种。不少乡镇、村企业对合作医疗基金也有所投入,部分乡村医生的报酬由乡镇、村企业支付。

1990年,全县有647个村实行“三合”①形式合作医疗制度,以村办乡管为主,每人每年自筹4－8元,全县合作医疗筹集基金235万元,公益金投入15%(约每人每年1.5－2元),参加40万人,占全县农业人口50.3%。90年代,随着全县农村乡镇、村企业的改制,依靠集体力量支撑的卫生室陷入困境。不少乡村医生将卫生室搬到自己家里,出现以家代室现象,乡村医生报酬转为主要依靠“三费一差制”②解决。1995年,全市合作医疗参与率20%左右。1997年,重新组织包括集资医疗、商业医疗保险等多种形式的合作医疗,参与率82%。1999年,参与率跌至15%。

2003年10月,根据中央、省关于进一步加强农村卫生工作的决定精神,在全县农村大病医疗保险的基础上推行新型农村合作医疗制度。农民人均年筹资6元,市、乡镇两级政府补助人均6元。是年,有75.99万农民参与,参与率90.1%。新型农村合作医疗坚持以市为单位,大病统筹为主原则,改变原来合作医疗的乡镇、村为单位,小病报销大病不报的状况。逐步撤销村卫生室,建立农村社区服务站。2005年,全市建立241个农村社区服务站。新型农村合作医疗农民年人均筹资15元,市、乡镇二级政府补助人均15元,71.66万农民参与,参与率87.66%。2007年,全市筹得合作医疗基金4389.93万元,包括省和南通市财政补助146.34万元;共有73.17万农民参保,3.7万人受益,其中432人获得1万元以上补偿。2008年,降低起付标准至每人400元,筹资标准提高到人均120元(其中农民个人20元),其余全部由市级财政和乡镇财政补贴,共筹集资金7302.14万元,含南通市财政补贴146.04万元;全市73.02万人参保,3.27万人受益,828名参保农民获得1万元以上补偿,其中有4人享受最高每人6万元的补助。

第二节 大病医疗保险

2000年,市卫生部门组织万人问卷调查,了解农民在农村经济迅速发展的新形势下对合作医疗的愿望与要求。结果显示,农民对原合作医疗只能保小病的补偿不满意。一些农民认为,合作医疗交小钱保小病没意思,生小病,合作医疗即使不予报销,自己也能承担。不少农民担心生大病、重病,医疗费用一次达到数千元甚至几万元,致使1年甚至数年辛苦积蓄倾囊而出或四处借贷,造成因病返贫或因病致贫。许多农民希望政府能帮助解决“大病”“重病”的后顾之忧。2001年,市发布开展社会援助活动的有关规定和农村大病医疗保险实施细则,建立市级大病医疗保险基金,设立专门机构和人员管理。市级农村大病医疗保险基金筹集标准为年人均4－6元,其中市、乡镇两级政府各补助人均1元,参加对象人均缴纳2－4元;市级农村大病医疗保险基金用于参保人员全年累计医药费总额超过4000元以上部分的分段补偿,报销限额最高为年人均1.6万元至2万元。

2001年10月至2002年9月,实行农村大病医疗保险第一年度,有76.9万农民参保,占全市农村人口的92.79%。筹集市级大病医疗基金307.7万元。其中,市财政补助77万元、乡镇财政补助76.9万元、参保农民筹集153.8万元(人均2元)。1650名参保农民获大病医疗保险基金补助,合计295万元,人均补偿1788元,部分缓解生大病参保农民的困难,受到广大农民欢迎。2002年,《人民日报》、中央电视台、中央人民广播电台、《健康报》《新华日报》、江苏电视台等多家媒体予以报道,省内外20多批次人员到海门参观、学习、取经。2004年10月后,农村大病医疗保险纳入新型农村合作医疗。

2008年,全市大病医疗保险和新型合作医疗筹

① 三合:合医、合药、合防保。

② 三费一差制:指挂号费、治疗费、预防保健补贴费与药品批零差价。

资总额7302.14万元，其中市补助4604.6万元，乡镇补助1091.07万元，农民个人集资1460.43万元，南通市补助146.04万元。是年，受益总数3.27万人，其中万元以上受益者828人，5000元至1万元受益者1989人，两者占比8.61%，1000元至5000元受益者1.33万人，占比40.62%。

2001－2008年海门市大病医疗保险和新型合作医疗筹资情况一览

表29－16　单位：万元

年　度	筹资总额	市财政补助	乡镇财政补助	农民个人筹资
2001.10－2002.9	307.70	77.00	76.90	153.80
2002.10－2003.9	377.00	76.00	75.20	225.80
2003.10－2004.9	911.80	303.96	151.90	455.94
2004.10－2005.12	2340.00（省和南通市财政补助190.66万元）	788.26	286.18	1074.90
2006.01－2006.12	3414.41（南通市补136.58万元）	1848.67	404.84	1024.32
2007.01－2007.12	4389.93（南通市补146.34万元）	2573.96	572.15	1097.48
2008.01－2008.12	7302.14（南通市补146.04万元）	4604.60	1091.07	1460.43

2001－2008年海门市大病医疗保险和新型合作医疗农民受益情况一览

表29－17　单位：人

年　度	总人数	受益万元以上	受益5000－10000元	受益1000－5000元
2001.10－2002.9	1650	22	105	724
2002.10－2003.9	2013	26	147	852
2003.10－2004.9	7596	45	195	2287
2004.10－2005.12	12178	152	678	3806
2006.01－2006.12	18157	182	721	4905
2007.01－2007.12	36999	432	1245	6456
2008.01－2008.12	32705	828	1989	13286

第七章　公立医院改革

第一节　产权制度

2002年2月，市根据国家和省有关农村卫生改革的文件精神，出台《海门市医院产权制度改革试行意见》。随即，政府投资举办的34个医院（卫生院）中，除9个市级医院及地区中心卫生院外，25个乡镇卫生院开始产权制度改革。改制采取净资产出售（不含土地资产、无形资产）、股份（合作）制及租赁经营等不同形式，医疗卫生单位原有的预防保健服务、社会公共卫生和卫生监督管理与医疗服务分离开来，医疗服务全面推向市场，实行市场化运作。通过改制，实现办医形式多样化、投资主体多元化、建立“产权明晰、权责明确、政事分开、管理科学”的医疗卫生管理体制和“自主经营、自负盈亏、自我约束、自我发展”的运行机制。4月起，三和、汤家、麒麟、东灶港4个卫生院先行试点，经过宣传发动、清产核资、资产评估、资产剥离、方案报批、确定人选、签订转让协议等必要过程，历时3个月结束。三和卫生院（市肿瘤专科医院）将剥离后的269.27万元净资产以股份制形式出让；汤家医院将剥离后的50.78万元净资产通过拍卖以51万元出让；麒麟镇卫生院将剥离后的111.82万元净资产及东灶港镇卫生院将剥离后的203.47万元净资产以协议转让形式出让。改制后4个卫生院改称医院。6月，城北、城南、江滨、瑞祥、临江、六匡、国强、长兴、海洪、新余10个卫生院第二批参加改制。8月，天补、三星、德胜、三厂、常乐、三阳、万年、货隆、正余、树勋、王浩11个卫生院第三批参加改制。至9月，改制结束。

这次改制，25个乡镇卫生院全部由公办转为民营。其中，净资产协议出售的9个、经竞拍出售的2个、采用股份合作制的14个。卫生院全部改称医院，其中市肿瘤专科医院更名为市肿瘤医院，挂市三和医院牌子；市麒麟镇卫生院更名为市麒麟医院，挂市精神病防治所牌子。其余乡镇名称不变。实行股份制的医院参照国家公司法规定，成立董事会、监事会，并制定股份制医院章程。25个改制医院受让经营人由医院员工民主推选决定，产生的24名经营人选中，原院长17人，原副院长5人，医生2人。新产生的院长继续保留事业法人资格，其他原有人员性质不变，工龄连续计算。

25个乡镇卫生院，经资产评估及财政、监察部门的产权界定，确认公有资产总额5663万元、负债总额1530万元、净资产总额4133万元。售前，从净资产中剥离的资金447万元，主要用于卫生防保所的房屋设施维修和办公用具添置、20世纪60年代精减人员的生活补助费以及卫生院员工的福利基金等；从净资产出售回收资金中剥离2001万元，主要用于离退休人员应交纳的养老、医疗保险基金，卫生防疫、妇幼保健保险保偿专项基金等。经各项剥离后，25所乡镇卫生院改制转让资金净值1672万元，列财政专户。改制医院每年按单位业务总收入的1%向上级卫生部门上交管理费。

2003－2008年，改制医院出现乱开药、高收费；医疗设备投入不足，资源配置不合理，部分职工收入很低，经营者和员工之间产生利益矛盾等现象，群众要求将医院回归“公有”。

第二节 人事分配制度

20世纪80年代，卫生系统干部实行任命制，副科职以上干部由市委、市政府任命，系统内中层干部由卫生部门任命，分配上为统一的工资制度。90年代，分配上采取工效挂钩、工资浮动，具体做法单位各异。

2000年5月30日，市卫生部门根据市委、市政府转发的《关于卫生系统人事分配制度改革的意见》，进行宣传发动，制定改革实施办法。6－8月，向全社会公开招考市卫生防疫站站长和人民医院院长。经过资格审定、笔试、面试、测评、考核等相关程序，分别确定人选。与此同时，全系统120名科室中层干部实行竞争上岗，对全体职工实行考试、考核、考评和聘用制度。改变医学院校大中专毕业生分配办法，实行双向选择和人事代理制。分配制度在原有工效挂钩的基础上，突出院科两级核算，体现多劳多得、优劳优得的原则，拉大分配档次，调动广大医护人员的积极性。

2001年，人民医院通过竞争上岗，8名中层干部轮岗，新提拔12名中层干部，改变原先中层干部年龄偏大、学历偏低、结构不合理的状况。2003年，采取公开招考、择优录用方法，录用大中专毕业生，并从原工作人员中遴选104人充实乡镇卫生所防保岗位。2004年，市卫生系统继续改革内部分配制度，实行按岗定酬、按任务定酬、按业绩定酬，做到岗变薪动，工效挂钩。

2006年7月至2008年，全市事业单位实行岗位绩效工资制，实行工资浮动，卫生系统各单位在原来改革的基础上，结合自身情况，继续贯彻执行。

第三十篇

体　育

海门民间自古流传跳绳、踢毽子、放风筝、踩高跷等传统体育项目。清末民初，学校始有体操、田径、球类等现代体育活动。民国10年(1921)，海门公共体育场建成，现代体育项目逐渐由学校流传到社会。20世纪20年代末，田径项目在省、南通地区竞赛中有较好成绩。民国25年，茅家镇有私人赞助的狮山足球队。40年代，茅家镇天主教神父与锡类中学师生联合组成路易篮球队。

1951年5月，县人民体育场建成。1956年5月，建立县体育运动委员会，致力于修建体育场馆、更新体育器具、组织群众体育活动和组成运动队参赛。1966－1971年，全县先后4次组织横渡长江活动。田径、排球项目被列为县重点体育传统项目，在省、南通地区比赛中多次获好成绩。学校体育普遍得到重视，被列为提高教育质量的一项重要内容。1980年，县业余体育学校建立。之后，气功、拳操、钓鱼等中、老年体育活动蓬勃兴起。全县每年经常参加体育活动的人数约35万人次。1990年，全县有36个乡镇场建立体育领导组或体育协会。

至1990年，有14个省、南通市级体育先进乡镇，有36所学校确定重点训练项目，300人达到国家三级以上运动员标准，其中运动健将9人。向省、国家队输送48名优秀运动员，海门籍自行车运动员李英、张凤妹、梁耀忠先后在第五、第六届全国运动会获冠军。1990年后，张晓东、茅菊兰、陆春红等一批海门籍运动员成为国家男排女排队员和江苏女排、女沙排主力，同时涌现赵丽娟等一批国家女足、划船、击剑等项目运动健将。

1992年，海门籍国家游泳队副总教练张雄精心培育的女子游泳队员林莉、王晓红，在巴塞罗那第25届奥运会上分别夺得冠、亚军，张雄被誉为学者型金牌教练，先后被评为中国十佳教练、世界十佳游泳教练。1993年11月，陆锦华在第16届亚洲自行车锦标赛中获女子争先赛冠军。

1995年起，海门认真贯彻执行《中华人民共和国体育法》和《全民健身计划纲要》，掀起群众性体育运动高潮。1996年，海门被命名为省体育先进县、全国体育先进县。1997年，被评为省十佳全国体育先进县。是年12月，海门全部乡镇被命名为南通市体育先进乡镇。1998年，体育产业收入120多万元，海门市被评为省体育产业十强县。

2004年9月，海门籍运动员李春花在雅典残奥会上，获女子F37组铁饼世界冠军。2005年，省县级中学生田径运动会上，海门中学生代表队取得金牌第一、总分第二的好成绩。是年，海门籍田径运动员江志英在第十届全国运动会上获女子4×100米赛金牌。2007年，各乡镇体育健身中心、“万村体育健身工程”239个村全部完成，全市22个乡镇全部建成省体育强镇。共建成高标准、多功能、广参与的健身工程55个，覆盖率100%。其中，国家工程1个、省级工程2个。全市体育人口占比50.93%，人均体育场地面积2.09平方米。2008年，海门获省县(市)级体育工作先进单位、省体育强市等荣誉。是年，海门体育产业收入113.86万元，体育彩票发行2770万元，为群众性体育事业的发展，提供必要的经费保障。

第一章　群众体育

第一节　职工体育

1949年前，大生三厂王能衡、陈学孟等组成职工篮球队，适时开展训练和比赛活动。20世纪50年代初，县人民医院董泽群、杨立清、徐冠祥等组成白衣足球队，县城体育教师陆瑞涛、陈鹏、李景桥、施慎予、王能衡、朱贤烨等组成钟声体协篮球队，县邮电局方无忌等组成邮电局乒乓球队，银行系统建立银鹰体育协会，经常组织训练和开展比赛。1955年8月，在人民体育场举行全县首届教工田径运动会。1960－1972年，职工体育活动处于低潮。此后，县棉纺厂、海门手帕厂等一些较大的企业建立职工俱乐部，开展群众性体育活动。海门化肥厂职工坚持做工间操，全厂组成运动队39个、队员445人，经常参加县级以上棋类、球类、中长跑比赛。1982年，海门化肥厂被评为省职工体育先进单位。1984年5月1日，县举办职工田径运动会，21个代表队440多人参加比赛。是年，县举办"江海杯"男篮比赛，26个单位的职工代表队312人参加。1985年，海门手帕厂、县印刷机械厂、供电公司等企业，先后兴建水泥篮球场。同年，县级机关党委举办冬季中长跑比赛，县印刷机械厂、劳动保险服务公司分别举办篮球邀请赛。1987年，县属镇集资3000元，举办"雪松杯"男篮比赛，三厂镇代表队获得冠军。1987－1991年，县级机关先后举办3届"保险杯"男子篮球赛及其他球赛，机关干部先后有500多人参加800米长跑赛，300多人参加登楼梯比赛，纺织系统举办职工运动会。组队参加南通市广播操录像比赛，海门手帕厂职工代表队获第三名。

1992年，县举办机关及企业单位田径运动会，县属百人以上的工厂均派代表队，近500人参赛。是年，市级机关举办职工定点投篮比赛。海门手帕厂建立55个体育小组，经常开展活动，定期举办运动会、排球赛，职工体质普遍增强，出勤率由89%提高到98%。1993年9月，县召开职工田径运动会，并选派田径队参加南通市第六届运动会，县职工部获田径总分第一名。是年，建立体育辅导中心，有11个拳操功辅导中心站和30个分站。1995－1996年，市举办妇女运动会、消防运动会、机关干部游泳赛，"银兔杯""篮协杯"男篮赛。1997年"三八"妇女节，市直机关举办干部家庭趣味运动会，210个家庭600多人参赛。是年10月，市农行系统举行"金穗杯"桥牌邀请赛，52名职工参赛。

2000年4月，市直机关举办乒乓、游泳、围棋、桥牌比赛。2004－2005年，市体育部门举办"嘉慧杯""移动杯"乒乓赛，"亚萍杯"健美赛和"交通杯"健身赛等。2006年，举办市第十四届运动会，职工部有游泳比赛、乒乓球赛、"江苏公路杯"象棋赛、"小灵通杯"职工篮球赛等多项赛事，并开展全市全民健身月活动暨市供电公司职工体能测试锻炼达标工作。2008年，全市职工广泛开展球类、棋类等各种比赛。

第二节　农民体育

明清时期，海门民间有跳绳、踢毽子、放风筝、拄扁担、钻杠子、掰手腕、拔长凳、叠罗汉、踩高跷、舞长龙、举石担、推小车等项目的竞技活动。

新中国成立后，田径、游泳、球类等运动逐渐在农村展开。1966年7月16日，毛泽东主席在武汉畅游长江后，海门掀起群众性游泳热潮，县及各公社均成立游泳办公室。此后几年中，每逢此日，各地举行各种游泳比赛。1970年6－9月，全县共有

9.6万名民兵、群众参加游泳和水上训练。同年，悦来公社举办畅游十三匡河活动，700多人参加。麒麟公社北星大队被评为省游泳先进集体。

1970年起，树勋公社自筹资金，先后召开3届农民体育运动大会，每届有2000余人参加，其中年龄最大的70多岁、最小的8岁。比赛项目除田径、球类外，还有过独木桥、水上打球、拔河、扁担操等。1971年4月15－20日，县在该公社召开农村体育经验交流大会，全县300多人参加。比赛项目有田径、球类、拔河等。1972年，该公社体育代表队获南通地区首届农民体育运动大会团体冠军。树勋的农民体育运动受到国家、省有关部门的表彰，《人民日报》刊登其运动会照片。1984年12月，举办县"丰收杯"农民篮球赛，全县5个区代表队60名运动员参加决赛，四甲区代表队获得冠军。是年，举办乡镇体育骨干田径、篮球、排球、乒乓球等培训班12期，受训170人次。1985年，全县31个乡镇的文化中心建篮球场、象棋室、乒乓球室等活动场所，每逢节假日组织体育竞赛活动。1986年，树勋乡男篮队在南通市第一届"丰收杯"农民篮球赛中获第二名。1988年，海门女子代表队在南通市第二届"丰收杯"农民篮球赛中被评为精神文明运动队。

1990年，天补、三厂、厂洪、海洪等乡镇先后被评为省级体育先进乡镇。三星、江滨、汤家、棉花原种场、悦来、王浩、余东7个乡镇场被评为南通市级体育先进乡镇。1992年，县首届体育先进乡镇"海乐饮机杯"象棋赛举行。是年起，王浩、正余、江滨连续3年举办乡级农民运动会。1994年，12个乡镇举办农民运动会，选拔代表参加市第十一届全民运动会。每个乡镇设若干个晨练点，并向村级延伸。德胜双窑村晨练者每天150多人，占全村总人数12.5%，其中打拳习舞50多人。1995年，三星叠石桥绣品城举办专业户运动会，国家体委群体处、《文汇报》《新华日报》等单位前往采访报道。是年，全市20个乡镇举办农民运动会，参加体育活动17.2万人。1996年，市举办"丰收杯"农民男篮赛，23个乡镇参加，历时14天，角逐51场，创下海门体育史上篮球赛事之最。是年5月中旬，选派4名运动员参加省第三届农运会，成绩名列南通市第四。省亿万农民全民健身活动中，国强镇被评为先进集体，包场镇江烨安被评为先进个人。1997年，各乡镇配备文卫体育助理。是年，所有乡镇被评为南通市级或省级体育先进乡镇。1999年，全市30个乡镇全部评为省体育先进乡镇。

2002年，市第十三届全民运动会上，三厂、海门、树勋镇获团体前三名。是年，海门镇被评为省群众体育先进单位和省亿万农民健身活动先进单位。2004年，开展"体育三下乡"①活动。各乡镇举行球类、自行车慢车、拔河、广播操、太极拳、长跑、健身路径、棋牌等项目比赛；货隆、正余举办农民运动会；经济开发区举办健身路径运动会；树勋镇举办家庭趣味运动会；刘浩镇举办刘浩之夏——健身、健心、健美文体晚会。是年，向三厂、树勋、天补、刘浩、海门5个乡镇送健身器材15套、健身图书1500本，辅导健身项目15个、健身节目21个，举办健身讲座3个、培训辅导140人次，7300人次参加活动。2006年，组织科学健身巡讲团到各乡镇讲演，并在天补、海门等乡镇举办5次冬季讲座。2007－2008年，各乡镇结合实际开展村民运动会，进行"万村工程杯"农民乒乓球赛。

第三节　老年人体育

1982年，县老干部活动室建成，设象棋、门球、桌球、乒乓球、钓鱼、拳剑、气功等体育活动项目。1985年11月，县举办老年人运动会，55名运动员参加飞镖、乒乓球、25米往返跑、趣味障碍赛等6个项目比赛。是年，县首次举办90多人参加的县城中老年长跑比赛。1988年，老干部局举办首届离退休老干部体育运动会，参加200人次，项目10多个。是年始，县人民广播电台开设每周一档以老年体育活动为内容的"老年之友"节目。是年5月3日，《新华日报》报道海门县老年体育活动盛况。

1990年，县退休职工管理委员会举办退休职工运动大会，分天补、三厂、四甲、包场、悦来5个片组织竞赛。1992年10月，县老年人体育协会与总工会、人事局、老干部局、老龄委联办县第一届老年人

① 体育三下乡：健身体育活动下乡、健身器材下乡、健身知识下乡。

运动会。比赛项目有太极拳、门球、乒乓球、羽毛球、象棋等15项,500多人参赛。连办两届后并入市全民运动会。

1994年6月27日,海门撤县建市,市老年体协组织百名老年莲湘队员行街表演。是年底,市老年体协会员发展到上千人。每天晨晚,数以千计的中老年人在东洲公园、烈士陵园、滨河广场、体育场、开发区网球场等辅导站、健身点,开展拳、剑、操、舞、功及各种球类、跑步等锻炼活动。是年,市老年人体协被评为南通市先进单位。

1995年4月,南通市老年体协年会在平山乡召开,与会代表观摩了平山乡老年人运动会和市拳、剑、操、功比赛。10月,海门老年体育代表队参加南通市首届老年人运动会。1996年,老年体协加强市区15个晨(晚)练点建设和40多名指导员培训,举办舞蹈、太极拳、木兰拳、练功十八法培训班10期。市老年体协会长谭柏虎获省老年体协先进个人,市拳操功辅导站获南通市先进集体。1998年,市第十二届全民运动会专设门球、中国象棋、乒乓球3个老年比赛项目。1999年10月,盛士芳、唐静波等8人赴北京参加中国第一届木兰扇比赛,荣获二等奖。是年,海门老年健身操队在南通市老年健身操、省老年健美操比赛中,均获最佳风采奖。

2002年,海门中老年木兰扇表演荣获全国部分城市木兰扇比赛银奖。2003年,杨蕴兰获全国老年体育先进工作者,谭柏虎获"乐天老人"称号。2004－2005年,90%街道社区、行政村均建立老年体育组织。2005年4月,海门组队参加南通市健身球比赛获一等奖。是年,市老年体协举办各类学习班21期。其中,健美舞(操)5期、健身球(操)3期、木兰扇(剑)4期、门球5期、太极拳4期,培训人员千余人。2006年,22个乡镇均成立老年体协。2008年5月27日,举办省第六个全民健身日暨市第二届社区体育节和老年人体育节,4万余人参加各项健身活动。

第四节　残疾人体育

新中国成立后,党和政府重视开展残疾人体育活动。1974年,创建聋哑学校,与普通全日制学校一样,开展两课(每周两节体育课)、两操(每天做广播操、眼保健操)、两活动(每周两节课外活动课),每年举行1次校体育运动会。对尖子运动员专门培训,并取得优异成绩。

1984年,海门戴菊芳参加省首届残疾人运动会聋哑组铅球、铁饼、标枪、跳远4个项目比赛,均获第一名。1988年,聋哑学校学生组成的海门代表队,在南通市首届聋哑生运动会上获田径团体冠军。1989年,陈雪祥等4人在省残疾人田径运动会上获男子聋人组4×100米接力赛第一名。1990年,朱海荣在全国残疾人运动会上,参加聋哑组跳高、100米等4个田径项目,均获较好名次。1999年5月,市特殊教育学校学生参加南通市聋哑生乒乓球赛,获女团冠军、男团第四名,唐其英、龚海红分获女单冠、亚军。7月,市特殊教育学校选派吴江、张蕾蕾、黄金娣、唐其英等学生参加南通市特殊教育学校运动会9个项目角逐,获金牌2块、银牌3块、铜牌4块。2001年5月,海门特殊教育学校学生参加南通市聋哑生运动会,男团、女团均获第一名。

2004年9月,海门籍运动员李春花在雅典残疾人奥林匹克运动会上,夺得女子F37组铁饼冠军,获全国三八红旗手称号、全国"五一"劳动奖章、中国青年"五四"杰出贡献奖章。2005年5月,市举办首届残疾人运动会,各乡镇136人参赛,三厂、德胜、海门镇获团体总分前三名。8月,市特殊教育学校选派12名运动员在南通市首届特奥会上取得4金3银3铜的佳绩,总成绩在南通6县(市)中名列第

图30－1　2004年,李春花在雅典残奥会上获奖

一。9月,在省第四届特奥会上,市特殊教育学校周玉丹获两项第一,朱伟获3项第二。2008年6月,市第二届残疾人运动会设田径、球类项目,海门镇、天补镇、刘浩镇分获团体一、二、三名。7月,南通市残疾人青少年游泳锦标赛分肢残组、视残组、听残组,海门代表队名列5个第一、5个第二、1个第三。

附1. 大风大浪也不可怕

——海门儿女五渡长江纪实

1966年7月16日,毛泽东主席在武汉横渡长江,并指出"大风大浪也不可怕。人类社会就是从大风大浪中发展起来的"。此后,在全国各地掀起群众性游泳热潮,部队和民兵更是把游泳作为军事训练科目而大抓特抓。海门在这热潮中创造大规模五渡长江奇迹。

海门地处江海平原,滨江临海,河网交织,江、河、海滩,成为天然的游泳场地,这一得天独厚的优势,促使海门儿女普遍喜好游泳。在毛主席畅游长江后几天,县政府所在地海门镇趁热打铁,利用县农机厂至南洋桥(现为银海桥)约200多米长、40多米宽的通沙河道上,组织万人渡河活动,参加者有县直机关等各界游泳爱好者。这次活动为全县组织横渡长江活动的初步尝试,也是热身锻炼。

8月,由县政府和县人民武装部联合发文,组织开展横渡长江活动,参加人员以机关干部、企事业单位、工厂、学校以及农民等各阶层、各单位的男女基干民兵为主,且具备熟练的游泳技能、较好的身体素质等条件,并组织一批救护人员。游泳选手和救护人员进行编组后,在圩角河上实施为期一周的预演和训练。与此同时,由县政府相关领导、人武部作训科、体委等负责人组成指挥小组,并落实宣传、安全救护、医务、公安、后勤保障等专职人员40多人,在一系列准备工作就绪后,在一晴朗之日上午正式实施。是日,参加横渡活动的100多名运动员和工作人员分乘10多只小舢板、4艘机帆船,从青龙港驶向崇明牛棚港。到牛棚港后分组下水,顺水向东北方向青龙港游去,每组均跟随1只舢板,机帆船也分别穿插在游泳队伍中。船上宣传喇叭不时地播出渡江动态,强调安全,鼓励士气。运动员经过近2个小时的搏斗,战胜风浪激流,横渡3000多米(因顺水斜向而游的距离,横渡的南北直线距离实为1700多米),顺利抵达青龙港。

1967年7月,全县第二次实施百人横渡长江活动,县指挥人员、工作人员和运动员斗志高昂,又一次圆满地完成渡江任务。

1968年7月,全县第3次成功组织百人横渡长江活动。8月1日,江苏省海门中学组织12名教师(其中男9人,女3人)横渡长江。由该校体育教研组具体负责,并随带1只救生橡皮舟,负责安全救护。上午从青龙港西侧下水,顺水向东南方向游去,经过1个多小时抵达对面崇明沙滩(即现在的临江新区对面)。下午1点多,潮水上涨,6名队员又顺水从沙滩游回西北方向的海门,另6名队员乘坐橡皮舟跟随,一路颇为顺利。可即将游到青龙港时,突然风大浪急,又顺水行舟,急速向前,橡皮舟不慎触上码头趸船左舷,引起爆裂翻江,当即6人全部落水,卷入趸船底下,情势十分危急,除2名男教师紧拉趸船边上锚链自救并将1名女教师强行拉出船底被救外,其余3人被巨浪卷出码头,直向下游漂去,有人发现江中有人头浮动,并隐约传出求救声,当时在场值勤的驻海某部海门籍战士、共产党员黄克昌便奋不顾身下水营救,在全力救出1名施姓教师后,再次跃入水中救另一人,青年民兵顾学文见状下水配合,终于将杨姓教师救上岸,但剩下1名黄姓代课教师却不见踪影。经请示,县指挥组立即派机帆船搜救,但仍无结果。数天后,崇明游泳办公室告知,在崇明沙滩上发现1具不明尸体,经其亲属及校方派员鉴别,正是失踪者黄某。黄克昌英勇救人的事迹经《新华日报》媒体等宣传,被人们广为传颂。

1970年夏天,全县第四次开展百人横渡长江活动,由于组织严密,协调配合,各项措施扎实到位,再次顺利地完成横渡任务。

(本文由责任编辑采访部分主要当事人后编写)

附2.

1991—2008年若干年份海门市(县)全民健身活动一览

表30-1 单位:人

时间	活动项目	参加(监测)人数
1991.3	大型广播操选拔比赛	15万
1994.12	市区首届健身长跑活动(4000米)	6000

续表 30－1

时间	活动项目	参加(监测)人数
1996.1	市区第二届健身长跑活动	1万
1997.1	市首届兼市区第三届健身长跑活动	10万
1997.6	市拳、剑、操、舞等16个项目大会操	1000
1997.10	按1996年国家体委颁布标准,海门开始对国民体质与营养监测	675
1998.12	市奔向21世纪健身长跑活动	10万
1999.8	购置国民体质与营养监测器23套,建立监测站31个	2500
1999.5	大型广播操比赛	11.4万
1999.11	市万人登高、登山活动	2万
1999.12	市全民健身大会演,项目为舞龙、腰鼓、广播操、健身操、各种球类活动	1万
2000.1	市迎接新世纪健身长跑活动	10万
2000.10	增添大型国民体质与营养监测器1套,扩大监测活动	600
2001.1	健身长跑活动	10万
2002.1	健身长跑活动	1万
2003.6	市全民健身周暨省首个全民健身日活动	2万
2004.6	市全民健身周暨省第二个全民健身日活动	3万
2004.12	市迎接新年健身长跑活动	4222
2005.5	国民体质与营养监测	2000
2005.6	市全民健身周暨省第三个全民健身日活动	3万
2006.5	14个乡镇设立农民体质监测站	2000
2006.6	正余杯广播操比赛	600
2006.6	市全民健身周暨省第四个全民健身日活动	4万
2007.6	使用IV型测定器材,监测国民体质	1.05万
2007.6	振康杯广播操比赛	650
2007.6	海门社区体育节暨全民健身月活动	1500
2008.6	市全民健身月活动	10万
2008.7	成立国民体质监测中心,推动、规范监测活动	2521

第二章　学校体育

第一节　普通学校

清末民初,海门境内中小学校始有早操或课间操,每周开设两节体育课。课程内容为田径、球类、游戏、舞蹈、棍棒操等,每学期远足(徒步旅行)1次。

民国4年(1915)4月25日,私立启秀小学举行运动会。民国6年5月23－25日,12个县在上海举行联合运动会,海门派出30名学生赴沪参赛,启秀高等小学学生获金牌2枚、银牌1枚、奖状3张;三益高等小学学生获金牌2枚、奖状2张。民国18年、民国24年,海门公共体育场举行两届学生田径运动会。

解放后,全县中小学每周有两次体育活动,初称康乐活动,后改称文体活动。1952年,学校推行第一套广播体操。1954年,小学全面推行第一套少年广播体操。同年,江苏省海门中学、县初级中学、麒麟中学、四甲中学推行“劳动卫国制”(简称“劳卫制”)预备级锻炼活动。1958年,全县各中小学开展劳卫制体育锻炼,每周安排两节体育课、两次课前体育活动,每天做广播操和眼保健操。是年,全县6000多名中学生达到一级、二级劳卫制标准,2000

多名小学生达到“双百”满堂红①。一些中学开展全校性劳卫制突击锻炼活动，通过两周苦练，实现“五百”满堂红②。1961 年，劳卫制体育锻炼停止。1963 年起，逐渐恢复。“文化大革命”开始后，劳卫制不废而止，各中小学体育课改为军体课。

1976 年后，全县中小学恢复每天做广播操和眼保健操，每周两节体育课、两次课外体育活动，有田径、篮球、排球、足球、游泳、自行车、射击、无线电报务等项目。

1977 年始，学校普遍施行国务院颁发的《国家体育锻炼标准》，进行“达标”测验。把体育达标工作列入评选先进集体、先进班主任、“三好”学生的条件之一。20 世纪 70 年代末，全县学生达标 1.4 万人，达标率 8%。此后，逐年呈上升趋势。

1979 年后，县每年举办中小学生春、秋季田径运动会。春季在基层轮流办，秋季在县体育场。每年还举办夏季排球赛 1 次、冬季中长跑赛 1 次。1983 年，全县有 36 所学校确定重点训练项目。其中，田径 11 所、排球 13 所、足球 6 所、篮球 5 所、乒乓球 1 所，共有业余运动队 38 个、队员 538 人、教练 40 人。能坚持长年训练的有田径、乒乓球、自行车、女子排球队。其中，六匡中心小学乒乓球队、悦来中心小学女子排球队，海门中学田径、男子排球队，海师附小男子排球队，共 100 多名运动员。

1989 年，全县中小学生体育达标 8.63 万人，达标率 94%。是年，江滨初中被评为南通市体育达标工作先进集体，海洪中心小学陈祖德、树勋中心小学徐永林被评为省级体育达标工作先进体育教师。90 年代起，各中学建立中学生体育档案，县制定体育不及格者不得毕业、不得报考高一级学校的规定，改变学校师生、家长重智轻体观念。

1991 年上半年，县体委与县教育局召开学校体育工作会议，奖励成绩出色、上送体育苗子的学校。是年，全县中小学体育达标 8.79 万人，达标率 96%，列南通市第一、省第七。此后，达标率稳定在 95%左右，优秀率 15%左右。

1992 年起，县招生办公室规定，初中毕业生参加中考，将体育测试成绩 30 分计入总分，加上体质测定、广播操正确率测定等必测内容，有力促进青少年学生增强体育锻炼的积极性，提高学生身体素质。是年，海门中学、复兴中学、江滨中学、实验小学举办体育节。此后，海门许多学校每年都举办体育节。

1994 年，全市中小学校开展冬季长跑、踢毽子、跳绳锻炼活动和中长跑比赛，并参加省、市通讯比赛。是年，各学校举办运动会 140 余次，1.56 万人次参赛。

2000 年，各学校体育达标 9.03 万人，达标率 97.1%，优秀率 16.6%。2008 年，学校体育达标 10.68 万人，达标率 97.99%，优秀率 20.3%。

第二节 体育传统项目学校

一、传统项目学校分级评定

1980 年，南通市教育局、体委组织创建体育传统项目学校。1984 年，明确建立体育传统项目的分级管理体制。1985 年，悦来中心小学（女排）列入南通市级传统项目学校。1986 年 4 月，包场中学、正余初中、实验小学、树勋小学、包场镇北小学、正余小学、王浩中心小学 7 所学校（田径）和江心沙初中、江心沙小学（篮球），东洲中学（排球）列为首批县级传统项目学校。同年，海门中学（田径、排球）和六匡中心小学（乒乓球）列入县级传统项目学校。1987 年，六匡中心小学列入南通市级传统项目学校，1988 年，悦来中心小学、六匡中心小学被命名为省级体育传统项目学校。

1995－1997 年，海门中学（田径、排球）、实验小学（武术、田径）、江心沙小学（篮球）、东洲中学（排球）、麒麟中学（田径）新增为南通市级传统项目学校。1997 年 4 月，三阳中心小学（排球）、三厂中心小学（田径）、育才小学（排球）、正余初级中学（田径）新增为市（县）级体育传统项目学校。2001 年 6 月，海门中学、悦来中心小学、东洲中学被评为南通市优秀体育传统项目学校。2005 年 12 月，海门中学（田径、排球）、悦来中心小学（女排）被列为省传统项目学校。2007 年 12 月，重新评定海门中学、海

① “双百”满堂红：学生在体育锻炼中 100%通过劳卫制，100%成为等级运动员。

② “五百”满堂红：100%的男生、女生、小组、班级、学校通过劳卫制。

南中学等8所学校为南通市级体育传统项目学校，其中海门中学、悦来中心小学、六匡中心小学同时评为省级体育传统项目学校，王浩中心小学等7所学校为市(县)级传统项目学校。2008年，有省级体育传统项目学校3所、南通市级5所、市级7所。

2008年海门市体育传统项目学校一览

表30－2

级别	命名时间	学　校	项　目
省级	2007.12	江苏省海门中学	排球、田径
		悦来中心小学	排球
		六匡中心小学	乒乓球
南通市级	2007.12	东洲中学	排球
		育才小学	排球
		海南中学	女子排球
		国强中心小学	篮球
		通源小学	乒乓球
市县级	1986.4	王浩中心小学	田径
	1986.4	包场中学	田径
	1997.4	三阳中心小学	排球
	1997.4	三厂中心小学	田径
	1997.4	正余初中	田径
	1997.4	麒麟中心小学	田径
	2001.10	麒麟中学	田径

二、省级传统项目学校简介

悦来中心小学　1975年9月，友兴小学建立小女排，1982年9月，小女排队随该校转入悦来中心小学，由教练施慎予培训。1985年，该校首次成为南通市级体育传统项目学校。1988年，被评为省体育传统项目学校。1998年，学校荣获全国群众体育先进单位，先后被省体委、省排联命名为省排球运动先进单位、省十佳排球学校。2005年、2007年，再次被评为省体育传统项目学校。至2008年，该校女排获省冠军4次、省亚军7次、南通市冠军22次、蝉联市冠军30多年。女排教练施慎予、施慧娟被评为全国体育先进工作者。学校培养、输送了一批排球运动员，前国家女排主攻手茅菊兰为其中之一。

六匡中心小学　1982年7月，六匡乡保卫小学组建乒乓球队，校长沈源泉担任教练。1985年，保卫小学并入六匡中心小学，乒乓球队得到发展。1986年，该校被命名为县级体育传统项目学校。1987年，被命名为南通市级体育传统项目学校。1988年起，连续四届被命名为省级体育传统项目学校。1998年，被评为省群众体育先进单位，乒乓球队主教练沈源泉被评为全国群众体育先进个人。2007年，学校制定《匡小乒乓球俱乐部章程》，编写《乒乓校本教程》，各年级每周上1节乒乓课。至2008年，学校乒乓队获南通市冠军13次、省前六名6次、蝉联21届市小学乒乓球赛男女团体冠军。

江苏省海门中学　1986年4月，海门中学田径、排球被评为县级体育传统项目学校。1995年、1997年、2004年，被评为南通市级体育传统项目学校。2005年12月，被评为省体育传统项目学校。

至2005年，海门中学田径队获省运动会冠军14人次、亚军15人次、季军26人次。2006－2008年，省中学生田径运动会上，该校获团体第一名1次、第三名2次、第四名1次。为高等学校输送运动员79人，其中有屡次获全国第一的短跑名将江志英。

至2008年，海中排球队在全省赛事中获第一名1次、第二名4次、第三名6次、第四名7次。向清华大学、中国人民大学、东南大学等高校的体育专业输送学生68人，其中有女排国手茅菊兰、国家男排主力张晓东、省女排队员陆燕、姜倩雯等。

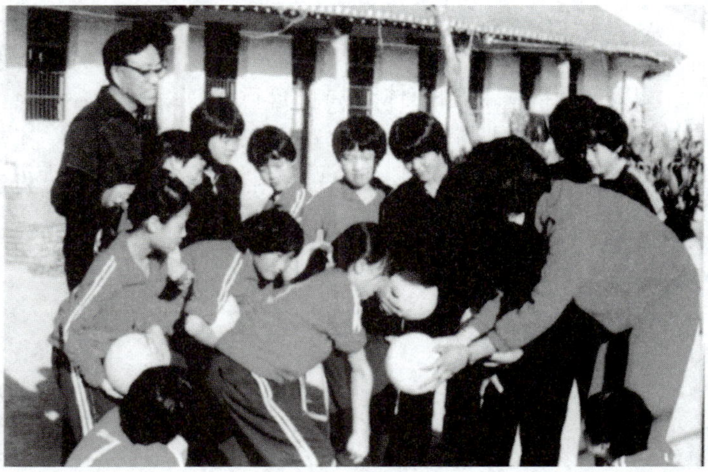

图30－2　悦来中心小学女子排球队开展排球训练　(1985年摄)

第三节 业余体校

一、概况

1964年，县教育局、体委在县人民体育场联合建立海门少年体育学校，培养、输送运动员苗子。“文化大革命”期间停办。

1980年9月，海门体校复办，校名改为县业余体育学校，属普通中学性质，办学形式为学习、训练、食宿三集中。是年，招收初一、初二学生各1班，计35人。1981年，新招初一学生1班15人。1985年9月，业余体校有女排学员12人、男排学员2人、田径学员5人。因人员稀少，学生分散至海门中学等学校上文化课，由体委派出体育教师进行体育训练。由于双重管理带来某些问题，一度处于停办状态。1987年9月，县教育局、体委、海门中学联合办学，体委选派教练，海门中学选派文化教师。当年招收初一学生1班22人。其中，田径7人、自行车3人、排球7人、乒乓球5人。后每年招初一新生1班。

1990年，自行车运动员改在秀山初中上课，在江边封闭式自行车训练场训练。1995年，业余体校新建1幢教学、宿舍楼。是年9月，学校开始招收小学部四至六年级3个班学生，设田径、排球、乒乓球3个项目。1999年，增加篮球项目。2001年，建成体育局大楼，五楼作为学校的教学用房，教学区、生活区分开。

二、市队县办

2003年4月，南通市体育局将自行车训练基地交市体育局承建，南通市自行车队交海门业余体校组建训练。9月，由两名教练及10多名运动员组成自行车队，赴苏南考察、学习，邀请专家、学者到校讲学，提高训练水平。2004年10月，海门自行车队代表南通市参加省“叠石桥国际家纺城杯”青少年自行车比赛，获1金(牌)、5银(牌)、6铜(牌)，团体总分获全省第二。2006年，体校被评为省业余训练先进单位。2008年10月，南通市体育局批准市第二个市队县办项目——飞碟射击。

三、体教结合

1964年起，业余体校坚持以文化课为主，把体育教育与文化学科教育两者有机结合。

2005年6月，业余体校初中部与东洲中学联合办学，小学部与东洲小学进行一系列“手拉手”教学联谊活动。7月，学校获全市初中乡镇组教育质量百分考核一等奖，两门学科总分获乡镇组第一名。升学率95%以上。除向上一级运动队输送优秀体育苗子外，30%学生作为体育特长生，被海门中学录取，其余多数被其他重点中学录取。2007年，学校全面贯彻“体教联手、市县联动”方针，完善后备人才网络体系，被批准为省级青少年俱乐部。是年，在抓好田径训练基础上，注重排球等传统项目，同时培育自行车、摔跤等新项目。被评为省业余训练先进单位、省体育系统先进集体，成功创建省三星级体校，在南通市业余训练考核中获第一名。

至2008年，学校向上一级体校和运动队先后输送近300名运动员，其中国家队6人、省队15人，省体校32人，南通市体校175人；1人获亚洲冠军，7人获全国冠军，69人被大学录取。其中有16届亚洲自行车锦标赛冠军陆锦华，前国家女排队员茅菊兰，国家女足集训队员赵丽娟，第十届全运会4×100米金牌得主江志英，江苏女排队员陆倩、赵文英，江苏女子沙排队员胡晓燕、徐肖亚，省自行车队运动员包赛飞等。教师张荷芳获省业余体校训练先进工作者，有2人受省级、5人受南通市级表彰。

第三章　体育竞赛

第一节　国际比赛

1993年起，海门输送的运动员和海门籍运动员，在国际比赛中多次参赛并屡获名次。是年，茅菊兰、陆锦华在亚洲女排和自行车锦标赛中，分别获得女排团体和女子自行车争先赛第一名。1994年，第十二届亚运会和世界女排锦标赛中，2人再次在这两个项目中分别获得奖项。

2002年11月，龚华梅、黄春华在上海国际马拉松赛中，分获4500米赛女子第三名、男子第八名。2003年9月至2005年8月，张晓东、胡晓燕、陆倩、赵文英等，在亚洲、世界排球锦标赛和亚洲女子沙滩排球锦标赛等赛项中，获团体第一名、团体第二名各2个，团体第四名1个。江志英在亚洲田径锦标赛中，获得女子4×100米第二名。

2004年9月，李春花在雅典残奥运动会上，获女子F37组铁饼世界冠军。

1993－2008年海门籍运动员在国际比赛获奖一览

表30-3

比赛名称	时　间	获奖运动员及名次
第七届亚洲女排锦标赛	1993.7	茅菊兰获团体第一名
第十六届亚洲自行车锦标赛	1993.11	陆锦华获女子争先赛第一名
第十二届亚运会	1994.10	茅菊兰获女排团体第二名；陆锦华获自行车女子个人争先赛第三名
世界女排锦标赛	1994.10	茅菊兰获团体第八名
上海国际马拉松赛	2002.11	龚华梅获女子4500米第三名；黄春华获男子4500米第八名
亚洲男排锦标赛	2003.9	张晓东获团体第二名
亚洲女子沙滩排球锦标赛	2004.8	胡晓燕获团体第二名
亚洲青年女排锦标赛	2004.9	陆倩获团体第一名
雅典残奥运动会	2004.9	李春花获女子F37组铁饼第一名
亚洲排球锦标赛	2005.7	赵文英获少年队女排团体第一名
世界女排锦标赛	2005.7	陆倩获团体第四名
亚洲田径锦标赛	2005.8	江志英获女子4×100米第二名
第三届中国木兰拳国际赛	2007	海门镇体操队表演的“春色满园”和38式木兰拳获团体金奖

第二节 全国比赛

1983年起,海门籍运动员在全国比赛中取得优异成绩。是年,李英、张凤妹在全国第五届运动会上,获女子3000米自行车团体赛第一名。1984年,茅祎勋参加全国青年击剑赛,获男子第一名。1987年,全国第六届运动会,梁耀忠获男子1万米自行车争先赛第一名。1992－1999年,在全国各项比赛中,获得第四名前奖项44个,尤以女子为突出,获得其中42个奖项。女子自行车、女子排球为强项,获奖最多的自行车运动员陆锦华,共获奖22次,其中冠军5次、亚军7次,其他10次。女排运动员茅菊兰在团体赛中共获奖11次,其中冠军2次、亚军5次。

2000－2007年,在全国排球、田径等各项比赛中获奖。其中男子获奖12次、女子34次,主要获奖项目为男女排球,女子沙排、自行车、田径。其次是女子垒球、男子击剑、男女射箭。这些项目中共获冠军10次、亚军9次。获奖最多的运动员为张晓东(男子排球),胡晓燕、赵文英、陆倩(女子排球),陆锦华(女子自行车)。其中,在全国重点射箭学校锦标赛上,包场初级中学获得1枚金牌、3枚银牌、2枚铜牌佳绩,被中国射箭协会授予中国射箭重点学校。

2005年,历时6天的首届全国航空运动会,在海门国际车城举行。

2008年,全国女排大奖赛中,陆倩、姜倩雯获团体赛冠、亚军各1次;全国青年锦标赛中,吴杰获击剑第一名,张雪倩获第三名;全国青年篮球联赛及沙排锦标赛中,陈璐璐、胡晓燕分获女子团体第四名。

1983－2008年海门籍运动员在全国比赛获奖一览

表30－4

比赛名称	时间	获奖运动员及名次
全国第五届运动会	1983	李英、张凤妹获女子3000米自行车团体赛第一名
全国青年击剑赛	1984	茅祎勋获男子击剑第一名
全国少年田径赛	1984	顾雪娟获女子200米第二名、400米第三名
全国第二届职工运动会	1985	陈昔月、倪惠茹、袁建玉获女子40公里自行车团体第四名
全国第六届运动会	1987	梁耀忠获男子10000米自行车争先赛第一名
全国自行车冠军赛	1987	倪慧如获女子场地3公里自行车团体赛第三名
全国排球锦标赛	1992.5	茅菊兰获女排团体第三名
全国赛车场自行车冠军赛	1992.8	陆锦华获女子争先赛第一名
全国排球甲级联赛	1992.9	茅菊兰获女排团体第二名
全国青年排球联赛	1992.10	茅菊兰获女排团体第一名
全国第七届运动会	1993.8	茅菊兰获女排团体第四名;陆锦华获女子自行车争先赛第一名
全国赛车场自行车冠军赛	1994.6	陆锦华获女子争先赛第二名、女子计时赛第四名
全国女排甲级联赛	1994.6	茅菊兰获女排团体第三名
全国赛车自行车锦标赛	1994.8	陆锦华获女子争先赛第三名
全国女排锦标赛	1994.10	茅菊兰获团体第二名
全国田径锦标赛	1995.5	江志英获女子100米第三名、女子4×100米第二名
全国第三届城运会	1995.10	江志英获女子100米第四名、4×100米第二名
全国女排锦标赛	1995.10	茅菊兰获团体第一名
全国女排锦标赛	1996.5	茅菊兰获团体第二名

续表 30－4

比赛名称	时间	获奖运动员及名次
全国女排甲级队联赛	1996	茅菊兰获团体第二名
全国少年男排赛	1996.8	张晓东获团体第三名
全国自行车锦标赛	1996.9	陆锦华获女子奥林匹克竞速赛第三名
全国田径锦标赛	1997.5	江志英获女子 4×100 米第四名
全国自行车场地锦标赛	1997.6	陆锦华获女子争先赛第三名
全国第八届运动会	1997.10	江志英获女子田径 4×100 米第三名，茅菊兰获女排团体第三名
全国第八届自行车赛	1997.10	陆锦华获女子争先赛第三名
中国自协杯场地自行车赛	1998.4－5	陆锦华获女子争先赛第一站、第二站各第二名，第二站 500 米计时赛第二名
全国运动学校田径赛	1998.5	赵丽娟获女子 800 米第二名
全国少年田径分龄赛	1998.7	朱健健获男子 400 米第三名
中国自协杯场地自行车赛	1998	陆锦华获女子第三站争先赛、500 米计时赛和总成绩 3 个第一名、1 个第二名
捷安特全国自行车锦标赛	1998.9	陆锦华获女子争先赛第三名
中国自行车前十名排列赛	1998	陆锦华获女子 200 米行进出发第三名
全国女排联赛	1998	茅菊兰获女子最佳扣球排列第二名
全国室内田径锦标赛	1999.2	江志英获女子 60 米第三名，女子 200 米第一名
全国场地自行车冠军赛（第一站）	1999.3	陆锦华获女子奥林匹克竞速赛第二名
全国场地自行车冠军赛	1999.4	陆锦华获第三站争先赛第三名、奥林匹克竞速赛第三名，总决赛争先赛第三名、奥林匹克竞速赛第二名
全国田径室内锦标赛	2000.2	江志英获女子 60 米第三名
全国场地自行车冠军赛	2000.5	陆锦华分别获第一站争先赛第一名、第三站争先赛第二名
全国场地自行车锦标赛	2000.6	陆锦华获女子争先赛第三名、奥林匹克竞速赛第三名
全国沙滩排球巡回赛	2000.7	陆春红分获女子第三站第三名、第四站第一名
珠啤杯全国沙排冠军赛	2000.11	陆春红获女子团体第二名
全国第九届运动会	2001.10	张晓东获男排团体第一名，江志英获女子田径 4×100 米第二名
全国排球联赛	2002.12	张晓东获男排团体第一名
全国沙滩排球巡回赛	2003.7	胡晓燕获女子团体第四名
全国 V－20 青年锦标赛	2003.9	胡晓燕获女子排球团体第一名
全国沙排精英赛	2003.9	胡晓燕获女子团体第三名
全国第五届城运会	2003.10	胡晓燕获女排团体第一名
全国女排联赛	2004.3－4	赵文英、陆倩获“步步高”女排赛团体第四名、青年女排赛团体第一名
全国田径锦标赛	2004.5	江志英获女子 4×100 米第三名
全国女排大奖赛	2004.6	陆倩获团体第四名
全国排球锦标赛	2004.7	刘挺获男排赛团体第四名；赵文英、陆倩获女排赛团体第三名
步步高全国男排大奖赛	2005.5	张晓东、刘挺获团体第四名
全国田径锦标赛	2005.6	江志英获女子 4×100 米第三名

续表 30－4

比赛名称	时间	获奖运动员及名次
全国甲 A 职业联赛	2005.8	赵文英、陆倩获女排团体第四名
全国第十届运动会	2005.10	江志英获女子 4×100 米第一名；张晓东、刘挺获男排团体第二名；陆倩、赵文英、茅菊兰获女排赛团体第四名
全国排球甲级联赛	2006	赵文英、陆倩获女排团体第四名；张晓东获男排团体第一名
全国沙滩排球锦标赛	2006.7	胡晓燕获女子沙滩排球赛团体第四名
全国女子垒球锦标赛	2006.9	杨欢欢获第二名
全国青年锦标赛	2007.6－7	吴杰获男子击剑第三名；沈丽伟获女子自行车争先赛第三名
全国重点射箭学校锦标赛	2007.8	包场初中施沈龙获男子 40 米第一名；王淋淋获女子 30 米第二名，薛开慧获女子 50 米第二名；秦春磊获男子 70 米第二名；王丹萍获女子 60 米第三名
第三届全国城市运动会	2007.10	吴杰获男子击剑第三名；沈丽伟获女子自行车竞速赛第四名
全国男排联赛、大奖赛	2007	张晓东获联赛团体第四名、大奖赛团体第三名
全国沙滩排球冠军赛	2007	胡晓燕、黄影获女子团体赛第二名
全国女子排球联赛	2007	赵文英获女排团体第三名
全国女排大奖赛	2008.1－3	陆倩、姜倩雯第一次赛获团体第二名，第二次赛获团体第一名
全国男子自由式摔跤锦标赛	2008.4	张波获第三名
全国青年篮球联赛	2008.5	陆璐璐获女篮团体第四名
全国青年锦标赛	2008	吴杰获男子击剑第一名；张雪倩获女子击剑第三名
全国沙滩排球锦标赛	2008	胡晓燕获女子团体第四名

第三节　省级比赛

民国 6 年(1917)5 月，在上海召开的 12 个县联合运动会上，海门启秀、三益等高等小学学生运动员 30 多人共获得金牌 4 枚、银牌 1 枚、奖状 5 张。民国 18 年秋，省农民运动会上，农民施黄毛获男子万米长跑冠军。民国 24 年秋，省第四届运动会上，海门运动员获田径团体总分第二名；孙宝珊获男子跳远第一名，成绩 6.27 米；三级跳远第四名，成绩 13.35 米。

新中国成立后，县派出的代表队在省级比赛中取得较好成绩。1958 年 7 月，省首届中学生运动会上，蒋雅芳获女子田径 800 米第二名。1979 年，省少年田径运动会，1 人获单项第三名。

1980－1989 年，获奖数目及项目均显著增加，获前 3 名的奖项共 31 个。其中，男子铅球、排球、跳远、110 米栏，女子 40 公里自行车、排球、跳远、五项全能，共获 8 项冠军、10 项亚军。1988 年，省首届农民运动会上，陈玉萍获女子跳远第一名。1989 年，省传统体育学校排球赛中，悦来中心小学女排、海门中学女排、海师附小男排首度登上奖台，分获冠军、亚军、季军。

1990－1999 年，在田径、球类、自行车、武术、航模等项目省级比赛中，男女共获 66 个奖项，其中金牌 22 枚、银牌 21 枚。田径项目得奖 44 人次，其中，金牌 16 块、银牌 13 块。海门队奖牌总数获第二名 1 次。1990 年，省业余体校自行车比赛中，祁海卫、杨小梅的男乙、女乙总分成绩双双夺魁。

2000－2008 年，海门队在省级比赛中共获金牌 75 枚，主要集中在田径、自行车项目。2004 年 8 月，省青少年无线电测向赛个人 1 人获亚军，海南中学获初中团体第四名。2005 年 8 月，省中学生田径赛，海门队金牌数第一名、总分第二名。是月，省青少年射箭赛中，包场镇初级中学 3 人获第一名。9

月，省青少年击剑赛中，市5人获第一名。2007年7月，“江苏网通杯”青少年阳光体育运动联赛、传统项目学校小学生夏令营排球比赛中，育才小学、悦来中心小学分获男排冠、亚军。

1958－2008年海门籍运动员在省级比赛获奖一览

表30－5

比赛名称	时间	获奖运动员及名次
省首届中学生运动会	1958.7	蒋雅芳获女子800米第二名
省少年田径运动会	1979	单项第三名1人
省业余体校排球赛	1979	第四名
省中、长跑赛	1979	团体第四名
省中学生田径赛	1980	男子铅球第一名
省小学生排球赛	1980	女队第三名
省业余体校排球重点班集训比赛	1980	男队第一名，女队第三名
省小学生排球赛	1983	女队第三名
省县组田径比赛	1983	团体总分第三名
省第二届工人运动会公路自行车赛	1984	女子40公里自行车第一、第二名
省小学传统校排球赛	1985	女队第二名
省第十一届运动会	1985	中学女子甲组排球第三名
省县组田径比赛	1986	张兵获男甲110米栏第一名、跳高第二名；朱晓霞获女甲100米第二名；胡慧贤获女子乙组跳高第三名；应波获男甲200米第三名
省十一届运动会中、小学部比赛	1986	女甲排球第三名；晁卫娟获女甲铅球第二名
省体育传统校排球赛	1987	海门中学获女甲第三名；悦来中心小学获小学组女子第二名
省体育传统校乒乓球赛	1987	六匡中心校获小学女子团体总分第三名
省县组田径比赛	1987	应波获男甲跳远第一名、100米第二名；朱晓霞获女甲跳高第二名
省体育传统校乒乓球赛	1988	六匡中心校获小学男子团体总分第四名
省县组田径比赛	1988	仇玉萍获女甲五项全能第一名；晁卫娟获女甲铅球第二名
省首届农民运动会	1988	陈玉萍获女子跳远第一名
省体育传统校排球赛	1989	海门中学获女排第二名；悦来中心小学获女排第一名；海师附小获男排第三名
省体育传统校乒乓球赛	1989	六匡中心校获小学团体第三名
省县组田径比赛	1989	陆锦华获15岁组跳远第三名
省业余体校自行车比赛	1990	祁海卫获男乙总分第一名；杨小梅获女乙总分第一名
省县组田径比赛	1990	吴卫春获14岁组男子3000米第二名；何永萍获14岁组女子铅球第三名
省县组田径比赛	1991.5	海门队64分第十六名；第一名2人、第三名2人
省少年自行车赛	1991.11	海门队66分第二名；第二名5人、第三名3人
省县组田径比赛	1992.5	海门队28分第四十三名；第一名1人、第二名1人，
省少年自行车赛	1992.10	海门队第二名；第一、第三名各1人

续表 30 - 5

比赛名称	时间	获奖运动员及名次
省武术比赛	1993.4	第三名 1 人
省县组田径比赛	1993.5	海门队 69 分第六名；第一名 5 人、第二名 1 人、第三名 2 人
省中学生少年排球赛	1993.7	海门中学女排乙组第一名
省小学生女子排球赛	1993.8	悦来中心小学女排第一名
省县组田径比赛	1994.4	海门队 45.5 分第二十一名；第一名 2 人、第三名 2 人
省中学生排球赛	1994.8	海门中学女乙第三名
省县组田径比赛	1995.5	海门队 15 分第三十二名；第二名 1 人
省县组田径比赛(第二赛区)	1996.5	海门队 86 分第四名、奖牌 10 枚第二名；第一名 6 人、第二名 2 人、第三名 2 人
省县组田径比赛	1997.5	海门队 41.5 分第二十二名、奖牌 5 枚第二十五名；第二名 4 人、第三名 1 人
省县组田径比赛	1998.4	海门队 33 分第二十七名、奖牌 4 枚第二十七名；第二名 1 人、第三名 3 人
省县组田径比赛	1999.5	海门队 29 分第二十九名、奖牌 4 枚第二十七名；第二名 2 人、第三名 2 人
省青少年航模比赛	1999.7	海南中学获第二名两次；第一名 1 人、第二名 1 人、第三名 2 人
省县组田径比赛(第二赛区)	2000.5	海门队 83 分第五名、奖牌 10 枚第六名；第一名 4 人、第二名 4 人、第三名 2 人
上海国际马拉松赛	2000.11	倪瑞丰获 4500 米第一名
省县组田径比赛	2001.5	海门队 62 分第二十五名、奖牌 6 枚第二十二名；第一名 2 人、第二名 2 人、第三名 2 人
省县组田径比赛	2002.9	海门队 52 分第二十五名、奖牌 4 枚第二十三名；第一名 2 人、第三名 2 人
省青少年田径赛	2003.1	第一名 3 人、第二名 1 人
省苏北片中学生田径赛	2003	海门队获 4×100 米第一名
省青少年排球赛	2003.7	海门队获女排第二名
省县组田径比赛	2004.5	海门队 124 分第二名、金牌 7 枚第二名；第一名 7 人、第二名 4 人、第三名 3 人
上海小学生乒乓球赛	2004.5	实验小学陈千里获第一名
省少年门球赛	2004.7	通源小学获第五名
省青少年无线电测向赛	2004.8	海南中学获初中组团体第四名，第二名 1 人
省青少年自行车赛	2004.10	海门队 117 分第二名；第一名 2 人、第二名 11 人、第三名 6 人
省中学生田径单项赛	2004.11	第一名 1 人、第三名 1 人
省县组田径比赛	2005.5	海门队 120 分第二名、金牌 8 块第一名；第一名 8 人、第二名 5 人、第三名 1 人
青少年自行车赛	2005.5	海门队 58 分第七名；第一名 3 人、第三名 11 人
省县级中学生田径赛	2005.8	海门队金牌数第一名，总分第二名
省第十二届中学生排球赛	2005.8	海南中学获女排第三名
省青少年射箭比赛	2005.8	包场镇初级中学第一名 3 人、第三名 6 人

续表 30－5

比赛名称	时间	获奖运动员及名次
省青少年沙滩排球赛	2005.8	第二名1人
省青少年击剑赛	2005.9	第一名5人、第二名1人、第三名1人
省青少年排球赛	2005.9	女甲第一名、女乙第二名
省第四届特殊奥林匹克运动会	2005.9	第一名2人、第二名3人、第三名1人
省青少年手球赛	2005.10	第二名2人
省青少年田径赛	2005.10	第一名2人、第二名2人、第三名1人
省县组田径比赛	2006.8	海门队144分第六名、奖牌10枚第八名；第一名3人、第二名3人、第三名4人
省十六届运动会	2006.9	海门队554分第六名、金牌22.5枚第七名；自行车队获2金3银89分
省县组田径比赛	2007.5	海门队123分第十名；第一名1人、第二名1人、第三名3人
省青少年自行车赛	2007.5	海门队获1金1银
江苏网通杯省青少年阳光体育运动联赛传统项目学校小学生夏令营排球比赛	2007.7	育才小学男排获第一名；悦来中心小学获第二名
省县组田径比赛	2008.5	第一名1人、第二名2人、第三名3人

第四节　地(市)级比赛

民国23年(1934)，南通区域运动会，海门获团体总分第二名。1953年3月，南通区篮球赛，海门女篮获第一名。1956年4月，南通地区四县乒乓球赛中，海门获第一名。20世纪60年代中期起，因"文化大革命"影响，赛事不多。70年代后，逐步恢复，海门在篮球、自行车、田径等项目中零星获奖。80年代，在排球、乒乓球等项目比赛中，成绩突出，多次获冠、亚军。1989年，南通市中小学生体育传统项目学校田径比赛，海门中学获女子团体总分第一名。90年代，乒乓球、排球仍是海门强项，在获得的36项次团体冠军中，乒乓球15项次，占41.67%；排球为14项次，占38.89%。田径项目上，个人成绩突出，16次田径赛事中获108项个人冠军。此外，在武术、航空模型赛方面填补海门历史空白。

2000年后，海门队在乒乓球、排球、田径等项目比赛中，继续保持上升趋势，田径团体9次赛事中，获团体冠军4个、亚军9个。

2002年7月、2003年9月，南通市第三、第四届"可口可乐杯"足球赛中，海门队获团体冠军3个。2008年，南通市第九届运动会上，海门在团体、个人奖项中均获好成绩。

1973－2008年海门籍运动员在市(地)级比赛获奖一览

表 30－6

比赛名称	时间	获奖运动员及名次
南通地区首届农民运动会	1972	树勋公社代表队获团体冠军
南通地区青年篮球赛	1973	男子第三名
南通地区第四届运动会自行车赛	1974	团体总分甲组第二名、乙组第三名；个人1－4名45人

续表 30－6

比赛名称	时间	获奖运动员及名次
南通地区中学生排球赛	1979	男队第一名、女队第一名
南通地区田径运动会	1979	团体总分第二名
南通地区中学生排球赛	1980	男排第一名
南通地区基层小学排球赛	1980	悦来友新小学获女排冠军
南通地区中、小学生排球赛	1981	中学男排第一名、女排第一名；小学悦来友新小学获女排冠军
南通地区中、小学生排球赛	1982	中学男队第一名、女队第一名；小学女子团体第一名
南通地区第五届运动会	1982	团体总分第三名；田径单项 1－4 名 57 人；篮球赛男队第二名、女队第三名
南通市中学生排球赛	1984	女子乙组第一名、甲组第三名
南通市职工田径运动会	1984	团体总分第三名
南通市少年排球赛	1985	女甲第一名
南通市中学生排球赛	1985	男子甲、乙组均第三名；女子甲组第一名、乙组第二名
南通市少年儿童乒乓球赛	1985	儿童组男子团体冠军、男子单打第一名
南通市中学生排球赛	1986	女甲第一名
南通市中小学生乒乓球赛	1986	儿童组男子团体第一名
南通市传统项目学校排球比赛	1986	中、小学组女排第一名
南通市第五届运动会	1987	儿童甲组男子乒乓球团体第一名；中学生女子甲组排球第一名
南通市传统项目学校排球比赛	1987	海门中学女排、悦来中心小学女排分获第一名
南通市中学生排球赛	1988	女子乙组团体第一名、男子乙组第二名
南通市少年乒乓球赛	1988	男子团体第一名、女子团体第三名
南通市中小学生传统项目学校田径比赛	1989	海门中学女子团体总分第一名
南通市中小学生乒乓球赛	1989	中学男子甲组团体第一名；小学女子丙组第一名
南通市中小学传统项目学校排球比赛	1989	海门中学获中学女排冠军；悦来中心小学、海师附小分获小学女排冠、亚军
南通市中小学生乒乓球赛	1990	少年男子甲组，儿童女子甲、乙组团体第一名
南通市中学生高中组排球赛	1990	女子组第一名、男子组第三名
南通市中小学生乒乓球赛	1991.4	团体第一名 1 个、第二名 2 个、第三名 1 个
南通市第五届少儿武术赛	1991.4	团体第一名 1 个、第二名 1 个
南通市中小学生田径赛	1991.10	个人第一名 6 人
南通市中小学生田径赛	1992.3	个人第一名 13 人
南通市农民田径赛	1992.3	个人第一名 1 人
南通市第六届少儿武术赛	1992.5	团体第一名 1 个、第二名 3 个，个人第一名 4 人
南通市中小学生乒乓球赛	1992.5	团体第一名 4 个、第二名 1 个，个人第一名 3 人
南通市中小学生田径赛	1992.9	个人第一名 10 人
南通市第六届运动会	1993.10	职工部获田径总分第一名；中学生获田径总分第二名；个人第一名 16 人
南通市小学生排球赛	1994.7	悦来中心小学获第一名

续表 30－6

比赛名称	时间	获奖运动员及名次
南通市中小学生田径赛	1994.10	团体第三名;个人第一名 15 人
南通市中小学生乒乓球赛	1994.12	团体第二名;个人第一名 2 人
南通市“宝石杯”小学生乒乓球赛	1995.3	团体六匡中心小学第一名;个人第一名 1 人
南通市中小学生田径赛	1995.10	团体第二名;个人第一名 9 人
南通市中小学生排球赛	1995.10	团体第一名 2 个
南通市中小学生乒乓球赛	1996.3	团体第一名 1 个、第二名 3 个;个人第一名 2 人
南通市重点中小学田径赛	1996.7	个人第一名 1 人
南通市传统项目学校中小学排球赛	1996.8	团体第一名 1 个、第三名 1 个
南通市中小学生田径赛	1996.10	团体第三名 2 个;个人第一名 10 人
南通市中小学生篮球赛	1996.10	海门男丙第一名、男乙第三名
南通市中小学冬季三项赛	1997.1	小学组、中学组均第二名;个人第一名 1 人
南通市七运会中小学生篮球赛	1997.5	儿童男组第一名、少年男组第二名
南通市七运会中小学生排球赛	1997.5	少年女组第一名、儿童女组第一名、儿童男组第二名
南通市七运会中小学生航空模型赛	1997.5	团体第一名;个人第一名 3 人
南通市七运会中小学生足球赛	1997.7	海门第二名
南通市七运会中小学生乒乓球赛	1997.9	团体第一名 2 个、第三名 2 个
南通市七运会农民部、机关部比赛	1997.11	农民部团体第二名 1 个;机关部团体第三名 1 个
南通市七运会中小学生田径赛	1997.11	团体第一、三名各 1 个;个人第一名 8 人
南通市传统项目学校乒乓球赛	1997.11	团体六匡中心小学第一名;个人第一名 1 人
南通市传统项目学校排球赛	1997.11	团体第一名 1 个;第二名 2 个
南通市中小学生乒乓球赛	1998.2	团体第一名 2 个、第二、三名各 1 个;个人第一名 2 人
南通市中小学冬季三项赛	1998.3	团体第二名 2 个;个人第一名 4 人
南通市中小学生篮球赛	1998.5	团体第三名 2 个
南通市传统项目学校乒乓球赛	1998.8	团体第二名 1 个、第三名 1 个
南通市传统项目学校排球赛	1998.8	团体第一名 1 个、第二名 2 个
南通市中小学生田径赛	1998.10	团体第三名 2 个;个人第一名 9 人
南通市中小学冬季三项赛	1999.1	团体第一、二名各 1 个;个人第一名 4 人
南通市少儿乒乓球赛	1999.4	团体第二名 2 个、第三名 1 个;个人第一名 2 人
南通市少儿排球赛、篮球赛	1999.5	排球团体第一名 3 个、第二名 1 个;篮球儿童组第三名
南通市传统项目学校排球赛、乒乓球赛	1999.8	排球团体第一名 2 个、第二名 1 个;乒乓球团体第二名 1 个
南通市实验小学、附属小学田径赛	1999.8	个人第一名 1 人
南通市少儿田径赛	1999.10	团体第二名 1 个
南通市少儿足球赛	1999.11	团体第三名 1 个
南通市中小学冬季三项赛	2000.1	团体第一、二名各 1 个;个人第一名 7 人

续表 30－6

比赛名称	时间	获奖运动员及名次
南通市少儿乒乓球赛	2000.4	团体第三名1个;个人第一名1人
南通市少儿排球赛	2000.5	团体第一名3个
南通市传统项目学校排球赛	2000.8	团体第一名1个、第二名2个
南通市少儿田径赛	2000.11	团体第二名;个人第一名9人
南通市八运会少儿排球赛	2001.5	团体第一名2个、第二名1个
南通市八运会击剑赛	2001.10	个人第一名1人
南通市八运会摔跤赛、柔道赛	2001.11	摔跤团体第三名,个人第一名2人;柔道个人第一名2人
南通市八运会少儿田径赛	2001.11	团体第一名1个、第二名1个、第三名1个;个人第一名15人
南通市少儿乒乓球赛	2002.4	团体第二名2个、第三名1个;个人第一名1人
南通市少儿排球赛	2002.5	团体第一名3个;个人"优苗奖"3人
南通市第三届可口可乐杯足球赛	2002.7	团体第一名1个;个人最佳球员奖2人
南通市少儿田径赛	2002.11	团体第一、三名各1个;个人第一名14人
南通市少儿篮球赛	2003.7	团体第二名2个
南通市少儿排球赛	2003.8	团体第一名2个、第三名1个
南通市第四届可口可乐杯足球赛	2003.9	团体第一名2个;个人最佳球员奖3人
南通市少儿田径赛	2003.10	团体第二名1个、第三名2个;个人第一名14人
南通市少儿乒乓球赛	2004.3	团体第一名1个、第二名1个、第三名2个
南通市少儿篮球赛、排球赛	2004.5	团体篮球第二名2个、第三名1个;排球第三名2个
南通市少儿田径赛	2004.9	团体第二名2个、第三名1个;个人第一名11人
南通市少儿乒乓球赛	2005.6	团体第一、二名各1个;个人第一名2人
南通市少儿排球赛	2005.6	团体第一名3个、第二名1个
南通市首届特殊奥林匹克运动会	2005.8	个人第一名4人、第二名3人、第三名3人
南通市少儿田径赛	2005.10	团体第三名;个人第一名3人
南通市少儿男篮赛	2005.11	团体第二名2个
南通市少儿门球赛	2006	通源小学第一名
南通市少儿田径比赛	2007	团体第二名2个;个人第一名15人
南通市少儿排球赛	2007	团体第一名1个、第二名1个、第三名1个
南通市九运会	2008	团体第一名1个、第二名1个、第三名2个;个人第一名14人

第五节　市(县)级比赛

民国12年(1923)5月,在茅家镇举办全县小学联合运动会。民国18年春,在茅家镇公共体育场举行海门县中学生童子军运动会,比赛项目有拔河、野炊、扎营等。是年秋,举行县首届中学生田径赛。民国24年秋,举办第二届学生田径运动会。民国25年、民国35年,分别举办夏季篮球锦标赛。民国36年5月,国民党县政府举办"县长杯"篮球锦标赛。6月,在县立海门中学操场举行县参加省运动会选手选拔赛,参赛的中学生和业余运动员138人,项目有男女田径及排球、篮球。民国37年5月，县城文武镇（茅家镇）中心区举行体育技能比赛会。

1950年5月，县在茅家镇举办中学生运动会，主要项目为田径。1951年10月，县首届体育运动大会在茅家镇召开，594人参加，为南通专区运动会选拔田径选手。1952年10月至1956年7月，县首届民族形式体育运动会、教职工运动大会、小学生田径运动会等相继在茅家镇举行。

1966年5月，县中小学生田径运动会在海门镇举行。后因“文化大革命”影响，无大型体育赛事。

20世纪70年代，县农民、幼儿、上山下乡知识青年运动会先后举行。80年代，举行县中小学生田径运动会居多。同时，举办老年人体育比赛。90年代，市（县）级体育运动赛事逐步展开，先后举行两届全市（县）运动会。其中市十二届运动会，分学生、职工、农民、机关干部、离退休老人等5个部、田径等16个大项，1402人参加。此外，中小学生运动会每年举行1－2次。还多次举办离退休干部、妇女运动会及球类、棋类、游泳等单项比赛。

2000－2008年，除两届全市运动会、中小学生运动会、市首届残疾人运动会等重要赛事外，还多次举办全民、女子、老年人等健身运动会，先后共3000多人参赛，在拳、剑、操、扇、舞、鼓等富有特色的多个项目中展开角逐。

图30－3　民国35年（1946），县夏季篮球锦标赛获奖者合影

图30－4　2006年10月，市第十四届运动会开幕式

1950－2008年海门市（县）主要运动会一览

表30－7

运动会名称	时间	参加对象及人数	比赛项目
县中学生运动会	1950.5	中学生295人	田径
县首届体育运动大会	1951.10	594人	田径，选拔参加专区运动会选手
县首届民族体育运动会	1952.10	各界人士180人	刀、枪、拳术、龙灯舞、负重竞走
县首届教职工运动大会	1955.8	中小学教工	田径、球类
县首届小学生田径运动会	1956.7	300多人	田径
县中小学生田径运动会	1966.5	1300多人	田径
县农村体育经验交流大会	1971.4	农民体育运动队300多人	田径、篮球、足球、排球

续表 30－7

运动会名称	时间	参加对象及人数	比赛项目
县首届幼儿体育运动大会	1976.5	各区代表队共130人	团体:火炬接力、障碍赛、拔河;个人:骑马、劈刺、兔跳30米跑、跳绳、跳高
县中小学生田径运动会	1977.4	中学生运动员483人、小学生运动员222人	田径
县上山下乡知识青年运动会	1977.9	196人	田径、篮球、乒乓球
县职工田径运动会	1984.5	21个职工代表队440多人	田径
县中小学生田径运动会	1985.3	各完中组、中小学组代表队计316人	田径
县老年人体育比赛大会	1985.11	县直机关,海门、三厂镇,新海、秀山、江滨、三和等乡老人运动员55人	乒乓球拍托球、25米往返跑、飞镖、趣味障碍赛、乒乓球
县中小学生田径运动会	1986.4	中、小学生422人	田径
县完中田径运动会	1986.11	8所完中学生215人	田径
县中小学生田径运动会	1987.4	200多人	田径
县中小学生田径运动会	1987.10	752人	田径
县中小学生田径运动会	1988.4	200人	田径
县中小学生田径运动会	1988.11	中、小学生526人	田径
县中小学生田径运动会	1989.4	中、小学生550人	田径
县完中田径运动会	1990.3	8所完中学生215人	田径
县中小学生田径运动会	1990.11	600人	田径
县体育先进乡镇蜂乳杯乒乓球赛	1991.5	10个单位50人	乒乓球
县中小学生田径运动会	1991.11	83所学校548人	6个组别全部项目
县中小学生县级片组田径赛	1992.3	6个单位180人	田径7个项目
县体育先进乡镇海乐杯象棋赛	1992.4	14个单位28人	中国象棋
县中小学生田径运动会	1992.9	83所学校550人	6个组别全部项目
县首届离退休干部、职工运动会	1992.10	500人	太极、木兰、门球、桌球、趣味体育等15项
县第二届雏鹰杯田径赛	1993.3	10所学校40人	60米、400米、跳远、垒球
县中小学生县级片组田径赛	1993.5	5个单位150人	田径7个项目
县中小学生田径运动会	1993.9	80所学校525人	6个组别全部项目
县职工田径运动会	1993.9	20个单位302人	男11项、女9项
县离退休干部、职工运动会	1993.11	408人	17个项目
县级片组中小学生田径运动会	1994.4	6个单位128人	8个项目
市第十一届运动会	1994.10	中小学生、职工、农民、机关干部、离退休老年人1308人	5个部6个大项119个小项
市第一届迎春杯围棋赛	1995.2	24人	围棋
市级机关首届妇女运动会	1995.3	11个单位474人	踢毽子、跳绳、投篮、铅球、保龄球、60米、4×100米

续表 30－7

运动会名称	时间	参加对象及人数	比赛项目
市中小学生田径运动会	1995. 11	79 所学校 498 人	学校田径所有项目
市第二届篮协杯篮球赛	1995. 11	6 个单位 60 人	篮球
市直机关干部、职工游泳赛	1996. 8	52 人	男 100 米、女 50 米
市中小学生田径运动会	1996. 9	78 个学校 491 人	田径所有项目
市丰收杯男篮赛	1996. 9	13 个乡镇 130 人	篮球
市银兔杯暨第三届篮协杯男篮赛	1996. 11	6 支队伍 60 人	篮球
市首届职工游泳赛	1997. 8	企业职工 47 人	男子 100 米、女子 50 米
市离退休干部、职工运动会	1997. 9	300 多人次	象棋、门球、乒乓球、桌球等
市中小学生田径运动会	1997. 9	76 所学校 515 人	6 个级别所有项目
市第十二届运动会	1998. 9	中小学生、职工、农民、机关干部、离退休老年人 1402 人	16 个大项
市十二运中小学生部田径比赛	1998. 9	79 所学校 510 人	田径所有项目
市中小学生田径运动会	1999. 9	80 所学校 530 人	6 个组别全部项目
市级机关春季乒乓球赛	2000. 4	市直机关 161 人	男单、女单
市全民健身运动会	2000. 6	市民健身点 628 人	木兰、太极、健身操(舞、球)
市级机关游泳比赛	2000. 8	市直机关 127 人	男 100 米、女 50 米
市中小学生田径运动会	2000. 9	79 所学校 563 人	中学田径 14 个项目
市老年人健身运动会	2000. 10	老年体协 1042 人	木兰、太极、健身操(舞、球)
市三星房产杯女性健身比赛	2001. 3	36 支队伍 705 人	拳、剑、操、舞
市级机关游泳比赛	2001. 7	114 人	男 100 米、女 50 米
市中小学生田径运动会	2001. 9	560 人	田赛、径赛 48 项
市郁氏杯乒乓球赛	2002. 1	25 个队 149 人	乒乓球
市第十三届运动会	2002. 9	中小学生、农民、职工、机关干部、离退休老年人 3380 人	12 个大项、25 个小项
市职工男篮赛	2003. 9	6 个单位 49 人	男篮
市中小学生田径运动会	2003. 9	81 所学校 513 人	田径 47 个项目
市首届女子健美操赛	2003. 10	14 个队 99 人	女子健美操
市级机关羽毛球赛	2003. 11	31 个单位 162 人	羽毛球
市乒协第二届嘉慧杯赛	2004. 7	18 个单位 93 人	乒乓球
市全民健身运动会	2004. 8	18 个单位 232 人	拳、剑、操、扇、舞、鼓等
市女子健美操赛	2004. 9	7 个单位 47 人	女子健美操
市级机关乒乓球赛	2004. 9	23 个单位 132 人	乒乓球
市中小学生田径运动会	2004. 10	82 所学校 540 人	田径 47 个项目
市首届残疾人运动会	2005. 5	各乡镇代表和市特殊教育学校学生 145 人	田径、乒乓球、轮椅赛等项目
市中小学生田径运动会	2005. 9	81 所学校 559 人	田径 46 个项目

续表 30－7

运动会名称	时间	参加对象及人数	比赛项目
市第四届乒协杯乒乓球赛	2005.12	17 个单位 63 人	乒乓球
市第十四届运动会	2006.10	中小学生、职工、农民、机关干部、离退休老年人 2500 多人	19 个项目
第三届全民健身运动会	2006	28 个乡镇、街道约 300 人	拳、剑、操、舞等项目
市中小学生田径运动会	2008.10	80 多所学校 500 多人次	田径 47 个项目

说明：市（县）第二届至第十届运动会查无资料，记述中空缺

第六节　承办上级赛事

1986－2008 年，海门共承办上级赛事 44 次，其中南通市级 21 次。比赛项目有篮排球、武术等；省级 14 次，以球类为主，另有自行车、飞碟、射击、车模比赛等项目；全国比赛 8 次，主要为球类比赛；国际比赛 4 次，主要有篮、排球赛，风筝比赛。其中，中国南通第二届国际风筝会暨第三届“紫琅杯”全国风筝邀请赛，在秀山乡长江边举行，有来自法国、日本、马来西亚等国家和中国香港以及北京、上海、辽宁、吉林等国内外 27 支风筝队 148 名运动员参赛。会上由县、南通市近 2000 人组成的大型文体队伍作精彩表演。来自北京、潍坊、南通及国际上的多个流派放飞大、中、小各类风筝 270 只，五彩斑斓，引人入胜。参加盛会的国内外宾客 200 多人，其他各界人士 6500 多人，观众近 5 万人。

1986－2008 年海门市（县）承办上级赛事一览

表 30－8

级别	比赛名称	时间	备注
国际级	中国南通第二届国际风筝会暨第三届南通紫琅杯全国风筝邀请赛	1991	在秀山乡长江边举行
国际级	中国男排与澳大利亚男排赛	1992	－
国际级	美国加州全明星女排与江苏女排赛	1996	海门为首站
国际级	美国东部与西部明星篮球赛	2005	－
全国级	华艺杯男篮邀请赛	1990－1993	每年 1 次，共 4 次
全国级	甲级男篮赛	1992	－
全国级	甲级女篮赛	1992	－
全国级	甲级排球赛	1992	－
全国级	小学生手球比赛	2005	海门实验学校协办
江苏省级	小学排球夏令营	1990－1994	海师附小承办，每年 1 次，共 5 次
江苏省级	华东六省市排球邀请赛	1994	－
江苏省级	少年排球赛	1994	－
江苏省级	二十二届门球联谊赛	2002	－
江苏省级	少年自行车比赛	2005	－
江苏省级	第十二届东洲中学杯中学生排球赛	2005	－

续表 30－8

级别	比 赛 名 称	时间	备　　注
江苏省级	十六运自行车赛、篮球甲乙组比赛	2006	－
江苏省级	江苏网通杯青少年阳光体育运动联赛	2007	－
江苏省级	青少年自行车赛、飞碟射击比赛	2008	－
江苏省级	车模比赛	2008	实验学校联合承办
南通市级	篮球年度赛	1986－1994	每年1次,共9次
南通市级	排球年度赛	1986－1994	每年1次,共9次
南通市级	第五届武术比赛	1991	实小承办
南通市级	小学生排球赛	1994	－
南通市级	九运会农民部比赛	2008	－

附1.

1959－2008年海门市(县)男子田径比赛最高纪录一览

表30－9

项　目	成绩	创造者	单位	运动会名称	时间
五项全能	1732分	陆　鑫	海门中学	县中学生运动会	1959
十项全能	3707分	黄金亮	海门中学	省第七届运动会	1964.10
手榴弹(700克)	61.46米	胡茂荣	六匡	县农民体育运动会	1971.4
10000米	35′33″2	陆松权	三厂中学	省中小学生田径运动会	1974
3000米	9′35″8	王健中	永隆沙	省运动会	1977.6
400米中栏	1′0″0	张　健	包场	南通地区第四届运动会	1978.8
撑竿跳高	3.15米	陈鹏生	包场	南通地区第五届运动会	1982.4
5000米	16′33″3	黄建华	三厂中学	省中小学生田径运动会	1985.3
5公里竞走	25′45″2	张　军	包场中学	县中小学生田径运动会	1985.3
七项全能	3224分	陈建兵	麒麟中学	南通市中小学生田径运动会	1985.5
10公里竞走	57′24″7	瞿　标	海门中学	省长跑竞走比赛	1985.11
20公里竞走	2:0′35″5	瞿　标	海门中学	省长跑竞走比赛	1985.11
110米栏	15″2	张　斌	海门师范	省县组田径比赛	1986.5
1500米	4′6″1	从国兵	市体校	省县组田径比赛	1995.5
800米	1′59″5	蔡建辉	市体校	省县组田径比赛	1996.5
200米	22″6	茅金星	海门中学	南通市中小学生田径运动会	2000.11
4×100米接力	44″2	陈　亮、张欢欢、陈　鑫、秦　凯	海门队	南通市第八届运动会	2001.11
跳远	7.4米	马建荣	市体校	南通市第八届运动会	2001.11
三级跳远	14.87米	秦　凯	海门中学	市中小学生田径运动会	2003.9
标枪(800克)	56.87米	冯　耀	四甲中学	市中小学生田径运动会	2005.9

续表 30－9

项　目	成绩	创造者	单位	运动会名称	时间
100 米	10″9	毛　力	锡类中学	市完职中田径比赛	2006. 5
跳高	1. 84 米	黄春辉	海门中学	市完职中田径比赛	2006. 5
400 米	50″73	黄庆海	海门中学	省县组田径比赛	2007. 5
铁饼(2 公斤)	54. 9 米	黄赛帅	海门业余体校	南通市少儿田径比赛	2007. 10
铅球(7. 26 公斤)	14. 35 米	黄赛帅	海门业余体校	南通市九运会	2008. 10

附 2.

1959－2008 年海门市(县)女子田径比赛最高纪录一览

表 30－10

项　目	成绩	创造者	单位	运动会名称	时间
80 米栏	13″8	袁少芳	地区体校	省体校对抗赛	1960
200 米栏	36″0	顾一萍	麒麟中学	南通地区第三届运动会	1976. 6
5000 米	19′33″2	马维珍	平山	南通地区中长跑比赛	1977. 3
400 米	58″9	顾雪娟	县体校	省十运会	1982. 5
4×400 米接力	4′9″4	庄　英、俞建琴、陈　红、顾雪娟	海门	省第十届中学生运动会	1982. 5
跳远	5. 33 米	朱晓霞	县体校	全国业余体校分区赛	1985
跳高	1. 61 米	仇玉萍	海门中学	县中小学生田径运动会	1985. 11
五项全能	3037 分	仇玉萍	海门中学	县中小学生田径运动会	1986. 4
100 米栏	16″7	仇玉萍	海门中学	省县组田径比赛	1986. 5
3 公里竞走	14′9″9	顾　丹	县体校	省县组田径比赛	1992. 3
标枪(600 克)	34. 26 米	何永平	麒麟中学	南通市中小学生田径运动会	1993. 2
5 公里竞走	24′46″4	顾　丹	县体校	省县组田径比赛	1993. 5
100 米	12″1	江志英	县体校	南通市第六届运动会	1993. 6
800 米	2′19″6	赵丽娟	市体校	省县组田径比赛	1996. 5
4×100 米接力	49″9	张烨娟、丁爱丹、倪佳佳、陆婷婷	海门队	南通市第八届运动会	2001. 11
1500 米	4′54″7	樊健花	市体校	南通市少儿田径比赛	2003. 10
3000 米	10′54″8	樊健花	市体校	南通市少儿田径比赛	2004. 9
三级跳远	12. 1 米	董陆美	市体校	省县组田径比赛	2007. 5
200 米	25″5	张帅娣	市体校	南通市少儿田径比赛	2007. 10
铅球(4 公斤)	12. 72 米	包莉莉	三和	市中小学生田径运动会	2008. 10
铁饼(1 公斤)	40. 47 米	包莉莉	三和	市中小学生田径运动会	2008. 10

第四章 体育队伍

第一节 裁判员

1957年9月21日，县体委批准陈鹏等8人为三级裁判员。1986年，吴蕴铨获全国体育优秀裁判员称号。

1987年，全县有一级裁判员3人、二级裁判员26人、三级裁判员123人。1990年，有一级裁判员4人。其中，自行车1人、田径3人；二级裁判55人；三级裁判员161人。是年，田径一级裁判员徐在佳被国家体委评为全国优秀田径裁判员，并在全国青年田径锦标赛裁判工作中，获体育道德风尚奖。1997年8月，姜劲松被评为省田径一级裁判员。2002年6月，姜劲松被国家体育总局评为田径国家级裁判员。8月，在第八届全国中学生运动会上，获体育道德风尚奖。2008年8月，姜劲松受聘担任第29届国际奥运会、残奥会田径裁判工作。2008年，全市有各级裁判员584人。其中，国家级裁判员1人、一级裁判员45人、二级裁判249人、三级裁判员289人。

2008年海门市国家级、一级裁判员一览

表30－11

级别	类 型	人数	裁 判 员
国家级	田 径	1	姜劲松
一级	田 径	16	王能衡、徐在佳、江卫东、江晓东、崔振新、朱海峰、沈 越、耿红平、尹春平、陆水英、陈少华、姜雄飚、郭晓风、窦晓军、褚皓谨、朱张英
	篮 球	7	蔡 辉、吴 斌、胡建峰、黄卫斌、张 兵、薛全忠、孙中庆
	排 球	6	李亚军、沈 越、黄晓卫、张春霞、龚磊明、吴 斌
	乒乓球	1	孙季直
	门 球	1	吴蕴铨
	自行车	11	管明安、倪慧如、杨 山、陈少华、陆水英、乔 惠、陈宏宇、黄卫忠、孙海军、陆海华、朱成武
	帆船帆板	1	姜劲松
	艺术体操	1	徐 静
	健美操	1	徐 静

2008年海门市裁判员分类统计一览

表30－12 单位：人

级别	田径	篮球	排球	足球	乒乓球	门球	自行车	帆船帆板	武术	体操	艺术体操	健美操	合计
国家级	1	–	–	–	–	–	–	–	–	–	–	–	1
一级	16	7	6	–	1	1	11	1	–	–	1	1	45
二级	164	27	34	11	3	7	–	–	1	–	1	1	249
三级	202	19	29	–	11	17	10	–	–	1	–	–	289
总计	383	53	69	11	15	25	21	1	1	1	2	2	584

第二节 教练员

20世纪40年代,海门从体育专业学校培养专职体育教师。解放初,全县有体育专职教师35人。

1981年,经省体委考核、审批,县有二级教练员6人。1987－1990年,经职称评定,有高级教练1人、教练3人、助理教练1人。1992年7月,海门人、国家游泳队副总教练张雄精心培养的队员林莉、王晓红,在巴塞罗那第25届奥运会上分获女子游泳项目冠、亚军。林莉夺得一金、两银,同时打破女子200米个人混合泳世界纪录,创造中国体育健儿在奥运史上的奇迹。

2005年,海门有高级教练2人、中级教练3人。自行车高级教练管明安培养输送李英、梁耀忠等12名优秀自行车运动员进入省队、国家队。排球教练龚振家培养输送27名优秀运动员至省队、省体育学院等单位。2008年,有教练9人。其中,中级教练2人、初级教练7人。

第三节 运动员

1960年,海门籍跳伞运动员杜菊芳在女子日间600米3人集体综合跳伞表演赛和1000米3人集体综合跳伞比赛中,均打破世界跳伞纪录,获国家体育荣誉奖章和运动健将称号。1980年,全县有国家三级运动员53人。1985年,有国家二级运动员5人、三级运动员57人。至1990年,全县达到国家三级以上运动员标准的300人。其中,二级29人、三级271人。县向省体工队输送运动员34人,向省体校输送运动员13人,向南通市体校输送运动员20人,考入体育院校和师范体育系(班)227人。

1991－2008年,向国家集训队输送1人,向省体工队输送18人,向省体校输送42人,向南通市运动学校输送29人,向南通市体校输送291人。

1991－2008年海门市(县)输送体育人才一览

表30－13 单位:人

年份	国家队	省体工队	省体校	南通市运动学校	南通市体校	合计
1991	–	–	–	2	–	2
1992	–	1	–	2	–	3
1993	–	–	1	3	2	6
1994	–	–	1	4	3	8
1995	–	–	3	3	6	12
1996	–	2	–	3	3	8
1997	–	1	3	1	4	9
1998	–	2	1	9	4	16
1999	–	1	3	1	15	20
2000	–	–	3	1	11	15
2001	1	2	1	–	18	22
2002	–	1	5	–	29	35
2003	–	1	4	–	34	39
2004	–	1	7	–	28	36
2005	–	–	1	–	27	28
2006	–	–	5	–	26	31
2007	–	2	2	–	52	56
2008	–	4	2	–	29	35
合计	1	18	42	29	291	381

1960－2008年海门籍运动健将一览

表30－14

姓名	性别	出生年月	运动项目	主要成绩	获健将称号时间
杜菊芳	女	1939.10	跳 伞	1960年两次打破三人集体综合跳伞世界纪录	1960
李连帮	男	1955.3	男 排	1978－1983国家男排主力队员;1983－1990国家女排陪练	1978
张凤姝	女	1957.1	自行车	1979年第四届全运会亚军;1983年第五届全运会3000米团体赛冠军	1979

续表 30-14

姓名	性别	出生年月	运动项目	主要成绩	获健将称号时间
朱静芳	女	1962.8	自行车	1983 年第五届全运会女子 3000 米团体赛冠军	1980
沈秀英	女	1956	女 排	1981 年全国锦标赛冠军	1981
蔡志萍	女	1958	女 排	1981 年全国锦标赛冠军	1981
李 英	女	1965.3	自行车	1983 年第五届全运会 3000 米团体赛冠军;1987 年第六届全运会亚军	1983
王 辉	男	1963.10	划 船	1984 年全国赛艇锦标赛冠军;1985 年亚洲赛艇锦标赛冠军	1983
梁耀忠	男	1964.2	自行车	1984 年全国自行车 50 公里赛亚军;1987 年第六届全运会 1000 米争先赛冠军	1984
茅祎勋	男	1968.1	击 剑	1984 年全国青年击剑赛男子花剑冠军;1987 年第六届全运会男子佩剑第三名	1986
茅菊兰	女	1974.1	女 排	1993 年亚洲锦标赛冠军;1998 年瑞士国际邀请赛亚军;1999 年世界大学生运动会冠军;2001 年世界大学生运动会冠军	1993
陆锦华	女	1974.12	自行车	1992－2000 年在全国及世界性运动会上 43 次获奖;1993 年第七届全运会争先赛冠军;1993 年第十七届亚洲锦标赛争先赛冠军;2000 年 B 级世界杯争先赛冠军	1993
江志英	女	1976.5	田 径	1995－2005 年在全国及世界性运动会上 19 次获奖;1995 年第三届城运会亚军;1999 年全国锦标赛 200 米冠军;2001 年全国九运会 4×100 米亚军;2005 年全国十运会冠军;2005 年亚洲锦标赛亚军	1995
张晓东	男	1979.1	男 排	2001 年全国九运会男排冠军;2002 年全国男排联赛冠军;2003 年亚洲男排锦标赛亚军;2004 年全国十运会男排亚军	2001
陆春红	女	1979.3	女沙排	2000 年全国沙排巡回赛冠军;2000 年全国沙排冠军赛亚军;2000 年世界沙排巡回赛第十七名;2001 年全国九运会女沙排第六名	2001
赵丽娟	女	1982.1	女 足	2002 年中国大学生女足联赛冠军;2003 年中国大学生女足联赛冠军;2004 年全国女足联赛第四名	2001
胡晓燕	女	1983.2	女沙排	2003 年全国青年锦标赛冠军;2003 年全国沙排精英赛第三名;2003 年全国第五届城运会冠军;2004 年亚洲锦标赛亚军	2003
陆 倩	女	1984.10	女 排	2004 年全国青年女排联赛冠军;2004 年全国女排锦标赛第三名;2004 年亚洲青年女排锦标赛冠军;2005 年世界女排锦标赛第四名	2004
赵文英	女	1989.3	女 排	2004 年全国青年女排锦标赛冠军;2004 年全国女排锦标赛第三名;2005 年全国十运会女排赛第四名;2005 年亚洲女排锦标赛少年队冠军	2004
刘 挺	男	1985.9	男 排	2004 年全国男排锦标赛第四名;2005 年第十届全运会男排亚军;2005 年全国男排大奖赛第四名	2006

第四节 社会体育指导员

1994 年 6 月,国家体委发布《社会体育指导员等级制度》。1995 年 7 月,省实施社会体育指导员技术等级制度,分三级、二级、一级和国家级 4 个级别。1996 年,参加省、南通市组织的社会体育指导员培训,通过社会体育指导员考核的一级 1 人,二级 4 人。1997 年 10 月,市首次举办社会体育指导员培训班,110 余人参加。经考核审批,批准三级社会体育指导员 70 人。

2001 年,邱祖权被评为国家级社会体育指导员,杨蕴兰评为一级社会体育指导员。2002 年,全市有社会体育指导员国家级 1 人、一级 5 人、二级 42 人、三级 377 人。2005 年,有社会体育指导员 805 人。其中,国家级 1 人、一级 11 人、二级 66

人、三级727人。2006年，沈永新获省优秀社会体育指导员荣誉。2008年，全市有社会体育指导员1617人。其中，国家级2人，均为专职社会体育工作者；一级17人，其中专职社会体育工作者4人、体育教师4人、非在职教练员4人、兼职人员5人；二级112人，其中专职社会体育工作者9人、体育教师26人、非在职教练员35人，兼职人员42人；三级1486人。

第五节 体育社团组织

一、信鸽协会

1985年9月3日，成立县信鸽协会，县体委副主任黄锡斌为会长，黄维明为秘书长。协会会员每年参加全国性放飞活动四五次。

1994年7月7日，从海门放飞35羽信鸽至新疆库尔勒市，全程3180公里，创世界飞行距离纪录。1995年6月28日，羽主孙文彩从海门放飞信鸽至甘肃玉门市，获省第一名。

2008年5月，羽主薛超从海门放飞信鸽至河南郑州，获省第一名。

二、钓鱼协会

1985年9月10日，成立县钓鱼协会，会员367人。会长谭柏虎，秘书长杨蕴兰，会员主要为离退休老干部及中老年垂钓爱好者。1986年，组织会员到沿江渔场垂钓比赛，老干部包觉生费时2小时，巧妙地钓起18公斤重的特大青鱼，一举夺冠。此后，每年组织垂钓活动。

20世纪90年代，3次派员参加省组织的钓鱼比赛。1995年9月，海门被吸收为省钓鱼协会团体会员。

2006年，在快活林山庄举行市“鼎王杯”钓鱼比赛。

三、桥牌协会

1987年4月，成立海门桥牌协会。选举丁兆雄为会长，仇根荣为秘书长。

90年代，多次开展全市桥牌比赛。1994年8月，市第十一届全运会职工部桥牌赛，有9个队51个运动员参赛，海门师范、市电子公司、海门手帕厂分别获得第一、二、三名。1998年7月，市第12届全运会职工部桥牌赛，10支队伍50名运动员参赛，市级机关、海门手帕厂、国税局代表队分别获前3名。

2004年11月，海门代表队参加省级桥牌等级赛，取得22人赛第二名成绩。2008年，参加省桥牌甲乙升降级赛。

四、门球协会

1998年10月，海门成为省县级市门球协会成员。2000年3月，成立市门球协会，沙秀高等8人担任顾问，高其兴为会长，邱祖权为秘书长。全市有8支代表队经常代表海门外出参加比赛。

2002年10月，省第二十二届“三星绣品杯”门球赛在海门举行，共24个队参赛，海门获第九名，并获道德风尚奖。

2004年7月、2005年8月，通源小学门球队参加省少儿门球赛，均获第五名。

2006年5月，市门球队参加省第28届门球赛，获第四名。

2008年，在原老干部等5支门球队基础上，又成立狮山、海南等5支社区门球队。是年5月、10月，海门分别派出队员参加省第三十二、三十三届门球赛。

五、围棋协会

2001年5月，成立市围棋协会，高卫豪为会长，毛志平为秘书长。2002年7月，“东洲围棋教室”开班，招收5岁以上儿童学习。2004年8月，举办全市少儿围棋赛，近百名小选手参加。

2005年国庆节，海门小棋手在南通少儿围棋赛中，各有2名选手获得第二、第三名。2008年5月，在南通市中小学生围棋赛中，海门选手获少儿甲组第二名，丙组第一名，女子幼儿组一、二名。10月，市围协参加省围棋升段赛，有2人升至三段。

六、其他协会

1985年7月，成立县老年人体育协会。1994年1月，成立县篮球协会。1997年5月，成立市球迷协会。2002年1月，成立市乒乓球协会。2003年12月，成立市羽毛球协会。

第五章　体育设施

第一节　市(县)体育设施

一、体 育 场

考场基　清乾隆年间(1736－1795),海门厅署南(今市区狮山南侧)特设考场基,供考核武秀才用,占地24亩,辟有赛马跑道和射箭靶子。民国初年,被驻军用作练兵和阅兵场所,亦作为全县运动会比赛场地。县公共体育场地建成后,考场基渐趋冷落,不久被垦为农田。

公共体育场　民国4年(1915),划原考武场地(即考场基)14亩筹建县立公共体育场。民国10年,体育场建成。由于该场离县城太远,遂于民国19年异地重建,选址茅家镇东市梢六角亭西,占地20多亩,配备单杠、双杠、木马、爬杆、沙坑、滑梯、足球架、篮球架等设施。民国27年日本侵略军占领海门后,成为日伪军训练壮丁场所。

人民体育场　1950年1月筹建,次年10月1日落成,位于茅家镇狮山脚下,占地近2万平方米。1952年上半年,迁至茅家镇东市梢,面积6480平方米。1953年,移至县人民政府对面,面积6930平方米。1955－1956年,体育场扩建,面积1.84万平方米,设直道8条、弯道6条。内场有大、小足球架各1副,外场有篮球架2副,秋千1副。1958年,土跑道改为煤渣跑道。1980年,原跑道扩建为8条分道的标准田径场。1990年10月,投资1.7万元在体育场跑道东外侧建成一条长35米、宽8米的晴雨跑道。1992年,建成室外排球训练场。2001年,原解放路南侧体育场司令台拆除,同时投资800多万元重建500多平方米的体育局综合楼。2002年,与海门师范共同投资30多万元,在体育场西侧新建30多平方米露天水泥主席台和1000多座观众席。2004年,投入60万元整修跑道与球场。2008年,建成标准塑胶田径场、室内标准游泳池、体育馆和全民健身中心四位一体的新型公共体育设施。

二、体育馆

1973年,在县人民体育场东侧建成面积273平方米乒乓球房1间。1977年,增建带看台的露天灯光球场,面积1320平方米。1982年,在原灯光球场基础上建造体育馆,占地1560平方米,馆内有30×18米的比赛场地、座位2500个,总造价16.5万元,时为南通市首个、省第二个县级体育馆。1988年7月,体育馆受飓风袭击,屋顶被吹坏,于1990年7月修复。新馆比赛场地可容纳3200人,可进行篮球、排球、体操、溜冰等训练,亦可用于正规比赛,新馆由海门籍书画家王个簃题写馆名。1995年,为举办市首届金花节,对市体育馆进行较大规模改造。1999年,增添大型电子屏幕及座椅等设备。

三、游泳馆

1994年8月开工建设,1995年6月竣工,位于青海路377号。总投资230万元,占地2.5万平方米。馆内有1个50×21米的标准游泳池及整套循环水净化设备,另有更衣、淋浴、办公室等设施。

至2008年,在夏令时节,每天泳客六七百人,高峰期1500人左右。

四、门球场

1986年10月,海门门球队在县体育场北大门自建一简易门球场,4年后废弃。1992年,在老年大学操场上建固定门球场1个,后因老干部局迁移,改为停车场。1999年10月,在东洲公园西南角建造1个标准门球场,于2000年3月启用,后因公园扩建改造移至公园西北角。2002年,在海门游泳馆新建2个门球场。是年10月,省第二十二届门球赛在该场举行。2008年,市区有门球场5个。

五、自行车训练基地

1989年8月,由省、南通市、县体委共同投资,在秀山乡长江边建造全封闭自行车训练场地,周长850米,总面积3.33公顷。12月,建成投入使用。

2003年11月,由南通市体育局与市体育局共同投资700万元,在海门港建造高标准自行车训练基地,占地近4万平方米。2004年9月竣工,10月举行落成典礼。赛道长250米,宽8米,立体环形曲面框架混凝土结构,为省首家县级市标准自行车赛场。同月,赛车场通过中国自行车运动协会验收,可举办全国性自行车比赛。2007年,承办省十六届运动会自行车赛。

六、其他设施

全民健身中心 1999年建成。位于县体育馆北侧,占地4000平方米,有健身房、台球馆、体操馆、乒乓球馆、乒乓球训练房等设施。

上博羽毛球馆 2005年建成。位于北上海国际装饰城,占地1380平方米,按国际比赛标准装修。

飞碟射击训练基地 2006年建成。位于海门港区快活林山庄,占地1万平方米。至2008年,承办2次省青少年飞碟比赛。

第二节 学校体育设施

一、体育馆

1998年7月,海门中学建造体育馆,占地5192平方米,建筑面积3238平方米,有座位1900个。先后承办全国男子排球赛、全国乒乓球超级联赛、美国明星男篮表演赛、省第十六届运动会男篮比赛等多项大型赛事。

2002年8月,投资300余万元,建成东洲中学体育馆,建筑面积1300多平方米,馆高20米,屋顶结构为平板型双向空间钢网架,跨度28米。设施一流,功能齐全,配有高档音响、灯光系统。比赛大厅可进行篮球、排球、乒乓球、羽毛球、体操等运动项目训练和比赛。多次举办南通市级以上中学生排球、篮球比赛。2005年,承办省"东洲杯"中学生排球比赛。

至2008年,包场中学、悦来中学、冠今中学、东洲小学、树勋初中、树勋中心小学均建有体育馆;六匡中心小学、通源小学、东洲中学及海门中学建有乒乓球馆;海门中学、树勋中心小学、东洲小学建有游泳馆。海门中学游泳馆每年暑期接待大批游泳爱好者,并举办儿童培训班。

图30-5 东洲中学体育馆 (2008年摄)

二、室外田径场

20世纪50年代,江苏省海门中学有1个简易田径场。

2001年,市实验学校建标准田径场1.64万平方米,内有400米塑胶跑道,篮球场4个,排球场3个。2002年,市东洲中学建标准田径场2个,共3.3万平方米,建有250米标准塑胶跑道。另有排球场2个。是年,海门中学有6800平方米、1.61万平方米田径场2个。2005年,海门中学田径场铺设标准塑胶400米跑道,有篮球场、排球场各5个,网球场1个,剑道2道,另有1个4500平方米体育健身中心。

2008年,全市具有250-400米跑道田径场的学校为:完全中学职业中学5所、直属学校2所、乡镇学校52所。

第三节 乡镇体育设施

1995 年,德胜、瑞祥、余东等 10 个乡镇兴建水泥篮球场,三阳、刘浩等乡镇改建篮球场,全市乡镇均达到一场(篮球场)、一室(乒乓室)的要求。1997 年,市添置大型体质测定器材,对群众体质与营养进行监测。

1999 年,乡镇进一步加强体育硬件设施建设,建有运动场 41 个、篮球场 218 个、排球场 123 个。每个乡镇均达到“一场三室”[①]要求。是年,全国体育先进县复查,四甲、平山、常乐、三星、江滨、包场等乡镇硬件、软件均通过验收。

2002 年,投入 30 多万元建成乡镇健身点 10 个。2003 年 6 月,在开展“市全民健身周暨江苏省首个全民健身日”活动中,乡镇健身场地、器材、照明等设施进一步完善。2005 年,乡镇体育健身设施覆盖率 100%,有简易体育设施的行政村达 30%。

2006 年,积极实施“万村体育健身工程”,当年完成建设的行政村 144 个。2007 年,239 个村全部完成建设。是年,22 个乡镇均完成乡镇体育中心建设。2008 年,开展农村和城市社区体育俱乐部创建工作,德胜、树勋、万年等镇达南通市级体育健身俱乐部标准。

图 30－6 村标准化篮球场 (2006 年摄)

第四节 全民健身工程(点)

1999 年 3 月,海门经济开发区据省政府《全民健身计划纲要》精神,投入近百万元兴建全民健身工程,建成网球场 2 个、健身房 1 个、成人健身路径 4 条、儿童健身路径 2 条。8 月,该工程定为省级全民健身工程。是年,三厂镇政府兴建全民健身工程(点)2 个。

2002 年,为迎接省第二十二届门球赛在海门召开,市投入 20 万元在海门游泳馆兴建 1 个省级健身工程(点)。2003 年,市体育部门与刘浩镇政府投资 20 万元,在刘浩镇建成国家级健身工程,占地 6600 平方米,设有灯光篮球场 2 个、健身路径 3 条等体育设施。是年,海门镇中海村投资 50 万元兴建全民健身点,占地 5500 平方米。

图 30－7 货隆镇文化活动中心健身点 (2008 年摄)

2004 年,海门开展“农村体育年”活动,制定《海门市全民健身工程(点)管理办法》,重点扶持农村健身工程点建设,全年兴建全民健身工程(点)7 个。至此,全市有全民健身工程点 41 个,列全省第十、南通市之首。5 月,省国民体质监测车乡镇行活动到海门,省、南通市有关方面领导带队向海门、三厂等 5 个乡镇送体育器材、健康知识、健身表演展示,深受农民

---

① 一场三室:混凝土篮球场,乒乓球室、棋室、成年人体质监测室。

欢迎。2005年,乡镇新增全民健身点4个。是年5月,市国民体质监测站在三厂、正余镇开展国民体质监测活动,提供农村有效样本700个。是年,全市20个乡镇完成省、南通市监测任务。市体育局及三厂、树勋、正余、三和镇获监测工作省先进单位。

至2008年,全市兴建全民健身工程(点)104个。其中国家级1个,省级2个。

第六章 体育经费与产业

第一节 经 费

新中国成立前,县内体育活动多为群众自发进行,经费自筹。

新中国成立后,全县体育事业经费主要由县财政拨款。20世纪50年代,每年拨款2000元。60年代,每年拨款4000元。70年代,每年拨款7000元。80年代,财政拨款年均9万元。1989年,近20万元。其间,社会赞助近10万元。

90年代,平均每年拨款70多万元。1994年,体育基础设施建设加快,财政拨款240多万元。2000－2007年,财政拨款年均330万元。2008年,拨款527.85万元,为海门体育事业快速发展提供经费保障。

1981－2008年海门市(县)体育事业经费一览

表30－15 单位:万元

年份	合计	其中		
		地方事业	基本建设资金	社会赞助
1981	9.59	7.59	2.00	－
1982	9.85	8.35	1.50	－
1983	9.35	9.35	－	－
1984	6.58	6.58	－	－
1985	6.01	6.01	－	－
1986	7.92	7.92	－	－
1987	8.82	5.82	0.20	2.80
1988	11.31	5.81	1.70	3.80
1989	22.34	12.74	7.00	2.60
1990	35.81	35.81	－	－
1991	36.49	21.49	15.00	－
1992	34.70	34.70	－	－
1993	41.06	41.06	－	－

续表 30-15

年份	合计	其中		
		地方事业	基本建设资金	社会赞助
1994	244.26	46.31	197.95	-
1995	60.40	60.40	-	-
1996	67.58	67.58	-	-
1997	67.24	67.24	-	-
1998	88.52	88.52	-	-
1999	89.68	89.68	-	-
2000	110.84	82.73	28.11	-
2001	213.79	110.28	103.51	-
2002	364.75	186.21	178.54	-
2003	326.98	184.86	142.12	-
2004	346.78	221.98	124.80	-
2005	585.15	199.46	385.69	-
2006	246.04	246.04	-	-
2007	454.53	454.53	-	-
2008	527.85	527.85	-	-

第二节 体育产业

1991年，县体育部门对外出租营业用房，收入2.37万元。1992年，成立奥体实业公司，组建三产办公室，开通场馆有偿服务，开办商店，开辟营业性体育比赛等创收渠道，体育产业收入实现15.27万元。

1994年，县体委投资15万元，创办奥体健身俱乐部、健美舞厅、卡拉OK歌厅，均对外开放，全年体育产业收入33.55万元。1995年，市财政出资90万元对体育馆进行较大规模改造，为举办金花节及体育营业性活动创造条件。是年起，邀请蒋大为、阎维文等国内一流歌唱家到海门体育馆演出，年增收三四十万元。1996年，体育产业产值90万元，创利60万元。

1998年，县体委投入14.5万元分别对体育场、体育馆改造和维修。南通市第十二届全运会在海门召开期间，组织扬州、南通市歌舞团文艺演出，创收20多万元。是年暑假，青岛海洋动物园到海门体育馆展示15场次，赢利13余万元。是年，体育产业产值463.8万元，利润120.6万元，海门被评为省体育产业十强县，市体委被评为省体育产业十佳先进单位。

2000年11月，总面积2500平方米的体育综合大楼竣工，在解决体委办公、少年体校教学用房的同时，将底层商铺门面及部分楼层对外出租，增加收益。

2006－2008年，采取政府扶持、社会运作、多元化投资的方式，推进体育事业改革，拓宽体育经费渠道，增强体育发展后劲。利用相关体育场馆和资源，举办一些体育赛事和演出活动，丰富群众生活。2008年，体育产业收入113.86万元。

第三节 体育彩票

1992年，县体委与省体委乐透彩票中心两次联合举办体育彩票发行，发售额10万元。1993年，独立发售面额为2元的体育彩票20万张。1994年，发售40万张。1996年,发售240万张,筹集体育基金28.8万元。

1998年6月,江苏省成为全国电脑型体彩销售试点省份,海门首批在城区设点试售。1999年1月,即开型和电脑型体育彩票发售总额497万元。2000年,突破800多万元,筹集体育基金近100万元。

2001年,全市有电脑体彩销售点58个。2002年,销售额1000多万元。2003年,省体彩电脑七位数新形式推出,销售额上升至1200多万元。2005年,布点省下拨的18台体彩销售机,并定期培训销售人员,圆满完成全年销售1195万元任务。是年,利用体彩筹集资金建设全民健身工程点25个。

2008年,继续加强体彩销售员培训,提高业务素质,规范服务。是年,新增体彩销售点15个。其中,专营店5个、B类店10个。全年彩票发售2770万元,盈利部分用于体育公益事业100多万元。

1992－2008年海门市(县)体育彩票发售一览

表30－16 单位:万元

年份	合计	其中	
		即开型	电脑型
1992	10.00	10.00	-
1993	20.00	20.00	-
1994	74.00	74.00	-
1995	12.00	12.00	-
1996	28.80	28.80	-
1997	243.00	243.00	-
1998	3.00	-	3.00
1999	497.00	359.00	138.00
2000	881.00	345.00	536.00
2001	399.00	-	399.00
2002	1102.00	88.00	1014.00
2003	1214.00	-	1214.00
2004	1027.00	157.00	870.00
2005	1195.00	-	1195.00
2006	2041.00	-	2041.00
2007	2624.00	-	2624.00
2008	2770.00	476.00	2294.00

第三十一篇

精神文明建设

旧时，海门人遵循儒家观念，传承民族优秀传统。辛亥革命后，民国政府实行公民教育，民众在继承传统的同时，也接受符合时代潮流的观念。抗日战争、解放战争时期，海门人民在中国共产党的领导下，在抗击敌人的同时，自身的精神面貌也有了极大的改变。

20 世纪 50 年代，全县开展识字扫盲及破除封建包办婚姻、封建礼教、封建迷信和陈规陋习活动。60－70 年代，开展"学雷锋、树新风"活动。80 年代，在县委领导下，宣传思想工作部门和工会、共青团、妇联等人民团体齐抓共管，各地各部门密切配合、通力协作，从"创三优"、创建文明单位等方面入手，逐步开创社会主义精神文明建设新局面。90 年代，市(县)委、政府把社会主义精神文明建设列入国民经济和社会发展规划，有组织、有领导地开展文明城市、文明村镇、文明行业和评选星级文明户及百佳市民等群众性精神文明创建活动，涌现一批文明单位和文明新风典型。1996 年 1 月，获评全国卫生城市。2000 年 12 月，成为国家级卫生城市，并首批进入省文明城市行列，同时获全国创建文明村镇工作先进县(市)称号。进入 21 世纪，继续推进群众性精神文明创建活动，推进文明海门、富强海门、诚信海门、秀美海门、文化海门建设，提升文明城市水平和质量。2007 年，把"和谐海门"创建同群众性精神文明创建紧密结合，精神文明系列创建活动取得新的成绩。2008 年，继 1999 年后第四次获评省文明城市，人民群众文明素质和城乡文明程度不断提高，为全市经济社会全面协调可持续发展提供精神动力和智力支撑。

第一章　公民道德教育

第一节　成年人教育

1950 年底，全县开展向以志愿军英雄为代表的人民英雄学习和以抗美援朝为中心的爱国反帝形势教育，全县人民以实际行动支援抗美援朝。工人开展增产节约和劳动竞赛活动，多生产优质产品；农民进行爱国丰产运动，踊跃出售爱国棉、缴纳爱国粮；工商界人士以不投机倒把、不偷税漏税、不拖欠税款的实际行动支持抗美援朝；广大青年和在校中学生掀起参军、参干热潮，农村青年 1402 人、青年学生 120 人被批准参加中国人民解放军和志愿军。全县人民节衣缩食，集资捐献飞机大炮。至 1952 年 2 月，共捐资 16.93 万元，超额完成捐献 1 架战斗机(15 万元)任务。全县各级党组织与人民群众做好拥军优抚工作，健全为军、烈属代工代耕制度，救济补助生活困难的军烈属、残疾军人。

1954 年，开展学习宣传《中华人民共和国婚姻法》活动，广大妇女得到解放，实现男女平等。开展人民普选活动，行使人民群众当家做主权利，激发起人民群众的生产积极性，第一个五年计划建设提前完成。人民群众普遍订立《爱党爱国守则》《优军优属公约》《爱国卫生公约》，进行爱国主义、社会主义、集体主义教育，开展爱国卫生运动，破除封建礼教、封建迷信和陈规陋习。

20 世纪 60 年代，全县人民以雷锋同志为榜样，立场坚定，爱憎分明，不为名利，助人为乐。全县各地、各部门强调学习马列主义、毛泽东思想，工业学大庆、农业学大寨、学习解放军，加强思想政治工作，各行各业开展劳动竞赛。"文化大革命"期间，社会秩序一度混乱。70 年代后期至 80 年代初，社会风气渐趋好转。

1981年，开展“学雷锋、树新风”主题教育活动，提倡“五讲四美”。1982年元旦、春节期间，抵制大操大办歪风，树立朴实节俭新风。全县新婚男女青年4291对，其中举办新式婚礼1266对、集体婚礼405对。各地通过有线广播、影前幻灯、出墙报、黑板报以及召开会议等形式，宣传赌博危害。春节期间，全县业余文艺队82个、文艺队员1045人，深入农村演出438场，观众24.53万人次，做到社社有演出，队队有活动。是年，全国开展第一个文明礼貌月活动。县委、县政府印发《关于开展“全民文明礼貌月”活动的意见》，组织3次大规模卫生统一行动，清理垃圾5026吨，填平污水坑3281个；2万人参加义务植树107万株；建立送温暖小组2969个，帮助贫困户3922户；建立学雷锋小组9522个，做好事24万多件。

1983年元旦、春节期间，全县开展“四提倡、四反对”①宣传教育活动。工厂车间、班组，城镇街道、居民小组，农村大队、生产队结合年终总结评比活动，把“四提倡、四反对”内容列入“五好”家庭和文明单位评选条件。是年3月，纪念向雷锋同志学习20周年，全县开展第二个文明礼貌月活动，组织“五讲四美三热爱”竞赛，搞好优质服务、优良秩序和优美环境，治理“脏、乱、差”。开展“雷锋就在我身边”“争当八十年代新雷锋”活动。3月5日，城区63个青年服务队走上街头，参加为民服务活动。3月12日，开展全民义务植树造林，植树150万株。四甲乡德安村被省“五讲四美三热爱”活动委员会评为“543”（寓意“我慈善”543是谐音）活动先进集体。是年12月，南京军区、省政府授予四甲乡德安村军民共建精神文明先进集体称号。

1984年9月，组织尊师爱生慰问团，分赴全县20所中小学，慰问教师和学生，倡导尊师重教、爱护青少年学生的社会风尚。1985年，开展职业道德、公共秩序和文明礼貌知识教育。各地、各单位结合职业道德教育制定完善各种守则、文明公约、乡规民约，开展文明工厂、村、工地、班组、商店、车队、班级、街道及“五好”家庭等评比活动，商业、供销、医院、交通、影剧院、文娱活动场所等“窗口”行业，采取报告会、经验介绍会、短训班等形式，进行职业道德、职业责任、职业纪律和热爱本职工作教育，树立以雷锋为榜样，爱岗敬业，全心全意为人民服务思想。

1987－1988年，在农村开展“三提倡、三反对”②和“刹三风”③宣传教育活动。县委宣传部门组建形势教育报告团，深入乡村作报告71场，受教育群众1.4万多人次。以村为单位建立移风易俗理事会730多个，负责当地红白事宜，抵制“三风”，提倡新事新办。1989年，倡导“实现四化，振兴中华”共同理想，制定职业道德规范和市民行为守则、中小学生日常行为规范等，将社会公德具体化。

1990年3月，开展传统教育月活动，与学雷锋活动相结合，县委表彰三和乡三南村党支部书记袁亚慈等15名奉献标兵，编印《奉献者的足迹》2500份，弘扬雷锋爱国爱党的无私奉献精神。是年，教育系统组成学雷锋见行动小组1.22万个，做好事17.43万件，15万人参加“三夏”④“三秋”⑤等义务劳动，为农村缺劳户、困难户解决生产、生活中实际困难。同年，县妇联在全县妇女中开展社会主义思想教育，普及科技文化知识、法律知识、科学育儿知识及妇女卫生知识。

1993年3月5日，海门镇青年开展“百人上街学雷锋做好事”活动，建立修理家电和自行车、理发、按摩、医疗义诊、科技咨询、政策法规宣传等服务小组，为群众免费服务2000多人次，散发各类实用科普和政策法规资料5000多份。卫生系统开展微笑服务，制定医院环境与门诊诊疗秩序评分标准，医疗卫生单位环境卫生明显改善。医务人员为病人、群众做好事443件。1993年11月至1994年2月，首次开展个体客运“文明新风车”评比活动，向社会聘任业余监督员50人，通过路查监管、车载记

---

① 四提倡、四反对：提倡节俭，反对大办婚事；提倡男女平等、敬养老人，反对歧视虐待妇女、老人；提倡相信科学，反对封建迷信；提倡健康的文化娱乐，反对赌博。

② 三提倡、三反对：提倡艰苦奋斗、勤俭节约，反对铺张浪费、大操大办；提倡科学文明，反对封建迷信；提倡健康有益的文体活动，反对赌博。

③ 刹三风：刹人情风、迷信风、赌博风。

④ 三夏：夏收、夏种、夏培。

⑤ 三秋：秋收、秋种、秋培。

录、群众举报等措施，促进安全行驶、文明载客、守法经营，提高车辆司售人员、车主职业道德水准。此项活动保持每年第四季度评比1次。

1995年，市交警大队开展“为人民办实事，为交警添光彩”活动，为民办好事1128件，拒礼拒贿351件次，计7万余元，两次被省公安厅交管局评为勤务管理流动红旗单位。是年，拍摄播放5集《文明方圆》电视教育短片，市广播电台、电视台、《海门宣传》开设争当文明市民专栏。同年，下发《爱国主义教育纲要实施意见》，市级机关部门和各乡镇请抗日老战士座谈、给青少年讲革命传统故事，纪念抗日战争胜利50周年，开展爱党、爱国、爱社会主义教育。

1999年，市、乡镇举办各类读书学习班130多期，万名干部职工参加学习培训，开展理想、信念和思想道德教育，以雷锋为榜样，帮助干部、群众树立正确的世界观、人生观和价值观。建立破除封建迷信工作领导组，实施破除封建迷信教育活动，在城乡集镇、交通要道口张贴破除封建迷信通告2000份。全市突击行动，集中拆除私建小庙17座，捣毁冥币等制作场所12个，收缴、销毁迷信书籍65册、迷信制作工具50多件、各类迷信用品等21.5吨。

2000年，开展“倡导文明新风，共建美好家园”主题教育活动，组织市民阅读《文明在海门》教育读本，进行“创新风文艺进社区”活动，举办“崇尚科学文明，反对迷信愚昧”大型图片巡回展览，机关干部、市民和学生5万余人接受教育。3月5日，市级机关、企事业单位及乡镇2000多名青年志愿者在街头、社区开展清洁卫生、健康检查、政策咨询、理发、修理家电与自行车、送衣送钱物关爱贫困人群等“学雷锋献爱心”活动。市电信部门等30多家单位青年志愿者500多人，开展“文明服务一条街”活动，从解放路七一桥至江海路口摆起50多个摊位，开展咨询、义务修理和义诊等活动。市公安部门110报警处理中心工作人员、市人民医院医疗小分队和海门中学、东洲小学的师生300多人，到海门敬老院开展敬老活动。东洲中学、锡类中学、进修学校等学校师生，在市区主要路段、居民小区为市民提供清洁卫生、关爱老人等义务服务。

2001年9月，市宣传部门编辑《海门市民实用手册》1万册，发至各基层单位和村民学校，推动道德规范建设。在市民教育中涌现“社会爸爸”洪谟、“奉献模范”毛云和、“草莓书记”叶剑生、“济困老人”蔡文元、“个私楷模”黄占明、“服务标兵”赵水平、“业务能手”秦丹云等一批典型人物和江苏省海门中学知识分子群体、海太汽渡救助遇难者群体等先进集体。同年，邀请演讲家蔡朝东两度到海门作“创业万岁”和“科学万岁”演讲报告，全市有2万多人受到教育。2002年，实施百万市民礼仪工程、千名志愿者服务社区工程、千名特困生帮扶工程、百场文艺演出工程、道德规范整治工程、万人健身竞赛工程、万人道德评议工程、万人劳动竞赛工程、法律教育工程、科技下乡进社区工程“十大”道德教育和实践工程。全市订阅省编《公民道德教育简明读本》1万册、《公民基本道德规范》学生读本6.7万册以及自编《实践道德规范，共塑海门文明》教育读本4.2万册，发至各乡镇、各系统基层单位和市民学校，把公民基本道德规范作为市民教育的重要内容组织培训。

2003年抗击“非典”期间，开展“严守‘两不’①，告别陋习”专项行动，刷制横幅、标语，印发宣传品，出动宣传车巡街宣传。3－6月，每天组织市级机关干部职工和志愿者700多人次分路段、分时段轮流上路值勤，清除马路上杂物，宣传教育规劝全体市民遵守基本行为规范。2004年，实施文明交通工程，城管执法部门集中上路执勤，专项整治影响交通安全和畅通的严重违章现象，严格纠查行人乱穿马路、车辆闯红灯、占道行驶等不文明、不规范行为，累计纠违2000多起。组织实施公民道德建设工程，投入120万元建成市“三个文明”建设成果展览馆，成为公民思想道德教育基地。当年，参观学习的干部群众和中小学生3.5万人次。

2005年，开展学习洪谟、叶剑生、张炳华、陆亚萍等先进模范人物教育活动。同时，整治假僧假道、违法建庙、封建迷信活动和迷信品制作销售、在群众家中做佛事、民间吹奏乐队参与送葬等。全年组织送戏下乡56场次，宣扬正气。2006年3月5日，市举行“学雷锋行动日”启动仪式，海门无偿捐献造血干细胞第一人万顷波带领现场3000多人宣誓，来自工商、科技、卫生、广电、司法、红十字会等各行业、单位的14支志愿者服务队，现场开展维权

① 两不：不随地吐痰，不乱抛杂物。

投诉、政策法规、卫生保健、医疗义诊、未成年人心理健康咨询等多项服务，并开展无偿献血和志愿捐献骨髓活动，213人无偿献血，32人报名测血样志愿捐献造血干细胞。当年，6900人次无偿献血130.6万毫升，103人报名测血样志愿捐献造血干细胞。

2007年元旦、春节期间，市级机关部门与行政村结对帮扶1800余户，发放慰问金、慰问品118.03万元。是年，成立南通市首家慈善超市，开展“爱洒人间”慈善募捐活动，全市募集捐款超亿元，帮扶资助农村特困老党员、“五保”户、老复退军人、三峡移民、特困生、特困职工等2.5万余人。组织“和谐杯”演讲比赛，全市乡镇、部门250多人参加比赛。配合全国评选道德模范，市委把9月定为公民道德建设月，开展“学模范、达小康、促和谐”学习教育活动。市委下发向正余镇邢柏村党支部书记曹玉峰同志学习的决定，其先进事迹报告团在城乡巡回演讲25场，全市党员、干部撰写学习心得5万多篇，开展演讲活动20多场次，召开座谈交流会30多个。

图31-1　2007年，市建设系统开展青年志愿者服务活动

2008年，开展“发扬奉献精神，参与志愿服务”志愿者服务月活动。3月5日，举办广场学雷锋活动专场，团市委、海门镇、劳动局等10多个单位的近百名团员青年志愿者，集中摆设服务摊位，为2000多市民提供钱币真假识别、理发、修理、珠宝清洗、健康体检、交通宣传以及法律、社保咨询和缓解学习、升学、就业心理压力咨询等多项服务，并号召全市广大团员青年深入学习雷锋精神，携手共建和谐海门。同年，启动“垃圾不落地、文明在手中”“我做文明行路人”“我开文明三让车”等活动。6月，开展文明出行专项行动，广泛宣传文明出行守则。6－8月，由市区离退休人员、青年志愿者、机关工作人员等80多人组成素质提升专业监督和测评队伍，开展交通秩序行为规范、社会公德和岗位职责等百日整治活动。7－8月，组建80人的专项行动纠察队上路，重点对城区非机动车与行人的违章行为进行疏导和说服教育，劝导教育市民5000多人次，处罚600多人次，并通过新闻媒体曝光不文明出行行为。10月起，“五老”①文明出行纠察人员20人，常年在重点交通路口进行纠察值勤、宣传，对不文明出行作宣传与劝导，履行文明出行长效管理。市组织实施“文明信义”行动，开展“诚信机关”“诚信企业”“诚信市民”创评活动。市文明办等8部门联手组织，评出首批五星文明诚信企业120多个。金融系统在经济信息普查基础上，为95%以上农户建立信用评估档案，全市建成“信用乡镇”20个、“信用村”231个、“信用户”27.72万户，评定“守合同信用企业”822个，实现对农村信用等级的动态管理，海门被授予省金融生态达标县（市）称号。同年，市全面启动公民文明素质提升工程，编发《海门市公民文明素质提升教育读本》2万册，发放《致全体市民公开信》10万份，宣传招贴画5000份，征集发布一批提升公民文明素质宣传公益广告语480多条。首创市公民文明素质提升定量测评体系，对公民日常表现定量评估，建立公民文明素质表现档案，实施定量测评责任联动考核机制。是年，建立群众推荐、公示投票、组织讨论为程序的优秀典型评选机制，涌现“海门的李素丽”杜新静、倾心校外辅导的退休教师沈汉超、全国抗震救灾先进集体市建筑工程管理局建筑群体等文明新风典型。

第二节　未成年人教育

一、净化教育环境

1980年4月，六匡中学在清查淫秽书刊中发现，全校有98名学生传看过17种淫秽书刊，严重影

① 五老：老干部、老战士、老科技工作者、老教师、老模范。

响学生健康成长。1982年,县委、县政府印发《关于清理反动、黄色下流录音录像制品,收缴淫秽书刊的意见》,建立清理小组,在全社会组织开展收缴和查禁淫秽书刊、黄色歌曲的工作。2月,县教育部门调查研究20所中小学后,在包场中学进行查缴淫秽书刊试点工作。4月,县委宣传部门编写《充分发动群众,认真做好收缴淫秽书刊和查禁黄色歌曲的工作》宣传提纲5000份,分发到工厂、农村、学校、商店,广泛发动,全面开展收缴、查禁活动。清理小组深入基层检查了解指导工作,并两次向县委及上级主管部门报告情况。7月,全县收缴各种淫秽书刊124本,清理查禁反动黄色歌曲3182首,其中录音带534盘、唱片15张、手抄歌曲80首。1984年,县委宣传部门组织学习胡乔木《关于人道主义和异化问题》的文章,以历史唯物主义观点清除思想战线精神污染,坚持做好对淫秽书刊、画片、手抄本、反动黄色录像带、录音带的查禁收缴工作,坚持常抓不懈。1985年,印发《关于加强录像设备使用管理的意见》,严禁任何人录制、翻录、播放淫秽下流的录像带,有关部门组织值勤检查,加强日常管理。1987年、1988年,在农村开展狠刹封建迷信和赌博风,整治歪风邪气,净化社会风气教育活动。

1989年,发动全社会旗帜鲜明地反对资产阶级自由化倾向,坚决抵制形形色色的封建主义、资本主义腐朽思想和丑恶行为,保护青少年健康成长。是年11月,三阳镇成立广播家长学校,定期向学生家长进行培养和教育子女健康成长的专题广播讲座。1994年11月,市委宣传部及文化、广电、公安、工商等部门组成"扫黄打非"检查组,重点对市区和公路沿线车站、港口等地的书刊、音像摊点、录像厅、歌舞厅等娱乐场所,进行突击检查,封存、收缴非法图书、杂志700余册,音带800余盒,CD唱片30盒,取缔无证书刊摊点4个,音像点3个,游戏机、桌球点各1个,查处卡拉OK歌厅、娱乐场所各1个。1995年,核准登记和整顿200多个录像放映点、舞厅、卡拉OK厅,全面清查游戏场所,禁赌禁黄,收缴赌博游戏机11台,取消违章游戏机经营户5个,罚款停业处理7个。1999年4月,市成立学校及其周边治安环境整治领导小组,市政府发布《关于加强学校及校园周围治安管理》通告1000张。通过专项整治,全市没收各类非法刊物479册、盗版碟片3671张、黄色VCD碟片29张,治安拘留4人,取缔VCD非法出租店1个、电脑游艺室2个,整改学校周边公共场所20多个,有效净化学校及其周边的治安环境。2002年,召开学习型城市建设动员大会,实施家庭读书工程,开展读书系列活动,弘扬好读书、读好书社会风尚。

2004年,市关工委、文化局聘请"五老"网吧义务监督员88人,向全市初中发放网吧义务监督证,加强网游市场社会管理,禁止未成年人进入网游市场。全年查处违规接纳未成年人网吧8个,收缴危害未成年人的"口袋书"2500册、违禁音像制品6万多张。同时,创作山歌剧《天下父母》等剧目,在全市中小学巡回演出20多场次,以先进文化占领阵地。是年3月初,针对部分学校周边网吧偷偷接纳未成年人上网、少数公共娱乐场所用赌博机欺诈学生钱财,以及一些学校周边流动饮食摊点既不卫生、又影响正常交通秩序等状况,组织警力300余人,开展学校周边环境专项整治行动,历时2个月,共收缴赌博机9台、非法音像制品5件,取缔黑网吧2个,消除交通事故隐患22处,撤除校外违章摊点36个,排除治安隐患16处,查处治安案件2起,治安处罚1人。2005年,市关心下一代工作委员会在各乡镇建立帮教小组371个,参与帮教的"五老"778人,帮教失足青少年394人。2005－2008年,编写法制系列教育讲义51讲,每年有6万多初高中学生接受4次专题法制教育。

2006年,全市掀起校园新文化运动,开发建设清新、健康、具有时代气息的新童谣、新童画、新游戏等,实验小学学生徐琪璐创作的《小豆豆》被评为全国80首优秀童谣之一。2006－2008年,坚持"扫黄打非",整治文化娱乐市场,加强校园周边环境管理,开展整治网吧集中行动和"绿色网吧"评比活动,先后聘请"五老"人员和全市初中校长共106人为网吧义务监督员,建立一批青少年维权岗,加强对城乡各类文化市场的监督管理。对网吧等娱乐场所稽查2550场次,受理举报222起,立案查处51起,取缔黑网吧12个;检查各类出版物销售摊(店)1080个,取缔关闭非法摊(店)72个,查缴各类非法制品20多万册(张),确保青少年成长环境健康有序。2007年,《海门日报》和海门电视台分别创办《海门教育周刊》和教育频道,坚持每日发布3条以上公益广告,为未成年人健康成长营造良好社会氛围。2008年,"五老"1201人组成帮教小组438个,结对帮教失足青少年458人。

二、教育实践活动

1993年2月，县成立关心下一代工作委员会，由县委1名副书记兼主任，有委员25人、顾问8人，组织实施青少年教育。次年6月，各乡镇和教育、政法系统及部分企业相继建立关心下一代工作委员会或工作小组。

1993年，配合学校、家庭，对青少年进行思想教育，开展纪念毛泽东主席诞辰100周年宣传教育活动。同年，全县中学生开展《半月谈》知识竞赛，发出试卷1.8万多份，参赛中学45所。1994年6月，组织全市中小学生开展《爱我中华》丛书读书征文竞赛活动，成立读书小组1100多个，出班报720期，10万多中小学生写心得体会文章8万多篇，经评选220篇获奖。同时，组织观看100部优秀爱国主义教育影视片，激发学生的爱国热情。1995年，推广海门中学突出爱国主义主旋律，带动思想道德建设，引导青少年树立正确人生观和价值观的做法和经验。包场、三厂、四甲、天补等20多所中学组织爱国主义主题教育活动，赴德育教育基地接受革命传统教育，慰问军烈属，邀请革命前辈举办报告会等，参与面广，受教育深。

1996年7月，市成立法制教育报告团，连续3年编发《以案说法》教材15期。此后每年9月，对全市初中以上在校生进行巡回法制系列教育。1999年，市法制教育报告团被南通市关工委评为关心下一代先进集体。2000年，在中小学校举办“为了明天”等图片展览，组织在校学生参观看守所，特邀南通市监狱在监服刑人员到海门进行现身说法巡回演讲9场，听众2万多人。2001年8月，市综治办召集法院等10个部门领导，专题研讨青少年法制教育问题。10月下旬，抽调教育局、关工委等部门6人组成2个调研小组，对全市在校学生违法犯罪情况开展专题调研，了解在校学生法制教育现状，研究对策措施。同年，市教育部门聘请公检法部门工作人员12人兼任海门中学等12所学校法制副校长，编印《法律知识100问》发至各中小学校，加强和规范学校法制教育。配合社会“严打”整治斗争，以市政法委、司法局、关工委联合组稿编发的《学习刑法，预防犯罪》《了解罪名，引以为戒》讲义为教材，由各地派出所和市法制教育报告团人员分别对当地中学生进行刑法知识教育。学校班主任结合实际组织班会活动，选择讲解《青少年以案释法》中典型案例。是年，市获全国综合治理先进县(市)称号，未成年人犯罪率为全省最低。

2002年5月，正余中心小学与村联办家长学校，组织家长和教师撰写家庭教育经验和故事，从数百篇稿件中挑选80多篇出版《与孩子一起成长》一书，其中《让小鬼当家》等3篇文章在省教育厅举办的“新世纪，我们怎样当父母”征文中获奖，《寻找开启心灵的钥匙》等4篇文章入选人民日报出版社出版的《焕发心灵深处的美》一书。9月，在南通市召开的第八届家庭教育经验推广会上，正余中心小学经验被与会代表誉为“别开生面的新探索”。翌年7月，在南通市关工委召开的加强青少年德育教育流动现场会上，专门组织有关市(县)、乡(镇)关工委主任及部分中小学校长100多人专程前往正余镇参观学习，众人称赞：“特色办校，耳目一新”。

2004年，市委、市政府召开加强和改进未成年人思想道德建设工作会议，制定《加强和改进未成年人思想道德建设实施意见》。宣传、教育、文化、政法、共青团、妇联等45个部门和单位，组织实施具有海门特色的家庭育人、基地育人等六大工程，落实40件实事。6月，市关工委经调整有委员28人，并设思想道德教育、法制宣传教育、科技培训、组织建设和舆论宣传5个指导组。7－12月，全市开展“为了孩子的未来——未成年人思想道德建设大家谈”有奖征文活动，发动献计献策，应征文稿300多篇。省委宣传部向全省推介海门做法。2005年，在市文明办内设未成年人思想道德建设科，加强未成年人思想道德建设工作日常管理。编发《孝亲敬老教育读本》3000册，印制孝亲敬老宣传招贴画4000份，发至各学校和机关各部门，组织孝亲敬老主题教育活动。组织争当“尊老敬老爱老助老养老”小公民等主题教育实践活动179次，受教育青少年8.4万多人次。市关工委开展纪念抗日战争胜利60周年宣传活动，离退休老同志1000多人担任报告员、宣传员、辅导员、故事员；编写宣讲资料2.5万份，发放到基层关工委；组织部分抗日老战士谈亲身经历，写回忆录，搜集整理《海门人民抗日革命故事选》和《抗日历史经典歌曲》，发至学校、村、居委会。2006年，各学校利用升旗仪式、广播台、宣传橱窗等，采用发倡议书、集体签名、主题讨论会、社会实践活动等形式，加强“八荣八耻”宣传教育；组织“知荣明耻，我们应该怎样做”主题活动，引导青少年学生在校做个勤学上进的好学生，在家做个孝亲敬老的好孩子，在社会做个诚信守法的好公民。

2007年1月，市教育部门创办首届“海门家庭教育日”暨和谐家庭建设高层论坛，并将每年元月第一个周末确定为“家庭教育日”。开展“文明结对共育，关爱未成年人成长”实践活动。全市75所中小学与市地税二分局、三轮时装公司等75个文明单位结成未成年人思想道德建设共育对子，与2万多学生进行学习、生活和思想的全方位交流，促进未成年人思想道德建设工作。调动社会力量，加强对单亲家庭、残障家庭、困难家庭和流动人口家庭中的未成年人教育。同年，市教育部门启动“新公民教育行动”，编印《新公民行动指导纲要》和《中小学生习惯20条》，发至全市各校外辅导站和中小学校。分别在余东、树勋两所中心小学召开现场推进会和专题研讨会，培养未成年人良好行为习惯。新华社、《新华日报》《扬子晚报》、江苏电视台等新闻媒体，对上述活动分别专访报道。

2008年1月5日，第二届“家庭教育日”举办成长故事征文活动，用故事记录和反映孩子成长过程中良好行为习惯的培养和形成，全市参与家长500余人，应征文稿302篇。班主任和任课老师2300人开展家访活动，与家长或临时监护人1.2万人面对面沟通，了解孩子的习惯养成，写出家访随笔2950篇。组织家长2.5万人走进学校，参加培养学生习惯专题报告会78场次，交流探讨孩子们良好行为习惯养成的金点子。

三、校外辅导

1992年，三和、三星、德胜等乡镇部分离退休教师利用节假日，在自己家里吸纳周围在校生，辅导学生功课。1994年，国强镇龙游村老党员王博生，将自己家楼房无偿给村里办农民子弟教育馆，并为教育馆赠送图书数千册。1996年，天补镇彦英村教师沈汉超夫妇，在家创办“清澄书屋”辅导站，数千册的藏书，多样化的活动，成为周围几个村孩子们十分喜爱的第二课堂。1998年，余东镇退休干部袁桂山在家人支持下，先后投资100多万元，建成两幢大楼、单门独院花园式的凤达老少活动中心，深受学生喜爱。1999年，市关工委在全市组织建立校外辅导站，除辅导学生功课外，还扶助贫困家庭学生，帮助后进生等。

图31-2 天补镇“清澄书屋”校外辅导站 (2008年摄)

2004年，全市建立和健全校外辅导站230多个、暑期乐园100多个，“五老”3133人积极参与未成年人思想道德建设实践。其中，20多人自费筹办家庭图书室或家庭暑期乐园，750人与青少年结成“一对一”帮扶对子，359人帮助教育失足青少年。2005年，省有关部门推介海门校外辅导站的做法和经验。

2006年，全市总结推广行政村和街道社区合办、村校联办、家庭义务办站经验，推动全市校外辅导站建设，构建社会、学校、家庭“三位一体”教育网络。全市各类校外辅导站310个，直接参与辅导站工作的“五老”2800多人，自编乡土教材500多份，开展各类活动100多次，受教育学生2万多人次。市文明办购买3万多册少儿读物奖给10所优秀校外辅导站，提高各地办站积极性；暑假期间，联合电视台连续播放33集《与法同行》专题法制教育片，辅导站“五老”人员组织未成年人开展讨论，写心得体会文章200多篇。2007年，全市村、社区建成各类校外辅导站525个，全市担任校外德育辅导员、文化知识辅导员、主题教育宣讲员、失足青年帮教员、网吧电子游戏室义务监督员和科普学校教员的“五老”3076人，受辅导站教育的未成年人2.86万。

2008年，全市500多个校外辅导站开展“迎奥运、颂改革、学英雄、见行动”主题教育活动，青少年

3万余人参加。同年，海门成为省首批乡村未成年人活动站建设试点市（县），中国文明网、《精神文明导刊》《精神文明报》等多家媒体宣传推介海门市校外辅导站建设的做法和经验。

第二章　文明创建

第一节　文明城市创建

一、“创三优”活动

20世纪80年代起，城镇“创三优”活动全面展开。1982年，倡导“五讲四美”，全县组织3次大规模卫生统一行动，开展门市、柜组流动红旗竞赛，深化文明礼貌主题教育，治理脏乱差环境。1987年，参加南通市县城“创三优”夺标竞赛，一举夺魁。至1992年，连续5次夺冠。1992年12月，新海乡与海门镇合并，县城扩大基础设施建设，改建沥青混凝土路面6800平方米；绿化美化新建道路，建立环境监察分队，添置垃圾箱100多个；强化交通、治安、市场综合治理，清理、拆除违章建筑68户、3000平方米，市容市貌和卫生状况得到改善。1993年，组织开展文明窗口活动，党政机关突出勤政为民、服务基层；商业服务、医疗卫生、公安等行业加强职业道德建设和规范化服务。人民商场等单位实行等级营业员挂牌上岗服务制。县中医院开展“优质在我岗位”竞赛活动，全院拒收红包287次，合计1.5万多元。环卫所开展争当合格美容师活动。规范管理车站、港口、影剧院、舞场、游艺场等公共场所，治理少数单位无秩序状态和不文明现象。公安、交通等部门建立整顿教育领导组，加强全县408辆个体中巴车管理，公开曝光、处罚几起个体中巴野蛮经营处理结果。同时开展文明职工和文明户评比活动，使“创三优”活动由突击性卫生检查逐步走上经常性、制度化轨道。是年，悦来镇在南通市第六届建制镇“创三优”达标竞赛中，获一级达标称号。1994年，市财政拨款300多万元支持“创三优”活动，获南通市6县（市）“创三优”竞赛七连冠。此后，“创三优”列入文明创建内容。

二、卫生城市创建

1994年，市委、市政府在“创三优”活动取得明显成效基础上，开展全国卫生城市创建活动。建立全国卫生城市创建指挥部，市长任总指挥。1995年，在10个月内，市区拆除旧房19.8万平方米，动迁居民2755户8870人，新建住宅楼50.3万平方米，新建半机械化垃圾中转站5座，营造市区主次干道两侧绿化带2.02万米，清除大小污水沟90多条。市爱国卫生运动委员会专用宣传车巡街宣传卫生创建；市建立健康教育机构，培训单位健康教育专、兼职人员600多人；每月组织卫生检查评比。次年，经上级考核验收，一举跨入全国卫生城市行列。此后，全国卫生城市每两年复查1次，均顺利通过。

1996年，市委、市政府作出争创国家卫生城市的决定，建立城市管理、卫生保洁、城建督察、市民教育4支队伍，健全卫生长效管理机制，强化卫生创建工作，城市卫生面貌不断改观。1998年6月，通过国家卫生城市省级调研。2000年4月、6月，国家爱国卫生运动委员会两次对海门卫生创建工作明察暗访，提出整改意见。全市再次组织发动，突出工作重点，落实整改措施。9月上旬，通过国家卫生城市国家级调研。是年12月15日，全国爱卫会命名海门市为国家卫生城市。随后城市环境卫生管理工作进入长效管理阶段。是年，海门还获全国第三批城市环境综合整治先进市称号。至2008年，多次通过上级复查，保持国家卫生城市称号。

三、省文明城市创建

1999年，建立由47个部门组成的市创建文明城市领导组，编制创建工作目标责任分解书，下发创建实施意见，申请参评省首批文明城市，两次召开创建文明城市动员大会，与34个职能部门签订责任状，部署讲文明、树新风群众性文明创建活动。全年下发《文明城市创建动态》27期，完成指标档案171项(本)和附属档案近100本。在市区制作大型户外灯箱7座和宣传标语近50处(条)，开展创建文明城市咨询活动2次。5月，全市举办“争当文明人，共创文明城”主题教育活动，组建6个检查大队，从市容文明、行业服务等6个方面开展巡访检查。年底，获评省首批文明城市称号。此后，每三年复评1次。

2000年，印发《文明在海门》教育读本5000册，开展“倡导文明新风，共建美好家园”主题教育活动。4－5月，市文明办组织文明新风典型演讲团，宣讲四甲电信支局电信管理员马荣明等7人的文明典型事迹，在全市巡回演讲15场次，听众1.1万多人次。是年，市成立全省首家治安联防志愿者协会，城区离退休老干部、老职工232人组成志愿者联防队伍，协助公安民警巡逻，维护社会治安。2001年1月，经建设部考核，获全国城市环境综合整治先进市称号。当年，以新的省文明城市考核标准，签订文明城市创建目标责任书。并在南通地区率先成立城市管理行政执法局，依法履行市容、规划、绿化、市政等管理和行政处罚职能。组织城市发展及形象大讨论活动，提出17项主要议题，发动干部群众大讨论300多场次，各抒己见，献计献策，推进文明城市创建。在文化广场举办“江洲杯”大型广场文艺晚会8场，观众逾10万人次。

2002年，共投入2亿多元建造滨河广场、环城绿化景观点；改造东洲公园，实行免费入园；亮化主要地段和路口；建设江海路、解放路、秀山路、人民路、长江路、镇中路等一批文明交通示范街；把南海路建成新城区景观大道。同年，重点整治小广告、店名店牌、非法户外广告、城区主要路段各类营业窗口、街头迷信和店面赌博现象、工业污染周边环境、城区店外店和摊外摊、村镇环境等9项工作，规范城市环境和经济秩序。同时，开展“市民教育月”“文明交通工程”等专题活动。组织文明新风典型在全市巡回演讲40场次，听众4万多人次。开展全民读书、全民健身、志愿者行动、劳动竞赛以及“文明与我同行”签名宣誓等活动，推进文明实践，弘扬文明新风。8月，省文明城市创建检查团对海门考核，海门以全省4个地级市和5个县级市中总分第一，通过复查，继续保持省文明城市称号。

2003年，加大文化体育投入，市区建成全民健身点29个，社区晨、晚健身点56个。海门镇投入180万元，建成茅镇社区1000平方米文体活动中心，并建业余文化演出队伍。货隆镇5个行政村投入100多万元，改造、新建农民文化活动场地。是年，市文化广场举办纳凉文艺晚会30多场次。市区和乡镇开展的全民健身演示会、广播操、长跑比赛等活动吸引市民参与，城乡经常参加体育锻炼超过40万人。

2004年，市制定创建全国文明城市规划，40个主要职能部门及乡镇落实分解任务，明确职责，签订创建责任状。成立市民巡访团，不定期开展明察暗访。组织人大代表、政协委员开展专题视察活动等。开展诚信创评活动，工商系统重视发挥“12315”投诉举报作用，查处扰乱市场经济秩序、坑害消费者利益的人和事。市环卫所新雇用道路保洁员74人，对市区道路、主要河道、公共厕所实行全天候保洁，并增添垃圾保洁收集车5辆，缩短垃圾暴露时间。2005年，邀请市人大、政协和市民巡访团对创建工作督查巡访30多次。进行“文明始于足下”教育，文明用语、文明行车成为市民自觉行动。结合全市三个文明建设年度考核，评出精神文明标兵14个、精神文明建设先进集体14个和文明窗口22个。是年，评选出诚信典型、孝亲敬老先进个人12人、先进集体11个及百名好家长、百名好学生、百名好媳妇等，树立一大批精神文明建设先进典型。

2007年，召开“达小康、促和谐”10万人动员大会，下发《关于建设和谐海门的决定》《关于落实构建和谐海门“十大工程”，开展“十百千”创建系列活动工作意见》，并通过构建“五大网络”①，实施“十

① 五大网络：安全网、协商网、诚信网、关爱网、可持续发展网。

图 31－3　2005 年,市开展文明出行整治活动

大工程”[①],培育 100 个创建样板、1000 个创建示范点(岗位)以及开展“双十佳”[②]评比活动,有组织、有步骤地全面推进和谐海门创建工作。9 月 15 日,与中央党校社会发展研究所在中央党校联合举办构建社会主义和谐社会暨海门实践高层研讨会,中央党校副校长李君如、中央政策研究室副主任郑新立等,高度评价海门构建和谐社会的实践活动及其成效。是年,开展城市“基础设施建设年”活动。投资 60 多亿元,围绕“通、美、亮、绿”工程扮靓市区,重点建设解放路一条街、张謇大道和市行政中心。

2008 年初,对照省编新版测评体系,集中人力、精力、财力,广泛发动,查漏补缺补短。年底,高分通过省文明城市专项验收,第四次蝉联省文明城市。

第二节　文明单位创建

20 世纪 80 年代,海门结合城镇“创三优”,部署开展文明单位创建活动。1983 年,县委六届八次全体(扩大)会议决定,围绕“五抓、五治、五变”[③],开展建设文明单位活动。下发包括文明集镇、文明村、文明工厂、文明商店、文明医院、文明学校、文明机关和五好家庭 8 个系列文明单位评比条件。1984 年,全县统一发动,把开展“五讲四美三热爱”活动作为建设文明单位基本形式和内容。7 月,召开创建文明单位经验交流会议,并全面开展文明单位创建活动。年底,评出首批县级文明单位 254 个。1985 年,贯彻两个文明一起抓方针,把创建文明单位列入各级党组织重要议事日程。组织 70 人分成 7 个检查组,分赴全县各地检查,促进文明单位创建活动开展。1988 年,县出台《文明单位管理办法》,规范文明单位条件、申报、考核、评比、命名、表彰和日常管理等事项。货隆桥竹木市场被国家工商行政管理局命名为全国文明集贸市场;海门镇首次获评省文明单位,为南通市六县中唯一获此殊荣的单位。

1990 年,创建文明单位工作列入乡镇及厂村干部岗位责任制。11 月,县委召开文明单位代表座谈会,省、市、县三级文明单位代表 40 多人交流创建经验,探讨创建措施,并提出《文明单位验收标准细则》修改意见。通过宣传媒体,推广江滨乡和海门中学重视创建工作、争创文明单位的做法,引导创建工作深入开展。海门镇、县手帕厂、海门中学被评为省文明单位。1992 年,县成立精神文明建设活动委员会,制定学校及服务性行业文明单位验收标准,县委、县政府通报表彰县级文明单位 865 个,其中蝉联 787 个、新命名 78 个,获评南通市级文明单位有景新时装有限公司等 65 个,海门中学、海门手帕厂、海门镇 3 单位蝉联省级文明单位。

1993 年 10 月,县城“窗口”行业联合举办“争创青年文明岗,争当青年服务标兵”百日竞赛活动。海门邮电局自觉接受社会监督,从社会各界聘请行风监督员 35 人,给用户发放征求意见函件 500 份,向全县 1.5 万个电话用户寄送《邮电通信服务标准》,公示邮电服务质量监督电话“210000”,受理用

① 十大工程:建立和谐机关、和谐新农村、和谐社区、和谐企业、和谐校园、和谐医患、和谐民间组织、和谐军地、和谐家庭、和谐生态工程。

② 双十佳:十佳和谐海门建设志愿者、十佳和谐社区、十佳新农村建设示范村、十佳和谐企业、十佳和谐校园、十佳和谐家庭、十佳和谐机关部门(单位)、十佳和谐医院(卫生所)、十佳廉政公务员、十佳新海门人。

③ 五抓、五治、五变:抓环境卫生,治脏变净;抓社会秩序,治乱变安;抓文明科学,治愚变智;抓思想教育,治旧变新;抓生产发展,治穷变富。

户申告,克服窗口服务“冷、硬、顶、推”和装修电话“吃、拿、卡、要”等不良现象,狠刹行业不正之风,获群众好评。1994年,组织以“总结10年,争创一流”为主题的创建文明单位10周年纪念活动,拍摄创建文明单位10年成果巡礼电视专题片,编印出版《文明单位创建十年巡礼》,刊出10年来获评省、市、县级1237个文明单位名录,推介海门手帕厂等84个单位创建成果。是年,修订文明单位考核细则,建立每季度定期召开精神文明建设委员会活动例会制度,分类设立台账,坚持半年检查督促,年终申报审核,分级命名表彰,不搞照顾,不搞终身制,优胜劣汰,确保文明单位质量。海门港、海门中学、南通景新时装有限公司、三星羊毛衫总厂、海门手帕厂等单位成为1993－1994年度省级文明单位。

1995年,全市确定8个服务窗口单位、43个主管部门、456个参赛单位,分系统、分类别制定文明创建标准和考核细则。召开创建专业会议11次、示范现场会6次。8个服务窗口参赛单位投入900多万元美化服务环境。参赛单位内部开展争当“优秀公仆”“文明职工”“文明服务员”“文明青年”“文明个体工商户”等活动。是年,海门汽车站、中国人民银行海门市支行营业部等获评市“十佳文明窗口”;海门中学、东洲公园等评为市“十佳文明景点”;叠石桥绣品城进入全国文明市场行列,入选《中华之最》大典;海门中学、海门镇、百花集团(海门手帕厂)、三星羊毛衫总厂、南通景新时装有限公司、市邮电局成为1995－1996度省级文明单位。1997年,市级文明窗口参赛单位调整为70家,全面推行承诺服务制,设立市民评议箱,加强社会监督。商业系统开展文明柜组竞赛活动,人员统一着装上岗,实行微笑服务、站立服务、导购服务、“三包”①服务;交通部门开展争创文明新风车活动,出租车计程收费,中巴车不乱收费、不卖客,严格执行有关交通规则。各行业服务窗口开展青年文明号创建活动,倡导公平竞争、质量至上、货真价实、注重信誉的社会主义职业道德,涌现市级文明窗口66个,文明景点单位49个。中国银行海门市支行营业部开展“三有一优”②活动,创出服务特色,1998年获评全国青年文明号称号。同年,工商、税务、银行、交通、卫生等行业创新工作举措,提高服务质量。年底,88家窗口单位和54家景点单位同时获市(县)级文明单位称号。1999年,组织工商、税务、建筑、金融、商业、农技等系统的100多个单位,与全市150多个经济薄弱村开展结对共建活动,落实致富项目115个,兴办经济实体17个,解决信贷资金620万元,筹集公益事业基金240万元,帮助3000多个贫困户脱贫。90年代,海门获省级文明单位24个、文明行业5个。

2000年,市实施文明行业创建“十个一”③工程,受到社会各界普遍关注和支持。市国税局开展“税收与服务同行”活动,为企业牵线搭桥,提供信息,帮助核算成本,解决资金困难,产生良好的经济和社会效益。2002年,全市33个文明行业实行公示承诺,改善服务质量,创新服务项目,争创服务特色,提高服务水平。在开展人民满意服务品牌评比活动中,交通局“星级服务”、供电局“心桥行动”、卫生局“温馨服务”、电信局“文明服务千万家”等10个服务品牌脱颖而出;国税局“税企心连心”工程,获南通市首批人民满意服务品牌荣誉称号,受到南通市文明委表彰;公安局树立热情为民服务优秀形象,被命名为全国优秀公安局;地税局推出地税春风行动,弘扬助人为乐、和衷共济时代新风,扶贫济困捐款献资6万元,帮扶农村贫困家庭24户。2004年,物价局、烟草公司被列为南通市第三批创建文明行业示范点,海门药品监督管理局获评省文明单位标兵。

2005年,把创建文明单位列入干部任期目标责任制,作为考核党政主要领导干部和领导班子政绩的重要内容。市建设、国税、交通部门通过发放征求意见函,明察暗访,听取群众反映,提升单位信誉,树立行业形象,争创文明行业。10月,市建设局获评全国精神文明建设工作先进单位。2006年,围绕机关效能建设,开展“五星文明机关”创建活动。全市225个参创单位工作人员坚持佩证(亮证)上岗,对来访人员实施“首问责任制”和“告知单制”,

① 三包:包真货、包修、包退。

② 三有一优:有笑容、有问候、有道谢和优质服务。

③ 十个一:叫响一个主题口号、实施一套承诺服务、配备一支监督队伍、明确一句人生格言、牢记一组文明用语、办好一所文明学校、开展一批特色活动、记全一套创建台账、营造一方优美环境、树立一流行业典型。

促进干群沟通。4月，中国银行海门市支行成为全国精神文明建设工作先进单位。

2008年，评定市级文明单位450个、文明行业26个。市供销合作总社牢牢把握为农服务宗旨，倾心为农服务，累计建立为农服务社(中心)162个、农资配送网点333个，分别覆盖全市行政村的73%和80%；申办(参办)农民专业合作社31个，入社社员864户，带动周围农户5700多户，年助农增收近6000万元；利用社有资产引进投资项目71个，年实现产值3.5亿多元，利税近2000万元，提供就业岗位1700多个，连续4年获省供销社系统10强县级社称号，并获南通市文明单位。工商局在全市22个条管部门效能建设民意测评中排名最前列，被评为全国工商行政管理系统先进集体。国税局被评为省文明行业。地税局超额完成税收任务，税收入库总量继续列南通六县(市)局第一。国税局二分局被评为省文明单位。中国银行海门市支行获评全国精神文明建设工作先进单位。新世纪8年，海门获省级文明单位29个、文明行业37个。

第三节　文明社区创建

1995年，市委把建设文明示范小区定为全市实施的15件大事之一，制定《文明示范小区建设标准》《文明居民守则》《文明家庭守则》和《文明楼建设标准》等创建细则。文明示范小区建设从居民最关心的治理“脏乱差”开始，每幢住宅楼产生1名协管员，设立专职保洁员，保持楼道整洁。发动居民主动搞好小区卫生和家庭卫生，组织城管、卫生、工商、公安等部门联合行动，解决小区内乱搭乱建、乱停乱放、乱涂乱贴等问题。先后组织23万人次参加小区建设义务劳动，1500多位居民向市委、市政府提出建设文明小区建设性意见2700多条，471幢居民住宅楼参与创建文明楼竞赛活动。1996年，参赛住宅楼增加到510幢，实行定期不定期明察暗访，组织检查评比8次，连续两年评比十佳文明小区，公开曝光69幢不达标居民楼，下达整改通知书784份，吊销8个提供“三陪”服务歌舞厅的营业执照。1997年，制定创建文明安全小区建设标准，组建由市政、环卫、绿化、治安、社区组成的专业管理队伍，小区范围内所有机关、企事业单位、房屋所有权单位同创共建，建立小区警务室，组织志愿者巡逻队，开设市民学校，切实加强文明家庭、文明楼院、文明景点建设。至1997年，全市投入小区硬件建设资金7.6亿元，其中用于小区人文景点建设2950万元，建雕塑62座，休闲亭子17座，晨练点30个。

1998年，在东风、宏伟、兴华园小区按文明市民—文明楼—文明小区的工作思路，组织创建文明小区试点工作，完善服务设施，落实美化、亮化、绿化工程，实行封闭式管理，加强综合治理。是年，东风小区被命名为省级文明小区。1999年，市区12个居民小区设立服务网点160个，建立6支志愿者服务队伍，先后举办“邻里情、送温馨”帮扶结对活动、“洁在万家、美在万家”便民服务活动、万家互助系列活动等，以丰富文明小区创建内容。

2000年，开展文明小区结对共建活动，烟草、建工等10个文明行业和文明单位与东风、海影等小区结对共建。建立小区市民学校、综合治理联防协会以及医疗服务网点；建立小区绿化广场；开辟体育活动场所，添置户外健身设备；统一制作标语、板报，增设宣传橱窗和读报栏；定期开展市民文明知识教育和文明家庭、文明楼院等评比竞赛活动。通源小区被省文明委、省民政厅联合命名为省创建文明社区示范点，东风、海影两小区被评为省文明小区。2001年，启动文明社区一体化建设，通过结对共建活动，整合社区资源，使社区服务组织健全、服务设施齐全、服务功能完善、服务工作到位。市建委、建工、烟草系统及海门镇的文明单位率先与城区3个文明社区和12个文明小区结成共建文明社区对子，新设服务网点160个，建立志愿者服务队(站)6支，银发联防队3支。投入8.5万元，新增复兴、长江、青海等3个小区的户外健身设备。2002年，投入30多万元，重点抓好东洲社区文化活动中心、通源社区服务中心与海影新村、东风新村、青海新村一体化建设。建造室外健身设施6个，建立图书阅览室10个和卫生室多处。开展科教、文体、法律、卫生进社区活动，定期到社区开展科普、医疗卫生、法律法规宣传咨询，进行义诊、家电维修等一系列家政服务。100多名离退休老干部组成的“银发”联防队义务值勤，维护道路、治安秩序。

2003年，投资30万元建设茅镇社区、腾达花园等文明示范社区。建立社区科普基地，举办科技创造未来展示会、科普报告会、科普图片巡回展、家庭趣味科普知识竞赛、注册科普志愿者服务活动等。司法、卫生部门在社区设立法律咨询室、卫生室及咨询热线，定期组织志愿者到社区咨询宣传。2004年上半年，组织社会各界向社区捐款活动，筹资30万元，投入茅镇社区二期工程建设，东洲社区文化活动中心与海影新村、通源社区服务中心建设。2006年，注重社区文化活动场所建设，滨河广场、东洲公园广场、文化广场及近百个社区文体活动点投入使用。7－8月，在市文化广场进行“海门之夏”文艺晚会，组织市级机关部门、乡镇、企业乃至社区文艺演出队演出27场次，参演节目420多个，观众30多万人次，成为社区居民休闲纳凉的好去处。此后，每年夏天举办“海门之夜”文艺晚会。是年，海门镇茅镇街道社区获省创建文明社区工作先进社区。

2008年，开展学习型社区创建活动，为社区群众提供学习交流园地。社区党校、市民学校、家长学校、校外辅导站等教育阵地，为社区居民定期或不定期开展道德教育、法制教育、健康教育，为社区失业人员、外来务工人员、离退休人员、未成年人等提供“订单式”教育培训。海门创建达标“农家书屋”121家，农家书屋普及率位居南通市之首。

第四节　文明镇村(家庭)创建

1983年，县下发《关于在全县乡村认真开展建设文明村、文明镇活动的通知》，确定文明镇、文明村评比条件，开展文明村镇创建。驻军部队与四甲乡结对共建文明乡，在3月文明礼貌月活动中，整修四甲街道10多条，清理垃圾100多吨，平整坑洼20多处，治理脏楼、脏院12处。四甲乡德安村在军民共建文明村活动中，评出“五好家庭”300多户，村风、民风明显好转。12月，省政府、省军区授予四甲乡德安村军民共建精神文明先进集体称号。1986－1988年，驻海部队与四甲镇17个村挂钩，开展军民共建文明村活动。每月进行1次爱国卫生活动，清除庭院内外、沟河、道路两侧垃圾与杂草等，改变村容村貌和村民精神面貌。

1992年，在全县农村开展讲精神文明、比科技致富、创建科普文明村活动。《海门宣传》印发推荐《十唱文明新村好》说唱词，通俗易懂地宣传文明科普内容。1993年底，各乡镇建成1－2个科普文明村。1995年，启动文明一条街创建活动，重点解决卫生问题。1996年，陆续启动文明交通工程、美化亮化工程、净化绿化工程。乡镇所在地集镇建造美观卫生的公共水冲式厕所，拆除街道两侧50米范围内旱厕，设置封闭式垃圾箱，垃圾日产日清。悦来、四甲、常乐、天补等乡镇结合各自人文历史背景，建造集镇雕塑、镇标、文化墙、灯箱等景观。货隆、树勋等乡镇实现中心街道机动车道、非机动车道、人行道分流，建成大面积绿化区和农民公园。各地在文明街建设中，刷新读报栏，制作固定宣传牌，创办文明市民学校，开展“五讲八不”①文明礼貌教育，村镇文明程度不断提高。11月，市召开首批文明街命名表彰会，货隆、悦来、三阳镇区被评为文明街，并获省级卫生镇称号，悦来镇被建设部列为小城镇建设试点镇。1997年，各乡镇确定1－2个创建示范村，以点带面，推进文明村镇建设。三阳镇友爱村成立文明村创建领导组，制定规划，落实措施，督促检查，完成全村厕所旱改水、中心道路两旁绿化、建造封闭式垃圾箱和开展“文明户”评比试点，成为全市59个示范村典型。

1998年，重点整治镇区秩序和街面环境卫生，解决“四乱”②不文明现象。悦来、三阳、天补、三厂等镇，整治乱涂乱贴。海门镇组织志愿者上街巡查，劝导规范车辆停放，清理街面垃圾、烟蒂。1999年，各乡镇建立健全文明村镇创建班子、城镇执法管理队伍、街道卫生保洁员队伍，制定落实文明村镇创建责任制、环境卫生包干制等6项制度。全市村镇开展文明创建活动率100％。各乡镇累计投资900多万元，完成镇区改厕2万座任务；组织20多万人，投入1000万元整治沟河，实现村民垃圾处理城镇化；评出农村文明家庭20万户，占农户总数

① 五讲八不：讲文明、讲礼貌、讲卫生、讲道德、讲秩序和不随地吐痰、不乱扔杂物、不毁坏绿化、不损坏公物、不乱设摊位、不违章通行、不说脏话粗话、不在公共场所吸烟。

② 四乱：车辆乱停放、店外店摊外摊乱堆占、“牛皮癣”小广告乱涂贴、垃圾烟蒂乱丢扔。

62%。是年,海门获省唯一的全国创建文明村镇工作先进县(市)称号。

2000年,各乡镇建成5个以上文明示范景点、1条文明示范街和1个南通市级以上文明示范村(即511工程)。各乡镇进行村镇净化、绿化、亮化、美化建设;开办文明农民学校,建成市民教育基地,创建学习型村镇,加强对村民思想道德和科学文化知识教育;开展文明家庭创评,评比文明市民、农民状元、致富能手、好邻居、好婆媳等,激励和引导广大群众弘扬文明新风,建设现代化文明村镇。三星、东灶港两镇全年投入250多万元,建成两条十里文化灯箱长街。东灶港镇友谊村、德胜镇旺南村、正余镇邢柏村等全面实施聚居化建设。1991－2000年,海门获省级文明村8个、文明镇7个。

2001年,市地税部门与三星镇镇南村建三星百亩葡萄良种科技示范园,捐资10多万元扶持新品开发,引进中外名优良种,添置喷灌设备,赠送科技书籍等。交通部门出资16.5万元,在德胜镇李彬村修筑1公里村级公路。三星镇葡萄园区、三阳镇千亩大棚等6个"致富一方"文明示范基地共建成果,成为南通市文明村镇创建工作典型。3月,全省召开文明村镇创建现场会,海门作《以文明集镇为龙头,大力推进文明村镇创建工作》交流发言,在《群众》杂志全文刊出。同年,实施农村治安联防体制改革,全市建立专职联防保安中队36支,联防队员375人,村设有义务联防队员,确保农村治安。开展严禁封建迷信和迷信品制作销售等四禁活动,拆除小庙,收缴迷信用品,捣毁冥币制作点,清理、整顿迷信职业人员,并进行集中教育。

2002－2003年,全市23个乡镇投入400多万元,新建、拓宽村镇道路180多公里。在文明公路创建工作中,海门、三厂、天补等17个乡镇场均达标;投入5800万元,建设农民聚居化住宅区14个;投资3.5亿元,改造农村电网和通信设施;投入350万元,实现有线电视进村率95%、入户率21%。

2003年,开展创评"星级文明家庭"活动,各地对"五星文明家庭"农户,采用减免义务工、子女在校评优和升学择校优先等措施,激励全市农村25万户家庭积极参与"爱国守法星、勤劳致富星、团结友爱星、环境卫生星、移风易俗星"五星争创评比活动。是年,评定"五星"文明家庭1.66万户,占参创家庭7%;"四星"户8.82万户,占37.2%;三星户8.04万户,占33.9%;"三星"户以下5.18万户,占21.9%。对"三星"以上文明家庭集中公示,挂牌上门,动态管理。全市先后建成东灶港镇提水养殖、麒麟镇鲜切花生产、德胜镇水产养殖、货隆镇千亩菱角、高架养羊等16个对农民产生较大示范影响的文明示范基地。

2004年,引进城市社区建设理念,开展"百村千户奔小康"文明共建活动,首批启动税务、工商等11个行业与相应的示范村结对共建,达成文化活动中心建设等合作项目15个,投入资金45万元。在开展清洁村庄、清洁家园、清洁河道环境整治活动中,树勋、三星、正余、货隆等9个乡镇启动农村生活垃圾规范化管理试点工作,完善农户收集、镇村清运、集中处理农村生活垃圾机制,通过实施农户垃圾收集桶装化、行政村设置标准填埋场、乡镇设立垃圾箱、筹建垃圾中转站等举措,实现农村生活垃圾减量和无害化处理。王浩镇昌盛村实行"门前三包,门内达标",安置垃圾桶24个,农户处理好自己垃圾,倒入附近垃圾桶,村设置2个垃圾填埋场,由2名保洁员专职运送垃圾集中处理;并推行沟河保洁责任制,分包到组,责任到人,定时清理,常年保洁,环境卫生显著改善。

2006年,文明村镇创建以"建设新农村、拓展新阵地、培育新农民、弘扬新风尚、实现新和谐"为主题,推进"五个一"①工程,开展教育、科技、法律、健康和文化"五进农家"活动。印发《海门新农民教育读本》1000册,举办各类讲座100多场次,培训50多班次,受训农业科技带头人4500多人次;发放宣传资料2万多份,直接受益农民超过10万人;开展健康体检、义诊活动40多场;新建村镇农家书屋300多座,藏书8万多册,每周定期开放,接纳群众借阅、阅览;投入200多万元,组织送戏影下乡和广场文艺会演200多场。加大对货隆农民书画、余东京剧票友、四甲舞龙等特色文化项目的扶持,其中货隆农民画走出海门,走向全国,亮相海外,成为当

① "五个一"工程:建好一个阵地、学好一本农民教育读本、上好一堂农民教育培训课、开展好一批农村文化活动和组织好一系列文明创评活动。

地农民新兴的致富产业，年创汇超2000万元。是年，把3月定为农民教育服务活动月，年底评选出百佳新型农民和农民教育十大创新活动典型。2007年，全市确定正余镇正基村、海门镇沙东村等农村和谐社区建设试点村35个。由农村干部、农技人员、老农田状元等组成千人讲师团，以科技早市、课堂讲授、田头辅导等形式，教育培训农民20万人次。以社区艺术团、农民艺术团及民间艺术工作者组成“东洲文化大篷车”，开展下乡进村送戏演出活动120场(次)，送电影300余场，送书籍价值100多万元。全年投入新农村建设资金2.5亿元，围绕“民富、村美、风景好”建设目标，实现农村公共服务中心全覆盖、农村公路路路通；完成水利建设土方1500万立方米，建成配套建筑物1200座，实现水利建设村村达标；高标准推进垃圾处理和改水改厕等涉及农民切身利益的各项整治工程，改善农民生产生活环境。

2008年，市成立农村环境整治督查指导组，全市乡镇(园区)建立具备法人资格、实行独立核算的保洁服务中心，按农村1200人、集镇800人配备1人标准，建立1200人保洁员队伍。市、镇、村三级联动，形成垃圾处置、沟河保洁、农路管护、绿化养护全覆盖的农村环境治理网络。全市200多家“五星”文明单位(企业)与200多个行政村结成文明和谐共建对子，实施“五个一”工程。各结对行业、单位投入近200万元，用于社区公共服务中心建设、道路改造、环境整治、农电改造、电教设备添置等；投入近100万元帮扶贫困户400多户；赠送图书2万多册；帮助农村实行垃圾长效管理，实现农副产品销售增收100多万元，农村生产、生活环境明显改善。交通局、建设局等单位还在各自下属单位中开展“十村百户”结对帮扶活动，腾出一批岗位，扶助一批农民，新增受惠农户1000多户。三厂镇成功入选百佳中国和谐小城镇前50强，中央电视台七套纪念改革开放30周年大型活动栏目特别报道该镇民营经济发展。海门镇获评全国第二批文明村镇，受中央文明委表彰。至2008年，海门获省级文明村24个、文明乡镇12个。

第三章 文明新风典型

第一节 舍己救人

1968年夏，解放军驻海门部队某部班长、共产党员黄克昌(悦来公社人)在青龙港码头值勤时，发现横渡长江泅水队两名海门中学老师被恶浪吞没，奋不顾身跃入激流，成功营救。黄克昌动人事迹广为传颂，《新华日报》作报道。

1982年4月23日下午，海门铸钢厂工人曹俊清救出1名落入深井中的6岁小孩。

1984年11月，青龙港新镇饮服商店会计、共青团员姜辉，不顾一切跳进波涛汹涌的长江，救出1名不慎落水的女青年，事后又婉言谢绝酬谢，团县委特授予优秀共青团员称号。

1989年10月16日，东灶港海面突发罕见怪潮，冲决对虾养殖围垦区外堤，5名民工卷入浪潮中。闻讯赶到的东灶乡乡长杨德荣等4名乡镇干部，脱下外衣，跳入冰冷的海水，与养殖场3人趟过水流湍急的排淡河，往返数次将遇险的5名民工及时救出。11月21日，县委、县政府表彰杨德荣等7人舍己救人英勇事迹，号召全县共产党员、干部群众学习他们的高贵品质和舍己为人的共产主义精神。

1990年1月12日清晨，东灶港渔业三公司1310号渔船在吕四渔场156海区作业时，遇见危在旦夕的落水韩国渔民。在船长盛华林和船员江金发等11人及时营救下，除两名被冻身亡外，成功救出其余4人，并送去衣服、鞋子、袜子以及生姜红糖茶和热菜热饭，他们用手势感谢中国渔民搭救之恩。是年，1310号渔船员工获评南通市第十届文明新风典型。

1992年12月13日，在东灶港堤坝抢险中，1名民工突然被海浪卷走，县水利局疏浚公司副经理汤永祥奋不顾身扑下去，民工被救了，他却因皮裤里灌满海水爬不起来，幸亏周围群众及时营救，才脱离危险。汤永祥获评南通市第十四届文明新风典型。

1994年8月14日，正在海上作业的东灶渔业公司1901号、1912号渔轮遭遇台风袭击，渔民兄弟生命危在旦夕，时年53岁的1901号船长孙大根放弃自己能在台风到来之前回港避风时机，指挥兄弟船只抛浅锚与风浪搏斗5小时，终于救出26位渔民。年底，孙大根获评市首届十大文明新风典型。1999年3月27日，孙大根带领苏海渔0190号船全体船员，在风浪中救起通州渔民4人。

2006年8月4日傍晚，海门中南集团总公司安装项目部南通工地青年电工黄雷在回住处途中，遇一年轻女子跳入园林河轻生，黄雷迅即跃入河中营救。由于河宽水急，当竭尽全力拖着女子游回河边把她托起获救后，自己终因体力不支沉入河底，失去年轻生命。黄雷获评南通市第二十九次文明新风典型。

第二节 敬老爱幼

20世纪70年代，海门镇综合商店石桥门市部营业员杨素玉待婆婆胜似亲娘，被县妇联评为“好媳妇”，其家庭被评为“五好家庭”。

天补公社解放大队第三生产队一户四代同堂的当家人李佩英，善于处理家庭关系，儿女们称赞她似亲娘一样的继母，老婆婆夸奖她像闺女一样的儿媳妇，儿媳妇感到她像自己母亲一样的婆婆。1980年，李佩英被誉为敬老爱幼楷模，受县表彰。同年3月14日，中央人民广播电台播送李佩英事迹，并收入《中国农村的新风尚》一书。

天补乡高桥村农妇陆慕珍，几十年如一日服侍瘫痪的婆婆。1988年，其家庭被全国妇联表彰为“五好家庭”。

居住三厂镇的南通国棉三厂值班长彭善新，尽心尽力服侍邻居孤独老人陈曹氏。老人摔跤股骨折断、大小便不能自理，他无微不至照顾老人30多年。1990年，获评南通市第十届文明新风典型。

平山乡港东村施佩珍精心服侍全身瘫痪的公公，悉心照料患有严重精神病的丈夫，省吃俭用培养子女上学，自己10多年未添1件新衣，还经常照顾邻近1位“五保”老人。1994年，被评为市首届十大文明新风典型和南通市第十七次文明新风典型。

市人民法院离休干部洪谟，年轻时收养5名弃婴和两名孤儿，工作中挽救失足青年30人，资助特困户20多个，照顾几十位孤寡老人。2001年，以洪谟事迹拍摄的电视专题片《一部延续了四十多年的故事》在中央一台播放。2002年春，在家庭经济并不富裕的情况下，洪谟多方筹资创办非营利的麒麟爱心托老院，入院老人40多人。2004年，76岁的洪谟又投资近30万元，在原三厂镇海星小学创办第二所非营利性爱心托老院，入托老人80多人，并经常用自己的退休金为老人添置生活用品，给老人以无微不至的关怀，让老人们欢度晚年，人们亲切地称洪谟为“江海孝子”，相继获评全国老干部先进个人、南通市第二十七次文明新风典型和省第八届新人新事典型。全国10多家新闻媒体采访，并纷纷发表文章，给予充分肯定。

三厂镇新东街道社区居民邢永昌，42岁那年得病落下残疾，双腿拄拐。他母亲80高龄身患心脏病、胆囊炎、糖尿病等多种疾病。多年来，邢永昌克服自身行动不便的困难，担负起照顾母亲的义务，为救治母亲，几乎花光家中所有积蓄，还做母亲思想工作，鼓励她积极生活。邢永昌的一言一行为全家作出表率，也为周围群众树立榜样，周围邻居称他是名副其实的孝子。2008年度文明新风先进典型评选中，邢永昌家庭获评省“五好”文明家庭，南通仅此1个。

第三节 拾金不昧

1982年3月，德胜公社服装厂会计顾永菊，主动退还农行储蓄所错领款1000元。4月，海门实验小学教师陶家芳拾到现金100元和存折1张;瑞祥公社旺南大队王启中、杨益平等4人拾到从1辆卡车上掉下来的5匹白布;12月10日,瑞祥公社平山大队共产党员曲祥林,在去青龙港的路上拾到提包1只,内有500多元现金及雨衣1件,他们都主动交还失主。1983年3月26日夜间,通棉三厂二纺(甲)班青工张建辉,拾到钱包1个,内有现金50多元、2万多元的支票和全国粮票数十斤以及提货单等重要物件,随即招领。3天后,失主东兴乡运输1号船司机顾某领得失物。

1992年11月2日中午,秀山初中学生虞海荣、蔡文娟在放学回家路上,拾到提包1只,内有1.4万元现金,她们马上交给学校转交失主,被评为南通市第十四届文明新风典型。1993年1月,树勋乡旭宏小学六年级学生赵志阳,在上学路上拾得1块台胞遗失的价值千元的金挂表,归还失主。

2004年4月3日,四甲镇四甲村个体货运司机翟惠琴行车至德胜玻璃厂地段,捡到3个装白线团的编织袋,在那里等了一会未见有人来认领。回家后,打电话给四甲派出所,后由值班民警把3袋白线团带回所里,让失主认领。6月2日下午,市交巡警大队职工孙耀龙打扫单位场地时,拾得红色小包1个,四处寻找失主未果,将包拿到驾驶员之家,当众打开后发现包内装有现金993.96元和信用卡等物。通过包内1张验车发票,老孙几经周折联系上失主,失主接过失而复得的钱包,拿钱酬谢,被孙耀龙婉言谢绝。

第四节 助人为乐

1982年3月,悦来公社皮线厂女工浦进娟(原籍广东)家里不慎失火,厂里工人捐助现金120元,村里干部群众送来衣服、被褥、蚊帐、日用品等表示慰问。

1983年4月8日,三阳医院青年护士顾菊英,主动为严重胃出血、生命垂危的江耀阳献血300毫升,使病人转危为安。

1983年7月26日,启东县农民胡振祥,路过厂洪乡东风村3组时,突然中暑晕倒,该村沈汉祥夫妇热情相救,使他恢复健康,安然返家。

1984年,三星乡新镇村党支书、葡萄种植专业户熊其仁,将栽培技术无保留地传授给村里群众,并为大家提供葡萄苗,成功帮助和带动全乡200个葡萄种植专业户,栽种面积26.67公顷,被评为省劳动模范。

1985年6月,23岁的姑娘黄燕琴,认82岁的海门县中学离休教师、孤残老太为母,为她购物、烧菜做饭、洗衣倒尿,悉心照料,经市公证机关确认为母女关系。1987年3月5日,《南通日报》作报道。

1992年,县公路管理站机修班修理工王信礼,15年如一日,义务为站内外职工修理自行车5000多人次,传为佳话。

1993年,师山宾馆一名不愿透露姓名的服务员去血库献血,什么待遇都不要,成为海门中心血库有记录的无偿献血第一人。

1993年5月,余东景新时装公司董事长刘玉清,从《新华日报》上获悉连云港警备区海防某部军医宋玉松3岁儿子宋小玉被诊断为血癌,请求社会援助的消息后,半天内动员全体员工捐款7999.5元,连同公司从职工福利费中捐助的1000元一起寄给宋小玉治病。翌年9月,公司把准备用于厂庆的3万元,全部捐给遭受龙卷风和暴风雨袭击受灾的余东镇余平村、大圩村灾民。

国强乡合作村4组退休工人姜尧基自学脚部按摩技术,10多年免费为周围群众及慕名而来的患者服务,计6300多人次。1994年,获评南通市第十七次文明新风典型。

海洪乡太山村二组双腿瘫痪的村民刘永平身残志不残,自费学会摩托车修理技术并开办经销店,同时义务为群众服务。刘永平备有残疾三轮摩托车,有人请他送危急病人去医院等,从不推辞,多年从不收受1分钱。1994年,获评市首届十大文明新风典型。

1998年10月,市人民医院副院长沈天振带头献血,其他医务人员也纷纷加入献血行列。至12月底,全市无偿献血851人次,总献血量16.73万毫升,占同期治疗用血量的8.5%。

2000年,三阳镇群阳村村民姜汉冲、姜洪平兄弟俩是全市农民最早无偿献血者。是年,全市无偿献血1300余人次,25.1万毫升,占同期治疗用血量的14%。2005年,无偿献血人数6334人次,126.68万毫升,占同期治疗用血量的91.2%。

市油威力液压工业有限公司员工蔡庆，自2000年以来，坚持7年无偿献血38次7400毫升，成为海门无偿献血最多的人，获省无偿献血奉献奖和全国无偿献血银奖。2007年，又获南通市第三十次文明新风典型提名奖。

市皮肤病防治所青年医生万顷波，2005年9月，为一名白血病患者捐献造血干细胞，成功抢救患者生命，获评2007年南通市第三十次文明新风典型。至2008年，累计有557人报名加入中国捐献造血干细胞骨髓基因库，并有2例成功配对救治病患。

图31－4　2007年，市皮肤病防治所医生万顷波（左）获评南通市第三十次文明新风典型

2004年，全国三八红旗手、海门兴旺肉庄董事长唐慧娟发起成立生猪专业生产合作社，免费为社员提供生产、营销、技术等方面服务。投资10多万元建造培训基地，聘请专业技术人员常年免费为社员和周边农户提供生猪养殖技术服务。自费订阅专业技术杂志，编发简报，为农户提供市场信息和生产技术。附近养猪户在技术上遇到困难，她上门耐心指导，还无偿提供药物。2007年，受益的合作社农户由成立之初29户发展到303户，全社年产值超过3000万元，纯收入420万元。

第五节　见义勇为

1987年一天傍晚，新建乡农业公司经理姜汉溪下班回家，路见歹徒拦截机械厂青年女工欲行不轨。他挺身而出与歹徒搏斗，将其制服，在周围群众协同下，扭送至当地派出所。姜汉溪获评南通市第六届文明新风典型。

1988年9月，刘浩乡地段一辆客车翻入通吕河中，附近群众100余人奔赴现场抢救，68名乘客全部脱险，其中18名伤员送往医院救治，康复出院。这一救助群体被南通市评为1988年下半年9个文明新风典型之一。

1991年3月17日晚，麒麟乡八匡综合商店副经理、共产党员陆志康，在巡查时发现店内有窃贼行窃，当即奋不顾身，与凶手搏斗，身中数刀。窃贼慑于英勇正气的威力，夺门而逃。县委宣传部表彰陆志康的先进事迹，陆志康被评为南通市优秀共产党员。

1991年年底，树勋乡凤凰桥信用社职工陆黄菊、陆珺与持刀抢劫巨款的歹徒搏斗，擒获凶犯，保护了国家财产。陆黄菊、陆珺被评为南通市第十二届文明新风典型。

1992年6月17日午夜，平山乡永洪村双代店女营业员王世珍，为保护集体财产，与潜入店内行窃的两名持刀歹徒英勇搏斗，身负重伤后，仍不顾生命危险，紧紧拉住歹徒衣襟不放，高呼："救命！捉贼！"村民闻讯纷纷赶来，歹徒见势不妙，夺门而逃。王世珍被送卫生院包扎救治，脱离危险。公安部门连夜侦查，及时将两歹徒缉拿归案。王世珍受南通市表彰，并获南通市见义勇为基金会奖金500元。

1993年7月29日傍晚，麒麟信用社八匡分社职工沈士高、沈士英值夜班，一犯罪分子翻墙入内，企图行窃，用钢凿袭击沈士高后脑。沈士高受伤后，仍与犯罪分子搏斗，沈士英立即扑上去一起将罪犯擒住，使国家财产免受损失。8月5日，县委、县政府发出表彰决定，号召全县干部、职工学习他们恪尽职守、见义勇为的高尚品质。沈士高、沈士英获评1993年度南通市见义勇为先进分子。

1993年12月27日下午2时许，海门镇圩角村80岁老太张晓元的草屋突然着火，邻居大声呼救，而睡在床上的张老太全然不知，正在300米外田间劳动的村民朱品章，不顾个人安危，急忙奔向现场，冲进火海救人，被烧毁塌下的桁料、椽子压在身上，头部、两手严重烧伤，胸部压伤，不省人事，后经抢救脱离生命危险，却被烧伤致残。1994年，朱品章获评市首届文明新风典型。

1994年，汤家乡千余干部群众配合派出所民警，围追堵截在逃的5名流窜盗窃犯，并将犯罪分子全部擒获归案。这一群体获评南通市第十七次文明新风典型。

1997年2月17日，一辆由响水开往启东的大客车翻在浒通河内，在场的朱翠斌立即冲下河坡，从车窗内一口气救出6名乘客，当地三和镇兴隆村干部群众紧急行动，奋力抢救，67名乘客全部脱险。这一抢救群体获评南通市第二十次文明新风典型。

2004年12月25日下午，一辆满载毛竹的电动三轮车翻倒在德胜镇文俊村17组的一条深沟里，车主及1名乘客被压在车下不能动弹，情况十分危急。住在附近年过七旬的村民徐达全，听到呼救声后迅即赶到现场，不顾年老体弱，纵身跳下深沟营救时，因不慎启动电瓶车，右手被车轮卷住，4根手指轧断，后留下残疾。徐达全获评省第九次见义勇为先进分子。

第六节　抢险救灾

1992年12月中旬，东灶港大堤被狂风暴雨巨浪袭击，一处堤岸岌岌可危。正在护堤现场的王浩乡古坝村村民张进贤、县水利局疏浚公司副经理汤永祥、武警南通市边防支队东灶港边防派出所副所长范春斌及其干警等，临危不惧，奋不顾身跳进冰冷刺骨的海水中，用血肉之躯抢险护坡。张进贤等人被评为南通市第十四届文明新风典型。

2008年"512"汶川大地震发生后，江苏通光信息有限公司率先行动，向灾区捐赠价值100多万元光缆，组织干部职工捐款20余万元。市民政部门全员上街，多点设摊，两个月募集救灾资金和物资520多万元，并组织人员将救灾物品昼夜兼程运抵绵竹灾区。市红十字会接收社会各界捐款2166万多元，捐物价值近700万元，及时送达灾区。海门被评为省抗震救灾先进集体。市建管局组织局机关和全行业向灾区捐款捐物，累计超过1500万元。5月23日，组织建筑工人240人直奔江苏对口支援的绵竹灾区，援建灾民过渡安置房。全局上下，和衷共济，协同作战，提前并超额完成援建任务，成为全省赴川援建行动中到得最早、干得最快、完成工作量最多的县级单位。9月12日，住房和城乡建设部授予市建筑工程管理局赴川救灾援建队抗震救灾先进集体荣誉称号。年底，获中央文明委通报表彰。

图31－5　市向四川汶川地震灾区运送救灾物资　(2008年摄)

第七节　敬业奉献

20世纪80年代初，树勋初中校长俞汉臣，得到树勋建筑站资助，不到两年时间，将破旧的学校建成全市一流学校，教育质量迅速提高。俞汉臣廉洁奉公、率先垂范，从不接受学生家长任何礼物。他从严治校，带头进行教改实践。在他带领下，学校形成良好的校风、教风、学风。1989年，被评为全国优秀教师，受到市委、市政府记功、记大功和晋级奖励。

人民医院外科主任沈天振医技精湛。1992年12月，其设计的包皮环切器在北京国际发明展览会上获铜奖，1993年又获全国当代科技成果转让博览会金奖。是年，他设计的组合式保健治疗器获第七届全国发明展览会铜奖。沈天振主持的纯酒精注射治疗膀胱肿瘤、前列腺增生术，获南通市科技进步奖。沈天振热心为患者服务，婉言谢绝红包，收到多封表扬信、多面锦旗、锦匾，被评为省、南通市、县先进工作者、十佳优秀知识分子。1994年11月，获省优秀白衣战士称号。

常乐镇培育村党支部书记叶剑生于1999年上任后，先后捐资30余万元、垫支40余万元，帮助村民搭建大棚，购种苗，种植草莓，并把自己300万元资产的企业搬回村里办。在叶剑生带领下，全村农业结构得到调整，民营工业快速发展。2001年，叶剑生被评为省劳动模范，优秀共产党员，省文明新风典型。市委、南通市委相继作出向叶剑生学习的决定。2002年1月，《南通日报》连续刊登3篇长篇报道介绍叶剑生先进事迹，并发表评论员文章。南通电视台、《新华日报》、江苏人民广播电台、江苏电视台、中央人民广播电台等媒体也先后报道叶剑生事迹。到2008年，大棚种植面积120公顷，民营工业产值4亿元，农民人均纯收入由1998年的3500元上升到2008年的14888元。村贫困面貌得到改变，一跃成为全市闻名的富裕村。

图31－6 常乐镇培育村党支部书记叶剑生（右一）帮助群众发展草莓大棚生产 （2006年摄）

海门市地税局干部茅炜伟，任劳任怨，在平凡的工作岗位上，作出显著业绩，多次被评为南通市劳动模范，省三八红旗手、省巾帼建功十大标兵。2003年，被评为全国地税系统优秀税务工作者。

2003年，市城区交巡警中队民警陆启生，在抗击“非典”工作中，连续1个多月坚持每天工作10多小时。5月20日早晨6点半，尽管身体不适，还是早早走上岗点，强忍剧痛坚持工作，下班后被急送医院，终因胰腺炎发作，经50多天抢救无效而去世，年仅47岁。是年，陆启生获评南通市第二十六次文明新风典型。

海门市环卫所江边垃圾填埋场推土工刘云标，工作尽心尽责，保质保量完成每天工作任务，20多年如一日，填埋垃圾50多万吨，被誉为新时代的“江边愚公”。2005年，刘云标获评南通市第二十八次文明新风典型。2006年，被省人民政府授予劳动模范称号。

正余镇邢柏村党支部书记曹玉峰是跨村干部，带领邢柏村干部群众，13年如一日，艰苦创业，先后创办企业10多家，使集体经济从负债98万元到盈余220万元。2006年，曹玉峰积劳成疾，身患严重肝病还坚持工作，直至晕倒在工地上，经3个多月救治，才转危为安。在曹玉峰的带领下，落后的邢柏村变成市新农村建设样板村、南通市文明村、省生态村、全国民主法治示范村。曹玉峰先后被评为南通市村干部创业标兵、“双学”（乡村学华西，农村干部学吴仁宝）先进个人和南通市劳动模范。2007年，镇党委照顾安排曹玉峰到镇属部门工作，他毅然放弃，要求到经济薄弱的正南村工作，并立志3年再造一个邢柏村，同年获评南通市第三十次文明新风典型。市委作出向曹玉峰学习决定，并组建曹玉峰先进事迹报告团，在城乡巡回演讲。

2008年1月，26岁的杜新静成为市公交公司乘务员，她是从连云港市灌云县嫁到海门的。她为服

图31－7 工作中的杜新静 （2008年摄）

务好群众，方便与乘客交流，在很短的时间内学会海门两种方言，还自学手语。每天，杜新静第一个上班，最后一个下班，不管多累多苦，总是面带微笑，坚守在平凡的岗位上，用爱心和真情架起与乘客沟通的桥梁，赢得乘客赞赏和社会认同，被誉为“老人的拐杖，盲人的眼睛，外地人的向导，病人的护士，群众的贴心人”。当年，获评南通市第三十一次文明新风典型。

第八节　公益资助

1991年起，树勋乡建筑站站长毛云和先后捐资8000多万元，建造树勋初中、中心小学、卫生院、农民公园、自来水厂等。毛云和先后被评为南通市劳动模范、市优秀共产党员、十佳建筑企业家。1994年，获评市十大文明新风典型。

1994年3月，四甲建筑站站长、南通市劳动模范邢汉明，将镇政府奖给他的1幢价值5万元的住宅楼和5000元奖金，全部资助办教育和修桥补路等公益事业，其中5万元赠送给四甲镇中建造教学楼。之前10多年，他将各种应得报酬累计10多万元先后资助乡村教育、社会福利等公益事业。

1998年，余东铜材厂厂长陆美珍，投资28万元，建造老干部活动楼和青少年教育基地，无偿向老干部和青少年提供服务，获评南通市第二十五次文明新风典型。

工商业联合会个私企业不忘回报社会，2001年，捐资捐物300多万元。次年，全市会员企业以各种形式向社会奉献500多万元。2003年，三星镇民营企业捐资60多万元兴办社会公益事业。2004年，德胜、王浩等乡镇商会企业捐资61.5万元，兴办乡镇交通事业。同年，南通金轮集团董事长陆挺捐资250万元，为四甲镇改造敬老院。2005年，全市非公有制企业代表人士捐资450万元修建敬老院，捐资交通道路建设165万元，扶贫慰问66万元。

2007年春节期间，在海外发展的三星镇林西村企业家和个私经营者16人，发起成立林西村爱心协会，协会设立林西村爱心基金会，募集的资金主要用于资助村里贫困老人、优秀特困学生，以及兴办公益事业。首批民营企业主21人捐资24.8万元，并慰问70岁以上老人、修筑道路等，使扶贫帮困助学成为该村的一种社会新风尚。

万年镇长征村村民宋正飞热心公益事业，1989年起，先后捐资600多万元，为镇村筑道路、修校舍、改造自来水管道。2007年，宋正飞获评市精神文明建设标兵，受到市委、市政府表彰。

2007年，中南控股集团公司每位管理人员每年捐一日工资，用于救助社会困难人士。2008年3月，公司捐建30万元的贵州中南集团第一希望小学竣工。公司还以不同方式援助四川“512”大地震灾民，计捐款600余万元，并派出援建队伍支援灾区重建。11月，捐建30万元的新疆中南集团孟布拉克希望小学竣工。

2008年，在救助“512”汶川大地震灾害中，海门工商界人士捐资捐物计1328万元。

第三十二篇

人民生活

解放前,海门大多数农民租种地主、富农的土地,承受地租和高利贷的剥削,还遭受江坍、水旱、蝗虫等灾害,农业收成低下;城镇居民深受资本家、奸商的剥削,收入微薄,生活十分贫困。解放后,生产关系变革,生产力得到解放,人民生活逐步提高。1978年后,实行改革开放,农村居民和城镇居民生活水平迅速提高。1995年后,居民收入大幅度提高,同时改革职工住房制度,将实行多年的住房分配制改为市场运作机制,职工住房条件不断改善。2008年,农村居民人均年经济纯收入是1980年的43.7倍;城镇职工人均年工资是1980年的44.7倍。农民收入主要用于日常生活和建筑房屋;城镇居民收入主要用于日常生活和购置家用电器、室内装潢、购买商品房等,其余留作储蓄和投资。

随着生活水平的不断提高,人民生活消费呈现多元化格局,除饮食和衣着等基本消费外,医疗保健、交通通讯、教育文化等消费逐年提高。家庭固定资产除房屋外,汽车、电脑、彩电、空调等时尚消费品逐步进入多数家庭。家庭流动资产不断增加,20世纪90年代的人均流动资产不足千元,到2008年人均近3万元,20年间增长30多倍。

第一章 经济收入

第一节 农村居民

一、收入水平

在长期的封建社会里,海门农民不仅承受地租和高利贷的剥削,还遭受江坍、风旱水灾之苦,土地减少,田赋照缴,生活日趋困苦。明嘉靖十一年(1532),全县2108户、10322人,税粮1212石7斗2升5合5勺,租钞162贯394文,马草2503包6斤4两1钱4分,租税沉重,农民入不敷出,贫苦至极。

民国时期,全县许多土地集中在地主、富农和巨商手里,仅海门麒麟镇以东的沙、倪、施、沈、陆5家大地主就占地50%以上。通东三益区两家地主各占近270公顷土地。佃农租种地主1000步地(0.27公顷),每年要交租25－30块银圆。海门大部分地区农民承受"包三担"①、"三石六"②等地租剥削,农民因生活贫困,向地主、富农借高利贷,到时还不起,则利上加利。荒春借粮1石,秋后还1石2斗或1石3斗。农民承受不了地租、高利贷以及各种苛捐杂税的负担,陷入走投无路的境地,通东三益乡常年有87根讨饭棒。民国2－13年(1913－1924),海门南部地区坍地约2700公顷,沿江农民倾家荡产,流离失所。民国23年秋冬,遭遇灾害的海门东部地区不少灾民被逼组织"共吃团",即到当地粮户(地主、富豪)家中吃饭、分粮,其势蔓延迅速,声势浩大,对地主、豪富构成很大威胁。后每遇春季青黄不接之际,境内各地时有类似"共吃团"现象的"哄宅头""吃大户"等情况发生。

民国30年,在抗日根据地,中国共产党领导农

① 包三担:租种1000步土地,每年交租粮元麦、玉米、黄豆各1老担。

② 三石六:租种1000步土地,每年交租粮元麦、玉米、黄豆各1石2斗。

民实行"二五"减租①。民国35年，解放区实行土地改革。1950年，新解放区进行土改，14.47万无地、少地农民分得14307公顷土地。

1956年，海门农民走农业合作化道路，农业生产效率提高。全县农村经济总收入4619.43万元，农民分配2647.56万元，年人均纯收入38.79元。1962年，虽受三年经济困难的影响，但全县农村经济总收入仍达5211.48万元，农民分配3004.41万元，年人均纯收入42.3元。1965年，全县农村经济总收入1.15亿元，农民分配6722.85万元，年人均纯收入86.43元。"文化大革命"(1966－1976)期间，农业生产徘徊不前。1970年，全县农村经济总收入9935.51万元，分配4774.26万元，农民年人均纯收入54.6元。1975年，全县农村经济总收入1.3亿元，分配6829.1万元，农民年人均纯收入75.8元。

中共十一届三中全会后，农村逐步推行以家庭为单位的联产承包责任制，有效促进农村经济发展。1979年，全县农村经济总收入1.81亿元，分配1.01亿元，农民年人均纯收入112.47元。1980年后，农民人均纯收入采取百户抽样调查的方法取得。1980年人均纯收入206元，比1979年增长83.16%。1985年456元，比1980年增长121.36%，年均递增17.2%。1990年928元，比1985年增长103.51%，年均递增15.27%。1995年3110元，比1990年增长235.13%，年均递增27.4%。2000年4455元，比1995年增长43.25%，年均递增7.45%。2005年6558元，比2000年增长47.21%，年均递增8.04%。2008年9008元，比2005年增长37.36%，年均递增11.16%。

二、收入结构

解放前及解放初期，海门以农业经济为主，结构比较单一。

1956－1979年，实行农业合作化，集体经济收入成为农民经济收入主要来源。

1980年后，农村经济体制改革不断深化，农民进入乡镇企业的收入以及从事非农产业的收入逐步成为经济收入的主要来源。是年，农民年人均纯收入中，工资性收入134元，占65.05%；家庭经营收入62元，占30.1%。由于当时乡镇企业发达，工资收入超过家庭经营性收入而成为农民主要收入。

1985年，农民年人均纯收入中工资性收入85元，占18.64%；家庭经营性收入276元，占60.53%。这是由于随着农村大棚果蔬等种植业技术的发展，种植业逐渐成为农民家庭主要收入来源。

1990年，农民年人均纯收入中，工资性收入192元，占20.69%；家庭经营性收入571元，占61.53%。家庭经营收入继续成为农民家庭主要收入，其中非农产业收入比1985年提高74%，主要是家庭加工业收入的提高。

1995年，农民人均纯收入中工资性收入927元，占29.81%；家庭经营性收入2010元，占64.63%。农民家庭经营性收入中，非农产业占51%，第一次超过农业收入，这是受叠石桥家纺市场的辐射和农民经商的影响。

2000年，农民人均纯收入中工资性收入2173元，占48.78%；家庭经营性收入1874元，占42.07%，工资性收入再次成为农民家庭收入的主要来源，主要是外出务工、务商的收入增加，占工资性收入70%以上。

2005年，农民人均纯收入中工资性收入3812元，占58.12%；家庭经营性收入2287元，占34.87%。随着叠石桥家纺市场产品的不断扩销，外出务工、经商者的不断增加，外出从业收入占工资总收入61%，占总收入35%，成为农民家庭收入重要来源。

2008年，农民人均纯收入中，工资性收入5116元，占56.79%；家庭经营性收入3258元，占36.17%。工资性收入继续成为家庭收入的主要来源，家庭经营收入中第一产业不断减少，仅占家庭经营收入26%、总收入10%；非农产业占家庭经营收入74%、总收入27%，手工业和建筑业等的收入大大超过种植业收入。

① "二五"减租：1940年新四军东进海门时，抽调干部组成民运工作队，领导群众同地主作斗争，迫使地主减轻田租25%。

1980－2008年海门市(县)农村百户居民家庭人均纯收入一览

表32－1　　　　单位:元

年份	人均纯收入	主要来源								
		一、工资性收入	在集体组织中劳动的收入	在企业中劳动的收入	外出从业得到的收入	二、家庭经营收入	第一产业收入	非农产业收入	三、财产性收入	四、转移性收入
1980	206	134	95	39	–	62	52	10	1	9
1981	248	157	107	50	–	68	53	15	2	21
1982	265	151	106	45	–	74	50	24	3	37
1983	325	60	16	44	–	217	168	49	5	43
1984	416	63	10	53	–	285	211	74	4	64
1985	456	85	20	65	–	276	207	69	5	90
1986	655	131	28	103	–	417	339	78	4	103
1987	666	167	20	141	6	387	275	112	6	106
1988	852	196	29	156	11	559	451	108	5	92
1989	949	209	53	156	–	621	507	114	4	115
1990	928	192	65	127	–	571	451	120	6	159
1991	848	196	48	148	–	570	442	128	8	74
1992	1006	251	34	215	2	647	513	134	6	102
1993	1274	538	102	436	–	651	441	210	16	69
1994	1997	583	123	438	22	1259	661	598	15	140
1995	3110	927	195	650	82	2010	976	1034	29	144
1996	3789	1011	203	758	50	2347	878	1469	86	345
1997	4102	1373	287	972	114	2354	964	1390	11	364
1998	4177	2251	351	519	1381	1645	885	760	11	270
1999	4303	2409	470	511	1428	1606	889	717	15	273
2000	4455	2173	266	380	1527	1874	947	927	60	348
2001	4683	2583	251	467	1865	1719	946	773	12	369
2002	4945	2950	298	470	2182	1647	659	988	29	319
2003	5246	3017	265	720	2032	1862	905	957	81	286
2004	5891	3340	273	831	2236	2231	1052	1179	47	273
2005	6558	3812	450	1055	2307	2287	928	1359	139	320
2006	7190	4107	485	1168	2454	2760	927	1833	50	273
2007	8050	4711	563	1239	2909	2889	790	2099	138	312
2008	9008	5116	690	1291	3135	3258	859	2399	236	398

第二节　城镇居民

一、收入水平

民国初年,海门城镇居民中除少数店主、富商生活优裕外,绝大多数职工、店员等受资本家和雇主的压迫和剥削,工人每天劳作12小时以上,周六还要延长工时达16小时。职工劳动繁重,工资低微,普通工人每天工资二、三角,童工最低8分。发工钱时,资本家把大洋改小洋(1块大洋折12块小洋)。

新中国成立后,城镇居民职工的经济收入不断增加。1949年,全县职工工资总额66万元,职工年平均工资241元。1952年,全县职工工资总额168万元,职工年平均工资294元。1957年,全县职工工资总额384万元,职工年平均工资459元,分别是1949年的5.8倍和1.9倍。

1958年"大跃进"和20世纪60年代经济困难时期,年工资总额和职工年平均工资下降。1960年,分别为640万元和392元。1962年,为889万元和404元。1965年,经过经济调整和恢复,年工资总额938万元,职工年平均工资436元。

"文化大革命"期间,经济发展受影响,职工工资总额和平均工资都下降。1970年,工资总额980万元;职工年平均工资410元,比1965年下降5.96%。

1979年后,实行经济体制改革,国有、集体经济一统天下的局面打破,国有、集体、个体私营、外商企业、股份制企业等多种经济模式快速发展。各行各业以经济建设为中心,职工积极性提高,推动经济发展,职工收入大幅度上升。

1980年,全县职工工资总额3326万元,职工年平均工资689元,分别比1975年增长240%和45.36%。1985年,全县职工工资总额6847万元,职工年平均工资1021元,分别比1980年增长105.86%和48.19%。1987年起,城镇居民收入和支出情况采取百户抽样调查统计。是年,城镇居民人均可支配收入1009元。

1990年,全县职工工资总额1.48亿元,职工年平均工资1833元,分别比1985年增长116.15%和79.53%;人均可支配收入1647元,比1987年增长63.23%。1995年,全市职工工资总额4.65亿元,职工年平均工资5473元,分别是1990年的3.14倍和2.99倍;人均可支配收入4797元,比1990年增长191%。

2000年,全市职工工资总额5.32亿元,职工年平均工资8690元,分别是1995年的1.14倍和1.59倍;人均可支配收入7276元,比1995年增长51.68%。2004年,城镇居民人均可支配收入10670元,首次突破万元关。

2005年,全市职工工资总额103.12亿元,职工年平均工资17576元,分别是2000年的19.38倍和2.02倍;人均可支配收入12203元,比2000年增长67.72%。

2008年,全市职工工资总额195.54亿元,职工年平均工资30797元,分别是2005年的1.90倍和1.75倍;人均可支配收入18558元,比2005年增长52.08%。

二、收入结构

1949年前,城镇居民收入主要来源于为富商、店主、资本家的帮工工资。

1953年起,国家对手工业和资本主义工商业进行社会主义改造,由私营经济逐步改造成国营经济和集体经济,原先为私营业主帮工的员工成为国营和集体企业的职工,务工工资成为收入主要来源。

1979－1984年,国家将工资内涵分成计时工资、计件工资、附加工资,各种奖金、津贴、加班工资和其他收入。1985年,增加基础工资、职务工资,洗理费、卫生费等。

随着经济体制改革的深化、多种经济成分的出现,城镇居民收入的来源逐步发生变化,从单纯的工资性收入,逐步增加了经营性收入、财产性收入、转移性收入等。

1987年,城镇居民人均全年家庭收入1019元。其中,工资性收入870元,占全年家庭收入的85.38%;转移性收入149元,占14.62%。

1990年,人均全年家庭收入1661元。其中,工资性收入1364元,占82.12%,比1987年下降3.26个百分点;财产性收入48元,占2.89%;转移性收入249元,占14.99%,与1987年基本持平。

1995年,人均全年家庭收入4814元。其中,工资性收入4158元,占86.37%,比1990年上升4.25个百分点;财产性收入155元,占3.22%,比1990年上升0.33个百分点;转移性收入501元,占

10.41%，比1990年下降4.58个百分点。

1997年，人均全年家庭收入6708元。其中，工资性收入5604元，占83.54%，比1995年下降2.83个百分点；经营性收入（首次统计为家庭收入的一部分）226元，占3.37%；财产性收入201元，占3%，与1995年基本持平；转移性收入677元，占10.09%，与1995年基本持平。

2000年，人均全年家庭收入7345元。其中，工资性收入5421元，占73.81%，比1997年下降9.73个百分点，在家庭收入中有较大幅度下降；经营性收入747元，占10.17%，比1997年上升6.8个百分点，经营性收入逐渐增多；财产性收入102元，占1.39%，比1997年下降1.61个百分点；转移性收入1075元，占14.64%，比1997年上升4.55个百分点。

2005年，人均全年家庭收入13327元。其中，工资性收入8457元，占63.46%，比2000年下降10.35个百分点；经营性收入2100元，占15.75%，比2000年上升5.58个百分点；财产性收入174元，占1.31%，与2000年基本持平；转移性收入2596元，占19.48%，比2000年上升4.84个百分点。

2008年，人均全年家庭收入20109元。其中，工资性收入13364元，占66.45%，比2005年上升2.99个百分点；经营性收入2426元，占12.06%，比2005年下降3.69个百分点；财产性收入472元，占2.35%，比2005年上升1.04个百分点；转移性收入3847元，占19.13%，与2005年基本持平。

1987－2008年海门市（县）城镇居民人均全年家庭收入一览

表32－2　　单位：元

年份	人均全年家庭收入	其中可支配收入	人均全年家庭收入中			
			工资性收入	经营性收入	财产性收入	转移性收入
1987	1019	1009	870	–	–	149
1988	1420	1411	1193	–	23	204
1989	1567	1554	1236	–	30	301
1990	1661	1647	1364	–	48	249
1991	1833	1818	1470	–	23	340
1992	2130	2114	1770	–	58	302
1993	2731	2719	2225	–	102	404
1994	4024	4009	3409	–	96	519
1995	4814	4797	4158	–	155	501
1996	5591	5553	4844	–	175	572
1997	6708	5956	5604	226	201	677
1998	6448	6342	4646	408	248	1146
1999	6799	6734	5373	325	175	926
2000	7345	7276	5421	747	102	1075
2001	8162	8061	6021	926	136	1079
2002	8994	8365	6929	608	95	1362
2003	10040	9488	6013	1346	157	2524
2004	11393	10670	6918	1456	221	2798
2005	13327	12203	8457	2100	174	2596
2006	14951	13700	9457	2035	215	3244
2007	17506	16062	11326	2324	226	3630
2008	20109	18558	13364	2426	472	3847

第二章　生活消费

第一节　居　　住

一、农村居民

居住条件　解放前，农民住房十分简陋，以四壁芦笆、顶盖稻草（或麦草）的“三架头”“五架头”（一般长4米、宽5米）为主，少数贫困人家住“环洞舍”，经济条件稍好的农户住芦壁瓦屋，部分经济富裕的家庭住木架结构的砖墙瓦房。

图32－1　环洞舍模型　（2008年摄）

解放后，芦壁草房逐渐减少。20世纪六七十年代，农村以“五架头”砖墙草屋（上盖稻、麦草）为主。70年代后期，以“五架头”的砖墙瓦屋（上盖瓦）为主。

80年代，“七架头”和“九架头”的砖墙瓦屋逐渐增多，出现二层楼房。

90年代，为节约耕地，鼓励农民兴建楼房并住聚居区。

21世纪初，二三层楼房成为农村主要住房，并注重室内装修和家庭设施的配置。2000年，百户中有4户使用空调。2008年，百户中有40户使用空调。

图32－2　常乐镇中南村农民别墅　（2008年摄）

人均居住面积　1980年，农村居民人均居住面积14.35平方米，均为平房。1987年，人均20.29平方米，比1980年增加5.94平方米，其中楼房面积人均0.45平方米。

1990年，人均居住面积22.1平方米，比1987年增加1.81平方米，其中楼房4.14平方米，比1987年增加3.69平方米。

1995年，人均居住面积32.15平方米，比1990年增加10.05平方米，其中楼房15.5平方米，比1990年增加11.36平方米，其中楼房面积占总面积48.21%。

2000年，人均居住面积41.78平方米，比1995年增加9.63平方米，其中楼房31.36平方米，比1995年增加15.86平方米，增长102.32%，楼房面积占总面积75.06%。

2005年，人均居住面积45.93平方米，比2000年增加4.15平方米，其中楼房面积37.11平方米，比2000年增加5.75平方米，增长18.3%，楼房面积占总面积80.8%。

2008年，人均居住面积48.92平方米，比2005年增加2.99平方米，其中楼房面积42.28平方米，比2005年增加5.17平方米，楼房面积占总面积 86.43%。

居住支出 居住支出主要有土建、维修、室内外装饰、材料、工资,以及生活用燃料、水、电费等支出。

1956 年,人均居住支出 9.94 元。1980 年 26 元,占生活消费总支出 11.73%。

1985 年 81 元,比 1980 年增加 55 元,增长 211.54%;占生活消费总支出 18.45%,比 1980 年增长 6.72 个百分点。

1990 年,人均居住支出 308 元,比 1985 年增加 227 元,增长 280.25%;占生活消费总支出 32.35%,比 1985 年增长 13.9 个百分点。

1995 年,人均居住支出 910 元,比 1990 年增加 602 元,增长 195.45%;占生活消费总支出 36.56%,比 1990 年增长 4.21 个百分点。

21 世纪初,人均居住支出绝对数比 20 世纪 90 年代有所上升,但占生活消费支出的比重有所下降。

1980－2008 年海门市(县)农村居民人均居住支出和人均住房面积一览

表 32－3

年份	人均居住支出(元)	占生活消费比重(%)	人均住房面积(平方米)	其中楼房面积(平方米)
1980	26	11.73	14.35	－
1981	22	9.82	14.99	－
1982	17	7.26	15.99	－
1983	27	8.94	16.59	－
1984	63	17.80	17.33	－
1985	81	18.45	17.66	－
1986	200	29.90	19.07	－
1987	227	32.47	20.29	0.45
1988	284	31.45	21.23	0.48
1989	255	29.89	21.04	1.47
1990	308	32.35	22.10	4.14
1991	116	14.74	23.15	3.90
1992	108	12.98	24.71	7.35
1993	275	32.28	25.08	10.36
1994	802	51.94	31.95	12.84
1995	910	36.56	32.15	15.50
1996	775	27.09	32.55	16.82
1997	655	23.11	35.99	22.41
1998	866	28.19	40.98	26.34
1999	617	20.40	41.59	28.49
2000	891	27.42	41.78	31.36
2001	843	27.82	44.76	35.66
2002	1027	30.06	44.28	36.03
2003	735	20.21	40.80	36.57
2004	334	8.27	45.57	37.11
2005	429	9.40	45.93	37.11
2006	786	15.22	45.93	39.05
2007	689	12.37	47.26	39.05
2008	697	10.96	48.92	42.28

二、城镇居民

居住条件 50－60 年代,城镇居民一般在街后建造住宅,形成院落,其结构一般以砖木平房为主,楼房数量极少,商业经营者前店后居室为主。

70 年代后期,城区有少量集体宿舍的楼房。80 年代始,建造套间式居民住宅小区,楼高 2－6 层不等,一般小套 1 室 1 厅,面积 40－50 平方米;中套 2 室 1 厅,面积 50－60 平方米;大套 3 室 1 厅,面积 60－70 平方米。

90 年代房改后,住房实行商品化,房型以中套为主,面积比 80 年代有所扩大,小套 50－60 平方米,中套 60－80 平方米,大套在 100 平方米左右。

21 世纪始,建造标准化住宅小区,10 层以上住房增多,小套在 60 平方米左右,中套在 100 平方米左右,大套则在 150 平方米左右,高档住房大套面积 200 平方米以上,部分别墅面积每套在 300 平方米以上。

人均面积及设施 1987 年,城镇居民人均住房面积 7.3 平方米,家庭单独使用自来水、卫生间、厨房的分别占总户数的 83.3%、33.3% 和 90%。

1990 年,人均住房面积 10.28 平方米,单独使用自来水、卫生间、厨房的分别占总户数的 72%、38% 和 84%。1995 年,人均住房面积 13.78 平方米,单独使用自来水、卫生间、厨房的分别占总户数的 88%、44% 和 92%,拥有空调的占 2%。2000 年,人均住房面积19.9平方米,家庭单独使用自来水、卫生间、厨房的均占总户数的100%(此后所建住房自来水、卫生间、厨房均为独用),拥有空调的占总户数的48%。2005年,人均住房面积34.8平方米,拥有空调的占总户数的76%。2008年,人均住房面积38.06平方米,拥有空调的占总户数的88%。

居住支出　居住支出主要有生活用房的购买、维修以及水电、燃料费等支出。

1987年,人均居住消费49元,占生活消费总额6.08%。

1990年110元,比1987年增加61元,增长1.24倍;占生活消费总额7.85%,比1987年增加1.77个百分点。

1995年,人均居住消费718元,比1990年增加608元,增长5.53倍,占生活消费的18.41%,比1990年增加10.56个百分点。是年始,进行住房制度改革,居民住房支出增幅大。

2000年,人均居住支出364元,比1995年减少354元;占生活消费总额6.34%,比1995年减少12.07个百分点。城镇居民的住房支出进入平稳发展期。

2005年,人均居住支出734元,比2000年增加370元,增幅1倍多;占生活消费总额8.76%,比2000年增加2.42个百分点。

2008年,人均居住支出869元,比2005年增加135元,增长18.39%;占生活消费总额7.64%,比2005年略有降低。

1987－2008年海门市(县)城镇居民家庭居住情况一览

表32－4

年份	抽样调查户数(户)	人均住房消费(元)	占生活消费比重(%)	人均居住面积(平方米)	产权(户)			自来水(户)			卫生设备(户)			厨房(户)			空调(户)
					公房	租赁	自有	无	独用	公用	无	独用	公有	无	独用	公用	
1987	30	49	6.08	7.30	20	–	10	–	25	5	14	10	6	3	27	–	–
1988	30	44	3.64	9.42	20	–	10	–	25	5	7	12	11	2	27	1	–
1989	30	45	3.72	9.63	21	–	9	–	23	7	4	10	16	6	23	1	–
1990	50	110	7.85	10.28	40	–	9	1	36	13	26	19	5	5	42	3	–
1991	50	81	5.38	10.31	41	–	7	2	38	10	21	21	8	6	43	1	–
1992	50	80	4.40	10.31	39	–	8	3	38	9	25	24	1	12	36	2	1
1993	50	149	6.67	10.31	39	–	8	3	38	9	25	24	1	12	36	2	1
1994	50	131	4.47	12.12	41	–	9	–	44	6	19	29	2	6	43	1	1
1995	50	718	18.41	13.78	43	–	7	1	44	5	16	22	2	3	46	1	1
1996	50	456	9.85	13.78	40	2	8	–	44	6	9	28	3	3	47	–	1
1997	50	307	7.20	17.74	1	–	49	–	50	–	10	40	–	2	48	–	10
1998	50	566	11.72	18.24	2	–	48	–	50	–	5	45	–	2	48	–	14
1999	50	669	13.48	18.37	2	–	48	–	50	–	4	46	–	1	49	–	17
2000	50	364	6.34	19.90	2	–	48	–	50	–	–	50	–	–	50	–	24
2001	50	441	7.17	20.09	–	–	50	–	50	–	–	50	–	–	50	–	30
2002	50	702	12.08	32.23	–	–	50	–	50	–	–	50	–	–	50	–	72
2003	50	934	13.70	33.15	–	–	50	–	50	–	–	50	–	–	50	–	68
2004	100	847	11.38	33.07	–	–	100	–	100	–	–	100	–	–	100	–	78
2005	100	734	8.76	34.80	–	–	100	–	100	–	–	100	–	–	100	–	76
2006	100	852	9.78	35.37	–	–	100	–	100	–	–	100	–	–	100	–	76
2007	100	962	9.76	36.17	–	–	100	–	100	–	–	100	–	–	100	–	76
2008	100	869	7.64	38.06	–	–	100	–	100	–	–	100	–	–	100	–	88

第二节 食 品

一、农村居民

解放前,居民以填饱肚子为主,副食消费极少。1956年,人均食品消费支出66.06元,占生活消费总支出51.57%。其中,主食品消费42.6元,占食品消费支出64.5%;副食品消费23.46元,占食品消费支出35.5%。

1980年,人均食品消费支出132元,占消费总支出额59.46%。其中,主食消费68.8元,占食品消费总额52.12%;副食品消费59.4元,占食品消费总额45%;其他食品消费3.5元,占食品消费总额2.88%。

1985年,人均食品消费支出233元,占消费总支出53.08%。其中,主食品消费80元,占食品消费总额34.33%,比1980年下降17.79个百分点,人民生活水平比改革开放初期有明显提高;副食品消费108元,占食品消费总额46.35%,与1980年基本持平;其他食品消费(主要是在外饮食)45元,占食品消费总额19.32%,主要是部分农民的消费观念发生变化,由家庭自炊为主,部分转向商务餐饮。

1990年,人均食品消费支出417元,占总消费总支出43.8%,比1985年增加184元,但占比下降9.28个百分点。其中,主食品消费78元,占食品消费总额18.7%,比1985年下降15.63个百分点;副食品消费244元,占食品消费支出58.5%,比1985年上升12.15个百分点;其他食品消费95元,占食品消费支出额22.8%,比1985年略有上升。副食品消费额的上升,显示人民生活水平提高的同时,开始注重生活质量的提高。

1995年,人均食品消费1014元,占消费总支出40.74%,比1990年增加597元,但占比下降3.06个百分点。其中,主食品消费266元,占食品消费总额26.23%;副食品消费267元,占比与主食持平;其他食品消费481元,占食品消费额47.44%,比1990年上升24.64个百分点,主要是人们越来越注重时髦方便的在外商业饮食。

2000年,人均食品消费1207元,占消费总支出37.13%,比1995年增加193元,但占比下降3.61个百分点。其中,主食消费239元,占食品消费总额19.8%,比1995年下降6.43个百分点;副食品消费617元,占食品消费总额51.12%,比1995年上升24.79个百分点,肉禽蛋奶消费品的增加是副食品消费额上升的主要原因;其他食品消费351元,占食品消费支出29.08%,比1995年下降18.36个百分点。

2005年,人均食品消费1907元,占消费总支出41.85%,比2000年增加700元,占比上升4.72个百分点。其中,主食消费298元,占食品消费额15.63%,比2000年下降4.17个百分点;副食品消费1158元,占食品消费总额60.72%,比2000年上升9.6个百分点,主要是人们对肉禽蛋奶制品,尤其是奶制品的需求进一步增加;其他食品消费451元,占食品消费支出23.65%,比2000年下降5.43个百分点。

2008年,人均食品消费2512元,占消费总支出39.5%,比2005年增加605元,但占比下降2.35个百分点。其中,主食消费355元,占食品消费额14.13%,比2005年下降1.5个百分点;副食品消费1515元,占食品消费额60.31%,与2005年基本持平;其他食品消费642元,占食品消费额25.56%,比2005年上升1.91个百分点。

二、城镇居民

1985年,人均食品消费318元,占生活消费总支出49.26%。1987年422元,占总消费支出52.42%。其中,主食消费40元,占食品消费额9.48%;副食品消费额382元,占食品消费额90.52%。

1990年,人均食品消费734元,占消费总支出52.39%。其中,主食消费50元,占食品消费支出6.81%;副食品消费393元,占食品消费支出53.54%;其他消费291元,占食品消费支出39.65%。

1995年,人均食品消费支出1864元,占消费总支出47.78%,比1990年下降4.61个百分点,但绝对数比1990年增加1130元,增长154%。其中,主食消费163元,占食品消费支出的8.74%;副食品消费1157元,占食品消费支出62.07%,是1990年的2.94倍,主要是肉食禽蛋及其制品的增加;其他消费544元,占食品消费支出29.18%,是1990年的1.87倍,主要是在外饮食的增加。

2000年,食品消费支出2438元,占消费总支出42.46%,比1995年增加574元,但占比下降5.32个百分点。其中,主食消费237元,占食品消费支出9.72%;副食消费支出1491元,占食品消费支出61.16%;其他食品消费支出710元,占食品消费支出29.12%。

2005年,食品消费支出3241元,占消费总支出38.68%,比2000年增加803元,但占比下降3.78个百分点。其中,主食消费302元,占食品消费支出9.32%;副食消费支出883元,占食品消费支出27.24%;其他食品消费2056元,占食品消费支出63.44%。

2008年,食品消费支出4438元,占消费总支出38.99%,比2005年增加1197元,占比与2005年基本持平。

城镇居民的食品消费额比农村居民的食品消费额约高1倍多,其中主食消费额农村居民高于城镇居民,城乡差距还存在,但在逐步缩小。

1985－2008年若干年份海门市(县)城乡居民食品消费结构变化一览

表32－5

年份	城镇居民					农村居民				
	食品消费总额(元)	其中			在外饮食(元)	食品消费总额(元)	其中			在外饮食(元)
		主食(粮食)		副食(元)			主食(粮食)		副食(元)	
		数量(公斤)	金额(元)				数量(公斤)	金额(元)		
1985	318	–	–	–	–	233	195	80	108	45
1990	734	118	50	393	291	417	188	78	244	95
1995	1864	77	163	1157	544	1014	229	266	267	481
2000	2438	70	237	1491	710	1207	200	239	617	351
2005	3241	105	302	883	2056	1907	206	298	1158	451
2008	4438	–	–	–	726	2512	–	355	1515	642

第三节 衣 着

一、概况

20世纪80年代前,城乡居民的衣着以手工缝制为主。80年代后,成衣市场发展,城乡居民以购买成衣为主。其消费额不断上升,占消费总额的比重,20世纪末达到高峰。进入21世纪,由于城乡居民物质消费多样化,衣着消费占消费总额的比重有所下降,但绝对额仍在不断上升。

二、农村居民

50年代前,农民穿衣穿鞋主要靠自种棉花、自行家庭织布、自行手工缝制解决,商店购买的不多。1956年,农民年人均购买衣着消费9.57元。60年代,农民家庭织布逐渐消失,逐步转化为市场购买布料后自裁自制或由代客加工点加工缝制。

1980年,农民年人均衣着消费20元,占消费总支出9%。1985年为47元,占消费总支出10.71%,人均支出是1980年的2.35倍。1987年人均衣着消费64元,比两年前增加17元,占消费总额9.16%。80年代的衣着消费平均占消费总额10%,是农村居民的较大一笔消费。

90年代,随着经济的发展,居民衣着逐步由购布裁衣变成购买成衣,样式、材质等出现多样化,消费额逐步上升。1990年人均衣着消费69元,比1987年增加5元,占消费总额7.25%;1995年,人均衣着消费164元,是1990年的2.38倍,占消费总额6.59%。90年代衣着的平均消费额约占消费总额7%,占比较80年代下降,但平均消费额是80年代的2.52倍。

2000年,人均衣着消费218元,比1995年增加54元,占消费总额6.7%。2005年为277元,比2000年增加59元,占消费总额6.08%。2008年为440元,比2005年增加163元,占消费总额6.92%。

三、城镇居民

50年代前,城镇居民的衣着主要靠购买土布裁衣缝制。60－70年代,农家土布逐渐消失,城镇居民以购买机织布裁衣缝制。

80年代后,成衣市场发展,城镇居民以购买成衣为主。1987年,城镇居民衣着消费109元,占消费总额13.54%。80年代的衣着消费平均占消费总额15%左右,比农村居民高出5个百分点。

1990年,衣着消费175元,比1987年增加66元,占消费总额12.49%。1995年为437元,比1990年增加262元,占消费总额11.2%。90年代的衣着消费平均占消费总额11%,比80年代下降4个百分点,城镇居民衣着消费开始多样化。

2000年,衣着消费551元,比1995年增加114元,占消费总额9.59%。2005年为996元,比2000年增加445元,占消费总额11.88%。2008年衣着消费1232元,比2005年增加236元,占消费总额10.82%。

第四节 家庭用品

一、概况

家庭用品支出是指购买日用品、家具、机电设备及其修理费等。解放后特别是中共十一届三中全会后,城乡居民收入提高,家庭用品数量消费支出额逐步增加,档次逐步提高。20世纪70年代,以拥有自行车、手表、缝纫机“三大件”为荣。80年代,以空调、彩电、冰箱为新的“三大件”。90年代起,家具讲品牌,烧柴用煤气,家庭请保姆。21世纪,红木制品、高档洗浴设施、组合灶具等逐步进入城乡普通居民家庭。

1987－1991年的五年间,城镇居民购买家庭用品的绝对额是同期农村居民的2.4倍。1987－2008年,城镇居民人均家庭用品支出呈不断上升趋势,年均递增9%,与同期农村居民递增相当,但家庭用品支出的绝对额城镇居民高于同期农村居民;农村居民人均家庭用品支出149元,城镇居民为396元,为农村居民的2.66倍。2004－2008年的五年间,城镇居民购买家庭用品的绝对额是同期农村居民的2.01倍,可见城乡差距仍存在,但在不断缩小。

二、农村居民

1956年,人均家庭日用品消费支出3.61元。1980年30元,占总消费支出13.51%。1985年45元,占总消费支出10.25%;比1980年增加15元,增长50%。

1990年人均家庭日用品消费支出51元,占总消费支出5.36%;比1985年增加6元,增长13.33%。1995年95元,占总消费支出3.82%;比1990年增加44元,增长86.27%。

2000年人均家庭消费支出182元,占总消费支出5.59%;比1995年增加87元,增长91.58%。2005年313元,占总消费支出6.87%;比2000年增加131元,增长71.98%。2008年334元,比2005年增长6.71%,占消费总额5.25%。

至2008年,农村居民家庭人均日用品消费支出年均递增9%。家庭用品与总支出的比重由80年代的年平均10.31%下降为90年代的年平均5.33%,至21世纪初为年平均4.84%,农民消费呈多样化。

三、城镇居民

1987年,人均家庭用品消费支出85元,占总消费支出10.56%。

1990年人均家庭日用品消费支出146元,占总消费支出10.42%;比1987年增加61元,增长71.76%。1995年243元,占总消费支出6.23%,比1990年增加97元,增长66.44%。

2000年人均家庭日用品消费支出384元,占总消费支出6.69%;比1995年增加141元,增长58.02%。2005年637元,占总消费支出7.6%,比2000年增加253元,增长65.89%。2008年590元,比2005年减少7.38%,占消费总支出5.18%。

第五节　医疗保健

一、概况

医疗保健消费支出主要有医疗卫生用品支出和医疗保健服务支出两大类。解放前境内居民医疗状况极差，小病不治，大病无钱等死。解放后医院逐步建立，医疗状况逐步改善。1987－2008年，医疗保健年均消费支出农村居民144元，城镇居民213元，城镇高于农村69元；农村居民年均递增22.12%，城镇居民年均递增24.27%，城镇居民高于农村居民2.15个百分点；占消费总额的比重，城镇居民平均为3.44%，农村居民平均为4.22%，农村居民高于城镇居民0.78个百分点。

二、农村居民

1985年，人均医疗保健消费支出6元，占消费总额1.36%。1988年为9元，占消费总额0.99%。

1990年人均医疗保健消费支出22元，占消费总额2.31%。1994年45元，占总消费总额2.92%。此后，各种高端医疗设备增多，居民就医费用也逐步增多；居民保健意识增强，保健品和健身器材购买力加大；同时药品进入市场调节机制，价格比以往有所提高，居民的医疗保健消费水平呈快速上升趋势。1995年，人均医疗保健消费支出90元，占消费总额3.62%；比1994年增加45元，增长1倍。

2000年人均医疗保健消费支出为180元，比1995年增长1倍，占消费总额5.54%。2005年为470元，比2000年增长1.61倍，占消费总额10.31%，其中健身保健支出27.44元，占医疗保健支出5.83%。2008年399元，占消费总额6.28%，其中健身保健支出11.37元，占医疗保健总支出2.85%。

三、城镇居民

1987年人均医疗保健费支出6元，占消费总额0.75%。1989年18元，占消费总额1.48%。

1990年人均医疗保健消费支出36元，比1989年增加1倍，占消费总额2.57%。1995年42元，占消费总额1.08%。

2000年人均医疗保健消费支出236元，是1995年的5.62倍，占消费总额4.11%。2005年500元，占消费总支出5.97%，比2000年增加264元。2008年575元，占消费支出5.05%，比2005年增加75元。

第六节　教育文化

一、概况

教育文化消费支出主要有文教娱乐用具用品支出、书报费、学生入学费、成人培训费用和旅游、娱乐休闲费用等。解放前境内主要是书塾教育，多数群众无受教育的权利。解放后随着教育事业的发展，所有人都有受教育的权利，因而教育文化支出的费用也不断提高。

1987－2008年，人均教育文化消费支出额，城镇居民年平均595元，农村居民年平均277元，城镇居民是农村居民消费额的2.15倍。占总消费额的比重，城镇居民平均10.62%，农村居民平均7.62%，城镇居民略高于农村居民，其中2000年后，农村居民对教育文化的投资明显加快，基本接近城镇居民。

20世纪90年代后，国家不断增加大学生招生数，海门在普及初中教育的基础上，高中教育、职业教育和技能培训齐头并进，学习用品用具也逐步高档化、智能化，教育文化支出不断增加。特别是2000年后，子女学习配备电脑日益普及，教育文化消费额再攀新高。

二、农村居民

1980年，人均教育文化消费5元，占消费总额2.25%。1982年3元，占消费总额1.28%。1984年18元，占消费总额5.08%。1985年8元，占消费总额1.82%。1988年25元，占消费总额2.77%；比1985年增加17元，增长2.13倍。

1990年人均教育文化消费28元，占消费总额2.94%。1995年，78元，占消费总额3.13%，比1990年增加50元，增长178.57%。

2000年人均教育文化消费280元，占消费总额8.61%，比1995年增加202元，增长2.59倍。2005年为555元，占消费总额12.18%，比2000年增加275元，增长98.21%。2008年为1182元，占消费总额18.59%，比2005年增加627元，增长112.97%。

三、城镇居民

1987年,人均教育文化消费94元,占消费总额11.68%。1990年113元,占消费总额8.07%,比1987年增加19元,增长20.02%。1995年274元,占消费总额7.02%,比1990年增加161元,增长1.42倍。

2000年人均教育文化消费951元,占消费总额16.56%,比1995年增加677元,增长247.08%。2005年为1033元,占消费总额12.33%,比2000年增加82元,增长8.62%。2008年为2053元,占消费总额18.04%,比2005年增加1020元,增长98.74%。

第七节 交通通信

一、概况

交通通信消费支出包括交通工具和通信工具的购置及燃料消耗(如汽油等)、零配件支出、外出交通费用、物品运输费用、邮寄通信费用等。

1990－1994年,农村居民的交通通信费用年人均78元,城镇居民240元。2004－2008年,农村居民年人均3344元,城镇居民4923元,分别是1990－1994年的42.87倍和20.51倍。

2008年,城镇居民百户家庭拥有家用汽车9辆、农村居民百户拥有汽车3辆;摩托车城镇居民每百户拥有71辆,与农村居民持平。

二、农村居民

1990年,人均交通通信消费支出6元,占消费总额0.63%。1995年84元,占消费总额3.37%,比1990年增加78元,是1990年的13倍。

2000年199元,占消费总额6.12%;比1995年增加115元,增长137%。2005年503元,占消费总额11.04%,比2000年增加304元,增长153%。2008年679元,占消费总额10.68%,比2005年增加176元,增长34.99%。农村居民交通通信费用占消费总额比重的增幅明显,主要是农村电动自行车、电话和手机的普及,使交通、通信消费支出快速增长。

三、城镇居民

1987年,人均交通通信消费支出7元,占消费总额0.87%。1990年14元,占消费总额1%,比1987年增加7元,增长1倍。1995年75元,占消费总额1.92%,比1990年增加61元,增长435.71%。2000年541元,占消费总额9.42%,比1995年增加466元,增长621.33%。2005年939元,占消费总额11.22%,比2000年增加398元,增长73.57%。2008年1287元,占消费总额11.33%,比2005年增加348元,增长37.06%。汽车、摩托车的不断增加是城镇居民交通通信费用快速增长的主要因素。

第八节 其 他

一、概况

其他消费支出是指除上述各节所述以外的消费,包括金银珠宝、首饰、手表、理发美容、洗澡、化妆用品、家庭小用具、家庭物品维修、宗教消费、殡葬费、借贷利息、人情往来等。

二、农村居民

1980年,人均其他消费支出9元,占消费总额4.05%。1985年19元,占消费总额4.33%,比1980年增加10元,增长111%。1990年51元,占消费总额5.36%,比1985年增加32元,增长168%。1995年54元,占消费总额2.17%,比1990年增加3元,增长5.88%。2000年94元,占消费总额2.89%,比1995年增加40元,增长74.07%。2005年103元,占消费总额2.27%,比2000年增加9元,增长10%。2008年116元,占消费总额1.82%,比2005年增加13元,增长12.62%。

三、城镇居民

1987年,城镇居民人均其他消费支出33元,占消费总额4.1%。1990年73元,占消费总额5.21%,比1987年增加40元,增长121%。1995年248元,占消费总额6.36%,比1990年增加175元,增长240%。

2000年人均其他消费支出277元,占消费总额4.83%,比1995年增加29元,增长12%。2005年298元,占消费总额3.56%,比2000年增加21元,增长7.58%。2008年336元,占消费总额2.95%,比2005年增加38元,增长12.75%。

1980－2008 年海门市(县)农村百户居民人均生活消费一览

表 32－6　　单位:元

年份	消费总额	食品	占比(%)	衣着	占比(%)	家庭用品	占比(%)	医疗保健	占比(%)	教育文化	占比(%)	交通通讯	占比(%)	居住	占比(%)	其他	占比(%)
1980	222	132	59.46	20	9.00	30	13.51	–	–	5	2.25	–	–	26	11.73	9	4.05
1981	224	134	59.82	27	12.05	28	12.50	–	–	4	1.79	–	–	22	9.82	9	4.02
1982	234	148	63.25	28	11.97	30	12.82	–	–	3	1.28	–	–	17	7.26	8	3.42
1983	302	181	59.93	36	11.92	36	11.92	–	–	15	4.97	–	–	27	8.94	7	2.32
1984	354	197	55.65	32	9.04	34	9.61	–	–	18	5.08	–	–	63	17.80	10	2.82
1985	439	233	53.08	47	10.71	45	10.25	6	1.36	8	1.82	–	–	81	18.45	19	4.33
1986	669	284	42.45	71	10.61	58	8.67	7	1.05	23	3.44	–	–	200	29.90	26	3.88
1987	699	302	43.20	64	9.16	51	7.30	6	0.86	13	1.86	–	–	227	32.47	36	5.15
1988	903	382	42.30	74	8.20	80	8.86	9	0.99	25	2.77	–	–	284	31.45	49	5.43
1989	853	379	44.43	78	9.15	66	7.74	16	1.88	24	2.81	–	–	255	29.89	35	4.10
1990	952	417	43.80	69	7.25	51	5.36	22	2.31	28	2.94	6	0.63	308	32.35	51	5.36
1991	787	466	59.21	66	8.39	40	5.08	15	1.91	41	5.21	7	0.89	116	14.74	36	4.57
1992	832	488	58.65	74	8.89	54	6.49	24	2.88	43	5.17	6	0.72	108	12.98	35	4.22
1993	852	308	36.15	79	9.27	66	7.75	30	3.52	45	5.28	22	2.58	275	32.28	27	3.17
1994	1544	328	21.24	99	6.41	71	4.60	45	2.92	117	7.58	37	2.40	802	51.94	45	2.91
1995	2489	1014	40.74	164	6.59	95	3.82	90	3.62	78	3.13	84	3.37	910	36.56	54	2.17
1996	2860	1355	47.38	181	6.33	97	3.39	116	4.06	193	6.75	74	2.59	775	27.09	69	2.41
1997	2834	1335	47.11	178	6.28	144	5.08	152	5.36	166	5.86	129	4.55	655	23.11	75	2.65
1998	3072	1387	45.15	138	4.49	144	4.69	65	2.11	150	4.88	257	8.37	866	28.19	65	2.12
1999	3025	1394	46.08	156	5.16	214	7.07	147	4.86	235	7.77	149	4.92	617	20.40	113	3.74
2000	3251	1207	37.13	218	6.70	182	5.59	180	5.54	280	8.61	199	6.12	891	27.42	94	2.89
2001	3030	1261	41.61	133	4.39	221	7.30	135	4.46	196	6.47	177	5.84	843	27.82	64	2.11
2002	3418	1288	37.68	140	4.09	138	4.04	160	4.68	358	10.47	215	6.29	1027	30.06	92	2.69
2003	3637	1583	43.52	176	4.84	133	3.65	211	5.78	351	9.66	311	8.56	735	20.21	137	3.78
2004	4038	1800	44.58	205	5.08	180	4.59	297	7.36	376	9.31	796	19.72	334	8.27	50	1.09
2005	4557	1907	41.85	277	6.08	313	6.87	470	10.31	555	12.18	503	11.04	429	9.40	103	2.27
2006	5164	2027	39.25	356	6.89	310	6.00	295	5.72	630	12.20	683	13.23	786	15.22	77	1.49
2007	5570	2161	38.80	358	6.43	284	5.10	302	5.42	1014	18.20	683	12.26	689	12.37	79	1.42
2008	6359	2512	39.50	440	6.92	334	5.25	399	6.28	1182	18.59	679	10.68	697	10.96	116	1.82

1987－2008年海门市(县)城镇百户居民人均生活消费一览

表32－7

单位:元

年份	消费总额	食品	占比(%)	衣着	占比(%)	家庭用品	占比(%)	医疗保健	占比(%)	教育文化	占比(%)	交通通讯	占比(%)	居住	占比(%)	其他	占比(%)
1987	805	422	52.42	109	13.54	85	10.56	6	0.75	94	11.68	7	0.87	49	6.08	33	4.10
1988	1210	602	49.75	194	16.03	234	19.34	7	0.58	72	5.96	8	0.65	44	3.64	49	4.05
1989	1212	714	58.91	153	12.62	124	10.23	18	1.48	77	6.35	7	0.58	45	3.72	74	6.11
1990	1401	734	52.39	175	12.49	146	10.42	36	2.57	113	8.07	14	1.00	110	7.85	73	5.21
1991	1504	848	56.38	176	11.70	102	6.78	33	2.19	128	8.53	19	1.26	81	5.38	117	7.78
1992	1818	898	49.39	241	13.26	232	12.76	19	1.06	127	6.98	32	1.76	80	4.40	189	10.39
1993	2233	1070	47.92	255	11.42	291	13.03	33	1.48	204	9.14	28	1.25	149	6.67	203	9.09
1994	2928	1418	48.43	378	12.91	258	8.81	70	2.39	221	7.55	147	5.02	131	4.47	305	10.42
1995	3901	1864	47.78	437	11.20	243	6.23	42	1.08	274	7.02	75	1.92	718	18.41	248	6.36
1996	4634	2041	44.04	531	11.46	482	10.40	50	1.08	318	6.86	76	1.64	456	9.85	680	14.67
1997	4265	2151	50.43	461	10.81	273	6.40	174	4.08	456	10.69	221	5.18	307	7.20	222	5.21
1998	4829	2093	43.34	413	8.55	479	9.92	210	4.35	508	10.52	355	7.35	566	11.72	205	4.25
1999	4962	2032	40.95	318	6.40	621	12.52	220	4.43	566	11.41	322	6.49	669	13.48	214	4.32
2000	5742	2438	42.46	551	9.59	384	6.69	236	4.11	951	16.56	541	9.42	364	6.34	277	4.83
2001	6154	2460	39.97	549	8.92	891	14.48	229	3.72	656	10.66	477	7.75	441	7.17	451	7.33
2002	5809	2435	41.92	544	9.36	419	7.21	290	4.99	520	8.95	709	12.21	702	12.08	190	3.28
2003	6818	2594	38.05	555	8.14	587	8.61	441	6.47	727	10.66	725	10.63	934	13.70	255	3.74
2004	7442	2808	37.73	617	8.29	594	7.98	565	7.59	1035	13.91	695	9.34	847	11.38	281	3.78
2005	8378	3241	38.68	996	11.88	637	7.60	500	5.97	1033	12.33	939	11.22	734	8.76	298	3.56
2006	8712	3319	38.10	1004	11.52	574	6.59	519	5.96	1192	13.68	986	11.32	852	9.78	266	3.05
2007	9859	3728	37.81	1150	11.66	464	4.71	426	4.32	1785	18.10	1016	10.31	962	9.76	328	3.33
2008	11380	4438	38.99	1232	10.82	590	5.18	575	5.05	2053	18.04	1287	11.33	869	7.64	336	2.95

第三章　家庭积累

第一节　固定资产

一、概况

居民的固定资产主要是指住房、家具、交通运输工具、文化通讯用具及其他日常生活用具的年末拥有量。

解放前,一般居民家中凳子上面放块芦笆或木板作为床,家用储具主要是陶瓷缸和陶瓷甏,灶为单眼土柴灶。比较富裕的家庭使用纵联架子床和柜床(兼储物),陈设有抽台、马桶箱等,灶具是双眼(或多眼)砖柴灶。部分家庭有独轮车和畜力车用于运货,城镇居民的灶具主要是煤球灶。

20世纪50－70年代,随着城乡居民住房的改善,家具逐步增多。床一般是刻花的木床,多数家庭有柜床、木箱和衣橱。单眼土灶被逐渐淘汰,以多眼砖柴灶为主。70年代,一般家庭都拥有自行车,用于代步和带货两用。套式家具、沙发、手表、缝纫机、台钟渐渐进入普通家庭,城镇居民的煤饼灶逐渐代替煤球灶。

90年代,开始注意室内装修,彩电、冰箱、电话、摩托车和毛皮大衣等开始进入普通家庭。城镇居民普遍用上煤气灶,煤饼炉被淘汰,商品家具进入居民家庭。

2000年后,电脑、移动电话、汽车、空调、组合式灶具、家庭洗浴设备进入城镇普通家庭。少数城镇居民家庭拥有钢琴等高档乐器和跑步机等健身设施。农村普遍使用液化灶具,普通家庭拥有摩托车或电动自行车等。

二、农村居民

1987年,农村居民百户中有黑白电视机23台,自行车139辆。1990年,拥有黑白电视机45台,自行车155辆,手表202块,手表在农村基本普及,彩色电视机3台。

1995年,百户中拥有彩电27台,自行车175辆,电冰箱10台,摩托车10辆,录像机2台。

2000年,百户中拥有彩电50台,自行车175辆,电冰箱23台,摩托车35辆,录像机7台,移动电话10部,抽油烟机6台。

2005年,百户中拥有彩电106台,自行车164辆,电冰箱41台,摩托车59辆,录放像机16台,移动电话91部,抽油烟机26台,汽车1辆,家用电脑8台。

2008年,百户中拥有彩电132台,自行车169辆(其中助力车53辆),电冰箱46台,摩托车71辆,移动电话135部,抽油烟机33台,摄像机和影碟机分别为2台和35台(录放像机逐渐淘汰),家用汽车3辆,家用电脑26台。是年年底,农村百户居民拥有固定电话95部。

1980－2008年海门市(县)农村居民人均家庭年末主要固定资产一览

表32－8

年份	抽样调查户数(户)	主要固定资产状况							
		人均私有住房面积(平方米)	其中:楼房(平方米)	家用汽车(辆)	彩色电视机(台)	中高档乐器(件)	空调(台)	家用电脑(台)	自行车(辆)
1980	45	14.35	–	–	–	–	–	–	91

续表 32－8

年份	抽样调查户数(户)	主要固定资产状况							
		人均私有住房面积(平方米)	其中:楼房(平方米)	家用汽车(辆)	彩色电视机(台)	中高档乐器(件)	空调(台)	家用电脑(台)	自行车(辆)
1981	45	14.99	–	–	–	–	–	–	97
1982	75	15.99	–	–	–	–	–	–	97
1983	75	16.59	–	–	–	–	–	–	106
1984	75	17.33	–	–	–	–	–	–	124
1985	100	17.66	–	–	–	–	–	–	132
1986	100	19.07	–	–	1	–	–	–	141
1987	100	20.29	0.45	–	1	–	–	–	139
1988	100	21.23	0.48	–	1	–	–	–	149
1989	100	21.04	1.47	–	1	–	–	–	156
1990	100	22.10	4.14	–	3	–	–	–	155
1991	100	23.15	3.90	–	8	–	–	–	173
1992	100	24.71	7.35	–	9	–	–	–	180
1993	100	25.08	10.36	–	10	–	–	–	173
1994	100	31.95	12.84	–	18	–	–	–	192
1995	100	32.15	15.50	–	27	–	1	–	175
1996	100	32.55	16.82	–	27	–	1	–	185
1997	100	35.99	22.41	–	27	–	1	–	182
1998	100	40.98	26.34	–	27	–	1	–	160
1999	100	41.59	28.49	–	27	–	4	–	161
2000	100	41.78	31.36	–	50	–	4	–	175
2001	100	44.76	35.66	–	59	–	4	–	162
2002	100	44.28	36.03	–	61	–	4	1	–
2003	100	40.80	36.57	–	73	–	9	1	153
2004	100	45.57	37.11	1	77	–	14	1	144
2005	100	45.93	37.11	1	106	–	26	8	164
2006	100	45.93	39.05	2	120	15	28	29	168(电46)
2007	100	47.26	40.49	3	123	–	34	13	169(电53)
2008	100	48.92	42.28	3	132	–	40	26	169

三、城镇居民

1987年,城镇居民百户中有彩电23台,中高档乐器3件,自行车160辆。

1990年,百户中拥有彩电46台,中高档乐器10件,自行车218辆。

1995年,百户拥有彩电74台,中高档乐器16件,自行车248辆,摩托车6辆、空调2台。

2000年，百户拥有彩电130台，摩托车56辆，自行车196辆，空调48台，电脑12台、移动电话25部。

2005年，百户拥有彩电165台，电脑38台，摩托车72辆，自行车145辆，空调117台，移动电话147部（比2000年增加122部），以及电动助力车16辆，家用汽车4辆，钢琴2架，摄像机8台。

2008年，百户拥有彩电172台，空调155台，电脑67台，摩托车71辆，助力车43辆（助力车逐步代替自行车，成为短距离出行的主要工具），家用汽车9辆（比2005年增加5辆），移动电话162部。是年年底，城镇百户居民还拥有固定电话116部。

1987－2008年海门市（县）城镇居民家庭年末主要固定资产一览

表32－9

年份	抽样调查户数（户）	主要固定资产状况						
		人均私有住房面积（平方米）	家用汽车（辆）	彩色电视机（台）	中高档乐器（件）	空调（台）	家用电脑（台）	自行车（辆）
1987	30	–	–	7	1	–	–	48
1988	30	–	–	6	2	–	–	58
1989	30	–	–	7	2	–	–	61
1990	50	–	–	23	5	–	–	109
1991	50	–	–	24	4	–	–	113
1992	50	–	–	25	3	1	–	117
1993	50	–	–	26	4	1	–	121
1994	50	–	–	37	4	1	–	192
1995	50	–	–	37	8	1	–	124
1996	50	–	–	41	8	1	–	125
1997	50	–	–	40	11	11	1	116
1998	50	–	–	41	12	14	1	122
1999	50	–	–	46	12	17	2	131
2000	50	19.90	–	65	3	24	6	98
2001	50	20.09	–	68	4	30	6	93
2002	50	32.23	–	138	2	72	16	–
2003	50	33.15	2	142	8	68	22	174
2004	100	33.07	2	150	8	78	26	174
2005	100	34.80	4	165	5	117	38	145
2006	100	35.37	4	63	5	116	40	152
2007	100	36.17	4	174	5	119	47	–
2008	100	38.06	9	172	–	155	67	–

第二节 流动资产

一、存 款

解放前境内居民一般没有存款，解放初期开始有少量存款。1952年全县城乡居民人均银行存款0.7元。1957年3元。1962年5元，比1957年增加2元。1965年11元，比1962年增加6元。1970年人均银行存款仍为11元。1975年19元，比1970年增加8元。

1980年，随着乡镇企业兴起，务工人数增加，存款明显上升。是年，人均存款42元，比1975年增加23元，增幅121.05%。1985年177元，比1980年增加135元，增长321.43%。主要原因是职工工资增幅较大，由10年前的三四十元增加到一百元上下。

1990年城乡居民人均存款802元，比1985年增加625元，增长3.53倍。1995年乡镇企业发展正处高峰，职工工资和人数增长较快。是年，人均存款3293元，比1990年增加2491元，增长3.1倍，继续保持高增长。

2000年城乡居民人均存款7659元，比1995年增加4366元，增长1.33倍。2005年16477元，比2000年增加8818元，增长1.15倍。是年，深化改制，企业进入新的发展增长期，职工人数和工资水平均有较大幅度提高。2008年25408元，比2005年增加8931元，增长54.2%。

二、现 金

农村居民 根据家计调查资料，1987年农村居民人均手持现金87元，占流动资产19.55%。1990年人均手持现金138元；占流动资产14.68%，比1987年下降4.87个百分点。1995年人均手持现金639元；占流动资产16%，比1990年增加1.32个百分点。

2000年人均手持现金1839元；占流动资产19.36%，比1995年增加3.36个百分点。2005年人均手持现金1517元；占流动资产8.38%，比2000年降低10.98个百分点。2008年人均手持现金1291元；占流动资产4.78%，比2005年下降3.6个百分点。

城镇居民 根据家计调查资料，1987年城镇居民人均手持现金499元，占流动资产58.23%。1990年人均手持现金549元，占流动资产40.52%，比1987年下降17.71个百分点。1995年人均手持现金740元，占流动资产18.32%，比1990年下降22.2个百分点。2000年人均手持现金1441元，占流动资产28.47%，比1995年增加10.15个百分点。2005年人均手持现金20961元，占流动资产55.92%，比2000年增加27.45个百分点。2008年人均手持现金2226元，占流动资产8.06%，比2005年减少47.86个百分点。

1981－2008年海门市（县）城乡居民年末流动资产一览

表32－10 **单位：元**

年份	人均银行存款	人均手持现金		人均投资股票		合计	
		城镇	农村	城镇	农村	城镇	农村
1981	57	–	–	–	–	–	–
1982	74	–	–	–	–	–	–
1983	108	–	–	–	–	–	–
1984	134	–	–	–	–	–	–
1985	177	–	–	–	–	–	–
1986	263	–	69	–	–	–	332
1987	358	499	87	–	–	857	445
1988	360	498	100	35	–	893	460
1989	507	588	120	34	–	1129	627

续表 32－10

年份	人均银行存款	人均手持现金		人均投资股票		合　计	
		城镇	农村	城镇	农村	城镇	农村
1990	802	549	138	4	–	1355	940
1991	1057	610	248	9	–	1676	1305
1992	1297	648	389	18	–	1963	1686
1993	1684	721	488	59	–	2464	2172
1994	2318	732	598	44	–	3094	2916
1995	3293	740	639	7	–	4040	3932
1996	4372	1282	719	33	–	5687	5091
1997	5305	780	648	69	–	6154	5953
1998	6256	907	898	–	–	7163	7154
1999	7020	1135	754	35	–	8190	7774
2000	7659	1441	1839	1	–	9101	9498
2001	9109	2047	2251	72	–	11228	11360
2002	10597	21459	2175	14	–	32070	12772
2003	12437	13136	1746	3	–	25576	14183
2004	14140	18336	1994	115	–	32591	16134
2005	16477	20961	1517	–	101	37438	18095
2006	19018	33350	1058	–	–	52368	20076
2007	25291	2117	1530	150	323	27558	27144
2008	25408	2226	1291	–	330	27634	27029

说明：人均手持现金和人均投资股票为百户居民抽样调查资料

附：从解放路变化看海门人民生活水平的提高

解放路是海门市区最繁华、最热闹的大街，堪称海门第一街。解放路上行人多、车辆多，形成了一条独特的风景线，特别是节假日更是人山人海、车水马龙、熙熙攘攘、摩肩接踵，一派欣欣向荣的景象，充分反映海门人民的生活富裕。

海门镇清代时的繁华街道是复兴街（已废，在今江海路西侧），民国以后逐渐由大同街（已废，在今健康路北侧）替代，但这些街道仅2米多宽。1958年，县政府在实施第二个五年计划时，利用开挖圩角河契机，用河泥填平海门镇南侧一段约500米的臭水河浜——新开河（现即解放路），为大同街向解放路南移创造条件。1963年，在新开河填平后的泥路旁，当时海门最大的商厦——国营百货公司首先在这里开设分店，吹响了海门镇主街道南移的进军号。

1972年垫平后的新开河路筑成沙石路面（长650米），并正式取名为解放中路（因位于解放南路和解放北路分界处，故名）。1974年解放中路铺设沥青路面，两侧人行道铺设混凝土道板，栽种绿化林木，一条宽32米的商业大街亮相海门镇。

解放路的快速发展是从20世纪80年代开始的。1980年起，市政府在实施第六个五年计划期间，加快解放路的建设。将解放中路由七一桥向东延伸至东风桥（延伸部分长840米，后把延伸部分取名为解放东路，90年代中期又与原中路一起定名为解放中路），宽度与解放中路同宽，并和解放中路一样铺设成沥青路面，两侧铺设人行道板、栽种绿化林木（此工程于1981年完工）；兴建海门的标志性建筑——人民商场（现农工商超市），解放路第一次出现五层楼的高层建筑（此工程于1981年落成）；在“六五”计划的最后一年（1985年）挤出财力，拓建七一桥，宽度为16米（原宏伟桥仅2米多宽），成为当时县内最宽的桥梁。这一条桥梁的兴建，使解放东路的发展进入快车道。大型综合性商场——狮山商场（今五星电器商场）建成营业。之后，逐步兴建供销大厦、东洲食府、亚细亚商店等。

1991年，人民商场（后为农工商超市）实施扩建工程，营业面积8000平方米。此后还兴建了华联商厦（后为文峰商厦）、亚萍布业等商场，90年代中期，建成当时海门最高、最壮观的私企大楼——鹏程大厦，为一座集商业、休闲、办公于一体的18层大楼。

1993年，解放路再度向东延伸1000米，1995年向西延伸500米，延伸部分的宽度为40米，同时全路改造成沥青混凝土路面，分别定名为解放东路和解放西路。

90年代中后期，解放路旁兴建集海门历史、文化、娱乐于一体的文化广场，以及海门的标志性建筑高达100多米高的海门电视塔。

2001年建成正大桥，解放西路向西延伸至海兴路，路面与前路同宽，并铺设沥青混凝土路面，两侧铺设人行道板、栽绿化林木。

2004年，北上海国际装饰城建成后，解放东路自瑞江路向东延伸至民生路。路面与前路同宽，中间机动车道铺设沥青混凝土。

2005年，海门商业步行街建成，特别是世纪联华超市开业后，使解放路又添新亮点。

2007至2008年，市委、市政府启动解放路大手笔改造工程：一是加宽路面，其中江海路至东风桥为30米，东风桥至电视塔为40米，同时把东风桥改建成与路同宽，为城区商业进一步向东发展创造环境；二是进行“通、美、绿、亮”改造，从道路、人行道板、路牙、排水灌道、绿化、亮化、交通、停车、街具、店招、广告等方面进行综合考虑，融入城建改造的创新理念，改造中实行管线入地，街面建筑进行立面改造。这是解放路最大的一次街面改造，从而为海门打造了更加靓丽的城市名片。

2008年，解放路全长为5000米（海兴路至民生路），从500米发展到5000米，海门人用50年时间改造成了一条全新的道路，创造了一个全新的环境。现在的解放路集吃穿用玩于一体，兼有娱乐、休闲、景观等功能。东有北上海建材大市场。西有西郊菜场。中有文峰商厦、农工商超市、乐天玛特等一批大型商场；有万丰商城、东风商城、商业步行街等个体和私企云集的商铺；有邮政局、电信局、移动通讯公司等一批现代化产业服务群；还有东洲公园、文化广场、烈士陵园等休闲娱乐场所等。解放路的发展变化，令人叹服，是海门从贫困迈向小康的一个缩影。解放路的明天一定会更加靓丽，海门人民的生活一定会更加美好。

（本文原载于2007.5.18《海门日报》C1版　作者：李元冲，本文有修改）

图32-3　市区解放中路商业街　（2008年摄）

第三十三篇

风俗　宗教

海门滨江临海，系冲积平原。历史上，居民以农业为主，素有勤劳朴素的美德和开拓进取精神。18世纪中期，随着大批移民从崇明和江南等地迁入境内垦殖，也带来了外来的风俗习惯。海门北部地区成陆较早，开发时间较长，有千年以上历史，积淀形成的风俗习惯有着明显的自身特点。随着经济社会的发展和变革以及文化、生活水平的不断提高，民风习俗也在不断改变。特别在新中国成立后，许多带有封建迷信色彩的陈规陋习逐步废弃，适合时代特点的社会文明新风在居民生活中逐步形成。

海门有佛教、道教、天主教和基督教等宗教，其传入时间与海门移民相吻合。通东地区的佛教有千余年、道教有800多年历史，一度香火旺盛。南部地区成陆较迟，天主教有200余年、基督教有近百年历史。民国时期，天主教海门教区辖崇明、南通、如皋、靖江等县市，在国内外颇有影响。新中国成立初期，有寺庙、庵、观、社等80余座，僧尼150多人；天主教堂26所，教徒8000余人；基督教堂4所，教徒200余人。"文化大革命"期间宗教活动一度停止，1978年后逐步得到恢复。2008年，全市有寺庙7座，僧尼52人；天主教堂5所，神甫、修女8人，教徒6000余人；基督教堂、活动点9个，教徒3000多人。

第一章 风　俗

第一节 民　性

海门居民除耕作农田外，还从事制盐和捕捞，性格朴实开朗，直率旷达，讲情义。

居民历来讲孝义、尚勤俭、重廉耻。奉行"百善孝为先"的理念，对不尽孝道、不赡养父母者，视为大逆不道，遭人谴责。兄弟姊妹之间，情如手足，很讲情义，相互关心照顾。邻里之间相处和睦，一家办事，众人帮忙；一方有难，八方相助。凡有婚丧嫁娶、砌房造船者，都要主动登门帮助，不取分文报酬。若遇火灾、失窃等意外事故，都会慷慨解囊，送物送钱，给予援助，以渡过难关。

居民向以勤俭为荣，懒惰为耻。子女婚后要分家，以养成独立生活能力。男耕女织，富于创新，乐在其中。妇女白天田间劳动，夜半挑灯纺织，用勤劳的双手，纺织出花色繁多的布匹，缝制各种衣服鞋帽，许多妇女"一瓤棉花做到头"。男人起早贪黑，从事农作，"一熟棉花一熟麦"，不误农时，精耕细作，套种间种，不断提高土地利用率。注意引进新品种，薄荷、药材等广泛种植。以"种田精明"著称。雨天在家扎扫帚、编芦竹器、搓绳子、打草鞋，捞鱼摸蟹，以改善生活或去市场调换部分日用品。沿海男人则下海捕捞或叠灶煮盐，作为经济主要来源。居民生活在江海平原，能观察自然界的变化，预测天气，并形成许多谚语，有"海门人会猜天"的雅誉。

居民多注重积谷防荒，丰年不忘灾年。少数地主富户、工商业者，每有盈余积蓄，要买田置地砌房，扩大产业。过日子精打细算，倡导粗茶淡饭，不齿于奢侈浪费，勤俭节约之风代代相传。因灾因病致贫，会有人同情，伸出援手。少数因懒致贫，视为下贱，被人歧视。

无论男女皆注重操守、戒赌博、拒斗殴，以淫乱、偷窃为耻辱。与人发生利害冲突，引发纠纷，一般通过家族中的长者或地方绅士出面调解。亦有少数荡棍，为争夺沙地而纠集部分人打架斗殴，或赴衙门告状，引起诉讼，"沙案"屡有发生。家中最忌有人坐牢，认为是耻辱而抬不起头来，人们以“家中无病人，狱中无罪人”为福人。新中国成立后，随着法制的健全，法治社会的建设，少数人上法庭对簿公堂，但多数人还是相信通过调解方式解决矛盾。

先民大多来自江南移民，具有开拓进取精神，加上与大都市上海仅一江之隔，不少人去上海谋生，由于受上海的先进工商业和文化的影响，许多人头脑聪明，善于创新，信奉“家传万贯不如薄技在身”的观念，所以泥水、木竹匠遍及城乡。建筑业尤为发达，成为全国著名的“建筑之乡”。居民还由于海门人张謇从事沿海垦殖的倡导，赴东台、大丰、盐城、射阳等十多个沿海市县从事垦殖业，累计达数十万之众。改革开放以来，外地数万民工常年在海门从事家纺、建筑业等活动，先民具有适应环境、海纳百川的包容性格。

居民讲究礼仪。婚嫁遵循提亲、并八字、订婚、聘金、送日子、迎亲等程序。丧事体现报恩尽孝，孝子披麻戴孝，手持孝子棒，完成一整套治丧程序。生孩子要送红蛋、吃满月酒。砌屋造船，亲朋好友必须送礼祝贺。礼节繁多，直至今日，虽有改革，但这些礼节仍在盛行，且越来越重。“人情勿是债，灶头镬子背来卖”，形容人情的沉重负担。

居民崇尚文化，兴办教育，传播文明。早期县厅有书院、学宫、儒学所，义学、私塾很普遍。读书人城镇多于农村、男孩多于女孩。农村尽管有些生活困难者，也要让孩子读几年书，不求功名富贵，但求识得一些常用字，不做“睁眼瞎”。“三代不念书，等于一圈猪”，成为流行俗语。农村有钱人兴建宗祠兼办私塾，如大洪镇杨氏，既建祠堂又办学塾，还给外出求学的宗族子弟例行资助。有的建家庙，祀祖宗，修家谱，续世系，世代相沿。进入新世纪以后，续家谱之风日趋兴盛。

居民信教之风盛行。寺庙、庵观遍布城乡，北部地区尤甚。天主教、基督教在南部地区流行。新中国成立后，多数庙宇、教堂拆除或移作他用。但一些信众，不顾旅途劳顿，赴南通狼山等地烧香许愿。改革开放以后，落实宗教政策，庙宇、教堂逐步得到修复，宗教活动得以正常进行。

居民长期囿于自给自足的小农经济影响，向以温饱为满足，加之交通闭塞，与外界交往较少，不少人从“灶口头到灰堆头”，不出远门，思想比较保守，个人私利看得很重，不敢有多大的理想和奢求。一旦有人指点，观念转变较快。考虑问题，处人处事，比较乖巧，不肯得罪人，不肯冒险行事，不肯带头冒尖，俗语谓“出头椽子先烂”。新中国成立后，特别是改革开放以后，交通日益发达，网络联系更为便捷，令勤劳智慧的海门人心脑为之敞开，视野进一步拓宽，一批又一批年轻人漂洋过海，去国外求学、创业，取得优异成绩。昔日封闭保守的藩篱，正在被开拓创新、敢为人先的改革大潮所冲破。

第二节　节日习俗

一、传统节日

春节　农历正月初一，称春节、“过年”。节前，家家户户忙蒸糕、炒花生、炒蚕豆，打扫庭院，准备酒菜。北部地区人家都要蒸馒头、红印糕。出差或在外地工作的人，一般都要赶回家和家人团聚。

旧时，在腊月廿三（南部“沙地”习俗）或廿四夜（北部通东习俗）送“灶君”上天，在“灶神”前摆放灶糖、果品及饭菜等供物，烧香点烛，跪拜焚送“灶神”。不少人家吃赤豆米饭，炒菜头加豆腐、百叶（千张）、慈姑等。除夕（年三十夜）接回“灶君”，换上新的神像。进入21世纪，随着液化气灶的使用，此俗已淡化。

除夕夜晚，北部地区都要“烧利市”，即在餐桌上点烛，置码纸，供熟猪头、豆腐等，旁边放一把刀，后烧纸钱和码纸，以祈祷全年吉利。客堂里挂上祖先遗像，檐前插冬青、柏枝，门上贴春联。有钱人家门口点灯笼，一对红灯，挂在廊下，通宵达旦。有的还点天灯。用石灰打“稻囤”。吃好年夜饭，阖家围坐守岁。长辈给幼辈送红包（俗称“压岁钱”）。旧时，富裕人家一般都在节前收账索债，欠债居民为躲债东避西藏，苦不堪言。

年初一清晨，鞭炮声不绝。有些人家父母把准备好的番薯（山芋）几片，送给还未起床的小孩吃，以示“翻身”。许多人家烧香“敬天”，年早饭吃米饭、酒酿汤圆、年糕、红枣、炒菜头和百叶卷（俗称“卷银包”）。北部地区居民吃元宝茶、红印糕等。父母怕孩子说脏话、骂人，用草纸给孩子嘴上擦一擦，以示禁忌。年初一当天，大人、小孩都穿新衣服、新鞋子、戴新帽子，与人见面时拜年、打招呼、说吉利话。年初一不扫地、不泼水、不洗衣、不动刀剪、不开后门、不跑亲戚。有些贫苦人则外出舞龙灯、跳狮子、吹鼓手(唢呐之类的乐器)、摇钱树、送菜头,以此乞讨赏钱、年糕等。也有人讨乞,称"跑发财"。

年初五,俗称"财神生日"。旧时,商店早早地开门,有些店主会送给最先上门的顾客一点商品,以示优待新年第一位顾客,祝全年生意兴隆。还有人身穿红袍,头戴面具和加官帽,为人家"跳财神",以讨取赏钱或年糕等食品。

年初十,旧时祭祀祖先后,收藏祖先神像。后来通东地区收藏祖像延迟为二月初二,南部地区为正月半。

新中国成立后,政府法定春节假日 3 天,提倡移风易俗。春节期间,民间迷信活动逐渐减少,其余多沿袭,并增添许多富有教育意义的内容,如拥军优属,慰问离退休干部、百岁老人及"五保"户,演出文艺节目,放映电影,赛球、赛棋等。乡镇机关趁外地干部职工及大学生回家过节之际,召开座谈会,交流情况,招商引资,开展横向联系等。

元宵节　北部地区称"上灯节"或"蓬灯节"。农历正月十三晚上开始,连续几天,人们点天灯,挂喜红,在纸菩萨前斋供米圆子。当地的庙宇、祠堂都张灯结彩,烧香点烛,还用锣鼓和乐队伴奏。很多人家也有"拔天灯"(灯笼挂在门口上方或挂在树干上)的,有的从十三开始到十八结束,也有的仅正月十五日一个晚上。

农历正月十五,从市镇到农村,处处挂红灯,扎彩灯,放鞭炮和焰火。1984 年(农历甲子年)元宵,县城举办灯展,满街高悬兔灯、马灯、蛤蟆灯、海龟灯、龙灯、宫灯等,灯面上装饰着精美的字画,五光十色,蔚为壮观。有的烧藠草、跳狮子、踩高跷、放风筝等。有人点着芦苇扎成的火把,在田野里边跑边喊:"田财,田财,大家发财!"叫作"照田财"。各户人家裹(包)馄饨,用糯米、玉米、高粱等谷粉搓成圆子或形似"棉桃""棉花包""卷团"(两头大)等元宵食品,插在竹枝或芦秆上,到田头及祖坟上斋供祭祀,俗称"斋田头"。用粗壮的芦苇或"钢芦"杆插在田中心,旁斋"卷团""棉花包"等食品,叫插"看窝",以祈丰收。出嫁女儿接父母到家里过正月半,吃馄饨以孝敬父母。元宵之夜还有人请"灰堆姑娘"或"坑三姑娘",求问年成好孬。新中国成立后,此种带有迷信色彩的活动,逐渐淡化和摒弃。有的单位举办猜谜活动,凡猜对者给予小礼品纪念,男女老少,其乐融融。过了正月半,农民普遍下地劳动,有的人外出干事。称"正月半吃了两头大(卷团),各人寻投路"。

图 33－1　1984 年,海门镇举办元宵节灯会

二月二　农历二月初二,俗称"土地菩萨生日"。农村里有人做圆子、照"田财"、玩花灯,但比元宵节规模小。南部地区农民,在这一天要吃年糕(一般春节时留下来的),俗称"撑腰糕"。

清明节　清明节前数日祭扫祖先坟墓。旧时实行土葬,扫墓时,先在坟墩四周清除杂草、整地,然后摆上酒菜、馒头、印糕等食物,跪拜,烧纸帛。官吏则要迎"城隍神"、祭土地神。北部地区人们扫墓时挖两块扁圆形泥块,叠在坟头上,俗称"坟帽子",还插上红纸帽。大户人家由族中各户轮流祭扫老祖坟,并准备较为丰盛的菜肴,合族共饮上坟酒,也叫吃"上坟饭"。有"祖坟地"的,以出租祖坟地的收入作为每年祭扫的费用。

抗日战争胜利后,经过土地改革,"祖坟地"不复存在,祭祖活动逐渐减少。新中国成立后,仍然保持扫墓祭祖的传统习俗,形式逐渐简化。20 世纪六七十年代,随着殡葬改革,由土葬改为火葬,许多村(大队)建立骨灰存放室,方便群众进行祭扫。各地干部群众、学校师生普遍祭扫烈士墓,敬献花圈,讲述烈士的英雄事迹,进行革命传统教育。自从清明节国家实行法定放假制度后,人们更为重视。

立夏　这天人们要吃鸡蛋、鸭蛋、草头（苜蓿）烧饼、青蚕豆、梅子、樱桃等时鲜货。北部地区还吃海蛳、蛤蜊、虾、蟹等带壳食物。小孩把蛋放在网线袋（俗称蛋袋）里，挂在胸前或拎在手里，相互间撞蛋。还有称体重及钻麦园等。20世纪下半叶，有的人家开始包粽子吃。

端午节　农历五月初五，又称端阳节，有纪念屈原一说。一般人家都要用芦叶裹（包）粽子，有糯米、高粱、黄穄等做原料；有的还加赤豆、红枣、肉丁等配料。端午节中午，在前门上悬挂菖蒲、艾叶及大蒜头；房门上及堂屋里贴"端阳符"。小孩胸前或两手腕佩戴香袋，胸挂荷包、锁片。还在室内用雄黄烧酒喷洒或涂在小孩脸上。店主备酒菜犒赏伙计。新女婿要向岳父母家送节礼，一般鱼、肉、糖、酒、粽子等，此俗仍流行。

六月六　农历六月初六，农村盛行裹（包）馄饨、摊面饼。相传这天皇帝晒龙袍，群众也跟着晒衣服。新中国成立后，此俗仍沿袭。

七月七　农历七月初七，又称"七夕节""七巧节""爱情节"。传说牛郎织女"鹊桥相会"。这天，有"七月七，弄点巧（烤）吃吃"的说法。农妇以面粉绞入油锅，煎成"巧果"，家人分食。市场上也出售"巧果"。

七月半　农历七月十五，又称"中元节""鬼节"。祭祖请客，请道士诵经，做盂兰盆会（放焰口），表示对死者的哀思。北部地区普遍烧经祭祖，仍然十分隆重。

中秋节　农历八月十五为中秋节。"月到中秋分外明"，是晚，在外地工作的人赶回与家人团聚，吃月饼、老鸭、圆子、花生、芋艿等，阖家欢聚赏月。每年中秋节前，各茶食店出售翻烧、月饼。茅家镇（今海门镇）朱协和、义隆泰的月饼最为有名，卖到八月半下午即停售。新中国成立后，各食品商店在中秋节前供应各色精制月饼，让人们欢度节日。

重阳节　农历九月初九，又叫"重九"，有敬老尊贤的礼俗。民间有吃重阳糕，糕上插五色三角小旗。还有人登高远眺，谓重九登高。1989年，国家规定为"老人节"，节日气氛更为浓厚，各级政府部门慰问80岁以上高龄老人。老年人进行书画比赛、文艺活动等。

冬至　一般在农历十一月。北部地区甚为重视，有"大冬小年"的说法。前一日叫"小冬"，冬至日称为"大冬"，也叫"过冬"。有烧香、祭祖、扫墓等，还有吹鼓手"闹冬"等活动。

腊八　农历十二月，又称"腊月"，初八晚，家家烧腊八粥，用白米或糯米掺入花生米、豆子、青菜、芋艿、慈姑等，有的还加肉丁或火腿混合煮成。传说，古时有个浪荡子，平时挥霍无度，不知节俭，快到过年，缸空、甏空，到腊月初八，罗尽最后剩下的一点杂粮，煮一顿粥，吃一顿晚饭，后来饿死了。人们为记住这一教训，每年腊月初八吃腊八粥。又一传说是明朝开国皇帝朱元璋，小时家里很穷，便去一财主家放牛。一天放牛归来时过一独木桥，牛一滑跌下桥去，将腿跌断，财主气急败坏，将朱元璋关进一间房子里不给饭吃，朱元璋饿得慌，发现房内有个鼠洞，扒开一看，原是老鼠粮仓，里面有米和豆，还有红枣，他把这些东西合在一起煮一锅粥，吃起来十分香甜可口。后朱元璋当了皇帝，便叫御厨煮一锅各种粮豆混在一起的粥，吃的这天正好是腊月初八，因此就叫腊八粥，此俗仍流行。

大寒　旧时，这天称为"浪宕日子"，可以挖树、整枝、搭羊棚、砌猪圈、出葬、迁坟、接尸骨等，诸事不受禁忌，可以随意行动，不必另行择时选日。新中国成立后，此种习俗逐渐淡化。

二、社会节日

民国初年，为纪念辛亥革命，规定10月10日为国庆节，也称"双十节"。每逢国庆，常有提灯会、游行、演戏等活动。民国16年（1927），国民政府规定每逢星期一上午，各机关团体、学校举行"总理纪念周"，与会者齐读"总理遗嘱"，并由主管人训话。3月12日，是孙中山逝世纪念日，又是植树节。4月4日是儿童节。5月有"五一"劳动节、"五四"青年节，"五九"国耻纪念日、"五卅"工人运动纪念日。11月12日为孙中山诞生纪念日。民国时期，每年国庆节放假1天。元旦放假3天。

新中国成立后，纪念日有3月8日国际劳动妇女节，3月12日植树节，5月1日国际劳动节，5月4日青年节，6月1日国际儿童节，7月1日中国共产党诞生纪念日，8月1日中国人民解放军建军节，9月10日教师节（1985年规定），10月1日国庆节，以上节日均有纪念活动。每年10月1日，各界人民举行形式多样的庆祝活动，向人民群众进行爱国主义和革命传统教育。每年元旦、五一规定放假1天，国庆节放假 3 天,春节放假 3 天。

1989 年,规定每年农历九月初九为老人节。

2008 年 1 月起,清明节、端午节、中秋节放假 1 天。

三、外来节日

情人节　2 月 14 日为情人节,改革开放后由国外传入,在年轻人中逐渐流行。有些商家策划各种促销活动,夫妻、恋人之间互赠玫瑰花、贺卡、巧克力等礼物,以示爱意。

愚人节　4 月 1 日为愚人节,又称"万愚节"。90 年代由国外传入,此节日主要是彼此开玩笑。

母亲节　每年 5 月第二个星期日为母亲节,改革开放后传入。此日,儿女向母亲赠送鲜花、衣物、保健品等礼物,以此报答母亲的养育之恩。

父亲节　每年 6 月第三个星期日为父亲节,改革开放后传入。仅有少数子女此日向父亲赠送礼品。

光棍节　11 月 11 日为光棍节,21 世纪初传入,许多商家策划促销活动,许多未婚青年狂购物品。

圣诞节　12 月 25 日为圣诞节,初在天主教、基督教徒中纪念此节日,改革开放后逐渐流行。80 年代起,涉外企业和留学生家庭注重此节日,一些商家、宾馆、饭店等以圣诞树、圣诞老人装点,还举行圣诞促销、圣诞大餐、圣诞晚会等活动,也有少年儿童戴圣诞帽,朋友之间互赠贺卡和发短信问候。

四、庙会

清代至民国初年,境内一些庙宇每年要举办数次庙会,俗称"出会",也叫迎神赛会。庙会的日期规定:农历二月十九"观音菩萨"出会,五月十三"关帝菩萨"出会,十月初一或十五"城隍菩萨"出会,还有"猛将会""娘娘会"等。北部地区一两年就有 1 次庙会,如都天会、元帅会、观音会等,其中都天会的规模最大。庙会非常隆重,先将寺庙里供奉的菩萨用轿子抬出,前后有各式仪仗队迎送。有撑花伞的、掮盾牌的、提灯笼的,还有踩高跷、跳狮子的,前呼后拥,锣鼓喧天,鞭炮齐鸣。菩萨"出巡"途中,有些人摆香跪拜,围观者人山人海。许多善男信女,穿红着绿,欢天喜地,热闹非凡。此种庙会,三四十年代因战乱而逐渐减少,50 年代基本停止活动。

五、祭孔

明清境内已有孔庙。清乾隆年间(1736－1795),海门茅家镇东市建有孔庙,规模宏伟,超过邻近孔庙。每年农历二月和八月丁日,是传统祭孔节日,称为上丁。祭孔前夕,先宰牛两头及猪羊数十只,作为祭品,还供奉稻、麦、黍、稷等数十种农产品。祭孔时间在五更三点。先敲鼓撞钟,由厅官主祭,助祭数十人,向孔子牌位行三跪九叩礼,敬香点烛,读焚祭文。礼毕由学生列队唱《颂圣歌》。歌词是:"羲农荒远文周微,孔教何巍巍。万派寻源委,圣之门兮海之水。中外同风会有齐,亚澳欧非美。奚分耶释回,都在我教之范围。"

孔庙内存放着许多古代乐器,琴瑟钟鼓齐全,还有铜铸编钟,锡铸烛台,殿内挂满宫灯。祭孔时琴声悠扬,钟鼓齐鸣,载歌载舞,热闹异常。祭祀完毕,太阳将出。

尊孔祭孔历代重视,清末民初仍年年祭孔,以后逐年冷淡,以致中断。民国 27 年,日本侵略军侵占海门县城后,百年孔庙毁于一旦,祭孔习俗随之消失。

图 33－2　海门孔庙大殿　（民国时期摄）

第三节　婚育习俗

一、婚姻

联姻　旧式婚姻都是"父母之命,媒妁之言"的包办婚姻。在封建礼教的束缚下,青年男女根本没有婚姻自由,更不可能自由恋爱。男女联姻,先要有媒人说媒,男女双方要门当户对。南部地区,男女经人说合,双方父母有意,就先"并八字""相亲""访人家",后"定亲"。北部地区则先由父母托媒人或媒人主动做媒为双方说亲,双方父母认为"门当户对"后,由男方拣好日子请媒人带生月钱包,去女方索取出生年月日,即生辰八字帖,称通草帖。媒人将此草帖压在灶台的香炉脚下,如在3日内发生破碗坏盏,即推托不合,将八字帖退给女方。如男方认可,则请算命先生"排八字",进行合婚;如八字不合,请媒人将女方的庚帖退还,生月钱不退。

由于包办婚姻,有些孩子在娘胎里就由父母听从媒人做主和人家定亲,称"指腹为婚"。有些男孩十四五岁,父母就为他联姻娶妻。

旧时,寡妇不准改嫁,同姓不准结婚。还有早婚、重婚、纳妾、遗弃、抢亲、拔亲、带童养媳等许多陋俗恶习,女性倍受欺凌,不少男子因无钱娶妻而终身光棍。

1950年《中华人民共和国婚姻法》颁布,提倡男女平等,保障婚姻自由,废除买卖婚姻、早婚及童养媳等恶习。青年男女可以互相交往,自由恋爱。此后也有的靠说媒联姻、婚姻介绍所以及电视、广播、报刊等媒介征婚联姻。双方同意后,办理结婚登记,领取结婚证书,法律上即可生效。离婚亦须经民政部门批准,办理离婚手续。另外,男到女家落户、寡妇改嫁、老人再婚等,逐步被人们接受。

聘约 北部地区的聘约过程比较烦琐。首先是小定。"八字"并合后,男方择吉日,托媒人带礼品去下聘,一经谈妥,不能反悔,否则被看作赖婚而引起诉讼。男方赖婚,聘礼不退。女方赖婚,退还聘礼,赔偿办酒损失。小定礼物一般是手镯、戒指、钏儿等金银首饰或衣料及必要的茶食糕点。再是送节礼。每年端午、中秋、春节,男方备以鱼、肉、糕、酒、糖和茶食等礼品,通过媒人送给女方。女方除收受猪肉外,其他都退一半,意成双成对。还要有糕,谐音"高来高去",称之"回礼"。然后是送日子,男方择吉日将迎娶的婚期写在"龙凤帖"上送交女方,随帖送去龙凤喜饼、茶叶、糖、枣、鱼、肉以及女方索要的红纸袋两个。再后是抬嫁妆。结婚前,男方给女方带一定数量的迎亲礼,如鱼、肉、糕、糖、粽和名目繁多的红纸包、香烟、茶叶和一条"还娘席",派上亲朋好友上门取嫁妆,待女方同意后,才允许抬嫁妆。最后是设待媒酒席。结婚前天晚上,男方以上规格的餐宴酬劳媒人,并筹划次日的婚礼。

南部地区聘约亦有规矩,订婚(俗称吃小喜酒),男方向女方赠送聘礼,互换庚帖,确定婚姻关系。订婚后,逢年过节,男方频繁送礼(俗称"送节礼")。结婚之前通过媒人"送通风",即确定婚期、礼金、礼品,直到女方接受婚期为止。

新中国成立后,聘约过程简化很多,男女订婚后,男方向女方赠送聘礼,称为"定鉴"(定亲礼品),男女双方相互走动相亲。结婚之前通过媒人"送通风",确定婚期,并选择逢双日子抬嫁妆,为结婚作好准备。

婚礼 旧式婚事,多数穷苦人家限于条件,办喜酒菜只有10碗头,稍好一点的12碗头(即10样菜或12样菜)。接新娘用独轮人力小车、黄包车、自行车或木船,坐不起花轿。有的娶不起媳妇,甚至用"抢亲"的办法,达到"成亲"目的。有钱人家的婚礼,办得十分隆重,讲究排场,大摆筵席。

南部地区,结婚这天中午,新郎要去女家拜见岳父母,随去3顶花轿,新郎、新娘、媒人各1顶。新娘用的是大红珠花轿,其余两顶是宝兰呢轿,还抬去"食箩"(用木框制成)多只,内装白鹅、满坛绍兴酒、鲨鱼皮、猪肉、大青鱼、大鲤鱼等礼品,配以乐队。中饭后,新郎等一行先行回府。新娘则待到夜晚时分(根据路途近远而定)出发,随带嫁妆,包括家具、铜锡器、瓷器、绸缎布匹、化妆品等,都用"食箩"抬着,排成行列,一路吹打,送抵男家。新娘出门上花轿时,头上盖两尺见方的丝绸红布,脚下踩铜烘缸,盛满火灰;离娘家时,还由她的弟兄在花轿后面泼水,谓"嫁出门的姑娘,泼出门的水。"花轿抬到男宅时,男方用稻草点"三灯旺火",有的放三眼铳。请属龙属虎的男女傧相拾花烛,迎新娘出轿,并用布袋摊地,让新娘穿着绣花鞋从袋上走过,不沾尘土,谓之"传代"(传宗接代)。新郎新娘进入洞房后,同坐新床,饮合欢酒,吃和喜团圆。然后拜堂,向福禄寿三星行跪拜礼,由长辈及亲友朗读《诗经》"关雎"三章及"桃夭"三章,祝颂新婚。民国以后,逐步改为文明结婚。新娘头上不戴红方巾,改戴墨镜,废除跪拜礼,改向国旗及孙中山遗像行鞠躬礼,由证婚人、介绍人及来宾分别致贺词,主婚人致谢词。新郎新娘在结婚证书上盖印,互换首饰。

婚礼上不断奏乐、唱歌，还有余兴节目。婚礼以后，新郎新娘同座，请亲朋作陪客饮“花烛酒”。回房后，即有人闹新房，称为“吵亲”。次日中午祭祖，向长辈行见面礼，长辈向新娘出“见面钱”，新娘也回赠若干礼品，称“台礼”。

北部地区的婚礼比南部地区更为讲究，一是迎亲。择吉日，男方同媒人带领喜轿一顶或几顶，和迎亲的吹鼓手以及带给女方姑表姨舅的礼物，到女方宅前，先鸣爆竹，女方响应后，从左侧上首进场，轿门对外停放。女方点燃男方带来的红蜡烛，请来人吃糕粽糖茶。新娘请两个丈夫健在、有子女的妇人梳洗“上头”，男方3次“催亲”鞭炮响后，新娘罩上“红盖头”，要在日落前，向父母兄弟一一挥泪告别。上轿时，脚踩门前铺的草席，以表“传裔”，然后由父或兄抱上轿，轿内有烘缸安放，表示“兴旺”。起轿时，鸣炮庆贺、泼水。在点灯后，女方才可到男家。新娘花轿进场前，女方鸣炮轿到，男方鸣炮相迎，花轿进场，鼓乐喧天，轿门对内停下。新郎掀轿帘，挽出新娘，新郎与新娘手拉手踏在布袋上进门。新郎新娘进入中堂行跪拜礼，“一拜天地，二拜父母，三夫妻对拜”。行拜礼后同跨七星灯送入洞房，由妆妈婆扶至踏板的小方凳上“坐富贵”，共饮“和气茶”，新郎新娘各呷一口后，先男方父母、兄弟姐妹，后诸亲等依次呷茶，以示阖家和气、幸福，新郎再发喜糖喜烟。二是贺房酒。男方宴请亲朋好友的当晚，预先留下新郎平辈的表弟兄、姨弟兄、堂弟兄及其好友，参加陪新娘的两桌并台酒宴，酒台点燃一对舅舅送来的龙凤烛。宴席上边饮边说合，有新郎发烟、发糖、倒酒、上菜，你我他都可说，伴随猜拳罚酒，向新郎劝酒，互相比酒，山歌利市，此起彼伏，热闹欢乐。婚席上，鱼是不吃的，称为“年年有鱼(余)”，抬鱼的人还受新郎的红包。三是铺床。请成双的长辈夫妇铺新床，用稻草铺垫，再放上新被，挂蚊帐等。四是闹新房。“新婚三日呒老小”，新娘与亲戚间不分长幼辈分，无论老少亲友都可以戏言戏态引逗新娘，新娘只得低头“作富贵”，此时闹得笑声震天，喜气倍加。五是撒百花、种子。由亲戚中的民歌能手，用青蓝腰布兜上花生米，俗称“长生果”(长生不老、开花结果)，枣子(早生贵子)、桂圆(贵在团团圆圆)、蜜糖块(甜甜蜜蜜)等物，撒向新床的四角，撒向亲友，边撒边说百花、种子令。直到深更半夜放鞭炮，以示“登科”，他人才退出新房。六是开颜。次日清晨，鸣放爆竹，催新郎新娘起床，门一开，预先站在门口的人蜂拥而进，争到新娘被窝里摸糖果糕点。由妆婆将新娘额前看发剪掉，颈后毫毛也用棉线绞去，称“开颜”或称“车脸”，表示已婚。这一天，吃拜堂酒，新郎领新娘与男方长辈行见面礼，长辈们个个“出手钱”。新娘则送“台礼”一份，表示还礼。同时女方兄弟或姨妹携带礼物到新郎家来作客，叫“接满月”，男方办酒款待新亲，并约定“回门”时间。一般婚后第三天新娘新郎到娘家“回门”，也有新娘出嫁到男家一个月不能出家门一步，等满月后夫妻双双才回娘家。但逢八日子不能回娘家，称为“七不去八不归”。

新中国成立后，政府提倡勤俭办婚事，要求婚事从简。20世纪80年代初，结婚大多选择在“五一”“十一”、元旦、春节等假日或前后，改用茶话座谈、集体婚礼、旅行结婚等形式，新娘嫁妆由男方在婚前数日用车、船接运。结婚那天，再由男方用自行车到女家迎娶新娘。改革开放后，由于经济条件好转，有些人家办婚礼摆阔气，彩礼、人情、酒筵的档次越来越高。有些人家结婚酒席要办几十桌。不少人家用轿车迎接新娘。嫁妆由“三转一响”(自行车、缝纫机、手表和收音机)发展到“36条腿”(挂衣橱、四仙桌、三门橱等)和一些电器。90年代，许多人家嫁妆有全套高档家用电器(彩色电视机、电冰箱、洗衣机、录像机、组合音响机)和新式仿红木组合家具、轿车等。八九十年代，有些男方支出三五万元，女方支出二三万元，开支很大。有的硬撑门面，债台高筑。农村还保留着一些旧式婚姻习俗。

进入21世纪，婚礼稍有改变。有的人家请亲朋好友去酒家举行婚礼，边吃边闹婚等。有的结早亲，即在一天内完成所有结婚程序，过程从简。还有的参加集体婚礼、旅行结婚。有的在高档宾馆宴请亲朋好友，请婚庆公司安排全过程，拍婚纱照，录音录像，热闹异常。

二、生育

送红蛋　抬“毛米饭”　海门人一向重视生儿育女。若头胎生男孩，男方第一天就要向外婆家和亲戚邻居发红蛋报喜。第三天向所有邻居送米饭一碗，俗称抬“毛米饭”。在产妇分娩后的12天内，忌外人(包括亲戚)进入产房，以免婴儿夭折、“做朝数”(死亡)。生产后头几天，外人第一个进入产妇家，叫"踏生"，有身份的人踏生认为是好运，穷苦人或品德差的人踏生，认为触霉头，以后小孩的脾气、职业、前途如"踏生"人。12天后，各亲戚都来探望送礼，俗称送"产母羹"，一般都送红糖、鸡蛋、油面（油馓子）、糕点等物，也有给钱的。外婆家在小孩出世前送来全套婴儿衣服、尿布、被褥等。很重视婴儿开奶，一般要寻找头胎母亲或比较聪明有名望人家的母亲的乳汁开奶。

做满月　婴儿满月，做圆子，请至亲好友吃满月酒，既是庆贺又是还礼。请理发员到家里为婴儿剃头修面，称剃胎毛。胎毛一般由父母保存。

做纪箍　孩儿周岁时，宴请各亲友饮周岁酒，俗称吃"纪箍圆子"、吃"纪箍"面。中饭后，玩"抓阄"。小孩坐在桌子上，上面放着算盘、书本、秤、葱、泥土等物，让他任意抓取一物，借此猜测小孩长大以后的性格和出路。

第四节　丧葬习俗

一、报丧

海门人对丧葬礼仪极为重视。人去世后由其直系亲属，主要是配偶及子女负责料理丧事。丧事烦琐，迷信色彩浓厚。对诸亲及长辈，由亲生子女披麻戴孝，亲自分别前往报丧。去时手持雨伞一把，进门即向长辈跪拜。亲戚家招待糖茶一杯，并回赠毛巾、衣物、床上用品或布匹。一般亲戚则由主家请人前往报丧。同时，到庙里为死者求神保佑，叫作"告庙"。20世纪90年代后，随着通信工具的发展，有的也用电话、发短信等形式报丧。

二、搁三朝

先为死者剃头、洗身、换衣，然后将遗体安放在堂屋（灵堂）里，一般要搁3天，少数也有搁5天的，停遗体的房前用毛竹、帘子搭起丧棚，还要请吹鼓手吹打，道士做道场，扎库，剪冥衣，写牌位，布置灵堂。请木匠做棺材，邻居帮忙磨麦粞，买菜，准备吃素饭等。

入殓前夜，请人扎一顶纸轿，内供死者牌位及死者生前部分衣服、被褥等，连同少量柴草，在住宅前场心里，点火焚烧，称"烧床柴"，也叫"送西方"。烧完后，子女及亲属回到灵堂发孝服。这时，儿子身穿白布孝服，脚穿蒲鞋，头戴麻布凉帽（帽边挂4个白绒球），手持孝棒（俗称"触活棒"），向各长辈行跪拜礼。晚上有人守灵、陪夜。除"文化大革命"期间有所变化外，一直沿袭至今。

三、入殓

入殓当天宅前竖幡杆（状如旗杆）两根。上午，远近亲朋邻居陆续前来吊丧，带上纸帛、纸锭，有送钱币的，称"代帛"，也有送挽联、挽幛、被面等。吊丧者都向死者、牌位行跪拜礼，子女在旁还礼。请的吹鼓手每当有人跪拜就吹一次号筒。请阴阳先生、道士、和尚诵经、拜忏、做道场。下午入殓前，由和尚诵经，化"九千七""二万四"，即一人边哭，亲属中一人边烧纸帛，纸灰装入布袋陪葬。亲属依次向死者遗体跪拜，随即将遗体安放在棺材里，各亲属再绕棺一周向遗体告别，叫"小殓"。接着盖棺，用大铁钉钉盖封棺，叫"大殓"。一些家境富裕的人家，将棺材移放在公堂屋的东侧，棺前摆上供桌（称"坐台"），桌子横档放置死者布鞋1双，桌上放死者牌位、画像或照片、香炉、蜡扦、供品等。每天早、中饭时间，由家人端饭斋供。旧时，还有少数人死后不用棺材而用"寿缸"安葬。

四、出葬

50年代前，死者去世满3周年，举行安葬，将棺材从家里抬出，移葬坟墓。出葬时仪式隆重，子女亲友组成送葬队伍，随棺送到墓地。有钱人家还用砖石或混凝土在墓穴四壁砌坑。一般安葬仪式，均在"大寒"前后。安葬完毕，子女脱下孝服，换上红鞋子，叫作"释服"或"脱孝"。至此，3年丧事才算结束，称为"入土为安"。明、清时期，读书人和做官的为父母奔丧期间，不能参加科举考试，不能外出做官，须在家守孝3年，称"丁忧"。

穷苦人家死了人，没有钱办丧事，只好东借西挪，买一口薄板棺材。有的甚至用草席或芦菲卷着，送到墓地埋葬了事。墓一般要做在自己的土地上，没有土地的，或租人家的土地埋葬，或葬入荒滩乱坟之中。

南部地区有接骨头习俗。人死后3年或更长一段时间，在"大寒"时节，请人开棺将亲人骨头拣起，放在"骨殖甏"里，然后入土或立于地面，碰到坍江迁居时，将祖宗“骨殖甏”一起带走。

北部地区，丧葬习俗大同小异。人死后，传说“亡灵”还有“回丧”之日，也叫“回煞”，并有亡人显灵的种种传说。具体日期由阴阳先生掐算，少则3天，最多18天，选在单日夜里，家里人把死者原来的房间、床铺摆设依旧，灵台前供上酒菜，烟囱旁扎一芦梯，屋内放点纸帛和香火，然后家人躲开，静候“亡灵”返回，待纸帛燃烧后，家人再出来叩头号哭，表示迎接“亡灵”。

新中国成立后，丧葬习俗，如报丧、戴孝、入殓、七素、周年祭日等，仍沿用旧习，但较前简化，迷信色彩也逐渐淡化。50年代，各地仍用土葬形式，葬具都用木棺，后改用水泥棺。70年代开始推行火葬，死者搁三朝后出葬，家属将遗体火化后装入骨灰盒保存。吊丧采用向遗体告别、开追悼会、戴黑纱、白花等形式。80年代后，普遍实行火葬，一般都用手扶拖拉机、卡车或殡仪馆葬车将遗体运至火葬场火化，子女和亲戚随往送葬。出葬时燃放鞭炮，子女在死者遗体上撑（打）一把雨伞，一路化纸帛。火化后，将骨灰盒放在家里或入土安葬，或存放在村（大队）的骨灰存放室。丧葬中也带有一些迷信色彩，旧俗重新抬头。

七八十年代，海门镇、悦来镇两处建立火葬场（又称殡仪馆），城市居民大多在火葬场搁三朝，火化后，将骨灰盒寄放在殡仪馆公墓或烈士馆骨灰存放室。各村（大队）均建有骨灰盒存放室。

五、七素

旧时，从死者死的那天起，每隔7天须由家人烧经祭祀（俗称“烧七素”），一般由儿子烧，逢三七由女儿烧（有的女儿烧五七）。烧六七那天，要请亲邻好友吃酒饭。六七前夜也有亲人守灵陪夜。北部地区和一些富裕人家烧五七很隆重，要请和尚诵经、放施食、做道场、扎库，也有亲友前来吊唁，有的将死者棺材送往墓地安葬。逢女儿烧七素，由女儿、女婿备酒菜前来祭祀，娘家准备糕点、鱼肉款待。中饭后，女儿要早回家，近邻亲友随送，一路燃放鞭炮。第七个七素，称“断七”，再祭祀一番，七素结束。一般贫苦人家七素照做，但一切从简。以后逢百日、七月半、八月半和九月初九，还要烧经。逢到农历春节，自年初一至年初十，又有亲朋前来拜年、送人情。进入21世纪，许多人家在入殓那天，完成丧期的各种祭祀活动，一次性处理，不再烧七素。

在死者七素期间，女儿每天早、晚要在坐台前长哭一次，叫作“哭七七”。儿子不剃头，夏天出门不撑伞，不戴凉帽，鞋子或帽子上要缝块白布。冬天不穿皮毛衣裳（羊皮袄可穿），女儿不戴金首饰。

另外，境内的天主教、基督教教徒的丧仪常以宣讲教义、唱赞美诗（唱圣歌）、祷告（念经）、献炼灵弥撒、追思等表示哀悼。

第五节　礼仪习俗

一、祝寿

人满50岁生日，其子女和亲戚前往庆寿。一般逢9（如49、59岁……），先为其预庆。旧时，富裕人家祝寿，张灯结彩，设寿堂，挂寿幛，大摆筵席，收受礼物。父母寿庆，女儿做寿桃、寿糕，于寿辰前夕即来“暖寿”。当天，晚辈都要向老寿星拜寿。全家都吃面条象征长寿，并用大蛋糕祝寿，还要放鞭炮，热闹一番。20世纪70年代后，人们不但为老年人祝寿，也为年满30岁、40岁的中年人过生日，经济条件好的要办十几桌、几十桌酒筵。也有提前庆寿，只是自家人吃面团聚。80年代，有为10周岁儿童过生日的。北部地区一般50岁不祝寿。如今，祝寿的形式逐渐简化，寿筵的规模越来越大，档次越来越高。城市许多居民一般在酒店设宴请客。

二、建房

旧时，凡有人建造新房，先请阴阳先生相风水，选择宅基地址。房子的东南角，称“青龙角”，不好砌房子。凡建造新房，特别是上正梁那天，亲朋好友都不请自来送礼，并帮助干活。礼品为酒、肉、糕点、对联、镜框等，叫作“送搀高头人情”。女儿、女婿要加送鞭炮。当新屋框架建成，上梁合龙门时，要放爆竹，木匠师傅骑跨在正梁上，往下向人群里抛馒头和糕点，称为“抛梁馒头”“抛梁糕”，表示发财的意思，围观者高兴地争抢。新屋横梁上贴“安梁大吉”“福星高照”“紫气东来”“太公在此，百无禁忌”等红纸条。当上梁的木匠师傅敲完最后一只椽钉时，叫主人出来用围腰接斧头（谐音“接富”）。在上梁这天或新屋落成以后，主家要宴请各亲友，以示谢意。通东地区，上梁那天还有人上门说“利市”。60年代以后，“相风水”等逐步淡化，但所送礼金越来越重。

三、探病

一人患病，众人关切，亲戚朋友都要探望，还要送些食物（水果、礼品等）或现金，表示慰问。探病时间一般在上午。重病住院，病愈出院回家时，要放爆竹、吃面，以示“消灾”。事后，还要设宴，答谢亲友。

四、寄亲

父母生了儿女，为防止在成长过程中遭难甚至夭折，选择“生肖”相合的人认作“寄父母”（干爹、干妈）。甚至用寄父家姓，叫“寄名出姓”。也有不少人家因为两家的关系好，让儿女认寄亲的。有的孩子在娘胎里就被认寄亲。有的孩子送到寄父母家祭祖拜灶，然后领回由亲生父母抚养。也有和人家互认寄亲的。还有为了巴结人家甘愿认亲的。认寄亲后，大多经常交往，关系较好。南部地区有些姑父母、姨父母、舅父母也叫寄爷的。

第六节　生活习俗

一、住房

农村　旧时，南部地区一般住房方向坐北朝南，宅地有二三间的，也有“三关厢”“四关厢”“三进两场心”的。有后宅沟，有四汀、三汀宅沟的。多为一族而居，很少一宅两姓。房子多数为草屋，即四壁为芦笆，上盖稻草。有的是芦笆瓦盖的“冷滩瓦屋”。有钱人家是木架砖墙瓦屋，也有搭后落屋的。少数贫困人家住“环洞舍”。宅与宅相邻，屋前有条横路形成埭。

室内安排，一间一户的左居室、右厨房或后居室、前厨房，中间用芦笆隔着。两间一户的，一为居室，一为厨房兼堂屋。三间一户的，西为居室，东为厨房，中为客厅。

北部地区以甲沟为中心，宅地成非字形排列，草屋居多。室内安排与南部地区稍有不同，两间一户的一般居室与厨房合在一起，无后门、后窗。另一间为堂屋，有后门。堂屋正中后墙壁放一张木柜，用以储放粮食等，后墙柜上方悬挂中堂、对联或神像。

20世纪60年代初，提倡“方整化”，打破旧的建房格局，居民点建设取得进展。农民修建或新建住房，按规划“上线”，逐步形成新的村落。草屋大多数改为瓦屋。80年代，农村经济体制改革取得成效，农民建楼房增多，一般为两层四间，也有三层五间、八间的，楼房式样新颖别致，设备齐全，厨房卫生间，太阳能热水器极为普遍。

城镇　50年代前，城镇居民一般以街道为中心，前店面后居室。有的也建造住宅，但在街道后面，自成院落。70年代后，楼房渐渐增多。80年代，开始建造居民住宅区，一式套间，五六层不等。小套一室一厅，40－50平方米；中套二室一厅，50－60平方米；大套三室一厅，70－80平方米不等。进入新世纪，城市住房建设日趋发展，一般六层，以后发展到10层、15层、20层以上的高层，单户住房面积七八十至150平方米不等。有的还建造别墅。

二、饮食

主食　海门西部地区富裕人家以大米和麦粞饭为主，中东部地区、通东地区以玉米粞、麦粞杂粮为主。小集镇居民用粮与附近农民相似。富裕人家一般大米多于杂粮。50年代以后，因地域而形成主食的区别逐步消失，普遍以玉米、元麦、大米为主食，间或以面食。市镇居民根据国家定量分配品种，以大米为主。来了亲戚，主人也有用馄饨、圆子招待，以示敬意。进入新世纪后，以大米为主食，为保健而吃些面食、粗粮、杂粮。

副食　农民很少上街（镇）购买荤菜，而以自种的蔬菜为佐餐。有不少农户自养鸡、鸭，生几个蛋，以改善生活。逢时过节或有亲戚朋友上门，买上一刀肉、几尾鱼。有些条件好的，在宅沟里自养鲜鱼，捕上几条以待宾客。这种生活方式基本上持续到70年代。80年代开始，生活习惯有所改变，特别是经济发达的西部地区，副食品相当丰富。个体户达到“无荤不下饭”的程度，其伙食消费往往超过市镇居民。一般农户的副食也有改善。90年代后，由于反季节蔬菜种植和供应，蔬菜品种十分丰富。

酒类　旧时，农民、城镇居民一般习惯饮米白酒,有的人家用大米自己酿制。解放前,有的富裕人家以高粱为原料,自制白酒,以满足自己的饮酒所需。酒桌上有人喜饮55度、60度的老烧酒(高度白酒)。80年代后,高度酒逐渐减少,以改用38度酒为主。许多人喜欢饮啤酒、葡萄酒、保健酒等。进入新世纪后,茅台、五粮液、剑南春等名酒逐渐畅销,尤其在喜庆、招商等活动中,名酒成为餐桌主角。

三、服饰

服装 旧时,南部地区农民土纺土织比较发达。一般喜欢用家织的芦菲花布、蚂蚁布和格子布,做两短裆(布衫、裤子)衣服。女子穿大胸襟布衫,下身系转裙,头上戴蓝印花兜头布。30年代,市镇居民,男人普遍穿长袍,少数年长的外出时加马褂。女子中年以上穿短袄、腰裙;年轻的穿旗袍,多以蓝色为主。"阴丹士林"布为流行服装布料。40年代后,长袍、马褂、纺绸长衫,时兴于敌占区市镇。50年代,外衣流行中山装、学生装、人民装、列宁装等,以蓝色、灰色为主。一度"苏联花布"在境内流行。衬衫,男的以白色、灰色为主,女的则增加淡红、浅绿色等。农民着中装短袄裤的仍不少。"文化大革命"期间,时兴穿黄军装。男女青年特别是学生都以着黄军装为时髦。70年代后,兴起西装热,用毛料、纯毛作面料,有的还戴领带。后时兴穿夹克衫、牛仔裤等。在年轻女子中,穿着更是五颜六色、多种多样。面料有花缎、云锦等,穿旗袍的不少,穿裙子的更多。儿童的衣着更为多样而讲究。春秋两季多以风衣、绒线衣、羊绒衫、单毛衣为外衣,冬季则为滑雪衫、羽绒衫、皮夹克等,一直持续至今。

鞋帽 旧时,鞋一般为布鞋、草鞋、芦花靴、木屐底(木制拖鞋)。50年代,逐步兴穿皮鞋、胶鞋、钉鞋、雨鞋、塑料鞋。年轻女子穿高跟皮鞋。袜子有布袜、纱袜、尼龙袜等。帽,多为草帽、呢帽、西瓜皮帽、礼帽、同盟帽等。50年代后,戴解放帽、八角帽、工人帽、绒线帽、遮阳帽、旅行帽等。

发型 清代,男子留辫子,民国以后剃平顶头、和尚头、西装头等。女子为发髻(绾子),民国后改行灶门、单辫、双辫(角辫)。80年代后,以烫发、短发、披肩发为时尚,延续至今。亦有些青年将头发染成红、绿、黄等颜色。

饰物 男子戴锁片、银圈、戒指,少数有耳环。女子有发网、头簪、钗、耳环、项链、戒指、手链等。一般银质、金质,少数铜质、玉质。

四、代步工具

40年代前后,较为体面的人出门以木制独轮车(俗称"小车")代步,市镇则有黄包车、汽车等。至于自行车,乡间还不多见。50年代,自行车逐渐增多,70年代成为普遍代步工具,一些居民家有数辆。80年代,出现以轻骑、摩托车作为代步工具,至于公共汽车、出租汽车,则为更多。进入新世纪后,许多人家开始使用电动自行车、轿车。

五、摇会

旧时,海门流行自发性民间经济互助组织。由发起人(称会头)邀请亲朋好友若干(称会脚)参加,确定每次会款数额,举会期限。会头收用第一次所缴会款,会脚依次轮流收用。收会款时聚餐,俗称"吃会酒",会毕自行解体。解放后,农村仍有农民组织摇会,开展经济互助。直至80年代,人民生活水平提高,摇会渐止。

第七节 恶习陋俗

一、缠足

旧时,用一条狭长的布带,将妇女的足踝紧紧缚住,从而使脚骨变形,纤小屈曲,以符合当时的审美观。在缠足时代,绝大多数妇女从幼年开始裹脚,直到成年,骨骼定型,方可将布带解开,有的终身缠裹直到老死。

缠足的过程,妇女承受极大的伤残痛苦,民间谚语:裹脚一双,眼泪一缸。缠足从四五岁开始,历经三四年时间,到七八岁时才能初具模样。缠足前先以热水烫脚,趁热将拇趾以外的四个脚趾强行向脚底弯曲,使脚趾紧贴着脚底,并在脚趾间涂上明矾,用以除湿、杀虫、解毒。但许多女孩子的双脚仍然化脓流血,难以站立,只能爬行。经过长期折腾,双脚被缠得弓弯短小,脚底凹陷,脚背隆起,脚的长度被极大地缩小,扭曲成不规则的笋尖形,小脚伶仃,立足不稳,称为"三寸金莲"。这种给妇女带来无数不便、毫无效用、使妇女受到极端痛苦的事,竟成社会习俗，绵延千年。民国初期，孙中山下令禁止缠足，至解放后，才完全废除。

二、算命　占卜　相风水

旧时，孩子出生后，请算命先生查看金木水火土“五行”，缺什么，就把所缺字排入名或字中。男女议婚，请算命先生“合婚”，也叫“并八字”，看生肖是否相配。还有请相面先生看面容相貌、五官手指、手纹，以卜测命运前途。有人生了病，请算命先生算命，以测吉凶。

去庙里或巫神家，相卜者报上某人的生辰或者某事发生的时间，相卜者以手指某一关节为起点，顺序数到另一个关节位置，由相卜者说出一个字，相卜者以字拆意解疑，叫“测字”。相卜者从神龛前的竹筒内抽出一根竹签，依竹签上的字意解疑称“求签”或“问签”。

旧时，民间砌房造屋或人去世后选墓地。请阴阳先生看地理位置，称“相风水”。新中国成立后，随着教育的发展，科学知识的普及，文明程度的提高，这种陋习有所减少。20世纪90年代后，此种恶习又有所抬头。

三、招魂

旧时，小孩惊吓发热或有人患病，谓“失魂”“落魂”，要招魂。招魂又称“叫火”，认为人惊吓后，魂不附体，化纸、招魂后，魂归人体。有的亲人在黄昏时手拿扫帚，口喊“某某归来”，答“归来了！”连续呼喊多次。有的请当地妇女或老人，专事招魂，骗取钱财。新中国成立后，逐渐减少。

四、卖淫嫖娼

旧时，贫苦妇女为生活所迫，或因拐卖所致，沦为娼妓。境内一些老集镇有不挂牌的妓院，叫作“暗娼”。有的在家中卖淫，招拉嫖客，称为“野鸡”。某些阔少，寻欢作乐，出入其间，伤风败俗。新中国成立后，皆被政府取缔。80年代后，又有卖淫嫖娼现象，常被公安部门查处。

五、赌博

旧时，赌博盛行，赌具有麻将、牌九、纸牌和骰子，有专设赌场，抽头为酬。民主政府曾大力禁赌，有所收敛。新中国成立后，只有少数赌徒赌棍，偷着赌博，一经发现，严厉打击。80年代后，玩纸牌、扑克牌、麻将等又风行起来，多数小赌，参与者较多。赌具有自动麻将机等。少数大赌，赌资上万、数万元者，公安部门虽时有打击，仍屡禁不止。

六、吸毒

旧时，一些上层人士、地主豪富、兵痞流氓，吸毒成癖，难以自拔。一般吸鸦片，俗称吸大烟，也有吸“白粉”（海洛因）等，大的市镇，均有烟馆开设，专营此业，危害极大。新中国成立后，政府明令禁止贩毒、吸毒，种植罂粟，杜绝毒源。90年代后，贩毒吸毒活动又有抬头，一些不法分子，不顾党纪国法，特别是在青少年中有所发展，政府明令禁止，坚决予以打击。

第八节　禁　忌

一、一般禁忌

“马桶”称“子孙桶”，“煤炭”称“兴旺”，“猪舌头”称“猪赚头”。人死了，忌说死，而是“人老了”“人走了”。兄弟姐妹排行第四避“四”（死），改称五哥、五姐，属吉利话。

小孩称体重时，秤锤由里朝外打，忌由外朝里打。称后用秤杆轻敲小孩身体，以示赶快成长。

忌小孩取与前辈相同的名字，忌小孩坐在门槛上，忌小孩吃鱼子，说是吃了“不识字”。男子忌在女子晒的裤子下面行走，否则会“倒霉”。夫妻忌在亲戚朋友家同床共宿。

主人不招呼，客人忌入内房。客人在时，忌扫地或骂孩子、泼水。在亲戚朋友家作客就餐，一忌将菜挟住又放下，二忌挑精拣肥，三忌在台对面碗里去挟，四忌手握筷子，目光对准菜肴，五忌用筷子作牙签，六忌连续搛菜，七忌搛菜滴汤不止，八忌吃完把筷子搁在碗口上，九忌把空碗倒扣在桌子上，十忌用筷子敲空碗。

孕妇禁吃兔肉，怕生的孩子兔唇。忌食棒冰等冷饮，怕日后孩子哭时下巴摆动。

病家忌把药渣倒在别人家门口。忌穿着孝服闯入邻居家室。办丧事送人情，忌退人情。

邻居刚生小孩，忌外人闯入，否则谓之“踏生”，认为小孩将与踏生者的生性脾气以致未来的职业相似。幼儿夜里啼哭不止，叫人在红纸上写上"天汪汪，地汪汪，我家有个夜啼郎；过路君子读一遍，一觉睡到大天亮"。贴在要道口，以为可治幼儿夜里啼哭。婴儿受人惊吓，主家要惊吓者剪下裤（皮）带头煮汤给受惊吓的婴儿喝。

二、沿海渔民禁忌

渔船上的各个部位，都有名堂讲究，不能随便就座。特别是船头、船左舷、大主、二主等部位，尤为讲究，否则就是犯忌，被视为欺船主，是亵渎龙王老爷的行为。

不能在船头上大小便，如有此行为，船民会将其一脚踢入水中，然后再救上船，表示罪有应得。

船左舷为进财门，如犯戒，便是堵住进财大门，受到惩罚，要向财神请罪。

船上的水瓢和饭碗不能倒扣，更不能扣在缸内，倒扣意味着翻船。

在船上吃饭，不能把筷子搁在碗口上，近似船身搁浅或碰礁。在船上说话禁用"翻""碎""空""喝""完"等字眼，寓意"翻"，船要翻沉。番薯叫地瓜。吃鱼时不能说把鱼翻过来，而叫划过来。"碎"，船触礁破碎，用"笑了""响了"代替"碎"。饺子煮碎了，叫"净了"。"空"，打不到鱼，称空网、空船。"喝"，怕渔船和人被海里大鱼喝进肚子。"完"，怕渔船遇到风险，靠不了岸。

在船上四脚小凳，叫花儿狗。不准吹口哨、拉胡琴，因为渔民怕吹光拉穷。

渔民忌"剃"字，剃意味着船和网具受损失，渔民上船后，不准在船上剃头。

不许妇女上船，更不许妇女跨越船头、网具等。怀孕妇女不许摸渔网、渔线或从网、线上走过，如出现此情况，必须用谷秸烤烤，或将网具砍断几股另外接上，以示消灾。

第九节　游　　户

游户（又称游和、游湖、游符、游胡），是海门地区广泛流行的一种娱乐活动和赌博方法，以长条纸牌为工具，所以又叫打牌、斗牌、来牌、玩牌。

一副纸牌主要有"希""筒""万"三个系列组成。希（又称索），有线条的花纹；筒（又叫饼），有圆点的花纹；"万"（又叫贯），有空白的花纹。数为一至九，这些牌叫"素牌"，和麻将牌一样。还有"千生""空幺""兀珠"三种"将牌"，相当于麻将牌的"红中""白板""发财"。每种4张，合计120张。另外，5张"百老"（又叫"星儿""百搭"），百老可以顶替其他任何一张牌使用，由此而得名。

游户一般4个人组成，对面坐的称"对门""对家""对过"。游户开始，首先"扮头"，4人各摭一张，点子最多的为"头家"，也可以谁"稀牌"谁做头（多劳多得）。逆时针转为"二家""三家"（对家）、"末家"。"头家"左侧又称"上家"，右侧称"下家"，以此类推。打牌成功叫"成""成勒"。外地人叫"和""和特"。牌摭得不好，从"头家"起可以叫"和"，如同意，洗牌重来。

希、筒、万按数字排列，三张为一搭。如一、二、三希，四、五、六筒，七、八、九万组合成一搭。希、筒、万两张一样的称为对子。"上家"游一张牌，"下家"需要成搭的，把在手的两张牌放在台上，称为"吃"。如五、七筒在手，上家游六筒、下家正好吃一搭。但只能上家游，下家吃，不可以"对门"吃。自己手里有一对三筒，上下家、对门，任何一家游三筒，都可以"碰"，俗称"绕台碰"，不受上家游下家碰的限制。如上家、下家、对门同时需要这张牌，那么先敬碰，后敬吃。全场一律执行"先敬成"的原则。一张牌，多家要成，叫"盖户"，先敬头家，然后二三家。

一副牌成功后，根据不同的游户方式，当面讲明输赢，有的不付钱，只是用筹码互付。用蚕豆、花生等作为码子，一场户游好后就推倒码子散伙。有的小输赢，即用货币当场兑现，也有的用码子代替，一场户结束再用货币结账。过去游八户头，还用在台角上"打币"的办法，现在已看不到了。

有的还带"买庄""做炮"。"买庄"在摭3张牌以内，决定买庄的即用硬币或码子，放在自己面前台上，作为记号。一个人买庄，付（进）高于一倍的钱，两个人对庄再加一倍，三个人同时买庄则出三倍钱，连成连庄。如逢"成"又做头家的就要做"炮"，要付（进）4倍的钱，如加买庄的要付5倍的钱。炮可以连响（成）连做。有的人一场户副副买庄，俗称"抛天庄"。

一副牌开始或成功后，顺次序洗牌。牌洗好后由上家腰(邀)牌，又叫签牌。即把头家洗好的纸牌摊在台上、上家用“银针”“腰针”或用手把牌插开，把前面的牌顺势放到后面，然后由头家开始摝牌。摝在手里的牌叫“在手”，从手里游出的牌叫“出牌”“落台”，从台上摝上来的牌叫“耥消”“耥摝”。

游一次户叫一场户，每游一圈为4副。从前没有时钟，以圈计时，一般10圈40副为限。后来计时器多了，以时为准，一般3－4个小时不等。也有因特殊原因而中途停游的，但这是少数。地点一般放在农家客厅里或城市居民家，也有专门设赌场的要抽“头钱”。20世纪80年代，社区里兴办棋牌室，因为提供场地、开水等，也有抽“头钱”的。

以前有许多人在游户时还要“唱牌名”，似乎像唱山歌一样，即兴唱来，很连头，朗朗上口。如称一希为“笑一希大姐，金牙齿两只，人马呒哈，有点雀痣斑拉啥”，五筒为“呒铜钿粮户”，四万为“四万万同胞”等，张张有牌名。如几个人和唱，此起彼伏，别有一番情趣。

过去也有一些游户熟练者，称为“老游户精”，记性特好。游“八户头”25张牌在手里乱插，能及时“碰”“吃”“成”，一点不错，让围观者叫绝。

过去有“四赌八看十六个换转”的说法，即一张游户桌有许多人围观，可见游户吸引了多少人。

海门地区游户的花样繁多：

老乌对。4个人来，不带将牌。头家摝14张牌，其余摝13张，形成6对加1张，即“等张”。自摸或人家游出与自己等的一样，即成功。这里有真对、假对之分，真对如一希要对一希。假对如一希、可以对一万或一筒。真对一副游的时间长些，困难些；假对即快些、简单些。这在游户中是最低级和原始的。现在很少流行。

接小龙。拣去将牌，以纸牌的数字从一到九，3个人、2个人均可来，按牌的数字接上也可以两头接。如接不上就要“困脱”，即把自己估计出不去的牌困(反扣)在台上，最后比那个人困的点子少为赢，多为输。

老酒菜(九彩)。4个人来，不带将牌，也称为“三搭一麻将”，摝13张、头家14张。形成三个长搭加一个麻将对(对子)，余下两张就是“等张”牌，如四、五筒在手，即等三、六筒。如四、六筒在手即等嵌五筒，也叫“嵌”张。也有四搭一麻将的，即手上、台上有四个长搭(或一牌三张一样的叫“合纠”)，去掉12张，手上还剩下一张，这张牌称等麻将，也叫“焕麻将”。如焕一希，自摸或人家游出来就“成”了。老酒菜在海门地区很为流行，特别是农家妇女、老人，识字的、不识字的都来，易学易懂，一教就会，也是玩其他纸牌方法的基础，所以戏称游户的小学生水平。

灰麻将。4个人来，带将牌，头家摝14张。只准碰对，不准吃搭，方法与老酒菜相似。

督子户。4个人来，带将牌，其实每副3个人来一个人休息。每人摝22张牌，头家摝23张，来法与老酒菜差不多。只准碰，不准吃。其好处是4副中有一次休息，很受游户人的欢迎，也比较流行。

八户头。4个人来，带将牌，何为“八户”，即一副牌中拼满“八户”即可成功。这“八户”是一、二、三筒为一户(俗称小老虎、文全)，一希、一万、九筒为一户，千生、空幺、九希为一户，兀珠、八希、九万为一户，空幺、九希、九万为一户，二希、二万、八筒为一户，三希、三万、七筒为一户，空幺、九希、九万为一户。一、二、三筒双文全为二户，以上称为真八户。还有一希、一万、一筒、九希及千生、空幺、兀珠均称为将牌，只要在手有三张一样的，称“合纠”(也称“老牛”)，即为四户，碰到台上就算八户。其他素牌，在手三张一样的为二户，如碰着就算四户。如在手有将牌“合纠”，即为八户，只要手里牌圆了，一张也不多，即叫“清门”，台面见牌能搭得上的或翻将牌就“成”。在手的素对，碰着算一户，在手的将对(也叫荤对)，碰着算是四户。凡在手或台上合成“八户”或以上者，其他长搭(不受三张限制，可以四张、五张)或“报子”即除将牌外，一样面额的“希、筒、万”搭在一起，如五希、五万、五筒可以搭在一起，称为“报子”，只要完整就可以“成”。

每副牌每人摝25张。头家摝26张，作为在手牌。以后凡台上摝出来的牌，不能插入手里，称为朝天翻牌。头家翻开一张牌，先让人家碰，如无人碰自己可以吃，自己不吃，下家可以吃，如全场不要这张牌，则下家继续摝牌。八户头还有新八户和老八户之分，主要是算桩头不同。

新八户点桩头的算法：

一筒、兀珠32桩点起，千生、一万48桩点起，一、九希、空幺64桩点起，“黑头”(也称“星儿”“百搭”)80桩点起，“黑八”100桩点起(以上各项再加台面桩头)。

台面桩头。未碰将对的,4碰素对为一桩,5碰为两桩,6碰为三桩……碰将对后,每碰一对素牌就算一桩。

碰将。碰一将对为一桩,两将对为5桩,三将对为9桩、四将对为12桩。

满11“户”就算“出笼”。

“黑八”“飘户”“平户”“黄户”之间有很大差距。

“黑八”:没有将对,也没有“合纠”,有8个以上“户头”半搭子或素对;“飘户”:在手没有“合纠”,有将对,手上有一、两“户”或“户头”半搭子,起将能满“八户”者;“平户”:有“合纠”,如有“将合纠”已满“八户”,只要牌能做圆,即可“成”;“黄户”:凡没有“八户”坯子(基础)的都叫“黄户”,实际上是一副废牌。遇到这种情况,应该叫和,如有人不同意,即可打烊(把牌反扣在台上,离席自由活动),待该副牌打完付钱。

老八户。输赢较小。算法基本相同。碰将不管任何将牌,都算一桩。碰将后,素牌每碰一对也算一桩。也有“黑八”,一般分“八桩八”“九桩八”“十桩八”三级。也有“飘户”“平户”之分,但差距很小。“平户”一般两桩,“飘户”一般三、五桩。

桩头算法,各地不尽相同,入乡随俗。

八户头不像“老酒菜”。规定在同一系列面额不同的连号三张牌为一搭,而是由“户头”“报子”“长搭”“合纠”等组成,除了将牌外,只要搭得上,七八张连在一起都行。但“合纠”不能拆散。

这种游户方法较为复杂,变化也多,公开、公正,所以戏称凡会“八户头”者,算游户中的大学生了。

老统子(也叫百老统)。与八户头相似,4个人来,带将牌,摭21张,头家摭22张,只要并满五户,其他牌完全有着落,即成功。

此外,还有恰(压)念一。即删除将牌,用素牌比点子,21点为最皆,超过21点即爆脱、失败;21点以下比高低,这纯粹是一种赌博形式。

长条纸牌游户方法,大致如此。

还有搓麻将,海门地区玩麻将牌的人不多,过去多数是有钱人或贵族,也有上海等外地回来的人玩的。

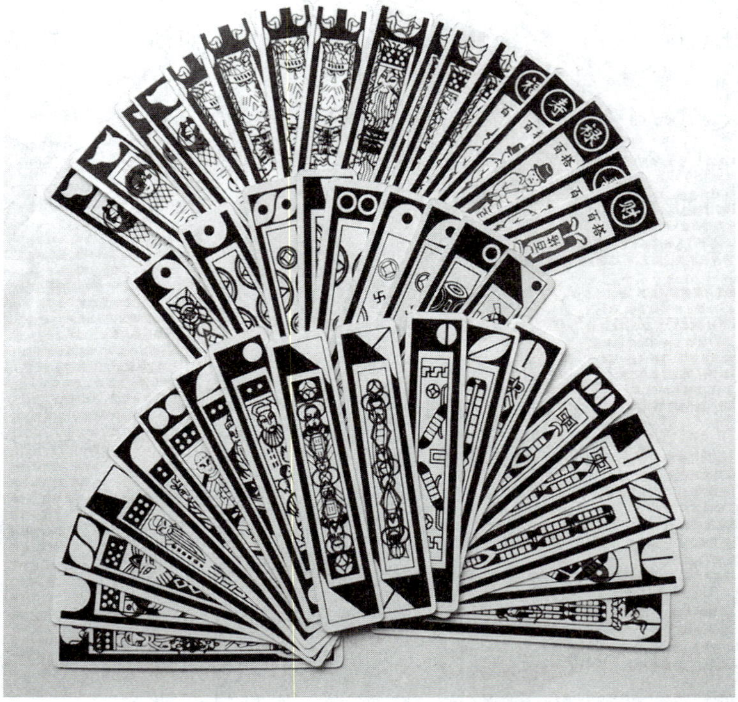

图33-3 游户纸牌 (2008年摄)

第二章 宗 教

第一节 佛 教

一、沿革

明嘉靖《海门县志》载,唐代建有佛寺。

海门佛教宗派,明朝以前先以天台宗为主,后禅宗发展居主位,清末净土宗很快发展成为唯一宗派。民国初年,境内寺庙众多,香火旺盛,信众甚多,仅通东地区(今余东、正余、包场、王浩、树勋、刘浩、货隆、四甲等乡镇)就有103座寺庙。民国15年(1926)5月,县城关帝庙僧志恒等筹建海门佛教会,民国16年成立。同年,上海居士林林长在包场镇同缘寺发起成立上海居士林南通包场分会。民国17年,境内不少寺庙改作他用。民国27年,日本侵略军侵占海门后,拆毁狮山顶上的观音寺,茅家镇东市的古庙也被拆除。民国37年,境内有寺庙庵堂80多座。僧尼有"静派"与"行派"之分,"静派"僧尼坚持长期吃素食,无配偶,大多散居于海门南部地区;"行派"僧尼不吃素,有的有配偶,人数多于"静派",大多散居于通东地区。

新中国成立初,寺庙庵堂87座,僧尼151人,佛教活动较为正常。1956年,有寺庙庵堂74座,庙房800多间,住庙僧尼141人,其中僧107人。通东一带最多的乡镇寺庙有近10座,王浩镇的七佛楼在通东地区尤为著名,少的乡镇亦有2座寺庙。1958年,有庙庵67座,随后在献堂献庙活动中,除茅家镇关帝庙、静修庵和十二匡镇道觉庵、青龙港佛成寺保留外,其余均献给当地单位,僧尼转业还俗。"文化大革命"期间,佛教活动停止。

1978年后,佛教活动有所恢复。1984年,落实宗教政策,被拆寺庙房屋作价退赔,庙房产权归海门佛教团体所有。1987年6月,县政府批准余东镇东岳庙正式开放,设立佛教活动点,不久成立管理委员会。1992年7月,经南通市政府批准,由活动点升格为寺名法光寺。1993年,货隆镇佛教信众发动捐助修复永兴山庙,两年后经批准开放,更名为兴隆寺。

1994年11月,市佛教协会成立,新融当选会长。

1996年,四甲镇信众捐资复建四甲庙,1998年11月,经批准对外开放,更名为宝光寺。1998年,余东镇富群村(今殷忠村)信众修复王家庙殿堂,2000年10月对外开放,更名为静修庵,成为全市唯一的尼众道场。1999年,王浩乡桥闸村信众捐资修复王灶庙殿堂并重塑佛像。2001年4月开放,更名为绍隆寺。

2001年1月,市佛教协会会长新融等5名宗教界委员,在市政协十届四次会议上提案建议在市区复建海宁寺,是年6月、8月,分别获南通市民族宗教事务局、市政府批复同意复建。2002年1月,包场镇太平山庙对外开放,更名为太平山寺。

2003年4月,市佛教协会第二次代表会议举行,心如当选会长。

2005年2月农历春节,海宁寺对外开放,同时举办佛祖真身舍利暨佛宝文物展览。5月,举行观音像开光暨山门、天王殿落成庆典活动。

2007年4月15日,海宁寺举行钟鼓楼落成、佛像开光暨大雄宝殿奠基庆典仪式。9月,法光寺举行恢复开放20周年庆典活动。

2008年,海宁寺、绍隆寺、静修庵相继建成大雄宝殿。4月,海宁寺举行"首善和谐新海门,盛世佛缘聚海宁"为主题的规划发展研讨会暨大雄宝殿上梁庆典活动。10月,静修庵举行大雄宝殿落成暨佛像开光庆典活动。

2008年底,全市有寺庙庵堂7座,僧尼52人。

二、寺庙

唐代，海门境内建有开福寺、西禅寺。明代建有会圣寺、法轮寺等。这些寺庙先后坍没江中。明代建有王浩镇七佛楼和余东镇东岳庙。清乾隆年间（1736－1795），建常乐镇关帝庙、茅家镇观音寺、常来镇慈仁寺、六匡镇广福寺。嘉庆年间（1796－1820），建长兴镇关帝庙、茅家镇关帝庙（又名关岳庙）。同治年间（1862－1874），建三阳镇竹林寺。1978年后，复建余东镇东岳庙、货隆镇兴隆寺、四甲镇宝光寺、余东镇静修庵、王浩镇绍隆寺、海门镇海宁寺、包场镇太平山寺等寺庙。

七佛楼　位于王浩镇三合村，明成化十五年（1479）创建，初名卫生寺。崇祯十年（1637）翻造。添供毗婆尸佛、尸弃佛、毗舍婆佛、拘留孙佛、拘那舍佛、迦叶佛和释迦牟尼佛七尊佛像，更名“七佛楼”。寺庙一进三堂四合院，占地34.68万平方米。农历正月十三、五月十三、九月十三为庙会日，元宵节举办灯会。日本侵略军侵占七佛楼后，拆除古庙、厢房，建碉堡和营房，掠走700斤重的铁质古钟。解放后，庙房被河北小学、王浩初级中学、王浩中心农业中学、王浩印染厂等单位占用。1962年5月，在古庙开办县麻风病防治医院。1963年，庙房拆除，建筑材料移至东灶港镇建县麻风病防治医院。

关帝庙　在海门茅家镇西首（今万丰商城址），建于清嘉庆九年（1804），有砖木结构庙房60多间。1966年“文化大革命”初，庙房大部被拆除，仅剩朝南屋及朝西厢房各3间，为海门镇解放街居委会办公室。后庙宇房产归还佛教团体，但关帝庙有名无实。

海宁寺　据嘉庆《海门厅志》记载，海宁寺在聚星镇（今坝头镇），已毁。据民国《海门图志》记载，海宁寺在富民镇，即三厂镇西南约3里许（今市经济开发区），始建于清嘉庆四年（1799），有平房13间，寺田9000平方米。其建寺过程有两种说法：民间传说，有位宁波木材商，某日运木材于长江中，骤遇飓风，木材被打散漂至北岸。当地士绅黄天玉知悉后，率众将木材打捞出水，用此“天赐”木材就地建造庙堂，砌起正殿和厢房，取名关帝庙。不久，宁波商人闻讯前来索要木材，但见木已成庙，经双方协商，将关帝庙更名为海宁寺。意为此庙由海门、宁波两地共建。

另据《海宁寺记》碑载：昔海门多风潮海患，民众常有“决海防、漂庐舍、泛滥奔腾、死者相枕”之痛，建庙祈镇一方斯土，祈求海之安宁，实属乡民大愿。建庙之议，一呼百应，捐钱、捐物、献财、献力，众志成城、捧土为塔，不日庙成，其貌庄严。主殿供关圣，右祀雷神，左祀文昌。后供观音大士，两旁为瘟神、猛将。像列驳杂，佛道共融。据此，可印证黎民的苦状与心愿。

1958年，原海宁寺被拆除。2001年8月，易地重建，选址于市区西南约5公里处（今快活林山庄）。2004年2月，海宁寺破土动工。2005年春节，海宁寺举办佛祖真身舍利暨佛宝文物展。5月，举办海宁寺山门、天王殿落成暨观音像开光庆典仪式。2006年11月，举办首届佛教文化书画展，出版《海门市佛教文化书画作品集》。香港影星刘嘉玲应邀而至，港、沪、苏、锡及通地信众纷至沓来，倾力助缘。海门诸多企业家、商界巨子也予鼎力赞襄。至2007年，已建成山门、天王殿、东西厢房、钟鼓楼、法物流通处、办公楼、斋堂等近4000平方米建筑物。2008年12月，新加坡龙华寺妙益法师，向海宁寺捐赠一尊释迦牟尼玉佛像和4根青斗石双龙柱。是年年底，近千平方米的大雄宝殿竣工。牌坊式的山门，雄伟壮观，雕梁画栋，云锦彩绘，为南通地区寺院所仅有。高9.19米的汉白玉观音像，耸立于莲花台上、放生池畔。脱胎于南通籍画家范曾《十八高僧壁画》之汉白玉十八高

图33－4　海宁寺山门　（2005年摄）

僧雕像，落地海宁寺西侧。石雕艺师出自河南南阳石雕之乡，用承袭传统技法，对壁画艺术二度创作，精心雕琢研磨，使范曾的笔下瑰宝，不失神韵，更具动态的立体感、形象美。

海宁寺被评为2004－2005年度、2006－2007年度，南通市文明宗教活动场所。

法光寺　位于余东镇文峰路36号，是海门境内唯一现存的明代古迹，为市级文物保护单位。其前身是一座道观—东岳庙，又称东皇庙。始建于明万历年间（1573－1620），初建时，原为里人吴氏宗祠。有人将一段随海潮漂来的川木雕刻成东岳大帝像，供奉祠内，后又募捐建成大雄宝殿，增供千里眼、顺风耳与哼、哈二将和四大天王。嗣后，陆续建后殿、山门、东西侧殿等房屋40余间，占地4000平方米。祠堂逐渐演变为东岳庙，成为通东地区规模较大，盛极一时的庙宇。

“文化大革命”期间，古庙建筑遭到破坏，山门、侧殿被拆除，大殿、后殿年久失修。1986年10月，县政府将东岳庙列为县级文物保护单位。1987年6月，利用原东岳庙址，设立县余东佛教活动点。

东岳庙属净土宗，占地1万平方米，坐北朝南，以山门、天王殿、大雄宝殿、藏经楼为中轴结构，另建有东西厢房、念佛堂等。寺庙北边原为一荒落池塘，经整疏治理，建造亭台、水榭、走廊，成为一座占地5330平方米的游览兼放生的莲池。天王殿按明代原殿式样，利用部分拆下的木料重建。大雄宝殿内供奉高3.8米、重4.5吨的释迦牟尼铜像，藏经楼内供奉长3.8米、重5吨的释迦牟尼玉佛卧像。1989年9月，中国佛教协会会长赵朴初寄赠大雄宝殿墨宝。1990年8月，省佛教协会转送台湾佛陀基金会所赠《大藏经》1部，计100册。1992年7月，经南通市政府批准，由活动点升格为寺、定名法光寺。1993年，上海玉佛寺方丈真禅法师题赠寺额。是年，捐资2万元，支持当地修筑黑色路面。2005年2月，全国政协常委、江西省政协副主席、中国佛教协会会长一诚大和尚亲题寺名。

该寺有僧尼12人，僧职人员兴修寺庙，装塑佛像，捐资修路，收养弃婴，支持消防、文化教育、社会福利事业等，受到政府和群众的赞誉。被评为1998－1999年度、2004－2005年度、2006－2007年度，南通市文明宗教活动场所。

兴隆寺　位于货隆镇货隆村，占地1.2万平方米，建筑面积2484平方米。有山门殿、天王殿、大雄宝殿、大圣殿、功德楼及东西厢房、斋堂、寮房等。

其前身为永兴山庙，相传明万历年间（1573－1620），盐民和渔民们为祈求神灵保佑，在范公堤南余中段始建永兴山庙。庙房16间，前山门5间，后正殿明3暗5间，供奉菩萨，东西厢房各3间，供僧人居住。原永兴山庙长50余米，南北宽60余米，四面环河，只有山门向南一条堤坝供行人进出。正殿前，栽有梧桐树2棵，高2丈有余，山门殿后西侧栽有银杏树1棵，高近8米，树围1米多。新中国成立前后被改为学校。1958年，大部分庙房被拆除，佛像被毁，银杏树被砍。1966年，庙宇被拆除。1993年，当地信众捐资修复寺庙。1995年12月开放，更名为兴隆寺。占地8900平方米，有山门殿、天王殿、钟鼓楼、大雄宝殿、玉佛楼、大圣殿、金容大帝殿、功德楼、东西厢房及斋堂、寮房等建筑面积3500平方米。

宝光寺　位于四甲镇四甲村（原镇北村），占地6000平方米，有门楼、山门殿、天王殿、大殿、东西厢房、济公殿等建筑面积1500平方米。

该寺原名四甲庙，东西宽约60米，南北长约100米，庙房五埭，有前殿、正殿、中心殿、后殿、左右偏殿，形成五进四天井格局。庙门前两边各有1口太平井，称为龙眼井，东井水甜、西井水淡。前殿内有哼、哈二将，后面天井正中有1只三足八卦香炉，重逾千斤，虎踞中央，后殿前有1棵生长400余年、高约30米的银杏树，高高屹立。庙内有大小佛像300余尊，民国8年，苏州泥塑艺人给佛像重塑装金，所塑佛像神态各异，栩栩如生。1958年，四甲庙被拆除，银杏树被挖掉，住持通达法师离开寺庙。1996年，周围居民捐资复建四甲庙，1998年11月开放，更名为宝光寺。2002年，投资70万元修建山门殿、天王殿、门楼等附房。2004年、2006年修建东、西厢房。

绍隆寺　位于王浩镇桥闸村，占地1.2万平方米，有山门、天王殿、大雄宝殿、东西厢房、法物流通处、斋堂、放生池、祖殿等建筑面积2500平方米。

该寺原名王灶庙，始建于元至治元年（1321），以供奉华佗为主，占地2000平方米，整体为四合院式，小桥流水，清心淡雅。清雍正元年（1723），通州知府衙门武官王楚南返乡修缮。后屡经风雨侵蚀，各殿堂摇摇欲坠。民国27年，由当地绅士赵仁义修复。1958年11月拆除正殿。1999年，当地信众捐资修复殿堂、重塑佛像。2001年4月开放,更名为绍隆寺。2002年,投资修建900平方米东厢房。2003年,修建山门、天王殿182平方米、法物流通处120平方米。2006年,建造大雄宝殿,建筑面积666平方米,并置佛像,修建放生池600平方米。

太平山寺 位于包场镇河塘村,占地3400平方米,有山门、大殿、寮房、斋堂等建筑面积1000平方米。

该寺原名太平山庙,因庙建于太平山而得名。太平山实为一座土墩。相传,古时包场一带还是大海,一日,从海上漂来一尊石质观音像,百姓围观,有人叩头问道:“观音菩萨,此处有座太平山,你可愿意在此安身?”但见石像微笑,似点头应允。于是人们把她请到“山”上建庙供奉。民国35年,太平山庙有庙房11间,其中朝南屋2栋,每栋3间,朝东厢房5间。1952年、1978年,先后两次拆除部分庙房建造新余小学。石佛像也被移进附近一陋室供奉。“文化大革命”期间,“石观音”被人砸得身首分离,沉入河中。1992年,当地信众将“石观音”打捞出水,并发动捐资修复大殿。2002年1月,太平山寺对外开放,修复后的“石观音”作为主佛被供奉在太平山寺大殿内。2005年10月,寺庙从安徽九华山请置一尊6.84米高的香樟木千手千眼观音像,气势恢宏,十分庄严。2007年6月,“石观音”被市政府列为第三批文物保护单位。

静修庵 位于余东镇殷忠村,占地5300平方米,有山门殿、中殿、大雄宝殿、东西厢房等建筑面积2000平方米。大雄宝殿前建有200平方米的放生池,配有栏杆,小巧别致。

静修庵原名王家庙,始建于清道光十四年(1834),有3间5架头祠堂、3间7架头庙房。1958年,被迁移到当时的富群大队部。1974年被大队用作灯泡厂厂房。1998年,当地信众修复殿堂。2000年10月开放,更名为静修庵,成为全市唯一的尼众道场。2003年,修建东西厢房20间。同年,静修庵耗资近30万元,为当地建造殷忠桥,修筑900米水泥路,方便过往群众。2006年7月,建造300平方米的大雄宝殿,改造200平方米的放生池,寺院环境大为改观。

另外,清代,狮山顶上建有庙宇,供奉观音菩萨。

1958年海门县寺庙一览

表33-1

寺庙名称	公社(镇)
关帝庙、静修庵	海门镇
关帝庙、西方院	三和
关帝庙、地藏寺、土地堂	瑞祥
东林寺、净土庵(在三厂镇)、佛成寺(在青龙港)	厂洪
关帝庙、常乐联社	常乐
关帝庙、慈仁寺	平山
关帝庙、道觉庵	悦来
惜字局、竹林寺	三阳
沈灶庙、大悲殿、弥陀山庙、北三官殿、靖庆寺	正余
四甲庙、五甲庙、八甲庙、九甲庙、十甲庙、复兴寺	刘浩
大皇庙、大圣殿、同缘寺、开福寺、净莲寺、上真殿	包场
太平山庙	新余
海山庙、三甲庙、京邗寺、四甲庙、广福寺、菩提庙、登记庙、益东联社、西安寺、唐灶庙	四甲
关帝庙、五甲庙、六甲庙、七甲庙、八甲庙、大圣庙、华王庙	国强
东岳庙、大王庙、火星殿、王家庙、南楼	余东
通海寺、安庆寺、土地堂	树勋
七佛楼、王灶庙、竹林庵、盱庙	王浩
曹家佛堂、三圣庙	新建

2008年海门市寺庙一览

表33-2

寺庙名称	地址	性质	批准时间
法光寺	余东镇文峰路36号	寺院	1987.6
兴隆寺	货隆镇货隆村18组	寺院	1995.12
宝光寺	四甲镇四甲村12组	固定处所	1998.11
静修庵	余东镇殷忠村	固定处所	2000.10
绍隆寺	王浩镇桥闸村	固定处所	2001.4
海宁寺	海门镇大港路东纬三路南	寺院	2001.2
太平山寺	包场镇河塘村1组	固定处所	2002.1

说明:批准时间指人民政府发文批准开放时间

三、团体

民国16年，茅家镇关帝庙住持僧志恒等发起成立海门佛教会，会址关帝庙，首任会长薛荫田（居士），法号园惠。同年，上海居士林林长到包场镇发起成立上海居士林南通包场分会，会址包场镇同缘寺，推举当地居士姜惠忠任分会长，两年后姜病故，分会自然解体。1987年3月，余东镇佛教活动点开放并组成管理小组，心谛任组长，新融、尼愿藏任副组长。同年6月，成立余东镇佛教活动点管理委员会，负责人新融。

1993年10月，成立县佛教协会筹备委员会。1994年11月，市佛教协会成立，在余东镇法光寺召开第一次代表会议，29名代表出席会议。通过《海门市佛教协会章程》和市佛协筹备会工作报告，选举产生市佛教协会第一届理事会及其领导班子，新融当选会长。会址租于海门镇秀山路、静海路口仇姓民宅。1995年5月，迁至海门镇海南村仓库。1996年9月，迁至海门镇海西居委会6组58号至今。

2003年4月，市佛教协会第二次代表会议举行，51名代表出席。通过市佛协第一届理事会工作报告，修改《海门市佛教协会章程》，选举产生市佛协第二届理事会及其领导班子，心如当选会长。

到2008年底，全市佛教界为社会修桥筑路、助资医疗、济困救急，敬老助学等共出资近80万元。2008年5月，四川汶川特大地震发生后，佛教界人士迅即行动，各寺庙举行息灾祈祷法会，开展募捐活动，共募集资金7.98万元。兴隆寺还为东洲中学四川理县班学生每人捐赠羊毛衫1件，表达对他们的关怀。

第二节　道　　教

一、沿革

道教于宋代传入海门。境内信众及从事道士职业者甚少，但民间有些风俗习惯与道教有关，如端午节有人家悬挂“符咒”，有的为死者做道场、念指引等。

清乾隆、嘉庆年间（1736－1820），境内仅存少数道观，有道士、道姑20余人。民国元年（1912）后，有的道士、道姑还俗归田，有的转奉改事佛教。各地道观渐被废弃，有的改作民房，有的改作佛寺。解放后，道徒四散。

1956年，境内有道观10余所、道士10多人，分布于境内东北部，与僧尼共事。1990年后，老年道士、道姑大多病故，道观已萧条。

二、道观

1956年，道观有茅家镇城隍庙、玉皇庙，国强乡高山庙、盈昌庙，余东镇城隍庙、道士观，四甲镇华安庙、仓头庙和牧童山庙，包场镇城隍庙、道士阁，刘浩镇城隍庙、扶乩庙和武当山等。

茅家镇城隍庙　位于茅家镇西市。庙宇始建于清嘉庆七年（1802），占地9200平方米，由海门厅沈廷楹捐置。嘉庆九年（1804），由道徒及群众捐款。光绪十四年（1888），封海门厅城隍为“灵佑侯”，赐赠“海屿兴云”匾额。民国8年，何典、张承锡等募款修建成一座大庙观。民国17年，县长文钦明下令捣毁城隍庙内神像，改庙堂为中山纪念堂。一度为私立海门中学校址。1949年初，开办茅镇小学，后改为海门实验小学。1958年，庙房全部拆除，原地改建海门电机厂。

五港村玄妙观　位于今海门镇五港村，又名善庆堂，俗名玉皇堂。清乾隆四十年（1775），陈朝玉之女刘陈氏（又名陈八节姑）等捐资建造，规模宏大，法像庄严，堂中悬挂“有尊无二”匾额一方，道徒信众求神拜堂，络绎不绝。民国初年，缉私营等部队一度驻防玉皇堂，庙宇毁坏，所剩几间也破陋不堪。1949年，庙观仅剩破屋数间。1958年，改建为生产队仓库。

树勋镇道士观　位于树勋镇利民村。清光绪三十四年（1908），曹汝霖在该地办起土窑，赚钱很多。用窑上砖瓦，建造一座四关厢房子，正埭供奉十多尊偶像。时道教盛行，为迎合人们心理，遂名道士观，一时红烛明燃，香火缭绕。观内先后调换过5名道士，最后一道士名顺昌。1949年改建为学校。1959年学校迁出，改建为砖瓦厂。

第三节　天 主 教

一、沿革

清乾隆四年(1739),有外国传教士到崇明传教。海门新涨沙形成后,崇明人士陆续到海门垦荒种地,其中有天主教徒徐启元等。乾隆五十七年(1792),华裔神甫姚若望自崇明到海门,在长圈镇(老青龙港)附近建造小教堂,名立名堂。牛洪港附近建造臬波莫堂。道光元年(1821),大洪镇南4里许,建造露德圣母堂。道光二十年(1840),法国神甫魏道味、陆建石到海门传教。此后还有荷兰、加拿大、比利时等国籍的神甫前来传教。咸丰四年(1854),县治茅家镇西市建造耶稣圣心堂。咸丰十一年(1861),在六匡镇建十字架堂。海门天主教隶属江南教区,曾被划为江南教区的一个总铎区。

19世纪末,随着信教人数增加,各地教堂陆续兴建、扩充。民国10年(1921),在三厂镇西建嘉禄堂。民国11年,海门有天主教徒约6000人。民国15年,罗马教廷将崇明、海门、南通、如皋、泰兴、靖江6县划为海门教区,称宗座代牧区,委任原通海总铎(总本堂神甫)朱开敏为海门教区首任中国籍主教,设主教公署于海门茅家镇教堂。从此,海门成为正式教区。朱开敏为正教主教,教廷特派南京教区于斌总主教前来监誓就职典礼。此时,海门有教堂30余所,教徒8000余人。教区常驻神甫10余人,主心修院修生30余人、修女10余人。

海门教区建立后,利用外来经费,创办各项事业,开展传教活动。先后在茅家镇建造主教公署、主心修院、锡类中学和小学、广济医院及自来水塔等。修建、扩建、新建教堂156所,教区教徒总数4万人。开办修道院、婴德会(会址崇明)、育婴堂等。建立公教进行会、公教青年会、圣母会等宗教团体,培养多名神甫、修女。民国15年后,晋升的25名海门籍神甫被分派外县任职。

海门教区原由罗马教廷及外国势力控制。新中国成立后,党和政府贯彻宗教信仰自由政策,摆脱外国势力的控制,走上独立自主、自办教会的道路。1955年9月,成立县天主教爱国会筹备会。1958年3月,成立县天主教爱国会,选举董泽群神甫为主任。1958年下半年“大跃进”运动中,全县除保留茅家镇耶稣圣心堂、天补乡袁公所母诞堂、十二匡镇亚纳堂外,其余教堂房屋全部献给当地人民公社。1959年,海门教区实行自选自圣主教,郁成才被选圣为正权主教。1960年,主教公署从海门迁往南通市。海门天主教由董泽群任总本堂神甫,朱士奎任茅家镇耶稣圣心堂本堂神甫。“文化大革命”初期,教堂均被破坏,神职人员及教徒遭迫害,宗教生活及爱国会活动被迫中断。

1978年后,对天主教人士在“文化大革命”期间的冤假错案,给予平反昭雪、落实政策,宗教活动逐步恢复正常。1981年4月,海门镇天主堂(耶稣圣心堂)经过整修,重新开放。海门教区派丁兆民任海门镇耶稣圣心堂本堂神甫,主持全县教务。1982年,选送陆新平、陆惠柏两名青年教徒,进入上海佘山修院学习修道。

1984年7月,万年乡安林村天主堂(始胎堂)重建设点。1985年3月,海门教区婴德会修女班复办,招收9名女修生,其中海门籍3人。

1986年,对在1958年被人民公社占用、拆除或变卖的398间计1万多平方米教堂及附属房屋,全部退赔给县天主教爱国会。

1988年5月,刘浩乡三甲村天主堂(圣三堂)恢复设点。11月,中国天主教爱国会主席宗怀德主教到海门视察教务。12月,海门镇天主堂被列为县级文物保护单位。其时全县有教徒4216人,分布在天补、三和、德胜、厂洪、临江、万年、刘浩等地。海门本堂神甫丁兆民常驻海门镇天主堂,定期前往各活动点施行圣事。1989年12月,厂洪乡洪利村(今三厂镇)的天主堂(露德圣母堂)易地重建开放。陆新平、陆惠柏从上海佘山修院学成后晋升为神甫(陆新平神甫于2000年1月被祝圣为南京教区助理主教,2005年4月晋升为正权主教)。1990年9月,海门教区婴德会8名初学修女为“发初愿”,在海门镇天主堂集训1个月。11月,天主教海门教区海门籍修女邱华美应加拿大加中基督教事工委员会和加拿大国际社会福利协会邀请,出访加拿大,次年1月回国。

1991年11月,县宗教部门组织神甫、修女、爱国会成员赴苏南张家港、江阴、无锡、常熟及华西村参观学习。1993年9月,县爱国会与县宗教部门对天主教徒聚居村——德胜果园村信教群众在两个文明建设的情况作调查，调查报告被有关报刊录用刊载。1994年11月，海门镇天主堂与市三产开发总公司，签订江海路西侧、复兴中学（后复名为锡类中学）南边的天主堂地段旧房改造协议，明确由市三产开发总公司按照"拆一还一"的原则，归还教会用房。1995年3月，加拿大始胎会修女蔡爱美由教区婴德会陆丹芳、宋玉萍修女陪同到海门镇天主堂访问，并参观市人民医院、复兴中学（原教会办医院、学校）。1998年10月，临江乡天主教活动点建成开堂。1999年2月，海门镇天主堂神甫丁兆民病逝。次年1月，海门镇天主堂沈斌神甫被任命为海门教区副主教。2000年10月，沈斌作为全省4个教区的唯一代表出席在北京召开的牧灵工作研讨会。

2004年7月，海门镇天主堂举行建堂150周年庆祝活动。2005年5月，中国天主教爱国会副主席、主教团秘书长马英林到海门视察。是年8月，海门镇天主堂18名教徒组成合唱团，参加市广播电台举办的纪念抗日战争胜利60周年歌唱大赛，获优秀奖。2008年5月，市天主教爱国会会同三厂镇天主堂接待到海门朝圣的3000多名教徒。

二、教堂

清末民初，海门总铎区所辖教堂33所，其中4所在南通境内，新中国成立后归南通县管辖；2所因江坍拆除；1所被日本侵略军焚毁。解放初期，境内有教堂26所。1958年，除茅家镇耶稣圣心堂、天补袁公所母诞堂、悦来十二匡镇亚纳堂外，均献给当地人民公社。"文化大革命"期间，被有关单位占用或拆除。1986年，全县26所教堂房产归还教会。1990年年底，恢复开放的堂、点有海门镇耶稣圣心堂、下三和镇始胎堂（今万年乡安林村改称母心堂）、六甲镇圣三堂（刘浩乡三甲村）、大洪镇露德圣母堂（厂洪乡洪利村）4所。1998年10月，临江乡天主教（雅名伯堂）活动点建成开堂。至2008年12月，全市有天主教堂5所，即海门镇天主堂（耶稣圣心堂）、三厂镇天主堂（露德圣母堂）、万年镇天主堂（始胎堂）、刘浩镇天主堂（圣三堂）、临江镇天主堂（雅各伯堂）；有神甫3名、修女5人。

海门镇天主堂　位于海门镇江海路59号。始建于清咸丰四年（1854），法籍神甫李季方到海门茅家镇（今海门镇）传教，在今江海路西侧购买土地，建造平房10多间，开办学校，其中南边两间辟为1所小教堂，即耶稣圣心堂的前身。清光绪九年（1883），在小教堂南边另辟面积约350平方米的地基，建造1所山墙面向东、中式、九架七大间宽敞高大的教堂，作为海门总铎区座堂，奉耶稣圣心为主保，取名耶稣圣心堂，原小教堂改作他用。

民国15年，通海总铎朱开敏晋升主教后，耶稣圣心堂作为主教座堂。民国20年又兴修扩建，在教堂南北两侧添建耳屋两间，扩建面积200平方米，教堂面积550平方米，可容纳1000多人。教堂正面山墙顶端竖大十字架1个，墙面正中有一横额"万有真原"，中大门两旁墙面，写有"无始无终先作形声真主宰""宣仁宣义聿照拯济大权衡"的楹联。北边门上额写"德海"，南边为"宠源"。墙面上还塑有民族特色的双龙戏珠。教堂内设祭台4张。正中主祭台耶稣圣心像，两旁对联是"披身显示神火""举手降福众生"。左祭台若瑟像，右祭台玛利亚像，右前祭台西满像。右祭台与右前祭台之间设有唱经班座席，置特大钢管风琴1架。教堂内前后横梁各设一匾，分别书有"荣主救灵""良善心谦"。教堂内还设有神功架、讲道台、跪凳、座椅、14处苦路像等，设备齐全。每逢天主教大瞻礼日，教堂内张灯结彩。

民国23年，主教朱开敏在上海募集建校经费12万元，兴建锡类中学高中部四层楼校舍1幢。民国32年锡类中学开办高中普通科（双轨制），袁斯神甫任校长。在崇明、启东、海门3县先后开办锡类初中分校5所。

1960年，海门教区主教公署迁往南通，耶稣圣心堂依然保存，作为海门总铎及本堂区座堂，宗教活动照常进行。

1966年"文化大革命"开始，耶稣圣心堂遭到严重破坏，宗教活动被迫停止，教堂多数房屋被县人民医院占用。

1980年，海门镇天主堂所属房屋归还教会，经过维修，基本保持原貌，可容纳教徒700人左右。1981年4月19日耶稣复活瞻礼日，远近教徒纷至沓来，参加教堂重新恢复开放典礼。

1998年，教堂原地翻建，为哥特式建筑，面积扩至650平方米，可容纳教徒近千人。2000年，翻建两幢办公、生活用楼。2002－2005年，先后被评为省"五好"堂点、省模范宗教活动场所。2008年9月，该堂向东洲中学百名四川理县少数民族学生赠

图 33－5 海门镇天主堂门楼 (2008 年摄)

送价值 8000 元的羊毛裤。

三厂镇天主堂 位于三厂镇孝威村，地处大洪镇西南 4 里许，始建于清道光初年。当时江南教区委派范世稀神甫（常熟人）到海门传教，建造教堂，名露德圣母堂。教堂高大，内有圣母像、耶稣像及若瑟像。教堂两侧有神甫住房、会客室、勤杂人员宿舍。以后又在东院建造朝东、朝西、朝南房屋各 5 间呈三关厢房屋。道光十年（1830）左右，由法籍神甫将东院的朝南屋翻造成五上五下的两层楼 1 幢，创办女子学校，专收教徒女学生，取名海星女子学校。校务由上海献堂会修母管理。

光绪三十四年（1908），龚依纳爵神甫到堂传教，到任后，大兴土木，在女校前边建造三厢房屋，开办石安小学，后改名为海星小学。由于班级增多，在女校西边，又翻建五上五下朝南大楼作为教室。

民国 31 年，倪幼民副主教在圣母堂前办初中部，取名锡类初中分校，男女兼收。由于经费等原因，于 1951 年停办。

三厂镇天主堂因沿江土体坍塌，于 1953 年迁往原厂洪乡洪利村（今三厂镇孝威村），重建教堂及附属房屋 18 间，面积 535 平方米。1958 年，创办利群小学。“文化大革命”中被拆除。1985 年，落实天主教房产政策时，11 间原房仍租给学校使用，产权归还教会，被拆 7 间房屋作价退赔给教会。1988 年，教会自筹资金，在洪利村新建教堂。1989 年 12 月，举行教堂落成开堂典礼。

该教堂被评为南通市 1998－1999 年度文明宗教活动场所。

万年镇天主堂 又名始胎堂，位于万年镇中圩村。有教堂房屋五架头 2 间加 1 个披，小三架 4 间。1958 年被拆除。1983 年在原址南边重建教堂房屋 3 间，约 120 平方米，1984 年 7 月开放，有教徒近百人。

刘浩镇天主堂 又名圣三堂，位于刘浩镇头甲村。有房屋七架头 5 间计 120 平方米，后被村里占用。1985 年落实天主教房产政策时，原房退还给教会使用。1988 年 5 月开放，有教徒 300 多人。2000 年，筹资在原教堂西南 500 米处重建新堂，面积 170 平方米。2001 年 1 月，举行新堂落成开堂典礼。

临江镇天主堂 前身为雅各伯堂，位于临江镇江校村。有砖木结构瓦房 4 间，面积 133 平方米，1959 年被拆除。1985 年，落实天主教房产政策时，作价退赔给教会。1998 年，易地在立周村重建新堂，面积 210 平方米。同年 10 月，举行新堂落成开堂典礼，有教徒 200 多人。

1949 年海门县天主教堂一览

表 33－3

教堂名称	地　址	性　质
耶稣圣心堂	海门镇复兴街	座　堂
恩利格堂	江滨乡大桥镇	分　堂
弥额尔堂	江滨乡西八字桥	分　堂
若望堂	三星乡太平村	分　堂
袁公所母诞堂	天补乡光荣村	座　堂
若瑟堂	天补乡桃源村	分　堂
七苦堂	三和乡施家花园	分　堂
方济各堂	德胜乡果园村	分　堂
安德肋堂	瑞祥乡磨框村	分　堂
嘉禄堂	三厂镇花园街	座　堂
露德圣母堂	厂洪乡洪利村	座堂、分堂
朝主堂	厂洪乡中心镇	分　堂

续表 33－3

教堂名称	地　址	性　质
海星堂	汤家乡通北村	分　堂
达尼老堂	平山乡永南村	分　堂
安德肋堂	麒麟乡倪家镇	分　堂
雅各伯堂	临江乡江校村	分　堂
十字架堂	六匡乡自由村	分　堂
亚纳堂	悦来乡信明村	座　堂
母诞堂	悦来乡习南村	分　堂
玛窦堂	三阳乡普新村	分　堂
始胎堂	万年乡安林村	座堂、分堂
主母堂	万年乡三中村	分　堂
玫瑰堂	海洪乡固中村	分　堂
圣三堂	刘浩乡头甲村	分　堂
主保堂	国强乡沛南村	分　堂
斐利伯堂	树勋乡小川村	分　堂

2008 年海门市天主教堂一览

表 33－4

教堂名称	地　　址	性　质	批准时间
海门镇天主堂	海门镇江海路 59 号	教　堂	1981. 4
三厂镇天主堂	三厂镇孝威村 26 组 6 号	教　堂	1989. 12
临江镇天主堂	临江镇江校村	固定处所	1998. 10
万年镇天主堂	万年镇中圩村	固定处所	1984. 7
刘浩镇天主堂	刘浩镇头甲村	固定处所	1988. 5

三、团体

1955 年 9 月，成立县天主教爱国会筹备委员会，吴永华为主任。1958 年 3 月，召开县第一届天主教代表会议，出席代表 110 人，成立县天主教爱国会，董泽群当选为主任。爱国会协助政府贯彻执行宗教信仰自由政策，积极推动天主教界开展反帝爱国运动，坚持独立自主自办教会、自选自圣主教原则。1962 年、1964 年，第二、第三届爱国会继续选举董泽群为主任。1966 年“文化大革命”后，天主教爱国会机构撤销，被迫停止活动。1980 年 11 月恢复。1981 年 12 月，第四届仍选举董泽群为主任。1984 年 12 月，爱国会召开社会主义建设经验交流会，12 名教徒评为先进工作（生产）者。1987 年 4 月，第五届选举丁兆民为主任。1989 年，部分教徒干扰海门镇耶稣圣心堂的正常宗教活动，爱国会进行妥善处理。

1991 年 6 月，主任丁兆民、副主任沈超参加南通市天主教爱国会召开的座谈会，谴责罗马教廷任命龚品梅为枢机主教，干涉中国天主教事务。1992 年 12 月，爱国会被南通市民族宗教事务局评为先进集体。1993 年 6 月，海门镇天主堂、三厂镇天主堂建立堂务管理委员会，万年、刘浩天主教活动点建立管理组。1997 年 9 月，省天主教爱国会负责人到海门视察工作。1998 年 1 月，市政协召开十届一次会议，市天主教爱国会副主任沈超被推选为常委。1998 年 12 月，市爱国会协助海门镇天主堂举行新堂落成开堂典礼。1999 年 11 月，召开市第六届天主教爱国会代表会议，出席代表 61 人，选举沈斌为主任。

2000 年 8 月，召开全市神甫、修女、教徒骨干代表会议，坚持中国天主教必须实行独立自主自办教会的方针和自选自圣主教的原则。同年，为抗议梵蒂冈的“封圣”活动，收集有关资料和照片，制作《高举爱国爱教旗帜，坚持独立自主自办》的图片集，到开放堂点和教徒聚居村巡回展出。2001 年，协助海门镇天主堂、三厂镇天主堂建立“爱心小组”，制定规章制度。2003 年 6 月，在海门镇天主堂举行宗教政策法规知识竞赛活动。2004 年 3 月，组织 8 名神甫、修女、教徒代表，在文峰大世界广场献血站义务献血 1600 毫升。12 月，爱国会专职干部杨晓健在省天主教第八届代表会议上，被任命为省天主教爱国会副秘书长。2005 年 6 月，主教沈斌参加由中央统战部、国家宗教局举办的全国天主教界中青年爱国人士培训班学习。2007 年 7 月，召开市天主教界人士座谈会，纪念中国天主教爱国会成立 50 周年，全市 16 名神甫、修女、教徒代表出席座谈会。12 月，市第七届天主教爱国会代表会议召开，选举姚建辉神甫任主任。2008 年 5 月，四川汶川发生特大地震后，爱国会会同海门、三厂两活动点迅即募集 1.5 万元送往市红十字会，利用主日为灾区人民举行默哀仪式和祈祷活动。

第四节 基 督 教

一、沿革

清咸丰五年(1855)英国戴德生、包约翰牧师到海门传教。民国4年(1915),上海籍牧师韩廷阳等到海门传教。民国12年,在茅家镇(今海门镇)县署西建造1所12间计274平方米房屋的基督教堂,直隶上海中华基督教监理会。开办经费由上海外滩美国主办的慕尔堂拨给。先后到教堂任职的牧师有曹进仁、冯则槐等。

民国14年,苏州阊门牧师康福生、传道史瑞芳夫妇到海门进行传教活动,并分别于民国15年、民国22年,在三星镇同乐村、西星村以及灵甸镇开设3所简易教堂,属上海闸北永志堂主管,从属自立会派系。民国25－37年,美国牧师3次到海门视察。民国34年,全县有基督教堂4所,牧师2人,传道3人,教徒200人。康福生夫妇去世后,由教徒中的虔诚者负责教务,主持宗教活动。教徒主要分布在茅家镇、三星镇、普济镇一带。民国37年7月,末任牧师孙俊仁离海门去上海南翔未归。

新中国成立初,三星镇救恩堂、永志堂、临江镇益民堂等3所教堂,开展正常宗教活动,但无教牧人员和宗教组织,教徒日益减少。1955年,有教徒97人。1958年,全县仅存三星镇救恩堂1所,教徒约20多人。“文化大革命”期间,基督教活动停止。1979年后,教徒稍有发展,分布在全县14个乡镇,计600人。

1986年5月,县召开基督教徒座谈会,建立县基督教徒学习组。10月,经县政府批准设立三星乡福利村、临江乡汲西村两个活动点。1987年,县选送5名义工参加南通市基督教会培训。同年9月,基督教徒林亚玉考核及格,被南京金陵协和神学院录取(林亚玉于1989年7月毕业回海门任传道员,2002年5月被按立为牧师)。1988年,在厂洪乡孝威村5组,增设基督教聚会组,隶属临江乡活动点。其时有基督教徒477人,分布在全县20个乡镇86个村。是年6月,县基督教三自爱国会筹备组成立。1990年,全县有基督教徒600多人。1993年9月,启东市牧师杨始德到海门三星、临江基督教活动场所,举行首次圣餐礼。1996年后,陆续在海永、三和、六匡、国强设立4个临时活动点。1998年,有基督教徒2500多人。

1999年12月,市基督教第一届代表会召开,听取和审议基督教三自爱国会筹委会工作报告,通过市基督教三自爱国会章程,选举领导班子,林亚玉为主席。2005年4月,市基督教三自爱国会副秘书长、临江镇基督教堂管委会主任张树勋被按立为长老。2006年7月,基督教徒王柳考入南京基督教圣经专科学校,毕业后回悦来镇基督教堂传道。2008年,全市基督教活动场所有9处,其中海门镇、三星镇、常乐镇、临江镇基督教堂为教堂;三和镇、悦来镇、三阳镇、四甲镇、海永乡基督教堂为固定处所。有牧师、长老、传道各1人,基督教徒3000多人。

二、教堂

海门镇基督教堂 位于五港村34组,前身是位于县署西的茅家镇基督教堂,建于民国12年,有房屋12间,建筑面积274平方米,其开办经费由上海外滩美国主办的慕尔堂(今上海市沐恩堂)拨给,先后有9名牧师到堂任职。民国37年停止宗教活动。解放后,该堂先后由县卫生院、保险公司、县工业科等单位使用。1983年,县政府扩建时被拆除158平方米,其余在1998年被市金侨房地产开发公司拆除。2000年,租用五港村31组、34组仓库和600平方米土地,翻建5间面积为200平方米的房子作为临时活动场所。2002年落实基督教房产政策时,补偿6.5万元。2005年,登记为海门镇基督教活动点。2006年3月,登记为海门镇基督教堂,有教徒300多人。2007年7月,为建新堂在原地征用800平方米土地。2008年5月,新堂开工建设,是年12月25日圣诞节竣工启用。

三星镇救恩堂 民国15年设立,1966年“文化大革命”开始停止活动。

三星镇西北永志堂 民国18年设立,1958停止活动。

三星镇基督教堂 位于召良村27组,前身是三星乡福利村基督教活动点。1986年10月设立,租赁教徒的两间房屋进行宗教活动,参加活动的有100人左右。1997年,征地1200平方米兴建270平方米的教堂。2003年3月,登记为教堂,有教徒400多人,市基督教三自爱国会副主席陈裕丰兼任堂务管理委员会主任。1998－1999年度和2002－2003年度，两次被评为南通市文明宗教活动场所。

普济镇（今临江镇）益民堂　民国22年设立，1958年停止活动。

临江镇基督教堂　位于立周村7组，前身是临江乡汲西村活动点，1986年10月设立。1987年购买位于陈东村（今立周村）的乡成人教育中心房屋作为活动场所，负责人谢祖康，教徒约40人。1997年教堂原地翻建，建筑面积270平方米。2003年3月，登记为教堂，有教徒约500人。2004年8月，张树勋当选为堂务管理委员会主任，2005年4月被按立为长老。

常乐镇基督教堂　位于中南村，前身是厂洪乡（今三厂镇）孝威村活动点，1988年设立。当时借房于教徒家中进行宗教活动，参加活动约百人。1991年搬至厂洪乡凉北村仓库，1998年迁至常乐镇中南村教徒家中。1999年，租用常乐镇农民街1160平方米土地，新建635平方米教堂，2000年10月落成。2003年3月登记为教堂，有教徒400多人，市基督教三自爱国会副主席陈冠兰兼任堂务管理委员会主任。2008年，被评为市文明宗教活动场所。

三和镇基督教堂　位于新远村6组，前身是三和镇基督教活动点，1999设立，租用该组两间仓库作为活动场所。2000年批准为教堂。2001年新建225平方米教堂。2003年3月登记为固定处所，有教徒100多人。施菊生为堂务管理委员会主任。2008年，被评为市文明宗教活动场所。

悦来镇基督教堂　位于云彩村12组，1999年设立。购买原云彩小学教室作为活动场所，有教徒100多人。陆建英为堂务管理委员会主任。2006年，被评为市文明宗教活动场所。

三阳镇基督教堂　位于永平村23组，2003年3月批准设立，登记为固定处所。租用该镇苗圃房屋作为活动场所，有教徒150多人。张永祥为堂务管理委员会主任。2007年，被评为市文明宗教活动场所。

四甲镇基督教活动点　位于四杨村12组，2000年批准设立，购买3间七架头民房作为活动场所，有教徒40多人，张启萍为堂务管理委员会主任。

海永乡基督教堂　位于通江路28号，1996年设立。租用沙南村民房作为活动场所。1999年，借用乡幼儿园房屋作为活动场所，有教徒100多人。陆雪珍为堂务管理委员会主任。2007年，被评为市文明宗教活动场所。

2008年海门市基督教活动堂点一览

表33－5

教堂名称	地　址	性质	批准时间
海门镇基督教堂	海门镇五港村34组	教　堂	2005
三星镇基督教堂	三星镇召良村27组	教　堂	1986.10
三和镇基督教堂	三和镇新远村6组	固定处所	1999
常乐镇基督教堂	常乐镇中南村	教　堂	1988
临江镇基督教堂	临江镇立周村7组	教　堂	1986.10
悦来镇基督教堂	悦来镇云彩村12组	固定处所	1999
三阳镇基督教堂	三阳镇永平村23组	固定处所	2003.3
四甲镇基督教活动点	四甲镇四杨村12组	固定处所	2000
海永乡基督教堂	海永乡通江路28号	固定处所	1996

三、团体

民国37年，三星镇西北永志堂设立堂务管理会，有理事3人，执事2人，记账1人、出纳2人、管堂2人、祷告3人。

1988年6月，县基督教三自爱国会筹备组成立，组长谢永康，副组长陈裕丰。1999年12月，市基督教第一届代表会议召开，出席代表42人。听取和审议基督教三自爱国会筹备组的工作总结和今后任务报告，通过基督教三自爱国运动委员会章程，市基督教三自爱国运动委员会成立。主席林亚玉，副主席陈裕丰、陈冠兰。

第五节　宗教管理

解放后，党和政府十分重视宗教工作。1955年10月，县成立宗教事务科，专施宗教事务管理职能。贯彻党和国家有关宗教工作方针、政策和法律法规，开展爱国主义教育。1966年“文化大革命”开始后，宗教管理工作中断。1979年11月,恢复县革委会民族宗教事务科,落实党在新时期民族宗教政策。1981年3月,为县政府民族宗教事务科。1999年12月,市民族宗教事务局与市统战部合署办公,升格为一级局。

2003年4月,市委办、政府办联合发出《关于对宗教事务和宗教活动实行属地化管理的意见》,每年与22个乡镇签订宗教工作目标管理责任书,乡镇与村层层落实,使宗教活动属地化管理落到实处。

是年8月,市政府发布通告,集中开展农村“三乱”(乱建庙宇、乱做佛事道场、基督教私设聚会点)整治活动,确保宗教活动正常有序进行。建立三级宗教事务管理网络,建立与有关部门协调配合机制、涉外宗教活动管理机制,抵制境外利用宗教进行渗透活动。

2008年,开展“文明、模范宗教活动场所”和“平安宗教活动场所”的创建活动,创建与制度建设相结合,与年度检查相结合,与依法管理相结合,使宗教活动场所的内部管理、文化底蕴及外事环境普遍得到加强,信众与教职人员的自我管理、自我规范、自我约束的能力得到提高。

第三十四篇

方　言

海门通行的方言有两种：一是海门南部的海门方言，俗称沙地话，以海门镇为代表，约占全境人口的三分之二；二是海门北部的通东方言，以四甲镇为代表，约占全境人口的三分之一。海门方言属太湖片吴语系，以苏州、上海、嘉兴话为代表的苏沪嘉方言小片；通东方言亦属吴语系，以常州话为代表的毗陵方言小片。海门、通东方言有较大差异，第二章所收录的词汇对比和第三章中可见一斑。海门、通东方言派生了不少谚语、歇后语，随着时代的进步产生了许多流行新词语，该篇辑录若干。

第一章 语　音

第一节 海门方言

一、声母

声母共30个

p	班比布拨	p‘	胖披普泼
b	排皮婆勃	m	网米模袜
f	方飞夫发	v	房微无佛
t	当低多得	t‘	汤梯拖脱
d	谈地度独	n	奶农怒诺
l	拉李鲁六	ts	中子准庄
ts‘	次窗吹春	dz	重成谁迟
s	四双水沙	z	人床船曹
tɕ	鸡假龟进	tɕ‘	欺青千七
dʑ	其前席详	ȵ	泥人愿义
ɕ	西新孝雪	ʑ	徐寻斜袖
k	假古街龟	k‘	开枯看壳
g	轧共狂葵	ŋ	额危岸悟
h	海黑孝虎	hɦ	学红河合
ɦ	移胡叶盐	ø	衣乌一烟

例字下加一条横线的表示白话音；加两条横线的表示文读音（下文同）。

清音 p、p‘、t、t‘、k、k‘ 发音时肌肉比较紧张。

ɦ 代表阳调类零声母字元音同部位的浊擦音。

ø 实际上是紧喉音 ʔ，出现在阴调类前面。

m、n、l、ȵ、ŋ 的实际读音可分为两类。配阳调时实际音值为 ɦm、ɦn、ɦl、ɦȵ、ɦŋ；配阴调时，实际音值为 ʔm、ʔn、ʔl、ʔȵ、ʔŋ。

二、韵母

韵母共50个

ɿ	思时收水	i	鸡居耳鬼
u	都多和火	ɑ	排界家鞋
iɑ	家界夏写	uɑ	歪快淮坏
æ	班限兰山	uæ	关环还弯
ɛ	爱开来帅	iɛ	械懈谐
uɛ	快怀坏外	e	社参蚕暗
ie	边半南甘	uie	官完换欢
ø	单短干安	uie	犬权软元
ɔ	包刀教孝	iɔ	标条教孝
o	巴车夏花	uo	瓜华话蛙
ei	杯雷催水	uei	鬼灰葵为
ɤɯ	楼斗走茂	iɤɯ	流九秋有
ør	而耳儿二	ã	彭耕生商
iã	姜娘让杨	uã	横狂光~火
ɑ̃	方桑双江	i ɑ̃	江讲旺
u ɑ̃	光黄旺矿	ən	敦春孙人
in	人金军云	uən	滚昏温魂
oŋ	东风中翁	ioŋ	兄穷雄永

m̩ 姆~妖(母亲)
ŋ̍^{m} 我
uaʔ 刮豁滑挖
iɑʔ 脚略嚼药
əʔ 日拨出说
uəʔ 国阔忽活
n̩ 呒无尔你儿~子母丈~
aʔ 八甲狭鸭
ɑʔ 白尺压额
uɑʔ 划计~
iəʔ 日笔铁雪
oʔ 北六学竹
uoʔ 屋握
yoʔ 菊学肉玉

ɑ 和 iɑ、uɑ 及 ɑʔ、iɑʔ、uɑʔ 的 ɑ 偏央；ɔ 和 iɔ 的 ɔ 实际音值为 ɔo；oŋ、ioŋ 的 o 偏高；ɤɯ、iɤɯ 的 ɤ 偏央。

u 和 u 的 u 在零声母时唇齿相接，有轻轻摩擦。

ŋ̍^{m} 的特别是发 ŋ̍ 收口时唇齿相触，如发唇齿鼻音 ɱ 一般。

三、声韵母配合表

表 34－1

	p	p'	b	m	f	v	t	t'	d	n	l	ts	ts'	dz	s	z	tɕ	tɕ'	dʑ	ȵ	ɕ	ʑ	k	k'	g	ŋ	h	hɦ	ɦ	∅
ʅ												知	侈	池	思	时														
i	比	披	皮	迷	飞	肥	低	体	提		离						鸡	妻	其	泥	西	徐	□	去	其				仪	衣
u	波	坡	婆	模	夫	扶	多	兔	涂	奴	罗	组	粗	刍	苏	坐							姑	枯		俄	呼	何	胡	乌
ɑ	爸	派	牌	妈			带	他	汏	那	拉	斋	差	□	洒	柴							芥	楷	茄	牙	哈	鞋		矮
iɑ							爹										皆	□	瘸		写	邪							爷	耶
uɑ																							拐	快	拐		歪			娃
æ	班	盼	爿	迈	番	凡	胆	坦	谈	□	兰	斩	产	残	三	□							监	刊		眼	喊	闲		
uæ																							关	筷	环		□		还	弯
ɛ	擘		败	买			歹	胎	台	乃	来	灾	猜	才	衰	裁							该	开	□	呆	海	孩	□	哀
iɛ																													谐	
uɛ																							乖	蒯					怀	喂
e												簪	惨		奢	蚕														掩
ie	边	编	盘	免		范	颠	天	田	南	连						兼	千	全	研	仙	前	甘	堪		岩	酣	含	烟	
uie																							官	款			欢		完	缓
ø							丹	滩	团	囡	乱	专	川	传	扇	然							干	看		岸	罕	寒		安
yø																	捐	圈	权	元	喧								远	渊
ɔ	包	抛	咆	毛			刀	滔	桃	脑	唠	糟	抄	潮	烧	曹							高	敲	□	熬	耗	豪		袄
iɔ	标	飘	剽	苗			刁	挑	条		辽						郊	锹	乔	饶	消								摇	夭
o	巴	葩	扒	麻								遮	车	茶	沙	喏							挂	夸		瓦	花		下	丫
uo																							瓜						华	蛙
ei	悲	胚	赔	梅			堆	推	颓	馁	雷	追	崔	谁	虽								裾		徛	鱼	虚			
uei																							归	亏	葵	危	灰		回	威
ɤɯ		剖		每	浮	浮	兜	偷	头		娄	周	抽	筹	收	愁							沟	抠	□	藕	齁	侯		欧
iɤɯ				谬			丢				溜						纠	丘	求	妞	休	□							尤	优
ør																													儿	而
ã	泵	乓	彭	棚			打	□		□	冷	章	昌	长	商	尚							埂	坑	□	硬			夯	桁
iã											良						姜	枪	强	酿	香	墙							羊	央
uã																							光	哐	狂				横	横
ɑ̃	帮	滂	防	忙	方	房	裆	汤	唐	囊	郎	庄	仓	藏	双	床							冈	康	戆			航	昂	肮

续表 34 - 1

	p	p‘	b	m	f	v	t	t‘	d	n	l	ts	ts‘	dz	s	z	tɕ	tɕ‘	dʑ	ȵ	ɕ	ʑ	k	k‘	ɡ	ŋ	h	hɦ	ɦ	ø
iɑ̃																	江												王	
uɑ̃																							光	匡			荒		王	汪
ən	奔	烹	盆	焖	分	文	敦	吞	疼	能	仑	曾	称	层	森	神							根	铿	艮		亨	痕		恩
in	宾	拼	贫	鸣			丁	听	亭		林						今	亲	勤	宁	心	寻							行	音
uən																							滚	昆			昏		魂	温
oŋ	蹦	捧	蓬	蒙	风	冯	东	通	同	农	笼	中	冲	虫	松	㞞							公	空	共		轰	红		翁
ioŋ																	龚		穷	浓	兄								容	臃
m̩																														姆
n̩																														呒
ŋ̍ᵐ																													吾	
aʔ	八		拔	抹	发	伐	答	塌	达	捺	蜡	扎	插	杂	杀	闸							夹	恰	轧	齾	瞎	匣		鸭
uaʔ																							刮		□		豁		滑	挖
ɑʔ	百	拍	白	麦							栏	仄	尺	宅	烁	石							格	客		额	吓			压
iɑʔ											略						脚	雀		虐	削	嚼							药	约
uɑʔ																							虢						划	
əʔ	不	泼	渤	没	弗	佛	得	脱	特	讷	勒	计	侧	直	色	十							革	克	搿	兀	黑	核		厄
iəʔ	必	匹	枇	密			的	铁	笛		力						节	七	及	热	屑	席							叶	乙
uəʔ																							骨	阔			忽		或	屋
oʔ	博	扑	薄	木	福	伏	督	拓	毒	诺	六	足	促	族	束	俗							角	壳	个	岳	霍	获		恶
uoʔ																														屋
yoʔ																	决	曲	局	肉	血								悦	郁

说明：字下加～者，为方言的白话音；加＝者，为方言的文读音。字下加﹏者，表示用字无可考，用方言同音字代替；用□表示者，需加注的读者，参见同音字汇部分

四、声调

基本声调共 8 个。

表 34 - 2

调类代码	调类	调值	例 字
1	阴平	54	东 金 真 香 汤 兵 孙
2	阳平	24	同 勤 陈 墙 堂 平 绳
3	阴上	424	懂 紧 准 想 躺 饼 沈
4	阳上	241	动 近 仍 像 荡 并 忍
5	阴去	34	冻 敬 政 向 烫 柄 胜
6	阳去	314	洞 静 陈 匠 宕 病 甚
7	阴入	55	笃 急 职 削 塌 必 失
8	阳入	23	独 极 直 嚼 达 别 实

五、同音字汇

本字汇按韵母分部，同韵字按声母排列，声母相同者再按声调排列。8 个声调分别用①～⑧代码表示。

白话音于字下加一条横线；文读音则加两条横线。

意义与用法相同的多音字，注明“又音”；多音多义，按音收列，随文加注；新旧读法不同，注明新旧。

本字汇收录部分方言用字，其下加符号“﹏”区别。本字无可考音，以符号“□”代替。

部分字加注举例，皆以小字夹注。注文中凡有字与所注之字相同的，以符号“﹏”代替。

ɿ

ts　①兹滋孳资姿咨孜龇辎淄鲻支枝肢吱栀知蜘指戚~之芝智子~弹疻~水(创口分泌的淋巴液)朱硃珠株蛛诛侏茱猪诸锥~钻(钻子)□~跟斗(翻跟头)　③子籽仔紫梓滓止址趾纸只(衹)旨指酯脂胭枳咫姊主炷拄煮嘴　⑤恣至致志痣制置帜炽质人~著铸注驻蛀疰

ts'　①痴雌嗤眵侈疵鸱魑差参~吹枢口火~,烬伺~奉　③此耻褫鼠处(动词)杵褚　⑤次齿刺粢~饭翅厕1~所处(名词)□擤(鼻涕)

dz　②辞词祠嗣磁瓷鹚慈稚池驰弛迟持除蜍储厨橱苎殊饲　④痔　⑤治雉滞住柱箸

S　①思斯撕厮嘶司私丝鸶嗞施诗尸师狮蛳屎尿书舒抒输梳驰旧　③死矢史使驶始暑水　⑤四驷肆思意~赐试世势庶恕戍

z　时鲥匙锄~头慈~姑如茹儒孺蠕濡垂耳朵~(耳朵垂子)棰碲~(捣衣杵)饲　④是似市竖　⑥自字巳祀寺侍峙恃伺士仕柿市又音氏示视事逝誓嗜谥噬舐墅树汝乳莳牸~羊(母羊)

i

p　①屄　③比秕俾鄙　⑤闭臂毖痹秘泌疪

p'　①披批砒纰~谬匕剕~豆腐干痞　③妣　⑤屁媲譬庇旧

b　②皮疲鲏脾啤琵毗纰~漏批坒~砖(一层砖)□用秤称物,因分量不足而秤杆微下垂　④被~子　⑥币敝蔽弊毙避婢辟~邪篦□~小官(有妊娠反应)

m　①咪眯□小口喝酒。　②迷谜醚弥猕糜麋靡眉湄楣嵋媚棉~花　④米　⑥味

f　①飞妃非啡扉蜚绯匪斐菲翡诽　⑤费~川废篌芦~(苇席)沸肺吠

v　②肥淝腓微薇维潍唯惟　④娓　⑥未味费姓尾

t　①低氐~族　③底抵柢诋邸牴砥帝缔蒂　⑤谛渧滴(动词)

t'　①梯锑　③体　⑤替剃涕嚏屉

d　②提堤题啼蹄　④弟娣　⑥地第悌棣递

l　①□提(物)　②梨犁黎藜离漓篱璃丽高~厘狸鹂鲡莉茉~痢癞~蜊驴榈铝　③屡　④李礼里~外理鲤娌吕　⑥丽美俪利俐痢~疾莉人名例吏莅厉励蛎砺隶隸沥泪戾詈荔俚~语里~程侣缕褛履旅虑滤俚们

tɕ　①鸡基箕期周年几茶~讥肌饥机矶姬箧编~(篦子)乩羁畿嵇誓齑奇~数畸犄姊龟疽狙拘驹俱皆车~马炮居裾雎沮　③己几~个虮矩咀龃鬼济~南枸~橼　⑤计委悸鲚~鲈鱼(鳜鱼)既暨济救~剂药~寄继系~鞋带冀记纪祭穄际蓟觊举据证~倨踞锯句贵笙五月~(一种竹子)□左挤跻

tɕ'　①欺妻凄栖溪蹊觑近~(近视)区驱岖躯趋蛆祛　③起杞启岂企绮砌娶龋取　⑤去趣气汽器弃契~约憩

dʑ　②其期棋蜞萁旗麒奇~怪骑崎歧齐荠~菜祁祈脐蕲芪耆鳍瞿衢　④跪聚序叙芧芋~跽　⑥技妓伎忌巨苣拒炬距渠具惧飓俱~乐部鲚曙署薯绪柜□~母(妻嫂)遽醵

ȵ　①引~线(针;针线活儿)泥拘~　②尼泥呢怩妮倪霓儿猫~宜沂疑虞愚隅娱　③拟　④你女　⑥谊诣义议蚁艾自怨自~刈艺吃毅腻□模糊尾~巴二耳遇寓芋~艿语龉圄

ɕ　①西牺栖羲曦希稀烯犀樨熙嘻嬉徙些胥靴吁~气阋露出缝儿;~缝需须虚嘘墟　③喜禧蟢洗新铣~床死许栩诩髓玺　⑤戏细絮婿煦酗

ʑ　徐齐~巧(恰巧);~头数荠脐　④聚

k　①□这,那

k'　⑤去

g　其他

ɦ　②伊移夷姨怡饴贻遗奚仪畦携余于姓盂圩纡~子(纱锭上纺的纱团)谀俞愉榆渝逾揄觎蝓鱼渔围~巾、~腰(围裙)肄新彝颐臾腴萸舆　④雨□又⑥易容~系异勚裔肄羽裕愈喻谕预豫誉吁呼~驭御屿纬~纱宇芋曳2

ø　①衣依医漪兮淤迂　③已以苡矣禹伛　⑤意亿忆臆椅倚懿妪与于介词喂~饭

u

P　①波菠玻跛　③补谱旧　⑤布怖簸播

P'　①铺(动词)潽溢颇坡　③普谱圃溥埔黄~叵笸⑤铺(名词)破□遍(量词)

b　②婆鄱蒲葡匍脯胸~菩捕　④□塌　⑥部步

埠簿孵训读。字本作"伏"□蹲伏薄~荷哺
m ②磨~刀蘑摩魔模摹膜1蟆谟□沫子 ③母拇姆保~ ⑥磨石~墓暮慕募幕
f ①夫伕肤麸敷俘孚孵 ③府腑俯脯果脯父人名;渔~、田~斧甫辅抚釜 ⑤付咐傅副富赋赴讣仆倒;前~后继
v ②符扶芙凫无芜抚又音毋巫诬浮 ④无又音舞武鹉侮 ⑥父妇腐傅师~务雾骛附驸负戊
t ①多哆都嘟 ③堵赌睹肚鱼~朵躲妒□~~(姑姑) ⑤剁跺蠹
t' ①拖兔 ③土吐堍妥椭 ⑤唾蜕~皮、~壳毻脱(毛、发)菟
d ②涂途镀又音徒图屠陀驼鸵坨跎柁砣驮轪车~(车轮) ④杜舵 ⑥度程~渡镀肚~皮大惰堕
n ②奴孥挼驽哪~吒 ③努懦 ④娜婀~ ⑥怒糯弩帑
l ①罗~嗦虏掳撸 ②卢芦炉颅鲈鸬庐罗萝箩锣逻腡螺骡 ③鲁 ④卤橹 ⑥路露鹭赂裸卵蛋~瘰
ts ①租 ③组祖阻诅俎 ⑤做佐左
ts' ①粗初搓蹉 ③楚础 ⑤错醋措挫锉磋
dz ②刍雏锄~草矬 ④坐 ⑥助座
s ①苏酥稣疏蔬梭唆蓑嗦罗~须~牙(胡子)娑挲摩~ ③数(动词)所锁琐唢 ⑤素诉数(名词)漱塑溯
z ④坐 ⑥座
k ①姑咕沽蛄鸪菇估又音过~头箍孤辜呱~~(婴儿啼哭声)哥歌戈锅埚蜗 ③古估牯臌股蛊贾商~果裹 ⑤故固痼锢顾雇个~子过经~
k' ①枯骷科蝌柯苛棵颗稞窠窝窠库新 ③苦可坷坎~ ⑤库裤袴锞课
ŋ ②俄鹅娥峨哦吟~讹语 ④我 ⑥饿卧悟晤
h ①呼□馏;~馒头(俗写作"烀",非) ③虎唬琥浒火伙夥 ⑤货荷薄~戽□络(炒)
hɦ ②何河荷~花禾和 ④祸 ⑥贺和应~、混合荷~载
ɦ ②胡湖瑚蝴葫猢糊壶狐弧吴蜈 ④五伍姓 ⑥伍误护互户沪扈怙午忤坞□天色转阴
ø ①乌呜钨污倭涡旋~莴窝~藏、~囊挝老~阿~胶婀□傻□陷 ⑤焐捂恶屎恶讨厌

ɑ

p ①爸叭吧酒~ ③摆 ⑥拜
p' ①排牌□拉、拽 ④罢 吧助词 ⑥败稗罢又音
m ①妈马~虎吗(助词) ②埋 ④买 ⑥卖
t ①□这么些;~佃 ⑤带戴~帽子
t' ①他她它拖奋拉、拖垂、拖拽;~鼻涕太~~(曾祖父,母);王~~ ⑤泰太汰
d ②□挪动;挪借 ⑥大汏洗埭行;排
n ①那奶奶~(乳房;乳汁。小儿语) ②拿挪 ③奶奶~(乳房;乳汁。小儿语) ④奶哪娜人名南~无 ⑥艿
l ①拉拽啦哗~喇~嘛 ②拉从洞、口、器物中流出、漏出垃喇~叭 ④擸有指甲等划破表面啦哪;~里 ⑥赖抵~癞
ts ①斋喳□口(写平声)~(聪明)□瞧;看望 ⑤债咱
ts' ①差~使 茬扯 ③扯平均;平分 绰~号 ⑤蔡
dz ⑥□大小便的动作:~尿(撒尿)
s ①筛 ③洒耍撒 ⑤啥
z ②柴 ④惹□哆嗦 ⑥廝撒~灰
k ①家傢加嘉阶~沿枷胛肩~芥~菜街 ③解~开假真~戒~烟 ⑤解~犯人界价架嫁戒疥~橱(碗橱)□锯尬
k' ①揩楷咖~啡卡咔 ⑤骼快~活
g ②茄秸 ④□松弛澥糊状物或胶状物由稠变稀□绳子等捻度小 ⑥□挤人;~进去骱
ŋ ②牙芽伢□啃衙蚜捱又音 ④外 ⑥捱□~食(小儿馋食)砑
h ①哈□割 ③蟹 ⑤何啥
hɦ ②鞋蛤~蟆 ④何啥;~物事
ø ①阿~姨(对保育员、保姆及母亲同辈亲戚或非亲属女子的称呼) 挨□吃不下硬是吃 ③矮 ⑤□划开;~豆腐

iɑ

t ①爹 ③嗲
tɕ ①家傢稼加架痂枷佳嘉苴地名用字阶皆嗟 ③假真~贾姓解挤戒~烟姐 ⑤借价嫁架界届介解押~假~日戒诫
tɕ' ①□歪 ⑤趄倾斜
dʑ ②瘸茄~克衫□能干 ⑥藉
ɕ ①□~□(音斋)(聪明) ③写 ⑤泻卸
ʑ ②邪斜 ⑥谢榭

ɦ　②爷霞瑕遐牙　④也(副词)野　⑥暇下夏厦夜

ø　①耶椰崖涯鸦□避开(在一边)呀　③雅　⑤亚娅

uɑ

k　①乖呱象声　③拐　⑤怪

k‘　⑤快

g　④拐~脚子(瘸子)

h　①歪哗~啦

ɦ　②槐淮　⑥坏

ø　①娃娲哇歪~门邪道

æ

p　①班斑瘢扳颁掰般　③板版坂扮□酒~(江米酒)　⑤瓣绊

p‘　①攀　⑤襻盼鋬

b　②爿跘爬;攀;蹚(水)。俗写作"爬",非　⑥办

m　①蛮颟　②蛮　④晚继(父、母、子、发)。　⑥曼蔓漫谩慢幔迈万

f　①翻番幡　③反返　⑤贩泛疲心~(恶心)

v　②凡矾烦繁藩矾樊　④犯　⑥饭范模~万

t　①担(动词)耽眈□拿　③胆疸　⑤旦担(名词)诞

t‘　①湍坍~台　胎轮~　③坦袒　⑤坍倒~探

d　②谈痰谭潭昙　④淡氮但　⑥蛋新:滚~、坏~、穷光~

n　①□拿　②□拿　⑥□硬要将物送给或卖给别人

l　②兰蓝篮栏拦阑澜谰斓榄　④懒　⑥烂滥赖籁览揽缆

ts　①□剁　③盏斩崭　⑤蘸

ts‘　①搀餐~饭菜小~□推　③产铲　⑤忏

dz　②残惭潺馋谗　④赚崭陡　⑥绽栈暂湛站车~;~立撰寨□~蚍(蟋蟀)

s　①三叁山衫杉删珊姗跚舢　③杉又音产~房,~子(产卵)　⑤疝讪汕删又音

z　②□口水

k　①监~察尴艰间□连枷□夹　③拣裥减橄柬　⑤间隔碱监太~鉴□擦屁股

k‘　①铅刊　③舰槛　⑤嵌

ŋ　①眼~~(刚刚)　②颜衔~头(头衔)　④眼

h　①□小孩不听话说　⑤喊

hɦ　②闲衔~接咸~淡　④限

uæ

k　①关鳏莞~草　③□瞥　⑤惯

k‘　⑤筷

g　②环顽　④掼　⑥环耳饰□搭(把柔软之物放在可支架之物上)

h　①□(老年人身体)硬朗□小孩乖、听话　⑤甩训读,扔;摆动

ɦ　②还归~

ø　①弯湾海~　③挽□央人从中说合某事　⑤晚宦豢患幻湾台~绾

ɛ

p　①擘拃　③摆　⑤拜

b　②排　⑥败

m　②娭姆~(母亲)埋霾　④买　⑥卖

t　①獃　③歹傣逮捉□挖苦　⑤戴

t‘　②胎苔舌~台地名:~州　③态□~气(大方)　⑤太副词汰泰

d　②台抬苔青~　④待虐待:~养子　怠~慢　⑥待代袋玳岱黛殆怠贷逮~捕大~夫(医生)□搁置或两端悬挂之物中间下垂

n　①乃　②□现在;这下　⑥耐奈

l　②来莱徕　⑥睐

ts　①灾栽哉　③宰崽载　⑤再载~重

ts‘　①猜揣~在怀中　③采彩睬踩　⑤菜

dz　②才材豺财　④在

s　①腮鳃衰摔　⑤赛塞边~帅

z　②裁□都、皆　④罪~过(表歉意之语)　⑥儳□~是(如果)

k　①该赅　③改　⑤盖丐概溉

k‘　①开　③凯铠　⑤慨忾隑倚;斜靠

g　④□打饱~儿　⑥隑又音

ŋ　②呆不灵活皑　⑥艾碍

h　①嗨　③海

hɦ　②孩骸□喊□皆　④咳(叹词)　⑥害亥骇

ɦ　②□(副词)表示动作的反复

ø　①哀埃尘~　⑤爱嫒暧隘蔼霭□又音(副词)表示动作的反复

iɛ

ɦ ②谐埃~及 ⑥械懈邂解姓

uɛ

k ①乖 ⑤怪

k‘ ③蒯 ⑤快

ɦ ②怀淮旧 ⑥外坏

ø ①喂(叹词)

e

ts ①簪

ts‘ ①参~加氽~汤 ③惨

s ①奢 ③舍(动词)糁饭米~ ⑤舍(名词)

z ②蚕 ⑥社射

ø ①庵鹌谙 ③掩揞 ⑤暗黯淹

ie

p ①边鞭编蝙煸鳊遍新搬篦训读 ③扁匾贬 ⑤变半□一种似匾而大的竹器

p‘ ①篇偏遍扁~舟翩潘番~禺县(广东)拼~命、~搏 ⑤片骗判

b ②盘磐蟠蹯蹒胖心广体~溢水溢出便~宜;大腹~~骈胼蹁 ④辨辩辫拌 ⑥便方~卞汴□铺在椽子上的苇笆伴畔叛弁□躲藏

m ①免颟 ②棉绵眠馒瞒絻~裆裤(连裆裤)鳗 ③勉冕 ④满 ⑥面娩缅湎腼□皮~(皮袍)

v ④范姓

t ①颠巅癫战~分量端~阳甗~子(打酒等的量具) ③点典碘踮 ⑤店玷踮又音掂

t‘ ①天添贪 ③腆舔 ⑤掭舔舌头伸出口外

d ②田钿填滇甜恬坛~子潭坑儿;窖 ④电垫~饯 ⑥佃甸奠淀靛殿垫

n ②南楠喃男

l ②连莲涟鲢帘奁怜廉镰 ④脸□收拾 ⑥练炼链敛殓楝恋

tɕ ①兼搛艰间中~;房~尖煎笺肩坚奸菅缄湔痫嗟又音 ③检捡睑剪翦简茧柬謇 ⑤见建箭荐谏溅涧牮剑毽趼

tɕ‘ ①千仟阡扦迁牵谦签歼遣椠削悛且镌 ③浅谴歉 ⑤欠芡纤~绳茜倩堑

dʑ ②掮钳虔乾~坤前钱潜钤黔全痊泉旋 ⑥件健俭渐饯贱键羡藉隽

ȵ ②研拈捻粘(动词)黏~性 ②年严阎妍罨 ④验俨染碾(动词) ⑥辇撵碾(名词)念廿彦谚唁砚

ɕ ①仙籼鲜新~先掀锨宣轩□秤称物时因分量足而秤稍微上翘 ③险显献鲜少藓癣苋蚬冼筅洗纤(纖)选 ⑤线腺宪霰渲

ʑ ②前钱涎焊~毛旋 ⑥贱□头~过来(头扭过来)

k ①甘柑泔疳坩 ③敢感匶盖 ⑤淦

k‘ ①堪龛 ③坎砍侃戡 ⑤瞰勘

ŋ ②岩癌

h ①酣憨蚶顸 ③□打花~(呵欠)

hɦ ②含函涵颔 ⑥憾撼菡

ɦ ②贤弦舷娴咸皆言沿盐炎檐延筵颜嫌芫~荽 ⑥现陷馅焰艳腌演衍夜液冶爷~俩

ø ①烟胭咽~喉湮殷~红燕~国;姓焉蔫嫣也 ③掩又音阉 ⑤厌咽吞堰赝晏姓燕~子宴雁野暗又音赝

uie

k ①官倌棺观看冠帽 ③管馆莞东~县(广东)罐鹳盥 ⑤贯灌冠~军观道~

k‘ ①宽髋 ③款

h ①欢獾

ɦ ②完丸桓 ⑥换浣皖玩

ø ①缓推迟剜 ③碗豌惋宛婉缓~和、迟~(形容词) ⑤腕

ø

t ①单丹端 ③短掸 ⑤锻断判~簖

t‘ ①毯滩瘫摊 ⑤叹炭□摘(将戴着或挂着的东西取下)□将套在或装在一起的东西卸下或拆开

d ②团抟檀弹动词坛(壇) ④断~续 ⑥段缎蛋弹(名词)惮

n ①囡 ②难~易 ④暖 ⑥难灾~

l ①拦将家禽、家畜赶进窝或圈;阻挡 ②栏拦栾滦孪挛銮鸾峦娈岚 ④卵男子阴 ⑥乱

ts　①专砖钻动词占~卜沾毡詹瞻　③转~达纂展辗　⑤钻(动词)转~动赞占~有战颤~粟

ts‘　①川穿蹿氽~粥餐鳌　③喘谄阐　⑤灿璨颤~动、~抖串窜篡钏

dz　②传动词椽　④缠纠~　⑥缠篆传名词

s　①酸闩栓拴扇(动词)煽苫名词膻　③陕闪伞散松~　⑤扇(名词)骟苫(动词)散(分~;丸~)算蒜

z　②然燃髯船蝉禅~宗　⑥善鳝蟮缮膳擅染冉苒单姓禅~位篅~条(茓子)

k　①干~支;~湿　竿肝杆旗~　③秆赶杆笔~擀　⑤干(幹)

k‘　①看~守　⑤看视

ŋ　⑥岸

h　③罕　⑤汉熯焕唤奂痪

hɦ　②寒韩汗可~　④旱　⑥汗捍焊悍翰骭□勉强过日子:~日脚

ø　①安氨铵鞍　⑤案按晏迟

yø

tɕ　①捐娟鹃涓　③卷动词　⑤卷书~眷绢

tɕ‘　①圈圈~　③犬　⑤劝券

dʑ　②权颧鬈蜷拳　④圈猪~　⑥倦

ȵ　②元原源　④软　⑥愿

ɕ　①喧暄萱揎~巴掌(打耳光)煊　⑤楦绚

ɦ　②元原源圆园袁猿辕援悬玄炫眩　④远　⑥阮院县

ø　①冤渊鸳鸢□折叠　③苑　⑤怨

ɔ

p　①包苞胞褒　③保葆堡宝饱褓　⑤报豹趵爆暴脾气~□风~(台风);冷~(寒潮)□~芽(萌芽)

P‘　①抛泡名词脬　⑤泡动词炮疱

b　②咆袍庖　④抱　⑥暴爆~炸曝~光;晒鲍雹刨~木头刨使地面平滑或除去生长物暴刚:~开头

m　②毛猫茅矛牦髦锚蟊　⑥冒帽瑁貌耄卯铆

t　①刀叨唠~　③倒~下岛捣祷　⑤到倒颠~倒用锄松土

t‘　①滔韬绦叨~光、~教　③讨　⑤套

d　②桃逃咷涛淘陶萄掏　④稻　⑥道导蹈盗悼纛

n　①□拿　②□拿挠饶蛲硇桡　④脑　⑥闹淖恼瑙孬

l　①捞~钱唠~叨　②牢劳痨捞捞打~胬肚里~胬(动物内脏)　④老　⑥佬姥愣懊~(后悔)

ts　①遭糟朝~夕招昭钊笊沼　③早枣蚤澡藻找~钱爪　⑤灶噪躁罩照诏找寻~

ts‘　①抄超操剿　③草吵炒　⑤糙钞□檫

dz　②朝~代潮嘲晁巢　④赵造

s　①烧稍梢捎筲~箕艄骚臊~臭缫　③少多~扫~地嫂　⑤少~老扫~帚哨肖生~悛豪~(赶快)燥

z　②曹嘈漕槽胬肚里胬~(动物内脏)韶饶娆痰心~(饥饿样不适)　⑥兆肇皂召绍扰绕

k　①膏(名词)高篙皋睾羔糕交胶鲛茭铰~链　③搞绞稿　⑤教酵觉困~告窖校校准:~秤□~作(浪费;糟蹋)镐洋~搅

k‘　①敲拷~边(锁边)拷零买(酒等)　③考烤拷~打铐　⑤靠犒涍将河水舀干:~水

g　②□鳌　④绞交叉、错乱　⑥□牙~牙关

ŋ　②敖熬鳌螯嗷遨翱昂　④咬　⑥傲□头昂起

h　①耗蒿薅□~人(有哈喇味)　③好~坏　⑤孝好喜~

hɦ　②豪嚎壕毫嗥号~叫　⑥号~码浩皓摎用量具或勺、瓢、碗等约略地量粮食等份量

ø　①鏖拗折断　③□挎(挂在胳臂上)懊　⑤奥澳懊又音袄坳拗执~拗~口□~磨(推磨时往磨心里加添粮食)凹□不要(勿、别、莫、甭)

iɔ

p　①标膘彪镖镳飙□液体从细孔或狭缝急射出表钟~　③表婊裱

p‘　①飘漂~流缥~渺螵　③漂~白;~亮　⑤票瞟斜视鳔

b　②嫖瓢剽朴姓薸

m　①喵　②苗描猫　③藐渺　⑥瞄秒妙庙缪姓

t　①刁叼凋碉雕貂屌　③鸟啄木~□拽　⑤吊钓铫~子

t‘　①挑佻　③□使人得到好处;~你发财　⑤跳眺粜

d　②条鲦调~和笤迢掉~尾巴(摆尾)　④调更换　⑥调~子调又音:交换掉窕墺~田(合20亩)

l　②辽疗燎嘹潦~倒缭撩瞭~望镣獠聊寥　③潦~草　④了助词□挥霍(家财)　⑥料廖撂了明~

tɕ　①交郊姣蛟胶焦蕉礁浇椒娇骄　③狡饺绞

佼皎缴矫　⑤叫较教觉睡~校~对
tɕʻ　①锹橇缲跷悄~~口挽(袖子、裤腿管)七~八个　③巧悄~声　⑤窍翘~尾巴俏峭鞘剑~
dʑ　②乔荞侨桥瞧樵憔翘　④撬　⑥轿
ȵ　②饶　③鸟袅尿　⑥绕
ɕ　①消宵逍硝霄销萧箫嚣枭口掀　③小晓　⑤孝酵哮笑啸肖
ɦ　②摇谣遥瑶窑姚尧肴淆饶上~(江西地名)　④舀杳窈　⑥耀鹞校效
ø　①夭妖幺吆邀要~求要在中间扎了使成捆腰　⑤要~东西

o

p　①巴芭笆疤粑把~脉;~手膊臂~　③把(量词)　⑤把介词把柄靶坝霸
pʻ　①葩　⑤怕
b　②扒爬耙筢杷琶巴下~巴饭~糍(锅巴)　⑥罢~免、~工齙龅
m　②麻嘛喇~　④马　⑥骂蚂吗~啡码玛
ts　①遮抓查姓渣楂　⑤炸诈榨柞窄吒蔗鹧
tsʻ　①车叉杈汊钗差~别,~错　⑤岔诧
dz　②茶搽查蛇　⑥昨乍姹
s　①沙纱砂鲨裟赊傻　③舍(动词)赦　⑤舍(名词)晒十~五、三~五
z　④喏
k　⑤挂卦褂
kʻ　①夸垮侉卡~胡咙　③口衣衩　⑤跨
ŋ　④瓦
h　①花化挂~子(叫花)口劁虾　⑤化花~钱口~吃吃(胳肢)
hɦ　④下　⑥下又音夏
ø　①丫鸦桠挜强将物送给或卖给别人　⑤口给……上肥;~壅(肥料)哑

uo

k　①瓜　③寡剐
ɦ　②华桦铧哗喧~划~船划~算霞朝~　⑥画话
ø　①蛙洼搲抓取

ei

p　①悲杯背拉卑碑彼萞裨~益　⑤贝狈背褙辈
pʻ　①胚坯呸　⑤沛配辔丕
b　②赔培陪徘裴　④痱　⑥备陛被介词倍蓓焙悖佩痦红痧白~
m　②梅煤媒霉莓娓~头(纸煤儿)玫枚　③妹　⑤美　⑥昧寐袂魅谜~~子(谜语)
t　①堆　⑤对碓
tʻ　①推　③腿　⑤退褪~色蜕
d　②颓　⑥队兑
n　④馁　⑥内
l　②雷蕾擂~鼓累~赘羸　⑥类累劳~;连~磊儡垒擂~台礌石~(碌碡)
ts　①追椎锥　⑤最赘缀醉
tsʻ　①崔催摧口纸~(纸煤儿)炊吹　③口耙平碎土　⑤脆翠淬
dz　②谁随隋垂陲捶锤棰　④罪　⑥瑞芮蕊睡坠穗遂隧粹萃悴瘁
s　①虽绥荽　③水　⑤碎岁祟税说游~锐
k　①裾下摆口拥有(钱物)　⑤锯旧
g　④徛站、立
ŋ　②鱼
h　①虚肿　③许允诺

uei

k　①归规圭闺轨龟瑰　③鬼诡　⑤桂贵镢脍桧侩绘会~计癸
kʻ　①亏魁奎盔窥岿刽恢旧　③傀　⑤块喟
g　②葵逵馗　④跪　⑥柜溃馈匮篑愧
ŋ　②危桅伪
h　①灰恢诙挥辉晖徽麾　③悔毁烩　⑤诲晦讳贿卉喙烩又音
ɦ　②回徊伪为行~;作~韦违围茴蛔帏闱帷危桅圩又音微稍~巍　④唯~~诺诺　⑥为表示行为的对象会~议汇卫胃谓渭猬惠蕙尉蔚慰位魏苇纬韪伟慧彗诿
ø　①威偎煨隈萎痿　③猥　⑤会动词畏喂~奶秽委

ɣɯ

pʻ　①剖

m　①每　②谋牟矛旧　④某　⑥亩牡贸茂
f　①浮轻～　③否
v　②浮　⑥阜复(復)再、又
t　①兜　③斗(量词)蚪抖陡　⑤斗～争
t‘　①偷　③敨～气口出风头;显摆　⑤透
d　②头投骰　⑥豆痘逗窦
l　②娄楼蝼偻佝～喽～罗髅留瘤　④搂口搅　⑥漏陋瘘镂篓
ts　①周舟州洲邹诌　③走帚肘　⑤奏昼咒绉
ts‘　①抽　③口鞭打、抽打　⑤丑臭凑辏腠
dz　②筹畴踌绸稠惆柔蹂鞣糅仇～恨愁抽　⑥宙纣骤胄售授绶
s　①收搜艘馊飕　③叟溲薮嗾擞手首守　⑤瘦嗽兽狩漱
z　②愁口就(副词)　④受　⑥寿授又音
k　①沟钩勾～引佝～偻篝　③狗苟枸～杞　⑤锯(名词)
k‘　①抠眍　③口　⑤叩扣筘寇蔻
g　②口蜷曲
ŋ　④藕纽～头　⑥偶
h　①齁　③吼　⑤鲎虹
hɦ　②侯喉猴　④厚后前～　⑥候后皇～
ø　①欧讴殴鸥　③呕　⑤沤～麻

iɣɯ

m　③谬
t　①丢
l　①溜～走熘　②刘浏流琉硫留瘤榴镏遛　⑥柳溜活～;檐～绺
tɕ　①赳纠鸠阄　③九久玖酒韭　⑤救疚灸究皱
tɕ‘　①丘邱蚯秋鳅苉乌～(束尾草)怵劣　③揪
dʑ　②求球裘囚泅酋仇姓虬就(副词)　⑥旧舅臼柏咎柩就(动词)
ȵ　①妞揉　②牛　④纽扭钮姓忸
ɕ　①休修羞馐　⑤朽秀锈绣嗅溴宿星～
ʑ　④口小孩动个不停　⑥袖
ɦ　②尤犹由油柚釉鼬游邮　④有又　⑥右佑祐酉友
ø　①优忧攸悠幽　③黝　⑤幼莠诱

ør

ɦ　②儿　⑥二贰耳尔迩洱饵
ø　①儿又音而　③而又音

ã

p　①泵浜绷　⑤迸绷～开
p‘　①乒　⑤碰打麻将用语
b　②彭澎蟛朋棚硼鹏膨～胀庞　④蚌碰　⑥髭髟聋～(聋子)膨～肚皮(大肚子)
m　④棚密　⑥孟
t　③打
t‘　①口确实:伊～是个好人
n　④口怎么
l　④冷
ts　①章樟彰獐张争～口气睁　③长生～;～官涨～落掌　⑤仗打～障幛瘴帐涨～红脸;头昏脑～
ts‘　①昌猖娼菖鲳伥创～伤撑　③厂敞氅　⑤倡提～怅畅创～造掌
dz　②长～短场肠常嫦裳偿尝　⑥丈杖仗爆～(爆竹);倚～盛姓口剩:～饭
s　①商墒伤觞生甥牲笙声　③赏省口风～(刮风;风大)三～六个(五六个)
z　⑥尚壤嚷攘让
k　①更五～埂粳耕庚赓羹杠敲竹～　③耿哽鲠梗
k‘　①坑
g　②口用身体挤(人)
ŋ　⑥硬
h　①夯亨大～　⑤口一段较长时间的稳定天气;好～;长～雨口一～雨(一场透雨)
hɦ　②行～船;时兴　④口鸭～(鸭屁股上面突出部分)　⑥杏

iã

l　②良凉量(动词)粮梁粱　④两二俩魉　⑥两(量词)辆亮谅量(名词)
tɕ　①姜疆僵缰浆将　③奖桨蒋　⑤将～官将鸟酱
tɕ‘　①枪跄镪～水炝～虾羌腔锵　③抢强勉～　⑤呛
dʑ　②强～弱详祥翔口便宜　④犟　⑥匠强倔～

ȵ　①酿酒～　②娘　④仰　⑥酿～酒让娘～俩(母子俩;母女俩)

ɕ　①香乡相～互湘箱厢襄镶　③想响享飨鲞　⑤向相～貌饷

ʑ　②墙樯蔷口撒　④象像橡　⑥匠

ɦ　②羊洋佯蛘烊溶化;熔化阳扬疡　④养痒氧　⑥样恙烊打～飏漾

ø　①央秧殃鸯

uã

k　①光～火(发火)　③广～告(又读如字)门皴～(皱)

k‘　①哐

g　②狂口泼洒:～水诳

ɦ　②横～竖　⑥口～扯(马虎)

ø　①横～蛮(蛮横)

ɑ̃

p　①帮邦梆磅一～重;～秤　③榜绑膀肩～;翅～　⑤谤镑

p‘　①滂膀～肿　③髈脚～　⑤胖

b　②防旁膀～胱螃鳑蒡彷～徨　④棒　⑥傍

m　②忙芒茫盲氓流～虻　④网　⑥莽蟒梦忘望蜢

f　①方芳坊妨　③访纺肪仿　⑤放

v　②房亡　⑥妄忘望

t　①裆当应～　③党挡　⑤档当恰～;～作

t‘　①汤荡浪～(浪子)口挡口迎候　③倘淌　⑤烫趟口麦～(两行麦子之间的空行)口～鱼(用推网捕鱼);～网(推网)

d　②唐糖溏塘搪堂棠膛螳　④荡　⑥宕口耷拉,垂下

n　②囊瓤

l　①浪～荡(浪子)　②郎狼廊榔螂　⑥浪䁁晾朗浪(方位词)相当于"上"。

ts　①庄脏不洁赃装妆桩臧　⑤壮奘葬

ts‘　①仓苍沧舱疮窗　③闯口擦　⑤唱

dz　②藏(动词)　④撞　⑥状脏内～藏～族口堆叠

s　①双桑霜孀丧～事　③爽嗓磉搡口歇　⑤丧～失

z　②床裳尝～小菜　④上又音　⑥上

k　①肛岗刚钢纲缸扛抬豇肛　③港讲　⑤杠降～落

k‘　①康糠框　③慷　⑤亢坑抗炕囥藏圹

g　④戆　⑥讲～神(说话)

hɦ　②航杭吭引～行～业;银～绗降投～　④项姓　⑥巷项颈;～目

ɦ　②昂

ø　①肮缺～苏郎(黄颡鱼)

iɑ̃

tɕ　①江　③讲　⑤降下～绛

ɦ　②王姓　④旺稗子的讳称　⑥旺

uɑ̃

k　①光　③广　⑤逛荡～口摸

k‘　①匡框筐眶诓埲地名字:二～镇(今作二匡镇)　③矿　⑤旷

h　①荒慌肓黄蛋～;蟹～　③谎恍晃幌胱膀～况　⑤况又音

ɦ　②王黄璜潢簧磺蟥皇惶煌徨蝗隍凰　④罔惘魍晃晃动;日光～(阳光)　⑥旺

ø　①汪　③枉　⑤往

ən

p　①奔锛畚崩　③本

p‘　①烹喷～水抨　③喷～香

b　②朋盆　④笨　⑥坌

m　①焖萌盟　②门们扪蚊　③猛锰　⑤闷　⑥孟问懑

f　①分芬吩纷𬞟未　③粉奋　⑤粪

v　②文坟蚊闻焚纹璺汾　⑥愤分成～份氛紊问吻刎忿

t　①敦墩登灯瞪吨膯食～(嗪囊)礅蹲　③等戥趸盹　⑤炖顿凳镫扽吨又音

t‘　①吞　③氽浮

d　②疼誊腾滕藤豚臀屯饨停　④囤　⑥盾遁邓沌钝口挖苦

n　②能恁这么:～多　⑥嫩

l　②仑伦轮沦囵纶涤～棱口畦淋～雨邻鳞论～趟(有时)论《～语》　⑥论愣口口吃

ts　①曾姓;人名增憎罾真诊贞侦祯斟砧针甄箴臻榛正~月争睁挣狰筝征怔症~结诊疹蒸口紧捏口挤:~奶尊遵肫腈~肉(瘦肉)樴楔子　③整拯怎准　⑤正政症病~镇枕赈振震帧

ts‘　①称名~参~差瞠琛嗔春椿村皴蛏　③逞骋忖碜丑　⑤趁衬称相~乘~车剩寸春

dz　②曾(副词)层岑陈臣沉忱橙成城诚呈程丞承乘~法惩澄尘辰口墇:~寒豆存　④仍　⑥郑阵赠乘车~嵊剩扔

s　①森僧深参人~;海~;星名身申伸呻绅升声生甥牲笙孙狲娠　③沈审婶笋损榫　⑤圣胜渗逊舜瞬口裁(纸),~芦稷(除去芦稷的皮)口~酒(吃小菜下酒)

z　②人任姓仁壬神晨辰~时;时~唇盛(动词)绳尘纯淳鹑醇驯　④忍吮　⑥甚葚刃纫韧任妊饪盛兴~认荏慎顺闰润肾

k　①根跟更~改庚赓　⑤更~加亘

k‘　①铿口翻寻　③肯啃恳垦　⑤口皮肤上积垢

g　④艮性子直,说话生硬

h　①亨哼　③狠　⑤很

hɦ　②痕恒衡　⑥恨

ø　①恩　⑤摁

in

p　①宾滨缤傧槟殡彬斌兵冰　③饼秉禀丙炳膑并合~　⑤柄屏~风摒摈鬓

p‘　①拼姘乒　③品　⑤聘

b　②贫频瓶凭平苹萍评坪屏~风濒　④并⑥病

m　①鸣铭闽泯　②民明名茗冥瞑螟　③敏皿闵悯　④抿酩　⑥命

t　①丁叮疔钉(名词)酊~剂顶~风　③顶鼎酊酩~⑤订钉(动词)口水浑~一~

t‘　①听~从、~话汀厅　③挺艇听~头(罐头)　⑤听闻口剩下

d　②亭停廷庭蜓莛霆　④锭　⑥定

l　①拎提(物)　②林淋~雨淋~病临邻鳞麟磷辚瞵~沟(田间排水沟)凌菱陵绫灵檑令—~纸伶玲铃零龄鸰瓴羚聆苓囹遴　③吝凛廪　④领岭另又音檩⑥令另岭又音躏

tɕ　①今金斤巾筋津襟禁~受京惊荆晶睛精经埂坝~(小土坝)君军均钧菌皲龟~裂　③井锦警紧谨槿茎颈景境尽~管　⑤禁~止劲浸竟镜敬径迳靳进晋俊骏竣峻浚

tɕ‘　①亲钦卿青清蜻侵倾轻氢　③请顷寝　⑤庆沁揿馨罄

dʑ　②勤擎鲸腈纶情晴芹琴禽擒群裙循旬巡驯秦荨~麻疹　④近　⑥妗痉静靖净尽烬仅竞噤郡殉

ȵ　②人宁狞拧泞柠迎凝银垠龈吟鄞您仁任姓④忍　⑥认赁韧闰净干~

ɕ　①心芯辛新薪欣星腥惺猩蝗~蜓(蜻蜓)兴~盛馨勋熏薰　③省反~醒　⑤信兴高~性姓衅囟训迅讯汛询

ʑ　②寻秦荀　④静风~特(风停了)　⑥静又音净

ɦ　②行~走形刑型邢寅萤荧莹茔营淫盈蝇云耘匀筠赢　④引　⑥韵殒陨运晕孕熨幸行品~尹瘾颖胤

ø　①音因茵姻阴阴殷姓;~勤鹰莺英婴樱缨鹦应~该　③影隐蚓洇　⑤饮映窨引又音荫允瀴凉印应答~;相~口(火)熄灭

uən

k　③滚磙辊绲　⑤棍口~脓(溃脓)口焖

k‘　①昆坤　③捆困　⑤困睡

h　①昏婚荤　⑤口心情不适口下雷雨前天气闷热

ɦ　②魂馄浑~水;~厚　④浑圆~　⑥混诨浑~身;~沌

ø　①温瘟蕰~草(水藻,特指蕰草)　③稳口麦~(打麦后遗下的麦芒等)口旋涡

oŋ

p　⑤蹦迸溅起

p‘　③捧

b　②蓬篷塳~尘(飞尘)　④埲灰尘扬起

m　②蒙朦檬蠓　④懵

f　①风枫疯丰封锋峰蜂烽　③讽　⑤俸

v　②冯逢缝(动词)　⑥凤奉缝(名词)

t　①东冬咚　③董懂　⑤冻栋

t‘　①通　③统筒袜~口挪　⑤痛

d　②同桐铜茼童瞳彤筒　④动桶　⑥洞恫胴恸

n　②农侬脓　⑥弄(动词)

l　②笼咙胧珑砻聋龙隆窿　④笼~络拢垄陇　⑥弄(名词)~堂

ts　①中~间忠衷盅钟宗鬃综踪棕终众~生　③总肿种(名词)冢踵　⑤种(动词)众中射~纵粽综织布机上的一种装置

ts‘　①聪匆葱囱充冲从~容忡憧　③宠　⑤铳舂蠢坍~(丢脸)趤跌跌~~(走路不稳)踵头跌跌~(走路打奔儿)□头低下□扒窃

dz　②虫丛崇重~复从戎茸　④重轻~　⑥仲讼颂诵冗

s　①松凇嵩□~拳头(冷不防拳击人)　③耸怂悚竦　⑤送宋

z　②屃精液屃无能

k　①公蚣工弓攻功躬宫恭肛洞~(肛门)供~给　③巩芎　⑤汞贡赣供~奉拱

k‘　①空天~;~虚　③孔恐　⑤空缺~;~闲控

g　⑥共

h　①轰訇烘哄　⑤蕻讧嗅吻;闻

hɦ　②红洪宏弘虹鸿　⑥讧

ø　①翁嗡　⑤瓮蕹齆齈~臭

iõ

tɕ　①龚弓(弹棉花的)绷弓儿　③窘炯迥

dʑ　②穷穹琼

ȵ　②浓绒戎姓

ɕ　①兄凶汹匈胸

ɦ　②容蓉溶熔榕荣融庸佣雇~雍邕熊雄　④涌像波浪一样涌动　⑥用佣~人(仆人)蛹

ø　①臃□松皱不平　③永甬勇涌踊俑　⑤拥痈壅咏泳

m̩

ø　①姆~妖(母亲)

n̩

ɦ　②儿~子呒无　④五(伍)母丈~、亲家~、妗~(舅嫂)

ŋ̍ᵐ

ɦ　④我吾

aʔ

p　⑦八捌

b　⑧拔跋

m　⑧袜

f　⑦发法珐

v　⑧伐阀筏乏罚

t　⑦答搭褡瘩锴嗒耷沓量词鞑妲

t‘　⑦塌榻搨遢溻蹋塔獭挞汰滑~闼拓~片

d　⑧达踏沓杂~鞑阘窗~

n　⑧捺纳衲

l　⑧蜡腊辣癞邋□拦截□将某物隔开

ts　⑦扎札眨咂砸

ts‘　⑦插镲察擦

dz　⑧杂

s　⑦杀刹煞卅萨霎睳□披:~裤子□沤:~粪

z　⑧闸铡煠(油)炸;和水煮:~番芋□窥伺

k　⑦夹甲钾岬隔膈

k‘　⑦恰掐□压

g　⑧轧

ŋ　⑧齾~口(缺口)

h　⑦瞎呷喝

hɦ　⑧匣盒狭

ø　⑦鸭阿亲属称谓或人名前缀

uaʔ

k　⑦刮刮聒鸹掴

g　⑧□卡:~勒洞口里

h　⑦豁搳~拳辖

ɦ　⑧滑猾□倾倒:~水

ø　⑦挖斡

ɑʔ

p　⑦百柏伯檗

p‘　⑦拍帕珀魄
b　⑧白
m　⑧麦脉陌
l　⑧栏栅~
ts　⑦只(量词)仄摘蚱斫妁灼酌着穿
ts‘　⑦尺赤册策拆坼皴皮肤裂口绰焯
dz　⑧宅掷着~火
s　⑦烁栅~栏
z　⑧石硕若弱芍掷
k　⑦格骼隔膈又音
k‘　⑦客喀
ŋ　⑧额□反复摇晃某物使松动
h　⑦吓
ø　⑦压押

iɑʔ

l　⑧略掠
tɕ　⑦脚甲~鱼雀~斑爵跅瘸
tɕ‘　⑦雀麻~鹊皵表皮裂后翘起
ȵ　⑧虐疟箬捏
ɕ　⑦削谑鹊鸦~(喜鹊)
ʑ　⑧嚼
ɦ　⑧药乐姓钥狎曰
ø　⑦约握跃

uɑʔ

k　⑦刮~~叫砎裂虢
ɦ　⑧划计~

əʔ

p　⑦不擘拨钵迫伯
p‘　⑦泼
b　⑧孛勃渤脖荸鹁帛钹别~人白~相□~刀(菜刀)□用力使物体上下或内外交换位置;~跤(摔跤)
m　⑧没默墨陌蓦末沫抹物~事(东西)
f　⑦弗佛仿~拂
v　⑧佛物勿
t　⑦得德掇端:~凳□粘□踩□啄□点(头)□借(钱)
t‘　⑦脱脱(助词)表示动作的完成□替、与、和、同、给(连词;介词)忒捝锄:~草
d　⑧特突凸夺叠　★轻声:特助词
n　⑧讷呐纳衲
l　⑧勒鳓肋捋栗~子栎麻~树勒在勒(助词)相当于"得"勒(助词)相当于"了"。
ts　⑦只仅汁织职执质这浙折哲则侧向一边倾斜责窒桎蛭栉辄又音者仄卒茁拙撮
ts‘　⑦侧~面测恻彻撤澈掣叱敕斥赤猝出黢~黑啜辍辄
dz　⑧直值植殖泽择侄蛰蜇涉秩术掷述
s　⑦色失啬涩瑟塞虱室适释湿式拭轼饰识十三~螫设摄慑刷撒飒歃说率~领摔蟀稤~头(穗儿)□包好、捆好或箍好的东西散开
z　⑧十~~;三~~拾捡日舌贼实食蚀折断;~本殖骨~什入术述昨~日
k　⑦革嗝疙葛合(量词)合蛤鸽割隔~日子(前天)
k‘　⑦克刻咳~嗽渴嗑瞌磕□搂抱(柴草、收割好的庄稼等)
g　⑧搿用力抱;使劲夹在腋下
ŋ　⑧兀杌
h　⑦黑赫郝喝
hɦ　⑧核劾阂纥褐合阖
ø　⑦厄呃扼轭遏□~粪(下底肥)

iəʔ

p　⑦必碧壁璧逼笔滗鳖憋瘪毕别区~不~过煏用微火熏干
p‘　⑦匹撇瞥僻癖辟霹
b　⑧别~人别离~蹩枇弼愎
m　⑧密蜜觅幂汨灭蔑篾
t　⑦的跌滴嫡摘磕~捶(捣衣杵)□用塞子塞扚用手指使劲拧(肌肉)
t‘　⑦铁踢剔惕帖贴
d　⑧笛迪涤敌籴迭喋蝶牒碟狄获翟鸟名;姓特~为(特地)
l　⑧力立粒笠历沥雳砾律率效~猎劣烈冽裂列捩栗战~溧
tɕ　⑦节疖急级汲吉结洁拮~据桔~梗髻即唧鲫给脊瘠鹡迹稷棘亟戟剂一~药孑劫接积击绩激揭睫荚峡颊蛣口~(蟋蟀)讦
tɕ‘　⑦七柒切窃漆膝缉辑葺戚泣妾锲惬乞仡迄吃契~丹挈隙
dʑ　⑧及极笈岌芨杰桀竭夕汐席藉狼~籍疾蒺嫉

截捷集绝寂袭

ȵ　⑧热日业聂镊蹑嗫颞逆溺昵孽蘖匿涅镍啮

ɕ　⑦屑泄胁歇蝎亵息熄媳昔惜锡悉蟋吸圾析淅晰蜥雪薛恤戌膝燮楔

ʑ　⑧席拾检绝截

ɦ　⑧叶页掖弋翌亦奕弈译绎驿逸轶佚屹曳易换翼协洽挟侠檄

ø　⑦一壹噎乙益溢缢抑谒咽哽～邑靥

uəʔ

k　⑦骨国蝈帼汩

k‘　⑦阔窟

h　⑦忽惚笏瘄困一～(睡一觉)

ɦ　⑧或惑囫获～得活榾～子(核儿)□～狲(猴子)

ø　⑦屋～里(家中)□～气(手脚扭伤)

oʔ

p　⑦博搏膊卜剥驳北

p‘　⑦扑朴璞濮蹼醭泊湖～;淡～;飘～粕舶鞼～肉(肥而不结实之肉)

b　⑧薄礴箔泊停～卜萝～曝一～十寒瀑仆～人濮又音

m　⑧木沐目苜牧穆莫寞瘼摸模一～样睦么什～无南～

f　⑦福蝠幅辐腹蝮复反～、重～覆盖;翻倒

v　⑧伏袱茯匐服菔缚

t　⑦督笃沰(量词)一～痰□扔□咬舌儿:～子□衣料不够,在衣服角上拼一块缝上粡用文火煮咄裰

t‘　⑦拓托庹秃魄落～□皆、都

d　⑧毒碡读犊牍黩独度揣～踱铎泽凌～(冰锥儿)□沸

n　⑧诺搦

l　⑧六陆录绿碌禄鹿漉麓辘戮洛落络骆酪乐快～氯罗阎～王

ts　⑦足捉卓桌竹粥竺筑祝涿琢啄烛嘱瞩作镞簇斸割(麦、草等)斫砍削

ts‘　⑦促触畜牲～搐蹙蹴矗龊戳簇又音怵

dz　⑧族逐浊轴妯蜀镯濯擢勺～子

s　⑦束速叔夙肃宿缩蓿索粟数屡次朔嗍吮吸:～奶

z　⑧俗续熟塾孰属辱褥蓐缛溽凿赎淑射～箭

k　⑦角各阁搁谷郭梏觉～察铬

k‘　⑦壳酷哭确榷又音廓恪皵片状物晒干后中间鼓起

g　⑧个觉木知木～

ŋ　⑧岳腭萼鳄鄂愕噩

h　⑦霍藿壑縠咯(痰)□贴近

hɦ　⑧学鹤鹄涸镬蠖斛貉获收～

ø　⑦恶垩沃哕打～喔龌

uoʔ

ø　⑦屋握幄

yoʔ

tɕ　⑦决诀抉珏菊鞠掬锔橘厥撅蹶蕨獗孓觉～得

tɕ‘　⑦曲蛐屈缺阙炔确榷

dʑ　⑧局跼掘崛剧屐矍攫镢

ȵ　⑧肉月浴沃～玉狱□撅□～子(皮棉)

ɕ　⑦血旭畜～牧蓄噱～头

ɦ　⑧月越悦阅欲役疫域浴聿鹬学穴乐音～

ø　⑦郁育毓煜哕粤

第二节　通东方言

一、声母

声母共 29 个。

p	摆比布百	p‘	派批普拍
b	排皮步白	m	网问米麦
f	方飞夫发	v	万肥无佛
t	带低都的	t‘	他替土托
d	大地图特	n	拿农连良
l	老里鲁力	ts	中主再竹
ts‘	匆粗草尺	dz	成池除直
s	山苏四书	z	肉人罪是
tɕ	鸡专战家	tɕ‘	欺吹春窗
dʑ	旗状垂茶	ȵ	人义鱼绕
ɕ	西岁说算	ʑ	学下瑞入
k	角家龟街	k‘	开确壳敲
g	轧共柜跪	ŋ	我恩爱眼
x	黑孝虎瞎	ɣ	学下胡红
ø	衣乌移吴		

二、韵母

韵母共48个。

ɿ	死事子指	i	鸡飞眉被
u	布都书乌	y	徐嘴岁醉
ɑ	排车家界	iɑ	家夏写也
uɑ	快怪坏淮	yɑ	曰
ɛ	排雷催帅	iɛ	也界冶且
uɛ	快拐坏淮	yɛ	靴
e	楼流茂狗	ue	贵灰跪为
ie	水脆醉岁	ɤ	哥锅模奴
iɤ	九酒秋有	ɔ	包到孝教
iɔ	交孝教小	o	巴马爬怕
ou	瓜嫁夏挂	yo	茶假叉抓
ə	二耳儿尔	ɑ̃	帮江网仓
iɑ̃	江腔降进	uɑ̃	光荒黄狂
yɑ̃	庄窗双床	æ̃	栓山商间
uæ̃	关环还晚	iĨ	盐羊扇间
ɛ̃	人彭耕灯	iɛ̃	人兵金丁
uɛ̃	滚昏困温	yɛ̃	云春寸琴
õ	东风梦翁	iõ	兄穷雄永
m̩	半南甘干	ⁱm̩	专蚕算全
ɑʔ	发达刷瞎	iɑʔ	甲削略药
uɑʔ	刮豁滑挖	əʔ	白不得格
uəʔ	骨忽窟或	yəʔ	入术述
iIʔ	笔铁雪律	oʔ	学葛肉木
uoʔ	合阔霍活	yoʔ	学说出菊

所有圆唇元音都不太圆。

æ̃中的æ偏低。

ɑ组和ɑʔ组韵母的ɑ实际音值是A。

i和y实际上是ij和yɥ；u的合口韵介母u实际上是ʋ和ʋ-。

p组和t组声母后的iIʔ实际上是ĪʔP；p组、t组声母后的iĨ实际上是Ĩ；p组和t组声母后的iɛ̃实际上是Iɛ̃。

ɛ̃、iɛ̃、uɛ̃、yɛ̃在多音词或词组中，作为最后一个音节，仍保留鼻化音的读音；如其后有另外的音节，读成əŋ、iəŋ、uəŋ、yəŋ。例如：生命〔səŋ⁴⁴miɛ̃²¹〕。

读yɑ韵的字除"曰"（有的地方读yɑʔ）外，还有两个词儿用到，即：口〔tɕ'yɑ⁵¹〕唆狗追逐人；唆使 ‖ 口〔tɕyɑ⁴⁴〕点过一会儿。

三、声韵母配合表

表34-3

	p	p'	b	m	f	v	t	t'	d	n	l	ts	ts'	dz	s	z	tɕ	tɕ'	dʑ	ȵ	ɕ	ʑ	k	k'	g	ŋ	x	ɣ	ø
'l												兹	疵	辞	斯	瓷													
i	比	披	皮	咪	飞	肥	低	梯	提		梨						基	欺	其	尼	希	齐							衣
u	补	铺	蒲		夫	符	都	土	图		卢	租	粗	刍	苏	锄							姑	枯	口		呼	胡	乌
y											驴						居	区	瞿	鱼	须	徐							淤
ɑ	爸	啪	排	妈		口	打	他	汏	拿	拉	遮	车		筛	蛇							街	揩	茄	挨	哈	鞋	阿
iɑ		啪					爹										痂	口	茄		写	霞							亚
uɑ																							乖	快	拐		哗		哇
yɑ																	口	口											曰
ɛ	杯	胚	培	梅	歪	怀	堆	胎	台	奶	来	栽	崔	腊	衰	才							该	开	隑	哀	海	孩	儿
iɛ																	皆	且			舍	偕							耶
uɛ																							拐	块			歪	槐	崴
yɛ																					靴								
e		呸	杯	谋	灰	涪	丢	偷	头	耨	溜	邹	抽	绸	搜	愁							勾	抠	扣	欧	吼	侯	

续表 34－3

	p	p‘	b	m	f	v	t	t‘	d	n	l	ts	ts‘	dz	s	z	tɕ	tɕ‘	dʑ	ȵ	ɕ	ʑ	k	k‘	g	ŋ	x	ɣ	Ø
ue																							圭	亏	葵		灰	洄	威
ye																	追	吹	垂		虽	随							
ɤ	波	坡	婆	磨			多	拖	驼	奴	罗	左	搓	口	梭	痤							哥	科		俄	呵	何	婀
iɤ				谬													纠	秋	求	妞	休	就							幽
ɔ	包	抛	跑	毛			刀	叨	桃	孬	捞	糟	操	朝	烧	曹							高	尻	绞	凹	耗	豪	懊
iɔ	标	飘	瓢	喵			刁	挑	条		辽						郊	锹	乔	鸟	消	淆							夭
o	巴	趴	爬	麻																									
uo																							瓜	夸	跨	丫	花	华	蛙
yo																	抓	叉	茶		沙	遐							衙
ə																													儿
ɑ̃	帮	乓	防	忙	方	房	当	汤	唐	囊	浪	脏	仓		丧	口							冈	康	扛	昂	夯	吭	肮
iɑ̃																	港	腔	口		香	降							夹
uɑ̃																							光	匡	狂		荒		汪
yɑ̃																	庄	窗	状		双	床							
æ̃	班	盼	爿	蛮	番	凡	单	滩	谈	难	蓝	张	参	长	三	裳							监	铅	嵌	岩	喊	闲	俺
uæ̃																							关	筷	环		甩	还	弯
iĩ	边	篇	便	棉			颠	天	田	连							兼	千	掮	研	先	钱							焉
ɛ̃	奔	喷	盆	闷	分	文	敦	吞	疼	能	仑	曾	称	层	森	仁							根	坑	口	恩	亨	恒	
iɛ̃	兵	乒	平	民			丁	厅	亭		林						金	侵	勤	宁	星	形							音
uɛ̃																							滚	昆			昏	浑	温
yɛ̃																	君	春	群		勋	秦							云
õ	崩	捧	蓬	蒙	风	冯	冬	通	同	农	龙	中	匆	虫	松	㞞							公	空	攻		轰	洪	翁
iõ																	弓		琼		兄	熊							庸
m̩	半	潘	盘				端	贪	团	南	峦												甘	堪			欢	含	安
^{1}m̩																	捐	川	权	口	宣	全							冤
ɑʔ	八		拔	袜	法	伐	答	塔	达	捺	辣	札	察	着	杀	闸							夹	恰	轧	鸭	瞎	匣	阿
iɑʔ																	钾	鹊		虐	侠	嚼							约
uɑʔ																							刮	口	口		豁		滑
əʔ	不	拍	白	设	勿	佛	得	脱	特	呐	勒	计	侧	直	色	十							革	克	隔	额	黑	核	
uəʔ																							骨	窟	口		忽	惑	口
yəʔ																						入							
ilʔ	必	匹	别	灭			的	剔	蝶		立						节	切	及	热	屑	习							益
oʔ	北	扑	箔	木	复	伏	笃	秃	毒	诺	六	足	促	逐	叔	肉							角	壳		恶	壑	鹤	屋
uoʔ																							割	扩			霍	合	沃
yoʔ																	决	曲	局	肉	血	穴							郁

说明：字下加——者，为方言的白话音；加══者，为方言的文读音。字下加～～～者，表示用字无可考，用方言同音字代替；用□表示者，需加注的读者，参见同音字汇部分

四、声调

基本声调共8个。

表34－4

调类代码	调类	调值	例　　字
1	阴平	44	丹金心英东方生
2	阳平	13	谈勤红黄蓝麻神
3	阴上	51	胆井肯比眼马省
4	阳上	31	谈近吮舵蕊武忍
5	阴去	34	诞浸圣闭库孝冻
6	阳去	21	蛋静定汗大被洞
7	阴入	34	答急八七一铁哭
8	阳入	44	达极六十叶热学

五、同音字汇

本字汇按韵母分部，同韵字按声母排列，声母相同者再按声调排列。8个声调分别用①～⑧代码表示。

白话音于字下加一条横线；文读音则加两条横线。

意义与用法相同的多音字，其中包括由于年龄层次的不同而产生的新旧读音。用数码1、2、3等标于字的右下角区分，一般以较常读之音为第一读。

本字汇收录部分方言用字。其下加符号“～～”区别。本字无可考者，以符号“口”代替。部分字加注举例，皆以小字夹注。注文中凡有字与所注之字相同的，以符号“～”代替。

ɿ

ts　①兹滋孳资姿咨孜龇淄辎鲻支枝肢吱栀知蜘指戒～疻～水(创口分泌的淋巴液)芝之(代词)口～跟斗(翻跟头)　③子籽仔紫梓滓止址趾纸旨指广用咫枳酯之助词至到　⑤至广用致志痣制置帜挚质人～(或读如字)恣智翅姊口垛(动词)

ts‘　①疵雌眵鸱嗤差参～口将物件或手足塞人火或烫水、冰凉水中口火～，烬也粢～饭　③此齿耻侈褫　⑤次刺炽赐伺～侯

dz　②辞词磁池驰弛持迟瓷$_2$口剖(鱼)　⑥治滞渍稚雉痔

s　①斯撕厮嘶鳒鳒～(黄颡鱼)思司私丝嗞鸶施师狮蛳尸诗厕茅～史姓使大～　③死矢屎史历～使驶始齿马～苋　⑤四驷肆世势试思意～水～门汀

z　②慈瓷$_1$鹚糍饲嗣祠茨～姑时莳鲥匙牸下～(下羔)；～羊(母羊)　④是$_2$　⑥自字巳祀寺峙恃侍伺～机士仕市柿事视示氏逝誓嗜谥噬舐似是$_1$

i

p　①屄　③比匕秕俾鄙卑～彼　⑤闭臂泌秘毖痹箅裨～益

p‘　①披批砒纰～谬刺丕邳　③痞庀妣　⑤屁媲

b　②皮疲鲏脾啤琵毗纰～漏批(量词。又读如字)坒一～砖(一层砖)口用秤称物，因分量不足而秤杆微下垂　④口码(砖等)　⑥币敝弊蔽毙避辟～邪鐾陛婢篦

m　①咪眯口小口喝酒　②迷谜醚弥猕糜麋靡～费眉媚$_2$　③米　⑥媚$_1$

f　①飞非啡菲芳～斐人名扉绯蜚妃篚芦～(苇席)　③匪榧诽斐～然菲～薄翡　⑤费肺废吠

v　②肥淝微薇维唯(惟)　④尾$_2$　⑥未味

t　①低氐～族　③底抵砥砥柢诋邸　⑤帝蒂缔谤渧滴(量词、动词)

t‘　①梯锑体～己　③体身～屉抽～　⑤替涕剃嚏屉～子口饭太湿；和面时加水太多，面团太粘递$_2$

d　②提题堤啼蹄　⑥地弟第递$_1$悌棣

l　①口提(物)　②梨犁黎藜黧犛离漓厘狸蜊丽高～鲡鹂莉茉～痢瘌～　③李里理俚鲤娌礼鳢醴　⑥丽美～俪利俐莉人名痢～疾例吏莅厉励蛎砺泪戾唳隶隸沥詈　★轻声：俚$_2$们里$_2$(方位词)

tɕ　①基箕蜞期(周年)几茶～机饥肌玑矶鸡姬筐篚～(篚子)乩羁畿嵇稽跻奇～数畸$_1$犄齑笄穄芦～(甜杆儿)　③己几～个；～乎济～～挤麂姐叉拧　⑥计季悸鲚～鲈鱼(鳜鱼)既暨济救～；～南剂药～寄继系～鞋带冀记纪祭穄粟～际蓟虮觊口左

tɕ‘　①欺妻凄栖溪蹊眵近～(近视)　③启企岂起杞绮砌～房子　⑤气汽器契～约去砌计伙～

dʑ　②其期棋旗麒萁奇～怪骑琦崎歧蕲祈祁杞耆鳍芪及不～、及不到(不如)　⑥技妓伎忌及来不～

ȵ　②尼呢怩妮泥倪霓疑宜仪$_1$　③你拟　⑥

艺吃毅沂腻谊诣刈艾自怨自~泥拘~义议蚁仪$_2$ □模糊□菜糊糊

ɕ ①希稀烯犀樨熙嬉嘻熹羲曦徙些西栖牺兮畦携系关~、联~阋~缝(露出缝儿)□乱撒:衣裳~一地 ③喜禧嬉洗铣~床 ⑤细戏玺系广用□玩儿

ʑ ②齐脐荠荸~ ⑥荠~菜鲚

ø ①衣依医翳漪荠荸~ ②伊移夷姨胰遗肄$_2$彝怡饴贻颐奚 ③已以苡矣勚椅倚 ⑤意薏臆矣亿忆肄$_1$懿 ⑥易异裔翼

u

p ③补 ⑤布怖

p‘ ①铺(动词)潽溢 ③普谱浦埔黄~圃甫捕哺$_2$辅$_2$溥 ⑤铺名词

b ②蒲葡铺脯胸~菩 ⑥步簿部埠孵训读。字本作"伏"□母鸡蹲窝下蛋□长时间待在某处:~徕屋里(在家里);~被窝(待在床上)□~太阳(晒暖儿)□塌□蹲哺$_1$

f ①夫肤麸袂襟:对~敷俘呼$_2$ ③府腑俯脯果~父田~、渔~甫神~辅$_1$腐$_2$釜副量词虎$_2$琥$_2$唬$_2$浒$_2$□撒⑤付咐附驸傅姓副正~富赋赴讣斧府~绸戽$_1$□络(纱):~车□用牙齿劈去甘蔗等的皮儿

v ②符扶芙无芜抚毋巫诬凫浮富~余胡$_2$湖$_2$葫$_2$蝴$_2$瑚$_2$猢$_2$煳$_2$糊$_2$鹕$_2$壶$_2$弧$_1$狐$_1$和碰~(玩叶子牌);打麻将或玩叶子牌的计分单位 ④舞武鹉妩庑侮~辱□~钻(木工钻) ⑥父妇腐$_1$傅师~釜护$_2$户$_2$沪$_2$扈$_2$互$_2$瓠$_2$怙$_2$

t ①都嘟 ③赌睹堵肚~子 ⑤妒蠹

t‘ ③土吐 ⑤兔菟堍

d ②图涂途徒屠镀$_2$ ⑥度渡镀$_1$杜肚~肠

l ②卢芦炉颅鲈鸬庐如$_2$茹$_2$儒$_2$薷$_2$濡$_2$嚅$_2$蠕$_2$□捋(衣袖、裤腿等)□抚摩(头)□用手理(头发)□手贴着桌面等归拢或抹去散乱物 ③鲁虏卤橹乳$_2$汝$_2$ ⑥路露鹭赂

ts ①租朱硃诛株蛛诛侏茱猪诸 ③祖组阻俎诅主拄疰煮 ⑤著铸贮注驻蛀炷

ts‘ ①粗初吹$_2$ ③楚础鼠暑杵褚处(动词)处办事~ ⑤醋措$_2$处到~、~~

dz ②刍雏除蜍储苎厨橱捶$_2$ ⑥助住柱箸

s ①苏甦酥疏须树~(树根须);玉米~殊枢书舒抒输梳 ③数动词水$_2$ ⑤素诉数名词蔬塑溯漱署薯黍墅恕庶戍腧

z ②锄如$_1$茹$_1$儒$_1$薷$_1$濡$_1$嚅$_1$蠕$_1$ ④竖乳$_1$汝$_1$ ⑥树

k ①姑菇沽蛄鸪辜孤箍呱~~(婴儿哭声) ③古估牯贾商~股鼓臌蛊 ⑤故固锢痼雇顾

k‘ ①枯骷刳 ③苦 ⑤库裤袴□菜~(白菜等的枯叶)□麦、稻脱粒后掉落的乱秸

ɡ ⑥□浇

x ①呼$_1$ ③虎$_1$唬$_1$琥$_1$浒$_1$□撒 ⑤戽$_1$□络(纱)□用牙齿等劈去甘蔗等的皮儿

ɣ ②胡$_1$湖$_1$葫$_1$瑚$_1$蝴$_1$煳$_1$猢$_1$糊$_1$鹕$_1$壶$_1$弧$_1$狐$_1$和碰~(玩叶子牌);打麻将或玩叶子牌的计分单位 ⑥户$_1$沪$_1$扈$_1$互$_1$护$_1$瓠$_1$怙$_1$

ø ①乌呜污□傻□陷活快~ ②吴蜈吾梧鼯胡~子壶乎 ③五伍午忤腐豆~、乳~ ⑤坞恶厌~焐梧屋~里(家中)□乌云蔽天,~云□天气闷热 ⑥务雾骛傅师~妇寡~、媳~误悟晤护$_3$互$_3$户$_3$沪$_3$扈$_3$侮欺~恶可~糊面~(糨糊)

y

l ②驴闾榈 ③吕侣铝旅屡履缕 ⑥虑滤

tɕ ①居裾据拮~车~马炮疽 狙 雎 句~容县拘 驹锥钻:~钻子(锥子);~眼子(钻眼儿);朝被窠里~;两个人~到一淘□~潮(还潮)□~~(蟋蟀) ③举矩枸~橼沮龃咀嘴 ⑤据占~锯倨踞醉句~子

tɕ‘ ①区躯驱岖趋蛆祛 ③取娶起~房子龋 ⑤去趣脆翠$_2$觑砌

dʑ ②瞿衢 ⑥渠巨炬拒苣距具俱惧飓聚$_2$遽醵

ȵ ②鱼渔 ③女语龉圄芋山~ ⑥芋~艿蚁~蚂~

ɕ ①须需虚墟嘘吁叹气绥$_2$荽虽$_2$尿(名词、单用);又:~布、~素胥西~瓜 ③许浒地名用字诩栩醑 ⑤絮煦酗婿岁毁~牙齿(小儿换牙)

ʑ ②徐齐脐随 ④聚$_2$ ⑥聚$_1$聚$_1$序叙绪穗遂$_2$隧$_2$燧$_2$荠~菜鲚子~鱼(凤尾鱼)

ø ①淤于姓 ②余愚隅虞娱于姓迂俞愉榆渝逾揄蝓臾谀萸腴予我盂竽宜便~围~巾圩~岸(圩子) ③雨羽禹瘐伛 ⑤妪喂~奶 ⑥于广用予广用与屿吁呼~寓御驭裕遇喻愈谕预豫舆誉玉纬~纱纡纱管宇尉~迟(复姓)□日晕;月晕□~麦(撒麦种)

ɑ

p　①爸叭吧酒～(亦读如字)吧(象声词)　③把(介词)摆　⑤拜　★轻声:吧(助词)

p‘　①啪　⑤派～头

b　②排牌口拉、拽　④白茭～　⑥败罢稗～子

m　①妈嬷～～(伯母)马～虎冇无　②埋　③买马～虎(又读)　⑥卖★轻声:吗助词

v　②口～锄(一种大锄)

t　③打　⑤带

t‘　①他她它拖耷拉、拖拽、拖垂:～尾巴、～鼻头(拉鼻涕)拖～尿(尿床)　③口～模～样(形容睡觉手脚舒展)口(米煮)半熟　⑤太老～婆;～～(曾祖父、母);～公、～婆(丈夫之祖父、母);～丈人、～丈母(妻子之祖父、母)

d　②口挪动;挪借(钱)　④口闲逛;慢腾腾行走口下巴～　⑥大汏将洗过的衣服放清水中再漂洗埭地名字埭行(量词);次(量词)

n　②拿　③那哪奶乳房,乳汁奶～～(妻子)南～无娜人名　⑤奶～～(乳房;乳汁,儿语)　⑥艿　★轻声:哪助词

l　①拉拽喇～嘛啦哗～;哇～啦～～队　②拉～屎、～肚子(腹泻)拉洒落;汤～一台子垃　③攋用指甲或有尖锋之物划破表皮啦哪:～里、～个　⑥赖～帐癞喇～叭烂拆～污

ts　①斋遮喳　③咱　⑤债　★轻声:咋句末语气助词

ts‘　①差广用差～使;出～车茬$_2$扯～旗(升旗)口～脸(绞脸)口～豆腐浆(晃摇滤浆包)　③扯撕扯均分;平均　⑤蔡姹$_2$诧$_2$绰～号(亦读如字)

s　①筛赊傻萨菩～　③舍(动词)耍洒赦撒～种　⑤舍名词舍魂;魂～啥社东～(通州市地名)

z　②蛇柴佘麝　④惹口哆嗦　⑥射口疾驰(而过)口窜撒～灰(撒草木灰或厩肥)

k　①家傢加咖～喱粉枷连～街阶台～甲四～坝(又讲习如字)秸　③解澥加水使糊状物或胶状物变稀胛肩～　⑤解～犯人界戒芥尬$_1$口锯(动词)口～二胡(拉胡琴)

k‘　①揩咖～啡咔喀　③卡夹在中间,不能活动卡～脖子卡把人或财物留住(不肯调拨或发给)咯～血　⑤快～活髂

g　②茄雪～　口挤入:～进去　④澥隔夜粥等变稀而析出水分口绳子等捻度小　口手～(花钱不吝啬)　⑥骱懈～唠唠(兴趣不大;做事松松垮垮)

ŋ　①挨～次序;～近　②捱(挨)～日子口不请自来;他硬～进来口蛎～(牡蛎)　③矮茄番～　⑥捱(挨)拖延;～辰光口赖在某处不肯走开外～国口菜叶被虫咬过,叶缘缺蚀口～子(文蛤)口做～子(小儿打架)捱～食(小儿馋食)

x　①哈口用刀割　③蟹　⑤哈叹词,表反问

ɣ　②鞋

ø　①阿～姨　⑤啊(叹词)表惊异或赞叹,表明白过来　⑥啊(叹词)表惊异或赞叹,表明白过来　★轻声:啊(助词)

iɑ

p‘　③啪枪声

t　①爹　③嗲　⑤底什么

tɕ　①家傢加痂袈枷～锁迦笳嘉佳苴地名用字,汤家～　③假真～假～期贾姓　姐　⑤稼嫁架驾价借

tɕ‘　①口斜　③且～得(暂且)　⑤趄倾斜

dʑ　②茄口脾气倔,架子大,不肯让步,不肯助人,不爱搭理人　⑥解～尿(撒尿)

ɕ　①口～口(聪明)　③写　⑤泻卸罅灺

ʑ　②霞$_1$暇$_1$瑕$_1$遐$_1$斜邪　⑥夏下厦大～厦～门谢榭藉～口褯

ø　①亚桠丫鸦椰肥手有疾而动作不便耶～稣口避在一边崖涯呀(象声词)　②爷耶(文言助词)牙芽衙$_1$　③雅也野　⑥讶迓砑夜钥呀(叹词)　★轻声:呀(助词)

uɑ

k　①乖呱～啦　⑤怪

k‘　⑤快

g　②拐走路时腿歪呀歪的;～脚啦手　④口(腿)叉开　⑥拐～脚子(瘸子)

x　①哗～～;～啦

ø　①哇蛙$_1$洼$_1$娲口乖觉　②娃口～裆(腿裆)　③口衣裳～开(纽子解开)　⑥坏　★轻声:哇助词

yɑ

tɕ　①口～点(过一会儿)

tɕ‘　③口唆狗逐人;转义为唆使

ø　⑥曰

ɛ

p　①杯卑碑背～东西悲辈口～～(姑姑,父之妹,有的地方指叔叔)　③摆　⑤背广用褙贝狈钡拜湃$_2$　★轻声:呗

p‘　①胚坯醅　③口扒拉;拨动　⑤配派沛佩$_2$辔湃$_1$

b　②培陪赔排牌裴徘俳　⑥倍蓓焙败佩1 背~书背~后,~风、~运,耳朵~,~时悖惫稗~史痞红痧白~

m　②梅莓霉酶媒煤焜~头(纸煤儿)玫枚1 埋霾　③每美镁买 娒姆~(母亲)　⑥妹昧寐魅袂卖迈1

f　①歪2　③口大吃

v　②怀2 淮2 槐2 徊2 口(人品、物品质量)差　⑥坏2 口谎骗口捉弄(人)口乖觉

t　①堆呆~子、发~呆(待)~一会儿口(头)仰　③歹逮捉傣助用力拉拔;用力扯断(线等)　⑤对碓戴襶带

t‘　①胎苔舌~苔青~台天~山,~州推　③腿态1　⑤太汰泰退褪蜕

d　②台抬炱邰苔颓1　⑥代袋玳黛岱贷怠逮~捕兑殆待口搁置或两端悬挂之物中间下垂态2 口~凉(天气渐凉)

n　③奶~~(已婚妇女)馁　⑤奶~~(祖母)　⑥内耐奈乃鼐

l　②来莱徕雷镭擂研磨礌~石檑~木羸　③蕾瘰风~(风疹)磥碾压;石~(碌碡)褦~襶(笨拙;笨重;粗笨)磊1 诔　⑥赖1 籁睐瘰~块(虫咬皮肤肿块)口在口~草(菅)累~命(操劳烦神)累~家私(拼命积攒钱财)

ts　①栽哉灾斋　③宰载年赭崽仔牛~跩　⑤再载~重寨2

ts‘　①崔摧催猜搋揣~在怀里　③采彩睬踩揣~度璀口用钉耙等耙平松土　⑤菜采~地踹虿瘥病愈

dz　②脽　⑥拽蜇2

s　①奢衰摔腮鳃　③甩舍(动词)　⑤晒赛塞边~碎帅舍(名词)

z　才材财豺裁侪口都(副词)在~乎(介意)　⑥在罪寨1 砦儎

k　①该赅垓皆2 阶2 口拥有(钱财)　③改解2　⑤丐盖概溉尬2 介2 届2 戒2 诫2 械2 界2 芥2 疥2 蚧2

k‘　①开　③凯恺铠楷　⑤忾隑倚;斜靠

g　口惹、不要~他。④口打饱嗝儿　⑥隑倚;斜靠

ŋ　①哀挨~骂埃　②呆不灵活皑　③外1 蔼霭　⑤爱嫒暧隘　⑥艾碍外2

x　①咍口号哭口用~子或其他器物舀取流质或散粒物;~子(用以~物的器具)口~子(细绳结的大网兜,用以盛物;或较小者,用以打捞鱼蟹)嗨咳叹词　③海　⑤隑躺卧在床上或榻上休息

ɣ　孩还1(副词)口喊谐2 偕2　⑥害亥骇懈2 邂2

ø　②儿2　③尔2 而2 耳2 洱2 饵2 迩2　⑤哎嗳(叹词)口再口还(副词)　⑥二2 贰2 唉

iɛ

tɕ　①阶1 皆1 喈嗟　③解广用　⑤介1 届1 戒1 诫1 械1 界1 蚧1 疥1 芥1 解押~

tɕ‘　③且

ɕ　③舍宿~

ʑ　②偕1 谐1　⑥懈邂解姓社薤藉~口

ø　②耶译音　③也 野冶　⑥夜液掖　★轻声:吔(助词)你来~

uɛ

k　①家我~、外婆~、老王~乖　③拐　⑤怪

k‘　③蒯𢭏傀1~儡　⑤块快会2~计脍2 侩2 鲙2 狯2

x　①歪1　③口大吃

ɣ　②槐1 淮1 怀1 徊1 口人品或物品质量差　⑥坏1 口乖觉口谎骗口捉弄(人)

ø　①喎　③崴(脚)扭伤外1　⑤口还(副词)　⑥外2

yɛ

ɕ　①靴　③帅好显摆;好出风头

e

p‘　①呸剖

b　②抔裒

m　②谋牟眸缪绸~　③某亩牡枚2　⑥茂贸懋袤

f　①灰2 恢2 诙2 麾2 挥2 辉2 晖2 徽2　③否悔2 毁2　⑤贿2 诲2 晦2 秽3 彗3 慧3 讳2 卉2 喙2

v　②浮蜉罘涪回2 洄2　⑥阜

t　①丢兜　③斗十升蚪抖陡　⑤斗~争鬥拼~(拼凑)鬥相约(同行或同做某事)

t‘　①偷　③敨⑤透

d　②头投骰颓2　④口因受寒等而倒吸气　⑥豆荳痘逗窦队读句~

n　⑥耨

l　①溜~走熘　②娄楼髅耧蒌蝼喽~罗偻佝~病留

瘤榴馏蒸~馏~金骝刘浏流硫琉旒鎏 ③搂篓柳绺□搅□(小孩)顽皮、捣乱累积~、~次累连~儡垒磊2 ⑥漏瘘镂遛溜檐~类累劳~陋擂~台 ★轻声：俚们:我~里方位词

ts ①邹诌周舟州洲 ③走肘 ⑤昼咒奏帚

ts' ①抽 ③丑瞅 ⑤臭凑腠辏

dz 绸稠惆筹畴踌俦帱酬纣柔蹂鞣糅雠抽抽,吸。仇2.~恨 ⑥宙胄骤□叠

s ①搜馊溲飕艘收 ③嗾擞叟薮守手首□捣乱 ⑤兽瘦嗽狩手~折头(手指)

z ②愁 ④受忍受 ⑥受忍~;接~授绶寿售

k ①勾沟钩篝句越王~践佝 ③狗苟枸~杞 ⑤够勾~当购构媾彀垢诟枸~橘

k' ①抠枢眍扣纽子 ③口 ⑤寇蔻筘叩扣动词

g ②扣扣除;减去

ŋ ①欧鸥瓯讴殴区姓 ②沤~麻;~粪牛 ③偶藕耦纽~扣呕 ⑥怄

x ①齁□咳嗽□肿 ③吼许允诺 ⑤鲎虹□渗候估量(尺寸):~好仔尺寸做衣裳

ɣ ②侯喉猴瘊骺侯儿子;男孩 ④厚2后(後)2 ⑥厚1后(後)1后王~逅□就(副词)

ue

k ①圭闺规归龟轨瑰皈硅 ③鬼诡匦癸晷 ⑤桂贵会1~计脍1侩1狯1刽1桧~树绘1鳜⑥

k' ①亏盔岿奎窥魁睽馗 ③傀2~儡 ⑤喟

g ②葵逵 ④跪2 ⑥跪1柜愧溃馈篑匮聩

x ①灰1恢1诙1麾1挥1辉晖1徽1 ③悔1毁1 ⑤贿1诲1晦1彗2慧2讳1卉1喙1

ɣ ②回1洄1

ø ①威巍偎煨隈崴葳萎1逶□~草(水藻) ②回茴蛔危桅嵬韦违围帏闱帷微稍~为行~;作~ ③伪伟苇韪纬尾1萎2痿委猥汇~款唯~~诺诺喂(叹词) ⑤喂~奶 ⑥尉慰蔚胃谓渭猬卫位魏汇会绘2惠蕙彗1慧1秽为广用

ye

tɕ ①追锥椎 ③嘴 ⑤缀赘最醉

tɕ' ①吹炊 ⑤翠1淬萃悴瘁粹脆随~便(又读如字)

dʑ ②垂锤捶陲槌 ⑥坠腿~气(脚肿)

ɕ ①虽1绥1 ③水髓 ⑤睡税说游~蜕~巾(毛巾)祟邃锐2

ʑ ②随隋谁 ④蕊 ⑥瑞锐1芮枘蚋睿遂1隧1燧1穗

ɤ

p ①波菠玻跛播 ⑤簸

p' ①坡颇 ③叵笸 ⑤破□遍(量词)

b ②婆鄱 ⑥薄1~荷

m ②磨~刀摩魔模馍谟膜蘑 ③母拇姆保~□沫子□(牙齿脱落者)咀嚼 ⑥磨~子墓暮慕幕募漫~儿漫水~金山(又读如字)□翱翔

t ①多哆朵 ③躲垛~子 ⑤剁跺

t' ①拖偷~懒 ③妥椭拖拖延 ⑤唾蜕~壳,~皮毻~毛(脱毛);拖向后顺延

d ②驼陀跎坨砣柁沱鸵驮鼍轪轮子;车~叠重~□硌 ④舵 ⑥大垛柴~惰堕独—~自(独自一人)

n ②奴孥驽挪娜婀~挼 ③努弩胬 ⑥怒糯懦

l ①罗~嗦 ②罗萝箩啰锣逻猡脶骡螺田~ ③裸瘰卵蛋□~嘴(有涩味) ⑤螺~~(赤子阴) ⑥螺~蛳;~丝;~栓

ts ③左佐 ⑤做揍1

ts' ①搓磋蹉 ③揍2 ⑤错措1挫锉

dz ②□轻轻拍打婴儿(催眠)

s ①蓑梭唆莎~草嗦罗~娑挲摩~ ③琐锁唢所 ⑤宿星~

z ②瘥病嵯痤鹾矬□全,都(副词) ⑥坐座

k ①哥歌戈锅埚过~分、~头 ③果裹果表疑问副词 ⑤个过广用 ★轻声：个的(助词)

k' ①科蝌柯轲苛珂疴棵颗稞窠窝窠~髁 ③可坷坎~ ⑤课锞

ŋ ②俄鹅峨蛾娥哦吟~讹 ③我 ⑥饿硪

x ①呵诃嗬□吆喝(狗等)□馏;~馒头 ③火伙夥货~隆镇 ⑤货荷薄~

ɤ ②何河和广用和奉~、拌~禾菏荷~花荷~载;~枪 ⑥和(连词、介词)贺祸

ø ①阿~弥陀佛;~胶;~谀婀屙莴窝~工、~藏涡~流蜗痾病 ⑤哦(叹词)表示果然 ⑥哦(叹词)表示领会、醒悟

lɤ

m ③谬

tɕ ①纠~纷、~察赳鸠阄啾 ③酒九久玖灸韭纠~合 ⑤救究疚厩瘷缩皱绉

tɕʻ ①秋鳅丘邱苉~柴(束尾草) ③揪

dʑ ②求球裘仇姓仇1~恨囚泅酋遒逑虬 ⑥旧舅臼柏咎柩

ȵ ①妞 ②生揉 ③扭纽钮姓忸

ɕ ①休修羞馐 ③朽 ⑤秀绣锈臭味嗅溴

ʑ ④□挣扎 ⑥就袖

ø ①幽攸悠优忧 ②由油蚰邮尤疣鱿犹猷游蝣莜友1柚2釉2 ③有友2莠诱酉黝 ⑤幼 ⑥又右佑祐宥鼬柚1釉1

ɔ

p ①包胞苞孢褒1煲 ③宝保堡葆褓褒2饱鸨 ⑤报豹爆~玉米花趵□萌;~牙曝~伏(伏天曝晒衣服)暴脾气~报风~,冷~

pʻ ①抛泡(名词)脬 ⑤炮疱泡(动词)

p ②跑咆袍炮~制(又读如字)刨挖:~山芋疱匏狍 ④抱2 ⑥抱1雹鲍刨~木头;~平曝瀑~布暴暴刚:~起头

m ②毛髦牦旄猫锚矛茅蟊 ③卯铆 ⑥冒帽瑁貌耄

t ①刀叨唠~ ③岛捣祷倒~下 ⑤到倒~茶;颠~倒副词

tʻ ①叨~光滔1掏1韬绦 ③讨 ⑤套

d ②桃逃淘萄啕陶滔2掏2涛 ⑥道导稻盗悼蹈焘纛

n ①孬 ②硇挠蛲铙呶~~ ③恼脑瑙 ⑥闹淖

l ①捞~钱 ②牢唠~叨捞打~痨潦 ③老佬姥~~㔾肚里~㔾(动物内脏)恅懊~(懊悔) ⑥涝 ★轻声:唠助词。用在句末,表示将要出现某种情况;要落雨~。

ts ①糟遭朝~夕昭招钊笊早~番(从前) ③找爪沼早蚤枣澡藻 ⑤躁噪燥灶罩照诏 ★轻声:噪(助词)相当于普通话陈述句末尾的助词"了",他吃好~。

tsʻ ①操抄钞超□腿裆下系布:~尿布 ③草吵炒 ⑤糙□擦□打~~(打一顿)造~炼□过日子;他不好~(他日子过得不好)

dz ②朝~代潮嘲□~水(擦水)晁 ⑥赵擢朝向、往造编造(话):不要听他瞎~!

s ①烧稍梢捎艄筲臊~臭骚搔悛豪~(赶快) ③少多~嫂扫~地 ⑤少老~扫~帚哨潲肖生~臊害~燥瘙□咸□鼬

z ②曹嘈槽漕㔾肚里㔾~(动物内脏)巢缫痨~人(饥饿样不适)韶□割(麦等)饶饶1桡娆妖~ ④造2~房子 ⑥造1~房子造~就、~谐兆肇召邵绕皂□踩□(方向)偏

k ①高篙膏(名词)羔糕皋睾交胶鲛茭 ③绞铰搞稿镐洋~搅绞蛮缠;不要瞎~□嬉闹:~笑 ⑤告诰窖2教酵觉困~(睡觉)觉睡醒□浪费、糟蹋校校准(仪器、机器)叫~化子膏动词:~油□喂(猪食) ★轻声:咭(句末助词)

kʻ ①敲尻拷~边(锁边) ③考拷~打烤□蛹变蛾子 ⑤靠铐犒拷零买(酒等)涍将河水舀光

g ⑥□牙~(牙关)绞(量词)~头绳(亦读如字)绞纠缠

ŋ ①凹袄 ②敖熬螯鳌遨嗷聱骜翱鏖蕚2鄂2愕2颚2鳄2 ③咬媪 ⑤奥懊澳坳拗~口□往磨眼里添加粮食:~磨 ⑥傲□称赞□巴望□(头)昂起

x ①耗蒿薅嚆□~人(有哈喇味) ③好~坏 ⑤孝好~吃、~看好容易;可以好喜~

ɤ ②豪毫壕嚎蚝号~叫嗥 ⑥号~码浩皓搉用勺、碗、瓢等舀物,大略地估计其分量下~遭(下一回;这一下;现在)

ø ①懊~恼(后悔) ⑥噢叹词。表应诺

iɔ

p ①标彪膘镖镳飙骠黄~马□液体从狭小的孔道急射出来 ③表婊裱 ⑤□不要(勿、别)

pʻ ①飘漂~流、~浮剽1缥~缈螵 ③瞟 ⑤票漂~亮漂~白鳔

b ②瓢嫖薸 ⑥殍骠~勇、~骑

m ①喵 ②苗描猫旧读 ③瞄秒眇渺杪藐邈 ⑥妙庙缪姓

t ①刁叼雕貂凋碉屌刁说话大舌头 ③鸟□往下或往后拽 ⑤吊钓铫~子窎

tʻ ①挑佻 ③□使人得到便宜(使人有利):~你发财□在人面前说别人坏话:~祸 ⑤跳眺粜

d ②条鲦调~和迢笤 ④掉摇动、摆动(尾巴)□绞(绳子) ⑥调~动;~换;~子窕铫药~子(熬中药用)掉广用垸旧时三余等地垦区的地积单位,合20亩□收藏

l ②辽疗聊寥潦~草;~倒僚缭獠镣撩嘹瞭~望了明~颣面白~~ ③了~结了~解、一目~然蓼□挥霍(家财)

⑥料撂瘳口扔★轻声：了(助词)

tɕ ①交郊姣蛟胶鲛焦蕉礁椒浇娇骄 ③饺绞铰狡皎佼校~对剿~匪侥矫缴 ⑤一教叫较醮觉睡~窖1

tɕʻ ①敲锹缲橇跷~脚跷踩~悄~~撬1~箱子撬卷(袖子、裤腿) ③巧悄~声 ⑤窍俏峭诮鞘翘~尾巴跷~~板

dʑ ②乔侨荞憔谯樵瞧翘翘~(裂)：木、纸等因由湿变干而不平 ⑥轿撬2~箱子

ȵ ②饶2 ③尿~道、输~管、~石症鸟袅 ⑥绕

ɕ ①消逍硝宵霄销蛸螵~萧潇箫嚣骁枭口掀滠薄鸮肖~像 ③小晓筱 ⑤笑肖不~：惟妙惟~啸孝哮酵口(油菜籽壳儿等)干裂

ʑ ②淆 ⑥校学~效

ø ①夭妖幺吆邀腰要~求口捆 ②尧姚窑谣遥瑶摇肴 ③舀杳窎二~(通州市地名)窈 ⑤要广用 ⑥跃耀曜鹞宧门稍关

o

p ①巴芭笆疤粑扒~窗；~山虎扒眼睛~开来 ③靶把广用把(介词)旧读 ⑤霸坝把~尿把~柄

pʻ ①葩趴 ⑤怕

b ②爬巴下~扒~灰；~饭(用筷子把饭拨到嘴里)扒~窃耙钉~筢琶杷枇~ ⑥罢耙

m ②麻蟆 ③马玛码吗~啡嘛喇~口窃视 ⑥骂蚂

uo

k ①瓜家~兔子；当~ ③寡剐 ⑤卦挂褂嫁架

kʻ ①夸 ③垮侉卡夹在中间，不能活动；鱼骨鲠喉口衣衩 ⑤跨抹口用盐拌生鱼、螺蛳等以去异味

ɡ ②跨骑跨

ŋ ①鸦丫桠挜强予人物或强要人买物 ②牙芽砑伢口啃 ③瓦哑 ⑤口下肥料：~壅(肥料)

x ①花虾花~钱哈~气口剩鰕~姑鱼(~虎鱼) ⑤化

ɣ ②华哗~变；喧~桦铧蛤~蟆 ④下2动词 ⑥下1动词下方位词夏

ø ①搲用手抓取蛙2洼2 ②划~船划~算划折算划平均口用筢子搂(柴草) ③口呕 ⑥话画活生~(活儿)

yo

tɕ ①抓渣楂查姓齄拃加老派音加更~家~私；~小；~常 ③假真~ ⑤炸榨柞吒哪~架打~；摆~子价~钱窄蔗鹧

tɕʻ ①叉杈衩裤~差~不多差欠；短少③叉两腿分开成叉形 ⑤岔汊衩衣~杈树诧1

dʑ ②茶搽查碴楂茬1 ⑥昨乍诈顿(在某处)姹1

ɕ ①沙砂纱鲨虾~米(亦读如) ③口黏性差而散开 ⑤晒舍落~屋(一种茅屋)

ʑ ②霞遐暇瑕以上均老派音口(鱼)变质 ⑥下(老)派音：~处(客店)；~河人；~等人夏老派音：~至

ø ①丫~环 ②牙老派音衙老派音 ⑤迓讶均老派音

ə

ø ②儿1 ③而1耳1洱1饵1尔1迩1 ⑥二1贰1

ɑ̃

p ①帮邦梆绷棕~泵浜 ③膀肩~榜绑 ⑤膀臂~谤

pʻ ①滂乓膀 ③髈脚~；蹄~ ⑤胖肥~髈~肚子(腿肚)

b ②防旁傍磅~礴螃膀~胱鳑蒡彷~徨庞 ⑥棒碰2遇

m ②忙芒茫盲氓流~ ③网莽蟒 ⑥望~板

f ①方芳坊妨1肪2荒2慌2黄2蛋~、蟹~盲2 ③仿纺访舫妨2谎2恍2幌2晃2一~而过 ⑤放晃2摇~

v ②房肪1 ⑥亡忘

t ①当相~；应~；~面；~场当承~；~家裆铛 ③党挡 ⑤当恰~；~作；~天当~面(又读平声)当~代当典~档

tʻ ①汤口挡：~风口遇：路里~到他口半道儿等某人蹚铴~锣 ③淌倘躺傥荡浪~(浪子) ⑤烫趟量词口~子(两行麦之间的空行)口用推网捕鱼等；~网(推网)

d ②唐糖溏塘搪醣堂棠膛镗螳 ⑥荡砀宕菪樘

n ②囊瓤~子；一~橘子(一瓣橘子) ③攮 ⑥齉

l ①浪~荡(浪子)啷 ③郎狼廊榔螂琅锒宧~康：物

件因体积大或形状不规则，因而放器物内不密实□探望（老人、病人）　③朗明～朗疏　⑥浪眼晾□荒废（学业）□狗前腿跃起□（量词）做一～（干一阵）□（量词）来一～（来一次）□将东西置于高架上

ts　①脏不洁

tsʻ　①仓苍舱沧疮1创1～伤　③闯　⑤创～造怆□蹭：～痒

s　①丧～事　③嗓搡爽清～　⑤丧～失磉

z　②□～粪（下底粪）　④□身体上下颠簸

k　①冈山～刚钢纲江缸豇扛□（肩膀）耸□身上出现皮疹□～火（面部潮红）□～酒（众人起哄劝酒）　③港讲　⑤杠岗站～；～哨、～位梗～子（梗儿）□熯：～烧饼

kʻ　①康糠　③慷　⑤亢抗伉炕囥藏

g　②□喊；唤扛㝩㝩～：物体因体积较大或形状不规则，因而放器物内不密实　⑥戆2

ŋ　①鲀～鲚（黄颡鱼）②昂　⑤盎

x　①夯亨大～　③□嘴

ɣ　②行～列；～业行流行；时兴行发～行～头□支持住：身体～不住绗吭引～　⑥项巷杏□将苇箔铺在搁置在凳子上的木杆或竹篱上用以晒物的设置

ø　①肮

iɑ̃

tɕ　①江　③讲港掘～（如东县县城，又读如字）　⑤降～落绛

tɕʻ　①腔羌锵□一～（一段时期）　③襁

dʑ　②□（价格）便宜

ɕ　①香～烟　⑤响吭声

ʑ　②降投～

ø　①央2　⑥旺

uɑ̃

k　①光胱膀～　③广　⑤光～胡子（刮胡子）光～火（发火）逛门～皲（皲裂）□脚股～（腿肚）□摸广～勺（一种平底水勺）

kʻ　①匡筐框眶诓哐埡地名用字：二～镇桄一～线　③矿旷圹邝况

g　②狂诳□用粪勺等撒泼（水、粪）□用镰刀乱割

x　①荒1慌1黄蛋～、蟹～肓1　③谎1恍1幌1晃1一～而过　⑤晃1摇～

ø　①汪　②王黄簧潢璜磺蟥皇煌惶蝗徨隍凰横～归　③罔惘辋魍网～儿（发网）；在器物口上，用绳子连成网往～年　⑥枉望往（介词）旺

yɑ̃

tɕ　①庄装妆桩赃臧□将物件高举用力往下摔　③□将散乱之物弄整齐　⑤壮奘葬

tɕʻ　①窗疮挤～（又读如字）苍～蝇（双读如字）

dʑ　⑥状脏内～撞幢藏（名词、动词）□推叠；又量词：一～箱子（一叠箱子）

ɕ　①双桑霜孀　③爽

ʑ　②床

æ̃

p　①班斑瘢般1瘢颁扳掰蓖　③板版扮坂阪　⑤瓣绊襻～上门□眼皮上有疤；～眼（疤瘌眼儿）

pʻ　①攀　⑤盼襻鋬

b　②爿踫爬；蹚（水）　⑥办

m　①蛮（很）　②蛮鳗谩漫～画　③晚～娘（继母）晚～头（下午三四点钟）　⑥曼漫蔓慢幔镘墁迈2

f　①番翻幡繙～被子（缝被），～棉衣（絮棉衣）□2（老人身体）硬朗□2饭太干　③反返　⑤疲作心～（恶心欲吐）泛贩甩2甩、摔、扔；摆动□2～嘴（骂架）□2～跤（摔跤）□2～雨星（下雨星子）

v　②凡帆矾烦繁藩樊蕃～茂番早～（从前）顽2～皮还2归还还2（副词）　⑥饭犯范万梵幻2患2宦2豢2

t　①单～独殚丹耽眈旦担动词聃　③胆疸掸～子潭用竹竿等测河深　⑤诞担（名词、量词）石十斗

tʻ　①滩摊1瘫坍～台　③毯坦袒胎轮～　⑤叹炭碳坍倒～

d　②谈痰谭潭檀昙2坛祭～弹（动词）　④淡1氮1　⑥蛋但弹（名词）惮澹啖

n　②难困～　⑥难灾～□以物强予人或强要人购物

l　②蓝篮兰拦栏阑澜谰斓褴榄岚　③懒罱览缆揽　⑥烂滥赖2

ts　①张章樟彰獐璋漳蟑糌□剁占2～卜沾2毡2詹2瞻2谵2□呆（待）：～徕屋里（待在家里）盏（量词）　③斩崭盏灯～、碗～□～晏、～日（哪一天）长生～涨～落掌展2辗2　⑤赞蘸站立战2占2～有仗□～劲（使劲）障幛嶂瘴帐胀涨头昏脑～□苇笆

tsʻ　①参～加餐掺昌菖猖娼鲳倡～优伥□推　③产铲阐2谄2惨2厂敞氅灿璨畅倡提～□～新　⑤忏颤2～抖怅唱孱～头

dz　②长～短场肠常嫦孱～弱潺残惭　④崭陡

⑥赚绽栈湛站车~暂錾撰馔瓒丈仗炮~仗依~、仪~(或读如字)

s ①三叁珊姗删2山舢杉衫商墒伤殇闩拴栓潸苫2(名词)煽2膻2 ③伞散~装馓删1赏晌产~门(阴道)闪2陕2 ⑤散分~散丸~疝讪汕涮苫2(动词)产~子(虫等产卵)商~店、~业(或读如字)

z ②裳尝偿徜馋谗口口水蟾2婵2禅2~宗单2~于穰 ④壤攘嚷上2(动词) ⑥上(动词;方位词)上1(动词)尚鞝让赡2善2缮2膳2蟮2擅2嬗2禅2~位

k ①监~督监太~尴间房~;中~艰~苦 ③减碱拣裥 ⑤槛笼监国子~;~生间隔橄口擦屁股;~屎

k‘ ①铅槛门~ ③舰 ⑤嵌嵌1

g ②箝夹住 ⑥嵌2

ŋ ①淹眼眼~(刚;刚才) ②岩癌1颜姓衔~头 ③眼 ⑤颜~色癌2晏迟眼一~~(一点儿) ⑥雁眼~眼(刚;刚才)

x ①口慢 ③喊苋马齿~

ɤ ②闲衔汗可~咸~淡 ⑥限籼~子(糁儿。特指裸麦糁儿)陷

ø ③俺

uæ̃

k ①关鳏纶~巾莞~草 ⑤掼

k‘ ⑤筷

g ②环寰顽~固口~头(弯身) ⑥掼口把柔软之物放在可支架之物上槓服~(动词)

x ①口1老人身体硬朗口1饭太干 ⑤甩1摔、扔;摆动口1~嘴(骂架)口1~跤(摔跤)口1~雨星(下雨星子)

ɤ ②还1归~还2(副词)顽1~皮 ⑥患1宦1豢1

ø ①弯湾口中途在某处停留 ②玩还归~ ③晚挽绾口央人从中说合某事口用手指或刀、铲、勺、锨等挖起黏稠物 ⑤口绕道儿;~路

iĩ

p ①边编砭鞭蝙鳊口比:他~我小 ③扁匾贬 ⑤变

p‘ ①篇偏扁~舟翩 ⑤片骗遍

b ②便~宜便大腹~~骈胼蹁~跹 ⑥辫辩辨卞弁便~利

m ②棉绵眠 ③免勉娩冕缅湎腼 ⑥面砚~台

t ①颠巅癫掂点~头敁~分量(用手估量重量) ③点典碘点~什么(作定语):~东西 ⑤店踮玷

t‘ ①天添 ③添腆 ⑤掭舔舌头伸出(口)

d ②田甜恬钿填滇阗 ⑥殿垫电奠淀甸佃靛

n ②连鲢涟莲联廉镰濂帘奁恋~人;~爱良粮梁粱量(动词) ③脸两辆俩魉 ⑤练炼楝殓敛链恋留~亮谅晾踉量名词 〔部分地区读l母〕

tɕ ①煎兼间房~;中~肩笺缄坚尖艰奸菅犍搛沾1占1~卜詹1瞻1毡1谵1姜疆僵浆糨将~军将~养;~就;~信~疑将象棋用语将~暗(太阳刚下山)、~亮(天刚亮) ③简锏剪翦謇茧柬减检捡睑趼戬毽键2剑鉴展1辗1搌奖桨蒋 ⑤建荐见牮间~隔谏溅箭占~有战1酱将(介词)将~要、~近、~来将~官

tɕ‘ ①千仟阡扦钎迁歼纤~维牵签谦椠削锓刻、~雕:~图章、~花板枪呛镪炝将生虾等用酒浸渍,再加作料食之 ③浅遣谴阐1谄1颤1~抖强勉~抢 ⑤欠芡歉倩茜纤背~堑椠刻本跄

dʑ ②掮钳虔钤1黔1缠强~弱强~迫襁口跟人攀比,要别人一起承当责任或要别人享受同样待遇戕 ⑥渐践贱饯件俭健腱键强倔~(或读如字)犟

ȵ ①研拈口捡、拾日上~(昨天) ②年黏形容词严阎鲇妍娘瓤瓜~穰稻~ ③捻辇撵碾俨粘(动词)仰 ⑥念廿砚验彦谚唁赝酽酿

ɕ ①先仙籼鲜新~掀锨暹跹氙祆蚬寒~(蚯蚓)媳~妇扇(动词)苫1(名词)煽1膻1轩2乡香相~互湘厢箱襄镶 ③险宪显鲜少藓癣苋蚬筅冼选2享想响饷鲞飨闪1陕1 ⑤扇(名词)骟线腺羡苫1(动词)疭痒~相~面;~貌;丞~相~亲相看、望向

ʑ ②钱前贤咸皆弦舷涎娴痫鹇嫌然2燃2潜乾荨泉2全2祥详庠翔墙蔷樯单1~于禅1~宗婵1蝉1蟾1 ⑥现贱限陷县前~日善1鳝1蟮1膳1缮1鄯1单姓禅1~让擅1嬗1赡1象像橡匠

ø ①焉蔫嫣阉烟胭咽~喉殷~红湮燕~国、~山;姓央1秧殃泱鸯 ②炎盐延筵蜒檐言燕鸟名沿年同~(同龄)髯然1燃1阳杨飏炀疡羊洋烊溶化;熔化佯徉蛘 ③奄掩魇演衍兖宴堰偃鼹冉苒养氧痒鞅 ⑤咽吞~厌餍嫌赝晏姓口小孩淘气怏 ⑥焰艳腌样烊打~(商店关门停业)恙漾痒~疭,痒

也现~世(丢人现眼)

ɛ̃

P ①奔~走锛栟~茶贲~门;姓畚崩绷~带;~子;~紧嘣甭 ③本苯 ⑤奔投~绷~开迸□~弄(夹缝儿)□时分;闲~

P‘ ①喷烹砰抨怦嘭□弹(棉花) ⑤喷~香

b ②盆彭澎膨1朋硼棚鹏1 ④笨2 ⑥笨1蚌

m ①闷~热□(头)低下 ②门们扪萌1盟1虻蚊 ③猛1锰1蜢棚密 ⑥闷烦~焖懑问

f ①分芬吩纷雰汾2荤2~菜昏2婚2 ③粉 ⑤奋粪愤2荤2五~浑2~说(胡说)□2~嚏(喷嚏)

v ②文坟纹雯焚闻汾1吻刎蚊嬗末浑2~厚、~朴;~圆浑2~浊珲2 ④问汶紊愤1忿份分成~;职责和权利的限度混2浑2~身诨2

t ①敦墩礅扽砘蹲登灯蹬瞪膯食~(嗉子)饾~食(鸡等因吃得太多而停食)趸2 ③趸成~盹等戥

t‘ ①吞腾慢~~□熏 ③汆浮;漂浮 ⑤褪~裤子□剔除

d ②疼滕藤腾誊屯饨臀停 ⑥邓囤钝盾遁□挖苦

n ②能 ⑥嫩

l ②仑伦沦轮纶涤~论~语囵棱淋~雨□畦 ③冷 ⑥论愣□~鱼(鳊鱼)□口吃

ts ①曾~祖、~孙;姓;人名增憎罾珍诊疹胗真贞侦桢祯针箴斟砧榛臻正~月征症~结争筝挣~扎挣~钱;~脱睁狰峥蒸殸装(锄、钉耙等的)柄镇压 ③怎整拯振震轸缜□挤(牙膏、奶) ⑤甑正政症病~枕净帧鸩镇赈圳蒸(量词)—~馒头□因便秘而用力屙(屎)

ts‘ ①参~差称~呼;~重量蛏撑瞠琛嗔瞋抻 ③碜骋逞 ⑤衬蹭趁称相~秤剩剩1乘~船乘~机、~胜、~虚、~风

dz ②曾副词层岑沉忱谌辰~光宸橙臣尘陈成城诚呈程澄~清(弄清楚)承丞惩乘~法乘~凉嵊仍□埯;~寒豆 ⑥郑阵赠锃剩2震地~扔砥硬吃下去

s ①森参人~、海~;人名深身申伸呻绅砷僧升生甥笙牲声孙狲荪莘娠糁~儿 ③沈婶孙姓省节~ ⑤审渗胜圣沈~阳

z ②人仁壬任姓神辰时~;~时晨盛动词绳唇蹲成~更半夜;~趸 ④忌2 ⑥凭荏妊任甚葚刃纫韧肾盛(形容词)盛姓忍1认顺~带(顺便)。或读如字

k ①根跟更五~更变~庚赓耕羹杠敲竹~ ③耿埂梗哽鲠 ⑤亘莨更(副词)□~~;屎也

k‘ ①坑吭~声铿□翻找 ③肯啃恳垦 ⑤□皱(皮肤上的污垢)

g ②□推 ⑥□耿直

ŋ ①恩 ⑤摁 ⑥硬

x ①亨哼 ③很狠 ⑤□~雨(一场透雨)艮食物坚韧而不脆艮脸绷着□吃饭~里(吃饭时分);雨~(雨季)

ɣ ②恒衡行道~行~船痕□未 ⑥恨

iɛ̃

p ①兵宾滨缤傧槟殡彬斌冰鬓嫔濒 ③丙炳饼秉禀 ⑤柄并合~;兼~屏~气摈

p‘ ①乒拼拚2~命姘 ③品聘2 ⑤聘1

b ②贫频平苹坪评萍枰瓶屏~风凭 ④并两腿~拢 ⑥病并(並)牝髌

m ②民岷明盟~誓名铭 ③闵悯敏泯抿皿闽冥螟瞑溟茗酩朐~缝(缝之间无间隙) ⑥命

t ①丁叮仃盯疔酊~剂钉(名词)虰蜓~(蜻蜓)顶~风 ③顶鼎酊酩~ ⑤钉动词订碇□澄

t‘ ①听闻厅汀 ③挺艇铤蜓听(量词)~子(白铁罐) ⑤听~任、~便(亦读平声)

d ②亭停婷廷莛蜓霆 ⑥定锭腚

l ①拎提(物) ②林淋~雨淋~病临邻鳞磷麟鳞缝(衣)瞵~沟(田间排水沟)凌陵菱绫灵伶铃龄零玲岭2令~~纸羚苓瓴图蛉瓴翎霖琳粼辚嶙遴棂蝇2苍~ ⑥领岭1凛檩廪□妯~(妯娌) ⑥令另吝蔺躏

tɕ ①金今斤筋津禁~爱禁2~止襟巾矜京惊精睛菁睛~内(瘦肉)晶兢茎经泾荆旌靳~剩(面团等柔软而富黏性)□紧捏□扎(辫子)③紧锦谨瑾槿馑2堇仅2尽(儘)~管卺井阱警儆景惊颈 ⑤进~来、~去、~门进1~步、前~、~攻、~程晋1浸禁1~止劲靳敬竟镜境径竞2胫鲫~鱼

tɕ‘ ①侵钦衾亲卿轻青清蜻氰鲭氢倾 ③请顷寝 ⑤揿沁庆亲~家罄磬

dʑ ②芹勤芩情2晴2腈~纶擎鲸黥黔2钤2 ④近振 ⑥尽(儘)2尽(儘)2~量、~快、~早烬2噤竞1仅1静2净2靖2馑1觐殣胫妗痉凚

ȵ ②人仁麦~子宁狞柠泞拧迎凝蝇1苍~银垠吟您 ⑥韧刹黏性(的)吝2佞

ɕ ①星腥惺猩蝗~虹(蜻蜓)辛新薪心芯欣馨兴~

旺 ③省1反~醒1擤 ⑤信汛大~囟衅兴高~脣~仁嬗(淋巴结)姓性

ʑ ②寻行~走;~动形刑型邢情1晴1 ⑥幸悻静1净1靖1尽(儘)1尽(儘)1~量、~快、~早烬

ø ①音因姻茵阴~天阴树~殷应~该英莺鹰膺婴樱罂淫蝇窨~井萦印~糕(一种食品) ②寅营盈楹莹茔荧萤情人~③引蚓饮隐瘾颖影 ⑤印映应答~洇荫~庇瀴凉口(火)熄灭 ⑥尹胤

uɛ̃

k ③滚磙辊绲~条(鞋缘儿)鲧 ⑤棍口焖口(天)闷热口~脓(溃浓)

k' ①昆崑坤堃 ③捆困围~ ⑤困~难困睡

x ①昏1婚1荤1~菜 ⑤荤1五~浑1~说

ɣ ②浑1~朴、~厚;~圆浑1~浊珲1 ⑥混1浑1~身诨1

ø ①温瘟 ②魂浑~水馄横 ③稳口涟漪口麦~(麦子脱粒后扬下的芒)

yɛ̃

tɕ ①君军均钧皲龟~裂尊遵菌谆肫巾头~(孝帽)金~针(菜) ③准尽儘老是:~数口绳子、线等单位长度的回旋数 ⑤俊竣浚峻骏晋2进2~步、~行、前~、~攻、~展

tɕ' ①春椿村皴蛏 ③蠢忖 ⑤寸春

dʑ ②群裙芹琴禽擒檎 ⑥郡

ɕ ①勋熏薰醺 ③笋省江苏~省2反~省~亲醒损蕈隼 ⑤训舜瞬迅汛讯逊询2榫

ʑ ②寻荨~麻疹秦存荀旬询1循巡驯 ④吮 ⑥顺徇殉慎闰润

ø ②云耘芸匀赢嬴瀛 ③允殒陨 ⑤蕴酝 ⑥运韵晕孕熨

õ

p ①崩2甭2 ③绷脸~着绷衣裳~在身上绷~面子(粥等放久,表面结一层薄皮儿) ⑤迸~火星蹦绷硬~~

p' ③捧 ⑤碰~撞碰1遇

b ②蓬篷鹏2膨2 ④㖸尘土飞扬㙬草木盛茂口(鸡等)飞 ⑥埲~尘(飞尘)薄2~荷

m ②蒙濛蠓朦萌2盟2 ③猛2锰2 ⑥梦忘望

f ①风枫疯丰酆封烽峰蜂锋讽 ③唪 ⑤俸风~屑子(皮屑)口~冻(脸膀肿貌)

v ②冯逢缝(动词) ⑥奉凤缝(名词)

t ①冬东 ③董懂栋 ⑤冻

t' ①通 ③桶捅筒竹~;袜~统口挪、移 ⑤痛

d ②同桐铜筒电~;(纺纱)~管茼童瞳佟彤 ④动2 ⑥动1洞侗~族恫胴恸

n ②农浓侬脓哝 ⑥弄(动词)

l ②龙咙珑胧聋隆窿笼~屉跷头~踵(打奔儿) ③垄拢陇笼鸟~;~罩、~络、~统 ⑥弄~堂

ts ①中~间忠钟盅终衷宗棕综踪鬃众~生(畜生) ③总肿种(名词)踵脚跟冢 ⑤众种(动词)种~子纵粽中~毒、~暑、~风、~意

ts' ①匆葱囱聪从~容枞苁充冲忡憧 ③宠 ⑤冲~床铳眈瞌~(瞌睡)口扒窃口溜达口(头)低下口(鼻子)钩:~鼻子趀跌跌~~(走路不稳貌)踵走路一~一~(一顿一顿)踵头践~(打奔儿)惷坍~(丢脸)

dz ②虫从崇重~复口捣 ⑥仲重轻~

s ①松淞松口往上推口~拳头(用拳头击) ③怂耸悚 ⑤送宋

z ②㞞精液㞞软弱无能 ⑥从颂讼诵口瓶口向下;人倒悬

k ①公蚣工攻功弓躬芎宫恭肛洞~(肛门)肱口钻;~山洞 ③巩拱 ⑤供~给;~奉、~养;~认贡赣汞

k' ①空天~;~手 ③孔恐控 ⑤空~闲空亏~

g ②攻攻讦 ⑥共

x ①轰訇烘~干;~托哄~动 ③哄~骗哄起~口擤 ⑤烘烤蕻

ɣ ②洪鸿虹红弘宏讧 ④哄许多人同时发出声音

ø ①翁嗡 ⑤瓮蕹齆齆~臭(腐水等发出的味儿)

iõ

tɕ ①龚弓弹棉花的绷弓儿 ③炯迥窘

dʑ ②琼穷穹

ɕ ①兄凶汹匈胸

ʑ ②熊雄

ø ①庸鳙雍壅~塞臃邕痈 ②容蓉溶熔榕荣戎绒茸雄融壅~根 ③永咏泳甬踊涌蛹俑拥冗 ⑥用佣

m_1

p ①搬 ⑤半

p' ①潘番~禺县拚1~命 ⑤判泮叛2

b ②盘磐般2蟠槃蹒胖心广体~口挪动(重物)瀊吃的东西从口中吐出:~奶 ④拌2 ⑥拌1伴叛1绊畔

t ①端瓬~子(舀酒等用的竹器或白铁器)口用筷子蘸盐、酱油等尝味 ③短掸 ⑤锻煅断判~篰掸~帚

t' ①湍贪摊摊1口不陡 ⑤探口将戴的或挂的东西摘下;将装在(套在)一起的东西卸下忐~~忑忑(犹豫不决)

d ②团抟坛~子昙1潭坑潭窨(名词;动词) ④口折叠(布匹等)断2 ⑥断1段缎

n ②南楠喃男栾1滦1孪1峦1鸾1銮1銮2孪1娈1拦1赶家禽或家畜进窝(圈)或赶上以捉住:~小猪拦1将家禽或家畜圈围住恋1~爱、~人(旧读) ③暖卵1男子阴 ⑥乱1

l ②栾2滦2孪2峦2鸾2銮2孪2娈2拦2恋2 ③卵2 ⑥乱2

k ①甘柑坩泔疳干天~干姓干(乾)肝竿杆旗~官棺倌观看冠帽 ③管馆莞东~敢感贑釜~(锅盖)干树~干~部杆枪~、笔~秆赶擀 ⑤贯灌罐鹳冠~军观道~盥淦绀

k' ①龛堪勘刊看~守宽髋 ③坎砍款侃戡 ⑤看视瞰阚

x ①欢獾鼾酣蚶憨顸 ③虎壁~子;鱼~鸟(鱼狗)罕 ⑤汉唤焕涣痪奂

ɤ ②含函涵寒韩邯邗旱~烟 ⑥旱干~焊捍悍汗憾撼颔翰瀚

ø ①安鞍按庵鹌谙剜姆~妖(母亲)颟 ②完丸纨桓儿小~(小孩)瞒馒 ③满缓碗豌浣皖宛婉惋菀拇母丈~、舅~;~鸡、~猪 ⑤暗揞黯案腕 ⑥岸换雾汽~水(水气)

$^{\mathrm{i}}\mathrm{m}_1$

tɕ ①捐娟鹃涓绢镌蠲钻(动词)专砖颛簪口(虫)蛀 ③卷(动词)卷书~纂转~运攒昝 ⑤眷转~动钻(名词)

tɕ' ①川穿蹿圈圆~悛氽~汤;~粥口顺着物体的边沿滑下 ③犬喘舛惨1 ⑤劝券窜爨篡串钏口用锹或铲子等齐土面铲断植物

dʑ ②权拳颧鬈蜷椽传(动词)攒~钱挦掏 ⑥圈猪~篆倦传~记缠纤缠

ȵ ①口捡、拾 ③软

ɕ ①宣喧暄萱酸轩1 ③选1糁饭米~烜 ⑤渲楦绚算蒜

ʑ ②全1痊诠铨荃泉1玄悬旋镟璇蚕船缠盘~ ④软口打磨用的凿子 ⑥眩炫泫

ø ①鸳冤渊 ②员圆元园芫~荽沅鼋原源袁猿辕爰援缘橼阮 ③远苑 ⑤怨 ⑥院媛愿

ɑʔ

p ⑦八捌擘伯老~~(伯伯)

b ⑧拔跋钹坺泥~子(土坷垃)

m ⑧袜抹口眼睑下垂口~肩(溜肩儿)

f ⑦法珐发貊2辣~~(灼痛)笏2一~椽子(一档椽子)豁2裂开:~嘴搳2~拳口2~沟(撑竿越过小河)口2~嘴巴掌(打耳光)

v ⑧代阀筏垡罚

t ⑦答搭褡瘩鎝嗒鞑~子(旧时指元代蒙古士兵)耷沓(量词)妲笪靼

t' ⑦塔獭蹋遢榻塌溻搨褟挞拓~片

d ⑧达闼踏沓杂~鞑~靼

n ⑧捺纳钠呐1衲1

l ⑧剌瘌辣蜡腊邋拦阻:半路里~住他! ‖用篱笆~住栏栅~
★轻声:喇掉(助词)

ts ⑦扎札眨劄匝砸咂口~腻(勾芡)斫灼酌杂着穿着~急、~忙着~眼、~手、~笔、~色、~想、~意着助词

ts' ⑦察擦嚓镲插锸绰焯口用瓢、勺等舀(粮食等)拆~烂污

dz ⑧着接触,受到

s ⑦杀刹煞萨撒~手鍫楔子栅飒烁歃霎刷卅口~粪(沤肥)

z ⑧闸铡若弱煠(炸)(油)炸煠烀:~番芋煠焯:~菠菜趦蹿:一只狗~出来口突然撞见或等候到:半路里~他去(半路上等他去)口~角(四边形不太方正)勺芍妁

k ⑦夹荚2甲噶戛嘎

k' ⑦掐恰口压口扣押;扣除

g ⑧轧

ŋ ⑦押鸭压;⑧齾缺(齿);缺(口);还(价)

x ⑦瞎辖呷口给口被(介词)

ɤ ⑧匣盒狭

ø ⑦阿前缀

iɑʔ

tɕ　⑦甲岬钾雀老花~子(麻雀)觉~得颊荚1 跻瘸

tɕ‘　⑦雀麻~鹊却怯剧洽1 爵散指甲或竹木等表皮裂开的部分翘起来

ȵ　⑦虐疟掠略箬捏

ɕ　⑦狭峡侠削谑

ʑ　⑧嚼狎黠

ø　⑦约握　⑧乐音~药岳钥

uɑʔ

k　⑦刮括鸹聒碱裂□~到(瞥见;不经意听到)

k‘　⑦□~蜡子(块儿)

ɡ　⑧□被某物卡物

x　⑦豁1裂开:~嘴搳1~拳□1~嘴巴掌(打耳光)□1~沟(撑竿越过小河)𩐨1辣~~(灼痛)笏1一~椽子(一档椽子)

ø　⑦挖斡　⑧滑猾划计~□倾:~水

əʔ

p　⑦不百佰柏伯2 檗擘

p‘　⑦拍魄

b　⑧白帛勃渤脖荸鹁饽垺埲~(飞扬的面粉)饽防止面团粘案板面撒的干面粉□创口上敷药

m　⑧没殁末~尾;本~墨默麦陌脉蓦沫1 抹1

f　⑦勿弗佛仿~拂沸氟忽2 惚2 笏2 㾃2困一~(睡一觉)𣈶2困~头里(睡梦里)□2人的能力差;物品质量差:~货□2将竹篾等劈成更薄的片儿

v　⑧佛物囫2 或2 惑2 获2~得

t　⑧得德咄□粘□跺□啄□点(头)

t‘　⑦脱漏掉:~手、~节、~落、~班、~口忑忑忐忐~~(犹豫不决)䟔~皮(脱皮)

d　⑧凸特突夺2 叠

n　⑧呐1 衲1 讷1 搦

l　⑧勒鳓肋　★轻声:勒(助词)用在动词后,相当于“了”

ts　⑦汗织职只仅只(量词)执质这折浙哲则侧向一边倾斜责窒桎蛭栉辄仄昃炙摘者□~头(手指);~掐(指甲)□辈:我比他大一~

ts‘　⑦侧测恻彻澈撤辙掣厕~所叱敕斥赤尺册策秩坼㱿皮肤裂口□系、拴涉3 吃

dz　⑧直值植殖泽择涉2 蛰蜇侄翟姓宅掷

s　⑦色啬涩瑟塞失虱室释适湿式拭饰识螫什~么十二~……九十;二~一

z　⑧十~一、~二拾什~锦日舌贼实食蚀折~本折瘸殖骨~石硕涉1

k　⑦革疙格胳骼隔膈嗝□这

k‘　⑦克刻咳~嗽缂可~汗(亦读如字)

ɡ　⑧搿挟隔分隔:房子~成两间

ŋ　⑧额兀杌□晃动某物使折断或脱落

x　⑦黑赫吓郝

ɣ　⑧核劾阂纥

uəʔ

k　⑦骨国蝈帼虢汩□那

k‘　⑦窟□放置物品使保持一定的温度

ɡ　⑧□大口喝水等(咽下时发出的响声)

x　⑦忽1 惚1 笏1 㾃1困一~(睡一觉)𣈶困~头里(睡梦中)□1人的能力差;物品的质量差:~货□1劈竹篾等,使成更薄的片儿

ɣ　⑧或1 惑1 囫1 获1~得

ø　⑦□(手)扭伤□水桶等摇晃,水向外泼出　⑧棚~子(核儿)

yəʔ

ʑ　⑧入术技~术白~、苍~述秫

iɪʔ

p　⑦必碧壁璧襞逼笔滗鳖憋瘪毕哔别~扭□手~勒背后(两手交叉地放在背后)

p‘　⑦匹撇瞥辟开~辟复~癖劈霹噼譬□将浮在水表面的油舀走

b　⑧别蹩枇鼻弼愎鹁

m　⑧灭蔑篾蜜密宓觅幂汨~罗江

t　⑦的跌碟滴嫡嘀摘扚用手指使劲拧、掐:~肉、~线头;用指尖全力拔(毛)□用塞子塞　★轻声:的助词

t‘　⑦剔惕踢贴帖铁倜逖屉嚏昏~(喷嚏)

d　⑧叠碟牒蝶谍喋敌笛迪籴涤迭狄荻翟鸟名耋特~为(特地)

l　⑧立粒笠栗傈溧凓力历沥雳呖疬荔砾栎列烈裂冽劣猎律率效~捩

tɕ　⑦节疖急级汲吉洁结拮诘即唧鲫给脊瘠

迹稷棘亟戟剂一~药(一服药)孑劫睫接绩积击激揭讦髻桔~梗殛楫1戢暨姓荚豆毛~子(大豆荚壳)

tɕʻ ⑦切窃七柒漆膝乞葺泣讫迄挈吃~力惬箧戚妾沏契~丹锲缉楫2

dʑ ⑧及极岌笈芨屐杰桀竭碣集2 捷2 籍2 藉2狼~疾2 蒺2 嫉2 截2 寂2

ȵ ⑧热日业聂镊颞嗫蹑蘖孽镍捏涅啮匿逆溺昵

ɕ ⑦屑泄亵胁歇蝎隙楔息熄媳昔惜锡悉蟋吸圾析淅晰蜥雪薛袭燮设摄慑歙

ʑ ⑧习席夕汐协挟要~颉集1 截1 寂1 捷1 疾1 蒺1 嫉1 籍1 藉1狼~绝劈用力扯断(线等)檄

ø ⑦一壹噎益溢缢邑乙抑揖谒咽哽~靥 ⑧叶页曳掖逸佚轶弋亦翌翊奕弈译驿绎屹易交换;《~经》;姓

oʔ

p ⑦北卜博膊傅剥驳缚2 伯1 拨钵

pʻ ⑦扑朴~实朴~树;厚~仆~人仆~倒泼蹼璞濮醭泊湖~泊飘~;停~泊淡~舶粕珀帕颠~肉(肥而不结实之肉)

b ⑦箔薄礴卜萝~口用力使物上下或内外变换位置口~跤(摔跤)口~刀(菜刀)

m ⑧么什~木沐末~子茉沫2 抹2 秣目苜穆睦莫摸寞漠膜瘼模一~一样万~俟(复姓)无南~口瘼子

f ⑦复(複复覆)覆腹蝮馥福蝠幅辐霍2 藿2 豁2 喝2~酒

v ⑧伏茯袱服菔匐缚1 合2 获2收~阖2 蠖2

t ⑦笃督掇裰煻用文火慢慢煮沰淋(雨)沰(量词)一~(小摊)痰口扔、丢口咬舌儿:~子口睡时将衣服盖在身上口(眼皮)下垂口借(钱)

tʻ ⑦秃托拓开~庹脱~衣;~离、摆~铎2 魄落~

d ⑧毒碡读牍黩渎髑度揣~踱夺1 铎1 口沸

n ⑧诺口~子(尿布)

l ⑧六陆录绿禄戮鹿漉辘麓洛烙落骆络珞酪捋口摞:拿碗~起来:一~碗螺泥~(又读如字)

ts ⑦足捉卓桌粥竹竺筑琢瘃烛祝嘱瞩作镞卒2 口~色(着色)口~泥(拌和泥浆)口~瓦(整理屋面之瓦)口~狗屎(拾狗粪)

tsʻ ⑦促龊触畜(名词)矗戳蔟簇蹴蹙搐

dz ⑧逐族浊濯擢轴妯镯口将一把或一捆条状物在平面上撞击使一端整齐

s ⑦叔淑菽肃宿缩蓿夙束速嗍吸、吮

z ⑧肉孰塾熟续俗蜀属辱蓐溽缛褥赎啄凿口(车子)颠簸

k ⑦角各阁搁颌~腮(腮帮子)郭葛廓梏鹄~的毂谷觉~察、木知木~、知~合1/10升合~算;~用一个;一公顷~十五市亩;~约;~凑铬

kʻ ⑦壳哭酷确榷恪渴瞌磕敁物品干裂后皮壳凸起

ŋ ⑦恶善~恶~心垩遏 ⑧噩萼1 颚1 愕1 鄂1 鳄1

x ⑦喝~采;大~一声鹄鸿~壑彀~痰(咯痰)口贴近

ɣ ⑧鹤斛学涸貉镬盒颌上~

ø ⑦屋~子握~手、笔龌喔

uoʔ

k ⑦割鸽蛤口~桶(做木桶)

kʻ ⑦扩阔磕

x ⑦霍1 藿1 喝1~酒豁1

ɣ ⑧合1 阖1 获1收~蠖1

ø ⑦哕吊~(干哕)沃屋房~、瓦~卧口~豆芽(育豆芽) ⑧活

yoʔ

tɕ ⑦决诀抉珏菊鞠掬孓锔厥噘蹶獗蕨橘拙茁辍卒1 矍攫镢

tɕʻ ⑦曲蛐屈缺阙出黢~黑怵黜撮啜

dʑ ⑧局跼橛掘倔崛

ȵ ⑧衄忸口撅肉~笃笃(肉鼓鼓);~疼(痛惜;疼爱)

ɕ ⑦血恤戌旭穴2 畜~牧噱~头说率~领蟀摔口仔~(清晰)口捆扎好或箍好的东西散开

ʑ ⑧学穴1

ø ⑦郁育哕毓煜口将竹子烘热,使弯曲或变直 ⑧月浴玉穴3 欲域狱悦阅越粤役疫聿鹬

第二章 词 汇

海门方言词汇收录有代表性的、能够反映海门话和四甲话两种方言特点的词及词组，分类编排，两种方言对照，附以相应的普通话词或词组。如普通话无相应的说法，则用简明的释义代替。

两种方言的词或词组用符号“/”分开；海门方言在前，四甲方言在后；方言与普通话之间则用符号“//”分开。

用字无可考的，一般用方言同音字代替，并于字下加符号“～”表示；没有同音字或不宜用同音字代替的，则用符号“口”代替，其后加注读音。

部分方言词用字采用方言习惯用字。

方言词用字如有文白异读，则在白话音字下加一条横线，文读音字下加两条横线。

用符号“口”代替的字及部分生僻字、歧音字加注读音。一般采用直音法或加注某字某调的方法注音，用小字印刷，排于符号“口”或所要加注音的字的右下角。部分字采用国际音标注音，用发圈法表示声调。所注声调一般为基本调。如有特殊连读变调，则用数字调值标调：基本调值标于韵母右上角，变调调值标于韵母右下角，如晚〔mæ$^{241}_{314}$〕娘（海门话）。轻声一般不标调值，而在音节前加小圆点儿，如：前日〔ʑiɪ$^{13}_{21}$ · ȵi〕（四甲话）。

部分词或词组（包括普通话词或词组）用小字加注或举例，例文中用符号代替前边的词或词组。

词中可省略的字，放于括号之内。

第一节 天气 气象 地理

太阳、日头/太阳//太阳

月亮、月粑粑儿语/月亮、亮月子、月粑粑儿语//月亮

日枷日晕；夜枷月晕/御//风圈日晕与月晕的通称

拉阳平恶音焐。屎也星/拉阳平屎星//流星

鲎/同海门话//虹

风省/起见//刮风

风省/风大//风大

霍闪/同海门话//闪电

阵头/雷响//雷

阵头雨/同海门话//阵雨、雷阵雨

麻花雨/麻花雨、喷花雨//牛毛雨

迷露/迷露、雾//雾

冰/冻//冰

水没/淹、淹水//涝

落地/落捞阴平里、荡口平声//地方

明沟/沟//人工开掘的小河

宅沟/园沟//住宅周围的小河或池塘

沟沿/沟肩//小河坡

坝埂音筋/坝桩//小土坝

泥、烂〔næ꜂〕泥/泥、烂泥//泥土

沙灰/同海门话//灰尘、尘土

埲音蓬尘/同海门话//飞尘

第二节 时间 节令

老早/老早、前番、前首//以往、先前

前年/往早年〔uɑ̃^{51} · tsɔ · ȵiɪ〕//往年

乃阳平、乃葛歇/盖沓晏〔· tsæ̃ · ŋæi · tsæ̃ ŋæ̃ᵓ〕、盖嗒日〔· ȵiɪ；ȵiɪᵓ〕、下音号遭//现在

眼眼〔꜀ŋæ ꜀ŋæ〕（头）、授〔dzɤω꜂〕手/眼眼〔ŋæ̃꜂ŋæ̃〕（头）、（眼眼）一头、才头、孩头、先头//刚才

旧年（头/子）、去年（子）//去年（子）、旧年（子）//去年

开年（头/子）/开年（子）、明年子//明年

葛年子/前（个）年子//前年

今朝（头/子）/今朝（子）//今天

明音门朝（头/子）/明朝（子）//明天

昨日〔zəʔ꜀ ²ȵi〕头/上日〔ȵiɪ̃〕//昨天

葛日子/前日〔ʑiɪ̃$^{13}_{21}$ · ȵiɪ̃〕//前天

后日头/后朝、后日〔ᶜɣe · ȵiɪ̃〕//后天

上半天/上昼、上半天//上午“下午”不另立条

日里（厢）/日里//白天

夜来、夜里（相）/夜头、夜里//晚上

早日头/早起//早晨

点心行〔ã$^{24}_{55}$〕浪/昼里//中午

（挨〔꜀ɑ〕）夜快/（齐音徐）夜快、齐夜、将阴平暗快//傍晚

端音颠阳/兜午//端阳、端午

年三十/三十〔 · sɛ̃〕日子//年三十儿

年三十夜/三十〔 · sɛ̃〕夜子//年夜

日脚、日子/日脚、日子//日子

年年/年年、年常//年年

一个月、一个圆月读“原热”/一个月//一个月

一歇（歇）、一歇（歇）辰光/（同海门话）//一会儿

第三节　称　　谓

太太〔꜀t‘ɑ · t‘ɑ〕/太太〔t‘ɑ᷈ · t‘ɑ〕//曾祖父、母

公公/爷爷//祖父

外公背称、公公面称/（同海门话）//外祖父

婆阿、亲婆/奶奶〔nɛ᷈ · nɛ〕常用、婆婆少用//祖母

婆啊面称、外婆背称/婆婆常用、奶奶少用、外婆背称//外祖母

爹爹、爷背称/（同海门话）//父亲

姆妈〔꜀m̩ · mɛ〕、姆妈少用、娘背称/姆妈〔꜀m̩ · mɛ〕、姆妈〔꜀m̩ · mɑ〕少用、妈妈〔mɑ$^{44}_{21}$ · mɑ；mɑ$^{44}_{21}$mɑ^{44}〕部分地区用、娘背称//母亲

晚〔mæ$^{241}_{314}$〕娘/晚〔mæ̃$^{51}_{21}$〕娘//继母“继父”不另立条

伯伯叔、伯不分/大大〔dɤ² · dɤ；dɑ² · dɑ〕伯；叔叔叔、□□〔꜀pɛ · pɛ 悲悲〕叔（东部地区）//伯父；叔父

妈妈〔꜀mɛ · mɛ〕/嬷嬷〔꜀mɑ · mɑ〕//伯母

婶妈〔꜀mɛ〕、婶娘/婶婶//叔母

妒妒；姑娘背称/姑妈父姐；□□〔꜀pɛ · pɛ悲悲〕父妹（西部）；姆妈〔m̩²꜀mɑ〕父姐或妹（东部）//姑母

夫夫、姑夫/姑爹父之姐夫（或兼指父之妹夫）；姑夫父之妹夫//姑父

娘舅；妗妈〔꜀mɛ〕/舅舅；舅母〔 · m̩〕//舅父；舅母

大姨母姐；娘姨母妹/姨妈母姐；姨姨母妹；姨娘母妹（罕用）//姨母

寄爷/同海门话//原义“干爹”，今作为舅父、舅母、姑父、姑母、姨父、姨母的通用称谓（面称）

阿〔ɑʔ꜀〕哥；兄弟/哥哥；弟子//哥哥；弟弟

阿〔aʔ꜀〕嫂、嫂嫂；弟新妇背称/嫂嫂；弟媳音仙妇〔 · u〕背称//嫂子；弟妇

姐姐、阿〔aʔ꜀〕姊；姐夫/姐姐；姐夫//姐姐；姐夫

姊〔ᶜtsɿ〕妹；姊〔ᶜtsɿ〕妹婿/妹子；妹婿//妹妹；妹夫

阿〔aʔ꜀〕伯；阿〔aʔ꜀〕叔/大爷；叔子//丈夫的哥哥；丈夫的弟弟

阿〔aʔ꜀〕嫂；阿〔aʔ꜀〕婶/大娘；婶//丈夫的嫂嫂；丈夫的弟妇

阿〔aʔ꜀〕舅；妗母〔dʑi²n̩$^{241}_{34}$〕舅子；舅子老〔lɔ$^{51}_{21}$〕娘//舅子；舅嫂

妻阿姊〔aʔ꜀ᶜtɕi〕；阿〔aʔ꜀〕姨/姨、妻姐姐；姨、妻妹子//妻子的姐姐；妻子的妹妹

男客、男人家/老〔lɔ$^{51}_{21}$〕爹（西部）、老〔lɔ$^{51}_{21}$〕公（东部）、男人//丈夫

女客、娘子/奶奶〔nɑ^{51} · nɑ〕西部、老〔lɔ$^{51}_{21}$〕娘西部、婆娘东部、内妮东部、堂客〔꜀k‘ɛ开〕罕用、女人〔ȵy$^{51}_{21}$ȵiẽ$^{13}_{44}$〕少用//妻子

儿〔꜁ɦn̩〕子、猴子；新妇/侯；媳音仙妇〔 · u〕//儿子；儿媳妇

阿〔aʔ꜀〕侄；侄女/侄子；侄女//侄子；侄女

孙子；孙新妇/孙子、孙侯；孙媳音仙妇〔 · u〕//孙子；孙媳妇

孙女；孙夫/孙女、孙丫头；孙女婿//孙女；孙女婿

外甥〔꜀sã〕/姨外甥//舅外甥

玄孙/徽孙//玄孙

重孙/重孙//曾孙

男人;女人/男子;女子//男子;女子

娘子、女客/内妮//已婚妇女

小官(头子)、小囡罕用/(细)小安//小孩

女小官、女小囡、丫头/丫头(小安)、女小安//女孩儿

男小官、男小囡、倸子/倸(小安)、男小安//男孩儿

小娘、小丫头/小姑娘、小丫头//小姑娘

私囡/淘生、偷倸未婚先孕生//私生子

背去声爷囡/遗腹子//遗腹子

双帮头/双胞子//双生儿

第四节　人体　疾病　医疗

长相/长相、登身//模样儿

相貌/脸嘴//相貌

面股墩/面(股)墩//脸蛋儿

嘴颌音鸽/颌音各腮//腮帮子

水没潭音田/天门盖//囟门

后枕、后脑勺[$_{c}$sɔ]/后脑罩//后脑勺儿

后脑壳子/争食潭音团//后脑窝子

颈骨、颈巴子/颈项//脖子

面杖骨/面庞骨//颧骨

眼乌珠/眼睛乌珠//眼珠子

仙人乌珠/眼仙人//瞳人

鼻涕/鼻头//鼻涕

仙人恶青焐。屎也/耳屎//耳垢

口[$_{\underline{c}}$zæ]唾水/口[$_{\underline{c}}$zæ̃]//口水

须音苏牙/胡音吴子//胡子

肩胛[$_{c}$kɑ]/肩堆//肩膀

胳落/夹肘//胳肢窝

肋棚骨/肋旁骨//肋骨

腰(眼)/腰(眼)、腰箍子/腰

胴肛音工、屁眼/胴肛音工(眼子)、屁眼//肛门

肚音度皮子/肚音度皮眼子//肚脐儿

奶奶[$nɑ^{241}_{435}nɑ^{241}_{55}$]/奶奶[$nɑ^{51}_{34}$ ·nɑ]//乳房;乳汁儿语

臂杖子/手珠 珍//肘

臂弯/手弯子//肘窝

手骱[$gɑ^{314}_{55}$]子/手脉窠//手腕子

节头、手节头/折头、手折头//指头

大节头/大拇[· m_{1}]折头//大拇指

指掐/折掐、手折掐//指甲

大髈、脚髈、大腿//大腿//大腿

脚股郎/脚股胱去声、脚股郎//小腿

麦粞包/豆沙袋子、髈音胖肚子//腿肚子

膝馒头/同海门话//膝盖

脚骱子/脚股骸//腿腕子

螺蛳骨/同海门话//踝子骨

寒毛/汗毛//寒毛、汗毛

射[dzɑ^{ɂ}]恶音焐/屙尿//屙屎

射[dzɑ^{ɂ}]尿/解[dʑiɑ^{ɂ}]尿//撒尿

射[dzɑ^{ɂ}]屁/放屁//放屁

打急 勾/偷鸡//打冷嗝儿

打花口[^{c}hie]/打花 芒//呵欠

打昏 涂/(打)呼、打呼噜//打呼噜

(发)痒、叮人/(发)痒、痒痠音线//痒

口[k'ən^{ɔ}]/口[k'ɛ̃^{ɔ}]//皮肤上积垢

身刚/身刚//身体健康状况

发热/发烧、烧人//发热、发烧

头眩、头昏/头晕、头昏//头晕、头昏

气急、口[$_{c}$hɑ̃]/气急、口夯上声//气喘

咳(嗽)/呞吼平声//咳嗽

肚皮射[dzɑ^{ɂ}]/肚子川、泻肚子//拉肚子

泻、肚里川/泻、川//泻

呕/口[^{c}uo]//呕吐

打哕[oʔ$_{ɔ}$]/吊沃//干哕

心瘕/作心瘕//恶心

心痳音曹/痳音曹人//饥饿样不适

口[gɛ^{ɂ}]酸、咽酸/饥人、口[$gɛ^{51}_{21}$]酸水//胃酸过多形成口腔内有酸气、酸水的感觉

田鸡臌/兜 耳 福//流行性腮腺炎

咳顿嗽/天呞吼平声//百日咳

出瘀子/同海门话//害麻疹

种牛痘、种花花/同海门话//种牛痘

做朝[$_{c}$tsɔ]数/锁口子//脐风

拖音他尿/同海门话//尿床

下白/传白//白带过多

下血/传血//血崩

风瘫/同海门话//中风偏瘫

羊圈病/羊儿风//癫痫

赤眼/害眼(睛)//急性结膜炎

油耳朵、棍 耳朵/害耳朵//中耳炎

冻瘃/同海门话//冻疮

门〔ᶜkuã〕皵音尺/门广去声皵音尺、开皵//皲裂

风疹瘖/风瘖//荨麻疹

猪狗臭/狐臊臭、夹臊臭//狐臭

闪腰/腰折音食//急性腰扭伤

口音脚、折音食/(同海门话)//瘸

瘸/肥音亚//手有疾而活动不便

聋聱/聋子//聋子

瘌子/同海门话//头上长黄癣的人

笃子/同海门话//咬舌儿

愣子/同海门话//结巴子

缺嘴/豁嘴//豁嘴儿

跅音脚子、折音食脚子、拐〔ᶜguɑ〕脚子/(同海门话)//瘸子

痴子/同海门话//疯子

乌子/同海门话//傻子

立 肢/膇音坠气//下肢水肿

髈牵筋/瘷音皱筋//腓肠肌痉挛

把脉/仄脉、把脉//诊脉

放干针/同海门话//扎针

收痧/拓痧//拔罐子

第五节 日常生活

棉布袄/棉顿子西部、棉袒 袄〔·ɔ〕子东部//棉袄

背褡/领褂子//背心

绒线衫、头绳衫、头绳布衫/(同海门话)//毛衣

围音余腰/腰布//一种工作围裙

肚音度兜/兜肚音度//兜肚

口〔꜀zæ〕爿/口〔꜀zæ̃〕褂子、掼掼儿//围嘴儿

绢头、手巾、小揩面布/小帨音税巾//手帕

洋针车/同海门话//缝纫机

引〔꜀ȵi〕线/针//针儿

引线/针线//针线活儿

针窠/针窠子/顶针儿

监针/夹针//发卡

环阳去/圈儿、坠子//耳环

点心/昼饭//午饭、中饭

麦粞/元麦粯〔ɣæ̃²〕子、粯子//元麦糁儿

大米粞/玉米粯子//棒子䅟儿

咸酸饭、菜饭/同海门话//菜饭“菜粥”不另立条

饭巴糍音“爬事”/锅巴//锅巴

干面/同海门话//白面

酒板/酒板音斑、酱糟酒//江米酒

油面/馓子、油馓子//馓子

绳绞/绞 绞儿//麻花儿

麦蚕/冷 蒸//嫩元麦仁儿炒熟后磨成的食物

茶干着色儿、白生茶干不着色儿/茶干着色儿、豆腐干不着色儿、黄干蘸姜黄水//豆腐干儿

坨粉、小粉/坨粉//淀粉

水粉/订粉//水磨米粉

粉甘/同海门话//凉粉

(水)索粉/索粉、水粉//粉条儿

腈音珍肉/腈音精肉//瘦肉

肚肺/同海门话//猪肺及胃

肚里欂䤵/同海门话//下水

猪舌头、赚头/同海门话//猪舌

碎肉/口〔꜀tsæ̃〕肉//切成细碎的肉

响菜/海蜇//海蜇

童子鸡/同海门话//笋鸡

鲞鱼/口音论鱼//咸鳓鱼

盐齑音鸡/咸菜//用盐腌制的蔬菜

煠音闸/煠音闸//和水煮~蛋

焯/煠、焯、烫//把蔬菜放在开水里略微一煮就拿出来:~菠菜

煎、炸/煎、煠//炸~油条

煸/煎//把鱼等放热油里炒至半熟

熯/灯音杠//用少量的油煎

口音火阴平/口音呵//馏~馒头

口音着腻/口音札腻//勾芡

破鱼/剻音迟鱼//剖鱼

房头/同海门话//卧室

前头屋/堂间//堂屋

厨下屋、灶下屋/灶下〔·ɣɑ〕屋//厨房

坑棚/茅厕音司、茅厕屋//厕所

坑/茅厕、粪池//茅坑

墙/壁//墙壁

屋檐/蒲檐//房檐儿
山头/同海门话//山墙
梁、桁料/同海门话//檩
柱楔/同海门话//柱子
柱磉石/磉窠//柱础
门宕子/门宕子//门框
户槛/同海门话//门槛儿
芦笆、笆/幛//苇笆
家当/家〔tɕyo$^{44}_{21}$〕私//家产
家 生/家音瓜伙//家具、工具、农具的统称
物事/东西//东西
样子/形同、形子//样子
困椅/凉榻、藤榻藤制、竹榻竹制//躺椅
眠席音衣/席子//凉席、草席
马桶/家音瓜生不带鋬;恭桶带鋬//马桶
斜 连、木梳/梳子//梳子
编笸音基/篦笸//篦子
(洋)碱/同海门话//肥皂
面锣、洋(锡)面锣搪瓷的/面盆、洗脸盆、洋盆搪瓷的//脸盆
揩面布/帨音税巾//毛巾
芭蕉/扇子//葵扇
扫帚/笤帚//笤帚
粪箕/同海门话//(扫地用的)畚箕
淖〔nɔ^{ɔ}〕帚、拖把/囊把、拖把//墩布
筲箕/淘萝//淘米或盛饭的竹器
菜刀、勃刀/菜刀、薄刀//菜刀
铲刀/同海门话//锅铲
镬子/锅//锅
镬匾音感/釜匾音感、锅盖//锅盖儿
㭉〔kɑ^{ɔ}〕橱/碗橱//碗橱
柴/草//柴火
匾音感头/盖头//盖儿
擿头/同海门话//塞子
铜钿/钱//钱
几钿?/几钱?//多少钱?
一块洋钿/一块钱//一块钱
还价(钿)/还价(钱)、斲〔ŋɑʔ^{ɔ}〕价//还价
欠、空阴去/欠、空阴去、该、差音叉//欠
学堂/书房、学堂//学校
孛相滚/戏法儿//玩具
鹞子/同海门话//风筝

地黄牛/地汪汪//空竹
陀螺/菱角//陀螺
摸昏蚌/摸瞎子//捉迷藏
口音伴野猫/躲黄猫儿寻//藏猫儿
小烧饭/办小人 家 家〔kɑ$^{44}_{34}$kɑ^{45}〕//过家玩儿
吃码子/捉瓦子〔ŋuo$^{51}_{21}$tsɿ$^{34}_{44}$〕//抓子儿
造房子/踢关//跳房子
挑花绷/翻帐花//织罗网
虎脸子/鬼脸儿、鬼板//面具
颠跟斗、支跟斗/翻星疙瘩//翻跟头
竖蜒蜓、竖脚子/竖蜒虹//拿顶
净冷水浴/游水、洗澡//游泳

第六节　红白大事

吃喜酒/同海门话//结婚
新小官/新相公//新郎
新娘子、新人/新娘子//新娘
媒音瞒人/红衣//媒人
做媒人/做红衣//做媒
嫁妆/嫁妆、陪头、陪嫁//嫁妆
进新房/登窠//入洞房
拖身/担身子//怀孕
避小官/病小安小安;小孩//出现妊娠反应
拖身娘子、膨阳去肚皮娘子/担身婆娘//孕妇
退生/落小安小安;小孩//小产、流产
采小官/打小安小安;小孩//打胎
采私囡/打桃生//非婚姻关系怀孕者打胎
生小官、养囡/养小安、上床//生孩子
养囡娘子/上床婆//产妇
送产母〔sæ$^{424}_{42}$$\underset{1}{n}$$^{241}_{34}$〕羹/看舍姆〔sɑ^{ɔ}·$\underset{1}{m}$〕//送礼物给产妇
小官跑脱/小安跑喇〔lɑʔ̥〕//小孩夭折
期音基过阴平/期过//(婴儿)满周岁
吃素饭/吃米饭、吃斋饭//吃丧饭
烧经、烧羹饭/烧经//祭祀亡灵
吃面、做寿/吃面、过生日//过生日
爆仗音"报杖"/炮仗音杖//爆竹
(小)鞭/小炮仗//成串的小爆竹

第七节 生产劳动

田、地皮/田/地

埂岸/田岸//田埂

疄沟/疄沟、趟子//田间排水沟

麦趟/麦趟、趟子//两行麦之间的空地

埭头/埭头、埭子//(条播的)行

棱子/棱子//畦

塍/塍子//垄

潭/潭音团//窖

花利/田禾//庄稼

小熟夏;大熟秋/(同海门话)//夏熟;秋熟

熟上~、下~/同海门话//茬上~、下~

麦场/同海门话//麦秋

忙头/忙头、忙迸//农忙季节

招範/抓範//範子

丫枪/铁叉//长柄上有叉的一种农具

箭条/折子//茓子

芦篌音废/芦篌音非//芦席

盘篮/籓篮//边框较深的大匾

口音变//大匾子/边框较浅的大匾

囤盘/小匾子//笸箩

绢筛/罗筛//绢罗

粪勺/料勺//粪勺

枷音监/连枷//连枷

挖/倒//刨〔꜀p‘au〕~山芋

坌、翻/翻//刨〔꜀p‘au〕(~土)

刨/同海门话//刨〔pau꜄〕平土面或刨去地上生长物

倒/同海门话//用锄等松土;用锄或其他农具开行

口崔上声/口崔上声//耙平松土

脱音脱/削//锄

斸音足/口音曹//割~麦

沉/同海门话//埯~蚕豆

哑〔o꜄〕壅、壮头/哑〔ŋuo꜄〕壅/壮头//肥料

哑/同海门话//给……施肥

手穿/纺车//纺车

弹肉子/抨花//弹棉花

掼篮/磕箩//鱼篓

第八节 动物 植物

将阴去声/鸟〔꜂ȵiɔ〕、鸟〔꜂tiɔ〕兽//鸟

猪(奴)/猪//猪

猫儿音泥/猫儿//猫

老鼠/老鼠、老虫、老仙人//老鼠

黄狼/黄猫儿//黄鼠狼

活狲/猴儿//猴子

偷瓜血/刺鱼//刺猬

偷油老鼠、蝙蝠/同海门话//蝙蝠

癞团、癞勾霸/癞勾霸//癞蛤蟆

匣毛焐/蛤蟆胡子//蝌蚪

老鸦/同海门话//乌鸦

鸦鹊音削/鸦鹊//喜鹊

麻将/麻雀音却子、老花雀音脚子//麻雀

谷鸪/谷鸪鸟〔꜂tiɔ〕//布谷鸟

花好稻好/同海门话//四声杜鹃

鱼鸦/鸦//鱼鹰

鲤鱼/花鱼//鲤鱼

鳊丝鲦/鳘音餐鱼//鳘鲦

黄鲢、黄鲢头/同海门话//胖头鱼

草青、青鱼/草青、草包子//草鱼

黄花郎、春鱼/黄花鱼、春鱼//小黄鱼

鲳片鱼/章丙鱼//银鲳

霉头鱼/同海门话//梅童鱼

鲚鲈鱼/同海门话//鳜鱼

鉠〔꜀ɑ̃〕苏郎/鉠鯺〔ŋɑ̃$^{44}_{21}$·sɿ〕//黄颡鱼

鰕姑鱼、鲑鲹鱼/鰕姑鱼、鰕姑子/黄鳅鱼

鳗鲡/麻鱼//鳗鱼

叫哥哥/马络蝟蝟//蝈蝈儿

作纱童子/筒管娘娘//纺织娘

突螂/斫螂//螳螂

游火虫/火游螂//萤火虫

知了音"子辽"/蜜〔tsa꜄〕蜊//知了

钥匙带/预蜘蜊//蛁蟟

口蚍音"暂即"/蝺蝺//蛐蛐儿蟋蟀

蚱蜢/得蛨音陌子//蚱蜢

触蟮/寒蛲//蚯蚓

蝗蜓/蝗虰//蜻蜓

结蛛/蟢蟢//蜘蛛

钻恶音焐虫/坌音笨屎虫//屎壳郎

蜗牛/江勾螺//蜗牛

蟑螂、灶鸭/灶鸡子//蟑螂

老白虱、老米颠/老白虱、老米蠹//虱子

扇肩/臂扇〔꜀çiĩ〕虫、鸟、翅乖家禽//翅膀

藟音类麦/元麦//元麦

寒豆/同海门话//蚕豆

小寒/小豆//豌豆

大米/玉青预米//玉米

白米/晚米//粳米

粟穄/粟穄、穄子//粟

黄穄/同海门话//黍子

刀豆/同海门话//四季豆

洋扁豆/同海门话//白扁豆

肉子/皮花、净音循花//皮棉

芦穄/芦穄阴平//芦粟

番芋/同海门话//白薯、红薯

洋番芋/同海门话//土豆儿

萝卜/劳婆、辣〔laʔ²〕劳婆//萝卜

红萝卜/荷劳婆//胡萝卜

黄芽菜/黄洋菜//大白菜

草头/黄花菜//金花菜

针金、金针/金青准针//黄花菜

空心菜/空心菜、蕹菜//蕹菜

蟛蜞头草/蟛蜞草//鸡儿肠上海称马兰头

西西/荠荠菜//荠菜

斑椒/同海门话//辣椒

番瓜/南瓜//南瓜

菜瓜/香瓜//甜瓜

生瓜/生角瓜//菜瓜

葫络/葫芦//葫芦

地栗/荸荠音"勃衣"//荸荠

果子北方产；白蒲枣本地产/果子、枣儿；蒲枣本地产//枣子

孛萄/(水)葡萄//葡萄

蒲桃/核桃//核桃

桑颠/桑果//桑葚儿

白果树、灵眼树/同海门话//银杏树

朴树/朴树、鸦鹊果子树//乌桕

香蕲/艾、蕲艾//艾家艾

猪钻草/马齿苋读"骂死喊"//马齿苋

水山药/蒲公娘娘//蒲公英

牛甜菜、官司草/官司草//车前草

小尖头/同海门话//刺儿菜

夜来香/懒婆娘娘//紫茉莉

蕰草/葳草//水藻特指蕰草

荷薸草/浮萍草//浮萍

青塌皮/青苔音胎皮//苔

芦柴/芦头//苇子

乌苡音秋/苡音秋柴//束尾草

江芦/江芦头//芦竹

花心/同海门话//花蕊

花蕊音议头/蕊、花蕊//花骨朵

榾音活子/榾〔uəʔ₂〕子//核儿

麸皮/麸子//麸子

穟音色头/穗头//穗儿

第九节　动作行为

勒、勒勒/徕、徕到//在

呒〔꜀ɦn̩〕、呒得/没有；冇〔꜀mɑ〕有；冇//没有无

看、望〔mɑ̃²〕、斋/看、望音梦、相去声//看、瞧

斋/望、看//探望

嗅烘去声、闻/闻//(用鼻子)闻

吃烟；吃茶；吃酒/(同海门话)//吸烟；喝茶；喝酒

触祭/口音肿(饭)、泻(饭)//吃贬斥语

呷音瞎/喝//喝

话/说//说

话说话/说话//说话

讲〔gɑ̃²〕神/说谈〔dæ̃ ³¹₂₁〕话//说话；聊天

踏/踩、踏、口音兆//踩、踏

匍阳去/蹲音神//蹲

徛〔gei²〕/立//站、立

躺/躺、困//躺、仰卧

合扑/伏//趴

困/同海门话//睡

觉/觉音告//(睡)醒

拨/口音瞎//给

□〔꜀nɔ〕、□〔꜀næ〕、担/拿〔꜁nɑ〕//拿

掇音得/端//端~凳子

抬碗/端碗//端碗

掮/同海门话//扛〔꜀kɑŋ〕、举

拎、捏〔꜀li〕、提/(同海门话)//提(物)

挼音奴/揉音牛//揉

捂/揞//捂

□音渊/折//折叠

𪟝音感/盖//盖

㠇/㠇、宙//叠(放)

㠇/置//垛

拾〔ʑiəʔ꜃〕/拈、□〔꜂ȵim〕//捡、拾

□音墙/□音虎//撒

倾、倒、□音滑/倒、□音滑//倾、倒

囥/囥、掉//藏

掼/掼、□音桩//摔

掼、䢺音笃、甩〔huæ꜄〕/掼、䢺音笃、甩〔xuæ̃꜄〕、撂音料//扔

甩〔huæ꜄〕/甩〔xuæ̃꜄〕//摆动

□〔꜁dɑ〕/□〔꜁dɑ〕、捅//挪动;挪借;改变(日期)

借、掇音得/借、掇音笃//借(钱)

掐、压/掐、压、镇阴平//压

搀、推/搀、推、□〔꜁gɛ̃〕//推

绞/绞、拧//拧

□音伴/躲//躲

搿〔gəʔ꜃〕/夹//夹夹在胳膊底下

系音计/撤//系~鞋带

牵/撤//拴

净〔ʑin꜄〕/洗//洗

汏过/汏〔da꜄〕//将初洗过的衣服再放清水中漂洗

乌/时//陷

蹲音灯/蹲音灯、张//呆、留

喊、孩/喊、孩、□〔꜁gɑ̃〕//喊、唤

爽/歇//歇

孛相/戏//玩儿

打相打/打架//打架

骂相骂/甩〔xuæ̃꜄〕嘴//骂架

回转/打转、归家音瓜//回家

转来/归来//回来"回去"不另立条

第十节 形容性状

怺音秋/丑//坏、不好

颣音蠢/丑//丑不美

标致/齐音徐整//美

崭〔꜂tsæ̃〕/好//棒、好

□□〔꜀ɕiɑ ꜀tsɑ〕/□□〔ɕiɑ$^{44}_{21}$·tsɑ〕、灵番//聪明

乌/乌//傻

清爽、干净青银/清爽〔·sɑ̃〕、干净、灵番//清洁、干净

清水/同海门话//(衣服)干净

恶心、脏/脏//脏

稀/朗//稀

薄/同海门话//不稠

薄/薄、溔音消//薄

稠〔꜂mɑ̃〕/同海门话//密

厚/同海门话//稠、厚

慢/慢、□〔꜀xæ̃〕//慢

差/错//错

□音强/便宜〔꜁biɪ·y〕、□〔꜁dʑiɑ̃〕、公道//便宜

交关/同海门话//很多

行音航情行市/同海门话//许许多多

促掐/同海门话//促狭

横扯〔ɦuɑ̃꜄tsʻɑ꜄〕/横音旺扯//马虎

黄落/同海门话//中途变卦

尴尬/黄落、尴尬//进退两难

搭浆、支跷/支跷//发生意外麻烦使事情难办

疙瘩/同海门话//事情复杂、麻烦难办

闹热/同海门话//热闹

来事/同海门话//行;能干;出色

推扳/摊扳//差

瀴音印、凉/同海门话、凉//凉

味道/同海门话//气味难闻

好孛相/好戏子//好玩儿;有趣

一般/一般、中常、太武道//一般

黗音出黑/同海门话//黑乎乎、黑黗黗

一眼眼、一咪咪、一滴滴/一眼眼、一咪咪、一点点、(一)吊儿//一点儿

第十一节 人称 指代

吾〔ᶜɦŋ̍ᵐ〕单数；吾俚复数/我〔ᶜŋɣ〕单数；我俚〔·le；·li〕复数//我；我们

尔〔ᶜɦn̩〕单数；尔特、尔俚复数/你〔ᶜȵi〕；你俚(个)//你；你们

伊、其〔꜀ɡi〕单数；伊特、其特、伊俚、其俚复数/他；他俚(个)//他(她；它)；他们

自家/自家〔꜀kɑ〕//自个儿、自己

大家/大家、大戈、总个个//大家

别音勃人、人家/别人、别点人、旁(点)人、人家//别人

基〔꜀ki〕、葛海门话//这；那

进基近指；杠基远指/格近指；骨远指/这；那

基子海门话/格兴近指；骨兴远指//这些；那些

进奥、进(葛)墩、(进)即墩、进基〔꜀ki〕里/格歹、格谈、格对过、格对块、(格)淡〔dæ̃$^{31}_{34}$〕口、(格)淡〔dæ̃$^{31}_{34}$〕块、耗〔xɔ꜄〕头(动词后读)〔·ɣɔ·de〕、淡〔·dæ〕动词后、盖介词“朝”之后//这儿

杠奥、杠葛墩、港基〔꜀ki〕里/骨歹、骨淡、骨对过、骨对块、(骨)淡口、骨淡块、化头(动词后读〔·ɣuo·de〕)、怪〔kuɛ꜄〕介词“朝”之后//那儿

进葛肩、进葛面近指；港葛肩、港葛面远指/格间、格面近指；骨间、骨面远指//这边；那边

进葛样(物事)近指；港葛样(物事)远指/格样(东西)；骨样(东西)//这样(东西)；那样(东西)

进基样子近指；港基样子远指/盖点、格样子近指；怪点、骨样子远指//这样；那样

进基样个近指；港基样个远指/盖样(子)个；怪样(子)个//这样的；那样的

实其〔꜀ɡi；꜀dʑi〕、实伊近指；远指/盖(仔)、盖该(仔)、盖改(仔)近指；怪(仔)、怪乖(仔)、怪拐(仔)远指//这样；那样

实其/盖改(仔)、盖该(仔)近指；怪拐(仔)、怪乖远指//这么着、那么着

恁音能/盖(该)近指；怪(乖)远指//这么，那么修饰形容词

恁多/盖(许)多、格许多近指；怪(许)多、骨许多远指//这么多；那么多

恁多(一)眼、进基(一)眼(眼)/格(一)(眼)眼、格(一)(点)点、格点儿//这么点儿

进葛歇/盖噌〔·tsæ̃〕晏〔·ŋæ̃；ŋæ̃꜄〕盖噌日〔·ȵiɪ̃；ȵiɪ̃꜄〕//这会儿

葛歇海门话//这会儿；那会儿

葛歇辰光/格(歇)辰光//这时候；那时候

啦阳上/啦阴上//哪

啦基个/啦一个、啦里格个//哪一个

啦基子/啦一兴、啦里格兴//哪些

啦几个/啦(里)几个//哪几个

啦里、啦(里)葛墩、啦墩央里/啦里、啦里(格)对过、啦里格歹、啦里格淡块//哪儿

何哈去声/底爹去声、底子//什么独用

何/点//什么作定语：~人、~东西

何事体/点事(体)//什么事

何辰光/点辰光、多噌晏、多噌日〔·ȵiɪ̃；ȵiɪ̃꜄〕//多会儿

做何〔uɑ꜄〕/做底//干什么

吪何/不怎盖、不怎爱//还可以、还算好

何人/点人、啦个//谁

几时/几时、噌晏、噌日〔·ȵiɪ̃；ȵiɪ̃꜄〕//哪会儿

多奥/多少//多少

口〔꜀tɑ〕海门话//这么些、这么多~钱

第十二节 数 量

廿/二十//二十

一破/同海门话//一遍

困一寣音忽/困一寣//睡一觉

一趟/一趟、一回、一埭//一次、一回

一埭/同海门话//一行；一排~平房

一滴水/一滰水//一滴水

一沰音笃痰/一沰痰//一小摊痰

一皮砖/同海门话//一层砖

一肖〔sɔ꜄〕/同海门话//十二岁为“一肖”

一辈/一贝//一个辈分

一期音基过/一期过//一周岁

一复时/同海门话//一昼夜

一熟/同海门话//一茬收获

一剂音即药、一帖药/(同海门话)//一服药

一批音皮；或读披(人、货)/(同海门话)//一批

第十三节 方 位

里、里厢/里〔·le;·li;·ȵiɪ〕//里、内、中;里面

外;外头/同海门话//外;外面

浪;浪厢/里〔·le;·li;·ȵiɪ〕一般用;上头特殊场合用//上;上面

下;下头/同海门话//下;下面

底下/肚音度里〔·le;·li;·ȵiɪ〕底下//底下桌、床等底下

肚音度里/同海门话//(器物)里面

上头/同海门话//上方

四交〔꜀kɔ〕圈/跟转//四周

拈肩/靠旁边//挨近边上

近旁边/同海门话//附近

别音勃啦里/别啦里、旁点落捞阴平里、别处//别处

四拉里/大里、漫音完到(八)处//到处

东界/东班//东面其他方位、不另立条

第十四节 虚 词

蛮阴平/同海门话//很;相当

交关/同海门话//非常

忒/忒、过于、过分//太

弗/不//不

弗要、奥(要)/不要、覅〔piɔ꜄〕//别、甭

𫠣音分、𫠣宁/𫠣音闻、恒//未曾

好上声/好去声//可以

就音愁/候//就

再、口〔ε꜄〕/同海门话//再

常、仍贯/口〔ε꜄〕、口〔uε꜄〕、常、常规//仍

口音雨/又//又

侪〔꜁zε〕、托、孩/侪音才、唑坐阳平、侪光、唑光//都

通通/通通、兜兜、全音前科//统统

尽顾、尽管/尽音准光、尽音准数、尽音准顾、只顾、只讲音港、只是、都光//只顾

尽管/尽光、只顾、只讲、只是//尽管

常时、常帐/一佳、一经、一了、常总、常时、时常//经常

一利、一直/一利、一径、一落里、一直、一了、对直//一向、一直

一直、对直/同海门话//一直~走

逐点/同海门话//逐渐

触话、作兴(得)/竟可以、作兴(得)//也许、或许、可能

恐怕、只怕、未防、常怕/恐怕、只怕、出怕//表示担心出现不利情况的语气

迭为/同海门话//特地

有阴平心、迭认/定处阴平、迭成//故意

口〔zo꜅〕愿〔꜁ȵie〕、口〔zo꜅〕尽〔꜂tɕin〕/认苦//宁可、认愿

眼眼〔꜀ŋæ ꜀ŋæ〕(头)/眼眼〔ŋæ̃꜅꜀ŋæ̃〕//刚才

眼眼、恰恰/眼眼、见眼〔꜀ŋæ̃〕、当当//恰好、刚好

齐巧、正好/凑巧、正好//刚巧、恰巧

硬劲/硬争争//硬是

连牵、连忙//连三(点)、连数(点)、连忙(点)、急忙//连忙

各落、故所以/来往//所以

摆到、若〔zε꜅〕话、若〔zε꜅〕是/摆到、在时//如果

弗坚/不坚、不开、不盖、不是盖//不然、否则

弗问/不问//不管、无论

就音愁是/候是//即使

再话/同海门话//况且

听仔/同海门话//等等

打/走//从、由、自

(好好)叫/同海门话//(好好)地

脱、脱仔/和阳云//和、与、同、跟

忒/登、帮//替

拿〔꜀nɔ〕、拿〔꜀næ〕、担平声/拿//把、将

拨/口音瞎//被

比/边//比

接葛连牵/连呵呵、接二连头//接连

横竖/横音黄(下同)归、横纵、横竖横//反正

吉吉活、推扳一眼眼/削花儿西部、八消儿东部、摊扳一眼眼//险些儿

难扳/同海门话//难得

稍微音围、聊些/稍微音围、聊微、稍多//稍微

偏偏//单单//偏偏

必过/(只)不过、不课以//不过

一淘/同海门话//一起

总共、一塌刮子/共总、总共、斗上声共、一塌刮子//一共

拢总弗/拢总不//从不

拢总、总共不过/拢总(不过)、空去声眼阴平//一共才

差(生)弗多/差(而)不多//差不多

凑手、趁手/同海门话//随手

单独/一独〔·dɤ〕自//独自

一下〔hɑᵓ〕子/一下音号子、一趸当、一错头//一下子

怪勿得/怪不得、怪说得//怪不得

凑好为主/凑好//表示或然性

好得/好得、亏得、苦得//幸亏

寒 度/凑合//将就

出 响头里/冷起莽浪//忽然

出骨子/实骨子、实底子、内骨子、内底子//其实、实际上

大约(乎)、大约(摸)酌/(大)约摸、大约酌、(大)约模酌、(大)约模数、大约(数)//大约

胎生、口〔꜀t‘ã〕/太生、天生、生来//本来;确实、的确

只有/只有、独乎//只有

豪�音爆/豪悛//赶快

笃悠悠/笃悠悠、笃笃悠、笃悄悄//不紧不忙

好像、像煞/好像//好像、仿佛

第三章　语法举要

1. 海门话有带前缀“阿”的亲属称谓:阿哥、阿姊、阿嫂、阿伯大伯子、阿叔阿叔子、阿婶丈夫之弟媳等。

四甲话亲属称谓或人名均不用前缀“阿”。

2. 海门话儿尾字很少,常用的如“猫儿〔꜀mɔ꜀ȵi〕”、“记儿〔tɕiᵓȵiᵓ〕”等(以下标音都为实读音)

四甲话有较多的“儿”尾字,如:猫儿、筷儿、包儿包子、蚕儿、弯弯儿弯儿、角角儿角儿、方方儿、圆圆儿等。这些词多数来源于南通方言,也有一部分为四甲方言独有。人的名字(乳名)也习惯带有“儿”字,如:松儿、星儿、玲儿,等等,这显然也是受南通人取名习惯的影响。

3. 海门话指代词“基〔꜀ki〕”或“葛〔kəʔ꜀〕”既可近指,也可远指:

基是吾个,基是伊个这是我的,那是他的。

只有在需要强调近指或远指时,才使用“讲〔ʽtɕiã〕基个”(这儿)和“港基个”(那儿)来区分。

其他代词也有类似情况(参看《分类词汇》部分)。

4. 陈述句末语气助词海门话作“特〔·dəʔ〕”,四甲话作“噪〔·tsɔ〕”:

好特,奥话特!/好噪,覅说噪好了,别说了!

落雨特。/落雨噪下雨了!

5. 表示动作已完成的动态助词,两种方言都用助词“勒〔·ləʔ〕”或“仔〔·tsɿ〕”:

吃勒或“吃仔”两碗饭吃了两碗饭。

温度低勒或“低仔”两度温度低了两度。

下勒或“下仔”班去下了班去。

海门话还可用“特”〔·dəʔ〕。

6. 海门话和四甲话的助词“勒”和“仔”还可以放在动词之后表示后一动词的动作的方式等:坐勒吃(坐仔吃)坐着吃。海门话还用“特”,如“坐特吃”。

7. 用于定语与中心词之间的结构助词,海门话一般作“个〔·go〕”,四甲话也作“个〔·kɤ〕”:

吾个〔·goʔ〕书/我个〔·kɤ〕书我的书。

红个〔·goʔ〕花/红个〔·kɤ〕花。

8. 海门话和四甲话的助词“勒”还可用在动词后面,连接表示结果或程度的补语(相当于普通话的“得”):写勒交关好写得非常好。四甲话也可用“得”代替“勒”,海门话用助词“特”代替“勒”。

9. 处置句中的介词用“拿”:

吾拿饭吃脱特/我拿饭吃喇〔·lɑʔ〕噪我把饭吃掉了。海门话的“拿”读〔꜀nɔ〕。

10. 被动句中表示被动意义的介词海门话用“拨”,四甲话用“口〔xɑʔ〕”:

饭拨伊吃脱特/饭口他吃喇噪饭被他吃掉了

普通话介词“被”之后不一定引出主动者(施事者),如普通话可以说“茶杯被打破了”,但海门话不能说“茶杯拨打破脱特”,而只能说“茶杯打破脱特”

或“茶杯拨我打破脱特”；四甲话也同样不能说“茶杯囗打坏喇噪”，而只能说“茶杯打破脱噪”或“茶杯泼我打破脱特”。

11. 动词表示给予意义（给、还、送、寄、借、赔、奖、赏）的双宾语句，可以指物宾语在前，指人宾词在后，也可以指人宾语在前，指物宾语在后：

送本书伊/送本书他送他一本书。

送伊一本书/送他一本书。

12. 可能补语的否定形式的代词宾语可以放在句末（如普通话），也可以放在动词和补语中间：

吾打勿过伊/我打不过他。

吾打伊勿过/我打他不过。

13. 副词“快”的位置一般置于动词（或动词结构）、形容词（或形容词结构）之后：

水开快特/水开快噪水快开了。

天黑快特/天黑快噪天快黑了。

要落雨快特/要落雨快噪快下雨了。

14. 海门话指示代词“基〔꜀ki〕”后的判断动词“是”，若后边的表语带有代词定语，则往往可省略：

基吾阿哥这是我哥。

基何〔hɑᵓ〕物事这是什么？

基何〔hɑᵓ〕人这是谁？

四甲话可以说“格个点东西这是什么？”也可以说“格个啦个这是谁？”但很少说“格个我哥哥这是我哥哥”。

第四章　谚语　歇后语　新词语

第一节　谚　　语

一、气象谚语

日出遇风云，呒雨天必阴。

火烧薄暮天傍晚天晴热，来日定好天。

日落半天红，呒雨就是风。

日落云里走，雨落半夜后。

日暮黑云接，明朝风雨急。

乌云接日头，半夜雨稠稠。

日头乌云托，明朝晒开乌龟壳。

日头叉天，雨勒在夜前；日头生脚，弗消半夜下雨。

月色胭脂红，非雨即是风。

初三夜来弗见月，阴阴雨雨半个月。

日枷日晕风，夜枷月晕雨。

明星照烂地，天亮落勿及。

今夜星密，明朝天热。

正月初八满天星，月半夜来张红灯。

东鲎虹日头西鲎雨。

朝霞弗出门有雨，夜霞行千里次日天晴。

一落一个泡，明朝干脚跑；一落一个钉，三天三夜落勿停。

初一落雨初二晴，初三落雨半月阴。

上看初三，下看十六初三、十六天晴则半月内多晴，反之，若天阴或雨，则半月内多阴雨天。

小暑一声雷，黄梅依旧归，倒转黄梅十八天。

雨打黄梅头，四十五天呒日头；雨打黄梅脚，四十五天赤碱碱。

雨前麻花下牛毛雨难得雨，雨后麻花难得晴。

落得早早晨下雨，弗湿草雨不大。

春霜弗隔宿即下雨，连霜晒破屋天晴。

雪上加霜连夜雨。

三朝迷露雾发西风。

午后云遮天，连夜雨绵绵。

今朝火烧云，明朝晒煞人。

乌头云风，白头云雨。

朝有乌云盖，呒雨也风来。

日出红云升，劝君莫出门有雨。

日没起红云，风雨霎时停。

朝怕南云涨，夜怕北云推会下雨。

朝看天顶穿上空见青天无雨，暮看四脚空天边空旷无雨。

朝雾起得早，今朝天气好；就怕雾弗收，呒风雨湫湫。

小暑东南风，四十五天有凉风。

东北风，雨太公下雨；西南风，干松松。

六月北风当天雨。

六月里三个阵雷雨，白米吃来剩水稻丰收。

八月南风两天半，九月南风当夜雨，十月南风跑勿及。

西风夜静傍晚风停腰里硬午后风大。

早省刮风一只一天，夜省七，黄昏头风省一歇歇一会儿。

春夏西北风，夜来雨蓬松；秋冬西北风，天色喜融融。

春夏东南风，弗必问老农一定有雨，不必向老人打听天气；秋冬东南风，雨落惯常逢。

东闪闪电西闪，晒煞泥鳅黄鳝。

南闪火门开炎热无雨，北闪雨来来。

东南阵，落雨弗满寸；西南阵，经过落三寸。

八月田鸡青蛙叫，耕田犁头跳干旱。

鸡嘎长声鸣叫风，鸭嘎雨。

黄昏头知了叫，明朝热勒吱吱叫。

九月廿七催懒妇缝制棉衣，十月呒风躲勿过必须穿寒衣。

十月中，梳头吃饭当一工日短。

二、季节谚语

九数九里暖，春里寒。

两春夹一冬，呒被暖烘烘。

立春阴，春阴四十天。

陈年里交春，小癞团蛤蟆翻身。

三月三着蓑衣，三十五天冷稀稀。

春天小官小孩面，一天三变脸气候变化大。

春冷死老牛，冬冷死老头。

清明弗脱絮，到老呒志气。

清明难得明，谷雨难得雨。

清明断雪，谷雨断霜。

小满三朝枷头响。

六月弗热，五谷弗结果。

《夏至数九歌》：头九、二九，扇子弗离手；三九廿七，冷水甜似蜜；四九三十六，出汗如淋浴；五九四十五，炎秋似老虎；六九五十四，乘凉弗入寺；七九六十三，床上添被单；八九七十二，夜眠加夹被；九九八十一，开柜备棉衣；九九加一九，已经过中秋。

《冬至数九歌（一）》：头九、二九，强汉弗出手；三九二十七，梧桐树冻勒笔直；四九中心腊，河里冻煞老绵鸭；五九腊中心，冻断鼻梁筋；六九五十四，泥里出芦刺；七九六十三，布袄两头担；八九七十二，猫狗躺荫地；九九八十一，飞虫蚂蚁一齐出。

《冬至数九歌（二）》：头九、二九弗出手；三九、四九冰上走；五九、六九，河边看柳；七九、八九燕子来；九九加一九，耕牛遍地走。

三、农事谚语

霜降种麦，寒露插锹埯蚕豆。

闰年弗种十月麦。

搲泥种豆，凿石头种麦预兆好收成。

十年晏迟种麦难得一年好，十年早稻难得一年怵差。

白露看花（棉花）秋秋分看稻白露棉花收成基本定局，秋分时水稻收成基本定局。

冻断麦根，挑断担绳预示麦子丰收。

三月清明弗见麦不抽穗，二月清明一浪白抽穗。

三月沟底白干旱，青草变成麦。

麦秀风来摆，稻秀雨来淋。

麦秀砖阶地麦子抽穗宜干。

六月里锈钉棉苗瘦小，七月里乌云一片绿油油。

玉米红绒十八天可以吃青，元麦见秀四十天成熟。

大暑开黄花，四十五天拾棉花。

油菜收花一团祸农忙，茄树收花朝南坐农闲。

取脱芥菜一团祸，拔脱茄树朝南坐。

朝瓜夜菜昼茄树浇水时间不同。

要得萝卜大，勿把六月过及早下种。

暴灰、宿粪、陈生泥指肥效。

四、生活谚语

弗听老人言，一世苦黄连。

做一趟乌猫傻瓜学一趟乖。

日里弗做亏心事，半夜弗怕鬼敲门。

坐得正，立得稳，弗怕和尚尼姑合板凳。

客人弗断行家路一作“杭州路”，丫头弗断娘家路。

船到桥，直苗苗；船到岸，弗要乱。

南京跑到北京，只要嘴巴弗停。

舌头打个滚，叫人弗蚀本。

人是铁，饭是钢，一天不吃饿得慌。

吃勿穷，着勿穷，不会算计一世穷。

爷有娘有，弗如自有。

金窠、银窠，弗如自家狗窠。

金角落，银角落，弗如自家穷角落。

邻舍好，赛金宝。

远亲弗如近邻。

打勿断亲，骂勿断邻。
三代勿念书，赛过一圈猪。
一口吃勿脱一个饼，一锹挖勿成一口井。
好记性，弗如懒笔头。
棒头浪上出孝子，筷头浪出逆子。
让人三分弗吃亏。
雨落弗要趸高墩，穷人弗要攀高亲。
小洞弗补，大洞吃苦。
小菜吃点鲜头，听话听点音头。
打蛇打勒七寸浪。
好男弗吃分来饭，好女弗着嫁来衣。
吃仔酒，软仔口。
拿仔人家手短，吃仔人家嘴软。
千铀要用，一铀要寻。
三好搭一好，三坏搭一坏。
三十六行，种田上行。
大河里水满井水满。
磨刀勿挡工，白落弗得轻松松。
货比三家勿吃亏。
勿怕货比货，就怕勿识货。
锅头饭好吃，过头话难说。
舌头底下压煞人人言可畏。
一锹勿通，万丈无功。
当家才知柴米贵，养儿才知父母恩。
若要真了解真情，问小人小孩不会说谎。
贪便宜草，烧夹底锅。
八十八，不能说法夸口（四甲话）。
三岁定八十性格脾气不易改变。
坐吃三餐海也干。
牙痛勿是病，痛煞呒人问。
人末衣装，佛末金装。
吃是真功，着穿衣是威风，嫖末伤身，赌是落空。
穷灶口，富水缸保障安全。
冷么冷点风，穷么穷点铜。
上梁勿正，下梁歪。
清官难断家务事。
稻多碓得出米，人多对得出理。
火烧一半，海坍精光。
脚对风，请郎中；头对风，暖烘烘。

五、家教谚语

勤能致富，俭能发家。
娇子不能立业，娇妻不能兴家。
教子教孙须教艺，栽桑栽榆少栽花。
教子不严父母过，教儿不改儿之错。
积钱不如教子，闲坐不如看书。
十年之前父爱子，十年之后子敬父。
莫把真心空计较，儿孙自有儿孙福。
植树靠培育，养儿靠教育。
教子从小起，治家勤俭始。
好儿不享祖业福，好女不穿嫁时衣。
棒头出孝子，溺爱多败儿。
国有国法，家有家教。
栽秧要趁早，教儿要趁小。
桑要从小育，人要从小教。
成家子粪如宝，败家子钱如草。
积谷备荒，养儿防老。
先甜后苦不算甜，先苦后甜不算苦。
自己立志气，父母养育身。
要知父母恩，怀里抱儿孙。
子不嫌母丑，狗不嫌家贫。
兄弟同心家必兴，妯娌和睦孝双亲。
养儿方知娘辛苦，养女方知谢娘恩。
生前不把父母敬，死后何必哭灵魂。
跟着好人学好人，跟着狐狸学妖精。
国多勇士根基固，家有英雄世代荣。

第二节 歇后语

年初一吃酒板——头糟（遭）。
床底下放鹞子风筝——勿得高。
石头上掼乌龟——硬碰硬。
三只节头手指捏田螺——稳揪。
两个半爆仗——五响（你响）“五响”、“你想”同音。
猫儿弗吃蟹——摆勒在葛墩这儿看。
额角头浪搁扁担——头挑。
弄堂里拔木头——直来直去。
茶壶里装馄饨——有货拿勿出。
脱裤子放屁——多此一举。
老鼠衔薄刀菜刀——寻死。
冬瓜藤串勒茄树田里——瞎缠。
挂化子乞丐走夜路——假着忙。
臂膊上跑马——硬得起。

乌鹌教八哥——越教越乌傻。
蜻蜓吃尾巴——自吃自。
癞勾霸癞蛤蟆垫台脚——硬撑。
两个哑子一头困——相对无言。
烂脚人挑粪——两臭(凑)。
月亮里挂灯——空挂明(名)。
饭镬上炖蛋——现捞。
蚊子叮菩萨——认错人。
青菜烧豆腐——一青清二白。
老鼠钻勒在风箱里——两头受气。
鼻头浪挂鲞鱼鳓鱼——嗅鲞(休想)。
蛸蜞爬勒芥菜上——搛芥(尴尬)。
瞎子买扁担——寻馘疤找岔儿。
弯扁担打蛇——两头弗着实。
帽子呒得边——顶好。
外甥提灯笼——照旧(舅)。
竹篮子拎水——一场空。
干面棒吹火——一窍不通。
猪圈里黄牛——独大。
空棺材出葬——木(目)中无人。
呒毛鸡相打——口口啄肉。
隔沟看磅秤——依稀约酌。
飞机上吊蟹——悬空八只脚。
船头浪跑马——走投无路。
海滩头开店——外行。
羊头钻勒篱笆里——越投越紧
泥菩萨过河——自身难保
和尚头浪上老米点跳蚤——明摆。
臂巴浪跑马——硬得起。
石头浪甩乌龟——硬碰硬。
癞狗巴垫台脚——极涨。
和尚撑洋伞——无法无天。
芝麻里黄豆——独大。
瞎子提灯笼——白费烛。
小葱拌豆腐——清清白白。

第三节　新 词 语

解放后,特别是改革开放后,出现了大量的新词语,内容涉及政治、经济、文化、社会等各个方面,这些新词语加快了人们对新事物、新现象的感悟和认知,也促进了人际交流、经济发展和社会进步。这里辑录海门人常用的部分新词语,作为地方语言的补充。以笔画为序。

二手房——别人用过后转卖的商品房。也指有人以投资为目的,购房后再转手出卖的商品房。

二手货——别人用过后转卖的商品。

二奶——已婚男子非法与别的女人同居,这些女子称为“二奶”。

入围——经过筛选、选拔,进入某一范围。

三陪——陪吃、陪喝、陪跳舞。

上面——上级领导、上级单位。

上路——办事讲义气、诚信、大方、明白、悟性高。

上山下乡——城镇知识青年去农村插队劳动。

下岗——从工作岗位上退下来。

下海——从国家或集体单位离职经商办企业。

大路货——指普通的、一般的货物。

大团结——指面值10元的人民币。

大款——钱很多,指富有的人。傍大款,靠拢有钱人。

大棚——农田里筑起钢架上盖薄模,棚内种反季节蔬菜,提高农业生产效率。

小儿科——比喻某人干不成事,不成气候。也喻某事简单,不值得重视。

小灵通——无线市内电话。

中介机构——促成婚姻、购房、租房、职业介绍等的中间机构。

双休日——实行每周五天工作制,周六、周日连续两天休息为“双休日”。

巴士——大中型客车。

开小灶——原指集体伙食中,给个别人高标准待遇。现多指给某人较为特殊的待遇。

开洋荤——指第一次出国或第一次接触、购买洋货。

手机——移动电话或称无绳电话。20世纪90年代称为“大哥大”。

毛毛雨——这里指小意思、微不足道。

毛估估——初步的、粗略的估计或者估算。

包装——把货物打捆成包或装入箱子。包装商品,起到装潢美化外表的作用。现多指打扮、美化人物或事物,使其更具吸引力和商业价值。

外来妹——外省市来打工的女青年。

打工仔——外出干活挣钱的男青年。

打工妹——外出干活挣钱的女青年。

打的——乘出租车。

白领——从事管理工作，薪酬较高的职员，中层干部。

充电——原指给电池补充电能。现指通过各种学习，补充知识和技能。

军嫂——现役军人的妻子。

冲头——过于老实、容易上当受骗的人。

有数——知道，相互示好，心照不宣。

灰领——基层技术人员，介于白领与蓝领之间。

红牌——体育术语。裁判员向严重犯规的运动员、教练员出示红牌，令其退出赛场。现指严重犯规者或未达到要求者，暂停其参加活动的资格。

网友——互联网上认识、交往的朋友。

网吧——经营网络业务的场所。

网站——政府机关、单位团体或个人利用电脑网络建立信息联系的互联网交流站点。

网购——通过在互联网上购物。

老三届——1966 年、1967 年、1968 年全日制的初高中毕业生。

老法师——精通某项规矩的人，对本行比较专业，有较深研究的人。

护工——在医院里受雇担任病人生活护理的人员。

花心——爱情不专一的人。

进贡——原指封建社会臣民向君主呈献礼品。现指为达到某种目的而送礼。

连档——两人或多人合伙设骗局，又称连档模子。

夜排档——城镇夜间街头的饮食摊。

拎得清——为人处世颇得要领，善于领会他人未明说的意思。

枪手——原指射击手。现指代替别人参加考试或撰写论文并获取报酬的人。

炒鱿鱼——原为一种菜肴名。现指被解雇、辞退。

的哥——开出租车的男士，女性称“的妹”。

空姐——航空服务的女子。

修地球——种田、干农活。

品牌——知名度较高的商品牌子。

差头——出租汽车。

拾着皮夹子——得到意外的财物或得到自己想不到的名誉地位。

钟点工——以时间计算工作报酬的劳务工。

埋单——又称买单，消费后结账付款。

粉丝——崇拜、吹捧某个人。

套牢——股市术语。投资者所购股票的价格不涨反跌，使资金在较长时间内被占用。引申为陷入某事，时间、精力和财物被占用，以致影响其他工作和生活。

宰一刀——故意抬高价格，或短斤缺两，以次充好，使消费者吃亏。

破费——用钱消费，也指给人送钱物。

通路子——开后门，打通关系。

铁饭碗——工作岗位稳定，没有失业的危险。

掼浪头——夸口说大话，讲排场。

野路子——行事不正规，不符合规矩。

隐私——个人的秘密。

黄牌——体育术语。裁判员向严重犯规的运动员、教练员出示黄牌，警告。现借用为警示性语言。

割肉——指股票交易中的赔本卖出。与人交往中花钱买平安的，也称“割肉”，又称“放血”。

搭得够——够朋友，关系好，事情做得成。反之为搭勿够。

智商——人的聪明程度。

越位——足球术语。现指超越极限行事。

搞定——把事情办妥、办好。

摆平——把各方面的关系处理好。也指送礼、送钱给有权人或操办人，以达到某种目的。

歌星——出类拔萃的歌唱演员，引申为影星、球星等。

蓝领——以体力劳动为主的工人、职员。

解套——股市术语。以高于原价卖出兑现，解除资金被占用的困境。

跳槽——自行改变岗位或工作单位。

影迷——对电影特别嗜好者，引申为球迷、戏迷、歌迷、棋迷等。

踢皮球——体育术语。指办事互相推诿。

擦边球——体育术语。比喻在规则界限边缘而不违反规则的事。

豁边——办事超越原先计划或设想。

第三十五篇

人　物

海门人杰地灵，英才辈出，千余年来，涌现出数以万计的出类拔萃人才。他们在为民族解放、祖国安全、国家富强、人民幸福的革命和建设事业中，英勇奋斗，奉献青春热血，发挥聪明才智，作出不懈努力，取得不平凡业绩，在群众中广为传颂。

海门市志择选其中已故的194人载入传略；也把少数祸害老百姓的历史罪人列入其中，以戒后人。对土地革命战争后牺牲的革命先烈，择有代表性的38名烈士立传略；237名海门籍乡、连职以上烈士，在海门牺牲的43名客籍烈士，设表记入；1528名乡、连职以下烈士，按区、镇、乡、场编入英名录。

新中国成立至今，获省部军级以上机关表彰的665人次先进模范人物，列入全国（含部级）和省级表彰两表，以表彰时序先后排列。将海门籍（含祖居，历史上属过海门，在海门工作过的）在外工作或离退休的54名省部级干部，军级军官，科学院、工程院院士及教育科技、文化体育、工商等行业的著名人物编入人物简介。

市志还把收集到1570名海门籍在外工作或离退休的正处（团）级以上干部，教授级以上专家和其他有影响的乡贤，载入知名人士名录，未弄清原籍镇乡及市外籍的，另设“其他”目在后。海门籍在外工作的知名人士分布在全国各地及境外，未能联系上而没有列入的还有不少。对在海门工作或离退休的87名正处（团）级以上干部，93名教授级专家，17名省特级教师，7名享受国务院特殊津贴者等贤达，分别列表记述。

第一章 人物传略

沈　起（？－？） 字兴宗。鄞州（今浙江宁波）人，进士出身。北宋至和元年（1054），任海门知县。到任后，他见海门滨江负海，地势低洼，海潮、江水常常为患，农田房屋被淹，百姓流离失所，即兴修水利，率民筑海堤以挡海潮，自余西至吕四场东南廖角嘴，绵延70里，西接范公堤（今南通市通州区境内）；疏浚河道，引江水灌溉。同时，又放宽禁令，缓征税捐，招集流亡，使土地不断增加，百姓纷纷回归复业。为此，王安石专门写《海门县沈兴宗兴水利记》，称赞沈起是一个“有志”的人，褒扬他治理海门的政绩。沈起在海门当政不到两年，御史中丞包拯即荐举他为监察御史。沈起离任后，百姓为之立生祠，把他主持修筑的大堤称为“沈公堤”，统称“范公堤”。

崔　桐（1478－1556） 字来凤，号东洲。出生海门县余东镇一官宦乡绅之家。崔桐天资聪颖，少年时即以“奇童”闻名乡里，9岁就能写一手好文章。明正德十一年（1516），乡试获第一名。第二年，又中进士第三名（探花），授翰林院编修，时年39岁。崔桐为人忠厚，不求荣禄，说话直率。他自己说：“奉职太愚，自处太高，操持太执，语言太直。”因此，仕途坎坷。明武宗南巡，崔桐与同事联名上书，遭受斥责，罚跪午门外，被廷杖，并扣罚半年薪俸。嘉靖三年（1524），他又谏“大礼议”，再次受斥责，被关进监狱。出狱后，贬为湖广参议。嘉靖八年（1529），任督学副使，又转任福建参政、浙江副使。在此任上，有一名王一贯的人犯，以千金巨款行贿，崔桐不为所动。后又胁以权势，他更不动摇。不久，崔桐调任辰沅兵备，在平安教化山寇、平定土著族人争地中立功受奖，任南太仆少卿。嘉靖十五年（1536），崔桐回乡省亲，接受海门知县吴宗元邀请，根据邑人尹玺（寿昌）存留的成化《海门县志》残稿，加以整理、补充、归类，修成嘉靖《海门县志》。该志较为详尽地记载海门政治、文化、风俗等历史，体例缜密，至今仍是了解和研究海门历史的宝贵资料。嘉靖二十四年（1545），崔桐任礼部右侍郎。此时，朝中又有流言蜚语中伤崔桐，他以年老请归。崔桐很有文才，曾参加《武宗实录》等书的编修。还写不少诗词，有《东洲文集》、行世《东洲续集》。

赵邦秩（？－1580）　号元叙，又名十岩。浙江平湖人，进士。明万历六年（1578）四月，任海门知县。

赵邦秩从小勤奋好学，多思善断。8岁时，当读到"节用爱人"这句话时，就对当官的父亲说，这是做官的本分，治理千乘之国，只要做到这一点就够了。父亲听后十分高兴地说，我儿将来必定能做个好官，以继承我的志愿。赵虽金榜题名，却不想在朝廷当文学侍从，而宁愿到偏远的海门当知县，以施展自己的才能。

赵邦秩到任后，首先接触民众，体察民情。根据海门的实际情况，妥善安排因灾而流亡外地人员的生活，豁免坍地赋税，减养马匹，以减轻百姓负担，使之休养生息。赵邦秩提出八项施政方针，即以身作则，端正民风，重视办学，修订制度，裁减冗员，革除浪费，剔除宿弊，慑服豪强。并将此条文上报，永久实施。一次，下乡调查民情，发现有百姓外逃，查其原因，主要是无法承受里甲长的课银摊派。于是，果断裁减里甲人员，并对贪污者予以查办，从而稳定人心。

赵邦秩还时常召集百姓讲话，他说，我来做你们的父母官，不仅要使你们有饭吃、有衣穿，足以赡养父母，抚育子女；还希望你们教育督促子女，孝敬父母，和睦乡里，做个善良的百姓。人们听后，无不为之动情。他还身体力行，对老年人以礼相待，不让行跪拜礼，只是说，你们的所作所为，应当考虑处处是子女的榜样，万万不可纵情任性。对青少年们则说，令律条文写得清清楚楚，犯法的人可以用法律来制裁，但我主张不用法，而希望百姓知法，不去犯法。此后百姓之间，互相帮助、互相鼓励的事日多，而争讼的事少，质朴淳厚的民风又重新出现，逃亡外地的人逐渐回来，在海门重建家园的有数百家。

赵邦秩性格刚强正直，不与世俗为伍，对人和蔼可亲，坦荡直率，不摆官架子，平易近人，生活俭朴，清正廉明，连一碗蔬菜的钱也不肯耗费地方上的。

赵邦秩在任上，因劳累过度，突然病倒。此后病情更重，许多百姓知道后都为他祷告上苍，保佑这位好官平安无事。不久，赵邦秩病逝的凶讯传出，百姓悲痛号哭，如失去亲人一样。百姓集议，要为赵知县建一祠堂，以纪念他的德行和功绩，并决定在学宫东南角立祠，祠前凿一池，名为"留惠泉"，因赵知县生前喜欢柏树，在祠堂两旁种柏树，并将这个祠取名为柏林赵公祠。曾任四川左布政使的通州人袁随和大学士、兴化人李春芳为其题写碑记。

陈朝玉（1688－1761）　字荩钦，号璞完。祖籍崇明县。幼年父母双亡，依靠大哥朝玺生活。13岁外出帮佣。混迹社会，嗜好赌博，输去祖传的许多家产。17岁娶同乡刘氏为妻，岳父家经济比较宽裕，就搬到岳父家居住。但朝玉个性刚强，不肯寄人篱下，居安偷生，不久搬出岳父家，与妻一起租房安生。并继续与旧友赌博，几乎把妻子陪嫁的金银首饰输光。眼看不能再生活下去了，于是他与妻子商量，带上尚余的首饰作为本钱，去北沙（即崇明县长江以北新涨沙洲，今海门境）贩私盐，虽获得一定利润，但贩私盐是违法行为，有很大风险，一旦被抓，就有罚款、坐监牢可能，于是他决定悬崖勒马，不再作违法之事。同时，他看到新涨沙洲有许多荒地需要开垦。在他18岁那年，与妻一起，先在三角沙（今万年镇境内）落脚。此时，海门正在坍后复涨，绵亘百里，荒无人烟。朝玉与刘氏一起，起早摸黑，割草筑室，安顿居住，筑堤、挖沟、建路、耕作。他俩战胜各种水潮风暴等自然灾害，以及生活、生产上各种困难，一熟又一熟，一年又一年，取得很大成绩，收获颇丰。远近居民闻讯，纷纷前去垦殖。几年后，在朝玉居处周围百多里地方，屋舍俨然，沟埂纵横，"炊烟起如海云，为江海之聚"。

此后，他又在日盛沙、裙带沙等多处开垦荒地，产业越来越大，人丁越来越多。乾隆二十四年（1759），他率部分子女迁往苏州居住。两年后病逝，葬于苏州。

其后裔及海门人不忘这位"海门田祖"，建祠以纪念。朝玉的二代孙陈奂、三代孙陈兆熊均在清朝廷做事，将朝玉的事迹整理成书面材料，提交近代著名文学家、内阁中书龚定庵（号自珍）撰文。不久，《海门先啬陈君祠堂碑文》问世。清末状元、近代著名实业家、教育家张謇，经过周密调查，撰写《龚定庵海门先啬文书后》传世，肯定陈朝玉是海门开疆辟土最早拓荒者之一,是一个群体的领头雁,是一个平凡而又伟大的人,连呼陈朝玉是“伟哉男子”。

丁有煜(1683－1764) 字丽中,号个堂,别号石可、幼壶、个道人。诗画以“个道人”闻名。字画印章上还刻着个道君、狂竹园丁、秋空一鹤、天放之民、木石朋友等名号。祖居海门县,通州海门乡(今南通市通州区)人。丁少时在父亲教诲下勤学诗文,一度入太学受业,致力于诗、词、水墨画、书法、篆刻,自成一家,造诣颇深。其画多以梅兰竹菊为题材,蕴意其中;画竹,竿如金削,叶似铁铸,自题“竹从胸中来”。郑燮(板桥)称其“画法从书法”。所绘《菊石图》,以玲珑山石烘托挺拔丛菊,突出秋菊傲霜神态,并题“寒花无俗艳,秃颖画新霜”,以示寄托。其诗质朴雄厚,感情真挚,大多反映百姓的苦难,控诉官府的横征暴敛。《中秋风雨》诗,借“天心应忌满,此夜月羞明;愁时欢时伏,光从敛处生”,表达眷怀故国、期望未来的深沉民族感情。晚年,住通州城南双薇园,不为足疾、目疾所难,仍坚持吟诗作画,誉满大江南北。著有《双薇园集》《双薇园续集》《与秋集》。还参与纂写《直隶通州志》。三部诗集,在乾隆四十七年(1782)的文字狱中全部遭到焚毁。

徐文灿(?－?) 奉天铁岭(今辽宁铁岭)人。清乾隆三十五年(1770)八月,任海门厅同知。不久,因病离任。乾隆三十七年(1772)初,复任海门同知。徐任职时,海门已涨出大片沙地,但沿江地段仍受潮水冲击,坍没无常,厅境与通州隔泓而治,阔处10－20里,狭处也有数里。乾隆三十九年(1774),徐文灿亲自实地勘察,在裙带沙高处(今海门镇)建厅治和筑文庙。至此,海门厅始有官寺。并在厅治后面积土筑成狮山(又称师山)。乾隆四十年(1775),徐文灿主持在厅治西20里处(今天补镇境内)截流作江堤,率领民工日夜奋战。因新土松软,屡筑屡溃。徐文灿总结经验,继续建筑,终于成堤,长2180丈,宽1.4－4丈不等,可通车马,百姓称之为“徐公堤”,使南北水滩变成良田,增地数千顷。徐文灿在海门当政7年,清正廉明,民间争讼,即令乡里进行调解。乾隆四十四年(1779)离任时,行李稀少,囊橐萧然。百姓立生祠(徐公祠)怀念他。

范士华(?－1827) 海门县茅家镇人。父亲早亡,寡母瘫痪在床,家中贫困不堪。范士华以行乞赡养母亲40年。每天日出,范士华即携篮带罐,外出乞讨。讨得较好的饭菜立即送给母亲吃。有一次范母想吃鲜鱼,范士华上集市买鱼,选好一条,卖主索价36枚铜钱,范凑不满数,只好将鱼放置一边,嘱卖主别卖掉。待他讨得钱来取鱼时,卖主说:“那条鱼已被衙门里的人买去!”范士华立即奔至厅署,哭诉老母卧病在床,想吃鲜鱼而不得,叩求衙门将鱼转让给他。衙役禀告厅官,厅官惊奇,命将已煮好的鱼送给他带回,并派人尾随他家探视,果然看见范士华一回家,就将煮好的鱼用筷子一块一块地夹给老母吃。衙役回府禀告,厅官为之感叹。范士华对老母十分体贴,一次元宵之夜,灯市热闹,背着老母到屋外观灯,邻里妇孺见了,都很惊异。范士华有时外出乞讨,遇大风雨晚归,就跪在母亲床前流泪请罪。清道光七年(1827),范士华先其母亲病故,生前将乞讨所得铜钱,储存两坛,留给他的弟弟,作为老母丧葬之用。范士华孝敬母亲的事迹,传扬四方。文人陈尔益发起募款,在茅家镇北3里建造范士华墓(俗称“孝子牌楼”)。牌楼上刻“锡类垂型”。两旁大石柱上,刻对联一副:天性纯良,千载未寒于骨肉;人心仰慕,一方永享其灵魂。

张成龙(1775－1847) 字云岩,原籍崇明,后移居海门县和合镇(今启东市境)。从小习武,成年后武艺出众,曾在南京比武场上显露身手。从军后,由行武拔补镇标左营外委。清嘉庆二十年(1815),因拿获多名盗犯和盐犯,升任骑兵营“把总”。道光三年(1823),又屡获盗犯并缴获不少器械,升任苏淞镇标左营“千总”。道光七年(1827),为护送海运立功,升任川沙营“守备”。道光十年(1830),拿获盐犯16人,缴获私盐4.9万斤,出任狼山镇标右营“游击”,管辖泰兴、靖江水陆防务。是年十二月,任川沙营“参将”,警卫东海北部洋面。

张成龙治军严明,操守廉洁,身先士卒,地方治安成绩显著。在两江总督陶澍和江苏巡抚林则徐组织的阅兵训练中,获“营务整齐,遇事不避艰险,为通剩参游第一”的称誉。经陶澍向朝廷推荐,道光十四年(1834),任京口(镇江)协水师副将。十月,升京口协副将,协辖京左、京右、高资3营,分驻丹徒、丹阳、金坛,设立水陆八十三讯,负责京口等地江防要塞的警卫工作。然有人诬陷张成龙疏忽职守，将他调回川沙营仍任“参将”。

两江总督陶澍为他伸张正义，奏请朝廷明辨是非，使张成龙官复原职。张在任上，认真做好地方治安工作，成绩显著，深得陶澍赞许，保奏朝廷，道光十七年(1837)，张成龙调任浙江黄岩镇总兵。张成龙从严治军，勤于操练，肃清海匪，受到道光皇帝嘉奖。

道光二十年(1840)，鸦片战争爆发，两广总督林则徐奋力反抗。由于林则徐在江苏做官时就了解张成龙的军事才能及人品，竭力推荐他负责抗英战争。道光皇帝立即传旨，调张成龙镇守广东南澳。由于战争形势突变，林则徐被革职，张成龙也未来得及赴任。加上闽浙总督吴文镕上疏朝廷，让张成龙留守黄岩重地。这时，英军看到广东防卫严密，就改变进犯策略，从海上北窜，先攻厦门不成，便进入张成龙守卫的浙江黄岩防区。

自林则徐虎门销烟和英军交战以后，张成龙早已训练水师，加强防备，做好战斗准备。张成龙充分利用地形，早将战船隐蔽在有利位置。当英舰窜入伏击区，张成龙指挥水师兵船火炮齐发，顿时大海上硝烟滚滚，两艘英舰燃烧沉没，英军死伤无数，狠狠打击了英国侵略者的嚣张气焰，英军也始终没有能够进入黄岩防区口岸。这是鸦片战争中闽浙海域的首次胜利。喜讯传到广州，正被撤职待办的林则徐异常欣慰，立即修书报告广东巡抚怡良。

道光二十一年(1841)四月，张成龙奉调镇海防务，继续准备抗击英军入侵。正当军务倥偬之际，张成龙在家乡海门的老母亲病故。根据清朝丧仪，张成龙只得回乡守丧。但他所训练的水师在不久发生的定海大战中，英勇顽强，血战到底，许多将士殉国，再次重创了英国侵略者。守丧之后，张成龙继续担任黄岩镇总兵。道光二十六年(1846)擢升浙江提督，官从一品，下辖定海、温州、处州、衢州、黄岩五镇。道光二十七年(1847)六月三十日，张成龙病逝于提督任上。

道光皇帝闻讯，为示优厚抚恤，急拨帑银3000两治丧，厚葬于海门聚南，海图称天南沙施成案，用两年时间营造提督墓，追谥为“建威将军”。并封荫张成龙曾祖母、祖父母、父母及张成龙本人妻室四代。

杨朝栋(?－?)　海门厅大洪镇(今三厂镇)人。自幼爱好拳棒，练就好武艺。曾去江宁，应试武举人。先是射箭，杨朝栋百发百中。接着参加各项武科考试，武艺超群，深得主考赏识。武科试毕，又试文科。出题“抱石书书”，杨朝栋立即抱起一块大石头安放在膝盖上，挥毫题词“有盗必抓”“内圆外方”。乡试中解元。不久，任崇明游击(官名)。一次，上海吴淞附近发现一悍贼，名张口，善武术，到处行窃逞凶，官兵对他无奈。当地官府风闻江北杨朝栋武艺超群，特地邀请他前往捉拿，杨朝栋慨然应召。某夜，张贼正在作案，被杨朝栋抓住掐死。杨朝栋在与贼搏斗时胸部受重伤。后因旧伤复发去世。

徐云锦(1815－1892)　字石渔、乡谥“孝懿”。幼年丧父，15岁随母从通州迁居常乐镇。其后从学于崇明黄晴谷先生，日夜苦读，学问大进。研究学问，没有门户之见，因而无所不通，尤其专心于儒家著作的诠释。

清道光二十四年(1844)，考取秀才。咸丰七年(1857)，成为恩贡生，候选教谕。终生从事教学，根据学生的实际情况，确定教学的“浅深高下”，因材施教，成效显著，前后50年，造就人才上百人。光绪元年(1875)，被举荐为“孝廉方正”，他推辞不就。光绪十七年(1891)夏天，虽已77岁高龄，仍亲手校正《十三经》的误文，并且研读周秦诸子著作。张謇为恩师亲自撰写《徐先生墓志铭》。

著作有《易义辑录》《书义辑录》《寸草庐文集》3卷、《寸草庐诗集》7卷、《寸草庐省身录》《前后汉书菁华》等。为1996年版《海门县志》中记载的明清时期著作目录最多的作者之一。

黄伯禄(1830－1909)　字斐然。海门厅人。为天主教江南教区之不隶会籍司铎。会中文、法文、拉丁文等多国多种文字，并有大量著作翻译出版。《圣女斐乐默纳传》，为法文本。中文著述有上海徐家汇出版的《集说诠真》，堪称杰作，专为辟佛道而作。他搜集群书200余种，细加抉择，编年释地，将数百年流俗之讹、不经之说，分条摭引，抒己见以申辩。该书得到胡适的高度评价，在哥伦比亚大学藏书楼收藏。《契卷汇式》，列举各种契约及合同等格式，作为示范，专为传教士编著。《函牍举隅》10册，为传教士与官吏间往返公牍，纂辑成书。《正教奉褒》2册，将历代教会与教士所获得各方的表扬文字汇为一编，以拉丁文刊出。《训真辨妄》，为传教性质的书。《中西历日合璧》附教会历及主日与复活节等检查表。《圣母院函稿》,作为修女尺牍范本,以及《圣年广益总目》等。此外还著有《中国产权研究》《从法律观点看中国婚姻》《监之公卖研究》《行政杂记》等。

周家禄(1846－1909) 又名惠修,字彦升,晚年自称"奥簃老人"。祖籍崇明县,后移居南通县川港镇,世代以种田为业。周家禄自幼酷爱读书,孜孜不倦,甚至走亲访友时也携带书本,随时翻阅。后参加科举考试,成绩斐然。清同治九年(1870),入选北京国子监读书。后以教职任用,先后任江浦、丹徒、镇洋、荆溪、奉贤等县训导及海门师山书院、川港白华书塾(他亲自创办)、湖北武备学堂讲席。晚年任上海南洋公学(今上海交通大学前身)总讲席。周家禄生前没有当官掌权,但曾在清代名臣如夏子松、吴武壮、张绍臣、陆文慎、卞宝第、袁世凯幕中作客,被待若上宾。先后到过湖南、湖北、福建、山东、河北及朝鲜登州等地游历,关心国事,发表过许多谈话及书信,对清政府的政治、军事、经济、文化等各方面,提出不少意见。

周家禄一生精力主要用于读书写作,对古代文学研究成就卓越。有著作13种,102卷。曾编纂光绪《海门厅图志》,是海门历史上的一部重要志书。清末出版的《寿恺堂诗文集》,收集其各类诗词800多首。

樊　璞(1869－1911) 字召循,号民一。世居海门厅搭连镇(今海门镇)。清末廪贡生,颇有文才,进通州师范学校求学,文思敏捷,尤擅书法,成绩优异,深得校长张謇赏识。后被张謇派赴日本宏文师范留学。光绪三十二年(1906),学成回国,即仿通州先例,筹组海门学务公所。同年,任海门教育会副会长。宣统元年(1909),被海门同知梁孝熊推荐任劝学所总董。上任后,创办高等小学3所,初等小学67所。他治学严谨,督导有方,外出视察学校,往往至黄昏才归。利用师山书院(原孔庙西侧)房屋,扩建楼房3幢,平房数十间,首创第一所厅立高等小学,自任校长。

刘旦旦(1826－1914) 名炜,字一飞、云程。海门县常乐乡人。因出生时辰在农历春节清晨,取乳名旦,邻居把他的乳名重叠起来叫"旦旦"。成年后,刘旦旦潜心农业,辛勤耕作,培育出许多优质高产品种,屡获官府奖励。一天,张謇和厅同知王宾路过刘宅稍憩时,见宅内外果树成林,竹木参天,倍加赞赏。清宣统二年(1910),在江宁(今南京市)召开的南洋劝业会上,刘旦旦因耕作有方,成绩显著,获"孝悌力田"匾额一方。不久,南京又举行农产品展览会,刘旦旦培育的大红袍赤豆和旱稻等被列为展品,获银盾两枚。从此,刘旦旦名扬大江南北,人们称他为"田状元"。刘旦旦还注意从外地引进各类优良品种。他曾让儿子去安庆引进玉竹(俗称"黄精",系中药材),在自己田里试种。又派人去湖州学习蚕桑技术,回来后间作套种,农桑兼顾,获利丰厚。

龚士芳(1890－1916) 海门县三阳乡人。生于乡绅之家。幼时就读杨氏私塾。光绪三十二年(1906),江南招募新军,龚士芳应征入伍,编入南洋九镇三十三标某营,隶属赵声部。不久,提升为副目(副班长)。

光绪三十四年(1908),加入孙中山领导的同盟会,积极参加反帝反清活动。一天,新军统制徐绍桢奉令前来密查,发现龚士芳的手册上写有"驱除鞑虏,恢复中华,兴汉灭满"字句,大惊失色,对龚说:"今日幸而被我发现,若被我师(指两江总督端方)知悉,就要大祸临头!"遂令其借故退伍。他回到家乡当警察。辛亥革命,海门光复,升任警官。民国5年(1916),袁世凯复辟称帝,各地发起讨袁,他毅然响应,与国民党员伏彪、顾锡九等14人,携带炸弹,潜入南通城,密谋暴动。因泄密被南通港军警破获,14人全被逮捕,于是年4月19日遇难,年仅27岁。遗体葬于南通西门城墙脚下。1983年10月,龚士芳被省人民政府批准追认为革命烈士。

特来克(1890－1919) 荷兰人,出生于日本。水利专家。其父奈格,是荷兰著名水利工程师,曾应聘任上海浚浦局总工程师。特来克随父到中国,相随左右,学习钻研。后奈格去世,特来克回国就读于荷兰工程专科学校。学成后,以擅长河海工程继承父业。民国5年(1916),应张謇之聘,到南通任保坍会驻会工程师,负责保坍筑楗工程。用两个月时间,现场勘测,深入调查,先测长江涨落潮流向、流速，再看水力强弱、江岸坍塌形势，于同年4月25日写出《南通保坍计划报告书》。6月14日开始，督导施工，以荡柴、芦苇为排，沉石筑楗，在迎流顶冲处，再增建护岸护坡。短短3年，完成天生港至任港口10座水楗，收到“分杀水势”效果。

特来克还为南通、如皋、海门等县水利工程日夜操心。民国8年，特来克设计会云闸（青龙港船闸）后，又设计青龙港至通棉三厂轻便铁路。据当时作为特来克助手的宋希尚新著《河上人语》称：“特氏年未满三十，健壮勤奋，既无家室之累，尤其服务热忱。除负责保坍工程外，凡通、如、海一带水利、道路、市政、土木工程，苟力所能及，无不慷慨参加，热情贡献，不辞辛劳，不计报酬，因之深得社会人士好评。”特来克很重视中国古代治水经验，他和宋希尚经两年时间，把《河防一览》译成英文，将中国数千年治水经验介绍到国外。

民国7年11月，特来克设计督造的遥望港九门闸开工。次年8月中旬，闸底板浇筑完成，赶浇岸墙。他到工地检查工作，条件艰苦，时值炎夏，染上霍乱时症，上吐下泻，一昼夜数十次不止，不得已夜返南通求治，于到达前溘逝，时年29岁。特来克葬于南通剑山南麓，张謇亲自撰写墓表，并镌石永表纪念。

杨梅汀（1839－1922） 字孝威。海门县凉帽店（今三厂镇）人。祖籍江苏句容，父辈迁入海门。清光绪元年（1875），海门厅同知不顾百姓疾苦，除催交田赋外，还加“预知由单”苛捐，并怂恿税吏鱼肉乡民，群众怒不可遏，自发抗捐。杨梅汀竭力支持群众抗捐，指挥百姓向厅署请愿。厅署将杨梅汀关押，严刑拷打，投入狱中，欲加杀害。当地群众奋起反抗。后经道台府派员查明真相，杨梅汀才获释，“预知由单”一捐被取消，厅官被撤职。杨梅汀获释后，当地百姓赠予“义勇兼优”匾额一方。清末状元张謇与杨梅汀素有交往。民国3年（1914），张謇筹办大生三厂，委托杨梅汀购买厂地。杨梅汀与当地农民协商，以优惠价格承购陈仓球湾、黄家埭八墝土地8万多步（合320余亩），为大生三厂按时建成、开工投产创造条件。经张謇推荐，杨梅汀曾由海门厅同知封为董事，当过千总（带兵武官），并担任常乐镇巡警分局长。任职期间，严禁烟赌，惩治盗贼，调处民事纠纷，不遗余力。杨梅汀办事认真，铁面无私，不畏强暴。在查禁烟毒时，对自己的独子和张詧（张謇之兄）的儿子吸毒也不放过。杨梅汀长于医理，家中开设诊所，就诊人数众多，对贫困户不收费，还开药方叫他们到指定的药店配药，药费由他挂账支付。他又在茅家镇孔庙西首开设溥善堂，专门救济贫困者，收殓路毙尸体，给予薄棺埋葬；救济四肢残缺、求乞过活者；收购许多旧衣被，叫人洗净缝补后，发给衣不蔽体的穷人。凡贫困者求助，他总是慷慨解囊，施舍几升粮食或送给衣服、钱币等。杨梅汀70寿辰时，张謇赠予“孝威先生”匾额一方；邻里乡亲也赠“姜桂弥馨”匾额。民国江苏省省长韩国钧、中华民国大总统黎元洪也颁予匾额，以表彰杨梅汀的功德。

张 謇（1853－1926） 小名长泰，学名吴起元，后改名张育才，字树人、季直，亦称张季子。号啬庵、处默、宜宦、啬翁。海门县常乐镇人。从小天资过人，13岁时能读《礼记》《春秋》《左传》，并能作“八韵诗”和八股文。一次塾师宋蓬山举“人骑白马门前去”嘱对，张謇应以“我踏金鳌海上来”。清同治七年（1868），开始入科举考场。按旧规，家庭三代无人入学为生员者，称为“冷籍”，子弟应试往往受到多方刁难和勒索。为使张謇顺利应试，经人介绍，冒充如皋人张駉之孙张育才应试，中秀才。但冒籍应试是违法的，如被揭发，不仅秀才被斥革，还可能受到囹圄之灾。因如皋张姓乘机向其父张彭年大肆敲诈勒索不成，予以告发，张謇被如皋县当局关押3个月后释放回海门。其时家庭经济到了倾家荡产地步。同治十年（1871）一月，18岁的张謇就读于海门师山书院（私立海门中学前身），拜海门厅训导赵菊泉为师。经海门师山书院院长王崧畦、赵菊泉、通州知州孙云锦等人鼎力相助，于同治十二年（1873），经礼部核准“改籍归宗”。同治十三年（1874），21岁的张謇任江宁发审局书记，结识许多名士，扩大社交范围和知识面，增强个人涵养。农历腊月下旬，回故里省亲，并与乡人徐牡丹订婚。光绪元年（1875），张謇经孙云锦介绍入驻浦口庆军统领吴长庆幕任机要文书。后随军去山东登州，驻防渤海湾。光绪八年（1882），随吴长庆军去朝鲜，协助“理画前敌军事”，光绪十年（1884）夏回国。光绪十一年（1885）春，考中举人，时年32岁。光绪十三年（1887），调任开封知府幕僚。是年底回乡，致力于教书与著述。先后应聘主持江苏赣榆选青书院并兼修县志。应太仓知州邀请，商讨太仓州志体例。光绪十七年(1891)，参与修编东台县志。光绪十九年(1893)，主持崇明瀛州书院。在此期间，先后4次参加礼部会试不第。光绪二十年(1894)，清廷因慈禧60寿辰，举行恩科会试，他遵父命赴京应试。礼部会试，取中第60名贡生；复试，又取一等第十名；四月二十二日殿试，中甲午恩科第一甲第一名(状元)，授六品，翰林院修撰，时年42岁。

中日甲午战争，清政府失败，签订《马关条约》。他见权臣当道，国事日非，便请假回乡，开始寻找救国之路。他认为中国之弱在于贫，救贫之法在于实业和教育，“以实业与教育迭相之用”。光绪二十一年(1895)三月，时任两江总督张之洞授意张謇在通州兴办纱厂，张慨然应允。光绪二十四年(1898)，被委为上海商务总局总办。经他积极筹备，至光绪二十五年(1899)四月，大生纱厂(后称大生一厂)在南通唐闸建成投产。光绪三十年(1904)，在崇明外沙(今启东市境内)创办大生分厂(后称二厂)。宣统三年(1911)，张謇承租的武昌在维纱厂开工，使大生集团的经济势力扩充到华中地区重镇。民国3年(1914)，张謇委托其兄张詧和杨梅汀，购买土地和招商集股，在海门境内创办大生三厂。

光绪二十六年(1900)，张謇开始在通海沿海筹建垦牧公司。次年，通海垦牧公司成立。至光绪三十三年(1907)，共围垦沿海滩地近10万亩，其中可耕地2万多亩。至民国12年，可耕地9万多亩，张謇的实业活动扩展到一个新的领域。

光绪二十九年(1903)，张謇在吕四(今属启东市)创办同仁泰盐业公司，以改革盐业生产方法，同时为垦荒植棉创造条件。民国3年，又在海门包场镇创办大有晋盐业股份公司。

张謇还在唐闸筹办大生系统的机械制造业，先建冶炼厂，后建生铁厂，方便了大生企业的机械维修。还仿造轧花车、织布机、开棉机和内河小轮船，装备大生棉纺织企业和内河航运企业。此外，还有广生油厂、大兴面粉厂(后称复新面粉公司)、阜生蚕桑染织公司、翰墨林印书局、耀徐玻璃厂、颐生罐头公司、颐生酿造公司、大隆皂厂、懋生房地产公司、大昌纸厂、大聪电话公司等20多个企业。

为适应工商业发展和大生各企业运输的需要，张謇开始筹建交通运输企业。在20世纪初的10余年间，陆续创办大达内河轮船公司、大生轮船公司、天生港和上海大达外江轮步公司、达通航业转运公司、大中通运公行以及泽生水利船闸公司等交通运输企业。

在发展实业初见成效的同时，张謇努力兴办各类新式学校。光绪二十八年(1902)，经7个月修建、筹备，全国第一所民办师范——通州师范学校于次年四月一日开学。随后，兴办通州女子师范学校和海门常乐镇张徐女校等一批中小学校。此后，兴办南通博物苑、图书馆、中国图书有限公司、医学专科学校、纺织专门学校、气象台以及南京河海工程专门学校，赞助创立南京高等师范学校、上海中国公学、上海复旦公学等。

在南通兴办一批地方慈善事业，如养老院、残废院、育婴堂、盲哑学校、贫民工厂。在海门三厂创办老老院，收容“失教”“失养”之民，以缓和社会矛盾，减少政治隐忧。

为报师恩，张謇于光绪二十七年(1901)正月上表，撰写《请建赵亭禀读》。同年三月，在其母校海门师山书院内建造尊师纪念亭——“赵亭”。

光绪二十七年(1901)，撰《变法评议》，自此开始从事立宪运动。光绪二十九年(1903)，张謇东渡日本进行70天实地考察，以借鉴日本经验，把通州建设成为他心中的“新世界雏形”和“地方自治”示范区。除参观博览会外，还参观教育机构35处、农工商单位30处。通过考察，深知日本的教育与实业所以能得到振兴，与明治维新分不开。回国后，积极投入立宪运动。光绪三十年(1904)，为湖广总督张之洞、两江总督魏光焘起草《拟请立宪奏稿》，且翻刻日本宪法。清廷“赏加”张謇三品衔，并任命为商部头等顾问官。张謇还在通州推行地方自治。光绪三十一年(1905)，被批准在沪设立渔业分局。在抵制美货热潮中，到沪与汤寿潜等协商流通办法。光绪三十二年(1906)，拥护清廷预备立宪，联络江、浙、闽立宪党人，在上海组成预备立宪公会，任副会长。宣统元年(1909)，任江苏咨议局议长。次年，发起向清廷请愿，要求速开国会，组成责任内阁，被选为江苏铁路公司助理。武昌起义后，任江苏两淮盐政总理，在沪电请清帝退位，参与组织共和统一会。十一月中旬，袁世凯接任内阁总理大臣，请张謇出任农工商大臣和江苏宣慰使，被张辞谢。民国元年元旦，孙中山就任中华民国临时大总统，任命张謇为实业部总长兼淮盐政总理。民国2年，被举为江苏省教育会长。10月，张謇出任熊希龄内阁农商总长兼全国水利局总裁。民国3年10月，袁世凯称帝，张謇即请假南下。民国5年，在沪被选为中国银行商股联合会会长。民国7年，被推为上海华商纱厂联合会会长。

此后，张謇退居南通，经营故里，业绩斐然。复建城郊公路，开辟南通五山河及城市5公园，经营天生港果园。设伶工学社，为当时中国唯一培养戏剧人才的学校，建更俗剧场。筹建淮海实业银行，设工商补习学校、蚕桑讲习所及交通警察训练所。建海门青龙港会云闸、小洋港闸及遥望港九孔大闸。将农、医、纺三所专科学校合并成立南通大学（后改称南通学院）。筹建大生八厂（后称副厂），设女红传习所，培养刺绣艺术人才。民国12年，设地方路工处，并亲自为南通县规划水利。

张謇是近代中国的重要历史人物，倡导“实业救国”和“教育救国”，探索拯救国家和民族危亡的途径，成为中国民族资产阶级早期的杰出代表。张謇是中国近代杰出的爱国主义者，著名的实业家、教育家、社会活动家，中国早期现代化的先驱者、近代经济发展的开拓者。

民国15年8月24日，张謇病逝于南通。同年11月1日，葬于南通陆洪闸袁保圩，后人称其墓地为啬公墓。

郁芑生（1873－1926）　原名世丰，改名寿丰，又名鸿兴。海门县曹家镇（现启东市境）人，祖籍句容。早年丧父，由母亲抚育长大，读三年私塾后，信仰天主教，旋入海门锡类教会小学就读，跟神父学习英文、拉丁文。17岁时，到浦东同昌纱厂谋生，业余时间攻读英文，能熟练口译。

郁芑生的才干被正在崇明外沙筹办大生纱厂的张謇看中，光绪三十二年（1906），派他去英国采购纺纱机。开始，英国商人歧视华人，郁用流利的英语进行婉转而得体的交涉，使英方改变了看法，客气地介绍英国商界情况和纺织机械方面的行情，谈判获得成功，圆满完成采购纺纱机任务。张謇创办实业银根吃紧，郁芑生在英购买机器时，把英商给他的回扣全部抵作买机款，以弥补资金短缺。

郁芑生在英期间，适逢清政府南洋大臣端方赴欧洲考察政治，特邀他当翻译，郁反应敏捷，翻译准确。回国后，端方竭力推荐，郁芑生被清朝廷封为候选道，授予朝议大夫。但他觉得官场太腐败，不愿置身其间，就跟随张謇热心于实业救国，在大生二厂供职。

民国2年（1913），郁芑生奉命再次去英国购买机器，并加入伦敦总商会，成为第一个当选的中国籍会员。不久，第一次世界大战爆发，英镑涨价，郁赚了一笔钱。回国后，在上海设立大生机器公司，专营纺机业务，任公司经理，同时兼大生纱厂厂务，负责上海银行界、外商与纱厂间的银钱交往，接待外国纺织专家考察等事项。郁芑生经营机器盈利后，就在上海陆续购进房地产，在吉拔路（今富民路）建造花园洋房一座，还在家乡曹家镇附近买地200亩，开办公仁花木行和油米行。

郁芑生慷慨解囊办教育，热心慈善事业。民国10年起，在家乡兴办6所小学，自任校长。学校教育设备比较完善，校风良好，对贫苦学生免收书费。在曹家镇，用发“摺子”的办法，对孤、贫、残者，每月发补贴费，每人1块银圆，有300多人得到他的接济。在上海杨树浦创办圣心医院，在川沙重建天主教堂。民国11年，崇海班的瑞安客轮在宝山县城东门外江面遇大风翻沉，淹死200余人。郁芑生主动负责善后事宜，为60余具无名尸体备棺入殓，拍照编号，录明身穿衣服，备案存查，修坟掩埋于北新镇大桥边。

民国13年起，郁芑生辞去二厂经理职务，专门从事公益事业。为改善乡间交通条件，在曹家镇等地，先后建造石质“寿丰”桥11座，海门茅家镇就有2座。还在富安镇、窑头镇、北新镇建造水泥桥各1座。

民国15年7月6日，郁芑生突发脑溢血，在上海去世，灵柩运回故乡时，从川洪港到曹家镇的公路沿线，百姓自发地摆香案磕头致哀。

沈惠农（1907－1927）　原名陆铁强，化名鲁德成。生于崇明县排衙镇一乡绅之家。在崇明中学读书时，受到进步思想影响。19岁高中毕业，即投身革命。民国15年（1926）3月，受国民党江苏省党部委派，赴广州第六届农民运动讲习所学习，受到毛泽东、周恩来、彭湃、萧楚女、恽代英等教育，不久加入中国共产党。9月学习结束，被派回崇明担任县委书记，领导农民运动。是年秋，崇明西沙水稻因灾减产，地主不肯减租，沈惠农组织7000余佃农抗暴减租，迫使县知事让步。毛泽东在《向导》第

179期上撰文,高度赞扬震撼大江南北的崇明西沙农民运动。

蒋介石发动“四一二”反革命政变后,实行“清党”,沈惠农被通缉,中共江苏省委决定调他到上海从事济难工作。民国16年9月,沈惠农以中共江苏省委特派员身份秘密到海门工作。10月底,中共海门县委成立,沈为第一任县委书记。任职期间,组织党员骨干,积极从事农民运动,并组织农会,宣传“耕者有其田”的主张。11月9日,在海门下沙曹家镇组织千余农民示威游行,行程二三十里,高呼“打倒土豪劣绅”等口号,革命声势大振。11月12日下午,沈惠农正在曹家镇附近召开农民协会会议,研究减租减息时,遭国民政府县政府警察袭击。沈惠农率领民众在杨秀兰小店与反动警察殊死搏斗,因足部负伤被捕。第二天早晨,被枪杀于海门县城茅家镇西市梢城隍庙照墙脚下。

沙玉沼(1845－1927)　字鉴渠。70岁后,号称无须老人。海门县久隆镇(今启东市境)人。18岁时,赴京捐得清兵部车驾司,1年后还乡,被海门厅委为小安沙沙总。

沙自幼爱好书法,常在家门前大青石上练字,天长日久练得一手好字。其书承王羲之父子、玄宰、董其昌诸家之长。草书得王氏父子遗韵,行书颇似康熙,稳健遒媚,造诣较深。

民国元年(1912)春,沙去苏州游玩,正巧“玄妙观”开业,主人欲请名书家题一匾额,有几位高手挥毫书写,均不中意。沙先生经友人推荐,当场握笔饱墨,潇洒运笔,“玄妙观”三字落笔纸上,主人一看大喜,后请精工制匾,挂于正门中央。从此,沙玉沼书名大振,令苏、沪书法家赞叹不已。

沙玉沼的书法在海门、启东、南通、崇明、苏州等地颇为有名,还缘自其“沙玉沼当官”“沙玉沼卖宅”等民间传闻及五尺七言白宣对联,联语为“平生能著几两屐,长日惟消一局棋”,上款为“云卿尊兄雅属”,下款为“沙玉沼时年七十有一”。钤印两方:“沙玉沼印(白)、鉴渠(朱)。”

沙先生的书法真迹藏于启东文物馆。民国时期,给海门工商界著名人士郁芑生捐资建造的茅家镇东、西两寿丰石桥题写桥名,为启东二效镇十条石桥题名,其中有“任驷马高车,一片康庄通二效,缓吉金乐石,数行款识齐千秋”,时至今日还在。海门文化馆还收藏到他题写的扇面。

沙玉沼亦是当时的社会名流,与许多名人、绅士都有交往,其中与张謇的关系比较密切。民国11年(1922)农历五月二十五日(7月1日),张謇先生七十大寿时,沙以张謇世弟兄的名义参加祝寿活动,并撰写长篇祝寿文稿,以示庆贺。民国13年秋,沙玉沼八十诞辰之日,张謇撰有寿联相祝:“无方而富,寡疾难老;乐易长寿,美意延年。”

龚其伟(1865－1928)　字颂墀,晚号尊任,邑人尊称文毅。海门县麒麟镇人。清代贡生。历任海门师山书院院长、中学教师,续修《海门县志》总纂,江苏省议会议员。民国8年(1919),考中北洋政府高等文官,至内务部任职2年后,告老还乡。

广泛搜集四部(经、史、子、集)之书,特别收藏了很多清人别集,家有藏书10万余卷。一生致力学问,对秦汉以前的诗文著作,稍有涉及;而对清代的,则无不浏览,并且反复玩味探索过。

著作有《尊任堂诗话》2卷、《尊任堂文稿》4卷、《尊任堂诗抄》2卷、《尊任堂宣南吟稿》2卷、《尊任堂白下唱酬集》2卷、《十三经难句解》4卷、《周秦诸子辑要》8卷、《通鉴分类辑要》16卷、《尊任堂随笔》2卷、《党德论》2卷、《尊任堂楹联》1卷、《尊任堂论古文钞》6卷等多种。续修《海门县志》,积稿盈尺。后因内部矛盾,功败垂成。民国17年,在修志局召开会议时受刺激而卒。

徐　玮(1903－1928)　原名徐宝兴,化名梁栋、南方、秦明、谢公弢、胡公达。海门县磨框镇(今海门市德胜镇)人。民国5年(1916)考入私立海门中学。“五四”运动爆发后,因经常走出校门,宣传抵制日货,号召取消丧权辱国的“二十一条”,被校方以“鼓动风潮”为由开除。民国9年秋,入苏州东吴大学预科读书,在这所教会学校里,为宣传新思想,传播无神论,又被开除。民国11年,转学至上海,先在南方大学学习,后在国民大学英国语言文学系读书,民国15年秋毕业。

民国12年冬,加入中国社会主义青年团。翌年,转为中共党员,任小沙渡团部委书记。他积极从事工人运动,在上海沪西小沙渡创办工人夜校和沪西工友俱乐部。因在“五卅”运动中表现出卓越的组织才能,被赞为“很好的宣传鼓动家”、上海工人运动和学生运动的“四大金刚”之一。民国16年1月，被选为共青团江浙区委书记，提出要培养青年工人中的积极分子加入团组织，并向农村发展。3月，在上海工人第三次武装起义中，徐玮一直与周恩来、罗亦农等领导坚守在战斗最激烈的闸北前线。这次武装起义胜利后，徐玮被选为上海市临时政府委员、中共上海区委主席团成员，负责宣传工作。蒋介石发动“四一二”反革命政变后转为地下工作。后到武汉，出席中国共产党第五次代表大会和共青团第四次全国代表大会，被选为团中央委员。9月，调任中共浙江省委常委兼共青团浙江省委书记。撰写《告青年学生书》，印2000份散发各地，对青年影响较大。11月初，中共浙江省军事机关遭破坏，波及团委，他和曹仲兰等4人不幸被捕。在狱中，义正词严，表现了共产党人的英雄气概。次年5月3日，徐玮在杭州清泰门外壮烈牺牲。

沈肇州(1858－1929)　又名其昌，号绍周，别名聆音散人。海门县陈三和桥(今海门镇)人。幼年入私塾读书，其父又邀请黄秀亭等二琴师(一擅琵琶，一擅二胡)教他弹奏。22岁中秀才。经勤学苦练，琵琶演技日趋成熟，从演奏老板、快板到苏合、扬合，直至演奏高难度的名曲《十面埋伏》，皆十分娴熟。其后，又以琴会友，遍访名师，练就绝技，达到指力坚强而清脆，音响明快而凝重，绮丽而不失庄重，悲壮而不滞涩的地步。

民国7年(1918)，孙中山慕名特邀沈肇州赴沪演奏，一曲罢了，再请一曲，孙中山连连称赞，“我从未听到像你这样清脆、高雅出神的琵琶声，堪称绝艺”。从此，琵琶大师之名不胫而走。上海英商百代公司邀请他灌制《汉宫秋月》《昭君怨》《十面埋伏》3张唱片。沈肇州先后在通州师范(今南通高等师范)、南京高等师范(现东南大学)任民族器乐教师，琵琶演技得到更广泛传播。民国11年，因病辞职回乡。晚年著有《瀛洲古调》《音乐初津》等书。

唐楚云(1897－1930)　原名唐树森，又名唐树超。住南通县余中区博爱乡(今四甲镇境内)，以后迁至新街(今货隆镇)。父母以租种地主土地为生，弟妹5个，他为老大。唐楚云在小学求读时，学习成绩名列前茅。毕业后，因家境贫困，辍学在家，老师们为之惋惜，拼凑一部分钱，鼓励唐楚云到南通城继续上学。为避免家庭阻挠，一天，他将拾粪工具和鞋子丢在河边，装着投河自尽样子，赤脚跑到南通城进入省第一代用师范(今南通高等师范学校)。一个月后，唐写了一封长信给父母，诉说自己求学的欲望和抱负，请求二老原谅自己幼稚做法。在“五四”运动影响下，唐楚云积极参加罢课游行示威，撰写《五四》《黄昏》两篇文章，表示对社会不满和以身报国决心。民国13年(1924)，去上海龙门师范深造，并加入中国共产党。蒋介石发动“四一二”反革命政变后，唐受党组织派遣，回到通东地区开展工作。是年秋，进入余东行政局公安股任股员。不久，任南通总工会筹备委员会委员兼组织部部长，利用合法身份，去大生一厂、铁厂发动群众，发展党的组织。后因一叛徒供出唐的身份，遭到当局通缉。民国17年上半年，唐楚云任中共南通县委委员、余中区区委书记。他在农民积极分子中，先后发展数十名党员，建立党支部，发动群众组织土地会(后改为农民协会)等。民国18年2月，县委在通东4个区建立武装小队，唐楚云为余中区队负责人。从这时起，公开打出红军的旗号，开展游击战争，在极其艰苦的环境中，领导游击队，依靠群众，坚持原地斗争，受到县委的表扬。民国19年4月，中国工农红军第十四军1支队成立，唐楚云负责1支队1大队的政治工作。3月19日，红军在三益乡小渔渡生俘7个从四杨坝下乡捉拿盐贩的盐警，押到部队驻地后，经唐楚云耐心教育，盐警不但提供了四杨、四甲坝两处据点的统一口令，还愿意一起参加战斗，从而为后来顺利攻下这两个据点提供了有利条件。5月，1支队改编为2师，下辖3个大队，唐楚云任3大队大队长。唐楚云多次领导和参加攻打余东、汤家苴等重大战斗。是年6月9日，唐楚云领导红军一部，在新街与省警察总队余世梅部遭遇，在激战中壮烈牺牲。

仇建忠(1902－1930)　南通县三益区草蓬镇(今货隆镇)人。少时先后在石头镇初级小学、通源镇高等小学读书。毕业后，考取省第一代用师范。随着“五四”运动的发展，仇建忠开始受到反帝爱国思想的教育。民国10年(1921)，通师毕业，回家务农。时曾在上海大学读书的共产党员俞海清和仇建忠弟弟仇恒忠回到通东老家开展革命活动，在他们的教育下，仇建忠于民国16年秋加入中国共产党。翌年冬,负责中共南通县委在三益区草篷镇举办武装训练班,指导十几名机智勇敢的青年党员受训,学习射击和修理枪支等基本技术,培养武装骨干。民国18年初,县委在通东4个区成立武装小队,并任命仇建忠为三益区队负责人。2月9日夜,仇建忠率领的游击小队一举攻下八索镇国民政府县政府警察局,俘敌10多人,缴获手枪1支、盒枪3支、步枪7支,首战告捷。民国19年2月,中共通海特委在草篷镇召开群众大会,宣布成立中国工农红军江苏第1大队,仇建忠任大队长。3月22日,又率领第1、第3中队300多名红军战士,攻打敌据点四甲坝。是夜二更时分,率领战士冒着细雨和寒风,从丁家园出发,埋伏在四甲庙内。仇建忠一声令下,战士突然袭击,一举攻克西市梢沈树堂宅上的县警察大队3中队部和警察局、区公所,缴获长短枪百余支,手提式机枪2挺,打死区军事助理员凌霄,活捉区财政助理员陈卜纬,救出红军战士和群众20多人。4月,中国工农红军第十四军成立。仇建忠任2师1大队大队长。6月9日,在新街附近,被三余镇出动的省保安队包围。在激战中,仇建忠右上胸中弹负重伤。突围后,组织上派政治交通员王章扣将他送往上海养伤,因医治无效,不久去世。

俞海清(1904－1930)　南通县余总乡(今王浩镇)人。江苏省第七中学(今江苏省南通中学)毕业后,考取上海大学,时瞿秋白、恽代英等在该校讲课,俞海清受到革命思想的熏陶。"五卅"惨案发生后,积极投入运动,进一步受到锻炼和教育,并加入中国共产党。蒋介石发动"四一二"反革命政变,俞海清受党的派遣,回到老家,从事党的开辟工作。先后在石头镇小学、余东第九高级小学任教,同时任国民党南通县第二分部执行委员。俞海清白天教书,晚上到农民家中宣传革命道理,发动群众开展抗租抗税斗争,并在积极分子中先后发展俞金秀、仇建忠等一批共产党员。民国17年(1928)春,建立通东第一个中共支部,俞海清任支部书记。是年秋,任中共余东区区委书记、南通县县委委员。10月23日,获悉汤家苴(今王浩镇三合村)恶霸地主汤廉臣为嗣子结婚去余东采购礼品,及时派人将情报送到红军游击队手中。第二天上午,在王灶河渡口将汤廉臣活捉,后以武器交换进行谈判,未成,决定攻打其老巢汤家苴。汤家苴地主对俞海清十分痛恨,并勾结国民政府军队,放火把俞家的住房全部烧光。此后,其家属不得不暂时避居上海大场。民国19年5月,俞海清在红十四军2师1大队担任领导工作,参加和指挥攻打四甲坝、余东镇、汤家苴等战斗。是年7月22日清晨,带领红军一部,在西小川港姜家大园(今四甲镇东南村)被四甲坝出动的保安队包围。在激战中,为避免遭到更大损失,俞海清便命令部队突围,自己留下掩护,不幸身中数弹倒入河中,英勇牺牲。

陆　克(1905－1930)　原名家骧,又名陆骧、洛克、克、轶群、黄志高等。祖籍海门厅,后迁居东台县,出生于东台县东台镇。16岁小学毕业后因家境贫寒,进台城德安钱庄当学徒。民国12年(1923),就读于私立海门中学。民国14年,进南通崇敬中学读高中。在校期间,深受俄国十月革命及"五四"运动影响,酷爱新文化,开始接受马克思主义,有机会和中共党员黄逸峰经常接触,思想觉悟迅速提高。为配合全国反帝反封建运动,带领同学游行示威,抵制英货、日货。民国16年,加入中国共产党,担任崇敬中学学生会主席。是年下半年,陆克调到南通县东部四甲、余东、包场及海门县东部的常乐、二匡、海复镇等地开展农民运动,并担任中共海门县委委员。12月,在海门下沙海复镇和地下党员谢之屏接上关系,组成临时党小组,他任组长。在第一次党小组会议上,讨论决定将党的斗争重点放在通海垦牧公司。次年春,临时党小组扩建为党支部。随着党员队伍不断扩大,不久,垦牧地区又成立区委。民国17年11月,中共南通特委在海门茅家镇召开通、如、海、启、泰、靖6县县委联席会议,指定陆克担任中共海门县委书记。民国18年,党的组织扩展到茅家、三阳、悦来、海复、曹家、灵甸、二匡镇及大生三厂等地,全县建4个中共区委,19个党支部,2个独立支部,党员发展到290多人。陆克认为,只有奋斗,才可给穷人生路,斗争和胜利,才是人生。

民国18年5月上中旬,陆克又一次到海复镇检查党支部工作,听取海复党支部江允升等关于垦牧公司头目剥削佃户情况及垦区佃农斗争情绪的汇报后,决定到蒿枝港大闸工地,发动员工向公司头目进行说理斗争,要求发放开河工钱。陆克等装扮成游览大海和水闸的"旅客",负责现场指挥。一经宣传鼓动，群众就自发在工地上罢工。公司头目、监工黄延久答应给民工付工钱，并签了字据。谁知黄延久回公司后赖账。陆克指示民工不要走，继续斗！民工们饿了，自己动手烧饭吃，坐在公司大厅不走。最后，这家公司在200多民工的齐心斗争下，只好按每垅田付银圆3块，还答应竣工时工钱全部付清。

民国18年夏，陆克等在茅家镇羊园角南头的高隆吉香店创办出售进步书刊的金星书店，经销《向导》《共产主义ABC》《中国青年》《学灯汇刊》等一批进步政治书刊和新文化书籍，传播革命理论和科学知识。同时，以书店为掩护，从事地下党活动，成为县委秘密联络点。

民国19年5月，陆克从东部地区转移到海门西乡活动，由于一个姓周的叛徒出卖，不幸被国民党当局逮捕。当时，国民党特务机关视陆克为"共党嫌疑分子"，虽多次审讯，严刑拷打，但他都未承认自己的身份。后来自称国民党又称第三党的政治流氓秦冠夫，一口咬定陆克是共产党海门县委负责人。陆克在狱中、庭上、刑场都坚贞不屈，视死如归，保持了共产党员高尚的革命气节。是年10月的一天，国民党当局把年仅26岁的陆克杀害在茅家镇，还把他的心和肝挖出来炒了吃掉。

秦　超（1905－1930）　原名秦志铭，化名若醒。湖北枣阳县人。幼时，在亲戚帮助下，进入枣阳县城私塾读书，后转入高等小学。民国14年（1925），考入枣阳县立白水中学。在教师赫季异启发教育下，第二年加入中国共产党，为枣阳县共产党的创始人之一。民国16年，受党组织派遣前往苏联，在莫斯科东方大学中国特别军事政治班学习。一年后，转入莫斯科高级射击学校和步兵学校中国连学习，任该连共青团支部书记。民国19年4月回国，与黄火青一起在中共江苏省军委（驻上海）工作。不久，被派往苏北通海游击区（海门县境内），任中国工农红军第十四军2师师长。5月，在攻打地主白龙党老巢汤家苴战斗中，不幸中弹牺牲。

张佐虞（1873－1932）　又名树典。海门县麒麟镇人。其父张如峰系清朝议大夫。张佐虞为前清秀才，毕业于日本东京警察学校。回国后，任南通警察学校校长，著有《违禁律》一书。民国元年（1912），任海门县议事会议长。民国2年，任海门县路二处处长、款产处处长。民国7年，投身实业界，历任如皋大来盐垦公司、东台通遂盐垦公司、通海垦牧公司经理。民国8年，军阀孙传芳部攻打江苏，派兵进驻海门，敲诈勒索，无恶不作。一次向各商店勒索巨款，并扬言如不出钱即纵火抢劫。此时，张佐虞挺身而出，与孙传芳部交涉获胜，保住商民的生命财产。民国10年，任江苏省参议员。在任职期间，主持绘制海门全县详细地图，为疏通河道，拓宽马路，建造桥梁，架设电线，开辟长途汽车路线，发展水利交通事业，以及围垦造田，开发滩涂，做出了贡献。

周趾麟（1911－1932）　又名子林、志麟、慈昌、小周，化名胡阿毛。生于崇明外沙永昌镇（今启东市境）。幼年丧父，由其兄胡元礼抚养长大。民国14年（1925），考入海门中学读书。民国16年，在同学黄家骏、王兴宇等中共地下党员影响下参加革命活动。民国17年，加入中国共产主义青年团，不久，转为中国共产党党员。他多次发动学生运动，在海门中学对面办起一所夜校，一面教群众学文化，一面宣传革命道理，后来夜校成了党的秘密活动场所。民国18年3月，担任共青团海门县的领导工作，同时兼任共青团海门中学支部负责人。由于他的努力，海门中学的共青团组织迅速发展壮大，并控制了学校的学生自治会，共青团的影响还扩大到其他学校。周趾麟列席县委重要会议，成为县委的得力助手。

民国18年6月，县政府阴谋逮捕周趾麟。他得悉后，离开即将毕业的海门中学，回到家乡启东，全身心投入革命，在郁家村等地积极建立党组织，发展党员。不久，担任共青团启东县委书记。翌年，参加启东地下党组织的"八八暴动"。暴动失败后，许多共产党员、革命群众被捕被杀，县委领导成员大多避居外地。周趾麟主动要求坚持原地斗争，承担起全县党的组织领导工作，恢复建立党组织，重新组建一个武装小组，经常袭击下乡的县公安局"飞行队"和警察。他有时背上一只药包，装成"走方郎中"；有时穿着粗布短衫，扮为"乡下人"，走村串户，做发动群众工作。

民国20年3月，根据中共江苏省委指示，周趾麟兼管海门党的工作。4月，召集县委会议，派出以徐宝珍为首的行动队,一举击毙镇压沙家仓农民运动的元凶沙氏地主“九粮户”。是年6月,海、启两县委合并为启海县委,周趾麟担任县委书记。在革命低潮时,不顾艰险,带领启海地区的党员和革命群众同反动派殊死斗争。经过努力,把党的活动范围逐步从启东向海门转移,相继开辟茅家、三厂、通源、连元、常乐、麒麟、癞疤等镇新的活动区域。同年冬天,他主持召开启海县委会议,调整加强县委领导力量,并组建党的武装,自己兼政治委员。会议还决定在启东二厂、海门三厂开展工人运动,使两地掀起新的革命浪潮。民国21年初,他亲自领导海门中学地下党组织,发动学生罢课,反对校方开除地下党员学生,坚持斗争长达半年之久。“一·二八”事变后,根据上级党的指示,广泛发动群众参加抗日活动。春天,周趾麟派黄冠球等地下党员联络进步学生,组织海启民众反日会(简称“民反会”)。不久,民反会在常乐镇召开群众大会,揭露日本侵略军侵华罪行,号召各界民众起来抗日。会后,散发传单,大造舆论,有力推动启海抗日救亡运动的开展。4月5日,周趾麟和县委军事委员刘志成率领县委行动队,镇压麒麟、连元镇等地的恶霸地主,以及三区保卫分团团长陈元芳等。周趾麟组建启海民众抗日联合会,向群众报告国家遭日本侵略军侵犯,同胞被屠杀的情况,激起民众强烈的爱国反日热情。

是年5月20日,战士顾朝选被国民政府海门县政府逮捕后招供,致使周趾麟和其他7位同志当晚在癞疤镇被捕。南通中心县委书记黄家骏得悉后,立即赶往海门召开紧急会议,组织营救。但由于叛徒出卖,营救无效。国民政府启东县政府县长费公侠亲自赶往海门审讯。6月,周趾麟被押上“靖东”舰引渡到启东后,敌人多次施以惨无人道的酷刑,他大义凛然,连看守的士兵也只得承认“真是好样的”。民国21年7月1日夜,周趾麟在被押赴刑场时,高呼:“我们共产党人是杀不完的!”“打倒国民党反动派!”“共产党万岁!”在汇龙镇南娘娘庙前英勇就义,年仅22岁。

黄家骏(1909－1933)　又名黄骏声、黄叶声,化名木冬。海门县下三和镇(今万年镇)人。民国14年(1925),黄家骏在海门读书时,参加当地学生组织的上海“五卅”惨案后援活动,不久加入中国共产党。民国18年3月,他离开学校,担任中共海门县委委员,积极协助县委书记陆克多次领导学生、工人运动,特别是大生三厂的罢工斗争。翌年,在黄家骏领导下,以周趾麟等共青团员为骨干,发动反对反动校长黄旦声的学潮。他还和陆克在茅家镇羊园角开办金星书店,实为县委联络机关。此时,利用工作之便,如饥似渴地学习进步的社会科学书刊,如布哈林的《共产主义ABC》和党中央的机关刊物《布尔什维克》等,思想觉悟有了很大提高。10月,县委书记陆克牺牲,黄家骏接任中共海门县委书记,并由县城转到农村,继续开展斗争。是年秋,南通东乡农民暴动失败,党组织遭到极大破坏。10月28日,他以海门县委名义向省委作《关于工人斗争的形势和工人工作策略的报告》,被中共通海特委批转各地。民国20年年初,南通特委及南通县委组织遭到破坏,黄家骏受中共江苏省委派遣到南通,恢复南通师范、南通女子师范、崇敬中学等校的党支部,以后又恢复中五区等地的党组织,重组中共南通中心县委,恢复中共南通县委,并担任中心县委书记兼南通县委书记。

民国21年6月,黄家骏奉调上海任中共江苏省委巡视员。次年初,仍回南通领导革命斗争。2月上旬的一天,他同中心县委军委负责人顾庆龙等在南通县十总店东南柏树墩附近遭国民党特务跟踪追击,寡不敌众,被捕。在秘密审讯中,国民党人施用种种酷刑,黄家骏始终坚贞不屈,严词正告他们:“革命虽然暂时遭到挫折,尽管国内外反动派一时猖狂,但正如俄国的沙皇和克伦斯基政府终于覆灭,布尔什维克终获胜利一样,蒋介石政府一定失败,中国革命一定胜利。”2月11日下午,黄家骏高唱《国际歌》,英勇就义。

俞甫才(1906－1934)　化名俞大明、俞子明、俞舍吾、张正华、张一松,崇明县北排衙镇人。民国6年(1917),在陆铁强父亲陆伯良开设的布庄当学徒。民国15年3月,与陆铁强一起到广州农民运动讲习所学习。同年9月,以中共江浙区委特派员身份回到崇明工作,建立30余人参加的农民协会。不久,即与陆到西沙领导农民开展减租斗争,组织县农民协会,发动佃农开展抗租斗争。

民国16年9月,第一届中共崇明县委成立,俞任县委书记。按上级党的布置,积极准备于11月

15日发动暴动。俞会同上级派来的军事人员以及该县农民运动骨干，研究和制定暴动计划，成立崇明县工农革命军联军总司令部。11月11日，县政府派兵至总司令部烧屋捉人，搜出图章，暴动计划泄露。俞甫才立即组织农民运动骨干转移到上海浦东等地，自己仍在原地坚持斗争。12月，俞的战友、海门县委书记沈惠农在海门牺牲后，江苏省委决定调俞任海门县委书记。民国17年3月，俞去大地主陈兆其家（海门下沙，今属启东）筹措革命经费，不幸负伤被捕，被关押于海门县监狱。国民政府海门县政府县长亲自审讯，严刑逼供，俞坚强不屈。在狱中备受折磨，腿伤十多处溃烂生蛆。同狱难友用镊子为他捉蛆，他强忍疼痛，不吭一声，深为难友们钦佩。民国20年，经陆伯良设法营救，获保外就医。回崇明后，即与地下党组织接上关系，任县委委员兼秘书。民国23年春，俞甫才劳累过度，旧伤复发，由党组织送往上海医治。3月12日，因医治无效逝世，时年29岁。

张孝若（1898－1935）　原名怡祖。张謇45岁喜得这贵子，十分重视儿子的教育，亲自制定教育方案。光绪三十年（1904），特从日本聘来幼儿教师森田政子为家庭启蒙老师，并自写儿歌由森田谱曲教唱，名为《池中金鱼》："风吹池面开，一群金鱼排；小鱼摆摆尾，大鱼喁喁腮；白鱼白玉琢，红鱼红锦裁。"还写了一首《风车》，歌词是："风车兮风车，圆转兮不差；车之捷捷兮，风之不息兮。"并教育儿子学习古乐府诗和唐诗，使之从小奠定扎实的国文基础。翌年，入通师附属小学读书。

民国2年（1913），张孝若离家去山东青岛，就学于德国人办的教会学校。民国6年，去美国加州大学深造，次年回国。民国9年，任南通淮海实业银行总经理。同年，任南通县自治会会长。民国10年，在南通创设南通棉业、纱业、证券、杂粮联合交易所，任交易所理事会理事长。民国11年，张孝若被北洋政府任命为考察各国实业专使，去美、英、法等9国考察实业。民国13年回国后，被任命为中国驻智利公使（未莅任）。民国14年，上海银团接管大生企业后，任大生纺织公司董事长。民国15年，任扬子江水道委员会委员长。

民国15年8月，张謇因病逝世，张孝若痛不欲生，一字一泪写下《告父文》祭文。为纪念其父，继承父业，孝若以悲痛之情，还撰写《张季直先生传记》，并组织班子协助整理出版《张季子九录》等。同时，花费巨大精力，清理张謇在建设地方事业方面存在的经济缺口，以家里当时应得的收入和私人积蓄补上，轧平各企事业账目上的缺欠。他对家人说："我已将两件大事办妥，尽到了责任，感到一身轻松了。"

张孝若思想开明进步，不因循守旧，能顺应时代潮流。女儿在师范读书时，老师倡导白话文，女儿写信，开头不用"父亲大人膝下敬禀者"，而改用"亲爱的爸爸"，张孝若收到信后，大为赞赏，说白话文有利于大众相互交流，改变文言文不易普及的弊端。他还说："我家虽为封建家庭，但是不重男轻女，女儿读书好，学习上进，同样继承祖业；男孩如不好好读书，不求上进，照样可以逐出家门。"

张孝若还任南通大生纱厂董事长、南通学院院长等职。在事业正如日中天时，不幸在上海寓所遇刺身亡。

刘清标（1880－1936）　字光海。海门县中兴镇（今三厂镇）人。幼时，拜宿儒黄祥卿为师。乡举未中后，被聘为塾师。平时身体虚弱，在训蒙之余，还浏览各种医书，以术自疗，寓为亲友疏分，每能立手而痊。中兴镇养益店老板知道刘清标对医理很有研究，经共同商议，合办一所中兴医药专门学校，地点设在中兴镇张家宅。首届毕业的学员吴考槃、陈江岷、石道平、袁百川、沙伯卿、张善培等，都成为海门医界名流。后与启东士绅沙玉台洽谈，遂徙校于启东久隆镇北倪家仓。校舍宽敞，设备完善，增加招生名额。但因地处偏僻，再次迁校于上海浦东杜家行。办学不久，江浙齐、罗两军阀混战，浦东沦为战场，人心惶惶，无法继续教学，遂解散回故里。民国14年（1925），自办刘氏中医专门学校，于家乡招收学徒，传授医道，为海门培养数以百计的中医。民国20年，海门县中医公会成立，刘清标被推选为第一任会长，后因无力兼顾会务而辞职。刘清标以《医宗金鉴》为授业教本，有"理求精当，不尚浮奇，据古义而得其变逾，酌时宜而求其证验"著称。他平生治学，至平至正。所遗医宗60首，由其哲嗣刘明理整理，收辑于《老中医经验选》卷首。

沈云浦（1867－1937）　号白鹤道人。海门县人。青年时目睹瘟疫流行,遂立志学医。他非常刻苦,凡能找到的医书一一认真研读,博采众方;凡医者都视为自己老师,虚心求教,兼收并蓄,参与己得,渐渐地学识经验都丰富起来,医名也日盛一日。沈氏内、外、杂病皆熟谙,尤精于诊治时疫瘟病。为普救贫病之危,他将临床积累的经验编成《家庭良医》2卷,搜罗急症、五官、皮肤、内、外、妇、儿、骨、伤等83种常见疾病症状和治法,详列单、复、验、秘诸方及各类药物和服法等内容。《家庭良医》通俗易懂,适合多数文化水平不高的群众阅读。民国16年(1927),沈氏以私蓄付印若干册分赠乡里,受益者甚众。

李素伯(1908－1937)　原名文达,字素伯、质庵,号梦秋、梦秋子,笔名所北。生于海门县中和镇。7岁丧父,因坍江,母子三人迁居海复镇。10岁时母去世,兄弟俩全靠姨母扶持。先后就读于海复初小、垦牧高小、江苏省第一代用师范。民国17年(1928),以优异成绩毕业于南通中学师范班。历任南通实验小学、南通乡村师范国文教员。民国22年,回到通师教授国文,自选教材,自创教法,坚持“文以载道”,用进步作品中的崇高思想、情操感染陶冶学生。指导学生自编文艺期刊《爝火》,用优秀文学作品激发学生对文学的爱好,多方面提高学生文化素养。

20世纪30年代,李素伯是一位颇有成就的青年作家。创作旧体诗词数百首,发表于《艺风》《爝火》杂志的有:《思往事八解》《春之夜》《信》《偶感》《挽庄弟》《重来濠上》《次韵谢怡师赠言》等。在《学艺》和《文学》杂志发表《中国诗人与自然》《漫谈新诗》两篇很有见地的诗歌创作理论方面的论文。其文学成就,主要表现在散文创作和理论研究上。他写了不少散文,其中能够收集到的发表于《中学生》《艺风》《爝火》杂志的有10多篇。散文理论研究论著有:《小品与大品》《自己的话》《小品与有闲》《旧调重弹》《小品文研究》等。他的散文,敢于面对现实和人生,富有独到的见解,隽永清丽,抒情真切,在思想性、艺术性上达到相当高度。发表于《中学生》杂志上的《春的旅人》,脍炙人口,曾被选入北新书局的活页文选和不少学校的语文补充教材。李素伯的笔名被编入民国27年的《现代中国作家笔名录》、70年代的《二十世纪中国作家笔名录》《中国现代文学作家笔名录》等专著,《现代文学辞典》也收录他的资料。

李素伯多才多艺,不仅精于诗文,还工于书画。《抚朽道人山水图》这幅熔书画于一炉的杰作,现藏于南通博物苑。

朱南山(1872－1938)　字永康。海门县四甲乡人。幼年好学,常以“不为良相,当为良医”自励。师承沈锡麟,宗张子和学派。始在家乡行医,擅用伤寒大方,长于妇科。朱氏提出调血气、疏肝气、补肾气为妇科立法之大纲。用药强调“药必对症,用必够量”的原则,并有“药不中鹄,箭成虚发,过量损正,多贻后患”之说,且善采民间验方。后至上海,以对时疫重症速效而著名。对妇科有深入研究,求诊者众,为当时上海十二大名医之一。其医学精华辑录于《近代中医流派经验选集》。朱南山曾发起组织上海市国医公会,以联络中医界同道,发扬中医学、培养中医人才为己任。20世纪30年代,集资创办上海中国医学院,虽遇种种困难,但办学之志始终不渝。

郁仁治(1905－1938)　海门县天补乡人。民国13年(1924)毕业于私立海门中学。后经其兄郁仁麟旧日同窗、山西省督军李烈钧推荐,自费去日本东京陆军士官学校工兵科学习。民国18年夏,学成回国,被任命为国民革命军教导第一师上尉教官。翌年5月,调任宁、镇、澄、淞四路要塞司令部工兵训练处少校连长,后奉命调陕西刘茂恩部任职。不久,复调南京筹建工兵学校。该校建成后,留校任中校、上校教官。民国21年1月28日,日本侵略军发动侵华战争,郁仁治奉命赴上海,在国民革命军19路军翁照垣旅指挥部任参谋,负责设计构筑上海市区防御工程,并上前线参战,深得抗日名将蔡廷锴赏识。战争结束后,复回南京工兵学校任职。离开19路军时,蔡廷锴送望远镜、军毯、铜质水壶等物,以作纪念。回校不久,被调往江西省南城县国民政府军队某部工兵营任上校营长。民国26年,抗日战争全面爆发,郁仁治被调往青岛任国防工程处处长兼军警督察处处长,后因日本侵略军逼近,奉命撤退。撤退前,郁下令将青岛几家日商纱厂焚毁。尽管日商事先曾托人贿以巨款,请求保住纱厂,还是被他严词拒绝。后调任国民政府军事委员会参谋部高级参谋。民国27年1月，郁仁治被派往山东前线，任山东省第一区专员兼军事特派员，授少将军衔，在肥城、长清、东阿、平阳等县组建抗日武装，与日本侵略军进行数十次战斗。其间，数次在家信中向亲人表达时刻准备为祖国捐躯的决心。同年11月27日，郁仁治带领1个团，驻在肥城西南演马庄，拂晓前忽遭日本侵略军步、骑、炮、空联合部队千余人袭击。他率部反击，激战数小时，予敌重创。终因日本侵略军大举增援，腹背受敌，陷入重围。敌首因知郁曾留学日本，喊话劝降，并许以高官厚禄。郁严词拒绝，痛斥日本侵略军，消灭日本侵略军数百人，并奋勇突围。郁仁治在突围中身负重伤，抢救无效，壮烈殉国，时年34岁。12月23日，山东旅外同乡战地服务团在重庆举行山东抗日殉国诸先生追悼大会，国民政府行政院长孔祥熙等600余人出席，国共两党领导人蒋介石、朱德、彭德怀等送挽联。郁仁治殉国后，被追授中将军衔。1952年，海门县人民政府追认其为烈士。

王尘无（1911－1938）　原名王承谟。海门县汤家镇（今三厂镇）人。小学毕业后，转入泰兴镇东洲国文专修学校补习。不久，入进步人士龚庭槐创办的粟寰补习学校专修国文，成绩优异。民国16年（1927），考入无锡国学专修馆，继续攻读文学，两年后毕业入上海持志大学深造。求学期间，结识不少共产党员和进步人士，思想觉悟提高很快。民国19年，加入中国共产党。次年夏，大学毕业后回家乡从事革命活动。民国20年6月，任中共启海县委秘书。王尘无家成了革命活动点，并自备一架油印机，印刷不少党内文件及宣传品。民国21年初，组织海门中学学生运动，驱逐反动校长黄旦声，引起国民党当局注意。一天拂晓，麒麟镇保安队突然前来拘捕他，幸及时发现，邻居奔告，王尘无赴大新港乘小舢板登轮前往上海。是年春，与上海文艺界、电影戏剧界的进步作家和中共地下组织取得联系，参加左翼作家联盟，被选为左联执行委员，后又参加左翼戏剧家联盟。民国22年春，上海电影界成立中共党小组，王尘无为小组成员。后剧联又成立影评小组，王尘无为负责人之一，与夏衍、阿英、郑伯奇等经常撰写影评，宣传党的文艺方针，推荐进步影片。同时无情地揭露、抨击那些封建反动、庸俗低级的影片。他的文章笔锋犀利，受到广大读者的欢迎，成为很有影响的影评家。6月15日，在《时报》副刊上发表《电影在苏联》一文，系统地介绍十月革命后苏联电影的发展情况。民国22年，撰写《中国电影之路》，用马克思主义的世界观和文艺观，联系中国电影界的现状，精辟而详尽地论述中国电影界反帝反封建的方针和大众化路线，对国民党反动派扼杀进步电影提出强烈抗议。他还组织力量对"软性电影论"发起攻击，从理论上驳斥其反动实质，被誉为影评战线上的一员虎将。其主要影评文章还有《从浅薄说到滑稽》《上海电影刊物的检讨》《电影批评评议》等。民国25年冬，他肺病加剧，经济窘迫，贫病交加，后经朋友资助，去杭州疗养。在疗养期间，他写了《浮世杂拾》一书，从另一个侧面，反映他的思想艺术才华。抗日战争爆发后，虽重病在身，但仍念念不忘抗日将士，在《救亡时报》发表许多抗日诗篇。是年年底，病情恶化，经中共组织同意，绕道南通回海门家中养病，因肺咯血逝世。

张　詧（1851－1939）　小名长春，字叔俨，号退庵，晚年号退翁，张謇三兄。海门县常乐镇人。清咸丰七年（1857），与张謇同入私塾就读。光绪五年（1879）四月，报捐县丞。光绪九年（1883），在驻扎朝鲜的吴长庆军中帮办后勤事，后以军功保举知县签分江西。光绪十五年（1889），任南昌县帮审。光绪十六年（1890），任良口厘差。光绪十八年（1892）九月，任贵溪县知县。光绪二十二年（1896），奉湖广总督张之洞令，调任湖北宜昌川盐加厘局坐办。光绪二十五年（1899）九月，调回贵溪县任知县。光绪二十六年（1900）二月，补宜春县知县。张詧在任时，以干练之才闻名，深得民众爱戴。光绪二十七（1901）年，张謇请刘坤一协助，以洋务之名差调张詧回南通协助办纱厂，而江西巡抚李勉林未允，反调张詧任东乡知县。光绪二十八年（1902），张詧为处理当地乡民抗粮和与西洋传教士冲突，负债六千金，但因处理妥当，得到上谕传旨嘉奖。是年，李勉林调往广东，张詧因张謇电促，再次辞职而获准。回乡后，全力协助张謇开创各项事业，历任大生纱厂、崇明大生分厂协理，复新面厂、大生织物公司、大赉盐垦公司、大豫盐垦公司总理，通州劝学所总董，筹备自治公所董事会副会长，通崇海泰总商会、农会、水利会、南通港务会会长，南通纺织专门学校、甲种商业学校、医科专门学校校长或总董，南通女子师范学校名誉校长等职。宣统元年(1909)夏，江苏巡抚瑞瀓任命其为江苏农工商局办。宣统二年(1910)夏，辞职回乡。宣统三年(1911)武昌起义，南通光复，张詧被推为南通民政长兼总司令，力谋地方安静，南北统一。民国2年(1913)，辞职从事实业。民国3年，受张謇之托，招商集股创办大生三厂。是年冬，创办大有晋、大豫公司，任公司总办。同年还在家乡常乐镇经办张部高等小学。民国8年，在三厂镇经办"老老院"。

民国6至7年，在东台境内先后创办大赉、通赉、遂济、通济4个盐垦公司，并出任大丰、通济等盐垦公司总经理，具体组织领导大丰垦区的垦殖事宜。特别对淮南垦殖事业做出巨大贡献，对大丰经济结构调整、滩涂资源开发、现代农业发展和经济振兴作出努力，成绩卓著。他创办的大丰盐垦公司，成为淮南各盐垦公司之冠，垦殖面积、棉花总产均占淮南各盐垦公司的33%以上，对全国产生很大影响。

张謇任农商总长期间，南通实业、教育各事业均由张詧负责。南通事业兴旺，多为张謇所开创，而张詧则是一个重要助成者，通常张謇主于外，而张詧治其内，对大生企业管理致力尤多。

张詧工书法，亦能文，著有《县儒堂集》。

民国16年，北伐军攻克南通，他被举报为"土豪劣绅"，被国民政府通缉，逃往大连隐居。民国20年，张詧侨居上海。后在上海寓舍去世，灵柩归葬于南通城北钟秀山东麓。

谈觉农(1884－1939)　又名礼成。海门县常乐镇人。从小聪慧，爱好读书。南通师范测绘科毕业后，参加地方测绘工作。民国初，随张謇到扬州江苏省运河工程局任技正、代工程科长。后又奉派至苏北滨海、阜宁、东台沿海一带，创办垦殖事业，将海滨的盐碱地改造成为农田。民国10年(1921)，奉派至中原，在洛阳一带以江苏的赈灾款加上以工代赈，兴修水利。民国13年，被派往山东，任河务局总稽查、黄河督办公署总务处处长，以江苏的工款，协助堵塞黄河李升屯、黄花寺等两处决口及加强黄河堤岸的修复，历时两年有余。民国17年初，回江苏参加苏北导淮工程。民国22年，任国民政府海门县政府建设科科长，对海门的水利交通进行规划，新修茅家镇直达久隆镇的公路，疏浚、拓宽日新河等河道，建筑桥梁等。同时，大力推行公制度量衡等。民国26年，抗日战争爆发，弃职归家闲居。次年日本侵略军侵占海门，他避居上海法租界，与次女谈育平相依为命。终因困忧交集，病逝于上海。

瞿　犊(1913－1939)　字墨犀。崇明县人。在中学和大学时代，经常资助贫困同学。民国23年(1934)，上海吴淞中国公学文学系毕业后，在上海接办民华中学，创办振德中学并任校长。坚持进步办学方针，反对法西斯教育制度。同时，目睹"九一八"以后民族危亡迫在眉睫的现实，响应中国共产党建立抗日民族统一战线号召，进行团结御侮、反对内战的宣传教育，引起反动当局憎恨，遭到多次迫害。民国26年8月13日，日本侵略军进攻上海，瞿犊毅然辞去校长职务，离开上海，到久隆镇(今属启东市)姑母家，团结当地进步青年，搜集散落在民间的几支步枪，成立抗日游击队，并变卖他父亲在启东的140亩土地，作为游击队给养。民国27年4月9日，日本侵略军两艘内河汽船满载给养，由七八名日本侵略军护送，从茅家镇驶往汇龙镇，途经石硊港。瞿犊率部袭击，当场毙伤日本侵略军多人，截获弹药24箱、自行车19辆及其他物资。4月15日，日本侵略军经久隆镇撤回海门，瞿犊率领游击队与抗日义勇军预先埋伏，待日本侵略军进入伏击地点，两面夹击。虽未获重大战果，但鼓舞群众抗日信心，不少青年踊跃参加游击队。不久，游击队编入抗日义勇军，瞿被委任为副总指挥。5月，加入国民政府军第四区保安司令部特务总队，驻扎在南通县刘桥一带。瞿犊依靠当地民众，运用巧妙战术，多次粉碎敌人进攻。后因受特务总队排挤，瞿犊率部向曹家镇一带休整。此时，中共江苏省委委派王进前来瞿犊部队担任政训员，番号为通崇海启抗敌指挥部独立大队，瞿犊任大队长。时国民党顽固派与地方游击队相互勾结，排斥异己。瞿犊决定带一个武装小组返回崇明，并要求参加共产党，因时间仓促，未履行正式手续。回到崇明，受到乡亲们热烈欢迎，游击队得到很大发展。不久，将一支500多人的游击队改编为游击总队，驰骋在崇明岛上袭击敌人，特别是崇明西沙竖河镇一战，威震敌胆。民国28年1月6日，率领崇明游击总队过江到大生二厂附近驻防。江苏省保安五旅旅长兼海门县县长孙信符率部抢先进驻启东，国民政府苏北抗敌第二路指挥张翼亦率部星夜赶来，他们诬陷瞿犊的游击总队破坏全民抗战，扬言要消灭该部。孙诡称与瞿犊谈判，1月10日清晨，瞿犊为顾全大局，带几名警卫员从久隆镇驻地前往汇龙镇，瞿到达汇龙镇后与孙见面，但孙信符毫无谈判诚意。谈判开始时，海门县常备支队长张能忍亦在场，不久即先行离去。王进则于当天中午得悉谈判不利于游击总队的消息，不畏艰险，赶往汇龙镇。瞿犊遇到追去的王进，两人商定星夜离开汇龙镇返回部队。但途经合兴镇（今启东市境内）时，突然被预伏的张能忍部逮捕，并被施以酷刑。在瞿、王严正指责下，敌人既慌张又畏惧，恐怕泄漏消息，引起群众公愤，遂按原定阴谋，当夜把瞿犊、王进两位抗日英雄杀害。

王　进（1920－1939）　字玉珑，又名庆余。山西祁县人。民国26年（1937）7月，由太原市平民中学毕业后赴北京求学，正遇"七七"卢沟桥事变，即转至上海报考大学。时因"八一三"淞沪会战爆发，王进取消原来的读书计划.决心献身民族救亡事业。开始，在上海国际第二收容所担任新文字教育工作。由于认真负责，才干出众，学生由四五十人猛增到300余人。民国27年2月，入沪江大学附设的社会科学讲习所学习。为主持好所内的各种座谈会，经常忙得顾不上吃饭，以面包之类的方便食物，边工作边充饥。从社会科学讲习所出来后，从事上海《战声三日刊》战事报道。在报道中，恰当地描写各战场的情况，并正确地论证发展趋势，因而博得广大读者赞誉。民国27年7月，王进受中共江苏省委派遣，在瞿犊的抗日部队担任政训员，协助瞿犊改组抗日义勇军的领导，从多方面帮助瞿犊开展抗日武装斗争。7月的一天，瞿、王所部遭到土匪武装袭击，率部奋力夺围。瞿、王部队参加攻克金沙和保卫海门的战斗，均取得胜利。由于他具有沉着、果敢的作风，得到战士的信任和推崇。瞿犊部队从刘桥返回曹家镇驻地，改为独立大队，王进任政训处主任。瞿犊离开独立大队，去崇明从事抗日活动，留下的部队由王进等领导，继续从事抗日武装斗争。10月，王进离启东去崇明，与瞿犊再度合作，积极参加对敌作战。两人共同指挥堡镇、蚌壳镇、小竖河战斗。在斗争中，部队威信日益提高，得到蓬勃发展。民国28年1月6日，瞿、王率崇明自卫队进驻二厂附近，与留在海启的独立大队会合。1月10日晨，瞿犊前往汇龙镇与孙信符谈判。王进不见瞿犊回部，率战士赶往汇龙镇。当晚，王与瞿等6人离汇龙镇经合兴镇东市梢时，遭张能忍部伏击，被俘杀害。

张冠今（1888－1940）　又名张胡、沈则张，曾用名张冠军，笔名静观。海门县三和乡横板桥人。通过自学，考入上海龙门师范，在校阅读大量进步书籍，吸收新思想，与同学们讨论社会问题和国家大事。毕业后，先后在上海川沙县徐家路小学、龚路镇明强小学和潘家宅小学任教。民国14年（1925）初，由王剑山介绍加入中国共产党，同时参加国民党（属川沙县党部）。民国15年，遵照中共组织指示，回家乡从事建党工作。翌年初夏，海门第一个中共支部在三条桥（今三和镇双高村）建立，张冠今任支部书记。10月底，中共海门县委成立后，张冠今任县委委员。民国17年，由于斗争需要，辞去海门师范校长兼实验小学校长职务，改任国民党海门县党部宣传干事，利用这一合法身份，秘密进行党的宣传活动。《新海门日报》创刊后，任副刊《晨钟》编辑，用"静观"笔名，经常发表短评，抨击和揭露敌人的丑恶行径。民国22年，中共海门地方组织受挫，革命处于低潮，张冠今脱离党组织。民国25年12月，张被国民党当局逮捕，不久释放。民国29年，在家乡病故。1952年，县人民政府追认张冠今为革命烈士。

顾南洲（1898－1941）　化名周步云、张文瑞。出生于崇明外沙永兴镇（今启东市境）。民国12年（1923），通州师范毕业，回乡教书于永兴、北新镇等地。民国14年，去上海南汇教书，结识共产党员王剑三、侯绍裘，并加入中国共产党。民国16年初，经侯绍裘介绍，去设在武昌的江苏省党务训练班学习。其间，顾南洲介绍严大信去武汉农民运动讲习所受训。"七一五"蒋汪反革命合流，武汉形势紧张，训练班提前结束，适逢第四次全国劳动大会召开，顾南洲应邀参加。

同年8月，顾南洲辗转回到家乡，联络泰兴、如皋、海门、南通等地一批共产党骨干分子，在曹家镇秘密召开江北活动分子会议，研究这一地区党的活动内容，并在崇明外沙永兴地区发展党组织。顾南洲联合国民党进步人士，在崇明外沙组织富安、乐同、广益三个乡农民协会，发动农民与崇明地主展开减租斗争，组织数千农民示威，自任总代表，率领队伍前往崇明外沙行政公署请愿。民国17年2月，顾南洲任中共海门县委组织部部长(是年4至7月，因县委书记俞甫才被捕，临时负责县委工作，民国17年7月，李达三调任海门县委书记后停止)，经常往来于海门西乡和永兴地区，联络积极分子。当年6月，在永兴地区的瞿仓搞经济斗争时，顾南洲家和宅上办的小学被查封，顾与母亲转移到崇明。民国18年1月，中共启东县委成立，顾南洲为县委委员。出席江苏省委在上海召开的苏北地区(扩大)会议。顾南洲与县委其他成员一起，建立群众组织，发展党员，开展武装斗争。一次，带领一支赤卫队攻打惠安镇盐廒，缴获步枪10支。接着，他在上海的某机关做济难工作。李立三受到批判后，丢下一个女孩，由顾南洲设法委托战友谢庆斋抚养。

民国19年秋，顾南洲回启东参与领导旨在建立苏维埃政权的启东“八八”暴动，率领一支队伍冲进敌人监狱，救出一批被捕的战友和群众。暴动失败后，顾南洲去上海继续开展革命活动。民国20年底，与其他11名同志一起被捕，幸有第三党人士施方白尽力营救出狱。从此，他与党组织失去联系，与妻子施兰馨在上海办几所小学。民国22年后，在上海振德中学任教导主任。

民国26年“八一三”淞沪会战爆发后，顾南洲和振德中学校长瞿犊等回到启东，将大革命时期失散的党员、赤卫队员重新组织起来，挖出埋藏的枪支，拉起一支抗日游击队，并与国民党启东动员委员会接上关系。民国27年3月27日，日本侵略军首次侵占汇龙镇，顾部与费一夫的侦查队合并成立启东抗日义勇军，顾南洲被推举为副总指挥。4月5日，瞿犊和顾南洲等率部队，在石砣港打响启东人民抗日第一枪。接着，又在久隆镇首尾夹攻路过日本侵略军。为寻找战机，顾南洲率抗日义勇军3个中队去南通北刘桥严惩敌人，部队名声大振。5月中旬，抗日义勇军改编为特务总队第1大队，顾任副大队长。7月，顾南洲部回到曹家镇，遭到陆洲舫部队袭击。顾南洲率部向余西进发，和瞿犊1大队合编为通崇海启抗日指挥部独立大队，后改编为1支队第3大队，顾仍任副大队长。在南通县土地堂(今属海门市)两次伏击日本侵略军。其间，他多次设法寻找党组织，希望部队得到党的领导，经多方奔走，于民国27年年底和上海党的外围组织“武抗”接上关系。民国28年初，顾南洲与费一夫、曹持衡等部队联合攻打驻南清河的陆洲舫司令部。其后，省保安旅前来清剿，部队被打散，顾南洲再次集中散兵，加入启东人民自卫总队，编为1大队，任副大队长。不久，部队改编为江苏省民众抗日自卫队独立2支队(简称抗战支队)第2大队，部队驻扎在海门江家镇，顾南洲任总队部参谋。是年10月，2大队在凤凰桥被国民党顽固派缴械，部队解散，顾南洲闲居家中。

民国29年冬，新四军东进海启，顾南洲被安排到江苏省第四税务总处工作。民国30年春，任苏四区盐管局盐警队长，在苏北沿海地区开展税收工作。同年4月11日，被国民党顽固派董伯祥部逮捕，杀害于吕四东门来鹤桥。1951年，启东县人民政府追认顾南洲为革命烈士。

林　英(1906－1941)　原名邱搏云，又名邱逢葵、邱家道。广东普宁人。民国11年(1922)后，入四维小学、铜盂中学、大中中学学习。高中毕业后，与林赛琴女士(今定居香港)结婚。民国18年，离开家乡，前往暹罗(泰国)首都曼谷，在黄魂中学执教。一次校长无理解聘体育教师，林英等发动学校进步师生与校长展开激烈斗争。风潮结束后，林英和邱秉经等离开学校，创办崇实学校，在共产党员马大宁引导下，参加党的外围绕组织“苏联之友社”。民国22年春，离暹罗回国，进入上海大厦大学深造。学习期间，经徐扬介绍，参加中国共产主义青年团，不久转入中国共产党。林英发动和领导日商办的丰田等纱厂工人罢工，与资本家展开英勇斗争。同年9月，遭国民党特务机关逮捕，判刑6年，后经组织营救，于民国24年出狱。“八一三”淞沪会战爆发，受党组织派遣，参加由共产党控制的国民党军事委员会第三战区第19集团军司令部战地服务团。翌年7月，从服务团调出，编入第九战区长官司令部第二政治工作大队，在武汉周围进行抗日宣传活动。11月，国民党从长沙撤退时，放火烧毁长沙市，林英同工作队部分成员一起，参加抢救和善后工作。民国29年初，受党的派遣，随原国民党战地服务团1队副队长季强成到海门，通过季的关系进行上层统战工作。同时，深入到青年学生中，宣传共产党的抗日主张，教唱革命歌曲，在进步学生中组织传阅《新民主主义论》等书籍。4月，季强成出任国民党海门县县长，委托林英组织海门暑期服务团，任命林英为服务团总干事，全面主持集训班工作。林英言传身教，以忘我工作的革命精神和艰苦朴素的生活作风，赢得广大学员尊敬和爱戴。民国30年3月，共产党领导的海门警卫团成立，林英任政治处主任，认真做好各种人的思想工作。此时，一些国民党杂牌部队，打着抗日旗号，寻找机会与共产党领导的部队搞摩擦，破坏抗日民主运动。5月初的一天清晨，国民党鲁苏皖边区第六游击队总指挥兼1团团长邱冠生，率数百人突然从西侧向海门县政府及警卫团所在地江家镇（今刘浩镇境内）疯狂扑来。为了保存有生力量，林英迅速带领部队向南撤退，由于走得仓促，撤退时竟将一包文件遗忘在驻地，当晚，他只身冒着生命危险，潜回驻地取文件，不幸被邱冠生部哨兵发现逮捕。翌日晨，被杀害于江家镇南市梢。

黄祖谦（1880－1942）　字罩吾。海门县三阳乡人。光绪三十三年（1907），通州师范本科毕业，因成绩优异，留校任教，后升任通师教导主任。黄祖谦青少年时代即酷爱书法，刻苦习字。入通师后，得张謇亲自指导，习字更勤，每天必书数十纸，从不间断。工余，临摹《史晨碑》《张迁碑》等，各取所长，数十年如一日。他的书法浑厚圆润，挺拔隽秀，独具一格，以隶书闻名大江南北，辑成隶书法帖数册，由中华书局出版发行。南通公园张謇铜像铭文及张孝若墓碑，均由黄祖谦手书。民国24年（1935）冬，担任私立能仁中小学校长，尽心办学，深孚众望。民国25年冬，海门各界人士集资在常乐镇兴建张謇祠堂，祠中碑文，亦由黄祖谦手书。黄祖谦为人谦和诚笃，生活俭朴，热心培育后辈，深得同仁及学生尊敬。民国27年，日本侵略军入侵，南通、海门县城相继沦陷。黄祖谦返回家乡，在三益初级中学等校授课，冒着生命危险，在敌人的据点之间来往奔波，坚持抗战教育，培养建设人才。

陆鼎三（1885－1942）　字铸九。海门县天补乡人。8岁入学，历10年寒窗，参加科举考试未中。18岁随父陆廷彩学医，勤学苦练，精通脉理。25岁继承父业，开业应诊，医治内外科诸症，尤擅妇科，能掌握妇女经、带、胎、产变化规律，对症下药，治愈者颇多，深得病家称赞，登门求治者接踵而至。大桥镇倪培真妻婚后10多年不育，深为焦虑，陆鼎三对症用药，6个月即怀孕，喜得一子。袁公所天主堂河北顾汉文生一子，未满周岁，左小腿生一毒疮，脓肿腐烂，危及腿骨，久治不愈。陆鼎三用纸钉条蘸硇砂（贵重中药）等药粉，涂插患处，间日取出纸钉，拔出腐肉，红肿渐退，然后继续敷药，不日红肿全消，新肌长出，疮口愈合，腿部功能完全恢复正常。陆鼎三对邻里乡亲前来就诊者，概不收费；对家境贫困无钱就医者乐意济助。天星镇一个姓黄的农民背部生痈，因无钱医治，一拖再拖，以致疮口化脓。陆鼎三为他免费施诊，热情送药敷治，还招待食宿，不收分文。不久黄氏的病痊愈。陆氏医术，世代相传。陆鼎三从其父，传其子，都是海门有名的中医。

范钦孟（1887－1942）　字式舆。海门县三和乡人，幼年父母早丧，族宗少近支，由其父亲的老师袁冠三照顾扶养，所存遗产亦由袁代管。少年时代被送至其父同窗好友施凯卿家读书，其父生前与施交谊深厚，当施妻怀孕时，即指腹为婚。此后，范钦孟长住施家读书，由岳父教养成人。17岁时，考入张謇创办的南通师范测绘科。供读3年毕业后，即与施女结婚。范钦孟为张謇的受业门人，由张謇推荐，规划开掘大生三厂至青龙港口的河道。辛亥革命后，主持测绘海门全县舆图，石印出版，对全县河道、公路、桥梁及一切重要建筑物一一标出，了如指掌。范钦孟尤为关心长江堤防，据民国5年（1916）《通海新报》报道："范君以沿江之地坍涨颇剧，爰带仪器上自通境，下至崇境，从事测绘，以符实际，为将来治坍之预备。范君之热心公益，洵足多焉！"又称："牛洪、浒通之间沿江剧坍，前日范君式舆测量过此，日见堤岸低狭损坏，是属险段，爰会圩地摊工，合力兴修加固而御水患，农民晓以利害，莫不踊跃从事。"民国7年，又奉张謇之命，去淮北办理救济灾民，考察淮河水道。一年后回海门，以工程技术职务，服务于县公款公产管理处、路工处、水利会和建设局等单位16年。在职期间，测量建设全县公路干道165里，支路20条，开凿及疏浚河道79条次。如民国8年，疏通茅家镇至三厂、悦来镇的通沙河。民国9年，疏通三厂镇以南的青龙河，开挖毕进河18.5里。民国10年,又奉张謇之命,去河南省进行灾后重建工作。民国12年,开凿实心河,排水绕到竖积河出江。民国14年,将九匡河从十匡镇向南经庙港镇新辟入江河道4.9公里。民国19年,测量全县农田面积,绘制分地图。民国23年,开凿大洪河入长江,长14.35公里。

民国23年,范钦孟离职归乡后,仍然一面撰写县交通水利志,一面关心江坍之灾,奔走呼号,并测绘沿江建造拦水坝计划治坍图样,洽请上海华成烟厂厂长顾少卿(海门人)投资兴建,后因抗日战争爆发而未成。民国27年,日本侵略军侵占海门,范钦孟坚持民族气节,为避敌之害,远奔云南、四川等地。撰写《海门县续志》1册,详述民国24年以前海门水利交通状况。

龚庭槐(1890－1942)　名怀,字隐轩。海门县六匡乡(今悦来镇)人。8岁上学,从小喜爱书画。因家境贫困,读几年私塾即辍学。15岁,去长春镇施姓杂货店当学徒,一年后,又进杜氏私塾读书,练就一手好字,还会绘画、赋诗。清光绪三十三年(1907),在家乡教书。不久,海门士绅龚绍康创办启秀中小学,聘他任教,在校10多年,边学边教,刻苦钻研,诗词歌赋、金石书画诸方面均有成就。所创作的字画诗词独具一格,颇负盛名,通海各地常有人前来索取。民国12年(1923)春,在麒麟镇东北购地10余亩,开办静成学社。民国18年1月,改名粟寰补习学校,每年招生70多人,学制2至3年,清贫者学费减半或全免。龚庭槐支持中国共产党的活动。在粟寰校,经常结合讲课,向学生灌输进步思想,宣传救国救民道理。在龚庭槐掩护下,校内建立党的秘密组织,共产党员黄家骏、蒋志轩、施廉、沈少文等都在校内学习,开展活动,粟寰校成为中共海门县委重要活动点之一。民国21年3月,粟寰校被国民党当局勒令查封。龚庭槐也因被通缉而出走。民国22年秋,经人介绍,去苏州东吴大学任校长室秘书,兼授国文,备受校方器重及学生爱戴。"八一三"淞沪会战爆发,东吴大学停办,一度回到家乡,在农村继续办学讲课。民国27年夏,东吴大学在上海英租界复课,受聘继任中文系主任及校长室秘书等职。龚庭槐坚持民族气节,对汪伪政权的威胁利诱均严词拒绝。他明确表示:宁可病死饿死,决不当汉奸卖国贼。民国31年7月,因患重病从上海返回故乡,8月22日病逝。各界人士同声哀悼,旅沪亲友、学生在上海举行追悼会,并为他举办书画展。龚庭槐写有不少诗文,今存1300余首,印成《龚隐轩诗词选集》问世。

陈国权(1916－1942)　初名冠球,后化名陈明、莫明,笔名C。海门县崇海镇(今三厂镇)人。在家乡读完小学后,15岁到上海鸿文书局当练习生。在学徒期间,为追求知识和真理,到进步组织举办的夜校读书,常常和一些同学讨论国事到深夜。后来老板怀疑他参加革命活动,怕受株连,将其辞退。民国24年(1935),考入生活书店当职员,分配在进货科工作。此时,有机会阅读马列著作和其他进步书籍,思想觉悟得到提高。民国25年,加入中国共产党。抗日战争爆发后,文化界一些进步人士在沪创办复社,陈国权调到复社做发行工作。年底,中共上海地下组织为联合各群众组织,深入开展救亡运动,举办上海社会科学讲习所,陈国权为该所的学委会负责人之一,也是复社内共产党组织的实际负责人。次年春,为营救郑振铎而被捕,遭受种种酷刑而不屈服,后由党组织设法营救出狱。

民国28年5月,陈国权、韩念龙等奉中共江苏省委派遣,到崇明县开展建党和抗日武装斗争。到崇明后,即组建中共崇明工作委员会,并任书记。翌年8月中旬,根据省委指示,崇明工委及崇明民众抗日自卫总队撤至海启地区。11月初,新四军东进海启后,成立中共崇启海县委员会,陈国权任书记。次年1月,调任中共如皋县委书记。3月,任苏中四地委委员。民国30年9月,调任中共海启县委书记兼海启警卫团政委,领导和发动群众进行"二五"减租,建立区乡政权,成立农抗会,开展抗日斗争。民国31年1月1至3日,陶勇率新四军1师3旅攻克三阳、久隆镇敌伪据点。4日上午,陈国权与启东县县长沈维岳、县委民运部部长石坚等,在大生二厂附近布置当天下午召开群众大会事宜,以庆祝胜利和进一步发动群众。上午11时许,北新镇伪军出动报复,分三路包抄而来。在这紧急情况下,陈国权镇静地指挥沈、石等北移,他和社会部部长王正平等3人往南侦察敌情,伪军很快追上来,陈国权和群众一起转移,不幸被敌人认出枪杀,英勇牺牲,年仅27岁。

蔡力平(1918－1942)　女,原名蔡织云。海门县海四区新建乡(今启东市王鲍镇)人。自幼丧父,家庭经济条件很差,靠母亲纺纱织布和变卖家产,勉强维持上学读书。私立海霞初级中学毕业后,在蟠龙小学任教。民国28年(1939)3月,随中共江北特委控制的国民党抗战支队2总队政治工作队到海门江家镇开辟工作,其中有一个小组住在永平乡汤家宅。从此,蔡力平有机会阅读《西行漫记》《论持久战》《大众哲学》等进步书刊,开始接受党的教育,并与政工队一起参加活动。是年夏,参加中国共产党,经组织派遣,到曹家镇私立海门中学高中部一面学习,一面工作,并领导学生反对学校当局无理开除学生,进行罢课斗争,结果被校方开除学籍。后到建群小学任教,不久担任校长。民国29年1月初,抗日战争时期海启地区第一个中共支部在永平乡(今三阳镇永平村)建立,蔡力平任支部书记,以教书为掩护,开展党的秘密活动。一天清晨,国民政府启东县政府县长董伯祥派部队突然闯进蔡力平家进行搜查,因蔡不在家,未遭毒手,结果把她二哥抓走,家具被砸毁。同年11月,新四军东进后,任海四区区委组织科科长。先在同善乡(今三阳镇同善村)开辟工作,常以朴实语言,生动事例,启发群众觉悟。仅3个月时间,同善乡党支部和农抗会相继成立,见到这个支部可以独立工作,就转移到十八匡河河西(今悦来镇万忠村)地区工作,不长时间,又发展一批党员。经过蔡力平缜密考察、精心培养的这些党员,在抗日战争中都发挥先锋模范作用。民国30年9月,担任中共海四区区委书记兼区大队政委,在对敌斗争中十分勇敢,多次在夜间带领区队、基干民兵和群众,进入敌人据点附近破公路、割电线。一次,新四军分区主力攻打三阳镇伪军据点,蔡力平找部队领导,经批准给海四区区队分配了任务。战斗那天,她彻夜未眠,指挥区队配合战斗,同志们都称赞她这种不畏艰险的革命精神。蔡力平把全部心血倾注于革命事业,很少考虑自己的身体,终因积劳成疾病逝。

刘启徵(1867－1943)　字献之。生于海门厅江家镇(今属刘浩镇)商业家庭,家中兄弟四个,排行老四。清光绪十年(1884),考中秀才。光绪十四年(1888),赴南京参加乡试,录取为第五名举人,又称经魁。光绪十八年(1892),赴北京会试落第。光绪十九(1893)年始,在北京李鸿章府当教席3年。因其父病殁,返家服丧,3年后出服,去江苏松江府任训导,在松江历时8年。松江孔庙内(现松江米厂驻地)曾有刘启徵经魁木匾一方。

刘启徵自幼熟读孔孟之道,热心家乡教育事业,且卓有成效。光绪三十二年(1906),与三哥刘启明共同发起利用江家镇城隍庙空余房屋,出资添建两埭平房作为教室,创立三益初等小学堂,后改为代用三益小学,供学生就近入学。当时,刘氏家族在江家镇经营刘成泰商号,十分兴旺,经济实力雄厚,冠于全乡,以此资助学校全部经费开支。献之待人忠厚,因此得到当地所有商人称道。

民国14年(1925),三益高等小学毕业生无就近学校上中学,为此,经刘启徵、刘启明兄弟商量,办一所初级中学,供学生入学。其经费多数由刘成泰商号承担,一部分由乡内富户资助,建砖瓦平房四埭为教室,楼房一埭作学生宿舍。就此,三益初级中学挂牌成立。刘氏兄弟的善举,得到乡贤张謇赞许,并赠予"求有用之学,为自立之要"之句作为三益校训。学校成立董事会,刘启明任董事长,刘启徵为校董。三益中小学所有校舍,在抗日战争时期被日本侵略军所毁。

刘启徵长兄刘燮钧在清光绪末年任海门商会总理,以花布捐积存的600元开设教育基金,建立商业学校,便于各商家子弟求学,得到海门商家支持。宣统元年(1909),租赁民居开课,定名为海门商业学校,校址设在茅家镇北后街(今海门市实验小学址)。民国12年,刘启徵继任商会会长(后改称主席),兼理学校事务,并改名为私立能仁学校。能者能力,仁者仁义,做人之必需。两者结合为培养学生既为做人又有办事能力的人。民国14年,设立私立能仁初级中学,培养不少合格人才,颇负盛名。刘启徵一直任学校董事长。民国25年,刘启徵70大寿时,学校专门为之立碑纪念,碑文由陈拔(陈贞吉)撰文并书写,立于校园之内。解放后石碑不知去向。为纪念刘启徵的功德,还在原大储栈对面的海门老商会门房内侧,立有石碑1块。

抗日战争前夕,私立海门中学校长黄照青,因学校经济困难,商请刘启徵在航运较为发达的灵甸港航运税中拨出部分税金,以弥补海门中学的经费不足。

民国27年,日本侵略军侵占海门后,伪县长杨体乾和日本侵略军头目专门派人送信到江家镇,要刘启徵出任海门维持会会长和海门县伪县长职务，刘当即以年老体弱而断然回绝，决不做汉奸，并避居江家镇东农村亲戚杨叔堂家。半个月后，由杨送刘启徵到上海侄儿刘屏荪家避居，历时两年多。后被上海汪伪特工署76号吴世宝得知，多次派人要刘启徵回海门担任伪职，刘看来在上海已躲不下去了，为此重返家乡。不料在途经青龙港时，遭日本侵略军搜查，一场惊吓，回家后神经错乱成疾。在患病期间，幸得苏中四分区专员季方两次亲自慰问，赞扬他坚持民族气节。同年春节期间，又获新四军首长陈毅、粟裕来信慰问（该信件在日本侵略军占领江家镇时，被家人焚毁），为此，刘启徵的病情大有好转。

民国31年秋，由茅家镇友人商议，派专船去江家镇西桥头，接刘启徵赴茅家镇徐双成宅居住、养病。民国32年，去世。

茅致磐（1884－1943）　笔名定一。海门县桃源镇（今三星镇）人，海门民立师范毕业。先后任海门县立小学校长、乙种商业小学（能仁小学）校长、海门师范校长。民国16至21年（1927－1932），任中共海门县委委员，常为《新海门日报》撰稿。抗战时期，辗转敌后，任私立海门中学校长。民国31年，积极支持并资助通海行署创办海门中学上校。抗日战争后期，与其子茅珵（新四军苏四区第三旅旅长）一起坚持抗战。

王　澄（1914－1944）　祖籍镇江，出生于上海一个小职员家庭。民国21年（1932）高中毕业，正值“八一三”淞沪会战爆发，开始关心国家命运，就和同学秘密宣传抗日，参加防空训练。

民国26年，王澄被派到启东久隆镇防空监视哨任哨长。民国27年，日本侵略军侵占启东，国难当头，王澄参加瞿犊组织的抗日游击队，在石硊港、久隆镇两次给侵略者迎头痛击，鼓舞军民士气和斗志，也引起国民党顽固派的恐惧与妒恨。瞿犊、王进被害后，在危急关头，他与姚力率部暂编入国民党鲁苏皖边区游击指挥部二纵5支队4大队，王澄任4大队大队长，不久，秘密加入中国共产党。民国29年6月，王澄率部举行著名的港口暴动，一举生擒5支队队长及支队部人员，神速进入炮火连天的郭村承担阻击任务，为新四军郭村保卫战胜利作出重要贡献。王澄和全体官兵受到新四军陈毅等首长亲切接见和高度赞扬。部队改编为新四军挺进纵队新5团，王澄任团长。

同年10月，王澄任崇启海常备旅副旅长。后率部参加黄桥决战。战后，在纵队司令陶勇率领下挺进通如海启，与茅珵部队会师于江家镇。两支部队合编为苏四区第3旅，王澄任3旅5团团长。王澄团后改为1师3旅8团，他率部赴海启无畏乡一带开辟根据地。在群众拥护下，减租减息，参军拥军，根据地建设迅猛发展。同年底，王澄与茅珵率部同6倍兵力的徐承德部在掘港鏖战3昼夜，挫败敌顽破坏抗日根据地，妄图摧毁抗日武装的阴谋。

民国31年秋，王澄从苏中党校学习回来，担任东南警卫团团长，参与领导东南地区反“扫荡”、反“清剿”斗争，并为反“清乡”做好各方面准备。

日伪把苏北第一期“清乡”重点放在启海地区。王澄与县委、行署领导成员坚持在敌人“清乡”区内。当时警卫团大部分兵力调出“清乡”圈进行外线作战，只留下一小部分。王澄就依靠这支小部队，积极组建区、乡游击队，用人民武装力量开展人民战争。

民国32年9月，日伪第一期“清乡”失败。王澄抓住战机，发布在全东南地区开展声势浩大的“九一八”游击运动的命令，半个月内，指挥区队、民兵群众包围一个又一个据点，给敌人以沉重打击，使敌人的强化“清乡”又成为泡影。

民国33年，王澄指挥的反“驻剿”斗争连续作战28次，击败敌人多次“驻剿”“围剿”。尤其在一次掩护县委、行署机关转移的战斗中，打退日本侵略军松川大队长率领的日伪百余人追击。

同年夏季攻势开始后，王澄与县委领导率部打响拔除竖河镇据点的第一仗。深秋，部队在忠义乡被日本侵略军重兵包围，王澄指挥部队迅速散开，他右臂负伤后，继续指挥战斗，终于突出重围，当夜转移到海南区休整。第二天清晨，又遭敌人四路包围。这时天已大亮，王澄急中生智，迅速命令海南区组织两个游击小组，分东西两路兜到敌人后面打，引敌转移，同时派两个侦察小组掩护游击小组，牵制敌人。其余部队隐蔽待命。在敌人晕头转向时，王澄率部脱险。

王澄爱兵如兄弟，从当大队长时起，经常把月薪的大部分用来接济同志和支持党的事业。行军中关心照顾病弱的同志。休息时,还唱歌、做游戏,被战士们视为良师益友,海启军民都亲近他。

民国33年12月26日晨,因新四军电台被敌侦悉,日本侵略军3路奔袭,向东南警卫团驻地逼近。王澄与政委鲍志椿在野外察看敌情,准备指挥突围时,被日本侵略军冷枪击中,两人不幸相继阵亡,均年仅31岁。

鲍志椿(1914－1944) 出生于常熟王庄。从小丧父,由母亲抚养长大。学生时代勤奋读书。高中毕业后,为祖国前途忧虑,毅然放弃上大学机会,去无锡市当民众夜校教师,向群众宣传抗日救国主张,组织发动人力车夫的罢工斗争。当时母亲到处找他,要他回去报考大学,但他想到国难当头,救国要紧,还是未答应。

民国22年(1933)11月,与进步同学张贴纪念十月革命标语时被捕入狱,关进反省院。在狱中,鲍志椿受尽坐老虎凳、灌火油等种种酷刑,身体遭到严重摧残,但他与难友一起,坚贞不屈同敌人斗争,终于获释。

民国24年秋,鲍志椿考入上海暨南大学化学系,翌年3月加入中国共产党。因投入抗日救亡运动被开除学籍,与党组织失去联系。他自学日语,逐渐学会翻译。这期间,当过家庭教师和学校兼课教师,并继续从事抗日救亡活动。

民国26年,全面抗战开始后,党组织指示他回家乡组织抗日活动,和回乡同学发起成立"王庄抗战后援会",宣传抗日,募捐物品,慰劳前方将士。8月13日,日本侵略军侵占上海,王庄危急,人心惶惶。鲍志椿带领后援会成员去群众中宣传鼓动,誓死不做亡国奴!10月底,王庄沦陷,鲍志椿化装成进城农民准备转移,可港口已被封锁。他回到庄上,鼓励后援会成员要坚定沉着,并隐蔽起来,尽管敌人狂呼乱叫,放枪威吓,大家却纹丝不动。

民国27年春,鲍志椿去上海慈愿、泰利两所难民收容所工作,教难民学文化,懂道理,结合宣传抗日。同年7月,鲍志椿动员大批难民去安徽参加新四军。不久,奉命去泾县新四军军部教导大队受训。结束后,被分配到挺纵4团任政治处主任。为国共合作抗日,苏北特委派他去泰州国民党李明扬、李长江部搞友军工作。民国29年2月,到颜秀五部二纵队政训班任政治教官,深入浅出地宣传共产党的抗日民族统一战线政策和《抗日救国十大纲领》,唤起许多军官的爱国激情。鲍志椿参与党组织的创建工作,并担任总支委员。政工训练结束,任二纵队政训处连队工作科科长。后因李长江违背国共合作抗日宗旨,鲍志椿奉党的命令回到新四军挺纵政治部当秘书。郭村战斗后,鲍志椿和彭德清负责王澄部队的整编工作。

王澄部队改为1师3旅8团后,鲍志椿任8团政治处主任,并随部队一起参加掘港保卫战,在攻打石港外围战时负伤,刚治愈,就不顾身体虚弱和同志劝说,又上前线。

反"清乡"斗争前夕,鲍志椿由四分区宣传科科长调任东南县委副书记兼警卫团副政委。民国33年6月,鲍志椿任中共海门县委书记兼警卫团政委。在此期间,正是日伪实行"清乡""强化清乡""延期清乡"最疯狂的岁月,也是他和县委、行署、县警卫团领导成员紧密团结,并肩战斗,带领全东南地区军民展开反"清乡"斗争最难忘的日子。他具有丰富的斗争经验和优良的政治修养。在部队,大家都乐意跟他讲心里话。

鲍志椿身先士卒,严于律己,宽以待人。衣服破了自己补,战马让给体弱的同志骑。他患有严重胃病,吃了杂粮常发作。一次,给他调剂到1碗面条,他委婉地说:"现在大家都很艰苦,我也不能例外啊!"说完把面条退给了警卫员。他对干部要求很严格,看到有个英勇善战的连长,打了胜仗有些飘飘然,就同那个连长一起分析打胜仗多方面的因素,讲"骄兵必败"的故事。另一次,那位连长负责警卫工作意气用事,鲍志椿当面严肃指出其错误,经过多次教育,使这位连长逐渐成熟起来。

民国33年12月26日晨,鲍志椿与王澄在通兴巴掌镇附近,遭到日本侵略军3路包围,他俩在野外察看敌情,准备突围时,被日本侵略军冷枪击中,不幸牺牲。

朱立周(1915－1944) 海门县印桥乡(今临江新区)人。民国32年(1943),参加共产党的民兵组织。11月7日上午,朱立周在菜田里劳动,突然听到西边一阵激烈的枪声,原是东南警卫团2连在区队配合下,正在伏击筑路的敌人。约半小时后,一个日本侵略军手提步枪,急步朝朱立周方向走来,嘴里叽里咕噜,用手指指灵甸镇方向,示意要他带路。仇人相见分外眼红,但敌人手中有枪,一个人硬拼会吃亏，于是装作热情的样子，表示愿意带路。日本侵略军预防他出花样，就一只手搭在朱立周肩上，两人并肩而行。一会儿，日本侵略军回头看见两个青年，肩扛农具急步赶来，准备开枪射击。朱立周见是民兵王信章、吴进芳，心中暗自高兴，但尚有一段距离，马上动手恐怕接应不上，便向日本侵略军摆摆手，示意是老百姓，不要开枪。日本侵略军也怕枪响后惊动四周，就收起枪，拉朱立周快走，当走到一个转弯的沟头坝径时，朱估计王、吴已临近，突然一侧身，双手使劲把敌人紧紧抱住，日本侵略军拼命挣扎，随即扑通一声，一齐跌进齐腰深的水沟里，两人扭作一团。在附近田间劳动的农民郭文飞，见朱立周在与日本侵略军搏斗，立即奔过来用铁锆（一种农具）对准日本侵略军的脑袋狠狠地砸下去，日本侵略军顿时被打昏过去。这时，王、吴也赶到，共同将其打死，缴获三八步枪1支，子弹28发，刺刀1把，手表1块，全部上交给区队。后来，在海南区召开的庆功大会上，朱立周受到表彰，并被命名为民兵英雄。民国33年1月7日，由于叛徒告密，朱立周等7名民兵一起被日本侵略军逮捕，解到麒麟镇据点，关押在一间阴暗潮湿的牢房里。朱立周忍着疼痛对同志们说："人总有一死，我们要咬紧牙关，千万不要做软骨头，出卖别人。"1月15日，他被日本侵略军押到灵甸镇，捆绑在电线杆上，用刺刀活活戳死。

江　村（1917－1944）　原名江蕴端。海门县余东乡人。从小喜爱戏剧，在中小学时即登台演出，显露才华。民国25年（1936）夏，南通中学毕业后考入南京国立剧专。抗日战争爆发，随校至长沙、重庆，一路开展抗日救亡宣传活动。民国28年剧专毕业后，分配到中央电影摄影场工作，后调中国电影制片厂。同时，参加上海业余剧人协会，投入中国共产党领导的进步戏剧活动。三四年中，江村和老演员魏鹤龄、谢添等一起从事戏剧创作与表演，先后参加《金田村起义》《大雷雨》《日出》《阿Q正传》《蜕变》《闺怨》《夜上海》《雾重庆》《虎符》《棠棣之花》等演出，和电影《中华儿女》《白云故乡》《日本间谍》等一系列艺术实践，其艺术才能达到新的高峰，特别是江村在《北京人》这部戏中饰演曾文清，受到社会各界高度评价。当时在重庆的周恩来评论："江村扮演《北京人》曾文清一角，把曾的文弱和书生气都刻画出来，令人信服。"十余年后，周恩来再看《北京人》时，江村已去世，他感慨地说："其他角色都好办，再找像江村那样合适演文清的演员就难了。"

江村在重庆生活很艰苦，演出同时，努力读书，写诗、著文，作品洋溢着爱国热情和对革命事业的向往、赞美，尤其是诗作，深得郭沫若赏识。《嘉陵江水静静地流》一诗曾被谱曲，一时传唱。民国33年，拒绝排演《蓝蝴蝶》等反动戏剧，与一些进步演员到重庆另辟阵地。

由于受国民党当局不断迫害，加之贫病，民国33年5月22日，江村英年早逝。重庆《新华日报》当晚刊出《悼念江村特辑》，文艺界著名人士郭沫若、阳翰笙、刘念渠、凤子、史东山、周峰、张苏等都发表悼念江村的诗文。郭沫若为其墓撰写碑文。

陆措宜（1882－1945）　字可群。海门县三阳乡人。自幼勤奋好学，青年时代与同乡季方过往甚密。民国12年（1923），任海门第三学区教育委员。民国16至18年，任海门东三区行政局长。任职期间，办事公正，深孚众望，提倡新学。创办恒基小学，资助贫困子女入学。后因不愿与贪官污吏同流合污，托病辞职。陆措宜为人刚正不阿，富有正义感，热心为乡亲邻里排忧解难，调解纠纷。他精通脉理，辞职后开设陆氏永济慈善社，经常为人治病，免费为贫困者施诊送药；创办社仓，积谷防荒，每遇旱涝饥馑，即开仓济贫；对鳏寡孤独，常慷慨救助。抗日战争爆发后，衷心拥护中国共产党抗日民族统一战线政策，积极支持新四军抗日。新四军东进后，应邀前往海安参加苏北临时参议会。同年2月，东南行署主任陈同生主持召开海启首届国民参政会，陆措宜当选第一任议长。民国31年，其侄陆恂如任海四区大队教导员时，主动献出步枪、手枪各1支及子弹百余发，支援抗日战争。抗日战争正处最艰苦的紧张阶段，陆措宜始终保持民族气节，对争取海启两县上层人士团结抗日，发挥了积极作用。后因患肺结核去世，新四军军长陈毅为其夫妇墓碑题字。

龚继成（1900－1945）　字骏声。海门县常乐乡人。民国12年（1923），毕业于交通大学唐山工学院土木工程系。后任津浦铁路北段及沈海铁路工程师。民国18年，调任杭江铁路（后改称浙赣铁路）测量队长。动工后任第一总段段长，协助钱塘江大桥工程勘测，拟订施工方案。民国22年，随瑞典专家斯文赫定进入新疆考察，历时1年余，克服重重困难，完成兰新铁路及天山南北公路路线的勘察任务。民国24年，调任陇海铁路工程局第一总段段长，负责兴修西安至兴平段铁路，在咸阳渭河上兴建全长400余米10孔下承式钢板桥梁。龚继成设计制成高压水力喷射器，处理卵石河床，解决技术难关，使工程顺利按期完成。

民国26年，龚继成奉国民政府铁道部委派，勘测宝鸡至成都铁路线，首次采用航空测量与地面测量结合的选线法，测定几条穿越秦岭比较路线，为解放后修筑宝成铁路定线提供宝贵资料和数据。不久，调任全国铁路运输工务处副处长。翌年，调交通部技术厅，负责新路设计工作。同年，又调任滇缅铁路第二总段段长。在辖境30余公里内，就地取材，自力更生，用红土、石灰混合代替水泥制成砂浆；伐树加工制成枕木，建成隧道4座，高架桥8座。民国29年，调任西祥公路工程处副总工程师，负责建造西康省境内全长264公里的公路，此路对抗战物资运输关系重大，需用急迫，经龚继成精心筹划，仅8个月建成通车，受到国民政府交通部通电表扬。民国31年，日本侵略军侵入缅甸，攻占滇缅边境龙陵县，滇缅铁路西段工程被迫停工，滇缅公路被切断，国外援华物资不得不采取空运。是年冬，龚继成调任云南呈贡机场施工委员会主任委员，负责修建2公里长的飞机跑道和12座机堡工程，仅用63天时间建成交付使用。次年，国民政府与盟军协同打通滇缅公路，准备反攻。龚继成升任滇缅铁路局局长、滇缅公路工务局局长兼总工程师，负责抢修滇缅公路被破坏地段。民国33年，为打通中印国际通道，国民政府决定修筑中印公路，委任龚继成兼任这条保密公路新工程处处长及油管工程处处长，负责抢修中印公路（国外称史迪威公路）云南保山至缅甸密支那段，同时铺设平行于保密公路的油管工程，保证抗战军用物资供应。是年，升任军事委员会工程委员会总工程师，兼任丹竹、白市驿、简阳等军用机场工程处处长。在昆明北平研究院严济慈及五一兵工厂协助下，经两年多时间认真研究，试制成功中国第一台国产自制经纬仪，解决大后方缺乏测量仪器的困难，获国民政府交通部金质奖章。民国34年1月19日，中印公路全线通车，油管工程亦于是年6月7日完成，通油至昆明、呈贡等地。日本侵略军投降后，他仍在西南大后方工作。同年因患脑溢血在昆明病逝。

崔德耀（1907－1946）　山东邹平人。为生活所迫，17岁去军阀部队当兵，后在上海英租界当巡捕，为人正直。抗日战争前加入中国共产党，常利用巡捕身份，掩护党的通联工作。抗战全面爆发后，动员青年奔赴皖南、苏北参加抗日斗争。民国28年（1939）3月，奉命至苏北，由中共江北特委安排至国民政府抗战支队政工队海滨工作组工作，在如东苴镇组建盐、渔民自卫队，任队长，率部出海打过海匪。民国29年，黄桥战斗胜利后，他与赵峰带领10多名队员，至栟茶迎接东进的新四军先遣部队。民国30年春，崔德耀率部编入如皋县警卫团，任一营营长。次年2月，任团参谋长，后调任通海自卫总队总队长。

民国33年2至3月间，率部于竖积洪港和牛洪港两地，同时袭击日本侵略军，歼敌20余人，其中日本侵略军小队长1人。是年秋，攻占竹行镇老洪港日伪检问所，全歼守敌。同年11月，由他率部与汇通区队一起，在坝头镇南木行头和观音山一带设伏，击毙日本侵略军宪兵队长屯元及伪区长、警察局长等10多人。民国34年，先后任苏中军区海防纵队参谋长、如皋县警卫团副团长、华中一分区军政干校教育长等职。民国35年春，任南通县警卫团团长。8月中旬，率部配合主力部队，全歼驻守丁堰、林梓两地的国民党军队。下旬，于南通县四安镇遇敌，战斗中腹部中弹，光荣牺牲。遗体葬于苴镇小学校园内，后该校改名为德耀小学。

王　祥（1912－1947）　又名王强。江苏灌云人。自小练就一手好枪法。民国30年（1941），日本侵略军侵占兴化，国民党军不战而溃，王祥被抓壮丁当了伪军，随军进驻海门灵甸镇，但不甘心当伪军为虎作伥。不久，拖枪反正，参加富余区队。在一次战斗中，不幸被悦来镇伪军抓去，坐了60多天监牢，又被迫当伪军。他利用伪军官兵之间的矛盾，几个月后，带3个人、4支枪参加富余区队。民国31年10月20日，区队在范龙小店遭遇从凤凰桥、悦来镇出动的200多伪军，王祥面对强敌，指挥6名战士，选择一条两旁都是河的径路，埋伏在要道口,敌人来一个就撂倒一个,吓得敌人不敢前进一步。正在这时,东南方响起枪声,东南警卫团一个排上来增援。此时,王祥虚张声势地高喊着:“第 1 连从东北冲,第 2 连从西南包围上去!”6 名战士跃出沟头,伪军拖着 12 具尸体和伤兵溃逃。民国 33 年 7 月 30 日夜,富余区队对入侵富安镇的日本侵略军进行第二次袭击,在民兵的配合下,他带领一个班从正面方向攻击,利用富安镇上的断壁残墙作掩护,密切注视 300 米外的日本侵略军动向。天刚蒙蒙亮,隐约看见 20 余个日本侵略军在据点里洗脸刷牙,屋顶上站着一个瞭望哨兵。王祥见战机已到,命令机枪手打场上的日本侵略军,其他战士放排枪,他举枪首先打死屋顶上的哨兵,接着机步枪齐发,打得场心上洗脸的日本侵略军死的死,伤的伤,逃的逃。有个敌人从房子里出来拉受伤的同伙,也被王祥的神枪射中,倒在门口。王祥在参加富余区队两年多时间里,共打死打伤 36 个日本侵略军和 10 多个伪军,在东南地区威震敌胆。民国 34 年 3 月,王祥出席苏中四分区群英会,被评为分区“一等神枪手”。回县后任东南警卫团 2 连副连长。抗日战争胜利后,所在连上升为华中野战军 1 师某团某连,并随部队北撤。民国 36 年 1 月,王祥在山东枣庄战斗中牺牲。

丁洪勋(1918 - 1947)　海门县树勋乡人。民国 25 年(1936)春,经人介绍,到上海暨南大学当校工。其间,参加中共地下组织创办的工人夜校学习,接受进步思想教育。是年年底,暨大党组织发动全校校工罢工,要求增加工资,减少工作时间。丁洪勋积极参加斗争,因表现突出,被吸收参加中国共产党。民国 27 年 8 月,中共江北特委成立,上海党组织为加强特委工作,选调一批干部到苏北。因丁洪勋对这一地区情况较为熟悉,党组织派他和范龙一起作为向导,随中共江北特委负责人唐守愚、陈伟达等到苏北。民国 28 年 8 月,江北特委决定派一批党员到国民政府军队中去工作,以掌握抗日武装。丁洪勋被派入抗战支队第 2 大队。是年 10 月 25 日,2 大队被国民党顽固派缴械,部队被冲散,丁洪勋返回家乡。翌年 11 月,新四军东进后,丁洪勋在家乡筹建农抗会,带领贫雇农开展“二五”减租和反苛捐杂税斗争。人民武装组织应运而生,丁洪勋常带领人民武装袭击敌人,捕捉特务。民国 32 年,在反“清乡”斗争中,丁洪勋不畏艰险,坚信革命一定胜利,每次回家总是教育家属和邻居,要他们坚持斗争,决不向敌人屈服,并要父母亲和哥哥拒交敌人的捐款。敌人扬言要烧不交款人家的房子,丁对亲人们说:“敌人烧房子有什么了不起,我们要顶得住,干脆把房子拆掉,房料寄放在邻居家里,等打败敌人后再砌。”民国 33 年 11 月 16 日晚,他带领 5 名民兵,夜深人静时,翻过高墙,进入余东镇敌据点,直扑作恶多端的汉奸徐桃元卧室,将这个汉奸当场镇压。他还多次到上海给区队采购枪支弹药。抗日战争胜利后,被任命为中共四甲区委组织委员。民国 35 年 12 月,四甲区撤销并入富余区,任区委组织科科长、区游击营政治指导员。不久,国民党军队占领通东各重要集镇,他与区委同志坚持原地斗争。民国 36 年 3 月,被党组织派往斗争最激烈的六甲区工作。到达刘浩乡的第三天,在召集群众开会时,因叛徒告密,被六甲据点的国民党军包围。为掩护群众安全转移,丁洪勋和几名警卫员在狙击敌人战斗中不幸中弹牺牲。

顾志昌(1918 - 1947)　海门县三阳乡人。民国 29 年(1940),纠集三阳镇上的“小兄弟”,投靠土匪武装,假借抗日名义,成立一支 30 余人的自卫队,自任队长。是年 11 月,新四军东进,顾志昌率部接受新四军改编,任海四区区队副。此后任海中区副区长、区大队长、海门县人民自卫总队副参谋长等职,并混入共产党内。顾志昌平时心怀鬼胎,阳奉阴违,曾派人与驻江家镇的伪军勾搭未遂。国民党军队向解放区大举进犯,局势日趋紧张,他以为时机已到,即弃职潜逃上海,公开投敌叛变。民国 36 年 3 月,任国民党国防部二厅 13 中队谍报组主任,纠集同伙还乡,盘踞三阳镇、聚星镇,利用熟悉的地形和民情,从事反革命活动,大肆破坏共产党基层组织,屠杀和威胁党员、干部、民兵和群众。中共东南县委妇委书记王炎、副乡长沈飞冲、税务员张俊、东南行署公安局干部陶晓白、三阳乡民兵大队长黄秉良、聚南乡指导员李小元和建群乡安良村妇女等 60 余人,都先后被他杀害。还烧毁不少干部和民兵的房屋。民国 36 年 6 月 16 日,顾志昌被海中区游击营在聚星镇至三阳镇之间的三渣店(今启东市境内)击毙。

陆一鸣(1919 - 1947)　又名陆秀山。海门县横沙镇(今海门镇)人。小学毕业后进入杨氏私塾专修国文,后因母亲病逝,父亲失业,家庭经济窘迫而辍学。民国27年(1938)3月,日本侵略军侵占海门,烧杀抢掠,无恶不作。陆一鸣看在眼里,恨在心头。他说:“我们决不做一个无为青年。”翌年,离家去坝头镇附近组织一支游击队,没有枪就去敌人那里缴,不断壮大自己的力量。民国29年年底,汤景延领导的通海自卫团发现这支不明番号的部队,便把陆一鸣捉住。陆说:“我为了抗日而寻找革命队伍,但无处投奔,只好自己组织部队。”汤景延听后,便把他留在部队里。不久,被分配到三余区队当班长、排长。民国31年,去台北县(今大丰县)抗日军政大学分校学习,并加入中国共产党。毕业后,分配到汇通区工作。民国32年春,中共通海工委决定开辟东区(三厂竖河以西,包括海一、海二区)。陆一鸣从三余区队带来一个班,组成东区区队,任区队副。民国33年4月,东区改名为汇通区,陆任区长、区队长。其间,带领区队多次给敌人以沉重打击,特别在太阳桥河东钱家埭,击毙日本侵略军和翻译各1人。后又在坝头镇南管家木行头伏击战中,击毙日本侵略军宪兵队长屯元、伪区长黄春生,俘伪军多人。赫赫战绩引起敌人恐慌,想缉捕杀害他。在广大人民群众的支持掩护下,敌人未能得逞。一天深夜,日伪军闯到陆一鸣家进行搜抄,对其父陆彦祥软硬兼施,逼他交出儿子,但陆彦祥宁死不屈,被杀害于顾大成镇。这些都丝毫没有动摇陆一鸣的革命斗争意志。抗日战争胜利后,担任南通警卫团参谋,不久回到通海地区坚持斗争,担任汇通区区队长。民国36年2月10日,去汇通镇西北(今三星镇益民村)保长袁某家做训诫工作,住在姓方的群众家里。由于袁某告密,国民党军数十人当夜包围方宅,陆一鸣在激战中牺牲。

季瑞祥(1919－1947)　海门县边靖乡(今德胜镇)人。民国32年(1943),在当地发动群众,成立游击队。没有武器,他说:“我们游击队要有好枪,只有从日本侵略军手里去缴。我们要学习三国时的诸葛亮,足智多谋,研究对敌斗争策略。”当日本侵略军躲在碉堡里时,他带着民兵和群众,夜间滚动柴油桶,发出“轰隆”声响,并在火油箱里点上爆竹,发出噼里啪啦爆炸声,日伪军以为新四军主力部队打来了,吓得丧魂落魄,躲在碉堡里不敢出动。季瑞祥还经常召开伪乡保长训诫会,警告他们要改恶从善,不做坏事,还要给新四军送情报。并带信给据点里的伪军:“如果杀害民兵和干部家属,烧老百姓房子,死心塌地与人民为敌到底,决没有好下场。”经过季瑞祥反复宣传,有些人接受教育,弃暗投明。游击队对屡教不改的予以镇压。季瑞祥对敌人恨之入骨,对群众关怀备至。从坝头镇、连元镇到磨框镇一带,每只埭、每条路以及每一个宅头,都留下他的足迹。哪一家有多少人,哪家有谁生病,哪家缺粮少草,都一清二楚,并主动送粮、送草、送钱物,解决暂时困难。贫农施培江躺在床上没有钱看病,他把身边仅有的5元津贴费送给他求医买药。青年茅连锁衣服破了,他就把自己的布衫送给他,茅激动得流下热泪。在季瑞祥影响下,茅连锁投身革命,在解放战争中献出宝贵生命。解放战争时期,季瑞祥在政治上更趋成熟,工作更为积极。国民党军害怕他,想捉拿他。一天,有个保长探听到季瑞祥活动的情况和回家的路线,向敌区长沈尔谷告密。沈即在季瑞祥必经道路的唐汉亲小店埋伏自卫队员20多人,在磨框镇北面四岔路口派一部分敌军把守,30多个国民党军埋伏在他家周围。季瑞祥早已掌握敌情,趁敌后方空虚,带领民兵捉住那个保长,缴获手枪1支,并安全转移。国民党军扑空,恼羞成怒,贴出“谁捉拿到季瑞祥,要官的有官做,要发财的奖赏大米100担”布告。国民党军还把他家房子烧掉,企图迫使季瑞祥屈服。他毫不畏惧,斗争必胜的信心更加坚定。民国36年9月23日,为帮助一个新调来的同志熟悉地形,当走到连元镇附近时,与新民乡自卫队遭遇,在追击自卫队时,被他们的冷枪击中,光荣牺牲。

张平山(1921－1947)　原名张智音。如东华丰乡人。8岁入学,成绩优异,因经济困难,5年后辍学,在家务农。民国29年(1940)11月,新四军东进,共产党组织的民运工作队到华丰乡开辟工作,张平山积极参加活动,加入中国共产党,担任华丰乡乡长。翌年,日本侵略军处处设立据点,大肆扫荡,烧杀抢掠。为便于斗争,中共如皋县委将原来的掘港区划出一部分设立掘东区,张平山被调往该区工作,先后担任圩滨乡乡长,区委组织委员、副书记等职。其间,张平山主要负责党群工作,领导“乙种组织”。张平山与日伪军斗争机智勇敢。民国32

年春，兵房日本侵略军一个班下乡抢劫，来到七管东边的圩滨乡联防队驻地。张平山果断命令联防队员应战，把子弹压上枪膛，把老乡的门关上，从窗口里监视日本侵略军。一会儿，一个骑自行车的日本侵略军脱离队伍，他立即指挥队员打一排枪，将这个日本侵略军击毙。其余日本侵略军听到枪声，赶快追来时，队员们早依着沟沿向北撤走。同年11月，在抗日反“清乡”斗争最艰苦的阶段，掘东区区委书记王荃、区长巩坚遭日本侵略军袭击，不幸牺牲。不久，掘东区鲍家坝以南几个乡划给南通县三余区管辖，张平山受党的调派，担任三余区区委书记，直到抗日战争胜利。民国35年10月，中共通海工委恢复，张平山调任通海工委委员、通海独立营营长。次年初，解放战争处于紧张阶段，张平山任海西区区委书记，不顾人生地不熟和斗争环境的艰苦，坚决服从组织分配，积极领导军民与敌人展开多种形式的斗争。一次，他获悉国民党海一区区长徐宝荣到连元镇收捐，就带领区队配合主力部队，连夜埋伏在其必经的要道口，待徐进入设伏圈时，一声令下，机步枪一齐射向他们，将徐宝荣击毙。这次伏击战的成功，给当地干部群众以极大鼓舞。

民国36年8月11日，张平山与区长姜杰、区委委员茅锡堂3人，在磨框镇东北张锦标宅前（今德胜镇平山村）研究工作时，不幸被下乡的国民党军发觉，中弹牺牲。为纪念张平山烈士，长安乡改名为平山乡。

吴玉珍（1929－1947） 女，海门县悦来乡人。9岁时父亲借钱送她进私塾读书。3年后，因经济困难辍学。民国29年（1940）11月，新四军东进，民运工作队来到悦来乡（今悦来镇），她开始接受抗日救国、农民翻身解放的教育。在“二五”减租斗争中，经常与担任凤阳乡乡长的父亲吴进连一起，跑东村、串西埭，在斗争中经受锻炼。由于政治觉悟不断提高，工作又积极肯干，于民国33年3月被吸收为中国共产党党员。不久任凤阳乡妇女主任，率领一批妇女，参加设在义兴镇后方医院的救护工作，为伤员洗血衣，用调羹喂重伤员吃饭，通宵达旦，从不叫苦。每逢上级布置织公布、做军鞋的任务，总是千方百计，按时完成，受到上级表扬。她还动员该乡顾旦生等多名妇女参加革命工作。民国36年2月，地主“还乡团”随国民党军队进驻悦来镇，组织上考虑到乡干部及家属的安全，动员临时转移至三星乡（今万年镇），以防敌人突然袭击。4月中旬一天早晨，江家镇国民党军出动，袭击三星乡干部集中地点顾家天主堂，吴玉珍带领同志们迅速疏散隐蔽。在转移途中，忽然想起组织上给她的一封信，在匆忙撤走时遗忘在群众家里，这封信如入敌手，不仅对革命事业造成危害，而且群众也要受到株连。于是，不顾个人安危，毅然返回驻地，迅速把信件销毁。在她离开时遇上国民党军，不幸被捕，并押往江家镇。后被吴玉珍父女斗争过的恶霸地主、还乡团头子秦异璜通过关系，把吴玉珍押到悦来镇，施行严刑拷打，妄图逼她自首，供出中共组织和干部、民兵的名单。但吴玉珍忍着疼痛，不吐一言。秦又要弄花招，在早晨群众上镇时，要她呼喊污蔑共产党的口号，吴玉珍不予理睬。4月21日，就义于悦来镇西市梢。

汤景延（1903－1948） 原名汤克祚。如皋城西陆家庄人。中学阶段，入南通商业学校读书，因反对校方克扣伙食费，被开除。民国10年（1921），就读于上海东亚体育专科学校。民国13年毕业后，回乡任体育教师、体育场指导员兼童子军教练。同年加入中国国民党。民国16年后，任国民党如皋县党部监察委员、宣传干事。是年冬，在国民党“清党”中，以言论过激，与共产党人“接近”为由，被解职并排挤出县党部。自此，汤景延愤然脱离国民党。民国20年7月，因对国民政府军队屠杀共产党人表示不满，被当局以“共嫌”逮捕，9月保释。民国22年到海门谋生。民国24年，在茅家镇开办浴室。民国27年日本侵略军侵占南通后，汤景延积极投入抗日救亡运动，组织海门抗日游击总队，任副总队长。以后，“总队”多次改编番号，改编为江苏省保安第9旅5团，任少校副团长。5团在各保安旅火并中被缴械，他即转往泰州鲁苏皖边区游击指挥部二纵队任中校、机炮营营长。此时，结识新四军挺进纵队3团团长梅嘉生，对中国共产党及其所领导的抗日武装有了进一步认识。民国29年夏，汤景延参加新四军。次年春，转入地方，先后任南通县十区区长、通海人民抗日自卫团团长。民国31年春，加入中国共产党，为特别党员。

民国32年春，日本侵略军把通、如、海、启4县作为苏北第一期“清乡”实验区。中共华中局决定，由汤率通海自卫团600余人，集体打入“清乡”区日本侵略军内部，简称“汤团”。汤通过严密组织和周密计划，于是年4月16日晚进入“清乡”区内，被编为苏北“清乡”公署外勤警卫团。日本侵略军连续采取点验、受训、分散调防、派遣特工人员等手段，监视、盯梢汤及其他领导人，但被一一挫败。并巧妙周旋于日伪之间，利用敌人的内部矛盾，搜集军事情报，向四分区部队输送弹药，护送根据地干部进出据点，分化瓦解伪军部队，做了大量工作。还得到伪省政府主席李士群“赏识”，提拔为少将。9月29日，中共苏中区党委决定，“汤团”实行军事暴动，从日伪封锁线内破腹而出。汤精心组织，亲手击毙驻金沙特工组长翟光辉，全团从100余公里的日伪各个据点破门而出，暴动成功，他带领部队，凯旋而归，无一损失，为反“清乡”斗争做出特殊贡献。新四军1师师长兼苏中军区司令员粟裕在师部为汤团举行的庆功大会上说：“全团同志忠心耿耿，各尽所能，机智灵活，能应万变，敢去能回，胜利地完成了任务。汤团行动好比渔人撒网一样，把网撒下去，等鱼进网后，就果断地连鱼带网一齐拉上来！”

民国32年12月，汤景延任苏中军区“联抗”副司令员。民国34年10月，任苏北海防总队副司令。民国37年初，汤景延任解放军苏浙边区游击纵队副司令员兼参谋长，赴浙东开辟工作，以迎接大军渡江。是年2月7日，汤景延和司令员丁锡山率部70余人，由苏北合德到斗龙港出海，12日深夜进入苏南奉贤县柘林钱家桥登陆。14日在奉贤县漕泾北宿营时与国民党军队遭遇，淞沪警备区司令宣铁吾亲自指挥，调动一个正规旅、3县保安队和沪杭铁路交通警察围追堵截。19日凌晨，汤率部从青浦县烟墩突围时，左手负伤被俘，关押于淞沪警备司令部监狱，与上海工人阶级的优秀代表王孝和同室。汤景延铁骨铮铮，临难不苟。他对难友王孝和说：“我们是在上海即将插上红旗时流血的人，这是光荣！”

民国37年5月14日，国民党淞沪警备司令部军法处奉国防部电令，将汤杀害于江湾刑场，汤高呼口号，直立不跪，英勇就义。遗体由普善山庄殓埋，1949年5月27日上海解放，汤景延烈士的忠骨移葬于上海市龙华烈士公墓。

宋声扬（1918－1948）　又名宋江民。海门县三阳乡人。江家镇三益初级中学毕业，即拜南阳村名医沈献荣为师，学习中医。3年期满后，自己开业，经常为贫苦农民送诊施医，医德高尚，为当地群众所称颂。民国32年（1943），参加抗日斗争，尽力为区队和东南警卫团伤病员治病。一度，他家成为后方医院，家属也当上护士、伙夫，使一批批受伤的抗日战士提前康复，重返前线。他常说：“给战士治病，等于与敌人作战，伤病员早日恢复健康，上阵杀敌，就是为抗日做出一份贡献。”翌年，民主选举时，被群众选举为三阳乡副乡长。驻三阳镇的日伪军写信威胁恫吓，要他自首，并先后7次搜捕他，未能得逞。日伪军见搜捕不成，就去他家抢劫财物，拆房子，但宋声扬毫不动摇，坚持斗争。民国34年，宋以大生合作社理事长的公开身份为掩护，暗中为新四军采购弹药、医疗器械和药品。次年，宋声扬加入中国共产党。民国35年11月，原海门县人民自卫总队副参谋长顾志昌叛变，潜逃上海，组织还乡团。为尽快铲除这一害人虫，中共东南县委决定，派宋声扬打入敌人内部。民国36年1月22日，宋肩负党的重托，辞别亲人，前往上海，很快找到顾志昌，顾劝宋参加国民党特务组织，委宋为国防部二厅13中队谍报组副主任，顾自任主任。2月6日，顾率还乡团返回海门，宋随之回海门，驻在三阳镇、聚星镇。顾志昌返回聚星镇后，凭着对当地情况熟悉，多次杀害地方干部和共产党员。民国36年6月15日，宋与东南行署公安局联络科密切配合，送出第三次顾志昌行踪的情报。6月16日上午，当顾志昌从聚星镇乘坐小汽车回三阳镇途中，东南行动队和海中区游击营在三渣店附近设伏，当场击毙叛徒顾志昌及其随行人员6人，生俘1人，为人民除了一害。由于宋声扬机智沉着，未被敌人发觉，反而被提升为谍报组主任。8月20日，宋与华中九分区主力配合，里应外合，攻克三阳镇敌据点。三阳镇战斗后，接受新的任务，巧妙地打入三厂镇国民党军稽查站谍报组，任组长，再度获得他们信任，继续从事地下活动。翌年4月8日，东南行署公安局行动队小队长陈永高叛变投敌，出卖了宋声扬。4月12日，宋声扬从青龙港布置工作回到三厂，被国民党军逮捕。在国民党的法庭上，宋声扬大义凛然，虽受尽折磨，但革命意志坚定不移，始终未暴露自己的政治身份。终因营救未成，6月6日，宋声扬被敌人杀害于三厂镇。

顾云丰(1928－1948) 海门县汤家乡云丰村人。少年时代,正值日本侵略军侵占海门,人民深受灾难之时,怀着满腔怒火,立志杀敌报国。民国32年(1943),参加当地游击队。不久,转入东南警卫团当战士。日本侵略军投降后,县团上升主力部队,顾云丰随所在部队编入华中九分区7团,担任3营9连3班班长。民国36年,加入中国共产党。在部队英勇善战,机智灵活,多次战斗中立下战功。翌年5月29日,在灵甸镇战斗中,带领1名战士,消灭敌乡办事处20多人,缴获步枪10支,为7团立了战功。同年11月,在东社(今通州区境)战斗中,顾云丰负责掩护,保证部队安全转移。在刘桥战斗中,以1支汤姆式枪杀伤7个敌人。民国37年1月10日,在圩角镇(今启东市境)战斗中,向领导主动请求担任突击任务。战斗打响前,把身边所有的钱都交给连队党支部书记,作为党费上缴,结果出色地完成任务。同年1月25日,在石港(今通州区境)战斗中,国民党军凭借一幢楼房顽抗。9连担任主攻,顾云丰率领1个班,架起梯子第一个爬上去,当爬到第二层楼时,他把汤姆枪交给突击队的其他同志,自己带手榴弹继续往上冲。狡猾的敌人退守二楼后,一面喊"缴枪",一面对准他开枪,顾云丰不幸中弹牺牲。2月7日,分区7团召开第四次庆功大会,追认他为特等功臣。

李则信(1919－1949) 又名李质恂。海门县永平乡(今三阳镇)人。民国27年(1938)春,中共江北特委派抗战支队政工队队长洪泽等到海启地区开辟抗日根据地,并以李则信家作为落脚点进行工作。当年中共海启县委、行署的负责同志也经常到李则信家吃饭、留宿。在民运工作队同志的启发教育下,李则信受到抗日爱国民主思想的熏陶,思想觉悟不断提高,抗日意志更加坚定。民国28年上半年,他和曹砚池等参加永平乡兄弟会。9月,参加中国共产党,成为永平乡第一批党员。同月,接受党的派遣去启东汇龙镇,以开花行为掩护,从事党的地下联络工作。不久,回到家乡创办供销合作社,击败日本侵略军的经济封锁和奸商聚敛,解决群众生活困难。是年年底,他发起成立永平乡游击队,由开始的7人发展到20多人。为了解决部队给养,变卖自己近10亩土地。民国29年1月,抗日战争时期海启第一个中共支部在永平乡建立,李则信为党支部成员之一。他在永平乡、聚星镇、南星镇等地从事农民、教师和学生工作,培养积极分子,物色建党对象。李则信又变卖4亩土地,拼凑钱款,在和合镇(今启东市境)租3间店面房子,开办"福泰昌"南货店,作为党的秘密联络机关。新四军东进后,海启地区第一个乡抗日民主政权——永平乡乡政府成立,李则信担任乡指导员,致力于发展地方武装,减租减息,组织群众团体,惩奸反霸,反对伪化等工作,直到抗日战争胜利。民国35年年底,李则信被调往山东学习,留在鲁南地区搞民运工作。后因积劳成疾,民国37年秋,由组织护送回家休养。

梁玉言(1925－1949) 女,海门县树勋乡人。民国34年(1945)7月,南通精进中学毕业后,奔赴解放区参加革命,在苏中四专署文教处所属文工团从事文艺宣传工作,在海门、启东、如皋、南通等地巡回演出。后调至南通县余西区文教工作队工作。梁玉言平时文静寡言,待人和蔼可亲,但在群众大会上演讲时慷慨激昂,唱革命歌曲悦耳动听,登台演戏形象逼真,博得观众好评。民国35年,中共中央"五四"土改指示下达后,她参加南通县土改工作队,在忠义乡和贫苦农民同吃同住同劳动,根据当地实际情况,召开小型诉苦会,通过回忆对比,使群众的阶级觉悟逐步提高,懂得只有依靠共产党,才能翻身得解放的道理。民国35年底,国民党发动内战,形势紧张,经中共组织同意,她从解放区撤到上海父亲身边。父亲思想守旧,劝其不要参与政治活动,但梁玉言表示:"要永远跟共产党走,要我不革命,除非太阳从西天出。"她身在敌占区,心仍挂念解放区。不久,父亲通过关系,把她送进上海光明化工厂当会计。梁玉言以此职业为掩护,做了不少对革命有益的工作。民国37年初,梁玉言的女同学、共产党员苏荧,因处境不利,离开浦东小学到梁家。梁玉言对同志无微不至地关怀,为苏荧解决生活困难。为便于开展工作,她们利用几间破旧平房,开办一所光明小学,并招收学生150人,苏荧主持校务,梁玉言任董事兼任课务,白天为儿童上课,晚上开办妇女识字班。当时上海人民的反饥饿、反内战运动正蓬勃开展,梁玉言积极参加小教联合会的活动,秘密印发传单,揭露国民党发动内战的罪行。还通过关系,秘密搜集国民党上海市党部内部情报资料，转送给解放区，光明小学一时变成革命青年和进步教师秘密集合的场所。1949年5月，上海解放前夕，国民党大肆搜捕共产党员和进步分子，梁玉言、苏荧被定为搜捕对象。5月8日下午3时许，梁玉言被逮捕，押送至警察局。梁玉言在狱中十分坚强，国民党当局对她用尽酷刑，但她坚贞不屈，没有透露其他同志的情况。这时，人民解放军已经渡江南下，向上海逼近。5月9日，上海国民党当局将梁玉言等16名同志押赴闸北宋公园集体屠杀。梁玉言高呼口号，英勇就义。

董伯祥（1889－1951）　又名董瑞符，化名董中州。河南永城人，行伍出身，辗转至南通实业警察队供职，由排长升到中队长、大队长，所辖部队驻大生二厂、通海垦牧公司。民国27年（1938），日本侵略军侵占通海地区，实业警察队编为海门县常备队第2总队，董任总队长。由于董伯祥为人圆滑世故，善于应付，还有封建实力人物作后盾，因而在众多游击队火并、倾轧之中，他的部队始终未受损失。

民国28年底，董伯祥出任国民政府启东县政府县长，将其第1大队移至启东驻防。这支部队以县长作靠山，肆意敲诈勒索，鱼肉百姓。

民国29年11月，新四军东进海启，顾民元任启东县抗日民主政府县长，董伯祥无奈，只得交印。撤离时，秘密电告国民政府江苏省政府省长韩德勤，省方随即电告流亡在启东的崇明县县长兼启东县县长孙云达，董勾结孙，妄图策反夺权。

接着，董伯祥任国民党实业保安团团长。根据国共合作抗日要求，董伯祥部队接受苏四区抗日游击指挥部统一指挥。但暗中在韩德勤关于“精诚团结，全力以赴，赶走共产党”密令指使下，勾结国民党游击第六纵队司令徐承德、保安1旅旅长薛承宗，于民国29年底，乘掘港新四军主力西移防务较弱之机，联合发起进攻，遭到新四军有力反击。董伯祥一伙失败后，往吕四撤逃，沿途掳掠，捕捉并杀害新四军税务干部顾南洲、夏宇宝等4人。

抗日战争胜利后，董伯祥又重建实业警察队，任副总队长，名义上护厂，实际上积极参与国民党还乡团的“清剿”“扫荡”，指使部下抢劫民财，洗劫汤家镇，撤离海门时抢劫大生三厂大批纱布等物资。

1951年，董伯祥被人民政府逮捕归案，依法镇压。

陆棫人（1898－1951）　海门县（今启东市境）人。南社成员之一。争强好斗，曾称霸一方。民国10年（1921），当选第三届国会议员。20世纪二三十年代，陆重视开启地方民智，出资创办“锄经校”。获悉国民党海门警方要镇压农民暴动，他连夜派人通知农民运动的组织者陆铁强。民国16年，陆棫人联络沈幼瑜等人另组织国民党海门县党部筹备处。民国17年（1928）患水灾，率众去蒿枝港要求垦牧公司开闸放水，暗中唆使人砸闸，自己跳入河中，逼使对方答应开闸放水。事后双方为赔偿开河费、庄稼损失费向官府告状，陆败诉。于是他一不做二不休，聚众冲击海门衙门，被判刑三年。陆无奈，派人代服刑。最后省政府还是追究其土豪劣绅罪。在禁鸦片时，陆棫人备了省政府的禁烟公文，堂而皇之地派汽车去吕四把烟贩的烟土装走，偷偷卖大钱，因他大哥陆冲鹏为安徽蚌埠禁烟局长，早就教会了他贼喊捉贼的伎俩。民国27年（1938），海门县抗日游击总队成立，陆任大队长。黄士敏等几位共产党员被日本侵略军捉去，陆域人设法将他们放回。

陆棫人最出名的是豢养打手，与豪绅长期打荡仗，争夺荡田。他长年累月地与邵学文、陆亚山、王已劲、王象山等封建势力争夺荡田，先后在汇成角、黄阳村18号、合兴圩、小五官圩等处聚众交战，给当地人民带来深重灾难。

他欺诈农民尤为狠心，手段之一是哄。由农民集资围垦的向阳村外荡5万亩土地，他重复出卖，佃农张志祥、黄志明交了六七次田价，还只买到一文不值的田契。黄志明倾家荡产，服毒自尽。手段之二是诈。丈量土地的丈帛有标准长度，陆棫人则擅自缩短其十分之一，这样腾空多出的虚地，以每千步加价50元出卖，原户头不肯出，他就另行出售。合丰乡陆中案原有60万步田，“改帛升地”多了6万步田，佃户李元兴不答应多交田价，陆棫人唆使爪牙带了40多人和牛车抢拾棉花。佃户施福山被陆一手炮制的假纵火案陷害而离乡背井。陆棫人的霸道行径，激起巨大民愤。1951年，人民政府为民申冤，将陆逮捕处决。

袁　英（1909－1951）　又名袁显扬。海门县三阳乡人。8岁入学，先后在卞姓私塾、三益小学、三益中学读书。

民国14年（1925），随其兄袁华赴广州，由同乡、老师季方介绍,进入黄埔军校步科第三期(高教班)学习,是年年底毕业。不久,调至深圳国民革命军第2师5团1营1连当见习生。3个月期满调回黄埔军校,任第五期入伍生2团1营2连少尉排长。民国15年7月,进入炮兵团迫击炮连任中尉副连长。民国16年2月,随北伐军占领上海,任北伐军总司令部直属炮兵指挥部2团连长。民国18年11月,任陆军第3师9旅18团营长。民国19年4月,任师部少校副官,驻洛阳二年多。民国21年5月,调至南京军事学校高级班,受训6个月结业,留军训班任少校区队长。民国22年11月,调任江苏省军警干训所中校副总队长,历时3年。民国25年12月,任省保安第1团中校副团长。民国26年12月,任省抗日青训团上校团副、代团长,军校七分校副总队长。民国28年1月,调任陕西南部汉阴第1军补充团上校团长。民国29年11月,调任兰州西北干部训练团少将高级参谋兼办公厅副主任。民国33年1月,调任成都中央军校少将高级教官兼政工大队大队长。民国35年1月,调任国民党军政部直属第一军官大队少将大队长。民国36年8月,任中央训练团军官总队副总队长,国防部部员,联勤总部少将高参、处长。

民国37年10月,任国民党南通指挥所高级参谋。同年11月,任海启地区指挥部指挥官兼国民党海门县县长。1949年1月31日,袁英率国民党残部从青龙港撤至江南,编入国民党第十九纵队,任中将司令。同年4月1日,改为国民党第28军暂编第7师,任师长。

1949年4月23日,人民解放军渡江南下,解放南京。袁英率国民党军残部向浙江杭州撤退。4月29日,袁英主动找到人民解放军,要求投诚,将全师官兵,全部武器弹药、装备集中点交。投诚后,袁英被编入第四野战军"解放官佐训练团"受训。同年6月11日,袁作了书面交代。

1949年8月,袁英因在海门犯有反革命罪行而被押回海门受审。1951年1月16日,被人民政府镇压。1984年底,海门县人民法院受理袁英复查案。1985年6月3日,法院发出刑事判决书,"原审被告人袁英虽有历史罪行,但属投诚人员,对其投诚前的历史罪行应既往不咎,原判死刑不当,系属错案。为此,对袁英按投诚人员对待"。并对其家属等遗留问题作了妥善处理。

张海清(1911－1951)　海门县包场镇人。日本侵略军侵占南通后,参加地方杂牌部队,任余东自卫团包场自卫队特务长,后任大队长。民国30年(1941),余东自卫团改编为南通县常备2团,任该团1营2连连副,驻防三余镇。是年3月,拉拢一批人,另立山头,假借抗日名义,私设关卡,拦路抢劫,扰乱地方。经通东行署主任赵琅多次规劝,争取其维持原编制,番号为富安区四乡联防大队,并为大队长,在富安镇一带驻防。民国31年6月,率部去南通投敌,编入伪军7师127团特务营,任营长。不久改编为伪保安总队第五中队,任中队长,所部百余人驻启东汇龙、久隆、惠安镇等地,并为日本侵略军在海启地区进行"清乡",杀害干部、民兵和群众,烧毁房屋150多间,抢劫大批大豆、玉米等物资。民国34年8月,得悉日本侵略军投降,慌忙收缩兵力,掠夺资财,向海门、南通逃窜,途经大悲殿附近,遭东南警卫团伏击。张海清率残部逃至南通后,摇身一变,担任国民党海启保安团1营营长,回窜海门,继续与人民为敌。解放战争时期,纠集"还乡团",盘踞江家镇一带,四出骚扰。民国36年7月6至30日,配合国民党军235团,三次对东南地区"扫荡",枪杀共产党干部宋介仁、陆彩雅(女)等14人,烧毁房屋851间。同年8月,在九房仓(今万年镇境内)杀害王耀昌等干部、群众38人。9月,又在常乐镇活埋14人。被人咒为"杀人魔王"。

1949年2月,张海清潜逃常熟、南京等地,参加国民党军第7师,任营长。在广德战斗中被人民解放军俘虏,经教育后释放。同年9月20日,潜逃舟山群岛小洋山,参加匪特傅英部队,任4支队副支队长。后潜入上海,图谋不轨未逞,又在东南沿海抢劫商船和轮船,杀死乘客多人。舟山解放后,率部窜入嵊泗列岛,去崇明,组织反动武装崇明支队,任支队长。崇明解放,被解放军捉住,押往启东县汇龙镇处决。

茅祖权(1883－1952)　字咏薰、柳楷。海门县天补乡人。曾在武昌、北京等学校读书。光绪二十六年(1900),留学日本政法大学,光绪三十年(1904)毕业。光绪三十三年(1907),加入孙中山领导的同盟会,参与民主革命运动。

茅祖权为海门著名人士。民国元年(1912),回家乡海门一区(今天补镇等地),建立海门最早的国民党组织。受此影响，全县各区不久相继成立国民党组织。同时，茅与赵师鼎等动议，在儒学署的孔庙址创办师山中学，翌年改名海门中学。

民国元年，茅祖权任国会众议会议员，追随孙中山至广州参加护法斗争。民国13年1月，国民党改组，国共两党合作，茅祖权任国民党中央执行委员会候补执行委员，与毛泽东共事。同年2月25日，国民党中央上海执行部召开第一次执行委员会议。茅祖权任委员兼宣传部长。民国14年，随孙中山到北京。孙中山逝世后，茅参与林森、谢持、邹鲁等组织的“西山会议”，被委任驻沪执行部委员、中央执行部妇女部长。民国16年冬，国民政府江苏省政府改组，茅出任省政府委员兼民政厅长。其间，在国民政府江苏省政府第28次会议议决崇明与启东分治时，崇明豪绅陆家鼎以省议员身份赶到会场大闹，反对分县。茅当即反对，把陆逐出会场，崇、启两县分治案得以通过。

民国21年4月，茅出任国民党中央公务员惩戒委员会委员。次年7月起，任司法院所属行政法院院长。民国32年，任司法院院部秘书长。民国37年7月，任国民党政府总统国策顾问，直至南京解放。

1949年1月，茅祖权参加由李济深领导的中国国民党革命委员会所属南京特别小组，任设计委员会委员。不久，茅即脱离该组织。1950年，茅被上海市人民政府公安局逮捕。

张北生（1901－1954）　学名骥，号北生。南通县合兴镇（今四甲镇）人。北洋大学冶金系毕业。醉心于政治，追随其同窗好友陈立夫混迹政坛。曾任国民党江苏省党部执行委员会干事、中央党部组织干事、省政府保安处上校科长、保安处干训班政治组主任、省保安司令部政治处处长等职。民国23年（1934）初夏，南通县东乡汤家苴大地主汤大宗、汤儒宗等6人，因秘密杀死一同族人案，被南通县保安团逮捕，解送省保安司令部法办时，汤大宗等家属向时任省保安政治处处长的张北生送去黄金200余两。此案在张北生包庇下，得以从轻处理。民国26年，张北生任国民政府嘉定县政府县长。“八一三”淞沪会战爆发后，他贪生怕死，辞职逃跑。翌年春，日本侵略军侵犯苏北，张北生由国民政府江苏省政府委任为南通县政府县长。当时南通大部分地区已沦入敌手，张北生率部在南通县东北部大同镇、北兴桥一带活动，巧立名目，摊捐派款，任意捕人，敲诈勒索。不久，辞去国民政府南通县政府县长职务，潜居上海。民国28年8月，汪精卫在上海召开伪国民党第六次代表大会，张北生摇身一变，投靠汪伪特工总部，以出卖几个老朋友作为进身“礼物”，博得汪特头目丁默邨、李士群的青睐，充当汪伪税警学校总务处处长、江苏省警务处处长、民政厅厅长等职。民国30年7月，日汪策划在苏南地区搞第一期“清乡”，他参与密谋策划，提出建竹篱笆封锁线、设大小检问所、清查户口、编制保甲等，为敌特头目采纳，并被委为苏州清乡地区行政督察专员兼封锁总办事处处长。以后，他对苏、常、太抗日根据地大肆烧杀抢掠，摧残抗日力量，搜刮民脂民膏，使根据地遭到严重破坏。民国32年初，日汪继苏南“清乡”之后，又在苏北开始“清乡”，划南通、如东、海门、启东等县为“清乡”实验区。张北生任汪伪南通清乡地区行政督察专员兼保安司令，对苏中四分区根据地进行残酷的军事、政治“清乡”，疯狂破坏通如海启根据地建设，屠杀无数革命干部和群众，烧毁大批民房，抢劫财物，设据点，编保甲，筑竹篱笆，设检问所，推行奴化教育，强化日伪统治。活动在狼山脚下的武工队队长邱大宝被敌人逮捕后，张北生下令用麻袋包裹其身，掷入长江，活活淹死。南通县东乡益余区陈家仓一带，被张北生部属洗劫一空。抗日战争胜利后，张北生被国民党政府当局拘禁，经其妻多方活动重贿，仅以汉奸罪判处20年徒刑。解放后，被关押于苏州监狱，移禁上海监狱。后由南通市人民法院依法判处死刑。

赵师鼎（1811－1956）　海门三星乡人。清光绪十一年（1885），科考第二名入学。光绪十九年（1893）七月，补为厅学廪生。光绪二十八年（1902），为贡生（岁生）。辛亥革命初，为县议事会议员。民国元年（1912）1月，任海门公款公产管理处总董事长；5月，任县临时议事会副会长；10月，在国民党海门县分部成立大会上，当选会长。是年，他与茅祖权等人在海门县城东侧儒学署的孔庙址创办师山中学，翌年，更名为海门中学，任该校董事长、校长多年。后长期任海门中学校董。

赵师鼎重视教育救国，为私立海门中学的创立、发展呕心沥血，做了大量卓有成效的实际工作。

抗战期间，他积极支持、协助共产党领导的通海地区坚持敌后教育，在他的家乡三星镇西北创办海门中学上校，并捐资献屋，培养一批优秀的抗日青年，为民族的解放事业做出贡献。他进步开明，提倡新学，热心教育，颇具声望。他是清末和民国前期海门政界、文化界、教育界的著名人士，是海门近代教育的创导者和奠基人之一。

施述之（1877－1958）　名承谟。南通县人。22岁中秀才，在家设馆教学。目击清廷腐败、地主豪绅横行乡里，逐渐加深其反封建思想。光绪三十一年（1905），参加孙中山组织的同盟会。宣统三年（1911），任余西市自治议会副议长。辛亥革命后，为江苏省议会议员。民国元年（1912）夏，为反对南通地方势力征收“布厘”（布捐），被诬为“乱党”而逃亡上海。后于国民党上海执行部担任通讯联络工作，常与邹鲁、叶楚伧、季方等来往，并时常去章太炎处求教，甚得器重。

民国14年，经章太炎推荐，任河南省尉氏县知事。民国16年11月至17年初，任国民党海门县党部监委。同年，任国民政府海门县政府县长。任职期间，密谋杀害中共海门县委书记沈惠农。民国17年，调任国民政府南通县政府县长。民国18年，为维护商民利益，被国民党南通县党部控为“支持商民滋事”而弃官，旅居上海。翌年前往北京，参加冯玉祥组织的“倒蒋活动”，未获结果。民国29年，脱离政界，寓居上海。上海解放后，为市政协委员，并参加中国国民党革命委员会上海市委员会的活动。

陈贞吉（1886－1958）　又名陈拔、晓岑。海门县三星乡人。民国14至17年（1925－1928），清华大学国学研究院肄业。后任上海澄衷中学、海门能仁中学教师。抗日战争爆发后，不为日伪拉拢和利用，坚持民族气节，一度失业在家。此后，又在私立海门中学、海门锡类中学任教。民国37年8月，任海门能仁中小学校长。1950年5月后，连任7届海门县各界人民代表会议副主席。1954年后，当选县人民代表大会代表、县人民委员会委员。1956年2月，政协海门县委员会成立，被推选为政协常委。同年11月，被增补为县政协副主席。

陈贞吉积极要求进步，拥护中国共产党的领导，在土地改革、抗美援朝、镇压反革命等重大政治运动中，身体力行，团结各界人士踊跃参加，并动员自己的女儿参加中国人民解放军。他还十分重视人民代表的工作，建议设立分散在区乡的县人大代表组织，保持经常联系；落实人大代表和政协委员提出的议案、提案；特别关心文教方面的工作，提倡创办民办中小学校，对学校的设置布局提出合理建议等。

陈贞吉注意自我教育、自我改造。曾说过：“人类在前进，只要我存在一日，也就必须跟着毛泽东的光辉旗帜前进！”

周雁石（1894－1959）　号悫、石公。原籍太仓县，茅家镇人。民国14年（1925），国立南京东南大学（后改名中央大学）文科毕业，为文学士。不久赴日本留学。回国后，任省国学图书馆（在南京）编目部主任暨国立浙江大学中文系副教授等职，以毕生精力从事图书馆工作及学校教育事业，尤善藏书，收藏不少珍贵书画。

周雁石在省国学图书馆工作10余年间，使图书馆藏书数量、质量、规模均为空前，博得“江南藏书之冠”盛誉。民国22至25年，与柳诒徵等共同编纂出版《江苏省国学图书馆总目》。抗日战争爆发后，与馆内职工将珍贵书籍转移苏北乡间保存。抗日战争胜利后，又积极做好复馆工作，并编纂《江苏省立国学图书馆现存书目》及续编，分7部、85类、833属，为国内广大学者、专家提供良好的研读条件，甚得赞誉。

年轻时，曾与父周锡鳌在家中开设培文小学，并共同执教。抗战初期，在启秀、锡类中学等校任教。抗战后期，又在家里开办周氏国学专修班，不少学员慕名远道而至。抗战胜利后，应聘担任浙江大学副教授。新中国成立后，在上海崇实中学、上海市师范学校及静安区高级职工业余学校任教，直到退休。

周雁石一生以读书、买书、藏书为乐。平时节衣缩食，多方收买书画文物，日积月累，成为存书万卷的藏书家。对于有价值的孤本、珍本，不惜代价借来整部整篇地手抄。手抄的《民国海门图志》系孤本，为研究民国初期的海门历史，保留了珍贵的资料。20世纪50年代，所收藏的大量古书、文物、史料捐献给海门文化部门。

朱开敏（1868－1960）　名希孟，字铭德，号季球、开敏，圣名西满。原籍江苏省青浦县诸巷会，后迁居上海市董家渡。出身世代信奉天主教的家庭，从小有志修道，15岁进董家渡天主教小修院，毕业后升入徐家汇大修道院，攻读神哲学。光绪十四年(1888)，进耶稣会。光绪二十四年(1898)晋升司铎(神父)。此后，在浦东、川沙、金家巷、常熟、鹿苑、江阴、后塍等地传教，前后20多年。民国13年(1924)，升任南通总铎(总本堂神父)，后兼代海门总铎。不久晋升为通海总铎，统管海门、南通两县教务。翌年，罗马教廷代表刚恒毅总主教到通海地区"巡视"教务，对朱开敏颇为赏识。民国15年，罗马教廷决定将崇明、海门(包括启东)、南通、如皋、泰兴、靖江等县划为海门教区，称"宗座代牧区"。同年8月11日，成立新教区。经刚恒毅推荐，朱开敏为海门教区首任主教。9月10日，刚恒毅率领朱开敏等6名新任中国籍主教前往罗马晋见教皇。10月28日，教皇比约十一世，于罗马圣伯多禄大教堂为朱开敏主教等行祝圣礼。后朱开敏去欧美各国考察，次年春回国。在茅家镇圣心堂举行新主教就职典礼，知名人士韩国钧、王清穆等到场祝贺。朱任主教后，在教区各县开辟堂口，创办学校、医院、修道院、女修会、养老院、育婴堂等，主持传教及慈善事业。

抗日战争期间，海门教区外来经费断绝，朱开敏艰难支撑，维持教会及各项事业。抗战胜利后，朱开敏重获罗马教廷支持，继续开展传教活动。新中国成立后，曾寓居上海。1955年下半年，返回海门主教公署，受到当地政府及信徒欢迎。1956年下半年，主教公署举行盛大庆典，预庆朱主教90大寿，南通专署及海门县党政领导人均前往祝贺。1958年，被错划为"右派分子"。1980年，南通地区行署有关部门宣布撤销对朱开敏的错误处分，为其恢复名誉。

薛荫田(1879－1960)　名少廷。出生海门县茅家镇。民国初年，创办"海复""顺昌"两钱庄，因用人不当停业。薛荫田精研佛学，法号圆惠，经常在寺院讲解经文，听众甚多。民国15年(1926)，成立海门佛教会，被推选为会长。民国16年，任海门教育会会长，并受中国红十字会总会之聘，任红十字会海门分会会长。他热心公益事业，因而得到当地人民敬重。民国20年11月，创办《师山日报》，自任社长。北伐战争开始后，北洋军阀的败兵流落海门者甚多，严重影响社会治安。薛荫田除联络商团协防城区外，并视兵勇之所长，帮助他们就业，对老弱者资助其返回原籍。民国26年，日本侵略军侵占海门前夕，自告奋勇，紧急赶制担架数百副，以备救助伤员所需。并与海门名医张言强协商，将原诊所扩大为医院，经费由地方筹措，得到当局嘉勉。民国27年，日本侵略军进犯，苏北各县有不少到海门避难者，薛荫田设法成立海门救难中心，请地方士绅捐助粮食，并安置住宿。通过红十字会关系，由国民政府县政府发给路条，请沿途驻军保护放行。通海地区沦陷于敌手后，薛荫田携眷避居上海。

景占鳌(1887－1961)　又名景擘。南通营船港人。民国12至16年(1923－1927)，在通海垦牧公司当巡官。民国17年春，任海门县警察队队长、县公安局第七分局局长。时海门西乡共产党领导的农民运动蓬勃开展，不少党员和进步农民参加武装斗争。他勾结当地反动地主和恶霸杀害共产党员和进步农民。民国18年5月16日，景占鳌获悉共产党员沈志玉、黄钦江等正在天补镇西南5里的姜友郎家集会，立即带领巡长和警察10多人包围姜宅，沈志玉等人被杀害。次年5月24日半夜里，景占鳌率部下会同县警察队长程如松等到三条桥附近(今三和镇双高村)，包围顾宅，捕捉中共海门县委委员顾焕祺及其父顾锦扬(共产党员)，当即将他俩枪杀在顾家宅沟边。民国21年5月20日，景占鳌将抓住的共产党员倪华轩等4人，从天补镇押往县政府，途经兴隆镇南端，由事先布置埋伏在那里的匪徒开枪示意。景占鳌听到枪声，立即把倪、沈等4人拉下汽车，借口"要犯脱逃"，当场把他们杀在马路旁边。景占鳌还指使部下杀害共产党员和群众洪维新、殷殿邦等34人。民国24年秋，因被害家属上诉，景潜逃至辽宁省大连市江知源家，帮助江家养鸡。1954年，获得大连市畜牧业劳动模范称号。1955年，被推选为大连市人民代表。后有人揭发，1961年1月24日，海门县公安局将景占鳌逮捕归案。是年12月19日，海门县人民检察院提起公诉，12月21日，县人民法院判处景占鳌死刑。

杨体乾(1890－1961)　又名杨刚、杨庵、杨锡庵，乳名三官。海门县悦来乡人。后迁居苏州。清光绪三十二年(1906),留学日本早稻田大学。宣统元年(1909)毕业回国。先后任南京、海门等地学校教员,内务部驻沪违禁药品管理局帮办,并在苏北、上海等地经商。抗日战争初期,投靠日伪,任汪伪武汉特别市武昌办事处总务科长、汪伪江苏省民政厅视察员等职。民国30年(1941),任汪伪海门县县长。杨体乾依仗日伪势力,以兴建伪海门县立中学为名,强行拆除海门茅家镇东首清代建筑物孔庙、六角亭、文昌宫、徐公祠及私立海门中学校舍,将海门名胜古迹破坏殆尽,拆下的大量建筑材料被其私自变卖,饱入私囊;以"集资兴学"名义,劝募巨款,多方搜刮;接收前任伪县长移交白银3000多两,陆续变卖侵吞;苛捐杂税,名目繁多,横征暴敛;敲诈茅家镇大成米行店主吴氏父子2万多元(折合大米200多石)。在海门搜刮大量钱财,任意挥霍,购买土地380多亩,添建私人住房3幢(苏州2幢、上海1幢)。勾结日本侵略军联络官掘进次郎等,策划对抗日军民"清剿""扫荡"。强拉民夫修筑海启公路,占领各大集镇,修工事,设据点。唆使日伪军经常下乡骚扰,破坏抗日根据地。民国30年7月,指使部属在茅家镇一旅馆查获、杀害抗日游击队员8人。同年冬,在搭连镇附近又杀害3名游击队员。民国31年1月,杨体乾下台。6月,去安徽省宿松县任伪县长半年。抗日战争胜利后,隐居苏州。新中国成立后,多次改名换姓,迁移住地,隐瞒其汉奸身份。1950年3月,以经营白水泥为名去香港,潜往台湾。同年11月,从台湾经香港潜回苏州。1956年1月,被苏州市公安局逮捕,判处管制3年。1959年3月,由苏州市公安局转解海门县公安局。后在海门看守所病死。

黄照青(1886－1962) 字藻卿。海门县搭连镇(今海门镇)人。自幼家境清寒,勤奋好学。先考入上海南洋公学(后改称南洋大学)附中求学,继入南洋大学深造。在校时刻苦攻读,成绩优异。大学毕业后,在海门从教。民国2年(1913),应私立海门中学校董赵师鼎之邀,出任私立海门中学校长。民国2至11年(1913－1922),黄照青掌校期间,广纳人才,用人唯贤,以身作则,身体力行,教学严谨。他积极提倡集资兴学,对品学兼优的清寒子弟,不收学费,热心培养。每年有不少学生考取大学,培养出一大批人才。当时,海门中学的教学质量和声望闻名于苏北和上海一带,深得社会各界称道。他还集资创办海门贫儿院,招收贫苦儿童入院读书,兼授编织藤器、竹器、刺绣等多种技艺。当时不少媒体对黄照青的办学业绩经常报道。民国15年,黄任南洋槟榔屿镇灵中学教务长,热心培养华侨子弟,颇负声誉。民国21年,在上海交通大学图书馆任职。民国34年,重回海门,担任私立锡类中学教务长及能仁中学校长。黄照青信奉佛教,常去各地寺院劝募办学经费,为能仁中学添建校舍多间,并资助搭连小学修建校舍,购置风琴等教育用具。后去上海交通大学、仁济医院图书馆工作。

黄照青1960年退休,晚年在上海佛教协会任职。

李尊一(1919－1963) 又名李文逵。海门县常胜乡(今常乐镇)人。南通师范毕业,任三阳镇海霞小学教员。民国29年(1940)4月,参加中国共产党。次年,去盐城抗大五分校训练部任秘书、文化教员等职。民国31年12月,因患肺结核,转回家乡,一面治病,一面参加党的"乙种组织",以办乡校(永安小学)为掩护,从事地下工作。民国32年,在日伪军据点林立,残酷"清乡"的险恶环境里,以家为阵地,从事革命工作,一时,家中成了中共地下组织的联络机关和从上海去苏北解放区过往人员的中转站,从未发生意外。民国33年初,海启乙种组织特派员徐智和夫人等被安排在李的邻居张道良家,约一年半,由于他精心安排,未被敌人发觉。他动员发展附近一些进步青年加入中国共产党。李经常去日伪军驻地茅家镇与地下党员取得联系,了解情况,布置工作,开展活动。民国35年1月,参加华中一地委党校整风学习5个月。6月,参加在如皋县柴湾区的土地改革运动,任地委土改工作队队长。他和同志们一起,按照党的政策和步骤,完成土改任务。翌年初,解放战争处于最紧张阶段,担任《海启大众》报社社长,白天敌人下乡"扫荡""清剿",和群众一起"跑反";晚上回到驻地,挨家逐户做群众的思想工作,坚定群众斗争信心,依靠群众做好报纸的出版发行工作。民国37年夏,任《江海报》总编辑、新华社松江支社副社长。新中国成立后,任苏南人民出版社编辑部主任。1953年10月,任江苏人民出版社社长。李尊一工作认真,生活俭朴。1955年,他参加迎接外宾活动,自己的衣服太破旧,只得向工人借了一套衣服应急。后来,添置一套毛料衣服,平时舍不得穿。但对同志的困难,总是热情相助,多次帮助同志解决燃眉之急。1958年,任中共江苏省委宣传部办公室主任。1959年9月,实在支撑不住,去医院诊断为肝硬化,后转为肝癌病逝。

凌海霞(1892－1966)　女,海门县三阳乡人。系地方士绅凌建之之女。在上海贤明女校、大厦大学深造,毕业后立志兴办女子教育事业。民国18年(1929),任海门县立女子初级中学校长,学校在县城茅家镇东南清洁堂旧址(今市航运公司河东),辟校基24.57亩,扩建校舍36间,开设3个正规班级,招收全县女生,并收寄宿生。凌海霞热心教育,治学严谨,训导良好。她利用县立女子中学校舍附设青年妇女补习班,招收一批贫苦失学女子,免费入学。提倡勤工俭学,兼营养蜂业,增加学校收入。她慷慨解囊,以自己的积蓄资助贫困女子入学。同年,与其兄凌晏池集资在三阳镇西市梢创办私立海霞女子初级中学,先设刺绣班和简师班,各招女生50多人,后发展为3个初中班、6个小学班,均收女生及部分寄宿生。民国22年,改名为私立海霞初级中学,男女生兼收。日本侵略军侵占海门后,县立女子中学及海霞初级中学相继停办。凌海霞避居上海、苏州等地,过着清苦生活。

茅　理(1909－1966)　又名茅蕴辉。海门县桃源镇(今三星镇)人。先在私立海门中学学习,后去上海竞化中学求学,毕业后考入上海东南医科大学、上海持志大学。民国15年(1926)冬,赴广东参加北伐军。大革命失败后,秘密回家乡参加革命活动。民国17年加入中国共产党。翌年2月,经中共海门县委同意,组织人员到三星镇西北大地主杨佩荣家筹集经费,因暴露目标,在掩护同志撤退时被捕,被国民党当局以"盗匪"罪判处徒刑10年。在苏州监狱囚禁时,因组织狱友与敌斗争,被加刑5年,转至镇江军法会审处,先后拘于金坛、南京等地监狱。民国25年,借保外求医出狱,在上海经纬书店任编辑,并继续寻找中共组织。民国27年春,茅理到海门开辟工作,先打入国民政府南通抗敌指挥部当政训处主任,不久,与中共组织接上关系。民国28年1月,瞿犊、王进牺牲,他率其余部进入崇明县,组建崇明民众抗日自卫总队,任副总队长。民国29年8月,日本侵略军调集大批兵力,对崇明大扫荡,他与陈国权等奉命转移至通海地区。10月,茅理在海安新四军指挥部受到陈毅接见。回海门后,将崇总改编为崇启海常备旅,并任旅长。年底,率部参加掘港保卫战。后任新四军1师3旅副旅长、通海行署主任等职。抗日战争胜利后,任苏中地区政策检查团团长。不久,任苏北五专署副专员、专员。民国34年,重返部队,任苏中军区苏北兵团联络部部长。参加淮海战役和渡江战役。1949年4月,随军进入南京。

新中国成立后,茅理任华东人民革命大学副校长兼教育长、交通部内河航运管理总局代局长、北京航道工程局局长。1953年,奉命去大连筹建新中国第一所海运学院,任大连海运学院院长、党组书记等职。1964年8月,受错误审查蒙冤入狱。1966年7月5日,在狱中含冤逝世。1981年4月,中共大连市委给予彻底平反。茅理一生勤奋好学,博览群书,爱好诗文,著有回忆录《扬子江头的英雄》,小说《监狱里的斗争》《孤岛红旗》,诗集《江滨野哭》等。

施耀康(1926－1967)　海门县三厂镇人。幼年即去上海,在一家工厂当童工。1949年,上海解放后,他工作积极负责,出力肯干,1953年加入中国共产党。1958年后,响应党的号召,加强三线建设,赴陕西省第一棉纺厂,任漂染车间副主任,出色地完成各项任务,获学雷锋积极分子称号,多次被评为先进生产者、"红旗手"。1967年,参加支援马里建设,担任驻马里纺织安装组组长。是年10月11日,马里共和国发生特大洪水,中国专家和当地人民一起参加抗洪抢险斗争。正在患病的施耀康带病参加抢险,因劳累过度,在抢险中光荣牺牲。

谢　平(1944－1967)　海门县海洪乡(今刘浩镇)人。1964年,响应祖国号召,应征服兵役,分配在上海大场3519部队炮兵连。1965年,随部队开往浙江庄桥。翌年12月底,谢平随部队开至中越边境某地驻防待命。驻地常遭美军战机空袭,谢平和战士们一起,进行对空还击,先后参加48次战斗。1967年8月4日,部队接到通知,4天后就要返回浙江庄桥驻地。战士们听到这个特大喜讯,莫不欢欣鼓舞,决心在胜利回师前夕,再打下几架敌机,向祖国人民汇报。在一次战斗中,两架美国鬼怪式战机呼啸着向驻军阵地俯冲下来。谢平和战友一起,立即投入战斗。当美军战机进入驻军高炮瞄准器内时,愤怒和火舌一齐喷向敌机。其中一架美军战机当即中弹起火,栽向山下。另一架美军战机见势不妙,一个俯冲,成排的炸弹,向驻军阵地倾泻。经高射炮一阵猛射,美军战机又被击中坠毁。谢平不幸被敌人的"母子弹"弹片击中,先是额部负伤,继而胸部中弹,顿时鲜血直流,躺倒在地。后因流血过多,抢救无效,牺牲在中越边界友谊桥西边的山谷地区。

陈同生(1906－1968)　原名陈农非、张翰君,笔名南昆、陈蓬。湖南零陵人,随祖父迁居四川营山。民国13年(1924),加入中国社会主义青年团。民国15年,加入中国共产党。曾任国民革命军团政治指导员。民国16年,参加广东暴动。民国18年,在成都、上海等地参与左翼文化总同盟、工运及中共中央保卫局工作。民国23年,遭国民政府当局逮捕,民国28年出狱,与范长江等共同组织中国青年新闻记者学会。

抗日战争全面爆发后,陈同生任新四军苏北挺进纵队政治部主任。为"向东发展",开辟苏中抗日根据地,积极做好国民党上层人士的统战工作。他曾挥毫疾书:"饮马狼山下,取义成仁千古事;挥戈江海边,抗敌救国万夫雄。"民国29年8月,任通如靖泰(泰兴、泰县)临时行政委员会副主任。其后,任江苏省第四区抗日游击指挥部、苏中第四军分区政治部主任。民国30年9月,建立中共通海工作委员会,同时成立通海行署,陈同生首任书记兼主任。同年12月,调任海启行署(后改为东南行署)主任兼海门县县长,历时近一年。在通海、海启工作期间,组织抗日军民有效地打击日伪军和国民党顽固派,发动群众开展"二五"减租,培养和发展积极分子入党,建立区乡政权,进行统一战线工作。民国31年2月,在陈同生积极倡导和精心组织下,召开海启首届国民参政会,邀请海启地区国民党进步人士、开明士绅以及工商、文教、医务各界代表参加。陈同生在会上作热情洋溢的报告,号召海启各界人士团结一致,同心同德,为实现抗日战争的最后胜利做出贡献。

解放战争时期,陈同生担任中共华中分局敌工部部长,华中军区、华东军区联络部部长等职。新中国成立后,任中共南京市委统战部部长、中共华东局统战部副部长、中共上海市委统战部部长、上海市政协副主席等职。在"文化大革命"期间受迫害致死。中共十一届三中全会后平反昭雪。

陆自衡(1885－1969)　字子权。海门县三星乡人。自幼勤奋,就读小、中学时,成绩均名列第一。读完高中,考入南京高等师范学校体育系。毕业后,在南京体育专科学校任教。民国9年(1920)该校停办,独资创办私立南京女子师范专科学校。民国13年,增设男生部,更名为私立东方公学。民国16年,分设中学、师范及附小3部。民国18年,改名私立东方中学。由于陆自衡治学严谨,学生成绩斐然,在学校会试中,列优等。民国24年,出资于南京三牌楼购买农场,拟办医、农及体专等,未果。民国26年,抗日战争爆发,国民政府迁都重庆,东方中学在烽火中辗转滁州、溧水,最后迁往重庆。在重庆时,学校屡遭敌机轰炸,校舍毁坏严重,但仍坚持教学。抗日战争胜利后,东方中学迁回南京,原校址已毁于兵燹。经陆自衡想方设法,使学校尽快恢复旧观,并增建教室、实验室、会议室等45间。民国38年,赴台湾,准备在台湾办校。1954年,获台北市文昌街公地10余亩,兴建校舍,不到一年,学校开学上课。陆自衡以校为家,倾心校务,几十年如一日。

季　刚(1893－1969)　出生于海门县悦来镇附近一个农民家庭。字强成。4岁时受嗣于二叔公,随父迁往黑沙泓(今三阳镇)。民国元年(1912),参加沪军北伐先锋队学生军,任工程营排长。复员后,于民国2至6年在南通代用师范学习。毕业后,赴甘肃省立第三师范、南通代用师范任教。后去冯玉祥所办的绥远实业所当技术员,从事垦荒事业。

民国16年,由其兄季方介绍,去武汉中央农民运动讲习所任事务主任,不久转至武汉中央政治学校政治部,任总务科科长、秘书科科长等职。是年12月,任广州教导团(中央政治学校改编)秘书科科长,该团由叶剑英率领在广州起义。后与其兄季方失去联系。

民国18年,由邓演达介绍赴江苏常州通成纱厂任总务科长,后调至该厂驻宁办事处任经理,并掩护中国国民党临时行动委员会(农工民主党前身)的活动。民国20年,邓演达被蒋介石暗杀后,季离开南京,返回南通,任驻通的18军所属工厂总务科科长。民国25年,赴日本早稻田大学拓植科学习。次年,抗日战争爆发,毅然回国,参加抗日战争,在国民党第三战区前敌指挥部秘书处工作,活动于上海、南京、武汉、贵州,后抵达重庆。

民国28年,任国民党军事委员会政治部(由陈诚、周恩来分任正副部长)秘书科科员,在安置好战地服务团成员后,由香港经沪到达苏北,视察国民党军队军风纪律,当年底返回重庆。其兄季方接受国民党军事委员会党政委员会指导员衔,从重庆赴苏北途中,在沪被法国捕房扣押引渡香港。季刚为此往返于沪港之间,得杜月笙支持,使季方安全脱险。此后离开重庆返回苏北。民国29年4月,国民政府江苏省政府省长韩德勤委任季刚为海门县政府县长。10月,黄桥战斗后,新四军东进掘港。同年11月,季刚出任苏四专署专员兼海门县县长,往返于四专署所在地掘港与海门县政府所在地江家镇之间。任职期间,在中国共产党领导下,宣传抗日,严禁吸毒,重视教育,为政清廉,做了一些对人民有益的工作。

民国30年8月,日伪军连续大扫荡。同他一起回海门的林英牺牲于江家镇,二女季慧在盐城秦南仓遇难,加上当时县政府内人事纠葛等原因,他离开抗日根据地,只身赴上海。经季方及中共组织多次做工作,还是不愿再回到革命队伍。不久,与民族资本家纪振纲一起,赴苏南茅山地区从事植茶业。后去江西贵溪上清镇筹建上清农场。1950年,上清农场由人民政府接管,季刚离开农场赴京在女儿季丰处居住。1953年,由茅理介绍赴大连海运学院任总务处副主任。不久退职,转任江苏省文史研究馆馆员。

顾国民(1908－1969)　海门县张家镇(今德胜镇)人。民国30年(1941),参加当地游击队。第二年加入中国共产党。抗日战争、解放战争期间,任乡、区民兵队长,区委委员等职。他接受党的指示,在张家镇开一爿茶馆,做地下联络工作。在半年多时间里,迅速准确地传递各种秘密信件,从未发生过意外。党组织派他去海西区组织锄奸队,开始只有4个人,一把斧头。民国32年7月,组织上要他活捉四甲镇特工队队长陈某,为民除害。顾国民一连几天潜伏在四甲镇周围,未见陈某身影。后从农民蔡大伯处获悉,陈某与蔡大伯邻居陆女私下往来。经周密安排,第三天傍晚,顾国民等天黑赶去,进屋后,摸错一张床,惊动了陈某,他连衣服也顾不得穿,光着身子,爬出后门扑沟逃命。顾心灵眼快,跟踪下水,终于把陈某抓获,连夜扭送到东南警卫团团部。民国33年8月的一天,顾国民等五六名队员,装作上镇模样,来到日伪据点青龙港。一进市梢,发现一个背盒枪的伪军,大摇大摆地走下桥堍,顾国民尾随其后,其他队员紧紧跟上。当这个伪军在一家商店门口停下买香烟时,顾国民紧步上前,使劲卡住他的脖子,使其不能转身,并掏出斧头向其头部猛砍数下,队员黄樵林又用锤子将其击死,夺下盒枪,扬长而去。“斧头、锤子换盒枪”,一时传为佳话。民国36年初一个深夜,顾国民等10人穿过敌据点,越过封锁线,涉过几条冰河,回到敌靖乡,白天蜷缩在坟坑、坏棺材里,晚上发动群众,衣服几十天得不到换洗,头发长得遮住眼睛,有时吃不上饭,只好勒紧裤带,巧妙地到敌人据点附近贴标语,发传单,割电线,破公路。遇到小股敌人就打,见大批敌人就骚扰,声东击西,使敌人坐立不安。民国37年中秋节晚,顾国民等10多人,深入茅家镇据点,装扮成国民党军队模样,翻过后墙,进入军统特务徐某院落,假称国民党驻海门的白山部队查户口的,徐信以为真,放松戒备,门一开,立即涌进几个人,猛刺数刀,徐未及还手,便被正法。顾国民在10多年的民兵生涯中,经历大小战斗百余次,将该地近百名优秀队员选送上主力部队,上解精良武器数百件,为抗日、解放战争做出贡献。1950年9月,顾国民被评为华东军区民兵英雄,出席全国战斗英雄和劳动模范大会,受到毛泽东、周恩来、朱德等党和国家领导人接见。1954年后,担任海门县建设科、水利科副科长。

施乃铸(1900－1970)　海门县池棚镇(今属刘浩镇)人。民国11年(1922)春,在厦门大学读书时,由高尔柏、施存统(又名施复亮)介绍参加中国社会主义青年团,开始推销共产党的机关报《向导》周报,半年时间,掌握学校学生自治会组织。国共合作时期,奉中共组织之命,参加中国国民党,以此公开身份,消除一些人对其“危险分子”的看法。民国13年夏,厦门大学闹学潮,爆发“六一”流血惨案后,施为全校代表,组织离校学生团前往上海,与恽代英、邵力子、吴稚晖等接上关系。是年秋,留在上海,被选为上海国民党第四区分部执行委员。民国14年春,施乃铸担任共青团上海地委负责人,多次组织报告会,大多由陈独秀、彭述之等作报告。

民国14年9月,施乃铸回到海门家乡麒麟镇北启秀中学任教,负责在江北开辟一个宣传进步思想的活动点,利用讲新三民主义课的机会,指导学生阅读革命书籍,为最早在海门地区宣传马克思主义的成员之一。民国15年三四月间,学生罢课,反对旧教育制度。是年夏,高中部年龄较大的学生沙云翔、薛明亮、龚雅等20人,报考广州黄埔军官学校。秋后,高中部学生王兴宇、袁涤今、黄道一等10余人在施的带领下,前往江西南昌参加学兵团。

民国15年冬,施奉党组织之命,由恽代英推荐到武汉,任中央军事政治学校武汉分校政治教官,不久兼任司法部法官、训练所教授,并转为中国共产党党员。施乃铸是一个刚从大学毕业不久的学生,自知资历浅,时常向中共湖北省委负责人徐伟请教。民国16年,蒋介石发动“四一二”反革命政变后,党组织对党员实行分散隐蔽,指令施乃铸由上海转道赴广州与张太雷联系。施乃铸因病未能成行,潜回家乡,不久伤寒病发作,一个月后才得痊愈,时广州起义失败,张太雷牺牲,施从此与党组织失去联系。

民国17年3月,施乃铸在江家镇三益初级中学任教员,同事中有人认为施是从武汉逃回来的共产党员,心存疑虑,幸时任校长刘松云等力辟其非,尽力袒护。此时,南通、海门有中共组织,其中有王兴宇、茅理等,施却未去与他们联系。民国20年,施乃铸赴上海正风中学任教。“一·二八”事变后,由同乡季方介绍,参加第三党(即农工民主党前身)。民国23年返回海门,任海门中学复校筹备会主任。后赴上海大厦大学任教。民国29年4月,任南京汪伪政府中日文化协会干事、伪中央林业管理局顾问。民国30年,任汪伪行政院宣传部参事。是年冬,任浙江省政府参事。抗日战争胜利后,定居上海。

“文化大革命”中,施乃铸受到冲击和审查。

吴蕴芳(1937－1972)　女,海门县三阳乡人。民国35年(1946),入三阳镇小学读书。1952年,考入海门培新初级中学(今海门育才中学)。1955年7月,由学校保送至扬州建筑工程学校,专修农机制造工艺。1956年5月,加入中国共产党,兼搞党团工作。学习期间,成绩优良,多次被评为三好学生。1958年,出席扬州市劳模大会。1961年8月毕业,分配在南京车辆修配厂当技术员。1962年12月,调任第五机械工业部所属山西大同616厂技术科技术员。她工作认真负责,对苏联设计制造的坦克发动机工艺进行大胆改革,从而提高功效,被工厂评为先进工作者、三八红旗手和“五好”职工。1971年4月,为支援三线建设,去第六机械工业部所属云南省曲靖县5022厂总装车间任技术员。她参与一项新产品的试验任务,连续试验370多次,都未获得成功,其主要原因是温度升不上去。为寻找解决办法,她废寝忘食、夜以继日地翻阅各种外文资料。一天,在一篇外文中,找到溶液中加一定数量的酒精能升温的资料记载。她如获至宝,立即进行试验,结果温度升高1000℃以上,初获成功。为掌握准确数据,决定继续进行试验。1972年6月22日,在试验过程中意外发生爆炸,吴蕴芳及营长、连长、指导员等4人牺牲。吴蕴芳被追认为革命烈士。

顾少卿(1892－1973)　海门县十二匡镇(今悦来镇)人。家境清寒。17岁时经亲戚袁志清介绍,在上海陈万丰烟叶行当学徒。3年满期,当了客师。后得亲朋好友资助,在上海老北门川心街独开大丰昌烟纸店,雇用6名女工,用手工卷烟出售,生意逐渐兴旺。又得陈万丰资助,合股开办卷烟厂,取名华成烟厂,卷烟商标为“金鼠”牌,顾少卿任厂长。时因洋烟充斥市场,金鼠烟销路不旺。“五卅”惨案发生后,上海各界人士纷纷抵制洋货,提倡国货,加上“金鼠”牌质料优良,销路日广。顾少卿又试制一种“美丽”牌新产品香烟,质料比“金鼠”牌更胜一筹,敢与洋烟竞争,销路骤增,从此华成烟厂名声大振。不久,在惠民路建造新厂房,卷烟机增加到7台,生意更加兴旺。“一·二八”事变后,日本侵略军进犯上海,惠民路新厂房中弹受损。后在上海江宁路昌平路口建造新厂房,继续开工生产。这时华成卷烟厂扩展为华成烟草股份有限公司,资金雄厚。

顾少卿乐意为家乡做好事。民国11年(1922),横跨十二匡河的永安大桥年久失修,顾少卿便独资修建1座钢筋水泥大桥。民国13年,海门农村春荒严重,他出钱购买山芋干4万多斤,运到十二匡镇发放,以周济穷人,每人多则100多斤,少则60多斤。民国22年,顾少卿母亲寿辰,将所收寿礼,全部捐献创办十二匡镇小学。

上海解放前夕,顾少卿去香港,与人合办药厂。

张石荃(1900－1973)　字长林,祖籍江苏省句容县。其曾祖父在清咸丰年间(1851－1861),因避战乱迁到海门,定居中兴镇(今三厂镇)东市梢。张氏世代从医,张石荃幼承家学,精究医道。北伐战争期间,大乱继遭大疫,海启湿瘟病流行,经张石荃医治而愈者无数,医名始自大噪,远及崇明、启东、南通、如东各县,求治接踵,极一时之盛。还兼任大生三厂特级中医师,定期为工人诊治疾病。日本侵略军侵占海门,他迁居上海,仍操医业,治病辄验,医名颇盛。新中国成立后,重返故里,积极筹组三厂区中心联合诊所。嗣后,调任海门人民医院副院长、县中医院副院长等职。虽花甲高年,仍筹办各种学术研究交流,指导临床实习,培育中医后秀,循循善诱,不遗余力。张石荃治病,立方严谨,选药平淡,善以轻剂取胜,具有轻、清、灵、动之特色。他曾说:"人体有制邪护正之自然效能,药治无非因势利导,是以无取乎峻猛,弟以能匡助自然疗能而免戕伐即可。"张石荃一生好学不倦,博学多才,除勤勉于诊务外,对考古、金石、书画、诗赋等造诣较深,常以诗词自娱,平时善于鉴赏和收藏名人字画、古玩,也喜栽植花木盆景。遇到知音谈论古今艺术,往往流连忘返,堪称儒雅风流。张石荃生前未有著述,曾拟以《医事四十年》为题,组稿总结治病心得,以期启惠后学,惜"文化大革命"中,手稿毁于一旦。1982年,海门县医学会组织人员整理其部分经验,刊于《老中医经验选》。

秦朝纲(1898－1974)　海门县平港乡(今三厂镇)人。从小种田,成年后曾在海门曹家镇和济油坊、上海曹家渡立成小学、东台县裕华镇宏大顺花行等处当茶房、厨师。民国19年(1930),在上海做工时,与进步人士沈维岳、杨安一等相识,开始接受进步思想。民国21年,和杨安一等去福建参加十九路军发动的抗日反蒋活动,不久回故里。新四军东进海门后,毅然参加革命。民国31年,担任海南区平港乡财政助理、乡长。是年2月,加入中国共产党。后任海南区农抗会主任、海南区区长、东南行署生产建设科科长。新中国成立后,任海门县生产建设水利科科长。

20世纪40年代末,从大新港至悦和港40余里的江岸涨坍不定,泥沙沉积,河道淤塞,咸水倒灌。夏秋之交,每遇雨涝潮灾,几千公顷庄稼被淹。秦朝纲调查研究,深入沿江各沟港河汊,观察水印,测量地形,探测水深,尝水咸淡,对沿江地形、水情了如指掌,人称"活地图"。1951年秋,提出全县冬春水利建设规划,着重解决沿江重灾区江潮顶托、咸水倒灌、并横河建涵洞等问题。1951年冬至1952年春,按水利规划,分两批施工,建成钢筋混凝土涵洞40座、木涵洞20座,使沿江几千公顷耕地不再受咸潮倒灌及雨涝之灾。1952年秋,又提出全县水利治本规划,将海门沿江大小23个港口并为6个港口进出,内部纵横相通,港口建闸,其余17条港河打坝堵塞,集中控制。经6年艰苦施工,至1958年夏,全县并港建闸工程基本完成。23条干河的水流统一受5座水闸控制,大大减轻雨涝潮灾。

1949至1953年,青龙港两侧的江岸被江水冲塌达5公里,并连续坍塌。秦朝纲组织力量,实地查勘,以县政府名义,向长江水利委员会专门报告,要求进行治坍。1954年,报告获准,拨出巨款,并派遣大批工程技术人员设计施工,秦朝纲被委任治坍工程副指挥,深入工地具体指导,克服重重困难,终于取得护岸工程的成功,完成沿江治坍40多公里,围垦良田5333.33公顷。

在秦朝纲负责全县水利建设工作期间,境内先后疏浚干支河道230多条次,挖土6000多万立方米,均用以工代赈、贷款、自筹款等方式解决。在治水施工过程中,处处关心农民疾苦,自制推广六叶板车(戽车),提高工效,节省劳力。建议工程师设计铁轨滑轮启闭机,以减轻民工体力消耗。防汛期间,试制推广"泥柴牛"(用青芦苇包裹草泥,外用草绳捆扎,重几百斤至上千斤)作为防汛器材获得成功。

朱小南(1901－1974)　原名鹤鸣。朱南山之子,海门县四甲乡人。自幼随父学医,深得要领,秉承家学,擅长妇科,善治崩漏、痛经、不孕等症,并有所创新,尤在而立之年名噪一时。民国25年(1936),朱小南继其父续办上海中国医学院,民国

27年任院长,兼妇科教授。1952年,参加上海市卫生局直属门诊所妇科工作。1960年后,任上海中医学会妇科组组长、中华医学会妇产科分会会员。组织同道研讨学术,培养传人。

朱小南继承其父南山先生的学术特点,结合自己的临床心得,对奇经八脉与妇科的关联,具有独特见解。把脏腑、经络、气血学说有机地联系起来,尤其注重奇经学说的运用。主要著作有《奇经八脉在妇科临症间的具体应用》《朱小南医话》《医论》《冲任探论》《妇科临床经验介绍》《带脉探讨》《中国避孕法探讨》等。

耿淡如(1898－1975) 名佐军。海门县汤家乡(今三厂镇)人。民国6年(1917),毕业于私立海门中学,继考入上海复旦大学文科。因家境清寒,半工半读。民国12年毕业,因成绩优异,获"茂才异等"金质奖牌。此后,在私立海门中学教英文、史地等课程。曾为当时教育部编写高中世界历史课本,翻译海斯和穆恩所著《近代世界史》。民国18年,由同乡富商郁震东资助,去美国哈佛大学研究院留学。民国21年,获硕士学位。学成回国,任复旦大学、光华大学政治系教授及系主任,讲授政治史、外交史、西洋通史、政治学及国际公法等课程。抗日战争期间,留在上海,任复旦大学(留沪分校)、光华大学政治系主任兼大厦大学历史社会系主任。新中国成立后,任复旦大学历史系教授,讲授世界史。根据苏联俄文原版,翻译并编写中世纪世界史讲义及教学指导书,由天津人民出版社出版。翻译美国学者汤普逊著《中世纪经济社会史》上下册,共80万字,由商务印书馆出版。翻译俄文《世界近代史文献》3册,约60万字,由高等教育出版社出版。50年代末,作为《辞海》编委主要负责人,负责重修《辞海》的编写和定稿工作。1961年,高等教育部在上海召开外国史学史教材编写会议,决定由耿淡如主持编写,如期完成任务。不久,又翻译G·P古奇的《十九世纪的历史与历史学家》一书。1962年,在《文汇报》学术版发表学术论文多篇,对开展外国史学史的研究起积极作用。耿淡如精通英、俄、德、法、西班牙以及拉丁文等多种外国文字,为阅读、翻译、教学和研究西方著名史学家的论著创造有利条件。晚年,虽抱病在身,但仍孜孜不倦地翻译大量外文资料。

郁　文(1919－1975) 海门县常乐乡人。"七七"抗日战争爆发,郁文时系私立海门中学高二学生,即奔赴延安,入抗日军政大学学习。民国27年(1938),参加八路军,同年加入中国共产党。抗日战争时期,任八路军115师政治部宣传部干事、直属政治处教育股股长,新四军第3师7旅政治部组织科科长、20团政治处主任。解放战争时期,任东北野战军第六纵队16师47团副政委、政委,第四野战军43军政治部组织部部长。新中国成立后,任解放军某师政治部主任、师政委,海南军区政治部主任、副政委兼政治部主任、政委,国防部第五研究院三分院政委,第七机械工业部三院党委书记,空军第六研究院党的核心小组第一副组长。1955年,授予大校军衔。1964年,晋升少将军衔。

邱竹君(1902－1976) 海门县三阳乡人。出身中医世家,父邱翰臣,系三阳镇名医。邱竹君自幼勤奋好学,通读古文,饱学儒道,潜心钻研孔孟著作,尤擅诗词,爱书法。20多岁,随父学医,博览古今医案,深究汉唐古方,对宋元以来的医籍及日本的新论,一一熟读明辨,细心切磋琢磨。经过多年刻苦攻读,对《伤寒未苏集》《世补斋全书》《皇汉医学》《王氏医案》等中医学名著,反复熟读深思,以至通篇背诵。在学医过程中,得到老中医黄丹时的指导,虚心学习医术和医德,获益不少。邱竹君对中医学造诣很深。为人诊治疾病,对病情了解清楚,处方简隽恰当,每方七八味,看准火候,恰到好处,疗效显著。尤以治疗妇科为特长。对于伤寒等疑难诸症,均能参照张仲景等名医古方,得心应手,挽救病危。曾有一启东籍妇女患伤寒症,寒热起伏,一日数次,大便出血,汗出淋漓,病情严重,已奄奄一息,群医谢绝,家属正为她准备后事。邱竹君被邀诊视,当即用张仲景黄士汤加西洋参治疗,以救阴回阳,兼清积热,只服药两剂,神明渐展,次日,即可低声说话,不久病愈。邱竹君医术高明,名扬四方,先后收纳不少门生,认真讲课,传授医理。要求每生先熟读三四十篇古文,然后讲授张仲景《伤寒论序文》等医书。中医陈心一、周贤良等都是他亲手培养成才。新中国成立后,即加入联合诊所,当选县一至六届人民代表大会代表,又被推举为县政协一至四届委员。他病故后，遗稿由其子及门生编印成《邱竹君临床经验》一册传世。

赵　琅（1915－1976）　原名赵淑紫。南通市人，满族。大学毕业后，于民国27年（1938）参加革命工作，同年10月加入中国共产党。抗日战争时期，开始打入地方游击队某部从事党的地下工作，后任南通县动员委员会青工团团长，从事抗日救亡活动。新四军东进后，民国29年12月任南通县十一区区长。次年9月，任中共通东分县委委员、通东行署主任兼通东大队大队长。民国31年9月，通东行署撤销，调任中共如皋县委敌工部部长。民国34年4月，任中共东南（海启）县委委员、东南行署主任兼东南人民自卫总队部总队长。在艰险的环境里，贯彻抗日民族统一战线政策，团结各阶层人士，领导群众，坚持与日伪军展开针锋相对的斗争。发展地方抗日武装，对敌开展军事、政治攻势，打击、瓦解日伪军。接管改造区、乡基层旧政权，建立民主政权，从事抗日根据地建设。

民国35年3月，海门、启东两县分设，赵琅任中共海门县委委员、海门县县长兼海门人民自卫支队部支队长。在县委领导下，努力抓好解放区建设，在巩固健全各级政权，废除保甲制，实行“新乡制”，进行土地改革，发展解放区生产，繁荣经济，改善人民生活等方面，做了很多工作。7月苏中战役后，根据上级指示，抓紧备战，组织人力、物力、财力，支援解放战争，实施机关精兵简政，组织发动翻身农民参军参战，保卫胜利果实。是年12月，任中共华中九地委联络部副部长。为掌握敌情，更好地开展对敌斗争，与各方面合作，搞好秘密联络工作，努力完成党交给的任务。民国37年12月，任中共南通工作委员会书记，为接管南通城作准备。

1949年2月，任中共南通市委书记。进城后，在南通区军管会统一部署下，接管南通，建立新政权，整顿社会治安秩序，肃清暗藏的敌特分子，恢复城市经济等方面，作了很大努力。1951年7月起，任中共苏北区委城市工作委员会委员、秘书主任，华东财委上海财经学院研究生部主任，上海锅炉厂党委书记，上海第一重工业局局长、第一机电工业局局长，国家第二机械工业部十局局长，812厂、504厂、401所党委书记等职，为社会主义革命和社会主义建设事业贡献全部力量。在“文化大革命”中，受到林彪、江青反革命集团的打击迫害。

陆侃如（1903－1978）　原名雪成，字衎庐。海门县三阳乡人。幼时在父亲陆措宜自办的恒基小学就读。民国12年（1923），私立海门中学毕业后，考入北京大学中文系。毕业后进清华研究院攻读一年。民国16年后，历任上海中国公学中文系主任及暨南、复旦、安徽等大学教授。

民国21年，在上海与冯沅君女士结婚后，同赴法国留学，民国24年毕业，同获巴黎大学文学博士学位。回国后，继续从事教育工作，任北平燕京大学中文系主任。抗日战争爆发，北平沦陷，陆侃如夫妇随即南下，辗转云南、广东、广西、四川等地，先后任内迁的中山大学师范学院教务主任、东北大学文学院院长等职。抗日战争胜利后，陆侃如夫妇随东北大学复校沈阳，并在该校任教。民国37年，任青岛大学教授。新中国成立后，任山东大学图书馆馆长、校务委员会副主任、副校长、校科学研究会主任、《文史哲》编委会主任、主编，当选山东省人大代表。1953年起，任全国政协委员、文联委员、作协理事。1956年，加入九三学社，任九三学社中央常务委员兼青岛分社主任委员。次年，被错划为“右派分子”。“文化大革命”期间，被指控为与党争夺青年，再次蒙受大难，被关进监狱，1972年出狱。病逝后的第二年平反昭雪，恢复名誉。

陆侃如才思敏捷，学识渊博，著述颇丰。在北京大学一年级求学时，著述出版《屈原》一书，被公认为“用新的观点研究屈原生涯及其作品的一部好书”。民国16年，编写《宋玉》一书，亦为人们所称道。还陆续发表有关屈原的研究文章20多篇，在学术界产生很大影响。民国20年，出版《中国诗史》60余万字（其中20万字系冯沅君所写），资料丰富，取材审慎，具有独特见解，被鲁迅列为“可看”的中国5部文学史之一。民国22年，陆、冯合作写成《中国文学史简编》，由上海大江书店出版（他努力用马列主义的立场、观点、方法处理文学遗产，后经修改，1957年又由作家出版社出版）。抗日战争期间，陆侃如在动荡不安的环境中，完成著作80余万字的《中古文学系年》。陆侃如夫妇还合著《中国古典文学简史》，并译成英文、捷克文，在国外发行，受到国外读者欢迎。20世纪60年代初，陆侃如仍潜心学术研究，从建立有民族特色中国的马克思主义文艺理论动机出发，举办山东大学中文系古代文学理论讨论班，编写《中国文学理论简史》，并与助手们一起，重点研究《文心雕龙》，发表大量有关古代文学专论，在全国学术界引起强烈反响。

陆侃如一生撰写有关中国古典文学理论论著数百万字，对中国古典文学的研究工作作出宝贵贡献。数十年中，他的著作被国内高等院校作为文科教材使用。去世前，留下遗嘱，将他和夫人冯沅君的私人存款3万多元和全部书籍捐献给国家。

张云缙（1906－1978） 字青。海门县三厂镇人。私立海门中学初中毕业后，升入江苏省立上海中学高中部就读。毕业后，考入东南大学商科。东南大学改为中央大学后，转修教育专业，获教育硕士学位。始任浙江省立民众教育专科学校教师，一年后调任陈嘉庚创办的福建厦门集美师范学校校长。抗日战争爆发，厦门沦陷，学校停办，返回故乡。民国30年（1941）9月，接任私立海门中学校长。因日本侵略军侵犯骚扰，为师生安全，迁校距县治数十里外的义兴镇（今万年镇）等地，坚持办学，称为海中下校。不久，担任国民政府江苏省江南行署督学，经常在敌占区的学校视察指导，并推动发展敌后教育事业。抗日战争胜利后，任江苏省立镇江中学校长。他从废墟中擘画经营，聘请名教师，严格教学，使学校声誉日高，列为江苏省立著名中学之一。1949年去台湾省，任省立新竹师范学校校长。1952年辞去校长职务，改任省立台北工业专科学校教授，直至退休。

陈伯陶（1925－1979） 海门县万年乡人。民国35年（1946）参加工作，同年加入中国共产党。历任海门县海中区财经局粮管员，大东商店和江海公司股长、主任，海门县粮食局副局长、局长，南通专署粮食局副局长，海门县委副书记，副县长、县长。1965年2月后，担任如东县委常委，副县长、县革委会副主任等职务。

在革命战争年代，积极参加反“清乡”、反“围剿”斗争，深入敌后，发动群众，做好财经工作，保障部队供给。新中国成立后，积极投入社会主义革命和建设，坚决拥护和执行党的路线、方针、政策，勤奋工作，尽职尽力。对工作认真负责，勤勤恳恳，兢兢业业，长期带病工作，把毕生的心血倾注在党的事业上。

沈沛英（1889－1980） 女，海门县池棚镇（今属刘浩镇）人。父沈仲候，是清末秀才，当地有名士绅，家有40多亩土地。沈沛英自幼聪明伶俐，性格刚强好动。8岁上学读书，经6年寒窗，即能挥毫写作，深得父母及师长宠爱。少年时期就能和父亲一起，为人调解纠纷。一次，盐警截获几名贩盐的贫民，扭送到沈宅，图谋敲诈。沈沛英挺身而出，严词斥责盐警，放走无辜农民。沈沛英从小由父母做主许配给大洪镇东杨式金的长孙杨俊，未满20岁即嫁到杨家，管理家政。几年后，沈沛英入上海持志大学深造。毕业后，涉足政坛。民国17年（1928），任海门县东二区行政局局长，后担任海门救济院院长。抗日战争初期，沈沛英组织抗日游击队，数百人枪，与东南沿海陆洲舫（陆兆林）部队结合，陆洲舫任总队长，沈沛英任1支队队长，率部在吕四、六甲等地活动。沈沛英善于交际，文武双全，又能仗义执言，不畏强暴。民国32年，在海界河癞疤镇附近，一股土匪拦截七八个商贩及装运皮棉的4条船，还扣押两个人质，勒索巨款。商贩请沈沛英前往交涉，结果，土匪答应释放人质，还向商贩赔礼道歉。沈沛英对共产党、新四军表示同情。抗日反“清乡”斗争期间，中共组织常派人到大洪镇附近侦察敌情，海南区公安股长郁殿高经常住在杨家大院内，受到沈沛英掩护。

民国初年，在杨氏宗祠创办一所小学，沈沛英任校长并亲自授课。民国31年，在该宅创办鹿城中学。民国33年初夏，在她支持下，鹿城中学的几位教师带领30多名学生毅然投奔解放区。其中有沈沛英的大女儿杨协飙和儿子杨善君。新中国成立后，沈沛英居住上海，当过中学教师，为上海市政协委员。

蔡荫恩（1904－1980） 字燕娱，海门县三和乡人。民国13年（1924），参加中国国民党。时乡贤茅祖权在国民党江苏省党部主持党务，委派他筹建国民党海门县党部。民国16年2至4月，任国民党海门县党部负责人。民国17年6月至18年1月，任国民党海门县党务指导委员会负责人。民国19年3月至20年7月，任国民党海门县整理委员会负责人。民国20年，被国民党组织保送入中央大学专攻法学。毕业后进入美国纽约大学，获硕士学位，再转入英国伦敦大学政治经济学院深造。抗日战争爆发后，蔡荫恩返回祖国，任国民政府江苏省江南行署督察。国民政府迁都重庆后，蔡荫恩返乡任私立海门中学校长。1949 年，携眷赴台。蔡荫恩到台北市后，任行政专科学校法政科教授兼总务。主讲法律，并先后任法科系及法律研究所与夜间部主任等职。著有《中美司法制度之比较》《法院组织法新论》《罗马法要论》等 10 余种著作。

范步洲(1898 － 1981)　海门县树勋乡人。少时曾读过 4 年书。民国 28 年(1939)，参加抗战支队，不久加入中国共产党。历任秘密交通员，富余区保卫科指导员、民运科长、区长兼大队长。

新中国成立后，任海门县委委员，县监察委员会副主任、主任，县人民委员会副县长，县政协副主席等职。

1956 至 1964 年，担任主管水利工作的副县长，在指挥通吕运河、新东河、新岸河、五谷河开挖，海门县盐场建设，江心沙第一次围垦，大洪港港西护岸工程等施工中，总是站在第一线，调查研究，精心设计，精心施工，为改变海门的水利面貌做出贡献。

1958 年春，在兼任县水利工程指挥部通东河工办事处主任期间，发动国强、新建、四甲等 13 个乡 3.8 万多民工，疏浚通东地区 129 条四级河，长约 180 公里。经常带领有关人员，步行在工地上。有时发现不确切数字，便用丈竿亲自量一量，要求实事求是地统计数字。可他的实事求是精神，却得到不应有的批评，说他“保守”“右倾”。但他并不气馁，仍然关心着通东地区的水利建设。

1959 至 1962 年，他兼任县建滩(海门县盐场)指挥部总指挥，发动通东地区 9 个公社 1.2 万个民工，历时近 3 年，平整、建成盐滩 43 份，筑纳湖、排淡闸各 1 座和人行桥 5 座及生产设施等，完成土石方 84.2 万立方米，1960 年，就生产原盐 2609 吨。他年事已高，仍与工作人员同甘共苦，睡地铺，吃便饭，对民工生活十分关心。通东地区缺柴，他专门组织人员，用船只从长江边的江心沙洲调运 60 多吨芦草，并要粮食部门保证粮食供应。特别是在施工紧张时期，除参加县里会议外，其余时间都在工地上，检查施工质量，发现问题及时处理，保质保量完成工程任务，边建设边投产。

范步洲平易近人，虽为副县长，但每年有八九个月时间在基层搞调查研究或在工地上度过。经常骑自行车下乡，到工地指导工作坚持步行。1958 年春，《新华日报》记者准备采访他，走到他身边，还未觉察到他就是久仰的老县长。

周焕钜(1919 －1981)　海门县永平乡(今三阳镇)人。10 岁入学，翌年辍学，赴上海谋生。民国 29 年(1940)，因父母相继病故，只得回家种田。兄妹 4 人，他排行最小。兄患病，难于糊口度日，靠乞讨、邻居帮助维持生计。

民国 35 年，参加当地民兵组织，投入土地改革运动。民国 37 年 8 月，加入中国共产党，担任村财粮助理。不久，任乡邮政通讯站站长。

1952 年 4 月，周焕炬从乡信用合作社调至三阳区供销合作社，任指导员。当时政府大力推广优良棉种“岱字棉 15 号”。农民认为，种植这种棉花产量虽高，但病虫害防治难以掌握。为使广大农民及早掌握种植岱字棉的技术，学会防治病虫害，他利用合作社内的荒地，试验种植岱字棉。经过一年的摸索和实践，初步掌握种植岱字棉的技能和防治棉蚜虫、卷叶虫等病虫害的方法。1953 年起，常到棉田中采集岱字棉的病虫苗作为标本，利用早晨农民上市赶集机会，手拿标本，站在凳子上，向农民现身说法，讲解病虫害的识别和防治方法。散市后，又带着标本，头顶烈日，到田间、地头、宅院，向农民作防治病虫害的示范操作。对一部分播种岱字棉仍有顾虑的农民，采用“效果比较法”，用自己和供销社配制的石灰硫黄液农药，在同一块棉田，对棉蚜虫进行治与不治的对比试验，两三天后，请棉农到现场，观察效果。农民们被事实所折服。盛夏初秋季节，正是棉花卷叶虫盛发时期，他冒着炎炎烈日，背着药枪，手拎药液，穿梭于棉田之间，见有虫害，随即喷治，且不收棉农分文。一年间，周焕炬跑遍三阳地区的南星、汲浜、普济等集镇、乡村，为推广种植岱字棉，倾注全部心血，使农民逐步掌握科学种棉知识。经过 3 年努力，取得显著成效，三阳地区种植岱字棉的农田由 1952 年的 10% 发展到 1955 年的 90%，棉花产量成倍提高。1956 年年初，他被评为省先进工作者。同年 5 至 6 月，又分别出席在北京召开的全国先进生产工作者代表大会和全国供销合作社第一次先进工作者代表大会，受到周恩来总理等党和国家领导人的接见。周焕炬一生从事基层供销工作，先后担任三阳、南星、四甲供销社、四甲中转站组长、站长、经理等职。1981年6月退休。

蔡良选（1904－1982） 海门县天补乡人。14岁起，随父蔡伯清学泥匠。因心灵手巧，刻苦钻研，熟练掌握祖传的多种技艺，尤善以石灰、水泥配料，塑龙、虎、鸟等各式物像，装饰屋面，惟妙惟肖，栩栩如生，成为远近闻名的能工巧匠。直到晚年，仍到处献艺，做到尽善尽美。南通市著名历史文物文峰塔、文庙、天宁寺三大古建筑，在“文化大革命”期间，遭到不同程度的破坏。1976年，南通市政府为保护文物，决定重修“三塔”。南通市有关部门确定“落架大修”方案。72岁的蔡良选毛遂自荐，愿为修塔献技，保证做到修旧如旧，外形、结构、材料“三不变”。施工时，他充分发挥特长，解决三道技术难关：一是每层塔上的飞檐翘角，原来都塑有龙头、“仙人”和小兽，他先将原样绘成图案，打好小样，作为拆除后重塑的依据，在施工时，他爬到数十米高的塔上，亲自动手塑造，将翘角上的所有饰物，依照原样修缮一新；二是解决屋面上的青筒瓦及花檐滴水瓦的铺盖问题，将这两种特制瓦样送到通海砖瓦厂，指导定烧，保持原貌；三是亲自动手，示范粉饰，达到高标准。1976年9月，由蔡良选亲自动手的文峰塔修缮工程动工，次年10月竣工。经省、市验收小组验收合格，获得一致好评。1978年，蔡良选接受新任务，负责修缮南通市宋代古建筑文庙。文庙大成殿大修，主要技术难关是塑造正脊两头的“吻”及4只翘角上的装饰物。“吻”是在正脊两头各塑一个龙头，龙头上有云彩，下有水浪，龙嘴相对喷水。由于“吻”的原貌已在“文化大革命”中被破坏，蔡良选就到博物馆查找大成殿照片，依原样制成小样，由领导审核认可后赶制完成，后经验收合格。蔡良选第三次献技，是修建南通市宋代古建筑天宁寺光孝塔。他不顾年迈体弱，仍爬到塔顶，亲自修缮光孝塔翘角上的装饰物，使之完全恢复全貌，均获盛誉。

陆颖威（1926－1982） 海门县人。民国33年（1944）10月入伍。历任医务员、干事，华东第四野战医院四队副队长、手术队队长、医务科科员、副科长，华东第六陆军医院内科副主任，南京军区后勤部卫生部组织计划处助理员，医疗科副科长，援外（坦桑尼亚）医疗队队长、医疗科科长，南京军区后勤部卫生部副部长、军医学校校长等职。

在革命战争年代，陆颖威出生入死，不怕流血牺牲，抢治伤员，舍己为人，成绩显著。社会主义建设时期，拥护和贯彻党的路线、方针、政策。积极参加援外工作，率领医疗队奔赴坦桑尼亚，为那里的人民巡诊治病，救死扶伤，工作勤恳，任劳任怨。保持和发扬党、军队的优良传统与作风，为培养军队医务人员，发展卫生事业做出显著贡献。他先后立一等功1次、二等功1次、三等功3次，获一等学习模范、二等工作模范、一等医务工作模范和两次模范党员等荣誉称号。

邵振基（1935－1982） 海门县海门镇人。就读于能仁小学、海门中学。1953年，考入北京石油学院学习，后留校工作。任教期间，参加兰州炼油厂、燕山石油化工公司等单位的生产实践和焊接工程的科研工作，多次完成重大科研攻关项目。1960年，与人合作，在中国首次完成“在磁场中旋转电弧焊”的研究课题，并在有关部门配合下，试制成功KB－1型钢管旋转弧焊机等4种专业设备。还从事有关焊接技术的大量翻译、编著工作，撰写、翻译的论著和科普文章200多万字。在“文化大革命”时期，仍复习俄语，自学英语、日语。1972年，调到连云港市轻工局科技科，参加市树脂厂筹建工作。他充满激情地说：“我真想痛痛快快地大干一场，把连云港市建设好。”此时，已患严重的动脉硬化和心脏病等多种疾病的他，把病情一直瞒着工人、领导，甚至自己的妻子，一心扑在工作上。从家到厂有10多里路，为了不耽误工作，每天早晨提前一个小时骑车离家，骑一会，歇一会，多次因病发作昏倒在路旁。1978年年初，树脂厂进入设备安装试车的紧张阶段，邵振基吃住在厂里。一天晚上，整流密电流互感器出现裂缝，他立即拿出焊枪干了起来。由于连日劳累，心绞痛发作，先是蹲着焊，后来只能跪着焊，最后伏在地上焊。夜里10点多钟，妻子放心不下，来厂里给他量血压，收缩压高达230，劝他回去休息。他说：“今晚我不能离开。”整整干了一个通宵。当试产成功时，他捧起洁白的树脂说：“这些年我的心血没有白费。”是年，邵振基积极开展调查研究，整理资料，抓新产品的试制。他为提高焊接技术水平不遗余力，帮助许多工厂解决焊接方面的技术难题，却从不要报酬。还用自己的讲课报酬，给焊接训练班的学员们购买学习资料。1982年8月14日病逝后，《新华日报》《群众》杂志刊登长篇报道，表彰邵振基的感人事迹。邵振基曾担任市政协委员、科协委员、焊接交流会顾问，省焊接分会理事等职。

沈友兰（1886－1983）　又名一奇，字友兰。出生海门常乐乡农民家庭。自幼发奋苦读。清光绪二十八至三十年（1902－1904），东京宏文学院普通科学习日语（公费留学）。光绪三十一年（1905），加入孙中山在日本创建的同盟会。光绪三十三年至宣统二年（1907－1910），就读于大阪高等工业学校船舶机关科，与著名科学家李四光、沈鸿烈等交往甚密。

沈友兰学成归国后，放弃优厚待遇，投笔从戎，参加辛亥革命。护法战争中，任海军永丰舰轮机长，直接护卫孙中山的安全，因战功卓著，获孙中山颁发的龙虎勋章一枚。

抗战初期，青岛沦陷，沈坚持民族气节，毅然弃官（在青岛港务局任职）还乡。日本侵略军侵占海门期间，汇通区游击队在常乐镇西街打死打伤日本侵略军各1人。日本侵略军恼羞成怒，扬言火烧常乐镇，镇上民众惊恐不安。沈友兰精通日语，不顾个人安危，挺身而出，义正词严地与敌斡旋，使常乐镇幸免于难。其间，沈还参与营救抗日民主政府汇通区区长陆飞鹫等。

何克勋（1928－1983）　海门县余东乡人。民国33年（1944）7月，参加革命工作。民国34年7月，加入中国共产党。

16岁参加革命工作后，历任部队文工团团员、班长、营部文教、党支部书记，荣军总校华东四荣校14队党支部书记、政治指导员，3大队副教导员，华东六荣校1大队副教导员，苏北复员委员会组教科科长，苏北民政优抚局副科长、科长。他经受了抗日战争、解放战争的考验，为夺取革命战争的胜利流过血，负过伤，是二等乙级革命残废军人。在战场上，他同敌人浴血奋战，立场坚定，斗争坚决，无所畏惧，英勇果敢。民国34年6月，在浙江孝丰战役中，因战斗勇敢，获上级物质奖励。民国36年，立二等功2次，三等功2次，四等功1次。负伤休养后，在华东荣军学校工作期间，团结战友，坚定地执行党的指示，积极做好荣校学员的思想政治工作。

全国解放后，先后任省民政厅优抚局科长，省荣军总校秘书科科长、副校长，省民政厅副处长，南通专署民政科副科长、科长，南通专署民政处副处长、处长，南通地区卫生局领导组组长、局长，南通地区体委副主任，南通市计划生育委员会副主任等职。他在社会主义革命和建设事业中，继续保持革命战争年代那样一股革命热情和工作精神，对党所分配的工作，总是无条件服从，干一行，爱一行，钻一行，积极为党工作。无论在民政优抚、医疗卫生，还是体育运动、计划生育部门工作，他都认真贯彻党的方针、政策，刻苦钻研业务，深入基层调查研究，以一丝不苟、埋头苦干、踏踏实实的作风和高度负责的精神，完成党赋予的各项任务，做出应有贡献。1970年后，他患鼻咽癌、冠心病、高血压等疾病，与疾病作顽强斗争，始终保持旺盛的革命意志，带病坚持工作。

刘大庸（1920－1984）　又名刘杨林。海门县人。民国27年（1938）6月，加入中国共产党。早年在上海从事党的秘密工作，后去淮南新四军根据地，历任新四军参谋处参谋、华东局统战部上海敌区工委秘书、华中工委情报部泰州站站长、南通站站长。新中国成立后，任上海市公安局社会处人事科科长、政保处审讯科科长。1951年5月后，任上海市监狱典狱长，市公安局劳改处副处长，政保一处、二处副处长、处长。1965年5月后，任上海市公安局劳改局局长、党委代理书记，宝钢工程指挥部保卫处处长，上海宝钢地区办事处副主任兼宝钢地区公安分局局长等。

刘英士（1898－1985）　又名善乡。海门县搭连镇（今海门镇）人。幼时入私塾读书，13岁上县立高等小学。民国3年（1914），插班私立海门中学。民国6年，高中毕业后考入南京河海工程专门学校预科，翌年升入本科研读水利工程专业。“五四”运动爆发后，刘英士在南京学界奔走呼号，积极组织后援力量。在一次群众大会上发表演说，慷慨陈词，深得各大学学生称赞。21岁的刘英士成为南京学联会主席，被南京各大学推举为学联会代表，北上请愿。民国9年初，在沪协助蒋梦麟编辑《新教育》杂志。半年后，北京大学校长蒋梦麟将刘英士介绍给美国驻华大使辛慈，要求予以栽培。辛慈见刘英士年轻英俊，欣然允诺。刘英士当即办理出国手续，赴美国纽约考取哥伦比亚大学，主修政治、经济专业。民国10年6月，北大校长蔡元培至美国考察期间，介绍刘英士为孙中山驻美代表马素的中文秘书。学习期间，所需费用由蒋梦麟、华侨马素以及南洋烟草公司共同资助。民国14年，刘英士从美国哥伦比亚大学政治研究院毕业，获博士学位。7月回国，返抵上海，加入国民党。民国16年3月，与董娟女士结婚。同年5月，任国民党浙江省党部宣传秘书，后为国民政府杭州市政府秘书。8月，受聘“中央党务学校”任教。民国17年2月，转任上海东吴大学法律学院教授。3月，被聘上海《新月》刊撰述书评。9月，任国立暨南大学教授兼政经系主任、吴淞中国公学政经系教授。民国19年8月，应聘为安徽大学法学院院长兼教授。民国21年，任国民政府教育部编审兼人文组主任，主编《图书评论》等刊物。民国25年10月，调任国民政府军事委员会委员、西北行营第二厅第一组少将组长。民国26年9月，任四川东北大学法学院政治学系教授。抗日战争期间，在重庆主编《星期评论》，特约著名学者和作家翁文灏、潘光旦、闻一多、谢冰心、顾颉刚等撰稿，报道抗战形势，评论国事，增强全国人民抗战信心。民国29年8月，为国民党中宣部编纂三民主义丛书。民国31年8月，兼任中央银行经济研究处专门委员，嗣转为国家总动员会议专任设计委员。民国33年9月后，任“中央训练团”教务组组长、教育部简任秘书，嗣后改任参事、首席参事。民国34年10月，奉派为南京区接收委员会委员，代表教育部接收日伪占用的中央大学。次年年初，兼任教育部考核设计委员会设计组组长。同年5月，获国民党政府“胜利勋章”。1949年6月，派赴台湾筹备编译馆，任编评委员会委员。1961年起，出任联合国教科文组织中国委员会秘书长7年之久。刘英士的唯一著作为《欧洲的向外发展》一书。

梅永熙(1918－1986)　原名善才。海门县泰兴镇(今三厂镇)人。先后在海门师山小学、私立海门中学、锡类初级中学及南通农大附属高中求学。后因父、兄相继病故，家道衰落而辍学，经亲友介绍，在上海福昌和华富烟草公司供职。民国25年(1936)，公司倒闭，失业在家。抗日战争爆发后，怀着满腔爱国热情，在家乡参加抗日自卫队。民国29年下半年，任国民政府海门县政府警卫排排长。11月，新四军东进海门，梅永熙毅然率部参加新四军。次年6月，加入中国共产党。民国30年下半年起，历任海三区区长兼区大队教导员，海四区区长兼大队长，东南警卫团独立营营长、团副参谋长，海东区区委书记、区长兼大队长，东南人民自卫总队副总队长，东南警卫团参谋长等职，与海启人民一起，同日伪势力进行针锋相对、艰苦卓绝的斗争。其间，梅永熙带领地方武装不断出击，取得南阳村与海复镇之间的伏击战、灵甸港战斗、久隆镇南窑头及悦来镇西公路伏击战等多次胜利。

解放战争期间，梅永熙指挥部队，英勇善战，屡立战功。民国35年8月，任海门警卫团副团长，率部挺进茅家镇、三厂镇、青龙港等外围地区，连续作战40多天，狠狠打击下乡“清剿”的国民党军队和“还乡团”，有力地支援根据地土地改革和大参军运动。民国36年1月，奉令率海门警卫团4个连队上升为分区主力，组建华中九分区独立7团，并任团参谋长，先后攻克掘港、三余、三阳、聚星镇等几十个敌军据点。同年5月，参与指挥灵甸镇战斗，全歼国民党83师55团主力营，取得著名的灵甸大捷，扭转了东南地区局势。民国37年，九分区7团上升华野主力，编为29军87师260团，任团参谋长、副团长、代团长等职，参加淮海战役、渡江战役和福州战役。1949年5月，在进攻上海月浦的战斗中，亲自指挥该团担任主攻任务。在进攻受阻、部队伤亡极大的情况下，他率部浴血奋战，身先士卒，冲锋陷阵，一举攻克月浦据点，打开国民党军上海防线的西大门，为解放上海立下大功，受到军党委表扬。

新中国成立后，梅永熙调任中央军委情报部科长。1950年10月，参加抗美援朝战争，任志愿军司令部情报科科长，停战谈判代表团参谋科长，驻清津后方口岸办事处主任，负责接待中立国代表。1955年，出任中国驻罗马尼亚大使馆武官。1962年，任总参谋部情报部处长。1965年，任中国驻印度大使馆武官。1970年，调任河南省信阳军分区副司令员。1979年，任河南省军区顾问。1982年离休(副军职)。

季　方(1890－1987)　字正成。出生海门厅悦来镇附近一个农民家庭，后迁至黑沙泓(今三阳镇)。9岁入蒙馆。清末废科举兴学堂后,因学费贵,无力继续求学,即投笔从戎。17岁入江苏陆军小学、陆军第四中学学习。后去南京步兵33标第3营前队当副兵。清宣统三年(1911),就读保定陆军学校,时值辛亥革命爆发,参加沪军北伐敢死队。不久,重返保定陆军学校学习。民国2年(1913),袁世凯阴谋复辟帝制,季方即离开保定陆军学校赴江西,参加癸丑讨袁湖口起义。在江西沙河镇一战失败后,返回南通,任江苏省警备队连长。民国5年,参加蔡锷讨袁护国起义,因事泄被捕,判刑10年,袁世凯死后,得赦获释。

民国6年春,季方应私立海门中学校长黄照青之聘,任兵式操教员兼授地理课。民国8年春,进入上海中华模范地方自治讲习所学习,接受民主主义思想教育。半年后毕业回乡,组织海门地方自治研究会,推行地方自治。后因揭露豪绅贿赂,遭县政府密令捉拿,被迫离开家乡,辗转上海等地。民国10年,季方参加孙中山领导的中国国民党,并在上海执行部工作。民国13年,应邓演达之邀,到广东黄埔军校担任特别官佐。次年,参加军校东征,讨伐陈炯明。民国15年,国民革命军出师北伐前,季方积极参与筹组北伐军政治部,任上校科长,随军参加北伐,先后担任第22师党代表和政治部主任等职,为北伐战争胜利做出积极贡献。蒋介石"四一二"反革命政变发生后,季方毅然与蒋介石决裂,化装潜赴武汉,在国民党中央军事委员会总政治部任军事指挥,参加第二次北伐。"八一"南昌起义后,赴上海,与谭平山等响应宋庆龄、邓演达的《莫斯科宣言》,为继承孙中山的革命事业,酝酿成立新党。民国19年,协同邓演达等人在上海创建中国国民党临时行动委员会(农工民主党的前身),被选为中央干事会干事,负责总务和军事工作。翌年,邓演达被蒋介石暗杀,季方赴北平任职于李济深组织的反蒋抗日中国国民党临时行动委员会各省市联合办事处,继续进行反蒋、反帝斗争。民国22年11月,出任中华共和国人民革命政府军事委员会高级参谋。次年夏,被国民政府当局逮捕,经营救保释出狱。

抗日战争爆发后,季方任国民政府战地党政委员会指导员,联络组织华东地方武装,参加华东武装抗日自卫委员会活动,进行抗日自卫。民国27年,日本侵略军侵占南通、海门等地,由知识青年瞿犊、王进领导的抗日武装,在海启地区以英勇善战、军纪严明而深受群众欢迎。不料,国民政府当局将瞿、王两人秘密杀害。季方十分愤怒,即向国民政府省保安第5旅旅长兼海门县县长孙信符提出抗议。不久,赴重庆,幸得国民政府军事委员会战地党政委员会副主席李济深、秘书长邵力子接待,以国民政府战地党政委员会少将指导员的名义回到苏北,继续从事抗日活动。

民国29年11月,新四军东进通如海启,季方接受陈毅建议,在掘港召集四县各阶层代表会议,共商抗日大计,提出同新四军合作抗日的主张。同时成立江苏省第四区抗日游击指挥部,任指挥。次年3月,新四军苏中第四军分区成立,出任司令员兼任江苏省第四区专员公署专员。后任苏中行政公署主任、苏皖边区政府副主席、华中行政干部学校校长和华东军区军官教导总团团长等职。1949年,出席中国人民政治协商会议第一届全体会议。

新中国成立后,季方历任交通部副部长、江苏省副省长、中国农工民主党主席和全国政协副主席等职。其间,多次回家乡视察,十分关心故乡的建设事业,并出资支持办好沙泓小学。

龚　夏(1909－1987)　字俊儒。海门县常乐乡人。民国16年(1927),私立海门中学毕业后,任县立立达小学校长。民国25年,毕业于上海法政学院法学系。后任国民党上海市特别党部干事。"八一三"淞沪会战爆发,参加上海市抗日后援会。奉调陕西,参加军政组训。民国27年2月,参加湖北省武汉市国民党军事委员会战时工作干部训练团培训,同年8月结束,派往江西吉星文将军所属师部工作,任少校科员。9月,调湖南常德组训干部,任中校政治教官。民国29年,任国民党陆军37师特别党部上校秘书。民国30年,任国民党中央党部海外部总干事。次年4月,任中央党部秘书处专员。不久,奉国民党中央党部令,赴新疆迪化(今乌鲁木齐),组建国民党新疆省党部。民国33年,盛世才扣押中央驻新疆人员20余人,龚夏亦在其中,被指谋夺新疆政权,受尽严刑拷打,经多方设法营救,才幸免于难。出狱后回重庆,任国民党中央党部专员。民国34年春,随戴笠秘密赴沪,参与敌后策反工作。同年8月,日本侵略军投降,任国民党政府社会部京沪特派员办事处秘书兼失业工人救济会组长。10月,任上海市杨树浦区区长。嗣后,被推选为上海市参议员、国民党上海市党部委员兼杨树浦中学校长。

1949年3月，携眷由沪赴台，受聘台湾省立新竹师范学校训导主任。翌年9月，辞去教职，任《中华日报》台北版经理、台湾省"物资局"专员兼"新闻室"主任。其间，先后兼任复兴工业专科学校、世界新闻专科学校、中国海洋专科学校、亚东工业专科学校副教授、教授，讲授中国近代史、中国文化概论等课程，撰写《国父思想》《最新应用文》两书。1975年退休。

王野翔(1911－1987) 原名王祥贤。浙江富阳人。幼年勤奋好学，高小毕业后到邻村当一名小学校长助理。民国17年(1928)秋，加入中国共产党。先后在杭州天章绸厂、萧山湘湖师范、上海从事党的地下工作。参加罢工斗争，身份暴露后，转入湘湖师范学习。不久，学校遭国民党当局破坏，去上海时新绸厂做工。民国27年，去汉口找到八路军办事处，被派往延安陕北公学学习，结束后由周恩来派去浙西，担任萧山县自卫大队中队指导员。民国28年，任安吉县委青年部部长、宣传部部长、代理县委书记等职。民国29年，任浙西于潜中心县委组织部部长。同年冬，黄桥决战后，调苏北区党委工作。

民国30年8月，王野翔带领军政干校部分学员到海启，先后担任苏中四分区抗日军政干校副教育长、中共海启县委组织部部长、海门中心县委书记兼海启人民自卫总队政委、海启县委副书记兼抗校工作。

以王野翔为首的海门中心县委，充分发动群众，进行建党、建军工作。同时，发展抗日民族统一战线，开辟抗日根据地，扩大地方武装，实行减租减息，组织生产自救。

王野翔知人善任，发挥每个人的长处和才能，集中众人智慧，形成领导集体，增强战斗力。

民国32年1月，为适应反"清乡"斗争需要，海门中心县委改名为海启县委，精简机构，实行一元化领导，地委委员、宣传部部长洪泽任县委书记，王野翔改任副书记。两人同心协力，团结战斗，取得反"清乡"斗争初步胜利。同年3月后，王野翔调任苏中四地委敌工委副书记、如皋县委书记、苏中四地委组织部部长等职。

解放战争期间，王野翔先后担任苏皖边区一地委民运部部长、华中九地委组织部部长兼中共如东县委书记，华中九地委副书记。和当地干部群众一道，坚持"一手拿枪，一手分田"，取得反"清剿"斗争和土地改革运动重大胜利，受到华中九地委和华中工委表扬。领导的如东地区被誉为全分区坚持对敌斗争的一面旗帜。

全国解放后，王野翔任南通地委书记、苏北区党委秘书长、南京市委副书记、江苏省委工业部副部长等职。在巩固新生革命政权、恢复和发展工农业生产、土地改革以及社会主义改造和社会主义建设事业中，做了大量卓有成效的工作。1963年因病手术，离职休养。中共十一届三中全会后，出任南京航空学院党委副书记、副院长，一度主持全面工作，为落实党的知识分子政策，加强学校思想政治工作，做出新的贡献。1984年11月离休，享受副省级待遇。

许云程(1918－1987) 海门县四甲乡人。南通师范学校毕业。民国30年(1941)8月，参加中国共产党。抗日战争和解放战争时期，先后担任富余区区委副书记、书记。民国37年后，任六甲区区委书记，东南县委组织科科长，县委常委、宣传部部长，苏北区党委党校8队支部书记等职。全国解放后，任苏北区党委党校教育科、辅导科副科长。1952年后，任江苏省委党校教务处副处长、处长，江苏省委第一初级党校校务委员、政治经济学教研室主任，省行政学院校务委员、教育长。1965年，任徐州医学院党委书记。1977年，任江苏省委党校副校长，政协江苏省第四、第五届委员会委员等。

革命战争年代，许云程大部分时间在富余区工作，生活在贫苦农民中间，宣传发动群众，组织群众，做深入细致的思想政治工作。民国33年春，在富余区西北片工作时，群众生活困难，难度春荒。他发动乡村党员干部出主意，想办法，多搞副业，增加收入，安度春荒。民国34年春，日伪军从四甲坝出动下乡骚扰，许云程及时组织干部、群众、民兵予以还击，逼退敌人，使敌人阴谋未能得逞。

翌年，开展"二五"减租和除奸工作，许云程动员自己家庭，遵守政府法令，照章减租。群众要求严惩汉奸恶霸梁环九，而梁在通师时与许是师生关系，大家有顾虑，许当即表态，要群众大胆揭发，按罪论处，坚持原则，决不姑息迁就。

王个簃（1896－1988）　原名能贤，字启之，号个簃。斋名霜荼阁。海门县三星乡人。6岁丧父，由母亲抚养成人。先后就学海门师山小学、南通中学。对美术饶有兴趣，笃好诗文、金石、书画，成绩超群。后得到画家李苦禅的指导，大有进步。民国13年（1924），受业于近代杰出艺术大师吴昌硕，入吴寓进修，学诗画篆刻，朝夕侍师左右，深得器重，成为吴昌硕晚年亲传衣钵的得意门生。王个簃深获吴派艺术精髓，并使吴派艺术得到创新。民国17年，和王一亭、张大千等赴日本考察学习。回国后，任上海新华艺术专科学校、中华艺术大学、苏州东吴大学、昌明艺术专科学校、上海美专等校教授，兼上海美专国画系主任。全国解放后，入上海中国画院为画师，历任上海中国画院副院长、名誉院长，中国美术家协会理事、美术家协会和书法家协会上海分会副主席，中国书法家协会名誉理事，杭州西泠印社副社长，上海交通大学美术顾问、文史馆馆员等职，为全国政协三、四、五届委员会委员。1983年，在他88岁高龄时，加入中国共产党。

王个簃潜心探讨明清诸大家作品，兼收各家之长。擅以篆籀之笔入画，用笔浑厚刚健，笔势静蕴含蓄，潇洒遒劲，结构严谨，色彩新颖而富于变化，气韵流动，可谓画中有诗，诗中有画。尤精藤木花果国画，继承发展吴昌硕“重、拙、大”画风，形成自己雄健俊逸的风格。从汉印入学，采取平实中求生动，不媚时俗，随意游刃，粗头乱眼，不加修饰，富有情趣，并汲取诸家精髓。中年以后，随意游习，粗头乱服，不加修饰，富有天趣。晚年更是随意驰骋，以刀代笔，风云列阵，奇正相生，苍厚浑朴，神定气足。他爱好书法，在金文、石鼓文奠下根基，用笔熟中有生，粗中有细，拙中有奇，富有浓厚的金石气息。善诗，才思敏捷，一画既成，诗亦随之。诗风突变，善于运用口语入诗，颇似乐府民歌，情韵翩翩，饶有新意。以丰富的艺术修养，冶诗、书、画、印于一炉。在耄耋之龄，所作更见朴茂奇拙。在国内及日本、新加坡等国颇有盛名。于1979年、1980年、1984年三渡东瀛，赴日本访问，讲学并举行画展，交流艺术，广结墨缘。

王个簃情系家乡，晚年常在书画作品上签“海门王个簃”名。1984年，他89岁高龄，在阔别40年后，率儿孙回故里省亲，向县政府赠送自己各个时期的书画作品。江苏省海门中学、海门电影院等数十个单位得其真迹。

王个簃对祖国的和平统一极为关切。1988年10月，江苏省举办“海峡两岸江苏书画家作品展览”，他抱病写下“统一祖国，振兴中华”墨迹，表达海峡两岸书法家的共同心愿。

王个簃著作颇多，先后出版《个簃印谱》《个簃画集》《个簃印指》1卷、《王个簃画集》《个簃印存》《霜荼阁诗抄》10卷、《王个簃诗画辑》以及《王个簃随想录》等。

1988年，根据王个簃遗愿，家属将其生前的220幅书画、54件藏品、34件遗物留赠家乡，珍藏于南通市三元桥畔个簃艺术馆。

姜颂平（1905－1988）　原名姜雅堂。海门县四甲乡人。在南通师范读书时，参加进步学生团体“晨光社”。通师毕业后，在通东石头镇小学任教，并以职业为掩护从事革命活动。中共南通县委派俞海清等到东乡开辟革命根据地，姜颂平所在学校成为秘密活动场所，不久加入中国共产党。后随红十四军1支队在通东地区开展活动，因红十四军失利，民国20年（1931）离乡去沪，在龙华孤儿院当教师。

民国22年7月。因南通县委王梦祥叛变出卖，姜在上海被捕，押解南通，办自首手续。被国民党特工南通办事处主任李仁甫派往南通东乡，编入中统特务组织，任南通县办事处助理员。民国24年，去镇江受训，后任海门特务室特务员。

民国28年，姜颂平在南京被汪伪特工总部“逮捕”。民国30年，任南京区镇江站副站长。民国30年皖南事变后，上饶集中营关押一批新四军干部。这年秋天，有40多人集体逃跑，被日本侵略军警备部队、县保安队的巡逻队抓到镇江。姜得到这一情报，为自己留条后路，决定营救他们。他立即会见伪县长郭志诚，说：“这批人对我们工作很有用处，请引渡到特工站去。”郭知道特工站不能怠慢，只好答应他，后全部释放。

国民党中统在江苏的组织恢复后，姜颂平接上关系。这样，姜以双重身份去嘉兴，担任汪伪江苏省军区嘉兴办事处副处长。

民国32年初，日伪在苏北“清乡”，成立汪特南通分区，姜颂平任江苏省军区副区长兼苏北分区区长。

通海自卫团团长汤景延奉上级之命，打入日伪内部，并由姜颂平引见，去苏州伪省长李士群处，李委汤为南通地区“清乡”督察大队大队长。后李士群被日本侵略军暗杀，汤率部回到人民的怀抱。

抗战胜利前夕，姜颂平在汪特政治部二局任局长。日本侵略军投降后，国民党中统局在苏州办“地下工作人员检讨会”，姜去中统局上海特派员办事处任职。

民国36年4月，姜颂平去江西省吉安县任国民党县政府秘书。民国37年，回到南京。姜在南京难于立足，便去上海。先后由共产党和民革方面人士找他，要他认清形势，及早决定去向。姜派徐汉光去香港找潘汉年，潘表示：“欢迎他们弃暗投明，立功赎罪，共产党的政策既往不咎。”

为迎接上海解放，潘汉年回到上海，委托上海市公安局副局长扬帆组建情报委员会，准备清查国民党残留下来的军政宪特人员，姜颂平被吸收为情报委员，任第二组组长。

1950年底，情报委员会改为公安局情报室，姜任第三组副组长，搜集敌特军政宪材料，继续清理残余分子。情报室撤销，姜改任外勤谍报组组长，做秘密安全工作。

1953年2月，姜颂平被审查，要他交代1948年从江西吉安到南京受国民党指派，有何使命。他的检讨，不能使人满意，后押送北京，由公安部副部长谢富治直接找谈，还是没有眉目。1955年，最高人民法院以汪伪特务罪判其有期徒刑15年，剥夺政治权利10年，送沈阳劳动改造。

1975年10月释放，分配到沈阳市区级机关任职员，后来按特赦国民党县团级以上人员的政策，调到某电表厂当工人。1978年4月，办理退休手续，迁居启东县合丰乡忠英村。1984年，“潘扬案件”平反，扬帆鼓励姜颂平申诉，最高人民法院专案组复查，查清后宣布姜颂平无罪。上海市公安局恢复他干部待遇，办理离休手续。

曹持衡（1907－1989）　启东惠萍镇人。早年组织抗日游击队。民国29年（1940）底，编入新四军，任6团3营营长。次年9月，加入中国共产党。后任如东县掘东区区长。民国35年9月后，任启东警卫团副团长、东南警卫团团长。

民国36年是东南地区解放战争最艰苦的一年，曹持衡决定，将当时全团仅有的5个连队，拿出2个连，加强5个区的游击营。1月23日，国民党区长顾龙天第二次占领海复镇。曹持衡率领2个连，在海东区游击营和新（新民乡）家（家禄乡）游击队紧密配合下，引蛇出洞，在东南中学西侧，兵分两路袭击该敌，挫其气焰。2月15日，曹持衡指挥九龄镇伏击战，重创国民党正规军50多人。事后，人们常说：“打了九十九仗，最难忘九龄镇一仗。”是年11月，曹调任分区8团副团长。

新中国成立后，曹持衡参加抗美援朝战争。回国后，任南通军分区、扬州军分区副司令员。生前立有遗嘱，遗体捐献南通医学院，其家属遵办。

施成熙（1910－1990）　字止敬。海门县树勋乡人。早年毕业于江苏省南通中学，因家庭无力供其上大学，考入江苏省测量人员养成所，从事土地测量工作，稍有积蓄，就进杭州之江大学土木工程系学习，毕业后任国立同济高级工业职业学校教员，江苏省建设厅助理工程师。民国26年（1937），赴美国留学，获康乃尔大学土木工程硕士、教授。回国后，任国民政府水利部视察工程师、台湾省水利厅总工程师兼副厅长，主管技术和接受日本移交工程等事项。响应中国共产党地下组织的策动，毅然弃职，从台湾返回大陆，先后任复旦大学土木工程系、乡村教育学院水利系、杭州之江大学土木工程系教授等。全国解放后，任华东军政委员会水利部水文资料整理委员会副主任、主任，测绘处副处长，陆地及海洋水文教研室主任，华东水利学院（今河海大学）教授，中国科学院研究员。1958年，创立中国科学院南京地理与湖泊研究所湖泊研究室，并任主任。后又建立中国第一个湖泊野外实验与科研综合站——太湖宜兴站。他还担任国务院围湖领导小组成员，中国海洋湖泊学会副理事长、顾问，水文气象分会副理事长，中国地理学会水文专业委员会副主任，江苏省海洋湖泊学会理事长、名誉理事长，江苏省第三、四、五届政协委员，中国民主同盟会江苏省第三、四、五届委员。

施成熙长期从事水利、水文和湖泊方面的教育和研究工作，担任《中国大百科全书·水文科学卷》编委会主任、地表水水文学组主编，《中国农业百科全书·水利卷》编委，水文及水资源组主编，《海洋湖沼科学理论丛书》副主编，《长江志》编委会顾问等。著有《陆地水文学》,主编《陆地水文学原理》《江苏湖泊志》《农业水文学》《中国湖泊概论》及《施成熙湖泊与水文文选》等,对中国水利和湖泊研究等方面产生较大影响。

1959年,施成熙陪同苏联专家、领导视察南通和海门等地的沙地保水和盐碱地改良工作,对家乡的水利建设提出许多宝贵意见。

施成熙是中国著名的科学家、水利专家和教育家,中国湖泊水文学的奠基者,在湖泊水文学和陆地水文学领域都做出杰出贡献。

钱　岗(1924－1990)　江苏盐城人。从小生活贫困,读完高小被迫辍学。民国29年(1940)7月参加革命,同年12月加入中国共产党。钱岗受革命思想影响,16岁就冒着生命危险,投奔安徽天长的江北抗日军政干部学校学习,走上革命道路。抗日战争和解放战争时期,先后任抗大五分校文书,新四军军部机要科员,盐城县第四区区委书记,第六区区委委员,县公安局科员,龙岗市委书记兼市长,庆楼、大岗区区长,县公安局副局长,横塘区区委副书记,岗中、大岗区区委书记,县委宣传部部长。他积极参加皖东和盐阜地区反"扫荡"斗争;发展党的组织,搜集敌伪情报,分化、瓦解敌伪军;带领区分队开展武装斗争,并组织领导公安工作,打击公开和暗藏的敌人;带领人民群众进行土地改革、减租减息、扩军参军、发展生产和借粮支前,为建设盐城敌后根据地做出贡献,受到上级党组织的表扬。

新中国成立后,历任盐城县县长,大丰县委副书记、书记,盐城地委秘书长,南通地委常委、专署专员,海门县委第一书记,南通市委第二书记,江苏省贫协副主任、党组副书记。在海门工作期间,重视农田水利建设,实施粮棉间作,提高产量,全省玉米现场会在海门召开;制定县城建设规划,填满新开河,修筑解放路,开挖宏伟河;经常深入基层,调查研究,与群众同甘共苦;对工作严格要求,生活俭朴,不搞特殊,不谋私利;敢于自我批评,勇于修正自己工作中的错误。

"文化大革命"期间,钱岗受到冲击,但始终如一地忠于党,忠于革命事业,相信真理,相信群众。

粉碎"江青反革命集团"后,担任省科技局负责人,六合地区革委会副主任,扬州地委常委、革委会副主任,常州市委副书记,江苏省供销合作社副主任、党组副书记(正厅级)等职,为全省供销社的改革与发展,做出贡献。

于永生(1961－1990)　海门县万年乡人。1980年3月,加入中国人民解放军,中共党员,辽宁省81173部队副连职排长。1990年10月,为抢救落水朝鲜族老大娘而英勇牺牲。部队为其追记一等功,追认为烈士。

朱建章(1906－1991)　原名朱鼎元。海门县常乐乡人。民国16年(1927),江苏省第一代用师范(通州师范学校)毕业。土地革命战争时期,任南通县川港、新港、张芝山镇小学、大生三厂职工子弟学校教员。民国27年,日本侵略军侵占海门,家乡沦陷,失业在家种田。民国28年8月后,在上海私塾、小学任教。民国29年8月后,任海门县、海启行署聚星镇小学教员,加入中国共产党。民国31年1月后,任海启(东南)行署督学、学区主任兼聚星镇小学校长。民国32年6月至抗日战争胜利,任海中区文教督导员、文教股股长。其间,出席苏中文教工作大会,听取军区司令员粟裕和苏中行署领导管文蔚与季方的重要报告,受到极大鼓舞和教育。民国34年9月后,奉命创办东南中学,任党支部书记兼总务主任,东南中学分部主任。民国36年2至12月,国民党部队进犯解放区,东南中学停办,由党组织安排,去上海县题桥小学、慈幼教养院任教。民国37年1月,回东南县参加县直中小学教师"三查"学习。民国37年3月至1949年9月,任东南中学党支部书记兼总务主任,海门中学党支部书记兼总务主任,南通县金沙中学党支部书记兼校长。新中国成立后,任南通县平潮中学党支部书记兼校长,江苏省如皋师范学校副校长、党支部书记,如皋县江安中学党支部书记兼校长,江苏省如皋师范党支部书记。

革命战争年代,朱建章在苏中解放区从事教学与教育管理工作。解放后,他在南通地区多所中学(师范)担任党政领导职务,在中等教育工作的第一线艰苦创业,为这些学校的发展壮大历尽艰辛,把毕生精力贡献给党和人民的教育事业,为革命和建设事业培养和造就许多优秀人才,做出应有贡献。

1971年8月,退休。1982年,办理离职休养手续。

袁见齐(1907－1991)　原名张耕虞,字省衷。出生海门县和合镇(今启东市境)。8岁入继上海市奉贤县袁应天,更名为袁见齐。就读于江苏省第三中学(松江中学)。好学多思,才智敏捷。民国13年(1924),考入国立东南大学(后改为中央大学,今南京大学)。民国18年7月,毕业于该校地质系。

大学毕业后,留任中央大学地质系助教兼地质系秘书。在10年教学生涯中,担起繁重的室内和野外教学工作,讲授地质学等课程,改进地质教学课程的实验与实习。民国22年,加入四川地质调查团,在川东南綦江一带进行地质调查,考察自贡盐区,测制峨眉山地质剖面图,攀上江左高峰,考察宜昌、黄陵、葛洲坝一带地质构造和工程地质,撰写许多课程讲义,发表多篇学术论文。

抗日战争爆发后,随中央大学西迁重庆。民国27年,参加西康科学调查团活动。民国28年,受聘云南大学地质系讲师。与朱熙人、郭令智合作出版《云南矿产志略》。民国29年8月,携家人至贵州开阳任盐矿技师,参加云南元永井、黑井、平浪等盐矿的调研、开发。民国32年7月,参加西北盐产调查团,负责盐矿储量地质调查。民国36年11月,参加在台北举行的中国地质学会第23次年会,专程调查台湾省各盐场的卤水成分和海盐产量等。民国37年秋,辞去盐务总局技正职务。是年,任国立唐山工学院(即唐山交通大学)矿冶系教授。

1952年,调至北京地质学院(今中国地质大学)任教,先后担任教研室主任、系主任、教务长、院长助理、副院长等职。在授课的同时,开展教育制度、方法、内容的改革。1954年加入九三学社,任九三学社北京分社常委兼宣传部部长,九三学社第四、五、六、七届中央委员,第八届中央参议委员。1959年,在庆祝建国十周年时,撰写《巨人的步伐——从北京地质学院的成长看地质教育事业的发展》。在20世纪60年代,赴川滇黔和东部各省工地,三度进柴达木盆地,为找盐找钾矿做出了贡献,被誉为中国盐类矿床研究的开拓者。1964至1988年,当选政协北京市第四、五、六届委员会委员。1978至1982年,当选湖北省第五届人大代表,政协湖北省第四、五届委员会常委。1978至1986年,任武汉地质学院北京研究生部主任,兼钾盐矿床地质研究室主任。几十年,从事培养硕士、博士研究生及青年教师工作,探索立足国内培养高层次研究人才,为地质教育后继有人做出了突出贡献。1979年,当选中国地质学会副理事长。后任名誉理事。1980年,当选中国科学院学部委员。是年,他主编的《矿床学》全国通用教材,1988年获国家教委优秀教材一等奖。1981年,加入中国共产党。1988年,任中国地质大学(北京)教授、博士生导师,校学位委员会主任。

袁见齐主要著作论文有《中国内陆盐湖钾盐沉积和若干问题》《高山深盆的成盐环境——一种新的成盐模式的剖析》《西北盐产调查实录》等。

管剑阁(1911－1992)　原名思九。海门县三和乡人。民国22年(1933),上海大厦大学毕业,获文学士学位。民国23年秋,先后执教于上海中华女子中学、通海地区抗日民主根据地海门中学上校、海门县立中学、江苏省海门中学、海门师范学校。历任海门师范学校副校长、县文教局副局长、海门县教师进修学校副校长等职,高级讲师,从教50多年。1984年,县文教界集会时受到县委、县政府表彰,被称为"师德之榜样,治学之楷模"。1987年退休前,任县政协副主席、县人大常委会常务委员等职。

管剑阁事业心强,潜心教学研究,在教材删繁就简、学以致用、推广普通话、革新教学方法等方面,都进行卓有成效的探索。1978年后,虽年逾花甲,仍积极筹办广播电视大学海门管理站,为全县初中培训270名英语教师。编写中学《英语教法集锦》,编辑出版10余万字的县内著名老教师的教学经验汇集《春华秋实》。任县政协副主席后,为改善民办教师工作条件与生活待遇等问题,多次向省、中央提出建议意见,全国人大常委会还予以转发。退休后,创办师山外语教学服务中心,为教育事业发展奉献余热。

管剑阁十分重视民间文艺、方言的收集、整理和研究工作,著作颇多。早在民国21年大学读书时,利用寒暑假回乡之机,走乡串户,访问民歌手,口唱笔录,搜集海门山歌近千首,在吴泽霖教授指导下,精选100首,在《大厦学报》上发表。翌年,出单行本《江口情歌集》,由吴泽霖作序,赵元任教授订音正字。民国23至24年,搜集的民歌10多首在林语堂主编的《论语》《宇宙风》《人世间》等杂志上发表。民国25年,收集的长篇叙事山歌《红娘子本姓王》，在武汉徐讦主编的《天地人》半月刊创刊号上发表，著名画家张光宇插图，编者在《后记》中充分肯定这首民歌的价值和产生的巨大影响。1961年，收集的民歌数十首在上海《民间文学集刊》发表。

1962年，管剑阁在县文教局副局长任上，发动广大文化工作者，深入群众，收集、抢救民间口头文学作品，先后编印《海门山歌》《海门谚语》《海门歇后语》等多个油印本。“文化大革命”开始后，首先受到冲击，遭到迫害，多年收集的多件手稿，付之一炬。唯《江海民歌》一稿，在乡间学生手中，得以幸存。1990年，编印《江海民歌》，为海门山歌的传播与发展做出贡献。

邱竹师（1912－1992） 又名汉生。海门县三阳乡人。民国21年（1932），毕业于上海大厦大学国文系。后从事教育工作，先后在十几所中学任教。民国30年下半年，应中国共产党领导的抗日民主政府通海行署主任茅理之邀，在三星镇西北赵师鼎宅，创办海门中学上校，任校务主任，兼教高三历史课。邱竹师不畏困难，多方聘请名师，广招失学青年，坚持敌后教育，培养一批批学生。民国35年，在上海复旦大学、大厦大学任教时，加入中国共产党。新中国成立后，历任上海市教育局中等教育处副处长、人民教育出版社历史编辑室副主任，后又兼任中国社会科学院历史研究所研究员、研究生院教授，北京师范大学历史系兼职教授，湖南大学岳麓书院文化研究所研究员，江西上饶师范专科学校朱子学研究室及《朱子学刊》顾问，中国哲学史学会常务理事等职。长期主持编审全国中小学历史通用教材。他与苏寿桐主持编写的第一套教材，建立新体系，在许多历史问题上作出实事求是的论述，使教材面目一新，得到广大师生和教育家、史学家好评。他对史学、经学、文学、哲学，无不探究。邱竹师学识渊博、治学严谨，做学问从实际出发，特别重视史料搜集和辨伪。解放战争时期，与侯外庐、杜国庠、赵纪彬合作撰著《中国思想通史》第二、三卷。20世纪50年代，参加《中国思想通史》第四卷的撰著。后自著《四书集注简论》《诗义钩沉》等，主编《现代教学丛刊》。在“六五”计划期间，主持国家重点课题《宋明理学史》编写工作。晚年，还从事《中国经学史》研究与写作。

朱溪东（1917－1992） 江苏吴县人。生于一个小手工业者家庭，小学文化，勤奋好学，追求进步。民国26年（1937），加入中国共产党。

抗日战争全面爆发后，朱溪东在苏州、上海、浙江等地从事抗日工作。民国28年，奉中共江苏省委指示，随崇明抗日自卫总队北撤至海启，以配合新四军东进。次年11月，新四军东进海启后，朱溪东任崇启海县委组织部部长，民国30年2月任县委书记。他和县委一班人深入群众，认真做好宣传发动、组织工作。根据地创建之初，干部缺乏，注重做好青年学生工作，经过教育、引导，使不少学生走上革命道路，成为党政军骨干。经常深入到江家、三阳、聚星镇等地农村，发动群众，减租减息，在永平等乡建立党的基层组织。

民国33年12月，王澄、鲍志椿牺牲后，朱溪东出任东南县委书记兼东南警卫团政委，主持全面工作。

民国35年3月，海启两县分设，朱溪东任海门县委书记，领导全县人民开展惩奸反霸、土地改革和大参军等工作，为解放战争作好充分准备。是年10月，调离海门。

1949年后，在南通、南京、省直机关工作。

陈世魁（1918－1992） 江苏沭阳人。民国29年（1940）8月，参加革命工作。次年5月，加入中国共产党。历任沭阳县钱集税务所所长、淮海税务总处主任、苏中四专署税务局掘港大队副队长。民国31年5月，调任海启行署税务局局长。翌年3月后，改任东南行署财经局局长、工商管理局局长、货管局局长等职。民国35年3月，海启两县分设，陈世魁任海门县货管局局长。同年12月，海启两县合并后，任东南行署财经局局长。民国36年11月，任东南行署副主任兼财经局局长。

陈世魁在担任海启（东南）行署财经工作期间，依靠党的领导，依靠人民群众，团结财经战线上的同志，与敌人展开针锋相对的斗争，克服重重困难，努力完成各项税收和粮赋征收任务。此后，陈世魁调任苏皖边区第九行政区货管局副局长、苏中第九专署财经处副处长兼粮食局局长等职。

全国解放后，陈世魁先后任南通市工商局局长，南通专署工商局局长，苏北行署工商处主任秘书，南通天生港电厂党委书记，南通市副市长、市长,中共南通市委书记处书记、市委副书记,市人大常委会主任等职。在任期间,陈世魁在南通市电力工业建设上,在开发南通港及市政建设中,倾注大量心血,为南通市的对外开放创造条件。

高拯民(1921－1992)　海门县人。1954年,南京农学院毕业后,在中国科学院林土研究所工作。是年9月,被选送苏联科学院土壤研究所及莫斯科大学留学,获副博士学位。1956年,加入中国共产党。回国后,组织领导生物物理、放射性生态、污染生态学等方面的研究工作,任中国科学院林土研究所研究室主任、副所长、所长,学术委员会主任等职。还担任国际环境问题科学委员会中国委员会委员,中科院环境科学委员会委员、学位委员会委员,省科技咨询专家组成员,《生态学》杂志主编。是中国著名的生态学家、土壤学家和环境生物学家。

高拯民开拓中国生物物理、放射性、污染生态学研究领域,是中国环境生物学研究的创始人之一。把生物学、生态学和环境科学有机地结合起来,创造性地提出环境生物学的概念和内涵,并将环境生物原理应用于环境科学领域,使环境科学研究进入新的发展阶段。对重核裂变产物Sr90污染土壤放射生物学的研究,填补国内空白。先后主持国家"六五""七五"重点科技攻关项目研究。主持和参与的项目获中科院重大研究成果二等奖、国家科技进步二等奖、中科院科技进步三等奖、农牧渔业部科技成果一等奖。获人事部首批有突出贡献的中青年科技专家称号。1991年,获国家计委、科委、财政部联合授予的"七五"科技攻关突出贡献者荣誉称号。

主要著作有:主编《土壤——植物系统污染生态研究》,编译《土壤污染与生物净化》。

茅锡堂(1923－1992)　海门县瑞祥乡人。民国27年(1938)后,赴上海做小工,后去南通县恒兴乡当长工。民国33年参加革命工作,同年加入中国共产党。是年2月,任敌靖乡农抗会主任、党支书,10月,任汇通区委候补委员兼新民乡党支书。民国34年9月起,任东南县委民运工作队队长,海西区委委员、农会主任、区委组织科科长,南通县金汇区委组织科科长。民国37年6月,任海门县海西区委副书记。革命战争年代,茅锡堂动员老百姓参加民兵、农会,实行"二五"减租。发动群众开展对敌斗争,挖公路,毁桥梁,割锯电话线、杆,破坏敌人的交通、通讯设施,组织反伪捐、锄汉奸等活动,带领游击队、民兵、区武工队,清除敌据点,有力地打击敌人。领导土改工作,打击地主嚣张气焰。

1949年1月后,任茅三区委书记,海门县委委员、城工部书记。1953年2月,任副县长。1955年1月,任县委常委。1955年12月,任县长。1957年9月,省文化干校学习,任党支书。1959年12月起,任南通专署气象局局长、人事科科长、民政处副处长。1963年4月后,任海门县委整党工作队队长,海安、如皋社教分团团长。1967年1至9月,"文化大革命"中受冲击。1967年10月,任海门县军管会生产办公室副主任。1968年3月后,任海门县革委会常委、生产指挥组组长,县贫协主任。1979年4月,任南通地区基本建设局副局长。新中国成立后,尽心竭力,忘我工作,为社会主义革命、经济建设和社会事业做出贡献。1983年12月,离休。

吴考槃(1903－1993)　又名隐亭,号保神。海门县三星镇人。自小聪明颖悟,酷爱读书,刻苦钻研,勤于思考,追本穷源,自学不息,有独到的一套治学方法。民国11年(1922),毕业于海门中兴医药学校,留校任教。

民国14年,开业行医。先后任上海浦东中国医药专门学校教师,海门保神医学校校长兼教师,海门锡类中学教师,海门县人民医院特约医师。1956年,省卫生厅特邀他到省中医学校(后改为南京中医学院、南京中医药大学)执教,为该校创始人之一。历任金匮教研室顾问,医经教研组组长,教授,《金匮》《伤寒论》专业硕士研究生导师。兼任光明中医函授大学顾问,张仲景国医大学名誉教授。为现代著名中医文献学家、中医教育家。他一生在中医理论与文献研究领域建树颇丰,被誉为文献研究的一代宗师。系第一批获得国务院特殊津贴的专家。

他还任过海门县政协委员,《江海日报》医学检讨编辑,南京市三、四、五、六、八届人代会代表,省中医学会第一、二、三届理事,顾问。

民国22年,吴考槃开始执教,先后讲授过古文、医史、内经、伤寒、金匮、温病、内科、外科、妇科、儿科、伤科、喉科、本草、诊断、方剂、各家学说及医案等课程。他费尽心血，勤奋探索，诲人不倦，为人师表，在培养高质量的中医人才方面，探索出了一套行之有效的培养思路和方法，培养了许多诸如沈凤阁、李飞等优秀教师，是中医界难得的一专多能的中医教育家。

吴考槃从事中医文献研究70余年，尤其作为南京中医药大学的中医药文献研究所这个重点学科的奠基人、带头人，不顾年迈高龄，忘我工作，默默奉献。他博览群书，精攻典籍，特别对《内经》《难经》《伤寒论》《金匮要略》《本草纲目》等研究不懈，为探求中医学术真谛，竭尽赤诚，在全国各地重要杂志发表了具有指导意义和学术价值的论文50多篇，独著出版了《伤寒论百家注》《金匮要略五十家注》《本经集义》《难经集义》《麻黄汤六十五方释义》《黄帝素问集成》《黄帝素灵类选校勘》《医学求真》《江苏医著》等20部。这些著作造诣精深，学识渊博，很有建树，为中医文献学科的发展，弘扬祖国医学事业做出了重大贡献，在国内外享有崇高声誉，被誉为著名经典医籍注释大家和研究大师，中医界的"活字典"，中医药文献研究的一代宗师和巨擘。

数十年来，吴考槃编撰与主审一至四版全国高校中医统编教材。参编与主审《中药大辞典》《诸病源候论校释》《诸病源候论校注》等重要的中医典籍，完成卫生部下达的《难经校释》《甲乙经校释》《灵枢经校释》《素问校释》等著作的主审任务。1978年，应卫生部之邀，参加《中医大辞典·基础分册》及《中药分册》的审稿工作。1981年、1982年，又参加卫生部医教司《汉英法德日阿医学词汇》的编委工作。其中《中药大辞典》《诸病源候论校注》两书分别获1978年全国科学大会奖和1992年国家中医药管理局科技进步一等奖。得到卫生部及许多院校专家教授的好评，为确保教材质量做出了卓越贡献。

吴考槃教学和科研工作繁忙，但临床实践从不放松，诊病细致，辨证严谨，用药精当，能取各家之长，尤擅长经方的运用，精通中医内科、外科、妇科、儿科、伤科、喉科等科。对外感病的治疗，注重祛邪为先；内伤疾病，侧重调气、和营、安正为要。70余年的临床，形成了自己独特的诊疗风格。

1956年，吴考槃离开海门，他的著作均署名"海门吴考槃"。参加国际学术交流会，也亮出"海门吴考槃"身份。他晚年虽未能回老家，但一直怀念海门，心里保持着浓浓的思乡之情。

周赞明（1903－1993）　海门县海门镇人。九三学社会员。民国15年（1926），毕业于上海南洋大学，从事科技、教育工作。历任电信技士、上海交通大学助教等。20世纪20年代，在经济上支持中共党员徐玮从事革命工作。民国20至26年，任上海市度量衡检定所第一任所长。抗日战争期间，赋闲在家，誓不为日伪工作，保持崇高的民族气节。民国35至1949年，任上海交通大学工学院副教授。上海解放后，历任上海市公用局秘书、市政建设委员会秘书、园林管理处副处长、工商局度量衡管理处副处长、计量管理处副处长等职。1960年，兼任上海计量学校校长。1962年8月，任上海市计量标准管理局副总工程师。1979年6月退休后，仍然热情帮助中青年工程技术人员解决计量技术难题，深得大家的敬重。

朱鹤年（1906－1993）　字侣仙。出生于海门四甲乡一位中医家庭。其父朱南山，是上海著名中医师。

民国15年（1926），朱鹤年获复旦大学学士学位。次年赴美国留学。民国19年，获美国芝加哥大学硕士学位。同年，回国任中央研究院心理研究所研究员。民国21年，获美国康乃尔大学哲学博士学位。是年，受中央研究院院长蔡元培派遣，赴英、法、意、德等国考察科研工作。时年回国，在中央研究院心理研究所任研究员。民国24年，离开心理研究所，先后在河南医学院、湖南湘雅医学院、江苏医学院任生理学教研室主任、教授。1949年，上海解放不久，任华东人民医学院生理学教研室主任、教授。1961年，加入中国人民解放军，在上海第二军医大学任教授。先后兼任生理学教研室主任、专家组组长、解放军医学技术委员会委员，中国生理学会、解剖学会、动物学会、医学会和心理生理学会会员。1985年，加入中国共产党。

民国17年，朱鹤年首次发现哺乳动物下丘脑室旁核神经细胞具有神经分泌现象。民国19至24年，首次开展脑定向刺激与慢性埋置电极实验。开展猫中脑"怒叫中枢"、刺激猫下丘脑对脾脏收缩的影响、刺激猫桥脑对排尿反应的影响的研究，在怒叫中枢、下丘脑与镇刺镇痛、神经肽基础与应用研究等方面取得重要成果,发表多篇论文。先后获军队科技进步二等奖6项,立三等功。

朱鹤年是一位有成就的中国著名生理科学家、教育家。主编1952年、1954年、1957年全军军属大学《生理学》教材,为全军《生理学》教材的编写打下基础。朱鹤年呕心沥血,严谨治学,努力耕耘,为国家和军队培养一大批医学和生理学人才,堪称“桃李满天下”。在他的学生中,许多人成为国内外著名学者和知名人士。他常高兴地说:“青出于蓝而胜于蓝,科学才能向前发展,我的学生超过我,这是我的心愿,我的骄傲。”中国实行学位制度时,朱年逾古稀,作为中国第一批博士生导师,一级教授,仍担负起培养研究生的重任,先后招收博士生15人,培养第一批医学博士。1985年,被评为上海市优秀教育工作者。

生前,在家乡建造“南山诊所”,造福桑梓。

梅嘉生(1913－1993) 江苏丹阳人。民国27年(1938)8月,参加新四军。次年春,加入中国共产党。历任丹阳游击纵队第3大队大队长,挺进纵队第3团团长,苏皖支队副司令,1师3旅参谋长兼海启警卫团团长,苏二军分区副司令员,苏中公学教育长。民国34年9月后,任苏中军区副参谋长、一分区副司令员,华野1师参谋长,四纵参谋长,三野23军副军长兼参谋长,华东军政大学第三纵队纵队长。先后参加苏中、涟水、莱芜、孟良崮、鲁南、淮海、渡江和解放上海等战役。

解放后,任越南军事顾问团参谋长、第一副团长,援越抗法5年多。回国后,任海军航空兵副司令员兼参谋长,华东军区战史编辑室主任,东海舰队副司令,海军副司令。1955年,被授予少将军衔。

政协上海市第六届委员会副主席。

黄　胜(1919－1993) 海门县麒麟乡人。民国31年(1942)7月,毕业于南京中央大学水利系,后在导淮委员会綦江工程局、江西省赣江水利设计委员会、中央水利实验处工作。新中国成立后,在交通部、水利部南京水利科学研究所工作,历任河港研究室副主任、主任,南京水利科学研究所副所长等职,是该院河港研究所主要创始人。黄胜还担任水利部技术委员会委员,中国海洋工程学会副理事长、海岸工程专业委员会主任、土木工程学会港口工程学会副理事长,中国泥沙专业委员会副主任,国际泥沙研究与培训中心委员,华东师范大学兼职教授,政协江苏省第五、六届委员会委员,九三学社南京水利科学研究院支社主任委员等职。教授级高级工程师,首批被批准为博士生导师。

黄胜一直从事港口及潮汐河口治理研究,具有系统的专业知识和扎实的理论基础,治学严谨,实践经验丰富,享有较高声誉。先后负责钱塘江、鸭绿江、珠江、黄浦江、辽河口、甬江口、闽江口及长江口的治理工程研究,并付出毕生精力。提出《长江口航道整治模型试验》,是中国第一个全自动化大型潮汐河口模型。1985年,担任江苏省海岸带海涂资源综合调查考察队副队长时所取得的成果,获江苏省科技进步特等奖、国家科技进步二等奖,在国际上产生一定影响。1986年提出的《长江口三沙治理及通海航道研究》,经交通部组织鉴定,达到国际水平,获交通部科技进步二等奖。《上海港选址可行性研究》,获交通部科技进步三等奖。

20世纪50年代后,撰写论文40多篇。80年代,发表论文10多篇。多次赴美、澳等国考察,在国际学术会议上作特邀论文报告。先后主编《中国河口治理》《泥沙手册》,与人合作撰写《海岸工程》《河口动力学》等专著。个人简历被收入《中国当代名人录》《科技专家名人录》《江苏群英志》等书籍。

黄胜十分关心家乡的水利建设事业。多次率领有关人员到海门调查,向中央有关部门反映整治长江口北支对海门的影响。1992年7月,召开崇海汽渡水域利用论证会时,担任评审组组长。1993年1月,海门县有关人员到该院汇报筹建海门港情况时,他详细询问海门港附近水域的有关情况,为海门港建港评审的顺利通过创造条件。1993年10月23至24日,为海门港建港条件评审会顾问。

蔡协斌(1928－1993) 海门县人。民国33年(1944),在上海云记营造厂及吴根记瓦筒厂当工人。1953年4月,华东建筑局工人。1954年4月,哈尔滨有色金属局一公司工人。1956年,武汉第一冶金建设公司工人。1958年12月,加入中国共产党。1964年,在四川西昌工作。1966年,四川渡口第十九冶金建设公司五公司工人。1968年2月,第十九冶金建设公司五公司革委会副主任。1973年7

月，任四川省总工会主任。1979年12月后，为第十九冶金建设公司干部，武汉钢铁公司干部。中共第九、十届中央委员。

张惠和（1918－1994）　启东市人。出身贫苦农家。民国30年（1941）7月，参加革命工作。同年，加入中国共产党。革命战争年代，任村、乡、区农抗会主任，海中区民运科科长、组织科科长、区委副书记，县委委员，聚星区区委书记，东南县委委员、民运部副部长、组织部部长等职。新中国成立后，历任海门县委副书记、书记，中共中央组织部组织处干事，江苏省委组织部党员管理处处长，南通地委副书记，崇明县委书记，上海市委委员，北京丰台区委书记。"文化大革命"中，受到迫害，下放劳动。1970年恢复工作，先后担任北京市通县县委副书记、革委会副主任、县委书记、革委会主任，七机部中央工作队副队长，北京市国防一办副主任兼政治部主任。1979年，任北京市宣武区委书记、北京市委委员。1983年2月，退居二线，任宣武区区委顾问，北京市顾问委员会委员。

张惠和在50多年的革命生涯中，始终保持坚定的共产主义信念与革命立场、旺盛的战斗意志和不怕流血牺牲的革命精神，具有高度的党性原则和组织纪律性，时时处处以共产党员的标准严格要求自己，刻苦学习，与党中央保持一致，为经济社会发展和党的建设做出贡献。

钱讷仁（1901－1995）　女，原名钱瑞芳。海门市三阳镇人。父亲早逝，一个破落地主家庭全靠其母支撑。钱早年不满包办婚姻，力志求学自立。在兄嫂支持下，通过勤工俭学，上海同德医学院妇孺产科系毕业。民国17年（1928），在沪、浙、苏行医，初时抱独身主义，后与季方经过十年恋爱，终结伉俪。季方为她题号"讷仁"，取意"仁而不言"。参加革命工作后，一直以"讷仁"为名。

民国27年，季方在"武抗"从事情报和国民党杂牌军队工作，以钱讷仁在上海静安寺愚园路开设的妇儿产科诊所作掩护。民国29年黄桥战斗后，应季方之邀，钱讷仁离开上海，赴苏中四分区任指挥部军医处主任，从事救死扶伤工作。在民国29年12月的掘港保卫战、民国30年的石港战斗中，钱讷仁带领医务人员，在枪林弹雨的火线上救治伤员，得到领导和战士们好评。民国31年1月2日，加入中国共产党。

民国32年春，苏中四分区进行反"清乡"斗争，钱随同季方到安徽淮南黄花塘新四军军部学习，并任华中局总门诊部医务主任、军直属大队部门诊所主任。民国33年5月，返回江苏宝应射阳区油坊头，任苏中行政公署卫生处主任。民国34年7月，出席苏中人民代表大会及妇女代表大会。

抗日战争胜利后，出任苏皖边区政府卫生处医务科科长兼清江市大众医院副院长。民国35年6月，清江附近农村霍乱流行，钱讷仁率3名医生，合力救治，使268名危重患者和轻症千余人得到治疗。民国34年、35年两次被评为一等模范。

民国35年11月，钱讷仁奉命带领医务人员北撤山东临沂，代号为"黄河大队"。次年2月，驻扎在马家崖黄河大队向冀南突围转移，钱讷仁负责的产妇及重伤病员，途中60多名孕妇有30多个生孩子，行走近两个月才抵达冀南响沟村。孕产妇、婴儿和伤病员均平安，得到首长多次表扬。

民国36年10月，钱讷仁调任解放军华东军官教导总团卫生处医务主任，自觉执行党的政策，精心护理俘虏的国民党军官，对他们转变立场起积极作用。民国37年，获华东军区"南丁格尔"称号。

新中国成立后，钱讷仁在医务战线上获特等模范、优秀工作者等称号。由于患耳疾不能听诊，1955年，转到幼教工作岗位，被评为优秀教育工作者、全国三八红旗手。

1965年1月离职后，她做好街道与群众工作，办好红医站为大家治病，关心教育青少年，维护社会治安，享有很高的威信，多次被评为优秀共产党员。

朱鹤皋（1903－1995）　海门市四甲镇人，系20世纪20年代上海著名中医朱南山之子。

朱鹤皋自幼聪明好学，受其父亲熏陶，潜心研究经典医籍，造诣颇深。民国21年（1932），获硕士学位，后在美国获博士学位。因对疑难杂症总是手到病除，故医名蜚声遐迩。

朱鹤皋对病人关怀备至，体贴入微。对贫病无力就医者，总是恻隐为怀，免费诊治，受到广大群众颂扬。

民国17年，为挽救中医瑰宝，积极呼吁并发起组织全国中医药团体联合会，带队赴京请愿，据理力争，迫使政府取消前议，促成中央国医院建立，随即在上海发起成立中医界职业团体组织。

民国18年，任上海中国医学院教授。民国21年，淞沪会战爆发，学院濒于停办，院董事会推选朱鹤皋为主席，主持院务。他慷慨解囊，支撑学院生存。

民国25年1月，在上海王家沙花园路续办中国医学院，并设计附属医院和研究院，两院增设生理、解剖、病理、细菌、化学、诊断等基础课。同时，教育学生尽可能采用西医的长处对疾病诊断。这是30年代中医学术的新创举。

抗战胜利后，任上海市第一届中医咨询委员会主任委员、中国医学院院长，上海市中医师公会常务理事。

1949年秋，朱鹤皋开业于香港，慕名就诊者纷至沓来，风靡东南亚。虽诊务繁忙，但仍一如既往，积极从事中医药团体事业与中医教育工作，先后担任香港新华中医学会会长、香港中国医学院院长等职。为振兴祖国中医学，培养中医后继人才做出贡献。

朱鹤皋在繁忙的医药教育中，孜孜不倦，一丝不苟，勤奋刻苦，收录资料，编著《症治精华》《中医科学化讲义》两书。

1979年9月，应邀前往北京参加建国30周年庆典，受到中央领导亲切接见，并合影留念。

朱鹤皋客居香港，仍不忘家乡父老。1987年，捐资兴建南山诊所于海门四甲合兴镇，实现其造福桑梓的夙愿。

1986年6月，担任全国政协委员。

张敬礼（1911－1995） 原名张立祖。海门市常乐镇人。民国24年（1935），毕业于复旦大学土木工程系。民国25年，张謇之子孝若不幸遇害，张敬礼成为张氏家业的继承人。

张曾任中央银行秘书，江苏省参议员，南通学院、通州师院常务校董，南通大生纺织公司董事长兼唐闸一厂总经理，上海大达轮船公司常务董事。在办实业期间，同著名爱国民主人士黄炎培、胡厥文、李济深等人结下友谊。民国37年，为抵制国民党发行金圆券和对企业的勒索，将大生纱厂大量的外汇及物资运往香港，使国民党对大生公司迁台的阴谋未能得逞。解放后，又将外汇、资金和向国外订购的发电机、锅炉和印染机等大量物资全部调回南通，对发展中国民族工商业做出了贡献。1949年后，担任南通大生纱厂副董事长兼经理，大达轮船公司董事长，南通农、医、纺织学院代理院长，南通师范学校董事会主席。在抗美援朝中，带头捐献。在对资本主义工商业的社会主义改造中，大生公司、上海大达轮船公司率先实现公司合营，在江苏乃至全国起到带头、示范和推动作用。踊跃购买公债，参加救灾。1977年后，任中国国际信托投资公司董事、工商经济服务中心副董事长、工商经济开发公司副董事长、香港国际永年公司董事长，省纺织工业厅厅长，省工商联主委，民建第二至四届中央常委、江苏省主委，省政协副主席，全国工商联副主委、常务副主委等职务。第二、三届全国人大代表，第二、三、四届全国政协委员，第五、六、七、八届全国政协常委。在为改革开放、经济建设尽心尽力的同时，还以自己在海内外的影响，积极为祖国统一和香港回归做了许多有益的工作。

1995年10月，张敬礼在北京逝世。

郁　谦（1921－1995） 上海崇明人。民国28年（1939）冬，在崇明参加中共领导的抗日救亡运动。民国29年7月，加入中国共产党。同年8月，任中共崇明县三区工委宣教委员，从事党的地下工作。次年8月，调中共海启县委工作，先后任宣教干事、县委秘书、启东区委书记兼区大队政委，参与开辟海启地区抗日根据地工作和反"清乡"斗争。并往返于海启和崇明两地，在崇明筹建秘密机关，开展党的地下交通工作。抗战胜利后，任中共崇明县工委书记兼县大队政委，为清除汪伪据点，建立县、区民主政权，扩大和平民主阵地，作了不懈努力。

解放战争时期，先后任中共海启县委候补委员、汇龙区区委书记兼区大队政委，启东县委组织部部长、民运部部长，海启县委委员，海东区、启东区区委书记兼区游击营政委，海启县委组织部部长，东南县委、海门县委副书记。开展惩奸反霸斗争，完成"五四"土改任务。在国民党军全面进犯海启地区的艰苦岁月，坚持团结干部，发动群众，依靠武装，与敌人进行坚决斗争。联合友邻部队和民兵，多次消灭敌人有生力量，开创区游击营在敌占区打巧仗、打硬仗，以少胜多的先例。随后，为巩固老区，恢复推进新区建设，准备渡江作战，发动群众参军参战，支援前线，做了大量工作。

1949年1月，海门、启东全境解放，调任中共海门县委书记兼县大队政委，接管新区，肃清国民党残余匪特，建立新政权，恢复发展生产，迎接全国解放。

1949年9月，调离海门，先后担任中共崇明县委书记兼县大队政委，南通地委组织部副部长，中国人民银行苏北分行行长，江苏省委派驻南通地委整党工作团团长、扬州地委统购统销工作组组长，南通市委书记兼人武部政委，南通地委第三书记兼南通市委第一书记，南通市委书记等职。

1964年11月，调任江苏省机械工业厅厅长。他深入全省各地，为振兴机械工业，特别是对农机工业、仪表电子工业的布局和发展打下良好基础。

“文化大革命”中遭受迫害。1975年9月，恢复工作，任南京汽车制造厂党委书记。1977年6月，调无锡市工作，先后任无锡市委副书记、市革委会副主任、市人民政府副市长。在主持工业经济工作中，果断决策，并转了部分企业，组织创名优产品活动，使无锡的产业结构得到改善。在城市建设中，加强居民住宅和人民生活基础设施建设，使城市经济与社会事业得以协调发展。

1983年5月，退居二线，先后任无锡市委、市政府顾问。经常深入实际调查研究，提出不少有关建议，为市委、市政府领导决策服务。1988年4月离职休养。20世纪90年代初，编著出版《苏南经济改革与发展》一书。

沈汉卿（1913－1996）　海门市人。民国30年（1941）11月，加入中国共产党。是年10月起，任南通县三余区广运乡农抗会副主任兼总务，广运乡组织干事、党支部书记，区委委员兼指导员。1949年1月后，任三余区副区长、区长，区委委员。1951年6月起，任川港区区委书记、三余区区委书记，南通县委委员。1955年12月，任南通县人民委员会县长。1957年10月，在江苏文化干校学习，任党支部书记。1960年2月，任南通专员公署农林局副局长、党组副书记。10月，任南通县委书记处书记。1961年9月，任三余区区委书记。1962年8月，任南通县委常委、监察委员会书记。1969年7月，任通海区革命领导小组组长，县革命委员会常委。1979年3月，任县革命委员会副主任。1981年3月，任县政协主席。1983年3月离休，享受地市级待遇。

陆恂如（1918－1996）　出生于海门县三阳镇一个农民兼手工业者家庭。民国28年（1939）3月，参加中共地下组织领导的海门抗战支队政工队，积极投身革命事业。同年12月，加入中国共产党。民国29年1月，抗日战争时期海启地区第一个党支部在三阳区永平乡成立，陆恂如为宣传委员。新四军东进后，先后任中共海门五区区委组织科科长、苏北泰东行署特务连政治指导员、东南警卫团政治处组织股股长、海南区区委书记兼区长，松江市副市长等职，为人民的解放事业做出贡献。

新中国成立后，历任松江县县长、人民法院院长，松江地委统战部副部长，苏南行署民族宗教事务处处长，省政府民族宗教事务处处长。1956年2月，任省民族宗教事务局局长兼党组书记。“文化大革命”期间，他虽受迫害，身处逆境，仍然保持坚定的共产主义信念，关心党的统战和民族宗教工作。1978年1月，任南通地委常委、南通行署副专员。1979年2月起，任江苏省委统战部副部长兼省民族宗教事务局局长、顾问。还当选省二、三、四、五届人代会代表，政协江苏省第四、五届委员会常委。

黄政一（1932－1996）　海门市人。民国34年（1945），就读于海门县锡类中学。1950年参军。1956年，大连第二海军学校内燃机系毕业。是年10月，加入中国共产党。历任中国船舶总公司第七研究院第705研究所科长、室主任、副总工程师等职，研究员职称。

黄政一长期从事鱼雷的设计、研制工作，任轻型反潜鱼雷总设计师，在鱼雷燃料的应用研究、动力装置、总体的研究设计方面，解决多项关键难题。获中国船舶工业总公司科技进步特等奖。是中国鱼雷工程专家，中国海军鱼雷总设计师，首批享受国务院特殊津贴者。

董竹君（1900－1997）　女，出生上海，祖籍海门东兴乡。6岁入私塾读书，12岁辍学学唱京戏，13岁沦落青楼卖唱度日。其间，结识早年留日、跟随孙中山参加同盟会和辛亥革命、时任四川都督夏之时。民国3年(1914)6月,15岁的董竹君逃出虎口,与27岁的夏之时结为夫妇,东渡日本。在日本期间,董竹君一边读书,一边为革命党人做事,曾冒险送密信到上海,为“护国讨袁”立过大功。民国5年,夏之时回国讨袁。董竹君留日不到4年,便读完东京御茶之水女子高等师范学校全部课程,毅然回国。“五四”运动后,董竹君接触马列主义,懂得只有经济上自立,才谈得上女权。民国12至13年,在四川成都开办富家祥女子织布厂。民国18年,创办飞鹰黄包车出租公司。此时,夏之时革命意志消沉,还威迫打骂妻儿。是年,董竹君夫妻关系破裂,带上4个未成年的女儿,出走上海。

民国19年,董竹君卖掉首饰,四处筹资,以4000多元资金在上海闸北创办群益纱管厂。民国20年春,只身去菲律宾招股1万元,使“群益”成为拥有300余职工的中型工厂。民国21年1月28日,日本侵略军进攻闸北,“群益”遭炮击停工。民国24年3月,董承友人资助2000元,开办川菜特色锦江小餐馆,后改名锦江川菜馆。次年元月,锦江茶室开张。

在沪从商期间,董竹君接受进步思想,支持革命,与许广平、蒋逸宵等创办《上海妇女》半月刊,宣传推动妇女解放运动。蒋介石发动“四一二”反革命政变,在白色恐怖下,董竹君掩护共产党秘密工作者,营救被捕人士。“九一八”事变,她在上海参加群众大游行,并让大女儿董国瑛参加新四军,送上抗日战场。董竹君在沪丽都花园开设暑期锦江餐厅,将盈利所得全部捐献革命事业。在锦江店内专设“特别间”,为革命活动提供方便。

民国29年冬,董竹君流亡菲律宾,锦江店托人代理。抗战胜利后,她回沪,两“锦江”又逐渐兴旺。国民党要员杨虎、戴季陶等曾力劝董竹君加入国民党,都遭婉言拒绝。董竹君以老板身份为掩护,为共产党做了大量工作。是年,受到邓颖超登门鼓励,董竹君更加积极工作,送一批青年去苏北解放区工作,虎口救出革命同志,租房掩护革命活动,创办永兴印刷所、协森印刷局,秘密印刷革命传单、《解放》杂志、《告上海市市民书》等。她还利用与国民党上层人物的关系,为中共地下组织搞到特别通行证、记者证。民国35年夏天,郭沫若给董竹君题写《沁园春》词一首,赞扬董竹君的革命精神和高尚品德。

新中国成立后,上海市委决定,将“锦江”两店改建为接待中央首长及外宾的场所。董竹君毅然将自己经营16年、价值15万美金的“锦江”两店全部奉献国家。1951年6月9日,董竹君主持隆重典礼,将锦江川菜馆和锦江茶室合并为锦江饭店,并首任董事长兼总经理,成为中国第一位国宾馆女当家。

董竹君连任全国政协一至七届委员会委员,积极参政议政,建言献策。1953年秋,周恩来总理设宴招待董竹君,盛赞她“多年来,为党做了不少工作”。席间,董竹君向总理建言兴办旅游业,总理很赞同。

1993年,董竹君在北京念念不忘故里海门,作《思乡》诗一首:落日汪洋相映照,海鸥飞翔白浪滔;游子儿思归故乡,两鬓霜白幼童笑。1997年9月,她出版长篇自传《我的一个世纪》,将受到周恩来宴请,郭沫若赋词,卓别林光顾,上海市委书记江泽民支持等要事,在书中均作详细记述和生动描绘。还出版其著的日文版《大河奔流》一书。

黄　通(1907－1997)　字更夫。海门市麒麟乡(祖籍河南,南迁落户海门)人。幼年聪颖敏慧,勤奋苦学,获师长奖励。就读上海文治大学,加入中国国民党,南下广州,考入黄埔军校。民国18年(1929),毕业于南京中央陆军军官学校第七期。初任国民政府军队炮兵少尉,参与淞沪等战役。后任东北军115师政训主任。再去交通研究所、军委会别动总队。又任贵州省警察督察长、贵州军管区上校科长。抗战期间,任陆军炮兵独立团少将团长。在服勤军职中,参加革命青年同志会、三民主义力行社,任三民主义青年团南京支团筹备处书记。抗战胜利后,举办建业补习学校,受聘国立南京临时大学副教授兼汤山夏令营训导长暨南京市训练团教务长。后当选国民党中央候补监察委员。民国35年10月,被选为南京市参议员。民国37年5月,当选国民党中央立法委员。后兼任国民党南京市党部书记长。1949年4月去台湾。1950年3月,黄通在台当选“国民党立委党部”改造委员。1951年3月,兼任台中市“改造委员会”主任委员。1952年4月,奉调革命实践研究院受训,留任院研究员,兼任革命实践研究院副主任、通讯研究部主任。

1972年，增任“立法”委员、“立委党部”书记长。1976年3月，晋升政策委员会副秘书长。翌年，调任“国民党中央委员会”副秘书长。先后受聘“中央党务”顾问，“第十二、十四届中央”评议委员。

1990年3月，辞去“立法”委员职务。1992年，受聘“总统府国策顾问”，世界黄氏宗族顾问，台湾江苏省同乡会名誉理事，海门同乡会理事长，私立中川工专常务董事。

何凤生（1914－1997）　海门市树勋乡人。民国31年（1942），参加新河乡农抗会，担任理事，和其他干部一起，开展“二五”减租运动，发动群众向抗拒减租的地主斗争。同年6月，加入中国共产党，担任新河乡党支部军事委员。是年下半年，任新河乡民兵大队长。由于工作积极，新河乡的民兵队伍从12人发展到包括邻近乡在内的300多人，武器由五六支步枪增加到30多支，从打游击袭扰敌人，壮大到拔除敌据点，主动出击日伪军，成为富余区一支抗日反“清乡”斗争主力军。

民国32年9月，日伪军烧掉他家房子，家属只得在外流浪，靠乞讨度日。虽在生活上和精神上受到极大打击，但更激发他在对敌斗争中的坚强勇敢。在日伪军实行“强化清乡”时期，斗争环境十分残酷，何凤生虽经受挨冻挨饿，睡棺材屋，遭敌人悬赏通缉等困难，仍坚持原地斗争不动摇。

民国33年6月27日夜，何凤生动员和带领40多个民兵及群众一举拔除富安镇敌据点，25个日伪军举手投降，缴获冲锋枪1支、步枪25支、小炮1门，救出10多位无辜被抓的老百姓，周围群众无不拍手称快。日伪军不甘心失败，企图重占富安镇。富余区委决定开展骚扰战，把这一任务交给何凤生。他动员群众把“镇”搬到乡下去，不让敌人有房子住。为了抗日，富安镇上的居民日夜行动，搬砖头，运木头，迁家园。是年7月27日（毁镇的最后一天）中午时分，四甲据点七八十个日伪军再次进犯富安镇。何凤生一面组织民兵与敌人战斗，一面迅速转移群众。敌人窜进富安镇，见状只得扫兴在镇北半里多路的张云鹏小店驻下，妄图重新修筑富安镇碉堡。第二天清晨，何凤生带领200多个民兵，设伏袭击由四甲镇向富安镇进发的日伪军，敌人死伤不少。何凤生指挥民兵经常出其不意地骚扰敌人，日伪军白天筑的工事，当晚即被民兵和群众毁掉，敌人只得龟缩到四甲据点里。敌人一计不成，又生一计，由日本侵略军小队长石桥带领一批日伪军到富安镇重新修筑工事。面对强敌，何凤生提出“敌人1个，我们10个，发动群众，逼走敌人”的口号。他优化民兵编组，组成各种战斗小组，有的轮流站岗放哨，有的毁路拆桥，有的利用各种办法骚扰敌人，还有的在敌人下乡扫荡时负责群众转移。石桥虽很凶残，但在组织起来的人民群众面前，惶惶不可终日。何凤生还采取各种巧妙形式，智斗敌人，他动员群众把死狗、粪便倒在敌人的吃水沟里，使敌人冒着生命危险到别的地方取水；动员民众断桥毁路，让日伪军难于进出；把据点附近的粮食全部转移，敌人组织抢粮，民兵们正好化整为零把他们消灭；采取强有力的“政治攻势”，把写有“德国败，你们快！”“不投降，见阎王！”“好人不当和平军，回头反正不送命！”等标语贴到据点旁，使一些敌伪人员回心转意。在何凤生启发下，民兵们还创造了诱捕战、围扰战等多种斗争形式。

民国33年底，苏中四分区召开第一届群英大会，何凤生被推选为一等民兵英雄。大会特辑中记载着这样一段话：“富南乡飘扬着胜利的旗帜，何凤生荣冠了英雄的头衔，在全区八万余伟大的人民武装——民兵行列中，他当选了头等民兵英雄。”

此后，何凤生在地方工作，为社会主义建设做出贡献。

倪汉明（1927－1997）　海门市麒麟乡人。家境贫困，小时候常到地主、富农家打短工。民国33年（1944）6月，参加农抗会，并任村农抗会主任，积极参加“二五”减租，宣传抗日和减租。8月，参加工作，成为海门县海南区大队的一名战士、副班长。10月加入中国共产党。民国34年1月，为苏中四分区十一纵队特务连班长。参加对日伪军的反“扫荡”和反击国民党顽固派挑衅的艰苦斗争，为海启根据地的建立、巩固和发展做出贡献。

民国35年6月后，任华东野战军十一纵队31旅91团3连文书、代理副排长、排长、连队党支部书记。他身先士卒，冲锋在前，带领战士前仆后继，英勇杀敌，先后立过1次三等功、3次四等功。民国37年5月，在一次激烈战斗中负伤，于华野十一纵队后方医院治疗养伤。8月后，任海门县海西区政府民政股副股长，新南区区大队副大队长、区委人武科副科长，为海门的解放做出了贡献。

1950年8月后，任新南区副区长，海门县总工会党组副书记、书记，海门县委宣传部部长。他积极贯彻党的方针、政策，组织互助组、合作社，带领广大群众走社会主义道路；认真学习领会党的工运政策，重视全县工人的福利待遇，为海门生产恢复、国民经济发展、农业互助合作以及工人谋福利，做了卓有成效的工作。

1956年4月后，任县委副书记、悦来区区委书记、县委副书记、县委副书记兼海门县县长。在领导全县工作中，始终坚持实事求是原则，在县委、县人委决策过程中，发挥重要作用。

“文化大革命”初期，倪汉明受到诬陷和迫害，“靠边站”，受“审查”。虽身处逆境，仍始终坚定党的信念，忍辱负重，克服重重困难。

1968年3月后，任县革委会副主任，县委常委、县委副书记，南通地区计委副主任。善于团结一班人，拨乱反正，平反冤假错案，为受迫害的大批干部平反昭雪，为海门的经济社会发展、南通地区的计划工作，做了许多有益的工作。

1981年11月，任海门县政府顾问，积极为县委、县政府献计献策，当好参谋、助手。1982年12月离休后，被县级机关老干部西北组推选为组长，并担任海门市老龄委员会名誉主任。

黄敬斋（1910－1998）　又名黄再生。海门市万年镇人。大学毕业后，关心国事，热心参加各种社会活动。历任上海光明出版部总干事，《时代青年》周刊主编，中国公学大学部庶务课长和图书馆主任，申时电讯社驻南京特派员兼该社南京分社筹备处副主任，上海市政府社会局秘书，国民党“干社”文书机要组总干事，中国文化建设协会书记处书记，国民党中央文化事业专门委员会秘书，《大沪晚报》副刊主编，《申报》副刊《青年界》周刊主编，《新闻报》副刊《读书界》周刊主编，《大公报》上海版副刊《教育界》周刊主编，上海商业广播电台总编等。“七七”卢沟桥事变后，任上海市各界民众抗敌后援会常务理事兼主任秘书、总务处处长，国民党江苏省党部常委，国民党中央社会部委员、江苏省党部常委、中央政治会议法制委员会副主任。汪伪行政院侨务委员会常委、边疆委员会委员，国民政府江苏省政府委员兼秘书长、政务厅长、代省长。早在抗日战争之初，黄敬斋就全身心投入组织上海市各界民众抗日救亡活动，以商务活动作掩护，冒着生命危险，推进上海市的抗日支前工作。民国30年（1941）年初，创办民营国民新闻图书出版公司，以常务董事兼代社长的头衔，组织出版发行《国民新闻》和《国民新闻周刊》《国民新闻丛书》《国民新闻画报》月刊等。同年，与中共华东地下组织负责人潘汉年接上关系，开始有领导地为党工作。后因主张支持共产党，于民国33年夏，被蒋介石撤去国民党江苏省党部常委职务，并被开除国民党党籍。由于他积极参加民主人士和民主党派反内战、反饥饿、反侵略活动，被蒋介石通缉，遂避居杭州，改名换姓，以职工名义，秘密从事革命活动。其妻金光楣随同宋庆龄、何香凝等妇女名流，一起走在抗日救国第一线。

1950年年初，经党组织批准，黄敬斋由公安部派往香港从事秘密工作。遵照党组织指示，积极开展各种社会活动，加入中国自由社会党、香港民主社会党，任各党中央领导职务。还任《辽东新闻》报社社长，《新民报》《今报》等日报社总编辑，《星岛晚报》《时报》等报特约撰稿人，《新社会》《群声》等周刊总编辑。在从事社会活动时，及时通过秘密渠道，搜集信息，将重要情报向国内传递。1969年，黄敬斋回大陆，被安排在广州疗养。“文化大革命”中，因海外关系，一些亲人受到株连，中共十一届三中全会后，平反恢复名誉。

1976年，黄敬斋定居西安，任陕西省文史研究馆馆员。应全国政协特约，撰写《汪伪政权侧记》《国民党CC系文化统制机关——中国文化建设协会记实》《国民党CC系法西斯秘密组织“干社”内幕》《国民党CC系民族主义文艺运动记》及《我所知道的李士群》等资料，约28万字。出版的有《抗战与间谍》《十年来的中国》和《民主社会主义的基本原则》3部著作，均被全国政协文史资料委员会采用。

洪　泽（1918－1998）　原名洪绍袭，曾用名洪绍唐、洪澈。浙江镇海人。青少年时期，受到革命思想熏陶，在“一二·九”学生爱国运动影响下，追求进步，追求真理，接受抗日救国思想。民国25年（1936）夏，在上海先后参加进取社、救国会、国难教育社、蚂蚁社、小教进修会等党领导的进步团体，积极投身抗日救亡活动。民国27年3月，加入中国共产党。

民国27年9月，洪泽奉中共江苏省委之命，赴苏北敌后开辟工作，先后在国民党杂牌军“特务总队”政训处、南通县常备第1大队和抗战支队做秘密工作，在海门江家镇一带开展抗日救亡宣传工作，并发展进步青年参加共产党，为海门的抗日战斗播下革命种子。民国28年4月，任中共江北特委委员。民国29年夏，调苏北特委组织部工作，后任中共如皋中心县委宣传部部长，中共南通中心县委宣传部部长、组织部部长。民国30年春，任中共苏中四地委宣传部部长。民国32年1月起，任海门中心县委、海启县委书记，兼东南警卫团政委，领导海启人民进行艰苦卓绝的抗日反“清乡”斗争，取得重大胜利。民国33年秋，调苏中四地委，任组织部部长、副书记。

抗日战争胜利后，历任中共华中一地委副书记兼社会部部长、华中九地委书记兼军分区政委，配合华中野战军主力，为苏中“七战七捷”做出贡献。民国37年夏秋，洪泽因病赴大连疗养。

1951年5月后，任全国总工会华东办事处副主任、华东局企业管理委员会副秘书长，上海市委工业生产委员会直属工委书记等职。1959年5月，任上海自然博物馆筹委会副主任。1961年3月，任中共中央华东局宣传部办公室主任、副部长等职。

“文化大革命”期间，洪泽遭江青反革命集团迫害，身心受到严重伤害。1971年1月，任上海人民出版社顾问。1977年1月，任上海市出版局党委书记。11月，任上海市委宣传部副部长，负责日常工作，为拨乱反正，平反冤假错案，落实政策，做了大量工作。1983年，任上海社会科学院党委书记。1986年8月，兼任上海市地方志编委会副主任。是上海市第七、八届人代会代表，人大常委会常务委员。1989年离休。

赵一德（1918－1998）　出生于扬州市。原名焦应元。民国26年（1937）6月，加入中国共产党。民国28年12月起，任新四军教导队党支部委员、一支队政治部军法处科员、泰县治安科科长、海启县委社会部部长、东南行署公安局局长、东南县委副书记兼东南警卫团副政委。民国34年9月，任东南县委副书记。民国35年3月，任启东县委书记兼启东警卫团政委。民国37年1月，任东南县委书记。

在革命战争年代，赵一德接受党组织的委派，转战大江南北，参与创建海启抗日根据地，带领“短枪队”，积极开展对敌斗争。

民国32年，日伪对海启地区开始全面“清乡”。在斗争形势十分残酷的情况下，赵一德领导的行动队，坚守海启地区，与敌人进行艰苦顽强的斗争，神出鬼没地活动在敌据点附近，英勇机智打击敌人，使敌人胆战心惊，丧魂落魄。

民国35年10月，国民党反动派大举进犯海启地区。作为县委书记的赵一德，坚持原地斗争，与当地干部群众一起，同生死，共患难，注意敌情，沉着应战，讲究斗争策略，终于取得胜利。

1949年3月后，赵一德离开海启，任松江专署公安处处长，江苏、上海公安总队副政委，江苏省军区党委委员，江苏边防委员会委员。1955年，被授予上校军衔。1956年9月后，任南京军区政治部保卫部副部长、南京军区司令部通信兵部政委等职。1963年，晋升为大校。“文化大革命”期间受到冲击。1979年11月，转业到地方工作，先后任江苏省人民检察院副检察长、党组副书记，省政法委员会委员，秘书长等职。1987年12月离休。

王　陈（1973－1998）　海门市海永乡人。祖籍海门县三厂镇（原汤家乡）。1975年，随父母搬迁至海门县永隆沙良种场沙南大队。1992年7月，海门县悦来中学高中毕业。是年12月参军，在河北省石家庄51014部队服役。1993年，加入中国共产党。1995年9月，考入军校学习。1997年7月毕业后仍回原部队，在步兵80师通信营无线电连任1排排长。

王陈入伍后，积极上进，多次被评为优秀士兵和优秀干部，两次受嘉奖。在参加师组织的军事训练考核中，获专业第一名。在连队半年总结民主评议党员中，被评为优秀共产党员。任排长后心系战士，忘我工作，把关心战士成长，帮助战士成才，作为带兵准则；把培养“四有”军人，作为带兵的出发点和落脚点。

1998年4月13日，王陈所在部队进驻革命老区河北省平山县东王坡村执行训练任务。驻训2个多月时间里，王陈为东王坡村乡亲做好事50多件。6月25日晚饭后，王陈与同连司务长王祥奎巡逻督查，走到东王坡村外1公里左右处的下观水库大坝，突然看见东王坡村小卖部店主高树文七八岁的儿子高辉普跑下坝坡捉虾时，脚下一滑，掉入水中。王陈立即连滚带爬扑下水库，游向高辉普，将他托出水面推上了岸，自己却沉入水中，好久没浮出来。王祥奎和高树文见状，一齐跳入水中，经过10多分钟才找到王陈，将他救出。此时，王陈心率衰竭，呼吸停止，经多方抢救无效，不幸光荣牺牲。

王陈牺牲后，东王坡村村委会代表乡亲们给部队写了请功信，落水孩子的父亲高树文制作一面"人民的好儿子王陈，舍己救人英勇献身"锦旗，专程送到部队。7月2日，集团军党委作出决定，给王陈追记一等功，并发出向王陈同志学习的号召。7月3日，《解放军报》头版报道王陈舍己救人事迹。总政治部发出通知，"王陈同志于1998年6月25日在抢救人民群众生命过程中壮烈牺牲，已被批准为革命烈士，由地方人民政府颁发革命烈士证明书"。

董　霖（1907－1999）　字为公。海门市三和镇人。7岁父去世，由其母抚养成人。民国15年（1926），私立海门中学高中毕业，先考入国立中央大学（东南大学），后入复旦大学，获学士学位。北伐战争时期，投身革命。20世纪30年代初，主要在国民党CC系之下的华北开展政治活动。民国22年秋，任北平特别市参议会议长，这是中国近代史上第一位民选参议会议长，时年26岁。

民国24年返南京，任国民党中央政治会议秘书。民国25年辞职，赴美国伊利诺大学攻读国际公法。民国28年6月后，获国际法硕士、博士学位，为耶鲁大学高级研究员。民国29年回国后，任国民党中央政治会议秘书、中华民国国防最高委员会参事，负责整理全国行政法规，成为学者型政治家。民国31年后，任国民党中央宣传部主任秘书、立法院立法委员、外交部顾问、参事等职。民国34年，任国民政府驻荷兰大使。后回国襄助美援谈判及担任国民党政府外交部美洲司司长、次长。在修订全国行政法规、制订涉外法律、参与对外谈判等方面贡献良多。先后任西北大学、复旦大学、河南中山大学、基督教联合大学等法学教授。曾任中华法学会秘书长、中国国际公法学会理事。

1950年起，任美国圣若望大学政治系主任，纽约市立大学研究院与昆士学院教授，并从事近代著名外交家顾维钧的研究，是国际公认的著名法学专家。晚年十分注意维护中国国家主权，对钓鱼岛及南沙群岛事务多有关注。70年代初，董霖即已对当时兴起的"台独"活动有所警觉，并加以驳斥。1981年，应北京大学邀请，讲演有关国际法专题，认为"海峡两岸四十年分离终非华夏之福，迁延日久，恐被渔翁得利"，赤子之心，跃然纸上。

1981年，董霖回母校海门中学访问，在题词中写道："饮水思源，我的学术及事业的基础建于海中时代。"董霖逝世前在遗嘱中吩咐，将其遗产的三分之一献给海门中学，并以其先妣王太夫人名义，设立"江苏省海门中学王太夫人奖学金"，旨在"奖励母校最优秀的栋梁之材，激励发奋学习，报效国家"。

茅桂林（1924－1999）　通州市骑岸镇人。民国30年（1941）1月，参加十总区队，走上革命道路。民国36年10月，加入中国共产党。历任区队通讯员，南通县警卫团后方医院管理员、2营管理员，苏南军区特务团2营管理员，苏南淞江分区特务营管理员，川沙县大队管理员，华东三野后勤干校1大队、2大队区队长，3大队干事，总后运输学校摩托大队助理员，常熟县兵役局副科长、科长，省军区独立大队股长，南通军分区后勤部科长、司令部科长等职。1970年2月，任南通县人武部部长。8月，任海门县人武部部长、党委副书记。1971年2月至1975年1月，任海门县委副书记、县革委会副主任。1978年12月，在南通军分区离休，享受副师职待遇。

3次立三等功，5次被评为五好干部，参加过国庆观礼。

赵一平（1910－2000）　又名赵兰芳。海门市包场镇人。民国17年（1928），由友人介绍到上海暨南大学当校工，不久参加学校工会工作。民国28年11月，参加革命工作，任南通刘桥部队军需。民国29年3月起，任苏北特委机关事务长，特委党训班特务长。是年4月，加入中国共产党。民国30年1月后，任南通县政府财经科科员与司库，通海十一区和通东行署财经指导员兼赋税主任。民国31年5月起，任通东富余、余东、六甲区区委书记，苏中区党委整风学习组长。民国34年10月后，任东南县委、海门县委常委，东南县委组织部部长、东南行署主任。1949年1月，任海门县县长。9月，任海门县委书记。1950年11月，任南通专署民政科科长。1951年8月后，任苏北人民检察署南通分署检察长、如皋县委第一书记、江苏省文化干校班党支部书记、启东县委书记处书记、启东县县长、南通专署副专员。1962年8月，任江苏省监委驻南通地委监察组组长。“文化大革命”中，被迫停止工作。1973年9月，任南通地区机关党委书记。1977年10月后，任中共南通地委组织部部长、南通地区行政公署顾问。1982年12月离休。

赵一平早年投身革命，从一个农民的儿子逐步成长为一个坚定的共产主义者。在60多年革命生涯中，无论在艰苦困难的战争年代，还是在社会主义建设时期，无论在平凡的工作岗位，还是身居要职，对党的事业忠贞不渝，对真理追求始终如一。他把党和人民的利益看得高于一切，时刻牢记党的宗旨，始终保持共产党人和普通劳动者本色。

卞之琳（1910－2000）　海门市汤家乡人。曾用笔名季陵。祖籍江苏溧水。民国18年（1929），毕业于私立海门中学。民国22年，毕业于北京大学英文系。后到济南、保定等地教书，并编辑《水星》《新诗》等刊物。抗战爆发后，任教于四川大学、昆明西南联大。民国27年，访问革命圣地延安和太行山区前线，深入战士和群众之中，撰写《慰劳信集》《第772团在太行山一带一年来战斗小史》及战地报道、杂文和短篇小说等。后任延安鲁迅艺术学院文学系教员，天津南开大学教授。民国36年，赴英国牛津大学任研究员。1949年回到北京后，任北京大学西语系教授。1953年，任中国社会科学院文学研究所研究员。主要从事外国文学研究、评论和翻译。他兼任国务院学位委员会第一、二届外国文学评议组成员，中国莎士比亚研究会副会长，中国作家协会理事、顾问。1956年6月，加入中国共产党。

20世纪50年代，卞之琳积极参加抗美援朝、土地改革、农业合作化等政治运动，深入群众，写出不少佳作。其中《断章》一诗：“你站在桥上看风景，看风景人在楼上看你。明月装饰了你的窗子，你装饰了别人的梦。”成为千古名句而广为流传。他遭到不公正批评，也能坚持工作，毫无怨言，直至1958年终止写作，转向翻译和研究工作。1964年，任中国社会科学院外国文学研究所终身研究员。“文化大革命”期间受到冲击。1979年后，注重文学研究和著译工作。

卞之琳是中国现代著名诗人，写有自由体诗、新格律诗，并对新诗格律化不断探索。著有诗集《三秋草》《鱼目集》《汉园集》（与李广田、何其芳合集）、《慰劳信集》《十年诗集》（民国19至28年）、《布莱希特戏剧印象记》《山山水水》《人与诗：忆旧说新》《合刊》《雕虫记历》《断章》等。另有《卞之琳——中国现代诗研究（荷兰）》《卞之琳著评研究（香港张曼仪）》《卞之琳与诗艺术（北京袁可嘉等）》《卞之琳评传（苏州陈丙莹）》。

卞之琳也是一位杰出翻译家。民国25年，他的翻译文集《西窗集》就为文学青年竞相传诵，而其代表译著《莎士比亚悲剧四种》，更成为中国莎氏作品翻译的最高成就，研究著作《莎士比亚悲剧论痕》，是中国莎学研究中的里程碑。主要译著有《英国诗选》及法国现代诗十二篇、《纪德：浪子回归集》《窄门》《紫罗兰姑娘》，专著有《布莱希特戏剧印象论》等。

卞之琳还主编《中国大百科全书》中《外国文学卷》的英语和爱尔兰语部分。曾撰文评述《“现代主义”与传统、现实主义、形式主义和现代性的关系》。在他90高龄时，出版文集、译文共6卷。

卞之琳一直在外地工作，但有很浓郁的乡情。民国25年10月，在青岛突然接到母亲病危电报，赶回家时，母亲已病故，他痛不欲生。1984年，他得知编纂《汤家乡志》时，欣然撰写2000多字的代序《读志之感》。1991年应约为《江苏县邑风物丛书·海门卷》撰写4000余字的《沧桑琐话》序言，字里行间充满对家乡的怀念之情。

2000年1月，卞之琳被中国诗歌协会授予中国诗人奖终身成就奖。

2000年12月3日，有关方面为其举办《卞之琳文集》学术研究会和新闻发布会时，这位著名学者溘然长逝。

徐有庠（1910－2000）　海门市江家乡人。启东大成中学毕业后，民国14年（1925）考入海门中学高中部，遇就业机会而未入学。后受雇于启东裕丰棉花杂粮行，协助验货。民国19年，转至上海慎裕纱花布豆麦行任职，并先后创办同茂花粮行、同盛纱布公司等。翌年，成立大孚证券公司。民国32年，成立华丰证券投资公司，开设鸿丰棉织厂。民国34年，在上海创办大同棉业股份有限公司，商工并进；开设远东织造股份有限公司，生产“洋房”牌内衣，加入纺织工业行列。民国35年，开设同甡泰机器榨油厂、惠民植物油厂、大同棉业公司广州分公司。

1949年，徐有庠将在上海的纺织企业迁至台湾营运，并在板桥深丘里成立远东针织厂股份有限公司，生产、经营民生所需纺织品。

20世纪50年代，台湾远东纺织与针织两公司合为远东纺织股份有限公司，并在香港成立裕民有限公司，经营进出口贸易。他争取到美国开发基金300万美元低利率贷款，创办亚洲水泥股份有限公司，设厂于新竹县横山乡，生产“洋房”牌水泥。

60年代，亚泥股票上市。远东企业首度与日本东丽、三进及岐阜株式会社合资，成立东方人纤股份有限公司。后在台北成立远东百货股份有限公司，在新竹县新埔镇成立亚东化学纤维股份有限公司，为亚洲首家大量使用PTA原料，自行生产聚酯纤维之人纤纺织品。

70年代，徐有庠利用台湾东部石灰石丰富矿藏，于花莲县新城乡扩建一新型水泥厂，采用最先进的技术与设备，成本低，质效佳，节约能源及环保绿化尤为成功。合资创立东联化学股份有限公司，设厂于高雄林园工业区。远东百货股票上市，并开设亚东证券投资公司。

80年代，远东企业委请中船承造散装货轮，作运输水泥之用。裕民运输更名为裕民航运股份有限公司，专门经营海运业务。与华侨合作，在菲律宾成立制衣厂，于香港成立九龙英泥有限公司。为拓展多元化生产结构，与国际知名厂商跨国投资合作。与法国液化气有限公司，合资成立亚东工业气体股份有限公司，产销各类工业用气体。与德商科德堡公司及日商公司合资成立科德堡远东公司，产销高强力复合模塑聚酯材料及防黏不织布。与美国永备、日本三井公司合作，共同在加拿大亚伯达省成立合资公司，设厂生产乙二醇。

90年代，成立远东国际商业银行。建造高41层、建筑面积5万多平方米的“远企中心”，为台湾最具规模与创意的双塔式超高综合商业大楼，是台北东区新地标，市内首座都会休闲购物中心，由国际香格里拉旅馆集团负责管理。

至90年代末，徐氏远东集团拥有远东纺织、远东百货、亚洲水泥、裕民航运、裕远投资、远鼎投资、证券金融等80多家分公司的庞大关系企业，仅股票上市公司就有6个。集团资产总额超过2000亿元（台币），在台湾民营企业中名列前茅，曾列全球华人富豪榜第39名。

徐有庠在台事业有成后，不忘造福故乡。1993年，捐赠1.8万支纱锭支持海门发展工业，建立海门教育基金会，用于奖励优秀教师和资助贫困学生。同年9月22日，成立海门徐有庠教育基金会。后在社会各界参与下，不断做强做大，基金总额700万元，先后资助贫困生1210多人次122.96万元；奖励优秀教师1100人次72万元。2010年，又对76名大学新生予以资助，对78名教育系统优秀教育工作者予以表彰奖励。

1994年12月落成的1300平方米海门中学“元智科学楼”，他资助台币300万元（折合人民币约100万元），并亲自为该楼题名。

顾尔钥（1919－2000）　出生于南通市一个书香门第。民国27年（1938）10月，参加革命。次年7月，加入中国共产党。先后任如皋动员委员会政工队长，抗战支队中共支部书记，如皋中心县委民运部部长，海启、如皋县委书记，掘港区区长，东南行署主任，南通县县长、县委书记，南通地委民运部部长，分区干部学校副校长，华中党校校委会委员兼三队支部书记等职。宣传抗日，发动群众，组建武装，建立党的组织，由于工作出色，很快在白色恐怖的南通西部地区打开工作局面。

民国29年12月至30年1月，顾尔钥担任崇启海县委书记。民国30年4月，第二次到海门，建立海门警卫团，任团长。5至12月，担任海门县抗日民主政府秘书。9月，海门、启东两县合并为海启行署时，任行署主任兼海门县县长。民国31年11月至32年12月，第三次到海启，任东南行署主任。民国35年12月至36年12月，第四次到海启，任东南县委书记。顾尔钥每次到海启地区，都能深入群众，了解疾苦，与基层干部促膝谈心，交流思想，在亲切自然的气氛中指导工作，帮助同志，解决问题，给海启人民留下美好记忆。

顾尔钥在执行党的抗日民族统一战线政策方

面，作出显著成绩。在反“清乡”斗争开始前，受苏中四地委嘱托，专程拜访知名人士陆洲舫（陆兆林），将陆争取到革命阵营中，语重心长地做好思想工作。南通城沦陷后，南通师范一度迁至海复镇通师二附，顾尔钥对坚持抗日教学的校长于敬之等一大批有民族气节的老教师十分敬重，经常去看望他们，帮助解决生活、工作中的困难，建立深厚的革命情谊。

解放战争中，国民党军队疯狂地进行“清剿”，顾尔钥临危受命，与海启人民患难与共，浴血奋战。民国36年5月29日，分区主力部队与县团配合作战，一举取得灵甸战斗重大胜利，扭转了海启地区局面。在他精心策划和指挥下，海东区游击营6天三捷。随即，他不失时机地总结经验，部署秋季攻势，召开东南地区武装工作会议。在《夏季游击战初步经验》报告中，运用理论和实践相结合的方法，剖析战例，使全体干部受到生动教育，指挥才能得到提高，为海启地区取得解放战争的胜利奠定基础。

1949年2月后，顾尔钥任中共南通地委委员，专署副专员，南通医学院副院长、党委书记，苏北医学院党委书记、院长，省卫生厅副厅长、党组副书记，省文联副主席、党组副书记，省委统战部副部长、党组副书记。“文化大革命”期间受到冲击，下放到“五七”干校劳动。后任句容县革委会副主任，省卫生局副局长、党组副书记，省医药管理局局长、党组书记。1980年2月，任省高等教育局局长、党组书记。1983年，任省高等教育局顾问。1985年离休。

章　德（1922－2001）　海门市树勋乡人。民国30年（1941）夏，毕业于南通师范学校。同年8月，加入中国共产党。先后任四分区中学生夏令营队长，南通县石港区爱儿乡、下雁乡联防队指导员，通师学生会主席。民国31年春，任四分区政治部社教服务团政治干事，新四军1师3旅服务团员、支委，四地委青委委员、交委委员。民国32年夏，任四分区特派员。民国33年春，任四地委城工部宣传干事、地委青委委员，南通中学生生活指导部主任、书记，四地委青委委员兼南通县青委书记。民国35年夏，任南通县骑石、十总区委副书记、书记。民国36年冬，任余西工委副书记、区委书记。1949年2月，任南通地委青委副书记。革命战争年代，章德冒着生命危险参加革命工作，领导和依靠群众，与敌人展开坚决斗争，为中华民族的解放事业而奋斗。

新中国成立后，章德继续在南通地委青委工作。1950年春，任南通地委青委副书记。1952年7月，任苏北区党委办公厅秘书处副处长。1953年1月，任江苏省委组织部办公室副主任、组织指导处处长、支部工作处处长、党员管理处处长、组织处处长。1960年2月，任省卫生厅副厅长、党组成员。1963年10月，任省人事局副局长、党组副书记。1964年冬，任南通市委书记。1965年年初，任常州市委书记。“文化大革命”初期受冲击，身处逆境，胸襟坦荡，刚正不阿，坚持党性，不屈不挠，具有坚强的革命意志。1973年11月，任省水电局负责人、党组成员。在省级机关和地方工作期间，兢兢业业为党做了大量工作。

1974年4月，调南京大学，先后任党委副书记、革委会副主任、党委第二书记、副校长。1982年1月，任南京大学党委书记。他以坚强的党性和大无畏精神，与江青反革命集团的倒行逆施作坚决抵制和斗争，尽量减少“文化大革命”对学校教育事业造成的损失；实事求是，坚持原则，进行拨乱反正，主持平反冤假错案和落实政策工作，受到上级部门充分肯定。主持南大党委工作后，结合学校实际，提出并实施一系列改革举措；尊重知识，尊重人才，爱护干部，重视发挥全校各支队伍共同建设南京大学的积极性，受到全校教职工的尊重和支持，有力地促进学校各项事业的发展。

1984年，章德退居二线，为中共江苏省顾问委员会委员。

朱弘复（1910－2002）　海门县包场镇人。民国20年（1931），从江苏省第七中学（后改为南通中学）考入清华大学。民国24年，毕业获理学学士学位，留在清华大学任教。民国30年，由清华大学资送美国留学。民国32年，获美国伊利诺大学理学硕士学位。民国34年，获理学博士学位。民国35至36年，任美国威斯灵大学客籍教授。其妻也在美国读书，薪俸优厚，但他觉得祖国更需要他，毅然辞职，于民国36年回国，任北平研究院动物研究所研究员。1949年起，在中国科学院昆虫研究所（后改为动物研究所）工作，先后担任研究员、副所长、所长。1952年，参加反细菌战，在周总理直接领导下，做了许多有益祖国的工作，并代表中国参加调查细菌战的国际委员会，到战火纷飞的朝鲜战场，历尽艰辛，获得奖章和奖状。1978 年，作为农业部植保代表团团员到德意志联邦共和国访问。1979 年，出席第九届世界植保会议，并作国际学术交流。

朱弘复兼任中国科普协会常务委员，中国昆虫学会副理事长、秘书长、理事长，中国农学会植保学会理事，《植保学报》编委，《昆虫学报》副主编、主编，《中国动物志》和《动物学集刊》主编等职。是九三学社中央常务委员，第五、六届全国政协委员。

朱弘复一直从事昆虫学研究，治学严谨，取得丰硕成果，先后发表专著 20 卷，学术论文 127 篇，为昆虫研究做出卓越贡献，在国内外享有盛誉。在棉花害虫研究、昆虫分类学等方面也取得可喜成果。运用数字方法做好昆虫的分类工作，在国内属首创。朱学识渊博，精通英语，主译不少外国名著，如赫胥黎的《进化论与伦理学》，达尔文的《物种起源》《国际动物命名法规》等。

陈象新（1918－2002） 学名匠心。出生于海门东乡（今启东市少直镇）书香之家，祖孙 6 代从教。幼年在其父亲担任校长的私塾、私立光昌小学读书。14 岁时到锄经小学寄宿读高小。民国 22 年（1933），小学毕业。后进入南通师范学习。在进步青年教师、小品文作家李素伯悉心栽培下，担任级刊《爝火》编辑，写作能力得到提高。民国 24 年 12 月，北平爆发“一二·九”运动，他与同学上街游行示威，要求国民政府停止内战、实行抗日。民国 27 年春，日本侵略军侵占南通，与师生们一起，迁移到黄海之滨的海复镇通师二附，至民国 28 年暑假毕业，回锄经小学任教。

民国 29 年 11 月，新四军东进海启地区，他满腔热情投入抗日洪流，被选为海门县教师抗日协会副主任。民国 31 年秋，任公立南阳村小学校长。民国 32 年春，日伪在海启“清乡”，他奉命离开海启赴苏中二分区（今大丰市）协办盐垦中学，在师范部从教。民国 33 年，参加在宝应张家庄召开的苏中军区教育工作大会，受到深刻教育，并首次向党组织递交入党申请书。

民国 34 年春，参加苏中四分区在东台墩塘举办的第二届文教研究会。抗日战争胜利后，在四分区联合中学执教。不久，该校停办，奉命回到海门三阳镇芝香仓，协办东南中学。民国 35 年年底，国民党军队向海启地区大举进犯，他坚持游击教育。民国 36 年年底，被借到东南警卫团文工团，参加演出革命歌剧《白毛女》，受到观众好评。民国 37 年春，回到东南中学执教，并兼任校务委员。

1949 年 1 月，海门县城茅家镇解放，陈象新奉命随同部分师生接收海门县立中学，合并私立海门中学，初任校委、教师，同年 10 月任校长。1956 年 5 月，加入中国共产党。1965 年，任如皋社教工作队副队长。“文化大革命”期间受迫害。1970 年后，任海门中学教员、校革委会副主任、校长，海门县人大常委会副主任等职。

在担任海门中学校长期间，全面贯彻党的教育方针，坚持以教学为主，教育质量享誉全省，成为省属重点中学。1956 年 9 月至 1957 年 7 月，在北京教育行政学院进修期间，受到党和国家领导人毛泽东、朱德、邓小平接见并留影。中共十一届三中全会后，老当益壮，撰写办学经验文章多篇，分别在省教育杂志上发表。在担任县人大常委会副主任期间，认真履行宪法和法律赋予的职权，严格依法办事，深入基层调查研究，广泛听取和反映人民群众的意见和要求，工作成绩显著。

1980 年 4 月，江苏省政府授予先进工作者称号，《中国当代教育名人辞典》《江苏省当代教育名人录》等分别介绍他的事迹。

1989 年离休后，任海门市老年大学常务副校长。1995 年，出刊诗集《雪鸿集》，收录诗作 200 余首。1998 年 3 月，陈象新在病榻上继续撰写诗词，又集 200 余首，出刊《撷苓草》。

王德范（1920－2002） 海门市万年镇人。民国 32 年（1943）2 月，参加革命工作。抗日战争时期，在海中区虞家店小学、协进小学、下三和镇小学担任教师、校长及乡文教委员，冒着生命危险，坚持游击教育。民国 34 年 2 月，参加苏中四分区文研会学习。

民国 37 年起，任海中区、新南区文教股长。民国 37 年 12 月加入中国共产党。解放战争期间，出生入死，做好反顽斗争后 37 所学校的恢复建设工作。积极开展对敌斗争，组织带领东南地区主力民工，参加汇龙镇对敌攻坚战，出色地完成党交给的任务。

海门解放后，先后任海门县政府文教科员、县人民法院审判员、县委统战部秘书、县委秘书，为海门新生的革命政权忘我工作。

1955年，调任海门初级师范学校党支部书记、副校长。1957年，任海门县师范学校党支部书记、副校长。他以校为家，善待老师，爱护学生，与师生打成一片。学校多次被评为省、地区、县先进单位，个人也多次被评为优秀共产党员和先进工作者。1960年6月，海门师范党支部所属教师进修学校被评为全国先进单位，王德范出席全国文教群英会，受到刘少奇、周恩来、朱德、邓小平等党和国家领导人的接见，周总理设宴款待，并与他握手。会上，王德范介绍办学经验。1961年，四杨坝因强台风暴雨决堤，他带领师生抢险，终因劳累过度，呕吐腹泻晕倒在堤岸上，幸亏县委书记赵洪程用车送南通附院抢救及时，未有生命危险。1962年，海门师范停办，他恳求教育主管部门让应届生把书读完，拿到毕业证书，获同意。后任海门县新兵征集办公室秘书。1963年，为海门县教师进修学校校长。1964年，任海安、如皋、如东社教工作队队长。1965年，任海门县三厂中学副校长。

“文化大革命”期间，被打成“走资派”，关进“牛棚”，遭到迫害。后下放万年公社劳动，其间，担任工作队队长。1974年，抽调县委蹲点办公室。1976年，任海门县“五七”农业大学副校长、党总支副书记。

1979年，任江苏省海门师范学校校长、党总支副书记，为学校新一轮发展打下坚实基础。在落实各项政策中，为1962年海门师范停办而离校肄业的学生补发学业证明，工作得到安置。

1984年6月，王德范离休后，始终牵挂学校的发展，经常为学校出谋划策。继续发挥余热，任老干部学习组长、海门市（县）关心下一代工作委员会委员，带病坚持到中小学作传统教育报告。在身染顽疾后，还整理书稿，出版诗歌书法兼容的《寸草集》。

张绍仪（1922－2004）　原名黄心惕。海门市德胜镇人。民国30年（1941）10月，在通海地区参加革命。翌年10月，加入中国共产党。任海启海霞高师抗日读书会组长，通海地区学联主席，常熟县工委梅李区区委代书记。民国32年7月，在通海地区从事党支部工作，任通海区区大队政治指导员，汇通区区委书记。

民国34年9月，任南通县委组织部副部长、部长。次年12月，兼任通海工委书记和通海独立营政委。解放战争时期，通海地区斗争环境非常险恶，张绍仪坚持发动群众，惩奸减租，开展土地改革，带领独立营开展反顽斗争，多次取得战斗胜利。

全国解放后，任南通县委书记，南通地委宣传部副部长，苏北区党委南通地区整党工作队政治指导员，苏北区党委组织部办公室主任，苏北整党工作团副团长。1954年3月，任一机部112厂副厂长；11月，任二机部第四总局计划处处长。1958年6月，在北京机械学院、航空学院学习，并兼任校党总支书记。1962年，任三机部第四总局第三生产处处长。1963年1月，任六机部441厂厂长兼党委第一副书记。张绍仪为国家航空事业、造船工业的建设和发展以及船舶行业干部队伍建设，兢兢业业、忘我工作。

“文化大革命”期间，张绍仪遭受打击迫害。1971年3月，任福州军区“214”指挥部副参谋长。1974年，任江西省第六机械工业局党委副书记兼副局长。

1978年8月，任江南造船厂党委书记兼厂长。1980年10月，任江南造船厂党委书记，参与中船总公司筹建领导工作。1983年2月，任上海船舶工业公司总经理。张绍仪拥护党的改革开放政策，大力推进上海船舶系统的生产发展、企业管理、技术进步。在企业体制改革中，张绍仪充分调查研究，对船舶总公司的组建做出贡献。

1985年12月离职休养后，仍然关注造船工业发展，调查研究，提出意见和建议。

袁　俊（1924－2004）　出生海门县（今启东市少直镇）。民国29年（1940）6月，参加革命。同年9月，加入中国共产党。民国30年3月，参加新四军。

抗日战争时期，先后任海门警卫团3营9连指导员，东南警卫团1营3连指导员，1师3旅7团3营副教导员，三纵7支队2营教导员，1师3旅9团1营教导员等职。在著名的车桥战斗中，率领突击排，完成突击任务。

解放战争时期，先后任四纵12师36团1营教导员、3营营长，23军69师207团副参谋长、参谋长等职。参加苏中“七战七捷”、孟良崮、田花园、淮海、渡江等战役战斗。他勇敢机智，善于指挥，出色地完成历次作战任务。豫东战役中，率部队英勇反击，转危为安。渡江战役中，率突击营首先突破七圩港敌防线，为渡江战役胜利做出贡献。

新中国成立后，任23军67师200团副团长、199团副团长、201团团长，68师副参谋长，73师副参谋长、参谋长、副师长，69师副师长、师长，23军军长，沈阳军区副司令员，南京陆军指挥学院院长，国防大学副校长等职。1988年，授予中将军衔。

他参加了解放舟山群岛战斗。1952年9月，入朝作战，曾指挥“丁字山”石砚洞北山战斗，取得重大胜利，受到志愿军总部表彰。1958年回国。

1975年，获三级独立自由勋章、三级解放勋章。1998年，获独立功勋荣誉章、朝鲜自由独立二级勋章。

中共第十二、十三届中央候补委员。

陆　鑫（1925－2004）　海门市常乐镇（原平山乡）人，初中文化。他的父亲被日本侵略者杀害。陆鑫怀着对日本帝国主义的刻骨仇恨，向往革命，追求民族独立，于民国29年（1940）10月，在如皋县参加新四军。抗日战争时期，历任新四军1师3旅服务团团员、特务连文化教员、团政治处干事、特务连政治指导员。民国30年5月，在战火中加入中国共产党。民国31年5月，任一线作战突击连政治指导员。民国33年5月，参加苏中军区新四军整风运动。

解放战争时期，历任团政治处调研组长、特务营政治教导员、华东局党校学员、团政治处主任。民国37年5月，到华东局党校学习。他参加和组织指挥战斗100多次，轻伤不下火线，曾两次身负重伤，伤愈后又坚决要求返回前线作战部队。陆鑫的身体里一直留有弹片，是二等乙级残废军人。

1952年11月，任中国人民志愿军公安15师43团政治委员，为抗美援朝、保家卫国做出贡献。1954年9月，在军事学院政治系学习。1955年4月后，任华东军区公安政治部秘书处长、上海警备区政治部秘书处长等职，被授予中校军衔。是年还获三级独立自由勋章、三级解放勋章。1958年8月起，任国防部五院组织部副部长、工程部部长，第七机械工业部基建局局长，国防科委司令部六局局长、基建部部长等职。1960年6月，晋升为上校军衔。1981年8月，任国防科委23基地副司令员。他从严要求自己，大胆管理部队，坚持一切从实际出发，工作卓有成效。1982年8月，陆鑫担任国防科工委政治部副主任后，非常重视部队的政治思想建设，注重研究新情况，作风扎实，为国防科技事业的发展和武器装备现代化建设做出重要贡献。

1987年7月，陆鑫从国防科工委政治部副主任（正军职）岗位离职休养，被授予独立功勋荣誉章。

龙　飞（1926－2004）　原名龚茂。海门市临江镇人。民国34年（1945）海门中学毕业后，参加驻在宝应固泾的新四军苏中公学30队。抗日战争胜利后，调入苏中军区前线剧团。民国35年，加入中国共产党。先后任职于华中、华东野战军政治部文工一团，南京军区前线歌舞团。20世纪50年代，两次入上海音乐学院作曲系进修深造。系国家一级作曲，中国音乐家协会第四届理事，江苏音乐家协会第三届副主席、第四届顾问，享受国务院特殊津贴。

写有大量音乐作品，如《巨风》《前方有个兵工厂》《向南进军》《涉水打碾庄》《胜利腰鼓，序曲》《未婚妻》《漳河湾》《大江东去》《海上儿女》《我们的连队好》《光荣上战场》《陈毅将军骑白马》《战士的眼泪》《歌唱毛主席共产党》《牛歌》《马蹄踏月走高原》《歌唱焦裕禄好书记》《香港的故事》《中国湖》《盼团圆》等上千首脍炙人口的歌曲。1978年作的《太湖美》享誉海内外，2002年定为无锡市市歌，龙飞被授予无锡市荣誉市民称号。《纳西篝火啊哩哩》久唱不衰，与《盼团圆》同获中宣部“五个一工程”奖及第三届中国音乐“金钟奖”。《我们的连队好》《怀念焦裕禄》等在军内外广为传唱。大歌舞《东海前哨之歌》，获1964年全军文艺会演大奖。笛子独奏曲《脚踏水车唱丰收》，收录在中国音协笛子精品选集。出版三部歌剧单行本及两册《龙飞歌曲选》《龙飞音乐作品选》《心语飞翔》等专著。

姚雨南（1933－2004）　海门市悦来镇人。1952年考入苏北干部学校，毕业后分配至扬州专署统计科任统计员。1954年8月，考取厦门大学数学系，以优异成绩毕业留校任教。担任高等数学、实变函数、数学分析等基础理论以及概率统计、测度论等专业课程的教学任务，主编《概率论》讲义，受到专家学者好评，多次获厦门大学表彰奖励。

1972年，调海门师范工作。1979年12月，任教导处副主任。1984年8月，任海门师范校长、党总支书记。1989年9月，任海门师范校长。1991年9月，为海门师范督导员。实践中，与同事一道认真钻研业务，积累了丰富的教学经验，具备系统扎实的理论基础与专业素养，受到师生好评。走上领导岗位后，坚持全面贯彻党的教育方针和正确的办学方向，加强教学管理，团结和带领师生员工，为海门师范的发展付出辛勤劳动。热爱教育事业，有强烈的事业心和高度责任感，勤奋工作，为人师表，以身作则，始终坚持在教学第一线。

1993年9月退休后，仍关心国家大事，关心学校发展。

陆星儿(1949－2004)　女，出生上海。祖籍海门。1968年前，在上海新成、向明中学读书。1968年，上山下乡，在黑龙江生产建设兵团参加工作。1978年，考入中央戏剧学院文学系。1982年，任中国儿童艺术剧院编剧。1983年，加入中国作家协会，后为上海市作家协会专业作家，《海上文坛》执行主编，文学创作一级，中国著名女作家。

1974年起，陆星儿开始发表作品，创作出版长篇小说4部、中短篇小说10部、散文集8部。长篇连续剧《我儿我女》，获全国优秀剧本奖；小说《在同一片屋顶下》，获上海文学奖；《今天没有太阳》，获十月文学奖。

徐建楼(1914－2005)　原名李守淦。通州市西亭镇人。民国17年(1928)3月，在南通师范学校学习时加入共青团组织。此后，积极投身革命，办工人夜校，搞左翼文艺活动，宣传革命。在童工中组织儿童团，散发革命传单。因活动多暴露，借暑假回乡暂避。在西亭镇发展共青团员，建立团支部，组织儿童团。在区公所、警察局和土豪劣绅家墙上书写革命标语。暑假后回校，校方欲将其开除，经其姑父、该校教师顾怡生的疏通，以降一级留校。他继续进行革命活动，担任通师学生自治会主席，组织新民剧社，出版进步刊物《文艺组合》报，经常到南通东乡宣传发动农民。民国20年初，任通师党支部书记。民国21年，发动四五千人“吃麻雀儿饭”(吃大户)，分了大地主家的粮食。是年，任中共南通中心县委秘书长。5月，在南通大生纱厂散发传单时，被国民政府当局逮捕，判刑五年。时年夏，因病保外就医。病愈后逃至上海，找到党组织。先后任共青团江苏省委农委干事，秘书处油印科科长、文书科科长、秘书长，《少年真理报》编委兼发行科科长，编印地下刊物，指导工人斗争。民国24年12月，在上海公共租界被捕，他只承认是反日会会员，未暴露共产党员身份，被判刑两年半。在狱中与其他党员组织成立“同难社”群众组织，带领难友学习马列著作，与监狱当局开展合法斗争。民国27年6月，刑满释放，改名徐建楼，到武汉八路军办事处寻找党组织，在皖西金寨县参加武装服务队，经中共鄂豫皖区委批准重新入党。后任英山县工作团团长，工作结束后被派到舒城县重建县委。民国28年11月，任中共舒城县县委书记。在国民党反共逆流中，他以织布厂账房先生身份为掩护，领导舒城县委工作，组织抗日游击队与敌人斗争。民国29年5月，被敌人包围，率队突围到新四军淮南抗日根据地。后任定远县县委宣传部部长，凤阳县委书记，省委宣教科科长，仪征县委组织部部长、县委书记，路东区党委秘书长，路东“总文抗”党团书记，兼任《新路东报》总编辑。民国33年，任《淮南日报》总编辑，路东地委宣传部部长。民国34年，随部队挺进浙西天目山地区开辟工作，两月后奉命撤回，任苏南一地委宣传部部长。抗日战争胜利后北上，到中共华中分局参加工作队，下基层，开展反奸除霸斗争和土地改革试点工作。解放战争期间，任华中九地委民运部部长，与地方武装一起坚持内线斗争。民国37年8月，调任东南(今海门、启东)县委书记兼东南警卫团政委。

解放后，任海门县军事管制委员会主任、南通地委组织部部长。1949年8月，调任苏北区党委秘书长兼统战部部长、苏北区各界人民代表大会及政治协商会议秘书长。1952年5月，调任苏北区党委工业部部长、省委工业部副部长。1954年，江苏省委抽调干部去东北参加苏联援建的工业项目建设，由徐建楼带队。一个月后，调中央重工业部(后为冶金工业部)工作。1955年初，任钢铁工业管理局副局长，从北满、内蒙古到海南，抓钢铁工业建设四年。1958年，被派往山东大办钢铁，主持山东省冶金工业局工作。他反对用小土高炉炼铁。1959年，被定为“右倾机会主义分子”。1962年，摘掉帽子。1964年，任山东莱阳动力机械厂负责人。1978年，任第一机械工业部济南铸锻研究所副所长。1982年，任山东省机械工业厅顾问。1984年离休后，仍笔耕不辍，撰写出《徐建楼回忆录》（李守淦自传）一书。

赵洪程（1920－2005） 如东县人。初中文化。民国31年（1942）4月，参加革命工作。翌年4月，加入中国共产党。先后任季祝乡开垦工作队队员、副队长，农抗会主任兼书记，乡党支书兼副乡长、指导员。民国35年7月，任如东县岔南后汤园区候补区委，岔南区社会科公安股长、副区长。民国36年11月，任通如行署主任、通如工委行政委员。1949年2至3月，任如东县委委员、副县长。是年3至6月，参加渡江支前团，任团政委。6至10月，在苏北党校学习。

1949年11月，任南通县委组织部部长。1951年6至11月，任南通县县长。1951年12月，在中央政法院学习。1953年4月起，任江苏省民政厅优抚局副局长、人事处处长、副厅长。1956年12月，任南通专员公署副专员。1958年，任南通县委第二书记兼县长。1959年2月，任海门县委书记处书记。是年7月，任海门县委书记处书记兼县长。1960年4月，任海门县委第一书记兼县长。1961年9月，任海门县委第一书记。1962年10月，任海门县委书记。1966年1月，任江苏省卫生厅党组副书记、副厅长。1969年，任省级机关行政管理局负责人、党总支书记。1971年，在江苏省“五七”干校劳动。1972年，任省老山林场副主任。1974年后，任省商业局副局长、省供销社副主任（正厅级）。他长期从事行政工作，坚持调查研究，认真负责地做好工作，客观、公正、实事求是地处理好每一件事。

1983年12月离休后，仍心系供销合作事业，积极为供销社的改革发展献计献策，充分发挥离休老干部的模范表率作用。

袁静思（1922－2005） 海门市三星镇人。儿时在海门立新镇小学读书，后到上海天潼路车行当学徒、做工。民国31年（1942）10月，加入中国共产党。民国34年1月起，任南通县汇通区正民乡乡长、指导员，汇通区副区长、金汇区副区长等职。民国37年1月，由地方转入部队，任苏中九分区南通县紫琅区队政治指导员、通海独立营1连政治指导员、南通警卫团2营副政治教导员、苏中军区特务5团1营副政治教导员等职。解放后，担任苏北军区南通军分区军队土改工作队分队长、苏北军区24团政治处组织股代理股长、南通军分区后勤处政治教导员。1952年7月后，任南通县人民武装部第一副部长、部长，南通县兵役局副局长、人民武装部副部长、部长等职。在江苏军区“五七”干校学习后，任江苏盱眙红光化工厂党委书记、南通市人武部部长等职。

沈计达（1923－2005） 海门市常乐镇（原平山乡）人。民国29年（1940）12月，参加革命工作。民国30年2月，加入中国共产党。先后任海门动委工作队队员，服务团1队队长，新四区分区委书记，区科长，农抗会会长，海门县农抗会主任，海中区委副书记，苏中区党委调研员，海中区委书记，海门新兵团团长，海门县副县长，民工团政委，南通市委宣传部副部长，海门县副县长、县长，苏北行署财政处科长，地委整党工作团副团长，常州市纺工局副局长、局长，常州市财经委副主任、计经委副主任、经委副主任等职。1987年1月离职休养，享受地市级政治生活待遇。

革命战争年代，遭受过敌人迫害。在社会主义建设时期，长期从事经济工作，注重学习，喜欢钻研理论和阅读技术资料。作风扎实，经常深入基层了解情况，帮助企业解决实际问题。对工作善动脑筋，抓得有条不紊。对己要求严格，下厂工作，坚持骑自行车。模范执行党的纪律，从不“开后门”、搞特殊化。平易近人，爱护同志，关心下属。生活俭朴，为人耿直，胸怀坦荡。

江　行（1924－2005） 出生于海门垦牧公司三堤（今属启东市东元镇）一个比较富裕的农民家庭。民国29年（1940）11月，新四军东进通如海启前，投奔新四军创办的抗日军政大学第五分校。

民国30年5月，抗大结业后，主动要求回苏中四分区工作，任《东南晨报》记者。同年6月，调任海门警卫团2营5连连长。民国32年3月，反“清乡”即将开始之际，调任吕四区区大队教导员。他带领精干的武装区队、短枪队，用游击战、麻雀战，到处杀伤日伪军，积小胜为大胜。他两次化装成鬼子翻译，带领化装成日本兵的短枪队，潜入吕四、海复镇捕杀伪保长，收缴门户牌，搞得日伪军胆战心惊，放弃杨家灶、红庙等小据点，孤守大据点。

民国34年4月，抗战胜利前夕，江行调任东南警卫团党总支书记。次年5月解放战争开始，又调回吕四区任区长，并于民国35年12月至次年12月，兼任吕四区游击营营长。时值解放战争异常激烈之时，他与吕四区军民一起，不畏强敌，坚持原地斗争，粉碎国民党军的一次次血腥围剿。民国36年11月2日，他指挥吕四游击营，联合海中游击营，在通吕公路伏击国民党渔民自卫大队，活捉大队长赵蕴芝。

1949年1月，江行调离家乡，任苏北九分区教导大队教导员。1949年10月至1958年7月，任南通军分区政治部教导员、科长，23军79师237团政治委员。

1958年8月，结束18年戎马生涯，转业地方工作，历任中共南通市委宣传部部长，市委常委、秘书长，市委常委、工业部部长，市委常委、宣传部部长，市委常委、工交政治部主任。1978年2月调无锡市，先后任无锡市委办公室、市革委会办公室副主任，无锡市人民政府副秘书长。1984年8月至1988年2月，任政协南通市委员会副主席。1990年6月离休。

刘元仁（1924－2005）　圣名若瑟。海门县（现启东市民主镇）人。民国26至35年（1937－1946），在海门锡类中学、海门天主教主心修院（文学院）学习。1953年，上海徐汇总修院神哲学院毕业，在徐汇大堂，海门文学院，海门教区任职，兼任海门教区主教秘书和主教座堂主任司铎。1958至1976年，下放。1976至1982年，启东民主公社社办初中、造纸厂教师。1982年，任南京石鼓路天主堂本铎。1985年，兼任无锡教堂主任司铎，同时兼任上海佘山修院伦理学教师，后任无锡总铎区总铎。1992年5月，任中国天主教神哲学院副院长。1993年12月，任南京教区正权主教。1998年，当选中国天主教主教团主席、天主教爱国会副主席、天主教神哲学院院长。2004年，任中国宗教界和平委员会副主席，并再次当选中国天主教主教团主席、天主教爱国会副主席、天主教神哲学院院长。

1982年起，任政协江苏省委员会常委，全国政协常委。

季国冲（1939－2005）　海门市德胜镇人。1959年7月入伍，为西安军事电讯工程学院学员，大学本科学历。1961年4月，加入中国共产党。1977年4月，任海军训练基地三二所专业主任。1981年1月，任海军训练基地三二所10级工程师。1988年6月，任海军试验基地第二二〇所计算机专业高级工程师。1990年3月，任38614部队73分队高级工程师、专业技术大校。1993年12月，任海军试验基地第二二〇所高级工程师，专业技术6级。1996年12月，获海军试验基地“胶铲101挖掘机模拟指示系统”一等奖、“ZGH－RL－A组合式智能柴油乳化机控制器”二等奖、“电除尘高压硅整流设备”三等奖各1次。1997年1月，海军试验基地第二二〇所高级工程师，专业技术5级。1998年3月退休。

沈九涛（1944－2005）　出生于海门县天补镇。1962年，中师肄业。1963年2月，参加中国人民解放军，在海军某医院当卫生员、图书管理员、广播员。1969年4月退伍。1970年7月，走上新闻工作岗位，历任公社新闻干事，县广播站记者、编辑。1986年转为国家干部。1987年，破格评聘为记者职称。1988年，任海门人民广播电台编辑部主任。1991年起，任副台长、台长，主任记者。1997年，任市广播电视局（台）副局（台）长。次年退居二线。

1958年上初中二年级时阅读《矛盾论》，对马克思主义哲学研究发生浓厚兴趣，40余年不悔不辍，孜孜不倦。2003年7月撰写《历史辩证论——对历史挑战的哲学回应》一书，分导论篇、精髓篇、评论篇、杂文随笔篇，计30万字。先后编辑文字稿三四百万字。出版《杂家践行录》一书，由中国广播电视出版社出版。为南通市哲学学会会员，中国历史唯物主义学会会员、国史学会会员。两次被评为江苏省优秀新闻工作者。1997年，被评为南通市优秀知识分子。

姜体臣（1911－2006）　初中文化。海门市四甲镇人。民国12年（1923）12岁时，到上海华成印铁制罐厂印铁部学习技艺。民国16年,学徒期满出师即升到领机(生产线上的管车)。民国18年,调到义锠印铁制罐厂,担任印铁部领班。民国23年,与几位同事集资自行创办家庭印铁制罐厂,后改组成立大中华印铁制罐厂,并任厂长。

民国36年夏初,赴台湾旅游考察,与人合作在台北市迪化街三段买下一座工厂。民国37年,设立太平洋化学工厂有限公司,姜担任常务董事,生产“顺风”牌津津味素。1949年春天,将上海全套印铁制罐设备运至台湾,在台湾兴办大中华印铁制罐厂,一段时间获利较高。后因台湾实行印制改革,发生巨额亏损,负债200万元台币,不得已转由空军某单位福利社经营。1954年,还清债款,仍由姜体臣自行经营。以后增设自动锡焊制罐生产线,进口设备。1973年11月,组建大华金属工业股份有限公司,并向日本、美国、英国、瑞士等国家购进设备,签订技术合作协定,开创台湾制罐业启用世界先进制罐设备先河,在业界居领先地位。1986年,台湾各大饮料厂对铝罐需求持续增加,大华公司遂再增购现大华富冈工厂址地,拥有土地1.6公顷。1990年8月8日,大华股票挂牌上市。至20世纪末,公司年产2片式铝罐30亿个,铝、铁易开盖35亿个,3片式电焊罐4亿个,成为台湾岛内外具有较高美誉度和竞争力的大型集团公司,在台湾百大财团中排名34位。

姜体臣还在上海、扬州等地创办企业。在美国办有百慕大联合投资公司等。

1990年,姜体臣在上海漕河泾开发区以1088万美元取得部分地块50年的土地使用权,投资8000万美元建台商工业城。1991年,在镇江以百慕大联合投资有限公司名义,与中国包装总公司华东制罐总厂合资创办华东联合制罐有限公司,双方总投资2000万美元,姜体臣任副董事长。1992年,以51.39万美元购买上海1067平方米土地的70年使用权,成为上海批租土地用来建造私人花园住宅第一人。

姜体臣在事业上成功后,不忘故乡,回馈社会。早在民国24年,重建四甲镇西高桥,承担桥脚所有材料的用粮(款)。1991年,捐资120万美元,在南通兴建一所可容1500名学生的体臣卫校。1994年10月,捐助2000万元作为基金,成立财团法人姜体臣文教基金会,以基金孳息,举办奖助文教公益业务。是年,以百慕大海华投资有限公司名义投资1500万美元,在海门设立华通联合(南通)塑胶工业有限公司。1999年,姜体臣捐资50万元给故乡四甲中心小学,翌年,建成体臣教学楼1幢。2001年,将四甲中心小学列为姜体臣文教基金会受惠学校之一,连续4年每年发放1.5万元台币奖学金。

袁士诚(1916－2006)　海门市常乐镇(平山乡)人。民国25年(1936),毕业于海门中学。民国29年6月,毕业于国立药学专科学校。历任重庆市民医院药师、药房主任,重庆致力化学药厂厂长,国民党政府行政院善后救济总署卫生委员会专员等职。1950年起,任卫生部药典委员会干事、药典会办公室编纂组长、中草药组组长、副主任,卫生部药典委员会委员、副主任委员、名誉委员等职。1981年,加入中国共产党。还担任国家科委药械组组员,世界卫生组织专家咨询团成员等职。

袁士诚从事药品标准工作半个多世纪里,先后参加1953年、1963年、1977年、1985年、1990年、1995年版《中华人民共和国药典》编纂,1985年、1990年、1995年、2000年版《中华人民共和国药典》英文版的编译,并任副主编。在药品命名法、药品拉丁命名法、药品名称、中药标准化工作、药品质量标准以及苏联药典、美国药典的研究等方面做出杰出贡献。他是新中国药典和中国药典二部《临床用药须知》奠基人和先驱,药品标准领域著名专家学者。获国家医药管理局科学技术进步一等奖、三等奖和医药情报成果三等奖,被卫生部评为先进工作者。享受国务院特殊津贴。

袁士诚离开工作岗位后,还参与《中华人民共和国药典》及其英文版的审校、药典配套丛书的编写和有关药学方面的科普工作,为药品标准事业的建立和发展做出突出贡献。

邱竹贤(1921－2006)　海门市三阳镇人。民国27年(1938),私立海门中学(沪校)毕业。民国32年,毕业于交通大学唐山工程学院矿冶系,获学士学位。先后在四川电化冶炼厂、台湾高雄铝厂、抚顺铝厂工作,为铝电解技术员、工程师。1955年,调东北大学(当时称东北工学院)任教。1981年,被聘为首批博士生导师。1987年,当选挪威技术科学院外籍院士。1989年,为挪威皇家科学院外籍院士。为中国有色金属著名冶金学家，被誉为中国“铝材之父”。1995年被评为中国工程院院士。

邱竹贤先后参与新中国第一座电解铝厂抚顺铝厂建设，培训铝工业技术骨干，创立新中国第一个有色金属冶金学科。从事教育工作46年，承担轻金属专业本科生教学工作，有上千名大学生毕业，培养硕士研究生26人、博士生32人。长期从事铝电解工业生产和融盐电解、融盐物理化学基础理论及应用技术的研究，研究成功多项炼铝节电、节能技术，大幅度降低冶金工业生产耗电量，产生巨大的经济和社会效益；系统研究低温度铝电解、惰性电极材料、大型电解槽及融盐应用技术，取得创造性成果；在融盐湿润、渗透、阳极效应和金属雾生成等四种界面现象，均有新成效。1989年、1990年分别获国家教委科技进步二等奖、一等奖，1991年获国家自然科学三等奖，1992年，锂盐阳极糊节能技术获国家科技进步一等奖。

邱竹贤先后出访奥地利、挪威、丹麦、日本、美国、澳大利亚、新西兰、俄罗斯等国的大学、铝厂和研究所，参加科研合作，并担任挪威工业大学、新西兰大学、俄罗斯伊尔库茨克工业大学客座教授。

40多年中，他单独或合作撰写发表学术论文300多篇，出版专著《铝冶金物理化学》和《预焙槽炼铝》等12部，译著8部。

顾泽民（1919－2008）　出生于如东县华丰乡农民家庭。民国30年（1941）11月，参加革命工作，先后任东台县滨海区游击连文化教员、区队副、民政股长、副区长。民国31年2月，加入中国共产党。民国33年5月，在苏中区党校整风学习。翌年3月，任苏中区党委调研室调研员、江都县露筋区区长。民国36年1月起，任南通县三余区区委书记、南通县委宣传部副部长兼通海区区委书记、金沙区区委书记、南通专区支前司令部政治处主任。民国38年7月，任南通市国棉三厂工作委员会书记。顾泽民在青少年时代就追求进步，对中国共产党怀有深厚的感情。革命战争年代，不畏艰难困苦，不怕流血牺牲，积极组织开展农民运动，进行减租减息和反“清乡”、反“扫荡”斗争，带领群众进行土改、锄奸和反特斗争。

1949年12月后，任南通市委郊区委员会书记、南通市委农工部部长、农村工作委员会书记，中共南通市委书记处书记。他服从组织安排，工作认真负责、任劳任怨、作风踏实。在农业、手工业合作化以及对资本主义工商业社会主义改造中，做了大量探索工作。

1962年1月后，任海门县委书记处书记、县委副书记，县长，县委书记。其间，经常深入基层，调查研究，为通东地区盐碱地改造，发展海门经济，改善群众生活，不懈努力。

“文化大革命”中，受到冲击和迫害，被隔离审查，在干校参加劳动。

1969年3月，任南通地区革委会生产指挥组副组长。1974年6月，任启东县委书记。1977年5月后，任南通地区革委会副主任，行署副专员兼财办主任，南通地委常委、副书记。其间，贯彻落实中共十一届三中全会以来的路线、方针、政策，结合南通地区实际，创造性地开展工作。

1983年4至11月，任南通市政协副主席、党组副书记。1983年12月离休。

崔金鳌（1919－2009）　海门市树勋镇人。民国23年（1934）起，在上海、启东等地打工。民国30年3月，回家乡参加革命工作。同年10月，加入中国共产党。民国32年5月，因家庭经济困难，又去上海打工。民国33年2月，党组织安排进四地委党校学习。是年6月后，任新河乡党支部副书记、富南乡党支部书记兼民兵指导员。民国34年1月后，任富余区委宣教委员、区委委员，区长。民国36年10月，去射阳县华中党校学习。民国37年1月，调任江淮区党委民运工作队巡视组组长。是年10月后，任富余区区委副书记、四甲区区委书记兼区长、区队长。在革命战争年代，坚定不移地跟着共产党，发动群众，与日伪军展开艰苦卓绝的武装斗争。抗战胜利后，在肃清日伪残余、惩办汉奸恶霸、反击国民党“清乡”过程中，不畏艰难困苦，不怕流血牺牲，坚持在革命斗争第一线，为通东地区解放做出突出贡献。

1950年6月，任海门县农民协会书记、主任。1953年2月，任海门县县长。1955年1月至1958年2月，任海门县委常委。1955年12月因病辞去县长职务。1958年9月，任县科委主任兼科协主席、县农科所所长。1961年7月，任天补区区委副书记、书记。1964年11月，任海门县副县长。在社会主义改造和建设中，尊重客观规律，坚持说实话、办实事，避免许多工作失误。“文化大革命”中，受到冲击和批判，被停止工作，但丝毫没有改变他对党的忠诚与信念。

1969年4月恢复工作。10月后，任悦来区革命领导小组组长、中共悦来区核心小组组长。1974年3月，任海门县委组织部部长。1977年5月，任县委常委。1979年4月，任海门县革委会副主任。1980年12月，任县政协主席、县人大常委会副主任。崔金鳌严于律己，生活俭朴，廉洁从政。对同志坦诚相待，对下属平易近人，对群众满腔热情，在干部和群众中享有很高威望。

1984年3月离职休养。2006年，抱病撰写6万多字回忆录，为后人留下一份宝贵的爱国主义与革命传统教育的精神财富。

朱湘涛(1921－2009)　海门市临江镇人。民国26年(1937)6月，海门能仁初中毕业。7月，在家乡附近作人初级小学担任教员。民国29年7月，在战地中学附属简易师范科学习，毕业后在汲浜镇小学任教导主任。民国31年2月，参加革命工作，先后在东南行署海三、海四区公所任粮食指导员、调统员兼书记员，协助宣传和征收救国公粮工作，保障抗日军队给养。民国33年6月，任海南区政府民政股股长。民国34年9月，加入中国共产党。民国35年6月后，任海南、海中区区委候补委员，副区长。民国37年3月，任海西区区委副书记兼区长，区委书记。1949年1月，参与接收国民党海门县政府，筹建海门县政府的工作。1951年4月，任海门县人民法院专职副院长。1952年9月，任江苏省人民法院南通分院秘书。1953年2月后，任南通地区中级人民法院副院长，其间，因病疗养4年。1966年9月，任南通地区肝炎防治医院党支部书记。“文化大革命”期间，上“五七”干校，边劳动，边接受审查。1970年1月，下放海门临江公社劳动。1974年11月，任海门县委“两清理”办公室负责人。1976年11月，任江苏省海门师范学校党总支书记。1982年12月离休。1983年1月，省委组织部批准其享受地市级待遇。

朱湘涛忠诚党的事业，竭尽全力，忘我工作，具有丰富的实际工作经验和较高的组织领导能力，为海门师范发展做出重要贡献。

吴允鹏(1922－2009)　启东市志良乡人。民国28年(1939)1月，江苏省私立海门中学读书。民国31年1月，参加革命工作。是年，任苏北行署海东区志良乡中心校校长。民国36年8月，任东南行署第九区青年工作队及政治部工作队队员和资料员。民国37年6月，在苏中九分区司令部机要科工作。同年10月，加入中国共产党。1949年4月，任华东警备第8旅司令部作战科书记。6月，任常熟县军管会书记。1950年，任华东福建航空办事处政治处技术书记。1953年后，任解放军福建航空基地教导队政治干事、组织股干事。1954年，授予大尉军衔。1960年后，任南京空军政治部干部处、群工部副科长，红二十五军军史编写室资料员等职。1962年8月后，任解放军空军芜湖基地干部科科长、空军芜湖场站副政委。1978年10月起，任江苏省海门中学副校长、党支部书记兼副校长。1985年12月离休，副厅级。

吴允鹏在长期革命历程中，坚定地贯彻执行党的路线、方针、政策。对工作极端负责，有很强的事业心和责任感。为人谦和，平易近人。屡次立功受奖，多次被评为优秀共产党员。

曹玉峰(1956－2009)　海门市正余镇正南村人，大专学历。1976年11月高中毕业后，在海门四甲肉联厂当临时工，后从事财务工作。其间，工作勤恳踏实，埋头苦干，任劳任怨，乐意奉献，获得干部、工人一致好评。1988年12月，加入中国共产党。多次被评为先进生产者和先进个人。

1993年7月，曹玉峰回老家正余镇正南村任总账会计。1994年9月，跨村到邢柏村工作，担任村党支部书记、党总支书记。上任之初，邢柏村是一个负债甚多、人心涣散的贫困村。面对困难和挑战，曹玉峰作出“邢柏不富，我不回村”庄严承诺。在邢柏村工作13年中，始终以富民强村为第一责任，把全部精力都用到工作上，默默奉献，几乎放弃所有休假日。他的家境并不富裕，拿出2.3万多元，为村里解决发展启动资金和村民生活困难。以独有的人格魅力，带领邢柏村党组织一班人和村民创造非凡业绩。至2007年年初，相继创办东亚五金厂、正余皮塑厂、宝发皮鞋厂等企业，创建村级工业集中区，有6个项目进区落户；兴建生态农业园，建成江苏省无公害农产品生产基地。随着村级经济实力增强，村不仅还清98万元欠债，还结余200多万元。农民人均纯收入从1000多元增加到万元。他有计划地推进村级道路和水利建设，率先建起农民聚居区，初步形成以三个聚居区、一个工业集中区、一个农业园区和一个农村社区公共服务中心为主体的“三区一中心”的新农村建设崭新格局，极大地改善农民群众的生活条件。曹玉峰还致力于文明村创建，先后建起村图书馆、老干部活动中心，创办家长学校、农民夜校，扎实开展“五星文明家庭户”创建活动。把一个经济薄弱村建设成为南通市级新农村建设小康示范村、江苏省文明村和全国民主法治示范村。

由于长期超负荷工作而积劳成疾，曹玉峰得了重症肝炎后，没向任何人透露真实病情，只是利用午休时间在办公室里挂水48天。2006年8月的一天，晕倒在建设工地上，组织上强行送他入院治疗。

2007年3月，曹玉峰出院后，婉言谢绝正余镇党委、政府照顾他到镇属单位工作的安排，主动请求回比较落后的正南村工作。同年12月，曹玉峰当选正余镇人大主席团副主席。在短短一年多时间里，带领干部群众，改变正南村落后面貌。2008年8月，确诊曹玉峰患肝癌，但仍坚持工作，直至病倒去世。

曹玉峰先后获海门市和南通市优秀共产党员、优秀村党支部书记、文明新风典型和村干部创业标兵等20多项殊荣。2008年被评为市劳动模范。当选市十三、十四、十五届人民代表大会代表。

2007年四五月，正余镇党委、海门市委分别发出向曹玉峰同志学习的决定。2009年6月，南通市委发出在全市党员干部中开展向曹玉峰同志学习活动的决定。

胡海涛(1929－2010)　原名胡锦田。海门市包场镇人。民国35年(1946)7月，开始从事民兵工作。同年8月，加入中国共产党。在革命战争年代，积极参加民兵活动，投身海门的解放事业。

1952年9月，任六甲镇指导员、党支部书记。1953年8月，任六甲区区委宣教委员、团委书记。1956年4月，任六甲区区委副书记。1959年2月，任麒麟公社党委书记。“文化大革命”中受冲击。1968年3月，恢复正常工作，任其林公社革命委员会主任。1970年7月，任其林公社党委书记、革命委员会主任。1975年4月，任三厂区区委书记。胡海涛在基层党委和政府多个岗位上，总是勤勤恳恳、雷厉风行、兢兢业业、一步一个脚印地工作，为改变农村面貌，改善农民生活竭尽全力。

1977年5月，胡海涛进县级领导班子工作，任中共海门县委常委、县革命委员会副主任。1980年7月，任中共海门县委副书记。1983年9月，兼任县纪委书记。1984年3月，当选县政协主席。他坚持正义，坚持原则，团结同志，尽职尽责地做好每一项工作。在促进政治生活民主化、增进社会各界人士团结等方面做出贡献。

第二章　人物简介

姚　力　民国7年(1918)，出生于海门县聚星镇(今启东市王鲍镇)。民国26年中学毕业。民国27年，参加革命工作，在启东组织抗日游击队。民国28年8月，加入中国共产党。

抗日战争初期，在泰州李明扬部队二纵队5支队4大队任中共地下党总支书记。民国29年6月29日夜，和大队长、共产党员王澄一起领导该大队反内战反摩擦暴动。后任新四军挺进纵队5团政治处主任(参加郭村保卫战和黄桥决战)，第1师3旅8团、海启警卫团、分区特务团政治处主任，第1师政治部民运部副部长，苏浙军区第三纵队8支队政治处主任(其间，参加浙西天目山战役、苏中高邮战役)。解放战争时期,任华中野战军第八纵队66团政治委员、华东野战军第四纵队12师35团政治委员、第三野战军35军105师政治部主任(其间,参加苏中、鲁南、莱芜、孟良崮、豫东、淮海、渡江等重大战役)。1950年,转业地方,任杭州市公安局副局长、局长,杭州市副市长。1953至1957年,任政务院警卫处处长、周恩来总理办公室综合组组长,为中华人民共和国代表团出席日内瓦会议(1954年)、万隆会议(1955年)负责前站工作,并保卫周总理和代表团的安全。1957年后,任华东政法学院党委书记、上海市高教局局长、华东师范大学党委书记、上海文教办负责人。“文革”初期受冲击。1968年,任上海师范大学(即华东师范大学)革委会副主任、党的核心小组组长。1969年,主动请缨带队去东北做知青工作。1973至1982年,任国务院科教组、教育部负责人。1982年8月后,任浙江农业大学党委书记、顾问。1986年年底离休。

杨裕球　民国7年(1918)出生。海门德胜镇人。

民国25年,如皋师范学习,后插班海门中学(沪校)高三就读,民国26年毕业。民国32年,交通大学唐山工学院土木工程系(今西南交通大学)毕业后,跟随建筑工程师林同炎到陕西宝鸡工作。民国35年5月到台湾,从事糖业、铁路、桥梁保养等业务。1956年,赴美国密西根大学土木工程系深造,获博士学位。后从事铁路、公路、大型体育场馆、机场、高楼、厂房、桥梁工程设计工作。两年后,加入新成立的林同炎国际工程公司,逐步发展为美国林同炎杨裕球国际咨询公司。先后任工程师、总工程师、总经理、副董事长、董事长。为华裔世界著名桥梁工程、土木工程专家,建筑设计大师,美国国家科学院院士。

杨裕球对经手的工程,尽力使其跟上时代,并有创新。20世纪70年代初,世界发生多次大地震,林氏公司设计的建筑物均无问题。由他主持设计建造的容纳8.5万人的马来西亚圆形大体育场两个半月形无柱屋顶,屋顶悬臂90英尺的委内瑞拉露天体育场,屋顶厚度仅3英寸的波多黎各体育场,容纳5万多人的旧金山国际展览中心无柱地下会议大厅等建筑,至今仍然是世界结构之最。全球都有他的杰出作品,如世界闻名的旧金山马士孔尼会议中心、奥克兰机场、旧金山机场高速公路网,台湾关渡大桥、圆山大桥、中正国际机场,上海杨浦大桥等。杨裕球对人类最大贡献是他创立的“价值工程”,精打细算的建筑商和开发商拿到工程设计方案后,还要找杨裕球对原有设计进行优化和改进,既保证工程质量,又大幅度降低工程费用。自80年代起,美国政府对重点工程实行“价值工程”制度。杨裕球为美国国家土木工程“价值工程”的创始人,对全球工程做出杰出贡献,曾获美国工业荣誉大奖、全美杰出华裔工程师奖。

杨裕球满怀赤子之心,尽力反哺祖国。为建造上海杨浦大桥提供设计方案。1993年、1995年、1998年,向中国政府提出“引进先进建筑材料,建立‘价值工程’制度,加强设计队伍建设,提高整体工程设计水平”的建议,得到朱镕基总理和吴邦国副总理高度肯定和支持。三峡大坝完成蓄水后,杨裕球参加大坝工程问题的初期讨论,他提出的关于三峡大坝五级船闸边坡安全的建议被采纳。在旧金山安度晚年的杨裕球,2005年还提出有关西水北调的设想,引起中国高层领导的重视。

1998年,杨裕球回故乡,看望母校师生,设立江苏省海门中学杨裕球教师奖励基金,捐资人民币25万元。

施雅风　民国8年(1919)3月出生。海门树勋镇人。民国36年,加入中国共产党。

民国31年,毕业于浙江大学史地系。民国33年,获浙江大学研究院硕士学位。1955年起,主持冰川考察队,并筹建中国科学院兰州冰川沙漠研究所。历任中科院兰州冰川冻土研究所研究员、副所长、所长、名誉所长,中科院寒区旱区环境与工程研究所名誉所长、研究员,地学部副主任,中科院南京地理与湖泊研究所研究员,中国地理学会副理事长、名誉理事长,国际冰川学会和国际冻土协会理事,国际第四纪联合会与皇家伦敦地质学会名誉会员。1980年,当选中国科学院学部委员(院士)。

1958年,施雅风多次率领考察队,先后对祁连山、天山、喜马拉雅山和喀喇昆仑山等地的冰川进行科学考察,编撰冰川学考察报告和综合性著作,出版中国第一部现代冰川专著《祁连山现代冰川考察报告》,奠定中国冰川学基础。

主编专著20多部,发表论文200多篇,论著主要有《喀喇昆仑山巴托拉冰川考察与研究》(与张祥松等合编)、《中国冰川概论》等。

获国家自然科学一、二、三等奖和科技进步二等奖,中国科学院自然科学一等奖和多次二等奖,中国地理学会地理科学成就奖,甘肃省科技功臣奖,中国第四纪研究会功勋科学家奖等。

沈其韩　民国11年(1922)4月出生于淮阴,不久随父母回原籍海门。民国35年参加工作。

就读于私立海门中学。民国35年,毕业于重庆大学地质系。后在南京中央地质调查所工作,任实习员、技佐。新中国成立后,历任中国科学院南京地质研究所技术员,地质部湖北大冶429队和山西桓曲214队工程师、副科长、技术负责人,国家地质(矿产)研究所副主任、工程师,青海研究队队长、铁矿和铁铜研究队副队长、研究室负责人,地质矿产部地质研究所高级工程师、研究员、所领导小组成员、所长等职务。

先后担任中国地质学会32至33届理事,第37届常务理事,岩石专业委员会主任,矿物岩石地球化学学会常务理事、荣誉理事和变质岩专业委员会主任,IUGS变质岩分会成员,地质矿产部地质科技成果评审委员会副主任、科学技术高级顾问,中国地质科学院科技成果奖励评审委员会主任、学位委员会委员(第一届学术委员会副主任),国土资源部大陆动力学实验室学术委员会主任和专家委员会委员,地质矿产部“变质动力学”开放实验室学术委员会主任,地质研究所职称评定委员会主任、学术委员会副主任和主任,中国地质研究所创新指导委员会主任,《岩石矿物学杂志》和《地球学报》主编、《中国前寒武纪》副主编等学术职务。1991年,享受国务院特殊津贴。是年11月,被评选为中国科学院学部委员(院士)。

2008年,任中国地质科学院地质研究所研究员、所科学技术委员会主任,北京离子探针中心科技委员会主任,中国地质调查局前寒武纪研究中心学术委员会副主任,《中国科学》编辑委员会地质科学顾问,中国地质调查局和中国地质博物馆高级顾问。

主要著作有《辽宁鞍山樱桃园至眼前山铁矿地质》《山东新泰雁翎关一带泰山群变质岩系的初步研究》《山东太古代雁翎关变质火山——沉积岩》《中国1:400万变质地质图和说明书》(首次编制)、《内蒙古中南部太古庙变质岩》《华北陆台早前寒武纪重大地质事件》《中国早前寒武纪麻粒岩》。主编《中国变质岩作用及其演化总结》。与同事合编《300万分之一中国前寒武纪地质图》,1982年获国家自然科学一等奖。合著《变质岩的一些基本问题和工作方法》。独立撰写《冀东迁安和滦县太古代铁硅质含矿建造的对比问题》等论文。获自然科学二等奖1项,地质矿产部科技成果一等奖1项、二等奖3项、三等奖1项,全国科学大会奖1项。

茅　琛　民国11年(1922)10月出生。海门三星镇人。民国29年10月入伍。民国30年4月,加入中国共产党。

历任抗日军政大学五分校训练部军事干事,新四军1师3旅旅部参谋,苏中四分区崇明警卫团参谋长,通海大队大队长、通海总队副总队长,苏中四分区司令部人事科科长,华中野战军七纵队司令部侦察科科长,华东野战军十一纵队司令部作战科科长,第三野战军10兵团司令部侦察科科长、情报处副处长,中国驻印度尼西亚大使馆武官,总参谋部二部武官处(10处)副处长,解放军南京外语学院武官系(三系)主任、副院长(副军级)等职。

参加盐城、兴化和高(邮)邵(伯)、苏中“七战七捷”、通榆线守备战、淮海战役、渡江战役、淞沪战役、福州战役、漳(州)厦(门)战役等。被授予二级自由勋章、二级解放勋章、抗日战争胜利纪念章、淮海战役胜利纪念章、渡江战役胜利纪念章。1947年,于华东野战军十一纵队31旅立三等功。因对中国与印度尼西亚军队加强友谊做出贡献,被印尼总统苏加诺授予达尔玛勋章。

1983年离职休养。

顾　秀　民国12年(1923)1月,出生于海门县新义乡(今启东市合作镇)。民国24年1月,迁居如东县同仁泰(后改为王荃乡,今兵房镇)。幼时在私塾小学读书,天性活泼,聪明伶俐,成绩名列前茅。由于家中缺少劳力,被迫辍学。后在商店当过学徒,做过长工。参加过旧军队,一年后脱离回家务农。

民国30年6月,参加新四军,在苏北九分区四分局(南通县)从事税务工作。是年10月后,参加掘东区队,任班长、排长、乡副队长、三乡联防大队大队长、游击队队长。民国33年3月后,任四分区特务4团排长,南通县豫和乡乡队长。是年6月,加入中国共产党。民国34年1月，参加分区轮训，进苏中公学学习。毕业后，任三余区警卫连连长，南通警卫团副连长、副指导员、指导员，分区连长。1949年2月起，任营副教导员、副营长、营长，解放军铁道工程7师技术训练大队队长。1952年6月，从苏州赴内蒙古大兴安岭区抢建森林铁路。12月，入朝参战，任师司令部军务科科长。1953年11月回国后，任铁道兵第90速成中学军务科科长、副处长，铁道兵第一军司令部军训处处长、军务处处长，7师33团代团长、团长，5师司令部副参谋长。1962年2月，进北京政治学院外事干部训练队学习1年，回师部工作。1965年后，任副师长、师长、师党委第二书记。“文化大革命”初期，到渡口市主持“三支两军”工作，任驻军支左办公室主任、党委书记。1968年3月，任渡口市革委会副主任、主任，党的核心小组组长，攀枝花市委第一书记。1974年，回部队工作。1976年7月，任铁道兵第二指挥部副司令员。1984年，任铁道兵驻上海办事处党委书记。1985年离休。

第四届全国人民代表大会代表。

施鹏九 民国13年(1924)2月出生。海门刘浩镇人，后迁至通州三余镇。就读于南通中学。民国29年10月参加新四军。民国31年3月，加入中国共产党。大专学历。

历任苏北抗大五分校学员、干事、教员，新四军3师连指导员，东北抗日联军(后改编为东北野战军)后勤部司令部政治协理员，第四野战军军械学校政治处主任，中南军区后勤部司令部办公室主任，解放军后勤学院政治教员、政治教研室主任、政治部副主任、政治部顾问(副军职)等职。

先后参加反“扫荡”、两淮、辽沈等战役，参加战斗数十次。立三等功1次，获三级独立自由勋章、三级解放勋章、独立功勋荣誉章等。

方　向 民国13年(1924)3月出生。海门树勋镇人。就读于海门中学。民国29年10月，参加新四军。民国30年6月，加入中国共产党。

历任服务团团员，新四军1师某部指导员、副教导员、副营长、营长、团参谋长、副团长、团长，南京军事学院基本系学员，北京军事科学院研究员、战术研究部一室副主任，17军副军长，信阳陆军学校校长(正军职)等职。

抗日战争时期，参加反“扫荡”、反“清乡”、江南三次反顽和陶城浦、高邮等战役战斗。解放战争时期，参加苏中“七战七捷”、鲁南、莱芜、孟良崮、豫东、淮海、渡江、溧阳等战役战斗。抗美援朝战争中，参加平康地区坑道守备战，三次负伤，为三等甲级残废。立三等功2次，获三级独立自由勋章、三级解放勋章和朝鲜自由独立勋章。

第五届全国人民代表大会代表。

1986年离休后，仍十分关心家乡的建设事业，热情接待上门的父老乡亲，为企业购买车床等设备，支持故里建设。

倪国坛 民国14年(1925)2月，出生于海门县(今启东市少直镇)。1949年，复旦大学生物系毕业。1979年加入中国共产党。

历任第二军医大学助教、讲师、副教授、教授，潜水生理专家，文职一级，海军医学系副主任，军事医学委员会主席，国际高气压学会中国区域副会长，中华医学会上海分会高气压学会主任委员。

他所从事的中脑怒叫(情绪)中枢的研究，获军队二等奖。《氦氧重潜水医学保障的实践与认识》，获全国科学大会奖、交通部科研奖。

主要著作有：《正常人体生理学》《实用潜水医学》《潜水实践的生理学原理与医学问题》《军事医学辞典》。

享受国务院特殊津贴。

龚云池 民国14年(1925)11月，出生于海门县(今启东市东元镇)。民国30年参加革命，同年加入中国共产党。革命战争年代，历任海六区区委委员、东南情报局党代表、东南警卫团情报总站站长、东南行署机关党支部副书记兼情报局党支部书记等职。1951年，调东海舰队保卫部，先后任助理、科长。1962年起，担任海军航空兵6师政治部副主任、主任、副政委、代政委，海军上海基地政治部副主任(副军职)。“文化大革命”中，为稳定上海局势发挥了特殊作用。

1986年离休。

郁　萍 原名仲福。民国16年(1927)12月，出生于海门三阳镇。出生8个月即过继给二伯父郁银山为子。民国23年，迁居射阳县八大家镇当佃农种棉花。民国31年,参加革命工作。民国32年3月,加入中国共产党。

民国31年,参加儿童团。历任八大家镇抗日青年救国会会长,镇民兵指导员,华成区区大队干事,新兵连指导员,华野十二纵队36旅政治部保卫科干事,30军90师268团3营7连指导员、团政治处保卫股副股长,华东军区装甲兵坦克2师摩托化步兵团1营副政治教导员,坦克独立7团干部管理处副处长。参加抗美援朝,任志愿军坦克兵指挥所炮兵团政治处副主任。回国后,任济南军区坦克2师炮兵团政治处主任,坦克3团副政委、政委,坦克2师政治部副主任,武汉军区坦克13师政治部主任、副政委,坦克11师政委,武汉军区装甲兵政委(正军职)。

参加保卫涟水战斗、济南战役、淮海战役、渡江战役、上海战役,朝鲜中西线的防御、1953年夏季反击战等一些主要战役战斗。

获国家三级解放勋章、解放荣誉勋章。

1989年11月离休。

周 放 原名周茂石,曾用名周英。民国17年(1928)1月,出生于海门县。幼年迁居启东县向阳镇。就读启东中学。民国33年3月参加革命,同年加入中国共产党。

历任苏中公学学员,新四军1师测绘员,中共北平军调处执行部中尉测绘员,华东特种兵纵队司令部正连职作战参谋,华东军区炮兵司令部正营职作战参谋,军委炮兵司令部作战处参谋、作战科科长(正团职)、地对地导弹发射连连长、炮兵技术部训练处副处长(副师职),炮兵司令部军校处副处长、军事训练处处长(正师职)、炮兵导弹训练基地司令员。1983年4月,任解放军炮兵技术学院训练部部长(副军职)。1985年7月,任炮兵技术学院院长(正军职)等职。

担任新四军1师测绘员,参与苏浙皖地区作战地图的翻补(修)、测、印,北平军调处冲突双方交战态势图的标绘工作。参加宿北、鲁南、济南、淮海、渡江、上海等战役。全国解放后,调军委炮兵部门工作,分管全军炮兵作战、训练和导弹干部、技术干部训练。参与筹建炮兵地对地导弹训练学校和炮兵导弹训练基地建设。多次参加全军院校、部队训练会议和重大军事学习,组织和参与炮兵院校训练计划、大纲、指挥作业器材和重要教材的改革、修订。参加军事学院高级速成班、国防大学教育理论研究班学习。抗美援朝中三次赴朝。参加军事代表团访问坦桑尼亚、英国等国。1957年、1974年,受到毛泽东、邓小平等党和国家领导人接见。

获独立功勋荣誉章、三级解放勋章、淮海战役和渡江战役纪念章,立三等功。

1988年离休。

张绪武 民国17年(1928)3月,出生于南通市。祖籍海门常乐镇。清末状元张謇嫡孙。大学文化。

1950年毕业于南通学院纺织工程系,5月到黑龙江佳木斯市纺织厂工作,先后任技术员、工程师等职。被黑龙江省政府评为兼职优秀教师。1958年被打成"右派分子","文化大革命"后得到彻底平反。1979年初回到南通。1980年,任南通市纺织工业局副局长。1981年,任南通市副市长。1983年,任江苏省副省长。1988年兼任中华全国工商业联合会副主席。1990年,任中国国际信托投资公司副总经理。1992年,任中华全国工商业联合会常务副主席(正部级)。六至九届全国人大代表、人大常委会委员,八届全国人大财经委员会副主任兼中华爱国工程联合会首席副会长,九届全国人大法律委员会副主任兼中国国际交流协会副会长。全国政协十届委员会常委、社会与法制委员会副主任。

沙曾鲁 民国17年(1928)9月出生。海门人。民国35年至1949年,就读于上海国立交通大学。1953年,抵达美国半工半读。1958年6月,毕业于美国纽约布鲁克林技术学院,获机械工程学学士学位。1964年1月,毕业于美国纽约哥伦比亚大学,获工程学博士学位。后在美国西屋公司担任高级科学家,在美国东部麻省核电站设计全世界第一座压水反应堆。在美国阿岗国家研究院工作期间,担任高级科学家(相当美国大学正教授)、热工水力研究室主任、多相流研究所所长、阿岗国家研究院院长特别顾问,从事快堆及轻水堆设计及安全分析等工作。

1984年,被授予美国核学会院士、美国纽约科学院院士称号。

在核反应界做出极有意义的贡献,得到国内外专家的认可。在流化床模型、太阳能贮存系统、电子冷却、铸造模成型、固体迁移等领域也颇有成果。

先后发表论文著作280多篇。1982年,被美籍亚洲人传统会授予杰出美籍亚洲人奖。1986年,获阿岗研究院突出工作成就奖、美国荣誉学术会卓越服务奖。1990年,获美国核学会颁发的核反应堆安全分析杰出贡献奖。

1988年,任中国台湾工业技术研究院能源研究顾问团主席。1993年,任中国台湾电力公司龙门核电站计划高级顾问。1993至1996年,任清华大学客座教授。1994年,任西安交通大学客座教授。1996年,任广东核电集团公司高级顾问。1998年,任江苏核电公司高级顾问。

韦　宇　又名陈慕仁。民国17年(1928)11月出生。海门三星镇人。就读于海门中学上校。民国34年8月参加革命。民国35年参军。民国36年加入中国共产党。

历任华中九分区7团文化教员、指导员,华东军区警备8旅23团政治处干事、团报编辑、机炮连指导员、青年股长、学员,解放军南京第三政治干部学校训练部秘书,政治师范学校训练部秘书、教员,南京军区政治部、司令部办公室秘书、科长、主任,群工部科长、副部长,政治部副秘书长、秘书长、副主任,南京军区后勤部政委等职。

参加聚星镇战斗,岔河、石港、栟茶战斗,淮海、渡江战役等。任8团团报《战斗生活》主编。全国解放后,在全军和南京军区学术杂志上多次发表论文并获奖。

1988年9月,被中央军委授予少将军衔。第七届全国人大代表、江苏省第七届人大代表,政协江苏省第六届委员会常委。

获中华人民共和国独立功勋荣誉勋章、解放勋章和淮海战役纪念章、渡江战役纪念章,立三等功。

1993年离休。

金　鑫　原名祖刚。民国18年(1929)10月出生。海门镇人。民国34年8月,参加革命工作。1949年8月,加入中国共产党。

民国34年,先后进入苏中四专校和苏中公学学习。民国35年至1949年,华中九分区(后为江苏省南通地区)从事财经工作。1949年至1952年,在苏南松江专署和苏南行署从事财经工作。1952至1969年,任江苏省财政厅预算组组长,预算处副处长、处长。1969至1978年,江苏省淮阴地区下放锻炼(其间,担任县、地两级经济部门领导职务)。1978至1984年,国家财政部预算司处长、副司长,综合计划司司长。1984至1988年,财政部党组成员、财政部税务总局局长(副部长级)。1988至1993年,财政部党组成员、国家税务局局长。1994至1995年,国家税务总局党组书记(部长级)、副局长。高级经济师。

中共十四大代表,第八、九届全国人大代表,全国人大常委会财经委员会委员。

2007年,离职休养。

人民大学和多所财经院校兼职教授。现任中国税务学会名誉会长。

沈志鹏　民国18年(1929)10月,出生于海门县(今启东市王鲍镇)。民国33年,参加新四军。历任新四军战士、见习医生、医生。1949年,任29军手术队队长。1950年,随华东军区装甲部队抗美援朝,任手术队队长。1952年回国,任88医院骨科主治医师。1954年,考入天津军医大学预备学校。1956年,转上海第二军医大学医疗系学习。1962年后,任济南军区总医院骨科主治医生,副主任、主任医师,济南军区总医院骨科主任。一级教授,文职二级(少将级)。兼任《现代临床外科研究新进展》《实用骨关节手术图解》主编,全军骨科专业组委员,济南军区后勤部卫生部一、二、三、四、五届科学技术委员会委员等。享受国务院特殊津贴。

立大小战功9次。获淮海战役、渡江战役纪念章,解放荣誉勋章,朝鲜军功章等。建国后,获荣誉奖章,科技奖20多项。

杨汉黄　民国18年(1929)12月,出生于海门县(今启东市向阳镇)。民国34年7月参加革命。历任海东区队队员、东南警卫团医务员、2营医务员、医务所副所长。民国37年5月,加入中国共产党。1950年8月,调空军第五航空学院,成为空军第一批飞行学员。1951年7月毕业后,任空军17师49团飞行员,团代理射击副主任、主任。1954年,调海军航空兵4师后,任飞行团射击主任,师领航主任、技术检查主任,团长、副师长、舰航副参谋长。1977年10月,调北海舰队,任副参谋长。1988

年8月，授予少将军衔。

抗美援朝战争中，击落美军战斗机2架。获朝鲜军功章和三级国旗勋章各一枚。

1990年1月离休。

林　非　原名濮良沛。民国20年（1931）7月出生。海门镇人。

民国34年，在海门中学读书。民国37年，在上海吴淞上学。1949年，去华中大学学习。参加渡江战役后，在苏州、无锡等地工作。1952年，作为调干生前往复旦大学中文系学习。1955年毕业后，分配在中国社会科学院文学研究所工作，任研究员和博士研究生导师，中国鲁迅研究会会长，中国散文学会会长，中国散文诗学会副主席等职。

学术论著有《鲁迅前期思想发展史略》《鲁迅小说论稿》《论〈故事新编〉的思想艺术及其历史意义》《现代散文六十家札记》《中国现代散文史稿》《治学沉思录》《文学研究入门》《鲁迅和中国文化》《散文论》《散文的使命》《中国现代小说史上的鲁迅》《林非论散文》等；散文创作有《访美归来》《绝对不是描写爱情的随笔及其他》《西游记和东游记》《林非散文选》《林非游记选》《令人神往》《云游随笔》《读书心态录》《中外文化名人印象记》《离别》《生与死》《当代散文名家精品文库·林非卷》《名家经典游品散文选》《世事微言》《人海沉思录》《话说知音》《散文研究的特点》《散文创作的昨日和明日》和《散文的使命》等；回忆录有《半个世纪的思索》。迄今共出版30余部著作，并主编《中国散文大词典》《中国当代散文大系》等。

其学术论著与散文创作均追求独创个性和文化内涵，海内外学者对其评论颇多，有些论著和作品被国外翻译或发表。《武夷山九曲溪小记》《九寨沟记游》等散文，被收入中学语文教科书。《话说知音》，被2002年高考语文试题（全国卷）全文采用。

谢国良　曾名国樑、国梁。民国21年（1932）1月，生于海门县（今启东市海复镇），后迁居上海。就读于海门锡类中学、南通师范学校、上海正风中学、上海市立高级商业职业学校。国防大学研究系结业。1949年2月参加革命。1951年初参军。同年2月入党。1953年，参加抗美援朝。

历任新华社松江支社见习编辑，松江县委工作队队员，225团文化教员，总高级步兵学校教员，军事科学院政治部宣传干事、秘书，战略研究部研究员，研究室副主任、主任，副部长、部长，部党委书记等职。1988年8月，被中央军委授予少将军衔。

中共第十三次全国代表大会代表，全国政协第八届、第九届委员会委员。

兼任《中国军事通史》编委会第一副主任，《孙子兵法大全》《中国军事百科全书·中国历代军事思想》编委会主任。

长期从事军事理论研究，专于军事战略学和中国古代军事战略、军事思想。主要著作有《毛泽东军事战略思想是制胜卫国之宝》《邓小平新时期军队建设思想》《新时期国防建设指南》《建国以来国防建设的几个问题》等。中国古代军事思想著作有《孙子兵法和评述》（中英文对照）、《中国古代军事思想概论》《孙膑兵法初探》等。外国军事战略著作有《拿破仑战争》《拿破仑的作战和治军》等。

2003年9月离休。

盛炜彤　民国22年（1933）11月出生。海门镇人。1956年，毕业于南京林学院造林专业。

历任中国林业科学院林业所副所长，研究员，首席科学家，博士生导师，院刊《林业科学研究》主编，中国林学会刊物《林业科学》常务副主编。1990年，被评为林业部有突出贡献专家。1992年，享受国务院特殊津贴。1994年，任国务院参事。兼任中国林学会森林生态分会名誉理事长，国家林业局科技委员会常委、咨询委员会委员，中国林学会森林生态分会理事长、造林分会副主任。

对中国森林立地分类，人工林培育，生态问题及人工林长期生产力保持等方面进行深入系统、卓有成效的研究，揭示杉木、桉树等人工林地力退化的原因、机制，并为保持长期生产力提出可行的途径与措施。提出的人工林培育上的定向、速生、丰产、优质、稳定、高效6个方向和遗传控制、立地控制、密度控制、植被控制、维护地力等5个技术线路得到广泛应用。首次在全国提出32个优化栽培模式，使杉木人工林栽培技术推向新的水平，为中国森林培育事业，特别是人工林的培育，做出重要贡献；为中国森林立地分类系统的建立、划分和评价，做出突出贡献。

研究成果丰硕，具有明显创新，在重要学术刊物上发表论文65篇，主要有《恒被林及其育林系统》《天然林的保护与管理》《人工林的生物学稳定性与可持续性经营》《不同密度杉木人工林林下植被发育与演替的定位研究》《杉木及其人工林自身特性对长期立地生产力影响》《杉木人工林土壤性质变化》《杉木人工林育力干扰对长期立地生产力影响》《人工林的植被管理与稳定性》等。编写的著作有10部，国家自然科学基金重点项目《杉木、桉树人工林长期生产力保持机制研究》作为专著出版。主持编写的《自然科学发展战略调查研究报告——林学》一书，经国家自然科学基金会组织专家评审，获得具有科学、先进性和指导性的高度评价，并成为该会编制林学学科基金项目指南的主要依据。

获奖成果9个。主要成果《杉木人工林地力衰退防治技术研究》，1994年获林业部科技进步一等奖；《用材林基地分类、评价与适地适树研究》《杉木建筑材料优化栽培模式研究》，分别获1995年及2001年国家科技进步二等奖。

印象初 民国23年(1934)7月出生。海门常乐镇人。中共党员。1958年，毕业于山东农学院。1959年参加工作。

历任中国科学院西北高原生物研究所动物研究室主任、副研究员、副所长、研究员，中国昆虫学会二至七届理事会理事，中国科协四届全国委员会委员，青海省科协常委、副主席，美国亚利桑那大学和亚利桑那州立大学客座教授。1995年6月，被联合国教科文组织和中国科学院选为中国当代科技精英之一。是年10月，当选中国科学院院士。2008年，任中国科学院西北高原生物研究所研究员，河北大学、山东农业大学教授，博士生导师，《昆虫学报》《昆虫分类学报》《动物分类学报》《中国农业科技导报》编委。

印象初从事蝗虫分类工作40多年，发现蝗虫新属42个，新种121个。提出蝗虫类在高原上的适应性、演化途径和高原缺翅型等新见解。1982年，建立《中国蝗总科新分类系统》，被誉为印象初分类系统。1984年，出版《青藏高原的蝗虫》。1996年，出版《世界蝗虫及其近缘种类分布目录》，200多万字，英文记录10136种蝗虫的习性、分布等，是目前世界上最全面、最系统的同类专著。《青藏高原的蝗虫》，获青海省科技进步一等奖；《中国蝗总科分类系统的研究》，获中国科学院科技进步二等奖、国家自然科学四等奖；《世界蝗虫及其近缘种类分布目录》，获全国优秀科技图书一等奖。先后被评为国家级优秀专家、青海省劳动模范。

丁传贤 民国25年(1936)2月出生。海门三阳镇人。

1983至1985年，以访问学者身份在美国纽约州立大学石溪分校材料系工作。其后赴日本国无机材质研究所、德国爱兰根大学短期工作。1995年，当选中国工程院院士。中国农工民主党中央委员，第九、十届全国政协委员。中国材料研究学会理事，《硅酸盐学报》《无机材料学报》和《摩擦学报》编委，《材料保护》高级顾问等。2008年，为中国科学院上海硅酸盐研究所研究员、博士生导师。

丁传贤一直从事等离子喷涂涂层材料配方、工艺和相关应用基础科学的研究开发，和同事们先后完成30多项科研任务，研制成功可供实用的电弧等离子喷涂设备和高温防热、耐磨、生物相容、红外辐射、电介微化等5个涂层系列，在中国国防和民用工业中得到较为广泛应用。

40多年取得20余项科研成果，其中13项获国家、上海市奖励。发表学术论文200余篇。论文获中科院院长奖、宝钢奖、刘永令奖和严东生奖学金等多项奖励。

王威琪 民国28年(1939)5月，出生于上海市。祖籍海门镇。

1957年高中毕业后考入复旦大学物理系，1961年毕业留校。1999年，当选中国工程院院士。2002年起，担任中国工程院医药卫生学部常委。现为复旦大学首席教授、博士生导师，学术委员会副主任兼工程技术组组长，学位委员会委员兼信息学科学位分会主任，电子科学与技术博士后流动站站长，生物医学工程研究所所长，超声医学与工程研究所名誉所长，信息学院学术委员会主任。上海市突出贡献专家协会副会长，《仪器仪表学报》副主编及其他十余种学术刊物编委。国家医疗器械评审委员会委员，声学学会名誉理事兼医学超声分会名誉主委，仪器仪表学会名誉理事，生物医学工程学会理事。应邀担任东京工业大学等日本4所国立大学客座教授。是世界医学生物超声联合会学报(UMB)荣誉编委。

王威琪将现代理论(分形、数学形态提取、数量化理论、极点轨迹)首先引入医学领域,在超声、心电、计算机的无创伤评估肺循环阻力系统,在无创伤检测血流速度方面取得两项发明创造,研制成国内首套超声血流速度校刻系统。在国内外学术刊物上发表论文280余篇,著作(合编)7部。获发明专利2项。在国外作邀请报告30余次。

获世界医学生物超声联合会学报(WFUMB)的Pioneer奖,国家发明二等奖,光华科技基金二等奖,上海市科技进步二等奖5次,教育部二、三等奖及其他省部级奖12项。

顾　浩　民国29年(1940)1月出生。南通通州区人。大学本科文化。1964年7月,加入中国共产党。

1958年9月,进江苏师范学院中文系学习。1964年9月,在江苏省委党校学习。是年11月起,参加淮阴地委农村社教团涟水县李集、宝滩、徐集分团,淮阴县刘老庄分团,泗洪县车门分团工作,任工作队材料员、队长,分团秘书组组长、党委委员。1967年,任沭阳县新河公社秘书。1968年后,南通县革委会组织组、政工组秘书,宣传组副组长,金南公社党委书记、革委会主任。1975年后,任南通地委宣传部宣传组组长、副部长。1980年,任海门县委副书记。1981年,任共青团江苏省委副书记。1983年后,任江苏省委组织部副部长、部长。1986年,任江苏省委常委、组织部部长。1991年,任江苏省委常委、南京市委书记兼南京军分区党委第一书记。1994年后,任江苏省委副书记,兼南京市委书记、南京军分区党委第一书记,省委科技工委书记、省文联主席。2001年,任省政协副主席、党组副书记兼省文联主席。2003年,任省文联主席。

中共第十三、十四次全国代表大会代表,中共第十四届中央候补委员。第九届全国人大代表。共青团第十一届中央委员。中国文联第六、七、八届委员会委员。中国作家协会会员。

著作有《金陵春草》《江海涛声》《盛世风情》《神州凯歌》《浩斋琴韵》《胜日乐章》等新古体词集和新诗、散文诗,随笔合集《征途心曲》等。

张　蔷　别号土弓、海雪、雪荷书屋主人、慧山、倪慧山等。民国29年(1940)6月出生。海门市海门镇人。

1965年,毕业于中央美术学院,留校任教。1975年,调文化部艺术局工作。1979年,入中国艺术研究院美术研究所,从事宋元时期绘画研究。1980年,创办学术季刊《美术史论》,任副主编。1985年,创办中国第一张美术专业报《中国美术报》,任社长兼董事长。时为文化部中国艺术研究院高级研究员,中国美术研究所学术委员会副主任,中国美术家协会会员,以及美国堪萨斯大学美术系客座研究员。

撰写学术论文与著作逾百万字。出版的有《中国美术十年论文集》《绘画新潮》《世界绘画·中国卷》《马远》《萧照》等。近年出版长篇小说《生之梦》《游之梦》。代表作有《大鹏》《白牛》《仲夏之阳光》《月夜菲莎河》《青山谷》等。

张志鹏　民国29年(1940)11月,出生于海门县(今启东市合作镇)。1955年小学毕业,任生产队会计。1956年,赴上海当工人。1959年1月入伍。1960年11月,加入中国共产党。历任班长、排长、连副指导员、干事,集团军党委秘书,组织处副处长、处长,团政委,师政委。其间,先后进武昌海军学校、长沙军政干部学校、国防大学学习。1990年,任27集团军政治部主任。1991年,授予少将军衔。1994年,任集团军政委。1996年,任新疆军区副政委。2000年12月退休。

陈作斌　民国30年(1941)7月,出生于海门县(今启东市王鲍镇)。1966年,毕业于中国科学技术大学近代力学系空气动力学专业。1980至1982年,在英国理工学院进修,获博士学位。历任研究室副主任、主任,基地总体技术部副主任、总工程师、主任,基地副总工程师、总工程师。2000年10月,任总装备部二十九试验训练基地总体技术部一室研究员,少将军衔。为中国流体力学研究领域著名的学术技术带头人。

全国政协第十届委员会委员。

周建生　民国31年(1942)6月出生。海门市刘浩镇人。大学学历。1960年,加入中国共产党。

1968年2月,参加革命工作。

就读于江苏省海门中学。1961年,在中国科技大学地球物理系学习,1966年毕业留校。1967年,参加河北大城里坦地震现场工作。1968年参军,历任部队计算机程序设计员、副分队长、参谋、副处长、副参谋长、技术部主任,某基地副总工程师、总工程师、专家组组长、远望二号总指挥等职。1999年7月,被授予专业技术少将军衔。

立三等功,获中国科学院科技进步二等奖1项,军队科技进步二等奖9项、三等奖2项,首届中国航天基金奖、国防科工委伯乐奖和中国载人航天工程第一次飞行试验突出贡献奖。

中国宇航学会第三、四届理事。

陶景顺 民国31年(1942)7月出生。海门市海门镇人。1961年7月入伍。1964年,加入中国共产党。大学学历。

就读于海门中学,后在海军高级学校、国防大学学习。任海军高级学校情报系教员、系党支部书记。1966年,任海军司令部情报部参谋、办公室秘书。1977年后,在国防科工委、总参谋部、国防大学、军委办公厅等单位担任专职秘书。1993年4月,任海军工程学院副院长(副军职)。1995年7月,被授予少将军衔。1998年6月,任海军装备部副部长。

湖北省第八届、第九届人大代表。

湖北省、北京美术家协会会长,中国将军书画研究院副院长。

蔡锦芳 民国31年(1942)7月出生。海门市东灶港镇人。1962年8月入伍。1965年7月,加入中国共产党。大学文化。

就读于江苏省南通中学。1962年,考入上海第二军医大学。1967年,分配至济南军区89医院。先后任军医、主治军医,全军创伤外科中心副主任。1987年,由主治军医破格晋升为主任医师,并调任济南军区总医院骨创伤外科主任。2001年12月,晋升为军队技术二级教授,文职少将。2005年12月,军队技术一级教授。2008年,全军创伤骨科中心主任医师,二军大济南临床医学院博士生及博士后导师。

在20多个学术团体兼职,主要有中华显微外科学会副主任、骨科学会创伤骨科学组顾问、中国修复重建外科学会常务委员,山东省修复重建外科学会荣誉主任、骨科学会荣誉主任,全军显微外科专业委员会副主任,济南军区科学技术委员会副主任。先后在国际和国内核心期刊发表论文212篇,主编、参编著作21部。获国家、军队和山东省科技进步奖48项,其中国家科学大会奖1项。立二等功3次、三等功5次。

王震西 民国31年(1942)9月出生,海门市海门镇人。中共党员。1964年,毕业于中国科技大学物理系,获学士学位。同年进入中国科学院物理研究所磁学实验室,从事微波铁氧体材料及器件的研究。先后任中国科学院物理所助理研究员、副研究员、研究员,学术委员和学术秘书,国家磁性功能材料工程研究中心主任,北京大学和中国科技大学物理系兼职教授、博士生导师,国家计委稀土专家组成员,国家"863"高技术计划新材料专家委员会成员,中国科学院材料科学委员会委员,物理学会理事,材料研究学会副理事长,中国科协常委。1995年,当选中国工程院院士。现任北京中科三环高技术股份有限公司董事长兼总经理,中国稀土学会常务理事。长期从事磁性非晶态材料的研究及应用推广,为磁性及非晶态材料专家。

20世纪60年代,参与研制成功中国第一代国防用多种微波铁氧体材料和器件。

1973至1975年,在法国国家科研中心奈尔磁学实验室做访问学者,从事非晶态稀土合金的结构和磁性研究。其间,和法国科学家合作发现了非晶态稀土——过渡金属合金中的磁矩空间有序排列的新型磁结构,命名为"Sperimagen"(散磁性),被国际磁学界正式承认和广泛应用。

1980至1983年,在世界相关实验室都高度保密的情况下,率先在中国采用离子注入、真空溅射和快速冷凝技术,独立开展了稀土——铁系第三代永磁材料(钕铁硼)的研究,实验结果和美国通用汽车公司实验室水平相当,是国际上少数独立开展该项研究的实验室之一。

1985年春,为加速祖国科研成果的工程化和产业化,他婉拒了欧、美多个实验室的邀请,受中科院和周光召院长委托,留在国内创建以高技术产业为目标的北京三环新材料高技术公司。他和同事一起，在系统从事稀土合金和非晶态材料磁性研究基础上，率先将世界最先进的高速气流粉碎技术移植到钕铁硼生产工艺中，并解决了大规模工业生产中稀土合金的氧化、自燃、模具硬化、强磁场取向、真空保护烧结和表面防腐蚀涂层等一系列技术难题，使百吨级具有国际先进水平的钕铁硼生产线整套设备基本国产化，大大降低了生产成本，中国能以最少的资金投入、国际上最高的投入产出比，迅速发展生产规模，短短五年就超过了美国和欧洲，仅次于日本，跃居世界第二大烧结钕铁硼生产国。

70年代中期起，王震西和同事一起，完成了从基础研究到新一代实用型永磁材料的应用、开发、工程化和产业化的整个过程，使中国在第三代稀土永磁材料的研究和生产领域跃居世界前列。

先后发表学术论文70余篇，专著1部。60年代，获中科院重大科技成果奖。1986年，获中科院科技进步一等奖。1988年，获国家科技进步一等奖。1989年，获全国先进工作者称号。1996年，获中国材料研究学会成就奖。1999年，获教育部科技进步一等奖。2000年，获何梁何利基金科学与技术进步奖。

史秉能　民国32年(1943)11月出生。海门市天补镇人。1960年7月，由海门中学推荐、保送成都通信兵技术学校学习，同时入伍。1962年1月，加入中国共产党。

1964年8月毕业，到解放军总字749部队工作。1988年6月，任89920部队科技处副处长(正团)。1990年9月至1994年7月，任科技处处长(副师)。1994年7月至1995年11月，任副所长。1995年11月至1998年4月，任所长(正师)。1998年4月至1999年6月，任总装备部情报研究所所长。1999年6月起，从事科学技术工作(高级工程师)。2007年，晋升为副军级(技术三级)。

史秉能是中国国防科技信息工作领域的知名高级专家，先后任国防科学技术工业委员会科学技术委员会兼职委员、总装备部科学技术委员会兼职委员、信息化专家委员会委员、国防科工委武器装备科技信息专家组成员，总装备部武器装备科技信息专家组副组长、组长，兼任中国国防科学技术信息学会秘书长、副理事长兼秘书长，中国国防科学技术信息学会专职秘书长。

主编《情报研究概论》《世界武器装备与军事技术发展》(2000－2010年的年度报告)等。有14项成果获全军科技进步一、二、三等奖。因工作成绩突出，立二等功和三等功各1次。1996年，被评为全国科技情报工作先进工作者。2001年，享受国务院特殊津贴。2006年，被授予全军装备技术基础工作先进个人称号。

张惠新　民国33年(1944)1月出生。海门市天补镇人。1962年，同济大学路桥系铁道工程专业学习。大学本科文化。1965年11月，加入中国共产党。1967年9月参加工作。

1968年起，任辽宁省阜新矿务局运输部工电段工人、技术员，革委会副主任、党总支书记、革委会主任，运输部技术科科长、副主任。1983年4月后，任辽宁省阜新市委常委、阜新市副市长，阜新市委副书记，阜新市代市长、市长，阜新市委书记。1989年1月，任上海市闸北区区委副书记、书记。1991年12月，任上海市纪委副书记。1992年，任上海市委常委、纪委书记。2002年，任中共中央纪律检查委员会副书记。

中共十四、十五次全国代表大会当选中央纪律检查委员会委员。2002年1月，中央纪律检查委员会全体会议增选为常委、副书记。中共十六、十七次全国代表大会当选为中央纪律检查委员会委员，为常委、副书记。

季允石　民国34年(1945)9月出生。海门市万年镇人。大学本科文化。1969年9月参加工作。1975年8月，加入中国共产党。

1964年，山东大学物理系物理专业学习。1970年9月，在苏州市西山煤矿劳动锻炼。1971年4月后，苏州轻工电机厂工人、车间主任、科长、副厂长、厂长。1980年7月起，任苏州市第二轻工业局副局长、局长、党委副书记。1982年8月后，任共青团江苏省委副书记、党组副书记，书记、党组书记。1984年7月，任连云港市委书记。1989年6月起，任江苏省政府副省长、党组成员，副省长、党组副书记。1994年1月后，任江苏省委常委，常务副省长、省政府党组副书记，江苏省委副书记，常务副省长、省政府党组书记。1998年9月，任江苏省委副书记，代省长、省长、省政府党组书记。2002年12月，任河北省委副书记，代省长、省长、省政府党组书记。2006年9月，任人事部副部长，国家外国专家局局长、党组书记（正部长级）。2008年3月，任人力资源和社会保障部副部长（正部长级）、党组成员。

中共十三、十五、十六次全国代表大会代表，中共十五届中央候补委员、十六届中央委员。第八届、九届、十届全国人大代表。全国政协第十一届委员会常委。

季云飞 民国35年（1946）2月，出生于海门县（今启东市向阳镇）。1970年，毕业于复旦大学历史学专业。1984年入伍。任解放军南京政治学院教师、教授，博士生导师。文职二级。1993年起，享受国务院特殊津贴。1996年起，从事台湾历史的教学和研究，发表有关论文30多篇，其中《台湾防务研究》系列论文二组18篇获1997年、1998年江苏省政府社会科学成果奖。出版的代表性著作有《走向中国军事历史的深层》《中国历代军史》《军事史研究》等。

殷国光 民国35年（1946）9月出生。海门市余东镇人。大学本科文化。1970年8月参加工作。1975年1月，加入中国共产党。

1965年，南京工学院动力系工业企业电气化自动化专业学习。1970年8月，在6011部队农场劳动锻炼。1971年11月，任江西省乐平市工业管理区生产干事。1972年12月后，景德镇市无线电厂技术员、科长、副厂长。1983年9月起，任景德镇电子工业公司副经理，体改委副主任、主任、党组书记。1986年2月后，任景德镇市副市长，景德镇市委常委、常务副市长，景德镇市委副书记，代市长、市长，市委书记。1998年10月，任江西省工商行政管理局党组书记、局长。2003年1月，任江西省政协副主席、党组副书记。

著有《历史的责任——瓷都由传统走向现代的实践与思考》《新的责任——工商行政管理改革的实践与思考》《在政协委员岗位上——创新政协提案工作的实践与思考》等书。

中共十五次全国代表大会代表，第八届全国人大代表。

吴仁忠 民国35年（1946）12月出生。海门市四甲镇人。大学本科学历。1964年8月入伍。1966年6月，加入中国共产党。

1964年8月，四甲中学高中毕业，选飞入伍至长春飞行学院学习。1968年8月，毕业于空军第三飞行学院。历任空军飞行学员、飞行员、飞行中队长、大队长、团长、师长，航空兵训练基地司令员，空军西安指挥所参谋长，空军第1军军长，沈阳军区空军副司令员等职。其间，在中央党校、国防大学进修过。

1993年8月，被授予少将军衔。中共第十五次全国代表大会代表，政协陕西省委员会委员。空军首批特级飞行员。立二等功1次，三等功2次。

朱汉宾 民国36年（1947）12月出生。海门市包场镇人。1965年9月入伍。1967年8月，加入中国共产党。大学学历。

历任战士、保密员、军务参谋、连政治指导员、营政治教导员，团政治处副主任、主任、副政委、政委，师副政委、旅政委、师政委，集团军政治部副主任、主任，集团军副政委等职。2001年1月，任集团军政委。

先后在解放军政治学院、军事学院、中央党校、国防大学、国防科技大学等高等院校学习。2002年，被南京陆军指挥学院聘为硕士研究生兼职导师。参加过援老抗美、援越抗美、中越边境自卫还击战、扣林山战斗等作战。立三等功2次，受中央军委嘉奖。

1998年8月，被授予少将军衔。中共第十六次全国代表大会代表。

洪宝才 民国37年（1948）12月出生。海门市悦来镇人。大学文化。1968年2月入伍。1970年7月，加入中国共产党。

入伍后，就读并毕业于空军第十二飞行学院、空军第二航空机务学校、空军地空导弹学院、空军指挥学院、国防大学等院校。先后在军委空军司令部情报部、办公室，总后勤部军事交通运输部，国防大学军兵种室、战役部等单位工作。历任战士、飞行学员、排长、判读员、参谋、秘书、助理、副师、正师等职。为国防大学战役部教授，学科学术带头人，硕士研究生导师，技术4级，军级待遇。

在军委空军司令部工作期间，圆满完成组织赋予的印巴战争、对越自卫还击作战中的情报参谋和首长秘书工作。在总后勤部，负责完成并主笔起草解放军第一部航空军事运输法规，并以总参谋部、总政治部、总后勤部等单位名义联合颁发全国、全军执行。在国防大学，负责完成并参加国家、军队、学校多个重要科研课题的研究与攻关工作。1999年科索沃战争爆发后，奉命创建联合反空袭战役教学体系，在反空袭作战指导上，提出“综合预警，整体抗击，集中反击，重点防护”等重要思想和学术观点，对全军乃至全国人民防空部门，深入研究与探讨高技术、信息化条件下的空袭与反空袭、军队防空与人民防空等问题产生重要影响。

立三等功，获刘伯承奖等。

黄嘉祥 1949年1月，出生于海门县（今启东市兆民镇）。大学学历。1982年，入石家庄高级陆军学校学习，2000年、2004年两次进国防大学学习。历任连指导员、国家体委秘书、团政委、师政委、北京卫戍区政治部主任、38集团军政委，广州军区副政委兼南海舰队政委。

第十一届全国人大代表。

周祖尧 1950年8月出生。海门市德胜镇人。1970年12月入伍。1972年8月，加入中国共产党。大学本科文化。

1963年9月至1970年7月，在海门中学读书。1970年12月后，担任舟嵊要塞区机关图书、广播员，电影站技师。1974年9月至1977年7月，上海科技大学读书。1977年9月起，任舟嵊要塞区电影站干事、电视技术组组长，南京军区政治部镇江文化教导队政治协理员、队长，舟山文化工作站站长等职。1999年6月后，任南京军区政治部金桥饭店总经理、党委副书记，军区政治部直属党委委员。2001年10月，任南京军区政治部杭州影视管理中心主任技师，技术副军职。2006年3月退休后，为杭州市军队离退休安置办和睦干休所党总支委员、第三党支部书记。

周祖尧个人撰写的技术论文10多篇，在国内外有关杂志发表。编写的视频教材三套在全军应用。在工作岗位上多次立功受奖，获军队三等功3次，被评为南京军区优秀共产党员。曾被中央电视台采访评论。带领技术人员解决海岛边防部队看电影难，为海岛部队安装地面卫星接收设备等先进事迹，受到总政治部表彰。

蔡朝东 1951年12月出生于云南昆明。祖籍海门市刘浩镇。1968年参军。中共党员。

在部队，历任战士、班长、文化干事、昆明军区文化处副处长。1989年，转业至云南省新闻出版局，任工会副主任。1991年，下派至大关县代职县委副书记，1993年当选县长。1996年6月，任云南省精神文明建设办公室副主任。

2001年1月提前退休，任云南省演讲学会会长、中国演讲与口才协会第一副会长、中华教育艺术研究会副理事长、北京演讲家艺术研究中心副主任，全国95所大专院校客座教授，25家大中型企业高级顾问等众多职务。

20世纪80年代，蔡朝东演讲的《理解万岁》轰动全国，震撼人心，从云南讲到北京，讲进人民大会堂和中南海，再从北京讲到全国。《人民日报》《解放军报》《光明日报》等报道转载，中央电视台三次播出其演讲内容。《理解万岁》被理论界和新闻界评为改革开放以来对人们观念影响最大的十句口号之一。

后又推出《民魂万岁》《创业万岁》《科学万岁》《诚信万岁》《和谐万岁》《成功者的德商智商情商》等系列演讲报告，在国内外演讲3500多场次。先后被授予昆明青年十杰、全国优秀青年思想教育工作者、全国模范军队转业干部称号，成为全国教育艺术演讲十佳之一，被群众誉为传播民族精神最可爱的人。

朱争平 1953年2月出生。祖籍海门市树勋镇。中共党员。研究生学历。

1970年，启东中学高中毕业后入伍。历任南京军区某守备团班长、排长、代理副连长，南通军分区司令部参谋，南京军区政治部宣传部干事、副处长、处长、副部长、部长，装甲某师政委，第1集团军政治部主任、副政委，江西省军区政委、江西省委常委，上海警备区政委、上海市委常委等职。

2004年，被授予少将军衔。

出版新闻作品集《信笔摩风云》，报告文学集《不能忘却》，广播电视作品选集《绿色时空》，长篇报告文学《面对开启的世界》等。主编《邓小平哲学思想辅导讲话》《做一个清醒的马克思主义者》等10多部政治理论读物。筹划大型话剧《“厄尔尼诺”报告》，大型舞剧《妈祖》等作品。作品数十次在军内外获奖，立三等功3次。

姜建清 1953年2月出生在上海。祖籍海门市刘浩镇。中共党员。研究生学历，博士学位。1970年4月参加工作。

20世纪70年代，作为上海知青插队在江西省广昌县赤水公社，其间为广昌县委工作队队员。1979年9月，任中国工商银行上海市分行静安区办事处南二分理处会计，静安区办事处宣传科科员、副科长，办公室副主任（1981年9月至1984年7月，在上海财经学院夜大学金融专修科学习）。1986年6月后，任中国工商银行上海市分行办公室副主任、主任（1988年2月至1990年7月，在上海交通大学管理学院管理工程专业就读，获硕士学位）。1990年12月后，任中国工商银行浦东分行党委副书记、副行长。1993年1月，任中国工商银行上海市分行副行长兼浦东分行党委副书记、行长（1994年9月至1995年7月，在复旦大学上海市高级经营管理干部进修班学习，1995年7至12月，在美国哥伦比亚大学和通用再保险公司进修学习）。1995年12月，任上海城市合作银行行长、党委书记。1997年6月，任中国工商银行上海市分行行长、党委书记（1995年9月至1999年6月，在上海交通大学管理学院企业管理专业学习，获博士学位）。1999年6月，任中国工商银行党委副书记、副行长。2000年2月，任中国工商银行行长、党委书记。2005年10月，任中国工商银行董事长、党委书记。

兼任中国金融学会副会长，上海交通大学兼职教授，博士生导师。

中共第十六、十七届中央候补委员。

姜建清，研究员职称，对金融理论很有研究，发表众多学术文章，主要出版著作有《海外金融风潮评析》《金融风潮沉思录》《美国银行业的科技革命》《金融高科技的发展及其深层影响研究》等。

包裕平 1954年1月，出生于海门县（今启东市兆民镇）。大学学历。1973年12月入伍。毕业于海军潜艇学院。历任潜艇无线电兵、副航海长、航海长、副艇长、实习艇长、潜艇支队军务科科长、教练艇长、副支队长、支队长。2005年，任东海舰队某基地司令员。海军少将军衔。

陈　豪 1954年2月出生。海门市临江镇人。在职研究生学历，工商管理硕士。1976年6月，加入中国共产党。1977年4月，参加工作。

1973年，担任海门县临江公社代课教师，广播站新闻干事。1979年3月，任上海市静安区果品公司职工，共青团总支副书记、书记（1980年2月，在静安区业余大学中文专业学习），党总支委员。1983年9月后，任静安区委组织部组织科干事、副科长、秘书科科长、副部长兼区人事局局长、党组书记（1984年1月，静安区业余大学中文专业毕业；1989年5月至1991年6月，在华东师范大学攻读世界经济专业研究生课程）。1991年9月至1992年9月，挂职静安区工业工委书记。1993年2月后，任静安区委常委、组织部部长，静安区委副书记。1997年6月，任上海市委副秘书长兼市委办公厅主任、市级机关工委书记（2001年3月，在中欧国际工商学院MBA学习）。2003年2月，任上海市委委员，市人大常委会副主任，市总工会主席、党组书记（2003年，中欧国际工商学院MBA毕业）。2008年1月，任上海市人大常委会副主任、党组副书记，市总工会主席、党组书记。2010年11月，中华全国总工会副主席、书记处书记，党组副书记。

周　正 1954年8月出生。海门市三阳镇人。1970年12月入伍。1972年11月，加入中国共产党。

1978年毕业于第二军医大学军医系。历任卫生员、学员、助理军医、军医、主治军医。1988年，被授予少校军衔。1990至1992年，任解放军第113医院定海分院外科副主任兼党支部副书记。1992至2006年，任浙江省军区舟山警备区医院大外科主任兼党支部书记，医院党委委员。1994年12月，晋升为副主任医师。1999年3月，晋升大校军衔。2005年12月，晋升为专业技术5级（副军级）。2006年10月退休。现被第二军医大学张家港奥洋医院聘用。

多次参加解放军医疗卫生进修学习。第二军医大学副校长吴孟超院士亲自动笔对周正在肝胆外科进修期间的工作学习和医疗技能作较高评价和鉴定,并嘉奖一次。

周正把官兵当作自己的兄弟,待群众似亲人,热心为患者排除病痛。王吉新士官突发脑溢血,生命垂危,手术后又消化道大出血。周正在他身旁整整守护一个星期,使其较好恢复。他擅长普外、肝胆、肛肠等手术。在舟山地区率先对复杂性肝内胆管结石施行胆肠吻合术,手术快捷稳重,有开拓创新精神,几乎每年都有新技术、新疗法应用于临床。

善于总结经验,省级以上学术刊物发表论文20余篇,其中《胃术后排空障碍》《胃底环周缝扎在门奇断流术中运用》《游离疝囊片疝修补术中的应用》等经验论文有较高医学价值。设计发明手术器械带线轮挂线器械获国家发明专利。获浙江省军区后勤学术研究先进个人一等奖、军队科技进步四等奖。

1979年,参加对越作战(后勤支援),获自卫还击保卫边疆战役纪念章。1994年、2000年,浙江省军区、南京军区分别给他记三等功各1次。1996年,被南京军区表彰为优秀中青年科技人才。

张　雄　1955年12月出生。海门市三厂镇人。中共党员。

1971年,进入江苏省游泳队。1978年,毕业于北京体育学院游泳专业(本科)。1981年,毕业于北京体育学院(研究生),获教育学硕士学位。历任江苏省游泳队教练员、总教练,国家队副总教练、教练组长。执教期间,培养出中国泳坛"五朵金花"中的林莉、王晓红、杨文意,以及陈艳、年芸等世界级运动员多人。其中林莉是中国第一个游泳世界冠军、中国第一位在奥运会上打破世界纪录并夺冠的运动员。

2008年,任南京体育学院院长,中国游泳协会、网球协会、体操协会、自行车协会副主席,中国体育科学学会运动训练学分会资深会员,江苏省游泳协会主席。

九届全国人大代表,省八届人大代表,政协省十届委员会委员、政协医卫体委员会副主任。

1998年、2003年,两次入选省"333跨世纪学术带头人"培养工程第二层次培养对象。多次获国家体育运动荣誉奖章,当选"全国十佳教练",两次被评为江苏省劳动模范,多次受到国务院,国家体育总局、省人民政府等各级表彰与记功。获国务院授予的做出突出贡献的中国硕士,国家专家委员会授予的国内学术、技术界具有重大影响的高级专家,省人民政府授予的省优秀知识分子等荣誉称号。享受国务院特殊津贴。

顾利亚　女,1956年4月出生。海门天补镇人。1976年12月,加入中国共产党。

1974年,安徽省庐江县下乡知青。1978年,考入西南交通大学航空摄影测量专业,毕业后留校。历任助教、讲师、副教授、研究员,系主任助理,校党委组织部部长助理、副部长、部长,校党委常委、副书记、书记等职。

多年从事工程测量的教育与研究,熟悉高校教育教学、思想政治和党务工作。

郁钧剑　1956年出生于广西桂林。祖籍海门市常乐镇(原平山乡)。

1971年,入桂林歌舞团。1979年,进总政治部歌舞团。1982至1985年,中国音乐学院音乐文学专业学习。1998至2001年,北京大学艺术学系研究生学习。2002年12月,任中国文联演艺中心主任。总政治部歌舞团男高音歌唱家,国家一级演员,享受国务院特殊津贴。

全国政协第九、十届委员会委员,第七、八、九届全国青联常委,中国文联全委,中国环境文化促进会副会长,中国对外友好协会、中华海外联谊会、中国人权研究会、中国音乐家协会理事,中国作家协会、中国美术家协会、中国书法家协会会员。

20次参加中央电视台春节联欢晚会,为数十部电影、电视剧、广播剧配唱插曲。参加国家和军队组织的各类重大国事外事演出,以及广播、电视文艺节目演出数千场。推出歌曲数百首。足迹遍布全国各地。演唱的《小白杨》《当兵干什么》《什么也不说》《说句心里话》《家和万事兴》《哨所喇叭花》等歌曲深为群众熟悉和喜爱。还赴美国、俄罗斯、法国、德国、日本、新加坡、泰国等40多个国家和中国香港、澳门、台湾地区访问演出。

在北京、上海、广州、香港及美国等地,出版40种唱片、CD、VCD专辑,总发行量数百万张。

擅长演唱民歌和抒情歌曲,多次在全国、全军文艺会演中获一等奖和特殊贡献奖等,获首届全国十大歌手、全国听众最喜爱的歌唱演员、全国十大明星等。并获中国"金唱片奖",中宣部"五个一"工程奖,文化部"文华奖"以及多届中国音乐电视、中国军旗歌曲音乐电视金奖。多次担任国家级声乐大赛的评委,策划并组织许多国家级的大型文化活动。

著有《试论我国声学艺术三大唱法的风格分类与其体系的确定》等多篇学术论文,以及由他作词的《没有强大的祖国哪有幸福的家》《峨嵋酒家》《家和万事兴》《我们紧握手》,作曲的《哨所喇叭花》《党的心、战士的心》等,在社会上广为流传。

还出版5部诗集、2部散文和2部书画集。先后在《人民日报》《解放军报》《人民文学》《诗刊》《新民晚报》等报刊发表大量的文艺评论、散文、诗歌及书画作品。长期为《北京晚报》撰写名为《艺海拾趣》的专栏文章。书画作品入选1991年全国新人新作展、全军书画篆刻展,1992年全国第五届书法展,1993年全国第五届青年书法展、全军书法篆刻展,1996年全国第六届美术作品展等大展,并获奖。

1993年6月,在北京中国美术馆举办个人书画展。

戴志康 1964年6月出生。海门市万年镇人。大学硕士研究生学历。中共党员。

1981年,海门中学毕业后考上中国人民大学国际金融专业学习。1985年,考入中国人民银行总行金融研究所,攻读研究生。1987年,进入中信实业银行总行,任行长办公室秘书。1988年,为德国德累斯顿银行北京代表处中方代表。1990年,任海南省证券公司部门经理。1992年5月,参与创建国内首家证券基金——海南富岛基金,并任总经理。1994年,创建上海证大投资管理有限公司。1998年,改组证大系列公司,成立证大投资集团,并任董事长兼总裁。

2001年,成立证大文化发展有限公司和证大研究所,他在文化方面的著作和论文有《文明的和解》《社会主义市场经济是人类发展的方向》《新上海人》《入世后上海的战略地位》《中国资本市场的开放——挑战与机遇》《长江边的中国——大上海国际都市圈建设与国家发展战略》《文化上海——2010,把一个什么样的上海带给中国和世界》等。

1999年,戴志康赞助家乡150万元兴建一所中心小学,并捐资20万元全面改造村庄道路。2002年,证大出资50万元,在复旦大学设立"证大助学基金",支持复旦大学培养高素质人才,自2003年起,每年发放5万元用于资助学境贫困、成绩优良的复旦大学在校学生。出资50万元,在海门中学设立"戴志康教育基金"。2004年春节前夕,证大集团向海门市慈善会、老干部局分别资助30万元、20万元,以表示春节慰问。

2005年,戴志康在家乡海门滨江新区投巨资建设证大国际城。在国际城内投资1.3亿元建造海门中学证大校区。

戴志康被列为上海市十大青年经济人物、上海房地产风云人物,获2008年度民政部中华慈善奖,中华全国工商联合会抗震救灾先进个人,法国骑士勋章;2010年度第三届上海市非公有制经济人士优秀中国特色社会主义事业建设者奖项等。

陈剖建 1965年4月出生。海门市海门镇人。1986年参加工作。中共党员。研究生学历,博士学位。

1982至1986年,中央财经金融学院国际保险专业本科学习。1986至1988年,中南财经大学任教。1988至1994年,任中国平安保险公司水险部主任、再保险部副总经理、管理本部副总经理、江苏办事处主任、江苏分公司总经理,平安保险(美国)公司董事(1989至1992年,中南财经大学货币银行学专业在职硕士研究生;1990年,美国纽约保险学院研修)。1994至2010年,任天安保险股份有限公司董事,总经理,副董事长兼总经理,董事长兼总经理,董事长、党委书记(1994至1997年,中南财经大学货币银行学专业在职博士研究生),天安人寿保险股份有限公司董事长。

具有较深的学术造诣,发表《加入WTO对中国保险业的挑战和机遇》《论电子商务在保险业中的应用》《制度变迁与中国保险业增长》等10余篇论文,编写或译著《OMAY海上保险:法律与保险单》《现代企业制度与企业跨国经营》《从记忆走向未来》等多部著作。为美国斯坦福大学访问学者、波士顿大学访问教授、艾森豪威尔基金学者。同济大学兼职博士生导师,西安交通大学、中南财经政法大学客座教授。

1992年，获中国平安保险公司平安勋章。1997年，获上海市浦东新区十大杰出青年、新长征突击手标兵、精神文明先进个人标兵。1998年，获上海十大杰出青年提名奖。2000年，获浦东新区开发建设杰出贡献奖。2005年，获中国十大系列英才——十大财智英才称号。2009年，获中华人民共和国保险六十人称号。

李春花　女，1982年出生。海门市麒麟镇人，1985年，因一场高烧救治不及时落下小儿麻痹症。同年丧父，大伯将她拉扯到初中毕业，送到上海外婆家，户口亦迁往上海。随后进入上海市残疾人体育运动训练中心。2004年，雅典残奥会上夺得女子F37组铁饼冠军。

获全国三八红旗手称号，全国“五一”劳动奖章，中国青年“五四”杰出贡献奖章。

第三章　人物表录

第一节　乡连职以上革命烈士表

乡、连职以上革命烈士表，记入海门籍乡、连职以上烈士和在海门牺牲的客籍烈士。以牺牲年份先后排序；牺牲年份相同的，按生年先后排序。

1928－2008年海门籍乡、连职以上烈士一览

表35－1

序号	姓　名	生卒年	籍贯	政治身份	牺牲时单位、职务	曾用名
1	仇有余	1892－1928	余东	党员	红十四军某部党支部书记	－
2	徐　玮	1903－1928	德胜	党员	中共浙江省委常委，共青团浙江省委书记	徐宝兴
3	俞文魁	1896－1929	王浩	－	红十四军1大队经济委员	－
4	姜老五	1907－1929	四甲	党员	余中区财政部长	－
5	仇有芳	1908－1929	货隆	党员	中共余西区委委员	－
6	梁志清	1889－1930	四甲	党员	中共三余区委委员	蔡茂香
7	王文林	1894－1930	树勋	党员	红十四军1大队财政部长	－
8	何兰阶	1896－1930	余东	党员	红十四军1大队政治指导员	－
9	唐楚云	1897－1930	四甲	党员	中共余中区委书记，红十四军1支队1大队政治工作，3大队大队长	唐树森
10	姜子明	1898－1930	四甲	党员	中共余中区委委员	姜希哲

续表 35－1

序号	姓　名	生卒年	籍贯	政治身份	牺牲时单位、职务	曾用名
11	时茂江	1902－1930	王浩	党员	红十四军大队长	－
12	仇建忠	1902－1930	货隆	党员	红十四军第1支队副支队长、大队长	－
13	俞海清	1904－1930	王浩	党员	中共益余区委书记，红十四军2师1大队领导工作	－
14	郁锡斋	1905－1930	三阳	党员	悦来地区地下中共负责人	－
15	仇学高	1907－1930	货隆	党员	中共南通县10区区委书记	－
16	顾焕祺	1911－1930	三和	党员	中共海门县委委员	－
17	蔡振扬	1899－1931	四甲	党员	红十四军1大队大队长	－
18	俞金秀	1902－1931	王浩	党员	红十四军1支队政委	－
19	沈希贵	1910－1931	三和	党员	工农军团长	－
20	袁　础	1903－1933	四甲	党员	红十四军1大队政治干事	－
21	黄家骏	1909－1933	万年	党员	中共南通中心县委书记	黄骏声
22	彭惠高	1893－1935	天补	党员	中共海门县委委员	－
23	郁仁治	1905－1938	天补	－	国民党山东省第一区专员兼军事特派员（中将衔）	－
24	王尘无	1911－1938	三厂	党员	上海左翼作家联盟成员，中国早期影评家	王承谟
25	张冠今	1888－1940	三和	党员	海门第一个中共支部书记	张冠军
26	陆茂平	1900－1940	三厂	党员	中共通海区委委员	－
27	龚泽模	1910－1941	麒麟	党员	苏中三分区政治部指导员	－
28	黄丕元	1916－1941	悦来	党员	兴化县政府军事科科长	－
29	陈　超	1921－1941	常乐	－	新四军1师3旅8团1营2连连长	－
30	施　斌	1911－1942	天补	－	新四军1师3旅特务营副官	－
31	陈国权	1916－1942	三厂	党员	中共海门中心县委书记，海启警卫团政委	陈冠球
32	黄伯进	1917－1942	德胜	党员	苏中四分区独立团连长	－
33	陈志康	？－1942	正余	党员	余东区余北乡指导员	－
34	徐忠和	1896－1943	四甲	党员	六甲区扇子乡乡长	徐致中
35	潘玉金	1899－1943	四甲	党员	余西区坝北乡乡长	－
36	蒋兴贤	1911－1943	悦来	党员	海中区区长	蒋　拔
37	许耀基	1912－1943	四甲	党员	余西区坝北乡乡长	－
38	刘　辉	1917－1943	余东	－	余东区民兵大队长	－
39	王占先	1917－1943	三阳	－	刘周乡民兵大队长	－
40	庄树炳	1919－1943	余东	党员	东南行署税务局所长	－
41	沙国祥	1920－1943	四甲	党员	国华乡民兵大队长	－
42	陆志宇	1921－1943	余东	党员	启二区大队指导员	－
43	汪　烈	1925－1943	海门镇	党员	新四军1师3旅7团2营5连指导员	－
44	张凤阳	1907－1944	悦来	党员	海南区芳霖乡乡长	－
45	尹锡凤	1908－1944	德胜	－	汇通区财粮委员	－
46	陆飞鹭	1909－1944	常乐	党员	汇通区区长	－

续表 35－1

序号	姓　名	生卒年	籍贯	政治身份	牺牲时单位、职务	曾用名
47	赵宝富	1912－1944	货隆	党员	余西区新华乡指导员	–
48	汤兆歧	1915－1945	王浩	党员	东南警卫团连指导员	–
49	郁锦才	1918－1944	四甲	–	苏中四分区 8 团连长	–
50	王兴顺	1919－1944	德胜	–	德胜乡民兵大队长	–
51	杨允谦	1919－1944	刘浩	党员	东南行署海东区民运股长	–
52	姜　进	1919－1944	四甲	党员	二甲、四甲、国华三乡乡长	–
53	袁　平	1920－1944	临江	党员	通海工委干部	–
54	史国祥	1920－1944	四甲	党员	南通警卫团文教	–
55	徐少田	1921－1944	刘浩	党员	东南警卫团副连长	–
56	沈　彬	1924－1944	三阳	党员	海中区文卫股长	–
57	马兆其	1916－1945	刘浩	党员	新四军某部副团长	–
58	陆志能	1918－1945	三厂	党员	中共启东区委委员	–
59	钱连桃	1920－1945	包场	党员	苏中四分区特务团连长	–
60	赵锦明	1922－1945	天补	–	桃源乡民兵大队长	–
61	黄祖成	1923－1945	余东	党员	东南警卫团连指导员	–
62	施　超	1923－1945	万年	–	县税务局副所长	施池方
63	龚理孙	1929－1945	麒麟	–	华东野战军十一纵队 31 旅某部文书	–
64	严志玉	1912－1946	德胜	党员	海西区胜利乡乡长	–
65	薛中英	1916－1946	临江	党员	华中野战军 1 师 3 旅 8 团 3 营营长	–
66	陆洪飞	1919－1946	三厂	党员	海西区三民乡乡长	–
67	黄廷秀	1919－1946	万年	–	海中区土改工作队队长	–
68	张甫权	1919－1946	货隆	党员	中共四甲区委委员	张金余
69	杨志峰	1919－1946	麒麟	党员	新四军 92 团 3 营 7 连连长	–
70	梁会帮	1919－1946	四甲	–	新四军 1 师 3 旅连长	–
71	姜志奎	1920－1946	四甲	党员	四甲区德安乡乡长	–
72	陆灿英	1920－1946	临江	党员	华中野战军七纵队参谋	–
73	陈沛成	1920－1946	常乐	党员	华中野战军 1 师 3 旅 7 团 3 营 7 连副连长	–
74	陆　理	1920－1946	常乐	–	启东县北新镇镇长	–
75	施凤良	1921－1946	三厂	党员	海南区友洪乡乡长兼指导员	–
76	沈国良	1921－1946	三星	党员	南通县紫琅区队指导员	–
77	陆伯生	1921－1946	三和	党员	汇通区三和乡乡长	–
78	李　彬	1922－1946	德胜	党员	中共东台县周庄区委书记	–
79	王炳范	1922－1946	刘浩	–	新四军 96 团 1 营连长	–
80	蒋振白	1923－1946	三阳	党员	华中野战军 1 师警卫营教导员	–
81	朱锦元	1923－1946	树勋	党员	富余区税务所所长	朱　仪
82	陆廷俊	1926－1946	四甲	党员	四甲区运南乡指导员	–

续表 35－1

序号	姓　名	生卒年	籍贯	政治身份	牺牲时单位、职务	曾用名
83	马兆元	1928－1946	刘浩	党员	四甲区工作队队长	－
84	王福祥	1929－1946	王浩	－	华中野战军1师3旅8团2营6连副连长	－
85	秦礼元	1898－1947	常乐	党员	海南区德高乡乡长	梁志才
86	周汉生	1903－1947	包场	－	包南乡民兵大队长	－
87	崔克熙	1904－1947	树勋	党员	富余区六圩乡乡长	－
88	曹大田	1906－1947	货隆	－	四甲区五乡财政助理	－
89	汤志仁	1906－1947	王浩	党员	中共四甲区委委员	－
90	王能祥	1907－1947	三和	－	通海区民兵大队长	－
91	张明礼	1907－1947	临江	－	海南区海桥乡乡长	－
92	黄允福	1909－1947	刘浩	党员	海中区江中乡指导员	－
93	范　龙	1909－1947	树勋	党员	中共富余区委委员	范树芳
94	俞国范	1909－1947	树勋	党员	富余区委组织科长,富南乡乡长	－
95	陈志冲	1910－1947	悦来	党员	兴贤乡民兵大队长	－
96	黄耀昌	1910－1947	万年	党员	海中区江西乡指导员	－
97	龚希乔	1911－1947	刘浩	－	海中区财粮主任	徐共生
98	戴元亨	1912－1947	三星	－	苏中九分区司令部军工科科长	－
99	朱国文	1913－1947	树勋	－	富余区富北乡乡长	－
100	姜兆龙	1914－1947	树勋	－	余东区富南乡民兵大队长	－
101	袁百揆	1914－1947	悦来	党员	海南区新普乡乡长	－
102	陆　仁	1914－1947	正余	党员	富余区十甲乡指导员	－
103	东德余	1914－1947	东灶港	－	华东野战军十一纵队33旅97团连长	－
104	袁惠堂	1915－1947	正余	－	袁戴乡民兵大队长	－
105	许瑞明	1915－1947	货隆	党员	华中野战军1师3旅连长	－
106	樊发俊	1916－1947	三星	－	汇通区民治乡副乡长	－
107	唐士奇	1917－1947	悦来	党员	中共海南区委宣传委员	－
108	顾松明	1918－1947	常乐	－	海西区思安乡乡长	－
109	张秀祥	1918－1947	悦来	党员	海中区凤阳乡指导员	－
110	丁洪勋	1918－1947	树勋	党员	中共富余区委委员	－
111	徐为良	1919－1947	常乐	党员	华中野战军1师3旅8团2营营长	－
112	宋志才	1919－1947	三阳	党员	海南区南阳乡指导员	－
113	刘　洪	1919－1947	三厂	党员	苏中一分区司令部参谋	－
114	王信昌	1919－1947	常乐	党员	华中野战军四纵队12师35团连长	－
115	陆一鸣	1919－1947	海门镇	党员	汇通区区长,区大队长	陆秀山
116	季瑞祥	1919－1947	德胜	党员	中共海西区委委员,乡长	－
117	徐汉池	1920－1947	三星	－	民治乡民兵大队长	－
118	蔡汉兴	1920－1947	三阳	党员	海南区同济乡指导员	－

续表 35－1

序号	姓　名	生卒年	籍贯	政治身份	牺牲时单位、职务	曾用名
119	沈维康	1920－1947	万年	党员	如东县桐本区税务所所长	－
120	张　锦	1920－1947	余东	党员	海中区财政助理	－
121	陈荣生	1921－1947	刘浩	－	六甲区刘浩乡民兵大队长	－
122	庄　毅	1921－1947	海门镇	党员	华东野战军四纵队12师36团2营教导员	汤仁寿
123	杨云昌	1921－1947	悦来	党员	中共海中区委委员兼好北乡指导员	－
124	刘祖英	1921－1947	三阳	党员	海南区三阳乡民兵大队长	－
125	施达履	1921－1947	树勋	－	苏北军区九分区司令部参谋	－
126	张维元	1922－1947	刘浩	－	富中乡民兵大队长	－
127	杨林再	1922－1947	麒麟	党员	海南区坚决乡指导员	－
128	陈启云	1922－1947	刘浩	－	海中区江东乡副乡长	－
129	龚启明	1922－1947	树勋	党员	富余区区队指导员	－
130	俞　忠	1922－1947	正余	党员	富余区稽征所所长	－
131	马兆林	1922－1947	刘浩	党员	华东野战军十一纵队32旅96团1营教导员	－
132	周静秀	1922－1947	德胜	党员	中共南通平东区委书记	王文俊
133	周锡康	1922－1947	悦来	党员	华东野战军四纵队12师34团连长	－
134	茅　英	1922－1947	余东	党员	华东野战军十一纵队31旅92团1营3连指导员	－
135	陈　沛	1923－1947	四甲	党员	四甲区民政助理	－
136	姜士希	1923－1947	四甲	党员	富余区余中乡乡长	－
137	黄　云	1923－1947	三星	党员	天善乡民兵队长	－
138	黄克明	1923－1947	麒麟	党员	南通警卫团连长	－
139	陈伯和	1923－1947	悦来	党员	苏北军区九分区某部连指导员	－
140	施锦明	1923－1947	三厂	党员	海南区光烈乡指导员	－
141	龚庆孙	1924－1947	麒麟	党员	东南警卫团1营2连指导员	－
142	吴益才	1924－1947	刘浩	党员	华中野战军1师3旅7团连副指导员	－
143	樊发明	1924－1947	三阳	党员	苏北军区九分区7团3营7连指导员	－
144	黄人和	1925－1947	海门镇	党员	苏中公学一大队医务所所长	－
145	陈　超	1926－1947	万年	党员	新四军1师3旅8团1营2连连长	－
146	许　衡	1926－1947	四甲	党员	华东野战军四纵队10师28团1营2连指导员	－
147	宋文魁	1927－1947	三和	党员	汇通区路南乡指导员	－
148	秦伯陶	1927－1947	悦来	党员	海中区凤阳乡乡长	－
149	沈学昌	1928－1947	刘浩	－	六甲区同心乡副乡长	－
150	吴玉珍(女)	1929－1947	悦来	党员	海南区凤阳乡妇女主任	－
151	俞金桃	1930－1947	包场	党员	六甲区青委书记	－
152	盛宗仪	？－1947	正余	党员	富余区袁戴乡乡长	－
153	姜晓岩	1904－1948	余东	党员	余东区民政股长	－
154	黄茂忠	1908－1948	树勋	党员	富余区新河乡情报站长	－

续表 35－1

序号	姓　名	生卒年	籍贯	政治身份	牺牲时单位、职务	曾用名
155	吴金贵	1909－1948	常乐	党员	海南区长安乡乡长	－
156	张玉丰	1910－1948	临江	党员	华东野战军四纵队12师34团3营9连指导员	－
157	王志贤	1911－1948	王浩	党员	富余区余北乡乡长	－
158	汤少英	1912－1948	王浩	党员	富余区财粮分局局员	－
159	周　翔	1912－1948	海门镇	党员	中共华东局城工部科长	冷溦兰
160	陈德兴	1914－1948	临江	－	海南区税务所长	－
161	杨永昌	1915－1948	刘浩	党员	六甲区头甲乡乡长	－
162	郭明扬	1917－1948	三星	党员	通海独立营3连副连长	－
163	徐庙春	1918－1948	东灶港	－	华东野战军某部连长	－
164	黄祖培	1918－1948	麒麟	－	华东野战军四纵队某部连长	－
165	宋声扬	1918－1948	三阳	党员	抗日时期乡长,地下工作者	宋江民
166	黄思达	1919－1948	三阳	党员	河南新蔡县财粮科长	－
167	杨汉忠	1919－1948	东灶港	－	华东野战军四纵队12师34团连长	－
168	陈驾欧	1920－1948	悦来	党员	华东野战军四纵队10师28团3营9连副连长	－
169	张鹤丰	1921－1948	三厂	党员	海南区平港乡指导员	－
170	刘彦英	1921－1948	天补	－	汇通区崇华乡乡长	－
171	冯　魁	1921－1948	刘浩	党员	山东渤海行署民政处科员	冯维忠
172	陆志林	1922－1948	东灶港	党员	华东野战军四纵队12师36团营教导员	－
173	施邦进	1923－1948	三星	－	汇通区税务所主任	－
174	施达新	1924－1948	树勋	党员	富余区政府会计	－
175	林德元	1924－1948	三阳	党员	东南警卫团副营长	－
176	何德彰	1924－1948	余东	党员	华东野战军四纵队1师政治部文化教员	－
177	季　勇	1924－1948	三阳	党员	华东野战军四纵队12师35团特务连连长	－
178	施新洲	1925－1948	三厂	－	海南区三乡财政助理	－
179	张光中	1925－1948	临江	党员	华东野战军四纵队12师36团参谋	－
180	顾云彩	1926－1948	三厂	党员	海南区唐西乡指导员	－
181	顾德成	1926－1948	三阳	党员	海西区税务所所长	顾士达
182	陆鸿飞	1928－1948	树勋	党员	东南警卫团连指导员	－
183	袁惠和	1929－1948	麒麟	党员	海南区光烈乡副乡长	－
184	蔡元和	？－1948	天补	－	华中野战军十一纵队政治部宣传干事	－
185	严　鑫	1913－1949	余东	党员	华东野战军十一纵队31旅92团2营营长	严士鑫
186	陆剑英	1916－1949	临江	党员	解放军23军67师201团政治处组织干事	－
187	刘德培	1916－1949	余东	党员	解放军29军85师253团营长	－
188	陈海涛	1917－1949	刘浩	党员	华东野战军警备8旅24团3营副营长	－
189	顾贤高	1917－1949	德胜	－	解放军23军连长	－
190	戴裕田	1918－1949	东灶港	党员	华东野战军四纵队连长	－

续表 35－1

序号	姓　名	生卒年	籍贯	政治身份	牺牲时单位、职务	曾用名
191	顾德芳	1921－1949	常乐	党员	浙江嘉兴独立营3连指导员	–
192	范财才	1922－1949	临江	–	解放军29军炮兵团副连长	–
193	沈士明	1922－1949	常乐	党员	解放军24军军需处指导员	–
194	蒋永昌	1922－1949	常乐	党员	解放军29军88师255团1营教导员	–
195	沈　捷	1922－1949	三阳	党员	解放军29军88师253团2营教导员	–
196	袁明山	1923－1949	悦来	党员	解放军某部指导员	–
197	施建兵	1923－1949	悦来	–	解放军23军67师199团炮兵连连长	–
198	程　光	1923－1949	德胜	党员	华东野战军炮兵3团保卫股股长	–
199	徐明道	1924－1949	常乐	党员	解放军29军85师253团参谋	–
200	陆云飞	1925－1949	麒麟	党员	解放军29军85师253团参谋	–
201	梁玉言(女)	1925－1949	树勋	–	地下工作者,小学教师	–
202	施　英(女)	1926－1949	德胜	党员	镇江军分区医院党支部书记	–
203	杨丕模	1927－1949	万年	–	解放军某部2团3营9连连长	–
204	黄培龙	1927－1949	三厂	–	解放军29军85师254团2营4连副连长	–
205	徐国庆	1928－1949	常乐	党员	县政治保卫队党支部书记	–
206	张　华	1915－1950	万年	党员	县民政科科长	–
207	查惠英(女)	1918－1950	德胜	–	县第3区文教	–
208	俞士忠	1921－1950	四甲	–	志愿军26军77师229团连长	–
209	施廷相	1928－1950	刘浩	党员	解放军29军87师260团2营4连副指导员	–
210	朱蔚文	1930－1951	刘浩	–	解放军空军904部队1大队领航员	–
211	成祝林	1925－1952	刘浩	党员	解放军29军85师255团副指导员	–
212	曹友生	1919－1953	包场	党员	志愿军某部参谋	–
213	陆忠政	1923－1953	刘浩	–	志愿军23军69师205团参谋	–
214	孙振国	1928－1953	树勋	党员	志愿军23军67师200团政治处股长	–
215	奚　浩	1929－1953	刘浩	党员	解放军20军58师炮兵团参谋	–
216	朱连生	？－1953	万年	党员	泰州军分区靖江大队大队长	–
217	周健成	1931－1956	海门镇	团员	解放军2531部队副机械长	–
218	俞兰芬	1927－1957	树勋	党员	解放军某部连长	–
219	崔文达	1928－1957	临江	党员	解放军1261部队南箕站站长	–
220	曹锦昌	1925－1963	刘浩	党员	西藏江孜军分区后勤部副政委	–
221	陈尚礼	1925－1964	常乐	党员	解放军某部连长	–
222	张祖英	？－1965	海门镇	党员	四川省公安总队2团后勤处长	–
223	施耀康	1926－1967	三厂	党员	陕西省第一棉纺厂漂染车间副主任支援马里建设者(在抢险中光荣牺牲)	–
224	谢　平	1944－1967	刘浩	党员	抗美援越战士	–
225	洪步悌	1929－1969	悦来	党员	解放军某部团副政委	–

续表 35－1

序号	姓　名	生卒年	籍贯	政治身份	牺牲时单位、职务	曾用名
226	徐　勇	1921－1970	常乐	党员	福建省军区后勤部副部长	－
227	邱建荣	1935－1970	三星	党员	上海虹桥航空通讯队副指导员	－
228	吴蕴芳(女)	1937－1972	三阳	党员	六机部属 5022 厂总装车间技术员	－
229	施享文	1940－1974	三阳	党员	解放军某部 1 分队指导员	－
230	黄祖平	1946－1976	海门镇	党员	解放军某部机要股长	－
231	钱云志	1946－1976	王浩	党员	解放军 18 军 53 师连长	－
232	庄耀祥	1942－1978	临江	党员	解放军某部 3 中队副队长	－
233	王学飞	1944－1978	四甲	党员	解放军 29 军司令部通讯营副指导员	－
234	蔡友章	1956－1978	悦来	党员	解放军空军 9 航校电台台长	－
235	王鹏东	1951－1981	海门镇	党员	解放军某部指导员	－
236	于永生	1961－1990	万年	党员	81173 部队副连职排长	－
237	郑建新	1975－2008	刘浩	党员	广州军区空军某团副营职通信股股长	－

1927－1948 年在海门牺牲的客籍烈士(含乡连职以下)一览

表 35－2

序号	姓　名	生卒年	籍贯	政治身份	牺牲时单位、职务
1	沈惠农	1907－1927	崇明	党员	中共海门县委首任书记
2	陆　克	1905－1930	东台	党员	中共海门县委书记
3	秦　超	1905－1930	湖北枣阳	党员	红十四军 2 师师长
4	周趾麟	1911－1932	启东	党员	中共启海县委书记
5	俞甫才	1906－1934	崇明	党员	中共海门县委书记
6	瞿　犊	1913－1939	崇明	党员	海启地区抗日游击独立大队大队长
7	王　进	1920－1939	山西祁县	党员	海启地区抗日游击独立大队政训处主任
8	顾南洲	1898－1941	启东	党员	中共海门县委组织部部长、县委负责人
9	林　英	1906－1941	广东普宁	党员	海门警卫团政治处主任
10	陆朝桢	1916－1941	通州	党员	崇启海常备旅特务营营长
11	黄才胜	1917－1941	福建长汀	党员	新四军 1 师 3 旅 7 团团长
12	蔡力平(女)	1918－1942	启东	党员	中共海四区区委书记，区大队政委
13	王正平	1918－1942	浙江嘉兴	党员	中共海启县委社会部长
14	王　浩	1919－1942	如东	党员	富余区农抗会主任
15	刘　浩	1920－1943	浙江镇海	党员	中共六甲区区委书记
16	裴　蕾	1920－1943	浙江定海	党员	海中区队指导员
17	林　康	1921－1943	江南人	－	六甲区民运员
18	瞿　恩	1926－1943	江南人	－	六甲区民运员
19	曲兆昌	？－1943	通州	－	海中区经费会计
20	王　澄	1914－1944	镇江	党员	东南警卫团团长，东南行署主任

续表 35－2

序号	姓　名	生卒年	籍贯	政治身份	牺牲时单位、职务
21	鲍志椿	1914－1944	常熟	党员	东南警卫团政委，中共东南县委书记
22	刘里千	1918－1944	启东	党员	通海行署财政科长
23	俞忠信	1918－1944	南通	党员	通海行署督学
24	高　丰	1925－1944	浙江	－	东南警卫团战士
25	叶　平	？－1944	常熟	－	汇通区民政助理
26	崔德耀	1907－1946	山东邹平	党员	通海自卫总队总队长
27	杨　菊	1916－1946	启东	党员	县财粮局干部
28	王　飞	1921－1946	广东兴宁	党员	中共地下组织工作者
29	胡　涛	1921－1946	浙江东阳	党员	华中野战军 1 师 3 旅 8 团连长
30	陈润东	1924－1946	南通	党员	汇通区区长
31	龚明康	1924－1946	南通	党员	通海独立营教导员
32	陈立平	？－1946	崇明	党员	苏北九分区 7 团 1 营营长
33	王　祥	1912－1947	灌云	－	东南警卫团 2 连副连长，分区“一等神枪手”
34	顾　毅(女)	1916－1947	南通	党员	中共富余区区委书记
35	顾方成	1919－1947	如东	党员	中共海中区区委委员
36	张平山	1921－1947	如东	党员	中共海西区区委书记
37	郑公益	？－1947	安徽	－	富余区游击营副连长
38	龚一清	？－1947	东台	－	盐务办事处副主任
39	汤景延	1903－1948	如皋	党员	通海自卫团团长，解放军苏浙边区游击纵队(师级建制)党委书记，政委、副司令、参谋长
40	任天石	1913－1948	常熟	党员	－
41	胡　捷	1917－1948	浙江东阳	党员	华野某部通讯参谋
42	江一帆	1919－1948	通州	党员	通海行署科长，中共竞化区区委书记
43	李　鳌	1927－1948	启东	党员	富余区税务所副所长

第二节　乡连职以下烈士英名录

乡、连职以下烈士，按 2010 年海门市的区、镇、乡、场，编入烈士英名录。

开发区(3 人，**江滨乡**、**棉花原种场**)

戴汉成　毛老六　王炳生

海门镇(47 人，**海门镇**，**新海**、**秀山**、**江滨乡**)

刘　乃　张　杰　张　镛　唐茂三　曹介康
沙则徐　张树生　谢五宝　陈耀忠　施立明
樊祥兴　唐振邦　殷一民　叶惠明　潘仲甫
黄维奇　黄维新　顾明祖　吴来根　黄仁丹
陆邦汉　郭凤扬　蔡思礼　黄德亨　袁童昌
仇　石　黄金焕　陈德丰　汤品山　顾　民
王龙根　顾汉仁　孙品章　季士扬　茅冠夫
张占福　曹志连　施维堂　王能利　陆　叶
浦东岩　龚学仁　龚仁敬　王能昌　陈雪才
陈登太　陈景章

三和镇(26人)

顾锦扬 姜耀辉 施才康 姜耀忠 梁志元
沈云昌 茅金祥 袁振福 黄定予 杨凤岐
茅其元 杨小康 沈忠贤 黄 明 张炳千
龚云春 徐志龙 郭文斋 黄汉明 朱元新
朱伯贤 黄志道 袁文岗 倪桂林 包国年
沈守中

海门工业园区(78人,**三星、天补镇**)

王能权 张根宝 刘士元 陈 云 陆圣清
陆振范 蔡振福 钱财根 沈绍林 金凤山
杨锦昌 沈思义 龚志亨 黄天山 孙作文
杨凯旋 陈宝林 张连祥 袁朝相 袁志才
沈 钢 林志平 陆鉴新 钱承海 唐锦昌
杨玉成 蔡耀英 丁林才 金少廷 姚青郎
曹 炎 黄兴元 仇振祥 沈召良 顾方仁
郭选冲 唐金余 宋兆华 彭明达 钱志仁
倪锡清 卞文琪 袁斗林 仇元平 袁子良
黄理香 黄德良 倪华轩 徐大章 姜冠明
茅国祯 茅国选 黄志洪 顾雄良 张景松
张仁康 施启祥 陈朴成 陆焕明 施益圣
范廷章 施志成 顾士希 季国先 黄步鳌
施洪歧 顾金桃 黄云清 黄川根 范忠义
严学道 赵国宰 沈希才 吴锦章 沙安兴
刘益新 陆培山 陆维岩

德胜镇(65人,**德胜、瑞祥镇**)

陆锦平 胡云青 刘玉侃 陆金才 杨云歧
陈兆云 陈兆新 陆根潮 严汉高 黄福朝
朱玉章 陆顺康 张祖平 朱玉泉 张志明
丁祖尧 刘成友 杨云龙 董飞石 顾绍忠
徐冠良 尹裕平 蔡明家 张洪贤 施新连
顾鹄新 陆永才 倪庆良 盛锡山 顾松贞
倪国柱 高玉章 陆允元 周凤岗 陆中山
包元昌 黄玉林 钮国良 吴元才 杨占魁
施善春 陶晓白 周志华 唐志祥 沈洪宾
沈文斗 陈宝文 徐品先 李丕良 陈竹山
陈香歧 蔡康其 倪洪品 杨再莫 陈善甫
朱富轩 施文达 陈学生 黄凤翎 曹齐才
陆纯福 朱雨亭 王能忠 陈志华 顾国柱

海永乡(4人)

盛志新 顾怀祥 周志高 王 陈

江心沙农场(5人)

黄汉祥 陈贯本 江庙记 施志成 朱友祥

三厂镇(78人,**三厂镇,厂洪、汤家乡**)

徐志成 顾来清 黄志昌 张根宝 袁晋章
杨国生 徐建平 姜伯鸣 陈玉连 陈廷栋
倪国彬 包其昌 崔耀忠 黄 林 吴汉明
黄培英 赵松其 袁孝汉 施占龙 张志成
袁明初 陈志祥 陈福林 沈有才 蔡廷康
朱雪祥 沙明星 秦九康 陈才康 张文祥
朱相清 黄松芝 朱丕祥 陆成大 樊天成
李瑞康 蔡汉彬 施惠章 樊发祖 施祥郎
沈元云 包永安 樊茀堂 王富清 张友官
景选英 吴宝昌 顾中汉 胡友宝 倪冠邦
丁学连 陈启明 张廷怀 施启章 苏家和
黄汉新 杜心春 顾川其 唐元祥 季连狗
黄士明 周爱宝 顾云彪 陈德新 董小良
季宰新 张志登 秦爱其 黄宝清 朱启元
陈志才 严仁本 徐友法 施立明(女)
施志连 沈作时 李振祥 顾云丰

常乐镇(103人,**常乐镇、平山乡**)

叶相奎 俞文进 茅宝康 张德林 董有德
徐廷才 陆 英 黄成兴 龚孝林 单金虎
刘振贤 张志冲 洪静涛 施生祥 沈文德
沈明高 龚云昌 袁天明 李耀忠 施雨金
施正祥 杨顺元 钱士才 陈学诗 陈锡酬
施志新 季士章 陆 善 陆廷康 黄忠礼
陆善同 王兴其 王振家 沈祖同 陈志祥
沈祖清 史有康 王冠明 徐力生 钱正球
黄元祥 沈祖周 陆志仁 陆顺荣 张云锦
黄鹤汀 胡云清 宋景绪 庄福江 沈思明
杨明安 吴南乔 袁思恭 龚才郎 蔡德康
蔡志明 陈竹英 陈洪梯 陈孟才 黄宝其
顾志祥 陆炳贤 成洪狗 陆利民 翟树生
蔡志高 徐汉桃 张国强 张玉斐 季石林
蔡文林 陈 波 施步清 施志伦 吴廷贵
蔡进明 林祖裕 李德高 郁惠彬 陆士勇

刘纪华　李锦昌　张明山　陈志石　张士千
张士清　曹国庆　张道良　殷祖义　侯启文
沈张大　施志伦　陈礼桥　袁美珍　张行周
朱发明　杨守石　陈锦希　陆洪彬　梁益钧
蔡云其　龚建彬　朱德明

麒麟镇(62 人)

赵文义　杜元康　何云龙　朱立生　陈志康
樊连发　樊庵宝　蔡祥进　赵庆贤　韩国丰
周月狗　袁云祥　黄一飞　樊发良　侯志谦
施立家　施冠林　沈仲希　陆林康　王友德
杨云龙　张鼎文　沈锦才　袁友良　赵七斤
李凤池　秦步云　龚品成　董鹤飞　曹天祥
万能刚　顾志先　黄祥郎　高召珍　周学章
陆廷贵　王德安　张廷昌　王凤泉　施启良
李昌明　沙启峰　张云梯　李三林　朱善良
施元郎　毛学文　何锦成　倪诗瑾　吴其林
倪佐香　朱汉清　黄小青　樊发龙　尹雪娥
宋志辉　梁　超　曹云锦　张凤鸣　张祖尧
陈才林　方云生

悦来镇(124 人,**悦来**、**六匡镇**)

张友芳　吴志冲　高林才　苏　律　李炳余
王启东　陈朝鸣　王万忠　张三其　郁康才
沈灿其　蔡鸿才　张凤鸣　顾思礼　周裕全
张启明　张康郎　蔡成玉　倪尚德　倪鹤林
吴志高　施启群　杨则尼　姚　健　邢怀模
李松林　茅松林　袁少康　谢洪鼎　杨百岳
黄义明　陈龙祥　沈林康　王守生　陈家富
倪　勇　蔡汉文　陈启良　龚叔岳　茅祥官
张秀陶　施乐英　施启成　秦克成　袁志清
浦思友　姚廷元　张串其　茅志明　潘秀洪
戴郁生　杨士良　黄松其　陆歧官　徐其昌
张成龙　杨宝财　龚　诚　何学礼　徐学周
陆顺祥　盛楚祥　陆顺德　张祖高　张桂仁
陆张魁　王兆祥　倪在明　龚楚文　卫廷祥
周健能　沈小香　盛三郎　朱郁如　顾其郎
张志行　沈士贵　顾友新　崔建平　孙培章
崔保明　杨仁狗　陈朝贵　龚连君　龚鼎辉
徐志尚　钱惠宝　龚启文　苏　毫　袁士龙
殷小顺　戴仁礼　郁维南　蔡友郎　徐金海
顾忠义　蔡汉文　李永春　侯忠成　梁启邦

张其狗　张选荣　张选奇　汤金元　黄慕恒
陈松年　张希祖　岑锡祥　秦杏元　顾宝英
陈小明　陈志朋　施林官　顾安祥　朱云义
顾林周　龚建明　季金渡　管金成　程锡明
陆忠鹏　倪志球　黄富祥　汤金龙

三阳镇(119 人)

樊发元　黄云山　严维新　吴忠明　朱春狗
李学琴　张锦祥　俞士明　黄士明　陈福海
张　大　秦凤山　袁兆璜　张龙祥　高汉昌
季保民　黄建州　朱振球　秦凤贤　严品康
彭友群　金志义　毛维清　吴灿祥　黄瑞家
沈　利　沈德明　祁振邦　朱振生　盛志新
沙尚芝　张　彬　沈国元　施成道　施礼臣
黄振昌　陈德才　张学礼　张明达　宋介山
施维成　黄一群　曹学义　施锦文　薛代福
沈文通　方仁昌　李锦成　郁建金　杨　植
张元其　张锦龙　高汉宾　陆学义　顾炳成
陈友祥　徐志清　严成忠　曹志祥　吴汉章
施正康　袁殿清　俞川其　黄友义　李杏元
樊天福　许维相　谢正德　李成家　施三狗
黄振声　陈　东　李万芳　陆启珍　杨兆林
陆友其　江兰馨　沈耀先　杨殿军　黄耀嘉
倪国荣　沈国士　陆占山　刘翠郎　王宝昌
黄瑞和　顾明希　黄士新　丁炳生　龚启良
黄志家　陈锦丰　沈宏元　陈汉忠　顾诗达
张庙元　黄绍林　周维新　陆汉全　孙冲祥
王　伸　倪国丰　范本汉　唐金其　林德云
倪广才　朱锦如　施维成　黄秉良　刘小石
汤志球　邱进明　陈庆福　吴朝佐　崔锦高
柏雪昌　施祖才　王克周　龚士芳

临江新区(81 人,**临江镇**)

王瑞修　施裕祥　张永其　严春峰　倪锦清
倪志平　龚介云　戴召明　黄兆狗　陈维新
顾威名　黄云标　蔡希圣　蒋德学　陆八斤
黄志白　张怀义　王信章　胡汉雄　蒋东官
陈才其　鲁祥狗　徐忠石　朱福新　张文祥
曹才康　蔡元明　蔡才宝　倪忠信　王善昌
朱云汉　胡恒才　张建新　毛裕加　黄启丰
黄庙根　黄玉连　龚思元　林朝元　徐玉英
施正声　李飞龙　陆金才　樊九明　朱林奎

施大中 张康朗 陶志祥 何国民 杨学章
蒋明狗 施学邦 朱和元 龚宝昌 王德才
施志才 沈伯清 刘来其 陆锦利 王连云
盛雨先 陈 祥 施拜郎 陆二郎 梁近仁
谢 铭 谢二宝 陈秀丰 季雪章 范引良
朱福珍 朱立周 黄思云 陆振康 徐志伦
黄培兴 俞正元 岑裕涛 沈元狗 黄炳千
黄凤岩

四甲镇(59人,四甲、国强镇)

仇荣昌 仇南南 仇广余 姜马林 姜连宝
周锡狗 徐惠才 姜锦海 陶勋成 陈桂兰
姜荣江 周林桃 梁振雄 范金生 韩飞平
仇茂南 奚锡林 唐云书 姜来庆 梁振兴
茅财明 陈小庆 梁振南 张茂高 徐文生
毛海江 瞿秀文 毛洪山 关有其 俞来涛
梁雪城 张金林 奚和山 孙凤朝 周玉高
俞桂洪 彭汝高 仇文进 姜洪恺 姜汝恒
施文华 陆连庆 陆浦清 姜渭林 黄林其
黄德清 陆丕岩 何士元 唐季顺 姜炳涛
李金狗 姜楚生 陆洪江 施成元 施林岳
陆锡章 陆志康 杨沛祥 姜洪凯

货隆镇(66人)

陈锦芳 周志明 仇长庆 许德范 陆汝昌
俞锡高 马金科 仇金堂 姜连和 张冠明
王树春 费金玉 仇汉余 张志忠 单志兰
林汉高 姜小洪 殳海山 陈其林 陆文奎
仇兆玉 陈文奎 曹建标 赵云科 成广明
成有余 蔡伯昆 张连生 俞洪章 季德林
何茂先 潘桂桂 缪桂堂 张 明 仇金彩
梁德芳 俞同狗 吴宝生 梁云堂 庄锡昌
毛国栋 张志忠 俞小洪 许金榜 丁水发
姜殿元 吴茂忠 唐德铭 陈德进 俞茂生
俞树清 姜茂春 曹家清 陈 进 陆锡桃
王金生 蔡林标 张宝春 张步平 姜国章
姜仲恒 许忠义 马锡元 李锡标 唐云贤
仇克标

王浩镇(76人)

冯海海 李树功 李桃桃 俞殿清 庄文富
庄良元 姜咬顺 张锦桃 朱文忠 吴宝成
俞鸣田 顾云汉 俞明海 俞金标 汤海庆
俞秀岩 俞法堂 汤广凤 仇学高 姜巧林
俞金芳 汤海涛 王章扣 姜锦山 石俊林
张金成 张锦标 杭 森 何锡范 姜汉林
赵桂成 陈义兴 顾海洪 王振洪 汤汉科
赵洪兵 冯献忠 冯 彪 李文学 姜兰清
赵良桃 吴胜和 张士成 汤炳忠 汤 如
钱锦桃 王茂涛 何锡洲 钱五宝 冯 义
吴广云 王小炳 王宝珍 周雪恩 施茂忠
史小江 顾扣扣 汤秀书 赵金海 冯国君
曹锦和 石进田 崔宝堂 冯金銮 周家友
汤 义 王炳红 王雪芦 王高林 姚有如
王海清 许广宗 余 忠 李和尚 施小三
汤小山

余东镇(45人)

姜国恒 何兰歧 邵树芳 何其进 陆爱清
张其山 张海涛 何德麟 张金铭 陆宝湖
何广生 梁占元 俞小红 杜汉忠 范云彪
张 钧 张 标 王殿臣 王松桃 王小狗
王钟亮 陈孝芳 张海潮 崔广和 江立祥
孙桃子 邵学高 朱锡球 朱 富 黄发育
丛锦堂 何云飞 陈裕南 丁徐桃 张竹春
唐凤歧 蔡前森 郁洪裕 姜 元 何德明
郁裔宝 王国山 王海林 黄家平 顾云祥

树勋镇(79人)

冯献球 郁建光 郁树勋 张文左 陈宝康
李俊千 施惠清 赵鸿宾 黄菊初 张士良
吴金昌 吴金堂 盛少隆 沈建忠 俞兆丰
陈云龙 姜锦海 陆贤能 陈尚清 徐则校
许小海 张玉山 陈友文 杨仲康 吴宝中
单宗信 陈明洪 陆士良 李海堂 姜进先
赵 智 陈 褒 王光明 郁洪义 毛小海
姜法洪 仇德安 梁汉鼎 郁洪林 王朝笋
许少卿 杨仲乔 徐则兵 赵国皇 李玉堂
陈金宝 倪宝康 黄洪兴 吴宝初 田兆勇
黄洪山 范尚珍 范洪钧 吴 云 黄洪祖
曹万忠 曹万春 郁洪年 朱克琴 崔茂生
刘汉昌 张宗范 宋文模 蔡祥生 仇德涵
王友生 陈志龙 王金生 李海海 崔风书
黄 勇 陆长元 何德田 刘冠芬 朱明芳

孙学东 卞汉明 梁玉书 陈金龙

包场镇(75人,包场镇、新余乡)

施友兰 丁庙桃 陈道昌 陈季英 何和尚
袁炳英 郭德华 施淑珍 施洪海 戴玉先
陆 仪 谢裕成 郭祖林 黄志礼 陈金俭
施国珍 顾仲书 施宏昌 朱振家 陆银海
陆云田 孙雅明 周汉清 周国芳 戴汉成
张水涛 钱惠荣 徐有祥 朱长有 朱长圩
任来龚 沈龙章 陈石新 吴晋有 黄林森
李一明 王 兴 陆广志 郁维良 张文思
江林昌 江小扬 江金海 杨良会 陆水洪
钱水涛 季宝元 陆金坤 张锡铭 江洪发
徐长林 江桃元 江汉成 毛遂生 陆海林
陆洪海 赵良桃 陆瑞清 孙金遂 张文进
杨井林 张双富 张学清 周国方 陆朝福
陆道士 俞涛元 赵 平 陈海和 张水江
陈少云 江 生 陈洪福 张海林 陈步林

正余镇(41人)

冯道士 程子刚 石瑞丰 熊 亮 王祥顺
董海海 庄汉成 李海如 屈和如 张和尚
张华华 张志龙 张小海 李广才 张海生
俞水桃 陈进龙 屈水林 李小五 张炳桃
钱三桃 王道士 王七斤 江小海 俞兆其
张兰芬 江小狗 张昌昌 王茂涛 陈洪德
李昌荣 江金余 陈国珍 赵金海 唐凤歧
吴龙朝 张文明 庄关群 冯水如 黄永桃
钱凤华

万年镇(78人)

袁士荣 唐兆昌 樊仲华 施德琛 刘勃然
杨协丰 戴文裕 金凤池 沈少祥 戴善德
季廷奎 仇金芳 江时郎 郁志超 陈菊新
蔡文涛 董汉友 顾思义 汤学山 施廷栋
施友江 季廷石 张祝连 倪永伯 吴召祥
王文康 刘道士 王信康 黄福昌 施友章
季忠林 陈明辉 谢明章 丁献华 张洪涛
张志山 沈洪明 沈思荣 陆兆明 袁锦超
陈凯豪 陈仲夫 陈德和 倪百荣 陈祖余
李志清 薛启林 黄锡范 龚育芝 沈文才
许文标 钱永芳 施成清 陈才林 张茂生
黄怀顺 袁士昌 茅裕宣 潘怀山 王维舟
陈华狗 陈志能 吴锡祥 胡 仁 马占先
陈少康 顾云祥 任兰芝 袁 怡 袁少平
顾沛石 张锡祥 陆惠清 张金石 蔡廷荣
郎汉林 沈金石 李 新

刘浩镇(172人,刘浩、海洪乡)

江茂和 徐立华 张武腾 张金狗 刘钱富
钱江元 江其生 沈祥林 朱雪声 丁玉山
阙桂声 沈国宰 施允福 顾鹤林 刘宝富
葛谓元 蔡锦洪 成金山 江庙法 成锡俊
沈国贤 陈雅源 耿来桃 孙锦平 施松禄
朱德高 毛国裕 范成山 殷有余 范仲汀
阙友歧 黄祥康 江小坤 江锦桃 江马群
唐根郎 黄妙林 王庙红 江俊红 潘雨庆
顾锡才 江法纪 江献洲 朱连生 张兴鹏
陆朱郎 胡仁礼 李井楚 宋声昌 施启华
蔡凤飞 沙学琴 俞茂才 陈学贵 马丕林
范士清 张丕林 叶企章 蔡志昌 陆瑞能
施树荣 樊喜同 樊天时 丁德道 袁正生
施才清 徐士明 马沛生 何学林 宋大金
沈友贤 樊龙宝 樊绍其 施冠良 马志山
沈士高 季怀章 钱亚芳 戴文品 陈俊才
陈彦昌 陈 谦 陈占才 陈忠明 张少成
蔡成岳 张锦才 张汉明 张志仪 张志扬
蒋朝云 陈怀之 陆念福 陆纯贤 陆少丰
盛文英 施锦兰 倪廷秀 沙顺才 黄来达
黄家齐 陆凤仪 林士安 董雪成 沈士高
沈云高 徐启连 倪志才 朱拜石 孙进才
蔡国志 施志家 沈士明 黄维新 郁李洪
张克明 顾伯勋 陈志文 叶企祥 黄国凡
杨忠益 施志相 龚云昌 周文通 王信高
陈永康 秦千祥 袁文兰 钱启群 陈林相
陈步康 张才林 黄志高 俞才能 袁进贤
杨明家 施凤里 周士奇 张希荣 周圣白
黄士良 沈林元 王信忠 马方如 顾云飞
周云祥 徐元宰 倪昌寿 陈田清 宋冠酬
张友林 张殿高 杨振家 郁志冲 施林狗
黄振回 张方明 蔡友祥 张文彬 周志良
戴洪耀 吴学明 袁友良 倪友石 陈启家
马人伟 宋亚兵 任国祥 茅少杰 陈汉明
陆炳谦 沈志奇

滨海新区(42 人,东灶港镇)

何洪邦　李　振　黄茂芳　尹庙记　成献球
张文书　江永恩　成选清　易宝成　沈马候
王德根　徐双桃　杨金标　成锦标　吴金裕
包汉朝　张金思　蔡金友　俞　森　张良纪
江雪山　江和仁　张献忠　曹永祥　杨金狗
江刘庆　江庙群　周庙涛　王志祥　周水涛
江良候　叶桃桃　江云浩　杨金涛　李留法
朱成兴　陆宝成　周小才　张雪江　江付恩
马才贤　蔡汉清

第三节　获全国表彰先进人物表

新中国成立至 2010 年,海门市(县)获中共中央、国务院、全国政协、中央军委及其部门表彰的劳动模范、先进个人等,设表入志,按表彰年份先后排序。

1955－2010 年海门市(县)获全国(含部级)表彰先进人物一览

表 35－3

姓　名	性别	工作单位、职务	荣誉称号	表彰时间
袁秀芳	女	大生三厂工人	劳动模范	1955
周汉钜	男	三阳供销社普济站站长	先进工作者	1956
周汉钜	男	三阳供销社普济站站长	先进生产者	1956
张　励	男	大生三厂工人	劳动模范	1959
邱祝林	男	万年公社镇兴村 13 组	劳动模范	1960
邱祝霖	男	六匡广阳初级小学校长	教育等方面社会主义建设先进工作者	1960
顾思仁	男	悦来农业中学副校长	教育等方面社会主义建设先进工作者	1960
黄汉范	男	东兴中心小学教导副主任	先进儿童工作者	1960
徐蕴芳	女	新建公社幼教辅导员	先进儿童工作者	1960
顾静芳	女	县糖烟酒公司营业员	三八红旗手	1960
郭福元	男	四甲食品站职工	空军劳动模范	1970
刘文昌	男	南通地区驻徐州煤矿指挥部副总指挥	先进工作者	1978
王信菊	女	刘浩医院妇产科医生	三八红旗手	1979
施慎予	男	悦来中心小学女排教练	优秀体育园丁	1981
林新德	男	江心沙中学教师	普通教育先进教师	1981
施慎予	男	悦来友新小学教师	千名优秀体育教师	1982
徐　叔	男	海门中学教师	五讲四美为人师表活动优秀教师	1983
姚曼怡	女	麒麟中学教师	三八红旗手	1983
王信菊	女	刘浩医院党支部副书记	三八红旗手	1983
陆俊千	男	海门化肥厂车间工会副主席	优秀工会积极分子	1983
王士达	男	县邮电局工会副主席	优秀工会积极分子	1983
张林森	男	县食品厂工会副主席	优秀工会积极分子	1983

续表 35－3

姓　名	性别	工作单位、职务	荣誉称号	表彰时间
徐　叔	男	海门中学教师	优秀班主任	1984
胡立人	男	县农业区划办公室副主任	科技进步奖(县综合农业区划)	1985
施振群	男	东兴乡业余教育辅导员	在农村科普工作中成绩显著	1985
沈源泉	男	六匡中心小学教师	体育优秀裁判员	1986
陈建华	男	县聋哑学校教师	特殊教育先进工作者	1986
吴蕴铨	女	海门中学教师	体育优秀裁判员	1986
倪国玦	男	海门中学教师	体育优秀裁判员	1986
邓正鸿	男	四甲医院医生	计划生育先进个人	1986
沈达文	男	临江乡党委书记	计划生育先进个人	1986
郁兴章	男	三星乡计生助理	计划生育先进个人	1986
陈建华	男	县聋哑学校教师	特殊教育先进工作者	1987
蒋旭昶	男	县眼科医院院长	五一劳动奖章获得者	1987
冯国清	男	县科协副主席	农村科普先进工作者	1987
施慧娟	女	悦来中心小学教师	体育传统项目学校优秀工作者	1987
施惠琴	女	县聋哑学校教导主任	特殊教育先进工作者	1988
周光亮	男	三厂冷却塔开发中心	有突出贡献的中青年专家	1988
邓正鸿	男	四甲医院医生	计划生育先进工作者	1988
成　琨	男	刘浩中心小学工会主席	优秀工会积极分子	1988
袁险峰	男	常乐水利站站长	区乡优秀水利水保员	1988
杨宏伟	女	海门手帕厂工人	纺织工业劳动模范	1989
袁亚慈	女	三和乡三南村党支部书记	劳动模范	1989
张桂卿	男	县委组织部副部长	优秀党务工作者	1989
周光亮	男	三厂冷却塔开发中心	优秀归侨侨眷积极分子	1989
吴英先	男	余东信用社会计	农村金融系统优秀会计员	1989
李锦方	男	刘浩营业所出纳	农村金融系统先进工作者	1989
沈炳高	男	县农业银行纪检员	农村金融系统先进工作者	1989
赵云峰	男	海师附小教导主任	优秀教师	1989
屈宝贤	男	海门中学校长	教育系统劳动模范	1989
陈文珊	女	海门县中副校长	优秀教师	1989
张兴华	男	县实验小学副校长	优秀教师	1989
陶德钧	男	东洲幼儿园主任	优秀教师	1989
黄蕴兰	女	天补中心小学教师	优秀教师	1989
梁安培	男	三厂职业中学教导主任	优秀教师	1989
俞汉臣	男	树勋初级中学教导副主任	优秀教师	1989
黄　江	男	新余中心小学教师	优秀教师	1989

续表 35－3

姓　名	性别	工作单位、职务	荣誉称号	表彰时间
樊祥林	男	江滨初级中学校长	教育系统先进工作者	1989
彭惠堂	男	余东木桩港小学校长	教育系统先进工作者	1989
陆振勤	男	县食品厂机修车间主任	五一劳动奖章获得者	1990
陈洪英	女	县总工会副主席	女职工先进工作者	1990
张玉清	男	县检察院工作人员	检察系统反贪污贿赂先进个人	1990
张乃华	男	县供电局抄表员	供电系统优秀服务先进个人	1990
施友明	男	县政协办副主任兼县文史编辑部主任	第四次全国人口普查国家级先进个人	1990
张　斌	男	工商银行海门支行办事员	保卫工作先进个人	1990
黄耀娟	女	县蜂乳品厂工人	农村青年星火计划带头人	1990
王伯鸣	男	悦来粮管所工会主席	职工思想政治工作优秀宣传工作者	1990
徐在佳	男	海门中学教师	优秀田径裁判员	1990
俞茂林	男	县党史办调研员	党史系统先进个人	1991
祁秉伊	男	海门中学教师	教育系统劳动模范	1991
曹慧丽	女	东洲幼儿园副主任	优秀教师	1991
陆士才	男	麒麟中学教师	优秀教师	1991
张冠生	男	三星成教中心校长	优秀教师	1991
顾学明	男	县人民银行副行长	人民银行保卫工作先进个人	1991
张伯冲	男	临江信用社主任	金融系统劳动模范	1992
胡立人	男	县农业区划办公室副主任	科技进步奖(土地资源调查)	1992
倪新善	男	临江缝纫机针厂厂长	优秀乡镇企业家	1992
齐剑霞	女	海门手帕厂办公室负责人	拥军优属模范	1992
倪国祥	男	海门殡仪馆馆长	民政系统先进工作者	1992
季金虎	男	海门中学校长	优秀教育工作者	1993
沈翠萍	女	三厂镇中心小学教师	优秀教师	1993
陈松坡	男	县教育局教研室教研员	优秀教师	1993
张德荣	男	悦来中学教师	优秀教师	1993
倪国祥	男	海门殡仪馆馆长	五一劳动奖章获得者	1993
黄伯新	男	县人大常委会副主任(表彰时任青海大通县委常委)	抓基层建设先进个人	1993
茅　瑾	女	县土地管理局工作人员	电化教育培训优秀学员	1993
江自强	男	市公安局警察	优秀人民警察	1994
唐德炎	女	海门中学副校长	教育系统巾帼建功标兵	1994
毛计言	男	通棉三厂工人	劳动模范	1994
邢汉明	男	四甲建筑站站长	劳动模范	1995
倪国祥	男	海门殡仪馆馆长	劳动模范	1995
张士新	男	南通特种铜材厂厂长,江滨乡富山村党支部书记	劳动模范	1995

续表 35－3

姓　名	性别	工作单位、职务	荣誉称号	表彰时间
陆知轩	男	海门中学教师	劳动模范	1995
张云芳	男	刘浩中心小学教师	优秀教师	1995
韩菊芳	女	四甲中学教师	优秀教师	1995
倪国祥	男	海门殡仪馆馆长	先进工作者	1995
卢　健	男	市纪委办公室主任	纪检监察系统先进信息工作者	1996
崔　勇	男	三阳派出所所长	优秀人民警察	1996
董仁亲	男	汤家乡中兴村原党支部书记	星火计划先进工作者	1996
张剑兵	男	市公安局警察	优秀人民警察	1997
邱祖权	男	市体委副主任	群众体育先进工作者	1997
王平江	男	国强中心小学教师	群众体育先进工作者	1997
汤永祥	男	市疏浚公司经理	模范工人	1997
施荣希	男	市水利局局长	抗洪抢险模范	1997
杨蔚南	女	市人民医院副院长	征兵工作先进个人	1997
李德彬	男	货隆镇关工委副主任	老有所为奉献奖	1998
江建华	男	海门中学教师	优秀教育工作者	1998
施张菊	女	江苏白兔纺织集团股份有限公司工人	五一劳动奖章获得者	1998
邱允诚	男	市科委主任	科技先进工作者	1998
沈源泉	男	六匡中心小学校长	群众体育先进工作者	1998
俞建平	男	中国银行海门支行营业部主任	存款先进个人	1998
季　勇	男	市委农工部部长	农技推广先进工作者	1999
成桂芳	男	东兴农技站站长	农技推广先进工作者	1999
钱宝芦	男	包场水产站站长	农技推广先进工作者	1999
薛兆周	男	三阳镇党委协理员	社会治安综合治理先进个人	1999
吴丽华	女	市人寿保险公司售后服务部主任	业务一级奖章	1999
陈　忠	男	市教师进修学校教师	曾宪梓教育基金奖	1999
吴应成	男	瑞祥镇曙光村党支部书记	人民模范调解员	1999
施亚民	男	市政府市长	全国十佳武委会主任	1999
施亚民	男	市政府市长	国家卫生城市市长奖	2000
施亚民	男	市政府市长	第三次全国城市环境综合整治先进市市长	2000
徐立新	男	市建委主任	第三次全国城市环境综合整治先进市建委主任	2000
郭祖贤	女	市总工会财务部长	工会财会先进工作者	2000
唐慧娟	女	包场兴旺养猪场场长	科技读书示范户	2000
施桂兰	女	麒麟镇北星村妇女主任	计划生育先进工作者	2000
黄振芳	女	三和镇计生干部	计划生育先进工作者	2000

续表 35－3

姓　名	性别	工作单位、职务	荣誉称号	表彰时间
谢菊兰	女	三阳镇永平村妇女主任	优秀计划生育中心户组长	2000
竺晓莉	女	通棉三厂工人	劳动模范	2000
乌朝晖	男	中国银行海门支行出纳	先进工作者	2000
沈　霞	女	市供电局会计	会计岗位标兵	2000
朱佐才	男	三厂镇朱佐才脚部按摩应诊中心负责人	第三届全国健康老人	2000
倪志斌	男	市畜牧兽医站副站长	劳动模范	2000
姜植忠	男	江苏白兔纺织集团股份有限公司工人	劳动模范	2000
朱韩新	男	市广电局局长	远程教育先进个人	2001
王新学	男	市国土资源局副局长	国土资源执法监察先进个人	2001
屈宝田	男	市国土资源局副局长	地籍管理工作先进个人	2001
周悦凡	男	市农林局副局长	休渔工作先进个人	2001
顾启新	男	市计生委副主任	婚育新风进万家活动先进个人	2001
陈庆涛	男	市供电局总经济师	优秀援朝人员	2001
顾助东	男	海门中学教科室主任	优秀教师	2001
邱祖权	男	市体委原副主任	荣誉社会体育指导员	2001
张　强	男	江苏通光集团董事长	第四届全国乡镇企业家	2001
施振飞	男	三阳镇司法助理	人民满意司法助理	2001
徐永兵	男	市委书记	社会治安综合治理先进个人	2002
徐永兵	男	市委书记	创建国家环保模范城市领导奖	2002
汤仲飞	男	市政府市长	社会治安综合治理先进个人	2002
汤仲飞	男	市政府市长	创建国家环保模范城市领导奖	2002
肖振时	女	市政府副市长	创建国家环保模范城市组织奖	2002
陈水平	男	市政府副市长	社会治安综合治理先进个人	2002
成锦平	男	海门中学校长	群众体育先进工作者	2002
盛锦石	男	市环保局局长	创建国家环保模范城市组织奖	2002
沈为人	男	市公安局政治处主任	查处有害气功专项斗争先进个人	2002
唐慧娟	女	包场兴旺种猪场场长	各族农村妇女双学双比先进女能手	2002
张振东	男	市科技局工业科技科科长	火炬计划先进个人	2003
陈锦石	男	中南集团有限公司董事长	五一劳动奖章获得者	2003
茅炜炜	女	市国税局科员	优秀税务工作者	2003
崔正辉	男	市统计局工交科长	投入产出调查国家级先进个人	2003
沈伟军	男	市委政法委执法监督检查科科长	严打整治斗争先进工作者	2003
黄士辉	男	建设银行海门支行党委书记	优秀党务工作者	2003
吴建平	男	三厂派出所民警	优秀汽车分队干部	2003
郁　健	男	德胜镇统计助理	第二次全国基本单位普查先进个人	2003
戚　毅	男	市统计局副局长	第二次全国基本单位普查先进个人	2003

续表 35－3

姓 名	性别	工作单位、职务	荣誉称号	表彰时间
崔正辉	男	市统计局工交科长	第二次全国基本单位普查先进个人	2003
徐永兵	男	市委书记	2001 至 2002 年市(县)科技进步先进个人	2004
汤仲飞	男	市政府市长	2001 至 2002 年市(县)科技进步先进个人	2004
毛云和	男	南通三建九分公司董事长	五一劳动奖章获得者	2004
倪雪文	男	南通回力橡胶集团有限公司董事长	优秀乡镇企业家	2004
叶剑生	男	常乐镇培育村党支部书记	第四届全国“五好”文明家庭	2004
张 森	男	海门中学教研组长	模范教师	2004
俞玉萍	女	东洲中学教研组长	优秀教师	2004
姜云生	男	货隆镇计划生育助理	计划生育工作者荣誉证章获得者	2004
季允刚	男	海门镇党委书记	群众体育先进工作者	2005
黄启扬	男	市民族宗教事务局局长	宗教系统优秀信息员	2005
张炳荣	男	市科学技术局局长	2003 至 2004 年科技进步先进个人	2005
仇洪泽	男	市科协主席	农村科普工作先进个人	2005
叶剑生	男	常乐镇培育村党支部书记	劳动模范	2005
刘国柱	男	市总工会技术交流站站长	技协工作先进个人	2005
陆亚萍	女	亚萍布业集团董事长	三八红旗手	2005
陈水平	男	市政府副市长	2003 至 2004 年科技进步先进个人	2005
徐永兵	男	市委书记	国家级生态示范区建设优秀领导者	2005
汤仲飞	男	市政府市长	国家级生态示范区建设优秀领导者	2005
肖振时	女	市政府副市长	国家级生态示范区建设先进工作者	2005
陆亚萍	女	亚萍布业集团董事长	2004 年十大经济女性年度人物	2005
陆宗琴	女	双爱黄金珠宝行董事长	经济女性年度人物公益奖	2005
陆宗琴	女	双爱黄金珠宝行董事长	中国经济女性年度人物公益奖	2005
李冠斌	男	市统计局局长	第一次全国经济普查国家级先进个人	2005
江金林	男	市统计局副局长	第一次全国经济普查国家级先进个人	2005
包惠康	男	市统计局综合科长	第一次全国经济普查国家级先进个人	2005
沈 雨	男	市统计局法制科长	第一次全国经济普查国家级先进个人	2005
王晓松	男	市统计局工交科长	第一次全国经济普查国家级先进个人	2005
王燕敏	女	海门经济开发区统计办主任	第一次全国经济普查国家级先进个人	2005
周炳高	男	南通华硕建筑有限公司项目经理	工程建设优秀项目经理	2006
顾敏华	男	市人武部政委	维护国防和军人合法权益先进个人	2006
刘慧群	男	工商银行海门支行营业部副主任	竞争力项目推广工作先进个人	2006
虞晶晶	女	铁通海门分局局长	企业知识型先进个人	2006
陆宗琴	女	双爱黄金珠宝行董事长	双学双比女能手	2006
俞春蓉	女	三厂镇计生服务站执业医师	人口与计生科技先进个人	2006
唐慧娟	女	包场兴旺肉制品有限公司董事长	双学双比女能手	2006

续表 35－3

姓　名	性别	工作单位、职务	荣誉称号	表彰时间
沈家俭	男	市电信局客户经理	优秀客户经理	2006
曹　斌	男	市委书记	科技进步先进个人	2006
姜　龙	男	市政府市长	科技进步先进个人	2006
陈水平	男	市政府副市长	科技进步先进个人	2006
朱明亮	男	市委机要局局长	党政系统机要密码工作一等功	2006
黄占明	男	三厂镇工房街社区党支部书记	文明诚信个体工商户	2007
汤国斌	男	市供销合作总社党组书记、主任	劳动模范	2007
叶剑生	男	常乐镇培育村党支部书记	科普惠农兴村带头人	2007
瞿　斌	男	工商银行海门支行行长	工行系统优秀党务工作者	2007
张　强	男	江苏通光集团董事长	光纤光缆 30 年风云人物奖	2007
吴建英	女	东洲小学副校长	优秀教师	2007
顾欣菊	女	悦来中学办公室主任	优秀教师	2007
顾欣菊	女	悦来中学办公室主任	中小学优秀班主任	2007
倪　平	男	市公安局刑警大队大队长	优秀人民警察	2007
周　伟	男	市公安局刑警大队中队长	基本法律知识三考个人二等奖	2007
江玉良	男	市计生委副主任	计划生育先进工作者	2007
陆燕敏	女	市计生指导站工作人员	人口与计划生育科学技术工作先进个人	2007
杨允辉	男	工商银行海门支行科长助理	公司业务优秀客户经理	2007
钱铁军	男	中国银行海门支行综合管理部主任	文明优质服务先进个人	2007
袁卫华	女	中国银行海门支行营业部柜员	奥运金融服务技术标兵	2007
管云山	男	市总工会主席	五一劳动奖章获得者	2008
唐慧娟	女	包场兴旺肉制品有限公司董事长	三八红旗手	2008
张凤斌	男	市委党史工作办公室主任	先进工作者	2008
朱慧涓	女	市工商局消费者权益保护科科长	行政执法工作先进个人	2008
陆亚行	女	中南控股集团有限公司副总经理	十大农民女状元	2008
范彩红	女	海门经济开发区统计办公室科长	双学双比女能手	2008
范彩红	女	海门经济开发区统计办公室科长	第二次农业普查先进个人	2008
赵　梅	女	树勋镇统计助理	第二次农业普查先进个人	2008
杨永祥	男	麒麟镇双河村会计	第二次农业普查先进个人	2008
徐永平	男	市公安局经侦大队大队长	知识产权执法保护先进个人	2008
沈　华	女	中国银行海门支行理财经理	基金销售优秀客户经理	2008
郁兰萍	女	市妇联主席	巾帼建功活动先进工作者	2009
周洪斌	男	市广播电视局局长	县级广播电视系统百名优秀工作者	2009
俞　勇	男	市公安局副局长	公安机关集中换发第二代居民身份证工作先进个人	2009
何　敏	男	市安监局副局长	安全监管监察系统先进个人	2009

续表35－3

姓　名	性别	工作单位、职务	荣誉称号	表彰时间
王觉秋	男	货隆初中教师	优秀教师	2009
陆亚萍	女	亚萍国际购物广场董事长	第七届中国十大女杰	2009
陆亚萍	女	亚萍国际购物广场董事长	五一劳动奖章获得者	2009
陆宗琴	女	双爱黄金珠宝行	三八红旗手	2009
姜友明	男	市个体私营经济协会秘书长	个私协会先进工作者	2009
王燕敏	女	海门经济开发区统计办公室主任	第二次全国经济普查先进个人	2009
范张辉	男	常乐镇政府统计助理	第二次全国经济普查先进个人	2009
陈志云	男	满庭芳餐饮会所行政总厨	优秀中职类毕业生	2009
张松华	男	市审计局副局长	全军优秀参谋	2009
屈宝田	男	市国土局局长、党组书记	基本农田保护工作先进个人	2009
邱建国	男	市人民法院院长	优秀学员	2009
袁卫华	女	中国银行海门支行营业部综合柜员	金融青年服务明星	2009
唐慧娟	女	包场兴旺肉制品有限公司董事长	劳动模范	2010
肖卫东	男	市民政局局长	殡葬改革先进个人	2010
张　平	男	常乐镇司法所所长	模范人民调解员	2010
唐海南	男	东绿蔬菜有限公司董事长	第二届全国残疾人自强创业之星	2010
沈汉超	男	工业园区退休教师	关心下一代先进工作者	2010
黄　萍	女	余东镇计生服务站负责人兼镇计生协会会长	计划生育优秀工作者	2010
袁卫华	女	中国银行海门支行理财经理助理	金融系统职工职业道德建设十佳标兵	2010
袁卫华	女	中国银行海门支行理财经理助理	金融系统五一劳动奖章获得者	2010
张　斌	男	市检察院检察长助理	世博会知识产权专项行动先进个人	2010
黄卓娅	女	三厂社会事业服务中心办事员	民族唱法银奖	2010
陆一飞	男	市委常委、常务副市长	第二次全国经济普查国家级先进个人	2010
邵成礼	男	市统计局局长	第二次全国经济普查国家级先进个人	2010
江金林	男	市统计局副局长	第二次全国经济普查国家级先进个人	2010
沈　雨	男	市统计局法制科科长	第二次全国经济普查国家级先进个人	2010

第四节　获省级表彰先进人物表

新中国成立至2010年，海门市（县）获省委、省人大、省政府、省政协及军级单位表彰的劳动模范和先进个人等，设表入志，按表彰年份先后排序。

1950－2010年海门市(县)获省级表彰先进人物一览

表35－4

姓　名	性别	工作单位、职务	荣誉称号	表彰时间
顾国民	男	中共茅三区委委员	华东军区民兵英雄	1950
张锡钧	男	茅家镇小学副校长	苏北行署劳动模范	1951
包子坤	男	海门新华印刷厂工人	苏北行署劳动模范	1951
林松涛	男	大生三厂土布改进所工人	苏北行署劳动模范	1951
倪祥富	男	青龙港海员工会(划船)业务员	苏北行署劳动模范	1951
顾发歧	男	青龙港海员工会(舢板)工人	苏北行署劳动模范	1951
吴潮培	男	县实验小学教师	苏北行署优秀教师	1952
樊祥华	男	县实验小学副校长	苏北行署优秀教师	1952
钱云山	男	县生产建设科副科长	苏北行署劳动模范	1952
郁兰芳	女	三厂初中教师	劳动模范	1956
王亚珍	女	大生三厂工人	劳动模范	1956
宋士新	男	公私合营海门县印刷厂组长	先进生产者	1956
陈雅如	女	正余邢崔小学校长	中初等学校优秀教师	1956
陆子犹	男	海门中学教研组长	中初等学校优秀教师	1956
钱懋莲	女	三厂中学教导副主任	中初等学校优秀教师	1956
徐颂平	男	麒麟初级中学副校长	中初等学校优秀教师	1956
方锦儒	男	富强初级小学校长	中初等学校优秀教师	1956
陈维成	男	池棚镇小学教导主任	中初等学校优秀教师	1956
周子昂	男	海门县初级中学教师	中初等学校优秀教师	1956
王思安	男	海门师范附小教师	中初等学校优秀教师	1956
陈漱清	女	县实验小学教师	中初等学校优秀教师	1956
郁兰芳	女	时新小学教导副主任	中初等学校优秀教师	1956
毛国江	男	新建乡中心小学校长	扫盲和普及小学教育积极分子	1958
汤志义	男	王浩乡翻身小学教师	扫盲和普及小学教育积极分子	1958
成洪元	男	江滨乡党委副书记	扫盲和普及小学教育积极分子	1958
刘建山	男	厂洪乡文委副主任	扫盲和普及小学教育积极分子	1958
郭志冲	男	德胜乡民师	扫盲和普及小学教育积极分子	1958
陈兴明	男	天补乡文委副主任	扫盲和普及小学教育积极分子	1958
尹正英	女	麒麟乡民师	扫盲和普及小学教育积极分子	1958
袁正桃	男	三阳乡文委副主任	扫盲和普及小学教育积极分子	1958
姜池春	男	国强乡民师	扫盲和普及小学教育积极分子	1958
施万麒	男	树勋乡文委副主任	扫盲和普及小学教育积极分子	1958
张武坤	男	场北乡文委副主任	扫盲和普及小学教育积极分子	1958
张学文	男	刘浩乡扫盲大队长	扫盲和普及小学教育积极分子	1958
范宜康	男	三和乡文委副主任	扫盲和普及小学教育积极分子	1958

续表 35－4

姓　名	性别	工作单位、职务	荣誉称号	表彰时间
谢志冲	男	县邮电局局长	先进个人	1959
成宝丰	男	县交通机械厂副厂长	劳动模范	1959
施仁山	男	天补公社税务所税务员	先进生产工作者	1959
蔡士其	男	青龙港搬运社工会主席	先进生产工作者	1959
田步源	男	三阳粮站保管员	先进生产工作者	1959
陈步林	男	茅镇供销社饲养员	先进生产工作者	1959
吴士超	男	麒麟旅馆服务员	先进生产工作者	1959
侯雅笙	女	三阳供销社营业员	先进生产工作者	1959
曹旭明	男	县邮电局机务员	先进生产工作者	1959
潘友功	男	合兴油厂工人	先进生产工作者	1959
顾福祥	男	常乐砖瓦厂工人	先进生产工作者	1959
万少奇	男	合兴油厂厂长	先进生产工作者	1959
陆汉忠	男	县印刷厂职工	先进生产工作者	1959
王友才	男	颐生酒厂工人	先进生产工作者	1959
施振先	男	大生三厂保健科长	先进生产工作者	1959
张克诚	男	大生三厂车间副主任	先进生产工作者	1959
丁雅兰	女	大生三厂摇纱工	先进生产工作者	1959
袁忠兰	女	大生三厂织布工	先进生产工作者	1959
张　励	男	大生三厂生产组长	先进生产工作者	1959
顾向成	男	汤家农业中学副校长	农(职)业中学先进工作者	1959
徐忠义	男	常乐农业中学副校长	农(职)业中学先进工作者	1959
黄秀珍	女	四甲农业中学教导主任	农(职)业中学先进工作者	1959
汤秉升	男	包场农业中学教导主任	农(职)业中学先进工作者	1959
刘沛祥	男	万年农业中学副校长	农(职)业中学先进工作者	1959
成灿学	男	瑞祥农业中学校长	农(职)业中学先进工作者	1959
陈光融	男	临江农业中学教师	农(职)业中学先进工作者	1959
顾思仁	男	悦来农业中学教师	农(职)业中学先进工作者	1959
周智谋	男	正余农业中学校长	农(职)业中学先进工作者	1959
吴裕芳	女	天补农业中学教导主任	农(职)业中学先进工作者	1959
翟世荣	男	新建农业中学副校长	农(职)业中学先进工作者	1959
袁品英	女	秀山农业中学副校长	农(职)业中学先进工作者	1959
陶树明	男	刘浩农业中学副校长	农(职)业中学先进工作者	1959
吴永言	男	飞鹫农业中学副校长	农(职)业中学先进工作者	1959
陈菊娥	女	四甲幼儿园教师	生活福利先进工作者	1960
邱祝霖	男	六匡广阳初级小学校长	社会主义建设先进工作者	1960
顾思仁	男	悦来农业中学副校长	社会主义建设先进工作者	1960

续表 35－4

姓　名	性别	工作单位、职务	荣誉称号	表彰时间
茅希琴	女	麒麟初级中学教师	社会主义建设先进工作者	1960
钮亦楼	男	县农业专科学校教师	社会主义建设先进工作者	1960
陈雅康	男	县实验小学教师	社会主义建设先进工作者	1960
张士冲	男	平山10大队小学(社办)校长	社会主义建设先进工作者	1960
杨启民	男	茅镇民办初级中学校长	社会主义建设先进工作者	1960
范有超	男	海门中学教研组长	社会主义建设先进工作者	1960
姜建新	男	三阳初级中学教师	社会主义建设先进工作者	1960
陆善民	男	悦来初级中学教师	社会主义建设先进工作者	1960
黄锦秀	女	海门师范附小教导主任	社会主义建设先进工作者	1960
郁兰芳	女	瑞祥中心小学副校长	社会主义建设先进工作者	1960
郭美芳	女	临江同济小学(社办)教师	社会主义建设先进工作者	1960
蔡翠屏	女	县评弹团团长	社会主义建设先进工作者	1960
周彦祥	男	三阳公社文化站副站长	社会主义建设先进工作者	1960
蔡振声	男	江家公社文化站辅导员	社会主义建设先进工作者	1960
陈菊娥	女	四甲中心小学幼儿园教师	社会主义建设先进工作者	1960
孙丽华	女	三阳医院助产士	社会主义建设先进工作者	1960
施志安	男	三和公社医院院长	社会主义建设先进工作者	1960
朱秀兰	女	大生三厂职工医院药剂员	社会主义建设先进工作者	1960
李国兴	男	秀山公社医院院长	社会主义建设先进工作者	1960
胡立人	男	包场区农技站站长	农业先进工作者	1962
俞凤刚	男	瑞祥邮电所投递员	先进生产工作者	1963
薛章亨	男	天补邮电所职工	先进生产工作者	1963
陈步林	男	四甲食品站营业员	先进生产工作者	1964
俞凤刚	男	瑞祥邮电所投递员	先进生产工作者	1964
王友才	男	常乐颐生酒厂工人	先进生产工作者	1964
黄永礼	男	三和粮站收购员	先进生产工作者	1964
严锡揆	男	麒麟供销社炊事员	先进生产工作者	1964
崔　瑾	女	农业银行包场营业所出纳员	先进生产工作者	1964
郭佐达	男	县交通局养路工区道工班班长	先进生产工作者	1964
郭佐达	男	县交通局养路工区道工班班长	五好职工	1965
俞凤刚	男	瑞祥邮电所投递员	五好职工	1965
严锡揆	男	麒麟供销社炊事员	五好职工	1965
季秀文	男	县商业局煤石公司保管员	五好职工	1965
王友才	男	颐生酒厂工人	五好职工	1965
秦兰芳	女	海门手帕厂工人	五好职工	1965
袁昌宝	男	茅家镇农具厂工人	五好职工	1965

续表 35－4

姓　名	性别	工作单位、职务	荣誉称号	表彰时间
陈德生	男	三厂油厂副厂长	五好职工	1965
杨秀珍	女	通棉三厂工人	劳动模范	1977
赵小妹	女	通棉三厂工人	劳动模范	1977
周世俊	男	四甲装卸区工人	劳动模范	1977
朱元新	男	悦来砖瓦厂车间主任	劳动模范	1977
刘龙祥	男	颐生酒厂工人	劳动模范	1977
何庆安	男	县交通机械厂工人	劳动模范	1977
钱邦相	男	县拖拉机厂锻工	劳动模范	1977
季学冲	男	县动力机械厂车间主任	劳动模范	1977
顾朝明	男	县液压件厂工艺员	劳动模范	1977
朱庆良	男	县铸钢厂车间副主任	劳动模范	1977
王　璐	男	县电机厂工人	劳动模范	1977
成汉康	男	县印刷厂车间主任	劳动模范	1977
严志高	男	县水泥厂工人	劳动模范	1977
施汉清	男	广洪农具厂木工	劳动模范	1977
周玉芳	女	海门酱厂党支部书记	先进生产工作者	1977
黄祖廉	男	悦来农机厂供销组副组长	先进生产工作者	1977
陆振勤	男	县食品厂工人	劳动模范	1977
季炳贤	男	余东食品厂生产组长	劳动模范	1977
袁英妹	女	县染织厂班长	劳动模范	1977
黄少俊	男	县拖拉机厂厂长	先进生产工作者	1977
顾丕芳	女	县五一服装厂车间主任	劳动模范	1977
高汉涛	男	县家具厂工人	劳动模范	1977
张克仁	男	青龙港冷冻厂车间主任	劳动模范	1977
陈建华	男	县阀门厂职工	劳动模范	1977
顾召祥	男	县砖瓦厂生产科长	劳动模范	1977
龚其德	男	县建材三厂保管员	劳动模范	1977
王能祥	男	县钢丝绳厂车间主任	劳动模范	1977
黄振兴	男	余东农机厂工人	劳动模范	1977
邵丕连	男	麒麟油厂车间主任	劳动模范	1977
王德生	男	海门盐场领滩手	劳动模范	1977
吴延奎	男	四甲齿轮厂厂长	劳动模范	1977
马洪生	男	海门手帕厂车间主任	劳动模范	1977
汤鉴湖	男	海门手帕厂织布工	劳动模范	1977
陈石清	男	县邮电局邮件机要员	劳动模范	1977
张丕先	男	三和邮电所投递员	劳动模范	1977

续表 35－4

姓　名	性别	工作单位、职务	荣誉称号	表彰时间
姜汝奎	男	麒麟邮电支局支局长	劳动模范	1977
朱洪生	男	县航运公司内河运输社拖车驾驶员	劳动模范	1977
张生祥	男	县航运公司长江运输社机船驾驶员	劳动模范	1977
朱圣贤	男	吕四航闸管理所闸工	劳动模范	1977
杨冠成	男	三厂轧花厂党支部副书记	劳动模范	1977
顾炳高	男	县链条厂工人	劳动模范	1977
任光明	男	四甲轧花厂车间主任	劳动模范	1977
刘鹤忠	男	麒麟轧花厂工人	劳动模范	1977
徐玉昌	男	包场油厂班长	劳动模范	1977
倪永飞	男	县供电局线路组长	劳动模范	1977
顾志丰	男	县供电局后勤组长	先进生产工作者	1977
陆思顺	男	县建筑公司木工组长	劳动模范	1977
俞　忠	男	海门饭店采购员	劳动模范	1977
曹士新	男	县建筑工程公司职工	先进生产者	1979
施殿荣	男	县建筑工程公司职工	先进生产者	1979
钱正华	男	县交通机械厂技术员	先进生产者	1979
陈德顺	男	汤家乡中兴村党支部副书记	劳动模范	1980
许其倓	男	县人民医院医生	劳动模范	1980
朱里仁	男	青龙港冷冻厂厂长	劳动模范	1980
陆忠义	男	县电机厂技术员	劳动模范	1980
季　良	男	海门化肥厂值班长	劳动模范	1980
刘光宇	男	县棉纺厂工程师	先进生产工作者	1980
马思祥	男	颐生酒厂党支部书记	先进生产工作者	1980
严志高	男	县水泥厂维修组长	先进生产工作者	1980
张如花	女	县饮服公司长江旅馆服务员	先进生产工作者	1980
吴万兴	男	县邮电局线务组长	先进生产工作者	1980
程德良	男	海门师范附小副校长	先进生产工作者	1980
陈象新	男	海门中学校长	先进生产工作者	1980
姜素珍	女	新建信用社出纳员	先进生产工作者	1980
郭美芳	女	海洪乡八字桥小学教师	先进生产工作者	1980
倪国祥	男	海门殡仪馆司炉工	劳动模范	1980
曹士新	男	县建筑公司新疆工程队队长	先进生产工作者	1980
王信菊	女	刘浩医院妇产科医生	计划生育先进工作者	1980
俞　忠	男	海门饭店采购员	劳动模范	1982
许其倓	男	县人民医院副院长	劳动模范	1982
马思祥	男	颐生酒厂党支部书记	劳动模范	1982

续表 35－4

姓　名	性别	工作单位、职务	荣誉称号	表彰时间
韩义德	男	三厂装卸区党支部书记	劳动模范	1982
施慎予	男	悦来友新小学教师	劳动模范	1982
王卓祥	男	天补同心村9组农民	劳动模范	1982
陈德顺	男	汤家乡中兴村党支部副书记	劳动模范	1983
龚锐芳	女	三厂农技站技干	劳动模范	1983
施引贤	女	县轻纺局职工教师	职工教育先进个人	1983
管剑阁	男	县教师进修学校副校长	文史工作成绩显著	1984
施　进	男	三星乡人武部副部长	通令表彰	1985
张士林	男	汤家乡人武部副部长	通令表彰	1985
严雪时	男	厂洪乡大洪村个体养鸡专业户	劳动模范	1985
侯　迅	男	德胜乡胜利民办初级中学校长	劳动模范	1985
黄益民	男	三和乡文化站站长	劳动模范	1985
成汉飚	男	县文化局副局长	劳动模范	1985
施仁山	男	江滨乡党委副书记	劳动模范	1985
黄玉萍	女	三和商业总店经理	劳动模范	1985
杨士泉	男	县卫生防疫站结防科主任	劳动模范	1985
赵国芳	女	县农科所农艺师	劳动模范	1985
沈　平	男	江滨乡养鸡专业户	劳动模范	1985
应云春	女	县棉纺厂厂长	劳动模范	1985
姜瑞荣	男	天补动力机厂质检股长	劳动模范	1985
熊歧仁	男	三星乡多种经营公司副经理	劳动模范	1985
顾祝平	男	三星乡个体服装绣品厂职工	先进生产工作者	1985
张林江	男	东灶乡五大队副大队长	劳动模范	1985
胡　新	男	海门中学教导副主任	优秀教育工作者	1985
陆汉伦	男	王浩成人教育中心学校副校长	优秀教育工作者	1985
谢厥辉	男	包场中学视导员	优秀教育工作者	1985
侯　迅	男	德胜乡胜利民办初级中学校长	优秀教育工作者	1985
施慎予	男	悦来中心小学副校长	优秀教育工作者	1985
黄兴桃	女	县棉纺厂工人	劳动模范	1988
瞿光宝	男	三厂冷却设备厂厂长	劳动模范	1988
陈炳祥	男	万年农机站农技员	劳动模范	1988
蒋瑞祥	男	县消防水带总厂厂长	劳动模范	1988
蒋旭昶	男	县眼科医院院长	劳动模范	1988
张乃华	男	县供电局抄电表员	劳动模范	1988
林学苏	男	三星乡民乐村农民	劳动模范	1988
朱秀琴	女	天补乡同心村农民	劳动模范	1988

续表 35－4

姓　名	性别	工作单位、职务	荣誉称号	表彰时间
陈冠富	男	三和乡创新村农民	劳动模范	1988
董仁亲	男	汤家乡中兴村党支部原书记	劳动模范	1988
许其俠	男	县人民医院副院长	劳动模范	1988
易　荣	男	县税务局计财股长	劳动模范	1988
张益飞	男	海洪乡凤飞村农民	劳动模范	1988
戴水林	男	国强乡合作村党支部书记	劳动模范	1988
赵立志	男	县电子研究所所长	五一劳动奖章获得者	1989
施建都	男	三和中心小学副校长	优秀教育工作者	1989
陈丽君	女	三厂镇中心小学校长	优秀教育工作者	1989
沈　新	男	常乐初级中学教师	优秀教育工作者	1989
陆　达	男	万年初级中学教师	优秀教育工作者	1989
沈国昌	男	海洪初级中学教导主任	优秀教育工作者	1989
郁永新	男	海洪中心校幼儿园主任	优秀教育工作者	1989
徐耀善	男	长兴初级中学副教导主任	优秀教育工作者	1989
钱正才	男	新建中心小学教导主任	优秀教育工作者	1989
曹俊彪	男	正余初级中学教导主任	优秀教育工作者	1989
王云昌	男	县教师进修学校附小副校长	优秀教育工作者	1989
盛思道	男	三和初级中学教师	优秀教育工作者	1989
杨志香	女	万年乡党委副书记	优秀党务工作者	1989
于国忠	男	东灶乡司法助理员	先进转业军人	1990
顾汉忠	男	县建安总公司驻济南办事处主任	先进转业军人	1990
刘　毓	男	县蜂乳品厂厂长	先进退伍军人	1990
施仲连	男	厂洪乡党委书记	抗洪救灾先进个人	1991
黄泽民	男	江滨乡水利会计兼民东村党支部书记	抗洪救灾先进个人	1991
赵锦生	男	海门盐场职工	抗洪救灾先进个人	1991
姚文浩	男	县建工局南京办事处主任	抗洪抢险先进个人	1991
张晓东	男	县无线电一厂厂长	双增双节先进工作者	1991
杨新如	男	县农药厂厂长	双增双节先进工作者	1991
陆海忠	男	县人武部副部长	民兵组训、带训工作先进个人	1991
范存新	男	海门装卸区班长	劳动模范	1991
冯进芳	男	江心沙农场副场长	劳动模范	1991
万天兰	女	厂洪乡洪利村农业服务站站长	劳动模范	1991
胡淑芳	女	县棉纺厂工人	劳动模范	1991
张　斌	男	工商银行海门支行守护员	劳动模范	1991
蔡　发	男	县生产资料服务公司经理	劳动模范	1991

续表 35－4

姓　名	性别	工作单位、职务	荣誉称号	表彰时间
陆志康	男	麒麟乡八匡商店副经理	劳动模范	1991
陆怀德	男	县烟草专卖局股长	劳动模范	1991
徐志康	男	县农作物指导站农艺师	劳动模范	1991
张南昌	男	六匡乡多种经营办公室主任	劳动模范	1991
姜仲周	男	万年邮电支局投递员	劳动模范	1991
刘天生	男	三星羊毛衫厂厂长	劳动模范	1991
彭惠堂	男	余东木桩港小学校长	劳动模范	1991
王庙根	男	四甲镇人武部副部长	民兵工作先进个人	1992
陈德和	男	麒麟中学副校长	优秀教育工作者	1993
杜灿石	男	三和初级中学副教导主任	优秀教育工作者	1993
陆锦标	男	六匡中心小学教师	优秀教育工作者	1993
陆惠贤	女	东洲中学教导主任	优秀教育工作者	1993
陈一范	男	县职业中学教务处主任	优秀教育工作者	1993
曹建平	男	县政府副县长	拥军优属先进个人	1993
李国敏	男	海门职业高中校长	拥军优属先进个人	1993
杨　庆	男	市纪委干部	优秀纪检监察干部	1994
顾裕岳	男	市委常委、组织部长	优秀党务工作者	1994
肖振时	女	江滨乡党委书记	优秀党务工作者	1994
范汉棠	男	市棉纺厂党委副书记	优秀党务工作者	1994
黄伯新	男	青海省大通县人武部政委	三等功	1995
张云芳	男	刘浩中心小学教师	五一劳动奖章获得者	1995
秦树志	男	市人武部职工	民兵武器装备安全管理先进个人	1995
马卫国	男	海门毛巾厂车间主任	民族团结进步先进个人	1995
徐志康	男	市粮食作物栽培站农艺师	有突出贡献中青年专家	1995
施茂桐	男	南通市无纺实业总公司总经理	优秀乡镇企业家	1995
蒋瑞祥	男	江苏水龙江山集团公司董事长	优秀乡镇企业家	1995
刘天生	男	三星羊毛衫总厂厂长	优秀乡镇企业家	1995
宋秉高	男	市机械公司生产技术科科长	技术进步优秀工作者	1995
沈天振	男	海门人民医院医生	劳动模范	1996
严秀石	男	江苏晨牌药业有限公司职工	劳动模范	1996
龚士聪	男	悦来中学教师	劳动模范	1996
崔福兴	男	江苏福兴锌业有限公司董事长	劳动模范	1996
张建美	女	江苏百花实业集团股份有限公司职工	劳动模范	1996
朱建华	男	工商银行海门支行办事员	劳动模范	1996
王士荣	男	王浩乡副乡长	劳动模范	1996

续表 35－4

姓　名	性别	工作单位、职务	荣誉称号	表彰时间
杨建兰	女	临江乡普西村农民	劳动模范	1996
孙大根	男	东灶乡渔业村渔船船长	劳动模范	1996
黄耀娟	女	市蜂乳品厂职工	劳动模范	1996
陆仁刚	男	德胜乡农技站站长	劳动模范	1996
沈德香	男	市供电局电力服务公司副经理	劳动模范	1996
沈汉新	男	南通三建四分公司项目经理	优秀项目经理	1996
毛云和	男	树勋建筑站站长	教育先进个人	1997
周　忠	男	江苏申海集团股份有限公司董事长	1991－1996 年科技成果向生产力转化先进个人	1997
蔡士军	男	南通华容电子集团有限责任公司	1991－1996 年科技成果向生产力转化先进个人	1997
王偕恕	男	南通华容电子集团有限责任公司	1991－1996 年科技成果向生产力转化先进个人	1997
陆志轩	男	海门中学教师	红杉树园丁奖	1997
梁安培	男	三厂职业高中校长	红杉树园丁奖	1997
张彩洪	男	包场中学教师	红杉树园丁奖	1997
黄惠标	男	实验小学教师	红杉树园丁奖	1997
顾　红	女	海南幼儿园主任	红杉树园丁奖	1997
张炳华	男	东洲中学校长	名校长	1998
倪志斌	男	市畜牧兽医站副站长	有突出贡献中青年专家	1999
蔡建新	男	市审计局局长、党组书记	审计工作三等功	1999
杨德荣	男	东灶乡党委书记	优秀党务工作者	1999
黄永珍	女	市人民医院急诊科主任	优秀党员	1999
施卓新	男	市纪委副书记、监察局局长	优秀纪检监察干部	1999
沈大荣	男	瑞祥镇党委副书记	1997 至 1999 年度社会治安综合治理先进工作者	1999
张家斌	男	市复写纸厂	1998 年度科技进步奖	1999
周　忠	男	江苏申海集团股份有限公司董事长	1998 年度科技进步奖	1999
华桂林	男	市人武部政委	优秀党务工作者	2000
肖振时	女	市政府副市长	优秀预任军官	2000
施　弃	男	市建筑管理局局长	勤政廉政好干部	2000
张凤斌	男	市委办公室副主任	维护国家安全先进个人	2000
蔡建新	男	市委组织部副部长	优秀党务工作者	2001
陈建荣	男	市纪委检查一室主任	纪检监察先进工作者	2001
施　弃	男	市建筑管理局局长	劳动模范	2001
姜建宁	男	市公安局局长	劳动模范	2001
成佰新	男	江苏白兔纺织集团股份有限公司董事长	劳动模范	2001
张　强	男	江苏通光集团董事长	劳动模范	2001
张　强	男	江苏通光集团董事长	九五技术改造先进工作者	2001

续表 35－4

姓　名	性别	工作单位、职务	荣誉称号	表彰时间
李万盟	男	江苏通光集团总工程师	九五产学研联合先进个人	2001
钱　达	男	江苏德兴置业集团有限公司董事长	劳动模范	2001
沈　坚	男	东洲通信设备有限公司总经理	劳动模范	2001
张　波	男	国税局海门分局局长	劳动模范	2001
张炳华	男	东洲中学校长	劳动模范	2001
叶剑生	男	常乐镇培育村党支部书记	优秀共产党员	2001
叶剑生	男	常乐镇培育村党支部书记	精神文明新风典型	2001
叶剑生	男	常乐镇培育村党支部书记	劳动模范	2001
刘建康	男	三厂镇镇西村党支部书记	劳动模范	2001
张祖成	男	市工贸公司职工	劳动模范	2001
樊　英	女	市五一服装厂工艺辅导员	劳动模范	2001
朱玉芳	女	市电信局局长	巾帼建功标兵	2001
姜志忠	男	东灶港镇党委书记	海防管理工作先进个人	2001
丁惠石	男	通棉三厂工人	劳动模范	2001
宋雁辉	男	市经委技术科科长	九五技术改造先进个人	2001
周龙江	男	刘浩镇民兵武装库职工	民兵武器装备安全管理工作先进个人	2001
陆文星	男	市人武部民兵装备仓库职工	民兵武器装备安全管理工作先进个人	2001
周　忠	男	江苏申海集团股份有限公司董事长	有突出贡献中青年专家	2001
龚炳康	男	市纪委副书记	治理公路河道三乱工作先进个人	2002
顾飞升	男	市公安局副局长	治理公路河道三乱工作先进个人	2002
倪雪文	男	包场中学副校长	五一劳动奖章获得者	2002
江章洪	男	市交通局副局长	治理公路河道三乱工作先进个人	2002
华桂林	男	市人武部政委	心理战知识竞赛二等奖	2002
汤仲飞	男	市政府市长	武委会好主任	2003
华桂林	男	市人武部政委	优秀党务工作者	2003
沈　坚	男	东洲通信公司总经理	青年五四奖章获得者	2003
陆　新	男	市卫生局局长	农村卫生工作先进个人	2003
徐国锋	男	市国土资源局副局长	土地批租专项治理工作先进个人	2003
华桂林	男	市委常委、人武部政委	三等功	2004
陈水平	男	市政府副市长	拥军优属先进个人	2004
洪　谟	男	三厂爱心托老院院长	省第八届新人新事典型	2004
张　强	男	江苏通光集团董事长	优秀民营企业家	2004
张　强	男	江苏通光集团董事长	新技术产业化先进工作者	2004
成　实	男	市纪委纪检监察员	清房工作先进个人	2004
叶剑生	男	常乐镇培育村党支部书记	两个率先创新创业先进个人	2004

续表 35－4

姓 名	性别	工作单位、职务	荣誉称号	表彰时间
张裕丰	男	三阳镇普新村党总支书记	优秀共产党员	2004
薛志超	男	常乐镇综合治理助理	社会治安综合治理先进工作者	2005
周益民	男	实验学校教师	教坛明星	2005
顾炳辉	男	市人事局局长	劳动模范	2006
成锦平	男	海门中学校长	劳动模范	2006
方 岐	男	江苏申海集团股份有限公司工艺员	劳动模范	2006
刘云标	男	海门镇环境卫生管理处推土员	劳动模范	2006
陆美珍	女	余东铜管厂销售部经理	劳动模范	2006
万学平	男	万众集团董事长	劳动模范	2006
张裕丰	男	三阳镇普新村党总支书记	劳动模范	2006
唐慧娟	女	包场镇兴旺种猪场董事长	劳动模范	2006
陆亚萍	女	亚萍布业公司董事长	劳动模范	2006
沈 荣	男	市国税局第二分局局长	劳动模范	2006
郭 辉	男	三星镇党委书记	平安创建二等功	2006
徐永兵	男	市委书记	平安创建工作先进个人	2006
汤仲飞	男	市政府市长	平安创建工作先进个人	2006
肖振时	女	市委常委、政法委书记	平安创建工作先进个人	2006
张 林	男	市委副书记、纪委书记	平安创建工作先进个人	2006
陈水平	男	市政府副市长	平安创建工作先进个人	2006
沈祖龙	男	市委政法委副书记、综治办主任	平安创建工作一等功	2006
张志强	男	市人武部政工科长	优秀共产党员	2006
陆扬松	男	市人武部政工科干事	优秀法律咨询员	2006
施龙兴	男	市人武部职工	仓库主任集训优秀学员	2006
张志强	男	市人武部政工科长	十佳优秀机关干部	2006
张 林	男	市委副书记、纪委书记	纪检监察先进工作者	2006
江炳新	男	包场中学教师	先进工作者	2007
曹 军	男	市人武部部长	一对好主官	2008
成建平	男	市人武部政委	一对好主官	2008
曹 军	男	市人武部部长	武器管理先进个人	2008
成建平	男	市人武部政委	武器管理先进个人	2008
俞立新	男	市监察局执法室副主任	信访举报先进个人	2008
邱羚杰	男	江苏羚杰牧业有限公司董事长	大学生创业明星	2008
袁 宏	男	市地方税务局局长	五一劳动奖章获得者	2009
蔡 钧	男	市供电公司经理	五一劳动奖章获得者	2010
周 洪	男	南通回力橡胶集团有限公司技术部经理	有突出贡献技师	2010
陈忠明	男	市双拥办副主任	双拥工作先进个人	2010

第五节　在外乡贤

在外乡贤，记入2010年海门籍（含祖居、历史上属海门、在海门工作过的）在外工作或离退休的正处（团）级以上干部，教授级以上专家和其他各条战线上有影响的人士。按2010年海门市的区、镇、乡、场和其他目列表，以姓氏笔画排序。

海门经济开发区

表35－5

姓　名	性别	工作单位与职务、职称
王刚庆	男	无锡市滨湖区政法委书记
朱晓飞	男	中国家用纺织品协会副秘书长
陈志龙	男	解放军理工大学工程兵学院教授，博士生导师
倪　健	男	海军南海舰队干部（团职）
管和平	男	总装备部装甲兵技术研究所试验站站长

海门镇

表35－6

姓　名	性别	工作单位与职务、职称
马天白	男	上海顺桅船舶科技有限公司董事长，教授级高级工程师
仇步康	男	南京军区后勤部干部（副师职），研究员
方乐润	男	河海大学技术经济学院教授
王伯雄	男	清华大学精密仪器与机械学系教授，博士生导师
王威琪	男	复旦大学首席教授，工程院院士
王诚德	男	上海大学机械工程及自动化学院教授
王锦飞	男	上海市松江警备区二旅旅长
王震西	男	北京中科三环高技术股份有限公司董事长，工程院院士
叶沈良	男	南通市政协副秘书长、办公室主任
田　玲	女	无锡市北塘区副区长
刘　俊	男	上海市卫生局局长
刘　健	男	上海市长宁区教育学院研修部主任，上海市名教师、特级教师
刘　烜	男	北京大学中文系教授，博士生导师
刘才铨	男	清华大学教授，国家自然科学基金会局长
刘国芳	女	科技日报社处长
刘文汉	男	合肥中国科技大学物理系主任，教授
刘敏华	男	清华大学自动化系党委副书记
孙仲理	男	上海航空公司党委书记
庄表西	男	辽宁大连东电二公司教授级高级工程师
庄表南	男	南京航空航天大学教授
成　杰	男	省环保厅总量办副主任
朱亚达	男	上海市水务局局长
朱建冲	男	上海市武警总队政委
江　敏	女	上海海洋大学教授
汤山寿	男	上海同济大学外语系教授
汤寒松	男	省委台湾工作办公室主任
祁步嘉	男	中国原子能科学研究院研究员
许忠华	男	南京军区通信处处长
许镇东	男	新疆巴州电力建设安装工程公司经理
严西江	男	国防科工委21训练基地干部（正师级）
严宗礼	男	机械工业部矿产总局机关党委书记
严宣林	男	山西省霍州市矿务局局长
严宣祖	男	北京大学研究员
严雪申	男	北京大学教授
严鸿珍	女	新华日报社处长
严鸿章	男	新华社信息部党委书记
严静安	女	南京市税务局处长
吴士明	男	第四军医大学教授，博士生导师，红外疼痛专科著名专家
吴连芳	女	北京医科大学妇产医院教授、主任医师
吴建洲	男	日本大赛路化学工业株式会社播磨工厂技术开发中心主任部员，研究员
吴新初	男	浙江大学力学系主任
吴新泉	男	沈阳重型机器厂副厂长、总工程师
张　蔷	男	文化部艺术研究院高级研究员
张人达	男	广州军区空军航空工程部政治部主任
张东平	男	上海市长宁沪剧团团长，剧作家

续表 35－6

姓　名	性别	工作单位与职务、职称
张安祥	男	台湾安泰电业股份和标准精密工业股份有限公司董事长兼总经理
张建生	男	农业银行南通分行行长
林　非	男	中科院文学研究所著名作家
杨　剑	男	上海市政协秘书
杨枕旦	男	商务印书馆编审
杨殿一	男	北京重型电机厂教授级高级工程师
汪绣谷	男	化工部第二设计院（山西太原）一级注册建筑师
汪彝尊	男	冶金部有色冶金设计院教授级高级工程师
汪彝鼎	男	上海植物园国家级盆景大师
沈　锋	男	中国银行宿迁分行党委书记、行长
沈卫星	男	《光明日报》总编室主任
沈友声	男	上海市川沙县政协副主席（正处）
沈志平	男	上海石油化工股份有限公司涤纶二厂党委书记
沈佳华	男	南京大全实业有限公司党委书记
邵一飞	男	上海联合木材工业公司董事长
陆　平	男	南京军区司令部办公室主任（正师级）
陆中权	男	成都大学教务处处长，教授
陆天虹	男	武汉市人大常委会科教文卫委员会主任
陆文雄	男	山西太原工业大学副校长，教授
陆沈东	女	南通经济技术开发区法院院长
陆沈西	男	南京铁路南站建设指挥部党委书记（正厅）
陈　荣	男	上海市徐汇区工商联秘书长
陈　晏	男	南京证券有限责任公司副总裁
陈永山	男	河北省平泉县人武部政委
陈启体	男	长春铁路局副局长
陈佩佩	女	南京大学计算机系教授
陈俊杰	男	南京空军部队教官
陈洪生	男	北京中国远洋运输（集团）总公司副总裁，中远航运股份有限公司董事长
陈剖建	男	天安人寿保险公司董事长
陈绥聪	男	浙江奉化 92713 部队东救 304 船船长
陈梦娟	女	省广播电视信息网络股份有限公司党委书记、董事长
陈德富	男	南通师范专科学校党委书记

姓　名	性别	工作单位与职务、职称
金　鑫	男	国家税务总局党组书记（部长级）
周　良	男	省曲艺家协会主席
周建生	男	解放军宁波 113 医院院长，技术正军
周建忠	男	中国船舶总公司连云港 716 研究所副所长
周治平	女	南通医学院附属第一人民医院主任医师
季华斌	男	南京市委统战部副部长
季学仕	男	上海第七织布厂厂长
季善标	男	上海市测绘院副院长
郁重今	男	西泠印社社员，书画篆刻家
郑新生	女	国家外国专家局文教司司长
金佐同	男	扬州大学水利学院党委书记、院长
俞　新	男	南京市栖霞区委书记
姚国熙	男	山西省科协副主席，太原钢铁公司教授级高级工程师
姚国永	男	武汉交通科技大学教授
姜　松	男	海军南京指挥学院学员队队长
施　晶	男	徐州军分区司令员
施木香	女	智利圣地亚哥纺织品公司董事长
施元林	男	宁波中级人民法院党委副书记
施长衡	男	北京建筑工程学院土木二系主任，教授
施建新	男	外经贸部美欧洲司司长
施胜雄	男	省地税局处长
施惠彬	男	苏州大学体育系主任
施耀忠	男	民建海南省委员会主任委员、海南省社会主义学院副院长
胡　时	男	成都铁路局工程总公司电子研究所所长
赵新民	男	上海无线电十七厂党委书记
郜卫荣	男	海军武汉军工学院教师（团级）
项楚琪	男	哈尔滨工程大学船舶学院教授
唐建中	男	中国建筑科学研究院研究员
徐　英	男	国务院新闻办第七局局长、党组书记
徐　铁	男	平安健康险广东分公司总经理
徐亚标	男	空军司令部翻译队主任
徐佳宾	男	中共中央机关研究室经济秘书
徐星尧	男	云南省电网公司教授级高级工程师
班守仁	男	盐城市化工局局长、党委书记

续表 35－6

姓　名	性别	工作单位与职务、职称
秦　雁	男	省计经委副主任
秦建荣	男	南通市人民政府教育督导室主任
袁　辉	男	总参谋部正师职干部
袁友生	男	东南大学教授
袁克昌	男	省环境保护局局长
袁和平	男	南京市中级人民法院法官
钱淑如	女	上海第六毛纺织厂总工程师
陶树人	男	北京中国矿业大学教授，博士生导师
陶家芳	女	北京装甲兵工程学院正师职干部，主任医师
顾长庚	男	上海市科技生产力促进中心主任
顾树松	男	青海石油管理局教授级高级工程师，总工程师、总地质师
顾晓虎	男	扬州大学工学院宿迁学院副院长（副厅）
高韵斐	男	上海报业集团党委副书记、总经理、副社长
崔　雄	男	南京艺术学院副院长
曹秀康	男	国家海关总署稽查司司长
盛炜彤	男	中国林业科学研究院研究员，首席科学家，国务院参事
黄　勇	男	浙江省乡镇企业局局长（正厅）
黄　音	女	山东省旅游局处长
黄元刚	男	总参谋部干部（正师）
黄平峰	男	南京空军政治部保卫处空勤科科长
黄伯元	男	河南省焦作技工学校党委书记
黄振华	男	上海梅山冶金公司劳动经济开发公司分公司总经理（正处）
黄惠兵	男	南通市人防办副主任（副师）
黄景岳	男	第二重型机械厂研究员级高级工程师
黄筱声	男	中国食品工业协会高级工程师，清华大学海洋科学与工程研究中心客座教授
黄锦忠	男	福建省军区第三干休所副所长
童启明	男	东南大学教授
蒋建华	男	启东市人武部政委
谢国柱	男	昆明机械研究所所长、党委书记
腾　冲	男	解放军报编辑部总编辑
蔡元标	男	南京市浦口区人大常委会副主任
樊新星	男	福州武警某部直工科长
薛文琴	女	常州国棉二厂厂长

三和镇

表 35－7

姓　名	性别	工作单位与职务、职称
王价兴	男	武汉测绘学院教授
孙建超	男	北京武警总队三师副参谋长
朱云鹤	男	山西省国防科技工业办公室处长
朱鹏程	男	国防大学科研部参谋（副师职）
朱熙樵	男	南京林业大学教授
张　荣	男	南通建筑工程处处长
张建超	男	北京武警总队二师副师长
张洪池	男	黑龙江省省委常委、共青团省委书记，中共十届中央委员
李九松	男	上海著名滑稽艺术表演家（“老娘舅”）
杨静新	男	南通纺织工学院教授
沈　东	男	新华日报总编
沈善忠	男	广州百云电视台副台长
沙　生	男	上海市卢湾区纪委处长
邱菊生	男	湖北教育出版社社长
陆　健	男	深圳市科技和信息局副局长
陆方舟	男	上海浦东新区国资委主任
陆永泉	男	省水利厅副厅长
陈　森	男	镇江医学院教授
陈士家	男	上海市粮食局局长
范　恒	男	台湾航业公司船长
范　慎	男	美国明尼苏达大学教授
范义生	男	浙江舟山海关党组书记
范善新	男	台湾基隆港务局船长领港
施建胜	男	浙江宁波东海舰队装备部政治处主任
施林康	男	解放军某师后勤部副部长
倪素贤	男	解放军宁波 113 医院主任
徐秋心	男	成都市发电机公司研究员级高级工程师
徐康年	男	同济大学国际文化交流学院副院长，研究员
秦振华	男	苏州市人大常委会副主任
袁永康	男	上海百货公司党委书记
袁建兰	女	机械工业部青岛疗养院副院长
高星忠	男	北京市电信管理局教授级高级工程师
曹裕新	男	徐州矿务局行政处处长

续表 35－7

姓　名	性别	工作单位与职务、职称
黄元能	男	国防大学干部(正师级)
黄玉华	男	《广州日报》总编
黄理同	女	南京军区司令部干部(技术7级,师职)
龚美贤	女	省商检局副厅级巡视员
董　杰	男	63680部队政治部主任
董伟平	男	湖南省科协青少年科技活动中心主任
管元池	男	沈阳机车车辆厂副厂长
管志安	男	北京科技大学管理学院院长,教授
蔡云骜	男	解放军报文化部副主任,大校军衔
潘海涛	男	江苏警官学校保卫部部长

海门工业园区(三星镇、天补镇)

表 35－8

姓　名	性别	工作单位与职务、职称
韦　宇	男	南京军区后勤部政委,少将
王云涛	男	国家民委办公厅副主任(副厅)
王云程	男	扬州市邗江区人大常委会主任
王立新	男	工商银行宁夏回族自治区分行办公室主任
史秉能	男	国防科工委副军级干部
刘宇雷	男	南京航空航天大学学生处处长
吕　伟	男	成都铁路局组织部部长
孙士明	男	中国社科院拉丁美洲研究所高级编审
成占良	男	上海电影集团办公室主任
朱　岗	男	浙江宁波市环保局副局长(师职)
朱伯贤	男	国家航空航天科技研究院研究员
朱建新	男	联合国海事组织技术合作司司长
朱锦龙	男	国防科技大学军务处参谋
许光华	男	南京军区通信工程技术处处长
吴　娟	女	东南大学艺术学院党委书记
吴小波	女	科学技术部高技术产业司处长
吴承玉	女	南京中医药大学教授,博士生导师
吴承艳	女	南京中医药大学教授
张汉池	男	河北石家庄市物价局副局长
张华鑫	男	上海浦东新区城区工委信访办主任
张志超	男	南通市科技局副局长(副师职)
张国民	男	南京华东地质勘探局副经理(正处)
张雪春	男	南京中医药大学处长
张惠新	男	中共中央纪律检查委员会副书记
杨子杰	男	上海石油公司总工程师
杨凯夫	男	上海宝钢股份有限公司冷轧厂厂长
沈　平	男	南京通讯工程学院教授
沈　标	男	南京农业大学教授
沙启涛	男	深圳市宝安区精诚五金厂董事长
陆　成	男	省级机关党委副书记(副厅)
陆中岳	男	北京新星医院主任医师
陆正苏	男	北京医科大学干部(正团)
陆宝云	男	河南平顶山矿务局教授级高级工程师
陆欧伦	男	上海第二医科大学教授
陆祖贤	女	四川省质量技术监督局处长
陆濂泉	男	上海市总工会秘书长,上海中国船舶勘探研究院研究员
陈　杰	男	中海石油公司总经理助理(副师)
陈　标	男	山东省物价局副局长
陈右祥	男	南通市环保局局长
陈亚贤	男	上海市无线电研究所党委书记
陈伟钟	男	美国摩托罗拉公司总工程师,杰出发明家
陈步善	男	上海纺织研究院组织处处长
陈建冲	男	重庆市第三军医大学第二附属医院干部(副师)
陈祝峰	男	浙江宁波市交通委员会财政处处长
陈善荣	男	环保部环境监察司司长
陈惠娟	女	南通市副市长、如皋市委书记
陈猷翔	男	省医药总公司总经理
陈静山	男	安徽淮南电化厂处长
季美昌	男	无锡动力机厂厂长
林志祥	男	山东烟台市国家安全局干部(正处)
范存标	男	省国信集团南京国际租赁有限公司董事长
茅　炎	男	山西省纺织工业设计院党委书记
茅　炘	男	中国抽纱进出口公司上海分公司总经理
茅　亮	男	上海中医药大学教授
茅　琛	男	解放军南京外语学院副院长(副军级)

续表 35－8

姓　名	性别	工作单位与职务、职称
郁志祥	男	南通市中级人民法院刑事审判庭庭长
郁顺聪	男	总参通讯部科技局副局长
施　倩	男	上海市徐汇区政府办公室副主任
施永成	男	省美术馆馆长，国家一级美术师
施汉家	男	天津第四半导体器件厂总工程师
施玉章	男	交通部上海海事局办公室主任
施林初	男	省经济技术进出口总公司人事处处长
施培新	男	上海市环保局环境集团副总裁
洪　流	男	福建省电子工业局局长
赵闻斌	男	南通市政协副主席，民建南通市委主委
倪永辉	男	上海交通大学教授
席先成	男	山东泰安市解放军 88 医院实验中心主任，主任医师，技术 6 级（正师）
徐　进	男	黑龙江省红兴隆农场管理局干部（处级）
徐元明	男	省人民政府参事，省社科院研究员
秦永民	男	浙江舟山交巡警后勤部部长
袁康平	男	总参谋部第三机要部情报保密处处长（正师）
袁蔚成	男	黑龙江省教育学院教管系主任
顾元明	男	省驻沪办事处主任
顾利亚	女	西南交通大学党委书记
顾伯冲	男	公安部维稳办干部（副师职）
顾瑜芳	女	省经济信息化委员会副主任
顾善诗	男	陕西省煤炭厅物资供应处处长
盛元佳	男	湖北省第一轻工业局副局长
黄一心	女	江苏省纺工协会干部（厅级）
黄建忠	男	中国银行江苏分行人事处长
黄松涛	男	沈阳重型机器厂厂长
黄惠平	男	天津氨基酸公司总工程师
葛志明	男	长江航道总局上海航道处处长、党总支书记
端木松	男	浙江宏城建设监理有限公司总工程师
端木群凡	男	浙江省联通公司总经理
蔡　冲	男	南京师范大学师培处处长
蔡理达	男	上海虹口区粮食局党委书记
薛　华	男	福州市电力总公司经理

德胜镇

表 35－9

姓　名	性别	工作单位与职务、职称
尹建祥	男	解放军青岛部队干部（师级）
王利兵	男	湖南省商检局副局长
王宏伟	男	总参谋部干部（师级）
王俊新	男	省委组织部部务委员兼机关党委书记
刘正基	男	泰兴市政协主席
成锦平	男	南通市一中校长，教授级中学高级教师
成锦荣	男	南京军区后勤部联勤处长
朱卫东	男	安徽芜湖 94655 部队飞行大队大队长
汤达明	男	南京市建工局副局长
吴善新	男	南京军区联勤部政治部组织处处长
宋　平	男	上海市青浦区民政局副局长
张建平	男	苏州供电公司副总经理
杨　勇	男	省工商局副局长
杨　健	男	武汉大学教授
杨裕球	男	美国华裔著名建筑设计大师
陆天然	男	中国改革报驻福州记者站站长（副厅）
陆汉平	男	湖南省江华县县长
陈　杰	男	总参谋部驻上海第三部第三局第三处政委（副师）
陈国宾	男	昆明军区空军某部副政委
陈锦涛	男	浙江宁波干休所所长
周　侠	男	上海市机电设备成套公司党委书记
周祖尧	男	南京军区政治部杭州影视管理中心主任技师（副军）
郁正民	男	中外合资三益纺织有限公司总工程师
郁祖达	男	上海市宝钢炼钢部党委书记
俞光忠	男	上海市住宅总公司纪委书记
施　骏	男	北京空军后勤部基建营房部干部（正师级）
施祖裕	男	省冶金局局长
施振兵	男	省国土厅土地开发中心主任
施善章	男	北京市东城区科委主任
施源林	男	浙江宁波中级人民法院党组副书记
赵洪章	男	新华社处长
倪久成	男	北京华北电力设计院教授级高级工程师

续表 35－9

姓　名	性别	工作单位与职务、职称
徐　宁	女	化工部建筑处处长
徐　威	男	宁波 113 医院政治处主任(正团)
徐志良	男	山东青岛 37032 部队政委
徐祖坚	男	省计委处长
徐祖贤	男	省投资公司副总经理
徐祝平	男	常州市委宣传部部长
徐继忠	男	中国核仪器设备总公司大连机器制造厂总工程师
袁　岳	男	零点集团董事长兼总裁，社会活动家，第一财经电台节目主持人
钱子瑾	男	省民族宗教事务局办公室主任
顾　平	男	江苏科技大学浙江分校校长
顾　达	男	华东理工大学教授
顾元模	男	上海市政府第七办公室主任
盛　鄂	男	云南省冶金工业厅厅长
黄　兵	男	解放军安徽炮兵学院干部(副师职)
黄士明	男	国家海洋局人事处处长
黄为群	男	上海科技大学党委书记
黄元仁	男	上海东方航空公司干部(正处级)
黄东成	男	《扬子江诗刊》社资深编辑家，国家一级作家、著名诗人
黄玉萍	女	总参谋部干部(副师)
黄亦文	男	南京 83601 部队干部(副师职)
黄建忠	男	上海市浦东新区财政局局长
黄建新	男	南京军区政治部宣传部干部(团职)
黄成良	男	青岛市检察院党组副书记
黄裕生	男	沈阳铁路分局副局长
董克新	男	南通市经济技术开发区管委会副主任
董佳菊	女	重庆市第二人民医院主任医师
董祥林	男	陕西省教委纪委书记
蒋祖平	男	海军东海舰队吴淞基地招待处长(正团)
虞永斌	男	江苏电力公司工会组织部长
虞亚平	男	上海 94778 部队装备部副部长

海永乡

表 35－10

姓　名	性别	工作单位与职务、职称
朱新飞	男	国家林业局离退休干部局副局长
邢汉城	男	武汉 39435 部队卫生所所长
沈　华	男	徐州供电公司党委书记
周　斌	男	安徽省委党史办处长
顾卫国	男	上海市宝山区综治办主任(正团)
黄　魏	男	华东农业大学资源环境学院硕士研究生导师
黄国豪	男	中铁大桥局国家注册一级建造师

江心沙农场

表 35－11

姓　名	性别	工作单位与职务、职称
袁锦康	男	河南郑州防空兵指挥学院马列教研室主任(正师)
濮燕超	男	深圳发展银行行长

三厂镇

表 35－12

姓　名	性别	工作单位与职务、职称
万闻华	男	共青团江苏省委副书记
方元兴	男	南京军区后勤部 13 分队副队长(副师级)
方培鑫	男	南京东风专用汽车制造总厂处长
王成孝	男	核工业部计划局教授级高级工程师
王树民	男	中国科学院研究员
石　峰	男	省进出口商品检验所所长
关承烈	男	南京市栖霞区人大常委会主任
刘　慧	男	上海市宝山区人大常委会副主任
刘　毅	男	总参谋部通讯部处长(正师)
吕永芳	女	省农林厅助理调研员
朱少斌	男	南京市开发公司副经理
朱正年	男	南通市国土规划局副局长(副师)
朱振家	男	水利部松辽水利委员会副主任、总工程师，教授级高级工程师

续表 35－12

姓　名	性别	工作单位与职务、职称
朱剑飞	男	南京市开发公司处长
朱逸平	男	济南空军部队干部(正师职)
汤胜常	男	上海华东理工大学教授
邢　达	男	省体委副主任兼南京体育学院党委书记
严志康	男	南京军区102医院神经科主任(副师级)
何明华	男	通棉三厂厂长(正处级)
吴　岚	男	上海市生产服务合作联社主任
宋云鹏	男	上海市公安厅办公室主任
宋陈懋	女	外交部港澳台司处长
张　平	男	国家电力公司昆明勘测设计院副总经理,教授级高级工程师
张　雄	男	南京体育学院院长,著名游泳教练
张　涛	男	农业部农业技术服务推广中心经营管理站副站长
张　磊	男	国务院扶贫办公室主任
张水芳	女	省邮政管理局副局长
张召新	男	青海省西宁市湟中县人武部部长
张永生	男	广州天湖街道主任(正处)
张启宇	男	上海电子工程学院干部(副师职)
张建忠	男	山东青岛市统计局副局长(正处)
张峰云	男	国家税务总局办公厅信访室主任
张桂新	男	武汉海洋工程学院船动院303教研室教授
张锡侯	男	解放军上海兽医大学军马卫生研究所所长(正师)
张德兴	男	沪部队干部(团职)
李　华	男	福建厦门92162部队研究员(副师职)
杨　群	男	中科院南京地质古生物研究所所长,研究员,博士生导师
杨卫兵	男	北京空军司令部通信部司长(正师)
杨学昌	男	清华大学电机系教授,博士生导师
杨松康	男	中国银行无锡市中心支行货币金银处处长
杨洪平	男	浙江宁波市政府行政管理局局长
杨裕生	男	北京丰台工商行政管理局党组书记
杨蕴玉	女	南通大学外语系教授
沈　炎	男	沈阳师范学院教授
沈卫建	男	福建省委组织部三处处长
沈小明	男	福州市保险公司副总经理
沈水龙	男	上海交通大学土木工程系主任,教授,博士生导师
沈再生	男	福建省药监局副局长
沈志鹤	男	广州市黄埔区人武部部长
沈冠仁	男	中国原子能科学研究院核物理所研究员
沈冠平	男	陆军独立高炮团政委
沈超英	男	福建省邮电学院党委书记
沙启洪	男	南京724研究所副所长
邵国君	男	湖南衡阳市委副秘书长
陆　超	男	徐州83235部队干部(团职)
陆一忠	男	省水利厅防办副主任
陆士兵	男	山东青岛市李库区劳动局干部(团职)
陆永清	男	海军防化部干部(团级)
陆瑞锋	男	广东省公安厅信息通讯处处长
陆锦华	女	省自行车队高级教练,自行车世界(B)级锦标赛场地争先赛冠军
陆静岳	男	上海市地质调查研究院党委书记
陈　光	男	南京市地铁工程建设指挥部副总指挥、南京市地下铁道有限责任公司党委书记
陈　忠	男	福建厦门冠宇科技有限公司总工程师
陈　杰	男	安全部9局处长
陈　勇	男	北京国电集团公司综合产业管理处处长
陈　健	男	山东省青岛市公安局行政处处长
陈　豪	男	上海市长宁区税务分局大队长
陈佐周	男	北京海军装备研究所所长
陈秀祥	男	北京国际工商管理学院院长,教授
陈其涛	男	南通市技术监督局局长
陈季晟	男	省人力资源与社会保障厅考试中心主任(正处)
陈冠球	男	南通市政协副主席
陈嘉明	男	上海海光机电技术研究所总工程师
陈慰心	女	北京复兴医院主任医师
周　兵	男	河北承德266医院干部(团职)
周兆元	男	中国轻工业产品进出口总公司人事部部长
周宪政	男	国务院三峡建设委员会办公室干部(副师)
周洪生	男	南京市政法委书记
季忠祥	男	南京陆军指挥学院教授,正师职干部

续表 35－12

姓　名	性别	工作单位与职务、职称
范成信	男	省水利厅处长
范新荣	男	上海长江隧道建设发展有限公司隧道部经理
茅永平	男	上海市虹口区公安分局纪委书记(正处)
茅志成	男	南京医科大学急诊医学系教授
郁成俊	男	河北张家口市人大常委会副主任、总工会主席
郁炳高	男	武汉空军雷达学院房地产管理处处长(副师级)
郑增仪	男	教育部基础教育司副司长
施云德	男	总装备部南京军区代表局干部(正师级)
施作雄	男	南通市个簃艺术馆国家一级美术师,市政协专门委员会主任
施绍祥	男	省政协提案委员会主任
施绍祺	男	北京市朝阳区人大常委会副主任
施胜平	男	南京陆军指挥学院政教系主任(正师)
施景钤	男	南通市政协副主席
施裕仁	男	安全部十六局干部(副司)
施德兴	男	上海体育学院系总支书记
施德威	男	南通市物价局局长、党组书记
胡风彬	男	河海大学国家水资源重点试验室教授
倪洪达	男	南京市政府监察科主任
唐德生	男	辽宁旅顺市海军航空兵副师长
夏　阳	男	商务部欧洲司德国处一等秘书
徐　平	男	上海市工商局办公室主任(正处)
徐柏春	男	中国北方公司深圳分公司党委书记兼总经理(正厅级)
徐振康	男	河南省计委人事处处长
徐蕴辉	男	河南省粮食局综合处处长
殷一成	男	山西省纺织工业厅副总工程师,教授级高级工程师
秦国范	男	北京轻工业学院干部(副司级)
秦国章	男	上海警备区后勤部处长(副师)
袁祖全	男	西安市医院院长(正处级)
郭建朝	男	河南省洛建集团有限公司劳资处处长
钱卫平	男	东南大学生物科学与医学工程系教授
钱云如	男	水利部水利水电工程局办公室主任
顾天成	男	海军航空兵技术部后勤部部长(正师)
顾同进	男	上海华东医院内科主任医师、上海医科大学教授
顾幸生	男	华东理工大学教授,博士生导师
顾静珍	女	南通市人大常委会副主任
顾懋兰	女	外交部驻外使馆一等秘书(处级)
高正荣	男	水利部南京水利科学研究院教授级高级工程师
高祖德	男	北京空军第一研究所第10研究室干部(正团级)
曹光明	男	上海仪电控股(集团)公司总裁助理、上海飞乐股份有限公司副总裁
曹慧芳	女	上海浦东机场三产总经理
梅益声	男	上海市委办公厅机要交通处调研员(正处级)
黄乙丁	男	北京军区空军司令部通讯团副参谋长(正团)
黄也伯	男	上海市普陀区邮电局党委书记
黄亦俊	男	南京汽轮电机厂总师办副主任、总工程师
黄红娟	女	解放军山东潍坊部队干部(团职)
黄建东	男	南通市委副秘书长、办公室主任
黄建纲	男	辽宁大连医科大学眼科教研室主任,教授
黄续伦	男	贵州省司法厅厅长
彭跃生	男	山东青岛市公安局行政处处长
景　新	男	南京政治学院后勤处处长
谢佩娟	女	太原工业大学齿轮强度研究所所长,教授
谢国本	男	广州经济技术开发区物资贸易总公司拍卖公司总经理
谢国鑫	男	辽宁鞍山市铁路疗养院副院长
谢国瑞	男	美国贵宾市场开发中心总经理
蔡云生	男	黑龙江省鸡西市副市长(厅级)
蔡苹凡	男	黑龙江省鸡西市财政局总监(正处)
蔡苹华	女	黑龙江省技术开发办公室主任
蔡苹蓉	女	黑龙江省鸡西市政府办公室主任
镇锡惠	男	北京图新技术开发总公司计算机开发中心经理
薛　伟	男	美国皮肤科学院院士
薛卫平	男	南通市人事局局长
薛建忠	男	总参谋部63研究所干部(正处级)
戴　许	男	省文化市场管理办公室副主任

常乐镇

表 35－13

姓　名	性别	工作单位与职务、职称
毛　颖	男	复旦大学附属华山医院主任医师、教授，博士生导师
毛毓璆	男	江苏教育学院教务处长
王亚雄	男	北京国防大学干部（师级）
印象初	男	中国科学院院士，昆虫分类学家
刘　伟	男	省交通厅沪宁高速总指挥
朱作人	男	南通医学院基建处处长
朱觉人	男	国家核工业总公司南京经济技术开发公司总经理
吴　晶	男	省人大常委会法制委员会主任
吴学忠	男	徐州军分区干部（正师职）
吴新风	男	东海舰队福建基地司令部参谋长
宋　飞	男	上海警备区装备处处长
宋卫国	男	上海市闸北区人事局局长（正师）
张　烨	男	中央美术学院版画系副主任
张祖忻	男	上海外国语大学新闻传媒学院院长，教授
张善良	男	武汉开发区总经理
张耀光	男	农业部秘书（正处）
张绪武	男	十届全国政协常委、社会法制委员会副主任
李建明	男	黑龙江省农垦总局统计局长
杜卫冲	男	加拿大优盛科技首席执行官，南通市人民政府高级经济顾问
杨　兵	男	石家庄陆军指挥学院进修系主任（副师级）
杨守法	男	南京跃进集团轻汽公司党委书记
沈　雷	男	南通市港闸区委书记
沈士惠	男	合肥市外经委督导员
沈文祖	男	苏州市委常委、纪委书记
沈风雷	男	南通大学办公室主任，苏通科技产业园董事长
沈启鹏	男	南通市政协副主席
沈卓洲	男	上海瑞金医院主任医师
沈晨福	男	七机部总工程师
芮　春	男	上海三灵市政工程有限公司总经理
陆　飞	男	南通市劳动局干部（正处级）
陆　挺	男	美国银行香港世界投资银行首席经济学家
陆　娟	女	中国农业大学经济管理学院营销系主任
陆正飞	男	北京大学光华管理学院党委书记、副院长，教授，博士生导师
陆国忠	男	镇江市干休二所所长（副师）
陆鼎善	男	珠海市工商联秘书长
陈　震	男	山西省政协副主席，科学技术协会主席，山西农业大学校长，教授
陈占波	男	中国建材总公司调研员（正处）
陈和平	男	省农科院农产品评价研究中心主任
陈奇兵	男	上海陆家嘴海关副关长
陈原辉	男	上海市医药局局长
郁钧剑	男	总政治部歌舞团国家一级演员
周士冲	男	省建设厅房地产处处长
季文通	男	省地方志办公室副主任
茅永兴	男	中国航天远洋测量船基地技术部干部（副师职）
茅政一	男	武警江苏总队纪检处处长
侯炳辉	男	清华大学经济管理学院教授，博士生导师，中国管理软件学院董事长
姜　兵	男	海南省三亚海关关长
姜志斌	男	国家航天科工集团研究员
姜国荣	男	盐城市商业局局长、党委书记
龚云龙	男	省水利勘测设计研究院处长
施亚康	男	泰州市政府特约评论员、凤凰出版社总编
施壮怀	男	联合国国际海事组织中方首席代表，高级船长，教授级高级工程师
施怀仁	女	上海艺术研究所话剧研究室主任
施觉怀	男	华东政法学院国际经济法教授，研究生导师，法学家
施雪怀	男	上海京剧院艺术学校校长，京剧谭派艺术家
施黄兵	男	陕西武功 39379 部队 61 分队干部（正团）
施裕冲	男	上海市普陀区宜川路街道政法委书记（正团）
施鲁怀	男	南京电力环保研究所大气风调室主任，大气环境保护专家
施楚怀	男	湖南省大板建筑公司总工程师
柏友冲	男	江西省景德镇市国土资源局局长

续表 35－13

姓　名	性别	工作单位与职务、职称
倪　健	男	上海富纯中南生物技术有限公司总经理，首席科学家
倪国祥	男	海南省军区干休所副政委
倪国辉	男	四川拖拉机总厂党委书记
唐元亨	男	国防科学技术情报研究所副所长（正师级）
徐炳良	男	海军武汉工程大学教授（正师级）
秦学礼	男	电子工业部设计院党委书记
袁允阶	男	盐城市第一人民医院主任医师
袁祖德	男	中国驻巴布亚新几内亚大使，中共中央台办局长
谈尔益	男	台湾高雄港务局总工程师
钱关林	男	上海市民政局副局长
顾成超	男	北京空军第六研究所所长（正团职）
高建新	男	省人民政府法制办副主任
黄元湘	男	上海石油公司总经理
黄叔平	男	深圳粮油进出口公司总经理
黄荷芬	女	省国家安全厅办公室主任
黄铭安	男	纺织工业部教授级高级工程师
彭怀祖	男	南通大学副校长，教授
彭崇贤	男	省物资局局长
彭崇熙	男	成都市粮食局局长
彭燕如	女	省政协社会法制委员会副主任
蒋炳发	男	省国家安全厅科长（正团）
翟启明	男	山西省电力工业局教授级高级工程师
戴维生	男	镇江市科委主任

麒麟镇

表 35－14

姓　名	性别	工作单位与职务、职称
刘善邦	男	山东青岛第二橡胶厂组织处处长、党办主任
宋林奇	男	上海虹桥机场政委
李春花	女	雅典残奥会铁饼冠军
张同生	男	无锡惠山空军干休所干部（正师级）
杨红兵	男	安徽省芜湖市园林处处长
沈　耀	男	省旅游局财务处处长
肖燕池	男	广东省纠风办副主任、省纪委效能室主任
邱建忠	男	安徽省电子工业学院教官（正团职）
闵正兵	男	省检察院反贪污贿赂局局长
闵学聪	男	国家供销合作总社办公厅主任
陆建华	男	上海市土地管理规划局办公室主任
陈　亮	男	南通市委宣传部副部长兼文化广电局局长
陈永新	男	天津大港油田党委书记
陈汉忠	男	南京军区空军政治部宣传处处长（副师级）
陈生安	男	陕西省双州市人武部政委
陈石明	男	北京海军无线电研究所所长
陈旭光	男	广州空军司令部干部（正团级）
陈启忠	男	盐城供电公司总经理，总会计师
陈德新	男	南通经济技术开发区党工委书记
俞惠忠	男	上海群丰船厂总经理
姚　娟	女	上海福记集团总经理
姜　杰	男	欧陆之星钻石（上海）有限公司董事长
姜新建	男	清华大学机电系教授，电力电子与电机研究所所长
施　炎	男	连云港市副市长
施启生	男	国家四机部处长
施星平	男	国家海洋局东海分局执法处处长
倪锦初	男	水利部长江水利委员会教授级高级工程师
顾松辉	男	宁波市政府副秘书长
梅思洁	女	大连海军政治部干部（正团级）
黄　胜	男	南京水利科学研究院副院长，教授
黄玉峰	男	南通大学医学院处长
黄陈宏	男	北京网通副总
黄志昌	男	北京市大兴县司法局局长（正处）
黄群华	男	浙江省委党校副校长（正厅）
龚康孙	男	成都华西医科大学药学院教授
龚焕孙	男	上海机械学院研究员、教授
龚缵模	男	无锡轻工业学院教授
傅耀华	男	上海市第二人民医院主任医师
曾学才	男	镇江军分区政委
蒋季杰	男	南通医学院教授、主任医师
薛治洲	男	南京彭迈电器科技有限公司总经理
戴建生	男	宁波市口岸办主任助理（副司）

悦来镇

表 35－15

姓　名	性别	工作单位与职务、职称
仇士石	男	济南空军后勤部郑州生产基地主任
卞东辉	男	南通外贸公司经理
孙仲礼	男	上海远洋公司董事长，中国驻比利时孔子学院院长
孙叔平	男	上海自动化研究院院长
朱正球	男	南京军区空军司令部干部（正师级）
朱裕飞	男	南京陆军指挥学院《指挥学报》社副主任
汤建熙	男	省水利厅农水处处长，总工程师
祁沫若	男	中行江苏分行业务发展委员会副主任
邢　迪	男	合肥炮兵学院干部（副师级）
邢维康	男	常州军分区政治部主任
吴云林	男	上海第二医科大学教授，博士生导师
吴刚兵	男	省交通厅科研所主任（正处）
吴欣然	男	华东师范大学化学系教授
吴姜宏	男	国家电力投资集团公司首席法律顾问（副司级）
宋云露	男	中国船舶重工集团公司第 702 研究所研究员
宋世平	男	南通市粮食局局长助理（正处）
宋学德	男	南京陆军指挥学院处长
张德新	男	上海市普陀区工会主席
成　新	男	水利部太湖流域管理局处长
李　广	男	无锡市石油化工局党委书记
李同春	男	广东省建筑委员会处长
李德丰	男	上海城市管理执法总队队长（正处）
杨　雷	男	南京垠坤房产公司董事长
杨柳燕	男	南京大学环境学院教授，博士生导师
沈冠军	男	南京师范大学地理科学院教授
沈婉兰	女	省卫生厅副巡视员（副厅）
肖幼萍	男	北方交通大学电气工程系主任，教授，博士生导师
苏锦昌	男	南京白下区人民法院院长
陆正和	男	上海武警总队干休所所长（正团）
陆洪平	男	海军潜艇学院人事劳动办公室主任（正团）
陈　辉	男	省水利厅科教处助理调研员
陈学祖	男	山东青岛市铁路局处长
陈茂祥	男	中国石油天然气总公司规划设计院教授级高级工程师
陈洪兵	男	上海市水利工程设计院总工程师
周永家	男	河北省邢台市建委主任
茅建冲	男	南京市雨花台区监察局局长助理（正处）
茅晓东	男	索尼（Sony）计算娱乐美国研究中心资深研究员，雷达和声呐领域科学家
郁卫忠	男	上海市普陀区国资委监察主任
郁建文	男	省教育厅政策法规处主任（正处）
施乐尧	男	江苏化工学院党委书记（副厅）
施晓健	男	广州市工商局组织部部长
赵建新	男	武汉市公安局三处处长
赵海卫	男	交通银行总行投资管理部处长
徐　平	男	湖北省劳教局副局长兼政治部主任（副厅）
袁　谅	男	广西日报社主任编辑
袁耀飞	男	广州市科技局处长
顾云翔	男	淮安军分区参谋长
顾炳新	男	合肥市公安局局长
顾新斌	男	上海市闸北区人事局公务员管理科科长（正处）
洪宝才	男	国防大学教授，技术军级
曹亚新	男	武汉空军后勤部副部长
梁　彦	女	工业与信息化部副司长
黄允兰	女	中国科技大学结构分析中心教授
黄正标	男	中国质量认证中心南京分中心质量技术部副部长，教授级高级工程师
黄玉峰	男	南通医学院教授
黄启新	男	上海卢湾区纪委廉政室主任
黄和新	男	南京师范大学经济法政学院教授
黄瑞平	男	徐州矿务局建安工程处党委书记（正处）
蒋红涛	男	南通市人事局副局长（正处）
蒋祖平	男	武汉空军医院主任
蔡士能	男	省技术监督局处长
蔡晓波	男	东南大学体育系教授，国际裁判
蔡维康	男	武汉市地税局桥口分局主任（正团）
潘正平	男	秦皇岛海军基地政治处主任

三阳镇

表 35－16

姓　名	性别	工作单位与职务、职称
丁传贤	男	中科院上海硅酸盐研究所工程院院士
卢松生	男	上海市闸北区委组织部副部长兼老干部局局长
刘大新	男	哈尔滨军工学院教授
朱启祥	男	南通市农业局局长
朱国豪	男	中国船舶重工集团公司无锡702研究所副所长
何文杰	男	上海市静安区绿化局党委书记
宋　飞	男	南通市人大常委会常务副主任
宋卫国	男	北京国家安全局处长
宋秀芳	女	省科协主席
宋明理	男	福州军区驻南昌铁路局军代表（正师）
张少伯	男	江西省科教处处长
李　诚	男	省邮电局副局长
杨　勇	男	安徽肥东飞行大队大队长
杨锦平	男	扬子集团公司副总经理
杨德坤	女	机械工业部处长
邱汉生	男	上海市教育局高教处教授
陆贤平	女	上海合成树脂厂研究所研究员
陆振范	男	广州军区后勤部干部（团职）
陈　伟	男	南京大学医学院副院长
陈　杰	男	扬子集团公司副总经理
陈　健	男	省委巡视组组长（厅级）
陈　辉	男	省财政厅处长
陈　辉	男	省公安厅反恐处处长
陈永新	男	南京扬子石油化工公司干部（正厅）
陈克赢	男	上海市闸北区人大常委会副主任
陈俊清	男	南通市人大常委会副主任
周　正	男	浙江舟山警备区医院主任医师，专业技术5级（副军）
季　达	男	上海警备部队干部（副师级）
季　明	女	全国政协文教办公室副主任（政协委员）
季不易	男	浙江省杭州市二轻局副局长
郁　萍	男	武汉军区装甲兵政委（正军职）
姜汉和	男	济南军区师参谋长
姜汉清	男	国家审计署驻济南办事处处长
施汉兵	男	广州市财产保险公司副经理
施汉贤	男	东海舰队舰长
施洪涛	男	南通电大党委书记
施维岩	男	上海市静安区税务局局长
施维智	男	上海市香山中医院主任医师
柯罗默伯爵夫人	女	英国柯罗默基金会中国现代艺术部首席执行官
徐建光	男	上海市卫生局局长，教授
袁玉平	男	72959部队师参谋长
顾国民	男	上海市宝山区就业促进中心党总支书记
顾忠培	男	上海市财政局人事处处长
崔维成	男	国家船舶科学研究中心副所长，研究员、长江学者，蛟龙号副总指挥
崔维兵	男	航天科工集团发展计划部副部长
曹顶松	男	国家审计署驻济南办事处办公室主任
曹锦友	男	省军区后勤部处长
曹锦成	男	空军通讯兵部驻山西某无线电厂军代表（副师级）
黄　健	男	财政部处长
黄永平	男	省工商局广告处处长

临江新区（临江镇）

表 35－17

姓　名	性别	工作单位与职务、职称
石　琦	男	中央政府驻香港特别行政区联络办公室人事部处长
朱　湘	男	省水利厅咨询中心主任
张永春	男	山东潍坊原料处处长
张维成	男	北京日报社主任
沈新华	男	山东青岛92132部队副政委
苏建平	男	南京理工大学招办主任
陆士良	男	南通市城管局副局长（副师职）
陆正平	男	神华集团炼制公司总裁
陆思良	男	镇江市总工会主席

续表 35－17

姓　名	性别	工作单位与职务、职称
陈　辽	男	省社科院文学研究员，著名文艺理论家
陈　杰	男	上海市卢湾区淮海中路街道办事处主任
陈　豪	男	中华全国总工会副主席
陈文辉	男	南通中学党委书记
陈统辉	男	上海医药出版社社长，研究员，上海医药行业协会会长
金守范	男	北京市水产局局长
姚卫新	男	南京航空航天大学党委副书记，飞机系教授
洪　伟	男	公安部办公厅处长
徐新忠	男	北京大学教授，光华管理学院院长助理
徐信明	男	江汉油田经理
袁　辉	男	北京应用技术大学招办（中外协作）主任
钱洪新	男	无锡交通高等职业学校副校长
钱祖平	男	南京理工大学通讯工程学院教授
顾民权	男	交通部第一航务工程设计院设计大师
曹能新	男	南通市政协主席
黄正平	男	江苏教育学院分院主任
黄建和	男	南京市信访局副局长
黄忠新	男	沈阳军区政治部保卫处处长
龚建华	男	中国国际航空公司飞行总队副总队长（局级），总飞行师，一级飞行员
蔡永平	男	北京军区干休所干部（正师级）
樊永辉	男	东海舰队政治部司法办主任
潘金新	男	陕西眉县人武部干部（正团级）

四甲镇

表 35－18

姓　名	性别	工作单位与职务、职称
方　磊	男	中国银行金融信息咨询中心干部（副司级）
王立平	男	省人力资源和社会保障厅副厅长
王克成	男	中央人民广播电台副台长
王志明	男	总参谋部对外联络处主任
王浩忠	男	南京军区政治部人民前线报社副社长
王跃平	男	徐州师范大学教授
史占连	男	上海市卢湾区法院政治处主任
史汉清	男	大连工商局干部（正团级）
史国宝	男	中国科学院专家
成铭芳	女	河海大学政工处处长
朱尔鑫	男	南通师范学院党委书记（副厅级）
朱国豪	男	北海舰队青岛训练基地师政委
江一燕	男	上海第二军医大学训练部副部长（正师）
汤志忠	男	清华大学计算机系教授，博士生导师
许　时	男	武汉工业大学教授
许　明	女	华东师范大学教育系教授
许　勇	男	海军东海舰队政治部秘书处干部（正团职）
许志平	男	省国家安全厅五处处长
许宝华	男	复旦大学中文系教授
许庭新	男	南京市国税局副局长
许荣新	男	南通市委党校校长助理（团职）
许能谦	男	国家海洋局第二研究所主任
许跃歧	男	南京理工大学继续教育学院教授
吴仁忠	男	沈阳军区空军副司令员，少将
严姜平	男	南通市民政局副局长（师职）
何玉龙	男	上海花木公司总经理
岑秉飞	男	交通部长江航运公安局芜湖分局政委
张　平	男	西安市公安局副局长
张　衢	男	四川仪表总厂党委副书记（副厅级）
张志忠	男	南通市铁路办公室主任助理（正团）
张国权	男	上海市杨浦区人武部副部长
张学民	男	国家轻工业管理干部学院教授
张树民	男	南通军分区副政委
张铁桥	男	浙江大学教授
张敏均	男	中国书画研究院副院长
张锦华	男	上海市政工程公司纪委书记
李寅飞	男	海军装备研究院标准规范研究所教授级高级工程师
李菊娣	女	《新华日报》广告处处长
杨锦平	男	解放军《计划生育》杂志主编
沈　荣	男	上海浦东金桥公司总裁
肖建源	男	青海省西宁市城北区人武部政委
陆伍元	男	美国马里兰大学终身教授

续表 35－18

姓　名	性别	工作单位与职务、职称
陆秀明	男	上海军事代表局综合计划处处长(副师级)
陆维钊	男	外交部亚洲司司长
陆善祥	男	农业部东海区渔政渔港监管局副局长
陈　如	男	南京市社会科学院副院长
陈　杰	男	解放军浙江宁波113医院院长
陈达生	男	上海瑞金医院主任医师
陈志扬	男	省纪委纪检监察三室主任(副厅级)
陈俊清	男	上海第二军医大学附属长海医院对外接待办主任(副师级)
陈章武	男	清华大学经济管理学院党委书记
周乃平	男	国土资源部科技宣教司司长
周万平	男	中科院南京地理与湖泊研究所研究员
周世康	男	省人大常委会科教文卫委员会主任
周如江	男	中国航天科技集团公司第八研究院上海航天无线电设备研究所所长
周佳彬	男	上海市委老干部局办公室主任
周国平	男	南京市第三人民医院主任药师
周晓燕	女	复旦大学附属肿瘤医院教授
季永新	男	南京林业大学教授,博士生导师
季汉林	男	武警淮安消防支队政委
季秀芳	女	中央人民广播电台副台长
季国平	男	安徽蚌埠某部队干部(正师级)
范汉森	男	甘肃省委党校教授
俞志新	男	武警徐州市消防支队支队长
姜　平	男	国家行政学院应急管理培训中心副主任(副司级),教授,博士生导师
姜　华	男	总参谋部通讯部电磁频谱管理中心业务部处长
姜卫标	男	美籍华人教授
姜汉和	男	昆明军区作战处处长
姜汉清	男	浙江省农业科学院调研员
姜光斗	男	南通市政协副主席,南通大学教授
姜志荣	男	北海舰队作战处处长
姜苏民	男	昆明军区司令部情报部副部长
姜国辉	男	国家安全部八处处长
姜青奇	男	驻港部队团政委
姜荣钧	男	上海机械学院教授
姜晓军	男	南通市科学技术协会主席
姜雪峰	男	省计委办公室主任
姜雄平	男	总后勤部卫生部药品仪器检验所所长(副师级)
姜锡兵	男	北京空军后勤部营房处处长
施友余	男	中国人民银行科教司司长
施启祥	男	解放军54642部队司令部师副参谋长
施祝斌	男	南通航运职业技术学院副院长,教授
倪永新	男	南京中医药大学教授
倪雨生	男	中国远洋运输公司处长
唐少康	男	总参谋部干部(正师职)
唐志云	男	东海舰队上海基地军务处处长
奚传炳	男	北京市朝阳区委宣传部副部长、新闻中心主任
徐建生	男	北京空军后勤部招待所所长(副师职研究员)
秦振生	男	山东科技大学教授
袁向农	男	宁波航空兵团司令部干部(副师级)
陶旭通	男	上海市闸北区工商分局局长
顾　欣	男	省画院高级美术师
顾剑华	男	武警南通支队支队长
曹　平	男	长江水利委员会长江口水文水资源勘测局党委书记
曹永年	男	内蒙古师范大学教授
曹永康	男	农业银行江苏分行人事教育处处长
曹志勇	男	上海广播电影电视发展有限公司总裁
梁玉飞	男	兰州军区政治部人民军队报社副总编辑(正师级)
梁志南	男	南通市公安局副局长
梁松成	男	海南省文昌市委政法委常务副书记
梁保龙	男	上海市物流公司副总经理
梁振华	男	苏州市平江区副区长
黄振平	男	河海大学水文水资源学院教授
黄锦林	男	总后勤部某杂志社社长
喻惠娟	女	中国国际广播电台译审
潘志娟	女	苏州大学教授,博士生导师

货隆镇

表 35－19

姓　名	性别	工作单位与职务、职称
丁　锐	男	国防大学党史政工教研室干部（正师级）
马　平	男	东海舰队师长
马兰娣	女	扬州大学人事处处长
王来根	男	上海二军大附属长征医院教授
仲　剑	男	省发改委调研员
成卫东	男	上海二军大干休所所长
成益义	男	苏州市机关事务管理局副局长
许　晖	男	南京解放军理工大学军需处处长
许兰平	男	温州军分区招待所所长（正处）
许汉兵	男	北京市发改委干部（团职）
许学江	男	兰州军区干部（副师级）
许宝华	男	长江水利委员会长江口水文水资源勘测局副总工程师
张国林	男	广东省湛江市国家安全局副局长
张洪斌	男	上海市环保局办公室主任
张振林	男	广东省湛江市公路管理局副局长（正团）
张雪堂	男	上海地铁公司党委书记
张鹏飞	男	南京陆军指挥学院研究生处处长（副厅），教授
陈海林	男	民建上海市委员会调研部副部长
季金虎	男	南通市政协副主席
俞兆钧	男	上海市碌矸总厂工会主席
姜　鑫	男	上海市安监局干部（副厅）
姜秀芳	男	山东省纪委监察三室主任
姜国华	男	盐城市人事局局长
赵志新	男	无锡市副市长兼公安局局长
倪跃彬	男	成都军区驻福州办事处干部（团职）
唐鹤鸣	男	中国国际广播电台、中国世界信息报译审
秦林芳	女	南京晓庄学院人文学院院长
顾金良	男	南通市二轻局局长
高　勇	男	盖州市干休所所长（正团职）
曹　进	男	宁波国家安全局纪委书记
曹一飞	男	东海舰队上海基地干部（师职）
曹卫兵	男	大连舰艇学院教授
曹汉芝	男	南京军区管理局政委（师级）
梁云如	男	苏州市公安局局长
梁志华	男	上海新浪网站猎商网络科技有限公司董事长
翟春泉	男	上海交通大学铸造研究所所长，教授

王浩镇

表 35－20

姓　名	性别	工作单位与职务、职称
丁黎民	男	总装备部舰船办主任
王　勋	男	江苏王牌纺织有限公司董事长
王　强	男	南京市公用事业局建设学校校长
王卫民	男	国防科工委人事教育司司长
王卫星	男	上海长海医院肝胆外科主任
王兆明	男	江苏经贸学院院长
王岐生	男	上海华夏银行行长
王战标	男	浙江省计划生育委员会科研所所长
冯一生	男	公安部宁波民警训练部副部长
冯一鹤	男	浙江省农业厅副厅长
石为民	男	上海申鼎市政科技有限公司董事长
江一民	男	上海市静安区人民法院院长
汤　浩	男	河南洛阳洪泰铜业有限公司总经理
汤云鹤	男	省农资公司总经理
汤志忠	男	南京金盖海棠有限公司董事长
汤国锋	男	温州出入境检验检疫局局长
汤明海	男	省发改委综合处处长
汤振林	男	上海新亚建筑装饰工程有限公司总经理
许　明	男	省财政厅办公室主任、税改办主任
吴志芹	女	南京景观园林发展有限公司董事长
吴志进	男	省烟草专卖局主任
李　平	男	农业银行泰州市分行行长
李　荣	男	农业部农业技术服务推广中心土肥技术处处长
李锡堂	男	工信部电信研究院副院长
杨达生	男	海关总署采购中心车船部主任（正处）

续表 35－20

姓　名	性别	工作单位与职务、职称
杭国生	男	上海同济大学教授，留德预备部主任
范　勇	男	北京通信软件开发公司董事长
俞　斌	男	上海厨房设备有限公司总经理
俞　新	男	上海商城星冠油漆总汇董事长
俞志明	男	江苏华泰装饰工程有限公司董事长
俞国庆	男	南京金城集团公司总经理
俞学书	男	南京市栖霞区工商局副局长
俞景春	男	南京天泽园林发展有限公司总经理
姜　军	男	上海小田园餐饮公司董事长
赵　勇	男	浙江萧山61085部队副司令员（副师）
赵子甫	男	南通市勘察设计研究院干部（团级）
赵正芳	男	南京长江航运处处长
赵建新	男	南京航空部队后勤基地干部（副师级）
赵林洪	男	浙江武警学校政委
赵雪祥	男	省信访局党组副书记
徐树林	男	徐州空军基地副政委
徐雷忠	男	合肥炮兵学院人事处处长
钱志豪	男	大连理工大学教授
钱志清	男	北京中联公司总经理
顾云生	男	安全部基建处处长
顾玉明	男	南通市公安局督察长、纪检组长
顾明雄	男	上海市超耀公司总经理
顾洪飞	男	南通市银监局局长
梁一飞	男	江苏建工集团邯郸分公司总经理
梁志明	男	中建七局重庆公司总经理
潘　雄	男	上海晓铭工贸有限公司董事长

余东镇

表 35－21

姓　名	性别	工作单位与职务、职称
卞锦洪	男	上海市劳动局信息中心主任
王福山	男	交通部广州海滩救助打捞局局长
任志良	男	武汉海军工程大学教授（正师职）
刘松平	男	上海市税务稽查队队长
庄　进	男	沈阳电力局局长
朱卫明	男	上海市联成公司董事长
朱俊才	男	通州市政协副主席（正处）
江　秋	女	中纪委办公厅干部（司级）
江自强	男	上海市杨浦区综治办副主任
江振洲	男	浙江省舟山警备队政治处主任
何克振	男	成达铁路指挥部总指挥长（副厅职）
何晓明	男	省标准化研究院研究员
何启明	男	南通市检察院副检察长
何陆新	男	深圳康源实业公司董事长
何振强	男	河南省劳改局处长
何跃进	男	山东省烟台市警备区参谋长
何德先	男	中国石化茂名石油化工公司总经理
余建兴	男	广东省阳西县人民武装部部长
吴德葵	男	上海市科技党委宣传处处长
宋　激	男	上海市人民政府参事
张　生	男	福建省邵武地区干部（副师级）
张　钟	男	总参谋部北京北极寺干休所干部（正师级）
张　镇	男	安徽省滁县专区法院院长
张　鑑	男	福建省港航局局长
张云高	男	云南省印刷研究所所长
张志新	男	农业银行上海浦东分行行长
李　君	男	江阴澄西船厂厂办主任（处级）
杜浩然	男	化工部橡胶司处长
杨光荣	男	广东珠海警备区团长
陆成新	男	海南省旅游局办公室主任
陈卫星	女	上海浦东新区外高桥保税区副总经理（正处）
陈良基	男	洪泽县委书记
范方庭	男	西藏拉萨市总工会主席
郁连南	男	轻工业部外事司副司长
姜　琦	男	华东师范大学国际问题研究所所长，教授
姜雪忠	男	省农委外事外经办主任
洪玉康	男	青海海军舰艇学院院长
倪　栋	男	省公安厅处长
倪溥湘	男	新疆塔城地区行政公署副专员
凌生健	男	东海舰队舟山基地处长

续表 35－21

姓　名	性别	工作单位与职务、职称
唐有德	男	省人民政府办公厅秘书长
袁正耕	男	上海市东浦置业公司董事长
顾耀平	男	钟兴联合企业公司董事长,《现代管理科学》杂志常务副总编
殷国光	男	江西省政协副主席
崔文茂	男	省委老干部局处长
崔行良	男	农业银行南通市分行行长
曹兰生	男	上海港务局副总经济师
曹洪斌	男	广东佛山市顺德区副区长
梁承志	男	上海市对外农业展览馆馆长
梁振纪	男	农业银行苏州市分行副行长(正处)
梁新华	男	南京军区军医学校政教主任
盛　超	男	省建筑工程局副局长
程曾泽	男	财政部条法司二处处长
程曾越	男	中国石油化工总公司教授级高级工程师
戴　康	男	解放军某师副政委

树勋镇

表 35－22

姓　名	性别	工作单位与职务、职称
丁志学	男	铁道兵医院院长
尹祖平	男	海南省广播电视局副局长兼电视台台长
方　向	男	信阳陆军学校校长(正军职)
方渭兵	男	海军上海基地装备部部长
王少明	男	海军上海吴淞基地处长
王建强	男	农业部种植业管理司处长
王树堂	男	沈阳市第一建筑公司党委书记
王锡清	男	清华大学教授,清华同方股份有限公司常务副总裁、党委书记
石俊奇	男	杭州空军 94973 部队飞行一大队参谋长(副师)
刘志江	男	海南省海口市海关稽查处处长
庄　民	男	南通市经济委员会主任(副厅)
庄水生	男	长江航道局上海代表处研究员
朱争平	男	上海市委常委、警备区政委,少将
朱志新	男	民政部中国彩票发行管理中心总裁(正处)
许志联	女	山东省科学技术委员会处长
吴韵生	男	国防部外事局处长
张　平	男	徐州市委秘书长
张　耀	男	天津市公安局人事处处长
张圣兵	男	南京财经大学教授,宣传部长
张兆成	男	南通汽运集团党委书记
张妙方	男	省民政厅优抚局副局长(正处)
张甫廷	男	南京陆军高级步校马列主义教研室主任(副师级)
李　冲	男	浙江大学教授
李竹成	男	建设部教育人事司副司长
李学书	男	南通市级机关党委书记
李学成	男	上海人民广播电台办公室主任
李建华	男	中央警卫局干部(师级)
李晓坡	男	省总工会党组书记、副主席
李鸿如	男	总参谋部边防防化兵部政治部主任
李福江	男	上海海军 92440 部队政治部主任(师级)
李静森	男	贵州省毕节地委组织部部长
沈征一	男	交通部长江航运公安局政委(正处)
邱德风	男	南通市税务局局长
邵　章	男	扬州市多管局副局长(正处)
陆凤康	男	青海省气象台台长
陆胜男	男	解放军驻航天科工集团研究中心军事代表室副总军事代表
陈一冰	男	南通市化工研究所所长
陈卫星	男	省电力公司后勤处处长
陈宋义	男	南通市政协副秘书长(正处)
陈继瑞	男	南通市财贸办公室干部(正处级)
周锦忠	男	福建省军区医院院长(正团)
季鸿生	男	上海师范大学法政学院教授
季鸿茂	男	二炮某发射基地干部(副军级)
季耀明	男	省通讯工程质量监督站站长
郁孚农	男	空军 14 师大队机务主任
金　岳	男	南航基建处处长
金建新	男	沈阳军区空军司令部航材处处长

续表 35－22

姓　名	性别	工作单位与职务、职称
俞启贤	男	成都军区空军飞行团团长
俞锦山	男	南京七二四研究所党委书记
施陈雨	男	南京大学教授
施雅凤	男	中科院南京地理与湖泊研究院科学院院士
施国才	男	华东地区军用物资仓库主任(师级)
施秉铎	男	福建省计划生育委员会副主任
柏云冲	男	南通市粮食局局长
赵云梯	男	南通市外事侨务办公室主任,海外交流协会会长
赵福祥	男	上海市审计局纪委副书记
倪宝兴	男	中煤徐州大屯煤电公司人力资源部处长
徐耀新	男	江苏省科协主席、党组书记
袁红春	男	上海海洋大学信息管理系主任,教授
诸葛仁	男	安徽省台湾工作办公室主任
崔　奇	女	江西省宜春地区卫生局局长
曹思琪	男	中共南通市委办公室干部(正处级)
谢兆章	男	安徽省物资局局长
潘　哲	男	海军装备部导弹处处长(师级)

包场镇

表 35－23

姓　名	性别	工作单位与职务、职称
仇步科	男	空军 15 师飞行大队政治委员
仇国荣	男	宁波市商检局调研员
石献峰	男	农业银行宿迁分行行长
孙大清	男	广东佛山职业技术学院副院长
成玉琳	男	省体育局计财处处长
朱　云	男	上海诚峰有色金属有限公司总经理
朱云汉	男	南京航道局副局长、纪委书记
朱汉宾	男	某集团军政委,少将
朱汉康	男	南通供电公司总经理
朱建程	男	财政部人教司工资福利处处长(副司)
江　升	男	第一集团军 181 师政治部副主任(副师)
江　勇	男	东南大学财务处处长
江卫荣	男	上海虹桥机场边检站处长
江凤鸣	男	解放军审计署事业审计局副局长(副师)
江国栋	男	国务院办公厅正处级秘书
江俊浩	男	省教育厅体卫文处正处级调研员
江洁心	男	上海市机电二局局长
江炳生	男	中建五局党委书记、局长
严　迪	男	南通市技术监督局局长
吴林田	男	上海浦东书画研究会会长
张乃平	男	总参谋部办公厅干部(团职)
张永良	男	海军后勤部生产管理部处长
张国平	男	上海 37862 部队政委
张学聪	男	上海市卢湾区政协副主席
张林桑	男	福建省港航管理局局长
张钧澄	男	宁波大学教授
张翰青	男	北京军区空军后勤部航空器材处处长(副师)
李　勇	男	武警上海总队队长(师级)
李锦明	男	青海省公安厅缉毒处处长
沈毅康	男	武警兰州指挥学校校长(副师)
邱文林	男	上海市虹口区发改委主任
陆　宜	男	南通军分区后勤部副部长
陆龙生	男	上海针织集团有限公司总经理
陆进兵	男	上海市卢湾区建设局局长
陆宝新	男	甘肃省天水军分区副参谋长
陆金荣	男	浙江省武警总队医院骨科主任(副师)
陆德余	男	甘肃省武警总队张液支队支队长(正团)
周志祥	男	无锡外事旅游汽车公司总经理、党委书记
季广昌	男	中国科技大学教授
俞友高	男	北京警备区后勤处处长
施荣新	男	山东威海 91329 部队政委
柏利忠	男	省公安厅经侦处处长
赵　钧	男	省海洋渔业局海域处处长
赵士富	男	北京军事医学科学院所长(团职)
赵志明	男	洛阳外国语学院教授
赵良平	男	中国林学会副理事长兼秘书长
赵振江	男	上海市普陀区规划委监察大队大队长
赵惠兰	女	宁波大学教授

续表 35－23

姓 名	性别	工作单位与职务、职称
倪宝元	男	解放军 91774 部队后勤部副部长
唐水江	男	西藏广电局局长、党组书记
徐云平	男	深圳市深电通网络公司总经理
钱建中	男	江苏华容集团党委书记
栾红武	女	舟山警备区上校(技术 7 级)
郭金华	男	苏州 100 医院主任医师
钱卫平	男	海南省三亚市 91458 部队后勤部审计处处长
黄华忠	男	总政治部保卫部干事(副师级)
童照熙	男	高炮 7 师后勤部政委(副师)
樊志高	男	上海市长宁区政协委员,万圣建筑有限公司董事长

正余镇

表 35－24

姓 名	性别	工作单位与职务、职称
于 勇	男	兰州军分区政委
于士忠	男	青岛市总工会主席
于浩康	男	解放军南京理工大学教授(正师级)
王 辉	男	苏州市公安局政治处处长
王洪连	男	省纪委审理室主任
王福临	男	工商银行上海市虹口区分行党委书记
冯汉忠	男	海军航空工程学院研究生系政委(正师)
冯金生	男	上海市政协办公室主任
冯贵春	男	浙江宁波海警学院政委
冯桂林	男	宁波市政府办公室副主任(正师)
刘公明	男	兰州市西固区人大常委会主任
朱亮高	男	上海市委组织部干部处处长
朱美红	女	清华大学教授
吴建平	男	农业部东海区渔政局渔监与电信处处长
吴建忠	男	杭州西湖区蒋村新区建设指挥部办公室主任(正处)
张有良	男	南京空军后勤部嫩江基地主任(副师级)
张竹范	男	南京医科大学校长
张志平	男	省高级人民法院宣传处处长
张振华	男	泰州市审计局局长
张强兵	男	福建 9202 部队 205 大队副政委
张德强	男	浙江金华市武警支队政委
李 丽	女	上海市浦东新区气象局局长
李 峰	男	扬州大学土质科学院院长
李小平	男	扬州地质勘测学院教授
李友标	男	国务院办公厅干部(副司级)
陈凤江	男	上海市虹口区国税分局干部(正团级)
屈宝贤	男	南通市人民政府秘书长
林卫强	男	上海市南汇区安监局副局长(正团)
俞兆成	男	南通市公安局副局长(正处)
赵如生	男	上海世海书画院常务理事(全国优秀书画家)
赵建华	男	宁波军分区政委
陶国忠	男	南京市司法局副局长
曹锦春	男	共青团中央学校部处长
程 强	男	中国银行盐城分行行长
蒋国斌	男	南京军区总医院培训部主任
虞宁勇	男	中央政法委维稳办处长
虞进忠	男	山东青岛市总工会处长
戴志轩	男	上海市公安局产证处处长

万年镇

表 35－25

姓 名	性别	工作单位与职务、职称
王晓萍	女	省广播电视局纪委书记(副厅)
任轶群	男	解放军大连第二干休所主任医师
师 超	男	上海市吴淞区人民法院副院长
朱卫东	男	南京陆军指挥学院外训系干部(团职)
朱国富	男	四川西南大学教授
何 良	男	省军区后勤部处长
吴建成	男	解放军 105 医院主任医师
吴胜红	男	南京工业大学党委组织部部长
张祝洪	男	陕西省公安边防总队队长(师级)
李 健	男	北京西城区委书记
李友石	男	新疆建设兵团干部(团级)

续表 35－25

姓　名	性别	工作单位与职务、职称
李红梅	女	广州发展实业控股集团有限公司总经理
沈卫星	男	南通市房产管理局局长
沈永先	男	西安有线电通信学院干部(团职)
陆士新	男	新华社中国证券报党委常务副书记
陆利兵	男	新疆克拉玛依市公安局局长
陆惠东	男	安徽省军区干部(团职)
陈冬瑜	男	省教育科学研究所办公室主任
陈进乐	男	东海舰队训练基地战术研究室主任
陈炳辉	男	上海市浦东新区政协副主席
陈望平	男	新疆克拉玛依炼油厂党委书记
陈惠邦	男	总参谋部作战部香港驻军办公室主任(正师级)
周国才	男	航天部二院 706 所研究员
周祖昌	男	安徽省委办公厅主任
季允石	男	人力资源和社会保障部副部长(正部长级)
季卫捷	男	南京大学教授,博士生导师
郁觉初	男	南京中医药大学教授
俞　辉	男	上海市浦东建筑设计研究院有限公司总经理
俞晓石	男	上海第二军医大学校务部科技开发局办公室主任(师职)
施　寅	男	北京交通大学教授
施建松	男	海南 91003 部队后勤部部长(师职)
赵占奇	男	上海市农科院党委副书记
唐学才	男	海军上海吴淞基地团长
徐　庄	男	国家建材局人事处处长
徐克文	女	上海市北站医院小儿科主任医师
秦育人	男	昆明市橡胶工业公司总经理
袁秀石	男	民政部计划司副司长
袁锦豪	男	通棉三厂党委书记
顾金辉	男	省纺织工业厅处长
顾思仁	男	安徽省建筑协会主任
顾惠达	男	南京大学外语系教授
顾裕岳	男	南通市政协副主席
崔茂林	男	江西省地质局局长
崔瑞华	男	南京紫金保险公司党委副书记(副厅)
黄士冲	男	中航重工集团第七研究院南京 724 研究所研究员
黄佐才	男	南通市人民政府侨务办公室主任
龚瑞炎	男	上海外贸分公司经理
戴志康	男	上海证大投资集团董事长

刘浩镇

表 35－26

姓　名	性别	工作单位与职务、职称
丁汉忠	男	上海金鳌企业发展有限公司董事长
卜建石	男	西安第四军医大学教授
王　新	男	南通市检察院检察长
叶水涛	男	省教育协会秘书长
成志伟	男	中共中央宣传部司长
江文斌	男	驻海南岛部队团政委
江齐生	男	福建武警总队政治部秘书处处长
江建荣	男	广州军区后勤部卫生部部长,技术副军
江厥杰	男	江苏泛州船务有限公司总经理
江锡洲	男	上海市黄浦区外经委主任
汤友山	男	福建省漳州军分区司令员
吴汉斌	男	安徽省人大常委会办公厅助理巡视员
宋声家	男	南通市民政局局长
宋朝佑	男	上海第二军医大学神经生物教研室教授
张丕林	男	上海宝钢总厂党委组织部部长
张许庭	男	南京市建委副主任(副厅)
张国华	男	天津海军 92678 部队政委(副师)
张建飞	男	省体育局人事处副调研员(正处级)
李　云	男	南通汇通置业有限公司董事长
李济国	男	《人民日报》总编室副主任(副局),高级编辑
杨佩兰	女	上海市人民政府行政处处长
沈　达	男	福建省机械工业厅副厅长
沈俊镔	男	云南省体育局副局长
陆才连	男	省武警边防总队政治委员
陆希昌	男	安徽省高级人民法院干部处处长
陈　飞	男	省农委农业宣传教育中心主任

续表 35－26

姓　名	性别	工作单位与职务、职称
陈　光	男	东南大学新区党委副书记
陈　洪	男	民航江苏省管理局办公室主任
陈　辉	男	省财政厅办公室主任
陈文儒	男	福建省政府农办副巡视员(副厅)
陈仲新	男	南通市税务二局局长
陈志石	男	省农科院科技开发处处长
陈志龙	男	扬子石油化工公司党委副书记
陈宝华	男	上海祥华海运有限公司总经理
陈建刚	男	省委研究室主任
陈建协	男	美国纽约市化工研究所研究员
陈章浩	男	省纪委副书记
陈睦新	男	浙江省宁波军分区副司令员
陈耀平	男	上海市政府机关事务管理局工会主席
周建生	男	海军江阴基地总工程师,专业技术少将
郑玉琪	男	东南大学外语系党总支书记,教授
姜建清	男	中国工商银行董事长、党委书记
俞　斌	男	某集团军政治部副主任
俞卫中	男	成都音信互动信息技术有限公司总经理
俞卫锋	男	上海东方肝胆外科医院麻醉主任医师,二军大教授
俞战斌	男	某集团军政治部辽阳市俱乐部主任(副师级)
施友祥	男	海军上海吴淞基地干部(正师级)
施友琴	男	东海舰队新兵师师长
施启龙	男	87298部队团长
施秀屏	女	北京矿业学院基础部化学教研室教授
施鹏九	男	解放军后勤学院政治部副主任(副军)
胡文良	男	总参谋部机要局局长
徐　华	男	合肥炮兵学院训练部副部长
徐广忠	男	海军装备技术部办公室副主任(副师)
徐旭东	男	台湾徐氏远东集团董事长
徐铁骏	男	福州市副市长
袁成章	男	南通市城乡建委主任
袁希尧	男	济南市人事劳动社会保障局副局长(正处)
曹锦辉	男	长春空军指挥所副司令(副师)
黄正明	男	北京香山87076部队干部(团职)
黄安中	男	中国建筑材料及设备进出口股份有限公司总裁
黄祝良	男	省广播电视大学行政秘书
蒋德宇	男	福建省安全厅政治部主任(副厅)
蒋德忠	男	北京市宣武区委常委、常务副区长
蔡　丰	男	上海大世界党委书记、董事长
蔡　则	男	中央档案馆副馆长(正局级)
蔡　勇	男	国务院侨办文化处处长
蔡朝东	男	云南省文明办著名演讲艺术家
蔡国正	男	水利部南京水利科学研究院河港所教授级高级工程师
蔡国新	男	省农委农民负担监督处处长
蔡炳元	男	浙江省椒江市级机关事务管理局局长
蔡振华	男	烟草总局处长
蔡振标	男	河北省石家庄集装箱运输公司总经理
樊永平	男	北京天坛医院教授

滨海新区(东灶港镇)

表 35－27

姓　名	性别	工作单位与职务、职称
王志祥	男	浙江省金华市消防中队政委
东谓清	男	南京港务局党委副书记
冯卫兵	男	河海大学港口航道及海岸工程学院副院长,教授,博士生导师
成宝强	男	上海市华东电力公司人事处处长
成茂芝	男	厦门东山海关关长
成锦林	男	南通市检察院刑侦装备处处长
朱国春	男	南通市建工局局长助理(原师后勤部部长)
朱耀东	男	浙江嘉兴学院电子工程系主任
江　锋	男	河南省公安厅副厅长
江国强	男	厦门市水利局局长
江金海	男	南京邮政局局长
江锦荣	男	上海智奥建筑公司董事长
江锦堂	男	北京空军招待所所长
张　铁	男	中国铝业总公司行政处处长

续表 35－27

姓　名	性别	工作单位与职务、职称
张　新	男	南京国际关系学院政委
张士元	男	镇江海事局局长
张士新	男	杭州市中级人民法院执行庭庭长
张旭东	男	武汉长航局主任
张国锋	男	上海同济大学教授
张学先	男	上海市计算技术研究所干部（正处）
张菊兰	女	苏州大学教授
李锡荣	男	杭州市萧山区人武部政委
陈建兵	男	深圳市公安局八处处长
周　清	男	中央警卫局干部（正团）
徐美芬	女	省高级人民法院经济庭审判员
徐锡斌	男	上海机场接待中心主任
徐锦林	男	上海市人事局公务员管理处处长
葛海祥	男	南通市海洋渔业局局长
蔡　恒	男	省农林厅巡视员（副厅级）
蔡炳锋	男	苏州市委组织部组织一处处长
蔡镕燕	男	海南省军区总医院主任医师
蔡锦芳	男	济南军区总医院主任医师，教授，文职少将

其他

表 35－28

姓　名	性别	工作单位与职务、职称
丁汉忠	男	上海金鳌企业发展有限公司董事长
马炳超	男	中国人民保险公司天津分公司总经理
仇　鸿	男	国务院办公厅秘书
仇炳江	男	上海宝山区纪委书记
方祥生	男	《光明日报》国际部主任
王　刚	男	中科院南京天文仪器厂党委副书记（副厅）
王　毅	男	长江开发报站长（杭州）
王保华	男	北京航天村技术研究所总经理
王思新	男	商务部中国电子商务中心副总经理
王家贤	男	华东化工学院教授
王晓东	男	苏州供电公司副总经理
王睿华	男	省邮电规划设计院副院长
王耀平	男	南京跃进集团公司总经理特别助理，总会计师
邓　红	男	省妇联办公室主任
叶新涛	男	南京晓庄师范学院科学教育系主任，教授
包裕平	男	东海舰队某基地司令员，少将
刘　俊	男	广州市荔湾区公安分局处长
刘文汉	男	中国科技大学教授
刘怀杰	男	四川省社会科学院干部（副厅）
刘继业	男	常州市第二人民医院主任医师
刘雪惠	男	西北工业大学飞机系教授
刘锡才	男	广东核电经营公司总经理
刘耀卫	男	工商银行江苏分行监察室主任
孙卜伟	男	上海市旅游协会主任
成宝祥	男	华东电网有限公司人事部处长
成恩伟	男	上海市黄浦区政府办公室副主任
朱建忠	男	上海市市政工程管理局规划处处长
朱野坪	男	江苏少年儿童出版社负责人，编审
朱新林	男	南京市反贪局副局长
江　航	男	南通市人力资源和社会保障局党组书记、局长
江卫平	男	中国海洋大学宣传部长
江志平	男	省经贸委市场处处长
江树林	男	上海轻音乐团团长
江荣华	男	省农业银行处长
沙曾鲁	男	华裔美国科学院院士
汤达宗	男	南通纺织工学院人事处处长
汤耀法	男	上海医科大学医学神经生物学教授
邢瑞春	男	南京日报社办公室副主任、《新闻广场》主编
严祖良	男	天津市和平区财政局副局长
何德光	男	上海日化总公司党委书记
吴　伟	男	苏州监狱政委
吴　强	男	复旦大学教授
吴振权	男	商务部副司长
吴桂玲	男	上海徐汇区环保局局长
吴梦旦	男	轻工部杭州机电设计学院研究室主任
吴菊生	男	上海华业房地产公司总经理

续表 35－28

姓 名	性别	工作单位与职务、职称
宋 全	男	上海市体彩管理中心副主任
宋云旃	男	省教育厅厅长
宋祖军	男	省纺织原料物资公司副总经理
张 峰	男	深圳华光锋精密电子橡塑公司总经理
张 斌	男	四川大学教授
张永进	男	上海市委第十一办公室干部(大校)
张永康	男	省经济管理干部学院副院长
张成基	男	09 单位华东分部调研员
张竹繁	男	省教育厅科技与产业处处长
张芳桐	男	西安《政干导师》编辑部总编,大校
张志鹏	男	新疆军区副政委,少将
张国新	男	农业银行上海分行国际业务部总经理
张学祥	男	安徽省骆岗机场党委书记
张建卫	男	中国外运股份有限公司总裁
张建新	男	中国驻美大使馆参赞(中)
张茂森	男	甘肃省粮食厅处长
张郁平	男	中国华源集团有限公司处长
张洪生	男	江苏综艺频道蓝天集团总经理
张晓卫	男	国家统计局江苏调查总队专项处处长
张晓东	男	国家男排主攻手
张晓红	女	省委党校秘书处处长
张锡仁	男	上海华东建筑设计院处长
李 飞	男	南京中医药大学教授
李 英	女	全国女子自行车赛冠军
杨少康	男	南通工业管理干部学院代院长
杨永飞	男	山东军区司令部情报处处长
杨汉黄	男	北海舰队副参谋长,少将
杨兆瑞	男	上海交通大学附属第一人民医院病理科主任,上海质量控制中心专家委员
杨晓东	男	黄山市 96175 部队副政委
汪雷生	男	商务部国际研究院总经理
沈 丹	男	南京军区通信工程技术处处长
沈为中	男	中国林木种子公司外贸处处长
沈石声	男	《苏州日报》副总编
沈仲一	男	省政府办公厅农村经济助理调研员
沈红宇	男	省电力公司发展部主任

姓 名	性别	工作单位与职务、职称
沈志鹏	男	济南军区总医院骨科主任,教授,少将
沈其韩	男	中科院学部委员(院士)
沈志龙	男	金陵药业股份有限公司监事会主席、党委副书记
沈和美	女	江苏福斯特上海进出口公司总经理
沈淑荣	男	新华社中国图片社广告摄影公司经理
沈蘅仲	男	上海语文教学研究会副会长
沙照宇	男	福建师范大学教授
邵志石	男	南京市劳动局纪检组长
陆 川	男	中国影像公司——川制作(1)最佳导演
陆 震	男	六机部华东办事处主任,沪东造船厂厂长、党委书记
陆天明	男	中央电视台中国电视剧制作中心国家一级编剧
陆文才	男	上海海洋石油局安全监察员(正处级)
陆文武	男	南京市建邺区人大常委会副主任
陆永辉	男	省委组织部市县干部处副处长(正处级)
陆良成	男	上海第二军医大学干部(旅长级)
陆建民	男	湖南耒阳市 39622 部队司令部主任
陆建龙	男	南京军区射阳靶场主任(正团)
陆忠新	男	省统计局法规处处长
陆思义	男	中科院微生物研究所研究员
陆洪兵	男	上海市闵行区政法委书记
陆美红	女	上海三角地总公司党委书记兼副总经理
陆福堂	男	中国航空科技集团公司 14 研究所研究员
陆家新	男	新疆伊犁州人大常委会办公室主任
陆恭珍	男	加拿大华人科学家
陈 专	男	南通市中级人民法院副院长
陈 光	男	南京市国土资源局局长
陈 杰	男	上海市卢湾区工商局副局长
陈卫东	男	苏州 73041 部队主任
陈卫锋	男	上海宝钢磁业发展有限公司总经理
陈书和	男	省委办公厅机要局副局长
陈永祥	男	南京大学中美文化研究中心主任,教授
陈生弟	男	上海瑞金医院党委副书记,教授,博士生导师,神经内科主任
陈伟新	男	江苏省电力公司物资处处长
陈关然	男	美国休斯敦金融投资公司高级顾问

续表 35－28

姓　名	性别	工作单位与职务、职称
陈庆家	男	青海省人民检察院办公室主任
陈作斌	男	解放军第二十九试验训练基地总体技术部一室研究员，少将
陈佐家	男	北京市宣武区纪委书记
陈妍君	女	国家发改委处长
陈苏华	男	东海舰队战勤处劳力人事办公室主任（正团）
陈宝华	男	上海祥华海运有限公司总经理
陈建生	男	《群众》杂志社副总编
陈忠凡	男	东南大学教授，博士生导师
陈涧青	女	中国航空技术进出口公司财务处长
陈殿华	男	上海市统计局办公室主任
周　放	男	炮兵技术学院院长（正军职）
周　斌	男	上海市警备区司令部第一干休所军医（处级）
周建松	男	江阴市钢丝绳集团有限公司董事长
周贤觉	男	外交部驻中非共和国大使
周剑浩	男	南通市人民检察院副检察长
季云飞	男	解放军南京政治学院教授，博士生导师，文职二级
季荣民	男	上海住总集团总公司总经理
杭化麟	男	上海龙超建筑装饰有限公司董事长
范　红	女	外交部驻香港办事处主任
范　新	男	东南大学附属中大医院普外科主任医师
范成方	男	上海市杨浦区政府区长
茅忠信	男	山东青岛科技经营公司总经理（正处）
茅菊兰	女	国家女排主攻手
郁飞龙	男	国防科工委司令部干部（正师）
郁启祥	男	省广播电视局局长
姚　力	男	浙江农业大学党委书记
俞　卫	男	湖北金浪酒业有限公司经理
俞建新	男	国家地质局地质研究所学术委员会副主任
姜立波	男	南京市江宁区计划经济委员会副主任
施　卫	男	省对外经济贸易合作厅处长
施　谛（一飞）	男	广州军区空军参谋长
施卫东	男	南京海事局浦口海事处处长
施卫英	男	省电力公司财务部处长
施卫星	男	海军东海工程设计研究院上校
施云冲	男	上海虹桥机场边防检查站综合办主任
施介人	男	喀什新疆生产建设兵团第 3 师医院院长（副师级），主任医师
施乐华	男	上海东方肝胆外科医院主任医师，第二军医大学教授
施连桃	男	省政府驻粤办公室主任
施学文	男	北京日产汽车维修服务中心总经理
施效法	男	南京指挥学报总编
施海宁	男	上海市浦东新区发改委副主任
施裕仁	男	北京信息技术应用研究所副所长
施德芳	女	上海华东医院主任医师
荀晓庆	男	南京市中级人民法院执行庭庭长
荆荟豫	女	南京军区空军 454 医院政治部主任
赵　镭	男	山东青岛高科技工业园机关工委书记
赵海慧	男	上海交通银行行长助理
钮启贤	男	南通市外办主任
倪永斌	男	省供电公司工会组织部部长
倪国坛	男	第二军医大学教授，技术一级，少将
倪学文	男	北京大学教授，博士生导师
倪建达	男	上海市城开集团公司总经理
倪嘉骊	女	南京第十四研究所副所长
唐　政	男	南京军区总院肾脏科、解放军肾脏病研究所副主任，教授、主任医师
唐宏程	男	省物资局物贸中心党委书记
唐俊标	男	福建厦门市政府口岸办副主任
唐桂鹤	男	上海市政协农工委处长
唐锡明	男	无锡滨湖区法院副院长
徐　铁	男	平安保险股份有限公司广东分公司总经理
徐佳宾	男	中国人民大学教授
徐国斌	男	中石化集团扬子石化有限责任公司副总经理
徐南图	男	北京邮电学院教授
徐祖坚	男	省国际信托投资公司副总经理
徐蓉蓉	男	财政部研究员
耿鹏程	男	上海福特汽车服务公司董事长
耿乔治	男	上海福特汽车服务有限公司董事长
郭上祥	男	连云港市政法委副书记
钱　勇	男	湖北黄石发电公司总经理

续表 35－28

姓　名	性别	工作单位与职务、职称
钱汉平	男	南京师范大学附中校长
陶　宁	男	江苏联合信托投资公司总经理
陶俊峰	男	公安部处长
顾　敏	女	省妇联副主席
顾　浩	男	中共江苏省委副书记
顾　强	男	国家发改委非国有经济管理处处长
顾　臻	男	美国北卡大学教授
顾卫平	男	南通市中级人民法院副院长
顾伯涛	男	上海市闸北区中级人民法院受案庭庭长
顾学平	男	广东省司法厅处长
顾继承	男	上海浦金集团执行总裁
顾惠心	男	扬州苏北人民医院院长
高锦安	男	省外办领事专家处处长
袁　俊	男	国防大学副校长，中将
崔俊荣	男	中国修船学会海军舰船维修研究所副秘书长，总工程师
崔惟雄	男	上海交通大学教授
梁　勇	男	省委宣传部副部长
梁永新	男	铁道部华东工程总公司经理
梁兴中	男	上海中国纺织大学干部（正处）
梁效忠	男	全国男子自行车赛冠军
盛汇萍	女	国家邮政局党组副书记、纪检组长
盛献海	男	广东凌峰科技深圳公司总经理
章　华	男	民航总局工程司司长
黄　新	男	上海市长宁区台办副主任
黄　磊	男	省物资集团总公司法律部部长
黄平星	男	广东轻工业厅进出口集团公司副总裁
黄永华	男	海南三亚市 91458 部队军事交通处处长
黄永兵	男	福建厦门设计院院长
黄宇麟	男	无锡市第一中学省特级教师
黄建中	男	南京军区司令部管理局副局长
黄建悦	男	新疆证券有限公司副总经理
黄炳成	男	吉林省电力公司计划部主任
黄峻岭	男	省电力公司总经理工作部处长
黄振平	男	南京军区总院眼科主任，教授
黄益斌	男	省环保厅外经处处长
黄维东	男	光大银行南京分行行长
黄嘉初	男	浙江省舟山市科技局党组书记
黄嘉祥	男	广州军区副政委兼南海舰队政委
龚云池	男	海军上海基地政治部副主任（副军职）
龚建生	男	农业银行江苏分行副行长
龚冠宇	男	江西上光军分区司令员
景　忠	男	南京永衡律师事务所主任
曾一同	男	军事医学科学院四所研究员
曾平（苹）	男	安徽省高教局副局长（顾问）
葛兰忠	男	中国华东能源公司上海东海石油浦东公司计财部总会计师
董飞翔	男	上海国际贸易集团党委书记
董雪芬	女	上海市卫生局人事处处长
谢国良	男	军事科学院战略研究部部长，少将
谢祖飞	男	南京出入境局处长
韩德玉	女	外经贸部中纺原料进出口公司副总经理
虞永兵	男	省电力公司工会主席
管俊民	男	山东青岛市纪委信访室主任
蔡　丰	男	上海大世界党委书记、董事长
蔡秀成	男	中科院地球化学研究所研究员
蔡建平	男	江苏法制报专题部主任
蔡洪飞	男	上海天安保险公司总经理
谭　航	男	泰州市电信局总经理
谭宁凤	男	海军后勤部处长
薛庆国	男	北京外国语大学教授
薛锦云	男	江西师范大学教授，博士生导师
戴一飞	男	上海人防研究所党校校长

第六节　市内贤达

市内贤达，列表记入 2010 年在海门工作或离退休的正处（团）级以上干部，正高级职称专业技术人员，省特级教师，享受国务院特殊津贴者，按姓氏笔画排序。

一、正处(正团)级以上干部

表35－29

姓　名	性别	工作单位与职务
万志康	男	市计划委员会副主任(正团)
仇来宝	男	市财政局行财科科员(技术正团)
从献琪	男	市地税局副局长(正团)
王振洪	男	市交通局副局长(正团)
冯玉明	男	市卫生局监察室科员(技术正团)
石　鑫	男	海门中学校长
任志平	男	市环境保护局副局长(正团)
刘炳生	男	市人大常委会副主任(正团)
刘益群	男	市环境保护局副局长(正团)
华桂林	男	市长助理(正团)
吉兆华	男	市总工会副主席(正团)
孙友家	男	市军队干部休养所离职休养干部(正团)
成建平	男	市人武部政委
朱文章	男	市委宣传部副部长(正团)
朱玉兰	女	市人大常委会主任
朱庭先	男	市工商局副局长(正团)
朱韩新	男	市委宣传部副部长兼市广电局局长(正团)
江玉良	男	市计划生育委员会副主任(正团)
江建茹	男	市委统战部副部长(正团)
江松林	男	市军队干部休养所离职休养干部(正团)
江耀忠	男	市审计局副局长(正团)
汤仲飞	男	市人民政府市长
严文冲	男	市人民检察院副检察长(正团)
吴中伟	男	市人民法院副院长(正团)
吴爱军	男	市人武部部长
岑云台	男	县人大常委会副主任(副厅)
张成俊	男	市政协副主席(正处)
张启宇	男	市军队干部休养所离职休养干部(副师)
张建平	男	市工商局局长(正处)
张祖兴	男	市人大常委会副主任(正处)
张振龙	男	市环境保护局副局长(正团)
李有平	男	市国税局副局长(正团)
杨拜禹	男	市建筑工程管理局干部(正团)
沈　克	男	市委农村工作办公室副主任(正团)
沈冠萍	男	三厂镇人大主席(正团)

姓　名	性别	工作单位与职务、职称
沈祖龙	男	市政府办公室副主任兼行政服务中心主任(正团)
沈渭冲	男	中国银行海门支行副行长(正团)
沙秀高	男	县委书记、县人大常委会主任(副厅)
陆云章	男	市委农村工作办公室副主任(正团)
陆仁德	男	市军队干部休养所离职休养干部(正团)
陆凤兴	男	市人民法院副院长(正团)
陆海忠	男	市人大常委会副主任(正团)
陈云嵩	男	市人民法院副院长(正团)
陈汉良	男	市粮食局局长(正团)
陈龙田	男	市公安局副局长(正团)
陈伯家	男	市委统战部副部长(正团)
陈裕丰	男	海门镇党委副书记(正团)
周来涛	男	市交通局副局长(正团)
林遇生	男	市物价局局长(正团)
郁　飞	男	市委宣传部副部长、文明办主任(正团)
郁振涛	男	市技术监督局局长(正团)
金元洪	男	县计划委员会副主任(副厅)
俞志平	男	市纪委副书记、监察局局长(正团)
姜　龙	男	市人民政府市长
施亚民	男	市人民政府市长、人大常委会主任
施启祥	男	市人民法院副院长(正处)
施彦敏	男	市政协副主席(正处)
施洪飞	男	市人民法院副院长(正团)
费守洪	男	农业银行海门支行纪委书记(正团)
倪守廉	男	市军队干部休养所离职休养干部(正团)
倪俊杰	男	海门中学党总支书记
夏春雄	男	县经济委员会副主任(副厅)
浦增聘	女	市军队干部休养所离职休养干部(正团)
秦志明	男	市人大常委会主任
袁振扬	男	海门师范党总支书记
郭在法	男	市化工公司党委书记(正团)
顾红星	男	县总工会调研员(副厅)
高其兴	男	市政协主席
高顺昌	男	市政协主席
崔　强	男	市社会治安综合治理委员会办公室副主任(正团)

续表 35－29

姓　名	性别	工作单位与职务、职称
曹　斌	男	市委书记(副厅)
曹建平	男	市委副书记(正处)
曹雪岐	男	市水利局副局长(正团)
黄汉忠	男	市政协主席
黄伯新	男	市人大常委会副主任(正团)
黄灵高	男	市委农村工作办公室副主任(正团)
黄建飞	男	市技术监督局局长(正团)
黄建良	男	市卫生局医政科科员(技术正团)
黄泽兵	男	市公安局副政委(正团)
彭灵高	男	市机械工业公司副经理(正团)
彭跃生	男	市环保局副局长(正团)
董仁亲	男	南通地委副书记(不脱产)
韩　藩	男	县委副书记(副厅)
蔡国模	男	县人民政府副县长(正处)
蔡炎璜	男	县委党校副校长(正团)
谭柏虎	男	海门中学校长、市人大常委会副主任(正处)
樊发祥	男	县人大常委会主任(副厅)

二、正高级职称专业技术人员

表 35－30

姓　名	性别	工作单位与职称
丁　浩	男	市人民医院外科主任医师
刁振鸿	男	市人民医院主任医师
万朝霞	女	市中医院主任中医师
尹启萍	女	市中医院妇产科主任医师
毛晓霞	女	市人民医院主任医师
王关荣	男	市人民医院外科主任医师
王刚勇	男	市中医院内科主任中医师
王秀荣	男	市第三人民医院内科主任医师
刘　卫	男	市人民医院内科主任医师
孙　铁	男	市人民医院外科主任医师
孙飞翔	男	市人民医院主任中医师
成　钢	男	市人民医院主任医师
成　敏	男	市人民医院内科主任医师
朱兰生	男	余东医院全科医学主任医师
朱玉生	男	市人民医院内科主任医师
朱志平	男	市中医院内科主任医师
朱树人	男	市人民医院内科主任医师
朱新飞	男	江苏京海禽业集团农业技术推广研究员
江建华	男	市疾控中心主任医师
汪锦儒	男	市人民医院内科主任医师
汤　健	男	市人民医院外科主任医师
汤洪基	男	市中医院外科主任医师
许福涛	男	市土肥站农业技术推广研究员
邢卫松	男	市人民医院内科主任医师
邢述辉	男	悦来医院临床主任医师
何淑英	女	市第四人民医院内科主任中医师
吴　兴	男	市人民医院内科主任医师
吴　杰	男	市人民医院内科主任医师
宋　杰	男	市人民医院外科主任医师
宋卫香	女	市山歌剧团一级演员
宋建乔	男	市中医院主任中医师
张　平	女	市人民医院眼科主任医师
张　洁	女	市人民医院皮肤科主任医师
张　美	女	市水产技术指导站研究员级高级工程师
张正忠	男	市东洲画院一级美术师(正高级)
张华英	女	市中医院内科主任医师
张国兵	男	市中医院主任医师
张锦平	男	市人民医院外科主任医师
张鹏珍	女	市人民医院内科主任医师
张樱霞	女	市人民医院内科主任医师
杨一清	男	市人民医院外科主任医师
杨蔚南	女	市人民医院内科主任医师
沈天振	男	市人民医院外科主任医师
沈文英	女	市人民医院内科主任医师
邵　焱	男	市人民医院主任医师
陆　珉	男	市人民医院主任中医师
陈　燕	女	市人民医院妇产科主任医师
陈汝美	女	市卫生监督所公共卫生主任医师
陈芷青	女	市人民医院妇产科主任医师
陈善康	男	市人民医院内科主任医师
周　飞	男	市人民医院外科主任医师
周建宇	男	市人民医院外科主任医师
季惠芳	女	市人民医院内科主任医师

续表35－30

姓　名	性别	工作单位与职务、职称
范小中	男	市人民医院耳鼻喉科主任医师
茅汉平	男	市中医院内科主任中医师
茅伯元	男	市疾控中心主任医师
郁　新	男	市疾病预防控制中心主任医师
姜　娟	女	市人民医院儿科主任医师
施亚萍	女	市人民医院传染科主任医师
施贤能	男	市人民医院传染科主任医师
施素萍	女	市人民医院口腔科主任医师
洪俊旦	男	市人民医院内科主任医师
赵志江	男	市人民医院内科主任医师
倪志斌	男	市农林局农业技术推广研究员
倪贤才	男	市人民医院妇产科主任医师
倪培兰	女	市人民医院内科主任医师
席尚德	男	市人民医院内科主任医师
徐　春	男	悦来医院临床主任医师
徐　新	男	市人民医院内科主任医师
徐小英	女	市卫生监督所公共卫生主任医师
徐希昭	女	市人民医院内科主任医师
秦步平	男	市人民医院外科主任医师
袁昌辉	男	悦来医院临床主任医师
钱　斌	男	市中医院内科主任中医师
顾云飞	男	江苏京海禽业集团农业技术推广研究员
顾金罕	男	市人民医院外科主任医师
高　峰	男	市人民医院外科主任医师
高卫平	男	市人民医院儿科主任医师
曹仁和	男	市中医院骨伤科主任医师
盛宝军	男	市人民医院外科主任医师
盛宝有	男	市第三人民医院外科主任医师
黄　森	男	市人民医院妇产科主任医师
黄永珍	女	市人民医院内科主任医师
黄忠新	男	市中医院内科主任中医师
龚　炯	女	市人民医院儿科主任医师
龚卫东	男	市人民医院外科主任医师
龚菊兰	女	市人民医院内科主任医师
龚野儒	男	市中医院主任中医师
程永德	男	市中医院中医内科主任医师
董　娟	女	市人民医院内科主任医师
蒋袁磊	男	市中医院外科主任医师
端木斌	男	市中医院内科主任医师
戴强汝	男	市人民医院内科主任医师

三、省特级教师

表35－31

姓　名	性别	工作单位与职务
丁建强	男	市教研室副主任
卞惠石	男	市东洲小学开发区校区校长
方松飞	男	市东洲中学教师
王美华	女	市能仁中学校长
石　鑫	男	海门中学校长
许新海	男	市东洲小学校长
何仁毅	男	市教研室主任
张兴华	男	市实验小学校长
张炳华	男	市东洲中学校长
陆志轩	男	海门中学教师
陈　忠	男	市教师进修学校教师
陈伯谦	男	海门中学教师
周益民	男	市实验小学副校长
施福涛	男	市海南中学副校长
祝　禧	女	市东洲小学校长
徐　杰	男	海师海南小学教科室主任
黄　晏	男	海门中学教科处主任

四、享受国务院特殊津贴者

表35－32

姓　名	性别	工作单位与职务、职称
乌松康	男	市经济作物栽培指导站高级农艺师
张兴华	男	市实验小学中学高级教师
李万盟	男	江苏通光集团副董事长、总工程师
茅汉平	男	市中医院主任中医师
赵国芳	女	市农业技术推广中心高级农艺师
徐志康	男	市经济作物栽培指导站高级农艺师
顾云飞	男	江苏京海禽业集团董事长，农业技术推广研究员

第三十六篇

著作　诗文

海门县有千年历史，有深厚的人文渊源，从首部明嘉靖《海门县志》问世，迄今有400余年。各种志书、文献，记载着海门丰富的人文资源以及近现代发生的重大事件。本志特设篇，主要选载海门籍人士的重要著作目录、诗文选萃，以备查考。

第一章 著作目录

明清时期，由于年代久远，民国年间战乱频发，文字记载的著作目录不多，仅散见于明清及民国时期的几部志书，按经、史、子、集分类。民国时期按出版年代记载。新中国成立后，出版业较为发达，收录的部分著作，按年代、正式出版单位出版的收录，不明出版日期的列入表末。

第一节 明清时期著作

明清时期收录的著作，按经、史、子、集分类列表，无出版日期和单位。

明清时期海门县(厅)部分著作一览

表36－1

部别	书 名	卷 数	朝代	作 者
经部	易经正印	-	明	易象晋
	诗大旨	-	明	张自新
	春秋汇书	-	明	成 相
	五经义疏	-	-	李进琯
	双韵草堂易解	8	清	茅汉文
	太极痔源图	4	清	茅汉文
	国子监典籍	-	清	茅汉文
	易义辑录、书义辑录	-	清	徐云锦
	四书大全辑录	-	-	沈世锦
	十三经难句解	4	-	龚其伟
	经解纂要	6	-	王家琛
	尔雅释言注疏	2	-	王家琛
	诗文辑要	17	-	施起江
	海门方言考证	-	-	黄广祐
	诗经解	-	-	黄景仁
	谷梁经传通释	11	清	周家禄
	尔雅诂	2	-	徐孚吉
	反切古义	2	清	周家禄
	三国志校勘记	5	-	-
	晋书校勘记	5	-	-
	朝鲜国王世系表	-	-	-
	朝鲜载记备编	-	-	-
	国朝范文备志	-	清	周家禄
	海门厅学题名记	-	-	陈宏琪 黄广礼
	画史汇钞	-	-	朱欣荣

续表 36－1

部别	书　名	卷　数	朝代	作　者
经部	当尚友录增补	－	－	朱欣荣
	圣女斐乐默纳传	－	清	黄伯禄
	集说诠真	－	－	黄伯禄
	契卷汇式	－	－	黄伯禄
	函牍举隅	10	－	黄伯禄
	正教奉褒	2	－	黄伯禄
	训真辨妄	－	－	黄伯禄
	中西历日合璧	－	－	黄伯禄
	圣母院函稿	－	－	黄伯禄
	圣年广益总目	－	－	黄伯禄
	中国产权研究	－	－	黄伯禄
	从法律观点看中国婚姻	－	－	黄伯禄
	监之公卖研究	－	－	黄伯禄
	行政杂记	－	－	黄伯禄
史部	提纲旁览	10	明	崔　桐
	海门县志	5	明	崔　桐
	宋史纂	－	明	成友义
	一统志略	－	明	彭大翼
	浙江记事	－	清	李兆星
	盐政书	4	清	张鸣鹤
	半万楼史要	－	－	李潜昭
	前后汉书菁华	－	清	徐云锦
	通鉴分类辑要	16	－	龚其伟
	淮运水利源流汇考	2	－	王家琛
	北伐日记	－	－	沈云路
	违警律讲义	－	－	张树典
	公法通义	－	清	周家禄
	典林新采	4	－	宋之芬
	艺兰室杂记	2	－	黄世丰
	行军日记	－	－	陆师凯
	海门县志	－	清顺治	李兆星
	海门厅图志	－	清光绪	蔡清臣、周家禄
	海门县志	－	清道光	丁鹿寿
	静海乡志	－	清道光	丁鹿寿
	海门厅图志(续)	－	－	刘　伟

部别	书　名	卷　数	朝代	作　者
子部	志愚录	10	明	崔　桐
	归田日录	－	明	李兆堂
	艺林会材	20	明	崔　桐
	山堂肆考	228 卷 补遗 12	明	彭大翼
	朱正家训	－	－	李春龙
	读书劄记	－	－	沈　澄
	真味草堂笔记	－	－	沈　倬
	劝学篇	2	－	龚云路
	寸草庐省身录	－	清	徐云锦
	折狱辑览	2	清	黄学璠
	舟著录	－	清	黄　冠
	鉴台医案	－	清	施鉴台
	医学刍言	2	清	姚应春
	海隅记绩 广蚕桑说	－	清	杨镜涌
	读书杂记	－	－	施起江
	周秦诸子辑要	8	－	龚其伟
	务本录	－	－	茅邦藩
	学算汇恭	4	－	袁　桢
	天元代数	4	－	袁　桢
	瀛洲古调·音学初津	－	－	沈其昌 (沈肇州)
	拳术教范	－	－	陆师凯
	纱厂机械算法	－	－	杨思源
	尊任堂随笔	－	－	龚其伟
	斧木庼杂劄	－	－	陈宝琪
	泛鸥居偶谈	－	－	王振凤
	秋心漫集	－	－	陆秋心
	双泪碑	－	－	陈曾沂
	血花泪史	－	－	陈曾沂
	双珠外史	－	－	陈曾沂
	梨云梦	－	－	陈曾沂
	葡萄劫	－	－	陈曾沂
	墨沼录	－	－	陈曾沂
	虹霓岛	－	－	陈曾沂

续表 36－1

部别	书　名	卷　数	朝代	作　者
子部	虬髯客	－	－	陈曾沂
	断梗零香记	－	－	陈曾沂
	菜海血	－	－	陈曾沂
	靡芜怨	－	－	陈曾沂
	秋心说部	－	－	陈曾沂
集部	酥鸡集	－	－	李　开
	阳谷游草	－	－	李　纪
	观海集	－	－	过　苏 李　轼
	海崖传	－	－	姜　铬
	东洲文集	20	明	崔　桐
	东洲续集	－	明	崔　桐
	龙剑集	6	明	崔　槐
	官游草	－	明	钱　铎
	伽山房集	4	明	王　伦
	官游集	－	明	成　相
	竹园集	－	明	张先登
	郪城漫草	－	明	张先登
	一鹤斋集	－	－	－
	铜官傲吏集	－	－	－
	偶然草	－	明	朱名世
	桑榆集	－	明	成云龙
	南游草	－	明	崔养浩
	东老吟	－	清	李兆星
	扪虱轩集	－	清	李兆星
	芰乘草	－	清	李兆星
	藻林	－	－	姚尚宾
	海门遗啸集	2	－	王闳业
	广陵子诗文集	－	－	李于涛
	草堂闲吟集	－	－	顾文达
	虚白斋诗集	－	－	倪　朱
	理扶堂诗文稿	－	－	陈　贤
	湘帆诗草	－	－	陈　逵
	古愈诗草	－	－	沈日新
	放鹇堂集	－	明	彭大翼
	皆春楼集	－	明	彭大翼

部别	书　名	卷　数	朝代	作　者
集部	留余堂集	8	明	彭大化
	所其斋集	8	明	彭　荇
	韬铁集	－	明	李嘉禾
	石韵轩集	－	明	张　光
	钓鳌篇	－	明	李奇逢
	闽游草	－	明	李之达
	填南草	－	明	李之达
	来紫阁集	－	明	李之柱
	待庵老人集	－	明	李玉柱
	北海遗稿	－	明	张　成 崔　相 钱　铎
	避雨山房吟稿	－	－	茅琼芳
	睫巢吟稿	－	－	茅瑶芳
	横经堂稿	－	－	沈　倬
	双薇园景	－	－	丁有煜
	双薇园续景	－	－	丁有煜
	与秋景	－	－	丁有煜
	横经老屋吟稿	－	－	沈　倬
	四秋居士合稿	－	－	沈　倬
	梅心集	－	－	陈　璟
	荆香阁	－	－	袁王惠
	诗集	6	－	沈　栻
	咏物诗	－	－	沈　栻
	双豁草堂	－	－	沈　栻
	古文杂著	4	－	沈　栻
	芳洲集	－	－	江一鱼 江一鹏 江一夔
	万花楼诗文集	－	－	李进琯 李进玮
	紫荆山房文稿	－	－	江行草 刘　铠
	雪庐吟稿	－	－	龚　照
	深柳堂稿	－	－	照子壎
	听雨轩诗稿	－	－	照子壎
	漱月山房稿	－	－	黄云骧
	海棠巢吟稿	－	－	徐张维

续表 36－1

部别	书　名	卷　数	朝代	作　者
集部	剑洲诗草	–	–	陈国华
	雪斋賸稿	4	–	袁志筠
	八佩居吟稿	–	清	茅景文
	茅斋吟草	–	清	茅炳文
	兰賸稿	–	清	茅　铮
	韵香阁诗抄	5	清	茅汉文
	闲闲诗草	–	清	杨朝鼎
	古香斋诗文稿	–	清	张　荣
	青莲华馆诗	–	清	王　昙
	师山诗存	10	清	茅炳文
	小仓山房诗钞笺	–	清	黄学播
	瓯北诗钞笺注	–	清	黄学播
	寿恺堂集	–	清	周家禄
	奥簃朝鲜三种	–	清	周家禄
	退学轩稿	–	清	茅　淮
	枕史阁吟草	–	清	郁子亮
	漱艺斋诗稿	2	清	姚应春
	词曲遗音	–	清	姚应春
	漫香阁诗草	–	清	沈　炳
	问竹听花之室诗文稿	–	清	沈之瑛
	石华轩诗草	4	清	黄学播
	纪游草	–	清	黄学播
	咏史诗	–	清	黄学播
	梦华馆诗草	–	清	李兆彪
	寸草庐文集	3	清	徐云锦
	寸草庐诗集	6	清	徐云锦
	韵芬阁诗抄	–	清	沈吟芝
	泛鸥居吟	–	–	王振凤
	傲残居吟稿	–	–	刘逢丙
	滨居诗草	–	–	姜青照
	尊任堂文稿	4	–	龚其伟
	尊任堂诗抄	2	–	龚其伟
	尊任堂宣南吟稿	2	–	龚其伟
	尊任堂白下唱酬集	2	–	龚其伟
	杂稿	–	–	黄广介
	龙津秋艳诗文钞	–	–	杨清镳

部别	书　名	卷　数	朝代	作　者
集部	秋虫吟	–	–	杨　烈
	伴蜇吟、试吟集	–	–	陆曾沂
	宝俭堂诗集、文集	各4	–	王家琛
	芸岩剩稿	–	–	徐人植
	传芬阁诗稿	–	–	刘燮钧
	锈余吟	–	–	袁梓宝 钮银汉
	锈余随笔	–	–	祝淦宝 刘爱莲
	撷翠轩唱随集	–	–	祝淦宝 刘爱莲
	春光颂	–	–	僧德本
	尊任堂诗话	2	–	龚其伟
	尊任堂楹联	–	–	龚其伟
	尊任堂论古文钞	6	–	龚其伟
	周秦诸子辑要	8	–	龚其伟
	尊任堂随笔	2	–	龚其伟
	党德论	2	–	龚其伟
	龙津秋艳杂著	–	–	杨清镳
	卧雪轩诗稿	–	–	袁　炽
	深柳读书堂诗草	–	–	朱欣荣
	吟花馆诗稿	–	–	秦驾鳌
	违禁律	–	–	张佐虞
	淡宜居试吟草	–	–	沈之瑾
	听春书屋诗集	–	–	杨安震
	之尹诗录、之尹文录	–	–	徐孚吉
	逸斋诗草	–	–	王振仪
	一枝轩诗草	–	–	陈　濆
	寿恺堂诗集	–	清	周家禄
	清远阁遗稿	–	–	周宝娴
	海门竹枝词	–	–	朱欣荣
	东洲竹枝词	–	–	王　汉
	锃钉集	–	–	朱欣荣
	师山十景词	–	–	黄世泰
	粟寰	–	–	龚廷槐
	荒原	–	–	龚廷槐
	沪上集	–	–	龚廷槐

第二节　民国时期著作

民国年间著作，因时间仅40年左右，加上战事频繁，出版著作不多，散失较大。按出版年代列表，暂未了解出版时间的列表末。

民国时期海门县部分著作一览

表36-2

著作名称	著作、翻译、主编	出版单位	出版时间
个簃印指	王个簃	-	1920
屈原	陆侃如	上海东亚图书馆	1923
乐府古辞考	陆侃如	中华书局	1925
县儒堂集	张　詧	-	1925
张季子九录	张孝若	-	1926
张季直先生传记	张孝若	-	1926
伤寒论百家注	吴考槃	上海千顷堂书局	1927
宋玉	陆侃如	东亚图书馆	1927
家庭良医	沈云浦	-	1927
欧洲的向外发展	刘英士	新月书店	1929
帝国主义与中华民族	董　霖	上海光明书局	1930
金匮要略五十家注	吴考槃	上海光明书局	1931
妇女解放新论	刘英士	新月书店	1931
医宗金鉴	刘清标	-	1931
中国史诗	陆侃如　冯沅君	上海大江书铺 作家出版社(再版) 天津百花文艺出版社	1931 1956 1999
小品文研究	李素伯	新中国(北新)书店	1932
代数因子	崔聘臣	-	1932
中国文学史简编	陆侃如　冯沅君	上海大江书铺 作家出版社(再版)	1933 1957
金钱问题	陆侃如译	大江书铺	1933
本经集义	吴保神	光明书局	1934
江口情歌	管思九等	大夏大学丛刊	1935
难经集义	吴保神	上海中医书局	1935
鱼目集	卞之琳	上海文化生活出版社	1935
近代中医流派经验选集	朱南山	-	1935
民国海门图志	刘　伟	-	1935
汉园集	卞之琳与人合作	-	1936

续表 36－2

著作名称	著作、翻译、主编	出版单位	出版时间
西窗集	卞之琳	商务印书馆	1936
海门县续志	范钦孟	–	1936
中国与国际公法(英文)	董　霖	–	1940
国际公法例案选辑(英文)	董　霖	–	1940
维多利亚女王传	卞之琳	香港商务印书馆	1940
第七七二团在太行山一带	卞之琳	香港明日社	1940
慰劳信集	卞之琳	香港明日社	1940
浮世杂拾	王尘无	上海长城书局	1941
中国政府	董　霖	上海世界书局	1941
症治精华	朱鹤皋	中国医学院	1942
十年诗集	卞之琳	桂林明日社	1942
福尔·亨利第三与里尔克:旗手	卞之琳	昆明文聚社	1943
阿左林小集	卞之琳	重庆国民图书出版社	1943
新的粮食	卞之琳	桂林明日社	1943
阿道尔夫	卞之琳	重庆人生出版社	1945
紫罗兰姑娘	卞之琳	上海文化生活出版社	1947
浪子回家集	卞之琳	上海文化生活出版社	1947
窄门	卞之琳	上海文化生活出版社	1947
个簃画集(上下册)	王个簃	–	1948
阿道尔夫	卞之琳	上海文化生活出版社	1948
中美司法制度之比较	蔡荫恩	–	–
法院组织法新论	蔡荫恩	–	–
罗马法要论	蔡荫恩	–	–
国父思想	龚　夏	–	–
最新应用文	龚　夏	–	–
扬子江头的英雄	茅　理	–	–
孤岛红旗	茅　理	–	–
江滨野哭	茅　理	–	–

第三节　新中国成立后著作

新中国成立后所收录的著作下限至2008年,以正式出版社出版的著作为准。暂未了解其出版时间的列于表末。

新中国成立后海门市(县)部分著作一览

表 36－3

著作名称	著作、翻译、主编	出版单位	出版时间
辽宁鞍山樱桃园至眼前山铁矿地质	沈其韩	地质出版社	1951
翻一个浪头	卞之琳	上海平明出版社	1951
生理学(全军军医大学教材)	朱鹤年	－	1952
中华人民共和国药典	袁士诚编辑	－	1953、1963、1977、1985、1990、1995 版
两合乡农民在前进	袁　谅	北京通俗读物出版社	1955
哈姆雷特	卞之琳	作家出版社	1956
中国古典文学简史	陆侃如　冯沅君	中国青年出版社	1957
中国文学史简编(修订本)	陆侃如　冯沅君	作家出版社	1957
中国思想通史	邱汉生等	人民出版社	1957
楚词选	陆侃如等	古典文学出版社	1957
监狱里的战斗	茅　理	上海文艺出版社	1958
政治挂帅,勤俭办企业	张许庭	建筑工程出版社	1958
瞎公公“看会”(山歌词)	陆建平　陈伟功　刘季方	南通人民出版社	1959
毛主席著作闪金光	董仁亲	南通人民出版社	1959
工人叔叔造大船	黄廷元	上海少年儿童出版社	1959
祁连山现代冰川考察报告	施雅风	科学出版社	1959
陆地水文学	施成熙	科学出版社	1959
麻黄汤六十五方释义	吴考槃	江苏人民出版社	1961
肿胀论治	郁汉其	江苏人民出版社	1961
中国的前寒武系	沈其韩	科学出版社	1961
车	黄廷元	上海少年儿童出版社	1962
张謇日记	张　謇	江苏人民出版社	1962
船	黄廷元	上海少年儿童出版社	1963
《文心雕龙》选译	陆侃如等	山东人民出版社	1963
刘勰论创作	陆侃如等	安徽人民出版社	1963
1∶300 万前寒武记地质图	沈其韩	地质出版社	1963
变质岩的一些基本问题和工作方法	沈其韩	中国工业出版社	1963
近代中国之政治制度(英文)	董　霖	－	1964
陆地水文学原理	施成熙与人合著	中国工业出版社	1964
天山乌鲁木齐河冰川与水文研究	施雅风	科学出版社	1965
世界正在组合中之国际公法(英文)	董　霖	－	1968
中国战前之宪政制度	董　霖	台北世界书局	1968
联合国制度下之国际组织	董　霖	－	1969
中国与列强(英文)	董　霖	－	1970

续表 36－3

著作名称	著作、翻译、主编	出版单位	出版时间
中国革命的回忆 1926－1949(英文)	董 霖	－	1973
华人在美国(英文)	董 霖	－	1974
中国与国际问题论著	董 霖	台北华岗出版部	1975
珠穆朗玛峰地区科学考察报告	施雅风	科学出版社	1976
土壤学	陈 震	人民教育出版社	1976
顾维钧与中国战时外交(英文)	董 霖	－	1977
喀喇昆仑山巴托拉冰川考察报告	施雅风	－	1977
铁路装卸机械化	陈秀祥	中国铁道出版社	1978
顾维钧与中国战时外交(中文)	董 霖	－	1978
温病学	郁觉初等	上海科技出版社	1978
英语常用单词惯用法	沙昭宇	河北人民出版社	1978
刘勰和《文心雕龙》	陆侃如等	上海古籍出版社	1978
灵枢经校释	吴考槃	人民卫生出版社	1978
西藏阿里地区的蝗虫	印象初	科学出版社	1979
钢铁企业给水排水设计参考资料	张明俞等	冶金工业出版社	1979
鲁迅前期思想发展史略	林 非	上海文艺出版社	1979
喀喇昆仑山巴托拉冰川考察与研究	施雅风	科学出版社	1980
喷气发动机原理	庄表南等	国防工业出版社	1980
布莱希特戏剧印象记(修订本)	卞之琳	中国戏剧出版社	1980
预焙槽炼铝	邱竹贤	冶金工业出版社	1980
鲁迅小说论稿	林 非	天津人民出版社	1980
土壤肥料理化性质简易测定法	陈 震	中国农业出版社	1980
现代散文 60 家札记	林 非	百花文艺出版社	1980
楚辞选译	陆侃如等	上海古籍出版社	1981
王个簃画集	王个簃	上海人民美术出版社	1981
中国现代散文史稿	林 非	中国社科出版社	1981
论基本建设投资效果	程曾泽	中国财政经济出版社	1981
鲁迅传	林 非	中国社科出版社	1981
叶圣陶评传	陈 辽	百花文艺出版社	1981
英语正误句解	沙昭宇等	河北人民出版社	1981
中国蝗总科分类研究	印象初	高原生物学集刊	1982
希夏邦马峰地区科学考察报告	施雅风	科学出版社	1982
山东太古代雁翎关变质火山——沉积岩	沈其韩	地质出版社	1982
机械工程手册	谢佩娟	机械工业出版社	1982
《文心雕龙》译注	陆侃如	山东人民出版社	1982
诗义钩沉·王安石著	邱汉生	上海书画出版社	1982

续表 36－3

著作名称	著作、翻译、主编	出版单位	出版时间
曲线	毛毓璎	科学技术出版社	1982
COBOL 程序设计	侯炳辉	清华大学出版社	1982
工业摩擦学(英译)	汤胜常	机械工业出版社	1982
王个簃印存	王个簃	西泠印社	1982
王个簃随想录	王个簃	上海书画出版社	1982
沧桑集 1936－1946(杂类散文)	卞之琳	江苏人民出版社	1982
横断山脉地区的蝗虫研究	印象初	高原生物学集刊	1983
访美归来	林　非	百花文艺出版社	1983
第 72 团在太行山一带(修订本)	卞之琳	三联书店	1983
王个簃诗画辑	王个簃	上海书画出版社	1983
山山水水(小说片断)	卞之琳	香港山边社	1983
马克思恩格斯文艺思想初探	陈　辽	四川人民出版社	1983
英国诗选	卞之琳	湖南人民出版社	1983
苏州评弹旧闻抄	周　良	江苏人民出版社	1983
评弹艺术 1－13 集	周　良	中国曲艺出版社	1983
闻一多评传	刘　煊	北京大学出版社	1983
国外涤纶生产新技术	端木中	纺织工业出版社	1983
土壤学(北方片)	陈　震等	中国农业出版社	1983
GPSS 模拟简述	侯炳辉等	清华大学出版社	1983
紫罗兰姑娘(修订本)	卞之琳	湖南人民出版社	1983
何其芳译诗稿	卞之琳	外国文学出版社	1983
青藏高原的蝗虫	印象初	科学出版社	1984
雕虫纪历 1930－1958(修订本)	卞之琳	人民文学出版社	1984
论故事新篇的思想及历史意义	林　非	天津人民出版社	1984
人与诗:忆旧新说(散文集)	卞之琳	三联书店	1984
现代英美作品注释选读	沙昭宇等	河北人民出版社	1984
农业水文学	施成熙	农业出版社	1984
否定之否定浅谈	徐　堃	福建人民出版社	1985
铝冶金物理化学	邱竹贤	上海科学技术出版社	1985
摩擦、磨损、润滑手册(第二卷)(俄译)	汤胜常	机械工业出版社	1985
中学生趣味逻辑	陈　东	安徽教育出版社	1985
拿破仑战争	谢国良	上海人民出版社	1985
人造板多层热压机	吴新泉等	中国林业出版社	1985
治学沉思录	林　非	湖南人民出版社	1985
露华集	陈　辽	长江文艺出版社	1985
陈辽文学评论选	陈　辽	湖南人民出版社	1985

续表 36－3

著作名称	著作、翻译、主编	出版单位	出版时间
中古文学系年	陆侃如	人民文学出版社	1985
文艺信息学	陈　辽	人民文学出版社	1986
新时期的文学思想	陈　辽	辽宁人民出版社	1986
中国 1:400 万变质地质图和说明书	沈其韩	地质出版社	1986
中国变质岩作用及其演化总结	沈其韩	地质出版社	1986
低温阀	沈士良	机械工业出版社	1986
马克思主义思想史稿	陈　辽	四川人民出版社	1986
叶圣陶传记	陈　辽	江苏教育出版社	1986
交流传动调速系统(上)	肖幼萍等	中国铁道出版社	1986
闻一多	刘　煊	人民出版社	1986
东欧三十五年	姜　琦等	华东师范大学出版社	1986
外界电磁场对传输的干扰	翟启明	山西科学出版社	1986
黑郁金香(连环画)	崔　雄	新疆人民出版社	1986
今日苏联小丛书	姜　琦	学林出版社	1986
维多利亚女王传(修订本)	卞之琳	北京三联书店	1986
窄门(修订本)	卞之琳	天津百花文艺出版社	1986
张謇存稿	杨立强等	上海人民出版社	1987
文学研究入门	林　非	辽宁人民出版社	1987
陆侃如古典文学论文集	陆侃如	上海古籍出版社	1987
国际共产主义运动史长篇(第四册)	姜　琦等	吉林人民出版社	1987
现代管理工程手册(英译)	汤胜常	机械工业出版社	1987
内科病最新治疗	蒋季杰	天津科技出版社	1987
金属切削机床概论	施康乐	上海科技文献出版社	1987
宋明理学史	邱汉生等	人民文学出版社	1987
热带季风图集	乌文康	气象出版社	1987
微机 GPSS 及其运用	侯炳辉等	清华大学出版社	1987
福建有关英语教材	沙昭明等	福建人民出版社	1987
中国革命军事文学史略	陈　辽等	昆仑出版社	1987
模拟系统的建模与分析	侯炳辉	清华大学出版社	1987
经济法原理	杨紫煊	北京大学出版社	1987
温病的理论与临床	郁觉初等	江苏科学技术出版社	1988
莎士比亚悲剧四种(中译本)	卞之琳	人民文学出版社	1988
马克思主义原理教程	姜　琦	上海人民出版社	1988
国际共运词典	姜　琦	上海人民出版社	1988
新闻学步	梁玉飞	甘肃人民出版社	1988
中国东部第四纪冰川与环境问题	施雅风	甘肃人民出版社	1988

续表 36－3

著作名称	著作、翻译、主编	出版单位	出版时间
中国冰川冻土图	施雅风	地图出版社	1988
煤矿技术经济分析	陶树人	煤炭工业出版社	1988
名家谈自学	梁玉飞	兰州大学出版社	1988
评弹知识手册	周　良	上海文艺出版社	1988
海门人民革命史	俞茂林	上海社科院出版社	1988
太阳能在建筑中的应用	翟启明等	学苑出版社	1988
离散事件系统模拟	侯炳辉等	清华大学出版社	1988
GPSS 模拟简述	侯炳辉等	清华大学出版社	1988
热带矿床的矿源、水源和热源及矿床分布规律	季克俭等	科学出版社	1989
中国湖泊概论	施成熙	科学出版社	1989
中国湖泊资源	施成熙	科学出版社	1989
湖泊网围养鱼综合技术	施成熙	江苏科学技术出版社	1989
施成熙·湖泊与水文文选	江苏省海洋湖泊学会	河海大学出版社	1989
交流传动调速系统(下)	肖幼萍	中国铁道出版社	1989
工程兵基层政治工作	于浩康等	解放军出版社	1989
补药手册	江克明	上海科学技术出版社	1989
单片微型计算机及其运用	席先觉	高等教育出版社	1989
十年诗草(重印)	卞之琳	台北大雁书店	1989
绝对不是描写爱情的随笔及其他	林　非	北岳文艺出版社	1989
莎士比亚悲剧论痕(论文集)	卞之琳	北京文艺出版社	1989
读书心态录	林　非	中外文化出版社	1989
雨花村的孩子	姚忠瑞	西北大学出版社	1989
霜茶阁诗抄	王个簃	福建美术出版社	1989
中国冰川概论	施雅风	科学出版社	1989
历代怨诗趣诗怪诗鉴赏词典	姜光斗	江苏文艺出版社	1989
刘鄂与老残游记	陈　辽	中州古籍出版社	1989
龚隐轩诗词选集	龚隐轩	中国国际广播出版社	1989
管理系统模拟	侯炳辉	清华大学出版社	1989
鱼魅人(小说集)	成汉飚	中国华侨出版公司	1989
煤矿项目可行性研究及经济	陶树人	中国矿业大学出版社	1989
海门山歌选	海门县民间文学集成办公室	中国民间文艺出版社	1989
海门民间故事集	海门县民间文学集成办公室	中国民间文艺出版社	1989
盐矿地质论文集	袁见齐	学苑出版社	1989
唐诗百草图	郁异人	江苏人民出版社	1989
林非散文选	林　非	山东人民出版社	1990
鲁迅和中国文化	林　非	学苑出版社	1990

续表 36－3

著作名称	著作、翻译、主编	出版单位	出版时间
巢湖富营养化研究	施成熙	中国科学技术大学出版社	1990
标点符号例话	陈　东等	南京大学出版社	1990
新编军队基层政治工作	于浩康等	中国展望出版社	1990
齿轮手册(上、下)	谢佩娟	机械工业出版社	1990
未开垦的处女地	姚忠瑞	南京出版社	1990
文学创作书简	姚忠瑞	南京大学出版社	1990
文艺情报学	陈　辽	南京出版社	1990
台港澳与海外华人文学辞典	陈　辽	中国华侨出版社	1990
战后国际共运纵览	姜　琦等	吉林人民出版社	1990
医学求真	吴考槃	中国医药科技出版社	1990
脚部按摩疗法	汤淑良等	东南大学出版社	1990
闻一多教育文集	刘　煊	江苏教育出版社	1990
全面计划管理	陶树人	中国矿业大学出版社	1990
东洲烽火	俞茂林	上海学林出版社	1990
季方同志在苏中	高其兴	中国文史出版社	1990
教育心理学	袁蔚成等	黑龙江教育出版社	1990
内蒙古中南部大古庙变质岩	沈其韩	地质出版社	1990
心理学教程	顾飞凤	吉林大学出版社	1990
鱼目集(影印)	卞之琳	上海书店	1990
华北陆台早前寒武纪重大地质事件	沈其韩	地质出版社	1991
中国共产党江苏省海门县组织史资料(一)	俞茂林	中共党史出版社	1991
中国早前寒纪麻粒岩	沈其韩	地质出版社	1992
中国全新世大暖期的气候与环境	施雅风	海洋出版社	1992
狂飙——海门县革命纪实选辑	俞茂林	南京大学出版社	1992
新志探微	张天弓	海洋出版社	1992
太阳的故乡	梁学平	广西民族出版社	1992
计算机原理与系统结构	侯炳辉	清华大学出版社	1992
系统分析员教程	侯炳辉	清华大学出版社	1992
中国河口治理	黄　胜	海洋出版社	1992
金光普照七年路	俞茂林	江苏古籍出版社	1993
王个簃纪念文集	黄利石等	中国文史出版社	1993
计算机原理与系统结构	侯炳辉	电子工业出版社	1993
张謇全集	张謇研究中心	江苏古籍出版社	1994
梦羊小品	沈文冲	新加坡赤道风出版社	1994
豁然开朗	梁学平	新疆青少年出版社	1994
回声	郁　斌	华夏出版社	1994

续表 36－3

著作名称	著作、翻译、主编	出版单位	出版时间
花鸽鸽	许乃平	南京出版社	1994
九九情歌	梁学平	中国文联出版社	1995
心灵的雕塑	陈志高	安徽文艺出版社	1995
河口动力学	黄　胜与人合	水利电力出版社	1995
女孩子的梦	黄少云(又名阿琪)	百花文艺出版社	1995
中国现代作家选集·卞之琳	卞之琳	人民文学出版社	1995
中国地层典——太古宙	沈其韩	地质出版社	1996
海门县志	俞茂林	江苏科技出版社	1996
海门县工会志	县总工会	黄山书社	1996
计算机原理	侯炳辉	经济科学出版社	1996
海门方言志	袁　劲	黄山书社	1997
中国共产党江苏省海门县组织史资料(二)	施裕岩等	中共党史出版社	1997
海铁雄风	周洪斌等	江苏人民出版社	1997
我的一个世纪	董竹君	生活·读书·新知三联书店	1997
中朝古大陆太宙地质特征	沈其韩	地质出版社	1998
故土方圆	张　松	江苏文艺出版社	1998
中国共产党海门市大事记	周洪斌等	方志出版社	1998
美国小学教育考察	许新海	南京师范大学出版社	1998
海门教育志	市教育局	黄山书社	1998
卞之琳代表作	卞之琳	华夏出版社	1998
海门游子(上下册)	施友明	江苏文史出版社	1999
童年的小河	蔡　炯	中国文联出版社	1999
心理健康辅导	张炳华等	河海大学出版社	1999
海门县邮电志	市邮政局	中国文史出版社	1999
企业信息化领导手册	侯炳辉	清华大学出版社	1999
我儿我女	陆星儿	上海文艺出版社	1999
江苏群英谱·海门分卷	施裕岩等	江苏人民出版社	2000
金花灿烂	蔡　炯	中国文联出版社	2000
享受荔枝	蔡　炯	中国文联出版社	2000
杏坛随想	吴　勇	河海大学出版社	2000
海门年鉴(2000)	张凤斌	中华书局	2000
计算机原理自学考试指导	侯炳辉	清华大学出版社	2000
中国水墨画名家精品集粹系列丛书·张正忠卷	张正忠	香港亚洲文化艺术出版公司	2001
培桃育李霞满天	吴　勇	河海大学出版社	2001
让儿童的道德生命自由生出	许新海	江苏教育出版社	2001
戏苑女娲乐补天	王国平等	河海大学出版社	2001

续表 36－3

著作名称	著作、翻译、主编	出版单位	出版时间
海门年鉴(2001)	张凤斌	方志出版社	2001
新闻谋篇论	范　军	延边大学出版社	2001
海门文学 50 年选萃	陈伟功	中国文联出版社	2001
张謇故里海之门	张　松等	黄山书社	2002
杂家践行录	沈九涛	中国广播电视出版社	2002
面对无奈	张天弓	远方出版社	2002
暗流	袁蕴豪	青海人民出版社	2002
太阳花	姜　敏	河海大学出版社	2002
海门年鉴(2002)	张凤斌	方志出版社	2002
怪流	袁蕴豪	中国文化出版社	2003
阳光下的塑造	吴　勇	江苏教育出版社	2003
走进学科综合实践活动	秦建荣等	江苏教育出版社	2003
艺术教育与学生创造潜能开发	庄俊高	中国科技出版社	2003
张謇(连环画)	郁异人	中国文史出版社	2003
难得随意	张天弓	吉林人民出版社	2003
海门年鉴(2003)	张凤斌	方志出版社	2003
信息管理系统	侯炳辉	中央电视大学出版社	2003
小沙芦苇	李德龙	中国文联出版社	2004
海门游子(上下册)	高顺昌	吉林人民出版社	2004
随感诗情	唐如浴	南京出版社	2004
春光红霞	秦素萍	中国文联出版社	2004
心灵之旅(一、二)	张炳华等	中国文史出版社	2004
海门年鉴(2004)	张凤斌	方志出版社	2004
企业信息管理师教程(上下册)	侯炳辉	机械工业出版社	2004
心语飞翔	龙　飞	江苏音像出版社	2004
江风海韵	郁　斌	远方出版社	2005
王个簃	施作雄	湖北美术出版社	2005
春的回应	林炳堂	人民日报出版社	2005
教苑走笔	吴　勇	江苏人民出版社	2005
初中课堂教学良好状态的创设	倪　娟	中国文史出版社	2005
教育网络化与学生素质发展的探索	成锦平	人民教育出版社	2005
智慧的课堂	顾青山	北京大学出版社	2005
十五级台阶	顾青山	北京大学出版社	2005
张正忠诗书画－－田园山水百图	张正忠	上海人民美术出版社	2005
海门建筑业志	市建管局	方志出版社	2005
海门年鉴(2005)	张凤斌	方志出版社	2005

续表 36－3

著作名称	著作、翻译、主编	出版单位	出版时间
梓堂吟草	蒋瑞祥	香港银河出版社	2005
陶土斋闲话	袁　诹	中国文联出版社	2005
枪手老倪	许乃平	广州文艺出版社	2005
声屏探微	林炳堂	人民日报出版社	2006
张謇教育思想研究文集	高其兴等	光明日报出版社	2006
体会轻松	张天弓	吉林人民出版社	2006
半个世纪的回响(上下)	朱韩新	人民日报出版社	2006
美善天地	施风雷等	中国戏剧出版社	2006
澳中教育与课程跨文化比较	许新海	福建人民出版社	2006
海门年鉴(2006)	张凤斌	方志出版社	2006
履痕	张天弓	吉林人民出版社	2006
陈象新书信选	黄善祥等	中国文联出版社	2007
老愚笔记	倪正平	光明日报出版社	2007
人生百观录	徐志新	中国社科出版社	2007
中国画精品系列丛书·张正忠田园山水作品选	张正忠	天津杨柳青画社	2007
静静地思考着	许卫国	光明日报出版社	2007
海门年鉴(2007)	张凤斌	方志出版社	2007
我的祖父张謇	张绪武	上海辞书出版社	2008
东洲昔影	市政协	湖南地图出版社	2008
冰雪消融	蔡　炯	作家出版社	2008
扬帆	蔡　炯	中国文联出版社	2008
海门年鉴(2008)	张凤斌	方志出版社	2008
散杂集	唐如浴	中国文联出版社	2008
海门市环境保护志	市环保局	方志出版社	2008
田园山水画法	张正忠		2008
东洲记忆	邹仁岳	中国文史出版社	2008
企业信息管理	侯炳辉	中央电视大学	2008
ImmafureInsets′	朱弘复	美国 Broun 公司出版	－
进化论与伦理学·赫胥黎	朱弘复	－	－
物种起源·达尔文	朱弘复	－	－
国际动物命名法规	朱弘复	－	－
江苏湖泊志	施成熙	－	－
中医科学化讲义	朱鹤皋	－	－
奇经八脉在妇科临症间的具体应用	朱小南	－	－
朱小南医话	朱小南	－	－
医论	朱小南	－	－

续表 36－3

著作名称	著作、翻译、主编	出版单位	出版时间
冲任探论	朱小南	–	–
妇科临床经验介绍	朱小南	–	–
带脉探讨	朱小南	–	–
中国避孕法探讨	朱小南	–	–
中世纪经济社会史（上下册）	耿淡如	商务印书馆	–
世界近代史文献	耿淡如	高等教育出版社	–
十九世纪的历史与历史学家	耿淡如	–	–
中国文学理论简史	陆侃如	–	–
四书集注简论	邱汉生	–	–
中国经学史	邱汉生	–	–
现代教学丛刊	邱汉生	–	–
土壤——植物系统污染生态研究	高拯民	–	–
土壤污染与生物净化	高拯民	–	–
黄帝素灵选校勘	吴考槃	–	–
黄帝素问集成	吴考槃	–	–
医学求真	吴考槃	–	–
江苏医著	吴考槃	–	–
医学随录	吴考槃	–	–
脉学释义	吴考槃	–	–
诸病源候论校注	吴考槃	–	–
中药大辞典	吴考槃	–	–
本经集义	吴考槃	–	–
难经集义	吴考槃	–	–
素灵辑粹	吴考槃	–	–
龙飞歌曲选	龙　飞	–	–
龙飞音乐作品选	龙　飞	–	–
在同一片屋顶下	陆星儿	–	–
今天没有太阳	陆星儿	–	–
抗战与间谍	黄敬斋	–	–
民主社会主义的基本原则	黄敬斋	–	–
大河奔流	董竹君	–	–
影子朋友——阿琪	黄少云	–	–

第二章 诗文选萃

海门诗词,源远流长。见于史志记载的有宋王安石、文天祥留下涉及海门的诗文。明清时期,有《师山诗存》182人、690余首诗辑录。清末民初,更有清末状元张謇在其全集中,收录1000余首诗词面世。20世纪30年代初,海门人周雁石手抄《海门耆旧诗抄》收集有71人、380余首诗存史。随后,龚其伟、王个簃、龚庭槐等有专门诗集出版,海门人张熙瑾于2008年辑录《古诗咏海门》,较为全面系统地收录204人、516首诗词,较好地保存海门诗词精粹。选录部分诗人的部分诗词,以飨读者。

还辑录王安石、崔桐、张謇、卞之琳、林非、陈辽等有关涉及海门的散文、杂文以及龚自珍、张謇、刘伟、粟裕等留下的碑文,以备查考。

第一节 诗 选

送海门沈尹监察湖南

宋·王安石

谏书平日皂囊中,朝路争看一马骢。
汉节饱曾冲海雾,楚帆聊复借湖风。
皇华命使今为重,直道酬君远亦同。
投老承明无补意,得为湘守即随翁。

作者:王安石(1021－1086),字介甫,江西抚州人,曾任海门知县,后拜相,推行新法,系北宋诗文名家,著有《临川先生集》。

渔 舟

宋·文天祥

二十八日,乘风行入通州海门界。午抛泊避潮,忽有十八舟,上风冉冉而来,疑是暴客,四船戒严。未几,交语而退。是役也,非应对足以御侮,即为渔矣,危哉殆哉。

一阵风帆破碧烟,儿郎惊饵理弓弦。
舟中自信娄师德,海上谁知鲁仲连。
初谓悠扬真贼舰,复闻欸乃是渔船。
人生漂泊多磨折,何日山林清昼眠。

北海口

宋·文天祥

沧海人间别一天,只容渔父钓苍烟。
而今蜃起楼台处,亦有北来番汉船。

过扬子江心

宋·文天祥

大海中一舟,自扬子江直上淡者是,此乃长江尽处,横约百二十里,吾舟乘风过之,一时即咸水。

渺渺乘风出海门,一行淡水带潮浑。
长江尽处还如此,何日岷山看发源。

作者:文天祥(1236－1283),字宋祥,号文山,江西吉水人,状元,官至丞相。1272年从元营脱逃,流离苏中,最后在海门东洋面乘舟南归朝廷。

余中场

元·沈梦麟

余中濒海门,望望斥卤地。
居民多四散,共享牢盆利。
昔人生厉阶,于此置官吏。
榷盐限程期,立笑事鞭棰。

烟飞朱火腾，海立银涛沸。
漉沙铅泪凝，椎甓琼英碎。
天高岁峥嵘，草白北风厉。
玄云闲万灶，积雪照千里。
陆输车轧轧，水运舟尾尾。
虽云国课集，民力已凋瘁。
蹇驴历亭场，揽辔察地理。
大江绕长淮，杀气寒赑屃。
增科苟不息，祸乱恐未已。
吾将叩阊阖，悃悃诉微意。
狂言傥欺君，薄命有如水。

海门道中

明·司马浬

东至海门程，迢迢一日行。
浮云苍海湿，细雨白沙清。
渔舍菰蒲满，田家木槿明。
太平荒僻处，光景亦娱情。

海门回棹

明·司马浬

破晓扁舟返旧溪，西风淅淅露凄凄。
天边残月半痕在，海面阴云一字齐。
野店鸡鸣门未启，小桥人渡路何迷。
微勤欲藉资神化，惭负稽山旧仗藜。

海门道中

明·朱 冠

骢马东巡二月春，海人指点看江津。
人家半徙邻非旧，县治濒危望作新。
概说扬州为乐土，谁知向隅有斯民。
风光满目都成惨，次第收来拟上陈。

寓海门

明·赵 鉴

王事驱驰不自由，轮蹄直到海门留。
潮声夜至混更鼓，蜃气朝来结市楼。
层雾桃翻千顷浪，苍烟笛弄一声秋。
越裳岂止重三译，圣泽于今迈有周！

作者：赵鉴，故籍寿光，曾任御史。

扬子江

明·黄 幹

岷岭西头乍发源，当年疏凿禹功存。
地分南北横天堑，山列东西枕海门。
滚滚波涛涵日月，迢迢脉络贯乾坤。
千流万折朝东去，物理皆知仰至尊。

作者：黄幹，曾任庶吉士。

学舍秋兴

明·王 昺

一天秋色落江篱，薜荔香风晚更吹。
黄菊未开先有约，白衣如到岂无诗。
殊方漫说相如渴，直道何惭柳下卑。
我醉濯缨还洗耳，沧波清极且涟漪。

作者：王昺，故籍侯官，海门教谕。

学舍春晚漫兴

明·朱 衣

一

茅斋坐无事，清风吹夕曛。
花香频入几，鸟语自依群。
丰禄还留滞，春华正纠纷。
平生有深愧，吾道岂为文。

二

竹静窗当鹤，帘开座绕书。
烟围丛树螟，月起大江虚。
射策嗟无补，抡材羡有余。
百年输报意，对酒独踌躇。

作者：朱衣，故籍钱塘，曾任海门教谕。

观 海

明·潘 孜

探奇瀛海一扶藜，巨浸微茫万顷低。

白雪卷来风正涨，黄金涌处日才西。
结成蜃气楼台见，飞起鲸波岛屿迷。
独喜频年无水怪，不闻惊垒动军鼙。

作者：潘孜，字勉斋，海门人。景泰癸酉科(1453)举人。曾任浙江遂昌县训导。

八月大风雨

明·史立模

此日分明泛海槎，满天风雨欲如何？
阶前地作江湖涨，屋里人披渔钓蓑。
暗想鱼龙自掀舞，岂知禾黍为消磨？
官斋彻夜悉无寐，茅舍逃亡恐复多！

作者：史立模，故籍浙江余姚，曾任州刺。

避役复业有感

明·王伦

归来无处可宁家，南望桑田变海沙。
惟有碧桃三两树，几年无主自开花。

作者：王伦，字惟明，海门人。诸生，著有《楞伽山房诗集》。

捍海堰

明·崔润

霄汉高悬范老名，筑堤千古障沧瀛。
横围翠垒山灵护，倒庄银涛海若惊。
已有甲兵为国计，始占忧乐系君情。
至今僻壤还遗爱，试听村歌牧笛声。

暮秋江上

明·崔润

落日晴江上，秋深碧芷香。
芦寒翻雪白，稻熟卷云黄。
迢递亜杨露，苍茫流水乡。
却怜双蛱蝶，飞旁马蹄忙。

作者：崔润，字泽民，号朴庵，海门人。天顺贡士，曾任郴州同知。

廖角嘴

明·盛英

不尽观涛意，乘秋到水濆。
杯前咸淡异，杖底海江分。
壁垒坚于石，楼船密若云。
日斜暄鼓角，溟渤靖尘氛。

观廖角水

明·盛英

茫茫江海浮南北，咸淡双流廖角涯。
深酌味堪调玉鼎，平分源似堑金沙。
何年开辟留神迹，两地鱼龙自一家。
乘兴几回明月夜，探奇欲泛斗牛槎。

作者：盛英，字世杰，号见一，海门人。天顺朝贡士。

陶村闻笛

明·尹玺

村原风日尽堪怜，粉蝶黄蜂遍野田。
羌笛撅来芳草地，牧童吹入杏花天。
清声远近随流水，幽响高低隔暮烟。
似有陇梅开树底，几回飞落夕阳前。

作者：尹玺，字大玉，海门人。成化贡士，曾任寿昌知县。著有《海门县志》遗稿。

闻渔歌

明·崔岳

谁把江头数尺竿，青丝轻漾晓风寒。
柳花岸外桃花水，一片歌声起远滩。

作者：崔岳，字伯瞻，号竹楼，海门人。贡生，任平阳丞。

鱼骨桥

明·崔昆

玉虹浮彩水晶宫，乌鹊虚传七夕功。

春暮年年桃浪暖，可能鳞甲动长风。

思　归

明·姜　辂

频年淹泽国，归思每相侵。
天际一帆影，故乡千里心。
梅花悲短笛，明月动秋砧。
何处维扬路，微茫不可寻。

作者：姜辂，字一中，号海崖，海门人。弘治甲子科（1504）举人，曾任九江知府，著有《海崖集》。

庚辰（1520）归省，观江水逼县有感

明·崔　桐

十年乡梦水云涯，归日残墟欲泛槎。
野哭有人悲税役，春耕无地种桑麻。
鱼龙水阔通层汉，雁鹜烟深影断沙。
心折可堪回皓首，啸歌酤酒醉渔家。

己亥（1539）七月三日，飓潮丈余，海门以东人产荡尽。悲感六首。

明·崔　桐

今岁东隅厄，伤心北海翻。
万民葬鱼腹，百里化龙门。
洒血悲亲友，无家问子孙。
寄言当路老，早为叩晨阍。

尽日蛟龙斗，俄时天地浑。
丈涛从此涨，万户总南奔。
赤子随鱼鳖，红流失市村。
有生知亦死，何计觅饔飧。

昼吼如雷雨，旋翻过屋涛。
儿沉父莫救，夫失妇空号。
梁栋浮轻苇，牛羊旁九皋。
哀哀残喘者，谁为赠绨袍？

薄命嗟群鬼，求生尽失谋。
几人能抱树，无数任随流。
形改何从辨，骸沉谁为收？
岂如歼战伐，青史亦名留。

潮回无绿野，禾槁尽黄云。
夜哭喧新鬼，孤行寂故群。
耒锄农失业，鸡犬野无闻。
皓首时东望，沾巾对落曛。

礼让平生老，仪容何处寻？
乾坤是棺椁，沙砾改衣衾。
忽漫传犹在，惊疑望好音。
有魂招不返，南望涕淫淫。

雨晴园行

明·崔　桐

江头薄暮时雨歇，野老怡情独杖藜。
转爱穿花衣染湿，不辞临沼履侵泥。
当窗落日双梧上，隔槛鸣鸠万竹西。
更喜村村农事足，更邀邻叟醉东畦。

桑 妇 词

明·崔　桐

少小嫁郎君，姑教着短裙。
采桑事蚕织，机上锦如云。
云锦入官家，篝灯夜绩麻。
明年桑叶长，未采已成嗟。
采桑心独苦，泪湿桑中土。

作者：崔桐，字来凤，号东洲，海门人。正德丁丑科（1517）探花，授编修，累迁湖广右参议、国子监祭酒、礼部右侍郎。编撰《海门县志》嘉靖版，著有《东洲集》等，享年78岁。

养 蚕 图

明·崔　槐

夜起供蚕叶已稠，妇姑黯黯似含愁。
�早望丝成茧，也办官徭一两头。

作者：崔槐，字庭凤，号次州，海门人。岁贡生，曾任韶州府通判，著有《龙剑集》。

游戴青山

明·钱　铎

小试登山屐，翛然静俗喧。
鸟啼芳草谷，犬吠落花村。
堕叶惊时变，疏钟带雨昏。
远公能爱客，披衲候柴门。

作者：钱铎，字振之，号南浦，海门人。正德辛巳科(1521)进士，官广西按察史副使，著有《宦游漫草》。

放鹤田

明·李梦周

洞宾几顿羲和驭，云翼飘飘恋海天。
九鼎液添瀛谷水，三山旌拂玉城烟。
秋空寥廓飞龙剑，春草微茫放鹤田。
千载令人倍惆怅，可容凡骨驻颓年？

观廖角潮

明·李梦周

奇流分海角，神迹见天工。
地转三隅界，帆飞八面风。
淡咸谁为隔，潮汐自相通。
闻道蓬莱近，凡踪不可穷。

作者：李梦周，字希道，海门人。嘉靖癸未科(1523)进士，曾任宁都县令。

海上有感

明·姚天锡

去城咫尺即龙宫，万里奔涛尽日飞。
只有渔灯三两处，日随潮汐隔江红。

作者：姚天锡，字纯嘏，号晋轩，海门人，贡士。

过旧余中

明·彭大翱

云暗山昏落日斜，小桥流水绕平沙。
故宫春色无人管，惟有青青柳自花。

作者：彭大翱，字云健，海门人。隆庆庚午(1570)科举人，曾任武康县令，著有《铜官傚吏集》。

迁邑有感

明·王桂龄

弹丸亦丽帝王都，户口萧萧孰绘图？
大块风趋归海若，长桑浪啮越平芜。
幸存诗礼狂澜砥，犹赖弦歌圣化敷。
自此惟宁千百载，愿教风景逼三吴。

桃　村

明·张鸣鹤

忆昔桃村草色新，牧童横吹百年春。
那堪一望无抔土，化作江流断肠声。

作者：张鸣鹤，字志得，海门人。嘉靖庚子科(1540)举人，曾任蓉城县令，著有《盐政书》4卷、《平倭第》一卷。

飓　风

清·李兆星

树声一何怒，答响到疏棂。
风急雨如絮，天低云作屏。
深檐杂归鸟，曲岸叠浮萍。
墙屋半倾圮，萧萧不忍听。

作者：李兆星，字左园，号槎源，海门人。岁贡生，曾任浙江温州通判，著有《浙东纪事》《扪虱轩集》，编修清顺治《海门县志》。

静海道中晚行

清·钱　相

岁晚冰霜满大堤，寒烟衰草望凄迷。
风尘千里惭鸿翼，道路终年愧马蹄。
鼓角声高村戍冷，旌旗影飐冻云低。
自怜行役多辛苦，露湿重裘月正西。

作者：钱相，字汝衡。通州贡士，官吴桥县令。

宿海门夜听江潮

清·范国禄

幻寄孤身到海门，梦回枕上听潮声。
乍疑万壑松风堕，旋讶千军甲仗鸣。
漱石不用通地肺，惊涛何事撼华清。
愁人那得耽高卧，几欲腾呼钓赤鲸。

作者：范国禄，字汝受，通州诸生。著《十山楼诗文全集》。

题河上垞

清·易象乾

自是当年旧隐林，旋开方沼碧波深。
不知何处有城市，但觉四时皆绿荫。
叠石作峰移远势，临流玩月见虚心。
日来太傅能误老，花下围棋泽畔吟。

作者：易象乾，字秋涛，海门人。顺治壬辰科(1652)进士，曾任浙江石门县令，著有《还金堂集》。

山　家

清·崔明铨

野服羊裘读异书，一年生计在犁锄。
幽人笑指山家景，修竹亭亭伴草庐。

作者：崔明铨，字仲衡，号匡庐，海门人。诸生，著《向山诗抄》。

送　春

清·陈鸣皋

百计留春春不知，伤心拟作送春词。
零风断雨刚三月，对酒当歌有几时。
流水可怜终去去，斜阳何苦故迟迟。
离怀最是难消遣，枉杀多情杜牧之。

何来鶗鴂竟先鸣，无那凄凉梦不成。
快倩剪刀分别绪，漫教杨柳绾离情。
一樽酒尽红颜老，三叠歌残白发生。
底事风前双燕子，向人犹自弄春声。

作者：陈鸣皋，字于九，号鹤庵，海门人。康熙辛酉科(1681)举人，著有《琴对山房集》。

醉草歌

清·许士观

看我醉中书一幅，墨汁散乱毫尖秃。
枯树折枝鹤头缩，飞马破阵将军伏。
龙出天池两万斛，危樯夜渡瞿塘哭。
指间酒气腾满屋，旁人怖骇不敢读。
先生得意自拍腹，大呼奇绝电两目。
叮咛主人贮笥簏，十万金钱不可鬻。

作者：许士观，字我生，号莪生，海门人。廪生，工草书。

老农泣

清·丁腹松

秋雨注不息，秋原老农泣。
去年苦秋干，今年苦秋湿。
苦干尚有衣，苦湿乃无食。
仰面叫昊天，岂不念稼穑！
我侪戕筋骨，早作夜无佚。
专盼有秋期，得以食其力。
何当正收成，时哉不我恤。
太阳兀自持，深居且简出。
愚夫昧天机，几时月离毕。
一雨辄经旬，无分甲与乙。
坎穽平不流，阡陌连沟洫。
晓起按腰镰，重云蔽天黑。
淅沥且滂沱，至晚云仍集。
嘉禾如茨粱，委败难收拾。
半亩纵获敛，沤渍青复茁。
南邻夸荐新，升斗仅籼粒。
粳糯满畴眠，存无什之一。
东邻种吉贝，日蕹日蒙密。
未老梂忽零，欲开房转涩。
西邻爱菽香，荚荚潜螟蛉。
芜秽藿亦腐，空其徒笔立。
北邻地最窳，槛外水荡佚。
出门鲜舟航，策杖荷蓑笠。

百谷亩首栖,户户惟虚室。
辛苦积珠玑,弃掷等瓦砾。
拮据与埒荼,宁惜腰与膝。
惰者本宜凶,勤者胡不吉?
袖手听儿啼,饥肠吟唧唧。
何计赊村醪,眉寿介有鮅。
上农粟无余,红女机不织。
岁寒载春耕,焉能免菜色。
救死恐不赡,租税将何入!
国库问曾孙,何门堪告急。
寒谷欲回春,安得衍吹律!
我思学夸父,挥戈追白日。
窃虑即日晴,所得不偿失。
曰狂雨则恒,谁为致斯极?
帝世有神禹,何术拯我溺。
怨咨重怨咨,流涕坐太息。
拭目望秋空,浓阴复欲滴。

作者:丁腹松,字木公,号挺夫,海门人。康熙癸未科(1703)进士,曾任陕西扶风县令,著有《左山诗文集》。

海门歌

清·丁有煜

嗟我小邑海之门,一朝卷入海波浑。
人民星散各逃窜,十余三五迁永安。
永安离江二十里,不城不郭卑市垣。
附隶通境存乡贯,耕读辛苦劳肺肝。
五十年来气少甦,波涛再至愁云铺。
人声沸郁鬼夜哭,树崩鸟死在须臾。
野老习见说旧事,当前坍县犹徐徐。
此日飚驱驾恶浪,日流十丈黄沙墟。
担儿携女觅生计,只恐滔滔随水逝。
败苇遮体作衣裳,东去西迁无定势。
仰天号泣救吾人,梦依徐涧作苗裔。
一椽一甓屋鳞鳞,海邑何辜此遭际。

海澨晚眺

清·倪　朱

落日川原此翠浮,天涯有客伴牢愁。
波涛杳渺吞三楚,岛屿微茫隐十洲。
无限风沙皆北走,何时江水不东流?
裙腰一道寒烟里,约略当年是某邱。

作者:倪朱,字正紫,号虚白,海门人。究心岐黄术,以医自给。著《虚白斋诗集》。

查灾谣

清·袁志筠

西乡民从东乡回,道逢官府来查灾。
官府传呼里正来,大府爱民命恤灾。
大府忧国思惜财,有男未鬻,有女未卖,
如此户口不得开。西乡民闻哭且哀。
噫吁嘻!东乡别有好官府,开报口数甚至捻灾户。

散赈谣

清·袁志筠

朝廷万万钱,饥民万万口;
小口一月未五升,大口一月米一斗,
饥民依旧满街走。
官能一一查户否?不然再展三月官赈亦何有!
此意问官官不知,官不知兮民仍饥。
民虽饥,吏则肥。

作者:袁志筠,字彼淇,号雪斋,海门人。恩贡生。

雨　后

清·严济宽

湿云流不定,微月过墙来。
檐滴有时响,林霏当晚开。
一萤生薄暑,群蚋续残雷。
何处追凉去,新停浊酒杯。

书斋题壁

清·严济宽

花下不曾开曲径,免教热客打门过。
春深帘角捎雏燕,岁古墙阴上女萝。
芳草乍经新雨长,绿杨偏受晚风多。

平生检取幽栖地，穷巷何妨比轴薖。

作者：严济宽，字蕴辉，号竹溪，海门人。诸生，授徒里中。

秋 蝉

清·茅兆槐

忽听寒蝉断续鸣，秋风萧瑟不胜情。
如何饮露心清后，犹是声声怨未平。

作者：茅兆槐，字洪初，号荫亭，海门人。道光壬午(1822)恩科，钦赐副榜。

白 发

清·沈 倬

忆昔四十初，览镜见二毛。
于今垂六十，华发已周遭。
造物弄狡狯，乞与万霜毫。
拔出少年场，例入黄绮曹。
搔首忽自笑，此境谁能逃！
一编耗精血，半毡困脽尻。
敝帚漫自享，诗痴徒见嘲。
坐此不自爱，两鬓日夕凋。
镊嗤萧公拙，染羞陆展劳。
再拜谢苍华，头白矢久要。
从此荣启期，带索恣游遨。

行路难

清·沈 倬

丈夫志四方，牖下非所安。
驱马出门去，意气何桓桓！
东望沧溟汩瑶岛，南瞻炎海奔狂澜。
西行蚕丛亘太白，北走绝漠层冰坚。
美人如花隔霄汉，欲往从之道阻艰。
蹇修不来日将暮，霜飚飒飒凋朱颜。
鸺鹠鸣兮山鬼啸，穷途踯躅声悲酸。
行路难，摧心肝。

作者：沈倬，字章云，号秋槎，海门人。诸生，道光己酉(1849)重游泮水。著有《横经老屋遗稿》。

秋 怀

清·沈 栻

秋雨响檐溜，长夜无时停。
随风散竹树，荧然一灯檠。
风从西南来，飒沓排轩棂。
大块同一噫，金石以类鸣。
三叹掩书起，磅礴万古情。
往者不可挽，来者忽复盈。
撑肠五千卷，芒角徒峥嵘。
谁云事幽讨，终焉殉乾萤。
硁硁执一见，彼哉鲁两生。

和陶诗《饮酒》

清·沈 栻

人生海中舶，飘瞥任所之。
称心足为乐，求多恐无时。
泊然寡滋味，至味即在兹。
如何夸毗子，闻言更相疑。
花前不痛饮，花落杯空持。

秋阳半人户，檐巢蜂房喧。
村居本耽静，对此兴亦偏。
长吟招隐士，何必巢神山。
鸣雁从风翔，目送闲云还。
浊醪如可共，来听田家言。

物理本错愕，齐观意亦得。
不与造物游，谁能角迷惑！
达生等彭殇，照旷悟通塞。
嗜鼠有皆味，解裳无裸国。
古今类如此，一醉付默默。

作者：沈栻，字敬南，号双溪，海门人。嘉庆甲子(1804)经魁。诗工排比，著有《双溪草堂诗集》等。

晚 凉

清·沈 棫

绿树重阴合，幽斋午梦醒。

忽逢天外雨，凉入水边亭。
试茗浮新碧，开窗纳远青。
晚来群动息，渔唱隔烟听。

作者：沈棫，字济周，号雅亭，海门人，例贡生。

自题渔隐图

清·茅景文

生不能夸登门鲤，直上蓬莱渡弱水。
又不能屠横海鲸，既倒狂澜赤手抵。
仅提七尺青琅玕，袅丝漾破琉璃澜。
钓璜谁访蹯溪石，披裘或诮严陵滩。
见我渔家乐，谓我渔家傲。
安知作图心，托兴异高蹈。
浮生无命居华要，且办秃衿与矫帽。
本非啮缺王倪俦，特鉴世网罹繁忧。
君不见，谁阴罢钓贪封侯，自身为鱼悔中钩。
胡弗放弃如虚舟，蜉蝣岛上看蜉蝣。
海鳅船中捕海鳅，巢父去矣诗卷留。
一声长啸天为秋，亦渔亦隐君知不？

鲈鱼沙望海

清·茅景文

平沙极望接苍烟，滚滚洪涛走百川。
岛屿有无飞鸟外，帆樯明灭断霞边。
岂徒观海难为水，不尽中华以外天。
缥缈蓬莱在何处？向奇拟待使楂旋。

徐公堤

清·茅景文

屹然雄镇大江东，形势钩连地脉通。
高浪如山回海鳄，平沙终古亘晴红。
秋收吉贝千塍雪，夏熟来牟两岸风。
经过人人夸壮观，可忘前哲障川功？

作者，茅景文，原名梦熊，字镇湘，号耳山，海门人。国子生，例授盐运司知事。著有《八佩居吟稿》。

师山远眺

清·陈斯治

小叠峰峦占一邱，无多林木转清幽。
凭栏花影层层密，拂槛波光面面浮。
天与烟云连岛屿，人来巾舄话瀛洲。
携筇绝顶尤堪喜，万井桑麻入望稠。

作者：陈斯治，字泰阶，号涛山，海门人，诸生。

师山远眺呈府尊张海澜先生

清·茅　云

扶筇直上翠微巅，眺尽平芜浮碧烟。
万井桑麻环海角，满街桃李接江天。
情驰西岭横云外，目极东溟浴日边。
谁似使君闲啸咏，昼长花落讼庭前。

作者：茅云，字廷翰，号梦江，海门人。张海澜，名连茹，山东胶州人。

师山春望

清·董日申

大江入海波浮空，兀然琅五当其冲。
一州斗大山之东，巨鳌何以伏蛟龙！
青山不为海门设，累土为山亦足雄。
山前官廨森戟幢，山后丁户开房栊。
风来陇麦浪掀舞，雨后崖竹烟葱茏。
方春登眺辩十景，豪情逸气谁能穷？
君不见，海陵城里岳王墩，史作泰山侪华嵩。
何况兹阜瞻望崇，师乎吾拜丈人峰。
孰云培塿非穹窿，海天放眼扶桑红。

作者：董日申，字岳生，号菽芾。崇明岁贡工，曾辑《海门厅图志》4卷，稿本初成，规模未备，厘定核实，须俟后贤。

江村早行

清·黄懋曾

解缆依江郭，微茫觅岸登。
村寒鸡代柝，林暗月为灯。

作客缘何事，劳生动早兴。
且欣乡树出，归梦讵难凭。

移　居

清·黄懋曾

数椽经荡析，何处可栖身！
岂不恋乡土，其如逼贱贫。
移家门背市，种树鸟依人。
且住安吾分，晨昏慰老亲。

作者：黄懋曾，字念裘，号蕙庄。崇明籍岁贡生，以实学指授后进。著有《海槎集》4卷。

过海门旧庄

清·陈　浩

重寻父老话壶觞，游钓依然识旧庄。
三径尚余闲草木，百年未满几沧桑。
疏篱客至方惊犬，废苑人稀自咽蛩。
回首春晖曾莫报，踌躇堂背感凄凉。

作者：陈浩，字峰山，号澜平。崇明籍例贡生，官中城兵马司正指挥，迁光禄寺署正，改补知府。

野行即目

清·黄　旭

晴开万户列桑麻，野水平堤路狭斜。
几处小桃含宿雨，一畦寒莱入春花。
暮云低度红襟燕，芳草轻盘白鼻騧。
记取江干风景好，他年传作画图夸。

作者：黄旭，字庆符，号晴谷，恩贡生，海门人。著有《菰野文集》《菰野诗抄》等。

寒　夜

清·施　凤

朔风猎猎撼窗棂，竟夕相依影共形。
五字吟成双鬓白，三更寒逼一灯青。
闲愁到处浑无绪，好梦从来最易醒。
尚有壮怀消不得，起看明月满中庭。

作者：施凤，字舟山，号竹居，海门人。工书，有洁癖。

盐车谣

清·陈汝霖

推盐车，忍寒饿。
衣不蔽骭衣半破，得盐偏欲居奇货。
小车延延江上来，渡头游兵正侦逻。
欲渡倾囊钱，停车泣涕涟。

遣　闷

清·陈汝霖

瑟瑟秋怀集，凭栏思万端。
途穷谋事拙，家累读书难。
郢璞羞重献，牙琴怅独弹。
不眠聊把酒，星斗落杯寒。

作者：陈汝霖，字宫云，号雨人，海门人。诗品俊逸，专主性灵。著有《绿香馆诗稿》9卷等。

陈朝玉颂

清·龚自珍

生为功民，众疑以为神；
殁为功神，尚期福吾民。
琴瑟士女，以招君兮！
豆觥明粢，以报君兮！
文此乐石，以震耀君兮！
以大旌于海滨，且以劝田。

作者：龚自珍(1792－1841)，号定庵，浙江仁和人。进士，曾任内阁中书、礼部主事。著名学者和诗人，著有《龚自珍全集》。

师山厅署十景

清·黄云骧

一、师山远眺

玉署无尘碧水环，高秋揽胜此登山。
汀洲地尽千帆出，竹树云开万井闲。
势压江涛回汹涌，光扶海日晃朱殷。
蓬瀛仙间宜官府，乘兴双凫数往还。

二、梵阁钟声

振聋蓦地听噌吰，梦觉初闻大叩声。
飞出林峦无少碍，带来风月有余清。
法门色色空空想，尘世朝朝暮暮情。
要识此心难把捉，悔教名利误平生。

三、柳堤莺啼

东风吹绿遍沙堤，隐叶新莺恰恰啼。
为感芳时求好友，却将离恨恼深闺。
烟波作态春如画，桔酒寻诗晓共携。
最是冶游抛不得，板桥南畔石栏西。

四、曲港垂纶

兀坐苔矶钓锦鳞，一湾新涨碧粼粼。
漫劳越客千丝网，聊试詹何独茧纶。
酒美鱼肥堪赏处，风斜雨细未归人。
璜溪终见投竿去，何似江湖老此身！

五、竹溪烟雨

亭亭绿玉带清涟，不信嚣尘近市廛。
薄霭酿成三径雨，浓阴留住一溪烟。
溟蒙檇李楼中景，黯淡洋洲画里天。
好趁良辰招六逸，幽篁坐对净娟娟。

六、荷亭夕照

十亩回塘万柄荷，小亭佳趣晚来多。
夕阳满地凉如洗，秋水涵空净不波。
帘卷霞天红缭绕，盖摇风影绿婆娑。
碧筒贮酒销长日，莫漫流光叹掷梭。

七、平台观稼

崇台遥望野田宽，万宝丰登万户欢。
莫对仓箱忘节俭，须知颗粒出艰难。
秋风收稼情万慰，炎日锄禾力早殚。
念切民依劳董劝，倚栏非是恋游观。

八、双桥月印

追凉何处避烦嚣，隔水双通步月桥。
横界练波围兔魄，倒飞镜采上虹腰。
理从元晦心头彻，诗到青莲笔底超。
比似羽人仙杖化，广寒亲听此云调。

九、松岩挹翠

岩阿高挹翠重重，蔽日干霄百尺松。
柯叶岂随霜后减，青苍偏向雨来浓。
依然竹木萧森处，不尽烟云惨淡容。
直恐化龙归丘落，欲亲颜色便无从。

十、雪径探梅

朔吹严凝飘瑞雪，南枝消息到官梅。
半林疏蕊冰为骨，一径清光玉作堆。
蜡屐寻芳留迹在，画檐索笑犯寒来。
调羹若为君侯庆，东阁吟情首重回。

作者：黄云骧，字懋千，号菊裳，诸生，海门人。著有《漱月山房稿》。

浣溪沙·题茅铁卿独酌图照

清·李联琇

沈酿杯边注碧螺，酒泉郡里对黄鹅，朱颜未饮已先酡。　　欢伯自能陪夜坐，渴羌谁与伴朝歌，同心兰臭苦无多。

乞　猫

清·李联琇

鼠撼床头梦数惊，邻家前月乳猫生。
乞来尚缓牙须用，戒备昏灯快一鸣。

读禹门中书《师山诗存》

清·李联琇

蛟龙亦畏诗人笔，夜半云雷促改巢。
退出鳞堂三百里，让他席地谱笙匏。

嘲评不一阳秋语，刺取无全摘句图。
何似选家空洞腹，大容公等冶洪炉。

闺中方外殿吟坛，流寓何烦缀豹斑。
太息骚才难得借，几人如我客师山！

荻花江月梦浔阳，天远东瀛独望乡。
犹幸善弹兹地有，白狼山畔白三郎。

题师山九老图

清·李联琇

九老曾图履道坊，效颦今乃出茅卿。
善描人物勾龙爽，高会耆英司马光。
寿列箕畴五福首，数符干健六爻阳。
白髯红颊人间世，日向东瀛特地长。

作者：李联琇(1820－1878)，字小湖，江西临川人。清道光二十五年(1845)进士，官止大理寺正卿(三品)，任福建、江苏学政。咸丰十年(1860)到海门，任师山书院院长两年，对周家禄、张謇等均有帮助，张謇称其为恩师。

师 山

清·周家禄

一路桃花雨，沾衣复堕鞯。
春愁生远水，暝色上孤烟。
衙柝兼钟磬，村歌杂管弦。
晚寻抛堉处，影在曲阑前。

田 家

清·周家禄

麦垅寒烟乍放青，桃园宿雾未开晴。
田家生计忧花事，春事关心到雨声。
遮护燕泥防霡霂，安排蚕种到清明。
明朝社会听村鼓，且办芒鞋买醉行。

张季直謇荷锄图

清·周家禄

东田稂秀西稗荑，南阡荼蓼北蒺藜。
主人有田芜不治，诸奴嘻嘻顾其私。
强梁越畔来畲菑，四邻睽睽当语谁。
薅锄播种会有时，吾老不能君无辞。

早 衰

清·周家禄

早衰无那病侵寻，客至清酤罢酌斟。
辽海云帆随地尽，羁人霜鬓入春深。
汉唐壁垒空悲古，欧美梯航定感今。
烟阁云台无我份，年年书檄老陈琳。

作者：周家禄(1864－1909)，字彦升，海门人。长期任显宦幕僚，曾随军至朝鲜。著有《寿恺堂集》。

南 村

张 謇

卅里南村路，人家半水边。
乱鸦争落日，古木向栖烟。
风侧帆三面，沙平辙一弦。
谁将人外意，相与媚幽妍。

观 海

张 謇

近海地常湿，无山天更遥。
云从半空起，风竟六时嚣。
鱼蛤供餐贱，蒲盐奉税饶。
谁怜濒斥卤，生计日萧条。

元 日

张 謇

东风骞旭采，蔼蔼复堂堂。
江水当门绿，梅花隔岁香。
礼权村叟俭，酒鼓市儿狂。
百事看今日，从教爱景光。

浒 通 港

张 謇

襟带通常熟，风烟接太仓。
潮痕江岸白，云气海门横。
辟梦鸽飞急，怜巢燕语长。
乱流明日渡，宵梦已苍茫。

海门小鸥波馆

张　謇

吾闻舟是屋，今看屋如舟。
烟水涵明镜，风云入小楼。
月常三面曙，窗有四时秋。
坐觉宫墙近，悠悠万古愁。

思故乡行

张　謇

大堤二月杨柳黄，游子牵衣辞高堂。
御夫在门车在路，欲行不行且尽觞。
高堂半百发渐苍，吞声欲语情惨伤。
薄田二顷不足食，使儿年少凌风霜。
读书爱身有大义，千金尺璧青春光。
儿但矢此永勿忘，旦暮犹思爷娘旁。
嗟哉儿有爷，嗟哉儿有娘！
含酸忍泪不敢落，游子行矣思故乡。

青龙港

张　謇

自昔传闻海角经，东方七宿地通灵。
沧桑百折开形胜，竹树千家接杳冥。
酒旆霜中低落月，渔灯风外乱疏星。
只今村落荒寒甚，弦育宵来尚可听。

草堂偶成

张　謇

万柳参差拂晓天，东风吹雨草堂前。
辞家有日翻如客，却病无方强学禅。
人事但成眉际茧，佛香初觉鼻端烟。
不须更苦旁人问，寂寂司空拜衮年。

还　家

张　謇

关河苦说太匆匆，萧瑟江淮尚转蓬。
但使有田供抱犊，谁能计岁蹋飞鸿。
六年冰雪还家梦，千里帆幢落木风。
丹嶂黄泥前约在，分明惭愧此山中。

归田园题辞

张　謇

田野由来好，园林况尔新。
人情爱芳草，天气惜余春。
丝竹中年感，儿童退处亲。
看君图画意，吾亦倦风尘。

戊戌(1898)正月十八日儿子怡祖生志喜

张　謇

生平万事居人后，开岁初春举一雄。
大父命名行卷上，家人趁喜踏歌中。
亦求有福堪经乱，不定能奇望作公。
及汝成丁我周甲，摩挲双鬓照青铜。

海神庙

张　謇

黄海河营讯，丹营廖角沙。
乘除百年局，新故万农家。
转漕云帆改，彰灵藻榜华。
经营各有意，神教众无哗。

春　愁

张　謇

春风先到海东头，芦笋茅针次第抽。
不见垂杨管离别，人间何处有春愁？

屡　出

张　謇

屡出真成惯，孤怀亦自遥。
小车犹择路，独木已成桥。
鹳影中宵月，蛙声半夜潮。

无人能共语，默默斗旋杓。

归常乐口占

张　謇

日薄云稀雨渐晴，扁舟鲜缆欲东行。
悬知汽笛三声咽，中有人人送客情。

清明舟中

张　謇

海上客尽去，清明我亦归。
乘潮浮艓子，犯雨纠蓑衣。
累病衰方觉，长征愿岂违！
行迟三十里，桃李已芳菲。

沈　堤

张　謇

沈公堤接范公堤，说范人人说沈迷。
堤下潮痕堤上草，未妨早晚有高低。

第三纺织厂开工祀土

张　謇

薛滕邹鲁辅车乡，况有先庐再世强。
例以渔陶成聚邑，政须本末绾农商。
十千吉贝资维耦，五万飞轳跂报章。
自省天人消息际，应恭富媪荐馨香。

作者：张謇（1853－1926），幼名长泰，字季直，晚号啬翁。光绪二十年（1894）状元，授翰林院修撰。嗣后弃官，回乡创办实业、教育。著作颇多，诗稿编入《张季子九录》《张謇全集》。

甲辰（1904）夏感事

龚其伟

世界人种分，胜败视优劣。
文明首黄炎，宁为白人屈。
堂堂日出处，久与列强列。
仗义争辽东，于今海权溢。
独怪我支那，腼颜守中立。
燎原势已成，窃幸燃未及。
衮衮谋国徒，谁为济时杰？
广武思英雄，古今常叹息。

寿刘献之孝廉五十

龚其伟

春衣检点接荀香，别后常思老阮狂。
论事输君胸有竹，忧时先我鬓成霜。
阴霾国是犹昏黯，风雪诗情各渺茫。
一笑吾曹珍敝帚，漫云马槊胜文章。

读史有感

龚其伟

凤阙龙楼壮首都，郁葱佳气近来无。
宸居已属阳人聚，世议终轻赤伏符。
叔宝心肠惟厚禄，义熙甲子本迂儒。
如何化日光天下，假托殷顽敢觊觎。

新海门报祝辞

龚其伟

大江之北兮，沧海其东。
狮山屹立兮，背通面崇。
毋谓民弱兮，今已由襁褓而成童。
何大声之忽起兮，在江潮海色之中。
维斯报之初出兮，鼓吹雄风。
江平海静兮，砥柱之功。

作者：龚其伟（1865－1926），海门人。曾任师山书院院长，民国江苏省议会议员。著有《尊任堂文稿》《尊任堂诗稿》等10多种。

秋夜偶成

周雁石

残灯明灭空山外，落木参差古渡头。
东去大江涛撼处，满天风露一孤舟。

题启秀校南双桥

周雁石

一篙水涨碧玻璃，日暮鸦飞柳映堤。
独立双桥人影乱，落花心事有谁知。

闻纸鸢比赛戏占
——刺汉奸诸民谊

周雁石

乘时得势上青天，无限风光只目前。
世上无多儿戏事，一丝莫笑任人牵。

中秋月夜登扫叶楼

周雁石

此夕重登扫叶楼，夷然无复曩时忧。
中秋月朗浮云尽，万里风清银汉流。
但从今日钻故纸，何须旷古发清讴。
家园东望思儿女，供月香花赏素秋。

作者：周雁石（1894－1959），字悫，号石公，别署冰壶，海门人。东南大学毕业，任职江苏国学图书馆。民国36年（1947）任浙江大学副教授。新中国成立后，任职上海师范等院校。著有《冰壶自怡集》10册。

侵辰舟抵牛洪港乘小车抵家已日昳矣

王个簃

万绿嚅晴霓，轻烟薄过溪。
村儿朝放犊，茅舍矮鸣鸡。
路绕村迹窄，车随日脚西。
到家老母健，侍奉有山妻。

秋　兴

王个簃

故乡迢递一低头，瞬息炎炎天下秋。
客路床前空望月，衰亲衣上也添愁。
梦回消息迟青鸟，闲数行踪慕白鸥。
底事又传风云急，惊闻战乱泊通州。

补天微石不为功，炉沸娲皇蹈火中。
突耸山容初散雾，高悬帆影壮乘风。
极边塞帐刀光白，满地江枫战血红。
为问深山山外数，扁舟何处看渔翁。

余生沟壑路逶迤，进退三更逗短波。
骨肉渐成身外物，鷓鴣啼上雪中枝。
匆匆度劫心如簸，耿耿图存志不移。
剥复相循占世远，狂澜挽住彩云垂。

哭缶师

王个簃

公爱我甚为可教，善诱循循期深造。
公今一病遂长瞑，师恩无量将何报。
病前一日尚论诗，摩诘东野中心好。
三更侍坐兴不孤，变生仓卒伤噩耗。
侵晨二竖迭为厉，终日三医研秘奥。
息虽仅属犹我呼，状有所示音难导。
坦怀寂寂鼾有声，合眼奄奄安勿噪。
两日经过百计穷，问疾者去来者悼。

人夙谓公筋力强，公亦自忘年之耄。
春入超山寻宋梅，足健登山如高蹈。
三月郯溪六月杭，两泠桥畔舒尘劳。
重九登高众宾从，得句人人钦能操。

昨见弥留惊骇闻，昊天噩梦谁诉告。
寒夜思公公不复，心眼恍惚尚恳祷。
魂魄一去日远遥，我欲往招云鹤到。
匠石不作臣质死，镇日怆怀频泣号。

注：吴昌硕（1844－1927），名俊卿，号缶庐，著名金石书画家，王个簃为入门弟子。

海门中小学书法美术展览增赋

王个簃

海门旧事还能记，新样传闻喜欲狂。
愿共艺林肝胆照，笔歌墨舞庆繁昌。

后来居上当然事，看到今朝忆盛情。
人老还就染朝气，心头跃跃赶中青。

自　　勉

王个簃

心头涌出诗千首，笔底挥成画万张。
自有衷言心耿耿，生当盛世气堂堂！

老年归海门

王个簃

回头七十年间事，今日归来亦快哉。
旧地新妆多美意，千红万紫一齐开。

作者：王个簃（1897－1988），名贤，海门人。师从吴昌硕，历任上海美专教授、上海中国画院副院长等职，著有《个簃画集》《霜茶阁诗集》等。

草　　创

龚庭槐

乙丑（1925）添建书屋五楹，颜曰“粟寰庐”。于是聚徒讲学，学子日进，乃定名曰“静成学社”。

荒茅锄理净，草创读书堂。
有竹烟凝绿，无花句不香。
书灯宵月冷，文韵晓风长。
亦爱吾庐好，衔泥燕燕忙。

半载经营就，人言事易成。
种桃花未放，栽柳叶初生。
呼应四邻近，回环一水清。
且休轻陋室，终日有吟声。

五月三十日

——五卅惨案

龚庭槐

岁岁今朝举国狂，亦知地下黯神伤。
待他洗尽沉冤后，儿辈英雄墓草黄。

风卷旗翻飒飒哀，英灵此日倘归来。
再拼多少青年血，换得神州国体回。

感　　事

龚庭槐

忧时贾谊泪空弹，疏节虞翻知遇难。
入世早愁天地闭，论交每觉肺肠寒。
一声唳鹤烽烟近，万里啼鹃春意阑。
幸有少陵清兴在，吟怀常为酒杯宽。

书　　怀

龚庭槐

绿野耕耘总梦思，匡时无计且随时。
年来不少违心事，放眼乾坤诉与谁？

梅　　雨

龚庭槐

窗外雨潇潇，愁心滴绿蕉。
缥缃千卷破，志气两眉销。
风逐闲情散，香随幽意飘。
伊人隔江水，南望怅迢迢。

观　　海

龚庭槐

高歌长想对苍茫，今见排空黄海黄。
蹈海鲁连终有日，梦魂夜夜到扶桑。

书　　感

龚庭槐

巍巍上国仰神京，太息铜驼也不宁。
已分飘零残骨肉，岂甘局促小朝庭。
九州财赋泉归壑，半壁江山风打萍。
河北健儿凋落尽，可怜焦土葬生灵。

作者：龚庭槐（1890－1942），名怀，字隐轩，海门人。师从海门名儒龚其伟，创办静成学社，更名粟寰学校。著作《龚隐轩诗词选集》。

桐窗吟课

沈云鹤

千里残霞映夕晖，半天秋意晚风微。
自怜旧雨音书断，何事天涯一雁飞。

瑟瑟西风冷露轻，更阑愁听草虫声。
青光万里今宵月，惆怅南楼客子情。

思　乡

沈云鹤

游子逢时难，思乡益不安。
一天鸿影乱，五夜漏声残。
寂寂书灯冷，萧萧客意阑。
东窗空怅望，天际月光寒。

喜　君

沈云鹤

喜君得野趣，长日掩柴扉。
篱角黄华老，窗前白菜肥。
闲吟看飞雁，抱膝对残晖。
此意谁相识？村烟绕树微。

长相思

沈云鹤

桑叶红，枫叶红，泠泠楼台冷冷风。苍穹月似弓。看飞鸿，数飞鸿，长夜漫漫泣断蓬。关山隔几重？

日思伊，夜思伊，日夜思伊伊不知。黄昏冷雨时。忆别离，恨别离，淡淡秋烟匝柳枝。萧萧落叶飞。

如梦令

沈云鹤

一自朱颜别后，疏柳当窗依旧。细雨织成愁，立尽黄昏时候。知否？知否？我比秋华还瘦！

作者：沈云鹤（1925－1988），海门人。上海持志学院毕业。历任中学语文教员。著有诗集《桐窗吟课》。

断　章

卞之琳

你站在桥上看风景，
看风景的人在楼上看你。
明月装饰了你的窗子，
你装饰了别人的梦。

作者：卞之琳（1910－2000），笔名季陵，海门人。近代诗人、翻译家，获中国诗人奖终身成就奖。

故园吟

茅　理

世乱以还，桃源故居，久毁兵燹。顷以他事南旋，便道过之，感慨今昔，爰吟。

家破无归访比邻，怆怀今昔泪痕新。
果林花放香遍野，杨柳丝长叶满春。
江上风清添醉意，桃源乡辟远嚣尘。
重来好景随流逝，村犬如狂吠旧人。

作者：茅理（1909－1966），又名蕴辉，海门人。民国17年（1928）加入中国共产党，1964年蒙冤入狱，1981年平反。著有《扬子江头的英雄》《监狱里的斗争》《江滨野笑》等。

垦区的海门人

张青萍

住的房子蛮整齐/每顿饭是饭，菜是菜/穿得干干净净的/说话带着个“啥末事”/本场人指点着说/“那是海门人”。

据说/他们来时/只推了小挂车/用大锹儿开荒/种下了棉花/流着血也流着汗/公司、老板/靠他们肥起来/土改了/开垦出来的田/才回了老家/他们种田很起劲/拿出大锹锄头/老是雪亮/不问男女老少/歇下来/就把纺车摇/织布机“咯哩咯嗒”/一天到晚响个不停/阴天落雨/只误了田里生活/耽误不了在家的劳动力/在屋后开条沟/养着胖头鱼/瓜棚山药藤排两边/栽着楝树同杨柳。

夏天的晚上/坐在屋前乘凉休息/谈过了时事庄稼/大口的啃着/西瓜、香瓜/六月里的天气像火烧/年老的海门伯伯/白胡子迎风飘/还提着锄头/棉花田里去锄草。

一句话/在海门人里/找不到懒汉/任何的灾难都能克服/春天里/被蒋军抢空了/纺纺织织的/新衣服又穿上身来。

第二节 散文 骈文 杂文选

海门县沈兴宗兴水利记

宋·王安石

余读豳诗,“以其妇子,馌彼南亩,田畯至喜”。嗟乎!豳之人帅其家人戮力以听吏,吏推其意以相民,何其至也!夫喜者非自外至,乃其中心固有以然也。既叹其吏之能民,又思其民之所以待吏,则亦欲善之心出于至诚而已,盖不独法度有以驱之也。以赏罚用天下,而先王之俗废。有士于此,能以豳之吏自为,而不苟于其民,岂非所谓有志者邪?以余所闻,吴兴沈君兴宗海门之政,可谓有志矣。既隄北海七十里,以除水患,遂大浚渠川,酾取江南,以灌义宁等数乡之田。方是时,民之垫于海,呻吟者相属。君至则宽禁缓求,以集流亡。少焉,诱起之以就功,莫不蹶蹶然。奋其惫而来也。由是观之,苟诚爱民而有以利之,虽创残穷敝之余,可勉而用也,况于力足者乎?

兴宗好学知方竞其学,又将有大者焉。此何足以尽吾沈君之才,抑可以观其志矣。而论者或以一邑之善不足书文,今天下之邑多矣,其能有以遗其民而不愧于豳之吏者,果多乎?不多,则予不欲使其无传也。

海门县修儒学记

元·张天永

通州东北当海口极淮之南,民以鱼盐为业耳。在宋大观中,上解试三名,登辟雍居上舍,司选太守教官及考官,皆被腆赏其金榜,皆经御笔,添解十名,右文养士,可谓勤矣。海门为县,有料角之奇,波涛之险。绍兴中,李宝胶西战捷,盖由此以成功,真风帆云舰之区也。而必建学校,崇教养,立师弟子,员岁春秋,二丁洎朔望,县长成率儒绅,行礼大成殿,济济诜诜,一循礼制,岂非以文明之治,不以辟壤而或遗邪?自兵兴,学校皆废,而海门为尤甚焉。棣宇倾圮,庙貌摧坠,以至于赡学土田亦皆荒没。通郡季君世衡,父以河南乡试,备榜第一,人来为县尹。睹兹圮废,深自克责,以为敷政,出治古之。人未有不本学校,而今顾不振,若此,非所以敦本善俗也。于是乎,鸠工庀材,建文庙及明伦堂,修祭器,甃甓丹墀,奂然一新。且树棂星门,以石凿泮池而桥焉。师生讲肄,聿严齐居,两庑深宏,诵声虚徐其规模大备。有非子男邦君所能办者,君且深,惟兵学驰,旧制荒落,剔蒐学田,以膳生徒。是以来游、来歌者始鲜食无鱼之叹。君提纲于上,县丞史文焕,主簿徐文显,典史陈新,皆与有力焉,教谕文质、训导尹平,咸以君之尹是邑也,事以身教,故学政修明,学校克建。使其教不以身而惟言是率。则区区海邑,地辟民朴,何以知有文学耶?乃相率徵记于秦邮张天永以章君绩,永辞不获,则为之据事直书,俾邑之士更千祀之下知,学校之兴,实始于此云。至正二十三年岁次癸卯十二月吉旦记。

海门迁县记

明·崔 桐

海门故东洲镇,置县命名肇自显德,编户百有二十里。元至正中,以江患北徙礼安境,国朝改隶维扬,附诸通,损里为三十有七。正德中,江逾逼,西徙余中境。己亥,飓涛溺民,土日蹙。甲辰,汪令有执请损里为十有四。会入觐,复议改邑益地以闻,天子允厥请,命下抚按。时都御史王公暐,御使贾公大亨,奉公惟谨,抡郡倅陈坦、如皋令刘一中辈协州县相土裁议焉。御史牒群属曰:“邑不迁,则民溺;治无土,则邑虚。何地可宅,何里可割,经度以俟,请勿弛。”攸司录若绩。都御史牒群属曰:“慎乃始图,虑乃作事,厥庀几何,厥金几何,会计以俟,请勿弛。”攸司录若绩。群属议曰:通州之东四十里,海门之西三十里,有土曰金沙,南襟漕河,北负阜野。东有港焉，曰进鲜，厥流入河环其左；西有港焉，曰瞿灶，厥流入河环其右。左之南，则利和雄镇，土山祠宇，烟火郁葱，峙若辅；右之西，则狼军五峰，茂林乔木，联青列秀，宛若弼。宅金沙一里，可以永奠；益清干六里，可以禅虚。出帑金五千六百有奇，可以须费。籍新衰旧，可二十里。抚按以议闻，制曰："可。"位址卜食，畚梮甫兴，汪令寻以陟任去，陈郡倅摄邑篆。无何，张令廷器至，仅期岁，以改任去。邑庠教谕刘文荣摄邑篆。诸贤代续董振，其为先者县治，宅厥中学宫，宅厥左宏模杰构，翼如焕如，大规藁创而群工未悉举也。刘令烛至时，沈簿钦、黄幕在美克一乃心，令乃画廛定衢，补遗庀阙，诸未集者，次第就绪。于县治所益者，有吏舍，有犴禁，有土神祠，有甬，有垣。于学宫所益者，有启圣祠，有敬一亭，有生舍，有乡贤祠，名宦祠，有神厨，有含秀轩。县之前，则圣谕有亭，申明旌善有亭，阴阳、医社有学，总递有铺。后则城隍有庙，养济有院，僧道有会司，讲武有场。右则公府有馆，宪台有院。南则便民，预备有仓，驻节有亭，广通有石桥，附郭有三坛。议外增置者，南城筑楼，可门可望。宗伯表坊，可仰可兴。河渠、七桥、貊貔、祠宇，咸取给赎金，节义中千金，归诸郡帑，莫有私也。迩乃环堵相辖，蔚然蔽野；有众倓倓，若安故土；时髦融融，濯磨故习；占籍者，欣欣和会，乐观新政。工始于乙巳，讫于庚戌。谓桐实兹土产，能悉改邑颠末，以碑事谒桐。不敏姑记其谋且劳者，俾百世之下，享有荣怀者知所自云。

乡约劝世文

明·海门知县　夏尚忠

为吾民者，务要父慈子孝，兄爱弟敬，夫和妇随，长惠幼顺，小心以奉。官法勤谨，以办国课。恭俭以守家业，谦和以处乡里。毋怠农业，毋作盗贼，毋以恶凌善，毋以富欺贫。居丧祭葬，不得用鼓乐作佛事。婚姻嫁娶，不得论财妆丰酒席。街市村坊，不得迎神赛会。良家子弟，不得嗜酒赌嫖。心要平恕，毋得轻易纷争。事要含忍，毋得辄与词讼。见善互相劝勉，有恶互相惩戒。有变互相救援，有事互相解释。务兴礼让之风，以成敦厚之俗。遵则奖申，违则罪究。凡我民庶，勉听于兹。

海门狮山记

清·海门知县　章廷枫

海门厅治之后，巍然而高者，有狮子山焉。山积土而成，铁岭徐公筑，以镇潮患者也。周以红栏屈曲，铺石为径，直达山巅。其平广处，建大士阁，丹碧辉煌，金容壮丽。每岁二六九月之中浣九日，张灯数百，珠光错落可爱。山之左右，有清渠旋绕，瑞日初升，锦鳞竞跃，绿荷翻露，红莲送香，仿佛西湖景。山之腰有玉兰、海棠、石榴、天竺、玉簪、栀子、九华，山之麓有桂、柏、竹、梅、桃、李、桑、槲、槐、桧，而合抱之杨柳难仆更数。当好风辄至，望之如千顷翠涛，与云影天光相盪，枫莅斯邦。公余之暇，与宾佐僚吏，高瞻远瞩，焚香啜茗，弹松风之雅操，发清商之妙曲，以节薄书期会之劳。曜灵西坠，明月东生，万籁寂然，独徘徊而不能去，此身疑在蓬壶员峤间矣。

《寿恺堂集》序

张　謇

此亡友周君彦升生平撰著之所也。君既殁之十三年，季子坦写君手定之本付印，印成视余，请谓之叙。呜呼！余忍叙君之撰著也。夫君与余为文字学问之友，综其踪迹始终离合获益之效，略可忆数焉。君长余七岁。方余弱冠始识订交时，君以文采声名踔越州乡。余苦系讼求脱皇皇吏胥之间，暇理举业以自振拔。君教授近里，戠朋唱酬，益研故籍，闳其蓄蕴，岁时接对，从论训诂，旁及比偶声律之文。此一时也。余既旅食，旋客军中，君膺修方志，从容著述，劳襟逸抱，寂以诗篇，并辔文战，败相存恤。此又一时也。渤碣之间，风云涌作，吴公招君同掌笺记，由是涉历下，道黄陲，住蓬莱，眺芝罘，方舟乎句骊，遭迴于平壤。余以幕务旁皇亟肆，君才敏事理应若有余，遇感同赋，稿辄先脱，胪情托讽，豪健多君，君亦谣吟自喜，屡而无疲也。此又一时也。甲申以后，人事沧桑，一时同辈，翻飞迸散，君浮湘徂闽适鄂抵燕，书币弓旌，江甲海乙，缅属而至，未尝不壮君之游而悲君之悴也。余自吴公之殁，无意诸侯。一客汴梁，数月即去。由是展转都讲，淹逾累岁。偶玷朝籍，而官非其本怀。又奉讳遽归，遂自远于人外，感激时会而奋志农工，杂伍佣侩，开径自行，长往不顾，此数年中与君趣异，赠答不嗣，迹亦疏焉。此最后之一时也。君生平刻意好文，又好为考据雠校之学。所为书若《经史诗笺字义疏证》，若《三礼字义疏证》，若《谷梁传通解》，若《三国志校勘记》，若《晋书校勘记》，若《海门厅图志》，若《朝鲜国王世系表》，若《朝鲜载记备编》，若《朝鲜乐府》，若《国朝艺文备志》，若《反切古义》，若《公法通义》，若《寿恺堂诗文集》，凡百有二卷，侈矣甚夥。然意所大得，在文与诗。其所倾向，不规规摹拟古人而择于尔雅。文或屈郁纵宕而尽其恉，或妍丽博赡而振其华。至其为诗，若春条扬花，谷泉送响，风日会美，而林壑俱深，其殆有会于丝竹之音者多也。君晚归里，意倦于游，每见款款，辄作深语，趣若渐近，不复以余倔强为非，而年则俱老矣。君殁而余益傫然俯仰人世，求荦确异趣如君，岂可复得。何况少壮，追维坠绪，如梦如影，其曷胜掩卷之悲也耶！

民国 11 年(1922)11 月

读志之感

——汤家乡志(代序)

卞之琳

从宏观到微观，从微观到宏观，从大识小，从小见大，一方面从昨日也可以瞻望明日，一方面如列宁所说"想想过去"。当然也有利于迎接未来，二者都互相依存——辩证唯物论和历史唯物论，也就包含了这种关系的认识。

实事求是说，我所出生而久违的故乡，海门县旧汤家镇(现属汤家公社)，是小地方，历史浅。故乡同志，出于热爱祖国，热忱拥护中国共产党人及其指导思想——结合中国实际，有中国特色的马克思主义，热心要实现目前提出的社会主义现代化的宏伟目标而编写一本社志，尽管人力薄弱，水平不齐，竟编出了一本厚厚的志书，想必多少会推动各地编集资料的有意义工作，可喜可贺。

说地方小，江苏海门本是个小县，沿江一带，特别是现名汤家公社地区范围内，约从原长圈镇以东到太平港以西，由于从清朝到历届反动统治到日伪占领时代，堤防长期不受关心，听其自然，后来突受崇明岛西北角涨沙的影响，在长江北口水流折向东北的势头里首当其冲的结果，到 50 年代中期后，坍没了一大块沃土(我家在玉龙桥西的小小祖茔，原还算翠柏成林的，也已被江水吞没个痛快)。后来行政区域另行划分，海门县东临大海一部分属地(和南通县吕四地区一起)划归了启东县，只补偿到语言基本上属于下江官话大系统，风俗习惯也迥不相同的南通县一部分。虽然海门倒是语言与启东完全一样，与崇明也差不多毫无区别，同属吴方言系统，而风俗习惯也同江南相近。海门县，人多了，面积还是更小了。而工农业至今的发展，比诸同省其他许多县，特别是今常州、无锡、苏州市区所属各县，还是瞠乎其后，在全国省份当中，即使不算"后进"，也得算"中不溜儿"，还不是"发达"地区，只能算"发展中"地区。大家讲突出事物是"典型"，我想可否不妨把比较还处于中间状态的事物亦即"发展中"事物看作"典型"。要是能这样说，那么海门县和现在所谓的"汤家公社"也就是这种小典型。

论历史浅，据我所知，仿佛元朝倒曾经有过一个海门县，那可早就塌入江海之中，与今日的海门完全无关。今日的海门大约清初才出水，都是沙洲(从旧地名上也可以看出)，洲洲相连，崇明人就近移民开发，再加上太平天国时期，不少人避战乱从江南各地前来定居(例如从溧水迁来的我老家四邻——严格说是"三邻"，因为旧汤家镇西市北边是一条小横河流入我老家西侧的小竖河，河西河北就是农田——对门除了西南有一个原为崇明人的地主大户的杨家仓以外，秦家或陈家来自常熟，西邻闵家来自常州，东邻方家来自江阴)。这些沙洲相连后又与长江北岸南通县属相连，再与启东县属连成一片(启东是 1928 年北伐战争后才另设县的，以前还一直叫"崇明外沙")。因此海门人过去在上海都被人称为崇明人，而海门乡下人也还对"海门"这个名字有点生疏，事实上县治所在地也只是茅家镇，而自称"北沙"人(一般指崇明岛为"大沙"，今启东一角为"外沙"，海启相邻的东部地区也混称"下沙")。

海门在清末设置省属直隶厅，除了一小部分"通划地"以外，大部分是"崇划地"。旧汤家镇和今已不存的崇海镇沿江水乡地带是纯属"崇划地"。今日的海门至多还不过有二百来年的历史，本地区开发初期从崇明过来的杨家武解元的事迹在民间流传较广,但多少是民间传说,几乎是和"石大郎"优美神话一样。二百年来出生本地、遐迩闻名的只有张謇一人。他是清季恩科状元,以借用通州大地方籍贯考中的,后来外边人称他为"张南通",本地老百姓叫他"张四",实际上出生于海门常乐镇,发迹后还在常乐镇保有家宅,讲的也属吴方言系统边缘的海门话。他在南通、今启东和海门先后建立纱厂(一厂、二厂、三厂),不仅在江、浙两省,在全国也属创举。现在他还被追认为历史上首屈一指的"民族资本家"。以后较有名声的稍多,例如茅祖权等;更后,政治界有季方等,学术界有陆侃如(出生在海门"下沙"三阳镇)、耿淡如(佐军、曾任复旦大学教授,出生在早已淹没的虹桥镇附近),抗日战争和解放战争前后,军政界有茅珵、梅永熙等,文艺界有王尘无,远比不上本省各地的古今"名士"多。但是历史浅也就是地方新的标志。美国历史也浅,却在经济上以至文化上就比古老欧洲发展得快。基础差,我们也可寄予发展快的希望。

我自己从1927年到上海上学后,只有寒暑假回乡。1929年到北平上学后,几年才回乡一次。后来10年(包括抗战8年)才在国民党全面发动内战,地方形势不明的时际,悄悄回老家探父,住过一夜,全国大半解放后只回乡两次,每次几天。以后又隔10年,我在"文化大革命"后期回乡两三天,一看,不仅崇海镇已不见,旧汤家镇也濒临坍陷,正如"四人帮"把全国经济、文化各方面都搞到濒临崩溃一样,面目全非,树竹稀少,水田荒废,自然生态失常,水不见鱼,树不栖鸟,又经历了一番沧桑。因为离乡到今,可算半个世纪了,对故乡所知极少(不是不关心而是要关心的面太广,也没有与封建意识难解难分的狭隘乡土观念),现在这本地方志却使我耳目一新。

现在也就从突出的两个方面说说我的感想:

第一,如今在10年浩劫后,尤其从我们党的十一届三中全会以来,仅就汤家公社范围看,也就发生了巨大的进步变化,特别在工农商联营这一点上,虽然还远比不上去年我在沙洲县欧桥大队参观所见,却也非我过去梦想所能及了。更大的发展,事在人为。也大有望。

第二,故乡所以有今日,也像全国一样,是在我们党的领导下,众多革命先烈流血牺牲,打下了江山。海门的这一角地方,虽没有像别地方出现过超级革命风云人物,却也有与人民群众同呼吸共命运,将生命奉献给故土的这么多先烈!这也值得我为故乡自豪,并深受教益。

我个人微不足道,对祖国,对故乡,为党为人民没有作出过什么贡献,这本志书,竟也为我列传,只能令我惭愧。为了不使故乡编志的热心同志失望,只好订正和补充一些事实,略加降调。辛劳的编写组同志在上级领导的指引下,一再要我为书写序,更愧不敢当,一再固辞不获,也就算义不容辞吧,现在写这几句,也就略表我的感慰与感愧之情。

1984年11月9日

沧桑琐话

卞之琳

"人间正道是沧桑"。海门地方小,根基浅,要说还有点可自豪的什么,那么首先就是并非比喻说法的"沧桑"二字。这是地理上的沧桑,货真价实。就此而言,海门当无愧于它这个"大名",在今日长江口各县邑当中,总可排入前几个名次。

改革开放的新时期以来,海门自然也有极大的变化,换上了新面目。我上次回来二三天,还在这以前,距今差不多20年。在1972年,就是十年动乱的中期,也已经亲见了又一番不小的沧桑旧痕。我们原是今已不存在的崇海镇以北三里的汤家镇人,过去出外就一直直接以上海为大门或中转站。从上海十六铺乘崇海班轮船,上行停或不停崇明岛西端庙港,到北岸牛洪港或只到宋季港折向下行,经青龙港、大新港、灵甸港,直到当时还叫"崇明外沙"的今启东泰安港终点,重作为起点,折回上行,经以上各港,绕崇明岛西端,转下水到上海。各港都没有码头,概由划艇出港从上下水轮船接送客货。1972年,青龙港已有了码头,乘上海渡轮到埠就直接停靠,然后由陆路集散客货,可称已向现代化进了一步。同时却也见了派生的都市化恶劣风气:一下船,一群本属淳厚庄稼汉的小伙子蜂拥旅客,就像旧上海码头口黄包车夫一样,半接半抢人家行李,强拉去乘他们比三轮车还落后的自行车加后座的交通工具,不由人兴叹。但途中遥见当时号称江苏省"学大寨典型"的大新公社一排整齐的新建社员住房,又不由得心中一喜,忘怀了其他一切。

到达目的地,却见改名大新镇的汤家镇早不存在,因受江水威胁,已内迁二三里外,只剩下一些零星住户家屋,还未拆完,散落跨大河木桥横贯东西的正街碎石路面南北,满目荒凉。这才注意到镇外田野照旧散处的一些农家茅舍间,因竹木砍伐殆尽,飞鸟无踪,池水受农药污染,游鱼绝迹。还在旧镇遗址西头的老家残屋,由当时还硕果仅存的年迈二姐和她留乡的两家儿媳同住的,也已经拆改得面目全非。

到此我才恍然:刚才绕大新公社中心,沿边岸前来所见的一湾浩淼的江水,原来已吞噬了一大片陆地,其中就包括我家还只埋葬了两代先人而墓地已柏树成林、郁郁苍苍的祖茔。我当然也难忘慈恩,决不致数典忘讯,也决非不近人情,只缘封建意识一向不深,在照例称为"大好"的新事物面前,当时也就并不介意,现在想起上海最近为了节省用地,时兴了"水葬"良风,更觉得大自然那样处理了我亲生父母和再上一代先人遗骨,干净利落,应称盛情,还堪称先进,只可惜海门又一番丢失了大片沃土。

在一般人的场合,失去的童年总容易把美好的一面留在记忆里,我现在也说不清海门乡镇,如何像在东南各省滨海口岸一样,自然经济理所当然被复兴的(因为明末也曾一度萌发过的)资本主义因素与外来的帝国主义势力无情摧折,以至百业凋敝,正好从"桑"字想起。我记得小时候,附近一带,镇上乡下,差不多家家业余养蚕,后来蚕丝落价,农民索性把当地特产肥嫩桑叶的许多树都砍光了,等等。这种变化过程还是不太着痕迹。

再从我亲见的说起,老家长方形后园,从东南角一棵高瘦香椿树,沿竹篱往北,再经篱内外经常供给春笋的竹林屏障,沿镇后横池,折向西到西北畸角,就是一棵合抱的可能与海门同龄的老桑树,品种大约因未经改良,所以叶子不如矮脚桑(似乎俗称"胡桑")所产的肥大鲜嫩,适于喂蚕,就是桑葚黑甜,最受儿童欢迎。树干上攀附一株野蔷薇藤,春来繁花鲜艳,最为惹眼,因地处镇后横池与镇外竖沟交汇处,水道日渐淤塞。常招野孩子涉水前来,攀摘桑葚与鲜花,像一群小猴子,吃到嘴唇乌黑,摘到手里满把鲜红,才作鸟兽散。从此沿屋后与竖沟并行南折,直到四棵大榆树以前,有一丛夏日盛开紫花的木槿树,一棵不起眼的檬树,特别是一株乌臼树秋日叶红胜于枫叶,酷似标志了江浙太湖流域的乡村景色。

这些原都是逐渐消失,倒不是出于一朝一夕。

从镇西头再向西南展望,则"漠漠水田飞白鹭",也是家常景色。也是寻常事物的布谷声声,叫我们海门的平凡乡人,想不到浪漫的杜鹃啼血传说,听不出"不如归去",只喜把也还见诸书本的"割麦插禾",解为现实的"花(指棉花)好稻好"……

这些却使我早年较多接触太湖流域风物,就总感到似曾梦里相识,飘飘然宛如"行尽江南数千里",这看来也自有根源。

旧时毫无特色的汤家镇在海门还称得上是有过繁荣的中等以上乡镇,不仅有油盐杂货店、茶食店、豆腐店、药店、铁匠铺、染坊、酒坊、茶馆、菜摊、鱼摊,还有粮米行、绸缎庄、蚕茧和棉花临时收购站等等,一应俱全,也就可以代表海门多少有特色的一般乡镇面目了。镇中心南北与长江交汇的大河,原曾有木帆船到此乘潮出入崇海镇外的大新港,每年大黄鱼、小黄鱼汛期间,更有从吕四洋面驶来的大渔船,停泊大新港内,当场称售海鲜给乡民,由他们纷纷肩挑、背负、独轮车载小筐大箩回去洗尽、晾干,用酒糟腌存泥封,就像北京家家冬贮大白菜一样热闹,还显得自有其特色。而这些,到 1972 年我从河南干校趁有限的 17 天探亲假南北奔走中折转来一顾,都已荡然无存,完成了从渐变到突变,从量变到质变的数十载自然进程,也就不足为怪。

只是,如今尚萦脑际的,还有一阵阵的江上鱼汛,什么银鱼、刀鱼、凤尾鱼(子鱼),一种接一种,来了又过了。

想到这里,海门土特产果品也就在记忆中突出了。当地水蜜桃决不差于奉化或无锡的。白沙枇杷则以其果大独核的特点,还远胜于苏州洞庭山产。红白色黏性特大、远胜于美国的甜玉米(上海所谓的"珍珠米")则是常熟种。这等等都早已绝种了。

我还记得就是这个乡镇上的面食小馆所制作的苏式、沪式点心,也颇有几种,而其中一种烧卖,馅中调有当地鲜春笋、小白虾,尤独具风味。

这些如今只空留记忆中,还可回味的风物,追溯上去,确应是江南带来的一点余泽。

原来,宋金时代曾有过的一个半岛形尖端的海门(县治约在今吕四附近),在元、明朝全坍人海中的,那是另外一回事,当时崇明本身也只是 3 个小沙洲；今日海门是在乾隆年间另涨出的一片片沙洲集合体，基本上全是南来属于吴方言大系的崇明人的移民及其开垦地（我小时候乡人还称海门为“北沙”，崇明全岛为“大沙”，今启东为“外沙”）。海门并无本地人，只有崇明人可称土著，后来又加上部分避战乱，继自江南来的移民（例如我家是祖父才从溧水搬来的，四邻除一家崇明原籍人以外，也就分别来自常州、江阴、常熟）。他们带来了江南风习。我小时候常有机会聆听本地民间爱好者三五成群，向晚凑在一起弹奏江南丝竹的《三六板》之类；我曾引证小时候听熟的老农民歌唱的吴音“四句头山歌”开篇：“四句头山歌两句真/还有两句吓煞人/癞蛤蟆出扇（翅膀）飞东海/小田鸡出角削（抵）杀人”为例，讲中国也有足与英国有名的爱德华·里亚的“胡论诗”比美的“诗”，恰与西方古典诗偶押复韵、阴韵的办法契合。同乡年轻人近年还从父老口中搜到曾在江南流传过的一两篇长叙事民歌，原来它们倒还被保留在海门。

元、明时代以前的那个海角，听说曾是流放戍地，后来一度成为避乱乐园。抗日战争、解放战争期间则又成了游击活动基地，也就出了不少英烈。我还记得1927年北伐战争前夕，曾有一些初中同学，曾路经汤家镇，在我家歇脚，出大新港去上海转往广州投考黄埔军校，可惜全记不清名字了，想其中也有革命英雄或革命烈士。翻看《海门烈士传》见记载家住常乐镇北郊，我的隔房姨表兄陆飞鹜。他曾和我在麒麟镇启秀高小短期同学，后来也曾北上到北平在一个私立大学读书，不知是否藉以掩护而作革命地下活动，多年失去了联系，抗战后听说他以老家为据点（我早年去过的陆鸿儒姨父家，有里外双重宅沟、有吊桥，孤悬在田野中的海门讲究的典型住宅，犹如北京号称典型的四合院），进行游击抗日，终于不幸在附近麦田里与敌军周旋，被捕后牺牲。而三十年代左翼戏剧电影评论家，后来1938年避居家乡病故被列入革命烈士名单的王尘无，原是我同镇上小学一年级同一双人课桌，同龄或小一岁的同学王承谟。1932年我寒假从北平回家探亲，为突发的“一·二八”淞沪战役所阻，滞留中承幼年同学挚友王承谟过访，重叙旧谊，但王既不透露他就是上海知名影评家王尘无，也不暴露他衔党组织使命在家乡活动形迹。近年从柯灵同志处得知王生前自己把发表的文章中独钟的散文小品编为一集，题名《浮世杂拾》，特见其才华文采，可惜出版于“孤岛”后期，现已偏觅不得了。

我最后留乡读初中时期，海门在一般小县中，教育、文化事业也算比较发达了，除海门中学四年旧制完全中学以外，乡镇各处已经兴办了不少三年新制初级中学。我就亲自在三年中读过三个初中，首先是茅家镇海门中学新办的初中部，1925年上海“五卅”惨案后，读到快近暑假，不知为什么全校学生反对校长，扣留校长，我也就随众积极值夜看守隔河通操场的天桥；学潮失败，暑假后即转学麒麟镇新办的启秀初级中学；读了一年多，又不知为什么，因同级同学反对教务长不成，转去江家镇三益初级中学，最后与其他并非为首闹学潮的同学四五位，坚持不回设备较好的原校，就留在新校，在次年北伐胜利声中兴奋一时，随即在受上海“四一二”惨案的传闻所给予的精神创伤而顿感幻灭中毕业，暑假后转去上海考升高级中学。在启秀初中二年级，特别承国文老师杨宗时引入了新文学的大门，一直还记得他有一天在班上手举新寄到的鲁迅《呐喊》红面初版本，向同学推荐这本了不起的新小说。

也算是海门的一个特色，清初重新出水保持了旧邑名的海门，本没有植根于此到三代以上的本地人，一片浮土像一艘航空母舰，出了不多人物，又总飞向别处，近人如知名学者陆侃如，听说生于三阳镇，就没有叶落归根，终老故乡。至于更早更显赫的张謇，传说他的父亲从南通原籍挑糖担到常乐镇干兑换旧衣买卖营生，随即定居在那里，生了“张四”这个人才。因为海门当时连一个省直隶厅的位置都还没有，只得投奔通州考科举，中了清末恩科状元（倒像我祖父培养我父亲往溧水原籍考科举一样，只是我父亲连秀才也未中，恰成对比），从此当了第一个民族资本家，为了振兴中华工商文教各业而奔忙。听说他讲普通话始终还带了一点海门口音，却再也不能长留家乡了。

老年人话沧桑总容易回顾前尘，但愿年轻一代、二代人，正在从事各方面变革事业的，更多展望前景，着手掀起比目前已经出现的更具声色的沧桑大业。

1991年5月16日

童年琐记

林　非

我对于父亲的情感，就像是一个永远解不开的绳结，说不清有多少依恋，也说不清有多少怨恨。

我永远记得那个朔风凛冽的除夕之夜，父亲欢欢喜喜地抱着我，挤在小镇中央的人群里面，顶冰凉的风，漫无目的地踱着大步。他从自己嘴里嘘出一阵阵的热气，想挡住冷风的袭击，温暖着我粉嫩的脸颊。他的左手紧紧地搂住我，却飞快地腾出右手，从口袋里摸出红红的爆竹，不知道怎么擦亮的火柴，真像是变魔术似的神速，竟在顷刻间点燃了引线，随着一阵咝咝的声响，爆竹像利箭似的飞上了天。我从未听到过这样贴近自己的轰响，不由得抬起小小的双手，赶紧掩住自己的耳朵。

父亲扳开我的双手，闭住了冻得发紫的嘴唇，重重地吻着我的额头，乐呵呵地喊道："什么都不要怕，做一个胆大包天的男子汉！"

"爹爹，我要做个大丈夫！"我从心里佩服他的聪明和勇敢，赶紧放下手，紧紧搂住他肩膀，回想着私塾老师曾多次讲起过，《孟子》里所说的"大丈夫"，是那种"威武不能屈，贫贱不能移"的人，很神往地向父亲起誓。

父亲轻轻地拍着我的屁股，不住地吻着我脸颊说："小孩子有志气。人活在世上，就得做财多气粗的大丈夫。只要发了财，天底下没有办不成的事儿，想把天上的星星摘下来都行！"他仰起头，指点着幽暗的夜空，寻觅这影影绰绰的星辰。

我怀疑父亲的话说得不对，伏在他肩膀上说："《孟子》里说的'大丈夫'不是这样子的。"

"小孩子懂什么孩子和孟子的？该听我的。"父亲有点儿愠怒了。

父亲确实是个极有主见的人，祖父十分严厉地逼着他继承家业，专攻中医，他毫不畏惧地拒绝了。也许是从小被娇纵的缘故，他总喜爱玩耍，还精于吃喝，这些自然都得要花费钱的，于是就忙忙碌碌地开办作坊和药铺，却又豪放不羁，耽于声色，还喜欢周济混在一起的伙伴。像这样大手大脚的，永远也积不下钱来，永远也做不成从天空里摘下星辰的发财梦，还一天天地亏空和败落下来，这是我长大了才知道的。

我当时只留下这样的印象，父亲常常把朋友们邀请到家中，在小客厅里搓麻将牌，从白天直闹到黑夜，谁都不肯罢手，高声地叫嚷着，从嘴里喷出的烟雾，弥漫着整间屋子。有一天午后，父亲打开窗门，瞧见我在院子里种花，招呼我进屋去观看他们斗牌。我刚跨进小客厅，就被香烟的气味呛得直咳嗽，眼睛也睁不开了。他把我搂在怀里，指点我怎样赢牌，我却丝毫也看不明白牌面的标记，这呛人的烟雾，这嘈杂的喊声，都在催促着我赶快逃跑。

父亲又把自己的脖子伸出窗外，叫喊着厨子赶快给伙伴们做清炖团鱼吃。我也许是受到母亲的影响，真不喜欢他整日整夜地搓麻将，觉得这样实在太劳累了，而且吵吵嚷嚷地又有什么意思呢？

父亲总是希望母亲跟他一起打牌玩儿，母亲每回都勉强坐下来玩几圈，就乏味地站起来。父亲伸出手想拉住她胳膊，她赶紧默默地躲开了。她从小在幽静和碧绿的田园里长大，还听着外祖父吟咏过多少诗词，她总是喜欢独自坐着，默默地倾听风声和雨声，默默地背诵那些像谜一样的句子。她不喜欢混杂在小镇上嘈杂的人群中间，她像是大自然里面孤寂的精灵，她启示了我另一种生活的方式。

母亲缝好了衣衫，种完了花卉，就坐在沙发上休憩着，抚摸着我的额头，询问我老师教导的课程。当她听我说起有一位新派的女老师告诉大家跟客人晤面时，应该学会鞠躬或握手，代替作揖或磕头这种流行的习俗，就带着我前去拜访了。

她们谈得很欢畅，母亲还仔细打量着她身穿的那套西服长裙，说是自己如果也有本领独立生活，该有多么好啊！说到这里时，母亲叹一口气告辞了，领着我往回家的路上走。她默默地站在桥头，许久地俯瞰着小河里流淌的漩涡，轻轻地摇着头，又紧紧地捏住我手掌，匆匆地走了起来，边走边跟我说："你要用功念书。等初中毕业了，送你去上海读高中，别在这里住下去了！"

我不懂她这话里的含意，却早就感到了她心中的烦恼，为什么今天突然会倾泻出来呢？我很惊恐地点头答应了。

父亲还老在外面逗留，很少回到家里来，姐姐和哥哥都去上海求学或谋生了，只剩下我和母亲，迎接着每一个寂寞和黑暗的夜晚。父亲究竟到哪儿去了呢？我张望着母亲凄苦的脸色，不敢提出这充满了凶兆的疑问。偶然从一起玩儿的几个小伙伴口里,才知道父亲早已娶妾,在小镇的另一个角落里,又安置了一个舒适的窝。

“还不去看看你那标致的小妈妈!”一个顽皮的伙伴眨着眼、嘟着嘴,诡秘地向我笑着。

听着这讥讽的话,就像听到父亲在那除夕之夜,燃放爆竹的一声巨响,不过它只是让我掩上耳朵,在恐惧中含着欢快和钦佩的心情,而今天的这句话,却像半空里的霹雳,竟把我脆弱的心完全炸碎了。我走到母亲身边,拉住她胳膊,仔细打量她俊秀而又庄重的脸庞,瞧见她炯炯闪亮的眼睛里,含着一丝忧伤的笑。我觉得她是世界上最美丽和善良的女人,为什么父亲会欺骗她,做出这样荒诞的事情呢?可是我不愿向她提起刚才听来的闲话。我隐约地觉得她平日的忧愁,肯定是为了它,我怎么能启口呢?还不是拿着刀子刺向她痛楚的胸膛吗?

我发现父亲也很想跟母亲接近,母亲却总在冷落着他。母亲是一个秀才的女儿,从小就懂憬知书识理,她是凭着媒妁之言和家长之命,才嫁给了我父亲,却不太喜欢父亲那种随便和浪荡的作风。也许是她对生活的态度过于拘谨,才使父亲萌生了外心;也许是她早已知悉父亲有了外宅,才想尽量保持精神上的宁静和纯洁,跟他保持着永远难以弥合的裂痕。

我自然是坚定地同情母亲的,父亲肯定会觉察我的这种情绪。也许是他感到自己理亏,也许是他心里有着难言的委屈,就跟我们同样都不愿触及这公开的秘密。直到父亲过世之后,我才懊悔自己为什么不跟他推心置腹地交谈呢?我永远也无法跟长眠的父亲和母亲相逢了,只好把纠缠了自己一生的伤痛,永远都深深地埋葬在心里。

且说当我听说了父亲娶妾的消息之后,只要瞧见大人孩子们斜斜地瞪着眼睛、咬着耳朵说悄悄话,我总敏感地以为他们在议论我,于是就高高昂起头颅,心里萌生出异样的反感,拔起脚来飞快地跑回家去,躲在屋子里独自思索着,应该怎样面对这冷酷的现实?我变得早熟了,发现生活并不总是美满与和谐的,生活真像喝一杯苦涩的酒,还不知道喝到何年何月,前途茫茫,没有尽头。我于是懂得了为什么有人会绝望地去自杀?这样不是可以早一点了结那痛彻心扉的苦楚?

母亲瞧见我低着头躲在角落里,轻轻地走过来跟我说话,问我学堂里的许多事儿。凭着她这颗聪敏和细腻的心,肯定会猜得到我在想什么心事,却也不肯点破这使我们都感到苦恼的话题。我们就这样相依为命地活下去,有时候真担心着她,会不会去寻觅一条结束自己生命的路,不过这顾虑完全是多余的。在乡野里长大的母亲,胸襟是阔大的,意志是坚忍的,她常常含着眼泪对我说:“谁知道自己会被生出来?既然已经活在这世上了,那就得咬着牙齿活下去,活得让别人不敢轻视你。”

母亲是我人生道路上第一个出色的老师,她启示了我要养成一种顽强的意志,在自己的生活里忍耐和挣扎下去。在这种忧伤的气氛中间,我的童年就悄悄地消逝了。

1992 年 9 月

记忆中的小河

林　非

每当我站在浩瀚的大海旁边,总会想起故乡那条浑浊的小河。为什么这儿是波光粼粼、汹涌澎湃,那里却是阴沉沉的、黑黝黝的,在无声无息地流淌呢?

当我还不太懂事时,就在这条狭窄的小河旁边嬉戏了,伏在两岸的草莽丛中捉蟋蟀,或者蹲在滩头的石板上打水仗。打水仗真好玩,双手使劲地撩起一汪汪的水来,就可以泼向对岸那些小伙伴的头顶。我的臂力真值得自豪,却也显出了这条小河的宽度有多么可怜。

正是这条狭窄而又浑浊的小河,竟成了整个县城里独一无二的水源。挑水夫担着木桶,从这儿灌满了浑黄色的水,匆匆爬上低矮的石级,送往大街小巷里的千家万户。他们一路走,一路吆喝着:“水来了,快让开!”

河滩上还挤满了许许多多的女人,有俊俏或丑陋的姑娘,有沉稳或泼辣的少妇,有蹒跚或硬朗的老妪,不是在这儿淘米洗菜,就是在这儿冲刷衣裤,还有的竟在水里旋转着腌臜的便桶。谁也不干扰谁,谁也不指责谁,似乎所有不洁的东西,只要在这浑浊的河水里浸泡一番,顷刻间就会变得干干净净了。

多少女人们说笑和打闹着,竟忘记了浮在水面上漂走的青菜。还有多少女人们却默默地坐在石墩上,一双双眼睛只盯着拧在手里的衣衫。从她们的眼神和表情中,也可以看出谁是多么的快乐,谁又是多么的悲哀。

在这条狭窄和浑浊的小河里,常常有破旧的小木船轻轻飘过,激起了一阵阵漩涡,拍打着平缓的河滩,沾湿了那些女人们的鞋子和衣裙,引起她们一阵呼叫和嗔骂的声音。那些年轻粗壮的船夫,纷纷扮着鬼脸,还撩起长长的竹竿,晃过她们的头顶,撑住两岸的草地,船儿就像箭也似的往前射去。

我上小学了,也还是经过这条狭窄和浑浊的小河,迎着火红的朝阳和晨曦,大踏步地向学校走去。我也许将永远沿着多少人在这儿留下的足迹,永远喝着小河里浑黄的水,就这样生活下去。我的祖祖辈辈已经在这儿毫无变化地生活了几百年,就这样长大成人,生儿育女!

可是当我读了几年的书,临近小学毕业的时候,开始懂得了许多跟自己家乡格格不入的知识,那童话里描写的小河,流着淡青色的水,明澈得可以瞧见底下的草茎和碎石,两岸还荫盖着碧绿的大树。多少美丽的鸟儿在树上唱歌,为什么家乡的小河跟它不一样呢?水流显得这样灰暗,岸边上只长了些乱草,光秃秃的没有一棵树,夏天的太阳好凶啊,在烧炙着蹲在河边的女人们。生理卫生课里还讲到了经过消毒的自来水,不知道这究竟是什么神奇的东西?为什么从铁管里能够哗哗地流出水来?会比家乡的河水干净多少倍吧?日夜辛苦的挑水夫,不是也可以免去弯腰曲背的劳累了?

我的父亲曾去过上海和苏州,在小小的县城里,也算得上是见多识广的人了,我向他打听自来水是怎么回事儿。他仰天大笑起来,比画着手势告诉我说,只要把装在房屋里的水管打开,干干净净的水就从铁管里冲出来了。我问他,自来水是怎么制造出来的?他摇摇头,说是哪里说得清这些。我又问他,我们的县城里为什么不装自来水?他又摇了摇头,说是这得要去请教县长。那时候我刚上初中,哪儿找得到这威风凛凛的县长呢?虽说我曾蹲在县政府门前的大操场上,远远地听过他激昂慷慨的讲演。

在夜晚的灯光底下,我也曾跟母亲说起过小河与自来水的事情。母亲伸出纤长的手指,轻轻抚摸着我的脸庞,爱怜地安慰我说:“我们家世世代代都是喝这河水长大的,不也生出了你这个聪明的小孩?等你长大了,到上海去读大学,做个工程师,不就能建造自来水厂了?你什么事情都做得成的。”

想着父亲的话,我不知道怎么能找到县长去诉说,想着母亲的话,我又不知道能不能考上大学,因此当我每天路过狭窄和浑浊的小河时,心里竟像是压着一块沉甸甸的石头,我的少年时代就在忧愁和思虑中消失了。

上高中时,我有个长得很秀气的女同学,不知道怎么被威武的县长看中了。据说不少男人都喜欢年轻的女人,尤其是当了大小不等的官儿,变成了有权有势的身份。于是有多少爱拍马屁的说客,天天上那女同学家拜访,给她父母馈赠了不少贵重的金银首饰,说是当上了县长的泰山,脸面有多光彩,而且立刻会变成这儿士绅的首领,终生富贵,丝毫也用不着怀疑。

她父亲开始时觉得这县太爷跟自己年岁相仿,郎舅称呼,好不尴尬,可是经不住多少张蜜糖似的嘴,把他的心灌得甜甜的,觉得攀上了这门亲事,真是前程无量啊!父亲动了心,母亲自然跟着就答应,跟女儿好说歹说,事儿就有了眉目。我那个女同学哭了几场之后,也只好半推半就,当上了县长夫人。自然也就不再上学了,穿戴得珠光宝气,陪伴着英武非凡的县长,常常在河边散步,后面还跟着两名腰挎驳壳枪的卫兵。

我忽然想到,这相貌堂堂的县长,听说是法科大学毕业的,能屈尊娶个十六七岁的小丫头,也许是很好说话的,去找他谈谈自来水的事儿,说不定会有希望。有一回在河边走路,正好碰上了他们这支小小的队伍,那女同学跟我招呼说话,还把我介绍给她丈夫。我向他鞠了个躬,立即将这琢磨了许久的话题,向他提了出来。

县长没等我说完,就直愣愣地瞪着我,气呼呼地跟我说:“年轻轻的孩子,不好好读书,胡思乱想些什么,这种事情用得着你来操心吗?”这话像一瓢冷水似的,当头浇在我身上,满腔的希望像一团火似的被扑灭了。真奇怪,既然是嫌我年轻,为什么要娶一个跟我年岁相同的姑娘做老婆呢?我对这个骄横的县长反感极了,不愿再多说话,扭过头来就走。

不久之后,共产党和解放军要打进县城的消息不断地传来,人心惶惶的。终于在一个黑暗的深夜里,这县长丢下新婚的妻子,携带巨款跑得无影无踪了。一个在老百姓不能自己做主的时代里,真可以说是无官不贪啊!

我怀着满腔的希望离开了家乡,去寻找革命,寻找正义和公平的理想。几十年来,虽然告别了这条狭窄和浑浊的小河,不过无论是当我眺望辽阔的海洋,抑或是凝视涓涓的溪流时,总会想起它来,因为它是我整个人生道路的起点。

母亲不是希望我去建造自来水厂,去做出许多有用的事情来吗?我却没有学好这样的本领,应该怎样告慰她刚离开人世的灵魂呢?我常常梦见母亲苗条和颀长的背影,梦见她炯炯发亮的眼睛,梦见她秀美的脸颊上,含着一丝忧郁的笑容,梦见她亲吻着我的额头,喃喃地给我背诵自己喜爱的唐诗"人行明镜中,鸟度屏风里",她也曾梦见过一条青青的小河吧?

不久之前,我很偶然地回到了故乡,寻找着一条荒凉的小巷,走进大门,步入屋内,悄悄地躲在父亲背后,他尽管有点耳聋,却缓慢地回过头来,一眼就认出了我,紧紧捏住我手臂,把我拉到水龙头旁边,哗哗地放水,还侧着耳朵倾听流水的响声。

父亲津津有味地回忆着我少年时跟他说的那段对话,说自己老是沉溺在过去的岁月中,说着眼泪汪汪的,不知道是留恋还是懊悔?

还没有说完话,他就拿起手杖,拉着我一起跨出门槛,去寻找从前的那条小河。它已经不存在了,已经被填满了黄土,变成眼前这个喧闹的菜场。

"小河早被填掉了,那年我从北京回来,就见不到它了。"他张望着过往的行人,若有所思地跟我说话。

我在熙熙攘攘的人群里,默默地低着头,不愿他瞧见我失望的表情,因为我不希望这小河被填掉,却希望它变得青青的,还掩映着葱茏的大树。现在这小河固然被填没了,不过世界上还有多少浑浊的东西并未消失啊!

我立即想起了母亲的叮咛,可是我什么事情都没有做好,她却已经离开了人世。我完全辜负了她殷切的期待,还无法听到她责备或原谅我的话语,我真想号啕大哭一场,瞧着摩肩接踵的人们,只好咬着嘴唇忍住了,却忍不住泪水满面地流淌。

1990年11月

《小品文研究》序

陈　辽

如今五十岁以下的作家和评论家,几乎无人知道李素伯(1908－1937)其人。然而,在三十年代中期,李素伯却是个颇有知名度的散文作家和评论家。《观万流亭之夜》、《春的旅人》、《血写的历史》、《中国诗人与自然》、《漫谈新诗》等作品和评论集一本接着一本出版。而他的《小品文研究》一书,更是当时以至今天唯一的一部专门研究小品文写作的专著。其后他还连续写了几篇《小品文漫谈》,也都是专门研究小品文的,李素伯可说是我国的小品文研究专家。

李素伯是江苏海门海复镇(现属启东市)人,老家在海门濒江的中和镇(已坍陷江中)。他少年时期即聪颖好学,博览群书,保存在南通博物苑里的他在通州师范学习时期的作文本上,老师对他的诗文作品的评语,可见他当时的文学造诣:"隽拔,殊不易得也";"劲句,非老手不办";"有此质地,它日当得占词章一席",等等。其后,他又对外国文学产生了强烈的兴趣,学习外文结交翻译工作者,吸收异域文学的营养,这都为他的散文创作和小品文研究打下了浓厚的基础。三十年代初,李素伯被母校通州师范聘任为国文教员,培养了一批后来在文学界、教育界卓有建树的学生。在通师工作期间,他一面认真教学,一面从事散文创作和小品文研究。1932年,上海新中国书局出版了他的专著《小品文研究》,12万字。该书出版后,深受文学界、教育界欢迎。1934年,该书又出了第二版。十分可惜,青年散文家和小品文研究家李素伯却在1937年突然病故了。如果假以天年,李素伯的创作成就和研究成就一定会更多更大的。

这里着重对李素伯的小品文研究略作介绍。

李素伯对小品文研究的主要贡献,是对"什么是小品文"下了正确的定义。1924年,鲁迅发起创办了我国第一个小品文期刊《语丝》,"二周"(周树人即鲁迅、周作人)可说是开创了现代小品文的先河。此后,小品文创作盛极一时。那末,什么是小品文呢?是不是凡散文即小品文?诸说纷纭,没有定论。李素伯从中外大量小品文的创作实际出发,从研究小品文名篇入手,对"什么是小品文"这个问题作了多角度的探讨。其一，“小品文是散文里比较简短而有特殊情趣和风致的一种”；其二，“小品文是须富有艺术性而不是如论文杂记之类枯燥的东西”；其三，“把我们日常生活的情形，思想的变迁，情绪的起伏，以及所见所闻的断片，随时的抓取，随意的安排，而用诗似的美的散文，不规则的真实简明地写下来的，便是好的小品文。”这里，李素伯把小品文和一般的散文区别了开来，和论文杂记区别了开来，又谈了“好的小品文”的标准，也就把“什么是小品文”这个问题说清楚了。

在李素伯看来，“文学是不能离开人生而存在的”，“文学是表现人生批评人生的”，这是他的文学观；而小品文又是“纯以抒情为目的而不受任何内容或形式上的限制的”。两者之间有无矛盾呢？李素伯认为，没有矛盾，“小品文是以表现生活抒写情调为本职的”，对生活的再现和表现，对个人感情的再现和表现，都是表现人生，批评人生，又都是抒情，两者是统一的。“生活的感受是共通的，将这共通的感受艺术化的表现出来，虽是著者的主观的而仍不失其感人的效用，这就因为人类间有着普遍的属于生的基调的融和，生出共鸣的感兴来，而作者固不失其为个人的生之色彩的表现。”用今天的批评用语来说，李素伯在三十年代初期，既坚持反映论，又反对机械论，这在小品文研究中是独树一帜的。

在二三十年代的小品文写作中，大致有三种类型的小品文。一种是以鲁迅为代表的小品文。这些小品文，现实意义强，爱憎感情鲜明，具有很强的战斗性；另一种小品文有生活内容，也有深刻的感受，写作技巧也很高，可以叶圣陶、朱自清、俞平伯、落华生（许地山）、冰心、丰子恺等为代表；还有一种小品文提倡“闲适”，提倡“复古”，是小品文中的“逆流”。李素伯高度赞扬鲁迅的小品文，对叶圣陶等人的小品文也热情肯定，但对那些倾向不好的小品文，则予以批评。他说，鲁迅的小品文“眼光的犀利锐敏，用笔的冷隽诙谐，物无遁形的描写和老吏断狱似的有力的评量，真是‘入木三分’，是以立懦而敦薄”；鲁迅的“极其诗质的小品散文集——《野草》”“是贫弱的中国文艺园地里的一朵奇花”“我们只觉得它的美，而说不出它的所以为美”。李素伯对叶圣陶等人的散文，也多有肯定，且说出了各自的特色。而对于第三种小品文，李素伯则全力抨击。他说：古人的作品“表扬之则可，趋天下相率而膜拜之，模仿之，固难免迷恋骸骨之讥、且有助长复辟之嫌。择术宜慎，居文坛高位者尤应注意及之。”他还明白劝告“年来意态消沉”“躲到象牙之塔里，写些茶经酒谱”的周作人，写小品文不必“为求精炼，忘了实用；或但图美观，滥用杂料”。李素伯坚决反对“使青年的读者为之迷恋于骸骨，或麻醉于风情，向着时代开倒车”的那种小品文。（《小品文研究》原是将周作人列为好的小品文作家。但在此书出版一年多以后，周作人等搞“闲情逸致”的“帮闲文学”，鲁迅立即发表《小品文的危机》，针对“帮闲文学”进行批判，李素伯也进行了批评。因而，这里将周作人列为第三种作家。）在三十年代初，能够在小品文领域内提出如此主张的，实在并不多见。

李素伯在小品文研究中还深入探讨了中国现代小品文发达的原因，这也是别人所不曾做过的工作。他指出现代小品文的发达，一是由于现代生活的趋势，“适应着这时代人们的生活而产生的，在作者和读者两方面，都为着非常的便利而应运生长发展起来的”“适应了现代人事倥偬生活繁剧的读者们的要求的缘故”；二是因为历史的背景，“现代小品散文的蔚然兴起，虽不是全受古人的影响，但一种潜伏着的民族性的特质的遗留与复现，总不是可以掩饰的事”；三是外国文学的影响，“小品文虽是中国原有的东西，但最近的所以复活、发达起来，说是受了外国文学的影响，这也是任何人都不能否认的事实”，许多小品文作家的作品，“算是最富有中国的趣味的”“但已多新形式、新语调、新意境，在以前的文章里是找不到的”“至于鲁迅先生的幽默的风趣与深刻的暗示力”“更显然不是古已有之的”。李素伯的这些看法，经受了时间和小品文创作实践的检验，确实是言之有理的。

作为小品文研究的专家，李素伯对怎样写好小品文，也作了细致的研究。他以成功的小品文作家的创作实践为根据，结合他自己的真知灼见，认为写好小品文“不容易，不，简直是很难”。他提出，要写好小品文，作者要有很好的修养与准备，具体地说，要有生活的吟味力；要有深入的观察力；要有丰富的想象力；要有适当的表现手段。在写作小品文时，要选择有意味、有意义的“即兴的题材”；要从细处着眼；要有统一的情调；要描写好印象；写法上注意“暗示”的技巧，重在“紧凑与机警”上下功夫。李素伯提出的小品文写作“六要”，虽非小品文写作的全部，却也道出了写好小品文的奥秘。

李素伯的小品文研究，密切联系实际，以他的小品文理论作指导，研究了鲁迅、周作人、朱自清、俞平伯、徐志摩、落华生(许地山)，冰心、绿漪、陈学昭、叶绍钧(叶圣陶)、郭沫若、钟敬文、王世颖、徐蔚南、孙福熙、郑振铎、丰子恺、缪崇群等十八位小品文作家及其作品，写出了这些小品文作家各自的创作特色。特别是王世颖、缪崇群这两位小品文作家，现在已绝少有人知道他们的名字和作品了，读了李素伯的评介文字，可以了解这两位小品文作家确实非同一般。王世颖《龙山梦痕》中的小品文，“情景相融，笔致也很凝练而优美”“这种控制小品文体的才能，到作者的第二散文集《倥偬》里，得到了充分的发展”。缪崇群是当时的一位新青年小品文作家，他以“清新的形式与笔调”写下来的小品文“与读者相见而露出头角”。李素伯把他作为小品文代表作家中的一家写入《小品文研究》一书，足见他对青年作家的厚爱。

总之，李素伯是一位不该被遗忘的作家；他的《小品文研究》更是写作中国小品文史、中国散文史必读的一本很好的参考书。至于小品文研究中的不足之处，不必苛求于六十年前从事小品文研究的李素伯的。

第三十七篇

镇 乡 场

五代后周显德五年(958)设县后,县下建置为乡,乡下建里,置120里。元至正年间(1341－1368),并成73里。明嘉靖元年至二十三年(1522－1544),置37里。嘉靖二十四年(1545),并成14里。清道光初年,废里建保,保下设甲。宣统二年(1910),厅署下建置为城、镇、乡。

民国元年(1912),改厅为县,设6市5乡。民国3年,废市、乡,设11区。民国12年,恢复市、乡建置,复为6市5乡。民国17年,设行政局,下设村、闾、镇。民国18年,改局为区,村、闾改为乡,街市设镇。民国23年,编制保甲,设114乡、6镇、1256保、12634甲。民国35年,国民党县政府在全县设96个乡镇。民国37年5月,设6区63乡、镇。同年6月,并为3区36乡镇。民国38年1月,废保甲,乡下设村。

1949年10月,全县设3个县属镇、126个乡。此后,海门行政区划多次调整,名称也有变化。1957年11月,小乡并大乡,设2个镇、34个乡。1958年10月,成立人民公社,实行政社合一。乡称人民公社,村称生产大队,下设生产队。1961年,设2个镇、31个公社。1983年5月,撤销人民公社,恢复乡建制。大队复称村,生产队称村民组。1986年10月,四甲、余东、包场、悦来、三阳撤乡设镇。1990年,设11个镇(其中县属镇3个)、23个乡。1994年,撤县设市,全市设17个镇、13个乡、1个乡级农场。2000年4月,30个乡镇合并为18个镇、4个乡。2008年,全市有21个镇、1个乡、7个场圃(其中省农垦集团公司管辖1个、市属部门管辖6个)。

镇乡、场经济发展较快。农业经济,20世纪70年代,许多社队由一年两熟改为一年三熟水旱粮棉轮作制,粮棉产量大幅提高。高产田块粮食每公顷产量超1.5万公斤,皮棉每公顷产量超750公斤。90年代起发展设施农业,农民人均纯收入由1990年的849.43元,提高到2000年的5246元,增长5倍多。2002年后,调整农业结构,开发高效农业、外向农业,农民人均纯收入由2002年的5254元提高到2008年的9008元,增长71.45%。工业经济,70年代发展社队工业。至1980年,全县社队工业企业千余个,实现工业产值2.4亿元。90年代起,各镇乡发展个体私营工业,招商引资,兴办"三资"企业,镇乡工业越做越大。2008年,乡镇工业实现工业总产值1300多亿元,占全市工业总产值84.51%。建筑经济,70年代中期,各公社成立建筑站,建筑工人走出家门拓展市场。90年代,建筑业成为镇乡财政和农民致富的支柱产业。2008年,海门成为"江苏第一,全国领先"的建筑强市。

随着经济快速发展,农村文化、教育、卫生、体育等社会事业设施进一步完善、优化。至2008年,22个乡镇先后通过省教育现代化先进乡镇验收,分别获得省体育先进乡镇、体育强镇称号,20个镇获评省群众文化先进乡镇,5个镇成为省卫生镇,新型农村合作医疗保险基本实现全覆盖。

第一章 海门镇

第一节 自然概况

一、境域简况

海门镇是市治所在地，东与三厂镇交界，南靠长江，西与三和镇、天补镇为邻，北与德胜镇相接。2008年，辖区总面积57.62平方公里，耕地2097.5公顷。有6.67万户，18.36万人，乡村从业人员27343人，外来从业人员2770人。人口出生率7.48‰，人口死亡率6.13‰，自然增长率1.35‰。地区生产总值51.76亿元，其中，第一产业增加值2.25亿元，第二产业增加值25.49亿元，第三产业增加值24.02亿元。财政收入4.27亿元。农民人均纯收入12949元。

二、历史沿革

海门镇前称茅家镇，又称茅镇。1949年1月，成立茅家镇政府，行政机关设在大同街。1952年7月，将茅家镇人民政府改为茅家镇区政府。1954年7月，茅家镇复称县属镇，设茅家镇人民委员会。1960年8月，茅家镇扩建为茅家镇人民公社。1963年2月，恢复茅家镇人民委员会建制。1965年6月改称海门镇人民委员会，行政机关设在新海路。1968年建立海门镇革命委员会。1981年10月复称海门镇人民政府，行政机关迁至光明路。1992年12月，新海乡、秀山乡并入海门镇。1996年11月，设通源、东洲、复兴3个街道办事处。2000年4月，江滨乡并入海门镇。6月，原江滨乡中部的新东等11个行政村划归海门经济开发区（简称开发区）。2006年，镇机关迁至秀山西路。2008年10月，通源街道办事处，东风新村、青海路、通源路社区居委会，民生路社区居委会的17个村民组、海南社区居委会的8个村民组划归开发区。同时增设海影、长江、月亮湾社区居委会。辖3个街道办事处，19个社区居委会，9个行政村，531个村民组。

三、集镇变迁

海门镇 清康熙末年，一茅姓人家在自家墙边设几张“踏子板”交易荤素菜，逐步形成集镇，人们称之为茅家镇。乾隆三十九年（1774），为海门厅署所在地。民国时期，为县政府所在地。有一横一竖两条主街道。民国23年后，以引线弄为界，东部为文成镇，西部为武成镇。民国35年合称文武示范镇。民国37年复称茅家镇。1965年改称海门镇。民国38年2月至2008年，为海门县（市）党委、政府所在地。茅家镇政府（公社）、海门镇政府机关驻地。

吴家镇 位于今开发区建南村，形成于清乾隆初年。集镇以吴姓为主，得名吴家镇。1976年，开挖海门河，集镇废弃。

富民镇 位于现开发区富三村，形成于清乾隆初年。因集镇所在地原称富民沙，得名富民镇。镇内有海宁寺，寺内有一棵200多年的银杏树，是当时长江航行标志。1958年，建东风居民点，关帝庙被拆，集镇废弃。

黄利生店 位于民生河西、通沙河南，形成于抗日战争时期。原为黄利生开设的路边小店。1957年至2000年3月为江滨乡政府驻地，后融入海门城区。

通源镇 位于今通源市场，形成于清乾隆初年。乾隆三十三年（1768），海门设厅时，初为厅署所在地。1994年后，融入海门城区。

大脚镇 位于现大脚河南，形成于清嘉庆初年，因大脚河得名大脚镇，1951年坍入长江。

搭连镇 位于今振帮村，形成于清光绪初年。

因镇形酷似背小孩用的褡裢,故名褡裢镇,后称搭连镇。20世纪80年代,因紧靠新兴的北电灌站,集镇废弃。

上张家镇 位于大千市场北侧,形成于清光绪末年。镇上以张姓人家居多,得名张家镇。后因德胜镇也有张家镇,民间称其上张家镇。1975年在样板片建设中废弃。

圩角镇 形成于民国初年,因紧靠圩角港得名圩角镇,60年代初坍入长江。

大桥镇 形成于清康熙末年,位于青西河南中海村。当时,有一艘装满垦荒者的船只北上,翻沉于此,幸存者在此定居,以船形状建成此镇,初名船形镇,后更名大桥镇。2008年,集镇的古石街上,有3间清代厅堂建筑,旧式排门板,留存着古镇痕迹,列县级文物保护名录。

横沙镇 位于今沙东村,形成于民国初年。因江南横沙岛一批垦荒者到此定居、摆摊,故名横沙镇。1958年,圩角河开直,集镇搬迁至河东,形成新横沙镇。1958－1992年,为秀山乡政府(公社)机关驻地。2008年,集镇仍在。

史家镇 位于今高店村,形成于清道光年间(1821－1850)。因"洽记"鱼行老板史小山得名史家镇。民国初年,张謇在此兴办实业,一度热闹。新中国成立初,江坍,集镇北迁2公里,形成新史家镇。2008年,新史家镇有5家小店、1个农贸集市。

北电灌站 位于今城兴村,1960年形成集镇,因北电灌站而得名。1960年8月至1992年,为新海乡政府(公社)机关驻地。2000年后,集镇融入海门城区。

还有陈三和桥、木棚镇等小集镇,形成来历无考。

第二节 经济发展

一、农业

种植业 20世纪50年代,以种植元麦、玉米、棉花为主,镇郊以蔬菜为主。60年代,增种薄荷、油菜、花生、食用菌、玉米。70年代,推广"两旱一水"(元麦或蚕豆、玉米、晚稻)。1983年,镇郊菜农应用薄膜育苗套种新技术,每公顷产值4500元。1995年,山东人在镇郊租地种植大棚蔬菜133公顷,每公顷产值8.1万元。2001年,振帮、沙东等村种植西红花、贝母等药材53公顷。2002年,建百亩连片园区12个。2005年,南通生霖苗木有限公司、南通鼎盛园艺有限公司引进外资,在沙东村种植20公顷珍稀苗木。2008年,秀山村、高店村建成53公顷大棚设施栽培基地,被评为省级高效设施农业项目基地。是年,全镇粮食总产1.02万吨,棉花170吨,油料3040吨,蔬菜7.77万吨,水果1504吨。

养殖业 50年代至60年代,户养禽畜,家用为主。70年代,发展集体养猪。1982年,海西大队建红旗孵坊,为周边散养户提供苗鸡。90年代,沿江淡水养殖场建成,水面67公顷,放养四大家鱼(青、草、鲢、鳙)、长江绒螯蟹、鳜鱼等,每公顷产值3万元。2002年,放养南美白对虾5.33公顷,每公顷产值6万元。2005年,建成自动万羽鸡场13个,千羽鸽场8个,500头以上养猪场7个,百只以上养羊场6个。2006年,建梅花鹿、藏獒特种养殖场各1个。2007年,建海康生态养殖场,养殖苍蝇,繁殖蝇蛆,作为鸡饲料,所产鸡蛋蛋白质含量高,注册"生态虫子蛋"商标,成为超市特供商品。2008年,饲养家禽110.97万羽,养殖生猪3.84万头、山羊1.84万只。

渔业 1954年,成立渔业互助组。1956年,成立圩角港渔业生产合作社,主要捕捞长江刀鱼、面鱼、子鱼等。1958年,圩角港渔业社与青龙港渔业社合并为青圩渔业社,捕捞船只90艘,载重830吨,渔民1000人,年产量3000吨。1962年,分为新开、新圩两个渔业大队。1979年,分别更名为长江、圩江渔业村,年产量增至9000吨。1985年,渔民卖船改行,融入二、三产业。1993年,长江渔业村划归三厂镇龙江村,圩江渔业村划归海门镇沙东村,不再从事渔业生产。

农产品加工业 70年代,大储栈建办豆制品加工坊,生产豆腐、茶干、百叶等豆制品。1979年,建成脱水蔬菜加工厂,加工大蒜头、"四青"(青玉米、青花生、青蚕豆、青大豆)作物等,产品远销东南亚及日本等地。1988年,侨联食品厂生产的"侨丰"牌橘汁夹心饼干获首届中国食品博览会银牌。1991年,蜂乳品厂生产的花粉系列产品获"七五"全国"星火计划"成果博览会金奖,"天王"牌天然蜂皇浆获国际、全国博览会金奖。2008年,申灵食品有限公司生产的"申灵"牌野猪肉畅销省内外。

二、工业

概况　清光绪三十二年(1906),海门第一家织布厂宝兴织布厂在茅家镇成立。民国时期,有利生工场、复兴肥皂厂、电灯公司等企业。50年代,建成农具、农机、棉织、缝纫等企业。60年代,新增砖瓦、织袜、石油机械配件、皮件工艺品、广播喇叭等产业,企业增至21个。70年代,开发铝材、五金、电子仪器等产品,兴办企业25个。80年代,形成纺织、化工、玻璃纤维、微型灯泡、服装、有色金属、皮鞋等行业。1989年,建成外资企业裕春铜材有限公司。是年,县江滨电焊机厂与上海交通大学焊接技术研究所联合研制成功全自动多头点焊机和不锈钢钢卷对焊机,填补国内空白。1990年,全镇有企业150个,职工5000多人,工业总产值3.1亿元。1996年,92个集体企业转为民营企业。2000年,有民营企业280个、产品600多种,实现工业总产值9.8亿元、利税4518万元。2001年,建成大千工业集中区。2004年,建成北海路工业集中区。是年,晨牌药业、百花集团、关铝集团、液压件厂等市属企业划归海门镇管理。2005年,实现工业销售144亿元,成为全市工业总量第一个突破百亿元的乡镇。2008年,建成启明星工业园、北斗星工业园、海门都市科技创业园,应税销售500万元的企业70个,入库税金200万元以上的企业18个。实现工业总产值198.08亿元,工业入库税金1.8亿元。

图37－1　海门都市科技创业园　(2008年摄)

机械制造　50年代末,创办农机厂,生产农机配件。60年代,兴办石油机械配件厂,为新疆、大庆、胜利油田生产油井机械配件。1988年3月,电焊机厂研制成功中国第一台汽车刹车专用焊机凸焊机。1990年,液压件厂生产的换向阀获省优质产品称号,液压元件5大类162个品种,畅销全国27个省市。1993年,机床附件厂生产的高效复式喷射真空泵填补国内空白。2000年,有机械制造企业50多个,生产真空泵、橡胶机械、液压件、铁路机车配件、消声器等100多种产品,产值2.5亿元。2008年,油威力液压工业有限公司被认定为高新技术企业,生产的油威力牌中高压液压元件被评为省名牌产品。

有色金属　1975年,建办江滨铜材厂,生产铜合金管材、棒材、线材、铜管件等产品。1979年,建海门县铝材厂,生产民用铝及合金板、带、箔材。1982年,生产的低合金铝带获南通地区科技成果奖。1983年,建有色金属带材厂,生产汽车散热器专用铜带。1989年,建县第一铜材厂,生产各种空调用铜管。1995年,江滨铜材厂被国家科委认定为国家高新技术密集区特种铜材基地。2001－2007年,建成金秀铜材、东亚铝业、天弘铜业、恒秀铝热等企业。2008年,有色金属企业发展到9个,主要产品有铜板、铜带、铜箔、三层复合铝箔、特种工业铝型材、氧化锌等产品,年产量3万吨,产值10亿元。是年,恒秀铝热传输材料有限公司生产的钎焊式铝合金复合带获省高新技术产品称号。

医药化工　1975年4月,建海门制药厂,生产大输液、丹参片、消炎片、养血安神糖浆、益母膏等药品。1979年6月,建县化工六厂,(后更名江滨化工二厂)生产硫代硫酸钠,年产量1.5万吨。1992年,江滨化工二厂研制成功还原红F3B染料,填补国内空白。1993年,建日用化学品四厂,生产痱子粉、爽身粉、粉饼,产品销往东北市场。1995年,三共化工有限公司生产DB－40(3－氨基－4－甲氧基苯甲酰苯胺),产品全部出口。2005年9月,江滨化工二厂被评为全国石油和化工民营优秀企业,生产硫代硫酸钠5万吨,产量占全国60%,出口量占全国三分之一。2005年、2006年,晨牌药业被国家食品药品监督管理局认定为中国医药工业企业创新能力百强、中国中药工业百强企业,2008年,生产的银杏叶分散片被评为省名牌产品。是年,医药化工业产值8亿元。

纺织服装 新中国成立前，有宝兴、巨成、振兴、利生等织布工场，生产平布、棉布、府绸等产品。1958年，建办棉织厂、缝纫社和五四染织厂。1978年，建江滨棉纺厂，织机80台，纱锭1500枚。1986年，海门手帕厂的“百花”牌大提花手帕被纺织工业部评为优质产品。1987年，长江服装总厂的“白鳍”牌衬衫被评为部优产品。2000年，上海赛洋公司将生产基地设在海门镇，年产各类服装250万件（套）。2001－2003年，先后建成凯盛家纺、鼎顺家纺、如意得力公司、万达制衣、柏林达服饰等纺织服装企业30余个。2008年，纺织服装业产值11亿元，4个产品被评为省名牌产品，“北极绒”系列服装被评为中国驰名商标。

三、建筑业

1963年，成立茅镇建筑合作社，1966年，改称县建筑公司。1974年，秀山、新海、江滨建筑站相继组建，主要承接5层以下建筑项目。1980年，建筑队伍分布上海、广州、大庆、青岛、新疆等地。1992年，江滨建筑站更名为兴江建集团有限公司，成为一级资质企业。是年，实现建安产值4000万元，经济收入1200万元。1997年，建筑队伍赴新加坡、阿尔及利亚、阿联酋、以色列、俄罗斯等国家承建大型工程项目。1999年，正大建筑安装工程公司联营双包承建的新疆巴音郭楞洲电力调度楼，2001年获“鲁班奖”。2003年，兴江建集团公司参建的上海都市总部大楼，2006年获“鲁班奖”。2008年，实现建筑业施工产值22.41亿元，增加值4.26亿元。

四、第三产业

民国时期，大同街（东西向）有丰聚成米行、大光明绸布店、宁波会馆、徽州会馆、淮海银行、美味轩馄饨店等，复兴街（南北向）有丛轩记米行、项正大染布店、镇江会馆、大德洋油栈等著名商号。50年代，有工农饭店、经济饭店等饮食业55家，旅馆12个，浴室1个。1964年，海门国营饭店开业。1981年，海门人民商场大楼落成，营业面积1500平方米。1985年，成立海门旅游服务社，辟有县城至南通港、狼山风景区等旅游线路。1990年，供销大厦开业，为县内第一个配有电梯的商业企业。1997年，上海联华超市入驻，成为市区第一家超市。2004年，四星级光华大酒店开业。2008年，有大型商场12个，三星级以上宾馆16个，农贸市场7个，娱乐服务场所69个，建筑装潢服务门市100多个，律师事务所4个，会计师事务所3个，房屋、劳务、婚介服务机构120余个，旅游服务公司5个，金融、保险服务机构20个。

第三节 社会事业

一、村镇建设

农村 1964年，普及有线广播。1969年，村村通电。1971年，部分农家安装电灯。20世纪80年代，镇区周边农村用上自来水，少数农民兴建楼房。1994年，有线电视进入农户。1997年，有线电视用户1.92万户，1746户开通互联网。2000年，拥有电话2.3万部。是年，启动农路、桥梁、沟河整治、自来水管道二次改造工程。2004年，平整土地34公顷，疏浚沟河30条，架设三相农用线路2000米。2006年，修筑高店双富路、双村中心路等3.5公里水泥路，改造横西桥、张北桥等6座危桥。是年，中海村建成南通市第一个村级农民公园。2007年，在全国千强乡镇考评中列248位，获全国创建文明村镇工作先进镇、省文明乡镇称号。2008年，被中央文明委授予全国文明村镇称号，跻身全国综合实力500强行列。

镇区 解放初，结合沟河整治，进行道路建设。1958年，开掘宏伟河。1972年，建解放路，东至宏伟河，西至协和弄，全长650米，路宽32米。1973年，建3层财政银行大楼，面积1300平方米。1981年，解放路延伸至育才路，全长1.5公里。1982年，解放路、通海路安装路灯。90年代，镇区东至日新河，西至海兴路，南至人民路向南150米，北至丝绸路。1995年3月，实施旧城改造，动迁居民2755户，拆迁旧居19.8万间，相继建成复三、狮山、青海等新村，建造居民住宅楼223幢，计50.3万平方米。2000－2005年，建成金三角、东方巴黎、腾达花园、世纪光华园等小区。2006年，建五港、日新小区。2007年，金色维也纳、宏日阳光水岸等高层住宅群矗立于江海路西侧、丝绸路北侧，成为镇区标志性商住建筑。2008年，张謇大道建成通车。镇区面积30平方公里，有18条主干道纵横交错，绿化、亮化、洁化工程全部到位。

二、教育

民国初年至新中国成立前夕，境内有私立海门、能仁、锡类3所中学和4所小学。1957－1959年，先后创办茅镇农中、飞鹭农中、茅镇戏曲学校和工业中学。1960年，兴办秀山、江滨2所初中。1964年，创办茅家镇初级农业职业学校。1980年，创办海门镇民办中学。1986年，创办东洲中学、狮山职中。1990年，有中师1所、完中2所、初中2所、职业学校6所、小学4所、幼儿园5所。2005年，镇中心小学、中心幼儿园分获省实验小学、省优质幼儿园称号。2007年5月，获省教育现代化乡镇称号。2008年，幼儿园12所。中小学校23所，中小学生3.45万人，中小学教职工2678人。

三、文化

民国5年(1916)，文庙建通俗图书馆。民国11年，通俗图书馆改为通俗教育馆，民国18年，改称狮山民众教育馆第一院，并在西园设第二院。民国34年，大同街开辟图书室、阅览室、书画展览室等。

1950年2月，建海星戏院。1954年，成立茅镇业余剧团。1972年，建县人民剧场。1975年10月，成立镇文化站，组建业余演出队。1976年，成立电影队。1984年，成立镇文化中心管理委员会。1998年，获省群众文化先进乡镇称号。2002年，建镇文化中心大楼，组建社区艺术团。2006年，化工二厂建广云民乐团。2007年，镇中心小学教师杨纳新、陆万娟创作的书画作品，在全国教育系统书画比赛中获一等奖。2008年3月，海门镇文学艺术界联合会成立，成为苏北地区第一个乡镇级文化艺术团体。

四、体育

民国4年(1915)，划考武场地14亩，筹建县公共体育场，民国10年，体育场开办。1951年，县人民体育场建成。1977年，建灯光球场。1982年，建体育馆。1987年，棉场村倪慧如获全国自行车冠军赛第三名。1991年3月23－25日，第二届中国南通国际风筝节在该镇(原秀山乡)举办。1995年，被评为省体育先进集体。2003年，中海村投资50万元建成5500平方米全民健身点。2004年，被评为省全民健身服务“八个一”①工程先进单位。2007年，镇体操表演队参加在香港举办的第三届中国木兰拳国际大赛，表演的“春色满园”和木兰拳38式获团体国际金奖。是年，省运会自行车比赛在该镇举办。2008年，有健身路径26条，健身点56处。能仁中学体育教师姜劲松被聘为北京奥运会田径裁判。

五、卫生

民国年间，有私立医院11所。1952年，建海门人民医院。1954年12月，建茅镇中医院联合诊所。1958年，成立公社卫生院。1968年，村村配赤脚医生。1970年，实行合作医疗。80年代初，实施流脑、霍乱、伤寒等计划免疫。1985年，成立镇环境卫生管理所。是年11月，建立海门市眼科医院，眼科专家蒋旭昌施行白内障超生乳化人工晶体植入手术，治愈患者5000多例，被誉为光明使者。1988－1994年，在南通市6县(市)“创三优”活动中获七连冠。2001年，镇环境卫生管理所改称环境卫生管理处。2002年，卫生院转为民营医院。农村居民参加新型农村合作医疗保险3.4万人。2008年，镇域内有医院7所，医务人员1338人。是年，镇成立保洁中心，农村设置垃圾箱600个。新型农村合作医疗参保率98%。

附1.新海乡

新海乡前身属茅家镇，环绕县城。1960年8月，茅家镇扩建为茅镇人民公社。1963年2月，恢复茅家镇建制。1965年6月，镇社分设，茅镇人民公社改称新海人民公社。1968年，公社驻地从海门镇迁至县城北电灌车口。

1991年，全乡有18个行政村，201个村民组。

① 八个一：即建立一个健身组织网络、每年举行一次全民健身周活动、建设一批全民健身工程(点)、建设一批晨(晚)练健身点、建设一支社会体育指导员队伍、建立一个国民体质测定站、每年举办一次科学健身系列讲座、形成一个特色体育项目。

总面积21平方公里，耕地面积1109公顷，水域面积99.7公顷，有7510户，总人口1.97万人，其中女性1.01万人，非农业人口2789人。

1991年，有乡办企业20个，村办企业29个，工业总产值5500多万元，海门机床附件厂为全乡龙头企业，产值占全乡工业总产值一半。上海宝屐新海联营皮鞋厂生产的“金鹤”牌女皮鞋获国家金奖，“飞屐”牌女皮鞋成为部优产品，产品远销日本、美国、加拿大等国家与中国香港地区。粮食总产4607吨，皮棉总产151吨，农业总产值1525万元。建筑业总收入1687.1万元。

全乡福利事业不断完善。1984年，建立新海乡敬老院。1991年，入院老人50人，“五保”老人的生活得到安置。有中学3所，小学4所；中学生405人，小学生914人，教工150人。

1992年12月，新海乡撤销，并入海门镇。

附2. 秀山乡

秀山乡南濒长江，北靠县城，东接江滨乡，西邻三和乡。解放前，秀山乡称过新丰乡、泗芳乡，解放后划分海南乡、江澄乡、秀山乡、新港乡。1958年，建立人民公社时，为纪念革命烈士陆秀山，命名为秀山人民公社。1983年改称秀山乡。1991年，辖18个行政村，216个村民组。全乡总面积21平方公里，耕地1156.8公顷，有7864户，2.2万人，其中女性1.13万人，非农业人口3145人，农民人均纯收入1000余元。

1991年，有企业42个。其中乡办7个，村办25个。有机械、电子、冶金、纺织、轻工、建材等工业门类。主要产品有JZQ－1000型减速器、45吨平板硫化机、塑料制品、皮鞋、服装、铝合金(钢)门窗、微型灯泡、玻璃纤维布、橡胶制品、硫酸镍等100多个，工业总产值2753万元。

秀山乡主要种植粮食、棉花、薄荷、黄麻、小辣椒等作物。1991年，全乡农业总产值1600多万元。建筑业是秀山乡的一个优势产业，固定资产原值360万元，职工2000余人，流动资金220万元，工程技术人员63人，队伍遍布10多个省市，还劳务输出美国、科威特、阿联酋、利比亚等国家。秀山建筑站是集体二级建筑企业，曾连续两年被评为全县建工系统先进企业，连续4年经济收入超千万元。

1991年，全乡有中学2所，小学6所，中学生1043人，小学生1612人，教师149人。

1992年12月，秀山乡撤销，并入海门镇。

附3. 江滨乡

江滨乡紧靠县城东侧，南依长江，东距三厂镇4公里，北与瑞祥乡毗邻。1957年，由4个小乡合并建立江滨乡。1958年改为江滨人民公社。1983年复称江滨乡。1999年，辖23个行政村，1个居委会，266个村民组。总人口27336人，非农人口15031人。总面积27.25平方公里，耕地面积1544.3公顷。农民人均纯收入4352元。

1999年，全乡有轻工、机械、化工、电子、建材、纺织、食品、卫生等多种行业。工业总产值7.15亿元。粮食总产量1.03万吨，优质瓜蔬2003吨，水果396吨。农业总产值1.03亿元。建筑业较为发达，全乡建筑业总产值2.3亿元。

1999年，有中小学7所，在校学生2683人，教师181人。国兴中心小学是当地农民杨国兴献资建造的学校，教育质量与硬件设施列全县前茅。

2000年4月，江滨乡撤销，并入海门镇。

第二章　三 和 镇

第一节　自然概况

一、境域简况

三和镇位于市境西南部，镇区距市治4公里。东以宋季河与海门镇分界，南与开发区、沿江渔场、种羊场相连，北与天补镇毗邻，西与通州市接壤。沿江高速、通海公路、省道336线等5横4纵9条等级公路贯通境域，浒通河从镇中心穿过，交通便捷。2008年，全镇总面积36.41平方公里，耕地面积2033公顷。1.41万户，3.2万人。从业人员1.92万人，其中，出国从业人员64人，外来从业人员710人。人口出生率5.49‰，人口死亡率9.23‰，人口自然增长率-3.74‰。地区生产总值10.91亿元，其中，第一产业增加值8500万元，第二产业增加值6.7亿元，第三产业增加值3.36亿元。财政收入8836万元。农民人均纯收入10050元。

二、历史沿革

三和镇成陆于清乾隆年间(1736－1795)，隶属通州管辖。清乾隆三十三年(1768)，划属海门直隶厅。民国16年(1927)夏，海门第一个中共支部在三条桥(双高村)成立。民国34年6月12日深夜，美国一架B-24型轰炸机飞往侵华日军后方执行轰炸任务，飞临宋季港上空时失去平衡而坠毁，11名机组人员仅存3人。当地民兵、干部群众及时救援3名美军士兵，使之顺利脱险。1957年11月，路南、三和两小乡合并，建立三和乡。1958年3月，划入兴隆乡的兄弟、兴隆、路北、高南4个社。10月，成立三和人民公社。1983年，复称三和乡，机关驻地三和镇。1994年，撤乡设三和镇，辖33个村，367个村民组。2001年，33个村合并为10个行政村、1个居委会。2008年，辖10个行政村，1个居委会，337个村民组。

三、集镇变迁

上三和镇　位于三南公路、通海公路交会处。清乾隆年间(1736－1795)，徐、杜、沈3家在此开店设铺渐成集镇，称三和镇。后因境内东部地区也有“三和镇”，遂改称上三和镇。1957－2008年，为三和镇(乡、公社)机关驻地。

小三和镇　位于上三和镇西500米处。抗日战争期间，当地人陆元高开办染布店和收花部，生意红火。后建起一座庙宇，取名陆家观音堂。每到出会之日，求神拜佛的人络绎不绝，其热闹如同上三和镇一般，故称小三和镇。20世纪50年代，染坊、花部停业，庙宇改建为红星民办初级小学，集镇废弃。

大兴镇　位于今大兴村，清乾隆年间(1736－1795)形成，该镇分别通向南通和牛洪港，车水马龙，十分兴旺，得名大兴镇。镇上有座东岳庙，农历三月廿八，庙会时，生意人云集，赶集、观热闹的有千人以上。2008年，该镇成为三和镇的交通枢纽。

宋季镇　位于今岸角村，形成于清乾隆末年，河东是季家小店，河西是宋家小店，取名宋季镇。民国35年(1946)，国民党在宋季镇设乡公所。2008年，宋季镇有一家便民小店。

通海镇　位于今兄弟村，形成于清乾隆年间(1736－1795)，因连接通州、海门，取名通海镇。街道由不规则石块铺成，两侧商行大小百余个，一度繁荣。2008年，碎石铺成的老街仍然完好，百年老镇的遗迹依然可见。

牛洪港镇　位于今三南村，清嘉庆年间(1796－1820)形成，因紧靠牛洪港，初名牛洪港镇。为方便港东港西行人来往，后在津口处建长桥，取名津桥，牛洪港镇更名津桥镇。民国23年(1934)，江堤不断坍失，港口北移，津桥镇分成南镇、北镇。60年代，南镇居民迁往三江村，只留下北镇。2008年，北镇有商店、早市场、肉铺、药店等。

第二节 经济发展

一、农业

种植业 20世纪50年代，夏熟种植“三麦二豆”①，秋熟种植玉米、棉花。1965年，留兰香面积200多公顷，每公顷产量150公斤左右。1976年，薄荷面积334公顷，每公顷产薄荷油180公斤。70年代初，推广麦—稻—稻三熟制，粮食每公顷产近15吨。80年代初，水稻面积666公顷，三南、岸角、向民、横桥等村建成67公顷水稻丰产方；创新、远征、新沙等村蚕桑面积67公顷以上。90年代，夏熟发展“四青”作物667公顷，每公顷产值3万—4.5万元。秋熟以甘蔗、特色蔬菜为主，总面积533公顷，每公顷产值6万元。2004年，双高村67公顷瓜蔬基地被认定为市无公害蔬菜基地，无公害鸡毛菜注册“双高”牌商标。2005年，“欲得”牌猕猴桃被评为中国绿色食品A级产品。2008年，发展避雨栽培葡萄34公顷，“羚棋”牌葡萄通过省级有机食品认证。全镇瓜蔬820公顷，甘蔗等特经作物200公顷，猕猴桃等167公顷，中高效作物面积占比67%。是年，全镇粮食总产9113吨，棉花35吨，油料2981吨，蔬菜15.75万吨，水果3275吨。

养殖业 1955年，建花友养蜂场。1975年，该场设40多个分场，职工200多人，蜂巢2500箱，生产皇浆2160公斤、花粉1947公斤、蜂蜜32.31万公斤，成为全国四大养蜂基地之一。1982年，创新、远征、新沙等大队开辟精养鱼塘150多个，水面53.33公顷，放养四大家鱼。1984年，镇副业办公室从上海嘉兴引进250头长毛兔，当年发展到3000多只。1986年，引进育珠蚌40万只，1987年发展到110万只。90年代，大兴村村民杨汉春建成百头猪场。2004年，成立羚杰牧业有限公司，建起33公顷绿色循环养猪场。年养优质种猪1500头，商品猪2万头。2006年，三江村建福源奶牛场。2008年，全镇饲养生猪1.54万头，母猪1700头，奶牛600只，山羊7.31万只，禽、鸽59.7万羽，淡水养殖产品1123吨，养殖业总收入8100万元，占农业总收入53.5%。羚杰牧业有限公司获南通市级龙头企业称号。

农产品加工业 1992年，成立天鸿豆业加工厂，从事“四色豆”加工，产品出口日本、韩国、东南亚等10多个国家和地区，年加工销售“四色豆”7000多吨，销售额3500多万元。2001年，成立苏海豆业公司，主营“四色豆”，产品出口为主，年应税销售1350万元。2003年，建立大地辉旺食品有限公司，从事农副产品加工包装销售。2008年，该公司获南通市级农业龙头企业称号。

二、工业

50－60年代，有农具厂、农机厂、砖瓦厂。70年代，兴办玻璃仪器厂。80年代，乡村办厂近20个，其中毛条厂、发条厂、锁厂成为县骨干企业。1988年，成为县首批工业经济亿元乡镇。1990年，有乡办企业15个，村办企业34个。发条厂生产的“山鹰”牌发条和卷门弹簧行销全国。1997年，乡村办企业转为民营企业。2000年，有私营企业60多个，形成机械五金、电子材料、玻璃仪器、建筑器材和纺织绣品五大门类。2001年3月，建成三和工业集中区，有146个企业入驻。2008年，工业总产值53.56亿元，销售收入13.97亿元。

三、建筑业

1974年4月，成立三和建筑站，承建乡内企业厂房、民房。次年，在崇明红星农场承建项目。1979年，建筑队伍入驻大庆。80－90年代，10支建筑队伍分布北京、天津、上海、新疆、山东等地。2000年7月，更名为南通市三和建筑置业有限公司，获房屋建筑工程总承包二级资质。2005年，公司下设19个工程处，分布10多个大、中城市。2006年，获天津“海河杯”优质工程奖项2个。2008年，建筑业施工产值9.88亿元，增加值2.06亿元。

四、第三产业

50－60年代，有小茶馆、小面摊、理发、自行车

① 三麦二豆：三麦为元麦、大麦、小麦，二豆为蚕豆、豌豆。

修理等传统服务业。70年代，兄弟大队部分农民从事玻璃仪器销售，从新兴的服务业中取得较好效益。80年代初，三南村曾建平等人从事水果营销。1985年，三江村农民在上海、南通等大中城市经营酒酿。1996年，三和农贸市场扩建，年交易额9500万元。2000年，海发果业贸易公司在南通、南京等地开设物流仓储中心，年销售水果收入2亿多元。2004年1月，三江村成立酒酿协会，经营地域向周边省市延伸。注册"三江""沿江"牌酒酿，"上海"牌米酒等商标，年销售额8000多万元，获利1000多万元。2005年，打造汽车销售产业。2008年，有日产尼桑、上海通用、广州本田、北京现代、东风悦达起亚等10个品牌汽车4S店，江铃、通用五菱、南京依维柯等9个3S店。

图37-2　东风悦达起亚汽车4S店　(2006年摄)

第三节　社会事业

一、村镇建设

农村　20世纪60年代，农村普及有线广播。70年代，农村通上照明电。80年代，家家户户通上自来水。90年代，农村实施沟河整治、垃圾无害化处理。2002年，实施有线电视"村村通"工程。2005年，启动新农村建设，建成农村水泥公路19.2公里，完成水利沟河土方57.5万立方米，修建农桥2座。2008年，三圩、岸角两个农民聚居区列为全市新农村建设示范点，600多农户入住新居。

镇区　80年代，镇区大港路拓宽改造，商业布点逐渐向大港路两侧有序迁移。90年代中期，在老街北侧200米处兴建农民街(和谊街)，开发商住楼1.5万平方米，200多农户进镇落户。1999年，获南通市新型小城镇称号。2008年，镇区扩大到1.5平方公里，形成6横2纵道路格局，建成新型商贸区2个、教育卫生区1个、专业市场1个、工业集中区1个。

二、教育

清光绪三十二年(1906)，建三和镇小学。民国35年(1946)，境内初小3所、完小2所。1950年，小学12所。1959年，建三和初中，1969年，三和初中增设高中班，更名三和中学，1981年高中班停招，复为初级中学。1983年兴办成人教育中心学校。1990年，全乡初中5所，小学9所，中小学生3640人，教师162人。1999年，4所初中合并至三和初中。2005年，三和初中成为省教育现代化示范初中。2006年，12所村小合并至三和中心小学。成教中心学校获南通市特色乡镇成人教育学校称号。2008年，三和中心小学成为南通大学教学实践基地。全镇幼儿园1所，小学1所，初中1所，中小学生1917人，中小学教职工168人。

三、文化

1981年，建立三和文化站，涌现一批书法、绘画、弹唱、雕艺的艺术人才。1996年，获省群众文化先进乡镇称号。2004年，投入100多万元建成镇文化活动中心，占地2800平方米，内设绿色网吧、书场、图书室、阅览室、资料室、游艺室、多媒体电教室等。2008年，以农家书屋为重点的文化网络覆盖全镇。

四、体育

70－80年代，开展农民游泳比赛活动。90年代，每年举办农民运动会，开展拔河、跳绳、踢毽子、篮球、乒乓球等比赛。1998年，获省体育先进乡镇称号。2005年，举办自行车慢骑、象棋、扑克等十项比赛，参赛人员3000余人。同年，获省全民健身月活动先进单位称号。2008年，全民健身点12个，二级、三级体育指导员24人。经常参加各类体育活动有1.6万人,占总人口44.1%。

五、卫生

60年代末,实行合作医疗。90年代初,创建省级卫生镇。1995年,按二级甲等标准建成三和卫生院(又称市肿瘤专科医院),设内科、外科、妇科、防疫、放疗科、化疗科等临床科室20多个。2000－2007年,投入1200余万元改造自来水管道18.4万米;投入300余万元改造农村厕所5000座;投入58万元新建排污管道1100米。2008年,投入500万元成立镇保洁中心,兴建垃圾中转站,添置480个果壳箱和42辆垃圾清运车,镇村垃圾日产日清。是年,参加新型农村合作医疗保险2.55万人,参保率85%。

第三章 天补镇

第一节 自然概况

一、境域简况

天补镇地处市治西部,距市治8公里。东与海门镇、德胜镇为邻,南接三和镇,西与通州市川港镇接壤,北与三星镇毗邻。通海公路及袁天公路穿境而过,宁启高速公路叠石桥出口位于镇区西北1.6公里处。2008年,总面积30.27平方公里,耕地面积1547公顷。1.11万户,2.82万人。从业人员1.82万人,外来从业人员1304人。人口出生率5.24‰,人口死亡率6.72‰,自然增长率－1.48‰。地区生产总值12.81亿元,其中,第一产业增加8588万元,第二产业增加值8.69亿元,第三产业增加值3.26亿元,财政收入6267万元,农民人均纯收入11690元。

二、历史沿革

天补镇成陆于清乾隆年间(1736－1795)。民国38年(1949)2月,建立桃源、善同、仲华、民仁、天补5个乡。1957年11月,桃源、天补乡和民仁乡的第八、九、十社合并,建立天补乡,行政机关设在天补镇。1958年3月,划出广丰一、二、九社和齐心二、六社。兴隆乡除兄弟、兴隆、路北、高南4个社外,其余划入天补乡。10月,成立天补人民公社,辖32个生产大队。1976年,并为26个大队。1983年,复称天补乡,辖26个村,298个村民组。1987年,宝兴村分为宝兴、桃北2个村。1990年,撤乡设天补镇。2001年4月,27个行政村合并成9个行政村。2004年10月,宝兴村划属三星镇。2008年,辖8个行政村,1个居委会,260个村民组。

三、集镇变迁

天补镇 相传清乾隆年间的一天,正在修筑的江堤被海浪冲开一个缺口,海潮冲向堤内。后来,缺口被一只烧盐大铁锅补住。人们见了,认为天意,视作“天补”。乾隆末年,形成集镇,取名天补镇。天补镇老街分东西街,东街成元宝形,称元宝街,西街较短,称为七寸街。1957－2008年,该镇为天补镇(乡、公社)机关驻地。1961－1987年为天补区机关驻地。

湾头镇 位于今补南村,形成于清乾隆末年。因紧靠通沙河湾头处,得名湾头镇。20世纪70年代,因交通条件改变集镇废弃。

桃源镇 位于今广丰村,形成于清道光年间(1821－1850)。集镇形成时,周边有7座小砖窑,得名“窑头镇”。后窑业败落,周围农民栽种桃树,桃园连片,改名桃园镇,后又更名桃源镇。70年代,因区域经济发展演变集镇废弃。

兴隆镇 位于今光荣村,形成于清末民初。民国后期,集镇废弃。

顾大成镇　位于今新安村,形成于清嘉庆年间(1796－1820)。初期,崇明人顾大成在此开一爿杂货店,逐渐形成集镇,人们称之顾大成镇。60年代,因交通条件改变集镇废弃。

第二节　经济发展

一、农业

种植业　20世纪50年代,夏熟以种植元麦为主,兼种小麦、蚕豆、油菜等。秋熟以玉米、棉花、黄豆、薄荷、山芋为主,兼种高粱、黄稷、粟稷、旱稻等。60年代,夏熟种元麦、小麦,早秋种玉米,玉米收后种水稻。70年代中期,夏熟种元、小麦,秋熟玉米夹种山芋。80年代,贝母、薄荷、甘蔗、黄麻等经济作物面积逐年扩大。90年代,贝母面积不断扩大,大豆、花生、山芋等小宗作物面积增加。2000年,蚕豆、豌豆、花生、大豆、玉米等作物改为收青,种植效益提高。2001年,高桥村农民设施栽培反季节蔬菜,每公顷平均收入15万元。2005年,新增果园面积8公顷、苗木花卉面积23.4公顷。2008年,全镇粮食总产5796吨,棉花0.61吨,油料1957吨,蔬菜9413吨,水果972吨。

养殖业　50－60年代,户养少量猪、羊、鸡、兔。70年代,发展集体养猪,同心副业场年出栏生猪300多头。1983年,饲养肉用鸡22万羽。大石村俞步元、同心村张永祥等农户靠饲养蛋鸡走上致富路。1984年10月,开挖、整修鱼塘35公顷,投放各类鱼苗20万尾。90年代初,发展规模养羊。1995年,饲养山羊3.5万只。1999年,发展规模养猪,出栏生猪7560头。2000年,发展提水养殖。新安、合理、湾南3村开挖蟹塘20公顷,每公顷平均产值3.75万元。2005年,新挖鱼塘、蟹塘、虾塘57公顷,每公顷平均产值3.15万元。2008年,全镇饲养生猪1.38万头,山羊4.4万只,家禽30.59万羽,养殖业总产值4825万元。

二、工业

50年代,兴办糖厂、玻璃厂、针织厂、农具厂。60年代末至70年代初,新办农机厂、电镀厂、制盒厂、牙刷厂。1976年,永兴大队电熨斗厂与上海企业联营,产品在国内市场热销,获省政府嘉奖。80年代初,有社办企业10个、队办企业28个,形成机械、轻工、电子、服装、建材、化工等门类。1986年,陶港村张家斌创办创新包装厂,为上海复写纸厂提供包装纸箱。1989年,天补陶瓷黏合剂厂试制成功陶瓷黏合剂,填补国内空白。是年,天补镇被列为省工业卫星镇。1990年,天补羊毛衫厂生产的“天达”牌羊毛衫畅销国内外,在莫斯科设有销售窗口。1992年,创新包装厂转产复写纸,更名为县复写纸厂。同年,皮鞋厂生产的“飞梅”牌皮鞋获农业部优质产品称号。1993年2月16日,天补羊毛衫厂独资兴办的莫斯科莫天羊毛衫有限责任公司开业,成为县第一家境外独资公司。1996年,市复写纸厂生产的干式复写纸被国家税务总局等5部委评为国家级新产品,填补国内空白。1999年,森达装饰材料有限公司落成,生产不锈钢装饰板。市复写纸厂成为市百强企业。2008年,市复写纸厂更名为海天纸业有限公司,与上海复写纸厂合作扩大规模。是年,全镇工业企业125家,职工6500人,应税销售11.7亿元,入库税金6125万元。森达装饰材料有限公司实现销售4.45亿元,入库税金1250万元,成为市金牌企业。

图37－3　市森达装饰材料有限公司　(2000年摄)

三、建筑业

1974年,成立天补建筑站。1981年,在大庆、南京、无锡等地承建工程。1984年,在北京、天津等大城市开辟建筑市场。2000年4月,获国家工程建设银质奖,房屋建筑二级资质,房地产开发二级资质,市政工程三级资质。2003年,工地分布于北京、天津、内蒙古、上海、镇江等地。年施工面积45万平方米,建安产值2.3亿元,经济收入8100万元。2008年,施工面积35万平方米,建筑业施工产值6.21亿元,建筑业增加值9369万元。

四、第三产业

解放初,有药店、染坊、酒店、日杂商店、竹器市场等三产项目。1950年8月,建供销合作社。1956年,成立杂百货、副食品、豆制业、饭店和理发5个合作小组。1988年,建造供销大楼。1990年,郁家店竹木市场占地11公顷,摊位76家,年营业额1.1亿元。1995年,异地重建农贸市场,占地2.3公顷,新增门市80多个。1996年,组建天补汽车拆解点。2003年,竹木市场在9号河上架设桥梁5座,扩大经营面。2007年,郁家店竹木市场被评为省四星级文明市场。2008年,郁家店竹木市场占地7公顷,销售额2.99亿元。汽车拆解点搬离天补。

第三节　社会事业

一、村镇建设

农村　1969年,户户通广播。1977年,农村普遍用上照明电。1988年,全镇27个村通上自来水。2001年,陶港村建成村办公大楼。2004年,启动新农村建设,彦英、高桥、补南3个村建成社区服务中心。2006年,实施草、危房改造,累计投入资金15.6万元,为27个贫困农户修建房屋46间。2007年,疏浚必径河,动土20.6万立方米。是年,补南、大石、广丰、光荣4个村建成社区服务中心。2008年,铺设水泥路面18条、计28.6公里,改造、新建农桥12座。

镇区　解放初,镇区东西长500米,面积0.68平方公里。1985年,建成振兴路、育才路、新村路。1995年,9号河镇区段埋设涵管,铺设水泥路面,安装路灯,建成占地2.33公顷的天补商城,100多农户进镇落户,务工经商。1998年,育才路新建商住楼1500平方米。2004年,相继建成森达大厦、农经大楼、华强公寓、土管大楼、拆迁安置楼。2008年,镇区面积0.86平方公里。

二、教育

清光绪三十二年(1906),黄汉石创办小学。1949年,全乡小学17所,班级33个,教师43人,学生1358人。1958年,开办天补初中、天补农中;新办5所民办小学。20世纪60年代初,新办5所农中。1964年,天补农中开设农机班。1968年,天补初中增设高中部。1974年,32个大队兴办30个幼儿园。1978年,公社建中心幼儿园。1984年,建乡党校和成教中心学校,5所农中陆续撤并。1986年,乡党校被评为南通市先进党校,1989年,被评为省先进基层党校。1990年,全省先进基层党校联席会议在天补党校召开,省委副书记孙家正出席会议。1992年,镇成教中心举办干部高中班,村小陆续撤并至中心小学。2004年,初中1所、小学1所。2007年,镇党校第五次评为省红旗基层党校。2008年,幼儿园1所。中小学3所,中小学生3638人,中小学教职工315人。

三、文化

1952年,成立乡业余剧团,演员30多人。1953年,建天补文化站(区站)。1982年,建造天补影剧院,上海中国画院名誉院长王个簃题写院名。1983年,成立乡文化科普中心,19个村建起俱乐部。1986年,成立天补镇文化站,与区站合署办公。1996年,被评为省群众文化先进乡镇。1998年,文化站新大楼落成。2005年,建镇文化活动中心。是年,建成特色文化村1个、特色文化户25个。2008年,建成农家书屋25个。

四、体育

50年代,农村流行跳绳、踢毽子、放风筝、拔河、踩高跷等传统体育项目。六七十年代,学校有体操、田径、球类等体育活动。80年代,开展夏季游泳比赛活动。1990年,被评为省级体育先进镇。90年代,镇篮球队、象棋队经常外出交流比赛。复写纸厂连续多年举办体育邀请赛。全镇四年举办一次农民运动会,有自行车慢骑、负重快跑、接力、拔河、篮球、乒乓球、跳绳等项目。2003 年,开展全民健身周活动。2006 年,获省群众体育先进单位称号。2007 年,被评为省体育强镇。2008 年,建成全民健身点 3 个,各村建起篮球场、乒乓球室。

五、卫生

民国年间,当地中医陆鼎三及其儿子陆维亨、陆维元,医术高明,远近闻名。1949 年 6 月,建立汇通区人民医院。1954 年,建桃源联合诊所和天补卫生所。1958 年,建立 6 个保健室。1969 年,推行农村合作医疗。1970 年,建立天补(地区)医院。1976 年,农村合作医疗改为社办合作医疗。1991 年,建造卫生院大楼。2002 年,天补卫生院改为民营医院,同时建天补卫生所。2008 年,天补医院有医生 42 人,8 个村建有卫生室,乡村医生 19 人。是年,新型农村合作医疗参保率 91%。

第四章　三 星 镇

第一节　自然概况

一、境域简况

三星镇位于市境西北部,距市治 15 公里,东与德胜镇为邻,南与天补镇相接,西、北与通州市交界。境内有宁启高速等 6 横 11 纵公路,交通十分方便。2008 年,总面积 34. 12 平方公里,耕地 1467 公顷。1. 32 万户,3. 6 万人。从业人员 2. 14 万人,其中外出从业人员 1200 人,出国从业人员 536 人。外来从业人员 3. 27 万人。人口出生率 6. 01‰,人口死亡率 7. 39‰,自然增长率 -1. 38‰。地区生产总值 29. 55 亿元,第一产业增加值 8612 万元,第二产业增加值 17. 59 亿元,第三产业增加值 11. 09 亿元,财政收入 1. 55 亿元,农民人均纯收入 13800 元。跻身全国乡镇综合实力 500 强。

二、历史沿革

民国初年,三星镇属海门县公署西一区。民国 16 年(1927),属海门县二区。民国 30 年,属通海行署海门二区。1949 年 1 月,三星地区解放,划属海门县汇通区。1957 年 11 月,震蒙、民治乡合并,成立三星乡。1958 年 3 月,划入天补乡的广丰一、二、九社和齐心二、六社。10 月,成立三星人民公社,辖 26 个大队,288 个生产小队。1983 年,复称三星乡。1992 年 12 月,撤乡建三星镇。2001 年 4 月,26 个村合并为 8 个村。2004 年,天补镇宝兴村划属三星镇。2006 年 8 月,省政府同意设立江苏海门工业园区,保留三星镇建制。2008 年,9 个行政村,2 个居委会,324 个村民组。

三、集镇变迁

老三星镇　位于今镇南村。清乾隆年间(1736-1795),陈、杨、周三姓人家在此开店设摊,渐成集镇,初名“三姓镇”。清咸丰三年(1853),更名为三星镇,意为福、禄、寿三星高照。1957 年至 1975 年 3 月,为三星乡(公社)机关驻地。2008 年,该镇仍在。

新三星镇　位于浒通河北闸处。1975 年,三星公社行政机关迁至该处,逐渐形成集镇,得名新三星镇。1975 年 4 月至 2008 年,该镇为三星镇(公社、乡)行政机关驻地。

汇通镇　位于今益民村,建于清嘉庆年间(1796-1820),因横跨汇通河而得名。抗日战争期间,是新四军根据地。2008 年老街仍在,有 2 个个体商店。

新镇 位于今林西村。清道光年间（1821－1850），有人在此开小店，渐成集镇，当地人称之为新镇。民国初年，镇上有染坊、油坊、药房及多家酒店。民国26年，开设薄荷油店。20世纪80年代，因区域经济发展演变集镇废弃。

蚌壳镇 位于今益民村，形成于清乾隆年间。镇上有两个相邻的商店，形似张开的蚌壳，取名蚌壳镇。民国初期废弃。

第二节 经济发展

一、农业

种植业 成陆至解放初期，以种植元麦、小麦、玉米、棉花为主。1953年，引进岱字棉棉花新品种。1964年，引进黄八叶、白八叶等玉米新品种。1965年，推广夏熟元麦、早秋玉米、晚秋水稻三熟制。1976年，推广玉米棉花夹种。1978年，皮棉每公顷产量1072.5公斤，位居全县第一。1985年，新镇村种葡萄10.7公顷，年产葡萄200多吨。1990年，全乡种葡萄73公顷，收入200多万元。1999年12月，叠石村姜学林、姜林平兄弟俩在2公顷土地上种植红、白、黄等6种颜色玫瑰花，销往上海等地，每公顷产值24万元。2002年，益民村搭建塑料大棚3.4公顷。2005年，全镇设施栽培134公顷。在省优质水果大赛中，“宇园”牌葡萄获3个金奖、1个银奖。2007年，南通花晨现代农业园建成，占地40公顷，每公顷平均收入15万多元。“神爽”牌葡萄获首届中国南方葡萄新品展示金奖。2008年，青椒、番茄、茄子等11个农产品被评为省级无公害农产品，葡萄被评为国家级有机食品。是年，全镇粮食总产4938吨，油料1660吨，蔬菜7062吨，水果1.53万吨。

养殖业 1958年，公社成立畜牧场和养蜂场。1962年，中和大队兴办集体渔场。1974年，公社成立蚌珠组，育蚌采珠。1980年，自繁小蚌6万只。1981年，采得蚌珠14.5公斤，收入2.1万元。1982年，养蜂600箱，产值11.72万元。1991年，林西村饲养蛋鸡2万羽，年盈利4万多元。1998年，林西村兴办千头猪场、梅花鹿养殖场。2002年，永富村办起养鸭场，饲养成鸭1800羽、苗鸭3000羽，盈利3万多元。2008年，全镇养羊7.03万只，梅花鹿150头，家禽21万羽，淡水养殖产品1826吨。

二、工业

概况 20世纪50年代，成立三星农具厂。60－70年代，兴办油厂、电子、竹器、砖瓦、电镀、塑料、造纸、棉纺、服装等企业。1980年，三星电子仪器厂生产的ZDC－201型在线电流电阻测试仪，在中国向太平洋海域成功发射运载火箭的调试过程中发挥作用。中共中央、国务院、中央军委给电子仪器厂发贺电，七机部发感谢信。1989年，获省对外开放重点工业卫星镇称号。1990年，有企业34个，从业人员2615人，工业总产值5671万元。1992年，11个村办起民营企业。1996年，14个镇办企业改制。2001年，建立三星工贸园区，大岛、巨丰、美罗、天发、凯帝、伊丽梦等家纺企业入驻园区，2002年获评省级示范工贸园区。2006年，进区企业240多个，总投资50多亿元。同年，三星工贸园区升格为省级开发区，更名江苏海门工业园区。2008年，有工业企业1300个，职工3.2万人，工业总产值191.23亿元。

竹器 三星竹器历史悠久。解放前户营为主。1971年10月，成立三星竹器厂，生产扁竹、混竹、藤器产品。扁竹产品有篾丝编织的箩、篮、盘篮、凉

图37－4 三星镇生产的竹器 （2008年摄）

席、簸箕等，混竹产品有椅、榻、凳、铺板等，藤器产品有藤椅、藤榻等。1973年，用彩色细篾编织的“撑席”、凉席和瓶、罐、盆等精致容器及装饰品，参加广交会展销。1979年，新厂区建成，占地4006平方米，完成产值15.05万元，利润1.57万元。80年代，三星、安南、震蒙、永和等村成为竹器专业村。90年代至2008年，藤制品及竹制凉席仍然畅销。

羊毛衫　1980年，建三星针织厂。1982年，改为三星羊毛衫厂，主要生产“新叶”牌羊毛衫。1986年4月与上海大众染厂联营，成立上海三星羊毛衫公司。同年，与常熟羊毛衫厂、如皋羊毛衫厂等15个厂家联合，建立三星羊毛衫集团。1987年4月，在上海市第二届服装展评会、青岛服装展评会上，分别获“新、优、美”产品创新设计奖和最佳销售奖。1988年，“新叶”牌羊毛衫获纺织工业部“四新杯”一等奖；荣获省乡镇明星企业称号及省政府嘉奖。1989年，3个系列产品获省优，同年取得国际羊毛局纯羊毛标志使用许可证。1990年，3个系列5个品种被评为部优。1995年，产值超亿元，入库税金1228万元。2004年，转产床上用品。

家纺　70年代初，一些农民将家庭生产的服装、绣品拿到叠石桥销售。1982年，建立叠石桥市场服务组，扶持家纺业发展。至1990年，举办技术培训10批次，受训400多人。1994年3月，组织40多个家纺大户参加外贸出口业务培训。同年，郁建祥等18户将产品销往俄罗斯、新加坡等国家，外贸额1600多万元。叠石桥市场成交额6亿元。2002年，获中国家纺绣品名镇称号。2005年，市场成交额130亿元。2007年，被中国家纺协会确定为中国家纺流行趋势推广基地。2008年，有家纺企业1300多个，家纺户9000多个。销售收入500万元以上企业250多个，超亿元企业20多个，注册各类商标600多个，其中中国驰名商标2个。在东欧、南美、南非等国家创办境外企业300多个，外贸供货额1亿美元。

三、建筑业

1974年11月，成立三星建筑站。1979年，组建施工队赴新疆承建克拉玛依油田项目。1981年，更名为县建筑安装联合公司三星工程队，在新疆、徐州等地开辟施工项目，年建安产值112万元，经济收入33.6万元。1995年，更名南通三星建筑有限公司。1998年，成立三星房地产开发有限公司。2002年，承建叠石桥国际家纺城一期工程7.5万平方米，海门农贸市场商住楼12.21万平方米项目。2004年，承建远东大厦、叠石桥国际家纺城二期9.01万平方米工程项目。2006－2007年，承建民生佳苑小区21.5万平方米，市社会福利院老年公寓综合楼2.6万平方米，邳州三星花苑一期、二期工程17.8万平方米。实现建安产值3.12亿元，经济收入6113万元。2008年，建筑业施工产值1.64亿元，增加值2399万元。

四、第三产业

1951年2月，三星供销社成立。1956年，新镇、汇通镇设立杂货门市部。1958年，设立农村商店。70年代，有供销社、商店、代销店32个，饭店4个，旅馆3个，菜场4个。1982年，开辟叠石桥绣品市场，民乐村村民袁士林率先开办个体旅馆。至1984年，叠石桥办起个体旅馆20多个。1991年，开办叠石桥至上海火车新客站个体托运站，至1995年，共有个体托运站32个。2000年，佳美、百佳惠等大中型超市入驻镇区。2004年，建成占地4万平方米的叠石桥物流园区。2004－2006年，先后建成大岛国际大酒店、赛城阳光大酒店、大岛港湾大酒店。2008年，有家纺市场1个，农贸市场3个，大、中型超市15个，商店181个，药店9个，饭店、旅馆130多个。物流中心晋升全国AAAA级物流企业。

第三节　社会事业

一、村镇建设

农村　1964年10月普及有线广播。1969年，各村通电。1971年，5个生产队安装电灯。1985年，农村普及电灯照明。1986年，叠三、德三和环乡公路筑成。1996年11月，全镇普及自来水。1997年，有线电视进入镇区。2001年10月，实现有线电视村村通。2005年，启动新农村建设。2006年，疏浚沟河250条，动土110万立方米，改造危桥20座，改造厕所500座，设置垃圾箱450多个，修筑村水泥公路7.8公里，完成自来水管道改造6公里。2007年，9个村建成社区服务中心，召良村农民聚居区建成91幢别墅、12幢联户住宅楼。2008年,宝兴村、叠石村聚居区建别墅36幢、多层住宅楼360套。是年12月3日,全国农村社区建设经验交流会与会人员到叠石村参观。

镇区 1975年,公社机关迁至新三星镇。1976年,浒通河东为工业区,河西为商业区。1979年,兴建影剧场。1983年建自来水厂。1986年,建烈士陵园。是年,建造富民街418米,14个农户进镇经商。1987年,乡政府新办公楼落成。1992年,在天三公路镇区段建商住楼139幢。1997年,500多农户进镇落户,务工经商。2002年,镇区建设西延,与叠石桥市场连接。2005年,获省新型示范小城镇称号。2006年,省政府批准为省重点中心镇。2008年,镇区建成面积5平方公里。

二、教育

清乾隆年间(1736－1795),有私塾18所。民国元年(1912),黄文达创办第一所私立初小。民国3年至35年,有初小2所,完小4所,中学1所(即海门中学上校)。1949年9月,叠石小学建立。1950年,震蒙小学成立。是年,有小学9所。1956年,民办益民初中建立。1959年,三星初中建立。1964－1968年,兴办民办初中6所、村小5所。1969年,三星初中和2所民办初中增设高中班。1980年,三星初中等停招高中班。1984年4月,乡成人教育中心学校成立。1990年,为纪念书画家王个簃,宏光小学改名为启之小学。2001年,初中1所、小学3所、幼儿园1所,在职教师221人,学生3616人。2003年,叠石桥幼儿园建立。2006年,通过省教育现代化乡镇验收。2008年,三星中心小学《"绣品文化"校本课程的实施与研究》被列为省级课题,中心幼儿园被评为省优质幼儿园。是年,初中1所,小学2所,幼儿园3所。中小学生3294人,中小学教职工252人。

三、文化

1950年初,成立汇通青年业余剧团,当年5月,在县第一届人民代表会议上,演出《赤叶河》。1952年8月,组建三星青年业余剧团,排演话剧《小二黑结婚》、戏剧《小女婿》等,宣传新婚姻法。1976年2月,三星文化站成立。1979年,建造影剧场,书画家王个簃题写"三星影剧场"。1982年7月,公社文化中心成立。1992年,获省群众文化先进乡镇称号。1994年,建成万册图书馆。2002年,《农村老太也潇洒》在南通市创作节目调演中获创作、演出一等奖。2003年9月,三星镇和南通市诗词协会联合举办"迎国庆"叠石诗会。2005年,被评为南通市首批特色文化乡镇;全镇有特色文化村2个、特色文化家庭3个。2006年,投资400多万元兴建镇文化中心。2008年,各村建立文化活动室。

四、体育

20世纪70年代,春秋两季举行中小学生运动会。1982年,三星初中学生沙洪卫在县运动会标枪比赛中破县纪录。1987年5月,三星乡首届农民运动会举行,114名农民运动员参加16项比赛。1996年,获省体育先进镇称号。2001年4月,镇第五届农民运动会开幕,市领导施德威、曹建平出席。2008年,9个村建起篮球场、乒乓球室、健身房。

五、卫生

民国19年,西医薛益民开设诊所。1949年3月,汇通区人民医院三星分院成立。1953年,三星分院改为三星卫生所。1958年4月,三星医院成立。1959年,海界河发现钉螺,组织查螺灭螺。60年代末,实行合作医疗,配备赤脚医生47人。1973年,三星医院易地重建,医疗条件改善。1977年,公社被评为南通地区灭螺工作先进集体。1988年1月,叠石桥市场医院开诊。1996年12月,成为南通市卫生镇。2002年,建立三星卫生所。2005年,全镇建成11个社区卫生服务站,3万多名居民参加新型农村合作医疗保险。2008年,医院1所,医生42人。是年,改厕3000多座,通过南通市检查验收。

第五章 德胜镇

第一节 自然概况

一、境域简况

德胜镇地处市区北侧，南靠海门镇，东邻常乐镇，西接三星镇，北部以海界河为界与通州二甲镇相望，东北部与四甲镇交界。圩角河、通启河纵横过境，海二、瑞江、王川、常久等公路贯通镇域，宁启高速公路海门道口设在镇区南端。2008年，总面积54.55平方公里，耕地2773公顷。1.8万户，4.56万人。从业人员3.44万人，其中出国从业人员247人。人口出生率4.99‰，人口死亡率3.63‰，自然增长率1.36‰。地区生产总值15.25亿元，其中第一产业增加值1.62亿元、第二产业增加值8.61亿元、第三产业增加值5.02亿元。财政收入1.1亿元，农民人均纯收入11966元。

二、历史沿革

民国年间，属海门一区。解放初，境域包括德胜、德南、日升、旭升4个小乡以及飞鹭、新民乡的一部分。1957年11月，建立德胜乡。1958年10月，成立德胜人民公社。1983年，复称德胜乡。1994年，撤乡设德胜镇，辖24个行政村、1个居委会、268个村民组。2000年，瑞祥镇并入德胜镇，辖38个行政村，2个居委会，504个村民组。2001年，38个村合并为12个行政村。2008年，辖12个行政村，2个居委会，504个村民组。

三、集镇变迁

德胜镇 位于今新凤村3组。20世纪80年代中期形成。1987－2008年，为德胜镇（乡）机关驻地。

坝头镇 位于今贤高村，形成于清乾隆年间（1736－1795），因紧靠圩角河的坝头，得名坝头镇。1958－1986年，为德胜乡（公社）机关驻地。2008年，镇上有一些商业店面。

磨框镇 位于今瑞祥村。形成于清乾隆中叶。因镇的形状像磨面用的磨框，得名磨框镇。1957－2000年，为瑞祥镇（乡、公社）机关驻地。2008年，有农贸市场、邮电、电信、用电站，4个超市、2个饭店和小商品一条街。

连元镇 位于今李彬村。形成于清乾隆中叶。紧靠连元沙河，得名连元镇。解放初，连元镇为连元乡、连元区机关所在地。2008年，还存有清末建成的石街、石牌楼和石桥，石牌楼即“双节坊”，为表彰婆媳俩终身守节而建。

朝阳镇 位于今银才村。形成于清乾隆年间（1736－1795）。1954年，圩角河拓宽加深，朝阳镇大部分商店被拆迁。2008年，朝阳镇有商店和农贸集市。

双豆腐店 位于今新凤村。民国初年形成。因镇上有两家豆腐店而得名。2008年，有商店、生产资料门市、农贸市场、建材市场等。

定兴桥 位于今瑞北村。民国初年形成。因紧靠定兴桥而得名，当地人亦称海界河镇。2008年，有3个商店、1个豆腐摊和1张肉台。

下张家镇 位于今金锁村。形成于清末民初。因镇上开店的多数姓张，得名张家镇。后因海门镇也有张家镇，民间称其为上张家镇。此镇改称下张家镇。50年代，因交通条件改变逐渐衰落，90年代初废弃。

八字桥 位于今文俊村。民国初年形成。因紧靠斜横河上的两条八字形小桥而得名。2008年，镇上石街仍在，有商店、理发店、药店、午市等。

添旺镇 位于今瑞北村。清道光年间（1821－1850）形成。初期，有一个叫蔡存元的，学得一手好拳术，不畏强暴，保护百姓利益，人称“八天皇”。为纪念“八天皇”，老百姓把此镇称为“天皇镇”，后为避讳，改为“添旺镇”。80年代，因区域经济发展演变废弃。

还有麸皮镇（位于今文俊村）、复兴镇（位于今新凤村）、桃源镇（位于今平山村）等，均废弃。

第二节　经济发展

一、农业

种植业　20世纪50年代，以种植元麦、小麦、油菜、棉花、薄荷为主。60年代，引种贝母，被全国药政总局定为浙贝母生产基地。70年代起，推行玉米、棉花夹种，玉米每公顷产量近6000公斤，皮棉每公顷产量750公斤左右。80年代，推行地膜玉米、地膜棉花，玉米每公顷产量6000多公斤，皮棉每公顷产1050公斤。90年代初，种植大棚蔬菜，每公顷平均收入超4.5万元。90年代末，种植西瓜、甜瓜，每公顷平均产值超6万元。2001年，贤高、德新村建农业示范园区133公顷，列国家农业综合开发项目。2002年，推广种植苗木花卉，乔木品种70多个。2003年，李彬村贝母每公顷产值180万元。2005年，李彬村建成农业示范园区267公顷，推行贝母、葡萄、青毛豆套夹种模式，每公顷收入超30万元。2008年，建成瑞北草莓园区37公顷，引进“红艳”“丰香”等优质草莓品种，每公顷产草莓1.5万公斤，每公顷收入18万元。全镇贝母280公顷、苗木花卉267公顷、葡萄133公顷、设施栽培568公顷，注册“万家盼”“麦莎”“红友”“千千”“合卯圆”等15个农产品商标。是年，全镇粮食总产7532吨，棉花237吨，油料2813吨，蔬菜2.07万吨，水果8716吨。

图37－5　2004年7月，省委副书记张连珍（右四）到贤高农业园区考察

养殖业　50年代，户养猪、羊、鸡、鸭等。60－70年代，生产队兴建养猪场，年均出栏生猪6000多头。80年代，饲养AA肉鸡。90年代，兴起高架养羊。2000年，银才村建百头奶牛场，新凤村建千头猪场，瑞南村建梅花鹿养殖场。2007年，平山村建成三杰养猪场，年出栏生猪上万头；文俊村建成东洲禽业种鸡场，存栏种鸡1万套①。2008年，山羊饲养量9.28万只，家禽饲养量74.42万羽，水产品产量1750吨，养殖业总产值占农业总产值40%。

农产品加工业　1964年，建县社合营瑞祥油厂，加工黄豆、油菜籽、棉籽等食用油。2007年，顺星食品有限公司在平山村建成投产，加工汤圆、“四青”作物。2008年，顺星食品公司日加工“四青”作物60多吨，日产汤圆15吨，冷库容量5000多吨。

二、工业

概况　50－60年代，有铁木业社等企业。70年代，兴办螺丝厂、真空泵厂。80年代，兴办服装、羊毛衫裤、玻璃、纸箱等企业。1990年，建成海门造纸机械厂、上海纸箱二十五厂海门分厂、海门轧钢厂、南通华美铜材公司等规模企业，有乡、村办企业86个，工业总产值8949万元。90年代，建利国玻璃制品、三龙玻璃制品、新新联合螺丝、新星羊毛衫、兴隆羊毛衫等有限公司。2000年，工业产值5.6亿元。2002年，启动工业集中区建设。2005年，工业集中区有企业55个，年销售收入5亿元，纳税2000多万元。2007年，工业集中区西区沿王川公路向西发展，主要为家纺企业；南区沿海二公路向南发展，主要为五金螺丝企业。2008年，工业总产值61.25亿元，销售收入11.37

① 1套：8只母鸡、1只公鸡为1套。

亿元,实际利用外资1017万美元。

五金螺丝　1970年,德胜油厂开发标准件加工业务,为上海加工收录机、电风扇等电器的标准件螺丝。1984年,生产电视机、冰箱等多种电器产品标准件螺丝,产品销往上海、北京、山东、四川、东北等地的电器制造企业,年产值250万元,利税20多万元。1987－1991年,先后建成新华标准件、新新联合螺丝、亨达电子等公司,为熊猫、夏普、美的、TCL等电器集团生产专业配套螺丝。2000年,兴办飞达标准件、南通威尔精密螺丝、欣力标准件、德新标准件等公司。2008年,全镇注册经营的标准件螺丝企业59个,个体螺丝加工户近百家,从业人员1500多人,营销额1.8亿元,产品涉及电子电工等多个行业。

羊毛内衣　80年代初,德胜服装厂、瑞祥服装厂创办羊毛内衣车间。90年代初,建办新世纪、新星羊毛衫等公司,产品销往东北、上海等地。90年代中后期,建成南通荣祥制衣、新隆针织、恒昌针织等公司。2008年,注册的羊毛内衣企业31个,品牌主要有"梦特娇""皮尔·卡丹""北极绒""鄂尔多斯""恒源祥"等,畅销国内各大商场,销售收入1.6亿元。

玻璃制品　1981年,创办旺南玻璃瓶厂,生产化妆品玻璃瓶。90年代中期,建利国玻璃制品、三龙玻璃制品、德顺玻璃制品等企业,专业生产各种规格的化妆品瓶、药瓶、酒瓶等。2008年,产品销往上海、浙江、广东等地,出口美国、日本、俄罗斯、波兰、德国、印度等国家,产值1.36亿元。利国玻璃制品有限责任公司销售收入7584万元,入库税金643万元,跻身市铜牌企业行列。

三、建筑业

1974年,建德胜、瑞祥建筑站。80年代,施工队伍在新疆、济南、青岛、南京、上海、北京等地承建项目。1990年,建安产值2500多万元。1996年10月,组建江苏德兴置业集团有限公司,下设6个子公司。1997年,被评为省建筑业十佳企业,其子公司南通市德胜建筑安装工程公司被评为全国优秀施工企业。2001年,德胜建筑队参建的青岛海悦广场公寓楼,2002年获"鲁班奖"。2004年,江苏德兴集团承建的重庆龙湖水晶郦城二期K27号商业综合楼,2007年获"鲁班奖"。2008年,全镇建筑业施工产值7.73亿元,增加值1.59亿元。蝉联市建筑业先进乡镇。

四、第三产业

50年代,有理发店、饭店、杂货店、菜场等。60年代,坝头镇、磨框镇分别建起供销社、商业总店。70年代,供销社、商业总店在农村设下伸点。80年代,钟表修理、电器维修等服务业兴起。平山村成为苗禽营销特色村。90年代初,贤高、德新、金锁等村成为瓜果、蔬菜贩运特色村。1995年,建德胜镇农贸市场。2003年,建成德胜苗木专业市场,占地1万平方米,年成交额500万元,成为海启地区苗木销售中心。2008年,全镇拥有客货运输车辆81辆,计算机服务企业4个,批发零售企业13个,饭店、熟食店30多个,租赁企业11个,广告业2个。

第三节　社会事业

一、村镇建设

农村　20世纪60年代,普及有线广播。1976年,农村通电。80年代,建成农村沙石路90公里。90年代,镇到村主干道实现黑色化,总长28公里。1998年,瑞祥村建起首个农民聚居区,建造别墅19幢。2002年,实现有线电视村村通,发展用户2000多个。2004－2006年,沟河疏浚980条,完成土方32万立方米。2006年,广播、电视双入户3000多户。2007年,全镇12个村建成社区公共服务中心。2008年,建成水泥路面85公里,改造危桥25座,明沟全部得到疏浚。境内海二公路、德三公路两侧路灯设施完善。全镇有线电视用户9490户,入户率78%。瑞北、金锁两村新建农民别墅47幢。

镇区　80年代中期,镇机关从坝头镇搬至新凤村3组的德胜建筑站,沿圩角河由南向北建起一条街。90年代,鼓励农民进镇落户,建成德三、德富、德兴等主要街道。2000年,镇区形成三横二纵格局。2004年,被评为南通市新型小集镇。2008年,镇区建成面积2平方公里。

二、教育

解放初期,有初级小学10所。50年代,小学16

所，学生 700 多人。1959 年、1960 年，建立德胜、瑞祥初级中学。1968 年，初级中学增设高中部，1980 年撤销高中部。1990 年，有初中 3 所、小学 8 所，幼儿园 2 所，成教 1 所，党校 1 所，教师 147 人。中小学生 2264 人。1998 年，德胜、瑞祥两镇被评为省教育现代化乡镇。2000 年，初中合并为 2 所、小学 3 所，幼儿园 2 所，成教 1 所，党校 1 所。2002 年，德胜初中成为省实施教育现代化工程示范初中。2005 年，德胜中心小学为省实验小学。2007 年，德胜中心小学成为中国基础教育网络实验学校、全国文明礼仪示范基地。2008 年，初中 2 所，小学 3 所，中小学生 2813 人，中小学教职工 303 人。幼儿园 2 所。

三、文化

50 年代，业余演出队送戏下村。1976 年，成立德胜、瑞祥文化站。1996 年，德胜、瑞祥镇被评为省群众文化先进乡镇。2001 年，瑞祥村投资 50 万元，建立村级农民文化活动中心，内有图书室、阅览室、棋牌室等。该村的校外教育辅导站颇具特色，中央及省级关工委多次考察调研。2004 年，瑞祥村被评为市特色文化村。2005 年，李彬村、贤高村建成村文化活动中心。2007－2008 年，12 个村建成农村图书室，各村藏书均千册以上。全镇有特色文化家庭户 100 多个。

四、体育

60 年代起，每年举行两次中、小学生运动会。70 年代，公社组织拔河、跳绳、篮球比赛。80 年代，组织游泳、乒乓球等比赛。1996 年，德胜、瑞祥镇被评为省体育先进镇。2000 年后，开展全民健身活动，李彬、贤高、瑞祥 3 个村有乒乓球、篮球、单双杠等体育设施，农民晨练、夜练者逐渐增多。2005 年，成立乒乓球、象棋、围棋等协会。2008 年，镇区和 12 个村均建成篮球场、健身场、乒乓球室等，体育健身设施齐全。

五、卫生

50 年代末，成立德胜、瑞祥卫生院。60 年代末，实行合作医疗，大队配备赤脚医生。1980 年，卫生院 2 所，医务人员 50 多人，大队合作医疗室 40 多个，赤脚医生 80 多人。1992 年，成立初级卫生保健组织，实施初级卫生保健规划。1997 年，建立农民住院医疗保险制度。1999 年，实行新型农村合作医疗保险。2002 年，2 所卫生院改为民营医院。2005 年，推进农村生活垃圾管理，实施户袋装、村收集填埋的运作模式。设置垃圾箱 500 多只，配备保洁员 50 多人。2008 年，有医院 2 所，下设社区医疗网点 13 个。新型农村合作医疗参保率 96%。

附：瑞祥镇

瑞祥镇南接江滨乡，东连平山乡，西与德胜镇为邻，北与国强镇接壤。民国初期设乡，时称张家乡、丰乐乡。抗日战争和解放战争时期，分别称无敌乡、边靖乡。1949 年 2 月，始建瑞祥乡（以季瑞祥烈士命名），隶属第三区。1952 年 7 月归属连元区。1958 年 10 月成立瑞祥人民公社，1983 年复称瑞祥乡。1994 年，撤瑞祥乡建瑞祥镇。1999 年，辖 17 个行政村，1 个居委会，236 个村民组。总人口 2.25 万人，非农人口 8421 人。总面积 21.52 平方公里，耕地面积 1363 公顷。农民人均纯收入 3969 元。

1999 年，瑞祥镇的工业主要有纺织、机械、建材、冶金、轻工、电子等行业。县真空泵厂是全省有影响的真空专业生产厂，生产的 BMB－25 型无油真空泵通过省级技术鉴定，属国内首创。县第二微型电机厂与上海工业大学联合研制的三相力矩电机通过省级鉴定，达到国内领先水平。南通华美铜材公司生产的各种规格铜棒、铜管在省内外形成较大影响。县服装四厂生产的“亨泰”牌羽绒服获南通市优秀产品奖。全乡工业总产值 1.48 亿元，销售收入 1.17 亿元，利税 1278 万元。是年，全镇粮食总产量 6877 吨，山羊出售 1.68 万只，家禽 21.36 万羽，水产品产量 416 吨，蔬菜 4011 吨。农业总产值 7136 万元。建筑业总产值 7200 万元。全乡文化教育设施齐全。有中小学 7 所，在校学生 2448 人，教师 142 人。

2000 年 4 月，瑞祥镇撤销，并入德胜镇。

第六章　三 厂 镇

第一节　自然概况

一、境域简况

三厂镇位于市区东侧，东与临江镇为邻，西与海门镇接壤，南临长江，北与悦来、麒麟镇相连。境内海门河、青龙河、大洪河、大新河纵横交汇，省道335线、掘青公路、汤正公路、五泰公路穿境而过，交通运输便捷。2008年，总面积62.67平方公里，耕地3533公顷。2.93万户，7.87万人，从业人员3.34万人，外来从业人员1544人。人口出生率4.85‰，人口死亡率5.88‰，自然增长率－1.03‰。地区生产总值36.66亿元，其中第一产业增加值1.49亿元，第二产业增加值26.53亿元，第三产业增加值8.64亿元。财政收入2.4亿元。农民人均纯收入11760元。

二、历史沿革

清乾隆元年(1736)，成陆，初名陈苍球湾。民国3年(1914)，张謇创办大生第三纺织公司，后形成集镇，称三厂镇。1949年2月，三厂镇成为县属镇，辖1个村、4个居委会。1954年7月，青龙港镇并入三厂镇，辖1个村、5个居委会。1959年1月，将三厂镇与厂洪公社合并，成立三厂人民公社。辖29个大队、5个居委会。同年7月，从三厂人民公社中分出集镇范围重建三厂镇。1960年8月，三厂镇成立人民公社。1963年2月，恢复三厂镇人民委员会。1984年7月，青龙港镇从三厂镇划出，厂洪乡厂南村划属三厂镇，辖2个村、4个居委会。1990年，居委会扩至9个。1992年12月，青龙港镇、厂洪乡并入三厂镇，辖29个行政村、10个居委会。1999年3月，辖26个行政村、10个居委会。2000年4月，汤家乡(1958.3－2000.4)和海门镇长江渔业村并入三厂镇，辖50个行政村、11个居委会。2001年4月，行政村合并为17个，居委会合并为6个。2008年，辖16个行政村，3个居委会，523个村民组。

三、集镇变迁

三厂镇　民国初年形成，因大生三厂得名三厂镇。1949年1月至2008年，为三厂镇(公社)机关驻地，1961－1987年为三厂区机关驻地。

泰兴镇　位于今为民村11组。清嘉庆初年形成。相传镇上石神庙建成后，江岸不坍，人民生活安泰，生意兴隆，遂将集镇定名为泰兴镇。1976年，因江坍搬至丰顺村18组。2008年，有农贸市场。

袁家河头镇　位于今新丰村12组。清嘉庆年间(1796－1820)形成。因一袁姓人家在河边开店而得名。1976年，因区域经济发展演变集镇废弃。

汤家镇　位于今鹤丰村33组。清乾隆年间(1736－1795)形成。因一汤姓人家在大新港(初称海洪港)河边开设小店而得名。清宣统元年(1909)，中国现代著名诗人、翻译家卞之琳出生该镇。1958年3月至2000年4月，为汤家乡(公社)机关驻地。2008年，物业齐全，市场兴旺。

浒通镇　位于今汤西村33组南。清光绪年间(1875－1908)形成。因水路畅通得名浒通镇。1969年坍入长江。

崇海镇　位于汤西村2组南。清道光年间(1821－1850)形成。该镇与崇明隔江相对，取用崇明、海门两个地名首字为镇名。1950年，坍入长江。

倪家镇　位于今丁陆村26组，清同治年间(1862－1874)形成，因倪姓大地主出资建镇，得名倪家镇。抗日战争初期，为崇明县政府所在地。2008年，有粮油交易、理发、车辆维修等服务业。

虹桥镇　位于今中兴村1组南。清道光初年形成。因镇西有座似彩虹的拱桥得名虹桥镇。1951年坍入长江。

大洪镇 位于今大洪村13组。清嘉庆年间(1796－1820)形成。集镇形成时地处大洪沙得名大洪镇。2008年,有农贸市场1个。

骨殖髭镇 位于今大洪村20组南。清道光年间(1821－1950)形成。集镇形成时,袁氏兄弟将镇边乱坟场上歪斜的骨殖髭搬到一起埋入地下,人们称赞袁氏兄弟的义举,便将此地称为骨殖髭镇。1953年坍入长江。

中兴镇 位于今厂南村10组与镇西村17组交界处。清嘉庆年间(1796－1820)形成。是青龙港与三厂镇中间兴起的集镇,遂称中兴镇。1958年,因区域经济发展演变废弃。

长圈镇 位于今青龙港村28组南。清嘉庆年间(1796－1820)形成。因紧靠长圈港河得名长圈镇。1952年坍入长江。

邢家镇 位于今青龙港村南。清光绪年间(1875－1908)形成。因邢家埭而得名。1953年坍入长江。

老和尚店 位于今大洪村9组。民国8年(1919)形成。因徐和尚开的纸香蜡烛店而得名。民国27年废弃。

凉帽店(原称海星镇) 位于今孝威村7组。清同治末年形成。因专营凉帽而得名。1958年建县化肥厂,凉帽店北移1.5公里。1983年,因区域经济发展演变废弃。

青龙港镇 位于今青龙港村。清嘉庆年间(1796－1820)形成。由于江坍多次北移至此。1984年7月至1992年11月,为青龙港镇政府驻地。2008年,仅有几个商店。

第二节 经济发展

一、农业

种植业 解放后,夏熟以元麦为主,兼种小麦、蚕豆、薄荷、黄麻等;秋熟以玉米、黄豆、棉花为主,兼种高粱、粟米、水稻等。20世纪60年代,中兴大队将原来沟塘密布、高低不平的900多块土地改造成24块高产稳产良田,成为江海平原农田基本建设先进单位。1967年,推广"一旱两水"[①]。1971年,改为"两旱一水"[②]。1975年起,秋熟改为玉米、棉花夹种。1980年,粮食每公顷产量9600公斤,皮棉每公顷产量967.5公斤。1982年,种植胡桑97公顷,每公顷平均产值(包括养蚕)1680元。1985年,种苎麻13.9公顷,每公顷平均产值2835元。2003年,刘洪村建成53公顷刀豆生产基地,每公顷平均产值2.25万元。2005年,丰顺村建成17公顷香芋生产基地,每公顷平均产值6.75万元;新丰村建成20公顷油桃生产基地,每公顷平均产值7.8万元;镇西村建成33公顷大棚果蔬园区,每公顷平均产值

图37－6 三厂镇中兴现代农业园区 (2008年摄)

12万元。2008年,中兴村建成以果蔬为主的38公顷农业园区,每公顷平均产值13.5万元。是年,全镇粮食总产1.25万吨,棉花612吨,油料3341吨,蔬菜6.57万吨,水果5886吨。

养殖业 50年代,鸡、羊、鸭以户养为主。60－70年代,公社办起种猪场,生产队建起猪场,各猪场年均出栏生猪35头左右。1979年养蚌育珠,每大队平均300万只。1982年,饲养水貂705只,蜜蜂240箱,菜兔3850只,奶牛29头。2002年,鹤丰村建成300亩扣蟹养殖基地,年销售扣蟹50吨。2004年,龚国祥创办南海猪场,年出栏生猪3.5万头。2006年,顾照明建成蛋鸡养殖场。2008年,千羽以

① 一旱两水:一旱即小麦,两水即中稻、晚稻。

② 两旱一水:两旱即元麦、玉米,一水即水稻。

上肉鸡养殖大户68个、百头猪场45个、水产养殖场3个、水产养殖户310户,养殖业产值6390万元。

加工业 1956年,建三厂食品厂,生产酱油、酱菜、食醋、腐乳、糕点等,年综合生产能力3000吨。1972年,创办青龙冷冻厂,加工保鲜"四青"作物、肉制品、面制品等,年销售3500吨,销售额2000万元。2004年,创办海门市酱醋厂,生产酱油、食醋等,年综合生产能力1000吨。2008年,农副产品加工总产值9860万元。

二、工业

概况 解放前,除大生第三纺织公司外,还有铸铁、酒坊、染坊、磨坊、缝纫、制帽等企业。1955年,创办农具厂、棉花加工厂。1958年,创办木纱团厂、化肥厂、机床厂。1970年,创办农药厂、砖瓦厂。是年,工业企业32个。1969－1979年,创办磷肥厂、无线电三厂、低压电器厂。1980年,有工业企业83个,从业人员5578人。1990年,工业企业110个,从业人员1.36万人。2000年,工业企业817个,职工6243人,工业产值10.43亿元。2008年,工业企业1066个,规模以上企业42个,中外合资企业28个,工业产值175.2亿元,形成金属冶炼、机械制造、纺织印染、颜料化工、轻工建材五大工业板块。

金属冶炼 1955年创办农具厂,生产农具和生活用品。1978年,中兴大队创办压延厂,生产铜皮等金属制品。1987年后,相继创办县中兴特钢、南特钢管、通特钢管和天马铜材企业。2005年,南特钢管有限公司生产的大口径无缝不锈钢管填补国内空白,产品应用于石化、石油系统和核电站。2007年,"亚洲"牌不锈钢锅炉在中国名牌产品评比中名列第一。2008年,金属冶炼业实现销售收入6.3亿元,纳税1.2亿元。

机械制造 70年代,创办县冷却设备厂、矿山机械厂等企业。1984年,生产10HB－1500型撞流塔水处理产品,填补国内空白。1993年,创办县恒荣机泵厂,专业生产风机,成为国家环境保护实用技术重点生产企业。1997年,"恒荣"牌三叶罗茨鼓风机获省科技进步一等奖。2003年,创办西马特机器有限公司,自主研发的ZX3840型快速定位柜式摇臂钻铣床产品获国家专利,填补国内空白。2005年,创办重型矿山机械厂。2008年,恒荣机泵厂参与国家标准委员会标准化制定,成为北京奥运村污水处理设备最大供应商。

纺织印染 民国3年(1914),清末状元张謇创办大生第三纺织公司。1960年,创办石棉厂、针织厂。1968年,大生第三纺织公司改为国营南通第三棉纺厂。1974－1976年,创办厂洪棉纺厂、镇棉纺厂。1979－1983年,创办无纺布厂、棉纺六厂、棉纺三厂、苎麻厂。1998年,创建江苏生命集团,生产纺织产品,年产值8000万元。2002年,国营南通第三棉纺厂改制为南通华润大生纺织有限公司。2003年,创办南通新锦江、新东方、海门市声荣等印染有限公司。2007年,南通新锦江印染有限公司的"世纪风采"纯棉印花布产品获国家免检资格。2008年,华润公司产棉纱1.08万吨,坯布2140万平方米,销售收入2.8亿元。

颜料化工 1976年,创办大新、鹤丰、友洪化工厂。1989年后,相继兴建化工原料、颜料化工、环宇化工企业,主要产品为蒽醌系列、萘系列和颜料中间体,其中永固紫产品占全国50%,产品销往日、美等国家和中国香港地区。2001年,创办海宇、新兴助剂、众信水处理药剂等化工企业。2008年,南通海迪化工有限公司生产能力8000吨,为全球最大的永固紫RL生产基地,70%产品出口日本、欧美等国家和地区。

轻工建材 1969年,创办大新砖瓦厂。1975－1978年,有轻工建材企业23个。1993年,创办科通力有限公司。2000年,科通力、仪表厂、威腾玻璃厂3个企业产值均超千万元。童车厂生产的"财量"牌88A型多功能手推车被评为省优产品。2004年,创办南通锡宜水泥有限公司、南通玉灿鞋业有限公司。2008年,轻工建材实现销售收入7000万元。

三、建筑业

1958年10月,建立厂洪建筑站。1971年,建三厂、汤家建筑站。1974年5月,重建厂洪建筑站,1977年,厂洪建筑站承建崇明新海农场2980平方米四层医院大楼。1985年,厂洪建筑站改称南通市三建公司302工程处,经济收入1063万元,成为全县第一个经济收入超千万元工程处。1988年7月,302工程处有9个施工队,分布在上海、徐州、邢台、郑州、北京、天津、南京、威海等地,成为全省乡镇十大建筑明星企业。1991年,工程处二队承建的三航局上海斜土路高层建筑楼,获省"扬子杯"奖。1994

年,汤家建筑站承建的上海电视塔基础工程获上海市优秀工程奖。2003年,组建江苏盛大建设工程有限公司,2007年该公司获全国质量安全管理优秀施工单位称号,2008年其承建的常州九洲广场工程被评为国家优秀工程银质奖。2008年,全镇建筑企业3个,从业人员4000多人,建筑施工产值8.3亿元,增加值2.08亿元。

四、第三产业

清咸丰十一年(1861),大新港设轮埠。清光绪十四年(1888),青龙港客货通航,港口开设几家小店。民国3年(1914),清末状元张謇创办大生三厂后,在厂南侧开设南北百货、绸缎棉布、烟酒等店70多家。青龙港至三厂的小铁路投入营运。民国11年,青龙港开设茶馆、饭店、客栈,开通大达、大通、仁和等地轮船航线。民国19年,青龙港开设鱼行、染坊和药店。至1949年,服务行业发展到20多个门类。50年代,组建三厂、厂洪、汤家、青龙港等地供销社和商业总店,重建青龙港码头,成为长江下游北岸客货运输中转的重要港口。60年代,供销、商业在农村大队设下伸点。1971年,厂洪供销社开设日夜门市部。1972年初,在原三厂影剧院广场形成地摊市场。1980年,地摊市场变为小商品市场。1985年,翻建农贸市场。1994年,农贸市场东迁,更名三厂综合市场。1999年7月,建造第二农贸市场,占地7000平方米。2000年后,华联、文峰等大中型超市入驻镇区。2005年,建鼎丰大酒店,日均营业额1万多元。2008年,有交通运输企业237个,批发零售企业2378个,住宿餐饮企业170个,房地产企业3个,租赁和商贸服务企业152个,大中型超市9个,药店15个,足浴店36个,美容美发店35个。

第三节 社会事业

一、村镇建设

农村 1958年9月,镇西村(原厂洪三、四大队)建成全县第一个农村居民聚居点,750多农户入住聚居区。1965年,厂洪公社建全县第一个广播放大站,普及有线广播。20世纪70年代,在道路、河道边,“一字式”“非字式”安排农村建房。80年代后期,农民住房由平房向楼房发展。1994年,有线电视进入农户。2002年,实施有线电视“村村通”。2005年,启动新农村建设,筑造农村水泥公路16.4公里,改造自来水管网1.5万米,开挖沟河动土108.2万立方米,修建桥梁4座;镇西村完成第一期居民聚居区8800平方米。2008年,筑造农村水泥公路93公里,完成农村危桥修筑、二次改水和镇西、中兴两村三格式改厕试点工作,有线电视用户1.78万户,入户率80%。

镇区 民国3年,大生三厂沿青龙河砌房196间,形成经营南北百货一条街。民国9年9月,建成三厂钟楼和大门桥。次年,在南北工房街等处建造砖木结构职工房7000平方米、草工房2180.6平方米,镇区面积0.45平方公里。民国38年,有海化街、中心街、花园街、工房街,镇区面积1.06平方公里。1956年,海北路2000多平方米草房翻建成瓦房,南北工房街建职工住宅楼6075平方米。70年代,修建地下水管5.2公里,铺设沥青路面1.5公里。1989年,建曲尺住宅楼3900平方米。1992年,厂南新村建住宅楼1.1万平方米。1994－1995年,建东方酒楼、中海大酒店、三厂农业银行、金三角等标志性建筑。1996年,建农民街商住楼等2.5万平方米。2000－2007年,建厂东新村、锦绣公寓、中华园、友爱花园、钟楼新村等小区11.7万平方米。2008年,镇区面积3.55平方公里,居民生活区8个,工业区3个,农贸市场2个,车站1个,路面实现硬化、亮化、洁化。

二、教育

民国3年,创办汤家镇小学。民国4－30年,建成泰兴镇国文专修学校、大洪镇小学、三厂镇小学、青龙港镇小学等16所。民国31年,大洪镇沈丕英创办鹿城中学,学生100多人,民国33年,该校30多名学生奔赴抗日前线。1952年,创办三厂职工子弟中学。1953年,创办三厂初级中学。1959年,创办汤家初中。1960年,创办大洪初中。随后,兴办9所农中。1969年,公办小学附设初中班。1970年,大洪、汤家初中办起高中班。1979年,小学附设的初中班、初中附设的高中班停办。1982年,有中小学校38所,学生1.02万人,教职工613人。1984年,创办三厂职业中学。2008年,有学校8所,学生

9040人，教职工807人。三厂中心小学、三厂初中成为省示范教育学校，汤家小学成为省航模特色学校；3所幼儿园通过省优质幼儿园验收。

三、文化

1950年，成立三厂文化站（区站），建造三厂戏院，组建业余剧团。1970年3月，成立镇电影队。1975年，建三厂镇文化站，与区站合署办公。1985年，文化站自创节目《金银山上歌声脆》获第一届海门山歌会唱一等奖。1996年，获省群众文化先进乡镇称号。是年10月，郁艺秋等创办的《小水珠词报》发刊十周年，词坛泰斗乔羽为词报题写报头。《解放日报》以"十年辛苦词晶莹"、《工人日报》以"滴水穿石铸文明"为题进行报道。2006年，郁艺秋创作歌曲《一个令人向往的地方》获中国民族歌曲大赛铜奖。2008年，有文艺宣传队6支，评弹书场1个，农家书屋16个，特色文化村2个，特色文化家庭138个。

四、体育

70年代，经常开展拔河、跳绳、踢毽子等比赛。80年代，增加篮球、乒乓球、游泳等比赛项目。1988年举办农民运动会。2000年，建起第一个居民健身点，成立民间体育协会。2006年，参加市14届农运会，获团体总分第二名。2007年，获省体育强镇称号。2008年，有门球等协会5个，篮球场19个，居民健身点40个。

五、卫生

1951年12月，建联合诊所。1958年，联合诊所改为镇医院。1968年，各大队配备赤脚医生，实行合作医疗。1976年，县爱国卫生运动现场会在三厂镇召开。90年代初，创建卫生镇，按二等甲级标准建设镇医院，农村实施改厕工程，垃圾进行集中处理。1997年，推广脚部按摩。2003年，开展"非典"防治。2008年，有医院3个，卫生所1个，医生630人。

附1. 青龙港镇

青龙港镇位于县城东南12公里处，紧靠长江北岸，与上海市崇明县隔江相望。1949年1月，建县属青龙港镇。1954年7月并入三厂镇。1984年7月从三厂镇分出，复建青龙港镇政府。1991年，区域面积0.7平方公里，耕地面积22.6公顷。镇区有683户，4105人，其中女性1645人，非农业人口3676人。

1991年，全镇有63个企事业单位。镇属企业有仪表厂、环保厂、五金厂、毛条厂。青龙仪表厂生产的"帆船"牌载玻片远销国内外。全镇固定资产原值208万元，工农业总产值759万元，其中，工业产值736万元，农业产值23万元，出口创汇274万元。有3个建筑工程队，经济总收入24万元。

青龙港是长江入海口交通运输的重要枢纽，是长江下游的天然良港，客货兼运百年不衰。随着改革开放的深入和商品经济的飞速发展，港口的交通运输业务兴旺。1991年，港口每天有1班高速客轮和两班长江客轮直达上海，两班长江客轮抵达太仓浏河港。辟有青（青龙）沪（上海）、青吴（吴淞）、青浏（浏河）和青牛（崇明牛棚港）5条长江航线。内河水运船只，可经青龙船闸（会云闸）出入长江。港区设有汽车站、停车场，客货运输十分方便。县物资、商业、建材、化工等系统所属企业，有17个仓储基地设在镇区。

1991年，有幼儿园、中心小学、初级中学各1所。

1992年12月，青龙港镇撤销，并入三厂镇。

附2. 厂洪乡

厂洪乡南靠长江，北接常乐镇，东与汤家乡接壤，西同江滨乡毗邻。前身为孝威乡。1953年6月，孝威乡和种玉乡合并，改称孝玉乡。1957年，改称厂洪乡。1958年9月建立厂洪人民公社。1959年1月，与三厂镇合并建三厂人民公社。1960年8月，镇社分设，称厂洪人民公社。1983年复称厂洪乡。1991年，全乡总面积16平方公里，耕地1529公顷。有1.16万户，3.05万人，其中女性1.58万人，非农业人口5110人。

1991年，全乡有企业51个，其中乡办11个，村办38个。有轻工、化工、建材、纺织、机械、食品、印刷等12个工业门类，190多种产品。10支、32支棉纱，"白兔"牌麻球，"双狗"牌配套锁体，饮料自动灌装机畅销全国。工业总产值7634万元，外贸出口额1216万元。有建筑工人2400人，建筑总产值4908万元，经济收入1365万元。是年，全乡粮食总产6061吨，棉花261吨，油料1258吨，农业总产值

2071 万元。第三产业产值 867 万元。

1991 年,全乡有中学 3 所,小学 9 所;中学生 895 人,小学生 2157 人;教师 157 人。

1992 年 12 月,厂洪乡撤销,并入三厂镇。

附 3. 汤家乡

汤家乡东靠临江乡,西接厂洪乡,北与麒麟、六匡、悦来 3 乡镇毗邻,南濒长江,与上海市崇明县隔江相望。1957 年建立汤家乡,1958 年成立汤家人民公社,1965 年改称大新人民公社,1981 年改称汤家人民公社,1983 年复称汤家乡,辖 23 个行政村、258 个村民组。1999 年,全乡总面积 29.88 平方公里,耕地面积 1993 公顷。总人口 2.93 万人,非农人口 7230 人,农民人均纯收入 4378 元。

1999 年,境内工业主要有冶金、建材、化工、机械、轻工等门类。中兴村是全县经济实力最强的村,为江苏名村之一。该村的南通市特种钢厂生产的低碳、超低碳冷轧直径 129 毫米无缝不锈钢管填补国内空白。全乡工业总产值 4.03 亿元,利税总额 1138 万元。有建筑职工 5254 人,建筑业总产值 1.1 亿元。是年,建有 667 公顷刀豆生产基地,每公顷平均收入 2.25 万元。全乡农业总产值 6272 万元。

1999 年,全乡有中小学 9 所,在校学生 3109 人,教师 186 人。

2000 年 4 月,汤家乡撤销,并入三厂镇。

第七章 常乐镇

第一节 自然概况

一、境域简况

常乐镇地处市境中部,距市治 12 公里,东邻麒麟镇,南接三厂镇,西靠德胜镇,北连四甲镇。宁启高速公路、省道苏 222 线、新常久公路、星海公路纵横过境,通启河、青龙河在镇区交汇,水陆交通便捷。2008 年,总面积 59.97 平方公里,耕地 2933 公顷。1.96 万户,4.85 万人,从业人员 3.08 万人,外来从业人员 709 人。人口出生率 4.32‰,死亡率 9.36‰,自然增长率 -5.04‰。地区生产总值 18.1 亿元,其中,第一产业增加值 1.18 亿元,第二产业增加值 11.11 亿元,第三产业增加值 5.81 亿元。财政收入 1.04 亿元。农民人均纯收入 11000 元。

二、历史沿革

常乐镇始建于清康熙末年。民国初年设绅董办事处。民国 17 年(1928),海门东一区行政局设于此,设街长。次年,改设镇长。民国 23 年,为海门第三区政府所在地。1949 年 2 月建乡。1950 年 5 月,建立常乐乡人民政府。1958 年 3 月,划入二匡乡的兴光二、三社和建宏九、十、十一社。10 月,建常乐人民公社,辖 24 个大队 256 个小队。1983 年,复称常乐乡,辖 22 个村 253 个村民组。1990 年,撤乡建常乐镇。2000 年 4 月,平山乡并入常乐镇,辖 45 个行政村、2 个居委会、533 个村民组。2001 年,45 个行政村合并为 14 个。2008 年,辖 14 个行政村、2 个居委会、533 个村民组。

三、集镇变迁

常乐镇 形成于清雍正年间(1723 - 1735)。受江海变迁之苦的移民,祈望子孙后代长安乐业,遂取名为长乐镇。咸丰三年(1853),清末状元张謇出生于此。光绪二十年(1894),张謇赴京应考,中甲午恩科第一甲第一名(状元)。光绪二十九年(1903),建扶海宅(状元府)。1949 年,长乐镇更名为常乐镇。1949 年 2 月至 2008 年,该镇为常乐镇

（乡、公社）机关驻地。

二匡镇　位于今培才村。形成于清雍正年间（1723－1735）。原称长安镇，后因镇西侧新开二匡河，以河为名，改称二匡镇，是海门早期共产党活动地之一。2008 年，有 1 个农贸市场、6 个小超市、2 个农资门市部、1 个社区卫生服务站。

山海镇　位于今常中村。形成于 20 世纪 20 年代。原是一个无名小镇。30 年代初遭两次火灾后，取名“山海镇”，以示烧不掉。抗日战争、解放战争时期，是新四军、民兵游击队活动地之一。1958 年，因交通条件改变废弃。

长兴镇　位于青龙河上的长安桥头。形成于清乾隆年间（1736－1795），原称胡陆镇。清嘉庆年间（1796－1820），为祈求长久兴旺，更名长兴镇。1957－2000 年，长兴镇为平山公社、乡行政机关驻地。2008 年，有 2 条商业街。

常来镇　位于今常来村。形成于 19 世纪末期。50－60 年代，是当地有名的交易场所。2008 年，有 1 个综合市场和各类商铺 30 多个。

汇源镇　位于今文明村。形成于清嘉庆年间（1796－1820）。抗日战争、解放战争时期是新四军、民兵游击队活动的根据地之一。50 年代初，因交通条件改变废弃。

第二节　经济发展

一、农业

种植业　20 世纪初，被张謇称为“田状元”的刘旦旦，选育的大红袍赤豆、早稻米在江宁举办的南洋劝业会上获银盾大奖，授予“孝悌力田”奖匾 1 块。解放后，夏熟主要种元麦，兼种小麦、蚕豆；秋熟种玉米、棉花（鸡脚棉）、黄豆，兼种高粱、粟稷、黄稷、薄荷等。1958 年，实施旱改水，种水稻 433 公顷。60 年代，推广“二旱一水”。1965 年，粮食每公顷产 9000 公斤。70 年代，推广玉米、棉花夹种。1975 年，粮食每公顷产量 9427.5 公斤，皮棉每公顷产量 765 公斤。1983 年，扩油菜、薄荷，缩夏粮。1985 年，油菜 113 公顷，每公顷产油菜籽 2250 公斤，薄荷 271 公顷，每公顷产薄荷油 82.5 公斤。90 年代，大面积扩种甘蔗、反季节蔬菜、“四青”作物，每公顷产值 3 万元。1999 年，发展大棚西瓜、甜瓜、草莓、葡萄、花卉等高效作物，每公顷效益 12 万元。2003 年，培育村、常中村、中南村分别建成大棚草莓、大棚西瓜、甜瓜、大棚蔬菜生产基地，每公顷效益超 15 万元。2004－2006 年，建成国家农业综合开发现代化示范项目，总投资 8000 万元，总面积 533 公顷。2008 年，中高效作物种植面积 2013 公顷，每公顷效益超 15 万元的高效作物面积 433 公顷。是年，全镇粮食总产 1.33 万吨，棉花 777 吨，油料 4514 吨，蔬菜 5.18 万吨，水果 7523 吨。

养殖业　解放前后，户养少量鸡、鸭、羊、蚕。70 年代，队队有养猪场，年均出栏生猪 8000 头。1981 年，公社渔场自繁小蚌 600 万只，产蚌珠 50 多公斤，收入 29 万元。90 年代，建成精养鱼蟹塘 40 公顷、千羽鸡（鸭）场 3 个。2003 年，建成标准化、无公害化肉鸡规模饲养示范基地，当年出栏肉鸡 70 万羽。2006 年，振复村建成 10 万套规模种鸡场。2007 年，常中村建成千头养猪场。2008 年，养殖业总收入 5163 万元，占农业总收入 26%。

加工业　90 年代前，有粮食加工、豆制品加工、酱菜加工等门类。2003 年，建南通四海植物精华有限公司，提炼植物精华素。产值 800 万元，利税 75 万元。2004 年，建江苏海创农产品开发有限公司，采用冷链加工蔬菜技术，为超市、宾馆及国内肯德基、麦当劳连锁店供应灭菌免洗、真空包装蔬菜，产值 1500 万元，利税 180 万元。2005 年，建海门华茂粮油有限公司，加工豆沙馅、芝麻馅和百果馅，产值 600 万元，利税 36 万元。2006 年，建保丰（南通）食品有限公司，生产出口食用菌，产值 300 万元，利税 30 万元。2008 年，加工业产值 1.8 亿元，利税 1600 万元。

二、工业

清末，有土法织布厂、颐生酿造厂等。光绪三十二年（1906），颐生酒获意大利米兰万国博览会金奖。1952 年，开办合作窑厂。1959 年，建农机厂。1960 年，建手帕厂。1970 年，建石灰窑厂。1974 年，建化纤厂。1975 年起，建黄板纸、粉末冶金、服装、玻璃纤维、皮件、搪瓷等企业。1978 年，化纤厂改为水带厂，1981 年，更名县消防水带厂，1985 年，该厂成为全国消防行业重点企业，1986 年产品出口 20 多个国家和地区，1995 年被评为省高新技术企业，2001 年，企业更名江苏水龙江山消防发展有限公司,2001 年、2003 年两度入选全国消防企业 30 强。2004 年,通棉三厂技术骨干在常乐兴办纺织企业 11 个,拥有 800 台套织机、14 万纱锭,年产值 20 亿元。2008 年,江苏水龙消防有限公司从国外引进 104 台水带围织机,成为全球规模最大的围织机车间。是年,全镇工业总产值 69.31 亿元,利税 7.8 亿元。

三、建筑业

1971 年,建平山建筑站,1974 年,建立常乐建筑站,在山西、江西、上海、大庆等地承包基建项目。1981 年,属县建筑安装工程联合公司工程队。1995 年,成立常乐建筑安装工程有限公司。1997 年,组建江苏常乐建工集团有限公司,下辖中南、中北等 4 个分公司,队伍分布北京、上海、青岛、济南、大庆、南京等地。2001 年,中南分公司收购南通建筑工程总承包有限公司。2002 年,江苏常乐建工集团获评省建筑业最佳企业。2003 年,中南分公司改称江苏省中南实业集团。2005 年,改称中南控股集团,以总价 19.04 亿元竞得南通市中央商务区及体育会展中心项目 1 平方公里土地使用权和项目建设权,承建的南通体育会展中心,2007 年获"鲁班奖"。2008 年,全镇拥有国家二级以上资质建筑企业 6 个,其中国家特级资质 1 个,一级资质 1 个。中南控股集团收购北京地铁地基市政工程公司。是年,全镇建筑业施工产值 62.19 亿元,增加值 17.48 亿元。

四、第三产业

清乾隆初年,镇上有粮担、馄饨担、抬萝藤担。光绪年间(1875－1908),有花行、茧行、布庄、米行、酱坊、银楼、药店、酒号、典当、衣庄等。民国 27 年(1938),长乐镇被日本侵略军烧毁。

50－70 年代,常乐镇、长兴镇有供销社、商店、代销店 27 个,饭店 2 家,旅馆 1 个,药店 2 家,菜场 2 个。1985 年,移址兴建常乐农贸市场。1987 年,改造二匡镇菜市场。1991 年,建成粮油批发市场、小商品市场。1996 年,建成陶瓷批发市场。2004 年,华联超市入驻镇区。2005 年,建成常来镇综合市场。2006 年,迁建常乐综合市场。2008 年,有中、小型超市 7 个,商店 100 多个,药店 5 个,理发店 11 个,饭店旅馆 4 个。

第三节　社会事业

一、村镇建设

农村　1965 年普及有线广播。1972 年普及照明用电。1980 年,颐生酒厂建成第 1 口深水井,周边两个大队的群众用上自来水。1990 年后,建成 3 口深水井,自来水普及率 99%。1995 年,实现电话村村通。1996 年,建成沥青和沙石道路 6 公里,桥梁 7 座。1998 年,建成水泥道路 6 公里,桥梁 8 座。1999 年,开展沟河整治。2002 年,实现有线电视村村通。2004 年,中南村启动农民聚居区建设,建农民别墅 30 幢。2005 年,启动新农村建设。建成水泥路面 75 公里,新建桥梁 32 座,改造自来水管网 1.5 万米,疏浚沟河动土 480 万立方米,农户改厕 2300 座。2006 年,实现生活垃圾规范化管理。2007 年,各村建成社区公共服务中心。2008 年,全镇有线电视入户率 79%,绿化 587 公顷。

镇区　清末民初,常乐镇形成东、中、西 3 市,青龙河上 1 条老石桥将 3 市连成一体。新中国成立时,仅存东、西两条 500 米长石街。20 世纪 70 年代初,拓宽改造东街,修建临街建筑。1978 年,改造扩建一批公共建筑。1991 年,实施农民街建设和旧镇改造,拆除低矮建筑 1.2 万平方米,新建商住楼等 2.1 万平方米,形成三横两纵街面布局。拓宽改造道路 3 公里,修建排水管道 2000 米,架设路灯 3 公

图 37－7　1995 年建造的状元故里牌坊　(2008 年摄)

里,建成绿地8000平方米。获江苏百家名镇称号。1995年,建状元故里牌坊。2003年,评为南通市新型示范小城镇。2004年,评为南通市环境优美乡镇。2008年,启动张謇纪念馆扩建工程。

二、教育

清光绪二十二年(1896),有私塾12所。光绪三十年(1904),常乐东市建张氏一校,张謇任校长。民国3年(1914),当地绅士施玉峰创办革新校;张謇之妻徐牡丹创办张徐女校。之后,又办起张徐三校、张邵小学、张沈校、南中桥小学、二匡镇小学。解放初,有小学10所,学生490人,教师29人。1952年,县委党训班迁至颐生酒厂礼堂,开展党员干部轮训。1958年,建常乐农业中学。1959年,常乐农中扩招高中班,划给土地6公顷,作勤工俭学基地,当年获粮棉高产。省教育厅长吴天石视察该校,题词"教学赶普中,生产赛老农,师生思想红又红"。同年,创办常乐初级中学。1960年,常乐农业中学获省教育和文化等方面社会主义建设先进单位称号。农业部副部长刘瑞龙、省委第一书记江渭清、书记陈光视察该校,题词勉励。1968年,常乐农中并入常乐初中,增设普高班。1981年9月,普高班停办。1983年9月,建办多种经营职高班;成立镇成人教育中心学校。1985年,试办一年制职业初中班。1999年11月,建立张謇教育基金会,当年60名优秀师生获奖。2005年,常乐中心小学和第一小学扩轨,村小撤销。2006年,通过省教育现代化先进乡镇验收。2007年,长兴初中并入常乐初中。2008年,有初中1所,小学2所,幼儿园2所,中小学生3119人,教职工225人。

三、文化

清乾隆年间(1736－1795),有关帝庙戏楼。解放初期,每年春节集中文艺骨干排练节目巡回演出。1958年,成立公社文工团,除本公社演出外,经常去瑞祥、麒麟等地演出。1972年,成立知识青年宣传队。1976年,创办公社电影队,年放映200多场次。1986年,修建张謇纪念馆。常中村建县电视转播台。是年10月,张公祠旧址及1棵200多年的古银杏树列县文物保护名录。1995年,扩建张謇纪念馆,费孝通题写"张謇纪念馆"匾额。1996年,获评省群众文化先进乡镇。2000年,张謇纪念馆定为省级爱国主义教育基地。2003年,郁异人编绘的连环画《张謇》(1－4卷)出版发行。2004年,王维创作的长篇小说《末代状元张謇》出版发行。2005年,张謇纪念馆被评为国家AA级旅游景点。2006年,建成张謇出生地碑亭1座。2008年,启动张謇文化开发建设工程,建张謇文化广场、张謇珍贵史料陈列室。是年,长兴镇长安桥列入市文物保护名录。

四、体育

70－80年代,农村不定期举办篮球、拔河、象棋、跳绳、踢毽子比赛;学校每学期举办一次学生运动会。1990年起,每年举行一次象棋比赛、篮球比赛。1996年,获评省体育先进乡镇。1998年,在张謇纪念馆设立晨练点。2005年,中小学有田径场5个。2008年,有网球场1个,篮球场22个,乒乓球室25个,健身室14个,晨练点2个,健身器材16套。

五、卫生

民国年间有中医诊所、药店等。1956年,建立常乐乡联合诊所,二匡镇、中心农业合作社等地设分诊室。1958年,成立公社医院。1969年,各大队设立卫生室,配备赤脚医生,兴办合作医疗。1978年12月,公社医院更名卫生院。1980年,卫生院医护人员36人,大队赤脚医生43人。1998年,建成卫生院门诊新大楼。1999年,获评南通市农村中医工作先进乡镇。2000年,有卫生院2个,村卫生室7个,医护人员93人;常乐卫生院获评南通市十佳医院。2002年,常乐、平山卫生院,分别改制为民营常乐医院、长兴医院。建立镇卫生所,设立脚部按摩中心,推行大病医疗保险。2003年,推行新型农村合作医疗保险,参保率89.3%。2005年,建成镇社区卫生服务中心,各村建起社区卫生服务站。2008年,医院2所,医生69人;卫生所工作人员5人;社区卫生服务站15个;乡村医生43人;新型农村合作医疗保险参保率98%。

附:平山乡

平山乡位于县境中部。南靠常乐镇,西与瑞祥乡相接,北与四甲镇、国强镇毗邻,东与麒麟镇、树勋镇接壤。1957年11月,建立平山乡(因革命烈士张平山牺牲于此命名平山乡)。1958年3月,划入二匡乡的四、五、六、八社。10月,建立平山人民公社。1983年5月,复称平山乡。1999年,全乡总面积30.87平方公里,耕地面积1632公顷。总人口28774人,非农人口6788人。农民人均纯收入4175元。

1999年,该乡工业主要有纺织、轻工、机械、化工、电子、建材、玩具等门类。县消防水带厂生产的"江山"牌消防系列水带,品种齐全、质量上乘,远销10多个国家和地区,被公安部称为"中国水龙王"。县第一锁厂生产的"牛头"牌双保险锁、多功能门警门铃锁行销全国。南通其利玩具有限公司生产的上百种长毛绒玩具全部外销。海门特种灯厂生产的"海工"牌节能系列台灯、吊灯,被同行业称为"灯中之凤"。全乡工业总产值3.59亿元。是年,全乡农业总产值6931万元。建筑业总产值1.2亿元。

1999年,有中小学10所,在校学生2780人,教师178人。

2000年4月,平山乡撤销,并入常乐镇。

第八章 麒麟镇

第一节 自然概况

一、境域简况

麒麟镇位于市境中部,距市治22公里。东邻悦来镇,南靠三厂镇,西接常乐镇,北与树勋镇接壤。新常久公路、宁启高速公路横穿东西,汤正公路纵贯南北,交通运输便利。2008年,总面积38.16平方公里,耕地面积1967公顷,1.24万户,3.1万人。镇村从业人员2万人,外来从业人员246人。人口出生率4.96‰,人口死亡率9.38‰,自然增长率-4.42‰。地区生产总值9.23亿元,第一产业增加值9008万元,第二产业增加值5.57亿元,第三产业增加值2.76亿元。财政收入3559万元,农民人均纯收入9400元。

二、历史沿革

麒麟镇成陆于清康熙年间(1662－1722)。1949年2月,麒麟镇隶属新南区。1955年,新南区改称麒麟区。1957年11月,袁扬乡、镜明乡(除第十二社)合并,建麒麟乡。1958年3月,划入二匡乡的兴光一、七社和建宏一、二、三、四社。10月,成立麒麟人民公社。1983年,复称麒麟乡。1996年,撤乡建麒麟镇,辖34个村,342个村民组。2001年,34个村合并为9个行政村,1个居委会。2008年,辖9个行政村,1个居委会,342个村民组。

三、集镇变迁

麒麟镇 清乾隆四十二年(1777),崇明富翁沈大成在东洪沙买田开荒,疏通港汊,开挖转河,引水入江,铸造1只独角神兽麒麟,镇治水妖,建房屋150余间,各地客商云集,逐渐形成集镇,取名麒麟镇。1949年2月至2008年,麒麟镇是新南区、麒麟区、麒麟镇(乡、公社)机关驻地。

草棚镇 位于今双河村、广南村交界处。清咸丰五年(1855),崇明人范达元在此建房3间,开设茶馆,人称长安镇。后镇上有酒店、商店、布店等,因房屋都是草屋,即改名草棚镇。民国31年(1942)后,草棚镇店铺拆搬殆尽,集镇废弃。

狮子镇 位于今麒北村。形成于清乾隆三十八年(1773)。因镇西端有石狮子一对,遂称狮子镇。民国28年,狮子镇废弃。

长春镇 位于今长胜村。清乾隆四十三年(1778),集镇逐渐形成,定名长春镇。镇上有酒店、茶馆、中西药房、茶食店、花行、肉庄、客栈等，市面兴旺。1958年开挖海启河，全部拆除。

彭家仓 位于麒麟镇北1500米，是地主老宅。民国38年1月25日重建解放区海门县政府时，县治设在彭家仓，是年2月6日，县治迁往茅家镇。

头匡镇 位于今麒麟村。形成于民国初年。因紧靠头匡河得名头匡镇。解放初因交通条件改变废弃。

另有大悲殿、八匡河头等小集镇。

第二节 经济发展

一、农业

种植业 新中国成立前后，以种植“三麦二豆”、玉米棉花、山芋为主，产量较低。1965年起，推广粮棉夹种，产量逐步提高。20世纪70年代中期，选用玉米良种，催芽播种，科学用肥，人工授粉，全公社玉米每公顷产量6000多公斤，成为全省典型，《新华日报》等媒体多次报道，省内外参观者纷至沓来。80年代，扩粮缩棉、扩桑缩棉、扩油菜缩夏粮，棉花面积减少。90年代中期，蚕豆、玉米等改收枯为收青，经济效益提高。1999年，旱粮多元多熟栽培获省农林厅三等奖。2004年，种植香水百合、非洲菊、剑兰、银芽柳、八角金盘等鲜切花40公顷。2008年，发展钢架大棚20公顷，种植果品瓜蔬，每公顷收入近15万元。是年，全镇粮食总产7352吨，棉花1013吨，油料2376吨，蔬菜1万多吨，水果405吨。

养殖业 50年代，户养少量鸡、鸭、猪、羊。60年代，生产队建养猪场。1971－1978年，引进三角蚌、珍珠蚌养殖。80年代，狮南村建起绵羊优良品种养殖基地。1998年，建成肉鸽养殖场。2002年，建立伟良牧业发展有限公司，年产獭兔5万只。2005年，广南村建成野猪养殖基地，年产野猪1万头。2006年，成立远敏禽业发展有限公司，以合作社形式，发展养殖户50多个。2008年，全镇饲养生猪1.78万头，羊5.33万只，家禽61万羽，獭兔10万只，野猪1000头。

加工业 解放前夕，有私营麟北油坊。1956年4月，建立麒麟食品厂。1958年4月，私营麟北油坊改为国营麒麟油厂。60年代，建麒麟轧花厂。70年代，建珍珠加工厂，生产珍珠粉、化妆品。2002年，伟良牧业公司开设獭兔屠宰车间，加工獭兔皮毛和獭兔肉，产品畅销省内外。2008年，加工业总产值2300多万元。

二、工业

50－60年代，建办印染厂、农具厂。70年代，兴办农机厂，生产水泵等农机具。80年代，兴办化工、电子、机械、五金、皮件、工艺品、纺织、服装等企业。1990年，有企业28个，其中乡办13个、村办15个。1995年，全镇有红木私营企业20多家，个体工业户50多个。7月，成立南通郁氏家具有限公司。2000年，有红木加工专业村6个，专业组18个，专业户279户。2003年8月，外商独资企业海门鑫隆制衣有限公司落户，当年生产出口品牌童装33万套。2006年，从上海引进世博会外迁企业麒龙机械有限公司，当年竣工投产。2008年，麒龙机械有限公司实现销售收入2.2亿元，税收1000万元，进入市银牌企业行列。是年，全镇有规模企业32个，个体工商户712个，职工5392人，工业总产值15.41亿元。

图37－8 红木制品城 （2008年摄）

三、建筑业

1974年，成立麒麟建筑站。80年代初，在上海、山东等地承建项目。1988年，建立南通市第一个乡办打桩队,具备高层建筑施工能力。1990年,全乡建筑业产值2600多万元。1993年,组建南通三建集团公司第三分公司,在上海、济南、青岛、徐州等地承建项目。2004年、2005年,被评为市质量管理先进集体。2008年,建筑业施工产值3.44亿元,增加值4710万元。

四、第三产业

50－70年代,有供销社、商业总店、旅馆、饭店、竹行等。80年代,新增农贸、粮油、果品等市场。90年代初期,新增小商品市场、美容美发门市、超市等。1996年,镇区建红木专业市场。2000年后,组建装饰装潢市场,开发劳务市场。2005年,第三产业增加值1.4亿元。2008年,第三产业增加值2.76亿元。

第三节　社会事业

一、村镇建设

农村　20世纪60年代,普及有线广播,入户率91%。70年代,90%农户用上电灯。80年代中期,2000多农户按农村建房规划线建房。80年代末,自来水进村入户,入户率66%。90年代初,实施农村公路工程。1996年,实现电话村村通。2002年,有线电视进村入户;实施草危房改造工程。2004年,启动新农村建设。至2008年,修筑农村水泥公路41公里,疏浚明沟827条、骨干河道34条,新建桥梁15座,完成自来水管网二次改造。

镇区　1987年,乡行政机关由原址向西迁移500米,建办公楼两幢,4000平方米。1996－2000年,填平通沙河,筑成1000米镇区主干道。136户富裕农民进镇务工经商。2001－2005年,形成农民一条街,建筑面积5万平方米。镇区西延1000米,建起12幢商住楼和红木专业市场。汤正公路与镇区交会处,铸独角神兽麒麟,作为镇标。2008年,镇区形成一纵二横3条街。

二、教育

民国13年(1924),沈则林创办女子小学。民国35年,女子小学更名麒麟中心小学。1957年,建长春初级中学。60年代,建民办初中6所。1977年,长春、永乐、路南3所初中增设高中班。1981年,撤销高中班。1990年,有中学5所,小学11所,中学生1824人,小学生2593人,中小学教师220人。是年,建办中心幼儿园。1993年8月,4所初中合并至长春初中。2002年,长春初中被评为市五星级单位,获素质百分考核一等奖。2006年10月,麒麟中学建校百年,举办庆祝活动。2008年,有中学2所,小学1所,中小学生3699人,中小学教职工285人。幼儿园1所。

三、文化

1952年,成立麒麟镇文化站,围绕中心工作开展文艺宣传。1977年12月,建立电影放映队。80年代,创办麒麟贝壳厂,20名文艺骨干白天在贝壳厂上班,晚上排练节目,节假日巡回演出。2000年,建成镇文化中心大楼。2005年,获省群众文化先进乡镇、民间艺术之乡、特色文化之乡称号。2008年,各村建立农家书屋。

四、体育

1960年,麒麟籍女运动员杜菊芳在女子日间600米3人集体跳伞表演和1000米3人集体综合跳伞比赛中,分别打破世界跳伞纪录,获国家体育荣誉奖章和运动健将称号。1970年,北星大队被评为省游泳先进集体。80年代中期,村与村之间开展乒乓球邀请赛。1990－1998年,举行4次农民运动会。2004年9月,出生麒北村的李春花在雅典残奥会上夺得女子F37组铁饼金牌。2005年,建成乒乓球室3个,标准篮球场4个,晨练点3个。2008年,新增村级篮球场5个。

五、卫生

20年代,民间医师杨大明创办人通医院。1950年,组建二匡、倪家镇、繁荣、庵宝4个联合诊所。1954年3月,为幼儿普种牛痘,预防天花流行。1958年10月,建立麒麟镇卫生所,原4个联合诊所改保健室。1963年,麒麟卫生所改为公社医院。1969年,农村实行合作医疗,有赤脚医生65人。70年代初,公社医院扩建为麒麟地区医院。1975年,经省卫生厅批准,在麒麟医院精神科的基础上，建立县精神病防治医院。1990年，实施改厕工程。2006年，仁济医院建成开业，专业诊治各类精神疾病。2008年，有社区卫生服务站5个。

第九章　悦来镇

第一节　自然概况

一、境域简况

悦来镇地处市境东南部，距市治30公里。东与三阳镇为邻，南与临江、三厂镇相连，西与麒麟镇毗邻，北与万年、树勋镇接壤。海门河、大兴河、灵甸河流经境内，三德线、五泰线、包临线等公路穿境而过，宁启高速悦来出口处位于镇区南首，交通便捷。2008年，总面积65.39平方公里，耕地面积3273公顷。2.07万户，5.23万人，从业人员3.19万人，外来从业人员209人，人口出生率4.48‰，人口死亡率7.04‰，自然增长率-2.56‰。地区生产总值14.12亿元，第一产业增加值1.38亿元，第二产业增加值7.38亿元，第三产业增加值5.36亿元。财政收入5971.19万元，农民人均纯收入9360元。

二、历史沿革

民国初年，悦来镇设绅董办事处。民国17年(1928)，东三区行政局设于该镇。民国18年，粟寰校成为中共海门县委活动点。民国30年建乡。1955年10月，全县第一个农业生产合作社悦宏高级农业生产合作社成立。1957年11月，凤阳、好北乡合并，建立悦来乡。1958年3月，划入兴贤乡的悦来、合作、友爱、顺祥、万中5个社。10月，成立悦来人民公社。1975年，有大队30个。1983年，复称悦来乡。1986年10月，撤乡建悦来镇。1994年11月，六匡乡撤乡建镇。2000年4月，六匡镇并入悦来镇，辖47个村、2个居委会、505个村民组。2001年4月，万年镇万盛村通启河南1个村民组并入悦来镇锡祥村；全镇47个村合并为17个村。2004年6月，重庆市万州区太龙镇三峡移民16户71人迁入启文、安庄、悦南等11个村定居。2008年，辖17个村，2个居委会，505个村民组。

三、集镇变迁

南悦来镇　位于今悦南村。清乾隆年间(1736－1795)，杨悦来在此开店经商，形成集镇，取名悦来镇。清咸丰元年(1851)，改称南悦来镇。1956年，因交通条件改变废弃。

悦来镇　形成于清道光年间(1821－1850)。杨悦来后人去北边3.5公里处开店，后形成集镇，取名北悦来镇。1956年，改称悦来镇。1957－2008年，悦来镇为悦来镇(乡、公社)机关驻地。1961－1987年为悦来区机关驻地。

锉刀镇　位于今悦合村。清同治、光绪年间(1862－1908)形成。形成初期，镇上一恶霸敲诈勒索，活像一把锉刀，人们称该镇为“锉刀镇”。解放前夕，该镇废弃。

十二匡镇　位于今悦南村。清乾隆年间(1736－1795)形成。紧靠十二匡河得名十二匡镇。兴盛于清末民初，解放战争期间为海南区机关驻地。1956年后，市面渐趋萧条废弃。

十匡镇　位于今信民村。形成于清同治年间(1862－1874)。解放初期，因交通条件改变废弃。

六匡镇　位于今安庄村。清咸丰三年(1853)，开拓河道造田二十匡，该镇在第六匡，取名六匡镇。1957－1980年，为六匡乡(公社)机关驻地。1980年，乡机关迁至三条桥，该镇随之冷落。

三条桥　位于今安庄村。清同治年间(1862－1874)，和尚施艮六在通沙河与四匡河交汇的十字河口连续建造三条石桥,因集镇依桥畔形成得名。1980年至2000年4月为六匡镇(公社、乡)机关驻地。2008年,该镇占地10公顷,有工厂、学校、自来水厂、医院、敬老院、集贸市场等。

扒网镇　位于今悦来、凤阳、松林3村交界处。形成于清乾隆年间(1736－1795)。该镇形成初期,野外是一片白茫茫的茅柴花,当地人称该镇为"白茫镇"。后因其名不雅,以"白茫"的谐音改称"扒网"镇。民国27年废弃。

雁行桥　位于今松林村,形成于清咸丰年间(1851－1861)。因集镇紧靠雁行桥(该桥建成时,恰逢一行大雁飞过,人们称此桥为雁行桥)得名。20世纪50年代,因交通条件改变废弃。

第二节　经济发展

一、农业

种植业　成陆垦殖至解放初,夏熟以种植元、大、小麦及蚕、豌豆为主,秋熟以玉米、棉花、黄豆为主。20世纪50－60年代,安庄、匡南大队种植"糖加甜头"香甜瓜、大白菜,深受上海、苏州等地消费者青睐,亩收入达千元。70年代,推广蚕豆、玉米、水稻三熟制和玉米夹种棉花等高效茬口。万忠大队种植连片桑园6.7公顷,发展蚕桑生产,每公顷收入1.5万－1.8万元。80年代,种植薄荷、大蒜,亩产值千元。90年代,规模种植大叶菠菜、荷仁豆、大阪豆、地刀豆、西兰花等蔬菜,并同省内外贸企业签订产销合同。1999年规模种植露地蔬菜1000公顷,每公顷产值2.24万－2.78万元。2005－2007年,大棚反季节蔬菜面积扩大,夏季西瓜、甜瓜、大白菜、萝卜等,秋季莴苣、西红柿、黄瓜、茄子、菜椒等,年每公顷产值3.81万－4.4万元。2008年,全镇粮油基地1233公顷,中高效作物面积2200公顷。是年,全镇粮食总产1.08万吨,棉花1451吨,油料4589吨,蔬菜3.95万吨,水果4609吨。

养殖业　成陆后,户养少量畜禽。60－70年代,生产队都有养猪场,年均出栏生猪万头。80年代,袁李、凤阳等村成为饲养肉鸡专业村。1992年,成立雄鹰禽业有限公司,饲养种鸡1.5万套。1994年,万忠村建起百头猪场。2002年,有水面养殖大户27个。2008年,水产品总量2100吨,饲养家禽107.18万羽、羊8.57万只、生猪6800头。

加工业　50－80年代,有豆制品和面制品小作坊。1994年,国良禽业有限公司成立,年加工销售成品肉鸡380吨。2000年,成立冠东食品有限公司,年加工农副产品1000多吨,产值4412万元。2008年,全镇加工业总产值1.64亿元。

二、工业

概况　1954年2月,悦来镇铁木竹合作社成立。1956－1960年,县属机床厂、轧花厂、建材四厂相继落户悦来。70年代,兴办塑料、皮鞋、化工、毛腈纺织、被絮等企业。80年代,兴办服装、针织内衣、机针、有色金属、丝绸印染、机械等企业。1985年6月,成立中港合资企业南通悦泰有限公司,生产尼龙拉链。1986年,兴办造纸毛毯厂。1990年,有企业72个,职工7302人,固定资产2764万元,工业总产值5500万元。90年代,新加坡、日本等国和中国香港、台湾地区客商与该镇联办南通艺海、源盛手套、中德针业、健林鞋业、宝石服装、日兴电子等合资企业。2000年,建成东、西两个工业园区,蔡氏金属粉末、大顺针业、金悦来运动器材等企业入驻。2008年,有工业企业1025个,其中规模企业26个,市级骨干企业4个,工业总产值59.82亿元。形成皮鞋、服装、造纸毛毯等工业板块。

皮鞋制造　1974年4月,悦来皮鞋厂建成。80年代同上海皮鞋厂、亚洲皮鞋厂、中兴皮鞋厂、3516军工厂办联营厂。1990年,有大、中型皮鞋厂8个,生产"牛头"牌、"皇冠"牌、"花"牌、"狼"牌等皮鞋,年产167.5万双,成为海门"皮鞋之乡"。90年代后期,不少技术人员走出去创业,兴办市外企业113个。2008年,镇内皮鞋企业40多个,销售收入4.06亿元。

服装加工　80年代,有5家服装企业。90年代生产的西服、夹克、风衣、套装、羽绒服等出口日本、美国、德国、瑞典等20多个国家。2008年,服装企业16家,年销售1.76亿元,利税1970万元。

造纸毛毯　1986年,创办六匡造纸毛毯厂,是全国造纸脱水器材厂家中唯一的乡镇企业。1990年,生产的造纸毛毯先后被评为省优、部优产品。1997年,更名为江苏金呢集团有限公司。2000年,销售收入4000万元，利税600万元。2001年，公司生产的“银兔”牌底网毛毯获省名牌产品。2002年，公司研制生产聚酯三层成形网、聚酯二层半成形网通过省级鉴定，填补国内空白。2005年，实现销售1.5亿元，利税2900万元，被国家科学技术部确定为国家重点创业型高新技术企业。2006年，装备世界前沿数控网毯和毛毯生产设备。2008年，被国家税务总局确定为高新技术企业，实现利税3200万元。

图37－9　江苏金呢集团有限公司　　（2000年摄）

三、建筑业

1974年，成立悦来、六匡建筑站。承建农村平房和部分厂房。80年代，悦来、六匡两建筑站分别在上海、南京、山东、天津、北京、大庆等地承建项目。创样板工程90多项。1990年，六匡建筑站有建筑职工2300多人，成为南通市建筑行业先进单位，年经济收入1000多万元。2000年，全镇建安产值1.7亿元，经济收入6000万元。2008年，建筑业施工产值1.75亿元，增加值5485万元。

四、第三产业

50－70年代，镇区有供销社、商业总店，农村有供销社、商业总店下伸店。80年代，镇区有餐饮、钟表修配、电器维修、小商品等门市。90年代，新增服装、家具、水暖设备、通讯器材等商业门市。2000年，出现文化娱乐、足浴保健等服务业。2006－2008年，新建绿洲新城、保利城、翡翠广场等商业网点。2008年，第三产业增加值5.36亿元。

第三节　社会事业

一、村镇建设

农村　1971年5月，开始通电。1981年，建成自来水厂，部分农民用上自来水。1985年，六匡自来水厂落成，农村普及自来水。1995年，农田保护区、居民住宅区规划全面实施，农民在规划区建造楼房。1998年，农村安装固定电话3200多部。2002年，实施有线电视村村通工程。2004年，袁李村筑造水泥路4.2公里。2005年，启动新农村建设。至2008年，建成村级水泥路15公里，新建桥梁5座，疏浚三级河1条，四级河14条，明沟380条，动土130万立方米。

镇区　1979年，镇区向南扩建。1980年，镇区面积0.38平方公里。20世纪90年代，农民进镇落户，务工经商，镇区面积0.53平方公里。1993年，按照国家小城镇创建标准，对镇区街道店面更新改造，形成五纵三横格局。1995年4月，被列为国家小城镇建设试点单位，10月，南通市政府在悦来镇召开小城镇建设试点现场会。1997年，创建省文明乡镇。1999年4月，获省文明乡镇称号。2000年，镇区2300多米主街道筑成柏油路面，形成2条商业街、2个居民住宅区。2005－2008年，拓宽改造中行路、新村路、新城路，形成三大商业区。2008年，镇区面积2.3平方公里。

二、教育

光绪三十四年（1908），建达成小学。解放后，达成小学更名悦来中心小学。1956年，建悦来初级中学。1958年，建4所农中。1959年，4所农中合并成2所农中。1960年秋，悦来初中增设高中部，成为完全中学。1968年，农中改为社办初中，完小办戴帽初中。1976年秋，社办二中、三中增设高中班。1979年，社办高中班、完小戴帽初中班停办。1990年，有中学2所、小学10所，中学生665人、小学生2722人，中小学教师146人。2007年4月，获省教育现代化先进乡镇称号。2008年，有中、小学5

所,幼儿园7所。中小学生4778人,中小学教职工394人。

三、文化

新中国成立初,跳狮子、打腰鼓、扭秧歌等文艺宣传队活跃在村头巷尾。1958年,各大队建立文工团。1976年,建立悦来文化站,经常送戏下村。是年11月,建立公社电影队。1981年7月,悦来影剧院竣工开业。1989年起,悦来影剧院连续6年获省明星剧场称号。1996年,获省群众文化先进乡镇称号。2005年,建文化活动中心1050平方米。2008年,村村建起图书室,17个农民家庭建起农家书屋。

四、体育

1975年9月,悦来小女排在友兴小学诞生。1979－1981年,小女排在省分区比赛中分获第四、第三、第二名。1982年2月,教练员施慎予被评为全国优秀体育教师,获金质奖章。9月,小女排转入悦来中心小学。1983年,小女排获省小学生排球赛女队第三名;保卫小学建立小乒乓球队(后转入六匡中心小学)。1985年5月,举办乡第一届农民运动会。1988年,悦来中心小学、六匡中心小学被省体委、教委命名为省体育传统项目学校。1991年,举办镇第二届农民运动会。1993年8月2日,悦来中心小学女子排球赛中获冠军。1994年9月,获省群众体育工作先进集体称号。1997年10月,获国家体委颁发的全国群众体育先进集体奖牌。1998年7月,在全省第四批亿万农民健身活动评比中获先进乡镇称号。2005年,有晨练点5个、健身点9个。2006年,17个村添置篮球架、乒乓球桌。镇区新增2个健身点。2008年4月,获省体育强镇称号。

五、卫生

民国37年(1948)10月,成立海南区人民医院。1951年,成立悦来联合诊所。1958年,改称悦来公社医院。1969年,实行合作医疗,各大队配备两名赤脚医生。1973年,悦来医院开始做外科手术。1978年,悦来医院改称悦来卫生院。1982年,卫生院建楼房,开设传染病隔离病房、妇产科病房。1987年,三阳地区医院迁至悦来,与悦来卫生院合并,成立悦来地区医院。1995年,创建省级卫生镇。1997年4月,获省卫生镇称号。2003年,组织农民参加新型农村合作医疗保险。2007年,参保率82%。2008年,有医院2所,医生173人,社区卫生服务站19个,乡村医生46人。新型农村合作医疗参保率98%。

附:六匡镇

六匡镇东邻悦来镇,西与麒麟镇相接,南与汤家乡为界,北同万年、树勋乡毗邻。民国元年(1912),六匡乡始设董事会。民国17年,隶属海门东二区。民国23年,六匡改属海门县第三区。1957年11月,唐元、坚决乡合并,建立六匡乡。1958年10月,建六匡人民公社。1980年,公社驻地迁至三条桥。1983年复称六匡乡。1994年11月,撤六匡乡建六匡镇。1999年,辖20个行政村,1个居委会。全镇总面积30.98平方公里,耕地面积1531公顷。总人口2.21万人,其中非农人口5607人,农民人均纯收入4325元。

1999年,六匡镇工业主要有纺织、轻工、化工、建材等门类。六匡造纸毛毯厂生产的"银兔"牌造纸毛毯先后被评为省优、部优产品。县梭子制造厂生产的棉、麻纺织木梭是南通市独家产品。广阳大理石厂的产品,销往全国各大宾馆及美国、新加坡等国家。上海光明服装厂六匡分厂生产的西装、夹克、风衣等销往日本、美国、法国等20多个国家和地区。上海亚洲皮鞋厂六匡联营厂生产的"美申"牌皮鞋获国家金奖。海门毛腈纺织厂生产的"826－见喜"腈纶膨体针织绒获省、市优质产品称号。全镇工业总产值2.99亿元。是年,全镇粮食总产5803吨,水果产量250吨,蔬菜1914吨,水产品产量471吨,饲养山羊1.99万只,家禽70万羽。农业总产值6634万元。

1999年,全镇有中小学6所,在校学生2400人,教师160人。

2000年4月,六匡镇撤销,并入悦来镇。

第十章 三阳镇

第一节 自然概况

一、境域简况

三阳镇位于市境东部,距市治35公里。东与启东市王鲍镇隔灯杆港河相望,西与悦来镇接壤,南与临江镇相接,北与刘浩镇毗邻。常久公路,宁启高速公路穿镇而过,交通便捷。2008年,总面积29.35平方公里,耕地1887公顷。1.17万户,3.03万人。从业人员1.81万人,其中,出国从业人员168人。外来从业人员296人。人口出生率6.12‰,人口死亡率8.91‰,自然增长率-2.79‰。地区生产总值11.52亿元。第一产业增加值1.07亿元,第二产业增加值7.42亿元,第三产业增加值3.03亿元。财政收入2438万元。农民人均纯收入9476元。

二、历史沿革

三阳镇始于清乾隆年间(1736－1795)。民国初,设绅董办事处。民国17年(1928),为东三市行政局所在地。抗日战争时期,设乡、镇公所和六乡办事处等伪政权。民国36年8月,建立民主政权。1957年11月,占先、三阳乡合并,建立三阳乡。1958年3月,划入兴贤乡的同善、阳南、合兴、合东、龙祥、刘东、汉兴、刘西、普新9个社。10月,建立三阳人民公社。1976年,龙祥大队5个生产队,普新大队7个生产队划入临江公社。1983年,复称三阳乡。1986年10月,撤乡建三阳镇,辖28个村,341个村民组,1个街道。2001年,合并行政村。2008年,辖9个行政村,1个居委会,341个村民组。

三、集镇变迁

三阳镇 清乾隆中叶,扬州商人到该地设姚洪泰酒坊,宁波商人开大生堂药店,徽州商人办时亨烟纸杂货店。形成小集镇后,3大商家协商镇名,以“三”和向阳门第春常在的“阳”,组成“三阳”,定名三阳镇。革命战争年代,该镇为海启地区中心集镇,发生多次战斗。1957－2008年,该镇为三阳镇(乡、公社)机关驻地。

南星镇 位于今鲜行村。建于清咸丰年间(1851－1861)。抗日战争期间,为海中区主要游击根据地之一。解放战争时期市容萧条,解放后有所恢复。20世纪80年代逐渐缩小。2008年有几个小商店。

卷边桥镇 位于今普新村。清乾隆末年,大有港向北的青东河上有座大木桥,外来商船通过该桥都要捐税,船商说,通过该桥银圆要卷掉一个边,卷边桥由此得名。之后,卷边桥头形成集镇,称卷边桥镇。80年代后,集市逐步缩小。2008年有2个小商店。

合福镇 位于今同善村,建于清末,解放前夕废弃。

庙桥镇 位于今汉兴村,建于清末,因镇上有崇海寺、崇海桥得名庙桥镇。80年代后,市容逐步缩小。2008年,仅存几个店铺。

第二节 经济发展

一、农业

种植业 20世纪50年代,夏熟种植元、小麦,蚕豆。秋熟种植玉米、棉花。60年代,夏熟以元麦为主,秋熟玉米夹种山芋。70年代,推广玉米、棉花夹种。1980年种蘑菇0.51万平方米,1985年发展到58万平方米,产值35万元,种植户1400多个。90年代,规模种植蔬菜。1998年,露地蔬菜333公顷,品种有秋番茄、雪菜、刀豆等,秋番茄每公顷产值9万元。1999年,同善村建成3.3公顷花卉基地,每公顷效益7.5万元。2001年6月,注册“秋绿”牌金丝雪菜。2002年,普新村建成67公顷大棚蔬菜基地。2003年11月,注册“普新”牌水梨。2006年,建成无公害粮油基地500公顷,无公害蔬菜基地667公顷,无公害果品基地67公顷。2008年,粮食总产6106吨,棉花998吨,油料2744吨,蔬菜1.2万吨,水果4320吨。

养殖业 50年代,户养少量羊、鸡、鸭。60年代,以生产队为单位建成341个集体养猪场,年均养猪5000多头。1972年,出栏生猪7000头。1982年,饲养水貂700多只,有百只以上饲养大户4个。1982年,沟河育蚌800多万只。1995年,百头猪场5个,千羽鸡场38户,高架养羊大户2个。2007年,三阳种畜场在福山村落成,占地7.9公顷。是年,全镇出栏生猪2万多头,产值3000万元。2008年,饲养生猪1.14万头、羊5.15万只、家禽57万羽,水产品产量2685吨。总产值5982万元,在农业总产值中占比30%。

加工业 1979年创办阳东酱菜厂,年加工能力3万多公斤,产值5.2万元。1982年创办蘑菇加工厂,年加工食用菌150吨,产值20万元。1998年建成雪菜加工场,年产值15万元。2003年创办冬瓜加工场,年加工冬瓜1800吨,产值75万元。2005年,兴办春辉饲料加工厂,年生产饲料6530吨。2008年,农副产品加工产值1000多万元。

二、工业

解放前夕,有肥皂厂、阳明电器公司、卷烟厂、染坊、酒坊、油坊等企业。1953年,开办国营三阳油厂。1978年,有社队企业22个,产值287万元,利润35.5万元。1984年,创建探伤设备厂,生产的射线探伤机畅销20多个省市。1988年8月15日,该镇的“山羊”牌羊毛衫获国际羊毛局批准,使用国际纯羊毛标志。1990年,有企业48个,固定资产原值1363万元,职工3562人,总产值6118万元,利税298万元。1993年,引进外资20万美元建三阳制针厂。2003年,建立工业集中区,占地36.67公顷,进区企业21个,产值6.01亿元,利税7725万元。2005年,“大利”牌机针被评为省名牌产品。2008年,有企业88个,其中规模企业17个、市级骨干企业3个,工业总产值24.1亿元。正章染整有限公司的产品出口美、日、韩等国家和中国香港地区,“麦斯”牌缝纫机针、“SAT”牌宠物玩具销往国外。

三、建筑业

1974年,成立三阳建筑站。1976年,建筑工人赴大庆承建施工项目,经济收入50万元。1982年,在北京、上海、大庆等地开辟建筑工地。1984年,三阳建筑站更名为县建筑安装工程公司207工程队。1987年,改称南通市第三建筑安装工程公司308工程处。1993年,建安产值1.2亿元,经济收入120万元。1996年8月,公司改制为股份制企业。2008年,5支建筑队伍挂靠北京等建筑公司,从业人员3652人。

四、第三产业

民国时期,有茶馆、饭店和商店。50－70年代,增加药店、供销、商业门市。80年代,出现钟表、电器修配等服务业。1989年,阳东村形成竹木市场,经销户21个。1990年,第三产业经营户121个,从业人员595人。1999年,运输业总产值2535万元。2005年,增加美容美发、休闲娱乐、专业市场等10多个项目。2008年,农贸市场被评为省三星级文明市场。全镇第三产业经营户1029个,从业人员7461人,增加值3.03亿元。

第三节 社会事业

一、村镇建设

农村 20世纪60年代,农村有线广播基本普及,通响率98%。70年代队队通电。1982年起,农户按乡规定在横路、横河两侧建房。1986年,建自来水厂,镇区周边农户受益。1996年,自来水覆盖率95%。是年,建成基本农田保护区2307公顷。2001年,实施有线电视“村村通”工程,入户率16%。2005年,启动新农村建设,建沙石路3.2公里、砼路17.79公里、黑色路2.6公里,桥梁4座。疏浚三级河1条、四级河5条、明沟125条,土方67.95万立方米。2006－2007年,9个行政村建立社区服务中心。至2008年,建成村级混凝土路

67.4公里,黑色路18.9公里,沙石路33.8公里,桥梁26座;疏浚河道,动土214.15万立方米,绿化300公顷。阳东、普新、永平3个村分别建起农民聚居区。有线电视入户率80%。

镇区 80年代,改造旧房5000平方米。1995－1996年,建商住楼2万多平方米,400多农民进镇落户。主街道安装路灯82盏,绿化面积3.03万平方米。1998年,获省安全文明乡镇称号。2005年,实施镇区卫生长效管理。至2008年,建成两横四纵6条商业街、3个居民住宅区、1个工业集中区。

图37－10 季方史料陈列馆 (1990年摄)

二、教育

清代,有私塾11所。光绪三十二年(1906),黄静岩创办小学。宣统二年(1910),创办东三市第四国民学校。民国13年(1924),创办私立海霞中学。民国18年,创办农民教育馆。抗日战争时期,启稚小学、海霞中学等疏散至农村,转入游击教育。解放初,有小学15所。1958年,创办三阳初中。1965年,农工民主党主席季方出资在家乡兴建沙泓小学。1976年,三阳初中和新办的永平社中、中心社中增设高中班。1981年,3所初中撤销高中班。1989年11月,创办家长广播学校。1990年,有初中5所,学生1016人,小学9所,学生2423人,中小学教职工151人。2001年,台胞薛伯辉和其弟旅美华侨薛永菁资助人民币70万元,建裕泰教学楼和多媒体教室。2007年9月,家长广播学校教育经验在省关工委工作会议上介绍。2008年,有小学1所,初中1所,中小学生1861人,中小学教职工137人,幼儿园2所。

三、文化

1951年,建三阳文化站、三阳戏院。60年代,三阳文化站为悦来区文化站。1966年,公社电影队成立,每年放映300多场次。1971年,三阳戏院改建成三阳人民剧场。1976年,公社文化站成立。80年代,各村(大队)成立文艺宣传队,每年组织两次文艺会演,选送优秀节目参加县会演。1988年,建季方史料陈列室。1996年12月,获省群众文化先进乡镇称号。2005年,镇文化活动中心有藏书1万多册。2008年,建成文化活动中心9个、特色文化村2个,特色文化户9个。

四、体育

50－60年代,以跳绳、踢毽子、拔河等民间体育活动为主。70年代,每3年举办一次农民运动会。80年代,村与村开展篮球、乒乓球等比赛。1992年,投入10万元建成1个5333平方米的运动场,添置5000多元体育器材。1995年12月,获省体育先进乡镇称号。2001年,由中心小学培养输送的男子排球运动员入选国家男子沙滩排球队。2006年,获市第14届农民运动会组织奖。2008年,获省体育强镇称号。

五、卫生

1952年,建立三阳区中心联合诊所,南星镇、卷边桥镇等地设分诊室。1959年11月,成立三阳地区医院。1969年,各大队配备两名赤脚医生,办合作医疗。70年代,建立公社卫生院。80年代,建无害化厕所657座。1987年,三阳地区医院迁往悦来。90年代,创建省级卫生镇。1996年,建水冲式公厕7座,镇区设垃圾箱35个,果壳箱47个,发放各种卫生宣传资料5630份,实施卫生长效管理。1997年4月,被评为省级卫生镇。2002年11月,三阳医院新大楼落成,建筑面积1500平方米。2005年,建成8个卫生服务站。2008年,建起40人保洁队伍,镇村垃圾日产日清。新型农村合作医疗参保率100%。

第十一章 临 江 镇

第一节 自然概况

一、境域简况

临江镇位于市境东南部,距市治29公里。东与启东市北新镇接壤,悦普路为界;南临长江与海永乡隔江相望;西与三厂镇为邻,九匡河为界;北与三阳、悦来两镇毗邻。336省道、悦临公路在镇区交会,交通运输便利。2008年,总面积37.79平方公里,耕地面积2467公顷。1.2万户,3.09万人,从业人员1.73万人。外出从业人员4176人,其中,出国从业人员4人。外来从业人员181人。人口出生率6.9‰,人口死亡率9.67‰,自然增长率-2.77‰,地区生产总值7.36亿元,第一产业增加值1.11亿元,第二产业增加值3.44亿元,第三产业增加值2.8亿元。财政收入2284万元。农民人均纯收入9200元。

二、历史沿革

临江镇成陆有200多年历史。民国17年(1928),隶属海门县东三区。新中国成立初,隶属海南区。1957年11月,灵北、灵海乡和兴贤乡的第六、七、八社合并,建立临江乡。1958年3月,划入兴贤乡的扬应、普民、元中、习西、召民5个社。10月,成立临江人民公社。1983年,复称临江乡。1988年6月,成立灵甸街居民委员会。2001年9月,撤乡建立临江镇,29个村合并为10个行政村,1个居委会。2006年4月,建灵甸工业集中区。2008年8月,灵甸工业集中区与临江镇合并,建立临江新区,保留临江镇政府建制,辖10个行政村,1个居委会,328个村民组。

三、集镇变迁

临江镇 位于灵甸镇北800米的通启公路两侧。20世纪70年代形成。1972－2008年,为临江镇(公社、乡)机关驻地。

灵甸镇 位于灵殿港。形成于清乾隆年间(1736－1795)。因集镇北距牌位镇1.5公里,当地人把它比作灵位的殿堂,取名“灵殿镇”,后更名为灵甸镇(亦称老灵甸镇)。民国36年5月,人民武装攻打驻灵甸镇的国民党军队,歼敌520余人,得到华东军区首长嘉奖。1957－1971年,该镇为临江乡(公社)机关驻地。1974年7月,灵甸港船闸倒塌,该镇逐渐冷落。1990年废弃。

牌位镇 位于今介云村。清乾隆年间(1736－1795)形成。那时,家家把牌位放在家里,人们把集镇称为牌位镇。民国时期废弃。

汲浜镇 位于今阳应村。清乾隆年间(1736－1795)形成。建有300米长石街,早期有茶馆、酒店、布店、花行、豆腐作坊、铁店等。1990年,因交通条件改变废弃。

普济镇 位于今普济村。清代形成。当地人为感念普济寺和尚的善行,取名普济镇。普济镇街道弯曲,有150米石街,西街在海门地界,东街在启东地界。初期有茶馆、酒店、布店、杂货店等。50－70年代有供销社、粮站等。1985年,因交通条件改变废弃。

庙港镇 位于今介云村。清朝末年形成。抗日战争、解放战争时期是客、货运送必经之镇。1990年,因区域经济发展演变废弃。

悦和镇 位于今希圣村与启东市交界处,已废。

第二节　经济发展

一、农业

种植业　20世纪50年代,夏熟以元麦、大麦、小麦、蚕豆为主,秋熟以玉米、棉花为主。60年代末至70年代,推广三熟制(元麦、玉米、水稻),粮食每公顷产量7500公斤左右。1986年,扩种油菜、大蒜、小辣椒、黑大豆、丝瓜络、红小豆、蘑菇、花生等经济作物。1989年,大蒜、蘑菇、丝瓜络、黑大豆、红小豆、菜饼粕成为外贸产品。1990年,农产品外贸收购额448.6万元,占农业总产值的18.4%。1993年,种植湖桑80公顷,芦笋27公顷。1995年,14个村、47个村民组建双膜棉花丰产方67公顷、水稻丰产方67公顷。2000年起,年种植蔬菜1000公顷次,"四青"作物1200公顷次,西瓜甜瓜133公顷,食用菌2公顷。2004年,注册"普江"牌大蒜、"临江小寒王"青毛豆商标。2005年,全镇投入4000万元建成反季节蔬菜、双低油菜、西瓜甜瓜、湖桑、芦笋等种植基地。2008年,新建20公顷钢架大棚园区1个,出口蔬菜生产基地100公顷。是年,全镇粮食总产8398吨,棉花682吨,油料2750万吨,蔬菜3.62万吨,水果5656吨。

养殖业　50－60年代,户养少量家畜家禽。1970－1978年发展集体养猪,年出栏生猪1万头。1983年,沿江一带利用低洼地、废沟塘,建成精养鱼塘。1987年,养殖面积100公顷,年产水产品150多吨。1995年,有养鸡专业户40多个。2000年,阳应村俞成泉笼养蛋鸡1.5万羽。2005年,沿江一带建成南美白对虾、鲫鱼、河蟹等养殖园区,淡水养殖产值352万元。2008年,饲养家禽40.14万羽,山羊3.77万只,奶牛350头,淡水产品1841吨。

加工业　1965年建临江油厂,年加工棉籽、油菜籽、大豆等3000多吨。2001年,希圣村承接花生剥壳业务,年加工花生7000多吨。2003年,形成花生剥壳、青毛豆剥壳等专业村3个,添置花生、青毛豆剥壳机151台(套)。2004年,浙商殷鸿基投资1000万元建成3000立方米冷库一座,从事农副产品加工保鲜。2008年,冷库容量6000吨。

二、工业

1954年,建灵甸砖瓦厂,年产值40万元。1958年办农具厂。70年代,有机械、机针、造纸、塑料等企业。1978年,南通白鹤机针一厂成为省重点生产厂家。80年代,增制箱、冷却、化纤编织、日用香精、皮鞋、棉纺等行业。1988年,"白鹤"牌工业机针评为省优产品。1990年,有企业32个。县轻工机械厂是中国化工装备协会成员单位,为国家轻工部定点生产厂家,专业生产"双马"牌平板硫化机及压力成型机,产品出口印尼、马来西亚等国,纺织厂生产的麻棉纱线为国家免检产品,远销日本、美国。南通白鹤机针一厂生产的DB×Ⅰ型机针获部优产品。2002年,16个机针生产企业成立临江机针协会。2003年12月,"白鹤"牌缝纫机针被评为省著名商标。2005年,江苏耀瀚针业公司建成投产,全镇机针产量1.5亿包,占全国机针总量的一半以上,享有中国"机针之乡"称誉。2008年,联海生物科技公司、新玮镍钴科技发展公司、英力科技发展公司成为市银牌、铜牌企业。是年,全镇工业总产值18.82亿元。

图37－11　江苏耀瀚针业有限公司　(2005年摄)

三、建筑业

1974年,成立临江建筑站。80年代在崇明、大庆、上海等地承建项目。1991年,与香港长运装修设计有限公司合资兴办南通香江建筑装潢设计有限公司。1993年6月,稻香村建稻香建筑工程公司,后成为市三级资质建筑企业。1994－1999年,160人赴新加坡承建德光岛兵营游乐场等项目。2008年,建筑从业人员4255人。

四、第三产业

50年代,成立供销合作社、商业总店。70年代供销社、商业总店在各大队设下伸店。1980年,开通临江至永隆沙轮渡客运航线。1988年,建立临江外贸服务公司,年出口创汇200多万元。1995年,交通运输收入836万元,从业人员511人。2000年,华联等超市入驻镇区。2005年,镇区有商业门市124个,超市8个,饮食店8个,农贸市场摊位120个。2008年,成立专业合作组织8个,农民经纪人1590人,运销农副产品7.98亿元。

第三节 社会事业

一、村镇建设

农村 1975年,农电普及。1985年,自来水进入农户。1988年,户户用上自来水。1990－1995年,修筑农村晴雨公路30公里,疏浚沟河1282条,动土243万立方米。1998年,新建桥、涵4座。2000年,实施有线电视"村村通"工程,用户1800户。自来水二次管网改造20.12万米。2001年,修筑村级晴雨公路54公里。2002年,建成农村水泥路8.3公里。2005年启动新农村建设,筑造村级水泥路12公里,沟河疏浚动土50万立方米,建造农桥6条。2007年,10个行政村建成社区多功能服务中心。2008年,村村互通水泥路,有线电视入户率78%。希圣村建成农民聚居区1个,建筑面积4500平方米。

镇区 1971年,行政机关从老灵甸镇北迁800米,在通启公路两侧建新灵甸镇。20世纪80年代初,兴建信用社、邮电所、供销社、食品站、电影院等,功能渐趋齐全。90年代,镇区向东延伸。2005年,建成人民路、解放路、江海路、东海路等4条主街道。道路实现硬化、绿化、亮化、洁化。获绿色江苏先进乡镇称号。2008年,镇区面积1.2平方公里。

二、教育

民国5年(1916),建循循小学。新中国成立后,循循小学更名临江中心小学。1959年,建临江初级中学。1969年,临江初中增设高中部。1981年,撤销高中部,复称初级中学。1990年,有初中5所、小学9所,中学生1032人,小学生2550人,中小学教职工171人。1999年,中心小学获南通市德育先进学校称号。2000年,合并为小学8所、初中1所,小学生2572人,中学生1050人,中小学教职工158人。2004年,中心小学被评为省素质教育先进单位。2005年,8所小学合并为1所。2008年,中小学2所,学生1953人,中小学教职工151人,幼儿园1所。

三、文化

1966年,公社设文化辅导员,大队建立文艺队。1970年,建立临江魔术艺术团,出县境演出。1971年,建立电影队。1994年,参加市超百亿文艺会演获二等奖。1996年,获省群众文化先进乡镇称号。1998年,临江中心小学获市文艺会演一等奖。2008年,开展"临江之夏"文艺活动,在农村放电影30场、文艺演出25场。

四、体育

60－80年代,青年农民经常参加乡(公社)村(大队)组织的游泳、篮球、乒乓球比赛。1990年开始,每3年举行一次农民运动会。1995年,被评为南通市体育先进乡镇。2001年,临江中心小学参加市广播操竞赛获一等奖。2003年,获市"幼苗杯"田径比赛团体总分第一名。2008年,10个村建起篮球场。

五、卫生

1956年,建灵甸镇、汲浜镇联合诊所,医生6人。1958年10月,建临江医院,医务人员21人。1968年,实行合作医疗,各大队配备赤脚医生。1978年,临江医院改为临江卫生院,医务人员32人,病床40张。1991年,村村建立卫生室,合医合药合防。2000年,建成4个社区卫生服务站。2008年,镇区统一除"四害",实施农村改厕工程,建成10个垃圾中转站,农村垃圾日产日清。新型农村合作医疗参保率95%。

第十二章　四 甲 镇

第一节　自然概况

一、境域简况

四甲镇位于市境北部，距市治25公里。东与树勋、余东、王浩3镇毗邻，南以海界河为界与常乐、德胜两镇隔河相望，西与通州市二甲镇接壤，北与货隆镇相连。掘青公路、老通吕公路纵横相交，三余竖河、运盐河交叉过境，水陆交通四通八达。2008年，总面积59.8平方公里，耕地3153公顷。2.08万户，5.62万人，从业人员2.8万人，外来从业人员470人。人口出生率5.86‰，人口死亡率8.71‰，自然增长率-2.85‰。是年，地区生产总值13.44亿元，第一产业增加值1.27亿元、第二产业增加值7.22亿元、第三产业增加值4.95亿元。财政收入6848万元。农民人均纯收入9275元。

二、历史沿革

四甲镇成陆有1500多年。元代为布洲场，明代属余中场。清乾隆元年（1736），余中场并入余西场。民国初年，余西、余中、余东3场合称余中场，先后隶属南通县十二区、益余区、第十区。民国27年（1938），日本侵略军侵占四甲坝，建伪维持会。民国32年，汪伪政府在四甲设通东办事处。民国35年，国民党设区公所。1949年2月，四甲划属海门县。1957年11月，德安、同一、保田乡合并，建立四甲乡。1958年10月，成立四甲人民公社。1963年2月，四甲街道从四甲人民公社划出另建四甲镇。1965年2月，撤销镇建置，并入四甲人民公社。1974年，新建公社货隆大队7个生产队、窑港大队10个生产队划属四甲公社。1983年，复称四甲乡。1986年10月，撤乡建四甲镇，辖29个村、264个村民组、1个居委会。1990年，窑港、货隆、运南3个村划归货隆镇。2000年4月，国强镇并入四甲镇。2001年4月，57个自然村合并为14个行政村、2个居委会。2008年，辖14个行政村、3个居委会、486个村民组。

三、集镇变迁

四甲镇　清康熙四十七年（1708），余中场运盐新河经过疏浚，渐有居民傍河聚居。雍正年间（1723－1735），运盐新河四甲地段筑坝，称四甲坝。各地商人到此开店设铺，渐成集镇，四甲坝由此得名。在革命战争年代，是兵家必争之地。新中国成立后，四甲坝改称四甲镇。1957－2008年，为四甲镇（乡、公社）机关驻地。1961－1987年为四甲区机关驻地。

通源镇　位于四甲镇区东南角。形成于宋至和年间（1054－1056）。集镇地处通盐发源地，遂名通源镇。清代为缉私盐隘口之一。东街有东岳庙、东渐书院，西街有西岳庙，中街有望江楼，南街有布庄数爿。乾隆年间（1736－1795），四甲坝开始兴盛，通源镇日渐衰落。新中国成立后，融入四甲镇区。

四杨坝　位于今四杨村。清光绪三十年（1904），张謇与三兄张詧在四桥渡与唐家渡之间开河筑坝，设大咸官盐分栈，驻缉私营1个分队，缉拿私盐。后形成集镇，取名私盐坝。后因张謇在此栽插杨树4棵，遂更名为四杨坝。20世纪30至50年代，是县内主要物资中转、集散地之一。1970年6月，四甲套闸建成，四杨坝渐废。

八索镇　位于今八索村。形成于清咸丰年间（1851－1861）。民国初年设绅董办事处、警察支局。战争年代有过多次战斗。60年代后，因区域经济发展演变废弃。

合兴镇　位于今合兴村。清乾隆元年（1736），如皋富商祝某向陈家仓(合兴村8组)租用土地合资兴办乾元吉油坊,后形成集镇。为纪念合资兴办油坊,取名合兴镇。60年代,油坊迁移,集镇渐废。

二桥镇 位于今二桥村。形成于1957年。因靠近运盐河第二座桥,取名二桥镇。1957年至2000年3月,该镇为国强镇(乡、公社)机关驻地。2008年,有商业街、学校、卫生院和工业集中区。

余中街 位于今余合村。形成于元末明初。因隶属余中场,得名余中街。明正德九年(1514)至嘉靖二十四年(1545),是县治所在地。50年代,交通条件改变,余中街废弃。

四甲镇境内还有头桥镇(位于头桥村)、仙人镇(位于四杨村)、二甲镇新市场、丁坎坎(丕岩村),均废。

第二节 经济发展

一、农业

种植业 20世纪50年代,夏熟种植"三麦二豆"。秋熟棉花夹种小杂粮或玉米夹种黄豆。60年代中期,推广"三熟制"。夏熟三麦二豆,套种玉米,7月下旬栽种晚稻,粮食每公顷产量超7500公斤。1973年,推行玉米棉花夹种。1982年,同一、范南等8个大队在废沟塘、低洼地种植水芹、莲藕、慈姑、荸荠、茭白等水生作物,每公顷平均收入4.5万多元。1985年,发展食用菌、"四色"豆、小辣椒、薄荷、芦笋、药材等经济作物。1990年,种植芦笋11.3公顷,产品外销。1992年,夏熟种植甜玉米、大阪蚕豆、豌豆等,秋熟棉花、西瓜套种,每公顷平均产值6万元左右。1996年,建成水稻、棉花、桑园千亩丰产方3个。1999年12月,四甲村建成一个7000平方米特种瓜蔬基地,种植"海蜜1号"甜瓜、日本双色冰淇淋无籽彩色西瓜、美国百利西洋芹。2001－2005年,发展大棚反季节蔬菜20公顷,每公顷平均产值15万元。2008年,中高效作物种植面积2133公顷,双低油菜商品化生产基地和无公害蔬菜生产基地为省级无公害生产基地。花菜、山药、洋扁豆、番茄、青玉米5个农产品成为省级无公害农产品。是年,全镇粮食总产1.2万吨,棉花1057吨,油料4608吨,蔬菜14063吨,水果4059吨。

养殖业 50年代,户养少量猪、羊和家禽。1967年,渔场建百头猪场。生产队建集体养猪场。1973年,四甲、镇北、大余3个大队建起12个AA鸡养殖场,年出栏55万羽,成为南通地区出口肉用鸡生产基地之一。1985年,发展黄鳝、河蟹、福寿螺、白玉蜗牛、甲鱼、绿毛龟等养殖业。1987年,同一等村养蟹1.2公顷,每公顷收入12.75万元。1999年,范南村建成万羽阉割鸡养殖场。2007年,东南村建成千头猪场。2008年,合兴等村建成千只羊场。全镇饲养山羊3.26万只,家禽55.83万羽,养殖业总收入8463万元,占农业总收入47%。

农产品加工业 1985年,建颗粒饲料厂,生产配方饲料。2005年,四甲、陈沛村建小型冷库2座,冷藏量2000吨,加工、速冻、保鲜农副产品。

二、工业

解放前,有油坊、酒坊、染坊、铁木竹、缝纫等企业。50年代,建县属合兴油厂和社办农机厂。60年代,建县属四甲轧花厂。1971年,社办农机厂改为县汽车齿轮厂。1972－1975年,新增针织、服装、水泥制品、软木制品、锅炉、皮革制品等工业门类。1976年,四甲锅炉厂为核工业部研究生产飞机汽轮垫片。1985年,有镇办企业18个,村办企业25个,形成纺织、服装、机械、建材等10个工业门类,年产值771万元。1987年,建县纺织机械配件厂,吸收

图37－12 金轮科创股份有限公司 (2005年摄)

瑞士生产技术生产针布，1988 年后，产品通过省部级技术鉴定。1990 年，四甲羊毛衫厂生产的精纺四线带纺织品，畅销国内 10 多个省市及阿拉伯国家；四甲耐磨材料厂生产的高铬球等产品，销往国内外市场。1993 年 10 月，组建南通金轮企业集团。2001 年，建立工业集中区，金轮、莱克、凯旋等企业入驻工业集中区。2005 年 12 月，南通金轮企业集团购并甘肃白银华源钢丝针布厂。高速高产梳棉机用固定盖板针布被列为国家"星火计划"项目。2005 年，有华辰、天元、兴盛、金轮科创、东升、东冠等 8 个中外合资企业。2008 年，金轮企业集团成为国内乃至亚洲纺织器材专业制造商。是年，全镇有企业 725 个，从业人员 6433 人，工业总产值 45.37 亿元，销售收入 22.1 亿元。

三、建筑业

1965 年，成立四甲建筑站、国强建筑站，从事农房建筑。1980 年，300 多名建筑工人在大庆承建大中型建设项目。1990 年，有建筑工程队 2 个，职工 1967 人，工程分布北京、上海、大庆等地，建安产值 2419 万元，经济收入 814 万元。1996 年完成建安产值 1.6 亿元，实现经济收入 5000 万元。1999 年，南通华鼎建筑工程有限公司参建的北京市第二中级人民法院审判楼工程获"鲁班奖"。2003 年 2 月，建筑企业改制，形成南通华鼎、南通竑成、南通云峰 3 个建筑企业。固定资产 5600 万元，专业技术人员 680 人。2008 年，建筑业从业人员 6370 人，实现施工产值 13.11 亿元，增加值 1.89 亿元。华鼎建筑工程有限公司晋升为国家一级资质企业。

四、第三产业

清代有土布庄、粮行、酱园，尤以粮行最盛。民国时期，有大小商店、作坊等 250 个。解放后，建供销合作社。1956 年，组建合作商店。60 年代初，建江北棉麻收购站。60 年代中期至 70 年代初，建四杨坝物资中转站和四甲纺织品、果品、医药批发站等。1979 年 10 月，丕北村建山羊市场，日交易量 600－700 只，成为全县首个山羊专业市场。1985－1989 年，镇区建成小商品、农贸、禽畜、粮油 4 个专业市场。1990 年，有国营商业 5 个，大集体商业 10 个，镇村商业 15 个，个体商业 458 户。1996 年，山羊市场搬迁至四甲合兴村，占地 2000 平方米。是年，异地新建农贸市场 1 个，占地 1.2 万平方米，固定摊位 380 多个，营业门面房 130 个。2000 年，农贸市场成交额 1.23 亿元。2001 年，联华、百佳惠、文峰等大中型超市入驻镇区。2007 年，镇西郊重建山羊市场。2008 年，镇区有超市 6 个，商店 200 多个，药店 12 个，美容美发店 18 个，饭店旅馆 16 个。

第三节　社会事业

一、村镇建设

农村　20 世纪 60 年代，普及农村有线广播。1973 年 7 月，成立供电所，全镇开始供电。1981 年 12 月，建成自来水厂，8000 余人饮用自来水。1994 年，开通程控电话。1998 年，修筑农村沙石公路 82 公里。2001 年，实施有线电视村村通工程。2005 年，启动新农村建设。疏浚沟河 140 条，动土 120 万立方米。2007 年，各村建成社区服务中心。2008 年，修建农村水泥公路 87.6 公里，改造农村危桥 45 座。有线电视入户率 82%，安装宽带 360 户。绿化面积 533 公顷。

镇区　新中国成立时，有一条长 1 公里、宽 2 米、碎石铺成的鱼脊形老街。60 年代，在老街南边另辟新街。70 年代，建邮政、法庭、供销、商业、农行、信用社等楼房。1985 年，街道路面拓宽，铺设水泥块路面，沿街安装路灯，地下埋设管道。1994 年实施旧镇改造，至 1998 年，建成两纵两横 4 条街，3 个居民生活区、3 个商业区、2 个文化教育卫生区，2 个专业市场，900 多农民进镇落户、务工经商。2000 年，获南通市新型小城镇称号。2005 年，镇区建设西延，与新建的工业集中区衔接。2008 年，面积扩大到 4 平方公里。

二、教育

清同治七年（1868），通源镇建东渐书院。光绪三十一年（1905），东渐书院改称余中乡立第一初等小学。民国 3 年（1914）7 月，更名为南通县立第三高等小学。民国 34 年，学校迁四甲坝改称四甲中心小学。1950 年，有小学 11 所。1951 年创办余中初级中学，后改名为四甲中学。1957 年 10 月，创办四甲镇初级中学，翌年 4 月，改称四甲农业中学。1964 年 3 月，创办四甲中心幼儿园。1981 年，四甲中心幼儿园成为省重点幼儿园。1984 年 3 月，成立成人教育中心学校。1990 年，有中学 5 所，学生 1041 人，小学 12 所，学生 2938 人，中小学教师 163 人。1996 年，初中合并为 2 所。2001 年，小学合并为 2 所。2007 年，通过省教育现代化乡镇验收，国强中心小学成为省实验小学。是年，四甲初中、国强初中合并为四甲初中，异地新建四甲初中新校区。2008 年，有学校 4 所，幼儿园 2 所。中小学生 6788 人，教职工 506 人；成教中心 1 所，成人培训率 48%。四甲中心幼儿园和国强中心幼儿园分别被评为省示范幼儿园。

三、文化

1950 年 4 月，成立四甲大众俱乐部。1952 年，建县新华书店四甲分店。1958 年 4 月，成立四甲区文化站。60 年代，成立电影放映队、有线广播站。1976 年 8 月成立四甲镇文化站，与区文化站合署办公。1978 年，业余歌手钱志芳演唱的海门山歌《棉乡儿女怀念周总理》，获省农民文艺调演表演一等奖。1984 年 1 月，成立四甲科普文化中心。1990 年，开展科普、文化宣传活动 100 多场次。2000 年，建成 12 支舞龙队，在市第三届、第四届农民运动会上表演。2002 年 12 月，在南通市百镇文艺调演中，选送的舞蹈《采桑》，获创作表演三等奖。2003 年，建有 15 支舞龙队，其中女子舞龙队 1 支。2004 年，获舞龙之乡称号。2005 年，女子舞龙队赴张家港市参加中国长江流域民间民族艺术节开幕式表演。2008 年，有农家书屋 13 个，特色文化家庭户 120 个，特色文化村 2 个。

四、体育

60 年代，青年业余篮球队常与四甲中学、四甲驻军举行友谊赛。70 年代，举行象棋、拔河、乒乓球、自行车比赛。1987 年，同德村 2 组青年农民梁耀忠参加第六届全运会，获男子 1 万米自行车争先赛冠军，为江苏省夺得该项比赛的第一枚金牌。1990 年开始，每 3 年举办一次农民运动会。1997 年，获省体育先进乡镇称号。1998 年，有二级社会体育指导员 2 人，三级社会体育指导员 42 人。2005 年，镇区建篮球场、健身路径和健身房。2007 年实施省“万村体育健身工程”，村村建篮球场、乒乓球室、棋牌室。2008 年 6 月，获省体育强镇称号。

五、卫生

1949 年 7 月，成立四甲区第一个联合诊所，次年更名为四甲区联合医院。1968 年 1 月，建四甲地区医院。1969 年，实行合作医疗。1987 年，港胞朱鹤皋捐资兴建南山诊所。1990 年 12 月，重建四甲镇合作医疗委员会，完善村卫生室。1998 年，成立四甲卫生防疫所，镇区统一除“四害”。2005 年，推行新型农村合作医疗，参保率 95%。2006 年，建成 10 个社区卫生服务站。实施农村改厕工程，头桥、余合、合兴等村卫生厕所占比 85%。2007 年 6 月，垃圾处理实行户收、村运、镇处理。建造 486 个固定垃圾箱，设立 18 个垃圾填埋场，配备 69 名保洁员，添置垃圾装运车 50 辆。2008 年 6 月，建立保洁服务中心，农村环境整治纳入长效管理机制。是年，获省全国亿万农民健康促进行动示范乡镇、南通市农民健康工程示范乡镇称号。

附：国强镇

国强镇位于市境西北部。东与四甲镇相接，南与平山乡、瑞祥乡毗邻，西与通州市接壤，北与货隆镇为邻。解放前隶属南通县第十区。1957 年 11 月，国华乡、自强乡合并成立国强乡。1958 年建立国强人民公社。1983 年复称国强乡。1994 年，撤乡建国强镇。1999 年，辖 22 个村，1 个居委会，247 个村民组。全镇总面积 30.87 平方公里，耕地面积 1521 公顷。总人口 2.8 万人，非农人口 4772 人。农民人均纯收入 4122 元。

1999 年，该镇主要工业企业有南通市金属针布厂、沪钢海门不锈钢联营厂、县空调设备厂、国强橡胶制品厂、县家用电器厂、县儿童食品厂、县面粉厂、国强皮革制品厂、国强兴中灯泡厂等。主要产品有金属针布、不锈钢管、空调配件、木工机械、橡胶制品、家用电器、皮革制品等。木工机械、金属针布、电珠等远销海外。金属针布、木工机械产品获省、市优质产品奖。毛里解放鞋获全国首届文化博览会铜牌奖。全镇工业总产值 3.12 亿元。是年，实现农业总产值 5645 万元。建筑业总产值 1.8 亿元。

1999 年，有中小学 9 所，在校学生 2800 人，教师 172 人。

2000 年 4 月，国强镇撤销，并入四甲镇。

第十三章　货 隆 镇

第一节　自然概况

一、境域简况

货隆镇地处市境中北部，距市治30公里。东与王浩镇为邻，南与四甲镇相接，西、北与通州市交界。西距南通市40公里，东距吕四渔港30公里。通吕运河、三余竖河和苏335线、苏222线在镇区交会，交通运输便捷。2008年，总面积37平方公里，耕地2033公顷。1.18万户，3.21万人，从业人员1.53万人，外来从业人员133人。人口出生率5.4‰，人口死亡率7.91‰，自然增长率－2.51‰。地区生产总值11.42亿元，第一产业增加值8970万元，第二产业增加值5.75亿元，第三产业增加值4.77亿元，财政收入3473万元。农民人均纯收入9676元。

二、历史沿革

1500多年前，货隆镇是黄海之滨的一片沙滩，江南句容等地移民在滩涂上种草煮盐。金陵村的丁家墩、联义村的“六虎头”（6座虎头泥墙草房）、新复居委会（原团结村）的周灶庙等是先民烧盐、祈祷的地方。清道光年间（1821－1850），形成自然村落。民国19年（1930）2月，中国工农红军江苏第1大队在草蓬镇成立。是年5月，红十四军2师师长秦超在攻打汤家苴战斗中，中弹后不幸牺牲，其遗体安葬在石头镇小学操场上（今货隆村）。1957年11月，建新、新华、翻身乡合并为新建乡，乡行政机关设在新街。1958年10月，建立新建人民公社。1974年，通吕运河以南窑港大队10个生产队、货隆大队7个生产队划入四甲公社。1983年，复称新建乡。1990年，撤新建乡建货隆镇，四甲镇的窑港、货隆、运南3个村划归货隆镇。辖26个村，249个村民组。1992年，镇行政机关迁至货隆大桥北侧新镇区。2001年，26个村合并为8个行政村，1个居委会。2008年，辖8个行政村，1个居委会，249个村民组。

三、集镇变迁

新货隆镇　位于通吕公路、掘青公路交会处，南距老货隆镇1.5公里。20世纪60年代，通吕河上架起一座公路大桥，称货隆桥。不久，南通地区商业局在此办起肉联厂，随后逐步形成集贸市场，后建起供销商业门市、饭店、旅社等。因靠近县第十六电灌车口，得名十六车口。90年代初，更名为新货隆镇。1992年12月至2008年，为货隆镇机关驻地。

老货隆镇　位于今货隆村西。形成于清乾隆末年。由挑货郎担的浙江人开店发展起来。抗日战争时期，镇上有一茶馆店是中共地下组织的情报站。60年代初，随着交通闭塞，集镇渐废。

新街　位于今新街村掘青公路西侧。形成于清光绪年间（1875－1908）。镇上以朱姓为多，得名朱姓镇。民国34年夏，中共地方武装在朱姓镇智袭日本侵略军饷车成功。3天后，盘踞在四甲镇的日本侵略军大批出动，到朱姓镇烧杀报复。镇上男人有的被杀，有的外逃，因此，人们称为寡妇镇，新中国成立后更名为新街。1957－1992年，是新建乡（公社）、货隆镇机关驻地。2008年，有1条商业街和3个工厂。

草蓬镇　位于今货隆村东。形成于清道光年间（1821－1850）。街道两侧全是草房，取名草蓬镇。30年代是通东地区工农红军根据地。60年代初，随着交通闭塞集镇废弃。

石头镇　位于今货隆村中部。建于清道光年间（1821－1850）。形成初期，有一“义贼”专门劫富济贫,人们把该镇称为“贼猴镇”,后因其名不雅,改为石头镇。30年代,有酒店、茶馆、百货店、肉铺、油坊、染坊等。1952年7月至1954年6月,该镇为新安区机关驻地。60年代初,随着交通闭塞,集镇渐废。

第二节 经济发展

一、农业

种植业 20世纪50年代前,夏熟以种植“三麦二豆”为主,秋熟以玉米、棉花为主。夏熟粮食每公顷产量1500公斤左右,秋熟玉米每公顷产量3000公斤左右。棉花(皮棉)每公顷产量150多公斤。60年代末,推广“一旱两水”三熟制,团结、复林等大队种出每公顷15吨粮食田块。70年代推广麦子、玉米、棉花“旱三熟”,棉花种植面积扩大。1972年,全公社皮棉每公顷产量超750公斤,在全县棉花生产会议上介绍经验。1985－1990年,皮棉每公顷平均产量连续6年位居全县第一。1988年,发展西瓜、棉花套种667公顷,每公顷平均产值5.25万元。1992年起,夏熟种植菜用甜玉米、苏玉糯玉米、大阪蚕豆、豌豆等,秋熟西瓜、棉花套种,每公顷平均产值6万元。2003年3月,国家级农业综合开发项目区在货隆镇挂牌,总投资120万元,发展大棚反季节蔬菜34公顷,每公顷平均产值22.5万元。2005年,海山村建成梨园6.7公顷,新复居委会建成精品葡萄园6.7公顷。2008年,中高效作物种植面积1320公顷,经济收入9785万元。是年,全镇粮食总产4561吨,棉花1284吨,油料3007吨,蔬菜2.41万吨,水果9877吨。

养殖业 50年代,居民少量饲养鸡、鸭、猪、羊。70年代,生产队建起养猪场,年均出栏生猪5000头。80年代,联义村出现22个家庭百头猪场,年出栏生猪2500头,占全乡生猪饲养量40%。90年代,在上海从事市政工程的有余村农民梁士雄出资50万元,在永合村建起鸵鸟养殖场,饲养南非鸵鸟24只,后因经济效益不佳,改养美国陆地王种鸽,年繁殖苗鸽1万多羽,带出100多个肉鸽养殖户。2001年,金跃村建成蟹塘6.7公顷,新复、新街等村建成万羽鸡场。2004年,有余村建成千头猪场,金跃村建成万羽樱桃谷肉鸭养殖场。2008年,全镇养猪7444头,羊1.76万只,禽、鸽42万羽,淡水养殖产品756吨,养殖业总收入6959万元,占农业总收入49.3%。

农产品加工业 1976年,南通地区商业局在新建公社通吕运河边兴建四甲肉联厂,设屠宰、分割、肠衣、冷藏等车间,日屠宰生猪3000头,年加工产值5000万元,1991年停产。1995年,留守肉联厂的300多名干部职工,利用原厂房和冷冻设备创办中宝食品股份公司,加工、速冻、保鲜青蚕豆、青豌豆、青玉米、青花生、青毛豆等农产品,产品畅销10多个省市。1998年,公司为南通市龙头企业,2001年为省级龙头企业,2005年,有大型冷库4座,冷藏量2万吨,日加工、速冻能力500吨,为国家级农业产业化龙头企业,产品出口日本、韩国、美国等。2006年,海门欣荣饲料公司以春玉米秸秆、花生藤等为原料,生产青贮保鲜饲料,产品销往国内奶牛养殖场,2007年,出口韩、日等国。2008年,欣荣等公司销售收入1.2亿元,利税1000多万元。

二、工业

概况 60年代建办农具厂、砖瓦厂。70年代,兴办不锈钢厂、铜棒厂。80年代,兴办机械、保温杯、玻璃、电光源、建材等企业。1990年,有企业31个,从业人员2060人,工业总产值2626万元。90年代,兴办沪海有色铸造厂等企业。2001年,建立工业集中区,新艺、富华、振华等不锈钢企业入驻工业集中区。2004年,台湾中兴电工集团与南通爱尔思公司合资设立中兴爱尔思公司,生产输变电设备。2008年,建成3个工业集中区,外资企业增至6个。是年,有企业1069个,从业人员6000多人。工业总产值35.04亿元。

不锈钢产业 1977年,南通市华艺不锈钢厂建成投产。1985年起,华艺厂培养的部分技术人员先后自立门户,办起不锈钢企业6个,生产不锈钢餐具、医疗设备、全套厨房设备、机械设备等产品。1990年,有不锈钢企业40多个。是年,南通市华艺不锈钢厂为北京亚运村生产200多万元不锈钢配套设备,两个产品获上海市经委颁发的升级换档产品奖。1995年,一批不锈钢业主在上海、南京、苏州等大中城市创办33个镇外企业。2007年,金恒制管公司生产的系列不锈钢管材获评南通市名牌产品。2008年,有不锈钢企业500多个,产品品种上千个。

金恒制管公司被评为省诚信企业。新艺公司成为国内不锈钢、金属装饰行业知名企业。

机电产业　1995 年，建成沪海有色铸造厂，生产的高压输变电互感器壳体，经上海交通大学科研部门检测符合国际标准，填补国内空白。2000 年，沪海有色铸造厂与上海交大合资建成南通爱尔思公司，批量生产互感器壳体。2001 年，三峡工程、小浪底工程等国内大型水电工程，均采用爱尔思公司的产品。2004 年，台湾中兴集团在工业集中区 B 区投资设立输变电零部件生产项目，之后不断追加投资，增加项目。至 2008 年，B 区拥有南通爱尔思、中兴精密、中兴创元、圣亿精密等关联企业 6 个，产品远销西门子、阿海珐等世界 500 强企业，以超高压绝缘体开关生产为核心的高压电气机电产业园初步形成。

三、建筑业

1974 年 10 月，成立新建建筑站。1983 年，5 支施工队在新疆、大庆等地承建项目。1986 年，在苏州、海南、山东等地开辟建筑市场，队伍发展到 500 多人。1990 年，实现建安产值 2000 万元，经济收入 600 万元。1996 年，货隆建筑公司承建的南宁国际贸易中宁大厦，51 层高，建筑面积 12.04 万平方米。是年，实现建安产值 4000 万元，经济收入 1300 万元。2008 年，全镇建筑业施工产值 4.63 亿元，增加值 1.72 亿元，从业人员 4042 人。

四、第三产业

概况　50 －70 年代，有供销社、商店、代销点 26 个，饭店、旅馆各 2 个、小菜场 2 个。80 年代中期，建成货隆桥竹木市场。1993 － 1999 年，建成果品、小商品、粮油、农贸 4 个专业市场。2000 年，联华、文峰等中大型超市入驻镇区。2008 年，镇区有大、中型超市 8 个，商店 100 多个，药店 6 个，美容美发店 27 个，饭店旅馆 7 个，花店 2 个。

竹木市场　80 年代中期，货隆桥竹木市场形成，以货隆桥为中心，向四边延伸，占地 20 公顷。1986 － 1988 年，年销售各类木材 10 万立方米，纳税 150 多万元，交纳各项管理费 70 多万元，成为全国最大的竹木市场之一。1988 年，被国家工商行政管理总局命名为全国文明集贸市场。1995 年，有 330 多个摊位，成交额 1.7 亿元。1996 年，再度获评全国文明市场。进入 21 世纪，建房材料更新，竹木市场逐步萎缩。2008 年，竹木市场摊位 20 多个。

农民书画　1985 年，联合村村民姜永高等自筹资金，创办海新书画社，生产的仿古画在桂林等旅游胜地畅销。1990 年，书画队伍日益壮大，作品销往东南亚等国家和地区。2004 年，永合村村民曹惠峰在马来西亚首都吉隆坡兴办书画院。2008 年，从事书画业人员超千人，书画市场成交额 4.5 亿元，经济收入 6558 万元。

图 37 – 13　海新书画社　(2000 年摄)

第三节　社会事业

一、村镇建设

农村　1986 年，建成第一口深水井，30% 的村民用上自来水。1991 年，又建两口深水井，自来水普及率 90%。1995 年，修建水泥公路 5 公里，桥梁 5 座。1997 年，修建沙石公路 5.5 公里，桥梁 6 座。1999 年，以点带面整治沟河，村村进行垃圾集中处理。2002 年，实施有线电视“村村通”工程。2005 年，启动新农村建设，建成村级水泥路 11.4 公里，自来水二次管网改造 1.4 万米，水利建设动土 65 万立方米，修建桥梁 4 座。2007 年，各村建成社区多功能服务中心。2008 年，全镇有线电视入户率 80%，绿化 400 公顷，明沟全部得到疏浚，境域通吕公路两侧路灯设施完善。

镇区 1992年,货隆镇行政机关南迁新货隆镇。采取“引先富农民进镇,靠先富农民建镇”的办法,建设新镇区。1997年,1500多农民进镇落户,务工经商。吸聚建房资金1.2亿元,引进镇外房地产开发资金1.1亿元,开发商住楼25万平方米,建成3纵4横7条街,2个居民生活区,3个商业区,1个教育卫生区,4个专业市场和2个工业区。建成面积0.8平方公里,道路、供排水、供电等基础设施配套。是年6月,获省新型示范小城镇称号。1999年12月,获全国村镇建设先进镇称号。2005年,镇区建设西延,与新建的工业集中区连接。2008年,镇区面积扩大到2.5平方公里。

二、教育

民国12年(1923),开明绅士李树楷牵头创办石头镇小学。民国36年,有初小3所、完小2所。1950年,小学10所。1958年,兴办冬学、夜校,扫除青壮年文盲。1960年,建新建初级中学。1963－1967年,办民办初中4所。1968年,新建初中和2所民办初中增设高中部,小学、初中、高中为九年一贯制。1978年,初中恢复三年制。1980年,3所初中增设的高中部全部撤销。1983年,成立成人教育中心学校。1990年,有初中5所,学生936人;小学9所,学生2203人。中小学教师144人。1996年,初中合并为1所。1997年起,成教中心开展农村实用技术培训、劳动力转移培训。2000年,小学合并为3所。2004年,成教中心被评为南通市特色乡镇成教中心校。2005年,通过省教育现代化乡镇验收,货隆中心小学成为省实验小学。2008年,中小学2所,幼儿园1所。中小学生2670人,中小学教职工161人。

三、文化

50年代,业余演出队送戏到村。1965年,舞蹈《民兵练武忙》在海门、南通群众文艺会演中获奖。1973年,说唱《十八年哑巴说了话》获海门、南通创作、演出一等奖。1976年,成立新建公社文化站。1983年,有30多人从事书画创作。1993年,姜永高创作的山水画《烟云深处》获全国中老年人书画大赛一等奖。1996年,被评为省群众文化先进乡镇。2001年元旦,荣隆工艺品厂制作的龙华皋鼓在上海龙华旅游城展出。该鼓面直径4米,鼓身厚2.5米,置于4只联体红木狮子(重2.5吨)的鼓架上,成为一项鼓界之最。2006年3月,姜永高在南通市群艺馆举办画展,展期15天,观众3万多人。2008年,有农民家庭图书室36个,特色文化家庭326户,特色文化村2个。

图37－14 龙华皋鼓 (2001年摄)

四、体育

70年代,组织拔河、跳绳、踢毽子比赛。1986年,组织游泳、挑担、摔跤比赛。1990年起,每年举办农民运动会。1998年,获省体育先进乡镇称号。2005年,有篮球场9个。2008年,镇区设运动场1个,居民健身点5个,购置体育器具20多套。各村建起篮球场、乒乓球室等。

五、卫生

1958年,成立公社医院。1969年,实行合作医疗,大队配齐赤脚医生。1991年,创建省级卫生镇。1995年,按二等甲级标准建成货隆医院。1996年,村村有垃圾填埋场,村民组有垃圾中转箱。1997年4月,获省卫生镇称号。2002年,货隆医院改制为民营,同时建立镇卫生所。2008年,医院1所,医生23人,社区卫生服务站4个,乡村医生16人。新型农村合作医疗保险参保率100%。8月,通过省级卫生镇复查。

第十四章　王 浩 镇

第一节　自然概况

一、境域简况

王浩镇地处市境中北部，距市治32公里。东与正余镇为邻，南与余东镇接壤，西与四甲镇、货隆镇相接，北与通州市三余镇交界。通吕运河、通吕公路横贯镇区，交通运输便捷。2008年，总面积31.75平方公里，耕地面积1760公顷。1.03万户，2.81万人，从业人员1.37万人，外来从业人员848人。人口出生率5.72‰，人口死亡率7.28‰，自然增长率-1.56‰。地区生产总值9.85亿元，第一产业增加值1.13亿元，第二产业增加值5.93亿元，第三产业增加值2.79亿元。财政收入1363万元。农民人均纯收入9622元。

二、历史沿革

王浩镇成陆有1500多年，元代为余东场一部分。清光绪二十七年(1901)，形成自然村落。民国16年(1927)，通东旅沪进步学生俞海清等先后回乡开展革命活动。民国17年4月，通东地区最早的中共支部廿五总党支部成立。1957年11月，王浩乡(以烈士王浩命名)、河东乡(除去第一、第二社)和余北乡的第九、十、十一社及正浩乡的第二社合并，建立王浩乡，乡行政机关设在岸头镇。1958年3月，划入余东乡的十五社。10月，成立王浩人民公社。1983年复称王浩乡，辖21个村，236个村民组。2001年，撤王浩乡，建王浩镇。是年，21个村合并为8个行政村，1个居委会。2008年，辖8个行政村，1个居委会，235个村民组。

三、集镇变迁

岸头镇　形成于清光绪初年。因地处范公堤与沈公堤接头处，得名岸头镇。新中国成立后，岸头镇3次搬迁。1959年由原址东移百余米；1973年搬至通吕河北岸边；1996年北移至现镇区。1957年11月至2008年，该镇为王浩镇(乡、公社)机关驻地。

王灶河镇　位于今王灶河村。形成于清道光末年。因王灶河穿镇而过而得名。民国5年，王灶河镇设大达轮船码头，集镇十分热闹。20世纪30年代，该镇有20多位仁人志士走上革命道路。70年代起，因交通条件改变逐渐成为废镇。

第二节　经济发展

一、农业

种植业　20世纪50年代，夏熟以“三麦二豆”为主，秋熟以玉米、棉花为主。60年代开始，引进粮棉良种，推广粮棉夹种。1964年，全镇皮棉每公顷产量超750公斤。1970年起，推广“二旱一水”三熟制。1979年，粮食每公顷产量8062.5公斤。1987年起，逐渐缩减三麦、水稻、蚕豆、玉米、油菜的种植面积，发展林果、食用菌、水生蔬菜、薄荷、小辣椒等作物，每公顷平均产值3.75万元。1989年，发展西瓜、棉花套种800公顷，每公顷产值5.25万元。1990年，67公顷棉花丰产方获省“丰收杯”四等奖。1998年，发展“四青”作物310公顷，每公顷产值6万元。2008年，形成133公顷蔬菜，200公顷果、桑，400公顷西瓜、甜瓜，333公顷“四青”作物生产基地。是年，全镇粮食总产5891吨，棉花920吨，油料2884吨，蔬菜3211吨，水果3005吨。

养殖业　50－60年代，户养少量鸡、鸭、羊。70年代，有236个生产队建养猪场，年均出栏生猪8000头。1983年，建成大东方养鸡场。1996年，有

50多个规模养鸡大户。1997年,发展提水养殖400公顷,鱼、虾、蟹混养,每公顷收入7.5万元。2000年,有30多个猪羊养殖户。2008年,养猪2020头,养羊3.99万只,家禽29.01万羽,淡水养殖产品1100吨,养殖业总产值8000万元。

加工业 2004－2005年,建成佳宝食品有限公司、天绿果蔬食品有限公司,分别加工、速冻、保鲜农副产品。产品畅销10多个省市。2007年,佳宝食品有限公司被列为南通市龙头企业。2008年,佳宝公司成为北京奥运会食品供应商之一。2008年,加工业产值8500万元。

二、工业

解放初期,有铁店、染布店、竹器店。1956年,兴办印染厂、农具厂。60年代,建办农机修理厂。70年代,建办磷肥厂、砖瓦厂、铜棒厂等。1980年,有社队企业16个,从业人员587人,工业总产值388万元。80年代中、后期,兴办金属压延厂、化工厂、保温杯厂、建材厂、皮件厂、服装厂等。金属压延厂生产的“申浩”牌水箱铜带畅销国内市场,H90波浪带、H68和H62黄铜带填补国内空白。1990年,有企业28个,从业人员950人,工业总产值2528万元。90年代,建办南通浩明电碳公司、浩大铜业公司、申浩不锈钢厨房设备厂、南海隔热镇水粉厂、煤矿机械厂等。1996年,浩大铜业公司生产的H70散热器专用合金带获省“金牛奖”。2000年,有企业36个,从业人员1756人,工业总产值3.5亿元。2002年,力德化工公司研制的黑色耐电痕ADSS光缆护套专用料被认定为国家重点新产品。2005－2006年,锦星橡塑、泽富模具、荣腾五金、浩升纺织、浩顺铸件、菲力特电机6个超千万元企业竣工投产。2008年,工业企业46个,从业人员2146人,工业总产值19.82亿元,定报销售收入4.96亿元。

三、建筑业

1974年,成立王浩建筑站,从事农房建筑。1976年,在江西、南京等地承建项目。1981年,8支施工队在北京、上海、新疆、大庆、天津等地承建项目,队伍发展到1800多人。1990年,建安产值2243万元,经济收入950万元。1991年,承建的上海宝林七村701住宅大楼,获全国房屋建筑样板工程称号。1995－1996年,承建的北京国家税务总局科研业务楼,1997年获“鲁班奖”。2000年,工程分布北京、上海、南京、山东等12个省市,从业人员3052人。2005年,组建华宇建筑安装公司。2008年,建筑工程分布北京、南京、上海、重庆、石家庄等地,从业人员3510人,建筑业施工产值3.07亿元,增加值6756万元。

四、第三产业

50年代,有茶馆、豆腐店、药店、百货店等。60年代,增加农具修理、废品收购等服务门类。70－80年代,1500多人到徐州从事砖瓦生产,年人均收入1500元左右。1996年,新建农贸市场,固定摊位212个,营业门面112个。2000年,百佳惠、联华等超市入驻镇区。2008年,有大、中型超市8个,商店100多个,洗浴、美容美发等15个,家电、汽车等修理点28个,第三产业增加值2.79亿元。

第三节 社会事业

一、村镇建设

农村 1955年起,实施水利建设工程,开挖三级、四级河道18条,建造河闸2座。1968年,有线广播通到农村。1975年,居民用上电灯。1983年,建成第一口深水井,30%的村民用上自来水。1995年,新建3口深水井,自来水普及率100%。1995－1997年,修造村级晴雨公路68.35公里,桥梁7座。1998年,建成电话达标乡。2003年,实施有线电视村村通工程。2004年,启动新农村建设,建成农村水泥路51.4公里,农桥35座。自来水二次管网改造1.2万米,水利建设动土50万立方米。2005－2007年,8个行政村建起村部大楼和社区多功能服务中心。2008年,有线电视入户率78%,境域通吕公路两侧实现亮化。

镇区 1985年,25户农民集资,在镇区建成农民一条街。是年10月,《新华日报》报道王浩乡建成农民一条街的新闻。1996年,实施新型小集镇建设。至1998年,建成商住楼34幢,建筑面积6.12万平方米;建成2个居民生活区,3个商业区,1个教育卫生区,1300多农民进镇落户。2000年起,镇区建设东延,与新建的工业集中区连接。至2007年,建成富民、桥头、浩东商住楼2.5万平方米。2008

年，新建商业区1个，镇区面积2.5平方公里。

二、教育

民国2年(1913)建立汤家苴初级小学。民国37年，有初小4所，私塾12所。1950年，有小学9所。1958年，兴办冬学、夜校，扫除青壮年文盲。1959年，建王浩初级中学。1963－1967年，新建民办初中3所。1969年，王浩初中和2所民办初中增设高中部。小学、初中、高中为9年一贯制。1974年，建社办农业大学。1978年，初中恢复三年制。1980年，社办农大停办。1981年，3所初中增设的高中部撤销。1982年，村办幼儿班23个，入班幼儿1205人，幼师32人。1983年，成立成人教育中心学校。1984年，成立乡党校；建办乡中心幼儿园。1990年，全镇初中3所，学生973人，小学9所，学生2321人，中小学教师159人。1997年起，成教中心开展农村实用技术培训、劳动力转移培训。2000年，小学合并为4所。2006年，通过省教育现代化乡镇验收。2008年，初中1所，小学1所，幼儿园1所。中小学生1829人，中小学教职工134人。

图37－15　王浩镇农家书屋揭牌　(2006年摄)

三、文化

1958年，建王浩文化站，1960年停办。1976年，复办王浩公社文化站，有一支50多人的文艺宣传队。1984年，建王浩文化中心。2000年，河岸村退休教师俞玉田创办少儿器乐队，先后有35人获二胡演奏10级资证，58人获8级资证。2005年，8个村建成文化活动中心。2006年，各村配备电脑、大屏幕彩电、DVD音响设备。是年9月26日，省新闻出版局，南通、海门有关领导为王浩镇8个村农家书屋揭牌。2008年，有农民家庭图书室28个，特色文化家庭305个，特色文化村2个，古坝村村民王兰英获省农民读书之星。

四、体育

1968年，小学教师姜德英参加县组织的畅游长江活动，从青龙港游到崇明岛。20世纪70－80年代，经常组织长跑、篮球、乒乓球、自行车等比赛活动。1991年，参加县“蜂乳杯”乒乓球比赛获女子团体第一名。1992－2000年，举行4次农民运动会。2001－2003年，桥闸村21组少年顾春花，在省、全国少年乒乓球比赛中两次获奖。2007年，村村建有篮球场、乒乓球室，添置10多种体育健身器材，成为全市首批省“万村体育健身工程”乡镇之一。2008年，获省体育强镇称号。

五、卫生

解放前夕，有8名老中医，3家中药铺。50年代初，设5个诊所。1958年，成立公社医院。1969年，各大队配备赤脚医生，实行农村合作医疗。1978年12月，公社医院改为卫生院。1982年，建卫生院大楼844平方米。1993年，新建卫生院大楼1820平方米，病床68张，医护人员31人。2002年，卫生院改制为民营医院。2003年，成立卫生所。农民参加新型农村合作医疗保险。2006年，村村建起垃圾填埋场，村民组配有垃圾箱，镇成立保洁中心，有专职保洁员33人。4个村完成农户改厕。2008年，医院、卫生所各1个，医生26人。社区卫生服务站7个，乡村医生16人。新型农村合作医疗保险参保率99.86%。

第十五章　余 东 镇

第一节　自然概况

一、境域简况

余东镇地处市境东北部，距市治30公里。东与包场镇、万年镇毗邻，西与四甲镇接壤，南与树勋镇交界，北与王浩、正余两镇隔运盐河相望。汤正公路穿境而过，老通吕公路横贯东西。2008年，全镇总面积30.35平方公里，耕地面积1480公顷。1.16万户，2.99万人，从业人员1.63万人，外来从业人员297人，出国（境）从业人员102人。人口出生率6.01‰，人口死亡率7.67‰，自然增长率-1.66‰。2008年，地区生产总值9.43亿元，第一产业增加6846万元，第二产业增加值4.73亿元，第三产业增加值4.02亿元。财政收入4444万元。农民人均纯收入10511元。

二、历史沿革

余东镇始于唐永徽五年（654），南唐时与狼山、石港、蔡港、西寨同时建置，称余庆寨，为兵防要地。唐大历年间（766－779），设灶煮盐时叫李灶，后又称吕灶。北宋太平兴国年间（976－984），改称余庆场。元代，余中沙分场改为余东场。民国初年称余东市，设董事会与议事会。民国17年（1928）设行政局。民国23年，为国民南通县政府十一区区公所驻地。解放战争时期，余东镇为中共富余区区委驻地。1957年11月，宝山乡、富北乡（除一、四、五社）和河东乡的第一、二社合并，建立余东乡。1958年3月，余东乡划出八至十五社。划入富安乡的十二、十三、十四、十五、十六、十七、十八7个社和树勋乡的十一、十二、十三、十七4个社。10月，成立余东人民公社。1963年2月，分设余东镇人民委员会。1965年2月，撤销镇建制并入余东公社。1983年，复称余东乡。1986年10月，撤乡建余东镇，辖22个行政村，266个村民组、1个街道（包括五里墩在内）、11个居民组。2001年4月，22个行政村合并为8个行政村、1个居委会。2008年，辖8个行政村、1个居委会，276个村民组。

三、集镇变迁

余东镇　北宋太平兴国年间（976－984），该地盐业兴旺，苏、皖、浙、晋等地商贾相继到此开店经营，渐成集市。明洪武四年（1371），信国公汤和奉命在此建城。虽无城墙，但城河环绕，建有东西南北4个门楼（东门魁星楼，南门三义楼，西门火神楼，北门真武楼）。余东城总体格局形似凤凰，故又名凤城。清代，余东是淮南的一个盐业集散地，又

图37－16　凤凰亭　（2000年摄）

是古通州的工商业重镇。革命战争年代,为通东战略要地,苏中四分区部队、地方武装与驻扎该镇的日伪军、国民党军队,进行过多次武装斗争。许多无名革命烈士长眠在该镇土地上,每年农历七月,当地人民都要举行仪式,悼念这些无名烈士。新中国成立后,古街、古庙、古井、古桥、小巷、民居等大都保存完整。2008 年,为国家历史文化名镇。1957 年 11 月－2008 年,该镇是余东镇(乡、公社)机关驻地。

五里墩　北宋末年,成陆时形成的土墩,西距余东镇五里,故名五里墩,又称八角亭,有百货店、药店、酒店、茶馆、肉铺、染坊等。20 世纪 50－60 年代,有城镇居民 200 多人,隶属余东镇启风街居委会管辖。90 年代,因区域经济发展演变渐废。

木桩港　位于今木桩港村。形成于北宋末年。因紧靠木桩港得名。曾有百货店、药店、理发店等。2008 年,有集贸市场、工厂等。

第二节　经济发展

一、农业

种植业　20 世纪 50 年代,夏熟以种植元麦、大麦小麦及蚕豆、豌豆为主,秋熟以玉米、棉花为主。60 年代,夏熟推广种植"乌抡"(宽幅)麦,每公顷产量近 3000 公斤。70 年代推广"三熟制",粮食每公顷产量 1.2 万多公斤。80 年代,逐年缩减三麦、水稻、棉花等大宗作物,扩大蚕桑、药材、薄荷、芦笋等特种经济作物。1996 年,种植甜玉米、大阪蚕豆、豌豆、青毛豆等作物 133 公顷,每公顷平均产值提高 50%。是年,发展大棚蔬菜、地膜玉米等 68 公顷左右,每公顷产值 4.5 万元。2005 年,长圩村种植尖角椒 68 公顷左右,每公顷产值 5.25 万元。新宇村种植药材、花卉 20 公顷。2007 年,长圩村建成大棚反季节蔬菜 13 公顷,每公顷产值近 15 万元;戴青山优质果蔬园区 13 公顷,每公顷产值 12 万元。2008 年,粮食总产 5966 吨,棉花 535 吨,油料 1690 吨,蔬菜 1.56 万吨,水果 3731 吨。

养殖业　50 年代至 60 年代前期,户养少量山羊、蛋鸡、蛋鸭、肉兔等。60 年代中期至 70 年代,生产队都有养猪场。1980 年,长圩大队沈汉涛创造的定地养蜂法,被列为国家科研项目。1995 年,旭升村李平建成千羽肉鸡养殖场,正中村邢建荣建起百头猪场,龙水口村孙锦福建成千羽鸭场。2000 年,庄烈村袁建根搞提水养殖 3 公顷左右,藕田中混养鱼、蟹、南美白对虾,年纯收入近 30 万元。2005 年,全镇提水养殖 17 公顷左右,每公顷产值 15 万元左右。2008 年,养猪 1.02 万头,养羊 5.91 万只,饲养家禽 53.1 万羽。淡水养殖产量 1354 吨。

加工业　1956 年,建成余东食品厂,生产酱油、醋和酱菜。1965 年,该厂增加云片糕、脆饼等茶食糕点加工项目。1999 年,建祥福酱菜厂,以制作酱菜、卤菜为主,年销售收入 110 万元。2004 年,建华明冷冻厂,加工、保鲜"四青"作物和海产品。2008 年,南通印氏食品制造公司和南通怡丰园食品公司建成投产,年销售收入 120 多万元。

二、工业

概况　清代,生产的真梁盐(上等精盐)、芙蓉手巾、白苧汗衫成为朝廷贡品,畅销全国。50 年代至 60 年代,兴办糖厂、酒厂、肥皂厂、农具厂、农机厂、灯泡厂。70 年代,兴办絮棉厂、鞋厂。80 年代,创办服装、铜材、橡胶、铸件等企业。1990 年,有企业 60 个。其中中外合资企业 1 个,南通市级明星企业 2 个,镇级骨干企业 10 个。余东铜管厂生产的冰箱单向门列入国家科研项目。1996 年,恒强体育用品有限公司年产亨亚特足球 800 万只,成为苏北地区最大的球类加工企业,产品出口亚洲、欧洲几十个国家。是年,雪盾公司生产的冷库门获第五届中国专利新技术、新产品博览会金奖。2000 年,组建江苏福兴锌业有限公司,生产"亚亨"牌氧化锌。2002 年,锌业公司跻身市 10 强私营企业。2005 年,余东铜管厂成为日立、LG 等知名企业专业配套定点厂家。2006 年,福兴锌业公司进入市银牌企业行列。2008 年,有规模企业 17 个,新增个体工商户 153 户。实际利用外资 331 万美元。工业产值 32.87 亿元,销售收入 14.1 亿元。

制鞋　1978 年,创办春芽童鞋厂。1985 年,开发研制人造革童鞋、童皮鞋、保暖鞋、工艺鞋、休闲鞋等产品,畅销全国各地。1986 年,中亚胶鞋厂建成投产,与上海正泰橡胶公司联营生产的"申力"牌彩色女靴被评为部优产品,在首届中国鞋文化博览会暨 1990 年中国鞋饰展评会上夺得优秀质量奖银牌。1992年,中亚胶鞋厂获世界设计“金鞋杯”奖。1995年7月,组建江苏亚泰橡化集团公司。2001年,春芽鞋厂的产品被省产品质量监督调查办公室评为江苏市场名优产品。2008年,全镇制鞋产值2.8亿元。

服装 1980年,创办中外合资企业凤城服装厂(后改名凤城制衣公司)。1986年,该厂拥有22条生产流水线、400多职工,生产的各式男女服装、童装出口美、日、德、意、法、加拿大、哥伦比亚等10多个国家。1990年,生产的“彩星”牌华达呢中山装评为部优产品,驰名中外。是年,出口创汇124万美元,成为南通市级明星企业。1992年,组建南通三轮时装有限公司。1994年,该公司出口创汇251万美元,被评为全国外商投资“双佳”企业、省“百佳”企业。1997年7月,凤城制衣公司列全国最大乡镇出口创汇企业第281名。2005年,全镇服装业实现外贸产值2550万元,出口创汇352万美元。2008年,有服装企业9个,出口创汇401万美元。

三、建筑业

1974年,成立余东建筑站。80年代,工程分布北京、山东、河北、大庆、新疆、苏州等地。90年代,参建上海南浦大桥、东方明珠广播电视塔、金茂大厦及北京六铺炕一条街等主体工程,年建安产值超亿元。2003年,成立通东建筑发展有限公司和晟泰建筑公司。2004－2006年,10支施工队分布国内7个省、市及新加坡、蒙古等国家,年建安产值超2亿元。2008年,镇内有12支个体建筑队,施工产值1.61亿元,增加值4261万元。

四、第三产业

宋代至清代,有餐饮、客栈、服装营销等,成为古通州商业重镇。民国时期,有典当。新中国成立后,商贸、餐饮、理发、洗浴等传统服务业复兴。六七十年代,农村设供销、商业下伸点。1980－1988年,相继建成农贸市场、粮油市场、小商品市场、果品市场。1989年2月,修缮后的明代古刹东岳庙(后改为法光寺)对外开放,成为旅游景点,中外游客纷至沓来。90年代,美容美发店和中大型超市入驻镇区。2003－2007年,小型超市进入农村村部。2008年,新增凤城渔庄(垂钓中心)等服务业项目。是年,旅游收入70多万元。

第三节 社会事业

一、村镇建设

农村 20世纪60年代,建水泥拱桥8座。1968年,各村修建中心路。70年代,普及有线广播。80年代,普及用电。1990年,第一口深水井建成。1995年,自来水普及率100%。2000年,筑造沙石路13.5公里,农桥14座。2002年,实施有线电视村村通工程。2004年,筑造村级水泥路16.2公里。2005年,启动新农村建设,整治沟河。2007年,各村建成社区多功能服务中心。2008年,修建农桥15座,有线电视入户率82%。明沟全部得到疏浚。

镇区 80年代,老通吕公路北侧修建朝阳路。1994年,运盐河南侧建3000平方米农贸市场。1997年,修建人民路。2003年,建创业路。形成三横两纵5条街,有3个居民生活区、3个商业区、1个教育区、2个工业区。镇区面积2.5平方公里。2004年10月,获南通市新型小城镇称号。2008年,结合汤正公路拓宽工程,镇区东延西拓,总面积扩大至3平方公里。

二、教育

清同治七年(1868),余东西后街盐店巷始办社学。光绪二十九年(1903),盐河桥畔建南通县立第九高等小学。民国17年(1928)建办河北小学。1953年有小学5所。1956年,建办余东初中。1958年,兴办冬学、夜校,扫除青壮年文盲。建办农中4所。1975年,建村级幼儿园。1976年,4所小学增设初中班,余东初中增设高中部成为完全中学,宝山、启秀两所初中增设高中班。1978年,宝山、启秀两校高中班撤销。1980年,余东中学撤销高中部复为初级中学。1981年,中心小学附设中心幼儿园。1985年,成立镇成人教育中心学校。1990年,有小学11所,初中7所。1998年,7所初中合并为余东初中,学生1110人。2001年,幼儿园改制,易地兴建福兴幼儿园,入园幼儿290人,教师19人。2001年,成人教育学校被评为南通市特色成人教育中心学校。2003年,福兴幼儿园被评为南通市一类幼儿园。2005年,余东中心小学获南通市先进学校、海门市AAA级优秀学校称号。2008年,有初中1所,小学2所,幼儿园1所。中小学生2283人,中小学教职工152人。

三、文化

明正德十二年(1517),出生余东的崔桐殿试中探花。清代,余东建古戏台。京剧、昆剧、徽剧等戏班常到余东演出。40年代,祖籍余东的艺苑先驱江蕴瑞(艺名江村)与郭沫若合作,创作《棠棣之花》《屈原》《虎符》《筑》《孔雀胆》《南冠草》6部历史剧。50年代,余东建大众俱乐部、文化站、剧场。1964年,崔立民创作表演唱《练好本领杀敌人》在省民兵大比武会上演出,军区司令许世友观看后给予肯定。1979年,王茂恒、崔立民合作的《八月桂花喷喷香》参加南通地区群众文艺会演获奖,并在上海电视台播映。1986年,明代古刹东岳庙被列为县级文物保护单位。1992年7月22日,东岳庙改名法光寺。1994年,成立余东镇京剧票友联谊会。2001年,建1200平方米文化广场。2005年,崔立民创作的《我家住在桃花乡》获中国音乐家协会词曲新作晨钟奖。是年,崔立民获中国音乐家协会等三部门联合颁发的中国民歌创作优秀专家证书。2008年11月,余东镇晋升为国家级历史文化名镇。崔立民被列为南通市级非物质文化遗产项目海门山歌代表性传承人。

四、体育

70年代,成立篮球协会与乒乓球协会,组织篮球、乒乓球训练及比赛活动。1980年后,每年举行拔河、跳高、跳绳、骑自行车竞赛。1990年起,与兄弟乡镇开展篮球赛,并参加县级篮球比赛。2004年,村村建篮球场、乒乓球室。2005年,参加市全民运动会总分列全市第八名。2008年,参加市全民运动会获组织奖。是年,获省体育强镇称号。

五、卫生

1951年,建余东区卫生所。1956年,余东区卫生所扩建成全县第一个地区医院,即余东地区医院。1969年,农村实行合作医疗,每村配备2名赤脚医生。1989年,镇区统一除“四害”,实施农村改厕工程。1995年,村村建起垃圾填埋场。2003年,成立余东卫生防疫所。2004年,村村建起社区卫生服务站。2008年,医院、卫生所各1所,医院医生55人,卫生所工作人员4人。社区卫生服务站9个,乡村医生30人。新型农村合作医疗参保率95%;镇保洁中心配备专职保洁员37人。

第十六章　树 勋 镇

第一节　自然概况

一、境域简况

树勋镇地处市境中部,距市治28公里。东与万年镇相连,南与麒麟、悦来镇相接,西南与常乐镇交界,西与四甲镇相邻,北靠五谷河与余东镇相望。汤正、王川公路在镇区交会,交通便捷。2008年,总面积37.93平方公里,耕地面积1873公顷。1.27万户,3.52万人,人口出生率5.9‰,人口死亡率7.03‰,自然增长率-1.13‰,乡村从业人员2.3万人,外来从业人员521人。是年,地区生产总值6.72亿元,第一产业增加值0.86亿元,第二产业增加值3.38亿元,第三产业增加值2.48亿元。财政收入2018万元,农民人均纯收入9331元。

二、历史沿革

清末民初，以营船港河为界，河东为余东乡，河西为三益乡，实行乡董事制。民国16年(1927)，改董事制为行政制。民国33年，实行新乡制，营船港河以东为六圩和乐平乡，以西为富南和富北乡。1957年11月，乐平乡、树勋乡(以革命烈士范树方的“树”和丁洪勋的“勋”命名)和富北乡的第一社合并，建立树勋乡。1958年3月，划出十一、十二、十三、十七4个社，划入富安的一至十一社。10月，成立树勋人民公社。1983年复称树勋乡，下辖32个村，363个村民组。2001年3月，32个自然村合并为9个行政村、1个居委会。2002年2月，撤乡建树勋镇。2008年，辖9个行政村，1个居委会，363个村民组。

三、集镇变迁

新河镇 位于今新河村，形成于清道光年间(1821－1850)，因紧靠新河(通向海界的竖河)取名新河镇。1957年11月至2008年，为树勋镇(乡、公社)机关驻地。

凤凰桥镇 位于今凤凰村。清乾隆年间(1736－1795)，翰林陈廉在海界河上造木桥，桥边建小店，渐成集镇。光绪二十八年(1902)，陈廉后裔陈儒珩将木桥改为石桥，相传改石桥后凤凰在桥上栖息过，遂取名凤凰桥，集镇由此得名。1971年11月至1972年1月，开挖通启河，凤凰桥镇被拦腰截断，南北向街道改为东西向街道。2008年，有农贸市场、商业超市等。

土地堂 位于今和平村。清乾隆年间(1736－1795)形成，因紧靠土地堂得名。20世纪90年代后期，该镇向五泰公路西侧迁移，建起商业超市、农贸市场、商住楼。2008年，常住人口600多人。

富安镇 位于今新富村。清乾隆年间(1736－1795)形成。人们祈求富裕平安，取名富安镇。革命战争年代，发生过多次战斗。2008年，镇上有超市、各种店铺几十个，居民700多人。

癞疤镇 位于今启勇村。清咸丰年间(1851－1861)，一麻脸婆在此开店经商，为人和善，人们称该店为癞疤店，后店铺逐渐增多形成集镇，得名癞疤镇。民国20年(1931)，是中共启海县委所在地。1966年，因区域经济发展演变集镇废弃。

第二节 经济发展

一、农业

种植业 解放初期，夏熟种植三麦、二豆、油菜；秋熟种植玉米、棉花、山芋、薄荷等。20世纪60年代初，利用早秋作物后茬种植胡萝卜334公顷，作为代食品。1967年，发展水稻种植，粮食每公顷产量近7500公斤。1976年，15个生产队皮棉每公顷产量超1200公斤。80年代，种植收青早玉米、早花生，每公顷平均增收3000多元。90年代，推广“四青”作物，每公顷平均效益增加30%。1997－1999年，承担农业部“国家粮食自给工程”研究课题，夏熟蚕豆、秋熟玉米茬口均为四尺组合，三年增产粮食380万公斤，农民增收690万元。2003年，青玉米、青蚕豆、青毛豆注册“海雪”牌商标。2005年，建立野菜种植基地，生产观音菜、黄秋葵、罗马生菜等，销往上海等地。2008年，大棚蔬菜、四青作物、葡萄、芋艿、山药等中高效作物占总面积65%。全镇粮食总产6788吨，棉花827吨，油料2590吨，蔬菜2.74万吨，水果4601吨。

养殖业 50－70年代，户养少量鸡、鸭、猪、羊。80年代，有60多个肉鸡养殖大户和40多个养羊大户，年均养禽150多万羽，养羊近万头。1991年，推广尧令村淡水养殖模式，养殖水面167公顷左右，每公顷平均产值3.75万元，经验在南通市推广。2008年，兴建14个万羽种鸭养殖场和6个苗鸭孵坊，全镇养殖总产值7367万元。

加工业 50年代至20世纪末，农副产品加工主要有小油坊、豆腐坊、粉坊、粮食加工场等。2000年8月，建康嘉农产品公司，加工保鲜农副产品，日生产能力100多吨，冷库储量3000吨。2005年，加工的“海雪”牌绿色食品获南通市名牌产品。2008年，加工业经济收入500多万元。

二、工业

50－60年代，农具厂生产铁、木、竹制品。70年代，有机械、皮鞋、服装、纺织、红木雕刻等工业门类。1987年，树勋服装厂生产的中山装获农业部服装评比一等奖。1990年，树勋焊锡丝厂生产的焊锡丝获南通市新产品奖；织布一厂生产的脱脂药用纱布出口美国、西班牙等10多个国家和地区。90年代，新增体育用品、电子等工业门类。2001年，建立工业集中区，入区企业30个，外商独资企业1个。2005年，升海、亚新等6个公司成为镇级骨干企业。升海空调设备公司生产的玻璃风机荣获江苏省新产品奖。2007年，升海空调设备有限公司成为市级铜牌企业。2008年，有机械、冶金、塑料、服装、体育用品等20多个工业门类，300多个品种。工业总产值19.67亿元。

三、建筑业

1974年11月，成立树勋建筑站。1975年，在苏州、南京、常州、大庆等地参建或承包工程。1986年，建安产值1500万元，经济收入320万元。1990年，承建的上海市公安局指挥中心大楼获"白玉兰"奖。1993年，承建的上海美丽华花苑，受到中共中央总书记江泽民肯定。2005年，建安产值2.2亿元，经济收入7000万元，获海门驻沪建筑企业10强第一名。2008年，在外的个体建筑户发展到100多家，海门驻沪建筑企业10强中树勋有3个。是年，镇内个体建筑户施工产值8500万元，增加值1200万元。

图37-17　农民公园　（2005年摄）

四、第三产业

50－60年代，有供销、商业、缝纫、理发等行业。70年代，农村建供销、商业下伸点。80年代，办钟表、电器修理铺，建酒店、旅馆等。90年代初，增3个浴室、2个照相馆。1996－2004年，树勋建筑站站长毛云和捐资500多万元，建成全市第一家农民公园，还建成敬老院和托老院，近百名老人入院、入托。2008年，建成树勋农民服务中心，内设图书室、影视室、健身房、洗浴房、商场等。

第三节　社会事业

一、村镇建设

农村　1969年，安装有线广播喇叭3900只，入户率41%。1975年，农村通电。1996年，农户用上自来水。2002年，实施有线电视村村通工程。2005年，有线电视入户率47.1%。是年，启动新农村建设，筑造水泥路3公里，黑色路13公里；改造危桥10座，新建农桥3座；疏通沟河132条，土方61万立方米；自来水管网二次改造8000多米。2008年，新增有线电视2099户。新筑水泥路21.9公里。富民村建成农民聚居区1个，进区农户20户，户均建筑面积209平方米。

镇区　1993－1998年，开发商住楼26万平方米，建成三横三纵6条街道。2004年，镇区道路实现洁化、绿化和亮化。2005年，被评为省新型小城镇、南通市环境优美小城镇。2008年，镇区建设向北延伸。

二、教育

民国元年（1912），建新富初级国民学校。三四十年代，办县中二院、方氏小学、南宁中学。1960年，开办新河初中。1968年，新河初中增设高中班。1980年，高中班撤销，复为初级中学。1990年，初中5所，小学13所。1993年，5所初中合并为树勋初中。1999年，通过省教育现代化先进乡镇验收。树勋初中获省实施教育现代化工程示范初中称号。2005年，中心小学被评为省实施素质教育先进集体。2008年，初中1所，小学1所，中小学生4043人，中小学教职工213人，幼儿园1所。

三、文化

1976年，成立文化站。1987年，团县委、文化局在树勋召开夏季纳凉现场晚会。2005年,蔡炯参赛作品《罪责难逃》在全国首届“雁鸣湖杯”征文大赛中获一等奖。2008年,有农民家庭图书室26个,特色文化家庭户2个,特色文化村1个。

四、体育

1969年,建6000平方米运动场1个,篮球场2个。1971年,建晴雨灯光球场。1972年,农民体育代表队参加南通地区首届农民体育运动大会,获团体冠军。1973年5月,国家体育运动委员会群众体育司司长王文忠到树勋观看农民体育表演。1984年,在县“丰收杯”农民篮球比赛中获冠军。1989年,树勋中心小学徐永林被评为省体育达标工作先进教师。20世纪90年代,树勋农民体育代表队4次参加市农民运动会。2000年,树勋初中建造体育馆、游泳池,村村建健身场、篮球场、乒乓球室。2008年5月,举行树勋镇迎奥运全民健身运动会。

五、卫生

50年代初,成立4个联合诊所。1958年,建公社医院。1968年,农村实行合作医疗制度,村村建立卫生保健室,配备赤脚医生。1996年,建树勋卫生院。2001年,树勋卫生院被评为南通市十佳医院。2002年8月,树勋卫生院改制为民营医院。2003年,成立卫生所。2005年,全镇设置垃圾箱741个,垃圾填埋场33个,社区卫生服务普及到每个村。新型农村合作医疗参保率85%。2008年,完成农村改厕1400多座。镇区建成污水处理厂。

第十七章 包场镇

第一节 自然概况

一、境域简况

包场镇位于市境东北部,距市治40公里。东与刘浩镇、东灶港镇相接,东北临黄海,海岸线长3.7公里,西与正余镇、余东镇毗邻,西北以新岸河为界,与通州市三余镇隔河相望,南与万年镇接壤。通吕运河,老通吕公路、苏335线、海防公路横贯东西,包临、五泰公路纵穿南北,交通便捷。2008年,全镇总面积51.95平方公里,耕地2401公顷。2.07万户,5.38万人。从业人员2.79万人,外来从业人员797人。人口出生率5.22‰,人口死亡率7.69‰,自然增长率-2.47‰。地区生产总值25.11亿元,第一产业增加值1.73亿元,第二产业增加值18.02亿元,第三产业增加值5.36亿元。财政收入1.19亿元,农民人均纯收入11389元。

二、历史沿革

包场镇始于明嘉靖年间(1522-1566)。清末民初,实业家张謇于此开设大有晋盐业股份有限公司,始称盐包场。民国5年(1916),定名包场镇,设街董事处。民国36年,设镇长。1957年11月,河南、公平乡和团结乡的第五社合并,建立包场乡。1958年10月,成立包场人民公社。1983年,复称包场乡。1986年,撤乡建包场镇,辖22个村,1个街道,249个村民组。1992年12月,新余乡合并至包场镇,辖43个村,1个街道。2001年4月,43个村合并成12个村,1个居委会。2004年,被评为全国重点镇。2005年,被评为全国千强乡镇,名列654位。2008年,辖12个村,1个居委会,477个村民组。

三、集镇变迁

包场镇 清嘉庆年间(1796-1820),镇江人在此开设义记、颜记盐店,逐步形成集镇,始称盐包场，后更名包场镇，镇上有大、小店铺 60 余个。1957－2008 年，该镇为包场镇（乡、公社）机关驻地。1961－1987 年，为包场区机关驻地。

十甲街　位于今包场村。形成于清光绪年间（1875－1908）。因地处十甲墩称为十甲街。20 世纪 60 年代末，废弃。

新余镇　位于今河塘村。民国 23 年，地主陆仁为、陆善元出资建房，卖给外来商人开店设铺，逐渐形成集镇，称为新余镇。1963－1964 年，是新余公社机关驻地。1965 年起，随着公社机关迁移，集镇渐废。

长兴工场　位于今幸福村（原长兴村）。50 年代初，东兴农具厂在此设铁、木、竹器加工点，称长兴工场。至 50 年代末形成集镇。1965－1992 年，是新余公社（乡）机关驻地。2008 年，有农贸市场、超市等，设有市公交公司班车起讫站。

第二节　经济发展

一、农业

种植业　20 世纪五六十年代，夏熟种植三麦二豆，少量油菜。秋熟玉米、棉花，少量黄赤豆、山芋、花生。1970 年，推广三熟制。1975 年，粮食每公顷产量 8625 公斤。1977 年起，夏熟豆麦夹种，秋熟玉米夹种棉花。1982 年，粮食每公顷产量 9480 公斤，皮棉每公顷产量 862.5 公斤。1984 年起，引进“立新 1 号”“立新 2 号”元麦品种，“扬麦 2 号”小麦品种，“单交 36 号”“丹玉 6 号”玉米品种，“401”“402”棉花品种，汇油杂交油菜品种。1989 年，粮食每公顷产量 9750 公斤，皮棉每公顷产量 975 公斤，油菜籽每公顷产量 3000 公斤。1993 年，发展大棚蔬菜 3.4 公顷，每公顷平均收入超 1.5 万元。1999 年，发展连片大棚 20 公顷，每公顷平均收入 4.5 万元。2005 年，种植“四青”作物 334 公顷，每公顷平均收入超 1.5 万元。2006 年，建成精品西瓜、“四青”作物、特色蔬菜等中高效作物基地 1467 公顷。2008 年，全镇粮食总产 8754 吨，棉花 875 吨，油料 3442 吨，蔬菜 1.99 万吨，水果 2162 吨。

养殖业　1958 年，建公社渔场、畜牧场。1965 年，全公社饲养生猪 4193 头，羊 4146 只，家禽 1511 羽，淡水养殖产品 1000 多公斤。1981 年，繁育小蚌 80 万只，养成鱼 0.7 公顷，收入 1.8 万元。1985 年，发展规模养殖。1988 年，有万羽肉用鸡场 20 个，千羽肉用鸡场 4 个，百头猪场 4 个，50 只以上山羊饲养户 4 户。1993 年，包南村钱志康养蚕 30 张，售茧 1000 多公斤。1997 年，长桥村唐慧娟投资 100 多万元，建万头养猪场。1998 年，建 373 公顷平涂养殖区，年产值 1500 万元。1999 年，建 433 公顷低坝蓄水养殖区，年产值 4000 万元。2000 年，建 700 公顷高涂蓄水养殖区，年产值 1.2 亿元。2008 年，有万羽鸡场 14 个，万头猪场 1 个，百头猪场 6 个，高架养羊大户 339 户。养蚕产茧 50 多万公斤。是年，667 公顷滩涂养殖区并入滨海新区。

加工业　50－70 年代，有油厂、粉坊、豆腐坊等加工企业 20 多个。80 年代，食品站兴办肉制品加工场，年产值 660 万元，利润 15 万元。1990 年，新南村建成水产品营销公司，从事海、淡水产品腌制、加工、包装。产品在上海十六铺农贸市场畅销，年销售额 2500 多万元。1998 年，豆制品加工场发展到 100 多个，营销额 200 多万元。2003 年，建成兴旺肉制品有限公司，“海盛”牌猪肉被评为江苏省无公害名牌产品。2004 年，志堂农副产品有限公司落成营运，年加工农副产品 3500 吨，收入 150 万元。2008 年，农产品加工收入 1.2 亿元。

二、工业

概况　50－60 年代，建成手工业生产合作社、砖瓦厂。70 年代，建成铜材、再生胶、纺织、电碳、服装、塑料等社队办企业 30 多个。80 年代，微型电刷、多功能鞋底、镀膜镜等新产品填补国内空白。1990 年，有企业 91 个，工业产值 7429 万元，销售收入 4053 万元，利税 439 万元。1992 年，创办县光缆厂。2000 年，建工业集中区。2005 年，有企业 108 个，形成光电缆、再生胶、电碳等产业。工业产值 63.76 亿元，销售收入 63.35 亿元，入库税金 6242 万元。2008 年，工业总产值 125.38 亿元，入库税金 1.17 亿元。通光集团有限公司、南通回力橡胶有限公司跻身市金牌企业。

光电缆　1992 年，创办海门县光缆厂，项目列入省“星火计划”。2002 年，“通光”牌通信光缆被评为省名牌产品。2005 年，实现销售 2.79 亿元，税收 1873 万元，蝉联海门市百强企业榜首。2006 年，获中国名牌产品称号，实现全市中国名牌产品零的突破。2008 年，实现销售 6.8 亿元，税收 3969 万元，获江苏电子信息企业自主创新 20 强、中国光缆通信最具竞争力企业 10 强等称号。

再生胶 1984 年，包场中学橡胶厂生产再生胶。1988 年，再生胶产品被评为南通市优质产品。1994 年，高温动态脱硫新工艺投产。1996 年，“南回”牌再生胶在国家商标局注册，被认定为优秀科技产品。2004 年，南通回力橡胶厂获省第九批技术、知识密集型企业称号。2007 年，成为国内最大的再生胶生产基地。2008 年，南通回力橡胶厂获全国节能减排先进单位称号。是年，全镇再生胶产业应税销售 11 亿元。

电碳 1973 年，创办包场电碳厂。1979 年，兴办电碳企业 3 个。1989 年，有电碳企业 70 多个。1993 年，研发生产的高速电机用电刷获民政部颁发的科学技术进步奖证书。1995 年，高速电机用电刷获国家知识产权局颁发的发明专利证书。2005 年，有电碳企业 100 多个。2008 年，有电碳企业 130 多个，电碳产品 1000 多种，成为“电碳之乡”。

三、建筑业

1974 年 10 月，包场、新余建筑站相继成立。11 月，包场 78 名建筑人员在南京承包建筑项目。1978－1981 年，包场、新余建筑站在南京、苏州、大庆、新疆等地承建高层建筑。1984 年，组建县第二建筑安装工程公司，在深圳、厦门、上海、青海、北京等地承建大项目。90 年代后期，改制组建市第二、第十建筑安装工程公司，分别承建南京中山大厦、北京马家堡旭日嘉园、深圳轻工大厦等工程。2003 年，建安产值 1.97 亿元，经济收入 6000 万元。2008 年，建安产值 4.32 亿元，经济收入 5400 万元。

四、第三产业

1950 年，设人民银行包场分理处。1951 年，成立供销合作社。1952 年 6 月，设立包场邮务所。1954 年，设包场乡信用社。1956 年，成立包场合作商店。1973 年，建成占地 2000 多平方米的农贸市场。1981 年，供销社新建 250 平方米百货商场。1986 年，兴建 1300 平方米西商场。1989 年，设建设银行包场分行。1990 年，设中国银行包场分行。1992 年，改建农贸市场，市场成交额 1 亿多元。2000 年，建成新农贸市场，占地 1.1 万平方米，内设摊位 1000 个。2002 年，供销社改制，组成 4 个大商场、两个收花部、5 个为农服务部、9 个生产资料供应网点。2004 年，运河休闲活动中心落成营运。2006 年，供销社被评为全国百强基层社。2007 年 4 月 26 日，中共中央委员、全国供销总社党组书记、主任周声涛视察包场供销社。2008 年，有超市 12 个，宾馆饭店 20 多个，休闲服务中心 7 个，邮政、电信服务网点 8 个，金融、保险服务网点 8 个，美容美发店 20 多个。市场成交额 5 亿多元，消费品零售总额 7 亿多元，第三产业增加值 5.36 亿元。

第三节 社会事业

一、村镇建设

农村 20 世纪六七十年代，开挖疏浚新开港河等 9 条河道，建套闸 2 座，提水车口 6 座；修筑晴雨路 40 多公里。农村普及有线广播。80 年代，建造桥梁 100 多座；建成自来水深井 2 口，30% 的村民用上自来水；户户通上照明电。90 年代，修筑村级柏油路 100 多公里，建成自来水深井 7 口，自来水入户率 100%。2005 年，启动新农村建设，长桥村列为海门市 7 个示范村之一。2008 年，筑造水泥路 17.81 公里，疏浚沟河 5560 米，兴建农桥 12 座；有线电视入户率 85%；建成村级社区服务中心 12 个；80% 的居民住上楼房，人均居住面积 33.8 平方米。

镇区 解放初，街道东西长 1500 米，用石条、石块铺设而成。70 年代，新辟竖向包新街、横向人民路。80 年代，横街及农贸市场全部铺上石块。1992 年 10 月，镇行政中心迁至老通吕公路北。1992 年 12 月，包场、新余两乡镇合并，通吕河上重建包场大桥。

1999 年，拓宽改造人民东路、包新南路、解放路、育才路和通光大街，绿化、硬化、亮化工程同步到位。2002 年，兴建包场通光大桥。2006 年，吸聚民资，开发房地产项目，镇区形成三纵五横格局。2006 年，被列为省重点中心镇。2008 年，引进阳光海岸房地产项目，启动二期扩建，镇区面积 5 平方公里。

二、教育

光绪三十三年(1907),建包场初小。民国34年(1945),包场初小改为完小。1950年,包场小学改称包场中心小学。1956年,建包场初级中学。1957年,有小学19所。1960年9月,包场初中晋升为完全中学。1984年,创办成人教育中心学校2所、党校2所。1990年,高中1所,初中6所,小学10所。2005年,包场中学被评为省四星级高级中学。是年,通过省教育现代化先进乡镇验收。2007年,包场中心小学通过省实验小学办学标准验收,包场初级中学被评为省素质教育先进学校,镇成教被评为南通市示范成教中心学校。2008年,高中1所,初中1所,小学3所。中小学生7004人,中小学教职工517人。幼儿园2所。

图37－18　江苏省包场高级中学　(2008年摄)

三、文化

1952年,建包场区文化站。1960年,建包场区电影队,设新华书店包场分店。1966年12月,组织老人合唱队、娃娃合唱队,山歌、号子风行一时。1968年,各大队建立毛泽东思想文艺宣传队,排演《沙家浜》《红灯记》《白毛女》等节目。1975年,包场、新余两乡建立电影队。1976年,包场、新余两乡文化站成立。1979年,将文艺骨干安排到社办厂工作,白天做工,晚上排练文艺节目,送戏到基层。1983年,包场影剧院落成。1984年10月,包场区文化站与包场镇文化站合并。1992年,新余文化站同包场文化站合并。1993年,被评为省群众文化先进乡镇。2006年,镇文化娱乐中心落成运行,各村建起农家书屋,浜北村被评为市文化特色村。2008年,组织参加“海门之夏”专场文艺演出,获组织奖和优秀节目奖。

四、体育

70年代,开展拔河、跳绳、踢毽子、掰手腕等比赛。80年代,开展篮球、排球、足球、乒乓球、田径比赛。1990年始,每年举行农民运动会。1992年5月,镇北小学学生赵丽娟参加省县组田径比赛,获800米、1000米中长跑第一名。1994年,获评省群众体育先进乡镇。2006年9月,在省十六届运动会上,包场初中学生获男子甲组、乙组团体金牌,女子乙组团体金牌。2007年8月,在全国重点射箭学校锦标赛上,包场初中学生施沈龙获男子40米金牌。包场初中被中国射箭协会授予中国射箭重点学校称号。2008年,包场镇被评为省体育强镇。

五、卫生

新中国成立前,有张吉三、刘海敖等9名老中医。1953年,建包场中心联合诊所。1957年,改称包场卫生所。1964年,改称包场医院。1969年,实行合作医疗,大队配备赤脚医生。1993年,建县第三人民医院。1997年,包场医院并入市第三人民医院。8月,镇获得省卫生镇称号。2002年,成立包场卫生所,新余卫生院改制为民营医院。2004年,新型农村合作医疗保险参保率95%。2005年,建立8个社区卫生服务站。2007年,实施农村垃圾整治工程。2008年,医院、卫生院3个,医生66人。社区卫生服务站工作人员43人。是年建保洁服务中心,镇区和农村环境卫生实行长效管理机制。

附:新余乡

新余乡位于县治东北部。东与东兴乡为邻,西与正余乡接壤,南与刘浩乡、包场镇隔通吕河相望,北以新岸河与南通县为界。该乡开垦于明末,隶属通州余东场。民国年间称场北乡。1958年与六甲乡合并成立东兴人民公社。1963年2月从东兴公社划出建立新余人民公社,社址设在新余镇。1964年迁址长兴工场。1983年改称新余乡。1989年乡政府迁址包场镇通吕河北侧。1991年,辖21个村,228个村民组。区域面积22.09平方公里,耕地面积1396

公顷。总户数8851户,2.69万人,其中女性1.36万人,非农人口4680人,农民人均纯收入1104元。

1991年,有企业33个,其中乡办16个,村办17个。有冶金、机械、电子、化工、建材等工业门类。县冷拉铜管厂生产的各种拉管天线和天线专用套管,质量达到部颁标准。县客车二厂生产的“华新”牌HK131型双排座载货汽车获南京汽车联运公司展评二等奖。铝箔复合材料厂研制生产的光缆达到国家规定技术指标。全乡工业总产值2534万元。是年,粮食总产7770吨,棉花173吨。农业总产值2712万元。

1991年,有中学3所,小学9所,中学生802人,小学生1977人,教师135人。

1992年12月,新余乡撤销,并入包场镇。

第十八章 正余镇

第一节 自然概况

一、境域简况

正余镇位于市境东北部,距市区35公里。东临包场镇,西接王浩镇,南与余东镇毗邻,北与通州市三余镇接壤。通吕运河、省335线横贯东西,汤正公路纵穿过境,交通优势明显。2008年,总面积30.57平方公里,耕地面积1620公顷。1.29万户,3.45万人,从业人员2.03万人,出国从业人员7人,外来从业人员629人。人口出生率5.88‰,人口死亡率8.33‰,自然增长率-2.45‰。地区生产总值21.99亿元,第一产业增加值1.5亿元,第二产业增加值17.24亿元,第三产业增加值3.25亿元。财政收入9347万元。农民人均纯收入10848元。

二、历史沿革

正余镇行政设置始于清嘉庆末年。清宣统年间(1909-1911),设场总制,属余东场管辖。民国初年,设董事制。民国22年(1933)改为乡,建保甲。民国32年春,取消保甲改为村。1957年11月,正浩乡(除去第二社)、余北乡(除去九、十、十一社)和原属包场区的新余乡(除去三、四、五社)合并,建立正余乡。1958年3月,划入余东乡的八、九、十、十一、十二、十三、十四7个社。10月,建立正余人民公社,辖27个生产大队。1983年,复称正余乡,辖27个行政村。1989年,27个村合并为24个行政村。1996年,撤正余乡设正余镇,辖24个村,1个居委会。2001年,合并为9个行政村,289个村民组。2008年,辖9个行政村,1个居委会,289个村民组。

三、集镇变迁

大岸桥镇 位于现镇区。清道光年间(1821-1850)形成。因紧靠大岸桥得名。1957-2008年,该镇为正余镇(乡、公社)机关驻地。

第二节 经济发展

一、农业

20世纪50-60年代,夏熟种植三麦二豆,秋熟种植玉米、棉花、山芋等。1970年,发展水稻种植。1975年,水稻667公顷,每公顷产稻谷6000多公斤;棉花567公顷,每公顷产皮棉750公斤。1978年,种植蚕桑67公顷左右,经济收入50多万元。1980年,油菜面积213公顷,蚕桑140公顷。1990年,蚕桑、棉花、蔬菜等经济作物面积1200公顷。1999年,发展“四青”作物、大棚蔬菜和地膜西瓜133公顷。2004年,新建连片大棚西瓜示范园区33

公顷,获市项目农业建设二等奖。2006年,续建连片大棚优质西瓜33公顷、连片大棚特色瓜蔬示范园区53公顷,每公顷产值15万元,列入国家农业综合开发项目。2007年,创办强盛农业科技园区。2008年,建钢架大棚27公顷,喷灌地膜20公顷。球生菜、紫甘蓝等产品销往上海麦当劳、肯德基等连锁店,甜玉米、樱桃、番茄等销往上海、苏州等大型超市。是年,全镇粮食总产8023吨,油料2026吨,蔬菜8923吨,水果1.86万吨。

养殖业　50年代,户养少量家禽家畜。60－70年代,集体养猪、养鱼。80年代中期,近百农户饲养长毛兔。1990年,猪、羊、鸡、鸭养殖大户100多个,饲养家禽40万羽,猪、羊4万头。1995年,文蛤、缢蛏等滩涂贝类养殖专业户20个,养殖面积53公顷,年产值150多万元。2002年,新桥村建千头高架养羊场;双烈村建2万羽肉鸡养殖场;滩涂养殖面积增加到200公顷,产值1000多万元。2003年,建正南万羽鸭场,年产值50万元。2005年,引进外资3000万元创办天意种猪场,当年出栏生猪800头,经济收入100多万元。2006年,新和村建6.7公顷扣蟹养殖示范园,年经济收入60万元。2008年,双烈村创办桦神生态农庄,从事藏獒、观赏鱼、信鸽养殖。是年,全镇养殖业总产值3500万元。

海洋捕捞业　60年代成立正余渔业队,8艘木质渔船,进行近海捕捞作业。70年代渔船48艘,年捕捞产量1500吨,产值50万元。1976年,更名为正余公社渔业公司,渔船76艘,年产值1200万元。1990年,渔船96艘,产值4100万元。1996年,渔业公司改制为股份制企业。2000年,有渔船47艘,产值3000万元。2003年,渔业公司船只转让私人。2008年,有个体私营船只21艘,产值2800万元。

二、工业

概况　1958年,建农具厂。1969年,创办麻纺厂。70年代,兴办砖瓦、玻璃钢、汽车修配、服装、皮鞋、电碳等社队企业。80年代,创办车灯附件厂、车灯配件厂、微特电机厂、五金配件厂、机用皮件厂等企业。1990年,有工业企业46个,职工2658人,工业产值2.62亿元,销售收入2.45亿元。1995年,申海公司大型空冷风机、智能空调机组和海峰公司气力输煤除灰产品列入国家“星火计划”。1996年,获国家级星火技术密集区、国家“火炬计划”新材料产业基地称号。1999年,振康公司的脉动送丝机、海林公司的轿车发动机进气联结管填补国内空白,并获国家专利。2002年,建工业集中区。2003－2005年,雄风科技、克莱克空气处理设备等20多个企业落户区内。2008年,建成东、西、南、北4个工业集中区,有工业企业99个,工业总产值69.88亿元,销售收入43.41亿元。

机械制造　1971年,创办农机厂。80年代,农机厂更名为海峰电力机械公司,生产电力机械设备。1990年,海峰电力机械公司实现产值500万元。1992年,微特电机厂建成投产,开发焊接脉动送丝机。1995年,海峰公司开发的气力除灰系统产品获省高新技术产品称号,列入国家“火炬计划”。微特电机厂开发的埋弧机10多个系列产品,获国家高新技术产品称号,出口东南亚多个国家,企业更名为南通振康焊接机械公司。2004年,成立新科达、富星达、华信等机械公司。2005年,成立康达机械公司。振康公司成为全国电焊机行业会员单位,参与国家电焊机行业标准制定。2007年,昊达机械公司建成投产。2008年,有机械企业19个,销售收入10亿多元。

汽车修造与配件制造　1974年,建正余汽修厂。1980年,创办车灯附件厂和车灯配件厂。同年,汽修厂生产中巴客车。1995年,汽修厂更名为雄风客车有限公司。1996年,车灯附件厂更名为海林橡塑公司,为上海大众汽车集团公司生产橡塑制品,开发的轿车发动机进气联结管和汽缸盖垫填补国内空白。2002年,雄风客车公司开发厢式车、无人售票车、殡仪车等10多个新车种,销售全国各地。2003年,车灯配件厂更名为三鑫车灯有限公司,为桑塔纳等车种配套。2008年,有汽车修造与配件制造企业近20个,销售收入5亿多元。

玻璃钢制品　1974年,建正余玻璃钢厂,生产玻璃钢瓦和风管。1983年,开发冷却塔、风机等新产品。至1990年,开发生产大型轴流风机、地铁通风空调一体化智能环控机组、核级离心风机、新型屋顶高温排烟风机等新产品。1995年,创办国内第一家民办玻璃钢科学研究所。1996－2000年,建成5个玻璃钢企业。2001年,创立博士后流动站,成为江苏省第2个博士后技术创新中心企业。至2004年,玻璃钢制品业有国家“星火计划”“火炬计划”产品10个,国家专利8项。2008年,有玻璃钢企业10个,销售收入12.4亿元。

三、建筑业

1975年,创办正余建筑站,在苏州、无锡、常州等地承建项目。1986年,在省内外建立10个施工队和办事处,施工产值1000万元,经济收入250万元。1998年,组建南通中联建设安装工程有限公司,建安产值6084万元,经济收入2129万元。2005年,中联建安公司晋升为二级资质建筑企业,更名为中联世纪建设集团有限公司,建安产值10.28亿元,多元经济产值3.2亿元。2006年,开辟北京、石家庄、合肥、扬州、连云港等建筑市场。2008年,中联集团公司晋升为一级资质建筑企业。是年,全镇建安产值14.77亿元,经济收入2.55亿元。

四、第三产业

50－70年代,有正余商店、正余供销社和19个农村代销点。80年代,增餐饮、美容美发、钟表电器修理、交通客运等三产门类。1995年,人民路、千河路建成商业街,门面开业率50%。1998年,徐美超市开业。2000年后,华联、联华、百佳惠、上海客都等大中型超市入驻镇区。2005年,华新宾馆、中联宾馆、正余夜排档、鼓浪屿洗浴休闲中心等相继开张营业。2006年,建天月河会所恒温游泳馆。2008年,建成服务功能较全的乐一佳超市,面积4000多平方米。全镇实现第三产业增加值3.25亿元。

第三节 社会事业

一、村镇建设

农村 1975年,农村通电,20%的居民用上电灯。1981年,建自来水厂。1988年,7000多农村居民用上自来水。1990年,程控电话进入农家。1999年,自来水普及率95%。2000年,有线电视进入农户。2003年,建成村级黑色路40.95公里,建桥14座。2005年,启动新农村建设,建成村级水泥路47.68公里,建桥17座,自来水管网二次改造1.5万米,疏浚沟河190条,动土136万立方米。邢柏村列为南通新农村建设示范村,获省文明村称号。2007年,村村建成社区服务中心。2008年,自来水普及率100%,有线电视入户率79%,村村通公路。

镇区 1993年始,老街西端填河筑造人民路,乡行政中心、供销社、农业银行、邮电所等分建于人民路两侧。1995年,建成千河路、人民路商业街,镇区面积0.52平方公里。1996年,建造400米长的仿宋街,街道两侧均为仿古建筑。2003年,建成一横三纵干道,开发商住楼36万平方米。是年,获省新型小城镇称号。2008年,建成三横五纵8条街,居民生活区5个,商业区3个,教育卫生区2个。镇区工业区2个,面积2.62平方公里。

图37－19 正余镇仿宋街 (1998年摄)

二、教育

民国37年(1948),创办新河小学。1956年,有小学9所。1960年,建正余农业初级中学,1962年,农中停办,改办公社中心小学。是年,全公社有小学11所。1964年建正余初中和民办初中2所。1969年,队队办小学,全公社有小学27所。1972年,正余初中增设高中部,中心小学和部分村小办起戴帽初中班16个。1976年,中心小学附设2个幼儿班。1981年,撤销高中部和戴帽初中班。1984年8月,成立成教中心。1990年有初中4所,小学11所。1996年7月,创办市星火中等专业技术学校。1999年,初中合并为1所,星火中专停办。2003年,小学并为5所。2006年,通过省教育现代化乡镇验收,正余初中成为省实施教育现代化示范初中。2008年,有中、小学2所,幼儿园1所。中小学生3086人,中小学教职工187人。

三、文化

20世纪60年代,大队均成立毛泽东思想文艺宣传队。1976年,成立正余文化站和电影放映队,建成正余影剧院。1978年底,三大队文艺骨干赵秀芬受南通市特邀赴上海参加慰问演出,演唱的《新嫂子领了独生证》被上海电视台录用,《新华日报》作报道。1986年,文化站长李翔创作的歌曲《因为有了你》,获中国农民征歌大赛优秀奖。1988年,李翔的摄影作品《盼》参加日本影展。1996年,获省群众文化先进乡镇称号。2000年,雄风科技公司张国新的摄影作品《溢歌通城》入选《中国近代第一城(南通)全国摄影大赛集》。2008年,建成农家书屋9个,特色文化村2个。

四、体育

70年代,组织跳绳、踢毽子比赛。80年代,组织游泳、拔河比赛。1992－1994年,连续3年举办农民运动会。1996年,组织篮球、乒乓球比赛。1998年,获省体育先进乡镇称号。2000年,建居民运动场2个。2006年,购置体育器具30多套。2008年,有篮球场12个,居民健身点6个。

五、卫生

1958年,创办公社医院。1969年,各大队成立卫生室,实行合作医疗。70年代后期,改为社办合作医疗。1978年12月,公社医院改为公社卫生院,1986年,对27个村卫生室进行整顿,颁发合格证。1996年,创建卫生镇,次年4月获南通市卫生镇称号。2000年,实施新型农村合作医疗保险。2002年,设立卫生所,正余卫生院改制为民营医院。2004年,建成10个社区卫生服务站。2008年,医院医务人员23人,卫生所工作人员3人。社区卫生服务站10个,乡村医生23人。新型农村合作医疗参保率95%。是年,通过南通市卫生镇复查。

第十九章　万 年 镇

第一节　自然概况

一、境域简况

万年镇位于市境中东部,距市治35公里。东与刘浩镇为邻,南与悦来镇相接,西与树勋镇、西北与余东镇毗邻,北与包场镇相连。包临公路、王川公路在镇区交会,交通运输便利。2008年,总面积36.7平方公里,耕地面积1813公顷。1.17万户,2.96万人。从业人员1.91万人,外来从业人员843人。人口出生率5.69‰,人口死亡率7.77‰,自然增长率－2.08‰。地区生产总值7.89亿元,第一产业增加值0.82亿元,第二产业增加值4.04亿元,第三产业增加值3.03亿元。财政收入3004万元。农民人均纯收入9461元。

二、历史沿革

清道光末年,有条南北向界河,几经潮没海坍,均未坍掉,当地人称为万年界。后该地成立小乡就以万年命名。1956年,义兴、义南、三星、耀昌、万年、三和6个小乡合并成万年、耀昌、义星3个乡。1957年11月,3个乡合并,建立万年乡。1958年10月,成立万年人民公社,辖21个生产大队。1983年,复称万年乡,辖27个行政村。1994年10月,撤乡建万年镇,辖27个村,1个居委会。1999年,27个村合并为20个村。2001年3月,原万盛村20组划归悦来镇。是年,20个村合并为9个行政村。2008年,辖9个行政村,1个居委会,329个村民组。

三、集镇变迁

下三和镇 清嘉庆年间（1796－1820），沈三和由崇明迁此开店，称三和小店。后形成集镇，称三和镇，因县境西部有三和镇，根据西上、东下的习惯，称下三和镇。1957年11月至2008年，下三和镇为万年镇（乡、公社）机关驻地。

义兴镇 位于今廷奎村。清乾隆末年，浙江宁波人严建福到此开天和堂药店，对新来者给予接济、借贷、帮助，使店越开越多，逐渐形成集镇。当地人认为，集镇是靠义气兴隆起来的，遂取名义兴镇。2008年，义兴镇街长近100米。

虞家店 位于今中圩村。清嘉庆年间（1796－1820）形成。镇上商家以虞姓为主，得名虞家店镇。1958年，因交通条件改变开始萎缩，20世纪80年代废弃。

陈家镇 位于今百荣村。清末形成。镇内有一陈家宅，取名陈家镇。解放战争时期废弃。

庙角镇 位于今中圩村与小圩村交界处。清末形成。因靠近大庙，人们称之庙角镇。50年代，因交通条件改变废弃。

九房仓 清末，陈朝玉的第九房子孙在耀昌村地段建有中、东、西三个大宅院，号称九房仓。抗日战争期间，海门中学下校迁驻九房仓。抗日战争后，九房仓是中共海中区委驻地。2008年，遗址尚存。

第二节 经济发展

一、农业

种植业 自古以种植粮食、棉花为主。20世纪50年代，鸡脚棉改种岱字棉，棉产量提高50%。1962年，推广种植水稻，亩产500公斤。70年代推广“乌垅”麦，夏粮每公顷产量增加20%。1983年，以榨菜为主的蔬菜面积扩大。1991年，桑园267公顷，每公顷产值4.5万元。1992年，扩大山芋、香沙芋艿、山药、香芋等种植。90年代末，万年山芋销往上海，烤山芋享誉上海滩。2002年，万年山芋获“乐曙”牌注册商标。2003年，香沙芋艿获“万余”牌注册商标。2004年，发展7公顷芋艿丰产方3个，产值1500万元。2008年，中高效作物面积993公顷。农产品增加“万骄”山药、“万思”香芋、“仲红”番茄、“海果”黄桃、“万艳”苗木、“森林”林业6个注册商标。是年，全镇粮食总产6858吨，棉花493吨，油料2132吨，蔬菜2.76万吨，水果1004吨。

养殖业 1958年，创办万年渔场，向农户供应鱼苗。70年代末，推广蚌珠养殖。1984年，百荣村姜振辉试养AA肉鸡1万羽获得成功。1987年，20个养殖户饲养AA肉鸡15万羽。1990年，三汛河蟹开始规模养殖。1995－1997年，建成2个百头猪场、2个百只羊场。2003年，三汛河蟹获“三兴”牌注册商标。2005年，成立万年镇三汛河蟹经济合作社。2008年，中圩村大学生村官张智生（新疆籍）创办绿壳蛋鸡养殖场，饲养蛋鸡1200羽。是年，全镇养殖业总产值4400万元，占农业总产值36%。

加工业 解放初，有粉坊10个，豆腐店20多个，油榨6个。1956年，耀昌村兴办粮食加工场。60年代，每个大队办起小钢磨，代替石磨加工粮食。1978年，通海大队办起面粉厂，每天加工小麦2.5万公斤。1983年，创办酱菜厂，生产腌制榨菜。90年代，有酱菜厂3个。2008年，优胜村成为榨菜腌制专业村，年产腌制榨菜30万公斤。

二、工业

概况 50年代，建农具厂。1969年，建砖瓦厂。70年代，兴办农机、化工、五金等工业企业12个，从业人员2500多人。80年代，上海万年联营皮鞋厂生产的“登云”牌皮鞋出口国外。1990年，有乡办企业12个，村办企业23个，个体企业248个，工业总产值2504万元。2005年有企业318个，总产值19.78亿元。2008年，投资1亿元的豪喆再生资源有限公司落户镇区；正大集团和正飞公司共同投资2亿元兴办的室内装潢材料项目落户海门经济开发区。争妍化工、正邦时装分别进入市银牌、铜牌企业行列。是年，工业总产值20亿元。

化工 1976年10月，建万年化工厂。1979年，生产华兰、品绿、孔雀蓝等颜料。1980年，研发醇溶火红B和GR黄中档颜料，为国内独家生产，替代进口。1982－1983年，开发颜料中间体426酸。1992年，创办县化工原料二厂，专业生产酞菁蓝颜料。1993年3月，注册“争妍”商标。1995年7月，“争妍”产品获第三届中国乡镇出口商品展览会优秀产品奖。同年，与香港盈亚发展有限公司合资创办南通市新盈化工有限公司。1997－2002年，研发生产的颜料红 GL、溶剂红 KL、颜料红 3BL、颜料红 HL 等新产品，填补国内空白。2004 年，通过 ISO 9002 质量管理体系认证。2005 年，通过 ISO 14001 环境管理体系认证。2008 年，通过欧盟 Reach 法规注册，销售收入 1.33 亿元，入库税金 1797.23 万元。

制衣　1992 年，建县三兴制衣有限公司。2003 年 12 月，三兴制衣有限公司生产的"三思"羽绒服、"今有缘"羽绒被被认定为南通市名牌产品，在包场镇、海门经济开发区、树勋镇、三阳镇设立分厂，企业通过 ISO 9001 质量管理体系认证。2004 年，正邦时装（南通）有限公司建成投产，产品全部出口欧洲。2005 年，成立海门东隆三兴羽绒制品有限公司，销售收入 2000 万元，上缴税收 200 万元。2006 年 12 月，三思羽绒服被评为国家免检产品，"今有缘"商标被认定为省著名商标。2008 年，全镇制衣总产值 1.6 亿元，纳税 1195 万元。

图 37－20　东隆三兴羽绒制品有限公司　（2005 年摄）

三、建筑业

1974 年 11 月，建立万年建筑站。1975 年 9 月，在南京、无锡等地承包工程。1986 年，更名为县建筑安装工程公司 304 工程处，企业为二级资质。在新疆、无锡、上海、山东等地建立多支施工队伍，承接重大建设项目。1993 年，参建的广西北海市香格里拉大酒店，1997 年获"鲁班奖"。2000 年，改成股份制企业。2005 年，7 个工程队分布山东、北京等地，建安产值 1.2 亿元，经济收入 3000 万元。2008 年，建安产值 1.62 亿元，经济收入 4000 万元。

四、第三产业

1951 年，成立供销合作社和工商业联合会。60－70 年代，供销、商业在农村设下伸点。1983 年，兴建农贸市场。90 年代，百户农民进镇落户，从事经商活动。2004 年，建成托老所 1 个、超市 6 个。2005 年，建休闲、娱乐场所 2 个。2006 年，有家政服务公司 8 个。2008 年，建成五金交电广场。全镇实现服务业增加值 3.03 亿元。

第三节　社会事业

一、村镇建设

农村　1971 年，农电进户。1975 年，农电普及。1985 年 3 月，建自来水厂，部分农户用上自来水。1988 年，增 3 口深井，农民普遍用上自来水。1998 年，农村电网改造，一级分表进入农户。1999 年，有线电视进入农户。2003 年，乡贤宋正飞捐资 281 万元，资助家乡路桥建设；在外乡贤戴志康捐资 471 万元，资助家乡社会事业。2005 年，启动新农村建设。2008 年，建成村级水泥公路 38 公里，疏浚沟河动土 180 万立方米，修建桥梁 13 座；建成 2 个农民聚居区，100 多户农民入住聚居区；9 个村建起社区公共服务中心；有线电视入户率 78%。

镇区　1980 年，建信用社、农行营业大楼。1983 年，在镇区南侧建成一片亭子经营区。1992 年，南街面改造，亭子经营区拆除，建成一排商住楼。1993 年，北街面改造，供销社、商业总店、邮局等相继建楼。1995 年，建成一条南北向农民街，镇区形成十字街格局。2000 年，南街面全部拆除，后退 50 米，建成一排 3 层楼房。2005 年，建商住楼 1 万平方米。2008 年，东西街长 1.2 公里，南北街长 0.5 公里，全部实现亮化、绿化。

二、教育

光绪三十二年（1906），陈贻孙创办小学。民国 21 年（1932），建下三和镇小学。1950 年，有小学 10 所。1958 年，兴办冬学、扫除青壮年文盲。1959 年，建万年初中。1963－1968 年，建民办初中 4 所。

1971年,万年初中增设普高班、职高班。1975年,两所民办初中增设普高班。1976年,5所小学增设初中班。1980年,普高班、小学增设的初中班全部撤销。1984年,成立成人教育中心学校。1990年7月,万年初中最后一届职高生离校,恢复初级中学。1996年6月,建万年幼儿园。2000年7月,幼儿园改成股份制。2004年,4所民办初中合并至万年初中。2005年,幼儿园被评为南通市一类日托幼儿园。2006年,通过省教育现代化乡镇验收。中心小学被评为市绿色学校。2008年,中小学校2所,中小学生1875人,中小学教职工129人,幼儿园1所。

三、文化

1958年,建民办文化站,1962年停办。1976年,重建万年文化站。20世纪80年代,三南村农民歌手宋仁礼获省民间艺术家称号。1992年,文化站成立笑林滑稽剧团,演出遍及大江南北。1996年,成立职工业余曲艺队、机关锣鼓队,送戏下乡,上海说唱《江海明珠赞》唱响全市,南通电视台作现场实况转播。是年,被评为省群众文化先进乡镇。小圩村农民书画家张正忠到海门镇创建东洲画院。2001年,开展第三届乡村青年文化节活动,受到共青团中央表彰。2005年,廷奎村创建文化阵地示范村,义兴镇创办振华俱乐部。2007年,建成850平方米文化中心,内设10多个活动场所。2008年,“海门之夏”万年专场获优秀组织奖,文化站被评为南通市群众满意先进基层站所。

四、体育

70年代,农民开展拔河、跳绳、踢毽子等比赛。80年代,青年农民经常参加乡村组织的篮球、乒乓球、象棋等比赛。在市12届全民运动会上,通海小学舞龙队参加表演并获奖。1997年,获省体育先进乡镇称号。2008年,9个村建起乒乓球室、篮球场,镇区建成设施较全的健身点5个,健身房2个。

五、卫生

1950年10月,成立下三和镇、义兴镇、庙角镇3个联合诊所。1958年5月,建万年公社医院,下设3个保健室。1968年,大队建立卫生室,配备一男一女两名赤脚医生,实行农村合作医疗。1973年,医院购进X光机。1978年,公社医院更名为公社卫生院。1992年,卫生院购进B超机。1993年,建成卫生院门诊大楼。2001年,实行新型农村合作医疗制度。2002年8月,卫生院改为股份制医院。2008年,医院1所,医生26人,社区卫生服务站9个,乡村医生21人;新型农村合作医疗参保率95%。

第二十章　刘浩镇

第一节　自然概况

一、境域简况

刘浩镇东与启东市交界,南与三阳镇毗邻,西与万年镇、包场镇接壤,北与东灶港镇相连。通吕等5条公路穿境而过,交通运输便捷。2008年,总面积65.98平方公里,耕地面积3553公顷。2.19万户,5.67万人。镇村从业人员3.46万人,外来从业人员417人。人口出生率5.3‰,人口死亡率7.03‰,自然增长率-1.73‰。地区生产总值11.75亿元,第一产业增加值1.65亿元,第二产业增加值5.02亿元,第三产业增加值5.08亿元。财政收入2920万元。农民人均纯收入9660元。

二、历史沿革

刘浩镇始于宋代。民国时期，南、北部分属海门、通州两县。抗日战争时期，分属王鲍区、六甲区。民国35年（1946），为纪念抗日烈士刘浩，将海泓乡改为刘浩乡。1954年，刘浩、新群两乡合并为刘浩乡。1957年11月，刘浩、同心、团结乡（除第五社）合并为刘浩乡。是年，刘浩乡和六甲乡人民委员会同驻六甲镇。1958年10月，六甲乡范公堤以南划入刘浩乡，成立刘浩人民公社，辖27个生产大队。1975年，二十一大队、二十三大队、红中大队划入东兴公社。1983年，复称刘浩乡，辖24个村、292个村民组。2000年4月，撤销刘浩乡和海洪乡，以两乡所辖区域设立刘浩镇，辖47个行政村、2个居委会、596个村民组。2001年4月，行政村合并为16个。2008年，辖16个行政村，2个居委会，596个村民组。

三、集镇变迁

六甲镇　形成于宋代，古称吴陵。民国2年春，民国政府从头甲向西编十个甲，吴陵地处六甲，更名六甲镇。1957－2008年，六甲镇是六甲乡、刘浩乡（公社）、镇机关驻地。

江家镇　位于今林英村。形成于清乾隆年间（1736－1795）。原名永兴镇，后更名为江家镇。民国28年，为省民众抗日自卫队独立第二支队驻地。是年，日本侵略军进犯海门，国民海门县政府迁此办公。民国29年11月，为县抗日民主政府所在地。1957－2000年，为江家乡（公社）、海洪乡机关驻地。2008年，江家镇商贸业仍较繁荣。

池鹏镇　位于今凤飞村。形成于清嘉庆年间（1796－1820）。原名池棚镇，解放时更名为池鹏镇。2008年，有农贸市场、超市等。

头甲镇　又称头甲海，位于今头甲村。清嘉庆年间（1796－1820）形成。20世纪90年代，建起两排商住楼。2008年，有农贸市场、商业店铺。

轧煞镇　位于今轧西村。形成于清嘉庆年间（1796－1820），原称圩忠镇。该镇东有池鹏镇，西有义兴镇，南有永兴镇（江家镇），小镇“轧”在其中，当地人戏称“轧刹镇”，此后便出了名。2008年，轧煞镇仍有菜市场。

图37－21　轧煞镇桥　（2008年摄）

拳头镇　位于今福良村与启东市交界处。形成于清嘉庆年间（1796－1820）。50年代，因区域经济发展演变废弃。

骑岸镇　位于今福良村。形成于清朝末年。50年代，因交通条件改变废弃。

二甲镇　位于今头甲村。清嘉庆年间（1796－1820）形成。有徐氏杂货店、毛富面店、茶馆店和肉铺。50年代，因交通条件改变废弃。

第二节　经济发展

一、农业

种植业　20世纪50年代，夏熟种植元麦、蚕豆、油菜等；秋熟种植玉米、棉花、花生等。1967年，由一年两熟改为一年三熟水旱轮作，水稻面积660公顷。1980年，推广玉米棉花夹种。1985年，推广机播水稻。90年代，发展大棚蔬菜、“四青”作物。2003年，创建10公顷外贸蔬菜园区，品种有日本大叶菠菜、日本长茎绿花菜、法国地刀豆、甜玉米等，年产量60.5万公斤，销售额190多万元。2008年，以“四青”作物、露地蔬菜为主的中效作物1247公顷，以大棚瓜蔬、水生蔬菜为主的高效作物666公顷。是年，全镇粮食总产1.35万吨，棉花525吨，油料3441吨，蔬菜5.17万吨，水果596吨。

养殖业　60－70年代发展集体养猪，生产队均有养猪场。1983年，天西村一农户挖塘养河蟹，获利1200多元。1984年，永康村出现肉用鸡养殖大户。1996年,天西村有千头以上规模养猪户。2003年,南通朗德鹅养殖公司养鹅1万多羽。2007年,轧西村创建南通轧西种禽联合养殖公司。2008年,六甲村藕鳖种养扩大到13公顷,每公顷产值18万元,被列为省级高效农业项目。是年,全镇饲养生猪1.34万头,羊4.46万只,家禽23.37万羽。

加工业 1985年,建窑东酱菜厂,主产酱油、酱板。1992年,更名海福酱菜厂,增乳黄瓜、榨菜、瓶装酱菜,年产值70万元,利税5万元。1999年,建康绿食品(南通)有限公司、小蔡淀粉厂、新生食品厂。2003年3月,建永康酱菜厂。2008年,全镇农产品加工总产值270万元,利税31万元。

二、工业

概况 70－80年代,有纺织、服装、机械、橡胶、化工、电碳、建材、轻工等生产企业;海洪玩具厂生产的长毛绒玩具出口日本、美国、意大利等国;海洪皮鞋厂生产的男女新潮皮鞋畅销国内外;海洪砖瓦厂生产的黏土空心砖畅销江、浙、沪等省市。1990年,有企业87个,职工5574人,工业总产值7068万元。2001年,六甲镇、江家镇分别建立工业集中区。2007年,黄海电机、宏达电碳、织针三厂、康迪欣环保设备、健达橡塑等20个企业入驻六甲镇工业集中区;海龙棉纺、汇丰纺织等8个企业迁入江家镇工业集中区。2008年,全镇有企业470个,形成电动工具、纺织服装、石墨电碳等主要产业,工业总产值29亿元,利税总额1.86亿元。

电动工具 1988年,头甲村兴办电动工具配件厂,生产定子、转子等配套产品。90年代,新办电动工具配件厂10个。2004年,市黄海电机有限公司引进电动工具整机生产流水线,生产电钻、电锤、角向磨光机、切割机、电动机、气泵、电焊机等电动工具。2008年,电动工具企业59个,产值8.12亿元,利税0.97亿元。

纺织服装 70年代,兴办刘浩棉纺厂、刘浩服装厂、海洪棉纺厂、南通市第四羊毛衫厂、二北童装厂。80年代,南通市第四羊毛衫厂生产的“赛乐”牌羊毛衫品种多、款式新、质量好,受外商青睐。2000年,兴办威乐普、凯祥、远东时装、汇丰等纺织服装企业。2008年,纺织服装企业17个,产值4.5亿元,利税0.45亿元。

石墨电碳 70年代,城河村兴办电碳企业。80－90年代,竖河、港中等村先后办起村办、民营电碳企业10个。2006年,宏达电碳、三杰石墨、华丰电碳等企业相继迁入工业集中区。2008年,石墨电碳企业25个,产品有碳石墨、碳化硅、金属石墨、热压石墨等,总产值4.3亿元,利税0.57亿元。

三、建筑业

1974年,建立刘浩建筑站、海洪建筑站。1987年,刘浩建筑站与中建八局联营,工程队分布苏州、南京、上海、大连、新疆等大中城市。1990年,刘浩建筑站建安产值3158万元,经济收入1138万元,成为南通市先进建筑企业。1993年,成立南通皮尔禄建筑装潢公司。2005年,刘浩建筑安装公司获国家一级资质,市第八建筑安装工程公司、南通皮尔禄建筑装潢工程公司获国家二级资质。队伍分布大连、北京、武汉、石家庄、天津、南京、上海等地。2008年,施工产值9.1亿元,增加值1.43亿元。

四、第三产业

50年代,成立刘浩供销社、海洪供销社及工商业联合会。60－70年代,供销社、商业总店在农村设下伸店。80年代,增钟表、电器维修等服务业。1991年,蔡村成立为天实业公司,经营小杂粮,并在上海潘家湾建起海门杂粮一条街,《新华日报》等媒体作了报道。2000年,镇区有超市2个、浴室2个。2007年,新建农贸市场2.73万平方米。2008年,镇区有超市17个,洗浴休闲中心6个,药店13个,饭店7个。

第三节 社会事业

一、村镇建设

农村 1979年,农村用上照明电。1988年,筑造农村公路3350米。1996年,自来水进村入户。筑造黑色环乡公路31公里。1998年,有线电视进入农户。2002年,实现有线电视村村通,入户率75%。2004年,实施草、危房改造,全镇77间草、危房得到修建改造。2005年,启动新农村建设,完成自来水管网二次改造1.8万米,筑造村级水泥公路16公里,水利建设动土70万立方米,修建桥梁5座。2008年,16个行政村建起村部办公楼。是年,有水泥公路 68.7 公里。

镇区　20 世纪 70 年代，六甲老街北侧建新街 500 米。80 年代，建成丁字形街道。90 年代初，老街南侧新建富民街 650 米，商住楼 3.2 万平方米。1996 年，建吕河路、怡乐路、育才路，扩建刘浩路。1999 年，获南通市新型小城镇称号。2005 年，建成面积 1.7 平方公里，形成四纵四横街道格局。2008 年，新建商住楼 27.5 万平方米。

二、教育

清光绪三十二年(1906)，刘氏兄弟集资兴办三益初小。后办三益小学和三益初中。1956 年，建海洪初级中学。1958 年，建六甲初级中学。1968 年，两初中增设高中班。1980 年，撤销高中班，复为初级中学。1990 年，有初中 4 所，小学 10 所，初中生 1036 人，小学生 2566 人，中小学教师 145 人。1993 年，刘浩成人教育中心学校被评为省重点成教学校。2000 年，中小学 21 所，在职教师 254 人，在校学生 6527 人。2005 年，初级中学合并为 2 所，小学合并为 5 所，中小学教师 348 人，在校学生 7036 人。是年，通过省教育现代化乡镇验收。2008 年，初中 2 所，小学 2 所，中小学教职工 277 人，中小学生 4281 人，幼儿园 2 所。

三、文化

1976 年，建刘浩文化站、海洪文化站。80 年代，文化站兴办无线电配件厂，文艺骨干白天做工，晚上排练节目，结合会议、节日、重大活动组织演出。1996 年，获省群众文化先进乡镇称号。2001 年，祖籍刘浩镇的著名演讲家蔡朝东回乡作专场报告。是年，成立常春社区艺术团，社区艺术团创作的《刘浩人民奔小康》获南通市第二届社区艺术节文艺会演三等奖。2008 年，搜集整理通东利市、贺房喜令、格言、谜语等 904 则，汇编成册。

四、体育

70 年代，农村开展拔河、跳绳、踢毽子、掰手腕等比赛活动。80 年代，青年农民经常参加乡村组织的篮球、乒乓球等比赛。1990 年，海洪乡被评为省体育先进乡镇。1995 年 5 月，刘浩籍运动员江志英在全国田径锦标赛中，获女子 4×100 米第二名、女子 100 米第三名。此后，多次参加全国性比赛并获奖。2003 年 10 月，创办国家级全民健身工程 1 个，占地 7000 平方米。2005 年，组建篮球、乒乓球等 5 个体育协会和 4 个体育俱乐部。是年，获省体育先进乡镇称号。2007 年，全镇普通人群体育锻炼合格率 88%。林英村陆敏敏获全国少年组重剑冠军。2008 年，获省体育强镇称号。

五、卫生

民国元年(1912)，江家镇刘氏父子开设济生医院。1956 年，设池鹏、刘浩、六甲 3 个联合诊所。1959 年，建立江家公社医院(后改为海洪卫生院)。60 年代末，实行合作医疗，村配备赤脚医生。70 年代初，建刘浩地区医院。2000 年，海洪卫生院按一等甲级标准建成海洪医院。是年，镇区统一除“四害”，实施农村改厕工程。2005 年，新型农村合作医疗参保率 98%。2008 年，医院 2 所，医生 52 人，村卫生服务站 11 个，乡村医生 36 人。

附：海洪乡

海洪乡位于县境东部，东临启东市，西与万年乡相接，南与三阳镇交界，北与刘浩乡毗邻。抗日战争时期为革命根据地，解放战争时期属老解放区。1957 年 11 月建立江家乡，1958 年 10 月成立江家人民公社，1965 年 6 月改为海洪人民公社，1983 年复称海洪乡。1999 年，辖 23 个行政村，1 个居委会，304 个村民组，全乡总面积 36 平方公里，耕地面积 1935 公顷。总人口 2.98 万人，其中非农人口 4773 人。农民人均纯收入 4097 元。

1999 年，该乡有纺织、轻工、机械、化工、建材等工业门类。南通市第四羊毛衫厂生产的“赛乐”牌羊毛衫品种多、款式新、质量好，受外商青睐。海洪玩具厂生产的长毛绒玩具出口日本、美国、意大利等国。海洪皮鞋厂生产的男女新潮皮鞋畅销国内外。全乡工业总产值 4144 万元。农业总产值 6768 万元。建筑业总产值 1.1 亿元。

1999 年，全乡有中小学 9 所，在校学生 2949 人，教师 212 人。

2000 年 4 月，刘浩乡、海洪乡撤销，以两乡所辖区域设立刘浩镇。

第二十一章 东灶港镇

第一节 自然概况

一、境域简况

东灶港镇位于市境东北部黄海之滨,距市治50公里。北濒黄海,东与启东市吕四港镇毗邻,南与刘浩镇隔河相望,西与包场镇接壤,西北与通州市三余镇交界。省道335线、海防公路、六东公路、港西大道及通吕运河、东灶港河穿镇而过,水陆交通便捷。

东灶港镇以天然渔港为依托,与吕四渔场、大沙渔场相连,海产品丰富。2004年,东灶港申报国家中心渔港。2006年7月18日获批准。

东灶港港口外6.5公里处的小庙洪水道是天然而稳定的深水通道,水深-10米,全长3.6公里、宽500米,避风条件良好,是建造10万吨级深水海港优良港址。2007年8月,作为南通港吕四港区海门作业区规划建设,通过交通部专家组评审。

东灶港海堤外东北侧3海里处,是淤泥质生物礁群,其潮涨没水为礁,潮落出水似岛,盛产活体牡蛎得名"蛎岈山"。2002年4月29日,经中科院地理湖泊研究所、南师大海洋与滩涂研究所专家考察认定,蛎岈山有1850年历史,是世界罕见的具有重要研发价值的海洋自然遗产。2006年10月18日,国家海洋局同意建立江苏海门蛎岈山牡蛎礁海洋特别保护区。

2008年,全镇总面积40.67平方公里,耕地1900公顷。1.39万户,3.65万人,从业人员2.36万人,外来从业人员350人。人口出生率4.59‰,死亡率9.12‰,自然增长率-4.53‰。地区生产总值12.97亿元,第一产业增加值2.54亿元,第二产业增加值5.73亿元,第三产业增加值4.7亿元。财政收入4519万元。农民人均纯收入11767元。

二、历史沿革

清嘉庆年间(1796-1820),东灶港镇是淮南十大盐场之一。宣统元年(1909),隶属余东第三市区。民国29年(1940)属南通县六甲区管辖。解放初,隶属海门县六甲区。1957年11月,友爱、合作、六甲3个乡合并,建立六甲乡。1958年10月,六甲乡(范公堤以北)与场北乡合并,成立东兴人民公社。1963年2月17日,原场北乡从东兴人民公社划出。1975年,刘浩公社二十一大队、二十三大队、红中大队划入东兴公社。1983年,东兴公社复称东兴乡。1990年,东兴乡下辖28个行政村、301个村民组。2000年4月,撤销东兴乡与东灶乡,以两乡所辖区域设立东灶港镇,下辖10个农业村,3个渔业村,1个居委会,301个村民组。2006年8月建滨海工业新区。2008年8月,东灶港镇与滨海工业新区合并,成立海门市滨海新区,东灶港镇建制保留,辖13个行政村,2个居委会,301个村民组。

三、集镇变迁

三门闸镇 新中国成立时,三门闸闸口有一家商店。20世纪50年代,闸口建成渔货市场,供销社、商店、饭店、旅馆等应运而生,渐成集镇,称三门闸镇。1958年10月至2000年3月,为东兴公社、乡机关驻地。

东灶港镇 80年代,东灶港附近形成集镇,称东灶港镇。2000年4月至2008年,该镇为东灶港镇、滨海新区机关驻地。

第二节 经济发展

一、农业

种植业 20世纪50年代,夏熟种植元麦,秋熟以棉花、玉米为主。60年代,减少元麦,扩种绿肥和棉花。70年代初,试种“三熟制”水稻。70年代中期,推广玉米夹种棉花模式。1976年,皮棉每公顷产量超750公斤,列全县第一。80年代,改粮棉夹种为净棉种植,引种抗菌棉,推广制钵育苗、地膜直播。90年代,蚕豆、豌豆、玉米、毛豆等收青作物及设施栽培蔬菜得到迅速推广。每公顷平均产值6万元以上。2002年,发展双低油菜467公顷。2005年,“双低油菜高产保优栽培技术的研究与应用”获南通市科技进步奖。2008年,新建、扩建农业园区23个,中高效作物1320公顷。是年,全镇粮食总产7857吨,棉花441吨,油料2734吨,蔬菜2.35万吨,水果240吨。

养殖业　50年代,户养鸡、鸭、羊。1958年,建东兴畜牧场,繁育苗猪、鱼苗供农户养殖。70年代,集体、个体养猪增多,年均出栏生猪6000头。80年代初,滩涂养殖兴起。1984年,养殖条斑紫菜33公顷,产干菜40.4吨。1985年,东灶养殖场开塘养对虾,每公顷产量600公斤。1986年,精养对虾,每公顷产量2158.2公斤。是年,网具围养文蛤167公顷,产文蛤500吨。90年代,村民承包滩涂,围网圈滩,放养文蛤、青蛤、花蛤、紫菜。2008年,滩涂养殖1067公顷,其中紫菜667公顷,产品1.2万吨。是年,红中村高架养羊、饲养奶牛等养殖业发展较快。

海洋捕捞　1963年,建机帆渔船队,进行近海捕捞作业,有机帆船4对、帆船1艘,机帆船总功率352.8千瓦。80年代,海洋捕捞向外海发展,灯光围捕、软口张网、定置张网、单船桁拖、底拖、流网等捕捞技术得到推广。1991年,有钢、木质机动渔船400余艘,2.76万吨位,总功率3.56万千瓦,配有电子探鱼器、电台、对讲机等设备。1995年,不合格渔船被淘汰。2005年有渔船135艘,总功率1.33万千瓦。其中远洋捕捞渔船8艘,1428吨位,总功率808.5千瓦。渔业总产值2.73亿元,其中远洋捕捞收入7000万元。2008年,大小渔船140艘,1.02万吨位,1.64万千瓦,捕捞海产品8.7万吨,总值9000万元。

加工业　1984年,建东兴冷冻厂,加工速冻海产品。1986年,成立永康公司,从事紫菜养殖、收购、加工。2001年,东兴冷冻厂添置蔬菜速冻加工流水线,年加工农产品1000吨,海产品800吨。是年5月,注册“东绿”牌商标,东兴冷冻厂成为南通市十佳带动型农业龙头企业。2005年,永康公司更名为南通华莹海苔食品有限公司,深度加工海苔食品,产品出口日、韩等国家。2008年,大小冷库15个,年加工海产品1万吨,农副产品8000吨,销售7000万元,利税900万元。

二、工业

概况　60年代,建农具厂、砖瓦厂、水泥厂。70－80年代,兴办造船、机修、服装、劳保用品、磷肥、橡塑等企业。1990年,工业企业81个,工业总产值5005万元。2000年,个私企业501个,从业2004人,工业总产值2亿多元。2002年,黄海金属衬套、德兴电动工具等企业入驻临海工业园区。2003年,建电动工具园区,16个项目进区落户,6个企业投入生产。2005年,黄海金属衬套有限公司成为省民营科技企业,“黄海”牌复合式密封垫圈、金属衬套获国家专利产品证书。2006年,沿海开发启动,新开工项目25个,总投资3亿元。2008年,市铜牌企业2个,重点骨干企业5个,规模企业18个,工业产值25.04亿元。

劳保用品　70年代,兴办劳保用品制造企业。80年代,光耀村成为劳保用品生产专业村。90年代,有劳保用品企业13个,从业人员800多人。2005年,劳保用品企业18个,年产值9000多万元,生产的劳动防护服、工作服、手套、鞋帽、口罩等劳保系列产品畅销上海、南京、大庆等城市工矿企业。2008年,光明服装厂、光耀劳保用品厂在上海、苏州等大中城市建起生产基地。是年,产值5000多万元。

电动工具　2002年,创办苏日、克莱斯电动工具厂。2004年,金侨、铁锚、伊利达等企业相继落户集中区,集群发展。2007年,全镇有电动工具企业20个,生产的电动工具有100多个品种,注册商标有“苏日”“苏科”等25个。产品畅销国内市场。2008年,销售收入1.2亿元。

三、建筑业

1974年,成立东兴建筑站。1980年,组队进驻南京市。1984年,队伍分布大庆、北京、济南、上海等大中城市。90年代,相继建起10个个体建筑企业。2005年,建安产值超亿元。2008年,施工产值8075万元,增加值2166万元。

四、第三产业

50－70年代，有供销社、商店、代销点30多个，饭店、旅馆各2个，菜市场2个。80年代，增加五金、建材、服装、电工电料等商店。90年代，华联、百家惠、家家旺等超市竞相开业，港口区形成海鲜一条街。2001年，开辟东灶港至蛎岈山旅游航线，第一艘旅游船投入营运。2005年，投资1200万元建成南黄海综合市场，日均交易10万元以上。2007年，1280米的蛎岈山栈桥建成，蛎岈山全天候观光平台投入使用。2008年，沿海高速旅游客运航线获省批准，两台旅游观光车、两艘海上游轮、两艘海上观光快艇投入营运。蛎岈山海洋生态旅游被列为南通市十大旅游景点之一，年接待游客10万多人次，旅游收入30多万元。

图37－22 运营在蛎岈山景区的游艇 (2008年摄)

第三节 社会事业

一、村镇建设

农村 20世纪60年代，建排咸闸，治理盐碱土。70年代，平整土地，完成水系配套工程。1981年，建第一口深水井，部分村民用上自来水。1984年，农村普及用电。1990－1995年，建井8口，自来水普及率100%。1995年，自办闭路电视。2001年，与市有线电视并网，完成有线电视村村通。2004年，修筑水泥路32.5公里，桥梁9座。2005年，启动新农村建设。2007年，各村建成多功能社区服务中心，绿化造林147公顷，建防风林带17公里，面积34公顷，成为绿色江苏建设先进乡镇。灵树、港新2村成为省生态示范村。2008年，全镇农路“村村通”累计93公里，改造农桥58座，疏浚河道320条，完成土方245万立方米。自来水管网二次改造1.1万米。改厕2400座。建村民聚居点5个。别墅式住宅261套。友谊村获省文明村称号。

镇区 80年代，建成十字街口。90年代，形成三横一纵街面。2000年，建成商贸区2个，居民生活区2个，教育区1个，专业市场2个，餐饮特色街1条。2008年，镇区面积1.12平方公里。

二、教育

新中国成立时，有私塾5所，县立小学2所。1956年，建完小5所。1958年，兴办夜校、冬学，扫除青壮年文盲。1960年，建东兴初中。1964年，创办耕读小学18所，农业初中3所。1974－1976年，东兴初中和3所民办初中先后附设高中班。1978年，5所小学附设初中班。1980年，附设的高、初中班撤销。1981年，中心小学附设幼儿班。1983年，成立成人教育中心学校。1986年，中心幼儿园单独建园。1990年，有小学11所，每校附设学前班1－2个。1999年，中心幼儿园异地重建。2003年，中心小学扩为4轨24班，村小并成2所。2004年，成教中心开办职高班。2005年，撤并民办初中。通过省教育现代化乡镇验收，镇成教中心被评为南通市特色乡镇成人教育中心校。2008年，幼儿园2所，中小学校2所，中小学生2113人，中小学教职工162人。成教中心学校成为省农村劳动力转移定点培训机构、省农村成人教育先进单位。

三、文化

1958年10月，建公社电影队，1962年停办。1971年，复建电影队。1976年，成立公社文化站。1980年，建图书室，藏书1万余册。1986年，建文化活动中心，对民间乐队实行统一管理。2000年，创建特色文化村2个。2004年1月，董竹君纪念馆开馆。2006年，镇文化站被评为南通市群众满意基层站所。2008年，办农家书屋10个，社区活动中心有藏书2万余册。

四、体育

60年代,群众性体育运动有游泳、摔跤等。70年代,青年农民业余爱好者常到学校、边防哨所开展篮球、排球友谊赛。1975年,教工篮球队在市级比赛中获亚军。1988年,农民篮球代表队在市级比赛中获第四名。90年代初,居民晨间锻炼兴起,企业工会经常组织乒乓球、羽毛球、拔河等比赛。1995年,被评为南通市体育先进乡镇。2005年,建标准田径运动场兼草坪足球场。2008年,建篮球场22个,乒乓球室17个,居民健身点4处,健身器材50余件;获省体育强镇称号。

五、卫生

1956年,建联合诊所。1958年,成立公社医院。1968年,大队配备赤脚医生,实行合作医疗。1978年12月,公社医院改称卫生院。1984年,赤脚医生经考核合格成为乡村医生。1990年,村卫生室28个,乡村医生28人。1995年,卫生院建门诊、住院部大楼,开设内科、外科、五官科等专科,其中五官科为特色专科。2000年,东兴、东灶两卫生院合并为东灶港镇医院。2002年,东灶港镇医院改制为民营。2003年,建立镇卫生所,农村建成6个社区卫生服务站。2008年,医生20人,病床33张;社区卫生服务站5个,床位30张,乡村医生24人;新型农村合作医疗参保率92%。

附:东灶乡

东灶乡是以海洋捕捞业为主的渔业乡,位于县境东北部,濒临黄海前哨,东、南与东兴乡相接,西与海门盐场、大东农场毗邻,北靠黄海。1960年7月,建立江海渔业公社,1965年4月改称海洋渔业公社,1981年7月改称东灶渔业公社,1983年5月称东灶乡。1999年,辖8个渔业村,2个居委会,陆地总面积2平方公里,耕地面积3400平方米,总人口4853人,其中非农人口1516人。渔民人均纯收入9117元。

东灶乡以东灶港为依托,与著名的吕四渔场和大沙渔场相联系,海产品较为丰富。乡政府下辖9个渔业公司,1个对虾养殖场,6座水产冷冻加工厂及一些为渔业配套服务的企业。有菊黄东方鲀、小黄鱼、黄姑鱼、马鲛鱼、活文蛤、鲳鱼、梭子蟹、鮟鱇鱼、鲚鱼、对虾、尖角鱼等10多个品种出口,年创汇200万美元。1999年,工业总产值2779万元,农业总产值6722万元,第三产业增加值2009万元,水产品产量1.73万吨。2000年4月,东灶乡撤销,并入东灶港镇。

第二十二章　海 永 乡

第一节　自然概况

一、境域简况

海永乡位于崇明岛上,北与临江镇隔江相望,南与崇明县新海镇接壤,东接启东市启隆乡,西与崇明县庙镇镇、新村乡毗邻。海永乡北侧约1000米和3000米处,各有1块沙背,面积分别为186公顷和128公顷,名“带鱼沙”。2003年,市政府批准将这两块沙背划属海永乡,为待开发湿地。2008年,全乡总面积9.22平方公里,耕地面积509公顷。有2139户,5000人。从业人员2791人,外来从业人员80人。人口出生率8.61‰,人口死亡率7.8‰,自然增长率0.81‰。地区生产总值1.2亿元,第一产业增加值745万元,第二产业增加值8471万元,第三产业增加值2779万元。财政收入1816万元。农民人均纯收入8011元。

二、历史沿革

海永乡原是江中沙洲。1969年冬,县政府组织民工围垦。1970年,建永隆沙良种场。1976年,下辖永北、永西、沙南、向华4个大队、36个生产队,形成农垦系统独有的场带队体制。1992年11月,建海永乡人民政府,与良种场实行两块牌子、一套班子。2001年,4个行政村合并为永北、沙南2个行政村。2004年12月1日,良种场更名为海门市农工商实业公司。2008年,辖2个行政村,1个居委会,36个村民组。

三、集镇变迁

永隆镇 1970年,建永隆沙良种场部,后逐渐形成集镇,称永隆镇。1970年至1992年11月,为永隆沙良种场场部。1992年11月至2008年,为海永乡机关驻地。

第二节 经济发展

一、农业

种植业 1970－1975年,为改良盐碱地,秋季种蚕豆。翌年春季,将蚕豆扣青种棉花。1976年,种植制种玉米154公顷,每公顷产玉米良种2250多公斤。1990年,每公顷产玉米良种2445公斤。1997年,种植制种玉米170公顷,总产量48万多公斤。1999年,停止种植制种玉米,发展大棚蔬菜、西甜瓜生产。2000年,沙南村种甘蔗13公顷,每公顷产值2.25万元。2001年,向华大队西瓜、棉花套种,每公顷产值3.9万元。永北村种植青豌豆、青花生、青玉米等,形成“四青”作物产业带。2004年,注册“海隆”牌农产品商标。2005年,建设海永生态农业园,面积80公顷。2008年,绿大海永阿斯米尔农业新天地项目一期工程启动,栽植各类花卉2.7公顷。是年,全镇粮食总产503吨,棉花175吨,油料824吨,蔬菜1373吨,水果1125吨。

养殖业 1970年秋,建办副业场。1972年,饲养肉鸡、蛋鸡7000多羽。1975年,建塘繁育鱼苗。1979年,建成半机械化养殖场,饲养肉鸡、蛋鸡、蛋鸭2.5万多羽。1983－1990年,开挖鱼塘21公顷,发包给承包户养殖。1992年,永北村8个农户自筹资金50万元,开沟塘16个,养扣蟹、成蟹。每公顷平均水面产值近15万元。2003－2005年,利用老塘、开挖新塘33公顷,养殖南美白对虾,每公顷收益6万－7.5万元。2005年,成立南通市星岛种猪有限公司。2007年,星岛种猪公司与南京大学农学院合作,实施优质种猪选育与子代性能测定科研项目。2008年,赵银涛饲养瘦肉型商品猪收益80多万元,被评为南通市劳动模范。

二、工业

20世纪70年代,先后办起轧花厂、砖瓦厂、油厂、棉纺厂、仪表厂等企业。80年代,兴办县手帕二厂、羊毛衫厂。1993年,县手帕二厂扩建,更名为县申海织布厂,生产手帕坯布和人棉坯布,年产值3000多万元。1994年,成立南通忠联精密锻造有限公司,生产汽车精密锻件。1998－2000年,集体企业相继转为民营企业。2006年,南通精密锻造有限公司跻身市百强企业。是年,创办南通华清净水材料有限公司,生产液体净水材料。2008年,全乡有企业8个,工业总产值3.01亿元。

三、第三产业

1976年,临江供销社在永隆沙良种场设下伸店。1978年,成立供销社、商店。1994年,始设农贸市场。2004年起,从事房地产开发,建设海上普罗旺斯生态住宅园区。2005年,建设江南田园风光住宅小区。2006年,建成金永缘饭店。2007年,建设托斯卡纳住宅园区。2008年,建成生态住宅30多万平方米。

第三节 社会事业

一、村乡建设

农村 20世纪70年代,每隔100米开明沟,每村四周开匡河,形成明沟通匡河,匡河通鸽龙港大河的水网体系。1983年,打第一口深井,部分村民用上自来水。同年，利用崇明电网，实施农村供电。1989年，打第二口深井，自来水普及。20世纪90年代初，建成2个聚居区，119户入住。1994年，筑永隆沙至上海市长征农场沙石路。2000－2001年，修筑达标江堤6.6公里。2003年，实施二次改水，更新全部供水管道。2005年，启动新农村建设，修筑4条硬质农路。2006年，建成新农村聚居区，120户农民搬进新居过春节。2007年，疏浚四级河9条、明沟170条。2008年，修筑农路17条，总长17.21公里；修建农桥8座。

乡机关驻地　1977年，鸽龙港河西建成200多米街道。1994－2004年，东西向，河东建成100米长对面街面房，河西建成50米长对面街面房，街面房中间建成600平方米休闲广场。南北向建成通江街，长300多米。2005年，驻地4公里路段实现亮化。2007年，新建2.4万平方米草坪，修筑通江街前护坡400多米。2008年，重建鸽龙港大桥。

图37－23　海上普罗旺斯生态住宅区　（2005年摄）

二、教育

1972年9月，建永隆沙小学，学生30人，教师1人。1976年，兴办永隆沙初级中学。1978年，初中附设高中班。1981年下半年，高中班停办。1988年春，初中1所，小学3所；中小学生658人，教师38人。1992年，建立海永幼儿园。2003年，中小学合并，成立县海永乡学校。2006年，通过省教育现代化先进乡镇验收。2008年，幼儿园1所，中小学校2所，中小学生313人，中小学教职工32人。

三、文化

1988年，建立文化站，设活动室、阅览室。1990年、2000年，分别举行永隆沙农场建场20周年、30周年庆典，自编自演反映建场史及农场新人新事文艺节目。2006年，组建老年腰鼓队，在节日庆典上表演。2007年冬，各村社区服务中心设立图书室。2008年，庆祝建党87周年，举办“唱响海永”文艺演出。

四、体育

90年代起，学校每年举行一次田径运动会。2003年，乡政府大院安装一套路径健身器材，不少老年人前来晨练。是年，跳健身舞成为时尚。2008年，各村社区服务中心均有篮球场、乒乓球室。

五、卫生

1969年，建卫生保健站，医务人员3人。1998年，建立卫生院，医务人员12人。2003年，成立海永医院。是年，乡机关驻地建立环卫所，配备专职环卫人员。2008年，农村生活垃圾处理纳入崇明县管理机制，每村配备两名保洁员，户将有机垃圾和无机垃圾分装，保洁员收集、运送、处理。是年，新型农村合作医疗参保率92%。

2008年海门市各镇乡经济社会主要指标一览

表37－1

项目＼乡镇	海门镇	三和镇	天补镇	三星镇	德胜镇	三厂镇	常乐镇	麒麟镇	悦来镇	三阳镇	临江镇	四甲镇	货隆镇	王浩镇	余东镇	树勋镇	包场镇	正余镇	万年镇	刘浩镇	东灶港镇	海永乡
行政村(个)	9	10	8	9	12	16	14	9	17	9	10	14	8	8	8	9	12	9	9	16	13	2
居委会(个)	19	1	1	2	2	3	2	1	2	1	1	3	1	1	1	1	1	1	1	2	2	1
村民小组(个)	531	337	260	324	504	523	533	342	505	341	328	486	249	235	276	363	477	289	329	596	301	36
总人口(人)	183634	31976	28249	36006	45608	78712	48564	31037	52298	30330	30887	56272	32110	28143	29939	35276	53810	34528	29672	56706	36551	5000
人口出生率(‰)	7.48	5.49	5.24	6.01	4.99	4.85	4.32	4.96	4.48	6.12	6.90	5.86	5.40	5.72	6.01	5.90	5.22	5.88	5.69	5.30	4.59	8.61
人口死亡率(‰)	6.13	9.23	6.72	7.39	3.63	5.88	9.36	9.38	7.04	8.91	9.67	8.71	7.91	7.28	7.67	7.03	7.69	8.33	7.77	7.03	9.12	7.80
自然增长率(‰)	1.35	-3.74	-1.48	-1.38	1.36	-1.04	-5.04	-5.02	-2.56	-2.78	-2.77	-2.84	-2.51	-1.55	-1.96	-1.13	-2.46	-2.45	-2.08	-1.73	-4.53	0.80
乡村从业人员(人)	27343	19181	18228	21351	34424	33376	30839	20001	31885	18091	17323	27955	15278	13747	16311	23017	27852	20253	19079	34596	23647	2791
外来从业人员(人)	2770	710	1304	32687	3440	1544	709	246	209	296	181	470	133	848	297	521	797	629	843	417	350	80
地区生产总值(亿元)	51.76	10.91	12.81	29.55	15.25	36.66	18.10	9.23	14.12	11.52	7.36	13.43	11.42	9.85	9.44	6.71	25.10	21.98	7.89	11.75	12.97	1.20
粮食总产(吨)	10218	9113	5796	4938	7532	12535	13310	7352	10793	6106	8398	12014	4561	5891	5966	6788	8754	8023	6858	13507	7857	503
棉花总产(吨)	170	35	0.60	-	237	612	777	1013	1451	998	682	1057	1284	920	535	827	875	-	493	525	441	175
油料(油菜子)总产(吨)	3040	2981	1957	1660	2813	3341	4514	2376	4589	2744	2750	4608	3007	2884	1690	2590	3442	2026	2132	3441	2734	824
饲养生猪(万头)	3.84	1.54	1.38	0.09	0.58	1.06	0.80	1.78	0.68	1.14	0.24	0.32	0.74	0.20	1.02	0.81	2.52	0.82	0.35	1.34	3.32	1.52
饲养山羊(万只)	1.84	7.31	4.40	7.03	9.28	13.41	10.68	5.33	8.57	5.15	3.77	3.26	1.76	3.99	5.91	3.52	17.75	0.58	6.50	4.50	5.13	0.48
家禽饲养(万羽)	110.97	59.70	30.59	20.72	74.42	22.00	84.44	61.07	107.18	57.08	40.14	55.83	42.00	29.01	53.09	120.06	49.70	6.86	60.00	23.37	29.04	15.07
蔬菜产量(吨)	77650	157487	9413	7062	20725	65682	51842	10050	39461	12031	36165	14063	24082	3211	15628	27443	19931	8923	27624	51700	23492	1373
工业总产值(亿元)	198.08	53.56	62.21	191.23	61.25	175.20	69.31	15.41	59.82	24.10	18.82	45.37	35.04	19.82	32.87	19.67	125.38	69.88	20.00	29.00	25.04	3.01

续表 37－1

项目＼乡镇	海门镇	三和镇	天补镇	三星镇	德胜镇	三厂镇	常乐镇	麒麟镇	悦来镇	三阳镇	临江镇	四甲镇	货隆镇	王浩镇	余东镇	树勋镇	包场镇	正余镇	万年镇	刘浩镇	东灶港镇	海永乡
利用外资(万美元)	1145	749	542	2003	1017	1240	704	110	313	332	350	430	1204	280	331	327	502	551	153	200	572	160
乡镇经济总收入(亿元)	291.14	71.07	47.11	414.71	87.21	298.68	121.19	28.51	69.86	55.84	19.60	51.40	47.44	29.46	27.45	21.16	138.40	85.29	7.95	19.20	37.40	0.29
财政收入(万元)	42717	8836	6267	15452	10966	24060	10376	3559	5971	2438	2284	6848	3473	1363	4444	2018	11917	9347	3004	2920	4519	1816
中小学校总数(所)	23	2	3	3	5	8	3	3	5	2	2	4	2	2	3	2	5	2	2	4	2	2
中小学教职工总数(人)	2678	168	315	252	303	807	225	285	394	137	151	506	161	134	152	213	517	187	129	277	162	32
中小学生总数(人)	34523	1917	3638	3294	2813	9040	3119	3699	4778	1861	1953	6788	2670	1829	2283	4043	7004	3086	1875	4281	2113	313
医院、卫生院(所)	8	1	2	1	2	3	2	2	2	1	1	2	1	1	1	1	3	1	1	2	1	1
医生数(人)	1338	47	42	42	53	630	69	29	173	26	29	158	23	26	55	28	66	23	26	52	20	5
乡村医生数(人)	-	24	19	20	18	56	43	23	46	22	19	15	16	16	30	24	43	23	21	36	24	-
农民人均纯收入(元)	12949	10050	11690	13800	11966	11760	11000	9400	9360	9476	9200	9275	9676	9622	10511	9331	11389	10848	9461	9660	11767	8011
有线电视入户率(%)	95	83	81	91	78	96	79	78	81	80	80	75	79.8	78	82	78	85	98	78	75	78	46
居民最低生活保障人数(人)	1876	348	368	460	802	1526	800	480	903	602	595	520	642	352	421	613	1008	416	591	1173	664	83

第二十三章 场 圃

第一节 江心沙农场

一、区域简况

江心沙农场隶属省农垦集团有限公司,位于市境西南部,距海门市治13公里。南临长江,北与三和镇交界,东与海门经济开发区接壤,西同南通市经济开发区为邻。2008年,总面积23平方公里,耕地1200公顷;总人口6984人,在职职工1664人。外来务工人员884人。

二、历史沿革

民国4年(1915),县治西南长江海门段出现江中沙洲,称江心沙。20世纪50年代,海门、南通两县组织民力在江心沙种植芦苇。1960年11月,县政府组织民工围垦。1961年5月1日,成立国营江心沙农场。1969年10月,撤销农场建制,组建中国人民解放军南京军区江苏生产建设兵团第4师第25团。1975年8月,撤销兵团建制,复名江心沙农场,隶属省农垦局(后为省农垦集团有限公司)。1990年,设23个村和场部。2001年1月,23个村合并为8个农业管理区。2004年,8个农业管理区合并为6个农业管理区。2008年9月,成立江苏农垦江心沙社区管理委员会。

三、农业

60－80年代,种植业以元麦、小麦、大豆、水稻、棉花为主。90年代初,主要种植青玉米、青毛豆、西瓜、水稻。之后,推广大麦套种西瓜,西瓜套种毛豆,毛豆套种玉米,实现一年四茬,每公顷平均产值7.5万元。1993年,注册"皓明"牌大米,畅销省内外。1997年,订单销售太湖糯。2000年,露天西瓜改成大棚西瓜,每公顷平均产值22.5万元。2001年,太湖糯出口日本。2004年,引进"早春红玉"良种西瓜,年销售西瓜1.08万吨。2008年,有大棚西瓜15.6公顷,葡萄园4公顷。是年,建欣绿食品冷冻厂,冷冻青玉米、青毛豆等农产品。

四、工业

1963年9月,兴办砖瓦厂、机修厂。1974年5月,建化工厂、酒厂。80年代初,机修厂改为机械厂,生产的孵化机出口坦桑尼亚。建造纸厂、针织厂、服装厂、标准件厂、无纺布厂、胶木厂。1989年,工业总产值2742万元。90年代,除化工厂、无纺布厂和机械厂外,其余工厂关闭。1999年,工业总产值939.2万元。2000年后,建四通门厂、新型建筑材料厂、纸箱厂、纸管厂。2008年,引进南通市怡和新建筑材料厂等10个项目,工业产值1.98亿元。

五、建筑业

1963年,成立建筑站。1979－1984年,在淮阴承包建筑工程,年建安产值100多万元,经济收入60万元。1985年,成立建安公司,职工2000多人,在上海、徐州、淮阴等地承建工程。1996年,建安公司并入江苏农垦南通市公司。

六、教育

1961年,兴办第一所小学,班级6个,学生240人,教师8人。1964年,办农初中,班级3个,学生100人。1967年,有小学6所,初中1所。1976年,初中增设高中部。1978年,建2所幼儿园。1980年,高中部停办,开办职业高中;初中实行双轨制。1989年7月,建办福利型幼儿园,在园幼儿300人,教师36人。1993年,职业高中停办。1998年,合并为1所初中和1所小学。2001年8月,农场教育划归海门管理。2003年4月,初中、小学合并为江心沙学校，学生700人，教师50人。2008年下半年，初中部划归三和初中；小学部有学生200人，教师18人。

七、卫生

1961年，建成卫生院，有医生3人，职工看病不收钱。1970年，卫生院改为江心沙医院，有军医3人，地方医生10人。1975年8月，军医离场回部队。80年代，医生24人。90年代，医生减至16人。2000年，医院改制，医务人员13人，床铺30张。2008年，医护人员10人，核定床位20张，床铺使用率40%。3645名农场职工参加市城镇职工基本医保，其余农场居民参加农村医保，参保率95%。是年，开展环境整治年活动，改造公厕5座，新设垃圾箱28个，新增绿化面积近15公顷。

第二节　其他场圃

一、大东农场

区域简况　大东农场位于市境东北部，北临黄海，东临东灶港镇，南与东灶港、包场两镇接壤，西接通州市三余镇同心村。2008年，总面积1平方公里，耕地面积51公顷，池塘22公顷。人口152人。年人均收入1.45万元。农场为事业单位，企业化管理。

历史沿革　大东农场原是黄海滩涂，一度成为私盐场。1963年，试种棉花成功，成立东兴苗圃。1965年，建大东农场。1966年5月28日，县第一批城镇知识青年48人到场劳动。1969年，部分县直机关干部下放劳动至此，改名海门县“五七”干校。1971年，恢复大东农场。1978年，知青离场回城。1979年年末，第一批职工家属迁入农场，年满18周岁的职工子女和部队转业人员转为农场职工。至1992年4月，共吸纳农场职工60多人。以后只招收大、中专毕业生。

图37－24　大东农场场部　（1995年摄）

种植业　建场初，种植棉花为主。1966年，农场成立科研组，实施棉花制种科研项目，每年向县提供“泗阳408”棉种9万公斤，1986年结束。20世纪90年代初，种植水稻、果树。水稻每公顷产量7500多公斤，水果每公顷产量3.75万公斤。水稻收割实行机械化操作。1997年，因多年种植水稻土质泛咸，又改种棉花、黄豆。2000年，种植土豆、西洋芹等无公害蔬菜，每公顷产值3万元。2004年发展蘑菇、草菇、鸡腿菇等食用菌设施栽培，食用菌产品销往南通市场，每公顷产值30多万元。是年，一年两茬改为前茬小麦、中茬西瓜、晚茬豌豆一年三茬的种植模式，每公顷产值超4.5万元。2005年，发展茭白、河藕等水生作物，每公顷产值6.75万元。2006年，种植冬瓜，每公顷效益7.5万元，2007年、2008年，采用施有机肥、秸秆还田、开挖排水沟等方法对近24公顷复垦土地进行改良。

养殖业　1969年，引进“长白山”等种猪50头，繁殖苗猪。引进新疆“美丽奴”绵羊700头，生产羊毛。1973年，成立东、西两个畜牧场，引进“上海白”“梅山猪”等优质种猪。1983年，开挖池塘14公顷，饲养四大家鱼，每公顷产成鱼7500公斤。1994年，精养河蟹10公顷，每公顷产值9万元。2001年，试养南美白对虾1.4公顷，每公顷产白对虾5100公斤。2002年，南美白对虾每公顷产量8250公斤。2005年，南美白对虾养殖面积23公顷，每公顷平均产值12万多元。2006年，试养美国斑点叉尾鮰，每公顷产量9375公斤。2008年，引进细鳞斜颌鲴试养成功。

工业　1984年，兴办绿萍厂。1987年，绿萍厂改办大东精细化工厂，生产频哪酮、咪唑林、BS－12等表面活性剂和氟类产品。1990年产值595万元。2000年，兴办食用漂白粉厂。2002年，兴办玻璃厂。2003年，工业产值310万元。2005年，产值450万元。2006年后无工业企业。

二、种羊场

种羊场位于市治西南8公里处，东与沿江淡水养殖场相接，南临长江，西与南通市开发区接壤，北与三和镇新远村相连。种羊场始建于1974年9月，1980年扩建。1981年6月，从英国引进林肯种羊140只。1985年，林肯羊生长发育、繁殖性能超过原产地水平，传统的海门山羊得到提纯复壮。1988年，累计产种羊656只，改良绵羊1.07万只。1993年，累计繁育林肯羊1721只，先后向新疆、四川、陕西等地推广种羊800只，被农业部评为国家级重点种畜禽场。2000年，被农业部确定为长江三角洲白山羊（笔料毛型）基地，列入国家级畜禽品种资源保护名录。2001年，与快活林休闲山庄合资兴建农业休闲观光园区。2005年，建成各类农业休闲观光园区8个，生态旅游项目30多个。2006年，农业休闲观光园区旅游收入326万元，接待游客29.8万人次。2008年，培育一级公羊29只、二级公羊67只、三级公羊26只，被农业部确定为国家级长江三角洲白山羊（笔料毛型）保种场。是年，全场总面积173公顷，耕地面积75公顷，职工80人，其中专业技术人员8人。种羊场系全民事业单位，企业化管理。

三、沿江淡水养殖场

沿江淡水养殖场位于市境西南部，东临海门镇，西靠三和镇新远村，南与海门港、种羊场相连，北与三和镇三圩村毗邻。养殖场始建于1979年4月，由圩角闸西南2.5公里外江边内滩芦荡围垦而成，属县大集体商品鱼养殖基地，职工30人。1980年，产鱼3.55万公斤，蟹3250公斤，产值150万元。1981年5月，从无锡引进白鲫试养成功，每公顷水面增值1050－1500元。1982年，发展珍珠生产，人工繁殖三角帆蚌18万只。1983年，产珍珠33公斤，产值8万元。1990年，投资320万元，开发东芦荡渔区，增加养殖面积113.5公顷。1992年，精养塘实施鱼蟹混养，经济效益提高。1996年，60公顷精养塘鱼蟹混养，每公顷产成鱼9075公斤、河蟹300公斤。2000年11月，发展休闲渔业，筹建沿江渔村。2001年3月，建沿江渔村，有垂钓水面1.6万平方米，设置垂钓区、休闲娱乐区、餐饮区、购物区、医疗卫生区。2002年，垂钓品种由单一鲫鱼发展到青鱼、彩虹鲷、团头鲂等品种。是年，垂钓量2万公斤。2003年，场部推广颗粒饲料养鱼，购投饵机100台，以机械代替人工投料。2006年，沿江渔村被南通市旅游局评为南通市农家乐基地。2008年，被评为国家AA级旅游景点，省无公害淡水鱼类、虾类、蟹类产地。是年，全场总面积337公顷，养殖水面174公顷；淡水鱼产量1060吨，河蟹产量440吨；产值1300万元。

四、长江芦荡养殖场

区域简况 长江芦荡养殖场位于市治东南6公里，东与三厂镇洪江村为邻，南临长江，西、北与海门镇中海村相连。1973年2月建场。2008年，总面积44公顷，鱼池面积21公顷，在职干部职工28人。该养殖场系全民事业单位，企业化管理。

淡水养殖 建场初，主要养殖鲢、鲫、草鱼等。1976年，精养四大家鱼。1979年，建70平方米非洲鲫鱼越冬保温池，越冬鱼种出池成活率95%。翌年4月，建250平方米单养、混养春繁池，高密度单养非洲鲫鱼成功。1981年5月，从无锡引养白鲫成功。1986年，养殖水面20.4公顷，其中种鱼池6.5公顷，成鱼养殖8.9公顷，外荡养殖5公顷。培育种鱼108万尾，产成鱼65吨，渔业总产值19.5万元。是年，有机动渔船一艘，8吨、8820千瓦；非机动渔船5艘10吨；拖拉机1台，8820千瓦；排灌动力机4台，4.92万千瓦；增氧机9台，粉碎机1台。1990年，鱼池18.5公顷，水产品74吨，总产值24.7万元。1998年，渔业生产改联组承包为个人承包。2000年，养殖水面21公顷，水产品112吨，经济收入104万元。职工人均收入8000元。2003年，从浙江淡水研究所引进澳洲淡水龙虾养殖，每公顷产龙虾1440公斤。2004年，开展翘嘴红鲌高效养殖技术研究。2005年，列为省水产翘嘴红鲌大规格苗种规模化培育及生态养殖技术开发配套项目。2006年，引进克氏螯虾养殖，面积4公顷，每公顷产虾8250公斤。2007年，建成14公顷标准化淡水养殖池塘示范区，列入国家财政渔业开发项目。2008年，开展黑尾鲌养殖，面积5.3公顷，每公顷产量7800公斤，每公顷产值16.5万元。是年，渔业收入152万元，人均纯收入1.3万元。

家禽养殖 1995年，养殖AA肉用鸡，平瓦房养殖面积1000平方米，年产AA肉用鸡2.5万羽。

1998 年，转为私人承包经营。2000 年，平瓦房养殖面积 1500 平方米，年产肉用鸡 4.5 万羽，年利润 6 万元。2005 年，平瓦房养殖面积扩展到 2000 平方米，年产肉用鸡 6 万羽，年利润超 10 万元。2008 年，新建 500 平方米孵化车间，引进孵化机 8 台，孵化品种有白肉杂、红肉杂、AA 等，年利润 100 多万元。

五、海门市水产养殖场

市水产养殖场场部位于包场镇新南村。养殖场东与刘浩镇交界，南接老通吕公路，西至四甲镇梁家店，北至通吕运河。

1952 年 11 月，市水产养殖场建于王浩乡王灶河。1956 年 4 月，迁至包场镇烂河渡村（今新南村）。1962 年，人工繁殖四大家鱼鱼苗。1963 年，建催产池 1 个，孵化池 4 个，人工孵化鲢鱼苗 80 万尾，供应周边乡镇。1966 年，人工繁育鱼苗 2100 万尾，供应全县。1972 年，从上海水产研究所引进非洲鲫鱼试养成功。1975 年，引进长江团头鲂种鱼，1977 年，人工繁育团头鲂鱼苗 2000 多万尾。1978 年，从浙江水产研究所引进黑乌青种鱼 200 多尾，进行人工繁育，成为全县放养的主要鱼种之一。80 年代初，从武汉水产研究所引进三角帆蚌 40 多万只，在外塘养殖近 6 公顷，产珍珠 230 多公斤，经济收入 52 万元。1989 年，引进长江、黄海野生中华绒螯蟹试养成功，年产成蟹 6 吨。2001 - 2003 年，从省水产良种基地引进四大家鱼原种 1000 多尾，进行亲本更新，年增产量 3000 万尾，经济效益 7 万元。2005 年，建网箱 6 个，实施成鱼网箱高产高效养殖，年增产成鱼 5 吨。2006 年，实施省“匙吻鲟引进与驯养”项目，引进种苗 1.2 万尾，收获成鱼 6 吨。2007 年，实施南通市“斑点叉尾鮰池塘养殖”科技项目，引进种苗 8000 尾，收获成鱼 5 吨。2008 年，全场总面积 54 公顷，养殖水面 47 公顷，繁育银鲫、鲢鱼、青鱼、鳊鱼、鳜鱼等鱼苗 8000 多万尾，生产成鱼 90 吨；经济收入 130 万元，人均纯收入 1.8 万元。

六、海门市苗圃

区域简况　海门市苗圃位于三厂镇厂西村。2008 年，总面积 7.3 公顷，干部职工 16 人。全民事业单位，企业化管理。

苗木经营　苗圃建于 1950 年 10 月，1954 年 4 月撤销，1956 年 3 月重建，以培育林果苗、栽桑养蚕为主。20 世纪 70 年代，经营花卉、盆景。1982 年，建温室 120 平方米，培育花卉苗木，年销售额 10 万元。1987 年 3 月，从如皋等地引进罗汉松、香樟、法国冬青等树苗繁育。1993 年 2 月，在县城承接绿化工程。1996 年，绿化工程年收入 20 多万元。1998 年，建钢架温室 700 平方米，简易温棚 800 平方米。年插扦培育小苗 8 万株，品种有雪松、雀舌黄杨、含笑、红天竹、洒金柏、樱花、红叶李、金森女贞、美国红栌、南洋杉、昙花、迎春等 70 多个。2000 年，由承接园林绿化工程，转向绿化工程设计、施工、养护，年收入 100 多万元。2002 年 5 月，成立市环宇园林绿化服务部，为城市园林绿化三级企业，获城市园林绿化企业资质证书。2005 年，绿化工程收入 150 多万元。2007 年，承接市开发区绿化管护工程，收入 40 多万元。2008 年，承接市区桂花工程，收入 140 多万元。是年，总收入 212 万元，人均净收入 1.8 万元。

工业　1982 年 3 月，苗圃创办海苗服装厂，年产值 12.65 万元。1987 年，创办金属制品厂，生产铝铸件、不锈钢制品、铁皮包装箱等产品，年产值 30 万元。是年，创办制线厂，年产值 25 万元。1996 年 5 月，企业改制。2008 年，工业总产值 3600 多万元。

附 1. 棉花原种场

位于县境西南。东靠种羊场，西与江心沙农场为邻，南临长江，北与三和乡相接。1968 年 10 月围垦，1969 年 1 月，定名为“五七”农场。人员来自 1968 年退伍军人及包场、刘浩、秀山、汤家、三和、厂洪等乡的部分移民，还有圩角港、四甲、余东等地到此定居的渔民及部分下放知青。1980 年 4 月，改名为国营海门县棉花原种场，属事业性单位，辖 7 个大队。1990 年，总面积 5.3 平方公里、耕地面积 312 公顷。有化工、轻工、建材、机械、食品等工业企业 6 个，工业总产值 1177.4 万元，出口大青皮蚕豆 100 多吨。1999 年，工业总产值 7567 万元，销售收入 4169 万元。农业总产值 1862 万元，粮食总产 1588.5 吨。2004 年，实有耕地面积 296 公顷。年末总户数 1028 户，2513 人，均为城镇人口。工业总产值 4.78 亿元，销售收入 4.45 亿元。农业总产值 2096 万元，粮食总产 1077 吨。2005 年 9 月，棉花原种场划属海门经济开发区。

附2. 平山乡苗圃

1960年建圃，位于长兴镇东北3公里的振复村，苗圃面积17.3公顷。1963年，面积减少到5公顷。1984年，转向花木生产。1990年，花木品种有雪松、广玉兰、蜀桧、龙柏、铅笔柏、大叶黄杨、瓜子黄杨、雀舌黄杨、红天竹、绿天竹、绣球、六月雪、迎春、桂花、梅花、桃花、罗汉松、丁香、丝兰、铁树、五针松、黑松、结香、君子兰等100多个。90年代中期改建成禽类养殖场。

第三十八篇

丛　录

新中国成立后，中共海门市(县)委、海门市(县)政府在各个历史时期，作出许多重大的决定、决策，拟定大量布告、通知、办法、意见、规定及海门撤县设市报告、批复等，是指导当时工作的重要文件，具有存史意义和参考价值，该篇选录部分编入。还收录志书序选、碑记、列宁有关海门的文献。

第一章　重要文献

海门县政府布告

案　奉

苏皖第九行政区专员公署1月25日秘字第39号调令略开：

兹为适应形势需要，加强工作领导，经呈奉华中行政办事处核准，将东南行署撤消(销)，原东南行署所辖之海南、海西、海中、富余、王鲍、六甲及吕四区之头补乡、二补乡与南通(县)所辖旧海门县一、二区划为海门县，设立海门县政府，并派赵一平为海门县县长，沈计达为副县长。

等因奉此，一平、计达遵于2月6日到职视事，启用印信，除呈报分行外合行布告周知。

此布

县　长　赵一平

副县长　沈计达

中华民国38年(1949)2月

中共海门县委员会
关于当前整顿农业生产合作社中几个政策问题的通知

我县发展农业社的工作，已经超额完成了今冬明春的计划，新社有2201个，连老社431个在内，现共有新老社2632个，入社农户占总农户的56.4%。今年社的质量一般说是好的，但是社内存在的具体问题是很多的。因此现在即将进行一次全县规模的、广大群众性的整社运动，全力整顿巩固新社，进一步提高老社，为明年大生产运动作好充分的准备，这是我县、区、乡各级党委中心而又是紧迫的工作任务。因此各级党委必须贯彻执行中央关于互助合作化运动的方针、政策和这次省委召开的全省区(委)书(记)会议精神。对于整顿新社，提高老社的工作中，有关互利政策上几个具体政策问题，县委作如下通知：

(一)首先是社员土地评产入股问题。要根据土地的质量，照顾社员因原来无力经营，以致土地产量较低，而在入社以后产量能够提高的经济利益，同时要根据土地的常年实际产量，承认社员原来在土地上加工施肥的经济成果。据此精神，结合我县各地粮食和多种经济作物的产量，统一折成粮食计算定产，经研究确定评产入股和土劳分益的规定是：

1. 评产入股方面：应在全年土地总收入内，扣除农本(如种子、肥料、农具修理和其租金折旧金，或其药剂金等费用)与5‰的行政管理费以及5%左

右的公积金,1%－2%的公益金外,进行净产量评产入股,全县大体上分为三大片:

第一,三星、横沙、连元、三厂等4个区,土地定产每亩一般380－400斤,特低370斤,特高410斤。

第二,新南、海南、海中、三阳等4个区,一般350－370斤,特低340斤,特高380斤。

第三,四甲、富安、余东、包场、六甲等5个区,一般330－350斤,特低320斤,特高360斤。

2. 土劳分益方面:根据中央规定土地报酬一般地应该低于劳动报酬原则和省委的具体规定,结合我县地少人多和经济作物的技术性高低及各种农作物农本投资轻重不一等特点确定,把全年每亩总产量内扣除农本、管理费、公益金外,以社员土地评产入股的产量为依据,进行土劳分配,分配方法采用两种:一是定产分益制,超产全归劳力分红;二是双比例分益制(即原来分定产增产部分按不同比例分红制)。在地区上分为两大片:

第一,三星、横沙、连元、三厂等4个区定量分益制,定产部分,土地分红40%,劳力分红60%,增产部分全归劳力所得。双比例分益制,定产部分,土地分红35%,劳力65%。增产部分土地分红20%,劳力80%。

第二,其他9个区定量分益制,定产部分,土地分红45%,劳力分红55%,增产部分全归劳所得。双比例分益制,定量部分土地分红40%,劳力60%。增产部分土地分红20%,劳力80%。

以上两种分配方法,前一种为最好,因为土地分益已固定,更能发挥社员劳动生产积极性。同时也便于结账,在产量稳定的老社和一部分新社,可以大力提倡;在产量没有稳定的地区和合作化基础差,就用"双比例分益制";另外,有一种水涨船高的单比例分益制,一般不采用。

3. 各区委和乡支部领导同志,必须充分认识,贯彻执行评产入股和土劳分配,是自愿互利政策中的中心问题。以上两个问题的确定是框子,要求各地在此框子内,结合实际情况,认真研究讨论确定,而后交社员群众民主讨论作出决定,防止千篇一律、照搬照套和不发动社员群众共同研究、代替包办的错误。其次,还要注意几点:第一,贯彻评产入股,土劳分红,区与区交界之间要照顾平衡,希有关地区的区乡领导,互相联系评议确定;第二,鳏寡孤独和缺少劳动力的老年人,分红时要给予适当照顾;第三,公益金和公积金的确定,丰收年可适当多留,歉收年或荒年可以少留或不留;第四,原来431个老社,秋熟土劳分配比例还照县委原来规定不变。至于今后新老社,均按照这个通知执行。过去县委规定,凡与此有抵触者,一律按此规定执行。

(二)正确处理新老社员关系问题。现在有些地方发生新老社员不团结,主要原因是老社有公共积累,老社员认为好处被新社员大家得了而不满,造成有些老社今秋不愿意积累公积金,已经积累的要求社里分给个人等现象。为此,我们意见,公积金与公益金等照常要积累起来,这是合作社的公共财产,是社会主义因素增长的重要标志,为将来用于基本建设,发展生产和办好社员福利事业。要加强新老社员团结互利教育;在经济上,如老社扩大后划小者,允许老社员将所得的部分公积金带到新社去归集体(如集体办了农具,亦可这样处理),解决的关键,首先教育党员、干部,是可以解决的。

(三)关于清洗地主、富农和反革命分子出社的批准手续问题。经县委研究决定:由乡支部研究确定,送交区委批准后,教育发动社员群众进行清洗;如要开除犯罪的贫、中农社员,要区委研究决定,送交县委批准,不得随便开除。目前整社当中首先清洗地主、富农和五方面反革命分子,不应任意扩大打击面。总之,凡属于地主、富农和五方面反革命分子必须清洗出社,但又必须慎重,不得冤枉一个好人。

(四)自留田应尽量少留。因为我县地少人多,自留田多了,社里土地更少,留给够种菜蔬为原则,人多者应少留,人少者应适当照顾,一般在5%左右。

(五)县委生产合作部过去所印发给各地的办社示范社章和最近分三片训练社干的互助合作材料,题目是《肯定成绩,克服缺点,总结经验,提高质量,为迎接更大的合作化高潮而奋斗》,因同中央示范社章草案和这次省委召开的第三次区(委)书(记)会议精神有不少抵触,故一律作废。希各区乡和从事农村工作的干部,应按照中央公布的农业生产合作社示范章程草案和省委指示的精神,贯彻执行整顿新社,提高老社。

以上各点，希各区委很好与当地实际情况结合研究，并在区委扩大会上，具体讨论，贯彻执行，并把执行情况随时汇报县委为要。

1955年11月18日

海门县人民政府
关于专业承包联产计酬责任制试行办法

第一章　总　则

第一条　专业承包联产计酬责任制，就是在生产队（或大队）统一经营的原则下，根据生产需要设立专业队、专业组、专业户、专业人，承包生产任务，分别联系产量计算劳动报酬，简称“四专一联”责任制。这种责任制有两个突出的特点：一是按专业组织劳动，分别进行承包；二是对生产最终成果直接负责，联产计酬。它有利于贯彻农林牧副渔工商全面发展、综合经营的方针；有利于稳定生产队经济主体地位，巩固和发展集体经济；有利于贯彻各尽所能、按劳分配的原则，充分调动群众的积极性；有利于提高农业科学技术水平和劳动生产率；有利于发展专业化生产和商品经济，提高农副业生产商品率，促进自然经济向商品经济转化；有利于促进经济联合，逐步向更大范围的高级的专业分工社会化生产方向发展。它具有广泛的适应性，既适应于现阶段的生产力发展水平，也适应于将来专业化、区域化、机械化的要求；既适应于比较富裕的地区，也适应于比较困难的地区；既适应于规模较大的社队，也适应于规模较小的社队。

随着农村经济结构的改革，农副工商各业经济的全面发展，这种责任制必将对广大农民有越来越大的吸引力，成为很有发展前途的一种责任制。

第二条　建立“四专一联”责任制的根本任务是在国家计划指导下，充分发挥集体经济的优越性，充分调动广大社员的积极性，加速发展农工副商各业生产，活跃农村经济，进一步巩固集体经济，不断改善社员生活，尽快地使农村富裕起来，为逐步实现农业现代化积极创造条件。

第三条　实行“四专一联”责任制，要从实际出发，因地制宜，做到劳动组合机动灵活，专业分工多种多样，计酬方法简便易行。

第二章　劳动组合

第四条　生产队（或大队）应根据各自经营项目的特点，确定劳动组合的形式，宜统则统，宜分则分，适合到队到组的就到队到组，适合到户到劳的就到户到劳。

第五条　专业队。大队和联队经营的果木竹园、畜牧场、水面养殖场、建筑队、农机队、农产品加工和服务站等工副业生产，一般适宜建立专业队。

第六条　专业组。生产队经营的果木竹园、水面养殖场、工副业生产队，一般适宜建立专业组。

第七条　专业户。需要一、二个主要劳动力，又需配用少量辅助劳动力，适宜于一家一户分散作业的小宗生产，如养殖业的养猪养鸡等。竹器加工小竹坊、服务行业的小吃部等，一般适宜建立专业户。

第八条　专业工。需要一定的专业技术又适宜于一个人干的，如种植瓜果、药材、养兔、养蜂，管理零星果树、竹木，以及个体手工业、编织业等，一般适宜专业人负责生产。

第三章　劳力投放和合理分工

第九条　因地制宜确定经营项目。生产队要有大农业和大粮食观点，根据各地自然资源、劳力资源、技术资源和财力情况，确定农、林、牧、副、渔、工、商各业的合理布局，实行专业分工，以充分发挥各自经济优势，调整农业内部的比例关系，建立适合当地条件又具有特点的农业经济结构。

第十条　合理确定劳力投放。要按照农、林、牧、副、渔全面发展，农、工、副、商综合经营的方针，对各业合理投放和分配劳力，对大田作业实行统一经营、联产到劳（或包干到户），按照承包耕地的实际需要,投放劳力;要通过建立联产责任制,提高劳动生产率,逐步减少大田劳动力投放,将剩余劳动力组织到扩大多种经营和工副业生产上去。

第十一条　因人制宜,合理分工。要根据各人的劳力强弱、技术专长,擅长什么专业就搞什么专业,适合什么工种就搞什么工种。一户中有几个劳动力的,可以专业搞一种行业(成为专业户),可以既有搞农业的,也有搞多种经营和工副业的。要因事设人,发挥优势;也可以因人设事,各得其所。做到物尽其用,人尽其长,充分发挥各种能工巧匠的作用,发展生产,广辟财源,增加收入。

第四章　联产计酬

第十二条　农、林、牧、副、渔、工、商各业的专业队、专业组、专业人,应全面实行专业承包,联产计酬。有的可以一年一包,有的可以一包多年。要注意上年与下年、作物与作物、项目与项目之间的连接,防止出现责任间隙期,影响生产的连续性和稳定性。

第十三条　专业联产计酬方法。要因项目制宜,可以采取多种形式,最常见的做法是包工、包本、包产(包括产量、产值、净产值),超产奖励,减产赔偿,简称"三包一奖赔"。

包产量(包括产值、净产值)。一般按常年产量或略高于常年产量确定承包指标,注意留有余地,多数人能有产可超,有奖可得。超产潜力大的,包产指标可略高一些;产量、产值不稳定的,包产指标可以灵活一些、低一些。各项承包指标的确定,可以采取民主定标,自愿夺标的办法,落实下来。

包成本。根据勤俭办社和生产合理需要的原则,制订费用定额,提倡按费用定额实行包干,超过不补,节余归承包者。专业组的成本节余可以一部分奖励给社员,一部分转为下年使用。队交给组使用的农机具和各种设施,要按规定交纳折旧费和维修费。

包工分。根据劳动强度、技术高低、辛苦程度和劳动生产率的不同情况,参照历年的实践经验,合理确定工分报酬。

奖赔。超产奖励,减产赔偿。奖赔方法可以按比例奖赔,可以全奖全赔(棉花不搞实物奖)。

第十四条　专业联产计酬的另一种常见的做法是以产(产量、产值、净产值)计分。以产计分,奖在其中,赔也在其中。以产计分中具体又有两种做法:一种是有定产指标,定产部分有一个以产计分标准,超产部分加分奖励。即有一个提高了的以产计分标准。另一种是没有定产指标,不管产量多少,采用统一的以产计分标准。在多种经营和工副业生产方面,大部分属于商品性生产,为了提高其经济效益,降低成本,增加净收入,特别提倡和推广以净产值作为考核指标。

第十五条　专业联产计酬的再一种做法是收入或利润比例分成。养猪、养羊、养鱼、栽桑、种竹等副业生产上的小宗项目可以采用这种做法。

第十六条　专业联产计酬的另一种更灵活、简便的做法是实行大包干或定额上交。这种做法一般在新办项目、经营难度较大(如办集体猪场)和流动性较大的项目(如养蜂)等方面。

第十七条　在确定专业承包指标时,不管采取什么计酬方法,应该掌握一个原则,就是在同一个核算单位内部,对各业人员应贯彻等量劳动换取等量报酬的原则,既要承认差别,体现按劳取酬,多劳多得;又要保持大体平衡,不使差别过分悬殊。在以农业为主的队,一般应以从事农业人员包产以内的工分报酬为尺度,确定各业人员包产以内的工分报酬;也可以在包产以内的部分适当地体现差别。对技术性强、创造价值多、贡献大、劳动强度高的,劳动报酬比普通劳动的报酬应该高一些,具体高多少由社员讨论决定。新办多种经营项目,第一年试行生产责任制,可能缺乏经验,难免产生这样那样的缺陷,要严格履行承包合同,保证兑现。

第十八条　建立专业承包联产计酬责任制后,社员在发展多种经营及其他各项生产中,由于技术水平高低和付出劳动多少不同而出现收入上的差别,因差别而出现竞争,是合理的,应当加以保护。不应当把这种现象看成是资本主义的两极分化,更不应该由此导致限制多种经营和否定生产责任制。要教育广大社员克服平均主义思想,积极贯彻按劳取酬、多劳多得的原则。

第五章　专业队、组内部的劳动管理

第十九条　专业承包联产计酬到队、到组,专业队和组内部,必须要有合理分工,明确责任和劳动报酬，切实解决大呼隆变小呼隆、大锅饭变二锅饭的问题。解决的办法，主要有以下两种：

一种是能包工到人、定额计酬的项目，都要包工到人、定额计酬；能按件记分的项目都要按件记分。可以小段包工，也可以连续包工；可以单项包工，也可以综合包工。不论那种包工形式，都要建立严格的质量检查验收制度。

再一种是责任到人，联产计酬，或联产奖赔。后一种办法比前一种办法更好。

第六章　经济联营

第二十条　随着专业化程度不断提高，实行“四专一联”的队，在条件成熟的时候，可以实行超队范围的联合经营，向农工商三结合方向发展。

第二十一条　联合经营的形式，可以多种多样，如生产队与生产队、生产队与社员、生产队与大队、生产队与公社、大队与大队联合经营；也可以搞跨队、跨行业、跨所有制、跨地区的经济联营。总之，充分利用各自特长，向联营发展。

第二十二条　经济联营，应在坚持不改变所有制，不改变产供销渠道，不改变隶属关系，保证完成国家征购、派购任务和不与国家争原材料的前提下，按照经济合同自愿互利的原则，兼顾各方面的经济利益。

第二十三条　组织经济联营，生产队筹措资金、举办项目、选配管理及从业人员，等等，都要经社员民主讨论确定，并报大队和公社；大队、公社应对之加强管理。

第七章　合同制

第二十四条　合同制是一种经济契约，是用经济手段管理经济的好办法。生产队（大队）与各业的专业队、组、户、人之间，专业队、组内部承包者之间，经济联营的各方之间，都要认真分别签订合同，以保证农、林、牧、副、渔、工、商各业联产责任制的落实和兑现。

第二十五条　合同的内容一般包括交给承包者使用的生产资料，承包的产量、产值（或净收入）、质量、时间（包括产品收入及时交队）、费用开支、劳动报酬、奖赔办法、违反和破坏合同兑现应负的经济责任，以及其他需要协议解决的问题。

第二十六条　签订合同是一种法律行为，各方必须严格履行。经社员充分讨论通过后，订合同双方和监证单位都要签名盖章，一式数份，各执一份。并报上级主管单位盖章，不经各方同意，不得随便更改。在碰到自然灾害和其他不测事故的特殊情况下，需要对奖赔合同指标作必要的调整时，须经各方同意。如为个人私利，怕人家冒尖致富，不承认合理的劳动报酬（包括合同上规定的奖励）上的差别，干扰、违背和破坏合同的执行，而造成影响和经济损失者，可向经济法庭控告，追究肇事者的经济责任和刑事责任。

第八章　干　部

第二十七条　建立“四专一联”责任制后，大队、生产队干部在坚持集体领导的前提下，要按照专业分工，实行分线领导，建立专业负责制。

第二十八条　“四专一联”责任制的建立，对干部提出更高要求，必须加强学习，勇于实践，努力提高生产技术、业务能力和管理水平，做到会做、会算、会管，逐步学会用经济手段管理经济。

第二十九条　干部既要学会做经济工作，又要学会做思想政治工作。要联系实际，经常对社员进行坚持四项基本原则的教育，把思想政治工作与经济工作密切地结合起来，不断提高社员爱国家、爱集体的社会主义思想觉悟。

第三十条　切实贯彻民主办社方针，坚持依靠群众，实行民主管理，重大问题都要经过社员民主讨论决定。

第三十一条　大队、生产队干部实行专业分线领导后，在一般情况下，分管什么专业，就参加并承包什么专业的生产任务。干部报酬要紧密联系经济成果，把工作职责、工作成果和物质利益结合起来。干部报酬由自己劳动、按规定补贴加上超产奖励三部分组成。分管的专业生产任务完成后，超产多的，干部补贴和奖励也要相应增多；生产任务完成差，造成减产的，补贴相应减少，不发奖金。必要时可以不给补贴。要防止干部分（管）而不专，东游西荡，劳动不实，到处伸手，多记工分，多拿补贴和奖金等问题的产生。

第九章　加强统一领导

第三十二条　“四专一联”责任制建立后，生产队应坚持全队“四统一”“三不变”。“四统一”是统一领导，统一计划，统一使用调配集体的生产资料，统一核算和分配；“三不变”是生产队为基本核算单位不变，集体所有制不变，按劳分配不变。加强对各业的领导，决不能撒手不管，放任自流。

第三十三条　各业的专业队、专业组、专业户、专业人的产品和收入，在包产以内的部分都必须纳入生产队统一分配，实行联产计酬；包产以外的按合同上规定的原定奖赔办法结算兑现。

第三十四条　生产队（大队）应组织好各业专业队、组、户、人之间的协作劳动。农忙季节，工副业劳力要支援农业；农闲季节，大田专业组可以抽出部分劳力参加副业生产。各业之间的协作劳动，一般可采取定额记工、工分转账的办法来计算报酬。

第三十五条　为了确保农田基本建设和其他集体生产的正常进行，生产队（大队）年初制订生产计划时，要量力而行，提出全年集体用工规划；在安排劳力投放时，考虑落实好集体建设用工。一、根据需要规定每个劳力全年必须完成的投工任务。第二、群众讨论，约法三章，对（规定）不服从生产队调配、完不成投工任务的，实行必要的经济制裁。第三、农田基本建设等集体用工的报酬和各业承包工的报酬要保护基本平衡。

第三十六条　县、区、公社、大队、生产队要通过办技术讲座、现场指导、办业余学校、发科技资料和建立科技户等多种办法，加强对农业科学技术的指导和推广工作，提高各业的科技水平和管理水平，逐步实行专业化。对土、肥、水、种、植保等科学种田措施和多种经营、副业生产上技术性较强的项目，可以逐步地组织和提倡农民技术员或上级农技干部同承包单位和个人订立技术推广联产责任制，以满足各业对科学技术的迫切要求。

第三十七条　“四专一联”责任制建立后，生产队（大队）与各组、户、人之间所发生的经济往来，都必须按有关规定，设立财务账目，定期出榜公布，接受群众审查。

第三十八条　建立“四专一联”责任制后，农、副、工、商等各业人员的口粮、食油和烧草都由生产队实行统一分配，从事工、副、商业的社员的口粮等实物分配标准，原则上同承包大田生产任务的务农社员一样。

第三十九条　生产队（大队）对烈军属、老弱病残、五保户和困难户的生产和生活要给予适当照顾。在专业分工时，他们适合搞什么就安排搞什么，尽量安排他们搞力所能及的多种经营和工副业生产；通过贷款等办法解决资金不足的困难；对重活、难活组织强劳动力去搞，搞好协作劳动；分配时按有关政策规定，从实物和经济收入上给予必要的照顾。

第四十条　生产队和社员要遵守国家政策法令，不搞投机倒把等违法活动。

1983 年 4 月

中共海门县委员会　海门县人民政府
关于进一步放宽政策大力发展乡镇企业的意见（试行）

为了切实贯彻执行中共中央 1984 年 1 号、4 号文件的精神，大力促进全县乡镇企业的发展，加快实现翻番的步伐，现对乡镇企业（含村、队办和社员联营办的企业，下同）的有关政策问题，提出如下意见：

一、关于扩大乡镇企业自主权问题

开创乡镇企业的新局面必须大胆改革，进一步放宽政策，扩大企业权力，增加企业活力。

1. 企业有自行设置机构权。为便于对外开展工作和搞活经营，加强管理，乡镇可以从实际需要出发，根据少而精、精而强的原则，设置内部机构和配备管理人员。

2. 企业有聘用人事权。今后，乡镇企业的主要管理人员应实行聘用制，厂长由乡经济联合委员会提名，乡、镇党委审批。厂长可以自行“组阁”，有权提名、招聘和任用副厂长（经组织部门考察）、科室负责人、车间主任;有权免去不称职的副厂长、科室负责人、车间主任的职务或更动他们的工作。厂长自行招聘的人员要签订合同,发给任用证书。在聘用期内,凡治厂有方、经营有术、改革有道、成绩显著者,可以连聘连任或由乡镇党委提拔使用。没有被聘用的原管理人员,不得干扰和阻碍企业改革,其工作和生活由所在厂妥善安排。

对基础差、问题多的企业和新办企业,其领导班子(筹建领导小组)可由乡、镇党委会同工业公司直接调配或由本厂职工民主选举产生,也可以实行聘用制。

3. 企业有择优录取职工权。乡镇企业为发展生产需要而增加技术人员、生产人员,可在乡、镇(村)核准用人指标后,自定条件,公开张榜,考试招工,择优录取。在招工中,对于有一技之长或自学成才的社会青年、对企业有贡献人员的子女、退伍军人及以劳带资、以资带劳者等,在同等条件下可优先录用。

乡镇企业的职工,应逐步实行合同制。

4. 企业有奖勤罚懒权。企业可在职工奖金总额中提取5%－10%的资金,由厂长决定用于奖励在开发新产品和技术革新中创金牌、银牌、名牌产品中有特殊贡献的有功人员,或兴办公共福利事业。对于严重影响生产秩序,不顾产品质量者,企业有权根据其情节轻重,处以经济罚款、辞退或开除,直至提请司法机关追究其法律责任。

5. 企业有资金使用权。企业为发展生产,需要更新、增加生产设备而动用资金的,在2万元之内由企业自行确定;2万－5万元的由乡镇政府批准;5万元以上的按原规定的报批程序办理手续,企业自行确定和乡镇政府批准的更新改造项目,应报有关主管部门备案,银行部门应准予付款。更新改造资金,企业应按财务规定比例提足和按规定科目列支。

6. 企业有超额利润分配权。企业对于完成承包合同利润指标外的税后净利部分,可按下文“关于奖励问题”中的第二点精神,进行内部分配。

7. 企业有对外协作联办权。为解决原(燃)料、资金不足和关键性设备、技术力量缺乏的困难,开发新产品,拓宽商品销售渠道,企业可以跨行业、跨区域联办或同科研单位、大专院校挂钩协作。联办企业要本着互惠互利的原则,实行折股负经济责任,履行合同手续,明确协作项目。

乡镇企业可以同个人联办,也可以同外商联办,但均须履行报批手续。

二、关于奖励问题

根据中共中央1984年4号文件精神,对乡镇企业实行如下奖励办法:

(一)关于乡镇企业职工的奖励

目前全县乡镇企业实行的经济责任制形式,以集体承包厂长负责制为主,少数连年亏损,濒临倒闭的企业,也有实行个人承包的,但无论集体承包还是个人承包,其承包指标都必须体现合理性和先进性,坚决反对少数人以权谋私,压价承包。

1. 凡达到乡镇政府下达的1984年产值、利润、到账销售额必成指标(以下简称三项指标)的企业,干部职工全年发相当于1.44个月工资额的资金;超过指标的税后利润,根据企业的出力(实绩)大小、人员多少、利润厚薄,确定四六、三七、二八的比例(即集体得60%－80%,全员职工得20%－40%)进行分成,没有奖金来源的企业少发或减发奖金。达不到指标的,按产值占30%,利润占40%,到账销售额占30%(占总产值的90%以上)的三项比例进行考核,下降一成,则按比例扣发工资一成,以此类推。

2. 实行超利分成的企业,必须坚持国家得大头,集体得中头,个人得小头的原则,一定要如数完成上缴税金、积累、管理费,按规定提取各项专用基金,付清职工工资后才可按乡、镇政府核定的超利分成比例进行分配,任何企业不得毛利分成。要坚持到账销售额作为考核依据,不得先开销售发票,假报销售额。如发现弄虚作假者,即停发该企业全部奖金。

3. 企业内部的奖金分配,本着多劳多得,奖勤罚懒,奖不封顶,赔不保底的原则,坚持承包人从优,供销人员从优,把关技术师傅从优,有特殊贡献者从优。干部、供销人员与工人之间的奖金,不宜悬殊,企业行管人员的超额奖金,可以比职工平均奖金高30%－50%,主要行管人员可再高一些,但不得超过70%,贡献较大者(指企业实现利润比承包指标增长80%以上者),其奖金可以比工人高一倍左右。

对个人承包企业,凡超产应重奖,脱产则应重赔。

对于实行计件工资形式的企业行管人员和工人的奖励,如超过承包合同指标的,在超利部分给予适当奖励。

4. 对于关停企业、亏损企业干部工人的报酬问题。凡属临时性停产的企业,3个月内行管人员发原工资的70%,从第4个月起不能恢复生产的发原工资的50%,半年之内能恢复生产、全年有盈余,原扣的工资可以补发;如果半年之后仍不能恢复生产宣布关厂停办的,干部工人工资一律不发。凡属经营不善造成企业亏损的,上月亏损,下月扣发行管人员标准工资的30%,工人扣发20%的工资,连续6个月以上亏损的,加倍扣工资。全年结算时,如企业扭亏增盈的,则可补发所扣发的工资,并给予一定奖励。

(二)关于专项奖励

1. 供销人员在完成本企业考核指标的同时,应积极为县内其他单位(包括县协作办公室)接洽销售、加工、原辅材料等业务和提供市场信息、科技情报。供销员通过所在企业向有关单位提供援助,受援单位应向供销员所在企业交付一定的服务费,这笔经费可由企业与供销员按四六或对半比例分配。

对供销员以外的其他人员(包括工人、农民等,但不包括国家干部),不管县内县外,只要能为我县乡镇企业解决原辅材料等紧缺物资的,都可以付给一定的报酬。

2. 凡在开发新产品、技术革新、增产节约、挽救事故等方面有贡献者,按经济成果大小给予一定奖励。其增加年净利润或是减少的经济损失:

在5000元至1万元的,发给奖金200元;

在1万元至5万元的,发给奖金300-700元;

在5万元至10万元的,发给奖金800-1200元;

在10万元至20万元的,发给奖金1300-2300元;

在20万元以上的,在发给奖金2300元的基础上,每万元增发奖金300元。

专项奖励,可以在税前支付,由所在乡、镇政府审批,报县经委备案。

(三)关于区工办、乡镇工业公司人员的奖励

按《区、乡机关干部奖励办法的意见》中的规定执行,但要加强考核。考核指标:上缴税金占30%;上交积累占15%;上交管理费占15%;按规定提取各种专用基金占10%;结清职工工资占10%;收回应收款在80%以上的占20%。如有一项完不成就应在奖金总额中扣除其占比部分。

(四)关于奖金的审批发放。

区工办的奖金由县经委审批,乡镇工业公司由所在区公所审批,乡镇企业由当地乡、镇政府审批。奖金的发放可实行上半年预发40%,年终结算的办法。

三、关于乡镇企业使用土地问题

乡镇企业为发展生产需要动用土地,在1亩以内由乡政府调度使用,超过1亩的按原规定办理土地征用手续。

县和各区、乡以往制订的有关规定,凡是与本文件精神不一致的,一律以本文件为准。

1984年5月24日

中共海门县委员会 海门县人民政府
关于尊重知识、尊重人才的若干规定

根据《中共中央关于经济体制改革的决定》和中共中央1985年1号文件精神,为了振兴海门经济,提前实现我县工农业总产值翻番的奋斗目标,特对“尊重知识、尊重人才”的问题作如下规定:

一、在全县上下,党内党外开展“十个一”活动,形成“尊重知识、尊重人才”的良好社会风气。

1. 全县各党支部,每年对党员至少进行一次有关尊重知识、尊重人才方面的党课教育;

2. 每个季度县召开一次落实知识分子政策,充分发挥知识分子作用的情况分析会。会议由组织部牵头,宣传、统战、人事、科委、科协等有关部门参加;

3. 县每半年召开一次知识分子座谈会,时间定在“五一”节、“国庆”节前后;

4. 每年进行一次知识分子工作检查;

5. 县、区、乡的每个机关干部至少和一个在外

地工作的科技人员交朋友、结知音;

6. 县委、县政府每年向全县各类专业科技人员发一封春节慰问信;

7. 各地区、各部门的领导干部要在春节期间向中级以上科技人员进行一次登门慰问拜年活动;

8. 每年进行一次由在外地工作的海门籍科技人员和大专以上应届毕业生代表参加的茶话会,请他们为振兴海门经济献计献策;

9. 各区、乡、镇、场和县级机关部门,于每年年底对科技人员的使用情况向组织部综合科和人才交流服务中心作出专题报告;

10. 每年向全县通报一次各部门、各单位尊重知识、尊重人才的情况。

二、对知识分子在政治上要充分信任,工作上要大胆使用。

1. 继续按"四化"要求,把德才兼备、适合做领导工作的优秀知识分子选拔到各乡领导岗位上来,并保证走上领导岗位的知识分子有职有权;

2. 各级党组织要认真做好在知识分子中的建党工作,大量吸收优秀知识分子入党。对申请入党的知识分子,党组织要指定专人定期找他们谈心,加强培养,符合党员条件的要及时吸收。尤其要重视发展科技、文化、教育、卫生等系统中的中青年业务骨干入党;

3. 高、中级知识分子可分别享受县团级和局级干部政治待遇。阅读有关文件的问题,由机关各个口子负责解决;

4. 各级领导对知识分子要真心、诚心、热心、贴心,要有尊才之德,爱才之识,识才之眼,用才之能,护才之心,容才之量,管才之法;

5. 对乡镇企业的专业技术人员,要按照条件评定技术职称。

三、各级党组织和政府部门要重视做好知识分子工作,为他们解决实际问题。组织部、宣传部、统战部、人大办、人事局、科委、科协、教育、卫生等部门要明确一名领导干部抓科技干部工作,抓知识分子工作。知识分子比较集中的单位,要明确一位负责同志抓好本单位的知识分子工作。县委、县政府与各级党政领导,每人至少同两位知识分子交知心朋友,认真听取他们的意见和建议,以利于改进工作。

四、动员各方力量,群策群力,改善知识分子的工作环境和生活条件,解决他们的后顾之忧。各单位在安排住房时,对住房偏紧的知识分子要优先解决。凡具有中级职称以上的科技人员,每年可享受半个月的假期。对工资低、负担重,全家生活低于本单位职工平均生活水平的,要给予适当补助。补助费在福利费中开支。

五、对在工作中作出贡献的各类专业技术人员给予重奖。从今年起,凡获省一、二等科技成果奖或全国创造发明奖的主要人员,除领取国家规定的科研成果奖外,可晋升一至二级工资;凡获市一、二等科技成果奖的主要人员,可晋升一级工资;凡获县一等科技成果奖的,可得奖金500元;获县二等科技成果奖的,可得奖金300元;获县三等科技成果奖的,可得奖金150元;对开发新产品而取得显著经济效益的,其所在单位也应给予一定的奖励。

六、凡具备下列条件之一的专业技术干部,其符合有关规定的农村家属,户口可以迁往城镇:

1. 已正式授予中级以上技术职称的专业技术干部;

2. 1966年底以前毕业或1962年以前入学的大学本科生;

3. 已获得硕士学位的毕业研究生;

4. 在乡镇企业工作的1965年入学的大学本科生以及工龄满18年,已授予相当助理工程师一级技术职称的专业技术干部或大专毕业生;

5. 中共十一届三中全会以后,获得市以上政府授予劳动模范称号的以及1985年1月1日以后,获市科研成果二等奖以上的主要人员。

按上述第4条办理农村家属"农转非"的专业技术干部,应安心在乡镇企业工作,如自办理"农转非"手续后,不满5年即要求调离乡镇企业的,调离时必须将原"农转非"家属户口仍转为农村户口。

迁入城镇的农村家属,年龄在45周岁(含45周岁)以下的,安排大集体或县属镇办企业合同工;46周岁以上50周岁以下的安排临工,具体由县劳动局会同有关部门负责落实。

七、合理使用知识分子,充分发挥知识分子作用。要允许专业技术人员,在完成规定的教学科研等任务的前提下,接受外单位的聘任,领取合理的报酬,鼓励专业技术人员到乡镇企业去工作。凡愿到乡镇企业工作的专业技术人员工资待遇,按南通市政府通政发[1984]465号文件的规定办理。人事、工资、户口等关系可寄放在乡镇企业管理局，也可放在原工作单位，家属和子女可留在县城。凡愿到乡镇企业工作的大、中专毕业生，户口留在县城，人事、工资关系寄放在乡镇企业局，自报到之日起，即可享受定级工资待遇。

城镇户口的电大、职大、业大、夜大、函大毕业生和自学成才考试合格并取得正式学历证书的人员，各有关单位应根据他们的学习成绩、工作能力，安排专业对口的工作，以发挥他们的特长；本单位无对口专业工作安排的其他单位需要的，可以聘用；县级机关和事业单位有自然减员指标，又有编制的，也可由人事部门考核，录用为国家干部。

八、加强科技人员的业务进修工作。业务进修，要创造条件，采取多层次、多渠道、多种形式进行。可以聘请高校、科研单位和学术团体的同志来县讲座；选送中青年业务骨干，到外地科技部门举办的各种培训班进行培训；发挥县科学技术学会的作用，组织学术交流或者外出参观学习等。各级党委要注意加强对科协工作的领导，积极支持和鼓励学会开发各项技术咨询服务，并按县科协、县财政局的有关规定，保证他们获得应得的报酬。

对已进入领导班子的技术人员，也要给予一定的时间进行业务学习和进修，不断更新知识。各单位要办好图书资料室，订阅有关科技专业书刊，为科技人员的业务学习提供必要的条件。

要为科技人员释负松绑。今后凡与科技工作无关的行政事务，不要让科技人员兼办、兼带，凡与科技人员无关的会议，不要让科技人员“陪会”，以利于科技人员集中精力，用于业务学习和技术攻关。

九、建立知识分子的保健制度。对中级以上职称的知识分子，每年进行一次体检，并建立健康档案。

十、要广集四方贤士，八方“财神”，为振兴海门经济服务。组织、人事、科委、科协和各业务主管部门主动配合，搞好在外地工作的海门籍科技人才“一笔账”，建立海门籍“人才谱”，要和各用人单位一起有计划有步骤地外出招贤纳士，积极引进人才，搞好海门输送到大中专学校学习深造的学生“一笔账”，并与大中专学校、学生本人及其家长联系，争取更多的大中专毕业生回乡工作。同时，根据我县乡镇企业发展的需要，积极聘用和重视发挥离退休科技人员作用。

教育、物资、财政、基建等有关部门都要为引进科技人员，从人力、财力、物力上给予大力支持。县人才交流服务中心要积极为经济建设部门提供人才信息，调剂人才余缺，办理人才招聘，组织人才交流，搞好人才引进。

1985 年 5 月 15 日

海门县第九届人大常委会第二十二次会议关于编纂《海门县志》的决议

（1986 年 11 月 18 日，县第九届人大常委会第二十二次会议通过）

海门县人大常委会第二十二次会议，听取了县志编纂委员会办公室俞茂林同志关于编纂工作的情况汇报。会议经过讨论，对汇报一致表示赞同。

会议认为，编纂《海门县志》是保存、整理和继承祖国历史文化遗产的一项重要工作，是社会主义精神文明建设的重要组成部分，是一项上对祖先，下对子孙负责，为四化服务的光荣任务，是全县人民的一件大事。盛世修志，代代成习，中央和省、市对此极为重视，全县广大群众要动员起来，为编纂《海门县志》作出贡献。

会议认为新编《海门县志》，必须坚持四项基本原则，坚持实事求是的科学精神，要力求写出思想性、科学性和资料性三者相统一的、具有本县特色的新志书。

会议强调，各部门和各乡镇都要编写好部门志、基层志，这是义不容辞的职责。加强领导，配备好人员，安排必要的经费。县志编纂办公室要做好业务指导工作，力争在 1988 年底前保质保量地完成《海门县志》的总纂工作。

中共海门县委员会　海门县人民政府 关于建立海门经济技术开发区的决定

建立经济技术开发区，是认真贯彻中央2号文件精神，落实省、市委关于重点开发沿江经济带，积极与浦东开发开放接轨重大部署的战略需要，也是抓住机遇，进一步加快我县改革开放和经济发展步伐，提高全县经济素质，实现“八五”期末全县工农业总产值超百亿元的重要措施。为此，经县委、县政府研究决定，建立海门经济技术开发区。

一、开发区建设的目标和基本原则

海门经济技术开发区建设的目标是：经过5年左右的努力，把开发区建设成为对外开放的重要窗口，深化改革的试验基地，现代经济水平的示范区，融经济发展与城市建设为一体。

根据上述目标，开发区建设必须遵循以下六个基本原则：一是富规划，穷开发，坚持一次规划，分期实施，由小到大，滚动开发。二是高起点，上水平，项目开发以外向型、高科技、大规模为主。三是全方位、多层次，面向国际，面向上海，面向全县，重点开发第二产业，积极开发第三产业，集经济、技术、贸易、房地产、城镇设施为一体。四是抢时间、讲效益，做到边规划、边开发，基础建设与项目开发、搞活流通同时进行，集中优势兵力抓突破，取得最佳效益。五是靠老区、建新区，把开发区建设与老城区改造、延伸紧密衔接起来，使两者相互依托，相互促进。六是新机制，求突破，行政及经济的运行体制，人员、资金、设施等生产要素的组合，均从发展商品经济的特点和需要出发，形成一个全新的经济开发和管理体系。

二、开发区的选址和规划

开发区位于县城东侧，总体规划：西至海门镇长江路，东至三厂镇新马路，北至北环路，南至南环路，总面积为15平方公里，计划分三期开发：

第一期，西起海门镇长江路，东至瑞江路东侧500米，北至海门河，南至12号横河，面积为3.555平方公里，其中通海路南侧1.6平方公里左右为启动区。

第二期，由瑞江路往东延伸至江滨乡民生河，北至北环路，南至南环路，面积为4.23平方公里。

第三期，由民生河继续往东延伸至三厂镇新马路，南北边线不变，面积为7.5平方公里。

开发区外设两个小区，一是中兴特种钢开发小区，二是青龙港化工开发小区。

按照合理布局、科学规划要求，开发区内大体分为仓储运输、轻纺工业、机电工业、第三产业和生活居住等5个区域。近期，要着重抓好启动期的基本建设工程，以后逐步搞好五项配套工程建设：一是三厂镇至青龙港地段的掘青路拓宽工程；二是青龙港至崇明县的汽渡工程；三是瑞江路向北至通吕公路的拓宽工程；四是圩角河至青龙河地段的海门河疏浚工程；五是开发区西南侧秀山乡沿江风景游乐区建设。这样，使开发区成为南与青龙港、崇明、浦东、苏南遥相呼应，北与南通兴东机场紧密相连，水陆空交通便捷，设施配套，功能齐全的地区。

三、基础设施的布局和资金来源

建好以“七通一平”为主的基础设施，是开发区建设的首要任务。目前重点确保“五通一平”，即道路通、上水通、电力通、邮电通、下水通和土地平。开发区内主干道分别为40米、32米宽，其中快车道分别为15米和12米；支干道宽为25米，其中快车道为9米。所有快车道均为水泥路面。

为了确保开发区基础工程建设的及时上马，县委、县政府决定先行筹集2150万元启动资金，其中用于道路（包括征地）和下水道两项工程的资金为2000万元，分别由人民银行负责召集各专业银行放贷1000万元，计委、劳动局、三电办负责1000万元，用于开发区总公司所属三个分公司的注册资金100万元，由县财政解决。今后3年内县财政每年列支50万元，作为开发区扶助资金。鉴于开发区与老城区互相衔接，故瑞江路北段工程由交通局负责建设；铺设自来水管道所需资金（包括利息）由城建委和自来水公司负责解决；架设电力线、通讯线分别由供电局、邮电局负责解决所需款资；海门河拓宽疏浚和装卸区建设分别由水利局和交通局负责筹款。

开发区一经启动，管委会及其所属机构必须积极采取措施，千方百计通过市场流通积累开发资金。同时，亦可与有关各方合股集资开发。

四、组织机构和职权范围

领导力量到位是开发区建设的关键所在。县委、县政府决定建立海门经济技术开发区总指挥部，由正副总指挥和有关人员组成，以此作为领导决策机构，主要负责总体规划、政策措施制定和重大问题的组织协调等工作。按照精简、高效的原则，开发区机构设置坚持实行“小行政、大实体”，建立中共海门经济技术开发区工作委员会和海门经济技术开发区管理委员会。它们既是县委、县政府的派出机构，又是开发区的党政领导机关，代表县委、县政府在开发区内行使领导管理职能。党的工作委员会和管理委员会实行两块牌子、一套班子。

管委会下设办公室、建设部、项目部和财务部。另设经济技术发展总公司，其下属中江公司海门分公司、经贸公司和房地产公司，并随着事业发展再增设若干公司。

根据省委有关文件精神和海门实际情况，县委、县政府赋予开发区七个方面的权力：

一是机构设置权。开发区内的机构设置，由党的工作委员会、管委会根据实际需要确定，不搞上下对口。

二是劳动人事权。开发区内所有人员，除应由县委、县政府确定的外，干部实行聘任制，职工实行全员劳动合同制，打破城镇与农村、全民与集体、干部与职工、县内与县外的界限，一律量才录用。开发区内招用干部、职工，在管理权限范围内，可按实际需要向社会公开招工招干，报县劳动人事部门备案。凡属开发区管理权限内的人员，开发区领导机关可直接办理调动手续，报县劳动人事部门备案。

三是经济分配权。开发区内干部职工的工资除核编内行政干部的基本工资和补贴外，其余人员的工资管理，做到工资总额同经济效益密切挂钩，具体分配形式和办法由区内各单位在相应范围内自主确定，并按规定建立养老保险和待业保险制度。

四是土地及其他自然资源的统一规划和管理权。在上级批准的开发区范围内，开发区可通过预付一定的征地费用，对土地进行预征。在预征范围内的土地，暂不开发的可给农民继续耕种，开发区可随用随要。预征的土地由管委会代表县政府直接进行划拨或有偿出让，事后按土地审批权限办理备案手续。

五是项目审批和投资规模权。开发区管委会享有县政府对内外投资项目的审批权限。凡符合国家产业政策和开发区建设要求的内外资项目，均由开发区管委会自行审批，批准书由管委会直接向计委、经委、外经委领号，报县政府及有关部门备案。区内固定资产投资规模由管委会自行确定，并报县政府及有关部门备案。开发区的信贷规模由有关银行实行单列，并重点予以支持。

六是税费收缴使用权。在开发区内发生的一些税费，如固定资产投资方向调节税、耕地占用税、预算调节基金、能源交通基金、城市建设配套费、教育附加费、农业重点开发建设资金等，除应缴国家的部分外，其余全部由开发区自收自用。开发区内的出口创汇，除按照规定上缴国家的部分外，县政府分成的部分全部留给开发区使用。其他由县政府及有关部门确定收缴的地方性税费，包括企业的管理费，均由开发区自收自用。

七是监督管理权。开发区党的工作委员会、管理委员会享有县委、县政府有关职能部门的监督管理权限。凡涉及开发区的一切监督管理事项，分别由党的工作委员会、管委会承担。县委、县政府的有关部门及进驻开发区的分支机构，要积极配合办理有关手续，提供咨询服务，自动接轨，但对区内的各部门、各单位不承担管理职能。

五、优惠政策的制定和实施

要加快海门经济技术开发区的步伐，必须制订一系列具有较强吸引力的优惠政策。一是对外商投资的优惠政策；二是对兴办内资企业的优惠政策；三是土地使用的优惠政策，包括预征、划拨、有偿出租或出让等；四是外商和“三胞”投资建设住宅的优惠政策；五是区办企业的投资优惠政策。

所有政策的具体条款，由开发区管委会会同有关方面负责研究拟订，并经县委、县政府批准后由开发区党的工作委员会、管委会负责实施。

六、动员各方力量集中进行开发

开发区建设是关系我县经济发展全局的一件大事，也是一项全新的开创性事业，因而全县各方力量，都要以全局利益为重，积极配合行动，集中支持开发区建设，努力在思想、力量、政策、资金、服务等五个方面全部到位。

1. 管委会和总公司的领导成员应及时到位办公。组织人事部门和各有关单位要积极予以配合。启动阶段，所有人员都实行借调，其编制、工资、福利等暂时留在原单位。

2. 开发区所需的启动资金，按各自职责，根据需要，抓紧逐步到位。

3. 凡涉及开发区建设的一切事项，县级机关各部门和各有关乡镇，都要服从县委、县政府的统一部署，做到特事特办。在一期启动阶段，总体规划及基础工程设计由城乡建委负责完成；征地手续由土管局负责办理；道路施工力量由交通局和城乡建委负责组织。

4. 宣传舆论部门要组织力量，利用电视台、电台，采取多种形式，大力宣传开发区建设的意义、地位、作用、规划和政策，扩大知名度，创造良好的建设环境。

5. 县计委、经委、外经委、外贸公司、乡镇局、物资局、粮食局、商业局、供销社、教育局和六大工业公司，都要在1993年底之前，在开发区内创办一个符合开发区要求，以"三外"为主的500万元左右的企业。各乡镇及有关系统也要按此要求，积极进区创办企业。凡本县各部门、各乡镇在开发区办的企业，其所有权、产利统计口径、人员隶属关系均不变，管理费由管委会征收后返还50%。

6. 对于从事开发区建设的县内外有功之臣，县委、县政府将及时进行表彰奖励。

1992年6月

中华人民共和国民政部
关于江苏省撤销海门县设立海门市的批复

江苏省人民政府：

你省《关于撤销海门县设立海门市的请示》（苏政发［1993］165号）收悉。经国务院批准，同意撤销海门县，设立海门市（县级），以原海门县的行政区域为海门市的行政区域。

1994年4月26日

江苏省人民政府
关于撤销海门县设立海门市的通知

南通市人民政府：

经国务院批准，同意撤销海门县，设立海门市（县级），以原海门县的行政区域为海门市的行政区域，仍由南通市管辖，实行计划单列。

1994年5月21日

南通市人民政府
关于撤销海门县设立海门市的通知

各县（市）、区人民政府，市各委、办、局，市各直属单位：

接江苏省人民政府一九九四年五月二十一日《关于撤销海门县设立海门市的通知》（苏政发［1994］44号），经国务院批准，同意撤销海门县，设立海门市（县级），以原海门县的行政区域为海门市的行政区域，仍由南通市管辖，实行计划单列。

1994年6月3日

海门县人民政府
关于要求撤销海门县建立海门市的请示

南通市人民政府：

我县始建于公元958年，距今已有1000多年的历史。全县总面积1002平方公里，耕地面积84.69万亩。辖11个镇，19个乡，8个农业场圃，总人口102万。解放40多年来，特别是党的十一届三中全会以来，我县经济建设和各项社会事业得到了较快的发展，人民生活水平有了较大的提高，综合经济实力不断增强，1992年全县国民生产总值18.5亿元，国民收入16亿元，财政收入1.5亿元，工农业总产值50.2亿元，外贸收购总值11.25亿元，是全国综合经济实力百强县之一。

从我县的区位优势、经济发展、综合实力、建设条件、社会事业等诸方面因素看，我县已具备了撤县建市成熟的条件和较好的基础。

区位优势 自从党中央、国务院作出了开放开发浦东的重大战略决策后，我县面向上海，背靠苏北，处于浦东开发向北辐射、梯度推进和苏北地区呼应浦东开发，接受辐射的交汇点上，起着桥头堡和转播站的作用，在接受浦东辐射、承南接北、转播扩散上日益显现出不可替代的区域优势。海门撤县建市，可以进一步扩大和增强海门的吸引力与辐射力。有利于完整地实施党和国家以浦东开发为龙头，带动长江三角洲和长江流域经济及沿海开发带发展的战略决策，有利于全面地实施江苏重点发展沿江经济和沿海经济带的战略决策，有利于全国首批重点对外开放城市之一的南通市的全面振兴和加速发展。

经济发展和综合实力 改革开放以来，我县充分利用滨江沿海对外开放的优势，坚持以外向开拓为先导，工业经济为重点，经济建设得到了迅速发展。工业已形成了纺织、轻工、机械、电子、冶金、化工、建材七大体系，拥有工业企业7142家，其中全民、集体工业企业1490家，固定资产原值10亿多元。1992年工业总产值达到14.9亿元。在形成完整的工业体系的基础上，涌现了一批在国内有一定影响的骨干企业。海门手帕厂是全国最大的手帕生产和出口厂家；县消防水带总厂已发展成为全国最大的消防水带生产厂，被誉为“中国的水龙王”；三星羊毛衫集团年创产值1.5亿元，连续五年利税超过2000万元；县光色玻璃厂是全国最大的光致变色玻璃镜片的专业厂家之一，产品曾获国家银质奖；我县的南通市特种钢厂已发展成为全国最大的超低碳、大口径冷拔不锈钢管生产厂家，年产值已达到1亿元，被列为国家火炬开发项目，预计到1995年冷拔不锈钢管产量可达1万吨，“九五”期间，再增加投入1亿元，开发不锈钢薄板，可建成“远东特钢城”；县电子铝材厂是全国第二大高纯铝箔生产企业，高、中、低压系列电容铝箔年产量达4300吨，1995年中高压电子铝箔和其他各种电子铝材生产能力将达3万吨，产值5亿元，利税1亿元；全县年产皮鞋700万双，是全国皮鞋生产第一县；三星叠石桥绣品市场是全国最大的绣品专业市场，产品销往30个省、市、区，并远销海外。我县外向型经济发展较快，外贸出口大幅度增长；三资企业发展迅猛，今年以来，已办成“三资”企业109家，注册资金5233万美元，项目总投资7803.9万美元，合同利用外资2547万美元；全县外贸出口企业发展到100多家，出口商品种类100多个。我县素有建筑之乡之称，全县集体建筑队伍有5万多人，1992年建安总产值13亿元，经济总收入3.5亿元，先后参与了北京亚运村、上海电视塔、南浦大桥和杨浦大桥等重点工程建设，向美国、日本和中东地区派出建筑劳务5000人次。我县农业生产比较发达，是商品棉、蚕茧、薄荷油、山羊板皮、小辣椒、海淡水产品等农副产品和特种经济作物基地。80年代以来，根据国家的农业发展战略，我县有计划、有步骤地进行结构调整，1992年全县农业总产值8.3亿元，农产品总量不断增长，粮食总产2.87亿公斤，蚕茧总产1600吨，薄荷油总产440吨，油料总产4.3万吨，棉花总产1.2万吨，海淡水产品总产2.2万吨，形成了林肯羊繁育、海门山羊生产、优质茧生产、猕猴桃生产、海淡水产品生产、芦笋创汇生产等初具规模的专业生产基地，出口创汇的农副产品发展到14个品种。

建设条件 这几年,我县基础设施建设发展很快,能源建设方面,兴建了热电结合的县热电厂,敷设了海门到崇明的过江电缆,全县变电所容量达267300kVA;交通运输方面,全县已筑公路314公里,个个乡镇通公路,形成了五横五纵的公路网络,即将全面铺设油路面。同时,加强了苏北重要客运港口——青龙港的建设,现有客运航线3条,年旅客运量达400万人次,成为苏北重要的旅客集散港;邮电通讯方面,1万门程控电话交换设备已割接开通,38个乡镇场全部开通了程控电话。

社会事业 随着经济发展,我县各项社会事业也有了明显的进步,教育、文化、卫生、体育等社会事业发展迅速,成效显著。我县被国家教委命名为全国幼教先进县,被省政府命名为全省卫生防盲先进县,获省教委、财政厅颁发的农村教育"一无两有"先进单位称号,有14个乡镇被省、市政府命名为体育先进乡镇、县城海门镇在南通市六县(市)创"三优"活动中,连续五年夺得桂冠。我县是全国"军人家庭服务中心"发源地,最近,又被国家民政部、解放军总政治部授予"全国双拥模范县"称号。

我县县城海门镇经过多年来,特别是近十多年来的建设,已初步形成规模,镇区面积48.79平方公里,建成区面积14平方公里。今年年初,我县在县城东侧建立经济技术开发区,总面积15平方公里,第一期开发面积3.56平方公里。开发区建设经市委、市政府批准,已进入全面实施阶段,第一批进区企业19个,总投资外资3000万美元,内资4000万元,道路、供水、供电等基础设施加紧施工,建成区面积已达到20公顷。目前,海门镇辖有2个街道办事处,12个居委会,38个村,428个村民组,城镇非农业人口12.9万人,其中城市人口8.1万人。1992年,海门镇国民生产总值6亿元,社会总产值16亿元,海门镇城镇建设条件优越,交通便捷,东西有省道通启寅公路横贯县城,南北有海二公路、瑞江公路、海圩公路沟通南北,镇区外环路北侧是计划中的宁启铁路和新通启公路线址,西郊建有全国一流的县级汽车站,水资源充裕,建设用地面积宽裕,市政设施与公共服务设施齐全完备,建有医院5所,大、中、小学25所,电视台、广播电台向全县及邻市县播放,东洲公园、烈士陵园、图书馆、文化宫、体育馆等公共设施向全社会开放。

鉴于以上情况,为进一步增强海门的经济发展活力,要求撤销海门县建立海门市。

特此请示。

1992年12月26日

海门县人民政府
关于要求撤销海门县建立海门市的补充报告

南通市人民政府:

1992年12月26日,我们海门县人民政府以海政发(1992)194号文件,向你们打了《关于要求撤销海门县建立海门市的请示》报告。现根据国务院(1993)38号文件的要求,特作如下补充报告:

1. 我县总面积1002平方公里,总人口102万,每平方公里1002人,属于国务院文件中划分的每平方公里400人以上的县。1992年底,我县人民政府驻地海门镇已有从事非农产业的人口12.9万人,其中城市人口8.2万人。在全县总人口中,从事非农产业的人口,达到37.2万人,占37%。

2. 1992年,我县工业产值41.9亿元。1993年1至4月,全县完成工业产值比去年同期增长61.3%,按这个速度,全年工业产值可达67.5亿元。1992年全县国内生产总值19.54亿元,比1991年增长28.8%,照此速度,1993年可达到25.17亿元。从1993年1至4月全县经济发展速度看,1993年国内生产总值会超过25.17亿元。1992年全县第三产业产值4.19亿元,占国内生产总值的21.4%。地方本级预算内财政收入1.5041亿元,人均147元;上解市、省、中央9904.2万元。占财政收入的65.8%。

3. 我县县城海门镇城区内,各种公益基础设施日趋完善。其中自来水普及到每家每户、每个单位,普及率接近100%,区内道路大部分建成了柏油或砂石路面,铺装率10%以上。城区内排水系统设施良好,常年排水畅通。

4. 我县是国家重点骨干工程"浦东—崇明—南通(海门)越江工程"的所在地。这一工程是从浦东至崇明开掘江底隧道,再由崇明至海门建造越江大桥。目前,越江工程已由国家科委、计委等16个部门组成前期工程组开始工作。

对照国务院(1993)38号文件的要求,我县撤县建市的条件更加完备和成熟。特此补充报告,望予早日审批并上报。

1993年5月29日

全国爱国卫生运动委员会
关于命名海门市为"国家卫生城市"的决定

江苏省爱卫会:

根据你省的申请,在经过明察暗访、全面调研帮助指导的基础上,全国爱卫办组织专家组于2000年11月17至19日,对海门市创建国家卫生城市工作进行了考核鉴定。

通过听取汇报、查阅资料、现场随机抽查和走访征求群众意见,考核组认为,六年来,海门市委、市政府始终把争创国家卫生城市工作作为加强两个文明建设的重要载体,作为改善投资环境、发展经济和改善人民生活的一种有效方式,常抓不懈,持之以恒。自1995年以来,市政府以实施大规模的旧城改造为突破口,不断加强城市道路、绿化美化和环卫、环保等基础设施建设。特别是针对城市薄弱环节,在已建造334座地埋式无动力生活污水净化装置的基础上,近年又投资1300多万元建成了污水处理厂,并对市区内的河道进行了清淤、驳岸,显著地改善了城市卫生面貌。同时,狠抓行业卫生监督和技术指导,建立健全了各项管理规定和制度,积极鼓励市民参与创建活动。通过上述举措,海门市的市容市貌和市民的文明卫生素质发生了根本改变,创建国家卫生城市工作取得了显著成绩。

考核结果表明,海门市的整体卫生水平达到了《国家卫生城市标准》规定的基本要求。经研究,全国爱卫会决定命名海门市为"国家卫生城市",发给奖牌一块,奖励人民币1万元;授予海门市市长施亚民同志"国家卫生城市市长奖",发给奖杯一个。

希望海门市再接再厉,继续深入开展创建活动,进一步完善基础设施,坚持长效管理,努力巩固提高创建成果。

2000年12月15日

中共海门市委　海门市人民政府
关于开展农村扶贫帮困工作的意见

近年来,各地认真组织,科学运筹,切实加大了农村经济的发展力度,农村经济呈现了良好的发展态势,但由于部分村缺乏新的经济增长点,加上开支增加,收支矛盾较为突出,村级正常运转资金难以落实;少数纯农户由于缺少技术、缺少资金、缺少信息,收入水平仍然较低。对此,市委、市政府从全面建设小康社会的要求出发,决定从2003年起,实施"村村富"工程和第二期农村低收入农户帮扶工程。现就农村扶贫帮困工作提出如下意见。

一、充分认识抓好扶贫帮困工作的重要意义

开展农村扶贫帮困工作,是全面贯彻党的十六大精神、认真实践江泽民同志"三个代表"重要思想的具体体现,是农村全面建设小康社会的关键所在。通过扶贫帮困工作,深入农村,掌握实情,为农村经济发展出好点子,拓宽发展农村经济的路子;通过开展扶贫帮困工作,使各级干部在基层工作中了解民意,避免和克服形式主义,杜绝各种不切实际的政绩"工程";通过扶贫帮困工作,改善村级经济发展环境,促进全市村级经济平衡发展,增加农民收入,提高我市农村建设小康社会的总体水平。各地、各部门要从巩固农村税费改革成果,稳定农村基层政权组织的高度,切实抓好农

村扶贫帮困工作。

二、实施村村富工程

(一)指导思想:强村级班子,抓经济发展,促村间平衡,保正常运转。

(二)主要目标任务:全市经济贫困村,通过3年帮扶,找到一条稳定的村级经济收入来源,村营纯收入年递增30%以上;村级组织运转正常,第一年收支基本平衡,第二、三年有能力办2－3件社会事业(建好村委办公室);村级负债全部化解,并不发生新的债务;农民人均纯收入年递增6%以上,贫困户数年递减20%;当年农村税费收缴率达95%以上,农户陈欠款每年下降30%以上;配强村级领导班子,具有较强的凝聚力、向心力和战斗力。

(三)主要措施:1. 落实优惠政策。一是鼓励村级组织发展民营经济,大力开展招商引资活动。以2002年底为基础,凡由村引资的项目,其企业新增税收地方留成部分的10%,由乡镇财政奖励给村集体经济组织。二是农业税及农业税附加征收手续费的60%返还给村集体经济组织。三是市财政每年拿出120万元,各乡镇也拿出相应的配套资金补贴经济贫困村(补助金额按照村村富工程的目标任务完成实绩核定补贴金额发放到村)。2. 实行挂钩帮扶。市级机关每个部门挂钩一个经济贫困村,实行包村帮扶。帮扶单位一把手负总责,分管领导具体抓,同时选派一名优秀中青年干部与经济贫困村挂钩,组织开展帮扶工作。3. 配强村级班子。通过多种途径把年富力强、有强烈事业心和积极进取精神的同志吸收到村级领导班子中来,优化村级班子结构,提高村级班子整体工作水平。市、乡镇两级要切实抓好经济贫困村干部的培训,通过典型引路、现场观摩、定期组织交流等形式,提高村干部驾驭和发展村级经济的能力。4. 拓宽创收渠道。一是充分利用非农户承包的农用土地和农户自愿退包的土地,依法抓好土地使用权有偿流转,发展农业产业化经营和设施栽培,盘活闲置土地资源,增加村级集体收入。二是充分利用现有水面资源,搞好发包工作,增加村级收入。三是依托交通便利,区位优势,充分利用村级闲置资产,积极拓展农村三产,发展农业产业化经营,在经营中增收。四是筑巢引凤,吸引社会能人投资兴业,发展村级集体经济。

三、开展第二期农村低收入农户帮扶致富工程

各乡镇、市各部门要认真总结第一期低收入农户帮扶工程的经验,找出帮扶工作中的薄弱环节,有针对性地开展第二期农村低收入农户帮扶工程。一要明确帮扶对象。对2002年人均纯收入1500元以下的有劳力、缺资金、缺技术、缺信息的农户(不含民政部门救济对象)作为第二期帮扶对象。市各部门帮扶农户不少于2户,具体挂钩户在经济贫困村范围内确定。二要落实帮扶措施。各乡镇、市各部门要与低收入农户采取“一对一”挂钩的办法实行帮扶,并经常深入帮扶农户了解情况,因户制宜,制订帮扶致富计划,积极落实帮扶致富项目,切实解决帮扶对象生产中遇到的实际困难,确保帮扶取得实效。三要明确帮扶目标。通过三年挂钩帮扶,低收入农户的人均纯收入在原来的基础上翻一番。

四、加强帮扶工作的组织领导

为加强全市农村扶贫帮困工作的组织和领导。市成立帮扶工作领导小组,由市委、市政府分管领导分别担任正副组长,市委组织部、宣传部、农办及市农林、水利、民政、财政、监察、税务、广电、供电、农信社等部门为成员单位。领导组下设办公室,办公室设在市委农村工作办公室。各乡镇、市各部门要充分认识实施扶贫帮困的重要意义,高度重视这项工作,摆上议事日程,都要建立帮扶工作领导小组,由各单位主要负责人任组长,分管领导任副组长,兼任办公室主任,并由相关人员组成工作班子。

各地、市各部门要认真落实帮扶措施,层层分解任务,责任到人,做到一级抓一级。同时,要积极组织资金,加大帮扶投入力度,确保帮扶致富项目取得实效。要及时总结帮扶工作中的典型,通过宣传和推广,实现帮扶工作平衡发展。各单位要定期组织帮扶工作情况交流,每半年要向帮扶领导小组总结汇报一次。市委农办对扶贫帮困工作要加强指导、督查,制定详细考核办法,抓好检查评比和考核工作。

2003年1月27日

中共海门市委　海门市人民政府
关于全面推进新农村建设的实施意见

为深入学习贯彻党的十六大和十六届三中、四中全会精神，全面落实中央一号文件精神，统筹城乡经济社会发展，大力发展农村经济，改善农村人居环境，提高农村文明程度，提升农村土地资源综合利用水平，加快农村现代化建设进程，经市委、市政府研究，决定在全市开展以"村美、民富、班子强"为主要内容的新农村建设。现提出如下实施意见：

一、充分认识新农村建设对推进农村现代化的重要意义

改革开放以来特别是近年来，我市经济和社会发展取得了巨大成就，农民生活水平和生活质量有了明显提高，农村面貌发生了巨大变化。但农村经济社会发展不协调的问题依然存在，城乡差距扩大的趋势没有根本扭转，特别是农村普遍存在的环境脏、村貌乱、设施差、布局散的问题，严重制约了农村经济的发展、农民生活质量的提高和农村的文明进步，影响了农村现代化建设的进程。大力开展新农村建设，为农村发展构筑新的平台，是我们做好"三农"工作的当务之急。各地、各有关部门必须充分认清新农村建设的重要意义，思想上高度重视，行动上狠抓落实。首先，新农村建设是实践"三个代表"重要思想的具体体现。开展新农村建设，加快农村基础设施、生态环境和社会事业建设，改善农村的生产生活条件和发展环境，是事关农民群众切身利益的一项民心工程，符合全面建设小康社会的发展要求，体现了农村现代化的发展方向，是"三个代表"重要思想在农村具体生动的实践。其次，新农村建设是统筹城乡经济社会发展的内在需要。统筹城乡经济社会发展是党的十六大提出的全面建设小康社会的重要战略举措。要破解农村发展难题，必须按照十六大提出的要求，以统筹发展的新思路，加快现代化新农村建设的步伐，进一步发挥城市化在区域经济社会发展中的龙头作用，加快推进新农村建设，有效实现农村与城市统筹发展、城市化与工业化联动发展、经济与社会协调发展。再次，新农村建设是推进"两个率先"的根本要求。全面落实科学发展观，加快推进"两个率先"是当前我市的一项重大战略任务。开展新农村建设，符合科学发展、集约发展的要求，可以有效地节约土地，最大限度地集聚起各类生产要素，增强农村发展后劲，提升发展层面，更快更好地实现农村的可持续发展，从而为全市"两个率先"目标的顺利实现提供保证。

二、新农村建设的指导思想和实施原则

（一）新农村建设指导思想：

认真贯彻落实"三个代表"重要思想和党的十六大、十六届三中、四中全会精神，牢固树立和全面落实科学发展观，紧紧围绕"两个率先"和全面推进农业和农村现代化建设总目标，按照统筹城乡经济发展的要求，以发展农村经济、优化农村环境、提高文明程度和资源的利用率为出发点，以村镇"两区"规划建设为龙头，以加强"双强"班子建设为抓手，因地制宜，量力而行，不断推进产业相对集聚、居住相对集中、土地相对集约、农村基础设施各类要素相对集合，逐步消除二元结构，全面提高农村生产力和农民生活水平，努力把我市农村基本建设成为经济繁荣、农民富裕、政治民主、社会和谐、环境优美的社会主义现代化新农村。

（二）新农村建设实施原则：

一是相信群众，依靠群众的原则。农民群众是新农村建设的主体。在新农村建设过程中，要以群众满意为第一取向，充分尊重群众意愿，在广泛听取和征求群众意见的基础上，确定新农村建设的方向，最大限度地调动农民群众的积极性。

二是分类指导，一村一策的原则。新农村建设要从实际出发，坚持因村制宜，一村一策。按照示范村、特色村（文化村、生态村、文明村、卫生村、旅游村、专业村等）、整治村等不同类型，有梯次地推进。

三是总体规划，分步实施的原则。按照"四个相对"的要求，以现代乡村理念科学规划，合理布局，严格执行。在此基础上，有步骤、有计划地加以实施。

四是集约利用，统筹协调的原则。按照合理用地、节约用地的要求，积极推进工业向园区集中、人口向城镇集中、住宅向社区集中,促进小城镇和村庄适度集聚发展,推进土地的集约利用。同时坚持环境整治与经济社会发展的协调统一,有效形成经济与社会协调发展,人与自然和谐共处的新格局。

五是典型示范,有序推进的原则。选择条件相对成熟的镇村进行试点。一般情况下,结合工业化和城市化的推进,可选择基础条件比较好的镇村、镇郊村等开展试点。在此基础上及时总结好的做法和经验,逐步推进。

六是分级负责,分类考核的原则。总体上按照政府引导、市场运作、乡村组织、农民参与的要求推进实施。市、乡镇两级政府在政策措施、项目安排等方面向试点村倾斜,并给予适当的经济投入。市委、市政府将把此项工作作为年终考核的重要内容,并视任务完成、职责履行情况实施分类考核。

三、新农村建设的目标任务和基本内容

(一)新农村建设的目标任务:

1. 总体目标。按照统筹城乡经济社会发展,率先全面建成小康社会、率先基本实现现代化的要求,用10-15年时间,完成新农村建设任务。

2. 近期目标。用3-5年时间,完成5个示范村、10个特色村、30个整治村的建设任务。

(二)新农村建设的基本内容:

1. 推进富民强村。大力发展农村经济,加快富民强村步伐。积极发展优势产业与特色产业,培植骨干企业。注重产业集聚,加快建设产业链和产业集群。

2. 搞好村镇规划。认真做好土地利用总体规划的修编工作,高起点搞好村庄布局规划,形成"市-镇-村"一体化的规划体系。打破现有的地域限制,实行组团式、公寓式规划,优先安排拆迁户、新建户、改造户以及其他愿意进区的农户,建设农民居住点,着重优化农村空间发展布局和基础设施建设,逐步推进农民聚居化,城乡一体化。

3. 优化人居环境。继续实施以"清洁家园、清洁水源、清洁村庄"为主要内容的"三清工程",着力整治农村环境,创造良好的人居环境,提高人们的生活质量。加快配套设施建设。重点抓好文化娱乐、休闲活动、商贸服务、医疗卫生等公共设施和道路、电力、通讯、广电、给排水等基础设施建设,使住宅小区真正实现道路硬化、小区绿化、路灯亮化、环境净化和整体美化。

4. 提升文明程度。围绕人的全面发展,坚持物质文明、精神文明和政治文明协调发展,生产与生活条件同步改善,建设与管理同步推进,完善村庄管理制度等村规民约,整体提高农民的民主法制意识、科技文化素质、思想道德素质和健康素质,建设和谐社会。

5. 强化组织建设。以保持共产党员先进性教育活动为契机,进一步加强农村党员干部的教育,有条件的村可以设立党委或党总支,把支部建在产业链上。大力推动"双强"型班子建设,切实提高基层党组织的执政能力。

四、新农村建设的激励政策

被确定为示范村、特色村的,可享受以下几项优惠政策。

(一)资金补助政策:

1. 新农村建设资金以镇村自筹和农户投资投劳为主。同时,市财政每年安排1000万元左右的专项建设资金,扶持新农村建设。

2. 确定为示范村的,村产生的新增税收地方留存部分的30%奖励给村。

3. 在推进示范村建设中涉及的各种规费,除上交省、南通市以外的实行全免。

4. 各乡镇也要安排一定的资金予以配套支持,市财政返还乡镇的土地出让金的30%用于示范村建设。

(二)建设用地政策:

1. 市政府每年将安排专项用地指标,保证新农村建设的需要。在推动村庄建设中,新增居住用地(指规划居住用地超过现状居住用地部分)需占用耕地的,在符合土地利用总体规划和总用地控制指标的前提下,该土地指标列入市年度用地计划。

2. 在新农村规划区范围内,商业、工业等用地一律实行市场化运作原则,实行有偿使用。

(三)建房审批政策:

1. 自本意见实施之日起,全市范围内未完成村规划编制工作的,除草危房改造和受灾户以外,原则上暂停批建新房,待完成村组规划后,按规划要求进行建房审批。

2. 农民建房必须按照《土地管理法》《村镇建设管理条例》和《关于加强农村宅基地管理的意见》等有关规定,实行建房审批制度,建新必须拆旧。

3. 根据新农村建设规划布局,在计划面积基础上，可优惠一人建房面积，并无偿提供房型设计图，代办相关手续。

（四）干部激励政策：

把新农村建设与培养使用干部结合起来，实施市级机关与新农村建设单位结对共建制度，并从市级机关选拔一批综合素质好、工作能力强、有培养前途的年轻干部下派到村任职。完成新农村建设任务的村干部，给予适当的物质和精神奖励。

五、新农村建设的实施步骤

全市的新农村建设要坚持全面启动和重点推进相结合的方针。各乡镇、村都要按照《意见》要求，制定具体工作计划，认真做好宣传发动，切实搞好镇村规划，并在条件成熟的村组织实施。在全面启动的基础上，积极推进示范村、特色村、整治村建设。凡被列入第一轮新农村建设的村要按计划大力推进。

具体分四个步骤实施。一是开展调查摸底。时间为2005年1月至3月。成立新农村建设领导机构，组织市有关部门人员深入农村进行调研，研究制定新农村建设的具体实施方案。由乡镇对照有关标准申报，经市新农村建设领导小组审批，确定好试点示范村、特色村和整治村名单。二是全面启动试点。时间为2005年4月至8月。修订完善村庄布局总体规划，重点抓好示范村规划编制。三是稳步推进实施。时间从2005年9月开始，跨度为3－5年。总结试点经验，全面实施新农村建设，力争建成一批示范村、特色村。四是组织考核验收。按序时进度，建成一批考核验收一批，并对示范村、特色村进行命名表彰，同时建立起建管并重的长效机制。

六、加强新农村建设的组织领导

（一）加强领导。市专门成立新农村建设领导小组，在市委、市政府的领导下，全面负责新农村建设工作。领导小组下设办公室，机构设在市委农办。人员从有关职能部门抽调，集中从事新农村建设工作。各乡镇主要领导要亲自抓，并由专人负责这项工作，确保新农村建设扎实推进。列入第一批新农村建设的村要全力以赴，加快推进，早日建成。

（二）明确责任。新农村建设是一项事关全局的工作。各地、各有关部门要增强大局意识、服务意识和责任意识，积极主动参与新农村建设。要明确职责，落实责任，齐抓共管，确保建设工作顺利推进。新农村建设办公室和各有关职能部门负责新农村建设的业务指导和督促检查，各乡镇行政村具体组织实施，建立起“市规划指导，镇村组织实施”的工作机制。为确保新农村建设的全面启动，各乡镇要切实制定实施规划和细则，动员各村积极参与到新农村建设中来，真正做到广泛发动，全面参与。同时，要突出重点，集中力量抓好示范村、特色村和整治村建设，确保重点村建设有新突破。

（三）整合资源。全面整合交通、卫生、农资开发、国土资源、通信、供电、广电、水利等部门的建设资源，推进各类资源优先向示范村、特色村和整治村倾斜，努力为新农村建设提供强有力的支持。同时以市场为取向，拓宽投融资渠道，通过政策激励、要素运作等方式，积极鼓励个人、企业参与投资管理。要进一步发挥农民群众在新农村建设中的主体作用，集聚人力资源，积极引导群众更新观念，调动基层干部和农民群众参与的积极性和创造性，使参与新农村建设成为广大农民群众的自觉行动。

（四）强化考核。市委、市政府将把新农村建设列为乡镇部门年终考核的重要内容。由新农村建设办公室制订具体的考核办法。对完成建设任务的村，由各乡镇初验，报市新农村建设办公室验收，经市新农村建设领导小组批准后，根据有关政策进行奖励；对建设不合格的村要提出具体的整改意见。

新农村建设基本要求（略）

2005年3月9日

中共海门市委　海门市人民政府
关于鼓励和促进科技创新创业若干政策的通知

为贯彻落实国家科技大会和省市科技创新大会精神，加快建设创新型海门，根据国家和省、市有关规定，结合我市实际，制定以下政策：

一、加大科技投入

（一）市、乡镇两级要把财政科技投入作为预算保障的重点，年初预算编制和预算执行中的超收分配，都要体现法定增长的要求。在产业结构调整中，政府资源配置、资本金安排优先向科技项目、科技企业倾斜。“十一五”期间，各乡镇财政支出中用于科技支出的比例应高于2%。市本级2007年筹措安排科技项目经费1500万元，之后每年递增200万元，到2010年达到2100万元。确保预算内安排额高于一般预算支出的增长幅度。

（二）改革和完善市企业技术创新和技术成果转化基金使用管理办法。主要用于对南通市以上科技计划项目按规定比例给予匹配支持。

（三）改革和完善科技经费使用管理。制定科技专项资金管理办法，建立严格规范的监管制度，加强科技资金使用的绩效考评。

（四）鼓励社会资金捐赠创新活动。企事业单位、社会团体和个人，通过公益性社会团体和国家机关，捐赠非关联的科研机构和高校的研究开发经费，按规定在当年度应纳税所得额中扣除。

（五）改善对中小企业科技创新的金融服务，支持商业银行与科技型中小企业建立稳定的银企关系。科技部门要积极向金融单位推介科技项目，以科技项目为载体，促进金融和科技的结合。金融单位要进一步加强对科技型企业的信贷服务，优先安排对国家和省立项的高新技术项目、“火炬”“星火”等重点科技计划项目的贷款，确保重大科技项目的顺利实施。鼓励金融部门增加信贷品种，拓展担保方式，逐步开展可以依法转让的商标专用权、专利权中的财产权质押的贷款，扩大对科技企业的信贷规模，更好地发挥金融资产在企业技术创新中的助推作用。

鼓励社会资金建立中小企业信用担保机构，建立担保机构资本金补充和多层次风险分担机制。担保机构可按当年担保费的50%提取偿债准备金，按不超过年末担保责任余额1%的比例提取风险准备金，用于担保赔付。支持保险公司开展高新技术企业财产保险、产品责任保险、出口信用保险、业务中断保险等险种，为高新技术企业提供保险服务。

（六）设立创业风险投资引导资金。引导社会资金流向创业风险投资企业，引导创业风险投资企业投资处于种子期和起步期的创业企业。建立创业风险投资风险补偿机制，允许创业风险投资企业按不高于总收益10%的比例提取风险准备金。

二、引导企业自主创新

（七）允许企业按当年实际发生技术开发费用的150%抵扣当年应纳税所得额；实际发生技术开发费用当年抵扣不足部分，可按税法规定在5年内结转抵扣。企业技术开发费按规定加计扣除时，须报送市科技部门的备案确认通知书。企业应足额提取职工教育经费，并按规定实施职工教育和培训，提高职工创新创业技能，所提取职工教育经费在计税工资总额2.5%以内，可在企业所得税前扣除。

（八）企业用于研究开发的仪器设备，单位价值在30万元以下的，可一次或分次摊入管理费，达到固定资产标准的单独管理，不提取折旧；单位价值在30万元以上的，可适当缩短固定资产折旧年限或加速折旧。企业为研究开发新产品、新技术、新工艺而购置的达到固定资产标准或形成无形资产的软件，经主管税务机关核准，其折旧或摊销年限可适当缩短，最短可为2年；集成电路生产企业的生产性设备，经主管税务机关核准，其折旧年限最短可为3年。

（九）国家级、省级高新技术企业或星火龙头企业自认定当年起，分别在3年、2年内，企业对地方财政贡献的新增部分，由同级财政将其中的50%对其新投入的科技开发项目给予补贴。补贴额的10%可直接奖励其主要有功人员。南通市级以上高新技术企业在绿色通道等方面，享受市重点骨干企业的待遇。

（十）享受民政福利优惠政策的企业，必须有高校、院所作为技术依托，开展产学研合作、自主开发等科技创新活动或建立经认定的研发机构，自2008年起将其作为民政福利企业年审的条件之一，由民政牵头、会同科技、税务、工商等部门年审时共同把关。

（十一）鼓励企业以期股、期权等形式进行分配和奖励科技人员、经营管理人员。科技成果作为非货币财产参与入股和增资扩股，其在注册资本中所占比例最高可达到70%。

（十二）软件生产企业、集成电路设计企业的工资和培训费用，可按实际发生额在计算应纳税所得额时扣除；新办软件生产企业自开始获利年度起，第一年和第二年免征企业所得税，第三年至第五年减半征收企业所得税。

2010年底前新办的软件生产企业销售其自行开发生产的软件产品，按17%的法定税率征收增值税后，对其增值税实际税负超过3%的部分按规定实行即征即退。所退税款由企业用于研究开发软件产品和扩大再生产，不作为企业所得税应税收入，不予征收企业所得税。

三、支持创新创业载体与科技基础设施建设

（十三）依法设立的科技创业园纳入土地利用总体规划和城市总体规划实行统一管理。新增建设用地的土地有偿使用费地方留成部分全额返还园区，优先用于土地开发整理和基础设施建设。市科技创业园和入孵企业的优惠政策另行制订。

（十四）国家及省认定的高新技术创业服务中心、软件园、留学生创业园等科技企业孵化器，自认定之日起，暂免征营业税、所得税、房产税和城镇土地使用税。对被批准为国家级、省级、市级的科技企业孵化器，市财政分别按150万元、100万元、50万元的标准给予科技经费资助，资助经费主要用于高层次人才引进、公共平台建设、提高服务功能和正常运行的经费补助等。

（十五）鼓励企业创办各类科技研发机构和公共技术服务平台。市骨干企业都要建立研发机构。鼓励中小企业采取联合出资、共同委托等方式联合高校、科研院所共建研发机构，建立产学研技术依托。对经认定的研发机构或公共技术服务平台给予一次性奖励。国家级的奖50万元，省级的奖30万元，南通市级的奖5万元，本市级的奖2万元。经批准在本市设立的国家级和省级技术中心、工程技术研究中心，应向主管税务机关报送有权部门的批复，中心科技人员名单、职称、学历及担任该中心职务等有关资料，经科技部门审核、税务部门审定后，其科技人员实际发放的工资额在计算应纳税所得额时据实扣除。企业所属的作为独立纳税人的研究开发单位（机构），经有权部门批准实行工资总额与经济效益挂钩办法的，报经主管税务机关审核备案，按照工效挂钩工资扣除标准税前列支。

（十六）凡年应税销售在3000万元以上的制造业企业，必须建有经认定的研发机构或与1－2所高等院校和科研院所建立产学研合作关系，并作为技术依托，否则从2007年起不得享受市委、市政府的各类优惠政策和奖励，不得评先评优。

四、促进产学研结合和科技成果转化

（十七）鼓励企业积极开展产学研合作，提高企业自主创新能力，加快技术创新成果的产业化，对符合产学研示范企业条件且被认定为南通市以上产学研示范企业的，给予3000元奖励。

在江苏、上海、北京等地的高等院校、科研院所聘请特约科技信息员，每人每年给予5000－10000元的工作和通信经费，对引进科技成果在海门落户的信息员，按一定比例给予奖励。从2007年起，市财政每年预算安排60万元设立产学研活动专项资金，专门用于组织小型多样、各具特色的产学研活动，为企业搭建合作平台。对国家级科研院所、重点高等院校在海门建立独立研发中心、重点实验室给予一事一议的重点扶持。

（十八）鼓励和支持国外及港澳台地区的组织和个人在我市设立研发机构。凡设在国家级科技创业中心内并经省有关部门确认属于高新技术企业的，按规定享受国家相应给予的税收优惠政策。

经依法审批设立的外商及港澳台商研发机构，其从事技术开发、技术转让以及与之相关的技术咨询、技术服务业务，经省技术市场管理机构认定，可向当地税务机关申请暂免营业税；上述机构向国外境外购买专利权、专有技术等，其中技术先进、条件优惠的，所取得的特许权使用费可向有权国税部门申请减征、免征企业所得税。上述机构的境外投资者将该机构取得的利润用于增加注册资本，或投资举办其他研究机构，可享受全部退还其再投资已交纳的企业所得税。

（十九）鼓励科技成果产业化。支持具有产业前景的共性技术研究、产学研合作关键技术攻关、重大科技成果的转化。对由企业主导的产学研重大成果产业化项目、国内外高校和科研院所等在我市进行转化的重大合作项目、市内企业与国内外高校和科研机构共建的产学研联合体，市相关计划给予优先支持。

（二十）以股权投入方式进行成果转化的，其成果完成人可享有不低于该成果所占股份的20%的股权；以技术转让方式将成果提供给他人转化的，其成果完成人可享有不低于转让所得的税后净收入20%的收益；自行实施转化或以合作方式实施转化的，在项目盈利后3－5年内，每年从实施该项成果的税后净利润中提取不低于5%的比例，用于奖励成果完成人。

（二十一）科技人员申请设立有限责任公司，注册资本可分3年到位，首期出资额应达到认缴额的10%，且不低于人民币3万元；申请设立非公司制企业条件尚不完全具备、但一年内能够予以完善的筹办企业，可由工商部门先行核发营业执照，实行预备期企业管理。

（二十二）企业、事业单位进行技术转让，以及在技术转让过程中发生的与技术转让有关的技术咨询、技术服务、技术培训的所得，年净收入在30万元以下的，暂免征收所得税；超过30万元的部分，依法交纳所得税。

科技中介机构从事技术转让、技术开发和与之相关的技术咨询、技术服务业务取得的收入，技术交易合同经技术市场管理机构认定登记后，可免征营业税、城市维护建设税和教育费附加。科技中介机构为完成特定服务项目，聘请属于海外留学人员和国内享受政府特殊津贴的专家，所支付的咨询费、劳务费可直接进入成本。对工作业绩显著的中介机构给予一定的奖励。

五、加强知识产权创造和保护

（二十三）加强社会化知识产权服务，积极支持和鼓励知识产权中介服务机构的建立，鼓励专家、学者及知识产权专业人员来我市从事知识产权工作。知识产权中介服务机构代收代缴的各类国家规费，可在计算营业税基数时予以扣除。

（二十四）设立专利专项资助和奖励资金。对企事业单位和个人申请外观设计专利、实用新型专利和发明专利，获得授权并领取专利证书后，分别给予1300元、1900元、3500元的资助和奖励（海委发[2005]27号）；对企事业单位和个人获得受理的重大发明专利以及向国外申请专利所需申请费、实审费给予全额补贴。在省财政补贴50%的基础上，市财政按照1:1比例给予匹配。

（二十五）鼓励动植物新品种开发。对经省、国家专门机构审定的动植物新品种，获得批准文件后，由市财政分别给予2万元、5万元奖励。

（二十六）实施标准战略，对参与制订产品行业和国家标准的单位，凭正式颁布的行业和国家标准，由市财政分别给予2万元、5万元的奖励。

（二十七）鼓励企业申报知识产权战略示范企业。对申报入选的知识产权战略企业，由市科技局、知识产权局发文确定实施期，实施期为2年。实施期内达到知识产权战略示范企业的工作要求及其工作目标的，企业可申请验收。市科技局、知识产权局对通过考核验收的企业授予"海门市知识产权战略示范企业"称号，同时给予2万元奖励。

六、加强科技创新创业人才队伍建设

（二十八）设立海门市科技兴市功臣特别奖。对在我市从事科技创新创业活动并为经济社会发展做出突出贡献的科技人员，由市委、市政府授予"海门市科技兴市功臣"称号并给予重奖。海门市科技兴市功臣每两年评选一次。

提高海门市科学技术进步奖额度。对获得市科技进步特等奖、一等奖、二等奖、三等奖的项目完成人每项分别给予2万元、1万元、6000元、4000元的奖励。获奖项目所在单位也应对项目主要完成人给予相应的奖励。

（二十九）科技人员离开原单位从事科技创业的，其档案由人才交流服务机构代行管理，人才交流服务机构免收人事档案代理服务管理费用，其管理成本由财政列入预算。

在校大学生休学创办的科技型企业或科技咨询类中介机构，可按规定免征企业所得税2年。

（三十）重点引进国家级学科学术带头人、获得国家科学技术奖项目的主要完成人、拥有自主知识产权的重大科技成果的研发人员等高层次创新人才，政府视情给予10万－100万元的资助。

加大赴海外招聘高层次创新人才的力度，鼓励留学人员特别是在海外获得硕士以上学位并具有2年以上涉外相关专业工作经历的人员来我市创新创业。鼓励用人单位引进高层次创新人才，对在引进过程中的住房货币补贴、安家费、科研启动经费等费用，可依法列入成本核算。

支持企业为高等院校和职业技术院校建立学生实习、实训基地。推进企业博士后科研工作，吸引优秀博士到我市企业从事科技创新。

七、营造自主创新环境

（三十一）着力提升全民科学素养。制定并实施我市科学素质行动计划。加大科普投入力度，对国家级、省级科普示范基地和星火学校给予一定的奖励。经省科技行政管理部门批准的科普基地，开展科普活动的门票收入，税务机关批准后，可免征营业税。

（三十二）市其他各项财政扶持政策以及土地等资源供给等方面优惠措施，都要优先支持科技创新创业和高新技术产业发展。市有关部门要依据本文件制定相应的实施细则。

2006年10月21日

中共海门市委　海门市人民政府
关于率先达小康、建设新农村的实施意见

去年以来，全市上下根据市委、市政府的统一部署，结合实际情况，扎实推进以“民富、村美、风气好”为主要内容的社会主义新农村建设，取得了阶段性成效。全市农村经济快速发展，农民收入持续攀升，农村环境逐步改善，为全面完成新农村建设各项任务打下了坚实的基础。

2007年是海门率先全面达小康的关键之年。建设更高水平的小康社会，重点难点在农村。因此，做好今年的“三农”工作，对于推动全面小康建设的意义重大。为进一步提升农村发展水平，加快建设城乡同步小康，现对2007年全市新农村建设提出如下意见：

一、指导思想和工作目标

1. 2007年，全市新农村建设的指导思想和工作目标是：坚持以邓小平理论、“三个代表”重要思想和科学发展观为指导，按照“工业化致富农民、城市化带动农村、产业化提升农业”的工作思路，以“建设新农村、全面达小康”为工作目标，以实现农民增收、改善农村环境为根本任务，以实施“富民强村、教育培训、路网通达、环境整治、新村新居、扶贫帮困”六大工程为主要抓手，着力构建农民增收、环境建设和财政支农的长效机制，把全市新农村建设提高到一个新的水平。通过努力，确保实现农民人均纯收入增长11.3%，农业总产值达到42亿元，农业增加值达到25亿元，农业利用外资达到4000万美元，项目农业投入达到19亿元，村级债务下降5%以上的目标。

二、工作措施

（一）实施富民强村工程。

2. 大力发展现代高效农业。以争创“南通高效农业先行乡镇”为抓手，深入开展高效农业规模化先行乡镇、示范村、特色基地创建活动，进一步推进高效农业规模化布局，确保全市中高效作物播种面积占比达到55%以上。加强质量农业建设，制定一批农业标准和无公害生产技术规程，不断健全农产品基地准出、市场准入制度，确保新认证5个无公害农产品或绿色食品，力争在有机食品的培育与认证上实现零的突破。围绕优势主导产业，大力推进“品牌强农”战略，努力培育一批农副产品品牌，不断增强农业的综合生产能力和市场竞争力。新增农产品注册商标15个以上。

3. 大力发展各类专业经济。依托工业、农业等优势主导产业和各类市场的辐射带动，引导农民宜工则工、宜农则农、宜商则商开展自主创业，加快培育一批专业村、专业户，逐步形成一村一品、一镇一品、数镇一品的农村经济发展新格局。每个乡镇至少要培育1个专业村。加强叠石桥国际家纺城、乡镇农副产品交易市场等各类专业市场建设，放大专业市场对全民创业的拉动效应。

4. 大力培育各类市场主体。结合“项目建设年”活动，继续推进项目农业建设，深入开展农业招商引资，积极培育壮大一批单体规模大、科技含量高、市场前景好、辐射带动强的农业龙头企业和农业示范园区，重点抓好10个投入超2000万元的农业龙头企业和10个农业园区建设。确保农业实际利用外资增长20%以上，市级以上农业龙头企业发展到45家，消除龙头企业空白乡镇。按照“支部+协会”的模式，大力发展农民专业合作组织和农民经纪人队伍建设，不断提高农民进入市场的组织化程度。全市各类专业合作组织发展到140家，农民经纪人队伍壮大到3.3万人。

5. 大力发展农村集体经济。鼓励村集体通过建设标准厂房、服务业用房等途径开展招商引资，发展集体经济，并把新增税收地方留存部分的30%奖励给村。积极探索增加村级积累的新途径，通过推进集体资产股份制改革、盘活闲置资产、开展水

面发包等途径，增加村级集体收入，化解村级债务。确保全市村营收入比上年增长10%以上，村级债务化解率达5%。

（二）实施教育培训工程。

6. 全面推进农村社区公共服务中心建设。结合村部改造，加快建设一批集“两委”、商贸、健身、娱乐、医疗、阅览、培训等功能于一体的、交通便捷、功能齐全、特色鲜明的农村社区公共服务中心。年内所有行政村都必须建成面积400平方米左右的服务中心。验收合格后，由市财政每村补助5万元。

7. 切实加强对农民的培训教育。根据农村劳动力年龄结构和从业需求，依托农村职业学校、乡镇党校、农民学校、远程教育等载体，加强农民的思想道德素质和就业创业技能的培训教育，逐步把农民培育成自我经营、自我发展、自我积累的新型农民。加强劳动力信息网络建设，进一步拓宽农村劳动力转移空间。确保全年实用技术培训4.2万人，创业培训1500人，劳动力转移培训8000人，确保新增转移农村劳动力1万人。

8. 认真开展农村普法教育。结合“五五”普法活动，切实加强农民的法律宣传教育，创造条件兴办农民法制学校，引导农民学法、知法、守法、用法，通过合法、理性的途径处理各类矛盾纠纷，表达利益诉求，建设文明和谐的乡风民风。

9. 深入开展“千戏下基层、唱响新农村”活动。以不断满足农村群众的文化生活需要为目标，精心编制一批通俗易懂、具有时代特色、为群众喜闻乐见的节目，用两年时间为全市所有行政村送上一台文艺节目，丰富群众生活，弘扬时代新风。

10. 大力发展农村社会事业。发展教育事业，认真落实农村义务教育的各项政策，进一步推动优质教育资源向农村延伸，改善办学条件，提高教育质量。进一步推进广播电视“双入户”工程，力争有线电视入户率提高5个百分点以上。加快建立健全以新型农村合作医疗、农村最低生活保障、农村养老保险为主要内容的农村社会保障体系，努力提高保障水平。其中，新型农村合作医疗覆盖率要达到92%以上；农村最低生活保障实行应保尽保；农村养老保险实行个人缴费为主、财政补助为辅，全市纯农业人口参加农保达70%以上，财政按缴费的30%予以补贴。积极稳妥地开展农业保险试点，逐步解决农民的后顾之忧。

（三）实施路网通达工程。

11. 大力推进农村路桥建设。按照“通达工程”的要求，加快镇村之间、村与村之间、居民集中居住区和未通水泥混凝土路面行政村的农路建设，建设农村公路里程100公里，基本实现路路相通。加快危桥改造，花2－3年时间，全面完成农村危桥改造任务。

12. 全面启动“宽带进村”活动。制定优惠措施，实行财政支持推动宽带电脑进村入户，提高农村家庭的电脑普及率。确保2008年底达到全面小康的指标要求。

（四）实施环境整治工程。

13. 构建农村垃圾处理新机制。按照建立一套规划体系、管理体系、设施体系、保障体系的“四个一”要求，逐步建立“户袋装、村收集、镇中转、市处理”的生活垃圾处理机制，从源头上控制农村污染。同时，市财政每年安排250万元专项资金，实行以奖代补，镇村也要安排250万元配套资金。

14. 认真开展水环境整治。继续开展水利重点推进村建设，并把水利建设与道路建设、土地复垦、窑业取土、长效管理结合起来，提升建设成效，巩固建设成果。确保完成水利建设土方1000万方以上，确保所有行政村的水利建设全部达标，所有疏浚沟河都建立长效保洁制度并发包到户。

15. 深入推进绿化造林活动。结合“全国生态市”创建活动，动员全市上下发展经济林和生态林。全年完成农村成片造林4万亩，其中果园5000亩，湖桑1万亩，用材防护林2.5万亩；建成2个绿化示范乡镇，主要公路和村内主干道路沿线全面建成绿色林带，大幅提高全市的森林覆盖率，确保达到全面小康的序时进度。

16. 深入推进改水改厕活动。扎实推进二次改水，确保全市70%以上的村完成改水任务。加快农村卫生洁化进程，省级8个改厕项目村完成改厕6000座，面上完成改厕任务6000座；示范创建村和特色创建村农户改厕率分别达到50%和30%；所有建制镇镇区都要完成无害化卫生厕所改造。

（五）实施新村新居工程。

17. 抓两区调整。目前，农民集中居住规划已经完成。当前要尽快对土地利用总体规划进行适应性修编调整，使之与农民集中居住规划相衔接，为农民聚居区的建设提供保证。

18. 抓基础配套。按照一次性规划、分阶段实施的要求,重点加强"四通一平(通水、通电、通有线电视、通路、场地平)"为基本目标的基础设施建设,并逐步推进各类基础和配套设施向聚居点延伸,增强聚居区的吸引力和承载力。市里将筹措部分资金予以配套。

19. 抓聚居推进。综合运用行政推动、示范带动、政策拉动等办法,推进新建户、拆迁户、翻建户、危房户、政策吸引户等各类建房户向聚居点集中,确保全市建房户全部进入集中居住规划点,加快培育一批现代农村新社区。示范创建村都要建成2－3个农民集中居住区;特色创建村要完成1－2个农民集中居住区;其余各村也要全面启动聚居区建设。

(六)实施扶贫帮困工程。

20. 开展"双扶"活动。继续开展机关部门与经济薄弱村、机关干部与低收入农户的挂钩帮扶活动,坚持"输血"与"造血"相结合,通过制定一套政策、落实一笔资金、引进一批项目、提供一批信息、转移一批劳动力相结合的办法,加快经济薄弱村和低收入农户脱贫致富。每个机关干部都要与1户低收入农户结对帮扶。

21. 开展"千企联百村、共建新家园"活动。在充分发挥农民建设新农村内生动力的前提下,全市范围内全面启动"千企联百村、共建新家园"活动,鼓励企业通过共谋发展思路、共兴农村经济、共建基础设施、共办社会事业、共促农民就业、共育文明新风等途径,积极参与新农村建设。全市所有行政村都要与企业建立共建关系。

三、组织保障

22. 强化组织领导。为切实加强对新农村建设的领导,市成立由市委一把手任总指挥、市四套班子分管领导任副总指挥、市有关部门领导为成员的新农村建设指挥部,市抽调百名机关干部进村,50名机关干部进乡镇,开展驻镇进村帮扶活动,充实加强新农村建设工作班子。各乡镇也要成立相应的工作机构,加快建立上下畅通、左右协调、精干高效的新农村建设组织体系,并在工作部署、发展规划、资金投入、干部配备等各个方面向农村进行倾斜。

23. 强化宣传发动。充分发挥新闻舆论的导向作用,利用报刊、电台、电视台、网站等媒体,大力宣传新农村建设的重大意义、指导思想、方针政策、目标任务和典型经验。各级领导都要深入基层、深入群众,带头宣传新农村建设,进一步激发农民群众建设新农村的热情。

24. 强化基层组织建设。以"三级联创""强基工程"和"双学"活动为总抓手,全面加强农村基层党组织建设,努力把农村基层组织和基层干部培养成新农村建设的重要推动力量。建立完善农村基层党建工作推进机制,不断深化村"两委"任期承诺制和绩效评价制,创新农村党组织设置,激活基层党组织的活力。继续把创建"双带""双强"型基层党组织作为重要任务,在抓好现有基层干部整体素质提升的基础上,有计划地把农村致富能手、民营企业骨干以及外出务工经商人员中的优秀分子吸收进后备干部队伍,为新农村建设的快速推进提供有力保障。

要切实加强和完善党组织领导下的充满活力的村民自治机制,充分发挥基层自治组织协调利益、化解矛盾、排忧解难的作用。进一步健全村务公开管理制度,提高民主选举、民主决策、民主管理、民主监督水平,保障农民群众的民主选举权及重大活动、重大事项的知情权、参与权、决策权和监督权。全市所有行政村都要建立村民监督委员会。

25. 强化政策保障。进一步加大财政支农力度,按照"三个继续高于"的要求,建立多渠道的财政支农长效机制,增强基层开展新农村建设的能力。继续安排1500万元专项资金用于新农村建设。不断深化农村税费改革,认真落实减轻农民负担的各项政策,坚决杜绝农民负担反弹,切实维护农民的合法权益。按照依法、自愿、有偿、规范的原则,扎实稳妥地推进土地承包经营权的流转,为项目建设提供保证。

26. 强化考核奖惩。完善考评体系,市新农村建设指挥部办公室要根据新的任务,加紧对考核细则进行调整完善,建立一套科学合理的目标管理考核体系。完善责任体系,把全年新农村建设的目标任务进行分解落实,加快形成一级抓一级、层层抓落实的责任体系。完善奖惩体系,把新农村建设的质量、进度与创建级格、资金奖励相挂钩。

2007年3月9日

第二章 列宁文献摘录①

马凯 《中国,中华民国·他的问题和前途。》

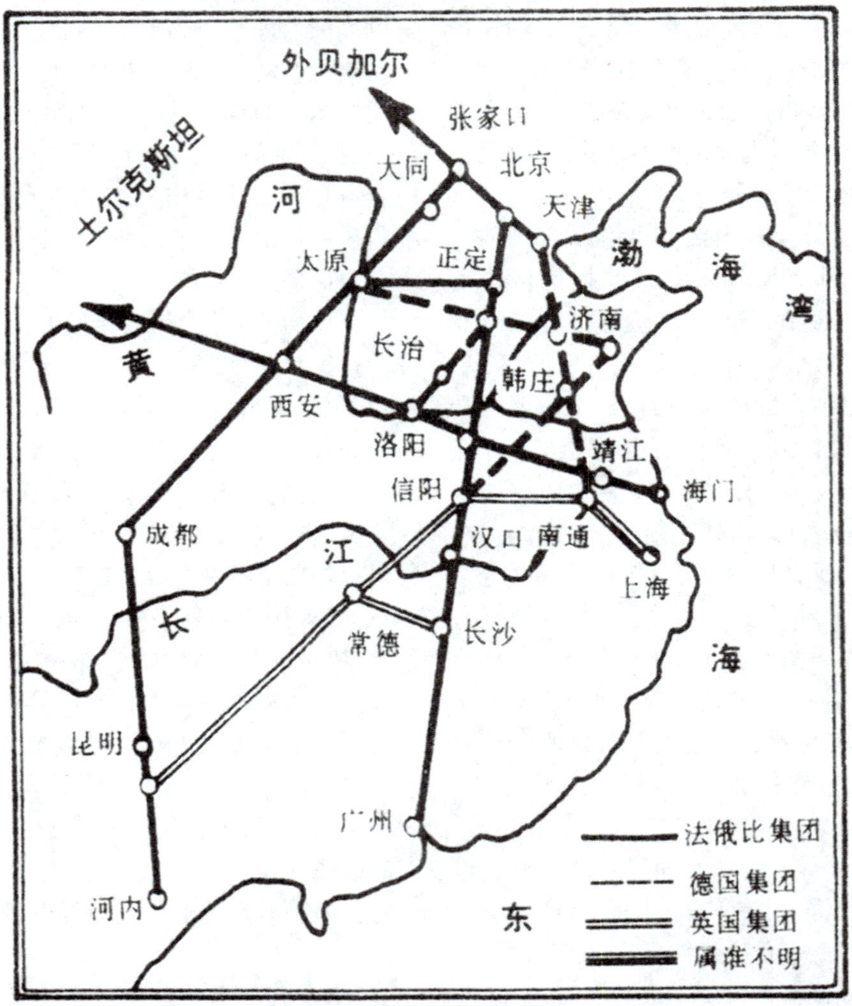

图 40-1 中国现有和拟建铁路图

① 伟大的马克思主义者、无产阶级革命家列宁,生前写下了不少不朽的著作。《列宁全集》中文第四版第 39 卷,收入了"关于帝国主义的笔记",这些笔记是列宁在 1916 年上半年写成的《帝国主义是资本主义的最高阶段》一书的准备材料。这一卷主要收录了列宁关于帝国主义的 20 本笔记和 1912 至 1916 年间单独写成的札记。

在第 605 页笔记马凯《中国,中华民国·他的问题和前途》一文中,列宁援引了马凯提供的一幅"中国现有的和拟建的铁路"地图。从地图上可以看出:当时法(国)、俄(国)、比(利时)集团曾试图从长江口的海门经靖江、开封、洛阳、西安直达俄国土尔克斯坦,建筑一条横贯中国东西的铁路通道。可见,地处长江与黄海之滨的海门,海产和物产资源极其丰富,在 20 世纪初就已成为法、俄、比集团掠夺中国的主要目标之一。当时,列宁就已经知道海门的重要地位。

图中的"南通",应为"南京"。

第三章　志书序选

明嘉靖《海门县志》序

明·崔　桐

海门志故附诸州，亦大较也，石湖吴侯宗元以为阙典焉，告诸庶寮曰："夫志犹夫史也，国而弗史，其何以国？邑无志焉，非邑也，吾责也。"夫邑佐姜君观幕、张君俊曰："莫有翼焉，孰与其成，责在吾属。"司教朱君衣、欧阳君杲率二三子而跻侯堂，曰："志可以风政化，阙焉，曷风？责在学校。"佥以颖墨之职属诸桐，桐曰："乡先生尹寿昌有遗稿矣，而弗竞责在鄙人。"于是乎袭故有，摭舆见，统紊昭晦，剔芜缀遗，列以十纲，属以群目；既而叹曰："夫志亦难矣，非摘采侈馥之难也，亦非索牍纫僻之难也。而秉理御气，事该体范之难也。方舆群书也略，夷坚志也怪，吾赏学之矣，弗师也；辞夸义娇者诬，反经鬻笔者疵，吾赏学之矣，不得而无择也。"是故吾志，疆域焉，善土汩矣，只望洋耳，其何文之，次山水焉，邦之胜也，而病焉，莫得而多矣。次风俗焉，其先民之遗休乎，乃今之莫有恒也，安得而庇之？次食货焉，丰矣，乎其有旧也，而非矣，可以观也。次建置焉，凡为变三矣，能无感乎？次礼制焉，洋洋乎盛哉，古之懿典也。次官守焉，昭厥良而慎厥与其严乎，亦来者之考也。次人物焉，民之纪也，而权衡之月旦有评矣。次古迹焉，备厥族耳。次词翰焉，国之华也，吾弗欲泯焉。志成而归诸侯也，弗有以归佥佥也，弗有以归桐。桐曰："颖墨之勤微也，倡焉，翼焉，功也，志成而佥责纾，桐藉有与焉耳，侯之歉歉尔者，殆旷如也。"

赐进士及第、中宪大夫、南京太仆寺少卿、前翰林院侍读、经筵讲官兼修国史、邑人崔桐撰。

顺治《海门县志》序

清·李兆星

自秦裂郡国，史分而志矣。稗官野乘，胥足供柱下之簪，然以券升沈于颖墨，考名实于体裁，厥惟艰哉。矧吾海沧桑靡定，文献播迁，其志之攸击，较他邑倍蓰。而修志之无稽，亦较他邑倍蓰。故海有志，自宗伯东洲公始也，前乎此者有尹寿昌，后乎此者有张龙南。曷为乎？并不克竣而寿之梓，其以是为迂务耶，不则避罪我耳，审如是也，此无将终沦废矣。余生也晚，喜猎群书，自解组复愈得肆力简编一遏有裨文字，未尝不栉比而什袭之。岁在己丑河间王公令吾邑，传淮府修志之谕，通庠无有应者。洎乙未三韩，庄邑侯抚，兹三载明作有功，百废兴举，是可以谋厥成也。且庀材鸠工之资，例取之赋役带征，而坍民遗刀剜肉输望羊之额，尚忍问锱铢乎？侯则慨然捐养廉而裁公费。愧余壁立，只能推缮写之，口食支脱稿之笔，褚已耳，统尊大义详申，本郡吝公祖，咸以为先得同然者也。窃自幸芜草矿砂入红炉，而归丹灶，随以抄本就正，仰乞弁言，竟获金玉飞颁裔皇辐典，洵称大观。虽然余滋惧矣，罪我图也，谓余不文未敢或辞也。如以僭举督之，将冒昧而请，原日典章残缺，感慨攸同，观望相治。越今十纪，邑之负通才，而席巍望尚有十倍于余者，职今不举责备伊谁，余于此诚有大不得已者矣。邑人李兆星自序。

新刊(顺治)《海门县志》序

清·刘邦鼎

周显德戊午之岁,于州之东境分立海门县。为吾通属邑,历宋元明不改。至国朝康熙壬子,凡七百十有五年,废县为乡,至是又百六十年。邑人丁苹野取所存旧志,增之损之,重加是正,谋授诸梓。或者谓古今地志,不下数百家,率皆就郡邑为纪载,独苹野勤勤于县废已久之后,其所为殆近于迂阔。不知此正贤人吉士之用心,非常臆所能窥及也。夫学者探古载籍,见数百代上一事一物有足动人慨慕者,则为之咨嗟留连,不能去乎。至于山川、制度、人物、沿革所关,尤未敢恕置焉,其大者如《东京梦华》《岳阳风土》诸书,皆追念往时,详为掇拾。若《洛阳伽蓝记》,仅仅寺宇之废兴,犹将述其遗迹,而后人且亟称之。其余游览所至,访古辑闻,累世多有。又况生为此邑之人,安能听其时代即遥,而遗踪浩渺日就湮没乎哉?溯丁氏之先来自中州,盖在前明嘉隆之际,其时海门旧址已三四迁邑于通境东洲礼安,皆钓游所不及。故中明以前,县志人物不载丁氏,然隶籍以来亦既十世代,有传人,故苹野得援桑梓敬恭之义,以自附于吴师道、陈应芳诸人也。庄生有言,旧国旧都望之畅然,虽使邱陵草木之缗入之者十九,犹之畅然,况见见闻闻者也。苹野取李氏邑志,参以省志、府郡各志,旁涉传记文集,逐加精审;而并州以后有可记者,亦续附于末,统为四卷。吾知县虽久废,固自有其不废者存,安知后人读之,不与前代纪载诸书同其爱惜也哉?当不独体例精严,与对山《武功志》足称继美也!予特嘉苹野之用意,故乐为之序。时道光十一年辛卯孟冬,姻愚弟刘邦鼎、石臣氏拜手序。

光绪《海门厅图志》序

清·海门知事 王 宾

《图志》纂始于光绪十七年,越九载而告成篇。都二十,首系以图。夫图之于志尚矣,而于海门尤亟。海门未设厅以前,疆域纠纷,沙案层出。国朝乾隆三十三年划沙建治,始奏定以大江中流分崇海之界,所以正疆域、息争讼也。乃自协旺沙归崇而界淆,而案益剧,然而江流不改,奏案尚存,有是二者而理常直。余得资之以折小安沙一狱,狱盖兴于光绪十六年,迨余逮任之五年始清。其初屡勘屡移,厅之人既苦无图志以质证,而又频屈于力,计无所出,将激而寻械斗之衅,余亟劝阻之。牒请会勘定案,即其地划沟立界,正响绘图藏之档册,庶乎其垂久远也。顾地利不如人和,人和由于政通。崇海边境寥绝,余惧其政教之不通,而民情隔阂也,复请奏改崇之貊貔司为崇海司,移驻接壤之久隆镇,以通政教,而和民情。且集厅县绅耆议,于筹建司署时,并设崇海书院,俾之兴仁颟让,共敦亲睦。此皆余志焉,而思克建者。它如蚕桑兴矣,而利未并于木棉;水利修矣,而力未尽于沟洫;社仓积谷荒政也,而规划未周;训练役丁兵制也,而勇略未裕。增学额,举乡饮,协律习舞,礼乐之兴,又诸君子力也,余乐观厥成已耳。夫事处常顺之时,勉尽心力,犹未克有济。则夫世变之来,为余所不及防者,志虑更深且长也。昔者诸寇骚扰,国无乐土,而海门独以僻壤获全,宴然沐浴圣天子之泽者百数十年,何其幸也。今海禁既开,边氛日警,虽处腹地,犹抱隐忧。矧海门各港纷歧,直走外洋,小轮之往来,行旅便之,而无穷之患实隐伏于兹矣。境故无城池以资守御。余前议筑垣阙濠,以为仓卒之备,请于大府,大府议缓行,寻遂未果也。夫居安思危,危则不殆,固守土者所有事而亦有心。世变者,所当思患预防,固结人心,俾众志有成城之势,庶吾民其得长享,此承平之福也。余守此邦,于今八载,既幸与吾民相安无事,而获睹志书之成也。夫海门可志者无多者,而图为亟,故以其创成也,而为之序。至于润色而详博焉,则有待于后之君子。光绪二十六年岁次庚子仲春月,海门知事霍邱王宾序。

《海门县志》序

中共海门市委书记 宋 飞
海门市人民政府市长 施亚民

新编《海门县志》出版问世,向社会奉献了一部弥足珍贵的地方文献,为我市提供了一部经世致用的"地情百科全书",在海门社会主义物质文明和精神文明建设的百花园中绽开了一朵奇葩。可喜可庆可贺!

海门历史悠久,置县已逾千载,其县志修纂源远流长。自明代嘉靖年间邑人崔桐主修《海门县志》,至民国时期编纂成册的《海门图志》,前后共存8部。这些旧志保留了海门珍贵的历史资料,诚为可贵。盛世修志,新编《海门县志》,正是时代的需要,人民的期望。1981年,海门县政府明令设置县志编修机构,组织人员,着手编撰新县志。历经十余寒暑,六易其稿,各界通力合作,现在终成鸿篇,令人欣慰!在此,对经年笔耕不辍、默默奉献的修志工作者和支持、关心县志工作的志士仁人表示衷心感谢。

海门地处长江入海口、南北支交汇处北岸,因江海之门户而得其名。与上海隔江相望,位于沿江沿海经济发展带的交汇点上,地理环境十分优越。生活在这片热土上的一代又一代海门人,为繁衍生息,创建近代文明,以自己勤劳的双手和杰出的智慧,拼搏开拓,坚持不懈。新编《海门县志》上溯千年,横陈百科,突出重点,较为翔实地记载着这片土地上的沧桑变迁、时代风貌。从设县至中华人民共和国成立前的近千年历史演变过程中,县内大部分土地屡经坍涨,人民遭受江坍迁徙之灾。但海门人民不畏艰辛,围堤垦荒,建设家园。特别是20世纪20年代起,在中国共产党领导下,海门的共产党人带领全县劳苦大众,向旧制度彻底宣战,以血肉之躯谱写了一首首壮丽诗篇,迎来了新民主主义革命的最后胜利。中华人民共和国成立后,海门人民深入进行社会主义革命和建设,推进改革开放,加快经济发展和精神文明建设步伐,为振兴海门做出了新贡献,海门已步入了全国百强县行列。

新编《海门县志》,坚持辩证唯物主义和历史唯物主义,求实存真,探索当地社会发展规律。以史为鉴,新县志无疑是我们的一笔宝贵财富,是指导我们继续前进的精神动力,是对广大群众进行热爱祖国、热爱家乡教育的极好教材。历史在前进,社会在发展,我市在建设有中国特色的社会主义事业中必将树立起崭新的形象,百万人民一定会在社会主义物质文明和社会主义精神文明建设中再创业绩。愿全市人民弘扬“团结拼搏,求实开拓,抢挑重担,争创一流”的海门精神,为海门的经济繁荣、社会进步谱写出新的篇章!

第四章　碑　　记

海门乡学碑记

清·通州知州　沈　雯

为籍异名同,公预详请分别勒石,以杜混冒事。案照本州海门县治建自唐代,康熙十一年地坍县废,奉督宪麻查海门庐墓虽更,人材颇盛,题立乡学,均隶扬州。雍正三年,通州改为直隶,海门乡附焉。至乾隆三年,通州设立沙籍一项,与海门乡籍各别由来已久,原难混冒。且海门乡民并无一人在沙,沙籍俱系崇、昭户族,乡学沙籍之分,久经题定。兹近因通、崇接壤争沙,奉前抚明奏,请新设海门同知。其管辖沙民仍划归沙籍,则海门厅之沙籍,与海门旧立乡籍各异。据海门乡绅士李珩、崔政史、彭龄、成进、李秉义等呈称,各沙人民因厅名海门,于一切词讼内不注明各沙,混填海门字样。恐沙籍借海门两字名目,混入海门乡学冒考,禀请详明勒石学宫。以杜冒混等情,于乾隆三十三年十二月十三日通详各宪在案。乾隆三十四年二月初三日,奉常镇通道觉罗图批开,仰候各院宪暨藩司批示遵行。具报奉署布政司姚批开,仰候核议,详情院宪饬遵。又先于乾隆三十四年二月初三日,奉督学都察院景批开,查沙籍一项本与海门乡无涉。其附通考试久经题定:文童二名,武童一名,历来遵照在案。至如新设海门同知,不过管辖一切沙务刑名词讼。而海门乡不与,仍属通州管辖。则沙籍之童又安能借端冒考海门乡耶?唯是沙籍之民,现在一切词讼不注明各沙名目，总填海门字样。将来日久，保无串通不肖廪生，混保冒考，诸弊丛生，亦势所必有。该州所请深合防微杜渐之意，如详准其勒石学官，以杜混冒，仍即取碑摹通报立案，并报明督抚两院候批示。缴三十四年三月初三日，奉藩宪牌，奉苏抚部院彰批开，仰江宁布政司查议详夺，仍候督学部院批示。缴同日又奉署督部堂彰批开，仰江宁布政司速即查议，通详察夺，仍候抚学部院批示。缴又奉苏抚部院彰批，据该州详报，奉学院批示缘由，仍仰江宁布政司会同常镇通道妥议，通详察夺，仍候督部院衙门批示。缴又奉署督部堂彰批同前由，奉批据详已悉，仰江宁布政司即饬遵照，勒石取具碑摹通送备案，仍候抚部院衙门批示缴等因，到司行知在案。又于乾隆三十四年四月初六日，奉布政司梁宪牌内开，本年三月二十三日，奉苏抚部院彰批，本司会同常镇通道会详，海门厅管辖通崇两处沙州，四面环海。而海门乡籍现居通境，仍属通州管辖。所有厅境沙民，应仍赴通崇考试，至乡籍诸生呈请勒石，不过厅名海门，恐沙民日久混入冒考。预防之计，请如该州所议等缘由奉批，仰再会同苏州布政司转饬海门厅，会同通崇二州县秉公妥议具详，仍候督学部院批示。缴又先于三月十五日奉总督部堂批开，据详已悉，仰即遵照前批。取具碑摹，通送备案，仍候抚学部院批示缴等因，到司行州，奉经移知海门分府，暨崇明县在案。又于四月二十二日奉江宁藩宪牌，奉督学都察院景批开，查冒籍通考学政首严本都院，前据州详，即经核明，新设海门同知不过管辖一切沙务刑名词讼。而海门乡不与，则名同籍异，日久，保无弊生。该州所请，分别名目深合防微杜渐之意，已批准勒石示禁，并令印摹通报在案。今据会核议复，所有厅境沙民应仍赴通崇就考；转饬遵照，仍报明督抚院批示录报缴等因到司；仰州即便遵照，仍即剖晰妥议，通详核办等因行州，奉经移明海门厅会核通详，并移太仓州转行崇明县知照外，又于乾隆三十四年五月二十日奉督学部院批示，遵行取其碑摹，通送备案。此缴又先于四月二十八日奉督学都察院景批开，此案节经本都院据详批示，自应遵照从前题定章程，即遵督部院取具碑摹通送立案，以杜混冒可也。仍候督抚部院批示录报缴各等因，奉经先后移行遵照在案。兹奉批示前因合亟转饬，仰州即使遵照。各宪批示竖勒碑记印摹五纸，送司核转并严饬禀保生员，毋任混冒致干。例议仍将遵批勒石等因，通送查考无违等因到州奉批，合行勒石偏谕。海门乡生童并沙籍人民，遵照各宪批示，其海门旧立乡籍仍循旧贯考试。其新设海门厅之沙籍各赴通崇考试，不得借海门两字名目，以崇昭户族混冒。海门久经题定之乡学，为此勒石，以垂永远。须至碑者，乾隆三十四年岁次己丑仲冬月吉旦。通州知州沈雯，学正汪朝勋，训导贺梦龙，海门乡绅士易崑、史彭龄、崔政、李珩、成进、李秉义、易彩、成文灿、李怀山、崔□①、成斗、李治兹、李鸿学、李秉仁、张守仁、李然、王华、蒋芑、崔松承、李兆成、李学泗、姚文辉、丁文、夏一泓、李学裕、李长龄、丁肇明、崔捷、杨淏、丁汲、夏璠、高缵绪、丁生琏、李元、崔志、姚一成、崔应奎、陈厚耀、史日球、史兆鲤、陆麟、彭炳、李蓁、成师点、毛通、易岗、许肇儒、陈灿、夏兆莪、许干、王顺熺、王锦、姜怀道、成廷玑、张仲光、崔淮、李闻靓、□□□、李湛兹、姚文喜、李灏、许肇俊、陈天培、崔松成、崔桂、夏兆芹、易永昌、姜齐曜、易永升、李原兹、崔燮、易振、王永观、易树藩、崔凤池、崔朝骏、姚文炜、崔石麟、成大业、姚文瑞、崔兆蟠、易兆敦、崔步蟾、李樘、陈拜宪、崔朝干、李□□、成世广、李兆霖、成日瑚、成世康、崔麟、崔廷干、朱逢等立石。

说明：文中“□”为无法辨认字

徐公堤碑

清·海门同知　王　恒

余莅任海门，按行所部，绵亘百数十里，悉涨沙聚而成邑。其东南岸，海风蒲雪，苇外波涛倾洞，为大江朝宗之道，渔舟、贾舶、帆樯，叶叶往来，水面如织。西北接通州，车马陆行，不用舟楫。乾隆三十三年始设官分治，迄今五十七年阅岁二十四。城廓学校，急切未建，亦未有志载，不及细考。设官以前，事第念境内沙名，不下数十，其始必星罗棋布，于大海之中，若堆阜然，虽渐次联络，而终于海环其外，何由遂连，内地舍舟而车，海若不惊，民以宴乐哉。听舆人之颂徐公者，然后知徐公堤之作，为功实钜。徐公名文灿，满洲正蓝旗人，乾隆四十年，公长兹土时，西北一方虽近州境，尚隔洪流，阔处地一二十里，狭亦数里，潮汐上下冲激，沙土随涨随坍，势难连接。贫民徒涉于泥中，爬沙不前，猝遇潮至，如万马奔腾，漂流灭没，以致殒命者不少。先一年，公相度形势，议筑长堤，横截中流，通通海之途，使回澜停蓄，易成高阜。古有筑堤以捍水者，未有作堤以截流者，事大费广，庸夫所惊，商诸绅士，而众咸踊跃。公遂毅然上请，卜吉兴役，役所去官廨二十里。公日与董其事者周峰、沈涵等，黎明毕集，日旰未还，畚钟如云，万夫邪许。然而新堤未坚，屡患溃决，其合口处，则数十丈当洪之中，水深沙嫩，填以土牛，旋即随潮浮去，工难讫功。士民咨嗟束手，公无退志，不懈益虔。明年春，昏夜见红灯千百，涉水纷来及新堤而还也。众讶为神，额手祷祝。次日就其涉处，弯环筑土，土坚力省，一日而堤成。堤长二千一百八十丈，广一丈四五尺至三四丈，按水势之缓急而宽狭因之。既成，不特民无乱流之患，而堤之南北水滩、沙渚，不数年俱为沃壤，增赋数千顷，增户数万家，士子吟诵，牧竖歌讴，与鸡犬之声相杂，皆徐公倡议为民与诸绅士急公襄赞之力也。夫表扬功德以垂训励俗，为民牧者之责也。况公为前事之师，而余适承乏，方以不及识公为憾。而忍听其不朽之功，久而就湮乎。故为勒石于堤上，仍构亭以复焉。乾隆五十七年岁次壬子，直隶海门同知王恒立石。

海门先啬陈君祠堂碑文

清·龚自珍

开国以降，奇杰之士，达节之民，挺瓌怪之姿，躬淳古之行，生而魁于凡民，没而当祭于社者，不有文事，其无称乎？

先啬陈君，厥讳朝玉，字曰璞完，江南某县人也。幼有异禀，肤色黝漆，脐洼若臼，环腰有白文，其圜中规。相人者言，是为玉带围，当奇异。稍长，衎然魁颀。故其乡之人，尝已疑其神。年十三，让产伯兄，鸿骞凤逝，去之无迹。

是时皇政熙清，后祇效灵，海之君王，来献土壤，以福我黎元。通州、常孰间东地，望洋无极，潮退沙见，豁然划然亘二百里，君履其侧，四无居人，苍芒独览曰："吾当屋于是！"

率妻来迁，创草屋，斫木为耜，冶釜为犁，夫任半耦，妇任半耦，一耦之力，旬有五日，水咸者立甘，沙疏者立坚，沙肤窳者立厚。秸苗既成，龟鱼大上，不封不爵，乐衎自保。

于是远近之民闻之，佥曰："神哉！"稚请于长，长请于老。莫不削薪以为耜，投刀以为之犁，卖犊以求牛，怀穜稑，储瓶缶，絜大男，衽幼女，效君而归君，愿为海农，洋洋载道。

于是稚请于长，长请于老，老谒于正，正谒于吏，吏白于大吏，天子籍其地以为海门厅。不十年，群姓益众，皆造瓦屋，炊烟起如海云。国家岁入地丁漕米，累千近万，为江海大聚。

君生康熙某年，卒乾隆某年，年七十四。妇刘，年九十。君之屋于海也，几六十年，不蓄墨楮，结绳而治。岁终，夫妇解绳之结以计事，事纤芥无忘失，寿考以为常。

君卒将百年，君之曾孙贡生奂，以经明闻于时，玄孙翰林院编修兆熊，循禄于朝，乃召其乡之人而谋之曰："古者伊耆氏始为蜡，飨农，先农也；先啬司啬，皆农之配也。今法，凡城障大聚，皆得立蜡祠，吾祖宜为先啬。始吾祖刘杀此土，以利后之人。生有奇异，如天之公侯。今海门厅士姓，无吾陈氏旧且大，宜为祠，祠吾祖。"皆曰："田父老之志也！"

于是既为祠，奂、兆熊以状谒内阁中书龚自珍，请书于其祠之榜；又因以为乐石之文。龚自珍则大书之如是。状又称君不知书，乃能作书，点画英硕，神明所流。匪道匪艺，不可得而详也。

颂曰：生为功民，众疑以为神；没为功神，尚其福吾民。琴瑟士女，以招君兮；豆觥明粢，以报君兮。文此乐石，以震耀君兮。以大旌于海滨，且以劝田。

不税过投契碑碑文

署江苏直隶海门分府加十级记录十次张，为遵批出示晓喻事。

案□江宁布政使司陆札开"奉宫保总督部堂陶批'前署司议详海门厅境过投契纸仍照旧章毋庸并税缘由，奉批□□仍照抚部院批示，缴抄案存'等因，又奉获抚部院梁批开'如详转饬仍循旧章，止税买卖，不税过投，并饬该厅出示晓喻，□□总督部堂批示，此复'等因到司，奉此，合就抄详，转饬札厅即便遵照出示晓喻，遵□将示式送司，□照章止税买卖，不税投契，前来本署复查；损上滋下本有党经，轻改旧制亦非所宜；送核示间复处贡生曹引平、廪生薛云龙、拔生陈发之□；基以环籲宪恩，饬遵勒石厅堂，以□久远”，江宁布政使司林，批开“仰海门厅立即勒石晓示，仍示式送查”等因，□经前厅出示晓喻。潘宪批开“详已悉，缴示式存”等因，除限差勒转勒石□合，再遵批出示晓喻：为此示仰厅境居民□□□因□□人口各宪批示；嗣后置买田地，如系田底买卖契纸，即遵例随时□□税，□□其由已过投契纸，□□告发，定即照例究罚，断不稍宽。其各永遵，毋违特示！

右喻通知

道光十二年闰九月初十

原呈：民人顾占鳌、顾廷元，恩贡孙献，廪生薛云龙、季□恩、监生袁琨，拔生陈发之、戴□书、黄锦年、季云青、王顺、黄□□

说明：2007年夏，常乐镇出土的清代石碑《不税过投契碑》一件，原文无标点，难认字也多，现载的是由高广丰标点的碑文

通海界柱铭

民国·张 謇

海门故尝附通州而县，既坍复涨，崇明之人群徙而耕而衍而育而庶而疆，乃易而厅，与州两大。其界，南北石沱港以西迤衡甲庚，东讫陆先登圩，东北隅折南而子午八百弓，又东卯西衡径。至于海与潮波不尽之处，嘉庆道光两朝，有司会定详闻大府，息民衅讼。顾界在图策，久辄迷缪于众喙。光绪二十七年，州人张謇白督部新宁刘公奏建公司，尽垦际海荒壖，经界弗正非义，乃稽官牍，询故老，博证私家之图。积颖大曙。因界以渠，伐石为柱。铭而表之，彰示来祼，铭曰：

竟海澳，百龄复，波成陆，两其族，界两服，不蛮触，利有渎，一州独，普厥福，表厥俶，石岳岳，海不剥。

通海定界后记

民国·张 謇

通之失地于海旧矣，由三角沙西南之通海分界河，按嘉庆朝案，应循卯酉线直，东至兵田北圩外河，至于东海，以是引绳而批其根，计方里，度盈绌，所失殆八十余万亩。既付诸成事不说之例，今通境三补地悉属于公司，有垦之地则有赋，有垦之民则有民事刑事；纳赋有所，理民事刑事有官，未可无明定之疆域也。是以光绪三十四年由前州厅按图据案，详请督部咨部定界，盖事理之处于不得已。越宣统元年六月二十六日，度支部复准，于是通州直隶州知州琦珊，海门厅同知梁孝熊，吕四场大使金大迪，并通州绅士期会察视，建立界牌。先期，州厅合谕两境之人民，案据原图，地就成局，区划分疆。由蒿枝港循陆先登、陈谦两圩东外河，折南至中心河，折东循施万荣、袁驾玉两圩北外岸台而东，又折而南，至小沙洪苏狼两营兵田北界，折而直东，卯酉定向，为通海之分疆，合立界碑，即以示文，勒诸碑阴。凡两境之民，公司之佃，晓然知界碑之北属公司。第一至第四及牧场堤地归州辖，界碑南之第五至第七堤地归厅辖，纳赋诉讼，分别有据矣。示所云可谓至详。记者前以所规铭于界柱，冀诒来者，今则犹有说焉。析两境言之，或得或失，诚不无彼此之异。合国家观之，则犹楚人失弓而楚人得之也，况田一公司之田之人乎！界分而明，人合而聚。明，故有定而不争；聚，故相观而能善。不争则安，能善则和，诚安而和，庶几模范一国，是则作后记之愿望也夫。

张公故里祠堂记

民国·刘 伟

民国二十三年九月，距先生张公啬庵之薨，忽忽八阅寒暑。里之人思所以崇报前哲，矜式来兹者，佥谓古者乡先生殁，祭于社，德泽入人尤深者，则专祠祀之，例繁未易一二举，如我苏范文正之“高义园”，其著者也。

长乐为公生长地，流风所存，无往不足起人观感，宜度地建专祠，春秋祼飨，垂诸永永；又谓国家多故，民生厄隘；海门复比岁螟域，宏规大起，力惧不克任。

社庙即关帝庙，有后厅九楹可改建，庶费省，事易集。询谋既协，群请于有司，有司闻于大吏。二十四年二月报可。乃简材僝工，以二十五年四月兴作，八月考官。九月二日为公十周年忌日，恭奉木主遗像入祠，清酒馆醑，祭奠成礼，十月工事蒇。门生刘伟为之记曰：“长乐之有关帝庙，创自清乾隆三十七年，伟五世祖妣之外家赵氏有讳镕成者；资东市基地若干亩，五世伯祖考天若公暨秦灿廷先辈力

成之。”他或间有输将者，仅九楹。四十二年僧昌叶募建前厅，号称正殿，并左右亦九楹。嘉庆二年，伯高祖考蕴刚公，以花厘建台门，沈成章先辈廩资建耳楼、缭垣、甃道，规抚乃备。厥后，秦南江、倪莪田诸先辈次第集款缮葺。道光二十一年，浙商周君世勋复斥巨资重修，其沿革详薛云龙先辈《关庙记》，版今存庙中。迨光绪四年，朝野锐意革新，于时公方萌达，其村落自治，建社仓于庙右隙地，始改前厅西院祀猛将、城隍者为观泽堂，祀曾文正、曾忠襄、沈文肃、通州牧孙公、厅丞徐公、桂公诸名宦之有惠政于海门者。并刘、秦、赵、戴、徐诸乡贤。嗣复改后厅九楹，中奉道家三清，左右祀厅丞徐公暨文昌者为小学校。校迁则改为东一自治公所，而市董事办事处，而四区行政局，而四区公所。观泽堂又曾为四区保卫团部。前厅东院奉上天王者久废，盖正殿祀关外，早为乡人士从公者，施行乡镇之所藉，均非复四十年前旧观已！寺庙存替，每随时会为转移，斯固群众知识之表征，而所崇奉者，果足自致千秋。或否，亦隐以是判，非可一二人私意强也。

公道德学问事业，昭昭县国人心目，炳耀乎欧美。于公自有国史，于私则有《九录》及并世名流之记述，无庸于焉视缕。其应尸而祝者，奚翅我里人，唯衣食生息十万户，康乐远逮百年。直我海门生齿繁衍，三农督怒，焦愁地仄失业，无术自拯之时，一举而解倒悬，则微公之得请大垦并海盐田，谁与能为援手？公非仅为我邑民计，而邑民实独利赖。上德不德。施者固不以自居，受者亦漠肤力于何有。此则原远人所无由察，不得不揭而著之，为邑之后进特诏，以发其向往追慕之情者。然则里之人以今日荒歉余生，力不足为公建祠，而募款完治里中公有之庙、之屋以祀公，虽简，亦所以摅群众虔报飨之意，礼固宜之，非第高山景行、仰止行止云尔也。异日，有大力者，展谒徘徊，倘以是为未称，而厚集土木之需，卜吉专营，以隆体制，以壮观瞻，与“高义园”辉映江南北，俾蕞尔长乐，得自公之故里而烨烨焕其光焉！则尤昕夕蕲求，跂足以俟者尔。

是役也。计费于材者若干数，费于工者若干数，费于设置者若干数。饰祠屋九楹为三院，中享堂左藏遗著遗物暨书籍，右为与祭者斋宿休息之所。应接室三楹，与关庙共之，筑面南表门一座，祠门一座，门房三间，垣墙若干方丈，路若干方丈，凡用法币若干数。

主其事者：弟子江谦。书于石者：门人黄祖谦。

中华民国二十五年岁次丙子十月□旦。

发起资助：韩国钧、王震、张仁奎、徐鼎康、马伯良、李锡纯、王绍曾、陈桂清、陈琛、胡筠、康寿民、钱永铭、张永椿、庄录、陈辉德、李钟岳、谢慈寿、陆费执、孙儆、郭礼徵、郭肖霆、于忱、费师洪、罗玉衡、徐国安、杜兆鸾、龚培基、杜少如、周祖荫、林家璜、茅友仁、董瑞符、童廷玉、闵之实、宋煜、倪靖、许振、孙尧冀、沈一机、大生一、副厂、沪启航运合作社、上海市纱花同业公会、通如崇海启五县同乡会、刘启徵、沈臧寿、沈秉璜、季新益、顾少卿、王敢、杨锦清、沈际青、刘屏孙、黄汝霖、黄善伦、程哲先、朱大明、龚询、张沈慧懿、张通武、徐人师、秦冠生等。

筹备：沈均、陈饮、谈礼成、陆钟山、陆志道、王世禄、袁啸菊、姜岳、金永庆。

会计：黄善祥。稽核：朱国铭、董云书、张不厌、陈宝祚。

工程购料：吴晓江、倪华岗、干大尧、秦国翘、陆思成、严兰馨、施以庄、曹庆增。

边录：顾英华、沈国宾。

方王汇溱勒石。

海门烈士馆题词

粟　裕

苏中海启地区人民在中国共产党领导下，英勇斗争，不屈不挠，战胜了国民党反动派与日本帝国主义的狂妄进攻，粉碎了敌人千百次的清乡扫荡。美帝侵朝战争爆发，海启人民又热烈响应祖国号召，积极参加如火如荼的抗美援朝斗争。海门全县人民为纪念死者，创建烈士馆，并以先烈的英勇史迹，作后人楷模。在第一次国内革命战争、第二次国内革命战争、抗日战争、第三次国内革命战争及抗美援朝斗争中，为祖国、为人民、为伟大的革命斗争事业光荣牺牲的烈士们永垂不朽！

1952年6月25日

林英烈士(1906－1941)碑志

邱　明　邱瑞君　邱创洋　邱焕新

林英烈士原名邱搏云,乳名邱逢葵,学名邱家道,广东省普宁县溪桥村人,旅泰华侨,为抗日、为革命出生入死,转战于上海、南京、武汉、江苏等地,最后在江苏省海门县牺牲了宝贵的生命。鲜血洒在江家镇的土地上,豪情义举感动了群众和党政干部,特命名林英村以崇祀建烈士墓,树台楼以祭吊,吁呼哀哉,其爱妻幼女及亲人,倚窗垂泪,日日夜夜望郎归,四十多年过去了,仍杳无音讯。

一九八四年四月十四日,其侄儿华侨邱创洋专程到普宁寻根问祖,呈文请求普宁县人民政府调查落实,经普宁县党史办组织专案组着力清查,于一九八六年一月十四日经中共海门县党史办认真核对史实,鉴定了烈士身世,马上通知在港的遗妻林赛琴,在泰的侄儿邱创洋,旋即派其孙儿邱焕新专程赴江苏省海门县,受到该县党政有关部门热烈欢迎和关怀,并一起瞻仰林英烈士墓,又办了林英革命烈士证遗移到普宁县民政局存档。

一九八八年九月九日重阳,旅居泰国之烈士侄儿邱明、邱创洋及烈士女儿邱瑞君等七人,受旅居澳洲之烈士遗孀林赛琴委托,在中国驻泰大使的安排下,特组团专程到烈士墓祭吊,受到海门县党政各级首长和人民非常热烈的欢迎和关怀,此情此境实难以言喻,为示不忘,特立此碑文以为志。

1988 年 9 月 9 日

中美友谊亭碑文

海门县人民政府

1945 年 6 月 8 日凌晨,盟国美军一架 B－24 型轰炸机在长江口执行任务时,坠毁于海门县宋季港附近沙滩,11 名机组人员中 8 名遇难,3 名幸存者经我当地军民竭力救护,辗转万里,安全返美。

1984 年 8 月下旬,幸存者达·维·雷特蒙(D·W·REDMON)偕夫人自美来海,访问叙旧,并为兴建友谊亭献资 5000 美元。

中美两国人民的友好情谊,地久天长。

1988 年 9 月

注:碑文记 6 月 8 日,实为 6 月 12 日

海门县烈士纪念碑碑文

中共海门县委员会
海门县人民政府

中国共产党建立以来,海门人民为争取民族独立,为求得人民解放,为建设社会主义事业,前仆后继,英勇奋斗,许多儿女慷慨捐躯,业绩卓著,永垂青史。时值盛世,集资建碑,以慰先烈,以励后人。

1990 年 10 月

海门市旧城改造纪念碑碑文

历史定格在 1995 年 9 月 15 日。黄海之滨,长江北岸,海门市区规模空前的旧城改造胜利竣工。这是在社会主义现代化建设的伟大进程中,海门百万人民用智慧和汗水谱写的新的历史篇章。

1994 年 6 月,海门撤县建市。中共海门市委、海门市人民政府审时度势,抓住机遇,精心组织,精心指挥,于 1995 年 2 月 16 日,拉开了旧城改造的帷幕。“政府为民办实事,我为政府挑担子”。2755 个动迁户顾全大局,闻风而动;近万名建设者披星戴月,日夜奋战。全市上下发扬“团结拼搏,求实开拓,抢挑重担,争创一流”的海门精神,创造了“一天一个样,一年大变样”的海门速度,使百年老镇在短时间内发生了翻天覆地的变化。40 天,拆除旧房 19.8 万平方米;150 天,建成新楼 223 幢,计 50.3 万平方米。各项市政公共设施,同步建设,一步到位。城市面貌焕然一新。旧城改造 7 个月完成的拆、建、改总量,超过建国以来 45 年总和。这对振奋民心,激励斗志,完善城市功能,优化投资环境,改善人民生活,提高海门整体素质,加快社会主义现代化建设,具有跨世纪的重大意义。

改造旧城,造福人民;功在当代,利在千秋。

1995 年 9 月

海门港建港纪念碑碑文

海门港位于海门市西南部。海门港建港工程,酝酿于 1986 年,准备于 1988－1991 年,起步于

1992年。1986年秋,南通市副市长张琛和当时的海门县副县长施亚民首先提出在海门圩角沙建港的设想。1992年9月,海门县委、县政府决定成立海门县圩角沙围垦指挥部,组织实施围垦开发工程。1993年3月,建立海门港建港指挥部。1994年6月,海门撤县设市。1995年3月,市委、市政府对指挥部领导成员作了调整和充实。围垦指挥部、建港指挥部的总指挥均由现任市长施亚民担任。在整个建港过程中,施荣希、王佐兴、倪建新、宋茂勋、汤国斌、赵友法、王能进、于兆堂等副总指挥在不同阶段协助总指挥在一线指挥战斗。

海门港建港工程开工以来,海门港建设者发扬“特别能吃苦,特别能战斗”的海门港精神,不计报酬,日夜奋战,风餐露宿,抗风斗浪,战胜了一个又一个常人难以想象的困难。人工促淤,筑堤围垦,建港造闸,一鼓作气,一气呵成。五年来,共完成土方1000多万方,石方10万多方,筑堤17公里,填平大小港槽100多条,围地20平方公里,造田3万亩,把一个“潮来白茫茫,潮退芦苇荡”的荒滩,建成沟河纵横交错,道路四通八达,桥闸一步到位,水电通讯一应俱全的新港区。1995年12月22日开通的海太汽渡,为海门乃至整个苏北接轨上海开辟了一条便捷的通道,实现了海门至上海朝出暮归的梦想。

在海门港建设中,海门港建设者付出了辛勤的劳动,作出了很大的牺牲,有的致伤致残,有的献出了宝贵的生命,功不可没。市水利机械疏浚工程公司、市市政工程公司和港区用电站分别在汤永祥、倪汉春、沈天时的带领下,几年如一日,转战在建港工地上,发挥了骨干突击作用,市水利、供电、金融、建委、计生、土地管理、财政、交通、邮电等有关部门,为建港工程主动提供优质服务,始终给予大力支持,做出了积极的贡献。

建港造闸,百年大计;开发江河,利国利民。特立此碑,以资纪念。

1997年9月

江堤达标纪念碑碑文

海门滨江临海,频遭洪涝侵扰,人民深受其害,为根治水患,造福当代,惠及子孙,中共海门市委、海门市人民政府决定实施江堤达标工程。1997年8月至1999年6月,全市集中财力,汇集资金,投入1亿多元,对境内45.75公里长江江堤,全面灌砌护坡,修筑堤顶公路,开展堤防绿化,建造通江涵闸(海门港闸、灵甸新闸、大洪新闸、汤家新闸等七座涵闸),把海门江堤建成了可抵御百年一遇高潮位和台风同时袭击的铜墙铁壁。

防汛抗洪是人与自然的长期斗争,务须居安思危,确保海门百万人民安居乐业。兹立碑刻石,以告慰先人,鼓舞今人,激励后人。

2000年11月

海太汽渡纪念碑碑文

海门东临黄海,南依长江,与上海隔江相望。海门的发展,既得益于长江,又受制于长江的阻隔。1992年9月,中共海门县委、海门县人民政府决定围垦圩角沙滩涂。工程总指挥由时任副县长的施亚民担任。围垦一期工程不久,施亚民发现圩角沙西南部江面水域宽阔,风浪小,适于建港口码头,建议县委、县政府筹建过江汽渡,缩短与上海的时间距离,推进海门的经济发展。1993年初,县委、县政府决定成立海门港建港指挥部,由时任县委副书记的施亚民任总指挥。当年10月,建港方案经专家评审通过。从此,圩角沙围垦也从单纯的防洪保坍,增加耕地,转变为建港造闸,综合开发江河资源。同时,事关过江汽渡的各项工作全面展开,指挥部领导带领人员,多次过江奔赴对岸沿江乡镇,寻求合作伙伴。几经周折,在太仓璜泾镇党委书记黄文奇的大力支持下,终于达成共建海(门)太(仓)汽渡协议。1994年6月,海门港汽渡码头开工,经海门市水利机械疏浚公司、海门市水利电力建筑工程公司、海门市东兴水利工程队、交通部第三航务工程局三公司南通分公司和南通市海春市政公司的团结拼搏和紧张施工,于1995年4月汽渡工程竣工。期间由时任市长施亚民带领有关人员五次赴通、跑省获得批文,同年12月22日,海太汽渡正式开航。项目占地40亩,总投资(海门)7493万元,其中码头的陆域、水域设施4453万元、渡船四艘2670万元,指挥部至码头道路370万元。尔后,市政府又于1996年、1999年投资5000万元高标准修筑了大港公路、海港公路。在工程不同阶段,汤国斌、赵友法、王佐兴、宋茂勋、于兆堂、王能进、汤永祥等协助总指挥在一线组织指挥。

海太汽渡毗邻江海之交汇处，位居长江下游南北交通之要冲，是当今海门乃至苏北连接上海最为便捷的通道，被誉为“万里长江第一渡”。海太汽渡的开通，实现了海门人至上海朝出暮归的多年夙愿，凸现了海门得天独厚的区位优势，为加快海门经济和社会发展做出了重要贡献。特立此碑，以资纪念。

2000年12月

索　引

说　明

1. 本索引由章节目分析编制。按标引词第一汉语拼音字母顺序排列,同音字按声调排列,音调相同按下一字的音序排列。

2. 彩色插页、著作诗文篇、丛录篇未编索引。

3. 标引词后的数字表示内容所在页码。

4. 索引标引词采用章节目名称,未作删减。

A

B

C

D

E

F

G

H

I

J

K

L

M

N

P

Q

S

T

W

Y

Z

后　记

2006年12月,《海门市志》编修工作正式启动,经修志人员八年不懈努力,于2015年3月付梓面世。《海门市志》上限为事物发端,下限为2008年12月31日,是一部贯通古今、全面系统记述海门行政区域自然、政治、经济、文化和社会的历史与现状的地方文献。海门自明嘉靖年间邑人崔桐主修《海门县志》始,至民国时期编纂成书的《海门县志》,前后有8部。1996年1月,《海门县志》正式出版,为新中国成立后海门第一部由政府组织、编纂的地方志书,体例结构合理、内容全面系统、资料翔实可靠、文字流畅精炼,曾获江苏省地方志工作成果三等奖。为使《海门市志》更加彰显新中国成立后海门经济社会的历史性巨变,全面反映城乡面貌日新月异的变化,系统记述海门人民生活水平不断提高的状况;并使市志更具资料的系统性、可读性和实用性,经与省、南通市修志专家多次论证后,市委、市政府决定将《海门市志》作为通志编纂。

2006年5月,南通市第四次地方志工作会议后,市地方志办公室认真传达贯彻会议精神,组织学习国务院《地方志工作条例》,明确二轮修志的目标任务;制定《海门市志》编纂工作实施方案,拟订凡例,草拟市志篇目讨论稿,编写《市志编纂指南》;聘请身体好,有一定文字功底和社会阅历,热心地方志工作的九名责任编辑,与市志办两名在职人员组成《海门市志》编辑部,为《海门市志》编纂工作启动作好准备。10月,市委办公室、市政府办公室印发组织开展《海门市志》编纂工作通知,明确指导思想、目标任务、基本要求,质量标准和工作步骤,并明确了主编人员。12月6日,市委、市政府召开编修《海门市志》动员大会,全面部署市志编修工作。12月15日,市志办举办《海门市志》编修业务培训班,各乡镇、市属各部门、单位近200名修志人员参加。培训结束后,全市各承编单位共组建120多个修志工作领导小组,选配380多名修志人员,并确定审稿人员。

《海门市志》编纂工作大体经历五个阶段:

资料收集和初稿编写。这一阶段历时两年多。一是制定篇目大纲。通过召开有关人员座谈会,到承编单位征求意见,吸取兄弟县(市)纲目编写经验等途径,拓宽工作思路,并经反复推敲论证,确定初稿编写大纲。二是运用多种形式组织业务培训。邀请省、南通市及海门市的修志专家授课,市志编辑部分行业、乡镇,对撰稿人员实施专题培训,编辑人员带着问题同撰稿人员面对面解疑释惑。市志编辑部还确定审计局、交通局、货隆镇、包场镇为初稿撰写先行单位,并将多次修改后的志稿印发全市各承编单位作为样稿,较好地解决了初稿撰写开头难问题,撰稿人员业务水平得到明显提高。三是广泛收集资料。各承编单位按照市志编写大纲,从市委市政府历年重要会议重要活动、《海门县志》《海门年鉴》、部门志、乡镇志、口述资料及大量档案资料、报刊资料中收集相关内容,通过去粗取精、去伪存真,形成1000多万字的资料长编,并在此基础上编成近400万字的市志初稿。

分纂。这一阶段历时近两年。首先,编辑部制定分纂规则,组织编纂人员认真研读,使大家熟练掌握编纂要领。其次,编纂人员每人试编一章内容,由编辑部集体评稿,总结试编工作经验,寻找不足和需要着重解决的问题,为全面推进分志编纂开好头、起好步。第三,市志办聘请参与首轮县志编修的俞茂林、施裕岩两位原主任为修志顾问,对分纂的志稿进行审读,提出修改意见。在分纂过程中,资料补充和纲目修改贯穿始终,使资料更加翔实,纲目更趋成熟。

总纂。这一阶段历时一年多。由主编、副主编、顾问四人,组成总纂工作班子,并由主编实施志稿总纂。

总纂工作中，对一些重点、难点篇章与编辑人员反复沟通，进行加工；对体例文风进行调整和规范，力求全志整体统一；对各篇内容交叉事项进行妥善处理，避免内容出现重复；对语句进行润色，加强文字锤炼，使志稿总体达到送审要求。

内审和初审。这一阶段历时近一年。2012 年 3－10 月，在编辑部内部认真开展志稿审读工作，九名编辑人员在规定时间内同时审读同一篇志稿，然后集中进行评议、修改，每篇志稿一一过堂，较好地解决了总纂过程中的疏漏问题。2013 年初，将志稿反馈各承编单位进行初审，征求意见，在广泛吸收初审意见基础上，形成复审稿。

复审、修改、定稿。这一阶段历时一年多。请市领导、编委会成员及担任过海门党政主要领导职务的老同志审阅志稿，把好政治和重大史实关；请省、南通市修志专家审读志稿，把好篇目、体例、文风关；请市统计局工作人员核对数据，把好数据关。同时，经过编辑人员修改，形成终审稿。2014 年 3 月，南通市地方志办公室召开《海门市志》评审会，对志稿进行评审，提出许多修改意见和建议。围绕评审会的要求，编辑人员认真梳理，对志稿进一步加工修改后，经省、南通市地方志工作主管部门和市政府批准，交方志出版社出版。全志共 38 篇，另设综述、大事记，总规模 370.8 万字。

《海门市志》的编纂工作，始终在市委、市政府的正确领导下进行。2006 年 12 月，市委、市政府召开全市地方志工作会议，全面总结首轮修志工作经验，明确二轮修志工作的目标任务和总体要求，强调修志工作必须做到领导到位、机构到位、经费到位、队伍到位、条件到位等措施，并确定将二轮修志纳入全市国民经济和社会发展第十一个五年规划纲要中，将修志工作经费列入市年度财政预算。2007 年 9 月，市委书记曹斌在一份报告批示中指出“编修史志，是利在当代、功在千秋，功德无量的工程”，极大地激发了全体修志人员的工作热情。2007 年 10 月，市政府召开市长办公会议，确定将《海门市志》的编修下限由 2005 年 12 月 31 日延至 2008 年 12 月 31 日，使改革开放 30 年海门经济社会历史性巨变完整地记入市志。2008 年 12 月，市委、市政府再次召开《海门市志》编修工作会议，深入贯彻落实国务院《地方志工作条例》和省地方志工作会议精神，回顾总结《海门市志》启动以来的编修工作情况，部署后一阶段全市修志工作，促进全市上下认识再统一，工作再提速，措施再加码，确保高质量完成修志任务，进一步推动了全市修志工作再上新台阶。市委、市政府曾两次调整地方志编纂委员会组成人员，先后由市委副书记、代市长姜龙，市委副书记、市长杨曹明任编委会主任，为协调市志编修工作提供了强有力组织保证。市委办公室、市政府办公室，在初稿撰写、志稿初审等阶段多次印发通知，通报修志情况，提出工作要求，全力推进修志工作。市政府分管地方志工作的领导到编辑部了解情况，帮助解决工作经费、办公用房等具体问题，确保修志工作的正常进行。

《海门市志》的编纂工作，得到了部门、乡镇领导的重视和关心，将修志工作列入议事日程，有的亲自组建工作班子，部署修志工作；有的经常关心修志进展，帮助解决实际问题；有的多次审读志稿，提出修改意见。得到了市领导及秦志明、施亚民、朱玉兰、高其兴、高顺昌、史秉谦等老领导的悉心指教，为志稿修改提出了许多宝贵意见和建议。得到了省、市修志专家的热情指导，省地方志办公室陈华先后多次到海门具体指导修志工作，并审读志稿，提出许多真知灼见，为海门修志工作引领路子；南通市志办公室的领导经常了解情况，帮助解决修志工作中的难题，专题召开《海门市志》纲目评审会。同时，得到了全市上下的广泛关注和支持，全市 130 多个承编单位抽调、聘用 500 多人参与资料收集、志稿撰写。全体修志人员淡泊名利，克服困难，坚守岗位，尽心尽职，精益求精，有的经常利用节假日、双休日加班加点，有的带病工作，全身心扑在修志工作上，表现出可贵的敬业精神。在此，谨向所有关心、帮助、支持《海门市志》编修工作的各级领导、修志专家和各界人士表示衷心的感谢！由于修志人员大多初次介入方志编修，经验缺乏，业务不够精通，疏漏甚至错误在所难免，敬请专家和读者指正。

编　者

2015 年 3 月 13 日

图书在版编目(CIP)数据

海门市志/海门市地方志编纂委员会办公室编.
—北京:方志出版社,2014.12
ISBN 978-7-5144-1499-8

Ⅰ.①海… Ⅱ.①海… Ⅲ.①海门市—地方志
Ⅳ.①K295.33

中国版本图书馆CIP数据核字(2014)第313594号

海门市志

编　　者: 海门市地方志编纂委员会办公室
责任编辑: 徐　宏

出 版 人: 冀祥德
出 版 者: 方 志 出 版 社
地址　北京市朝阳区潘家园东里9号(国家方志馆4层)
邮编　100021
网址　http://www.fzph.org
发　　行: 方志出版社发行中心
电话　(010)67110500
经　　销: 各地新华书店
印　　刷: 南京四彩印刷有限公司

开　　本: 889×1194　1/16
印　　张: 122.5
字　　数: 3708千字
版　　次: 2014年12月第1版　2014年12月第1次印刷
印　　数: 0001~6000册

ISBN 978-7-5144-1499-8/K·1228　　定价:880.00元